WISSEN FÜR DIE PRAXIS

Ihr Online-Aktivierungscode
für den Online-Dienst
unter www.WALHALLA.de

Näheres dazu im Vorwort

WALHALLA

Walhalla Fachredaktion

Deutsches Beamten-Jahrbuch Hessen

Vorschriftensammlung zum Beamtenrecht

Bibliographische Information der Deutschen Nationalbibliothek
Die Deutsche Nationalbibliothek verzeichnet diese Publikation in der Deutschen Nationalbibliografie, detaillierte bibliografische Daten sind im Internet über www.dnb.de abrufbar.

Zitiervorschlag:
Deutsches Beamten-Jahrbuch Hessen
in der Reihe WALHALLA – Textausgabe
Walhalla Fachverlag, Regensburg 2026

Walhalla
Mediengruppe

WALHALLA – eine Marke der Walhalla Mediengruppe

Kontakt bei Fragen zur Produktsicherheit:
Walhalla u. Praetoria Verlag GmbH & Co. KG, Haus an der Eisernen Brücke, 93042 Regensburg, E-Mail: produktsicherheit@walhalla.de, Telefon: 0941 5684-0

Produktion: Walhalla Mediengruppe, Regensburg
Umschlaggestaltung: grubergrafik, Augsburg
Printed in Germany
ISBN 978-3-8029-1217-7

Zur Walhalla Mediengruppe gehören die Marken WALHALLA, Deichmann+Fuchs, metropolitan und Annual Multimedia Award.

3WP-CPI-0626-10023-0

Das aktuelle Beamtenrecht 2026

Besoldungsanpassung

In der Besoldung ist noch eine Änderung aus dem Jahr 2024 zu erwähnen. Das Gesetz über die Gewährung einer Inflationsausgleichszahlung im Jahr 2024 und über die Anpassung der Besoldung und Versorgung in Hessen im Jahr 2025 vom 26. Juni 2024 (GVBl. Nr. 28) ist in zweiter Stufe am 1. Dezember 2025 in Kraft getreten.

Zum 1. **Dezember 2025** erfolgte eine weitere Erhöhung der Besoldung um 5,5 Prozent. Die Anwärtergrundbeträge und ruhegehaltfähigen Dienstbezüge wurden ebenfalls um 5,5 Prozent angehoben.

Die Anpassungen zum 1. Dezember 2025 waren ursprünglich für den 1. August 2025 vorgesehen. Mit dem Gesetz zur Umsetzung der Haushaltsvorgaben bei der Anpassung der Besoldung und Versorgung in Hessen in dem Jahr 2025 vom 6. März 2025 (GVBl. Nr. 17) hat der Hessische Landtag die Anpassung der Besoldung und Versorgung zum 1. August 2025 auf den 1. Dezember 2025 verschoben.

Eine weitere Änderung erfolgte zum 13. Dezember 2025 durch das Gesetz zur Neufassung des Hessischen Verfassungsschutzgesetzes und zur Änderung weiterer Vorschriften vom 10. Dezember 2025 (GVBl. Nr. 97). Im Rahmen dieser Änderung wurde in der Besoldungsgruppe B 6 der Anlage 1 der Direktor und die Direktorin des Landesbetriebs Hessen-Forst aufgenommen.

Verwaltungsgerichtsordnung

Die Verwaltungsgerichtsordnung ist durch verschiedene Gesetze geändert worden. Durch das Gesetz zur Entwicklung und Erprobung eines Online-Verfahrens in der Zivilgerichtsbarkeit vom 22. Dezember 2025 (BGBl. I Nr. 349) wurde der Postfach- und Versanddienst über ein De-Mail-Konto aufgehoben.

Nach dem bisherigen § 55a Absatz 4 Satz 1 Nummer 1 war der Postfach- und Versanddienst eines De-Mail-Kontos ein sicherer Übermittlungsweg für die Einreichung elektronischer Dokumente bei Gericht, wenn der Absender bei Versand der Nachricht sicher im Sinne des § 4 Absatz 1 Satz 2 des De-Mail-Gesetzes angemeldet ist und er sich die sichere Anmeldung gemäß § 5 Absatz 5 des De-Mail-Gesetzes bestätigen lässt. Angesichts des bundesweit überaus geringen Anteils der De-Mail-Nachrichten am gesamten elektronischen Rechtsverkehr sowie des administrativen und kostenintensiven Aufwands zum Erhalt der De-Mail als sicherer Übermittlungsweg sieht Absatz 4 Satz 1 mit der Aufhebung der bisherigen Nummer 1 den Postfach- und Versanddienst eines De-Mail-Kontos nicht mehr als sicheren Übermittlungsweg für die elektronische Kommunikation mit den Gerichten vor. Hierfür stehen im Übrigen mit dem stetigen Ausbau der EGVP-Infrastruktur als sichere Übermittlungswege die bereits etablierten besonderen elektronischen Behördenpostfächer (beBPo) beziehungsweise für Bürgerinnen und Bürger die besonderen elektronischen Bürger- und Organisationspostfächer (eBO) sowie das kostenlose „Mein Justizpostfach" (MJP) zur Verfügung.

Wir wünschen Ihnen Freude und Erfolg mit diesem Nachschlagewerk.

Ihr WALHALLA Fachverlag

JETZT MIT TESTZUGANG ZUM ONLINE-DIENST

Erstmals erhalten Sie parallel zum Druckwerk auch einen digitalen Zugriff auf die Inhalte. Der Online-Dienst ist orts- und zeitunabhängig über die Homepage des Verlages aufrufbar.

Ihr Zugangscode ist ab Einlösedatum 3 Monate gültig. Die Laufzeit endet automatisch. Sie gehen keine weiteren Verpflichtungen ein.

Aktivierungscode: ZNG-XYW-RKU

So lösen Sie den Code ein:
Melden Sie sich auf www.walhalla.de an. Sollten Sie noch kein Kundenkonto besitzen, können Sie sich einmalig unter „Mein Konto" registrieren.

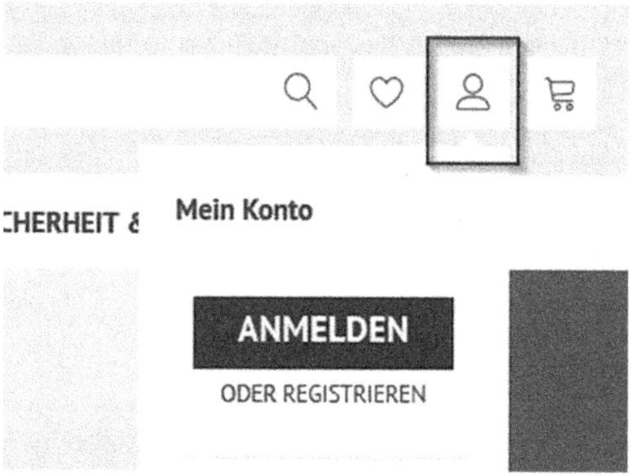

Lösen Sie anschließend Ihren Code in der oberen Navigationsleiste unter „Aktivierungscodes" ein.
Der Online-Dienst steht Ihnen nun in der Online-Bibliothek Ihres Accounts (oben rechts unter Mein Konto → Online-Bibliothek) zur Verfügung.

Schnellübersicht

I Statusrecht

Allgemeines Beamtenrecht

Arbeitszeit

Mutterschutz/Elternzeit/Urlaub

Disziplinarrecht

II Laufbahn/Ausbildung

Laufbahnen/Ausbildung

III Besoldung

III

IV Versorgung

V Personalvertretung

VI Reise- und Umzugskosten/Trennungsgeld

VII Beihilfe/Fürsorge

Beihilfe

Fürsorge

VII

VIII Soziale Schutzvorschriften/ Familienförderung/Vermögensbildung

Gleichberechtigung/Gleichstellung

Familienförderung

Vermögensbildung

VIII

IX Verfassung/Verwaltung

Verfassung

Verwaltung

IX

X Allgemeine Schutzvorschriften

I Statusrecht

Allgemeines Beamtenrecht

Arbeitszeit

Mutterschutz/Elternzeit/Urlaub

Disziplinarrecht

Gesetz zur Regelung des Statusrechts der Beamtinnen und Beamten in den Ländern (Beamtenstatusgesetz – BeamtStG)

Vom 17. Juni 2008 (BGBl. I S. 1010)

Zuletzt geändert durch
Gesetz zur Beschleunigung von Disziplinarverfahren in der Bundesverwaltung und zur Änderung weiterer dienstrechtlicher Vorschriften
vom 20. Dezember 2023 (BGBl. I Nr. 389)

Inhaltsübersicht

Der Bundestag hat mit Zustimmung des Bundesrates das folgende Gesetz beschlossen:

Abschnitt 1
Allgemeine Vorschriften

§ 1 Geltungsbereich

Dieses Gesetz regelt das Statusrecht der Beamtinnen und Beamten der Länder, Gemeinden und Gemeindeverbände sowie der sonstigen der Aufsicht eines Landes unterstehenden Körperschaften, Anstalten und Stiftungen des öffentlichen Rechts.

§ 2 Dienstherrnfähigkeit

Das Recht, Beamtinnen und Beamte zu haben, besitzen

1. Länder, Gemeinden und Gemeindeverbände,
2. sonstige Körperschaften, Anstalten und Stiftungen des öffentlichen Rechts, die dieses Recht im Zeitpunkt des Inkrafttretens dieses Gesetzes besitzen oder denen es durch ein Landesgesetz oder aufgrund eines Landesgesetzes verliehen wird.

Abschnitt 2
Beamtenverhältnis

§ 3 Beamtenverhältnis

(1) Beamtinnen und Beamte stehen zu ihrem Dienstherrn in einem öffentlich-rechtlichen Dienst- und Treueverhältnis (Beamtenverhältnis).

(2) Die Berufung in das Beamtenverhältnis ist nur zulässig zur Wahrnehmung

1. hoheitsrechtlicher Aufgaben oder
2. solcher Aufgaben, die aus Gründen der Sicherung des Staates oder des öffentlichen Lebens nicht ausschließlich Personen übertragen werden dürfen, die in einem privatrechtlichen Arbeitsverhältnis stehen.

§ 4 Arten des Beamtenverhältnisses

(1) Das Beamtenverhältnis auf Lebenszeit dient der dauernden Wahrnehmung von Aufgaben nach § 3 Abs. 2. Es bildet die Regel.

(2) Das Beamtenverhältnis auf Zeit dient

a) der befristeten Wahrnehmung von Aufgaben nach § 3 Abs. 2 oder
b) der zunächst befristeten Übertragung eines Amtes mit leitender Funktion.

(3) Das Beamtenverhältnis auf Probe dient der Ableistung einer Probezeit

a) zur späteren Verwendung auf Lebenszeit oder
b) zur Übertragung eines Amtes mit leitender Funktion.

(4) Das Beamtenverhältnis auf Widerruf dient

a) der Ableistung eines Vorbereitungsdienstes oder
b) der nur vorübergehenden Wahrnehmung von Aufgaben nach § 3 Abs. 2.

§ 5 Ehrenbeamtinnen und Ehrenbeamte

(1) Als Ehrenbeamtin oder Ehrenbeamter kann berufen werden, wer Aufgaben im Sinne des § 3 Abs. 2 unentgeltlich wahrnehmen soll.

(2) Die Rechtsverhältnisse der Ehrenbeamtinnen und Ehrenbeamten können durch Landesrecht abweichend von den für Beamtinnen und Beamte allgemein geltenden Vorschriften geregelt werden, soweit es deren besondere Rechtsstellung erfordert.

(3) Ein Ehrenbeamtenverhältnis kann nicht in ein Beamtenverhältnis anderer Art, ein solches Beamtenverhältnis nicht in ein Ehrenbeamtenverhältnis umgewandelt werden.

§ 6 Beamtenverhältnis auf Zeit

Für die Rechtsverhältnisse der Beamtinnen auf Zeit und Beamten auf Zeit gelten die Vorschriften für Beamtinnen auf Lebenszeit und Beamte auf Lebenszeit entsprechend, soweit durch Landesrecht nichts anderes bestimmt ist.

§ 7 Voraussetzungen des Beamtenverhältnisses

(1) In das Beamtenverhältnis darf nur berufen werden, wer

1. Deutsche oder Deutscher im Sinne des Artikels 116 Absatz 1 des Grundgesetzes ist oder die Staatsangehörigkeit
   a) eines anderen Mitgliedstaates der Europäischen Union oder

b) eines anderen Vertragsstaates des Abkommens über den Europäischen Wirtschaftsraum oder

c) eines Drittstaates, dem die Bundesrepublik Deutschland und die Europäische Union vertraglich einen entsprechenden Anspruch auf Anerkennung von Berufsqualifikationen eingeräumt haben,

besitzt,

2. die Gewähr dafür bietet, jederzeit für die freiheitliche demokratische Grundordnung im Sinne des Grundgesetzes einzutreten, und
3. die nach Landesrecht vorgeschriebene Befähigung besitzt.

In das Beamtenverhältnis darf nicht berufen werden, wer unveränderliche Merkmale des Erscheinungsbilds aufweist, die mit der Erfüllung der Pflichten nach § 34 Absatz 2 nicht vereinbar sind.

(2) Wenn die Aufgaben es erfordern, darf nur eine Deutsche oder ein Deutscher im Sinne des Artikels 116 Absatz 1 des Grundgesetzes in ein Beamtenverhältnis berufen werden.

(3) Ausnahmen von Absatz 1 Nr. 1 und Absatz 2 können nur zugelassen werden, wenn

1. für die Gewinnung der Beamtin oder des Beamten ein dringendes dienstliches Interesse besteht oder
2. bei der Berufung von Hochschullehrerinnen und Hochschullehrern und anderen Mitarbeiterinnen und Mitarbeitern des wissenschaftlichen und künstlerischen Personals in das Beamtenverhältnis andere wichtige Gründe vorliegen.

§ 8 Ernennung

(1) Einer Ernennung bedarf es zur

1. Begründung des Beamtenverhältnisses,
2. Umwandlung des Beamtenverhältnisses in ein solches anderer Art (§ 4),
3. Verleihung eines anderen Amtes mit anderem Grundgehalt oder
4. Verleihung eines anderen Amtes mit anderer Amtsbezeichnung, soweit das Landesrecht dies bestimmt.

(2) Die Ernennung erfolgt durch Aushändigung einer Ernennungsurkunde. In der Urkunde müssen enthalten sein

1. bei der Begründung des Beamtenverhältnisses die Worte „unter Berufung in das Beamtenverhältnis" mit dem die Art des Beamtenverhältnisses bestimmenden Zusatz „auf Lebenszeit", „auf Probe", „auf Widerruf", „als Ehrenbeamtin" oder „als Ehrenbeamter" oder „auf Zeit" mit der Angabe der Zeitdauer der Berufung,
2. bei der Umwandlung des Beamtenverhältnisses in ein solches anderer Art die diese Art bestimmenden Worte nach Nummer 1 und
3. bei der Verleihung eines Amts die Amtsbezeichnung.

(3) Mit der Begründung eines Beamtenverhältnisses auf Probe, auf Lebenszeit und auf Zeit wird gleichzeitig ein Amt verliehen.

(4) Eine Ernennung auf einen zurückliegenden Zeitpunkt ist unzulässig und insoweit unwirksam.

§ 9 Kriterien der Ernennung

Ernennungen sind nach Eignung, Befähigung und fachlicher Leistung ohne Rücksicht auf Geschlecht, Abstammung, Rasse oder ethnische Herkunft, Behinderung, Religion oder Weltanschauung, politische Anschauungen, Herkunft, Beziehungen oder sexuelle Identität vorzunehmen.

§ 10 Voraussetzung der Ernennung auf Lebenszeit

Die Ernennung zur Beamtin auf Lebenszeit oder zum Beamten auf Lebenszeit ist nur zulässig, wenn die Beamtin oder der Beamte sich in einer Probezeit von mindestens sechs Monaten und höchstens fünf Jahren bewährt hat. Von der Mindestprobezeit können durch Landesrecht Ausnahmen bestimmt werden.

§ 11 Nichtigkeit der Ernennung

(1) Die Ernennung ist nichtig, wenn

1. sie nicht der in § 8 Abs. 2 vorgeschriebenen Form entspricht,
2. sie von einer sachlich unzuständigen Behörde ausgesprochen wurde oder

3. zum Zeitpunkt der Ernennung
   a) nach § 7 Absatz 1 Satz 1 Nummer 1 keine Ernennung erfolgen durfte und keine Ausnahme nach § 7 Abs. 3 zugelassen war,
   b) nicht die Fähigkeit zur Bekleidung öffentlicher Ämter vorlag oder
   c) eine ihr zu Grunde liegende Wahl unwirksam ist.

(2) Die Ernennung ist von Anfang an als wirksam anzusehen, wenn

1. im Fall des Absatzes 1 Nr. 1 aus der Urkunde oder aus dem Akteninhalt eindeutig hervorgeht, dass die für die Ernennung zuständige Stelle ein bestimmtes Beamtenverhältnis begründen oder ein bestehendes Beamtenverhältnis in ein solches anderer Art umwandeln wollte, für das die sonstigen Voraussetzungen vorliegen, und die für die Ernennung zuständige Stelle die Wirksamkeit schriftlich bestätigt; das Gleiche gilt, wenn die Angabe der Zeitdauer fehlt, durch Landesrecht aber die Zeitdauer bestimmt ist,
2. im Fall des Absatzes 1 Nr. 2 die sachlich zuständige Behörde die Ernennung bestätigt oder
3. im Fall des Absatzes 1 Nr. 3 Buchstabe a eine Ausnahme nach § 7 Abs. 3 nachträglich zugelassen wird.

§ 12 Rücknahme der Ernennung

(1) Die Ernennung ist mit Wirkung für die Vergangenheit zurückzunehmen, wenn

1. sie durch Zwang, arglistige Täuschung oder Bestechung herbeigeführt wurde,
2. dem Dienstherrn zum Zeitpunkt der Ernennung nicht bekannt war, dass die ernannte Person vor ihrer Ernennung ein Verbrechen oder Vergehen begangen hat, aufgrund dessen sie vor oder nach ihrer Ernennung rechtskräftig zu einer Strafe verurteilt worden ist und das sie für die Berufung in das Beamtenverhältnis als unwürdig erscheinen lässt,
3. die Ernennung nach § 7 Abs. 2 nicht erfolgen durfte und eine Ausnahme nach § 7 Abs. 3 nicht zugelassen war und die Ausnahme nicht nachträglich erteilt wird oder
4. eine durch Landesrecht vorgeschriebene Mitwirkung einer unabhängigen Stelle oder einer Aufsichtsbehörde unterblieben ist und nicht nachgeholt wurde.

(2) Die Ernennung soll zurückgenommen werden, wenn nicht bekannt war, dass gegen die ernannte Person in einem Disziplinarverfahren auf Entfernung aus dem Beamtenverhältnis oder auf Aberkennung des Ruhegehalts erkannt worden war. Dies gilt auch, wenn die Entscheidung gegen eine Beamtin oder einen Beamten der Europäischen Union oder eines Staates nach § 7 Absatz 1 Satz 1 Nummer 1 ergangen ist.

Abschnitt 3
Länderübergreifender Wechsel und Wechsel in die Bundesverwaltung

§ 13 Grundsatz

Die Vorschriften dieses Abschnitts gelten nur bei landesübergreifender Abordnung, Versetzung und Umbildung von Körperschaften sowie bei einer Abordnung oder Versetzung aus einem Land in die Bundesverwaltung.

§ 14 Abordnung

(1) Beamtinnen und Beamte können aus dienstlichen Gründen vorübergehend ganz oder teilweise zu einer dem übertragenen Amt entsprechenden Tätigkeit in den Bereich eines Dienstherrn eines anderen Landes oder des Bundes abgeordnet werden.

(2) Aus dienstlichen Gründen ist eine Abordnung vorübergehend ganz oder teilweise auch zu einer nicht dem Amt entsprechenden Tätigkeit zulässig, wenn der Beamtin oder dem Beamten die Wahrnehmung der neuen Tätigkeit aufgrund der Vorbildung oder Berufsausbildung zuzumuten ist. Dabei ist auch die Abordnung zu einer Tätigkeit, die nicht einem Amt mit demselben Grundgehalt entspricht, zulässig.

(3) Die Abordnung bedarf der Zustimmung der Beamtin oder des Beamten. Abweichend von Satz 1 ist die Abordnung auch ohne Zustimmung zulässig, wenn die neue Tätigkeit

zuzumuten ist und einem Amt mit demselben Grundgehalt entspricht und die Abordnung die Dauer von fünf Jahren nicht übersteigt.

(4) Die Abordnung wird von dem abgebenden im Einverständnis mit dem aufnehmenden Dienstherrn verfügt. Soweit zwischen den Dienstherren nichts anderes vereinbart ist, sind die für den Bereich des aufnehmenden Dienstherrn geltenden Vorschriften über die Pflichten und Rechte der Beamtinnen und Beamten mit Ausnahme der Regelungen über Diensteid, Amtsbezeichnung, Zahlung von Bezügen, Krankenfürsorgeleistungen und Versorgung entsprechend anzuwenden. Die Verpflichtung zur Bezahlung hat auch der Dienstherr, zu dem die Abordnung erfolgt ist.

§ 15 Versetzung

(1) Beamtinnen und Beamte können auf Antrag oder aus dienstlichen Gründen in den Bereich eines Dienstherrn eines anderen Landes oder des Bundes in ein Amt einer Laufbahn versetzt werden, für die sie die Befähigung besitzen.

(2) Eine Versetzung bedarf der Zustimmung der Beamtin oder des Beamten. Abweichend von Satz 1 ist die Versetzung auch ohne Zustimmung zulässig, wenn das neue Amt mit mindestens demselben Grundgehalt verbunden ist wie das bisherige Amt. Stellenzulagen gelten hierbei nicht als Bestandteile des Grundgehalts.

(3) Die Versetzung wird von dem abgebenden im Einverständnis mit dem aufnehmenden Dienstherrn verfügt. Das Beamtenverhältnis wird mit dem neuen Dienstherrn fortgesetzt.

§ 16 Umbildung einer Körperschaft

(1) Beamtinnen und Beamte einer juristischen Person des öffentlichen Rechts mit Dienstherrnfähigkeit (Körperschaft), die vollständig in eine andere Körperschaft eingegliedert wird, treten mit der Umbildung kraft Gesetzes in den Dienst der aufnehmenden Körperschaft über.

(2) Die Beamtinnen und Beamten einer Körperschaft, die vollständig in mehrere andere Körperschaften eingegliedert wird, sind anteilig in den Dienst der aufnehmenden Körperschaften zu übernehmen. Die beteiligten Körperschaften haben innerhalb einer Frist von sechs Monaten nach der Umbildung im Einvernehmen miteinander zu bestimmen, von welchen Körperschaften die einzelnen Beamtinnen und Beamten zu übernehmen sind. Solange eine Beamtin oder ein Beamter nicht übernommen ist, haften alle aufnehmenden Körperschaften für die ihr oder ihm zustehenden Bezüge als Gesamtschuldner.

(3) Die Beamtinnen und Beamten einer Körperschaft, die teilweise in eine oder mehrere andere Körperschaften eingegliedert wird, sind zu einem verhältnismäßigen Teil, bei mehreren Körperschaften anteilig, in den Dienst der aufnehmenden Körperschaften zu übernehmen. Absatz 2 Satz 2 ist entsprechend anzuwenden.

(4) Die Absätze 1 bis 3 gelten entsprechend, wenn eine Körperschaft mit einer oder mehreren anderen Körperschaften zu einer neuen Körperschaft zusammengeschlossen wird, wenn ein oder mehrere Teile verschiedener Körperschaften zu einem oder mehreren neuen Teilen einer Körperschaft zusammengeschlossen werden, wenn aus einer Körperschaft oder aus Teilen einer Körperschaft eine oder mehrere neue Körperschaften gebildet werden, oder wenn Aufgaben einer Körperschaft vollständig oder teilweise auf eine oder mehrere andere Körperschaften übergehen.

§ 17 Rechtsfolgen der Umbildung

(1) Tritt eine Beamtin oder ein Beamter aufgrund des § 16 Abs. 1 kraft Gesetzes in den Dienst einer anderen Körperschaft über oder wird sie oder er aufgrund des § 16 Abs. 2 oder 3 von einer anderen Körperschaft übernommen, wird das Beamtenverhältnis mit dem neuen Dienstherrn fortgesetzt.

(2) Im Fall des § 16 Abs. 1 ist der Beamtin oder dem Beamten von der aufnehmenden oder neuen Körperschaft die Fortsetzung des Beamtenverhältnisses schriftlich zu bestätigen.

(3) In den Fällen des § 16 Abs. 2 und 3 wird die Übernahme von der Körperschaft verfügt, in deren Dienst die Beamtin oder der Beamte treten soll. Die Verfügung wird mit der Zustellung an die Beamtin oder den Beamten wirksam. Die Beamtin oder der Beamte ist verpflichtet, der Übernahmeverfügung Folge

zu leisten. Kommt die Beamtin oder der Beamte der Verpflichtung nicht nach, ist sie oder er zu entlassen.

(4) Die Absätze 1 bis 3 gelten entsprechend in den Fällen des § 16 Abs. 4.

§ 18 Rechtsstellung der Beamtinnen und Beamten

(1) Beamtinnen und Beamten, die nach § 16 in den Dienst einer anderen Körperschaft kraft Gesetzes übertreten oder übernommen werden, soll ein gleich zu bewertendes Amt übertragen werden, das ihrem bisherigen Amt nach Bedeutung und Inhalt ohne Rücksicht auf Dienststellung und Dienstalter entspricht. Wenn eine dem bisherigen Amt entsprechende Verwendung nicht möglich ist, kann ihnen auch ein anderes Amt mit geringerem Grundgehalt übertragen werden. Das Grundgehalt muss mindestens dem des Amtes entsprechen, das die Beamtinnen und Beamten vor dem bisherigen Amt innehatten. In diesem Fall dürfen sie neben der neuen Amtsbezeichnung die des früheren Amtes mit dem Zusatz „außer Dienst" („a. D.") führen.

(2) Die aufnehmende oder neue Körperschaft kann, wenn die Zahl der bei ihr nach der Umbildung vorhandenen Beamtinnen und Beamten den tatsächlichen Bedarf übersteigt, innerhalb einer Frist, deren Bestimmung dem Landesrecht vorbehalten bleibt, Beamtinnen und Beamte im Beamtenverhältnis auf Lebenszeit oder auf Zeit in den einstweiligen Ruhestand versetzen, wenn deren Aufgabengebiet von der Umbildung berührt wurde. Bei Beamtinnen auf Zeit und Beamten auf Zeit, die nach Satz 1 in den einstweiligen Ruhestand versetzt sind, endet der einstweilige Ruhestand mit Ablauf der Amtszeit; sie gelten in diesem Zeitpunkt als dauernd in den Ruhestand versetzt, wenn sie bei Verbleiben im Amt mit Ablauf der Amtszeit in den Ruhestand getreten wären.

§ 19 Rechtsstellung der Versorgungsempfängerinnen und Versorgungsempfänger

(1) Die Vorschriften des § 16 Abs. 1 und 2 und des § 17 gelten entsprechend für die im Zeitpunkt der Umbildung bei der abgebenden Körperschaft vorhandenen Versorgungsempfängerinnen und Versorgungsempfänger.

(2) In den Fällen des § 16 Abs. 3 bleiben die Ansprüche der im Zeitpunkt der Umbildung vorhandenen Versorgungsempfängerinnen und Versorgungsempfänger gegenüber der abgebenden Körperschaft bestehen.

(3) Die Absätze 1 und 2 gelten entsprechend in den Fällen des § 16 Abs. 4.

Abschnitt 4
Zuweisung einer Tätigkeit bei anderen Einrichtungen

§ 20 Zuweisung

(1) Beamtinnen und Beamten kann mit ihrer Zustimmung vorübergehend ganz oder teilweise eine ihrem Amt entsprechende Tätigkeit zugewiesen werden

1. bei einer öffentlichen Einrichtung ohne Dienstherrneigenschaft oder bei einer öffentlich-rechtlichen Religionsgemeinschaft im dienstlichen oder öffentlichen Interesse oder
2. bei einer anderen Einrichtung, wenn öffentliche Interessen es erfordern.

(2) Beamtinnen und Beamten einer Dienststelle, die ganz oder teilweise in eine öffentlich-rechtlich organisierte Einrichtung ohne Dienstherrneigenschaft oder eine privatrechtlich organisierte Einrichtung der öffentlichen Hand umgewandelt wird, kann auch ohne ihre Zustimmung ganz oder teilweise eine ihrem Amt entsprechende Tätigkeit bei dieser Einrichtung zugewiesen werden, wenn öffentliche Interessen es erfordern.

(3) Die Rechtsstellung der Beamtinnen und Beamten bleibt unberührt.

Abschnitt 5
Beendigung des Beamtenverhältnisses

§ 21 Beendigungsgründe

Das Beamtenverhältnis endet durch

1. Entlassung,
2. Verlust der Beamtenrechte,

3. Entfernung aus dem Beamtenverhältnis nach den Disziplinargesetzen oder
4. Eintritt oder Versetzung in den Ruhestand.

§ 22 Entlassung kraft Gesetzes

(1) Beamtinnen und Beamte sind entlassen, wenn

1. die Voraussetzungen des § 7 Absatz 1 Satz 1 Nummer 1 nicht mehr vorliegen und eine Ausnahme nach § 7 Absatz 3 auch nachträglich nicht zugelassen wird oder
2. sie die Altersgrenze erreichen und das Beamtenverhältnis nicht durch Eintritt in den Ruhestand endet.

(2) Die Beamtin oder der Beamte ist entlassen, wenn ein öffentlich-rechtliches Dienst- oder Amtsverhältnis zu einem anderen Dienstherrn oder zu einer Einrichtung ohne Dienstherrneigenschaft begründet wird, sofern nicht im Einvernehmen mit dem neuen Dienstherrn oder der Einrichtung die Fortdauer des Beamtenverhältnisses neben dem neuen Dienst- oder Amtsverhältnis angeordnet oder durch Landesrecht etwas anderes bestimmt wird. Dies gilt nicht für den Eintritt in ein Beamtenverhältnis auf Widerruf oder als Ehrenbeamtin oder Ehrenbeamter.

(3) Die Beamtin oder der Beamte ist mit der Berufung in ein Beamtenverhältnis auf Zeit aus einem anderen Beamtenverhältnis bei demselben Dienstherrn entlassen, soweit das Landesrecht keine abweichenden Regelungen trifft.

(4) Das Beamtenverhältnis auf Widerruf endet mit Ablauf des Tages der Ablegung oder dem endgültigen Nichtbestehen der für die Laufbahn vorgeschriebenen Prüfung, sofern durch Landesrecht nichts anderes bestimmt ist.

(5) Das Beamtenverhältnis auf Probe in einem Amt mit leitender Funktion endet mit Ablauf der Probezeit oder mit Versetzung zu einem anderen Dienstherrn.

§ 23 Entlassung durch Verwaltungsakt

(1) Beamtinnen und Beamte sind zu entlassen, wenn sie

1. den Diensteid oder ein an dessen Stelle vorgeschriebenes Gelöbnis verweigern,
2. nicht in den Ruhestand oder einstweiligen Ruhestand versetzt werden können, weil eine versorgungsrechtliche Wartezeit nicht erfüllt ist,
3. dauernd dienstunfähig sind und das Beamtenverhältnis nicht durch Versetzung in den Ruhestand endet,
4. die Entlassung in schriftlicher Form verlangen oder
5. nach Erreichen der Altersgrenze berufen worden sind.

Im Fall des Satzes 1 Nr. 3 ist § 26 Abs. 2 entsprechend anzuwenden.

(2) Beamtinnen und Beamte können entlassen werden, wenn sie in Fällen des § 7 Abs. 2 die Eigenschaft als Deutsche oder Deutscher im Sinne des Artikels 116 Absatz 1 des Grundgesetzes verlieren.

(3) Beamtinnen auf Probe und Beamte auf Probe können entlassen werden,

1. wenn sie eine Handlung begehen, die im Beamtenverhältnis auf Lebenszeit mindestens eine Kürzung der Dienstbezüge zur Folge hätte,
2. wenn sie sich in der Probezeit nicht bewährt haben oder
3. wenn ihr Aufgabengebiet bei einer Behörde von der Auflösung dieser Behörde oder einer auf landesrechtlicher Vorschrift beruhenden wesentlichen Änderung des Aufbaus oder Verschmelzung dieser Behörde mit einer anderen oder von der Umbildung einer Körperschaft berührt wird und eine andere Verwendung nicht möglich ist.

Im Fall des Satzes 1 Nr. 2 ist § 26 Abs. 2 bei allein mangelnder gesundheitlicher Eignung entsprechend anzuwenden.

(4) Beamtinnen auf Widerruf und Beamte auf Widerruf können jederzeit entlassen werden. Die Gelegenheit zur Beendigung des Vorbereitungsdienstes und zur Ablegung der Prüfung soll gegeben werden.

§ 24 Verlust der Beamtenrechte

(1) Wenn eine Beamtin oder ein Beamter im ordentlichen Strafverfahren durch das Urteil eines deutschen Gerichts

1. wegen einer vorsätzlichen Tat zu einer Freiheitsstrafe von mindestens einem Jahr oder
2. wegen einer vorsätzlichen Tat, die nach den Vorschriften über Friedensverrat, Hochverrat und Gefährdung des demokratischen Rechtsstaates, Landesverrat und Gefährdung der äußeren Sicherheit, Volksverhetzung oder, soweit sich die Tat auf eine Diensthandlung im Hauptamt bezieht, Bestechlichkeit, strafbar ist, zu einer Freiheitsstrafe von mindestens sechs Monaten

verurteilt wird, endet das Beamtenverhältnis mit der Rechtskraft des Urteils. Entsprechendes gilt, wenn die Fähigkeit zur Bekleidung öffentlicher Ämter aberkannt wird oder wenn die Beamtin oder der Beamte aufgrund einer Entscheidung des Bundesverfassungsgerichts nach Artikel 18 des Grundgesetzes ein Grundrecht verwirkt hat.

(2) Wird eine Entscheidung, die den Verlust der Beamtenrechte zur Folge hat, in einem Wiederaufnahmeverfahren aufgehoben, gilt das Beamtenverhältnis als nicht unterbrochen.

§ 25 Ruhestand wegen Erreichens der Altersgrenze

Beamtinnen auf Lebenszeit und Beamte auf Lebenszeit treten nach Erreichen der Altersgrenze in den Ruhestand.

§ 26 Dienstunfähigkeit

(1) Beamtinnen auf Lebenszeit und Beamte auf Lebenszeit sind in den Ruhestand zu versetzen, wenn sie wegen ihres körperlichen Zustandes oder aus gesundheitlichen Gründen zur Erfüllung ihrer Dienstpflichten dauernd unfähig (dienstunfähig) sind. Als dienstunfähig kann auch angesehen werden, wer infolge Erkrankung innerhalb eines Zeitraums von sechs Monaten mehr als drei Monate keinen Dienst getan hat und keine Aussicht besteht, dass innerhalb einer Frist, deren Bestimmung dem Landesrecht vorbehalten bleibt, die Dienstfähigkeit wieder voll hergestellt ist. In den Ruhestand wird nicht versetzt, wer anderweitig verwendbar ist. Für Gruppen von Beamtinnen und Beamten können besondere Voraussetzungen für die Dienstunfähigkeit durch Landesrecht geregelt werden.

(2) Eine anderweitige Verwendung ist möglich, wenn der Beamtin oder dem Beamten ein anderes Amt derselben oder einer anderen Laufbahn übertragen werden kann. In den Fällen des Satzes 1 ist die Übertragung eines anderen Amtes ohne Zustimmung zulässig, wenn das neue Amt zum Bereich desselben Dienstherrn gehört, es mit mindestens demselben Grundgehalt verbunden ist wie das bisherige Amt und wenn zu erwarten ist, dass die gesundheitlichen Anforderungen des neuen Amtes erfüllt werden. Beamtinnen und Beamte, die nicht die Befähigung für die andere Laufbahn besitzen, haben an Qualifizierungsmaßnahmen für den Erwerb der neuen Befähigung teilzunehmen.

(3) Zur Vermeidung der Versetzung in den Ruhestand kann der Beamtin oder dem Beamten unter Beibehaltung des übertragenen Amtes ohne Zustimmung auch eine geringerwertige Tätigkeit im Bereich desselben Dienstherrn übertragen werden, wenn eine anderweitige Verwendung nicht möglich ist und die Wahrnehmung der neuen Aufgabe unter Berücksichtigung der bisherigen Tätigkeit zumutbar ist.

§ 27 Begrenzte Dienstfähigkeit

(1) Von der Versetzung in den Ruhestand wegen Dienstunfähigkeit ist abzusehen, wenn die Beamtin oder der Beamte unter Beibehaltung des übertragenen Amtes die Dienstpflichten noch während mindestens der Hälfte der regelmäßigen Arbeitszeit erfüllen kann (begrenzte Dienstfähigkeit).

(2) Die Arbeitszeit ist entsprechend der begrenzten Dienstfähigkeit herabzusetzen. Mit Zustimmung der Beamtin oder des Beamten ist auch eine Verwendung in einer nicht dem Amt entsprechenden Tätigkeit möglich.

§ 28 Ruhestand bei Beamtenverhältnis auf Probe

(1) Beamtinnen auf Probe und Beamte auf Probe sind in den Ruhestand zu versetzen, wenn sie infolge Krankheit, Verwundung

oder sonstiger Beschädigung, die sie sich ohne grobes Verschulden bei Ausübung oder aus Veranlassung des Dienstes zugezogen haben, dienstunfähig geworden sind.

(2) Beamtinnen auf Probe und Beamte auf Probe können in den Ruhestand versetzt werden, wenn sie aus anderen Gründen dienstunfähig geworden sind.

(3) § 26 Abs. 1 Satz 3, Abs. 2 und 3 sowie § 27 sind entsprechend anzuwenden.

§ 29 Wiederherstellung der Dienstfähigkeit

(1) Wird nach der Versetzung in den Ruhestand wegen Dienstunfähigkeit die Dienstfähigkeit wiederhergestellt und beantragt die Ruhestandsbeamtin oder der Ruhestandsbeamte vor Ablauf einer Frist, deren Bestimmung dem Landesrecht vorbehalten bleibt, spätestens zehn Jahre nach der Versetzung in den Ruhestand, eine erneute Berufung in das Beamtenverhältnis, ist diesem Antrag zu entsprechen, falls nicht zwingende dienstliche Gründe entgegenstehen.

(2) Beamtinnen und Beamte, die wegen Dienstunfähigkeit in den Ruhestand versetzt worden sind, können erneut in das Beamtenverhältnis berufen werden, wenn im Dienstbereich des früheren Dienstherrn ein Amt mit mindestens demselben Grundgehalt übertragen werden soll und wenn zu erwarten ist, dass die gesundheitlichen Anforderungen des neuen Amtes erfüllt werden. Beamtinnen und Beamte, die nicht die Befähigung für die andere Laufbahn besitzen, haben an Qualifizierungsmaßnahmen für den Erwerb der neuen Befähigung teilzunehmen. Den wegen Dienstunfähigkeit in den Ruhestand versetzten Beamtinnen und Beamten kann unter Übertragung eines Amtes ihrer früheren Laufbahn nach Satz 1 auch eine geringerwertige Tätigkeit im Bereich desselben Dienstherrn übertragen werden, wenn eine anderweitige Verwendung nicht möglich ist und die Wahrnehmung der neuen Aufgabe unter Berücksichtigung ihrer früheren Tätigkeit zumutbar ist.

(3) Die erneute Berufung in ein Beamtenverhältnis ist auch in den Fällen der begrenzten Dienstfähigkeit möglich.

(4) Beamtinnen und Beamte, die wegen Dienstunfähigkeit in den Ruhestand versetzt worden sind, sind verpflichtet, sich geeigneten und zumutbaren Maßnahmen zur Wiederherstellung ihrer Dienstfähigkeit zu unterziehen; die zuständige Behörde kann ihnen entsprechende Weisungen erteilen.

(5) Die Dienstfähigkeit der Ruhestandsbeamtin oder des Ruhestandsbeamten kann nach Maßgabe des Landesrechts untersucht werden; sie oder er ist verpflichtet, sich nach Weisung der zuständigen Behörde ärztlich untersuchen zu lassen. Die Ruhestandsbeamtin oder der Ruhestandsbeamte kann eine solche Untersuchung verlangen, wenn sie oder er einen Antrag nach Absatz 1 zu stellen beabsichtigt.

(6) Bei einer erneuten Berufung gilt das frühere Beamtenverhältnis als fortgesetzt.

§ 30 Einstweiliger Ruhestand

(1) Beamtinnen auf Lebenszeit und Beamte auf Lebenszeit können jederzeit in den einstweiligen Ruhestand versetzt werden, wenn sie ein Amt bekleiden, bei dessen Ausübung sie in fortdauernder Übereinstimmung mit den grundsätzlichen politischen Ansichten und Zielen der Regierung stehen müssen. Die Bestimmung der Ämter nach Satz 1 ist dem Landesrecht vorbehalten.

(2) Beamtinnen und Beamte, die auf Probe ernannt sind und ein Amt im Sinne des Absatzes 1 bekleiden, können jederzeit entlassen werden.

(3) Für den einstweiligen Ruhestand gelten die Vorschriften über den Ruhestand. § 29 Abs. 2 und 6 gilt entsprechend. Der einstweilige Ruhestand endet bei erneuter Berufung in das Beamtenverhältnis auf Lebenszeit auch bei einem anderen Dienstherrn, wenn den Beamtinnen oder Beamten ein Amt verliehen wird, das derselben oder einer gleichwertigen Laufbahn angehört wie das frühere Amt und mit mindestens demselben Grundgehalt verbunden ist.

(4) Erreichen Beamtinnen und Beamte, die in den einstweiligen Ruhestand versetzt sind, die gesetzliche Altersgrenze, gelten sie mit diesem Zeitpunkt als dauernd in den Ruhestand versetzt.

§ 31 Einstweiliger Ruhestand bei Umbildung und Auflösung von Behörden

(1) Bei der Auflösung einer Behörde oder bei einer auf landesrechtlicher Vorschrift beruhenden wesentlichen Änderung des Aufbaus oder bei Verschmelzung einer Behörde mit einer oder mehreren anderen kann eine Beamtin auf Lebenszeit oder ein Beamter auf Lebenszeit in den einstweiligen Ruhestand versetzt werden, wenn das übertragene Aufgabengebiet von der Auflösung oder Umbildung berührt wird und eine Versetzung nach Landesrecht nicht möglich ist. Zusätzliche Voraussetzungen können geregelt werden.

(2) Die erneute Berufung der in den einstweiligen Ruhestand versetzten Beamtin oder des in den einstweiligen Ruhestand versetzten Beamten in ein Beamtenverhältnis ist vorzusehen, wenn ein der bisherigen Tätigkeit entsprechendes Amt zu besetzen ist, für das sie oder er geeignet ist. Für erneute Berufungen nach Satz 1, die weniger als fünf Jahre vor Erreichen der Altersgrenze (§ 25) wirksam werden, können durch Landesrecht abweichende Regelungen getroffen werden.

(3) § 29 Abs. 6 gilt entsprechend.

§ 32 Wartezeit

Die Versetzung in den Ruhestand setzt die Erfüllung einer versorgungsrechtlichen Wartezeit voraus.

Abschnitt 6
Rechtliche Stellung im Beamtenverhältnis

§ 33 Grundpflichten

(1) Beamtinnen und Beamte dienen dem ganzen Volk, nicht einer Partei. Sie haben ihre Aufgaben unparteiisch und gerecht zu erfüllen und ihr Amt zum Wohl der Allgemeinheit zu führen. Beamtinnen und Beamte müssen sich durch ihr gesamtes Verhalten zu der freiheitlichen demokratischen Grundordnung im Sinne des Grundgesetzes bekennen und für deren Erhaltung eintreten.

(2) Beamtinnen und Beamte haben bei politischer Betätigung diejenige Mäßigung und Zurückhaltung zu wahren, die sich aus ihrer Stellung gegenüber der Allgemeinheit und aus der Rücksicht auf die Pflichten ihres Amtes ergibt.

§ 34 Wahrnehmung der Aufgaben, Verhalten und Erscheinungsbild

(1) Beamtinnen und Beamte haben sich mit vollem persönlichem Einsatz ihrem Beruf zu widmen. Sie haben die übertragenen Aufgaben uneigennützig nach bestem Gewissen wahrzunehmen. Ihr Verhalten innerhalb und außerhalb des Dienstes muss der Achtung und dem Vertrauen gerecht werden, die ihr Beruf erfordern.

(2) Beamtinnen und Beamte haben bei der Ausübung des Dienstes oder bei einer Tätigkeit mit unmittelbarem Dienstbezug auch hinsichtlich ihres Erscheinungsbilds Rücksicht auf das ihrem Amt entgegengebrachte Vertrauen zu nehmen. Insbesondere das Tragen von bestimmten Kleidungsstücken, Schmuck, Symbolen und Tätowierungen im sichtbaren Bereich sowie die Art der Haar- und Barttracht können eingeschränkt oder untersagt werden, soweit die Funktionsfähigkeit der Verwaltung oder die Pflicht zum achtungs- und vertrauenswürdigen Verhalten dies erfordert. Das ist insbesondere dann der Fall, wenn Merkmale des Erscheinungsbilds nach Satz 2 durch ihre über das übliche Maß hinausgehende besonders individualisierende Art geeignet sind, die amtliche Funktion der Beamtin oder des Beamten in den Hintergrund zu drängen. Religiös oder weltanschaulich konnotierte Merkmale des Erscheinungsbilds nach Satz 2 können nur dann eingeschränkt oder untersagt werden, wenn sie objektiv geeignet sind, das Vertrauen in die neutrale Amtsführung der Beamtin oder des Beamten zu beeinträchtigen. Die Einzelheiten nach den Sätzen 2 bis 4 können durch Landesrecht bestimmt werden. Die Verhüllung des Gesichts bei der Ausübung des Dienstes oder bei einer Tätigkeit mit unmittelbarem Dienstbezug ist stets unzulässig, es sei denn, dienstliche oder gesundheitliche Gründe erfordern dies.

§ 35 Folgepflicht

(1) Beamtinnen und Beamte haben ihre Vorgesetzten zu beraten und zu unterstützen. Sie sind verpflichtet, deren dienstliche Anordnungen auszuführen und deren allgemeine Richtlinien zu befolgen. Dies gilt nicht, soweit die Beamtinnen und Beamten nach besonderen gesetzlichen Vorschriften an Weisungen nicht gebunden und nur dem Gesetz unterworfen sind.

(2) Beamtinnen und Beamte haben bei organisatorischen Veränderungen dem Dienstherrn Folge zu leisten.

§ 36 Verantwortung für die Rechtmäßigkeit

(1) Beamtinnen und Beamte tragen für die Rechtmäßigkeit ihrer dienstlichen Handlungen die volle persönliche Verantwortung.

(2) Bedenken gegen die Rechtmäßigkeit dienstlicher Anordnungen haben Beamtinnen und Beamte unverzüglich auf dem Dienstweg geltend zu machen. Wird die Anordnung aufrechterhalten, haben sie sich, wenn die Bedenken fortbestehen, an die nächst höhere Vorgesetzte oder den nächst höheren Vorgesetzten zu wenden. Wird die Anordnung bestätigt, müssen die Beamtinnen und Beamten sie ausführen und sind von der eigenen Verantwortung befreit. Dies gilt nicht, wenn das aufgetragene Verhalten die Würde des Menschen verletzt oder strafbar oder ordnungswidrig ist und die Strafbarkeit oder Ordnungswidrigkeit für die Beamtinnen oder Beamten erkennbar ist. Die Bestätigung hat auf Verlangen schriftlich zu erfolgen.

(3) Wird von den Beamtinnen oder Beamten die sofortige Ausführung der Anordnung verlangt, weil Gefahr im Verzug besteht und die Entscheidung der oder des höheren Vorgesetzten nicht rechtzeitig herbeigeführt werden kann, gilt Absatz 2 Satz 3 und 4 entsprechend. Die Anordnung ist durch die anordnende oder den anordnenden Vorgesetzten schriftlich zu bestätigen, wenn die Beamtin oder der Beamte dies unverzüglich nach Ausführung der Anordnung verlangt.

§ 37 Verschwiegenheitspflicht

(1) Beamtinnen und Beamte haben über die ihnen bei oder bei Gelegenheit ihrer amtlichen Tätigkeit bekannt gewordenen dienstlichen Angelegenheiten Verschwiegenheit zu bewahren. Dies gilt auch über den Bereich eines Dienstherrn hinaus sowie nach Beendigung des Beamtenverhältnisses.

(2) Absatz 1 gilt nicht, soweit

1. Mitteilungen im dienstlichen Verkehr geboten sind,
2. Tatsachen mitgeteilt werden, die offenkundig sind oder ihrer Bedeutung nach keiner Geheimhaltung bedürfen,
3. gegenüber der zuständigen obersten Dienstbehörde, einer Strafverfolgungsbehörde oder einer durch Landesrecht bestimmten weiteren Behörde oder außerdienstlichen Stelle ein durch Tatsachen begründeter Verdacht einer Korruptionsstraftat nach den §§ 331 bis 337 des Strafgesetzbuches angezeigt wird oder
4. Informationen unter den Voraussetzungen des Hinweisgeberschutzgesetzes an eine zuständige Meldestelle weitergegeben oder offengelegt werden.

Im Übrigen bleiben die gesetzlich begründeten Pflichten, geplante Straftaten anzuzeigen und für die Erhaltung der freiheitlichen demokratischen Grundordnung einzutreten, von Absatz 1 unberührt.

(3) Beamtinnen und Beamte dürfen ohne Genehmigung über Angelegenheiten, für die Absatz 1 gilt, weder vor Gericht noch außergerichtlich aussagen oder Erklärungen abgeben. Die Genehmigung erteilt der Dienstherr oder, wenn das Beamtenverhältnis beendet ist, der letzte Dienstherr. Hat sich der Vorgang, der den Gegenstand der Äußerung bildet, bei einem früheren Dienstherrn ereignet, darf die Genehmigung nur mit dessen Zustimmung erteilt werden. Durch Landesrecht kann bestimmt werden, dass an die Stelle des in den Sätzen 2 und 3 genannten jeweiligen Dienstherrn eine andere Stelle tritt.

(4) Die Genehmigung, als Zeugin oder Zeuge auszusagen, darf nur versagt werden, wenn die Aussage dem Wohl des Bundes oder eines deutschen Landes erhebliche Nachteile bereiten oder die Erfüllung öffentlicher Aufgaben ernstlich gefährden oder erheblich erschweren

würde. Durch Landesrecht kann bestimmt werden, dass die Verweigerung der Genehmigung zur Aussage vor Untersuchungsausschüssen des Deutschen Bundestages oder der Volksvertretung eines Landes einer Nachprüfung unterzogen werden kann. Die Genehmigung, ein Gutachten zu erstatten, kann versagt werden, wenn die Erstattung den dienstlichen Interessen Nachteile bereiten würde.

(5) Sind Beamtinnen oder Beamte Partei oder Beschuldigte in einem gerichtlichen Verfahren oder soll ihr Vorbringen der Wahrnehmung ihrer berechtigten Interessen dienen, darf die Genehmigung auch dann, wenn die Voraussetzungen des Absatzes 4 Satz 1 erfüllt sind, nur versagt werden, wenn die dienstlichen Rücksichten dies unabweisbar erfordern. Wird sie versagt, ist Beamtinnen oder Beamten der Schutz zu gewähren, den die dienstlichen Rücksichten zulassen.

(6) Beamtinnen und Beamte haben, auch nach Beendigung des Beamtenverhältnisses, auf Verlangen des Dienstherrn oder des letzten Dienstherrn amtliche Schriftstücke, Zeichnungen, bildliche Darstellungen sowie Aufzeichnungen jeder Art über dienstliche Vorgänge, auch soweit es sich um Wiedergaben handelt, herauszugeben. Die gleiche Verpflichtung trifft ihre Hinterbliebenen und Erben.

§ 38 Diensteid

(1) Beamtinnen und Beamte haben einen Diensteid zu leisten. Der Diensteid hat eine Verpflichtung auf das Grundgesetz zu enthalten.

(2) In den Fällen, in denen Beamtinnen und Beamte erklären, dass sie aus Glaubens- oder Gewissensgründen den Eid nicht leisten wollen, kann für diese an Stelle des Eides ein Gelöbnis zugelassen werden.

(3) In den Fällen, in denen nach § 7 Abs. 3 eine Ausnahme von § 7 Absatz 1 Satz 1 Nummer 1 zugelassen worden ist, kann an Stelle des Eides ein Gelöbnis vorgeschrieben werden.

§ 39 Verbot der Führung der Dienstgeschäfte

Beamtinnen und Beamten kann aus zwingenden dienstlichen Gründen die Führung der Dienstgeschäfte verboten werden. Das Verbot erlischt, wenn nicht bis zum Ablauf von drei Monaten gegen die Beamtin oder den Beamten ein Disziplinarverfahren oder ein sonstiges auf Rücknahme der Ernennung oder auf Beendigung des Beamtenverhältnisses gerichtetes Verfahren eingeleitet worden ist.

§ 40 Nebentätigkeit

Eine Nebentätigkeit ist grundsätzlich anzeigepflichtig. Sie ist unter Erlaubnis- oder Verbotsvorbehalt zu stellen, soweit sie geeignet ist, dienstliche Interessen zu beeinträchtigen.

§ 41 Tätigkeit nach Beendigung des Beamtenverhältnisses

(1) Ruhestandsbeamtinnen und Ruhestandsbeamte sowie frühere Beamtinnen mit Versorgungsbezügen und frühere Beamte mit Versorgungsbezügen haben die Ausübung einer Erwerbstätigkeit oder sonstigen Beschäftigung außerhalb des öffentlichen Dienstes, die mit der dienstlichen Tätigkeit innerhalb eines Zeitraums, dessen Bestimmung dem Landesrecht vorbehalten bleibt, im Zusammenhang steht und durch die dienstliche Interessen beeinträchtigt werden können, anzuzeigen. Die Erwerbstätigkeit oder sonstige Beschäftigung ist zu untersagen, wenn zu besorgen ist, dass durch sie dienstliche Interessen beeinträchtigt werden. Das Verbot endet spätestens mit Ablauf von sieben Jahren nach Beendigung des Beamtenverhältnisses.

(2) Durch Landesrecht können für bestimmte Gruppen der in Absatz 1 Satz 1 genannten Beamtinnen und Beamten abweichende Voraussetzungen für eine Anzeige oder Regelungen für eine Genehmigung von Tätigkeiten nach Beendigung des Beamtenverhältnisses bestimmt werden.

§ 42 Verbot der Annahme von Belohnungen, Geschenken und sonstigen Vorteilen

(1) Beamtinnen und Beamte dürfen, auch nach Beendigung des Beamtenverhältnisses, keine Belohnungen, Geschenke oder sonstigen Vorteile für sich oder eine dritte Person in

Bezug auf ihr Amt fordern, sich versprechen lassen oder annehmen. Ausnahmen bedürfen der Zustimmung ihres gegenwärtigen oder letzten Dienstherrn.

(2) Wer gegen das in Absatz 1 genannte Verbot verstößt, hat das aufgrund des pflichtwidrigen Verhaltens Erlangte auf Verlangen dem Dienstherrn herauszugeben, soweit nicht die Einziehung von Taterträgen angeordnet worden oder es auf andere Weise auf den Staat übergegangen ist.

§ 43 Teilzeitbeschäftigung

Teilzeitbeschäftigung ist zu ermöglichen.

§ 44 Erholungsurlaub

Beamtinnen und Beamten steht jährlicher Erholungsurlaub unter Fortgewährung der Bezüge zu.

§ 45 Fürsorge

Der Dienstherr hat im Rahmen des Dienst- und Treueverhältnisses für das Wohl der Beamtinnen und Beamten und ihrer Familien, auch für die Zeit nach Beendigung des Beamtenverhältnisses, zu sorgen. Er schützt die Beamtinnen und Beamten bei ihrer amtlichen Tätigkeit und in ihrer Stellung.

§ 46 Mutterschutz und Elternzeit

Effektiver Mutterschutz und Elternzeit sind zu gewährleisten.

§ 47 Nichterfüllung von Pflichten

(1) Beamtinnen und Beamte begehen ein Dienstvergehen, wenn sie schuldhaft die ihnen obliegenden Pflichten verletzen. Ein Verhalten außerhalb des Dienstes ist nur dann ein Dienstvergehen, wenn es nach den Umständen des Einzelfalls in besonderem Maße geeignet ist, das Vertrauen in einer für ihr Amt bedeutsamen Weise zu beeinträchtigen.

(2) Bei Ruhestandsbeamtinnen und Ruhestandsbeamten oder früheren Beamtinnen mit Versorgungsbezügen und früheren Beamten mit Versorgungsbezügen gilt als Dienstvergehen, wenn sie sich gegen die freiheitliche demokratische Grundordnung im Sinne des Grundgesetzes betätigen oder an Bestrebungen teilnehmen, die darauf abzielen, den Bestand oder die Sicherheit der Bundesrepublik Deutschland zu beeinträchtigen, oder wenn sie schuldhaft gegen die in den §§ 37, 41 und 42 bestimmten Pflichten verstoßen. Bei sonstigen früheren Beamtinnen und früheren Beamten gilt es als Dienstvergehen, wenn sie schuldhaft gegen die in den §§ 37, 41 und 42 bestimmten Pflichten verstoßen. Für Beamtinnen und Beamte nach den Sätzen 1 und 2 können durch Landesrecht weitere Handlungen festgelegt werden, die als Dienstvergehen gelten.

(3) Das Nähere über die Verfolgung von Dienstvergehen regeln die Disziplinargesetze.

§ 48 Pflicht zum Schadensersatz

Beamtinnen und Beamte, die vorsätzlich oder grob fahrlässig die ihnen obliegenden Pflichten verletzen, haben dem Dienstherrn, dessen Aufgaben sie wahrgenommen haben, den daraus entstehenden Schaden zu ersetzen. Haben mehrere Beamtinnen oder Beamte gemeinsam den Schaden verursacht, haften sie als Gesamtschuldner.

§ 49 Übermittlungen bei Strafverfahren

(1) Das Gericht, die Strafverfolgungs- oder die Strafvollstreckungsbehörde hat in Strafverfahren gegen Beamtinnen und Beamte zur Sicherstellung der erforderlichen dienstrechtlichen Maßnahmen im Fall der Erhebung der öffentlichen Klage

1. die Anklageschrift oder eine an ihre Stelle tretende Antragsschrift,
2. den Antrag auf Erlass eines Strafbefehls und
3. die einen Rechtszug abschließende Entscheidung mit Begründung

zu übermitteln. Ist gegen die Entscheidung ein Rechtsmittel eingelegt worden, ist die Entscheidung unter Hinweis auf das eingelegte Rechtsmittel zu übermitteln. Der Erlass und der Vollzug eines Haftbefehls oder eines Unterbringungsbefehls sind mitzuteilen.

(2) In Verfahren wegen fahrlässig begangener Straftaten werden die in Absatz 1 Satz 1 bestimmten Übermittlungen nur vorgenommen, wenn

1. es sich um schwere Verstöße handelt, namentlich Vergehen der Trunkenheit im Straßenverkehr oder der fahrlässigen Tötung, oder
2. in sonstigen Fällen die Kenntnis der Daten aufgrund der Umstände des Einzelfalls erforderlich ist, um zu prüfen, ob dienstrechtliche Maßnahmen zu ergreifen sind.

(3) Entscheidungen über Verfahrenseinstellungen, die nicht bereits nach Absatz 1 oder 2 zu übermitteln sind, sollen übermittelt werden, wenn die in Absatz 2 Nr. 2 genannten Voraussetzungen erfüllt sind. Dabei ist zu berücksichtigen, wie gesichert die zu übermittelnden Erkenntnisse sind.

(4) Sonstige Tatsachen, die in einem Strafverfahren bekannt werden, dürfen mitgeteilt werden, wenn ihre Kenntnis aufgrund besonderer Umstände des Einzelfalls für dienstrechtliche Maßnahmen gegen eine Beamtin oder einen Beamten erforderlich ist und soweit nicht für die übermittelnde Stelle erkennbar ist, dass schutzwürdige Interessen der Beamtin oder des Beamten an dem Ausschluss der Übermittlung überwiegen. Erforderlich ist die Kenntnis der Daten auch dann, wenn diese Anlass zur Prüfung bieten, ob dienstrechtliche Maßnahmen zu ergreifen sind. Absatz 3 Satz 2 ist entsprechend anzuwenden.

(5) Nach den Absätzen 1 bis 4 übermittelte Daten dürfen auch für die Wahrnehmung der Aufgaben nach dem Sicherheitsüberprüfungsgesetz oder einem entsprechenden Landesgesetz verwendet werden.

(6) Übermittlungen nach den Absätzen 1 bis 3 sind auch zulässig, soweit sie Daten betreffen, die dem Steuergeheimnis (§ 30 der Abgabenordnung) unterliegen. Übermittlungen nach Absatz 4 sind unter den Voraussetzungen des § 30 Abs. 4 Nr. 5 der Abgabenordnung zulässig.

§ 50 Personalakte

Für jede Beamtin und jeden Beamten ist eine Personalakte zu führen. Zur Personalakte gehören alle Unterlagen, die die Beamtin oder den Beamten betreffen, soweit sie mit dem Dienstverhältnis in einem unmittelbaren inneren Zusammenhang stehen (Personalaktendaten). Die Personalakte ist vertraulich zu behandeln. Personalaktendaten dürfen ohne Einwilligung der Beamtin oder des Beamten nur für Zwecke der Personalverwaltung oder Personalwirtschaft verarbeitet werden. Für Ausnahmefälle kann landesrechtlich eine von Satz 4 abweichende Verarbeitung vorgesehen werden.

§ 51 Personalvertretung

Die Bildung von Personalvertretungen zum Zweck der vertrauensvollen Zusammenarbeit zwischen der Behördenleitung und dem Personal ist unter Einbeziehung der Beamtinnen und Beamten zu gewährleisten.

§ 52 Mitgliedschaft in Gewerkschaften und Berufsverbänden

Beamtinnen und Beamte haben das Recht, sich in Gewerkschaften oder Berufsverbänden zusammenzuschließen. Sie dürfen wegen Betätigung für ihre Gewerkschaft oder ihren Berufsverband nicht dienstlich gemaßregelt oder benachteiligt werden.

§ 53 Beteiligung der Spitzenorganisationen

Bei der Vorbereitung gesetzlicher Regelungen der beamtenrechtlichen Verhältnisse durch die obersten Landesbehörden sind die Spitzenorganisationen der zuständigen Gewerkschaften und Berufsverbände zu beteiligen. Das Beteiligungsverfahren kann auch durch Vereinbarung ausgestaltet werden.

Abschnitt 7
Rechtsweg

§ 54 Verwaltungsrechtsweg

(1) Für alle Klagen der Beamtinnen, Beamten, Ruhestandsbeamtinnen, Ruhestandsbeamten, früheren Beamtinnen, früheren Beamten und der Hinterbliebenen aus dem Beamtenverhältnis sowie für Klagen des Dienstherrn ist der Verwaltungsrechtsweg gegeben.

(2) Vor allen Klagen ist ein Vorverfahren nach den Vorschriften des 8. Abschnitts der Verwaltungsgerichtsordnung durchzuführen. Dies gilt auch dann, wenn die Maßnahme von der

obersten Dienstbehörde getroffen worden ist. Ein Vorverfahren ist nicht erforderlich, wenn ein Landesgesetz dieses ausdrücklich bestimmt.

(3) Den Widerspruchsbescheid erlässt die oberste Dienstbehörde. Sie kann die Entscheidung für Fälle, in denen sie die Maßnahme nicht selbst getroffen hat, durch allgemeine Anordnung auf andere Behörden übertragen. Die Anordnung ist zu veröffentlichen.

(4) Widerspruch und Anfechtungsklage gegen Abordnung oder Versetzung haben keine aufschiebende Wirkung.

Abschnitt 8
Spannungs- und Verteidigungsfall

§ 55 Anwendungsbereich

Beschränkungen, Anordnungen und Verpflichtungen nach den §§ 56 bis 59 sind nur nach Maßgabe des Artikels 80a des Grundgesetzes zulässig. Sie sind auf Personen im Sinne des § 5 Abs. 1 des Arbeitssicherstellungsgesetzes nicht anzuwenden.

§ 56 Dienstleistung im Verteidigungsfall

(1) Beamtinnen und Beamte können für Zwecke der Verteidigung auch ohne ihre Zustimmung zu einem anderen Dienstherrn abgeordnet oder zur Dienstleistung bei über- oder zwischenstaatlichen zivilen Dienststellen verpflichtet werden.

(2) Beamtinnen und Beamten können für Zwecke der Verteidigung auch Aufgaben übertragen werden, die nicht ihrem Amt oder ihrer Laufbahnbefähigung entsprechen, sofern ihnen die Übernahme nach ihrer Vor- und Ausbildung und im Hinblick auf die Ausnahmesituation zumutbar ist. Aufgaben einer Laufbahn mit geringeren Zugangsvoraussetzungen dürfen ihnen nur übertragen werden, wenn dies aus dienstlichen Gründen unabweisbar ist.

(3) Beamtinnen und Beamte haben bei der Erfüllung der ihnen für Zwecke der Verteidigung übertragenen Aufgaben Gefahren und Erschwernisse auf sich zu nehmen, soweit diese ihnen nach den Umständen und den persönlichen Verhältnissen zugemutet werden können.

(4) Beamtinnen und Beamte sind bei einer Verlegung der Behörde oder Dienststelle auch in das Ausland zur Dienstleistung am neuen Dienstort verpflichtet.

§ 57 Aufschub der Entlassung und des Ruhestands

Die Entlassung der Beamtinnen und Beamten auf ihren Antrag kann für Zwecke der Verteidigung hinausgeschoben werden, wenn dies im öffentlichen Interesse erforderlich ist und der Personalbedarf der öffentlichen Verwaltung im Bereich ihres Dienstherrn auf freiwilliger Grundlage nicht gedeckt werden kann. Satz 1 gilt entsprechend für den Ablauf der Amtszeit bei Beamtenverhältnissen auf Zeit. Der Eintritt der Beamtinnen und Beamten in den Ruhestand nach Erreichen der Altersgrenze und die vorzeitige Versetzung in den Ruhestand auf Antrag ohne Nachweis der Dienstunfähigkeit können unter den Voraussetzungen des Satzes 1 bis zum Ende des Monats hinausgeschoben werden, in dem die für Bundesbeamtinnen und Bundesbeamte geltende Regelaltersgrenze erreicht wird.

§ 58 Erneute Berufung von Ruhestandsbeamtinnen und Ruhestandsbeamten

Ruhestandsbeamtinnen und Ruhestandsbeamte, die die für Bundesbeamtinnen und Bundesbeamte geltende Regelaltersgrenze noch nicht erreicht haben, können für Zwecke der Verteidigung erneut in ein Beamtenverhältnis berufen werden, wenn dies im öffentlichen Interesse erforderlich ist und der Personalbedarf der öffentlichen Verwaltung im Bereich ihres bisherigen Dienstherrn auf freiwilliger Grundlage nicht gedeckt werden kann. Das Beamtenverhältnis endet, wenn es nicht vorher beendet wird, mit dem Ende des Monats, in dem die für Bundesbeamtinnen und Bundesbeamte geltende Regelaltersgrenze erreicht wird.

§ 59 Verpflichtung zur Gemeinschaftsunterkunft und Mehrarbeit

(1) Wenn dienstliche Gründe es erfordern, können Beamtinnen und Beamte für Zwecke der Verteidigung verpflichtet werden, vorübergehend in einer Gemeinschaftsunter-

kunft zu wohnen und an einer Gemeinschaftsverpflegung teilzunehmen.

(2) Beamtinnen und Beamte sind verpflichtet, für Zwecke der Verteidigung über die regelmäßige Arbeitszeit hinaus ohne besondere Vergütung Dienst zu tun. Für die Mehrbeanspruchung wird ein Freizeitausgleich nur gewährt, soweit es die dienstlichen Erfordernisse gestatten.

Abschnitt 9 Sonderregelungen für Verwendungen im Ausland

§ 60 Verwendungen im Ausland

(1) Beamtinnen und Beamte, die zur Wahrnehmung des ihnen übertragenen Amtes im Ausland oder außerhalb des Deutschen Hoheitsgebiets auf Schiffen oder in Luftfahrzeugen verwendet werden und dabei wegen vom Inland wesentlich abweichender Verhältnisse erhöhten Gefahren ausgesetzt sind, können aus dienstlichen Gründen verpflichtet werden,

1. vorübergehend in einer Gemeinschaftsunterkunft zu wohnen und an einer Gemeinschaftsverpflegung teilzunehmen,
2. Schutzkleidung zu tragen,
3. Dienstkleidung zu tragen und
4. über die regelmäßige Arbeitszeit hinaus ohne besondere Vergütung Dienst zu tun.

In den Fällen des Satzes 1 Nr. 4 wird für die Mehrbeanspruchung ein Freizeitausgleich nur gewährt, soweit es die dienstlichen Erfordernisse gestatten.

(2) Sind nach Absatz 1 verwendete Beamtinnen und Beamte zum Zeitpunkt des vorgesehenen Eintritts in den Ruhestand nach den §§ 25 und 26 oder des vorgesehenen Ablaufs ihrer Amtszeit wegen Verschleppung, Gefangenschaft oder aus sonstigen mit dem Dienst zusammenhängenden Gründen, die sie nicht zu vertreten haben, dem Einflussbereich des Dienstherrn entzogen, verlängert sich das Dienstverhältnis bis zum Ablauf des auf die Beendigung dieses Zustands folgenden Monats.

Abschnitt 10 Sonderregelungen für wissenschaftliches Hochschulpersonal

§ 61 Hochschullehrerinnen und Hochschullehrer

Abweichend von den §§ 14 und 15 können Hochschullehrerinnen und Hochschullehrer nur mit ihrer Zustimmung in den Bereich eines Dienstherrn eines anderen Landes oder des Bundes abgeordnet oder versetzt werden. Abordnung oder Versetzung im Sinne von Satz 1 sind auch ohne Zustimmung der Hochschullehrerinnen oder Hochschullehrer zulässig, wenn die Hochschule oder die Hochschuleinrichtung, an der sie tätig sind, aufgelöst oder mit einer anderen Hochschule zusammengeschlossen wird oder wenn die Studien- oder Fachrichtung, in der sie tätig sind, ganz oder teilweise aufgehoben oder an eine andere Hochschule verlegt wird. In diesen Fällen beschränkt sich eine Mitwirkung der aufnehmenden Hochschule oder Hochschuleinrichtung bei der Einstellung auf eine Anhörung. Die Vorschriften über den einstweiligen Ruhestand sind auf Hochschullehrerinnen und Hochschullehrer nicht anzuwenden.

Abschnitt 11 Schlussvorschriften

§ 62 Folgeänderungen

(hier nicht aufgenommen)

§ 63 Inkrafttreten, Außerkrafttreten

(1) Die §§ 25 und 50 treten am Tag nach der Verkündung in Kraft. Gleichzeitig treten die §§ 25 und 26 Abs. 3 sowie die §§ 56 bis 56f des Beamtenrechtsrahmengesetzes in der Fassung der Bekanntmachung vom 31. März 1999 (BGBl. I S. 654), das zuletzt durch Artikel 2 Abs. 1 des Gesetzes vom 5. Dezember 2006 (BGBl. I S. 2748), geändert worden ist, außer Kraft.

(2) § 62 Abs. 13 und 14 tritt für Bundesbeamtinnen und Bundesbeamte am 12. Februar 2009 in Kraft.

(3) Im Übrigen tritt das Gesetz am 1. April 2009 in Kraft. Gleichzeitig tritt das Beamtenrechtsrahmengesetz mit Ausnahme von Kapitel II und § 135 außer Kraft.

(4) Die Länder können für die Zeit bis zum Inkrafttreten des § 11 Landesregelungen im Sinne dieser Vorschrift in Kraft setzen. In den Ländern, die davon Gebrauch machen, ist § 8 des Beamtenrechtsrahmengesetzes nicht anzuwenden.

Hessisches Beamtengesetz (HBG)[1]

Vom 27. Mai 2013 (GVBl. S. 218, S. 508, S. 578)

Zuletzt geändert durch
Gesetz zur Verbesserung der Funktionsfähigkeit der kommunalen Vertretungskörperschaften und zur Änderung kommunalrechtlicher Vorschriften
vom 1. April 2025 (GVBl. Nr. 24)

Inhaltsübersicht

---

[1]) Dieses Gesetz dient der Umsetzung der Richtlinie 2003/88/EG des Europäischen Parlaments und des Rates vom 4. November 2003 über bestimmte Aspekte der Arbeitszeitgestaltung (ABl. EU Nr. L 299 S. 9), der Richtlinie 2005/36/EG des Europäischen Parlaments und des Rates vom 7. September 2005 über die Anerkennung von Berufsqualifikationen (ABl. EU Nr. L 255 S. 22), zuletzt geändert durch Verordnung der Kommission vom 11. Juli 2012 (ABl. EU Nr. L 180 S. 9), der Richtlinie 2000/78/EG vom 27. November 2000 über die Festlegung eines allgemeinen Rahmens für die Verwirklichung der Gleichbehandlung in Beschäftigung und Beruf (ABl. EG Nr. L 303 S. 16) und der Richtlinie 2006/54/EG des Europäischen Parlaments und des Rates vom 5. Juli 2006 zur Verwirklichung des Grundsatzes der Chancengleichheit und Gleichbehandlung von Männern und Frauen in Arbeits- und Beschäftigungsfragen (Neufassung) (ABl. EU Nr. L 204 S. 23).

ERSTER TEIL
Allgemeine Vorschriften

§ 1 Geltungsbereich

(1) Dieses Gesetz regelt das Recht der Beamtinnen und Beamten des Landes, der Gemeinden, der Gemeindeverbände und der sonstigen der Aufsicht des Landes unterstehenden Körperschaften, Anstalten und Stiftungen des öffentlichen Rechts, soweit es nicht abschließend im Beamtenstatusgesetz vom 17. Juni 2008 (BGBl. I S. 1010), geändert durch Gesetz vom 5. Februar 2009 (BGBl. I S. 160), in der jeweils geltenden Fassung geregelt ist und soweit gesetzlich nichts anderes bestimmt ist.

(2) Dieses Gesetz gilt nicht für die öffentlich-rechtlichen Religionsgesellschaften und ihre Verbände. Diesen bleibt es überlassen, die Rechtsverhältnisse ihrer Beamtinnen, Beamten, Seelsorgerinnen und Seelsorger diesem Gesetz entsprechend zu regeln.

(3) § 27 sowie die §§ 69 und 70, soweit sie nicht den Erholungsurlaub betreffen, und § 81a gelten entsprechend für Arbeitnehmerinnen und Arbeitnehmer des öffentlichen Dienstes. Günstigere tarifvertragliche Regelungen bleiben unberührt.

§ 2 Dienstherrnfähigkeit (§ 2 Beamtenstatusgesetz)

Den der Aufsicht des Landes unterstehenden Körperschaften, Anstalten und Stiftungen des öffentlichen Rechts kann durch Rechtsverordnung der Landesregierung oder Satzung, die der Genehmigung durch die Landesregierung bedarf, Dienstherrnfähigkeit im Sinne des § 2 des Beamtenstatusgesetzes verliehen werden.

§ 3 Begriffsbestimmungen, Zuständigkeiten

(1) Oberste Dienstbehörde ist die oberste Behörde des Dienstherrn, in deren Dienstbereich die Beamtin oder der Beamte ein Amt wahrnimmt.

(2) Dienstvorgesetzte oder Dienstvorgesetzter ist, wer für beamtenrechtliche Entscheidungen über die persönlichen Angelegenheiten der ihr oder ihm nachgeordneten Beamtinnen und Beamten zuständig ist.

(3) Vorgesetzte oder Vorgesetzter ist, wer der Beamtin oder dem Beamten für die dienstliche Tätigkeit Anordnungen erteilen darf.

(4) Angehörige im Sinne dieses Gesetzes sind die in § 20 Abs. 5 des Hessischen Verwaltungsverfahrensgesetzes genannten Personen, die Partnerin oder der Partner einer eheähnlichen Gemeinschaft sowie die Pflegekinder der Ehegattin, des Ehegatten, der Lebenspartnerin oder des Lebenspartners, soweit dieses Gesetz nichts anderes bestimmt.

(5) Die Dienstvorgesetzten- und Vorgesetzteneigenschaft richtet sich nach dem Aufbau der öffentlichen Verwaltung. Ist eine Dienstvorgesetzte oder ein Dienstvorgesetzter nicht vorhanden, so bestimmt für die Beamtinnen und Beamten des Landes die oberste Dienstbehörde, im Übrigen die oberste Aufsichtsbehörde, wer die Dienstvorgesetztenaufgaben wahrnimmt. Nach Beendigung des Beamtenverhältnisses nimmt die Behörde, bei der die Beamtin oder der Beamte zuletzt beschäftigt war, die Dienstvorgesetztenaufgaben wahr; die Regelungen des Hessischen Disziplinargesetzes vom 21. Juli 2006 (GVBl. I S. 394), zuletzt geändert durch Gesetz vom 27. Mai 2013 (GVBl. S. 218), in der jeweils geltenden Fassung bleiben unberührt.

(6) Die Entscheidungen und sonstigen Maßnahmen nach diesem Gesetz, nach Rechtsvorschriften aufgrund dieses Gesetzes und nach dem Beamtenstatusgesetz trifft, wenn nichts anderes bestimmt ist, die oder der Dienstvorgesetzte. Zuständigkeiten der oder des Dienstvorgesetzten können von der obersten Dienstbehörde, auch teilweise, auf andere Behörden übertragen werden; die Übertragung auf eine Behörde eines anderen Geschäftsbereichs bedarf des Einvernehmens der zuständigen obersten Dienstbehörde. Die Entscheidung über eine Zuweisung nach § 20 des Beamtenstatusgesetzes trifft die oberste Dienstbehörde.

(7) Die oberste Dienstbehörde kann, soweit nichts anderes bestimmt ist, ihr durch dieses Gesetz oder durch Rechtsvorschrift aufgrund

dieses Gesetzes übertragene Zuständigkeiten auf andere Stellen weiter übertragen.

(8) Bei Körperschaften, Anstalten und Stiftungen des öffentlichen Rechts, die keine Behörden besitzen, treten an deren Stelle die zuständigen Organe oder Verwaltungsstellen.

ZWEITER TEIL
Beamtenverhältnis

Erster Abschnitt
Allgemeines

§ 4 Beamtinnen und Beamte auf Probe in Ämtern mit leitender Funktion (§§ 4 und 22 Beamtenstatusgesetz)

(1) Ämter mit leitender Funktion sind die Ämter der Leiterinnen und Leiter von Behörden, die Ämter der Abteilungsleiterinnen und Abteilungsleiter in obersten Landesbehörden, die Ämter der stellvertretenden Leiterinnen und Leiter der Regierungspräsidien und die mindestens der Besoldungsgruppe A 15 angehörenden Ämter der Abteilungsleiterinnen und Abteilungsleiter in nachgeordneten Behörden.

(2) Ämter mit leitender Funktion werden zunächst im Beamtenverhältnis auf Probe übertragen. Bei Körperschaften, Anstalten und Stiftungen des öffentlichen Rechts gilt Satz 1 entsprechend für die Ämter der Leiterinnen und Leiter von Organisationseinheiten, die den in Abs. 1 genannten vergleichbar sind, unabhängig von der Besoldungsgruppe. Satz 1 und 2 gelten nicht für Ämter, die richterliche Unabhängigkeit besitzen, die aufgrund anderer gesetzlicher Vorschriften im Beamtenverhältnis auf Zeit übertragen werden oder die in § 7 Abs. 1 genannt sind. Die regelmäßige Probezeit beträgt zwei Jahre. Die oberste Dienstbehörde kann eine Verkürzung der Probezeit zulassen; die Mindestprobezeit beträgt ein Jahr. Zeiten, in denen die leitende Funktion nach Satz 1 bereits übertragen worden ist, können auf die Probezeit angerechnet werden. Eine Verlängerung der Probezeit ist nicht zulässig, es sei denn, wegen Elternzeit konnte die Mindestprobezeit nicht geleistet werden. § 21 Abs. 1 Satz 1 Nr. 1 und Satz 2 findet keine Anwendung.

(3) In ein Amt mit leitender Funktion darf nur berufen werden, wer

1. sich in einem Beamtenverhältnis auf Lebenszeit oder einem Richterverhältnis auf Lebenszeit befindet und
2. in dieses Amt auch als Beamtin oder Beamter auf Lebenszeit berufen werden könnte.

Vom Tag der Ernennung an ruhen für die Dauer der Probezeit die Rechte und Pflichten aus dem zuletzt im Beamtenverhältnis auf Lebenszeit oder im Richterverhältnis auf Lebenszeit übertragenen Amt mit Ausnahme der Verschwiegenheitspflicht und des Verbots der Annahme von Belohnungen und Geschenken. Das Beamtenverhältnis auf Lebenszeit oder das Richterverhältnis auf Lebenszeit besteht fort. Dienstvergehen, die mit Bezug auf das Beamtenverhältnis auf Lebenszeit oder das Beamtenverhältnis auf Probe begangen worden sind, werden so verfolgt, als stünde die Beamtin oder der Beamte nur im Beamtenverhältnis auf Lebenszeit.

(4) Die Direktorin oder der Direktor des Landespersonalamts kann im Einvernehmen mit der obersten Dienstbehörde und im Benehmen mit der Landespersonalkommission Ausnahmen von Abs. 3 Satz 1 zulassen. § 21 Abs. 2 Satz 2 und 3 gilt entsprechend. Befindet sich die Beamtin oder der Beamte nur in dem Beamtenverhältnis auf Probe nach Abs. 2, bleiben die für Beamtinnen und Beamte auf Probe geltenden Vorschriften des Hessischen Disziplinargesetzes unberührt.

(5) Beamtinnen und Beamte sind mit

1. Ablauf der Probezeit nach Abs. 2 Satz 4 bis 6 oder
2. Beendigung des Beamtenverhältnisses auf Lebenszeit oder Richterverhältnisses auf Lebenszeit oder
3. der Versetzung zu einem anderen Dienstherrn oder
4. der Verhängung mindestens einer Kürzung der Dienstbezüge

aus dem Beamtenverhältnis auf Probe nach Abs. 2 entlassen. Die Entlassungstatbestände nach dem Beamtenstatusgesetz bleiben unberührt; § 29 Abs. 3 und 4 findet keine Anwendung.

(6) Mit erfolgreichem Abschluss der Probezeit ist der Beamtin oder dem Beamten das Amt nach Abs. 1 auf Dauer im Beamtenverhältnis auf Lebenszeit zu übertragen. Einer Richterin oder einem Richter darf das Amt nach Abs. 1 auf Dauer im Beamtenverhältnis auf Lebenszeit bei demselben Dienstherrn nur übertragen werden, wenn sie oder er die zum Zeitpunkt des Wirksamwerdens der Ernennung im Beamtenverhältnis auf Lebenszeit erfolgende Entlassung aus dem Richterverhältnis schriftlich verlangt hat. Eine erneute Berufung in ein Beamtenverhältnis auf Probe zur Übertragung dieses Amts innerhalb eines Jahres ist nicht zulässig. Wird das Amt nicht auf Dauer übertragen, so endet der Anspruch auf Besoldung aus diesem Amt; weitergehende Ansprüche bestehen nicht.

(7) Beamtinnen und Beamte führen während ihrer Amtszeit im Dienst nur die Amtsbezeichnung des ihnen nach Abs. 1 übertragenen Amts; sie dürfen nur diese auch außerhalb des Dienstes führen. Wird ihnen das Amt nach Abs. 1 nicht auf Dauer übertragen, dürfen sie die Amtsbezeichnung nach Satz 1 nach dem Ausscheiden aus dem Beamtenverhältnis auf Probe nicht weiterführen.

§ 5 Ehrenbeamtinnen und Ehrenbeamte (§ 5 Beamtenstatusgesetz)

(1) Für Ehrenbeamtinnen und Ehrenbeamte gelten die Vorschriften dieses Gesetzes und des Beamtenstatusgesetzes mit folgenden Maßgaben:

1. Nach Vollendung des 65. Lebensjahres können Ehrenbeamtinnen und Ehrenbeamte verabschiedet werden; sie sind zu verabschieden, wenn die sonstigen Voraussetzungen für die Versetzung in den Ruhestand gegeben sind.
2. Nicht angewandt werden die §§ 25, 26, 59 Abs. 1 und die §§ 71 bis 77 dieses Gesetzes sowie die §§ 14, 15 und 23 Abs. 1 Satz 1 Nr. 5 des Beamtenstatusgesetzes.

(2) Die Unfallfürsorge für Ehrenbeamtinnen und Ehrenbeamte und ihre Hinterbliebenen richtet sich nach § 52 des Hessischen Beamtenversorgungsgesetzes vom 27. Mai 2013 (GVBl. S. 218).

(3) Im Übrigen regeln sich die Rechtsverhältnisse nach den besonderen für die einzelnen Gruppen der Ehrenbeamtinnen und Ehrenbeamten geltenden Vorschriften.

§ 6 Beamtinnen und Beamte auf Zeit (§§ 4 und 6 Beamtenstatusgesetz)

(1) Für Beamtinnen und Beamte auf Zeit gelten die Vorschriften für Beamtinnen und Beamte auf Lebenszeit entsprechend, soweit gesetzlich nichts anderes bestimmt ist.

(2) Ein Beamtenverhältnis auf Zeit kann nur in den gesetzlich bestimmten Fällen begründet werden. Für Beamtinnen und Beamte auf Zeit finden § 8 Abs. 2 und die §§ 13 bis 23 sowie 59 Abs. 1 keine Anwendung.

(3) Soweit gesetzlich nichts anderes bestimmt ist, sind Beamtinnen und Beamte auf Zeit verpflichtet, nach Ablauf ihrer Amtszeit das Amt weiterzuführen, wenn sie unter mindestens gleich günstigen Bedingungen für wenigstens die gleiche Zeit wieder in dasselbe Amt berufen werden sollen und bei Ablauf der Amtszeit das 60. Lebensjahr noch nicht vollendet haben. Kommt die Beamtin oder der Beamte dieser Verpflichtung nicht nach, so ist sie oder er mit Ablauf der Amtszeit aus dem Beamtenverhältnis entlassen.

(4) Werden Beamtinnen und Beamte auf Zeit im Anschluss an ihre Amtszeit erneut in dasselbe Amt für eine weitere Amtszeit berufen, so gilt das Beamtenverhältnis als nicht unterbrochen.

(5) Beamtinnen und Beamte auf Zeit sind mit Ablauf ihrer Amtszeit aus dem Beamtenverhältnis entlassen, wenn sie nicht erneut in dasselbe Amt für eine weitere Amtszeit berufen werden und nicht in den Ruhestand treten.

(6) Ist die Amtszeit einer Beamtin oder eines Beamten auf Zeit bei Vollendung des 67. Lebensjahres noch nicht beendet, so tritt sie oder er mit dem Ende des Monats, in dem sie oder er das 67. Lebensjahr vollendet hat, in

den Ruhestand, soweit gesetzlich nichts anderes bestimmt ist.

§ 7 Politische Beamtinnen und Beamte (§ 30 Beamtenstatusgesetz)

(1) Ämter im Sinne des § 30 Abs. 1 Satz 1 des Beamtenstatusgesetzes sind die Ämter

1. der Staatssekretärinnen und Staatssekretäre,
2. der Regierungspräsidentinnen und Regierungspräsidenten,
3. der Leiterin oder des Leiters des Landesamts für Verfassungsschutz,
4. der Landespolizeipräsidentin oder des Landespolizeipräsidenten,

(2) § 8 Abs. 2, § 10 Abs. 2, § 15 Abs. 4, § 19, § 20 Abs. 1 sowie die §§ 21 und 59 Abs. 1 Satz 1 sind auf die in Abs. 1 genannten Ämter nicht anzuwenden. Nach § 23 Abs. 2 Nr. 5 festgesetzte Höchstaltersgrenzen für die Einstellung und Versetzung von Beamtinnen und Beamten in den Landesdienst gelten nicht für die Besetzung der in Abs. 1 genannten Ämter.

§ 8 Voraussetzungen für das Beamtenverhältnis (§ 7 Beamtenstatusgesetz)

(1) In das Beamtenverhältnis darf nur berufen werden, wer auch die Gewähr dafür bietet, jederzeit für die freiheitliche demokratische Grundordnung im Sinne der Verfassung des Landes Hessen einzutreten.

(2) Die Befähigung für die Berufung in das Beamtenverhältnis nach § 7 Abs. 1 Nr. 3 des Beamtenstatusgesetzes besitzt, wer die für die entsprechende Laufbahn vorgeschriebene oder mangels solcher Vorschriften übliche Vorbildung besitzt (Laufbahnbewerberin oder Laufbahnbewerber) oder wer die erforderliche Befähigung durch Lebens- oder Berufserfahrung innerhalb oder außerhalb des öffentlichen Dienstes erworben hat (andere Bewerberin oder anderer Bewerber). Dies gilt nicht für die Wahrnehmung von Aufgaben, für die eine bestimmte Vorbildung oder Ausbildung durch Gesetz oder Rechtsverordnung vorgeschrieben ist, oder die ihrer Eigenart nach eine besondere Vorbildung oder Fachausbildung zwingend erfordern.

(3) Über die Zulassung von Ausnahmen nach § 7 Abs. 3 des Beamtenstatusgesetzes entscheidet die Direktorin oder der Direktor des Landespersonalamts.

§ 9 Ernennung (§ 8 Beamtenstatusgesetz)

(1) Einer Ernennung bedarf es, außer in den Fällen des § 8 Abs. 1 Nr. 1 bis 3 des Beamtenstatusgesetzes, auch zur Verleihung eines anderen Amts mit anderer Amtsbezeichnung beim Wechsel der Laufbahngruppe.

(2) Die Landesregierung ernennt die Landesbeamtinnen und Landesbeamten auf Vorschlag der zuständigen Ministerin oder des zuständigen Ministers, soweit gesetzlich nichts anderes bestimmt ist. Sie kann die Befugnis auf andere Stellen übertragen. Die Landesregierung kann die Ministerinnen und Minister ermächtigen, die ihnen übertragene Befugnis, Beamtinnen und Beamte zu ernennen, auf nachgeordnete Behörden zu übertragen. Die Übertragung der Befugnis bedarf des Einvernehmens mit der für das Dienstrecht zuständigen Ministerin oder dem hierfür zuständigen Minister. Satz 1 bis 4 gelten entsprechend für die Befugnis,

1. das Einverständnis zur Abordnung oder Versetzung von Beamtinnen und Beamten in den Dienst des Landes nach § 24 Abs. 3 Satz 2 dieses Gesetzes sowie § 14 Abs. 4 Satz 1 und § 15 Abs. 3 Satz 1 des Beamtenstatusgesetzes zu erklären,
2. Beamtinnen und Beamte zu entlassen,
3. Beamtinnen und Beamte in den Ruhestand zu versetzen,
4. Professorinnen und Professoren von ihren amtlichen Pflichten zu entbinden.

(3) Die Beamtinnen und Beamten der Gemeinden, Gemeindeverbände und sonstigen Körperschaften, Anstalten und Stiftungen des öffentlichen Rechts werden von den nach Gesetz, Rechtsverordnung oder Satzung zuständigen Stellen ernannt.

(4) Die Ernennung wird mit dem Tag wirksam, an dem die Ernennungsurkunde ausgehändigt wird. In der Urkunde kann jedoch ein späterer Tag bestimmt werden.

(5) Mit der Ernennung erlischt ein privatrechtliches Arbeitsverhältnis zum Dienstherrn.

§ 10 Auswahl, Stellenausschreibung (§ 9 Beamtenstatusgesetz)

(1) Für die Auswahl der Bewerberinnen und Bewerber gelten die Kriterien des § 9 des Beamtenstatusgesetzes.

(2) Die gesundheitliche Eignung für die Berufung in ein Beamtenverhältnis auf Lebenszeit oder in ein anderes Beamtenverhältnis mit dem Ziel der späteren Verwendung im Beamtenverhältnis auf Lebenszeit ist aufgrund einer ärztlichen Untersuchung festzustellen; § 39 gilt entsprechend. Satz 1 findet keine Anwendung, wenn bereits ein Beamten- oder Richterverhältnis auf Lebenszeit besteht.

(3) Die Bewerberinnen und Bewerber sollen durch Stellenausschreibungen ermittelt werden. Für die Landesverwaltung kann die oberste Dienstbehörde, im Übrigen die obere Aufsichtsbehörde, allgemeine Ausnahmen zulassen. Untersteht eine Körperschaft, Anstalt oder Stiftung des öffentlichen Rechts unmittelbar der Aufsicht einer Behörde der Landesverwaltung in der Mittelstufe, kann diese Behörde allgemeine Ausnahmen zulassen.

(4) Die gesetzlichen Vorschriften über die Eignung, Vorbildung und Auswahl von Beamtinnen und Beamten auf Zeit bleiben unberührt.

§ 11 Genetische Untersuchungen, Benachteiligungsverbot

Es gelten entsprechend

1. für Beamtinnen und Beamte die für Beschäftigte,
2. für Bewerberinnen und Bewerber für ein Beamtenverhältnis oder Personen, deren Beamtenverhältnis beendet ist, die für Bewerberinnen und Bewerber für ein Beschäftigungsverhältnis oder Personen, deren Beschäftigungsverhältnis beendet ist, und
3. für das Land, die Gemeinden, Gemeindeverbände und sonstigen der Aufsicht des Landes unterstehenden Körperschaften, Anstalten und Stiftungen des öffentlichen Rechts, die Dienstherrnfähigkeit besitzen, die für Arbeitgeber

geltenden Vorschriften des Gendiagnostikgesetzes vom 31. Juli 2009 (BGBl. I S. 2529, 3672) in der jeweils geltenden Fassung.

§ 12 Rechtsfolgen nichtiger oder zurückgenommener Ernennungen (§§ 11 und 12 Beamtenstatusgesetz)

(1) Ist die erstmalige Ernennung nach § 11 des Beamtenstatusgesetzes nichtig oder ist sie nach § 12 des Beamtenstatusgesetzes zurückgenommen worden, so hat die oder der Dienstvorgesetzte jede weitere Führung der Dienstgeschäfte zu verbieten. Bei Nichtigkeit ist das Verbot erst dann auszusprechen, wenn im Falle des

1. § 11 Abs. 1 Nr. 1 des Beamtenstatusgesetzes die für die Ernennung zuständige Stelle es abgelehnt hat, die Wirksamkeit der Ernennung nach § 11 Abs. 2 Nr. 1 des Beamtenstatusgesetzes schriftlich zu bestätigen,
2. § 11 Abs. 1 Nr. 2 des Beamtenstatusgesetzes die sachlich zuständige Behörde es abgelehnt hat, die Ernennung nach § 11 Abs. 2 Nr. 2 des Beamtenstatusgesetzes zu bestätigen, oder
3. § 11 Abs. 1 Nr. 3 Buchst. a des Beamtenstatusgesetzes eine Ausnahme nach § 7 Abs. 3 des Beamtenstatusgesetzes nicht nachträglich nach § 11 Abs. 2 Nr. 3 des Beamtenstatusgesetzes zugelassen wird.

(2) In den Fällen des § 12 des Beamtenstatusgesetzes muss die Ernennung innerhalb einer Frist von sechs Monaten zurückgenommen werden, nachdem die oberste Dienstbehörde von der Ernennung und dem Grund zur Rücknahme Kenntnis erlangt hat. Vor der Rücknahme soll die Beamtin oder der Beamte gehört werden. Die Rücknahme wird von der obersten Dienstbehörde erklärt; die Erklärung ist der Beamtin oder dem Beamten schriftlich zuzustellen.

(3) Ist eine Ernennung nichtig oder ist sie zurückgenommen worden, so sind die bis zu dem Verbot nach Abs. 1 oder bis zur Zustellung der Erklärung der Rücknahme nach Abs. 2 vorgenommenen Amtshandlungen in gleicher Weise gültig, wie wenn sie eine Be-

amtin oder ein Beamter ausgeführt hätte. Die gewährten Leistungen können der oder dem Ernannten belassen werden.

Zweiter Abschnitt Laufbahnen

§ 13 Laufbahn

(1) Eine Laufbahn umfasst alle Ämter derselben Fachrichtung und derselben Laufbahngruppe, die eine verwandte und gleichwertige Vorbildung und Ausbildung voraussetzen. Zur Laufbahn gehört auch der Vorbereitungsdienst, sofern ein solcher eingerichtet ist.

(2) Es gibt folgende Fachrichtungen:

1. Allgemeine Verwaltung,
2. Polizei,
3. Feuerwehr,
4. Justiz,
5. Steuerverwaltung,
6. Schuldienst,
7. Forstdienst,
8. Technischer Dienst,
9. Wissenschaftlicher Dienst,
10. Medizinischer Dienst,
11. Sozialer Dienst.

(3) Als Laufbahngruppen bestehen der mittlere, der gehobene und der höhere Dienst. Die Zugehörigkeit zu einer Laufbahngruppe bestimmt sich nach dem Eingangsamt. Die Eingangsämter der Laufbahnen richten sich nach den besoldungsrechtlichen Vorschriften.

(4) Innerhalb einer Laufbahn können fachspezifisch ausgerichtete Laufbahnzweige gebildet werden. Laufbahnzweige können nur für Ämter innerhalb derselben Laufbahn eingerichtet werden, soweit für diese Ämter bei grundsätzlich vergleichbarer Qualifikation

1. besondere Anforderungen durch Rechtsvorschrift vorgeschrieben sind oder
2. ein deutlich abweichender Aufgabenzuschnitt einen eigenen Laufbahnzweig aus dringenden Gründen erfordert.

Die Laufbahnzweige werden von dem für das Dienstrecht zuständigen Ministerium auf Vorschlag des Fachministeriums eingerichtet.

§ 14 Bei einem anderen Dienstherrn erworbene Vorbildung und Laufbahnbefähigung

(1) Die Zulassung zum Vorbereitungsdienst einer Laufbahn darf nicht deshalb abgelehnt werden, weil die Bewerberin oder der Bewerber die für die Laufbahn vorgeschriebene Vorbildung im Bereich eines anderen Dienstherrn außerhalb des Geltungsbereichs dieses Gesetzes erworben hat.

(2) Eine im Bereich des Bundes oder eines anderen Bundeslandes erworbene Laufbahnbefähigung soll als Befähigung für eine Laufbahn vergleichbarer Fachrichtung in Hessen anerkannt werden, wenn sie den Voraussetzungen des § 15 Abs. 2 bis 5 entspricht. Die Anerkennung und die Entscheidung über die Zuordnung zu einer Laufbahn trifft die Einstellungsbehörde.

(3) Entspricht die Laufbahnbefähigung nicht den Voraussetzungen des § 15 Abs. 2 bis 5, entscheidet die oberste Dienstbehörde mit Zustimmung des für die Gestaltung der jeweiligen Laufbahn zuständigen Ministeriums und im Benehmen mit der Direktorin oder dem Direktor des Landespersonalamts unter Berücksichtigung der vorhandenen Berufserfahrung über die Anerkennung und die Zuordnung der Laufbahnbefähigung. Die Anerkennung kann vom Ableisten einer Unterweisung oder von Fortbildungsmaßnahmen abhängig gemacht werden.

(4) Wer bei einem anderen Dienstherrn außerhalb des Geltungsbereichs dieses Gesetzes entweder bis zum 31. März 2009 oder danach aufgrund laufbahnrechtlicher Regelungen, die unter der Geltung der §§ 13 bis 14c des Beamtenrechtsrahmengesetzes vom 31. März 1999 (BGBl. I S. 654), zuletzt geändert durch Gesetz vom 5. Februar 2009 (BGBl. I S. 160), in der bis zum 31. März 2009 geltenden Fassung, entstanden und seitdem nicht geändert worden sind, die Befähigung für eine Laufbahn erworben hat, besitzt die Befähigung für die entsprechende Laufbahn in Hessen.

§ 15 Zulassung zu den Laufbahnen

(1) Für die Zulassung zu den Laufbahnen werden die Bildungsgänge und ihre Ab-

schlüsse den Laufbahnen in Übereinstimmung mit dem beamtenrechtlichen Grundsatz der funktionsbezogenen Bewertung zugeordnet. Die Anwendung dieses Grundsatzes im Besoldungsrecht ist dabei zu beachten.

(2) Für die Zulassung zu den Laufbahnen des mittleren Dienstes sind mindestens zu fordern

1. als Bildungsvoraussetzung
   a) der Abschluss einer Realschule oder
   b) der erfolgreiche Besuch einer Hauptschule und eine abgeschlossene Berufsausbildung oder
   c) der erfolgreiche Besuch einer Hauptschule und eine Ausbildung in einem öffentlich-rechtlichen Ausbildungsverhältnis oder
   d) ein als gleichwertig anerkannter Bildungsstand und
2. als sonstige Voraussetzung
   a) ein mit einer Laufbahnprüfung abgeschlossener Vorbereitungsdienst oder
   b) eine inhaltlich den Anforderungen des Vorbereitungsdienstes und der Laufbahnprüfung entsprechende abgeschlossene Berufsausbildung, die vom für die Gestaltung der jeweiligen Laufbahn zuständigen Ministerium als Laufbahnbefähigung anerkannt wurde, oder
   c) eine abgeschlossene Berufsausbildung und eine hauptberufliche Tätigkeit.

Bei einem Einstieg in die Laufbahn des mittleren Dienstes in einem Amt der Besoldungsgruppe A 6 als Erste Justizhauptwachtmeisterin oder Erster Justizhauptwachtmeister sind mindestens der erfolgreiche Besuch einer Hauptschule oder ein als gleichwertig anerkannter Bildungsstand und ein Vorbereitungsdienst von in der Regel sechs Monaten zu fordern.

(3) Für die Zulassung zu den Laufbahnen des gehobenen Dienstes sind mindestens zu fordern

1. als Bildungsvoraussetzung
   a) eine zu einem Hochschulstudium berechtigende Schulbildung oder
   b) ein als gleichwertig anerkannter Bildungsstand im Sinne von §60 Abs. 2 bis 4 des Hessischen Hochschulgesetzes vom 14. Dezember 2021 (GVBl. S. 931) und
2. als sonstige Voraussetzung
   a) ein mit einer Laufbahnprüfung abgeschlossener Vorbereitungsdienst oder
   b) der erfolgreiche Abschluss eines Bachelorstudiums oder eines gleichwertigen Hochschulstudiums, die inhaltlich den Anforderungen des Vorbereitungsdienstes und der Laufbahnprüfung entsprechen und vom für die Gestaltung der jeweiligen Laufbahn zuständigen Ministerium als Laufbahnbefähigung anerkannt wurden, oder
   c) der erfolgreiche Abschluss eines Bachelorstudiums oder eines gleichwertigen Hochschulstudiums und eine hauptberufliche Tätigkeit.

Im Fall von Satz 1 Nr. 2 Buchst. b sind die sonstigen Voraussetzungen auch dann gegeben, wenn neben dem Studium erforderliche Ausbildungs- und Prüfungsteile bei einer Behörde absolviert werden, sofern die einschlägige Ausbildungs- und Prüfungsordnung das vorsieht.

(4) Für die Zulassung zu den Laufbahnen des höheren Dienstes sind mindestens zu fordern

1. als Bildungsvoraussetzung der erfolgreiche Abschluss eines Masterstudiums oder eines gleichwertigen Hochschulstudiums und
2. als sonstige Voraussetzung
   a) ein mit einer Laufbahnprüfung abgeschlossener Vorbereitungsdienst oder
   b) eine hauptberufliche Tätigkeit.

(5) Die Laufbahnbefähigung für den höheren allgemeinen Verwaltungsdienst sowie für den gehobenen und den höheren Justizdienst hat, wer die Befähigung zum Richteramt besitzt.

(6) Vor- und Ausbildung, Prüfung sowie sonstige Voraussetzungen müssen geeignet sein, die Befähigung für die Laufbahnen zu vermitteln. Eine Berufsausbildung nach Abs. 2 Satz 1 Nr. 2 Buchst. b oder ein Studienab-

schluss nach Abs. 3 Satz 1 Nr. 2 Buchst. b entspricht inhaltlich den Anforderungen eines Vorbereitungsdienstes, wenn

1. die Berufsausbildung oder das Studium die wesentlichen Inhalte des Vorbereitungsdienstes in gleicher Breite und Tiefe vermitteln und
2. die abschließende Prüfung der entsprechenden Laufbahnprüfung gleichwertig ist.

§ 16 Anerkennung der Laufbahnbefähigung aufgrund der Richtlinie 2005/36/EG

(1) Die Laufbahnbefähigung kann auch aufgrund

1. der Richtlinie 2005/36/EG des Europäischen Parlaments und des Rates vom 7. September 2005 über die Anerkennung von Berufsqualifikationen (ABl. EU Nr. L 255 S. 22, 2007 Nr. L 271 S. 18, 2008 Nr. L 93 S. 28, 2009 Nr. L 33 S. 49, 2014 Nr. L 305 S. 115), zuletzt geändert durch Richtlinie 2013/55/EU des Europäischen Parlaments und des Rates vom 20. November 2013 (ABl. EU Nr. L 354 S. 132) oder
2. eines mit einem Drittstaat geschlossenen Vertrags, in dem die Bundesrepublik Deutschland und die Europäische Union einen entsprechenden Anspruch auf Anerkennung der Berufsqualifikationen eingeräumt haben,

anerkannt werden.

(2) Das Hessische Berufsqualifikationsfeststellungsgesetz vom 12. Dezember 2012 (GVBl. S. 581), zuletzt geändert durch Gesetz vom 5. Februar 2016 (GVBl. S. 30), findet mit Ausnahme der §§ 13b und 17 keine Anwendung.

§ 17 Vorbereitungsdienst

(1) Der Vorbereitungsdienst wird im Beamtenverhältnis auf Widerruf abgeleistet. Soweit der Vorbereitungsdienst auch Voraussetzung für die Ausübung eines Berufs außerhalb des öffentlichen Dienstes ist, kann er auch in einem öffentlich-rechtlichen Ausbildungsverhältnis außerhalb des Beamtenverhältnisses abgeleistet werden. Die für die Gestaltung der Laufbahn zuständige Fachministerin oder der Fachminister kann in Rechtsverordnungen nach § 23 Abs. 3 ausnahmsweise zulassen, dass die einstellende Behörde bei Vorliegen eines dienstlichen Interesses von Satz 1 abweichen kann.

(2) Die Zulassung zu einem Vorbereitungsdienst, der Voraussetzung auch für die Ausübung eines Berufs außerhalb des öffentlichen Dienstes ist, kann für den jeweiligen Zulassungstermin versagt werden, wenn

1. die im Haushaltsplan des Landes zur Verfügung stehenden Stellen und Mittel nicht ausreichen oder
2. die personelle und sachliche Kapazität der Ausbildungsdienststellen eine sachgerechte Ausbildung nicht gewährleisten.

(3) Sofern die Zahl der fristgerecht eingegangenen Anträge auf Zulassung zum Vorbereitungsdienst von Bewerberinnen und Bewerbern, die die Voraussetzungen für die Begründung eines Beamtenverhältnisses erfüllen, die Zahl der zur Verfügung stehenden Ausbildungsstellen übersteigt, sind

1. 50 Prozent der Ausbildungsstellen nach Eignung und fachlicher Leistung der Bewerberinnen und Bewerber,
2. 15 Prozent der Ausbildungsstellen für Fälle besonderer Härte,
3. 35 Prozent der Ausbildungsstellen nach der Dauer der Zeit seit der erstmaligen Antragstellung auf Zulassung zum Vorbereitungsdienst bei der zuständigen Behörde

zur Verfügung zu stellen.

§ 18 Ausländerinnen und Ausländer, Staatenlose

Bewerberinnen und Bewerber, die nicht die Voraussetzungen des § 7 Abs. 1 Nr. 1 des Beamtenstatusgesetzes erfüllen, und Staatenlose, die sich um die Aufnahme in einen Vorbereitungsdienst bewerben, der Voraussetzung auch für die Ausübung eines Berufs außerhalb des öffentlichen Dienstes ist, können in den Vorbereitungsdienst aufgenommen werden; bedürftigen Bewerberinnen und Bewerbern kann eine widerrufliche Unterhaltsbeihilfe bis zur Höhe der Anwärterbezüge einer Beamtin oder eines Beamten im Vorbereitungsdienst bewilligt werden. Die Bewerberinnen und Bewerber werden in ein öffentlich-rechtliches Ausbildungsverhältnis berufen; ihre Aufnahme in den Vorbereitungsdienst steht unter dem Vorbehalt jederzeitigen Widerrufs.

§ 19 Andere Bewerberinnen und Bewerber

Von anderen Bewerberinnen und anderen Bewerbern nach § 8 Abs. 2 Satz 1 darf eine bestimmte Vorbildung und Ausbildung nicht gefordert werden, wenn sie nicht für alle Bewerberinnen und Bewerber durch Gesetz oder Verordnung vorgeschrieben ist. Über die Anerkennung der Befähigung der Bewerberin oder des Bewerbers entscheidet die Direktorin oder der Direktor des Landespersonalamts im Einvernehmen mit dem für die Dienstaufsicht zuständigen Ministerium und im Benehmen mit der Landespersonalkommission. Erhebt die Landespersonalkommission Bedenken, so entscheidet die Landesregierung. Bei Körperschaften, Anstalten und Stiftungen des öffentlichen Rechts erkennt die Direktorin oder der Direktor des Landespersonalamts im Einvernehmen mit der obersten Dienstbehörde die Befähigung der Bewerberin oder des Bewerbers an.

§ 20 Einstellung, Probezeit

(1) Die Einstellung der Beamtin oder des Beamten ist nur in dem Eingangsamt ihrer oder seiner Laufbahn zulässig. Im Falle der Wiederbegründung eines Beamtenverhältnisses kann die Beamtin oder der Beamte in dem Amt eingestellt werden, dessen Übertragung im früheren Beamtenverhältnis zulässig gewesen wäre. Über Ausnahmen von Satz 1 entscheidet die Direktorin oder der Direktor des Landespersonalamts im Einvernehmen mit dem für die Dienstaufsicht zuständigen Ministerium und im Benehmen mit der Landespersonalkommission. Erhebt die Landespersonalkommission Bedenken, so entscheidet die Landesregierung. Bei Körperschaften, Anstalten und Stiftungen des öffentlichen Rechts bedürfen Ausnahmen der Zustimmung der Direktorin oder des Direktors des Landespersonalamts und der obersten Dienstbehörde.

(2) Zur Beamtin oder zum Beamten auf Lebenszeit darf nur ernannt werden, wer sich in einer Probezeit in vollem Umfang bewährt hat.

(3) Die Beamtin oder der Beamte auf Probe muss spätestens nach fünf Jahren zur Beamtin oder zum Beamten auf Lebenszeit ernannt werden, wenn sie oder er die beamtenrechtlichen Voraussetzungen erfüllt. Die Frist verlängert sich um die Zeit einer Elternzeit oder einer Beurlaubung unter Wegfall der Besoldung.

§ 21 Beförderung, Aufstieg

(1) Die Beamtin oder der Beamte darf nicht befördert werden

1. während der Probezeit und im gehobenen und im höheren Dienst vor Ablauf eines Jahres nach Beendigung der Probezeit,
2. im mittleren Dienst vor Ablauf eines Jahres, im gehobenen und im höheren Dienst vor Ablauf von zwei Jahren seit der letzten Beförderung, es sei denn, das bisherige Amt musste nicht regelmäßig durchlaufen werden.

Beförderungen, die mit einer höherwertigen Funktion verbunden sind, setzen eine mindestens dreimonatige Erprobungszeit voraus. Ein Amt, das regelmäßig zu durchlaufen ist, darf nicht übersprungen werden. Die Ämter der Besoldungsordnung A sind regelmäßig zu durchlaufen. In den Laufbahnen des Schuldienstes im Dienst als Lehrkraft an öffentlichen Schulen, einschließlich des Dienstes in der Schulleitung, kann ein Amt mit Amtszulage auch übertragen werden, wenn ein derselben Besoldungsgruppe zugeordnetes Amt ohne Amtszulage nicht durchlaufen wurde.

(2) Über Ausnahmen von Abs. 1 entscheidet die Direktorin oder der Direktor des Landespersonalamts im Einvernehmen mit dem für die Dienstaufsicht zuständigen Ministerium und im Benehmen mit der Landespersonalkommission, soweit sie nicht nach § 23 Abs. 2 Nr. 6 durch Rechtsverordnung geregelt sind. Erhebt die Landespersonalkommission Bedenken, so entscheidet die Landesregierung. Bei Körperschaften, Anstalten und Stiftungen des öffentlichen Rechts bedürfen Ausnahmen der Zustimmung der Direktorin oder des Direktors des Landespersonalamts und der obersten Dienstbehörde.

(3) Der Aufstieg in die nächsthöhere Laufbahn ist auch ohne Erfüllung der Eingangsvoraussetzungen für die Laufbahn möglich.

§ 22 Laufbahnwechsel

(1) Ein Wechsel von einer Laufbahn in eine andere Laufbahn derselben Laufbahngruppe (Laufbahnwechsel) ist zulässig, wenn die Beamtin oder der Beamte die Befähigung für die neue Laufbahn besitzt.

(2) Ein Laufbahnwechsel ist außerdem zulässig, wenn die Befähigung für die neue Laufbahnfachrichtung aufgrund der bisherigen Vorbildung, Ausbildung und Tätigkeit durch Unterweisung, förderliche praktische Tätigkeit oder zusätzliche Fortbildungsmaßnahmen erworben werden kann. Dies gilt nicht, wenn für die neue Laufbahn eine bestimmte Vorbildung, Ausbildung oder Prüfung durch Rechtsvorschrift vorgeschrieben oder nach ihrer Eigenart zwingend erforderlich ist.

(3) Über die Anerkennung der Befähigung entscheidet die Direktorin oder der Direktor des Landespersonalamts im Einvernehmen mit der obersten Dienstbehörde.

§ 23 Verordnungsermächtigung

(1) Die Landesregierung wird ermächtigt, durch Rechtsverordnung nähere Regelungen über die Laufbahnen und die für die Übertragung eines Amts erforderliche Vorbildung und Ausbildung der Beamtinnen und Beamten nach den Grundsätzen der §§ 13 bis 22 zu treffen. Insbesondere regelt sie darin

1. die Gestaltung der Laufbahnen,
2. die näheren Einzelheiten der Zulassung zu den Laufbahnen,
3. den Erwerb der Laufbahnbefähigung,
4. die Ausgestaltung und Ableistung der Vorbereitungsdienste und der Laufbahnprüfungen, insbesondere die Einstellung in den Vorbereitungsdienst, dessen Dauer und Verlängerung sowie die Anrechnung von Zeiten auf den Vorbereitungsdienst, soweit die Regelung der Dauer des Vorbereitungsdienstes und der Anrechnung nicht einer Ausbildungs- und Prüfungsordnung nach Abs. 3 überlassen bleibt,
5. die Notenstufen für Prüfungen im Vorbereitungsdienst,
6. die Notwendigkeit einer besonderen Ausbildung und Prüfung für besondere Aufgabenbereiche in einer Laufbahn,
7. die Probezeit, deren Verkürzung und Verlängerung sowie die Anrechnung von Zeiten beruflicher Tätigkeit,
8. die näheren Einzelheiten des Aufstiegs, insbesondere die an die Eignung, Befähigung und fachliche Leistung zu stellenden Anforderungen; die Ablegung einer Prüfung kann vorgesehen werden,
9. Nachteilsausgleich und Ausgleichsmaßnahmen zugunsten von schwerbehinderten Menschen.

(2) In der Rechtsverordnung nach Abs. 1 kann die Landesregierung auch Regelungen treffen über die

1. Abweichungen von der grundsätzlichen Zuordnung der Laufbahngruppen nach § 13 Abs. 3 Satz 1,
2. Wechsel von Laufbahnzweigen nach Maßgabe des § 13 Abs. 4,
3. Zulassung von Ausnahmen von den Zulassungsvoraussetzungen nach § 15 Abs. 2 bis 4,
4. Festsetzung von Höchstaltersgrenzen für die Einstellung in den Vorbereitungsdienst, soweit dieser nicht Voraussetzung für die Ausübung eines Berufs außerhalb des öffentlichen Dienstes ist,
5. Festsetzung von Höchstaltersgrenzen für die Einstellung und Versetzung von Beamtinnen und Beamten,
6. Zulassung von Ausnahmen vom Verbot der Beförderung während der Probezeit und vor Ablauf eines Jahres nach Beendigung der Probezeit
   a) für Beamtinnen oder Beamte, die bereits während der Probezeit hervorragende Leistungen erbringen,
   b) zum Ausgleich beruflicher Verzögerungen infolge der Geburt oder Betreuung eines Kindes unter achtzehn Jahren oder infolge der Pflege einer oder eines Angehörigen oder
   c) zum Ausgleich beruflicher Verzögerungen infolge Wehr-, Zivil- oder Freiwilligendienstes und
7. Einstellung von Bewerberinnen und Bewerbern, die sich nicht einer durch Ausbildungs- und Prüfungsordnung vorgeschrie-

benen Ausbildung unterzogen haben, in Laufbahnen ohne Vorbereitungsdienst; in der Rechtsverordnung ist vorzusehen, dass für die Einstellung dieser Bewerberinnen und Bewerber die Zustimmung des Fachministeriums, der Direktorin oder des Direktors des Landespersonalamts und der Landespersonalkommission erforderlich ist; bei Körperschaften, Anstalten und Stiftungen des öffentlichen Rechts kann die Zustimmung der Landespersonalkommission nur gefordert werden, wenn sie für einzelne Verwaltungsbereiche oder bestimmte Fachrichtungen erteilt werden soll; gesetzliche Laufbahnvorschriften bleiben unberührt.

(3) Die Fachministerin oder der Fachminister wird ermächtigt, durch Rechtsverordnung nähere Regelungen über die Ausbildung und Prüfung im Einvernehmen mit dem für das Dienstrecht zuständigen Ministerium sowie der Direktorin oder dem Direktor des Landespersonalamts und der Landespersonalkommission zu treffen. Versagt die Landespersonalkommission die Zustimmung, so entscheidet die Landesregierung. Ausbildungs- und Prüfungsordnungen, die einen Studiengang einer Fachhochschule regeln, sind im Einvernehmen mit dem Ministerium für Wissenschaft und Kunst zu erlassen. Kommt das Einvernehmen nicht zustande, entscheidet die Landesregierung. In den Ausbildungs- und Prüfungsordnungen sollen, unter Berücksichtigung der Regelungen der Laufbahnverordnungen, insbesondere geregelt werden

1. die Voraussetzungen für die Zulassung zur Ausbildung,
2. die Ausgestaltung der Ausbildung, einschließlich der theoretischen und praktischen Ausbildung,
3. die Anrechnung von Zeiten einer für die Ausbildung förderlichen berufspraktischen Tätigkeit sowie sonstiger Zeiten auf die Dauer der Ausbildung,
4. die Durchführung von Zwischenprüfungen,
5. die Durchführung von Prüfungen,
6. die Wiederholung von Prüfungen und Prüfungsteilen sowie die Rechtsfolgen bei endgültigem Nichtbestehen der Prüfung,
7. die Folgen von Versäumnissen und Unregelmäßigkeiten.

In den Ausbildungs- und Prüfungsordnungen ist nach Maßgabe des § 17 Abs. 1 zu bestimmen, in welchem Rechtsverhältnis die Ausbildung durchgeführt wird. In den Ausbildungs- und Prüfungsordnungen kann die nähere Ausgestaltung des Anerkennungsverfahrens nach § 15 Abs. 2 Nr. 2 Buchst. b und Abs. 3 Satz 1 Nr. 2 Buchst. b geregelt werden.

(4) Die Fachministerin oder der Fachminister wird ermächtigt, durch Rechtsverordnung nähere Regelungen über die Beschränkungen und die Zulassung zum Vorbereitungsdienst nach § 17 Abs. 2 zu treffen. Sie oder er erlässt dabei insbesondere Vorschriften über

1. die Einzelheiten der Auswahl unter den Bewerberinnen und Bewerbern nach Eignung und fachlicher Leistung, Fällen besonderer Härte und der Dauer der Zeit seit der ersten Antragstellung; dabei kann für die Auswahl unter ranggleichen Bewerberinnen und Bewerbern auch die Entscheidung durch das Los vorgesehen werden,
2. das Bewerbungs- und Zulassungsverfahren,
3. die Zahl der zur Verfügung stehenden Ausbildungsstellen und deren Verteilung nach Fachrichtungen und Verwendungsbereichen, wobei
   a) die im Haushaltsplan des Landes zur Verfügung stehenden Stellen und Mittel,
   b) die räumlichen und sächlichen Gegebenheiten der einzelnen Ausbildungsdienststellen und
   c) die Zahl der bei den einzelnen Ausbildungsdienststellen tätigen Ausbilderinnen und Ausbilder und die Art ihres Ausbildungsauftrags

zu berücksichtigen sind.

Dritter Abschnitt
Abordnung, Versetzung, Umbildung von Körperschaften

§ 24 Grundsatz

(1) Die Vorschriften dieses Abschnitts gelten bei Abordnung, Versetzung und Umbildung

von Körperschaften zwischen den und innerhalb der in § 1 Abs. 1 genannten Dienstherren.

(2) Für Abordnungen und Versetzungen ist die oberste Dienstbehörde zuständig.

(3) Die Abordnung oder Versetzung wird von der abgebenden Stelle verfügt. Ist mit der Abordnung oder Versetzung ein Wechsel der Verwaltung oder des Dienstherrn verbunden, so darf sie nur im Einverständnis mit der aufnehmenden Stelle verfügt werden. Das Einverständnis ist schriftlich oder elektronisch zu erklären und in der Verfügung zum Ausdruck zu bringen. Für die Erklärung der Rücknahme des Einverständnisses durch die aufnehmende Stelle gegenüber der abgebenden Stelle und die Rücknahme der Verfügung durch die abgebende Stelle gelten § 12 des Beamtenstatusgesetzes und § 12 dieses Gesetzes entsprechend.

§ 25 Abordnung

(1) Beamtinnen und Beamte können aus dienstlichen Gründen vorübergehend ganz oder teilweise zu einer ihrem Amt entsprechenden Tätigkeit an eine andere Dienststelle desselben oder eines anderen Dienstherrn abgeordnet werden. Im Bereich der Schulverwaltung gelten Schulen innerhalb einer Gemeinde als eine Dienststelle.

(2) Aus dienstlichen Gründen können Beamtinnen und Beamte auch zu einer nicht ihrem Amt entsprechenden Tätigkeit abgeordnet werden, wenn die Wahrnehmung der neuen Tätigkeit aufgrund ihrer Vorbildung oder Berufsausbildung zumutbar ist. Dabei ist auch die Abordnung zu einer Tätigkeit, die nicht einem Amt mit demselben Endgrundgehalt entspricht, zulässig. Die Abordnung nach Satz 1 und 2 bedarf der Zustimmung der Beamtin oder des Beamten, wenn sie die Dauer von zwei Jahren übersteigt.

(3) Eine Abordnung zu einem anderen Dienstherrn bedarf der Zustimmung der Beamtin oder des Beamten. Sie ist auch ohne diese Zustimmung zulässig, wenn die neue Tätigkeit einem Amt mit demselben Endgrundgehalt auch einer anderen Laufbahn entspricht und die Abordnung die Dauer von fünf Jahren nicht übersteigt.

(4) Wird eine Beamtin oder ein Beamter zu einem anderen Dienstherrn abgeordnet, so finden auf sie oder ihn, soweit zwischen den Dienstherren nichts anderes vereinbart ist, die für den Bereich des aufnehmenden Dienstherrn geltenden Vorschriften über die Pflichten und Rechte der Beamtinnen und Beamten mit Ausnahme der Regelungen über Amtsbezeichnungen, Besoldung und Krankenfürsorge entsprechende Anwendung. Die Vereinbarung darf nicht zulasten der Rechtsstellung der Beamtin oder des Beamten abgeschlossen werden. Zur Zahlung der aus dem Dienstverhältnis zustehenden Leistungen ist auch der Dienstherr verpflichtet, zu dem die Beamtin oder der Beamte abgeordnet ist.

§ 26 Versetzung

(1) Beamtinnen und Beamte können auf ihren Antrag oder aus dienstlichen Gründen in ein anderes Amt einer Laufbahn versetzt werden, für die sie die Befähigung besitzen. Eine Versetzung bedarf nicht ihrer Zustimmung, wenn das neue Amt zum Bereich desselben Dienstherrn gehört, derselben Laufbahn angehört wie das bisherige Amt und mit mindestens demselben Endgrundgehalt verbunden ist. Stellenzulagen gelten hierbei nicht als Bestandteile des Grundgehalts.

(2) Aus dienstlichen Gründen können Beamtinnen und Beamte ohne ihre Zustimmung in ein Amt mit demselben Endgrundgehalt auch einer anderen Laufbahn, auch im Bereich eines anderen Dienstherrn, versetzt werden; Stellenzulagen gelten hierbei nicht als Bestandteile des Grundgehalts. Bei der Auflösung oder einer wesentlichen Änderung des Aufbaus oder der Aufgaben einer Behörde oder der Verschmelzung von Behörden können Beamtinnen und Beamte, deren Aufgabengebiet davon berührt wird, auch ohne ihre Zustimmung in ein anderes Amt derselben Laufbahn mit geringerem Endgrundgehalt im Bereich desselben Dienstherrn versetzt werden, wenn eine ihrem bisherigen Amt entsprechende Verwendung nicht möglich ist; das Endgrundgehalt muss mindestens dem des Amts entsprechen, das die Beamtinnen

und Beamten vor dem bisherigen Amt innehatten.

(3) Besitzen Beamtinnen und Beamte nicht die Befähigung für die andere Laufbahn, haben sie an Maßnahmen für den Erwerb der neuen Befähigung teilzunehmen.

(4) Werden Beamtinnen und Beamte in ein Amt eines anderen Dienstherrn versetzt, wird das Beamtenverhältnis mit dem neuen Dienstherrn fortgesetzt.

§ 27 Umbildung von Körperschaften

(1) In den Fällen landesinterner Umbildungen von Körperschaften gelten die §§ 16 bis 19 des Beamtenstatusgesetzes entsprechend, soweit gesetzlich nichts anderes bestimmt ist.

(2) In den Fällen des § 18 Abs. 1 Satz 2 des Beamtenstatusgesetzes findet § 26 Abs. 2 Satz 2 dieses Gesetzes entsprechende Anwendung.

(3) Die Frist nach § 18 Abs. 2 Satz 1 des Beamtenstatusgesetzes, innerhalb derer Beamtinnen und Beamte in den einstweiligen Ruhestand versetzt werden können, beträgt sechs Monate. Sie beginnt im Falle des § 16 Abs. 1 des Beamtenstatusgesetzes mit dem Übertritt, in den Fällen des § 16 Abs. 2 und 3 des Beamtenstatusgesetzes mit der Bestimmung derjenigen Beamtinnen und Beamten, zu deren Übernahme die Körperschaft verpflichtet ist; Entsprechendes gilt in den Fällen des § 16 Abs. 4 des Beamtenstatusgesetzes.

(4) Ist innerhalb absehbarer Zeit mit einer Umbildung im Sinne des § 16 des Beamtenstatusgesetzes zu rechnen, so können die obersten Aufsichtsbehörden der beteiligten Körperschaften anordnen, dass Beamtinnen und Beamte, deren Aufgabengebiet von der Umbildung voraussichtlich berührt wird, nur mit ihrer Genehmigung ernannt werden dürfen. Die Anordnung darf höchstens für die Dauer eines Jahres ergehen. Sie ist den beteiligten Körperschaften zuzustellen. Die Genehmigung soll nur versagt werden, wenn durch derartige Ernennungen die Durchführung der nach den §§ 16 bis 18 des Beamtenstatusgesetzes erforderlichen Maßnahmen wesentlich erschwert würde.

Vierter Abschnitt
Beendigung des Beamtenverhältnisses

Erster Titel
Entlassung

§ 28 Entlassung kraft Gesetzes (§ 22 Beamtenstatusgesetz)

(1) Die oberste Dienstbehörde ist zuständig für die Feststellung der Voraussetzungen für eine Entlassung nach § 22 Abs. 1, 2 oder 3 des Beamtenstatusgesetzes und des Tags der Beendigung des Beamtenverhältnisses.

(2) Im Fall des § 22 Abs. 2 Satz 1 des Beamtenstatusgesetzes kann die oberste Dienstbehörde im Einvernehmen mit dem neuen Dienstherrn oder der Einrichtung die Fortdauer des Beamtenverhältnisses neben dem neuen Dienst- oder Amtsverhältnis anordnen.

§ 29 Entlassung durch Verwaltungsakt (§ 23 Beamtenstatusgesetz)

(1) Beamtinnen und Beamte können jederzeit ihre Entlassung nach § 23 Abs. 1 Satz 1 Nr. 4 des Beamtenstatusgesetzes verlangen. Das Verlangen muss der oder dem Dienstvorgesetzten schriftlich erklärt werden. Die Erklärung kann, solange die Entlassungsverfügung der Beamtin oder dem Beamten noch nicht zugegangen ist, innerhalb von zwei Wochen nach Zugang bei der oder dem Dienstvorgesetzten zurückgenommen werden, mit Zustimmung der Entlassungsbehörde auch nach Ablauf dieser Frist.

(2) Die Entlassung ist für den beantragten Zeitpunkt auszusprechen. Sie kann jedoch so lange hinausgeschoben werden, bis die Beamtin oder der Beamte die ihr oder ihm übertragenen Aufgaben ordnungsgemäß erledigt hat, längstens für drei Monate. Bei Lehrkräften kann die Entlassung bis zum Ende des laufenden Schulhalbjahres, bei Hochschullehrerinnen und Hochschullehrern bis zum Ablauf des Semesters sowie bei Lehrkräften an der Hessischen Hochschule für öffentliches Management und Sicherheit und am Studienzentrum der Finanzverwaltung und Justiz Rotenburg an der Fulda bis zum Ende des fachtheoretischen Studienabschnitts hinausgeschoben werden.

(3) Die Frist für die Entlassung von Beamtinnen und Beamten auf Probe nach § 23 Abs. 3 des Beamtenstatusgesetzes beträgt bei einer Beschäftigungszeit von

1. bis zu drei Monaten zwei Wochen zum Monatsschluss,
2. mehr als drei Monaten sechs Wochen zum Schluss eines Kalendervierteljahres.

Als Beschäftigungszeit gilt die Zeit ununterbrochener Tätigkeit im Beamtenverhältnis auf Probe im Bereich desselben Dienstherrn.

(4) Im Fall des § 23 Abs. 3 Satz 1 Nr. 1 des Beamtenstatusgesetzes kann die Entlassung ohne Einhaltung einer Frist erfolgen. Vor der Entlassung ist der Sachverhalt aufzuklären; die §§ 24 bis 34 des Hessischen Disziplinargesetzes gelten entsprechend.

(5) Für die Entlassung von Beamtinnen und Beamten auf Widerruf nach § 23 Abs. 4 des Beamtenstatusgesetzes gelten die Abs. 3 und 4 entsprechend.

§ 30 Verfahren und Folgen der Entlassung

(1) Soweit durch Gesetz, Verordnung oder Satzung nichts anderes bestimmt ist, wird die Entlassung von der Stelle verfügt, die nach § 9 Abs. 2 und 3 für die Ernennung zuständig wäre. Die Entlassung wird im Falle des § 23 Abs. 1 Satz 1 Nr. 1 des Beamtenstatusgesetzes mit der Zustellung der Entlassungsverfügung wirksam, sonst mit dem Ende des Monats, der auf den Monat folgt, in dem die Entlassungsverfügung der Beamtin oder dem Beamten zugestellt worden ist; § 29 bleibt unberührt.

(2) Nach der Entlassung haben frühere Beamtinnen und Beamte keinen Anspruch auf Leistungen aus dem früheren Dienstverhältnis, soweit gesetzlich nichts anderes bestimmt ist. Einer entlassenen Beamtin oder einem entlassenen Beamten kann die oberste Dienstbehörde erlauben, die Amtsbezeichnung mit dem Zusatz „außer Dienst (a.D.)" sowie die mit dem Amt verliehenen Titel zu führen. Die Erlaubnis kann widerrufen werden, wenn die frühere Beamtin oder der frühere Beamte sich ihrer als nicht würdig erweist.

Zweiter Titel
Verlust der Beamtenrechte

§ 31 Verlust der Beamtenrechte, Wiederaufnahmeverfahren (§ 24 Beamtenstatusgesetz)

(1) Endet das Beamtenverhältnis nach § 24 Abs. 1 des Beamtenstatusgesetzes, so hat die frühere Beamtin oder der frühere Beamte keinen Anspruch auf Leistungen aus dem früheren Dienstverhältnis, soweit gesetzlich nichts anderes bestimmt ist. Sie oder er darf die Amtsbezeichnung und die im Zusammenhang mit dem Amt verliehenen Titel nicht führen.

(2) Wird eine Entscheidung, die den Verlust der Beamtenrechte zur Folge hat, im Wiederaufnahmeverfahren aufgehoben, so hat die Beamtin oder der Beamte, sofern sie oder er die Altersgrenze noch nicht erreicht hat und noch dienstfähig ist, Anspruch auf Übertragung eines Amts derselben Laufbahn wie das bisherige Amt und mit mindestens demselben Endgrundgehalt einschließlich der ruhegehaltfähigen und unwiderruflichen Stellenzulage. Vorbereitungsdienst und Probezeit sind jedoch voll abzuleisten. Bis zur Übertragung des neuen Amts erhält sie oder er die Besoldung, die ihr oder ihm aus dem bisherigen Amt zugestanden hätte.

(3) Ist aufgrund des im Wiederaufnahmeverfahren festgestellten Sachverhalts oder aufgrund eines rechtskräftigen Strafurteils, das nach der früheren Entscheidung ergangen ist, ein Disziplinarverfahren mit dem Ziel der Entfernung aus dem Beamtenverhältnis eingeleitet worden, so verliert die Beamtin oder der Beamte die ihr oder ihm nach Abs. 2 zustehenden Ansprüche, wenn auf Entfernung aus dem Beamtenverhältnis erkannt wird. Bis zur rechtskräftigen Entscheidung können die Ansprüche nicht geltend gemacht werden.

(4) Abs. 3 gilt entsprechend in Fällen der Entlassung von Beamtinnen und Beamten auf Probe oder auf Widerruf wegen einer Handlung der in § 23 Abs. 3 Satz 1 Nr. 1 des Beamtenstatusgesetzes bezeichneten Art.

§ 32 Gnadenrecht

(1) Die Ministerpräsidentin oder der Ministerpräsident übt namens des Volkes das

I

Recht der Begnadigung hinsichtlich des Verlusts der Beamtenrechte nach § 24 des Beamtenstatusgesetzes aus. Sie oder er kann die Befugnis auf andere Stellen übertragen.

(2) Wird im Gnadenweg der Verlust der Beamtenrechte in vollem Umfang beseitigt, so gilt ab diesem Zeitpunkt § 31 Abs. 2 bis 4 entsprechend.

Dritter Titel
Ruhestand, Dienstunfähigkeit

Erstes Kapitel
Ruhestand

§ 33 Ruhestand wegen Erreichens der Altersgrenze (§ 25 Beamtenstatusgesetz)

(1) Beamtinnen und Beamte auf Lebenszeit treten mit dem Ende des Monats in den Ruhestand, in dem sie die für sie jeweils geltende Altersgrenze erreichen. Die Altersgrenze wird in der Regel mit Vollendung des 67. Lebensjahres erreicht (allgemeine Regelaltersgrenze), soweit nicht gesetzlich eine andere Altersgrenze (besondere Altersgrenze) bestimmt ist.

(2) Abweichend von Abs. 1 Satz 1 treten

1. Lehrkräfte an öffentlichen Schulen, die vor dem 1. Januar 1964 geboren sind, mit Ablauf des letzten Monats des Schulhalbjahres,
2. wissenschaftliches und künstlerisches Personal an den Hochschulen des Landes mit Lehrverpflichtung und Lehrkräfte am Studienzentrum der Finanzverwaltung und Justiz Rotenburg an der Fulda mit Ablauf des letzten Monats des Semesters oder des fachtheoretischen Studienabschnitts,

in dem sie die jeweils für sie geltende Altersgrenze erreichen, in den Ruhestand.

(3) Beamtinnen und Beamte auf Lebenszeit, die vor dem 1. Januar 1947 geboren sind, erreichen die Regelaltersgrenze mit Vollendung des 65. Lebensjahres. Für Beamtinnen und Beamte auf Lebenszeit, die nach dem 31. Dezember 1946 und vor dem 1. Januar 1964 geboren sind, wird die Regelaltersgrenze wie folgt angehoben:

Geburtsjahr	Anhebung um Monate	Altersgrenze Jahr	Monat
1947	1	65	1
1948	2	65	2
1949	3	65	3
1950	4	65	4
1951	5	65	5
1952	6	65	6
1953	7	65	7
1954	8	65	8
1955	9	65	9
1956	10	65	10
1957	11	65	11
1958	12	66	0
1959	14	66	2
1960	16	66	4
1961	18	66	6
1962	20	66	8
1963	22	66	10

(4) Bei Beamtinnen und Beamten auf Lebenszeit, die sich am 1. Januar 2011 im Teilzeitmodell oder beim Blockmodell in der Arbeitsphase der Altersteilzeit befinden, erstreckt sich die Altersteilzeit bis zum Erreichen der für sie jeweils geltenden Regelaltersgrenze nach Abs. 3 Satz 2 oder bis zu der Altersgrenze, die die Beamtin oder der Beamte nach § 35 beantragt hat. Die Altersteilzeitbewilligung ist entsprechend anzupassen. Satz 1 gilt nicht, wenn die Beamtin oder der Beamte unmittelbar nach Ende der ursprünglich bewilligten Altersteilzeit auf ihren oder seinen Antrag in den Ruhestand versetzt wird. Beim Blockmodell ist der Antrag in der Arbeitsphase zu stellen.

(5) Lehrkräfte an öffentlichen Schulen, wissenschaftliches und künstlerisches Personal an den Hochschulen des Landes mit Lehrverpflichtung und Lehrkräfte am Studienzentrum der Finanzverwaltung und Justiz Rotenburg an der Fulda, die sich am 1. Januar 2011 in der Altersteilzeit im Blockmodell befinden, treten mit Ablauf des letzten Monats des Schuljahres, des Semesters oder des fachtheoretischen Studienabschnitts, in dem sie

das 65. Lebensjahr vollendet haben, in den Ruhestand. Satz 1 gilt nicht, wenn die Beamtin oder der Beamte unmittelbar nach Ende der ursprünglich bewilligten Altersteilzeit auf ihren oder seinen Antrag in den Ruhestand versetzt wird. Beim Blockmodell ist der Antrag in der Arbeitsphase zu stellen.

(6) Beamtinnen und Beamten auf Lebenszeit, für die Abs. 3 Satz 2 gilt und denen die Versetzung in den Ruhestand nach § 35 vor dem 1. Januar 2011 bewilligt wurde, ist abweichend davon auf Antrag die Versetzung in den Ruhestand nach § 35 zu einem späteren Zeitpunkt zu bewilligen.

(7) Beamtinnen und Beamte auf Lebenszeit, die am 1. Januar 2011

1. sich in der Freistellungsphase im Rahmen einer Teilzeitbeschäftigung bis zum Ruhestand nach § 1 Abs. 6 der Hessischen Arbeitszeitverordnung in der Fassung vom 15. Dezember 2009 (GVBl. I S. 758), zuletzt geändert durch Gesetz vom 27. Mai 2013 (GVBl. S. 218), befinden,
2. bis zum Eintritt in den Ruhestand beurlaubt sind oder
3. sich in der Freistellungsphase der Altersteilzeit im Blockmodell nach § 118 Abs. 1 in Verbindung mit Abs. 3 Nr. 2 befinden,

erreichen die Regelaltersgrenze mit Vollendung des 65. Lebensjahres.

(8) Beamtinnen und Beamten auf Lebenszeit, denen vor dem 1. Januar 2011 Teilzeitbeschäftigung bis zum Eintritt in den Ruhestand bewilligt wurde, ist auf Antrag die Teilzeitbeschäftigung bis zum Erreichen der jeweils geltenden Regelaltersgrenze zu verlängern. Entsprechendes gilt für Beurlaubungen, die bis zum Eintritt in den Ruhestand bewilligt wurden.

§ 34 Hinausschieben der Altersgrenze

(1) Wenn es im dienstlichen Interesse liegt, kann der Eintritt in den Ruhestand auf Antrag oder mit Zustimmung der Beamtin oder des Beamten über die Altersgrenze hinaus um eine bestimmte Frist, die jeweils ein Jahr nicht übersteigen darf, hinausgeschoben werden, jedoch nicht länger als bis zum vollendeten 70. Lebensjahr. Die Entscheidung trifft die oberste Dienstbehörde.

(2) Der Antrag nach Abs. 1 ist spätestens sechs Monate vor Eintritt in den Ruhestand zu stellen.

§ 35 Ruhestand auf Antrag

Beamtinnen und Beamte auf Lebenszeit können auf ihren Antrag in den Ruhestand versetzt werden, wenn sie

1. schwerbehindert im Sinne des § 2 Abs. 2 des Neunten Buches Sozialgesetzbuch vom 19. Juni 2001 (BGBl. I S. 1046), zuletzt geändert durch Gesetz vom 14. Dezember 2012 (BGBl. I S. 2598), sind und das 60. Lebensjahr vollendet haben oder
2. das 62. Lebensjahr vollendet haben.

Bei Lehrkräften an öffentlichen Schulen und Lehrkräften am Studienzentrum der Finanzverwaltung und Justiz Rotenburg an der Fulda kann die Versetzung in den Ruhestand auf Antrag nur zum Ablauf des letzten Monats eines Schulhalbjahres, Semesters oder fachtheoretischen Studienabschnitts erfolgen.

Zweites Kapitel
Dienstunfähigkeit

§ 36 Verfahren bei Dienstunfähigkeit (§ 26 Beamtenstatusgesetz)

(1) Bestehen Zweifel über die Dienstunfähigkeit der Beamtin oder des Beamten (§ 26 Abs. 1 des Beamtenstatusgesetzes), so besteht die Verpflichtung, sich nach Weisung der Behörde ärztlich untersuchen und, falls dies aus amtsärztlicher Sicht für erforderlich gehalten wird, auch beobachten zu lassen. Entzieht sich die Beamtin oder der Beamte ohne hinreichenden Grund der Verpflichtung, sich nach Weisung der Behörde ärztlich untersuchen oder beobachten zu lassen, kann sie oder er so behandelt werden, wie wenn die Dienstunfähigkeit ärztlich festgestellt worden wäre. Die Kosten der nach Satz 1 angeordneten ärztlichen Untersuchung oder Beobachtung trägt der Dienstherr.

(2) Die Frist nach § 26 Abs. 1 Satz 2 des Beamtenstatusgesetzes, nach deren Ablauf kei-

ne Aussicht besteht, dass die Dienstfähigkeit wieder voll hergestellt wird, beträgt sechs Monate.

(3) Hält die oder der Dienstvorgesetzte die Beamtin oder den Beamten aufgrund eines ärztlichen Gutachtens über den Gesundheitszustand für dienstunfähig und stimmt diese oder dieser der Versetzung in den Ruhestand nicht zu, teilt die oder der Dienstvorgesetzte der Beamtin oder dem Beamten mit, dass die Versetzung in den Ruhestand beabsichtigt ist. Dabei sind die Gründe für die Versetzung in den Ruhestand anzugeben. Die Beamtin oder der Beamte kann innerhalb eines Monats Einwendungen erheben. Danach entscheidet die nach § 42 Abs. 1 zuständige Behörde. Nach Ablauf des Monats, in dem die Versetzung in den Ruhestand der Beamtin oder dem Beamten mitgeteilt worden ist, werden die Dienstbezüge einbehalten, die das Ruhegehalt übersteigen.

(4) Beantragt die Beamtin oder der Beamte schriftlich die Versetzung in den Ruhestand nach § 26 Abs. 1 des Beamtenstatusgesetzes oder stimmt dieser schriftlich zu, so wird die Dienstunfähigkeit dadurch festgestellt, dass die oder der unmittelbare Dienstvorgesetzte aufgrund eines ärztlichen Gutachtens über den Gesundheitszustand erklärt, sie oder er halte die Beamtin oder den Beamten nach pflichtgemäßem Ermessen für dauernd unfähig, ihre oder seine Amtspflichten zu erfüllen. Die über die Versetzung in den Ruhestand entscheidende Behörde ist an die Erklärung der oder des unmittelbaren Dienstvorgesetzten nicht gebunden. Sie kann auch andere Beweise erheben.

§ 37 Verfahren bei begrenzter Dienstfähigkeit (§ 27 Beamtenstatusgesetz)

(1) Von einer eingeschränkten Verwendung der Beamtin oder des Beamten nach § 27 Abs. 2 des Beamtenstatusgesetzes soll abgesehen werden, wenn ihr oder ihm nach § 26 Abs. 2 oder 3 des Beamtenstatusgesetzes ein anderes Amt oder eine geringerwertige Tätigkeit übertragen werden kann.

(2) Für das Verfahren gelten die Vorschriften über die Dienstunfähigkeit entsprechend. § 73 Abs. 2 Satz 4 gilt mit der Maßgabe, dass von der regelmäßigen Arbeitszeit der Beamtin oder des Beamten unter Berücksichtigung der herabgesetzten Arbeitszeit nach § 27 Abs. 2 des Beamtenstatusgesetzes auszugehen ist.

§ 38 Wiederherstellung der Dienstfähigkeit (§ 29 Beamtenstatusgesetz)

(1) Die Frist nach § 29 Abs. 1 des Beamtenstatusgesetzes, innerhalb der die Ruhestandsbeamtin oder der Ruhestandsbeamte eine erneute Berufung in das Beamtenverhältnis beantragen kann, beträgt zehn Jahre.

(2) Soweit die Beamtin oder der Beamte die Befähigung für die neue Laufbahn nicht besitzt, wird ihr oder ihm für die Zeit einer Qualifizierungsmaßnahme im Sinne des § 29 Abs. 2 Satz 2 des Beamtenstatusgesetzes ein Amt ihrer oder seiner früheren Laufbahn mit mindestens demselben Grundgehalt übertragen, wenn zu erwarten ist, dass die gesundheitlichen Anforderungen des neuen Amts erfüllt werden.

(3) Die Kosten für die auf Weisung der zuständigen Behörde durchgeführten Maßnahmen nach § 29 Abs. 4 des Beamtenstatusgesetzes hat der Dienstherr zu tragen, sofern keine anderen Ansprüche bestehen. Für Beamtinnen und Beamte im Vollzugs- und Einsatzdienst dürfen nur solche Maßnahmen angeordnet werden, bei denen zu erwarten ist, dass diese mit hinreichender Wahrscheinlichkeit zur Wiederherstellung der vollen Dienstfähigkeit führen werden.

(4) Der Dienstherr hat in regelmäßigen Abständen unter Berücksichtigung der Umstände des Einzelfalls das Vorliegen der Voraussetzungen für die Dienstunfähigkeit zu überprüfen, es sei denn, eine erneute Berufung in das Beamtenverhältnis kommt nicht in Betracht.

§ 39 Ärztliche Untersuchung

(1) In den Fällen der §§ 26 bis 29 des Beamtenstatusgesetzes und der §§ 36 bis 38 dieses

Gesetzes bestimmt die oberste Dienstbehörde, welche Ärztin oder welcher Arzt mit der Durchführung der ärztlichen Untersuchung beauftragt werden kann. Die Landesregierung kann einheitliche Regelungen für den Bereich der Landesverwaltung treffen.

(2) Die Ärztin oder der Arzt teilt der Behörde, in deren Auftrag sie oder er tätig geworden ist, die tragenden Feststellungen und Gründe des Ergebnisses der ärztlichen Untersuchung mit, soweit deren Kenntnis unter Beachtung des Grundsatzes der Verhältnismäßigkeit für die zu treffende Entscheidung erforderlich ist. Die Mitteilungen sind in einem gesonderten und verschlossenen Umschlag zu übersenden und verschlossen zur Personalakte zu nehmen. Sie dürfen nur für die Entscheidung der in Abs. 1 genannten Fälle verwendet werden.

(3) Zu Beginn der Untersuchung ist die Beamtin oder der Beamte auf deren Zweck und die Mitteilungspflicht nach Abs. 2 hinzuweisen. Die Ärztin oder der Arzt übermittelt der Beamtin oder dem Beamten oder, soweit dem ärztliche Gründe entgegenstehen, einer zu ihrer oder seiner Vertretung befugten Person eine Kopie der Mitteilung nach Abs. 2 Satz 1.

(4) Abs. 1 bis 3 gelten auch für die ärztliche Untersuchung der Dienstfähigkeit von Beamtinnen und Beamten auf Widerruf.

Drittes Kapitel
Einstweiliger Ruhestand

§ 40 Politische Beamtinnen und Beamte (§ 30 Beamtenstatusgesetz)

Bei politischen Beamtinnen und Beamten nach § 7 Abs. 1 dieses Gesetzes beginnt der einstweilige Ruhestand nach § 30 Abs. 1 Satz 1 des Beamtenstatusgesetzes, wenn nicht im Einzelfall ausdrücklich ein späterer Zeitpunkt festgesetzt wird, mit der Mitteilung der Versetzung in den einstweiligen Ruhestand an die Beamtin oder den Beamten, spätestens jedoch nach Ablauf der drei Monate, die auf den Monat der Mitteilung folgen. Die Verfügung kann bis zum Beginn des einstweiligen Ruhestands zurückgenommen werden.

§ 41 Auflösung oder Umbildung von Behörden (§ 31 Beamtenstatusgesetz)

(1) In den Fällen des § 31 Abs. 1 des Beamtenstatusgesetzes darf eine Versetzung in den einstweiligen Ruhestand nur erfolgen, soweit aus Anlass der Auflösung oder Umbildung einer Behörde Planstellen eingespart werden.

(2) Von einer erneuten Berufung in ein Beamtenverhältnis nach § 31 Abs. 2 des Beamtenstatusgesetzes kann abgesehen werden, wenn sie weniger als fünf Jahre vor Erreichen der Altersgrenze nach § 33 dieses Gesetzes wirksam würde.

Viertes Kapitel
Gemeinsame Vorschriften

§ 42 Versetzung in den Ruhestand

(1) Die Versetzung in den Ruhestand wird, soweit durch Gesetz, Verordnung oder Satzung nichts anderes bestimmt ist, von der Stelle verfügt, die nach § 9 Abs. 2 und 3 für die Ernennung zuständig wäre. In den Fällen des § 26 Abs. 1 Satz 1 und 2 des Beamtenstatusgesetzes erfolgt die Versetzung in den Ruhestand im Einvernehmen mit der obersten Dienstbehörde.

(2) Die Entscheidung, Beamtinnen und Beamte auf Probe nach § 28 Abs. 2 des Beamtenstatusgesetzes wegen Dienstunfähigkeit in den Ruhestand zu versetzen, trifft die oberste Dienstbehörde im Einvernehmen mit dem für das Dienstrecht zuständigen Ministerium. Zur Übertragung der Befugnis nach § 3 Abs. 7 bedarf es des Einvernehmens des für das Dienstrecht zuständigen Ministeriums. Das nach Satz 1 und 2 erforderliche Einvernehmen des für das Dienstrecht zuständigen Ministeriums entfällt für die Beamtinnen und Beamten der Gemeinden und Gemeindeverbände.

(3) Die Verfügung ist der Beamtin oder dem Beamten zuzustellen; sie kann bis zum Beginn des Ruhestands zurückgenommen werden.

(4) Der Ruhestand beginnt, abgesehen von den Fällen nach den §§ 33 bis 35 und 40, mit dem Ende des Monats, in dem die Versetzung in den Ruhestand der Beamtin oder dem Beamten bekannt gegeben worden ist.

Vierter Titel Rechtsstellung der Beamtinnen und Beamten, die Mitglied der Landesregierung werden

§ 43 Rechtsfolgen der Ernennung zum Mitglied der Landesregierung

(1) Eine Beamtin oder ein Beamter auf Lebenszeit, die oder der zum Mitglied der Landesregierung ernannt wird, tritt mit dieser Ernennung in den Ruhestand. Ihr oder sein Anspruch auf Ruhegehalt ruht, solange sie oder er Amtsbezüge als Staatsministerin oder Staatsminister erhält.

(2) Eine Beamtin oder ein Beamter auf Probe oder auf Widerruf, die oder der zum Mitglied der Landesregierung ernannt wird, ist mit dieser Ernennung aus dem Beamtenverhältnis entlassen.

§ 44 Ende des Amtsverhältnisses

(1) Endet das Amtsverhältnis als Mitglied der Landesregierung, so ist die Beamtin oder der Beamte, die oder der mit der Ernennung zur Staatsministerin oder zum Staatsminister in den Ruhestand getreten ist, auf Antrag wieder in das Beamtenverhältnis zu berufen, wenn die allgemeinen Voraussetzungen dafür noch erfüllt sind. Das übertragene Amt muss derselben Laufbahn angehören wie das zuletzt bekleidete und mit mindestens demselben Endgrundgehalt ausgestattet sein.

(2) Stellt die Beamtin oder der Beamte einen Antrag nach Abs. 1 Satz 1 innerhalb einer Frist von drei Monaten seit Beendigung des Amtsverhältnisses als Mitglied der Landesregierung, so erhält sie oder er ab dem Beginn des Monats, in dem der Antrag gestellt ist, bis zur Übertragung des Amts die Besoldung, die bei einem Verbleiben in dem früheren Amt zugestanden hätte, mit Ausnahme der zur Bestreitung von Dienstaufwandskosten bestimmten Einkünfte. Gehörte die Beamtin oder der Beamte vor der Ernennung zum Mitglied der Landesregierung zu den in § 7 Abs. 1 genannten politischen Beamtinnen und Beamten und ist eine Wiederverwendung in dem früheren Amt nicht möglich, so kann sie oder er in den einstweiligen Ruhestand versetzt werden.

(3) Stellt die Beamtin oder der Beamte einen Antrag nach Abs. 1 Satz 1 nicht, so verbleibt sie oder er im Ruhestand.

Fünfter Abschnitt Rechtliche Stellung im Beamtenverhältnis

Erster Titel Allgemeines

§ 45 Erscheinungsbild der Beamtinnen und Beamten (§ 34 Beamtenstatusgesetz)

Über Einschränkungen oder Untersagungen in Bezug auf das Erscheinungsbild der Beamtinnen und Beamten bei der Ausübung des Dienstes oder bei einer Tätigkeit mit unmittelbarem Dienstbezug nach § 34 Abs. 2 Satz 2 bis 4 des Beamtenstatusgesetzes entscheidet die oberste Dienstbehörde.

§ 46 Aussagegenehmigung (§ 37 Beamtenstatusgesetz)

Über die Versagung der Genehmigung zur Aussage nach § 37 Abs. 4 und 5 des Beamtenstatusgesetzes entscheidet die oberste Dienstbehörde.

§ 47 Diensteid (§ 38 Beamtenstatusgesetz)

(1) Der Diensteid nach § 38 Abs. 1 des Beamtenstatusgesetzes hat folgenden Wortlaut:

„Ich schwöre, dass ich das Grundgesetz für die Bundesrepublik Deutschland und die Verfassung des Landes Hessen sowie alle in Hessen geltenden Gesetze wahren und meine Pflichten gewissenhaft und unparteiisch erfüllen werde, so wahr mir Gott helfe."

(2) Der Eid kann auch ohne die Worte „so wahr mir Gott helfe" geleistet werden.

(3) Lehnt eine Beamtin oder ein Beamter aus Gewissensgründen die Ablegung eines Eides ab, so können statt der Worte „ich schwöre" die Worte „ich gelobe" oder die nach dem Bekenntnis der jeweiligen Religions- oder Weltanschauungsgemeinschaft an die Stelle des Eides tretende Beteuerungsformel gebraucht werden.

(4) In den Fällen des § 38 Abs. 3 des Beamtenstatusgesetzes kann von einer Eidesleistung abgesehen werden. An die Stelle des Eides tritt dann ein Gelöbnis mit folgendem Wortlaut:

„Ich gelobe, meine Amtspflichten gewissenhaft zu erfüllen."

§ 48 Beschränkung der Vornahme von Amtshandlungen

(1) Beamtinnen und Beamte dürfen keine Amtshandlungen vornehmen, die sich gegen sie selbst oder Angehörige richten oder die ihnen oder Angehörigen einen Vorteil verschaffen.

(2) Angehörige im Sinne des Abs. 1 sind Personen, zu deren Gunsten der Beamtin oder dem Beamten wegen familienrechtlicher Beziehungen im Strafverfahren das Zeugnisverweigerungsrecht zusteht.

(3) Gesetzliche Vorschriften, nach denen Beamtinnen und Beamte von einzelnen Amtshandlungen ausgeschlossen sind, bleiben unberührt.

§ 49 Verbot der Führung der Dienstgeschäfte (§ 39 Beamtenstatusgesetz)

(1) Über ein Verbot der Führung der Dienstgeschäfte nach § 39 des Beamtenstatusgesetzes entscheidet die oberste Dienstbehörde.

(2) Beamtinnen und Beamte, denen die Führung der Dienstgeschäfte verboten ist, haben dienstlich empfangene Sachen auf Verlangen herauszugeben. Ihnen kann untersagt werden, Dienstkleidung und Dienstausrüstung zu tragen und sich in Diensträumen oder dienstlichen Unterkunftsräumen aufzuhalten.

§ 50 Medienauskünfte

Auskünfte an die Medien erteilt die Leiterin oder der Leiter der Behörde oder die von ihr oder ihm beauftragte Person.

§ 51 Verbot der Annahme von Belohnungen, Geschenken und sonstigen Vorteilen (§ 42 Beamtenstatusgesetz)

(1) Für die Zustimmung zu Ausnahmen vom Verbot der Annahme von Belohnungen, Geschenken und sonstigen Vorteilen nach § 42 Abs. 1 des Beamtenstatusgesetzes ist die oberste Dienstbehörde oder die letzte oberste Dienstbehörde zuständig.

(2) Für den Umfang des Herausgabeanspruchs nach § 42 Abs. 2 des Beamtenstatusgesetzes gelten die Vorschriften des Bürgerlichen Gesetzbuches über die Herausgabe einer ungerechtfertigten Bereicherung entsprechend. Die Herausgabepflicht umfasst auch die Pflicht, dem Dienstherrn Auskunft über Art, Umfang und Verbleib des Erlangten zu geben.

§ 52 Wahl des Wohnorts

(1) Beamtinnen und Beamte haben ihre Wohnung so zu nehmen, dass die ordnungsgemäße Wahrnehmung ihrer Dienstgeschäfte nicht beeinträchtigt wird.

(2) Die oder der Dienstvorgesetzte kann, wenn die besonderen dienstlichen Verhältnisse es dringend erfordern, anweisen, dass die Wohnung innerhalb einer bestimmten Entfernung von der Dienststelle zu nehmen oder eine Dienstwohnung zu beziehen ist.

§ 53 Rufbereitschaft

(1) Wenn besondere dienstliche Verhältnisse es dringend erfordern, können Beamtinnen und Beamte angewiesen werden, während der dienstfreien Zeit den Aufenthaltsort so zu wählen, dass sie erreichbar sind, um bei Bedarf den Dienst aufnehmen zu können (Rufbereitschaft).

(2) Zeiten der Rufbereitschaft sind keine Arbeitszeit. Schriftlich oder elektronisch angeordnete oder genehmigte Rufbereitschaft wird zu einem Achtel innerhalb von zwölf

I

Monaten durch Freizeit ausgeglichen. Soweit ein Ausgleich durch Freizeit aus zwingenden dienstlichen Gründen nicht möglich ist, kann Beamtinnen und Beamten nach § 50 Abs. 2 Satz 1, § 56a Abs. 2 Nr. 2 des Hessischen Besoldungsgesetzes ein finanzieller Ausgleich gewährt werden.

(3) Werden Beamtinnen und Beamte während der Rufbereitschaft dienstlich tätig, ist die Zeit der dienstlichen Tätigkeit Arbeitszeit.

§ 54 Dienstkleidung, Amtstracht

Beamtinnen und Beamte sind verpflichtet, Dienstkleidung oder Amtstracht zu tragen, wenn dies bei der Ausübung des Dienstes üblich oder erforderlich ist. Die Vorschriften über die Dienstkleidung und die Amtstracht erlässt die oberste Dienstbehörde, soweit vorhanden nach Richtlinien der Landesregierung.

§ 55 Dienstvergehen (§ 47 Beamtenstatusgesetz)

(1) Bei Ruhestandsbeamtinnen und Ruhestandsbeamten oder früheren Beamtinnen und Beamten mit Versorgungsbezügen gilt es auch als Dienstvergehen, wenn sie einer erneuten Berufung in das Beamtenverhältnis entgegen § 29 Abs. 2 oder § 30 Abs. 3 des Beamtenstatusgesetzes oder den Verpflichtungen nach § 29 Abs. 4 und 5 des Beamtenstatusgesetzes schuldhaft nicht nachkommen oder wenn sie im Zusammenhang mit dem Bezug von Leistungen des Dienstherrn vorwerfbar falsche oder unvollständige Angaben machen.

(2) § 47 Abs. 2 Satz 1 des Beamtenstatusgesetzes gilt entsprechend für frühere Beamtinnen und Beamte, die mit Anspruch auf Altersgeld ausgeschieden sind.

§ 56 Pflicht zum Schadensersatz (§ 48 Beamtenstatusgesetz)

(1) Schadensersatzansprüche nach § 48 des Beamtenstatusgesetzes verjähren in drei Jahren von dem Zeitpunkt an, in dem der Dienstherr von dem Schaden und der ersatzpflichtigen Person Kenntnis erlangt hat, ohne Rücksicht auf diese Kenntnis in zehn Jahren von der Begehung der Handlung an. Hat der Dienstherr Dritten Schadensersatz geleistet, so tritt an die Stelle des Zeitpunkts, in dem der Dienstherr von dem Schaden Kenntnis erlangt, der Zeitpunkt, in dem der Ersatzanspruch Dritter diesen gegenüber vom Dienstherrn anerkannt oder dem Dienstherrn gegenüber rechtskräftig festgestellt wird.

(2) Leistet die Beamtin oder der Beamte dem Dienstherrn Ersatz und hat dieser einen Ersatzanspruch gegen Dritte, so geht der Ersatzanspruch auf die Beamtin oder den Beamten über.

§ 57 Übergang eines Schadensersatzanspruchs gegen Dritte

Werden Beamtinnen, Beamte oder Versorgungsberechtigte oder ihre Angehörigen körperlich verletzt oder getötet, so geht ein gesetzlicher Schadensersatzanspruch, der diesen Personen infolge der Körperverletzung oder der Tötung gegen Dritte zusteht, insoweit auf den Dienstherrn über, als dieser während einer auf der Körperverletzung beruhenden Aufhebung oder Einschränkung der Dienstfähigkeit oder infolge der Körperverletzung oder der Tötung zur Gewährung von Leistungen verpflichtet ist. Satz 1 gilt sinngemäß für gesetzliche Schadensersatzansprüche wegen der Beschädigung, Zerstörung oder Wegnahme von Heilmitteln, Hilfsmitteln oder Körperersatzstücken. Ist eine Versorgungskasse zur Gewährung von Versorgungsleistungen verpflichtet, so geht der Anspruch auf sie über. Der Übergang des Anspruchs kann nicht zum Nachteil der Verletzten oder der Hinterbliebenen geltend gemacht werden.

§ 58 Amtsbezeichnungen

(1) Die für das Dienstrecht zuständige Ministerin oder der hierfür zuständige Minister setzt die Amtsbezeichnungen der Beamtinnen und Beamten fest, soweit gesetzlich nichts anderes bestimmt ist. Eine Amtsbezeichnung, die herkömmlich für ein Amt verwendet wird, das eine bestimmte Befähigung voraussetzt und einen bestimmten Aufgabenkreis umfasst, darf nur einer Beamtin oder einem Beamten verliehen werden, die oder der ein solches Amt bekleidet.

(2) Die Beamtin oder der Beamte führt im Dienst die Amtsbezeichnung des ihr oder ihm übertragenen Amts; sie oder er darf sie auch außerhalb des Dienstes führen. Nach dem Übertritt in ein anderes Amt darf die Beamtin oder der Beamte die bisherige Amtsbezeichnung nicht mehr führen. Ist das neue Amt mit einem geringeren Endgrundgehalt verbunden, so darf neben der neuen Amtsbezeichnung diejenige des früheren Amts mit dem Zusatz „außer Dienst (a. D.)" geführt werden. Ändert sich die Bezeichnung des früheren Amts, so darf die geänderte Amtsbezeichnung geführt werden.

(3) Die Ruhestandsbeamtin oder der Ruhestandsbeamte darf die ihr oder ihm beim Eintritt in den Ruhestand zustehende Amtsbezeichnung mit dem Zusatz „außer Dienst (a. D.)" und die im Zusammenhang mit dem Amt verliehenen Titel weiterführen. Wird ihr oder ihm ein neues Amt übertragen, so erhält sie oder er die Amtsbezeichnung des neuen Amts; gehört dieses Amt nicht einer Besoldungsgruppe mit mindestens demselben Endgrundgehalt einschließlich der ruhegehaltfähigen und unwiderruflichen Stellenzulagen an wie das bisherige Amt, so gilt Abs. 2 Satz 3 entsprechend.

§ 59 Dienstliche Beurteilung, Dienstzeugnis

(1) Eignung, Befähigung und fachliche Leistung der Beamtinnen und Beamten auf Lebenszeit sind regelmäßig zu beurteilen. Das Erfordernis der Regelmäßigkeit gilt nicht für Lehrkräfte an öffentlichen Schulen, einschließlich der Schulleitung, sowie für hauptamtliche Ausbilderinnen und Ausbilder an den Studienseminaren. Alle Beamtinnen und Beamte sind zu beurteilen, wenn es die dienstlichen oder persönlichen Verhältnisse erfordern. Die dienstliche Beurteilung ist mit einem Gesamturteil unter Würdigung aller Einzelmerkmale abzuschließen. Die Landesregierung wird ermächtigt, durch Rechtsverordnung Grundsätze für die dienstliche Beurteilung sowie für das Beurteilungsverfahren zu regeln, insbesondere über

1. die Zeitabstände zwischen den Beurteilungen nach Satz 1,
2. die Ausnahmen von der Beurteilungspflicht,
3. den Inhalt der dienstlichen Beurteilungen,
4. die Ausgestaltung des Beurteilungsmaßstabs und die Zuständigkeit für die Regelung von Einzelheiten des Beurteilungsverfahrens sowie
5. die Anlässe der dienstlichen Beurteilungen nach Satz 3.

(2) Auf Antrag wird der Beamtin oder dem Beamten nach Beendigung des Beamtenverhältnisses oder zum Zweck der Bewerbung bei einem anderen Dienstherrn oder Arbeitgeber von der oder dem Dienstvorgesetzten ein Dienstzeugnis über Art und Dauer der von ihr oder ihm bekleideten Ämter erteilt. Das Dienstzeugnis muss auf Verlangen auch über die ausgeübte Tätigkeit und die Leistungen Auskunft geben.

Zweiter Titel
Arbeitszeit, Urlaub

§ 60 Arbeitszeit

(1) Die Landesregierung wird ermächtigt, durch Rechtsverordnung nähere Regelungen über die Arbeitszeit zu treffen. Die oberste Dienstbehörde kann ergänzende Regelungen über die Arbeitszeit der Beamtinnen und Beamten des feuerwehrtechnischen Dienstes, der Forstbeamtinnen und Forstbeamten, der Lehrkräfte, Sozialpädagoginnen und Sozialpädagogen an öffentlichen Schulen sowie an der Landesfinanzschule Hessen und der Ausbildungsstätte für den mittleren Justizdienst, der Beamtinnen und Beamten des Polizeivollzugsdienstes, der Beamtinnen und Beamten beim Landesamt für Verfassungsschutz und der Beamtinnen und Beamten des Justizvollzugsdienstes treffen.

(2) Soweit Bereitschaftsdienst besteht, kann die Arbeitszeit entsprechend den dienstlichen Bedürfnissen verlängert werden. Hierbei darf in einem Bezugszeitraum von zwölf Monaten die durchschnittliche Arbeitszeit 48 Stunden im Siebentageszeitraum nicht überschreiten.

(3) Zur Sicherung der Unterrichtsversorgung kann die Kultusministerin oder der Kultusminister durch Rechtsverordnung eine un-

gleichmäßige Verteilung der regelmäßigen Arbeitszeit für Lehrkräfte, Sozialpädagoginnen und Sozialpädagogen in der Weise festlegen, dass bis zum 31. Juli 2008 die wöchentliche Unterrichtsverpflichtung um eine Unterrichtsstunde erhöht und ab einem in der Rechtsverordnung festzulegenden Zeitpunkt durch Senkung der wöchentlichen Unterrichtsverpflichtung in der Regel jahrgangsweise ausgeglichen wird. Darin kann auch geregelt werden, dass auf Antrag der Ausgleich auch durch andere Formen des Zeitausgleichs oder eine besondere Ausgleichszahlung erfolgen kann.

(4) Soweit durch Rechtsverordnung nach Abs. 1 Satz 1 ein Arbeitszeitkonto vorgesehen ist, auf dem ein bestimmter Teil der Arbeitszeit gutgeschrieben und zu einem späteren Zeitpunkt durch Freistellung vom Dienst unter Weitergewährung der Besoldung ausgeglichen wird, kann dort auch geregelt werden, dass im Falle der endgültigen Verhinderung des Zeitausgleichs auf Antrag eine besondere Ausgleichszahlung erfolgen kann.

§ 61 Mehrarbeit

Beamtinnen und Beamte sind verpflichtet, ohne Vergütung über die regelmäßige Arbeitszeit hinaus Dienst zu tun, wenn zwingende dienstliche Verhältnisse es erfordern. Werden sie durch eine dienstlich angeordnete oder genehmigte Mehrarbeit mehr als fünf Stunden im Monat über die regelmäßige Arbeitszeit hinaus beansprucht, so ist ihnen innerhalb von zwölf Monaten für die über die regelmäßige Arbeitszeit hinaus geleistete Mehrarbeit entsprechende Dienstbefreiung zu gewähren. Bei Teilzeitbeschäftigung sind die fünf Stunden anteilig entsprechend der bewilligten Arbeitszeit zu kürzen. Ist die Dienstbefreiung aus zwingenden dienstlichen Gründen nicht möglich, so können an ihrer Stelle Beamtinnen und Beamte Mehrarbeitsvergütung nach § 50 des Hessischen Besoldungsgesetzes erhalten.

§ 62 Teilzeitbeschäftigung (§ 43 Beamtenstatusgesetz)

(1) Einer Beamtin oder einem Beamten mit Dienstbezügen kann auf Antrag Teilzeitbeschäftigung mit mindestens der Hälfte der regelmäßigen Arbeitszeit und bis zur jeweils beantragten Dauer bewilligt werden, soweit dienstliche Belange nicht entgegenstehen.

(2) Dem Antrag nach Abs. 1 darf nur entsprochen werden, wenn die Beamtin oder der Beamte sich verpflichtet, während des Bewilligungszeitraums außerhalb des Beamtenverhältnisses berufliche Verpflichtungen nur in dem Umfang einzugehen, in dem nach den §§ 72 bis 74 den Vollzeitbeschäftigten die Ausübung von Nebentätigkeiten gestattet ist. § 73 Abs. 2 Satz 4 gilt mit der Maßgabe, dass von der regelmäßigen wöchentlichen Arbeitszeit der vollzeitbeschäftigten Beamtinnen und Beamten auszugehen ist. Ausnahmen hiervon sind nur zulässig, soweit dies mit dem Beamtenverhältnis vereinbar ist. Wird die Verpflichtung nach Satz 1 schuldhaft verletzt, soll die Bewilligung widerrufen werden.

(3) Die zuständige Dienstbehörde kann nachträglich die Dauer der Teilzeitbeschäftigung beschränken oder den Umfang der zu leistenden Arbeitszeit erhöhen, soweit zwingende dienstliche Belange dies erfordern. Sie soll eine Änderung des Umfangs der Teilzeitbeschäftigung oder den Übergang zur Vollzeitbeschäftigung zulassen, wenn der Beamtin oder dem Beamten die Teilzeitbeschäftigung im bisherigen Umfang nicht mehr zugemutet werden kann und dienstliche Belange nicht entgegenstehen.

§ 63 Teilzeitbeschäftigung aus familiären Gründen

(1) Einer Beamtin oder einem Beamten mit Dienstbezügen ist auf Antrag, wenn zwingende dienstliche Belange nicht entgegenstehen, Teilzeitbeschäftigung mit mindestens 15 Stunden pro Woche zu bewilligen, wenn sie oder er

1. ein Kind unter 18 Jahren oder
2. eine pflegebedürftige sonstige Angehörige oder einen pflegebedürftigen sonstigen Angehörigen

tatsächlich betreut oder pflegt. Die Pflegebedürftigkeit ist nachzuweisen. Dies kann durch Vorlage einer Bescheinigung der Pflegekasse, des Medizinischen Dienstes der Krankenversicherung, einer entsprechenden Bescheinigung einer privaten Pflegeversicherung oder eines ärztlichen Gutachtens erfolgen.

(2) Einer Beamtin oder einem Beamten auf Widerruf im Vorbereitungsdienst kann aus den in Abs. 1 genannten Gründen Teilzeitbeschäftigung mit mindestens der Hälfte der regelmäßigen Arbeitszeit bewilligt werden, soweit die Struktur der Ausbildung nicht entgegensteht und den unverzichtbaren Erfordernissen der Ausbildung Rechnung getragen wird.

(3) Teilzeitbeschäftigung mit weniger als der Hälfte der regelmäßigen Arbeitszeit darf die Dauer von insgesamt 17 Jahren nicht überschreiten.

(4) § 62 Abs. 3 gilt entsprechend.

(5) Es dürfen nur solche Nebentätigkeiten genehmigt werden, die dem Zweck der Teilzeitbeschäftigung nicht zuwiderlaufen.

§ 64 Beurlaubung aus familiären Gründen

(1) Einer Beamtin oder einem Beamten mit Dienstbezügen ist auf Antrag, wenn zwingende dienstliche Belange nicht entgegenstehen, Urlaub ohne Dienstbezüge bis zur Dauer von insgesamt 14 Jahren zu gewähren, wenn sie oder er

1. ein Kind unter 18 Jahren oder
2. eine pflegebedürftige sonstige Angehörige oder einen pflegebedürftigen sonstigen Angehörigen

tatsächlich betreut oder pflegt. § 63 Abs. 1 Satz 2 und 3 gilt entsprechend.

(2) Bei Lehrkräften an öffentlichen Schulen, wissenschaftlichem und künstlerischem Personal an den Hochschulen des Landes mit Lehrverpflichtung und Lehrkräften am Studienzentrum der Finanzverwaltung und Justiz Rotenburg an der Fulda kann der Bewilligungszeitraum der Beurlaubung bis zum Ende des laufenden Schulhalbjahres, Semesters oder fachtheoretischen Studienabschnitts ausgedehnt werden.

(3) Es dürfen nur solche Nebentätigkeiten genehmigt werden, die dem Zweck der Beurlaubung nicht zuwiderlaufen.

(4) Der Antrag auf Verlängerung einer Beurlaubung ist spätestens sechs Monate vor Ablauf der genehmigten Beurlaubung zu stellen.

(5) Die zuständige Dienstbehörde kann eine vorzeitige Rückkehr aus dem Urlaub zulassen, wenn der Beamtin oder dem Beamten eine Fortsetzung des Urlaubs nicht zugemutet werden kann und dienstliche Belange nicht entgegenstehen.

§ 64a Familienpflegezeit mit Vorschuss

(1) Einer Beamtin oder einem Beamten mit Dienstbezügen ist auf Antrag, wenn zwingende dienstliche Belange nicht entgegenstehen, für längstens 24 Monate Teilzeitbeschäftigung mit mindestens 15 Stunden pro Woche als Familienpflegezeit zu bewilligen, wenn sie oder er eine pflegebedürftige nahe Angehörige oder einen pflegebedürftigen nahen Angehörigen nach § 7 Abs. 3 des Pflegezeitgesetzes vom 28. Mai 2008 (BGBl. I S. 874, 896), zuletzt geändert durch Gesetz vom 21. Dezember 2015 (BGBl. I S. 2424), in der jeweils geltenden Fassung tatsächlich betreut oder pflegt. § 63 Abs. 1 Satz 2 und 3 gilt entsprechend.

(2) Ist die Familienpflegezeit für weniger als 24 Monate bewilligt worden, kann sie nachträglich bis zur Dauer von 24 Monaten verlängert werden.

(3) Familienpflegezeit und Pflegezeit nach § 64b dürfen insgesamt die Dauer von 24 Monaten für jede nahe Angehörige und jeden nahen Angehörigen nicht überschreiten.

(4) Die Beamtin oder der Beamte hat jede Änderung der Tatsachen, die für die Bewilligung maßgeblich sind, unverzüglich mitzuteilen.

(5) Liegen die Voraussetzungen für die Bewilligung der Familienpflegezeit nicht mehr vor, so ist die Bewilligung mit Ablauf des zweiten Monats, der auf den Wegfall der Voraussetzungen folgt, zu widerrufen.

(6) Ist der Beamtin oder dem Beamten die Teilzeitbeschäftigung im bisherigen Umfang nicht mehr zumutbar, ist die Bewilligung zu widerrufen, wenn keine dienstlichen Belange entgegenstehen.

I

§ 64b Pflegezeit mit Vorschuss

(1) Einer Beamtin oder einem Beamten mit Dienstbezügen ist auf Antrag, wenn zwingende dienstliche Belange nicht entgegenstehen, für längstens sechs Monate Teilzeitbeschäftigung mit weniger als 15 Stunden pro Woche oder Urlaub ohne Dienstbezüge als Pflegezeit zu bewilligen, wenn sie oder er eine pflegebedürftige nahe Angehörige oder einen pflegebedürftigen nahen Angehörigen nach § 7 Abs. 3 des Pflegezeitgesetzes tatsächlich betreut oder pflegt. § 63 Abs. 1 Satz 2 und 3 gilt entsprechend.

(2) Ist die Pflegezeit für weniger als sechs Monate bewilligt worden, kann sie nachträglich bis zur Dauer von sechs Monaten verlängert werden.

(3) § 64a Abs. 4 bis 6 gilt entsprechend.

§ 65 Beurlaubung aus beschäftigungspolitischen Gründen

(1) Einer Beamtin oder einem Beamten mit Dienstbezügen kann in Bereichen, in denen wegen der Arbeitsmarktsituation ein außergewöhnlicher Überhang an Bewerberinnen und Bewerbern besteht und deshalb ein dringendes öffentliches Interesse daran gegeben ist, verstärkt Bewerberinnen und Bewerber im öffentlichen Dienst zu beschäftigen, auf Antrag Urlaub ohne Dienstbezüge

1. bis zur Dauer von insgesamt sechs Jahren oder
2. für einen Zeitraum, der sich bis zum Beginn des Ruhestands erstrecken muss,

bewilligt werden, wenn dienstliche Belange nicht entgegenstehen.

(2) Einer Beamtin oder einem Beamten mit Dienstbezügen kann in Bereichen, in denen ein Stellenüberhang abgebaut werden soll, auf Antrag Urlaub ohne Dienstbezüge für einen Zeitraum, der sich bis zum Beginn des Ruhestands erstrecken muss, bewilligt werden, wenn dienstliche Belange nicht entgegenstehen.

(3) Dem Antrag nach Abs. 1 oder 2 darf nur entsprochen werden, wenn die Beamtin oder der Beamte erklärt, während der Dauer des Bewilligungszeitraums auf die Ausübung entgeltlicher Nebentätigkeiten zu verzichten und entgeltliche Tätigkeiten nach § 74 Abs. 1 nur in dem Umfang auszuüben, wie sie oder er diese bei Vollzeitbeschäftigung ohne Verletzung dienstlicher Pflichten ausüben könnte. Wird diese Verpflichtung schuldhaft verletzt, so soll die Bewilligung widerrufen werden. Die zuständige Dienstbehörde darf trotz der Erklärung der Beamtin oder des Beamten nach Satz 1 Nebentätigkeiten genehmigen, soweit sie dem Zweck der Bewilligung des Urlaubs nicht zuwiderlaufen.

(4) § 64 Abs. 5 gilt entsprechend.

(5) Urlaub nach den Abs. 1 und 2 darf, auch zusammen mit Urlaub nach § 64, die Dauer von insgesamt 14 Jahren nicht überschreiten. § 64 Abs. 2 gilt entsprechend. Ausnahmen von Satz 1 sind zulässig, wenn es der Beamtin oder dem Beamten nicht mehr zuzumuten ist, zur Voll- oder Teilzeitbeschäftigung zurückzukehren.

§ 66 Höchstdauer von unterhälftiger Teilzeitbeschäftigung und Beurlaubung

(1) Teilzeitbeschäftigung mit weniger als der Hälfte der regelmäßigen Arbeitszeit und Urlaub ohne Dienstbezüge nach den §§ 63 bis 65 dürfen insgesamt die Dauer von 17 Jahren nicht überschreiten. Eine unterhälftige Teilzeitbeschäftigung während einer Elternzeit bleibt unberücksichtigt. Ausnahmen von Satz 1 sind in besonders begründeten Fällen zur Ermöglichung von Familienpflegezeit und Pflegezeit nach den §§ 64a und 64b zulässig.

(2) § 64 Abs. 2 und § 65 Abs. 5 Satz 3 gelten entsprechend.

§ 67 Hinweispflicht, Benachteiligungsverbot

(1) Beamtinnen und Beamte, die Teilzeitbeschäftigung oder langfristige Beurlaubung beantragen, sind auf die Folgen, insbesondere für Ansprüche aufgrund beamtenrechtlicher Regelungen, hinzuweisen.

(2) Die Ermäßigung der Arbeitszeit nach den §§ 62, 63, 64a und 64b darf das berufliche Fortkommen nicht beeinträchtigen; eine unterschiedliche Behandlung von Beamtinnen und Beamten mit ermäßigter Arbeitszeit ist

nur zulässig, wenn zwingende sachliche Gründe sie rechtfertigen.

§ 68 Fernbleiben vom Dienst

(1) Beamtinnen und Beamte dürfen dem Dienst nicht ohne Genehmigung fernbleiben, es sei denn, dass sie wegen Krankheit oder aus sonstigen Gründen unfähig oder aufgrund einer vorgehenden gesetzlichen Verpflichtung gehindert sind, ihre Dienstpflichten zu erfüllen. Beamtinnen und Beamte haben ihre Dienstvorgesetzten unverzüglich von ihrer Verhinderung zu unterrichten. Die auf Krankheit beruhende Unfähigkeit zur Erfüllung der Dienstpflichten ist auf Verlangen nachzuweisen.

(2) Verliert die Beamtin oder der Beamte wegen unentschuldigten Fernbleibens vom Dienst nach dem Hessischen Besoldungsgesetz den Anspruch auf Bezüge, so wird dadurch die Durchführung eines Disziplinarverfahrens nicht ausgeschlossen.

§ 69 Urlaub, Dienstbefreiung (§ 44 Beamtenstatusgesetz)

(1) Beamtinnen und Beamten steht alljährlich ein Erholungsurlaub unter Fortgewährung der Besoldung zu. Lehrkräfte an öffentlichen Schulen haben den Erholungsurlaub während der Schulferien, wissenschaftliches und künstlerisches Personal an den Hochschulen des Landes mit Lehrverpflichtung während der Semesterferien und Lehrkräfte am Studienzentrum der Finanzverwaltung und Justiz Rotenburg an der Fulda während der lehrveranstaltungsfreien Zeiten zu nehmen.

(2) Zur Ausübung einer Tätigkeit als Ehrenbeamtin oder Ehrenbeamter oder Mitglied einer kommunalen Vertretungskörperschaft ist Beamtinnen und Beamten die erforderliche Dienstbefreiung unter Belassung der Besoldung zu gewähren. Entsprechendes gilt, wenn sich die Beamtin oder der Beamte um einen Sitz in einer kommunalen Vertretungskörperschaft bewirbt.

(3) Zur Ausübung einer sonstigen ehrenamtlichen politischen oder gewerkschaftlichen Betätigung ist Beamtinnen und Beamten auf Antrag der erforderliche Urlaub unter Belassung der Besoldung zu gewähren, soweit der Dienstbetrieb dadurch nicht erheblich beeinträchtigt wird.

§ 70 Verordnungsermächtigung

Die Landesregierung wird ermächtigt, durch Rechtsverordnung nähere Regelungen über die Gewährung von Urlaub und Dienstbefreiung zu treffen. Sie bestimmt insbesondere

1. den Beginn und das Ende des Urlaubsjahres,
2. das Entstehen und Erlöschen des Urlaubsanspruchs,
3. die Dauer des jährlichen Erholungsurlaubs,
4. die Voraussetzungen, unter denen nicht in Anspruch genommener Urlaub in Höhe des europarechtlichen Mindestjahresurlaubs finanziell abgegolten werden kann,
5. die Voraussetzungen, unter denen ein Zusatzurlaub zu gewähren ist, und dessen Höhe,
6. die Voraussetzungen, unter denen ein Sonderurlaub gewährt werden kann, dessen Höhe und Anrechnung auf den Erholungsurlaub,
7. die Voraussetzungen, unter denen eine Dienstbefreiung zu erteilen ist oder erteilt werden kann,
8. ob und inwieweit in den Fällen der Nr. 6 und 7 die Besoldung zu belassen ist.

Dritter Titel
Nebentätigkeit, Tätigkeit nach Beendigung des Beamtenverhältnisses

§ 71 Begriffsbestimmungen, Mitteilungspflicht

(1) Nebentätigkeit ist die Wahrnehmung eines Nebenamts oder die Ausübung einer Nebenbeschäftigung.

(2) Nebenamt ist ein nicht zu einem Hauptamt gehörender Kreis von Aufgaben, der aufgrund eines öffentlich-rechtlichen Dienst- oder Amtsverhältnisses wahrgenommen wird.

(3) Nebenbeschäftigung ist jede sonstige, nicht zu einem Hauptamt gehörende Tätigkeit innerhalb oder außerhalb des öffentlichen Dienstes.

(4) Als Nebentätigkeit gilt nicht die Wahrnehmung öffentlicher Ehrenämter sowie einer unentgeltlichen Vormundschaft, Betreuung oder Pflegschaft einer oder eines Angehörigen. Satz 1 findet keine Anwendung auf Tätigkeiten nach § 73 Abs. 1 Nr. 4. Öffentliche Ehrenämter

im Sinne des Satz 1 sind die in Rechtsvorschriften als solche bezeichneten Tätigkeiten, im Übrigen jede behördlich bestellte oder auf Wahl beruhende Mitwirkung bei der Erfüllung öffentlicher Aufgaben, die ohne Vergütung ausgeübt wird. Die Übernahme eines öffentlichen Ehrenamts ist vor Aufnahme der Tätigkeit schriftlich oder elektronisch mitzuteilen.

(5) Vergütung ist jede Gegenleistung in Geld oder geldwerten Vorteilen. Als Gegenleistung gelten nicht

1. der Ersatz barer Auslagen und Fahrtkosten,
2. die Zahlung von Tage- und Übernachtungsgeldern, die die für die Beamtin oder den Beamten geltenden Sätze nicht übersteigen,
3. die vereinnahmte Umsatzsteuer, soweit sie an ein Finanzamt abzuführen ist.

§ 72 Nebentätigkeit auf Verlangen des Dienstherrn

(1) Beamtinnen und Beamte sind verpflichtet, auf Verlangen ihrer obersten Dienstbehörde eine Nebentätigkeit im öffentlichen Dienst zu übernehmen und fortzuführen, sofern diese Tätigkeit ihrer Vorbildung oder Berufsausbildung entspricht und sie nicht über Gebühr in Anspruch nimmt. Gegenstand einer Nebentätigkeit dürfen nicht Tätigkeiten sein, die auch im Rahmen des Hauptamts ausgeübt werden können. Als auf Verlangen, Vorschlag oder Veranlassung des Dienstherrn übernommen gilt auch eine Tätigkeit nach § 73 Abs. 1 Nr. 4, die die Beamtin oder der Beamte mit Rücksicht auf ihre oder seine dienstliche Stellung ausübt.

(2) Für eine Nebentätigkeit im öffentlichen Dienst wird grundsätzlich keine Vergütung gewährt. Ausnahmen können insbesondere zugelassen werden

1. für die Ausübung einer Lehrtätigkeit,
2. für die Erstattung von Gutachten und Befundberichten, die Durchführung von Forschungsaufträgen, von Aufträgen zu Entwicklungsarbeiten, die Anfertigung von Entwürfen, die Erstellung von statistischen Berechnungen, die künstlerische und technische Oberleitung bei Bauten sowie für die örtliche Bauleitung (Bauführung),
3. für die Teilnahme an Prüfungen,
4. in besonderen Fällen, wenn auf andere Weise eine geeignete Arbeitskraft ohne erheblichen Mehraufwand nicht beschafft werden kann,
5. in den Fällen, in denen gesetzliche oder andere rechtliche Verpflichtungen bestehen,
6. für ärztliche, zahnärztliche und tierärztliche Verrichtungen, für die nach den Gebührenordnungen Gebühren zu zahlen sind,
7. für die Ausübung einer nebenamtlichen richterlichen Tätigkeit.

Wird die Beamtin oder der Beamte für die Nebentätigkeit entsprechend entlastet, darf eine Vergütung nicht gewährt werden.

(3) Öffentlicher Dienst im Sinne des Abs. 1 und 2 ist jede Tätigkeit für den Bund, ein Land, eine Körperschaft, Anstalt oder Stiftung des öffentlichen Rechts oder deren Verbände sowie jede durch Rechtsverordnung einer Tätigkeit im öffentlichen Dienst gleichgestellte Tätigkeit. Die Tätigkeit für Kirchen und andere öffentlich-rechtliche Religionsgesellschaften und deren Verbände sowie für öffentlich-rechtliche Rundfunkanstalten gilt nicht als öffentlicher Dienst.

§ 73 Genehmigungspflichtige Nebentätigkeiten

(1) Beamtinnen und Beamte bedürfen, soweit sie nicht nach § 72 zur Übernahme verpflichtet sind, der vorherigen Genehmigung durch die oberste Dienstbehörde

1. zur Übernahme eines Nebenamts, einer Testamentsvollstreckung, einer entgeltlichen sowie einer nicht für Angehörige wahrzunehmenden unentgeltlichen Vormundschaft, Betreuung oder Pflegschaft,
2. zur Übernahme einer Nebenbeschäftigung gegen Vergütung, insbesondere einer Tätigkeit in einem Schiedsgericht oder Preisgericht, zur Erstattung von Gutachten, zur Übernahme von Forschungsaufträgen, von Aufträgen zu Entwicklungsarbeiten, zur Erstellung von statischen Berechnungen, zur Übernahme der Oberleitung bei Bauten und der Bauführung, von Entwurfsaufträgen sowie von Aufträgen zu Befundberichten,

3. zu einer gewerblichen oder freiberuflichen Tätigkeit sowie zur Mitarbeit in einem Gewerbebetrieb oder einem freien Beruf,
4. zum Eintritt in den Vorstand, den Aufsichtsrat, den Verwaltungsrat, einen Beirat oder in eine sonstige Einrichtung einer Gesellschaft, einer Genossenschaft oder eines in einer anderen Rechtsform betriebenen Unternehmens sowie zur Übernahme einer Treuhänderschaft.

(2) Die Genehmigung ist zu versagen, wenn zu besorgen ist, dass durch die Nebentätigkeit dienstliche Interessen beeinträchtigt werden. Ein solcher Versagungsgrund liegt insbesondere vor, wenn die Nebentätigkeit

1. nach Art und Umfang die Arbeitskraft der Beamtin oder des Beamten so stark in Anspruch nimmt, dass die ordnungsgemäße Erfüllung der dienstlichen Pflichten behindert werden kann,
2. die Beamtin oder den Beamten in einen Widerstreit mit den dienstlichen Pflichten bringen kann,
3. in einer Angelegenheit ausgeübt wird, in der die Behörde, der die Beamtin oder der Beamte angehört, tätig wird oder tätig werden kann,
4. die Unparteilichkeit oder Unbefangenheit der Beamtin oder des Beamten beeinflussen kann,
5. zu einer wesentlichen Einschränkung der künftigen dienstlichen Verwendbarkeit der Beamtin oder des Beamten führen kann,
6. dem Ansehen der öffentlichen Verwaltung abträglich sein kann.

Ein solcher Versagungsgrund liegt in der Regel auch vor, wenn sich die Nebentätigkeit wegen gewerbsmäßiger Dienst- oder Arbeitsleistung oder sonst nach Art, Umfang oder Häufigkeit als Ausübung eines Zweitberufs darstellt. Die Voraussetzung des Satzes 2 Nr. 1 gilt in der Regel als erfüllt, wenn die zeitliche Beanspruchung durch genehmigungs- und anzeigepflichtige Nebentätigkeiten in der Woche acht Stunden überschreitet. Das Vorliegen eines Versagungsgrunds nach Satz 1 und 2 ist besonders zu prüfen, wenn abzusehen ist, dass die Entgelte und geldwerten Vorteile aus genehmigungspflichtigen Nebentätigkeiten im Kalenderjahr 30 Prozent der Jahresdienstbezüge der Beamtin oder des Beamten bei Vollzeitbeschäftigung überschreiten werden; das Ergebnis der Prüfung ist aktenkundig zu machen.

(3) Die Genehmigung ist auf längstens fünf Jahre zu befristen; sie kann mit Auflagen und Bedingungen versehen werden. Ergibt sich eine Beeinträchtigung dienstlicher Interessen nach Erteilung der Genehmigung, so ist diese zu widerrufen. Ist eine Tätigkeit nach Abs. 1 Nr. 4 durch Rechtsvorschrift übertragen, so gilt die Genehmigung als erteilt.

(4) Nebentätigkeiten von geringem Umfang können durch Rechtsverordnung nach § 79 Satz 2 Nr. 1 von der Pflicht zur Genehmigung ausgenommen werden.

§ 74 Nicht genehmigungspflichtige Nebentätigkeiten, Anzeigepflicht

(1) Nicht genehmigungspflichtig ist

1. eine schriftstellerische, wissenschaftliche, künstlerische oder Vortragstätigkeit sowie die Erteilung von Unterricht zur Ausbildung und Fortbildung der im öffentlichen Dienst tätigen Personen,
2. die mit Lehr- oder Forschungsaufgaben zusammenhängende selbstständige Gutachtertätigkeit der Lehrkräfte der Hochschulen des Landes und der Beamtinnen und Beamten der anderen wissenschaftlichen Institute und Anstalten,
3. die Tätigkeit zur Wahrung von Berufsinteressen in Gewerkschaften oder Berufsverbänden oder in Selbsthilfeeinrichtungen der Beamtinnen und Beamten,
4. die unentgeltliche Tätigkeit in Organen von Genossenschaften und von gemeinnützigen Einrichtungen,
5. die Verwaltung eigenen oder der Nutznießung der Beamtin oder des Beamten unterliegenden Vermögens.

(2) Eine Tätigkeit nach Abs. 1 Nr. 1 und 2 sowie eine Tätigkeit in Selbsthilfeeinrichtungen der Beamtinnen und Beamten nach Abs. 1 Nr. 3 hat die Beamtin oder der Beamte, wenn hierfür ein Entgelt oder ein geldwerter Vorteil geleistet wird, in jedem Einzelfall vor ihrer

Aufnahme der Dienstbehörde unter Angabe insbesondere von Art und Umfang der Nebentätigkeit sowie der voraussichtlichen Höhe der Entgelte und geldwerten Vorteile hieraus schriftlich oder elektronisch anzuzeigen; die Beamtin oder der Beamte hat wesentliche Änderungen unverzüglich schriftlich oder elektronisch mitzuteilen. Bei wiederholten, gleichartigen Nebentätigkeiten nach Abs. 1 Nr. 1 kann die Dienstbehörde im Einzelfall gestatten, dass zur Erfüllung der Anzeigepflicht eine allgemeine Anzeige genügt.

(3) Die Dienstbehörde kann im Übrigen aus begründetem Anlass verlangen, dass die Beamtin oder der Beamte über eine ausgeübte nicht genehmigungspflichtige Nebentätigkeit schriftlich oder elektronisch Auskunft erteilt, insbesondere über deren Art und Umfang.

(4) Eine nicht genehmigungspflichtige Nebentätigkeit ist ganz oder teilweise zu untersagen, wenn die Beamtin oder der Beamte bei ihrer Ausübung dienstliche Pflichten verletzt.

§ 75 Schriftform, Ausübung von Nebentätigkeiten

(1) Anträge auf Erteilung einer Genehmigung nach § 73 Abs. 1 oder auf Zulassung einer Ausnahme nach Abs. 2 Satz 2 und Entscheidungen über diese Anträge sowie das Verlangen auf Übernahme einer Nebentätigkeit nach § 72 Abs. 1 bedürfen der Schriftform. Die Beamtin oder der Beamte hat dabei die für die Entscheidung erforderlichen Nachweise, insbesondere über Art und Umfang der Nebentätigkeit sowie die Entgelte und geldwerten Vorteile hieraus, zu führen; die Beamtin oder der Beamte hat jede Änderung unverzüglich schriftlich oder elektronisch anzuzeigen.

(2) Nebentätigkeiten, die die Beamtin oder der Beamte nicht auf Verlangen, Vorschlag oder Veranlassung des Dienstherrn übernommen hat oder bei denen der Dienstherr ein dienstliches Interesse an der Übernahme der Nebentätigkeit durch die Beamtin oder den Beamten nicht anerkannt hat, dürfen nur außerhalb der Arbeitszeit ausgeübt werden. Ausnahmen dürfen nur in besonders begründeten Fällen, insbesondere im öffentlichen Interesse, zugelassen werden, wenn dienstliche Gründe nicht entgegenstehen und die versäumte Arbeitszeit nachgeleistet wird. Das dienstliche Interesse nach Satz 1 und das öffentliche Interesse nach Satz 2 sind aktenkundig zu machen. § 69 Abs. 3 bleibt unberührt.

(3) Bei der Ausübung von Nebentätigkeiten dürfen Einrichtungen, Personal und Material des Dienstherrn nur bei Vorliegen eines öffentlichen oder wissenschaftlichen Interesses mit dessen Genehmigung und gegen Entrichtung eines angemessenen Entgelts in Anspruch genommen werden. Bei einer Nebentätigkeit für den eigenen Dienstherrn ist ein Entgelt nur zu entrichten, wenn eine Vergütung gewährt wird und der Wert der Inanspruchnahme bei der Bemessung der Vergütung unberücksichtigt bleibt. Das Entgelt hat sich nach den dem Dienstherrn entstehenden Kosten zu richten und muss den besonderen Vorteil berücksichtigen, der der Beamtin oder dem Beamten durch die Inanspruchnahme entsteht; es kann pauschaliert oder in einem Prozentsatz des aus der Nebentätigkeit erzielten Bruttoeinkommens festgelegt werden und bei unentgeltlich ausgeübter Nebentätigkeit entfallen. Über die Höhe des Bruttoeinkommens hat die Beamtin oder der Beamte Rechenschaft zu legen. Bei nicht fristgerechter Zahlung des Nutzungsentgelts kann ein Säumniszuschlag erhoben werden.

(4) Die Beamtin oder der Beamte kann verpflichtet werden, nach Ablauf eines jeden Kalenderjahres der oder dem Dienstvorgesetzten eine Aufstellung über alle im Kalenderjahr ausgeübten genehmigungspflichtigen und anzuzeigenden Nebentätigkeiten und die dafür erhaltenen Entgelte oder geldwerten Vorteile vorzulegen.

§ 76 Regressanspruch bei Haftung aus angeordneter Nebentätigkeit

Beamtinnen und Beamte, die aus einer auf Verlangen, Vorschlag oder Veranlassung des Dienstherrn übernommenen oder einer mit Rücksicht auf die dienstliche Stellung im dienstlichen Interesse ausgeübten Tätigkeit im Vorstand, Aufsichtsrat, Verwaltungsrat oder in einem sonstigen Organ einer Gesellschaft, Genossenschaft oder eines in einer anderen Rechtsform betriebenen Unternehmens haftbar gemacht werden, haben gegen den Dienstherrn Anspruch auf Ersatz des ihnen entstandenen Schadens. Ist der Schaden vorsätzlich oder grob fahrlässig herbeigeführt, ist der Dienstherr nur dann ersatzpflichtig, wenn die Beamtin oder der Beamte auf Verlangen einer oder eines Vorgesetzten gehandelt hat.

§ 77 Beendigung der mit dem Hauptamt verbundenen Nebentätigkeit

Endet das Beamtenverhältnis, enden, wenn im Einzelfall nichts anderes bestimmt wird, auch die Nebenämter und Nebenbeschäftigungen, die im Zusammenhang mit dem Hauptamt übertragen sind oder die auf Verlangen, Vorschlag oder Veranlassung des Dienstherrn übernommen worden sind.

§ 78 Tätigkeit nach Beendigung des Beamtenverhältnisses (§ 41 Beamtenstatusgesetz)

(1) Eine Tätigkeit nach § 41 Satz 1 des Beamtenstatusgesetzes ist anzuzeigen, wenn sie mit der dienstlichen Tätigkeit in den letzten fünf Jahren vor Beendigung des Beamtenverhältnisses im Zusammenhang steht. Die Anzeigepflicht besteht nach Beendigung des Beamtenverhältnisses für einen Zeitraum von

1. drei Jahren, wenn die Beamtin oder der Beamte mit Erreichen der Regelaltersgrenze nach § 33 oder zu einem späteren Zeitpunkt in den Ruhestand tritt,
2. fünf Jahren, wenn das Beamtenverhältnis zu einem früheren Zeitpunkt beendet wird, längstens jedoch bis zu dem Ende des Monats, in dem die Beamtin oder der Beamte das 70. Lebensjahr vollendet.

Die Anzeige hat vor Aufnahme der Tätigkeit schriftlich oder elektronisch gegenüber der letzten obersten Dienstbehörde zu erfolgen.

(2) Die Untersagung nach § 41 Satz 2 des Beamtenstatusgesetzes ist längstens auf den Zeitraum der Anzeigepflicht zu befristen.

(3) Das Verbot wird durch die letzte oberste Dienstbehörde ausgesprochen.

(4) Für frühere Beamtinnen und Beamte, die mit Anspruch auf Altersgeld ausgeschieden sind, gelten § 41 Satz 1 des Beamtenstatusgesetzes sowie Abs. 1 entsprechend.

§ 79 Verordnungsermächtigung

Die Landesregierung wird ermächtigt, durch Rechtsverordnung nähere Regelungen zur Ausführung der §§ 71 bis 78 zu treffen. In ihr kann insbesondere geregelt werden,

1. das Nähere über Ausnahmen von der Genehmigungspflicht von Nebentätigkeiten nach § 73 Abs. 4,
2. ob und inwieweit eine Beamtin oder ein Beamter eine Vergütung abzuführen hat, die sie oder er für eine auf Verlangen, Vorschlag oder Veranlassung des Dienstherrn übernommene Nebentätigkeit außerhalb des öffentlichen Dienstes oder für eine Nebentätigkeit im öffentlichen Dienst nach § 72 Abs. 2 Satz 2 erhalten hat,
3. die Festsetzung eines Pauschbetrags für bestimmte Bereiche oder allgemein, bis zu dessen Höhe die pauschale Abgeltung von baren Auslagen, Fahrtkosten, Tage- und Übernachtungsgeldern nicht als Vergütung nach § 71 Abs. 5 Satz 1 anzusehen ist,
4. die Zuständigkeit für die Festsetzung des Nutzungsentgelts sowie dessen Höhe bei Inanspruchnahme von Personal, Einrichtungen und Material des Dienstherrn nach § 75 Abs. 3 Satz 3 und das Nähere zur Erhebung eines Säumniszuschlags nach § 75 Abs. 3 Satz 5.

Vierter Titel Fürsorge (§§ 45 und 46 Beamtenstatusgesetz)

§ 80 Beihilfe

(1) Anspruch auf Beihilfen haben

1. Beamtinnen und Beamte und entpflichtete Hochschullehrerinnen und Hochschullehrer,
2. Versorgungsempfängerinnen und Versorgungsempfänger sowie frühere Beamtinnen und Beamte, die wegen Dienstunfähigkeit oder Erreichens der Altersgrenze entlassen worden oder wegen Ablaufs der Amtszeit ausgeschieden sind,
3. Witwen und Witwer sowie hinterbliebene Lebenspartnerinnen und hinterbliebene Lebenspartner und
4. Waisen,

wenn und solange sie Dienstbezüge, Amtsbezüge, Anwärterbezüge, Ruhegehalt, Übergangsgebührnisse aufgrund gesetzlichen Anspruchs, Witwengeld, Witwergeld, Waisengeld oder Unterhaltsbeitrag erhalten oder die Zeiten ohne deren Bezug nicht länger als einen Monat andauern oder sie nur deswegen nicht erhalten, weil diese wegen der Anwendung von Ruhens- oder Anrechnungsbestimmungen nicht gezahlt werden. Den in Satz 1 genannten Personen werden Beihilfen auch zu den Aufwendungen berücksichtigungsfähiger Angehöriger gewährt. Berücksichtigungsfähige Angehörige der beihilfeberechtigten Person sind

1. die Ehegattin, der Ehegatte, die Lebenspartnerin oder der Lebenspartner; ihre Aufwendungen nach den §§ 6 bis 11a der Hessischen Beihilfenverordnung sind beihilfefähig, soweit deren oder dessen Gesamtbetrag der Einkünfte nach § 2 Abs. 3 des Einkommensteuergesetzes in der Fassung vom 8. Oktober 2009 (BGBl. I S. 3366, 3862), zuletzt geändert durch Gesetz vom 3. Juni 2021 (BGBl. I S. 1498), in der jeweils geltenden Fassung, im zweiten Kalenderjahr vor der Stellung des Beihilfeantrags das Zweifache des Grundfreibetrags nach § 32a Abs. 1 Nr. 1 des Einkommenssteuergesetzes nicht übersteigt, sowie
2. ihre im Familienzuschlag nach dem Hessischen Besoldungsgesetz berücksichtigungsfähigen Kinder; befinden sich Kinder nach Vollendung des 25. Lebensjahres noch in Schul- oder Berufsausbildung, sind sie für bis zu einem Jahr weiter berücksichtigungsfähig, wenn die Ausbildung durch einen freiwilligen Wehrdienst nach § 58b des Soldatengesetzes in der Fassung vom 30. Mai 2005 (BGBl. I S. 1482), zuletzt geändert durch Gesetz vom 9. Juni 2021 (BGBl. I S. 1614), einen Freiwilligendienst nach dem Bundesfreiwilligendienstgesetz vom 28. April 2011 (BGBl. I S. 687), zuletzt geändert durch Gesetz vom 12. Dezember 2019 (BGBl. I S. 2652), oder dem Jugendfreiwilligendienstegesetz vom 16. Mai 2008 (BGBl. I S. 842), zuletzt geändert durch Gesetz vom 12. Dezember 2019 (BGBl. I S. 2652), oder einen vergleichbaren anerkannten Freiwilligendienst oder durch eine Tätigkeit als Entwicklungshelfer im Sinne des § 1 Abs. 1 des Entwicklungshelfer-Gesetzes vom 18. Juni 1969 (BGBl. I S. 549), zuletzt geändert durch Gesetz vom 23. Mai 2017 (BGBl. I S. 1228), unterbrochen oder verzögert worden ist.

Die Voraussetzungen für die Berücksichtigung der in Satz 3 genannten Angehörigen regelt die Rechtsverordnung nach Abs. 5. In der Verordnung nach Abs. 5 kann geregelt werden, unter welchen Voraussetzungen auch andere natürliche und juristische Personen als Beihilfeberechtigte gelten.

(2) Ein Anspruch auf Beihilfe besteht außerdem während

1. Elternzeit,
2. Beurlaubung aus familiären Gründen nach § 64 Abs. 1 Satz 1 Nr. 1 für die Höchstdauer von drei Jahren je Kind,
3. Beurlaubung aus familiären Gründen nach § 64 Abs. 1 Satz 1 Nr. 2 für die Höchstdauer von insgesamt drei Jahren,
4. Beurlaubungen nach § 64b bis zur Höchstdauer von sechs Monaten für jeden pflegebedürftigen Angehörigen,
5. Sonderurlaub aus wichtigem Grund zur Begleitung eines nahen Angehörigen in der letzten Lebensphase entsprechend § 3 Abs. 6 des Pflegezeitgesetzes bis zur Höchstdauer von drei Monaten für jeden pflegebedürftigen Angehörigen,
6. Beurlaubungen ohne Bezüge, Vergütung oder Lohn, wenn die oberste Dienstbehörde schriftlich ein dienstliches Interesse an der Beurlaubung anerkannt hat.

Im Falle des Satz 1 Nr. 2 werden Zeiten einer Elternzeit auf die Höchstdauer angerechnet. Satz 1 Nr. 2 und Nr. 3 gilt nicht, wenn die Beamtin oder der Beamte Anspruch auf Beihilfe als berücksichtigungsfähige Angehörige oder berücksichtigungsfähiger Angehöriger einer beihilfeberechtigten Person hat oder sie oder er in der gesetzlichen Krankenversicherung nach § 10 Abs. 1 des Fünften Buches

Sozialgesetzbuch vom 20. Dezember 1988 (BGBl. I S. 2477), zuletzt geändert durch Gesetz vom 21. Juli 2012 (BGBl. I S. 1613), versichert ist. Abweichend von Satz 1 kann durch Rechtsverordnung nach Abs. 5 die Gewährung von Beihilfen auch für weitere Zeiträume zugelassen werden, in denen keine laufenden Bezüge gezahlt werden.

(3) Beihilfen werden in Krankheits-, Pflege-, Geburts- und Todesfällen, für Maßnahmen zur Gesundheitsvorsorge, zur Früherkennung von Krankheiten, bei Schutzimpfungen, nicht rechtswidrigen Sterilisationen und nicht rechtswidrigen Schwangerschaftsabbrüchen gewährt. Beihilfefähig sind die Aufwendungen nach Satz 1 für Maßnahmen, die medizinisch notwendig und in ihrer Wirksamkeit nachgewiesen sind, bei denen die Leistungserbringung nach einer wissenschaftlich allgemein anerkannten Methode erfolgt und die wirtschaftlich angemessen sind. Daneben kann durch Rechtsverordnung nach Abs. 5 die Beihilfefähigkeit vom Vorliegen bestimmter medizinischer Indikationen abhängig gemacht werden.

(4) Die Beihilfe bemisst sich nach einem Prozentsatz der beihilfefähigen Aufwendungen (Bemessungssatz).

(5) Die Landesregierung wird ermächtigt, durch Rechtsverordnung nähere Regelungen zu treffen, insbesondere über die Gewährung von Beihilfen nach Abs. 3 einschließlich der Art und des Umfangs der beihilfefähigen Aufwendungen, des Zusammentreffens mehrerer Beihilfeberechtigungen und der Begrenzung der Beihilfen bei von dritter Seite zustehenden Leistungen, über Selbstbeteiligungen und Eigenanteile, die Gewährung von Beihilfen für Wahlleistungen bei stationärer Krankenhausbehandlung gegen Zahlung eines monatlichen Beitrags und einer zusätzlichen Eigenbeteiligung bei der Wahlleistung „gesondert berechnete Unterkunft" sowie zu dem Verfahren.

(6) Zur Erfüllung seiner Pflichten nach Abs. 1 kann sich der Dienstherr geeigneter Stellen auch außerhalb des öffentlichen Dienstes nach den Art. 28 und 29 der Verordnung (EU) Nr. 2016/679 des Europäischen Parlaments und des Rates vom 27. April 2016 zum Schutz natürlicher Personen bei der Verarbeitung personenbezogener Daten, zum freien Verkehr und zur Aufhebung der Richtlinie 95/46/EG (Datenschutz-Grundverordnung) (ABl. EU Nr. L 119 S. 1, Nr. L 314 S. 72) in der jeweils geltenden Fassung bedienen und diesen die zur Beihilfebearbeitung erforderlichen Daten übermitteln. Die beauftragte Stelle darf die Daten, die ihr im Rahmen der Beihilfebearbeitung bekannt werden, nur für diesen Zweck verarbeiten. Die §§ 87 und 93 Abs. 2 gelten entsprechend. Die obersten Dienstbehörden der Gemeinden, Gemeindeverbände und sonstigen der Aufsicht des Landes unterstehenden Körperschaften, Anstalten und Stiftungen des öffentlichen Rechts können die Befugnisse nach Abs. 1 durch schriftliche Vereinbarung im Einvernehmen mit dem für das Recht des öffentlichen Dienstes zuständigen Ministerium ganz oder teilweise auf eine der Aufsicht des Landes unterstehende juristische Person des öffentlichen Rechts übertragen.

§ 81 Ersatz von Sachschaden

Sind bei einem auf äußerer Einwirkung beruhenden plötzlichen, örtlich und zeitlich bestimmbaren Ereignis, das in Ausübung des Dienstes eingetreten ist (Unfall), Kleidungsstücke oder sonstige Gegenstände beschädigt oder zerstört worden oder abhanden gekommen, so soll dafür in angemessenem Umfang Ersatz geleistet werden. Der Ersatz ist ausgeschlossen, wenn die Beamtin oder der Beamte den Schaden vorsätzlich oder grob fahrlässig herbeigeführt hat. Bei Schäden an einem privaten Kraftfahrzeug, dessen Benutzung zur Durchführung einer Dienstreise angeordnet oder genehmigt wurde, kann auch in Fällen von grober Fahrlässigkeit Sachschadensersatz gewährt werden, wenn der Gesamtschaden mehr als 500 Euro beträgt. Anträge auf Gewährung von Sachschadensersatz sind innerhalb einer Ausschlussfrist von sechs Monaten nach Eintritt des Schadensereignisses schriftlich zu stellen. Sind durch eine erste Hilfeleistung nach einem Unfall besondere Kosten entstanden, so ist der Beamtin oder dem Beamten der nachweisbar notwendige Aufwand zu ersetzen. § 36 Abs. 1 Satz 2 und Abs. 2 bis 4 des Hessischen Beamtenversorgungsgesetzes gilt entsprechend.

§ 81a Erfüllungsübernahme bei Schmerzensgeldansprüchen

(1) Hat die Beamtin oder der Beamte wegen eines tätlichen rechtswidrigen Angriffs, den sie oder er in Ausübung des Dienstes oder außerhalb des Dienstes wegen der Eigenschaft als Beamtin oder Beamter erleidet, einen Vollstreckungstitel über einen Anspruch auf Schmerzensgeld über einen Betrag von mindestens 500 Euro gegen einen Dritten erlangt, kann der Dienstherr auf Antrag die Erfüllung dieses Anspruchs bis zur Höhe des festgestellten Schmerzensgeldbetrags übernehmen, wenn die Vollstreckung erfolglos geblieben ist. Dies gilt nicht, soweit der Schmerzensgeldbetrag objektiv unverhältnismäßig zu den erlittenen immateriellen Schäden und deshalb der Höhe nach offensichtlich unangemessen ist.

(2) Der Dienstherr soll die Erfüllungsübernahme verweigern, wenn aufgrund desselben Sachverhalts ein Unfallausgleich nach § 40 des Hessischen Beamtenversorgungsgesetzes oder eine einmalige Unfallentschädigung nach § 49 des Hessischen Beamtenversorgungsgesetzes gezahlt wird.

(3) Die Übernahme der Erfüllung ist innerhalb einer Ausschlussfrist von zwei Jahren nach Erlangung des Vollstreckungstitels schriftlich unter Nachweis des Vollstreckungsversuchs zu beantragen. Die Entscheidung trifft die oberste Dienstbehörde. Soweit der Dienstherr die Erfüllung übernommen hat, gehen die Ansprüche gegen Dritte auf ihn über. Der Übergang der Ansprüche kann nicht zum Nachteil der oder des Geschädigten geltend gemacht werden.

(4) Für Schmerzensgeldansprüche, für die vor dem 29. Dezember 2015 ein Vollstreckungstitel erlangt wurde, der nicht älter als drei Jahre ist, kann der Antrag innerhalb einer Ausschlussfrist von sechs Monaten ab dem 29. Dezember 2015 gestellt werden.

§ 82 Mutterschutz, Elternzeit

Die Landesregierung wird ermächtigt, durch Rechtsverordnung nähere Regelungen über die der Eigenart des öffentlichen Dienstes entsprechende Anwendung der Vorschriften

1. des Mutterschutzgesetzes und der aufgrund dieses Gesetzes erlassenen Rechtsverordnungen auf Beamtinnen,
2. des Bundeselterngeld- und Elternzeitgesetzes über die Elternzeit auf Beamtinnen und Beamte zu treffen; dabei kann die Gewährung von beihilfegleichen Leistungen, von Leistungen, die der unentgeltlichen Heilfürsorge entsprechen, und die Erstattung von Beiträgen zur Krankenversicherung vorgesehen werden.

§ 83 Arbeitsschutz

(1) Neben dem Arbeitsschutzgesetz vom 7. August 1996 (BGBl. I S. 1246), zuletzt geändert durch Gesetz vom 5. Februar 2009 (BGBl. I S. 160), gelten auch die im Bereich des Arbeitsschutzes aufgrund der §§ 18 und 19 des Arbeitsschutzgesetzes erlassenen Rechtsverordnungen der Bundesregierung, soweit nicht die für das Dienstrecht zuständige Ministerin oder der hierfür zuständige Minister im Einvernehmen mit der für Arbeitsschutz zuständigen Ministerin oder dem hierfür zuständigen Minister durch Rechtsverordnung Abweichendes regelt.

(2) Für bestimmte Tätigkeiten im öffentlichen Dienst, insbesondere bei der Polizei, den Zivil- und Katastrophenschutzdiensten und den Feuerwehren, kann die jeweils zuständige Ministerin oder der jeweils zuständige Minister durch Rechtsverordnung bestimmen, dass Vorschriften des Arbeitsschutzgesetzes ganz oder zum Teil nicht anzuwenden sind, soweit öffentliche Belange dies zwingend erfordern, insbesondere zur Aufrechterhaltung oder Wiederherstellung der öffentlichen Sicherheit. Rechtsverordnungen nach Satz 1 werden im Einvernehmen mit der für Arbeitsschutz zuständigen Ministerin oder dem hierfür zuständigen Minister und, soweit die für das Dienstrecht zuständige Ministerin oder der hierfür zuständige Minister nicht selbst ermächtigt ist, im Einvernehmen mit dieser oder diesem erlassen. In den Rechtsverord-

nungen ist gleichzeitig festzulegen, wie die Sicherheit und der Gesundheitsschutz bei der Arbeit unter Berücksichtigung der Ziele des Arbeitsschutzgesetzes auf andere Weise gewährleistet werden.

(3) Für jugendliche Beamtinnen und Beamte gilt das Jugendarbeitsschutzgesetz vom 12. April 1976 (BGBl. I S. 965), zuletzt geändert durch Gesetz vom 7. Dezember 2011 (BGBl. I S. 2592), in der jeweils geltenden Fassung entsprechend. Aufsichtsbehörde im Sinne der Vorschriften des Jugendarbeitsschutzgesetzes ist die oberste Dienstbehörde oder, falls die jugendliche Beamtin oder der jugendliche Beamte in einer unteren Verwaltungsbehörde beschäftigt oder ausgebildet wird, die nächsthöhere Behörde.

§ 84 Dienstjubiläum

Die Beamtinnen und Beamten erhalten bei Dienstjubiläen eine Jubiläumszuwendung. Die Landesregierung wird ermächtigt, durch Rechtsverordnung nähere Regelungen über die Gewährung von Jubiläumszuwendungen zu treffen.

§ 85 Finanzielle Leistungen

Für die Verzinsung, Abtretung, Verpfändung, Aufrechnung, Zurückbehaltung und Rückforderung von Leistungen aus dem Dienst- oder Versorgungsverhältnis, die weder zur Besoldung noch zu den Versorgungsbezügen gehören, gelten § 3 Abs. 7 und die §§ 11 und 12 des Hessischen Besoldungsgesetzes entsprechend.

Fünfter Titel
Personalaktenrecht
(§ 50 Beamtenstatusgesetz)

§ 86 Personaldatenverarbeitung, Inhalt und Führung der Personalakte sowie Zugang zur Personalakte

(1) Nicht Bestandteil der Personalakte nach § 50 Satz 2 des Beamtenstatusgesetzes sind Unterlagen, die besonderen, von der Person und dem Dienstverhältnis sachlich zu trennenden Zwecken dienen, insbesondere Prüfungs-, Sicherheits- und Kindergeldakten. Kindergeldakten können mit Besoldungs- und Versorgungsakten verbunden geführt werden, wenn diese von der übrigen Personalakte getrennt sind und von einer von der übrigen Personalverwaltung getrennten Organisationseinheit bearbeitet werden.

(2) Die Personalakte kann nach sachlichen Gesichtspunkten in Grundakte und Teilakten gegliedert werden. Teilakten können bei der für den betreffenden Aufgabenbereich zuständigen Behörde geführt werden. Nebenakten (Unterlagen, die sich auch in der Grundakte oder in Teilakten befinden) dürfen nur geführt werden, wenn die personalverwaltende Behörde nicht zugleich Beschäftigungsbehörde ist oder wenn mehrere personalverwaltende Behörden für die Beamtin oder den Beamten zuständig sind; sie dürfen nur solche Unterlagen enthalten, deren Kenntnis zur rechtmäßigen Aufgabenerledigung der betreffenden Behörde erforderlich ist. In die Grundakte ist ein vollständiges Verzeichnis aller Teil- und Nebenakten aufzunehmen.

(3) Die Verarbeitung von Personalaktendaten erfolgt ausschließlich durch Beschäftigte, die im Rahmen der Personalverwaltung oder Personalwirtschaft mit der Bearbeitung von Personalangelegenheiten beauftragt sind, und nur soweit es zu diesen Zwecken erforderlich ist. In einem automatisierten Personalverwaltungssystem ist neben den in Satz 1 genannten Zwecken auch zur Ausübung von Aufsichts- und Kontrollbefugnissen oder zur Erstellung von Auswertungen im Bereich der Personalverwaltung oder Personalwirtschaft Beschäftigten übergeordneter Dienstbehörden die Verarbeitung von Personalaktendaten gestattet, soweit dies erforderlich ist. Abweichend von Satz 1 und 2 ist eine Kenntnisnahme von Personalaktendaten zulässig, soweit diese im Rahmen der Datensicherung oder der Sicherung des ordnungsgemäßen Betriebs eines automatisierten Personalverwaltungssystems nach dem Stand der Technik nicht oder nur mit unverhältnismäßigem Aufwand zu vermeiden wäre. Die oberste Dienstbehörde kann abweichend von Satz 1 die Verarbeitung von personenbezogenen Daten nach den Art. 28 und 29 der Verordnung (EU) Nr. 2016/679 in der jeweils geltenden Fassung an einen

Auftragsverarbeiter übertragen. Zugang zu Personalaktendaten haben ferner die mit Angelegenheiten der Innenrevision beauftragten Beschäftigten, soweit sie die zur Durchführung ihrer Aufgaben erforderlichen Erkenntnisse nur auf diesem Weg und nicht durch Auskunft aus der Personalakte gewinnen können. Jede Einsichtnahme nach Satz 2 und 5 ist aktenkundig zu machen.

(4) Der Dienstherr darf personenbezogene Daten über Bewerberinnen, Bewerber, Beamtinnen und Beamte sowie über ehemalige Beamtinnen und Beamte nur erheben, soweit dies zur Begründung, Durchführung, Beendigung oder Abwicklung des Dienstverhältnisses oder zur Durchführung organisatorischer, personeller und sozialer Maßnahmen, insbesondere auch zu Zwecken der Personalplanung und des Personaleinsatzes, erforderlich ist oder eine Rechtsvorschrift oder eine Dienstvereinbarung dies erlaubt. Fragebögen, mit denen solche personenbezogene Daten erhoben werden, bedürfen der Genehmigung durch die oberste Dienstbehörde.

(5) Übermittlungen bei Strafverfahren nach § 49 des Beamtenstatusgesetzes sind an die Dienstvorgesetzte oder den Dienstvorgesetzten oder die Vertretung im Amt zu richten und als „Vertrauliche Personalsache" zu kennzeichnen.

§ 87 Beihilfeakte

(1) Unterlagen über Beihilfen sind stets als Teilakte zu führen. Diese ist von der übrigen Personalakte getrennt aufzubewahren. Sie soll in einer von der übrigen Personalverwaltung getrennten Organisationseinheit bearbeitet werden; Zugang sollen nur Beschäftigte dieser Organisationseinheit haben. Bei automatisierter Beihilfebearbeitung nach § 93 Abs. 2 ist ausnahmsweise die Zusammenfassung der Beihilfebescheide in Sachakten zulässig, sofern der Datenschutz gesichert und gewährleistet ist, dass die Beihilfeakte jederzeit wieder zusammengeführt werden kann.

(2) Die Beihilfeakte und Beihilfedaten dürfen für andere als für Beihilfezwecke nur verwendet oder weitergegeben werden, wenn die oder der Beihilfeberechtigte und bei der Beihilfegewährung berücksichtigte Angehörige im Einzelfall einwilligen, die Einleitung oder Durchführung eines im Zusammenhang mit einem Beihilfeantrag stehenden behördlichen oder gerichtlichen Verfahrens dies erfordert oder soweit es zur Abwehr erheblicher Nachteile für das Gemeinwohl, einer sonst unmittelbar drohenden Gefahr für die öffentliche Sicherheit oder einer schwerwiegenden Beeinträchtigung der Rechte einer anderen Person erforderlich ist.

(3) Abs. 1 und 2 gelten entsprechend für Unterlagen über Heilfürsorge und Heilverfahren.

§ 88 Anhörungspflicht

Beamtinnen und Beamte sind zu Beschwerden, Behauptungen und Bewertungen, die für sie ungünstig sind oder ihnen nachteilig werden können, vor deren Aufnahme in die Personalakte zu hören, soweit die Anhörung nicht nach anderen Rechtsvorschriften erfolgt. Ihre Äußerungen sind zur Personalakte zu nehmen.

§ 89 Einsichts- und Auskunftsrecht

(1) Beamtinnen und Beamte haben, auch nach Beendigung des Beamtenverhältnisses, ein Recht auf Einsicht in ihre vollständige Personalakte. Die personalaktenführende Behörde bestimmt, wo die Einsicht gewährt wird. Auskunft nach Art. 15 Abs. 1 der Verordnung (EU) Nr. 2016/679 über den Inhalt der Personalakte kann auch in Form der Einsichtnahme erteilt werden.

(2) Bevollmächtigten der Beamtinnen und Beamten ist Einsicht zu gewähren, soweit dienstliche Gründe nicht entgegenstehen. Dies gilt auch für Hinterbliebene und deren Bevollmächtigte, wenn ein berechtigtes Interesse glaubhaft gemacht wird. Für Auskünfte aus der Personalakte gelten Satz 1 und 2 entsprechend.

(3) Kopien sowie Informationen in einem gängigen elektronischen Format werden nach Art. 15 Abs. 3 der Verordnung (EU) Nr. 2016/679 auf Verlangen zur Verfügung gestellt, soweit der Schutz wichtiger Ziele des allgemeinen öffentlichen Interesses oder der

Rechte und Freiheiten anderer Personen nicht entgegenstehen.

(4) Beamtinnen und Beamte haben ein Recht auf Einsicht auch in andere Akten, die personenbezogene Daten über sie enthalten und für ihr Dienstverhältnis verwendet werden, soweit gesetzlich nichts anderes bestimmt ist; dies gilt nicht für Sicherheitsakten. Die Einsichtnahme ist unzulässig, wenn die Daten der oder des Betroffenen mit Daten Dritter oder geheimhaltungsbedürftigen nicht personenbezogenen Daten derart verbunden sind, dass ihre Trennung nicht oder nur mit unverhältnismäßig großem Aufwand möglich ist. In diesem Fall ist der Beamtin oder dem Beamten Auskunft zu erteilen.

§ 90 Übermittlung der Personalakte, Auskünfte an Dritte

(1) Ohne Einwilligung der Beamtin oder des Beamten ist es zulässig, die Personalakte für Zwecke der Personalverwaltung oder Personalwirtschaft der obersten Dienstbehörde oder einer im Rahmen der Dienstaufsicht weisungsbefugten Behörde zu übermitteln. Das Gleiche gilt für Behörden desselben Geschäftsbereichs, soweit die Übermittlung zur Vorbereitung oder Durchführung einer Personalentscheidung notwendig ist, sowie für Behörden eines anderen Geschäftsbereichs desselben Dienstherrn, soweit diese an einer Personalentscheidung mitzuwirken haben. Ärztinnen und Ärzten, die im Auftrag der personalverwaltenden Behörde ein medizinisches Gutachten erstellen, darf die Personalakte ebenfalls ohne Einwilligung übermittelt werden. Für Auskünfte aus der Personalakte gelten Satz 1 bis 3 entsprechend. Soweit eine Auskunft ausreicht, ist von einer Übermittlung abzusehen.

(2) Auskünfte über den Inhalt der Personalakte an Dritte dürfen nur mit Einwilligung der Beamtin oder des Beamten erteilt werden, es sei denn, dass die Abwehr einer erheblichen Beeinträchtigung des Gemeinwohls oder der Schutz rechtlicher Interessen von Dritten die Auskunftserteilung erfordert. Inhalt und Empfängerin oder Empfänger der Auskunft sind der Beamtin oder dem Beamten schriftlich mitzuteilen. § 13b des Hessischen Berufsqualifikationsfeststellungsgesetzes bleibt unberührt.

(3) Übermittlung und Auskunft sind auf den jeweils erforderlichen Umfang zu beschränken.

§ 91 Entfernung von Unterlagen

(1) Unterlagen über Beschwerden, Behauptungen und Bewertungen, auf die § 19 Abs. 3 und 4 Satz 1 des Hessischen Disziplinargesetzes nicht anzuwenden ist, sind,

1. falls sie sich als unbegründet oder falsch erwiesen haben, mit Zustimmung der Beamtin oder des Beamten unverzüglich aus der Personalakte zu entfernen und zu vernichten,
2. falls sie für die Beamtin oder den Beamten ungünstig sind oder ihr oder ihm nachteilig werden können, auf Antrag der Beamtin oder des Beamten nach zwei Jahren zu entfernen und zu vernichten; dies gilt nicht für dienstliche Beurteilungen.

Die Frist nach Satz 1 Nr. 2 wird durch erneute Sachverhalte im Sinne dieser Vorschrift oder durch die Einleitung eines Straf- oder Disziplinarverfahrens unterbrochen. Stellt sich der erneute Vorwurf als unbegründet oder falsch heraus, gilt die Frist als nicht unterbrochen.

(2) Mitteilungen in Strafsachen, soweit sie nicht Bestandteil einer Disziplinarakte sind, sowie Auskünfte aus dem Bundeszentralregister sind mit Zustimmung der Beamtin oder des Beamten nach drei Jahren zu entfernen und zu vernichten. Abs. 1 Satz 2 und 3 gilt entsprechend.

§ 92 Aufbewahrungsfristen

(1) Personalakten sind nach ihrem Abschluss von der personalaktenführenden Behörde fünf Jahre aufzubewahren. Personalakten sind abgeschlossen, wenn

1. die Beamtin oder der Beamte ohne Versorgungsansprüche aus dem öffentlichen Dienst ausgeschieden ist, mit Ablauf des Jahrs des Erreichens der jeweils geltenden Regelaltersgrenze, in den Fällen des § 32 dieses Gesetzes und des § 13 des Hessischen Disziplinargesetzes jedoch erst, wenn

I

möglichen Empfängerinnen und Empfänger von Versorgung nicht mehr vorhanden sind,
2. die Beamtin oder der Beamte ohne versorgungsberechtigte Hinterbliebene verstorben ist, mit Ablauf des Todesjahres,
3. nach dem Tod der Beamtin oder des Beamten versorgungsberechtigte Hinterbliebene vorhanden sind, mit Ablauf des Jahres, in dem die letzte Zahlungsverpflichtung entfallen ist.

Satz 2 Nr. 2 und 3 gilt entsprechend für frühere Beamtinnen und Beamte, die mit Anspruch auf Altersgeld ausgeschieden sind.

(2) Unterlagen über
1. Beihilfen, Heilfürsorge, Heilverfahren, Unterstützungen, Erholungsurlaub und Erkrankungen sind drei Jahre,
2. Umzugs- und Reisekosten sechs Jahre

nach Ablauf des Jahres, in dem die Bearbeitung des einzelnen Vorgangs abgeschlossen wurde, aufzubewahren. Unterlagen, aus denen die Art einer Erkrankung ersichtlich ist, sind unverzüglich zurückzugeben oder zu vernichten, wenn sie für den Zweck, zu dem sie vorgelegt worden sind, nicht mehr benötigt werden. Als Zweck, zu dem Unterlagen vorgelegt worden sind, gelten auch Verfahren, mit denen Rabatte oder Erstattungen geltend gemacht werden.

(3) Versorgungsakten sind fünf Jahre nach Ablauf des Jahres, in dem die letzte Versorgungszahlung geleistet worden ist, aufzubewahren; besteht die Möglichkeit eines Wiederauflebens des Anspruchs, sind sie darüber hinaus bis zur rechnerischen Vollendung des 110. Lebensjahres oder bis zum Bekanntwerden des Ablebens der möglichen Anspruchsberechtigten aufzubewahren.

(4) Personalakten sind nach Ablauf der Aufbewahrungsfrist zu vernichten, sofern sie nicht vom zuständigen Staatsarchiv übernommen werden.

§ 93 Verarbeitung von Personalaktendaten in automatisierten Verfahren

(1) Personalaktendaten dürfen in automatisierten Verfahren nur für die in § 86 Abs. 3 genannten Zwecke verarbeitet werden. Im Übrigen ist ihre Übermittlung nur nach Maßgabe des § 90 zulässig. Ein Datenabruf in automatisierten Verfahren durch andere Behörden ist unzulässig, soweit durch besondere Rechtsvorschrift nichts anderes bestimmt ist.

(2) Personalaktendaten im Sinne des § 87 dürfen in automatisierten Verfahren nur im Rahmen ihrer Zweckbestimmung und nur von den übrigen Personaldateien technisch und organisatorisch getrennt verarbeitet und genutzt werden.

(3) Von den Unterlagen über medizinische oder psychologische Untersuchungen und Tests dürfen im Rahmen der Personalverwaltung nur die Ergebnisse in automatisierten Verfahren verarbeitet werden, soweit sie die Eignung betreffen und ihre Verarbeitung oder Nutzung dem Schutz der Beamtin oder des Beamten dient.

(4) Bei erstmaliger Speicherung ist der oder dem Betroffenen die Art der über sie oder ihn nach Abs. 1 gespeicherten Daten mitzuteilen, bei wesentlichen Änderungen ist sie oder er zu benachrichtigen. Ferner sind die Verarbeitungsformen automatisierter Personalverwaltungsverfahren zu dokumentieren und einschließlich des jeweiligen Verwendungszwecks sowie der regelmäßigen Empfängerinnen und Empfänger und des Inhalts der Datenübermittlung in automatisierten Verfahren allgemein bekanntzugeben.

(5) In automatisierten Verfahren gespeicherte Personalaktendaten sind nach Ablauf der Aufbewahrungsfristen des § 92 zu löschen, sofern nicht spezielle gesetzliche Vorschriften einen längeren Aufbewahrungszeitraum bestimmen.

Sechster Titel
Beamtenvertretung

§ 94 Vertretung durch Gewerkschaften und Berufsverbände

Beamtinnen und Beamte können ihre Gewerkschaften und Berufsverbände mit ihrer Vertretung beauftragen, soweit gesetzlich nichts anderes bestimmt ist.

§ 95 Beteiligung der Spitzenorganisationen (§ 53 Beamtenstatusgesetz)

Die Spitzenorganisationen der zuständigen Gewerkschaften und Berufsverbände sind über die Verpflichtung nach § 53 Satz 1 des Beamtenstatusgesetzes hinaus auch bei der Vorbereitung sonstiger allgemeiner Regelungen der beamtenrechtlichen Verhältnisse zu beteiligen.

DRITTER TEIL Personalwesen

§ 96 Befugnisse des für das Dienstrecht zuständigen Ministeriums

(1) Das für das Dienstrecht zuständige Ministerium kann

1. Grundsätze des Personalwesens entwickeln,
2. Untersuchungen über das Personalwesen anstellen,
3. für landesweite und ressortübergreifende Auswertungen Dateien über die Beamtinnen, Beamten, Arbeitnehmerinnen und Arbeitnehmer des Landes einschließlich der zu ihrer Berufsausbildung Beschäftigten, Versorgungsempfängerinnen und Versorgungsempfänger sowie über Personen, die in einem vergleichbaren Rechtsverhältnis zum Land Hessen stehen, führen.

(2) Für die Dateien nach Abs. 1 Nr. 3 dürfen die in den Personalsystemen des Landes gespeicherten Daten, die für Aufgaben nach Abs. 1 Nr. 1 oder 2 erforderlich sind, abgerufen werden. Die Daten dürfen für Verwaltungs- und Planungszwecke in automatisierten Verfahren verarbeitet werden. Aggregierte Ergebnisse dürfen obersten Landesbehörden übermittelt werden, wenn sie zur Erfüllung ihrer Aufgaben erforderlich sind.

(3) Das für das Dienstrecht zuständige Ministerium kann abweichend von Abs. 1 Nr. 3 die Verarbeitung von personenbezogenen Daten nach den Art. 28 und 29 der Verordnung (EU) Nr. 2016/679 in der jeweils geltenden Fassung an einen Auftragsverarbeiter übertragen.

§ 97 Direktorin oder Direktor des Landespersonalamts

Die der Direktorin oder dem Direktor des Landespersonalamts übertragenen Aufgaben nimmt die Staatssekretärin oder der Staatssekretär des für das Dienstrecht zuständigen Ministeriums wahr. In dieser Funktion stehen ihr oder ihm Mitarbeiterinnen und Mitarbeiter dieses Ministeriums zur Verfügung, die auch in deren Vertretung oder in deren Auftrag tätig werden können.

§ 98 Landespersonalkommission, Aufgaben

(1) Es wird eine Landespersonalkommission errichtet. Sie übt ihre Tätigkeit innerhalb der gesetzlichen Schranken unabhängig und in eigener Verantwortung aus.

(2) Die Landespersonalkommission hat außer den in § 4 Abs. 4, § 19 Satz 2, § 20 Abs. 1, § 21 Abs. 2 und § 23 Abs. 3 vorgesehenen Zuständigkeiten folgende Aufgaben:

1. Anregungen zur Verbesserung des Personalwesens zu geben,
2. bei der Vorbereitung allgemeiner Regelungen der beamtenrechtlichen Verhältnisse mitzuwirken,
3. Vorschläge zur Beseitigung von Mängeln in der Handhabung von beamtenrechtlichen Vorschriften zu machen.

§ 99 Zusammensetzung

(1) Die Landespersonalkommission besteht aus 18 Mitgliedern. Hiervon wird je ein Mitglied vom Ministerium des Innern und für Sport, vom Ministerium der Finanzen, vom Ministerium der Justiz, vom Kultusministerium und von der Staatskanzlei berufen. Zwei Mitglieder werden auf Vorschlag des Landesbezirks Hessen des Deutschen Gewerkschaftsbunds und jeweils ein Mitglied auf Vorschlag des Landesverbands Hessen des Deutschen Beamtenbunds, des Hessischen Städtetags, des Hessischen Landkreistags und des Hessischen Städte- und Gemeindebunds von der Ministerpräsidentin oder dem Ministerpräsidenten berufen. Vertreterinnen und Vertreter anderer Beamtenorganisationen können auf Antrag von der Vorsitzenden

oder dem Vorsitzenden der Landespersonalkommission zu einzelnen Verhandlungspunkten beratend hinzugezogen werden. Die übrigen sieben Mitglieder wählt der Landtag nach den Grundsätzen des Verhältniswahlrechts. Sämtliche Mitglieder werden für die Dauer der Wahlperiode des Landtags berufen oder gewählt.

(2) Für jedes Mitglied ist ein stellvertretendes Mitglied zu berufen oder zu wählen. Abs. 1 Satz 2 bis 5 gilt entsprechend. Scheidet ein Mitglied vor Ablauf seiner Amtszeit aus der Landespersonalkommission aus, so tritt das berufene oder gewählte stellvertretende Mitglied für den Rest der Amtszeit an seine Stelle.

§ 100 Rechtsstellung der Mitglieder

(1) Die Mitglieder der Landespersonalkommission sind unabhängig und nur dem Gesetz unterworfen. Sie üben ihre Tätigkeit innerhalb dieser Schranken in eigener Verantwortung aus. Sie dürfen wegen ihrer Tätigkeit dienstlich nicht gemaßregelt oder benachteiligt werden.

(2) Die Mitgliedschaft in der Landespersonalkommission ruht während der Dauer eines gerichtlichen Disziplinarverfahrens. Sie ruht auch während der Dauer eines nach § 49 erlassenen Verbots der Führung der Dienstgeschäfte.

§ 101 Vorsitz, Geschäftsordnung

Die Landespersonalkommission wählt aus ihren Mitgliedern die Vorsitzende oder den Vorsitzenden und eine Stellvertreterin oder einen Stellvertreter. Sie gibt sich eine Geschäftsordnung.

§ 102 Verfahren, Sitzungen, Beschlüsse

(1) Die Landespersonalkommission tritt nach Bedarf zusammen. Auf Verlangen der Ministerpräsidentin oder des Ministerpräsidenten ist eine Sitzung anzusetzen. Die oder der Vorsitzende bestimmt Zeit, Ort und Tagesordnung und leitet die Sitzungen.

(2) Die Sitzungen der Landespersonalkommission sind nicht öffentlich. Die oder der Vorsitzende kann Beauftragten beteiligter Verwaltungen und anderen Personen die Anwesenheit gestatten.

(3) Die Beauftragten der beteiligten Verwaltungen sind auf Verlangen zu hören.

(4) Beschlüsse werden mit Stimmenmehrheit gefasst. Zur Beschlussfähigkeit ist die Anwesenheit von mindestens zehn Mitgliedern erforderlich. Bei Stimmengleichheit entscheidet die Stimme der oder des Vorsitzenden.

(5) Bei Beschlüssen über Einzelfälle aus der Landesverwaltung sind die auf Vorschlag des Hessischen Städtetags, des Hessischen Landkreistags und des Hessischen Städte- und Gemeindebunds berufenen Mitglieder nicht stimmberechtigt.

(6) Die Direktorin oder der Direktor des Landespersonalamts bereitet die Sitzungen vor und führt die Beschlüsse durch, soweit die Landespersonalkommission nichts anderes bestimmt.

§ 103 Beweiserhebung, Amtshilfe

(1) Die Landespersonalkommission kann zur Durchführung ihrer Aufgaben in entsprechender Anwendung der für die Verwaltungsgerichte des Landes geltenden Vorschriften Beweise erheben. Zur Abnahme von Eiden ist sie nicht befugt.

(2) Alle Dienststellen haben der Landespersonalkommission unentgeltlich Amtshilfe zu leisten und ihr auf Verlangen Auskünfte zu erteilen und Akten vorzulegen, soweit dies zur Durchführung ihrer Aufgaben erforderlich ist.

VIERTER TEIL
Beschwerdeweg, Rechtsschutz

§ 104 Anträge, Beschwerden

(1) Beamtinnen und Beamte können Anträge und Beschwerden vorbringen. Hierbei haben sie den Dienstweg einzuhalten. Der Beschwerdeweg bis zur obersten Dienstbehörde steht offen.

(2) Richtet sich die Beschwerde gegen eine Vorgesetzte oder einen Vorgesetzten, so kann sie unmittelbar bei der oder dem nächsthöheren Vorgesetzten eingereicht werden.

(3) Beamtinnen und Beamte, die eine Meldung oder Offenlegung nach dem Hinweisgeberschutzgesetz vom 31. Mai 2023

(BGBl. I Nr. 140) vornehmen, sind von der Einhaltung des Dienstwegs befreit.

§ 105 Vorverfahren (§ 54 Beamtenstatusgesetz)

Eines Vorverfahrens nach § 54 Abs. 2 des Beamtenstatusgesetzes bedarf es nicht bei versorgungsrechtlichen Entscheidungen im Bereich der Landesverwaltung.

§ 106 Zustellung von Verfügungen und Entscheidungen

Verfügungen und Entscheidungen, die den Beamtinnen und Beamten oder den Versorgungsberechtigten nach den Vorschriften dieses Gesetzes bekanntzugeben sind, sind zuzustellen, wenn durch sie eine Frist in Lauf gesetzt wird oder Rechte der Beamtinnen und Beamten oder der Versorgungsberechtigten durch sie berührt werden.

FÜNFTER TEIL
Besondere Vorschriften für einzelne Beamtengruppen

Erster Abschnitt
Polizei

§ 107 Rechtsstellung

(1) Für die Polizeivollzugsbeamtinnen und Polizeivollzugsbeamten gelten die Vorschriften dieses Gesetzes, soweit nachstehend nichts anderes bestimmt ist.

(2) Welche Beamtengruppen zum Polizeivollzugsdienst gehören, wird durch die Laufbahnvorschriften bestimmt.

(3) Die für das Dienstrecht der Polizeivollzugsbeamtinnen und Polizeivollzugsbeamten zuständige Ministerin oder der hierfür zuständige Minister wird ermächtigt, die Laufbahnen des Polizeivollzugsdienstes und die dienstliche Beurteilung für den Polizeivollzugsdienst im Einvernehmen mit der Direktorin oder dem Direktor des Landespersonalamts abweichend von den §§ 14 bis 23 und § 59 Abs. 1 Satz 2 durch Rechtsverordnung zu regeln.

§ 108 Praktikum

(1) Bewerberinnen und Bewerber für die Laufbahn des gehobenen Polizeivollzugsdienstes, die den Abschluss einer Realschule oder einen als gleichwertig anerkannten Bildungsstand nachweisen, können vor dem Vorbereitungsdienst in einem Praktikum zur Erlangung der Fachhochschulreife beschäftigt werden.

(2) Das Praktikum wird durch die Einberufung als Praktikantin oder Praktikant begründet und endet außer durch Tod mit der Berufung in das Beamtenverhältnis auf Widerruf oder durch Entlassung.

(3) Die Praktikantin oder der Praktikant steht in einem öffentlich-rechtlichen Ausbildungsverhältnis. Die für Beamtinnen und Beamte auf Widerruf im Vorbereitungsdienst geltenden Vorschriften dieses Gesetzes sowie die für sie maßgebenden Vorschriften des Hessischen Beamtenversorgungsgesetzes über die Unfallfürsorge finden entsprechende Anwendung.

(4) Die Praktikantinnen und Praktikanten erhalten

1. eine Unterhaltsbeihilfe in Höhe von 50 Prozent des Anwärtergrundbetrags für das Eingangsamt, in das Anwärterinnen und Anwärter des gehobenen Polizeivollzugsdienstes nach Abschluss des Vorbereitungsdienstes unmittelbar eintreten,
2. vermögenswirksame Leistungen in entsprechender Anwendung der für die Beamtinnen und Beamten geltenden Vorschriften und
3. eine Sonderzahlung.

Die Gewährung der Unterhaltsbeihilfe kann von der Erfüllung von Auflagen abhängig gemacht werden. § 6 Abs. 1 des Hessischen Besoldungsgesetzes gilt entsprechend.

(5) Das Nähere regeln die Laufbahnvorschriften.

§ 109 Gemeinschaftsunterkunft, Gemeinschaftsverpflegung

Polizeivollzugsbeamtinnen und Polizeivollzugsbeamte können, wenn besondere Einsätze, Übungen oder Lehrgänge es erfordern, verpflichtet werden, in einer Gemeinschaftsunterkunft zu wohnen und an einer Gemeinschaftsverpflegung teilzunehmen. Das Nähere regelt das für das Dienstrecht der Polizeivollzugsbeamtinnen und Polizeivollzugsbeamten zuständige Ministerium.

§ 110 Vorläufige Dienstenthebung

Bei einer vorläufigen Dienstenthebung von Polizeivollzugsbeamtinnen und Polizeivollzugsbeamten nach dem Hessischen Disziplinargesetz findet § 49 Abs. 2 entsprechende Anwendung.

§ 111 Polizeidienstunfähigkeit

(1) Polizeivollzugsbeamtinnen und Polizeivollzugsbeamte sind dienstunfähig (§ 26 Abs. 1 des Beamtenstatusgesetzes), wenn sie nach amtsärztlichem Gutachten den besonderen gesundheitlichen Anforderungen für den Polizeivollzugsdienst nicht mehr genügen und nicht zu erwarten ist, dass sie die volle Verwendungsfähigkeit innerhalb von zwei Jahren wiedererlangen (Polizeidienstunfähigkeit), es sei denn, die auszuübende Funktion erfordert bei Beamtinnen und Beamten auf Lebenszeit diese besonderen gesundheitlichen Anforderungen auf Dauer nicht mehr uneingeschränkt. Zur Erstattung von amtsärztlichen Gutachten sind auch die hierzu von der obersten Dienstbehörde bestimmten Polizeiärztinnen und Polizeiärzte sowie die Ärztinnen und Ärzte der Ämter für Versorgung und Soziales befugt.

(2) Polizeidienstunfähige Polizeivollzugsbeamtinnen und Polizeivollzugsbeamte können in ein Amt einer anderen Laufbahn versetzt werden, wenn sie persönlich die Eignung für die Laufbahn besitzen. Ohne ihre Zustimmung ist die Versetzung nur zulässig, wenn das neue Amt mit mindestens demselben Endgrundgehalt wie das bisherige Amt verbunden ist; Stellenzulagen gelten hierbei nicht als Bestandteile des Grundgehalts. Bei einem Laufbahnwechsel nach dem 50. Lebensjahr gilt die besondere Altersgrenze nach § 112. Im Übrigen ist § 26 Abs. 2 und 3 des Beamtenstatusgesetzes anzuwenden.

§ 112 Eintritt in den Ruhestand im Polizeivollzugsdienst

(1) Polizeivollzugsbeamtinnen und Polizeivollzugsbeamte auf Lebenszeit treten mit dem Ende des Monats, in dem sie das 62. Lebensjahr vollendet haben (besondere Altersgrenze), in den Ruhestand. Sie können auf ihren Antrag in den Ruhestand versetzt werden, wenn sie das 60. Lebensjahr vollendet haben.

(2) Polizeivollzugsbeamtinnen und Polizeivollzugsbeamte auf Lebenszeit, die vor dem 1. Januar 1952 geboren sind, treten mit dem Ende des Monats in den Ruhestand, in dem sie das 60. Lebensjahr vollendet haben. Für Polizeivollzugsbeamtinnen und Polizeivollzugsbeamte auf Lebenszeit, die nach dem 31. Dezember 1951 und vor dem 1. Januar 1964 geboren sind, wird die Altersgrenze wie folgt angehoben:

Geburtsjahr Geburtsmonat	Anhebung um Monate	Altersgrenze	
		Jahr	Monate
1952			
Januar	1	60	1
Februar	2	60	2
März	3	60	3
April	4	60	4
Mai	5	60	5
Juni – Dezember	6	60	6
1953	7	60	7
1954	8	60	8
1955	9	60	9
1956	10	60	10
1957	11	60	11
1958	12	61	0
1959	14	61	2
1960	16	61	4
1961	18	61	6
1962	20	61	8
1963	22	61	10

(3) Polizeivollzugsbeamtinnen und Polizeivollzugsbeamte auf Lebenszeit, die im Schicht- oder Wechselschichtdienst, im Spezialeinsatzkommando, in einem mobilen Einsatzkommando, in der Polizeihubschrauberstaffel oder in einer operativen Einheit im Außendienst mit regelmäßig wechselnder Arbeitszeit und regelmäßig wechselndem Arbeitsort mindestens

1. 20 Jahre tätig gewesen sind, treten 24 Monate,
2. 15 Jahre tätig gewesen sind, treten 18 Monate,
3. 10 Jahre tätig gewesen sind, treten zwölf Monate

vor Erreichen der für sie geltenden Altersgrenze, jedoch frühestens mit Ende des Monats, in dem sie das 60. Lebensjahr vollendet haben, in den Ruhestand. Der Polizeivollzugsbeamtin oder dem Polizeivollzugsbeamten ist durch die personalverwaltende Stelle mindestens ein Jahr vor Erreichen der Altersgrenze mitzuteilen, ob die Voraussetzungen erfüllt sind.

(4) Polizeivollzugsbeamtinnen und Polizeivollzugsbeamte auf Lebenszeit, die am 1. Januar 2011

1. sich in der Freistellungsphase im Rahmen einer Teilzeitbeschäftigung bis zum Ruhestand nach § 1 Abs. 6 der Hessischen Arbeitszeitverordnung befinden oder
2. bis zum Eintritt in den Ruhestand beurlaubt sind,

erreichen die Altersgrenze mit Vollendung des 60. Lebensjahres.

(5) Polizeivollzugsbeamtinnen und Polizeivollzugsbeamten auf Lebenszeit, denen vor dem 1. Januar 2011 Teilzeitbeschäftigung bis zum Eintritt in den Ruhestand bewilligt wurde, ist auf Antrag die Teilzeitbeschäftigung bis zum Erreichen der jeweils geltenden Altersgrenze zu bewilligen. Entsprechendes gilt für Beurlaubungen, die bis zum Eintritt in den Ruhestand bewilligt wurden.

(6) Wenn es im dienstlichen Interesse liegt, kann der Eintritt in den Ruhestand auf Antrag oder mit Zustimmung der Polizeivollzugsbeamtin oder des Polizeivollzugsbeamten über die Altersgrenze hinaus um eine bestimmte Frist, die jeweils ein Jahr nicht übersteigen darf, hinausgeschoben werden, jedoch nicht länger als bis zum vollendeten 64. Lebensjahr. Die Entscheidung trifft die oberste Dienstbehörde. Der Antrag nach Satz 1 ist spätestens sechs Monate vor Eintritt in den Ruhestand zu stellen.

§ 112a Mehrarbeit im Polizeivollzugsdienst

Werden Polizeivollzugsbeamtinnen und Polizeivollzugsbeamte durch eine dienstlich angeordnete oder genehmigte Mehrarbeit über die regelmäßige Arbeitszeit hinaus beansprucht, so ist ihnen innerhalb von zwölf Monaten für die über die regelmäßige Arbeitszeit hinaus geleistete Mehrarbeit entsprechende Dienstbefreiung zu gewähren. Ist die Dienstbefreiung aus zwingenden dienstlichen Gründen nicht möglich, so können an ihrer Stelle Polizeivollzugsbeamtinnen und Polizeivollzugsbeamte Mehrarbeitsvergütung nach § 56a des Hessischen Besoldungsgesetzes erhalten.

Zweiter Abschnitt
Weitere besondere Beamtengruppen

§ 113 Feuerwehr

Für die Beamtinnen und Beamten im feuerwehrtechnischen Dienst gelten die §§ 107 und 110 bis 112 entsprechend. § 112 Abs. 3 Satz 1 gilt mit der Maßgabe, dass Beamtinnen und Beamte auf Lebenszeit im feuerwehrtechnischen Dienst entsprechende Zeiten im Schicht- oder Wechselschichtdienst oder regelmäßig im Einsatzdienst einer Wachabteilung tätig gewesen sind. Die Gemeinden können Beamtinnen und Beamten im feuerwehrtechnischen Dienst, die sich im Beamtenverhältnis auf Probe befinden, unentgeltliche Heilfürsorge gewähren.

§ 114 Justiz

Für die Beamtinnen und Beamten im Justizdienst, die im allgemeinen Vollzugsdienst, im Werkdienst oder im Krankenpflegedienst im Justizvollzug tätig sind, gelten die §§ 111 und 112 entsprechend. § 111 Abs. 1 Satz 2 gilt mit der Maßgabe, dass zur Erstattung von amtsärztlichen Gutachten auch die hierzu von der obersten Dienstbehörde bestimmten Ärztinnen und Ärzte in den Justizvollzugsbehörden sowie die Ärztinnen und Ärzte der Ämter für Versorgung und Soziales befugt sind. Die besondere Altersgrenze bleibt entsprechend § 111 Abs. 2 Satz 3 auch bei anderweitiger Verwendung innerhalb der Fachrichtung Justiz erhalten. § 112 Abs. 3 Satz 1 gilt mit der Maßgabe, dass Beamtinnen und Beamte auf Lebenszeit im Justizdienst entsprechende Zeiten im Schicht- oder Wechselschichtdienst tätig gewesen sind.

§ 115 Hessischer Landtag

Die Landtagsbeamtinnen und Landtagsbeamten sind Beamtinnen und Beamte des Landes. Ihre Ernennung, Entlassung und Versetzung in den Ruhestand wird durch die Präsidentin oder den Präsidenten des Landtags im Benehmen mit dem Präsidium des Landtags vorgenommen. Die Präsidentin oder der Präsident des Landtags ist oberste Dienstbehörde. Die Aufgaben der Direktorin oder des Direktors des Landespersonalamts und der Landespersonalkommission werden vom Präsidium des Landtags wahrgenommen.

SECHSTER TEIL
Kostenerstattung bei Dienstherrnwechsel

§ 116 Erstattung von Studiengebühren

(1) Wechselt eine Beamtin oder ein Beamter des gehobenen allgemeinen Verwaltungsdienstes in der Zeit vom Beginn ihres oder seines Vorbereitungsdienstes bis zum Ablauf von fünf Jahren nach ihrer oder seiner Ernennung zur Beamtin oder zum Beamten auf Probe in dieselbe oder eine entsprechende Laufbahn bei einem anderen Dienstherrn im Anwendungsbereich dieses Gesetzes, so hat der neue Dienstherr dem bisherigen Dienstherrn die für das Studium der Beamtin oder des Beamten an der Hessischen Hochschule für öffentliches Management und Sicherheit angefallenen Gebühren zu erstatten. Dies gilt auch dann, wenn die ehemalige Beamtin oder der ehemalige Beamte beim neuen Dienstherrn in einem Arbeitsverhältnis mindestens gleichwertig beschäftigt wird. Der neue Dienstherr hat dem bisherigen Dienstherrn einen Dienstherrnwechsel im Sinne von Satz 1 und 2 unverzüglich mitzuteilen.

(2) Abs. 1 findet keine Anwendung, wenn

1. der Ausbildungsdienstherr die Beamtin oder den Beamten nach der Ableistung des Vorbereitungsdienstes aus Gründen, die die Beamtin oder der Beamte nicht zu vertreten hat, nicht in ein Beamtenverhältnis auf Probe übernimmt,
2. der Dienstherrnwechsel zur Vermeidung einer Versetzung in den Ruhestand wegen Dienstunfähigkeit erfolgt oder
3. zwischen dem Ausscheiden der Beamtin oder des Beamten aus dem bisherigen Dienstverhältnis und der Begründung eines neuen Dienst- oder Arbeitsverhältnisses ein Zeitraum von mehr als zwei Jahren liegt.

(3) Ein mehrfacher Dienstherrnwechsel steht einer entsprechenden Anwendung des Abs. 1 nicht entgegen.

(4) Der Erstattungsbetrag mindert sich für jedes volle Jahr, das die Beamtin oder der Beamte nach ihrer oder seiner Ernennung zur Beamtin oder zum Beamten auf Probe bei ihrem oder seinem bisherigen Dienstherrn Dienst geleistet hat, um ein Fünftel. § 58 Abs. 3 des Hessischen Besoldungsgesetzes bleibt unberührt.

SIEBTER TEIL
Übergangs- und Schlussvorschriften

§ 117 Verwaltungsvorschriften

Die zur Durchführung dieses Gesetzes und des Beamtenstatusgesetzes erforderlichen allgemeinen Verwaltungsvorschriften erlässt das für das Dienstrecht zuständige Ministerium, soweit dieses Gesetz oder das Beamtenstatusgesetz nichts anderes bestimmt.

§ 118 (weggefallen)

§ 119 Überleitung von Polizeibeamtinnen und Polizeibeamten in den gehobenen Dienst

(1) Mit Wirkung vom 1. August eines jeden Haushaltsjahres gelten Polizeihauptmeisterinnen, Polizeihauptmeister, Kriminalhauptmeisterinnen und Kriminalhauptmeister, die zu diesem Zeitpunkt mindestens ein Jahr in eine Planstelle

1. der Besoldungsgruppe A 9 mit Amtszulage eingewiesen waren, als zu Polizeiober-

kommissarinnen, Polizeioberkommissaren, Kriminaloberkommissarinnen oder Kriminaloberkommissaren der Besoldungsgruppe A 10,
2. der Besoldungsgruppe A 9 mittlerer Dienst eingewiesen waren, als zu Polizeikommissarinnen, Polizeikommissaren, Kriminalkommissarinnen oder Kriminalkommissaren der Besoldungsgruppe A 9 gehobener Dienst

übergeleitet und in eine entsprechende Planstelle eingewiesen. Im Fall des Satzes 1 Nr. 2 darf das erste Beförderungsamt des gehobenen Dienstes nicht vor Ablauf von zwei Jahren nach der Überleitung verliehen werden.

(2) Während eines Disziplinarverfahrens, das im Fall der Bestätigung der erhobenen Vorwürfe mindestens eine Kürzung der Dienstbezüge zur Folge hätte, wird die Überleitung nicht wirksam. Ist gegen die Beamtin oder den Beamten in einem Disziplinarverfahren unanfechtbar auf Kürzung der Dienstbezüge oder rechtskräftig auf Zurückstufung erkannt, wird die Überleitung erst nach Ablauf der in § 11 Abs. 4 und 5 oder § 12 Abs. 3 und 4 des Hessischen Disziplinargesetzes bestimmten Frist mit Wirkung vom ersten Tag des folgenden Kalendermonats wirksam.

(3) Die schriftliche Mitteilung über die Überleitung nach Abs. 1 Satz 1 Nr. 1 oder 2 steht der Aushändigung der Ernennungsurkunde gleich.

(4) Den nach

1. den Abs. 1 bis 3,
2. Art. 4 des Vierten Gesetzes zur Änderung des Gesetzes über die Feststellung des Haushaltsplans des Landes Hessen für die Haushaltsjahre 1990 und 1991, zur Änderung anderer Rechtsvorschriften und zur Regelung der Überleitung vom mittleren in den gehobenen Polizeivollzugsdienst vom 26. Juni 1991 (GVBl. I S. 211),
3. dem Zweiten Polizeibeamtenüberleitungsgesetz vom 18. Dezember 1991 (GVBl. I S. 411, 416),
4. dem Dritten Polizeibeamtenüberleitungsgesetz vom 18. Dezember 1992 (GVBl. I S. 643, 647),
5. dem Polizeibeamtenüberleitungsabschlussgesetz vom 21. Dezember 1993 (GVBl. I S. 712, 717),
6. dem Überleitungsbeschleunigungsgesetz vom 25. November 1998 (GVBl. I S. 495) und
7. dem Zweiten Überleitungsabschlussgesetz vom 30. April 2002 (GVBl. I S. 86), geändert durch Gesetz vom 21. Juli 2006 (GVBl. I S. 394),

übergeleiteten Beamtinnen und Beamten kann künftig höchstens ein Amt der Besoldungsgruppe A 11 im gehobenen Polizeivollzugsdienst verliehen werden.

§ 120 Weitergeltung von Vorschriften

(1) Die Verordnung über die Zusatzversicherung der staatlichen Arbeiter und Angestellten in Hessen vom 24. Dezember 1929 (Hess. Reg. Bl. 1930 S. 11) in der Fassung der Verordnung vom 16. Dezember 1933 (Hess. Reg. Bl. S. 251) ist mit den sich aus diesem Gesetz ergebenden Änderungen anzuwenden.

(2) Polizeivollzugsbeamtinnen und Polizeivollzugsbeamte, die am 28. Februar 2014 unentgeltliche Heilfürsorge aufgrund des Art. 5 § 3 des Gesetzes zur Änderung beamtenrechtlicher Vorschriften vom 1. Dezember 1976 (GVBl. I S. 448) in Verbindung mit § 191 des Hessischen Beamtengesetzes in der Fassung vom 11. Januar 1989 (GVBl. I S. 25), zuletzt geändert durch Gesetz vom 13. Dezember 2012 (GVBl. S. 622), erhalten haben, erhalten diese weiter, solange ihnen Dienstbezüge zustehen. Die nicht von Satz 1 erfassten Polizeivollzugsbeamtinnen und Polizeivollzugsbeamten, die am 28. Februar 2014 unentgeltliche Heilfürsorge erhalten haben, erhalten diese weiter, wenn und solange sie sich in der Besoldungsgruppe A 7 befinden, längstens jedoch bis zum 31. Dezember 2018.

§ 121 Aufhebung bisherigen Rechts

Mit Inkrafttreten dieses Gesetzes treten außer Kraft:

1. das Hessische Beamtengesetz in der Fassung vom 11. Januar 1989 (GVBl. I S. 25), zuletzt geändert durch Gesetz vom 12. Dezember 2012 (GVBl. S. 581) und Gesetz vom 13. Dezember 2012 (GVBl. S. 622),

2. das Anpassungsgesetz zum Hessischen Beamtengesetz vom 21. März 1962 (GVBl. S. 213),
3. das Erste Gesetz zur Änderung des Hessischen Beamtengesetzes und der Hessischen Disziplinarordnung vom 14. Oktober 1966 (GVBl. I S. 311),
4. das Dritte Gesetz zur Änderung dienstrechtlicher Vorschriften vom 21. Dezember 1988 (GVBl. I S. 409),
5. das Zweite Überleitungsabschlussgesetz,
6. das Erstattungsgesetz vom 18. April 1937 (RGBl. I S. 461), zuletzt geändert durch Gesetz vom 4. September 1974 (GVBl. I S. 361),
7. die Durchführungsverordnung zum Erstattungsgesetz vom 29. Juni 1937 (RGBl. I S. 723),
8. die Dritte Verordnung zur Durchführung des Gesetzes über die Rechtsstellung der Beamten und Angestellten im öffentlichen Dienste des Landes Hessen vom 15. Juli 1952 (GVBl. S. 135).

§ 122 Inkrafttreten

Die Verordnungsermächtigungen in § 23, § 59 Abs. 1 Satz 2, den §§ 70, 79, 80 und 107 Abs. 3 treten am Tage nach der Verkündung in Kraft. Im Übrigen tritt dieses Gesetz am 1. März 2014 in Kraft.

Verordnung über die Zuständigkeiten bei Ernennungen von Beamtinnen und Beamten des Landes Hessen, bei Abordnung und Versetzung in den Landesdienst und bei Beendigung des Beamtenverhältnisses (Hessische Ernennungsverordnung – HErnV)

Vom 17. Oktober 2014 (GVBl. S. 248)

§ 1

(1) Der zuständigen Ministerin oder dem zuständigen Minister wird die Befugnis übertragen, Beamtinnen und Beamte im Vorbereitungsdienst, Beamtinnen und Beamte der Besoldungsordnungen A und W sowie Beamtinnen und Beamte der Besoldungsordnung R bis zur Besoldungsgruppe R 2 zu ernennen. Dies gilt nicht für Beamtinnen und Beamte des höheren Dienstes bei obersten Landesbehörden, wenn die Ministerin oder der Minister der Finanzen oder die für das Dienstrecht zuständige Ministerin oder der hierfür zuständige Minister widerspricht.

(2) Abs. 1 gilt auch für die Befugnis, das Einverständnis zur Abordnung oder Versetzung einer Beamtin oder eines Beamten in den Dienst des Landes nach § 14 Abs. 4 Satz 1 und § 15 Abs. 3 Satz 1 des Beamtenstatusgesetzes vom 17. Juni 2008 (BGBl. I S. 1010), geändert durch Gesetz vom 5. Februar 2009 (BGBl. I S. 160), und § 24 Abs. 3 Satz 2 des Hessischen Beamtengesetzes zu erklären.

(3) Die Befugnisse nach Abs. 1 Satz 1 und Abs. 2 können bis zu den Besoldungsgruppen A 15, R 1 und W 3 im Einvernehmen mit der für das Dienstrecht zuständigen Ministerin oder dem hierfür zuständigen Minister auf nachgeordnete Behörden weiter übertragen werden.

§ 2

(1) Der zuständigen Ministerin oder dem zuständigen Minister wird die Befugnis übertragen, Beamtinnen und Beamte mit Ausnahme der in § 7 Abs. 1 des Hessischen Beamtengesetzes genannten zu entlassen oder in den Ruhestand zu versetzen.

(2) Die Befugnisse nach Abs. 1 können auf unmittelbar nachgeordnete Behörden weiter übertragen werden.

§ 3

Die Verordnung über die Zuständigkeiten bei der Ernennung, Abordnung und Versetzung der Beamten des Landes Hessen und der Beendigung des Beamtenverhältnisses (Ernennungsverordnung) vom 22. Januar 1991 (GVBl. I S. 25), zuletzt geändert durch Verordnung vom 29. November 2010 (GVBl. I S. 450), wird aufgehoben.

§ 4

Diese Verordnung tritt am Tage nach der Verkündung in Kraft.

Verwaltungsvorschriften zum Personalaktenrecht (§§ 86 ff. des Hessischen Beamtengesetzes)

Vom 3. Dezember 2021 (StAnz. S. 1635)

Bezug: Erlass vom 19. Dezember 2016 (StAnz. 2017 S. 7)

Aufgrund des § 117 des Hessischen Beamtengesetzes (HBG) vom 27. Mai 2013 (GVBl. S. 218, 508), zuletzt geändert durch Gesetz vom 15. November 2021 (GVBl. S. 718), wird Folgendes bestimmt:

I. Vorbemerkung

Die §§ 86 ff. HBG enthalten keine unmittelbare Aussage darüber, in welcher Form Personalakten zu führen sind. Die Personalakten können deshalb in Papierform und in elektronischer Form geführt werden (Hybridakten). Eine ausschließlich elektronische Aktenführung kommt allerdings erst in Betracht, wenn die erforderlichen technischen Voraussetzungen vorliegen, insbesondere die Beweiskraft elektronisch gespeicherter Urkunden zum Beispiel durch eine qualifizierte elektronische Signatur gewährleistet werden kann. Bis zu diesem Zeitpunkt ist es aus Gründen der Beweissicherung zulässig, Hybridakten in der Form zu führen, dass Papierdokumente, die in eine führende elektronische Personalakte (ePA) überführt (gescannt) worden sind, in einer Teilakte „Papierdokumente zur führenden ePA" aufbewahrt werden, die im Verzeichnis in der Grundakte aufzuführen ist.

II. Hinweise zu einzelnen gesetzlichen Vorschriften

Zu § 50 Satz 2 Beamtenstatusgesetz (BeamtStG) in Verbindung mit § 86 Abs. 1 HBG

1. In die Personalakten gehören nur die mit dem Dienstverhältnis in einem unmittelbaren inneren Zusammenhang stehenden Vorgänge (Personalaktendaten). Vorgänge, die diesen Zusammenhang nicht haben, denen lediglich eine Beziehung zum Dienstverhältnis zukommt oder zukommen kann (sogenannte Sachaktendaten), sind nicht aufzunehmen. Auf die dienstlichen oder persönlichen Verhältnisse im Allgemeinen kommt es nicht an. Ein unmittelbarer innerer Zusammenhang mit dem konkreten Beamtenverhältnis besteht insbesondere bei Vorgängen, die die Rechtsstellung oder die dienstliche Verwendung der Beamtin oder des Beamten zum Gegenstand haben oder in sonstiger Weise in den Kreis der Rechte und Pflichten eingreifen.

Zu den Personalaktendaten gehören insbesondere:

- Bewerbungsunterlagen (das Bewerbungsschreiben mit Lebenslauf und gegebenenfalls Lichtbild sowie die abschließende Entscheidung, wenn es sich um denselben Dienstherrn handelt), Personenstandsurkunden
- Nachweise über Vor-, Aus- und Fortbildung einschließlich Prüfungszeugnisse und anderweitige Befähigungsnachweise
- Nachweise über die Feststellung der Erfahrungszeit nach den §§ 28 und 29 HBesG sowie diesbezügliche Dokumentationen
- Führungszeugnisse und Auskünfte aus dem Bundeszentralregister
- Gesundheitszeugnisse, ärztliche Stellungnahmen zur Dienstfähigkeit und zur gesundheitlichen Eignung für einen bestimmten Dienstposten
- Nachweise über die Schwerbehinderung oder die Gleichstellung
- Nachweis über Wehr-, Zivil- oder sonstigen Ersatzdienst
- Unterlagen über Vereidigung, Ernennungen, Abordnungen, Versetzungen, Umsetzungen, Dienstpostenübertragungen, Urlaub, Dienstjubiläen und ehrenamtliche Tätigkeiten
- Unterlagen über die Entlassung oder die Versetzung bzw. den Eintritt in den Ruhestand
- abschließende Entscheidungen in einem Regress- und Schadensersatzverfahren

und über die Erfüllungsübernahme bei Schmerzensgeldansprüchen sowie in Rechtsstreitigkeiten aus dem Dienstverhältnis
- abschließende Entscheidungen in Beteiligungsverfahren nach den Vorschriften des Hessischen Personalvertretungsgesetzes, die das Dienstverhältnis oder persönliche Angelegenheiten der Beamtin oder des Beamten betreffen
- Eingaben und Gesuche in persönlichen Angelegenheiten
- Unterlagen über Disziplinarangelegenheiten
- Unterlagen über Dienstaufsichtsbeschwerden gegen das persönliche Verhalten der Beamtin oder des Beamten (nach Anhörung, vgl. § 88 HBG), soweit sie nicht nach § 91 Abs. 1 Nr. 1 HBG sogleich wieder zu entfernen wären.

2. Die Beamtinnen und Beamten sind anzuhalten, alle Unterlagen, die in einem unmittelbaren inneren Zusammenhang zu ihrem Dienstverhältnis stehen, oder Abschriften davon zu den Personalakten zu geben und Änderungen in ihren persönlichen Verhältnissen (zum Beispiel Änderung des Familienstands oder des Wohnsitzes) unverzüglich anzuzeigen.

3. Die Personalakten werden in der Regel bei der personalbewirtschaftenden Dienststelle geführt. Die oberste Dienstbehörde kann Abweichendes bestimmen. Behörden und Dienststellen, bei denen Personalakten geführt werden, haben ein Register darüber anzulegen. Form und Ausgestaltung bleiben den obersten Dienstbehörden überlassen.

4. Personalakten dürfen ohne Einwilligung des Beamten nur für Zwecke der Personalverwaltung oder Personalwirtschaft verwendet werden. Zur Personalverwaltung gehören sowohl die Angelegenheiten bezüglich des jeweiligen individuellen Beamtenverhältnisses (Begründung, Durchführung, Abwicklung, Versorgung, Rechtsstreitigkeiten etc.) als auch allgemeine Angelegenheiten organisatorischer oder administrativer Art im Zusammenhang mit der Vorbereitung von individuellen Personalentscheidungen (zum Beispiel Auswahlentscheidungen). Zur Personalwirtschaft gehören alle Fragen der Personalplanung (Personalbeschaffung, Personalbedarf, Qualifizierungserfordernisse, Personalkosten, Stellenverteilung etc.).

5. Personalakten in Papierform sind in verschließbaren Aktenschränken aufzubewahren. Nach Möglichkeit sollen verschließbare Zimmer ausschließlich für diesen Zweck benutzt werden. In diesen Fällen können die Personalakten auch in Aktenregalen untergebracht werden, wenn auf andere Weise sichergestellt ist, dass Unbefugte keinen Zugriff auf die so aufbewahrten Akten haben können. Bei elektronischer Aktenführung ist entsprechend dafür zu sorgen, dass die Personalakten Unbefugten nicht zugänglich sind, das heißt jeglicher Zugang und Zugriff auf das dazugehörige Personalverwaltungssystem verwehrt wird.

6. Vorgänge, die nicht die dienstlichen Verhältnisse zum maßgeblichen Bezugspunkt haben, sondern besonderen, von der Person und dem Dienstverhältnis sachlich zu trennenden Zwecken dienen, gehören zu den jeweiligen Sachakten. Hierzu gehören insbesondere
- Prüfungs-, Sicherheits- und Kindergeldakten
- Akten, die im Zusammenhang mit der Prüfung und Erteilung von Ausnahmegenehmigungen nach den Laufbahnvorschriften bei den dafür zuständigen Behörden entstehen
- Akten über Vorgänge der Personalplanung, der Stellenausschreibungen, des Ausleseverfahrens, der Stellenbewertungen und der Geschäftsverteilung
- Prozessakten.

Zu § 86 Abs. 2 HBG

1. Die Personalakte kann nach sachlichen Gesichtspunkten in Grundakte und Teilakten gegliedert werden. Die Grundakte enthält insbesondere Unterlagen über die Begründung des Dienstverhältnisses sowie den dienstlichen Werdegang und den Einsatz der betreffenden Person. Bei Bedarf können Teilakten angelegt werden. Dies gilt insbesondere für Vorgänge, die nach einem bestimmten Zeitraum wieder aus den Personalakten zu entfernen und zu vernichten sind (vgl. §§ 91, 92 Abs. 2 HBG, § 19 HDG).

Als Teilakte können zum Beispiel Vorgänge geführt werden über

- Ausbildung
- Besoldung (einschließlich vermögenswirksame Leistungen, Abtretungen, Pfändungen, Gehaltsvorschüsse)
- Beamtenversorgung
- Erholungsurlaub und Dienstbefreiung
- Erkrankungen
- Unterstützungen und Zuschüsse
- Beurteilungen und Befähigungsberichte
- Disziplinarangelegenheiten
- Trennungsgeld, Umzugs- und Reisekosten
- Nebentätigkeiten
- Dienstunfälle
- Papierdokumente zur führenden ePA (siehe Abschnitt I Vorbemerkungen)

Bei Bedarf können weitere Unterteile von Teilakten angelegt werden (zum Beispiel Unterlagen über Trennungsgeld, Umzugs- und Reisekosten).

Personalnebenakten, die insbesondere bei mehrstufigem Verwaltungsaufbau geführt werden, dürfen nur solche Unterlagen enthalten, die – im Original oder als Doppel – auch in der Grundakte oder einer Teilakte enthalten sind und deren Kenntnis zur rechtmäßigen Aufgabenerfüllung der betreffenden Behörde unerlässlich ist. Unterlagen, die diese Voraussetzungen nicht erfüllen, sind nach Maßgabe des § 86 Abs. 2 Satz 2 HBG in Teilakten anzulegen. Im Rahmen eines automatisierten Personalverwaltungsverfahrens kann von einer einzelnen Übersendung der Unterlagen in Papierform (Original oder Kopie) zunächst abgesehen werden, wenn die entsprechenden Daten direkt bei der betreffenden Behörde in das System eingegeben werden und insoweit ein gemeinsamer Zugang besteht. Die Unterlagen in Papierform sind bei der jeweiligen Behörde vor Ort in einer Personalnebenakte abzulegen.

Nebenakten sollen aufgelöst und Doppel vernichtet werden, sobald eine Notwendigkeit für ihre Führung bei der jeweiligen Behörde nicht mehr besteht (zum Beispiel bei Beendigung der Tätigkeit).

Bei Verwendung eines automatisierten Personalverwaltungsverfahrens sind die entsprechenden Zugriffsrechte zu sperren, sobald die Notwendigkeit dafür bei der die Nebenakte führenden Behörde entfallen ist. Die in Papierform angelegte Nebenakte ist gegebenenfalls an die nächste zuständige Behörde, die eine Nebenakte führen muss, zu übersenden, andernfalls an die personalbewirtschaftende Dienststelle, die darüber entscheidet, welche Unterlagen der Grundakte zugeführt werden (Originale, gegebenenfalls im Austausch zu vorhandenen Kopien). Bei Verwendung eines automatisierten Personalverwaltungsverfahrens sind die Zugangs- und Zugriffsrechte zu entziehen, sobald die Notwendigkeit für diese Rechte bei der berechtigten Behörde entfallen ist.

2. Das Verzeichnis in der Grundakte, in dem alle Teil- und Nebenakten aufzunehmen sind, ist fortlaufend zu ergänzen. Wegen des Musters eines Inhaltsverzeichnisses wird auf die Anlage zu diesem Erlass verwiesen.

3. Unmittelbar nach dem Inhaltsverzeichnis ist der Personalbogen (vgl. Personalbogen für die hessische Landesverwaltung, Gem. Runderlass vom 3. Dezember 2021, Az.: I 14 – 08c12.01-02-21/001, StAnz. 2021 S. 1641) einzuordnen. Der Personalbogen dient der Übersicht aller für das Dienstverhältnis wesentlichen Daten und ist ständig zu aktualisieren. Aus datenschutzrechtlichen Gründen dürfen nur aktuelle Daten ersichtlich sein. Dies kann dadurch gewährleistet werden, dass alte Angaben unkenntlich gemacht werden oder das entsprechende Blatt des Personalbogens gegen eine Seite mit aktuellen Angaben ausgetauscht wird. Sofern keine besonderen Teilakten geführt werden, empfiehlt es sich, hinter dem Personalbogen eine Nachweisliste über Urlaub und Krankheit einzufügen, für die ebenfalls die Aufbewahrungsfrist des § 92 Abs. 2 Satz 1 HBG zu beachten ist. Beim Einsatz automatisierter

Personalverwaltungsverfahren kann auf die Aktualisierung des Personalbogens verzichtet werden, sofern die dort zu wahrenden Angaben dem System entnommen werden können.

Die Schriftstücke sollen – insbesondere auch am rechten Rand der Rückseite eines jeden Blattes – einen ausreichenden Heftrand aufweisen. Die Vorgänge sind in zeitlicher Reihenfolge zu ordnen und fortlaufend zu nummerieren. Die Nummer ist in der rechten oberen Ecke der Vorderseite des Blattes in arabischer Schrift mit dokumentenechtem Farbstift anzubringen. Müssen Vorgänge vorübergehend oder dauerhaft entfernt werden, so ist dafür ein Blatt mit einem auf diesen Umstand hinweisenden Vermerk einzufügen, aus dem auch das Datum der Entnahme sowie die Seitenzahlen der entnommenen Blätter hervorgehen. Bei vorübergehender Entnahme ist darüber hinaus der Grund anzugeben. Bei Führung einer elektronischen Personalakte kann auf die Paginierung verzichtet werden, sofern sichergestellt ist, dass Löschungen von Schriftstücken im System analog den Anforderungen für die Papierakte protokolliert werden. Sofern ein Papierausdruck der elektronischen Personalakte erforderlich ist, ist dieser zu paginieren.

Amtsärztliche bzw. ärztliche Gutachten über die Dienstfähigkeit sind in verschlossenen Umschlägen abzuheften und entsprechend dem Ausstellungsdatum, das auf dem Umschlag zu vermerken ist, mit Blattzahl versehen in der Personalgrundakte aufzubewahren. Öffnen und Schließen der Umschläge ist durch Unterschrift mit Datumsangabe auf der Rückseite der Umschläge zu bescheinigen. Bei elektronischer Aktenführung ist es erforderlich, den Zugang besonders zu sichern (zum Beispiel durch eine spezielle Berechtigung) und den Zugriff zu protokollieren.

4. Die Aktendeckel sind deutlich zu beschriften. Die Beschriftung soll folgende Angaben enthalten:

Behörde:

(Bezeichnung der personalaktenführenden Stelle)

Personalakten/Personalnebenakten

Band:

Zahl der Teilakten (gegebenenfalls andere sie führende Stelle):

Name der Beamtin/des Beamten:

Beschäftigungsbehörde:

Begonnen am:

Geschlossen am:

Hinweis auf eventuelle Schwerbehinderteneigenschaft

Ändern sich bei der Beschriftung des Aktendeckels Angaben (zum Beispiel Name, Schwerbehinderteneigenschaft), ist dieser auszutauschen. Bei Führung einer elektronischen Personalakte kann auf die Erzeugung eines entsprechenden Aktendeckels verzichtet werden, sofern sichergestellt ist, dass über die elektronische Darstellung die erforderlichen Informationen gegliedert ersichtlich sind. Im Falle eines elektronischen Exportes der (Teil-)Akte wird ein aktueller „Aktendeckel" in Form eines Deckblattes erzeugt und der Akte vorangestellt.

Zu § 87 HBG

1. Zur Verfahrensvereinfachung können bei Beihilfebearbeitung in automatisierten Verfahren die Beihilfebescheide chronologisch nach dem Abrechnungsdatum abgelegt werden. Die Voraussetzungen des § 93 Abs. 2 HBG müssen erfüllt sein, das heißt es muss sich um eine von den übrigen Personaldateien technisch und organisatorisch getrennte Verarbeitung handeln. Bei Bedarf – zum Beispiel bei einem Rechtsmittelverfahren oder einem Einsichtsverlangen der oder des Betroffenen – muss die Beihilfeakte wieder zusammengeführt werden.

2. Bei der Abgabe der Personalakten, insbesondere aus Anlass von Versetzungen, sind die Personalakten und die Beihilfeakten gesondert zu übersenden.

Zu § 89 HBG

1. Beamtinnen und Beamte, Ruhestandbeamtinnen und -beamte, sowie aus dem Beamtenverhältnis ausgeschiedene Beamtinnen und Beamte haben ein Recht auf Einsicht in ihre vollständigen Personalakten. Bei der

Einsichtnahme von schwerbehinderten Menschen ist Abschn. X Buchst. C Nr. 2 f) der Richtlinien zur Integration und Teilhabe schwerbehinderter Angehöriger der hessischen Landesverwaltung – Teilhaberichtlinien – vom 6. Dezember 2018 (StAnz. S. 1532) zu beachten.

§ 89 Abs. 1 Satz 1 HBG stellt eine spezifischere Vorschrift im Sinne von Art. 6 Abs. 1 Buchstabe c und e in Verbindung mit Abs. 2 und 3 sowie in Verbindung mit Art. 88 Abs. 1 der Verordnung (EU) Nr. 2016/679 dar. Die Einsichtnahme in die Personalakte ist neben der Auskunft (vgl. Art. 15 Abs. 1 der Verordnung (EU) Nr. 2016/679) zulässig. Die Auskunft kann auch in Form der Einsichtnahme erteilt werden.

Das Einsichts- und Auskunftsrecht in § 89 HBG beruht in erster Linie auf dem unmittelbaren Persönlichkeitsrecht und soll die Beamtinnen und Beamten besser in die Lage versetzen, ihre Belange gegenüber dem Dienstherrn geltend zu machen (Art. 19 Abs. 4 Satz 1 GG, Art. 2 Abs. 3 HV). Es ist dem entsprechend auch Ausdruck der Fürsorgepflicht. Da das Einsichtsrecht somit nicht nur auf dem Recht auf informationelle Selbstbestimmung beruht und es sich daher nicht nur um ein Betroffenenrecht nach Art. 12 ff. der Verordnung (EU) Nr. 2016/679 handelt, muss es neben dem datenschutzrechtlichen Auskunftsrecht nach Art. 15 der Verordnung (EU) Nr. 2016/679 bestehen bleiben.

2. Auch Bevollmächtigte der Beamtinnen und Beamten sowie Hinterbliebene und deren Bevollmächtigte haben eingeschränkte Einsichts- und Auskunftsrechte nach § 89 Abs. 2 HBG. Diese Rechte leiten sich zwar vom Einsichtsrecht der Beamtin oder des Beamten selbst ab, stellen aber auch eigenständige Rechte dar, die nicht auf Datenschutzrecht beruhen. Entgegenstehende dienstliche Gründe liegen insbesondere vor, wenn es sich um nur für den dienstlichen Gebrauch bestimmte Vorgänge handelt und nicht ausgeschlossen werden kann, dass von der durch die Einsicht zufließenden Kenntnis unsachgemäß Gebrauch gemacht wird. Stehen dienstliche Gründe einer Einsicht entgegen, ist zu prüfen, ob und inwieweit eine Auskunft in Betracht kommt. Hinterbliebene und deren Bevollmächtigte müssen darüber hinaus ein berechtigtes Interesse für die Einsicht geltend und glaubhaft machen. Ein berechtigtes Interesse liegt vor, wenn die durch die Einsicht zu erlangenden Informationen der eigenen Rechtswahrung in der Eigenschaft als Hinterbliebene oder Hinterbliebener dienen. Anlass und Zielrichtung der beantragten Einsicht sind darzulegen. Daraus kann sich eine Beschränkung hinsichtlich des Umfangs der zu gewährenden Einsicht ergeben.

3. Die Bediensteten dürfen von der Kenntnis, die sie durch die Akteneinsicht erlangen, nur insoweit Gebrauch machen, als die Pflicht zur Amtsverschwiegenheit nicht verletzt wird. Auf diese Verpflichtung haben sie die von ihnen Bevollmächtigten ausdrücklich hinzuweisen. Bei anderen zur Einsicht berechtigten Personen ist bei der Gewährung der Einsicht oder Auskunft darauf hinzuweisen, dass von der erlangten Kenntnis nur in dem zur Einsicht beziehungsweise Auskunft berechtigenden Umfang Gebrauch gemacht werden darf. Eine darüberhinausgehende Verwertung der gewonnenen Informationen ist unzulässig. Die Schwerbehindertenvertretung hat die ihr nach Abschn. X Buchstabe C Nr. 2 f) der Teilhaberichtlinien obliegende Pflicht zu beachten.

4. Die Einsichtnahme ist unter der Aufsicht einer Mitarbeiterin oder eines Mitarbeiters der personalverwaltenden Stelle vorzunehmen. Über die Einsichtnahme wird kein Protokoll gefertigt.

5. § 89 Abs. 3 HBG schränkt das Auskunfts- und Einsichtsrecht der betroffenen Person in Bezug auf Kopien sowie Informationen in einem gängigen elektronischen Format nach Art. 15 Abs. 3 der Verordnung (EU) Nr. 2016/679 ein. Diese Beschränkung erfolgt auf der Grundlage des Art. 23 Abs. 1 Buchstabe a bis e und i der Verordnung (EU) Nr. 2016/679.

§ 89 Abs. 3 HBG gilt auch für Personen nach § 89 Abs. 2 HBG.

6. Kosten (insbesondere Reisekosten), die den Bediensteten durch die Einsicht entstehen, werden nicht erstattet.

Zu § 90 HBG

1. Die Übermittlung von Personalakten, die Eröffnung des elektronischen Zugriffs im Rahmen eines automatisierten Personalverwaltungsverfahrens und die Erteilung von Auskünften über den Inhalt von Personalakten müssen im Hinblick darauf, dass Personalakten sowohl im dienstlichen als auch im schutzwürdigen persönlich-privaten Interesse der Bediensteten einen besonderen Vertrauensschutz genießen, ausschließlich zweckbestimmt und äußerst restriktiv gehandhabt werden. Es ist in jedem Einzelfall zu prüfen, ob die Auskunftserteilung anstelle einer Übermittlung oder eine Beschränkung der Übermittlung auf Teile der Personalakte ausreicht, um der ersuchenden Behörde die Durchführung ihrer Aufgaben zu ermöglichen. Übermittlung meint auch die Möglichkeit des Zugriffs auf Personalaktendaten, die in automatisierter Form gespeichert sind. Der Datenfluss zwischen Grund- und Nebenakten fällt nicht unter die Übermittlungsvorschrift des § 90 HBG, da es sich lediglich um eine Informationsverteilung innerhalb derselben Personalakte ohne Außenwirkung handelt.

2. Bei der Versetzung sind die vollständigen Personalakten unverzüglich an die für die Führung der Personalakten zuständige neue Behörde abzugeben. Dies gilt auch dann, wenn ehemalige Beamtinnen und Beamte erneut in ein Beamtenverhältnis zu demselben Dienstherrn berufen werden. Werden Beamtinnen und Beamte in ein Beamtenverhältnis zu einem anderen Dienstherrn berufen, so sind die Personalakten nur auf Anforderung abzugeben.

3. Bei Ausscheiden aus dem Beamtenverhältnis verbleiben die Personalakten bei der für die Führung der Grundakten zuständigen Behörde. Werden Teilakten bei einer anderen Stelle geführt, so sind sie an die für die Führung der Grundakten zuständige Behörde abzugeben. Für Nebenakten gilt Nr. 1 Abs. 5 und 6 zu § 86 Abs. 2 HBG.

Zu §§ 91 und 92 HBG

1. Grundsätzlich dürfen Vorgänge nicht dauerhaft aus der Personalakte entfernt werden. Ist nach §§ 91 und 92 HBG die Entfernung vorgesehen, so ist dafür Sorge zu tragen, dass sie unverzüglich erfolgt. Bei Speicherung von Personalaktendaten in automatisierten Verfahren müssen die entsprechenden Daten gelöscht werden. Dies ist durch technische Maßnahmen sicherzustellen. Die vorübergehende Entnahme von Schriftstücken ist nur zulässig, wenn dies notwendig ist (zum Beispiel zu Kopierzwecken) und wenn gewährleistet ist, dass die Schriftstücke unverzüglich wieder in die Personalakten aufgenommen werden.

2. Bei der Entfernung, Vernichtung und Löschung von Mitteilungen in Strafsachen nach § 91 Abs. 2 HBG ist Folgendes zu beachten: Mitteilungen in Strafsachen sind nach den Vorschriften des Hessischen Disziplinargesetzes zu entfernen, wenn sie Teil der Disziplinarakte geworden sind, da sie denselben Sachverhalt betreffen, der auch zu einem Disziplinarverfahren geführt beziehungsweise ein Dienstvergehen beinhaltet hat. Betreffen sie nicht gleichzeitig auch ein Dienstvergehen, das heißt sind sie disziplinarrechtlich unerheblich, sind sie ebenso wie die Auszüge aus dem Bundeszentralregister, die bei Einstellung, Übernahme usw. angefordert werden, mit der erforderlichen Zustimmung nach drei Jahren zu entfernen. Bei Speicherung von Personalaktendaten in automatisierten Verfahren sind die Daten entsprechend zu löschen.

Zu § 93 HBG

1. In Dateien gespeicherte Personalaktendaten sind unverzüglich zu löschen, soweit sie für Zwecke der Personalverwaltung und Personalwirtschaft nicht mehr notwendig sind, vgl. Art. 17 Abs. 1a) der Verordnung (EU) Nr. 2016/679, § 34 Hessisches Datenschutz- und Informationsfreiheitsgesetz (HDSIG). Darüber hinaus sind sie zu löschen, wenn die Aufbewahrungsfrist der entsprechenden Unterlagen in der Personalakte oder die der Personal- oder Versorgungsakte selbst nach § 92 HBG abgelaufen ist. Aus speziellen gesetzlichen Vorschriften (zum Beispiel HGB, EStG, AO, SGB IV) kann sich jedoch ein längerer Aufbewahrungszeitraum ergeben.

2. Auch im Rahmen der automatisierten Datenerhebung und -verarbeitung ist dafür Sorge zu tragen, dass Unbefugte keinen Zugriff auf die personenbezogenen Daten haben. Die unbefugte Veränderung oder Löschung gespeicherter Personalaktendaten ist zum Beispiel durch Benutzercodes zu verhindern. Bei der Übermittlung von Personalaktendaten ist zu gewährleisten, dass diese nicht unbefugt gelesen, verändert oder gelöscht werden können. Dies kann zum Beispiel durch Sicherung der Transportwege, Sicherung der Übermittlung und Übermittlungswege und/oder Sicherung der Daten mit Hilfe entsprechender Verschlüsselungsverfahren erfolgen.

3. Die Verarbeitungs- und Nutzungsformen automatisierter Personalverwaltungsverfahren sind zum Beispiel durch Hausmitteilung oder durch die Möglichkeit der Einsicht in der Dienststelle allgemein bekannt zu geben.

III. Anwendung auf Arbeitnehmerinnen und Arbeitnehmer

1. Die Regelungen über die Personalakten (§§ 86 ff. HBG) sind für die Personalaktenführung der Arbeitnehmerinnen und Arbeitnehmer im öffentlichen Dienst des Landes Hessen entsprechend anzuwenden, soweit die beamtenrechtlichen Bestimmungen mit den tarifrechtlichen inhaltsgleich sind beziehungsweise die jeweils maßgebenden Tarifverträge keine eigenen Regelungen enthalten oder darin keine speziellen Intentionen der Tarifparteien ersichtlich sind. Dabei sind insbesondere bezüglich der Erfahrungszeit nach den §§ 28 und 29 HBesG für die Arbeitnehmerinnen und Arbeitnehmer die §§ 16 und 17 TV-H anzuwenden.

Gleiches gilt für die Anwendung des Abschnitts I.

2. Den Gemeinden und Gemeindeverbänden und den sonstigen der Aufsicht des Landes unterstehenden Körperschaften, Anstalten und Stiftungen des öffentlichen Rechts wird empfohlen, hinsichtlich ihrer Arbeitnehmerinnen und Arbeitnehmer entsprechend zu verfahren.

Der Erlass vom 19. Dezember 2016 (StAnz. 2017 S. 7) tritt mit Ablauf des Jahres 2021 außer Kraft. Dieser Erlass tritt am 1. Januar 2022 in Kraft.

Anlage 1

I

ÜBERSICHTSVERZEICHNIS
in der Personalgrundakte

Art der Akte	Sachgebiet	Band Nr.	geführt von	begonnen am	geschlossen/ aufgelöst am	aufzubewahren bis
Teilakte Unterteile der Teilakte Nebenakte						

I

Anlage 2

INHALTSVERZEICHNIS zu der

□ Personalgrundakte

□ Personalnebenakte

□ Teilakte zur Personalgrundakte über

____

der/des ______________________________

Lfd. Nr.	ggf. Datum des Schriftstücks	Kurze Inhaltsangabe	Blatt Nr.	Bemerkungen
1		Personalbogen		
2		Bewerbung zur Einstellung		
3		Lebenslauf		
4		Geburtsurkunde		
5		Eheurkunde/Scheidungsbeschluss, Lebenspartnerschaftsurkunde/richterliche Entscheidung zur Aufhebung der Lebenspartnerschaft		
6		Geburtsurkunde der Kinder		
7		Nachweise über Schulausbildung		
8		Wehr-/Zivildienst		
9		Beschäftigungen in anderen Berufen		
10		Prüfungszeugnisse		
11		Hochschulgrade		
12		Ärztliche Gutachten		
13		Staatsangehörigkeits-Nachweis		
14		Führungszeugnis		
15		Nachweis über Schwerbehinderung oder die Gleichstellung		
16		Belehrung über Verfassungstreue		
17		Vereidigung		
18		Sonst. Verpflichtungen u. Belehrungen		
19		Besondere Beauftragungen (z. B. Haushalts-, Frauen-, Datenschutzbeauftragte/r)		
20		Personalvertretung, Schwerbehindertenvertretung		
21		(Leistungs-)Prämien		
22				
23		Feststellungen und Dokumentationen zu §§ 28, 29 HBesG		
24				
25				

Lfd. Nr.	ggf. Datum des Schriftstücks	Kurze Inhaltsangabe	Blatt Nr.	Bemerkungen
26		Einstellungs- und Anstellungsvorgänge		
27		Beförderung/Höhergruppierung		
28		Dienstzeugnisse, Beurteilungen, u. ä.		
29		Dienstliche Verwendung, Bewerbungen, Abordnungen, Umsetzungen, Versetzungen		
30		Nebentätigkeiten		
31		Beurlaubungen		
32		Kuren		
33		Erkrankungen		
34		Dienst-/Arbeitsunfälle/Sachschäden		
35		Besoldung/Entgelt		
36		Dienst-/Arbeitsjubiläen		
37		Reisekosten/Trennungsgeld		
38		Umzugskosten		
39		Beihilfen		
40		Fortbildungen		

Verordnung über die Nebentätigkeit der hessischen Beamtinnen und Beamten (Hessische Nebentätigkeitsverordnung – HNV)

Vom 31. Mai 2015 (GVBl. S. 234)

Zuletzt geändert durch
Verordnung zur Änderung der Hessischen Nebentätigkeitsverordnung
vom 10. Dezember 2025 (GVBl. Nr. 96)

Aufgrund des § 79 Satz 1 des Hessischen Beamtengesetzes vom 27. Mai 2013 (GVBl. S. 218, 508), zuletzt geändert durch Gesetz vom 28. März 2015 (GVBl. S. 158), verordnet die Landesregierung:

§ 1 Geltungsbereich

(1) Die Verordnung gilt für die Beamtinnen und Beamten des Landes und der Gemeinden, der Gemeindeverbände sowie der sonstigen der Aufsicht des Landes unterstehenden Körperschaften, Anstalten und Stiftungen des öffentlichen Rechts.

(2) Die Verordnung gilt auch für Ruhestandsbeamtinnen und Ruhestandsbeamte sowie frühere Beamtinnen und Beamte hinsichtlich der Nebentätigkeiten, die sie vor Beendigung des Beamtenverhältnisses ausgeübt haben.

§ 2 Nebentätigkeit im öffentlichen Dienst

Einer Nebentätigkeit im öffentlichen Dienst steht gleich eine Nebentätigkeit für

1. Vereinigungen, Einrichtungen oder Unternehmen, deren Kapital (Grund- oder Stammkapital) sich unmittelbar oder mittelbar ganz oder überwiegend in öffentlicher Hand befindet oder die fortlaufend ganz oder überwiegend aus öffentlichen Mitteln unterhalten werden,
2. zwischenstaatliche oder überstaatliche Einrichtungen, an denen eine juristische Person oder ein Verband im Sinne des § 72 Abs. 3 Satz 1 des Hessischen Beamtengesetzes durch Zahlung von Beiträgen oder Zuschüssen oder in anderer Weise beteiligt ist,
3. natürliche oder juristische Personen, die der Wahrung von Belangen einer juristischen Person oder eines Verbands im Sinne des § 72 Abs. 3 Satz 1 des Hessischen Beamtengesetzes dient.

§ 3 Abführungspflicht

(1) Die für eine oder mehrere genehmigungspflichtige Nebentätigkeiten im öffentlichen Dienst oder in dem ihm gleichstehenden Dienst bezogene Vergütung ist an den Dienstherrn im Hauptamt abzuführen, soweit sie in der Summe im Kalenderjahr 15 Prozent des Zwölffachen des nach der Besoldungsgruppe und der Stufe der Beamtin oder des Beamten bestimmten Bruttogrundgehalts für den Monat Dezember bei Vollzeitbeschäftigung übersteigt. Dies gilt sinngemäß für Beamtinnen und Beamte in Amtsbezügegruppen. Maßgebend ist die Besoldungs- oder Amtsbezügegruppe sowie Stufe, in der sich die Beamtin oder der Beamte am Ende des Kalenderjahres befindet. Die Abführungspflicht besteht auch dann, wenn die Beamtin oder der Beamte nach § 72 Abs. 1 des Hessischen Beamtengesetzes verpflichtet ist, die Nebentätigkeit zu übernehmen oder wenn die Nebentätigkeit ihr oder ihm durch Rechtsvorschrift übertragen ist.

(2) Vor Ermittlung des abzuführenden Betrags sind von den Vergütungen die im Zusammenhang mit der Nebentätigkeit entstandenen notwendigen Aufwendungen für

1. Fahrtkosten sowie Unterkunft und Verpflegung bis zur Höhe des Betrags, den die Reisekostenvorschriften für Beamtinnen und Beamte für den vollen Kalendertag vorsehen,
2. die Inanspruchnahme von Einrichtungen, Personal oder Material des Dienstherrn im

Sinne des § 75 Abs. 3 Hessisches Beamtengesetz,
3. sonstige Hilfeleistungen und selbst beschafftes Material

abzusetzen. Voraussetzung ist, dass die Beamtin oder der Beamte für diese Aufwendungen keinen Auslagenersatz erhalten hat.

(3) Abs. 1 und 2 sind entsprechend anzuwenden auf Vergütungen für Nebentätigkeiten außerhalb des öffentlichen Dienstes, die die Beamtin oder der Beamte auf Verlangen, Vorschlag oder Veranlassung des Dienstherrn übernommen hat. Eine Tätigkeit nach § 73 Abs. 1 Nr. 4 des Hessischen Beamtengesetzes, die die Beamtin oder der Beamte mit Rücksicht auf ihre oder seine dienstliche Stellung ausübt, gilt als auf Verlangen, Vorschlag oder Veranlassung seines Dienstherrn übernommen.

(4) Pauschalierte Aufwandsentschädigungen sind in vollem Umfang als Vergütung anzusehen, Tage- und Übernachtungsgelder soweit sie die Beträge nach Abs. 2 Satz 1 übersteigen. Werden mit der Vergütung für eine Nebentätigkeit Tage- und Übernachtungsgelder für die Teilnahme an Sitzungen pauschal abgegolten, so sind die Tage- und Übernachtungsgelder pro Tag bis zur Höhe des dreifachen Satzes des bei einer Abwesenheit von 24 Stunden an einem Kalendertag zustehenden Tagegeldes nicht als Vergütung anzusehen.

§ 4 Ausnahmen von der Abführungspflicht

§ 3 gilt nicht für Vergütungen für

1. Tätigkeiten von Hochschullehrkräften, die in unmittelbarem Zusammenhang mit ihrer Lehr- und Forschungstätigkeit stehen,
2. eine Lehr- und Unterrichtstätigkeit,
3. die Mitarbeit an Prüfungen,
4. Tätigkeiten als Sachverständige oder Sachverständiger für ein Gericht oder die öffentliche Verwaltung,
5. Tätigkeiten auf dem Gebiet der wissenschaftlichen Forschung,
6. Gutachtertätigkeiten von Ärztinnen und Ärzten, Zahnärztinnen und Zahnärzten, Tierärztinnen und Tierärzten, Chemikerinnen und Chemikern, Biologinnen und Biologen oder Physikerinnen und Physikern für Versicherungsträger oder für andere juristische Personen des öffentlichen Rechts,
7. ärztliche, zahnärztliche oder tierärztliche Verrichtungen, für die nach den Gebührenordnungen Gebühren zu zahlen sind,
8. die Tätigkeit als nebenamtliche oder ehrenamtliche Richterin oder als nebenamtlicher oder ehrenamtlicher Richter,
9. Tätigkeiten, die während eines Urlaubs unter Wegfall der Dienstbezüge ausgeübt werden.

§ 5 Vergütungsaufstellung

Die Beamtin oder der Beamte hat nach Ablauf jedes Kalenderjahres der oder dem Dienstvorgesetzten eine Aufstellung über die ihr oder ihm gewährten Vergütungen für Nebentätigkeiten nach § 3 vorzulegen, wenn die Bruttovergütungen 1500 Euro im Kalenderjahr übersteigen.

§ 6 Nutzungsentgelt

(1) Das Entgelt nach § 75 Abs. 3 des Hessischen Beamtengesetzes ist von der obersten Dienstbehörde allgemein oder im Einzelfall festzusetzen. Allgemeine Vorgaben für die Festsetzung im Bereich der Landesverwaltung erfordern das Einvernehmen des Ministeriums der Finanzen.

(2) Wird das Entgelt oder eine festgesetzte Abschlagszahlung nicht innerhalb eines Monats nach Fälligkeit gezahlt, so ist für jeden angefangenen Monat der Säumnis ein Säumniszuschlag in Höhe von 1 Prozent des rückständigen Betrags zu entrichten, wenn dieser 100 Euro übersteigt.

§ 7 Nebentätigkeit von geringem Umfang

Eine Genehmigung zur Übernahme einer oder mehrerer Nebentätigkeiten ist nicht erforderlich, wenn die Nebentätigkeiten außerhalb der Dienstzeit ausgeübt werden, kein gesetzlicher Versagungsgrund vorliegt und die Bruttovergütung hierfür insgesamt 1500 Euro im Kalenderjahr nicht übersteigt. In diesen Fällen ist die Nebentätigkeit der oder dem Dienstvorgesetzten vorher schriftlich oder elektronisch anzuzeigen.

§ 8 Aufhebung von Vorschriften

Die Nebentätigkeitsverordnung in der Fassung vom 21. September 1976 (GVBl. I S. 403), zuletzt geändert durch Gesetz vom 25. November 1998 (GVBl. I S. 492), wird aufgehoben.

§ 9 Inkrafttreten

Diese Verordnung tritt am Tag nach der Verkündung in Kraft.

Verordnung über die Gewährung von Jubiläumszuwendungen an Beamtinnen und Beamte im Lande Hessen (Dienstjubiläumsverordnung – JVO)

Vom 11. Mai 2001 (GVBl. I S. 251)

Zuletzt geändert durch
Verordnung zur Änderung der Dienstjubiläumsverordnung
vom 17. November 2022 (GVBl. S. 662)

Aufgrund des § 96 Satz 2 des Hessischen Beamtengesetzes in der Fassung vom 11. Januar 1989 (GVBl. I S. 26), zuletzt geändert durch Gesetz vom 22. Dezember 2000 (GVBl. I S. 577), wird verordnet:

§ 1 Dienstjubiläen

Beamtinnen und Beamte des Landes, der Gemeinden, der Gemeindeverbände und der sonstigen der Aufsicht des Landes unterstehenden Körperschaften, Anstalten und Stiftungen des öffentlichen Rechts erhalten bei Vollendung einer Dienstzeit von fünfundzwanzig, vierzig und fünfzig Jahren eine Jubiläumszuwendung und eine Dankurkunde.

§ 2 Höhe der Jubiläumszuwendung, Dienstbefreiung

(1) Die Jubiläumszuwendung beträgt bei einer Dienstzeit

1. von 25 Jahren	350 Euro,
2. von 40 Jahren	500 Euro,
3. von 50 Jahren	750 Euro.

(2) Die Dankurkunde soll am Tag des Dienstjubiläums übergeben werden. Aus Anlass des Dienstjubiläums wird an einem Arbeitstag Dienstbefreiung gewährt. Die Dienstbefreiung soll innerhalb eines Monats nach dem Tag der Vollendung der maßgeblichen Dienstzeit in Anspruch genommen werden.

(3) Die Ehrung nimmt die oberste Dienstbehörde oder die von ihr bestimmte Behörde vor. Beamtinnen und Beamte, die eine fünfzigjährige Dienstzeit vollendet haben, erhalten eine von der Ministerpräsidentin oder dem Ministerpräsidenten unterzeichnete Dankurkunde.

§ 3 Jubiläumsdienstzeit

(1) Zur Jubiläumsdienstzeit zählen

1. Zeiten einer Ausbildung bei einem öffentlich-rechtlichen Dienstherrn im Sinne des § 30 des Hessischen Besoldungsgesetzes vom 27. Mai 2013 (GVBl. S. 218, 256, 508), zuletzt geändert durch Gesetz vom 14. Dezember 2021 (GVBl. S. 931),
2. Zeiten einer hauptberuflichen Tätigkeit in einem Dienst- oder Arbeitsverhältnis sowie eines Amtsverhältnisses bei einem öffentlich-rechtlichen Dienstherrn im Sinne des § 30 des Hessischen Besoldungsgesetzes,
3. Zeiten eines nicht berufsmäßigen Wehrdienstes, eines dem nicht berufsmäßigen Wehrdienst gleichstehenden Grenzschutz- oder Zivildienstes sowie einer Tätigkeit als Entwicklungshelfer, soweit diese von Wehr- oder Zivildienst befreit,
4. Zeiten einer Elternzeit, soweit diese nach Eintritt in den Dienst eines öffentlich-rechtlichen Dienstherrn im Sinne des § 30 Abs. 1 des Hessischen Besoldungsgesetzes verbracht worden ist,
5. Zeiten einer Beurlaubung ohne Bezüge, wenn die zuständige Stelle spätestens bei Beendigung des Urlaubs schriftlich anerkannt hat, dass der Urlaub dienstlichen Interessen dient.

Wurde die Ausbildung oder die Tätigkeit nach Satz 1 Nr. 1 bis 3 am ersten Arbeitstag eines Monats angetreten oder wurde die Ausbildung vor Ablauf des letzten Tages eines Monats abgeschlossen, so zählt der gesamte Monat zur Jubiläumsdienstzeit, wenn ansonsten das Dienstjubiläum nicht mehr erreicht werden würde.

(2) Zeiten einer Teilzeitbeschäftigung sind voll zu berücksichtigen. Die Dienstzeit braucht nicht zusammenhängend abgeleistet zu sein. Derselbe Zeitraum darf nur einmal berücksichtigt werden.

(3) Als Jubiläumsdienstzeit gelten nicht

1. Dienstzeiten in einem Beamtenverhältnis, das durch eine Entscheidung der in § 24 des Beamtenstatusgesetzes vom 17. Juni 2008 (BGBl. I S. 1010), zuletzt geändert durch Gesetz vom 28. Juni 2021 (BGBl. I S. 2250), bezeichneten Art oder durch Disziplinarurteil beendet worden ist,
2. Dienstzeiten in einem Beamtenverhältnis, das auf Antrag der Beamtin oder des Beamten durch Entlassung beendet worden ist, weil ein Verfahren mit der Folge des Verlustes der Beamtenrechte, der Entlassung wegen eines Verhaltens im Sinne des § 23 Abs. 3 Satz 1 Nr. 1 des Beamtenstatusgesetzes oder der Entfernung aus dem Beamtenverhältnis drohte,
3. Dienstzeiten in einem privatrechtlichen Arbeitsverhältnis, das aus einem von der oder dem Bediensteten zu vertretenden Grund beendet worden ist, der den Arbeitgeber zur fristlosen Kündigung berechtigt hätte,
4. Zeiten des schuldhaften Fernbleibens vom Dienst mit der Folge des Verlustes der Bezüge,
5. Zeiten nach § 31 des Hessischen Besoldungsgesetzes.

§ 4 Fortfall und Zurückstellung

(1) Die Ehrung entfällt bei Beamtinnen und Beamten,

1. denen aus demselben Anlass bereits eine Geldzuwendung aus öffentlichen Mitteln gewährt worden ist,
2. die von einem anderen Dienstherrn abgeordnet sind, wenn ihnen von dem abordnenden Dienstherrn aus demselben Anlass eine Geldzuwendung gewährt worden ist oder gewährt werden kann,
3. gegen die innerhalb der letzten drei Jahre vor dem Jubiläumstag die Disziplinarmaßnahme der Kürzung der Dienstbezüge oder des Ruhegehalts oder gegen die innerhalb der letzten sieben Jahre vor dem Jubiläumstag die Disziplinarmaßnahme der Zurückstufung verhängt worden ist oder voraussichtlich verhängt worden wäre, wenn nicht die Voraussetzungen des § 17 Abs. 1 des Hessischen Disziplinargesetzes vom 21. Juli 2006 (GVBl. S. 394), zuletzt geändert durch Gesetz vom 15. November 2021 (GVBl. S. 718), vorgelegen hätten.

(2) Die Entscheidung über die Ehrung ist bei Beamtinnen und Beamten, gegen die am Jubiläumstag straf- oder disziplinarrechtliche Ermittlungen geführt werden oder gegen die Anklage erhoben wurde, bis zu einem rechtskräftigen Abschluss zurückzustellen.

§ 5 Verfahren

(1) Der Jubiläumstag ist bei Beamtinnen und Beamten mit Dienstbezügen nach der Berufung in das Beamtenverhältnis oder nach der Übernahme von einem anderen Dienstherrn zu ermitteln und ihnen bekannt zu geben.

(2) Die Jubiläumszuwendung wird zusammen mit den Dienstbezügen gewährt.

(3) Beamtinnen und Beamte, die zu einem anderen Dienstherrn abgeordnet sind, erhalten die Jubiläumszuwendung vom abordnenden Dienstherrn.

(4) Wird ein Dienstjubiläum während der Dauer einer Beurlaubung ohne Dienstbezüge erreicht, so wird die Jubiläumszuwendung und die Dankurkunde bei Wiederaufnahme des Dienstes für die zuletzt vollendete Dienstzeit gewährt. Dauert die Beurlaubung bis zur Beendigung des Beamtenverhältnisses, so unterbleibt die Ehrung.

§ 6 Ehrenbeamtinnen und Ehrenbeamte

Ehrenbeamtinnen und Ehrenbeamte erhalten bei Vollendung einer Tätigkeit im Ehrenbeamtenverhältnis von fünfundzwanzig, vierzig, fünfzig und sechzig Jahren bei einem in § 1 genannten Dienstherrn eine Dankurkunde und eine Jubiläumszuwendung. Die Jubiläumszuwendung beträgt bei einer Tätigkeit

1. von 25 Jahren	310 Euro,
2. von 40 Jahren	410 Euro,
3. von 50 Jahren	510 Euro,
4. von 60 Jahren	610 Euro.

§ 2 Abs. 2 Satz 1 und Abs. 3 Satz 1 sowie § 3 Abs. 2 Satz 2 und 3 sind sinngemäß anzuwenden. § 2 Abs. 3 Satz 2 gilt entsprechend nach einer Tätigkeit von sechzig Jahren.

§ 7 Übergangsregelung

Bei der Berechnung der Jubiläumsdienstzeiten der am 31. Dezember 2000 vorhandenen Beamtinnen und Beamten finden für vor dem 1. Januar 2001 abgeleistete Zeiten die §§ 3 und 4 der Dienstjubiläumsverordnung vom 19. März 1980 (GVBl. I S. 102) in der bis zum 31. Dezember 1997 geltenden Fassung Anwendung. Vom 1. Januar 2001 an abgeleistete Zeiten können nur nach Maßgabe dieser Verordnung berücksichtigt werden.

§ 8 Inkrafttreten, Außerkrafttreten

Diese Verordnung tritt mit Wirkung vom 1. Januar 2001 in Kraft. Sie tritt mit Ablauf des 31. Dezember 2032 außer Kraft.

I

Verordnung über die Arbeitszeit der hessischen Beamtinnen und Beamten (Hessische Arbeitszeitverordnung – HAZVO)

in der Fassung der Bekanntmachung vom 15. Dezember 2009 (GVBl. I S. 758)

Zuletzt geändert durch
Zweites Gesetz zur Änderung dienstrechtlicher Vorschriften
vom 21. Juni 2018 (GVBl. S. 291)

§ 1

(1) Die regelmäßige Arbeitszeit der hauptamtlich tätigen Beamtinnen und Beamten beträgt bei Vollzeitbeschäftigung im Durchschnitt bis zur Vollendung des 60. Lebensjahres 41 Stunden pro Woche, ab Beginn des 61. Lebensjahres 40 Stunden pro Woche. Stichtag für die Bemessung der Arbeitszeit ist der Erste des Monats, in dem das 60. Lebensjahr vollendet wird. Die regelmäßige Arbeitszeit der hauptamtlich tätigen schwerbehinderten Beamtinnen und Beamten im Sinne des § 2 Abs. 2 des Neunten Buches Sozialgesetzbuch beträgt im Durchschnitt 40 Stunden pro Woche. Satz 3 gilt ab dem Ersten des Monats, in dem der Dienstbehörde der Nachweis über die Feststellung der Schwerbehinderung vorgelegt wird, bis zum Ablauf des Monats, in dem die Schwerbehinderteneigenschaft endet. § 116 Abs. 1 des Neunten Buches Sozialgesetzbuch bleibt unberührt. Die Beamtinnen und Beamten sind verpflichtet, Änderungen unverzüglich anzuzeigen und auf Verlangen nachzuweisen.

(2) Eine von Abs. 1 abweichende Einteilung der regelmäßigen Arbeitszeit (Mehr- oder Minderleistung an einem Tag oder in einer Woche) ist innerhalb von zwölf Monaten auszugleichen. Die Arbeitszeit darf hierbei zehn Stunden am Tag und fünfundfünfzig Stunden in der Woche nicht überschreiten; die oberste Dienstbehörde kann bei dringendem dienstlichem Bedürfnis Abweichungen zulassen, jedoch dürfen zwölf Stunden am Tag nicht überschritten werden.

(3) Die Arbeitszeit darf in einem Bezugszeitraum von zwölf Monaten im Durchschnitt 48 Stunden im Siebentageszeitraum nicht überschreiten. Zeiten des Erholungsurlaubs und krankheitsbedingter Abwesenheit bleiben bei der Berechnung des Durchschnitts unberücksichtigt.

(4) Die Arbeitszeit kann unter Beachtung der allgemeinen Grundsätze der Sicherheit und des Gesundheitsschutzes auf bis zu 60 Stunden pro Woche verlängert werden, wenn der Dienst Bereitschaftsdienst einschließt und die Beamtin oder der Beamte sich hierzu schriftlich bereit erklärt hat. Die Erklärung kann mit einer Frist von zwei Monaten schriftlich widerrufen werden. Die Beamtinnen und Beamten sind auf die Widerrufsmöglichkeit schriftlich hinzuweisen. Ihnen dürfen keine Nachteile entstehen, wenn sie die Erklärung nicht abgeben oder diese widerrufen. Die Dienstbehörde führt eine Liste über alle Beamtinnen und Beamten, deren Arbeitszeit verlängert ist; die Liste ist der obersten Dienstbehörde vorzulegen.

(5) Bei Teilzeitbeschäftigung ermäßigt sich die regelmäßige wöchentliche Arbeitszeit nach Abs. 1 entsprechend dem Umfang der bewilligten Teilzeitbeschäftigung. Die regelmäßige tägliche Arbeitszeit ist individuell festzulegen. Im Übrigen finden § 3, § 4 Abs. 1 Satz 3 und 4 und § 5 bei Teilzeitbeschäftigung keine Anwendung.

(6) Bei einer Teilzeitbeschäftigung von bis zu acht Jahren kann, wenn dienstliche Gründe nicht entgegenstehen, auf Antrag die Arbeitszeit so verteilt werden, dass die Zeit der Freistellung von der Arbeit bis zu einem Jahr zusammengefasst und an das Ende der bewilligten Teilzeitbeschäftigung gelegt wird.

§ 1a

(1) Hauptamtlich tätigen Beamtinnen und Beamten mit einer durchschnittlichen regelmäßigen Arbeitszeit von 41 Stunden pro Woche wird ab dem 1. August 2017 eine Arbeitsstunde pro Kalenderwoche auf einem Lebensarbeitszeitkonto gutgeschrieben. Satz 1 gilt nicht für Beamtinnen und Beamte auf Widerruf, Beamtinnen und Beamte auf Zeit sowie Beamtinnen und Beamte, die jederzeit in den einstweiligen Ruhestand versetzt werden können. Eine Gutschrift erfolgt ausschließlich für Zeiten, in denen Besoldung gewährt wird. Bei auf Krankheit beruhender Unfähigkeit zur Erfüllung der Dienstpflicht sowie bei Abwesenheit vom Dienst wegen Kur oder Heilbehandlung wird ab Beginn der siebten Woche keine Zeit gutgeschrieben; das Gleiche gilt bei Wiedereingliederungsmaßnahmen nach § 6. Für den Zeitraum einer vorläufigen Dienstenthebung nach § 43 Abs. 1 des Hessischen Disziplinargesetzes vom 21. Juli 2006 (GVBl. I S. 394), zuletzt geändert durch Gesetz vom 21. Juni 2018 (GVBl. S. 291), erfolgt keine Zeitgutschrift auf dem Lebensarbeitszeitkonto. Bei Teilzeitbeschäftigung erfolgt die Gutschrift anteilig entsprechend der bewilligten Arbeitszeit.

(2) Hauptamtlich tätigen Beamtinnen und Beamten mit einer durchschnittlichen regelmäßigen Arbeitszeit von 40 Stunden pro Woche wird auf Antrag eine Stunde pro Woche auf einem Lebensarbeitszeitkonto gutgeschrieben, wenn sie ihre wöchentliche Arbeitszeit um eine Stunde erhöhen. Die Gutschrift erfolgt ab der Kalenderwoche, die auf die Antragstellung folgt. Abs. 1 Satz 2 bis 5 gelten entsprechend.

(3) Für die angesparten Stunden erfolgt in der Regel Freistellung vom Dienst unter Weitergewährung der Besoldung unmittelbar vor dem Ruhestand oder vor Beginn der Freistellung nach § 118 Abs. 3 Nr. 2 des Hessischen Beamtengesetzes. Auf Antrag kann die Freistellung ganz oder teilweise zu einem früheren Zeitpunkt gewährt werden, soweit dienstliche Belange nicht beeinträchtigt werden.

(4) Ist eine Freistellung vom Dienst wegen Dienstunfähigkeit

1. mit der Folge der Versetzung in den Ruhestand oder
2. als Folge einer durch ärztliches Attest nachgewiesenen Krankheit im Freistellungszeitraum unmittelbar vor dem Ruhestand

nicht möglich, wird Beamtinnen und Beamten eine stundenbezogene Ausgleichszahlung in Höhe des auf eine Stunde entfallenden Anteils der individuellen Besoldung gewährt. Dies gilt auch, soweit die Voraussetzungen des Satz 1 bereits vor dem 1. Januar 2011 vorgelegen haben.

(5) Besoldung im Sinne des Abs. 4 Satz 2 sind das Grundgehalt, die Amtszulagen, der Familienzuschlag sowie die allgemeine Stellenzulage nach der Vorbemerkung Nr. 13 der Anlage I zum Hessischen Besoldungsgesetz vom 27. Mai 2013 (GVBl. S. 218, 256, 508), zuletzt geändert durch Gesetz vom 31. Januar 2017 (GVBl. S. 10). Maßgebend ist die Höhe der Besoldung zum Zeitpunkt der Entstehung des Anspruchs. Zur Ermittlung der auf eine Stunde entfallenden Ausgleichszahlung nach Abs. 4 Satz 1 ist der Monatsbetrag der individuellen Besoldung durch das 4,348-Fache der regelmäßigen wöchentlichen Arbeitszeit der Beamtin oder des Beamten zu teilen. Der Anspruch entsteht im Fall des Abs. 4 Satz 1 Nr. 1 mit dem Tag vor Beginn des Ruhestands, im Fall des Abs. 4 Satz 1 Nr. 2 mit dem letzten Tag der Erkrankung. Er wird jeweils mit Beginn des Ruhestandes fällig; abweichend davon wird im Fall des Abs. 4 Satz 2 der Anspruch zum Beginn des übernächsten Kalendermonats nach Eingang des Antrags fällig.

(6) Nähere Bestimmungen über das Lebensarbeitszeitkonto trifft für die Landesverwaltung das für das Dienstrecht zuständige Ministerium, im Übrigen die oberste Dienstbehörde.

(7) Für die 31. Kalenderwoche 2017 erfolgt die Gutschrift auf dem Lebensarbeitszeitkonto nach Abs. 1 oder 2 für hauptamtlich tätige Beamtinnen und Beamte, die auch am 31. Juli 2017 eine durchschnittliche Arbeitszeit von mindestens 41 Stunden pro Woche oder bei Teilzeitbeschäftigung eine anteilig dem entsprechende Arbeitszeit hatten.

I

§ 2

(1) Die Arbeit ist durch eine Ruhepause von mindestens dreißig Minuten zu unterbrechen, wenn die Arbeitszeit mehr als sechs Stunden beträgt. Ruhepausen werden nicht auf die Arbeitszeit angerechnet.

(2) Pro 24-Stunden-Zeitraum ist eine Mindestruhezeit von elf zusammenhängenden Stunden zu gewähren. Pro Siebentageszeitraum ist zusätzlich eine Mindestruhezeit von 24 zusammenhängenden Stunden zu gewähren. Für die Mindestruhezeit nach Satz 2 gilt ein Bezugszeitraum von 14 Tagen.

(3) Die oberste Dienstbehörde kann Ausnahmen von Abs. 1 zulassen, wenn dienstliche Belange es zwingend erfordern. Von Abs. 2 kann sie Ausnahmen zulassen, wenn in den Fällen des Art. 17 Abs. 3 oder 4 der Richtlinie 2003/88/EG des Europäischen Parlaments und des Rates vom 4. November 2003 über bestimmte Aspekte der Arbeitszeitgestaltung (ABl. EU Nr. L 299 S. 9) dienstliche Belange dies erfordern und gleichwertige Ausgleichsruhezeiten gewährt werden. Soweit in Ausnahmefällen die Gewährung von gleichwertigen Ausgleichsruhezeiten aus objektiven Gründen nicht möglich ist, ist ein angemessener Schutz der Gesundheit anderweitig zu gewährleisten.

§ 3

(1) Soweit nichts Abweichendes bestimmt oder gestattet ist, werden der Dienstbeginn und das Dienstende bei fester Arbeitszeit wie folgt festgelegt:

Arbeitszeit pro Woche	Wochentag	Dienstbeginn	Dienstende
41 Stunden	Montag bis Donnerstag	7.30 Uhr	17.00 Uhr
	Freitag	7.30 Uhr	15.30 Uhr
40 Stunden	Montag bis Donnerstag	7.30 Uhr	16.45 Uhr
	Freitag	7.30 Uhr	15.30 Uhr.

(2) Die Arbeitszeit ist in Vor- und Nachmittagsdienst zu teilen. Dazwischen liegt eine einstündige Mittagspause.

(3) Die oberste Dienstbehörde kann von Abs. 1 und 2 Abweichendes bestimmen. Gehören einer Dienststelle Beamtinnen und Beamte verschiedener Dienstherren an, so darf die Arbeitszeit deshalb nicht unterschiedlich geregelt werden.

§ 4

(1) In Dienststellen, in denen die dienstliche Anwesenheit automatisiert erfasst wird, kann den Beamtinnen und Beamten gestattet werden, Beginn und Ende der täglichen Arbeitszeit in gewissen Grenzen selbst zu bestimmen (gleitende Arbeitszeit), soweit dienstliche Belange nicht entgegenstehen. Dabei darf die tägliche Arbeitszeit zehn Stunden nicht überschreiten. Die für die Dienststelle festgelegte Kernarbeitszeit muss ausschließlich der Pausen montags bis donnerstags mindestens fünfeinhalb und freitags mindestens dreieinhalb Stunden betragen. An Stelle der Kernarbeitszeit kann die oberste Dienstbehörde eine tägliche Mindestarbeitszeit von mindestens vier Stunden zulassen, sofern eine qualifizierte Vertretung innerhalb der Organisationseinheiten der Dienststelle in der Zeit von 8.00 Uhr bis 16.30 Uhr, freitags bis 15.00 Uhr gewährleistet ist.

(2) Ein Über- oder Unterschreiten der regelmäßigen wöchentlichen Arbeitszeit ist grundsätzlich innerhalb des Kalendermonats oder innerhalb von vier Wochen (Abrechnungszeitraum) auszugleichen. Ist ein voller Ausgleich in diesem Zeitpunkt nicht möglich, so dürfen bei Überschreiten der regelmäßigen wöchentlichen Arbeitszeit bis zu 40 Stunden und bei Unterschreiten bis zu 20 Stunden in den nächsten Abrechnungszeitraum übertragen werden.

(3) Für den Ausgleich von Zeitguthaben können, soweit dienstliche Gründe nicht entgegenstehen, in einem Kalendermonat bis zu drei Gleittage, jedoch höchstens 24 Gleittage im Kalenderjahr, in Anspruch genommen werden.

(4) Für Arbeitsbereiche mit vorübergehend erhöhtem oder periodisch schwankendem Arbeitsanfall kann die oberste Dienstbehörde in Abweichung von Abs. 2 und 3 zulassen, dass ein Zeitguthaben in einem Umfang von bis zu zehn Arbeitstagen zusätzlich übertragen und ohne Anrechnung auf die Gleittage ausgeglichen werden kann.

§ 5

Soweit dies zur Betreuung eines Kindes oder eines pflegebedürftigen sonstigen Angehörigen erforderlich ist, kann die Dienstbehörde Abweichungen von § 3 Abs. 1, von der Kernarbeitszeit nach § 4 Abs. 1 Satz 3 sowie von der Mindestarbeitszeit nach § 4 Abs. 1 Satz 4 zulassen. Eine Verteilung der Arbeitszeit auf weniger als fünf Tage pro Woche ist nur in besonders begründeten Einzelfällen zulässig.

§ 6

Die Dienstbehörde kann im Einzelfall die regelmäßige Arbeitszeit nach Maßgabe ärztlicher – auf Verlangen amtsärztlicher – Feststellungen vorübergehend verkürzen, wenn dies der Wiederherstellung der vollen Dienstfähigkeit (gesundheitliche Rehabilitation) dient.

§ 7

Bei alternierender Telearbeit finden die §§ 3 und 4 Abs. 1 Satz 1, 3 und 4 für die Arbeit in der häuslichen Arbeitsstätte keine Anwendung.

§ 8

(1) Der Sonnabend, gesetzliche Feiertage, der 24. und 31. Dezember sind dienstfrei. Die oberste Dienstbehörde kann Abweichungen von Satz 1 zulassen, wenn die dienstlichen Verhältnisse es erfordern.

(2) Fällt ein gesetzlicher Feiertag, der 24. oder 31. Dezember auf einen Arbeitstag (Montag bis Freitag), vermindert sich die durchschnittliche regelmäßige Wochenarbeitszeit um die auf diesen Tag entfallende Arbeitszeit. Für die Beamtinnen und Beamten im Schicht- oder Wechselschichtdienst vermindert sich die durchschnittliche regelmäßige Wochenarbeitszeit um ein Fünftel ohne Rücksicht darauf, ob die davon betroffenen Beamtinnen und Beamten an diesem Tag Dienst leisten müssen oder dienstfrei haben.

§ 9

Die Dienstbehörde kann festlegen, dass an bestimmten Tagen allgemein kein Dienst zu leisten und die ausfallende Zeit vor- oder nachzuarbeiten ist.

§ 10

(1) Die oberste Dienstbehörde kann für bestimmte Dienststellen oder Teile von Dienststellen ihres Geschäftsbereichs Sonder- oder Sonntagsdienst einrichten, wenn die dienstlichen Belange es erfordern.

(2) Bei Nacht- und Schichtdienst ist die besondere Beanspruchung der Arbeitskraft zu berücksichtigen.

(3) Nachtdienst ist der dienstplanmäßige Dienst zwischen 20.00 Uhr und 6.00 Uhr. Dabei darf die Arbeitszeit in einem Bezugszeitraum von zwölf Monaten im Durchschnitt acht Stunden pro 24-Stunden-Zeitraum nicht überschreiten. Ist die Arbeit mit besonderen Gefahren oder einer erheblichen körperlichen oder geistigen Anspannung verbunden, darf in einem 24-Stunden-Zeitraum, in welchem Nachtdienst verrichtet wird, die Arbeitszeit nicht mehr als acht Stunden betragen.

(4) Für den Nachtdienst vorgesehene Beamtinnen und Beamte sind berechtigt, vor dessen Aufnahme und danach in der Regel im Abstand von drei Jahren, ab Vollendung des 50. Lebensjahres in der Regel einmal jährlich, auf Kosten des Dienstherrn ihren Gesundheitszustand ärztlich untersuchen zu lassen. Die Dienstbehörde bestimmt, wer die ärztliche Untersuchung durchführt. Beamtinnen und Beamte sind auf Antrag, soweit es im Einzelfall möglich ist, auf einen geeigneten Dienstposten im Tagdienst umzusetzen, wenn nach ärztlichem Gutachten gesundheitliche Beeinträchtigungen vorliegen, die nachweislich damit verbunden sind, dass sie Nachtdienst leisten; Satz 1 und 2 gelten entsprechend.

§ 11

Die Arbeitszeit der Betriebsverwaltungen wird durch die obersten Dienstbehörden geregelt. Dasselbe gilt für Anstalten, Einrichtungen und sonstige Dienststellen oder Teile von Dienststellen, deren Eigenart eine besondere Regelung der Arbeitszeit unabweisbar erfordert.

§ 12

Bei Notständen, die nur einzelne Behörden berühren, kann die Behördenleitung für kurze Dauer die Arbeitszeit abweichend von den Vorschriften dieser Verordnung festsetzen.

§ 13

In Dienststellen der Gemeinden, der Gemeindeverbände und der sonstigen der Aufsicht des Landes unterstehenden Körperschaften, Anstalten und Stiftungen des öffentlichen Rechts kann von § 1a Abs. 2, § 4 Abs. 1 Satz 3 und 4 und Abs. 2 bis 4 abgewichen werden.

§ 14

(1) Zur Erprobung neuer Arbeitszeitmodelle kann die oberste Dienstbehörde mit Zustimmung des für das Dienstrecht zuständigen Ministeriums von § 4 zeitlich begrenzte Ausnahmen zulassen, wenn dienstliche Belange nicht beeinträchtigt werden. Die oberste Dienstbehörde führt ein Jahr nach der Einführung eines neuen Arbeitszeitmodells eine Evaluation durch. Nach Durchführung der Evaluation und positiver Beurteilung des neuen Arbeitszeitmodells kann die oberste Dienstbehörde mit Zustimmung des für das Dienstrecht zuständigen Ministeriums von § 4 dauerhaft Ausnahmen zulassen, wenn dienstliche Belange nicht beeinträchtigt werden. Die oberste Dienstbehörde soll die zugelassenen Ausnahmen unverzüglich widerrufen, wenn dienstliche Belange beeinträchtigt werden.

(2) Die der obersten Dienstbehörde nach dieser Verordnung zustehenden Befugnisse können von der jeweils zuständigen Ministerin oder dem jeweils zuständigen Minister auf nachgeordnete Behörden übertragen werden. Dies gilt nicht für die Zuständigkeiten nach Abs. 1 und § 4 Abs. 1, §§ 11 und 13.

§ 15

Die Verordnung über die Arbeitszeit der Beamten in der Fassung vom 14. März 1989 (GVBl. I S. 90, 91), zuletzt geändert durch Verordnung vom 9. November 2000 (GVBl. I S. 510), wird aufgehoben.

§ 16

Diese Verordnung tritt am 1. Januar 2004 in Kraft.[1])

---

1) Diese Vorschrift betrifft das Inkrafttreten der Verordnung in der Fassung vom 13. Dezember 2003.

Richtlinien über das Lebensarbeitszeitkonto (LAK)

Vom 26. Oktober 2022 (StAnz. S. 1277)

I. Geltungsbereich

1. Die Richtlinien über das Lebensarbeitszeitkonto (LAK) gelten für die hauptamtlichen Beamtinnen und Beamten des Landes. Ausgenommen hiervon sind die Beamtinnen und Beamten auf Zeit, Beamtinnen und Beamten auf Widerruf sowie die Beamtinnen und Beamten, die jederzeit in den einstweiligen Ruhestand versetzt werden können.

2. Für die Lehrkräfte, Sozialpädagoginnen und Sozialpädagogen mit Lehrverpflichtung im Geschäftsbereich des Hessischen Kultusministeriums gelten gesonderte, vom Hessischen Kultusministerium erlassene Regelungen.

3. Für wissenschaftliche Mitarbeiterinnen und Mitarbeiter und Lehrkräfte für besondere Aufgaben nach §§ 72 und 73 des Hessischen Hochschulgesetzes vom 14. Dezember 2021 (GVBl. S. 931) gelten zusätzlich gesonderte, vom Hessischen Ministerium für Wissenschaft und Kunst erlassene Regelungen.

II. Geltungsbereich des LAK

1. Das LAK wird für die Beamtinnen und Beamten geführt, für die nach der Hessischen Arbeitszeitverordnung (HAZVO) in der Fassung vom 15. Dezember 2009 (GVBl. I S. 758, 760), zuletzt geändert durch Gesetz vom 21. Juni 2018 (GVBl. S. 291), eine durchschnittliche regelmäßige Wochenarbeitszeit von 41 Stunden gilt.

2. Beamtinnen und Beamte mit einer durchschnittlichen regelmäßigen Arbeitszeit von 40 Stunden pro Woche, die ihre Arbeitszeit nach Antrag um eine Stunde pro Woche erhöhen, können ebenfalls das LAK nutzen. Diese eine Stunde wird dann auf dem LAK gutgeschrieben.

3. Die Regelungen gelten für Teilzeitbeschäftigte entsprechend.

III. Aufbau des LAK

1. Beamtinnen und Beamten mit einer durchschnittlichen regelmäßigen Wochenarbeitszeit von 41 Stunden wird ab dem 1. August 2017 eine Arbeitsstunde pro Woche auf dem LAK gutgeschrieben. Dies ergibt bei Vollzeitbeschäftigten pro Jahr je nach Anzahl der Kalenderwochen eine Gutschrift von 52 Stunden bzw. 53 Stunden. Ausgenommen hiervon sind Zeiten ohne Fortzahlung der Besoldung. Hierzu gehören insbesondere Zeiten der Beurlaubung nach §§ 64 und 65 des Hessischen Beamtengesetzes (HBG), § 15 der Hessischen Urlaubsverordnung (HUrlVO) sowie Elternzeit nach § 7 der Hessischen Mutterschutz- und Elternzeitverordnung (HMuSchEltZVO). Weiterhin sind Zeiten ausgenommen, in denen insbesondere aufgrund einer Zuweisung, Abordnung oder aus anderen Gründen die hauptamtliche Tätigkeit an Dienststellen außerhalb des Geltungsbereichs des HBG wahrgenommen wird und dort die durchschnittliche regelmäßige Wochenarbeitszeit weniger als 41 Stunden beträgt. Eine Zeitgutschrift erfolgt in diesen Fällen letztmalig für die Woche, in der die persönliche regelmäßige wöchentliche Arbeitszeit vollständig nach der HAZVO erbracht wurde.

2. Bei Teilzeitbeschäftigten findet eine anteilsmäßige Anrechnung entsprechend ihrer bewilligten wöchentlichen Arbeitszeit statt.

3. Bei Beamtinnen und Beamten mit einer durchschnittlichen regelmäßigen Wochenarbeitszeit von 40 Stunden, die auf Antrag freiwillig eine Stunde pro Woche zusätzlich erbringen, erfolgt die Gutschrift ab der Kalenderwoche, die auf die Antragstellung folgt bzw. mit der ersten vollständigen Kalenderwoche ab dem beantragten Zeitpunkt. Dies gilt auch für Beamtinnen und Beamte mit Schwerbehinderung. Teilzeitbeschäftigte können ihre Arbeitszeit anteilig erhöhen und entsprechend ansparen.

4. Weitere Überstunden, Mehrarbeitsstunden und Urlaub können nicht als Zeitguthaben auf das LAK übernommen werden. Eine Verrechnung zwischen dem LAK und anderen Arbeitszeit- oder Urlaubskonten ist ausgeschlossen.

5. Bei auf Krankheit beruhender Unfähigkeit zur Erfüllung der Dienstpflichten findet ab Beginn der siebten Krankheitswoche, das heißt ab dem 43. aufeinanderfolgenden Krankheitstag keine Zeitgutschrift mehr statt. Das Gleiche gilt bei Abwesenheit vom Dienst wegen Kur oder Heilbehandlung sowie bei Wiedereingliederungsmaßnahmen nach § 6 HAZVO. Zur Berechnung der Krankheitswochen ist auf den ersten Wochentag der Erkrankung sowie den Wochentag der Beendigung der Erkrankung abzustellen. Es bedarf daher keiner vollen sechs Kalenderwochen. Eine Gutschrift erfolgt nach Beendigung der Erkrankung und Wiederaufnahme des Dienstes ab der Kalenderwoche, in der erstmals wieder die regelmäßige wöchentliche Arbeitszeit vollständig erbracht wurde. Soweit eine Zeitgutschrift für die Dauer einer Wiedereingliederungsmaßnahme erfolgt, ist dieser die regelmäßige wöchentliche Arbeitszeit der Beamtin bzw. des Beamten zugrunde zu legen, unabhängig von der während der Wiedereingliederung tatsächlich erbrachten Arbeitszeit.

Schließen sich Zeiten von auf Krankheit beruhender Unfähigkeit zur Erfüllung der Dienstpflicht, Abwesenheit vom Dienst wegen Kur oder Heilbehandlung oder Wiedereingliederungsmaßnahme aneinander an, beginnt der sechs-Wochen-Zeitraum nicht erneut zu laufen.

6. Während des Mutterschutzes besteht ein Beschäftigungsverbot nach § 1 Abs. 1 Satz 1 Nr. 2 HMuSchEltZVO. Die Dienstbezüge werden gemäß § 2 HMuschEltZVO weiterhin gewährt. Während dieser Zeit des Beschäftigungsverbotes erfolgt auch die entsprechende Gutschrift auf dem LAK.

7. Bei Neueinstellungen oder Rückkehr, zum Beispiel aus einer Beurlaubung oder Abordnung an Dienststellen außerhalb des Geltungsbereichs des HBG, bei denen die durchschnittliche regelmäßige Wochenarbeitszeit weniger als 41 Stunden beträgt, findet die Zeitgutschrift erstmalig für die Kalenderwoche statt, in der die regelmäßige wöchentliche Arbeitszeit vollständig erbracht wurde.

8. Wird eine Verringerung oder Erhöhung der Arbeitszeit genehmigt, findet letztmalig eine Zeitgutschrift in der bisherigen Höhe für die Woche des Wechsels statt. Für die nächste Woche erfolgt die neu berechnete Zeitgutschrift.

9. Vor Vollendung des 60. Lebensjahres erfolgt die letztmalige Zeitgutschrift für die Woche, in der zuletzt eine durchschnittliche regelmäßige wöchentliche Arbeitszeit von 41 Stunden erbracht werden musste. Bei der Berechnung ist die Regelung des § 1 Abs. 1 Satz 2 HAZVO zu beachten. Etwas anderes gilt nur, soweit ein Antrag auf Erhöhung nach § 1a Abs. 2 HAZVO gestellt wurde.

IV. Führung des LAK

1. Das LAK wird ausschließlich in Zeit geführt und ausgeglichen. Eine Auszahlung des Zeitguthabens in Geld kommt grundsätzlich nicht in Betracht (Ausnahmen siehe V. Nr. 6). Bei Versterben einer Beamtin oder eines Beamten vor einer vollständigen Inanspruchnahme des Zeitguthabens entsteht kein finanzieller Ausgleichsanspruch der Erben.

2. Zuständig für die Führung des LAK, für die Entscheidung über die Genehmigung der Inanspruchnahme und für die rechtssichere Feststellung des Zeitguthabens ist die Beschäftigungsdienststelle oder die jeweilige personalverwaltende Stelle. Für Beamtinnen und Beamte des Landes berechnet die zuständige Stelle das entstandene Zeitguthaben einmal jährlich zum Stichtag 31. Dezember und teilt dieses bis spätestens zum 31. März des Folgejahres den Beamtinnen und den Beamten mit. Hierbei handelt es sich um einen Verwaltungsakt, der mit einer Rechtsbehelfsbelehrung zu versehen ist. Die zuständige Stelle teilt den Stand des Zeitguthabens auch zu einem weiteren Zeitpunkt mit, soweit dies zum Beispiel für eine vorzeitige Inanspruchnahme des Zeitguthabens nach V. Nr. 2 erforderlich ist. Ist vor dem Ruhestand noch keine Unterrichtung über den Stand des Zeitguthabens erfolgt, so wird das Zeitguthaben rechtzeitig vor dem Ruhestand ermittelt und mitgeteilt. Soweit nach der Vollendung des 60. Lebensjahres keine Aufstockung der Arbeitszeit und keine weitere Veränderung der Zeitgutschrift erfolgt, ist die regelmäßige jährliche Feststellung des Zeitguthabens entbehrlich. Von den Zeiträumen und Stichtagen in Satz 2 kann abgewichen werden. Die Aufbewahrungsfristen für Unterlagen zu Erkrankungen, Kuren und Heilbehandlungen nach § 92 Abs. 2 HBG (drei Jahre) sind einzuhalten.

3. Auf die Freistellung kann durch unwiderrufliche schriftliche Erklärung gegenüber der zuständigen Stelle verzichtet werden.

V. Inanspruchnahme des Zeitguthabens

1. Die Inanspruchnahme des Zeitguthabens aus dem LAK erfolgt, soweit kein abweichender Antrag gestellt wird, durch entsprechende Freistellung vor Beginn des Ruhestands. Der Eintritt in den Ruhestand muss sich grundsätzlich unmittelbar an die Freistellung anschließen. Die Dauer des Freistellungszeitraums richtet sich nach der angesparten Stundenzahl und der zuletzt bewilligten Wochenarbeitszeit. Die Freistellung kann nur in ganzen Arbeitstagen bzw. Arbeitstagen entsprechend der bewilligten Wochenarbeitszeit gewährt werden. Eine Inanspruchnahme des Zeitguthabens zur Reduzierung der täglichen Arbeitszeit ist nicht zulässig, das heißt es kann keine stundenweise Freistellung erfolgen. Bei Teilzeitbeschäftigten kann auf Antrag, soweit dienstliche Belange nicht beeinträchtigt werden, die Freistellung status- und besoldungsrechtlich als Vollzeitbeschäftigung erfolgen.

2. Eine vorzeitige Inanspruchnahme des Zeitguthabens ist auf Antrag möglich, soweit dienstliche Belange nicht beeinträchtigt werden.

3. Die Mindestdauer der Freistellung bei der vorzeitigen Inanspruchnahme des Zeitguthabens beträgt einen Arbeitstag.

4. Die vorzeitige Freistellung ist rechtzeitig vor der beabsichtigten Inanspruchnahme bei der nach IV. Nr. 2 zuständigen Stelle zu beantragen. Bei dienstlichem Bedürfnis kann die oberste Dienstbehörde für ihren Geschäftsbereich oder Teile davon eine Mindestantragsfrist festlegen. Soweit die Freistellung zur akut erforderlichen Betreuung eines Kindes unter 18 Jahren oder eines pflegebedürftigen sonstigen Angehörigen in Anspruch genommen werden soll, ist dies zur Verbesserung der Vereinbarkeit von Familie und Beruf bei der Abwägung besonders zu berücksichtigen.

5. Soweit die Inanspruchnahme des Zeitguthabens direkt vor dem Ruhestand erfolgt, ist der Freistellungszeitraum auf volle Arbeitstage aufzurunden.

6. Nur ausnahmsweise ist auf Antrag der Beamtin oder des Beamten (§ 60 Abs. 4 HBG) eine Abgeltung des Zeitguthabens in Geld möglich, sofern eine Inanspruchnahme durch Freistellung unmittelbar vor dem Ruhestand ausgeschlossen ist. Diese Möglichkeit ist jedoch ausdrücklich auf die in § 1a Abs. 4 Satz 1 Nr. 1 und 2 HAZVO genannten Fälle begrenzt. Dies betrifft Fälle, in denen die Freistellung der Beamtin oder des Beamten infolge einer Dienstunfähigkeit, die entweder zur Versetzung in den Ruhestand führt oder auf einer Krankheit während des Freistellungszeitraums beruht, nicht vollständig möglich ist. Für die Berechnung des Auszahlungsbetrags ist von der Besoldung nach § 1a Abs. 5 HAZVO auszugehen.

7. Während des Bestehens eines gesetzlichen Beschäftigungsverbots nach § 1 Abs. 1 Satz 1 Nr. 2 HMuSchEltZVO findet mangels Dienstleistungspflicht keine Freistellung aufgrund des Lebensarbeitszeitkontos statt. Der Abbau des Zeitguthabens wird also durch das gesetzliche Beschäftigungsverbot unterbrochen oder beendet.

8. Werden im Zeitraum einer Wiedereingliederungsmaßnahme angesparte LAK-Stunden in Anspruch genommen, ist die Abbuchung in Höhe der Stundenzahl vorzunehmen, welche die Beamtin oder der Beamte an dem jeweiligen Arbeitstag zu erbringen hätte.

9. Bei einer Versetzung oder Abordnung zu einem Dienstherrn innerhalb des Geltungsbereichs des HBG wird das bisherige Zeitguthaben übertragen und durch den neuen Dienstherrn fortgeführt.

10. Beim Wechsel zu einem anderen Dienstherrn außerhalb des Geltungsbereichs des HBG oder zu einem Arbeitgeber außerhalb des öffentlichen Dienstes findet eine Freistellung vor dem Ausscheiden nur statt, soweit dienstliche Belange nicht beeinträchtigt werden. Hierüber soll möglichst eine einvernehmliche Vereinbarung getroffen werden. Gegebenenfalls ist der Versetzungs- oder Entlassungszeitpunkt einvernehmlich hinauszuschieben. Der Dienststelle muss hierzu ein ausreichender Planungszeitraum zur Verfügung stehen. Eine Übernahme des Zeitguthabens durch den neuen Dienstherrn bzw. Arbeitgeber ist nur möglich, soweit sich dieser dazu bereit erklärt. Falls keine einvernehmliche Lösung gefunden werden kann und die beabsichtigte Inanspruchnahme dienstliche Belange beeinträchtigt, verfällt das Zeitguthaben.

11. Soweit eine genehmigte Freistellung aufgrund einer Krankheit nicht in Anspruch genommen werden konnte, erfolgt eine Zeitgutschrift auf dem LAK in dem durch ärztliches Attest nachgewiesenen Umfang. Eine genehmigte Freistellung kann im gegenseitigen Einvernehmen zwischen dem Antragsteller und der genehmigenden Stelle zurückgenommen werden, soweit im Einzelfall dienstliche Belange (zum Beispiel Beschäftigung einer Ersatzkraft während der Freistellung) nicht entgegenstehen. Die oder der Bedienstete hat keinen Anspruch auf Rücknahme der genehmigten Freistellung, sondern die Einzelfallentscheidung liegt im pflichtgemäßen Ermessen der zuständigen Stelle.

12. Soll eine Beamtin oder ein Beamter auf Probe (§ 4 Abs. 3 Buchst. a BeamtStG) nicht in ein Beamtenverhältnis auf Lebenszeit übernommen werden, ist eine Inanspruchnahme des Zeitguthabens vor Beginn des Ruhestands offensichtlich ausgeschlossen. In diesen Fällen hat die zuständige Stelle die Inanspruchnahme des Zeitguthabens rechtzeitig während der Probezeit einzuplanen und bis zum Entlassungszeitpunkt vollständig zu gewähren. Bei Krankheit während der genehmigten bzw. angeordneten Freistellung findet in diesen Fällen keine erneute Gutschrift auf dem LAK statt. Diese Regelungen gelten nicht für Beamtinnen und Beamte auf Probe in Ämtern mit leitender Funktion nach § 4 Abs. 3 Buchst. b BeamtStG.

13. Bei Abordnungen von Dienstherrn außerhalb des Geltungsbereichs dieser Richtlinien gelten für die abgeordnete Beamtin oder den abgeordneten Beamten die arbeitszeitrechtlichen Regelungen des aufnehmenden Dienstherrn, soweit nichts anderes bestimmt ist, § 14 Abs. 4 Satz 2 BeamtStG. Hat die abgeordnete Beamtin oder der abgeordnete Beamte Stunden auf dem LAK angespart, ist das angesparte Zeitguthaben einvernehmlich in Anspruch zu nehmen. Falls keine einvernehmliche Lösung gefunden werden kann und die Inanspruchnahme dienstliche Belange beeinträchtigt, verfällt das Zeitguthaben nach Ablaufen der Abordnung.

VI. Empfehlung

Den Gemeinden und Gemeindeverbänden wird empfohlen, entsprechend zu verfahren.

VII. Inkrafttreten

Diese Richtlinien treten am 1. Januar 2023 in Kraft.

Verordnung über die Arbeitszeit der hessischen Polizeivollzugsbeamtinnen und -beamten (Hessische Polizeiarbeitszeitverordnung – HPolAZV)

Vom 21. Juli 2017 (GVBl. S. 270)

Aufgrund des § 60 Abs. 1 Satz 2 des Hessischen Beamtengesetzes vom 27. Mai 2013 (GVBl. S. 218, 508), zuletzt geändert durch Gesetz vom 5. Februar 2016 (GVBl. S. 30), verordnet der Minister des Innern und für Sport:

§ 1 Grundsätzliche Regelung

Die Arbeitszeit der Polizeivollzugsbeamtinnen und -beamten richtet sich nach der Hessischen Arbeitszeitverordnung in der Fassung der Bekanntmachung vom 15. Dezember 2009 (GVBl. I S. 758, 760), zuletzt geändert durch Gesetz vom 16. Dezember 2015 (GVBl. S. 594), in der jeweils geltenden Fassung, soweit die folgenden Vorschriften keine ergänzende Regelung treffen.

§ 2 Regelmäßige Arbeitszeit

(1) Die regelmäßige Arbeitszeit richtet sich nach § 1 der Hessischen Arbeitszeitverordnung.

(2) Die Arbeitszeit darf in einem Bezugszeitraum von zwölf Monaten im Durchschnitt 48 Stunden im Siebentageszeitraum nicht überschreiten. Zeiten des Erholungsurlaubs und krankheitsbedingter Abwesenheit bleiben bei der Berechnung des Durchschnitts unberücksichtigt.

(3) Die Einzelheiten der Arbeitszeiteinteilung sind nach Maßgabe dieser Verordnung durch die Leitungen der Polizeibehörden zu regeln.

§ 3 Mindestruhezeiten

(1) Abweichungen von den in Art. 3 und 5 der Richtlinie 2003/88/EG des Europäischen Parlaments und des Rates vom 4. November 2003 über bestimmte Aspekte der Arbeitszeitgestaltung (ABl. EU Nr. L 299 S. 9) geregelten Mindestruhezeiten sind auf der Grundlage des Art. 17 Abs. 3 Buchst. c Dreifachbuchst. iii der Richtlinie möglich. In diesen Fällen sind gleichwertige Ausgleichsruhezeiten dergestalt zu gewähren, dass die Anzahl an Stunden nicht gewährter Ruhezeit unmittelbar im Anschluss an die nächste Dienstschicht zusätzlich zur Mindestruhezeit von elf zusammenhängenden Stunden gewährt wird.

(2) Die tägliche Arbeitszeit soll auf eine Dienstschicht beschränkt bleiben. Werden an einem Kalendertag ausnahmsweise zwei Dienstschichten gleistet, ist auf der Grundlage des Art. 17 Abs. 3 Buchst. c Dreifachbuchst. iii der Richtlinie 2003/88/EG des Europäischen Parlaments und des Rates vom 4. November 2003 über bestimmte Aspekte der Arbeitszeitgestaltung abweichend von Art. 3 der Richtlinie zwischen diesen eine Mindestruhezeit von sechs zusammenhängenden Stunden zu gewährleisten.

§ 4 Dienst zu wechselnden Zeiten, Ruhepausen

(1) Schichtdienst ist Dienst nach einem Schichtplan, der einen regelmäßigen Wechsel der täglichen Arbeitszeit in Zeitabschnitten von längstens einem Monat vorsieht. Wechselschichtdienst ist Dienst nach einem Schichtplan, der einen regelmäßigen Wechsel der täglichen Arbeitszeit in Wechselschichten (wechselnde Arbeitsschichten, in denen ununterbrochen bei Tag und Nacht, werktags, sonntags und feiertags gearbeitet wird) vorsieht.

(2) Ein Dienst im Schicht- und Wechselschichtdienst soll mindestens sechs und höchstens zwölf Stunden dauern.

(3) Im Wechselschichtdienst, bei Einsätzen und bei Einheiten mit schwerpunktmäßig operativen Aufgaben während des Einsatzdienstes werden die Ruhepausen im Sinne des § 2 Abs. 1 Satz 1 der Hessischen Arbeitszeitverordnung auf die Arbeitszeit angerechnet.

(4) Fällt ein gesetzlicher Feiertag, der 24. oder 31. Dezember auf einen Arbeitstag (Montag bis Freitag), vermindert sich für die Beamtinnen und Beamten im Schicht- oder Wechselschichtdienst die durchschnittliche regelmä-

I

ßige Wochenarbeitszeit um ein Fünftel ohne Rücksicht darauf, ob die davon betroffenen Beamtinnen und Beamten an diesem Tag Dienst leisten müssen oder dienstfrei haben. Bei Teilzeitbeschäftigung erfolgt die Verminderung im Umfang von einem Fünftel der individuell vereinbarten durchschnittlichen wöchentlichen Arbeitszeit.

§ 5 Arbeitszeitregelungen in besonderen Fällen

(1) Ist innerhalb des Bezugszeitraums eines Kalendervierteljahres die Wahrnehmung dienstlicher Aufgaben über die regelmäßige Arbeitszeit hinaus angeordnet, ist für jeden weiteren Dienst die darauf entfallende Zeit einschließlich der Zeiten für zusätzlich erforderlichen Zu- und Abgang Arbeitszeit. Die Zeit des Zu- und Abgangs ist pauschal mit insgesamt 60 Minuten als Arbeitszeit zu berücksichtigen.

(2) Bei Dienstreisen gilt nur die Zeit der dienstlichen Inanspruchnahme am auswärtigen Geschäftsort als Arbeitszeit. Für jeden Tag einschließlich der Reisetage wird jedoch mindestens die auf ihn entfallende regelmäßige durchschnittliche oder dienstplanmäßige Arbeitszeit berücksichtigt, wenn diese bei Nichtberücksichtigung der Reisezeit nicht erreicht würde.

(3) Bei geschlossenen Einsätzen ist auch die Zeit für An- und Rückfahrt Arbeitszeit. Bei mehrtägigen Einsätzen ist die Zeit für die jeweils notwendigen Fahrten zwischen Einsatz- und Unterbringungsort Arbeitszeit.

§ 6 Bereitschaftsdienst

(1) Bereitschaftsdienst liegt vor, wenn sich Polizeivollzugsbeamtinnen und -beamte in ihrer Dienststelle oder an einem anderen dienstlich bestimmten Ort außerhalb ihrer Wohnung aufhalten, um bei Bedarf zur Dienstleistung herangezogen werden zu können.

(2) Die Zeiten des Bereitschaftsdienstes sind als Arbeitszeit anzurechnen.

§ 7 Rufbereitschaft

(1) Rufbereitschaft liegt vor, wenn sich Polizeivollzugsbeamtinnen und -beamte in ihrer Wohnung oder – falls der Zweck der Bereithaltung nicht entgegensteht – an einem anderen von ihnen anzuzeigenden Ort ihrer Wahl aufhalten, um bei Bedarf zur Dienstleistung abberufen werden zu können.

(2) Die Zeit der Rufbereitschaft gilt nicht als Arbeitszeit. Sie ist zu einem Achtel ausgleichbar.

(3) Werden Polizeivollzugsbeamtinnen und -beamte während der Rufbereitschaft dienstlich tätig, ist die Zeit der dienstlichen Tätigkeit in vollem Umfang auf die Arbeitszeit anzurechnen.

§ 8 Experimentierklausel

Zur Erprobung neuer Arbeitszeitmodelle kann die oberste Dienstbehörde von den Bestimmungen dieser Verordnung zeitlich begrenzte Ausnahmen zulassen. § 14 Abs. 1 der Hessischen Arbeitszeitverordnung gilt entsprechend.

§ 9 Aufhebung bisherigen Rechts

Die Verordnung über die Arbeitszeit der hessischen Polizeivollzugsbeamtinnen und -beamten vom 11. Dezember 2009 (GVBl. I S. 749), zuletzt geändert durch Verordnung vom 21. Februar 2013 (GVBl. S. 89), wird aufgehoben.

§ 10 Inkrafttreten

Diese Verordnung tritt am 1. August 2017 in Kraft.

Verordnung über die Arbeitszeit der bei den hessischen Justizvollzugsbehörden tätigen Beamtinnen und Beamten (Hessische Justizvollzugsarbeitszeitverordnung – HJVollzAZV)

Vom 29. Oktober 2019 (GVBl. S. 335)

Aufgrund des § 60 Abs. 1 Satz 2 des Hessischen Beamtengesetzes vom 27. Mai 2013 (GVBl. S. 218, 508), zuletzt geändert durch Gesetz vom 21. Juni 2018 (GVBl. S. 291), verordnet die Ministerin der Justiz:

§ 1 Grundsätzliche Regelung

Die Arbeitszeit der bei den Justizvollzugsbehörden tätigen Beamtinnen und Beamten richtet sich nach der Hessischen Arbeitszeitverordnung vom 15. Dezember 2009 (GVBl. I S. 758, 760), zuletzt geändert durch Gesetz vom 21. Juni 2018 (GVBl. S. 291), soweit die folgenden Vorschriften keine ergänzenden Regelungen treffen.

§ 2 Arbeitszeitregelung bei Schichtdienst und Wechselschichtdienst

(1) Ein Dienst im Schicht- und Wechselschichtdienst soll mindestens sechs und höchstens zwölf Stunden dauern. Die Arbeitszeit darf in einem Bezugszeitraum von zwölf Monaten im Durchschnitt 48 Stunden im Siebentageszeitraum nicht überschreiten. Zeiten des Erholungsurlaubs und krankheitsbedingter Abwesenheit bleiben bei der Berechnung des Durchschnitts unberücksichtigt. Die Einzelheiten der Arbeitszeiteinteilung obliegen den Leitungen der Justizvollzugsbehörden.

(2) Im Schichtdienst und Wechselschichtdienst werden die Ruhepausen im Sinne des § 2 Abs. 1 Satz 1 der Hessischen Arbeitszeitverordnung auf die Arbeitszeit angerechnet.

(3) Fällt ein gesetzlicher Feiertag, der 24. oder 31. Dezember auf einen Arbeitstag (Montag bis Freitag), vermindert sich für die Beamtinnen und Beamten im Schicht- und Wechselschichtdienst die durchschnittliche regelmäßige Wochenarbeitszeit um ein Fünftel ohne Rücksicht darauf, ob die davon betroffenen Beamtinnen und Beamten an diesem Tag Dienst leisten müssen oder dienstfrei haben. Bei Teilzeitbeschäftigung erfolgt die Verminderung im Umfang von einem Fünftel der individuell vereinbarten wöchentlichen Arbeitszeit.

§ 3 Mindestruhezeiten

(1) Abweichungen von den in Art. 3 und 5 der Richtlinie 2003/88/EG des Europäischen Parlaments und des Rates vom 4. November 2003 über bestimmte Aspekte der Arbeitszeitgestaltung (ABl. EU Nr. L 299 S. 9) geregelten Mindestruhezeiten sind auf der Grundlage des Art. 17 Abs. 3 Buchst. c Unterbuchst. i) der Richtlinie möglich, wobei eine Mindestruhezeit von acht zusammenhängenden Stunden zu gewährleisten ist. In diesen Fällen sind gleichwertige Ausgleichsruhezeiten dergestalt zu gewähren, dass die Anzahl an Stunden nicht gewährter Ruhezeit unmittelbar im Anschluss an die nächste Dienstschicht zusätzlich zur Mindestruhezeit von elf zusammenhängenden Stunden gewährt wird.

(2) Die tägliche Arbeitszeit soll auf eine Dienstschicht beschränkt bleiben. Werden an einem Kalendertag ausnahmsweise zwei Dienstschichten geleistet, ist auf der Grundlage des Art. 17 Abs. 3 Buchst. c Unterbuchstabe i) der Richtlinie 2003/88/EG des Europäischen Parlaments und des Rates vom 4. November 2003 über bestimmte Aspekte der Arbeitszeitgestaltung abweichend von Art. 3 der Richtlinie zwischen diesen eine Mindestruhezeit von acht zusammenhängenden Stunden zu gewährleisten.

§ 4 Arbeitszeitregelung in besonderen Fällen

Die tägliche Arbeitszeit der im höheren medizinischen Dienst, im gehobenen und höheren Schuldienst sowie im gehobenen und höheren sozialen Dienst tätigen Beamtinnen und Beamten richtet sich nach den Betreuungs- und Behandlungserfordernissen der Gefangenen in den einzelnen Justizvollzugsbehörden. Es ist insbesondere sicherzustellen, dass die Betreuung der Gefangenen in den Abendstunden, am Wochenende und an Feiertagen gewährleistet ist; dies gilt auch für den 24. und 31. Dezember.

§ 5 Rufbereitschaft

(1) Rufbereitschaft liegt vor, wenn sich Beamtinnen und Beamte in ihrer Wohnung oder – falls der Zweck der Bereithaltung nicht entgegensteht – an einem anderen von ihnen anzuzeigenden Ort ihrer Wahl aufhalten, um bei Bedarf zur Dienstleistung abberufen werden zu können.

(2) Die Zeit der Rufbereitschaft gilt nicht als Arbeitszeit. Sie ist zu einem Achtel ausgleichbar. Der Ausgleich pro Rufbereitschaft beläuft sich auf höchstens zwei Arbeitstage und ist binnen eines Jahres nach Anfall zu gewähren. Während der Rufbereitschaft tatsächlich geleisteter Dienst ist in vollem Umfang auf die Arbeitszeit anzurechnen.

§ 6 Aufhebung bisherigen Rechts

Die Verordnung über die Arbeitszeit der bei den Justizvollzugsanstalten tätigen Beamtinnen und Beamten vom 11. April 2011 (GVBl. I S. 183), zuletzt geändert durch Verordnung vom 28. Oktober 2012 (GVBl. S. 404), wird aufgehoben.

§ 7 Inkrafttreten

Diese Verordnung tritt am Tag nach der Verkündung in Kraft.

Hessische Verordnung über den Mutterschutz für Beamtinnen und die Elternzeit für Beamtinnen und Beamte (Hessische Mutterschutz- und Elternzeitverordnung – HMuSchEltZVO)[1])

Vom 8. Dezember 2011 (GVBl. I S. 758, 2012 S. 10, 2012 S. 340)

Zuletzt geändert durch
Drittes Gesetz zur Änderung dienstrechtlicher Vorschriften
vom 15. November 2021 (GVBl. S. 718)

Aufgrund des § 95 des Hessischen Beamtengesetzes in der Fassung vom 11. Januar 1989 (GVBl. I S. 26), zuletzt geändert durch Gesetz vom 25. November 2010 (GVBl. I S. 410), verordnet die Landesregierung:

Erster Teil
Mutterschutz und Stillzeit

§ 1 Anwendung bundesrechtlicher Vorschriften zum Mutterschutz

Auf die Beschäftigung von Beamtinnen während der Schwangerschaft, nach der Entbindung und in der Stillzeit sind die Vorschriften des Mutterschutzgesetzes vom 23. Mai 2017 (BGBl. I S. 1228) in der jeweils geltenden Fassung

1. zur Gestaltung und Beurteilung der Arbeitsbedingungen und des Arbeitsplatzes nach den §§ 9, 10 Abs. 1 und 2 und § 14 des Mutterschutzgesetzes,
2. zu Schutzfristen, Beschäftigungsverboten sowie unzulässigen Tätigkeiten und Arbeitsbedingungen nach den §§ 3 bis 6, 10 Abs. 3, §§ 11 bis 13 Abs. 1 Nr. 3 und § 16 des Mutterschutzgesetzes,
3. zur Rangfolge der Schutzmaßnahmen nach § 13 Abs. 1 des Mutterschutzgesetzes,
4. zu Mitteilungs- und Nachweispflichten nach § 15 des Mutterschutzgesetzes,
5. zu Freistellungen für Untersuchungen und zum Stillen nach § 7 des Mutterschutzgesetzes,
6. zu Abweichungen und Ausnahmen nach den §§ 28, 29 Abs. 3 Satz 2 Nr. 1 und Satz 3 des Mutterschutzgesetzes

entsprechend anzuwenden.

An die Stelle der Aufsichtsbehörde tritt die oberste Dienstbehörde. Arbeitgeber im Sinne des Mutterschutzgesetzes ist die oder der Dienstvorgesetzte; eine Benachrichtigung nach § 27 Abs. 1 Satz 1 Nr. 1 des Mutterschutzgesetzes der an die Stelle der Aufsichtsbehörde tretenden obersten Dienstbehörde durch die oder den Dienstvorgesetzten findet nicht statt. Ausnahmeentscheidungen entsprechend den §§ 28, 29 Abs. 3 Satz 2 Nr. 1 des Mutterschutzgesetzes treffen die Beschäftigungsbehörden.

§ 2 Besoldung bei Beschäftigungsverbot, Freistellung für Untersuchungen und Stillzeit

Durch die mutterschutzrechtlichen Beschäftigungsverbote nach § 1 Satz 1 Nr. 2, mit Ausnahme des Verbots der Mehrarbeit, wird die Zahlung der Dienst- und Anwärterbezüge nicht berührt. Das Gleiche gilt während der Freistellung für Untersuchungen und zum

[1]) Diese Verordnung dient der Umsetzung der Richtlinie 92/85/EWG des Rates vom 19. Oktober 1992 über die Durchführung von Maßnahmen zur Verbesserung der Sicherheit und des Gesundheitsschutzes von schwangeren Arbeitnehmerinnen, Wöchnerinnen und stillenden Arbeitnehmerinnen am Arbeitsplatz (zehnte Einzelrichtlinie im Sinne des Artikels 16 Abs. 1 der Richtlinie 89/391/EWG; ABl. EG Nr. L 348 S. 1), geändert durch Richtlinie 2007/30/EG des Europäischen Parlaments und des Rates vom 20. Juni 2007 (ABl. EU Nr. L 165 S. 21).

Stillen nach § 7 des Mutterschutzgesetzes. Bemessungsgrundlage für die Zahlung von Erschwerniszulagen nach den §§ 3, 4 und 20 der Erschwerniszulagenverordnung in der Fassung vom 3. Dezember 1998 (BGBl. I S. 3497) in der am 31. August 2006 geltenden Fassung, geändert durch Gesetz vom 16. Dezember 2015 (GVBl. S. 594), für die Vergütung nach der Vollstreckungsvergütungsverordnung in der Fassung vom 6. Januar 2003 (BGBl. I S. 8) in der am 31. August 2006 geltenden Fassung sowie für die Vergütung nach der Verordnung über die Vergütung für Vollziehungsbeamtinnen und Vollziehungsbeamte der Steuerverwaltung vom 5. Dezember 2017 (GVBl. S. 435) ist der Durchschnitt der Zulagen und der Vergütungen der letzten drei Monate vor Beginn des Monats, in dem die Schwangerschaft eingetreten ist. Bei der Vergütung der Gerichtsvollzieherinnen und Gerichtsvollzieher nach § 52 Abs. 1 Satz 1 des Hessischen Besoldungsgesetzes sind 16 Prozent des Durchschnitts dieser Vergütung der letzten drei Monate vor Beginn des Monats, in dem die Schwangerschaft eingetreten ist, maßgebend. Im Fall der Beendigung einer Elternzeit nach § 16 Abs. 3 Satz 3 des Bundeselterngeld- und Elternzeitgesetzes in der Fassung der Bekanntmachung vom 27. Januar 2015 (BGBl. I S. 33), zuletzt geändert durch Gesetz vom 23. Mai 2017 (BGBl. I S. 1228), in der jeweils geltenden Fassung werden die Dienst- und Anwärterbezüge gezahlt, die während einer Teilzeitbeschäftigung beim Dienstherrn in der Elternzeit erzielt wurden, soweit diese höher sind, als die Dienst- und Anwärterbezüge vor Beginn der Elternzeit.

§ 3 Zuschuss bei Beschäftigungsverbot während einer Elternzeit

(1) Soweit die für Beschäftigungsverbote vorgesehenen Zeiten sowie der Entbindungstag in eine Elternzeit fallen, erhält die Beamtin einen Zuschuss von 13 Euro je Kalendertag, wenn sie während der Elternzeit nicht teilzeitbeschäftigt ist. Bei einer Beamtin, deren Dienstbezüge oder Anwärterbezüge abzüglich der nach Familienstand gewährten Zuschläge und ohne Aufwandsentschädigung vor Beginn der Elternzeit die Versicherungspflichtgrenze in der gesetzlichen Krankenversicherung überschreiten oder überschreiten würden, ist der Zuschuss auf insgesamt 210 Euro begrenzt.

(2) Die Festsetzung, Berechnung und Anordnung der Zahlung des Zuschusses erfolgt durch die für die Festsetzung der Besoldung zuständige Stelle.

§ 4 Entlassung während der Schwangerschaft, nach einer Fehlgeburt und nach der Entbindung

(1) Während der Schwangerschaft, bis zum Ablauf von vier Monaten nach einer Fehlgeburt nach der zwölften Schwangerschaftswoche und innerhalb von vier Monaten nach der Entbindung darf die Entlassung von Beamtinnen auf Probe und von Beamtinnen auf Widerruf gegen ihren Willen nicht ausgesprochen werden, wenn der oder dem Dienstvorgesetzten die Schwangerschaft oder die Entbindung bekannt ist. Eine ohne diese Kenntnis ergangene Entlassungsverfügung ist zurückzunehmen, wenn innerhalb von zwei Wochen nach ihrer Zustellung der oder dem Dienstvorgesetzten die Schwangerschaft oder die Entbindung mitgeteilt wird. Das Überschreiten dieser Frist ist unbeachtlich, wenn es auf einem von der Beamtin nicht zu vertretenden Grund beruht und die Mitteilung unverzüglich nachgeholt wird.

(2) Die oberste Dienstbehörde kann abweichend von Abs. 1 die Entlassung aussprechen, wenn ein Sachverhalt vorliegt, bei dem eine Beamtin auf Lebenszeit im Wege eines Disziplinarverfahrens aus dem Beamtenverhältnis zu entfernen wäre.

(3) § 22 Abs. 1 bis 3 und § 23 Abs. 1 Satz 1 Nr. 1 des Beamtenstatusgesetzes vom 17. Juni 2008 (BGBl. I S. 1010), zuletzt geändert durch Gesetz vom 8. Juni 2017 (BGBl. I S. 1570), sowie § 28 des Hessischen Beamtengesetzes bleiben unberührt.

§ 5 Mutterschaftsgeld

(1) Endet ein Beamtenverhältnis auf Widerruf oder auf Zeit, das zu Beginn des nach dem Mutterschutzgesetz in der jeweils geltenden Fassung vorgesehenen Beschäftigungsverbots

vor der Entbindung bestanden hat, wegen Ablegung oder endgültigem Nichtbestehen der Prüfung kraft Gesetzes, wegen Nichterreichens des Ausbildungsziels durch Rechtsverordnung oder wegen Zeitablaufs während dieser Schutzfrist, so erhält die frühere Beamtin auf Antrag Mutterschaftsgeld für den Zeitraum, für den ihr bei Fortbestehen des Beamtenverhältnisses Dienst- oder Anwärterbezüge nach § 2 während dieser Schutzfrist zugestanden hätten. Das Mutterschaftsgeld beträgt monatlich 261 Euro, jedoch nicht mehr als die vor Beendigung des Beamtenverhältnisses zustehenden Dienst- oder Anwärterbezüge.

(2) Ein Anspruch auf Mutterschaftsgeld nach Abs. 1 besteht nicht, wenn und soweit für denselben Zeitraum Dienstbezüge, Anwärterbezüge, Arbeitseinkommen oder Mutterschaftsgeld nach anderen Vorschriften gezahlt werden.

(3) Der früheren Beamtin werden für die Zeit, für die sie nach Abs. 1 und 2 Mutterschaftsgeld beanspruchen kann, auf Antrag die Beiträge für ihre Krankenversicherung bis zu monatlich 42 Euro erstattet, wenn ihre Dienst- oder Anwärterbezüge abzüglich der nach Familienstand gewährten Zuschläge und ohne Aufandsentschädigung zu Beginn der Schutzfrist die Versicherungspflichtgrenze in der gesetzlichen Krankenversicherung nicht überschritten haben. Dies gilt nicht, wenn die frühere Beamtin selbst oder ein anderer Beihilfeberechtigter für sie einen Anspruch auf Beihilfe hat.

(4) Die Festsetzung, Berechnung und Anordnung der Zahlung der Ansprüche nach Abs. 1 und 3 erfolgt durch die vor Beendigung des Beamtenverhältnisses für die Festsetzung der Besoldung zuständige Stelle.

§ 6 Auslage des Mutterschutzgesetzes und dieser Verordnung

In jeder Dienststelle, bei der regelmäßig mehr als drei Beamtinnen tätig sind, sind ein Abdruck des Mutterschutzgesetzes sowie ein Abdruck dieser Verordnung an geeigneter Stelle zur Einsicht auszulegen oder in einem elektronischen Verzeichnis jederzeit zugänglich zu machen.

Zweiter Teil
Elternzeit

§ 7 Anwendung des Bundeselterngeld- und Elternzeitgesetzes

(1) Beamtinnen und Beamte haben Anspruch auf Elternzeit ohne Dienst- oder Anwärterbezüge entsprechend § 15 Abs. 1 bis 3 und § 16 des Bundeselterngeld- und Elternzeitgesetzes.

(2) Für die vor dem 1. Juli 2015 geborenen oder mit dem Ziel der Adoption aufgenommenen Kinder soll die Übertragung eines Anteils der Elternzeit von bis zu zwölf Monaten nach § 15 Abs. 2 Satz 4 des Bundeselterngeld- und Elternzeitgesetzes vom 5. Dezember 2006 (BGBl. I S. 2748), zuletzt geändert durch Gesetz vom 15. Februar 2013 (BGBl. I S. 254), in der bis zum 31. Dezember 2014 geltenden Fassung sieben Wochen vor Beginn des zu übertragenden Zeitraums beantragt werden. Die Zustimmung zur Übertragung darf nur versagt werden, wenn zwingende dienstliche Belange entgegenstehen.

§ 8 Teilzeitbeschäftigung

(1) Während der Elternzeit ist Beamtinnen und Beamten auf Antrag eine Teilzeitbeschäftigung in ihrem Beamtenverhältnis beim selben Dienstherrn zu bewilligen, wenn zwingende dienstliche Gründe nicht entgegenstehen. Die wöchentliche Arbeitszeit darf für Elternzeit beanspruchende Beamtinnen oder Beamte nicht mehr als 30 Stunden, bei nach dem 31. August 2021 geborenen Kindern nicht mehr als 32 Stunden, und nicht weniger als 15 Stunden im Durchschnitt des Monats betragen. Abweichend von Satz 2 darf bei Beamtinnen und Beamten auf Widerruf im Vorbereitungsdienst die wöchentliche Arbeitszeit nicht weniger als die Hälfte der regelmäßigen Arbeitszeit betragen.

(2) Eine Teilzeitbeschäftigung außerhalb des Beamtenverhältnisses darf während der Elternzeit ausgeübt werden, wenn dringende dienstliche Gründe nicht entgegenstehen. Die Beschäftigung darf je Elternzeit beanspruchender Beamtin oder beanspruchendem Beamten wöchentlich nicht mehr als

30 Stunden, bei nach dem 31. August 2021 geborenen Kindern nicht mehr als 32 Stunden, in Anspruch nehmen. Diese Obergrenze gilt nicht für eine Tätigkeit als Tagespflegeperson im Sinne von § 23 des Achten Buches Sozialgesetzbuch in der Fassung vom 14. Dezember 2006 (BGBl. I S. 3134), zuletzt geändert durch Gesetz vom 29. Juni 2011 (BGBl. I S. 1306), sofern nicht mehr als fünf Kinder betreut werden. Die Teilzeitbeschäftigung bedarf der Genehmigung der oder des Dienstvorgesetzten. Sie gilt als erteilt, wenn der Antrag nicht binnen vier Wochen schriftlich abgelehnt worden ist.

§ 9 Entlassung während der Elternzeit

(1) Während der Elternzeit darf die Entlassung von Beamtinnen oder Beamten auf Probe oder auf Widerruf gegen ihren Willen nicht ausgesprochen werden. Dies gilt nicht für Zeiten einer Teilzeitbeschäftigung nach § 8 Abs. 1.

(2) Abweichend von Abs. 1 Satz 1 kann die Entlassung einer Beamtin oder eines Beamten auf Probe oder auf Widerruf ausgesprochen werden, wenn ein Sachverhalt vorliegt, bei dem eine Beamtin oder ein Beamter auf Lebenszeit im Wege eines Disziplinarverfahrens aus dem Beamtenverhältnis zu entfernen wäre.

(3) § 22 Abs. 1 bis 4 und § 23 Abs. 1 Satz 1 Nr. 1 des Beamtenstatusgesetzes sowie § 28 des Hessischen Beamtengesetzes bleiben unberührt.

§ 10 Erstattung von Kranken- und Pflegeversicherungsbeiträgen

(1) Für die Dauer der Elternzeit werden die Beiträge für die Kranken- und Pflegeversicherung bis zu monatlich 31 Euro erstattet, wenn die Dienstbezüge oder Anwärterbezüge abzüglich der nach Familienstand gewährten Zuschläge und ohne Aufwandsentschädigung vor Beginn der Elternzeit die Versicherungspflichtgrenze in der gesetzlichen Krankenversicherung nicht überschritten haben oder überschritten hätten. Nehmen die Eltern gemeinsam Elternzeit, steht der Anspruch auf Beitragserstattung nur dem Elternteil zu, bei dem das Kind im Familienzuschlag berücksichtigt wird oder berücksichtigt werden soll.

(2) Beamtinnen und Beamten bis einschließlich der Besoldungsgruppe A 8 werden auf Antrag die Beiträge für die Kranken- und Pflegeversicherung, soweit sie auf einen auf den Beihilfebemessungssatz abgestimmten Prozenttarif entfallen, einschließlich darin enthaltener gesetzlich vorgeschriebener Altersrückstellungen in voller Höhe erstattet, wenn die Anspruchsvoraussetzungen nach Abs. 1 Satz 1 erfüllt sind.

(3) Eine Beitragserstattung erfolgt nicht, solange eine Teilzeitbeschäftigung nach § 8 ausgeübt wird. Dies gilt nicht für eine Beschäftigung auf der Grundlage befristeter Arbeitsverhältnisse, die zur Gewährleistung einer verlässlichen Schulzeit nach § 15a Abs. 1 des Schulgesetzes in der Fassung vom 14. Juni 2005 (GVBl. I S. 441), zuletzt geändert durch Gesetz vom 21. November 2011 (GVBl. I S. 679), begründet werden. Eine Beschäftigung, die innerhalb eines Kalenderjahres auf längstens zwei Monate oder 50 Arbeitstage nach ihrer Eigenart begrenzt zu sein pflegt oder im Voraus vertraglich begrenzt ist, gilt nicht als Teilzeitbeschäftigung nach Satz 1.

(4) Die Festsetzung, Berechnung und Anordnung der Zahlung des Erstattungsbetrags erfolgt durch die vor Beginn der Elternzeit für die Festsetzung der Besoldung zuständige Stelle.

Dritter Teil
Schlussvorschriften

§ 11 Übergangsvorschriften

(1) § 10 gilt entsprechend für Personen, die nach § 18 Abs. 4 der Hessischen Beihilfenverordnung über den 30. April 2001 hinaus beihilfeberechtigt bleiben; die Beihilfe bemisst sich nach der vertraglich vereinbarten durchschnittlichen regelmäßigen wöchentlichen Arbeitszeit unmittelbar vor Antritt der Elternzeit; für die Bemessung der Beihilfe während elterngeldunschädlicher Teilzeitbe-

schäftigung mit Beihilfeberechtigung ist auf das hierfür vereinbarte Arbeitszeitmaß bei dem öffentlichen Arbeitgeber abzustellen, sofern dies für die Teilzeitbeschäftigten günstiger ist.

(2) Für Beamtinnen und Beamte auf Probe, die bis zum 28. Februar 2014 eine Teilzeitbeschäftigung angetreten haben, gilt § 9 Abs. 1 in der bis zum 28. Februar 2014 geltenden Fassung fort.

§ 12 Inkrafttreten

Diese Verordnung tritt am 1. Januar 2012 in Kraft.

I

Gesetz zum Schutz von Müttern bei der Arbeit, in der Ausbildung und im Studium (Mutterschutzgesetz – MuSchG)

Vom 23. Mai 2017 (BGBl. I S. 1228)

Zuletzt geändert durch
Gesetz zur Befugniserweiterung und Entbürokratisierung in der Pflege
vom 22. Dezember 2025 (BGBl. I Nr. 371)

Inhaltsübersicht

Abschnitt 1
Allgemeine Vorschriften

§ 1 Anwendungsbereich, Ziel des Mutterschutzes

(1) Dieses Gesetz schützt die Gesundheit der Frau und ihres Kindes am Arbeits-, Ausbildungs- und Studienplatz während der Schwangerschaft, nach der Entbindung und in der Stillzeit. Das Gesetz ermöglicht es der Frau, ihre Beschäftigung oder sonstige Tätigkeit in dieser Zeit ohne Gefährdung ihrer Gesundheit oder der ihres Kindes fortzusetzen und wirkt Benachteiligungen während der Schwangerschaft, nach der Entbindung und in der Stillzeit entgegen. Regelungen in anderen Arbeitsschutzgesetzen bleiben unberührt.

(2) Dieses Gesetz gilt für Frauen in einer Beschäftigung im Sinne von § 7 Absatz 1 des Vierten Buches Sozialgesetzbuch. Unabhängig davon, ob ein solches Beschäftigungsverhältnis vorliegt, gilt dieses Gesetz auch für

1. Frauen in betrieblicher Berufsbildung und Praktikantinnen im Sinne von § 26 des Berufsbildungsgesetzes,
2. Frauen mit Behinderung, die in einer Werkstatt für behinderte Menschen beschäftigt sind,
3. Frauen, die als Entwicklungshelferinnen im Sinne des Entwicklungshelfer-Gesetzes tätig sind, jedoch mit der Maßgabe, dass die §§ 18 bis 22 auf sie nicht anzuwenden sind,
4. Frauen, die als Freiwillige im Sinne des Jugendfreiwilligendienstegesetzes oder des Bundesfreiwilligendienstgesetzes tätig sind,
5. Frauen, die als Mitglieder einer geistlichen Genossenschaft, Diakonissen oder Angehörige einer ähnlichen Gemeinschaft auf einer Planstelle oder aufgrund eines Gestellungsvertrages für diese tätig werden, auch während der Zeit ihrer dortigen außerschulischen Ausbildung,
6. Frauen, die in Heimarbeit beschäftigt sind, und ihnen Gleichgestellte im Sinne von § 1 Absatz 1 und 2 des Heimarbeitsgesetzes, soweit sie am Stück mitarbeiten, jedoch mit der Maßgabe, dass die §§ 10 und 14 auf sie nicht anzuwenden sind und § 9 Absatz 1 bis 5 auf sie entsprechend anzuwenden ist,
7. Frauen, die wegen ihrer wirtschaftlichen Unselbstständigkeit als arbeitnehmerähnliche Person anzusehen sind, jedoch mit der Maßgabe, dass die §§ 18, 19 Absatz 2 und § 20 auf sie nicht anzuwenden sind, und
8. Schülerinnen und Studentinnen, soweit die Ausbildungsstelle Ort, Zeit und Ablauf der Ausbildungsveranstaltung verpflichtend vorgibt oder die ein im Rahmen der schulischen oder hochschulischen Ausbildung verpflichtend vorgegebenes Praktikum ableisten, jedoch mit der Maßgabe, dass die §§ 17 bis 24 auf sie nicht anzuwenden sind.

(3) Das Gesetz gilt nicht für Beamtinnen und Richterinnen. Das Gesetz gilt ebenso nicht für Soldatinnen, auch soweit die Voraussetzungen des Absatzes 2 erfüllt sind, es sei denn, sie werden aufgrund dienstlicher Anordnung oder Gestattung außerhalb des Geschäftsbereiches des Bundesministeriums der Verteidigung tätig.

(4) Dieses Gesetz gilt für jede Person, die schwanger ist, ein Kind geboren hat oder stillt. Die Absätze 2 und 3 gelten entsprechend.

§ 2 Begriffsbestimmungen

(1) Arbeitgeber im Sinne dieses Gesetzes ist die natürliche oder juristische Person oder die rechtsfähige Personengesellschaft, die Personen nach § 1 Absatz 2 Satz 1 beschäftigt. Dem Arbeitgeber stehen gleich:

1. die natürliche oder juristische Person oder die rechtsfähige Personengesellschaft, die Frauen im Fall von § 1 Absatz 2 Satz 2 Nummer 1 ausbildet oder für die Praktikantinnen im Fall von § 1 Absatz 2 Satz 2 Nummer 1 tätig sind,
2. der Träger der Werkstatt für behinderte Menschen im Fall von § 1 Absatz 2 Satz 2 Nummer 2,
3. der Träger des Entwicklungsdienstes im Fall von § 1 Absatz 2 Satz 2 Nummer 3,
4. die Einrichtung, in der der Freiwilligendienst nach dem Jugendfreiwilligendienste-

gesetz oder nach dem Bundesfreiwilligendienstgesetz im Fall von § 1 Absatz 2 Satz 2 Nummer 4 geleistet wird,

5. die geistliche Genossenschaft und ähnliche Gemeinschaft im Fall von § 1 Absatz 2 Satz 2 Nummer 5,
6. der Auftraggeber und der Zwischenmeister von Frauen im Fall von § 1 Absatz 2 Satz 2 Nummer 6,
7. die natürliche oder juristische Person oder die rechtsfähige Personengesellschaft, für die Frauen im Sinne von § 1 Absatz 2 Satz 2 Nummer 7 tätig sind, und
8. die natürliche oder juristische Person oder die rechtsfähige Personengesellschaft, mit der das Ausbildungs- oder Praktikumsverhältnis im Fall von § 1 Absatz 2 Satz 2 Nummer 8 besteht (Ausbildungsstelle).

(2) Eine Beschäftigung im Sinne der nachfolgenden Vorschriften erfasst jede Form der Betätigung, die eine Frau im Rahmen eines Beschäftigungsverhältnisses nach § 1 Absatz 2 Satz 1 oder die eine Frau im Sinne von § 1 Absatz 2 Satz 2 im Rahmen ihres Rechtsverhältnisses zu ihrem Arbeitgeber nach § 2 Absatz 1 Satz 2 ausübt.

(3) Ein Beschäftigungsverbot im Sinne dieses Gesetzes ist nur ein Beschäftigungsverbot nach den §§ 3 bis 6, 10 Absatz 3, § 13 Absatz 1 Nummer 3 und § 16. Für eine in Heimarbeit beschäftigte Frau und eine ihr Gleichgestellte tritt an die Stelle des Beschäftigungsverbots das Verbot der Ausgabe von Heimarbeit nach den §§ 3, 8, 13 Absatz 2 und § 16. Für eine Frau, die wegen ihrer wirtschaftlichen Unselbstständigkeit als arbeitnehmerähnliche Person anzusehen ist, tritt an die Stelle des Beschäftigungsverbots nach Satz 1 die Befreiung von der vertraglich vereinbarten Leistungspflicht; die Frau kann sich jedoch gegenüber der dem Arbeitgeber gleichgestellten Person oder Gesellschaft im Sinne von Absatz 1 Satz 2 Nummer 7 dazu bereit erklären, die vertraglich vereinbarte Leistung zu erbringen.

(4) Alleinarbeit im Sinne dieses Gesetzes liegt vor, wenn der Arbeitgeber eine Frau an einem Arbeitsplatz in seinem räumlichen Verantwortungsbereich beschäftigt, ohne dass gewährleistet ist, dass sie jederzeit den Arbeitsplatz verlassen oder Hilfe erreichen kann.

(5) Arbeitsentgelt im Sinne dieses Gesetzes ist das Arbeitsentgelt, das nach § 14 des Vierten Buches Sozialgesetzbuch in Verbindung mit einer aufgrund des § 17 des Vierten Buches Sozialgesetzbuch erlassenen Verordnung bestimmt wird. Für Frauen im Sinne von § 1 Absatz 2 Satz 2 gilt als Arbeitsentgelt ihre jeweilige Vergütung.

(6) Eine Entbindung ist eine Lebend- oder eine Totgeburt. Die Regelungen zur Entbindung finden im Falle einer Fehlgeburt ab der 13. Schwangerschaftswoche entsprechende Anwendung, soweit nicht in diesem oder einem anderen Gesetz Abweichendes geregelt ist.

Abschnitt 2
Gesundheitsschutz

Unterabschnitt 1
Arbeitszeitlicher Gesundheitsschutz

§ 3 Schutzfristen vor und nach der Entbindung

(1) Der Arbeitgeber darf eine schwangere Frau in den letzten sechs Wochen vor der Entbindung nicht beschäftigen (Schutzfrist vor der Entbindung), soweit sie sich nicht zur Arbeitsleistung ausdrücklich bereit erklärt. Sie kann die Erklärung nach Satz 1 jederzeit mit Wirkung für die Zukunft widerrufen. Für die Berechnung der Schutzfrist vor der Entbindung ist der voraussichtliche Tag der Entbindung maßgeblich, wie er sich aus dem ärztlichen Zeugnis oder dem Zeugnis einer Hebamme oder eines Entbindungspflegers ergibt. Entbindet eine Frau nicht am voraussichtlichen Tag, verkürzt oder verlängert sich die Schutzfrist vor der Entbindung entsprechend.

(2) Der Arbeitgeber darf eine Frau bis zum Ablauf von acht Wochen nach der Entbindung nicht beschäftigen (Schutzfrist nach der Entbindung). Die Schutzfrist nach der Entbindung verlängert sich auf zwölf Wochen

1. bei Frühgeburten,
2. bei Mehrlingsgeburten und,
3. wenn vor Ablauf von acht Wochen nach der Entbindung bei dem Kind eine Behin-

derung im Sinne von § 2 Absatz 1 Satz 1 des Neunten Buches Sozialgesetzbuch ärztlich festgestellt wird.

Bei vorzeitiger Entbindung verlängert sich die Schutzfrist nach der Entbindung nach Satz 1 oder nach Satz 2 um den Zeitraum der Verkürzung der Schutzfrist vor der Entbindung nach Absatz 1 Satz 4. Nach Satz 2 Nummer 3 verlängert sich die Schutzfrist nach der Entbindung nur, wenn die Frau dies beantragt. Satz 2 gilt nicht bei einer Totgeburt.

(3) Die Ausbildungsstelle darf eine Frau im Sinne von § 1 Absatz 2 Satz 2 Nummer 8 bereits in der Schutzfrist nach der Entbindung im Rahmen der schulischen oder hochschulischen Ausbildung tätig werden lassen, wenn die Frau dies ausdrücklich gegenüber ihrer Ausbildungsstelle verlangt. Die Frau kann ihre Erklärung jederzeit mit Wirkung für die Zukunft widerrufen.

(4) Der Arbeitgeber darf eine Frau nach dem Tod ihres Kindes bereits nach Ablauf der ersten zwei Wochen nach der Entbindung beschäftigen, wenn

1. die Frau dies ausdrücklich verlangt und
2. nach ärztlichem Zeugnis nichts dagegen spricht.

Sie kann ihre Erklärung nach Satz 1 Nummer 1 jederzeit mit Wirkung für die Zukunft widerrufen.

(5) Bei einer Fehlgeburt darf der Arbeitgeber eine Frau nicht beschäftigen, soweit sie sich nicht zur Arbeitsleistung ausdrücklich bereit erklärt,

1. bis zum Ablauf von zwei Wochen bei einer Fehlgeburt ab der 13. Schwangerschaftswoche oder
2. bis zum Ablauf von sechs Wochen bei einer Fehlgeburt ab der 17. Schwangerschaftswoche oder
3. bis zum Ablauf von acht Wochen bei einer Fehlgeburt ab der 20. Schwangerschaftswoche.

Sie kann ihre Erklärung nach Satz 1 jederzeit mit Wirkung für die Zukunft widerrufen. Die Absätze 1 bis 3 gelten nicht.

§ 4 Verbot der Mehrarbeit; Ruhezeit

(1) Der Arbeitgeber darf eine schwangere oder stillende Frau, die 18 Jahre oder älter ist, nicht mit einer Arbeit beschäftigen, die die Frau über achteinhalb Stunden täglich oder über 90 Stunden in der Doppelwoche hinaus zu leisten hat. Eine schwangere oder stillende Frau unter 18 Jahren darf der Arbeitgeber nicht mit einer Arbeit beschäftigen, die die Frau über acht Stunden täglich oder über 80 Stunden in der Doppelwoche hinaus zu leisten hat. In die Doppelwoche werden die Sonntage eingerechnet. Der Arbeitgeber darf eine schwangere oder stillende Frau nicht in einem Umfang beschäftigen, der die vertraglich vereinbarte wöchentliche Arbeitszeit im Durchschnitt des Monats übersteigt. Bei mehreren Arbeitgebern sind die Arbeitszeiten zusammenzurechnen.

(2) Der Arbeitgeber muss der schwangeren oder stillenden Frau nach Beendigung der täglichen Arbeitszeit eine ununterbrochene Ruhezeit von mindestens elf Stunden gewähren.

§ 5 Verbot der Nachtarbeit

(1) Der Arbeitgeber darf eine schwangere oder stillende Frau nicht zwischen 20 Uhr und 6 Uhr beschäftigen. Er darf sie bis 22 Uhr beschäftigen, wenn die Voraussetzungen des § 28 erfüllt sind.

(2) Die Ausbildungsstelle darf eine schwangere oder stillende Frau im Sinne von § 1 Absatz 2 Satz 2 Nummer 8 nicht zwischen 20 Uhr und 6 Uhr im Rahmen der schulischen oder hochschulischen Ausbildung tätig werden lassen. Die Ausbildungsstelle darf sie an Ausbildungsveranstaltungen bis 22 Uhr teilnehmen lassen, wenn

1. sich die Frau dazu ausdrücklich bereit erklärt,
2. die Teilnahme zu Ausbildungszwecken zu dieser Zeit erforderlich ist und
3. insbesondere eine unverantwortbare Gefährdung für die schwangere Frau oder ihr Kind durch Alleinarbeit ausgeschlossen ist.

Die schwangere oder stillende Frau kann ihre Erklärung nach Satz 2 Nummer 1 jederzeit mit Wirkung für die Zukunft widerrufen.

§ 6 Verbot der Sonn- und Feiertagsarbeit

(1) Der Arbeitgeber darf eine schwangere oder stillende Frau nicht an Sonn- und Feiertagen beschäftigen. Er darf sie an Sonn- und Feiertagen nur dann beschäftigen, wenn

1. sich die Frau dazu ausdrücklich bereit erklärt,
2. eine Ausnahme vom allgemeinen Verbot der Arbeit an Sonn- und Feiertagen nach § 10 des Arbeitszeitgesetzes zugelassen ist,
3. der Frau in jeder Woche im Anschluss an eine ununterbrochene Nachtruhezeit von mindestens elf Stunden ein Ersatzruhetag gewährt wird und
4. insbesondere eine unverantwortbare Gefährdung für die schwangere Frau oder ihr Kind durch Alleinarbeit ausgeschlossen ist.

Die schwangere oder stillende Frau kann ihre Erklärung nach Satz 2 Nummer 1 jederzeit mit Wirkung für die Zukunft widerrufen.

(2) Die Ausbildungsstelle darf eine schwangere oder stillende Frau im Sinne von § 1 Absatz 2 Satz 2 Nummer 8 nicht an Sonn- und Feiertagen im Rahmen der schulischen oder hochschulischen Ausbildung tätig werden lassen. Die Ausbildungsstelle darf sie an Ausbildungsveranstaltungen an Sonn- und Feiertagen teilnehmen lassen, wenn

1. sich die Frau dazu ausdrücklich bereit erklärt,
2. die Teilnahme zu Ausbildungszwecken zu dieser Zeit erforderlich ist,
3. der Frau in jeder Woche im Anschluss an eine ununterbrochene Nachtruhezeit von mindestens elf Stunden ein Ersatzruhetag gewährt wird und
4. insbesondere eine unverantwortbare Gefährdung für die schwangere Frau oder ihr Kind durch Alleinarbeit ausgeschlossen ist.

Die schwangere oder stillende Frau kann ihre Erklärung nach Satz 2 Nummer 1 jederzeit mit Wirkung für die Zukunft widerrufen.

§ 7 Freistellung für Untersuchungen und zum Stillen

(1) Der Arbeitgeber hat eine Frau für die Zeit freizustellen, die zur Durchführung der Untersuchungen im Rahmen der Leistungen der gesetzlichen Krankenversicherung bei Schwangerschaft und Mutterschaft erforderlich sind. Entsprechendes gilt zugunsten einer Frau, die nicht in der gesetzlichen Krankenversicherung versichert ist.

(2) Der Arbeitgeber hat eine stillende Frau auf ihr Verlangen während der ersten zwölf Monate nach der Entbindung für die zum Stillen erforderliche Zeit freizustellen, mindestens aber zweimal täglich für eine halbe Stunde oder einmal täglich für eine Stunde. Bei einer zusammenhängenden Arbeitszeit von mehr als acht Stunden soll auf Verlangen der Frau zweimal eine Stillzeit von mindestens 45 Minuten oder, wenn in der Nähe der Arbeitsstätte keine Stillgelegenheit vorhanden ist, einmal eine Stillzeit von mindestens 90 Minuten gewährt werden. Die Arbeitszeit gilt als zusammenhängend, wenn sie nicht durch eine Ruhepause von mehr als zwei Stunden unterbrochen wird.

§ 8 Beschränkung von Heimarbeit

(1) Der Auftraggeber oder Zwischenmeister darf Heimarbeit an eine schwangere in Heimarbeit beschäftigte Frau oder an eine ihr Gleichgestellte nur in solchem Umfang und mit solchen Fertigungsfristen ausgeben, dass die Arbeit werktags während einer achtstündigen Tagesarbeitszeit ausgeführt werden kann.

(2) Der Auftraggeber oder Zwischenmeister darf Heimarbeit an eine stillende in Heimarbeit beschäftigte Frau oder an eine ihr Gleichgestellte nur in solchem Umfang und mit solchen Fertigungsfristen ausgeben, dass die Arbeit werktags während einer siebenstündigen Tagesarbeitszeit ausgeführt werden kann.

Unterabschnitt 2
Betrieblicher Gesundheitsschutz

§ 9 Gestaltung der Arbeitsbedingungen; unverantwortbare Gefährdung

(1) Der Arbeitgeber hat bei der Gestaltung der Arbeitsbedingungen einer schwangeren oder stillenden Frau alle aufgrund der Gefährdungsbeurteilung nach § 10 erforderlichen Maßnahmen für den Schutz ihrer physischen

I

und psychischen Gesundheit sowie der ihres Kindes zu treffen. Er hat die Maßnahmen auf ihre Wirksamkeit zu überprüfen und erforderlichenfalls den sich ändernden Gegebenheiten anzupassen. Soweit es nach den Vorschriften dieses Gesetzes verantwortbar ist, ist der Frau auch während der Schwangerschaft, nach der Entbindung und in der Stillzeit die Fortführung ihrer Tätigkeiten zu ermöglichen. Nachteile aufgrund der Schwangerschaft, der Entbindung oder der Stillzeit sollen vermieden oder ausgeglichen werden.

(2) Der Arbeitgeber hat die Arbeitsbedingungen so zu gestalten, dass Gefährdungen einer schwangeren oder stillenden Frau oder ihres Kindes möglichst vermieden werden und eine unverantwortbare Gefährdung ausgeschlossen wird. Eine Gefährdung ist unverantwortbar, wenn die Eintrittswahrscheinlichkeit einer Gesundheitsbeeinträchtigung angesichts der zu erwartenden Schwere des möglichen Gesundheitsschadens nicht hinnehmbar ist. Eine unverantwortbare Gefährdung gilt als ausgeschlossen, wenn der Arbeitgeber alle Vorgaben einhält, die aller Wahrscheinlichkeit nach dazu führen, dass die Gesundheit einer schwangeren oder stillenden Frau oder ihres Kindes nicht beeinträchtigt wird.

(3) Der Arbeitgeber hat sicherzustellen, dass die schwangere oder stillende Frau ihre Tätigkeit am Arbeitsplatz, soweit es für sie erforderlich ist, kurz unterbrechen kann. Er hat darüber hinaus sicherzustellen, dass sich die schwangere oder stillende Frau während der Pausen und Arbeitsunterbrechungen unter geeigneten Bedingungen hinlegen, hinsetzen und ausruhen kann.

(4) Alle Maßnahmen des Arbeitgebers nach diesem Unterabschnitt sowie die Beurteilung der Arbeitsbedingungen nach § 10 müssen dem Stand der Technik, der Arbeitsmedizin und der Hygiene sowie den sonstigen gesicherten wissenschaftlichen Erkenntnissen entsprechen. Der Arbeitgeber hat bei seinen Maßnahmen die vom Ausschuss für Mutterschutz ermittelten und nach § 30 Absatz 4 im Gemeinsamen Ministerialblatt veröffentlichten Regeln und Erkenntnisse zu berücksichtigen; bei Einhaltung dieser Regeln und bei Beachtung dieser Erkenntnisse ist davon auszugehen, dass die in diesem Gesetz gestellten Anforderungen erfüllt sind.

(5) Der Arbeitgeber kann zuverlässige und fachkundige Personen schriftlich damit beauftragen, ihm obliegende Aufgaben nach diesem Unterabschnitt in eigener Verantwortung wahrzunehmen.

(6) Kosten für Maßnahmen nach diesem Gesetz darf der Arbeitgeber nicht den Personen auferlegen, die bei ihm beschäftigt sind. Die Kosten für Zeugnisse und Bescheinigungen, die die schwangere Frau, die Frau nach der Entbindung oder die stillende Frau auf Verlangen des Arbeitgebers vorzulegen hat, trägt der Arbeitgeber.

§ 10 Beurteilung der Arbeitsbedingungen; Schutzmaßnahmen

(1) Im Rahmen der Beurteilung der Arbeitsbedingungen nach § 5 des Arbeitsschutzgesetzes hat der Arbeitgeber für jede Tätigkeit

1. die Gefährdungen nach Art, Ausmaß und Dauer zu beurteilen, denen eine schwangere oder stillende Frau oder ihr Kind ausgesetzt ist oder sein kann, und
2. unter Berücksichtigung des Ergebnisses der Beurteilung der Gefährdung nach Nummer 1 zu ermitteln, ob für eine schwangere oder stillende Frau oder ihr Kind voraussichtlich
   a) keine Schutzmaßnahmen erforderlich sein werden,
   b) eine Umgestaltung der Arbeitsbedingungen nach § 13 Absatz 1 Nummer 1 erforderlich sein wird oder
   c) eine Fortführung der Tätigkeit der Frau an diesem Arbeitsplatz nicht möglich sein wird.

Bei gleichartigen Arbeitsbedingungen ist die Beurteilung eines Arbeitsplatzes oder einer Tätigkeit ausreichend. Die Verpflichtung des Arbeitgebers nach Satz 1 entfällt,wenn gemäß einer zu diesem Zweck nach § 30 Absatz 4 veröffentlichten Regel oder Erkenntnis des Ausschusses für Mutterschutz eine schwangere oder stillende Frau die Tätigkeit nicht ausüben oder einer Arbeitsbedingung nicht ausgesetzt sein darf.

(2) Sobald eine Frau dem Arbeitgeber mitgeteilt hat, dass sie schwanger ist oder stillt, hat der Arbeitgeber unverzüglich die nach Maßgabe der Gefährdungsbeurteilung nach Absatz 1 oder nach Maßgabe des § 13 erforderlichen Schutzmaßnahmen festzulegen. Zusätzlich hat der Arbeitgeber der Frau ein Gespräch über weitere Anpassungen ihrer Arbeitsbedingungen anzubieten.

(3) Der Arbeitgeber darf eine schwangere oder stillende Frau nur diejenigen Tätigkeiten ausüben lassen, für die er die erforderlichen Schutzmaßnahmen nach Absatz 2 Satz 1 getroffen hat.

§ 11 Unzulässige Tätigkeiten und Arbeitsbedingungen für schwangere Frauen

(1) Der Arbeitgeber darf eine schwangere Frau keine Tätigkeiten ausüben lassen und sie keinen Arbeitsbedingungen aussetzen, bei denen sie in einem Maß Gefahrstoffen ausgesetzt ist oder sein kann, dass dies für sie oder für ihr Kind eine unverantwortbare Gefährdung darstellt. Eine unverantwortbare Gefährdung im Sinne von Satz 1 liegt insbesondere vor, wenn die schwangere Frau Tätigkeiten ausübt oder Arbeitsbedingungen ausgesetzt ist, bei denen sie folgenden Gefahrstoffen ausgesetzt ist oder sein kann:

1. Gefahrstoffen, die nach den Kriterien des Anhangs I zur Verordnung (EG) Nr. 1272/2008 des Europäischen Parlaments und des Rates vom 16. Dezember 2008 über die Einstufung, Kennzeichnung und Verpackung von Stoffen und Gemischen, zur Änderung und Aufhebung der Richtlinien 67/548/EWG und 1999/45/EG und zur Änderung der Verordnung (EG) Nr. 1907/2006 (ABl. L 353 vom 31. 12. 2008, S. 1) zu bewerten sind
   a) als reproduktionstoxisch nach der Kategorie 1A, 1B oder 2 oder nach der Zusatzkategorie für Wirkungen auf oder über die Laktation,
   b) als keimzellmutagen nach der Kategorie 1A oder 1B,
   c) als karzinogen nach der Kategorie 1A oder 1B,
   d) als spezifisch zielorgantoxisch nach einmaliger Exposition nach der Kategorie 1 oder
   e) als akut toxisch nach der Kategorie 1, 2 oder 3,
2. Blei und Bleiderivaten, soweit die Gefahr besteht, dass diese Stoffe vom menschlichen Körper aufgenommen werden, oder
3. Gefahrstoffen, die als Stoffe ausgewiesen sind, die auch bei Einhaltung der arbeitsplatzbezogenen Vorgaben möglicherweise zu einer Fruchtschädigung führen können.

Eine unverantwortbare Gefährdung im Sinne von Satz 1 oder 2 gilt insbesondere als ausgeschlossen,

1. wenn
   a) für den jeweiligen Gefahrstoff die arbeitsplatzbezogenen Vorgaben eingehalten werden und es sich um einen Gefahrstoff handelt, der als Stoff ausgewiesen ist, der bei Einhaltung der arbeitsplatzbezogenen Vorgaben hinsichtlich einer Fruchtschädigung als sicher bewertet wird, oder
   b) der Gefahrstoff nicht in der Lage ist, die Plazentaschranke zu überwinden, oder aus anderen Gründen ausgeschlossen ist, dass eine Fruchtschädigung eintritt, und
2. wenn der Gefahrstoff nach den Kriterien des Anhangs I zur Verordnung (EG) Nr. 1272/2008 nicht als reproduktionstoxisch nach der Zusatzkategorie für Wirkungen auf oder über die Laktation zu bewerten ist.

Die vom Ausschuss für Mutterschutz ermittelten wissenschaftlichen Erkenntnisse sind zu beachten.

(2) Der Arbeitgeber darf eine schwangere Frau keine Tätigkeiten ausüben lassen und sie keinen Arbeitsbedingungen aussetzen, bei denen sie in einem Maß mit Biostoffen der Risikogruppe 2, 3 oder 4 im Sinne von § 3 Absatz 1 der Biostoffverordnung in Kontakt kommt oder kommen kann, dass dies für sie oder für ihr Kind eine unverantwortbare Gefährdung darstellt. Eine unverantwortbare Gefährdung im Sinne von Satz 1 liegt insbesondere vor, wenn die schwangere Frau Tätigkeiten ausübt oder

Arbeitsbedingungen ausgesetzt ist, bei denen sie mit folgenden Biostoffen in Kontakt kommt oder kommen kann:

1. mit Biostoffen, die in die Risikogruppe 4 im Sinne von § 3 Absatz 1 der Biostoffverordnung einzustufen sind, oder
2. mit Rötelnvirus oder mit Toxoplasma.

Die Sätze 1 und 2 gelten auch, wenn der Kontakt mit Biostoffen im Sinne von Satz 1 oder 2 therapeutische Maßnahmen erforderlich macht oder machen kann, die selbst eine unverantwortbare Gefährdung darstellen. Eine unverantwortbare Gefährdung im Sinne von Satz 1 oder 2 gilt insbesondere als ausgeschlossen, wenn die schwangere Frau über einen ausreichenden Immunschutz verfügt.

(3) Der Arbeitgeber darf eine schwangere Frau keine Tätigkeiten ausüben lassen und sie keinen Arbeitsbedingungen aussetzen, bei denen sie physikalischen Einwirkungen in einem Maß ausgesetzt ist oder sein kann, dass dies für sie oder für ihr Kind eine unverantwortbare Gefährdung darstellt. Als physikalische Einwirkungen im Sinne von Satz 1 sind insbesondere zu berücksichtigen:

1. ionisierende und nicht ionisierende Strahlungen,
2. Erschütterungen, Vibrationen und Lärm sowie
3. Hitze, Kälte und Nässe.

(4) Der Arbeitgeber darf eine schwangere Frau keine Tätigkeiten ausüben lassen und sie keinen Arbeitsbedingungen aussetzen, bei denen sie einer belastenden Arbeitsumgebung in einem Maß ausgesetzt ist oder sein kann, dass dies für sie oder für ihr Kind eine unverantwortbare Gefährdung darstellt. Der Arbeitgeber darf eine schwangere Frau insbesondere keine Tätigkeiten ausüben lassen

1. in Räumen mit einem Überdruck im Sinne von § 2 der Druckluftverordnung,
2. in Räumen mit sauerstoffreduzierter Atmosphäre oder
3. im Bergbau unter Tage.

(5) Der Arbeitgeber darf eine schwangere Frau keine Tätigkeiten ausüben lassen und sie keinen Arbeitsbedingungen aussetzen, bei denen sie körperlichen Belastungen oder mechanischen Einwirkungen in einem Maß ausgesetzt ist oder sein kann, dass dies für sie oder für ihr Kind eine unverantwortbare Gefährdung darstellt. Der Arbeitgeber darf eine schwangere Frau insbesondere keine Tätigkeiten ausüben lassen, bei denen

1. sie ohne mechanische Hilfsmittel regelmäßig Lasten von mehr als 5 Kilogramm Gewicht oder gelegentlich Lasten von mehr als 10 Kilogramm Gewicht von Hand heben, halten, bewegen oder befördern muss,
2. sie mit mechanischen Hilfsmitteln Lasten von Hand heben, halten, bewegen oder befördern muss und dabei ihre körperliche Beanspruchung der von Arbeiten nach Nummer 1 entspricht,
3. sie nach Ablauf des fünften Monats der Schwangerschaft überwiegend bewegungsarm ständig stehen muss und wenn diese Tätigkeit täglich vier Stunden überschreitet,
4. sie sich häufig erheblich strecken, beugen, dauernd hocken, sich gebückt halten oder sonstige Zwangshaltungen einnehmen muss,
5. sie auf Beförderungsmitteln eingesetzt wird, wenn dies für sie oder für ihr Kind eine unverantwortbare Gefährdung darstellt,
6. Unfälle, insbesondere durch Ausgleiten, Fallen oder Stürzen, oder Tätlichkeiten zu befürchten sind, die für sie oder für ihr Kind eine unverantwortbare Gefährdung darstellen,
7. sie eine Schutzausrüstung tragen muss und das Tragen eine Belastung darstellt oder
8. eine Erhöhung des Drucks im Bauchraum zu befürchten ist, insbesondere bei Tätigkeiten mit besonderer Fußbeanspruchung.

(6) Der Arbeitgeber darf eine schwangere Frau folgende Arbeiten nicht ausüben lassen:

1. Akkordarbeit oder sonstige Arbeiten, bei denen durch ein gesteigertes Arbeitstempo ein höheres Entgelt erzielt werden kann,
2. Fließarbeit oder
3. getaktete Arbeit mit vorgeschriebenem Arbeitstempo, wenn die Art der Arbeit

oder das Arbeitstempo für die schwangere Frau oder für ihr Kind eine unverantwortbare Gefährdung darstellt.

§ 12 Unzulässige Tätigkeiten und Arbeitsbedingungen für stillende Frauen

(1) Der Arbeitgeber darf eine stillende Frau keine Tätigkeiten ausüben lassen und sie keinen Arbeitsbedingungen aussetzen, bei denen sie in einem Maß Gefahrstoffen ausgesetzt ist oder sein kann, dass dies für sie oder für ihr Kind eine unverantwortbare Gefährdung darstellt. Eine unverantwortbare Gefährdung im Sinne von Satz 1 liegt insbesondere vor, wenn die stillende Frau Tätigkeiten ausübt oder Arbeitsbedingungen ausgesetzt ist, bei denen sie folgenden Gefahrstoffen ausgesetzt ist oder sein kann:

1. Gefahrstoffen, die nach den Kriterien des Anhangs I zur Verordnung (EG) Nr. 1272/2008 als reproduktionstoxisch nach der Zusatzkategorie für Wirkungen auf oder über die Laktation zu bewerten sind oder
2. Blei und Bleiderivaten, soweit die Gefahr besteht, dass diese Stoffe vom menschlichen Körper aufgenommen werden.

(2) Der Arbeitgeber darf eine stillende Frau keine Tätigkeiten ausüben lassen und sie keinen Arbeitsbedingungen aussetzen, bei denen sie in einem Maß mit Biostoffen der Risikogruppe 2, 3 oder 4 im Sinne von § 3 Absatz 1 der Biostoffverordnung in Kontakt kommt oder kommen kann, dass dies für sie oder für ihr Kind eine unverantwortbare Gefährdung darstellt. Eine unverantwortbare Gefährdung im Sinne von Satz 1 liegt insbesondere vor, wenn die stillende Frau Tätigkeiten ausübt oder Arbeitsbedingungen ausgesetzt ist, bei denen sie mit Biostoffen in Kontakt kommt oder kommen kann, die in die Risikogruppe 4 im Sinne von § 3 Absatz 1 der Biostoffverordnung einzustufen sind. Die Sätze 1 und 2 gelten auch, wenn der Kontakt mit Biostoffen im Sinne von Satz 1 oder 2 therapeutische Maßnahmen erforderlich macht oder machen kann, die selbst eine unverantwortbare Gefährdung darstellen. Eine unverantwortbare Gefährdung im Sinne von Satz 1 oder 2 gilt als ausgeschlossen, wenn die stillende Frau über einen ausreichenden Immunschutz verfügt.

(3) Der Arbeitgeber darf eine stillende Frau keine Tätigkeiten ausüben lassen und sie keinen Arbeitsbedingungen aussetzen, bei denen sie physikalischen Einwirkungen in einem Maß ausgesetzt ist oder sein kann, dass dies für sie oder für ihr Kind eine unverantwortbare Gefährdung darstellt. Als physikalische Einwirkungen im Sinne von Satz 1 sind insbesondere ionisierende und nicht ionisierende Strahlungen zu berücksichtigen.

(4) Der Arbeitgeber darf eine stillende Frau keine Tätigkeiten ausüben lassen und sie keinen Arbeitsbedingungen aussetzen, bei denen sie einer belastenden Arbeitsumgebung in einem Maß ausgesetzt ist oder sein kann, dass dies für sie oder für ihr Kind eine unverantwortbare Gefährdung darstellt. Der Arbeitgeber darf eine stillende Frau insbesondere keine Tätigkeiten ausüben lassen

1. in Räumen mit einem Überdruck im Sinne von § 2 der Druckluftverordnung oder
2. im Bergbau unter Tage.

(5) Der Arbeitgeber darf eine stillende Frau folgende Arbeiten nicht ausüben lassen:

1. Akkordarbeit oder sonstige Arbeiten, bei denen durch ein gesteigertes Arbeitstempo ein höheres Entgelt erzielt werden kann,
2. Fließarbeit oder
3. getaktete Arbeit mit vorgeschriebenem Arbeitstempo, wenn die Art der Arbeit oder das Arbeitstempo für die stillende Frau oder für ihr Kind eine unverantwortbare Gefährdung darstellt.

§ 13 Rangfolge der Schutzmaßnahmen: Umgestaltung der Arbeitsbedingungen, Arbeitsplatzwechsel und betriebliches Beschäftigungsverbot

(1) Werden unverantwortbare Gefährdungen im Sinne von § 9, § 11 oder § 12 festgestellt, hat der Arbeitgeber für jede Tätigkeit einer schwangeren oder stillenden Frau Schutzmaßnahmen in folgender Rangfolge zu treffen:

1. Der Arbeitgeber hat die Arbeitsbedingungen für die schwangere oder stillende Frau

durch Schutzmaßnahmen nach Maßgabe des § 9 Absatz 2 umzugestalten.

2. Kann der Arbeitgeber unverantwortbare Gefährdungen für die schwangere oder stillende Frau nicht durch die Umgestaltung der Arbeitsbedingungen nach Nummer 1 ausschließen oder ist eine Umgestaltung wegen des nachweislich unverhältnismäßigen Aufwandes nicht zumutbar, hat der Arbeitgeber die Frau an einem anderen geeigneten Arbeitsplatz einzusetzen, wenn er einen solchen Arbeitsplatz zur Verfügung stellen kann und dieser Arbeitsplatz der schwangeren oder stillenden Frau zumutbar ist.
3. Kann der Arbeitgeber unverantwortbare Gefährdungen für die schwangere oder stillende Frau weder durch Schutzmaßnahmen nach Nummer 1 noch durch einen Arbeitsplatzwechsel nach Nummer 2 ausschließen, darf er die schwangere oder stillende Frau nicht weiter beschäftigen.

(2) Der Auftraggeber oder Zwischenmeister darf keine Heimarbeit an schwangere oder stillende Frauen ausgeben, wenn unverantwortbare Gefährdungen nicht durch Schutzmaßnahmen nach Absatz 1 Nummer 1 ausgeschlossen werden können.

§ 14 Dokumentation und Information durch den Arbeitgeber

(1) Der Arbeitgeber hat die Beurteilung der Arbeitsbedingungen nach § 10 durch Unterlagen zu dokumentieren, aus denen Folgendes ersichtlich ist:

1. das Ergebnis der Gefährdungsbeurteilung nach § 10 Absatz 1 Satz 1 Nummer 1 und der Bedarf an Schutzmaßnahmen nach § 10 Absatz 1 Satz 1 Nummer 2,
2. die Festlegung der erforderlichen Schutzmaßnahmen nach § 10 Absatz 2 Satz 1 sowie das Ergebnis ihrer Überprüfung nach § 9 Absatz 1 Satz 2 und
3. das Angebot eines Gesprächs mit der Frau über weitere Anpassungen ihrer Arbeitsbedingungen nach § 10 Absatz 2 Satz 2 oder der Zeitpunkt eines solchen Gesprächs.

Wenn die Beurteilung nach § 10 Absatz 1 ergibt, dass die schwangere oder stillende Frau oder ihr Kind keiner Gefährdung im Sinne von § 9 Absatz 2 ausgesetzt ist oder sein kann, reicht es aus, diese Feststellung in einer für den Arbeitsplatz der Frau oder für die Tätigkeit der Frau bereits erstellten Dokumentation der Beurteilung der Arbeitsbedingungen nach § 5 des Arbeitsschutzgesetzes zu vermerken.

(2) Der Arbeitgeber hat alle Personen, die bei ihm beschäftigt sind, über das Ergebnis der Gefährdungsbeurteilung nach § 10 Absatz 1 Satz 1 Nummer 1 und über den Bedarf an Schutzmaßnahmen nach § 10 Absatz 1 Satz 1 Nummer 2 zu informieren.

(3) Der Arbeitgeber hat eine schwangere oder stillende Frau über die Gefährdungsbeurteilung nach § 10 Absatz 1 Satz 1 Nummer 1 und über die damit verbundenen für sie erforderlichen Schutzmaßnahmen nach § 10 Absatz 2 Satz 1 in Verbindung mit § 13 zu informieren.

§ 15 Mitteilungen und Nachweise der schwangeren und stillenden Frauen

(1) Eine schwangere Frau soll ihrem Arbeitgeber ihre Schwangerschaft und den voraussichtlichen Tag der Entbindung mitteilen, sobald sie weiß, dass sie schwanger ist. Eine stillende Frau soll ihrem Arbeitgeber so früh wie möglich mitteilen, dass sie stillt.

(2) Auf Verlangen des Arbeitgebers soll eine schwangere Frau als Nachweis über ihre Schwangerschaft ein ärztliches Zeugnis oder das Zeugnis einer Hebamme oder eines Entbindungspflegers vorlegen. Das Zeugnis über die Schwangerschaft soll den voraussichtlichen Tag der Entbindung enthalten.

Unterabschnitt 3 Ärztlicher Gesundheitsschutz

§ 16 Ärztliches Beschäftigungsverbot

(1) Der Arbeitgeber darf eine schwangere Frau nicht beschäftigen, soweit nach einem ärztlichen Zeugnis ihre Gesundheit oder die ihres Kindes bei Fortdauer der Beschäftigung gefährdet ist.

(2) Der Arbeitgeber darf eine Frau, die nach einem ärztlichen Zeugnis in den ersten Monaten nach der Entbindung nicht voll leistungsfähig ist, nicht mit Arbeiten beschäftigen, die ihre Leistungsfähigkeit übersteigen.

Abschnitt 3 Kündigungsschutz

§ 17 Kündigungsverbot

(1) Die Kündigung gegenüber einer Frau ist unzulässig

1. während ihrer Schwangerschaft,
2. bis zum Ablauf von vier Monaten nach einer Fehlgeburt nach der zwölften Schwangerschaftswoche und
3. bis zum Ende ihrer Schutzfrist nach der Entbindung, mindestens jedoch bis zum Ablauf von vier Monaten nach der Entbindung,

wenn dem Arbeitgeber zum Zeitpunkt der Kündigung die Schwangerschaft, die Fehlgeburt nach der zwölften Schwangerschaftswoche oder die Entbindung bekannt ist oder wenn sie ihm innerhalb von zwei Wochen nach Zugang der Kündigung mitgeteilt wird. Das Überschreiten dieser Frist ist unschädlich, wenn die Überschreitung auf einem von der Frau nicht zu vertretenden Grund beruht und die Mitteilung unverzüglich nachgeholt wird. Die Sätze 1 und 2 gelten entsprechend für Vorbereitungsmaßnahmen des Arbeitgebers, die er im Hinblick auf eine Kündigung der Frau trifft.

(2) Die für den Arbeitsschutz zuständige oberste Landesbehörde oder die von ihr bestimmte Stelle kann in besonderen Fällen, die nicht mit dem Zustand der Frau in der Schwangerschaft, nach einer Fehlgeburt nach der zwölften Schwangerschaftswoche oder nach der Entbindung in Zusammenhang stehen, ausnahmsweise die Kündigung für zulässig erklären. Die Kündigung bedarf der Schriftform und muss den Kündigungsgrund angeben.

(3) Der Auftraggeber oder Zwischenmeister darf eine in Heimarbeit beschäftigte Frau in den Fristen nach Absatz 1 Satz 1 nicht gegen ihren Willen bei der Ausgabe von Heimarbeit ausschließen; die §§ 3, 8, 11, 12, 13 Absatz 2 und § 16 bleiben unberührt. Absatz 1 gilt auch für eine Frau, die der in Heimarbeit beschäftigten Frau gleichgestellt ist und deren Gleichstellung sich auch auf § 29 des Heimarbeitsgesetzes erstreckt. Absatz 2 gilt für eine in Heimarbeit beschäftigte Frau und eine ihr Gleichgestellte entsprechend.

Abschnitt 4 Leistungen

§ 18 Mutterschutzlohn

Eine Frau, die wegen eines Beschäftigungsverbots außerhalb der Schutzfristen vor oder nach der Entbindung teilweise oder gar nicht beschäftigt werden darf, erhält von ihrem Arbeitgeber Mutterschutzlohn. Als Mutterschutzlohn wird das durchschnittliche Arbeitsentgelt der letzten drei abgerechneten Kalendermonate vor dem Eintritt der Schwangerschaft gezahlt. Dies gilt auch, wenn wegen dieses Verbots die Beschäftigung oder die Entlohnungsart wechselt. Beginnt das Beschäftigungsverhältnis erst nach Eintritt der Schwangerschaft, ist das durchschnittliche Arbeitsentgelt aus dem Arbeitsentgelt der ersten drei Monate der Beschäftigung zu berechnen.

§ 19 Mutterschaftsgeld

(1) Eine Frau, die Mitglied einer gesetzlichen Krankenkasse ist, erhält für die Zeit der Schutzfristen vor und nach der Entbindung sowie für den Entbindungstag Mutterschaftsgeld nach den Vorschriften des Fünften Buches Sozialgesetzbuch oder nach den Vorschriften des Zweiten Gesetzes über die Krankenversicherung der Landwirte.

(2) Eine Frau, die nicht Mitglied einer gesetzlichen Krankenkasse ist, erhält für die Zeit der Schutzfristen vor und nach der Entbindung sowie für den Entbindungstag Mutterschaftsgeld zu Lasten des Bundes in entsprechender Anwendung der Vorschriften des Fünften Buches Sozialgesetzbuch über das Mutterschaftsgeld, jedoch insgesamt höchstens 210 Euro. Das Mutterschaftsgeld wird dieser Frau auf Antrag vom Bundesamt für Soziale Sicherung gezahlt. Endet das Beschäftigungsverhältnis nach Maßgabe von § 17 Absatz 2 durch eine Kündigung, erhält die Frau Mutterschaftsgeld in entsprechender Anwendung der Sätze 1 und 2 für die Zeit nach dem Ende des Beschäftigungsverhältnisses.

§ 20 Zuschuss zum Mutterschaftsgeld

(1) Eine Frau erhält während ihres bestehenden Beschäftigungsverhältnisses für die Zeit der Schutzfristen vor und nach der Entbindung sowie für den Entbindungstag von ih-

rem Arbeitgeber einen Zuschuss zum Mutterschaftsgeld. Als Zuschuss zum Mutterschaftsgeld wird der Unterschiedsbetrag zwischen 13 Euro und dem um die gesetzlichen Abzüge verminderten durchschnittlichen kalendertäglichen Arbeitsentgelt der letzten drei abgerechneten Kalendermonate vor Beginn der Schutzfrist vor der Entbindung gezahlt. Einer Frau, deren Beschäftigungsverhältnis während der Schutzfristen vor oder nach der Entbindung beginnt, wird der Zuschuss zum Mutterschaftsgeld von Beginn des Beschäftigungsverhältnisses an gezahlt.

(2) Ist eine Frau für mehrere Arbeitgeber tätig, sind für die Berechnung des Arbeitgeberzuschusses nach Absatz 1 die durchschnittlichen kalendertäglichen Arbeitsentgelte aus diesen Beschäftigungsverhältnissen zusammenzurechnen. Den sich daraus ergebenden Betrag zahlen die Arbeitgeber anteilig im Verhältnis der von ihnen gezahlten durchschnittlichen kalendertäglichen Arbeitsentgelte.

(3) Endet das Beschäftigungsverhältnis nach Maßgabe von § 17 Absatz 2 durch eine Kündigung, erhält die Frau für die Zeit nach dem Ende des Beschäftigungsverhältnisses den Zuschuss zum Mutterschaftsgeld nach Absatz 1 von der für die Zahlung des Mutterschaftsgeldes zuständigen Stelle. Satz 1 gilt entsprechend, wenn der Arbeitgeber wegen eines Insolvenzereignisses im Sinne von § 165 Absatz 1 Satz 2 des Dritten Buches Sozialgesetzbuch den Zuschuss nach Absatz 1 nicht zahlen kann.

(4) Bei Personen, die nach einem Abkommen zur Vermeidung der Doppelbesteuerung nicht in der Bundesrepublik Deutschland ansässig sind und deren Ansässigkeitsstaat nach diesem Abkommen zur Vermeidung der Doppelbesteuerung das Besteuerungsrecht für den Zuschuss zum Mutterschaftsgeld zusteht, sind für die Berechnung des Zuschusses zum Mutterschaftsgeld nur die Beiträge zur Sozialversicherung als das durchschnittliche kalendertägliche Arbeitsentgelt nach Absatz 1 Satz 2 vermindernde gesetzliche Abzüge zu berücksichtigen. Unterliegt der Zuschuss zum Mutterschaftsgeld im Ansässigkeitsstaat nach dessen maßgebenden Vorschriften nicht der Steuer, sind alle gesetzlichen Abzüge nach Absatz 1 Satz 2 zu berücksichtigen.

§ 21 Ermittlung des durchschnittlichen Arbeitsentgelts

(1) Bei der Bestimmung des Berechnungszeitraumes für die Ermittlung des durchschnittlichen Arbeitsentgelts für die Leistungen nach den §§ 18 bis 20 bleiben Zeiten unberücksichtigt, in denen die Frau infolge unverschuldeter Fehlzeiten kein Arbeitsentgelt erzielt hat. War das Beschäftigungsverhältnis kürzer als drei Monate, ist der Berechnung der tatsächliche Zeitraum des Beschäftigungsverhältnisses zugrunde zu legen.

(2) Für die Ermittlung des durchschnittlichen Arbeitsentgelts für die Leistungen nach den §§ 18 bis 20 bleiben unberücksichtigt:

1. einmalig gezahltes Arbeitsentgelt im Sinne von § 23a des Vierten Buches Sozialgesetzbuch,
2. Kürzungen des Arbeitsentgelts, die im Berechnungszeitraum infolge von Kurzarbeit, Arbeitsausfällen oder unverschuldetem Arbeitsversäumnis eintreten, und
3. im Fall der Beendigung der Elternzeit nach dem Bundeselterngeld- und Elternzeitgesetz das Arbeitsentgelt aus Teilzeitbeschäftigung, das vor der Beendigung der Elternzeit während der Elternzeit erzielt wurde, soweit das durchschnittliche Arbeitsentgelt ohne die Berücksichtigung der Zeiten, in denen dieses Arbeitsentgelt erzielt wurde, höher ist.

(3) Ist die Ermittlung des durchschnittlichen Arbeitsentgelts entsprechend den Absätzen 1 und 2 nicht möglich, ist das durchschnittliche kalendertägliche Arbeitsentgelt einer vergleichbar beschäftigten Person zugrunde zu legen.

(4) Bei einer dauerhaften Änderung der Arbeitsentgelthöhe ist die geänderte Arbeitsentgelthöhe bei der Ermittlung des durchschnittlichen Arbeitsentgelts für die Leistungen nach den §§ 18 bis 20 zugrunde zu legen, und zwar

1. für den gesamten Berechnungszeitraum, wenn die Änderung während des Berechnungszeitraums wirksam wird,
2. ab Wirksamkeit der Änderung der Arbeitsentgelthöhe, wenn die Änderung der Ar-

beitsentgelthöhe nach dem Berechnungszeitraum wirksam wird.

§ 22 Leistungen während der Elternzeit

Während der Elternzeit sind Ansprüche auf Leistungen nach den §§ 18 und 20 aus dem wegen der Elternzeit ruhenden Arbeitsverhältnis ausgeschlossen. Übt die Frau während der Elternzeit eine Teilzeitarbeit aus, ist für die Ermittlung des durchschnittlichen Arbeitsentgelts nur das Arbeitsentgelt aus dieser Teilzeitarbeit zugrunde zu legen.

§ 23 Entgelt bei Freistellung für Untersuchungen und zum Stillen

(1) Durch die Gewährung der Freistellung nach § 7 darf bei der schwangeren oder stillenden Frau kein Entgeltausfall eintreten. Freistellungszeiten sind weder vor- noch nachzuarbeiten. Sie werden nicht auf Ruhepausen angerechnet, die im Arbeitszeitgesetz oder in anderen Vorschriften festgelegt sind.

(2) Der Auftraggeber oder Zwischenmeister hat einer in Heimarbeit beschäftigten Frau und der ihr Gleichgestellten für die Stillzeit ein Entgelt zu zahlen, das nach der Höhe des durchschnittlichen Stundenentgelts für jeden Werktag zu berechnen ist. Ist eine Frau für mehrere Auftraggeber oder Zwischenmeister tätig, haben diese das Entgelt für die Stillzeit zu gleichen Teilen zu zahlen. Auf das Entgelt finden die Vorschriften der §§ 23 bis 25 des Heimarbeitsgesetzes über den Entgeltschutz Anwendung.

§ 24 Fortbestehen des Erholungsurlaubs bei Beschäftigungsverboten

Für die Berechnung des Anspruchs auf bezahlten Erholungsurlaub gelten die Ausfallzeiten wegen eines Beschäftigungsverbots als Beschäftigungszeiten. Hat eine Frau ihren Urlaub vor Beginn eines Beschäftigungsverbots nicht oder nicht vollständig erhalten, kann sie nach dem Ende des Beschäftigungsverbots den Resturlaub im laufenden oder im nächsten Urlaubsjahr beanspruchen.

§ 25 Beschäftigung nach dem Ende des Beschäftigungsverbots

Mit dem Ende eines Beschäftigungsverbots im Sinne von § 2 Absatz 3 hat eine Frau das Recht, entsprechend den vertraglich vereinbarten Bedingungen beschäftigt zu werden.

Abschnitt 5
Durchführung des Gesetzes

§ 26 Aushang des Gesetzes

(1) In Betrieben und Verwaltungen, in denen regelmäßig mehr als drei Frauen beschäftigt werden, hat der Arbeitgeber eine Kopie dieses Gesetzes an geeigneter Stelle zur Einsicht auszulegen oder auszuhängen. Dies gilt nicht, wenn er das Gesetz für die Personen, die bei ihm beschäftigt sind, in einem elektronischen Verzeichnis jederzeit zugänglich gemacht hat.

(2) Für eine in Heimarbeit beschäftigte Frau oder eine ihr Gleichgestellte muss der Auftraggeber oder Zwischenmeister in den Räumen der Ausgabe oder Abnahme von Heimarbeit eine Kopie dieses Gesetzes an geeigneter Stelle zur Einsicht auslegen oder aushängen. Absatz 1 Satz 2 gilt entsprechend.

§ 27 Mitteilungs- und Aufbewahrungspflichten des Arbeitgebers, Offenbarungsverbot der mit der Überwachung beauftragten Personen

(1) Der Arbeitgeber hat die Aufsichtsbehörde unverzüglich zu benachrichtigen,

1. wenn eine Frau ihm mitgeteilt hat,
   a) dass sie schwanger ist oder
   b) dass sie stillt, es sei denn, er hat die Aufsichtsbehörde bereits über die Schwangerschaft dieser Frau benachrichtigt, oder
2. wenn er beabsichtigt, eine schwangere oder stillende Frau zu beschäftigen
   a) bis 22 Uhr nach den Vorgaben des § 5 Absatz 2 Satz 2 und 3,
   b) an Sonn- und Feiertagen nach den Vorgaben des § 6 Absatz 1 Satz 2 und 3 oder Absatz 2 Satz 2 und 3 oder
   c) mit getakteter Arbeit im Sinne von § 11 Absatz 6 Nummer 3 oder § 12 Absatz 5 Nummer 3.

Er darf diese Informationen nicht unbefugt an Dritte weitergeben.

(2) Der Arbeitgeber hat der Aufsichtsbehörde auf Verlangen die Angaben zu machen, die zur Erfüllung der Aufgaben dieser Behörde erforderlich sind. Er hat die Angaben wahr-

heitsgemäß, vollständig und rechtzeitig zu machen.

(3) Der Arbeitgeber hat der Aufsichtsbehörde auf Verlangen die Unterlagen zur Einsicht vorzulegen oder einzusenden, aus denen Folgendes ersichtlich ist:

1. die Namen der schwangeren oder stillenden Frauen, die bei ihm beschäftigt sind,
2. die Art und der zeitliche Umfang ihrer Beschäftigung,
3. die Entgelte, die an sie gezahlt worden sind,
4. die Ergebnisse der Beurteilung der Arbeitsbedingungen nach § 10 und
5. alle sonstigen nach Absatz 2 erforderlichen Angaben.

(4) Die auskunftspflichtige Person kann die Auskunft auf solche Fragen oder die Vorlage derjenigen Unterlagen verweigern, deren Beantwortung oder Vorlage sie selbst oder einen ihrer in § 383 Absatz 1 Nummer 1 bis 3 der Zivilprozessordung bezeichneten Angehörigen der Gefahr der Verfolgung wegen einer Straftat oder Ordnungswidrigkeit aussetzen würde. Die auskunftspflichtige Person ist darauf hinzuweisen.

(5) Der Arbeitgeber hat die in Absatz 3 genannten Unterlagen mindestens bis zum Ablauf von zwei Jahren nach der letzten Eintragung aufzubewahren.

(6) Die mit der Überwachung beauftragten Personen der Aufsichtsbehörde dürfen die ihnen bei ihrer Überwachungstätigkeit zur Kenntnis gelangten Geschäfts- und Betriebsgeheimnisse nur in den gesetzlich geregelten Fällen oder zur Verfolgung von Rechtsverstößen oder zur Erfüllung von gesetzlich geregelten Aufgaben zum Schutz der Umwelt den dafür zuständigen Behörden offenbaren. Soweit es sich bei Geschäfts- und Betriebsgeheimnissen um Informationen über die Umwelt im Sinne des Umweltinformationsgesetzes handelt, richtet sich die Befugnis zu ihrer Offenbarung nach dem Umweltinformationsgesetz.

§ 28 Behördliches Genehmigungsverfahren für eine Beschäftigung zwischen 20 Uhr und 22 Uhr

(1) Die Aufsichtsbehörde kann abweichend von § 5 Absatz 1 Satz 1 auf Antrag des Arbeitgebers genehmigen, dass eine schwangere oder stillende Frau zwischen 20 Uhr und 22 Uhr beschäftigt wird, wenn

1. sich die Frau dazu ausdrücklich bereit erklärt,
2. nach ärztlichem Zeugnis nichts gegen die Beschäftigung der Frau bis 22 Uhr spricht und
3. insbesondere eine unverantwortbare Gefährdung für die schwangere Frau oder ihr Kind durch Alleinarbeit ausgeschlossen ist.

Dem Antrag ist die Dokumentation der Beurteilung der Arbeitsbedingungen nach § 14 Absatz 1 beizufügen. Die schwangere oder stillende Frau kann ihre Erklärung nach Satz 1 Nummer 1 jederzeit mit Wirkung für die Zukunft widerrufen.

(2) Solange die Aufsichtsbehörde den Antrag nicht ablehnt oder die Beschäftigung zwischen 20 Uhr und 22 Uhr nicht vorläufig untersagt, darf der Arbeitgeber die Frau unter den Voraussetzungen des Absatzes 1 beschäftigen. Die Aufsichtsbehörde hat dem Arbeitgeber nach Eingang des Antrags unverzüglich eine Mitteilung zu machen, wenn die für den Antrag nach Absatz 1 erforderlichen Unterlagen unvollständig sind. Die Aufsichtsbehörde kann die Beschäftigung vorläufig untersagen, soweit dies erforderlich ist, um den Schutz der Gesundheit der Frau oder ihres Kindes sicherzustellen.

(3) Lehnt die Aufsichtsbehörde den Antrag nicht innerhalb von sechs Wochen nach Eingang des vollständigen Antrags ab, gilt die Genehmigung als erteilt. Auf Verlangen ist dem Arbeitgeber der Eintritt der Genehmigungsfiktion (§ 42a des Verwaltungsverfahrensgesetzes) zu bescheinigen.

(4) Im Übrigen gelten die Vorschriften des Verwaltungsverfahrensgesetzes.

§ 29 Zuständigkeit und Befugnisse der Aufsichtsbehörden, Jahresbericht

(1) Die Aufsicht über die Ausführung der Vorschriften dieses Gesetzes und der aufgrund dieses Gesetzes erlassenen Vorschriften obliegt den nach Landesrecht zuständigen Behörden (Aufsichtsbehörden).

(2) Die Aufsichtsbehörden haben dieselben Befugnisse wie die nach § 22 Absatz 2 und 3 des Arbeitsschutzgesetzes mit der Überwachung beauftragten Personen. Das Grundrecht der Unverletzlichkeit der Wohnung (Artikel 13 des Grundgesetzes) wird insoweit eingeschränkt.

(3) Die Aufsichtsbehörde kann in Einzelfällen die erforderlichen Maßnahmen anordnen, die der Arbeitgeber zur Erfüllung derjenigen Pflichten zu treffen hat, die sich aus Abschnitt 2 dieses Gesetzes und aus den aufgrund des § 31 Nummer 1 bis 5 erlassenen Rechtsverordnungen ergeben. Insbesondere kann die Aufsichtsbehörde:

1. in besonders begründeten Einzelfällen Ausnahmen vom Verbot der Mehrarbeit nach § 4 Absatz 1 Satz 1, 2 oder 4 sowie vom Verbot der Nachtarbeit auch zwischen 22 Uhr und 6 Uhr nach § 5 Absatz 1 Satz 1 oder Absatz 2 Satz 1 bewilligen, wenn
   a) sich die Frau dazu ausdrücklich bereit erklärt,
   b) nach ärztlichem Zeugnis nichts gegen die Beschäftigung spricht und
   c) in den Fällen des § 5 Absatz 1 Satz 1 oder Absatz 2 Satz 1 insbesondere eine unverantwortbare Gefährdung für die schwangere Frau oder ihr Kind durch Alleinarbeit ausgeschlossen ist,
2. verbieten, dass ein Arbeitgeber eine schwangere oder stillende Frau
   a) nach § 5 Absatz 2 Satz 2 zwischen 20 Uhr und 22 Uhr beschäftigt oder
   b) nach § 6 Absatz 1 Satz 2 oder nach § 6 Absatz 2 Satz 2 an Sonn- und Feiertagen beschäftigt,
3. Einzelheiten zur Freistellung zum Stillen nach § 7 Absatz 2 und zur Bereithaltung von Räumlichkeiten, die zum Stillen geeignet sind, anordnen,
4. Einzelheiten zur zulässigen Arbeitsmenge nach § 8 anordnen,
5. Schutzmaßnahmen nach § 9 Absatz 1 bis 3 und nach § 13 anordnen,
6. Einzelheiten zu Art und Umfang der Beurteilung der Arbeitsbedingungen nach § 10 anordnen,
7. bestimmte Tätigkeiten oder Arbeitsbedingungen nach § 11 oder nach § 12 verbieten,
8. Ausnahmen von den Vorschriften des § 11 Absatz 6 Nummer 1 und 2 und des § 12 Absatz 5 Nummer 1 und 2 bewilligen, wenn die Art der Arbeit und das Arbeitstempo keine unverantwortbare Gefährdung für die schwangere oder stillende Frau oder für ihr Kind darstellen, und
9. Einzelheiten zu Art und Umfang der Dokumentation und Information nach § 14 anordnen.

Die schwangere oder stillende Frau kann ihre Erklärung nach Satz 2 Nummer 1 Buchstabe a jederzeit mit Wirkung für die Zukunft widerrufen.

(4) Die Aufsichtsbehörde berät den Arbeitgeber bei der Erfüllung seiner Pflichten nach diesem Gesetz sowie die bei ihm beschäftigten Personen zu ihren Rechten und Pflichten nach diesem Gesetz; dies gilt nicht für die Rechte und Pflichten nach den §§ 18 bis 22.

(5) Für Betriebe und Verwaltungen im Geschäftsbereich des Bundesministeriums der Verteidigung wird die Aufsicht nach Absatz 1 durch das Bundesministerium der Verteidigung oder die von ihm bestimmte Stelle in eigener Zuständigkeit durchgeführt.

(6) Die zuständigen obersten Landesbehörden haben über die Überwachungstätigkeit der ihnen unterstellten Behörden einen Jahresbericht zu veröffentlichen. Der Jahresbericht umfasst auch Angaben zur Erfüllung von Unterrichtungspflichten aus internationalen Übereinkommen oder Rechtsakten der Europäischen Union, soweit sie den Mutterschutz betreffen.

§ 30 Ausschuss für Mutterschutz

(1) Beim Bundesministerium für Familie, Senioren, Frauen und Jugend wird ein Ausschuss für Mutterschutz gebildet, in dem geeignete Personen vonseiten der öffentlichen und privaten Arbeitgeber, der Ausbildungsstellen, der Gewerkschaften, der Studierendenvertretungen und der Landesbehörden sowie weitere geeignete Personen, insbesondere aus der Wissenschaft, vertreten sein sollen. Dem Ausschuss sollen nicht mehr als

15 Mitglieder angehören. Für jedes Mitglied ist ein stellvertretendes Mitglied zu benennen. Die Mitgliedschaft im Ausschuss für Mutterschutz ist ehrenamtlich.

(2) Das Bundesministerium für Familie, Senioren, Frauen und Jugend beruft im Einvernehmen mit dem Bundesministerium für Arbeit und Soziales, dem Bundesministerium für Gesundheit und dem Bundesministerium für Bildung und Forschung die Mitglieder des Ausschusses für Mutterschutz und die stellvertretenden Mitglieder. Der Ausschuss gibt sich eine Geschäftsordnung und wählt die Vorsitzende oder den Vorsitzenden aus seiner Mitte. Die Geschäftsordnung und die Wahl der oder des Vorsitzenden bedürfen der Zustimmung des Bundesministeriums für Familie, Senioren, Frauen und Jugend. Die Zustimmung erfolgt im Einvernehmen mit dem Bundesministerium für Arbeit und Soziales und dem Bundesministerium für Gesundheit.

(3) Zu den Aufgaben des Ausschusses für Mutterschutz gehört es,

1. Art, Ausmaß und Dauer der möglichen unverantwortbaren Gefährdungen einer schwangeren oder stillenden Frau und ihres Kindes nach wissenschaftlichen Erkenntnissen zu ermitteln und zu begründen,
2. sicherheitstechnische, arbeitsmedizinische und arbeitshygienische Regeln zum Schutz der schwangeren oder stillenden Frau und ihres Kindes aufzustellen und
3. das Bundesministerium für Familie, Senioren, Frauen und Jugend in allen mutterschutzbezogenen Fragen zu beraten.

Der Ausschuss arbeitet eng mit den Ausschüssen nach § 18 Absatz 2 Nummer 5 des Arbeitsschutzgesetzes zusammen.

(4) Nach Prüfung durch das Bundesministerium für Familie, Senioren, Frauen und Jugend, durch das Bundesministerium für Arbeit und Soziales, durch das Bundesministerium für Gesundheit und durch das Bundesministerium für Bildung und Forschung kann das Bundesministerium für Familie, Senioren, Frauen und Jugend im Einvernehmen mit den anderen in diesem Absatz genannten Bundesministerien die vom Ausschuss für Mutterschutz nach Absatz 3 aufgestellten Regeln und Erkenntnisse im Gemeinsamen Ministerialblatt veröffentlichen.

(5) Die Bundesministerien sowie die obersten Landesbehörden können zu den Sitzungen des Ausschusses für Mutterschutz Vertreterinnen oder Vertreter entsenden. Auf Verlangen ist ihnen in der Sitzung das Wort zu erteilen.

(6) Die Geschäfte des Ausschusses für Mutterschutz werden vom Bundesamt für Familie und zivilgesellschaftliche Aufgaben geführt.

§ 31 Erlass von Rechtsverordnungen

Die Bundesregierung wird ermächtigt, durch Rechtsverordnung mit Zustimmung des Bundesrates Folgendes zu regeln:

1. nähere Bestimmungen zum Begriff der unverantwortbaren Gefährdung nach § 9 Absatz 2 Satz 2 und 3,
2. nähere Bestimmungen zur Durchführung der erforderlichen Schutzmaßnahmen nach § 9 Absatz 1 und 2 und nach § 13,
3. nähere Bestimmungen zu Art und Umfang der Beurteilung der Arbeitsbedingungen nach § 10,
4. Festlegungen von unzulässigen Tätigkeiten und Arbeitsbedingungen im Sinne von § 11 oder § 12 oder von anderen nach diesem Gesetz unzulässigen Tätigkeiten und Arbeitsbedingungen,
5. nähere Bestimmungen zur Dokumentation und Information nach § 14,
6. nähere Bestimmungen zur Ermittlung des durchschnittlichen Arbeitsentgelts im Sinne der §§ 18 bis 22 und
7. nähere Bestimmungen zum erforderlichen Inhalt der Benachrichtigung, ihrer Form, der Art und Weise der Übermittlung sowie die Empfänger der vom Arbeitgeber nach § 27 zu meldenden Informationen.

Abschnitt 6 Bußgeldvorschriften, Strafvorschriften

§ 32 Bußgeldvorschriften

(1) Ordnungswidrig handelt, wer vorsätzlich oder fahrlässig

1. entgegen § 3 Absatz 1 Satz 1, auch in Verbindung mit Satz 4, entgegen § 3 Absatz 2 Satz 1, auch in Verbindung mit Satz 2 oder 3, entgegen § 3 Absatz 3 Satz 1, § 3 Absatz 5 Satz 1, § 4 Absatz 1 Satz 1, 2 oder 4 oder § 5 Absatz 1 Satz 1, § 6 Absatz 1 Satz 1, § 13 Absatz 1 Nummer 3 oder § 16 eine Frau beschäftigt,
2. entgegen § 4 Absatz 2 eine Ruhezeit nicht, nicht richtig oder nicht rechtzeitig gewährt,
3. entgegen § 5 Absatz 2 Satz 1 oder § 6 Absatz 2 Satz 1 eine Frau tätig werden lässt,
4. entgegen § 7 Absatz 1 Satz 1, auch in Verbindung mit Satz 2, oder entgegen § 7 Absatz 2 Satz 1 eine Frau nicht freistellt,
5. entgegen § 8 oder § 13 Absatz 2 Heimarbeit ausgibt,
6. entgegen § 10 Absatz 1 Satz 1, auch in Verbindung mit einer Rechtsverordnung nach § 31 Nummer 3, eine Gefährdung nicht, nicht richtig oder nicht rechtzeitig beurteilt oder eine Ermittlung nicht, nicht richtig oder nicht rechtzeitig durchführt,
7. entgegen § 10 Absatz 2 Satz 1, auch in Verbindung mit einer Rechtsverordnung nach § 31 Nummer 3, eine Schutzmaßnahme nicht, nicht richtig oder nicht rechtzeitig festlegt,
8. entgegen § 10 Absatz 3 eine Frau eine andere als die dort bezeichnete Tätigkeit ausüben lässt,
9. entgegen § 14 Absatz 1 Satz 1 in Verbindung mit einer Rechtsverordnung nach § 31 Nummer 5 eine Dokumentation nicht, nicht richtig, nicht vollständig oder nicht rechtzeitig erstellt,
10. entgegen § 14 Absatz 2 oder 3, jeweils in Verbindung mit einer Rechtsverordnung nach § 31 Nummer 5, eine Information nicht, nicht richtig, nicht vollständig oder nicht rechtzeitig gibt,
11. entgegen § 27 Absatz 1 Satz 1 die Aufsichtsbehörde nicht, nicht richtig oder nicht rechtzeitig benachrichtigt,
12. entgegen § 27 Absatz 1 Satz 2 eine Information weitergibt,
13. entgegen § 27 Absatz 2 eine Angabe nicht, nicht richtig, nicht vollständig oder nicht rechtzeitig macht,
14. entgegen § 27 Absatz 3 eine Unterlage nicht, nicht richtig oder nicht rechtzeitig vorlegt oder nicht oder nicht rechtzeitig einsendet,
15. entgegen § 27 Absatz 5 eine Unterlage nicht oder nicht mindestens zwei Jahre aufbewahrt,
16. einer vollziehbaren Anordnung nach § 29 Absatz 3 Satz 1 zuwiderhandelt oder
17. einer Rechtsverordnung nach § 31 Nummer 4 oder einer vollziehbaren Anordnung aufgrund einer solchen Rechtsverordnung zuwiderhandelt, soweit die Rechtsverordnung für einen bestimmten Tatbestand auf diese Bußgeldvorschrift verweist.

(2) Die Ordnungswidrigkeit kann in den Fällen des Absatzes 1 Nummer 1 bis 5, 8, 16 und 17 mit einer Geldbuße bis zu dreißigtausend Euro, in den übrigen Fällen mit einer Geldbuße bis zu fünftausend Euro geahndet werden.

§ 33 Strafvorschriften

Wer eine in § 32 Absatz 1 Nummer 1 bis 5, 8, 16 und 17 bezeichnete vorsätzliche Handlung begeht und dadurch die Gesundheit der Frau oder ihres Kindes gefährdet, wird mit Freiheitsstrafe bis zu einem Jahr oder mit Geldstrafe bestraft.

Abschnitt 7 Schlussvorschriften

§ 34 Evaluationsbericht

Die Bundesregierung legt dem Deutschen Bundestag zum 1. Januar 2021 einen Evaluationsbericht über die Auswirkungen des Gesetzes vor. Schwerpunkte des Berichts sollen die Handhabbarkeit der gesetzlichen Regelung in der betrieblichen und behördlichen Praxis, die Wirksamkeit und die Auswirkungen des Gesetzes im Hinblick auf seinen Anwendungsbereich, die Auswirkungen der Regelungen zum Verbot der Mehr- und Nachtarbeit sowie zum Verbot der Sonn- und Feiertagsarbeit und die Arbeit des Ausschusses für Mutterschutz sein. Der Bericht darf keine personenbezogenen Daten enthalten.

I

Urlaubsverordnung für die Beamtinnen und Beamten im Lande Hessen (Hessische Urlaubsverordnung – HUrlVO)

in der Fassung der Bekanntmachung vom 12. Dezember 2006 (GVBl. I S. 671)

Zuletzt geändert durch
Dritte Verordnung zur Änderung der Hessischen Urlaubsverordnung
vom 2. Juni 2023 (GVBl. S. 406)

Aufgrund des § 106 Abs. 2 und des § 215 Abs. 1 in Verbindung mit § 106 Abs. 2 Satz 2 Nr. 6 und 7 des Hessischen Beamtengesetzes in der Fassung vom 11. Januar 1989 (GVBl. I S. 26), zuletzt geändert durch Gesetz vom 21. Juli 2006 (GVBl. I S. 394), wird verordnet:

§ 1 Geltungsbereich

(1) Die Verordnung gilt für die Beamtinnen und Beamten des Landes, der Gemeinden, der Gemeindeverbände und der sonstigen der Aufsicht des Landes unterstehenden Körperschaften, Anstalten und Stiftungen des öffentlichen Rechts.

(2) § 16 gilt mit Ausnahme von Nr. 2 Buchst. c für die Arbeitnehmerinnen und Arbeitnehmer der in Abs. 1 genannten Dienstherren entsprechend; günstigere tarifrechtliche Regelungen bleiben unberührt.

§ 2 Allgemeines

(1) Urlaubsjahr ist das Kalenderjahr.

(2) Arbeitstage im Sinne dieser Verordnung sind alle Kalendertage, an denen nach der maßgeblichen Arbeitszeitregelung Dienst zu leisten ist. Endet eine Dienstschicht nicht an dem Kalendertag, an dem sie begonnen hat, gilt als Arbeitstag der Kalendertag, an dem sie begonnen hat. Auf einen Werktag fallende gesetzliche Feiertage, für die kein Freizeitausgleich gewährt wird, gelten nicht als Arbeitstage.

(3) Europarechtlicher Mindestjahresurlaub ist der Jahresurlaub nach Art. 7 Abs. 1 der Richtlinie 2003/88/EG des Europäischen Parlaments und des Rates vom 4. November 2003 über bestimmte Aspekte der Arbeitszeitgestaltung (ABl. EU Nr. L 299 S. 9); er beträgt vier Wochen. Die §§ 3 bis 11 mit Ausnahme von § 5 Abs. 1 gelten auch für den europarechtlichen Mindestjahresurlaub, soweit nichts anderes bestimmt ist.

§ 3 Gewährleistung des Dienstbetriebs

Während des Urlaubs muss die ordnungsgemäße Erledigung der Dienstgeschäfte gewährleistet sein. Der Behörde dürfen aus der Gewährung von Urlaub in der Regel keine Vertretungskosten erwachsen.

§ 4 Beamtinnen und Beamte in Ausbildung

Beamtinnen und Beamte in Ausbildung haben den Erholungsurlaub so zu nehmen, dass die Ausbildung nicht beeinträchtigt wird. Bei einer Ausbildung in einem Studiengang einer Fachhochschule soll der Erholungsurlaub in der Zeit der Fachstudien genommen werden, während der keine Lehrveranstaltungen stattfinden.

§ 5 Urlaubsdauer

(1) Der Urlaubsanspruch beträgt je Urlaubsjahr 30 Arbeitstage für Beamtinnen und Beamte, wenn deren regelmäßige Arbeitszeit auf fünf Tage in der Kalenderwoche verteilt ist.

(2) Ist die wöchentliche Arbeitszeit im Durchschnitt des Urlaubsjahres auf mehr als fünf Arbeitstage in der Kalenderwoche verteilt, so erhöht sich der Urlaub für jeden zusätzlichen Arbeitstag im Urlaubsjahr um ein Zweihundertsechzigstel des Urlaubs nach Abs. 1 und eines etwaigen Zusatzurlaubs. Ist die wöchentliche Arbeitszeit im Durchschnitt des Urlaubsjahres auf weniger als fünf Arbeitsta-

ge verteilt, so vermindert sich der Urlaub für jeden zusätzlichen arbeitsfreien Tag im Urlaubsjahr um ein Zweihundertsechzigstel des Urlaubs nach Abs. 1 und eines etwaigen Zusatzurlaubs. Ein Zusatzurlaub für Schichtdienst (§ 14) bleibt in den Fällen des Satz 1 und 2 unberücksichtigt. In Verwaltungen, in denen die Verteilung der regelmäßigen wöchentlichen Arbeitszeit häufig wechselt, kann die oberste Dienstbehörde oder die von ihr bestimmte Stelle eine abweichende Berechnungsweise zulassen. Ändert sich die Verteilung der wöchentlichen Arbeitszeit, so ist bei der Urlaubsberechnung die Zahl der Arbeitstage zugrunde zu legen, die sich ergeben würde, wenn die für die Zeit des Urlaubs maßgebende Verteilung der Arbeitszeit für das ganze Urlaubsjahr gelten würde; dies gilt auch für Urlaubsansprüche aus dem vorangegangenen Urlaubsjahr und Resturlaub.

(3) Urlaub aus Vorjahren und anteiliger Urlaub des laufenden Urlaubsjahres, der vor einer Verringerung der durchschnittlichen wöchentlichen Arbeitszeit aus dienstlichen Gründen oder wegen Dienstunfähigkeit tatsächlich nicht genommen werden konnte, bleibt unberührt. Der Urlaub nach Satz 1 ist nach Stunden zu berechnen; hierbei ist jeder Urlaubstag mit dem vor der Verringerung des Beschäftigungsumfangs auf ihn entfallenden Anteil der durchschnittlichen wöchentlichen Arbeitszeit zu bewerten. Bei einer späteren Erhöhung der durchschnittlichen wöchentlichen Arbeitszeit findet Abs. 2 Satz 5 auf Urlaubsansprüche nach Satz 1 keine Anwendung.

(4) Die Dienststelle kann den Erholungsurlaub einschließlich eines etwaigen Zusatzurlaubs nach Stunden berechnen, wobei jeder Urlaubstag mit einem Fünftel der jeweiligen regelmäßigen wöchentlichen Arbeitszeit angesetzt wird.

(5) Ergeben sich bei der Berechnung des Urlaubsanspruchs Bruchteile eines Tages oder einer Stunde, wird kaufmännisch gerundet.

§ 6 Wartezeit

Der Urlaubsanspruch kann erst drei Monate nach der Einstellung in den öffentlichen Dienst geltend gemacht werden (Wartezeit), es sei denn, die Beamtin oder der Beamte scheidet vorher aus. Erholungsurlaub kann vor Ablauf der Wartezeit gewährt werden, wenn besondere Gründe dies erfordern.

§ 7 Anrechnung und Übertragung von Urlaub aus dem vorangegangenen Beschäftigungsverhältnis

(1) Bei Wechsel von einem Beschäftigungsverhältnis in ein Beamtenverhältnis beim selben Dienstherrn wird Urlaub, der für eine unmittelbar vorhergehende Beschäftigungszeit zusteht und noch nicht verbraucht ist, dem Urlaub nach § 8 Abs. 1 hinzugerechnet. Eine unmittelbar vorhergehende Beschäftigungszeit ist gegeben, wenn zwischen der Beendigung des früheren Beschäftigungsverhältnisses und dem Beginn des Beamtenverhältnisses nur Sonn- und gesetzliche Feiertage, allgemein dienstfreie Werktage oder die für den Umzug von dem alten zu dem neuen Dienstort erforderlichen Reisetage liegen.

(2) Urlaub, der während desselben Urlaubsjahres in einem früheren Beschäftigungsverhältnis jeder Art für Monate gewährt oder abgegolten worden ist, die in das jetzige Beamtenverhältnis fallen, wird auf den Urlaub angerechnet.

(3) Schließt ein Beamtenverhältnis unmittelbar an ein Beamtenverhältnis auf Widerruf als Anwärterin, Anwärter, Referendarin oder Referendar an, wird der Kalendermonat, in dessen Verlauf die Einstellung erfolgt, bei der Ermittlung der Anzahl der Urlaubstage wie ein voller Beschäftigungsmonat im neuen Beamtenverhältnis angesehen.

§ 8 Teilurlaub

(1) Beginnt oder endet das Beamtenverhältnis im Laufe des Urlaubsjahres, steht Beamtinnen und Beamten für jeden vollen Monat der Dienstzugehörigkeit ein Zwölftel des Jahresurlaubs zu.

(2) Der Jahresurlaub vermindert sich für jeden vollen Kalendermonat

1. einer Beurlaubung ohne Besoldung,
2. eines Ruhens des Beamtenverhältnisses,

I

3. einer Freistellung vom Dienst in den Fällen des § 1 Abs. 6 der Hessischen Arbeitszeitverordnung in der Fassung der Bekanntmachung vom 15. Dezember 2009 (GVBl. I S. 758, 760), zuletzt geändert durch Gesetz vom 21. Juni 2018 (GVBl. S. 291), oder
4. der Dauer eines Verbots der Führung der Dienst- oder Amtsgeschäfte oder einer vorläufigen Dienstenthebung

um ein Zwölftel. Vor Beginn einer Beurlaubung ohne Besoldung, eines Ruhens des Beamtenverhältnisses oder eines Beschäftigungsverbots nach § 1 Abs. 1 Satz 1 Nr. 2 der Hessischen Mutterschutz- und Elternzeitverordnung vom 8. Dezember 2011 (GVBl. I S. 758, 2012 S. 10, 340), zuletzt geändert durch Gesetz vom 15. November 2021 (GVBl. 718), nicht genommener Urlaub wird nach Rückkehr in den Dienst dem Urlaubsanspruch des laufenden Urlaubsjahres hinzugefügt und gilt als Urlaub des laufenden Urlaubsjahres. In einem Urlaubsjahr zu viel gewährter Urlaub ist so bald wie möglich durch Anrechnung auf einen neuen Urlaubsanspruch auszugleichen.

(3) Abs. 2 Satz 1 Nr. 1 gilt nicht, wenn Beamtinnen und Beamte während einer Elternzeit bei ihrem Dienstherrn eine Teilzeitbeschäftigung im Beamtenverhältnis ausüben.

(4) Beurlaubte Beamtinnen und Beamte, die Urlaubs- oder Krankheitsvertretungen übernehmen, erhalten für jeden vollen Monat der Dienstleistung ein Zwölftel des Urlaubs nach § 5 Abs. 1.

(5) § 5 Abs. 5 findet Anwendung.

§ 9 Gewährung, Hinweispflicht, Verfall, Abgeltung

(1) Der Urlaub soll grundsätzlich im Urlaubsjahr gewährt und genommen werden. Der Erholungsurlaub kann geteilt gewährt werden, soweit dadurch der Urlaubszweck nicht gefährdet wird. Es werden nur ganze Arbeitstage Erholungs- oder Sonderurlaub genehmigt.

(2) Die Beamtin oder der Beamte ist spätestens drei Monate vor dem Verfallszeitpunkt nach Abs. 3 auf den drohenden Verfall des Urlaubs hinzuweisen und zugleich aufzufordern, den Urlaub zu beantragen und in Anspruch zu nehmen.

(3) Urlaub, der nicht innerhalb von neun Monaten nach dem Ende des Urlaubsjahres angetreten worden ist, verfällt. Hiervon abweichend verfällt

1. Urlaub, der vor Beginn eines Beschäftigungsverbotes nach § 1 Abs. 1 Satz 1 Nr. 2 der Hessischen Mutterschutz- und Elternzeitverordnung oder einer Elternzeit nicht genommen wurde, mit Ablauf des auf die Rückkehr in den Dienst folgenden Kalenderjahres,
2. europarechtlicher Mindestjahresurlaub, der wegen Dienstunfähigkeit infolge Krankheit im Urlaubsjahr nicht genommen werden konnte, mit Ablauf des 15. Monates nach dem Ende des Urlaubsjahres und
3. europarechtlicher Mindestjahresurlaub nur, wenn die Anforderungen des Abs. 2 rechtzeitig erfüllt wurden; anderenfalls wird der noch nicht verfallene europarechtliche Mindestjahresurlaub dem Urlaubsanspruch des laufenden Urlaubsjahres hinzugefügt und gilt als Urlaub des laufenden Urlaubsjahres.

(4) Soweit europarechtlicher Mindestjahresurlaub vor Beendigung des Beamtenverhältnisses nicht genommen wurde, wird er finanziell abgegolten. Der Anspruch auf finanzielle Abgeltung entfällt nur, wenn die Pflicht nach Abs. 2 erfüllt wurde und die Beamtin oder der Beamte freiwillig und in Kenntnis des drohenden Verfalls des Urlaubs darauf verzichtet hat, ihren oder seinen Urlaub zu nehmen. Im Urlaubsjahr bereits genommener Erholungsurlaub oder Zusatzurlaub wird auf den europarechtlichen Mindestjahresurlaub angerechnet, unabhängig davon, zu welchem Zeitpunkt der Anspruch entstanden ist. Die Höhe der Abgeltung bemisst sich nach dem Durchschnitt der Besoldung der letzten drei Kalendermonate vor der Beendigung des Beamtenverhältnisses. Besoldung in diesem Sinne sind alle monatlichen Leistungen nach dem Hessischen Besoldungsgesetz, die während eines Erholungsurlaubs weitergezahlt worden wäre.

§ 10 Widerruf von Erholungs- und Sonderurlaub

(1) Erholungsurlaub kann ausnahmsweise widerrufen werden, wenn bei Abwesenheit der Beamtin oder des Beamten die ordnungsgemäße Erledigung der Dienstgeschäfte nicht gewährleistet wäre. Unvermeidbare Mehraufwendungen, die der Beamtin oder dem Beamten durch den Widerruf entstehen, werden ersetzt.

(2) Die Genehmigung von Sonderurlaub ist zu widerrufen, wenn der Urlaub zu einem anderen als dem gewährten Zweck verwendet wird oder wenn andere Gründe, die die Beamtin oder der Beamte zu vertreten hat, den Widerruf erfordern.

§ 11 Erkrankung und Absonderung

(1) Kann ein genehmigter Urlaub wegen Krankheit nicht angetreten oder fortgeführt werden und wird dies unverzüglich angezeigt, so werden die durch ärztliches, auf Verlangen der oder des Dienstvorgesetzten durch amts- oder vertrauensärztliches Zeugnis nachgewiesenen Krankheitstage, an denen die Beamtin oder der Beamte dienstunfähig war, auf den Urlaub nicht angerechnet.

(2) Erfolgt während eines genehmigten Urlaubs aufgrund bundes- oder landesrechtlicher Infektionsschutzregelungen eine Absonderung der Beamtin oder des Beamten, so werden die nachgewiesenen Tage der Absonderung nicht auf den Erholungsurlaub angerechnet, wenn die Pflicht zur Absonderung gegenüber der oder dem Dienstvorgesetzten unverzüglich angezeigt wurde.

(3) In den Fällen der Abs. 1 und 2 bedarf es zur Verlängerung des Urlaubs jeweils einer neuen Genehmigung.

§ 12 Sonderurlaub zur gesundheitlichen Rehabilitation

(1) Sonderurlaub unter Fortzahlung der Besoldung wird genehmigt für

1. eine Heilkur und eine Heilbehandlung in einer Rehabilitationseinrichtung oder eine entsprechende ambulante Rehabilitationsmaßnahme, deren Notwendigkeit durch ein amts- oder vertrauensärztliches Zeugnis nachgewiesen worden ist,
2. ambulante oder stationäre medizinische Vorsorge- oder Rehabilitationsmaßnahmen, die ein Träger der gesetzlichen Renten-, Kranken- oder Unfallversicherung bewilligt hat und die in einer Einrichtung der medizinischen Vorsorge oder Rehabilitation durchgeführt werden,
3. die Durchführung einer versorgungsärztlich verordneten Badekur und
4. Maßnahmen im Rahmen der Dienstunfallfürsorge.

Dauer und Häufigkeit der Beurlaubung nach Satz 1 Nr. 1 und 2 bestimmen sich nach den §§ 7 und 8 der Hessischen Beihilfenverordnung in der Fassung der Bekanntmachung vom 5. Dezember 2001 (GVBl. I. S. 482, 491, 564), zuletzt geändert durch Gesetz vom 15. November 2021 (GVBl. S. 718).

(2) Für die von der Beihilfestelle anerkannte oder von einem Sozialversicherungsträger bewilligte notwendige Teilnahme als Begleitperson an einer Rehabilitationsmaßnahme eines Kindes, das das zwölfte Lebensjahr noch nicht vollendet hat oder behindert und auf Hilfe angewiesen ist, werden Beamtinnen und Beamten je Kind fünf, für Alleinerziehende zehn, Arbeitstage Sonderurlaub unter Fortzahlung der Besoldung im Urlaubsjahr genehmigt, sofern keine Erstattung der Besoldung der Begleitperson durch Dritte erfolgt und keine andere Person als Begleitperson des Kindes zur Verfügung steht.

§ 13 Zusatzurlaub für behinderte Beamtinnen und Beamte

(1) Der Beamtin oder dem Beamten kann bei einem nicht nur vorübergehenden Grad der Behinderung von wenigstens fünfundzwanzig und höchstens neunundvierzig wegen einer durch die Behinderung bedingten Erholungsbedürftigkeit Zusatzurlaub von bis zu drei Arbeitstagen im Urlaubsjahr gewährt werden. Der Grad der Behinderung ist durch den Bescheid eines Versorgungsamtes oder durch ein amts- oder vertrauensärztliches Zeugnis nachzuweisen.

I

(2) Abs. 1 gilt nicht, wenn und soweit wegen des Grads der Behinderung Anspruch auf Zusatzurlaub nach anderen Rechtsvorschriften besteht.

§ 14 Zusatzurlaub für Schichtdienst

(1) Wird Dienst nach einem Schichtplan verrichtet, der einen regelmäßigen Wechsel der täglichen Arbeitszeit in Wechselschichten bei ununterbrochenem Fortgang der Arbeit während der ganzen Woche vorsieht, und sind dabei nach dem Dienstplan im Jahresdurchschnitt in je fünf Wochen mindestens vierzig Arbeitsstunden in der Nachtschicht zu leisten, so wird Zusatzurlaub wie folgt gewährt:

Bei Dienstleistungen in der Fünf-Tage-Woche	in der Sechs-Tage-Woche	Zusatzurlaub
an mindestens		
87 Arbeitstagen	104 Arbeitstagen	ein Arbeitstag
130 Arbeitstagen	156 Arbeitstagen	zwei Arbeitstage
173 Arbeitstagen	208 Arbeitstagen	drei Arbeitstage
195 Arbeitstagen	234 Arbeitstagen	vier Arbeitstage.

Der Zusatzurlaub wird auch gewährt, wenn die Arbeit am Wochenende bis zu achtundvierzig Stunden unterbrochen wird. Beginnen an einem Kalendertag zwei Dienstschichten und endet die zweite Dienstschicht an einem anderen Kalendertag, so gelten abweichend von § 2 Abs. 2 Satz 2 beide Kalendertage als Arbeitstage.

(2) Wird Dienst nach einem Schichtplan zu erheblich unterschiedlichen Zeiten verrichtet, ohne dass die Voraussetzungen des Abs. 1 erfüllt sind, so wird Zusatzurlaub wie folgt gewährt:

ein Arbeitstag,	wenn mindestens 110 Stunden,
zwei Arbeitstage,	wenn mindestens 220 Stunden,
drei Arbeitstage,	wenn mindestens 330 Stunden,
vier Arbeitstage,	wenn mindestens 450 Stunden

Nachtdienst geleistet worden sind. Die Voraussetzungen von Satz 1 sind nur erfüllt, wenn die Lage oder die Dauer der Schichten überwiegend um mindestens drei Stunden voneinander abweichen.

(3) Sind weder die Voraussetzungen des Abs. 1 noch die des Abs. 2 erfüllt, so wird Zusatzurlaub wie folgt gewährt:

ein Arbeitstag,	wenn mindestens 150 Stunden,
zwei Arbeitstage,	wenn mindestens 300 Stunden,
drei Arbeitstage,	wenn mindestens 450 Stunden,
vier Arbeitstage,	wenn mindestens 600 Stunden

Nachtdienst geleistet worden sind.

(4) Soweit teilzeitbeschäftigte Beamtinnen und Beamte aufgrund der Ermäßigung ihrer Arbeitszeit die Voraussetzungen der Abs. 1 bis 3 nicht erfüllen, sind diese Vorschriften mit der Maßgabe anzuwenden, dass die Zahl der geforderten Arbeitsstunden in der Nachtschicht oder der geforderten Nachtdienststunden im Verhältnis der ermäßigten Arbeitszeit zur regelmäßigen Arbeitszeit gekürzt wird.

(5) Der Bemessung des Zusatzurlaubs für ein Urlaubsjahr werden die in diesem Urlaubsjahr erbrachten Dienstleistungen nach Abs. 1 bis 4 zu Grunde gelegt. Der Zusatzurlaub wird für Beamtinnen und Beamte, die das fünfzigste Lebensjahr vollendet haben oder im Urlaubsjahr vollenden, um einen Arbeitstag erhöht. Der Zusatzurlaub nach Abs. 1 bis 4 darf insgesamt vier Arbeitstage, in den Fällen von Satz 2 fünf Arbeitstage für das Urlaubsjahr nicht überschreiten. Dienstleistungen oder Nachtdienststunden, die in einem Urlaubs-

jahr nicht zu Zusatzurlaub geführt haben, sind nicht in das nächste Urlaubsjahr übertragbar. § 8 findet keine Anwendung.

(6) Nachtdienst ist der dienstplanmäßige Dienst zwischen 20:00 Uhr und 6:00 Uhr.

(7) Über die regelmäßige Arbeitszeit hinausgehende Dienstleistungen bleiben bei der Errechnung des Zusatzurlaubs außer Betracht.

(8) Abs. 1 bis 6 gelten nicht für Beamtinnen und Beamte,

1. die nach einem Schichtplan eingesetzt sind, der für den Regelfall Schichten von vierundzwanzig Stunden Dauer vorsieht,
2. die sich zwischen Dienstende und dem nächsten Dienstbeginn an Bord von ruhenden Schiffen oder auf ruhenden anderen schwimmenden Geräten bereithalten,
3. die an Bord von Schiffen oder auf anderen schwimmenden Geräten zur Bord- und Hafenwache oder zur Ankerwache eingesetzt sind.

Ist die Arbeitszeit nach Satz 1 Nr. 1 in nicht unerheblichem Umfang anders gestaltet, so gelten Abs. 2 bis 7 für Zeiten der Arbeitsleistung (nicht Arbeitsbereitschaft und Ruhezeit).

(9) Im Polizeivollzugsdienst, im Landesamt für Verfassungsschutz Hessen, bei Beamtinnen und Beamten des Justizdienstes, die im allgemeinen Vollzugsdienst, im Werkdienst und im Krankenpflegedienst des hessischen Justizvollzuges oder in einer Abschiebehafteinrichtung tätig sind, und bei Beamtinnen und Beamten, die im Einsatzdienst einer Wachabteilung der Feuerwehren tätig sind, wird der Zusatzurlaub für Dienste nach Abs. 1 bis 3 ausschließlich auf der Grundlage der tatsächlich geleisteten Nachtdienststunden ermittelt und wie folgt gewährt:

ein Arbeitstag,	wenn mindestens 150 Stunden,
zwei Arbeitstage,	wenn mindestens 300 Stunden,
drei Arbeitstage,	wenn mindestens 450 Stunden,
vier Arbeitstage,	wenn mindestens 600 Stunden,
fünf Arbeitstage,	wenn mindestens 675 Stunden,
sechs Arbeitstage,	wenn mindestens 750 Stunden,

Nachtdienst geleistet worden sind.

Der Zusatzurlaub darf, auch in den Fällen des Abs. 5 Satz 2, insgesamt sechs Arbeitstage für das Urlaubsjahr nicht überschreiten. Abs. 7 findet keine Anwendung.

(10) Die Höchstgrenzen nach Abs. 5 Satz 3 und Abs. 9 Satz 2 gelten nicht im Jahr 2022.

§ 15 Sonderurlaub aus wichtigem Grund

(1) Die oberste Dienstbehörde kann bei Vorliegen eines wichtigen Grundes (zum Beispiel zur Fortbildung, zu Studienzwecken oder für eine Tätigkeit bei internationalen Organisationen) auf Antrag Sonderurlaub ohne Besoldung gewähren.

(2) Liegt der Sonderurlaub auch im dienstlichen Interesse, so kann gleichzeitig mit der Erteilung des Urlaubs die Besoldung ganz oder teilweise weitergewährt werden.

§ 15a Sonderurlaub für besonderes ehrenamtliches Engagement

Beamtinnen und Beamte, die eine Jugendleiterin/Jugendleiter-Card (Juleica), eine von einem hessischen Landkreis oder einer hessischen Stadt ausgestellte Ehrenamts-Card (E-Card) oder einen anderen schriftlichen Nachweis über ein ehrenamtliches Engagement von im Kalenderjahresdurchschnitt mindestens fünf Stunden pro Woche vorlegen, erhalten auf Antrag einen Arbeitstag Sonderurlaub im Kalenderjahr unter Fortzahlung der Besoldung. Maßgeblicher Stichtag für die Voraussetzungen nach Satz 1 ist der 1. Januar des jeweiligen Kalenderjahres. Der Sonderurlaub ist so zu nehmen, dass dienstliche Belange nicht beeinträchtigt werden. Sonderurlaub, der nicht im Laufe des Kalenderjahres genommen wird, verfällt.

§ 15b Sonderurlaub anlässlich einer Niederkunft

(1) Bei Niederkunft der Ehefrau oder der eingetragenen Lebenspartnerin im Sinne des Lebenspartnerschaftsgesetzes vom 16. Februar 2001 (BGBl. I S. 266), zuletzt geändert durch Gesetz vom 18. Dezember 2018 (BGBl. I

S. 2639), erhalten Beamtinnen und Beamte auf Antrag acht Arbeitstage Sonderurlaub unter Fortzahlung der Besoldung, wenn ihre regelmäßige wöchentliche Arbeitszeit auf fünf Arbeitstage verteilt ist. Ist die regelmäßige wöchentliche Arbeitszeit auf weniger oder mehr Arbeitstage verteilt, so vermindert oder erhöht sich der Anspruch nach Satz 1 entsprechend anteilig um ein Fünftel je Arbeitstag. Maßgeblich ist dabei die Verteilung der Arbeitszeit am Tag der Niederkunft. Ergeben sich bei der Berechnung des Urlaubsanspruchs Bruchteile eines Tages, wird kaufmännisch gerundet. Bei Mehrlingsgeburten erhöht sich der Anspruch auf Sonderurlaub nicht.

(2) Der Sonderurlaub kann geteilt in Anspruch genommen werden. Bei der Verteilung der Urlaubstage ist dem Antrag der Beamtin oder des Beamten zu entsprechen, soweit dringende dienstliche Belange nicht entgegenstehen. Er ist jedoch innerhalb der ersten acht Wochen nach der Niederkunft der Ehefrau oder der eingetragenen Lebenspartnerin im Sinne des Lebenspartnerschaftsgesetzes zu nehmen. Sonderurlaub, der nicht innerhalb dieses Zeitraums in Anspruch genommen worden ist, verfällt.

§ 16 Dienstbefreiung

Dienstbefreiung ohne Anrechnung auf den Erholungsurlaub und unter Weitergewährung der Besoldung kann unter Beschränkung auf das notwendige Maß erteilt werden, soweit dringende dienstliche Gründe nicht entgegenstehen,

1. zur Erfüllung allgemeiner staatsbürgerlicher Pflichten,
2. aus besonderen Anlässen, insbesondere
   a) zur persönlichen Bildung, Fortbildung und zur Teilnahme an Lehrgängen und Veranstaltungen, die staatsbürgerlichen, dienstlichen, politischen, gewerkschaftlichen, wissenschaftlichen oder religiösen Interessen dienen,
   b) zur aktiven Teilnahme an Veranstaltungen, bei denen die Bundesrepublik Deutschland oder das Land Hessen repräsentativ vertreten ist,
   c) aus sonstigen wichtigen persönlichen Gründen.

§ 17 Übergangsvorschriften

(1) Bei Beamtinnen und Beamten, die nach der bis zum 23. Dezember 2013 geltenden Rechtslage einen Urlaubsanspruch von 33 Arbeitstagen haben, bleibt dieser Urlaubsanspruch bestehen. Beamtinnen und Beamte bis einschließlich des Geburtsjahrgangs 1969 haben ab dem Kalenderjahr, in dem sie das 50. Lebensjahr vollendet haben, einen Urlaubsanspruch von 33 Arbeitstagen. Satz 1 und 2 finden nur auf Beamtinnen und Beamte Anwendung, die am 31. Dezember 2013 dem Geltungsbereich dieser Verordnung unterfallen.

(2) Für die Urlaubsjahre 2011, 2012 und 2013 beträgt der Urlaub der Beamtinnen, Beamten, Anwärterinnen, Anwärter, Referendarinnen und Referendare mit einem Lebensalter von bis 40 Jahren je Urlaubsjahr 30 Arbeitstage. Abweichend von § 9 Abs. 2 Satz 2 verfällt Resturlaub, der sich aus der Erhöhung des Urlaubsanspruchs nach Satz 1 für die Urlaubsjahre 2011 und 2012 im Vergleich mit § 5 Abs. 1 in der bis zum 23. Dezember 2013 geltenden Fassung ergibt, wenn er nicht bis zum Ablauf des 30. September 2014 angetreten worden ist.

(3) Die Abs. 1 und 2 gelten, wenn die regelmäßige Arbeitszeit auf fünf Tage in der Kalenderwoche verteilt ist. Bei anderer Verteilung der wöchentlichen Arbeitszeit gilt § 5 Abs. 2 entsprechend.

§ 18 Inkrafttreten

Diese Verordnung tritt am 1. Januar 2007 in Kraft.

I

Hessisches Disziplinargesetz (HDG)

Vom 21. Juli 2006 (GVBl. I S. 394)

Zuletzt geändert durch
Drittes Gesetz zur Änderung dienstrechtlicher Vorschriften
vom 15. November 2021 (GVBl. S. 718)

Inhaltsübersicht

I

ERSTER TEIL
Allgemeine Bestimmungen

§ 1 Persönlicher Geltungsbereich

(1) Dieses Gesetz gilt für Beamtinnen und Beamte und Ruhestandsbeamtinnen und Ruhestandsbeamte, auf die das Hessische Beamtengesetz Anwendung findet. Frühere Beamtinnen und Beamte, die Unterhaltsbeiträge nach den Bestimmungen des Beamtenversorgungsgesetzes oder entsprechender früherer Regelungen beziehen, gelten bis zum Ende dieses Bezuges als Ruhestandsbeamtinnen oder Ruhestandsbeamte, ihre Bezüge als Ruhegehalt. Frühere Beamtinnen und frühere Beamte, die mit Anspruch auf Altersgeld ausgeschieden sind, gelten als Ruhestandsbeamtinnen und Ruhestandsbeamte im Sinne dieses Gesetzes; das Altersgeld gilt als Ruhegehalt.

(2) Als Ruhestandsbeamtinnen und als Ruhestandsbeamte gelten auch die nach § 76 der Hessischen Gemeindeordnung und § 49 der Hessischen Landkreisordnung abberufenen Wahlbeamtinnen und Wahlbeamten.

(3) Die Bestimmungen über das Disziplinarverfahren gegen Beamtinnen und Beamte gelten auch für Ruhestandsbeamtinnen und Ruhestandsbeamte, soweit sich aus diesem Gesetz nichts anderes ergibt.

§ 2 Sachlicher Geltungsbereich

(1) Dieses Gesetz gilt für die

1. von Beamtinnen und Beamten während ihres Beamtenverhältnisses begangenen Dienstvergehen (§ 47 Abs. 1 des Beamtenstatusgesetzes) und
2. von Ruhestandsbeamtinnen und Ruhestandsbeamten
   a) während ihres Beamtenverhältnisses begangenen Dienstvergehen (§ 47 Abs. 1 des Beamtenstatusgesetzes) und
   b) nach Eintritt in den Ruhestand begangenen Handlungen, die als Dienstvergehen gelten (§ 47 Abs. 2 des Beamtenstatusgesetzes und § 55 des Hessischen Beamtengesetzes).

(2) Bei Beamtinnen und Beamten sowie Ruhestandsbeamtinnen und Ruhestandsbeamten, die früher in einem anderen Beamtenverhältnis, Richterverhältnis, Berufssoldatenverhältnis oder Soldatenverhältnis auf Zeit gestanden haben, findet dieses Gesetz auch wegen solcher Dienstvergehen Anwendung, die sie in dem früheren Dienstverhältnis oder als Versorgungsberechtigte aus einem solchen Dienstverhältnis begangen haben; auch bei den aus einem solchen Dienstverhältnis Ausgeschiedenen und Entlassenen gelten die Handlungen, die in § 47 Abs. 2 des Beamtenstatusgesetzes und in § 55 des Hessischen Beamtengesetzes bezeichnet sind, als Dienstvergehen.

(3) Ein Wechsel des Dienstherrn steht der Anwendung dieses Gesetzes nicht entgegen.

§ 3 Verhandlungsunfähigkeit und Abwesenheit

(1) Ein Disziplinarverfahren kann auch gegen Beamtinnen und Beamte eingeleitet oder fortgesetzt werden, die verhandlungsunfähig oder wegen Abwesenheit an der Wahrung ihrer Rechte gehindert sind.

(2) Auf Antrag des zuständigen Disziplinarorgans bestellt das Vormundschaftsgericht im Falle des Abs. 1 eine gesetzliche Vertreterin oder einen gesetzlichen Vertreter zur Wahrnehmung der Rechte der Beamtin oder des Beamten in dem Disziplinarverfahren. Diese Person muss Beamtin oder Beamter, Richterin oder Richter, Ruhestandsbeamtin oder Ruhestandsbeamter oder Richterin oder Richter im Ruhestand sein. § 16 Abs. 2 und 4 des Hessischen Verwaltungsverfahrensgesetzes gilt entsprechend.

§ 4 Bevollmächtigte und Beistände

(1) Die Beamtin oder der Beamte kann sich in jeder Lage des Disziplinarverfahrens einer oder eines Bevollmächtigten oder eines Beistands bedienen.

(2) Diesem Personenkreis steht das Recht, Einsicht in die Akten zu nehmen, im gleichen Umfang zu wie der Beamtin oder dem Beamten.

§ 5 Zustellung

(1) Anordnungen und Entscheidungen, durch die eine Frist in Lauf gesetzt wird, sowie Terminbestimmungen und Ladungen sind zuzustellen, bei Verkündung durch die Gerichte jedoch nur, wenn es ausdrücklich vorgeschrieben ist. Andere Anordnungen und Entscheidungen werden formlos bekannt gegeben, soweit in diesem Gesetz nichts anderes bestimmt ist.

(2) Beamtinnen und Beamte müssen Zustellungen und Mitteilungen, die an sie selbst zu richten sind, unter der Anschrift, die sie der oder dem Dienstvorgesetzten angezeigt haben, gegen sich gelten lassen.

§ 6 Ergänzende Anwendung anderer Gesetze

Zur Ergänzung dieses Gesetzes sind die Bestimmungen des Hessischen Verwaltungszustellungsgesetzes, des Hessischen Verwaltungsvollstreckungsgesetzes, des Hessischen Verwaltungsverfahrensgesetzes und der Verwaltungsgerichtsordnung entsprechend anzuwenden, soweit sie nicht zu den Bestimmungen dieses Gesetzes in Widerspruch stehen oder in diesem Gesetz etwas anderes bestimmt ist.

§ 7 Gebot der Beschleunigung

Disziplinarverfahren sind beschleunigt durchzuführen.

ZWEITER TEIL
Disziplinarmaßnahmen

§ 8 Arten der Disziplinarmaßnahmen

(1) Disziplinarmaßnahmen gegen Beamtinnen und Beamte sind:

1. Verweis (§ 9),
2. Geldbuße (§ 10),
3. Kürzung der Dienstbezüge (§ 11),
4. Zurückstufung (§ 12) und
5. Entfernung aus dem Beamtenverhältnis (§ 13).

(2) Disziplinarmaßnahmen gegen Ruhestandsbeamtinnen und Ruhestandsbeamte sind:

1. Kürzung des Ruhegehalts (§ 14) und
2. Aberkennung des Ruhegehalts (§ 15).

(3) Gegen Beamtinnen und Beamte auf Probe oder auf Widerruf können nur Verweis und Geldbuße verhängt werden. Für die Entlassung von Beamtinnen und Beamten auf Probe oder auf Widerruf wegen eines Dienstvergehens gelten § 23 Abs. 3 Satz 1 Nr. 1 des Beamtenstatusgesetz sowie § 29 Abs. 4 und 5 des Hessischen Beamtengesetzes.

§ 9 Verweis

Der Verweis ist der schriftliche Tadel eines bestimmten Verhaltens. Missbilligende Äußerungen (Zurechtweisungen, Ermahnungen, Rügen und dergleichen), die nicht ausdrücklich als Verweis bezeichnet werden, sind keine Disziplinarmaßnahmen.

§ 10 Geldbuße

Die Geldbuße kann bis zur Höhe der monatlichen Dienst- oder Anwärterbezüge verhängt werden. Hat die Beamtin oder der Beamte keine Dienst- oder Anwärterbezüge, darf die Geldbuße bis zu 500 Euro betragen.

§ 11 Kürzung der Dienstbezüge

(1) Die Kürzung der Dienstbezüge ist die bruchteilmäßige Verminderung der monatlichen Dienstbezüge um höchstens ein Fünftel und auf längstens drei Jahre. Sie erstreckt sich auf alle Ämter, die die Beamtin oder der Beamte bei Eintritt der Unanfechtbarkeit der Entscheidung innehat. Versorgungsansprüche aus früheren öffentlich-rechtlichen Dienstverhältnissen bleiben von der Kürzung unberührt.

(2) Die Kürzung der Dienstbezüge beginnt mit dem Kalendermonat, der auf den Eintritt der Unanfechtbarkeit der Entscheidung folgt. Tritt die Beamtin oder der Beamte vor Eintritt der Unanfechtbarkeit der Entscheidung in den Ruhestand, gilt eine entsprechende Kürzung des Ruhegehalts (§ 14) als festgesetzt. Wird die Ruhestandsbeamtin oder der Ruhestandsbeamte während der Dauer der Kürzung des Ruhegehalts erneut in das Beamtenverhältnis berufen, werden für den verbleibenden Kürzungszeitraum die Dienstbe-

züge entsprechend gekürzt. Tritt die Beamtin oder der Beamte während der Dauer der Kürzung der Dienstbezüge in den Ruhestand, wird für den verbleibenden Zeitraum das Ruhegehalt entsprechend gekürzt. Sterbegeld sowie Witwen- und Waisengeld werden nicht gekürzt.

(3) Die Kürzung der Dienstbezüge wird für die Dauer einer Beurlaubung ohne Dienstbezüge gehemmt. Die Beamtin oder der Beamte kann für diese Zeit jedoch den Kürzungsbetrag monatlich vorab an den Dienstherrn entrichten; die Dauer der Kürzung der Dienstbezüge nach der Beendigung der Beurlaubung verringert sich entsprechend.

(4) Solange die Dienstbezüge gekürzt sind, darf die Beamtin oder der Beamte nicht befördert werden. Der Zeitraum kann in der Entscheidung abgekürzt werden, sofern dies im Hinblick auf die Dauer des Disziplinarverfahrens angezeigt ist.

(5) Die Rechtsfolgen der Kürzung der Dienstbezüge erstrecken sich auch auf ein neues Beamtenverhältnis; hierbei steht bei Anwendung des Abs. 4 die Einstellung in einem höheren als dem bisherigen Amt der Beförderung gleich. Dies gilt nicht bei der Ernennung zur Wahlbeamtin oder zum Wahlbeamten auf Zeit.

§ 12 Zurückstufung

(1) Die Zurückstufung ist die Versetzung in ein Amt derselben Laufbahn mit geringerem Endgrundgehalt. Die Beamtin oder der Beamte verliert alle Rechte aus dem bisherigen Amt einschließlich der damit verbundenen Dienstbezüge und der Befugnis, die bisherige Amtsbezeichnung zu führen. Soweit in der Entscheidung nichts anderes bestimmt ist, enden mit der Zurückstufung auch die Ehrenämter und die Nebentätigkeiten, die die Beamtin oder der Beamte im Zusammenhang mit dem bisherigen Amt oder auf Verlangen, Vorschlag oder Veranlassung der oder des Dienstvorgesetzten übernommen hat.

(2) Die Dienstbezüge aus dem neuen Amt werden von dem Kalendermonat an gezahlt, der dem Eintritt der Rechtskraft der Entscheidung folgt. Tritt die Beamtin oder der Beamte vor Eintritt der Rechtskraft der Entscheidung in den Ruhestand, richten sich die Versorgungsbezüge nach der in der Entscheidung bestimmten Besoldungsgruppe.

(3) Die Beamtin oder der Beamte darf frühestens fünf Jahre nach Eintritt der Rechtskraft der Entscheidung befördert werden. Der Zeitraum kann in der Entscheidung verkürzt werden, sofern dies im Hinblick auf die Dauer des Disziplinarverfahrens angezeigt ist.

(4) Die Rechtsfolgen der Zurückstufung erstrecken sich auch auf ein neues Beamtenverhältnis; hierbei steht im Hinblick auf Abs. 3 die Einstellung in einem höheren Amt als dem, in welches die Beamtin oder der Beamte zurückgestuft wurde, der Beförderung gleich. Dies gilt nicht bei der Ernennung zur Wahlbeamtin oder zum Wahlbeamten auf Zeit.

§ 13 Entfernung aus dem Beamtenverhältnis

(1) Mit der Entfernung aus dem Beamtenverhältnis endet das Dienstverhältnis. Die Beamtin oder der Beamte verliert den Anspruch auf Dienstbezüge und Versorgung sowie die Befugnis, die Amtsbezeichnung und die im Zusammenhang mit dem Amt verliehenen Titel zu führen und die Dienstkleidung zu tragen.

(2) Die Zahlung der Dienstbezüge wird mit dem Ende des Kalendermonats eingestellt, in dem die Entscheidung rechtskräftig wird. Tritt die Beamtin oder der Beamte in den Ruhestand, bevor die Entscheidung über die Entfernung aus dem Beamtenverhältnis rechtskräftig wird, gilt die Entscheidung als Aberkennung des Ruhegehalts.

(3) Für die Dauer von sechs Monaten wird ein Unterhaltsbeitrag in Höhe von 50 Prozent der Dienstbezüge gewährt, die bei Eintritt der Rechtskraft der Entscheidung zustehen; eine Einbehaltung von Dienstbezügen nach § 43 Abs. 2 bleibt unberücksichtigt. Die Gewährung des Unterhaltsbeitrags kann in der Entscheidung ganz oder teilweise ausgeschlossen werden, soweit die Beamtin oder der Beamte ihrer nicht würdig oder den erkennbaren Umständen nach nicht bedürftig ist. Sie kann in der Entscheidung über sechs Monate

hinaus verlängert werden, soweit dies notwendig ist, um eine unbillige Härte zu vermeiden; die Beamtin oder der Beamte hat die Umstände glaubhaft zu machen. Für die Zahlung des Unterhaltsbeitrags gelten die besonderen Regelungen des § 83.

(4) Die Entfernung aus dem Beamtenverhältnis und ihre Rechtsfolgen erstrecken sich auf alle Ämter, die die Beamtin oder der Beamte bei Eintritt der Rechtskraft der Entscheidung innehat. Ist eines von mehreren Ämtern ein kommunales Ehrenamt und wird diese Disziplinarmaßnahme nur wegen eines in dem Ehrenamt oder im Zusammenhang mit diesem begangenen Dienstvergehens verhängt, kann die Entfernung aus dem Beamtenverhältnis auf das Ehrenamt und die in Verbindung mit ihm übernommenen Nebentätigkeiten beschränkt werden. Im Hinblick auf die der Beamtin oder dem Beamten verbleibenden Ämter kann eine weitere Disziplinarmaßnahme verhängt werden.

(5) Beamtinnen und Beamte, die früher in einem anderen Dienstverhältnis im hessischen Landesdienst gestanden haben und aus dem Beamtenverhältnis entfernt werden, verlieren auch die Ansprüche aus dem früheren Dienstverhältnis, wenn diese Disziplinarmaßnahme wegen eines Dienstvergehens ausgesprochen wird, das in dem früheren Dienstverhältnis begangen wurde.

(6) Beamtinnen und Beamte, die aus dem Beamtenverhältnis entfernt worden sind, dürfen nicht wieder zur Beamtin oder zum Beamten ernannt werden; es soll auch kein anderes Beschäftigungsverhältnis im öffentlichen Dienst begründet werden.

§ 14 Kürzung des Ruhegehalts

Die Kürzung des Ruhegehalts ist die bruchteilmäßige Verminderung des monatlichen Ruhegehalts um höchstens ein Fünftel und auf längstens fünf Jahre. § 11 Abs. 1 Satz 2 und 3 sowie Abs. 2 Satz 1 und 4 gilt entsprechend.

§ 15 Aberkennung des Ruhegehalts

(1) Mit der Aberkennung des Ruhegehalts verliert die Beamtin oder der Beamte den Anspruch auf Versorgung einschließlich der Hinterbliebenenversorgung und die Befugnis, die Amtsbezeichnung und die Titel zu führen, die im Zusammenhang mit dem früheren Amt verliehen wurden.

(2) Nach der Aberkennung des Ruhegehalts erhält die Ruhestandsbeamtin oder der Ruhestandsbeamte bis zur Gewährung einer Rente aufgrund einer Nachversicherung, längstens jedoch für die Dauer von sechs Monaten, einen Unterhaltsbeitrag in Höhe von 70 Prozent des Ruhegehalts, das bei Eintritt der Rechtskraft der Entscheidung zusteht; eine Einbehaltung des Ruhegehalts nach § 43 Abs. 3 bleibt unberücksichtigt. § 13 Abs. 3 Satz 2 bis 4 gilt entsprechend.

(3) Die Aberkennung des Ruhegehalts und ihre Rechtsfolgen erstrecken sich auf alle Ämter, die die Ruhestandsbeamtin oder der Ruhestandsbeamte bei Eintritt in den Ruhestand innegehabt hat.

(4) § 13 Abs. 2 Satz 1, Abs. 5 und 6 gilt entsprechend.

§ 16 Bemessung der Disziplinarmaßnahme

(1) Die Entscheidung über eine Disziplinarmaßnahme ergeht nach pflichtgemäßem Ermessen. Die Disziplinarmaßnahme ist nach der Schwere des Dienstvergehens zu bemessen. Das Persönlichkeitsbild der Beamtin oder des Beamten ist angemessen zu berücksichtigen. Ferner soll berücksichtigt werden, in welchem Umfang die Beamtin oder der Beamte das Vertrauen des Dienstherrn oder der Allgemeinheit beeinträchtigt hat.

(2) Beamtinnen und Beamte, die durch ein schweres Dienstvergehen das Vertrauen des Dienstherrn oder der Allgemeinheit endgültig verloren haben, sind aus dem Beamtenverhältnis zu entfernen. Ruhestandsbeamtinnen und -beamten wird das Ruhegehalt aberkannt, wenn sie, wären sie noch im Dienst, aus dem Beamtenverhältnis hätten entfernt werden müssen.

(3) Mehrere Disziplinarmaßnahmen können nicht nebeneinander verhängt werden. § 13 Abs. 4 Satz 3 bleibt unberührt.

I

§ 17 Zulässigkeit von Disziplinarmaßnahmen nach Straf- oder Bußgeldverfahren

(1) Ist gegen eine Beamtin oder einen Beamten im Straf- oder Bußgeldverfahren unanfechtbar eine Strafe, Geldbuße oder Ordnungsmaßnahme verhängt worden oder kann eine Tat nach § 153a Abs. 1 Satz 5 oder Abs. 2 Satz 2 der Strafprozessordnung nach der Erfüllung von Auflagen und Weisungen nicht mehr als Vergehen verfolgt werden, darf wegen desselben Sachverhalts

1. ein Verweis, eine Geldbuße oder eine Kürzung des Ruhegehalts nicht ausgesprochen werden,
2. eine Kürzung der Dienstbezüge nur ausgesprochen werden, wenn dies zusätzlich erforderlich ist, um die Beamtin oder den Beamten zur Pflichterfüllung anzuhalten oder das Ansehen des Berufsbeamtentums zu wahren.

(2) Ist die Beamtin oder der Beamte im Straf- oder Bußgeldverfahren rechtskräftig freigesprochen worden, darf wegen des Sachverhalts, der Gegenstand der gerichtlichen Entscheidung gewesen ist, eine Disziplinarmaßnahme nur ausgesprochen werden, wenn dieser Sachverhalt ein Dienstvergehen darstellt, ohne den Tatbestand einer Straf- oder Bußgeldvorschrift zu erfüllen.

§ 18 Disziplinarmaßnahmeverbot wegen Zeitablaufs

(1) Sind seit der Vollendung eines Dienstvergehens mehr als zwei Jahre vergangen, darf ein Verweis nicht mehr erteilt werden.

(2) Sind seit der Vollendung eines Dienstvergehens mehr als drei Jahre vergangen, darf eine Geldbuße, eine Kürzung der Dienstbezüge oder eine Kürzung des Ruhegehalts nicht mehr ausgesprochen werden.

(3) Sind seit der Vollendung eines Dienstvergehens mehr als sieben Jahre vergangen, darf auf Zurückstufung nicht mehr erkannt werden.

(4) Die Fristen der Abs. 1 bis 3 beginnen neu zu laufen, wenn ein Disziplinarverfahren eingeleitet, ausgedehnt oder Disziplinarklage oder Nachtragsdisziplinarklage erhoben wird oder wenn Ermittlungen nach § 29 Abs. 4 oder § 29 Abs. 5 in Verbindung mit Abs. 4 des Hessischen Beamtengesetzes angeordnet oder ausgedehnt werden.

(5) Die Fristen der Abs. 1 bis 3 sind für die Dauer des Widerspruchsverfahrens oder des gerichtlichen Disziplinarverfahrens und für die Dauer einer Aussetzung des Disziplinarverfahrens nach § 25 gehemmt. Ist vor Ablauf der Frist wegen desselben Sachverhalts ein Straf- oder Bußgeldverfahren eingeleitet oder eine Klage aus dem Beamtenverhältnis erhoben worden, ist die Frist für die Dauer dieses Verfahrens gehemmt.

§ 19 Verwertungsverbot, Entfernung aus der Personalakte

(1) Ein Verweis darf nach zwei Jahren, eine Geldbuße und eine Kürzung der Dienstbezüge oder eine Kürzung des Ruhegehalts dürfen nach drei Jahren und eine Zurückstufung darf nach sieben Jahren bei weiteren Disziplinarmaßnahmen und bei sonstigen Personalmaßnahmen nicht mehr berücksichtigt werden (Verwertungsverbot). Die Beamtin oder der Beamte gilt nach dem Eintritt des Verwertungsverbots als von der Disziplinarmaßnahme nicht betroffen.

(2) Die Frist für das Verwertungsverbot beginnt, sobald die Entscheidung über die Disziplinarmaßnahme unanfechtbar ist. Sie endet nicht, solange ein gegen die Beamtin oder den Beamten eingeleitetes Straf- oder Disziplinarverfahren nicht unanfechtbar abgeschlossen ist, eine andere Disziplinarmaßnahme berücksichtigt werden darf, eine Entscheidung über die Kürzung der Dienstbezüge oder die Kürzung des Ruhegehalts noch nicht vollstreckt ist oder ein gerichtliches Verfahren über die Beendigung des Beamtenverhältnisses oder über die Geltendmachung von Schadensersatz gegen die Beamtin oder den Beamten anhängig ist.

(3) Eintragungen in der Personalakte über die Disziplinarmaßnahme sind nach Eintritt des Verwertungsverbots von Amts wegen zu entfernen und zu vernichten. Dies gilt nicht für Rubrum und Tenor des die Zurückstufung

aussprechenden Urteils sowie für die Dokumentation der Abwesenheitszeiten aufgrund einer vorläufigen Dienstenthebung nach § 43 Abs. 1. Hinweise auf entfernte und vernichtete Disziplinarmaßnahmen in Personalbögen, Formblättern für Ernennungsvorschläge und an anderen Stellen der Personalakten erhalten einen Tilgungsvermerk. Auf Antrag der Beamtin oder des Beamten unterbleibt die Entfernung oder es erfolgt eine gesonderte Aufbewahrung. Der Antrag ist innerhalb eines Monats nach Zugang der Mitteilung zu stellen, dass die Entfernung beabsichtigt ist; die Mitteilung muss einen Hinweis auf das Antragsrecht und die Antragsfrist enthalten. Wird der Antrag gestellt oder verbleiben Rubrum und Tenor einer abschließenden gerichtlichen Entscheidung oder andere Unterlagen nach Satz 2 in der Personalakte, ist das Verwertungsverbot bei den Eintragungen zu vermerken.

(4) Die Abs. 1 bis 3 gelten entsprechend für Disziplinarvorgänge, die nicht zu einer Disziplinarmaßnahme geführt haben. Die Frist für das Verwertungsverbot beträgt, wenn das Disziplinarverfahren nach § 36 Abs. 1 Nr. 1 eingestellt wird, drei Monate und im Übrigen zwei Jahre. Die Frist beginnt mit dem Eintritt der Unanfechtbarkeit der Entscheidung, die das Disziplinarverfahren abschließt, im Übrigen mit dem Tag, an dem die oder der für die Einleitung des Disziplinarverfahrens zuständige Dienstvorgesetzte zureichende tatsächliche Anhaltspunkte erhält, die den Verdacht eines Dienstvergehens rechtfertigen.

(5) Auf die Entfernung und Vernichtung von Disziplinarvorgängen, die zu einer missbilligenden Äußerung geführt haben, findet § 91 Abs. 1 Satz 1 Nr. 2 sowie Satz 2 und 3 des Hessischen Beamtengesetzes Anwendung. Nach Fristablauf ist die Beamtin oder der Beamte auf das Antragsrecht nach § 91 Abs. 1 Satz 1 Nr. 2 des Hessischen Beamtengesetzes hinzuweisen.

DRITTER TEIL
Behördliches Disziplinarverfahren

Erster Abschnitt
Einleitung, Ausdehnung und Beschränkung

§ 20 Einleitung von Amts wegen

(1) Liegen zureichende tatsächliche Anhaltspunkte vor, die den Verdacht eines Dienstvergehens rechtfertigen, hat die oder der Dienstvorgesetzte ein Disziplinarverfahren einzuleiten. Die oder der höhere Dienstvorgesetzte und die oberste Dienstbehörde können das Disziplinarverfahren jederzeit an sich ziehen. Die Einleitung ist aktenkundig zu machen.

(2) Ein Disziplinarverfahren wird nicht eingeleitet, wenn zu erwarten ist, dass eine Disziplinarmaßnahme nach § 17, oder wenn feststeht, dass eine Disziplinarmaßnahme nach § 18 nicht ausgesprochen werden darf. Gleiches gilt, wenn feststeht, dass das einer Ruhestandsbeamtin oder einem Ruhestandsbeamten zur Last gelegte Dienstvergehen den Ausspruch einer Disziplinarmaßnahme nach §§ 14 oder 15 nicht rechtfertigt. Die Gründe sind aktenkundig zu machen und der Beamtin oder dem Beamten bekannt zu geben.

(3) Von der Einleitung kann abgesehen werden, sofern der der Beamtin oder dem Beamten zur Last gelegte Sachverhalt feststeht, die Durchführung eines Disziplinarverfahrens von der oder dem Dienstvorgesetzten wegen der geringen Bedeutung des Vorwurfs nicht für erforderlich gehalten wird und die künftige Beachtung der Dienstpflichten durch andere geeignete Maßnahmen sichergestellt ist. Ein Absehen von der Einleitung nach Satz 1 kommt nicht in Betracht, sofern der Verdacht besteht, dass ein Verstoß gegen § 42 Abs. 1 des Beamtenstatusgesetzes vorliegt.

(4) Soll gegen Beamtinnen oder Beamte, die mehrere Ämter innehaben, die nicht im Verhältnis von Haupt- zu Nebenamt stehen, ein Disziplinarverfahren eingeleitet werden, teilt die oder der einleitende Dienstvorgesetzte

I

dies den Dienstvorgesetzten mit, die für die anderen Ämter zuständig sind. Ein weiteres Disziplinarverfahren kann gegen die Beamtin oder den Beamten wegen desselben Sachverhalts nicht eingeleitet werden. Hat eine Beamtin oder ein Beamter mehrere Ämter inne, die im Verhältnis von Haupt- zu Nebenamt stehen, kann nur die oder der für das Hauptamt zuständige Dienstvorgesetzte ein Disziplinarverfahren einleiten.

(5) Die Zuständigkeiten nach den Abs. 1 bis 4 werden durch eine Beurlaubung, eine Abordnung oder eine Zuweisung nicht berührt.

§ 21 Einleitung auf Antrag

(1) Beamtinnen oder Beamte können bei der oder dem Dienstvorgesetzten die Einleitung eines Disziplinarverfahrens gegen sich selbst beantragen, um sich von dem Verdacht eines Dienstvergehens zu entlasten. Der Antrag kann auch bei der oder dem höheren Dienstvorgesetzten gestellt werden, sofern diese oder dieser nicht gleichzeitig die oberste Dienstbehörde ist.

(2) Der Antrag darf nur abgelehnt werden, wenn keine zureichenden tatsächlichen Anhaltspunkte vorliegen, die den Verdacht eines Dienstvergehens rechtfertigen. Die Entscheidung ist der Beamtin oder dem Beamten mitzuteilen.

(3) § 20 Abs. 1 Satz 2 und 3, Abs. 4 und 5 gilt entsprechend.

§ 22 Ausdehnung und Beschränkung

(1) Das Disziplinarverfahren kann bis zum Erlass einer Abschlussentscheidung nach den §§ 36 bis 38 auf neue Handlungen ausgedehnt werden, die den Verdacht eines Dienstvergehens rechtfertigen. Die Ausdehnung ist aktenkundig zu machen.

(2) Das Disziplinarverfahren kann bis zum Erlass einer Abschlussentscheidung nach den §§ 36 bis 38 oder eines Widerspruchsbescheids nach § 47 beschränkt werden, indem solche Handlungen ausgeschieden werden, die für die Art und Höhe der zu erwartenden Disziplinarmaßnahme voraussichtlich nicht ins Gewicht fallen. Die Beschränkung ist aktenkundig zu machen. Die ausgeschiedenen Handlungen können nicht wieder in das Disziplinarverfahren einbezogen werden, es sei denn, die Voraussetzungen für die Beschränkung entfallen nachträglich. Werden die ausgeschiedenen Handlungen nicht wieder einbezogen, können sie nach dem unanfechtbaren Abschluss des Disziplinarverfahrens nicht Gegenstand eines neuen Disziplinarverfahrens sein.

Zweiter Abschnitt
Durchführung

§ 23 Unterricht, Belehrung und Anhörung

(1) Beamtinnen oder Beamte sind von der Einleitung, Ausdehnung und Beschränkung des Disziplinarverfahrens unverzüglich zu unterrichten, sobald dies ohne Gefährdung der Aufklärung des Sachverhaltes möglich ist. Hierbei ist ihnen zu eröffnen, welches Dienstvergehen ihnen zur Last gelegt wird. Es ist gleichzeitig darauf hinzuweisen, dass es ihnen freisteht, sich mündlich oder schriftlich zu äußern oder nicht zur Sache auszusagen und sich jederzeit einer oder eines Bevollmächtigten oder Beistands zu bedienen.

(2) Für die Abgabe einer schriftlichen Äußerung wird den Beamtinnen oder Beamten eine Frist von einem Monat und für die Abgabe der Erklärung, sich mündlich äußern zu wollen, eine Frist von einer Woche gesetzt. Haben die Beamtinnen oder Beamten rechtzeitig erklärt, sich mündlich äußern zu wollen, ist die Anhörung innerhalb eines Monats nach Eingang der Erklärung durchzuführen. Sind die Beamtinnen oder Beamten aus zwingenden Gründen gehindert, eine Frist nach Satz 1 einzuhalten oder einer Ladung zur Anhörung Folge zu leisten, und haben sie dies unverzüglich mitgeteilt, ist die maßgebliche Frist zu verlängern oder ein zeitnaher neuer Termin zur Anhörung zu bestimmen.

(3) Ist die nach Abs. 1 Satz 2 und 3 vorgeschriebene Belehrung unterblieben oder unrichtig erfolgt, darf die Aussage der Beamtin oder des Beamten nicht zu ihrem oder seinem Nachteil verwertet werden.

§ 24 Pflicht zur Durchführung von Ermittlungen, Ausnahmen

(1) Zur Aufklärung des Sachverhalts sind die erforderlichen Ermittlungen durchzuführen. Dabei sind die belastenden, die entlastenden und die für die Bemessung einer Disziplinarmaßnahme bedeutsamen Umstände zu ermitteln. Die oder der höhere Dienstvorgesetzte und die oberste Dienstbehörde können die Ermittlungen an sich ziehen.

(2) Von Ermittlungen ist abzusehen, soweit der Sachverhalt aufgrund der tatsächlichen Feststellungen eines rechtskräftigen Urteils im Straf- oder Bußgeldverfahren oder im verwaltungsgerichtlichen Verfahren, durch das nach § 8 des Hessischen Besoldungsgesetzes über den Verlust der Besoldung bei schuldhaftem Fernbleiben vom Dienst entschieden worden ist, feststeht. Von Ermittlungen kann auch abgesehen werden, soweit der Sachverhalt auf sonstige Weise aufgeklärt ist, insbesondere aufgrund eines anderen gesetzlich geordneten Verfahrens.

(3) Mit der Durchführung der Ermittlungen können die Dienstvorgesetzten Bedienstete der eigenen Behörde oder anderer Behörden im Einvernehmen mit deren Behördenleitungen betrauen. Für die Durchführung der Ermittlungen sind sie im Hauptamt so weit zu entlasten, dass die Ermittlungen ohne Verzögerung geführt werden können. Die mit der Durchführung betrauten Bediensteten anderer Behörden unterliegen insoweit der Weisungsbefugnis der oder des für das Disziplinarverfahren zuständigen Dienstvorgesetzten.

§ 25 Zusammentreffen von Diszplinarverfahren mit Strafverfahren oder anderen Verfahren, Aussetzung

(1) Ist gegen die Beamtin oder den Beamten wegen des Sachverhalts, der dem Disziplinarverfahren zugrunde liegt, im Strafverfahren die öffentliche Klage erhoben worden, wird das Disziplinarverfahren ausgesetzt. Die Aussetzung kann unterbleiben, wenn keine begründeten Zweifel am Sachverhalt bestehen oder wenn im Strafverfahren aus Gründen nicht verhandelt werden kann, die in der Person der Beamtin oder des Beamten liegen.

(2) Das nach Abs. 1 Satz 1 ausgesetzte Disziplinarverfahren kann fortgesetzt werden, wenn die Voraussetzungen des Abs. 1 Satz 2 nachträglich eintreten; spätestens mit dem rechtskräftigen Abschluss des Strafverfahrens ist es unverzüglich fortzusetzen.

(3) Das Disziplinarverfahren kann ausgesetzt werden, wenn in einem anderen gesetzlich geordneten Verfahren über eine Frage zu entscheiden ist, deren Beurteilung für die Entscheidung im Disziplinarverfahren von wesentlicher Bedeutung ist. Abs. 1 Satz 2 und Abs. 2 gelten entsprechend.

§ 26 Bindung an tatsächliche Feststellungen aus Strafverfahren oder anderen Verfahren

(1) Die tatsächlichen Feststellungen eines rechtskräftigen Urteils im Straf- oder im Bußgeldverfahren oder im verwaltungsgerichtlichen Verfahren, durch das nach § 8 des Hessischen Besoldungsgesetzes über den Verlust der Besoldung bei schuldhaftem Fernbleiben vom Dienst entschieden worden ist, sind im Disziplinarverfahren, das denselben Sachverhalt zum Gegenstand hat, bindend.

(2) Die in einem anderen gesetzlich geordneten Verfahren getroffenen tatsächlichen Feststellungen sind nicht bindend, können aber der Entscheidung im Disziplinarverfahren ohne nochmalige Prüfung zugrunde gelegt werden.

§ 27 Beweiserhebung

(1) Die erforderlichen Beweise sind zu erheben. Hierbei können insbesondere

1. schriftliche dienstliche Auskünfte eingeholt,
2. Zeuginnen und Zeugen sowie Sachverständige vernommen oder ihre schriftliche Äußerung eingeholt,
3. Urkunden und Akten beigezogen sowie
4. der Augenschein eingenommen werden.

(2) Niederschriften über Aussagen von Personen, die schon in einem anderen gesetzlich geordneten Verfahren vernommen worden sind, sowie Niederschriften über einen richterlichen Augenschein können ohne erneute Beweiserhebung verwertet werden.

(3) Über einen Beweisantrag der Beamtin oder des Beamten ist nach pflichtgemäßem Ermessen zu entscheiden. Dem Beweisantrag ist stattzugeben, soweit er für die Tat- oder Schuldfrage oder für die Bemessung der Art und Höhe einer Disziplinarmaßnahme von Bedeutung sein kann.

(4) Der Beamtin oder dem Beamten ist Gelegenheit zu geben, an der Vernehmung von Zeuginnen und Zeugen und von Sachverständigen sowie an der Einnahme des Augenscheins teilzunehmen und hierbei sachdienliche Fragen zu stellen. Sie oder er kann von der Teilnahme ausgeschlossen werden, soweit dies aus wichtigen Gründen, insbesondere mit Rücksicht auf den Zweck der Ermittlungen oder zum Schutz der Rechte Dritter, erforderlich ist. Ein schriftliches Gutachten ist ihr oder ihm zugänglich zu machen, soweit nicht zwingende Gründe dem entgegenstehen.

§ 28 Zeuginnen und Zeugen, Sachverständige

(1) Zeuginnen und Zeugen sind zur Aussage und Sachverständige zur Erstattung von Gutachten verpflichtet. Die Bestimmungen der Strafprozessordnung über die Pflicht, als Zeugin oder Zeuge auszusagen oder als Sachverständige oder Sachverständiger ein Gutachten zu erstatten, über die Ablehnung von Sachverständigen sowie über die Vernehmung von Angehörigen des öffentlichen Dienstes als Zeuginnen oder Zeugen und Sachverständige gelten entsprechend.

(2) Wird die Aussage oder die Erstattung des Gutachtens ohne Vorliegen eines der in den §§ 52 bis 55 und § 76 der Strafprozessordnung bezeichneten Gründe verweigert, kann das Verwaltungsgericht um die Vernehmung ersucht werden. In dem Ersuchen sind der Gegenstand der Vernehmung darzulegen sowie die Namen und Anschriften der Beteiligten anzugeben. Das Verwaltungsgericht entscheidet über die Rechtmäßigkeit der Verweigerung der Aussage oder der Erstattung des Gutachtens. Die Entscheidung ist unanfechtbar.

(3) Wird mit Rücksicht auf die Bedeutung der Aussage oder des Gutachtens oder zur Herbeiführung einer wahrheitsgemäßen Aussage die Beeidigung für geboten gehalten, kann das Verwaltungsgericht um die eidliche Vernehmung ersucht werden. Das Verwaltungsgericht entscheidet über die Rechtmäßigkeit der Eidesleistung. Die Entscheidung ist unanfechtbar.

(4) Ein Ersuchen nach Abs. 2 und 3 darf nur von den Dienstvorgesetzten, ihren allgemeinen Vertretungen oder Angehörigen des öffentlichen Dienstes mit der Befähigung zum Richteramt gestellt werden.

§ 29 Herausgabe von Unterlagen

(1) Die Beamtin oder der Beamte hat Schriftstücke, Zeichnungen, bildliche Darstellungen und Aufzeichnungen einschließlich technischer Aufzeichnungen, die einen dienstlichen Bezug aufweisen, auf Verlangen für das Disziplinarverfahren zur Verfügung zu stellen. Das Verwaltungsgericht kann die Herausgabe auf Antrag durch Beschluss anordnen und sie durch die Festsetzung von Zwangsgeld erzwingen; für den Antrag gilt § 28 Abs. 4 entsprechend. Der Beschluss ist unanfechtbar.

(2) § 30 bleibt unberührt.

§ 30 Beschlagnahmen und Durchsuchungen

(1) Das Verwaltungsgericht kann auf Antrag durch Beschluss Beschlagnahmen und Durchsuchungen anordnen; § 28 Abs. 4 gilt entsprechend. Die Anordnung darf nur getroffen werden, wenn die Beamtin oder der Beamte des Dienstvergehens dringend verdächtig ist und die Maßnahme zu der Bedeutung der Sache und der zu erwartenden Disziplinarmaßnahme nicht außer Verhältnis steht. Die Bestimmungen der Strafprozessordnung über Beschlagnahmen und Durchsuchungen gelten entsprechend, soweit nicht in diesem Gesetz etwas anderes bestimmt ist.

(2) Die Maßnahmen nach Abs. 1 dürfen nur durch die nach der Strafprozessordnung dazu berufenen Behörden durchgeführt werden.

(3) Durch Abs. 1 wird das Grundrecht der Unverletzlichkeit der Wohnung (Art. 13 Abs. 1

des Grundgesetzes und Art. 8 der Verfassung des Landes Hessen) eingeschränkt.

§ 31 Untersuchung in einem Krankenhaus

(1) Zur Vorbereitung eines Gutachtens über den psychischen Zustand der Beamtin oder des Beamten kann das Verwaltungsgericht auf Antrag und nach Anhörung einer oder eines Sachverständigen durch Beschluss anordnen, dass die Beamtin oder der Beamte in einem öffentlichen psychiatrischen Krankenhaus oder einer sonstigen geeigneten Krankenanstalt untergebracht und untersucht wird; § 28 Abs. 4 gilt entsprechend. Die Anordnung darf nur getroffen werden, wenn die Beamtin oder der Beamte des Dienstvergehens dringend verdächtig ist und die Unterbringung zu der Bedeutung der Sache und der zu erwartenden Disziplinarmaßnahme nicht außer Verhältnis steht.

(2) Das Verwaltungsgericht hat die Beamtin oder den Beamten von dem Antrag nach Abs. 1 Satz 1 in Kenntnis zu setzen. Hat die Beamtin oder der Beamte selbst niemanden bevollmächtigt, bestellt das Verwaltungsgericht von Amts wegen für das Unterbringungsverfahren eine bevollmächtigte Person, die die Befähigung zum Richteramt haben muss. Von dem Beschluss, durch den die Unterbringung angeordnet wird, ist zusätzlich eine Angehörige oder ein Angehöriger der Beamtin oder des Beamten oder eine sonstige Vertrauensperson zu benachrichtigen.

(3) Die Beschwerde hat aufschiebende Wirkung.

(4) Die Unterbringung darf nur durch die nach der Strafprozessordnung dazu berufenen Behörden durchgesetzt werden. Sie darf nicht länger als sechs Wochen dauern.

(5) Durch Abs. 1 wird das Grundrecht der Freiheit der Person (Art. 2 Abs. 2 Satz 2 des Grundgesetzes, Art. 5 der Verfassung des Landes Hessen) eingeschränkt.

§ 32 Protokoll

Über Anhörungen der Beamtin oder des Beamten und Beweiserhebungen sind Protokolle aufzunehmen; § 168a der Strafprozessordnung gilt entsprechend. Bei der Einholung von schriftlichen dienstlichen Auskünften sowie der Beiziehung von Urkunden und Akten genügt die Aufnahme eines Aktenvermerks.

§ 33 Innerdienstliche Informationen

(1) Die Übermittlung von Personalakten und anderen Behördenunterlagen mit personenbezogenen Daten sowie die Erteilung von Auskünften aus diesen Akten und Unterlagen an die mit Disziplinarvorgängen befassten Stellen und die Verarbeitung der so erhobenen personenbezogenen Daten im Disziplinarverfahren sind, soweit nicht andere Rechtsvorschriften dem entgegenstehen, auch gegen den Willen der Beamtin oder des Beamten oder anderer Betroffener zulässig, wenn und soweit die Durchführung des Disziplinarverfahrens dies erfordert und überwiegende Belange der Beamtin oder des Beamten, anderer Betroffener oder der ersuchten Stellen nicht entgegenstehen.

(2) Zwischen den Dienststellen eines oder verschiedener Dienstherren sowie zwischen den Teilen einer Dienststelle sind Mitteilungen über Disziplinarverfahren, über Tatsachen aus Disziplinarverfahren und über Entscheidungen der Disziplinarorgane sowie die Übermittlung hierüber geführter Akten zulässig, wenn und soweit dies zur Durchführung des Disziplinarverfahrens, im Hinblick auf die künftige Übertragung von Aufgaben oder Ämtern an die Beamtin oder den Beamten oder im Einzelfall aus besonderen dienstlichen Gründen unter Berücksichtigung der Belange der Beamtin oder des Beamten oder anderer Betroffener erforderlich ist.

§ 34 Mitteilung des wesentlichen Ergebnisses der Ermittlungen, abschließende Anhörung

(1) Sofern das Disziplinarverfahren nicht nach § 36 Abs. 2 einzustellen ist, ist der Beamtin oder dem Beamten das wesentliche Ergebnis der Ermittlungen bekannt zu geben und Gelegenheit einzuräumen, innerhalb einer Frist von einer Woche weitere Ermittlungen zu beantragen. Gleichzeitig ist der Beamtin oder dem Beamten für den Fall, dass keine weiteren Ermittlungen beantragt werden, Gele-

I

genheit zu geben, sich abschließend zu äußern. § 23 Abs. 2 gilt entsprechend.

(2) Die Frist ist zu verlängern, wenn die Beamtin oder der Beamte aus zwingenden Gründen gehindert ist, sie einzuhalten, und dies unverzüglich mitteilt. Über einen Antrag nach Abs. 1 Satz 1 entscheidet die oder der Dienstvorgesetzte nach pflichtgemäßem Ermessen. Der Beamtin oder dem Beamten ist die Ablehnung des Antrags oder das Ergebnis der weiteren Ermittlungen mitzuteilen, gleichzeitig ist ihr oder ihm Gelegenheit zu geben, sich abschließend zu äußern. § 23 Abs. 2 gilt entsprechend.

(3) Die oberste Dienstbehörde kann bei Vorliegen einer größeren Zahl gleichartiger Sachverhalte anordnen, dass die nach Abs. 1 Satz 2 und Abs. 2 Satz 3 bestehende Möglichkeit, sich entsprechend § 23 Abs. 2 abschließend zu äußern, nur durch Abgabe einer schriftlichen Äußerung erfolgen kann.

§ 35 Abgabe des Disziplinarverfahrens

Hält die oder der Dienstvorgesetzte nach dem Ergebnis der Anhörungen und Ermittlungen die eigenen Befugnisse nach den §§ 36 bis 38 nicht für ausreichend, so führt sie oder er die Entscheidung der oder des höheren Dienstvorgesetzten oder der obersten Dienstbehörde herbei. Die oder der höhere Dienstvorgesetzte oder die oberste Dienstbehörde können das Disziplinarverfahren an die Dienstvorgesetzte oder den Dienstvorgesetzten zurückgeben, wenn sie weitere Ermittlungen für geboten oder deren oder dessen Befugnisse für ausreichend halten.

Dritter Abschnitt
Abschlussentscheidung

§ 36 Einstellungsverfügung

(1) Das Disziplinarverfahren wird eingestellt, wenn

1. ein Dienstvergehen nicht erwiesen ist,
2. ein Dienstvergehen zwar erwiesen ist, eine Disziplinarmaßnahme jedoch nicht angezeigt erscheint,
3. nach § 17 oder § 18 eine Disziplinarmaßnahme nicht verhängt werden darf oder
4. das Disziplinarverfahren oder eine Disziplinarmaßnahme aus sonstigen Gründen unzulässig ist.

(2) Das Disziplinarverfahren wird ferner eingestellt, wenn

1. die Beamtin oder der Beamte stirbt,
2. das Beamtenverhältnis durch Entlassung, Verlust der Beamtenrechte oder Entfernung aus dem Beamtenverhältnis endet oder
3. bei einer Ruhestandsbeamtin oder bei einem Ruhestandsbeamten die Folgen einer gerichtlichen Entscheidung nach § 72 Abs. 1 des Hessischen Beamtenversorgungsgesetzes eintreten.

(3) Die Einstellungsverfügung ist zu begründen und zuzustellen.

§ 37 Disziplinarverfügung

(1) Ist ein Verweis, eine Geldbuße, eine Kürzung der Dienstbezüge oder eine Kürzung des Ruhegehalts angezeigt, wird eine Disziplinarverfügung erlassen.

(2) Alle Dienstvorgesetzten sind zu Verweisen und Geldbußen gegen die ihnen unterstellten Beamtinnen und Beamten befugt.

(3) Kürzungen der Dienstbezüge können festsetzen:

1. die oberste Dienstbehörde bis zum zulässigen Höchstmaß und
2. die der obersten Dienstbehörde unmittelbar nachgeordneten Dienstvorgesetzten bis zu einer Kürzung um ein Fünftel der Dienstbezüge auf zwei Jahre.

(4) Kürzungen des Ruhegehalts bis zum zulässigen Höchstmaß können die nach § 89 zur Ausübung der Disziplinarbefugnisse zuständigen Dienstvorgesetzten festsetzen.

(5) Die oberste Dienstbehörde kann ihre Befugnisse nach Abs. 3 Nr. 1 durch Rechtsverordnung auf nachgeordnete Dienstvorgesetzte übertragen.

(6) Die Disziplinarverfügung ist zu begründen und zuzustellen.

§ 38 Erhebung der Disziplinarklage

(1) Ist die Maßnahme der Zurückstufung, der Entfernung aus dem Beamtenverhältnis oder der Aberkennung des Ruhegehalts angezeigt, wird gegen die Beamtin oder den Beamten Disziplinarklage erhoben.

(2) Die Disziplinarklage erhebt gegen Beamtinnen und Beamte die oberste Dienstbehörde, gegen Ruhestandsbeamtinnen und Ruhestandsbeamten die oder der nach § 89 zur Ausübung der Disziplinarbefugnisse zuständige Dienstvorgesetzte. Die oberste Dienstbehörde kann ihre Befugnis nach Satz 1 durch Rechtsverordnung auf nachgeordnete Dienstvorgesetzte übertragen. § 20 Abs. 1 Satz 2 sowie Abs. 4 und 5 gilt entsprechend.

§ 39 Kostentragungspflicht

(1) Wird eine Disziplinarmaßnahme verhängt, können der Beamtin oder dem Beamten die entstandenen Auslagen auferlegt werden. Bildet das der Beamtin oder dem Beamten zur Last gelegte Dienstvergehen nur zum Teil die Grundlage für die Disziplinarverfügung oder sind durch Ermittlungen, deren Ergebnis zugunsten der Beamtin oder des Beamten ausgefallen ist, besondere Kosten entstanden, können die Auslagen nur in verhältnismäßigem Umfang auferlegt werden.

(2) Wird das Disziplinarverfahren eingestellt, trägt der Dienstherr die entstandenen Auslagen. Erfolgt die Einstellung trotz Vorliegens eines Dienstvergehens, können die Auslagen der Beamtin oder dem Beamten auferlegt oder im Verhältnis geteilt werden.

(3) Der Beamtin oder dem Beamten können im Übrigen auch die Auslagen auferlegt werden, die durch ihr oder sein Verschulden entstanden sind.

(4) Soweit der Dienstherr die entstandenen Auslagen trägt, hat er der Beamtin oder dem Beamten auch die Aufwendungen zu erstatten, die zur zweckentsprechenden Rechtsverfolgung notwendig waren. Erstattungsfähig sind auch Gebühren und Auslagen einer oder eines Bevollmächtigten oder eines Beistands. Aufwendungen, die durch das Verschulden der Beamtin oder des Beamten entstanden sind, hat diese oder dieser selbst zu tragen; das Verschulden einer Vertreterin oder eines Vertreters ist ihr oder ihm zuzurechnen.

(5) Das behördliche Disziplinarverfahren ist gebührenfrei.

§ 40 Kosten

Als Auslagen sind zu erheben:

1. Kosten für die Unterbringung und Untersuchung der Beamtin oder des Beamten nach § 31 Abs. 1,
2. Auslagen der nach § 31 Abs. 2 bevollmächtigten Person,
3. Auslagen der gesetzlichen Vertretungen nach § 3 Abs. 2 und
4. Auslagen im Sinne des § 9 Abs. 1 und 2 des Hessischen Verwaltungskostengesetzes in der Fassung vom 12. Januar 2004 (GVBl. I S. 36), geändert durch Gesetz vom 21. März 2005 (GVBl. I S. 229).

§ 41 Grenzen der erneuten Ausübung der Disziplinarbefugnisse

(1) Die Einstellungsverfügung und die Disziplinarverfügung sind der oder dem höheren Dienstvorgesetzten unverzüglich zuzuleiten. Hält diese ihre oder hält dieser seine Befugnisse nach den Abs. 2 und 3 nicht für ausreichend, hat sie oder er die Einstellungsverfügung oder die Disziplinarverfügung unverzüglich der obersten Dienstbehörde zuzuleiten. Die oberste Dienstbehörde kann das Disziplinarverfahren an die höhere Dienstvorgesetzte oder den höheren Dienstvorgesetzten zurückgeben, wenn sie weitere Ermittlungen für geboten hält oder die Befugnisse der oder des höheren Dienstvorgesetzten für ausreichend hält. Eine Zuleitungspflicht nach Satz 1 besteht nicht, sofern dies die oberste Dienstbehörde allgemein angeordnet hat.

(2) Die oder der höhere Dienstvorgesetzte und die oberste Dienstbehörde können ungeachtet einer Einstellung des Disziplinarverfahrens nach § 36 Abs. 1 im Rahmen ihrer Zuständigkeiten wegen desselben Sachverhalts eine Disziplinarverfügung erlassen oder Disziplinarklage erheben. Eine Entscheidung nach Satz 1 ist nur innerhalb von drei Monaten nach der Zustellung der Einstellungsverfügung zulässig, es sei denn, es ergeht wegen

desselben Sachverhalts ein rechtskräftiges Urteil aufgrund von tatsächlichen Feststellungen, die von denjenigen tatsächlichen Feststellungen, auf denen die Entscheidung beruht, abweichen. Die Beamtin oder der Beamte ist vor einer Entscheidung nach Satz 1 anzuhören.

(3) Die oder der höhere Dienstvorgesetzte und die oberste Dienstbehörde können eine Disziplinarverfügung nachgeordneter Dienstvorgesetzter, die oberste Dienstbehörde auch eine von ihr selbst erlassene Disziplinarverfügung jederzeit aufheben. Sie können im Rahmen ihrer Zuständigkeiten in der Sache neu entscheiden oder Disziplinarklage erheben. Für eine Verschärfung der Disziplinarmaßnahme nach Art und Höhe oder die Erhebung der Disziplinarklage gilt Abs. 2 Satz 2 und 3 entsprechend.

(4) Die oberste Dienstbehörde kann die ihr nach Abs. 2 und 3 zustehenden Befugnisse durch Rechtsverordnung auf nachgeordnete Behörden übertragen, soweit diese für die Ernennung der Beamtin oder des Beamten zuständig sind.

§ 42 Verfahren bei nachträglicher Entscheidung im Straf- oder Bußgeldverfahren

(1) Ergeht nach dem Eintritt der Unanfechtbarkeit der Disziplinarverfügung in einem Straf- oder Bußgeldverfahren, das wegen desselben Sachverhalts eingeleitet worden ist, unanfechtbar eine Entscheidung, aufgrund deren die Disziplinarmaßnahme nach § 17 nicht zulässig wäre, ist die Disziplinarverfügung auf Antrag der Beamtin oder des Beamten von der oder dem Dienstvorgesetzten, die oder der sie erlassen hat, aufzuheben und das Disziplinarverfahren einzustellen.

(2) Die Antragsfrist beträgt drei Monate. Sie beginnt mit dem Tag, an dem die Beamtin oder der Beamte von der in Abs. 1 bezeichneten Entscheidung Kenntnis erhalten hat.

(3) Die Kostentragungspflicht richtet sich im Falle der Ablehnung des Antrags nach § 39 Abs. 1 und im Falle seiner Stattgabe nach § 39 Abs. 2.

Vierter Abschnitt
Vorläufige Dienstenthebung und Einbehaltung von Bezügen

§ 43 Zulässigkeit

(1) Die für die Erhebung der Disziplinarklage zuständige Behörde kann eine Beamtin oder einen Beamten gleichzeitig mit oder nach der Einleitung des Disziplinarverfahrens vorläufig des Dienstes entheben, wenn im Disziplinarverfahren voraussichtlich auf Entfernung aus dem Beamtenverhältnis oder auf Aberkennung des Ruhegehalts erkannt werden wird oder wenn voraussichtlich eine Entlassung nach § 23 Abs. 3 Satz 1 Nr. 1 des Beamtenstatusgesetzes sowie § 29 Abs. 4 oder 5 des Hessischen Beamtengesetzes erfolgen wird. Sie kann die Beamtin oder den Beamten außerdem vorläufig des Dienstes entheben, wenn durch das Verbleiben im Dienst der Dienstbetrieb oder die Ermittlungen wesentlich beeinträchtigt würden und die vorläufige Dienstenthebung zu der Bedeutung der Sache und der zu erwartenden Disziplinarmaßnahme nicht außer Verhältnis steht.

(2) Die für die Erhebung der Disziplinarklage zuständige Behörde kann gleichzeitig mit oder nach der vorläufigen Dienstenthebung anordnen, dass bis zu 50 vom Hundert der monatlichen Dienst- oder Anwärterbezüge einbehalten werden, wenn im Disziplinarverfahren voraussichtlich auf Zurückstufung, Entfernung aus dem Beamtenverhältnis oder auf Aberkennung des Ruhegehalts erkannt werden wird oder wenn voraussichtlich eine Entlassung nach § 23 Abs. 3 Satz 1 Nr. 1 des Beamtenstatusgesetzes sowie § 29 Abs. 4 oder 5 des Hessischen Beamtengesetzes erfolgen wird.

(3) Die für die Erhebung der Disziplinarklage zuständige Behörde kann gleichzeitig mit oder nach der Einleitung des Disziplinarverfahrens anordnen, dass bis zu 30 vom Hundert des Ruhegehalts einbehalten werden, wenn im Disziplinarverfahren voraussichtlich auf Aberkennung des Ruhegehalts erkannt werden wird.

(4) Einkünfte aus genehmigungspflichtiger Nebentätigkeit dürfen zusammen mit den

nach Abs. 2 oder 3 gekürzten Bezügen die zuletzt erhaltenen vollen Dienstbezüge nicht übersteigen. Der übersteigende Betrag ist auf die nach Abs. 2 oder 3 gewährten Bezüge anzurechnen. Die Beamtin oder der Beamte ist zur Auskunft über die Einnahmen aus Nebentätigkeit verpflichtet.

(5) Die Beamtin oder der Beamte ist vor Anordnungen nach den Abs. 1 bis 3 anzuhören.

(6) Die für die Erhebung der Disziplinarklage zuständige Behörde kann die vorläufige Dienstenthebung, die Einbehaltung von Dienst- oder Anwärterbezügen sowie die Einbehaltung von Ruhegehalt jederzeit ganz oder teilweise aufheben.

(7) Der Rechtsbehelf der Beamtin oder des Beamten gegen die vorläufige Dienstenthebung oder die Einbehaltung von Bezügen richtet sich nach § 68.

§ 44 Rechtswirkungen

(1) Die vorläufige Dienstenthebung wird mit der Zustellung, die Einbehaltung von Bezügen mit dem auf die Zustellung folgenden Fälligkeitstag wirksam und vollziehbar. Diese Maßnahmen erstrecken sich auf alle Ämter, die die Beamtin oder der Beamte innehat.

(2) Ist eines der Ämter ein kommunales Ehrenamt und ist das Disziplinarverfahren nur wegen eines in dem Ehrenamt oder im Zusammenhang mit diesem begangenen Dienstvergehens eingeleitet worden, kann die vorläufige Dienstenthebung auf das Ehrenamt und die in Verbindung mit ihm übernommenen Nebentätigkeiten beschränkt werden.

(3) Für die Dauer der vorläufigen Dienstenthebung ruhen die im Zusammenhang mit dem Amt entstandenen Ansprüche auf Aufwandsentschädigung.

(4) Erfolgt die vorläufige Dienstenthebung während eines schuldhaften Fernbleibens vom Dienst, dauert der nach § 8 des Hessischen Besoldungsgesetzes begründete Verlust der Bezüge fort. Er endet mit dem Zeitpunkt, zu dem die Beamtin oder der Beamte den Dienst ohne Hinderung durch die vorläufige Dienstenthebung aufgenommen hätte. Der Zeitpunkt ist von der für die Erhebung der Disziplinarklage zuständigen Behörde festzustellen und der Beamtin oder dem Beamten mitzuteilen.

(5) Die vorläufige Dienstenthebung und die Einbehaltung von Bezügen enden mit dem rechtskräftigen Abschluss des Disziplinarverfahrens.

§ 45 Verfall und Nachzahlung der einbehaltenen Beträge

(1) Die nach § 43 Abs. 2 bis 4 einbehaltenen Bezüge verfallen, wenn

1. im Disziplinarverfahren auf Entfernung aus dem Beamtenverhältnis oder auf Aberkennung des Ruhegehalts erkannt worden ist,
2. in einem wegen desselben Sachverhalts eingeleiteten Strafverfahren eine Strafe verhängt worden ist, die den Verlust der Rechte als Beamtin oder Beamter oder als Ruhestandsbeamtin oder Ruhestandsbeamter zur Folge hat,
3. das Disziplinarverfahren aufgrund des § 36 Abs. 1 Nr. 3 eingestellt worden ist und ein neues Disziplinarverfahren, das innerhalb von drei Monaten nach der Einstellung wegen desselben Sachverhalts eingeleitet worden ist, zur Entfernung aus dem Beamtenverhältnis oder zur Aberkennung des Ruhegehalts geführt hat oder
4. das Disziplinarverfahren aus den Gründen des § 36 Abs. 2 Nr. 2 oder 3 eingestellt worden ist und die für die Erhebung der Disziplinarklage zuständige Behörde (§ 38 Abs. 2) festgestellt hat, dass die Entfernung aus dem Beamtenverhältnis oder die Aberkennung des Ruhegehalts gerechtfertigt gewesen wäre. Wird im Disziplinarverfahren auf Zurückstufung erkannt, verfallen die nach § 43 Abs. 2 einbehaltenen Bezüge in dem Umfang, in welchem das Gehalt, das die Beamtin oder der Beamte während des Zeitraums der Einbehaltung in dem früheren Amt erhalten hätte, dasjenige Gehalt übersteigt, das in dieser Zeit auch in dem neuen Amt zugestanden hätte; Satz 1 Nr. 3 und 4 gilt entsprechend.

(2) Wird das Disziplinarverfahren auf andere Weise als in den Fällen des Abs. 1 unan-

I

fechtbar abgeschlossen, sind die nach § 43 Abs. 2 bis 4 einbehaltenen Bezüge nachzuzahlen. Auf die nachzuzahlenden Dienstbezüge können Einkünfte aus genehmigungspflichtigen Nebentätigkeiten angerechnet werden, die die Beamtin oder der Beamte aus Anlass der vorläufigen Dienstenthebung ausgeübt hat, wenn eine Disziplinarmaßnahme verhängt worden ist oder die für die Erhebung der Disziplinarklage zuständige Behörde feststellt, dass ein Dienstvergehen erwiesen ist. Die Beamtin oder der Beamte ist verpflichtet, über die Höhe solcher Einkünfte Auskunft zu geben.

Fünfter Abschnitt Widerspruchsverfahren

§ 46 Widerspruch

Vor der Erhebung der Klage ist ein Widerspruchsverfahren durchzuführen. Ein Widerspruchsverfahren findet nicht statt, wenn die angefochtene Entscheidung durch die oberste Dienstbehörde erlassen worden ist.

§ 47 Widerspruchsbescheid

(1) Der Widerspruchsbescheid wird durch die oberste Dienstbehörde, bei Ruhestandsbeamtinnen und -beamten durch die oder den nach § 89 zuständigen Dienstvorgesetzten erlassen. Die oberste Dienstbehörde kann ihre Zuständigkeit nach Satz 1 durch Rechtsverordnung auf nachgeordnete Behörden übertragen.

(2) In dem Widerspruchsbescheid darf die angefochtene Entscheidung nicht zum Nachteil der Beamtin oder des Beamten abgeändert werden. Die Befugnis, eine abweichende Entscheidung nach § 41 Abs. 3 zu treffen, bleibt unberührt.

(3) In der Entscheidung über den Widerspruch gegen eine Disziplinarverfügung (§ 37 Abs. 1) kann die Widerspruchsbehörde

1. den Widerspruch zurückweisen,
2. die Disziplinarverfügung aufheben,
3. die Disziplinarverfügung zugunsten der Beamtin oder des Beamten abändern oder
4. das Disziplinarverfahren einstellen, wenn ein Dienstvergehen zwar erwiesen ist, die Verhängung einer Disziplinarmaßnahme jedoch nicht angezeigt erscheint.

§ 48 Kostentragungspflicht

(1) Im Widerspruchsverfahren trägt der unterliegende Teil die entstandenen Auslagen. Hat der Widerspruch teilweise Erfolg, sind die Auslagen im Verhältnis zu teilen; dies gilt auch im Falle der Einstellung des Disziplinarverfahrens nach § 47 Abs. 3 Nr. 4. Wird eine Disziplinarverfügung trotz Vorliegens eines Dienstvergehens aufgehoben, können die Auslagen ganz oder teilweise der Beamtin oder dem Beamten auferlegt werden.

(2) Wird der Widerspruch zurückgenommen, hat die Beamtin oder der Beamte die entstandenen Auslagen zu tragen.

(3) Erledigt sich ein Widerspruchsverfahren in der Hauptsache auf andere Weise, ist über die entstandenen Auslagen nach billigem Ermessen zu entscheiden.

(4) Auslagen, die durch einen Antrag auf Wiedereinsetzung in den vorigen Stand entstanden sind, fallen der Beamtin oder dem Beamten zur Last.

(5) Auferlegt werden können auch die Auslagen, die durch ein Verschulden der Beamtin oder des Beamten entstanden sind.

(6) § 39 Abs. 4 und 5 gilt entsprechend.

§ 49 Grenzen der erneuten Ausübung der Disziplinarbefugnisse

(1) Der Widerspruchsbescheid ist der obersten Dienstbehörde unverzüglich zuzuleiten. Diese kann den Widerspruchsbescheid, durch den über eine Disziplinarverfügung entschieden worden ist, jederzeit aufheben. Sie kann in der Sache neu entscheiden oder Disziplinarklage erheben. Eine Zuleitungspflicht nach Satz 1 besteht nicht, sofern dies die oberste Dienstbehörde allgemein angeordnet hat. Für eine Verschärfung der Disziplinarmaßnahme nach Art oder Höhe oder die Erhebung der Disziplinarklage gilt § 41 Abs. 2 Satz 2 und 3 entsprechend.

(2) Die oberste Dienstbehörde kann die ihr nach Abs. 1 Satz 2 und 3 zustehenden Be-

fugnisse durch Rechtsverordnung auf nachgeordnete Behörden übertragen, soweit diese für die Ernennung der Beamtin oder des Beamten zuständig sind.

VIERTER TEIL
Gerichtliches Disziplinarverfahren

Erster Abschnitt
Disziplinargerichtsbarkeit

§ 50 Zuständigkeit der Verwaltungsgerichtsbarkeit

Für Klagen aufgrund dieses Gesetzes und für die sonstigen den Gerichten zugewiesenen Aufgaben ist die Verwaltungsgerichtsbarkeit zuständig. Hierzu wird beim Verwaltungsgericht Wiesbaden eine Kammer für Disziplinarsachen und beim Hessischen Verwaltungsgerichtshof ein Senat für Disziplinarsachen gebildet. Diese Spruchkörper sind auch für den Rechtsschutz gegen schriftliche missbilligende Äußerungen zuständig.

§ 51 Kammer für Disziplinarsachen

(1) Die Kammer für Disziplinarsachen entscheidet in der Besetzung von drei Richterinnen oder Richtern und zwei Beamtenbeisitzerinnen oder Beamtenbeisitzern als ehrenamtlichen Richterinnen oder Richtern, wenn nicht eine Einzelrichterin oder ein Einzelrichter entscheidet. An Beschlüssen außerhalb der mündlichen Verhandlung und an Gerichtsbescheiden wirken die Beamtenbeisitzerinnen und Beamtenbeisitzer nicht mit. Eine oder einer der Beamtenbeisitzerinnen oder Beamtenbeisitzer soll dem Verwaltungszweig und der Laufbahngruppe der Beamtin oder des Beamten angehören, gegen die oder den sich das Disziplinarverfahren richtet.

(2) Für die Übertragung des Rechtsstreits auf die Einzelrichterin oder den Einzelrichter gilt § 6 der Verwaltungsgerichtsordnung. In dem Verfahren der Disziplinarklage ist eine Übertragung auf die Einzelrichterin oder den Einzelrichter ausgeschlossen.

(3) Die oder der Vorsitzende der Kammer für Disziplinarsachen entscheidet, wenn die Entscheidung im vorbereitenden Verfahren ergeht,

1. bei Zurücknahme der Klage, des Antrags oder eines Rechtsmittels,
2. bei Erledigung des gerichtlichen Disziplinarverfahrens in der Hauptsache und
3. über die Kosten.

Im Einverständnis der Beteiligten kann die oder der Vorsitzende auch sonst anstelle der Kammer entscheiden. Ist eine Berichterstatterin oder ein Berichterstatter bestellt, entscheidet sie oder er anstelle der oder des Vorsitzenden.

§ 52 Beamtenbeisitzerinnen und Beamtenbeisitzer

(1) Die Beamtennbeisitzerinnen und Beamtenbeisitzer müssen auf Lebenszeit ernannte Landes- oder Kommunalbeamte sein und bei ihrer Wahl ihren dienstlichen Wohnsitz (§ 18 des Hessischen Besoldungsgesetzes) im Bezirk des zuständigen Verwaltungsgerichts haben.

(2) Die §§ 20 bis 25, 27, 28, 32 und 34 der Verwaltungsgerichtsordnung werden auf die Beamtenbeisitzerinnen und Beamtenbeisitzer nicht angewandt. Die Regelung des § 55 Abs. 3 bleibt unberührt.

(3) Die Beamtenbeisitzerinnen und Beamtenbeisitzer werden von dem Ausschuss, der zur Wahl der ehrenamtlichen Richterinnen und Richter bestellt ist (§ 26 der Verwaltungsgerichtsordnung), auf fünf Jahre gewählt. Wird eine Nachwahl erforderlich, ist sie nur für den Rest der Amtszeit vorzunehmen.

(4) Das Ministerium der Justiz stellt in jedem fünften Jahr Vorschlagslisten von Beamtenbeisitzerinnen und Beamtenbeisitzern auf. Hierbei ist die doppelte Anzahl der durch die Präsidentinnen und Präsidenten der Verwaltungsgerichte jeweils als erforderlich bezeichneten Beamtenbeisitzerinnen und Beamtenbeisitzer zugrunde zu legen. Die obersten Landesbehörden, die kommunalen Spitzenverbände und die Spitzenorganisationen der im Lande bestehenden Gewerkschaften der Beamtinnen und Beamten können Beamtinnen und Beamte für die Liste vorschlagen.

I

In die Listen sind die vorgeschlagenen Beamtinnen und Beamten, nach Laufbahngruppen und Verwaltungsbereichen gegliedert, nach pflichtgemäßem Ermessen des Ministeriums aufzunehmen.

(5) Die Ministerin oder der Minister der Justiz kann die Aufgabe nach Abs. 4 Satz 1 durch Rechtsverordnung auf eine nachgeordnete Behörde übertragen.

§ 53 Ausschluss von der Ausübung des Richteramts

(1) Von der Ausübung des Richteramts ist ausgeschlossen, wer

1. durch das Dienstvergehen verletzt ist,
2. Ehegattin, Ehegatte, eingetragene Lebenspartnerin, eingetragener Lebenspartner, gesetzliche Vertreterin oder gesetzlicher Vertreter der Beamtin oder des Beamten oder der oder des Verletzten ist oder war,
3. mit der Beamtin oder dem Beamten oder der oder dem Verletzten in gerader Linie verwandt oder verschwägert oder in der Seitenlinie bis zum dritten Grad verwandt oder bis zum zweiten Grad verschwägert ist oder war,
4. in dem Disziplinarverfahren gegen die Beamtin oder den Beamten tätig war oder als Zeugin oder Zeuge gehört wurde oder als Sachverständige oder Sachverständiger ein Gutachten erstattet hat,
5. in einem wegen desselben Sachverhalts eingeleiteten Straf- oder Bußgeldverfahren gegen die Beamtin oder den Beamten beteiligt war oder
6. Dienstvorgesetzte oder Dienstvorgesetzter der Beamtin oder des Beamten ist oder war oder bei einer oder einem Dienstvorgesetzten der Beamtin oder des Beamten mit der Bearbeitung von Personalangelegenheiten der Beamtin oder des Beamten befasst ist.

(2) Beamtenbeisitzerinnen und -beisitzer sind auch ausgeschlossen, wenn sie der Dienststelle der Beamtin oder des Beamten angehören.

§ 54 Nichtheranziehung von Beamtenbeisitzerinnen und Beamtenbeisitzern

Beamtenbeisitzerinnen und Beamtenbeisitzer, gegen die Disziplinarklage oder wegen einer vorsätzlich begangenen Straftat die öffentliche Klage erhoben oder der Erlass eines Strafbefehls beantragt oder denen die Führung der Dienstgeschäfte verboten worden ist, dürfen während dieser Verfahren oder für die Dauer des Verbots zur Ausübung ihres Richteramtes nicht herangezogen werden.

§ 55 Entbindung vom Amt der Beamtenbeisitzerin oder des Beamtenbeisitzers

(1) Beamtenbeisitzerinnen und Beamtenbeisitzer sind von ihrem Amt zu entbinden, wenn

1. sie im Strafverfahren rechtskräftig zu einer Freiheitsstrafe verurteilt worden sind,
2. im Disziplinarverfahren gegen sie unanfechtbar eine Disziplinarmaßnahme mit Ausnahme eines Verweises ausgesprochen worden ist,
3. sie in ein Amt außerhalb der Bezirke, für die das Gericht zuständig ist, versetzt werden oder
4. das Beamtenverhältnis endet oder
5. die Voraussetzungen für das Amt der Beamtenbeisitzerin oder des Beamtenbeisitzers nach § 52 Abs. 1 von Anfang an nicht vorlagen.

(2) In besonderen Härtefällen können die Beamtenbeisitzerinnen und Beamtenbeisitzer auch auf Antrag von der weiteren Ausübung des Amts entbunden werden.

(3) Für die Entscheidung gilt § 24 Abs. 3 der Verwaltungsgerichtsordnung entsprechend.

§ 56 Senate für Disziplinarsachen

(1) Für den Senat für Disziplinarsachen beim Hessischen Verwaltungsgerichtshof gelten § 51 Abs. 1 und 3 sowie die §§ 52 bis 55 entsprechend.

(2) Für das Bundesverwaltungsgericht gilt § 53 Abs. 1 entsprechend.

Zweiter Abschnitt Disziplinarverfahren vor dem Verwaltungsgericht

Erster Titel Klageverfahren

§ 57 Klageerhebung, Form und Frist der Klage

(1) Die Klageschrift der Disziplinarklage muss den persönlichen und beruflichen Werdegang der Beamtin oder des Beamten, den bisherigen Gang des Disziplinarverfahrens, die Tatsachen, in denen ein Dienstvergehen gesehen wird, und die anderen Tatsachen und Beweismittel, die für die Entscheidung bedeutsam sind, geordnet darstellen. Liegen die Voraussetzungen des § 26 Abs. 1 vor, kann wegen der Tatsachen, in denen ein Dienstvergehen gesehen wird, auf die bindenden Feststellungen der ihnen zugrunde liegenden Urteile verwiesen werden.

(2) Für die Form und Frist der übrigen Klagen gelten die §§ 74, 75 und § 81 der Verwaltungsgerichtsordnung. Der Lauf der Frist des § 75 Satz 2 der Verwaltungsgerichtsordnung ist gehemmt, solange das Disziplinarverfahren nach § 25 ausgesetzt ist.

§ 58 Nachtragsdisziplinarklage

(1) Neue Handlungen, die nicht Gegenstand einer anhängigen Disziplinarklage sind, können nur durch Erhebung einer Nachtragsdisziplinarklage in das Disziplinarverfahren einbezogen werden.

(2) Hält der Dienstherr die Einbeziehung neuer Handlungen für angezeigt, teilt er dies dem Gericht unter Angabe der konkreten Anhaltspunkte mit, die den Verdacht eines Dienstvergehens rechtfertigen. Das Gericht setzt das Disziplinarverfahren vorbehaltlich des Abs. 3 aus und bestimmt eine Frist, bis zu der die Nachtragsdisziplinarklage erhoben werden kann. Die Frist kann auf einen vor ihrem Ablauf gestellten Antrag des Dienstherrn verlängert werden, wenn dieser sie aus Gründen, die er nicht zu vertreten hat, voraussichtlich nicht einhalten kann. Die Fristsetzung und ihre Verlängerung erfolgen durch Beschluss. Der Beschluss ist unanfechtbar.

(3) Das Gericht kann von einer Aussetzung des Disziplinarverfahrens nach Abs. 2 absehen, wenn die neuen Handlungen für die Art und Höhe der zu erwartenden Disziplinarmaßnahme voraussichtlich nicht ins Gewicht fallen oder ihre Einbeziehung das Disziplinarverfahren erheblich verzögern würde; Abs. 2 Satz 4 und 5 gilt entsprechend. Ungeachtet einer Fortsetzung des Disziplinarverfahrens nach Satz 1 kann wegen der neuen Handlungen bis zur Zustellung der Ladung zur mündlichen Verhandlung oder bis zur Zustellung eines Beschlusses nach § 64 Nachtragsdisziplinarklage erhoben werden. Die Handlungen können auch Gegenstand eines neuen Disziplinarverfahrens sein.

(4) Wird innerhalb der nach Abs. 2 bestimmten Frist nicht Nachtragsdisziplinarklage erhoben, so setzt das Gericht das Disziplinarverfahren ohne Einbeziehung der neuen Handlungen fort; Abs. 3 Satz 2 und 3 gilt entsprechend.

§ 59 Belehrung

Die Beamtin oder der Beamte ist durch die Vorsitzende oder den Vorsitzenden gleichzeitig mit der Zustellung der Disziplinarklage oder der Nachtragsdisziplinarklage auf die Fristen des § 60 Abs. 1 und des § 63 Abs. 2 sowie auf die Folgen der Fristversäumung hinzuweisen.

§ 60 Mängel des behördlichen Disziplinarverfahrens oder der Klageschrift

(1) Bei einer Disziplinarklage hat die Beamtin oder der Beamte wesentliche Mängel des behördlichen Disziplinarverfahrens oder der Klageschrift innerhalb zweier Monate nach Zustellung der Klage oder der Nachtragsdisziplinarklage geltend zu machen.

(2) Wesentliche Mängel, die nicht oder nicht innerhalb der Frist des Abs. 1 geltend gemacht werden, kann das Gericht unberücksichtigt lassen, wenn ihre Berücksichtigung nach seiner freien Überzeugung die Erledigung des Disziplinarverfahrens verzögern

würde und die Beamtin oder der Beamte über die Folgen der Fristversäumung belehrt worden ist; dies gilt nicht, wenn die Beamtin oder der Beamte zwingende Gründe für die Verspätung glaubhaft macht.

(3) Das Gericht kann dem Dienstherrn zur Beseitigung eines wesentlichen Mangels, den die Beamtin oder der Beamte rechtzeitig geltend gemacht hat oder dessen Berücksichtigung es unabhängig davon für angezeigt hält, eine Frist setzen. § 58 Abs. 2 Satz 3 gilt entsprechend. Wird der Mangel innerhalb der Frist nicht beseitigt, wird das Disziplinarverfahren durch Beschluss des Gerichts eingestellt.

(4) Die rechtskräftige Einstellung nach Abs. 3 steht einem rechtskräftigen Urteil gleich.

§ 61 Beschränkung des Disziplinarverfahrens

Das Gericht kann das Disziplinarverfahren beschränken, indem es solche Handlungen ausscheidet, die für die Art und Höhe der zu erwartenden Disziplinarmaßnahme nicht oder voraussichtlich nicht ins Gewicht fallen. Die ausgeschiedenen Handlungen können nicht wieder in das Disziplinarverfahren einbezogen werden, es sei denn, die Voraussetzungen für die Beschränkung entfallen nachträglich. Werden die ausgeschiedenen Handlungen nicht wieder einbezogen, können sie nach dem rechtskräftigen Abschluss des Disziplinarverfahrens nicht Gegenstand eines neuen Disziplinarverfahrens sein.

§ 62 Bindung an tatsächliche Feststellungen aus anderen Verfahren

(1) Die tatsächlichen Feststellungen eines rechtskräftigen Urteils im Straf- oder Bußgeldverfahren oder im verwaltungsgerichtlichen Verfahren, durch das nach § 8 des Hessischen Besoldungsgesetzes über den Verlust der Besoldung bei schuldhaftem Fernbleiben vom Dienst entschieden worden ist, sind im Disziplinarverfahren, das denselben Sachverhalt zum Gegenstand hat, für das Gericht bindend. Es hat jedoch die erneute Prüfung solcher Feststellungen zu beschließen, die offenkundig unrichtig sind.

(2) Die in einem anderen gesetzlich geordneten Verfahren getroffenen tatsächlichen Feststellungen sind nicht bindend, können aber der Entscheidung ohne erneute Prüfung zugrunde gelegt werden.

§ 63 Beweisaufnahme

(1) Das Gericht erhebt die erforderlichen Beweise.

(2) Bei einer Disziplinarklage sind Beweisanträge von dem Dienstherrn in der Klageschrift und von der Beamtin oder dem Beamten innerhalb zweier Monate nach Zustellung der Klage oder der Nachtragsdisziplinarklage zu stellen. Ein verspäteter Antrag kann abgelehnt werden, wenn seine Berücksichtigung nach der freien Überzeugung des Gerichts die Erledigung des Disziplinarverfahrens verzögern würde und die Beamtin oder der Beamte über die Folgen der Fristversäumung belehrt worden ist; dies gilt nicht, wenn zwingende Gründe für die Verspätung glaubhaft gemacht werden.

(3) Die Bestimmungen der Strafprozessordnung über die Pflicht, als Zeugin oder Zeuge auszusagen oder als Sachverständige oder Sachverständiger ein Gutachten zu erstatten, über die Ablehnung von Sachverständigen sowie über die Vernehmung von Angehörigen des öffentlichen Dienstes als Zeuginnen oder Zeugen und Sachverständige gelten entsprechend.

§ 64 Entscheidung durch Beschluss

(1) Bei einer Disziplinarklage kann das Gericht, auch nach der Eröffnung der mündlichen Verhandlung, mit Zustimmung der Beteiligten durch Beschluss

1. auf die erforderliche Disziplinarmaßnahme (§ 8) erkennen, wenn nur ein Verweis, eine Geldbuße, eine Kürzung der Dienstbezüge oder eine Kürzung des Ruhegehalts verwirkt ist, oder
2. die Disziplinarklage abweisen.

Zur Erklärung der Zustimmung kann den Beteiligten von dem Gericht, der oder dem Vorsitzenden oder der Berichterstatterin oder dem Berichterstatter eine Frist gesetzt werden, nach deren Ablauf die Zustimmung als erteilt gilt, wenn nicht eine Beteiligte oder ein Beteiligter widersprochen hat.

(2) Der rechtskräftige Beschluss nach Abs. 1 steht einem rechtskräftigen Urteil gleich.

§ 65 Mündliche Verhandlung, Entscheidung durch Urteil

(1) Das Gericht entscheidet über die Klage, wenn das Disziplinarverfahren nicht auf andere Weise abgeschlossen wird, aufgrund mündlicher Verhandlung durch Urteil.

(2) Bei einer Disziplinarklage dürfen nur die Handlungen zum Gegenstand der Urteilsfindung gemacht werden, die der Beamtin oder dem Beamten in der Klage oder der Nachtragsdisziplinarklage als Dienstvergehen zur Last gelegt werden. Das Gericht kann in dem Urteil

1. auf die erforderliche Disziplinarmaßnahme (§ 8) erkennen oder
2. die Disziplinarklage abweisen.

(3) Bei der Klage gegen eine Disziplinarverfügung prüft das Gericht neben der Rechtmäßigkeit auch die Zweckmäßigkeit der angefochtenen Entscheidung.

(4) § 106 der Verwaltungsgerichtsordnung wird nicht angewandt.

§ 66 Grenzen der erneuten Ausübung der Disziplinarbefugnisse

(1) Soweit der Dienstherr die Disziplinarklage zurückgenommen hat, können die ihr zugrunde liegenden Handlungen nicht mehr Gegenstand eines Disziplinarverfahrens sein.

(2) Hat das Gericht rechtskräftig über die Klage gegen eine Disziplinarverfügung entschieden, ist hinsichtlich der dieser Entscheidung zugrunde liegenden Handlungen eine erneute Ausübung der Disziplinarbefugnisse nur wegen solcher erheblicher Tatsachen und Beweismittel zulässig, die keinen Eingang in das gerichtliche Disziplinarverfahren gefunden haben. Eine Verschärfung der Disziplinarmaßnahme nach Art oder Höhe oder die Erhebung der Disziplinarklage ist nur innerhalb von drei Monaten nach der Zustellung des Urteils zulässig, es sei denn, es ergeht wegen desselben Sachverhalts ein rechtskräftiges Urteil aufgrund von tatsächlichen Feststellungen, die von denjenigen tatsächlichen Feststellungen, auf denen die Entscheidung beruht, abweichen.

Zweiter Titel Besondere Verfahren

§ 67 Antrag auf gerichtliche Fristsetzung

(1) Ist ein behördliches Disziplinarverfahren nicht innerhalb von sechs Monaten seit der Einleitung durch Einstellung, durch Erlass einer Disziplinarverfügung oder durch Erhebung der Disziplinarklage abgeschlossen worden, kann die Beamtin oder der Beamte bei dem Gericht die gerichtliche Bestimmung einer Frist zum Abschluss des Disziplinarverfahrens beantragen. Die Frist des Satzes 1 ist gehemmt, solange das Disziplinarverfahren nach § 25 ausgesetzt ist.

(2) Liegt ein zureichender Grund für den fehlenden Abschluss des behördlichen Disziplinarverfahrens innerhalb von sechs Monaten nicht vor, bestimmt das Gericht eine Frist, in der das Verfahren abzuschließen ist. Andernfalls lehnt es den Antrag ab. § 58 Abs. 2 Satz 3 bis 5 gilt entsprechend.

(3) Wird das behördliche Disziplinarverfahren innerhalb der nach Abs. 2 bestimmten Frist nicht abgeschlossen, ist es durch Beschluss des Gerichts einzustellen.

(4) Der rechtskräftige Beschluss nach Abs. 3 steht einem rechtskräftigen Urteil gleich.

§ 68 Antrag auf Aussetzung der vorläufigen Dienstenthebung und der Einbehaltung von Bezügen

(1) Die Beamtin oder der Beamte kann bei dem Gericht die Aussetzung der vorläufigen Dienstenthebung und der Einbehaltung von Dienst- oder Anwärterbezügen, die Ruhestandsbeamtin oder der Ruhestandsbeamte die Aussetzung der Einbehaltung von Ruhegehalt beantragen. Der Antrag ist bei dem Verwaltungsgerichtshof zu stellen, wenn bei ihm ein Disziplinarverfahren in derselben Sache anhängig ist.

(2) Die vorläufige Dienstenthebung und die Einbehaltung von Bezügen sind auszusetzen,

wenn ernstliche Zweifel an ihrer Rechtmäßigkeit bestehen.

(3) Für die Änderung oder Aufhebung von Beschlüssen über Anträge nach Abs. 1 gilt § 80 Abs. 7 der Verwaltungsgerichtsordnung entsprechend.

Dritter Abschnitt
Disziplinarverfahren vor dem Verwaltungsgerichtshof

Erster Titel
Berufung

§ 69 Statthaftigkeit, Form und Frist der Berufung

(1) Gegen das Urteil des Verwaltungsgerichts über eine Disziplinarklage steht den Beteiligten die Berufung an den Verwaltungsgerichtshof zu. Die Berufung ist bei dem Verwaltungsgericht innerhalb eines Monats nach Zustellung des vollständigen Urteils schriftlich einzulegen und zu begründen. Die Begründungsfrist kann auf einen vor ihrem Ablauf gestellten Antrag von der oder dem Vorsitzenden verlängert werden. Die Begründung muss einen bestimmten Antrag sowie die im Einzelnen anzuführenden Gründe der Anfechtung (Berufungsgründe) enthalten. Mangelt es an einem dieser Erfordernisse, so ist die Berufung unzulässig.

(2) Im Übrigen steht den Beteiligten die Berufung gegen das Urteil des Verwaltungsgerichts nur zu, wenn sie von diesem oder von dem Verwaltungsgerichtshof zugelassen wird. Die §§ 124 und 124a der Verwaltungsgerichtsordnung sind anzuwenden.

§ 70 Berufungsverfahren

(1) Für das Berufungsverfahren gelten die Bestimmungen über das Disziplinarverfahren bei dem Verwaltungsgericht entsprechend, soweit sich aus diesem Gesetz nichts anderes ergibt. Die §§ 58 und 59 werden nicht angewandt.

(2) Wesentliche Mängel des behördlichen Disziplinarverfahrens, die nach § 60 Abs. 2 unberücksichtigt bleiben durften, bleiben auch im Berufungsverfahren unberücksichtigt.

(3) Ein Beweisantrag, der vor dem Verwaltungsgericht nicht innerhalb der Frist des § 63 Abs. 2 gestellt worden ist, kann abgelehnt werden, wenn seine Berücksichtigung nach der freien Überzeugung des Verwaltungsgerichtshofs die Erledigung des Disziplinarverfahrens verzögern würde und die Beamtin oder der Beamte im ersten Rechtszug über die Folgen der Fristversäumung belehrt worden ist; dies gilt nicht, wenn zwingende Gründe für die Verspätung glaubhaft gemacht werden. Beweisanträge, die das Verwaltungsgericht zu Recht abgelehnt hat, bleiben auch im Berufungsverfahren ausgeschlossen.

(4) Die durch das Verwaltungsgericht erhobenen Beweise können der Entscheidung ohne erneute Beweisaufnahme zugrunde gelegt werden.

§ 71 Mündliche Verhandlung, Entscheidung durch Urteil

Der Verwaltungsgerichtshof entscheidet über die Berufung, wenn das Disziplinarverfahren nicht auf andere Weise abgeschlossen wird, aufgrund mündlicher Verhandlung durch Urteil. § 106 der Verwaltungsgerichtsordnung wird nicht angewandt.

Zweiter Titel
Beschwerde

§ 72 Statthaftigkeit, Form und Frist der Beschwerde

(1) Für die Statthaftigkeit, Form und Frist der Beschwerde gelten die §§ 146 und 147 der Verwaltungsgerichtsordnung. Gegen Beschlüsse des Verwaltungsgerichts, durch die nach § 64 Abs. 1 über eine Disziplinarklage entschieden wird, kann die Beschwerde nur auf das Fehlen der Zustimmung der Beteiligten gestützt werden.

(2) Für das Beschwerdeverfahren gegen Beschlüsse des Verwaltungsgerichts über eine Aussetzung nach § 68 gilt § 146 Abs. 4 der Verwaltungsgerichtsordnung entsprechend.

Vierter Abschnitt
Disziplinarverfahren vor dem Bundesverwaltungsgericht

§ 73 Form, Frist und Zulassung der Revision

Für die Zulassung der Revision, für die Form und Frist der Einlegung der Revision und der Einlegung der Beschwerde gegen ihre Nichtzulassung sowie für die Revisionsgründe gelten die §§ 132, 133, 137 bis 139 der Verwaltungsgerichtsordnung.

§ 74 Revisionsverfahren, Entscheidung über die Revision

(1) Für das Revisionsverfahren gelten die Bestimmungen über das Disziplinarverfahren vor dem Verwaltungsgerichtshof entsprechend.

(2) Für die Entscheidung über die Revision gelten die §§ 143 und 144 der Verwaltungsgerichtsordnung.

Fünfter Abschnitt
Wiederaufnahme des gerichtlichen Disziplinarverfahrens

§ 75 Wiederaufnahmegründe

(1) Die Wiederaufnahme des durch rechtskräftiges Urteil abgeschlossenen Disziplinarverfahrens ist zulässig, wenn

1. in dem Urteil eine Disziplinarmaßnahme ausgesprochen worden ist, die nach Art oder Höhe im Gesetz nicht vorgesehen ist,
2. Tatsachen oder Beweismittel beigebracht werden, die erheblich und neu sind,
3. das Urteil auf dem Inhalt einer unechten oder verfälschten Urkunde oder auf einem vorsätzlich oder fahrlässig falsch abgegebenen Zeugnis oder Gutachten beruht,
4. ein Urteil, auf dessen tatsächlichen Feststellungen das Urteil im Disziplinarverfahren beruht, durch ein anderes rechtskräftiges Urteil aufgehoben worden ist,
5. an dem Urteil eine Richterin oder ein Richter oder eine Beamtenbeisitzerin oder ein Beamtenbeisitzer mitgewirkt hat, die oder der sich in dieser Sache der strafbaren Verletzung einer Amtspflicht schuldig gemacht hat,
6. an dem Urteil eine Richterin oder ein Richter oder eine Beamtenbeisitzerin oder ein Beamtenbeisitzer mitgewirkt hat, die oder der von der Ausübung des Richteramtes kraft Gesetzes ausgeschlossen war, es sei denn, dass die Gründe für den gesetzlichen Ausschluss bereits erfolglos geltend gemacht worden waren,
7. die Beamtin oder der Beamte nachträglich glaubhaft ein Dienstvergehen eingesteht, das in dem Disziplinarverfahren nicht hat festgestellt werden können, oder
8. im Verfahren der Disziplinarklage nach dessen rechtskräftigem Abschluss in einem wegen desselben Sachverhalts eingeleiteten Straf- oder Bußgeldverfahren unanfechtbar eine Entscheidung ergeht, nach der nach § 17 die Disziplinarmaßnahme nicht zulässig wäre.

(2) Erheblich im Sinne des Abs. 1 Nr. 2 sind Tatsachen und Beweismittel, wenn sie allein oder in Verbindung mit den früher getroffenen Feststellungen geeignet sind, eine andere Entscheidung zu begründen, die Ziel der Wiederaufnahme des Disziplinarverfahrens sein kann. Neu im Sinne des Abs. 1 Nr. 2 sind Tatsachen und Beweismittel, die dem Gericht bei seiner Entscheidung nicht bekannt gewesen sind. Ergeht nach Eintritt der Rechtskraft des Urteils im Disziplinarverfahren in einem wegen desselben Sachverhalts eingeleiteten Straf- oder Bußgeldverfahren ein rechtskräftiges Urteil aufgrund von tatsächlichen Feststellungen, die von denjenigen tatsächlichen Feststellungen des Urteils im Disziplinarverfahren abweichen, auf denen es beruht, gelten die abweichenden Feststellungen des Urteils im Straf- oder Bußgeldverfahren als neue Tatsachen im Sinne des Abs. 1 Nr. 2.

(3) In den Fällen des Abs. 1 Nr. 3 und 5 ist die Wiederaufnahme des Disziplinarverfahrens nur zulässig, wenn wegen der behaupteten Handlung eine rechtskräftige strafgerichtliche Verurteilung erfolgt ist oder wenn ein strafgerichtliches Verfahren aus anderen Gründen als wegen Mangels an Beweisen nicht eingeleitet oder nicht durchgeführt werden kann.

§ 76 Unzulässigkeit der Wiederaufnahme

(1) Die Wiederaufnahme des durch rechtskräftiges Urteil abgeschlossenen Disziplinarverfahrens ist unzulässig, wenn nach dem Eintritt der Rechtskraft

1. ein Urteil im Straf- oder Bußgeldverfahren ergangen ist, das sich auf denselben Sachverhalt gründet und diesen ebenso würdigt, solange dieses Urteil nicht rechtskräftig aufgehoben worden ist, oder
2. ein Urteil im Strafverfahren ergangen ist, durch das die oder der Verurteilte das Amt oder den Anspruch auf Ruhegehalt verloren hat oder ihn verloren hätte, wenn sie oder er noch im Dienst gewesen wäre oder Ruhegehalt bezogen hätte.

(2) Die Wiederaufnahme des Disziplinarverfahrens zuungunsten der Beamtin oder des Beamten ist außerdem unzulässig, wenn seit dem Eintritt der Rechtskraft des Urteils drei Jahre vergangen sind.

§ 77 Frist, Verfahren

(1) Der Antrag auf Wiederaufnahme des Disziplinarverfahrens muss bei dem Gericht, dessen Entscheidung angefochten wird, binnen drei Monaten schriftlich oder zur Niederschrift der Urkundsbeamtin oder des Urkundsbeamten der Geschäftsstelle eingereicht werden. Die Frist beginnt mit dem Tag, an dem die oder der Antragsberechtigte von dem Grund für die Wiederaufnahme Kenntnis erhalten hat. In dem Antrag ist das angefochtene Urteil zu bezeichnen und anzugeben, inwieweit es angefochten wird und welche Änderungen beantragt werden; die Anträge sind unter Bezeichnung der Beweismittel zu begründen.

(2) Für das weitere Verfahren gelten die Bestimmungen über das gerichtliche Disziplinarverfahren entsprechend, soweit sich aus diesem Gesetz nichts anderes ergibt.

§ 78 Entscheidung durch Beschluss

(1) Das Gericht kann den Antrag, auch nach der Eröffnung der mündlichen Verhandlung, durch Beschluss verwerfen, wenn es die gesetzlichen Voraussetzungen für seine Zulassung nicht für gegeben oder ihn für offensichtlich unbegründet hält.

(2) Das Gericht kann vor der Eröffnung der mündlichen Verhandlung mit Zustimmung der zuständigen Behörde durch Beschluss das angefochtene Urteil aufheben und die Disziplinarklage abweisen oder die Disziplinarverfügung aufheben. Der Beschluss ist unanfechtbar.

(3) Der rechtskräftige Beschluss nach Abs. 1 sowie der Beschluss nach Abs. 2 stehen einem rechtskräftigen Urteil gleich.

§ 79 Mündliche Verhandlung, Entscheidung des Gerichts

(1) Das Gericht entscheidet, wenn das Wiederaufnahmeverfahren nicht auf andere Weise abgeschlossen wird, aufgrund mündlicher Verhandlung durch Urteil.

(2) Gegen das Urteil des Verwaltungsgerichts und des Verwaltungsgerichtshofs kann das in dem jeweiligen Verfahren statthafte Rechtsmittel eingelegt werden.

§ 80 Rechtswirkungen, Entschädigung

(1) Wird in einem Wiederaufnahmeverfahren das angefochtene Urteil zugunsten der Beamtin oder des Beamten aufgehoben, erhält die Beamtin oder der Beamte von dem Eintritt der Rechtskraft des aufgehobenen Urteils an die Rechtsstellung, die sich ergeben hätte, wenn das aufgehobene Urteil der im Wiederaufnahmeverfahren ergangenen Entscheidung entsprochen hätte. Wurde in dem aufgehobenen Urteil auf Entfernung aus dem Beamtenverhältnis oder auf Aberkennung des Ruhegehalts erkannt, gelten § 24 Abs. 2 des Beamtenstatusgesetzes und § 31 Abs. 2 bis 4 des Hessischen Beamtengesetzes entsprechend.

(2) Beamtinnen oder Beamte und die Personen, denen sie kraft Gesetzes unterhaltspflichtig sind, können im Falle des Abs. 1 neben den hiernach nachträglich zu gewährenden Bezügen in entsprechender Anwendung des Gesetzes über die Entschädigung für Strafverfolgungsmaßnahmen vom 8. März 1971 (BGBl. I S. 157), zuletzt geändert durch Gesetz vom 8. Dezember 2010 (BGBl. I S. 1864), Ersatz des sonstigen Schadens vom Dienstherrn verlangen. Der Anspruch ist innerhalb von drei Mo-

naten nach dem rechtskräftigen Abschluss des Wiederaufnahmeverfahrens bei der für die Erhebung der Disziplinarklage zuständigen Behörde geltend zu machen.

Sechster Abschnitt Kostenentscheidung im gerichtlichen Disziplinarverfahren

§ 81 Kostentragungspflicht

(1) Beamtinnen oder Beamte, gegen die im Verfahren der Disziplinarklage auf eine Disziplinarmaßnahme erkannt wird, tragen die Kosten des Verfahrens. Bildet das der Beamtin oder dem Beamten zur Last gelegte Dienstvergehen nur zum Teil die Grundlage für die Entscheidung oder sind durch besondere Ermittlungen im behördlichen Disziplinarverfahren, deren Ergebnis zugunsten der Beamtin oder des Beamten ausgefallen ist, besondere Kosten entstanden, können ihr oder ihm die Kosten nur in verhältnismäßigem Umfang auferlegt werden.

(2) Wird eine Disziplinarverfügung trotz Vorliegens eines Dienstvergehens aufgehoben, können die Kosten ganz oder teilweise der Beamtin oder dem Beamten auferlegt werden.

(3) Wird das Disziplinarverfahren nach § 67 Abs. 3 eingestellt, trägt der Dienstherr die Kosten des Verfahrens.

(4) Im Übrigen gelten für die Kostentragungspflicht der Beteiligten die Bestimmungen der Verwaltungsgerichtsordnung.

§ 82 Erstattungsfähige Kosten

(1) In gerichtlichen Disziplinarverfahren werden Gebühren nach der Anlage erhoben. Im Übrigen sind die für Kosten in Verfahren vor den Gerichten der Verwaltungsgerichtsbarkeit geltenden Vorschriften des Gerichtskostengesetzes entsprechend anzuwenden.

(2) Kosten im Sinne des § 81 sind auch die zur zweckentsprechenden Rechtsverfolgung oder Rechtsverteidigung notwendigen Aufwendungen der Beteiligten einschließlich der Kosten des behördlichen Disziplinarverfahrens.

(3) Die gesetzlichen Gebühren und Auslagen einer Rechtsanwältin oder eines Rechtsanwalts sind stets erstattungsfähig.

FÜNFTER TEIL Unterhaltsbeitrag, Unterhaltsleistung und Begnadigung

§ 83 Unterhaltsbeitrag bei Entfernung aus dem Beamtenverhältnis oder bei Aberkennung des Ruhegehalts

(1) Die Zahlung des Unterhaltsbeitrags nach § 13 Abs. 3 oder § 15 Abs. 2 beginnt, soweit in der Entscheidung nichts anderes bestimmt ist, zum Zeitpunkt des Verlusts der Dienstbezüge oder des Ruhegehalts.

(2) Die Zahlung des Unterhaltsbeitrags nach § 15 Abs. 2 steht unter dem Vorbehalt der Rückforderung, wenn für denselben Zeitraum eine Rente aufgrund der Nachversicherung gewährt wird. Zur Sicherung des Rückforderungsanspruchs hat die Ruhestandsbeamtin oder der Ruhestandsbeamte eine entsprechende Abtretungserklärung abzugeben.

(3) Das Gericht kann in der Entscheidung bestimmen, dass der Unterhaltsbeitrag ganz oder teilweise an Personen gezahlt wird, zu deren Unterhalt die Beamtin oder der Beamte oder die Ruhestandsbeamtin oder der Ruhestandsbeamte verpflichtet ist; nach Rechtskraft der Entscheidung kann dies die oberste Dienstbehörde bestimmen. Die oberste Dienstbehörde kann ihre Zuständigkeit nach Satz 1 durch Rechtsverordnung auf nachgeordnete Dienstvorgesetzte übertragen.

(4) Auf den Unterhaltsbeitrag werden Erwerbs- und Erwerbsersatzeinkommen im Sinne des § 18a Abs. 2 sowie Abs. 3 Satz 1 und 2 des Vierten Buches Sozialgesetzbuch angerechnet. Frühere Beamtinnen und Beamte sowie frühere Ruhestandsbeamtinnen und Ruhestandsbeamte sind verpflichtet, der obersten Dienstbehörde alle Änderungen in ihren Verhältnissen, die für die Zahlung des Unterhaltsbeitrags bedeutsam sein können, unverzüglich anzuzeigen. Kommen sie dieser Pflicht schuldhaft nicht nach, kann ihnen der Unterhaltsbeitrag ganz oder teilweise mit Wirkung für die Vergangenheit entzogen werden. Die Entscheidung trifft die oberste Dienstbehörde. Diese kann ihre Zuständigkeit durch Rechtsverordnung auf nachgeordnete Dienstvorgesetzte übertragen.

(5) Der Anspruch auf den Unterhaltsbeitrag erlischt, wenn die oder der Betroffene wieder in ein öffentlich-rechtliches Amts- oder Dienstverhältnis berufen wird.

§ 84 Unterhaltsleistung bei Mithilfe zur Aufdeckung von Straftaten

(1) Im Falle der Entfernung aus dem Beamtenverhältnis oder der Aberkennung des Ruhegehalts kann die zuletzt zuständige oberste Dienstbehörde der ehemaligen Beamtin oder dem ehemaligen Beamten oder der ehemaligen Ruhestandsbeamtin oder dem ehemaligen Ruhestandsbeamten, die oder der gegen das Verbot der Annahme von Belohnungen oder Geschenken verstoßen hat, die Gewährung einer monatlichen Unterhaltsleistung zusagen, wenn sie oder er Wissen über Tatsachen offenbart hat, deren Kenntnis dazu beigetragen hat, Straftaten, insbesondere nach den §§ 331 bis 335 des Strafgesetzbuches, zu verhindern oder über den eigenen Tatbeitrag hinaus aufzuklären. Die Nachversicherung ist durchzuführen.

(2) Die Unterhaltsleistung ist als Vomhundertsatz der Anwartschaft auf eine Altersrente, die sich aus der Nachversicherung ergibt, oder einer entsprechenden Leistung aus der berufsständischen Alterssicherung mit folgenden Maßgaben festzusetzen:

1. Die Unterhaltsleistung darf die Höhe der Rentenanwartschaft aus der Nachversicherung nicht erreichen;
2. Unterhaltsleistung und Rentenanwartschaft aus der Nachversicherung dürfen zusammen den Betrag nicht übersteigen, der sich als Ruhegehalt nach § 14 Abs. 1 des Hessischen Beamtenversorgungsgesetzes ergäbe.

Die Höchstgrenzen nach Satz 1 gelten auch für die Zeit des Bezugs der Unterhaltsleistung; an die Stelle der Rentenanwartschaft aus der Nachversicherung tritt die anteilige Rente.

(3) Die Zahlung der Unterhaltsleistung an die frühere Beamtin oder den früheren Beamten kann erst erfolgen, wenn diese oder dieser die gesetzliche Altersgrenze erreicht hat oder eine Rente wegen Erwerbs- oder Berufsunfähigkeit aus der gesetzlichen Rentenversicherung oder eine entsprechende Leistung aus der berufsständischen Versorgung erhält.

(4) Der Anspruch auf die Unterhaltsleistung erlischt bei erneutem Eintritt in den öffentlichen Dienst sowie in den Fällen, die bei einer Ruhestandsbeamtin oder einem Ruhestandsbeamten das Erlöschen der Versorgungsbezüge nach § 73 des Hessischen Beamtenversorgungsgesetzes zur Folge hätten. Die hinterbliebene Ehegattin oder Lebenspartnerin oder der hinterbliebene Ehegatte oder Lebenspartner erhält 55 vom Hundert der Unterhaltsleistung, wenn zum Zeitpunkt der Entfernung aus dem Beamtenverhältnis oder der Aberkennung des Ruhegehaltes die Ehe oder die Lebenspartnerschaft bereits bestanden hatte.

§ 85 Begnadigung

(1) Die Ministerpräsidentin oder der Ministerpräsident übt das Begnadigungsrecht in Disziplinarsachen nach diesem Gesetz aus. Die Minsterpräsidentin oder der Ministerpräsident kann die Ausübung anderen Stellen übertragen.

(2) Wird die Entfernung aus dem Beamtenverhältnis im Gnadenwege aufgehoben, so gelten die Bestimmungen des Hessischen Beamtengesetzes über die Beseitigung des Verlustes der Beamtenrechte im Gnadenwege sinngemäß.

SECHSTER TEIL
Besondere Bestimmungen für einzelne Beamtengruppen und für Ruhestandsbeamtinnen und Ruhestandsbeamte

§ 86 Beamtinnen und Beamte der kommunalen Körperschaften des öffentlichen Rechts

(1) Bei Beamtinnen oder Beamten, die keine Dienstvorgesetzte oder keinen Dienstvorgesetzten haben, tritt an die Stelle der oder des Dienstvorgesetzten die Aufsichtsbehörde und an die Stelle der oder des höheren Dienstvorgesetzten die obere Aufsichtsbehörde; ist

eine obere Aufsichtsbehörde nicht vorhanden, so werden die Aufgaben der oder des höheren Dienstvorgesetzten von der Aufsichtsbehörde wahrgenommen. § 73 Abs. 2 Satz 2 und § 75 der Hessischen Gemeindeordnung, § 46 Abs. 2 Satz 2 und § 48 der Hessischen Landkreisordnung bleiben unberührt.

(2) Oberste Dienstbehörde ist für Beamtinnen und Beamte, die keine Dienstvorgesetzte oder keinen Dienstvorgesetzten haben, die Aufsichtsbehörde.

(3) Die Aufsichtsbehörde kann die Dienstvorgesetzte oder den Dienstvorgesetzten im Einzelfall anweisen, ein Disziplinarverfahren einzuleiten. Wird der Anweisung nicht innerhalb von sechs Wochen gefolgt, kann die Aufsichtsbehörde das Disziplinarverfahren selbst einleiten.

§ 87 Beamtinnen und Beamte der anderen Körperschaften, Anstalten und Stiftungen des öffentlichen Rechts

Für die Beamtinnen und Beamten anderer Körperschaften, Anstalten und Stiftungen des öffentlichen Rechts, die unter der Aufsicht des Landes stehen, trifft die fachlich zuständige Ministerin oder der fachlich zuständige Minister die § 86 entsprechenden Regelungen durch Rechtsverordnung. Bis zum Erlass dieser Rechtsverordnung gelten die genannten Vorschriften sinngemäß.

§ 88 Ausübung der Disziplinarbefugnisse im Polizeibereich

Für die Beamtinnen und Beamten des höheren Dienstes bis einschließlich Besoldungsgruppe A 16 der Polizeibehörden ist Dienstvorgesetzte oder Dienstvorgesetzter im Sinne des § 20 die Leiterin oder der Leiter der Polizeibehörde, der oder dem die jeweilige Beamtin oder der jeweilige Beamte unterstellt ist.

§ 89 Ausübung der Disziplinarbefugnisse bei Ruhestandsbeamtinnen und Ruhestandsbeamten

Bei Ruhestandsbeamtinnen und Ruhestandsbeamten werden die Disziplinarbefugnisse durch die zum Zeitpunkt des Eintritts in den Ruhestand zuständige oberste Dienstbehörde ausgeübt. Diese kann ihre Befugnisse durch Rechtsverordnung auf nachgeordnete Dienstvorgesetzte übertragen. Besteht die zuständige oberste Dienstbehörde nicht mehr, bestimmt das für das Beamtenrecht zuständige Ministerium, welche Behörde zuständig ist.

SIEBTER TEIL
Übergangs- und Schlussbestimmungen

§ 90 Übergangsbestimmungen

(1) Nach bisherigem Recht eingeleitete Disziplinarverfahren werden in der Lage, in der sie sich am Tage des In-Kraft-Tretens dieses Gesetzes befinden, nach diesem Gesetz fortgeführt, soweit in den folgenden Absätzen nichts Abweichendes bestimmt ist. Maßnahmen, die nach bisherigem Recht getroffen worden sind, bleiben wirksam.

(2) Die Disziplinarmaßnahmen nach bisherigem Recht entsprechen den gleichlautenden Disziplinarmaßnahmen nach neuem Recht. Die folgenden Disziplinarmaßnahmen nach bisherigem Recht stehen folgenden Disziplinarmaßnahmen nach diesem Gesetz gleich:

1. die Gehaltskürzung der Kürzung der Dienstbezüge,
2. die Versetzung in ein Amt derselben Laufbahn mit geringerem Endgrundgehalt der Zurückstufung und
3. die Entfernung aus dem Dienst der Entfernung aus dem Beamtenverhältnis.

(3) Wegen der vor dem In-Kraft-Treten dieses Gesetzes begangenen Dienstvergehen, für die nach bisherigem Recht eine Disziplinarmaßnahme wegen Zeitablaufs nicht mehr verhängt werden konnte, darf auch nach diesem Gesetz eine Disziplinarmaßnahme nicht verhängt werden. Im Übrigen richtet sich das Disziplinarmaßnahmeverbot wegen Zeitablaufs nach diesem Gesetz.

(4) Ist wegen eines vor dem In-Kraft-Treten dieses Gesetzes begangenen Dienstvergehens gegen eine Beamtin oder einen Beamten im Straf- oder im Bußgeldverfahren unanfechtbar eine Strafe, Geldbuße oder Ord-

I

nungsmaßnahme verhängt worden, darf wegen desselben Sachverhalts eine Disziplinarmaßnahme nach diesem Gesetz nicht verhängt werden, wenn die Verhängung einer entsprechenden Disziplinarmaßnahme nach bisherigem Recht nicht zulässig war. Dies gilt auch dann, wenn die Strafe, Geldbuße oder Ordnungsmaßnahme nach dem In-Kraft-Treten dieses Gesetzes verhängt wird.

(5) Ist vor dem In-Kraft-Treten dieses Gesetzes ein förmliches Disziplinarverfahren eingeleitet worden, sind ungeachtet der durchgeführten Vorermittlungen nach bisherigem Recht die nach diesem Gesetz vorgeschriebenen Ermittlungen durchzuführen. Die nach diesem Gesetz für die Erhebung der Disziplinarklage zuständige Behörde kann die nach bisherigem Recht zuständige Einleitungsbehörde mit der Fortführung des Disziplinarverfahrens beauftragen und eine nach bisherigem Recht bestellte Untersuchungsführerin oder einen nach bisherigem Recht bestellten Untersuchungsführer mit den Ermittlungen beauftragen.

(6) Statthaftigkeit, Frist und Form eines Rechtsmittels oder eines Rechtsbehelfs gegen eine vor dem In-Kraft-Treten dieses Gesetzes in einem Disziplinarverfahren ergangene Entscheidung bestimmen sich nach bisherigem Recht. Im weiteren Verfahren gelten ebenfalls die Bestimmungen des bisherigen Rechts. Die bei In-Kraft-Treten dieses Gesetzes anhängigen gerichtlichen Disziplinarverfahren werden nach den Bestimmungen des bisherigen Rechts fortgeführt. In den Fällen des Satzes 3 und in sonstigen Verfahren, in denen bisheriges Recht Anwendung findet, gelten für die Zuständigkeit und die Zusammensetzung der Spruchkörper im gerichtlichen Verfahren die §§ 50 bis 56.

(7) Die nach bisherigem Recht in einem Disziplinarverfahren ergangenen Entscheidungen sind nach Eintritt der Unanfechtbarkeit der Entscheidung nach bisherigem Recht zu vollstrecken.

(8) Die Frist für das Verwertungsverbot und deren Berechnung für die vor dem In-Kraft-Treten dieses Gesetzes verhängten Disziplinarmaßnahmen bestimmen sich nach diesem Gesetz. Dies gilt nicht, wenn die Frist und deren Berechnung nach bisherigem Recht für die Beamtin oder den Beamten günstiger sind.

(9) Bis zum Beginn der Amtszeit der nach § 52 Abs. 3 gewählten Beamtenbeisitzerinnen und Beamtenbeisitzer bleiben die nach bisherigem Recht bestellten Personen im Amt. Die Reihenfolge ihrer Heranziehung richtet sich nach bisherigem Recht.

(10) Die am 1. März 2014 bei dem Verwaltungsgericht Kassel anhängigen Disziplinarverfahren gehen auf das Verwaltungsgericht Wiesbaden über.

§ 91 Verwaltungsvorschriften

Die zur Durchführung dieses Gesetzes erforderlichen Rechts- und Verwaltungsvorschriften erlässt das für das Beamtenrecht zuständige Ministerium. Verwaltungsvorschriften, die nur den Geschäftsbereich eines Ministeriums betreffen, erlässt dieses im Einvernehmen mit dem für das Beamtenrecht zuständigen Ministerium.

§ 92 Inkrafttreten

Dieses Gesetz tritt am ersten Tag des dritten auf die Verkündung folgenden Monats in Kraft. Abweichend von Satz 1 treten § 37 Abs. 5, § 38 Abs. 2 Satz 2, § 41 Abs. 4, § 47 Abs. 1 Satz 2, § 49 Abs. 2, § 52 Abs. 5, § 83 Abs. 3 Satz 2 und Abs. 4 Satz 5, § 85 Abs. 1 Satz 2, § 87 Satz 1, § 89 Satz 2 am Tag nach der Verkündung in Kraft.

Anlage
(zu § 82 Abs. 1 Satz 1)

Gebührenverzeichnis

Gliederung

Nr.	Gebührentatbestand	Gebühr oder Satz der jeweiligen Gebühr Nr. 10 bis 17
	Vorbemerkung: Das Verfahren über den Antrag auf Wiederaufnahme gilt als neuer Rechtszug.	
	Abschnitt 1 **Klageverfahren erster Instanz**	
	Verfahren über eine Disziplinarklage mit dem Antrag auf	
10	– Entfernung aus dem Beamtenverhältnis	360,00 €
11	– Aberkennung des Ruhegehalts	360,00 €
12	– Zurückstufung	240,00 €
	Verfahren über die Klage gegen eine Disziplinarverfügung, in der als Disziplinarmaßnahme ausgesprochen worden ist	
13	– Kürzung der Dienstbezüge	180,00 €
14	– Kürzung des Ruhegehalts	180,00 €
15	– Geldbuße	120,00 €
16	– Verweis	60,00 €
17	Verfahren über die Klage gegen eine Disziplinarverfügung, wenn nur eine Kostenentscheidung in der Disziplinarverfügung angegriffen wird, oder gegen eine Einstellungsverfügung (§ 36 HDG)	60,00 €
18	Beendigung des gesamten Verfahrens durch 1. Zurücknahme der Klage a) vor dem Schluss der mündlichen Verhandlung oder b) wenn eine solche nicht stattfindet, vor Ablauf des Tages, an dem die Entscheidung in der Hauptsache der Geschäftsstelle übermittelt wird, oder 2. Erledigungserklärungen, wenn keine Entscheidung über die Kosten ergeht oder die Entscheidung einer zuvor mitgeteilten Einigung der Beteiligten über die Kostentragung oder der Kostenübernahmeerklärung eines Beteiligten folgt:	0,5

Nr.	Gebührentatbestand	Gebühr oder Satz der jeweiligen Gebühr Nr. 10 bis 17
	Die Gebühren Nr. 10 bis 17 ermäßigen sich auf Die Gebühr ermäßigt sich auch, wenn mehrere Ermäßigungstatbestände erfüllt sind.	
	Abschnitt 2 **Zulassung und Durchführung der Berufung**	
20	Verfahren über die Zulassung der Berufung: Soweit der Antrag abgelehnt wird	1,0
21	Verfahren über die Zulassung der Berufung: Soweit der Antrag zurückgenommen oder das Verfahren durch anderweitige Erledigung beendet wird	0,5
	Die Gebühr entsteht nicht, soweit die Berufung zugelassen wird.	
22	Verfahren über die Berufung im Allgemeinen	1,5
23	Beendigung des gesamten Verfahrens durch Zurücknahme der Berufung oder der Klage, bevor die Schrift zur Begründung der Berufung bei Gericht eingegangen ist: Die Gebühr Nr. 22 ermäßigt sich auf	0,5
	Erledigungserklärungen stehen der Zurücknahme gleich, wenn keine Entscheidung über die Kosten ergeht oder die Entscheidung einer zuvor mitgeteilten Einigung der Beteiligten über die Kostentragung oder der Kostenübernahmeerklärung eines Beteiligten folgt.	
24	Beendigung des gesamten Verfahrens, wenn nicht Nr. 23 erfüllt ist, durch 1. Zurücknahme der Berufung oder der Klage a) vor dem Schluss der mündlichen Verhandlung oder b) wenn eine solche nicht stattfindet, vor Ablauf des Tages, an dem die Entscheidung in der Hauptsache der Geschäftsstelle übermittelt wird, oder 2. Erledigungserklärungen, wenn keine Entscheidung über die Kosten ergeht oder die Entscheidung einer zuvor mitgeteilten Einigung der Beteiligten über die Kostentragung oder der Kostenübernahmeerklärung eines Beteiligten folgt: Die Gebühr Nr. 22 ermäßigt sich auf	1,0
	Die Gebühr ermäßigt sich auch, wenn mehrere Ermäßigungstatbestände erfüllt sind.	

Nr.	Gebührentatbestand	Gebühr oder Satz der jeweiligen Gebühr Nr. 10 bis 17
	Abschnitt 3 Revision	
30	Verfahren über die Revision im Allgemeinen	2,0
31	Beendigung des gesamten Verfahrens durch Zurücknahme der Revision oder der Klage, bevor die Schrift zur Begründung der Revision bei Gericht eingegangen ist: Die Gebühr Nr. 30 ermäßigt sich auf	1,0
	Erledigungserklärungen stehen der Zurücknahme gleich, wenn keine Entscheidung über die Kosten ergeht oder die Entscheidung einer zuvor mitgeteilten Einigung der Beteiligten über die Kostentragung oder der Kostenübernahmeerklärung eines Beteiligten folgt.	
32	Beendigung des gesamten Verfahrens, wenn nicht Nr. 31 erfüllt ist, durch 1. Zurücknahme der Revision oder der Klage a) vor dem Schluss der mündlichen Verhandlung oder b) wenn eine solche nicht stattfindet, vor Ablauf des Tages, an dem die Entscheidung in der Hauptsache der Geschäftsstelle übermittelt wird, oder 2. Erledigungserklärungen, wenn keine Entscheidung über die Kosten ergeht oder die Entscheidung einer zuvor mitgeteilten Einigung der Beteiligten über die Kostentragung oder der Kostenübernahmeerklärung eines Beteiligten folgt: Die Gebühr Nr. 30 ermäßigt sich auf	1,5
	Die Gebühr ermäßigt sich auch, wenn mehrere Ermäßigungstatbestände erfüllt sind.	

I

Nr.	Gebührentatbestand	Gebührenbetrag oder Satz der jeweiligen Gebühr 40 und 41
	Abschnitt 4 **Besondere Verfahren**	
40	Verfahren über den Antrag auf Aussetzung der vorläufigen Dienstenthebung und der Einbehaltung von Bezügen	180,00 €
41	Verfahren über den Antrag auf gerichtliche Festsetzung einer Frist zum Abschluss des Disziplinarverfahrens einschließlich der Einstellung des Disziplinarverfahrens nach fruchtlosem Ablauf der Frist	60,00 €
42	Beendigung des gesamten Verfahrens durch 1. Zurücknahme des Antrags a) vor dem Schluss der mündlichen Verhandlung oder b) wenn eine solche nicht stattfindet, vor Ablauf des Tages, an dem die Entscheidung über den Antrag der Geschäftsstelle übermittelt wird, oder 2. Erledigungserklärungen, wenn keine Entscheidung über die Kosten ergeht oder die Entscheidung einer zuvor mitgeteilten Einigung der Beteiligten über die Kostentragung oder der Kostenübernahmeerklärung eines Beteiligten folgt: Die Gebühren Nr. 40 und 41 ermäßigen sich auf Die Gebühr ermäßigt sich auch, wenn mehrere Ermäßigungstatbestände erfüllt sind.	0,5
	Abschnitt 5 **Rüge wegen Verletzung des Anspruchs auf rechtliches Gehör**	
50	Verfahren über die Rüge wegen Verletzung des Anspruchs auf rechtliches Gehör: Die Rüge wird in vollem Umfang verworfen oder zurückgewiesen	50,00 €

Nr.	Gebührentatbestand	Gebührenbetrag oder Satz der jeweiligen Gebühr 10 bis 17 und 40
	Abschnitt 6 **Beschwerde**	
60	Verfahren über die Beschwerde gegen die Entscheidung über den Antrag auf Aussetzung der vorläufigen Dienstenthebung und der Einbehaltung von Bezügen	1,5
61	Verfahren über die Beschwerde gegen eine Entscheidung in der Hauptsache durch Beschluss nach § 64 HDG	1,5
62	Verfahren über die Beschwerde gegen die Nichtzulassung der Revision: Die Beschwerde wird verworfen oder zurückgewiesen	1,5
63	Beendigung des gesamten Verfahrens durch 1. Zurücknahme der Beschwerde, der Klage oder des Antrags a) vor dem Schluss der mündlichen Verhandlung oder b) wenn eine solche nicht stattfindet, vor Ablauf des Tages, an dem die Entscheidung über die Beschwerde der Geschäftsstelle übermittelt wird, oder 2. Erledigungserklärungen, wenn keine Entscheidung über die Kosten ergeht oder die Entscheidung einer zuvor mitgeteilten Einigung der Beteiligten über die Kostentragung oder der Kostenübernahmeerklärung eines Beteiligten folgt: Die Gebühren Nr. 60 bis 62 ermäßigen sich auf Die Gebühr ermäßigt sich auch, wenn mehrere Ermäßigungstatbestände erfüllt sind.	0,75
64	Verfahren über nicht besonders aufgeführte Beschwerden im disziplinargerichtlichen Verfahren, die nicht nach anderen Vorschriften gebührenfrei sind: Die Beschwerde wird verworfen oder zurückgewiesen	50,00 €

II Laufbahn/Ausbildung

Laufbahnen/Ausbildung

Hessische Laufbahnverordnung

Vom 17. Februar 2014 (GVBl. S. 57)

Zuletzt geändert durch
Erstes Bürokratieabbaugesetz
vom 16. Dezember 2025 (GVBl. Nr. 110)

Aufgrund des § 23 Abs. 1 Satz 1 und des § 59 Abs. 1 Satz 2 des Hessischen Beamtengesetzes vom 27. Mai 2013 (GVBl. S. 218, 508), geändert durch Gesetz vom 20. November 2013 (GVBl. S. 578), verordnet die Landesregierung:

Erster Teil
Allgemeine Vorschriften

§ 1 Geltungsbereich

(1) Diese Verordnung gilt für Beamtinnen und Beamte des Landes, der Gemeinden, der Gemeindeverbände und der sonstigen der Aufsicht des Landes unterstehenden Körperschaften, Anstalten und Stiftungen des öffentlichen Rechts. Sie gilt nicht für Beamtinnen und Beamte auf Zeit und, mit Ausnahme der §§ 6 und 47, für

1. Professorinnen und Professoren an Hochschulen des Landes nach § 2 Abs. 1 des Hessischen Hochschulgesetzes vom 14. Dezember 2021 (GVBl. S. 931), geändert durch Gesetz vom 1. April 2022 (GVBl. S. 184),
2. Polizeivollzugsbeamtinnen und Polizeivollzugsbeamte,
3. Beamtinnen und Beamte im feuerwehrtechnischen Dienst,
4. Staatsanwältinnen und Staatsanwälte,
5. Sparkassenbeamtinnen und Sparkassenbeamte.

(2) Abweichend von Abs. 1 Satz 1 gelten für die Beamtinnen und Beamten im Schuldienst nach § 42 nicht § 9 Abs. 1 Satz 2 und die §§ 13 bis 26 sowie 35 bis 38. Für Beamtinnen und Beamte nach § 42 Nr. 1 gelten darüber hinaus nicht die §§ 4, 5, 8 sowie 27 bis 34. Die Vorschriften des Hessischen Lehrkräftebildungsgesetzes in der Fassung der Bekanntmachung vom 28. September 2011 (GVBl. I S. 590), zuletzt geändert durch Gesetz vom 13. Mai 2022 (GVBl. S. 286), bleiben unberührt.

(3) Die gesetzlichen Vorschriften zum Laufbahnrecht der wissenschaftlichen Mitarbeiterinnen und Mitarbeiter nach § 72 Abs. 1 des Hessischen Hochschulgesetzes bleiben unberührt.

§ 2 Begriffsbestimmungen

(1) Einstellung ist die Begründung eines Beamtenverhältnisses.

(2) Die Eignung umfasst die allgemeinen beamten- und laufbahnrechtlichen Voraussetzungen sowie insbesondere Persönlichkeit und charakterliche Eigenschaften, die für ein bestimmtes Amt von Bedeutung sind.

(3) Die Befähigung umfasst die für die dienstliche Verwendung wesentlichen Fähigkeiten, Kenntnisse, Fertigkeiten und sonstigen Eigenschaften, auch die soziale und interkulturelle Kompetenz, der Beamtin oder des Beamten.

(4) Die fachliche Leistung ist insbesondere nach den Arbeitsergebnissen, der praktischen Arbeitsweise, dem Arbeitsverhalten und für Beamtinnen oder Beamte, die bereits Vorgesetzte sind, nach dem Führungsverhalten zu beurteilen.

(5) Beförderung ist die Verleihung eines anderen Amts derselben Laufbahngruppe mit höherem Endgrundgehalt.

(6) Probezeit ist die Zeit, während der sich eine Beamtin oder ein Beamter auf Probe nach Erwerb oder nach Feststellung der Befähigung für die Laufbahn bewähren soll.

(7) Hauptberuflich ist eine Tätigkeit, wenn sie entgeltlich ist, gewolltermaßen den Schwerpunkt der beruflichen Tätigkeit darstellt, in der Regel den überwiegenden Teil der Arbeitskraft beansprucht und dem durch Ausbildung und

Berufswahl geprägten Berufsbild entspricht oder nahe kommt. Ausbildungszeiten sind keine hauptberuflichen Tätigkeiten. Teile einer hauptberuflichen Tätigkeit, die in Teilzeitbeschäftigung geleistet wurden, werden entsprechend ihrem Verhältnis zur regelmäßigen Arbeitszeit berücksichtigt, wenn sie mindestens 15 Wochenstunden betragen haben. Sie sind mit mindestens 50 Prozent der regelmäßigen Arbeitszeit zu berücksichtigen.

§ 3 Leistungsgrundsatz

Laufbahnrechtliche Entscheidungen sind nach Eignung, Befähigung und fachlicher Leistung zu treffen.

§ 4 Personalentwicklung, Personalführung

(1) Eignung, Befähigung und fachliche Leistung sind im Rahmen von Personalentwicklungskonzepten durch geeignete Personalentwicklungs- und Personalführungsmaßnahmen zu fördern. Dazu gehören unter anderem

1. die Fortbildung,
2. die Führungskräfteentwicklung,
3. die dienstliche Beurteilung,
4. Mitarbeitergespräche, insbesondere Jahresgespräche und Zielvereinbarungsgespräche,
5. die Einschätzung der Vorgesetzten durch ihre Mitarbeiterinnen und Mitarbeiter,
6. der gesteuerte Arbeitsplatz- und Aufgabenwechsel (Rotation) und
7. die Vermittlung von Kompetenzen zur Verwirklichung der Gleichstellung von Frauen und Männern.

Personalentwicklung zielt darauf ab, das Leistungs- und Befähigungspotenzial aller Beamtinnen und Beamten zu erkennen, zu erhalten und verwendungs- und entwicklungsbezogen sowie unter Berücksichtigung der persönlichen Zielsetzungen zu fördern; dabei sollen die Ziele und Anforderungen sowie der Bedarf der Verwaltung mit den persönlichen Erwartungen in Einklang gebracht werden.

(2) Über die Einführung und Ausgestaltung der Personalentwicklungs- und Personalführungsmaßnahmen entscheidet die oberste Dienstbehörde. Die Umsetzung der Vorgaben obliegt der Verantwortung der jeweiligen Dienststelle.

§ 5 Fortbildung

(1) Die dienstliche Fortbildung wird durch Fortbildungsmaßnahmen der Landesregierung und der obersten Dienstbehörden gefördert und geregelt, soweit sie nicht besonderen Fortbildungseinrichtungen obliegt. Beamtinnen und Beamten mit Teilzeitbeschäftigung ist der gleichberechtigte Zugang zu den Fortbildungsmaßnahmen wie vollzeitbeschäftigten Beamtinnen und Beamten zu ermöglichen.

(2) Beamtinnen und Beamte sind verpflichtet, an der dienstlichen Fortbildung teilzunehmen und sich außerdem selbst fortzubilden, damit sie insbesondere die Fach-, Methoden- und sozialen Kompetenzen für die Aufgaben des übertragenen Dienstpostens erhalten und fortentwickeln sowie ergänzende Qualifikationen für höher bewertete Dienstposten und für die Wahrnehmung von Führungsaufgaben erwerben.

(3) Beamtinnen und Beamte, die durch Fortbildung nachweislich ihre Leistung wesentlich gesteigert, ihre fachlichen Kenntnisse wesentlich erweitert und ihre Fähigkeiten wesentlich gesteigert haben, sind zu fördern. Ihnen ist nach Möglichkeit Gelegenheit zu geben, ihre fachlichen Kenntnisse und ihre Fähigkeiten in höher bewerteten Aufgabenbereichen oder auf höher bewerteten Dienstposten anzuwenden und hierbei ihre besondere fachliche Eignung nachzuweisen.

§ 6 Laufbahnzweige

(1) Die eingerichteten Laufbahnzweige sind in Anlage 1 aufgeführt.

(2) Innerhalb der Laufbahnfachrichtung Justiz kann die oberste Dienstbehörde den Wechsel in einen Laufbahnzweig vom Nachweis der erfolgreichen Teilnahme an einer Qualifizierungsmaßnahme abhängig machen.

§ 7 Eignungsprüfung

Vor der Einstellung kann eine Eignungsprüfung durchgeführt werden. Die Prüfung dient der Feststellung der geistigen Befähigung, der Allgemeinbildung, der fachlichen Geeignetheit und der Leistungsfähigkeit der Bewerberin oder des Bewerbers und soll darüber hinaus einen Eindruck von der Gesamtpersönlichkeit vermitteln.

§ 8 Laufbahnbefähigung

(1) Die Laufbahnbewerberinnen und Laufbahnbewerber erwerben die Befähigung für ihre Laufbahn durch

1. Vorbereitungsdienst und Bestehen der vorgeschriebenen Laufbahnprüfung nach den §§ 13 bis 20,
2. Anerkennung aufgrund Erwerbs der Vorbildung und hauptberuflicher Tätigkeit nach den §§ 21 bis 26,
3. Anerkennung der Berufsausbildung oder des Studiums als Laufbahnbefähigung nach § 15 Abs. 2 Satz 1 Nr. 2 Buchst. b oder Abs. 3 Satz 1 Nr. 2 Buchst. b des Hessischen Beamtengesetzes,
4. Anerkennung einer bei einem anderen Dienstherrn erworbenen Laufbahnbefähigung nach § 14 Abs. 2 oder 3 des Hessischen Beamtengesetzes,
5. Anerkennung einer in einem Mitgliedstaat im Sinne des § 27 Abs. 2 erworbenen Berufsqualifikation nach den §§ 27 bis 34 oder
6. Aufstieg nach den §§ 36 bis 38.

(2) Nach Maßgabe des § 17 Abs. 1 Satz 3 des Hessischen Beamtengesetzes besitzt die Befähigung für eine entsprechende Laufbahn auch, wer den Vorbereitungsdienst nach § 15 Abs. 2 Satz 1 Nr. 2 Buchst. a oder § 15 Abs. 3 Satz 1 Nr. 2 Buchst. a des Hessischen Beamtengesetzes einschließlich der erforderlichen Laufbahnprüfung außerhalb des Beamtenverhältnisses auf Widerruf erbracht hat, sofern die Ausbildungs- und Prüfungsordnung dies zulässt.

(3) Andere Bewerberinnen und Bewerber erwerben die Laufbahnbefähigung bei Vorliegen der entsprechenden Lebens- und Berufserfahrung innerhalb oder außerhalb des öffentlichen Dienstes nach § 35 durch Anerkennung nach § 19 des Hessischen Beamtengesetzes.

§ 9 Probezeit

(1) In der Probezeit soll sich erweisen, ob die Beamtin oder der Beamte die für eine Übernahme in das Beamtenverhältnis auf Lebenszeit notwendigen Anforderungen an Eignung, Befähigung und fachliche Leistung erfüllt. Die Beamtin oder der Beamte ist während der Probezeit nach Möglichkeit auf mehr als einem Dienstposten einzusetzen. Für die Feststellung der Bewährung gilt ein strenger Maßstab. Als Grundlage für die Entscheidung über die Bewährung während der Probezeit ist nach 18 Monaten ein Zwischenbericht über Eignung, Befähigung und fachliche Leistung der Beamtin oder des Beamten zu erstellen. Vor Ablauf der Probezeit ist in einem Abschlussbericht festzustellen, ob die Beamtin oder der Beamte sich in vollem Umfang bewährt hat.

(2) Die regelmäßige Probezeit dauert drei Jahre. Die Mindestprobezeit beträgt ein Jahr. Für die in § 7 Abs. 1 des Hessischen Beamtengesetzes genannten Beamtinnen und Beamten kann die Landesregierung die Probezeit bis auf sechs Monate kürzen.

(3) Die Probezeit wird durch die Zeit eines Sonderurlaubs unterbrochen. Dies gilt nicht, wenn der Sonderurlaub

1. überwiegend dienstlichen Interessen oder öffentlichen Belangen dient und das Vorliegen dieser Voraussetzung bei Gewährung des Sonderurlaubs von der obersten Dienstbehörde festgestellt worden ist oder
2. für die Tätigkeit in öffentlichen zwischenstaatlichen oder überstaatlichen Organisationen oder zur Übernahme von Aufgaben der Entwicklungshilfe gewährt wurde.

Die Mindestprobezeit ist zu leisten.

(4) Zeiten hauptberuflicher Tätigkeiten innerhalb oder außerhalb des öffentlichen Dienstes können bis zur Mindestprobezeit auf die Probezeit angerechnet werden, wenn die Tätigkeit nach Art und Schwierigkeit mindestens der Tätigkeit in einem Amt der betreffenden Laufbahn entsprochen hat. Dies gilt nicht für Zeiten, die bereits auf den Vorbereitungsdienst angerechnet worden sind oder die Voraussetzung für die Zulassung als Be-

amtinnen und Beamte in Laufbahnen ohne Vorbereitungsdienst oder als andere Bewerberin oder anderer Bewerber sind. Die Mindestprobezeit kann unterschritten werden, wenn die anrechenbaren Zeiten in einer Behörde desselben Geschäftsbereichs abgeleistet worden sind. Über die Anrechnung entscheidet die oberste Dienstbehörde.

(5) Kann die Bewährung bis zum Ablauf der vorgesehenen Probezeit nicht festgestellt werden, so kann die Probezeit um höchstens zwei Jahre verlängert werden. Die Entscheidung trifft die oberste Dienstbehörde.

§ 10 Ausnahmen vom Beförderungsverbot

(1) Beamtinnen und Beamte, die bereits während der Probezeit hervorragende Leistungen erbringen, können bereits nach Ablauf von zwei Jahren der Probezeit und innerhalb eines Jahres nach Beendigung der Probezeit befördert werden.

(2) Beamtinnen und Beamte können zum Ausgleich einer vorherigen Verzögerung bereits nach Ablauf von zwei Jahren der Probezeit und innerhalb eines Jahres nach Beendigung der Probezeit befördert werden, wenn

1. sich die Einstellung wegen der ununterbrochenen Betreuung mindestens eines in häuslicher Gemeinschaft lebenden Kindes unter achtzehn Jahren verzögert hat,
2. die Bewerbung, die zur Einstellung geführt hat, innerhalb von sechs Monaten nach Beendigung der Kinderbetreuung oder Beendigung der im Anschluss an die Kinderbetreuung begonnenen vorgeschriebenen Ausbildung erfolgt ist und
3. die fachlichen Leistungen eine Beförderung rechtfertigen.

Entsprechendes gilt für Beamtinnen und Beamte, die wegen Kinderbetreuung ohne Anwärter- oder Dienstbezüge beurlaubt waren. Das Ableisten der vorgeschriebenen Probezeit bleibt unberührt.

(3) Abs. 2 gilt entsprechend tür den Ausgleich von beruflichen Verzögerungen durch die tatsächliche Pflege einer pflegebedürftigen sonstigen Angehörigen oder eines pflegebedürftigen sonstigen Angehörigen. Die Pflegebedürftigkeit kann durch ärztliches Gutachten oder Vorlage einer Bescheinigung der Pflegekasse, des Medizinischen Dienstes der Krankenversicherung oder einer privaten Pflege-Pflichtversicherung nachgewiesen werden.

(4) Abs. 2 gilt entsprechend für den Ausgleich von beruflichen Verzögerungen durch die Ableistung eines Wehr-, Zivil-, Bundesfreiwilligen- oder Entwicklungsdienstes, freiwilligen sozialen oder ökologischen Jahres, anderen Dienstes im Ausland, Internationalen Jugendfreiwilligendienstes, Europäischen Freiwilligendienstes, Freiwilligendienstes „weltwärts" des Bundesministeriums für wirtschaftliche Zusammenarbeit und Entwicklung oder Zivilen Friedensdienstes. Nicht auszugleichen sind Zeiten eines Dienstes nach Satz 1, wenn diese als Voraussetzung für die Zulassung zur Laufbahn berücksichtigt oder auf die Probezeit angerechnet worden sind.

§ 11 Einstellungsalter

(1) In das Beamtenverhältnis kann eingestellt werden, wer höchstens 50 Jahre alt ist. Dies gilt nicht für einen Wechsel aus dem Richterverhältnis in das Beamtenverhältnis und umgekehrt.

(2) Eine Einstellung ist ausnahmsweise bis zum Höchstalter von 60 Jahren möglich, wenn ein besonderes dienstliches Interesse vorliegt. Ein besonderes dienstliches Interesse liegt vor, wenn keine anderen geeigneten Bewerberinnen und Bewerber mit entsprechender Vor- und Ausbildung sowie fachlicher Qualifikation für die Besetzung eines Amts vorhanden sind und die Gewinnung oder Erhaltung der oder des Bediensteten nur bei Übernahme in das Beamtenverhältnis erreicht werden kann.

(3) Über die Einstellung entscheidet in den Fällen des Abs. 2 die oberste Dienstbehörde, bei Landesbeamtinnen und Landesbeamten ist die Zustimmung des Finanzministeriums einzuholen. Bei anderen Bewerberinnen und anderen Bewerbern bedürfen Ausnahmen der Zustimmung der Direktorin oder des Direktors des Landespersonalamts, soweit nicht die Landesregierung die Beamtinnen und Beamten ernennt.

§ 12 Schwerbehinderte Menschen

(1) Bei der Einstellung von schwerbehinderten Menschen darf nur das für die Laufbahn erforderliche Mindestmaß körperlicher Eignung verlangt werden.

(2) Bei laufbahnrechtlichen Entscheidungen sind die besonderen Belange schwerbehinderter Menschen zu berücksichtigen. Die fachlichen Anforderungen dürfen jedoch nicht geringer bemessen werden.

(3) Bei der Beurteilung der Leistung schwerbehinderter Menschen ist eine etwaige Minderung der Arbeits- und Verwendungsfähigkeit durch die Behinderung zu berücksichtigen.

Zweiter Teil
Laufbahnbewerberinnen und Laufbahnbewerber mit Vorbereitungsdienst

§ 13 Vorbereitungsdienst

(1) Die Bewerberinnen und Bewerber werden als Beamtinnen oder Beamte auf Widerruf in einen Vorbereitungsdienst der betreffenden Laufbahn eingestellt. Nach Maßgabe des § 17 Abs. 1 Satz 2 und 3 des Hessischen Beamtengesetzes kann hiervon abgewichen werden.

(2) Die Beamtinnen und Beamten führen während des Vorbereitungsdienstes die Dienstbezeichnung „Anwärterin" oder „Anwärter", in Laufbahnen des höheren Dienstes die Dienstbezeichnung „Referendarin" oder „Referendar", jeweils mit einem die Laufbahn oder den Laufbahnzweig bezeichnenden Zusatz. Das für das Dienstrecht zuständige Ministerium kann andere Dienstbezeichnungen festsetzen.

(3) Auf den Vorbereitungsdienst kann die Hälfte einer förderlichen Tätigkeit innerhalb oder außerhalb des öffentlichen Dienstes, jedoch nur bis zur halben Dauer des Vorbereitungsdienstes – im gehobenen technischen Dienst bis zu dem ein Jahr übersteigenden Teil – angerechnet werden. Darüber hinaus kann die Zeit angerechnet werden, während der die Bewerberin oder der Bewerber im öffentlichen Dienst mit Aufgaben beschäftigt worden ist, die in der Regel von Beamtinnen oder Beamten der entsprechenden Laufbahn wahrgenommen werden. Bei einer Ausbildung in einem Studiengang einer Fachhochschule kann eine Anrechnung nur auf den sechs Monate übersteigenden Teil der praktischen Ausbildung erfolgen, soweit Zeiten einer geeigneten berufspraktischen Ausbildung oder für die Laufbahnbefähigung gleichwertige berufliche Tätigkeiten nachgewiesen werden. Über die Anrechnung entscheidet die oberste Dienstbehörde.

§ 14 Mittlerer Dienst

Der Vorbereitungsdienst dauert in der Laufbahn des mittleren Dienstes mindestens ein Jahr, soweit gesetzlich nichts anderes geregelt ist. Er besteht aus einer fachtheoretischen und einer berufspraktischen Ausbildung.

§ 15 Gehobener Dienst

(1) Der Vorbereitungsdienst dauert in der Laufbahn des gehobenen Dienstes drei Jahre und besteht aus Fachstudien und berufspraktischen Studienzeiten. Er wird in einem Studiengang an einer Fachhochschule, der mit einem Bachelor oder einem Diplomgrad mit dem Zusatz „Fachhochschule" abschließt, oder in einem gleichstehenden Studiengang durchgeführt.

(2) Der Vorbereitungsdienst kann auf eine mindestens einjährige berufspraktische Studienzeit beschränkt werden, wenn die für die Laufbahnaufgaben erforderlichen wissenschaftlichen Erkenntnisse und Methoden durch ein geeignetes, mit einem Bachelor abgeschlossenes Hochschulstudium oder durch einen gleichwertigen Abschluss nachgewiesen werden. Ergänzende Lehrveranstaltungen zum Erwerb erforderlicher Spezialkenntnisse können vorgesehen werden. Die Ausbildungs- und Prüfungsordnung bestimmt, welche Prüfungen geeignet sind.

§ 16 Höherer Dienst

Der Vorbereitungsdienst dauert in der Laufbahn des höheren Dienstes mindestens zwei Jahre. Er vermittelt die notwendigen Kenntnisse und Fähigkeiten zur Wahrnehmung der Aufgaben des höheren Dienstes unter Anwendung und Erweiterung der erworbenen wissenschaftlichen Kenntnisse.

§ 17 Verlängerung des Vorbereitungsdienstes

(1) Die für die Ernennung zuständige Behörde kann den Vorbereitungsdienst im Einzelfall verlängern, wenn er wegen

1. einer Erkrankung,
2. eines Beschäftigungsverbots für die Zeit vor oder nach einer Entbindung nach mutterschutzrechtlichen Vorschriften,
3. einer Elternzeit,
4. eines Dienstes nach § 10 Abs. 4 Satz 1,
5. der Ableistung von Wehrübungen, die sechs Wochen im Kalenderjahr überschreiten, oder
6. anderer zwingender Gründe

unterbrochen wurde und durch die Verkürzung von Ausbildungsabschnitten die zielgerechte Fortsetzung des Vorbereitungsdienstes nicht gewährleistet ist. Dabei können Abweichungen vom Ausbildungs-, Lehr- oder Studienplan zugelassen werden.

(2) Bei Teilzeitbeschäftigung gilt Abs. 1 entsprechend.

(3) Der Vorbereitungsdienst kann in den Fällen des Abs. 1 Satz 1 Nr. 1 und 6 und des Abs. 2 höchstens zweimal, insgesamt jedoch nicht um mehr als 24 Monate verlängert werden.

(4) Das für die Gestaltung der jeweiligen Laufbahn zuständige Ministerium kann den Vorbereitungsdienst zur Förderung des Spitzensports verlängern, jedoch nicht um mehr als 24 Monate.

§ 18 Einstellungsalter für den Vorbereitungsdienst

(1) In einen Vorbereitungsdienst, der nicht Voraussetzung für die Ausübung eines Berufs außerhalb des öffentlichen Dienstes ist, kann eingestellt werden, wer höchstens 40 Jahre alt ist.

(2) Die Höchstaltersgrenze nach Abs. 1 gilt nicht für Inhaberinnen und Inhaber eines Eingliederungs- oder Zulassungsscheins und in den Fällen des § 7 Abs. 8 des Soldatenversorgungsgesetzes in der Fassung der Bekanntmachung vom 16. September 2009 (BGBl. I S. 3054), zuletzt geändert durch Gesetz vom 20. Dezember 2022 (BGBl. I S. 2759).

§ 19 Laufbahnprüfung

(1) Die Laufbahnprüfung soll am Ende des Vorbereitungsdienstes abgelegt werden; einzelne Teile der Prüfung können vorweggenommen werden. In Bachelorstudiengängen und Masterstudiengängen wird die Laufbahnprüfung in Form von Modulprüfungen abgelegt. Der Vorbereitungsdienst endet mit Ablauf des Tages, an dem

1. das Bestehen der Laufbahnprüfung oder
2. das endgültige Nichtbestehen der Laufbahnprüfung, einer Zwischenprüfung oder einer Modulprüfung bekannt gegeben wird.

Bei Bachelorstudiengängen tritt an die Stelle des Tages der Bekanntgabe des Bestehens nach Satz 3 Nr. 1 der Tag, an dem das Studium endet.

(2) Soweit es die Ausbildungs- und Prüfungsordnungen vorsehen, kann der Prüfungsausschuss einer Anwärterin oder einem Anwärter für eine Laufbahn des gehobenen Dienstes die Befähigung für die entsprechende Laufbahn des mittleren Dienstes zuerkennen, wenn die Anwärterin oder der Anwärter die Laufbahnprüfung auch nach Wiederholung nicht bestanden hat.

(3) In die nach den Ausbildungs- und Prüfungsordnungen zu bildenden Prüfungsausschüsse für die Laufbahnprüfungen sind Vertreterinnen oder Vertreter der Spitzenorganisationen der zuständigen Gewerkschaften als Mitglieder zu berufen. Diese müssen mindestens die Befähigung für die betreffende Laufbahn besitzen. Für Laufbahnprüfungen in Form einer Bachelorprüfung oder einer Masterprüfung kann für den Prüfungsausschuss in der Ausbildungs- und Prüfungsordnung eine von Satz 1 abweichende Regelung getroffen werden.

§ 20 Ausbildungs- und Prüfungsordnungen

(1) In den Ausbildungs- und Prüfungsordnungen sind, soweit nicht länderübergreifende Regelungen oder Vereinbarungen entgegenstehen, folgende Notenstufen vorzusehen:

Notenstufen	Bewertung
sehr gut (1)	für eine Leistung, die den Anforderungen in besonderem Maße entspricht
gut (2)	für eine Leistung, die den Anforderungen voll entspricht
befriedigend (3)	für eine Leistung, die im allgemeinen den Anforderungen entspricht
ausreichend (4)	für eine Leistung, die zwar Mängel aufweist, aber im Ganzen den Anforderungen noch entspricht
mangelhaft (5)	für eine Leistung, die den Anforderungen nicht entspricht, jedoch erkennen lässt, dass die notwendigen Grundkenntnisse vorhanden sind und die Mängel in absehbarer Zeit behoben werden könnten
ungenügend (6)	für eine Leistung, die den Anforderungen nicht entspricht und bei der selbst die Grundkenntnisse so lückenhaft sind, dass die Mängel in absehbarer Zeit nicht behoben werden können

Die Notenstufen „mangelhaft" und „ungenügend" können zu der Notenstufe „nicht ausreichend (5)", für eine Leistung, die den Anforderungen wegen erheblicher Mängel nicht mehr genügt, zusammengefasst werden.

(2) Zur Bildung der Noten können die Einzelleistungen und die Gesamtleistung der Prüfung nach einem System von Punktzahlen bewertet werden. Dabei sind den Notenstufen nach Abs. 1 Satz 1, soweit nicht ländergreifende Regelungen oder Vereinbarungen entgegenstehen, folgende Punktzahlen zuzuordnen:

Notenstufen	Punktzahlen
sehr gut (1)	15 bis 14 Punkte
gut (2)	13 bis 11 Punkte
befriedigend (3)	10 bis 8 Punkte
ausreichend (4)	7 bis 5 Punkte
mangelhaft (5)	4 bis 2 Punkte
ungenügend (6)	1 bis 0 Punkte

Der Notenstufe nach Abs. 1 Satz 2 sind die Punktzahlen 4 bis 0 Punkte zuzuordnen.

Dritter Teil
Laufbahnbewerberinnen und Laufbahnbewerber ohne Vorbereitungsdienst

Erster Abschnitt
Allgemeine Befähigungsanforderungen

§ 21 Grundsätze

(1) Die Anerkennung der Befähigung für eine Laufbahn des mittleren Dienstes nach § 8 Abs. 1 Nr. 2 setzt eine abgeschlossene Berufsausbildung, die für die Laufbahn fachlich geeignete Inhalte vermittelt, sowie eine hauptberufliche Tätigkeit, die die Anforderungen nach § 22 erfüllt, voraus.

(2) Die Anerkennung der Befähigung für eine Laufbahn des gehobenen Dienstes nach § 8 Abs. 1 Nr. 2 setzt ein erfolgreich abgeschlossenes Bachelorstudium oder ein gleichwertiges Hochschulstudium, das für die Laufbahn fachlich geeignete Inhalte vermittelt, sowie eine hauptberufliche Tätigkeit, die die Anforderungen nach § 22 erfüllt, voraus.

(3) Die Anerkennung der Befähigung für eine Laufbahn des höheren Dienstes nach § 8 Abs. 1 Nr. 2 setzt ein erfolgreich abgeschlossenes Masterstudium oder ein gleichwertiges Hochschulstudium, das für die Laufbahn fachlich geeignete Inhalte vermittelt, sowie eine hauptberufliche Tätigkeit, die die Anforderungen nach § 22 erfüllt, voraus. Für den höheren allgemeinen Verwaltungsdienst ist § 15 Abs. 5 des Hessischen Beamtengesetzes abschließend.

§ 22 Hauptberufliche Tätigkeit

(1) Die Dauer der hauptberuflichen Tätigkeit muss in Laufbahnen des

1. mittleren Dienstes mindestens ein Jahr und sechs Monate,
2. gehobenen und höheren Dienstes mindestens zwei Jahre und sechs Monate betragen.

(2) Die hauptberufliche Tätigkeit muss

1. nach Abschluss der zu dem Beruf befähigenden Ausbildung geleistet worden sein,
2. fachlich an die erworbene Ausbildung anknüpfen und den fachlichen Anforderungen der Laufbahn entsprechen,
3. nach Art und Schwierigkeit mindestens der Tätigkeit im betreffenden Eingangsamt der Laufbahn entsprechen und
4. im Hinblick auf die Laufbahnaufgaben zu fachlich selbstständiger Berufsausübung befähigen.

§ 23 Anerkennung der Befähigung

(1) Die oberste Dienstbehörde stellt aufgrund der zu führenden Nachweise über Vorbildung und hauptberufliche Tätigkeit schriftlich fest, dass die Zugangsvoraussetzungen für das Eingangsamt einer Laufbahn erfüllt sind, und erkennt damit die Laufbahnbefähigung an. In der Feststellung ist auch die Laufbahnfachrichtung zu bezeichnen.

(2) Als zusätzliche Voraussetzung kann die erfolgreiche Teilnahme an einem Einführungslehrgang sowie der erfolgreiche Abschluss einer Staatsprüfung verlangt werden, soweit dies zur Erfüllung der Laufbahnanforderungen erforderlich ist.

Zweiter Abschnitt
Besondere Befähigungsanforderungen

§ 24 Mittlerer Dienst

Neben den allgemeinen Befähigungsanforderungen nach den §§ 21 bis 23 haben Bewerberinnen und Bewerber

1. für den Laufbahnzweig Kommunaler Ordnungsdienst der Laufbahn des mittleren technischen Dienstes die Gesellenprüfung oder eine gleichwertige Facharbeiterprüfung in einem für den Kommunalen Ordnungsdienst geeigneten Beruf sowie die Bestellung zum Hilfspolizeibeamten,
2. für den Laufbahnzweig Werkdienst der Laufbahn des mittleren Justizdienstes die Meisterprüfung im Handwerks- oder Industriegewerbe oder eine vergleichbare Ausbildung mit anerkannter Befugnis zur Ausbildung im Handwerks- und Industriegewerbe und die Teilnahme an einem Einführungslehrgang,
3. für den Laufbahnzweig Krankenpflegedienst der Laufbahn des mittleren Justizdienstes die Erlaubnis zur Führung der Berufsbezeichnung nach dem Krankenpflegegesetz vom 16. Juli 2003 (BGBl I S. 1442), zuletzt geändert durch Gesetz vom 6. Dezember 2011 (BGBl. I S. 2515), sowie die Teilnahme an einem Einführungslehrgang nachzuweisen.

§ 25 Gehobener Dienst

Von Sozialarbeiterinnen und Sozialarbeitern sowie Sozialpädagoginnen und Sozialpädagogen, die in die Laufbahn gehobener sozialer Dienst eingestellt werden sollen, wird das Zeugnis über die staatliche Anerkennung nach dem in einem Studiengang der Sozialen Arbeit, der Sozialpädagogik oder des Sozialwesens erworbenen Abschluss eines Bachelorstudiums oder eines gleichwertigen Hochschulstudiums sowie abweichend von § 22 Abs. 1 eine hauptberufliche Tätigkeit von zwei Jahren gefordert.

§ 26 Höherer Dienst

Bei Psychologinnen und Psychologen mit der Befähigung für ein Lehramt, die in die Laufbahn höherer sozialer Dienst eingestellt werden sollen, können Zeiten im Schuldienst nach Bestehen der Zweiten Staatsprüfung bis zu insgesamt zwei Jahren auf die hauptberufliche Tätigkeit nach § 22 angerechnet werden.

Vierter Teil
Anerkennung von in Mitgliedstaaten der Europäischen Union erworbenen Berufsqualifikationen

§ 27 Anwendungsbereich

(1) Die Regelungen der §§ 28 bis 34 gelten für die Anerkennung von in anderen Mitglied-

staaten erworbenen Berufsqualifikationen als Laufbahnbefähigung entsprechend der Richtlinie 2005/36/EG des Europäischen Parlaments und des Rates vom 7. September 2005 über die Anerkennung von Berufsqualifikationen (ABl. EU Nr. L 255 S. 22, 2007 Nr. L 271 S. 18, 2008 Nr. L 93 S. 28, 2009 Nr. L 33 S. 49, 2014 Nr. L 305 S. 115), zuletzt geändert durch Richtlinie 2013/55/EU des Europäischen Parlaments und des Rates vom 20. November 2013 (ABl. EU Nr. L 354 S. 132). Die Regelungen zur Anerkennung der Lehramtsbefähigung nach §61 des Hessischen Lehrkräftebildungsgesetzes und der Grundsatz der automatischen Anerkennung nach Titel III Kapitel III der Richtlinie 2005/36/EG bleiben unberührt.

(2) Mitgliedstaat im Sinne dieser Verordnung ist

1. jeder Mitgliedstaat der Europäischen Union,
2. jeder andere Vertragsstaat des Abkommens über den Europäischen Wirtschaftsraum und
3. jeder andere Vertragsstaat, dem die Bundesrepublik Deutschland und die Europäische Union vertraglich einen Rechtsanspruch auf Anerkennung von Berufsqualifikationen eingeräumt haben.

§28 Anerkennungsvoraussetzungen

(1) Eine Berufsqualifikation, die in einem anderen Mitgliedstaat erforderlich ist, um in dessen Hoheitsgebiet den unmittelbaren Zugang zu einem reglementierten Beruf zu erhalten, ist als Befähigung für eine Laufbahn, die der Fachrichtung der Berufsqualifikation entspricht, anzuerkennen, wenn

1. die antragstellende Person die Staatsangehörigkeit eines Mitgliedstaats besitzt,
2. die Befähigungs- und Ausbildungsnachweise in einem Mitgliedstaat von einer nach dessen Rechts- und Verwaltungsvorschriften zuständigen und von ihm benannten Behörde ausgestellt worden sind,
3. die nachgewiesene Befähigung und Ausbildung im Vergleich mit der für die Laufbahnbefähigung erforderlichen Vor- und Ausbildung kein Defizit im Sinne des §29 Abs. 1 aufweist oder ein solches Defizit nach §29 Abs. 2 ausgeglichen ist.

Reglementiert ist ein Beruf dann, wenn dessen Aufnahme und Ausübung durch staatliche Rechtsvorschriften an das Vorliegen bestimmter Berufsqualifikationen gebunden ist.

(2) Abs. 1 gilt entsprechend für eine in dem anderen Mitgliedstaat nicht reglementierte Berufsausübung, wenn die antragstellende Person nachweist, dass sie den Beruf innerhalb der letzten zehn Jahre ein Jahr vollzeitlich oder während einer entsprechenden Gesamtdauer in Teilzeit ausgeübt hat, und die Befähigungs- und Ausbildungsnachweise bescheinigen, dass die antragstellende Person auf die Ausübung des betreffenden Berufs vorbereitet wurde. Der Nachweis der Berufserfahrung ist nicht erforderlich, wenn die vorgelegten Befähigungs- und Ausbildungsnachweise den Abschluss einer reglementierten Ausbildung bestätigen.

(3) Einem Befähigungs- und Ausbildungsnachweis nach Abs. 1 Satz 1 Nr. 2 sind gleichgestellt

1. ein Ausbildungsnachweis im Sinne des Art. 12 der Richtlinie 2005/36/EG und
2. jeder in einem Drittland ausgestellte Befähigungs- und Ausbildungsnachweis, sofern seine Inhaberin oder sein Inhaber in dem betreffenden Beruf drei Jahre Berufserfahrung im Hoheitsgebiet des Mitgliedstaats besitzt, der diesen Befähigungs- und Ausbildungsnachweis nach Art. 2 Abs. 2 der Richtlinie 2005/36/EG anerkannt hat, und dieser Mitgliedstaat die Berufserfahrung bescheinigt.

(4) Abweichend von Abs. 1 und 2 wird eine Qualifikation nach Abs. 1 auf Antrag als Befähigung für eine Laufbahn mit partiellem Zugang für eine bestimmte Tätigkeit anerkannt, wenn

1. die antragstellende Person im Herkunftsmitgliedstaat ohne Einschränkung qualifiziert ist, die Berufstätigkeit auszuüben, für die ein partieller Zugang beantragt wird,
2. die Unterschiede zwischen der Berufstätigkeit im Herkunftsmitgliedstaat und der Tätigkeit in der Laufbahn so groß sind,

dass die Anwendung von Ausgleichsmaßnahmen dem Durchlaufen einer Ausbildung für die Laufbahn gleichkäme, und

3. sich die Berufstätigkeit, für die ein partieller Zugang beantragt wird, objektiv von anderen Tätigkeiten der Laufbahn trennen lässt.

Der partielle Zugang kann verweigert werden, wenn zwingende Gründe des Allgemeininteresses dies rechtfertigen.

§ 29 Ausgleich von Qualifikationsdefiziten

(1) Ein Qualifikationsdefizit liegt vor, wenn

1. die bisherige Ausbildung der antragstellenden Person sich hinsichtlich der beruflichen Tätigkeit auf Fächer bezieht, die sich wesentlich von denen unterscheiden, die im Land Hessen vorgeschrieben sind, oder
2. die Laufbahnbefähigung die Wahrnehmung eines umfangreicheren Aufgabenfeldes ermöglicht als der reglementierte Beruf im Herkunftsmitgliedstaat und wenn dieser Unterschied in einer besonderen, für den Erwerb der Laufbahnbefähigung vorgeschriebenen Ausbildung besteht und sie sich auf Fächer bezieht, in denen Kenntnisse vermittelt werden, die wesentlich für die Ausübung des Berufs sind, und die sich wesentlich von denen unterscheiden, die von den vorgelegten Befähigungs- und Ausbildungsnachweisen abgedeckt werden.

Fächer unterscheiden sich wesentlich, wenn hinsichtlich des Inhalts der Ausbildung bedeutende Abweichungen gegenüber der für die Laufbahnbefähigung geforderten fachtheoretischen Ausbildung bestehen. Dabei wird insbesondere geprüft, ob wesentliche Unterschiede zwischen der erworbenen Qualifikation und den nach Bundesrecht für den Erwerb der Laufbahnbefähigung zu erfüllenden Voraussetzungen durch Berufserfahrung, Zusatzqualifikationen oder Kenntnisse, Fähigkeiten und Kompetenzen, die durch informelles Lernen erworben und von einer einschlägigen Stelle anerkannt wurden, ausgeglichen worden sind. Bleiben wesentliche Unterschiede bestehen, ist die Anerkennung der Qualifikation als Befähigung für eine Laufbahn von einer Eignungsprüfung nach § 30 oder einem Anpassungslehrgang nach § 31 abhängig zu machen.

(2) Bei einer Anerkennung für eine Laufbahn

1. des mittleren Dienstes kann die antragstellende Person zwischen einer Eignungsprüfung und einem Anpassungslehrgang wählen,
2. des gehobenen und des höheren Dienstes kann die antragstellende Person zwischen einer Eignungsprüfung und einem Anpassungslehrgang wählen, wenn der Befähigungsnachweis mindestens Art. 11 Buchst. c der Richtlinie 2005/36/EG entspricht.

In den übrigen Fällen legt die für die Anerkennung zuständige Behörde die Ausgleichsmaßnahme fest. Dabei kann sie

1. bei einer Anerkennung für eine Laufbahn des gehobenen oder des höheren Dienstes als Ausgleichsmaßnahme einen Anpassungslehrgang und eine Eignungsprüfung festlegen, wenn der Befähigungsnachweis höchstens Art. 11 Buchst. a der Richtlinie 2005/36/EG entspricht,
2. in den übrigen Fällen als Ausgleichsmaßnahme eine Eignungsprüfung oder einen Anpassungslehrgang festlegen.

(3) Abweichend von Abs. 1 Satz 4 kann die für die Anerkennung zuständige Behörde die Anerkennung einer Befähigung für die Laufbahn des höheren Dienstes aufgrund eines Befähigungsnachweises, der nicht mindestens Art. 11 Buchst. b der Richtlinie 2005/36/EG entspricht, ablehnen.

§ 30 Eignungsprüfung

(1) Die Eignungsprüfung ist eine ausschließlich die beruflichen Kenntnisse, Fähigkeiten und Kompetenzen betreffende Prüfung, mit der die Fähigkeiten, die Aufgaben der angestrebten Laufbahn auszuüben, beurteilt werden. Sie muss dem Umstand Rechnung tragen, dass die antragstellende Person im Heimat- oder Herkunftsstaat bereits über eine entsprechende berufliche Qualifikation verfügt.

(2) Bei Laufbahnen mit Vorbereitungsdienst wird die Eignungsprüfung von der für die Durchführung der Laufbahnprüfung zustän-

digen Behörde durchgeführt, bei Laufbahnen ohne Vorbereitungsdienst von dem für die Gestaltung der Laufbahn zuständigen Ministerium, das hierfür eine andere Behörde bestimmen kann. Der antragstellenden Person ist die Möglichkeit zu geben, die Eignungsprüfung spätestens sechs Monate nach Ausübung ihres Wahlrechts oder der Festsetzung durch die zuständige Behörde abzulegen.

(3) Zur Durchführung der Eignungsprüfung erstellt die zuständige Behörde ein Verzeichnis der Sachgebiete, die aufgrund eines Vergleichs zwischen der für die Laufbahnbefähigung verlangten Ausbildung und der bisherigen Ausbildung der antragstellenden Person nicht abgedeckt werden. Die Eignungsprüfung erstreckt sich auf Sachgebiete aus diesem Verzeichnis, deren Kenntnis eine wesentliche Voraussetzung für die Erlangung der Laufbahnbefähigung ist. Die zuständige Behörde legt im Einzelfall, abhängig von den festgestellten Defiziten, die konkreten Inhalte und den Umfang der von der antragstellenden Person abzulegenden Eignungsprüfung fest.

(4) Für die Durchführung der Prüfung und die Bewertung der Prüfungsleistungen werden die für die jeweilige Laufbahn geltenden Prüfungsbestimmungen entsprechend angewandt.

§ 31 Anpassungslehrgang

(1) Der Anpassungslehrgang vermittelt die Fähigkeiten für die angestrebte Laufbahn unter Anleitung und Verantwortung einer oder eines qualifizierten Berufsangehörigen. Er kann mit einer Zusatzausbildung verbunden werden.

(2) Der Anpassungslehrgang dient dazu, die im Vergleich zwischen vorhandener und geforderter Ausbildung fehlenden Qualifikationen zu erwerben. Er darf höchstens drei Jahre dauern. Inhalte und Dauer werden unter Berücksichtigung des festgestellten Defizits im Hinblick auf die Erfordernisse der jeweiligen Laufbahn von der zuständigen Behörde festgelegt. Bei Laufbahnen mit Vorbereitungsdienst darf der Anpassungslehrgang die Dauer des Vorbereitungsdienstes nicht überschreiten.

(3) Zuständige Behörde für die Durchführung und Organisation des Anpassungslehrgangs ist das Regierungspräsidium Gießen. Es kann eine andere Behörde hiermit beauftragen. Die Rechte und Pflichten der antragstellenden Person während des Anpassungslehrgangs werden durch einen Vertrag mit der zuständigen Behörde festgelegt.

(4) Der Anpassungslehrgang endet mit Ablauf der festgesetzten Zeit. Er kann vorzeitig beendet werden

1. auf Antrag der teilnehmenden Person oder
2. von Amts wegen, wenn schwerwiegende Pflichtverletzungen der teilnehmenden Person der Fortführung entgegenstehen.

Der Anpassungslehrgang kann in den in § 17 Abs. 1 genannten Fällen verlängert werden.

(5) Die Leistungen während des Anpassungslehrgangs sind nach der Notenskala für Laufbahnprüfungen nach § 20 Abs. 2 zu bewerten. Werden die Leistungen nicht mindestens mit der Gesamtnote „ausreichend" bewertet, ist der Anpassungslehrgang nicht erfolgreich abgeschlossen. Die beantragende Person erhält über das Ergebnis einen schriftlichen Bescheid.

§ 32 Antrag

(1) Die Anerkennung von Berufsqualifikationen erfolgt nur auf Antrag.

(2) Im Antrag ist anzugeben, welche Tätigkeit im öffentlichen Dienst angestrebt wird. Beizufügen sind

1. eine tabellarische Darstellung des beruflichen Werdegangs,
2. ein Nachweis der Staatsangehörigkeit eines Mitgliedstaats,
3. Befähigungs- und Ausbildungsnachweise,
4. Bescheinigungen oder Urkunden des Heimat- oder Herkunftsstaats darüber, dass keine Straftaten, schwerwiegenden beruflichen Verfehlungen oder sonstigen, die Eignung infrage stellenden Umstände bekannt sind; die Bescheinigungen oder Urkunden dürfen bei ihrer Vorlage nicht älter als drei Monate sein,
5. eine Bescheinigung des Heimat- oder Herkunftsstaats, aus der hervorgeht, zu welcher Berufsausübung die Befähigungs- und Ausbildungsnachweise berechtigen,

6. Bescheinigungen über Art und Dauer der nach Erwerb der Befähigungs- und Ausbildungsnachweise in einem Mitgliedstaat ausgeübten Tätigkeiten in der Fachrichtung der Befähigungs- und Ausbildungsnachweise,
7. Nachweise über Inhalte und Dauer der Studien und Ausbildungen, in Form von Studienordnungen, Prüfungsordnungen, Studienbuch oder in anderer geeigneter Weise; aus den Nachweisen müssen die Anforderungen, die zur Erlangung des Abschlusses geführt haben, hervorgehen,
8. eine Erklärung, ob die Anerkennung bei einer anderen Behörde in der Bundesrepublik Deutschland beantragt wurde und wie darüber entschieden worden ist, sowie
9. gegebenenfalls von einer einschlägigen Stelle ausgestellte Bescheinigungen über Kenntnisse, Fähigkeiten und Kompetenzen, die durch lebenslanges Lernen erworben wurden.

(3) Für nicht in deutscher Sprache abgefasste Urkunden sind Übersetzungen beizufügen, die elektronisch übermittelt werden können. Im Fall begründeter Zweifel an der Echtheit der vorgelegten Unterlagen oder der Richtigkeit von Angaben dürfen von der antragstellenden Person beglaubigte Kopien und beglaubigte Übersetzungen verlangt werden; die Frist nach § 33 Abs. 1 wird hierdurch nicht gehemmt.

(4) Bestehen begründete Zweifel, kann die zuständige Behörde von den zuständigen Behörden des Mitgliedstaats eine Bestätigung der Tatsachen verlangen, dass die Ausübung dieses Berufes durch die antragstellende Person nicht aufgrund eines disziplinarischen Verhaltens oder einer Verurteilung wegen strafbarer Handlungen ausgesetzt oder untersagt wurde. Der Informationsaustausch erfolgt über das Binnenmarkt-Informationssystem IMI.

(5) Die zuständige Behörde bestätigt der antragstellenden Person binnen eines Monats den Empfang der Unterlagen und teilt gegebenenfalls gleichzeitig mit, welche Unterlagen fehlen.

§ 33 Entscheidung

(1) Die Entscheidung über den Antrag ist der antragstellenden Person innerhalb von vier Monaten nach Vorlage der vollständigen Unterlagen schriftlich mitzuteilen. Bei der automatischen Anerkennung nach Titel III Kapitel III der Richtlinie 2005/36/EG beträgt die Frist drei Monate. Die Entscheidung ist außer bei sofortiger Anerkennung zu begründen. Sie ergeht im Einvernehmen mit dem für die Gestaltung der Laufbahn zuständigen Ministerium.

(2) Die Entscheidung enthält

1. die Zuordnung der Berufsqualifikation der antragstellenden Person zu einer konkreten Laufbahn,
2. die Feststellung über bestehende Defizite gegenüber der zugeordneten Laufbahnbefähigung,
3. bei Auferlegung eines Anpassungslehrgangs oder einer Eignungsprüfung Ausführungen zum Niveau der verlangten und zum Niveau der vorgelegten Berufsqualifikation nach der Klassifizierung in Art. 11 der Richtlinie 2005/36/EG und zum wesentlichen Defizit nach § 29 Abs. 1 sowie die Gründe, aus denen diese Unterschiede nicht ausgeglichen werden können,
4. konkrete Angaben zu den möglichen Ausgleichsmaßnahmen nach den §§ 29 bis 31, insbesondere zu den Prüfungsgebieten im Falle einer Eignungsprüfung, sowie
5. gegebenenfalls einen Hinweis auf das nach § 29 Abs. 2 bestehende Wahlrecht.

In der Entscheidung ist darauf hinzuweisen, dass die Anerkennung der Berufsqualifikation als Laufbahnbefähigung keinen Anspruch auf Einstellung begründet.

(3) Der Antrag auf Anerkennung der Berufsqualifikation als Laufbahnbefähigung ist abzulehnen, wenn

1. die Voraussetzungen des § 28 nicht erfüllt sind oder
2. die festgelegten Ausgleichsmaßnahmen endgültig nicht erfolgreich abgeschlossen worden sind oder die antragstellende Person sich ihnen aus von ihr zu vertretenden Gründen nicht unterzogen hat.

(4) Mit der Anerkennung einer Berufsqualifikation wird die entsprechende Laufbahnbefähigung erworben. Sofern mit dem Erwerb der Laufbahnbefähigung nach den allgemeinen gesetzlichen Bestimmungen die Befugnis verbunden ist, eine Bezeichnung zu führen, kann diese als Berufsbezeichnung geführt werden. Soweit mit dem Erwerb einer Befähigung für eine Laufbahn mit partiellem Zugang für eine bestimmte Tätigkeit nach § 28 Abs. 4 die Befugnis verbunden ist, eine Berufsbezeichnung zu führen, kann die für die berufliche Tätigkeit im Herkunftsmitgliedstaat bestehende Berufsbezeichnung geführt werden.

§ 34 Zuständigkeit

Zuständige Behörde für die Anerkennung von Berufsqualifikationen ist das Regierungspräsidium Gießen.

Fünfter Teil
Andere Bewerberinnen und Bewerber

§ 35 Einstellungsvoraussetzungen

Als andere Bewerberin oder anderer Bewerber darf nur eingestellt werden, wer mindestens vier Jahre hauptberutlich eine Tätigkeit ausgeübt hat, die der Tätigkeit des Eingangsamts der jeweiligen Laufbahn gleich zu bewerten ist. Die Einstellung ist jedoch frühestens zu dem Zeitpunkt zulässig, zu dem eine vergleichbare Laufbahnbewerberin oder ein vergleichbarer Laufbahnbewerber in das Beamtenverhältnis auf Probe berufen würde.

Sechster Teil
Aufstieg

§ 36 Aufstieg in den gehobenen Dienst

(1) Beamtinnen und Beamte des mittleren Dienstes, die unter Berücksichtigung ihrer Bewährung in der bisherigen Laufbahn für den gehobenen Dienst geeignet erscheinen, können zur Laufbahn des gehobenen Dienstes derselben Fachrichtung zugelassen werden

1. ein Jahr nach der Laufbahnprüfung, wenn sie diese mit der Note „gut" oder „sehr gut" bestanden haben,
2. zwei Jahre nach der Laufbahnprüfung, wenn sie diese mit der Note „befriedigend" bestanden haben,
3. drei Jahre nach der Laufbahnprüfung, wenn sie diese mit der Note „ausreichend" bestanden haben.

Beamtinnen und Beamte, die keine Laufbahnprüfung abgelegt haben, können drei Jahre nach Einstellung zur Laufbahn des gehobenen Dienstes derselben Fachrichtung zugelassen werden. Soweit die Ausbildung für die Laufbahn des gehobenen Dienstes nach § 15 Abs. 1 in einem Studiengang einer Fachhochschule vermittelt wird, ist für die Feststellung der Eignung mit zu berücksichtigen, ob die Bewerberin oder der Bewerber die Voraussetzungen für eine erfolgreiche Fachhochschulausbildung erfüllt.

(2) Die Beamtinnen und Beamten werden zu der vorgeschriebenen Ausbildung zugelassen und gleichzeitig in die Aufgaben der neuen Laufbahn eingeführt. Die Einführungszeit dauert drei Jahre. Sie kann insoweit gekürzt werden, als die Beamtinnen und Beamten während ihrer bisherigen Tätigkeit bereits hinreichende Kenntnisse, wie sie für die neue Laufbahn gefordert werden, erworben haben. Fachstudien und berufspraktische Studienzeiten als Studiengang einer Fachhochschule können jedoch nur um jeweils höchstens sechs Monate gekürzt werden.

(3) Nach erfolgreicher Einführung ist die Laufbahnprüfung abzulegen. Beamtinnen und Beamte, die die Prüfung auch nach Wiederholung nicht bestanden haben, treten in die frühere Beschäftigung zurück.

(4) Ein Amt der Laufbahn des gehobenen Dienstes darf den Beamtinnen und Beamten erst verliehen werden, wenn sie sich nach Bestehen der Laufbahnprüfung mindestens ein Jahr in Aufgaben des gehobenen Dienstes bewährt haben. Die Entscheidung über den Aufstieg trifft die oberste Dienstbehörde.

(5) Ausnahmsweise können Beamtinnen und Beamte des mittleren Dienstes zur Laufbahn des gehobenen Dienstes derselben Fachrichtung zugelassen werden, wenn sie

1. sich mindestens fünf Jahre im Spitzenamt ihrer Laufbahn befunden haben,
2. hervorragende Beurteilungen in den letzten drei Jahren erhalten haben, die die Geeignetheit für den Aufstieg nachweisen und
3. sich drei Jahre ununterbrochen in einer Tätigkeit des gehobenen Dienstes ihrer Fachrichtung bewährt haben.

Die Entscheidung über den Aufstieg trifft die Direktorin oder der Direktor des Landespersonalamts auf Vorschlag der obersten Dienstbehörde.

(6) Das erste Beförderungsamt der Laufbahn des gehobenen Dienstes darf der Beamtin oder dem Beamten nicht vor Ablauf von einem Jahr nach dem Wechsel der Laufbahngruppe verliehen werden.

§ 37 Qualifikationsaufstieg in den höheren Dienst

(1) Beamtinnen und Beamte des gehobenen Dienstes können zur Laufbahn des höheren Dienstes derselben Fachrichtung zugelassen werden, wenn sie

1. ein für die Fachrichtung geeignetes Masterstudium oder ein gleichwertiges Hochschulstudium erfolgreich abgeschlossen,
2. sich mindestens acht Jahre im gehobenen Dienst befunden und hervorragende Beurteilungen in den letzten drei Jahren erhalten, die die Geeignetheit für den Aufstieg nachweisen und
3. sich im Anschluss daran in einer zweijährigen berufspraktischen Einführung in die Aufgaben des höheren Dienstes bewährt haben.

(2) Für den Aufstieg vom gehobenen in den höheren Dienst der Fachrichtung allgemeine Verwaltung ist der erfolgreiche Abschluss des Masterstudiengangs Master of Public Management an der Hessischen Hochschule für öffentliches Management und Sicherheit erforderlich. Über die Zulassung zum Studium entscheidet die Hessische Hochschule für öffentliches Management und Sicherheit auf Vorschlag der jeweiligen obersten Dienstbehörde. Die Beamtin oder der Beamte muss sich zu diesem Zeitpunkt mindestens fünf Jahre im gehobenen Dienst befunden und hervorragende Beurteilungen in den letzten drei Jahren erhalten haben, die die Geeignetheit für den Aufstieg nachweisen. Sie oder er muss sich im Anschluss an den Masterstudiengang in einer zweijährigen berufspraktischen Einführung in die Aufgaben des höheren Dienstes bewährt haben. Beamtinnen und Beamte im gehobenen allgemeinen Verwaltungsdienst, die den in Satz 1 genannten Masterstudiengang auf eigenen Antrag aufgenommen und erfolgreich abgeschlossen haben, können in den höheren Dienst der Fachrichtung allgemeine Verwaltung aufsteigen, wenn sie im Übrigen die Voraussetzungen des Abs. 1 Nr. 2 und 3 erfüllen. Abweichend von Satz 1 bis 5 gilt Abs. 1 für den Aufstieg in einen eingerichteten Laufbahnzweig nach § 6 Abs. 1.

(3) Für den Aufstieg in den höheren allgemeinen Verwaltungsdienst können andere Masterabschlüsse anerkannt werden, wenn das für das Dienstrecht zuständige Ministerium die Gleichwertigkeit mit dem Masterstudiengang Master of Public Management an der Hessischen Hochschule für öffentliches Management und Sicherheit festgestellt hat und die übrigen Voraussetzungen des Abs. 1 erfüllt sind.

(4) Die Entscheidung über den Aufstieg trifft die oberste Dienstbehörde im Einvernehmen mit der Direktorin oder dem Direktor des Landespersonalamts.

(5) Das erste Beförderungsamt der Laufbahn des höheren Dienstes darf der Beamtin oder dem Beamten nicht vor Ablauf von einem Jahr nach dem Wechsel der Laufbahngruppe verliehen werden.

§ 38 Erfahrungsaufstieg in den höheren Dienst

(1) Die Direktorin oder der Direktor des Landespersonalamts lässt auf Vorschlag der obersten Dienstbehörde den Aufstieg von Beamtinnen und Beamten des gehobenen Dienstes in den höheren Dienst zu, wenn sie sich

1. zwei Jahre in einem Amt der Besoldungsgruppe A 13 einer Laufbahn des gehobenen Dienstes befunden und hervorragende Beurteilungen in den letzten drei Jahren

erhalten haben, die die Geeignetheit für den Aufstieg nachweisen sowie
2. mindestens ein Jahr in einer ihnen übertragenen Tätigkeit des höheren Dienstes ihrer Fachrichtung bewährt haben.

(2) Mit der Übertragung eines Amts der neuen Laufbahn wird die Befähigung für diese Laufbahn zuerkannt.

(3) Das erste Beförderungsamt der Laufbahn des höheren Dienstes darf der Beamtin oder dem Beamten nicht vor Ablauf von einem Jahr nach dem Wechsel der Laufbahngruppe verliehen werden.

(4) Der Aufstieg nach Abs. 1 ist ausgeschlossen, wenn für die höhere Laufbahn eine bestimmte Vorbildung, Ausbildung oder Prüfung durch Rechtsvorschrift vorgeschrieben oder nach ihrer Eigenart zwingend erforderlich ist.

Siebter Teil
Dienstliche Beurteilung

§ 39 Grundsätze der dienstlichen Beurteilung, Ausnahmen

(1) Beamtinnen und Beamte auf Lebenszeit sind zu bestimmten Stichtagen mindestens alle drei Jahre zu beurteilen. Erfolgt eine Auswahlentscheidung auf der Grundlage dienstlicher Beurteilungen, darf das Ende des letzten Beurteilungszeitraums zum Zeitpunkt der Auswahlentscheidung höchstens drei Jahre zurückliegen.

(2) Von einer regelmäßigen Beurteilung kann ausnahmsweise abgesehen werden, wenn sie nicht zweckmäßig ist. Dies ist insbesondere bei herausgehobenen Führungsfunktionen der Fall.

§ 40 Inhalt der dienstlichen Beurteilung

Befähigung und fachliche Leistung sind unter Einbeziehung der Eignung durch auf § 2 Abs. 3 und 4 beruhende Einzelmerkmale zu bewerten, die in das Gesamturteil einfließen. Die Eignung nach Satz 1 bezieht sich auf die Persönlichkeit und charakterliche Eigenschaften, die für ein bestimmtes Amt von Bedeutung sind. Das Gesamturteil soll auch eine Aussage über die Geeignetheit für das nächsthöhere Amt enthalten. Darüber hinaus kann es eine Aussage über die Eignung für Leitungs- und Führungsaufgaben enthalten.

§ 41 Beurteilungsverfahren und Beurteilungsmaßstab, Zuständigkeit

(1) Die dienstlichen Beurteilungen erfolgen in der Regel durch zwei Personen. Die Beurteilenden haben einen gleichen Beurteilungsmaßstab anzuwenden. Dabei sind die Anforderungen an das Amt im statusrechtlichen Sinne, das die Beamtin oder der Beamte im Zeitpunkt der dienstlichen Beurteilung innehat, und an die tatsächlich wahrgenommenen Aufgaben im Vergleich zu anderen Beamtinnen und Beamten desselben statusrechtlichen Amts zu berücksichtigen und das Differenzierungsgebot zu beachten.

(2) Bei Regelbeurteilungen finden zur Gewährleistung eines einheitlichen Beurteilungsmaßstabs Besprechungen der Beurteilenden statt. Darüber hinaus können für einzelne Bewertungsstufen Richtwerte vorgegeben werden, wobei im Einzelfall deren Überschreitung zuzulassen ist. Ist die Anwendung von Richtwerten wegen zu geringer Fallzahlen nicht möglich, sind die dienstlichen Beurteilungen in geeigneter Weise entsprechend zu differenzieren.

(3) Jede dienstliche Beurteilung ist der Beamtin oder dem Beamten in ihrem vollen Wortlaut zu eröffnen und auf Wunsch zu besprechen. Die Eröffnung ist aktenkundig zu machen und mit der Beurteilung zu den Personalakten zu nehmen.

(4) Die Einzelheiten des Beurteilungsverfahrens regeln die obersten Dienstbehörden. Für die Landesverwaltung oder Teile von ihr kann die Landesregierung einheitliche Richtlinien für die dienstliche Beurteilung der Beamtinnen und Beamten erlassen.

Achter Teil
Besondere Vorschriften für den Schuldienst

§ 42 Geltungsbereich

Der Schuldienst im Sinne dieser Verordnung umfasst den Dienst

1. als Lehrkraft an öffentlichen Schulen, einschließlich des Dienstes in der Schulleitung,
2. als Lehrkraft an Justizvollzugsanstalten,
3. hauptamtliche Ausbilderinnen und Ausbilder an den Studienseminaren, einschließlich des Dienstes in der Studienseminarleitung,
4. an den Staatlichen Schulämtern, der Hessischen Lehrkräfteakademie und am Kultusministerium, soweit die Dienstaufgabe die Befähigung für ein Lehramt voraussetzt,
5. an der Hessischen Lehrkräfteakademie, sofern für die Dienstaufgabe der erfolgreiche Abschluss eines Masterstudiums, einer Staatsprüfung oder eines gleichwertigen Hochschulstudiums vorausgesetzt wird.

§ 43 Laufbahnen

Der Schuldienst gliedert sich in die Laufbahngruppen des gehobenen und des höheren Dienstes.

§ 44 Erwerb der Laufbahnbefähigung

(1) Die in § 42 Nr. 1 bis 4 genannten Beamtinnen und Beamten erwerben die Laufbahnbefähigung mit dem Erwerb der Befähigung für ein Lehramt oder der Lehrbefähigung in arbeitstechnischen Fächern nach den Vorschriften des Hessischen Lehrkräftebildungsgesetzes. Für Unterricht erteilende Sozialpädagoginnen und Sozialpädagogen, die in die Laufbahn gehobener Schuldienst eingestellt werden sollen, gelten § 21 Abs. 2 sowie die §§ 22, 23 und 25 entsprechend.

(2) Für die in § 42 Nr. 5 genannten Hochschulabsolventen gelten § 21 Abs. 3 sowie die §§ 22 und 23.

§ 45 Aufstieg

(1) Lehrkräfte, die neben ihrer bisherigen Befähigung für ein Lehramt die Befähigung für ein weiteres Lehramt erwerben, können in die der weiteren Lehramtsbefähigung entsprechende nächsthöhere Laufbahngruppe aufsteigen, wenn sie sich in einer Zeit von mindestens sechs Monaten in einem Amt dieser Laufbahngruppe bewährt haben. Gleiches gilt für Fachlehrerinnen und Fachlehrer, die neben ihrer bisherigen Lehrbefähigung in arbeitstechnischen Fächern die Befähigung für ein Lehramt erwerben.

(2) Werden Lehrkräften Aufgaben in der Schulleitung übertragen, ist Voraussetzung für den Aufstieg in den höheren Dienst die Feststellung der Bewährung sowie die endgültige Übertragung der Funktion. Gleiches gilt bei der Übertragung von Aufgaben als hauptamtliche Ausbilderinnen und Ausbilder an den Studienseminaren, einschließlich von Aufgaben in der Studienseminarleitung sowie bei der Übertragung von Aufgaben als Leiterinnen oder Leiter von überregionalen Ausbildungsstätten für Gefangene in einer Justizvollzugsanstalt.

(3) Werden Lehrkräften Aufgaben des höheren Dienstes an den Staatlichen Schulämtern, der Hessischen Lehrkräfteakademie oder am Kultusministerium übertragen, ist Voraussetzung für den Aufstieg die Feststellung der Bewährung sowie die endgültige Übertragung der Funktion.

§ 46 Dienstliche Beurteilung, Beurteilungsanlässe

(1) Beamtinnen und Beamte nach § 59 Abs. 1 Satz 2 des Hessischen Beamtengesetzes sind in der Regel dienstlich zu beurteilen

1. bei einer Bewerbung auf eine ausgeschriebene Beförderungs- oder Funktionsstelle sowie für eine Tätigkeit im Auslandsschuldienst,
2. vor einer Verwendung im Hochschuldienst,
3. auf Antrag der Lehrkraft
   a) vor Beginn der Mutterschutzfrist oder Antritt einer Elternzeit,
   b) vor Antritt einer Beurlaubung nach den §§ 64 und 65 des Hessischen Beamtengesetzes,
   c) vor einer vorübergehenden, länger als ein Jahr andauernden Abwesenheit,
   d) vor einer Versetzung aus dienstlichen Gründen,
   e) vor einer Abordnung von mehr als sechs Monaten,
   f) wenn seit der letzten Beurteilung im selben Amt im statusrechtlichen Sinne mindestens drei Jahre vergangen sind.

(2) Beamtinnen und Beamte nach § 59 Abs. 1 Satz 2 des Hessischen Beamtengesetzes sind in den Fällen des Abs. 1 auch dann zu beurteilen, wenn diese zur Ausübung einer gleichwertigen hauptberuflichen Tätigkeit im Auslands- oder Ersatzschuldienst beurlaubt sind.

(3) Das Gesamturteil kann bei Beamtinnen und Beamten nach § 59 Abs. 1 Satz 2 des Hessischen Beamtengesetzes auch eine Aussage über die Geeignetheit für das angestrebte Amt sowie für Leitungs- und Führungsaufgaben enthalten. Die §§ 39, 40 Satz 3 und 4 sowie § 41 Abs. 2 finden keine Anwendung.

Neunter Teil
Übergangs- und Schlussvorschriften

§ 47 Überleitung

Die Zuordnung der bisherigen Laufbahnen zu den neuen Fachrichtungen nach § 13 Abs. 2 des Hessischen Beamtengesetzes ergibt sich aus Anlage 2.

§ 48 Übergangsbestimmung für den Aufstieg

(1) Beamtinnen und Beamte, denen vor dem 1. März 2014 Aufgaben der nächsthöheren Laufbahn mit dem Ziel der Zulassung des Aufstiegs übertragen worden sind, durchlaufen die Einführung und das Feststellungsverfahren nach den bis zum 28. Februar 2014 geltenden Vorschriften.

(2) Beamtinnen und Beamten, die am 1. März 2014 in eine Planstelle der Besoldungsgruppe A 9 mit Amtszulage eingewiesen sind, kann nach einem Aufstieg in den gehobenen Dienst abweichend von § 36 Abs. 6 das erste Beförderungsamt unmittelbar nach dem Aufstieg verliehen werden.

(3) Ein vor dem 1. Januar 2022 an der Hessischen Hochschule für Polizei und Verwaltung abgelegter Abschluss des Masterstudienganges Master of Public Management nach der Studien- und Prüfungsordnung für den weiterbildenden Studiengang Public Management und die Prüfung zur Erlangung des Grades „Master of Public Management" (MPM) an der Hessischen Hochschule für Polizei und Verwaltung (HfPV) vom 19. August 2016 (StAnz. S. 934), gilt als Abschluss nach § 37 Abs. 2 Satz 1.

§ 49 Aufhebung bisherigen Rechts

Es werden aufgehoben:

1. die Hessische Laufbahnverordnung vom 18. Dezember 1979 (GVBl. I S. 266), zuletzt geändert durch Gesetz vom 5. März 2009 (GVBl. I S. 95),
2. die Hessische Verordnung über die Beamten in Laufbahnen besonderer Fachrichtungen vom 22. Oktober 1990 (GVBl. I S. 581), zuletzt geändert durch Gesetz vom 25. November 2010 (GVBl. I S. 410), und
3. die Hessische EU-Berufsqualifikationsanerkennungsverordnung vom 14. Dezember 2009 (GVBl. I S. 734).

§ 50 Inkrafttreten

Diese Verordnung tritt am 1. März 2014 in Kraft.

Anlage 1
zu § 6 Abs. 1

Eingerichtete Laufbahnzweige

Fachrichtung	Laufbahngruppe	Laufbahnzweig
1. Allgemeine Verwaltung	gehobener Dienst	Archivdienst
		Verfassungsschutz
		Digitale Verwaltung
	höherer Dienst	Archivdienst
		Verfassungsschutz
2. Polizei	gehobener Dienst	Schutzpolizei
		Kriminalpolizei
	höherer Dienst	Schutzpolizei
		Kriminalpolizei
3. Justiz	mittlerer Dienst	allgemeiner Justizdienst
		allgemeiner Vollzugsdienst
		Justizwachtmeisterdienst
		Gerichtsvollzieherdienst
		Vollzugs- und Verwaltungsdienst
		Krankenpflegedienst
		Werkdienst bei den Justizvollzugsanstalten
	gehobener Dienst	Vollzugs- und Verwaltungsdienst
		Amtsanwaltsdienst
		Rechtspflegerdienst
4. Technischer Dienst	mittlerer Dienst	Kommunaler Ordnungsdienst
5. Medizinischer Dienst	höherer Dienst	Tierärztlicher Dienst

Anlage 2
zu § 47

Fachrichtung Allgemeine Verwaltung		
Laufbahngruppe	Bisherige Benennung	Zuordnung
Mittlerer Dienst	Allgemeiner Verwaltungsdienst	Mittlerer allgemeiner Verwaltungsdienst
Mittlerer Dienst	Mittlerer Verwaltungsdienst bei der Landesversicherungsanstalt Hessen	Mittlerer allgemeiner Verwaltungsdienst
Gehobener Dienst	Allgemeiner Verwaltungsdienst	Gehobener allgemeiner Verwaltungsdienst
Gehobener Dienst	Gehobener Archivdienst	Gehobener allgemeiner Verwaltungsdienst
Gehobener Dienst	Gehobener Dienst bei der Deutschen Rentenversicherung Hessen	Gehobener allgemeiner Verwaltungsdienst
Gehobener Dienst	Wirtschaftsverwaltungsdienst	Gehobener allgemeiner Verwaltungsdienst
Höherer Dienst	Allgemeiner Verwaltungsdienst	Höherer allgemeiner Verwaltungsdienst
Höherer Dienst	Höherer Archivdienst	Höherer allgemeiner Verwaltungsdienst
Geschlossene Laufbahnen		
Gehobener Dienst	*Gehobener Sparkassendienst*	*Gehobener allgemeiner Verwaltungsdienst*
Höherer Dienst	*Höherer Sparkassendienst*	*Höherer allgemeiner Verwaltungsdienst*
Höherer Dienst	*Wirtschaftsverwaltungsdienst*	*Höherer allgemeiner Verwaltungsdienst*

Fachrichtung Polizei		
Laufbahngruppe	Bisherige Benennung	Zuordnung
Mittlerer Dienst	Mittlerer Polizeivollzugsdienst, Schutzpolizei	Mittlerer Polizeivollzugsdienst
Mittlerer Dienst	Mittlerer Polizeivollzugsdienst, Kriminalpolizei	Mittlerer Polizeivollzugsdienst
Gehobener Dienst	Gehobener Polizeivollzugsdienst, Schutzpolizei	Gehobener Polizeivollzugsdienst
Gehobener Dienst	Gehobener Polizeivollzugsdienst, Kriminalpolizei	Gehobener Polizeivollzugsdienst
Höherer Dienst	Höherer Polizeivollzugsdienst, Schutzpolizei	Höherer Polizeivollzugsdienst
Höherer Dienst	Höherer Polizeivollzugsdienst, Kriminalpolizei	Höherer Polizeivollzugsdienst

Fachrichtung Feuerwehr		
Laufbahngruppe	Bisherige Benennung	Zuordnung
Mittlerer Dienst	Einsatzdienst der Berufsfeuerwehren	Mittlerer feuerwehrtechnischer Dienst
Gehobener Dienst	Einsatzdienst der Berufsfeuerwehren	Gehobener feuerwehrtechnischer Dienst
Höherer Dienst	Einsatzdienst der Berufsfeuerwehren	Höherer feuerwehrtechnischer Dienst

Fachrichtung Justiz		
Laufbahngruppe	Bisherige Benennung	Zuordnung
Einfacher Dienst	Justizwachtmeisterdienst	Mittlerer Justizdienst
Mittlerer Dienst	Allgemeiner Vollzugsdienst	Mittlerer Justizdienst
Mittlerer Dienst	Gerichtsvollzieherdienst	Mittlerer Justizdienst
Mittlerer Dienst	Mittlerer Justizdienst	Mittlerer Justizdienst
Mittlerer Dienst	Mittlerer Vollzugs- und Verwaltungsdienst	Mittlerer Justizdienst
Mittlerer Dienst	Krankenpflegedienst	Mittlerer Justizdienst
Mittlerer Dienst	Werkdienst bei den Justizvollzugsanstalten	Mittlerer Justizdienst
Gehobener Dienst	Amtsanwaltsdienst	Gehobener Justizdienst
Gehobener Dienst	Rechtspflegerdienst	Gehobener Justizdienst
Gehobener Dienst	Gehobener Vollzugs- und Verwaltungsdienst	Gehobener Justizdienst
Höherer Dienst	Staatsanwaltlicher Dienst	Höherer Justizdienst
Geschlossene Laufbahnen		
Einfacher Dienst	*Amtsmeisterdienst*	*Mittlerer Justizdienst*
Mittlerer Dienst	*Justizvollziehungsdienst*	*Mittlerer Justizdienst*

Fachrichtung Steuerverwaltung		
Laufbahngruppe	Bisherige Benennung	Zuordnung
Mittlerer Dienst	Dienst in der Steuerverwaltung	Mittlerer Steuerverwaltungsdienst
Gehobener Dienst	Dienst in der Steuerverwaltung	Gehobener Steuerverwaltungsdienst
Höherer Dienst	Dienst in der Steuerverwaltung	Höherer Steuerverwaltungsdienst

II

Fachrichtung Schuldienst		
Laufbahngruppe	Bisherige Benennung	Zuordnung
Gehobener Dienst	Fachlehrer für arbeitstechnische Fächer	Gehobener Schuldienst
Gehobener Dienst	Fachlehrer	Gehobener Schuldienst
Gehobener Dienst/ Höherer Dienst	Lehramt an Grundschulen	Gehobener Schuldienst/ Höherer Schuldienst
Gehobener Dienst/ Höherer Dienst	Lehramt an Hauptschulen und Realschulen	Gehobener Schuldienst/ Höherer Schuldienst
Gehobener Dienst/ Höherer Dienst	Lehrer an Sonderschulen	Gehobener Schuldienst/ Höherer Schuldienst
Gehobener Dienst/ Höherer Dienst	Lehrer an Förderschulen	Gehobener Schuldienst/ Höherer Schuldienst
Gehobener Dienst/ Höherer Dienst	Lehrer im Justizvollzug	Gehobener Schuldienst/ Höherer Schuldienst
Höherer Dienst	Lehramt an Fachschulen besonderer Art	Höherer Schuldienst
Höherer Dienst	Erfolgreicher Abschluss eines Masterstudiums, einer Staatsprüfung oder eines gleichwertigen geeigneten Hochschulstudiums	Höherer Schuldienst
Höherer Dienst	Lehramt an beruflichen Schulen	Höherer Schuldienst
Höherer Dienst	Lehramt an Gymnasien	Höherer Schuldienst

Fachrichtung Forstdienst		
Laufbahngruppe	Bisherige Benennung	Zuordnung
Gehobener Dienst	Gehobener Forstwirtschaftlich-technischer Dienst	Gehobener Forstdienst
Höherer Dienst	Höherer Forstwirtschaftlich-technischer Dienst	Höherer Forstdienst

Fachrichtung Technischer Dienst		
Laufbahngruppe	Bisherige Benennung	Zuordnung
Mittlerer Dienst	Betriebstechnischer Dienst in der Kommunalverwaltung	Mittlerer technischer Dienst
Mittlerer Dienst	Dienst als Bauaufseher	Mittlerer technischer Dienst
Mittlerer Dienst	Dienst als Baukontrolleur	Mittlerer technischer Dienst
Mittlerer Dienst	Dienst in der Datenverarbeitung	Mittlerer technischer Dienst
Mittlerer Dienst	Dienst als Feldschütz	Mittlerer technischer Dienst
Mittlerer Dienst	Eichtechnischer Dienst	Mittlerer technischer Dienst

Fachrichtung Technischer Dienst		
Laufbahngruppe	Bisherige Benennung	Zuordnung
Mittlerer Dienst	Fototechnischer Dienst	Mittlerer technischer Dienst
Mittlerer Dienst	Gartenbaulicher Dienst	Mittlerer technischer Dienst
Mittlerer Dienst	Gestütsdienst	Mittlerer technischer Dienst
Mittlerer Dienst	Gewerbeaufsichtsdienst	Mittlerer technischer Dienst
Mittlerer Dienst	Handwerklicher Erziehungsdienst an Heimen des Landeswohlfahrtsverbandes	Mittlerer technischer Dienst
Mittlerer Dienst	Technischer Dienst	Mittlerer technischer Dienst
Mittlerer Dienst	Technischer Dienst in der Arbeitsschutzverwaltung	Mittlerer technischer Dienst
Mittlerer Dienst	Technischer Dienst in kommunalen Betrieben und Versorgungseinrichtungen	Mittlerer technischer Dienst
Mittlerer Dienst	Technischer Überwachungsdienst	Mittlerer technischer Dienst
Mittlerer Dienst	Vermessungstechnischer Dienst	Mittlerer technischer Dienst
Mittlerer Dienst	Werkdienst	Mittlerer technischer Dienst
Gehobener Dienst	Bautechnischer Dienst	Gehobener technischer Dienst
Gehobener Dienst	Bautechnischer und vermessungstechnischer Dienst	Gehobener technischer Dienst
Gehobener Dienst	Dienst in der Datenverarbeitung	Gehobener technischer Dienst
Gehobener Dienst	Dienst der Fachichtung Hauswirtschaft und Verbraucherfragen	Gehobener technischer Dienst
Gehobener Dienst	Dienst in der Landespflege	Gehobener technischer Dienst
Gehobener Dienst	Dienst in der Nachrichtentechnik	Gehobener technischer Dienst
Gehobener Dienst	Eichtechnischer Dienst	Gehobener technischer Dienst
Gehobener Dienst	Landwirtschaftlich-technischer Dienst in der Agrarverwaltung	Gehobener technischer Dienst
Gehobener Dienst	Maschinen- und elektrotechnischer Dienst	Gehobener technischer Dienst
Gehobener Dienst	Technischer Dienst	Gehobener technischer Dienst

Fachrichtung Technischer Dienst		
Laufbahngruppe	Bisherige Benennung	Zuordnung
Gehobener Dienst	Technischer Dienst in der Arbeitsschutzverwaltung	Gehobener technischer Dienst
Gehobener Dienst	Technischer Dienst in der Bergbauverwaltung	Gehobener technischer Dienst
Gehobener Dienst	Technischer Dienst in der Hessischen Straßen- und Verkehrsverwaltung	Gehobener technischer Dienst
Gehobener Dienst	Technischer Dienst in der Umweltverwaltung	Gehobener technischer Dienst
Gehobener Dienst	Technischer Dienst in kommunalen Betrieben und Versorgungseinrichtungen	Gehobener technischer Dienst
Gehobener Dienst	Technischer Gesundheitsdienst einschließlich Lebensmittelüberwachung	Gehobener technischer Dienst
Gehobener Dienst	Technischer Gewerbeaufsichtsdienst	Gehobener technischer Dienst
Gehobener Dienst	Technischer Überwachungsdienst	Gehobener technischer Dienst
Gehobener Dienst	Vermessungstechnischer Dienst	Gehobener technischer Dienst
Höherer Dienst	Bautechnischer, maschinen- und elektrotechnischer und vermessungstechnischer Dienst	Höherer technischer Dienst
Höherer Dienst	Dienst als Biologe	Höherer technischer Dienst
Höherer Dienst	Dienst als Chemiker	Höherer technischer Dienst
Höherer Dienst	Dienst als Lebensmittelchemiker	Höherer technischer Dienst
Höherer Dienst	Dienst als Mathematiker	Höherer technischer Dienst
Höherer Dienst	Dienst als Meteorologe	Höherer technischer Dienst
Höherer Dienst	Dienst als Mineraloge	Höherer technischer Dienst
Höherer Dienst	Dienst als Physiker	Höherer technischer Dienst
Höherer Dienst	Dienst als Verfahrenstechniker	Höherer technischer Dienst
Höherer Dienst	Dienst in der Agrarverwaltung	Höherer technischer Dienst
Höherer Dienst	Dienst in der Datenverarbeitung	Höherer technischer Dienst
Höherer Dienst	Dienst in der Landespflege	Höherer technischer Dienst

Fachrichtung Technischer Dienst		
Laufbahngruppe	Bisherige Benennung	Zuordnung
Höherer Dienst	Geographischer Dienst	Höherer technischer Dienst
Höherer Dienst	Geologischer Dienst	Höherer technischer Dienst
Höherer Dienst	Geophysikalischer Dienst	Höherer technischer Dienst
Höherer Dienst	Gewerbeaufsichtsdienst	Höherer technischer Dienst
Höherer Dienst	Staatsdienst im Markscheidefach	Höherer technischer Dienst
Höherer Dienst	Technischer Dienst im Bergfach	Höherer technischer Dienst
Höherer Dienst	Technischer Dienst in der Arbeitsschutzverwaltung	Höherer technischer Dienst
Höherer Dienst	Technischer Dienst in der Bergbauverwaltung	Höherer technischer Dienst
Höherer Dienst	Technischer Dienst in der Eichverwaltung	Höherer technischer Dienst
Höherer Dienst	Technischer Überwachungsdienst	Höherer technischer Dienst
Höherer Dienst	Technischer Verwaltungsdienst	Höherer technischer Dienst

Fachrichtung Wissenschaftlicher Dienst		
Laufbahngruppe	Bisherige Benennung	Zuordnung
Höherer Dienst	Akademischer Dienst	Höherer wissenschaftlicher Dienst
Höherer Dienst	Archäologischer Dienst	Höherer wissenschaftlicher Dienst
Höherer Dienst	Hauptamtliche Fachhochschullehrer	Höherer wissenschaftlicher Dienst
Höherer Dienst	Dienst als Historiker	Höherer wissenschaftlicher Dienst
Höherer Dienst	Dienst als Konservator	Höherer wissenschaftlicher Dienst

II

Fachrichtung Wissenschaftlicher Dienst		
Laufbahngruppe	Bisherige Benennung	Zuordnung
Höherer Dienst	Dienst an wissenschaftlichen Bibliotheken	Höherer wissenschaftlicher Dienst
Höherer Dienst	Museumsdienst	Höherer wissenschaftlicher Dienst
Geschlossene Laufbahnen		
Mittlerer Dienst	*Dienst an wissenschaftlichen Bibliotheken*	*Mittlerer wissenschaftlicher Dienst*
Gehobener Dienst	*Dienst an wissenschaftlichen Bibliotheken*	*Gehobener wissenschaftlicher Dienst*

Fachrichtung Medizinischer Dienst		
Laufbahngruppe	Bisherige Benennung	Zuordnung
Mittlerer Dienst	Dienst als Gesundheitsaufseher	Mittlerer medizinischer Dienst
Mittlerer Dienst	Dienst als Krankenpfleger und Krankenschwester	Mittlerer medizinischer Dienst
Höherer Dienst	Ärztlicher und zahnärztlicher Dienst	Höherer medizinischer Dienst
Höherer Dienst	Pharmazeutischer Dienst	Höherer medizinischer Dienst
Höherer Dienst	Tierärztlicher Dienst	Höherer medizinischer Dienst

Fachrichtung Sozialer Dienst		
Laufbahngruppe	Bisherige Benennung	Zuordnung
Mittlerer Dienst	Dienst als Erzieher an Heimen des Landeswohlfahrtsverbandes	Mittlerer sozialer Dienst
Gehobener Dienst	Dienst als Sozialarbeiter	Gehobener sozialer Dienst
Gehobener Dienst	Dienst als Sozialpädagoge	Gehobener sozialer Dienst
Gehobener Dienst	Sozialer Gewerbeaufsichtsdienst	Gehobener sozialer Dienst
Höherer Dienst	Dienst als Psychologe	Höherer sozialer Dienst
Höherer Dienst	Dienst als Sozialpädagoge	Höherer sozialer Dienst

Verordnung über die Laufbahnfachrichtung Polizei (Hessische Polizeilaufbahnverordnung – HPolLVO)

Vom 10. März 2015 (GVBl. S. 134)

Zuletzt geändert durch
Verordnung zur Änderung der Hessischen Polizeilaufbahnverordnung und der Hessischen Polizeimehrarbeitsvergütungsverordnung
vom 10. März 2022 (GVBl. S. 166)

Inhaltsübersicht

Aufgrund des § 107 Abs. 3 des Hessischen Beamtengesetzes vom 27. Mai 2013 (GVBl. S. 218, 508), geändert durch Gesetz vom 20. November 2013 (GVBl. S. 578), verordnet der Minister des Innern und für Sport im Einvernehmen mit dem Direktor des Landespersonalamtes:

ERSTER TEIL
Gemeinsame Vorschriften

§ 1 Geltungsbereich

(1) Diese Verordnung gilt für die Polizeivollzugsbeamtinnen und Polizeivollzugsbeamten des Landes Hessen.

(2) Zum Polizeivollzugsdienst gehören die Laufbahnzweige der Schutzpolizei und der Kriminalpolizei. Die Bereitschaftspolizei und die Wasserschutzpolizei sind Bereiche der Schutzpolizei.

§ 2 Laufbahngruppen, Ämter

(1) Der Polizeivollzugsdienst gliedert sich in die Laufbahngruppen des gehobenen und des höheren Dienstes.

(2) Sie umfassen

1. im gehobenen Dienst die Ämter
   der Polizeikommissarin und des Polizeikommissars,
   der Kriminalkommissarin und des Kriminalkommissars,
   der Polizeioberkommissarin und des Polizeioberkommissars,
   der Kriminaloberkommissarin und des Kriminaloberkommissars,
   der Polizeihauptkommissarin und des Polizeihauptkommissars,
   der Kriminalhauptkommissarin und des Kriminalhauptkommissars,
   der Ersten Polizeihauptkommissarin und des Ersten Polizeihauptkommissars,
   der Ersten Kriminalhauptkommissarin und des Ersten Kriminalhauptkommissars,
2. im höheren Dienst die Ämter
   der Polizeirätin und des Polizeirats,
   der Kriminalrätin und des Kriminalrats,
   der Polizeioberrätin und des Polizeioberrats,
   der Kriminaloberrätin und des Kriminaloberrats,
   der Polizeidirektorin und des Polizeidirektors,
   der Kriminaldirektorin und des Kriminaldirektors,
   der Leitenden Polizeidirektorin und des Leitenden Polizeidirektors,
   der Leitenden Kriminaldirektorin und des Leitenden Kriminaldirektors,
   der Direktorin oder des Direktors der Kriminaldirektion beim Polizeipräsidium Frankfurt am Main,
   der Direktorin oder des Direktors des Abteilungsstabes beim Polizeipräsidium Frankfurt am Main,
   der Abteilungsdirektorin oder des Abteilungsdirektors bei einem Polizeipräsidium,
   der Abteilungsdirektorin oder des Abteilungsdirektors bei dem Hessischen Landeskriminalamt,
   der Abteilungsdirektorin oder des Abteilungsdirektors bei dem Polizeipräsidium Frankfurt am Main,
   der Vizepräsidentin oder des Vizepräsidenten für polizeiliche Aufgaben der Hessischen Hochschule für öffentliches Management und Sicherheit,
   der Vizepräsidentin oder des Vizepräsidenten des Hessischen Landeskriminalamtes,
   der Vizepräsidentin oder des Vizepräsidenten des Hessischen Bereitschaftspolizeipräsidiums,
   der Präsidentin oder des Präsidenten des Hessischen Bereitschaftspolizeipräsidiums,
   der leitenden Ministerialrätin bei einer obersten Landesbehörde als Vertreterin einer Abteilungsleiterin oder eines Abteilungsleiters, soweit die Laufbahnbefähigung für den höheren Polizeivollzugsdienst gegeben ist oder des leitenden Ministerialrates bei einer obersten Landesbehörde als Vertreter einer Abteilungsleiterin oder eines Abteilungsleiters, soweit die Laufbahnbefähigung für den höheren Polizeivollzugsdienst gegeben ist,
   der Landespolizeivizepräsidentin oder des Landespolizeivizepräsidenten, soweit die Laufbahnbefähigung für den höheren Polizeivollzugsdienst gegeben ist,

der Vertreterin der Inspekteurin oder des Inspekteurs der Hessischen Polizei oder des Vertreters der Inspekteurin oder des Inspekteurs der Hessischen Polizei,
der Inspekteurin oder des Inspekteurs der Hessischen Polizei.

(3) Beamtinnen und Beamte des allgemeinen Verwaltungsdienstes sind

die Polizeivizepräsidentinnen und Polizeivizepräsidenten,

die Polizeipräsidentinnen und Polizeipräsidenten,

die Vizepräsidentin oder der Vizepräsident des Hessischen Polizeipräsidiums für Technik,

die Präsidentin oder der Präsident des Hessischen Polizeipräsidiums für Technik,

die Präsidentin oder der Präsident des Hessischen Landeskriminalamtes,

die Landespolizeivizepräsidentin oder der Landespolizeivizepräsident und

die Landespolizeipräsidentin oder der Landespolizeipräsident.

§ 3 Aufstiegsgrundsatz, Verwendung

(1) Polizeivollzugsbeamtinnen und Polizeivollzugsbeamten steht nach ihrer Eignung, Befähigung und fachlichen Leistung der Aufstieg in die nächsthöhere Laufbahngruppe des Polizeivollzugsdienstes offen, soweit diese Verordnung oder ein Gesetz nichts anderes bestimmt.

(2) Der höhere Dienst wird grundsätzlich durch Aufstiegsbeamtinnen und Aufstiegsbeamte (Einheitslaufbahn) ergänzt.

(3) Soweit ein dienstliches Bedürfnis besteht, können unter Beachtung des Grundsatzes der Einheitslaufbahn geeignete Bewerberinnen und Bewerber unmittelbar in die Laufbahngruppe des gehobenen oder höheren Polizeivollzugsdienstes eingestellt werden.

§ 4 Einstellung, Vorbereitungsdienst

(1) In den Polizeivollzugsdienst kann eingestellt werden, wer die beamtenrechtlichen Voraussetzungen erfüllt und

1. gerichtlich nicht bestraft ist,
2. in geordneten wirtschaftlichen Verhältnissen lebt,
3. polizeidiensttauglich ist,
4. für die angestrebte Laufbahngruppe geeignet erscheint und
5. die besonderen Einstellungsvoraussetzungen erfüllt.

Die oberste Polizeibehörde kann Ausnahmen von Satz 1 Nr. 1 zulassen. Die Polizeidiensttauglichkeit ist durch ein polizeiärztliches Gutachten festzustellen.

(2) Bewerberinnen und Bewerber für den Polizeivollzugsdienst werden unter Berufung in das Beamtenverhältnis auf Widerruf in den Vorbereitungsdienst einer Laufbahngruppe eingestellt, soweit diese Verordnung nichts anderes bestimmt.

§ 5 Auswahlverfahren

(1) Jede Bewerberin und jeder Bewerber nimmt vor der Einstellung an einem Auswahlverfahren teil. Das Gleiche gilt vor der Zulassung zur Ausbildung für den höheren Polizeivollzugsdienst.

(2) Das Auswahlverfahren dient der Feststellung der Eignung, der Leistung und der Befähigung. Es wird vor einem Auswahlausschuss durchgeführt. Die oberste Polizeibehörde bestimmt die Zusammensetzung dieses Ausschusses und das Auswahlverfahren.

(3) Ein erfolglos durchlaufenes Auswahlverfahren kann einmal wiederholt werden. Darüber hinaus ist frühestens nach Ablauf von drei Jahren nach Bestandskraft des letzten Ablehnungsbescheides einmalig eine Bewerbung für eine erneute Teilnahme am Auswahlverfahren für den gehobenen Polizeivollzugsdienst möglich.

§ 6 Erwerb der fachlichen Befähigung

(1) Polizeivollzugsbeamtinnen und Polizeivollzugsbeamte erwerben die fachliche Befähigung für den gehobenen Dienst der Laufbahnfachrichtung Polizei durch den erfolgreichen Abschluss eines Studiums für den gehobenen Polizeivollzugsdienst. Die Laufbahnbefähigung für den höheren Polizeivollzugsdienst wird durch den erfolgreichen Abschluss des Studiums für den höheren Polizeivollzugsdienst an der Deutschen Hochschule der Polizei erworben. Im Übrigen finden die §§ 27

bis 33 der Hessischen Laufbahnverordnung vom 17. Februar 2014 (GVBl. S. 57) Anwendung. Zuständige Behörde für die Anerkennung von Berufsqualifikationen ist die oberste Polizeibehörde.

(2) Beamtinnen und Beamte der Laufbahnzweige Schutzpolizei und Kriminalpolizei sind soweit wie möglich gemeinsam auszubilden.

(3) Das Studium gliedert sich in Abschnitte. Dauer und Inhalt richten sich nach den Vorkenntnissen und der angestrebten Tätigkeit. Die Dauer des Studiums wird durch diese Verordnung bestimmt.

(4) Für Bewerberinnen und Bewerber, an deren Gewinnung für den Polizeivollzugsdienst wegen ihrer Berufsausbildung ein besonderes Interesse besteht, können im Einzelfall mit Zustimmung der obersten Polizeibehörde Ausnahmen von der Pflicht zur Teilnahme an einzelnen Ausbildungsabschnitten zugelassen werden, wenn dadurch ihre Verwendung nicht beeinträchtigt wird.

(5) Wer bei einem anderen Dienstherrn die Befähigung für eine Laufbahn des Polizeivollzugsdienstes erworben hat, besitzt die entsprechende Befähigung auch im Geltungsbereich dieser Verordnung.

(6) Im Einzelfall kann mit Zustimmung der obersten Polizeibehörde eine sonstige Befähigung als Befähigung für eine Laufbahn der Polizei anerkannt werden, wenn sie gleichwertig ist. Vor ihrer Übernahme werden Beamtinnen und Beamte, die eine derartige Befähigung nachweisen, ein Jahr theoretisch und praktisch in den neuen Aufgaben unterwiesen.

§ 7 Personalentwicklung, Personalführung

Eignung, Befähigung und fachliche Leistung sollen durch geeignete Personalentwicklungsmaßnahmen und Personalführungsmaßnahmen gefördert werden.

§ 8 Probezeit

(1) Polizeivollzugsbeamtinnen und Polizeivollzugsbeamte auf Widerruf werden nach Erwerb der Befähigung für ihre Laufbahngruppe in das Beamtenverhältnis auf Probe berufen. In der Probezeit soll sich insbesondere erweisen, ob die Polizeivollzugsbeamtin oder der Polizeivollzugsbeamte die für eine Übernahme in das Beamtenverhältnis auf Lebenszeit notwendigen Anforderungen an Eignung, Befähigung und fachliche Leistung erfüllt. Für die Feststellung der Bewährung gilt ein strenger Maßstab. Als Grundlage für die Entscheidung über die Bewährung während der Probezeit ist nach achtzehn Monaten ein Zwischenbericht über Eignung, Befähigung und fachliche Leistung der Polizeivollzugsbeamtin oder des Polizeivollzugsbeamten zu erstellen. Vor Ablauf der Probezeit wird in einem Abschlussbericht festgestellt, ob die Polizeivollzugsbeamtin oder der Polizeivollzugsbeamte sich in vollem Umfang bewährt hat.

(2) Die regelmäßige Probezeit dauert drei Jahre. Die Mindestprobezeit beträgt ein Jahr. Ist die Bewährung in der Regelprobezeit nicht feststellbar, kann diese um höchstens zwei Jahre verlängert werden. Polizeivollzugsbeamtinnen und Polizeivollzugsbeamte, die sich während der Probezeit nicht bewähren, werden entlassen. Die sich aus Satz 1 und 3 ergebende maximale Dauer der Probezeit von fünf Jahren verlängert sich um die Zeit einer Elternzeit oder einer Beurlaubung unter Wegfall der Besoldung.

(3) Tätigkeiten innerhalb des öffentlichen Dienstes, die nach Art und Schwierigkeit mindestens der Tätigkeit in einem Amt der betreffenden Laufbahn entsprochen haben, können mit Zustimmung der obersten Polizeibehörde bis zu einer Mindestprobezeit von einem Jahr angerechnet werden, wenn sie nicht bereits auf den Vorbereitungsdienst angerechnet worden sind.

(4) Die Eingangsämter sollen den Polizeivollzugsbeamtinnen und Polizeivollzugsbeamten nach der Rangfolge der Prüfungsergebnisse verliehen werden.

§ 9 Fortbildung

(1) Die oberste Polizeibehörde fördert und regelt die dienstliche Fortbildung, damit die Polizeivollzugsbeamtinnen und Polizeivollzugsbeamten über die Anforderungen ihrer

Laufbahn unterrichtet bleiben und auch steigenden Anforderungen ihres Amtes gewachsen sind.

(2) Polizeivollzugsbeamtinnen und Polizeivollzugsbeamte sind verpflichtet, sich selbst beruflich fortzubilden und an der dienstlichen Fortbildung teilzunehmen.

(3) Polizeivollzugsbeamtinnen und Polizeivollzugsbeamte, die ihre Leistung durch Fortbildung wesentlich gesteigert haben, sind zu fördern. Sie sollen Gelegenheit erhalten, ihre besonderen Fachkenntnisse anzuwenden.

(4) Polizeivollzugsbeamtinnen und Polizeivollzugsbeamte können in jedem Bereich ihrer Laufbahn verwendet werden. Die oberste Polizeibehörde kann die Wahrnehmung von Aufgaben in bestimmten Bereichen von dem erfolgreichen Besuch von Fortbildungslehrgängen abhängig machen.

(5) Für besondere Aufgaben können Funktionslehrgänge oder Zusatzausbildungen vorgeschrieben werden. Die so ausgebildeten Polizeivollzugsbeamtinnen und Polizeivollzugsbeamten sollen nicht ohne zwingenden Grund für andere Aufgaben verwendet werden.

(6) Polizeivollzugsbeamtinnen und Polizeivollzugsbeamten in Teilzeitbeschäftigung ist der gleichberechtigte Zugang zu den Fortbildungsmaßnahmen wie vollzeitbeschäftigten Polizeivollzugsbeamtinnen und Polizeivollzugsbeamten zu ermöglichen.

§ 10 Dienstliche Beurteilung

Die Beurteilung der Polizeivollzugsbeamtinnen und Polizeivollzugsbeamten nach § 59 Abs. 1 Satz 1 des Hessischen Beamtengesetzes erfolgt nach den Vorgaben der §§ 39 bis 41 der Hessischen Laufbahnverordnung.

§ 11 Beförderung

(1) Beförderung ist die Verleihung eines anderen Amtes mit höherem Endgrundgehalt.

(2) Der Erwerb der Befähigung für die jeweilige Laufbahngruppe ist Voraussetzung für die Verleihung des Eingangsamtes und die Beförderung bis zum Spitzenamt dieser Laufbahngruppe.

(3) Die Beförderung von Polizeivollzugsbeamtinnen und Polizeivollzugsbeamten, die regelmäßig zu durchlaufende Ämter bekleiden, darf nicht innerhalb der Probezeit und nicht vor Ablauf eines Jahres nach Beendigung der Probezeit und nicht vor Ablauf von zwei Jahren nach der letzten Beförderung erfolgen. Ein Amt, das regelmäßig zu durchlaufen ist, darf nicht übersprungen werden. Polizeivollzugsbeamtinnen und Polizeivollzugsbeamten mit Fachprüfung I, die prüfungsfrei in den gehobenen Polizeivollzugsdienst übernommen wurden, kann höchstens ein Amt der Besoldungsgruppe A 11 verliehen werden.

(4) § 10 Abs. 2 bis 4 der Hessischen Laufbahnverordnung gelten entsprechend.

(5) Über Ausnahmen von Abs. 3 entscheidet die Direktorin oder der Direktor des Landespersonalamtes im Einvernehmen mit der obersten Polizeibehörde und im Benehmen mit der Landespersonalkommission. Dies gilt nicht in den Fällen des Abs. 4.

§ 12 Wechsel zwischen Schutzpolizei und Kriminalpolizei

(1) Ein Wechsel zwischen Schutzpolizei und Kriminalpolizei ist möglich, wenn ein dienstliches Bedürfnis besteht. Beamtinnen und Beamte des höheren Dienstes bedürfen dazu der Zustimmung der obersten Polizeibehörde.

(2) Den Wechsel zwischen Schutzpolizei und Kriminalpolizei innerhalb derselben Laufbahngruppe kann die oberste Polizeibehörde von der erfolgreichen Einführung in die neuen Aufgaben und der erfolgreichen Teilnahme an einer Fortbildung abhängig machen.

(3) Der Wechsel zwischen Schutzpolizei und Kriminalpolizei ist bei Aufstieg in den höheren Polizeivollzugsdienst nach § 19 möglich, wenn

1. die Laufbahnprüfung für den höheren Polizeivollzugsdienst (Masterprüfung) bestanden worden ist und
2. ein dienstliches Bedürfnis besteht.

(4) Die Polizeivollzugsbeamtinnen und Polizeivollzugsbeamten führen ihre bisherige Amtsbezeichnung weiter, bis ihnen ein Amt des anderen Laufbahnzweiges übertragen und eine entsprechende Amtsbezeichnung verliehen wird.

II

ZWEITER TEIL
Gehobener Dienst

§ 13 Besondere Einstellungsvoraussetzungen für den gehobenen Polizeivollzugsdienst

(1) Als Polizeikommissar-Anwärterin oder Polizeikommissar-Anwärter oder als Kriminalkommissar-Anwärterin oder Kriminalkommissar-Anwärter kann eingestellt werden, wer

1. die Voraussetzungen nach § 4 Abs. 1 erfüllt,
2. eine zu einem Hochschulstudium berechtigende Schulbildung oder einen als gleichwertig anerkannten Bildungsstand im Sinne des § 54 des Hessischen Hochschulgesetzes vom 14. Dezember 2009 (GVBl. I S. 666), zuletzt geändert durch Gesetz vom 27. Mai 2013 (GVBl. S. 218), besitzt und
3. das 37. Lebensjahr nicht vollendet hat.

(2) Bewerberinnen und Bewerber, die wegen einer Betreuung mindestens eines mit ihnen in häuslicher Gemeinschaft lebenden Kindes unter 18 Jahren oder wegen der tatsächlichen Pflege eines nach ärztlichem Gutachten pflegebedürftigen nahen Angehörigen von einer Bewerbung vor Vollendung des 33. Lebensjahres abgesehen haben, können bis zur Vollendung des 38. Lebensjahres eingestellt werden.

(3) Der Vorbereitungsdienst besteht aus einem dreijährigen Studiengang. Die Laufbahnprüfung wird in Form von Modulprüfungen abgelegt. Der Vorbereitungsdienst endet mit Ablauf des Tages, an dem

1. das Bestehen der Laufbahnprüfung oder
2. das endgültige Nichtbestehen der Laufbahnprüfung oder einer Modulprüfung

bekanntgegeben wird. Die oberste Polizeibehörde kann Studiendauer und Vorbereitungsdienst zur Förderung des Spitzensports verlängern.

(4) Der Vorbereitungsdienst kann im Einzelfall verlängert werden, wenn er wegen

1. einer Erkrankung,
2. eines Beschäftigungsverbots für die Zeit vor oder nach einer Entbindung nach mutterschutzrechtlichen Vorschriften,
3. einer Elternzeit,
4. der Ableistung von Wehrübungen, die sechs Wochen im Kalenderjahr überschreiten, oder
5. anderer zwingender Gründe

unterbrochen wurde und durch die Verkürzung von Studienabschnitten die zielgerechte Fortsetzung des Vorbereitungsdienstes nicht gewährleistet ist. Dabei können Abweichungen vom Studienverlaufsplan zugelassen werden. Bei Teilzeitbeschäftigung gelten Satz 1 und 2 entsprechend. In den Fällen des Satz 1 Nr. 1 und 5 und des Satz 3 kann der Vorbereitungsdienst höchstens zweimal, insgesamt jedoch nicht mehr als 24 Monate verlängert werden.

§ 14 Prüfungen

(1) Das Studium endet mit einer Prüfung, soweit diese Verordnung nichts anderes bestimmt. Die Ausbildungs- und Prüfungsordnung für die Studiengänge Bachelor of Arts Polizeivollzugsdienst „Schutzpolizei" und „Kriminalpolizei" vom 10. März 2015 (StAnz. S. 458) kann bestimmen, dass während des Studiums Modulprüfungen vorzusehen sind. Sofern ein Modul mit einer Leistungsbewertung abschließt und diese nicht mit mindestens „ausreichend" bewertet wurde, ist das betroffene Modul zu wiederholen.

(2) Die Prüfungen sind nicht öffentlich. Für die Abnahme der Prüfungen sowie für alle Maßnahmen und Entscheidungen, die diese unmittelbar betreffen, sind die nach der Ausbildungs- und Prüfungsordnung für den gehobenen Polizeivollzugsdienst bestimmten Personen zuständig.

(3) Die Mitglieder des Prüfungsausschusses sowie die Prüferinnen und Prüfer sind bei der Beurteilung der Prüfungsleistungen unabhängig und an Weisungen nicht gebunden. Sie sind verpflichtet, ihre Aufgaben objektiv und unparteiisch nach bestem Wissen und Gewissen wahrzunehmen. Die Art des Zustandekommens von Prüfungsentscheidungen unterliegt der Schweigepflicht.

(4) Eine nichtbestandene Modulprüfung kann einmal wiederholt werden. In Härtefällen kann eine zweite Wiederholung einer Modulprü-

fung beim Prüfungsausschuss beantragt werden. Der Antrag ist unverzüglich zu stellen.

(5) Für Polizeivollzugsbeamtinnen und Polizeivollzugsbeamte auf Widerruf, die die Modulprüfungen auch nach Wiederholung nicht bestanden haben, endet das Beamtenverhältnis mit dem Ablauf des Tages, an dem ihnen das Prüfungsergebnis bekannt gegeben wird. Die Beantragung einer zweiten Wiederholung aufgrund eines Härtefalls führt nicht zur Fortsetzung des Vorbereitungsdienstes.

§ 15 Bewertung der Leistungen

(1) Während des Studiums für den gehobenen Polizeivollzugsdienst und in den Prüfungen werden folgende Punktzahlen und die sich daraus ergebenden Noten erteilt:

Notenstufen	Bewertung
15 bis 14 Punkte = sehr gut (1)	für eine Leistung, die den Anforderungen in besonderem Maße entspricht
13 bis 11 Punkte = gut (2)	für eine Leistung, die den Anforderungen voll entspricht
10 bis 8 Punkte = befriedigend (3)	für eine Leistung, die im Allgemeinen den Anforderungen entspricht
7 bis 5 Punkte = ausreichend (4)	für eine Leistung, die zwar Mängel aufweist, aber im Ganzen den Anforderungen noch entspricht
4 bis 0 Punkte = nicht ausreichend (5)	für eine Leistung, die wegen erheblicher Mängel den Anforderungen nicht mehr genügt

(2) Die Ausbildungs- und Prüfungsordnung für den gehobenen Polizeivollzugsdienst legt fest, wie die Abschlussnote zu bilden ist.

§ 16 Praktikantinnen und Praktikanten

(1) Praktikantinnen und Praktikanten nach § 108 des Hessischen Beamtengesetzes müssen vor der Berufung zur Polizeikommissar-Anwärterin oder zum Polizeikommissar-Anwärter oder zur Kriminalkommissar-Anwärterin oder zum Kriminalkommissar-Anwärter zum Erwerb der Fachhochschulreife am Unterricht der Fachoberschule teilnehmen. Einzelheiten bestimmt die Ausbildungs- und Prüfungsordnung für die Studiengänge Bachelor of Arts Polizeivollzugsdienst „Schutzpolizei" und „Kriminalpolizei".

(2) Bei der Einberufung in das öffentlich-rechtliche Ausbildungsverhältnis dürfen sie das 26. Lebensjahr nicht vollendet haben.

§ 17 Besondere Einstellungsvoraussetzungen für Bewerberinnen und Bewerber mit Bachelorabschluss

(1) Als Polizeikommissarin oder Polizeikommissar oder als Kriminalkommissarin oder Kriminalkommissar unter Berufung in das Beamtenverhältnis auf Probe kann nach § 3 Abs. 3 eingestellt werden, wer

1. die Voraussetzungen des § 4 Abs. 1 erfüllt,
2. ein geeignetes Hochschulstudium nach § 15 Abs. 3 Nr. 2 Buchst. b des Hessischen Beamtengesetzes mit einem Bachelor oder einem gleichwertigen Abschluss abgeschlossen hat und dadurch über Kenntnisse und Fähigkeiten verfügt, die für die Verwendung im Polizeidienst förderlich sind, und
3. das 35. Lebensjahr nicht vollendet hat.

Die oberste Polizeibehörde kann im Einzelfall Ausnahmen von Satz 1 Nr. 3 bis zur Vollendung des 38. Lebensjahres zulassen, wenn die Ausnahmeerteilung erforderlich ist, um die Erledigung der öffentlichen Aufgabe sicherzustellen und um Bewerberinnen und Bewerber mit besonderer individueller Qualifikation oder Berufserfahrung zu gewinnen.

(2) Bewerberinnen und Bewerber, die wegen einer Betreuung mindestens eines mit ihnen in häuslicher Gemeinschaft lebenden Kindes unter 18 Jahren oder wegen der tatsächlichen Pflege eines nach ärztlichem Gutachten pflegebedürftigen sonstigen Angehörigen von einer Bewerbung vor Vollendung des 35. Lebensjahres abgesehen haben, können bis zur Vollendung des 40. Lebensjahres eingestellt werden. Abs. 1 Satz 2 bleibt unberührt.

(3) Innerhalb der Probezeit werden sie in die Aufgaben des gehobenen Polizeivollzugsdienstes eingewiesen und nehmen an einem halbjährigen Einführungslehrgang teil. Das erfolgreiche Bestehen ist Voraussetzung für die weitere Verwendung.

§ 18 Qualifikationsstudium zum Ablegen der Laufbahnprüfung für den gehobenen Dienst

(1) Polizeivollzugsbeamtinnen und Polizeivollzugsbeamte mit der Befähigung für den mittleren Polizeivollzugsdienst können zu einem Qualifikationsstudium zugelassen werden, um die Laufbahnprüfung für den gehobenen Polizeivollzugsdienst abzulegen.

(2) Zum Qualifikationsstudium kann zugelassen werden, wer

1. zur Wahrnehmung von Tätigkeiten in allen Ämtern des gehobenen Polizeivollzugsdienstes geeignet erscheint,
2. nach Erwerb der Befähigung für den mittleren Dienst mindestens zwei Jahre Dienst bei der hessischen Polizei verrichtet sowie überdurchschnittliche dienstliche Leistungen gezeigt und
3. das 40. Lebensjahr nicht vollendet hat.

Die oberste Polizeibehörde kann Ausnahmen von Satz 1 Nr. 2 und 3 zulassen. Die Ausnahme von Nr. 3 kann gewährt werden, wenn die Zulassung unter Einhaltung der Höchstaltersgrenze aus einem von der Polizeivollzugsbeamtin oder dem Polizeivollzugsbeamten nicht zu vertretenden Grund nicht möglich war.

(3) Bewerberinnen und Bewerber, die wegen einer Betreuung mindestens eines mit ihnen in häuslicher Gemeinschaft lebenden Kindes unter 18 Jahren oder wegen der tatsächlichen Pflege eines nach ärztlichem Gutachten pflegebedürftigen sonstigen Angehörigen von einer Bewerbung vor Vollendung des 40. Lebensjahres abgesehen haben, können bis zur Vollendung des 45. Lebensjahres zum Aufstieg zugelassen werden.

(4) In einem Eignungsfeststellungsverfahren wird die Zulassung zum Qualifikationsstudium geprüft. Die oberste Polizeibehörde bestimmt die Zusammensetzung des Ausschusses und das Auswahlverfahren.

(5) Das Qualifikationsstudium besteht aus einem dreijährigen Studiengang. Dieser kann insoweit gekürzt werden, als die Polizeivollzugsbeamtinnen und Polizeivollzugsbeamten während ihrer bisherigen Tätigkeit bereits hinreichende praktische Kenntnisse erworben haben.

(6) Das Qualifikationsstudium schließt mit der Laufbahnprüfung (Gesamtheit der in diesen Studiengängen abzulegenden Prüfungen) für den gehobenen Polizeivollzugsdienst ab. Mit deren Bestehen erwerben die Polizeivollzugsbeamtinnen und Polizeivollzugsbeamten die Befähigung für alle Ämter des gehobenen Dienstes der Laufbahnfachrichtung Polizei. § 12 bleibt unberührt. Werden eine Modulprüfung oder mehrere Modulprüfungen auch im Wiederholungsfall nicht bestanden, verbleiben sie in ihrer bisherigen Rechtsstellung. § 14 Abs. 4 gilt entsprechend mit der Maßgabe, dass sich die Studienzeit entsprechend verlängert.

(7) Polizeivollzugsbeamtinnen und Polizeivollzugsbeamte, die zum Zeitpunkt des Inkrafttretens dieser Verordnung zur Ausbildung für den gehobenen Dienst zugelassen waren, gelten als zum Qualifikationsstudium zugelassen.

DRITTER TEIL
Höherer Dienst

§ 19 Prüfungsgebundener Aufstieg in den höheren Polizeivollzugsdienst

(1) Zum Studium für den höheren Polizeivollzugsdienst kann zugelassen werden, wer

1. für den höheren Dienst geeignet erscheint,
2. die Laufbahnprüfung für den gehobenen Polizeivollzugsdienst mindestens mit der Gesamtpunktzahl von 10,5 Punkten bestanden hat,
3. mindestens vier Jahre nach Ablauf der Probezeit in einem Amt seiner Laufbahngruppe tätig war und überdurchschnittliche dienstliche Leistungen gezeigt hat,

4. Kenntnisse der englischen Sprache entsprechend dem Sprachlevel „B 1 des Gemeinsamen Europäischen Referenzrahmens für Sprachen" nachweist und
5. das 42. Lebensjahr nicht vollendet hat.

Die oberste Polizeibehörde kann bei einer Gesamtpunktzahl von mindestens 9 Punkten Ausnahmen von Satz 1 Nr. 2 zulassen, wenn ein überdurchschnittliches Leistungsvermögen sowie eine besondere Förderungswürdigkeit der Polizeivollzugsbeamtin oder des Polizeivollzugsbeamten festgestellt worden ist. Die Voraussetzungen des Satz 1 Nr. 4 müssen spätestens bei Zulassung zum Studium an der Deutschen Hochschule der Polizei vorliegen. Die oberste Polizeibehörde kann ferner Ausnahmen von der Höchstaltersgrenze nach Satz 1 Nr. 5 bis zur Vollendung des 45. Lebensjahres zulassen, wenn eine Zulassung unter Einhaltung der Höchstaltersgrenze aus einem von der Polizeivollzugsbeamtin oder dem Polizeivollzugsbeamten nicht zu vertretenden Grund nicht möglich war. Im Fall der Wiederholung eines Testteils des Auswahlverfahrens oder der Qualifikationsverwendung findet Satz 1 Nr. 5 keine Anwendung.

(2) Polizeivollzugsbeamtinnen und Polizeivollzugsbeamte, die wegen einer Betreuung mindestens eines mit ihnen in häuslicher Gemeinschaft lebenden Kindes unter 18 Jahren oder wegen der tatsächlichen Pflege eines nach ärztlichem Gutachten pflegebedürftigen sonstigen Angehörigen von einer Bewerbung vor Vollendung des 42. Lebensjahres abgesehen haben, können von der obersten Polizeibehörde bis zur Vollendung des 45. Lebensjahres zum Aufstieg zugelassen werden. Abs. 1 Satz 4 und 5 bleiben unberührt.

(3) Die oberste Polizeibehörde bestimmt Einzelheiten zum Auswahlverfahren, zur Zusammensetzung des Auswahlausschusses sowie zur Durchführung des Auswahlverfahrens. Das Auswahlverfahren kann in mehrere Testteile untergliedert werden.

(4) Das Studium erfolgt in Form eines zweijährigen Masterstudienganges an der Deutschen Hochschule der Polizei. Die Masterprüfung gilt als Laufbahnprüfung für den höheren Dienst. Mit ihrem Bestehen wird die Befähigung für den höheren Dienst der Laufbahnfachrichtung Polizei erworben. Polizeivollzugsbeamtinnen und Polizeivollzugsbeamte, die den Masterstudiengang auch im Wiederholungsfall nicht bestehen, verbleiben in ihrer bisherigen Rechtsstellung.

(5) Bei der Beförderung zur Polizeirätin oder zum Polizeirat oder zur Kriminalrätin oder zum Kriminalrat brauchen die Beförderungsämter des gehobenen Polizeivollzugsdienstes nicht durchlaufen zu werden. Die Ernennung im Eingangsamt des höheren Polizeivollzugsdienstes erfolgt grundsätzlich zum 1. des Monats, der auf das Ablegen der Masterprüfung folgt.

§ 20 Erfahrungsaufstieg in den höheren Polizeivollzugsdienst

Polizeivollzugsbeamtinnen und Polizeivollzugsbeamte können zum Aufstieg in den höheren Polizeivollzugsdienst zugelassen werden, wenn sie zum Zeitpunkt der Entscheidung über die Zulassung

1. mindestens fünf Jahre dem Spitzenamt des gehobenen Dienstes angehören,
2. über umfangreiche Erfahrung in verschiedenen Tätigkeiten des Polizeivollzugsdienstes verfügen, welche in der Regel durch eine Erfahrungszeit von 25 Dienstjahren nachgewiesen wird, und
3. nach ihren Fähigkeiten, dienstlichen Leistungen und ihrer Persönlichkeit erkennen lassen, dass sie den Anforderungen des höheren Dienstes gewachsen sein werden.

Eine Teilzeitbeschäftigung wird bei der Berechnung der Zeiten nach Satz 1 Nr. 1 und 2 einer Vollzeitbeschäftigung gleichgestellt. Zeiten einer Elternzeit nach § 15 des Bundeselterngeld- und Elternzeitgesetzes vom 5. Dezember 2006 (BGBl. I S. 2748), zuletzt geändert durch Gesetz vom 15. Februar 2013 (BGBl. I S. 254), sowie Zeiten einer Pflege nach § 3 des Pflegezeitgesetzes vom 28. Mai 2008 (BGBl. I S. 874, 896) von bis zu drei Jahren zählen bei der Berechnung der Erfahrungszeit nach Satz 1 Nr. 2 2. Halbsatz mit. Die oberste Polizeibehörde entscheidet über die Zulassung und regelt das Auswahlverfahren zur Feststellung der persönlichen und fachlichen Eignung. Den Polizeivollzugsbeamtinnen und Polizeivollzugsbeamten darf höchstens ein Amt bis zur Besoldungsgruppe A 14 übertragen werden. Eine Beförderung ist frühestens zwei Jahre nach der Ernennung im Eingangsamt des höheren Dienstes möglich. § 11 Abs. 5 gilt im Fall des Satz 6 entsprechend.

§ 21 Besondere Einstellungsvoraussetzungen für Bewerberinnen und Bewerber mit Masterabschluss

(1) Als Polizeirats-Anwärterin oder Polizeirats-Anwärter oder Kriminalrats-Anwärterin oder Kriminalrats-Anwärter kann nach § 3 Abs. 3 unter Berufung in das Beamtenverhältnis auf Probe eingestellt werden, wer

1. die Voraussetzungen nach § 4 Abs. 1 erfüllt,
2. ein geeignetes Studium an einer Hochschule mit einem Master- oder einem gleichwertigen Abschluss abgeschlossen hat und dadurch über Kenntnisse und Fähigkeiten verfügt, die für die Verwendung im Polizeivollzugsdienst besonders förderlich sind,
3. Kenntnisse der englischen Sprache entsprechend dem Sprachlevel „B 1 des Gemeinsamen Europäischen Referenzrahmens für Sprachen" nachweist und
4. das 37. Lebensjahr nicht vollendet hat.

Die oberste Polizeibehörde kann von der Höchstaltersgrenze nach Satz 1 Nr. 4 Ausnahmen bis zur Vollendung des 40. Lebensjahres zulassen, wenn an der Einstellung einer Bewerberin oder eines Bewerbers ein besonderes dienstliches Interesse besteht. Die Voraussetzungen des Satz 1 Nr. 3 müssen spätestens bei Zulassung zum Studium an der Deutschen Hochschule der Polizei vorliegen. Im Fall der Wiederholung eines Testteils des Auswahlverfahrens findet Satz 1 Nr. 4 keine Anwendung.

(2) Bewerberinnen und Bewerber, die wegen einer Betreuung mindestens eines mit ihnen in häuslicher Gemeinschaft lebenden Kindes unter 18 Jahren oder wegen der tatsächlichen Pflege eines nach ärztlichem Gutachten pflegebedürftigen sonstigen Angehörigen von einer Bewerbung vor Vollendung des 37. Lebensjahres abgesehen haben, können bis zur Vollendung des 40. Lebensjahres eingestellt werden. Abs. 1 Satz 2 und 3 bleiben unberührt.

(3) Der Vorbereitungsdienst dauert drei Jahre. Er umfasst neben der Ausbildung nach § 19 Abs. 5 einen Einführungslehrgang und eine praktische Unterweisung.

(4) Bewerberinnen und Bewerber, die neben den Einstellungsvoraussetzungen nach Abs. 1 das Bestehen der zweiten juristischen Staatsprüfung nachweisen, werden unter Berufung in das Beamtenverhältnis auf Probe eingestellt und zur Polizeirätin oder zum Polizeirat oder zur Kriminalrätin oder zum Kriminalrat ernannt. Innerhalb der Probezeit werden die Polizeivollzugsbeamtinnen oder die Polizeivollzugsbeamten in den Aufgaben des höheren Polizeivollzugsdienstes unterwiesen.

§ 22 Wechsel in den höheren Polizeivollzugsdienst mit zweiter juristischer Staatsprüfung

Beamtinnen und Beamte, die die zweite juristische Staatsprüfung bestanden haben, können bei Vorliegen eines besonderen dienstlichen Interesses in die Laufbahn des höheren Polizeivollzugsdienstes übernommen werden. Ein Amt des höheren Polizeivollzugsdienstes soll ihnen erst verliehen werden, wenn sie bei verschiedenen Polizeidienststellen in die Aufgaben dieser Laufbahn eingeführt worden sind.

VIERTER TEIL
Übergangsvorschriften für den mittleren Dienst

§ 23 Übergangsregelung

Für die Polizeivollzugsbeamtinnen und Polizeivollzugsbeamten, die sich zum Zeitpunkt des Inkrafttretens dieser Verordnung in der Laufbahngruppe des mittleren Dienstes befinden oder die zu einem späteren Zeitpunkt in den Polizeivollzugsdienst des Landes Hessen versetzt werden und sich zu diesem Zeitpunkt im mittleren Dienst befinden, gelten für die

Dauer der Zugehörigkeit zu dieser Laufbahngruppe die nachfolgenden Bestimmungen.

§ 24 Ämter

Die Laufbahngruppe des mittleren Polizeivollzugsdienstes umfasst die Ämter

der Polizeimeisterin und des Polizeimeisters,

der Kriminalmeisterin und des Kriminalmeisters,

der Polizeiobermeisterin und des Polizeiobermeisters,

der Kriminalobermeisterin und des Kriminalobermeisters,

der Polizeihauptmeisterin und des Polizeihauptmeisters,

der Kriminalhauptmeisterin und des Kriminalhauptmeisters.

§ 25 Probezeit

Die Probezeit dauert in der Regel im mittleren Dienst drei Jahre.

§ 26 Beförderung

(1) Die Beförderung von Polizeivollzugsbeamtinnen und Polizeivollzugsbeamten, die regelmäßig zu durchlaufende Ämter bekleiden, darf im mittleren Dienst nicht vor Ablauf der Probezeit oder vor Ablauf eines Jahres nach der letzten Beförderung erfolgen.

(2) Bei der Beförderung zur Polizeikommissarin oder zum Polizeikommissar oder zur Kriminalkommissarin oder zum Kriminalkommissar brauchen die Beförderungsämter des mittleren Polizeivollzugsdienstes nicht durchlaufen zu werden.

§ 27 Wechsel zwischen Schutzpolizei und Kriminalpolizei

(1) Ein Wechsel zwischen Schutzpolizei und Kriminalpolizei ist im mittleren Dienst möglich, wenn ein dienstliches Bedürfnis besteht.

(2) § 12 Abs. 2 und 4 gelten entsprechend.

FÜNFTER TEIL Übergangsvorschriften und Schlussvorschriften

§ 28 Übergangsregelung zur Ausbildung und Prüfung

Auf Polizeikommissar-Anwärterinnen oder Polizeikommissar-Anwärter oder Kriminalkommissar-Anwärterinnen oder Kriminalkommissar-Anwärter, die vor dem 3. April 2015 ihr Studium begonnen haben, finden die §§ 6 bis 8 in der bis dahin geltenden Fassung Anwendung.

§ 29 Aufhebung bisherigen Rechts

Die Verordnung über die Laufbahnen des hessischen Polizeivollzugsdienstes vom 27. September 2002 (GVBl. I S. 629), zuletzt geändert durch Verordnung vom 21. Februar 2013 (GVBl. S. 89), wird mit Ausnahme des § 14 Abs. 1 Satz 1 Nr. 3 in Verbindung mit Satz 2 aufgehoben. § 14 Abs. 1 Satz 1 Nr. 3 in Verbindung mit Satz 2 der Verordnung nach Satz 1 wird am 1. Oktober 2015 aufgehoben.

§ 30 Inkrafttreten

Diese Verordnung tritt am Tage nach der Verkündung in Kraft. Abweichend von Satz 1 tritt § 13 Abs. 1 Nr. 3 am 1. Oktober 2015 in Kraft.

Hessische Verordnung über die Laufbahnen der Beamtinnen und Beamten des feuerwehrtechnischen Dienstes (Hessische Feuerwehrlaufbahnverordnung – HFeuerwLV)

Vom 4. Juni 2015 (GVBl. S. 246)

II

Zuletzt geändert durch
Verordnung zur Änderung der Hessischen Feuerwehrlaufbahnverordnung
vom 27. April 2018 (GVBl. S. 178)

Auf Grund des § 113 Satz 1 in Verbindung mit § 107 Abs. 3 des Hessischen Beamtengesetzes vom 27. Mai 2013 (GVBl. S. 218, 508), zuletzt geändert durch Gesetz vom 28. März 2015 (GVBl. S. 158), und des § 69 Nr. 1 des Hessischen Brand- und Katastrophenschutzgesetzes in der Fassung vom 14. Januar 2014 (GVBl. S. 26) wird im Einvernehmen mit dem Direktor des Landespersonalamtes verordnet:

Erster Abschnitt Allgemeines

§ 1 Geltungsbereich

(1) Beamtinnen und Beamte des feuerwehrtechnischen Dienstes sind die im Brandschutzdienst hauptamtlich tätigen Beamtinnen und Beamten

1. bei den Berufsfeuerwehren,
2. an der Landesfeuerwehrschule,
3. bei den Aufsichtsbehörden und
4. bei Freiwilligen Feuerwehren mit hauptamtlichen Kräften.

(2) Soweit im Folgenden nichts anderes bestimmt ist, finden die Vorschriften der Hessischen Laufbahnverordnung vom 17. Februar 2014 (GVBl. S. 57), zuletzt geändert durch Gesetz vom 5. Februar 2016 (GVBl. S. 30), entsprechende Anwendung.

§ 2 Laufbahnen

Der feuerwehrtechnische Dienst umfasst die Laufbahnen des mittleren, des gehobenen und des höheren Dienstes.

Zweiter Abschnitt Einstellung, Ausbildung, Prüfungen

Erster Titel Mittlerer feuerwehrtechnischer Dienst

§ 3 Einstellungsvoraussetzungen

(1) In die Laufbahn des mittleren feuerwehrtechnischen Dienstes kann eingestellt werden, wer

1. mindestens 18 Jahre alt ist,
2. höchstens 35 Jahre alt ist,
3. mindestens einen Hauptschulabschluss hat oder einen als gleichwertig anerkannten Bildungsstand besitzt,
4. in einem für die Verwendung in der Laufbahn geeigneten Beruf mindestens die Gesellenprüfung oder eine Abschlussprüfung in einem anerkannten Ausbildungsberuf nach § 37 Abs. 1 des Berufsbildungsgesetzes vom 23. März 2005 (BGBl. I S. 931), zuletzt geändert durch Gesetz vom 17. Juli 2017 (BGBl. I S. 2581), bestanden hat oder einen gleichwertigen anerkannten Bildungsstand aufweist,
5. nach dem Ergebnis des Eignungsfeststellungsverfahrens fachlich, körperlich, geistig und nach seiner Persönlichkeit für den mittleren feuerwehrtechnischen Dienst geeignet und befähigt ist,
6. nach Feststellung der gesundheitlichen Eignung durch amtsärztliches Gutachten einschließlich der Untersuchung auf Feststellung der Atemschutztauglichkeit nach den Anforderungen in Nr. 3 der Feuerwehrdienstvorschrift 7 (FwDV 7), in Kraft gesetzt mit Erlass vom 1. Juni 2012 (StAnz.

S. 638), in der jeweils geltenden Fassung, feuerwehrdiensttauglich ist.

(2) Die für die Ernennung zuständige Behörde kann von der Einstellungsaltersgrenze nach Abs. 1 Nr. 2 Ausnahmen zulassen, wenn

1. ein besonderes dienstliches Interesse vorliegt; ein solches ist insbesondere dann gegeben, wenn keine anderen geeigneten Bewerberinnen und Bewerber mit entsprechender Vor- und Ausbildung sowie fachlicher Qualifikation für die Besetzung eines Amtes vorhanden sind und die Gewinnung oder Erhaltung der oder des Bediensteten nur bei Übernahme in das Beamtenverhältnis erreicht werden kann,
2. die Bewerberin oder der Bewerber wegen der Betreuung mindestens eines mir ihr oder ihm in häuslicher Gemeinschaft lebenden Kindes unter 18 Jahren oder wegen der tatsächlichen Pflege eines nach ärztlichem Gutachten pflegebedürftigen nahen Angehörigen von einer Bewerbung vor dem Erreichen der in Abs. 1 Nr. 2 festgelegten Einstellungsaltersgrenze abgesehen hat.

(3) Gleichwertig im Sinne von Abs. 1 Nr. 4 sind auch die allgemeine Hochschulreife sowie die technische Fachhochschulreife, der technische Fachhochschulabschluss, der technische Fachoberschulabschluss, die abgeschlossene technische Ausbildung bei der Bundeswehr, der Bundespolizei oder einer vergleichbaren Organistaion in einer für die Laufbahn geeigneten Fachrichtung.

§ 4 Vorbereitungsdienst

(1) Die Einstellung in den Vorbereitungsdienst erfolgt unter Berufung in das Beamtenverhältnis auf Probe als Brandmeisterin oder als Brandmeister.

(2) Der Vorbereitungsdienst dauert ein Jahr und sechs Monate.

(3) Die für die Ernennung zuständige Behörde kann den Vorbereitungsdienst im Einzelfall verlängern, wenn er wegen

1. einer Erkrankung,
2. eines Beschäftigungsverbotes für die Zeit vor oder nach einer Entbindung nach mutterschutzrechtlichen Vorschriften,
3. einer Elternzeit,
4. der Ableistung von Wehrübungen, die sechs Wochen im Kalenderjahr überschreiten, oder
5. anderer zwingender Gründe

unterbrochen wurde und durch die Verkürzung von Ausbildungsabschnitten die zielgerechte Fortsetzung des Vorbereitungsdienstes nicht gewährleistet ist. Darüber hinaus kann der Vorbereitungsdienst verlängert werden, wenn die sonstigen Zulassungsvoraussetzungen zur Truppführungsprüfung nicht rechtzeitig vorlagen und daher keine Anmeldung zu dieser Prüfung erfolgen konnte. Der Vorbereitungsdienst kann in den Fällen des Satzes 1 Nr. 1 und 5 um höchstens zwölf Monate, in den Fällen des Satz 2 um höchstens sechs Monate verlängert werden.

(4) Eine hauptberufliche, nebenberufliche oder ehrenamtliche Tätigkeit in einer Feuerwehr nach § 7 Abs. 1 Satz 1 oder § 14 Abs. 1 Satz 1 und 2 des Hessischen Brand- und Katastrophenschutzgesetzes kann von der für die Ernennung zuständigen Behörde auf den Vorbereitungsdienst angerechnet werden, wenn die dabei erworbenen Kenntnisse und Fähigkeiten dies rechtfertigen. Insgesamt dürfen nicht mehr als sechs Monate angerechnet werden.

(5) Eine Tätigkeit außerhalb der Feuerwehr kann von der für die Ernennung zuständigen Behörde auf den Vorbereitungsdienst angerechnet werden, wenn die dabei erworbenen Kenntnisse und Fähigkeiten dies in besonderem Maße rechtfertigen. Abs. 4 Satz 2 gilt entsprechend.

(6) Der Vorbereitungsdienst endet mit Ablauf des Tages, an dem

1. das Bestehen der Laufbahnprüfung oder
2. das endgültige Nichtbestehen der Laufbahnprüfung oder einer Zwischenprüfung

bekannt gegeben wird.

(7) Die Prüfung für den mittleren Werkfeuerwehrdienst nach § 15 Abs. 1 der Werkfeuerwehrausbildungs- und Prüfungsverordnung

vom 3. November 2005 (GVBl. I S. 739), zuletzt geändert durch Verordnung vom 21. Februar 2013 (GVBl. S. 89), kann von der für die Ernennung zuständigen Behörde als Laufbahnbefähigung für den mittleren feuerwehrtechnischen Dienst anerkannt werden.

§ 5 Probezeit

(1) Die Probezeit im mittleren feuerwehrtechnischen Dienst beträgt mindestens drei Jahre.

(2) Kann die Bewährung bis zum Ablauf der vorgesehenen Probezeit nicht festgestellt weden, so kann die Probezeit um höchstens zwei Jahre verlängert werden. Dieser Zeitraum verlängert sich um die Zeit einer Elternzeit oder einer Beurlaubung unter Wegfall der Besoldung. Die Entscheidung trifft die für die Ernennung zuständige Behörde.

§ 6 Beförderungen

(1) Die Brandmeisterin oder der Brandmeister kann frühestens ein Jahr nach Beendigung der Probezeit zur Oberbrandmeisterin oder zum Oberbrandmeister befördert werden.

(2) Die Oberbrandmeisterin oder der Oberbrandmeister kann frühestens nach zwei weiteren Dienstjahren zur Hauptbrandmeisterin oder zum Hauptbrandmeister befördert werden, wenn

1. sie oder er sich besondere Kenntnisse und Fähigkeiten im Vorbeugenden oder Abwehrenden Brandschutz und in der Allgemeinen Hilfe oder im Rettungsdienst durch entsprechende Lehrgänge erworben hat und
2. Eignung, Befähigung und fachliche Leistung dies rechtfertigen.

§ 6a Gruppenführungsausbildung im mittleren feuerwehrtechnischen Dienst

(1) Die Gruppenführungsausbildung umfasst sechs Monate.

(2) Beamtinnen und Beamte des mittleren feuerwehrtechnischen Dienstes können von der für die Ernennung zuständigen Behörde zur Ausbildung und Prüfung für die Gruppenführungsausbildung zugelassen werden, wenn sie

1. nach der Beendigung der Probezeit eine Dienstzeit von mindestens zwei Jahren zurückgelegt haben,
2. sich mindestens in einem Amt der Besoldungsgruppe A 8 des Hessischen Besoldungsgesetzes vom 27. Mai 2013 (GVBl. S. 218, 256, 508), zuletzt geändert durch Gesetz vom 30. Juni 2017 (GVBl. S. 114), befinden und
3. nach dem Ergebnis eines Auswahlverfahrens, nach ihrer Persönlichkeit, ihren bisherigen Leistungen und den Prüfungsergebnissen der von ihnen besuchten Fachlehrgänge zum Führen einer Gruppe befähigt erscheinen.

(3) Die Prüfung für den Führungsdienst im mittleren Werkfeuerwehrdienst nach § 16 Abs. 1 der Werkfeuerwehrausbildungs- und Prüfungsverordnung kann von der für die Ernennung zuständigen Behörde als Befähigung zum Führen einer Gruppe anerkannt werden.

Zweiter Titel
Gehobener feuerwehrtechnischer Dienst

§ 7 Einstellungsvoraussetzungen

(1) In den Vorbereitungsdienst der Laufbahn des gehobenen feuerwehrtechnischen Dienstes kann eingestellt werden, wer

1. höchstens 40 Jahre alt ist,
2. einen Bachelor- oder als gleichwertig anerkannten Studiengang in einem für den feuerwehrtechnischen Dienst geeigneten Studienfach erfolgreich abgeschlossen hat,
3. nach dem Ergebnis des Eignungsfeststellungsverfahrens fachlich, körperlich, geistig und nach seiner Persönlichkeit für den gehobenen feuerwehrtechnischen Dienst geeignet und befähigt ist und
4. nach Feststellung der gesundheitlichen Eignung durch amtsärztliches Gutachten einschließlich der Untersuchung auf Feststellung der Atemschutztauglichkeit nach den Anforderungen in Nr. 3 der Feuerwehrdienstvorschrift 7 (FwDV 7) feuerwehrdiensttauglich ist.

(2) Die für die Ernennung zuständige Behörde kann von der Einstellungsaltersgrenze nach Abs. 1 Nr. 1 Ausnahmen zulassen, wenn

1. ein besonderes dienstliches Interesse vorliegt; ein solches ist insbesondere dann gegeben, wenn keine anderen geeigneten Bewerberinnen und Bewerber mit entsprechender Vor- und Ausbildung sowie fachlicher Qualifikation für die Besetzung eines Amtes vorhanden sind und die Gewinnung oder Erhaltung der oder des Bediensteten nur bei Übernahme in das Beamtenverhältnis erreicht werden kann,
2. die Bewerberin oder der Bewerber wegen der Betreuung mindestens eines mit ihr oder ihm in häuslicher Gemeinschaft lebenden Kindes unter 18 Jahren oder wegen der tatsächlichen Pflege eines nach ärztlichem Gutachten pflegebedürftigen nahen Angehörigen von einer Bewerbung vor dem Erreichen der in Abs. 1 Nr. 1 festgelegten Einstellungsaltersgrenze abgesehen hat.

§ 8 Vorbereitungsdienst

(1) Die Einstellung in den Vorbereitungsdienst erfolgt unter Berufung in das Beamtenverhältnis auf Widerruf als Brandoberinspektoranwärterin oder Brandoberinspektoranwärter.

(2) Der Vorbereitungsdienst dauert zwei Jahre.

(3) Die für die Ernennung zuständige Behörde kann den Vorbereitungsdienst im Einzelfall verlängern, wenn er wegen

1. einer Erkrankung,
2. eines Beschäftigungsverbotes für die Zeit vor oder nach einer Entbindung nach mutterschutzrechtlichen Vorschriften,
3. einer Elternzeit,
4. der Ableistung von Wehrübungen, die sechs Wochen im Kalenderjahr überschreiten, oder
5. anderer zwingender Gründe

unterbrochen wurde und durch die Verkürzung von Ausbildungsabschnitten die zielgerechte Fortsetzung des Vorbereitungsdienstes nicht gewährleistet ist. Darüber hinaus kann der Vorbereitungsdienst verlängert werden, wenn die sonstigen Zulassungsvoraussetzungen zum Abschlusslehrgang nicht rechtzeitig vorlagen und daher keine Anmeldung zu diesem Lehrgang erfolgen konnte. Der Vorbereitungsdienst kann in den Fällen des Satzes 1 Nr. 1 und 5 sowie Satz 2 um höchstens zwölf Monate verlängert werden.

(4) Eine hauptberufliche, nebenberufliche oder ehrenamtliche Tätigkeit in einer Feuerwehr nach § 7 Abs. 1 Satz 1 oder § 14 Abs. 1 Satz 1 und 2 des Hessischen Brand- und Katastrophenschutzgesetzes kann von der für die Ernennung zuständigen Behörde auf den Vorbereitungsdienst angerechnet werden, wenn die dabei erworbenen Kenntnisse und Fähigkeiten dies rechtfertigen. Insgesamt darf nicht mehr als ein Jahr angerechnet werden.

(5) Eine Tätigkeit außerhalb der Feuerwehr kann von der für die Ernennung zuständigen Behörde auf den Vorbereitungsdienst angerechnet werden, wenn die dabei erworbenen Kenntnisse und Fähigkeiten dies in besonderem Maße rechtfertigen. Abs. 4 Satz 2 gilt entsprechend.

(6) Während des Vorbereitungsdienstes ist die Beamtin oder der Beamte zweimal für jeweils drei Monate an Berufsfeuerwehren außerhalb des Bereichs der Anstellungsbehörde zu überweisen.

(7) Der Vorbereitungsdienst endet mit Ablauf des Tages, an dem

1. das Bestehen der Laufbahnprüfung oder
2. das endgültige Nichtbestehen der Laufbahnprüfung oder einer Zwischenprüfung

bekannt gegeben wird.

(8) Die Prüfung für den gehobenen Werkfeuerwehrdienst nach § 17 der Werkfeuerwehrausbildungs- und Prüfungsverordnung kann von der für die Ernennung zuständigen Behörde als Laufbahnbefähigung für den gehobenen feuerwehrtechnischen Dienst anerkannt werden.

§ 9 Aufstieg in den gehobenen feuerwehrtechnischen Dienst

(1) Beamtinnen und Beamte des mittleren feuerwehrtechnischen Dienstes, deren Vorbereitungsdienst 24 Monate betragen und

die Gruppenführungsausbildung umfasst hat, können von der für die Ernennung zuständigen Behörde zur Ausbildung und Prüfung für die Laufbahn des gehobenen feuerwehrtechnischen Dienstes zugelassen werden, wenn sie

1. nach der Beendigung der Probezeit eine Dienstzeit von mindestens fünf Jahren zurückgelegt haben,
2. sich mindestens in einem Amt der Besoldungsgruppe A 8 des Hessischen Besoldungsgesetzes befinden und
3. nach dem Ergebnis eines Auswahlverfahrens, nach ihrer Persönlichkeit, ihren bisherigen Leistungen und den Prüfungsergebnissen der von ihnen besuchten Fachlehrgänge für den gehobenen feuerwehrtechnischen Dienst geeignet sind sowie zum Führen von taktischen Einheiten befähigt erscheinen.

Abweichend von Satz 1 Nr. 1 und 2 können Beamtinnen und Beamte des mittleren feuerwehrtechnischen Dienstes auch dann von der für die Ernennung zuständigen Behörde zur Ausbildung und Prüfung für die Laufbahn des gehobenen feuerwehrtechnischen Dienstes zugelassen werden, wenn sie einen Bachelor- oder als gleichwertig anerkannten Studiengang in einem für den feuerwehrtechnischen Dienst geeigneten Studienfach erfolgreich abgeschlossen haben.

(2) Beamtinnen und Beamte des mittleren feuerwehrtechnischen Dienstes, deren Vorbereitungsdienst 18 Monate betragen hat, können von der für die Ernennung zuständigen Behörde zur Ausbildung und Prüfung für die Laufbahn des gehobenen feuerwehrtechnischen Dienstes zugelassen werden, wenn sie

1. die Gruppenführungsausbildung nach § 6a bestanden haben und
   a) danach eine Dienstzeit von mindestens drei Jahren zurückgelegt oder
   b) einen Bachelor- oder als gleichwertig anerkannten Studiengang in einem für den feuerwehrtechnischen Dienst geeigneten Studienfach erfolgreich abgeschlossen

   haben und
2. nach dem Ergebnis eines Auswahlverfahrens, nach ihrer Persönlichkeit, ihren bisherigen Leistungen und den Prüfungsergebnissen der von ihnen besuchten Fachlehrgänge für den gehobenen feuerwehrtechnischen Dienst geeignet sind sowie zum Führen von taktischen Einheiten befähigt erscheinen.

(3) Die Einführungszeit dauert ein Jahr und sechs Monate. Die Beamtin oder der Beamte ist in die Aufgaben der neuen Laufbahn einzuführen und mindestens zweimal für jeweils drei Monate zu Berufsfeuerwehren außerhalb des Bereichs der Anstellungsbehörde zu überweisen. Sie oder er hat an dem für die Laufbahn erforderlichen fachtechnischen Lehrgang teilzunehmen.

(4) Die für die Ernennung zuständige Behörde kann die Einführungszeit um höchstens ein Jahr verlängern, wenn die Beamtin oder der Beamte das Ziel der Einführung noch nicht erreicht hat oder aus besonderen Gründen eine Verlängerung angebracht erscheint.

(5) Nach erfolgreicher Einführung ist die Laufbahnprüfung abzulegen. Beamtinnen und Beamte, die die Prüfung auch nach einmaliger Wiederholung nicht bestanden haben, treten in die frühere Beschäftigung zurück.

(6) Nach Bestehen der Laufbahnprüfung kann der Beamtin oder dem Beamten ein Amt des gehobenen feuerwehrtechnischen Dienstes verliehen werden.

(7) Abweichend von Abs. 1 bis 6 können mit Zustimmung der obersten Aufsichtsbehörde und im Einvernehmen mit der Direktorin oder dem Direktor des Landespersonalamtes Beamtinnen und Beamte zur Brandoberinspektorin oder zum Brandoberinspektor ernannt werden, wenn sie

1. sich fünf Jahre in einem Amt der Besoldungsgruppe A 9 mit Amtszulage des Hessischen Besoldungsgesetzes bewährt haben,
2. die Gruppenführungsausbildung nach § 6a bestanden haben,
3. nach der Persönlichkeit, den bisherigen Leistungen und den Ergebnissen der be-

suchten Lehrgänge geeignet und befähigt sind,
4. sich im Führen von taktischen Einheiten bewährt haben sowie
5. sich mindestens ein Jahr ununterbrochen in einer Tätigkeit des gehobenen feuerwehrtechnischen Dienstes bewährt haben.

(8) Den nach Abs. 7 aufgestiegenen Beamtinnen und Beamten kann künftig höchstens ein Amt der Besoldungsgruppe A 11 des Hessischen Besoldungsgesetzes verliehen werden.

(9) Die erste Beförderung darf erst nach Ablauf von zwei Jahren nach dem Wechsel der Laufbahngruppe erfolgen. Abweichend von Satz 1 kann den nach Abs. 1 und 2 aufgestiegenen Beamtinnen und Beamten des feuerwehrtechnischen Dienstes, die sich in einem Amt der Besoldungsgruppe A 9 oder A 9 mit Amtszulage des Hessischen Besoldungsgesetzes befinden und die bereits seit einem Jahr Aufgaben des gehobenen Dienstes wahrnehmen und sich dabei bewährt haben, nach dem Aufstieg unmittelbar das erste Beförderungsamt (Brandoberinspektorin oder Brandoberinspektor) verliehen werden.

Dritter Titel
Höherer feuerwehrtechnischer Dienst

§ 10 Einstellungsvoraussetzungen

(1) In den Vorbereitungsdienst der Laufbahn des höheren feuerwehrtechnischen Dienstes kann eingestellt werden, wer
1. höchstens 40 Jahre alt ist,
2. einen Master- oder als gleichwertig anerkannten Studiengang in einer für den feuerwehrtechnischen Dienst geeigneten Studienrichtung erfolgreich abgeschlossen hat,
3. nach dem Ergebnis des Eignungsfeststellungsverfahrens fachlich, körperlich, geistig und nach seiner Persönlichkeit für den höheren feuerwehrtechnischen Dienst geeignet und befähigt ist und
4. nach Feststellung der gesundheitlichen Eignung durch amtsärztliches Gutachten einschließlich der Untersuchung auf Feststellung der Atemschutztauglichkeit nach den Anforderungen in Nr. 3 der Feuerwehrdienstvorschrift 7 (FwDV 7) feuerwehrdiensttauglich ist.

(2) Die für die Ernennung zuständige Behörde kann von der Einstellungsaltersgrenze nach Abs. 1 Nr. 1 Ausnahmen zulassen, wenn
1. ein besonderes dienstliches Interesse vorliegt; ein solches ist insbesondere dann gegeben, wenn keine anderen geeigneten Bewerberinnen und Bewerber mit entsprechender Vor- und Ausbildung sowie fachlicher Qualifikation für die Besetzung eines Amtes vorhanden sind und die Gewinnung oder Erhaltung der oder des Bediensteten nur bei Übernahme in das Beamtenverhältnis erreicht werden kann,
2. die Bewerberin oder der Bewerber wegen der Betreuung mindestens eines mit ihr oder ihm in häuslicher Gemeinschaft lebenden Kindes unter 18 Jahren oder wegen der tatsächlichen Pflege eines nach ärztlichem Gutachten pflegebedürftigen nahen Angehörigen von einer Bewerbung vor dem Erreichen der in Abs. 1 Nr. 1 festgelegten Einstellungsaltersgrenze abgesehen hat.

§ 11 Vorbereitungsdienst

(1) Die Einstellung in den Vorbereitungsdienst erfolgt unter Berufung in das Beamtenverhältnis auf Widerruf als Brandreferendarin oder Brandreferendar.

(2) Der Vorbereitungsdienst dauert zwei Jahre.

(3) Die für die Ernennung zuständige Behörde kann den Vorbereitungsdienst im Einzelfall verlängern, wenn er wegen
1. einer Erkrankung,
2. eines Beschäftigungsverbotes für die Zeit vor oder nach einer Entbindung nach mutterschutzrechtlichen Vorschriften,
3. einer Elternzeit,
4. der Ableistung von Wehrübungen, die sechs Wochen im Kalenderjahr überschreiten, oder
5. anderer zwingender Gründe

unterbrochen wurde und durch die Verkürzung von Ausbildungsabschnitten die zielgerechte Fortsetzung des Vorbereitungsdienstes nicht gewährleistet ist. Der Vorbereitungsdienst kann in den Fällen des Satzes 1 Nr. 1 und 5 um höchstens zwölf Monate verlängert werden.

(4) Die Ausbildung und Prüfung für den höheren feuerwehrtechnischen Dienst erfolgt nach den Bestimmungen der Verordnung über die Ausbildung und Prüfung für die Laufbahn des zweiten Einstiegsamtes der Laufbahngruppe 2 des feuerwehrtechnischen Dienstes im Land Nordrhein-Westfalen vom 11. März 2010 (GV. NRW S. 166), zuletzt geändert durch Verordnung vom 29. September 2016 (GV. NRW S. 820), in der jeweils geltenden Fassung, am Institut der Feuerwehr Nordrhein-Westfalen, soweit in der vorliegenden Verordnung keine besonderen Regelungen getroffen worden sind.

(5) Der Vorbereitungsdienst endet mit Ablauf des Tages, an dem

1. das Bestehen der Laufbahnprüfung oder
2. das endgültige Nichtbestehen der Laufbahnprüfung oder einer Zwischenprüfung

bekannt gegeben wird.

§ 12 Aufstieg in den höheren feuerwehrtechnischen Dienst

(1) Beamtinnen und Beamte des gehobenen feuerwehrtechnischen Dienstes können von der für die Ernennung zuständigen Behörde zur Ausbildung und Prüfung für die Laufbahn des höheren feuerwehrtechnischen Dienstes zugelassen werden, wenn sie

1. nach der Beendigung der Probezeit eine Dienstzeit von mindestens fünf Jahren zurückgelegt haben,
2. sich
   a) seit mindestens zwei Jahren in einem Amt der Besoldungsgruppe A 11 des Hessischen Besoldungsgesetzes oder
   b) mindestens in einem Amt der Besoldungsgruppe A 12 des Hessischen Besoldungsgesetzes

   befinden und
3. nach dem Ergebnis eines Auswahlverfahrens, nach ihrer Persönlichkeit, ihren bisherigen Leistungen und den Prüfungsergebnissen der von ihnen besuchten Fachlehrgänge für den höheren feuerwehrtechnischen Dienst geeignet sind sowie zum Führen von taktischen Einheiten befähigt erscheinen.

Abweichend von Satz 1 Nr. 1 und 2 können Beamtinnen und Beamte des gehobenen feuerwehrtechnischen Dienstes auch dann von der für die Ernennung zuständigen Behörde zur Ausbildung und Prüfung für die Laufbahn des höheren feuerwehrtechnischen Dienstes zugelassen werden, wenn sie einen Master- oder als gleichwertig anerkannten Studiengang in einer für den feuerwehrtechnischen Dienst geeigneten Studienrichtung erfolgreich abgeschlossen haben.

(2) Die Einführungszeit insgesamt dauert ein Jahr und richtet sich nach den Bestimmungen der Verordnung über die Ausbildung und Prüfung für die Laufbahn des zweiten Einstiegsamtes der Laufbahngruppe 2 des feuerwehrtechnischen Dienstes im Land Nordrhein-Westfalen, soweit in der vorliegenden Verordnung keine besonderen Regelungen getroffen worden sind.

(3) Nach erfolgreicher Einführung ist die Laufbahnprüfung nach § 11 abzulegen. Beamtinnen und Beamte, die die Prüfung auch nach einmaliger Wiederholung nicht bestanden haben, treten in die frühere Beschäftigung zurück.

(4) Nach Bestehen der Laufbahnprüfung kann der Beamtin oder dem Beamten ein Amt des höheren feuerwehrtechnischen Dienstes verliehen werden.

Dritter Abschnitt
Anerkennung von erworbenen Berufsqualifikationen

§ 13 Zuständigkeit für die Anerkennung von Berufsqualifikationen

(1) Zuständige Behörde für die Anerkennung der Gleichwertigkeit der Ausbildung der Angehörigen der Berufsfeuerwehren, die ihre Kenntnisse außerhalb des Landes Hessen erworben haben, ist die Landesfeuerwehrschule. § 14 Abs. 3 des Hessischen Beamtengesetzes bleibt unberührt.

(2) Zuständige Behörde für die

1. Anerkennung der Berufsqualifikationen von in Mitgliedstaaten der Europäischen Union erworbenen Berufsqualifikationen nach §§ 27 bis 33 der Hessischen Laufbahnverordnung,
2. Organisation und Durchführung des Anpassungslehrgangs nach § 31 der Hessischen Laufbahnverordnung,
3. Eignungsfeststellung von Bachelorstudiengängen als Eingangsvoraussetzung für den gehobenen feuerwehrtechnischen Dienst,
4. Eignungsfeststellung von Masterstudiengängen als Eingangsvoraussetzung für den höheren feuerwehrtechnischen Dienst

ist die Landesfeuerwehrschule.

Vierter Abschnitt Übergangs- und Schlussvorschriften

§ 14 Übergangsvorschriften

Eine vor Inkrafttreten dieser Verordnung begonnene Ausbildung richtet sich nach den bisherigen Vorschriften.

§ 15 Aufhebung bisherigen Rechts

Die Feuerwehrlaufbahnverordnung vom 21. Dezember 1994 (GVBl. I S. 823, 1995 I S. 84), zuletzt geändert durch Gesetz vom 27. Mai 2013 (GVBl. S. 218), wird aufgehoben.

§ 16 Inkrafttreten

Diese Verordnung tritt am 1. Juli 2015 in Kraft.

III Besoldung

Hessisches Besoldungsgesetz (HBesG)

Vom 27. Mai 2013 (GVBl. S. 218, S. 508)

Zuletzt geändert durch
Gesetz zur Neufassung des Hessischen Verfassungsschutzgesetzes und zur Änderung weiterer Vorschriften
vom 10. Dezember 2025 (GVBl. Nr. 97)

Inhaltsübersicht

III

Erster Teil
Allgemeine Vorschriften

§ 1 Geltungsbereich

(1) Dieses Gesetz regelt die Besoldung der Beamtinnen, Beamten, Richterinnen und Richter des Landes und der Beamtinnen und Beamten der Gemeinden, Gemeindeverbände und der sonstigen der Aufsicht des Landes unterstehenden Körperschaften, Anstalten und Stiftungen des öffentlichen Rechts; ausgenommen sind die Ehrenbeamtinnen und Ehrenbeamten und ehrenamtlichen Richterinnen und Richter.

(2) Zur Besoldung gehören folgende Dienstbezüge:

1. Grundgehalt,
2. Leistungsbezüge für Professorinnen und Professoren sowie hauptberufliche Leiterinnen und Leiter und Mitglieder von Leitungsgremien an Hochschulen,
3. Familienzuschlag,
4. Zulagen,
5. Vergütungen,
6. Auslandsdienstbezüge.

(3) Zur Besoldung gehören ferner folgende sonstige Bezüge:

1. Anwärterbezüge,
2. Sonderzahlungen,
3. vermögenswirksame Leistungen,
4. Auslandsverwendungszuschlag.

(4) Dieses Gesetz gilt nicht für die öffentlich-rechtlichen Religionsgesellschaften und ihre Verbände.

Gemäß § 73 Nr. 5 gilt noch § 1a des früheren Hessischen Besoldungsgesetzes:

§ 1a Lebenspartnerschaften

Soweit Ansprüche nach dem

1. Bundesbesoldungsgesetz in der Fassung vom 6. August 2002 (BGBl. I S. 3022) in der am 31. August 2006 geltenden Fassung und der auf seiner Grundlage erlassenen Verordnungen,
2. Beamtenversorgungsgesetz in der Fassung vom 16. März 1999 (BGBl. I S. 323, 847, 2033) in der am 31. August 2006 geltenden Fassung

auf dem Bestehen oder dem früheren Bestehen einer Ehe beruhen, sind diese Bestimmungen bei Bestehen oder bei früherem Bestehen einer Lebenspartnerschaft entsprechend anzuwenden.

§ 2 Regelung durch Gesetz

(1) Die Besoldung der Beamtinnen, Beamten, Richterinnen und Richter wird durch Gesetz geregelt.

(2) Zusicherungen, Vereinbarungen und Vergleiche, die der Beamtin, dem Beamten, der Richterin oder dem Richter eine höhere als die gesetzlich zustehende Besoldung verschaffen sollen, sind unwirksam. Das Gleiche gilt für Versicherungsverträge, die zu diesem Zweck abgeschlossen werden.

(3) Die Beamtin, der Beamte, die Richterin oder der Richter kann auf die gesetzlich zustehende Besoldung weder ganz noch teilweise verzichten; ausgenommen sind die vermögenswirksamen Leistungen.

§ 3 Anspruch auf Besoldung

(1) Die Beamtinnen, Beamten, Richterinnen und Richter haben Anspruch auf Besoldung. Der Anspruch entsteht mit dem Tag, an dem ihre Ernennung, Versetzung, Übernahme oder ihr Übertritt in den Dienst eines der in § 1 Abs. 1 genannten Dienstherren wirksam wird. Bedarf es zur Verleihung eines Amtes mit anderem Endgrundgehalt oder Grundgehalt keiner Ernennung oder wird die Beamtin, der Beamte, die Richterin oder der Richter rückwirkend in eine Planstelle eingewiesen, so entsteht der Anspruch mit dem Tag, der in der Einweisungsverfügung bestimmt ist. Wird ein Amt aufgrund einer Regelung nach § 24 eingestuft, so entsteht der Anspruch mit der Maßnahme, die der Einweisungsverfügung entspricht.

(2) Der Anspruch auf Besoldung endet mit Ablauf des Tages, an dem die Beamtin, der Beamte, die Richterin oder der Richter aus dem Dienstverhältnis ausscheidet, soweit gesetzlich nichts anderes bestimmt ist.

(3) Besteht der Anspruch auf Besoldung nicht für einen vollen Kalendermonat, so wird nur der Teil der Bezüge gezahlt, der auf den Anspruchszeitraum entfällt, soweit gesetzlich nichts anderes bestimmt ist.

(4) Bei der Berechnung von Bezügen nach § 1 Abs. 2 und 3 sind die sich ergebenden Bruch-

teile eines Cents unter 0,5 abzurunden und Bruchteile von 0,5 und mehr aufzurunden. Zwischenrechnungen werden jeweils auf zwei Dezimalstellen durchgeführt. Jeder Bezügebestandteil ist einzeln zu runden.

(5) Die Dienstbezüge nach § 1 Abs. 2 Nr. 1 bis 3 werden monatlich im Voraus gezahlt. Die anderen Bezüge werden monatlich im Voraus gezahlt, soweit nichts anderes bestimmt ist.

(6) Für die Zahlung der Besoldung nach § 1 Abs. 2 und 3 hat die Empfängerin oder der Empfänger auf Verlangen der zuständigen Behörde ein Konto anzugeben oder einzurichten, für das die Verordnung (EU) Nr. 260/2012 des Europäischen Parlaments und des Rates vom 14. März 2012 zur Festlegung der technischen Vorschriften und der Geschäftsanforderungen für Überweisungen und Lastschriften in Euro und zur Änderung der Verordnung (EG) Nr. 924/2009 (ABl. EU Nr. L 94 S. 22), geändert durch Verordnung (EU) vom 26. Februar 2014 (ABl. EU Nr. L 84 S. 1), gilt. Die Übermittlungskosten, mit Ausnahme der Kosten für die Gutschrift auf dem Konto der Empfängerin oder des Empfängers, trägt der Dienstherr, die Kontoeinrichtungs-, Kontoführungs- oder Buchungsgebühren trägt die Empfängerin oder der Empfänger. Bei einer Überweisung auf ein außerhalb der Europäischen Union geführtes Konto trägt die Empfängerin oder der Empfänger die Kosten.

(7) Werden Bezüge nach dem Tag der Fälligkeit gezahlt, so besteht kein Anspruch auf Verzugszinsen.

§ 4 Weitergewährung der Besoldung bei Versetzung in den einstweiligen Ruhestand oder bei Abwahl von Wahlbeamtinnen und Wahlbeamten auf Zeit

(1) In den einstweiligen Ruhestand versetzte Beamtinnen und Beamte oder Richterinnen und Richter erhalten für den Monat, in dem ihnen die Versetzung in den einstweiligen Ruhestand mitgeteilt worden ist, und für die folgenden drei Monate die Bezüge weiter, die ihnen am Tag vor der Versetzung zustanden. Änderungen beim Familienzuschlag sind zu berücksichtigen. Aufwandsentschädigungen werden nur bis zum Beginn des einstweiligen Ruhestandes gezahlt.

(2) Beziehen die in den einstweiligen Ruhestand versetzten Beamtinnen und Beamten oder Richterinnen und Richter Einkünfte aus einer sonstigen Verwendung, richtet sich die Anrechnung dieser Einkünfte nach den Regelungen über den Hinzuverdienst nach dem Hessischen Beamtenversorgungsgesetz in der jeweils geltenden Fassung.

(3) Wird eine Wahlbeamtin oder ein Wahlbeamter auf Zeit abgewählt, so gelten die Abs. 1 und 2 entsprechend; an die Stelle der Mitteilung über die Versetzung in den einstweiligen Ruhestand tritt die Mitteilung über die Abwahl oder der sonst bestimmte Beendigungszeitpunkt für das Beamtenverhältnis auf Zeit. Satz 1 gilt entsprechend für die Fälle des Eintritts in den einstweiligen Ruhestand kraft Gesetzes.

§ 5 Besoldung bei mehreren Hauptämtern

Hat die Beamtin, der Beamte, die Richterin oder der Richter mit Genehmigung der obersten Dienstbehörde gleichzeitig mehrere besoldete Hauptämter inne, so wird die Besoldung aus dem Amt mit den höheren Dienstbezügen gewährt, soweit gesetzlich nichts anderes bestimmt ist. Sind für diese Ämter Dienstbezüge in gleicher Höhe vorgesehen, so werden die Dienstbezüge aus dem zuerst übertragenen Amt gezahlt, soweit gesetzlich nichts anderes bestimmt ist.

§ 6 Besoldung bei Teilzeitbeschäftigung und während Familienpflegezeit und Pflegezeit

(1) Bei Teilzeitbeschäftigung werden die Dienstbezüge und die Anwärterbezüge sowie die vermögenswirksamen Leistungen im gleichen Verhältnis wie die Arbeitszeit gekürzt.

(2) Während einer Familienpflegezeit nach § 64a des Hessischen Beamtengesetzes und einer Pflegezeit nach § 64b des Hessischen Beamtengesetzes wird zu den Dienstbezügen nach § 6 Abs. 1 ein Vorschuss gewährt. Der Vorschuss ist nach Ablauf der Familienpflegezeit oder der Pflegezeit mit den laufenden Dienst- oder Versorgungsbezügen zu verrechnen oder in einer Summe zurückzuzahlen.

(3) Der Vorschuss wird nicht gewährt, wenn für eine frühere Familienpflegezeit oder Pflegezeit die Gesamtdauer von 24 Monaten ausgeschöpft und der gezahlte Vorschuss noch nicht vollständig zurückgezahlt worden ist.

(4) Die Landesregierung wird ermächtigt, durch Rechtsverordnung nähere Regelungen über die Gewährung, Verrechnung und Rückzahlung des Vorschusses zu treffen.

§ 7 Kürzung der Besoldung bei Gewährung einer Versorgung durch eine zwischenstaatliche oder überstaatliche Einrichtung

(1) Erhält eine Beamtin, ein Beamter, eine Richterin oder ein Richter aus der Verwendung im öffentlichen Dienst einer zwischen- oder überstaatlichen Einrichtung eine Versorgung, werden die Dienstbezüge gekürzt. Die Kürzung beträgt 1,79375 Prozent für jedes im zwischen- oder überstaatlichen Dienst vollendete Jahr; es verbleiben jedoch mindestens 40 Prozent der Dienstbezüge. Bei Bezug der Höchstversorgung als Invaliditätspension aus dem Amt bei der zwischen- oder überstaatlichen Einrichtung werden die Dienstbezüge um 60 Prozent gekürzt. Der Kürzungsbetrag darf die von der zwischen- oder überstaatlichen Einrichtung gewährte Versorgung nicht übersteigen.

(2) Als Zeit im zwischen- oder überstaatlichen Dienst wird auch die Zeit gerechnet, in welcher die Beamtin, der Beamte, die Richterin oder der Richter ohne Ausübung eines Amtes bei einer zwischen- oder überstaatlichen Einrichtung einen Anspruch auf Vergütung oder sonstige Entschädigung hat und Ruhegehaltsansprüche erwirbt. Entsprechendes gilt für Zeiten nach dem Ausscheiden aus dem Dienst einer zwischen- oder überstaatlichen Einrichtung, die dort bei der Berechnung des Ruhegehalts wie Dienstzeiten berücksichtigt werden.

(3) Dienstbezüge im Sinne des Abs. 1 sind Grundgehalt, Familienzuschlag, Amtszulagen, ruhegehaltfähige Stellenzulagen, Überleitungszulagen, ruhegehaltfähige Ausgleichszulagen und die Zulagen nach den §§ 56b und 56c sowie ruhegehaltfähige Leistungsbezüge für die in § 1 Abs. 2 Nr. 2 genannten Personen.

(4) Treffen Ruhegehalt oder Versorgung für Hinterbliebene nach dem Abgeordnetenstatut des Europäischen Parlaments vom 28. September 2005 (ABl. EU Nr. L 262 S. 1) mit Dienstbezügen nach § 1 Abs. 2 zusammen, so werden diese um 50 Prozent des Ruhegehalts- oder Versorgungsbetrags gekürzt. Es verbleiben jedoch mindestens 40 Prozent der Dienstbezüge. Bei Teilzeitbeschäftigung verringert sich der Umfang der Kürzung nach Satz 1 in dem gleichen Verhältnis wie die Arbeitszeit.

§ 8 Verlust der Besoldung bei schuldhaftem Fernbleiben vom Dienst

(1) Bleibt die Beamtin, der Beamte, die Richterin oder der Richter ohne Genehmigung schuldhaft dem Dienst fern, so führt dies für die Zeit des Fernbleibens zu dem Verlust der Bezüge. Dies gilt auch bei einem Fernbleiben vom Dienst für Teile eines Tages. Der Verlust der Bezüge ist festzustellen.

(2) Der Vollzug einer Freiheitsstrafe, die rechtskräftig an einem deutschen Gericht verhängt wurde, gilt als schuldhaftes Fernbleiben vom Dienst. Für die Zeit der Untersuchungshaft wird die Besoldung unter dem Vorbehalt der Rückforderung gezahlt. Die Besoldung ist zurückzuerstatten, wenn die oder der Betroffene wegen des dem Haftbefehl zugrundeliegenden Sachverhalts rechtskräftig zu einer Freiheitsstrafe verurteilt wird.

§ 9 Anrechnung anderer Einkünfte auf die Besoldung

(1) Haben Beamtinnen und Beamte oder Richterinnen und Richter Anspruch auf Besoldung für eine Zeit, in der sie nicht zur Dienstleistung verpflichtet waren, kann ein infolge der unterbliebenen Dienstleistung für diesen Zeitraum erzieltes anderes Einkommen auf die Besoldung angerechnet werden. Die Beamtinnen und Beamten sowie die Richterinnen und Richter sind zur Auskunft verpflichtet. In den Fällen einer vorläufigen Dienstenthebung aufgrund eines Disziplinarverfahrens gelten die besonderen Vorschriften des Disziplinarrechts.

(2) Erhält eine Beamtin, ein Beamter, eine Richterin oder ein Richter aus einer Verwen-

dung nach § 20 des Beamtenstatusgesetzes vom 17. Juni 2008 (BGBl. I S. 1010), geändert durch Gesetz vom 5. Februar 2009 (BGBl. I S. 160), anderweitig Bezüge, werden diese auf die Besoldung angerechnet. In besonderen Fällen kann die oberste Dienstbehörde im Einvernehmen mit dem für das Recht des öffentlichen Dienstes zuständigen Ministerium von der Anrechnung ganz oder teilweise absehen.

§ 10 Anrechnung von Sachbezügen auf die Besoldung

(1) Erhält eine Beamtin, ein Beamter, eine Richterin oder ein Richter Sachbezüge, so werden diese unter Berücksichtigung ihres wirtschaftlichen Wertes mit einem angemessenen Betrag auf die Besoldung angerechnet, soweit nichts anderes bestimmt ist. Sofern eine Beamtin, ein Beamter, eine Richterin oder ein Richter aufgrund ihres oder seines Dienstverhältnisses regelmäßig verkehrende öffentliche Beförderungsmittel unentgeltlich oder verbilligt nutzen kann, unterbleibt eine Anrechnung. Satz 2 gilt entsprechend für Leistungen des Dienstherrn im Rahmen des Gesundheitsmanagements sowie zur Verpflegung während des Dienstes, wenn die oder der Bedienstete ein Entgelt für die Verpflegung abführt, das mindestens dem Wert nach § 2 Abs. 1 der Verordnung über die sozialversicherungsrechtliche Beurteilung von Zuwendungen des Arbeitgebers als Arbeitsentgelt entspricht.

(2) Die Beamtinnen und Beamten, die zum Tragen von Dienstkleidung verpflichtet sind, erhalten freie Dienstkleidung oder einen Bekleidungszuschuss. Die Beamtinnen und Beamten der Kriminalpolizei erhalten ein Kleidergeld.

(3) Das zuständige Fachministerium erlässt im Einvernehmen mit dem für das Recht des öffentlichen Dienstes zuständigen Ministerium Verwaltungsvorschriften zur Durchführung der Abs. 1 und 2. Werden die Geschäftsbereiche mehrerer Fachministerien berührt, erlässt das für das Recht des öffentlichen Dienstes zuständige Ministerium im Einvernehmen mit diesen Ministerien die Verwaltungsvorschriften.

(4) Die Gewährung der unentgeltlichen Heilfürsorge bleibt unberührt.

§ 11 Abtretung von Bezügen, Verpfändung, Aufrechnungs- und Zurückbehaltungsrecht

(1) Ansprüche auf Bezüge können, wenn gesetzlich nichts anderes bestimmt ist, nur abgetreten oder verpfändet werden, soweit diese der Pfändung unterliegen.

(2) Gegenüber Ansprüchen auf Bezüge kann der Dienstherr ein Aufrechnungs- oder Zurückbehaltungsrecht nur in Höhe des pfändbaren Teils der Bezüge geltend machen. Dies gilt nicht, soweit gegen die Beamtin, den Beamten, die Richterin oder den Richter ein Anspruch auf Schadenersatz wegen vorsätzlicher unerlaubter Handlung besteht.

§ 12 Rückforderung von Bezügen

(1) Wird eine Beamtin, ein Beamter, eine Richterin oder ein Richter durch eine gesetzliche Änderung der Bezüge einschließlich der Einreihung ihres oder seines Amtes in die Besoldungsgruppen der Besoldungsordnungen mit rückwirkender Kraft schlechter gestellt, so sind die Unterschiedsbeträge nicht zu erstatten.

(2) Im Übrigen regelt sich die Rückforderung zuviel gezahlter Bezüge nach den Vorschriften des Bürgerlichen Gesetzbuchs über die Herausgabe einer ungerechtfertigten Bereicherung, soweit gesetzlich nichts anderes bestimmt ist. Der Kenntnis des Mangels des rechtlichen Grundes der Zahlung steht es gleich, wenn der Mangel so offensichtlich war, dass die Empfängerin oder der Empfänger ihn hätte erkennen müssen. Von der Rückforderung kann aus Billigkeitsgründen mit Zustimmung der obersten Dienstbehörde oder der von ihr bestimmten Stelle ganz oder teilweise abgesehen werden. § 13 bleibt unberührt.

(3) Geldleistungen, die für die Zeit nach dem Tode der Beamtin, des Beamten, der Richterin oder des Richters auf ein Konto bei einem Geldinstitut überwiesen wurden, gelten als unter Vorbehalt erbracht. Das Geldinstitut hat sie der überweisenden Stelle zurückzuüberweisen, wenn diese sie als zu Unrecht erbracht zurückfordert. Eine Verpflichtung zur Rücküberweisung besteht nicht, soweit über den entsprechenden Betrag bei Eingang der Rückforderung bereits anderweitig verfügt wurde,

es sei denn, dass die Rücküberweisung aus einem Guthaben erfolgen kann. Das Geldinstitut darf den überwiesenen Betrag nicht zur Befriedigung eigener Forderungen verwenden.

(4) Soweit Geldleistungen für die Zeit nach dem Tode der Beamtin, des Beamten, der Richterin oder des Richters zu Unrecht erbracht worden sind, haben die Personen, die die Geldleistung in Empfang genommen oder über den entsprechenden Betrag verfügt haben, diesen Betrag der überweisenden Stelle zu erstatten, sofern er nicht nach Abs. 3 von dem Geldinstitut zurücküberwiesen wird. Ein Geldinstitut, das eine Rücküberweisung mit dem Hinweis abgelehnt hat, dass über den entsprechenden Betrag bereits anderweitig verfügt wurde, hat der überweisenden Stelle auf Verlangen Namen und Anschrift der Personen, die über den Betrag verfügt haben, und etwaiger neuer Kontoinhaberinnen oder neuer Kontoinhaber zu benennen. Ein Anspruch gegen die Erben bleibt unberührt.

§ 13 Verjährung von Ansprüchen

Ansprüche nach diesem Gesetz oder auf Grund dieses Gesetzes verjähren in einer regelmäßigen Verjährungsfrist von drei Jahren. Im Übrigen finden die Vorschriften des Bürgerlichen Gesetzbuchs über die Verjährung sowie § 53 des Hessischen Verwaltungsverfahrensgesetzes Anwendung.

§ 14 Besoldung bei Verleihung eines anderen Amtes

Verringert sich während eines Dienstverhältnisses nach § 1 Abs. 1 das Grundgehalt durch Verleihung eines anderen Amtes aus Gründen, die nicht von der Beamtin, dem Beamten, der Richterin oder dem Richter zu vertreten sind, ist abweichend von § 22 das Grundgehalt zu zahlen, das der Besoldungsempfängerin oder dem Besoldungsempfänger bei einem Verbleiben in dem bisherigen Amt zugestanden hätte. Satz 1 gilt entsprechend bei einem Wechsel einer Beamtin oder eines Beamten in ein Richterverhältnis oder bei einem Wechsel einer Richterin oder eines Richters in ein Beamtenverhältnis. Veränderungen in der Bewertung des bisherigen Amtes bleiben unberücksichtigt. Satz 1 und 2 gelten entsprechend für Amtszulagen. Satz 1 bis 2 gelten nicht, wenn ein Amt mit leitender Funktion im Beamtenverhältnis auf Probe nicht auf Dauer übertragen wurde oder wenn in der neuen Verwendung Auslandsdienstbezüge gezahlt werden.

§ 15 Ausgleichszulage für den Wegfall von Stellenzulagen oder bei Dienstherrenwechsel

(1) Der Wegfall einer Stellenzulage aus dienstlichen Gründen, die nicht von der Beamtin, dem Beamten, der Richterin oder dem Richter zu vertreten sind, wird ausgeglichen, wenn die Stellenzulage zuvor in einem Zeitraum von sieben Jahren insgesamt mindestens fünf Jahre zugestanden hat. Die Ausgleichszulage wird auf den Betrag festgesetzt, der am Tag vor dem Wegfall zugestanden hat. Jeweils nach Ablauf eines Jahres vermindert sich die Ausgleichszulage ab Beginn des Folgemonats um 20 Prozent des nach Satz 2 maßgebenden Betrages. Erhöhen sich die Dienstbezüge wegen des Anspruchs auf eine Stellenzulage, wird diese auf die Ausgleichszulage angerechnet. Bezugszeiten von Stellenzulagen, die bereits zu einem Anspruch auf eine Ausgleichszulage geführt haben, bleiben für weitere Ausgleichsansprüche unberücksichtigt. Bestand innerhalb des Zeitraumes nach Satz 1 ein Anspruch auf mehrere Stellenzulagen für einen Gesamtzeitraum von mindestens fünf Jahren, ohne dass eine der Stellenzulagen allein für fünf Jahre zugestanden hat, gelten Satz 1 bis 5 mit der Maßgabe, dass die Stellenzulage mit dem jeweils niedrigsten Betrag ausgeglichen wird. Erfolgte der Wegfall einer Stellenzulage infolge einer Versetzung nach § 26 Abs. 2 des Hessischen Beamtengesetzes, gelten Satz 1 bis 6 mit der Maßgabe, dass sich der Bezugszeitraum der Stellenzulage nach Satz 1 auf zwei Jahre verkürzt.

(2) Abs. 1 gilt entsprechend, wenn eine Ruhegehaltempfängerin oder ein Ruhegehaltempfänger erneut in ein Beamten- oder Richterverhältnis berufen wird oder wenn im unmittelbaren Zusammenhang mit einem Verwendungswechsel eine zuvor gewährte Stellenzulage nur noch mit einem geringeren Betrag zusteht und die jeweilige Zulagenvorschrift keinen anderweitigen Ausgleich vorsieht.

III

Abs. 1 gilt nicht, wenn in der neuen Verwendung Auslandsdienstbezüge gezahlt werden.

(3) Besteht an einer Versetzung einer Beamtin, eines Beamten, einer Richterin oder eines Richters in den Geltungsbereich des Gesetzes ein besonderes dienstliches Interesse, kann eine Ausgleichszulage gewährt werden, wenn die Bezüge aus der Verwendung im Geltungsbereich dieses Gesetzes insgesamt hinter den Bezügen aus der bisherigen Verwendung zurückbleiben. Die Ausgleichszulage wird in Höhe des sich daraus ergebenden Unterschiedsbetrages gezahlt. Bezüge im Sinne des Satz 1 sind Grundgehalt, Amts- und Stellenzulagen sowie die Zulagen nach den §§ 56b und 56c einschließlich der Sonderzahlung oder ihnen entsprechende Leistungen. Satz 1 gilt nicht bei einer Verringerung der Bezüge infolge Änderung des Beschäftigungsumfangs. Die Ausgleichszulage vermindert sich bei jeder Erhöhung der Dienstbezüge um den Erhöhungsbetrag. Die Ausgleichszulage ist ruhegehaltfähig, soweit sie ruhegehaltfähige Dienstbezüge ausgleicht. Die Entscheidung über die Gewährung der Ausgleichszulage bei Dienstherrenwechsel trifft die oberste Dienstbehörde.

§ 16 Anpassung der Besoldung

(1) Die Besoldung wird entsprechend der Entwicklung der allgemeinen wirtschaftlichen und finanziellen Verhältnisse und unter Berücksichtigung der mit den Dienstaufgaben verbundenen Verantwortung durch Gesetz regelmäßig angepasst.

(2) Ab 1. Dezember 2025 erhöhen sich um 5,5 Prozent

1. die Grundgehaltssätze,
2. der Familienzuschlag,
3. die Amtszulagen,
4. die allgemeine Stellenzulage nach der Vorbemerkung Nr. 13 der Anlage I und
5. in den Fällen des § 71 die Monatsbeträge der Anlage 1 des Hessischen Besoldungs- und Versorgungsüberleitungsgesetzes vom 27. Mai 2013 (GVBl. S. 218, 346, 508), zuletzt geändert durch Gesetz vom 24. Juni 2024 (GVBl. 2024 Nr. 28).

(3) Ab 1. Dezember 2025 erhöhen sich die Anwärtergrundbeträge um 5,5 Prozent.

§ 17 (weggefallen)

§ 18 Dienstlicher Wohnsitz

(1) Dienstlicher Wohnsitz der Beamtin, des Beamten, der Richterin oder des Richters ist der Ort, an dem die Behörde oder ständige Dienststelle ihren Sitz hat.

(2) Die oberste Dienstbehörde kann als dienstlichen Wohnsitz anweisen:

1. den Ort, der Mittelpunkt der dienstlichen Tätigkeit der Beamtin, des Beamten, der Richterin oder des Richters ist,
2. den Ort, in dem die Beamtin, der Beamte, die Richterin oder der Richter mit Zustimmung der übergeordneten Dienststelle wohnt oder
3. einen Ort im Inland, wenn die Beamtin, der Beamte, die Richterin oder der Richter im Ausland an der deutschen Grenze beschäftigt ist.

Sie kann diese Befugnis auf nachgeordnete Stellen übertragen.

§ 19 Aufwandsentschädigungen

(1) Aufwandsentschädigungen dürfen nur gewährt werden, wenn und soweit aus dienstlicher Veranlassung finanzielle Aufwendungen entstehen, deren Übernahme der Beamtin, dem Beamten, der Richterin oder dem Richter nicht zugemutet werden kann, und der Haushaltsplan Mittel dafür zur Verfügung stellt. Aufwandsentschädigungen in festen Beträgen sind nur zulässig, wenn aufgrund tatsächlicher Anhaltspunkte oder tatsächlicher Erhebungen nachvollziehbar ist, dass und in welcher Höhe dienstbezogene finanzielle Aufwendungen typischerweise entstehen. Sie werden im Einvernehmen mit dem für das Recht des öffentlichen Dienstes zuständigen Ministerium festgesetzt.

(2) Die zuständige Fachministerin oder der zuständige Fachminister wird, soweit gesetzlich nichts anderes bestimmt ist, ermächtigt, im Einvernehmen mit der für das Recht des öffentlichen Dienstes zuständigen Ministerin oder dem hierfür zuständigen Minister durch

Rechtsverordnung Vorschriften über die Gewährung von Dienstaufwandsentschädigungen an die Beamtinnen und Beamten der Gemeinden, der Gemeindeverbände und der sonstigen der Aufsicht des Landes unterstehenden Körperschaften, Anstalten und Stiftungen des öffentlichen Rechts zu erlassen und dabei Höchstgrenzen festzulegen. Diese Vorschriften dürfen von den für die Landesbeamtinnen und Landesbeamten geltenden Bestimmungen nur insoweit abweichen, als dies wegen der Verschiedenheit der Verhältnisse sachlich notwendig ist.

(3) Soweit Vorschriften nach Abs. 2 nicht erlassen worden sind, bedarf die Veranschlagung von Mitteln für Aufwandsentschädigungen im Haushaltsplan oder in einem entsprechenden Plan der Gemeinden, Gemeindeverbände und der sonstigen der Aufsicht des Landes unterstehenden Körperschaften, Anstalten und Stiftungen des öffentlichen Rechts der Zustimmung der obersten Aufsichtsbehörde und des für das Recht des öffentlichen Dienstes zuständigen Ministeriums.

(4) Die Landesregierung wird ermächtigt, für die Beamtinnen und Beamten nach § 24 durch Rechtsverordnung Vorschriften über die Gewährung von Dienstaufwandsentschädigungen unter Berücksichtigung der Einwohnerzahl und über die pauschale Abgeltung der Dienstreisen der Landrätinnen und Landräte und der hauptamtlichen Kreisbeigeordneten innerhalb des Kreisgebietes zu erlassen.

(5) Für die Zahlung der Aufwandsentschädigung gilt § 3 Abs. 6 entsprechend.

---

§ 19 Abs. 2 und 4 sind bereits am 6. Juni 2013 in Kraft getreten.

§ 20 Sonstige Zuwendungen

Neben Besoldung und Aufwandsentschädigung dürfen die Gemeinden, Gemeindeverbände und die sonstigen der Aufsicht des Landes unterstehenden Körperschaften, Anstalten und Stiftungen des öffentlichen Rechts sonstige Geldzuwendungen ihren Beamtinnen und Beamten nur nach den für die Beamtinnen und Beamten des Landes geltenden Regelungen gewähren. Sonstige Geldzuwendungen sind Geld- und geldwerte Leistungen, die die Beamtinnen und Beamten unmittelbar oder mittelbar von ihrem Dienstherrn erhalten.

Zweiter Teil
Grundgehalt, Leistungsbezüge an Hochschulen

Erster Abschnitt
Allgemeine Grundsätze

§ 21 Grundsatz der funktionsgerechten Besoldung

Die Funktionen der Beamtinnen und Beamten sind nach den mit ihnen verbundenen Anforderungen sachgerecht zu bewerten und Ämtern zuzuordnen. Die Ämter sind nach ihrer Wertigkeit unter Berücksichtigung der gemeinsamen Belange aller Dienstherren den Besoldungsgruppen zuzuordnen. Eine Funktion kann bis zu drei Ämtern einer Laufbahngruppe, bei den obersten Dienstbehörden allen Ämtern einer Laufbahngruppe zugeordnet werden.

§ 22 Bestimmung des Grundgehalts nach dem Amt

(1) Das Grundgehalt der Beamtin, des Beamten, der Richterin oder des Richters bestimmt sich nach der Besoldungsgruppe des verliehenen Amtes. Ist ein Amt noch nicht in einer Besoldungsordnung enthalten oder ist es mehreren Besoldungsgruppen zugeordnet, bestimmt sich das Grundgehalt nach der Besoldungsgruppe, die in der Einweisungsverfügung bestimmt ist. Die Einweisung erfolgt in den Fällen, in denen das Amt in einer Besoldungsordnung noch nicht enthalten ist, im Einvernehmen mit dem für das Recht des öffentlichen Dienstes zuständigen Ministerium; desgleichen bedarf bei Körperschaften, Anstalten und Stiftungen des öffentlichen Rechts die Einweisung der Zustimmung der obersten Rechtsaufsichtsbehörde im Einvernehmen mit dem für das Recht des öffentlichen Dienstes zuständigen Ministerium. Ist der Beamtin, dem Beamten, der Richterin oder dem Richter noch kein Amt verliehen worden, so bestimmt sich das Grundgehalt der Richterin oder des Richters, der Staatsanwältin oder des Staatsanwaltes nach der Besoldungsgruppe R 1, das Grundgehalt der anderen Beamtinnen und Beamten

III

nach der Besoldungsgruppe des jeweiligen Eingangsamtes. Soweit die Einstellung in einem anderen als dem Eingangsamt erfolgt ist, bestimmt sich das Grundgehalt nach der Besoldungsgruppe des anderen Amtes.

(2) Ist einem Amt gesetzlich eine Funktion zugeordnet oder richtet sich die Zuordnung eines Amtes zu einer Besoldungsgruppe einschließlich der Gewährung von Amtszulagen nach einem gesetzlich festgelegten Bewertungsmaßstab, insbesondere nach der Zahl der Planstellen, nach der Einwohnerzahl einer Gemeinde oder eines Gemeindeverbandes oder nach der Schülerzahl einer Schule, so gibt die Erfüllung dieser Voraussetzungen allein keinen Anspruch auf die Besoldung aus diesem Amt.

Zweiter Abschnitt
Vorschriften für Beamtinnen und Beamte

§ 23 Besoldungsordnungen A und B

(1) Die Ämter der Beamtinnen und Beamten und ihre Besoldungsgruppen werden in den Besoldungsordnungen geregelt. § 24 bleibt unberührt.

(2) Die Besoldungsordnung A (aufsteigende Gehälter) und die Besoldungsordnung B (feste Gehälter) sind in Anlage I enthalten. Die Grundgehaltssätze der Besoldungsgruppen sind in Anlage IV ausgewiesen.

§ 24 Hauptamtliche Wahlbeamtinnen und Wahlbeamte auf Zeit der Gemeinden, Landkreise, des Landeswohlfahrtsverbandes Hessen und des Regionalverbandes FrankfurtRheinMain

Die Landesregierung wird ermächtigt, durch Rechtsverordnung die Ämter der hauptamtlichen Wahlbeamtinnen und Wahlbeamten auf Zeit der Gemeinden, Landkreise, des Landeswohlfahrtsverbandes Hessen und des Regionalverbandes FrankfurtRheinMain unter Berücksichtigung der Einwohnerzahl den Besoldungsgruppen der Besoldungsordnungen A und B zuzuordnen. Für diese Beamtinnen und Beamten kann die Einstufung abweichend von § 28 geregelt werden.

---

§ 24 ist bereits am 6. Juni 2013 in Kraft getreten.

§ 25 Eingangsämter für Beamtinnen und Beamte

(1) Die Eingangsämter für Beamtinnen und Beamte sind folgenden Besoldungsgruppen zugewiesen:

1. in Laufbahnen des mittleren technischen Dienstes, des feuerwehrtechnischen Dienstes und des Werkdienstes bei den Justizvollzugsanstalten den Besoldungsgruppen A 6 oder A 7, in den Laufbahnen des mittleren Dienstes im Übrigen der Besoldungsgruppe A 6,
2. in Laufbahnen des gehobenen Dienstes der Besoldungsgruppe A 9,
3. in Laufbahnen des höheren Dienstes der Besoldungsgruppe A 13.

Die Festlegung als Eingangsamt ist bei der Besoldungsgruppe A 7 in der Besoldungsordnung A gekennzeichnet.

(2) Soweit für die Zulassung zur Laufbahn des gehobenen feuerwehrtechnischen Dienstes, des gehobenen Forstdienstes und des gehobenen technischen Dienstes ein mit einem Bachelor abgeschlossenes Hochschulstudium oder ein gleichwertiger Abschluss gefordert wird, ist das Eingangsamt für Beamtinnen und Beamte mit einem solchen Abschluss der Besoldungsgruppe A 10 zugewiesen. Beamtinnen und Beamten als Ärztinnen, Ärzten, Zahnärztinnen und Zahnärzten in der Landesverwaltung und im öffentlichen Gesundheitsdienst ist das Eingangsamt der Besoldungsgruppe A 14 zuzuweisen.

(3) Das Eingangsamt in Sonderlaufbahnen, bei denen

1. die Ausbildung mit einer gegenüber dem nicht technischen oder technischen Verwaltungsdienst besonders gestalteten Prüfung abgeschlossen wird oder die Ablegung einer zusätzlichen Prüfung vorgeschrieben ist und
2. im Eingangsamt Anforderungen gestellt werden, die bei sachgerechter Bewertung zwingend die Zuweisung des Eingangsamtes zu einer anderen Besoldungsgruppe als nach Abs. 1 erfordern,

ist der höheren Besoldungsgruppe, in die gleichwertige Ämter eingereiht sind, zugewiesen, wenn dies in der Besoldungsordnung A gekennzeichnet ist.

§ 26 Beförderungsämter

Beförderungsämter dürfen, außer in den Fällen des § 21 Satz 3, nur eingerichtet werden, wenn sie sich von den Ämtern der niedrigeren Besoldungsgruppe nach der Wertigkeit der zugeordneten Funktionen wesentlich abheben.

§ 27 Obergrenzen für Beförderungsämter

(1) Die Anteile der Beförderungsämter dürfen nach Maßgabe sachgerechter Bewertung die in Anlage IX genannten Prozentsätze als Obergrenzen nicht überschreiten. Die Prozentsätze beziehen sich auf die Gesamtzahl aller Planstellen bei einem Dienstherrn in der jeweiligen Laufbahngruppe, im höheren Dienst auf die Gesamtzahl der Planstellen in den Besoldungsgruppen A 13 bis A 16 und B 2. Die für unbefristet eingestellte Tarifbeschäftigte eines Dienstherrn ausgebrachten gleichwertigen Stellen können mit der Maßgabe in die Berechnungsgrundlage einbezogen werden, dass eine entsprechende Anrechnung auf die jeweiligen Stellen für Beförderungsämter erfolgt.

(2) Abweichend von Abs. 1 dürfen die Stellenobergrenzen nach Anlage IX in einzelnen Bereichen bei besonderem Bedarf für die Dauer von bis zu fünf Jahren um jeweils bis zu 25 Prozent überschritten werden. Der besondere Bedarf ist schriftlich gegenüber dem Landespersonalamt zu begründen. Die Direktorin oder der Direktor des Landespersonalamtes entscheidet über die Ausnahme.

(3) Abs. 1 und 2 gelten nicht

1. für die obersten Landesbehörden,
2. für Lehrerinnen und Lehrer sowie pädagogisches Hilfspersonal an öffentlichen Schulen und Hochschulen,
3. für Lehrkräfte an Verwaltungsfachhochschulen,
4. für Laufbahnen, in denen aufgrund des § 25 Abs. 3 das Eingangsamt einer höheren Besoldungsgruppe zugewiesen ist,
5. für Bereiche eines Dienstherrn, in denen durch Haushaltsbestimmung die Besoldungsaufwendungen höchstens auf den Betrag festgelegt sind, der sich bei Anwendung von Abs. 1 ergibt,
6. für die FITKI, rechtsfähige Anstalt des öffentlichen Rechts nach § 5 Abs. 1 Satz 1 und 2 des IT-Staatsvertrages vom 15. November 2009 (GVBl. I 2016 S. 66), geändert durch Staatsvertrag vom 15. März 2019 bis 21. März 2019 (GVBl. S. 150, 151).

(4) Abweichend von Abs. 1 und Abs. 2 gelten in den Gemeinden und Landkreisen sowie in den sonstigen Körperschaften, Anstalten und Stiftungen des öffentlichen Rechts, die der Aufsicht der für kommunale Angelegenheiten zuständigen Ministerin oder des hierfür zuständigen Ministers oder einer ihr oder ihm nachgeordneten Behörde unterstehen, keine Stellenobergrenzen. Bei der Bewertung der Funktionen der Beamtinnen und Beamten in den Gemeinden und Landkreisen ist ein Abstand von mindestens zwei Besoldungsgruppen zur jeweils maßgeblichen Besoldung der Bürgermeisterin oder des Bürgermeisters gemäß § 2 Abs. 1 KomBesDAV oder der Landrätin oder des Landrats gemäß § 3 Abs. 1 KomBesDAV zu wahren. Die Einrichtung von Ämtern der Besoldungsordnung B des Hessischen Besoldungsgesetzes ist zugelassen, soweit diese Ämter in der Besoldungsordnung B vorgesehen sind.

(5) Die Landesregierung wird ermächtigt, durch Rechtsverordnung zur sachgerechten Bewertung der Funktionen für die sonstigen Körperschaften, Anstalten und Stiftungen des öffentlichen Rechts, die der Aufsicht des Landes unterstehen und nicht von Abs. 4 erfasst werden, von Abs. 1 abweichende Stellenobergrenzen festzusetzen. Bei besonderem Bedarf dürfen diese Obergrenzen für die Dauer von bis zu fünf Jahren in einzelnen Bereichen um jeweils bis zu 25 Prozent überschritten werden. Abs. 2 Satz 2 und 3 gilt nicht.

§ 28 Bemessung des Grundgehalts

(1) Das Grundgehalt in den Besoldungsgruppen der Besoldungsordnung A wird nach Stufen bemessen. Der Aufstieg in eine nächsthöhere Stufe erfolgt nach der dienstlichen Erfahrung (Erfahrungszeiten).

(2) Mit der ersten Ernennung mit Anspruch auf Dienstbezüge wird ein Grundgehalt der Stufe 1 festgesetzt, soweit nicht nach § 29 Abs. 1 Erfahrungszeiten anerkannt werden. Die Stufe wird mit Wirkung des Ersten des Monats festgesetzt, in dem die Ernennung wirksam wird. Die Stufenfestsetzung ist der Beamtin oder dem Beamten schriftlich mitzuteilen. Satz 1 und 2 gelten entsprechend bei Versetzung, Übernahme, Übertritt aus dem Bereich eines nicht unter § 1 fallenden Dienstherrn oder einer anderen statusrechtlichen Änderung, die erstmals mit einer Bemessung des Grundgehalts nach dieser Vorschrift verbunden ist.

(3) Das Grundgehalt steigt nach Erfahrungszeiten von zwei Jahren in der Stufe 1, von jeweils drei Jahren in den Stufen 2 bis 4 und von jeweils vier Jahren in den Stufen 5 bis 7. Zeiten ohne Anspruch auf Dienstbezüge verzögern den Aufstieg um diese Zeiten, soweit in § 29 Abs. 2 nichts anderes bestimmt ist. Die Zeiten sind auf volle Monate abzurunden.

(4) Bei dauerhaft herausragenden Leistungen, die aufgrund einer Leistungseinschätzung festgestellt werden, kann einer Beamtin oder einem Beamten der Besoldungsordnung A für den Zeitraum bis zum Erreichen der nächsten Stufe das Grundgehalt der nächsthöheren Stufe gezahlt werden (Leistungsstufe). Die Landesregierung wird ermächtigt, das Nähere durch Rechtsverordnung zu regeln.

(5) Die Entscheidung nach Abs. 4 trifft die zuständige oberste Dienstbehörde oder die von ihr bestimmte Stelle. Sie ist der Beamtin oder dem Beamten schriftlich mitzuteilen.

(6) In der Probezeit nach § 10 des Beamtenstatusgesetzes erfolgt das Aufsteigen in den Stufen entsprechend den in Abs. 3 genannten Zeiträumen. Die Abs. 4 und 5 gelten nicht für Beamtinnen und Beamte auf Zeit sowie für Beamtinnen und Beamte im Beamtenverhältnis auf Probe in Ämtern mit leitenden Funktionen nach § 4 des Hessischen Beamtengesetzes.

(7) Für die Dauer ihrer vorläufigen Dienstenthebung verbleiben Beamtinnen und Beamte in der bisherigen Stufe. Führt das Disziplinarverfahren nicht zur Entfernung aus dem Dienst oder endet das Dienstverhältnis nicht durch Entlassung auf Antrag der Beamtin oder des Beamten oder infolge strafgerichtlicher Verurteilung, regelt sich das Aufsteigen im Zeitraum ihrer vorläufigen Dienstenthebung nach Abs. 3.

---

§ 28 Abs. 4 ist bereits am 6. Juni 2013 in Kraft getreten.

§ 29 Berücksichtigungsfähige Zeiten

(1) Bei der ersten Stufenfestsetzung werden als Erfahrungszeiten nach § 28 Abs. 2 Satz 1 anerkannt:

1. Zeiten einer gleichwertigen hauptberuflichen Tätigkeit, die nicht Voraussetzung für den Erwerb der Laufbahnbefähigung sind, im Dienst eines öffentlich-rechtlichen Dienstherrn nach § 30 Abs. 1 oder im Dienst von öffentlich-rechtlichen Religionsgesellschaften und ihren Verbänden,
2. Zeiten der Mitgliedschaft in der Bundesregierung oder einer Landesregierung, im Hessischen Landtag oder in der gesetzgebenden Körperschaft eines anderen Landes der Bundesrepublik Deutschland, des Bundes oder der Europäischen Union, sofern für die Zeit der Zugehörigkeit zu den Parlamenten keine Anwartschaft oder kein Anspruch auf Altersentschädigung erworben und keine Versorgungsabfindung gewährt wird,
3. Zeiten, die nach dem Arbeitsplatzschutzgesetz in der Fassung vom 16. Juli 2009 (BGBl. I S. 2055), geändert durch Gesetz vom 28. April 2011 (BGBl. I S. 678), wegen wehrdienst- oder zivildienstbedingter Verzögerung des Beginns eines Dienstverhältnisses auszugleichen sind, und
4. Verfolgungszeiten nach dem Beruflichen Rehabilitierungsgesetz in der Fassung vom 1. Juli 1997 (BGBl. I S. 1625), zuletzt geändert durch Gesetz vom 20. Dezember 2011 (BGBl. I S. 2854), soweit eine Erwerbstätigkeit, die einem Dienst bei einem öffentlich-rechtlichen Dienstherrn entspricht, nicht ausgeübt werden konnte.

Weitere Zeiten hauptberuflicher Tätigkeit, die nicht Voraussetzung für den Erwerb der Laufbahnbefähigung sind, können ganz oder teilweise anerkannt werden, soweit diese für die Verwendung förderlich sind. Förderlich nach Satz 2 sind insbesondere Tätigkeiten, die zu den Anforderungsprofilen des künftigen Dienstpostens in sachlichem Zusammenhang stehen oder durch die Kenntnisse oder Fertigkeiten erworben wurden, die für die Wahrnehmung der künftigen Dienstaufgabe von konkretem Interesse oder Nutzen sind. Mit Zustimmung des für das Recht des öffentlichen Dienstes zuständigen Ministeriums kann von Satz 1 und 2 abgewichen werden, wenn für die Zulassung zu einer Laufbahn besondere Voraussetzungen gelten. Zeiten nach Satz 1 und 2 werden durch Unterbrechungszeiten nach Abs. 2 nicht vermindert. Zusätzliche Qualifikationen, die nicht im Rahmen von Zeiten hauptberuflicher Tätigkeit erworben wurden, können in besonderen Einzelfällen, insbesondere zur Deckung des Personalbedarfs, mit bis zu drei Jahren als Erfahrungszeiten im Sinne des § 28 Abs. 3 anerkannt werden. Die Entscheidungen nach Satz 2 und 6 trifft die oberste Dienstbehörde oder die von ihr bestimmte Stelle. Die Zeiten nach Satz 1 und 2 sind zu addieren und auf volle Monate aufzurunden.

(2) Abweichend von § 28 Abs. 3 Satz 2 wird der Aufstieg in den Stufen durch folgende Zeiten nicht verzögert:

1. Zeiten nach Abs. 1 Nr. 2 und 3,
2. Zeiten einer Kinderbetreuung bis zu drei Jahren für jedes Kind,
3. Zeiten der tatsächlichen Betreuung und Pflege von pflegebedürftigen nahen Angehörigen nach § 7 Abs. 3 des Pflegezeitgesetzes vom 28. Mai 2008 (BGBl. I S. 874, 896), zuletzt geändert durch Gesetz vom 21. Dezember 2015 (BGBl. I S. 2424), in der jeweils geltenden Fassung, für die die Pflegebedürftigkeit nach § 63 Abs. 1 Satz 2 und 3 des Hessischen Beamtengesetzes nachgewiesen ist,
   a) nach § 64 Abs. 1 Satz 1 des Hessischen Beamtengesetzes bis zu drei Jahren für jede nahe Angehörige und jeden nahen Angehörigen und
   b) nach § 64b Abs. 1 des Hessischen Beamtengesetzes bis zu sechs Monaten,
4. Zeiten einer Beurlaubung ohne Dienstbezüge, wenn die oberste Dienstbehörde oder die von ihr bestimmte Stelle vor Beginn der Beurlaubung schriftlich anerkannt hat, dass der Urlaub dienstlichen Interessen oder öffentlichen Belangen dient,
5. Zeiten einer Eignungsübung nach dem Eignungsübungsgesetz in der im Bundesgesetzblatt Teil III, Gliederungsnummer 53-5, veröffentlichten bereinigten Fassung, zuletzt geändert durch Gesetz vom 5. Februar 2009 (BGBl. I S. 160).

(3) Zeiten, die nach § 28 Abs. 3 Nr. 1 oder 2 des Bundesbesoldungsgesetzes in der Fassung vom 6. August 2002 (BGBl. I S. 3020) in der am 31. August 2006 geltenden Fassung berücksichtigt wurden, werden auf die Zeiten nach Abs. 2 Nr. 2 oder 3 angerechnet.

§ 30 Öffentlich-rechtliche Dienstherren

(1) Öffentlich-rechtliche Dienstherren im Sinne dieses Gesetzes sind der Bund, die Länder, die Gemeinden und Gemeindeverbände sowie andere Körperschaften, Anstalten und Stiftungen des öffentlichen Rechts mit Ausnahme der öffentlich-rechtlichen Religionsgesellschaften und ihrer Verbände.

(2) Der Tätigkeit im Dienst eines öffentlich-rechtlichen Dienstherrn stehen gleich:

1. für Staatsangehörige eines Mitgliedstaates der Europäischen Union die ausgeübte gleichartige Tätigkeit im öffentlichen Dienst einer Einrichtung der Europäischen Union oder im öffentlichen Dienst eines Mitgliedstaates der Europäischen Union und
2. die von Vertriebenen sowie Spätaussiedlerinnen und Spätaussiedlern ausgeübte gleichartige Tätigkeit im Dienst eines öffentlich-rechtlichen Dienstherrn ihres Herkunftslandes.

§ 31 Nicht zu berücksichtigende Dienstzeiten

(1) § 29 Abs. 1 Satz 1 gilt nicht für Zeiten einer Tätigkeit für das Ministerium für Staatssicherheit oder das Amt für Nationale Sicherheit. Dies gilt auch für Zeiten, die vor einer solchen Tätigkeit zurückgelegt worden sind. Satz 1 gilt auch für Zeiten einer Tätigkeit als

Angehörige oder Angehöriger der Grenztruppen der ehemaligen Deutschen Demokratischen Republik.

(2) Abs. 1 Satz 1 und 2 gilt auch für Zeiten einer Tätigkeit, die aufgrund einer besonderen persönlichen Nähe zum System der ehemaligen Deutschen Demokratischen Republik übertragen war. Das Vorliegen dieser Voraussetzung wird insbesondere widerlegbar vermutet, wenn die Beamtin oder der Beamte

1. vor oder bei Übertragung der Tätigkeit eine hauptamtliche oder hervorgehobene ehrenamtliche Funktion in der Sozialistischen Einheitspartei Deutschlands, dem Freien Deutschen Gewerkschaftsbund, der Freien Deutschen Jugend oder einer vergleichbaren systemunterstützenden Partei oder Organisation innehatte,
2. als mittlere oder obere Führungskraft in zentralen Staatsorganen, als obere Führungskraft beim Rat eines Bezirkes, als Vorsitzende oder Vorsitzender des Rates eines Kreises oder einer kreisfreien Stadt oder in einer vergleichbaren Funktion tätig war,
3. hauptamtlich Lehrende oder hauptamtlich Lehrender an den Bildungseinrichtungen der staatstragenden Parteien oder einer Massen- oder gesellschaftlichen Organisation war oder
4. Absolventin oder Absolvent der Akademie für Staat und Recht oder einer vergleichbaren Bildungseinrichtung war.

Dritter Abschnitt
Vorschriften für Professorinnen und Professoren sowie hauptberufliche Leiterinnen und Leiter und Mitglieder von Leitungsgremien an Hochschulen

§ 32 Besoldungsordnung W

Die Ämter der Hochschullehrerinnen und Hochschullehrer sind in der Besoldungsordnung W (Anlage II) geregelt. Die Grundgehaltssätze sind in der Anlage IV ausgewiesen. Satz 1 und 2 gelten auch für hauptamtliche Leiterinnen und Leiter sowie Mitglieder von Leitungsgremien an Hochschulen, die nicht Hochschullehrerinnen oder Hochschullehrer sind. Die in den Besoldungsordnungen A und B geregelten Einstufungen der Leitungsfunktionen an der Hessischen Hochschule für öffentliches Management und Sicherheit und der Hessischen Hochschule für Finanzen und Rechtspflege in Rotenburg a. d. Fulda bleiben von Satz 3 unberührt.

§ 33 Bemessung des Grundgehalts

(1) Das Grundgehalt wird, soweit die Besoldungsordnung W nicht feste Gehälter vorsieht, nach Stufen bemessen. Der Aufstieg in eine nächsthöhere Stufe erfolgt nach bestimmten Zeiten beruflicher Erfahrung (professorale Erfahrungszeiten).

(2) Mit der ersten Ernennung mit Anspruch auf Dienstbezüge setzt die Hochschule ein Grundgehalt der Stufe 1 fest, soweit nicht nach § 34 Abs. 1 professorale Erfahrungszeiten anerkannt werden. Die Stufe wird mit Wirkung zum Ersten des Monats festgesetzt, in dem die Ernennung wirksam wird. Die Stufenfestsetzung ist der Professorin oder dem Professor schriftlich mitzuteilen.

(3) Das Grundgehalt steigt bis zur Endstufe im Abstand von fünf Jahren. Zeiten ohne Anspruch auf Dienstbezüge verzögern den Aufstieg um diese Zeiten, soweit in § 34 Abs. 2 nichts anderes bestimmt ist. Die Zeiten nach Satz 2 sind auf volle Monate abzurunden.

(4) Wird aufgrund einer Leistungsbewertung festgestellt, dass die Leistung einer Professorin oder eines Professors nicht den mit dem Amt verbundenen Anforderungen entspricht, verbleibt sie oder er jeweils in der bisherigen Stufe (Aufstiegshemmung). Wird in der Folgezeit festgestellt, dass die Leistung wieder den mit dem Amt verbundenen Anforderungen entspricht, endet die Aufstiegshemmung.

(5) Die Entscheidung nach Abs. 4 trifft die Hochschule. Sie ist der Professorin oder dem Professor schriftlich mitzuteilen. Widerspruch und Anfechtungsklage haben keine aufschiebende Wirkung.

(6) Eine Professorin oder ein Professor verbleibt in der bisherigen Stufe, sofern sie oder er vorläufig dem Dienst enthoben ist. Führt das Disziplinarverfahren nicht zur Entfernung aus dem Dienst oder endet das Dienstverhältnis nicht durch Entlassung auf Antrag der

Professorin oder des Professors oder infolge strafgerichtlicher Verurteilung, regelt sich das Aufsteigen im Zeitraum der vorläufigen Dienstenthebung nach Abs. 3 Satz 1.

§ 33 ist bereits am 6. Juni 2013 in Kraft getreten.

§ 34 Berücksichtigungsfähige Zeiten

(1) Bei der ersten Stufenfestsetzung werden als Erfahrungszeiten nach § 33 Abs. 1 Satz 2 anerkannt:

1. Zeiten einer hauptberuflichen professoralen Tätigkeit an einer Hochschule, die nicht Zeiten der beruflichen Qualifizierung sind,
2. Zeiten einer hauptamtlichen Wahrnehmung von Funktionen der Hochschulselbstverwaltung oder der Hochschulleitung.

Zeiten nach Satz 1 werden durch Unterbrechungszeiten nach Abs. 2 nicht vermindert. Die Zeiten nach Satz 1 werden auf volle Monate aufgerundet.

(2) Abweichend von § 33 Abs. 3 Satz 2 wird der Aufstieg in den Stufen durch folgende Zeiten nicht verzögert:

1. Zeiten einer Kinderbetreuung bis zu drei Jahren für jedes Kind,
2. Zeiten der tatsächlichen Pflege von nach ärztlichem Gutachten pflegebedürftigen nahen Angehörigen (Eltern, Schwiegereltern, Ehegattinnen und Ehegatten, Lebenspartnerinnen und Lebenspartner, Geschwister oder Kinder) bis zu drei Jahren für jede nahe Angehörige oder jeden nahen Angehörigen,
3. Zeiten einer Beurlaubung ohne Dienstbezüge, wenn die oberste Dienstbehörde oder die von ihr bestimmte Stelle vor Beginn der Beurlaubung schriftlich anerkannt hat, dass der Urlaub dienstlichen Interessen oder öffentlichen Belangen dient,
4. Zeiten einer Eignungsübung nach dem Eignungsübungsgesetz.

§ 34 ist bereits am 6. Juni 2013 in Kraft getreten.

§ 35 Leistungsbezüge

(1) In den Besoldungsgruppen der Besoldungsordnung W werden nach Maßgabe des Satz 2 bis 5 und der Abs. 2 bis 4 zusätzlich zum Grundgehalt variable Leistungsbezüge vergeben

1. aus Anlass von Berufungs- und Bleibeverhandlungen (Berufungs- und Bleibeleistungsbezüge),
2. für besondere Leistungen in Forschung, Lehre, Kunst, Weiterbildung und Nachwuchsförderung und entsprechende Leistungen im Bereich außerhochschulischer Forschungseinrichtungen (besondere Leistungsbezüge) sowie
3. für die Wahrnehmung von Funktionen oder besonderen Aufgaben im Rahmen der Hochschulselbstverwaltung, der Hochschulleitung oder an außerhochschulischen Forschungseinrichtungen, die durch Kooperationsvertrag mit der Hochschule verbunden sind (Funktionsleistungsbezüge).

Berufungs- und Bleibeleistungsbezüge sowie besondere Leistungsbezüge können befristet oder unbefristet sowie als Einmalzahlung vergeben werden. Ein Wechsel der Besoldungsgruppe innerhalb der Hochschule gilt als Neuberufung. Funktionsleistungsbezüge werden für die Dauer der Wahrnehmung der Funktion oder Aufgabe gewährt. Sie können auch für die hauptamtliche Wahrnehmung vergeben werden.

(2) Die Dienstbezüge nach § 1 Abs. 2 Nr. 1 und 2 dürfen insgesamt das Grundgehalt der Besoldungsgruppe B 10 übersteigen, wenn dies erforderlich ist, um die Professorin oder den Professor

1. aus dem Bereich außerhalb der deutschen Hochschulen zu gewinnen oder um die Abwanderung in den Bereich außerhalb der deutschen Hochschulen abzuwenden,
2. für eine Hochschule zu gewinnen oder die Abwanderung an eine andere deutsche Hochschule zu verhindern, soweit bereits an der bisherigen Hochschule Dienstbezüge nach § 1 Abs. 2 Nr. 1 und 2 bezogen werden, die das Grundgehalt der Besoldungsgruppe B 10 übersteigen.

Dies gilt entsprechend für hauptberufliche Leiterinnen und Leiter sowie Mitglieder von Leitungsgremien an Hochschulen, die nicht Hochschullehrerin oder Hochschullehrer sind.

(3) Berufungs- und Bleibeleistungsbezüge sowie besondere Leistungsbezüge sind bis zur Höhe von zusammen 40 Prozent des jeweiligen Grundgehalts ruhegehaltfähig, soweit sie unbefristet gewährt und jeweils mindestens zwei Jahre bezogen worden sind; werden sie befristet gewährt, können sie bei wiederholter Vergabe für ruhegehaltfähig erklärt werden. Sie können über den Prozentsatz nach Satz 1 hinaus nach Maßgabe einer Rechtsverordnung nach § 38 für ruhegehaltfähig erklärt werden.

(4) Funktionsleistungsbezüge sind ruhegehaltfähig in Höhe von 25 Prozent, soweit sie fünf Jahre bezogen worden sind, in Höhe von 50 Prozent, wenn sie mindestens fünf Jahre und zwei Amtszeiten bezogen worden sind. Tritt die Beamtin oder der Beamte wegen Erreichens der gesetzlichen Altersgrenze während der Amtszeit in den Ruhestand, werden die Funktionsleistungsbezüge in voller Höhe ruhegehaltfähig, soweit sie mindestens fünf Jahre bezogen worden sind. Wird die Beamtin oder der Beamte während der Amtszeit wegen Dienstunfähigkeit in den Ruhestand versetzt, gilt Satz 2 entsprechend.

(5) Bei Eintritt des Versorgungsfalls werden bei hauptamtlichen Leiterinnen und Leitern sowie Mitgliedern von Leitungsgremien an Hochschulen, die sich auch in einem Beamtenverhältnis auf Lebenszeit zum Land oder zu einer Hochschule des Landes befinden, unter Berücksichtigung von § 35 Abs. 4 die ruhegehaltfähigen Dienstbezüge des Leitungsamtes zugrunde gelegt, wenn sie höher sind als die ruhegehaltfähigen Dienstbezüge des Amtes im Beamtenverhältnis auf Lebenszeit.

§ 36 (weggefallen)

§ 37 Forschungs- und Lehrzulage

(1) Hochschullehrerinnen und Hochschullehrern, die Mittel Dritter für Forschungsvorhaben oder Lehrvorhaben der Hochschule einwerben und diese Vorhaben durchführen, kann für die Dauer des Drittmittelflusses aus diesen Mitteln eine nicht ruhegehaltfähige Zulage gewährt werden (Forschungs- und Lehrzulage). Forschungs- und Lehrzulagen dürfen zusammen jährlich das Jahresgrundgehalt der Hochschullehrerin oder des Hochschullehrers nur in Ausnahmefällen überschreiten.

(2) Eine Zulage für die Durchführung von Lehrvorhaben darf nur vergeben werden, wenn die entsprechende Lehrtätigkeit der Hochschullehrerin oder des Hochschullehrers nicht auf die jeweilige Regellehrverpflichtung angerechnet wird.

---

§ 37 ist bereits am 6. Juni 2013 in Kraft getreten.

§ 38 Verordnungsermächtigungen

(1) Die für das Hochschulwesen zuständige Ministerin oder der hierfür zuständige Minister wird ermächtigt, im Einvernehmen mit der für das Recht des öffentlichen Dienstes zuständigen Ministerin oder dem hierfür zuständigen Minister durch Rechtsverordnung Näheres zu den §§ 35 und 37 zu bestimmen sowie für den Bereich der Hochschulen nähere Bestimmungen zu der Übertragung eines Amtes der Besoldungsgruppe W 2 oder W 3 auf Hochschullehrerinnen und Hochschullehrer in Ämtern der Besoldungsordnung C nach § 70 zu treffen.

(2) Die Ministerin oder der Minister der Finanzen wird ermächtigt, im Einvernehmen mit der für Justiz zuständigen Ministerin oder dem hierfür zuständigen Minister durch Rechtsverordnung für den Bereich der Hessischen Hochschule für Finanzen und Rechtspflege in Rotenburg a. d. Fulda nähere Regelungen zu § 35 zu treffen.

(3) Die für das Recht des öffentlichen Dienstes zuständige Ministerin oder der hierfür zuständige Minister wird ermächtigt, durch Rechtsverordnung für den Bereich der Hessischen Hochschule für öffentliches Management und Sicherheit nähere Regelungen zu den §§ 35 und 37 zu treffen.

§ 39 Anrechnung des erhöhten Grundgehalts auf die Leistungsbezüge

Berufungs- und Bleibeleistungsbezüge, über die vor dem 1. Januar 2013 entschieden worden ist, verringern sich um den Betrag der Erhöhung des Grundgehalts am 1. Januar 2013. Sie bleiben mindestens zur Hälfte erhalten.

---

§ 39 ist bereits am 6. Juni 2013 in Kraft getreten.

Vierter Abschnitt
Vorschriften für Richterinnen und Richter sowie Staatsanwältinnen und Staatsanwälte

§ 40 Besoldungsordnung R

Die Ämter der Richterinnen und Richter sowie der Staatsanwältinnen und Staatsanwälte und ihre Besoldungsgruppen sind in der Besoldungsordnung R (Anlage III) geregelt. Die Grundgehaltssätze der Besoldungsgruppen sind in Anlage IV ausgewiesen.

---

§ 40 Satz 1 ist bereits am 1. Juli 2013 in Kraft getreten. Dies gilt nicht für die Vorbemerkung Nr. 1 Abs. 2 Satz 2 der Anlage III.

§ 41 Bemessung des Grundgehalts

(1) Das Grundgehalt wird, soweit die Besoldungsordnung nicht feste Gehälter vorsieht, nach Stufen bemessen. Das Aufsteigen in den Stufen erfolgt im Abstand von zwei Jahren bis zum Erreichen des Endgrundgehaltes. Zeiten ohne Anspruch auf Dienstbezüge verzögern den Aufstieg um diese Zeiten; die Zeiten sind auf volle Monate abzurunden.

(2) Mit der ersten Ernennung zur Richterin, zum Richter, zur Staatsanwältin oder zum Staatsanwalt mit Anspruch auf Dienstbezüge im Anwendungsbereich dieses Gesetzes wird ein Grundgehalt der Stufe 3 festgesetzt, soweit nicht nach Abs. 3 Zeiten anerkannt werden. Die Stufe wird mit Wirkung vom Ersten des Monats festgesetzt, in dem die Ernennung wirksam wird; die Stufenfestsetzung ist der Richterin, dem Richter, der Staatsanwältin oder dem Staatsanwalt schriftlich mitzuteilen. Satz 1 und 2 gelten entsprechend bei Versetzung, Übernahme oder Übertritt aus dem Bereich eines nicht unter § 1 fallenden Dienstherrn oder einer anderen statusrechtlichen Änderung, die erstmals mit einer Bemessung des Grundgehalts nach dieser Vorschrift verbunden ist.

(2a) In der Besoldungsgruppe R 2 wird auch in den Stufen 3 und 4 das Grundgehalt der Stufe 5 gezahlt. Abs. 2 bleibt unberührt.

(3) Die §§ 29 und 31 sind entsprechend anzuwenden. Für die Verwendung förderlich im Sinne des § 29 Abs. 1 Satz 3 sind Tätigkeiten nach § 10 Abs. 2 Satz 1 Nr. 4 und 5 des Deutschen Richtergesetzes vom 19. April 1972 (BGBl. I S. 713), zuletzt geändert durch Gesetz vom 6. Dezember 2011 (BGBl. I S. 2515).

(4) Der Anspruch auf das Aufsteigen in den Stufen ruht für die Dauer einer vorläufigen Dienstenthebung. Führt ein Disziplinarverfahren zur Entfernung aus dem Dienst oder endet das Dienstverhältnis durch Entlassung auf Antrag der Richterin, des Richters, der Staatsanwältin oder des Staatsanwaltes oder infolge strafgerichtlicher Verurteilung, so erlischt der Anspruch auch für die Zeit des Ruhens.

§ 41a Finanzieller Ausgleich bei Rufbereitschaft

Die für Justiz zuständige Ministerin oder der hierfür zuständige Minister wird ermächtigt, im Einvernehmen mit der für das Recht des öffentlichen Dienstes zuständigen Ministerin oder dem hierfür zuständigen Minister durch Rechtsverordnung einen pauschalen finanziellen Ausgleich für die Richterinnen und Richter sowie Staatsanwältinnen und Staatsanwälte für die von ihnen wahrzunehmende Rufbereitschaft zu regeln. In der Verordnung nach Satz 1 kann auch eine Regelung zur Gewährung einer pauschalen Abgeltung bei Einsätzen im Rahmen der Rufbereitschaft getroffen werden.

Dritter Teil
Familienzuschlag

§ 42 Grundlage des Familienzuschlags

Der Familienzuschlag wird nach Anlage V gewährt. Seine Höhe richtet sich nach der Stufe, die den Familienverhältnissen der Beamtin, des Beamten, der Richterin oder des Richters entspricht.

§ 43 Familienzuschlag

(1) Zur Stufe 1 gehören

1. verheiratete und in Lebenspartnerschaft lebende Beamtinnen, Beamte, Richterinnen und Richter,
2. verwitwete Beamtinnen, Beamte, Richterinnen und Richter sowie Beamtinnen und Beamte, Richterinnen und Richter, die überlebende Lebenspartner sind,

3. geschiedene Beamtinnen, Beamte, Richterinnen und Richter sowie diejenigen, deren Ehe oder Lebenspartnerschaft aufgehoben oder für nichtig erklärt ist, wenn sie aus der Ehe oder der Lebenspartnerschaft zum Unterhalt mindestens in Höhe des ungekürzten Tabellenbetrages des Familienzuschlags der Stufe 1 verpflichtet sind und die Zahlung nachweislich leisten,
4. andere Beamtinnen, Beamte, Richterinnen und Richter, die eine andere Person nicht nur vorübergehend in ihre Wohnung aufgenommen haben und ihr Unterhalt gewähren, weil sie
   a) aus beruflichen oder gesundheitlichen Gründen ihrer Hilfe bedürfen oder
   b) gesetzlich oder sittlich dazu verpflichtet sind und
      aa) für den Unterhalt der aufgenommenen Person nur Mittel zur Verfügung stehen, die das Sechsfache des Betrages der Stufe 1 nicht übersteigen, oder
      bb) es sich bei der aufgenommenen Person um ein Kind handelt, für das Kindergeld nach dem Einkommensteuergesetz oder nach dem Bundeskindergeldgesetz zusteht oder ohne Berücksichtigung des § 64 oder § 65 des Einkommensteuergesetzes oder des § 3 oder § 4 des Bundeskindergeldgesetzes zustehen würde;

   als in die Wohnung aufgenommen gilt ein Kind auch, wenn die Beamtin, der Beamte, die Richterin oder der Richter es auf eigene Kosten anderweitig untergebracht hat, ohne dass dadurch die häusliche Verbindung mit ihm aufgehoben werden soll; beanspruchen mehrere aufgrund dieser Vorschrift oder einer vergleichbaren Regelung Anspruchsberechtigte einen Familienzuschlag der Stufe 1 oder eine entsprechende Leistung, wird der Betrag der Stufe 1 nach der Zahl der Berechtigten anteilig gewährt.

(2) Zur Stufe 2 und den folgenden Stufen gehören die Beamtinnen, Beamten, Richterinnen und Richter der Stufe 1, denen Kindergeld nach dem Einkommensteuergesetz oder nach dem Bundeskindergeldgesetz zusteht oder ohne Berücksichtigung des § 64 oder § 65 des Einkommensteuergesetzes oder des § 3 oder § 4 des Bundeskindergeldgesetzes zustehen würde. Zur Stufe 2 und den folgenden Stufen gehören auch die Beamtinnen, Beamten, Richterinnen und Richter der Stufe 1, die Kinder ihrer Lebenspartnerin oder ihres Lebenspartners in ihren Haushalt aufgenommen haben, wenn andere Beamtinnen, Beamte, Richterinnen und Richter der Stufe 1 bei sonst gleichem Sachverhalt zur Stufe 2 oder einer der folgenden Stufen gehörten. Die Stufe richtet sich nach der Anzahl der berücksichtigungsfähigen Kinder.

(3) Ledige und geschiedene Beamtinnen, Beamte, Richterinnen und Richter sowie Beamtinnen, Beamte, Richterinnen und Richter, deren Ehe oder Lebenspartnerschaft aufgehoben oder für nichtig erklärt ist, denen Kindergeld nach dem Einkommensteuergesetz oder nach dem Bundeskindergeldgesetz zusteht oder ohne Berücksichtigung des § 64 oder § 65 des Einkommensteuergesetzes oder des § 3 oder § 4 des Bundeskindergeldgesetzes zustehen würde, erhalten zusätzlich zum Grundgehalt den Unterschiedsbetrag zwischen der Stufe 1 und der Stufe des Familienzuschlags, der der Anzahl der berücksichtigungsfähigen Kinder entspricht. Dies gilt auch für Beamtinnen, Beamte, Richterinnen und Richter, deren Lebenspartnerschaft aufgehoben worden ist und die Kinder ihrer früheren Lebenspartnerin oder ihres früheren Lebenspartners in ihren Haushalt aufgenommen haben, wenn Beamtinnen, Beamte, Richterinnen und Richter, die geschieden sind oder deren Ehe aufgehoben oder für nichtig erklärt ist, bei sonst gleichem Sachverhalt den Unterschiedsbetrag erhielten. Abs. 5 gilt entsprechend.

(4) Steht die Ehegattin oder der Lebenspartner eines Beamten oder Richters oder der Ehegatte oder die Lebenspartnerin einer Beamtin oder einer Richterin als Beamtin, Beamter, Richterin, Richter, Soldatin oder Soldat im öffentlichen Dienst oder ist diese oder dieser aufgrund einer Tätigkeit im öffentlichen Dienst nach beamtenrechtlichen Grundsätzen versorgungsberechtigt und stünde ihr oder ihm ebenfalls der Familienzuschlag der

Stufe 1 oder einer der folgenden Stufen zu, erhalten die jeweils berechtigten Personen den Betrag der Stufe 1 zur Hälfte. § 6 findet auf den Betrag nach Satz 1 keine Anwendung, wenn eine der berechtigten Personen vollbeschäftigt oder nach beamtenrechtlichen Grundsätzen versorgungsberechtigt ist oder beide berechtigten Personen in Teilzeit beschäftigt sind und dabei zusammen mindestens die regelmäßige Arbeitszeit bei Vollbeschäftigung erreichen. Erreichen die berechtigten Personen zusammen nicht die regelmäßige Arbeitszeit bei Vollbeschäftigung, erhalten sie abweichend von Satz 1 den Familienzuschlag der Stufe 1 entsprechend ihrem Arbeitszeitanteil.

(5) Stünde neben der Beamtin, dem Beamten, der Richterin oder dem Richter einer anderen Person, die im öffentlichen Dienst steht oder aufgrund einer Tätigkeit im öffentlichen Dienst nach beamtenrechtlichen Grundsätzen oder nach einer Ruhelohnordnung versorgungsberechtigt ist, der Familienzuschlag nach Stufe 2 oder einer der folgenden Stufen oder eine entsprechende Leistung zu, so wird der auf das Kind entfallende Betrag des Familienzuschlags der- oder demjenigen gewährt, wenn und soweit ihr oder ihm das Kindergeld nach dem Einkommensteuergesetz oder nach dem Bundeskindergeldgesetz gewährt wird oder ohne Berücksichtigung des § 65 des Einkommensteuergesetzes oder des § 4 des Bundeskindergeldgesetzes vorrangig zu gewähren wäre. Einer entsprechenden Leistung im Sinne des Satz 1 stehen die Kinderzulage nach den Tarifverträgen für den öffentlichen Dienst des Landes Hessen, die Besitzstandszulagen nach den Überleitungstarifverträgen zum Tarifvertrag für den öffentlichen Dienst oder zum Tarifvertrag für den öffentlichen Dienst der Länder oder einem zu diesen vergleichbaren Tarifvertrag, oder das Mutterschaftsgeld, soweit in dessen Berechnung kinderbezogene Entgeltbestandteile des öffentlichen Dienstes berücksichtigt werden, gleich. Auf das Kind entfällt derjenige Betrag, der sich aus der für die Anwendung des Einkommensteuergesetzes oder des Bundeskindergeldgesetzes maßgebenden Reihenfolge der Kinder ergibt. § 6 findet auf den Betrag keine Anwendung, wenn eine oder einer der Anspruchsberechtigten im Sinne des Satz 1 vollbeschäftigt oder nach beamtenrechtlichen Grundsätzen versorgungsberechtigt ist oder mehrere Anspruchsberechtigte in Teilzeit beschäftigt sind und dabei zusammen mindestens die regelmäßige Arbeitszeit bei Vollbeschäftigung erreichen. Handelt es sich bei der anderen Person im Sinne des Satz 1 um die Ehegattin, den Ehegatten, die Lebenspartnerin oder den Lebenspartner eines Elternteils, wird der auf das Kind entfallende Betrag des Familienzuschlags an den leiblichen Elternteil gezahlt, sofern dieser zum Barunterhalt verpflichtet ist.

(6) Öffentlicher Dienst im Sinne der Abs. 1, 4 und 5 ist die Tätigkeit im Dienste des Bundes, eines Landes, einer Gemeinde oder anderer Körperschaften, Anstalten und Stiftungen des öffentlichen Rechts oder der Verbände von solchen; ausgenommen ist die Tätigkeit bei öffentlich-rechtlichen Religionsgesellschaften oder ihren Verbänden, sofern nicht bei organisatorisch selbstständigen Einrichtungen, insbesondere bei Schulen, Hochschulen, Krankenhäusern, Kindergärten, Altersheimen, die Voraussetzungen des Satzes 2 Nr. 2 erfüllt sind. Dem öffentlichen Dienst steht gleich die Tätigkeit im Dienst

1. einer zwischenstaatlichen oder überstaatlichen Einrichtung oder
2. eines sonstigen Arbeitgebers, der die für den öffentlichen Dienst geltenden Tarifverträge oder Tarifverträge wesentlich gleichen Inhaltes oder die darin oder in Besoldungsgesetzen über Familienzuschläge getroffenen Regelungen oder vergleichbare Regelungen anwendet,

wenn der Bund oder eine der in Satz 1 bezeichneten Körperschaften oder Verbände durch Zahlung von Beiträgen oder Zuschüssen oder in anderer Weise beteiligt ist. Die Entscheidung, ob die Voraussetzungen erfüllt sind, trifft das für das Recht des öffentlichen Dienstes zuständige Ministerium oder die von ihm bestimmte Stelle.

(7) Die Bezügestellen des öffentlichen Dienstes nach Abs. 6 dürfen die zur Durchführung

dieser Vorschrift erforderlichen personenbezogenen Daten erheben und untereinander austauschen.

§ 44 Änderung des Familienzuschlags

Der Familienzuschlag wird vom Ersten des Monats an gezahlt, in den das hierfür maßgebende Ereignis fällt. Er wird nicht mehr gezahlt für den Monat, in dem die Anspruchsvoraussetzungen an keinem Tage vorgelegen haben. Satz 1 und 2 gelten entsprechend für die Zahlung von Teilbeträgen der Stufen des Familienzuschlags.

Vierter Teil Zulagen, Zuschläge und Vergütungen

§ 45 Amts- und Stellenzulagen

(1) Für herausgehobene Funktionen können Amtszulagen nach den Fußnoten zu den Besoldungsordnungen und Stellenzulagen nach den Vorbemerkungen der Besoldungsordnungen vorgesehen werden. Sie dürfen 75 Prozent des Unterschiedsbetrages zwischen dem Endgrundgehalt der Besoldungsgruppe der Beamtin, des Beamten, der Richterin oder des Richters und dem Endgrundgehalt der nächsthöheren Besoldungsgruppe nicht übersteigen, soweit gesetzlich nichts anderes bestimmt ist.

(2) Die Amtszulagen sind unwiderruflich und ruhegehaltfähig. Sie gelten als Bestandteil des Grundgehalts.

(3) Die Stellenzulagen dürfen nur für die Dauer der Wahrnehmung der herausgehobenen Funktionen gewährt werden. Sie sind widerruflich und nur ruhegehaltfähig, wenn dies gesetzlich bestimmt ist.

§ 46 Leistungsanreize, Leistungsanerkennung

(1) Beamtinnen und Beamte der Besoldungsordnung A können zur Abgeltung von herausragenden besonderen Leistungen Leistungsprämien, Leistungszulagen sowie Sonderurlaub in Höhe von bis zu fünf Arbeitstagen je Kalenderjahr unter Weitergewährung der Besoldung erhalten. Satz 1 gilt nicht für Beamtinnen und Beamte auf Zeit sowie Beamtinnen und Beamte, die nach § 5 Abs. 1 Satz 1 des Gesetzes über den Hessischen Rechnungshof vom 18. Juni 1986 (GVBl. I S. 157), zuletzt geändert durch Gesetz vom 20. November 2024 (GVBl. 2024 Nr. 65), richterliche Unabhängigkeit besitzen. Leistungsprämien und Leistungszulagen sind nicht ruhegehaltfähig.

(2) Leistungsprämien und Leistungszulagen können nur im Rahmen besonderer haushaltsrechtlicher Regelungen gewährt werden.

(3) Die Landesregierung wird ermächtigt, das Nähere zur Vergabe von Leistungsprämien, Leistungszulagen und zur Gewährung des Sonderurlaubs durch Rechtsverordnung zu regeln.

(4) Grundlage für die Entscheidung über die Gewährung von Leistungsanreizen sind leistungsorientierte Bewertungen oder Zielvereinbarungen.

(5) Kommunalen Beamtinnen und Beamten können abweichend von § 56 Leistungsvergütungen nach Maßgabe eines in einer Betriebs- oder Dienstvereinbarung festgelegten betrieblichen Systems gewährt werden. Als Leistungsvergütung ist ausschließlich die Gewährung einer Prämie oder einer nicht ruhegehaltfähigen Zulage zulässig. Voraussetzungen sind, dass das betriebliche System einheitlich für Beamtinnen und Beamte sowie Tarifbeschäftigte gilt und der Dienstherr keine Leistungsanreize nach Abs. 1 gewährt. Die Höhe der Beträge und die Dauer der Gewährung dürfen die in der Verordnung nach Abs. 3 gesetzten Grenzen nicht überschreiten. Das betriebliche System muss einen einheitlichen Maßstab für die Leistungsbewertungen in Form von Zielvereinbarungen oder einer systematischen Leistungsbewertung festlegen. Leistungsvergütungen können nur im Rahmen bereitstehender Haushaltsmittel gewährt werden. Der jährliche Gesamtbetrag darf einen in der Betriebs- oder Dienstvereinbarung festzulegenden Prozentsatz der im Vorjahr an die Beamtinnen und Beamten ausgezahlten Grundgehälter nicht übersteigen. Der Prozentsatz ist so festzulegen, dass für Beamtinnen und Beamte im gleichen Verhältnis Mittel für eine Leistungsvergütung zur Verfügung stehen wie für Tarifbeschäftigte.

---

§ 46 Abs. 3 ist bereits am 6. Juni 2013 in Kraft getreten.

§ 47 Zulage für die Wahrnehmung herausgehobener befristeter Funktionen

(1) Wird einer Beamtin oder einem Beamten außer in den Fällen des § 48 eine herausgehobene Funktion befristet übertragen, kann eine Zulage zu den Dienstbezügen gewährt werden. Satz 1 gilt entsprechend für die Übertragung einer herausgehobenen Funktion, die üblicherweise nur befristet wahrgenommen wird. Die Zulage kann ab dem siebten Monat der ununterbrochenen Wahrnehmung bis zu einer Dauer von höchstens fünf Jahren gezahlt werden.

(2) Die Zulage wird bis zur Höhe des Unterschiedsbetrages zwischen dem Grundgehalt der jeweiligen Besoldungsgruppe und dem Grundgehalt der Besoldungsgruppe, die der Wertigkeit der wahrgenommenen Funktion entspricht, höchstens jedoch der dritten folgenden Besoldungsgruppe, gewährt. Die Zulage vermindert sich bei jeder Beförderung um den jeweiligen Erhöhungsbetrag. Die §§ 14 und 15 finden keine Anwendung.

(3) Die Entscheidung über die Zahlung der Zulage trifft im Rahmen haushaltsrechtlicher Bestimmungen die oberste Dienstbehörde.

§ 47a Zulage für die Leitung des Hessischen Verwaltungsschulverbandes

(1) Beamtinnen und Beamte des Hessischen Verwaltungsschulverbandes erhalten für die Dauer ihrer Tätigkeit als Schulleitung oder örtliche Studienleitung in ständiger Vertretung der Schulleitung eine Zulage zu den Dienstbezügen.

(2) Die Zulage nach Abs. 1 beträgt für die Tätigkeit als

1. Schulleitung 25 Prozent oder
2. örtliche Studienleitung in ständiger Vertretung der Schulleitung 20 Prozent des Unterschiedsbetrages zwischen dem Grundgehalt zuzüglich Amtszulage der jeweiligen Besoldungsgruppe zur nächsthöheren Besoldungsgruppe der Besoldungsordnung A. Sie ist nicht ruhegehaltfähig.

(3) Die Zulage nach Abs. 1 wird frühestens ab dem 1. Januar 2025 und längstens bis zum 31. Dezember 2029 gezahlt. § 6 Abs. 1 findet Anwendung. Die §§ 14 und 15 finden keine Anwendung.

§ 48 Zulage für die Wahrnehmung eines höherwertigen Amtes

(1) Werden einer Beamtin oder einem Beamten die Aufgaben eines höherwertigen Amtes vorübergehend vertretungsweise übertragen, wird nach sechs Monaten der ununterbrochenen Wahrnehmung dieser Aufgaben eine Zulage gewährt, wenn in diesem Zeitpunkt die haushaltsrechtlichen und laufbahnrechtlichen Voraussetzungen für die Übertragung dieses Amtes vorliegen.

(2) Wird einer Beamtin oder einem Beamten ein höherwertiges Amt zugewiesen, das aufgrund dieses Gesetzes nur mit zeitlicher Befristung übertragen und nicht im Wege der Beförderung verliehen werden kann, wird für die Dauer der Übertragung des Amtes eine Zulage gewährt.

(3) Die Zulage nach Abs. 1 oder 2 wird in Höhe des Unterschiedsbetrages zwischen dem Grundgehalt der Besoldungsgruppe der Beamtin oder des Beamten und dem Grundgehalt gewährt, der das höherwertige Amt zugeordnet ist. Auf die Zulage ist eine nach Nr. 13 der Vorbemerkungen zu den Besoldungsordnungen A und B zustehende Stellenzulage anzurechnen, wenn sie in dem höherwertigen Amt nicht zustünde.

§ 49 Zulagen für besondere Erschwernisse

Die Landesregierung wird ermächtigt, durch Rechtsverordnung die Gewährung von Zulagen zur Abgeltung besonderer, bei der Bewertung des Amtes oder bei der Regelung der Anwärterbezüge nicht berücksichtigter Erschwernisse (Erschwerniszulagen) zu regeln. Die Zulagen sind widerruflich und nicht ruhegehaltfähig. Es kann bestimmt werden, inwieweit mit der Gewährung von Erschwerniszulagen ein besonderer Aufwand der Beamtin oder des Beamten, der Richterin oder des Richters mit abgegolten ist.

§ 50 Mehrarbeitsvergütung und pauschale Abgeltung bei Rufbereitschaft

(1) Die Landesregierung wird ermächtigt, durch Rechtsverordnung die Gewährung ei-

ner Mehrarbeitsvergütung für Beamtinnen und Beamte zu regeln, soweit die Mehrarbeit nach § 61 des Hessischen Beamtengesetzes nicht innerhalb von zwölf Monaten durch entsprechende Dienstbefreiung ausgeglichen wird. Die Vergütung darf nur für Beamtinnen und Beamte in Bereichen vorgesehen werden, in denen nach Art der Dienstverrichtung eine Mehrarbeit messbar ist. Die Höhe der Vergütung ist nach dem Umfang der tatsächlich geleisteten Mehrarbeit festzusetzen und unter Zusammenfassung von Besoldungsgruppen zu staffeln. Für teilzeitbeschäftigte Beamtinnen und Beamte können abweichende Regelungen getroffen werden.

(2) Die Landesregierung wird ermächtigt, durch Rechtsverordnung einen finanziellen Ausgleich für Beamtinnen und Beamte zu regeln, soweit die Rufbereitschaft nach § 53 Abs. 2 Satz 2 des Hessischen Beamtengesetzes aus zwingenden dienstlichen Gründen nicht innerhalb von zwölf Monaten durch Freizeit ausgeglichen werden kann. In der Verordnung nach Satz 1 kann auch eine Regelung zur Gewährung einer pauschalen Abgeltung bei Einsätzen im Rahmen der Rufbereitschaft getroffen werden.

---

§ 50 ist bereits am 6. Juni 2013 in Kraft getreten.

§ 51 Arbeitszeitausgleichszahlung

Die Landesregierung wird ermächtigt, die Gewährung einer Ausgleichszahlung in Höhe der zum Zeitpunkt des Ausgleichsanspruchs geltenden Sätze der Mehrarbeitsvergütung für Beamtinnen und Beamte zu regeln, bei denen ein Arbeitszeitausgleich aus einer langfristigen ungleichmäßigen Verteilung der Arbeitszeit, während der eine von der für sie jeweils geltenden regelmäßigen Arbeitszeit abweichende Arbeitszeit festgelegt wurde, nicht oder nur teilweise möglich ist.

§ 52 Vergütung der Gerichtsvollzieherinnen und Gerichtsvollzieher

(1) Die im Außendienst tätigen Gerichtsvollzieherinnen und Gerichtsvollzieher erhalten eine Vergütung in Höhe eines Anteils der von ihnen vereinnahmten Gebühren und die von ihnen vereinnahmten Dokumentenpauschalen. Aus dieser Vergütung sind die Kosten für die Einrichtung und den Betrieb des von ihnen zu führenden Büros zu bestreiten; im Übrigen verbleibt die Vergütung den Gerichtsvollzieherinnen und Gerichtsvollziehern als Leistungsanreiz für ihre Gerichtsvollziehertätigkeit. Hilfskräften, die mit der Wahrnehmung einzelner Gerichtsvollziehergeschäfte beauftragt sind, werden die notwendigen Aufwendungen auf Nachweis erstattet.

(2) Mit der Vergütung sind auch die besonderen, für die Gerichtsvollziehertätigkeit typischen Aufwendungen abgegolten. Typische Aufwendungen sind insbesondere die Aufwendungen bei Nachtdienst. Die Abgeltung der mit dem Außendienst verbundenen Fahrtkosten und sonstigen Mehraufwendungen nach der Verordnung über die Abfindung bei Dienstreisen und Dienstgängen in Vollstreckungsangelegenheiten im Bereich der Justiz vom 9. Februar 2010 (GVBl. I S. 89) bleibt hiervon unberührt.

(3) Einer Gerichtsvollzieherin oder einem Gerichtsvollzieher können auf Antrag erstattet werden

1. die laufenden notwendigen Kosten des Geschäftsbetriebs, wenn sie oder er länger als zwei Wochen, insbesondere wegen Krankheit, an der Ausübung der Gerichtsvollziehertätigkeit gehindert ist oder
2. die notwendigen und nachgewiesenen Aufwendungen aus Anlass der Erkrankung einer Bürokraft,

wenn diese aus der Vergütung nach Abs. 1 der letzten sechs Monate nicht bestritten werden können.

(4) Einer Gerichtsvollzieherin oder einem Gerichtsvollzieher kann auf Antrag eine besondere Vergütung festgesetzt werden, wenn die nach Abs. 1 zustehende Vergütung aus Gründen, die die Gerichtsvollzieherin oder der Gerichtsvollzieher nicht zu vertreten hat, nicht ausreicht, die für die Gerichtsvollziehertätigkeit erforderlichen Aufwendungen, insbesondere für die Einrichtung und den Betrieb des Büros, zu bestreiten. Die Gerichtsvollzieherin oder der Gerichtsvollzieher hat den Anfall der entstandenen höheren Auf-

wendungen nachzuweisen und die Gründe für die Notwendigkeit darzulegen.

(5) Die Vergütung ist nach Maßgabe der Rechtsverordnung nach Abs. 6 teilweise ruhegehaltfähig.

(6) Die für die Justiz zuständige Ministerin oder der hierfür zuständige Minister wird ermächtigt, durch Rechtsverordnung

1. im Einvernehmen mit der für das Recht des öffentlichen Dienstes zuständigen Ministerin oder dem hierfür zuständigen Minister
   a) die Höhe des nach Abs. 1 vorgesehenen Gebührenanteils festzusetzen,
   b) die näheren Regelungen über die Ruhegehaltfähigkeit der Vergütung zu treffen,
2. die zuständigen Stellen für die Festsetzung der Vergütung nach Abs. 1 und 4 und die Kostenerstattung nach Abs. 3 zu bestimmen und nähere Regelungen zum Verfahren zu treffen.

---

§ 52 ist bereits am 1. Januar 2013 in Kraft getreten.

§ 53 Vollstreckungsvergütung für andere Vollstreckungsbeamtinnen und Vollstreckungsbeamte

(1) Die für Finanzen zuständige Ministerin oder der hierfür zuständige Minister und die für die Justiz zuständige Ministerin oder der hierfür zuständige Minister werden jeweils für ihren Bereich ermächtigt, im Einvernehmen mit der für das Recht des öffentlichen Dienstes zuständigen Ministerin oder dem hierfür zuständigen Minister durch Rechtsverordnung die Gewährung einer Vergütung für die Vollziehungsbeamtinnen und Vollziehungsbeamten der Finanzverwaltung und die Vollziehungsbeamtinnen und Vollziehungsbeamten der Justiz festzusetzen. Das für das Recht des öffentlichen Dienstes zuständige Ministerium wird ermächtigt, durch Rechtsverordnung die Gewährung einer Vergütung für Beamtinnen und Beamte festzusetzen, die im Vollstreckungsdienst der Gemeinden und der Gemeindeverbände im Außendienst tätig sind.

(2) Maßstab für die Festsetzung der Vergütung sind die vereinnahmten Gebühren oder Beträge. Für die Vergütung können Höchstsätze für die einzelnen Vollstreckungsaufträge sowie für das Kalenderjahr festgesetzt werden. Ein Teil der Vergütung kann für ruhegehaltfähig erklärt werden. Es kann bestimmt werden, inwieweit mit der Vergütung ein besonderer Aufwand der Beamtin oder des Beamten mit abgegolten und dass zusätzlich die Anzahl der bearbeiteten Vollstreckungsaufträge bei der Festsetzung zu berücksichtigen ist.

(3) Für die Vollziehungsbeamtinnen und -beamten der Finanzverwaltung kann ein von Abs. 2 abweichender Maßstab festgelegt werden.

---

§ 53 Abs. 1 ist bereits am 1. Januar 2013 in Kraft getreten.

§ 54 Sonderzuschläge zur Sicherung der Funktions- und Wettbewerbsfähigkeit

(1) Zur Sicherung der Funktions- und Wettbewerbsfähigkeit des öffentlichen Dienstes dürfen nicht ruhegehaltfähige Sonderzuschläge zu den Dienstbezügen nach der Besoldungsordnung A und der Besoldungsgruppe W 1 gewährt werden, wenn ein bestimmter Dienstposten andernfalls, insbesondere im Hinblick auf die fachliche Qualifikation sowie die Bedarfs- und Bewerberlage, nicht anforderungsgerecht besetzt werden kann und die Deckung des Personalbedarfs dies im konkreten Fall erfordert.

(2) Bei Beamtinnen und Beamten der Besoldungsordnung A darf der Sonderzuschlag monatlich 10 Prozent des Grundgehalts der Stufe 1 ihrer Besoldungsgruppe nicht übersteigen. Grundgehalt und Sonderzuschlag dürfen zusammen das Endgrundgehalt der entsprechenden Besoldungsgruppe nicht übersteigen. Bei Beamtinnen und Beamten der Besoldungsgruppe W 1 darf der Sonderzuschlag monatlich zehn Prozent des Grundgehalts der Besoldungsgruppe nicht übersteigen. Der Sonderzuschlag wird, wenn nichts anderes bestimmt ist, in fünf Schritten um jeweils 20 Prozent seines Ausgangsbe-

III

trages jährlich verringert, erstmals ein Jahr nach dem Entstehen des Anspruchs. Abweichend von Satz 4 kann der Sonderzuschlag auch befristet bis zu drei Jahren gewährt werden; ergänzend kann dann festgelegt werden, dass er im Falle einer Beförderung auch vor Ablauf der Befristung wegfällt. Der Sonderzuschlag kann rückwirkend höchstens für drei Monate gewährt werden. Er kann nach vollständigem Wegfall erneut gewährt werden, wenn die Voraussetzungen des Abs. 1 wieder oder noch vorliegen. § 6 Abs. 1 gilt entsprechend.

(3) Die Entscheidung über die Gewährung von Sonderzuschlägen trifft im Rahmen haushaltsrechtlicher Bestimmungen die oberste Dienstbehörde im Einvernehmen mit dem für das öffentliche Dienstrecht zuständigen Ministerium.

§ 54a Zuschlag bei Hinausschieben des Eintritts in den Ruhestand

(1) Bei einem Hinausschieben des Eintritts in den Ruhestand nach § 34 Abs. 1 und § 112 Abs. 6, jeweils auch in Verbindung mit § 113 Satz 1 und § 114 des Hessischen Beamtengesetzes, sowie nach § 7 Abs. 5 und § 78b Abs. 3 des Hessischen Richtergesetzes in der Fassung der Bekanntmachung vom 11 März 1991 GVBl. I S. 53), zuletzt geändert durch Gesetz vom 28. März 2023 (GVBl. S. 183), wird ein Zuschlag gewährt. Der Zuschlag beträgt 10 Prozent des Grundgehalts zuzüglich Amtszulage sowie den Zulagen nach §§ 56b und 56c und ist nicht ruhegehaltfähig. Er wird gewährt ab Beginn des Kalendermonats, der auf den Zeitpunkt des Erreichens der Altersgrenze folgt.

(2) Bei einer Teilzeitbeschäftigung während des Hinausschiebens des Eintritts in den Ruhestand ist auf den Zuschlag nach Abs. 1 § 6 Abs. 1 anzuwenden. Zusätzlich wird ein nicht ruhegehaltfähiger Zuschlag gewährt, dessen Bemessungsgrundlage das Ruhegehalt ist, das bei Eintritt in den Ruhestand wegen Erreichens der Altersgrenze zugestanden hätte. Die Höhe des Zuschlags entspricht dem Teil des erdienten Ruhegehalts, der sich aus dem Verhältnis der Freistellung zur regelmäßigen Arbeitszeit ergibt.

(3) Berechtigt nach Abs. 1 und 2 sind Beamtinnen und Beamte sowie Richterinnen und Richter in Besoldungsgruppen der Besoldungsordnungen mit aufsteigenden Gehältern. Der Zuschlag nach Abs. 1 wird frühestens ab dem 1. Juli 2016 und längstens bis zum 31. Dezember 2028 gewährt.

§ 55 Besoldung bei begrenzter Dienstfähigkeit

(1) Bei begrenzter Dienstfähigkeit nach § 27 des Beamtenstatusgesetzes erhalten Beamtinnen, Beamte, Richterinnen und Richter Dienstbezüge entsprechend § 6.

(2) Zu den zeitanteiligen Dienstbezügen nach Abs. 1 wird ein nicht ruhegehaltfähiger Zuschlag gewährt. Er beträgt 35 Prozent des Unterschiedsbetrages zwischen den zeitanteiligen Dienstbezügen nach Abs. 1 und den entsprechenden Dienstbezügen bei Vollzeitbeschäftigung. Zu den Dienstbezügen im Sinne des Abs. 1 gehören das Grundgehalt, der Familienzuschlag, Amtszulagen, Stellenzulagen, Zulagen nach § 56b und § 56c, Zuschüsse zum Grundgehalt oder Leistungsbezüge für Professorinnen und Professoren an Hochschulen sowie Überleitungs- und Ausgleichszulagen.

(3) Der Zuschlag nach Abs. 2 Satz 1 erhöht sich nach einer berücksichtigungsfähigen Zeit im Sinne des § 14 Abs. 3 Satz 7 und 8 des Hessischen Beamtenversorgungsgesetzes vom 27. Mai 2013 (GVBl. S. 218), zuletzt geändert durch Gesetz vom 20. November 2024 (GVBl. 2024 Nr. 65) , von

1. 5 Jahren um 5 Prozent,
2. 10 Jahren um 10 Prozent,
3. 15 Jahren um 15 Prozent,
4. 20 Jahren um 20 Prozent

des Unterschiedsbetrages nach Abs. 2 Satz 2.

(4) Im Falle einer Teilzeitbeschäftigung nach dem Hessischen Beamtengesetz oder der Hessischen Verordnung über den Mutterschutz für Beamtinnen und die Elternzeit für Beamtinnen und Beamte vom 8. Dezember 2011 (GVBl. I S. 758, GVBl. 2012 S. 10), zuletzt geändert durch Gesetz vom 15. November 2021 (GVBl. S. 718), verringert sich der

nach Abs. 2 und 3 ermittelte Zuschlag entsprechend dem Verhältnis der wegen begrenzter Dienstfähigkeit herabgesetzten Arbeitszeit zu dem Umfang der bewilligten Teilzeitbeschäftigung.

---

§ 55 Abs. 2 ist bereits am 6. Juni 2013 in Kraft getreten.

§ 56 Andere Zulagen und Vergütungen

Andere als die in diesem Teil geregelten Zulagen und Vergütungen dürfen nur gewährt werden, soweit dies gesetzlich bestimmt ist. Vergütungen für Nebentätigkeiten im öffentlichen Dienst bleiben unberührt.

§ 56a Geltung für Polizeivollzugsbeamtinnen und Polizeivollzugsbeamte

(1) Soweit nichts anderes bestimmt ist, gelten für Polizeivollzugsbeamtinnen und Polizeivollzugsbeamte die §§ 45 bis 56 mit Ausnahme des § 50 Abs. 2 Satz 2.

(2) Die für das Dienstrecht der Polizeivollzugsbeamtinnen und Polizeivollzugsbeamten zuständige Ministerin oder der hierfür zuständige Minister wird ermächtigt, für Polizeivollzugsbeamtinnen und Polizeivollzugsbeamte durch Rechtsverordnung abweichend von

1. § 50 Abs. 1 Satz 1 und 2 die Gewährung einer Vergütung für Mehrarbeit zu regeln, soweit die über die regelmäßige Arbeitszeit hinaus geleistete Arbeitszeit nicht durch entsprechende Dienstbefreiung ausgeglichen wird,
2. § 50 Abs. 2 Satz 1 die ausgleichbaren Zeiten einer Rufbereitschaft zu regeln.

§ 56b Zulage für Lehrerinnen und Lehrer an allgemeinbildenden Schulen in Ämtern der Besoldungsgruppe A 12

(1) Beamtinnen und Beamte als Lehrerinnen und Lehrer an allgemeinbildenden Schulen in Ämtern der Besoldungsgruppe A 12 erhalten im Zeitraum vom 1. August 2023 bis zum 31. Juli 2028 eine stufenweise aufwachsende monatliche Zulage.

(2) Die Zulage nach Abs. 1 beträgt im Zeitraum vom

1. 1. August 2023 bis 31. Juli 2024 10 Prozent,
2. 1. August 2024 bis 31. Juli 2025 25 Prozent,
3. 1. August 2025 bis 31. Juli 2026 40 Prozent,
4. 1. August 2026 bis 31. Juli 2027 60 Prozent,
5. 1. August 2027 bis 31. Juli 2028 80 Prozent

des Unterschiedsbetrags zwischen dem Grundgehalt der Besoldungsgruppe A 12 und dem Grundgehalt der Besoldungsgruppe A 13 der jeweiligen Stufe. Die Zulage nach Abs. 1 erhalten Beamtinnen und Beamte auf Widerruf, die den pädagogischen Vorbereitungsdienst für das Lehramt an Grundschulen leisten, mit der Maßgabe, dass sich der Unterschiedsbetrag nach Satz 1 aus der Differenz zwischen dem jeweiligen Anwärtergrundbetrag des Eingangsamtes der Besoldungsgruppe A 12 und der Besoldungsgruppe A 13 der Anlage VI ergibt.

(3) Die Zulage nach Abs. 2 Satz 1 ist ruhegehaltfähig, wenn bei Eintritt oder Versetzung in den Ruhestand kein Anspruch auf ein erdientes Ruhegehalt der Beamtin oder des Beamten mindestens aus einem Amt der Besoldungsgruppe A 13 besteht. Die Zulage ist in Höhe des Betrags ruhegehaltfähig, den die Beamtin oder der Beamte zum Zeitpunkt des Eintritts oder der Versetzung in den Ruhestand nach Abs. 2 erhalten hat oder erhalten hätte.

§ 56c Zulage für Inhaberinnen und Inhaber von Leitungsämtern an allgemeinbildenden Schulen in Ämtern der Besoldungsgruppen A 12 und A 13

(1) Im Zeitraum vom 1. August 2023 bis zum 31. Juli 2028 erhalten

1. Konrektorinnen und Konrektoren – als die ständige Vertreterin oder der ständige Vertreter der Leiterin oder des Leiters einer Grundschule mit mehr als 80 bis zu 180 Schülerinnen und Schülern in Ämtern der Besoldungsgruppe A 12 mit Amtszulage,
2. Konrektorinnen und Konrektoren – zur Wahrnehmung von Schulleitungsaufga-

III

ben an einer Grundschule in Ämtern der Besoldungsgruppe A 12 mit Amtszulage,
3. Konrektorinnen und Konrektoren – zur Wahrnehmung von Schulleitungsaufgaben an einer Grundschule in Ämtern der Besoldungsgruppe A 13,
4. Konrektorinnen und Konrektoren – als die ständige Vertreterin oder der ständige Vertreter der Leiterin oder des Leiters einer Grundschule mit mehr als 180 bis zu 360 Schülerinnen und Schülern in Ämtern der Besoldungsgruppe A 13,
5. Konrektorinnen und Konrektoren – als die ständige Vertreterin oder der ständige Vertreter der Leiterin oder des Leiters einer Grundschule mit mehr als 360 bis zu 540 Schülerinnen und Schülern in Ämtern der Besoldungsgruppe A 13 mit Amtszulage,
6. Konrektorinnen und Konrektoren – zur Wahrnehmung von Schulleitungsaufgaben an einer Grund- und Hauptschule oder Hauptschule in der Besoldungsgruppe A 13 mit Amtszulage,
7. Konrektorinnen und Konrektoren – zur Wahrnehmung von Schulleitungsaufgaben an einer Realschule, Haupt- und Realschule, Grund-, Haupt- und Realschule oder Mittelstufenschule in der Besoldungsgruppe A 13 mit Amtszulage,
8. Konrektorinnen und Konrektoren – als die ständige Vertreterin oder der ständige Vertreter der Leiterin oder des Leiters einer Grund- und Hauptschule oder Hauptschule mit mehr als 360 Schülerinnen und Schülern in den Ämtern der Besoldungsgruppe A 14, soweit die maßgebliche Schülerzahl nach der Vorbemerkung Nr. 14 der Anlage I mehr als 540 beträgt,
9. Rektorinnen und Rektoren – einer Grundschule mit bis zu 80 Schülerinnen und Schülern in Ämtern der Besoldungsgruppe A 13,
10. Rektorinnen und Rektoren – einer Grundschule mit mehr als 80 bis zu 180 Schülerinnen und Schülern in Ämtern der Besoldungsgruppe A 13 mit Amtszulage

eine stufenweise aufwachsende monatliche Zulage.

(2) Die Zulage nach Abs. 1 beträgt im Zeitraum vom

1. 1. August 2023 bis 31. Juli 2024 10 Prozent,
2. 1. August 2024 bis 31. Juli 2025 25 Prozent,
3. 1. August 2025 bis 31. Juli 2026 40 Prozent,
4. 1. August 2026 bis 31. Juli 2027 60 Prozent,
5. 1. August 2027 bis 31. Juli 2028 80 Prozent

des jeweiligen Unterschiedsbetrags.

(3) Der Unterschiedsbetrag nach Abs. 2 ergibt sich in den Fällen des

1. Abs. 1 Nr. 1 und 2 aus der Differenz zwischen dem Grundgehalt der Besoldungsgruppe A 12 einschließlich Amtszulage nach der Fußnote 4 und dem Grundgehalt der Besoldungsgruppe A 13 einschließlich Amtszulage nach der Fußnote 4 der jeweiligen Stufe,
2. Abs. 1 Nr. 3 und 4 aus der Differenz zwischen dem Grundgehalt der Besoldungsgruppe A 13 und dem Grundgehalt der Besoldungsgruppe A 13 einschließlich Amtszulage nach der Fußnote 4 der jeweiligen Stufe, in den Fällen des Abs. 1 Nr. 3 jedoch aus der Differenz zwischen dem Grundgehalt der Besoldungsgruppe A 13 und dem Grundgehalt der Besoldungsgruppe A 14 der jeweiligen Stufe, soweit die maßgebliche Schülerzahl nach der Vorbemerkung Nr. 14 der Anlage I mehr als 540 beträgt,
3. Abs. 1 Nr. 5 und 10 aus der Differenz zwischen dem Grundgehalt der Besoldungsgruppe A 13 einschließlich Amtszulage nach der Fußnote 4 und dem Grundgehalt der Besoldungsgruppe A 14 der jeweiligen Stufe,
4. Abs. 1 Nr. 9 aus der Differenz zwischen dem Grundgehalt der Besoldungsgruppe A 13 und dem Grundgehalt der Besoldungsgruppe A 14 der jeweiligen Stufe,
5. Abs. 1 Nr. 6 und 7 aus der Differenz zwischen dem Grundgehalt der Besoldungsgruppe A 13 einschließlich Amtszulage nach der Fußnote 5 und dem Grundgehalt der Besoldungsgruppe A 13 einschließlich Amtszulage nach der Fußnote 4 der je-

weiligen Stufe, in den Fällen des Abs. 1 Nr. 6 jedoch aus der Differenz zwischen dem Grundgehalt der Besoldungsgruppe A 13 einschließlich Amtszulage nach der Fußnote 5 und dem Grundgehalt der Besoldungsgruppe A 14 in der jeweiligen Stufe, soweit die maßgebliche Schülerzahl nach der Vorbemerkung Nr. 14 der Anlage I mehr als 540 beträgt,

6. Abs. 1 Nr. 8 aus der Differenz zwischen dem Grundgehalt der Besoldungsgruppe A 14 und dem Grundgehalt der Besoldungsgruppe A 14 einschließlich Amtszulage nach der Fußnote 4 der jeweiligen Stufe.

(4) Die Zulage nach Abs. 1 ist ruhegehaltfähig, wenn bei Eintritt oder Versetzung in den Ruhestand kein Anspruch auf ein erdientes Ruhegehalt der Beamtin oder des Beamten mindestens aus einem Amt der Besoldungsgruppe

1. A 13 einschließlich Amtszulage nach der Fußnote 4 in den Fällen des Abs. 3 Nr. 1, Nr. 2 Halbsatz 1 und Nr. 5 Halbsatz 1,
2. A 14 in den Fällen des Abs. 3 Nr. 2 Halbsatz 2, Nr. 3 und 4 sowie Nr. 5 Halbsatz 2,
3. A 14 einschließlich Amtszulage nach der Fußnote 4 in den Fällen des Abs. 3 Nr. 6

besteht. Die Zulage ist in Höhe des Betrags ruhegehaltfähig, den die Beamtin oder der Beamte zum Zeitpunkt des Eintritts oder der Versetzung in den Ruhestand nach den Abs. 2 und 3 erhalten hat oder erhalten hätte.

Fünfter Teil Auslandsbesoldung

§ 57 Auslandsdienstbezüge, Auslandsverwendungszuschlag, Kaufkraftausgleich

(1) Beamtinnen, Beamte, Richterinnen und Richter, die im Ausland verwendet werden, erhalten neben den Dienstbezügen, die ihnen im Inland zustehen, Auslandsdienstbezüge in entsprechender Anwendung der für die Beamtinnen und Beamten des Bundes geltenden Bestimmungen in der jeweils geltenden Fassung. Auslandsdienstbezüge setzen sich zusammen aus Auslandszuschlag nach § 53 des Bundesbesoldungsgesetzes und Mietzuschuss nach § 54 des Bundesbesoldungsgesetzes. Der Abordnung kann eine Verwendung im Ausland nach § 20 des Beamtenstatusgesetzes gleichgestellt werden.

(2) Beamtinnen, Beamte, Richterinnen und Richter mit besonderer Verwendung im Ausland erhalten neben den Dienstbezügen, die ihnen bei einer Verwendung im Inland zustehen, Auslandsverwendungszuschlag sowie eine Auslandsverpflichtungsprämie nach den für die Beamtinnen und Beamten des Bundes geltenden Bestimmungen der §§ 56 und 57 des Bundesbesoldungsgesetzes.

(3) Die Bestimmungen über den Kaufkraftausgleich nach § 55 des Bundesbesoldungsgesetzes in der jeweils geltenden Fassung sind entsprechend anzuwenden.

(4) Abweichend von § 53 Abs. 1 Satz 5 des Bundesbesoldungsgesetzes kann die oberste Dienstbehörde im Einvernehmen mit dem für das Recht des öffentlichen Dienstes zuständigen Ministerium und dem Ministerium der Finanzen zur Sicherung einer anforderungsgerechten Besetzung von Dienstposten im Ausland oder bei außergewöhnlichen materiellen oder immateriellen Belastungen zur Abgeltung dieser Belastungen befristet einen Zuschlag bis zu 700 Euro monatlich festsetzen.

(5) Ergeben sich während der Zeit der Auslandsverwendung der Beamtin, des Beamten, der Richterin oder des Richters Änderungen der Grundgehaltsspannen nach der Tabelle zu § 53 des Bundesbesoldungsgesetzes durch Bundesrecht, erhalten Anspruchsberechtigte bei unveränderter Verwendung im Ausland bis zum Ablauf ihrer Verwendung den Auslandszuschlag in bisheriger Höhe, soweit dies für sie günstiger ist.

Sechster Teil Anwärterbezüge

§ 58 Anwärterbezüge

(1) Beamtinnen und Beamte auf Widerruf im Vorbereitungsdienst (Anwärterinnen und Anwärter) erhalten Anwärterbezüge.

(2) Zu den Anwärterbezügen gehören der Anwärtergrundbetrag nach Anlage VI und die Anwärtersonderzuschläge. Wird eine Zu-

lage nach § 56b gewährt, gilt sie als Bestandteil des Anwärtergrundbetrags nach Anlage VI. Daneben werden der Familienzuschlag, Sonderzahlungen nach dem Hessischen Sonderzahlungsgesetz und die vermögenswirksamen Leistungen gewährt. Zulagen und Vergütungen werden nur gewährt, wenn dies gesetzlich besonders bestimmt ist.

(3) Für Anwärterinnen und Anwärter, die im Rahmen ihres Vorbereitungsdienstes ein Studium ableisten, kann die Gewährung der Anwärterbezüge von der Erfüllung von Auflagen abhängig gemacht werden.

III

§ 59 Anwärterbezüge nach Ablegung der Zwischenprüfung oder der Laufbahnprüfung

Nach Ablegung der Zwischenprüfung oder der Laufbahnprüfung wird die Besoldung bis zum Ende des laufenden Monats weitergewährt, wenn das Beamtenverhältnis der Anwärterin oder des Anwärters kraft Rechtsvorschrift oder allgemeiner Verwaltungsanordnung

1. mit dem endgültigen Nichtbestehen der Zwischenprüfung,
2. mit dem Bestehen oder endgültigen Nichtbestehen der Laufbahnprüfung

endet.

Wird bereits vor diesem Zeitpunkt ein Anspruch auf Bezüge aus einer hauptberuflichen Tätigkeit bei einem öffentlich-rechtlichen Dienstherrn nach § 30 Abs. 1 oder bei einer Ersatzschule erworben, so wird die Besoldung nur bis zum Tage vor Beginn dieses Anspruchs belassen.

§ 60 Anwärtersonderzuschläge

(1) Besteht ein erheblicher Mangel an qualifizierten Bewerberinnen und Bewerbern, kann die oberste Dienstbehörde im Rahmen haushaltsrechtlicher Bestimmungen im Einvernehmen mit dem für das Recht des öffentlichen Dienstes zuständigen Ministerium Anwärtersonderzuschläge gewähren. Sie sollen 70 Prozent des Anwärtergrundbetrages nicht übersteigen; sie dürfen höchstens 100 Prozent des Anwärtergrundbetrages betragen.

(2) Anspruch auf Anwärtersonderzuschläge besteht nur, wenn die Anwärterin oder der Anwärter

1. nicht vor dem Abschluss des Vorbereitungsdienstes oder wegen schuldhaften Nichtbestehens der Laufbahnprüfung ausscheidet und
2. nach Bestehen der Laufbahnprüfung mindestens fünf Jahre als Beamtin oder Beamter im öffentlichen Dienst (§ 30) in der Laufbahn verbleibt, für die die Befähigung erworben wurde, oder, wenn das Beamtenverhältnis nach Bestehen der Laufbahnprüfung endet, in derselben Laufbahn in ein neues Beamtenverhältnis im öffentlichen Dienst (§ 30) für mindestens die gleiche Zeit eintritt.

(3) Werden die in Abs. 2 genannten Voraussetzungen aus Gründen, die die Beamtin, der Beamte, die frühere Beamtin oder der frühere Beamte zu vertreten hat, nicht erfüllt, ist der Anwärtersonderzuschlag in voller Höhe zurückzuzahlen. Der Rückzahlungsbetrag vermindert sich für jedes nach Bestehen der Laufbahnprüfung abgeleistete Dienstjahr um ein Fünftel. Die §§ 12 und 13 bleiben unberührt.

§ 61 Unterrichtsvergütung für Lehrkräfte im Vorbereitungsdienst

Die für das Schulwesen zuständige Ministerin oder der hierfür zuständige Minister wird ermächtigt, durch Rechtsverordnung im Einvernehmen mit der für das Recht des öffentlichen Dienstes zuständigen Ministerin oder dem hierfür zuständigen Minister die Gewährung einer Unterrichtsvergütung für Lehrkräfte im Vorbereitungsdienst zu regeln. Die Unterrichtsvergütung darf nur vorgesehen werden, soweit die Lehrkraft im Vorbereitungsdienst über zehn Wochenstunden Ausbildungsunterricht oder selbstständigen Unterricht hinaus zusätzlich selbstständig Unterricht erteilt. Die Unterrichtsvergütung darf zusammen mit dem Anwärtergrundbetrag das Grundgehalt der Stufe 1 einschließlich des Familienzuschlags des Amtes nicht übersteigen, das der Lehrkraft im Vorbereitungsdienst nach erfolgreichem Abschluss des Vorbereitungsdienstes und bestandener Prüfung auf Probe übertragen werden soll.

§ 62 Anrechnung anderer Einkünfte

(1) Erhält eine Anwärterin oder ein Anwärter ein Entgelt für eine Nebentätigkeit innerhalb oder für eine genehmigungspflichtige Nebentätigkeit außerhalb des öffentlichen Dienstes, so wird das Entgelt auf die Anwärterbezüge angerechnet, soweit es diese übersteigt. Als Anwärtergrundbetrag werden jedoch mindestens 30 Prozent des Grundgehalts der Stufe 1 der Eingangsbesoldungsgruppe der Laufbahn gewährt.

(2) Hat die Anwärterin oder der Anwärter einen arbeitsrechtlichen Anspruch auf ein Entgelt für eine in den Ausbildungsrichtlinien vorgeschriebene Tätigkeit außerhalb des öffentlichen Dienstes, so wird das Entgelt auf die Anwärterbezüge angerechnet, soweit die Summe von Entgelt, Anwärterbezügen und Familienzuschlag die Summe von Grundgehalt und Familienzuschlag übersteigt, die einer Beamtin oder einem Beamten mit gleichem Familienstand im Eingangsamt der entsprechenden Laufbahn in der Stufe 1 zusteht.

(3) Übt eine Anwärterin oder ein Anwärter gleichzeitig eine Tätigkeit im öffentlichen Dienst mit mindestens der Hälfte der dafür geltenden regelmäßigen Arbeitszeit aus, gilt § 5 entsprechend.

§ 63 Kürzung der Anwärterbezüge

(1) Die oberste Dienstbehörde oder die von ihr bestimmte Stelle kann den Anwärtergrundbetrag bis auf 30 Prozent des Grundgehalts, das einer Beamtin oder einem Beamten der entsprechenden Laufbahn in der Stufe 1 zusteht, herabsetzen, wenn die Anwärterin oder der Anwärter die vorgeschriebene Laufbahnprüfung nicht bestanden hat oder sich die Ausbildung aus einem von der Anwärterin oder dem Anwärter zu vertretenden Grunde verzögert.

(2) Von der Kürzung ist abzusehen

1. bei Verlängerung des Vorbereitungsdienstes infolge genehmigten Fernbleibens oder Rücktritts von der Prüfung oder
2. in besonderen Härtefällen.

(3) Wird eine Zwischenprüfung nicht bestanden oder ein sonstiger Leistungsnachweis nicht erbracht, so ist die Kürzung auf den sich daraus ergebenden Zeitraum der Verlängerung des Vorbereitungsdienstes zu beschränken.

Siebenter Teil
Vermögenswirksame Leistungen

§ 64 Vermögenswirksame Leistungen

(1) Beamtinnen, Beamte, Richterinnen und Richter erhalten vermögenswirksame Leistungen nach dem Fünften Vermögensbildungsgesetz in der Fassung vom 4. März 1994 (BGBl. I S. 406), zuletzt geändert durch Gesetz vom 7. Dezember 2011 (BGBl. I S. 2592), in der jeweils geltenden Fassung.

(2) Vermögenswirksame Leistungen werden für die Kalendermonate gewährt, in denen der oder dem Berechtigten Dienst- oder Anwärterbezüge zustehen und sie oder er diese Bezüge erhält.

(3) Der Anspruch auf die vermögenswirksamen Leistungen entsteht frühestens für den Kalendermonat, in dem die oder der Berechtigte die nach § 67 Abs. 1 erforderlichen Angaben mitteilt, und für die beiden vorangegangenen Monate desselben Kalenderjahrs.

§ 65 Höhe der vermögenswirksamen Leistungen

(1) Die vermögenswirksame Leistung beträgt monatlich 6,65 Euro.

(2) Beamtinnen und Beamte auf Widerruf im Vorbereitungsdienst, deren Anwärterbezüge nebst Familienzuschlag der Stufe 1 den Betrag von 971,45 Euro monatlich nicht erreichen, erhalten monatlich 13,29 Euro.

(3) Für die Höhe der vermögenswirksamen Leistungen sind die Verhältnisse am Ersten des Kalendermonats maßgebend. Wird das Dienstverhältnis nach dem Ersten des Kalendermonats begründet, ist für diesen Monat der Tag des Beginns des Dienstverhältnisses maßgebend.

(4) Die vermögenswirksame Leistung ist bis zum Ablauf der auf den Monat der Mitteilung nach § 67 Abs. 1 folgenden drei Kalendermonate, danach monatlich im Voraus zu zahlen.

§ 66 Konkurrenzen

(1) Die vermögenswirksame Leistung wird der oder dem Berechtigten im Kalendermonat nur einmal gewährt.

(2) Bei mehreren Dienstverhältnissen ist das Dienstverhältnis maßgebend, aus dem die

oder der Berechtigte einen Anspruch auf vermögenswirksame Leistungen hat. Sind solche Leistungen für mehrere Dienstverhältnisse vorgesehen, sind sie aus dem zuerst begründeten Verhältnis zu zahlen.

(3) Erreicht die vermögenswirksame Leistung nach Abs. 2 nicht den Betrag nach § 65 Abs. 1 oder 2, ist der Unterschiedsbetrag aus dem anderen Dienstverhältnis zu zahlen.

(4) Die Abs. 1 bis 3 gelten entsprechend für vermögenswirksame Leistungen aus einem anderen Rechtsverhältnis, auch wenn die Regelungen im Einzelnen nicht übereinstimmen.

§ 67 Anlage der vermögenswirksamen Leistungen

(1) Die Berechtigten teilen ihren Dienststellen oder den nach Landesrecht bestimmten Stellen schriftlich die Art der gewählten Anlage mit und geben hierbei, soweit dies nach der Art der Anlage erforderlich ist, das Unternehmen oder Institut mit der Nummer des Kontos an, auf das die Leistung eingezahlt werden soll.

(2) Für die vermögenswirksamen Leistungen nach diesem Gesetz und die vermögenswirksame Anlage von Teilen der Bezüge nach dem Fünften Vermögensbildungsgesetz sollen die Berechtigten möglichst dieselbe Anlageart und dasselbe Unternehmen oder Institut wählen.

(3) Der Wechsel der Anlage bedarf im Falle des § 11 Abs. 3 Satz 2 des Fünften Vermögensbildungsgesetzes nicht der Zustimmung der zuständigen Stelle, wenn die oder der Berechtigte diesen Wechsel aus Anlass der erstmaligen Gewährung der vermögenswirksamen Leistungen verlangt.

Achter Teil
Übergangs- und Schlussvorschriften

§ 68 Allgemeine Verwaltungsvorschriften und Zuständigkeitsregelungen

(1) Das für das Recht des öffentlichen Dienstes zuständige Ministerium erlässt die zur Durchführung dieses Gesetzes erforderlichen Verwaltungsvorschriften.

(2) Die oberste Dienstbehörde ist zuständig für die Festsetzung, Berechnung und Anordnung der Zahlung der Besoldung der Beamtinnen, Beamten, Richterinnen und Richter sowie für die Rückforderung zu viel gezahlter Bezüge. Im Landesbereich kann sie diese Befugnisse durch Rechtsvorschrift ganz oder teilweise auf andere Dienststellen übertragen. Soweit die Übertragung auf das Regierungspräsidium Kassel erfolgt, bedarf sie des Einvernehmens des für das Recht des öffentlichen Dienstes zuständigen Ministeriums. Die obersten Dienstbehörden der Gemeinden, Gemeindeverbände und sonstigen der Aufsicht des Landes unterstehenden Körperschaften, Anstalten und Stiftungen des öffentlichen Rechts können die Befugnisse nach Satz 1 durch schriftliche Vereinbarung im Einvernehmen mit dem für das Recht des öffentlichen Dienstes zuständigen Ministerium ganz oder teilweise auf eine der Aufsicht des Landes unterstehende juristische Person des öffentlichen Rechts übertragen.

§ 69 (weggefallen)

§ 70 Übergangsvorschriften aus Anlass des Professorenbesoldungsreformgesetzes

(1) Für Beamtinnen und Beamte der Besoldungsordnung C findet § 77 Abs. 2 und 3 des Bundesbesoldungsgesetzes in der am 31. August 2006 geltenden Fassung Anwendung.

(2) Das Grundgehalt für die in Abs. 1 genannten Beamtinnen und Beamten wird nach Stufen bemessen. Der Aufstieg in eine nächsthöhere Stufe erfolgt nach jeweils zwei Jahren dienstlicher Erfahrung.

(3) Die Höhe des Grundgehalts ergibt sich aus Anlage VIII. Die Zuordnung erfolgt betragsmäßig entsprechend dem am 28. Februar 2014 zustehenden Grundgehalt. Der Aufstieg in die nächsthöhere Stufe erfolgt zu dem Zeitpunkt, zu dem das Grundgehalt nach § 77 Abs. 2 Satz 1 des Bundesbesoldungsgesetzes in der am 31. August 2006 geltenden Fassung in Verbindung mit § 36 Abs. 1 des Bundesbesoldungsgesetzes in der Fassung vom 3. Dezember 1998 (BGBl. I S. 3435) in der bis zum 22. Februar 2002 geltenden Fassung gestie-

gen wäre. Mit diesem Aufstieg beginnt die Zeit dienstlicher Erfahrung nach Abs. 2 Satz 2.

(4) Hauptamtliche Lehrkräfte am Studienzentrum der Finanzverwaltung und Justiz Rotenburg an der Fulda erhalten für die Dauer der Verwendung eine Stellenzulage nach Anlage VIII.

---

§ 70 Abs. 4 ist bereits am 1. April 2013 in Kraft getreten.

§ 71 Überleitungsvorschrift für die Beamtinnen und Beamten im Geltungsbereich des Hessischen Besoldungs- und Versorgungsüberleitungsgesetzes

Ansprüche auf Grundgehalt nach Anlage IV sind neben Ansprüchen auf Grundgehalt nach Anlage 1 des Hessischen Besoldungs- und Versorgungsüberleitungsgesetzes vom 27. Mai 2013 (GVBl. S. 218) ausgeschlossen. Der Anspruch auf Grundgehalt nach Anlage IV entsteht mit dem Erreichen einer Stufe des Grundgehalts nach den Vorschriften des Hessischen Besoldungs- und Versorgungsüberleitungsgesetzes, soweit dort nichts anderes bestimmt ist. Bis zu diesem Zeitpunkt besteht ein Anspruch auf Grundgehalt nach Anlage 1 des Hessischen Besoldungs- und Versorgungsüberleitungsgesetzes.

§ 72 Überleitung von Bundesrecht in Landesrecht

(1) Für die Berechtigten nach § 1 Abs. 1 gelten

1. die Verordnung über die Gewährung von Mehrarbeitsvergütung für Beamte in der Fassung vom 3. Dezember 1998 (BGBl. I S. 3494) in der am 31. August 2006 geltenden Fassung in Verbindung mit § 1 Abs. 2 Nr. 1 des Hessischen Besoldungs- und Versorgungsanpassungsgesetzes 2013 vom 20. November 2013 (GVBl. S. 578),
2. die Verordnung über die Gewährung von Erschwerniszulagen in der Fassung vom 3. Dezember 1998 (BGBl. I S. 3498) in der am 31. August 2006 geltenden Fassung in Verbindung mit § 4 des Gesetzes zur Ersetzung von Bundesrecht auf dem Gebiet der Besoldung vom 6. Juni 2007 (GVBl. I S. 302), zuletzt geändert durch Gesetz vom 20. November 2013 (GVBl. I S. 578),
3. die Verordnung über die Vergütung für Beamte im Vollstreckungsdienst in der Fassung der Bekanntmachung vom 6. Januar 2003 (BGBl. I S. 9) in der am 31. August 2006 geltenden Fassung sowie
4. die Verordnung über die Gewährung einer Unterrichtsvergütung für Lehramtsanwärter in der Fassung vom 18. Juli 1976 (BGBl. I S. 1828) in der am 31. August 2006 geltenden Fassung

als Landesrecht fort. Abweichend von Satz 1 gilt die in Satz 1 Nr. 1 genannte Verordnung nur bis zum Inkrafttreten einer Verordnung aufgrund des § 50, für die Polizeivollzugsbeamtinnen und Polizeivollzugsbeamten nur bis zum Inkrafttreten einer Verordnung aufgrund des § 56a. Abweichend von Satz 1 gilt die in Satz 1 Nr. 3 genannte Verordnung nicht für die Beamtinnen und Beamten im Gerichtsvollzieherdienst und die Vollziehungsbeamtinnen und Vollziehungsbeamten der Steuerverwaltung fort.

(2) Soweit durch dieses Gesetz Verordnungen geändert oder erlassen werden, bleibt die Befugnis der zuständigen Stellen, die Verordnungen künftig zu ändern oder aufzuheben, unberührt.

§ 73 Aufhebung bisherigen Rechts

Es werden aufgehoben:

1. die Verordnung über die Festsetzung von Zusätzen zu den Grundamtsbezeichnungen vom 5. September 2007 (GVBl. I S. 598), zuletzt geändert durch Verordnung vom 5. November 2012 (GVBl. S. 422),
2. die Verordnung über die Festsetzung von Obergrenzen für Beförderungsämter im mittleren Dienst bei den Justizvollzugsanstalten vom 2. November 2000 (GVBl. I S. 512), zuletzt geändert durch Verordnung vom 29. November 2010 (GVBl. I S. 450),
3. die Verordnung zur Übertragung von Ermächtigungen zum Erlass von Rechtsverordnungen auf dem Gebiet des Besoldungsrechts vom 28. September 1976

III

(GVBl. I S. 399), geändert durch Verordnung vom 23. Januar 1979 (GVBl. I S. 33),

4. die Vorschriften des Hessischen Anpassungsgesetzes zum 2. BesVNG vom 23. Dezember 1976 (GVBl. I S. 547), geändert durch Gesetz vom 6. Juni 1978 (GVBl. I S. 301), mit Ausnahme des Art. 3,
5. die Vorschriften des Hessischen Besoldungsgesetzes in der Fassung vom 25. Februar 1998 (GVBl. I S. 50), zuletzt geändert durch Gesetz vom 12. Dezember 2012 (GVBl. S. 647), mit Ausnahme des § 1a und § 7 Abs. 3,
6. die Verordnung über die Gewährung von Zulagen für Ausbildungsbeauftragte an Studienseminaren für Lehrkräfte und für die an der Evaluierung der Erprobung des Praxissemesters beteiligten Lehrkräfte vom 17. Juni 2003 (GVBl. I S. 186), zuletzt geändert durch Gesetz vom 20. November 2013 (GVBl. S. 578),
7. die Vorschriften des Gesetzes zur Ersetzung von Bundesrecht auf dem Gebiet der Besoldung vom 6. Juni 2007 (GVBl. I S. 302), zuletzt geändert durch Gesetz vom 20. November 2013 (GVBl. S. 578), mit Ausnahme des § 4,
8. die Vorschriften des Hessischen Besoldungs- und Versorgungsanpassungsgesetzes 2009/2010 vom 18. Juni 2009 (GVBl. I S. 175), geändert durch Gesetz vom 25. November 2010 (GVBl. I S. 410), mit Ausnahme des § 2 Abs. 1 Nr. 1 und Abs. 2 in Verbindung mit § 1 Abs. 1 Nr. 1 Buchst. i sowie der Anlage 13,
9. die Vorschriften des Gesetzes über die Dienstaufwandsentschädigung der hauptamtlichen Wahlbeamten auf Zeit der Gemeinden, der Landkreise, des Landeswohlfahrtsverbandes Hessen und des Regionalverbandes FrankfurtRheinMain in der Fassung vom 6. Februar 1990 (GVBl. I S. 31), zuletzt geändert durch Gesetz vom 13. Dezember 2012 (GVBl. S. 622),
10. das Hessische Professorenbesoldungsgesetz vom 12. Dezember 2012 (GVBl. S. 647), zuletzt geändert durch Gesetz vom 20. November 2013 (GVBl. S. 578).

Der zunächst noch gültige § 1a des früheren Hessischen Besoldungsgesetzes ist bei § 1 aufgenommen.

§ 74 Künftig wegfallende Ämter

Künftig wegfallende Ämter sind im Anhang zu den Besoldungsordnungen der Anlage I aufgeführt. Diese Ämter dürfen nicht mehr verliehen werden. Inhaberinnen oder Inhabern eines künftig wegfallenden Amtes kann jedoch im Wege der Beförderung ein ebenfalls als künftig wegfallend bezeichnetes Amt verliehen werden, sofern nicht eine Beförderung in ein in den Besoldungsordnungen A und B ausgebrachtes Amt möglich ist.

§ 75 Anpassung von Bezügen nach geltendem Recht

Die Anpassung nach § 16 Abs. 2 gilt entsprechend für

1. die Grundgehaltssätze
   a) in den Regelungen über künftig wegfallende Ämter,
   b) in den fortgeltenden Besoldungsordnungen und Besoldungsgruppen der Hochschullehrerinnen und Hochschullehrer,
2. die Amtszulagen in Regelungen über künftig wegfallende Ämter,
3. die Höchstbeträge für Sondergrundgehälter und Zuschüsse zum Grundgehalt sowie festgesetzte Sondergrundgehälter und Zuschüsse nach den fortgeltenden Besoldungsordnung der Hochschullehrerinnen und Hochschullehrer,
4. die in festen Beträgen ausgewiesenen Zuschüsse zum Grundgehalt nach den Vorbemerkungen Nr. 1 und 2 und die allgemeine Stellenzulage nach der Vorbemerkung Nr. 2b der Anlage II des Bundesbesoldungsgesetzes in der bis zum 22. Februar 2002 geltenden Fassung,
5. die Beträge der Amtszulagen nach Anlage 2 der Verordnung zur Überleitung in die im Zweiten Gesetz zur Vereinheitlichung und Neuregelung des Besoldungsrechts in Bund und Ländern geregelten Ämter und über die künftig wegfallenden Ämter vom 1. Oktober 1975 (BGBl. I

S. 2608), zuletzt geändert durch Gesetz vom 24. März 1997 (BGBl. I S. 590).

§ 76 Inkrafttreten, Außerkrafttreten

(1) Dieses Gesetz tritt am 1. März 2014 in Kraft. Abweichend von Satz 1 treten

1. § 19 Abs. 2 und 4, § 24, § 27 Abs. 4, § 28 Abs. 4, § 46 Abs. 3, § 50 und § 55 Abs. 2 sowie §§ 32 bis 39 am Tage nach der Verkündung,
2. § 25 Abs. 2 Satz 2 und § 40 Satz 1 mit Ausnahme der Vorbemerkung Nr. 1 Abs. 2 Satz 2 der Anlage III zum Hessischen Besoldungsgesetz am ersten Tag des auf die Verkündung folgenden Monats,
3. § 70 Abs. 4, Vorbemerkung Nr. 11 Abs. 4 der Anlage I zum Hessischen Besoldungsgesetz sowie Vorbemerkung Nr. 2 der Anlage III zum Hessischen Besoldungsgesetz mit Wirkung vom 1. April 2013 und
4. die §§ 52 und 53 Abs. 1 mit Wirkung vom 1. Januar 2013

in Kraft.

(2) Dieses Gesetz tritt mit Ablauf des 31. Dezember 2028 außer Kraft.

Anlage I

Besoldungsordnungen A und B

Vorbemerkungen

I. Amtsbezeichnungen

1. Allgemeines

Die in der Besoldungsordnung A gesperrt gedruckten Amtsbezeichnungen sind Grundamtsbezeichnungen.

2. Zusätze zu den Grundamtsbezeichnungen

(1) Den Grundamtsbezeichnungen werden die folgenden Zusätze beigefügt:

	Grundamtsbezeichnung	Zusatz zur Grundamtsbezeichnung
1.	Sekretärin, Sekretär, Obersekretärin, Obersekretär, Hauptsekretärin, Hauptsekretär	im Justizvollzugsdienst im Justizwachtmeisterdienst Justiz- Steuer- Technische, Technischer
2.	Amtsinspektorin, Amtsinspektor, Betriebsinspektorin, Betriebsinspektor	im Justizvollzugsdienst Steuer- Technische, Technischer
3.	Inspektorin, Inspektor Oberinspektorin, Oberinspektor Amtfrau, Amtmann	Brand- Forst- Justiz- Steuer- Technische, Technischer
4.	Amtsrätin, Amtsrat Oberamtsrätin, Oberamtsrat	Brand- Forst- Technische, Technischer
5.	Rätin, Rat, Oberrätin, Oberrat	Archäologie- Archiv- Bau- Berg- Bergvermessungs- Bibliotheks- Biologie- Brand- Chemie- Eich- Forst- Gartenbau- Geologie- Gewerbe- Kriminal- Landwirtschafts- Magistrats- Medizinal- Pharmazie- Polizei- Psychologie- Regierungs- Schul- Sparkassen- Technische, Technischer Vermessungs- Verwaltungs- Veterinär- Wissenschaftliche, Wissenschaftlicher
6.	Direktorin, Direktor	Archäologie- Archiv- Bau- Berg- Bergvermessungs- Bibliotheks- Biologie- Brand- Chemie- Eich- Forst- Gartenbau- Geologie- Gewerbe- Kriminal- Landwirtschafts- Magistrats- Medizinal- Museums- Pharmazie- Polizei- Psychologie- Regierungs- im Sparkassendienst Technische, Technischer Vermessungs- Verwaltungs- Veterinär-

Grundamtsbezeichnung	Zusatz zur Grundamtsbezeichnung	
7. Leitende Direktorin, Leitender Direktor	Wissenschaftliche, Wissenschaftlicher Archäologie- Archiv- Bau- Berg- Bibliotheks- Biologie- Brand- Chemie- Eich- Forst-	
	Gartenbau-	in einer Stadt mit mehr als 180 000 Einwohnerinnen und Einwohnern
	Geologie- Gewerbe- Kriminal- Landwirtschafts- Magistrats- Medizinal- Museums- Pharmazie- Polizei- Psychologie- Regierungs- im Sparkassendienst Technische, Technischer Vermessungs- Verwaltungs- Veterinär-	

Soweit der Zusatz zur Grundamtsbezeichnung mit einem Bindestrich abschließt, wird er mit der Grundamtsbezeichnung zu einem Wort verbunden. In Nr. 7 werden die Attribute „Leitende, Leitender" dem verbundenen Wort unmittelbar vorangestellt.

(2) Die Beamtinnen und Beamten der obersten Landesbehörden führen die für ihre Laufbahn geltende Amtsbezeichnung. Abweichend von Satz 1 führen die Beamtinnen und Beamten im höheren Dienst ab Besoldungsgruppe A 16 die für den Ministerialbereich geltenden Amtsbezeichnungen.

II. Stellenzulagen

3. Zulagen für Beamtinnen und Beamte der Fliegerstaffel der hessischen Polizei

(1) Beamtinnen und Beamte erhalten

1. als Polizeiluftfahrzeugführerin oder Polizeiluftfahrzeugführer mit dem Besitz einer gültigen Erlaubnis zum Führen eines bemannten Luftfahrzeuges
2. als sonstige ständige Polizeiluftfahrzeugbesatzungsangehörige

eine Stellenzulage nach Anlage VII, wenn sie entsprechend verwendet werden.

(2) Die zuletzt gewährte Stellenzulage wird nach Beendigung der Verwendung für fünf Jahre weitergewährt, wenn die Beamtin oder der Beamte

1. mindestens fünf Jahre in einer Tätigkeit nach Abs. 1 verwendet worden ist oder
2. bei der Verwendung nach Abs. 1 einen Dienstunfall im Flugdienst oder eine durch die Besonderheit dieser Verwendung bedingte gesundheitliche Schädigung erlitten hat und dadurch die weitere Verwendung nach Abs. 1 ausgeschlossen ist.

Danach verringert sich die Stellenzulage auf 50 Prozent.

(3) Hat die Beamtin oder der Beamte einen Anspruch auf eine Stellenzulage nach Abs. 2 und wechselt in eine weitere Verwendung über, mit der ein Anspruch auf eine geringere Stellenzulage nach Abs. 1 verbunden ist, so wird zusätzlich zu der geringeren Stellenzulage der Unterschiedsbetrag zu der Stellenzulage nach Abs. 2 gewährt. Nach Beendigung der weiteren Verwendung wird die Stellenzulage nach Abs. 2 Satz 1 nur weitergewährt, soweit sie noch nicht vor der weiteren Verwendung bezogen und auch nicht während der weiteren Verwendung durch den Unterschiedsbetrag zwischen der geringeren Stellenzulage und der Stellenzulage nach Abs. 2 abgegolten worden ist. Der Berechnung der Stellenzulage nach Abs. 2 Satz 2 wird die höhere Stellenzulage zugrunde gelegt.

(4) Die Stellenzulage nach Abs. 1 ist in Höhe von 50 Prozent ruhegehaltfähig, wenn sie

mindestens fünf Jahre bezogen worden ist oder das Dienstverhältnis durch Tod oder Dienstunfähigkeit infolge eines durch die Verwendung erlittenen Dienstunfalls oder einer durch die Besonderheiten dieser Verwendung bedingten gesundheitlichen Schädigung beendet worden ist.

(5) Beamtinnen und Beamte erhalten eine Stellenzulage nach Anlage VII, wenn sie die Nachprüferlaubnis besitzen und als Nachprüferin oder Nachprüfer eines Polizeiluftfahrzeugs verwendet werden. Die Zulage wird nicht gewährt, wenn eine andere Prüferlaubnis die Nachprüferlaubnis lediglich einschließt.

(6) Beamtinnen und Beamte in einer sonstigen Verwendung als flugzeugtechnisches Personal erhalten eine Stellenzulage nach Anlage VII.

4. Zulage für die Verwendung bei obersten Behörden des Bundes oder anderer Länder sowie bei obersten Gerichtshöfen des Bundes

(1) Beamtinnen und Beamte erhalten während der Verwendung bei obersten Behörden des Bundes oder eines Landes sowie bei obersten Gerichtshöfen des Bundes eine Stellenzulage nach dem Besoldungsrecht des Bundes oder des Landes in der Höhe, in der sie der Bund oder das Land ihren Beamtinnen und Beamten für diese Verwendung gewährt, wenn sie durch den Bund oder das Land erstattet wird. Sie bleibt bei sonstigen Besoldungsleistungen unberücksichtigt.

(2) Die Stellenzulage wird nicht neben Auslandsdienstbezügen gewährt. Die Stellenzulage wird neben Stellenzulagen nach den Nr. 3 und 5 bis 7 nur gewährt, soweit sie diese übersteigt. § 15 des Hessischen Besoldungsgesetzes findet bei Beendigung der Verwendung keine Anwendung.

5. Zulage für Beamtinnen und Beamte beim Landesamt für Verfassungsschutz Hessen

Beamtinnen und Beamte, die beim Landesamt für Verfassungsschutz Hessen verwendet werden, erhalten eine Stellenzulage (Sicherheitszulage) nach Anlage VII.

6. Zulage für Beamtinnen und Beamte mit vollzugspolizeilichen Aufgaben

(1) Die Polizeivollzugsbeamtinnen und Polizeivollzugsbeamten sowie die Beamtinnen und Beamten des Steuerfahndungsdienstes erhalten eine Stellenzulage nach Anlage VII, soweit ihnen Dienstbezüge nach der Besoldungsordnung A zustehen. Die Zulage erhalten unter den gleichen Voraussetzungen auch Beamtinnen und Beamte auf Widerruf, die Vorbereitungsdienst leisten.

(2) Die Stellenzulage wird nicht neben einer Stellenzulage nach Nr. 5 gewährt.

(3) Durch die Stellenzulage werden die Besonderheiten des jeweiligen Dienstes, insbesondere der mit dem Posten- und Streifendienst sowie dem Nachtdienst verbundene Aufwand sowie der Aufwand für Verzehr mit abgegolten.

7. Zulage für Beamtinnen und Beamte der Feuerwehr

(1) Beamtinnen und Beamte der Besoldungsordnung A des feuerwehrtechnischen Dienstes erhalten eine Stellenzulage nach Anlage VII. Die Zulage erhalten unter den gleichen Voraussetzungen auch Beamtinnen und Beamte im Beamtenverhältnis auf Widerruf, die Vorbereitungsdienst leisten.

(2) Durch die Stellenzulage werden die Besonderheiten des feuerwehrtechnischen Dienstes, insbesondere der mit dem Nachtdienst verbundene Aufwand sowie der Aufwand für Verzehr, mit abgegolten.

8. Zulage für Beamtinnen und Beamte bei Justizvollzugseinrichtungen und Psychiatrischen Krankenanstalten

(1) Beamtinnen und Beamte in Ämtern der Besoldungsordnung A bei Justizvollzugseinrichtungen, in abgeschlossenen Vorführbereichen der Gerichte sowie in geschlossenen Abteilungen oder Stationen bei Psychiatrischen Krankenanstalten, die ausschließlich dem Vollzug von Maßregeln der Sicherung und Besserung dienen, und in Abschiebehafteinrichtungen erhalten eine Stellenzulage nach Anlage VII. Die Zulage erhalten unter den gleichen Voraussetzungen Beamtinnen

und Beamte auf Widerruf, die Vorbereitungsdienst leisten. Die Stellenzulage wird für Beamtinnen und Beamte in Abschiebehafteinrichtungen nicht neben einer Stellenzulage nach Nr. 6 gewährt.

(2) Beamtinnen und Beamte des Laufbahnzweigs Krankenpflegedienst im mittleren Justizdienst erhalten eine Stellenzulage nach Anlage VII.

9. Zulage für Beamtinnen und Beamte mit Meisterprüfung oder Abschlussprüfung als staatlich geprüfte Technikerin oder staatlich geprüfter Techniker

Beamtinnen und Beamte in Laufbahnen des mittleren Dienstes, in denen die Meisterprüfung oder die Abschlussprüfung als staatlich geprüfte Technikerin oder staatlich geprüfter Techniker vorgeschrieben ist, erhalten, wenn sie die Prüfung bestanden haben, eine Stellenzulage nach Anlage VII.

10. Zulage für Beamtinnen und Beamte der Steuerverwaltung

(1) Beamtinnen und Beamte des mittleren Dienstes und des gehobenen Dienstes in der Steuerverwaltung erhalten für die Zeit ihrer überwiegenden Verwendung im Außendienst der Steuerprüfung eine Stellenzulage nach Anlage VII. Satz 1 gilt auch für die Prüfungsbeamtinnen und -beamten der Finanzgerichte, die überwiegend im Außendienst tätig sind.

(2) Die Stellenzulage wird nicht neben einer Stellenzulage nach Nr. 6 gewährt.

(3) Die allgemeinen Verwaltungsvorschriften zu Abs. 1 erlässt die für Finanzen zuständige Ministerin oder der hierfür zuständige Minister im Einvernehmen mit der für das Recht des öffentlichen Dienstes zuständigen Ministerin oder dem hierfür zuständigen Minister.

11. Zulagen für Lehrkräfte mit besonderer Funktion

(1) Lehrkräfte erhalten für die Dauer einer Verwendung als Ausbildungsbeauftragte an einem Studienseminar eine Stellenzulage nach Anlage VII.

(2) Lehrkräfte erhalten für die Dauer einer Verwendung als pädagogische Leiterin oder pädagogischer Leiter einer Förderstufe an Grund-, Haupt-, Realschulen und Gymnasien eine Stellenzulage nach Anlage VII.

(3) Förderschulrektorinnen oder Förderschulrektoren einer Schule mit Förderschwerpunkt Lernen mit mehr als 200 Schülerinnen und Schülern oder einer sonstigen Förderschule mit mehr als 120 Schülerinnen und Schülern erhalten bei gleichzeitiger Leitung eines mit der Schule verbundenen Heimes eine Stellenzulage nach Anlage VII.

(4) Hauptamtliche Lehrkräfte am Studienzentrum der Finanzverwaltung und Justiz Rotenburg an der Fulda sowie an der Hessischen Landesfeuerwehrschule in Kassel erhalten für die Dauer der Verwendung eine Stellenzulage nach Anlage VII.

(5) Schulische Lehrkräfte erhalten für die Dauer der Betreuung von Teilnehmerinnen und Teilnehmern des Praxissemesters in der Schule eine Stellenzulage nach Anlage VII.

12. Zulage für Mitglieder der Krankenhausbetriebsleitung

Oberpfleger und Oberschwestern, Oberinnen und Pflegevorsteher sowie Erste Oberinnen und Erste Pflegevorsteher erhalten bei Bestellung zu Mitgliedern der Krankenhausbetriebsleitung für die Dauer dieser Tätigkeit eine Stellenzulage nach Anlage VII.

13. Allgemeine Stellenzulage

(1) Eine das Grundgehalt ergänzende ruhegehaltfähige Stellenzulage nach Anlage VII erhalten Beamtinnen und Beamte

1. des mittleren Dienstes in Laufbahnen, deren Eingangsamt der Besoldungsgruppe A 6 zugeordnet ist, des mittleren technischen Dienstes, des mittleren Krankenpflegedienstes, des mittleren allgemeinen Vollzugsdienstes bei den Justizvollzugsanstalten, des mittleren feuerwehrtechnischen Dienstes, des Werkdienstes bei den Justizvollzugsanstalten, der Gerichtsvollzieherlaufbahn und des nach § 22 der Verordnung über die Laufbahnen des hessischen Polizeivollzugsdienstes vom 27. September

2002 (GVBl. I S. 629), zuletzt geändert durch Verordnung vom 16. Dezember 2009 (GVBl. I S. 751), fortbestehenden mittleren Polizeivollzugsdienstes

a) in den Besoldungsgruppen A 6 bis A 8,
b) in den Besoldungsgruppen A 9 und A 10,

2. des gehobenen Dienstes in Laufbahnen, deren Eingangsamt der Besoldungsgruppe A 9 oder nach § 25 Abs. 2 Satz 1 des Hessischen Besoldungsgesetzes der Besoldungsgruppe A 10 zugeordnet ist, sowie ihnen gleichgestellte Beamtinnen und Beamte und
3. in der Besoldungsgruppe A 13 im höheren Dienst der eingerichteten Laufbahnfachrichtungen, denen als Eingangsamt die Besoldungsgruppe A 13 zugewiesen ist.

(2) In den Fällen des § 48 Abs. 3 Satz 2 des Hessischen Besoldungsgesetzes ist nur Abs. 1 Nr. 1 Buchst. b, Nr. 2 und 3 mit den in Anlage VII angegebenen Beträgen zu berücksichtigen.

III. Einstufung von Ämtern

14. Maßgebliche Schülerzahl

Soweit sich die Einreihung der Ämter der Schulleiterinnen und Schulleiter sowie ihrer Vertreterinnen und Vertreter in die Besoldungsgruppen nach der Schülerzahl an der Schule bestimmt, sind für das jeweilige Schuljahr die Ergebnisse der amtlichen Schulstatistik maßgebend. Bei Änderung der Schülerzahl sind Ernennungen und Einweisungen in Planstellen nicht vorzunehmen und Amtszulagen nicht zu gewähren, wenn abzusehen ist, dass die Änderung der Schülerzahl nicht über die Dauer von drei Schuljahren Bestand haben wird. § 22 Abs. 2 des Hessischen Besoldungsgesetzes bleibt unberührt.

15. Einstufung an Gesamtschulen ohne Oberstufe mit mehr als 1000 Schülerinnen und Schülern

Bei der Einstufung der Leiterinnen und Leiter und deren ständiger Vertreterinnen und Vertreter sowie der Pädagogischen Leiterinnen und Leiter von Gesamtschulen ohne Oberstufe mit mehr als 1000 Schülerinnen und Schülern ist nur die Schülerzahl von der Klasse fünf an zu berücksichtigen.

16. Förderstufen an Grundschulen

Sind Förderstufen an Grundschulen eingerichtet, gelten diese Schulen als Grund- und Hauptschulen.

17. Maßgebliche Einwohnerzahl

Soweit die Einreihung der Ämter in die Besoldungsgruppen sich nach der Zahl der Einwohnerinnen und Einwohner eines Bezirks bestimmt, ist die vor Beginn des jeweiligen Haushaltsjahres vom Hessischen Statistischen Landesamt zuletzt festgestellte und veröffentliche Einwohnerzahl jeweils vom Beginn des folgenden Kalenderjahres an maßgebend.

Besoldungsordnungen

Besoldungsordnung A

Besoldungsgruppe A 6

Erste Justizhauptwachtmeisterin
Erster Justizhauptwachtmeister
Feldschutzmeisterin
Feldschutzmeister
Hauptwartin
Hauptwart
Justizvollstreckungssekretärin
Justizvollstreckungssekretär
Oberamtsmeisterin
Oberamtsmeister
Sekretärin
Sekretär
Werkmeisterin
Werkmeister

Besoldungsgruppe A 7

Brandmeisterin[1])
Brandmeister[1])
Feldschutzobermeisterin
Feldschutzobermeister
Justizvollstreckungsobersekretärin

Justizvollstreckungsobersekretär
Krankenschwester[1])
Krankenpfleger[1])
Kriminalmeisterin[7])
Kriminalmeister[7])
Obersattelmeisterin
Obersattelmeister
Obersekretärin[2])[3])
Obersekretär[2])[3])
Oberwerkmeisterin[4])[5])
Oberwerkmeister[4])[5])
Polizeimeisterin[7])
Polizeimeister[7])
Stationsschwester[6])
Stationspfleger[6])

[1]) Als Eingangsamt.
[2]) Auch als Eingangsamt für Laufbahnen des mittleren technischen Dienstes.
[3]) Als Eingangsamt für die Laufbahn des mittleren allgemeinen Vollzugsdienstes bei den Justizvollzugsanstalten.
[4]) Auch als Eingangsamt.
[5]) Als Eingangsamt für die Laufbahn des Werkdienstes bei den Justizvollzugsanstalten.
[6]) Erhält eine Amtszulage nach Anlage VII.
[7]) Gemäß § 23 der Verordnung über die Laufbahnen des hessischen Polizeivollzugsdienstes.

Besoldungsgruppe A 8

Abteilungsschwester
Abteilungspfleger
Feldschutzhauptmeisterin
Feldschutzhauptmeister
Gerichtsvollzieherin[1])
Gerichtsvollzieher[1])
Hauptsattelmeisterin
Hauptsattelmeister
Hauptsekretärin[2])
Hauptsekretär[2])
Hauptwerkmeisterin
Hauptwerkmeister
Justizvollstreckungshauptsekretärin
Justizvollstreckungshauptsekretär
Kriminalobermeisterin[3])
Kriminalobermeister[3])
Oberbrandmeisterin
Oberbrandmeister
Polizeiobermeisterin[3])
Polizeiobermeister[3])

[1]) Als Eingangsamt.
[2]) Als Endamt im Justizwachtmeisterdienst. Für bis zu 20 Prozent der Gesamtzahl der Planstellen für Laufbahnen nach § 15 Abs. 2 Satz 2 des Hessischen Beamtengesetzes in der Laufbahn des Justizwachtmeisterdienstes.
[3]) Gemäß § 23 der Verordnung über die Laufbahnen des hessischen Polizeivollzugsdienstes.

Besoldungsgruppe A 9

Amtsinspektorin[1])
Amtsinspektor[1])
Betriebsinspektorin[1])
Betriebsinspektor[1])
Erste Hauptsattelmeisterin
Erster Hauptsattelmeister
Feldschutzkommissarin
Feldschutzkommissar
Hauptbrandmeisterin[1])
Hauptbrandmeister[1])
Inspektorin
Inspektor
Kriminalhauptmeisterin[1]),[3])
Kriminalhauptmeister[1])[3])
Kriminalkommissarin
Kriminalkommissar
Lehrwerkmeisterin
Lehrwerkmeister
Obergerichtsvollzieherin[1])
Obergerichtsvollzieher[1])
Oberin[2])
Pflegevorsteher[2])
Oberschwester
Oberpfleger
Polizeihauptmeisterin[1])[3])
Polizeihauptmeister[1])[3])

Polizeikommissarin

Polizeikommissar

[1]) Für Funktionen, die sich von denen der Besoldungsgruppe A 9 abheben, können nach Maßgabe sachgerechter Bewertung jeweils bis zu 30 Prozent der Stellen mit einer Amtszulage nach Anlage VII ausgestattet werden.

[2]) Erhält eine Amtszulage nach Anlage VII.

[3]) Gemäß § 23 der Verordnung über die Laufbahnen des hessischen Polizeivollzugsdienstes.

III

Besoldungsgruppe A 10[1])

Erste Oberin[2])

Erster Pflegevorsteher[2])

Fachlehrerin
- für arbeitstechnische Fächer[3])[4])
- für musisch-technische Fächer[3])[4])

Fachlehrer
- für arbeitstechnische Fächer[3])[4])
- für musisch-technische Fächer[3])[4])

Feldschutzoberkommissarin

Feldschutzoberkommissar

Kriminaloberkommissarin

Kriminaloberkommissar

Oberinspektorin

Oberinspektor

Polizeioberkommissarin

Polizeioberkommissar

[1]) Auch als Eingangsamt (siehe § 25 Abs. 2 Satz 1).

[2]) Erhält eine Amtszulage nach Anlage VII.

[3]) Als Eingangsamt.

[4]) Soweit nicht in der Besoldungsgruppe A 11.

Besoldungsgruppe A 11

Amtfrau

Amtmann

Kriminalhauptkommissarin[1])

Kriminalhauptkommissar[1])

Polizeihauptkommissarin[1])

Polizeihauptkommissar[1])

Fachlehrerin[2])

Fachlehrer[2])

Fachlehrerin
- für arbeitstechnische Fächer[3])[4])
- für musisch-technische Fächer[3])[4])
- sozialpädagogischer Richtung[5])

Fachlehrer
- für arbeitstechnische Fächer[3])[4])
- für musisch-technische Fächer[3])[4])
- sozialpädagogischer Richtung[5])

[1]) Soweit nicht in der Besoldungsgruppe A 12.

[2]) Mit abgeschlossener Ingenieur- oder Fachhochschulausbildung, wenn sie vorgeschrieben ist oder, beim Fehlen laufbahnrechtlicher Vorschriften, gefordert wird, als Eingangsamt.

[3]) Soweit nicht in der Besoldungsgruppe A 10.

[4]) In diese Besoldungsgruppe können nur Beamtinnen und Beamte eingestuft werden, die nach Abschluss der Ausbildung eine achtjährige Lehrtätigkeit oder eine dreijährige Dienstzeit seit Berufung in das Beamtenverhältnis auf Lebenszeit als Fachlehrerin oder Fachlehrer in der Besoldungsgruppe A 10 verbracht haben.

[5]) Soweit nicht als Fachlehrerin oder Fachlehrer nach Fußnote 2, als Eingangsamt.

Besoldungsgruppe A 12

Amtsanwältin[1])

Amtsanwalt[1])

Amtsrätin

Amtsrat

Kriminalhauptkommissarin[2])

Kriminalhauptkommissar[2])

Polizeihauptkommissarin[2])

Polizeihauptkommissar[2])

Rechnungsrätin
- als Prüfungsbeamtin beim Hessischen Rechnungshof

Rechnungsrat
- als Prüfungsbeamter beim Hessischen Rechnungshof

Fachlehrerin[3])

Fachlehrer[3])

Fachlehrerin für arbeitstechnische Fächer
- als Koordinatorin für Fachpraxis an beruflichen Schulen

Fachlehrer für arbeitstechnische Fächer
- als Koordinator für Fachpraxis an beruflichen Schulen

Konrektorin
- als die ständige Vertreterin der Leiterin oder des Leiters einer Grundschule[5]) mit mehr als 80 bis zu 180 Schülerinnen und Schülern[4])
- zur Wahrnehmung von Schulleitungsaufgaben an einer Grundschule[4])[5])

Konrektor
- als der ständige Vertreter der Leiterin oder des Leiters einer Grundschule[5]) mit mehr als 80 bis zu 180 Schülerinnen und Schülern[4])
- zur Wahrnehmung von Schulleitungsaufgaben an einer Grundschule[4])[5])

Lehrerin
- an allgemeinbildenden Schulen[1])

Lehrer
- an allgemeinbildenden Schulen[1])

---

[1]) Als Eingangsamt, bei Lehrerinnen und Lehrern soweit nicht anderweitig eingereiht.

[2]) Soweit nicht in der Besoldungsgruppe A 11.

[3]) Mit abgeschlossener Ingenieur- oder Fachhochschulausbildung, wenn sie vorgeschrieben ist oder, beim Fehlen laufbahnrechtlicher Vorschriften, gefordert wird. In diese Besoldungsgruppe können nur Beamtinnen und Beamte eingestuft werden, die nach Abschluss der Ingenieur- oder Fachhochschulausbildung eine achtjährige Lehrtätigkeit oder eine dreijährige Dienstzeit seit Berufung in das Beamtenverhältnis auf Lebenszeit als Fachlehrerin oder Fachlehrer in der Besoldungsgruppe A 11 verbracht haben.

[4]) Erhält eine Amtszulage nach Anlage VII.

[5]) Soweit nicht in der Besoldungsgruppe A 13.

Besoldungsgruppe A 13[1])

Akademische Rätin
- als wissenschaftliche oder künstlerische Mitarbeiterin an einer Hochschule

Akademischer Rat
- als wissenschaftlicher oder künstlerischer Mitarbeiter an einer Hochschule

Ärztin[2])

Arzt[2])

Direktorin einer Volkshochschule[2])

Direktor einer Volkshochschule[2])

Erste Kriminalhauptkommissarin

Erster Kriminalhauptkommissar

Erste Polizeihauptkommissarin

Erster Polizeihauptkommissar

Förderschullehrerin[3])

Förderschullehrer[3])

Hauptlehrerin im Justizvollzugsdienst[4])

Hauptlehrer im Justizvollzugsdienst[4])

Konrektorin
- als die ständige Vertreterin der Leiterin oder des Leiters einer Grundschule mit mehr als 180 bis zu 360 Schülerinnen und Schülern
- als die ständige Vertreterin der Leiterin oder des Leiters einer Grundschule mit mehr als 360 bis zu 540 Schülerinnen und Schülern[4])
- zur Wahrnehmung von Schulleitungsaufgaben an einer Grundschule[13])
- als die ständige Vertreterin der Leiterin oder des Leiters einer Grund- und Hauptschule oder Hauptschule mit bis zu 360 Schülerinnen und Schülern[4])
- als die ständige Vertreterin der Leiterin oder des Leiters einer
  - Grund-, Haupt- und Realschule,
  - Haupt- und Realschule,
  - Realschule oder
  - Mittelstufenschule mit bis zu 180 Schülerinnen und Schülern an dem Realschulzweig, der Förderstufe und der Aufbaustufe oder insgesamt bis zu 360 Schülerinnen und Schülern[4])
- zur Wahrnehmung von Schulleitungsaufgaben an einer
  - Hauptschule,
  - Realschule,
  - Grund- und Hauptschule,
  - Haupt- und Realschule,
  - Grund-, Haupt- und Realschule oder
  - Mittelstufenschule[2]),[5])

Konrektor
- als der ständige Vertreter der Leiterin oder des Leiters einer Grundschule mit mehr als 180 bis zu 360 Schülerinnen und Schülern
- als der ständige Vertreter der Leiterin oder des Leiters einer Grundschule mit mehr

als 360 bis zu 540 Schülerinnen und Schülern[4])
- zur Wahrnehmung von Schulleitungsaufgaben an einer Grundschule[13])
- als der ständige Vertreter der Leiterin oder des Leiters einer Grund- und Hauptschule oder Hauptschule mit bis zu 360 Schülerinnen und Schülern[4])
- als der ständige Vertreter der Leiterin oder des Leiters einer
  - Grund-, Haupt- und Realschule,
  - Haupt- und Realschule,
  - Realschule oder
  - Mittelstufenschule mit bis zu 180 Schülerinnen und Schülern an dem Realschulzweig, der Förderstufe und der Aufbaustufe oder insgesamt bis zu 360 Schülerinnen und Schülern[4])
- zur Wahrnehmung von Schulleitungsaufgaben an einer
  - Hauptschule,
  - Realschule,
  - Grund- und Hauptschule,
  - Haupt- und Realschule,
  - Grund-, Haupt- und Realschule oder
  - Mittelstufenschule[2]),[5])

Konservatorin

Konservator

Kustodin

Kustos

Lehrerin
- mit der Befähigung für das Lehramt an Haupt- und Realschulen[6]),[7]),[12])
- als Pädagogische Mitarbeiterin

Lehrer
- mit der Befähigung für das Lehramt an Haupt- und Realschulen[6]),[7]),[12])
- als Pädagogischer Mitarbeiter

Oberamtsanwältin[8])

Oberamtsanwalt[8])

Oberamtsrätin[9])

Oberamtsrat[9])

Oberlehrerin im Justizvollzugsdienst

Oberlehrer im Justizvollzugsdienst

Oberrechnungsrätin
- als Prüfungsbeamtin beim Hessischen Rechnungshof

Oberrechnungsrat
- als Prüfungsbeamter beim Hessischen Rechnungshof

Rätin[10])

Rat[10])

Rektorin
- einer Grundschule mit bis zu 80 Schülerinnen und Schülern
- einer Grundschule mit mehr als 80 bis zu 180 Schülerinnen und Schülern[4])

Rektor
- einer Grundschule mit bis zu 80 Schülerinnen und Schülern
- einer Grundschule mit mehr als 80 bis zu 180 Schülerinnen und Schülern[4])

Studienleiterin an einer Volkshochschule

Studienleiter an einer Volkshochschule

Studienrätin
- im Hochschuldienst[11])
- mit der Befähigung für das Lehramt an Gymnasien[12])
- mit der Befähigung für das Lehramt an beruflichen Schulen[12])

Studienrat
- im Hochschuldienst[11])
- mit der Befähigung für das Lehramt an Gymnasien[12])
- mit der Befähigung für das Lehramt an beruflichen Schulen[12])

Verwaltungsstudienrätin

Verwaltungsstudienrat

---

[1]) Für Beamtinnen und Beamte des gehobenen feuerwehrtechnischen Dienstes, des gehobenen Forstdienstes und des gehobenen technischen Dienstes können für Funktionen, die sich von denen der Besoldungsgruppe A 13 abheben, nach Maßgabe sachgerechter Bewertung bis zu 20 Prozent der für Beamtinnen und Beamte dieser Bereiche zusammen ausgebrachten Stellen der Besoldungsgruppe A 13 mit einer Amtszulage nach Anlage VII ausgestattet werden.

[2]) Soweit nicht in der Besoldungsgruppe A 14.

[3]) Höchstens 30 Prozent der Förderschullehrerinnen und -lehrer erhalten als Abteilungsleiterinnen und -leiter oder als Stufenleiterinnen und -leiter eine Amtszulage nach Anlage VII.

[4]) Erhält eine Amtszulage nach Anlage VII.

[5]) Erhält eine Amtszulage nach Anlage VII.

[6]) Als Eingangsamt.

[7]) Gilt auch für Lehrerinnen und Lehrer mit der Befähigung für das Lehramt an Haupt- und Realschulen nach dem Gesetz über das Lehramt an öffentlichen Schulen vom 3. März 1992 (GVBl. I S. 106) in der vor dem 1. Januar 2005 geltenden Fassung sowie für Lehrerinnen und Lehrer an Gymnasien, deren Ausbildung vor dem 1. Juli 1975 geregelt war.

[8]) Für Funktionen einer Amtsanwältin oder eines Amtsanwalts bei einer Staatsanwaltschaft, die sich von denen der Besoldungsgruppe A 13 abheben, können nach Maßgabe sachgerechter Bewertung bis zu 20 Prozent der Stellen für Oberamtsanwältinnen und -anwälte mit einer Amtszulage nach Anlage VII ausgestattet werden.

[9]) Für Beamtinnen und Beamte der Rechtspflegerlaufbahn können für Funktionen der Rechtspflegerinnen und -pfleger bei Gerichten und Staatsanwaltschaften, die sich von denen der Besoldungsgruppe A 13 abheben, nach Maßgabe sachgerechter Bewertung bis zu 20 Prozent der für Rechtspflegerinnen und -pfleger ausgebrachten Stellen der Besoldungsgruppe A 13 mit einer Amtszulage nach Anlage VII ausgestattet werden.

[10]) Gilt auch an einem Staatlichen Schulamt und der Hessischen Lehrkräfteakademie mit einem durch Staats- oder Magisterprüfung oder eine gleichwertige Hochschulprüfung abgeschlossenen Studium.

[11]) Mit einem durch Staats- oder Masterprüfung abgeschlossenen Studium.

[12]) Bei einer der jeweiligen Befähigung entsprechenden Verwendung.

[13]) Soweit nicht in der Besoldungsgruppe A 12 mit Amtszulage.

Besoldungsgruppe A 14

Akademische Oberrätin

- als wissenschaftliche oder künstlerische Mitarbeiterin an einer Hochschule

Akademischer Oberrat

- als wissenschaftlicher oder künstlerischer Mitarbeiter an einer Hochschule

Ärztin[1]) Arzt[1])

Chefärztin[2])

Chefarzt[2])

Direktorin einer Volkshochschule[1])

Direktor einer Volkshochschule[1])

Förderschulkonrektorin

- als die ständige Vertreterin der Leiterin oder des Leiters einer Schule mit Förderschwerpunkt Lernen
  - mit mehr als 100 bis zu 200 Schülerinnen und Schülern[3])
  - mit mehr als 200 Schülerinnen und Schülern[3])[4])
- als die ständige Vertreterin der Leiterin oder des Leiters einer sonstigen Förderschule
  - mit mehr als 60 bis zu 120 Schülerinnen und Schülern[3])
  - mit mehr als 120 Schülerinnen und Schülern[3])[4])
- zur Wahrnehmung von Schulleitungsaufgaben[9])

Förderschulkonrektor

- als der ständige Vertreter der Leiterin oder des Leiters einer Schule mit Förderschwerpunkt Lernen
  - mit mehr als 100 bis zu 200 Schülerinnen und Schülern[3])
  - mit mehr als 200 Schülerinnen und Schülern[3])[4])
- als der ständige Vertreter der Leiterin oder des Leiters einer sonstigen Förderschule
  - mit mehr als 60 bis zu 120 Schülerinnen und Schülern[3])
  - mit mehr als 120 Schülerinnen und Schülern[3])[4])
- zur Wahrnehmung von Schulleitungsaufgaben[9])

Förderschulrektorin

- einer Schule mit Förderschwerpunkt Lernen
  - mit bis zu 100 Schülerinnen und Schülern[3])
  - mit mehr als 100 bis zu 200 Schülerinnen und Schülern[3])[4])

  einer sonstigen Förderschule
  - mit bis zu 60 Schülerinnen und Schülern[3])
  - mit mehr als 60 bis zu 120 Schülerinnen und Schülern[3])[4])

III

Förderschulrektor
- einer Schule mit Förderschwerpunkt Lernen
  - mit bis zu 100 Schülerinnen und Schülern[3])
  - mit mehr als 100 bis zu 200 Schülerinnen und Schülern[3])[4])
- einer sonstigen Förderschule
  - mit bis zu 60 Schülerinnen und Schülern[3])
  - mit mehr als 60 bis zu 120 Schülerinnen und Schülern[3])[4])

Konrektorin
- als die ständige Vertreterin der Leiterin oder des Leiters einer Grundschule mit mehr als 540 Schülerinnen und Schülern
- als die ständige Vertreterin der Leiterin oder des Leiters einer Grund- und Hauptschule oder Hauptschule mit mehr als 360 Schülerinnen und Schülern
- als die ständige Vertreterin der Leiterin oder des Leiters einer
  - Grund-, Haupt- und Realschule,
  - Haupt- und Realschule,
  - Realschule oder
  - Mittelstufenschule mit mehr als 180 bis zu 360 Schülerinnen und Schülern an dem Realschulzweig, der Förderstufe und der Aufbaustufe oder insgesamt mehr als 360 bis zu 540 Schülerinnen und Schülern
- als die ständige Vertreterin der Leiterin oder des Leiters einer
  - Grund-, Haupt- und Realschule,
  - Haupt- und Realschule,
  - Realschule oder
  - Mittelstufenschule mit mehr als 360 Schülerinnen und Schülern an dem Realschulzweig, der Förderstufe und der Aufbaustufe oder insgesamt mehr als 540 Schülerinnen und Schülern[4])
- zur Wahrnehmung von Schulleitungsaufgaben an einer
  - Hauptschule,
  - Realschule,
  - Grund- und Hauptschule,
  - Haupt- und Realschule,
  - Grund-, Haupt- und Realschule oder
  - Mittelstufenschule[1])

Konrektor
- als der ständige Vertreter der Leiterin oder des Leiters einer Grundschule mit mehr als 540 Schülerinnen und Schülern
- als der ständige Vertreter der Leiterin oder des Leiters einer Grund- und Hauptschule oder Hauptschule mit mehr als 360 Schülerinnen und Schülern
- als der ständige Vertreter der Leiterin oder des Leiters einer
  - Grund-, Haupt- und Realschule,
  - Haupt- und Realschule,
  - Realschule oder
  - Mittelstufenschule mit mehr als 180 bis zu 360 Schülerinnen und Schülern an dem Realschulzweig, der Förderstufe und der Aufbaustufe oder insgesamt mehr als 360 bis zu 540 Schülerinnen und Schülern
- als der ständige Vertreter der Leiterin oder des Leiters einer
  - Grund-, Haupt- und Realschule,
  - Haupt- und Realschule,
  - Realschule oder
  - Mittelstufenschule mit mehr als 360 Schülerinnen und Schülern an dem Realschulzweig, der Förderstufe und der Aufbaustufe oder insgesamt mehr als 540 Schülerinnen und Schülern[4])
- zur Wahrnehmung von Schulleitungsaufgaben an einer
  - Hauptschule,
  - Realschule,
  - Grund- und Hauptschule,
  - Haupt- und Realschule,
  - Grund-, Haupt- und Realschule oder
  - Mittelstufenschule[1])

Oberärztin[5])

Oberarzt[5])

Oberkonservatorin

Oberkonservator

Oberkustodin

Oberkustos

Oberrätin[6])[10])

Oberrat[6])[10])

Oberstudienrätin
- mit der Befähigung für das Lehramt an Gymnasien[8])
- mit der Befähigung für das Lehramt an beruflichen Schulen[8])
- zur Wahrnehmung von Schulleitungsaufgaben
- im Hochschuldienst[7])

Oberstudienrat
- mit der Befähigung für das Lehramt an Gymnasien[8])
- mit der Befähigung für das Lehramt an beruflichen Schulen[8])
- zur Wahrnehmung von Schulleitungsaufgaben
- im Hochschuldienst[7])

Rektorin
- als Ausbildungsleiterin
- als Ausbildungsleiterin und ständige Vertreterin der Direktorin oder des Direktors eines Studienseminars für Grundschulen, Hauptschulen, Realschulen und Förderschulen

Rektor
- als Ausbildungsleiter
- als Ausbildungsleiter und ständiger Vertreter der Direktorin oder des Direktors eines Studienseminars für Grundschulen, Hauptschulen, Realschulen und Förderschulen

Rektorin
- einer Grundschule mit mehr als 180 bis zu 360 Schülerinnen und Schülern
- einer Grundschule mit mehr als 360 bis zu 540 Schülerinnen und Schülern[4])
- einer Grund- und Hauptschule oder Hauptschule mit bis zu 360 Schülerinnen und Schülern
- einer Grund- und Hauptschule oder Hauptschule mit mehr als 360 bis zu 540 Schülerinnen und Schülern[4])
- einer
  - Grund-, Haupt- und Realschule,
  - Haupt- und Realschule,
  - Realschule oder
  - Mittelstufenschule mit bis zu 180 Schülerinnen und Schülern an dem Realschulzweig, der Förderstufe und der Aufbaustufe oder insgesamt bis zu 360 Schülerinnen und Schülern
- einer
  - Grund-, Haupt- und Realschule,
  - Haupt- und Realschule,
  - Realschule oder
  - Mittelstufenschule mit mehr als 180 bis zu 360 Schülerinnen und Schülern an dem Realschulzweig, der Förderstufe und der Aufbaustufe oder insgesamt mehr als 360 bis zu 540 Schülerinnen und Schülern[4])

Rektor
- einer Grundschule mit mehr als 180 bis zu 360 Schülerinnen und Schülern
- einer Grundschule mit mehr als 360 bis zu 540 Schülerinnen und Schülern[4])
- einer Grund- und Hauptschule oder Hauptschule mit bis zu 360 Schülerinnen und Schülern
- einer Grund- und Hauptschule oder Hauptschule mit mehr als 360 bis zu 540 Schülerinnen und Schülern[4])
- einer
  - Grund-, Haupt- und Realschule,
  - Haupt- und Realschule,
  - Realschule oder
  - Mittelstufenschule mit bis zu 180 Schülerinnen und Schülern an dem Realschulzweig, der Förderstufe und der Aufbaustufe oder insgesamt bis zu 360 Schülerinnen und Schülern
- einer
  - Grund-, Haupt- und Realschule,
  - Haupt- und Realschule,
  - Realschule oder
  - Mittelstufenschule mit mehr als 180 bis zu 360 Schülerinnen und Schülern an dem Realschulzweig, der Förderstufe und der Aufbaustufe oder insgesamt mehr als 360 bis zu 540 Schülerinnen und Schülern[4])

Rektorin als Leiterin einer überregionalen Ausbildungsstätte für Gefangene in einer Justizvollzugsanstalt

Rektor als Leiter einer überregionalen Ausbildungsstätte für Gefangene in einer Justizvollzugsanstalt

Rektorin an einer Gesamtschule

- zur Wahrnehmung von Schulleitungsaufgaben

Rektor an einer Gesamtschule

- zur Wahrnehmung von Schulleitungsaufgaben

Verwaltungsoberstudienrätin

Verwaltungsoberstudienrat

Verwaltungsoberstudienrätin

- als stellvertretende Studienleiterin der Seminarbezirke Frankfurt am Main, Kassel und Wiesbaden des Hessischen Verwaltungsschulverbandes[4])

Verwaltungsoberstudienrat

- als stellvertretender Studienleiter der Seminarbezirke Frankfurt am Main, Kassel und Wiesbaden des Hessischen Verwaltungsschulverbandes[4])

[1]) Soweit nicht in der Besoldungsgruppe A 13.

[2]) Soweit nicht in den Besoldungsgruppen A 15 oder A 16.

[3]) Für die Berechnung der Schülerzahlen sonderpädagogischer Beratungs- und Förderzentren werden die Anzahl der Schülerinnen und Schüler mit festgestelltem Anspruch auf sonderpädagogische Forderung in der Förderschule und zur Hälfte die Zahl der von dem sonderpädagogischen Beratungs- und Förderzentrum geförderten Schülerinnen und Schüler an allgemeinen Schulen zugrunde gelegt.

[4]) Erhält eine Amtszulage nach Anlage VII.

[5]) Soweit nicht in der Besoldungsgruppe A 15.

[6]) Gilt auch an einem Staatlichen Schulamt und der Hessischen Lehrkräfteakademie mit einem durch Staats- oder Magisterprüfung oder eine gleichwertige Hochschulprüfung abgeschlossenen Studium.

[7]) Mit einem durch Staats- oder Masterprüfung abgeschlossenen Studium.

[8]) Bei einer der jeweiligen Befähigung entsprechenden Verwendung.

[9]) Gilt auch für Leiterinnen und Leiter eines sonderpädagogischen Beratungs- und Förderzentrums an einer allgemeinen Schule; soweit nicht in der Besoldungsgruppe A 13, Fußnote 3

[10]) Als Eingangsamt für die Ärztinnen, Ärzte, Zahnärztinnen und Zahnärzte in der Landesverwaltung und im öffentlichen Gesundheitsdienst.

Besoldungsgruppe A 15

Akademische Direktorin

- als wissenschaftliche oder künstlerische Mitarbeiterin an einer Hochschule

Akademischer Direktor

- als wissenschaftlicher oder künstlerischer Mitarbeiter an einer Hochschule

Chefärztin[1])

Chefarzt[1])

Dekanin[2])

Dekan[2])

Direktorin

Direktor

Direktorin an der Hessischen Lehrkräfteakademie

Direktor an der Hessischen Lehrkräfteakademie

Direktorin an einer Gesamtschule

- als die ständige Vertreterin der Leiterin oder des Leiters einer Gesamtschule mit Oberstufe[4])
- als die ständige Vertreterin der Leiterin oder des Leiters einer Gesamtschule ohne Oberstufe mit bis zu 1000 Schülerinnen und Schülern
- als die ständige Vertreterin der Leiterin oder des Leiters einer Gesamtschule ohne Oberstufe mit mehr als 1000 Schülerinnen und Schülern[4])

Direktor an einer Gesamtschule

- als der ständige Vertreter der Leiterin oder des Leiters einer Gesamtschule mit Oberstufe[4])
- als der ständige Vertreter der Leiterin oder des Leiters einer Gesamtschule ohne Oberstufe mit bis zu 1000 Schülerinnen und Schülern
- als der ständige Vertreter der Leiterin oder des Leiters einer Gesamtschule ohne Oberstufe mit mehr als 1000 Schülerinnen und Schülern[4])

Direktorin einer Gesamtschule

- als Leiterin einer Gesamtschule ohne Oberstufe mit bis zu 1000 Schülerinnen und Schülern[4])

Direktor einer Gesamtschule

- als Leiter einer Gesamtschule ohne Oberstufe mit bis zu 1000 Schülerinnen und Schülern[4])

Direktorin eines Studienseminars für Grundschulen, Hauptschulen, Realschulen und Förderschulen

Direktor eines Studienseminars für Grundschulen, Hauptschulen, Realschulen und Förderschulen

Förderschulrektorin

- einer Schule mit Förderschwerpunkt Lernen mit mehr als 200 Schülerinnen und Schülern[5])
- einer sonstigen Förderschule mit mehr als 120 Schülerinnen und Schülern[5])

Förderschulrektor

- einer Schule mit Förderschwerpunkt Lernen mit mehr als 200 Schülerinnen und Schülern[5])
- einer sonstigen Förderschule mit mehr als 120 Schülerinnen und Schülern[5])

Hauptkonservatorin

Hauptkonservator

Hauptkustodin

Hauptkustos

Kanzlerin der Hessischen Hochschule für Finanzen und Rechtspflege in Rotenburg a. d. Fulda

Kanzler der Hessischen Hochschule für Finanzen und Rechtspflege in Rotenburg a. d. Fulda

Museumsdirektorin und Professorin

Museumsdirektor und Professor

Oberärztin[3])

Oberarzt[3])

Professorin bei der Forschungsanstalt Geisenheim am Rhein

Professor bei der Forschungsanstalt Geisenheim am Rhein

Rektorin

- einer Grundschule mit mehr als 540 Schülerinnen und Schülern
- einer Grund- und Hauptschule oder Hauptschule mit mehr als 540 Schülerinnen und Schülern
- einer
  - Grund-, Haupt- und Realschule,
  - Haupt- und Realschule,
  - Realschule oder
  - Mittelstufenschule mit mehr als 360 bis zu 540 Schülerinnen und Schülern an dem Realschulzweig, der Förderstufe und der Aufbaustufe oder insgesamt mehr als 540 bis zu 770 Schülerinnen und Schülern
- einer
  - Grund-, Haupt- und Realschule,
  - Haupt- und Realschule,
  - Realschule oder
  - Mittelstufenschule mit mehr als 540 Schülerinnen und Schülern an dem Realschulzweig, der Förderstufe und der Aufbaustufe oder insgesamt mehr als 770 Schülerinnen und Schülern[4])

Rektor

- einer Grundschule mit mehr als 540 Schülerinnen und Schülern
- einer Grund- und Hauptschule oder Hauptschule mit mehr als 540 Schülerinnen und Schülern
- einer
  - Grund-, Haupt- und Realschule,
  - Haupt- und Realschule,
  - Realschule oder
  - Mittelstufenschule mit mehr als 360 bis zu 540 Schülerinnen und Schülern an dem Realschulzweig, der Förderstufe und der Aufbaustufe oder insgesamt mehr als 540 bis zu 770 Schülerinnen und Schülern
- einer
  - Grund-, Haupt- und Realschule,
  - Haupt- und Realschule,
  - Realschule oder
  - Mittelstufenschule mit mehr als 540 Schülerinnen und Schülern an dem Realschulzweig, der Förderstufe und der Aufbaustufe oder insgesamt mehr als 770 Schülerinnen und Schülern[4])

Schulamtsdirektorin

III

Schulamtsdirektor

Studiendirektorin

- als Beraterin für Schulen[6])
- als Fachleiterin oder Seminarlehrerin an Studienseminaren oder Seminarschulen[6])
- zur Wahrnehmung von Schulleitungsaufgaben[6])
- als die ständige Vertreterin der Leiterin oder des Leiters
  - einer beruflichen Schule mit mehr als 80 bis zu 360 Schülerinnen und Schülern[7])
  - einer beruflichen Schule mit mehr als 360 Schülerinnen und Schülern[4])[7])
  - eines nicht voll ausgebauten Gymnasiums
  - eines voll ausgebauten Gymnasiums mit bis zu 360 Schülerinnen und Schülern
  - eines voll ausgebauten Gymnasiums mit mehr als 360 Schülerinnen und Schülern[4])
  - eines voll ausgebauten Oberstufengymnasiums[4])
  - eines Oberstufengymnasiums mit mindestens zwei Schultypen[4])
- als Leiterin
  - einer beruflichen Schule mit bis zu 80 Schülerinnen und Schülern[7])
  - einer beruflichen Schule mit mehr als 80 bis zu 360 Schülerinnen und Schülern[4])[7])
  - eines nicht voll ausgebauten Gymnasiums[4])
  - eines voll ausgebauten Gymnasiums mit bis zu 360 Schülerinnen und Schülern[4])
- als die ständige Vertreterin der Leiterin oder des Leiters eines Berufspädagogischen Fachseminars
- als die ständige Vertreterin der Leiterin oder des Leiters eines Studienseminars für das Lehramt an Gymnasien oder an beruflichen Schulen

Studiendirektor

- als Berater für Schulen[6])
- als Fachleiter oder Seminarlehrer an Studienseminaren oder Seminarschulen[6])
- zur Wahrnehmung von Schulleitungsaufgaben[6])
- als der ständige Vertreter der Leiterin oder des Leiters
  - einer beruflichen Schule mit mehr als 80 bis zu 360 Schülerinnen und Schülern[7])
  - einer beruflichen Schule mit mehr als 360 Schülerinnen und Schülern[4])[7])
  - eines nicht voll ausgebauten Gymnasiums
  - eines voll ausgebauten Gymnasiums mit bis zu 360 Schülerinnen und Schülern
  - eines voll ausgebauten Gymnasiums mit mehr als 360 Schülerinnen und Schülern[4])
  - eines voll ausgebauten Oberstufengymnasiums[4])
  - eines Oberstufengymnasiums mit mindestens zwei Schultypen[4])
- als Leiter
  - einer beruflichen Schule mit bis zu 80 Schülerinnen und Schülern[7])
  - einer beruflichen Schule mit mehr als 80 bis zu 360 Schülerinnen und Schülern[4])[7])
  - eines nicht voll ausgebauten Gymnasiums[4])
  - eines voll ausgebauten Gymnasiums mit bis zu 360 Schülerinnen und Schülern[4])
- als der ständige Vertreter der Leiterin oder des Leiters eines Berufspädagogischen Fachseminars
- als der ständige Vertreter der Leiterin oder des Leiters eines Studienseminars für das Lehramt an Gymnasien oder an beruflichen Schulen

Verwaltungsstudiendirektorin

- als Studienleiterin der Seminarbezirke Frankfurt am Main, Kassel und Wiesbaden des Hessischen Verwaltungsschulverbandes[4])
- als Leiterin des Fortbildungszentrums des Hessischen Verwaltungsschulverbandes[4])

Verwaltungsstudiendirektor

- als Studienleiter der Seminarbezirke Frankfurt am Main, Kassel und Wiesbaden des Hessischen Verwaltungsschulverbandes[4])
- als Leiter des Fortbildungszentrums des Hessischen Verwaltungsschulverbandes[4])

[1]) Soweit nicht in den Besoldungsgruppen A 14, A 16.

[2]) Soweit nicht in der Besoldungsgruppe A 16.

[3]) Soweit nicht in der Besoldungsgruppe A 14.

[4]) Erhält eine Amtszulage nach Anlage VII.

[5]) Für die Berechnung der Schülerzahlen sonderpädagogischer Beratungs- und Förderzentren werden die Anzahl der Schülerinnen und Schüler mit festgestelltem Anspruch auf sonderpädagogische Förderung in der Förderschule und zur Hälfte die Zahl der von dem sonderpädagogischen Beratungs- und Förderzentrum geförderten Schülerinnen und Schüler an allgemeinen Schulen zugrunde gelegt.

[6]) Höchstens 30 Prozent der Gesamtzahl der planmäßigen Beamtinnen und Beamten in der Laufbahn der Studienrätinnen und -räte.

[7]) Bei Schulen mit Teilzeitunterricht gelten 2,5 Unterrichtsteilnehmerinnen und -teilnehmer mit Teilzeitunterricht als eine Person.

Besoldungsgruppe A 16[1])

Abteilungsdirektorin

Abteilungsdirektor

Chefärztin[2])

Chefarzt[2])

Dekanin[3])[4])

Dekan[3])[4])

Direktorin einer Gesamtschule
- als Leiterin einer Gesamtschule mit Oberstufe
- als Leiterin einer Gesamtschule ohne Oberstufe mit mehr als 1000 Schülerinnen und Schülern

Direktor einer Gesamtschule
- als Leiter einer Gesamtschule mit Oberstufe
- als Leiter einer Gesamtschule ohne Oberstufe mit mehr als 1000 Schülerinnen und Schülern

Finanzdirektorin
- als Leiterin eines Geschäftsbereichs in den Finanzämtern Darmstadt, Frankfurt am Main, Gießen, Kassel, Offenbach am Main oder Wiesbaden

Finanzdirektor
- als Leiter eines Geschäftsbereichs in den Finanzämtern Darmstadt, Frankfurt am Main, Gießen, Kassel, Offenbach am Main oder Wiesbaden

Landeskonservatorin

Landeskonservator

Leitende Akademische Direktorin
- als wissenschaftliche oder künstlerische Mitarbeiterin an einer Hochschule[5])

Leitender Akademischer Direktor
- als wissenschaftlicher oder künstlerischer Mitarbeiter an einer Hochschule[5])

Leitende Direktorin

Leitender Direktor

Leitende Direktorin an der Hessischen Lehrkräfteakademie

Leitender Direktor an der Hessischen Lehrkräfteakademie

Leitende Regierungsdirektorin
- als Leiterin eines Staatlichen Schulamtes[8])

Leitender Regierungsdirektor
- als Leiter eines Staatlichen Schulamtes[8])

Leitende Schulamtsdirektorin

Leitender Schulamtsdirektor

Ministerialrätin[6])

Ministerialrat[6])

Museumsdirektorin und Professorin

Museumsdirektor und Professor

Oberstudiendirektorin
- als Leiterin eines Studienseminars für das Lehramt an Gymnasien oder an beruflichen Schulen
- als Leiterin eines Studienkollegs für ausländische Studierende
- als Leiterin
  - einer beruflichen Schule mit mehr als 360 Schülerinnen und Schülern[7])
  - eines voll ausgebauten Gymnasiums mit mehr als 360 Schülerinnen und Schülern
  - eines voll ausgebauten Oberstufengymnasiums
  - eines Oberstufengymnasiums mit mindestens zwei Schultypen

Oberstudiendirektor
- als Leiter eines Studienseminars für das Lehramt an Gymnasien oder an beruflichen Schulen

- als Leiter eines Studienkollegs für ausländische Studierende
- als Leiter
  - einer beruflichen Schule mit mehr als 360 Schülerinnen und Schülern[7])
  - eines voll ausgebauten Gymnasiums mit mehr als 360 Schülerinnen und Schülern
  - eines voll ausgebauten Oberstufengymnasiums
  - eines Oberstufengymnasiums mit mindestens zwei Schultypen

Vizepräsidentin der IT-Stelle der hessischen Justiz

Vizepräsident der IT-Stelle der hessischen Justiz

---

[1]) Für die Leiterinnen und Leiter von besonders großen und besonders bedeutenden unteren Verwaltungsbehörden sowie die Leiterinnen und Leiter von Mittelbehörden oder Oberbehörden können nach Maßgabe des Haushalts Planstellen der Besoldungsgruppe A 16 mit einer Amtszulage nach Anlage VII ausgestattet werden. Die Zahl der mit der Amtszulage nach Satz 1 ausgestatteten Planstellen darf 30 Prozent der Zahl der Planstellen der Besoldungsgruppe A 16 für Leiterinnen und Leiter unterer Verwaltungsbehörden, Mittelbehörden oder Oberbehörden nicht überschreiten.

[2]) Soweit nicht in den Besoldungsgruppen A 14, A 15.

[3]) Soweit nicht in der Besoldungsgruppe A 15.

[4]) Amt wird nur mit zeitlicher Befristung übertragen und kann nicht im Wege der Beförderung verliehen werden. Amt im Sinne des § 48 Abs. 2 des Hessischen Besoldungsgesetzes.

[5]) Nur in Stellen von besonderer Bedeutung.

[6]) Soweit nicht in der Besoldungsgruppe B 2.

[7]) Bei Schulen mit Teilzeitunterricht gelten 2,5 Unterrichtsteilnehmerinnen und -teilnehmer mit Teilzeitunterricht als eine Person.

[8]) Erhält eine Amtszulage nach Anlage VII.

Besoldungsordnung B

Besoldungsgruppe B 2

Abteilungsdirektorin

- als Leiterin einer großen und bedeutenden Abteilung
  - bei einer Mittelbehörde des Landes
  - bei einer sonstigen Dienststelle oder Einrichtung, wenn deren Leiterin oder Leiter mindestens in Besoldungsgruppe B 5 eingestuft ist
- als Vertreterin der Leiterin oder des Leiters der Landeszentralabteilung bei der Oberfinanzdirektion Frankfurt am Main
  - bei einem Polizeipräsidium
  - bei dem Hessischen Landeskriminalamt
- als Vertreterin der Leiterin oder des Leiters der Besitz- und Verkehrssteuerabteilung bei der Oberfinanzdirektion Frankfurt am Main

Abteilungsdirektor

- als Leiter einer großen und bedeutenden Abteilung
  - bei einer Mittelbehörde des Landes
  - bei einer sonstigen Dienststelle oder Einrichtung, wenn deren Leiterin oder Leiter mindestens in Besoldungsgruppe B 5 eingestuft ist
- als Vertreter der Leiterin oder des Leiters der Landeszentralabteilung bei der Oberfinanzdirektion Frankfurt am Main
  - bei einem Polizeipräsidium
  - bei dem Hessischen Landeskriminalamt
- als Vertreter der Leiterin oder des Leiters der Besitz- und Verkehrssteuerabteilung bei der Oberfinanzdirektion Frankfurt am Main

Direktorin der Universitätsbibliothek Johann Christian Senckenberg

Direktor der Universitätsbibliothek Johann Christian Senckenberg

Direktorin an einer Verwaltungsfachhochschule

- als Koordinatorin für ressortüberschreitende Aus- und Fortbildung

Direktor an einer Verwaltungsfachhochschule

- als Koordinator für ressortüberschreitende Aus- und Fortbildung

Direktorin der TÜH Staatliche Technische Überwachung Hessen

Direktor der TÜH Staatliche Technische Überwachung Hessen

Direktorin der Hessischen Landesfeuerwehrschule

Direktor der Hessischen Landesfeuerwehrschule

Direktorin der Kriminaldirektion beim Polizeipräsidium Frankfurt am Main

Direktor der Kriminaldirektion beim Polizeipräsidium Frankfurt am Main

Direktorin des Abteilungsstabes beim Polizeipräsidium Frankfurt am Main

Direktor des Abteilungsstabes beim Polizeipräsidium Frankfurt am Main

Direktorin des Hessischen Landesprüfungs- und Untersuchungsamtes im Gesundheitswesen

Direktor des Hessischen Landesprüfungs- und Untersuchungsamtes im Gesundheitswesen

Direktorin einer kommunalen Versorgungskasse[1])

Direktor einer kommunalen Versorgungskasse[1])

Finanzdirektorin
- als Leiterin des Zentralbereichs des Finanzamts Frankfurt am Main

Finanzdirektor
- als Leiter des Zentralbereichs des Finanzamts Frankfurt am Main

Kanzlerin der Hessischen Hochschule für öffentliches Management und Sicherheit

Kanzler der Hessischen Hochschule für öffentliches Management und Sicherheit

Leitende Finanzdirektorin
- als Leiterin der Finanzämter Darmstadt, Gießen, Kassel, Offenbach am Main oder Wiesbaden

Leitender Finanzdirektor
- als Leiter der Finanzämter Darmstadt, Gießen, Kassel, Offenbach am Main oder Wiesbaden

Landesbranddirektorin

Landesbranddirektor

Leitende Medizinaldirektorin
- als Dezernentin und Landestuberkuloseärztin bei der Deutschen Rentenversicherung Hessen
- als Leiterin des Ärztlichen Gutachtenprüfdienstes und zugleich Leiterin einer Ärztlichen Gutachtenprüfdienststelle bei der Deutschen Rentenversicherung Hessen

Leitender Medizinaldirektor
- als Dezernent und Landestuberkulosearzt bei der Deutschen Rentenversicherung Hessen
- als Leiter des Ärztlichen Gutachtenprüfdienstes und zugleich Leiter einer Ärztlichen Gutachtenprüfdienststelle bei der Deutschen Rentenversicherung Hessen

Ministerialrätin[2])[3])
- bei einer obersten Landesbehörde

Ministerialrat[2])[3])
- bei einer obersten Landesbehörde

Polizeivizepräsidentin des Polizeipräsidiums Südhessen

Polizeivizepräsident des Polizeipräsidiums Südhessen

Polizeivizepräsidentin des Polizeipräsidiums Westhessen

Polizeivizepräsident des Polizeipräsidiums Westhessen

Polizeivizepräsidentin des Polizeipräsidiums Südosthessen

Polizeivizepräsident des Polizeipräsidiums Südosthessen

Polizeivizepräsidentin des Polizeipräsidiums Mittelhessen

Polizeivizepräsident des Polizeipräsidiums Mittelhessen

Polizeivizepräsidentin des Polizeipräsidiums Nordhessen

Polizeivizepräsident des Polizeipräsidiums Nordhessen

Vertreterin der Inspekteurin oder des Inspekteurs der Hessischen Polizei

Vertreter der Inspekteurin oder des Inspekteurs der Hessischen Polizei

Vertreterin der Direktorin oder des Direktors des Hessischen Competence Center für Neue Verwaltungssteuerung

Vertreter der Direktorin oder des Direktors des Hessischen Competence Center für Neue Verwaltungssteuerung

Vizepräsidentin der Hessischen Lehrkräfteakademie

Vizepräsident der Hessischen Lehrkräfteakademie

Vizepräsidentin des Hessischen Polizeipräsidiums für Technik

Vizepräsident des Hessischen Polizeipräsidiums für Technik

Vizepräsidentin des Hessischen Polizeipräsidiums Einsatz

Vizepräsident des Hessischen Polizeipräsidiums Einsatz

Vizepräsidentin für polizeiliche Aufgaben der Hessischen Hochschule für Öffentliches Management und Sicherheit

Vizepräsident für polizeiliche Aufgaben der Hessischen Hochschule für Öffentliches Management und Sicherheit

---

[1]) Soweit nicht in der Besoldungsgruppe B 3.

[2]) Soweit nicht in der Besoldungsgruppe A 16.

[3]) Die Zahl der Planstellen für Leitende Ministerialrätinnen und Leitende Ministerialräte in der Besoldungsgruppe B 3 sowie für Ministerialrätinnen und Ministerialräte in den Besoldungsgruppen B 2 und B 3 darf zusammen 60 Prozent der Gesamtzahl der für Leitende Ministerialrätinnen und Ministerialräte in der Besoldungsgruppe B 3 und für Ministerialrätinnen und Ministerialräte ausgebrachten Planstellen nicht überschreiten.

Besoldungsgruppe B 3

Abteilungsdirektorin
- als Vertreterin der Direktorin oder des Direktors des Landesbetriebes Hessen-Forst
- bei dem Polizeipräsidum Frankfurt am Main

Abteilungsdirektor
- als Vertreter der Direktorin oder des Direktors des Landesbetriebes Hessen-Forst
- bei dem Polizeipräsidum Frankfurt am Main

Direktorin der Staatlichen Schlösser und Gärten Hessen

Direktor der Staatlichen Schlösser und Gärten Hessen

Direktorin einer kommunalen Versorgungskasse[1])

Direktor einer kommunalen Versorgungskasse[1])

Direktorin der Branddirektion in Frankfurt am Main

Direktor der Branddirektion in Frankfurt am Main

Direktorin der Museumslandschaft Hessen Kassel

Direktor der Museumslandschaft Hessen Kassel

Direktorin der Hessischen Landeszentrale für politische Bildung

Direktor der Hessischen Landeszentrale für politische Bildung

Direktorin des Hessischen Competence Center für Neue Verwaltungssteuerung

Direktor des Hessischen Competence Center für Neue Verwaltungssteuerung

Finanzpräsidentin
- als Leiterin einer Abteilung bei der Oberfinanzdirektion Frankfurt am Main

Finanzpräsident
- als Leiter einer Abteilung bei der Oberfinanzdirektion Frankfurt am Main

Leitende Baudirektorin
- als Leiterin einer großen und bedeutenden Organisationseinheit bei der Stadt Frankfurt am Main[5])

Leitender Baudirektor
- als Leiter einer großen und bedeutenden Organisationseinheit bei der Stadt Frankfurt am Main[5])

Leitende Finanzdirektorin
- als Leiterin des Finanzamts Frankfurt am Main

Leitender Finanzdirektor
- als Leiter des Finanzamts Frankfurt am Main

Leitende Magistratsdirektorin
- als Leiterin einer großen und bedeutenden Organisationseinheit bei der Stadt Frankfurt am Main[5])

Leitender Magistratsdirektor
- als Leiter einer großen und bedeutenden Organisationseinheit bei der Stadt Frankfurt am Main[5])

Leitende Medizinaldirektorin
- als Dezernentin und Landesvertrauensärztin bei der Deutschen Rentenversicherung Hessen
- als Leiterin des Dezernats Medizinalwesen bei der Hauptverwaltung des Landeswohlfahrtsverbandes Hessen
- als Leiterin des Gesundheitsamtes der Stadt Frankfurt am Main

Leitender Medizinaldirektor
- als Dezernent und Landesvertrauensarzt bei der Deutschen Rentenversicherung Hessen
- als Leiter des Dezernats Medizinalwesen bei der Hauptverwaltung des Landeswohlfahrtsverbandes Hessen
- als Leiter des Gesundheitsamtes der Stadt Frankfurt am Main

Leitende Ministerialrätin[2])
- bei einer obersten Landesbehörde
  - als Leiterin einer Abteilung[3])
  - als Vertreterin einer Abteilungsleiterin oder eines Abteilungsleiters[3])[4])

Leitender Ministerialrat[2])
- bei einer obersten Landesbehörde
  - als Leiter einer Abteilung[3])
  - als Vertreter einer Abteilungsleiterin oder eines Abteilungsleiters[3])[4])

Ministerialrätin
- bei einer obersten Landesbehörde[1])[2])

Ministerialrat
- bei einer obersten Landesbehörde[1])[2])

Polizeivizepräsidentin des Polizeipräsidiums Frankfurt am Main

Polizeivizepräsident des Polizeipräsidiums Frankfurt am Main

Präsidentin der Hessischen Lehrkräfteakademie

Präsident der Hessischen Lehrkräfteakademie

Präsidentin der FITKO (Föderale IT-Kooperation)

Präsident der FITKO (Föderale IT-Kooperation)

Präsidentin der IT-Stelle der hessischen Justiz

Präsident der IT-Stelle der hessischen Justiz

Präsidentin des Hessischen Landesarchivs

Präsident des Hessischen Landesarchivs

Präsidentin des Landesamtes für Denkmalpflege Hessen

Präsident des Landesamtes für Denkmalpflege Hessen

Vertreterin der Direktorin oder des Direktors des Landesbetriebes Bau und Immobilien Hessen

Vertreter der Direktorin oder des Direktors des Landesbetriebes Bau und Immobilien Hessen

Vizepräsidentin der Hessen Mobil – Straßen- und Verkehrsmanagement

Vizepräsident der Hessen Mobil – Straßen- und Verkehrsmanagement

Vizepräsidentin des Hessischen Landesamtes für Gesundheit und Pflege

Vizepräsident des Hessischen Landesamtes für Gesundheit und Pflege

Vizepräsidentin des Hessischen Landeskriminalamtes

Vizepräsident des Hessischen Landeskriminalamtes

Vizepräsidentin des Landesamtes für Verfassungsschutz Hessen

Vizepräsident des Landesamtes für Verfassungsschutz Hessen

---

1) Soweit nicht in der Besoldungsgruppe A 16, B 2.

2) Die Zahl der Planstellen für Leitende Ministerialrätinnen und Leitende Ministerialräte in der Besoldungsgruppe B 3 sowie für Ministerialrätinnen und Ministerialräte in den Besoldungsgruppen B 2 und B 3 darf zusammen 60 Prozent der Gesamtzahl der für Leitende Ministerialrätinnen und Ministerialräte in der Besoldungsgruppe B 3 und für Ministerialrätinnen und Ministerialräte ausgebrachten Planstellen nicht überschreiten.

3) Soweit die Funktion nicht einem in eine höhere oder niedrigere Besoldungsgruppe eingestuften Amt zugeordnet ist.

4) Dieses Amt kann auch mehreren Beamtinnen oder Beamten übertragen werden, soweit es in großen und bedeutenden Abteilungen erforderlich ist, die Stellenvertretungsfunktion aufzuteilen.

5) Die Zahl der Planstellen für die Ämter Leitende Baudirektorin oder Leitender Baudirektor und Leitende Magistratsdirektorin oder Leitender Magistratsdirektor darf insgesamt höchstens 10 betragen.

Besoldungsgruppe B 4

Abteilungsdirektorin Flüchtlingsangelegenheiten, Erstaufnahmeeinrichtung und Integration beim Regierungspräsidium Gießen

Abteilungsdirektor Flüchtlingsangelegenheiten, Erstaufnahmeeinrichtung und Integration beim Regierungspräsidium Gießen

Direktorin bei der Deutschen Rentenversicherung Hessen als stellvertretende Geschäftsführerin oder Mitglied der Geschäftsführung

Direktor bei der Deutschen Rentenversicherung Hessen als stellvertretender Geschäftsführer oder Mitglied der Geschäftsführung

Inspekteurin der Hessischen Polizei

Inspekteur der Hessischen Polizei

Landespolizeivizepräsidentin

Landespolizeivizepräsident

Leitende Ministerialrätin als Vertreterin der oder des Hessischen Datenschutzbeauftragten

Leitender Ministerialrat als Vertreter der oder des Hessischen Datenschutzbeauftragten

Polizeipräsidentin des Polizeipräsidiums Südhessen

Polizeipräsident des Polizeipräsidiums Südhessen

Polizeipräsidentin des Polizeipräsidiums Westhessen

Polizeipräsident des Polizeipräsidiums Westhessen

Polizeipräsidentin des Polizeipräsidiums Südosthessen

Polizeipräsident des Polizeipräsidiums Südosthessen

Polizeipräsidentin des Polizeipräsidiums Mittelhessen

Polizeipräsident des Polizeipräsidiums Mittelhessen

Polizeipräsidentin des Polizeipräsidiums Nordhessen

Polizeipräsident des Polizeipräsidiums Nordhessen

Polizeipräsidentin des Polizeipräsidiums Osthessen

Polizeipräsident des Polizeipräsidiums Osthessen

Präsidentin der Hessischen Hochschule für öffentliches Management und Sicherheit

Präsident der Hessischen Hochschule für öffentliches Management und Sicherheit

Präsidentin des Hessischen Statistischen Landesamtes

Präsident des Hessischen Statistischen Landesamtes

Präsidentin des Hessischen Polizeipräsidiums Einsatz

Präsident des Hessischen Polizeipräsidiums Einsatz

Präsidentin des Hessischen Polizeipräsidiums für Technik

Präsident des Hessischen Polizeipräsidiums für Technik

Regierungsvizepräsidentin des Regierungspräsidiums Darmstadt

Regierungsvizepräsident des Regierungspräsidiums Darmstadt

Regierungsvizepräsidentin des Regierungspräsidiums Gießen

Regierungsvizepräsident des Regierungspräsidiums Gießen

Regierungsvizepräsidentin des Regierungspräsidiums Kassel

Regierungsvizepräsident des Regierungspräsidiums Kassel

Besoldungsgruppe B 5

Direktorin beim Hessischen Rechnungshof
– als Abteilungsleiterin

Direktor beim Hessischen Rechnungshof
– als Abteilungsleiter

Erste Direktorin der Deutschen Rentenversicherung Hessen als Geschäftsführerin oder Vorsitzende der Geschäftsführung

Erster Direktor der Deutschen Rentenversicherung Hessen als Geschäftsführer oder Vorsitzender der Geschäftsführung

Direktorin des Hessischen Landeslabors

Direktor des Hessischen Landeslabors

Direktorin des Landesbetriebes Landwirtschaft Hessen

Direktor des Landesbetriebes Landwirtschaft Hessen

Ministerialdirigentin
- als Leiterin der Zentralabteilung beim Hessischen Rechnungshof

Ministerialdirigent
- als Leiter der Zentralabteilung beim Hessischen Rechnungshof

Polizeipräsidentin des Polizeipräsidiums Frankfurt am Main

Polizeipräsident des Polizeipräsidiums Frankfurt am Main

Präsidentin des Landesamtes für Verfassungsschutz Hessen

Präsident des Landesamtes für Verfassungsschutz Hessen

Präsidentin des Hessischen Landesamtes für Naturschutz, Umwelt und Geologie

Präsident des Hessischen Landesamtes für Naturschutz, Umwelt und Geologie

Präsidentin des Hessischen Landesamtes für Bodenmanagement und Geoinformation

Präsident des Hessischen Landesamtes für Bodenmanagement und Geoinformation

Präsidentin des Hessischen Landesamtes für Gesundheit und Pflege

Präsident des Hessischen Landesamtes für Gesundheit und Pflege

Präsidentin des Hessischen Landeskriminalamtes

Präsident des Hessischen Landeskriminalamtes

Besoldungsgruppe B 6

Direktorin der Hessischen Zentrale für Datenverarbeitung

Direktor der Hessischen Zentrale für Datenverarbeitung

Direktorin des Landesbetriebes Bau und Immobilien Hessen

Direktorin des Landesbetriebes Hessen-Forst

Direktor des Landesbetriebes Hessen-Forst

Direktor des Landesbetriebes Bau und Immobilien Hessen

Landespolizeipräsidentin

Landespolizeipräsident

Leiterin der Vertretung des Landes Hessen bei der Europäischen Union

Leiter der Vertretung des Landes Hessen bei der Europäischen Union

Ministerialdirigentin
- bei einer obersten Landesbehörde
  - als Leiterin einer großen oder bedeutenden Abteilung
  - als Leiterin einer Hauptabteilung

Ministerialdirigent
- bei einer obersten Landesbehörde
  - als Leiter einer großen oder bedeutenden Abteilung
  - als Leiter einer Hauptabteilung

Oberfinanzpräsidentin der Oberfinanzdirektion Frankfurt am Main

Oberfinanzpräsident der Oberfinanzdirektion Frankfurt am Main

Präsidentin der Hessen Mobil – Straßen- und Verkehrsmanagement

Präsident der Hessen Mobil – Straßen- und Verkehrsmanagement

Besoldungsgruppe B 7

Regierungspräsidentin des Regierungspräsidiums Gießen

Regierungspräsident des Regierungspräsidiums Gießen

Regierungspräsidentin des Regierungspräsidiums Kassel

Regierungspräsident des Regierungspräsidiums Kassel

Vizepräsidentin des Hessischen Rechnungshofes

Vizepräsident des Hessischen Rechnungshofes

Besoldungsgruppe B 8

Direktorin beim Hessischen Landtag

Direktor beim Hessischen Landtag

Regierungspräsidentin des Regierungspräsidiums Darmstadt

Regierungspräsident des Regierungspräsidiums Darmstadt

Besoldungsgruppe B 9

Präsidentin des Hessischen Rechnungshofes[1])

Präsident des Hessischen Rechnungshofes[1])

Staatssekretärin[1])

Staatssekretär[1])

[1]) Erhält eine Amtszulage nach Anlage VII.

Besoldungsgruppe B 10

Staatssekretärin als Chefin der Staatskanzlei

Staatssekretär als Chef der Staatskanzlei

Besoldungsgruppe B 11

(unbesetzt)

Anhang
Anhang zu den Hessischen Besoldungsordnungen

Künftig wegfallende Ämter und Amtsbezeichnungen

Besoldungsgruppe A 4

Amtsmeisterin[1])

Amtsmeister[1])

Gestütwärterin

Gestütwärter

Oberwartin[2])

Oberwart[2])

[1]) Erhält bei Einsatz im Sitzungsdienst der Gerichte eine Amtszulage nach Anlage VII.

[2]) Erhält eine Amtszulage nach Anlage VII.

Besoldungsgruppe A 5[1])

Gestütoberwärterin

Gestütoberwart

Hauptwartin[2])[3])

Hauptwart[2])[3])

Justizhauptwachtmeisterin

Justizhauptwachtmeister

Oberamtsmeisterin[2])[4])

Oberamtsmeister[2])[4])

Sattelmeisterin[2])

Sattelmeister[2])

[1]) Als Eingangsbesoldungsgruppe für Laufbahnen nach §15 Abs. 2 Satz 2 des Hessischen Beamtengesetzes in der Laufbahn des Justizwachtmeisterdienstes.

[2]) Soweit nicht in der Besoldungsgruppe A 6.

[3]) Erhält eine Amtszulage nach Anlage VII.

[4]) Erhält bei Einsatz im Sitzungsdienst der Gerichte eine Amtszulage nach Anlage VII.

Besoldungsgruppe A 10

Jugendleiterin im Schuldienst[1])

Jugendleiter im Schuldienst[1])

[1]) Nur für Beamtinnen und Beamte ohne Fachhochschul- oder Ingenieurschulabschluss.

Besoldungsgruppe A 12

Fachschuloberlehrerin

Fachschuloberlehrer

Fachlehrerin für arbeitstechnische Fächer

– als Fachleiterin an einem berufspädagogischen Seminar[1])

Fachlehrer für arbeitstechnische Fächer

– als Fachleiter an einem berufspädagogischen Seminar[1])

Zweite Konrektorin

– einer Grundschule mit mehr als 540 Schülerinnen und Schülern[2])

Zweiter Konrektor

– einer Grundschule mit mehr als 540 Schülerinnen und Schülern[2])

[1]) Nur für Beamtinnen und Beamte ohne Fachhochschul- oder Ingenieurschulabschluss.

[2]) Erhält eine Amtszulage nach Anlage 7.

Besoldungsgruppe A 13

Polizeifachschulhauptlehrerin[1])

Polizeifachschulhauptlehrer[1])

Realschullehrerin

– mit der Befähigung für das Lehramt an Realschulen bei einer dieser Befähigung entsprechenden Verwendung[2])

Realschullehrer

– mit der Befähigung für das Lehramt an Realschulen bei einer dieser Befähigung entsprechenden Verwendung[2])

Rektorin an einer Gesamtschule

– als Leiterin der Grundstufe mit mehr als 180 bis zu 360 Schülerinnen und Schülern

– als Leiterin der Grundstufe mit mehr als 360 Schülerinnen und Schülern[3])

Rektor an einer Gesamtschule

– als Leiter der Grundstufe mit mehr als 180 bis zu 360 Schülerinnen und Schülern

– als Leiter der Grundstufe mit mehr als 360 Schülerinnen und Schülern[3])

Studienrätin[4])

– am Institut für Qualitätsentwicklung

Studienrat[4])

– am Institut für Qualitätsentwicklung

Zweite Konrektorin
- einer Grund- und Hauptschule oder Hauptschule mit mehr als 540 Schülerinnen und Schülern[5])
- einer Grund-, Haupt- und Realschule mit mehr als 540 Schülerinnen und Schülern, sofern dem Hauptschulzweig, Realschulzweig und der Förderstufe mehr als 180 bis zu 360 Schülerinnen und Schüler angehören[3])
- einer Grund-, Haupt- und Realschule mit mehr als 540 Schülerinnen und Schülern, sofern dem Hauptschulzweig, Realschulzweig und der Förderstufe bis zu 180 Schülerinnen und Schüler angehören[5])

Zweiter Konrektor
- einer Grund- und Hauptschule oder Hauptschule mit mehr als 540 Schülerinnen und Schülern[5])
- einer Grund-, Haupt- und Realschule mit mehr als 540 Schülerinnen und Schülern, sofern dem Hauptschulzweig, Realschulzweig und der Förderstufe mehr als 180 bis zu 360 Schülerinnen und Schüler angehören[3])
- einer Grund-, Haupt- und Realschule mit mehr als 540 Schülerinnen und Schülern, sofern dem Hauptschulzweig, Realschulzweig und der Förderstufe bis zu 180 Schülerinnen und Schüler angehören[5])

---

[1]) Erhält eine Amtszulage nach Anlage VII.

[2]) Als Eingangsamt.

[3]) Erhält eine Amtszulage nach Anlage VII.

[4]) Mit einem durch Staats- oder Hochschulprüfung abgeschlossenen Studium an einer wissenschaftlichen Hochschule.

[5]) Erhält eine Amtszulage nach Anlage VII.

Besoldungsgruppe A 14

Oberstudienrätin
- am Institut für Qualitätsentwicklung[1])

Oberstudienrat
- am Institut für Qualitätsentwicklung[1])

Oberstudienrätin
- als Leiterin einer Förderstufe mit mehr als 360 Schülerinnen und Schülern an einer Gesamtschule[2])
- als Leiterin einer Schulstufe mit mehr als 360 Schülerinnen und Schülern an einer Gesamtschule[2])
- als Leiterin eines Schulzweiges mit mehr als 360 Schülerinnen und Schülern an einer Gesamtschule[2])

Oberstudienrat
- als Leiter einer Förderstufe mit mehr als 360 Schülerinnen und Schülern an einer Gesamtschule[2])
- als Leiter einer Schulstufe mit mehr als 360 Schülerinnen und Schülern an einer Gesamtschule[2])
- als Leiter eines Schulzweiges mit mehr als 360 Schülerinnen und Schülern an einer Gesamtschule[2])

Realschulkonrektorin
- als die ständige Vertreterin der Leiterin oder des Leiters einer
  - Realschule mit mehr als 180 bis zu 360 Schülerinnen und Schülern
  - Realschule mit mehr als 360 Schülerinnen und Schülern[3])

Realschulkonrektor
- als der ständige Vertreter der Leiterin oder des Leiters einer
  - Realschule mit mehr als 180 bis zu 360 Schülerinnen und Schülern
  - Realschule mit mehr als 360 Schülerinnen und Schülern[3])

Realschulrektorin
- einer Realschule mit bis zu 180 Schülerinnen und Schülern
- einer Realschule mit mehr als 180 bis zu 360 Schülerinnen und Schülern[3])

Realschulrektor
- einer Realschule mit bis zu 180 Schülerinnen und Schülern
- einer Realschule mit mehr als 180 bis zu 360 Schülerinnen und Schülern[3])

Rektorin an einer Gesamtschule
- als Leiterin einer Förderstufe mit mehr als 360 Schülerinnen und Schülern[4])
- als Leiterin einer Förderstufe mit mehr als 180 bis zu 360 Schülerinnen und Schülern
- als Leiterin einer Schulstufe mit mehr als 360 Schülerinnen und Schülern[4])

- als Leiterin einer Schulstufe mit mehr als 180 bis zu 360 Schülerinnen und Schülern
- als Leiterin eines Schulzweiges mit mehr als 360 Schülerinnen und Schülern[4])
- als Leiterin eines Schulzweiges mit mehr als 180 bis zu 360 Schülerinnen und Schülern

Rektor an einer Gesamtschule
- als Leiter einer Förderstufe mit mehr als 360 Schülerinnen und Schülern[4])
- als Leiter einer Förderstufe mit mehr als 180 bis zu 360 Schülerinnen und Schülern
- als Leiter einer Schulstufe mit mehr als 360 Schülerinnen und Schülern[4])
- als Leiter einer Schulstufe mit mehr als 180 bis zu 360 Schülerinnen und Schülern
- als Leiter eines Schulzweiges mit mehr als 360 Schülerinnen und Schülern[4])
- als Leiter eines Schulzweiges mit mehr als 180 bis zu 360 Schülerinnen und Schülern

Schulrätin
- als Schulaufsichtsbeamtin auf Kreisebene[5])

Schulrat
- als Schulaufsichtsbeamter auf Kreisebene[5])

Zweite Förderschulkonrektorin
- einer Schule für Lernhilfe mit mehr als 300 Schülerinnen und Schülern oder einer sonstigen Förderschule mit mehr als 150 Schülerinnen und Schülern[6])

Zweiter Förderschulkonrektor
- einer Schule für Lernhilfe mit mehr als 300 Schülerinnen und Schülern oder einer sonstigen Förderschule mit mehr als 150 Schülerinnen und Schülern[6])

Zweite Konrektorin
- einer Grund-, Haupt- und Realschule mit mehr als 540 Schülerinnen und Schülern, sofern dem Hauptschulzweig, dem Realschulzweig und der Förderstufe mehr als 360 Schülerinnen und Schüler angehören
- einer Haupt- und Realschule mit mehr als 540 Schülerinnen und Schülern

Zweiter Konrektor
- einer Grund-, Haupt- und Realschule mit mehr als 540 Schülerinnen und Schülern, sofern dem Hauptschulzweig, dem Realschulzweig und der Förderstufe mehr als 360 Schülerinnen und Schüler angehören
- einer Haupt- und Realschule mit mehr als 540 Schülerinnen und Schülern

Zweite Realschulkonrektorin
- einer Realschule mit mehr als 540 Schülerinnen und Schülern

Zweiter Realschulkonrektor
- einer Realschule mit mehr als 540 Schülerinnen und Schülern

---

[1]) Mit einem durch Staats- oder Hochschulprüfung abgeschlossenen Studium an einer wissenschaftlichen Hochschule.

[2]) Erhält eine Amtszulage nach Anlage VII.

[3]) Erhält eine Amtszulage nach Anlage VII.

[4]) Erhält eine Amtszulage nach Anlage VII.

[5]) Erhält eine Amtszulage nach Anlage VII.

[6]) Für die Berechnung der Schülerzahlen sonderpädagogischer Beratungs- und Förderzentren werden die Schüler mit festgestelltem sonderpädagogischen Förderbedarf in der Förderschule und zur Hälfte die Zahl der von dem sonderpädagogischen Beratungs- und Förderzentrum geförderten Schüler an allgemeinen Schulen zugrunde gelegt.

Besoldungsgruppe A 15

Direktorin
- am Amt für Lehrerbildung
- am Institut für Qualitätsentwicklung
- an einem Staatlichen Schulamt

Direktor
- am Amt für Lehrerbildung
- am Institut für Qualitätsentwicklung
- an einem Staatlichen Schulamt

Schulamtsdirektorin
- als Schulaufsichtsbeamtin auf Kreisebene

Schulamtsdirektor
- als Schulaufsichtsbeamter auf Kreisebene

Kanzlerin
- der Fachhochschule Fulda

Kanzler
- der Fachhochschule Fulda

Pädagogische Leiterin an einer Gesamtschule
- mit Oberstufe oder ohne Oberstufe mit mehr als 1000 Schülerinnen und Schülern[1])

– ohne Oberstufe mit bis zu 1000 Schülerinnen und Schülern

Pädagogischer Leiter an einer Gesamtschule
- mit Oberstufe oder ohne Oberstufe mit mehr als 1000 Schülerinnen und Schülern[1])
- ohne Oberstufe mit bis zu 1000 Schülerinnen und Schülern

Realschulrektorin einer Realschule mit mehr als 360 Schülerinnen und Schülern

Realschulrektor einer Realschule mit mehr als 360 Schülerinnen und Schülern

Studiendirektorin
- an einem Studienkolleg für ausländische Studierende

Studiendirektor
- an einem Studienkolleg für ausländische Studierende

[1]) Erhält eine Amtszulage nach Anlage VII.

Besoldungsgruppe A 16

Direktorin am Institut für Qualitätsentwicklung
- als ständige Vertreterin der Direktorin oder des Direktors des Instituts für Qualitätsentwicklung

Direktor am Institut für Qualitätsentwicklung
- als ständiger Vertreter der Direktorin oder des Direktors des Instituts für Qualitätsentwicklung

Direktorin an der Hessischen Hochschule für Polizei und Verwaltung
- als Fachbereichsleiterin[4])

Direktor an der Hessischen Hochschule für Polizei und Verwaltung
- als Fachbereichsleiter[4])

Direktorin des Amts für Lehrerbildung

Direktor des Amts für Lehrerbildung

Kanzlerin der Hessischen Hochschule für Polizei und Verwaltung

Kanzler der Hessischen Hochschule für Polizei und Verwaltung

Leitende Direktorin am Amt für Lehrerbildung

Leitender Direktor am Amt für Lehrerbildung

Leitende Direktorin am Institut für Qualitätsentwicklung

Leitender Direktor am Institut für Qualitätsentwicklung

Leitende Schulamtsdirektorin
- als leitende Schulaufsichtsbeamtin auf Kreisebene, der mindestens sechs weitere Schulaufsichtsbeamtinnen und -beamte unterstellt sind
- als Schulaufsichtsbeamtin auf Kreisebene, der ausschließlich die Aufsicht über Gymnasien, Gesamtschulen mit Oberstufe oder berufliche Schulen obliegt

Leitender Schulamtsdirektor
- als leitender Schulaufsichtsbeamter auf Kreisebene, dem mindestens sechs weitere Schulaufsichtsbeamtinnen und -beamte unterstellt sind
- als Schulaufsichtsbeamter auf Kreisebene, dem ausschließlich die Aufsicht über Gymnasien, Gesamtschulen mit Oberstufe oder berufliche Schulen obliegt

[4]) Amt wird nur mit zeitlicher Befristung übertragen und kann nicht im Wege der Beförderung verliehen werden. Amt im Sinne des § 48 Abs. 2 des Hessischen Besoldungsgesetzes.

Besoldungsgruppe B 2

Direktorin des Instituts für Qualitätsentwicklung

Direktor des Instituts für Qualitätsentwicklung

Präsidentin der Fachhochschule Fulda

Präsident der Fachhochschule Fulda

Präsidentin der Polizeiakademie Hessen

Präsident der Polizeiakademie Hessen

Rektorin der Hessischen Hochschule für Polizei und Verwaltung[4])

Rektor der Hessischen Hochschule für Polizei und Verwaltung[4])

[4]) Amt wird nur mit zeitlicher Befristung übertragen und kann nicht im Wege der Beförderung verliehen werden. Amt im Sinne des § 48 Abs. 2 des Hessischen Besoldungsgesetzes.

Besoldungsgruppe B 3

Landeskriminaldirektorin

Landeskriminaldirektor

Anlage II

Besoldungsordnung W

Erster Teil Vorbemerkungen

1. Zuordnung von Hochschullehrämtern

Die Ämter der Professorinnen und Professoren an Hochschulen werden nach Maßgabe des Haushalts den Besoldungsgruppen W 1, W 2 oder W 3 zugeordnet.

2. Zuordnung von Leitungsfunktionsämtern

Die Ämter der Präsidentinnen und Präsidenten der Universitäten und Hochschulen für angewandte Wissenschaften werden der Besoldungsgruppe W L3, die Ämter der Präsidentinnen und Präsidenten der Kunsthochschulen und der Hochschule Geisenheim, der Kanzlerinnen und Kanzler der Universitäten, der hauptamtlichen Vizepräsidentinnen und Vizepräsidenten sowie der hauptamtlichen Dekaninnen und Dekane der Hochschulen werden der Besoldungsgruppe W L2, die Ämter der Kanzlerinnen und Kanzler der Kunsthochschulen, Hochschulen für angewandte Wissenschaften und Hochschule Geisenheim werden der Besoldungsgruppe W L1 zugeordnet. Den Amtsbezeichnungen ist jeweils ein Zusatz beizufügen, der auf die Hochschule hinweist, welcher die Amtsinhaberin oder der Amtsinhaber angehört. Die in den Besoldungsordnungen A und B des Hessischen Besoldungsgesetzes geregelten Einstufungen der Leitungsfunktionen an der Hessischen Hochschule für öffentliches Management und Sicherheit und der Hessischen Hochschule für Finanzen und Rechtspflege in Rotenburg a. d. Fulda bleiben von Satz 1 und 2 unberührt.

3. Zulagen

Hochschullehrerinnen und Hochschullehrer erhalten während der Verwendung bei obersten Behörden des Bundes oder eines Landes sowie bei obersten Gerichtshöfen des Bundes eine Stellenzulage nach dem Besoldungsrecht des Bundes oder des Landes in der Höhe, in der sie der Bund oder das Land ihren Beamtinnen und Beamten für diese Verwendung gewährt, wenn sie durch den Bund oder das Land erstattet wird. Sie bleibt bei sonstigen Besoldungsleistungen unberücksichtigt.

4. Dienstbezüge für Professorinnen als Richterinnen und Professoren als Richter

Professorinnen und Professoren an einer Hochschule, die zugleich das Amt einer Richterin oder eines Richters der Besoldungsgruppen R 1 oder R 2 ausüben, erhalten, solange sie beide Ämter bekleiden, die Dienstbezüge aus ihrem Amt als Professorin oder Professor und eine nicht ruhegehaltfähige Zulage nach Anlage VII.

Zweiter Teil Besoldungsordnung W

Besoldungsgruppe W 1

Professorin[1])

Professor[1])

Juniorprofessorin[2])

Juniorprofessor[2])

---

[1]) Bei erstmaliger Verleihung eines Professorenamts im Rahmen einer Entwicklungszusage nach § 70 des Hessischen Hochschulgesetzes, soweit nicht in Besoldungsgruppe W 2, oder bei Verleihung einer Qualifikationsprofessur nach § 70 Abs. 5 des Hessischen Hochschulgesetzes.

[2]) Nach § 125 Abs. 3 des Hessischen Hochschulgesetzes an einer Universität oder gleichgestellten Hochschule.

Besoldungsgruppe W 2

Professorin[1])

– an einer Hochschule für angewandte Wissenschaften –

Professor[1])

– an einer Hochschule für angewandte Wissenschaften –

Professorin an einer Kunsthochschule[1])

Professor an einer Kunsthochschule[1])

Professorin an der Hochschule Geisenheim[1])

Professor an der Hochschule Geisenheim[1])

Universitätsprofessorin[1])

Universitätsprofessor[1])

[1]) Soweit nicht in der Besoldungsgruppe W 3.

Besoldungsgruppe W 3

Professorin[1])
– an einer Hochschule für die angewandte Wissenschaften –

Professor[1])
– an einer Hochschule für angewandte Wissenschaften –

Professorin an einer Kunsthochschule[1])

Professor an einer Kunsthochschule[1])

Professorin an der Hochschule Geisenheim[1])

Professor an der Hochschule Geisenheim[1])

Universitätsprofessorin[1])

Universitätsprofessor[1])

[1]) Soweit nicht in der Besoldungsgruppe W 2.

Besoldungsgruppe W L1

Kanzlerin der Hochschule für Musik und Darstellende Kunst Frankfurt am Main

Kanzler der Hochschule für Musik und Darstellende Kunst Frankfurt am Main

Kanzlerin der Hochschule für Gestaltung Offenbach am Main

Kanzler der Hochschule für Gestaltung Offenbach am Main

Kanzlerin der Hochschule für Bildende Künste – Städelschule

Kanzler der Hochschule für Bildende Künste – Städelschule

Kanzlerin der Hochschule Darmstadt

Kanzler der Hochschule Darmstadt

Kanzlerin der Frankfurt University of Applied Sciences

Kanzler der Frankfurt University of Applied Sciences

Kanzlerin der Hochschule Fulda

Kanzler der Hochschule Fulda

Kanzlerin der Hochschule Geisenheim

Kanzler der Hochschule Geisenheim

Kanzlerin der Technischen Hochschule Mittelhessen

Kanzler der Technischen Hochschule Mittelhessen

Kanzlerin der Hochschule RheinMain

Kanzler der Hochschule RheinMain

Besoldungsgruppe W L2

Dekanin[1])
– als hauptamtliche Dekanin eines Fachbereichs nach § 51 Abs. 3 des Hessischen Hochschulgesetzes

Dekan[1])
– als hauptamtlicher Dekan eines Fachbereichs nach § 51 Abs. 3 des Hessischen Hochschulgesetzes

Kanzlerin der Technischen Universität Darmstadt

Kanzler der Technischen Universität Darmstadt

Kanzlerin der Johann Wolfgang Goethe-Universität Frankfurt am Main

Kanzler der Johann Wolfgang Goethe-Universität Frankfurt am Main

Kanzlerin der Justus Liebig-Universität Gießen

Kanzler der Justus Liebig-Universität Gießen

Kanzlerin der Universität Kassel

Kanzler der Universität Kassel

Kanzlerin der Philipps-Universität Marburg

Kanzler der Philipps-Universität Marburg

Präsidentin der Hochschule für Musik und Darstellende Kunst Frankfurt am Main

Präsident der Hochschule für Musik und Darstellende Kunst Frankfurt am Main

Präsidentin der Hochschule für Gestaltung Offenbach am Main

Präsident der Hochschule für Gestaltung Offenbach am Main

Präsidentin der Hochschule Geisenheim

Präsident der Hochschule Geisenheim

Rektorin der Hochschule für Bildende Künste – Städelschule

Rektor der Hochschule für Bildende Künste – Städelschule

Vizepräsidentin der Technischen Universität Darmstadt

Vizepräsident der Technischen Universität Darmstadt

Vizepräsidentin der Johann Wolfgang Goethe-Universität Frankfurt am Main

Vizepräsident der Johann Wolfgang Goethe-Universität Frankfurt am Main

Vizepräsidentin der Justus Liebig-Universität Gießen

Vizepräsident der Justus Liebig-Universität Gießen

Vizepräsidentin der Universität Kassel

Vizepräsident der Universität Kassel

Vizepräsidentin der Philipps-Universität Marburg

Vizepräsident der Philipps-Universität Marburg

Vizepräsidentin der Hochschule für Musik und Darstellende Kunst Frankfurt am Main

Vizepräsident der Hochschule für Musik und Darstellende Kunst Frankfurt am Main

Vizepräsidentin der Hochschule für Gestaltung Offenbach am Main

Vizepräsident der Hochschule für Gestaltung Offenbach am Main

Vizepräsidentin der Hochschule Geisenheim

Vizepräsident der Hochschule Geisenheim

Vizepräsidentin der Hochschule Darmstadt

Vizepräsident der Hochschule Darmstadt

Vizepräsidentin der Frankfurt University of Applied Sciences

Vizepräsident der Frankfurt University of Applied Sciences

Vizepräsidentin der Hochschule Fulda

Vizepräsident der Hochschule Fulda

Vizepräsidentin der Technischen Hochschule Mittelhessen

Vizepräsident der Technischen Hochschule Mittelhessen

Vizepräsidentin der Hochschule RheinMain

Vizepräsident der Hochschule RheinMain

---

[1]) Der Amtsbezeichnung ist ein Zusatz beizufügen, der auf den Fachbereich und die Hochschule hinweist, der die Amtsinhaberin oder der Amtsinhaber angehört.

Besoldungsgruppe W L3

Präsidentin der Technischen Universität Darmstadt

Präsident der Technischen Universität Darmstadt

Präsidentin der Johann Wolfgang Goethe-Universität Frankfurt am Main

Präsident der Johann Wolfgang Goethe-Universität Frankfurt am Main

Präsidentin der Justus Liebig-Universität Gießen

Präsident der Justus Liebig-Universität Gießen

Präsidentin der Universität Kassel

Präsident der Universität Kassel

Präsidentin der Philipps-Universität Marburg

Präsident der Philipps-Universität Marburg

Präsidentin der Hochschule Darmstadt

Präsident der Hochschule Darmstadt

Präsidentin der Frankfurt University of Applied Sciences

Präsident der Frankfurt University of Applied Sciences

Präsidentin der Hochschule Fulda

Präsident der Hochschule Fulda

Präsidentin der Technischen Hochschule Mittelhessen

Präsident der Technischen Hochschule Mittelhessen

Präsidentin der Hochschule RheinMain

Präsident der Hochschule RheinMain

III

Anlage III

Besoldungsordnung R

Erster Teil Vorbemerkung Zulagen

1. Zulage für die Verwendung bei obersten Gerichtshöfen des Bundes sowie bei obersten Behörden des Bundes oder anderer Länder

(1) Richterinnen und Richter sowie Staatsanwältinnen und Staatsanwälte erhalten während der Verwendung bei obersten Gerichtshöfen des Bundes sowie bei obersten Behörden des Bundes oder eines Landes eine Stellenzulage nach dem Besoldungsrecht des Bundes oder des Landes in der Höhe, in der sie der Bund oder das Land ihren Richterinnen und Richtern sowie Staatsanwältinnen und Staatsanwälten für diese Verwendung gewährt, wenn sie durch den Bund oder das Land erstattet wird. Sie bleibt bei sonstigen Besoldungsleistungen unberücksichtigt.

(2) Die Stellenzulage wird nicht neben Auslandsdienstbezügen gewährt. § 15 des Hessischen Besoldungsgesetzes findet bei Beendigung der Verwendung keine Anwendung.

2. Zulage für die Verwendung am Studienzentrum der Finanzverwaltung und Justiz Rotenburg an der Fulda

Hauptamtliche Lehrkräfte am Studienzentrum der Finanzverwaltung und Justiz Rotenburg an der Fulda erhalten für die Dauer der Verwendung eine Stellenzulage nach Anlage VII.

Die Vorbemerkung Nr. 2 ist bereits am 1. April 2013 in Kraft getreten.

Zweiter Teil Besoldungsordnung R

Besoldungsgruppe R 1

Richterin am Amtsgericht

Richter am Amtsgericht

Richterin am Arbeitsgericht

Richter am Arbeitsgericht

Richterin am Landgericht

Richter am Landgericht

Richterin am Sozialgericht

Richter am Sozialgericht

Richterin am Verwaltungsgericht

Richter am Verwaltungsgericht

Direktorin des Amtsgerichts[1])

Direktor des Amtsgerichts[1])

Direktorin des Arbeitsgerichts[1])

Direktor des Arbeitsgerichts[1])

Direktorin des Sozialgerichts[1])

Direktor des Sozialgerichts[1])

Staatsanwältin[2])
- als Gruppenleiterin bei einer Staatsanwaltschaft

Staatsanwalt[2])
- als Gruppenleiter bei einer Staatsanwaltschaft

---

[1]) An einem Gericht mit höchstens 3 Planstellen für Richterinnen oder Richter; erhält eine Amtszulage nach Anlage VII.

[2]) Erhält als Gruppenleiterin oder Gruppenleiter bei der Staatsanwaltschaft mit 4 Planstellen und mehr für Staatsanwältinnen und Staatsanwälte eine Amtszulage nach Anlage VII anstatt einer Planstelle für eine Oberstaatsanwältin als Abteilungsleiterin oder für einen Oberstaatsanwalt als Abteilungsleiter können bei einer Staatsanwaltschaft mit 4 und 5 Planstellen für Staatsanwältinnen und Staatsanwälte eine Planstelle für eine Staatsanwältin als Gruppenleiterin oder einen Staatsanwalt als Gruppenleiter und bei einer Staatsanwaltschaft mit 6 und mehr Planstellen für Staatsanwältinnen und Staatsanwälte 2 Planstellen für Staatsanwältinnen als Gruppenleiterinnen und Staatsanwälte als Gruppenleiter ausgebracht werden.

Besoldungsgruppe R 2

Richterin am Amtsgericht
- als weitere aufsichtführende Richterin[1])
- als die ständige Vertreterin einer Direktorin oder eines Direktors[2])[3])

Richter am Amtsgericht
- als weiterer aufsichtführender Richter[1])
- als der ständige Vertreter einer Direktorin oder eines Direktors[2])[3])

Richterin am Arbeitsgericht

– als weitere aufsichtführende Richterin[1])
– als die ständige Vertreterin einer Direktorin oder eines Direktors[2])

Richter am Arbeitsgericht
– als weiterer aufsichtführender Richter[1])
– als der ständige Vertreter einer Direktorin oder eines Direktors[2])

Richterin am Hessischen Finanzgericht

Richter am Hessischen Finanzgericht

Richterin am Hessischen Landessozialgericht

Richter am Hessischen Landessozialgericht

Richterin am Oberlandesgericht

Richter am Oberlandesgericht

Richterin am Hessischen Verwaltungsgerichtshof

Richter am Hessischen Verwaltungsgerichtshof

Richterin am Sozialgericht
– als weitere aufsichtführende Richterin[1])
– als die ständige Vertreterin einer Direktorin oder eines Direktors[2])

Richter am Sozialgericht
– als weiterer aufsichtführender Richter[1])
– als der ständige Vertreter einer Direktorin oder eines Direktors[2])

Vorsitzende Richterin am Landgericht

Vorsitzender Richter am Landgericht

Vorsitzende Richterin am Verwaltungsgericht

Vorsitzender Richter am Verwaltungsgericht

Direktorin des Amtsgerichts[4])[5])

Direktor des Amtsgerichts[4])[5])

Direktorin des Arbeitsgerichts[4])

Direktor des Arbeitsgerichts[4])

Direktorin des Sozialgerichts[4])

Direktor des Sozialgerichts[4])

Vizepräsidentin des Amtsgerichts[6])

Vizepräsident des Amtsgerichts[6])

Vizepräsidentin des Arbeitsgerichts[6])

Vizepräsident des Arbeitsgerichts[6])

Vizepräsidentin des Landgerichts[7])

Vizepräsident des Landgerichts[7])

Vizepräsidentin des Sozialgerichts[6])

Vizepräsident des Sozialgerichts[6])

Vizepräsidentin des Verwaltungsgerichts[7])

Vizepräsident des Verwaltungsgerichts[7])

Oberstaatsanwältin
– als Abteilungsleiterin bei einer Staatsanwaltschaft
– als Abteilungsleiterin bei einer Staatsanwaltschaft und als ständige Vertreterin einer Leitenden Oberstaatsanwältin oder eines Leitenden Oberstaatsanwalts[8])
– als Hauptabteilungsleiterin bei einer Staatsanwaltschaft[9])
– als Dezernentin bei einer Generalstaatsanwaltschaft
– als Leiterin einer Amtsanwaltschaft[10])
– als die ständige Vertreterin der Leiterin oder des Leiters einer Amtsanwaltschaft[11])

Oberstaatsanwalt
– als Abteilungsleiter bei einer Staatsanwaltschaft
– als Abteilungsleiter bei einer Staatsanwaltschaft und als ständiger Vertreter einer Leitenden Oberstaatsanwältin oder eines Leitenden Oberstaatsanwalts[8])
– als Hauptabteilungsleiter bei einer Staatsanwaltschaft[9])
– als Dezernent bei einer Generalstaatsanwaltschaft
– als Leiter einer Amtsanwaltschaft[10])
– als der ständige Vertreter der Leiterin oder des Leiters einer Amtsanwaltschaft[11])

Leitende Oberstaatsanwältin
– als Leiterin einer Staatsanwaltschaft[12])

Leitender Oberstaatsanwalt
– als Leiter einer Staatsanwaltschaft[12])

---

[1]) An einem Gericht mit 15 und mehr Planstellen für Richterinnen und Richter. Bei 22 Planstellen für Richterinnen und Richter und auf je 7 weitere Planstellen für Richterinnen und Richter kann für weitere aufsichtführende Richterinnen und Richter je eine Planstelle für Richterinnen oder Richter der Besoldungsgruppe R 2 ausgebracht werden.

[2]) An einem Gericht mit 8 und mehr Planstellen für Richterinnen und Richter.

3) An einem Gericht mit Zentralstellenfunktion als Zentrales Mahngericht für Hessen.

4) An einem Gericht mit 4 und mehr Planstellen für Richterinnen und Richter; erhält an einem Gericht mit 8 und mehr Planstellen für Richterinnen und Richter eine Amtszulage nach Anlage VII.

5) Erhält als Leiterin oder Leiter eines Gerichts mit Zentralstellenfunktion als Zentrales Mahngericht für Hessen eine Amtszulage nach Anlage VII.

6) Als die ständige Vertreterin oder der ständige Vertreter einer Präsidentin oder eines Präsidenten der Besoldungsgruppe R 3 oder R 4; erhält an einem Gericht mit 16 und mehr Planstellen für Richterinnen und Richter eine Amtszulage nach Anlage VII.

7) Erhält als die ständige Vertreterin oder der ständige Vertreter einer Präsidentin oder eines Präsidenten der Besoldungsgruppe R 3 oder R 4 eine Amtszulage nach Anlage VII.

8) Auf je 4 Planstellen für Staatsanwältinnen und Staatsanwälte kann eine Planstelle für eine Oberstaatsanwältin als Abteilungsleiterin oder einen Oberstaatsanwalt als Abteilungsleiter ausgebracht werden; erhält als die ständige Vertreterin oder der ständige Vertreter einer Leitenden Oberstaatsanwältin oder eines Leitenden Oberstaatsanwalts der Besoldungsgruppe R 3 oder R 4 eine Amtszulage nach Anlage VII.

9) Mit 101 und mehr Planstellen für Staatsanwältinnen und Staatsanwälte; erhält eine Amtszulage nach Anlage VII.

10) Mit 11 und mehr Planstellen für Amtsanwältinnen und Amtsanwälte; erhält bei einer Amtsanwaltschaft mit 26 und mehr Planstellen für Amtsanwältinnen und Amtsanwälte eine Amtszulage nach Anlage VII.

11) Mit 26 und mehr Planstellen für Amtsanwältinnen und Amtsanwälte.

12) Mit bis zu 10 Planstellen für Staatsanwältinnen und Staatsanwälte; erhält eine Amtszulage nach Anlage VII.

Besoldungsgruppe R 3

Vorsitzende Richterin am Hessischen Finanzgericht

Vorsitzender Richter am Hessischen Finanzgericht

Vorsitzende Richterin am Hessischen Landesarbeitsgericht

Vorsitzender Richter am Hessischen Landesarbeitsgericht

Vorsitzende Richterin am Hessischen Landessozialgericht

Vorsitzender Richter am Hessischen Landessozialgericht

Vorsitzende Richterin am Oberlandesgericht

Vorsitzender Richter am Oberlandesgericht

Vorsitzende Richterin am Hessischen Verwaltungsgerichtshof

Vorsitzender Richter am Hessischen Verwaltungsgerichtshof

Präsidentin des Amtsgerichts[1])

Präsident des Amtsgerichts[1])

Präsidentin des Arbeitsgerichts[1])

Präsident des Arbeitsgerichts[1])

Präsidentin des Landgerichts[1])

Präsident des Landgerichts[1])

Präsidentin des Sozialgerichts[1])

Präsident des Sozialgerichts[1])

Präsidentin des Verwaltungsgerichts[1])

Präsident des Verwaltungsgerichts[1])

Vizepräsidentin des Amtsgerichts[2])

Vizepräsident des Amtsgerichts[2])

Vizepräsidentin des Hessischen Finanzgerichts[3])

Vizepräsident des Hessischen Finanzgerichts[3])

Vizepräsidentin des Hessischen Landesarbeitsgerichts[3])

Vizepräsident des Hessischen Landesarbeitsgerichts[3])

Vizepräsidentin des Hessischen Landessozialgerichts[3])

Vizepräsident des Hessischen Landessozialgerichts[3])

Vizepräsidentin des Landgerichts[2])

Vizepräsident des Landgerichts[2])

Vizepräsidentin des Oberlandesgerichts[3])

Vizepräsident des Oberlandesgerichts[3])

Vizepräsidentin des Hessischen Verwaltungsgerichtshofs[3])

Vizepräsident des Hessischen Verwaltungsgerichtshofs[3])

Vizepräsidentin des Verwaltungsgerichts[2])

Vizepräsident des Verwaltungsgerichts[2])

Oberstaatsanwältin[4])

- als ständige Vertreterin einer Leitenden Oberstaatsanwältin oder eines Leitenden Oberstaatsanwalts

Oberstaatsanwalt[4])

- als ständiger Vertreter einer Leitenden Oberstaatsanwältin oder eines Leitenden Oberstaatsanwalts

Leitende Oberstaatsanwältin

- als Leiterin einer Staatsanwaltschaft[5])
- als Abteilungsleiterin bei einer Generalstaatsanwaltschaft
- als die ständige Vertreterin einer Generalstaatsanwältin oder eines Generalstaatsanwalts[6])

Leitender Oberstaatsanwalt

- als Leiter einer Staatsanwaltschaft[5])
- als Abteilungsleiter bei einer Generalstaatsanwaltschaft
- als der ständige Vertreter einer Generalstaatsanwältin oder eines Generalstaatsanwalts[6])

---

[1]) An einem Gericht mit bis zu 40 Planstellen für Richterinnen und Richter einschließlich der Planstellen für Richterinnen und Richter der Gerichte, über die die Präsidentin oder der Präsident die Dienstaufsicht führt.

[2]) Als die ständige Vertreterin oder der ständige Vertreter der Präsidentin oder des Präsidenten eines Gerichts mit 81 und mehr Planstellen für Richterinnen und Richter, einschließlich der Planstellen für Richterinnen und Richter der Gerichte, über die die Präsidentin oder der Präsident die Dienstaufsicht führt.

[3]) Erhält als die ständige Vertreterin oder der ständige Vertreter einer Präsidentin oder eines Präsidenten der Besoldungsgruppe R 6 eine Amtszulage nach Anlage VII.

[4]) Als die ständige Vertreterin oder der ständige Vertreter einer Leitenden Oberstaatsanwältin oder eines Leitenden Oberstaatsanwaltes der Besoldungsgruppe R 5 oder R 6.

[5]) Mit 11 bis 40 Planstellen für Staatsanwältinnen und Staatsanwälte.

[6]) Als die Vertreterin oder der Vertreter einer Generalstaatsanwältin oder eines Generalstaatsanwaltes der Besoldungsgruppe R 5 oder R 6.

Besoldungsgruppe R 4

Präsidentin des Amtsgerichts[1])

Präsident des Amtsgerichts[1])

Präsidentin des Arbeitsgerichts[2])

Präsident des Arbeitsgerichts[2])

Präsidentin des Landgerichts[1])

Präsident des Landgerichts[1])

Präsidentin des Sozialgerichts[2])

Präsident des Sozialgerichts[2])

Präsidentin des Verwaltungsgerichts[1])

Präsident des Verwaltungsgerichts[1])

Vizepräsidentin des Hessischen Landesarbeitsgerichts[3])

Vizepräsident des Hessischen Landesarbeitsgerichts[3])

Vizepräsidentin des Hessischen Landessozialgerichts[3])

Vizepräsident des Hessischen Landessozialgerichts[3])

Vizepräsidentin des Oberlandesgerichts[3])

Vizepräsident des Oberlandesgerichts[3])

Vizepräsidentin des Hessischen Verwaltungsgerichtshofs[3])

Vizepräsident des Hessischen Verwaltungsgerichtshofs[3])

Leitende Oberstaatsanwältin

- als die ständige Vertreterin einer Generalstaatsanwältin oder eines Generalstaatsanwalts[4])
- als Leiterin einer Staatsanwaltschaft[5])

Leitender Oberstaatsanwalt

- als der ständige Vertreter einer Generalstaatsanwältin oder eines Generalstaatsanwalts[4])
- als Leiter einer Staatsanwaltschaft[5])

---

[1]) An einem Gericht mit 41 bis 80 Planstellen für Richterinnen und Richter einschließlich der Planstellen für Richterinnen und Richter der Gerichte, über die die Präsidentin oder der Präsident die Dienstaufsicht führt.

[2]) An einem Gericht mit 41 und mehr Planstellen für Richterinnen und Richter einschließlich der Planstellen für Richterinnen und Richter der Gerichte, über die die Präsidentin oder der Präsident die Dienstaufsicht führt.

[3]) Als die ständige Vertreterin oder der ständige Vertreter einer Präsidentin oder eines Präsidenten der Besoldungsgruppe R 7 oder R 8.

III

[4]) Als die Vertreterin oder der Vertreter einer Generalstaatsanwältin oder eines Generalstaatsanwalts der Besoldungsgruppe R 7 oder R 8.

[5]) Mit 41 bis 80 Planstellen für Staatsanwältinnen und Staatsanwälte.

Besoldungsgruppe R 5

Präsidentin des Amtsgerichts[1])

Präsident des Amtsgerichts[1])

Präsidentin des Hessischen Finanzgerichts[2])

Präsident des Hessischen Finanzgerichts[2])

Präsidentin des Hessischen Landesarbeitsgerichts[2])

Präsident des Hessischen Landesarbeitsgerichts[2])

Präsidentin des Hessischen Landessozialgerichts[2])

Präsident des Hessischen Landessozialgerichts[2])

Präsidentin des Landgerichts[1])

Präsident des Landgerichts[1])

Präsidentin des Oberlandesgerichts[2])

Präsident des Oberlandesgerichts[2])

Präsidentin des Verwaltungsgerichts[1])

Präsident des Verwaltungsgerichts[1])

Leitende Oberstaatsanwältin
– als Leiterin einer Staatsanwaltschaft[3])

Leitender Oberstaatsanwalt
– als Leiter einer Staatsanwaltschaft[3])

Generalstaatsanwältin
– als Leiterin einer Generalstaatsanwaltschaft[4])

Generalstaatsanwalt
– als Leiter einer Generalstaatsanwaltschaft[4])

---

[1]) An einem Gericht mit 81 bis 150 Planstellen für Richterinnen und Richter einschließlich der Planstellen für Richterinnen und Richter der Gerichte, über die die Präsidentin oder der Präsident die Dienstaufsicht führt.

[2]) An einem Gericht mit bis zu 25 Planstellen für Richterinnen und Richter im Bezirk.

[3]) Mit 81 bis 150 Planstellen für Staatsanwältinnen und Staatsanwälte im Bezirk.

[4]) Mit bis zu 25 Planstellen für Staatsanwältinnen und Staatsanwälte im Bezirk.

Besoldungsgruppe R 6

Präsidentin des Amtsgerichts[1])

Präsident des Amtsgerichts[1])

Präsidentin des Hessischen Finanzgerichts[2])

Präsident des Hessischen Finanzgerichts[2])

Präsidentin des Hessischen Landesarbeitsgerichts[3])

Präsident des Hessischen Landesarbeitsgerichts[3])

Präsidentin des Hessischen Landessozialgerichts[3])

Präsident des Hessischen Landessozialgerichts[3])

Präsidentin des Landgerichts[1])

Präsident des Landgerichts[1])

Präsidentin des Oberlandesgerichts[3])

Präsident des Oberlandesgerichts[3])

Präsidentin des Hessischen Verwaltungsgerichtshofs[3])

Präsident des Hessischen Verwaltungsgerichtshofs[3])

Leitende Oberstaatsanwältin
– als Leiterin einer Staatsanwaltschaft[4])

Leitender Oberstaatsanwalt
– als Leiter einer Staatsanwaltschaft[4])

Generalstaatsanwältin
– als Leiterin der Generalstaatsanwaltschaft[5])

Generalstaatsanwalt
– als Leiter der Generalstaatsanwaltschaft[5])

---

[1]) An einem Gericht mit 151 und mehr Planstellen für Richterinnen und Richter einschließlich der Planstellen für Richterinnen und Richter der Gerichte, über die die Präsidentin oder der Präsident die Dienstaufsicht führt.

[2]) An einem Gericht mit 26 und mehr Planstellen für Richterinnen und Richter im Bezirk.

[3]) An einem Gericht mit 26 bis 100 Planstellen für Richterinnen und Richter im Bezirk.

[4]) Mit 151 und mehr Planstellen für Staatsanwältinnen und Staatsanwälte.

[5]) Mit 26 bis 100 Planstellen für Staatsanwältinnen und Staatsanwälte im Bezirk.

Besoldungsgruppe R 7

Präsidentin des Hessischen Landesarbeitsgerichts[1])

Präsident des Hessischen Landesarbeitsgerichts[1])

Präsidentin des Hessischen Landessozialgerichts[1])

Präsident des Hessischen Landessozialgerichts[1])

Präsidentin des Oberlandesgerichts[1])

Präsident des Oberlandesgerichts[1])

Präsidentin des Hessischen Verwaltungsgerichtshofs[1])

Präsident des Hessischen Verwaltungsgerichtshofs[1])

Generalstaatsanwältin
- als Leiterin der Generalstaatsanwaltschaft[2])

Generalstaatsanwalt
- als Leiter der Generalstaatsanwaltschaft[2])

[1]) An einem Gericht mit 101 bis 500 Planstellen für Richterinnen und Richter im Bezirk.

[2]) Mit 101 bis 500 Planstellen für Staatsanwältinnen und Staatsanwälte im Bezirk.

Besoldungsgruppe R 8

Präsidentin des Hessischen Landesarbeitsgerichts[1])

Präsident des Hessischen Landesarbeitsgerichts[1])

Präsidentin des Hessischen Landessozialgerichts[1])

Präsident des Hessischen Landessozialgerichts[1])

Präsidentin des Oberlandesgerichts[1])

Präsident des Oberlandesgerichts[1])

Präsidentin des Hessischen Verwaltungsgerichtshofs[1])

Präsident des Hessischen Verwaltungsgerichtshofs[1])

Generalstaatsanwältin
- als Leiterin der Generalstaatsanwaltschaft[2])

Generalstaatsanwalt
- als Leiter der Generalstaatsanwaltschaft[2])

[1]) An einem Gericht ab 501 Planstellen für Richterinnen und Richter im Bezirk.

[2]) Ab 501 Planstellen für Staatsanwältinnen und Staatsanwälte im Bezirk.

III

Anlage IV

1. Besoldungsordnung A

Gültig ab 1. Dezember 2025

Grundgehaltstabelle für die Besoldungsgruppen der Besoldungsordnung A

Besoldungsgruppe	Grundgehalt (Monatsbeträge in Euro)							
	Stufe 1	Stufe 2	Stufe 3	Stufe 4	Stufe 5	Stufe 6	Stufe 7	Stufe 8
A 6	2798,39	2864,77	2929,79	3010,00	3093,00	3173,20	3263,10	3339,20
A 7	2914,57	2967,11	3047,37	3171,84	3293,55	3415,27	3506,56	3599,25
A 8	3086,08	3158,01	3270,01	3427,73	3583,99	3696,04	3806,67	3917,35
A 9	3271,42	3346,11	3470,59	3646,25	3803,92	3935,32	4054,26	4169,10
A 10	3506,56	3575,70	3792,87	4008,63	4220,23	4375,17	4524,54	4675,31
A 11	4019,70	4148,34	4369,62	4593,70	4740,33	4899,68	5054,77	5210,89
A 12	4311,55	4474,77	4740,33	5005,87	5185,25	5379,02	5567,13	5758,08
A 13	5018,46	5196,66	5451,71	5706,75	5883,43	6060,14	6236,82	6409,26
A 14	5280,72	5532,95	5864,95	6194,08	6420,67	6650,04	6876,61	7106,05
A 15	6477,64	6678,55	6905,11	7133,12	7359,68	7584,79	7809,95	8033,66
A 16	7153,06	7393,86	7654,64	7916,79	8176,16	8439,75	8700,52	8958,42
Aufstiegsintervalle	2 Jahre	3 Jahre	3 Jahre	3 Jahre	4 Jahre	4 Jahre	4 Jahre	Endgrundgehalt (nach 23 Jahren)

2. Besoldungsordnung B

Gültig ab 1. Dezember 2025

Grundgehaltstabelle für die Besoldungsgruppen der Besoldungsordnung B

Besoldungsgruppe	Grundgehalt (Monatsbeträge in Euro)
B 1	8032,85
B 2	9344,82
B 3	9900,23
B 4	10 481,91
B 5	11 149,36
B 6	11 779,54
B 7	12 392,60
B 8	13 031,56
B 9	13 824,96
B 10	16 288,62
B 11	16 923,63

3. Besoldungsordnung W

Gültig ab 1. Dezember 2025

Grundgehaltstabelle für die Besoldungsgruppen der Besoldungsordnung W

Besoldungsgruppe	Grundgehalt (Monatsbetrag in Euro)
W 1	5566,26

Besoldungsgruppe	Grundgehalt (Monatsbeträge in Euro)				
	Stufen mit jeweils fünfjährigen professoralen Erfahrungszeiten				
	1	2	3	4	5
W 2	6988,15	7251,31	7514,48	7777,64	8040,79
W 3	7748,39	8040,79	8347,78	8654,80	8958,89

Besoldungsgruppe	Grundgehalt (Monatsbeträge in Euro)
W L1	7748,39
W L2	8479,39
W L3	10 379,89

4. Besoldungsordnung R

Gültig ab 1. Dezember 2025

Grundgehaltstabelle für die Besoldungsgruppen der Besoldungsordnung R

Besoldungsgruppe	Grundgehalt (Monatsbeträge in Euro)											
	Stufe 1	Stufe 2	Stufe 3	Stufe 4	Stufe 5	Stufe 6	Stufe 7	Stufe 8	Stufe 9	Stufe 10	Stufe 11	Stufe 12
R 1			5410,97	5725,67	6040,37	6355,04	6669,72	6984,42	7299,08	7613,79	7928,45	8243,17
R 2					6793,63	7108,31	7423,03	7737,67	8052,42	8367,08	8681,78	8996,42
Aufstiegsintervalle			2 Jahre	2 Jahre	2 Jahre	2 Jahre	2 Jahre	2 Jahre	2 Jahre	2 Jahre	2 Jahre	Endgrundgehalt (nach 18 Jahren)
R 3	9900,23											
R 4	10 481,91											
R 5	11 149,36											
R 6	11 779,54											
R 7	12 392,60											
R 8	13 031,56											

Anlage V

Gültig ab 1. Dezember 2025

Familienzuschlag

(Monatsbeträge in Euro)

Stufe 1	Stufe 2	Stufe 3	Stufe 4
(§ 43 Abs. 1 des Hessischen Besoldungsgesetzes)	(§ 43 Abs. 2 des Hessischen Besoldungsgesetzes)	(§ 43 Abs. 2 des Hessischen Besoldungsgesetzes)	(§ 43 Abs. 2 des Hessischen Besoldungsgesetzes)
172,10	435,32	698,54	1505,26

Der kinderbezogene Anteil im Familienzuschlag beträgt für die ersten beiden zu berücksichtigenden Kinder jeweils 263,22 Euro und für das dritte und jedes weitere zu berücksichtigende Kind jeweils 806,72 Euro.

Anlage VI

Gültig ab 1. Dezember 2025

Anwärtergrundbetrag

(Monatsbeträge in Euro)

Eingangsamt, in das die Anwärterin oder der Anwärter nach Abschluss des Vorbereitungsdienstes unmittelbar eintritt	Grundbetrag
A 6 bis A 8	1515,38
A 9 bis A 11	1586,89
A 12	1772,02
A 13	1814,17
A 13 + Zulage (Nr. 13 Abs. 1 Nr. 3 der Vorbemerkungen zu den Besoldungsordnungen A und B)	1860,41

Anlage VII

Gültig ab 1. Dezember 2025

Amts- und Stellenzulagen sowie sonstige Zulagen

(Monatsbeträge)

Dem Grunde nach geregelt in	Betrag in Euro, Prozent
Besoldungsordnungen A und B	
Vorbemerkungen	
Nr. 3 Abs. 1	
Nr. 1	462,59
Nr. 2	370,07
Nr. 3 Abs. 5	128,50
Nr. 3 Abs. 6	96,37
Nr. 5	
A 6 bis A 9	192,75
A 10 und höher	240,93
Nr. 6 und 7	
nach einer Dienstzeit	
von einem Jahr	80,00
von zwei Jahren	160,00
Nr. 8	
Abs. 1	160,00
Abs. 2	146,40
Nr. 9	100,00
Nr. 10	
mittlerer Dienst	21,42
gehobener Dienst	48,19
Nr. 11	
Abs. 1	96,37
Abs. 2	62,38
Abs. 3	93,56
Abs. 4	93,56
Abs. 5	96,37
Nr. 12	455,88
Nr. 13 Abs. 1	
Nr. 1	
Buchst. a	26,78
Buchst. b	104,74
Nr. 2	116,42
Nr. 3	116,42

Dem Grunde nach geregelt in		Betrag in Euro, Prozent
Besoldungsordnung W		
Vorbemerkung		
Nr. 4		
wenn ein Amt ausgeübt wird		
der Besoldungsgruppe R 1		205,54
der Besoldungsgruppe R 2		230,08
Besoldungsordnung R		
Vorbemerkung		
Nr. 2		93,56
Besoldungsordnungen A und B		
Besoldungsgruppen	Fußnote	
A 7	6	50 Prozent des jeweiligen Unterschiedsbetrages zum Grundgehalt der Besoldungsgruppe A 8
A 9	1, 2	372,29
A 10	2	410,46
A 12	4	216,26
A 13	1, 8, 9	378,32
	3, 4	259,36
	5	129,77
A 14	4	259,36
A 15	4	259,36
A 16	1, 8	290,09
B 9	1	1074,76
Präsidentin, Präsident des Justizprüfungsamtes	5 Prozent des Grundgehalts der Besoldungsgruppe B 4*	
Besoldungsordnung R		
Besoldungsgruppen	Fußnote	
R 1	1, 2	286,77
R 2	4 bis 10, 12	286,77
R 3	3	286,77

* Nach Maßgabe des § 3 Abs. 3 Satz 2 des Juristenausbildungsgesetzes in der Fassung vom 15. März 2004 (GVBl. I S. 158), zuletzt geändert durch Gesetz vom 13. Oktober 2022 (GVBl. S. 489).

Dem Grunde nach geregelt in	Betrag in Euro, Prozent	
Anhang zu den Besoldungsordnungen A und B		
Künftig wegfallende Ämter und Amtsbezeichnungen		
Besoldungsgruppen	Fußnote	
A 4	1	92,20
	2	50,02
A 5	3	50,02
	4	92,20
A 12	2	216,26
A 13	1, 3	259,36
	5	129,77
A 14	2, 3, 4, 5	259,36
A 15	1	259,36
Hessisches Hochschulgesetz		
§ 125 Abs. 3 Satz 2		260,00

Anlage VIII

Besoldungsordnung C

Gültig ab 1. Dezember 2025

Grundgehaltstabelle für die Besoldungsgruppen der Besoldungsordnung C
Grundgehaltssätze (Monatsbeträge in Euro)

Besoldungs-gruppe	Stufe														
	1	2	3	4	5	6	7	8	9	10	11	12	13	14	15
C 1	4419,46	4569,42	4719,38	4869,34	5020,80	5172,59	5327,06	5481,58	5636,02	5790,50	5944,99	6099,51	6253,96	6408,46	
C 2	4428,82	4667,78	4907,20	5148,57	5394,61	5640,81	5887,01	6133,20	6379,36	6625,59	6871,73	7117,97	7364,16	7610,36	7856,56
C 3	4861,86	5135,13	5413,50	5692,22	5971,00	6249,81	6528,54	6807,30	7086,06	7364,82	7643,59	7922,31	8201,07	8479,88	8758,64
C 4	6168,29	6448,52	6728,78	7009,03	7289,25	7569,47	7849,69	8129,88	8410,14	8690,33	8970,60	9250,80	9531,05	9811,24	10 091,48

Amtszulagen, Stellenzulagen, Zulagen, Vergütungen

(Monatsbeträge) – in der Reihenfolge der Gesetzesstellen –

Dem Grunde nach geregelt in	Betrag in Euro, Prozent, Bruchteil	Dem Grunde nach geregelt in	Betrag in Euro, Prozent, Bruchteil	Dem Grunde nach geregelt in	Betrag in Euro, Prozent, Bruchteil
Hessisches Besoldungsgesetz		**Bundesbesoldungsordnung C**		**Bundesbesoldungsordnung C**	
§ 70 Abs. 4	93,56	Vorbemerkung Nr. 3		Vorbemerkung Nr. 5	
		Die Zulage beträgt	12,5 Prozent des Endgrundgehalts oder, bei festen Gehältern, des Grundgehalts der Besoldungsgruppe*)	wenn ein Amt ausgeübt wird	
Bundesbesoldungsordnung C				der Besoldungsgruppe R 1	211,71
Vorbemerkung Nr. 2b	116,42			der Besoldungsgruppe R 2	236,98
				Besoldungsgruppe / Fußnote	
				C 2 / 1	131,09
		für Beamtinnen und Beamte der Besoldungsgruppen			
		C 1	A 13		
		C 2	A 15		
		C 3 und C 4	B 3		

*) Nach Maßgabe des Art. 1 § 5 des Haushaltsstrukturgesetzes vom 18. Dezember 1975 (BGBl. I S. 3091), zuletzt geändert durch Gesetz vom 5. Februar 2009 (BGBl. I S. 160).

Anlage IX

Obergrenzen für Beförderungsämter

(1) Als Obergrenzen für Beförderungsämter werden festgesetzt:

1. im mittleren Dienst	
in der Besoldungsgruppe A 8	30 Prozent,
in der Besoldungsgruppe A 9	8 Prozent;
2. im gehobenen Dienst	
in der Besoldungsgruppe A 11	30 Prozent,
in der Besoldungsgruppe A 12	16 Prozent,
in der Besoldungsgruppe A 13	6 Prozent;
3. im höheren Dienst	
in den Besoldungsgruppen A 15, A 16 und B 2 nach Einzelbewertung zusammen	40 Prozent,
in den Besoldungsgruppen A 16 und B 2 zusammen	10 Prozent.

(2) Abweichend von Abs. 1 werden für nachfolgend aufgeführte Laufbahnen als Obergrenzen für Beförderungsämter festgesetzt:

1. mittlerer technischer Dienst	
in der Besoldungsgruppe A 8, sofern das Eingangsamt der Besoldungsgruppe A 6 zugewiesen ist	35 Prozent,
in der Besoldungsgruppe A 9	15 Prozent,
2. Gerichtsvollzieherdienst	
in der Besoldungsgruppe A 8	30 Prozent,
in der Besoldungsgruppe A 9	70 Prozent;
3. gehobener Polizeivollzugsdienst	
in der Besoldungsgruppe A 11	30 Prozent,
in der Besoldungsgruppe A 12	20 Prozent,
in der Besoldungsgruppe A 13	10 Prozent;
4. gehobener feuerwehrtechnischer Dienst, gehobener Forstdienst, gehobener technischer Dienst	
in der Besoldungsgruppe A 11	40 Prozent,
in der Besoldungsgruppe A 12	35 Prozent,
in der Besoldungsgruppe A 13	15 Prozent;
5. Amtsanwaltsdienst	
in der Besoldungsgruppe A 12	40 Prozent,
in der Besoldungsgruppe A 13	60 Prozent;
6. gehobener Dienst der Steuerverwaltung	
in der Besoldungsgruppe A 11	30 Prozent,
in der Besoldungsgruppe A 12	20 Prozent,
in der Besoldungsgruppe A 13	8 Prozent;
7. höherer Dienst der Steuerverwaltung	
in den Besoldungsgruppen A 15, A 16 und B 2 nach Einzelbewertung zusammen	45 Prozent,

in den Besoldungsgruppen A 16 und B 2 zusammen 15 Prozent;
die Prozentsätze beziehen sich auf die Gesamtzahl der Planstellen dieser Laufbahnen in den Besoldungsgruppen A 13 bis A 16 und B 2;

8. höherer feuerwehrtechnischer Dienst, höherer Forstdienst, höherer technischer Dienst
in den Besoldungsgruppen A 15, A 16 und B 2 nach Einzelbewertung zusammen 45 Prozent,
in den Besoldungsgruppen A 16 und B 2 zusammen 10 Prozent;
die Prozentsätze beziehen sich auf die Gesamtzahl der Planstellen dieser Laufbahnen in den Besoldungsgruppen A 13 bis A 16 und B 2;

9. mittlerer allgemeiner Vollzugsdienst bei den Justizvollzugsanstalten
in der Besoldungsgruppe A 7 30 Prozent,
in der Besoldungsgruppe A 8 40 Prozent,
in der Besoldungsgruppe A 9 30 Prozent;
als Planstellen zählen die im Stellenplan in Übereinstimmung mit den haushaltsrechtlichen Vorschriften für das laufende Haushaltsjahr ausgewiesenen Stellen für planmäßig angestellte Beamtinnen und Beamte;

10. Werkdienst bei den Justizvollzugsanstalten
in der Besoldungsgruppe A 7 20 Prozent,
in der Besoldungsgruppe A 8 45 Prozent,
in der Besoldungsgruppe A 9 35 Prozent;
als Planstellen zählen die im Stellenplan in Übereinstimmung mit den haushaltsrechtlichen Vorschriften für das laufende Haushaltsjahr ausgewiesenen Stellen für planmäßig angestellte Beamtinnen und Beamte.

III

(3) Eine Überschreitung der Obergrenzen nach Abs. 1 und 2 ist nach Maßgabe sachgerechter Stellenbewertung zulässig

1. in der Steuerverwaltung insoweit, als die Planstellen
   a) für Betriebsprüferinnen und Betriebsprüfer, die überwiegend
      aa) Konzerne mit einem Außenumsatz von mehr als 10 Mio. Euro, zu denen mindestens ein Großbetrieb im Sinne des Buchst. b Doppelbuchst. bb gehört,
      bb) Großbetriebe, und zwar
         aaa) Handelsbetriebe mit einem Gesamtumsatz von mehr als 18 Mio. Euro,
         bbb) Fertigungsbetriebe und andere Leistungsbetriebe mit einem Gesamtumsatz von mehr als 16,7 Mio. Euro,
         ccc) Kreditinstitute mit einem Aktivvermögen von mehr als 125 Mio. Euro,
         ddd) Versicherungsunternehmen mit Jahresprämieneinnahmen von mehr als 24,38 Mio. Euro,

      prüfen, sowie Steuerfahndungsprüferinnen und Steuerfahndungsprüfer in gleich zu bewertenden Funktionen mit einem Anteil von höchstens 50 Prozent in der Besoldungsgruppe A 13 und mit dem verbleibenden Anteil in der Besoldungsgruppe A 12,
   b) für Betriebsprüferinnen und Betriebsprüfer, die überwiegend
      aa) nicht unter Buchst. a Doppelbuchst. aa fallende Konzerne,
      bb) nicht unter Buchst. a Doppelbuchst. bb fallende Großbetriebe, und zwar
         aaa) Handelsbetriebe mit einem Gesamtumsatz von mehr als 4,5 Mio. Euro oder einem steuerlichen Gewinn von mehr als 150 000 Euro,

bbb) freie Berufe mit einem Gesamtumsatz von mehr als 2,5 Mio. Euro oder einem steuerlichen Gewinn von mehr als 350 000 Euro,

ccc) andere Leistungsbetriebe mit einem Gesamtumsatz von mehr als 3 Mio. Euro oder einem steuerlichen Gewinn von mehr als 150 000 Euro,

ddd) Kreditinstitute mit einem Aktivvermögen von mehr als 50 Mio. Euro oder einem steuerlichen Gewinn von mehr als 300 000 Euro,

eee) Versicherungsunternehmen mit Jahresprämieneinnahmen von mehr als 15 Mio. Euro,

fff) Land- und forstwirtschaftliche Betriebe mit einem Wirtschaftswert der selbstbewirtschafteten Flächen von mehr als 112 500 Euro oder einem steuerlichen Gewinn von mehr als 60 000 Euro,

cc) Fertigungsbetriebe mit einem Gesamtumsatz von mehr als 1,1 Mio. Euro oder einem steuerlichen Gewinn von mehr als 60 000 Euro

prüfen, sowie Steuerfahndungsprüferinnen und Steuerfahndungsprüfer in gleich zu bewertenden Funktionen mit einem Anteil von höchstens 40 Prozent in der Besoldungsgruppe A 12 und mit dem verbleibenden Anteil in der Besoldungsgruppe A 11,

c) für Betriebsprüferinnen und Betriebsprüfer, die überwiegend prüfungsmäßig schwierige und nicht unter Nr. 1 Buchst. b Doppelbuchst. cc fallende Mittelbetriebe prüfen, sowie Steuerfahndungsprüferinnen und Steuerfahndungsprüfer in gleich zu bewertenden Funktionen mit einem Anteil von höchstens 65 Prozent in der Besoldungsgruppe A 11 und mit dem verbleibenden Anteil in der Besoldungsgruppe A 10,

d) für Steuer-Außenprüferinnen und Steuer-Außenprüfer mit einem Anteil von höchstens 60 Prozent in der Besoldungsgruppe A 9 und mit dem verbleibenden Anteil in der Besoldungsgruppe A 8,

e) für Sachgebietsleiterinnen und Sachgebietsleiter im Betriebsprüfungs- und Steuerfahndungsdienst mit einem Anteil von höchstens 65 Prozent in der Besoldungsgruppe A 13 und mit dem verbleibenden Anteil in der Besoldungsgruppe A 12

ausgebracht werden;

2. in der Justizverwaltung insoweit, als die Planstellen

a) für Rechtspflegerinnen und Rechtspfleger, die überwiegend in Zwangsversteigerungs-, Zwangsverwaltungs-, Konkurs-, Vergleichs-, Insolvenz-, Grundbuch-, Register-, Familienrechts- und Nachlasssachen tätig sind oder Aufgaben im Rahmen der strafrechtlichen Vermögensabschöpfung bei den Staatsanwaltschaften und in der Jugendstrafvollstreckung der Amtsgerichte wahrnehmen, mit einem Anteil von höchstens

aa) 40 Prozent in der Besoldungsgruppe A 11,

bb) 30 Prozent in der Besoldungsgruppe A 12,

cc) 10 Prozent in der Besoldungsgruppe A 13,

b) für die Beamtinnen und Beamten der Bezirksrevision mit einem Anteil von höchstens

aa) 30 Prozent in der Besoldungsgruppe A 11,

bb) 30 Prozent in der Besoldungsgruppe A 12,

cc) 10 Prozent in der Besoldungsgruppe A 13

ausgebracht werden;

3. in den Allgemeinen und Inneren Verwaltungen – zu Buchst. c auch in den sonstigen Verwaltungen – insoweit, als die Planstellen für Beamtinnen und Beamte des gehobenen Dienstes, die

a) mit Körperschaftsaufsicht einschließlich der Rechnungsprüfung der Haushalte von Bund, Ländern, Gemeinden und Gemeindeverbänden oder

b) in Aufsichtsbehörden mit der Finanzierung und Prüfung von Maßnahmen des Bildungswesens oder
c) in Aufsichtsbehörden mit Aufgaben des Umwelt- und Arbeitsschutzes oder
d) mit Standesamtsaufsicht

befasst sind, mit einem Anteil von höchstens

aa) 10 Prozent in der Besoldungsgruppe A 13,
bb) 30 Prozent in der Besoldungsgruppe A 12
cc) und mit dem verbleibenden Anteil in der Besoldungsgruppe A 11

ausgebracht werden;

4. insoweit, als die Planstellen für Beamtinnen und Beamte des mittleren Dienstes, die mit der selbständigen Überprüfung des Arbeitsschutzes in kleineren Betrieben oder Handwerksbetrieben betraut sind, mit einem Anteil von höchstens
   a) 40 Prozent in der Besoldungsgruppe A 8,
   b) 25 Prozent in der Besoldungsgruppe A 9

   ausgebracht werden;

5. insoweit, als die Planstellen für Beamtinnen und Beamte, die im Überwachungsdienst zum Schutz der Verbraucherinnen und Verbraucher (Lebensmittelkontrolldienst) eingesetzt sind, mit einem Anteil von höchstens
   a) 40 Prozent in der Besoldungsgruppe A 8,
   b) 15 Prozent in der Besoldungsgruppe A 9

   ausgebracht werden;

6. insoweit, als die Planstellen für die überwiegend im Bereich der Ablaufplanung und Programmierung von Arbeitsverfahren unter Einsatz von elektronischen Datenverarbeitungsmaschinen und Systemprogrammen verwendeten Beamtinnen und Beamten
   a) des gehobenen Dienstes mit einem Anteil von höchstens
      aa) 50 Prozent in der Besoldungsgruppe A 11,
      bb) 20 Prozent in der Besoldungsgruppe A 12,
      cc) 10 Prozent in der Besoldungsgruppe A 13,
   b) des mittleren Dienstes mit einem Anteil von höchstens
      aa) 50 Prozent in der Besoldungsgruppe A 8,
      bb) 20 Prozent in der Besoldungsgruppe A 9

   ausgebracht werden;

7. insoweit, als die Planstellen für Beamtinnen und Beamte des mittleren Dienstes, die überwiegend Aufgaben der Sachbearbeitung oder vom gehobenen auf den mittleren Dienst übertragene Aufgaben oder aufgrund ihrer Komplexität und Vielseitigkeit als gleichwertig anzusehende Aufgaben wahrnehmen mit einem Anteil von höchstens 80 Prozent in der Besoldungsgruppe A 9 und mit dem verbleibenden Anteil in der Besoldungsgruppe A 8 ausgebracht werden;

8. insoweit, als die Planstellen für den gehobenen Dienst bei der Unfallkasse Hessen, befristet bis zum 31. Dezember 2029, mit einem Anteil von höchstens
   a) 40 Prozent in der Besoldungsgruppe A 11,
   b) 40 Prozent in den Besoldungsgruppen A 12 und A 13 zusammen,

ausgebracht sind.

(4) Bei der Anwendung der Obergrenzen von Abs. 1 und 2 auf die nicht von Abs. 3 erfassten Beamtinnen und Beamten bleiben die Beamtinnen und Beamten der in Abs. 3 genannten Funktionsgruppen unberücksichtigt. Soweit hierdurch Hebungen von Planstellen der von Abs. 3 nicht erfassten Beamtinnen und Beamten im Rahmen der Obergrenzen der Abs. 1 und 2 möglich werden, dürfen diese nach Maßgabe sachgerechter Bewertung nur für Beamtinnen und Beamte in gleichwertigen Funktionen vorgesehen werden.

Gesetz zur Ersetzung von Bundesrecht auf dem Gebiet der Besoldung

Vom 6. Juni 2007 (GVBl. I S. 302)

Zuletzt geändert durch
Gesetz zur Änderung dienstrechtlicher Vorschriften
vom 16. Dezember 2015 (GVBl. S. 594)

§§ 1 bis 3 (weggefallen)

§ 4 Erschwerniszulagen

Die Erschwerniszulagenverordnung in der Fassung vom 3. Dezember 1998 (BGBl. I S. 3497) in der am 31. August 2006 geltenden Fassung, geändert durch Gesetz vom 16. Dezember 2015 (GVBl. S. 594), gilt mit der Maßgabe, dass

1. die Zulage nach § 22 Abs. 2 Nr. 1 für Polizeivollzugsbeamtinnen und Polizeivollzugsbeamte des Landes in einem Mobilen Einsatzkommando oder einem Spezialeinsatzkommando 300 Euro beträgt,
2. die Zulage nach § 22 Abs. 2 Nr. 3 für Beamtinnen und Beamte des Landes als Verdeckte Ermittlerinnen und Verdeckte Ermittler 260 Euro beträgt,
3. a) auf die Beamtinnen und Beamten des Landesamtes für Verfassungsschutz Hessen § 5 Abs. 1 Nr. 5 keine Anwendung findet,
   b) auf die Beamtinnen und Beamten des Landesamtes für Verfassungsschutz Hessen, die Aufgaben der Observation wahrnehmen, § 4 Abs. 2 und § 4a entsprechend anzuwenden sind,
4. Polizeivollzugsbeamtinnen und Polizeivollzugsbeamte eine Zulage in Höhe von 11 Euro erhalten
   a) für jede dienstlich veranlasste Teilnahme an einer Leichenschau oder Leichenöffnung nach § 87 der Strafprozessordnung oder
   b) bei erfolgten Verrichtungen an einer Leiche oder an Leichenteilen zur Identifizierung der Person des Toten oder zur Feststellung der Todesursache oder
   c) bei der Entnahme von beweiserheblichen Vergleichsmaterialien von einer Leiche oder von Leichenteilen.

Nr. 4 Buchst. a gilt auch für Richterinnen und Richter, Staatsanwältinnen und Staatsanwälte sowie Protokollführerinnen und Protokollführer. Erfolgt in den Fällen der Nr. 4 Buchst. b und c die Bearbeitung von mehreren Leichensachen in unmittelbarem zeitlichem oder örtlichem Zusammenhang, insbesondere am selben Tatort, besteht nur einmaliger Anspruch auf die Zulage. Die Zulage ist monatlich nachträglich zu beantragen. Die Zulage erhalten unter den gleichen Voraussetzungen auch Polizeivollzugsbeamtinnen und Polizeivollzugsbeamte im Beamtenverhältnis auf Widerruf, die Vorbereitungsdienst leisten.

Hessisches Besoldungs- und Versorgungsüberleitungsgesetz (HBesVÜG)

Vom 27. Mai 2013 (GVBl. S. 218, S. 508)

Zuletzt geändert durch
Gesetz über die Gewährung einer Inflationsausgleichszahlung im Jahr 2024 und über die Anpassung der Besoldung und Versorgung in Hessen im Jahr 2025 vom 24. Juni 2024 (GVBl. Nr. 28, 2025 Nr. 17)

§ 1 Geltungsbereich

Dieses Gesetz gilt für Personen im Geltungsbereich des § 1 Abs. 1 des Hessischen Besoldungsgesetzes vom 27. Mai 2013 (GVBl. S. 218, 256, 508), zuletzt geändert durch Gesetz vom 16. Dezember 2015 (GVBl. S. 594), und des § 1 Abs. 1 des Hessischen Beamtenversorgungsgesetzes vom 27. Mai 2013 (GVBl. S. 218, 312), zuletzt geändert durch Gesetz vom 16. Dezember 2015 (GVBl. S. 594), die am 1. März 2014 und am Vortag in einem Rechtsverhältnis als Beamtin, Beamter, Richterin, Richter, Versorgungsempfängerin oder Versorgungsempfänger zu einem der dort genannten Dienstherren stehen.

§ 2 Überleitung in die Besoldungsordnungen

(1) Beamtinnen und Beamte, deren Ämter am 28. Februar 2014 in den Bundesbesoldungsordnungen A und B des Bundesbesoldungsgesetzes in der Fassung vom 6. August 2002 (BGBl. I S. 3020) in der am 31. August 2006 geltenden Fassung sowie in den Hessischen Besoldungsordnungen A und B des Hessischen Besoldungsgesetzes in der Fassung vom 25. Februar 1998 (GVBl. I S. 50) in der am 28. Februar 2014 geltenden Fassung ausgebracht sind, werden in die ihren bisherigen Ämtern entsprechenden Ämter und Besoldungsgruppen der Besoldungsordnungen A und B des Hessischen Besoldungsgesetzes übergeleitet.

(2) Beamtinnen und Beamte, denen Ämter der Besoldungsordnungen übertragen worden sind, die nicht in das Hessische Besoldungsgesetz in der am 1. März 2014 geltenden Fassung übernommen worden sind, bekleiden diese Ämter weiter. Ihre Besoldung bemisst sich nach der Besoldungsgruppe, die der Besoldungsgruppe entspricht, der das Amt in den Besoldungsordnungen bisher zugeordnet war.

(3) Soweit sich nach der Überleitung Änderungen von Amtsbezeichnungen ergeben, führen die Beamtinnen, Beamten, Richterinnen und Richter die neuen Amtsbezeichnungen.

(4) Die Beamtinnen und Beamten in den Ämtern der Besoldungsgruppe A 3 werden in Ämter der Besoldungsgruppe A 4 übergeleitet und in entsprechende Planstellen eingewiesen. Die Beamtinnen und Beamten in der Laufbahn des Justizwachtmeisterdienstes in den Ämtern

1. der Besoldungsgruppe A 3 werden in Ämter der Besoldungsgruppe A 5,
2. der Besoldungsgruppe A 4 werden in Ämter der Besoldungsgruppe A 5,
3. der Besoldungsgruppe A 5 werden in Ämter der Besoldungsgruppe A 6

übergeleitet und in entsprechende Planstellen eingewiesen. Ärztinnen, Ärzte, Zahnärztinnen und Zahnärzte der hessischen Landesverwaltung in Ämtern der Besoldungsgruppe A 13 werden in Ämter der Besoldungsgruppe A 14 übergeleitet und in entsprechende Planstellen eingewiesen. Die Mitteilung über die Einweisung in die Planstelle steht der Aushändigung der Ernennungsurkunde nach § 9 Abs. 4 des Hessischen Beamtengesetzes vom 27. Mai 2013 (GVBl. S. 218) gleich.

(5) Richterinnen, Richter, Staatsanwältinnen und Staatsanwälte, deren Ämter am 30. Juni 2013 in der Besoldungsordnung R des Bundesbesoldungsgesetzes in der Fassung vom 6. August 2002 (BGBl. I S. 3020) in der am 31. August 2006 geltenden Fassung ausgebracht sind, werden am 1. Juli 2013 in die ihren

bisherigen Ämtern entsprechenden Ämter und Besoldungsgruppen der Besoldungsordnung R des Hessischen Besoldungsgesetzes übergeleitet. Abs. 2 und 3 gelten entsprechend.

§ 3 Zuordnung zu den Stufen und Überleitungsstufen des Grundgehalts in den Besoldungsgruppen der Besoldungsordnung A

(1) Empfängerinnen und Empfänger von Dienstbezügen nach einer Besoldungsgruppe der Besoldungsordnung A werden auf der Grundlage des am 28. Februar 2014 maßgeblichen Amtes mit dem für Februar 2014 zustehenden Grundgehalt nach Maßgabe der Abs. 2 bis 6 den Stufen oder Überleitungsstufen des Grundgehalts der Anlage 1 zugeordnet. Satz 1 gilt entsprechend für Beurlaubte ohne Anspruch auf Dienstbezüge. Bei ihnen sind für die Zuordnung die Grundgehaltssätze zugrunde zu legen, die bei einer Beendigung der Beurlaubung am 28. Februar 2014 maßgebend wären. Satz 2 und 3 gelten entsprechend in den Fällen des § 43 Abs. 1 des Hessischen Beamtengesetzes und des § 30 Abs. 1 des Hessischen Abgeordnetengesetzes vom 18. Oktober 1989 (GVBl. S. 261), zuletzt geändert durch Gesetz vom 26. März 2010 (GVBl. I S. 114). Satz 1 gilt in den Fällen des § 2 Abs. 4 Satz 1 mit der Maßgabe, dass die Zuordnung zu der Stufe oder Überleitungsstufe des Grundgehalts der Anlage 1 erfolgt, in der sich die Beamtin oder der Beamte befinden würde, wenn sie oder er am 28. Februar 2014 in ein Amt der Besoldungsgruppe A 4 übergeleitet worden wäre. Satz 5 gilt in den Fällen des § 2 Abs. 4 Satz 2 und 3 entsprechend.

(2) Die Zuordnung erfolgt zu der Stufe oder Überleitungsstufe des Grundgehalts der Anlage 1 der entsprechenden Besoldungsgruppe, die dem im Februar 2014 zustehenden Grundgehalt entspricht. Ist eine Zuordnung nach Satz 1 nicht möglich, erfolgt die Zuordnung zu der Stufe oder Überleitungsstufe des Grundgehalts der Anlage 1 der entsprechenden Besoldungsgruppe mit dem nächsthöheren Betrag.

(3) Wird im Zeitraum von vier Jahren nach Inkrafttreten dieses Gesetzes eine Ernennung durch Verleihung eines Amtes einer höheren Besoldungsgruppe der Besoldungsordnung A wirksam, erfolgt die Zuordnung mit dem Wirksamwerden dieser Ernennung zu der Stufe oder Überleitungsstufe des Grundgehalts, in der sich die Ernannten befinden würden, wenn die Ernennung am 28. Februar 2014 wirksam gewesen wäre. Satz 1 gilt entsprechend bei einer Ernennung durch Verleihung eines Amtes einer niedrigeren Besoldungsgruppe sowie bei Zuerkennung einer Zulage nach § 48 des Hessischen Besoldungsgesetzes.

(4) Bei Teilzeitbeschäftigten ist für die Zuordnung zu den Stufen oder Überleitungsstufen nach Anlage 1 das Grundgehalt maßgebend, das bei Vollzeitbeschäftigung zustehen würde.

(5) Stehen nicht für alle Tage oder für keinen Tag im Februar 2014 Dienstbezüge zu, ist bei der Zuordnung zu den Stufen oder Überleitungsstufen nach Anlage 1 das Grundgehalt maßgebend, das für den vollen Monat zustehen würde.

(6) In den Fällen des § 28 Abs. 7 Satz 2 des Hessischen Besoldungsgesetzes werden die Betroffenen so gestellt, als ob ein Fall des § 28 Abs. 7 Satz 1 des Hessischen Besoldungsgesetzes nicht vorgelegen hätte.

(7) Die Beamtinnen und Beamten, denen am 31. März 2023 ein Amt der Besoldungsgruppe A 5 verliehen ist, werden am 1. April 2023 in das der jeweiligen Laufbahn entsprechende Amt der Besoldungsgruppe A 6 übergeleitet und in entsprechende Planstellen eingewiesen. Soweit sich nach der Überleitung Änderungen von Amtsbezeichnungen ergeben, führen die Beamtinnen und Beamten die neuen Amtsbezeichnungen. Maßgeblich für die Zuordnung zu der Stufe des Grundgehalts der Anlage IV zum Hessischen Besoldungsgesetz der Besoldungsgruppe A 6 ist die Stufe, die die Beamtinnen und Beamten am 1. April 2023 in der Besoldungsgruppe A 5 erreicht hätten. Der Aufstieg in die nächsthöhere Stufe erfolgt nach der maßgebenden Erfahrungszeit nach § 28 Abs. 3 des Hessischen Besoldungsgesetzes. Bereits in der zuletzt innegehabten Erfahrungsstufe verbrachte Zeiten mit Anspruch auf Grundgehalt werden angerechnet.

§4 Aufstieg in eine Stufe des Grundgehalts in den Besoldungsgruppen der Besoldungsordnung A

(1) Mit einer Zuordnung zu einer Stufe des Grundgehalts der Anlage 1 beginnt die für den Aufstieg maßgebende Erfahrungszeit nach §28 Abs. 3 und 4 des Hessischen Besoldungsgesetzes. Bei der Zuordnung zu der Stufe 1 auf der Grundlage des Grundgehalts der Besoldungsgruppen A 4 und A 6 wird nach Ablauf der Erfahrungszeit die Stufe 3 erreicht. Abweichend von §28 Abs. 3 des Hessischen Besoldungsgesetzes verkürzt sich die maßgebende Erfahrungszeit um jeweils ein Jahr bei der Zuordnung

1. zu den Stufen 1 und 3 auf der Grundlage des Grundgehalts der Besoldungsgruppe A 4 für den jeweiligen Aufstieg in die Stufen 4 bis 8,
2. zu den Stufen 3 bis 6 auf der Grundlage des Grundgehalts der Besoldungsgruppe A 5 für den jeweiligen Aufstieg in die Stufen 4 bis 7 und
3. zu der Stufe 1 auf der Grundlage des Grundgehalts der Besoldungsgruppen A 8 und A 9 jeweils für den Aufstieg in die Stufe 3.

Satz 2 und 3 Nr. 1 gilt nicht in den Fällen des §2 Abs. 4 Satz 1. Satz 2 und 3 Nr. 2 gilt nicht in den Fällen des §2 Abs. 4 Satz 2.

(1a) Unbeschadet des Abs. 1 Satz 3 Nr. 2 verkürzt sich die maßgebende Erfahrungszeit nach §28 Abs. 3 des Hessischen Besoldungsgesetzes in den Fällen der Zuordnung zu den Stufen 5 bis 7 für den ersten Aufstieg in die nächsthöhere Stufe, wenn das Grundgehalt nach §27 Abs. 2 des Bundesbesoldungsgesetzes in der am 31. August 2006 geltenden Fassung in der Zeit vom 1. März 2014 bis einschließlich 1. Oktober 2016 gestiegen wäre, wie folgt:

Datum Stufenaufstieg (§27 Abs. 2 des Bundesbesoldungsgesetzes in der am 31. August 2006 geltenden Fassung)	Kürzung der maßgebenden Erfahrungszeit um Monate
März 2014	32
April 2014	31
Mai 2014	30
Juni 2014	29
Juli 2014	28
August 2014	27
September 2014	26
Oktober 2014	25
November 2014	24
Dezember 2014	23
Januar 2014	22
Februar 2015	21
März 2015	20
April 2015	19
Mai 2015	18
Juni 2015	17
Juli 2015	16
August 2015	15
September 2015	14
Oktober 2015	13
November 2015	12
Dezember 2015	11
Januar 2016	10
Februar 2016	9
März 2016	8
April 2016	7
Mai 2016	6
Juni 2016	5
Juli 2016	4
August 2016	3
September 2016	2
Oktober 2016	1

Unbeschadet des Abs. 1 Satz 2 und 3 verkürzt sich die maßgebende Erfahrungszeit nach §28 Abs. 3 des Hessischen Besoldungsgesetzes in den Fällen der Zuordnung zu den Stufen 1, 3 und 4 entsprechend der Tabelle nach Satz 1, wenn das Grundgehalt nach §27 Abs. 2 des Bundesbesoldungsgesetzes in der am 31. August 2006 geltenden Fassung in der Zeit vom 1. März 2014 bis einschließlich 1. Februar 2016 gestiegen wäre. Überschreiten die anzurechnenden Monate der Tabelle nach Satz 1 die maßgebende Erfahrungszeit der Stufen 1, 3 und 4 nach § 28 Abs. 3 des Hessischen Besoldungsgesetzes in Verbindung mit Abs. 1 Satz 3, werden die verbleibenden Monate auf die Erfahrungszeit der nächsthöheren Stufe angerechnet. Satz 3 gilt in den Fällen des Abs. 1 Satz 2 mit der Maßgabe, dass sich die Erfahrungszeit der Stufe 3 entsprechend verkürzt.

(2) Bei einer Zuordnung zu einer Überleitungsstufe wird die zugehörige Stufe des Grundgehalts zu dem Zeitpunkt erreicht, zu dem das Grundgehalt nach § 27 Abs. 2 des Bundesbesoldungsgesetzes in der am 31. August 2006 geltenden Fassung gestiegen wäre. Satz 1 gilt mit der Maßgabe, dass bei der Zuordnung

1. zu der Überleitungsstufe 1 zu der Stufe 1 der Besoldungsgruppen A 4, A 5, A 7, A 15 und A 16,
2. zu der Überleitungsstufe 2 zu der Stufe 1 der Besoldungsgruppe A 7,
3. zu der Überleitungsstufe zu der Stufe 2 der Besoldungsgruppe A 5,
4. zu der Überleitungsstufe zu der Stufe 4 der Besoldungsgruppen A 15 und A 16 sowie
5. zu der Überleitungsstufe zu den Stufen 5 bis 7 der Besoldungsgruppen A 4, A 15 und A 16

bei dem ersten Aufstieg nicht die der Überleitungsstufe zugehörige Stufe des Grundgehalts, sondern die nächsthöhere Stufe erreicht wird. Mit dem Aufstieg in die jeweilige Stufe des Grundgehalts beginnt die für den Aufstieg maßgebende Erfahrungszeit nach § 28 Abs. 3 des Hessischen Besoldungsgesetzes. Satz 2 Nr. 1 und 5 gilt nicht in den Fällen des § 2 Abs. 4 Satz 1. Satz 2 Nr. 1 und 3 gilt nicht in den Fällen des § 2 Abs. 4 Satz 2.

(3) In den Fällen einer Zuordnung

1. zu der Überleitungsstufe 1 zu der Stufe 1 der Besoldungsgruppe A 12 auf der Grundlage des Grundgehalts der Stufe 3 nach § 27 Abs. 1 des Bundesbesoldungsgesetzes in der am 31. August 2006 geltenden Fassung sowie zu der Überleitungsstufe 2 zu der Stufe 1 der Besoldungsgruppen A 13 und A 14,
2. zu der jeweiligen Überleitungsstufe zu den Stufen 2 und 3 der Besoldungsgruppen A 11 und A 12,
3. zu der Überleitungsstufe zu der Stufe 3 der Besoldungsgruppen A 15 und A 16 sowie zu der jeweiligen Überleitungsstufe zu den Stufen 2 bis 4 der Besoldungsgruppen A 13 und A 14,
4. zu der Überleitungsstufe zu der Stufe 5 der Besoldungsgruppe A 13 sowie
5. zu der Überleitungsstufe zu der Stufe 6 der Besoldungsgruppen A 8 bis A 12 und A 14

wird nach Erreichen der zugehörigen Stufe des Grundgehalts der Betrag aus der Überleitungsstufe zu der nächsten Stufe gezahlt. Abs. 2 Satz 1 bleibt unberührt. Abs. 2 Satz 4 ist anzuwenden. Satz 1 Nr. 1, 3 und 5 gilt nicht in den Fällen des § 2 Abs. 4 Satz 3.

(4) Für die Besoldungsgruppe A 12 wird nach Erreichen der Stufe 1 nach Abs. 3 Satz 1 Nr. 1 beim Aufstieg in die Stufe 2 der Betrag aus der Überleitungsstufe zu der Stufe 3 gezahlt.

(5) Die maßgebende Erfahrungszeit nach Abs. 2 Satz 4 verkürzt sich abweichend von § 28 Abs. 3 des Hessischen Besoldungsgesetzes um ein Jahr

1. in der Besoldungsgruppe A 4 in den Fällen des Abs. 2 Satz 2 Nr. 1 jeweils für den Aufstieg in die Stufen 3 bis 8,
2. in der Besoldungsgruppe A 5 in den Fällen des Abs. 2 Satz 2 Nr. 1 und 3 jeweils für den Aufstieg in die Stufen 3 bis 7,
3. in der Besoldungsgruppe A 6 jeweils für den Aufstieg in die Stufen 3 bis 6 und bei der Zuordnung zu der jeweiligen Überleitungsstufe zu den Stufen 5 und 6 jeweils für den Aufstieg in die Stufe 7,
4. in der Besoldungsgruppe A 7 in den Fällen des Abs. 2 Satz 2 Nr. 2 jeweils für den Aufstieg in die Stufen 3 und 4, bei der Zuordnung zu der Überleitungsstufe zu der Stufe 3 für den Aufstieg in die Stufe 4 und bei der Zuordnung zu der Überleitungsstufe zu der Stufe 6 für den Aufstieg in die Stufe 7,
5. in der Besoldungsgruppe A 8 bei der Zuordnung zu der Überleitungsstufe 1 zu

III

der Stufe 1 auf der Grundlage des Grundgehalts der Stufe 2 nach §27 Abs. 1 des Bundesbesoldungsgesetzes in der am 31. August 2006 geltenden Fassung für den Aufstieg in die Stufe 3,

6. in der Besoldungsgruppe A 9 bei der Zuordnung zu der Überleitungsstufe 1 zu der Stufe 1 auf der Grundlage des Grundgehalts der Stufe 2 nach §27 Abs. 1 des Bundesbesoldungsgesetzes in der am 31. August 2006 geltenden Fassung für den Aufstieg in die Stufe 3,
7. in der Besoldungsgruppe A 10 bei der Zuordnung zu der Überleitungsstufe 1 zu der Stufe 1 und bei der Zuordnung zu der jeweiligen Überleitungsstufe zu den Stufen 2 und 3 jeweils für den Aufstieg in die Stufen 3 und 4,
8. in der Besoldungsgruppe A 11 bei der Zuordnung zu der Überleitungsstufe 1 zu der Stufe 1 auf der Grundlage des Grundgehalts der Stufe 3 nach §27 Abs. 1 des Bundesbesoldungsgesetzes in der am 31. August 2006 geltenden Fassung für den Aufstieg in die Stufe 3,
9. in der Besoldungsgruppe A 13 bei der Zuordnung zu der Überleitungsstufe 2 zu der Stufe 1 und bei der Zuordnung zu der Überleitungsstufe zu der Stufe 2 jeweils für den Aufstieg in die Stufe 3 und bei der Zuordnung zu der jeweiligen Überleitungsstufe zu den Stufen 3 und 4 jeweils für den Aufstieg in die Stufe 6,
10. in der Besoldungsgruppe A 14 bei der Zuordnung zu der Überleitungsstufe 2 zu der Stufe 1 und bei der Zuordnung zu der Überleitungsstufe zu der Stufe 2 jeweils für den Aufstieg in die Stufe 3 und bei der Zuordnung zu der jeweiligen Überleitungsstufe zu den Stufen 3 bis 5 jeweils für den Aufstieg in die Stufe 6 sowie
11. in den Besoldungsgruppen A 15 und A 16 bei der Zuordnung zu der Überleitungsstufe 1 zu der Stufe 1 jeweils für den Aufstieg in die Stufen 3 und 6 und bei der Zuordnung zu der Überleitungsstufe zu der Stufe 3 jeweils für den Aufstieg in die Stufen 4 und 6.

Satz 1 Nr. 1 gilt nicht in den Fällen des §2 Abs. 4 Satz 1. Satz 1 Nr. 2 und 3 gilt nicht in den Fällen des §2 Abs. 4 Satz 2. Satz 1 Nr. 10 gilt nicht in den Fällen des §2 Abs. 4 Satz 3.

(6) In den Fällen der Zuordnung zu der Überleitungsstufe 1 zu der Stufe 1 wird bei einer Dienstzeit bis zu 23 Monaten die zugehörige Stufe 1 des Grundgehalts spätestens nach zwei Jahren erreicht. Die Zeit für den Aufstieg in die Stufe 1 verkürzt sich um jeden vollen Monat der zurückgelegten Dienstzeit entsprechend. Bei einer Dienstzeit von 24 Monaten wird die zugehörige Stufe 1 am 1. März 2014 erreicht. Überschreitet die Dienstzeit 24 Monate, werden die über 24 Monate hinausgehenden Monate auf die maßgebende Erfahrungszeit der nächsthöheren Stufe angerechnet. Satz 1 bis 3 ist in den Fällen des Abs. 2 Satz 2 Nr. 1 mit der Maßgabe anzuwenden, dass anstelle der Stufe 1 die Stufe 2 erreicht wird. Dienstzeit im Sinne des Satz 1 bis 4 ist die im Beamtenverhältnis auf Probe bis zum 28. Februar 2014 zurückgelegte Dienstzeit. Die Zeiten nach Satz 1 bis 4 werden auf volle Monate aufgerundet.

§5 Zuordnung zu den Stufen des Grundgehalts in den Besoldungsgruppen R 1 und R 2

(1) Empfängerinnen und Empfänger von Dienstbezügen nach den Besoldungsgruppen R 1 und R 2 werden auf der Grundlage des am 28. Februar 2014 maßgeblichen Amtes mit dem ihnen zu diesem Zeitpunkt zustehenden Grundgehalt betragsmäßig der Stufe des Grundgehalts der Anlage IV zum Hessischen Besoldungsgesetz zugeordnet.

(2) Abs. 1 gilt für Empfängerinnen und Empfänger von Dienstbezügen nach der Besoldungsgruppe R 1, die am 28. Februar 2014 der Stufe 1 zugeordnet sind, mit der Maßgabe, dass mit der Zuordnung das höhere Grundgehalt der Stufe 1 der Anlage IV zum Hessischen Besoldungsgesetz gewährt wird. Der Aufstieg in die nächsthöhere Stufe erfolgt zu dem Zeitpunkt, zu dem das Grundgehalt nach §38 des Bundesbesoldungsgesetzes in der am 31. August 2006 geltenden Fassung gestiegen wäre. Satz 1 und 2 gilt für die

Empfängerinnen und Empfänger von Dienstbezügen nach der Besoldungsgruppe R 2 Stufe 3 entsprechend.

(3) Am 31. März 2023 vorhandene Empfängerinnen und Empfänger von Dienstbezügen nach den Besoldungsgruppen R 1 und R 2 der Besoldungsordnung R werden am 1. April 2023 den Stufen des Grundgehalts der Anlage IV wie folgt zugeordnet:

Stufe am 31. März 2023	Stufe am 1. April 2023
1	3
2	4
3	5
4	6
5	7
6	8
7	9
8	10
9	11
10	12
11	12

Der Aufstieg in die nächsthöhere Stufe erfolgt nach der maßgebenden Erfahrungszeit nach § 41 Abs. 1 Satz 2 und 3 des Hessischen Besoldungsgesetzes. Bereits in der zuletzt innegehabten Erfahrungsstufe verbrachte Zeiten mit Anspruch auf Grundgehalt werden angerechnet. § 41 Abs. 4 des Hessischen Besoldungsgesetzes gilt entsprechend. Satz 1 bis 4 gelten entsprechend für beurlaubte Angehörige der Besoldungsgruppen R 1 und R 2 ohne Anspruch auf Dienstbezüge. Bei ihnen ist für die Zuordnung nach Satz 1 die Stufe zugrunde zu legen, die bei einer Beendigung der Beurlaubung am 31. März 2023 maßgebend wäre. Satz 5 und 6 gelten entsprechend in den Fällen des § 43 Abs. 1 des Hessischen Beamtengesetzes und des § 30 Abs. 1 des Hessischen Abgeordnetengesetzes.

§ 6 Überleitung von versorgungsberechtigten Personen

(1) Versorgungsberechtigte Personen mit ruhegehaltfähigen Bezügen nach

1. dem Bundesbesoldungsgesetz in der am 31. August 2006 geltenden Fassung der
   a) Besoldungsordnung A sowie der Besoldungsgruppen R 1 und R 2 werden den betragsmäßig entsprechenden Stufen des Grundgehalts der Anlage IV,
   b) Besoldungsordnung C werden den betragsmäßig entsprechenden Stufen des Grundgehalts der Anlage VIII,
   c) Besoldungsordnungen B und der Besoldungsgruppen R 3 bis R 8 werden den Grundgehältern der Anlage IV,
2. dem Hessischen Professorenbesoldungsgesetz vom 12. Dezember 2012 (GVBl. S. 647) in der am 28. Februar 2014 geltenden Fassung der
   a) Besoldungsgruppen W 2 und W 3 werden den betragsmäßig entsprechenden Stufen des Grundgehalts der Anlage IV,
   b) Besoldungsgruppen W 1, W L1 bis W L3 werden den Grundgehältern der Anlage IV,
3. den Zwischenbesoldungsgruppen der Besoldungsordnung A des Hessischen Besoldungsgesetzes in der am 1. November 1974 geltenden Fassung werden den betragsmäßig entsprechenden Stufen des Grundgehalts der Anlage IV,
4. den Zwischenbesoldungsgruppen der Besoldungsordnung R des Gesetzes über die Amtsbezüge der Richter und Staatsanwälte vom 4. März 1970 (GVBl. I S. 201) werden den betragsmäßig entsprechenden Stufen des Grundgehalts der Anlage IV

des Hessischen Besoldungsgesetzes zugeordnet. An die Stelle der bisherigen Stufe des Grundgehalts tritt die Stufe, deren Betrag dem bisherigen Grundgehalt entspricht. Dies gilt auch für Differenzbeträge unter einem Euro. Wenn dies nicht der Fall ist, wird die Stufe des nächstniedrigeren Betrags zugeordnet und ein Ausgleichsbetrag in Höhe des Unterschieds zu dem bisherigen Betrag gezahlt. Wenn es keinen niedrigeren Betrag gibt, wird die Stufe 1 zugeordnet und ein Ausgleichsbetrag in Höhe des Unterschieds zu dem bisherigen Betrag abgezogen. In den Vergleich nach Satz 2 bis 5 ist die Überleitungszulage nach Art. 14 §1 Abs. 1 des Reformgesetzes vom 24. Februar 1997 (BGBl. I S. 322) in der am 31. August 2006 geltenden Fassung mit einzubeziehen. Für die künftig wegfallenden Bundesbesoldungsgruppen A 2 und A 3 der Bundesbesoldungsordnung A erfolgt die Zuordnung in die Besoldungsgruppe A 4. Satz 2 bis 6 gelten entsprechend. Die Endstufe ist für die bisherige Besoldungsgruppe A 2 künftig Stufe drei und für A 3 Stufe fünf der Besoldungsgruppe A 4 mit einem entsprechenden Ausgleichsbetrag. Die Zuordnung zu den einzelnen Besoldungsgruppen und Stufen ergibt sich aus den Anlagen 2 und 3. Versorgungsberechtigte Personen mit ruhegehaltfähigen Bezügen der Besoldungsgruppen der Besoldungsordnung H des Hessischen Besoldungsgesetzes in der am 1. November 1974 geltenden Fassung werden den betragsmäßig entsprechenden Stufen des Grundgehalts der Anlage 3 zugeordnet.

(2) Folgende Bestandteile der ruhegehaltfähigen Dienstbezüge werden zu einem Bezug zusammengefasst:

1. der Zuschlag zum Grundgehalt (Erhöhungszuschlag) nach Art. 5 §1 Abs. 1 oder Art. 6 §1 Abs. 1 des Siebten Gesetzes zur Änderung des Bundesbesoldungsgesetzes vom 15. April 1970 (BGBl. I S. 339) nach Maßgabe des Art. 2 Abs. 4 des Bundesbesoldungs- und -versorgungsanpassungsgesetzes 1998 vom 6. August 1998 (BGBl. I S. 2026) in der am 31. August 2006 geltenden Fassung,
2. der Anpassungszuschlag nach §71 des Beamtenversorgungsgesetzes in der am 31. Dezember 1983 geltenden Fassung nach Maßgabe des Art. 32 des Haushaltsbegleitgesetzes 1984 vom 22. Dezember 1983 (BGBl. I S. 1532) in der am 31. August 2006 geltenden Fassung,
3. der Strukturausgleich nach Art. 1 §6 des Bundesbesoldungs- und -versorgungsanpassungsgesetzes 1991 vom 21. Februar 1992 (BGBl. I S. 266) nach Maßgabe des Bundesbesoldungs- und -versorgungsanpassungsgesetzes 1998 in der am 31. August 2006 geltenden Fassung,
4. der Anpassungszuschlag nach §69b Abs. 2 Satz 5 des Hessischen Beamtenversorgungsgesetzes in der am 28. Februar 2014 geltenden Fassung.

(3) Folgende ruhegehaltfähige Zulagen werden zu einem Bezug zusammengefasst:

1. nach dem Hessischen Besoldungsgesetz in der am 1. November 1974 geltenden Fassung
   a) die Stellenzulagen nach Anlage 4 Nr. 1,
   b) die Amtszulagen nach Anlage 4 Nr. 2 und
   c) die Unterrichtspauschale nach Anlage 4 Nr. 3,
2. die Stellenzulagen nach dem Bundesbesoldungsgesetz
   a) in der am 31. Dezember 1989 geltenden Fassung nach Anlage 4 Nr. 4,
   b) in der am 31. Dezember 1998 geltenden Fassung nach Anlage 4 Nr. 5,
   c) in der am 31. August 2006 geltenden Fassung in Verbindung mit §81 Abs. 2 des Bundesbesoldungsgesetzes nach Anlage 4 Nr. 6 und
   d) in der am 31. August 2006 geltenden Fassung nach Anlage 4 Nr. 7,
3. die Stellenzulage des Hessischen Besoldungsgesetzes in der am 28. Februar 2014 geltenden Fassung nach Anlage 4 Nr. 8 und
4. die Amtszulage des Hessischen Besoldungsgesetzes in der am 4. Juli 1999 geltenden Fassung nach Anlage 4 Nr. 9.

(4) Folgende Bestandteile der ruhegehaltfähigen Dienstbezüge werden zu einem Bezug zusammengefasst:

1. die ruhegehaltfähigen Stellenzulagen des Gesetzes über die Amtsbezüge der Richter und Staatsanwälte vom 4. März 1970 (GVBl. I S. 201) in der am 1. Januar 1970 geltenden Fassung nach Anlage 5 Nr. 1,
2. die ruhegehaltfähigen Sonderzuschüsse zu der Besoldungsgruppe H 4 nach Nr. 1 der Besoldungsordnung H des Hessischen Besoldungsgesetzes in der am 1. November 1974 geltenden Fassung,

3. die ruhegehaltfähige Überleitungszulage nach Art. IX § 11 des Zweiten Gesetzes zur Vereinheitlichung und Neuregelung des Besoldungsrechts in Bund und Ländern vom 23. Mai 1975 (BGBl. I S. 1173) in der am 31. August 2006 geltenden Fassung,
4. die Amtszulagen des Bundesbesoldungsgesetzes in der am 28. Februar 1991 geltenden Fassung nach Anlage 5 Nr. 2,
5. die ruhegehaltfähigen Stellenzulagen des Bundesbesoldungsgesetzes in der am 31. August 2006 geltenden Fassung nach Anlage 5 Nr. 3,
6. die Amtszulagen des Bundesbesoldungsgesetzes in der am 31. August 2006 geltenden Fassung nach Anlage 5 Nr. 4,
7. die ruhegehaltfähigen Sonderzuschüsse nach Nr. 2 der Vorbemerkungen der Anlage II des Bundesbesoldungsgesetzes in der am 22. Februar 2002 geltenden Fassung,
8. die ruhegehaltfähigen Leistungsbezüge nach § 5 des Hessischen Professorenbesoldungsgesetzes in der am 28. Februar 2014 geltenden Fassung und § 1 des Gesetzes zur Überleitung von Versorgungsberechtigten der Besoldungsgruppen W 2 und W 3 vom 12. Dezember 2012 (GVBl. S. 650),
9. die ruhegehaltfähigen Ausgleichszulagen nach § 13 des Bundesbesoldungsgesetzes in der am 31. August 2006 geltenden Fassung,
10. die ruhegehaltfähige Zulage für Gerichtsvollzieher nach § 12 der Vollstreckungsvergütungsverordnung vom 6. Januar 2003 (BGBl. I S. 8) in der am 31. August 2006 geltenden Fassung,
11. der Unterschiedsbetrag nach § 15a des Hessischen Beamtenversorgungsgesetzes in der am 28. Februar 2014 geltenden Fassung und
12. die Amtszulagen des Hessischen Besoldungsgesetzes in der am 28. Februar 2014 geltenden Fassung nach Anlage 5 Nr. 5.

(5) Folgende Versorgungsbezüge werden als Ausgleichsbetrag weitergeführt:

1. der Mindestbelassungsbetrag des Versorgungsbezugs nach Art. 2 § 2 Abs. 3 Buchst. b des Zweiten Haushaltsstrukturgesetzes vom 22. Dezember 1981 (BGBl. I S. 1523) in der am 31. August 2006 geltenden Fassung und
2. der Erhöhungsbetrag zum Unterschiedsbetrag für zwei und mehr berücksichtigungsfähige Kinder aufgrund der Neufestsetzung der amtsunabhängigen Mindestversorgung nach § 78 Nr. 2 des Hessischen Beamtenversorgungsgesetzes vom 27. Mai 2013 (GVBl. S. 218),

solange die Voraussetzungen für die Zahlung ununterbrochen vorliegen.

(6) Versorgungsberechtigte Personen mit einer Überleitungsstufe nach § 3 werden nach entsprechender Anwendung des Abs. 1 Satz 4 und 5 einer Stufe des Grundgehalts der Anlage IV des Hessischen Besoldungsgesetzes zugeordnet.

§ 7 Übergangsregelungen aus Anlass des Zweiten Dienstrechtsmodernisierungsgesetzes

(1) § 14 des Hessischen Besoldungsgesetzes gilt entsprechend, wenn ein Anspruch auf eine ruhegehaltfähige Ausgleichszulage wegen der Verringerung des Grundgehalts oder des Verlusts der Amtszulage während eines Dienstverhältnisses nach § 1 Abs. 1 des Hessischen Besoldungsgesetzes bis zum 28. Februar 2014 entstanden ist.

(2) Nicht ruhegehaltfähige, während eines Dienstverhältnisses nach § 1 Abs. 1 des Hessischen Besoldungsgesetzes entstandene Ausgleichszulagen nach den Vorschriften des Bundesbesoldungsgesetzes in der am 31. August 2006 geltenden Fassung, die am 28. Februar 2014 zugestanden haben oder wegen Beurlaubung nicht zugestanden haben, werden auf den an diesem Tag maßgebenden Betrag festgesetzt und nach § 15 Abs. 1 Satz 3 und 4 des Hessischen Besoldungsgesetzes vermindert. Dies gilt auch für Ausgleichszulagen, die ruhegehaltfähige Stellenzulagen im Sinne des § 13 Abs. 1 Satz 5 des Bundesbesoldungsgesetzes in der am 31. August 2006 geltenden Fassung ausgleichen.

(3) Soweit durch das Hessische Besoldungsgesetz Zulagen nicht mehr zu den ruhegehaltfähigen Dienstbezügen gehören, sind für Empfängerinnen und Empfänger von Dienstbezügen, die bis zum 31. Dezember 2021 in den Ruhestand treten oder versetzt werden, die bisherigen Vorschriften über die Ruhegehaltfähigkeit dieser Zulagen in der am 5. Juni 2013 geltenden Fassung weiter anzuwenden. Dies gilt nicht, wenn die Zulage nach dem 5. Juni 2013 erstmals gewährt wird.

(4) Beamtinnen, Beamte, Richterinnen und Richter, die am 28. Februar 2014 Anspruch auf Auslandsdienstbezüge nach § 52 Abs. 1 Satz 3 des Bundesbesoldungsgesetzes in der am 31. August 2006 geltenden Fassung haben, erhalten diese weiter in der bisherigen Höhe, soweit sie höher sind als die Auslandsbesoldung nach § 57 des Hessischen Besoldungsgesetzes. Voraussetzung ist, dass die bisherigen Anspruchsvoraussetzungen unverändert erfüllt sind.

§ 8 Anwendung bisherigen Rechts

Es finden weiter Anwendung

1. das Erste Gesetz zur Vereinheitlichung und Neuregelung des Besoldungsrechts in Bund und Ländern vom 18. März 1971 (BGBl. I S. 208) in der am 31. August 2006 geltenden Fassung,
2. das Zweite Gesetz zur Vereinheitlichung und Neuregelung des Besoldungsrechts in Bund und Ländern vom 23. Mai 1975 (BGBl. I S. 1173) in der am 31. August 2006 geltenden Fassung mit Ausnahme des Art. X sowie
3. die Verordnung zur Überleitung in die im Zweiten Gesetz zur Vereinheitlichung und Neuregelung des Besoldungsrechts in Bund und Ländern geregelten Ämter und über die künftig wegfallenden Ämter vom 1. Oktober 1975 (BGBl. I S. 2608) in der am 31. August 2006 geltenden Fassung mit der Maßgabe der Änderungen des § 75 Nr. 5 des Hessischen Besoldungsgesetzes.

§ 9 Inkrafttreten, Außerkrafttreten

Dieses Gesetz tritt am 1. März 2014 in Kraft. Abweichend von Satz 1 tritt § 2 Abs. 5 mit Wirkung vom 1. Juli 2013 in Kraft. Es tritt mit Ablauf des 31. Dezember 2034 außer Kraft.

Anlage 1

Überleitungstabelle für die Besoldungsgruppen der Besoldungsordnung A

Besoldungsordnung A

Gültig ab 1. Februar 2025

Besol-dungs-gruppe	Grundgehalt (Monatsbeträge in Euro)																
	Überleitungs-stufe 1 zu Stufe 1	Überleitungs-stufe 2 zu Stufe 1	Stufe 1	Überlei-tungsstufe zu Stufe 2	Stufe 2	Überlei-tungsstufe zu Stufe 3	Stufe 3	Überlei-tungsstufe zu Stufe 4	Stufe 4	Überlei-tungsstufe zu Stufe 5	Stufe 5	Überlei-tungsstufe zu Stufe 6	Stufe 6	Überlei-tungsstufe zu Stufe 7	Stufe 7	Überlei-tungsstufe zu Stufe 8	Stufe 8
A 6	2 579,09		2 652,50		2 715,42	2 725,92	2 777,05	2 799,33	2 853,08	2 872,76	2 931,75	2 946,16	3 007,77	3 019,60	3 092,99		3 165,12
A 7	2 686,59	2 752,13	2 762,63		2 812,43	2 845,24	2 888,50	2 937,00	3 006,48	3 028,78	3 121,85	3 213,61	3 237,22	3 279,18	3 323,75	3 344,73	3 411,61
A 8	2 846,53		2 925,19		2 993,37	3 043,18	3 099,54	3 161,20	3 249,03	3 279,18	3 397,15	3 475,83	3 503,36	3 554,48	3 608,22	3 634,46	3 713,13
A 9	3 023,52		3 100,87		3 171,67	3 226,72	3 289,66	3 352,59	3 456,16	3 478,47	3 605,61	3 692,16	3 730,16	3 778,68	3 842,90	3 865,21	3 951,75
A 10	3 246,39		3 323,75	3 353,90	3 389,29	3 515,17	3 595,14	3 677,74	3 799,65	3 838,98	4 000,22	4 107,75	4 147,08	4 216,55	4 288,66	4 324,09	4 431,57
A 11	3 720,98		3 810,14	3 886,17	3 932,08	4 051,38	4 141,82	4 217,88	4 354,22	4 383,07	4 493,20	4 603,34	4 644,25	4 715,77	4 791,25	4 826,99	4 939,23
A 12	3 991,06		4 086,78	4 187,72	4 241,49	4 385,70	4 493,20	4 582,33	4 744,90	4 781,99	4 914,93	5 051,34	5 098,60	5 186,39	5 276,90	5 322,82	5 457,90
A 13	4 473,52	4 687,97	4 756,83	4 904,11	4 925,74	5 122,94	5 167,50	5 343,10	5 409,24	5 488,94	5 576,71	5 636,18	5 744,21	5 782,03	5 911,68	5 929,25	6 075,13
A 14	4 650,88	4 931,16	5 005,42	5 216,12	5 244,50	5 501,09	5 559,19	5 786,09	5 871,17	5 975,17	6 085,94	6 165,61	6 303,36	6 354,69	6 518,11	6 545,13	6 735,59
A 15	6 049,44		6 139,94		6 330,38	6 362,82	6 545,13	6 612,67	6 761,25	6 862,52	6 976,00	7 113,75	7 189,37	7 363,59	7 402,80		7 614,84
A 16	6 680,20		6 780,15		7 008,40	7 043,53	7 255,58	7 332,53	7 504,07	7 622,92	7 749,91	7 911,98	7 999,76	8 202,36	8 246,94		8 491,39

III

Anlage 2
zu § 6 Abs. 1 des Hessischen Besoldungs- und Versorgungsüberleitungsgesetzes

Überleitung für versorgungsberechtigte Personen

Besoldungsordnung A

Grundgehalt (Monatsbeträge in Euro)

	Stufe											
BesGr.	alt 1	2	3	4	5	6	7	8	9	10	11	12
A 2 alt	1691,56	1732,41	1773,26	1814,11	1854,97	1895,84	1936,69					
A 4 neu	neu 1	1	1	1	1	2	3					
A 4 neu	1854,00	1854,00	1854,00	1854,00	1854,00	1882,00	1905,00					
A 3	1762,11	1805,59	1849,05	1892,50	1936,00	1979,47	2022,93					
A 4 neu	1	1	1	2	3	4	5					
A 4 neu	1854,00	1854,00	1854,00	1882,00	1905,00	1948,00	1989,00					
A 4 alt	1802,12	1853,34	1904,49	1955,67	2006,85	2058,03	2109,19					
A 4 neu	1	1	3	4	5	6	8					
A 4 neu	1854,00	1854,00	1905,00	1948,00	1989,00	2030,00	2110,00					
A 5 alt	1816,69	1882,22	1933,15	1984,04	2034,98	2085,89	2136,81	2187,72				
A 5 neu	1	1	3	4	5	6	7	8				
A 5 neu	1872,00	1872,00	1934,00	1985,00	2035,00	2086,00	2137,00	2188,00				
A 6 alt	1859,71	1915,61	1971,53	2027,43	2083,33	2139,24	2195,17	2251,06	2306,96			
A 6 neu	1	1	2	3	4	5	6	7	8			
A 6 neu	1916,00	1916,00	1964,00	2011,00	2069,00	2129,00	2187,00	2252,00	2307,00			

	Stufe										
BesGr.	alt 1	2	3	4	5	6	7	8	9	10	11	12
A 7 alt	1941,45	1991,68	2062,03	2132,39	2202,73	2273,08	2343,45	2393,66	2443,90	2494,18		
A 7 neu	1	1	2	3	4	5	5	6	7	8		
A 7 neu	2000,00	2000,00	2038,00	2096,00	2186,00	2274,00	2274,00	2362,00	2428,00	2495,00		
A 8 alt		2063,07	2123,17	2213,32	2303,47	2393,62	2483,80	2543,88	2603,99	2664,10	2724,17	
A 8 neu		1	1	2	3	4	5	5	6	7	8	
A 8 neu		2124,00	2124,00	2176,00	2257,00	2371,00	2484,00	2484,00	2565,00	2645,00	2725,00	
A 9 alt		2198,02	2257,17	2353,39	2449,59	2545,81	2642,03	2708,16	2774,32	2840,46	2906,62	
A 9 neu		1	1	2	3	4	5	5	6	7	8	
A 9 neu		2258,00	2258,00	2312,00	2402,00	2529,00	2643,00	2643,00	2738,00	2824,00	2907,00	
A 10 alt		2368,39	2450,57	2573,81	2697,12	2820,38	2943,68	3025,86	3108,03	3190,19	3272,39	
A 10 neu		1	1	2	3	4	5	5	6	7	8	
A 10 neu		2428,00	2428,00	2478,00	2635,00	2791,00	2944,00	2944,00	3056,00	3164,00	3273,00	
A 11 alt			2730,12	2856,43	2982,73	3109,07	3235,39	3319,59	3403,82	3488,04	3572,23	3656,44
A 11 neu			1	1	2	3	4	5	5	6	7	8
A 11 neu			2799,00	2799,00	2892,00	3052,00	3214,00	3320,00	3320,00	3435,00	3546,00	3657,00
A 12 alt			2936,12	3086,73	3237,32	3387,92	3538,53	3638,92	3739,31	3839,70	3940,12	4040,51
A 12 neu			1	1	2	3	4	5	5	6	7	8
A 12 neu			3010,00	3010,00	3128,00	3320,00	3511,00	3639,00	3639,00	3775,00	3907,00	4041,00
A 13 alt			3304,87	3467,48	3630,12	3792,74	3955,35	4063,77	4172,18	4280,62	4389,03	4497,45

BesGr.	Stufe											
	alt 1	2	3	4	5	6	7	8	9	10	11	12
A 13 neu			1	1	1	2	3	4	5	6	7	8
A 13 neu			3520,00	3520,00	3520,00	3647,00	3826,00	4005,00	4129,00	4253,00	4377,00	4498,00
A 14 alt			3439,58	3650,49	3861,36	4072,25	4283,13	4423,71	4564,31	4704,90	4845,50	4986,10
A 14 neu			1	1	1	2	3	4	5	6	7	8
A 14 neu			3706,00	3706,00	3706,00	3883,00	4116,00	4347,00	4506,00	4667,00	4826,00	4987,00
A 15 alt						4478,17	4710,02	4895,52	5081,00	5266,50	5451,99	5637,45
A 15 neu						1	2	3	4	5	6	8
A 15 neu						4546,00	4687,00	4846,00	5006,00	5165,00	5323,00	5638,00
A 16 alt						4946,00	5214,13	5428,67	5643,21	5857,72	6072,25	6286,76
A 16 neu						1	2	3	4	5	6	8
A 16 neu						5020,00	5189,00	5372,00	5556,00	5738,00	5923,00	6287,00

Überleitung von alten Besoldungsgruppen:
(exemplarisch für die Endstufe)

BesGr		
A 11 A alt	Stufe 14	3849,48
A 11 neu	Stufe 8	3657,00
A 13 A alt	Stufe 14	4742,77
A 13 neu	Stufe 8	4498,00
A 14 A alt	Stufe 14	5114,73
A 14 neu	Stufe 8	4987,00

Anlage 3
zu § 6 Abs. 1 des Hessischen Besoldungs- und Versorgungsüberleitungsgesetzes

Überleitung für versorgungsberechtigte Personen

Besoldungsordnung R

Grundgehalt (Monatsbeträge in Euro)

	Stufe											
	alt 1	2	3	4	5	6	7	8	9	10	11	12
R 1 alt	3549,18	3711,80	3797,42	4018,27	4239,11	4459,96	4680,80	4901,65	5122,48	5343,34	5564,17	5785,04
R 1 neu	neu 1	2	3	4	5	6	7	8	9	10	11	12
R 1 neu	3602,42	3711,80	3797,42	4018,27	4239,11	4459,96	4680,80	4901,65	5122,48	5343,34	5564,17	5785,04
R 2 alt			4326,08	4546,91	4767,76	4988,61	5209,46	5430,29	5651,17	5871,98	6092,85	6313,66
R 2 neu			3	4	5	6	7	8	9	10	11	12
R 2 neu			4390,97	4546,91	4767,76	4988,61	5209,46	5430,29	5651,17	5871,98	6092,82	6313,66

Überleitung von alten Besoldungsgruppen:
(exemplarisch für die Endstufe)

BesGr		
R 1 alt OZ Ib	Stufe 9	5613,25
R 1 neu	Stufe 11	5564,17
R 1 alt OZ Ia	Stufe 9	5731,60
R 1 neu	Stufe 11	5564,17
R 2 alt OZ Ib	Stufe 9	6216,40
R 2 neu	Stufe 11	6092,85
R 2 alt OZ Ia	Stufe 9	6334,77
R 2 neu	Stufe 12	6313,66

Besoldungsordnung H alt

BesGr.	1	2	3	4	5	6	7	8	9	10	11	12	13	14
H 1	3142,15	3274,56	3406,96	3539,37	3671,77	3804,17	3936,57	4068,96	4201,38	4333,79	4466,20	4598,58	4731,02	4863,41
H 2	3439,58	3439,58	3439,58	3650,49	3861,36	4072,25	4283,13	4423,71	4564,31	4704,90	4845,50	4986,10		
H 3	4478,17	4478,17	4478,17	4478,17	4478,17	4478,17	4710,02	4895,52	5081,00	5266,50	5451,99	5637,45		
H 4	4946,00	4946,00	4946,00	4946,00	4946,00	4946,00	5214,13	5428,67	5643,21	5857,72	6072,25	6286,76		

Anlage 4
zu § 6 Abs. 3 des Hessischen Besoldungs- und Versorgungsüberleitungsgesetzes

Ruhegehaltfähige Stellen- und Amtszulagen

(Monatsbeträge) – in der Reihenfolge der Gesetzesstellen

1. Stellenzulagen			
Besoldungsordnung A			
Vorbemerkungen		DM	Euro
Nr. 9		40,45	20,68
Nr. 12		100,00	51,13
		120,00	61,36
		156,00	79,76
Nr. 19		87,00	44,48
Besoldungsgruppen	Fußnote		
A 3	3	28,89	14,77
A 4	3	28,89	14,77
A 13	6	140,00	71,58
A 14	1	150,00	76,69
	2, 3, 5	180,30	92,19
	9	140,00	71,58
2. Amtszulagen			
Besoldungsordnung A			
Besoldungsgruppen	Fußnote	DM	Euro
A 3	2	28,89	14,77
A 4	2	28,89	14,77
A 8	1	72,90	37,27
A 9	2	70,00	35,79
A 13A	2	42,80	21,88
	3	85,60	43,77
A 14	6	150,00	76,69
	10	156,00	79,76
3. Unterrichtspauschale			
Besoldungsordnung H			
Unterrichtspauschale			
Vorbemerkung Nr. 3		DM	Euro
H 4	1	250,00	127,82
4. Stellenzulage			
Besoldungsordnung A			
Vorbemerkungen		DM	Euro
Nr. 23 Abs. 1		87,00	44,48

5.	**Stellenzulagen**			
	Besoldungsordnung A			
	Vorbemerkungen		DM	Euro
	Nr. 6 Abs. 1			
		Buchst. b	720,00	379,17
		Buchst. c	576,00	303,34
	Nr. 8			
		A 1 bis A 5	249,12	127,37
		A 6 bis A 9	342,52	175,13
		A 10 bis A 13	435,94	222,89
		A 14 und höher	529,35	270,65
	Nr. 9		245,45	131,20
	Nr. 10 Abs. 1		245,45	131,20
	Nr. 12		184,08	98,40
	Nr. 23 Abs. 1		20,00	10,23
	Nr. 23 Abs. 2		45,00	23,01
	Nr. 25		75,00	39,50
	Nr. 26 Abs. 1			
		des mittleren Dienstes	33,34	17,56
		des gehobenen Dienstes	75,00	39,50
6.	**Stellenzulagen**			
	Besoldungsordnung A			
	Vorbemerkungen			Euro
	Nr. 6 Abs. 1			
		Buchst. b		379,17
		Buchst. c		303,34
	Nr. 8			
		A 2 bis A 5		118,49
		A 6 bis A 9		157,99
		A 10 und höher		197,48
	Nr. 9			131,20
	Nr. 10 Abs. 1			131,20
	Nr. 12			98,40
	Nr. 25			39,50
	Nr. 26 Abs. 1			
		des mittleren Dienstes		17,56
		des gehobenen Dienstes		39,50
7.	**Stellenzulage**			
	Besoldungsordnung A			
	Vorbemerkungen			Euro
	Nr. 6 Abs. 1			
		Buchst. b		189,59
		Buchst. c		151,67
8.	**Stellenzulage**			
	Besoldungsordnung A			
	Besoldungsgruppe	Fußnote		Euro
	A 15	2		76,69
9.	**Amtszulage**			
	Besoldungsordnung B			
	Besoldungsgruppe	Fußnote	DM	Euro
	B 9	1	1132,94	579,26

Anlage 5
zu § 6 Abs. 4 des Hessischen Besoldungs- und Versorgungsüberleitungsgesetzes

Ruhegehaltfähige Stellen- und Amtszulagen

(Monatsbeträge) – in der Reihenfolge der Gesetzesstellen –

1. Stellenzulagen			
Besoldungsordnung R			
Allgemeine Vorschriften		DM	Euro
Nr. 4a		300,00	603,29
Nr. 4b		500,00	1005,35
Nr. 4c		1000,00	2010,59
Nr. 5a		150,00	301,71
Nr. 5b		250,00	502,75
Nr. 5c		300,00	603,29
Nr. 5d		700,00	1407,47
Nr. 6a		200,00	402,18
Nr. 6b		400,00	804,29
		650,00	1306,92
		850,00	1709,03
		1050,00	2111,12
Nr. 7a		300,00	603,29
Nr. 7b		400,00	804,29
Nr. 7c		600,00	1206,40
Nr. 7d		750,00	1507,98
Nr. 8a		150,00	301,71
Nr. 8b		300,00	603,29
Nr. 8c		950,00	1910,08
2. Amtszulagen			
Besoldungsordnung A			
Besoldungsgruppen	Fußnote	DM	Euro
A 5	5	116,55	95,24
	7	139,85	114,27
3. Stellenzulagen			
Besoldungsordnung A			
Vorbemerkungen			Euro
Nr. 27			
Abs. 1			
Buchst. a			
Doppelbuchst. aa			18,79
Doppelbuchst. bb			73,51
Buchst. b			81,71
Buchst. c			81,71

4. Amtszulagen

Besoldungsordnung A		Euro
Vorbemerkungen Nr. 21		203,59
Besoldungsgruppen	Fußnote	
A 2	1	35,10
	3	64,72
A 3	1, 5	64,72
	2	35,10
A 4	1, 4	64,72
	2	35,10
A 5	3	35,10
	4, 6	64,72
A 6	6	35,10
A 7	5	
50 % des jeweiligen Unterschiedsbetrages zum Grundgehalt der BesGr.		
A 8		
A 9	3, 6	261,27
A 12	7, 8	151,76
A 13	7	182,04
	11, 12, 13	265,52
A 14	5	182,04
A 15	7	182,04
Besoldungsordnung R		
Besoldungsgruppen	Fußnote	
R 1	1, 2	201,26
R 2	3 bis 8, 10	201,26
R 3	3	201,26

5. Amtszulagen

Besoldungsordnung A und B		
Besoldungsgruppen	Fußnote	Euro
A 10	3	288,05
A 12	2	151,76
A 13	1, 4	182,04
	3	91,06
A 14	2	182,04
	4	121,37
A 15	1	182,04
B 9	1	754,26

Anlage 1

Überleitungstabelle für die Besoldungsgruppen der Besoldungsordnung A

Besoldungsordnung A

Gültig ab 1. Dezember 2025

Besoldungsgruppe	Grundgehalt (Monatsbeträge in Euro)																
	Überleitungsstufe 1 zu Stufe 1	Überleitungsstufe 2 zu Stufe 1	Stufe 1	Überleitungsstufe zu Stufe 2	Stufe 2	Überleitungsstufe zu Stufe 3	Stufe 3	Überleitungsstufe zu Stufe 4	Stufe 4	Überleitungsstufe zu Stufe 5	Stufe 5	Überleitungsstufe zu Stufe 6	Stufe 6	Überleitungsstufe zu Stufe 7	Stufe 7	Überleitungsstufe zu Stufe 8	Stufe 8
A 6	2 720,94		2 798,39		2 864,77	2 875,85	2 929,79	2 953,29	3 010,00	3 030,76	3 093,00	3 108,20	3 173,20	3 185,68	3 263,10		3 339,20
A 7	2 834,35	2 903,50	2 914,57		2 967,11	3 001,73	3 047,37	3 098,54	3 171,84	3 195,36	3 293,55	3 390,36	3 415,27	3 459,53	3 506,56	3 528,69	3 599,25
A 8	3 003,09		3 086,08		3 158,01	3 210,55	3 270,01	3 335,07	3 427,73	3 459,53	3 583,99	3 667,00	3 696,04	3 749,98	3 806,67	3 834,36	3 917,35
A 9	3 189,81		3 271,42		3 346,11	3 404,19	3 470,59	3 536,98	3 646,25	3 669,79	3 803,92	3 895,23	3 935,32	3 986,51	4 054,26	4 077,80	4 169,10
A 10	3 424,94		3 506,56	3 538,36	3 575,70	3 708,50	3 792,87	3 880,02	4 008,63	4 050,12	4 220,23	4 333,68	4 375,17	4 448,46	4 524,54	4 561,91	4 675,31
A 11	3 925,63		4 019,70	4 099,91	4 148,34	4 274,21	4 369,62	4 449,86	4 593,70	4 624,14	4 740,33	4 856,52	4 899,68	4 975,14	5 054,77	5 092,47	5 210,89
A 12	4 210,57		4 311,55	4 418,04	4 474,77	4 626,91	4 740,33	4 834,36	5 005,87	5 045,00	5 185,25	5 329,16	5 379,02	5 471,64	5 567,13	5 615,58	5 758,08
A 13	4 719,56	4 945,81	5 018,46	5 173,84	5 196,66	5 404,70	5 451,71	5 636,97	5 706,75	5 790,83	5 883,43	5 946,17	6 060,14	6 100,04	6 236,82	6 255,36	6 409,26
A 14	4 906,68	5 202,37	5 280,72	5 503,01	5 532,95	5 803,65	5 864,95	6 104,32	6 194,08	6 303,80	6 420,67	6 504,72	6 650,04	6 704,20	6 876,61	6 905,11	7 106,05
A 15	6 382,16		6 477,64		6 678,55	6 712,78	6 905,11	6 976,37	7 133,12	7 239,96	7 359,68	7 505,01	7 584,79	7 768,59	7 809,95		8 033,66
A 16	7 047,61		7 153,06		7 393,86	7 430,92	7 654,64	7 735,82	7 916,79	8 042,18	8 176,16	8 347,14	8 439,75	8 653,49	8 700,52		8 958,42

Auslandsdienstbezüge, Auslandsverwendungszuschlag, Kaufkraftausgleich

Durch die Dienstrechtsreform in Hessen wurden Landes- und Bundesbesoldungsrecht größtenteils entkoppelt. Der hessische Gesetzgeber sah jedoch keine landesrechtliche Vollregelung zur Auslandsbesoldung vor. Die §§ 52 bis 58a BBesG in der am 31. August 2006 geltenden Fassung gehen in § **57 HBesG (n.F.)**[1]) auf. Dieser enthält eine dynamische Verweisung auf Abschnitt 5 des Bundesbesoldungsgesetzes in der jeweils gültigen Fassung. Sie finden die geltenden bundesrechtlichen Bestimmungen auf den Folgeseiten samt zugehöriger Anlage VI BBesG zum Auslandszuschlag.

Bundesbesoldungsgesetz

in der Fassung der Bekanntmachung vom 19. Juni 2009 (BGBl. I S. 1434)

– Auszug –[2])

Zuletzt geändert durch
Gesetz zur weiteren Stärkung der personellen Einsatzbereitschaft und zur Änderung von Vorschriften für die Bundeswehr
vom 27. Februar 2025 (BGBl. I Nr. 72)

Abschnitt 5 Auslandsbesoldung

§ 52 Auslandsdienstbezüge

(1) Auslandsdienstbezüge werden gezahlt bei dienstlichem und tatsächlichem Wohnsitz im Ausland (ausländischer Dienstort), der nicht einer Tätigkeit im Grenzverkehr und nicht einer besonderen Verwendung im Ausland dient (allgemeine Verwendung im Ausland). Sie setzen sich zusammen aus Auslandszuschlag und Mietzuschuss.

(2) Die Auslandsdienstbezüge werden bei Umsetzung oder Versetzung zwischen dem Inland und dem Ausland vom Tag nach dem Eintreffen am ausländischen Dienstort bis zum Tag vor der Abreise aus diesem Ort gezahlt. Bei Umsetzung oder Versetzung im Ausland werden sie bis zum Tag des Eintreffens am neuen Dienstort nach den für den bisherigen Dienstort maßgebenden Sätzen gezahlt.

(3) Die Absätze 1 und 2 gelten entsprechend, wenn der Beamte, Richter oder Soldat für einen Zeitraum von mehr als drei Monaten vom Inland ins Ausland oder im Ausland abgeordnet oder kommandiert ist. Der Abordnung kann eine Verwendung im Ausland nach § 29 des Bundesbeamtengesetzes gleichgestellt werden. Absatz 1 Satz 1 gilt nicht

1. bei einer Umsetzung, Abordnung oder Kommandierung vom Ausland in das Inland für mehr als drei Monate,
2. bei einer Umsetzung, Abordnung oder Kommandierung vom Ausland in das Inland für bis zu drei Monate, wenn die Voraussetzungen des Satzes 1 nicht erfüllt sind,

[1]) Hessisches Besoldungsgesetz –> **III.1**

[2]) Aufgeführt sind nur die den Auszug betreffenden Änderungen.

3. wenn der Besoldungsempfänger nach der Umsetzung, Abordnung oder Kommandierung vom Ausland in das Inland nicht mehr in das Ausland zurückkehrt.

Die oberste Dienstbehörde kann im Einvernehmen mit dem Bundesministerium des Innern, für Bau und Heimat Ausnahmen von den Sätzen 1 und 2 zulassen.

(4) Beamte, Richter und Soldaten, denen für ihre Person das Grundgehalt einer höheren Besoldungsgruppe als der für ihr Amt im Ausland vorgesehenen zusteht, erhalten die Auslandsdienstbezüge nur nach der niedrigeren Besoldungsgruppe. Das Grundgehalt der niedrigeren Besoldungsgruppe und der entsprechende Familienzuschlag werden auch dem Kaufkraftausgleich zugrunde gelegt.

§ 53 Auslandszuschlag

(1) Der Auslandszuschlag gilt materiellen Mehraufwand sowie allgemeine und dienstortbezogene immaterielle Belastungen der allgemeinen Verwendung im Ausland ab. Er bemisst sich nach der Höhe des Mehraufwands und der Belastungen, zusammengefasst in Dienstortstufen, sowie des zustehenden Grundgehalts, darüber hinaus nach der Anzahl der berücksichtigungsfähigen Personen sowie der Bereitstellung von Gemeinschaftsunterkunft oder -verpflegung oder entsprechenden Geldleistungen. Der Ermittlung des materiellen Mehraufwands und der dienstortbezogenen immateriellen Belastungen werden standardisierte Dienstortbewertungen im Verhältnis zum Sitz der Bundesregierung zugrunde gelegt. Die allgemeinen immateriellen Belastungen des Auslandsdienstes werden dienstortunabhängig abgegolten. Bei außergewöhnlichen materiellen Mehraufwendungen oder immateriellen Belastungen kann die oberste Dienstbehörde zur Abgeltung dieser Mehraufwendungen oder Belastungen oder zur Sicherung einer anforderungsgerechten Besetzung von Dienstposten im Ausland im Einvernehmen mit dem Auswärtigen Amt, dem Bundesministerium des Innern, für Bau und Heimat und dem Bundesministerium der Finanzen befristet einen Zuschlag in Höhe von bis zu 1000 Euro monatlich im Verwaltungswege festsetzen.

(2) Der Auslandszuschlag für den Beamten, Richter oder Soldaten wird nach der Tabelle in Anlage VI.1 gezahlt. Bei der ersten neben dem Beamten, Richter oder Soldaten berücksichtigungsfähigen Person nach Absatz 4 Nummer 1 oder 3 erhöht sich der Betrag um 40 Prozent. Für alle anderen berücksichtigungsfähigen Personen wird jeweils ein Zuschlag nach der Tabelle in Anlage VI.2 gezahlt. Wird dem Beamten, Richter oder Soldaten Gemeinschaftsunterkunft oder Gemeinschaftsverpflegung bereitgestellt, so verringert sich der Betrag nach den Sätzen 1 und 2 auf 85 Prozent. Werden sowohl Gemeinschaftsunterkunft als auch Gemeinschaftsverpflegung bereitgestellt, so verringert sich der Betrag nach den Sätzen 1 und 2 auf 70 Prozent. Die Sätze 4 und 5 gelten auch, wenn entsprechende Geldleistungen gezahlt werden.

(3) Hat eine berücksichtigungsfähige Person ebenfalls Anspruch auf Auslandsdienstbezüge gegen einen öffentlich-rechtlichen Dienstherrn (§ 29 Absatz 1) oder einen Verband, dessen Mitglieder öffentlich-rechtliche Dienstherren sind, wird der Auslandszuschlag für jeden Berechtigten nach der Tabelle in Anlage VI.1 gezahlt. § 4 Absatz 2 Satz 2 und 3 ist anzuwenden. Bei ermäßigter regelmäßiger Arbeitszeit erhalten beide Berechtigte zusammen mindestens den Auslandszuschlag eines Berechtigten mit einer berücksichtigungsfähigen Person, der zustünde, wenn die von beiden geleistete Arbeitszeit von einem der Berechtigten allein geleistet würde. Für jede weitere berücksichtigungsfähige Person wird einem der Berechtigten ein Zuschlag nach Tabelle VI.2 gewährt. Die Zahlung wird an denjenigen geleistet, den die beiden bestimmen oder dem die weitere berücksichtigungsfähige Person zuzuordnen ist; ist der Empfänger danach nicht bestimmbar, erhält jeder Berechtigte die Hälfte des Zuschlags.

(4) Im Auslandszuschlag berücksichtigungsfähige Personen sind:

1. Ehegatten, die mit dem Beamten, Richter oder Soldaten am ausländischen Dienstort eine gemeinsame Wohnung haben und sich überwiegend dort aufhalten,

2. Kinder, für die dem Beamten, Richter oder Soldaten Kindergeld nach den Vorschriften des Einkommensteuergesetzes zusteht oder ohne Berücksichtigung des §63 Absatz 1 Satz 6, des §64 oder des §65 des Einkommensteuergesetzes zustehen würde und
   a) die sich nicht nur vorübergehend im Ausland aufhalten,
   b) die sich nicht nur vorübergehend im Inland aufhalten, wenn dort kein Haushalt eines Elternteils besteht, der für das Kind bis zum Erreichen der Volljährigkeit sorgeberechtigt ist oder war, oder
   c) die sich in der Übergangszeit zwischen zwei Ausbildungsabschnitten befinden, wenn und soweit sich der Beginn des nächsten Ausbildungsabschnitts durch die Auslandsverwendung des Beamten, Richters oder Soldaten verzögert hat, ungeachtet der zeitlichen Beschränkung nach §63 Absatz 1 Satz 2 in Verbindung mit §32 Absatz 4 Satz 1 Nummer 2 Buchstabe b des Einkommensteuergesetzes, höchstens jedoch für ein Jahr; diese Kinder sind auch beim Familienzuschlag zu berücksichtigen,
3. Personen, denen der Beamte, Richter oder Soldat in seiner Wohnung am ausländischen Dienstort nicht nur vorübergehend Unterkunft und Unterhalt gewährt, weil er gesetzlich oder sittlich dazu verpflichtet ist oder aus beruflichen oder gesundheitlichen Gründen ihrer Hilfe bedarf; dies gilt bei gesetzlicher oder sittlicher Verpflichtung zur Unterhaltsgewährung nicht, wenn für den Unterhalt der aufgenommenen Person Mittel zur Verfügung stehen, die den in §8 Absatz 1 Nummer 1 des Vierten Buches Sozialgesetzbuch genannten Monatsbetrag übersteigen.

(5) Begründet eine berücksichtigungsfähige Person im Sinne des Absatzes 4 Nummer 1 oder 3 erst später einen Wohnsitz am ausländischen Dienstort oder gibt sie ihn vorzeitig auf, werden ab dem Eintreffen rückwirkend bis zum Beginn der Verwendung des Beamten, Richters oder Soldaten oder ab dem Auszug aus der gemeinsamen Wohnung bis zum Ende der Verwendung 70 Prozent des für diese Person geltenden Satzes gewährt, längstens jedoch für sechs Monate. Stirbt eine im ausländischen Haushalt lebende berücksichtigungsfähige Person, wird sie beim Auslandszuschlag bis zum Ende der Verwendung weiter berücksichtigt, längstens jedoch für zwölf Monate.

(6) Empfängern von Auslandsdienstbezügen, für die das Gesetz über den Auswärtigen Dienst gilt, wird unter Berücksichtigung des §29 jenes Gesetzes ein um 4 Prozent ihrer Dienstbezüge im Ausland erhöhter Auslandszuschlag gezahlt. Dies gilt bei nur befristeter Verwendung im Auswärtigen Dienst nach Ablauf des sechsten Jahres der Verwendung im Ausland; Unterbrechungen von weniger als fünf Jahren sind unschädlich. Verheirateten Empfängern von Auslandsdienstbezügen, für die das Gesetz über den Auswärtigen Dienst gilt, kann unter Berücksichtigung des §29 des genannten Gesetzes ein um bis zu 18,6 Prozent ihres Grundgehalts zuzüglich Amtszulagen, höchstens jedoch um 18,6 Prozent des Grundgehalts aus der Endstufe der Besoldungsgruppe A 14 erhöhter Auslandszuschlag gezahlt werden, der zum Aufbau einer eigenständigen Altersvorsorge des Ehegatten zu verwenden ist; Erwerbseinkommen des Ehegatten wird berücksichtigt. Voraussetzung der Gewährung ist, dass der Nachweis der Verwendung im Sinne des Satzes 3 nach Maßgabe der Auslandszuschlagsverordnung erbracht wird. Abweichend von den Sätzen 3 und 4 kann Empfängern von Auslandsdienstbezügen mit Ehegatten mit ausschließlich ausländischer Staatsangehörigkeit, die keinen Verwendungsnachweis erbringen, ein um bis zu 6 Prozent ihrer Dienstbezüge im Ausland erhöhter Auslandszuschlag gezahlt werden. Für Personen im Sinne des Absatzes 4 Nummer 3 kann dem Besoldungsempfänger unter entsprechender Berücksichtigung des §29 des Gesetzes über den Auswärtigen Dienst ein um bis zu 6 Prozent seiner Dienstbezüge im Ausland erhöhter Auslandszuschlag gezahlt werden, soweit der Besoldungsempfänger nicht bereits einen Zuschlag nach Satz 3 erhält; Erwerbseinkom-

men dieser Personen wird berücksichtigt. Die Sätze 3 bis 5 gelten entsprechend für Angehörige des Geschäftsbereichs des Bundesministeriums der Verteidigung, für die das Gesetz über den Auswärtigen Dienst nicht gilt, wenn sie zur Sicherstellung der Einsatzbereitschaft im Rahmen der Landes- und Bündnisverteidigung im Ausland soldatische Tätigkeiten wahrnehmen oder unmittelbar unterstützen.

(7) Das Auswärtige Amt regelt die Einzelheiten des Auslandszuschlags einschließlich dessen Erhöhung nach Absatz 6 Satz 3 sowie die Zuteilung der Dienstorte zu den Stufen des Auslandszuschlags durch Rechtsverordnung im Einvernehmen mit dem Bundesministerium des Innern, für Bau und Heimat, dem Bundesministerium der Finanzen und dem Bundesministerium der Verteidigung.

§ 54 Mietzuschuss

(1) Der Mietzuschuss wird gewährt, wenn die Miete für den als notwendig anerkannten leeren Wohnraum (zuschussfähige Miete) 18 Prozent der Summe aus Grundgehalt, Familienzuschlag der Stufe 1, Amts-, Stellen-, Ausgleichs- und Überleitungszulagen mit Ausnahme des Kaufkraftausgleichs übersteigt. Der Mietzuschuss beträgt 90 Prozent des Mehrbetrages.

Beträgt die Mieteigenbelastung

1. bei Beamten und Soldaten in den Besoldungsgruppen A 3 bis A 8 mehr als 20 Prozent,
2. bei Beamten und Soldaten in den Besoldungsgruppen A 9 und höher sowie bei Richtern mehr als 22 Prozent

der Bezüge nach Satz 1, so wird der volle Mehrbetrag als Mietzuschuss erstattet. Der Mietzuschuss wird nicht gewährt, solange ein Anspruch auf Kostenerstattung nach der Auslandsumzugskostenverordnung besteht.

(2) Bei einem Empfänger von Auslandsdienstbezügen, für den das Gesetz über den Auswärtigen Dienst nicht gilt, wird bei der Ermittlung der zuschussfähigen Miete im Sinne von Absatz 1 Satz 1 die vom Auswärtigen Amt festgelegte Mietobergrenze oder, wenn keine Mietobergrenze festgelegt wurde, die im Einzelfall anerkannte Miete zugrunde gelegt. Die nach Satz 1 festgelegte Mietobergrenze oder die im Einzelfall anerkannte Miete wird um 20 Prozent vermindert.

(3) Erwirbt oder errichtet der Beamte, Richter oder Soldat oder eine beim Auslandszuschlag berücksichtigte Person ein Eigenheim oder eine Eigentumswohnung, so kann, wenn dienstliche Interessen nicht entgegenstehen, ein Zuschuss in sinngemäßer Anwendung des Absatzes 1 gewährt werden. Anstelle der Miete treten 0,65 Prozent des Kaufpreises, der auf den als notwendig anerkannten leeren Wohnraum entfällt. Der Zuschuss beträgt höchstens 0,3 Prozent des anerkannten Kaufpreises; er darf jedoch den Betrag des Mietzuschusses nach Absatz 1 bei Zugrundelegung einer Miete nach den ortsüblichen Sätzen für vergleichbare Objekte nicht übersteigen. Nebenkosten bleiben unberücksichtigt.

(4) Hat der Beamte, Richter oder Soldat mit seinem Ehegatten am ausländischen Dienstort eine gemeinsame Wohnung inne und erhält der Ehegatte ebenfalls Auslandsdienstbezüge nach § 52 Absatz 1 oder 3 oder Arbeitsentgelt in entsprechender Anwendung des § 52 Absatz 1 oder 3, so wird nur ein Mietzuschuss gewährt. Der Berechnung des Prozentsatzes nach Absatz 1 Satz 1 sind die Dienstbezüge und das entsprechende Arbeitsentgelt beider Ehegatten zugrunde zu legen. Der Mietzuschuss wird dem Ehegatten gezahlt, den die Ehegatten bestimmen. Treffen sie keine Bestimmung, erhält jeder Ehegatte die Hälfte des Mietzuschusses; § 6 ist nicht anzuwenden.

(5) Inhaber von Dienstwohnungen im Ausland erhalten keinen Mietzuschuss.

§ 55 Kaufkraftausgleich

(1) Entspricht bei einer allgemeinen Verwendung im Ausland die Kaufkraft der Besoldung am ausländischen Dienstort nicht der Kaufkraft der Besoldung am Sitz der Bundesregierung, ist der Unterschied durch Zu- oder Abschläge auszugleichen (Kaufkraftausgleich). Beim Mietzuschuss sowie beim Auslandszuschlag für im Inland lebende Kinder wird ein Kaufkraftausgleich nicht vorgenommen.

(2) Das Statistische Bundesamt ermittelt für den einzelnen Dienstort nach einer wissenschaftlichen Berechnungsmethode auf Grund eines Preisvergleichs und des Wechselkurses zwischen den Währungen den Prozentsatz, um den die Lebenshaltungskosten am ausländischen Dienstort höher oder niedriger sind als am Sitz der Bundesregierung (Teuerungsziffer). Die Teuerungsziffern sind vom Statistischen Bundesamt bekannt zu machen.

(3) Der Kaufkraftausgleich wird anhand der Teuerungsziffer festgesetzt. Die Berechnungsgrundlage beträgt 60 Prozent des Grundgehaltes, der Anwärterbezüge, des Familienzuschlags, des Auslandszuschlags sowie der Zulagen und Vergütungen, deren jeweilige besondere Voraussetzungen auch bei Verwendung im Ausland vorliegen. Abweichend hiervon beträgt die Berechnungsgrundlage 100 Prozent bei Anwärtern, die bei einer von ihnen selbst ausgewählten Stelle im Ausland ausgebildet werden.

(4) Die Einzelheiten zur Festsetzung des Kaufkraftausgleichs regelt das Auswärtige Amt im Einvernehmen mit dem Bundesministerium des Innern, für Bau und Heimat und dem Bundesministerium der Finanzen, hinsichtlich der Bundeswehrstandorte im Ausland auch im Einvernehmen mit dem Bundesministerium der Verteidigung, durch allgemeine Verwaltungsvorschrift.

§ 56 Auslandsverwendungszuschlag

(1) Auslandsverwendungszuschlag wird gezahlt bei einer Verwendung im Rahmen einer humanitären oder unterstützenden Maßnahme, die auf Grund eines Übereinkommens, eines Vertrages oder einer Vereinbarung mit einer zwischenstaatlichen oder überstaatlichen Einrichtung oder mit einem auswärtigen Staat im Ausland oder außerhalb des deutschen Hoheitsgebietes auf Schiffen oder in Luftfahrzeugen stattfindet (besondere Verwendung im Ausland). Dies gilt für

1. Verwendungen auf Beschluss der Bundesregierung,
2. Einsätze des Technischen Hilfswerks im Ausland nach § 1 Absatz 2 Nummer 2 des THW-Gesetzes, wenn zwischen dem Bundesministerium des Innern, für Bau und Heimat und dem Auswärtigen Amt Einvernehmen über das Vorliegen einer Verwendung nach Satz 1 besteht,
3. humanitäre Hilfsdienste und Hilfsleistungen der Streitkräfte nach § 2 Absatz 2 Satz 3 des Parlamentsbeteiligungsgesetzes, wenn zwischen dem Bundesministerium der Verteidigung und dem Auswärtigen Amt Einvernehmen über das Vorliegen einer Verwendung nach Satz 1 besteht,
4. Maßnahmen der Streitkräfte, die keine humanitären Hilfsdienste oder Hilfsleistungen nach § 2 Absatz 2 Satz 3 des Parlamentsbeteiligungsgesetzes sind, wenn zwischen dem Bundesministerium der Verteidigung und dem Auswärtigen Amt Einvernehmen über das Vorliegen einer Verwendung nach Satz 1 besteht, oder
5. Einsätze der Bundespolizei nach den §§ 8 und 65 des Bundespolizeigesetzes, einschließlich der in diesem Rahmen und zu diesem Zweck abgeordneten oder zugewiesenen Beamten anderer Verwaltungen, des Bundesamtes für Migration und Flüchtlinge, des Bundeskriminalamtes und des Bundesamtes für Verfassungsschutz, wenn zwischen dem Bundesministerium des Innern, für Bau und Heimat und dem Auswärtigen Amt Einvernehmen über das Vorliegen einer Verwendung nach Satz 1 besteht.

Satz 1 gilt entsprechend für eine Verwendung im Ausland oder außerhalb des deutschen Hoheitsgebietes auf Schiffen oder in Luftfahrzeugen, die ausschließlich dazu dient, eine besondere Verwendung im Ausland

1. unmittelbar vorzubereiten oder
2. unmittelbar im Anschluss endgültig abzuschließen, soweit dies wegen unvorhersehbarer Umstände nicht innerhalb der geplanten Dauer der besonderen Verwendung im Ausland möglich ist.

(2) Auslandsverwendungszuschlag wird auch gezahlt für eine besondere Verwendung im Ausland, die mit außergewöhnlichen Risiken und Gefährdungen verbunden ist. Dies gilt für

1. Angehörige der Spezialkräfte der Bundeswehr sowie Soldaten, die zur unmittelba-

ren Unterstützung der Spezialkräfte der Bundeswehr in dieser besonderen Verwendung im Ausland unter entsprechenden Belastungen eingesetzt werden, wenn das Bundesministerium der Verteidigung eine Maßnahme als entsprechende Verwendung festgelegt hat,
2. Angehörige der GSG 9 der Bundespolizei sowie Beamte, die zur unmittelbaren Unterstützung der GSG 9 der Bundespolizei in dieser besonderen Verwendung im Ausland unter entsprechenden Belastungen eingesetzt werden, wenn das Bundesministerium des Innern, für Bau und Heimat eine Maßnahme als entsprechende Verwendung festgelegt hat.

(3) Der Auslandsverwendungszuschlag gilt alle materiellen Mehraufwendungen und immateriellen Belastungen der besonderen Verwendung im Ausland mit Ausnahme der nach deutschem Reisekostenrecht zustehenden Reisekostenvergütung ab. Dazu gehören insbesondere Mehraufwendungen auf Grund besonders schwieriger Bedingungen im Rahmen der Verwendung oder Belastungen durch Unterbringung in provisorischen Unterkünften sowie Belastungen durch eine spezifische Bedrohung der Mission oder deren Durchführung in einem Konfliktgebiet. Er wird für jeden Tag der Verwendung gewährt und bei einer Verwendung nach Absatz 1 als einheitlicher Tagessatz abgestuft nach dem Umfang der Mehraufwendungen und Belastungen für jede Verwendung festgesetzt. Der Tagessatz der höchsten Stufe beträgt 153 Euro. Dauert die Verwendung im Einzelfall weniger als 15 Tage, kann der Satz der nächstniedrigeren Stufe ausgezahlt werden. In den Fällen des Absatzes 2 wird der Tagessatz der höchsten Stufe gewährt. Die endgültige Abrechnung erfolgt nach Abschluss der Verwendung. Abschlagszahlungen können monatlich im Voraus geleistet werden. Ein Anspruch auf Auslandsdienstbezüge an einem anderen ausländischen Dienstort bleibt unberührt; auf den Auslandsverwendungszuschlag wird jedoch auf Grund der geringeren Aufwendungen und Belastungen am bisherigen ausländischen Dienstort pauschaliert ein Anteil des Auslandszuschlags nach § 53 angerechnet.

(4) Steht Beamten, Richtern oder Soldaten ein Auslandsverwendungszuschlag aus einer Verwendung nach Absatz 1 an einem ausländischen Dienstort zu und befindet sich ein anderer Beamter, Richter oder Soldat an diesem Ort auf Dienstreise, gelten für Letzteren ab dem 15. Tag der Dienstreise rückwirkend ab dem Tag der Ankunft am ausländischen Dienstort die Vorschriften über den Auslandsverwendungszuschlag entsprechend. Das gilt nur, wenn die Dienstreise hinsichtlich der Mehraufwendungen und Belastungen einer Verwendung nach Absatz 1 entspricht. Ist der Beamte, Richter oder Soldat wegen Verschleppung, Gefangenschaft oder aus sonstigen mit dem Dienst zusammenhängenden Gründen, die er nicht zu vertreten hat, dem Einflussbereich des Dienstherrn entzogen, werden für diesen Zeitraum Aufwandsentschädigungen und Zulagen, die zum Zeitpunkt des Eintritts des Ereignisses zustanden, weiter gewährt; daneben steht ihm Auslandsverwendungszuschlag nach dem Tagessatz der höchsten Stufe zu.

(5) Werden von einem auswärtigen Staat oder einer über- oder zwischenstaatlichen Einrichtung Leistungen für eine besondere Verwendung gewährt, sind diese, soweit damit nicht Reisekosten abgegolten werden, in vollem Umfang auf den Auslandsverwendungszuschlag anzurechnen. Die Anrechnung erfolgt jeweils bezogen auf einen Kalendermonat. § 9a Absatz 2 ist nicht anzuwenden.

(6) Das Bundesministerium des Innern, für Bau und Heimat regelt die Einzelheiten des Auslandsverwendungszuschlags im Einvernehmen mit dem Auswärtigen Amt, dem Bundesministerium der Finanzen und dem Bundesministerium der Verteidigung durch Rechtsverordnung.

§ 57 Auslandsverpflichtungsprämie

(1) Einem Beamten, der sich verpflichtet hat, im Rahmen einer besonderen Verwendung im Ausland mindestens zwei Wochen Dienst zu leisten, kann eine Auslandsverpflichtungsprämie gewährt werden, wenn

1. es sich um eine Verwendung nach § 56 Absatz 1 Satz 2 Nummer 5 handelt und

2. die Verwendung im Rahmen einer über- oder zwischenstaatlichen Zusammenarbeit oder im Rahmen einer Mission der Europäischen Union oder einer internationalen Organisation erfolgt und
3. die Europäische Union oder eine internationale Organisation Mitgliedern einer von ihr in denselben Staat entsandten Mission für materielle Mehraufwendungen und immaterielle Belastungen sowie für Reisekosten höhere auslandsbezogene Gesamtleistungen gewährt.

Der Höchstbetrag der Prämie entspricht dem Unterschiedsbetrag zur höheren auslandsbezogenen Gesamtleistung im auf die Verpflichtung folgenden Verwendungszeitraum.

(2) Für die Zahlung der Prämie gilt §56 Absatz 2 Satz 6 und 7 entsprechend. Die Prämie darf nur gezahlt werden, wenn während der Mindestverpflichtungszeit ununterbrochen Anspruch auf Auslandsverwendungszuschlag bestand. Wird dieser Zeitraum aus Gründen nicht erreicht, die vom Beamten nicht zu vertreten sind, gilt §3 Absatz 3 entsprechend.

§58 Zulage für Kanzler an großen Botschaften

(1) Einem Beamten des Auswärtigen Dienstes der Besoldungsgruppe A 13 wird während der Dauer seiner Verwendung als Kanzler an einer Auslandsvertretung eine Zulage gewährt, wenn

1. der Leiter der Auslandsvertretung in die Besoldungsgruppe B 9 eingestuft ist oder
2. er die Geschäfte des Inneren Dienstes mehrerer Vertretungen leitet und der Leiter mindestens einer dieser Auslandsvertretungen in die Besoldungsgruppe B 6 eingestuft ist.

(2) Die Zulage beträgt

1. für Kanzler an den Botschaften in London, Moskau, Paris, Peking und Washington sowie an den Ständigen Vertretungen bei der Europäischen Union in Brüssel und bei den Vereinten Nationen in New York 35 Prozent des Auslandszuschlags nach Anlage VI.1 Grundgehaltsspanne 9 Zonenstufe 13,
2. für Kanzler an den übrigen Auslandsvertretungen 15 Prozent des Auslandszuschlags nach Anlage VI.1 Grundgehaltsspanne 9 Zonenstufe 13.

Sie wird nicht neben einer Zulage nach §45 gewährt.

Anlage VI
(zu § 53 Absatz 2 Satz 1 und 3 sowie Absatz 3 Satz 1 und 4)

Auslandszuschlag

Gültig ab 1. März 2024

VI.1 (Monatsbetrag in Euro)

	1	2	3	4	5	6	7	8	9	10	11	12	13	14	15
Grund-gehalts-spanne		2787,43	3113,28	3483,49	3904,12	4392,16	4951,52	5587,12	6309,26	7129,79	8062,11	9121,43	10 325,00	11 692,57	
	bis	bis	bis	bis	bis	bis	bis	bis	bis	bis	bis	bis	bis	bis	ab
	2787,42	3113,27	3483,48	3904,11	4392,15	4951,51	5587,11	6309,25	7129,78	8062,10	9121,42	10 324,99	11 692,56	13 246,45	13 246,46
Zonen-stufe															
1	1019,70	1090,98	1167,46	1253,00	1345,05	1447,42	1558,88	1682,05	1818,15	1969,79	2135,71	2205,71	2279,57	2358,66	2442,93
2	1115,58	1192,06	1275,04	1365,77	1465,59	1575,78	1695,02	1827,23	1972,42	2133,09	2309,40	2389,75	2475,32	2566,04	2663,26
3	1210,23	1293,19	1382,61	1479,83	1587,44	1704,08	1832,41	1972,42	2126,64	2296,43	2481,83	2573,84	2671,05	2774,74	2883,61
4	1304,83	1394,29	1490,22	1593,91	1707,95	1832,41	1968,50	2117,55	2280,89	2459,76	2655,47	2757,90	2866,79	2982,14	3103,95
5	1400,78	1495,41	1597,81	1707,95	1828,52	1960,72	2104,61	2261,46	2433,84	2623,08	2829,18	2941,97	3062,50	3189,53	3325,61
6	1495,41	1596,53	1704,08	1822,04	1950,36	2089,06	2240,70	2406,61	2588,09	2786,39	3002,86	3126,00	3258,25	3396,94	3546,01
7	1591,32	1697,61	1811,67	1936,07	2070,92	2217,38	2378,10	2551,80	2742,33	2949,72	3176,57	3311,37	3453,95	3605,61	3766,34
8	1685,93	1798,71	1919,28	2050,20	2191,44	2345,68	2514,24	2696,98	2895,29	3113,03	3350,25	3495,43	3649,67	3813,01	3986,68
9	1781,82	1899,82	2026,82	2164,22	2313,30	2475,32	2650,30	2842,15	3049,51	3276,38	3523,93	3679,48	3845,40	4020,37	4207,04
10	1876,46	2000,91	2134,41	2278,28	2433,84	2603,65	2786,39	2986,03	3203,76	3439,71	3696,35	3863,55	4039,83	4227,78	4427,40
11	1971,13	2102,00	2240,70	2392,36	2555,67	2731,95	2923,82	3131,21	3356,75	3602,99	3870,05	4047,63	4235,54	4436,49	4649,06
12	2067,02	2203,09	2348,32	2506,42	2676,21	2860,29	3059,90	3276,38	3510,97	3766,34	4043,73	4231,66	4431,26	4643,87	4869,40
13	2161,66	2304,20	2455,84	2619,21	2796,78	2988,62	3196,03	3421,55	3665,23	3929,66	4217,39	4415,74	4627,02	4851,23	5089,78
14	2257,56	2405,31	2563,46	2733,26	2918,62	3116,93	3332,10	3565,40	3818,21	4092,99	4391,11	4599,79	4822,75	5058,65	5310,10
15	2352,18	2506,42	2669,77	2847,31	3039,17	3245,26	3469,50	3710,61	3972,45	4256,33	4564,79	4785,15	5018,44	5267,36	5530,45
16	2446,79	2607,54	2777,32	2961,40	3159,71	3374,90	3605,61	3855,75	4126,66	4419,62	4737,20	4969,19	5214,20	5474,72	5750,83
17	2542,73	2708,63	2884,91	3075,44	3281,56	3503,20	3741,71	4000,93	4280,94	4582,94	4910,88	5153,28	5409,90	5682,12	5972,47
18	2637,36	2808,42	2992,49	3189,53	3402,09	3631,52	3879,09	4146,11	4433,88	4746,25	5084,58	5337,33	5605,65	5890,81	6192,84
19	2733,26	2909,55	3100,08	3303,61	3522,62	3759,85	4015,20	4290,01	4588,15	4909,60	5258,29	5521,37	5801,37	6098,23	6413,18
20	2827,87	3010,63	3206,35	3417,66	3644,49	3888,17	4151,30	4435,17	4742,39	5072,90	5431,96	5705,46	5997,09	6305,58	6633,53

III

VI.2

Zonenstufe	Monatsbetrag in Euro
1	172,20
2	189,82
3	207,46
4	225,06
5	244,06
6	261,67
7	279,31
8	296,95
9	314,54
10	332,20
11	349,84
12	367,44
13	385,07
14	402,71
15	420,32
16	437,97
17	455,61
18	473,21
19	492,17
20	509,81

Hessisches Sonderzahlungsgesetz (HSZG)

Vom 22. Oktober 2003 (GVBl. I S. 280)

Zuletzt geändert durch
Gesetz über die Gewährung einer Inflationsausgleichszahlung im Jahr 2024 und über die Anpassung der Besoldung und Versorgung in Hessen im Jahr 2025
vom 24. Juni 2024 (GVBl. Nr. 28)

§ 1 Geltungsbereich

(1) Sonderzahlungen nach diesem Gesetz erhalten

1. Beamtinnen und Beamte sowie Richterinnen und Richter im Geltungsbereich des Hessischen Beamtengesetzes,
2. Empfängerinnen und Empfänger von Amtsbezügen des Landes,
3. Empfängerinnen und Empfänger laufender Versorgungsbezüge und deren Hinterbliebene aus dem in Nr. 1 und 2 genannten Personenkreis,
4. ehrenamtliche Bürgermeisterinnen und Bürgermeister, die Aufwandsentschädigung erhalten,
5. Praktikantinnen und Praktikanten (§ 108 des Hessischen Beamtengesetzes),
6. frühere Angestellte, Arbeiterinnen und Arbeiter sowie deren Hinterbliebene, die Versorgungsbezüge nach beamtenrechtlichen Grundsätzen oder Ruhelohn nach anderen Vorschriften erhalten als denjenigen, die in § 4 Abs. 2 des Gesetzes über die Gewährung einer jährlichen Sonderzuwendung in der Fassung vom 15. Dezember 1998 (BGBl. I S. 3643), zuletzt geändert durch Gesetz vom 18. Februar 2002 (BGBl. I S. 686), in der bis zum 15. September 2003 geltenden Fassung bezeichnet sind.

(2) Dieses Gesetz gilt nicht für die öffentlich-rechtlichen Religionsgesellschaften und ihre Verbände.

§ 2 Zusammensetzung der Sonderzahlungen

Die Sonderzahlungen bestehen aus einem Grundbetrag für jeden Berechtigten, einem Sonderbetrag für Kinder und einem jährlichen Festbetrag.

§ 3 Zahlungsweise

Der Grundbetrag und der Sonderbetrag für Kinder werden monatlich im Voraus mit den Bezügen gezahlt. Der jährliche Festbetrag wird im Voraus mit den Bezügen für den Monat Juli gezahlt.

§ 4 Anspruchsvoraussetzungen für Sonderzahlungen

(1) Sonderzahlungen stehen für die Monate zu, in denen ein Anspruch auf laufende Bezüge aus einem in § 1 genannten Rechtsverhältnis besteht. § 7 Abs. 1 Satz 2 bleibt unberührt.

(2) Sonderzahlungen erhalten nicht Versorgungsempfängerinnen und Versorgungsempfänger, denen ein Unterhaltsbeitrag durch Gnadenerweis oder Disziplinarentscheidung gewährt wird.

(3) Personen, bei denen die Zahlung der Bezüge aufgrund eines Verwaltungsaktes eingestellt worden ist, erhalten die Sonderzahlungen nicht, solange ihnen Bezüge nur infolge der Aussetzung einer sofortigen Vollziehung oder der völligen oder teilweisen Wiederherstellung der aufschiebenden Wirkung eines Rechtsbehelfes auszuzahlen sind.

§ 5 Grundbetrag

(1) Der Grundbetrag bemisst sich nach den Bezügen, die Berechtigten für den jeweiligen Monat zustehen. Bezüge im Sinne des Satz 1 sind

1. die monatlich zustehenden Dienstbezüge einschließlich des ruhegehaltfähigen Teils der Vergütung für Gerichtsvollzieherinnen und Gerichtsvollzieher nach § 52 Abs. 5 des Hessischen Besoldungsgesetzes mit Ausnahme der Auslandsdienstbezüge, Zu-

lagen und Vergütungen nach den §§ 46, 47, 49 bis 53 und 56 des Hessischen Besoldungsgesetzes sowie sonstiger Einmalzahlungen,
2. bei Anwärterbezügen der Anwärtergrundbetrag, der Anwärtersonderzuschlag, der Familienzuschlag, Stellenzulagen und Ausgleichszulagen sowie die Zulage nach § 56b Abs. 2 Satz 2 des Hessischen Besoldungsgesetzes,
3. die monatliche Aufwandsentschädigung ehrenamtlicher Bürgermeisterinnen und Bürgermeister,
4. bei Amtsbezügen das Amtsgehalt und der Familienzuschlag,
5. die Unterhaltsbeihilfe der Praktikantinnen und Praktikanten,
6. die vor Anwendung von Ruhens- und Anrechnungsvorschriften nach dem Beamtenversorgungsgesetz zustehenden laufenden Versorgungsbezüge sowie der Unterschiedsbetrag nach § 55 Abs. 1 Satz 2 des Hessischen Beamtenversorgungsgesetzes; ausgenommen sind Zuschläge nach § 15 Abs. 3 und § 56 des Hessischen Beamtenversorgungsgesetzes,
7. bei auf Amtsbezügen beruhenden laufenden Versorgungsbezügen das Amtsgehalt, der Familienzuschlag und das Übergangsgeld.

(2) Der Grundbetrag beträgt
1. 5 Prozent der jeweiligen Bezüge nach Abs. 1 Satz 2 für Berechtigte nach § 1 Abs. 1 Nr. 1, 2, 4, und 5; ruhegehaltfähig sind 4,17 Prozent, ab 1. Oktober 2012 2,66 Prozent der Bezüge nach Abs. 1 Satz 2, soweit diese ruhegehaltfähig sind,
2. 4,17 Prozent, ab 1. Oktober 2012 2,66 Prozent der jeweiligen Versorgungsbezüge nach Abs. 1 Satz 2 für am 1. Januar 2004 vorhandene Berechtigte nach § 1 Abs. 1 Nr. 3 und 6.

§ 6 Sonderbetrag für Kinder

Berechtigte erhalten neben dem Grundbetrag für jedes Kind, für das ihnen für den jeweiligen Monat Familienzuschlag zusteht, einen Sonderbetrag in Höhe von 2,13 Euro.

§ 7 Jährlicher Festbetrag

(1) Berechtigte nach § 1 Abs. 1 Nr. 1 mit Grundgehalt aus den Besoldungsgruppen A 4 bis A 8, die sich am ersten allgemeinen Arbeitstag des Monats Juli in einem Beamtenverhältnis befinden, erhalten zusätzlich einen jährlichen Festbetrag in Höhe von 166,17 Euro. Voraussetzung ist, dass sie mindestens für einen Tag in diesem Monat Anspruch auf Besoldung haben. Bei Teilzeitbeschäftigung wird der jährliche Festbetrag im gleichen Verhältnis wie die Arbeitszeit verringert.

(2) Erhalten Berechtigte aus einem anderen Beschäftigungsverhältnis ein Urlaubsgeld, so ist diese Leistung auf den nach diesem Gesetz zustehenden jährlichen Festbetrag anzurechnen.

§ 8 Anwendung von Ruhens- und Anrechnungsvorschriften

Die bei der Anwendung von Ruhens- und Anrechnungsvorschriften maßgebenden Höchstgrenzen sind um die Sonderzahlungen nach §§ 5 bis 7 zu erhöhen.

§ 9 In-Kraft-Treten, Außer-Kraft-Treten

(1) Dieses Gesetz tritt am 1. Januar 2004 in Kraft. Abweichend von Satz 1 treten die §§ 1, 9 und 11 am Tage nach der Verkündung in Kraft.

(2) Dieses Gesetz tritt mit Ablauf des 31. Dezember 2028 außer Kraft.

Hessische Verordnung über die Gewährung von Leistungsanreizen und zur Anerkennung besonderer Leistungen (Hessische Leistungsanreizeverordnung – HLAnreizV)

Vom 7. Dezember 2015 (GVBl. S. 534)

Zuletzt geändert durch
Zweite Verordnung zur Änderung der Hessischen Leistungsanreizeverordnung
vom 11. Dezember 2023 (GVBl. S. 805)

Aufgrund des § 28 Abs. 4 Satz 2 und des § 46 Abs. 3 des Hessischen Besoldungsgesetzes vom 27. Mai 2013 (GVBl. S. 218, 256, 508), zuletzt geändert durch Gesetz vom 28. März 2015 (GVBl. S. 578), verordnet die Landesregierung:

§ 1 Geltungsbereich

Diese Verordnung gilt für Beamtinnen und Beamte in Besoldungsgruppen der Besoldungsordnung A im Geltungsbereich des Hessischen Beamtengesetzes. Sie gilt nicht für Beamtinnen und Beamte auf Zeit sowie für Beamtinnen und Beamte, die nach § 5 Abs. 1 Satz 1 des Gesetzes über den Hessischen Rechnungshof vom 18. Juni 1986 (GVBl. I S. 157), zuletzt geändert durch Gesetz vom 1. April 2022 (GVBl. S. 184), richterliche Unabhängigkeit genießen. Leistungsstufen können nicht an Beamtinnen und Beamte im Beamtenverhältnis auf Probe in Ämtern mit leitenden Funktionen nach § 4 des Hessischen Beamtengesetzes vergeben werden.

§ 2 Leistungsanreize

Leistungsanreize für besondere Leistungen im Sinne dieser Verordnung sind Leistungsstufe, Leistungsprämie, Leistungszulage und leistungsbezogener Sonderurlaub.

§ 3 Leistungsstufe

(1) Beamtinnen und Beamten, die dauerhaft herausragende Leistungen erbringen, kann für den Zeitraum bis zum Erreichen der nächsten Stufe, höchstens bis zu einer Ernennung nach § 8 Abs. 1 Nr. 3 und 4 des Beamtenstatusgesetzes in Verbindung mit § 9 Abs. 1 des Hessischen Beamtengesetzes, das Grundgehalt der nächsthöheren Stufe gezahlt werden.

(2) Maßgebender Zeitpunkt für die Gewährung der Leistungsstufe ist der Erste des Monats, der auf die Entscheidung nach § 28 Abs. 4 des Hessischen Besoldungsgesetzes folgt, sofern in der Entscheidung kein späterer Zeitpunkt bestimmt wird.

§ 4 Leistungsprämie

(1) Die Leistungsprämie dient der Anerkennung einer herausragenden besonderen Leistung; sie soll in engem zeitlichen Zusammenhang mit der besonderen Leistung stehen.

(2) Die Leistungsprämie wird als Einmalzahlung gewährt. Die Leistungsprämie kann bis zur Höhe der Stufe 1 des Grundgehalts der Besoldungsgruppe gewährt werden, der die Beamtin oder der Beamte im Zeitpunkt der Entscheidung angehört. Die Höhe ist der erbrachten Leistung, dem Grad der Erfüllung der übertragenen Aufgaben oder dem Ergebnis entsprechend zu bemessen. Bei Teilzeitbeschäftigung ist das nach § 6 Abs. 1 des Hessischen Besoldungsgesetzes geminderte Grundgehalt der Stufe 1 nach Satz 2 maßgebend.

(3) Mehrere Leistungsprämien dürfen einer Person innerhalb eines Jahres insgesamt nur bis zur Höhe nach Abs. 2 Satz 2 gewährt werden.

§ 5 Leistungszulage

(1) Die Leistungszulage dient der Anerkennung einer herausragenden besonderen Leistung, die über einen Zeitraum von mindestens drei Monaten erbracht worden ist und auch für die Zukunft erwartet wird. Bei erheblichem Leistungsabfall ist die Leistungszulage für die Zukunft zu widerrufen.

(2) Als Leistungszulage kann monatlich ein Betrag bis zur Höhe von sieben Prozent der Stufe 1 des Grundgehalts der Besoldungs-

III

gruppe, der die Beamtin oder der Beamte im Zeitpunkt der Festsetzung der Leistungszulage angehört, längstens für einen zusammenhängenden Zeitraum von einem Jahr gewährt werden. Die Höhe und die Dauer der Gewährung sind der erbrachten besonderen Leistung entsprechend zu bemessen. Bei Teilzeitbeschäftigung ist das nach § 6 Abs. 1 des Hessischen Besoldungsgesetzes geminderte Grundgehalt der Stufe 1 nach Satz 1 maßgebend. Die Leistungszulage wird von dem auf die Festsetzung folgenden Monat an monatlich zusammen mit den Dienstbezügen gezahlt. Sie kann für bis zu drei Monate rückwirkend gewährt werden.

§ 6 Leistungsbezogener Sonderurlaub

(1) Der leistungsbezogene Sonderurlaub dient der Anerkennung einer herausragenden besonderen Leistung und kann anstelle der Leistungsprämie oder der Leistungszulage gewährt werden.

(2) Der leistungsbezogene Sonderurlaub beträgt bis zu drei Arbeitstage im Kalenderjahr unter Fortgewährung der Besoldung; seine Dauer ist entsprechend der erbrachten Leistung zu bemessen. Während des leistungsbezogenen Sonderurlaubs muss die ordnungsgemäße Erledigung der Dienstgeschäfte gewährleistet sein; der Behörde dürfen daraus keine Vertretungskosten erwachsen.

(3) Der leistungsbezogene Sonderurlaub soll innerhalb von zwölf Monaten nach der Bekanntgabe der Entscheidung über seine Gewährung in Anspruch genommen werden. Im Falle von Erkrankung oder des Beginns des Mutterschutzes vor Ablauf der in Satz 1 genannten Frist kann die Inanspruchnahme des leistungsbezogenen Sonderurlaubs um den Zeitraum von sechs Monaten nach der Wiederaufnahme des Dienstes hinausgeschoben werden.

§ 7 Vergabemöglichkeiten

(1) Leistungsstufen dürfen in einem Kalenderjahr höchstens 15 Prozent der am 1. Januar vorhandenen Beamtinnen und Beamten, die das Endgrundgehalt noch nicht erreicht haben, gewährt werden. Bei Dienstherren mit weniger als sieben Beamtinnen und Beamten in der Besoldungsordnung A kann in jedem Kalenderjahr eine Leistungsstufe gewährt werden.

(2) Leistungsprämien, Leistungszulagen und leistungsbezogener Sonderurlaub dürfen in einem Kalenderjahr insgesamt höchstens 15 Prozent der am 1. Januar vorhandenen Beamtinnen und Beamten in der Besoldungsordnung A gewährt werden. Die Überschreitung des Prozentsatzes nach Satz 1 ist in dem Umfang zulässig, in dem von der Möglichkeit der Vergabe von Leistungsstufen kein Gebrauch gemacht wird. Bei Dienstherren mit weniger als sieben Beamtinnen und Beamten in der Besoldungsordnung A kann in jedem Kalenderjahr entweder eine Leistungsprämie oder Leistungszulage oder in einem Fall leistungsbezogener Sonderurlaub gewährt werden.

§ 8 Teamregelungen

(1) Leistungsprämien oder Leistungszulagen können als Teamprämie und Teamzulage jeweils mehreren Beamtinnen und Beamten gewährt werden, wenn sie wesentlich an einer durch enges arbeitsteiliges Zusammenwirken erbrachten herausragenden besonderen gemeinsamen Leistung beteiligt waren. Teamprämie und Teamzulage werden jeweils nur als ein Leistungsanreiz bei der Zahl der Beamtinnen und Beamten im Sinne des § 7 Abs. 2 Satz 1 berücksichtigt.

(2) Teamprämien und Teamzulagen dürfen in der Summe 250 Prozent des in § 4 Abs. 2 Satz 2 und § 5 Abs. 2 Satz 1 geregelten Umfangs nicht übersteigen. Maßgeblich ist die höchste Besoldungsgruppe der an der Leistung wesentlich Beteiligten.

(3) Leistungsprämien und Leistungszulagen, die sich für die einzelnen Beamtinnen und Beamten als Teil des Teams ergeben, können ihrer Höhe nach auch entsprechend dem Grad der individuellen Leistung am Gesamtergebnis bemessen werden. § 4 Abs. 2 Satz 2 und 4 sowie § 5 Abs. 2 Satz 1 und 3 gelten entsprechend.

§ 9 Ausschluss- und Konkurrenzregelungen

(1) Leistungsanreize dürfen nicht neben Zulagen und Vergütungen gewährt werden, soweit ihnen derselbe Sachverhalt zugrunde liegt.

(2) Eine Leistungsstufe soll nicht innerhalb eines Jahres nach der Verleihung eines Amtes mit höherem Endgrundgehalt gewährt werden.

§ 10 Verfahren

(1) Über die Vergabe der Leistungsanreize und den Widerruf einer Leistungszulage entscheidet die oberste Dienstbehörde. Sie kann die Entscheidungsbefugnis auf andere Dienststellen übertragen. Für die Beamtinnen und Beamten der Gemeinden, Gemeindeverbände und der sonstigen der Aufsicht des Landes unterstehenden Körperschaften, Anstalten und Stiftungen des öffentlichen Rechts ist die oberste Dienstbehörde oder sind die von ihr bestimmten Stellen zuständig.

(2) Die Entscheidungsberechtigten haben die jeweils herausragenden Leistungen zu dokumentieren; vor der Entscheidung über die Vergabe der Leistungsanreize sollen die Vorgesetzten der Beamtin oder des Beamten gehört werden. Die Entscheidung über die Gewährung oder den Widerruf ist der Beamtin oder dem Beamten schriftlich mitzuteilen.

§ 11 Inkrafttreten, Außerkrafttreten

Diese Verordnung tritt mit Wirkung vom 1. Januar 2015 in Kraft. Abweichend von Satz 1 tritt § 10 am Tage nach der Verkündung in Kraft. Sie tritt mit Ablauf des 31. Dezember 2030 außer Kraft.

Hessische Verordnung über die Gewährung von Mehrarbeitsvergütung sowie einer pauschalen Abgeltung bei Rufbereitschaft für Beamtinnen und Beamte (Hessische Mehrarbeitsvergütungs- und Rufbereitschaftsabgeltungsverordnung – HMVergARV)

Vom 11. Mai 2022 (GVBl. S. 262)

Zuletzt geändert durch
Gesetz über die Gewährung einer Inflationsausgleichszahlung im Jahr 2024 und über die Anpassung der Besoldung und Versorgung in Hessen im Jahr 2025
vom 24. Juni 2024 (GVBl. Nr. 28, 2025 Nr. 17, Nr. 34)

§ 1 Bereiche

(1) Beamtinnen und Beamten kann in den Fällen des § 61 Satz 4 des Hessischen Beamtengesetzes für ihre Mehrarbeit eine Vergütung gewährt werden, soweit

1. sie im
   a) Arzt- und Pflegedienst der Krankenhäuser und Kliniken,
   b) feuerwehrtechnischen Dienst,
   c) Schuldienst als Lehrerin oder Lehrer

   tätig sind oder
2. die Mehrarbeit in anderen Bereichen mit Ausnahme des Polizeivollzugsdienstes im Rahmen eines
   a) Dienstes in Bereitschaft,
   b) Schichtdienstes,
   c) allgemein geltenden besonderen Dienstplanes, wenn ihn die Eigenart des Dienstes erfordert,
   d) Dienstes, der ausschließlich aus gleichartigen, im Wesentlichen die gleiche Arbeitszeit erfordernden Arbeitsvorgängen besteht, für die der Dienstherr Richtwerte eingeführt hat,
   e) Dienstes zur Herbeiführung eines im öffentlichen Interesse liegenden unaufschiebbaren und termingebundenen Ergebnisses

   geleistet wurde.

(2) Eine Mehrarbeitsvergütung wird nicht gewährt neben Auslandsdienstbezügen nach § 57 Abs. 1 des Hessischen Besoldungsgesetzes oder einem Auslandsverwendungszuschlag nach § 57 Abs. 2 des Hessischen Besoldungsgesetzes.

§ 2 Berechnung der Mehrarbeitsstunden

(1) Als Mehrarbeitsstunde gilt eine Zeitstunde, für Lehrkräfte eine Unterrichtsstunde. Hiervon abweichend wird eine Stunde Dienst in Bereitschaft entsprechend dem Umfang der durchschnittlich anfallenden tatsächlichen Inanspruchnahme pauschal berücksichtigt.

(2) Bei Mehrarbeit im Schuldienst gelten drei Unterrichtsstunden im Kalendermonat als fünf Mehrarbeitsstunden im Sinne des § 61 Satz 2 des Hessischen Beamtengesetzes.

(3) Besteht keine feste tägliche Arbeitszeit, so dass eine Mehrarbeit nicht für den einzelnen Arbeitstag, sondern nur auf Grund der regelmäßigen wöchentlichen Arbeitszeit für eine volle Woche ermittelt werden kann, so ist Mehrarbeit für eine Kalenderwoche, die teilweise auf den folgenden Kalendermonat fällt, diesem zuzurechnen.

(4) Ergeben sich bei der monatlichen Mehrarbeitsstundenberechnung Bruchteile einer Stunde, so werden diese anteilig berücksichtigt.

§ 3 Höhe der Mehrarbeitsvergütung

(1) Die Mehrarbeitsvergütung beträgt je Stunde bei Beamtinnen und Beamten in den Besoldungsgruppen

1. A 5 bis A 8	19,22 Euro,
2. A 9 bis A 12	26,41 Euro,
3. A 13 bis A 16 und der Besoldungsordnungen B, C und W	36,39 Euro.

Maßgebend ist die Besoldungsgruppe zum Zeitpunkt der geleisteten Mehrarbeit. Für Bruchteile einer Stunde wird die Mehrarbeitsvergütung anteilig gewährt.

(2) Abweichend von Abs. 1 Satz 1 beträgt die Mehrarbeitsvergütung je Unterrichtsstunde bei Beamtinnen und Beamten im Schuldienst für Inhaberinnen und Inhaber von Lehrämtern

1. des gehobenen Dienstes, soweit sie nicht unter Nr. 2 und 3 fallen, 24,59 Euro,
2. des gehobenen Dienstes in Laufbahnen, deren Eingangsämter mindestens der Besoldungsgruppe A 12 zugeordnet sind, und des höheren Dienstes an Grundschulen 30,45 Euro,
3. des gehobenen Dienstes in Laufbahnen, deren Eingangsämter der Besoldungsgruppe A 13 zugeordnet sind, und des höheren Dienstes an Förder-, Haupt- und Realschulen 36,14 Euro,
4. des höheren Dienstes an Gymnasien und an beruflichen Schulen 42,21 Euro.

Das Gleiche gilt für Fachlehrerinnen und Fachlehrer mit der Maßgabe, dass an die Stelle des jeweiligen Lehramtes die entsprechende für den staatlichen Schuldienst erworbene Lehrbefähigung tritt. Abs. 1 Satz 3 gilt entsprechend.

(3) Abweichend von Abs. 1 und 2 erhalten teilzeitbeschäftigte Beamtinnen und Beamte bis zum Erreichen der regelmäßigen Arbeitszeit der entsprechend vollzeitbeschäftigten Beamtinnen und Beamten je zusätzlicher Stunde oder Unterrichtsstunde Mehrarbeitsvergütung in Höhe des auf eine Stunde oder Unterrichtsstunde entfallenden Anteils der Besoldung von entsprechend vollzeitbeschäftigten Beamtinnen und Beamten. Abs. 1 Satz 2 und 3 gilt entsprechend. Für Mehrarbeit, die über die regelmäßige Arbeitszeit von entsprechend vollzeitbeschäftigten Beamtinnen und Beamten hinausgeht, findet Abs. 1 oder 2 Anwendung.

(4) Zur Ermittlung der Mehrarbeitsvergütung nach Abs. 3 Satz 1 ist der Monatsbetrag der Besoldung der entsprechend vollzeitbeschäftigten Beamtinnen und Beamten durch das 4,348-fache der regelmäßigen wöchentlichen Arbeitszeit der entsprechend vollzeitbeschäftigten Beamtinnen und Beamten zu teilen. Monatsbetrag der Besoldung nach Satz 1 sind die Dienstbezüge und sonstigen Bezüge, die der anteiligen Kürzung nach § 6 Abs. 1 des Hessischen Besoldungsgesetzes unterliegen.

§ 4 Pauschale Abgeltung bei Rufbereitschaft

(1) Für Zeiten einer Rufbereitschaft kann unter den Voraussetzungen des § 53 Abs. 2 Satz 3 des Hessischen Beamtengesetzes in Verbindung mit § 50 Abs. 2 Satz 1 des Hessischen Besoldungsgesetzes ein pauschaler Ausgleich in Höhe der Mehrarbeitsvergütung nach § 3 Abs. 1 Satz 1 und 2 sowie Abs. 2 Satz 1 und 2 gewährt werden.

(2) Werden Beamtinnen und Beamte während einer Rufbereitschaft zu einem oder mehreren Einsätzen herangezogen und müssen sie dazu ihren tatsächlichen Aufenthaltsort verlassen, wird ihnen eine Pauschale in Höhe von 25 Euro gewährt.

§ 5 Übergangsvorschriften

(1) Für Mehrarbeit, die vor dem 1. Juni 2022 geleistet wurde, ist die Hessische Mehrarbeitsvergütungsverordnung in der Fassung der Bekanntmachung vom 3. Dezember 1998 (BGBl. I S. 3494) in der am 31. August 2006 geltenden Fassung, zuletzt geändert durch Gesetz vom 8. Dezember 2021 (GVBl. S. 871), in der am 31. Mai 2022 geltenden Fassung weiter anzuwenden.

(2) Für Mehrarbeit, die in der Zeit vom 1. Juni 2022 bis zum 31. Juli 2022 geleistet wurde, ist diese Verordnung in der am 31. Juli 2022 geltenden Fassung weiter anzuwenden.

(3) Für Mehrarbeit, die in der Zeit vom 1. August 2022 bis zum 31. März 2023 geleistet wurde, ist diese Verordnung in der am 31. März 2023 geltenden Fassung weiter anzuwenden.

(4) Für Mehrarbeit, die in der Zeit vom 1. April 2023 bis zum 31. Juli 2023 geleistet wurde, ist diese Verordnung in der am 31. Juli 2023 geltenden Fassung weiter anzuwenden.

(5) Für Mehrarbeit, die in der Zeit vom 1. August 2023 bis zum 31. Dezember 2023 geleistet wurde, ist diese Verordnung in der am

31. Dezember 2023 geltenden Fassung weiter anzuwenden.

(6) Für Mehrarbeit, die in der Zeit vom 1. Januar 2024 bis zum 31. Januar 2025 geleistet wurde, ist diese Verordnung in der am 31. Januar 2025 geltenden Fassung weiter anzuwenden.

(7) Für Mehrarbeit, die in der Zeit vom 1. Februar 2025 bis zum 30. November 2025 geleistet wurde, ist diese Verordnung in der am 30. November 2025 geltenden Fassung weiter anzuwenden.

§ 6 Aufhebung bisherigen Rechts

Die Hessische Mehrarbeitsvergütungsverordnung wird aufgehoben.

§ 7 Inkrafttreten

Diese Verordnung tritt am 1. Juni 2022 in Kraft.

Hessische Verordnung über die Gewährung einer Vergütung für Mehrarbeit der Polizeivollzugsbeamtinnen und Polizeivollzugsbeamten (Hessische Polizeimehrarbeitsvergütungsverordnung – HPolMVergV)

Vom 6. Juli 2016 (GVBl. S. 125)

Zuletzt geändert durch
Gesetz über die Gewährung einer Inflationsausgleichszahlung im Jahr 2024 und über die Anpassung der Besoldung und Versorgung in Hessen im Jahr 2025 vom 24. Juni 2024 (GVBl. Nr. 28, 2025 Nr. 17)

§ 1 Geltungsbereich

(1) Diese Verordnung regelt die Gewährung von Mehrarbeitsvergütung für die Polizeivollzugsbeamtinnen und Polizeivollzugsbeamten im Geltungsbereich des Hessischen Beamtengesetzes.

(2) Auf die von Polizeivollzugsbeamtinnen und Polizeivollzugsbeamten, die als Hochschuldozentin oder Hochschuldozent oder als Lehrkraft für besondere Aufgaben an der Hessischen Hochschule für öffentliches Management und Sicherheit tätig sind, geleistete Mehrarbeit findet die Hessische Mehrarbeitsvergütungsverordnung in der Fassung vom 3. Dezember 1998 (BGBl. I S. 3494) in der am 31. August 2006 geltenden Fassung, zuletzt geändert durch Gesetz vom 19. Juni 2019 (GVBl. S. 110), Anwendung.

§ 2 Voraussetzungen

(1) Die Mehrarbeitsvergütung kann nur gewährt werden, wenn die Mehrarbeit

1. dienstlich angeordnet oder genehmigt worden ist,
2. die sich aus der regelmäßigen Arbeitszeit ergebende jeweilige monatliche Arbeitszeit oder, soweit die Polizeivollzugsbeamtin oder der Polizeivollzugsbeamte nur während eines Teils eines Kalendermonats Dienst leistet, die anteilige monatliche Arbeitszeit im Kalendermonat übersteigt und
3. aus zwingenden dienstlichen Gründen nicht durch entsprechende Dienstbefreiung innerhalb von zwölf Monaten ausgeglichen werden kann.

Abweichend von Satz 1 Nr. 3 kann Mehrarbeitsvergütung bereits vor Ablauf von zwölf Monaten nach Ableistung der Mehrarbeit gewährt werden, wenn schon bei ihrer Anordnung oder Genehmigung anzunehmen ist, dass sie nicht durch Dienstbefreiung ausgeglichen werden kann.

(2) Sofern aufgrund eines Bereitschaftsdienstes oder aufgrund der nach § 7 Abs. 2 Satz 2 der Hessischen Polizeiarbeitszeitverordnung vom 11. Dezember 2009 (GVBl. I S. 749), geändert durch Verordnung vom 21. Februar 2013 (GVBl. S. 89), auszugleichenden Rufbereitschaft die regelmäßige Arbeitszeit überschritten wird, können diese Zeiten entsprechend Abs. 1 vergütet werden.

§ 3 (weggefallen)

§ 4 Allgemeine Regelungen

(1) Die Mehrarbeit wird nach Stunden und Minuten berechnet.

(2) Eine Mehrarbeitsvergütung wird nicht gewährt neben Auslandsdienstbezügen nach § 57 Abs. 1 des Hessischen Besoldungsgesetzes und einem Auslandsverwendungszuschlag nach § 57 Abs. 2 des Hessischen Besoldungsgesetzes.

§ 5 Höhe der Mehrarbeitsvergütung

(1) Die Mehrarbeitsvergütung beträgt je Stunde bei Polizeivollzugsbeamtinnen und Polizeivollzugsbeamten

1. in den Besoldungsgruppen
   a) A 7 bis A 8 19,22 Euro,
   b) A 9 bis A 12 26,41 Euro,

2. in den Besoldungsgruppen A 13 bis A 16 und der Besoldungsordnung B 36,39 Euro.

Für Bruchteile einer Stunde wird die Mehrarbeitsvergütung anteilig gewährt. Maßgeblich ist die Besoldungsgruppe zum Zeitpunkt der geleisteten Mehrarbeit.

(2) Teilzeitbeschäftigte Polizeivollzugsbeamtinnen und Polizeivollzugsbeamte erhalten bis zum Erreichen der regelmäßigen Arbeitszeit der entsprechend vollzeitbeschäftigten Polizeivollzugsbeamtinnen und Polizeivollzugsbeamten für jede zusätzliche Stunde die anteilige Besoldung in Höhe des auf eine Stunde entfallenden Anteils der Besoldung von entsprechend vollzeitbeschäftigten Polizeivollzugsbeamtinnen und Polizeivollzugsbeamten. Für Bruchteile einer Stunde wird die anteilige Besoldung anteilig gewährt. Mehrarbeit, die über die regelmäßige Arbeitszeit von entsprechend vollzeitbeschäftigten Polizeivollzugsbeamtinnen und Polizeivollzugsbeamten hinausgeht, wird nach Abs. 1 vergütet.

(3) Zur Ermittlung der auf eine Stunde entfallenden anteiligen Besoldung ist der Monatsbetrag der Besoldung der entsprechend vollzeitbeschäftigten Polizeivollzugsbeamtinnen und Polizeivollzugsbeamten durch das 4,348-fache der regelmäßigen wöchentlichen Arbeitszeit der entsprechend vollzeitbeschäftigten Polizeivollzugsbeamtinnen und Polizeivollzugsbeamten zu teilen. Bei der Ermittlung nach Satz 1 werden nur Dienstbezüge und sonstige Bezüge mit Ausnahme von vermögenswirksamen Leistungen berücksichtigt, die der anteiligen Kürzung nach §6 Abs. 1 des Hessischen Besoldungsgesetzes unterliegen.

§6 Inkrafttreten

Diese Verordnung tritt mit Wirkung vom 1. Januar 2016 in Kraft.

Verordnung über die Gewährung von Erschwerniszulagen (Erschwerniszulagenverordnung – EZulV)[1)]

Vom 27. Mai 2013 (GVBl. S. 218)

Zuletzt geändert durch
Verordnung zur Änderung der Erschwerniszulagenverordnung und der Hessischen Beihilfenverordnung
vom 22. Juni 2023 (GVBl. S. 414)

1. Abschnitt Allgemeine Vorschriften

§ 1 Anwendungsbereich

Diese Verordnung regelt die Gewährung von Zulagen zur Abgeltung besonderer, bei der Bewertung des Amtes oder bei der Regelung der Anwärterbezüge nicht berücksichtigter Erschwernisse (Erschwerniszulagen) für Empfänger von Dienstbezügen und Anwärterbezügen. Durch eine Erschwerniszulage wird ein mit der Erschwernis verbundener Aufwand mit abgegolten.

§ 2 Ausschluss einer Erschwerniszulage neben einer Ausgleichszulage

Ist die Gewährung einer Erschwerniszulage neben einer anderen Zulage ganz oder teilweise ausgeschlossen, gilt dies auch für eine nach Wegfall der anderen Zulage gewährte Ausgleichszulage, solange diese noch nicht bis zur Hälfte aufgezehrt ist.

2. Abschnitt Einzeln abzugeltende Erschwernisse

1. Titel Zulage für Dienst zu ungünstigen Zeiten

§ 3 Allgemeine Voraussetzungen

(1) Empfänger von Dienstbezügen in Besoldungsgruppen mit aufsteigenden Gehältern und Empfänger von Anwärterbezügen erhalten eine Zulage für Dienst zu ungünstigen Zeiten, wenn sie mit mehr als fünf Stunden im Kalendermonat zum Dienst zu ungünstigen Zeiten herangezogen werden.

(2) Dienst zu ungünstigen Zeiten ist der Dienst

1. an Sonntagen und gesetzlichen Wochenfeiertagen,
2. an Samstagen nach 13.00 Uhr,
3. an den Samstagen vor Ostern und Pfingsten nach 12.00 Uhr; dies gilt auch für den 24. und 31. Dezember jeden Jahres, wenn diese Tage nicht auf einen Sonntag fallen,
4. an den übrigen Tagen in der Zeit zwischen 20.00 Uhr und 6.00 Uhr.

(3) Zulagefähig sind nur Zeiten einer tatsächlichen Dienstausübung; Bereitschaftsdienst, der zu ungünstigen Zeiten geleistet wird, ist voll zu berücksichtigen. Wachdienst ist nur zulagefähig, wenn er mit mehr als 24 Stunden im Kalendermonat zu ungünstigen Zeiten geleistet wird.

(4) Zum Dienst zu ungünstigen Zeiten gehören nicht der Dienst während Übungen, Reisezeiten bei Dienstreisen und die Rufbereitschaft.

(5) Rufbereitschaft im Sinne von Absatz 4 ist das Bereithalten des hierzu Verpflichteten in seiner Häuslichkeit (Hausrufbereitschaft) oder das Bereithalten an einem von ihm anzuzeigenden und dienstlich genehmigten Ort seiner Wahl (Wahlrufbereitschaft), um bei Bedarf zu Dienstleistungen sofort abgerufen werden zu können. Beim Wohnen in einer Gemeinschaftsunterkunft gilt als Häuslichkeit die Gemeinschaftsunterkunft.

[1)] Die Verordnung über die Gewährung von Erschwerniszulagen wurde durch das Zweite Dienstrechtsmodernisierungsgesetz vom 27. Mai 2013 (GVBl. S. 218) in seiner am 31. August 2006 geltenden Fassung mit Inkrafttreten 1. März 2014 in das Landesrecht Hessen übergeleitet.

III

§ 4 Höhe und Berechnung der Zulage

(1) Die Zulage beträgt für Dienst

1. an Sonntagen und gesetzlichen Wochenfeiertagen, an den Samstagen vor Ostern und Pfingsten nach 12.00 Uhr sowie am 24. und 31. Dezember jeden Jahres nach 12.00 Uhr, wenn diese Tage nicht auf einen Sonntag fallen, 4,10 Euro je Stunde,
2. a) an den übrigen Samstagen in der Zeit zwischen 13.00 Uhr und 20.00 Uhr 0,80 Euro je Stunde sowie
   b) im Übrigen in der Zeit zwischen 20.00 Uhr und 6.00 Uhr 3,30 Euro je Stunde.

(2) In den Fällen des Absatzes 1 Nr. 2 Buchstabe a beträgt die Zulage

1. für Beamte und Soldaten nach den Nummern 9 und 10 der Vorbemerkungen zu den Bundesbesoldungsordnungen A und B des Bundesbesoldungsgesetzes sowie
2. für Beamte in Ämtern der Bundesbesoldungsordnung A des Bundesbesoldungsgesetzes
   a) bei Justizvollzugsanstalten,
   b) beim Bundeseisenbahnvermögen, wenn sie im Wege der Zuweisung im Betriebs- und Verkehrsdienst der Deutsche Bahn Aktiengesellschaft oder einer gemäß § 2 Abs. 1 und § 3 Abs. 3 des Deutsche Bahn Gründungsgesetzes vom 27. Dezember 1993 (BGBl. I S. 2378, 2386) ausgegliederten Gesellschaft eingesetzt sind, und
   c) im Betriebsdienst der Nachfolgeunternehmen der Deutschen Bundespost

1,00 Euro je Stunde; dies gilt auch für entsprechende Beamte auf Widerruf im Vorbereitungsdienst.

(3) Für Dienst über volle Stunden hinaus wird die Zulage anteilig gewährt.

§ 4a Fortzahlung bei vorübergehender Dienstunfähigkeit

(1) Bei einer vorübergehenden Dienstunfähigkeit infolge eines Unfalls im Sinne des § 37 des Beamtenversorgungsgesetzes wird Beamten des Vollzugsdienstes und des Einsatzdienstes der Feuerwehr die Zulage für Dienst zu ungünstigen Zeiten weitergewährt. Ferner wird die Zulage weitergewährt, wenn Beamte bei einem besonderen Einsatz im Ausland oder im dienstlichen Zusammenhang damit einen Unfall erleiden, der auf vom Inland wesentlich abweichende Verhältnisse mit gesteigerter Gefährdungslage zurückzuführen ist, ohne dass die sonstigen Voraussetzungen des § 31a des Beamtenversorgungsgesetzes vorliegen. Bemessungsgrundlage für die Zahlung der Erschwerniszulage ist der Durchschnitt der Zulage der letzten drei Monate vor Beginn des Monats, in dem die vorübergehende Dienstunfähigkeit eingetreten ist.

(2) Absatz 1 gilt entsprechend bei einer vorübergehenden Dienstunfähigkeit von Soldaten infolge eines Unfalls im Sinne des § 27 des Soldatenversorgungsgesetzes.

§ 5 Ausschluß der Zulage durch andere Zulagen

(1) Die Zulage wird nicht gewährt neben

1. (weggefallen)
2. einer Vergütung für Beamte im Vollstreckungsdienst (§ 49 des Bundesbesoldungsgesetzes),
3. Auslandsdienstbezügen (§ 55 oder § 58a des Bundesbesoldungsgesetzes),
4. einer Zulage nach Nummer 7 der Vorbemerkungen zu den Bundesbesoldungsordnungen A und B des Bundesbesoldungsgesetzes oder nach entsprechendem Landesrecht; ausgenommen sind die Beamten und Soldaten der Besoldungsgruppen A 1 bis A 9, in den Lagezentren oder Leitstellen oberster Bundes- oder Landesbehörden sowie beim Deutschen Bundestag oder bei den Landtagen auch Polizeivollzugsbeamte der Besoldungsgruppen A 10 bis A 13,
5. einer Zulage nach Nummer 8 der Vorbemerkungen zu den Bundesbesoldungsordnungen A und B des Bundesbesoldungsgesetzes,

5a. einer Zulage nach Nummer 8b der Vorbemerkungen zu den Bundesbesoldungsordnungen A und B des Bundesbesoldungsgesetzes,

6. einer bei der Deutschen Bundesbank gezahlten Bankzulage,
7. Zulagen nach Vorschriften, die gemäß Artikel IX §§ 21 und 22 des Zweiten Gesetzes zur Vereinheitlichung und Neuregelung des Besoldungsrechts in Bund und Ländern in Kraft geblieben sind oder neu erlassen werden können.

(2) Für Zeiträume, für die eine Bordzulage nach § 23b zusteht, wird die Zulage um die Hälfte gekürzt.

§ 6 Sonstiger Ausschluß der Zulage

Die Zulage entfällt oder sie verringert sich, soweit der Dienst zu ungünstigen Zeiten auf andere Weise als mit abgegolten oder ausgeglichen gilt.

2. Titel
Zulage für Tauchertätigkeit

§ 7 Allgemeine Voraussetzungen

(1) Beamte und Soldaten erhalten eine Zulage für Tauchertätigkeiten.

(2) Tauchertätigkeiten sind Übungen oder Arbeiten im Wasser

1. im Tauchanzug ohne Helm oder ohne Tauchgerät,
2. mit Helm oder Tauchgerät sowie als Ausbilder für das U-Boot-Rettungstauchen im Ausbildungszentrum Schiffssicherung der Marinetechnikschule der Bundeswehr in Neustadt/Holstein in Erstverwendung.

Zu den Tauchertätigkeiten gehören auch Übungen oder Arbeiten in Pressluft (Druckkammern).

(3) Die Zulage wird nicht gewährt neben der Kampfschwimmer- oder Minentaucherzulage nach § 23e.

§ 8 Höhe der Zulage

(1) Die Zulage für Tauchertätigkeit nach § 7 Abs. 2 Nr. 1 beträgt je Stunde 2,76 Euro.

(2) Die Zulage für Tauchertätigkeit nach § 7 Abs. 2 Nr. 2 beträgt je Stunde Tauchzeit bei einer Tauchtiefe

bis zu 5 Metern 11,45 Euro,

von mehr als 5 Metern 13,89 Euro,

von mehr als 10 Metern 17,26 Euro,

von mehr als 15 Metern 22,23 Euro.

Bei Tauchtiefen von mehr als zwanzig Metern erhöht sich die Zulage für je fünf Meter weiterer Tauchtiefe um 4,44 Euro je Stunde.

(3) Die Zulage nach Absatz 2 erhöht sich für Tauchertätigkeit

1. in Strömung mit Stromschutz gleich welcher Art um 15 vom Hundert,
2. in Strömung ohne Stromschutz um 30 vom Hundert,
3. in Seewasserstraßen oder auf offener See um 25 vom Hundert,
4. in Binnenwasserstraßen bei Lufttemperaturen von weniger als 3° C Wärme um 25 vom Hundert.

(4) Die Zulage für Tauchertätigkeit nach § 7 Abs. 2 Satz 2 beträgt je Stunde ein Drittel der Sätze nach Absatz 2.

§ 9 Berechnung der Zulage

(1) Die Zulage wird nach Stunden berechnet. Die Zeiten sind für jeden Kalendertag zu ermitteln, und das Ergebnis ist zu runden. Dabei bleiben Zeiten von weniger als zehn Minuten unberücksichtigt; Zeiten von zehn bis dreißig Minuten werden auf eine halbe Stunde, von mehr als dreißig Minuten auf eine volle Stunde aufgerundet.

(2) Als Tauchzeit gilt

1. für Helmtaucher die Zeit unter dem geschlossenen Taucherhelm,
2. für Schwimmtaucher die Zeit unter der Atemmaske,
3. bei Arbeiten in Druckkammern die Zeit von Beginn des Einschleusens bis zum Ende des Ausschleusens.

3. Titel
Zulagen für den Umgang mit Munition und Explosivstoffen

§ 10 Zulage für das Räumen und Vernichten von Munition und für besonders gefährliche Munitionserprobungen

(1) Soldaten mit Berechtigungsschein zum Vernichten von Munition oder mit abgeschlossener Ausbildung als Feuerwerker und Beamte mit Befähigungsschein F erhalten, wenn sie auf

Truppenübungs- oder Schießplätzen, auf See, bei Erprobungsstellen der Bundeswehr oder gemäß dienstlicher Weisung an sonstigen Plätzen Blindgänger (Munition) räumen oder vernichten, eine Zulage. Die Tätigkeit muß zum ständigen Aufgabenbereich des Soldaten oder Beamten gehören und von ihm selbst ausgeübt werden. Die Zulage beträgt täglich 3,83 Euro. Bei einem Einsatz von mehr als sechs Stunden täglich erhöht sich die Zulage für jede weitere volle Stunde um 0,77 Euro, höchstens jedoch bis zu 7,68 Euro.

(2) Beamte und Soldaten erhalten für das Laborieren, Delaborieren, Untersuchen von Munition und Munitionskomponenten mit besonders hohem Gefährlichkeitsgrad, insbesondere von unbekannter, beanstandeter oder belasteter Munition, eine Zulage nach Maßgabe des Absatzes 1.

§ 11 Zulage für Tätigkeiten der Sprengstoffentschärfer und Sprengstoffermittler

(1) Beamte und Soldaten mit gültigem Nachweis über eine erfolgreich abgeschlossene Ausbildung zum Sprengstoffentschärfer, deren ständige Aufgabe das Prüfen, Entschärfen und Beseitigen unkonventioneller Spreng- und Brandvorrichtungen ist, erhalten eine Zulage. Die Zulage beträgt 25,56 Euro für jeden Einsatz im unmittelbaren Gefahrenbereich, der erforderlich wird, um verdächtige Gegenstände einer näheren Behandlung zu unterziehen. Unmittelbarer Gefahrenbereich ist der Wirkungsbereich einer möglichen Explosion oder eines Brandes. Die Behandlung umfaßt insbesondere

1. optische, akustische, elektronische und mechanische Prüfung auf Spreng-, Zünd- und Brandvorrichtungen,
2. Überwinden von Sprengfallen, Öffnen von unkonventionellen Spreng- und Brandvorrichtungen, Trennen der Zündkette, Unterbrechen der Zündauslösevorrichtung, Neutralisieren, Phlegmatisieren,
3. Vernichten, Transportvorbehandlung, Verladen, Transportieren der unkonventionellen Spreng- und Brandvorrichtungen oder ihrer Teile.

Die Zulage darf den Betrag von 383,40 Euro im Monat nicht übersteigen.

(2) Besondere Schwierigkeiten bei dem Unschädlichmachen oder Delaborieren von Spreng- und Brandvorrichtungen oder ähnlichen Gegenständen, die explosionsgefährliche Stoffe enthalten, können mit einer Erhöhung der Zulage auf bis zu 255,65 Euro für jeden Einsatz abgegolten werden.

(3) Beamte und Soldaten mit gültigem Nachweis über eine erfolgreich abgeschlossene Ausbildung zum Sprengstoffermittler, die im Rahmen ihrer Tätigkeit als Sprengstoffermittler mit explosionsgefährlichen Stoffen umgehen, erhalten eine Zulage von 15,34 Euro je Einsatz. Der Umgang umfaßt insbesondere Sicherstellung, Asservierung und Transport. Die Zulage darf den Betrag von 230,10 Euro im Monat nicht übersteigen.

(4) Die Zulagen nach den Absätzen 1 und 2 dürfen den Gesamtbetrag von 818,07 Euro im Monat nicht übersteigen.

4. Titel
Zulage für Tätigkeiten an Antennen und Antennenträgern, an Geräten und Geräteträgern des Wetterdienstes, des Vermessungsdienstes sowie an Windmasten des lufthygienischen Überwachungsdienstes

§ 12 Allgemeine Voraussetzungen

(1) Beamte und Soldaten erhalten eine Zulage für Tätigkeiten an Antennen oder Antennenträgern, wenn diese Tätigkeiten zu ihren regelmäßigen Aufgaben gehören.

(2) Tätigkeiten an Antennen oder Antennenträgern sind

1. das Besteigen von Antennenträgern über Leitern oder Sprossen,
2. die Arbeiten in einer Höhe von mindestens zwanzig Metern über dem Erdboden an und auf über Leitern oder Sprossen zu besteigenden Antennenträgern oder an Antennen, die sich auf Dächern und Plattformen ohne Randsicherung (oder ohne seitliche Abdeckung) oder an wegen ihrer

schweren Zugänglichkeit ähnlich gefährlichen Stellen befinden.

§ 13 Höhe der Zulage

(1) Die Zulage für eine Tätigkeit nach § 12 Abs. 2 Nr. 1 beträgt für jeden Tag bei Überwindung eines Höhenunterschiedes

von mehr als 20 Metern 1,53 Euro,
von mehr als 50 Metern 2,56 Euro,
von mehr als 100 Metern 4,09 Euro,
von mehr als 200 Metern 6,65 Euro,
von mehr als 300 Metern 9,20 Euro.

Diese Sätze erhöhen sich, wenn vom Erdboden bis zum Fußpunkt der Leitern oder Sprossen ein Höhenunterschied besteht

von mehr als 50 Metern um 0,51 Euro,
von mehr als 100 Metern um 1,02 Euro,
von mehr als 200 Metern um 1,53 Euro,
von mehr als 300 Metern um 2,05 Euro.

Sie erhöhen sich ferner, wenn die Tätigkeit in den Monaten November bis März durchgeführt wird, um jeweils 25 vom Hundert.

(2) Die Zulage für Tätigkeiten nach § 12 Abs. 2 Nr. 2 beträgt für jeden Tag bei

1. Inaugenscheinnahme aus besonderem Anlaß, Prüfgängen, Erkundungen, Einweisungen oder Beaufsichtigungen 1,02 Euro,
2. Instandhalten, Instandsetzen oder Abnehmen 1,53 Euro,
3. Errichten oder Abbrechen 2,05 Euro.

Die Sätze erhöhen sich, wenn die Tätigkeiten in den Monaten November bis März durchgeführt werden, um jeweils 25 vom Hundert.

§ 14 Berechnung der Zulage

Die Zulagen nach § 12 Abs. 2 Nr. 1 und 2 werden nebeneinander gewährt; jede Zulage wird für jeden Tag nur einmal, und zwar nach dem höchsten zustehenden Satz gewährt.

§ 15 Zulage für Tätigkeiten an Geräten und Geräteträgern des Wetterdienstes, des Vermessungsdienstes sowie an Windmasten des lufthygienischen Überwachungsdienstes

Die §§ 12 bis 14 gelten entsprechend für Tätigkeiten an Geräten und Geräteträgern des Wetterdienstes und an trigonometrischen Beobachtungseinrichtungen des Vermessungsdienstes sowie an Windmasten des lufthygienischen Überwachungsdienstes.

5. Titel
Zulagen für Klimaerprobung und Unterdruckkammerdienst

§ 16 Zulage für Klimaerprobung

Beamte und Soldaten, die an einer Klimaerprobung im Freien bei extremen Kälte- oder Hitzeeinwirkungen teilnehmen, erhalten eine Zulage. Die Zulage beträgt bei einem „Wind-Chill-Faktor" von mindestens 1 400 oder bei einem Wet-Bulb-Globe-Temperature-Index von mindestens 20 °C 2,05 Euro täglich. Die Zulage erhöht sich bei einem „Wind-Chill-Faktor" von mehr als 1 600 oder bei einem Wet-Bulb-Globe-Temperature-Index von mehr als 30 °C um 0,51 Euro täglich.

§ 16a Zulage für Soldaten im Unterdruckkammerdienst

(1) Soldaten im Unterdruckkammerdienst beim Flugmedizinischen Institut der Luftwaffe, die in einer simulierten Höhe von mindestens 5000 Metern verwendet werden, erhalten eine Zulage.

(2) Die Zulage beträgt 7,67 Euro für jeden Einsatz nach Absatz 1, höchstens jedoch 76,70 Euro monatlich. Der Einsatz beginnt mit dem Einschleusen und endet mit dem Ausschleusen.

(3) Die Zulage wird nicht gewährt neben der Fliegerzulage nach § 23f.

6. Titel
Zulage für die Pflege Schwerbrandverletzter

§ 17 Allgemeine Voraussetzungen und Höhe der Zulage

Beamte des mittleren Dienstes im Krankenpflegedienst und entsprechende Soldaten, die die Grund- und Behandlungspflege bei schwer brandverletzten Patienten in Einheiten für Schwerbrandverletzte, denen Schwerbrandverletzte durch die Zentralstelle für die

Vermittlung Schwerbrandverletzter in der Bundesrepublik Deutschland bei der Behörde für Arbeit, Gesundheit und Soziales der Freien und Hansestadt Hamburg vermittelt werden, ausüben, erhalten für jede volle Pflegestunde 1,29 Euro.

3. Abschnitt
Zulagen in festen Monatsbeträgen

§ 18 Entstehung des Anspruchs

(1) Der Anspruch auf die Zulage entsteht mit der tatsächlichen Aufnahme der zulageberechtigenden Tätigkeit und erlischt mit deren Beendigung, soweit in den §§ 19 bis 26 nichts anderes bestimmt ist.

(2) Besteht der Anspruch auf die Zulage nicht für einen vollen Kalendermonat und sieht die Zulageregelung eine tageweise Abgeltung nicht vor, wird nur der Teil der Zulage gezahlt, der auf den Anspruchszeitraum entfällt.

§ 19 Unterbrechung der zulageberechtigenden Tätigkeit

(1) Bei einer Unterbrechung der zulageberechtigenden Tätigkeit wird die Zulage nur weitergewährt im Falle

1. eines Erholungsurlaubs,
2. eines Sonderurlaubs unter Fortzahlung der Dienstbezüge,
3. einer Erkrankung einschließlich Heilkur,
4. einer Dienstbefreiung oder einer Freistellung vom Dienst für besondere zeitliche Belastungen (§ 50a des Bundesbesoldungsgesetzes),
5. einer Teilnahme an Fortbildungsveranstaltungen,
6. einer Dienstreise,

soweit in den §§ 20 bis 26 nichts anderes bestimmt ist. In den Fällen der Nummern 2 bis 6 wird die Zulage nur weitergewährt bis zum Ende des Monats, der auf den Eintritt der Unterbrechung folgt. Bei einer Unterbrechung der zulageberechtigenden Verwendung durch Erkrankung einschließlich Heilkur, die auf einem Dienstunfall beruht, wird die Zulage weitergewährt bis zum Ende des sechsten Monats, der auf den Eintritt der Unterbrechung folgt.

(2) Die Befristungen nach Absatz 1 Satz 2 und 3 gelten nicht, wenn bei Beamten die Voraussetzungen des § 37 des Beamtenversorgungsgesetzes oder bei Soldaten die Voraussetzungen des § 27 des Soldatenversorgungsgesetzes in Verbindung mit § 37 des Beamtenversorgungsgesetzes erfüllt sind. Es ist nicht erforderlich, dass sich der Beamte oder Soldat des Lebenseinsatzes bei Ausübung der Diensthandlung bewusst war.

§ 20 Zulagen für Wechselschichtdienst und für Schichtdienst

(1) Beamte und Soldaten erhalten eine Wechselschichtzulage von 102,26 Euro monatlich, wenn sie ständig nach einem Schichtplan (Dienstplan) eingesetzt sind, der einen regelmäßigen Wechsel der täglichen Arbeitszeit in Wechselschichten (wechselnde Arbeitsschichten, in denen ununterbrochen bei Tag und Nacht, werktags, sonntags und feiertags gearbeitet wird) vorsieht, und sie dabei in je fünf Wochen durchschnittlich mindestens 40 Dienststunden in der dienstplanmäßigen oder betriebsüblichen Nachtschicht leisten. Zeiten eines Bereitschaftsdienstes gelten nicht als Arbeitszeit im Sinne dieser Vorschrift.

(2) Beamte und Soldaten erhalten, wenn sie ständig Schichtdienst zu leisten haben (Dienst nach einem Schichtplan, der einen regelmäßigen Wechsel der täglichen Arbeitszeit in Zeitabschnitten von längstens einem Monat vorsieht),

a) eine Schichtzulage von 61,36 Euro monatlich, wenn sie die Voraussetzungen für eine Wechselschichtzulage nach Absatz 1 nur deshalb nicht erfüllen, weil nach dem Schichtplan eine zeitlich zusammenhängende Unterbrechung des Dienstes von höchstens 48 Stunden vorgesehen ist oder sie durchschnittlich mindestens 40 Dienststunden in der dienstplanmäßigen oder betriebsüblichen Nachtschicht nur in je sieben Wochen leisten,
b) eine Schichtzulage von 46,02 Euro monatlich, wenn der Schichtdienst innerhalb einer Zeitspanne von mindestens 18 Stunden,

c) eine Schichtzulage von 35,79 Euro monatlich, wenn der Schichtdienst innerhalb einer Zeitspanne von mindestens 13 Stunden geleistet wird.

Zeitspanne ist die Zeit zwischen dem Beginn der frühesten und dem Ende der spätesten Schicht innerhalb von 24 Stunden. Die geforderte Stundenzahl muß im Durchschnitt an den im Schichtplan vorgesehenen Arbeitstagen erreicht werden. Sieht der Schichtplan mehr als fünf Arbeitstage wöchentlich vor, können, falls dies günstiger ist, der Berechnung des Durchschnitts fünf Arbeitstage wöchentlich zugrunde gelegt werden. Absatz 1 Satz 2 gilt entsprechend.

(3) Die Absätze 1 und 2 gelten nicht, soweit der Schichtplan (Dienstplan) eine Unterscheidung zwischen Volldienst und Bereitschaftsdienst nicht vorsieht. Sie finden keine Anwendung auf Beamte auf Widerruf im Vorbereitungsdienst; abweichend hiervon erhalten Beamte im Vorbereitungsdienst für den Krankenpflegedienst 75 vom Hundert der entsprechenden Beträge. Sie finden ferner keine Anwendung auf Beamte und Soldaten, die als Pförtner oder Wächter tätig sind oder Auslandsdienstbezüge (§ 55 oder § 58a des Bundesbesoldungsgesetzes) erhalten oder die auf Schiffen und schwimmenden Geräten tätig sind, wenn die dadurch bedingte besondere Dienstplangestaltung bereits anderweitig berücksichtigt ist. Satz 1 ist anzuwenden auch für den Haussicherungsdienst beim Bundeskriminalamt.

(4) Die Erschwerniszulagen nach den Absätzen 1 und 2 werden nur zur Hälfte gewährt, wenn für denselben Zeitraum Anspruch besteht auf eine Stellenzulage nach § 1 Abs. 2 des Gesetzes zur Übernahme der Beamten und Arbeitnehmer der Bundesanstalt für Flugsicherung vom 23. Juli 1992 (BGBl. I S. 1370, 1376), den Nummern 5, 6, 7 und 8 der Vorbemerkungen zu den Besoldungsordnungen A und B des Hessischen Besoldungsgesetzes oder auf die bei der Deutschen Bundesbank gewährte Bankzulage. Abweichend von Satz 1 erhalten Beamte im Krankenpflegedienst, die für den gleichen Zeitraum Anspruch auf eine Zulage nach Nummer 12 der Vorbemerkungen zu den Bundesbesoldungsordnungen A und B des Bundesbesoldungsgesetzes haben, die Erschwerniszulage nach Absatz 1 in Höhe von 76,69 Euro monatlich und nach Absatz 2 in voller Höhe. Die Erschwerniszulage nach Abs. 1 und 2 werden nicht neben einer Zulage nach § 22 Abs. 3 gewährt

(5) Abweichend von den Absätzen 1 und 2 erhalten die der Deutsche Bahn Aktiengesellschaft sowie einer gemäß § 2 Abs. 1 und § 3 Abs. 3 des Deutsche Bahn Gründungsgesetzes vom 27. Dezember 1993 (BGBl. I S. 2378, 2386) ausgegliederten Gesellschaft zugewiesenen Beamten des Bundeseisenbahnvermögens und Beamte der Nachfolgeunternehmen der Deutschen Bundespost bei ständigem Schichtdienst eine Schichtzulage in folgenden Stufen:

für zwischen 20.00 Uhr und 6.00 Uhr geleistete Stunden im Monat

von	bis	Euro
25	34	51,13,
35	44	56,24,
45	54	63,91,
55	64	71,58,
65	74	79,25,
75	84	86,92,
85	94	94,59,
95	104	102,26,
105	114	109,93,
115	124	117,60,
ab 125		122,71.

Die vorstehenden Sätze erhöhen sich für jede Schicht,
die nach 0.00 Uhr und vor 4.00 Uhr beendet wird, um 2,56 Euro,
die nach 24.00 Uhr und vor 4.00 Uhr begonnen wird, um 5,11 Euro.

Wenn keine Schichtzulage nach Satz 1 zusteht, erhalten sie

a) eine Schichtzulage von 30,68 Euro monatlich, wenn der Schichtdienst innerhalb einer Zeitspanne von mindestens 18 Stunden,

b) eine Schichtzulage von 20,45 Euro monatlich, wenn der Schichtdienst innerhalb einer Zeitspanne von mindestens 13 Stunden geleistet wird.

§ 21 Zulagen für den Krankenpflegedienst

(1) Beamte des mittleren Dienstes und entsprechende Soldaten im Krankenpflegedienst, die

1. in psychiatrischen Krankenhäusern, Kliniken, Abteilungen oder Stationen Patienten pflegen,
2. in neurologischen Kliniken, Abteilungen oder Stationen ständig geisteskranke Patienten pflegen,
3. in psychiatrischen oder neurologischen Krankenhäusern, Kliniken oder Abteilungen im Elektroencephalogramm-Dienst (EEG-Dienst) oder in der Röntgendiagnostik tätig sind und ständig mit geisteskranken Patienten umgehen,
4. zu arbeitstherapeutischen Zwecken ständig mit geisteskranken Patienten zusammenarbeiten oder sie bei der Arbeitstherapie beaufsichtigen,

erhalten eine Zulage von monatlich 15,34 Euro.

(2) Beamte des mittleren Dienstes und entsprechende Soldaten im Krankenpflegedienst, die die Grund- und Behandlungspflege zeitlich überwiegend bei

1. an schweren Infektionskrankheiten erkrankten Patienten (z. B. Tuberkulose-Patienten), die wegen der Ansteckungsgefahr in besonderen Infektionsabteilungen oder Infektionsstationen untergebracht sind,
2. Kranken in geriatrischen Abteilungen oder Stationen,
3. gelähmten oder an multipler Sklerose erkrankten Patienten,
4. Patienten nach Transplantationen innerer Organe oder von Knochenmark,
5. an AIDS (Vollbild) erkrankten Patienten,
6. Patienten, bei denen Chemotherapien durchgeführt oder die mit Strahlen oder mit inkorporierten radioaktiven Stoffen behandelt werden,
7. Patienten in Einheiten für Intensivmedizin

ausüben, erhalten eine Zulage von monatlich 46,02 Euro. Die Zulage erhalten auch Beamte und Soldaten, die unmittelbare Aufsichtsfunktionen im Krankenpflegedienst über die vorstehend genannten ihnen ständig unterstellten Beamten und Soldaten wahrnehmen; das gilt auch für deren ständige Vertreter. Auf die Zulage wird eine für denselben Kalendermonat zustehende Zulage nach § 17 angerechnet.

(3) Beamte des mittleren Dienstes im Krankenpflegedienst, die

1. zeitlich überwiegend Kranke in geschlossenen oder halbgeschlossenen (Opendoorsystem) psychiatrischen Abteilungen oder Stationen oder als Beamte des Justizvollzugsdienstes ständig Kranke in psychiatrischen Abteilungen oder Stationen pflegen,
2. ständig in Abteilungen für zwangsasylierte asoziale Tuberkulosekranke tätig sind,
3. als Beamte des Justizvollzugsdienstes die Voraussetzungen einer Zulage nach Absatz 2 erfüllen,

erhalten eine Zulage von monatlich 61,36 Euro.

(4) Eine Zulage wird jeweils nur einmal gewährt. Sind die Voraussetzungen für eine Zulage nach den Absätzen 1 und 2 erfüllt, so werden beide Zulagen nebeneinander gewährt. Eine Stellenzulage nach Nummer 12 der Vorbemerkungen zu den Bundesbesoldungsordnungen A und B des Bundesbesoldungsgesetzes ist mit dem Betrag von 46,02 Euro anzurechnen.

§ 22 Zulagen für besondere Einsätze

(1) Polizeivollzugsbeamte, die in der GSG 9 der Bundespolizei oder in einem Mobilen Einsatzkommando des Bundeskriminalamtes für besondere polizeiliche Einsätze verwendet werden, erhalten eine Zulage in Höhe von 225 Euro monatlich.

(2) Eine Zulage in Höhe von 153,39 Euro monatlich erhält, wer als

1. Polizeivollzugsbeamter in einem Mobilen Einsatzkommando oder in einem Spezialeinsatzkommando eines Landes für besondere polizeiliche Einsätze oder als Flugsicherheitsbegleiter an Bord von deutschen Luftfahrzeugen,

2. Beamter des Zollfahndungsdienstes in der Zentralen Unterstützungsgruppe Zoll oder in einer Observationseinheit Zoll oder
3. Beamter unter einer ihm verliehenen, auf Dauer angelegten veränderten Identität (Legende) als Verdeckter Ermittler

verwendet wird.

(3) Beamtinnen und Beamte

1. des Landesamtes für Verfassungsschutz, die überwiegend Aufgaben der Observation im Außendienst wahrnehmen, und
2. im Polizeivollzugsdienst, die in einer operativen Polizeieinheit verwendet werden, deren zugewiesene Hauptaufgabe die Observation und zivile Aufklärung im regionalen Dienstbezirk ist,

erhalten eine Zulage in Höhe von 150 Euro monatlich. Abs. 5 Satz 1 findet keine Anwendung.

(4) Polizeivollzugsbeamtinnen und Polizeivollzugsbeamte, deren zugewiesene Hauptaufgabe im Deliktsbereich des sexuellen Missbrauchs von Kindern oder der Kinderpornografie liegt, erhalten eine Zulage in Höhe von 300 Euro monatlich. Abs. 5 Satz 1 findet keine Anwendung.

(5) Die Zulage wird nicht neben einer Stellenzulage nach den Vorbemerkungen Nr. 6 und 8 zu den Bundesbesoldungsordnungen A und B des Bundesbesoldungsgesetzes und einer Zulage nach § 22a gewährt. Neben einer Stellenzulage nach Nummer 7 der Vorbemerkungen zu den Bundesbesoldungsordnungen A und B des Bundesbesoldungsgesetzes wird die Zulage nur gewährt, soweit sie unter Hinzurechnung der Stellenzulage nach Nummer 9 der Vorbemerkungen zu den Bundesbesoldungsordnungen A und B des Bundesbesoldungsgesetzes den Betrag der Stellenzulage nach Nummer 7 der Vorbemerkungen zu den Bundesbesoldungsordnungen A und B des Bundesbesoldungsgesetzes übersteigt.

§ 22a Zulage für Polizeivollzugsbeamte als fliegendes Personal

(1) Polizeivollzugsbeamte, die als Luftfahrzeugführer oder Bordwart in fliegenden Verbänden, fliegerischen Ausbildungseinrichtungen oder den fliegenden Verbänden gleichgestellten Einrichtungen, Einheiten und Dienststellen verwendet werden, erhalten eine Zulage.

(2) Die Zulage erhalten auch Polizeivollzugsbeamte, die

1. auf Grund von Dienstvorschriften oder Dienstanweisungen als nichtständige Luftfahrzeugbesatzungsangehörige zum Mitfliegen in Luftfahrzeugen dienstlich verpflichtet sind und mindestens zehn Flüge im laufenden Kalendermonat nachweisen,
2. in Erfüllung ihrer Aufgaben als Prüfer von Luftfahrtgerät zum Mitfliegen verpflichtet sind

(Sondergruppe).

Eine Anrechnung von Flügen aus anderen Kalendermonaten und von Reiseflügen ist nicht zulässig.

(3) Die Zulage beträgt monatlich für Polizeivollzugsbeamte in der Verwendung als

1. Luftfahrzeugführer oder Bordwart jeweils mit Zusatzqualifikation 176,40 Euro,
2. Luftfahrzeugführer oder Bordwart jeweils ohne Zusatzqualifikation 132,94 Euro,
3. Angehörige der Sondergruppe (Absatz 2) bei zehn oder mehr Flügen im laufenden Kalendermonat 46,02 Euro.

   Werden im laufenden Kalendermonat weniger als zehn, jedoch mindestens fünf Flüge nachgewiesen, vermindert sich die Zulage für jeden fehlenden Flug um 4,60 Euro. § 19 findet keine Anwendung.

Zusatzqualifikation im Sinne der Nummer 1 sind insbesondere Instrumentenflugberechtigung sowie die erworbene Ausbildung im Umfang mit Bildverstärkerbrille oder Wärmebildkamera.

§ 23 Zulage für die Beseitigung von Munition aus den Weltkriegen

(1) Beamte und Soldaten erhalten, wenn sie als Räumgruppenleiter bei besonderen Entgiftungsarbeiten eingesetzt werden, eine Zulage. Die Zulage beträgt monatlich 586,47 Euro, wenn die Beamten oder Soldaten 120 oder mehr Stunden im Kalendermonat im unmittelbaren Gefahrenbereich tätig sind. Die Zulage

verringert sich für jede Stunde, die an 120 Stunden fehlt, um 1/120.

(2) Beamte erhalten, wenn sie als Feuerwerker oder als Hilfskräfte in Munitionsräumgruppen zur Beseitigung von Munition und anderen Sprengkörpern eingesetzt werden, eine Zulage. Die Zulage beträgt monatlich höchstens 398,81 Euro für den Feuerwerker, sofern er selbst Munition und Sprengkörper entschärft, für die Hilfskräfte höchstens 281,21 Euro. Die Beamten müssen 135 oder mehr Arbeitsstunden im Kalendermonat im unmittelbaren Gefahrenbereich tätig sein. Sinkt die Zahl der Arbeitsstunden im unmittelbaren Gefahrenbereich im Kalendermonat um mehr als 30, so verringert sich die Zulage für jede Stunde, die an 135 Stunden fehlt, um 1/135.

(3) Eine Tätigkeit im unmittelbaren Gefahrenbereich nach Absatz 2 ist das Suchen, Prüfen, Entfernen, Entschärfen, Sprengen oder Zerlegen von Munition oder Munitionsteilen sowie deren Transport.

(4) Für die Entschärfung von Bomben mit Langzeitzündern oder für sonstige besonders schwierige Entschärfungen mit außergewöhnlichem Gefahrenmoment oder für den Transport nicht entschärfter Bomben mit Langzeitzündern und Ausbausperre kann die Zulage nach Absatz 2 um einen Betrag bis zu 255,65 Euro erhöht werden.

§ 23a Zulage im Seuchenbetrieb des Friedrich-Loeffler-Instituts

Beamte des Friedrich-Loeffler-Instituts, Bundesforschungsinstitut für Tiergesundheit, die ständig im Seuchenbetrieb tätig sind, erhalten eine Zulage von monatlich 51,13 Euro.

§ 23b Zulage für Tätigkeiten an Bord in Dienst gestellter seegehender Schiffe

(1) Beamte und Soldaten, die als Besatzungsangehörige an Bord eines in Dienst gestellten seegehenden Schiffes verwendet werden, erhalten eine Zulage (Bordzulage). Bei einer Werftliegezeit des Schiffes wird die Bordzulage gewährt, wenn der Beamte oder Soldat an Bord Dienst leistet und dort untergebracht ist. Leistet der Beamte oder Soldat an Bord Dienst, ohne dort untergebracht zu sein, wird die Bordzulage für die Dauer von höchstens vier Monaten gewährt.

(2) Die Bordzulage wird auch Beamten und Soldaten gewährt, die

1. an Bord eines in Dienst gestellten seegehenden Schiffes an mehr als einem Kalendertag verwendet werden, ohne zu dessen Besatzung zu gehören,
2. auf einem Binnenfahrzeug der Bundeswehr verwendet werden, das an mehr als einem Kalendertag seewärts der in § 1 der Flaggenrechtsverordnung vom 4. Juli 1990 (BGBl. I S. 1389) festgelegten Grenzen der Seefahrt eingesetzt ist. Eingeschlossen ist die Dauer des Aufenthaltes in Seehäfen. Die Bordzulage steht nicht zu für die Dauer der An- und Abfahrt auf Binnengewässern.

(3) Die Bordzulage beträgt für

1. Beamte und Soldaten als Besatzungsangehörige auf Schiffen
   a) der Seestreitkräfte oder im Dienst von Seestreitkräften 80,53 Euro monatlich,
   b) sonstiger Eigner 53,69 Euro monatlich,
2. Beamte und Soldaten, die nicht der Besatzung angehören, 2,68 Euro täglich; sie darf den Monatsbetrag nach Nummer 1 nicht übersteigen.

(4) Die Bordzulage erhöht sich um 50 vom Hundert für die Dauer eines ununterbrochenen Aufenthalts von mehr als zehn Tagen außerhalb eines Hafens seewärts der in Absatz 2 bezeichneten Grenzen der Seefahrt oder für die Dauer eines mindestens 24-stündigen Aufenthalts außerhalb des Seegebietes, das begrenzt wird

1. südlich durch die Linie Dover – Calais,
2. westlich durch den 5. Grad westlicher Länge,
3. nördlich durch den 60. Grad nördlicher Breite;

ausgenommen sind die Häfen des Vereinigten Königreichs Großbritannien und Nordirland sowie der Normandie und der nördlichen Bretagne bis einschließlich des Hafens Brest. Die erhöhte Bordzulage wird nur für volle Kalendertage gewährt.

(5) Ein Zeitraum von mehr als 12 Stunden gilt als voller Kalendertag.

(6) Die Bordzulage wird neben

1. der Stellenzulage nach Nummer 6 der Vorbemerkungen zu den Bundesbesoldungsordnungen A und B des Bundesbesoldungsgesetzes in Höhe von 53,69 Euro monatlich gewährt,
2. der U-Boot-Zulage nach § 23c nicht gewährt.

§ 23c Zulage für Tätigkeiten an Bord in Dienst gestellter U-Boote

(1) Beamte und Soldaten, die als Besatzungsangehörige an Bord eines in Dienst gestellten U-Bootes der Seestreitkräfte verwendet werden, erhalten eine Zulage (U-Boot-Zulage). Bei einer Werftliegezeit des U-Bootes wird die U-Boot-Zulage bis zur Dauer von vier Monaten gewährt, wenn der Beamte oder Soldat an Bord verwendet wird.

(2) Die U-Boot-Zulage erhalten auch Beamte und Soldaten, die nicht zur Besatzung eines U-Bootes gehören, für die Dauer der dienstlich angeordneten tatsächlichen Bordanwesenheit, wenn diese mit Tauchfahrten oder Tauchübungen verbunden ist und mindestens drei aufeinander folgende Kalendertage oder fünf Kalendertage im Monat beträgt. Ein Zeitraum von mehr als 12 Stunden gilt als voller Kalendertag.

(3) Die U-Boot-Zulage beträgt für

1. a) Beamte und Soldaten als Besatzungsangehörige 230,08 Euro monatlich,
   b) bei einer Werftliegezeit vom Beginn des zweiten Monats an 103,54 Euro monatlich,
2. Beamte und Soldaten, die nicht der Besatzung angehören, 7,67 Euro täglich;
   sie darf den Monatsbetrag nach Nummer 1 nicht übersteigen.

Die Zulage erhöht sich um 0,38 Euro täglich, wenn die Voraussetzungen des § 23b Abs. 4 erfüllt sind.

§ 23d Zulage für Tätigkeiten im Maschinenraum seegehender Schiffe

(1) Beamte und Soldaten, die als Besatzungsangehörige im Maschinenraum eines in Dienst gestellten seegehenden Schiffes verwendet werden, erhalten eine Zulage (Maschinenzulage). Bei einer Werftliegezeit des Schiffes wird die Maschinenzulage gewährt, wenn der Beamte oder Soldat an Bord Dienst leistet und dort untergebracht ist. Leistet der Beamte oder Soldat an Bord Dienst, ohne dort untergebracht zu sein, wird die Maschinenzulage für die Dauer von höchstens vier Monaten gewährt.

(2) Die Maschinenzulage wird auch Beamten und Soldaten gewährt, die im Maschinenraum eines

1. in Dienst gestellten seegehenden Schiffes an mehr als einem Kalendertag verwendet werden, ohne zu dessen Besatzung zu gehören,
2. Binnenfahrzeuges der Bundeswehr verwendet werden, das an mehr als einem Kalendertag seewärts der in § 1 der Flaggenrechtsverordnung vom 4. Juli 1990 (BGBl. I S. 1389) festgelegten Grenzen der Seefahrt eingesetzt ist. Eingeschlossen ist die Dauer des Aufenthaltes in Seehäfen. Die Maschinenzulage steht nicht zu für die Dauer der An- und Abfahrt auf Binnengewässern.

(3) Die Maschinenzulage beträgt für

1. Beamte und Soldaten als Besatzungsangehörige auf Schiffen
   a) der Seestreitkräfte oder im Dienst von Seestreitkräften 23,01 Euro monatlich,
   b) sonstiger Eigner 15,34 Euro monatlich,
2. Beamte und Soldaten, die nicht der Besatzung angehören, 0,77 Euro täglich;

sie darf den Monatsbetrag nach Nummer 1 nicht übersteigen.

Die Maschinenzulage erhöht sich um 50 vom Hundert, wenn die Voraussetzungen des § 23b Abs. 4 erfüllt sind.

(4) Ein Zeitraum von mehr als 12 Stunden gilt als voller Kalendertag.

(5) Die Maschinenzulage wird nicht gewährt neben der U-Boot-Zulage nach § 23c.

§ 23e Zulage für Kampfschwimmer und Minentaucher

(1) Soldaten, die als Kampfschwimmer verwendet werden oder sich in der Ausbildung

III

zum Kampfschwimmer befinden, erhalten eine Zulage (Kampfschwimmerzulage) in Höhe von 300 Euro monatlich.

(2) Soldaten, die als Minentaucher verwendet werden oder sich in der Ausbildung zum Minentaucher befinden, erhalten eine Zulage (Minentaucherzulage) in Höhe von 184,07 Euro monatlich.

(3) Soldaten, die nicht als Kampfschwimmer oder Minentaucher verwendet werden, jedoch

1. im Besitz des gültigen Kampfschwimmer- oder Minentaucherscheines sind und
2. zur Erhaltung des Kampfschwimmer- oder Minentaucherscheines verpflichtet sind, erhalten eine Zulage in Höhe von 46,02 Euro monatlich.

(4) Die Kampfschwimmer- oder Minentaucherzulage wird nicht gewährt neben der U-Boot-Zulage nach § 23c und der Fliegerzulage nach § 23f.

§ 23f Zulage für fliegendes Personal der Bundeswehr und anderer Einrichtungen des Bundes

(1) Beamte und Soldaten, die als Luftfahrzeugführer, Kampfbeobachter (Waffensystemoffiziere), Luftfahrzeugoperationsoffiziere oder als ständige Luftfahrzeugbesatzungsangehörige in fliegenden Verbänden, fliegerischen Ausbildungseinrichtungen, den fliegenden Verbänden gleichgestellten Einrichtungen, Einheiten und Dienststellen oder im Erprobungs- oder Güteprüfdienst verwendet werden, erhalten eine Zulage (Fliegerzulage). Bei einer Verwendung außerhalb der in Satz 1 genannten Stellen wird die Fliegerzulage nur für die Dauer der Verpflichtung zur Erhaltung der vorgeschriebenen Erlaubnis und der Berechtigungen gewährt.

(2) Die Fliegerzulage erhalten auch Beamte und Soldaten,

1. während der fliegerischen Ausbildung zum Luftfahrzeugführer oder Luftfahrzeugbesatzungsangehörigen sowie für die Dauer der Nachschulung zum Zwecke der Erneuerung einer Erlaubnis oder einer Berechtigung zum Führen von Luftfahrzeugen oder zum Einsatz auf Luftfahrzeugen (Fliegerausbildungsgruppe),
2. wenn sie auf Grund von Dienstvorschriften oder Dienstanweisungen als nichtständige Luftfahrzeugbesatzungsangehörige zum Mitfliegen in Luftfahrzeugen dienstlich verpflichtet sind und mindestens fünf Flüge im laufenden Kalendermonat nachweisen (Sondergruppe). Eine Anrechnung von Flügen aus anderen Kalendermonaten und von Reiseflügen ist nicht zulässig.

(3) Die Fliegerzulage beträgt für Beamte und Soldaten in der Verwendung als

1. Luftfahrzeugführer mit der Erlaubnis oder Berechtigung zum Führen von Strahlflugzeugen und Kampfbeobachter (Waffensystemoffiziere) mit der Erlaubnis zum Einsatz auf zweisitzigen Strahlflugzeugen 470 Euro monatlich,
2. sonstige Strahlflugzeugführer, Luftfahrzeugoperationsoffiziere mit der Erlaubnis zum Einsatz auf sonstigen Luftfahrzeugen, Transportluftfahrzeugführer, Hubschrauberführer des Heeres, Marinehubschrauberführer, Seefernaufklärer, Hubschrauberführer Combat Search And Rescue und Hubschrauberschwarmführer der Luftwaffe 360 Euro monatlich,
3. sonstige Hubschrauberführer der Luftwaffe, Hubschrauberführer der Flugbereitschaft des Bundesministeriums der Verteidigung, sonstige Luftfahrzeugführer der Marine sowie Hubschrauberführer in der fliegerischen Grundschulung des Heeres und in Verwendungen außerhalb fliegender Verbände und gleichgestellter Einrichtungen 310 Euro monatlich,
4. ständige Luftfahrzeugbesatzungsangehörige mit der Erlaubnis zum Einsatz auf strahlgetriebenen oder sonstigen Luftfahrzeugen 245 Euro monatlich,
5. Lufttransportbegleiter 150 Euro monatlich,
6. Angehörige der Fliegerausbildungsgruppe 140 Euro monatlich,
7. Angehörige der Sondergruppe 115 Euro monatlich.

Werden im Falle der Nummer 7 im laufenden Kalendermonat weniger als 15, jedoch mindestens fünf Flüge nachgewiesen, vermindert sich die Fliegerzulage für jeden fehlenden Flug um 7,66 Euro. § 19 ist nicht anzuwenden.

(4) Werden Luftfahrzeugführer als Fluglehrer verwendet und sind sie im Besitz der maßgebenden Erlaubnis und Berechtigung, erhöht sich der ihnen zustehende Betrag nach Absatz 3 Satz 1 Nr. 1 um 120 Euro, nach Nummer 2 um 90 Euro und nach Nummer 3 um 80 Euro monatlich.

(5) Abweichend von Absatz 3 beträgt die Fliegerzulage in den Fällen des Absatzes 1 Satz 2 für

1. Luftfahrzeugführer mit der Erlaubnis oder Berechtigung zum Führen von Strahlflugzeugen und Kampfbeobachter (Waffensystemoffiziere) mit der Erlaubnis zum Einsatz auf zweisitzigen Strahlflugzeugen 330 Euro monatlich,
2. Luftfahrzeugführer mit der Erlaubnis oder Berechtigung zum Führen von sonstigen Luftfahrzeugen und Luftfahrzeugoperationsoffiziere mit der Erlaubnis zum Einsatz auf sonstigen Luftfahrzeugen 225 Euro monatlich.

(6) § 22a bleibt unberührt.

§ 23g Zulage für technische Luftfahrzeugführer im Erprobungs- und Güteprüfdienst

(1) Beamte und Soldaten als Luftfahrzeugführer im Erprobungs- oder Güteprüfdienst, die im Besitz der erforderlichen Flugerlaubnis und Berechtigung sind, erhalten eine Zulage, wenn sie überwiegend

1. als Erprobungsflieger mit abgeschlossener Ausbildung als Testpilot, die
   a) Erprobungsflüge mit noch nicht mustergeprüften Flugzeug-Neuentwicklungen zum Zwecke der Musterprüfung oder vorläufigen Zulassung durchführen, oder
   b) Flugerprobungsgruppen verantwortlich leiten und dabei entsprechende Erprobungsflüge durchzuführen haben, oder
2. als Luftfahrzeugführer im Erprobungs- oder Güteprüfflugdienst mit abgeschlossener Ausbildung als Testpilot und nach langjähriger Tätigkeit als Luftfahrzeugführer im Erprobungs- oder Güteprüfdienst auf mehreren Luftfahrzeugmustern

verwendet werden. Die abgeschlossene Ausbildung als Testpilot erfordert die erfolgreiche Teilnahme an einem Lehrgang einer anerkannten Testpilotenschule.

(2) Die Zulage beträgt in den Fällen

a) des Absatzes 1 Nr. 1 153,39 Euro monatlich,
b) des Absatzes 1 Nr. 2 102,26 Euro monatlich.

Liegen die Voraussetzungen nach Absatz 1 Nr. 1 und 2 vor, so ist nur die höhere Zulage zu gewähren.

§ 23h Zulage für Fallschirmspringer

(1) Beamte und Soldaten, die nach erfolgreich abgeschlossener Fallschirmsprungausbildung mit der Erlaubnis zum Fallschirmspringen in einem Verband, einer Einheit oder Dienststelle, deren Ausbildungs- oder Einsatzauftrag das Fallschirmspringen einschließt, als Fallschirmspringer oder Ausbilder für den Fallschirmsprungdienst verwendet werden, erhalten eine Zulage (Fallschirmspringerzulage). Die Fallschirmspringerzulage erhalten auch Beamte und Soldaten während der Ausbildung oder der Nachschulung zum Fallschirmsprungdienst.

(2) Soldaten, die die Voraussetzungen nach Absatz 1 Satz 1 erfüllen, jedoch in keiner der dort genannten Stellen verwendet werden, erhalten die Fallschirmspringerzulage nur, wenn sie zum Üben im Fallschirmspringen verpflichtet sind.

(3) Die Erlaubnis zum Fallschirmspringen setzt den Besitz des Fallschirmspringerscheines mit Beiblatt oder der Ersatzerlaubnis voraus. Zusätzlich kann eine Berechtigung erteilt werden.

(4) Die Höhe der Zulage beträgt 115,04 Euro monatlich, für Soldaten im Sinne des Absatzes 2 beträgt sie 34,51 Euro monatlich.

(5) Die Fallschirmspringerzulage wird neben

1. der Zulage für Beamte als Verdeckte Ermittler nach § 22 und der Kampfschwimmer- und Minentaucherzulage nach § 23e in Höhe von 38,35 Euro monatlich,

III

2. der Zulage für Polizeivollzugsbeamte für besondere polizeiliche Einsätze nach § 22 und der Zulage für Soldaten im Kommando Spezialkräfte nach § 23m in Höhe von 63,91 Euro monatlich,
3. der Bergführerzulage nach § 23l Abs. 1 in Höhe von 95,87 Euro monatlich

gewährt.

§ 23i Zulage im militärischen Flugsicherungsbetriebsdienst und im Radarführungsdienst

(1) Beamte und Soldaten im militärischen Flugsicherungsbetriebsdienst und Soldaten im Radarführungsdienst, die in militärischen Dienststellen verwendet werden, in denen die nach Absatz 2 zu ermittelnden Verkehrsbelastungen einen Belastungswert von 1000 übersteigen, und die nicht nur gelegentlich verantwortlich als

1. Flugsicherungskontrollpersonal,
2. Flugabfertigungspersonal in Flugsicherungssektoren oder
3. Betriebspersonal des Radarführungsdienstes sowohl bei der Erarbeitung der Luftlage als auch der Leitung von Luftfahrzeugen

verwendet werden, erhalten eine Zulage. Eine verantwortliche Mitarbeit des lizenzierten Betriebspersonals im Radarführungsdienst setzt den Besitz der örtlichen Zulassung voraus.

(2) Bewertungsmaßstab für die Höhe der Zulage ist ein Belastungswert, der sich errechnet aus den im Durchschnitt der letzten drei Kalenderjahre abgewickelten kontrollierten Flugbewegungen der Flugsicherungs- oder Radarführungsdienststelle im Verhältnis zum eingesetzten Personal und auf vier Gruppen zu verteilen ist. Bei Platzschließungen von mehr als drei Monaten sind der Berechnung die im davorliegenden Jahr kontrollierten Flugbewegungen zugrunde zu legen.

(3) Nach der von der Verkehrsbelastung der jeweiligen Dienststelle abhängigen Bewertung und der Zugehörigkeit des Beamten oder Soldaten zu einer bestimmten Personengruppe steht die Zulage monatlich wie folgt zu:

Belastungswert Gruppe	Flugsicherungskontrollpersonal, Betriebspersonal des Radarführungsdienstes mit Radarleit-Jagdlizenz und/oder Luftlagelizenz	Aufsichtspersonal (Einsatzstabsoffiziere, Radarleit-Stabsoffiziere mit Radarführungslizenz)	Flugabfertigungspersonal, übriges Betriebspersonal des Radarführungsdienstes
	Höhe der Zulage	Höhe der Zulage	Höhe der Zulage
1001–2000 I	81,81 Euro	76,69 Euro	30,68 Euro
2001–4500 II	102,26 Euro	76,69 Euro	40,90 Euro
4501–7000 III	122,71 Euro	76,69 Euro	51,13 Euro
mehr als 7000 IV	143,16 Euro	76,69 Euro	61,36 Euro

(4) Das Bundesministerium der Verteidigung legt die nach Absatz 2 ermittelte Zuordnung der betroffenen Dienststellen der militärischen Flugsicherung und des Radarführungsdienstes – einschließlich ihrer disloziert eingesetzten Truppenteile – zu den einzelnen Gruppen verbindlich fest und gibt dies allge-

mein bekannt. Die Zuordnung ist jeweils nach Ablauf eines Jahres zu überprüfen.

(5) Die Zulage wird neben der Fliegerzulage nach § 23f und der Fallschirmspringerzulage nach § 23h nur gewährt, soweit sie diese übersteigt.

§ 23j Zulage für Führer oder Ausbilder im Außen- und Geländedienst

(1) Soldaten, die überwiegend als Führer oder Ausbilder im Außen- und Geländedienst verwendet werden, erhalten eine Zulage. Außen- und Geländedienst ist jeder militärische Dienst außerhalb der ortsfesten Unterkünfte im Freien, einschließlich des Dienstes in Stellungen der Flugabwehrraketen- und Flugkörperverbände.

(2) Die Zulage beträgt 25,56 Euro monatlich. Der Anspruch auf die Zulage entsteht mit dem Tag, an dem die anspruchsberechtigende Tätigkeit tatsächlich aufgenommen wird, frühestens jedoch nach Ablauf von 15 Monaten seit der Einstellung als Soldat.

(3) Die Zulage wird nicht gewährt neben einer Stellenzulage nach Nummer 9 der Vorbemerkungen zu den Bundesbesoldungsordnungen A und B des Bundesbesoldungsgesetzes und den Zulagen nach den §§ 23b bis 23g und § 23i.

§ 23k Zulage für Ausbilder bei Einzelkämpferlehrgängen

(1) Soldaten, die überwiegend als Ausbilder bei Einzelkämpferlehrgängen verwendet werden, erhalten eine Zulage in Höhe von 61,36 Euro monatlich.

(2) Die Zulage wird neben einer Stellenzulage nach Nummer 4 der Vorbemerkungen zu den Bundesbesoldungsordnungen A und B des Bundesbesoldungsgesetzes, einer Zulage nach § 23j oder einer Fallschirmspringerzulage nach § 23h Abs. 4 in Höhe von 34,51 Euro nur in Höhe von 51,13 Euro monatlich gewährt; sie entfällt neben einer Fallschirmspringerzulage in Höhe von 115,04 Euro.

§ 23l Zulage für Bergführer

(1) Beamte und Soldaten mit gültigem Nachweis über eine erfolgreich abgeschlossene Ausbildung zum Bergführer erhalten bei Verwendung als

1. Bergführer in der Bergausbildung von Polizeivollzugsbeamten oder
2. Bergführer der Bundeswehr

eine Zulage (Bergführerzulage) in Höhe von 57,52 Euro monatlich.

(2) Die Bergführerzulage erhalten auch Beamte und Soldaten für die Dauer ihrer in geschlossenen Lehrgängen stattfindenden Ausbildung zum Bergführer.

(3) Beamte und Soldaten, die nach erfolgreich abgeschlossener Ausbildung nicht nach Absatz 1 Nr. 1 oder 2 verwendet werden, jedoch zur Erhaltung ihres bergsteigerischen Könnens verpflichtet sind, erhalten die Bergführerzulage in Höhe von 23,01 Euro monatlich.

(4) Neben der Stellenzulage nach Nummer 9 der Vorbemerkungen zu den Bundesbesoldungsordnungen A und B des Bundesbesoldungsgesetzes wird die Bergführerzulage nach Absatz 1 nur in Höhe von 38,35 Euro monatlich, die Bergführerzulage nach Absatz 3 nur in Höhe von 15,34 Euro monatlich gewährt.

§ 23m Zulage für Soldaten im Kommando Spezialkräfte

(1) Soldaten, die im Kommando Spezialkräfte für besondere Einsätze verwendet werden, erhalten eine Zulage in Höhe von 350 Euro monatlich.

(2) Die Zulage erhalten auch Soldaten während der lehrgangsgebundenen Ausbildung für diese Einsätze, frühestens jedoch ab dem Tag nach bestandener Eignungsfeststellung.

(3) Die Zulage wird nicht neben einer Stellenzulage nach Nummer 6 der Vorbemerkungen zu den Bundesbesoldungsordnungen A und B des Bundesbesoldungsgesetzes gewährt. Neben einer Stellenzulage nach Nummer 4a der Vorbemerkungen zu den Bundesbesoldungsordnungen A und B des Bundesbesoldungsgesetzes wird sie nur gewährt, soweit sie diese übersteigt.

§ 23n Zulage für besondere Erprobungs- und Versuchsarbeiten im Geschäftsbereich des Bundesministeriums der Verteidigung

(1) Beamte und Soldaten im Geschäftsbereich des Bundesministeriums der Verteidigung, die

1. bei Erprobungs- und Versuchsarbeiten in der ABC-Abwehr oder dem medizinischen ABC-Schutz verwendet werden und dabei mit radioaktiven Stoffen, potentiellen biologischen oder potentiellen chemischen Kampfstoffen umgehen, erhalten eine Zulage in Höhe von 92,03 Euro monatlich,
2. bei Erprobungs-, Reinigungs- und Versuchsarbeiten an Hochleistungsröntgen- oder kernphysikalischen Beschleunigungsanlagen, unter Pressluft- oder Kreislaufatmungsgeräten mit Druckluftbehältern und -zylindern ab 200 bar sowie unter ABC-Schutzkleidung und bei Überschlagsmessungen hoher elektrischer Spannungen bei Verwendung verschiedener Löschmittel verwendet werden, erhalten eine Zulage in Höhe von 76,69 Euro monatlich,
3. bei Erprobungs- und Versuchsarbeiten mit festen, flüssigen oder gasförmigen Stoffen, bei Brand-, Abbrand- oder Explosionsversuchen mit Brand-, Nebel- oder Flammkampfmitteln eingesetzt werden sowie unter Hitze- oder Flammschutzanzügen starker Hitzeentwicklung ausgesetzt sind, erhalten eine Zulage in Höhe von 61,36 Euro monatlich,
4. Versuchstiere im Bereich der ABC-Abwehr oder des wehrwissenschaftlichen ABC-Schutzes pflegen oder vernichten, erhalten eine Zulage in Höhe von 46,02 Euro monatlich.

(2) Die Zulage wird nur gewährt, wenn die Tätigkeiten in häufiger Wiederholung ausgeübt werden und zu den regelmäßigen Aufgaben im Rahmen des normalen Dienstablaufs gehören. Personen, die überwiegend eine Lehr- oder Verwaltungstätigkeit ausüben, erhalten keine Zulage.

Wechselschichtdienst- und Schichtdienstzulagen nach § 20 der Verordnung über die Gewährung von Erschwerniszulagen in der Fassung vom 3. Dezember 1998 (BGBl. I S. 3498) in der am 31. August 2006 geltenden Fassung (EZulV a. F.)

Vom 17. Oktober 2013 (StAnz. S. 1383)

Bezug: Rundschreiben vom 30. Oktober 2008 (StAnz. S. 2951)

I.

Das Bezugsrundschreiben vom 30. Oktober 2008 tritt mit Ablauf des 31. Dezember 2013 außer Kraft. Es wird in redaktionell angepasster Fassung wie folgt neu bekannt gemacht.

II.

Das als Anlage abgedruckte Rundschreiben des Bundesministeriums des Innern vom 28. Oktober 1998 gebe ich mit der Bitte um Beachtung erneut bekannt.

Die Hinweise zu den Zulagen für Wechselschichtdienst und für Schichtdienst in meinem Rundschreiben vom 23. Juni 1992 (StAnz. S. 1651) sind weiterhin nicht anzuwenden; das Rundschreiben vom 27. Januar 1998 (StAnz. S. 488) bleibt aufgehoben.

Dem Urteil des BVerwG vom 26. März 2009 – BVerwG 2 C 12.08 – bitte ich weiterhin vorgriffsweise Rechnung zu tragen, indem ab 1. Januar 2010 für die Berechnung der Schichtdienst- und Wechselschichtdienstzulagen im Sinne von § 20 Abs. 1 und 2 EZulV a.F. bei teilzeitbeschäftigten Beamtinnen und Beamten eine proportional zum Arbeitsumfang reduzierte zeitliche Mindestanforderung zugrunde zu legen ist. Die sich ergebenden Mehrausgaben sind innerhalb des jeweiligen Einzelplans einzusparen, da keine zusätzlichen Haushaltsmittel zur Verfügung stehen.

III.

Dieses Rundschreiben tritt am 1. Januar 2014 in Kraft und folgt damit auf den Bezugserlass.

Anlage

Bundesministerium des Innern Bonn, 28. Oktober 1998

D II 3 – 221 470/35

Betr.: Wechselschichtdienst- und Schichtdienstzulagen nach § 20 EZulV
Bezug: Mein Schreiben vom 9. Juni 1992 – D II 4 – M 221 140/25 – (GMBl. 1992 S. 499) in der Fassung vom 7. Januar 1998 (GMBl. 1998 S. 158);
hier: zu Artikel 2 § 2 Nr. 3b

I.

Mit dem Bezugsschreiben hatte ich gebeten, bei der Durchführung der oben angeführten Regelung auf die zu den entsprechenden Zulagenregelungen im Tarifbereich ergangenen Durchführungshinweise zurückzugreifen, soweit sie kompatibel waren.

Für den Tarifbereich habe ich mit Rundschreiben vom 8. September 1998 – D II 4 – 220 219 – 4/2 – 220 439/3 – (GMBl. 1998 S. 726) neue Durchführungshinweise zu Wechselschicht- und Schichtzulagen gegeben, die ich wiederum auch im Besoldungsbereich anzuwenden bitte, soweit die materiellen Regelungen in beiden Bereichen übereinstimmen; die seinerzeitigen tarifrechtlichen Durchführungshinweise sind nicht mehr anzuwenden.

Ergänzend weise ich auf folgende Abweichungen im Besoldungsbereich hin:

1. An Teilzeitbeschäftigte wird die Zulage entsprechend § 6 BBesG auch weiterhin nur in dem Verhältnis gezahlt, das dem Verhältnis der ermäßigten zur regelmäßigen Arbeitszeit entspricht (siehe Nr. 5 im Bezugsschreiben).
2. Eine nach dem Schichtplan vorgesehene Unterbrechung des Dienstes von höchstens 48 Stunden kann auch außerhalb des Wochenendes erfolgen (vergleiche § 20 Abs. 2 Satz 1 Buchst. a EZulV).

Im Übrigen ist Nr. 6 der Hinweise im Bezugsschreiben inzwischen obsolet, weil sie durch § 19 EZulV (neu) ersetzt wurde; ebenso ist Nr. 7 a. a. O. durch die Änderung der Absätze 1 bis 3 des § 20 EZulV (neu) überholt.

II.

Dieses Rundschreiben wird im Gemeinsamen Ministerialblatt veröffentlicht.

Im Auftrag
gez. Ried

Verordnung über die Gewährung eines Zuschlags bei Altersteilzeit (Altersteilzeitzuschlagsverordnung – ATZV)

in der Fassung der Bekanntmachung vom 23. August 2001 (BGBl. I S. 2239)

Zuletzt geändert durch
Bundesbesoldungs- und -versorgungsanpassungsgesetz 2003/2004
vom 10. September 2003 (BGBl. I S. 1798)

§ 1 Gewährung eines Altersteilzeitzuschlags

Den in § 6 Abs. 2 des Bundesbesoldungsgesetzes genannten Beamten und Richtern wird ein nichtruhegehaltfähiger Altersteilzeitzuschlag gewährt, soweit die Altersteilzeit mindestens mit der Hälfte der bisherigen Arbeitszeit, die für die Bemessung der ermäßigten Arbeitszeit während der Altersteilzeit zugrunde gelegt worden ist, durchgeführt wird.

§ 2 Höhe und Berechnung

(1) Der Zuschlag wird gewährt in Höhe des Unterschiedsbetrages zwischen der Nettobesoldung, die sich aus dem Umfang der Teilzeitbeschäftigung ergibt, und 83 vom Hundert der Nettobesoldung, die nach der bisherigen Arbeitszeit, die für die Bemessung der ermäßigten Arbeitszeit während der Altersteilzeit zugrunde gelegt worden ist, bei Beamten mit begrenzter Dienstfähigkeit (§ 42a des Bundesbeamtengesetzes oder entsprechendes Landesrecht) unter Berücksichtigung des § 72a des Bundesbesoldungsgesetzes, zustehen würde. Zur Ermittlung dieser letztgenannten Nettobesoldung ist die Bruttobesoldung um die Lohnsteuer entsprechend der individuellen Steuerklasse (§§ 38a, 38b des Einkommensteuergesetzes), den Solidaritätszuschlag (§ 4 Satz 1 des Solidaritätszuschlaggesetzes 1995) und um einen Abzug in Höhe von 8 vom Hundert der Lohnsteuer zu vermindern; Freibeträge (§ 39a des Einkommensteuergesetzes) oder sonstige individuelle Merkmale bleiben unberücksichtigt.

(2) Brutto- und Nettobesoldung im Sinne des Absatzes 1 sind das Grundgehalt, der Familienzuschlag, Amtszulagen, Stellenzulagen, Zuschüsse zum Grundgehalt für Professoren an Hochschulen und die bei der Deutschen Bundesbank gewährte Bankzulage, Überleitungszulagen und Ausgleichszulagen, die wegen des Wegfalls oder der Verminderung solcher Bezüge zustehen, sowie die jährlichen Sonderzahlungen.

(3) Steuerfreie Bezüge, Erschwerniszulagen und Vergütungen werden entsprechend dem Umfang der tatsächlich geleisteten Tätigkeit gewährt.

(4) Für Beamte im Geschäftsbereich des Bundesministeriums der Verteidigung, deren Dienstposten durch Auflösung oder Verkleinerung von Dienststellen oder durch eine wesentliche Änderung des Aufbaus oder der Aufgaben einer Dienststelle einschließlich der damit verbundenen Umgliederung oder Verlegung auf Grund der Neuausrichtung der Bundeswehr wegfallen, gelten die Absätze 1 bis 3 mit der Maßgabe, dass der Zuschlag auf der Grundlage von 88 vom Hundert der maßgebenden Nettobesoldung bemessen wird. Dies gilt entsprechend für Beamte, deren Dienstposten mit Beamten nach Satz 1 neu besetzt werden.

§ 2a Ausgleich bei vorzeitiger Beendigung der Altersteilzeit

Wenn die Altersteilzeit mit ungleichmäßiger Verteilung der Arbeitszeit (Blockmodell) vorzeitig endet und die insgesamt gezahlten Altersteilzeitbezüge geringer sind als die Besoldung, die nach der tatsächlichen Beschäftigung ohne Altersteilzeit zugestanden hätte, ist ein Ausgleich in Höhe des Unterschiedsbetrages zu gewähren. Dabei bleiben Zeiten ohne Dienstleistung in der Arbeitsphase, soweit sie insgesamt sechs Monate überschreiten, unberücksichtigt. Abweichendes Landesrecht bleibt unberührt.

§ 3 (Inkrafttreten)

Verordnung über die Vergütung für Beamte im Vollstreckungsdienst (Vollstreckungsvergütungsverordnung – VollstrVergV)

in der Fassung der Bekanntmachung vom 6. Januar 2003 (BGBl. I S. 8)

III

Abschnitt I Gerichtsvollzieher

§ 1

(1) Die im Außendienst beschäftigten Gerichtsvollzieher (planmäßige und hilfsweise beschäftigte Beamte) erhalten als Vergütung einen Anteil an den durch sie vereinnahmten Gebühren.

(2) Die Vergütung beträgt 15 vom Hundert der durch den Beamten für die Erledigung der Aufträge vereinnahmten Gebühren.

§ 2

Die Vergütung für die Erledigung eines einzelnen Auftrages darf im Regelfall den Betrag von 59,82 Euro nicht übersteigen. Besteht Anlass, in einer Einzelsache ausnahmsweise mehr als 59,82 Euro zu gewähren, so kann die zuständige Stelle in besonders schwierigen oder zeitraubenden Fällen Ausnahmen zulassen.

Abschnitt II Vollziehungsbeamte der Justiz

§ 3

(1) Die im Vollstreckungsdienst der Justiz (in Mecklenburg-Vorpommern und Schleswig-Holstein bei Landesbezirkskassen) tätigen Beamten des mittleren Dienstes sowie in diesem Dienstzweig hilfsweise beschäftigten Beamten erhalten für die Dauer ihrer Verwendung im Außendienst eine Vergütung.

(2) Die Vergütung beträgt 50 vom Hundert der durch den Beamten für die Erledigung der Aufträge vereinnahmten Gebühren.

§ 4

Die Vergütung für die Erledigung eines einzelnen Auftrages darf den Betrag von 19,94 Euro nicht übersteigen. Besteht Anlass, in einer Einzelsache ausnahmsweise mehr als 19,94 Euro zu gewähren, so kann die zuständige Stelle in besonders schwierigen oder zeitraubenden Fällen Ausnahmen zulassen.

Abschnitt III Vollziehungsbeamte der Finanzverwaltung

§ 5

(1) Die im Vollstreckungsdienst der Finanzverwaltung tätigen Beamten des mittleren Dienstes erhalten für die Dauer ihrer Verwendung im Außendienst eine Vergütung.

(2) Die Vergütung beträgt bei monatlich beigebrachten Beträgen

1. bis zu insgesamt 5112,92 Euro 1 vom Hundert,
2. für jeden weiteren im Monat beigebrachten Betrag bis zu insgesamt weiteren 5112,92 Euro 0,5 vom Hundert,
3. für jeden weiteren im Monat über die Nummern 1 und 2 hinaus beigebrachten Betrag 0,2 vom Hundert.

§ 6

(1) Die Vergütung für die Erledigung eines einzelnen Auftrages darf den Betrag von 19,94 Euro nicht übersteigen.

(2) Der Berechnung der Vergütung nach § 5 Abs. 2 sind die im Kalendermonat beigebrachten Beträge für jeden einzelnen Auftrag getrennt, unabhängig von der Reihenfolge der tatsächlichen Erledigung, ausgehend von dem geringsten über den jeweils höheren bis zum höchsten Betrag zugrunde zu legen.

(3) Besteht Anlass, in einer Einzelsache ausnahmsweise mehr als 19,94 Euro zu gewähren, so kann die zuständige Stelle in besonders schwierigen oder zeitraubenden Fällen Ausnahmen zulassen.

Abschnitt IV
Vollziehungsbeamte der Gemeinden und der Gemeindeverbände

§ 7

(1) Die im Vollstreckungsdienst der Gemeinden und der Gemeindeverbände tätigen Beamten erhalten für die Dauer ihrer Verwendung im Außendienst eine Vergütung.

(2) Die Vergütung beträgt

1. 0,51 Euro für jede auf Grund eines Auftrages der Vollstreckungsbehörde erledigte Zahlung zur Abwendung einer Vollstreckungshandlung sowie für jede nach einem Vollstreckungsauftrag durch Pfändung körperlicher Sachen, Wegnahme von Urkunden, Verwertung gepfändeter Sachen (Versteigerung, freihändigen Verkauf) vorgenommene Vollstreckungshandlung und
2. 0,5 vom Hundert der von dem Vollziehungsbeamten durch Vollstreckungshandlungen beigebrachten Geldbeträge. Hierbei werden auch die vom Vollziehungsbeamten beigebrachten Beträge berücksichtigt, die auf Grund eines Auftrages der Vollstreckungsbehörde zur Abwendung einer Vollstreckungshandlung gezahlt werden.

§ 8

Die Vergütung für die Erledigung eines einzelnen Auftrages darf den Betrag von 19,94 Euro nicht übersteigen. Besteht Anlass, in einer Einzelsache ausnahmsweise mehr als 19,94 Euro zu gewähren, so kann die zuständige Stelle in besonders schwierigen oder zeitraubenden Fällen Ausnahmen zulassen.

Abschnitt V
Jahreshöchstbeträge

§ 9

(1) Für die einem Gerichtsvollzieher oder einem anderen im Vollstreckungsdienst tätigen Beamten nach dieser Verordnung im Kalenderjahr zustehende Vergütung gelten Höchstbeträge. Der Höchstbetrag beträgt für die Vergütung nach

Abschnitt I 2392,85 Euro,

Abschnitt III 1914,28 Euro,

Abschnitt II und Abschnitt IV 1435,71 Euro.

Wird der Höchstbetrag der Vergütung überschritten, so verbleiben dem Beamten 40 vom Hundert des Mehrbetrages. Die zuständige Stelle kann bestimmen, dass monatlich oder vierteljährlich eine vorläufige Berechnung der Vergütung vorzunehmen ist. Dabei sind als anteiliger Höchstbetrag zugrunde zu legen bei der Vergütung nach

Abschnitt I
monatlich 199,40 Euro oder vierteljährlich 598,21 Euro,

Abschnitt III
monatlich 159,52 Euro oder vierteljährlich 478,57 Euro,

Abschnitt II und Abschnitt IV
monatlich 119,64 Euro oder vierteljährlich 358,93 Euro.

(2) Wird der Beamte nicht für das gesamte Kalenderjahr mit Tätigkeiten beschäftigt, auf Grund derer ihm Vergütung nach diesen Vorschriften zusteht, verringert sich der Höchstbetrag entsprechend; für jeden fehlenden Kalendertag ist ein anteiliger Betrag bei der Vergütung nach Abschnitt I von 6,65 Euro, bei der Vergütung nach Abschnitt III von 5,32 Euro und bei der Vergütung nach Abschnitt II oder Abschnitt IV von 3,99 Euro abzuziehen. Die Dauer des regelmäßigen Erholungsurlaubs und die einer sonst im Interesse des Dienstherrn erfolgten Beurlaubung sowie die Zeit einer Erkrankung sind als Beschäftigungszeit anzusehen.

§ 10

Die Höchstbeträge nach § 9 Abs. 1 erhöhen sich um die Hälfte der Beträge nach § 9 Abs. 2 für jeden Kalendertag, für den ein Beamter zu den Dienstgeschäften des eigenen Bezirks die Vertretung eines verhinderten Beamten oder die Verwaltung einer weiteren Stelle oder Hilfsstelle für einen im Vollstreckungsdienst tätigen Beamten übernimmt.

III

Abschnitt VI
Sonstige Vorschriften

§ 11

(1) Mit der Vergütung sind auch die besonderen, für die Vollziehertätigkeit typischen Aufwendungen abgegolten. Typische Aufwendungen sind insbesondere die Aufwendungen bei Nachtdienst.

(2) Die Abgeltung der mit dem Außendienst verbundenen Fahrtkosten und sonstigen Mehraufwendungen richtet sich – soweit hierzu nicht besondere Bestimmungen ergangen sind – nach den allgemeinen reisekostenrechtlichen Vorschriften.

§ 12

(1) Die Vergütung des Gerichtsvollziehers gehört in Höhe von 10 vom Hundert des Endgrundgehalts der Besoldungsgruppe, die der Bemessung der Versorgungsbezüge des Beamten zugrunde liegt, zu den ruhegehaltfähigen Dienstbezügen, wenn der Beamte mindestens zehn Jahre ausschließlich im Vollstreckungsaußendienst tätig gewesen ist und beim Eintritt des Versorgungsfalles eine Vergütung nach dieser Verordnung bezieht oder ohne Berücksichtigung einer vorangegangenen Dienstunfähigkeit bezogen hätte. Die Frist gilt bei einem Beamten, dessen Beamtenverhältnis durch Eintritt in den Ruhestand wegen Dienstunfähigkeit oder durch Tod geendet hat, als erfüllt, wenn er bis zum Eintritt in den Ruhestand wegen Erreichens der Altersgrenze zehn Jahre ausschließlich im Vollstreckungsaußendienst hätte tätig sein können.

(2) Die Vergütung gehört in dem in Absatz 1 Satz 1 bestimmten Umfang auch dann zu den ruhegehaltfähigen Dienstbezügen, wenn der Beamte mindestens zehn Jahre im Vollstreckungsaußendienst tätig gewesen ist und vor Eintritt in den Ruhestand wegen Dienstunfähigkeit für den Vollstreckungsaußendienst in eine andere Verwendung übernommen worden ist. Die Frist gilt als erfüllt, wenn die andere Verwendung infolge Krankheit oder Beschädigung, die sich der Beamte ohne grobes Verschulden bei Ausübung oder aus Veranlassung seines Dienstes als Gerichtsvollzieher zugezogen hat, notwendig wird und die Frist ohne diese Krankheit oder Beschädigung hätte erfüllt werden können. In den Fällen der Sätze 1 und 2 ist bei der Bemessung des ruhegehaltfähigen Teils der Vollstreckungsvergütung höchstens das Endgrundgehalt des Spitzenamtes des Gerichtsvollzieherdienstes zugrunde zu legen.

(3) In den Fällen einer Altersteilzeit im Blockmodell gilt Absatz 1 Satz 1 entsprechend, wenn der Beamte unmittelbar vor Beginn der Freistellungsphase mindestens zehn Jahre ausschließlich im Vollstreckungsaußendienst tätig gewesen ist.

(4) Soweit durch diese Verordnung eine teilweise ruhegehaltfähige Vergütung durch eine nichtruhegehaltfähige Vergütung ersetzt wird, gilt für die bisherigen Empfänger der teilweise ruhegehaltfähigen Vergütung die Vergütung nach dieser Verordnung unter den allgemeinen Voraussetzungen des Absatzes 1 bis zur Höhe des bisher ruhegehaltfähigen Teils als ruhegehaltfähig.

§ 13 (weggefallen)

§ 14 (Inkrafttreten)

Verordnung über Leistungsbezüge sowie Forschungs- und Lehrzulagen im Hochschulbereich (Hochschul-Leistungsbezügeverordnung – HLeistBV)

Vom 15. Dezember 2015 (GVBl. S. 652)

Zuletzt geändert durch
Verordnung zur Gründung der Hessischen Hochschule für öffentliches Management und Sicherheit
vom 14. Oktober 2021 (GVBl. S. 650)

Aufgrund des § 38 Abs. 1 des Hessischen Besoldungsgesetzes vom 27. Mai 2013 (GVBl. S. 218, 256, 508), zuletzt geändert durch Gesetz vom 16. Dezember 2015 (GVBl. S. 594), verordnet der Minister für Wissenschaft und Kunst im Einvernehmen mit dem Minister des Innern und für Sport:

§ 1 Geltungsbereich

Diese Verordnung regelt die Vergabe von Leistungsbezügen für Professorinnen und Professoren der Besoldungsgruppen W 1, W 2 und W 3 und für hauptamtliche Mitglieder von Leitungsgremien (W L1 bis W L3) und trifft Bestimmungen über die Vergabe von Forschungs- und Lehrzulagen nach § 37 Abs. 1 des Hessischen Besoldungsgesetzes sowie für das Verfahren der Übernahme in ein Amt der Besoldungsordnung W nach § 70 Abs. 1 des Hessischen Besoldungsgesetzes; sie gilt nicht für die Vergabe von Leistungsbezügen und Forschungs- und Lehrzulagen an der Hessischen Hochschule für öffentliches Management und Sicherheit.

§ 2 Leistungsbezüge

(1) Leistungsbezüge werden vergeben

1. aus Anlass von Berufungs- und Bleibeverhandlungen (§ 3),
2. für besondere Leistungen in Forschung, Lehre, Kunst, Weiterbildung und Nachwuchsförderung sowie entsprechende Leistungen im Bereich außerhochschulischer Forschungseinrichtungen (§ 4),
3. für die Wahrnehmung von Funktionen oder besonderen Aufgaben im Rahmen der Hochschulselbstverwaltung, der Hochschulleitung oder an außerhochschulischen Forschungseinrichtungen, die durch Kooperationsvertrag mit der Hochschule verbunden sind (§ 5).

Sie sollen mit Zielvereinbarungen nach hochschulinternen Vergaberegelungen verknüpft werden. Leistungsbezüge dienen nicht der Alimentation; diese wird ausschließlich durch die Grundgehälter der jeweiligen Besoldungsgruppen der Besoldungsordnung W gewährleistet.

(2) Leistungsbezüge können an den regelmäßigen Besoldungsanpassungen teilnehmen.

(3) Für Leistungsbezüge gilt eine Höchstgrenze; grundsätzlich darf die Summe von Grundgehalt und Leistungsbezügen nicht höher sein als das Grundgehalt der Besoldungsgruppe B 10. Dabei ist bei Professorinnen und Professoren die aktuelle Erfahrungsstufe des Grundgehalts zu Grunde zu legen. Eine Überschreitung der Höchstgrenze aufgrund eines Aufstiegs in den Erfahrungsstufen ist unschädlich. Im Übrigen ist eine Überschreitung nur nach § 35 Abs. 2 des Hessischen Besoldungsgesetzes zulässig.

§ 3 Berufungs- und Bleibeleistungsbezüge

(1) Aus Anlass von Berufungs- und Bleibeverhandlungen können Leistungsbezüge vergeben werden, soweit dies erforderlich ist, um eine Professorin oder einen Professor für die Hochschule zu gewinnen (Berufungsleistungsbezüge) oder zum Verbleib an der Hochschule zu bewegen (Bleibeleistungsbezüge). Bei der Entscheidung hierüber sind insbesondere die Qualifikation, Evaluationsergebnisse und die Bewerberlage in dem jeweiligen Fach sowie die Entwicklungspla-

nung der Hochschule zu berücksichtigen. Bleibeleistungsbezüge dürfen nur vergeben werden, wenn die Professorin oder der Professor das Einstellungsinteresse eines anderen Dienstherrn oder Arbeitgebers glaubhaft gemacht hat.

(2) Berufungs- und Bleibeleistungsbezüge können befristet oder unbefristet sowie als Einmalzahlung vergeben werden.

III

§ 4 Besondere Leistungsbezüge

(1) Für besondere Leistungen in Forschung, Lehre, Kunst, Weiterbildung und Nachwuchsförderung sowie entsprechende Leistungen im Bereich außerhochschulischer Forschungseinrichtungen, die in der Regel über mehrere Jahre erbracht werden müssen, können Leistungsbezüge vergeben werden (besondere Leistungsbezüge). Neben den Leistungen im Hauptamt sind Nebentätigkeiten nur zu berücksichtigen, wenn sie auf Verlangen, Vorschlag oder Veranlassung des Dienstherrn ausgeübt werden oder der Dienstherr ein dienstliches Interesse an der Übernahme anerkannt hat und sie unentgeltlich ausgeübt werden. Bei der Bemessung der besonderen Leistungsbezüge ist eine Forschungs- oder Lehrzulage nach § 6 zu berücksichtigen.

(2) Besondere Leistungen in der Forschung können insbesondere durch

1. Auszeichnungen und Forschungsevaluation,
2. Publikationen,
3. internationales Engagement in Wissenschaft und Forschung,
4. Aufbau und Leitung wissenschaftlicher Arbeitsgruppen,
5. Einwerbung von Drittmitteln,
6. Betreuung von Promotionen und Habilitationen,
7. Tätigkeiten im Bereich des Wissens- und Technologietransfers,
8. entsprechende Leistungen im Bereich außerhochschulischer Forschungseinrichtungen

begründet werden.

(3) Besondere Leistungen in der Lehre können insbesondere durch

1. Auszeichnungen und Lehrevaluation,
2. Aktualisierung und fachliche Weiterentwicklung des Lehrangebots,
3. Einführung neuer Vermittlungsformen der Lehre,
4. Vortragstätigkeit,
5. Lehrtätigkeiten, die über die gesetzliche Lehrverpflichtung hinaus geleistet werden,
6. Umfang der Betreuung von Abschlussarbeiten sowie der Prüfungstätigkeit

begründet werden.

(4) Besondere Leistungsbezüge können als Einmalzahlung oder als laufende Zahlung für einen Zeitraum von bis zu fünf Jahren vergeben werden. Nach einer Frist von fünf Jahren können die Leistungsbezüge unbefristet vergeben werden. Ein Widerruf für den Fall eines erheblichen Leistungsabfalls ist vorzubehalten.

§ 5 Funktionsleistungsbezüge

(1) Leistungsbezüge für die Wahrnehmung von Funktionen oder besonderen Aufgaben im Rahmen der Hochschulselbstverwaltung oder der Hochschulleitung (Funktionsleistungsbezüge) können an

1. hauptamtliche Mitglieder von Hochschulpräsidien,
2. hauptamtliche Dekaninnen und hauptamtliche Dekane und
3. Professorinnen und Professoren, die neben ihrem Hauptamt als nebenamtliche Vizepräsidentin, nebenamtlicher Vizepräsident, nebenamtliche Dekanin oder nebenamtlicher Dekan tätig sind,

vergeben werden. Entsprechendes gilt für die Leitung von außerhochschulischen Forschungseinrichtungen, die durch Kooperationsvertrag mit der Hochschule verbunden sind. Die Hochschule kann weitere Funktionen und Aufgabenbereiche festlegen, für die Funktionsleistungsbezüge vergeben werden können.

(2) Bei der Bemessung der Funktionsleistungsbezüge ist die mit der Funktion oder Aufgabe verbundene Verantwortung und Belastung, bei

den Mitgliedern der Hochschulpräsidien auch die Größe der Hochschule, zu berücksichtigen. Funktionsleistungsbezüge nach Abs. 1 Satz 1 Nr. 3 können und solche nach Abs. 1 Satz 1 Nr. 1 und 2 sollen ganz oder teilweise erfolgsabhängig vergeben werden. Projektbezogene Funktionsleistungsbezüge dürfen nur im Einzelfall und müssen stets erfolgsabhängig vergeben werden.

(3) Grundgehälter und Funktionsleistungsbezüge der hauptamtlichen Präsidiumsmitglieder dürfen als Summe folgende Obergrenzen nicht überschreiten:

1. bei den Universitäten für die
   a) Präsidentin oder den Präsidenten das Grundgehalt der Besoldungsgruppe B 10,
   b) hauptamtlichen Vizepräsidentinnen und hauptamtlichen Vizepräsidenten sowie die Kanzlerin oder den Kanzler das Grundgehalt der Besoldungsgruppe B 6,
2. bei den Hochschulen für angewandte Wissenschaften (Fachhochschulen) für die
   a) Präsidentin oder den Präsidenten das Grundgehalt der Besoldungsgruppe B 8,
   b) hauptamtlichen Vizepräsidentinnen und hauptamtlichen Vizepräsidenten sowie die Kanzlerin oder den Kanzler das Grundgehalt der Besoldungsgruppe B 4,
   c) Kanzlerin oder den Kanzler das Grundgehalt der Besoldungsgruppe A 16 Stufe 8,
3. bei den Kunsthochschulen und der Hochschule Geisenheim für die
   a) Präsidentin oder den Präsidenten das Grundgehalt der Besoldungsgruppe B 5,
   b) für die hauptamtlichen Vizepräsidentinnen oder hauptamtlichen Vizepräsidenten das Grundgehalt der Besoldungsgruppe B 2,
   c) Kanzlerin oder den Kanzler das Grundgehalt der Besoldungsgruppe A 16 Stufe 8.

Ein Überschreiten dieser Obergrenzen ist ausschließlich unter den in § 35 Abs. 2 des Hessischen Besoldungsgesetzes genannten Voraussetzungen zulässig.

§ 6 Forschungs- und Lehrzulagen

Hochschullehrerinnen und Hochschullehrern, die Mittel Dritter für Forschungs- oder Lehrvorhaben der Hochschule einwerben und diese Vorhaben durchführen, kann für die Dauer des Drittmittelflusses aus diesen Mitteln eine nicht ruhegehaltfähige Zulage gewährt werden, soweit der Drittmittelgeber Mittel für diesen Zweck ausdrücklich vorgesehen hat. Über Ausnahmen im Sinne des § 37 Abs. 1 Satz 2 des Hessischen Besoldungsgesetzes entscheiden die Hochschulen im Benehmen mit dem Ministerium für Wissenschaft und Kunst.

§ 7 Zuständigkeit

(1) Über die Vergabe von Forschungs- und Lehrzulagen sowie von Leistungsbezügen für Professorinnen und Professoren einschließlich ihrer Teilnahme an den allgemeinen Besoldungserhöhungen und ihrer Ruhegehaltfähigkeit bis zum Prozentsatz nach § 35 Abs. 3 Satz 1 des Hessischen Besoldungsgesetzes entscheidet das Präsidium nach Maßgabe des § 37 Abs. 7 des Hessischen Hochschulgesetzes vom 14. Dezember 2009 (GVBl. I S. 666), zuletzt geändert durch Gesetz vom 24. Juni 2020 (GVBl. S. 435).

(2) Über die Vergabe von Leistungsbezügen für hauptamtliche Vizepräsidentinnen und hauptamtliche Vizepräsidenten sowie für die Kanzlerin oder den Kanzler entscheidet die Präsidentin oder der Präsident.

(3) Das Ministerium für Wissenschaft und Kunst behält sich die Entscheidung über die Funktionsleistungsbezüge der Präsidentinnen und Präsidenten vor und genehmigt die Funktionsleistungsbezüge der übrigen hauptamtlichen Mitglieder der Präsidien sowie die Entscheidung über die Ruhegehaltfähigkeit von Leistungsbezügen, soweit der Prozentsatz nach § 35 Abs. 3 Satz 1 des Hessischen Besoldungsgesetzes überschritten werden soll.

III

§ 8 Übertragung eines Amtes der Besoldungsordnung W

Professorinnen und Professoren der Besoldungsgruppen C 2 und C 3 überträgt das Präsidium auf Antrag ein Amt der Besoldungsgruppe W 2. Professorinnen und Professoren der Besoldungsgruppe C 4 überträgt das Präsidium auf Antrag ein Amt der Besoldungsgruppe W 3. § 3 gilt entsprechend.

§ 9 Widersprüche

Über Widersprüche gegen Entscheidungen über Leistungsbezüge für Professorinnen und Professoren entscheidet die Präsidentin oder der Präsident. Über Widersprüche gegen Entscheidungen der Präsidentinnen und Präsidenten entscheidet das Ministerium für Wissenschaft und Kunst.

§ 10 Inkrafttreten, Außerkrafttreten

Diese Verordnung tritt am 1. Januar 2016 in Kraft. Sie tritt mit Ablauf des 31. Dezember 2027 außer Kraft.

Hessische Verordnung über einen Vorschuss bei der Inanspruchnahme von Familienpflegezeit oder Pflegezeit (Hessische Pflegezeitvorschussverordnung – HPflZVorV)

Vom 11. Dezember 2018 (GVBl. S. 714)

Zuletzt geändert durch
Verordnung zur Änderung der Hessischen Pflegezeitvorschussverordnung
vom 11. Dezember 2023 (GVBl. S. 804)

Aufgrund des § 6a Abs. 3 des Hessischen Besoldungsgesetzes vom 27. Mai 2013 (GVBl. S. 218, 256, 508), zuletzt geändert durch Gesetz vom 12. September 2018 (GVBl. S. 577), verordnet die Landesregierung:

§ 1 Vorschuss

(1) Der Vorschuss nach § 6a Abs. 1 Satz 1 des Hessischen Besoldungsgesetzes wird monatlich im Voraus gewährt.

(2) Der Vorschuss beträgt 50 Prozent der Differenz zwischen

1. den Dienstbezügen, die der Beamtin, dem Beamten, der Richterin oder dem Richter vor Beginn der Familienpflegezeit oder Pflegezeit zustehen, und
2. den Dienstbezügen, die ihr oder ihm während der Familienpflegezeit oder Pflegezeit zustehen.

Der Vorschuss kann auf Antrag der Beamtin, des Beamten, der Richterin oder des Richters in geringerer Höhe festgesetzt werden.

(3) Ist die Pflegezeit als Urlaub ohne Anspruch auf Besoldung bewilligt worden, sind als Dienstbezüge nach Abs. 2 Satz 1 Nr. 2 die Dienstbezüge zu Grunde zu legen, die bei einer Teilzeitbeschäftigung mit 15 Stunden pro Woche zustehen würden.

(4) Dienstbezüge nach Abs. 2 sind die in § 1 Abs. 2 und § 55 Abs. 1 des Hessischen Besoldungsgesetzes genannten Bezüge. Bezüge, die nicht der anteiligen Kürzung nach § 6 Abs. 1 des Hessischen Besoldungsgesetzes unterliegen, sowie Zulagen, Vergütungen, Zuschüsse und sonstige Bezüge, die nicht regelmäßig oder nicht in festen Monatsbeträgen gewährt werden, bleiben unberücksichtigt.

§ 2 Rückzahlung, Verrechnung

(1) Der Vorschuss ist mit Beginn des Monats, der auf die Beendigung der Familienpflegezeit oder Pflegezeit folgt, in gleich hohen Monatsbeträgen mit den laufenden Dienst- oder Versorgungsbezügen zu verrechnen. Die Dauer der Verrechnung entspricht der Dauer der Familienpflegezeit oder Pflegezeit. Der Vorschuss wird auch dann verrechnet, wenn die Bewilligung der Familienpflegezeit oder Pflegezeit widerrufen wird. Der Vorschuss ist auch bei Eintritt oder Versetzung in den Ruhestand zu verrechnen.

(2) Im Falle des Todes der Vorschussnehmerin oder des Vorschussnehmers endet die Verrechnung mit Ablauf des Monats, der dem Sterbemonat vorausgeht.

§ 3 Rückzahlung in einer Summe

(1) Endet das Dienstverhältnis nach § 21 Nr. 1 bis 3 des Beamtenstatusgesetzes vom 17. Juni 2008 (BGBl. I S. 1010), zuletzt geändert durch Gesetz vom 31. Mai 2023 (BGBl. 2023 I Nr. 140), in der jeweils geltenden Fassung oder nach § 21 Abs. 1, 2 Nr. 1 bis 4 und 6 sowie Abs. 3 des Deutschen Richtergesetzes in der Fassung der Bekanntmachung vom 19. April 1972 (BGBl. I S. 713), zuletzt geändert durch Gesetz vom 25. Juni 2021 (BGBl. I S. 2154), ist der noch ausstehende Betrag innerhalb von zwei Monaten nach Beendigung des Dienstverhältnisses in einer Summe zurückzuzahlen. Dies gilt entsprechend bei einem Wechsel zu einem anderen Dienstherrn.

(2) Abweichend von § 2 Abs. 1 kann der Vorschussnehmerin oder dem Vorschussnehmer auf Antrag gestattet werden, den Vorschuss in einer Summe zurückzuzahlen.

§ 4 Härtefallregelung

(1) Auf Antrag der Beamtin, des Beamten, der Richterin oder des Richters soll die zuständige Dienststelle bei der Verrechnung abweichend von § 2 Abs. 1 Satz 1 niedrigere Monatsbeträge festsetzen oder in Fällen des § 3 Monatsraten bewilligen, wenn dies zur Vermeidung einer besonderen Härte erforderlich ist. Der Rückzahlungszeitraum verlängert sich entsprechend.

(2) Eine besondere Härte liegt insbesondere vor, wenn sich die Vorschussnehmerin oder der Vorschussnehmer wegen unverschuldeter finanzieller Belastungen vorübergehend in ernsthaften Zahlungsschwierigkeiten befindet oder zu erwarten ist, dass sie oder er durch die Verrechnung oder die Rückzahlung des Vorschusses in einer Summe in solche Schwierigkeiten gerät.

(3) Der Vorschuss ist auch bei Vorliegen einer besonderen Härte vollständig zu verrechnen oder zurückzuzahlen. Bei Verrechnung sind grundsätzlich mindestens 5 Prozent der monatlichen Dienstbezüge einzubehalten; bei Bezug von Versorgungsbezügen treten an die Stelle der monatlichen Dienstbezüge die Versorgungsbezüge vor Anwendung von Ruhens-, Kürzungs- und Anrechnungsregelungen.

§ 5 Zuständigkeit

Zuständig für die Gewährung, Rückzahlung und Verrechnung des Vorschusses ist die Stelle, die jeweils für die Festsetzung der Besoldung zuständig ist.

§ 6 Übergangsvorschriften

Ist die Familienpflegezeit oder Pflegezeit nach den §§ 64a, 64b des Hessischen Beamtengesetzes vor dem 1. Januar 2024 bewilligt worden, ist für die Gewährung des Vorschusses diese Verordnung in der am 31. Dezember 2023 geltenden Fassung weiter anzuwenden.

§ 7 Inkrafttreten, Außerkrafttreten

Diese Verordnung tritt mit Wirkung vom 1. Juli 2018 in Kraft. Sie tritt mit Ablauf des 31. Dezember 2030 außer Kraft.

Verordnung über die Besoldung, Dienstaufwandsentschädigung und Reisekostenpauschale der hauptamtlichen kommunalen Wahlbeamtinnen und Wahlbeamten auf Zeit (KomBesDAV)

Vom 17. Februar 2014 (GVBl. S. 54)

Zuletzt geändert durch
Gesetz zur Verbesserung der Funktionsfähigkeit der kommunalen Vertretungskörperschaften und zur Änderung kommunalrechtlicher Vorschriften
vom 1. April 2025 (GVBl. Nr. 24)

Aufgrund des § 19 Abs. 4 und des § 24 des Hessischen Besoldungsgesetzes vom 27. Mai 2013 (GVBl. S. 218, 256, 508), zuletzt geändert durch Gesetz vom 20. November 2013 (GVBl. S. 578), verordnet die Landesregierung:

Erster Teil Allgemeine Vorschriften

§ 1 Einwohnerzahl

(1) Einwohnerzahl im Sinne dieser Verordnung ist die für den letzten Termin vor Beginn des jeweiligen Haushaltsjahres vom Hessischen Statistischen Landesamt festgestellte und veröffentlichte Einwohnerzahl zuzüglich 50 Prozent der Anzahl der nicht kasernierten Mitglieder der Stationierungsstreitkräfte und der nahen Angehörigen im Sinne des § 29 Abs. 2 Nr. 3 des Hessischen Besoldungsgesetzes der nicht meldepflichtigen Angehörigen der Stationierungsstreitkräfte. Abweichend von Satz 1 sind bei der Zuordnung des Amtes der hauptamtlichen Bürgermeisterin oder des hauptamtlichen Bürgermeisters und des Amtes der oder des hauptamtlichen Ersten Beigeordneten zu den Besoldungsgruppen in Bade- oder Kurorten mit einer Einwohnerzahl von bis zu 30 000, dieser die jahresdurchschnittliche Anzahl der täglichen Fremdenübernachtungen hinzuzurechnen, wenn sie mindestens 40 Prozent der Einwohnerzahl betragen und der Beamtin oder dem Beamten auch die Leitung des Kurbetriebes obliegt. Die Anzahl an Fremdenübernachtungen ist die für das zurückliegende Kalenderjahr vom Hessischen Statistischen Landesamt veröffentlichten Zahl an Übernachtungen in Beherbergungsbetrieben.

(2) Werden Körperschaften umgebildet, so ist vom Inkrafttreten der Neugliederung an die Einwohnerzahl der umgebildeten oder neuen Körperschaften nach Abs. 1 maßgeblich.

(3) Die im Amt befindlichen kommunalen Wahlbeamtinnen und Wahlbeamten auf Zeit erhalten bei einer maßgeblichen

1. Verringerung der Einwohnerzahl für die Dauer ihrer Amtszeit die Bezüge der bisherigen Besoldungsgruppe und die Dienstaufwandsentschädigung in bisheriger Höhe; gleiches gilt für die Beamtinnen und Beamten, die wiedergewählt oder vor oder unmittelbar nach Ablauf der Amtszeit erneut in dasselbe Amt berufen werden,
2. Erhöhung der Einwohnerzahl die Bezüge der höheren Besoldungsgruppe und erhöhte Dienstaufwandsentschädigung ab dem Beginn des nächsten Haushaltsjahres.

Zweiter Teil Besoldung

§ 2 Hauptamtliche Wahlbeamtinnen und Wahlbeamte der Gemeinden

(1) Das Amt der hauptamtlichen Bürgermeisterin oder des hauptamtlichen Bürgermeisters einer Gemeinde wird wie folgt zugeordnet:

Einwohnerzahl	Besoldungsgruppe
bis zu 2000	A 15
bis zu 10 000	A 16
bis zu 15 000	B 2
bis zu 20 000	B 3
bis zu 30 000	B 4
bis zu 50 000	B 5

Einwohnerzahl	Besoldungsgruppe
bis zu 75 000	B 6
bis zu 100 000	B 7
bis zu 175 000	B 8
bis zu 250 000	B 9
bis zu 500 000	B 10
über 500 000	B 11

III

(2) Das Amt der hauptamtlichen Ersten Beigeordneten oder des hauptamtlichen Ersten Beigeordneten wird zwei Besoldungsgruppen, die Ämter der weiteren hauptamtlichen Beigeordneten werden drei Besoldungsgruppen niedriger zugeordnet als das Amt nach Abs. 1.

§ 3 Hauptamtliche Wahlbeamtinnen und Wahlbeamte der Landkreise

(1) Das Amt der Landrätin oder des Landrats eines Landkreises wird wie folgt zugeordnet:

Einwohnerzahl	Besoldungsgruppe
bis zu 75 000	B 5
bis zu 150 000	B 6
über 150 000	B 7

(2) Das Amt der hauptamtlichen Ersten Kreisbeigeordneten oder des hauptamtlichen Ersten Kreisbeigeordneten wird zwei Besoldungsgruppen, die Ämter der weiteren hauptamtlichen Kreisbeigeordneten werden drei Besoldungsgruppen niedriger zugeordnet als das Amt nach Abs. 1. Abweichend von Satz 1 wird in Landkreisen mit mehr als 300 000 Einwohnern das Amt der hauptamtlichen Ersten Kreisbeigeordneten oder des hauptamtlichen Ersten Kreisbeigeordneten eine Besoldungsgruppe, die Ämter der weiteren hauptamtlichen Kreisbeigeordneten werden zwei Besoldungsgruppen niedriger zugeordnet als die Ämter nach Abs. 1.

§ 4 Hauptamtliche Wahlbeamtinnen und Wahlbeamte des Landeswohlfahrtsverbandes Hessen und des Regionalverbandes FrankfurtRheinMain

(1) Das Amt der Landesdirektorin oder des Landesdirektors des Landeswohlfahrtsverbandes Hessen wird Besoldungsgruppe B 8 zugeordnet, das Amt der Ersten hauptamtlichen Beigeordneten oder des Ersten hauptamtlichen Beigeordneten wird in Besoldungsgruppe B 7 und die Ämter der weiteren hauptamtlichen Beigeordneten werden Besoldungsgruppe B 6 zugeordnet.

(2) Das Amt der Verbandsdirektorin oder des Verbandsdirektors des Regionalverbandes FrankfurtRheinMain wird Besoldungsgruppe B 8, das Amt der Ersten hauptamtlichen Beigeordneten oder des Ersten hauptamtlichen Beigeordneten wird Besoldungsgruppe B 6 und das Amt der weiteren hauptamtlichen Beigeordneten oder des weiteren hauptamtlichen Beigeordneten wird Besoldungsgruppe B 5 zugeordnet.

§ 4a Zulage

Den in § 2 und 3 genannten Personen wird nach Ablauf einer sich unmittelbar anschließenden vollen Amtszeit ab Beginn einer zweiten Amtszeit zusätzlich zum Grundgehalt eine nicht ruhegehaltfähige Zulage gewährt. Die Zulage beträgt 8 Prozent des Grundgehalts.

§ 5 Bemessung des Grundgehalts

Soweit das Amt einer hauptamtlichen kommunalen Wahlbeamtin oder eines hauptamtlichen kommunalen Wahlbeamten einer Besoldungsgruppe der Besoldungsordnung A zugeordnet ist, richtet sich die Höhe des Grundgehalts abweichend von § 28 des Hessischen Besoldungsgesetzes nach dem Grundgehaltssatz der Endstufe der jeweiligen Besoldungsgruppe.

Dritter Teil
Dienstaufwandsentschädigung

§ 6 Dienstaufwandsentschädigung

(1) Die hauptamtliche Bürgermeisterin oder der hauptamtliche Bürgermeister, die Landrätin oder der Landrat und die Direktorin oder der Direktor des Landeswohlfahrtsverbandes Hessen und die Verbandsdirektorin oder der Verbandsdirektor des Regionalverbandes FrankfurtRheinMain erhalten eine monatliche Aufwandsentschädigung in Höhe von 5 Prozent ihres Grundgehalts nach der jeweiligen Besoldungsgruppe.

(2) Die Dienstaufwandsentschädigung

1. der oder des hauptamtlichen Ersten Beigeordneten und
2. der oder des für die Verwaltung des Finanzwesens bestellten hauptamtlichen Beigeordneten in Gemeinden ab 30 000 Einwohnern, in den Landkreisen, des Landeswohlfahrtsverbandes Hessen und beim Regionalverband FrankfurtRheinMain

beträgt 60 Prozent der Dienstaufwandsentschädigung der jeweiligen hauptamtlichen Wahlbeamtin oder des jeweiligen hauptamtlichen Wahlbeamten nach Abs. 1. Die Dienstaufwandsentschädigung der übrigen hauptamtlichen Beigeordneten beträgt 40 Prozent der Dienstaufwandsentschädigung der jeweiligen hauptamtlichen Wahlbeamtin oder des jeweiligen hauptamtlichen Wahlbeamten nach Abs. 1.

(3) Der Anspruch auf Dienstaufwandsentschädigung entfällt, wenn die Beamtin oder der Beamte

1. ununterbrochen länger als drei Monate die Dienstgeschäfte nicht wahrnimmt, für die über drei Monate hinausgehende Zeit,
2. des Dienstes enthoben oder ihr oder ihm die Führung der Dienstgeschäfte untersagt ist.

(4) Der Anspruch auf Dienstaufwandsentschädigung erhöht sich auf den für den Vertretenen geltenden Satz, bei einer Vertretung im Falle des Abs. 3

1. Nr. 1 für die über drei Monate hinausgehende Zeit,
2. Nr. 2 ab dem Tag der vertretungsweisen Übernahme der Dienstgeschäfte.

Vierter Teil
Pauschale Abgeltung der Reisekosten für Landrätinnen und Landräte und hauptamtliche Kreisbeigeordnete

§ 7 Reisekostenpauschale

(1) Soweit Dienstreisen der Landrätinnen und Landräte und der hauptamtlichen Kreisbeigeordneten für Dienstreisen innerhalb des Kreisgebietes der pauschalen Abgeltung unterliegen, darf die monatliche Reisekostenpauschale

1. der Landrätinnen und Landräte in den Landkreisen
   a) Groß-Gerau, Hochtaunuskreis, Limburg-Weilburg, Main-Taunus-Kreis, Odenwaldkreis, Offenbach, Rheingau-Taunus-Kreis 77 Euro,
   b) Bergstraße, Darmstadt-Dieburg, Gießen, Hersfeld-Rotenburg, Lahn-Dill-Kreis, Werra-Meißner-Kreis 103 Euro
   c) Fulda, Kassel, Main-Kinzig-Kreis, Marburg-Biedenkopf, Schwalm-Eder-Kreis, Vogelsbergkreis, Waldeck-Frankenberg, Wetteraukreis 128 Euro
2. der hauptamtlichen Kreisbeigeordneten 75 Prozent der Reisekostenpauschale nach Nr. 1

nicht übersteigen; die Reisekostenpauschale wird anstelle von Tagegeld gewährt.

(2) Werden innerhalb eines Kalendermonats an mehr als zehn Tagen keine Dienstgeschäfte wahrgenommen, darf keine Reisekostenpauschale gewährt werden; es ist Einzelabrechnung erforderlich.

(3) Vertritt eine hauptamtliche Kreisbeigeordnete oder ein hauptamtlicher Kreisbeigeordneter die Landrätin oder den Landrat innerhalb eines Kalendermonats an mehr als zehn Tagen, gilt Abs. 1 Nr. 1.

Fünfter Teil
Schlussvorschriften

§ 8 Aufhebung bisherigen Rechts

Aufgehoben werden:

1. die Hessische Kommunalbesoldungsverordnung vom 20. September 1979 (GVBl. I S. 219), zuletzt geändert durch Verordnung vom 21. Februar 2013 (GVBl. S. 89),
2. die Verordnung über die pauschale Abgeltung der Dienstreisen der Landräte und hauptamtlichen Kreisbeigeordneten vom 30. Oktober 1980 (GVBl. I S. 404).

§ 9 Inkrafttreten, Außerkrafttreten

Diese Verordnung tritt am 1. März 2014 in Kraft. Sie tritt mit Ablauf des 31. Dezember 2035 außer Kraft.

III

IV Versorgung

Hessisches Beamtenversorgungsgesetz (HBeamtVG)

Vom 27. Mai 2013 (GVBl. S. 218)

Zuletzt geändert durch
Zulagenerhöhungsgesetz
vom 20. November 2024 (GVBl. Nr. 65)

IV

Inhaltsübersicht

ERSTER TEIL
Allgemeine Vorschriften

§ 1 Geltungsbereich

Dieses Gesetz regelt die Versorgung der Beamtinnen und Beamten im Anwendungsbereich des Hessischen Beamtengesetzes.

§ 2 Versorgungsbezüge

Versorgungsbezüge sind

1. Leistungen, die nach diesem Gesetz versorgungsberechtigten Personen gewährt werden,
2. monatliche Sonderzahlungen nach dem Hessischen Sonderzahlungsgesetz vom 22. Oktober 2003 (GVBl. I S. 280), zuletzt geändert durch Gesetz vom 27. Mai 2013 (GVBl. S. 218), für versorgungsberechtigte Personen und
3. Einmalzahlungen aufgrund besoldungs- und versorgungsrechtlicher Anpassungsgesetze für versorgungsberechtigte Personen.

§ 3 Regelung durch Gesetz

(1) Die Versorgung wird durch Gesetz geregelt.

(2) Zusicherungen, Vereinbarungen und Vergleiche, die eine höhere als die gesetzlich zustehende Versorgung verschaffen sollen, sind unwirksam. Das Gleiche gilt für Versicherungsverträge, die zu diesem Zweck abgeschlossen werden.

(3) Auf die gesetzlich zustehende Versorgung kann weder ganz noch teilweise verzichtet werden.

ZWEITER TEIL
Ruhegehalt, Bewertung der Dienstzeit

§ 4 Wartefrist und Berechnung des Ruhegehalts

(1) Ein Ruhegehalt wird nur gewährt, wenn die Beamtin oder der Beamte

1. eine ruhegehaltfähige Dienstzeit nach den §§ 6, 8 bis 10 und § 18 Abs. 1 Satz 1 und 2 von mindestens fünf Jahren abgeleistet hat oder
2. infolge Krankheit, Verwundung oder sonstiger Beschädigung, die sie oder er sich ohne Vorsatz oder grobe Fahrlässigkeit bei Ausübung oder aus Veranlassung des Dienstes zugezogen hat, dienstunfähig geworden ist.

(2) Der Anspruch auf Ruhegehalt entsteht mit dem Beginn des Ruhestandes, in den Fällen des § 4 des Hessischen Besoldungsgesetzes in der Fassung vom 27. Mai 2013 (GVBl. S. 218) nach Ablauf der Zeit, für die Dienstbezüge gewährt werden.

(3) Das Ruhegehalt wird auf der Grundlage der ruhegehaltfähigen Dienstbezüge und der ruhegehaltfähigen Dienstzeit berechnet.

§ 5 Ruhegehaltfähige Dienstbezüge

(1) Ruhegehaltfähige Dienstbezüge sind

1. das Grundgehalt,
2. der Familienzuschlag nach § 55 Abs. 1 der Stufe 1 und
3. sonstige Bezüge, die im hessischen Besoldungsrecht als ruhegehaltfähig bezeichnet sind,

die der Beamtin oder dem Beamten in den Fällen der Nr. 1 und 3 zuletzt zugestanden haben oder in den Fällen der Nr. 2 nach dem hessischen Besoldungsrecht zustehen würden. Bemessungsgrundlage sind die ruhegehaltfähigen Dienstbezüge, die bei Vollzeitbeschäftigung zum Zeitpunkt des Eintritts in den Ruhestand zu zahlen gewesen wären.

(2) Ist eine Beamtin oder ein Beamter aus einem Amt in den Ruhestand getreten, das nicht der Eingangsbesoldungsgruppe ihrer oder seiner Laufbahn oder keiner Laufbahn angehört, und hat sie oder er die Dienstbezüge dieses oder eines mindestens gleichwertigen Amtes vor dem Eintritt in den Ruhestand nicht mindestens zwei Jahre erhalten, so sind ruhegehaltfähig nur die Bezüge des vorherigen Amtes. Hatte die Beamtin oder der Beamte vorher kein Amt inne, so setzt die oberste Dienstbehörde im Einvernehmen mit dem für das Beamtenversorgungsrecht zuständigen Ministerium die ruhegehaltfähigen Dienstbezüge bis zur Höhe der ruhegehaltfähigen Dienstbezüge der nächstniedrigeren

IV

Besoldungsgruppe fest. Satz 1 gilt auch bei Übertragung eines höherwertigen Amtes aufgrund Erfüllung zahlenmäßiger Voraussetzungen nach § 22 Abs. 2 des Hessischen Besoldungsgesetzes, nicht jedoch bei gesetzlichen Stellenhebungen.

(3) Das Ruhegehalt einer Beamtin oder eines Beamten, die oder der früher ein mit höheren Dienstbezügen verbundenes Amt innehatte und diese Bezüge mindestens zwei Jahre erhalten hat, wird, sofern die Beamtin oder der Beamte in ein mit geringeren Dienstbezügen verbundenes Amt nicht lediglich auf ihren oder seinen im eigenen Interesse gestellten Antrag übergetreten ist, nach den höheren ruhegehaltfähigen Dienstbezügen des früheren Amtes und der gesamten ruhegehaltfähigen Dienstzeit berechnet.

(4) Verringern sich bei einem Wechsel in ein Amt der hessischen Besoldungsordnung W die ruhegehaltfähigen Dienstbezüge, berechnet sich das Ruhegehalt aus den ruhegehaltfähigen Dienstbezügen des früheren Amtes und der gesamten ruhegehaltfähigen Dienstzeit, sofern die Beamtin oder der Beamte die Dienstbezüge des früheren Amtes mindestens zwei Jahre erhalten hat; hierbei ist die zum Zeitpunkt des Wechsels in die hessische Besoldungsordnung W erreichte Stufe des Grundgehaltes zugrunde zu legen. Auf die Zweijahresfrist wird der Zeitraum, in dem die Beamtin oder der Beamte Dienstbezüge aus einem Amt der hessischen Besoldungsordnung W erhalten hat, angerechnet.

(5) In die Zweijahresfrist nach Abs. 2, 3 oder 4 einzurechnen ist die innerhalb dieser Frist liegende Zeit einer Beurlaubung ohne Dienstbezüge, soweit sie als ruhegehaltfähig berücksichtigt worden ist. Die Zweijahresfrist gilt nicht, wenn die Beamtin oder der Beamte vor Ablauf der Frist infolge von Krankheit, Verwundung oder sonstiger Beschädigung, die sie oder er sich ohne Vorsatz oder grobe Fahrlässigkeit bei Ausübung oder aus Veranlassung des Dienstes zugezogen hat, in den Ruhestand getreten ist.

(6) Das Ruhegehalt aus einem früheren Amt darf die ruhegehaltfähigen Dienstbezüge des letzten Amtes nicht übersteigen.

§ 6 Regelmäßige ruhegehaltfähige Dienstzeit

(1) Ruhegehaltfähig ist die Dienstzeit, die die Beamtin oder der Beamte vom Tage ihrer oder seiner ersten Berufung in das Beamtenverhältnis an im Dienst eines inländischen öffentlich-rechtlichen Dienstherrn im Beamtenverhältnis zurückgelegt hat. Dies gilt nicht für die Zeit

1. in einem Neben- oder Ehrenamt,
2. einer Beurlaubung ohne Dienstbezüge oder ohne Anwärterbezüge; diese Zeit kann berücksichtigt werden, wenn spätestens bei Beginn des Urlaubs schriftlich zugesichert worden ist, dass dieser dienstlichen Interessen oder öffentlichen Belangen dient und
3. eines ganztägigen schuldhaften Fernbleibens vom Dienst unter Verlust der Dienstbezüge.

Die Kindererziehungszeit nach § 56 Abs. 3 für bis zum 31. Dezember 1991 geborene Kinder ist bis zu dem Tag ruhegehaltfähig, an dem das Kind sechs Monate alt wurde. Die Altersteilzeit nach § 85b des Hessischen Beamtengesetzes in der Fassung vom 11. Januar 1989 (GVBl. I S. 25), in der bis zum 28. Februar 2014 geltenden Fassung, ist zu neun Zehnteln der Arbeitszeit ruhegehaltfähig, die der Bemessung der ermäßigten Arbeitszeit während der Altersteilzeit zugrunde gelegt worden ist. Die Zeit der eingeschränkten Verwendung wegen begrenzter Dienstfähigkeit nach § 27 des Beamtenstatusgesetzes vom 17. Juni 2008 (BGBl. I S. 1010), geändert durch Gesetz vom 5. Februar 2009 (BGBl. I S. 160), ist mindestens im Umfang nach § 7 Abs. 4 ruhegehaltfähig. Beim Zusammentreffen von Altersteilzeit und begrenzter Dienstfähigkeit ist die Zeit der begrenzten Dienstfähigkeit während der Altersteilzeit zu neun Zehnteln ruhegehaltfähig, mindestens jedoch im Umfang nach Satz 5.

(2) Nicht ruhegehaltfähig ist die Dienstzeit

1. in einem Beamtenverhältnis, das durch Verlust der Beamtenrechte nach § 24 Abs. 1 des Beamtenstatusgesetzes oder durch Disziplinarurteil beendet worden ist,

2. in einem Beamtenverhältnis auf Probe oder auf Widerruf, das durch Entlassung wegen einer Handlung beendet worden ist, die im Beamtenverhältnis auf Lebenszeit mindestens eine Kürzung der Dienstbezüge zur Folge hätte, und
3. in einem Beamtenverhältnis, das durch Entlassung auf Antrag der Beamtin oder des Beamten beendet worden ist, wenn
   a) ihr oder ihm ein Verfahren mit der Folge des Verlustes der Beamtenrechte oder der Entfernung aus dem Dienst drohte oder
   b) der Antrag gestellt wurde, um einer drohenden Entlassung nach Nr. 2 zuvorzukommen.

Die oberste Dienstbehörde kann im Einvernehmen mit dem für das Beamtenversorgungsrecht zuständigen Ministerium Ausnahmen zulassen.

(3) Der im Beamtenverhältnis zurückgelegten Dienstzeit stehen gleich

1. die im Richterverhältnis zurückgelegte Dienstzeit,
2. die Zeit als Mitglied der Bundesregierung oder einer Landesregierung,
3. die Zeit als parlamentarische Staatssekretärin oder parlamentarischer Staatssekretär bei einem Mitglied der Bundesregierung oder bei einem Mitglied einer Landesregierung, soweit entsprechende Voraussetzungen vorliegen,
4. die im öffentlichen Dienst einer zwischenstaatlichen oder überstaatlichen Einrichtung zurückgelegte Dienstzeit,
5. die Zeit des juristischen Vorbereitungsdienstes im öffentlich-rechtlichen Ausbildungsverhältnis und
6. auf Antrag die Zeit als Mitglied des Bundestages oder eines Landtages, soweit das jeweils einschlägige Abgeordnetengesetz dies vorsieht.

§ 7 Erhöhung der ruhegehaltfähigen Dienstzeit und Zurechnungszeit

(1) Die ruhegehaltfähige Dienstzeit nach § 6 erhöht sich um die Zeit, die eine Ruhestandsbeamtin oder ein Ruhestandsbeamter

1. in einer ihre oder seine Arbeitskraft voll beanspruchenden entgeltlichen Beschäftigung als Beamtin, Beamter, Richterin, Richter, Berufssoldatin oder Berufssoldat oder in einem Amtsverhältnis im Sinne des § 6 Abs. 3 Nr. 2, 3 oder 6 zurückgelegt hat, ohne einen neuen Versorgungsanspruch zu erlangen, oder
2. in einer Tätigkeit im Sinne des § 6 Abs. 3 Nr. 4 zurückgelegt hat.

Die ruhegehaltfähige Dienstzeit ist erst nach dem Ausscheiden aus dem in Satz 1 genannten Dienst- oder Amtsverhältnis zu erhöhen. Die Neufestsetzung ist mit Wirkung vom Ersten des auf die Beendigung der Beschäftigung folgenden Monats vorzunehmen. Eine Neufestsetzung ist entbehrlich, wenn ohne die Zeit nach Satz 1 der Höchstruhegehaltssatz erreicht wird. Ein Anspruch auf Altersgeld nach § 76 gilt bis zum Ende des Ruhens nach § 76 Abs. 2 nicht als neuer Versorgungsanspruch im Sinne des Satz 1 Nr. 1.

(2) Die ruhegehaltfähige Zeit der Verwendung einer Beamtin oder eines Beamten in Ländern, in denen sie oder er gesundheitsschädigenden klimatischen Einflüssen ausgesetzt ist, ist doppelt zu berücksichtigen, wenn sie ununterbrochen mindestens ein Jahr unabhängig vom Beschäftigungsumfang gedauert hat. Abwesenheiten vom Dienst, die außerhalb des Verwendungsorts verbracht werden, sind weder doppelt noch bei der Berechnung der Jahresfrist nach Satz 1 zu berücksichtigen.

(3) Die Zeit der Verwendung einer Beamtin, eines Beamten, einer Richterin, eines Richters, einer Berufssoldatin oder eines Berufssoldaten aus dem früheren Bundesgebiet zum Zwecke der Aufbauhilfe im Beitrittsgebiet im Zeitraum vom 3. Oktober 1990 bis zum 31. Dezember 1995 ist doppelt als ruhegehaltfähige Dienstzeit zu berücksichtigen, wenn sie ununterbrochen mindestens ein Jahr gedauert und spätestens am 1. Januar 1995 begonnen hat.

(4) Ist die Beamtin oder der Beamte vor Vollendung des 60. Lebensjahres wegen Dienstunfähigkeit in den Ruhestand getreten, wird die Zeit vom Eintritt in den Ruhestand bis zum

IV

Ablauf des Monats der Vollendung des 60. Lebensjahres, soweit diese nicht nach anderen Vorschriften als ruhegehaltfähig berücksichtigt wird, für die Berechnung des Ruhegehalts der ruhegehaltfähigen Dienstzeit zu zwei Dritteln hinzugerechnet (Zurechnungszeit).

§ 8 Berufsmäßiger Wehrdienst und vergleichbare Zeit

Als ruhegehaltfähig gilt die Dienstzeit, in der eine Beamtin oder ein Beamter vor der Berufung in das Beamtenverhältnis berufsmäßig im Dienst der Bundeswehr, der Nationalen Volksarmee der ehemaligen Deutschen Demokratischen Republik oder im Vollzugsdienst der Polizei gestanden hat.

§ 9 Nichtberufsmäßiger Wehrdienst und vergleichbare Zeit

(1) Als ruhegehaltfähig gilt die Zeit, während der eine Beamtin oder ein Beamter vor der Berufung in das Beamtenverhältnis

1. nicht berufsmäßigen Wehrdienst in der Bundeswehr oder der Nationalen Volksarmee der ehemaligen Deutschen Demokratischen Republik oder einen vergleichbaren zivilen Ersatzdienst oder im Polizeivollzugsdienst geleistet hat oder
2. sich aufgrund einer Krankheit oder Verwundung als Folge eines Dienstes nach Nr. 1 oder im Sinne des § 8 im Anschluss an die Entlassung arbeitsunfähig in einer Heilbehandlung befunden hat.

(2) § 6 Abs. 1 Satz 2 Nr. 1 gilt entsprechend.

§ 10 Zeit im privatrechtlichen Arbeitsverhältnis im öffentlichen Dienst

Als ruhegehaltfähig soll auch folgende Zeit berücksichtigt werden, in der eine Beamtin oder ein Beamter vor der Berufung in das Beamtenverhältnis im privatrechtlichen Arbeitsverhältnis im Dienst eines öffentlich-rechtlichen Dienstherrn tätig war, sofern diese Tätigkeit zur Ernennung geführt hat:

1. die Zeit einer hauptberuflichen, in der Regel einer Beamtin oder einem Beamten obliegenden oder später einer Beamtin oder einem Beamten übertragenen entgeltlichen Beschäftigung oder
2. die Zeit einer für die Laufbahn der Beamtin oder des Beamten förderlichen hauptberuflichen Tätigkeit.

Dies gilt auch für eine hauptberufliche Tätigkeit im Dienst von Einrichtungen, die von mehreren Dienstherren durch Staatsvertrag oder Verwaltungsabkommen zur Erfüllung oder Koordinierung ihnen obliegender hoheitsrechtlicher Aufgaben geschaffen worden sind.

§ 11 Sonstige Zeit

(1) Die Zeit, während der eine Beamtin oder ein Beamter vor der Berufung in das Beamtenverhältnis

1. hauptberuflich
   a) im Dienst öffentlich-rechtlicher Religionsgesellschaften oder ihrer Verbände nach Art. 140 des Grundgesetzes,
   b) im öffentlichen oder nicht öffentlichen Schuldienst im Rahmen einer Unterrichtserteilung mit Lehrbefähigung,
   c) im Dienst der Fraktionen des Bundestages oder der Landtage oder kommunaler Vertretungskörperschaften,
   d) im Dienst von kommunalen Spitzenverbänden oder ihren Landesverbänden oder
   e) im Dienst von Spitzenverbänden der Sozialversicherung oder ihren Landesverbänden

   tätig gewesen ist,
2. hauptberuflich im ausländischen öffentlichen Dienst gestanden hat oder
3. nicht berufsmäßigen Wehrdienst oder vergleichbaren zivilen Ersatzdienst im Dienst eines ausländischen Staates geleistet hat,

kann als ruhegehaltfähige Dienstzeit berücksichtigt werden. In den Fällen des Satz 1 Nr. 1 und 2 muss die Tätigkeit in einem inneren Zusammenhang mit dem Beginn des Beamtenverhältnisses stehen. Beim Zusammentreffen von Zeiten nach Satz 1 Nr. 1 Buchst. b und § 10 können diese insgesamt nach § 11 zusammengefasst werden.

(2) Die Zeit, während der die Beamtin oder der Beamte vor der Berufung in das Beamtenverhältnis hauptberuflich

1. besondere Fachkenntnisse erworben hat, die die notwendige Voraussetzung für die Wahrnehmung ihres oder seines Amtes bilden,
2. als Rechtsanwältin oder Rechtsanwalt mit Zulassung tätig war, wenn diese Tätigkeit in einem inneren Zusammenhang mit dem Beginn des Beamtenverhältnisses steht, oder
3. als Entwicklungshelferin oder Entwicklungshelfer im Sinne des § 1 des Entwicklungshelfer-Gesetzes vom 18. Juni 1969 (BGBl. I S. 549), zuletzt geändert durch Gesetz vom 23. Mai 2017 (BGBl. I S. 1228), tätig gewesen ist,

kann zur Hälfte, insgesamt bis zu zehn Jahren, als ruhegehaltfähige Dienstzeit berücksichtigt werden. In besonders begründeten Einzelfällen kann die Zeit mit Zustimmung des für das Beamtenversorgungsrecht zuständigen Ministeriums über diese Grenze hinaus berücksichtigt werden.

§ 12 Ausbildungszeit

(1) Die für die Übernahme in das Beamtenverhältnis vorgeschriebene Mindestzeit

1. der außer der allgemeinen Schulbildung abgeschlossenen Ausbildung (Fachschul-, Hochschul- und praktische Ausbildung, Vorbereitungsdienst, übliche Prüfungszeit) und
2. einer praktischen hauptberuflichen Tätigkeit

kann als ruhegehaltfähige Dienstzeit berücksichtigt werden. Wird die allgemeine Schulbildung durch eine andere Art der Ausbildung ersetzt, so steht diese der Schulbildung gleich. Die Anerkennung der Mindest- oder Regelstudienzeit einer Fachschul- oder Hochschulausbildung ist einschließlich der Prüfungszeit auf insgesamt drei Jahre begrenzt. Die Promotionszeit kann bis zu zwei Jahren anerkannt werden.

(2) Für Beamtinnen und Beamte des Vollzugsdienstes und des feuerwehrtechnischen Dienstes kann die in einer praktischen Ausbildung und einer praktischen hauptberuflichen Tätigkeit verbrachte Zeit anstelle einer Berücksichtigung nach Abs. 1 bis zu einer Gesamtzeit von fünf Jahren als ruhegehaltfähige Dienstzeit berücksichtigt werden, wenn sie für die Wahrnehmung des Amtes förderlich ist. Abs. 1 Satz 2 gilt entsprechend.

(3) Bei der Bemessung der vorgeschriebenen Mindest- oder Regelstudienzeit einer Fachschul- oder Hochschulausbildung sind für das Semester sechs Monate anzusetzen. Die Mindest- oder Regelstudienzeit im Sinne dieser Vorschrift beginnt ab Semesterbeginn mit dem Monatsersten. Sie verlängert sich nicht um eine ruhegehaltfähige Zeit, die sich mit der Studienzeit überschneidet.

(4) Bei anderen Bewerberinnen und Bewerbern nach § 19 des Hessischen Beamtengesetzes kann die Zeit nach Abs. 1 als ruhegehaltfähig berücksichtigt werden, wenn und soweit sie für die Laufbahn vorgeschrieben ist. Ist die Laufbahn der Fachrichtung der Beamtin oder des Beamten bei einem Dienstherrn noch nicht gestaltet, so gilt das Gleiche für die Zeit, die bei Gestaltung der Laufbahn mindestens vorgeschrieben werden muss.

§ 13 Grundsätze der Bewertung der ruhegehaltfähigen Dienstzeit

(1) Hauptberuflich ist eine Tätigkeit, die entgeltlich erbracht wird, den Schwerpunkt der beruflichen Tätigkeit darstellt sowie dem durch Ausbildung und Berufswahl geprägten Berufsbild entspricht. Das Verhältnis von geleisteten Wochenstunden einer Teilzeitbeschäftigung zu denen einer Vollzeitbeschäftigung muss mindestens 0,35 betragen; weitere Dezimalstellen bleiben unberücksichtigt.

(2) Die Zeit einer Teilzeitbeschäftigung ist nur zu dem Teil ruhegehaltfähig, der dem Verhältnis der ermäßigten zur regelmäßigen Arbeitszeit entspricht. Bei Altersteilzeit und begrenzter Dienstfähigkeit gilt § 6 Abs. 1 Satz 4 bis 6 entsprechend.

(3) Bei Unterbrechung einer Zeit gilt § 6 Abs. 1 Satz 2 Nr. 2 und 3 entsprechend.

(4) Eine Zeit ist nicht ruhegehaltfähig, wenn für den Zeitraum eine Abfindung anstelle der Versorgung beim Ausscheiden gezahlt und diese nicht vor Eintritt des Versorgungsfalles zurückgezahlt wurde. Dies gilt nicht in Fällen des § 6 Abs. 3 Nr. 4.

(5) § 31 des Hessischen Besoldungsgesetzes und § 6 Abs. 2 gelten entsprechend.

IV

(6) Die ruhegehaltfähige Zeit nach den §§ 8 bis 11 und 17 Abs. 7 sowie § 18 Abs. 1, die die Beamtin oder der Beamte vor dem 3. Oktober 1990 in dem in Art. 3 des Einigungsvertrages genannten Gebiet zurückgelegt hat, wird nicht als ruhegehaltfähige Dienstzeit berücksichtigt, wenn die allgemeine Wartezeit für die gesetzliche Rentenversicherung erfüllt ist und diese Zeit als rentenrechtliche Zeit berücksichtigungsfähig ist. Die Ausbildungszeit nach den §§ 12 und 17 Abs. 7 ist nicht ruhegehaltfähig, wenn die allgemeine Wartezeit für die gesetzliche Rentenversicherung erfüllt ist. Dies gilt entsprechend für die Zeit im Sinne des Art. 2 des Renten-Überleitungsgesetzes vom 25. Juli 1991 (BGBl. I S. 1606), zuletzt geändert durch Gesetz vom 8. Dezember 2010 (BGBl. I S. 1864). Sofern die allgemeine Wartezeit für die gesetzliche Rentenversicherung nicht erfüllt ist, kann die genannte Zeit im Rahmen der dort genannten Vorschriften insgesamt höchstens bis zu fünf Jahren als ruhegehaltfähig berücksichtigt werden.

(7) Eine Doppelanerkennung gleicher Zeiträume nach verschiedenen Rechtsvorschriften ist ausgeschlossen. Zunächst ist die Zeit nach § 6 vor der Zeit nach den §§ 8 und 9 zu berücksichtigen, danach folgt die Zeit nach den §§ 10 und 18 Abs. 1 Satz 1 und 2. Erst dann ist die Zeit nach den Kann-Vorschriften der §§ 11, 12 und 17 Abs. 7 sowie § 18 Abs. 1 Satz 3 und 4 zu berücksichtigen. Ein Studium nach § 12 während eines bestehenden Beamtenverhältnisses, das zu einer Ernennung führt, hat auffüllende Wirkung bis zur Vollzeitanrechnung.

(8) Bei einer Zeit, die nur begrenzt anerkennungsfähig ist, erfolgt die Berücksichtigung ab deren tatsächlichem Beginn.

(9) Wird eine Versorgungsleistung bezogen, die nicht nach den Anrechnungsvorschriften dieses Gesetzes berücksichtigt werden kann und aus einer Tätigkeit nach den §§ 11, 12 und 17 Abs. 7 sowie § 18 Abs. 1 Satz 3 und 4 hervorgeht, erfolgt eine fiktive Anrechnung nach § 59. Die Zeit wird monatsweise gekürzt, solange ein Ruhensbetrag noch positiv ist. § 59 Abs. 3 gilt entsprechend.

§ 14 Höhe des Ruhegehalts

(1) Das Ruhegehalt beträgt für jedes Jahr ruhegehaltfähiger Dienstzeit 1,79375 Prozent, insgesamt jedoch höchstens 71,75 Prozent der ruhegehaltfähigen Dienstbezüge nach § 5. Zur Ermittlung der gesamten ruhegehaltfähigen Dienstjahre sind etwa anfallende Tage unter Benutzung des Nenners 365 umzurechnen. Die ruhegehaltfähige Dienstzeit ist, soweit sie nicht vom Beginn an gerechnet volle Jahre umfasst, nach Kalendertagen unter Berücksichtigung von Schalttagen zu berechnen. Bei der Zusammenfassung sind je 365 Tage – ohne Rücksicht darauf, ob die einzelne Dienstzeit Schalttage enthält – als ein Jahr anzusetzen. Eine zeitlich nicht zusammenhängende Dienstzeit und eine Dienstzeit mit unterschiedlichem Anerkennungsumfang sind gesondert zu berechnen.

(2) Ruhegehaltssatz, Versorgungsabschlagssatz und ruhegehaltfähige Dienstzeit sind bis auf zwei Dezimalstellen zu berechnen. Dabei ist die zweite Stelle um eins zu erhöhen, wenn in der dritten Stelle eine der Ziffern fünf bis neun verbleiben würde.

(3) Das Ruhegehalt vermindert sich um 3,6 Prozent für jedes Jahr, um das die Beamtin oder der Beamte vor Ablauf des Monats, in dem sie oder er

1. das 65. Lebensjahr vollendet, nach § 35 Satz 1 Nr. 1 des Hessischen Beamtengesetzes in den Ruhestand versetzt wird,
2. die für sie oder ihn geltende gesetzliche Altersgrenze erreicht, nach § 35 Satz 1 Nr. 2 oder § 112 Abs. 1 Satz 2, auch in Verbindung mit § 113 oder § 114, des Hessischen Beamtengesetzes in den Ruhestand versetzt wird oder
3. das 65. Lebensjahr vollendet, wegen Dienstunfähigkeit, die nicht auf einem Dienstunfall beruht, in den Ruhestand versetzt wird;

die Minderung des Ruhegehalts darf 10,8 Prozent in den Fällen der Nr. 1 und 3 und 18,0 Prozent in den Fällen der Nr. 2 nicht übersteigen. Abs. 1 Satz 2 bis 4 gilt entsprechend. Gilt für die Beamtin oder den Beamten eine vor der Vollendung des 65. Lebensjahres liegende

Altersgrenze, tritt sie in den Fällen des Satz 1 Nr. 1 und 3 an die Stelle des 65. Lebensjahres. Gilt für die Beamtin oder den Beamten eine nach Vollendung des 67. Lebensjahres liegende Altersgrenze, wird in den Fällen des Satz 1 Nr. 2 nur die Zeit bis zum Ablauf des Monats berücksichtigt, in dem sie oder er das 67. Lebensjahr vollendet. Das Ruhegehalt ist nicht zu vermindern, wenn zum Zeitpunkt eines Laufbahnwechsels Abschlagsfreiheit bereits erreicht war. Das Ruhegehalt ist nicht zu vermindern, wenn die Beamtin oder der Beamte zum Zeitpunkt des Eintritts in den Ruhestand

1. in den Fällen des Satz 1 Nr. 2 das 65. Lebensjahr vollendet und mindestens 45 Jahre oder
2. in den Fällen des Satz 1 Nr. 3 das 63. Lebensjahr vollendet und mindestens 40 Jahre

mit berücksichtigungsfähiger Zeit zurückgelegt hat. Berücksichtigungsfähig ist

1. die ruhegehaltfähige Dienstzeit nach den §§ 6, 8 bis 10; dieser steht eine Zeit nach den §§ 8 bis 10 gleich, die die Beamtin oder der Beamte vor dem 3. Oktober 1990 in dem in Art. 3 des Einigungsvertrages genannten Gebiet zurückgelegt hat, soweit sie nicht von § 13 Abs. 5 erfasst wird; bei der Ermittlung der ruhegehaltfähigen Dienstzeit wird die Zeit einer Teilzeitbeschäftigung in vollem Umfang berücksichtigt,
2. die Zeit einer der Beamtin oder dem Beamten zuzuordnenden Erziehung eines Kindes nach § 56 Abs. 3 bis zu dessen vollendetem zehnten Lebensjahr oder die Zeit der nicht erwerbsmäßigen Pflege nach § 56 Abs. 6 Satz 1 und
3. die Pflichtbeitragszeit nach § 15 Abs. 2 Satz 1, soweit sie nicht im Zusammenhang mit Arbeitslosigkeit steht und wenn die Voraussetzung nach § 15 Abs. 1 Nr. 1 erfüllt ist.

Soweit sich bei der Berechnung nach Satz 7 Nr. 1 bis 3 ein Zeitraum überschneidet, ist die Zeit nur einmal zu berücksichtigen. Satz 1 Nr. 1 gilt nicht für am 1. Januar 2001 vorhandene Beamtinnen und Beamte, die bis zum 16. November 1950 geboren wurden und am 16. November 2000 schwerbehindert im Sinne des § 2 Abs. 2 des Neunten Buches Sozialgesetzbuch vom 19. Juni 2001 (BGBl. I S. 1046), zuletzt geändert durch Gesetz vom 14. Dezember 2012 (BGBl. I S. 2598), waren.

(4) Das Ruhegehalt nach Anwendung von Abs. 3 beträgt mindestens 35 Prozent der ruhegehaltfähigen Dienstbezüge nach § 5. An die Stelle des Ruhegehalts nach Satz 1 treten, wenn dies günstiger ist, 62 Prozent der jeweils ruhegehaltfähigen Dienstbezüge aus der Endstufe der Besoldungsgruppe A 6; der Unterschiedsbetrag nach § 55 Abs. 1 bemisst sich aus der Besoldungsgruppe nach Satz 1.

(5) Bei einer oder einem in den einstweiligen Ruhestand versetzten Beamtin oder Beamten beträgt das Ruhegehalt für die Dauer der Zeit, die die Beamtin oder der Beamte das Amt, aus dem sie oder er in den einstweiligen Ruhestand versetzt worden ist, innehatte, mindestens sechs Monate und höchstens drei Jahre, 71,75 Prozent der ruhegehaltfähigen Dienstbezüge aus der Endstufe der Besoldungsgruppe, in der sich die Beamtin oder der Beamte zur Zeit ihrer oder seiner Versetzung in den einstweiligen Ruhestand befunden hat. Das erhöhte Ruhegehalt darf die Dienstbezüge, die der Beamtin oder dem Beamten in diesem Zeitpunkt zustanden, nicht übersteigen; das nach sonstigen Vorschriften ermittelte Ruhegehalt darf nicht unterschritten werden.

(6) Hat das Beamtenverhältnis, aus dem die Beamtin oder der Beamte in den Ruhestand tritt, oder ein unmittelbar vorangehendes anderes öffentlich-rechtliches Dienstverhältnis bereits am 31. Dezember 1991 bestanden, bleibt der zu diesem Zeitpunkt erreichte Ruhegehaltssatz gewahrt. Dabei richtet sich die Berechnung der ruhegehaltfähigen Dienstzeit und des Ruhegehaltssatzes nach dem Beamtenversorgungsgesetz in der Fassung vom 12. Februar 1987 (BGBl. I S. 570, 1339) in der am 31. Dezember 1991 geltenden Fassung mit Ausnahme des § 13 Abs. 3 und des § 14 Abs. 1 Satz 1 Halbsatz 2 und 3; die Begrenzung auf das 17. Lebensjahr ist nicht anzuwenden und die Hauptberuflichkeit bestimmt sich nach § 13 Abs. 1, die Berücksichtigung der Schalttage nach Abs. 1 Satz 3 bis 5. Der

sich nach Satz 1 und 2 ergebende Ruhegehaltssatz steigt mit jedem Jahr, das vom 1. Januar 1992 an nach dem von diesem Zeitpunkt an geltenden Recht als ruhegehaltfähige Dienstzeit zurückgelegt wird, um ein Prozent der ruhegehaltfähigen Dienstbezüge bis zum Höchstsatz von 75 Prozent; § 14 Abs. 2 gilt entsprechend. Bei der Anwendung von Satz 3 bleibt die Zeit bis zur Vollendung einer zehnjährigen ruhegehaltfähigen Dienstzeit außer Betracht; anstatt § 7 Abs. 4 findet § 13 Abs. 1 des Beamtenversorgungsgesetzes in der am 31. Dezember 1991 geltenden Fassung Anwendung. Der nach Satz 1 bis 4 ermittelte Ruhegehaltssatz wird um den Faktor 0,95667 vervielfältigt; § 14 Abs. 2 gilt entsprechend. Er wird der Berechnung des Ruhegehalts zugrunde gelegt, wenn er höher ist als der Ruhegehaltssatz, der sich ansonsten nach diesem Gesetz für die gesamte ruhegehaltfähige Dienstzeit ergibt. § 14 Abs. 3 und 4 findet Anwendung.

(7) Bei einer oder einem nach §§ 29, 30 Abs. 3 oder § 31 Abs. 2 des Beamtenstatusgesetzes erneut in das Beamtenverhältnis berufenen Beamtin oder Beamten bleibt das am Tag vor der erneuten Berufung in das Beamtenverhältnis zustehende Ruhegehalt grundsätzlich gewahrt. Tritt die Beamtin oder der Beamte erneut in den Ruhestand, werden die ruhegehaltfähige Dienstzeit und das Ruhegehalt nach dem im Zeitpunkt der Zurruhesetzung geltenden Recht berechnet. Die Zeit des Ruhestands gilt nicht als Unterbrechung des Beamtenverhältnisses und ist nicht ruhegehaltfähig. Das Ruhegehalt vor der Reaktivierung wird nach Anwendung des jeweils geltenden Rechts für vorhandene versorgungsberechtigte Personen zum Zeitpunkt der erneuten Zurruhesetzung mit dem neu festgesetzten Ruhegehalt nach der Reaktivierung verglichen. In den Vergleich werden der jeweils geltende Kindererziehungs- und Pflegezuschlag, Versorgungsabschlag und die Mindestversorgung mit einbezogen. Das höhere Ruhegehalt bildet die Berechnungsgrundlage für die zukünftige Zahlung und Anwendung der Anrechnungs- und Kürzungsvorschriften.

§ 15 Vorübergehende Erhöhung des Ruhegehalts

(1) Das nach § 14 Abs. 1 und 6, § 17 Abs. 2 oder § 41 Abs. 3 Satz 1 berechnete Ruhegehalt erhöht sich vorübergehend, wenn die Beamtin oder der Beamte vor Erreichen der Regelaltersgrenze nach § 33 Abs. 1 oder 3 des Hessischen Beamtengesetzes in den Ruhestand getreten ist und sie oder er

1. bis zum Beginn des Ruhestandes die Wartezeit von 60 Kalendermonaten für eine Rente der gesetzlichen Rentenversicherung erfüllt hat,
2. a) wegen Dienstunfähigkeit in den Ruhestand versetzt worden ist oder
   b) wegen Erreichens einer besonderen Altersgrenze in den Ruhestand getreten ist oder auf Antrag vor Erreichen dieser Altersgrenze in den Ruhestand versetzt wurde und die besondere Altersgrenze erreicht hat und
3. einen Ruhegehaltssatz von 66,97 Prozent noch nicht erreicht hat.

(2) Die Erhöhung des Ruhegehalts beträgt 0,95667 Prozent der ruhegehaltfähigen Dienstbezüge für je zwölf Kalendermonate der für die Erfüllung der Wartezeit nach Abs. 1 Nr. 1 anrechnungsfähigen Pflichtbeitragszeit, soweit sie nicht von Abs. 3 erfasst wird, vor Begründung des Beamtenverhältnisses zurückgelegt wurde und nicht als ruhegehaltfähig berücksichtigt worden ist. Der hiernach berechnete Ruhegehaltssatz darf 66,97 Prozent nicht überschreiten. In den Fällen des § 14 Abs. 3 ist das Ruhegehalt, das sich nach Anwendung des Satz 1 und 2 ergibt, entsprechend zu vermindern. Erst danach erfolgt die Anwendung von § 14 Abs. 4 oder § 41 Abs. 3. Für die Berechnung nach Satz 1 sind verbleibende Kalendermonate unter Benutzung des Nenners 12 umzurechnen; § 14 Abs. 2 gilt entsprechend.

(3) Entgeltpunkte für die Pflichtbeitragszeit für Kindererziehung nach § 70 Abs. 2 des Sechsten Buches Sozialgesetzbuch in der Fassung der Bekanntmachung vom 19. Februar 2002 (BGBl. I S. 754, 1404, 3384), zuletzt geändert durch Gesetz vom 10. Mai

2017 (BGBl. I S. 1121), und nicht erwerbsmäßige Pflege nach § 166 Abs. 2 in Verbindung mit § 70 Abs. 1 des Sechsten Buches Sozialgesetzbuch, werden mit dem aktuellen Rentenwert vervielfältigt und erhöhen zusätzlich das Ruhegehalt, wenn nach Abs. 2 der Ruhegehaltssatz von 66,97 Prozent noch nicht erreicht wurde, bis zum Erreichen dieser Höchstgrenze. § 56 Abs. 1 Satz 3 und Abs. 7 gilt entsprechend.

(4) Die Erhöhung fällt spätestens mit Ablauf des Monats weg, in dem die Ruhestandsbeamtin oder der Ruhestandsbeamte die Regelaltersgrenze nach § 33 Abs. 1 oder 3 des Hessischen Beamtengesetzes erreicht. Sie endet vorher, wenn die Ruhestandsbeamtin oder der Ruhestandsbeamte

1. aus der anrechnungsfähigen Pflichtbeitragszeit eine Versichertenrente einer inländischen oder ausländischen Alterssicherungseinrichtung bezieht, mit Ablauf des Tages vor dem Beginn der Rente, oder
2. in den Fällen des Abs. 1 Nr. 2 Buchst. a nicht mehr dienstunfähig ist, mit Ablauf des Monats, in dem ihr oder ihm der Wegfall der Erhöhung mitgeteilt wird.

§ 40 Abs. 3 Satz 2 gilt sinngemäß.

(5) Die Erhöhung des Ruhegehalts wird auf Antrag vorgenommen. Anträge, die innerhalb von drei Monaten nach Eintritt in den Ruhestand gestellt werden, gelten als zum Zeitpunkt des Ruhestandseintritts gestellt. Wird der Antrag zu einem späteren Zeitpunkt gestellt, so tritt die Erhöhung vom Beginn des Antragsmonats an ein.

DRITTER TEIL
Versorgung besonderer Beamtengruppen

§ 16 Unterhaltsbeitrag für entlassene Beamtinnen und Beamte

(1) Einer Beamtin oder einem Beamten auf Lebenszeit oder einer Beamtin oder einem Beamten auf Probe, die oder der vor Ableistung einer ruhegehaltfähigen Dienstzeit von fünf Jahren nach § 4 Abs. 1 Nr. 1 wegen Dienstunfähigkeit oder Erreichens der für sie oder ihn geltenden Altersgrenze entlassen ist, kann ein Unterhaltsbeitrag bis zur Höhe des Ruhegehalts bewilligt werden.

(2) Über die Bewilligung eines Unterhaltsbeitrags ist grundsätzlich erst nach Durchführung der Nachversicherung nach § 8 des Sechsten Buches Sozialgesetzbuch zu entscheiden. Ein Unterhaltsbeitrag kann nur bewilligt werden, soweit dies nach der wirtschaftlichen Lage der Beamtin oder des Beamten bei Antragstellung geboten ist; dabei sind subsidiäre Leistungen nicht zu berücksichtigen. Ebenso soll die Dauer der ruhegehaltfähigen Dienstzeit angemessen berücksichtigt werden; es erfolgt grundsätzlich eine Kürzung für jedes fehlende Jahr bezogen auf die Wartezeit von fünf Jahren um 20 Prozent; die Mindestversorgung kann dabei unterschritten werden.

(3) Die Abs. 1 und 2 finden auf Beamtenverhältnisse auf Probe in Ämtern mit leitender Funktion nach § 4 des Hessischen Beamtengesetzes keine Anwendung. Aus diesen Beamtenverhältnissen ergibt sich kein selbstständiger Anspruch auf Versorgung. Die Unfallfürsorge bleibt hiervon unberührt.

§ 17 Beamtinnen und Beamte auf Zeit

(1) Für die Versorgung der Beamtinnen und Beamten auf Zeit und ihrer Hinterbliebenen gelten die Vorschriften für die Versorgung der Beamtinnen und Beamten auf Lebenszeit und ihrer Hinterbliebenen entsprechend, soweit in diesem Gesetz nichts anderes bestimmt ist.

(2) Für Beamtinnen und Beamte auf Zeit, die eine ruhegehaltfähige Dienstzeit von zehn Jahren zurückgelegt haben, beträgt das Ruhegehalt, wenn es für sie günstiger ist, nach einer Amtszeit von acht Jahren als Beamtin oder Beamter auf Zeit 33,48345 Prozent der ruhegehaltfähigen Dienstbezüge und steigt mit jedem weiteren vollen Amtsjahr als Beamtin oder Beamter auf Zeit um 1,91333 Prozent der ruhegehaltfähigen Dienstbezüge bis zum Höchstruhegehaltssatz von 71,75 Prozent. Als Amtszeit rechnet hierbei auch die Zeit bis zur Dauer von fünf Jahren, die eine Beamtin oder ein Beamter auf Zeit im einst-

IV

weiligen Ruhestand zurückgelegt hat. § 14 Abs. 3 findet Anwendung.

(3) Führen Beamtinnen oder Beamte auf Zeit nach Ablauf ihrer Amtszeit ihr bisheriges Amt unter erneuter Berufung in das Beamtenverhältnis auf Zeit oder durch Wiederwahl für die folgende Amtszeit weiter, gilt das Beamtenverhältnis als nicht unterbrochen. Satz 1 gilt entsprechend für Beamtinnen oder Beamte auf Zeit, die aus ihrem bisherigen Amt ohne Unterbrechung in ein vergleichbares oder höherwertiges Amt unter erneuter Berufung in das Beamtenverhältnis auf Zeit gewählt werden.

(4) Wird eine Beamtin oder ein Beamter auf Zeit wegen Dienstunfähigkeit entlassen, gelten die §§ 16 und 32 entsprechend.

(5) Bei einer oder einem wegen Dienstunfähigkeit in den Ruhestand versetzten Wahlbeamtin oder Wahlbeamten auf Zeit ist § 14 Abs. 3 Satz 1 Nr. 3 nicht anzuwenden, wenn sie oder er nach Ablauf ihrer oder seiner Amtszeit ihr oder sein Amt weitergeführt hatte, obwohl sie oder er nicht gesetzlich dazu verpflichtet war und mit Ablauf ihrer oder seiner Amtszeit bereits eine Versorgungsanwartschaft erworben hatte. § 13 Abs. 1 Satz 1 des Beamtenversorgungsgesetzes in der bis zum 31. Dezember 2000 geltenden Fassung ist anzuwenden.

(6) Wird eine Wahlbeamtin oder ein Wahlbeamter auf Zeit abgewählt, erhält sie oder er bis zum Ablauf ihrer oder seiner Amtszeit, bei einem vorherigen Eintritt in den Ruhestand oder der Entlassung längstens bis zu diesem Zeitpunkt, Versorgung mit der Maßgabe, dass das Ruhegehalt während der ersten fünf Jahre 71,75 Prozent der ruhegehaltfähigen Dienstbezüge aus der Endstufe der Besoldungsgruppe, in der sich die Beamtin oder der Beamte zur Zeit ihrer oder seiner Abwahl befunden hat, beträgt. Die ruhegehaltfähige Dienstzeit nach § 6 erhöht sich um die Zeit, in der eine Wahlbeamtin oder ein Wahlbeamter auf Zeit Versorgung nach Satz 1 erhält, höchstens jedoch bis zu fünf Jahren; das Höchstruhegehalt nach Abs. 2 darf nicht überschritten werden.

(7) Zeiten nach den §§ 10 bis 12 können für Wahlbeamtinnen und Wahlbeamte auf Zeit als ruhegehaltfähig anerkannt werden, soweit sie für die Wahrnehmung des Wahlamtes förderlich sind. Der Umfang der Zeiten nach Satz 1 ist insgesamt auf die ruhegehaltfähige Zeit nach § 6 bis zum Ende des Wahlamtes zu begrenzen.

(8) Für die Beamtinnen und Beamten auf Zeit, deren Beamtenverhältnis auf Zeit seit dem 31. Dezember 1991 ununterbrochen fortbesteht, ist § 66 Abs. 2, 4 und 6 des Beamtenversorgungsgesetzes in der bis zum 31. Dezember 1991 geltenden Fassung anzuwenden.

§ 18 Hochschulbeamtinnen und Hochschulbeamte

(1) Für Professorinnen und Professoren ist die Zeit der hauptberuflichen Angehörigkeit zum Lehrkörper einer Hochschule nach der Habilitation oder sonstiger gleichwertiger wissenschaftlicher Leistungen ruhegehaltfähig. Als ruhegehaltfähig gilt auch die zur Vorbereitung für die Promotion benötigte Zeit bis zu zwei Jahren. Zeiten für die Erbringung der Habilitationsleistungen oder sonstiger gleichwertiger wissenschaftlicher Leistungen können bis zu drei Jahren berücksichtigt werden, es sei denn die Habilitationsordnung schreibt eine andere Mindestzeit vor. Die nach erfolgreichem Abschluss eines Hochschulstudiums vor der Ernennung zur Professorin oder zum Professor liegende Zeit einer hauptberuflichen Tätigkeit, in der besondere Fachkenntnisse erworben wurden, die für die Wahrnehmung des Amtes förderlich sind, soll im Falle des § 68 Abs. 2 Satz 1 Nr. 2 des Hessischen Hochschulgesetzes vom 14. Dezember 2021 (GVBl. S. 931) als ruhegehaltfähig berücksichtigt werden; im Übrigen kann sie bis zu fünf Jahren in vollem Umfang, darüber hinaus bis zur Hälfte als ruhegehaltfähig berücksichtigt werden. Zeiten nach Satz 4 können in der Regel insgesamt nicht über zehn Jahre hinaus als ruhegehaltfähig berücksichtigt werden.

(2) Abs. 1 Satz 1 und 2 gilt entsprechend für Wissenschaftliche Assistentinnen und Assistenten, Akademische Rätinnen und Räte sowie Akademische Oberrätinnen und Oberräte.

(3) Die §§ 69 und 91 des Hessischen Beamtenversorgungsgesetzes in der bis zum 28. Februar 2014 geltenden Fassung finden

für die dort genannten Hochschulbeamtinnen und Hochschulbeamten und ihre Hinterbliebenen weiterhin Anwendung. Dabei treten an die Stelle der Vorschriften des Hessischen Beamtenversorgungsgesetzes in der bis zum 28. Februar 2014 geltenden Fassung die entsprechenden Vorschriften dieses Gesetzes.

§ 19 Übergangsgeld für entlassene Beamtinnen und Beamte

(1) Eine Beamtin oder ein Beamter mit Dienstbezügen, die oder der nicht auf eigenen Antrag entlassen wird, erhält als Übergangsgeld nach vollendeter einjähriger Beschäftigungszeit das Einfache und bei längerer Beschäftigungszeit für jedes weitere volle Jahr ihrer Dauer die Hälfte, insgesamt höchstens das Sechsfache der ruhegehaltfähigen Dienstbezüge. § 4 Abs. 1 findet keine Anwendung.

(2) Für die in § 18 Abs. 2 dieses Gesetzes, § 40 Abs. 6 der Hessischen Gemeindeordnung und § 37b der Hessischen Landkreisordnung genannten Personen beträgt das Übergangsgeld abweichend von Abs. 1 für ein Jahr Dienstzeit das Einfache, insgesamt höchstens das Sechsfache der Besoldung nach § 1 Abs. 2 und 3 des Hessischen Besoldungsgesetzes des letzten Monats.

(3) Als Beschäftigungszeit gilt die Zeit ununterbrochener hauptberuflicher entgeltlicher Tätigkeit im Dienste desselben Dienstherrn oder der Verwaltung, deren Aufgaben der Dienstherr übernommen hat, sowie im Falle der Versetzung die entsprechende Zeit im Dienste des früheren Dienstherrn; die vor einer Beurlaubung ohne Dienstbezüge liegende Beschäftigungszeit wird mit berücksichtigt. Zeiten mit einer Ermäßigung der regelmäßigen Arbeitszeit sind nur zu dem Teil anzurechnen, der dem Verhältnis der ermäßigten zur regelmäßigen Arbeitszeit entspricht.

(4) Das Übergangsgeld wird nicht gewährt, wenn

1. die Beamtin oder der Beamte wegen eines Verhaltens im Sinne des § 22 Abs. 1 Nr. 1, Abs. 2, § 23 Abs. 1 Satz 1 Nr. 1, Abs. 2 oder Abs. 3 Satz 1 Nr. 1 des Beamtenstatusgesetzes entlassen wird,
2. ein Unterhaltsbeitrag nach § 16 bewilligt wird,
3. die Beschäftigungszeit als ruhegehaltfähige Dienstzeit angerechnet wird,
4. die Beamtin oder der Beamte mit der Berufung in ein Richterverhältnis oder mit der Ernennung zur Beamtin oder zum Beamten auf Zeit entlassen wird,
5. die Beamtin oder der Beamte auf Zeit einer gesetzlichen Verpflichtung, ihr oder sein Amt nach Ablauf der Amtszeit unter erneuter Berufung in das Beamtenverhältnis weiterzuführen, nicht nachkommt,
6. die Beamtin oder der Beamte auf Zeit nach § 76 der Hessischen Gemeindeordnung oder § 49 der Hessischen Landkreisordnung abgewählt wird oder
7. Altersgeld nach § 76 gezahlt wird.

Nr. 3 gilt nicht für die Anrechnung ruhegehaltfähiger Dienstzeiten bei der Berechnung des Altersgeldes.

(5) Das Übergangsgeld wird in Monatsbeträgen für die der Entlassung folgende Zeit wie die Dienstbezüge gezahlt. Es ist längstens bis zum Ende des Monats zu zahlen, in dem die Beamtin oder der Beamte die für ihr oder sein Beamtenverhältnis bestimmte gesetzliche Altersgrenze erreicht hat. Beim Tod der Beamtin oder des Beamten ist der noch nicht ausgezahlte Betrag ihren oder seinen Hinterbliebenen in einer Summe zu zahlen.

(6) § 57 ist entsprechend anzuwenden.

§ 20 Übergangsgeld für entlassene politische Beamtinnen und Beamte

(1) Eine Beamtin oder ein Beamter, die oder der aus einem Amt im Sinne des § 7 Abs. 1 des Hessischen Beamtengesetzes nicht auf eigenen Antrag entlassen wird, erhält ein Übergangsgeld in Höhe von 71,75 Prozent der ruhegehaltfähigen Dienstbezüge aus der Endstufe der Besoldungsgruppe, in der sie oder er sich zur Zeit ihrer oder seiner Entlassung befunden hat. § 4 des Hessischen Besoldungsgesetzes gilt entsprechend.

(2) Das Übergangsgeld wird für die Dauer der Zeit, die die Beamtin oder der Beamte das Amt, aus dem sie oder er entlassen worden

IV

ist, innehatte, mindestens für die Dauer von sechs Monaten, längstens für die Dauer von drei Jahren, gewährt.

(3) § 19 Abs. 4 Satz 1 Nr. 1 bis 4, Abs. 5 und § 57 gelten entsprechend.

§ 21 Ausgleich bei besonderen Altersgrenzen

(1) Beamtinnen und Beamte des Vollzugsdienstes und des feuerwehrtechnischen Dienstes, die vor Erreichen der Regelaltersgrenze wegen Erreichens der besonderen Altersgrenze in den Ruhestand treten, erhalten neben dem Ruhegehalt einen Ausgleich in Höhe von 4091 Euro. Dieser Betrag verringert sich um jeweils ein Fünftel für jedes Jahr, das über das Erreichen der besonderen Altersgrenze hinaus oder das vor Erreichen der besonderen Altersgrenze aufgrund einer Zurruhesetzung auf Antrag nicht abgeleistet wird. Der Ausgleich ist bei Eintritt in den Ruhestand in einer Summe zu zahlen. Der Ausgleich wird nicht neben einer einmaligen (Unfall-)Entschädigung im Sinne des § 49 gewährt.

(2) Schwebt zum Zeitpunkt des Eintritts in den Ruhestand gegen die Beamtin oder den Beamten ein Verfahren auf Rücknahme der Ernennung oder ein Verfahren, das nach § 24 des Beamtenstatusgesetzes zum Verlust der Beamtenrechte führen könnte, oder ist gegen die Beamtin oder den Beamten Disziplinarklage erhoben worden, darf der Ausgleich erst nach dem rechtskräftigen Abschluss des Verfahrens und nur gewährt werden, wenn kein Verlust der Versorgungsbezüge eingetreten ist. Die disziplinarrechtlichen Vorschriften bleiben unberührt.

(3) Der Ausgleich wird im Falle der Bewilligung von Urlaub bis zum Eintritt in den Ruhestand nach § 65 Abs. 1 Nr. 2 des Hessischen Beamtengesetzes nicht gewährt.

VIERTER TEIL
Hinterbliebenenversorgung

§ 22 Bezüge für den Sterbemonat

(1) Den Erben einer verstorbenen Beamtin oder eines verstorbenen Beamten, einer Ruhestandsbeamtin oder eines Ruhestandsbeamten, einer entlassenen Beamtin oder eines entlassenen Beamten verbleiben für den Sterbemonat die Bezüge der oder des Verstorbenen. Dies gilt auch für eine für den Sterbemonat gewährte Aufwandsentschädigung.

(2) Die an die Verstorbene oder den Verstorbenen noch nicht gezahlten Teile der Bezüge für den Sterbemonat können statt an die Erben auch an die in § 23 Abs. 1 Satz 1 bezeichneten Hinterbliebenen gezahlt werden.

§ 23 Sterbegeld

(1) Beim Tod einer Beamtin oder eines Beamten mit Dienstbezügen oder einer Beamtin oder eines Beamten auf Widerruf im Vorbereitungsdienst erhalten der überlebende Ehegatte oder Lebenspartner, die überlebende Ehegattin oder Lebenspartnerin oder ein Abkömmling der Beamtin oder des Beamten Sterbegeld. Das Sterbegeld ist in Höhe des Zweifachen der Dienstbezüge oder der Anwärterbezüge der oder des Verstorbenen ausschließlich der Sonderzahlung, der Auslandskinderzuschläge, des Auslandsverwendungszuschlags und der Vergütungen in einer Summe zu zahlen; § 5 Abs. 1 Satz 2 gilt entsprechend. Satz 1 und 2 gelten entsprechend beim Tod einer Ruhestandsbeamtin oder eines Ruhestandsbeamten oder einer entlassenen Beamtin oder eines entlassenen Beamten, die oder der im Sterbemonat einen Unterhaltsbeitrag erhalten hat; an die Stelle der Dienstbezüge tritt das Ruhegehalt oder der Unterhaltsbeitrag zuzüglich des Unterschiedsbetrages nach § 55 Abs. 1.

(2) Sind Anspruchsberechtigte im Sinne des Abs. 1 nicht vorhanden, so ist Sterbegeld auf Antrag zu gewähren

1. Verwandten der aufsteigenden Linie, Geschwistern, Geschwisterkindern sowie Stiefkindern, wenn sie zur Zeit des Todes der Beamtin oder des Beamten mit dieser oder diesem in häuslicher Gemeinschaft gelebt haben oder wenn die oder der Verstorbene ganz oder überwiegend für deren Lebensunterhalt aufgekommen ist,
2. sonstigen Personen, die die Kosten der Bestattung getragen haben, bis zur Höhe

ihrer Aufwendungen, höchstens jedoch in Höhe des Sterbegeldes nach Abs. 1 Satz 2 und 3.

(3) Stirbt eine Witwe, ein Witwer, eine hinterbliebene Lebenspartnerin, ein hinterbliebener Lebenspartner, eine frühere Ehefrau eines Beamten, ein früherer Ehemann einer Beamtin, eine frühere Lebenspartnerin einer Beamtin oder ein früherer Lebenspartner eines Beamten, der oder dem im Zeitpunkt des Todes Witwengeld oder Witwergeld oder ein Unterhaltsbeitrag zustand, so erhalten die Kinder der Beamtin oder des Beamten Sterbegeld, wenn sie berechtigt sind, Waisengeld oder einen Unterhaltsbeitrag zu beziehen und wenn sie zur Zeit des Todes zur häuslichen Gemeinschaft der oder des Verstorbenen gehört haben. Abs. 1 Satz 2 erster Halbsatz gilt entsprechend mit der Maßgabe, dass an die Stelle der Dienstbezüge das Witwengeld oder Witwergeld oder der Unterhaltsbeitrag tritt.

(4) Sind mehrere gleichberechtigte Personen vorhanden, so ist für die Bestimmung der Zahlungsempfängerin oder des Zahlungsempfängers die Reihenfolge der Aufzählung in den Abs. 1 und 2 maßgebend; bei Vorliegen eines wichtigen Grundes kann von dieser Reihenfolge abgewichen oder das Sterbegeld aufgeteilt werden.

§ 24 Witwengeld oder Witwergeld

(1) Die Witwe eines Beamten auf Lebenszeit oder der Witwer einer Beamtin auf Lebenszeit, die oder der die Voraussetzungen des § 4 Abs. 1 erfüllt hat, oder eines Ruhestandsbeamten oder einer Ruhestandsbeamtin erhält Witwengeld oder Witwergeld. Dies gilt nicht, wenn

1. die Ehe mit der oder dem Verstorbenen nicht mindestens drei Monate gedauert hat, es sei denn, dass der Tod durch ein auf äußerer Einwirkung beruhendes, plötzliches, örtlich und zeitlich bestimmbares Ereignis eingetreten ist,
2. die Ehe erst nach dem Eintritt der Beamtin oder des Beamten in den Ruhestand geschlossen worden ist und die Ruhestandsbeamtin oder der Ruhestandsbeamte zur Zeit der Eheschließung die Regelaltersgrenze nach § 33 Abs. 1 oder 3 des Hessischen Beamtengesetzes erreicht hatte oder
3. der Tod der Beamtin oder des Beamten, der Ruhestandsbeamtin oder des Ruhestandsbeamten durch die Witwe oder den Witwer vorsätzlich herbeigeführt wurde.

(2) Abs. 1 gilt auch für die Witwe eines Beamten auf Probe oder den Witwer einer Beamtin auf Probe, der oder die an den Folgen einer Dienstbeschädigung nach § 28 Abs. 1 des Beamtenstatusgesetzes verstorben ist oder dem oder der die Entscheidung nach § 42 Abs. 2 des Hessischen Beamtengesetzes zugestellt war.

(3) Für einen Anspruch auf Witwengeld oder Witwergeld gelten als Witwe oder Witwer auch eine überlebende Lebenspartnerin oder ein überlebender Lebenspartner, als Eheschließung auch die Begründung einer Lebenspartnerschaft, als Ehe auch eine Lebenspartnerschaft, und als Ehegattin oder Ehegatte auch eine Lebenspartnerin oder ein Lebenspartner. Der Auflösung oder Nichtigkeit einer erneuten Ehe entspricht die Aufhebung oder Auflösung einer erneuten Lebenspartnerschaft.

§ 25 Höhe des Witwengeldes oder Witwergeldes

(1) Das Witwengeld oder Witwergeld beträgt

1. bei Eheschließung vor dem 1. Januar 2002, wenn
   a) mindestens ein Ehegatte vor dem 2. Januar 1962 geboren ist, 60 Prozent,
   b) kein Ehegatte vor dem 2. Januar 1962 geboren ist, 55 Prozent,
2. bei Eheschließung ab dem 1. Januar 2002 55 Prozent

des Ruhegehaltes, das die oder der Verstorbene erhalten hat oder hätte erhalten können, wenn sie oder er am Todestag in den Ruhestand getreten wäre. Das Witwengeld oder Witwergeld beträgt mindestens 60 Prozent des Ruhegehaltes nach § 14 Abs. 4 Satz 2. § 14 Abs. 5 und § 15 finden keine Anwendung. Änderungen des Mindestruhegehaltes nach § 14 Abs. 4 sind zu berücksichtigen.

IV

(2) War die Witwe oder der Witwer mehr als 20 Jahre jünger als der oder die Verstorbene und ist aus der Ehe ein Kind nicht hervorgegangen, so wird das Witwengeld oder Witwergeld nach Abs. 1 für jedes angefangene Jahr des Altersunterschiedes über 20 Jahre um fünf Prozent gekürzt, jedoch höchstens um 50 Prozent. Nach fünfjähriger Dauer der Ehe werden für jedes angefangene Jahr ihrer weiteren Dauer dem gekürzten Betrag fünf Prozent des Witwengeldes oder Witwergeldes hinzugesetzt, bis der volle Betrag wieder erreicht ist. Das nach Satz 1 errechnete Witwengeld oder Witwergeld darf nicht hinter dem Mindestwitwengeld oder Mindestwitwergeld nach Abs. 1 in Verbindung mit § 14 Abs. 4 zurückbleiben.

IV

(3) Von dem nach Abs. 2 gekürzten Witwengeld oder Witwergeld ist auch bei der Anwendung des § 31 auszugehen.

(4) Der Prozentsatz nach Abs. 1 Satz 1 Nr. 1 Buchst. b und Nr. 2 erhöht sich um die nach § 56 Abs. 2 und 3 der Witwe oder dem Witwer zuzuordnende Zeit einer Kindererziehung auf

1. 56 Prozent bei vollendeten 18 Monaten,
2. 57 Prozent bei vollendeten 36 Monaten,
3. 58 Prozent bei vollendeten 72 Monaten,
4. 59 Prozent bei vollendeten 108 Monaten und
5. 60 Prozent bei 144 oder mehr vollendeten Monaten.

§ 78a Abs. 2 Satz 1 bis 3 des Sechsten Buches Sozialgesetzbuch gilt entsprechend.

§ 26 Witwenabfindung oder Witwerabfindung

(1) Eine Witwe oder ein Witwer, die oder der Anspruch auf Witwengeld oder Witwergeld oder auf einen Unterhaltsbeitrag hat, erhält im Falle einer Wiederverheiratung oder der Neubegründung einer Lebenspartnerschaft eine Witwenabfindung oder Witwerabfindung.

(2) Die Witwenabfindung oder Witwerabfindung beträgt das Vierundzwanzigfache des für den Monat, in dem sich die Witwe oder der Witwer wiederverheiratet, nach Anwendung der Anrechnungs-, Kürzungs- und Ruhensvorschriften zu zahlenden Betrages des Witwengeldes oder Witwergeldes oder Unterhaltsbeitrages. Eine Kürzung nach § 31 und die Anwendung der §§ 57 und 58 Abs. 1 Satz 1 Nr. 3 bleiben außer Betracht. Ein neben dem Witwengeld oder Witwergeld oder Unterhaltsbeitrag gezahlter Unterschiedsbetrag nach § 55 Abs. 1 bleibt unberücksichtigt. Die Abfindung ist in einer Summe zu zahlen.

(3) Lebt der Anspruch auf Witwengeld oder Witwergeld oder auf Unterhaltsbeitrag nach § 34 Abs. 5 wieder auf, so ist die Witwenabfindung oder Witwerabfindung, soweit sie für eine Zeit berechnet ist, die nach dem Wiederaufleben des Anspruchs auf Witwengeld oder Witwergeld oder Unterhaltsbeitrag liegt, in angemessenen monatlichen Teilbeträgen zurückzufordern.

§ 27 Unterhaltsbeitrag bei fehlender Witwengeldberechtigung oder Witwergeldberechtigung

(1) In den Fällen des § 24 Abs. 1 Satz 2 Nr. 2 ist, sofern die besonderen Umstände des Falles keine volle oder teilweise Versagung rechtfertigen, ein Unterhaltsbeitrag in Höhe des Witwengeldes oder Witwergeldes zu gewähren.

(2) Erwerbs- und Erwerbsersatzeinkommen sind in angemessenem Umfang anzurechnen. Erwerbs- und Erwerbsersatzeinkommen sind die in § 18a Abs. 2 bis 3 des Vierten Buches Sozialgesetzbuch vom 23. Dezember 1976 (BGBl. I S. 3845), zuletzt geändert durch Gesetz vom 5. Dezember 2012 (BGBl. I S. 2474), aufgezählten Einkommensarten, Leistungen aus eigenem Recht aus einer betrieblichen Altersversorgung einschließlich der Zusatzversorgung des öffentlichen Dienstes sowie Leistungen aus Zusatz- und Sonderversorgungssystemen des in Art. 3 des Einigungsvertrages vom 31. August 1990 (BGBl. 1990 II S. 889), zuletzt geändert durch Gesetz vom 20. Juni 2011 (BGBl. I S. 1114), genannten Gebiets mit Ausnahme des Dienstbeschädigungsausgleichs oder der Dienstbeschädigungsteilrente. Vor der Anrechnung sind Erwerbs- und Erwerbsersatzeinkommen um Werbungskosten zu mindern. Ferner bleiben

1. vom Erwerbseinkommen 50 Prozent der jeweiligen amtsunabhängigen Mindest-

witwenversorgung monatlich voll und von dem darüber hinausgehenden Betrag die Hälfte und

2. vom Erwerbsersatzeinkommen 30 Prozent der amtsunabhängigen Mindestwitwenversorgung anrechnungsfrei.

Wird ein Erwerbsersatzeinkommen nicht beantragt oder wird auf ein Erwerbs- oder Erwerbsersatzeinkommen verzichtet oder wird an deren Stelle eine Kapitalleistung, Abfindung oder Beitragserstattung gezahlt, ist der Betrag zu berücksichtigen, der ansonsten zu zahlen wäre.

§ 28 Unterhaltsbeitrag für Geschiedene

(1) Der geschiedenen Ehefrau eines verstorbenen Beamten oder dem geschiedenen Ehemann einer verstorbenen Beamtin, die oder der im Falle des Fortbestehens der Ehe Witwengeld oder Witwergeld erhalten hätte, ist auf Antrag ein Unterhaltsbeitrag insoweit zu gewähren, als sie oder er im Zeitpunkt des Todes des Beamten oder der Beamtin gegen diesen oder diese einen Anspruch auf schuldrechtlichen Versorgungsausgleich nach § 1587f Nr. 2 des Bürgerlichen Gesetzbuchs in der bis zum 31. August 2009 geltenden Fassung wegen einer Anwartschaft oder eines Anspruchs nach § 1587a Abs. 2 Nr. 1 des Bürgerlichen Gesetzbuchs in der bis zum 31. August 2009 geltenden Fassung hatte. Der Unterhaltsbeitrag wird jedoch nur gewährt,

1. solange die geschiedene Ehefrau oder der geschiedene Ehemann erwerbsgemindert im Sinne des Neunten Buches Sozialgesetzbuch ist oder mindestens ein waisengeldberechtigtes Kind erzieht oder
2. wenn sie oder er das 60. Lebensjahr vollendet hat.

Der Erziehung eines waisengeldberechtigten Kindes steht die Sorge für ein waisengeldberechtigtes Kind mit körperlichen oder geistigen Gebrechen gleich. Der nach Satz 1 festgestellte Betrag ist in einem Prozentsatz des Witwengeldes oder Witwergeldes festzusetzen; der Unterhaltsbeitrag darf fünf Sechstel des nach § 63 gekürzten Witwengeldes oder Witwergeldes nicht übersteigen. § 26 gilt entsprechend.

(2) Abs. 1 Satz 1 gilt entsprechend bei einem Anspruch auf schuldrechtliche Ausgleichsrente nach den §§ 25 und 26 in Verbindung mit § 20 des Versorgungsausgleichsgesetzes vom 3. April 2009 (BGBl. I S. 700), zuletzt geändert durch Gesetz vom 12. Mai 2021 (BGBl. I S. 1085). Abs. 1 gilt entsprechend bei einer aufgehobenen oder für nichtig erklärten Ehe oder Lebenspartnerschaft und bei verstorbenen Ruhestandsbeamtinnen und Ruhestandsbeamten.

(3) Die Gewährung von Unterhaltsbeiträgen an geschiedene Ehegatten richtet sich nach den bis zum 31. Dezember 1976 geltenden beamtenrechtlichen Vorschriften, wenn die Ehe vor dem 1. Juli 1977 geschieden, aufgehoben oder für nichtig erklärt worden ist.

(4) § 22 Abs. 2 des Beamtenversorgungsgesetzes in der bis zum 31. Juli 1989 geltenden Fassung findet Anwendung, wenn ein Scheidungsverfahren bis zum 31. Juli 1989 rechtshängig geworden ist oder die Ehegatten bis zum 31. Juli 1989 eine Vereinbarung nach § 1587o des Bürgerlichen Gesetzbuches in der bis zum 31. August 2009 geltenden Fassung getroffen haben.

(5) Bei einem Anspruch auf interne Teilung nach § 10 Abs. 1 des Versorgungsausgleichsgesetzes richten sich die Voraussetzungen und der Beginn der Zahlung nach dem Sechsten Buch Sozialgesetzbuch entsprechend der externen Teilung nach § 14 des Versorgungsausgleichsgesetzes. Mit dem Tod der ausgleichsberechtigten Person geht der Anspruch auf die Hinterbliebenen über.

§ 29 Waisengeld

(1) Die Kinder einer verstorbenen Beamtin oder eines verstorbenen Beamten auf Lebenszeit, einer verstorbenen Ruhestandsbeamtin, eines verstorbenen Ruhestandsbeamten, einer verstorbenen Beamtin oder eines verstorbenen Beamten auf Probe, die oder der an den Folgen einer Dienstbeschädigung nach § 28 Abs. 1 des Beamtenstatusgesetzes verstorben ist oder der oder dem die Entscheidung nach § 42 Abs. 2 des Hessischen Beamtengesetzes zugestellt war, erhalten Waisengeld, wenn die Beamtin oder der Be-

IV

amte die Voraussetzungen des § 4 Abs. 1 erfüllt hat. Dies gilt nicht, wenn der Tod der Beamtin oder des Beamten, der Ruhestandsbeamtin oder des Ruhestandsbeamten durch die Waise vorsätzlich herbeigeführt wurde.

(2) Kein Waisengeld erhalten die Kinder einer verstorbenen Ruhestandsbeamtin oder eines verstorbenen Ruhestandsbeamten, wenn das Kindschaftsverhältnis durch Annahme als Kind begründet wurde und die Ruhestandsbeamtin oder der Ruhestandsbeamte in diesem Zeitpunkt bereits im Ruhestand war und die Regelaltersgrenze nach § 33 Abs. 1 oder 3 des Hessischen Beamtengesetzes erreicht hatte. Es kann ihnen jedoch ein Unterhaltsbeitrag bis zur Höhe des Waisengeldes bewilligt werden.

§ 30 Höhe des Waisengeldes

(1) Das Waisengeld beträgt für die Halbwaise zwölf Prozent und für die Vollwaise 20 Prozent des Ruhegehaltes, das die oder der Verstorbene erhalten hat oder hätte erhalten können, wenn sie oder er am Todestag in den Ruhestand getreten wäre. § 14 Abs. 5 und § 15 finden keine Anwendung. Änderungen des Mindestruhegehaltes nach § 14 Abs. 4 sind zu berücksichtigen.

(2) Wenn die Mutter oder der Vater des Kindes des oder der Verstorbenen nicht zum Bezug von Witwengeld oder Witwergeld berechtigt ist und auch keinen Unterhaltsbeitrag in Höhe des Witwengeldes oder Witwergeldes erhält, wird das Waisengeld nach dem Satz für Vollwaisen gezahlt; es darf zuzüglich des Unterhaltsbeitrages den Betrag des Witwengeldes oder Witwergeldes und des Waisengeldes nach dem Satz für Halbwaisen nicht übersteigen.

(3) Ergeben sich für eine Waise Waisengeldansprüche aus Beamtenverhältnissen mehrerer Personen, wird nur das höchste Waisengeld gezahlt.

§ 31 Zusammentreffen von Hinterbliebenenversorgungen

(1) Witwengeld oder Witwergeld und Waisengeld dürfen weder einzeln noch zusammen den Betrag des ihrer Berechnung zugrunde zu legenden Ruhegehaltes übersteigen. Ergibt sich an Witwengeld oder Witwergeld und Waisengeld zusammen ein höherer Betrag, so werden die einzelnen Bezüge im gleichen Verhältnis gekürzt.

(2) Nach dem Ausscheiden einer oder eines Witwengeldberechtigten, Witwergeldberechtigten oder Waisengeldberechtigten erhöht sich das Witwengeld, Witwergeld oder Waisengeld der verbleibenden Berechtigten vom Beginn des folgenden Monats an insoweit, als sie nach Abs. 1 noch nicht den vollen Betrag nach § 25 oder § 30 erhalten.

(3) Die Abs. 1 und 2 gelten entsprechend, wenn neben Witwengeld, Witwergeld oder Waisengeld ein Unterhaltsbeitrag nach § 28 gewährt wird.

(4) Unterhaltsbeiträge nach § 27 Abs. 1 gelten für die Anwendung der Abs. 1 bis 3 als Witwengeld oder Witwergeld. Unterhaltsbeiträge nach § 29 Abs. 2 dürfen nur insoweit bewilligt werden, als sie allein oder zusammen mit Hinterbliebenenbezügen die in Abs. 1 Satz 1 bezeichnete Höchstgrenze nicht übersteigen.

§ 32 Unterhaltsbeitrag für Hinterbliebene von entlassenen Beamtinnen und Beamten

(1) Der Witwe oder dem Witwer, der geschiedenen Ehefrau oder dem geschiedenen Ehemann (§ 28) und den Kindern einer Beamtin oder eines Beamten, der oder dem nach § 16 ein Unterhaltsbeitrag bewilligt worden ist oder hätte bewilligt werden können, kann die in den §§ 24, 25 und 27 bis 31 vorgesehene Versorgung bis zu der dort bezeichneten Höhe als Unterhaltsbeitrag bewilligt werden.

(2) § 26 gilt entsprechend.

§ 33 Beginn der Zahlungen

(1) Die Zahlung des Witwengeldes, Witwergeldes und Waisengeldes sowie eines Unterhaltsbeitrages nach den § 27 oder § 29 Abs. 2 beginnt mit dem Ablauf des Sterbemonats. Kinder, die nach diesem Zeitpunkt geboren werden, erhalten Waisengeld vom Ersten des Geburtsmonats an.

(2) Die Zahlung eines Unterhaltsbeitrages nach § 28 beginnt mit dem Ersten des Monats, in dem eine der in § 28 Abs. 1 Satz 2 genannten Voraussetzungen eintritt, frühestens jedoch mit Ablauf des Sterbemonats.

(3) Die Abs. 1 und 2 gelten entsprechend für die Zahlung eines Unterhaltsbeitrages nach § 32.

(4) In den Fällen des § 24 Abs. 1 Satz 2 Nr. 3 und § 29 Abs. 1 Satz 2 kann das Witwengeld, Witwergeld oder Waisengeld bis zur Rechtskraft des Strafurteils einbehalten werden. Die Entscheidung trifft die Pensionsbehörde im Einvernehmen mit dem für das Beamtenversorgungsrecht zuständigen Ministerium.

§ 34 Erlöschen der Hinterbliebenenversorgung

(1) Der Anspruch auf Hinterbliebenenversorgung erlischt

1. für jede Berechtigte oder jeden Berechtigten mit dem Ende des Monats, in dem sie oder er stirbt,
2. für jede Witwe oder jeden Witwer außerdem mit dem Ende des Monats, in dem sie oder er sich verheiratet,
3. für jede Waise außerdem mit dem Ende des Monats, in dem sie das 18. Lebensjahr vollendet,
4. für jede Berechtigte oder jeden Berechtigten, die oder der durch ein deutsches Gericht im Geltungsbereich des Grundgesetzes im ordentlichen Strafverfahren wegen eines Verbrechens zu einer Freiheitsstrafe von mindestens zwei Jahren oder wegen einer vorsätzlichen Tat, die nach den Vorschriften über Friedensverrat, Hochverrat, Gefährdung des demokratischen Rechtsstaates, Landesverrat und Gefährdung der äußeren Sicherheit oder Volksverhetzung strafbar ist, zu Freiheitsstrafe von mindestens sechs Monaten verurteilt worden ist, mit der Rechtskraft des Urteils.

Entsprechendes gilt, wenn die oder der Berechtigte aufgrund einer Entscheidung des Bundesverfassungsgerichts nach Art. 18 des Grundgesetzes ein Grundrecht verwirkt hat. In den Fällen des Satz 1 Nr. 4 und des Satz 2 gilt § 47 sinngemäß. Die §§ 31 und 32 des Hessischen Beamtengesetzes finden entsprechende Anwendung.

(2) Das Waisengeld wird nach Vollendung des 18. Lebensjahres auf Antrag längstens bis zur Vollendung des 27. Lebensjahres gewährt, solange die Waise

1. sich in der Schul- oder Berufsausbildung befindet,
2. einen freiwilligen Dienst im Sinne des § 32 Abs. 4 Satz 1 Nr. 2 Buchst. d des Einkommensteuergesetzes in der Fassung der Bekanntmachung vom 8. Oktober 2009 (BGBl. I S. 3366, 3862), zuletzt geändert durch Gesetz vom 3. Juni 2021 (BGBl. I S. 1498), leistet,
3. sich in einer Übergangszeit von höchstens vier Kalendermonaten befindet, die zwischen zwei Ausbildungsabschnitten oder zwischen einem Ausbildungsabschnitt und der Ableistung des gesetzlichen Wehr- oder Zivildienstes oder der Ableistung eines freiwilligen Dienstes im Sinne der Nr. 2 liegt, oder
4. wegen körperlicher, geistiger oder seelischer Behinderung außerstande ist, sich selbst zu unterhalten.

Im Falle des Satz 1 Nr. 4 wird das Waisengeld ungeachtet der Höhe eines eigenen Einkommens dem Grunde nach gewährt; soweit ein eigenes Einkommen der Waise das Zweifache des Mindestvollwaisengeldes nach § 14 Abs. 4 Satz 2 in Verbindung mit § 30 Abs. 1 übersteigt, wird es zur Hälfte auf das Waisengeld zuzüglich des Unterschiedsbetrags nach § 55 Abs. 1 angerechnet.

(3) In den Fällen des Abs. 2 Satz 1 Nr. 1 wird eine Waise, die

1. den gesetzlichen Grundwehrdienst oder Zivildienst geleistet hat,
2. sich anstelle des gesetzlichen Grundwehrdienstes freiwillig für die Dauer von nicht mehr als drei Jahren zum Wehrdienst verpflichtet hat oder
3. eine vom gesetzlichen Wehrdienst oder Zivildienst befreiende Tätigkeit als Entwicklungshelferin oder Entwicklungshelfer im Sinne des § 1 Abs. 1 des Entwicklungshelfer-Gesetzes ausgeübt hat,

für einen der Dauer dieser Dienste oder der Tätigkeit entsprechenden Zeitraum, höchstens für die Dauer des inländischen Grundwehrdienstes oder bei anerkannten Kriegsdienstverweigerern für die Dauer des inländischen gesetzlichen Zivildienstes, über das vollendete 27. Lebensjahr hinaus berücksichtigt. Wird der gesetzliche Grundwehrdienst oder Zivildienst in einem Mitgliedstaat der Europäischen Union oder einem Staat, auf den das Abkommen über den Europäischen Wirtschaftsraum Anwendung findet, geleistet, so ist die Dauer dieses Dienstes maßgebend.

(4) Das Waisengeld nach Abs. 2 Satz 1 Nr. 4 wird über das vollendete 27. Lebensjahr hinaus gewährt, wenn

1. die Behinderung bei Vollendung des 27. Lebensjahres bestanden hat oder bis zu dem sich nach Abs. 3 ergebenden Zeitpunkt eingetreten ist, wenn die Waise sich in verzögerter Schul- oder Berufsausbildung befunden hat, und
2. die Waise ledig oder verwitwet ist oder ihr Ehegatte oder früherer Ehegatte ihr keinen ausreichenden Unterhalt leisten kann oder dem Grunde nach nicht unterhaltspflichtig ist und sie nicht unterhält.

(5) Hat eine Witwe oder ein Witwer sich wieder verheiratet und wird die Ehe aufgelöst, so lebt der Anspruch auf Witwengeld oder Witwergeld wieder auf; ein von der Witwe oder dem Witwer infolge Auflösung der Ehe erworbener neuer Versorgungs-, Unterhalts- oder Rentenanspruch ist auf das Witwengeld oder Witwergeld und den Unterschiedsbetrag nach § 55 Abs. 1 anzurechnen. Wird eine in Satz 1 genannte Leistung nicht beantragt oder wird auf sie verzichtet oder wird an ihrer Stelle eine Abfindung, Kapitalleistung oder Beitragserstattung gezahlt, ist der Betrag anzurechnen, der ansonsten zu zahlen wäre. Der Auflösung der Ehe steht die Nichtigerklärung gleich.

FÜNFTER TEIL
Unfallfürsorge

§ 35 Anspruchsberechtigung und Mitwirkungspflicht

(1) Wird eine Beamtin oder ein Beamter durch einen Dienstunfall verletzt, so wird ihr oder ihm oder den Hinterbliebenen Unfallfürsorge nach den §§ 38 bis 52 gewährt.

(2) Unfallfürsorge nach den §§ 39, 40 und 44 wird auch dem Kind einer Beamtin gewährt, das durch deren Dienstunfall während der Schwangerschaft unmittelbar geschädigt wurde. Satz 1 gilt auch, wenn die Schädigung durch besondere Einwirkungen verursacht worden ist, die generell geeignet sind, bei der Mutter einen Dienstunfall im Sinne des § 36 Abs. 3 zu verursachen.

(3) Wer Dienstunfallfürsorgeleistungen beantragt oder erhält, hat gegenüber der zuständigen Dienstbehörde alle Tatsachen anzugeben, die für die Leistung erheblich sind. § 67 Abs. 2 Satz 2 und Abs. 3 gilt entsprechend.

§ 36 Dienstunfall

(1) Dienstunfall ist ein auf äußerer Einwirkung beruhendes, plötzliches, örtlich und zeitlich bestimmbares, einen Körperschaden verursachendes Ereignis, das in Ausübung des Dienstes eingetreten ist. Zum Dienst gehören auch

1. Dienstreisen und die dienstliche Tätigkeit am Bestimmungsort,
2. die Teilnahme an dienstlichen Veranstaltungen und
3. Nebentätigkeiten im öffentlichen Dienst oder in dem ihm gleichstehenden Dienst, zu deren Übernahme die Beamtin oder der Beamte nach § 72 des Hessischen Beamtengesetzes verpflichtet ist, oder Nebentätigkeiten, deren Wahrnehmung im Zusammenhang mit den Dienstgeschäften erwartet wird, sofern die Beamtin oder der Beamte hierbei nicht in der gesetzlichen Unfallversicherung nach § 2 des Siebten Buches Sozialgesetzbuch vom 7. August 1996 (BGBl. I S. 1254), zuletzt geändert durch Gesetz vom 5. Dezember 2012 (BGBl. I S. 2447), in der jeweils geltenden Fassung versichert ist.

(2) Als Dienst gilt auch das Zurücklegen des mit dem Dienst zusammenhängenden Weges zur und von der Dienststelle. Hat die Beamtin oder der Beamte wegen der Entfernung der ständigen Familienwohnung vom Dienstort an diesem oder in dessen Nähe eine Unterkunft, so gilt Satz 1 auch für den Weg von und zur Familienwohnung. Der Zusammenhang mit dem Dienst gilt als nicht unterbrochen, wenn die Beamtin oder der Beamte

1. von dem unmittelbaren Weg zwischen der Wohnung und der Dienststelle in vertretbarem Umfang abweicht, weil
   a) ihr oder sein dem Grunde nach kindergeldberechtigendes Kind wegen ihrer oder seiner beruflichen Tätigkeit oder der beruflichen Tätigkeit des jeweils anderen Elternteils fremder Obhut anvertraut wird oder
   b) sie oder er mit anderen berufstätigen oder in der gesetzlichen Unfallversicherung versicherten Personen gemeinsam ein Fahrzeug für den Weg zur und von der Dienststelle benutzt, oder
2. in der Wohnung Dienst leistet und Wege zurücklegt, weil das Kind im Sinne des Satz 3 Nr. 1 Buchst. a fremder Obhut anvertraut wird.

Ein Unfall, den die oder der Verletzte bei Durchführung des Heilverfahrens nach § 39 oder auf einem hierzu notwendigen Weg erleidet, gilt als Folge eines Dienstunfalls.

(3) Erkrankt eine Beamtin oder ein Beamter, die oder der wegen der Art der dienstlichen Verrichtung der Gefahr einer Erkrankung an bestimmten Krankheiten besonders ausgesetzt ist, an dieser Krankheit, so gilt die Erkrankung als Dienstunfall, es sei denn, dass die Beamtin oder der Beamte sich die Krankheit außerhalb des Dienstes zugezogen hat. Die Erkrankung gilt jedoch stets als Dienstunfall, wenn sie durch gesundheitsschädigende Verhältnisse verursacht worden ist, denen die Beamtin oder der Beamte am Ort ihres oder seines dienstlich angeordneten Aufenthalts im Ausland besonders ausgesetzt war. Als Krankheiten im Sinne des Satz 1 kommen die in der Anlage 1 der Berufskrankheiten-Verordnung vom 31. Oktober 1997 (BGBl. I S. 2623), zuletzt geändert durch Gesetz vom 12. Juni 2020 (BGBl. I S. 1248), in der jeweils geltenden Fassung genannten Krankheiten mit den dort bezeichneten Maßgaben in Betracht. Für die Feststellung einer Krankheit als Dienstunfall sind auch den Versicherungsschutz nach § 2, § 3 oder § 6 des Siebten Buches Sozialgesetzbuch begründende Tätigkeiten zu berücksichtigen, wenn sie ihrer Art nach geeignet waren, die Krankheit zu verursachen, und die schädigende Einwirkung überwiegend durch dienstliche Verrichtungen nach Satz 1 verursacht worden ist.

(4) Dem durch Dienstunfall verursachten Körperschaden ist ein Körperschaden gleichzusetzen, den eine Beamtin oder ein Beamter außerhalb des Dienstes erleidet, wenn sie oder er im Hinblick auf das pflichtgemäße dienstliche Verhalten oder wegen der Eigenschaft als Beamtin oder Beamter angegriffen wird. Gleiches gilt für einen Körperschaden, den eine Beamtin oder ein Beamter im Ausland erleidet, wenn sie oder er bei Kriegshandlungen, Aufruhr oder Unruhen, denen sie oder er am Ort des dienstlich angeordneten Aufenthaltes im Ausland besonders ausgesetzt war, angegriffen wird.

(5) Unfallfürsorge wie bei einem Dienstunfall kann auch gewährt werden, wenn eine Beamtin oder ein Beamter, die oder der zur Wahrnehmung einer Tätigkeit, die dienstlichen Interessen oder öffentlichen Belangen dient, beurlaubt worden ist und in Ausübung dieser Tätigkeit einen Körperschaden erleidet.

§ 37 Meldung und Untersuchungsverfahren

(1) Unfälle, aus denen Unfallfürsorgeansprüche nach diesem Gesetz entstehen können, sind innerhalb einer Ausschlussfrist von einem Jahr nach dem Eintritt des Unfalls bei der oder dem Dienstvorgesetzten der oder des Verletzten zu melden. § 38 Satz 2 bleibt unberührt. Die Frist nach Satz 1 gilt auch dann als gewahrt, wenn der Unfall bei einer Polizeidienststelle gemeldet worden ist.

(2) Nach Ablauf der Ausschlussfrist wird Unfallfürsorge nur gewährt, wenn seit dem Unfall noch nicht zehn Jahre vergangen sind und

IV

gleichzeitig glaubhaft gemacht wird, dass mit der Möglichkeit einer den Anspruch auf Unfallfürsorge begründenden Folge des Unfalls nicht habe gerechnet werden können oder dass Berechtigte durch außerhalb des Willens liegende Umstände gehindert worden sind, den Unfall zu melden. Die Meldung muss, nachdem mit der Möglichkeit einer den Anspruch auf Unfallfürsorge begründenden Folge des Unfalls gerechnet werden konnte oder das Hindernis für die Meldung weggefallen ist, innerhalb von drei Monaten erfolgen. Die Unfallfürsorge wird in diesen Fällen vom Tag der Meldung an gewährt; zur Vermeidung von Härten kann sie auch von einem früheren Zeitpunkt an gewährt werden.

(3) Die oder der Dienstvorgesetzte hat jeden Unfall, der gemeldet oder von Amts wegen bekannt wird, sofort zu untersuchen. Die oberste Dienstbehörde oder die von ihr bestimmte Stelle entscheidet, ob ein Dienstunfall vorliegt und ob die oder der Verletzte den Unfall vorsätzlich herbeigeführt hat. Die Entscheidung ist der oder dem Verletzten oder den Hinterbliebenen bekanntzugeben.

(4) Unfallfürsorge nach § 35 Abs. 2 Satz 1 wird nur gewährt, wenn der Unfall der Beamtin innerhalb der Fristen nach den Abs. 1 und 2 gemeldet und als Dienstunfall anerkannt worden ist. Der Anspruch auf Unfallfürsorge nach § 35 Abs. 2 Satz 3 ist innerhalb eines Jahres vom Tag der Geburt an von den Sorgeberechtigten geltend zu machen. Abs. 2 gilt mit der Maßgabe, dass die Zehnjahresfrist am Tag der Geburt zu laufen beginnt. Der Antrag muss, nachdem mit der Möglichkeit einer Schädigung durch einen Dienstunfall der Mutter während der Schwangerschaft gerechnet werden konnte oder das Hindernis für den Antrag weggefallen ist, innerhalb von drei Monaten gestellt werden.

§ 38 Erstattung von Sachschäden und besonderen Aufwendungen

Sind bei einem Dienstunfall Kleidungsstücke oder sonstige mitgeführte Gegenstände beschädigt oder zerstört worden oder abhanden gekommen, so soll dafür in angemessenem Umfang Ersatz geleistet werden. Anträge auf Gewährung von Sachschadensersatz nach Satz 1 sind innerhalb einer Ausschlussfrist von sechs Monaten zu stellen. Sind durch die erste Hilfeleistung nach dem Unfall besondere Kosten entstanden, so ist der Beamtin oder dem Beamten der nachweisbar notwendige Aufwand zu ersetzen.

§ 39 Heilverfahren

(1) Bei einem Dienstunfall besteht Anspruch auf Erstattung der angemessenen Kosten für

1. die notwendige ärztliche Behandlung,
2. die notwendige Versorgung mit Arznei- und anderen Heilmitteln, Ausstattung mit Körperersatzstücken, orthopädischen und anderen Hilfsmitteln, die den Erfolg der Heilbehandlung sichern oder die Unfallfolgen erleichtern sollen,
3. die notwendige Pflege und die notwendigen wohnumfeldverbessernden Maßnahmen nach Maßgabe des § 41 Abs. 4 des Siebten Buches Sozialgesetzbuch,
4. die notwendige Haushaltshilfe,
5. die Überführung und Bestattung, wenn die oder der Verletzte an den Folgen des Dienstunfalls verstorben ist.

Für am 30. November 2021 bestandskräftig festgesetzte Kosten für außergewöhnlichen Kleider- und Wäscheverschleiß gilt § 39 Abs. 1 Nr. 5 in der bis zum 30. November 2021 geltenden Fassung fort.

(2) Die oder der Verletzte ist verpflichtet, sich einer Krankenhausbehandlung zu unterziehen, wenn diese nach einer ärztlichen Stellungnahme zur Sicherung des Heilerfolgs notwendig ist. Die ärztliche Stellungnahme ist von der für die Durchführung des Heilverfahrens zuständigen Dienstbehörde anzufordern.

(3) Die oder der Verletzte ist verpflichtet, sich einer ärztlichen Behandlung zu unterziehen, es sei denn, dass sie mit einer erheblichen Gefahr für Leben oder Gesundheit der oder des Verletzten verbunden ist. Gleiches gilt für eine Operation dann, wenn sie keinen erheblichen Eingriff in die körperliche Unversehrtheit bedeutet.

(4) Die Durchführung regelt die Landesregierung durch Rechtsverordnung.

§ 40 Unfallausgleich und Angriffsentschädigung

(1) Verursacht der Dienstunfall einen Grad der Schädigungsfolgen von mindestens 20 für länger als sechs Monate, so erhält die oder der Verletzte, solange dieser Zustand andauert, neben den Dienstbezügen, den Anwärterbezügen oder dem Ruhegehalt einen Unfallausgleich. Dieser wird auf Antrag gewährt und beträgt für einen Grad der Schädigungsfolgen von:

20	159 Euro
25 und 30	190 Euro
35 und 40	260 Euro
45 und 50	346 Euro
55 und 60	440 Euro
65 und 70	609 Euro
75 und 80	735 Euro
85 und 90	883 Euro
95 und 100	991 Euro

Der Unfallausgleich erhöht sich für Schwerbeschädigte bei einem Grad der Schädigungsfolgen:

von 50 bis 65	um 40 Euro
von 70 bis 85	um 47 Euro
von mindestens 90	um 59 Euro

Schwerbeschädigung liegt vor, wenn ein Grad der Schädigungsfolgen von mindestens 50 festgestellt ist.

(2) Beschädigte mit einem Grad der Schädigungsfolgen von 100, die durch die anerkannten Schädigungsfolgen gesundheitlich außergewöhnlich betroffen sind, erhalten eine monatliche Schwerstbeschädigtenzulage, die in folgenden Stufen gewährt wird:

Stufe I	115 Euro
Stufe II	235 Euro
Stufe III	351 Euro
Stufe IV	469 Euro
Stufe V	586 Euro
Stufe VI	709 Euro

Die Zuordnung zu den Stufen erfolgt entsprechend der Verordnung zur Durchführung des § 31 Abs. 4 des Bundesversorgungsgesetzes in der Fassung der Bekanntmachung vom 20. April 1970 (BGBl. I S. 410), geändert durch Gesetz vom 13. Dezember 2007 (BGBl. I S. 2904).

(3) Der Grad der Schädigungsfolgen ist nach den allgemeinen Auswirkungen der Funktionsbeeinträchtigungen, die durch als Schädigungsfolge anerkannten körperlichen, geistigen oder seelischen Gesundheitsstörungen bedingt sind, in allen Lebensbereichen zu beurteilen. Hat bei Eintritt des Dienstunfalls ein abschätzbarer Grad von Schädigungsfolgen bereits bestanden, so ist für die Berechnung des Unfallausgleichs vom individuellen Grad der Schädigungsfolgen der oder des Verletzten, der unmittelbar vor dem Eintritt des Dienstunfalls bestand, auszugehen und zu ermitteln, inwieweit sich der vorbestehende Grad der Schädigungsfolgen auf den dienstunfallbedingten Grad der Schädigungsfolgen auswirkt. Beruht der frühere Grad der Schädigungsfolgen auf einem Dienstunfall, so kann ein einheitlicher Unfallausgleich festgesetzt werden. Für äußere Körperschäden können Mindestgrade festgelegt werden.

(4) Der Unfallausgleich wird neu festgestellt, wenn in den Verhältnissen, die für die Feststellung maßgebend gewesen sind, eine wesentliche Änderung eingetreten ist. Die Beamtin oder der Beamte ist verpflichtet, jede Änderung der maßgebenden Verhältnisse mitzuteilen und sich auf Anordnung der obersten Dienstbehörde durch eine von ihr bestimmte Stelle ärztlich untersuchen zu lassen; die oberste Dienstbehörde kann diese Befugnis auf andere Stellen übertragen.

(5) Der Unfallausgleich wird auch während einer Krankenhausbehandlung, einer Beurlaubung ohne Dienstbezüge sowie in Fällen, in denen das Ruhegehalt ruht, gewährt. Der Unfallausgleich wird nicht neben einem Unterhaltsbeitrag gewährt.

(6) Auf Dienstunfälle, die sich vor dem 1. Januar 1992 ereignet haben, findet § 35 des Beamtenversorgungsgesetzes in der am 31. Dezember 1991 geltenden Fassung An-

wendung, mit der Maßgabe, dass sich die Höhe des Unfallausgleichs nach § 40 Abs. 1 dieses Gesetzes bestimmt.

(7) Eine Beamtin oder ein Beamter, die oder der in Ausübung des Dienstes durch einen rechtswidrigen Angriff oder außerhalb des Dienstes durch einen Angriff im Sinne des § 36 Abs. 4 einen Dienstunfall erleidet, erhält eine einmalige Angriffsentschädigung in Höhe von 2000 Euro. Ist eine Beamtin oder ein Beamter an den Folgen eines Dienstunfalls der in Satz 1 bezeichneten Art verstorben, wird die Entschädigungsleistung jeweils insgesamt

1. der Witwe, dem Witwer sowie den versorgungsberechtigten Kindern,
2. den Eltern sowie den nicht versorgungsberechtigten Kindern, soweit Anspruchsberechtigte im Sinne der Nr. 1 nicht vorhanden sind, oder
3. den Großeltern und Enkeln, soweit Anspruchsberechtigte im Sinne der Nr. 1 und 2 nicht vorhanden sind,

gewährt.

Satz 1 und 2 finden auf andere Angehörige des öffentlichen Dienstes entsprechende Anwendung.

§ 41 Unfallruhegehalt

(1) Ist die Beamtin oder der Beamte infolge des Dienstunfalls dienstunfähig geworden und in den Ruhestand versetzt worden, so erhält sie oder er Unfallruhegehalt. Dabei richtet sich das Grundgehalt der nach § 5 Abs. 1 Satz 1 Nr. 1, Abs. 2 oder Abs. 3 maßgebenden Besoldungsgruppe nach der Stufe, die die Beamtin oder der Beamte bis zum Eintritt in den Ruhestand wegen Erreichens der jeweils geltenden Altersgrenze hätte erreichen können.

(2) Für die Berechnung des Unfallruhegehalts einer oder eines vor Vollendung des 60. Lebensjahres in den Ruhestand versetzten Beamtin oder Beamten wird der ruhegehaltfähigen Dienstzeit nur die Hälfte der Zurechnungszeit nach § 7 Abs. 4 hinzugerechnet.

(3) Der Ruhegehaltssatz wird nach § 14 Abs. 1 mit der Maßgabe berechnet, dass an die Stelle der Angabe „1,79375" die Angabe „1,875" tritt, und erhöht sich um 20 Prozent. Das Unfallruhegehalt beträgt mindestens 66,67 Prozent der ruhegehaltfähigen Dienstbezüge und darf 75 Prozent der ruhegehaltfähigen Dienstbezüge nicht übersteigen. Es darf nicht hinter 72 Prozent der jeweils ruhegehaltfähigen Dienstbezüge aus der Endstufe der Besoldungsgruppe A 6 zurückbleiben.

§ 42 Erhöhtes Unfallruhegehalt

(1) Setzt sich eine Beamtin oder ein Beamter bei Ausübung einer Diensthandlung einer damit verbundenen besonderen Lebensgefahr aus und erleidet infolge dieser Gefährdung einen Dienstunfall, so sind bei der Bemessung des Unfallruhegehalts 80 Prozent der ruhegehaltfähigen Dienstbezüge aus der Endstufe der übernächsten Besoldungsgruppe zugrunde zu legen, wenn sie oder er infolge dieses Dienstunfalls dienstunfähig geworden und in den Ruhestand versetzt worden ist und im Zeitpunkt des Eintritts in den Ruhestand infolge des Dienstunfalls der Grad der Schädigungsfolgen mindestens 50 beträgt. Dabei bemessen sich die ruhegehaltfähigen Dienstbezüge der Beamtin oder des Beamten mindestens nach der Besoldungsgruppe

1. A 9 bei einem Einstieg in die Laufbahn des mittleren Dienstes in einem Amt der Besoldungsgruppe A 6,
2. A 12 für die Laufbahngruppe des gehobenen Dienstes,
3. A 16 für die Laufbahngruppe des höheren Dienstes.

Die Entscheidung über die Gewährung eines erhöhten Unfallruhegehalts trifft die oberste Dienstbehörde oder die von ihr bestimmte Stelle.

(2) Unfallruhegehalt nach Abs. 1 wird auch gewährt, wenn die Beamtin oder der Beamte

1. in Ausübung des Dienstes durch einen rechtswidrigen Angriff oder
2. außerhalb des Dienstes durch einen Angriff im Sinne des § 36 Abs. 4

einen Dienstunfall mit den in Abs. 1 genannten Folgen erleidet.

(3) Unfallruhegehalt nach Abs. 1 wird auch gewährt, wenn eine Beamtin oder ein Beamter einen Einsatzunfall oder ein diesem gleichstehendes Ereignis im Sinne des § 50 erleidet und sie oder er infolge des Einsatzunfalls oder des diesem gleichstehenden Ereignisses dienstunfähig geworden und in den Ruhestand versetzt worden ist und im Zeitpunkt des Eintritts in den Ruhestand infolge des Einsatzunfalls oder des diesem gleichstehenden Ereignisses ein Grad der Schädigungsfolgen von mindestens 50 vorliegt.

§ 43 Unfallunterhaltsbeitrag für entlassene Beamtinnen und Beamte

(1) Eine durch Dienstunfall verletzte frühere Beamtin oder ein durch Dienstunfall verletzter früherer Beamter, deren oder dessen Beamtenverhältnis nicht durch Eintritt in den Ruhestand geendet hat, erhält neben den Kosten für das Heilverfahren nach § 39 für die Dauer einer durch den Dienstunfall verursachten Erwerbsbeschränkung einen Unterhaltsbeitrag.

(2) Der Unterhaltsbeitrag beträgt

1. bei völliger Erwerbsunfähigkeit 66,67 Prozent der ruhegehaltfähigen Dienstbezüge nach Abs. 4,
2. bei einem Grad der Schädigungsfolgen von wenigstens 20 den der Minderung entsprechenden Teil des Unterhaltsbeitrags nach Nr. 1.

(3) Im Falle des Abs. 2 Nr. 2 kann der Unterhaltsbeitrag, solange aus Anlass des Unfalls unverschuldet Arbeitslosigkeit besteht, bis auf den Betrag nach Abs. 2 Nr. 1 erhöht werden.

(4) Die ruhegehaltfähigen Dienstbezüge bestimmen sich nach § 5 Abs. 1. Bei einer früheren Beamtin oder einem früheren Beamten auf Widerruf im Vorbereitungsdienst sind die Dienstbezüge zugrunde zu legen, die sie oder er bei der Ernennung zur Beamtin oder zum Beamten auf Probe zuerst erhalten hätte; Gleiches gilt für eine frühere Polizeivollzugsbeamtin oder einen früheren Polizeivollzugsbeamten auf Widerruf mit Dienstbezügen. Bei Entlassung wegen Dienstunfähigkeit infolge des Dienstunfalls gilt § 41 Abs. 1 Satz 2 entsprechend. Der Unterhaltsbeitrag für eine frühere Beamtin oder einen früheren Beamten auf Widerruf, die oder der ein Amt innehatte, das die Arbeitskraft nur nebenbei beanspruchte, ist nach billigem Ermessen festzusetzen.

(5) Ist die Beamtin oder der Beamte wegen Dienstunfähigkeit infolge des Dienstunfalls entlassen worden, darf der Unterhaltsbeitrag nach Abs. 2 Nr. 1 nicht hinter dem Mindestunfallruhegehalt nach § 41 Abs. 3 Satz 3 zurückbleiben. Ist die Beamtin oder der Beamte wegen Dienstunfähigkeit infolge eines Dienstunfalls der in § 42 bezeichneten Art entlassen worden und hat im Zeitpunkt der Entlassung infolge des Dienstunfalls der Grad der Schädigungsfolgen mindestens 50 betragen, treten an die Stelle des Mindestunfallruhegehalts 80 Prozent der ruhegehaltfähigen Dienstbezüge aus der Endstufe der Besoldungsgruppe, die sich bei sinngemäßer Anwendung des § 42 ergibt. Abs. 4 Satz 4 gilt entsprechend.

(6) § 40 Abs. 2 Satz 1 und Abs. 3 Satz 2 gilt entsprechend.

(7) Die Abs. 1 bis 6 gelten entsprechend für eine durch Dienstunfall verletzte frühere Ruhestandsbeamtin oder einen durch Dienstunfall verletzten früheren Ruhestandsbeamten nach Verlust der Beamtenrechte oder Aberkennung des Ruhegehalts.

§ 44 Unfallunterhaltsbeitrag bei Schädigung eines ungeborenen Kindes

(1) Der Unterhaltsbeitrag wird im Falle des § 35 Abs. 2 Satz 1 und 2 für die Dauer der durch einen Dienstunfall der Mutter verursachten Grad der Schädigungsfolgen gewährt

1. bei Verlust der Erwerbsfähigkeit in Höhe des Mindestunfallwaisengelds nach § 45 Abs. 1 Satz 2 Nr. 2 in Verbindung mit § 41 Abs. 3 Satz 3,
2. bei einem Grad der Schädigungsfolgen von mindestens 20 in Höhe eines des Grades der Schädigungsfolgen entsprechenden Teils des Unterhaltsbeitrags nach Nr. 1.

(2) § 40 Abs. 2 Satz 1 und Abs. 3 Satz 2 gilt entsprechend. Bei Minderjährigen wird der Grad der Schädigungsfolgen nach den Auswirkungen bemessen, die sich bei Erwachsenen mit gleichem Gesundheitsschaden erge-

ben würden. Die Sorgeberechtigten sind verpflichtet, Untersuchungen zu ermöglichen.

(3) Der Unterhaltsbeitrag beträgt vor Vollendung des 14. Lebensjahres 30 Prozent, danach bis zur Vollendung des 18. Lebensjahres 50 Prozent der Sätze nach Abs. 1; er ist auf den vollen Satz zu erhöhen, wenn die minderjährige Person den Lebensunterhalt allein bestreiten muss. Der Anspruch auf Unterhaltsbeitrag ruht insoweit, als während einer Heimpflege von mehr als einem Kalendermonat Pflegekosten nach § 39 Abs. 1 Nr. 3 erstattet werden.

(4) § 43 Abs. 4 gilt entsprechend.

(5) Bei gleichzeitigem Anspruch auf Unterhaltsbeitrag und Waisengeld nach diesem Gesetz wird nur der höhere Versorgungsbezug gezahlt.

§ 45 Unfall-Hinterbliebenenversorgung

(1) Ist eine Beamtin oder ein Beamter, die oder der Unfallruhegehalt erhalten hätte, eine Ruhestandsbeamtin oder ein Ruhestandsbeamter, die oder der Unfallruhegehalt erhielt, an den Folgen des Dienstunfalls verstorben, so erhalten die Hinterbliebenen Unfall-Hinterbliebenenversorgung mit der Maßgabe, dass

1. das Witwengeld oder Witwergeld 60 Prozent des Unfallruhegehalts nach §§ 41 oder 42 beträgt,
2. das Waisengeld für jedes waisengeldberechtigte Kind nach § 29 30 Prozent des Unfallruhegehalts beträgt; es wird auch elternlosen Enkelkindern gewährt, deren Unterhalt zur Zeit des Dienstunfalls ganz oder überwiegend durch die Verstorbene oder den Verstorbenen bestritten wurde.

(2) Sind die Unfallfolgen nicht Todesursache, so steht den Hinterbliebenen nur Versorgung nach dem Vierten Teil zu; diese Bezüge sind aber unter Zugrundelegung des Unfallruhegehalts zu berechnen.

(3) § 24 Abs. 3 gilt entsprechend.

§ 46 Unfallunterhaltsbeitrag für Verwandte der aufsteigenden Linie

Verwandten der aufsteigenden Linie, deren Unterhalt zur Zeit des Dienstunfalls ganz oder überwiegend durch die Verstorbene oder den Verstorbenen nach § 45 Abs. 1 bestritten wurde, ist für die Dauer der Bedürftigkeit ein Unterhaltsbeitrag von zusammen 30 Prozent des Unfallruhegehalts zu gewähren, mindestens jedoch 40 Prozent des in § 41 Abs. 3 Satz 3 genannten Betrags. Sind mehrere Personen dieser Art vorhanden, so wird der Unterhaltsbeitrag den Eltern vor den Großeltern gewährt; an die Stelle eines verstorbenen Elternteils treten dessen Eltern.

§ 47 Unfallunterhaltsbeitrag für Hinterbliebene

(1) Ist in den Fällen des § 43 die frühere Beamtin oder der frühere Beamte, die frühere Ruhestandsbeamtin oder der frühere Ruhestandsbeamte an den Folgen des Dienstunfalls verstorben, so erhalten die Hinterbliebenen einen Unterhaltsbeitrag in Höhe des Witwengelds, Witwergelds oder Waisengelds, das sich nach den allgemeinen Vorschriften unter Zugrundelegung des Unterhaltsbeitrags nach § 43 Abs. 2 Nr. 1 ergibt.

(2) Ist die frühere Beamtin oder der frühere Beamte, die frühere Ruhestandsbeamtin oder der frühere Ruhestandsbeamte nicht an den Folgen des Dienstunfalls verstorben, so kann den Hinterbliebenen ein Unterhaltsbeitrag bis zur Höhe des Witwengelds, Witwergelds oder Waisengelds bewilligt werden, das sich nach den allgemeinen Vorschriften unter Zugrundelegung des Unterhaltsbeitrags ergibt, den die oder der Verstorbene im Zeitpunkt des Todes erhalten hat.

(3) Für die Hinterbliebenen einer an den Unfallfolgen verstorbenen Beamtin oder eines an den Unfallfolgen verstorbenen Beamten gilt Abs. 1 entsprechend, soweit nicht Unfall-Hinterbliebenenversorgung nach § 45 zu gewähren ist.

(4) § 26 gilt entsprechend.

§ 48 Höchstgrenzen der Unfall-Hinterbliebenenversorgung

Die Unfallversorgung der Hinterbliebenen nach den §§ 45 bis 47 darf insgesamt die Bezüge (Unfallruhegehalt oder Unterhaltsbeitrag) nicht übersteigen, die die oder der Verstorbene erhalten hat oder hätte erhalten können. Abweichend von Satz 1 sind in den Fällen des § 42 als Höchstgrenze mindestens die ruhegehaltfähigen Dienstbezüge aus der Endstufe der übernächsten anstelle der von der oder dem Verstorbenen tatsächlich erreichten Besoldungsgruppe zugrunde zu legen. § 31 ist entsprechend anzuwenden. Der Unfallausgleich nach § 40 sowie der Zuschlag bei Arbeitslosigkeit nach § 43 Abs. 3 bleiben sowohl bei der Berechnung des Unterhaltsbeitrags nach § 47 als auch bei der vergleichenden Berechnung nach § 31 außer Betracht.

§ 49 Einmalige Unfallentschädigung und einmalige Entschädigung

(1) Eine Beamtin oder ein Beamter, die oder der einen Dienstunfall der in § 42 bezeichneten Art erleidet, erhält neben einer beamtenrechtlichen Versorgung bei Beendigung des Dienstverhältnisses eine einmalige Unfallentschädigung von 160 000 Euro, wenn infolge des Dienstunfalls in diesem Zeitpunkt ein Grad der Schädigungsfolgen bei ihr oder ihm von wenigstens 50 besteht.

(2) Ist eine Beamtin oder ein Beamter an den Folgen eines Dienstunfalls der in § 42 bezeichneten Art verstorben, wird ihren oder seinen Hinterbliebenen eine einmalige Unfallentschädigung nach Maßgabe der folgenden Bestimmungen gewährt:

1. die Witwe oder der Witwer sowie die versorgungsberechtigten Kinder erhalten eine Entschädigung in Höhe von insgesamt 120 000 Euro;
2. sind Anspruchsberechtigte im Sinne der Nr. 1 nicht vorhanden, so erhalten die Eltern und die in Nr. 1 bezeichneten, nicht versorgungsberechtigten Kinder eine Entschädigung in Höhe von insgesamt 40 000 Euro;
3. sind Anspruchsberechtigte im Sinne der Nr. 1 und 2 nicht vorhanden, so erhalten die Großeltern und Enkel eine Entschädigung in Höhe von insgesamt 20 000 Euro.

(3) Die Abs. 1 und 2 gelten entsprechend, wenn eine Beamtin oder ein Beamter

1. als Angehörige oder Angehöriger des besonders gefährdeten fliegenden Personals während des Flugdienstes,
2. als Taucherin oder Taucher während des besonders gefährlichen Tauchdienstes,
3. im Bergrettungsdienst während des Einsatzes und der Ausbildung,
4. als Angehörige oder Angehöriger des besonders gefährdeten Munitionsuntersuchungspersonals während des dienstlichen Umgangs mit Munition,
5. als Angehörige oder Angehöriger eines Polizeiverbands des Landes Hessen für besondere polizeiliche Einsätze bei einer besonders gefährlichen Diensthandlung im Einsatz oder in der Ausbildung dazu,
6. im Einsatz beim Ein- oder Aushängen von Außenlasten bei einem Drehflügler oder
7. als Angehörige oder Angehöriger des feuerwehrtechnischen Dienstes mit Aufgaben mit erhöhtem Gefährdungspotenzial bei einer besonders gefährlichen Diensthandlung im Einsatz oder in Ausbildung dazu

einen Unfall erleidet, der nur auf die eigentümlichen Verhältnisse des Dienstes nach den Nr. 1 bis 7 zurückzuführen ist. Die Landesregierung wird ermächtigt, durch Rechtsverordnung den Personenkreis in Satz 1 und die zum Dienst im Sinne von Satz 1 gehörenden dienstlichen Verrichtungen näher zu bestimmen. Satz 1 und 2 gelten entsprechend für andere Angehörige des öffentlichen Dienstes, zu deren Dienstpflichten Tätigkeiten der in Satz 1 Nr. 1 bis 7 bezeichneten Art gehören.

(4) Abs. 1 gilt entsprechend, wenn eine Beamtin oder ein Beamter oder eine andere Angehörige oder ein anderer Angehöriger des öffentlichen Dienstes einen Einsatzunfall oder ein diesem gleichstehendes Ereignis im Sinne des § 50 erleidet.

(5) Die Hinterbliebenen erhalten eine einmalige Entschädigung nach Maßgabe des Abs. 2, wenn eine Beamtin oder ein Beamter oder eine andere Angehörige oder ein anderer Angehöriger des öffentlichen Dienstes an den Folgen eines Einsatzunfalls oder eines diesem gleichstehenden Ereignisses im Sinne des § 50 verstorben ist.

(6) Für die einmalige Entschädigung nach den Abs. 4 oder 5 gelten § 36 Abs. 5 und § 50 Abs. 4 entsprechend. Besteht aufgrund der-

IV

selben Ursache Anspruch sowohl auf eine einmalige Unfallentschädigung nach den Abs. 1 bis 3 als auch auf eine einmalige Entschädigung nach den Abs. 4 oder 5, wird nur die einmalige Entschädigung gewährt.

(7) Eine Entschädigung aus einer Unfallversicherung, für die der Dienstherr die Beiträge gezahlt hat, ist auf die einmalige Unfallentschädigung nach den Abs. 1 bis 4 anzurechnen.

§ 50 Einsatzversorgung

(1) Unfallfürsorge wie bei einem Dienstunfall wird auch dann gewährt, wenn eine Beamtin oder ein Beamter aufgrund eines in Ausübung oder infolge des Dienstes eingetretenen Unfalls oder einer derart eingetretenen Erkrankung im Sinne des § 36 bei einer besonderen Verwendung im Ausland eine gesundheitliche Schädigung erleidet (Einsatzunfall). Eine besondere Verwendung im Ausland ist eine Verwendung, die aufgrund eines Übereinkommens oder einer Vereinbarung mit einer über- oder zwischenstaatlichen Einrichtung oder mit einem auswärtigen Staat auf Beschluss der Bundesregierung im Ausland oder außerhalb des deutschen Hoheitsgebiets auf Schiffen oder in Luftfahrzeugen stattfindet, oder eine Verwendung im Ausland oder außerhalb des deutschen Hoheitsgebiets auf Schiffen oder in Luftfahrzeugen mit vergleichbar gesteigerter Gefährdungslage. Die besondere Verwendung im Ausland beginnt mit dem Eintreffen im Einsatzgebiet und endet mit dem Verlassen des Einsatzgebiets.

(2) Gleiches gilt, wenn bei einer Beamtin oder einem Beamten eine Erkrankung oder ihre Folgen oder ein Unfall auf gesundheitsschädigende oder sonst vom Inland wesentlich abweichende Verhältnisse bei einer Verwendung im Sinne des Abs. 1 zurückzuführen sind oder wenn eine gesundheitliche Schädigung bei einer dienstlichen Verwendung im Ausland auf einen Unfall oder eine Erkrankung im Zusammenhang mit einer Verschleppung oder einer Gefangenschaft zurückzuführen ist oder darauf beruht, dass die Beamtin oder der Beamte aus sonstigen mit dem Dienst zusammenhängenden Gründen dem Einflussbereich des Dienstherrn entzogen ist.

(3) § 36 Abs. 5 gilt entsprechend.

(4) Die Unfallfürsorge ist ausgeschlossen, wenn sich die Beamtin oder der Beamte vorsätzlich oder grob fahrlässig der Gefährdung ausgesetzt oder die Gründe für eine Verschleppung, Gefangenschaft oder sonstige Einflussbereichsentziehung herbeigeführt hat, es sei denn, dass der Ausschluss eine unbillige Härte wäre.

§ 51 Schadensausgleich in besonderen Fällen

(1) Schäden, die einer Beamtin oder einem Beamten oder einer anderen Angehörigen oder einem anderen Angehörigen des öffentlichen Dienstes während einer besonderen Verwendung im Sinne des § 50 Abs. 1 infolge von besonderen, vom Inland wesentlich abweichenden Verhältnissen, insbesondere infolge von Kriegshandlungen, kriegerischen Ereignissen, Aufruhr, Unruhen oder Naturkatastrophen oder als Folge der Ereignisse nach § 50 Abs. 2 entstehen, werden ihr oder ihm in angemessenem Umfang ersetzt. Gleiches gilt für Schäden der Beamtin oder des Beamten oder einer anderen Angehörigen oder eines anderen Angehörigen des öffentlichen Dienstes durch einen Gewaltakt gegen staatliche Amtsträger, Einrichtungen oder Maßnahmen, wenn sie oder er von dem Gewaltakt in Ausübung des Dienstes oder wegen ihrer oder seiner Eigenschaft als Beamtin oder Beamter oder Angehörige oder Angehöriger des öffentlichen Dienstes betroffen ist.

(2) Im Falle einer Verwendung im Sinne des § 50 Abs. 1 wird einer Beamtin oder einem Beamten oder einer anderen Angehörigen oder einem anderen Angehörigen des öffentlichen Dienstes ein angemessener Ausgleich auch für Schäden infolge von Maßnahmen einer ausländischen Regierung, die sich gegen die Bundesrepublik Deutschland richten, gewährt.

(3) Ist eine Beamtin oder ein Beamter oder eine andere Angehörige oder ein anderer Angehöriger des öffentlichen Dienstes an den Folgen des schädigenden Ereignisses der in Abs. 1 und 2 bezeichneten Art verstorben, wird ein angemessener Ausgleich gewährt

1. der Witwe, dem Witwer sowie den versorgungsberechtigten Kindern,
2. den Eltern sowie den nicht versorgungsberechtigten Kindern, wenn Hinterbliebene der in Nr. 1 bezeichneten Art nicht vorhanden sind.

Der Ausgleich für ausgefallene Versicherungen wird natürlichen Personen gewährt, die durch die Beamtin oder den Beamten oder die andere Angehörige oder den anderen Angehörigen des öffentlichen Dienstes im Versicherungsvertrag begünstigt sind. Sind Versicherungsansprüche zur Finanzierung des Erwerbs von Wohneigentum an eine juristische Person oder an mehrere juristische Personen abgetreten worden, wird der Ausgleich für die ausgefallene Versicherung an diese gezahlt, wenn die Abtretung durch die Beamtin oder den Beamten oder die andere Angehörige oder den anderen Angehörigen des öffentlichen Dienstes dazu gedient hat, eine natürliche Person oder mehrere natürliche Personen von Zahlungspflichten aufgrund der Finanzierung des Wohneigentums freizustellen.

(4) Der Schadensausgleich nach Abs. 1 bis 3 wird nur einmal gewährt. Wird er aufgrund derselben Ursache nach § 63b des Soldatenversorgungsgesetzes in der Fassung vom 16. September 2009 (BGBl. I S. 3054), zuletzt geändert durch Gesetz vom 21. Juli 2012 (BGBl. I S. 1583), vorgenommen, sind die Abs. 1 bis 3 nicht anzuwenden.

(5) Die Abs. 1 bis 4 sind auch auf Schäden bei dienstlicher Verwendung im Ausland anzuwenden, die im Zusammenhang mit einer Verschleppung oder einer Gefangenschaft entstanden sind oder darauf beruhen, dass die oder der Geschädigte aus sonstigen mit dem Dienst zusammenhängenden Gründen dem Einflussbereich des Dienstherrn entzogen ist.

(6) Für den Schadensausgleich gelten § 36 Abs. 5 und § 50 Abs. 4 entsprechend.

§ 52 Unfallfürsorge für Ehrenbeamtinnen und Ehrenbeamte

Erleidet die Ehrenbeamtin oder der Ehrenbeamte einen Dienstunfall nach § 36, so hat sie oder er Anspruch auf Leistungen nach § 39. Außerdem kann Ersatz von Sachschäden nach § 38 und von der obersten Dienstbehörde oder der von ihr bestimmten Stelle, für Ehrenbeamtinnen und Ehrenbeamte des Landes Hessen im Einvernehmen mit dem für das Beamtenversorgungsrecht zuständigen Ministerium oder der von ihm bestimmten Stelle, ein nach billigem Ermessen festzusetzender Unterhaltsbeitrag bewilligt werden. Das Gleiche gilt für ihre oder seine Hinterbliebenen.

§ 53 Begrenzung der Unfallfürsorgeansprüche

(1) Die verletzte Beamtin oder der verletzte Beamte und ihre oder seine Hinterbliebenen haben aus Anlass eines Dienstunfalls gegen den Dienstherrn nur die in den §§ 35 bis 52 geregelten Ansprüche. Ist die Beamtin oder der Beamte nach dem Dienstunfall in den Dienstbereich eines anderen öffentlich-rechtlichen Dienstherrn im Geltungsbereich dieses Gesetzes versetzt worden, so richten sich die Ansprüche gegen diesen; das Gleiche gilt in den Fällen des gesetzlichen Übertritts oder der Übernahme bei der Umbildung von Körperschaften. Satz 2 gilt in den Fällen, in denen eine Beamtin oder ein Beamter aus dem Dienstbereich eines öffentlich-rechtlichen Dienstherrn außerhalb des Geltungsbereichs dieses Gesetzes zu einem Dienstherrn im Geltungsbereich dieses Gesetzes versetzt wird mit der Maßgabe, dass die Vorschriften dieses Gesetzes Anwendung finden.

(2) Weitergehende Ansprüche aufgrund allgemeiner gesetzlicher Vorschriften können gegen einen öffentlich-rechtlichen Dienstherrn im Geltungsbereich dieses Gesetzes oder gegen die in seinem Dienst stehenden Personen nur dann geltend gemacht werden, wenn der Dienstunfall

1. durch eine vorsätzliche unerlaubte Handlung einer solchen Person verursacht worden oder
2. bei der Teilnahme am allgemeinen Straßenverkehr eingetreten ist.

Im Falle von Satz 1 Nr. 2 sind Leistungen, die der Beamtin oder dem Beamten und ihren oder seinen Hinterbliebenen nach diesem Gesetz gewährt werden, auf diese weitergehenden Ansprüche anzurechnen; der Dienst-

IV

herr, der Leistungen nach diesem Gesetz gewährt, hat keinen Anspruch auf Ersatz dieser Leistungen gegen einen anderen öffentlich-rechtlichen Dienstherrn im Bundesgebiet.

(3) Ersatzansprüche gegen andere Personen bleiben unberührt.

(4) Auf laufende und einmalige Geldleistungen, die nach diesem Gesetz wegen eines Körper-, Sach- oder Vermögensschadens gewährt werden, sind solche Geldleistungen anzurechnen, die wegen desselben Schadens von anderer Seite erbracht werden. Hierzu gehören insbesondere Geldleistungen, die von Drittstaaten oder von zwischenstaatlichen oder überstaatlichen Einrichtungen gewährt oder veranlasst werden. Nicht anzurechnen sind Leistungen privater Schadensversicherungen, die auf Beiträgen der Beamtinnen oder Beamten oder anderen Angehörigen des öffentlichen Dienstes beruhen.

§ 54 Nichtgewährung von Unfallfürsorge

(1) Unfallfürsorge wird nicht gewährt, wenn die oder der Verletzte den Dienstunfall vorsätzlich herbeigeführt hat.

(2) Hat die oder der Verletzte eine die Heilbehandlung betreffende Anordnung ohne gesetzlichen oder sonstigen wichtigen Grund nicht befolgt und wird dadurch die Dienst- oder Erwerbsfähigkeit ungünstig beeinflusst, so kann die oberste Dienstbehörde oder die von ihr bestimmte Stelle die Unfallfürsorge insoweit versagen. Die oder der Verletzte ist auf diese Folgen schriftlich hinzuweisen.

(3) Hinterbliebenenversorgung nach den Unfallfürsorgevorschriften wird im Falle des § 27 Abs. 1 nicht gewährt.

SECHSTER TEIL
Gemeinsame Vorschriften

Erster Abschnitt
Familienzuschlag, Ausgleichsbetrag und Kindererziehungszuschlag

§ 55 Familienzuschlag und Ausgleichsbetrag

(1) Auf den Familienzuschlag finden die für die Beamtinnen und Beamten geltenden Vorschriften des hessischen Besoldungsrechts Anwendung. Der Unterschiedsbetrag zwischen der Stufe 1 und der nach dem Besoldungsrecht in Betracht kommenden Stufe des Familienzuschlags wird neben dem Ruhegehalt gezahlt. Er wird unter Berücksichtigung der nach den Verhältnissen der Beamtin oder Ruhestandsbeamtin oder des Beamten oder Ruhestandsbeamten für die Stufen des Familienzuschlags in Betracht kommenden Kinder neben dem Witwengeld oder Witwergeld gezahlt, soweit die Witwe oder der Witwer Anspruch auf Kindergeld für diese Kinder hat oder ohne Berücksichtigung der §§ 64 und 65 des Einkommensteuergesetzes oder der §§ 3 und 4 des Bundeskindergeldgesetzes in der Fassung vom 28. Januar 2009 (BGBl. I S. 142, 3177), zuletzt geändert durch Gesetz vom 7. Dezember 2011 (BGBl. I S. 2592), haben würde; soweit hiernach ein Anspruch auf den Unterschiedsbetrag nicht besteht, wird er neben dem Waisengeld gezahlt, wenn die Waise bei den Stufen des Familienzuschlags zu berücksichtigen ist oder zu berücksichtigen wäre, wenn die Beamtin oder Ruhestandsbeamtin oder der Beamte oder Ruhestandsbeamte noch lebte. Sind mehrere Anspruchsberechtigte vorhanden, wird der Unterschiedsbetrag auf die Anspruchsberechtigten nach der Zahl der auf sie entfallenden Kinder zu gleichen Teilen aufgeteilt.

(2) Neben dem Waisengeld wird ein Ausgleichsbetrag gezahlt, der dem Betrag für das erste Kind nach § 66 Abs. 1 des Einkommensteuergesetzes entspricht, wenn

1. in der Person der Waise die Voraussetzungen des § 32 Abs. 1 bis 5 des Einkommensteuergesetzes erfüllt sind,
2. Ausschlussgründe nach § 65 des Einkommensteuergesetzes nicht vorliegen,
3. keine Person vorhanden ist, die nach § 62 des Einkommensteuergesetzes oder nach § 1 des Bundeskindergeldgesetzes anspruchsberechtigt ist, und
4. die Waise keinen Anspruch auf Kindergeld nach § 1 Abs. 2 des Bundeskindergeldgesetzes hat.

Der Ausgleichsbetrag gilt für die Anwendung der §§ 57 und 58 nicht als Versorgungsbezug. Im Falle des § 58 wird er nur zu den neuen Versorgungsbezügen gezahlt.

§ 56 Kindererziehungs- und Pflegezuschlag

(1) Hat eine Beamtin oder ein Beamter ein nach dem 31. Dezember 1991 geborenes Kind erzogen, wird neben dem Ruhegehalt für jeden Monat einer ihr oder ihm zuzuordnenden Kindererziehungszeit ein Kindererziehungszuschlag nach Maßgabe dieses Gesetzes gezahlt. Dies gilt nicht, wenn die Beamtin oder der Beamte wegen der Erziehung des Kindes in der gesetzlichen Rentenversicherung versicherungspflichtig, auch aufgrund Nachversicherung, nach § 3 Satz 1 Nr. 1 des Sechsten Buches Sozialgesetzbuch war und die allgemeine Wartezeit für eine Rente der gesetzlichen Rentenversicherung erfüllt ist. Satz 2 findet keine Anwendung bei einer rechtswidrig anerkannten Kindererziehungszeit in der gesetzlichen Rentenversicherung.

(2) Die Kindererziehungszeit beginnt nach Ablauf des Monats der Geburt und endet nach 36 Kalendermonaten, spätestens jedoch mit dem Ablauf des Monats, in dem die Erziehung endet.

(3) Für die Zuordnung der Kindererziehungszeit zu einem Elternteil nach § 56 Abs. 1 Satz 1 Nr. 3 und Abs. 3 Nr. 2 und 3 des Ersten Buches Sozialgesetzbuch vom 11. Dezember 1975 (BGBl. I S. 3015), zuletzt geändert durch Gesetz vom 23. Oktober 2012 (BGBl. I S. 2246), gilt § 56 Abs. 2 des Sechsten Buches Sozialgesetzbuch entsprechend.

(4) Die Höhe des Kindererziehungszuschlags nach den Abs. 1 und 2 beträgt für 36 Monate Kindererziehungszeit für das erste Kind 116,97 Euro, für die Besoldungsgruppen bis A 8 124,25 Euro. Der Betrag in Satz 1 erhöht sich für das zweite Kind um 7,30 Euro, für jedes weitere Kind um jeweils 14,64 Euro. Für jedes nach Abs. 3 zugeordnete pflegebedürftige Kind, das nach § 3 des Sechsten Buches Sozialgesetzbuch nicht erwerbsmäßig gepflegt wurde, erhöhen sich die Beträge in Satz 1 und 2 um 73 Cent für jedes vollendete Jahr der Pflege bis zum vollendeten 18. Lebensjahr. Für einzelne Monate gilt § 14 Abs. 2 entsprechend. Satz 1 bis 4 gelten nicht für den Fall des Abs. 1 Satz 2, wenn die allgemeine Wartezeit auch aufgrund Beitragserstattung nicht erfüllt ist; die Höhe des Kindererziehungszuschlags bemisst sich dann nach § 15 Abs. 3.

(5) Hat eine Beamtin oder ein Beamter vor der Berufung in ein Beamtenverhältnis ein vor dem 1. Januar 1992 geborenes Kind erzogen, gelten die Abs. 1 bis 4 entsprechend mit der Maßgabe, dass die Kindererziehungszeit zwölf Kalendermonate nach Ablauf des Monats der Geburt endet. Die §§ 249 und 249a des Sechsten Buches Sozialgesetzbuch gelten entsprechend.

(6) War eine Beamtin oder ein Beamter nach § 3 Satz 1 Nr. 1a des Sechsten Buches Sozialgesetzbuch versicherungspflichtig, weil sie oder er eine pflegebedürftige Person nicht erwerbsmäßig gepflegt hat, erhält sie oder er für die Zeit der Pflege einen Pflegezuschlag neben dem Ruhegehalt. Dies gilt nicht, wenn die allgemeine Wartezeit in der gesetzlichen Rentenversicherung erfüllt ist. Die Höhe des Pflegezuschlags ergibt sich aus der Vervielfältigung der nach § 166 Abs. 2 in Verbindung mit § 70 Abs. 1 des Sechsten Buches Sozialgesetzbuch für die Zeit der Pflege der nach Satz 1 ermittelten Entgeltpunkte mit dem aktuellen Rentenwert.

(7) Für die Anwendung von Anrechnungs- und Kürzungsvorschriften nach § 14 Abs. 3, § 16 Abs. 2, § 25 Abs. 2, den §§ 27, 31, 34 Abs. 2 und 3, den §§ 43, 44, 46, 48 sowie den §§ 57 bis 63 und 77 gilt der Kindererziehungs- und Pflegezuschlag als Teil des Ruhegehalts oder der Hinterbliebenenversorgung. Wenn die fiktive Höchstgrenze nach § 59 Abs. 2 beim Zusammentreffen von Ruhegehalt und Zuschlägen nach Abs. 4 Satz 5, Abs. 5 und 6 überschritten wird, werden die Zuschläge entsprechend gekürzt. Eine weitere Kürzung des Zahlbetrags beim Bezug einer Mindestversorgung nach § 14 Abs. 4 findet nicht statt. Der Zuschlag für Kindererziehung und Pflege ist Bemessungsgrundlage für die

Anteilssätze der Hinterbliebenenversorgung. Die Höchstgrenzen nach den §§ 58 bis 60 sind um den Kindererziehungszuschlag nach Abs. 4 Satz 1 bis 4 entsprechend zu erhöhen.

Zweiter Abschnitt
Anrechnungen und Kürzungen

§ 57 Zusammentreffen von Versorgungsbezügen mit Erwerbs- und Erwerbsersatzeinkommen

IV

(1) Beziehen Versorgungsberechtigte Erwerbs- oder Erwerbsersatzeinkommen nach Abs. 4, erhalten sie daneben ihre Versorgungsbezüge nur unter Berücksichtigung der in Abs. 2 bezeichneten Bemessungsgrenze. Satz 1 gilt nicht für Waisen. Die Anrechnung nach Satz 1 entfällt nach Ablauf des Monats, in dem

1. Ruhestandesbeamtinnen und Ruhestandsbeamte die für sie geltende gesetzliche Altersgrenze für den Eintritt in den Ruhestand oder
2. Witwen, Witwer, Wahlbeamtinnen und Wahlbeamte auf Zeit im Ruhestand die Regelaltersgrenze nach § 33 Abs. 1 oder 3 des Hessischen Beamtengesetzes

erreicht haben.

(2) Bemessungsgrenze sind die ruhegehaltfähigen Dienstbezüge aus der Endstufe der Besoldungsgruppe, aus der sich das Ruhegehalt berechnet, mindestens ein Betrag in Höhe des Eineinhalbfachen der jeweils ruhegehaltfähigen Dienstbezüge aus der Endstufe der Besoldungsgruppe A 6, zuzüglich des jeweils zustehenden Unterschiedsbetrages nach § 55 Abs. 1. Die Versorgungsbezüge ruhen in Höhe von 50 Prozent des Betrages, um den sie und das Einkommen die Bemessungsgrenze übersteigen.

(3) Der oder dem Versorgungsberechtigten ist mindestens ein Betrag in Höhe von 20 Prozent des Versorgungsbezuges zu belassen.

(4) Erwerbseinkommen sind Einkünfte aus einer selbstständigen oder nicht selbstständigen Tätigkeit. Nicht als Erwerbseinkommen gelten Aufwandsentschädigungen, ein Unfallausgleich (§ 40), Leistungsanreize im öffentlichen Dienst im Sinne der § 28 Abs. 4 und § 46 Abs. 1 des Hessischen Besoldungsgesetzes und vergleichbare tarifliche Leistungen im öffentlichen Dienst, Einkünfte aus Tätigkeiten, die nach Art und Umfang Nebentätigkeiten im Sinne des § 74 Abs. 1 Nr. 1 des Hessischen Beamtengesetzes entsprechen sowie Leistungen, die nach § 3 Nr. 11a des Einkommensteuergesetzes steuerfrei sind. Erwerbsersatzeinkommen sind nach § 18a Abs. 3 Satz 1 Nr. 1 des Vierten Buches Sozialgesetzbuch Leistungen, die aufgrund oder in entsprechender Anwendung öffentlich-rechtlicher Vorschriften kurzfristig erbracht werden, um Erwerbseinkommen zu ersetzen. Erwerbseinkommen wird in den Monaten des Zusammentreffens mit Versorgungsbezügen mit einem Zwölftel des im Kalenderjahr erzielten Einkommens angerechnet. Treffen Versorgungsbezüge und Erwerbseinkommen aus nicht selbstständiger Tätigkeit nicht ganzjährig zusammen, so ist das Erwerbseinkommen aus dem Zeitraum des Zusammentreffens in gleichen Teilen auf diese Monate umzulegen. Erwerbsersatzeinkommen wird im Zuflussmonat angerechnet.

§ 58 Zusammentreffen mehrerer Versorgungsbezüge

(1) Erhalten aus einer Verwendung im öffentlichen Dienst nach Abs. 4 an neuen Versorgungsbezügen

1. eine Ruhestandsbeamtin oder ein Ruhestandsbeamter Ruhegehalt oder eine ähnliche Versorgung,
2. eine Witwe, ein Witwer oder eine Waise Witwengeld, Witwergeld, Waisengeld oder eine ähnliche Versorgung,
3. eine Witwe oder ein Witwer Ruhegehalt oder eine ähnliche Versorgung,
4. eine Ruhestandsbeamtin oder ein Ruhestandsbeamter Witwengeld, Witwergeld oder eine ähnliche Versorgung,

so sind neben den neuen Versorgungsbezügen die früheren Versorgungsbezüge nur bis zum Erreichen der in Abs. 2 bezeichneten Höchstgrenze zu zahlen. Dabei darf die Gesamtversorgung nicht hinter der früheren Versorgung zurückbleiben.

(2) Als Höchstgrenze gelten in Fällen des Abs. 1 Satz 1

1. Nr. 1 das Ruhegehalt, das sich unter Zugrundelegung der gesamten ruhegehaltfähigen Dienstzeit und der ruhegehaltfähigen Dienstbezüge aus der Endstufe der Besoldungsgruppe, aus der sich das frühere Ruhegehalt berechnet, ergibt,
2. Nr. 2 das Witwengeld, Witwergeld oder Waisengeld, das sich aus dem Ruhegehalt nach Nr. 1 ergibt,
3. Nr. 3 und 4 71,75 Prozent, in den Fällen des § 41 75 Prozent, in den Fällen des § 42 80 Prozent der ruhegehaltfähigen Dienstbezüge aus der Endstufe der Besoldungsgruppe, aus der sich das dem Witwengeld oder Witwergeld zugrunde liegende Ruhegehalt bemisst.

Die Höchstgrenze erhöht sich um den Unterschiedsbetrag nach § 55 Abs. 1. Ist bei einem an der Ruhensregelung nach Abs. 1 beteiligten Versorgungsbezug das Ruhegehalt oder das dem Witwengeld oder Witwergeld zugrunde liegende Ruhegehalt um einen Versorgungsabschlag gemindert oder um einen Versorgungsaufschlag erhöht, ist dies bei der Berechnung der Höchstgrenze entsprechend zu berücksichtigen.

(3) Im Falle des Abs. 1 Satz 1 Nr. 3 oder 4 beläuft sich die Summe der beiden Versorgungsbezüge mindestens auf den Betrag des Ruhegehalts zuzüglich 20 Prozent des Witwengeldes oder Witwergeldes.

(4) Verwendung im öffentlichen Dienst ist jede Beschäftigung im Dienst von Körperschaften, Anstalten und Stiftungen des deutschen öffentlichen Rechts oder ihrer Verbände; ausgenommen ist die Beschäftigung bei öffentlich-rechtlichen Religionsgesellschaften oder ihren Verbänden. Der Verwendung im öffentlichen Dienst steht gleich die Verwendung im öffentlichen Dienst einer zwischenstaatlichen oder überstaatlichen Einrichtung, an der eine Körperschaft oder ein Verband im Sinne des Satz 1 durch Zahlung von Beiträgen oder Zuschüssen oder in anderer Weise beteiligt ist. Ob die Voraussetzungen des Satz 1 oder 2 vorliegen, entscheidet auf Antrag der zuständigen Stelle oder der oder des Versorgungsberechtigten das für das Beamtenversorgungsrecht zuständige Ministerium.

§ 59 Zusammentreffen von Versorgungsbezügen mit Renten

(1) Versorgungsbezüge werden neben Renten nur bis zum Erreichen der in Abs. 2 bezeichneten Höchstgrenze gezahlt. Als Renten gelten

1. Renten aus den gesetzlichen Rentenversicherungen,
2. Renten aus einer zusätzlichen Alters- oder Hinterbliebenenversorgung für Angehörige des öffentlichen Dienstes,
3. Renten aus der gesetzlichen Unfallversicherung, wobei für Ruhegehaltsempfängerinnen und Ruhegehaltsempfänger ein dem Unfallausgleich nach § 40 entsprechender Betrag unberücksichtigt bleibt; bei einem Grad der Schädigungsfolgen von 10 bleibt die Hälfte des Unfallausgleichs für einen Grad der Schädigungsfolgen von 20 unberücksichtigt,
4. Leistungen aus einer berufsständischen Versorgungseinrichtung oder aus einer befreienden Lebensversicherung, zu denen der Arbeitgeber aufgrund eines Beschäftigungsverhältnisses im öffentlichen Dienst mindestens die Hälfte der Beiträge oder Zuschüsse in dieser Höhe geleistet hat.

(2) Als Höchstgrenze gelten

1. für Ruhestandsbeamtinnen und Ruhestandsbeamte der Betrag, der sich als Ruhegehalt zuzüglich des Unterschiedsbetrages nach § 55 Abs. 1 ergeben würde, wenn der Berechnung zugrunde gelegt werden
   a) bei den ruhegehaltfähigen Dienstbezügen die Endstufe der Besoldungsgruppe, aus der sich das Ruhegehalt berechnet,
   b) als ruhegehaltfähige Dienstzeit die Zeit bis zum Eintritt des Versorgungsfalles abzüglich von Zeiten nach § 13 Abs. 5, zuzüglich der Zeiten, um die sich die

IV

ruhegehaltfähige Dienstzeit erhöht, und der bei der Rente berücksichtigten Zeiten einer rentenversicherungspflichtigen Beschäftigung oder Tätigkeit nach Eintritt des Versorgungsfalles,

2. für Witwen und Witwer der Betrag, der sich als Witwengeld oder Witwergeld zuzüglich des Unterschiedsbetrages nach § 55 Abs. 1, für Waisen der Betrag, der sich als Waisengeld zuzüglich des Unterschiedsbetrages nach § 55 Abs. 1, wenn dieser neben dem Waisengeld gezahlt wird, aus dem Ruhegehalt nach Nr. 1 ergeben würde.

Ist bei einem an der Ruhensregelung beteiligten Versorgungsbezug das Ruhegehalt um einen Versorgungsabschlag gemindert, ist das für die Höchstgrenze maßgebende Ruhegehalt entsprechend festzusetzen.

(3) Wird eine Rente im Sinne des Abs. 1 nicht beantragt oder auf sie verzichtet oder wird an deren Stelle eine Kapitalleistung, Beitragserstattung oder Abfindung gezahlt, so tritt an die Stelle der Rente der Betrag, der vom Leistungsträger im Falle einer Verrentung ansonsten zu zahlen wäre. Dies gilt nicht, wenn die Ruhestandsbeamtin oder der Ruhestandsbeamte innerhalb von drei Monaten nach Zufluss den Kapitalbetrag zuzüglich der hierauf gewährten Zinsen an den Dienstherrn abführt. Die Anrechnung nach Satz 1 und 2 ist ab dem Zeitpunkt durchzuführen, zu dem die gesetzliche Altersgrenze für den Bezug der Rente erreicht ist und sie ohne Zu- oder Abschläge wegen späterer oder vorzeitiger Inanspruchnahme gezahlt werden könnte. Die Kapitalbeträge nach Satz 1 sind um die Vomhundertsätze der allgemeinen Anpassungen der Bezüge hessischer Versorgungsberechtigter zu erhöhen oder zu vermindern, die sich nach dem Zeitpunkt der Entstehung des Anspruchs auf die Kapitalbeträge bis zur Gewährung von Versorgungsbezügen ergeben. Der Verrentungsbetrag nach Satz 1 errechnet sich bezogen auf den Monat aus dem Verhältnis zwischen dem nach Satz 4 dynamisierten Kapitalbetrag und dem Verrentungsdivisor, der sich aus dem zwölffachen Betrag des Kapitalwertes nach der vom Bundesministerium der Finanzen zu § 14 Abs. 1 des Bewertungsgesetzes vom 1. Februar 1991 (BGBl. I S. 230), zuletzt geändert durch Gesetz vom 12. April 2012 (BGBl. I S. 579), in der jeweils geltenden Fassung im Bundessteuerblatt Teil I veröffentlichten Tabelle ergibt. Satz 1 bis 5 gelten nicht für am 1. Oktober 1994 vorhandene

1. Ruhestandsbeamtinnen und Ruhestandsbeamte und
2. Beamtinnen und Beamte, wenn die Zahlung einer Abfindung oder die Erklärung des Verzichts auf Rente vor dem 1. Oktober 1994 erfolgt ist.

(4) Als Renten im Sinne des Abs. 1 gelten nicht

1. Renten, Rentenerhöhungen und Rentenminderungen, die auf § 1587b des Bürgerlichen Gesetzbuches in der am 31. August 2009 geltenden Fassung oder § 1 des Gesetzes zur Regelung von Härten im Versorgungsausgleich vom 21. Februar 1983 (BGBl. I S. 105), zuletzt geändert durch Gesetz vom 3. April 2009 (BGBl. I S. 700), in der am 31. August 2009 geltenden Fassung oder auf dem Versorgungsausgleichsgesetz beruhen, sowie Zuschläge oder Abschläge beim Rentensplitting unter Ehegatten nach § 76c des Sechsten Buches Sozialgesetzbuch,
2. bei Ruhestandsbeamtinnen und Ruhestandsbeamten nach Abs. 2 Nr. 1 Hinterbliebenenrenten aus einer Beschäftigung oder Tätigkeit der Ehegattin oder des Ehegatten und
3. bei Witwen, Witwern und Waisen nach Abs. 2 Satz 1 Nr. 2 Renten aufgrund einer eigenen Beschäftigung oder Tätigkeit.

(5) Bei der Ermittlung der nach Abs. 1 anzusetzenden Rente bleibt der Teil der Rente außer Ansatz, der auf freiwilligen Beitragsleistungen oder auf einer Höherversicherung beruht. Dies gilt nicht, wenn der Arbeitgeber mindestens die Hälfte der Beiträge oder Zuschüsse in dieser Höhe geleistet hat.

(6) Den in Abs. 1 bezeichneten Renten stehen entsprechende wiederkehrende Geldleistungen gleich, die aufgrund der Zugehörigkeit zu

Zusatz- oder Sonderversorgungssystemen der ehemaligen Deutschen Demokratischen Republik geleistet werden oder die von einem ausländischen Versicherungsträger nach einem für die Bundesrepublik Deutschland wirksamen zwischenstaatlichen oder überstaatlichen Abkommen gewährt werden.

(7) Beruht die Versorgung auf einem Beamtenverhältnis, das vor dem 1. Januar 1966 begründet wurde, sind die Abs. 1 bis 6 mit der Maßgabe anzuwenden, dass der zu berücksichtigende Rentenbetrag um 40 Prozent gemindert wird.

§ 60 Zusammentreffen von Versorgungsbezügen mit Versorgung aus zwischenstaatlicher und überstaatlicher Verwendung

(1) Erhält eine Ruhestandsbeamtin oder ein Ruhestandsbeamter aus der Verwendung im öffentlichen Dienst einer zwischenstaatlichen oder überstaatlichen Einrichtung eine Versorgung, ruht das Ruhegehalt nach diesem Gesetz nach Anwendung von § 14 Abs. 3 in Höhe des Betrages, um den die Summe aus der genannten Versorgung und dem deutschen Ruhegehalt die in Abs. 2 genannte Höchstgrenze übersteigt, mindestens jedoch in Höhe des Betrages, der einer Minderung des Prozentsatzes von 1,79375 für jedes Jahr im zwischenstaatlichen oder überstaatlichen Dienst entspricht; der Unterschiedsbetrag nach § 55 Abs. 1 ruht in Höhe von 2,39167 Prozent für jedes Jahr im zwischenstaatlichen oder überstaatlichen Dienst. § 14 Abs. 1 Satz 2 bis 5 ist entsprechend anzuwenden. Die Versorgungsbezüge ruhen in voller Höhe, wenn die Ruhestandsbeamtin oder der Ruhestandsbeamte als Invaliditätspension die Höchstversorgung aus ihrem oder seinem Amt bei der zwischenstaatlichen oder überstaatlichen Einrichtung erhält. Bei der Anwendung des Satz 1 wird die Zeit, in welcher die Beamtin oder der Beamte, ohne ein Amt bei einer zwischenstaatlichen oder überstaatlichen Einrichtung auszuüben, dort einen Anspruch auf Vergütung oder sonstige Entschädigung hat und Ruhegehaltsansprüche erwirbt, als Zeit im zwischenstaatlichen oder überstaatlichen Dienst gerechnet. Entsprechendes gilt für Zeiten nach dem Ausscheiden aus dem Dienst einer zwischenstaatlichen oder überstaatlichen Einrichtung, die dort bei der Berechnung des Ruhegehaltes wie Dienstzeiten berücksichtigt werden.

(2) Als Höchstgrenze gelten die in § 58 Abs. 2 bezeichneten Höchstgrenzen sinngemäß; dabei ist als Ruhegehalt dasjenige Ruhegehalt nach diesem Gesetz zugrunde zu legen, das sich unter Einbeziehung der Zeiten einer Verwendung im öffentlichen Dienst einer zwischenstaatlichen oder überstaatlichen Einrichtung als ruhegehaltfähige Dienstzeit und auf der Grundlage der ruhegehaltfähigen Dienstbezüge aus der Endstufe der nächsthöheren Besoldungsgruppe ergibt.

(3) Verzichtet die Beamtin, der Beamte, die Ruhestandsbeamtin oder der Ruhestandsbeamte bei ihrem oder seinem Ausscheiden aus dem öffentlichen Dienst einer zwischenstaatlichen oder überstaatlichen Einrichtung auf eine Versorgung oder wird an deren Stelle eine Abfindung, Beitragserstattung oder ein sonstiger Kapitalbetrag gezahlt, so findet Abs. 1 mit der Maßgabe Anwendung, dass an die Stelle der Versorgung der Betrag tritt, der vom Leistungsträger ansonsten zu zahlen wäre; erfolgt die Zahlung eines Kapitalbetrages, weil kein Anspruch auf laufende Versorgung besteht, so ist der sich bei einer Verrentung des Kapitalbetrages ergebende Betrag zugrunde zu legen. Satz 1 gilt nicht, wenn die Beamtin, der Beamte, die Ruhestandsbeamtin oder der Ruhestandsbeamte innerhalb eines Jahres nach Beendigung der Verwendung oder der Berufung in das Beamtenverhältnis den Kapitalbetrag zuzüglich der hierauf gewährten Zinsen an seinen Dienstherrn abführt. § 59 Abs. 3 Satz 5 gilt entsprechend.

(4) Hat die Beamtin, der Beamte, die Ruhestandsbeamtin oder der Ruhestandsbeamte schon vor ihrem oder seinem Ausscheiden aus dem zwischenstaatlichen oder überstaatlichen öffentlichen Dienst unmittelbar oder mittelbar Zahlungen aus dem Kapitalbetrag erhalten oder hat die zwischenstaatliche oder überstaatliche Einrichtung diesen durch Auf-

IV

rechnung oder in anderer Form verringert, ist die Zahlung nach Abs. 3 in Höhe des ungekürzten Kapitalbetrages zu leisten.

(5) Bei Zahlung von Hinterbliebenenbezügen durch die zwischenstaatliche oder überstaatliche Einrichtung ruhen die Hinterbliebenenbezüge nach diesem Gesetz in Höhe des Betrages, der sich unter Anwendung der Abs. 1 und 2 nach dem entsprechenden Anteilsatz ergibt. Abs. 1 Satz 1 zweiter Halbsatz, Abs. 3, 4 und 6 finden entsprechende Anwendung.

(6) Der Ruhensbetrag darf die von der zwischenstaatlichen oder überstaatlichen Einrichtung gewährte Versorgung nicht übersteigen. Der Ruhestandsbeamtin oder dem Ruhestandsbeamten ist mindestens ein Betrag in Höhe von 20 Prozent des Ruhegehaltes nach diesem Gesetz zu belassen. Satz 2 gilt nicht, wenn die Unterschreitung der Mindestbelassung darauf beruht, dass

1. das Ruhegehalt nach diesem Gesetz in Höhe des Betrages ruht, der einer Minderung des Prozentsatzes um 1,79375 für jedes Jahr im zwischenstaatlichen oder überstaatlichen Dienst entspricht, oder
2. Abs. 1 Satz 3 anzuwenden ist.

(7) Für vor dem 1. Januar 1999 eingetretene Versorgungsfälle und für am 1. Januar 1999 vorhandene Beamtinnen und Beamte findet § 69c Abs. 5 des Hessischen Beamtenversorgungsgesetzes in der bis zum 28. Februar 2014 geltenden Fassung Anwendung.

§ 61 Zusammentreffen von Versorgungsbezügen mit Entschädigung oder Versorgungsbezügen nach dem Abgeordnetenstatut des Europäischen Parlaments

Treffen Entschädigung, Übergangsgeld, Ruhegehalt oder Versorgung für Hinterbliebene nach dem Beschluss des Europäischen Parlaments vom 28. September 2005 zur Annahme des Abgeordnetenstatuts des Europäischen Parlaments, 2005/684/EG, Euratom (ABl. EU Nr. L 262 S. 1) (Abgeordnetenstatut) mit Bezügen nach diesem Gesetz zusammen, so gelten die Anrechnungs- und Ruhensbestimmungen des § 29 des Abgeordnetengesetzes in der Fassung vom 21. Februar 1996 (BGBl. I S. 326), zuletzt geändert durch Gesetz vom 8. November 2011 (BGBl. I S. 2218), in der jeweils geltenden Fassung sinngemäß. Dabei tritt an die Stelle des Ruhens oder der Kürzung der Bezüge nach dem Abgeordnetenstatut ein Ruhen oder eine Kürzung der Bezüge nach diesem Gesetz in jeweils entsprechender Höhe.

§ 62 Allgemeines

(1) Bei Ansprüchen auf Versorgung nach § 43 ist bei den Ruhensberechnungen nach den §§ 57 bis 60 mindestens ein Betrag als Versorgung zu belassen, der unter Berücksichtigung des Grades der Schädigungsfolgen infolge des Dienstunfalls dem Unfallausgleich entspricht.

(2) Die Bemessungsgrenze nach § 57 sowie die Höchstgrenzen nach den §§ 58 bis 60 sind in den Fällen des § 5 Abs. 2 Nr. 2 des Hessischen Sonderzahlungsgesetzes um die nach den §§ 5 und 6 des Hessischen Sonderzahlungsgesetzes zu zahlenden Beträge zu erhöhen.

(3) Der Anwendung der §§ 57 bis 61 gehen sonstige Anrechnungs- und Kürzungsvorschriften vor, soweit nichts anderes bestimmt ist.

(4) Beim Zusammentreffen von zwei Versorgungsbezügen mit Erwerbs- oder Erwerbsersatzeinkommen ist § 57 zunächst auf den neueren und dann auf den früheren Versorgungsbezug anzuwenden. Beim früheren Versorgungsbezug ist dem Einkommen der nicht ruhende Teil des neueren Versorgungsbezugs hinzuzurechnen. Die Berechnungsreihenfolge ist umzukehren, soweit dies für die Versorgungsberechtigten günstiger ist. Die Versorgungsberechtigten dürfen dadurch nicht besser gestellt werden, als sie ohne Bezug von Erwerbs- oder Erwerbsersatzeinkommen stünden.

(5) Beim Zusammentreffen von Versorgungsbezügen mit Erwerbs- oder Erwerbsersatzeinkommen und Renten ist bei der Berechnung nach § 57 als Versorgungsbezug die nach § 59 verbleibende Gesamtversorgung zu berücksichtigen.

(6) Beim Zusammentreffen von zwei Versorgungsbezügen mit einer Rente ist zunächst der neuere Versorgungsbezug nach § 59 und danach der frühere Versorgungsbezug unter

Berücksichtigung des gekürzten neueren Versorgungsbezugs nach § 58 zu berechnen. Der hiernach gekürzte frühere Versorgungsbezug ist unter Berücksichtigung des gekürzten neueren Versorgungsbezugs nach § 59 zu berechnen; für die Berechnung der Höchstgrenze nach § 59 Abs. 2 ist die Zeit bis zum Eintritt des neueren Versorgungsfalls zu berücksichtigen.

(7) Der Ruhensbetrag nach § 60 ist von den nach Maßgabe der §§ 57 bis 59 und 61 verbleibenden Versorgungsbezügen abzuziehen.

(8) Bei der Ermittlung des Höchstgrenzensatzes nach den §§ 58 bis 60 ist das Recht anzuwenden, das bei der Ermittlung des Ruhegehaltssatzes zugrunde lag.

§ 63 Kürzung der Versorgungsbezüge nach dem Versorgungsausgleich

(1) Sind durch Entscheidung des Familiengerichts

1. Anwartschaften in einer gesetzlichen Rentenversicherung nach § 1587b Abs. 2 des Bürgerlichen Gesetzbuches in der bis zum 31. August 2009 geltenden Fassung oder
2. Anrechte nach dem Versorgungsausgleichsgesetz

übertragen oder begründet worden, werden nach Wirksamkeit dieser Entscheidung die Versorgungsbezüge der ausgleichspflichtigen Person oder ihrer Hinterbliebenen nach Anwendung von Anrechnungs- und Kürzungsvorschriften um den nach Abs. 2 oder 4 berechneten Betrag gekürzt.

(2) Der Kürzungsbetrag für das Ruhegehalt berechnet sich aus dem Monatsbetrag der durch die Entscheidung des Familiengerichts begründeten Anwartschaften oder übertragenen Anrechte. Dieser Monatsbetrag erhöht oder vermindert sich um die Prozentsätze der nach dem Ende der Ehezeit eingetretenen Erhöhungen oder Verminderungen der beamtenrechtlichen Versorgungsbezüge, die in festen Beträgen festgesetzt sind. Berechnungsgrundlage bleibt die Besoldungsgruppe am Ende der Ehezeit. Wenn keine Erhöhung für feste Beträge gesetzlich bestimmt ist, vermindert sich die Erhöhung um 0,1 Prozentpunkte.

(3) Das Ruhegehalt, das die ausgleichspflichtige Person im Zeitpunkt der Wirksamkeit der Entscheidung des Familiengerichts über den Versorgungsausgleich erhält, wird erst gekürzt, wenn aus der Versicherung der ausgleichsberechtigten Person eine Rente gewährt wird. Die Kürzung nach Abs. 2 ist in Höhe der Differenz der beiderseitigen Ausgleichswerte aus den Anrechten im Sinne des § 32 des Versorgungsausgleichsgesetzes, aus denen die ausgleichspflichtige Person eine laufende Versorgung bezieht, auszusetzen.

(4) Der Kürzungsbetrag für die Hinterbliebenen berechnet sich aus dem Kürzungsbetrag nach Abs. 2 für das Ruhegehalt, das die Beamtin oder der Beamte erhalten hat oder hätte erhalten können, wenn sie oder er am Todestag in den Ruhestand getreten wäre, nach den Anteilssätzen der Hinterbliebenenversorgung. Bei einer Zahlung eines Unterhaltsbeitrags nach § 28 Abs. 1 bis 4 wird die Hinterbliebenenversorgung zusätzlich zu Satz 1 in Höhe des aktuellen Unterhaltsbeitrags nach den Anteilssätzen der Hinterbliebenenversorgung gekürzt. Wird die Hinterbliebenenversorgung nach § 25 Abs. 2, § 27 Abs. 1, § 31 oder § 48 anteilig gekürzt, ist der Kürzungsbetrag nach Satz 1 entsprechend zu mindern. Das einer Vollwaise zu gewährende Waisengeld wird nicht gekürzt, wenn nach dem Recht der gesetzlichen Rentenversicherungen die Voraussetzungen für die Gewährung einer Waisenrente aus der Versicherung der ausgleichsberechtigten Person nicht erfüllt sind.

(5) In den Fällen des Abs. 3 und des § 5 des Gesetzes zur Regelung von Härten im Versorgungsausgleich vom 21. Februar 1983 (BGBl. I S. 105) in der bis zum 31. August 2009 geltenden Fassung und der §§ 33 und 34 des Versorgungsausgleichsgesetzes steht die Zahlung des Ruhegehalts der ausgleichspflichtigen Person für den Fall rückwirkender oder erst nachträglich bekannt werdender Rentengewährung an die ausgleichsberechtigte oder an die ausgleichspflichtige Person unter dem Vorbehalt der Rückforderung.

(6) In Härtefällen kann auf Antrag der ausgleichspflichtigen Person die Kürzung ent-

IV

sprechend den §§ 37 und 38 des Versorgungsausgleichsgesetzes entfallen, wenn

1. die Voraussetzung nach § 37 Abs. 2 des Versorgungsausgleichsgesetzes nicht erfüllt ist und
2. die Kürzungsdauer des Ruhegehalts die Bezugsdauer der Anrechte aus dem Versorgungsausgleich das Doppelte der Bezugsdauer der Anrechte erreicht hat oder ein Betrag in entsprechender Höhe durch die ausgleichspflichtige Person an den Dienstherrn gezahlt wurde; Abs. 3 Satz 2 gilt entsprechend.

IV

(7) Die Kürzung nach Abs. 1 kann die ausgleichspflichtige Person ganz oder teilweise durch Zahlung eines Kapitalbetrags an den Dienstherrn abwenden. Als voller Kapitalbetrag am Ende der Ehezeit wird der Betrag angesetzt, der aufgrund der Entscheidung des Familiengerichts zur Begründung der Anwartschaft auf die bestimmte Rente zu leisten gewesen wäre. Für die Dynamisierung des Kapitalbetrags bis zum Tag der Zahlung gilt Abs. 2 entsprechend. Bei teilweiser Zahlung vermindert sich die Kürzung der Versorgungsbezüge in dem entsprechenden Verhältnis; der Betrag der teilweisen Zahlung soll den Monatsbetrag der Dienstbezüge oder des Ruhegehalts nicht unterschreiten.

(8) Bei einem Versorgungsausgleich nach Aufhebung einer Lebenspartnerschaft nach § 20 des Lebenspartnerschaftsgesetzes vom 16. Februar 2001 (BGBl. I S. 266), zuletzt geändert durch Gesetz vom 6. Juli 2009 (BGBl. I S. 1696), gelten die Abs. 1 bis 7 entsprechend.

Dritter Abschnitt
Verfahren

§ 64 Festsetzung und Zahlung der Versorgungsbezüge

(1) Die oberste Dienstbehörde setzt die Versorgungsbezüge fest, bestimmt die Zahlungsempfängerin oder den Zahlungsempfänger und entscheidet über die Berücksichtigung von Zeiten als ruhegehaltfähige Dienstzeit sowie über die Bewilligung von Versorgungsbezügen aufgrund von Kannvorschriften. Sie kann diese Befugnisse im Einvernehmen mit dem für das Beamtenversorgungsrecht zuständigen Ministerium auf andere Stellen übertragen. Die obersten Dienstbehörden der Gemeinden, Gemeindeverbände und sonstigen der Aufsicht des Landes unterstehenden Körperschaften, Anstalten und Stiftungen des öffentlichen Rechts können die Befugnisse nach Satz 1 durch schriftliche Vereinbarung im Einvernehmen mit dem für das Beamtenversorgungsrecht zuständigen Ministerium ganz oder teilweise auf eine der Aufsicht des Landes unterstehende juristische Person des öffentlichen Rechts übertragen.

(2) Entscheidungen über die Bewilligung von Versorgungsbezügen aufgrund von Kannvorschriften dürfen erst beim Eintritt des Versorgungsfalles getroffen werden; vorherige Zusicherungen sind unwirksam. Ob Zeiten aufgrund der §§ 10 bis 12, des § 17 Abs. 7 und des § 18 Abs. 1 als ruhegehaltfähige Dienstzeit zu berücksichtigen sind, soll in der Regel bei der Berufung in das Beamtenverhältnis entschieden werden; diese Entscheidungen stehen unter dem Vorbehalt eines Gleichbleibens der Rechtslage, die ihnen zugrunde liegt.

(3) Entscheidungen in versorgungsrechtlichen Angelegenheiten, die eine grundsätzliche, über den Einzelfall hinausgehende Bedeutung haben, sind von dem für das Beamtenversorgungsrecht zuständigen Ministerium zu treffen.

(4) Die Versorgungsbezüge sind, soweit nichts anderes bestimmt ist, für die gleichen Zeiträume und im gleichen Zeitpunkt zu zahlen wie die Dienstbezüge der Beamtinnen und Beamten.

(5) Werden Versorgungsbezüge nach dem Tag der Fälligkeit gezahlt, so besteht kein Anspruch auf Verzugszinsen.

(6) Haben Versorgungsberechtigte ihren Wohnsitz oder dauernden Aufenthalt außerhalb des Geltungsbereichs des Grundgesetzes, so kann die oberste Dienstbehörde oder die von ihr bestimmte Stelle die Zahlung der Versorgungsbezüge von der Bestellung einer oder eines Empfangsbevollmächtigten im Geltungsbereich des Grundgesetzes abhängig machen.

(7) Für die Zahlung der Versorgungsbezüge hat die Empfängerin oder der Empfänger auf Verlangen der zuständigen Behörde ein Konto anzugeben oder einzurichten, auf das die Überweisung erfolgen kann. Die Übermittlungskosten mit Ausnahme der Kosten für die Gutschrift auf dem Konto der Empfängerin oder des Empfängers trägt die die Versorgungsbezüge zahlende Stelle; bei einer Überweisung der Versorgungsbezüge auf ein im Ausland geführtes Konto trägt die Empfängerin oder der Empfänger die Kosten und die Gefahr der Übermittlung der Versorgungsbezüge sowie die Kosten einer Meldung nach § 59 der Außenwirtschaftsverordnung in der Fassung vom 22. November 1993 (BGBl. I S. 1934, 2493), zuletzt geändert durch Gesetz vom 21. Januar 2013 (BAnz. 2013, AT 29. 1. 2013), in der jeweils geltenden Fassung. Die Kontoeinrichtungs-, Kontoführungs- oder Buchungsgebühren trägt die Empfängerin oder der Empfänger. Eine Auszahlung auf andere Weise kann nur zugestanden werden, wenn der Empfängerin oder dem Empfänger die Einrichtung oder Benutzung eines Kontos aus wichtigem Grund nicht zugemutet werden kann.

(8) Bei der Berechnung von Versorgungsbezügen sind die sich ergebenden Bruchteile eines Cents unter 0,5 abzurunden und ab 0,5 aufzurunden. Zwischenrechnungen werden jeweils auf zwei Dezimalstellen durchgeführt. Jeder Versorgungsbestandteil ist einzeln zu runden.

§ 65 Versorgungsauskunft

Die zuständige Dienstbehörde hat der Beamtin oder dem Beamten auf schriftlichen oder elektronischen Antrag eine Auskunft zum Anspruch auf Versorgungsbezüge nach der Sach- und Rechtslage zum Zeitpunkt der Auskunftserteilung zu erteilen. Die Auskunft steht unter dem Vorbehalt künftiger Sach- und Rechtsänderungen sowie der Richtigkeit und Vollständigkeit der zugrunde liegenden Daten.

§ 66 Mitteilungspflicht für statistische Zwecke

Die meldepflichtigen Daten über Dienstunfälle von Beamtinnen und Beamten im Sinne der Verordnung (EU) Nr. 349/2011 der Kommission vom 11. April 2011 zur Durchführung der Verordnung (EG) Nr. 1338/2008 des Europäischen Parlaments und des Rates zu Gemeinschaftsstatistiken über öffentliche Gesundheit und über Gesundheitsschutz und Sicherheit am Arbeitsplatz betreffend Statistiken über Arbeitsunfälle (ABl. Nr. L 97, S. 3) können über die Unfallkasse Hessen weitergemeldet werden. Einzelheiten zum Verfahren und zur Kostenerstattung können in einer Verwaltungsvereinbarung geregelt werden.

§ 67 Anzeigepflicht

(1) Die Beschäftigungsstelle hat der die Versorgungsbezüge anweisenden Stelle (Pensionsbehörde) jede Verwendung einer versorgungsberechtigten Person unter Angabe der gewährten Bezüge, ebenso jede spätere Änderung der Bezüge oder die Zahlungseinstellung sowie die Gewährung einer Versorgung unverzüglich anzuzeigen.

(2) Die versorgungsberechtigte Person ist verpflichtet, der Pensionsbehörde

1. die Verlegung des Wohnsitzes,
2. den Bezug und jede Änderung von Einkünften, die sich auf die Höhe der Versorgungsbezüge auswirken könnten,
3. im Fall einer Verwitwung die Verheiratung oder Begründung einer Lebenspartnerschaft und
4. die Erfüllung der allgemeinen Wartezeit nach dem Sechsten Buch Sozialgesetzbuch

unverzüglich anzuzeigen. Auf Verlangen der Pensionsbehörde ist die versorgungsberechtigte Person verpflichtet, Nachweise vorzulegen oder der Erteilung erforderlicher Nachweise oder Auskünfte, die für die Versorgungsbezüge erheblich sind, durch Dritte zuzustimmen. Dies gilt insbesondere für Lebensbescheinigungen, wenn der Wohnsitz ins Ausland verlegt wurde oder sonstige Umstände einen Identitätsnachweis erfordern.

(3) Die Auszahlung der Bezüge kann ganz oder teilweise so lange hinausgeschoben werden, bis die nach Abs. 2 erforderlichen Auskünfte erteilt sind. Die Entscheidung trifft die Pensionsbehörde. Kommt die versorgungsberechtigte Person der ihr nach Abs. 2 Satz 1 Nr. 2

IV

und 3 auferlegten Verpflichtung schuldhaft nicht nach, so kann ihr die Versorgung ganz oder teilweise auf Zeit oder Dauer entzogen werden. Beim Vorliegen besonderer Verhältnisse kann die Versorgung ganz oder teilweise wieder zuerkannt werden. Die Entscheidung trifft die oberste Dienstbehörde oder die von ihr bestimmte Stelle.

§ 68 Zahlung der Bezüge bei Verschollenheit

(1) Eine verschollene Beamtin, Ruhestandsbeamtin oder sonstige Versorgungsempfängerin oder ein verschollener Beamter, Ruhestandsbeamter oder sonstiger Versorgungsempfänger erhält die ihr oder ihm zustehenden Bezüge bis zum Ablauf des Monats, in dem die oberste Dienstbehörde oder die von ihr bestimmte Stelle feststellt, dass ihr oder sein Ableben mit Wahrscheinlichkeit anzunehmen ist.

(2) Vom Ersten des Monats an, der dem in Abs. 1 bezeichneten Zeitpunkt folgt, erhalten die Personen, die im Falle des Todes der oder des Verschollenen Witwengeld, Witwergeld oder Waisengeld erhalten würden oder einen Unterhaltsbeitrag erhalten könnten, diese Bezüge. Die §§ 22 und 23 gelten nicht.

(3) Kehrt die oder der Verschollene zurück, so lebt ihr oder sein Anspruch auf Bezüge, soweit nicht besondere gesetzliche Gründe entgegenstehen, wieder auf. Nachzahlungen sind längstens für die Dauer eines Jahres zu leisten; die nach Abs. 2 für den gleichen Zeitraum gewährten Bezüge sind anzurechnen.

(4) Liegen die Voraussetzungen des § 8 des Hessischen Besoldungsgesetzes vor, so können die nach Abs. 2 gezahlten Bezüge von der Beamtin oder dem Beamten zurückgefordert werden.

(5) Wird die oder der Verschollene für tot erklärt oder die Todeszeit gerichtlich festgestellt oder eine Sterbeurkunde über den Tod der oder des Verschollenen ausgestellt, so ist die Hinterbliebenenversorgung von dem Ersten des auf die Rechtskraft der gerichtlichen Entscheidung oder die Ausstellung der Sterbeurkunde folgenden Monats an unter Berücksichtigung des festgestellten Todeszeitpunktes neu festzusetzen.

§ 69 Abtretung, Verpfändung, Aufrechnungs- und Zurückbehaltungsrecht

(1) Ansprüche auf Versorgungsbezüge können nur insoweit abgetreten oder verpfändet werden, als sie der Pfändung unterliegen.

(2) Gegenüber Ansprüchen auf Versorgungsbezüge kann der Dienstherr ein Aufrechnungs- oder Zurückbehaltungsrecht nur in Höhe des pfändbaren Teils der Versorgungsbezüge geltend machen. Dies gilt nicht, soweit gegen die Versorgungsberechtigte oder den Versorgungsberechtigten ein Anspruch auf Schadensersatz wegen vorsätzlicher unerlaubter Handlung besteht.

(3) Ansprüche auf

1. Sterbegeld nach § 23,
2. Erstattung der Kosten des Heilverfahrens und der Pflege nach § 39,
3. Unfallausgleich und Angriffsentschädigung nach § 40,
4. einmalige Unfallentschädigung nach § 49 und
5. Schadensausgleich in besonderen Fällen nach § 51

können nicht gepfändet, abgetreten oder verpfändet werden. Forderungen des Dienstherrn gegen die Verstorbene oder den Verstorbenen aus Vorschuss- oder Darlehensgewährungen sowie aus Überzahlungen von Dienst- oder Versorgungsbezügen können auf das Sterbegeld angerechnet werden.

(4) Die Zahlung von Versorgungsbezügen kann von der Abgabe einer Abtretungserklärung über Sozialleistungen nach § 53 Abs. 2 Nr. 1 des Ersten Buches Sozialgesetzbuch abhängig gemacht werden, wenn zu erwarten ist, dass es wegen auf die Versorgungsbezüge anzurechnender Sozialleistungen zu einer Rückforderung kommen kann.

§ 70 Rückforderung von Versorgungsbezügen

(1) Werden Versorgungsberechtigte durch eine gesetzliche Änderung der Versorgungsbezüge rückwirkend schlechter gestellt, so sind die Unterschiedsbeträge nicht zu erstatten.

(2) Im Übrigen regelt sich die Rückforderung zu viel gezahlter Versorgungsbezüge nach den Vorschriften des Bürgerlichen Gesetzbuchs über die Herausgabe einer ungerechtfertigten Bereicherung, soweit gesetzlich nichts anderes bestimmt ist. Der Kenntnis des Mangels des rechtlichen Grundes der Zahlung steht es gleich, wenn der Mangel so offensichtlich war, dass die Empfängerin oder der Empfänger ihn hätte erkennen müssen. Von der Rückforderung kann aus Billigkeitsgründen mit Zustimmung der obersten Dienstbehörde oder der von ihr bestimmten Stelle ganz oder teilweise abgesehen werden.

(3) § 118 Abs. 3 bis 5 des Sechsten Buches Sozialgesetzbuch gilt mit Ausnahme des Abs. 4a Satz 1 entsprechend.

§ 71 Nichtberücksichtigung der Versorgungsbezüge

Werden Versorgungsberechtigte im öffentlichen Dienst nach § 58 Abs. 4 verwendet, so sind ihre Bezüge aus dieser Beschäftigung ohne Rücksicht auf die Versorgungsbezüge zu bemessen. Das Gleiche gilt für eine aufgrund der Beschäftigung zu gewährende Versorgung.

Vierter Abschnitt
Erlöschen und Entzug der Versorgungsbezüge

§ 72 Erlöschen der Versorgungsbezüge wegen Verurteilung

(1) Eine Ruhestandsbeamtin oder ein Ruhestandsbeamter,

1. gegen die oder den wegen einer vor Beendigung des Beamtenverhältnisses begangenen Tat eine Entscheidung ergangen ist, die nach § 24 des Beamtenstatusgesetzes zum Verlust der Beamtenrechte geführt hätte, oder
2. die oder der wegen einer nach Beendigung des Beamtenverhältnisses begangenen Tat durch ein deutsches Gericht im Geltungsbereich des Grundgesetzes im ordentlichen Strafverfahren
   a) wegen einer vorsätzlichen Tat zu einer Freiheitsstrafe von mindestens zwei Jahren oder
   b) wegen einer vorsätzlichen Tat, die nach den Vorschriften über Friedensverrat, Hochverrat, Gefährdung des demokratischen Rechtsstaates, Landesverrat und Gefährdung der äußeren Sicherheit oder Volksverhetzung strafbar ist, zu einer Freiheitsstrafe von mindestens sechs Monaten

   verurteilt worden ist,

verliert mit der Rechtskraft der Entscheidung ihre oder seine Rechte als Ruhestandsbeamtin oder Ruhestandsbeamter. Entsprechendes gilt, wenn die Ruhestandsbeamtin oder der Ruhestandsbeamte aufgrund einer Entscheidung des Bundesverfassungsgerichts gemäß Art. 18 des Grundgesetzes ein Grundrecht verwirkt hat.

(2) Die §§ 31 und 32 des Hessischen Beamtengesetzes finden entsprechende Anwendung.

§ 73 Erlöschen der Versorgungsbezüge bei Ablehnung einer erneuten Berufung

Kommt eine Ruhestandsbeamtin oder ein Ruhestandsbeamter einer erneuten Berufung in das Beamtenverhältnis nach § 29 Abs. 2, auch in Verbindung mit § 30 Abs. 3 Satz 2 des Beamtenstatusgesetzes, schuldhaft nicht nach, obwohl sie oder er auf die Folgen eines solchen Verhaltens schriftlich hingewiesen worden ist, so verliert sie oder er für diese Zeit ihre oder seine Versorgungsbezüge. Die oberste Dienstbehörde stellt den Verlust der Versorgungsbezüge fest. Eine disziplinarrechtliche Verfolgung wird dadurch nicht ausgeschlossen.

§ 74 Entzug von Hinterbliebenenversorgung

(1) Die oberste Dienstbehörde kann Empfängerinnen und Empfängern von Hinterbliebenenversorgung die Versorgungsbezüge auf Zeit teilweise oder ganz entziehen, wenn sie sich gegen die freiheitliche demokratische Grundordnung im Sinne des Grundgesetzes betätigt haben; § 47 gilt sinngemäß. Die diese

Maßnahme rechtfertigenden Tatsachen sind in einem Untersuchungsverfahren festzustellen, in dem die eidliche Vernehmung von Zeugen und Sachverständigen zulässig und die oder der Versorgungsberechtigte zu hören ist.

(2) § 34 Abs. 1 Satz 1 Nr. 4 und Satz 2 bleibt unberührt.

Fünfter Abschnitt
Gleichstehende Tatbestände

§ 75 Gleichstehende Tatbestände

Für die Anwendung des Sechsten Teils gelten

1. ein Unterhaltsbeitrag nach § 16 als Ruhegehalt,
2. ein Unterhaltsbeitrag nach § 43 als Ruhegehalt, außer für die Anwendung des § 72,
3. ein Unterhaltsbeitrag nach § 32 als Witwengeld, Witwergeld oder Waisengeld,
4. ein Unterhaltsbeitrag nach den §§ 47 und 34 Abs. 1 Satz 3 als Witwengeld, Witwergeld oder Waisengeld, außer für die Anwendung des § 34 Abs. 1 Satz 1 Nr. 4 und Satz 2,
5. ein Unterhaltsbeitrag nach § 27 Abs. 1 und § 46 als Witwengeld oder Witwergeld,
6. ein Unterhaltsbeitrag nach § 28 als Witwengeld oder Witwergeld, außer für die Anwendung des § 63,
7. ein Unterhaltsbeitrag nach § 29 Abs. 2 als Waisengeld,
8. ein Unterhaltsbeitrag nach § 44 als Waisengeld,
9. ein Unterhaltsbeitrag nach § 32 des Hessischen Beamtengesetzes, § 34 Abs. 1 Satz 4, den §§ 52 und 72 Abs. 2 als Ruhegehalt, Witwengeld, Witwergeld oder Waisengeld,
10. die Bezüge der nach § 32 des Deutschen Richtergesetzes oder einer entsprechenden gesetzlichen Vorschrift nicht im Amt befindlichen Richterinnen und Richter sowie Mitglieder einer obersten Rechnungsprüfungsbehörde als Ruhegehalt,
11. die Bezüge, die nach oder entsprechend § 4 Abs. 1 Satz 1 des Hessischen Besoldungsgesetzes gewährt werden, als Ruhegehalt,
12. ein Altersgeld des Siebenten Teils als Ruhegehalt, ein Witwenaltersgeld oder Witweraltersgeld als Witwengeld oder Witwergeld und ein Waisenaltersgeld als Waisengeld; bei der Anwendung des § 58 gilt das Altersgeld stets als neuer Versorgungsbezug, es sei denn, mehrere Altersgelder treffen zusammen. Gleiches gilt für dem Altersgeld vergleichbare Leistungen.

Die Empfängerinnen und Empfänger dieser Versorgungsbezüge gelten als Ruhestandsbeamtinnen, Ruhestandsbeamte, Witwen, Witwer oder Waisen.

SIEBTER TEIL
Altersgeld

§ 76 Anspruchsvoraussetzungen

(1) Nach der Entlassung aus einem Beamtenverhältnis auf Lebenszeit oder auf Zeit nach § 29 Abs. 1 des Hessischen Beamtengesetzes entsteht ein Anspruch auf Altersgeld, wenn eine ruhegehaltfähige Dienstzeit von mindestens fünf Jahren abgeleistet wurde. Es muss sich dabei um eine Zeit nach § 6 handeln, die bei dem letzten Dienstherrn in einem ununterbrochenen Beamtenverhältnis auf Probe, Zeit oder Lebenszeit erbracht wurde. Beamtinnen und Beamte auf Zeit erhalten ein Altersgeld nur, wenn sie nach Ende ihrer Amtszeit in den Ruhestand getreten wären.

(2) Der Anspruch auf Zahlung des Altersgeldes ruht bis zum

1. Ablauf des Monats, in dem die berechtigte Person die Regelaltersgrenze nach § 33 Abs. 1 oder 3 des Hessischen Beamtengesetzes erreicht, oder
2. Ersten des Monats, in dem die berechtigte Person
   a) teilweise erwerbsgemindert nach § 43 Abs. 1 des Sechsten Buches Sozialgesetzbuch oder
   b) voll erwerbsgemindert nach § 43 Abs. 2 des Sechsten Buches Sozialgesetzbuch

   ist; die §§ 103 und 104 des Sechsten Buches Sozialgesetzbuch gelten entsprechend.

Bei einer Erwerbsminderung auf Zeit verschiebt sich der Beginn des Anspruchs um sieben Monate.

(3) Das Altersgeld wird auf Antrag gewährt. Der Antrag ist innerhalb von drei Monaten nach Erfüllung der Voraussetzungen nach Abs. 2 zu stellen. Bei einer späteren Antragsstellung wird das Altersgeld ab dem Ersten des Antragsmonats gewährt. Die Zahlung des Altersgeldes nach Abs. 2 Satz 1 Nr. 2 endet mit Ablauf des Monats, in dem die Erwerbsminderung nicht mehr vorliegt.

(4) Auf Antrag kann eine Nachversicherung innerhalb von sechs Monaten nach der Entlassung und vor Beginn der Zahlung eines Altersgeldes nach Abs. 2 durchgeführt werden.

(5) Der Altersgeldanspruch erlischt bei

1. einer erneuten Verbeamtung durch denselben Dienstherrn,
2. einer Nachversicherung nach § 8 Abs. 2 des Sechsten Buches Sozialgesetzbuch oder
3. einem Vorliegen von Aufschubgründen nach § 184 Abs. 2 des Sechsten Buches Sozialgesetzbuch zu den in Abs. 2 genannten Zeitpunkten; dies gilt nicht bei parallelen Beamtenverhältnissen.

§ 77 Berechnungsgrundlagen

(1) Zur Ermittlung der Höhe des Altersgeldes sind die Vorschriften dieses Gesetzes zur Ermittlung des Ruhegehalts entsprechend anzuwenden, sofern nachfolgend nichts anderes bestimmt ist. Das Altersgeld nimmt ab Entstehung des Anspruchs an den jeweiligen Versorgungsanpassungen teil.

(2) Bei der Gewährung eines Altersgeldes aufgrund teilweiser Erwerbsminderung sind die ruhegehaltfähigen Dienstbezüge und der Kindererziehungs- und Pflegezuschlag nach § 56 um die Hälfte zu vermindern. Diese Minderung gilt längstens bis zum Ablauf des Monats, in dem die Regelaltersgrenze nach § 33 Abs. 1 oder 3 des Hessischen Beamtengesetzes erreicht wurde.

(3) § 7 ist nicht anzuwenden.

(4) Die Anerkennung der Dienstzeit nach den §§ 11, 12 und 17 Abs. 7 sowie § 18 Abs. 1 Satz 3 und 4 ist auf die Dauer der ruhegehaltfähigen Zeit nach § 76 Abs. 1 Satz 2 begrenzt.

(5) Bei der Gewährung eines Altersgeldes aufgrund einer Erwerbsminderung oder des Todes ist § 14 Abs. 3 Satz 1 Nr. 3 entsprechend anzuwenden.

(6) Eine Mindestversorgung nach § 14 Abs. 4 wird nicht gewährt.

(7) Bei der Gewährung eines Altersgeldes aufgrund einer Erwerbsminderung oder des Todes kann auf Antrag ein erhöhtes Altersgeld gewährt werden. Dies entspricht der Differenz zwischen der Summe aus Altersgeld und Leistungen aus anderen Alterssicherungssystemen gegenüber dem fiktiven Rentenanspruch, der sich aus einer Nachversicherung ergeben hätte. Die Auskunft über die Höhe des Rentenanspruchs im Falle einer fiktiven Nachversicherung nach der Entlassung aus dem Beamtenverhältnis ist beim zuständigen Rentenversicherungsträger der gesetzlichen Rentenversicherung einzuholen.

(8) Für die Berechnung des Altersgeldes ist der Fünfte Teil nicht anzuwenden. Die Gewährung von Unfallfürsorgeleistungen bleibt von dem Anspruch und der Zahlung von Altersgeld unberührt, es erfolgt jedoch eine Anrechnung nach § 58.

(9) Für die Hinterbliebenen der altersgeldberechtigten Personen ist der Vierte Teil mit folgenden Maßgaben anzuwenden:

1. an die Stelle des Witwengeldes oder Witwergeldes tritt das Witwenaltersgeld oder Witweraltersgeld,
2. an die Stelle des Waisengeldes tritt das Waisenaltersgeld,
3. ein Anspruch auf Mindesthinterbliebenenversorgung nach § 25 Abs. 1 Satz 2 besteht nicht und
4. § 23 findet keine Anwendung.

(10) Der Sechste Teil ist mit folgenden Maßgaben anzuwenden:

1. § 55 findet keine Anwendung und Zuschläge nach § 56 Abs. 4 Satz 5, Abs. 5 und 6 werden nicht gezahlt,
2. eine Mindestbelassung nach § 57 Abs. 3, § 58 Abs. 3, § 59 Abs. 7 und § 60 Abs. 6 wird nicht gewährt,
3. § 59 ist wie folgt anzuwenden:

IV

a) Renten nach Abs. 1 sind nur zu dem Teil zu berücksichtigen, zu dem sie aus einer Beschäftigung bis zum Zeitpunkt der Entlassung aus dem Beamtenverhältnis hervorgehen, und
b) für die Berechnung der Höchstgrenze nach Abs. 2 werden die für das Altersgeld maßgebliche Besoldungsgruppe und Stufe sowie die ruhegehaltfähige Dienstzeit bis zum Zeitpunkt der Entlassung aus dem Beamtenverhältnis zugrunde gelegt und

4. eine Versorgung nach § 60 ist nur zu dem Teil zu berücksichtigen, zu dem sie aus einer Verwendung bis zum Zeitpunkt der Entlassung aus dem Beamtenverhältnis hervorgeht; für die Berechnung der Höchstgrenze nach § 60 Abs. 2 wird bei der zu berücksichtigenden Besoldungsgruppe die maßgebliche Stufe zum Zeitpunkt der Entlassung zugrunde gelegt; Zeiten nach der Entlassung erhöhen die Höchstgrenze nicht.

ACHTER TEIL Übergangsvorschriften

§ 78 Vorhandene versorgungsberechtigte Personen

Die Rechtsverhältnisse der am 1. März 2014 vorhandenen versorgungsberechtigten Personen regeln sich nach dem Hessischen Beamtenversorgungsgesetz in der am 28. Februar 2014 geltenden Fassung mit folgenden Maßgaben:

1. die Anrechnung von weiteren Versorgungsleistungen erfolgt nach § 13 Abs. 9 dieses Gesetzes, wenn entsprechende Versorgungsleistungen am 28. Februar 2014 noch nicht bezogen werden,
2. die Mindestversorgungsbezüge und die Mindestunfallversorgungsbezüge bestimmen sich nach § 14 Abs. 4, § 41 Abs. 3 Satz 2 und 3 und 43 Abs. 2 Nr. 1 dieses Gesetzes; Zuschläge nach den §§ 50a bis 50d des Hessischen Beamtenversorgungsgesetzes in der am 28. Februar 2014 geltenden Fassung erhöhen die Mindestversorgung nicht,
3. § 14 Abs. 4 Satz 4 und Abs. 5 ist nicht anzuwenden,
4. die vorübergehende Erhöhung des Ruhegehalts bestimmt sich mit Ausnahme von Abs. 1 Nr. 1 und 2 nach § 15 dieses Gesetzes; die vorübergehende Gewährung von Zuschlägen bestimmt sich nach § 15 Abs. 3 dieses Gesetzes,
5. die Unterhaltsbeiträge für entlassene Beamtinnen und Beamte regeln sich nach § 16 dieses Gesetzes,
6. die Vorschriften der Hinterbliebenenversorgung (Vierter Teil) dieses Gesetzes sind mit Ausnahme von § 24 Abs. 1 Satz 2 Nr. 1 und § 25 Abs. 4 anzuwenden,
7. die Vorschriften der Unfallfürsorge (Fünfter Teil) dieses Gesetzes sind mit Ausnahme des § 37 Abs. 1 anzuwenden,
8. die gemeinsamen Vorschriften (Sechster Teil) dieses Gesetzes sind mit Ausnahme der §§ 56 und 60 anzuwenden,
9. die §§ 83 und 84 dieses Gesetzes sind anzuwenden.

§ 79 Vorhandene politische Beamtinnen und Beamte

Für Beamtinnen und Beamte, denen erstmals vor dem 1. Januar 1999 ein Amt im Sinne des § 7 Abs. 1 des Hessischen Beamtengesetzes übertragen wurde, finden § 4 Abs. 1 Satz 1 Nr. 3, die §§ 6, 7 und § 14 Abs. 6 des Beamtenversorgungsgesetzes in der bis zum 31. Dezember 1998 geltenden Fassung Anwendung.

§ 80 Anhebung des Ruhestandseintrittsalters

(1) Für Beamtinnen und Beamte, die nach dem 31. Dezember 2010 nach § 35 Satz 1 Nr. 1 des Hessischen Beamtengesetzes in den Ruhestand versetzt werden, ist § 14 Abs. 3 mit folgenden Maßgaben anzuwenden:

1. An die Stelle der Vollendung des 65. Lebensjahres tritt, wenn sie vor dem 1. Januar 1952 geboren sind, die Vollendung des 63. Lebensjahres.

2. An die Stelle der Vollendung des 65. Lebensjahres tritt, wenn sie nach dem 31. Dezember 1951 und vor dem 1. Januar 1964 geboren sind, das Erreichen folgenden Lebensalters:

Geburtsdatum bis	Lebensalter	
	Jahr	Monat
31. Januar 1952	63	1
29. Februar 1952	63	2
31. März 1952	63	3
30. April 1952	63	4
31. Mai 1952	63	5
31. Dezember 1952	63	6
31. Dezember 1953	63	7
31. Dezember 1954	63	8
31. Dezember 1955	63	9
31. Dezember 1956	63	10
31. Dezember 1957	63	11
31. Dezember 1958	64	0
31. Dezember 1959	64	2
31. Dezember 1960	64	4
31. Dezember 1961	64	6
31. Dezember 1962	64	8
31. Dezember 1963	64	10

3. Für am 1. Januar 2011 vorhandene Beamtinnen und Beamte, die von der Regelung nach § 33 Abs. 7 des Hessischen Beamtengesetzes erfasst sind, gilt § 14 Abs. 3 des Beamtenversorgungsgesetzes in der Fassung vom 16. März 1999 (BGBl. I S. 322, 847, 2033) in der am 31. August 2006 geltenden Fassung.

(2) Für Beamtinnen und Beamte, die nach dem 31. Dezember 2010 nach § 35 Satz 1 Nr. 2 des Hessischen Beamtengesetzes in den Ruhestand versetzt werden, ist § 14 Abs. 3 Satz 1 Nr. 2 mit folgenden Maßgaben anzuwenden:

1. An die Stelle des Erreichens der gesetzlichen Altersgrenze tritt, wenn sie vor dem 1. Januar 1949 geboren sind, die Vollendung des 65. Lebensjahres.
2. An die Stelle des Erreichens der gesetzlichen Altersgrenze tritt, wenn sie nach dem 31. Dezember 1948 und vor dem 1. Januar 1950 geboren sind, das Erreichen folgenden Lebensalters:

Geburtsdatum bis	Lebensalter	
	Jahr	Monat
31. Januar 1949	65	1
28. Februar 1949	65	2
31. Dezember 1949	65	3

3. Für am 1. Januar 2011 vorhandene Beamtinnen und Beamte, die von der Regelung nach § 33 Abs. 7 des Hessischen Beamtengesetzes erfasst sind, gilt § 14 Abs. 3 des Beamtenversorgungsgesetzes in der am 31. August 2006 geltenden Fassung.

(3) Für Beamtinnen und Beamte, die nach dem 31. Dezember 2010 wegen Dienstunfähigkeit, die nicht auf einem Dienstunfall beruht, in den Ruhestand versetzt werden, ist § 14 Abs. 3 mit folgenden Maßgaben anzuwenden:

1. An die Stelle der Vollendung des 65. Lebensjahres tritt, wenn sie vor dem 1. Januar 2012 in den Ruhestand versetzt werden, die Vollendung des 63. Lebensjahres.
2. An die Stelle der Vollendung des 65. Lebensjahres tritt, wenn sie nach dem 31. Dezember 2011 und vor dem 1. Januar 2024 in den Ruhestand versetzt werden, das Erreichen folgenden Lebensalters:

Zeitpunkt der Versetzung in den Ruhestand vor dem	Lebensalter	
	Jahr	Monat
1. Februar 2012	63	1
1. März 2012	63	2
1. April 2012	63	3
1. Mai 2012	63	4
1. Juni 2012	63	5
1. Januar 2013	63	6
1. Januar 2014	63	7
1. Januar 2015	63	8
1. Januar 2016	63	9
1. Januar 2017	63	10
1. Januar 2018	63	11
1. Januar 2019	64	0
1. Januar 2020	64	2

IV

Zeitpunkt der Versetzung in den Ruhestand vor dem	Lebensalter	
	Jahr	Monat
1. Januar 2021	64	4
1. Januar 2022	64	6
1. Januar 2023	64	8
1. Januar 2024	64	10

Für Beamtinnen und Beamte, die vor dem 1. Januar 2024 in den Ruhestand versetzt werden, gilt § 14 Abs. 3 Satz 6 Nr. 2 mit der Maßgabe, dass an die Stelle der Angabe „40" die Angabe „35" tritt.

NEUNTER TEIL Schlussvorschriften

§ 81 Ermächtigung zum Erlass von Verwaltungsvorschriften und Zuständigkeitsverordnungen

(1) Die zur Durchführung dieses Gesetzes erforderlichen allgemeinen Verwaltungsvorschriften erlässt das für das Beamtenversorgungsrecht zuständige Ministerium.

(2) Die Landesregierung kann durch Rechtsverordnung die nach diesem Gesetz den obersten Dienstbehörden zugewiesenen Befugnisse auf andere Stellen übertragen.

§ 82 Versorgungszuschlag

In den Fällen einer Beurlaubung nach § 6 Abs. 1 Nr. 2 ist ein Versorgungszuschlag in Höhe von 30 Prozent der ohne die Beurlaubung zustehenden ruhegehaltfähigen Dienstbezüge zuzüglich Sonderzahlung zu erheben; das für das Beamtenversorgungsrecht zuständige Ministerium kann im Einvernehmen mit dem Ministerium der Finanzen Ausnahmen von der Zahlung des Versorgungszuschlags zulassen. Bei Abordnungen ohne Versetzungsabsicht ist vom aufnehmenden Dienstherrn an den abgebenden Dienstherrn ein Versorgungszuschlag zu zahlen. Für den Fall einer Abordnung mit Versetzungsabsicht, bei der die Versetzung nicht erfolgt, ist der Versorgungszuschlag nachzuerheben. Bei einer Abordnung ohne Versetzungsabsicht, die im unmittelbaren Anschluss eine Versetzung nach sich zieht, ist der Versorgungszuschlag an den aufnehmenden Dienstherrn zurückzuerstatten.

§ 83 Verteilung der Versorgungslasten

Die Verteilung der Versorgungslasten bei landesinternen Dienstherrenwechseln erfolgt nach Maßgabe des Staatsvertrags über die Verteilung von Versorgungslasten bei bund- und länderübergreifenden Dienstherrenwechseln (Versorgungslastenteilungs-Staatsvertrag) vom 16. Dezember 2009 bis 26. Januar 2010 in Verbindung mit dem Gesetz zu dem Versorgungslastenteilungs-Staatsvertrag vom 17. September 2010 (GVBl. I S. 286).

§ 84 Verteilung der Versorgungslasten bei erneuter Berufung in ein öffentlich-rechtliches Dienstverhältnis in dem in Art. 3 des Einigungsvertrages genannten Gebiet

Erwirbt eine Ruhestandsbeamtin oder ein Ruhestandsbeamter oder eine Richterin oder ein Richter im Ruhestand eines Dienstherrn im Gebiet der Bundesrepublik Deutschland nach dem Stand vom 2. Oktober 1990 aufgrund einer zwischen dem 3. Oktober 1990 und dem 31. Dezember 1999 erfolgten Berufung in ein öffentlich-rechtliches Dienstverhältnis bei einem Dienstherrn in dem in Art. 3 des Einigungsvertrages genannten Gebiet gegen diesen einen weiteren Versorgungsanspruch, so erstattet der frühere Dienstherr dem neuen Dienstherrn die Versorgungsbezüge in dem Umfang, in dem die beim früheren Dienstherrn entstandenen Versorgungsansprüche infolge der Ruhensvorschrift des § 58 nicht zur Auszahlung gelangen, sofern die Ruhestandsbeamtin oder der Ruhestandsbeamte oder die Richterin oder der Richter im Ruhestand im Zeitpunkt der Berufung in das neue öffentlich-rechtliche Dienstverhältnis das 50. Lebensjahr vollendet hatte.

§ 85 Aufhebung bisherigen Rechts

Das Hessische Beamtenversorgungsgesetz in der Fassung vom 28. Januar 2011 (GVBl. I S. 98) und die durch § 1 Abs. 1 Nr. 2 des Gesetzes zur Überleitung des Beamtenversorgungsgesetzes vom 25. November 2010 (GVBl. I S. 410, 413, 606) übergeleitete

1. Beamtenversorgungs-Übergangsverordnung in der Fassung vom 19. März 1993 (BGBl. I S. 369) und
2. Verordnung zur Durchführung des § 31 des Beamtenversorgungsgesetzes (Bestimmung von Krankheiten für die beamtenrechtliche Unfallfürsorge) vom 20. Juni 1977 (BGBl. I S. 1004)

werden aufgehoben.

§ 86 Inkrafttreten

Dieses Gesetz tritt am 1. März 2014 in Kraft.

IV

Verordnung zur Durchführung des § 39 des Hessischen Beamtenversorgungsgesetzes (Hessische Heilverfahrensverordnung – HHeilvfV)

Vom 3. Mai 2018 (GVBl. S. 174)

Zuletzt geändert durch
Verordnung zur Änderung der Hessischen Heilverfahrensverordnung
vom 24. Oktober 2025 (GVBl. Nr. 70)

Erster Teil Kosten des Heilverfahrens und sonstige Kosten

§ 1 Heilverfahrenskosten

(1) Kosten werden, soweit in dieser Verordnung nicht abweichend geregelt, nach Maßgabe der Hessischen Beihilfenverordnung in der Fassung vom 5. Dezember 2001 (GVBl. I S. 482, 491, 564), zuletzt geändert durch Verordnung vom 20. November 2024 (GVBl. 2024 Nr. 65), in der jeweils geltenden Fassung erstattet. Aufwendungen für ärztlich verordnete Heilbehandlungen und Heilmittel können um bis zu zehn Prozent über die beihilferechtlichen Höchstsätze hinaus erstattet werden, wenn diese zur Beseitigung oder Linderung der Dienstunfallfolgen notwendig und angemessen sind. Die Kosten für eine Untersuchung, Beobachtung und Begutachtung im unmittelbaren Anschluss an den Dienstunfall werden auch dann erstattet, wenn diese Maßnahmen nur der Feststellung dienten, ob Unfallfolgen eingetreten sind.

(2) Die für die Durchführung des Heilverfahrens zuständige Stelle kann bei Zweifel über die Notwendigkeit einer Maßnahme im Sinne des Abs. 1 ein ärztliches Gutachten einholen.

(3) Beamtenrechtliche Vorschriften über die Gewährung unentgeltlicher Heilfürsorge bleiben unberührt, soweit diese Verordnung nicht umfassendere Leistungen vorsieht.

§ 2 Stationäre Krankenhausbehandlung

(1) Die oder der Verletzte hat der für die Durchführung des Heilverfahrens zuständigen Stelle den Beginn einer stationären Krankenhausbehandlung unverzüglich anzuzeigen. Hat diese aufgrund eines ärztlichen Gutachtens nach § 1 Abs. 2 entschieden, dass stationäre Krankenhausbehandlung nicht notwendig ist, werden die Kosten hierfür nur bis zum Ablauf des auf den Tag der Zustellung der Entscheidung folgenden Tages erstattet.

(2) Erstattungsfähig sind die Kosten für allgemeine Krankenhausleistungen nach § 2 Abs. 2 der Bundespflegesatzverordnung vom 26. September 1994 (BGBl. I S. 2750), zuletzt geändert durch Gesetz vom 5. Dezember 2024 (BGBl. 2024 I Nr. 400), und § 2 Abs. 2 des Krankenhausentgeltgesetzes vom 23. April 2002 (BGBl. I S. 1412, 1422), zuletzt geändert durch Gesetz vom 5. Dezember 2024 (BGBl. 2024 I Nr. 400), die gesondert berechneten wahlärztlichen Leistungen und eine gesondert berechnete Unterkunft in einem Zweibettzimmer. Machen besondere dienstliche Gründe im Einzelfall die Inanspruchnahme der gesondert berechenbaren Unterkunft in einem Einbettzimmer oder sonstiger gesondert berechenbarer Leistungen erforderlich, gelten auch die Kosten hierfür als angemessen; Abs. 1 Satz 1 gilt entsprechend. Für gesondert berechnete wahlärztliche Leistungen und eine gesondert berechnete Unterkunft ist kein Eigenanteil in Abzug zu bringen. Hat die zuständige Stelle entschieden, dass ein Dienstunfall nicht vorliegt, sind gesondert berechnete wahlärztliche Leistungen und eine gesondert berechnete Unterkunft in einem Zweibettzimmer bis zum Ablauf des auf den Tag der Zustellung der Entscheidung folgenden Tages erstattungsfähig, wenn die oder der Verletzte auf die Anerkennung eines Dienstunfalls vertrauen durfte.

§ 3 Haushaltshilfe

(1) Die Kosten einer Haushaltshilfe sind bis zur Höhe des gesetzlichen Mindestlohns erstattungsfähig, soweit die Haushaltshilfe wegen der Unfallfolgen erforderlich ist und eine im Haushalt lebende Person den Haushalt nicht weiterführen kann. Die Notwendigkeit und der zeitliche Umfang sind durch eine ärztliche Bescheinigung nachzuweisen.

(2) Kostenerstattung für die Hilfeleistung von Familienangehörigen erfolgt nur bei Pflegebedürftigkeit der oder des Verletzten oder wenn wegen der Hilfeleistung die Erwerbstätigkeit um mindestens zwei Stunden täglich reduziert werden muss.

§ 4 Stationäre Rehabilitationsmaßnahmen und Heilkur

(1) Die Kosten für eine stationäre Rehabilitationsmaßnahme oder für eine Heilkur werden nur erstattet, wenn die für die Durchführung des Heilverfahrens zuständige Stelle diese Maßnahme vor Beginn genehmigt hat. Sie darf erst genehmigt werden, wenn sie nach ärztlichem Gutachten im Sinne des § 1 Abs. 2 zur Behebung oder Minderung der anerkannten Unfallfolgen notwendig ist und der gleiche Heilerfolg durch eine andere Behandlungsweise nicht zu erwarten ist.

(2) Ort, Zeit und Dauer einer Maßnahme nach Abs. 1 bestimmt die für die Durchführung des Heilverfahrens zuständige Stelle aufgrund eines ärztlichen Gutachtens im Sinne des § 1 Abs. 2.

(3) Bei einer Maßnahme nach Abs. 1 werden neben den Kosten nach den §§ 1 und 6 die Kosten für die Kurtaxe und den ärztlichen Schlussbericht sowie die Kosten für die Unterkunft und Verpflegung bei

1. Durchführung einer Heilkur bis zur Höhe des Tage- und Übernachtungsgeldes nach den §§ 7 und 8 des Hessischen Reisekostengesetzes vom 9. Oktober 2009 (GVBl. I S. 397), zuletzt geändert durch Gesetz vom 20. November 2024 (GVBl. 2024 Nr. 65), oder
2. einer stationären Rehabilitationsmaßnahme bis zur Höhe des niedrigsten Pflegesatzes der Einrichtung

erstattet. Eine Bescheinigung über die Höhe des niedrigsten Pflegesatzes ist spätestens mit dem Antrag auf Kostenerstattung vorzulegen.

(4) Die Abs. 1 bis 3 gelten entsprechend für die Kosten für einen der Heilbehandlung dienenden Aufenthalt außerhalb des Dienst- oder Wohnorts.

§ 5 Hilfsmittel

(1) Die Kosten für Hilfsmittel (Körperersatzstücke, orthopädische und andere Hilfsmittel) und deren Zubehör, soweit sie 2000 Euro übersteigen, sowie die Kosten für eine notwendige Ausbildung in ihrem Gebrauch werden grundsätzlich nur erstattet, wenn die für die Durchführung des Heilverfahrens zuständige Stelle die Erstattung vorher genehmigt hat. Die Hilfsmittel müssen ärztlich verordnet und den persönlichen und beruflichen Bedürfnissen der oder des Verletzten angepasst sein.

(2) Als Kosten für Hilfsmittel nach Abs. 1 gelten auch die Kosten für ihre Wartung sowie ihre Instandsetzung und ihren Ersatz, wenn die Unbrauchbarkeit oder der Verlust nicht auf Missbrauch, Vorsatz oder grober Fahrlässigkeit der oder des Verletzten beruht. Bei Erstattung der Kosten für den Ersatz eines unbrauchbar gewordenen Hilfsmittels kann sein Verkaufswert angerechnet werden.

(3) Die Aufwendungen für eine spezielle Grundausbildung, zum Unterhalt eines Führhundes und die nachgewiesenen Mehraufwendungen für fremde Führung werden bis zur Höhe von 210 Euro monatlich erstattet.

(4) Art und Umfang der Hilfsmittel richten sich nach der Anlage 3 zu § 6 Abs. 1 Nr. 4 der Hessischen Beihilfenverordnung in der jeweils geltenden Fassung.

(5) Kraftfahrzeughilfe wird gewährt, wenn die oder der Verletzte infolge des Dienstunfalls nicht nur vorübergehend auf die Benutzung eines Kraftfahrzeugs angewiesen ist, um die erforderlichen Wege im Arbeits- und Alltagsleben zurückzulegen und die Kostenübernahme vor Entstehung der Aufwendungen zugesagt wurde. § 40 Abs. 2, 3 und 5 des Siebten Buches Sozialgesetzbuch vom 7. August 1996 (BGBl. I S. 1254), zuletzt geändert

durch Gesetz vom 23. Oktober 2024 (BGBl. 2024 I Nr. 323), in der jeweils geltenden Fassung gilt entsprechend mit der Maßgabe, dass die §§ 6 und 8 der Kraftfahrzeughilfe-Verordnung vom 28. September 1987 (BGBl. I S. 2251), zuletzt geändert durch Gesetz vom 20. August 2021 (BGBl. I S. 3932), keine Anwendung finden.

§ 6 Fahrtkosten

(1) Erstattungsfähig sind die Kosten für Fahrten zur nächstgelegenen geeigneten Behandlungsstätte. Die Kostenerstattung bei Benutzung eines Kraftfahrzeuges erfolgt nach Maßgabe des § 6 Abs. 2 des Hessischen Reisekostengesetzes. Kosten für Fahrten werden auch erstattet, wenn die Heilbehandlung am Wohnort der oder des Verletzten durchgeführt wird.

(2) In den Fällen des Abs. 1 wird Tage- und Übernachtungsgeld nach den Vorschriften des Hessischen Reisekostengesetzes gewährt.

(3) War die Begleitung der oder des Verletzten nach ärztlichem Gutachten erforderlich, werden die Kosten erstattet, die durch die Inanspruchnahme der Begleitperson entstanden sind. Abs. 1 Satz 2 und 3 sowie Abs. 2 gelten entsprechend.

(4) Die Kosten einer Besuchsfahrt von Ehegatten, Lebenspartnerinnen und Lebenspartnern, Kindern oder Eltern können bei einer stationären Krankenhausbehandlung der oder des Verletzten erstattet werden, wenn die Besuchsfahrt nach ärztlicher Bescheinigung zur Sicherung des Heilerfolgs dringend erforderlich war. Abs. 1 Satz 2 und 3 sowie Abs. 2 gelten entsprechend.

§ 7 Kostenerstattung im Todesfall

(1) Ist die oder der Verletzte an den Folgen des Dienstunfalls verstorben, werden die Kosten der Überführung der Leiche zum Wohnort, in besonderen Fällen auch zu einem anderen Ort, und die Kosten der Bestattung erstattet. Für den Umfang der Kosten der Bestattung und für die Empfangsberechtigung gilt § 1968 des Bürgerlichen Gesetzbuchs in der jeweils geltenden Fassung.

(2) Auf den Erstattungsbetrag nach Abs. 1 ist Sterbegeld nach § 23 Abs. 1 und 2 Nr. 1 des Hessischen Beamtenversorgungsgesetzes zu 40 Prozent seines Bruttobetrags und Sterbegeld nach § 23 Abs. 2 Nr. 2 des Hessischen Beamtenversorgungsgesetzes in voller Höhe anzurechnen. Satz 1 gilt nicht, wenn die Kosten der Überführung und Bestattung von einer Erbin oder einem Erben zu tragen sind, die oder der keinen Anspruch auf Sterbegeld hat.

§ 8 Verdienstausfall

Den in § 43 des Hessischen Beamtenversorgungsgesetzes genannten Personen kann ein Verdienstausfall, der durch eine Heilbehandlung entstanden ist, für die Dauer der Heilbehandlung erstattet werden. Der Erstattungsbetrag und ein Unterhaltsbeitrag nach § 43 des Hessischen Beamtenversorgungsgesetzes dürfen zusammen den Unterhaltsbeitrag nach § 43 Abs. 2 Nr. 1 des Hessischen Beamtenversorgungsgesetzes nicht übersteigen. Wird einer früheren Beamtin auf Widerruf oder einem früheren Beamten auf Widerruf, die oder der ein Amt inne hatte, das die Arbeitskraft nur nebenbei beanspruchte, ein Unterhaltsbeitrag nach Maßgabe des Grades der Schädigungsfolgen in Höhe des jeweiligen Unfallausgleichs gewährt, dürfen der Erstattungsbetrag und der Unterhaltsbeitrag zusammen den Betrag des Unfallausgleichs bei völliger Erwerbsunfähigkeit nicht übersteigen. Ehrenbeamtinnen und Ehrenbeamten kann ein Verdienstausfall nach billigem Ermessen erstattet werden.

§ 9 Erstattungsverfahren

Die Kosten für eine Heilbehandlung werden der oder dem Verletzten nach Vorlage der Belege erstattet. Bei stationärer Krankenhausbehandlung und in besonderen Fällen ist eine Erstattung an Dritte möglich. Kosten für die Heilbehandlung von weniger als 250 Euro werden in der Regel erst nach Abschluss der Heilbehandlung erstattet. Auf Antrag können Vorschüsse oder Abschlagszahlungen gewährt werden. In Ausnahmefällen können mit Zustimmung der oder des Verletzten die Kosten für eine Heilbehandlung durch eine jederzeit widerrufliche laufende Zahlung ganz oder teilweise abgegolten werden.

§ 10 Leistungen bei Pflegebedürftigkeit

(1) Kosten für eine notwendige Pflege nach § 39 Abs. 1 Nr. 3 des Hessischen Beamtenversorgungsgesetzes werden erstattet, wenn die oder der Verletzte infolge des Dienstunfalls pflegebedürftig im Sinne des § 14 des Elften Buches Sozialgesetzbuch vom 26. Mai 1994 (BGBl. I S. 1014, 1015), zuletzt geändert durch Gesetz vom 30. Mai 2024 (BGBl. 2024 I Nr. 173), in der jeweils geltenden Fassung ist. Die Pflegebedürftigkeit ist aufgrund eines Gutachtens im Sinne des § 18 des Elften Buches Sozialgesetzbuch in der jeweils geltenden Fassung festzustellen. Aufwendungen für eine ambulante, teilstationäre oder stationäre palliativmedizinische Versorgung werden nach Maßgabe einer ärztlichen Bescheinigung im notwendigen und angemessenen Umfang erstattet.

(2) Die Kostenerstattung für häusliche Pflege erfolgt, soweit nicht in Abs. 3 und 4 abweichend geregelt, in entsprechender Anwendung der §§ 36 bis 39 des Elften Buches Sozialgesetzbuch in der jeweils geltenden Fassung. Wird nachgewiesen, dass zur Deckung des notwendigen Pflegebedarfs höhere Kosten anfallen, ist auch der über den Betrag nach Satz 1 hinausgehende Betrag erstattungsfähig.

(3) Wird die notwendige häusliche Pflege durch Familienangehörige durchgeführt, beträgt die Kostenerstattung 75 Prozent der Kosten nach § 36 Abs. 3 des Elften Buches Sozialgesetzbuch in der jeweils geltenden Fassung. Haben Familienangehörige zur Ausübung der Pflege eine Erwerbstätigkeit aufgegeben oder die individuelle Arbeitszeit mindestens um die Hälfte reduziert, ist ein Betrag in Höhe des Ausfalls des Arbeitseinkommens, höchstens bis zum Betrag nach § 36 Abs. 3 des Elften Buches Sozialgesetzbuch in der jeweils geltenden Fassung erstattungsfähig.

(4) Wird die notwendige häusliche Pflege sowohl durch Pflegekräfte nach § 36 Abs. 4 Satz 2 und 3 des Elften Buches Sozialgesetzbuch in der jeweils geltenden Fassung als auch durch Familienangehörige sichergestellt, werden die Kosten für die erforderliche Pflege nach § 36 Abs. 3 des Elften Buches Sozialgesetzbuch in der jeweils geltenden Fassung erstattet. Betragen die Kosten für die notwendige häusliche Pflege durch Pflegekräfte nach § 36 Abs. 4 Satz 2 und 3 des Elften Buches Sozialgesetzbuch in der jeweils geltenden Fassung weniger als 25 Prozent der Kosten nach § 36 Abs. 3 des Elften Buches Sozialgesetzbuch in der jeweils geltenden Fassung, werden nur die Kosten für die notwendige häusliche Pflege durch eine Pflegekraft nach § 36 Abs. 4 Satz 2 und 3 des Elften Buches Sozialgesetzbuch in der jeweils geltenden Fassung und die Kosten für die notwendige häusliche Pflege durch Familienangehörige nach Abs. 3 erstattet.

(5) Die Kosten für eine stationäre Pflege in einer zugelassenen Pflegeeinrichtung im Sinne des § 72 Abs. 1 Satz 1 des Elften Buches Sozialgesetzbuch in der jeweils geltenden Fassung werden entsprechend dem Umfang des erforderlichen Pflegebedarfs erstattet, wenn die Pflege sonst nicht gewährleistet ist. Auf die erstattungsfähigen Kosten für die erforderliche Pflege, Unterkunft und Verpflegung ist ein angemessener Betrag für Einsparungen im Haushalt anzurechnen. Anzurechnen ist der Wert für Verpflegung nach § 2 Abs. 1 der Sozialversicherungsentgeltverordnung vom 21. Dezember 2006 (BGBl. I S. 3385), zuletzt geändert durch Verordnung vom 3. Dezember 2024 (BGBl. 2024 I Nr. 394), sowie bei Alleinstehenden zusätzlich der Wert für die Unterkunft nach § 2 Abs. 3 der Sozialversicherungsentgeltverordnung.

(6) Die Kosten einer Kurzzeitpflege und Verhinderungspflege sind nach Maßgabe der §§ 39 und 42 des Elften Buches Sozialgesetzbuch in der jeweils geltenden Fassung erstattungsfähig. Die Kosten für eine vorübergehend erforderliche Pflege werden nach Maßgabe des § 39c Satz 1 und 3 des Fünften Buches Sozialgesetzbuch vom 20. Dezember 1988 (BGBl. I S. 2477, 2482), zuletzt geändert durch Gesetz vom 25. Februar 2025 (BGBl. 2025 I Nr. 64), in der jeweils geltenden Fassung erstattet, wenn die Notwendigkeit durch ärztliche Stellungnahme nachgewiesen ist.

(7) Maßnahmen zur Verbesserung des Wohnumfeldes sind im notwendigen und angemessenen Umfang erstattungsfähig; § 9 Abs. 2 Satz 3 und 4 der Hessischen Beihilfenverordnung findet keine Anwendung.

(8) Die erstattungsfähigen Beträge können monatlich im Voraus gezahlt werden. Erfolgt die Pflege nicht für den gesamten Kalendermonat, sind die Leistungen entsprechend zu mindern. Der Anspruch auf Erstattung von Kosten für Pflege ruht bei stationärer Behandlung und Heilkuren. Die Erstattung kann ganz oder teilweise weiter erfolgen, wenn das Ruhen eine angemessene Versorgung der oder des Verletzten gefährden würde. Mindestens alle zwei Jahre nach Beginn der Pflege ist, in der Regel aufgrund eines Gutachtens im Sinne des § 18 des Elften Buches Sozialgesetzbuch in der jeweils geltenden Fassung, zu prüfen, ob die Inanspruchnahme einer Pflegekraft oder die Unterbringung in einer Pflegeeinrichtung noch notwendig ist. Soweit eine Verbesserung des Gesundheitszustandes nicht mehr zu erwarten ist, kann von einer Nachprüfung abgesehen werden. Ist die Inanspruchnahme einer Pflegekraft oder die Unterbringung in einer Pflegeeinrichtung nicht mehr notwendig, ist die Erstattung mit Ablauf des Monats einzustellen, der auf den Monat folgt, in dem der Bescheid der oder dem Verletzten zugestellt worden ist.

(9) Die oder der Verletzte ist verpflichtet, jede wesentliche Änderung in den Verhältnissen, die für die Erstattung der Kosten für Pflege maßgebend sind, der für die Erstattung zuständigen Stelle unverzüglich anzuzeigen.

§ 11 Kleider- und Wäscheverschleiß

Für die bis zum 30. November 2021 bestandskräftig festgesetzten Kosten für außergewöhnlichen Kleider- und Wäscheverschleiß nach § 39 Abs. 1 Nr. 5 des Hessischen Beamtenversorgungsgesetzes in der bis zum 30. November 2021 geltenden Fassung gilt § 11 Abs. 2 in der am 31. Dezember 2025 geltenden Fassung fort.

Zweiter Teil
Schlussvorschriften

§ 12 Aufhebung bisherigen Rechts

Die durch Gesetz vom 25. November 2010 (GVBl. I S. 410) in Landesrecht übergeleitete Heilverfahrensverordnung vom 25. April 1979 (BGBl. I S. 502), geändert durch Verordnung vom 8. August 2002 (BGBl. I S. 3177), in der am 31. August 2006 geltenden Fassung wird aufgehoben.

§ 13 Härtefälle

Zur Vermeidung von Härtefällen ist in besonders begründeten Einzelfällen eine über die in dieser Verordnung festgelegten Höchstgrenzen hinausgehende Kostenerstattung zulässig. Die Entscheidung hierüber trifft das für das Beamtenversorgungsrecht zuständige Ministerium für den Bereich der Landesverwaltung, in den übrigen Fällen die oberste Dienstbehörde.

§ 14 Inkrafttreten

Diese Verordnung tritt am 1. Juni 2018 in Kraft.

Berufskrankheiten-Verordnung (BKV)

Vom 31. Oktober 1997 (BGBl. I S. 2623)

Zuletzt geändert durch
Sechste Verordnung zur Änderung der Berufskrankheiten-Verordnung
vom 19. Februar 2025 (BGBl. I Nr. 50)

Auf Grund des § 9 Abs. 1 und 6 und des § 193 Abs. 8 des Siebten Buches Sozialgesetzbuch – Gesetzliche Unfallversicherung – (Artikel 1 des Gesetzes vom 7. August 1996, BGBl. I S. 1254) verordnet die Bundesregierung:

Abschnitt 1 Allgemeine Bestimmungen

§ 1 Berufskrankheiten

(1) Berufskrankheiten sind die in der Anlage 1 bezeichneten Krankheiten, die Versicherte infolge einer den Versicherungsschutz nach § 2, 3 oder 6 des Siebten Buches Sozialgesetzbuch begründenden Tätigkeit erleiden.

(2) Bei der Entscheidung über das Vorliegen einer Berufskrankheit nach § 9 Absatz 1 Satz 2 sowie nach § 9 Absatz 2 des Siebten Buches Sozialgesetzbuch sind die veröffentlichten Ergebnisse der Beratungen des Ärztlichen Sachverständigenbeirates Berufskrankheiten nach § 9 Absatz 4 dieser Verordnung auf ihrem jeweils aktuellen Stand vorrangig zu berücksichtigen. Dies gilt insbesondere in Bezug auf die Art, die Diagnostik und die Merkmale des jeweiligen Krankheitsbildes sowie hinsichtlich der Art, der Ausprägung und des Ausmaßes der ursächlichen Einwirkungen, einschließlich vorhandener Dosismaße.

§ 2 Erweiterter Versicherungsschutz in Unternehmen der Seefahrt

Für Versicherte in Unternehmen der Seefahrt erstreckt sich die Versicherung gegen Tropenkrankheiten und Fleckfieber auch auf die Zeit, in der sie an Land beurlaubt sind.

§ 3 Maßnahmen gegen Berufskrankheiten, Übergangsleistung

(1) Besteht für Versicherte die Gefahr, daß eine Berufskrankheit entsteht, wiederauflebt oder sich verschlimmert, haben die Unfallversicherungsträger dieser Gefahr mit allen geeigneten Mitteln entgegenzuwirken. Ist die Gefahr gleichwohl nicht zu beseitigen, haben die Unfallversicherungsträger darauf hinzuwirken, daß die Versicherten die gefährdende Tätigkeit unterlassen. Den für den medizinischen Arbeitsschutz zuständigen Stellen ist Gelegenheit zur Äußerung zu geben.

(2) Versicherte, die die gefährdende Tätigkeit unterlassen, weil die Gefahr fortbesteht, haben zum Ausgleich hierdurch verursachter Minderungen des Verdienstes oder sonstiger wirtschaftlicher Nachteile gegen den Unfallversicherungsträger Anspruch auf Übergangsleistungen. Als Übergangsleistung wird

1. ein einmaliger Betrag bis zur Höhe der Vollrente oder
2. eine monatlich wiederkehrende Zahlung bis zur Höhe eines Zwölftels der Vollrente längstens für die Dauer von fünf Jahren

gezahlt. Renten wegen Minderung der Erwerbsfähigkeit sind nicht zu berücksichtigen.

§ 4 Mitwirkung der für den medizinischen Arbeitsschutz zuständigen Stellen

(1) Die für den medizinischen Arbeitsschutz zuständigen Stellen wirken bei der Feststellung von Berufskrankheiten und von Krankheiten, die nach § 9 Abs. 2 des Siebten Buches Sozialgesetzbuch wie Berufskrankheiten anzuerkennen sind, nach Maßgabe der Absätze 2 bis 4 mit.

(2) Die Unfallversicherungsträger haben die für den medizinischen Arbeitsschutz zuständigen Stellen über die Einleitung eines Feststellungsverfahrens unverzüglich zu unterrichten; als Unterrichtung gilt auch die Übersendung der Anzeige nach § 193 Abs. 2 und 7 oder § 202 des Siebten Buches Sozialgesetz-

buch. Die Unfallversicherungsträger beteiligen die für den medizinischen Arbeitsschutz zuständigen Stellen an dem weiteren Feststellungsverfahren; das nähere Verfahren können die Unfallversicherungsträger mit den für den medizinischen Arbeitsschutz zuständigen Stellen durch Vereinbarung regeln.

(3) In den Fällen der weiteren Beteiligung nach Absatz 2 Satz 2 haben die Unfallversicherungsträger vor der abschließenden Entscheidung die für den medizinischen Arbeitsschutz zuständigen Stellen über die Ergebnisse ihrer Ermittlungen zu unterrichten. Soweit die Ermittlungsergebnisse aus Sicht der für den medizinischen Arbeitsschutz zuständigen Stellen nicht vollständig sind, können sie den Unfallversicherungsträgern ergänzende Beweiserhebungen vorschlagen; diesen Vorschlägen haben die Unfallversicherungsträger zu folgen.

(4) Nach Vorliegen aller Ermittlungsergebnisse können die für den medizinischen Arbeitsschutz zuständigen Stellen ein Zusammenhangsgutachten erstellen. Zur Vorbereitung dieser Gutachten können sie die Versicherten untersuchen oder andere Ärzte auf Kosten der Unfallversicherungsträger mit Untersuchungen beauftragen.

§ 5 Gebühren

(1) Erstellen die für den medizinischen Arbeitsschutz zuständigen Stellen ein Zusammenhangsgutachten nach § 4 Abs. 4, erhalten sie von den Unfallversicherungsträgern jeweils eine Gebühr in Höhe von 200 Euro. Mit dieser Gebühr sind alle Personal- und Sachkosten, die bei der Erstellung des Gutachtens entstehen, einschließlich der Kosten für die ärztliche Untersuchung von Versicherten durch die für den medizinischen Arbeitsschutz zuständigen Stellen abgegolten.

(2) Ein Gutachten im Sinne des Absatzes 1 setzt voraus, daß der Gutachter unter Würdigung

1. der Arbeitsanamnese des Versicherten und der festgestellten Einwirkungen am Arbeitsplatz,
2. der Beschwerden, der vorliegenden Befunde und der Diagnose

eine eigenständig begründete schriftliche Bewertung des Ursachenzusammenhangs zwischen der Erkrankung und den tätigkeitsbezogenen Gefährdungen unter Berücksichtigung der besonderen für die gesetzliche Unfallversicherung geltenden Bestimmungen vornimmt.

§ 6 Rückwirkung

(1) Leiden Versicherte am 1. August 2017 an einer Krankheit nach den Nummern 1320, 1321, 2115, 4104 (Eierstockkrebs) oder 4113 (Kehlkopfkrebs) der Anlage 1, ist die Krankheit auf Antrag als Berufskrankheit anzuerkennen, wenn sie vor diesem Tag eingetreten ist.

(2) Leiden Versicherte am 1. Januar 2015 an einer Krankheit nach Nummer 1319, 2113, 2114 oder 5103 der Anlage 1, ist die Krankheit auf Antrag als Berufskrankheit anzuerkennen, wenn sie vor diesem Tag eingetreten ist.

(3) Leiden Versicherte am 1. Juli 2009 an einer Krankheit nach Nummer 2112, 4114 oder 4115 der Anlage 1, ist diese auf Antrag als Berufskrankheit anzuerkennen, wenn der Versicherungsfall nach dem 30. September 2002 eingetreten ist. Leiden Versicherte am 1. Juli 2009 an einer Krankheit nach Nummer 4113 der Anlage 1, ist diese auf Antrag als Berufskrankheit anzuerkennen, wenn der Versicherungsfall nach dem 30. November 1997 eingetreten ist. Leiden Versicherte am 1. Juli 2009 an einer Krankheit nach Nummer 1318 der Anlage 1, ist die Krankheit auf Antrag als Berufskrankheit anzuerkennen, wenn der Versicherungsfall vor diesem Tag eingetreten ist.

(4) Leidet ein Versicherter am 1. Oktober 2002 an einer Krankheit nach Nummer 4112 der Anlage 1, ist diese auf Antrag als Berufskrankheit anzuerkennen, wenn der Versicherungsfall nach dem 30. November 1997 eingetreten ist. Satz 1 gilt auch für eine Krankheit nach Nummer 2106 der Anlage 1, wenn diese nicht bereits nach der Nummer 2106 der Anlage 1 in der am 1. Dezember 1997 in Kraft getretenen Fassung als Berufskrankheit anerkannt werden kann.

(5) Leidet ein Versicherter am 1. Dezember 1997 an einer Krankheit nach Nummer 1316, 1317, 4104 (Kehlkopfkrebs) oder 4111 der Anlage 1, ist diese auf Antrag als Berufs-

krankheit anzuerkennen, wenn der Versicherungsfall nach dem 31. Dezember 1992 eingetreten ist. Abweichend von Satz 1 ist eine Erkrankung nach Nummer 4111 der Anlage 1 auch dann als Berufskrankheit anzuerkennen, wenn die Erkrankung bereits vor dem 1. Januar 1993 eingetreten und einem Unfallversicherungsträger bis zum 31. Dezember 2009 bekannt geworden ist.

(6) Hat ein Versicherter am 1. Januar 1993 an einer Krankheit gelitten, die erst auf Grund der Zweiten Verordnung zur Änderung der Berufskrankheiten-Verordnung vom 18. Dezember 1992 (BGBl. I S. 2343) als Berufskrankheit anerkannt werden kann, ist die Krankheit auf Antrag als Berufskrankheit anzuerkennen, wenn der Versicherungsfall nach dem 31. März 1988 eingetreten ist.

(7) Hat ein Versicherter am 1. April 1988 an einer Krankheit gelitten, die erst auf Grund der Verordnung zur Änderung der Berufskrankheiten-Verordnung vom 22. März 1988 (BGBl. I S. 400) als Berufskrankheit anerkannt werden kann, ist die Krankheit auf Antrag als Berufskrankheit anzuerkennen, wenn der Versicherungsfall nach dem 31. Dezember 1976 eingetreten ist.

(8) Bindende Bescheide und rechtskräftige Entscheidungen stehen der Anerkennung als Berufskrankheit nach den Absätzen 1 bis 7 nicht entgegen. Leistungen werden rückwirkend längstens für einen Zeitraum bis zu vier Jahren erbracht; der Zeitraum ist vom Beginn des Jahres an zu rechnen, in dem der Antrag gestellt worden ist.

Abschnitt 2
Ärztlicher Sachverständigenbeirat Berufskrankheiten

§ 7 Aufgaben

Der Ärztliche Sachverständigenbeirat Berufskrankheiten (Sachverständigenbeirat) ist ein wissenschaftliches Gremium, das das Bundesministerium bei der Prüfung der medizinischen Erkenntnisse zur Bezeichnung neuer und zur Erarbeitung wissenschaftlicher Stellungnahmen zu bestehenden Berufskrankheiten unterstützt.

§ 8 Mitglieder

(1) Der Sachverständigenbeirat besteht in der Regel aus zwölf Mitgliedern, die vom Bundesministerium für Arbeit und Soziales für die Dauer von fünf Jahren berufen werden. Dem Sachverständigenbeirat sollen angehören:

1. acht Hochschullehrerinnen oder Hochschullehrer, insbesondere der Fachrichtung Arbeitsmedizin oder Epidemiologie,
2. zwei Staatliche Gewerbeärztinnen oder Staatliche Gewerbeärzte und
3. zwei Ärztinnen oder Ärzte aus dem betriebs- oder werksärztlichen Bereich.

(2) Die Mitgliedschaft im Sachverständigenbeirat ist ein persönliches Ehrenamt, das keine Stellvertretung zulässt. Der Name und die hauptamtliche Funktion der Mitglieder werden vom Bundesministerium für Arbeit und Soziales veröffentlicht.

(3) Die Mitglieder sind unabhängig und nicht an Weisungen gebunden; sie sind nur ihrem Gewissen verantwortlich und zu unparteiischer Erfüllung ihrer Aufgaben sowie zur Verschwiegenheit verpflichtet. Sie sind auch nach Beendigung ihrer Mitgliedschaft verpflichtet, über die ihnen dabei bekannt gewordenen Angelegenheiten, insbesondere über den Inhalt und den Verlauf der Beratungen, Verschwiegenheit zu wahren.

(4) Das Bundesministerium für Arbeit und Soziales ist berechtigt, Mitglieder aus sachlichen Gründen oder wenn die persönlichen Voraussetzungen der Berufung entfallen sind, abzuberufen. Die Mitglieder können jederzeit aus eigenem Entschluss die Mitgliedschaft beenden.

§ 9 Durchführung der Aufgaben

(1) Zur Durchführung seiner Aufgaben tritt der Sachverständigenbeirat zu Sitzungen zusammen. Das Bundesministerium für Arbeit und Soziales nimmt an den Sitzungen teil. Die Sitzungen sind nicht öffentlich.

(2) Zu den Sitzungen können ständige Berater sowie externe Sachverständige und Gäste hinzugezogen werden. Für ständige Berater gilt § 8 Absatz 2 und 3, für externe Sachver-

IV

ständige und Gäste gilt § 8 Absatz 3 entsprechend.

(3) Die Beratungsthemen, die aktuell vom Sachverständigenbeirat geprüft werden, werden vom Bundesministerium für Arbeit und Soziales veröffentlicht.

(4) Der Sachverständigenbeirat gibt als Ergebnis seiner Beratungen Empfehlungen für neue oder Stellungnahmen zu bestehenden Berufskrankheiten entsprechend dem aktuellen wissenschaftlichen Erkenntnisstand ab. Gibt der Sachverständigenbeirat keine Empfehlung oder Stellungnahme ab, wird ein Abschlussvermerk erstellt. Die Empfehlungen und Stellungnahmen enthalten eine ausführliche wissenschaftliche Begründung, die Abschlussvermerke eine Zusammenfassung der wissenschaftlichen Entscheidungsgründe.

(5) Das Bundesministerium für Arbeit und Soziales gibt die Empfehlungen und Stellungnahmen des Sachverständigenbeirats bekannt; die Abschlussvermerke werden veröffentlicht. Die vorbereitenden, intern erstellten Beratungsunterlagen des Sachverständigenbeirats sind vertraulich.

§ 10 Geschäftsstelle

(1) Die Bundesanstalt für Arbeitsschutz und Arbeitsmedizin führt die Geschäfte des Sachverständigenbeirats. Sie unterstützt die Arbeit des Sachverständigenbeirats wissenschaftlich und organisatorisch.

(2) Zur wissenschaftlichen Unterstützung kann der Sachverständigenbeirat die Geschäftsstelle insbesondere beauftragen, zu einzelnen Beratungsthemen systematische Reviews oder Literaturrecherchen durchzuführen. Außerdem unterstützt die Geschäftsstelle die Sachverständigen bei der Erstellung von wissenschaftlichen Empfehlungen und Stellungnahmen.

(3) Zur organisatorischen Unterstützung verwaltet die Geschäftsstelle insbesondere die Beratungsunterlagen und erstellt die Ergebnisniederschriften der einzelnen Sitzungen.

§ 11 Geschäftsordnung

(1) Der Sachverständigenbeirat gibt sich eine Geschäftsordnung, die der Zustimmung des Bundesministeriums für Arbeit und Soziales bedarf und veröffentlicht wird.

(2) In der Geschäftsordnung werden insbesondere die Einzelheiten über den Vorsitz und die organisatorische Durchführung der Sitzungen, die Bildung von Arbeitsgruppen sowie die Hinzuziehung externer Sachverständiger geregelt.

Abschnitt 3
Übergangsrecht

§ 12 Überprüfung früherer Bescheide

Bescheide, in denen eine Krankheit nach Nummer 1315, 2101, 2104, 2108 bis 2110, 4301, 4302 oder 5101 der Anlage 1 von einem Unfallversicherungsträger vor dem 1. Januar 2021 nur deshalb nicht als Berufskrankheit anerkannt worden ist, weil die Versicherten die verrichtete gefährdende Tätigkeit nicht unterlassen haben, werden von den Unfallversicherungsträgern von Amts wegen überprüft, wenn die Bescheide nach dem 1. Januar 1997 erlassen worden sind.

Anlage 1

Nr.	Krankheiten
1	**Durch chemische Einwirkungen verursachte Krankheiten**
11	**Metalle und Metalloide**
1101	Erkrankungen durch Blei oder seine Verbindungen
1102	Erkrankungen durch Quecksilber oder seine Verbindungen
1103	Erkrankungen durch Chrom oder seine Verbindungen
1104	Erkrankungen durch Cadmium oder seine Verbindungen
1105	Erkrankungen durch Mangan oder seine Verbindungen
1106	Erkrankungen durch Thallium oder seine Verbindungen
1107	Erkrankungen durch Vanadium oder seine Verbindungen
1108	Erkrankungen durch Arsen oder seine Verbindungen
1109	Erkrankungen durch Phosphor oder seine anorganischen Verbindungen
1110	Erkrankungen durch Beryllium oder seine Verbindungen
12	**Erstickungsgase**
1201	Erkrankungen durch Kohlenmonoxid
1202	Erkrankungen durch Schwefelwasserstoff
13	**Lösemittel, Schädlingsbekämpfungsmittel (Pestizide) und sonstige chemische Stoffe**
1301	Schleimhautveränderungen, Krebs oder andere Neubildungen der Harnwege durch aromatische Amine
1302	Erkrankungen durch Halogenkohlenwasserstoffe
1303	Erkrankungen durch Benzol, seine Homologe oder durch Styrol
1304	Erkrankungen durch Nitro- oder Aminoverbindungen des Benzols oder seiner Homologe oder ihrer Abkömmlinge
1305	Erkrankungen durch Schwefelkohlenstoff
1306	Erkrankungen durch Methylalkohol (Methanol)
1307	Erkrankungen durch organische Phosphorverbindungen
1308	Erkrankungen durch Fluor oder seine Verbindungen
1309	Erkrankungen durch Salpetersäureester
1310	Erkrankungen durch halogenierte Alkyl-, Aryl- oder Alkylaryloxide
1311	Erkrankungen durch halogenierte Alkyl-, Aryl- oder Alkylarylsulfide
1312	Erkrankungen der Zähne durch Säuren
1313	Hornhautschädigungen des Auges durch Benzochinon
1314	Erkrankungen durch para-tertiär-Butylphenol
1315	Erkrankungen durch Isocyanate
1316	Erkrankungen der Leber durch Dimethylformamid
1317	Polyneuropathie oder Enzephalopathie durch organische Lösungsmittel oder deren Gemische
1318	Erkrankungen des Blutes, des blutbildenden und des lymphatischen Systems durch Benzol
1319	Larynxkarzinom durch intensive und mehrjährige Exposition gegenüber schwefelsäurehaltigen Aerosolen
1320	Chronisch-myeloische oder chronisch-lymphatische Leukämie durch 1,3-Butadien bei Nachweis der Einwirkung einer kumulativen Dosis von mindestens 180 Butadien-Jahren (ppm × Jahre)
1321	Schleimhautveränderungen, Krebs oder andere Neubildungen der Harnwege durch polyzyklische aromatische Kohlenwasserstoffe bei Nachweis der Einwirkung einer kumulativen Dosis von mindestens 80 Benzo(a)pyren-Jahren [(µg/m^3) × Jahre]Zu den Nummern 11 01 bis 11 10, 12 01 und 12 02, 13 03 bis 13 09 und 13 15: Ausgenommen sind Hauterkrankungen. Diese gelten als Krankheiten im Sinne dieser Anlage nur insoweit, als sie Erscheinungen einer Allgemeinerkrankung sind, die durch Aufnahme der schädigenden Stoffe in den Körper verursacht werden, oder gemäß Nummer 51 01 zu entschädigen sind.
2	**Durch physikalische Einwirkungen verursachte Krankheiten**
21	**Mechanische Einwirkungen**
2101	Schwere oder wiederholt rückfällige Erkrankungen der Sehnenscheiden oder des Sehnengleitgewebes sowie der Sehnen- oder Muskelansätze
2102	Meniskusschäden nach mehrjährigen andauernden oder häufig wiederkehrenden, die Kniegelenke überdurchschnittlich belastenden Tätigkeiten
2103	Erkrankungen durch Erschütterung bei Arbeit mit Druckluftwerkzeugen oder gleichartig wirkenden Werkzeugen oder Maschinen
2104	Vibrationsbedingte Durchblutungsstörungen an den Händen
2105	Chronische Erkrankungen der Schleimbeutel durch ständigen Druck
2106	Druckschädigung der Nerven
2107	Abrißbrüche der Wirbelfortsätze
2108	Bandscheibenbedingte Erkrankungen der Lendenwirbelsäule durch langjähriges Heben oder Tragen schwerer Lasten oder durch langjährige Tätigkeiten in extremer Rumpfbeugehaltung, die zu chronischen oder chronisch-rezidivierenden Beschwerden und Funktionseinschränkungen (der Lendenwirbelsäule) geführt haben

Nr.	Krankheiten
2109	Bandscheibenbedingte Erkrankungen der Halswirbelsäule durch langjähriges Tragen schwerer Lasten auf der Schulter, die zu chronischen oder chronisch-rezidivierenden Beschwerden und Funktionseinschränkungen (der Halswirbelsäule) geführt haben
2110	Bandscheibenbedingte Erkrankungen der Lendenwirbelsäule durch langjährige, vorwiegend vertikale Einwirkung von Ganzkörperschwingungen im Sitzen, die zu chronischen oder chronisch-rezidivierenden Beschwerden und Funktionseinschränkungen (der Lendenwirbelsäule) geführt haben
2111	Erhöhte Zahnabrasionen durch mehrjährige quarzstaubbelastende Tätigkeit
2112	Gonarthrose durch eine Tätigkeit im Knien oder vergleichbare Kniebelastung mit einer kumulativen Einwirkungsdauer während des Arbeitslebens von mindestens 13 000 Stunden und einer Mindesteinwirkungsdauer von insgesamt einer Stunde pro Schicht
2113	Druckschädigung des Nervus medianus im Carpaltunnel (Carpaltunnel-Syndrom) durch repetitive manuelle Tätigkeiten mit Beugung und Streckung der Handgelenke, durch erhöhten Kraftaufwand der Hände oder durch Hand-Arm-Schwingungen
2114	Gefäßschädigung der Hand durch stoßartige Krafteinwirkung (Hypothenar-Hammer-Syndrom und Thenar-Hammer-Syndrom)
2115	Fokale Dystonie als Erkrankung des zentralen Nervensystems bei Instrumentalmusikern durch feinmotorische Tätigkeit hoher Intensität
2116	Koxarthrose durch Lastenhandhabung mit einer kumulativen Dosis von mindestens 9500 Tonnen während des Arbeitslebens gehandhabter Lasten mit einem Lastgewicht von mindestens 20 kg, die mindestens zehnmal pro Tag gehandhabt wurden
2117	Läsion der Rotatorenmanschette der Schulter durch eine langjährige und intensive Belastung durch Überschulterarbeit, repetitive Bewegungen im Schultergelenk, Kraftanwendungen im Schulterbereich durch Heben von Lasten oder Hand-Arm-Schwingungen
2118	Gonarthrose bei professionellen Fußballspielerinnen und Fußballspielern nach mindestens 13-jähriger Expositionsdauer
22	**Druckluft**
2201	Erkrankungen durch Arbeit in Druckluft
23	**Lärm**
2301	Lärmschwerhörigkeit
24	**Strahlen**
2401	Grauer Star durch Wärmestrahlung
2402	Erkrankungen durch ionisierende Strahlen

Nr.	Krankheiten
3	**Durch Infektionserreger oder Parasiten verursachte Krankheiten sowie Tropenkrankheiten**
3101	Infektionskrankheiten, wenn der Versicherte im Gesundheitsdienst, in der Wohlfahrtspflege oder in einem Laboratorium tätig oder durch eine andere Tätigkeit der Infektionsgefahr in ähnlichem Maße besonders ausgesetzt war
3102	Von Tieren auf Menschen übertragbare Krankheiten
3103	Wurmkrankheiten der Bergleute, verursacht durch Ankylostoma duodenale oder Strongyloides stercoralis
3104	Tropenkrankheiten, Fleckfieber
4	**Erkrankungen der Atemwege und der Lungen, des Rippenfells und Bauchfells und der Eierstöcke**
41	**Erkrankungen durch anorganische Stäube**
4101	Quarzstaublungenerkrankung (Silikose)
4102	Quarzstaublungenerkrankung in Verbindung mit aktiver Lungentuberkulose (Siliko-Tuberkulose)
4103	Asbeststaublungenerkrankung (Asbestose) oder durch Asbeststaub verursachte Erkrankung der Pleura
4104	Lungenkrebs, Kehlkopfkrebs oder Eierstockkrebs – in Verbindung mit Asbeststaublungenerkrankung (Asbestose) – in Verbindung mit durch Asbeststaub verursachter Erkrankung der Pleura oder – bei Nachweis der Einwirkung einer kumulativen Asbestfaserstaub-Dosis am Arbeitsplatz von mindestens 25 Faserjahren [25×10^6 [(Fasern/m^3) × Jahre]
4105	Durch Asbest verursachtes Mesotheliom des Rippenfells, des Bauchfells oder des Perikards
4106	Erkrankungen der tieferen Atemwege und der Lungen durch Aluminium oder seine Verbindungen
4107	Erkrankungen an Lungenfibrose durch Metallstäube bei der Herstellung oder Verarbeitung von Hartmetallen
4108	Erkrankungen der tieferen Atemwege und der Lungen durch Thomasmehl (Thomasphosphat)
4109	Bösartige Neubildungen der Atemwege und der Lungen durch Nickel oder seine Verbindungen
4110	Bösartige Neubildungen der Atemwege und der Lungen durch Kokereirohgase
4111	Chronische obstruktive Bronchitis oder Emphysem von Bergleuten unter Tage im Steinkohlebergbau bei Nachweis der Einwirkung einer kumulativen Dosis von in der Regel 100 Feinstaubjahren [(mg/m^3) × Jahre]
4112	Lungenkrebs durch die Einwirkung von kristallinem Siliziumdioxid (SiO_2) bei nachgewiesener Quarzstaublungenerkrankung (Silikose oder Siliko-Tuberkulose)

Nr.	Krankheiten
4113	Lungenkrebs oder Kehlkopfkrebs durch polyzyklische aromatische Kohlenwasserstoffe bei Nachweis der Einwirkung einer kumulativen Dosis von mindestens 100 Benzo[a]pyren-Jahren [($\mu g/m^3$) × Jahre]
4114	Lungenkrebs durch das Zusammenwirken von Asbestfaserstaub und polyzyklischen aromatischen Kohlenwasserstoffen bei Nachweis der Einwirkung einer kumulativen Dosis, die einer Verursachungswahrscheinlichkeit von mindestens 50 Prozent nach der Anlage 2 entspricht
4115	Lungenfibrose durch extreme und langjährige Einwirkung von Schweißrauchen und Schweißgasen – (Siderofibrose)
4116	Lungenkrebs nach langjähriger und intensiver Passivrauchexposition am Arbeitsplatz bei Versicherten, die selbst nie oder maximal bis zu 400 Zigarettenäquivalente aktiv geraucht haben
4117	Chronische obstruktive Bronchitis einschließlich Emphysem durch Quarzstaubexposition bei Nachweis der Einwirkung einer kumulativen Dosis am Arbeitsplatz von mindestens zwei Quarz-Feinstaubjahren [(mg/m^3) x Jahre]] oberhalb der Konzentration von 0,1 mg/m^3
42	**Erkrankungen durch organische Stäube**
4201	Exogen-allergische Alveolitis
4202	Erkrankungen der tieferen Atemwege und der Lungen durch Rohbaumwoll-, Rohflachs- oder Rohhanfstaub (Byssinose)
4203	Adenokarzinome der Nasenhaupt- und Nasennebenhöhlen durch Stäube von Eichen- oder Buchenholz
43	**Obstruktive Atemwegserkrankungen**
4301	Durch allergisierende Stoffe verursachte obstruktive Atemwegserkrankungen (einschließlich Rhinopathie)
4302	Durch chemisch-irritativ oder toxisch wirkende Stoffe verursachte obstruktive Atemwegserkrankungen
5	**Hautkrankheiten**
5101	Schwere oder wiederholt rückfällige Hauterkrankungen
5102	Hautkrebs oder zur Krebsbildung neigende Hautveränderungen durch Ruß, Rohparaffin, Teer, Anthrazen, Pech oder ähnliche Stoffe
5103	Plattenepithelkarzinome oder multiple aktinische Keratosen der Haut durch natürliche UV-Strahlung
6	**Krankheiten sonstiger Ursache**
6101	Augenzittern der Bergleute

Anlage 2

Berufskrankheit Nummer 4114 Verursachungswahrscheinlichkeit in Prozent

BaP Jahre	Asbestfaserjahre																									
	0	1	2	3	4	5	6	7	8	9	10	11	12	13	14	15	16	17	18	19	20	21	22	23	24	25
0	0	4	7	11	14	17	19	22	24	26	29	31	32	34	36	38	39	40	42	43	44	46	47	48	49	**50**
1	1	5	8	12	15	17	20	22	25	27	29	31	33	35	36	38	39	41	42	44	45	46	47	48	49	**50**
2	2	6	9	12	15	18	21	23	25	28	30	32	33	35	37	38	40	41	43	44	45	46	47	48	49	**50**
3	3	7	10	13	16	19	21	24	26	28	30	32	34	35	37	39	40	42	43	44	45	47	48	49	**50**	51
4	4	7	11	14	17	19	22	24	26	29	31	32	34	36	38	39	40	42	43	44	46	47	48	49	**50**	51
5	5	8	12	15	17	20	22	25	27	29	31	33	35	36	38	39	41	42	44	45	46	47	48	49	**50**	51
6	6	9	12	15	18	21	23	25	28	30	32	33	35	37	38	40	41	43	44	45	46	47	48	49	**50**	51
7	7	10	13	16	19	21	24	26	28	30	32	34	35	37	39	40	42	43	44	45	47	48	49	**50**	51	52
8	7	11	14	17	19	22	24	26	29	31	32	34	36	38	39	40	42	43	44	46	47	48	49	**50**	51	52
9	8	12	15	17	20	22	25	27	29	31	33	35	36	38	39	41	42	44	45	46	47	48	49	**50**	51	52
10	9	12	15	18	21	23	25	28	30	32	33	35	37	38	40	41	43	44	45	46	47	48	49	**50**	51	52
11	10	13	16	19	21	24	26	28	30	32	34	35	37	39	40	42	43	44	45	47	48	49	**50**	51	52	53
12	11	14	17	19	22	24	26	29	31	32	34	36	38	39	40	42	43	44	46	47	48	49	**50**	51	52	53
13	12	15	17	20	22	25	27	29	31	33	35	36	38	39	41	42	44	45	46	47	48	49	**50**	51	52	53
14	12	15	18	21	23	25	28	30	32	33	35	37	38	40	41	43	44	45	46	47	48	49	**50**	51	52	53
15	13	16	19	21	24	26	28	30	32	34	35	37	39	40	42	43	44	45	47	48	49	**50**	51	52	53	53
16	14	17	19	22	24	26	29	31	32	34	36	37	39	40	42	43	44	46	47	48	49	**50**	51	52	53	54
17	15	17	20	22	25	27	29	31	33	35	36	38	39	41	42	44	45	46	47	48	49	**50**	51	52	53	54
18	15	18	21	23	25	28	30	32	33	35	37	38	40	41	43	44	45	46	47	48	49	**50**	51	52	53	54
19	16	19	21	24	26	28	30	32	34	35	37	39	40	42	43	44	45	47	48	49	**50**	51	52	53	53	54
20	17	19	22	24	26	29	31	32	34	36	37	39	40	42	43	44	46	47	48	49	**50**	51	52	53	54	55
21	17	20	22	25	27	29	31	33	35	36	38	39	41	42	44	45	46	47	48	49	**50**	51	52	53	54	55
22	18	21	23	25	28	30	32	33	35	37	38	40	41	43	44	45	46	47	48	49	**50**	51	52	53	54	55
23	19	21	24	26	28	30	32	34	35	37	39	40	42	43	44	45	47	48	49	**50**	51	52	53	53	54	55
24	19	22	24	26	29	31	32	34	36	37	39	40	42	43	44	46	47	48	49	**50**	51	52	53	54	55	55
25	20	22	25	27	29	31	33	35	36	38	39	41	42	44	45	46	47	48	49	**50**	51	52	53	54	55	56
26	21	23	25	28	30	32	33	35	37	38	40	41	43	44	45	46	47	48	49	**50**	51	52	53	54	55	56
27	21	24	26	28	30	32	34	35	37	39	40	42	43	44	45	47	48	49	**50**	51	52	53	53	54	55	56
28	22	24	26	29	31	32	34	36	38	39	40	42	43	44	46	47	48	49	**50**	51	52	53	54	55	55	56
29	22	25	27	29	31	33	35	36	38	39	41	42	44	45	46	47	48	49	**50**	51	52	53	54	55	56	56
30	23	25	28	30	32	33	35	37	38	40	41	43	44	45	46	47	48	49	**50**	51	52	53	54	55	56	57
31	24	26	28	30	32	34	35	37	39	40	42	43	44	45	47	48	49	**50**	51	52	53	53	54	55	56	57
32	24	26	29	31	32	34	36	38	39	40	42	43	44	46	47	48	49	**50**	51	52	53	54	55	55	56	57
33	25	27	29	31	33	35	36	38	39	41	42	44	45	46	47	48	49	**50**	51	52	53	54	55	56	56	57
34	25	28	30	32	33	35	37	38	40	41	43	44	45	46	47	48	49	**50**	51	52	53	54	55	56	57	57
35	26	28	30	32	34	35	37	39	40	42	43	44	45	47	48	49	**50**	51	52	53	53	54	55	56	57	57
36	26	29	31	32	34	36	37	39	40	42	43	44	46	47	48	49	**50**	51	52	53	54	55	55	56	57	58
37	27	29	31	33	35	36	38	39	41	42	44	45	46	47	48	49	**50**	51	52	53	54	55	56	56	57	58
38	28	30	32	33	35	37	38	40	41	43	44	45	46	47	48	49	**50**	51	52	53	54	55	56	57	57	58
39	28	30	32	34	35	37	39	40	42	43	44	45	47	48	49	**50**	51	52	53	53	54	55	56	57	57	58
40	29	31	32	34	36	37	39	40	42	43	44	46	47	48	49	**50**	51	52	53	54	55	55	56	57	58	58

BaP Jahre	Asbestfaserjahre																									
	0	1	2	3	4	5	6	7	8	9	10	11	12	13	14	15	16	17	18	19	20	21	22	23	24	25
41	29	31	33	35	36	38	39	41	42	44	45	46	47	48	49	**50**	51	52	53	54	55	56	56	57	58	59
42	30	32	33	35	37	38	40	41	43	44	45	46	47	48	49	**50**	51	52	53	54	55	56	57	57	58	59
43	30	32	34	35	37	39	40	42	43	44	45	47	48	49	**50**	51	52	53	53	54	55	56	57	57	58	59
44	31	32	34	36	37	39	40	42	43	44	46	47	48	49	**50**	51	52	53	54	55	55	56	57	58	58	59
45	31	33	35	36	38	39	41	42	44	45	46	47	48	49	**50**	51	52	53	54	55	56	56	57	58	59	59
46	32	33	35	37	38	40	41	43	44	45	46	47	48	49	**50**	51	52	53	54	55	56	57	57	58	59	59
47	32	34	35	37	39	40	42	43	44	45	47	48	49	**50**	51	52	53	53	54	55	56	57	57	58	59	60
48	32	34	36	38	39	40	42	43	44	46	47	48	49	**50**	51	52	53	54	55	55	56	57	58	58	59	60
49	33	35	36	38	39	41	42	44	45	46	47	48	49	**50**	51	52	53	54	55	56	56	57	58	59	59	60
50	33	35	37	38	40	41	43	44	45	46	47	48	49	**50**	51	52	53	54	55	56	57	57	58	59	59	60
51	34	35	37	39	40	42	43	44	45	47	48	49	**50**	51	52	53	53	54	55	56	57	57	58	59	60	60
52	34	36	38	39	40	42	43	44	46	47	48	49	**50**	51	52	53	54	55	55	56	57	58	58	59	60	60
53	35	36	38	39	41	42	44	45	46	47	48	49	**50**	51	52	53	54	55	56	56	57	58	59	59	60	60
54	35	37	38	40	41	43	44	45	46	47	48	49	**50**	51	52	53	54	55	56	57	57	58	59	59	60	61
55	35	37	39	40	42	43	44	45	47	48	49	**50**	51	52	53	53	54	55	56	57	57	58	59	60	60	61
56	36	38	39	40	42	43	44	46	47	48	49	**50**	51	52	53	54	55	55	56	57	58	58	59	60	60	61
57	36	38	39	41	42	44	45	46	47	48	49	**50**	51	52	53	54	55	56	56	57	58	59	59	60	60	61
58	37	38	40	41	43	44	45	46	47	48	49	**50**	51	52	53	54	55	56	57	57	58	59	59	60	61	61
59	37	39	40	42	43	44	45	47	48	49	**50**	51	52	53	53	54	55	56	57	57	58	59	60	60	61	61
60	38	39	40	42	43	44	46	47	48	49	**50**	51	52	53	54	55	55	56	57	58	58	59	60	60	61	62
61	38	39	41	42	44	45	46	47	48	49	**50**	51	52	53	54	55	56	56	57	58	59	59	60	60	61	62
62	38	40	41	43	44	45	46	47	48	49	**50**	51	52	53	54	55	56	57	57	58	59	59	60	61	61	62
63	39	40	42	43	44	45	47	48	49	**50**	51	52	53	53	54	55	56	57	57	58	59	60	60	61	61	62
64	39	40	42	43	44	46	47	48	49	**50**	51	52	53	54	55	55	56	57	58	58	59	60	60	61	62	62
65	39	41	42	44	45	46	47	48	49	**50**	51	52	53	54	55	56	56	57	58	59	59	60	60	61	62	62
66	40	41	43	44	45	46	47	48	49	**50**	51	52	53	54	55	56	57	57	58	59	59	60	61	61	62	62
67	40	42	43	44	45	47	48	49	**50**	51	52	53	53	54	55	56	57	57	58	59	60	60	61	61	62	63
68	40	42	43	44	46	47	48	49	**50**	51	52	53	54	55	55	56	57	58	58	59	60	60	61	62	62	63
69	41	42	44	45	46	47	48	49	**50**	51	52	53	54	55	56	56	57	58	59	59	60	60	61	62	62	63
70	41	43	44	45	46	47	48	49	**50**	51	52	53	54	55	56	57	57	58	59	59	60	61	61	62	62	63
71	42	43	44	45	47	48	49	**50**	51	52	53	53	54	55	56	57	57	58	59	60	60	61	61	62	63	63
72	42	43	44	46	47	48	49	**50**	51	52	53	54	55	55	56	57	58	58	59	60	60	61	62	62	63	63
73	42	44	45	46	47	48	49	**50**	51	52	53	54	55	56	56	57	58	59	59	60	60	61	62	62	63	63
74	43	44	45	46	47	48	49	**50**	51	52	53	54	55	56	57	57	58	59	59	60	61	61	62	62	63	64
75	43	44	45	47	48	49	**50**	51	52	53	53	54	55	56	57	57	58	59	60	60	61	61	62	63	63	64
76	43	44	46	47	48	49	**50**	51	52	53	54	55	55	56	57	58	58	59	60	60	61	62	62	63	63	64
77	44	45	46	47	48	49	**50**	51	52	53	54	55	56	56	57	58	59	59	60	60	61	62	62	63	63	64
78	44	45	46	47	48	49	**50**	51	52	53	54	55	56	57	57	58	59	59	60	61	61	62	62	63	64	64
79	44	45	47	48	49	**50**	51	52	53	53	54	55	56	57	57	58	59	60	60	61	61	62	63	63	64	64
80	44	46	47	48	49	**50**	51	52	53	54	55	55	56	57	58	58	59	60	60	61	62	62	63	63	64	64
81	45	46	47	48	49	**50**	51	52	53	54	55	56	56	57	58	59	59	60	60	61	62	62	63	63	64	64
82	45	46	47	48	49	**50**	51	52	53	54	55	56	57	57	58	59	59	60	61	61	62	62	63	64	64	65
83	45	47	48	49	**50**	51	52	53	53	54	55	56	57	57	58	59	60	60	61	61	62	63	63	64	64	65
84	46	47	48	49	**50**	51	52	53	54	55	55	56	57	58	58	59	60	60	61	62	62	63	63	64	64	65
85	46	47	48	49	**50**	51	52	53	54	55	56	56	57	58	59	59	60	60	61	62	62	63	63	64	64	65

BaP Jahre	Asbestfaserjahre																									
	0	1	2	3	4	5	6	7	8	9	10	11	12	13	14	15	16	17	18	19	20	21	22	23	24	25
86	46	47	48	49	**50**	51	52	53	54	55	56	57	57	58	59	59	60	61	61	62	62	63	64	64	65	65
87	47	48	49	**50**	51	52	53	53	54	55	56	57	57	58	59	60	60	61	61	62	63	63	64	64	65	65
88	47	48	49	**50**	51	52	53	54	55	55	56	57	58	58	59	60	60	61	62	62	63	63	64	64	65	65
89	47	48	49	**50**	51	52	53	54	55	56	56	57	58	59	59	60	60	61	62	62	63	63	64	64	65	65
90	47	48	49	**50**	51	52	53	54	55	56	57	57	58	59	59	60	61	61	62	62	63	64	64	65	65	66
91	48	49	**50**	51	52	53	53	54	55	56	57	57	58	59	60	60	61	61	62	63	63	64	64	65	65	66
92	48	49	**50**	51	52	53	54	55	55	56	57	58	58	59	60	60	61	62	62	63	63	64	64	65	65	66
93	48	49	**50**	51	52	53	54	55	56	56	57	58	59	59	60	60	61	62	62	63	63	64	64	65	65	66
94	48	49	**50**	51	52	53	54	55	56	57	57	58	59	59	60	61	61	62	62	63	64	64	65	65	66	66
95	49	**50**	51	52	53	53	54	55	56	57	57	58	59	60	60	61	61	62	63	63	64	64	65	65	66	66
96	49	**50**	51	52	53	54	55	55	56	57	58	58	59	60	60	61	62	62	63	63	64	64	65	65	66	66
97	49	**50**	51	52	53	54	55	56	56	57	58	59	59	60	60	61	62	62	63	63	64	64	65	65	66	66
98	49	**50**	51	52	53	54	55	56	57	57	58	59	59	60	61	61	62	62	63	64	64	65	65	66	66	66
99	**50**	51	52	53	53	54	55	56	57	57	58	59	60	60	61	61	62	63	63	64	64	65	65	66	66	67
100	**50**	51	52	53	54	55	55	56	57	58	58	59	60	60	61	62	62	63	63	64	64	65	65	66	66	67

Hessisches Versorgungsrücklagengesetz

Vom 12. September 2018 (GVBl. S. 577)

Zuletzt geändert durch
Zweites Gesetz zur Änderung des Hessischen Finanzausgleichsgesetzes und zur Änderung anderer Rechtsvorschriften
vom 13. November 2025 (GVBl. Nr. 80)

ERSTER TEIL
Allgemeine Bestimmungen

§ 1 Geltungsbereich

(1) Dieses Gesetz gilt für das Land, die Gemeinden und Gemeindeverbände sowie die sonstigen der Aufsicht des Landes unterstehenden Körperschaften, Anstalten und Stiftungen des öffentlichen Rechts, die als Dienstherren an Beamtinnen und Beamte, Richterinnen und Richter Dienstbezüge oder an Versorgungsempfängerinnen und Versorgungsempfänger Versorgungsbezüge zahlen.

(2) Der Erste und der Dritte Teil dieses Gesetzes gelten entsprechend für sonstige Dienstherren bei Zahlung von Amts- und Versorgungsbezügen, die an das Hessische Besoldungsgesetz vom 27. Mai 2013 (GVBl. S. 218, 256, 508), zuletzt geändert durch Gesetz vom 12. September 2018 (GVBl. S. 577), anknüpfen.

(3) Dieses Gesetz gilt nicht für Körperschaften, Anstalten und Stiftungen, die aufgrund anderer rechtlicher Bestimmungen verpflichtet sind, in Höhe ihrer künftigen Versorgungsverpflichtungen Rückstellungen zu bilden, oder unabhängig von einer rechtlichen Verpflichtung insoweit Rückstellungen bilden.

§ 2 Errichtung von Sondervermögen

(1) Zur Sicherung der Versorgungsleistungen werden Versorgungsrücklagen als Sondervermögen aus der Verminderung der Besoldungs- und Versorgungsanpassungen der Jahre 1999 bis 2014 sowie aus der Verminderung der Versorgungsausgaben durch das Versorgungsänderungsgesetz 2001 vom 20. Dezember 2001 (BGBl. I S. 3926) errichtet.

(2) Die Sondervermögen sind von dem übrigen Vermögen sowie den Rechten und Verbindlichkeiten der Dienstherren getrennt zu halten.

(3) Für die Gemeinden und Gemeindeverbände gelten Abs. 1 und 2 nach Maßgabe des § 12 Abs. 2 und 3.

§ 3 Zweck und Auflösung der Sondervermögen

(1) Die Sondervermögen sind zur Finanzierung künftiger Versorgungsleistungen der Dienstherren nach § 1 Abs. 1 und 2 zu verwenden. Die jährliche Entnahmehöhe darf ein Fünfzehntel des Bestandes der jeweiligen Rücklage nicht überschreiten. Maßgeblich für Satz 2 ist der Bestand zum 31. Dezember des der erstmaligen Entnahme vorausgehenden Jahres.

(2) Unmittelbare Ansprüche von Versorgungsempfängerinnen und Versorgungsempfängern gegen die Sondervermögen werden nicht begründet.

(3) Die Sondervermögen werden nach Erfüllung ihres in Abs. 1 Satz 1 genannten Zwecks aufgelöst.

§ 4 Rechtsform

Die Sondervermögen sind nicht rechtsfähig. Sie können im Rechtsverkehr unter ihrem Namen handeln, klagen und verklagt werden.

ZWEITER TEIL
Sondervermögen „Versorgungsrücklage des Landes Hessen"

§ 5 Errichtung, Finanzierung und Gerichtsstand

(1) Das Land errichtet zur Sicherung seiner Versorgungsleistungen ein Sondervermögen „Versorgungsrücklage des Landes Hessen".

(2) Das Sondervermögen „Versorgungsrücklage des Landes Hessen" setzt sich zusammen aus

1. der nach § 2 Abs. 1 und § 7 Abs. 1 Satz 1 und 3 zu bildenden Versorgungsrücklage,
2. einer zusätzlichen freiwilligen Vorsorge für die Beamtinnen und Beamten des Landes Hessen,
3. der nach § 2 Abs. 3 des Gesetzes für die hessischen Universitätskliniken vom 26. Juni 2000 (GVBl. I S. 344), zuletzt geändert durch Gesetz vom 13. Dezember 2012 (GVBl. S. 622), zu leistenden Vorsorge für die Beamtinnen und Beamten der hessischen Universitätskliniken und
4. sonstigen Mitteln zur Finanzierung von Versorgungsleistungen.

(3) Der allgemeine Gerichtsstand für das Sondervermögen „Versorgungsrücklage des Landes Hessen" ist Wiesbaden.

§ 6 Verwaltung und Anlage der Mittel

(1) Das Ministerium der Finanzen verwaltet das Sondervermögen „Versorgungsrücklage des Landes Hessen" und dessen Mittel. Es kann sich dabei Dritter bedienen.

(2) Die Mittel sind so anzulegen, dass möglichst große Sicherheit und Rentabilität bei ausreichender Liquidität des Sondervermögens unter Wahrung angemessener Mischung und Streuung insgesamt erreicht wird. Bei der Beurteilung von Sicherheit und Rentabilität einer Kapitalanlage sind auch ökologische und soziale Nachhaltigkeitsaspekte, Aspekte der ordentlichen Unternehmensführung sowie die in der Initiative „Global Compact" der Vereinten Nationen genannten Prinzipien zu berücksichtigen. Das Nähere regeln vom Ministerium der Finanzen zu erstellende Anlagerichtlinien. Die Anlagerichtlinien bedürfen der Zustimmung des Haushaltsausschusses des Hessischen Landtages.

§ 7 Zuführung der Mittel

(1) Der Zuführungsbetrag zum Sondervermögen „Versorgungsrücklage des Landes Hessen" nach § 5 Abs. 2 Nr. 1 beläuft sich im Jahr 2019 auf 158,3 Millionen Euro. Der bedingt durch die Erstattung von Versorgungszuschlägen nach § 82 des Hessischen Beamtenversorgungsgesetzes vom 27. Mai 2013 (GVBl. S. 218, 312), zuletzt geändert durch Gesetz vom 30. Juni 2017 (GVBl. S. 114), dem Sondervermögen nach § 5 Abs. 2 Nr. 4 zuzuführende Betrag beläuft sich im Jahr 2019 auf 3,2 Millionen Euro. Zusätzlich werden dem Sondervermögen von Hochschulen nach § 5 Abs. 2 Nr. 1 und Universitätskliniken nach § 5 Abs. 2 Nr. 3 für das Jahr 2019 insgesamt 5,5 Millionen Euro zugeführt. Die in Satz 1 bis 3 festgelegten Zuführungen werden jährlich weitergeführt und die Zuführungsbeträge ab dem Jahr 2020 im Vergleich zum Vorjahr jeweils um 2 Prozent angehoben.

(2) Zuführungen zum Sondervermögen „Versorgungsrücklage des Landes Hessen" nach Abs. 1 Satz 1 und 2 erfolgen zum 10. März und zum 10. September eines jeden Jahres jeweils in Höhe der Hälfte des jährlichen Zuführungsbetrags.

(3) Zuführungen der Hochschulen und Universitätskliniken nach Abs. 1 Satz 3 an das Sondervermögen „Versorgungsrücklage des Landes Hessen" erfolgen jeweils zum 10. September für das laufende Jahr.

(4) Weitere Zuführungen an das Sondervermögen „Versorgungsrücklage des Landes Hessen" nach § 5 Abs. 2 Nr. 2 und 4 erfolgen nach Maßgabe des Haushaltsplans.

§ 8 Verwendung des Sondervermögens

Jährliche Entnahmen aus dem Sondervermögen sind bis zu einem Betrag von 180 000 000 Euro nach Maßgabe des Haushaltsplans zulässig.

§ 9 Wirtschaftsplan

Das Ministerium der Finanzen stellt für das Sondervermögen „Versorgungsrücklage des Landes Hessen" für jedes Kalenderjahr einen Wirtschaftsplan auf.

§ 10 Jahresabschluss

(1) Das Ministerium der Finanzen stellt zum Schluss eines jeden Kalenderjahres einen Jahresabschluss für das Sondervermögen „Versorgungsrücklage des Landes Hessen" auf.

(2) Im Jahresabschluss sind der Bestand des Sondervermögens einschließlich der Forderungen und Verbindlichkeiten sowie die Erträge und Aufwendungen nachzuweisen.

§ 11 Beirat

(1) Für das Sondervermögen „Versorgungsrücklage des Landes Hessen" wird bei dem Hessischen Ministerium der Finanzen ein Beirat gebildet. Er wirkt bei allen wichtigen Fragen mit, insbesondere ist er zu den Anlagerichtlinien, dem Wirtschaftsplan und dem Jahresabschluss zu hören.

(2) Jede im Hessischen Landtag vertretene Partei entsendet ein Mitglied in den Beirat. Als weitere Mitglieder des Beirates werden vom Ministerium der Finanzen je eine Vertreterin oder ein Vertreter des Ministeriums der Finanzen, des für das Beamtenversorgungsrecht zuständigen Ministeriums, des Deutschen Gewerkschaftsbundes – Landesbezirk Hessen –, des Deutschen Beamtenbundes – Landesverband Hessen – sowie des Deutschen Richterbundes – Landesverband Hessen – berufen. Die Mitgliedschaft ist auf fünf Jahre befristet. Eine erneute Entsendung oder Berufung ist zulässig. Die Vertreterin oder der Vertreter des Ministeriums der Finanzen führt den Vorsitz des Beirates. Für jedes Mitglied des Beirates ist eine Stellvertreterin oder ein Stellvertreter zu benennen.

(3) Die Mitglieder und die stellvertretenden Mitglieder des Beirates erhalten für ihre Tätigkeit keine Vergütung aus dem Sondervermögen „Versorgungsrücklage des Landes Hessen"; Auslagen werden ebenfalls nicht erstattet.

(4) Der Beirat gibt sich eine Geschäftsordnung.

DRITTER TEIL
Sondervermögen sonstiger Dienstherren

§ 12 Versorgungsrücklagen sonstiger Dienstherren

(1) Mit Ausnahme des Landes haben die in § 1 Abs. 1 bezeichneten Dienstherren einzeln oder gemeinsam ein Sondervermögen zur Sicherung ihrer Versorgungsleistungen zu errichten. Sie können für ihre Sondervermögen Beiräte bilden.

(2) Für die Gemeinden und Gemeindeverbände besteht das nach Abs. 1 Satz 1 gebildete Sondervermögen aus der Versorgungsrücklage (Sonderrücklage). Für die Anlage der Mittel der Versorgungsrücklage gilt § 6 Abs. 2 Satz 1.

(3) Die Gemeinden und Gemeindeverbände können sich zur Bildung und Verwaltung der Versorgungsrücklage der kommunalen Versorgungskassen bedienen. Die Zuführung, Anlage und Entnahme der Rücklagemittel regeln die Versorgungskassen durch Satzung.

VIERTER TEIL
SCHLUSSVORSCHRIFTEN

§ 13 Aufhebung bisherigen Rechts

Das Hessische Versorgungsrücklagengesetz vom 15. Dezember 1998 (GVBl. I S. 526), zuletzt geändert durch Gesetz vom 16. Dezember 2015 (GVBl. S. 594), wird aufgehoben.

§ 14 Inkrafttreten

Dieses Gesetz tritt am 1. Januar 2019 in Kraft.

V Personalvertretung

V

Hessisches Personalvertretungsgesetz (HPVG)[1])

Vom 28. März 2023 (GVBl. S. 183)

Zuletzt geändert durch
Zulagenerhöhungsgesetz
vom 20. November 2024 (GVBl. Nr. 65)

Erster Teil
Allgemeine Vorschriften

§ 1 Geltungsbereich, Ausschluss abweichender Regelungen

(1) In Ausgestaltung des Art. 37 Abs. 1 der Verfassung des Landes Hessen werden in den Verwaltungen und Betrieben des Landes, der Gemeinden, Gemeindeverbände und sonstigen nicht bundesunmittelbaren Körperschaften, Anstalten und Stiftungen des öffentlichen Rechts sowie in den Gerichten des Landes Personalvertretungen gebildet.

(2) Dieses Gesetz gilt nicht für Religionsgemeinschaften und ihre karitativen und erzieherischen Einrichtungen ohne Rücksicht auf ihre Rechtsform; ihnen bleibt die selbstständige Ordnung eines Personalvertretungsrechts überlassen.

(3) Durch Tarifvertrag oder Dienstvereinbarung kann das Personalvertretungsrecht nicht abweichend von diesem Gesetz geregelt werden.

§ 2 Grundsätze der Zusammenarbeit

(1) Dienststelle und Personalvertretung arbeiten unter Beachtung der Gesetze und Tarifverträge vertrauensvoll zum Wohl der Beschäftigten und zur Erfüllung der der Dienststelle obliegenden Aufgaben zusammen.

(2) Dienststelle und Personalvertretung haben alles zu unterlassen, was geeignet ist, die Arbeit und den Frieden in der Dienststelle zu gefährden. Insbesondere dürfen sie keine Maßnahmen des Arbeitskampfes gegeneinander durchführen. Die Zulässigkeit von Arbeitskämpfen tariffähiger Parteien wird hierdurch nicht berührt.

(3) Außenstehende Stellen dürfen erst angerufen werden, wenn eine Einigung in der Dienststelle nicht erzielt worden ist.

(4) Dienststelle und Personalvertretung haben darüber zu wachen, dass alle Angehörigen der Dienststelle nach Recht und Billigkeit behandelt werden, insbesondere, dass jede Benachteiligung von Personen wegen ihrer ethnischen Herkunft, ihrer Abstammung oder sonstigen Herkunft, ihrer Nationalität, ihrer Religion oder Weltanschauung, ihrer Behin-

---

[1]) Dieses Gesetz dient der Umsetzung

1. der Richtlinie 2002/14/EG des Europäischen Parlaments und des Rates vom 11. März 2002 zur Festlegung eines allgemeinen Rahmens für die Unterrichtung und Anhörung der Arbeitnehmer in der Europäischen Gemeinschaft (ABl. EG Nr. L 80 S. 29), geändert durch Richtlinie (EU) 2015/1794 des Europäischen Parlaments und des Rates vom 6. Oktober 2015 (ABl. EU Nr. L 263 S. 1),
2. der Richtlinie 2001/23/EG des Rates vom 12. März 2001 zur Angleichung der Rechtsvorschriften der Mitgliedstaaten über die Wahrung von Ansprüchen der Arbeitnehmer beim Übergang von Unternehmen, Betrieben oder Unternehmens- oder Betriebsteilen (ABl. EG Nr. L 82 S. 16), zuletzt geändert durch Richtlinie (EU) 2015/1794 des Europäischen Parlaments und des Rates vom 6. Oktober 2015 (ABl. EU Nr. L 263 S. 1),
3. der Richtlinie 2000/43/EG des Rates vom 29. Juni 2000 zur Anwendung des Gleichbehandlungsgrundsatzes ohne Unterschied der Rasse oder der ethnischen Herkunft (ABl. EG Nr. L 180 S. 22) und
4. der Richtlinie 2000/78/EG des Rates vom 27. November 2000 zur Festlegung eines allgemeinen Rahmens für die Verwirklichung der Gleichbehandlung in Beschäftigung und Beruf (ABl. EG Nr. L 303 S. 16).

derung, ihres Alters, ihrer politischen oder gewerkschaftlichen Betätigung oder Einstellung oder wegen ihres Geschlechts oder ihrer sexuellen Identität unterbleibt.

(5) Die Dienststellenleitung und die Personalvertretung haben bei der Wahrnehmung ihrer Aufgaben nach diesem Gesetz jede parteipolitische Betätigung in der Dienststelle zu unterlassen; die Behandlung von Tarif-, Besoldungs- und Sozialangelegenheiten wird dadurch nicht berührt.

§ 3 Stellung der Gewerkschaften und Arbeitgebervereinigungen

(1) Dienststelle und Personalvertretung arbeiten auch mit den in der Dienststelle vertretenen Gewerkschaften und Arbeitgebervereinigungen zum Wohl der Beschäftigten und zur Erfüllung der der Dienststelle obliegenden Aufgaben vertrauensvoll zusammen.

(2) Den Beauftragten der in der Dienststelle vertretenen Gewerkschaften ist zur Wahrnehmung der in diesem Gesetz genannten Aufgaben und Befugnisse nach Unterrichtung der Dienststelle Zugang zu der Dienststelle zu gewähren, soweit dem nicht zwingende dienstliche Gründe, zwingende Sicherheitsvorschriften oder der Schutz von Dienstgeheimnissen entgegenstehen.

(3) Die Aufgaben der Gewerkschaften und der Arbeitgebervereinigungen, insbesondere die Wahrnehmung der Interessen ihrer Mitglieder, werden durch dieses Gesetz nicht berührt. Auf Verlangen einer Gewerkschaft oder einer Arbeitgebervereinigung hat die Dienststelle in ihrem Intranet auf den Internetauftritt der Gewerkschaft oder der Arbeitgebervereinigung zu verlinken.

(4) Die Personalvertretung hat das Recht, die Gewerkschaften bei der Erfüllung ihrer Aufgaben in der Dienststelle zu unterstützen. Beschäftigte, die Aufgaben nach diesem Gesetz wahrnehmen, werden dadurch in der Betätigung für ihre Gewerkschaft in der Dienststelle nicht beschränkt.

(5) Die Personalvertretung hat sich für die Wahrung der Vereinigungsfreiheit der Beschäftigten einzusetzen.

§ 4 Beschäftigte, Gruppen

(1) Beschäftigte im Sinne dieses Gesetzes sind die Beamtinnen und Beamten sowie die Arbeitnehmerinnen und Arbeitnehmer einschließlich der zu ihrer Berufsausbildung Beschäftigten. Richterinnen und Richter sowie Staatsanwältinnen und Staatsanwälte sind Beschäftigte im Sinne dieses Gesetzes, wenn sie an eine Verwaltung oder einen Betrieb nach § 1 Abs. 1 abgeordnet sind.

(2) Die Beamtinnen und Beamten sowie die Arbeitnehmerinnen und Arbeitnehmer bilden je eine Gruppe. Die in Abs. 1 Satz 2 genannten Beschäftigten treten zur Gruppe der Beamtinnen und Beamten hinzu.

(3) Wer Beamtin oder Beamter ist, bestimmen die Beamtengesetze. Beschäftigte, die sich in der Ausbildung für eine Beamtenlaufbahn befinden, gelten als Beamtinnen und Beamte im Sinne dieses Gesetzes.

(4) Arbeitnehmerinnen oder Arbeitnehmer im Sinne dieses Gesetzes sind Beschäftigte, die aufgrund eines Arbeitsvertrags in einem Arbeitsverhältnis zu einem der in § 1 Abs. 1 genannten Rechtsträger stehen oder sich in einer beruflichen Ausbildung in einem privatrechtlichen Verhältnis zu einem dieser Rechtsträger befinden. Als Arbeitnehmerinnen und Arbeitnehmer gelten auch arbeitnehmerähnliche Personen nach § 12a des Tarifvertragsgesetzes in der Fassung der Bekanntmachung vom 25. August 1969 (BGBl. I S. 1323), zuletzt geändert durch Gesetz vom 20. Mai 2020 (BGBl. I S. 1055).

(5) Als Beschäftigte im Sinne dieses Gesetzes gelten nicht

1. Ehrenbeamtinnen und Ehrenbeamte,
2. Personen, die dem Organ der Körperschaft, Anstalt oder Stiftung des öffentlichen Rechts angehören, das zu deren gesetzlicher Vertretung berufen ist,
3. Personen, die an der Hochschule, an der sie immatrikuliert sind, eine Beschäftigung ausüben,
4. Personen, deren Beschäftigung vorwiegend durch Beweggründe karitativer oder religiöser Art bestimmt wird,

V

5. Personen, die vorwiegend zu ihrer Heilung, Wiedereingewöhnung, sittlichen Besserung oder Erziehung beschäftigt werden,
6. Personen, die ein mit einer Schul- oder Hochschulausbildung zusammenhängendes Praktikum ableisten, sofern das Praktikum nicht tarifvertraglich geregelt ist, sowie
7. Personen, die längstens zwei Monate in der Dienststelle beschäftigt sind.

§ 5 Dienststellen

(1) Dienststellen im Sinne dieses Gesetzes sind die einzelnen Behörden, Verwaltungsstellen und Betriebe der in § 1 Abs. 1 genannten Verwaltungen und die Gerichte. Gemeinden und Gemeindeverbände bilden unter Ausschluss der Eigenbetriebe und Krankenanstalten eine Dienststelle im Sinne dieses Gesetzes; Eigenbetriebe und Krankenanstalten gelten als selbstständige Dienststellen.

(2) Die einer Behörde der Mittelstufe unmittelbar nachgeordnete Behörde bildet mit den ihr nachgeordneten Stellen eine Dienststelle; dies gilt nicht, soweit auch die weiter nachgeordneten Stellen im Verwaltungsaufbau nach Aufgabenbereich und Organisation selbstständig sind. Behörde der Mittelstufe im Sinne dieses Gesetzes ist die der obersten Dienstbehörde unmittelbar nachgeordnete Behörde, der andere Dienststellen nachgeordnet sind.

(3) Nebenstellen oder Teile einer Dienststelle, die räumlich weit von dieser entfernt liegen, gelten als selbstständige Dienststellen, wenn die Mehrheit ihrer wahlberechtigten Beschäftigten dies in geheimer Abstimmung beschließt. Die oberste Dienstbehörde kann Nebenstellen oder Teile einer Dienststelle im Einvernehmen mit der Personalvertretung zu selbstständigen Dienststellen im Sinne dieses Gesetzes erklären; die Personalvertretung ist insoweit antragsberechtigt. Satz 1 gilt nicht für die Regierungspräsidien, das Hessische Landesamt für Naturschutz, Umwelt und Geologie, den Landesbetrieb Landwirtschaft Hessen, den Landesbetrieb Hessisches Landeslabor und Hessen Mobil – Straßen- und Verkehrsmanagement.

(4) Mehrere Dienststellen gelten als eine Dienststelle, wenn die Mehrheit der wahlberechtigten Beschäftigten jeder Dienststelle dies in geheimer Abstimmung beschließt.

(5) Bei gemeinsamen Dienststellen der in § 1 Abs. 1 genannten Verwaltungen, Betriebe oder Gerichte mit Einrichtungen, die nicht unter dieses Gesetz fallen, gelten nur die im Dienste dieser Verwaltungen, Betriebe oder Gerichte stehenden Beschäftigten als zur Dienststelle gehörig. Im Übrigen wird bei Dienststellen, denen Beschäftigte mehrerer Dienstherren angehören, nur eine gemeinsame Personalvertretung gebildet, wenn nicht die Mehrheit der wahlberechtigten Beschäftigten eines Dienstherrn in geheimer Abstimmung die Bildung getrennter Personalvertretungen beschließt.

§ 6 Vertretung der Dienststelle

(1) Für die Dienststelle handelt ihre Leiterin oder ihr Leiter (Dienststellenleitung). Die Dienststellenleitung kann sich durch ihre ständige Vertreterin oder ihren ständigen Vertreter, bei obersten und oberen Landesbehörden, Behörden der Mittelstufe, den Hochschulen, dem Landeswohlfahrtsverband Hessen und der Deutschen Rentenversicherung Hessen auch durch die Leiterin oder den Leiter der für Personalangelegenheiten zuständigen Abteilung, vertreten lassen.

(2) Als Dienststellenleitung können sich Bürgermeisterinnen und Bürgermeister sowie Landrätinnen und Landräte durch ihre allgemeine Vertreterin oder ihren allgemeinen Vertreter oder eine andere allgemein oder im Einzelfall bevollmächtigte Beigeordnete oder einen solchen Beigeordneten, bei kreisfreien Städten und Landkreisen sowie bei Sonderstatus-Städten nach § 4a Abs. 2 der Hessischen Gemeindeordnung auch durch die Leiterin oder den Leiter des für Personalangelegenheiten zuständigen Amtes, vertreten lassen. § 86 Abs. 2 bleibt unberührt. In Eigenbetrieben und Krankenanstalten kann sich eine Betriebsleiterin oder ein Betriebsleiter als Dienststellenleitung durch eine allgemein oder im Einzelfall bevollmächtigte andere Betriebsleiterin oder einen solchen Betriebs-

leiter oder durch eine für den Fall der tatsächlichen oder rechtlichen Verhinderung der alleinigen Betriebsleiterin oder des alleinigen Betriebsleiters vom Gemeindevorstand bestellte stellvertretende Betriebsleiterin oder einen solchen Betriebsleiter oder durch die Leiterin oder den Leiter der für Personalangelegenheiten zuständigen Abteilung vertreten lassen. In allen Fällen muss die Vertreterin oder der Vertreter zur Entscheidung befugt sein. Beim Hessischen Verwaltungsschulverband kann sich die Verbandsvorsteherin oder der Verbandsvorsteher als Dienststellenleitung durch die Verbandsgeschäftsführerin oder den Verbandsgeschäftsführer vertreten lassen.

(3) Abweichend von Abs. 1 handelt bei den der Aufsicht des Landes unterstehenden Körperschaften, Anstalten und Stiftungen des öffentlichen Rechts der Vorstand. Er kann sich durch ein entscheidungsbefugtes Mitglied oder dessen ständige Vertreterin oder ständigen Vertreter vertreten lassen. Bei den Sozialversicherungsträgern, den Kommunalen Gebietsrechenzentren, den Handwerkskammern, der Kassenärztlichen Vereinigung Hessen und den Studierendenwerken handelt für die Dienststelle die Geschäftsführerin oder der Geschäftsführer.

(4) In Zweifelsfällen bestimmt die oberste Dienstbehörde, wer die Aufgaben der Dienststellenleitung wahrnimmt.

§ 7 Behinderungs-, Benachteiligungs- und Begünstigungsverbot, Unfallfürsorge

(1) Personen, die Aufgaben oder Befugnisse nach diesem Gesetz wahrnehmen, dürfen darin nicht behindert und wegen ihrer Tätigkeit nicht benachteiligt oder begünstigt werden; dies gilt auch für ihre berufliche Entwicklung.

(2) Erleidet eine Beamtin oder ein Beamter bei der Wahrnehmung von Rechten oder der Erfüllung von Pflichten nach diesem Gesetz einen Unfall, der im Sinne der beamtenrechtlichen Unfallfürsorgevorschriften ein Dienstunfall wäre, so sind diese Vorschriften entsprechend anzuwenden.

§ 8 Schweigepflicht

(1) Personen, die Aufgaben oder Befugnisse nach diesem Gesetz wahrnehmen oder wahrgenommen haben, haben über die ihnen dabei bekannt gewordenen Angelegenheiten und Tatsachen Stillschweigen zu bewahren. Abgesehen von den Fällen des § 61 Abs. 1 Satz 4 und § 87 Abs. 2 Satz 2 gilt die Schweigepflicht nicht

1. für Mitglieder der Personalvertretung und der Jugend- und Auszubildendenvertretung gegenüber den übrigen Mitgliedern der Vertretung,
2. für die in Satz 1 genannten Personen gegenüber der zuständigen Personalvertretung,
3. gegenüber der vorgesetzten Dienststelle, der bei ihr gebildeten Stufenvertretung und gegenüber dem Gesamtpersonalrat, wenn diese im Rahmen ihrer Zuständigkeit beteiligt sind, sowie
4. für die Anrufung der Einigungsstelle.

(2) Die Schweigepflicht besteht nicht in Bezug auf Angelegenheiten oder Tatsachen, die offenkundig sind oder ihrer Bedeutung nach keiner Geheimhaltung bedürfen.

Zweiter Teil
Der Personalrat

Erster Abschnitt
Wahl und Zusammensetzung

§ 9 Bildung von Personalräten

(1) In allen Dienststellen, die in der Regel mindestens fünf Wahlberechtigte beschäftigen, von denen drei wählbar sind, werden Personalräte gebildet.

(2) Dienststellen, in denen ein Personalrat nach Abs. 1 nicht gebildet wird, werden von der übergeordneten Dienststelle im Einvernehmen mit der Stufenvertretung einer anderen Dienststelle zugeordnet.

§ 10 Wahlberechtigung

(1) Wahlberechtigt sind alle Beschäftigten, es sei denn, dass sie

1. infolge Richterspruchs das Recht, in öffentlichen Angelegenheiten zu wählen oder zu stimmen, nicht besitzen oder
2. am Wahltag seit mehr als zwölf Monaten beurlaubt sind oder
3. Altersteilzeit im Blockmodell ausüben und sich am Wahltag in der Freistellungsphase befinden.

Wahlberechtigt sind auch Personen, deren Beschäftigungsverhältnis aufgrund tariflicher Bestimmungen wegen Unterbrechung der Arbeiten ohne besondere Kündigung beendet worden ist und die Anspruch auf Wiedereinstellung haben.

(2) Wer zu einer Dienststelle abgeordnet ist, wird dort wahlberechtigt, sobald die Abordnung länger als drei Monate gedauert hat; im selben Zeitpunkt verliert sie oder er das Wahlrecht in der bisherigen Dienststelle. Das gleiche gilt, wenn Beschäftigte mit mehr als der Hälfte ihrer regelmäßigen Arbeitszeit länger als drei Monate in einer anderen Dienststelle tätig sind. Satz 1 und 2 gelten nicht, wenn feststeht, dass die oder der Beschäftigte binnen weiterer neun Monate zur bisherigen Dienststelle zurückkehren wird. In Fällen einer Zuweisung verliert die oder der Beschäftigte das Wahlrecht in der bisherigen Dienststelle, sobald die Zuweisung länger als drei Monate gedauert hat; Satz 3 gilt entsprechend. Satz 1 ist auf Teilnehmerinnen und Teilnehmer an Lehrgängen nicht anzuwenden.

(3) Beamtinnen und Beamte im Vorbereitungsdienst und Beschäftigte in entsprechender Berufsausbildung sind nur in ihrer Stammbehörde wahlberechtigt, soweit sich aus § 83 Abs. 1 und den §§ 89 und 94 nichts anderes ergibt.

(4) Erwirbt die oder der Beschäftigte das Wahlrecht in einer anderen Dienststelle, auf die dieses Gesetz keine Anwendung findet, so verliert sie oder er gleichzeitig das Wahlrecht in der bisherigen Dienststelle.

§ 11 Wählbarkeit

(1) Wählbar sind alle Wahlberechtigten, die am Wahltag

1. das 18. Lebensjahr vollendet haben und
2. seit sechs Monaten der Dienststelle angehören; Unterbrechungen im Sinne von § 10 Abs. 1 Satz 2 sind unschädlich.

Besteht die Dienststelle weniger als ein Jahr, bedarf es für die Wählbarkeit nicht der sechsmonatigen Zugehörigkeit zur Dienststelle.

(2) Nicht wählbar sind

1. Beschäftigte, die infolge Richterspruchs nicht die Fähigkeit besitzen, Rechte aus öffentlichen Wahlen zu erlangen,
2. Beschäftigte, die am Wahltag noch länger als zwölf Monate beurlaubt sind, sowie
3. für die Wahl der Personalvertretung ihrer Dienststelle die in § 6 genannten Personen sowie Beschäftigte, die zu selbstständigen Entscheidungen in Personalangelegenheiten der Dienststelle befugt sind.

(3) Die in § 10 Abs. 3 genannten Personen sind nur in ihrer Stammbehörde wählbar, soweit sich aus § 83 Abs. 1 und den §§ 89 und 94 nichts anderes ergibt.

§ 12 Zahl der Personalratsmitglieder

(1) Der Personalrat besteht in Dienststellen mit in der Regel

1. 5 bis 15 Wahlberechtigten aus einem Mitglied,
2. 16 bis 60 Wahlberechtigten aus drei Mitgliedern,
3. 61 bis 150 Wahlberechtigten aus fünf Mitgliedern,
4. 151 bis 300 Wahlberechtigten aus sieben Mitgliedern,
5. 301 bis 600 Wahlberechtigten aus neun Mitgliedern,
6. 601 bis 1000 Wahlberechtigten aus elf Mitgliedern.

Die Zahl der Mitglieder erhöht sich in Dienststellen mit 1001 bis 5000 Wahlberechtigten um je zwei für je weitere angefangene 1000, mit 5001 und mehr Wahlberechtigten um je zwei für je weitere angefangene 2000 Wahlberechtigte bis zur Höchstzahl von 23 Mitgliedern.

V

(2) Maßgebend für die Ermittlung der Zahl der Personalratsmitglieder ist der zehnte Werktag vor Erlass des Wahlausschreibens.

§ 13 Vertretung nach Gruppen und Geschlechtern

(1) Frauen und Männer sind bei der Bildung des Personalrats entsprechend ihrem Anteil an den wahlberechtigten Beschäftigten der Dienststelle zu berücksichtigen. Sind in einer Dienststelle Angehörige verschiedener Gruppen beschäftigt, so müssen in jeder Gruppe Frauen und Männer entsprechend ihrem Anteil und jede Gruppe entsprechend ihrer Stärke im Personalrat vertreten sein, wenn dieser aus mindestens drei Mitgliedern besteht. Macht ein Geschlecht innerhalb einer Vorschlagsliste oder eine Gruppe von ihrem Recht, im Personalrat vertreten zu sein, keinen Gebrauch, so verliert es oder sie bis zur nächsten Wahl ihren Anspruch auf Vertretung. Die auf das jeweilige Geschlecht oder die Gruppe entfallenden Sitze werden auf das andere Geschlecht innerhalb der Vorschlagsliste oder die anderen Gruppen entsprechend ihrer Stärke verteilt. Entfällt bei der Berücksichtigung der Geschlechter entsprechend ihrem Anteil an den wahlberechtigten Beschäftigten der Dienststelle innerhalb einer Gruppe auf ein Geschlecht kein Sitz im Personalrat, so kann gleichwohl eine Angehörige oder ein Angehöriger des in der Minderheit befindlichen Geschlechts auf einem Wahlvorschlag benannt und gewählt werden.

(2) Der Wahlvorstand stellt fest, wie hoch der Anteil an Frauen und Männern bei den wahlberechtigten Beschäftigten insgesamt und in den einzelnen Gruppen ist, und errechnet die Verteilung der Sitze auf die Gruppen und innerhalb der Gruppen auf die Geschlechter nach den Grundsätzen der Verhältniswahl.

(3) Eine Gruppe erhält bei

1. weniger als 51 Gruppenangehörigen mindestens eine Vertreterin oder einen Vertreter,
2. 51 bis 200 Gruppenangehörigen mindestens zwei Vertreterinnen und Vertreter,
3. 201 bis 600 Gruppenangehörigen mindestens drei Vertreterinnen und Vertreter,
4. 601 bis 1000 Gruppenangehörigen mindestens vier Vertreterinnen und Vertreter,
5. 1001 bis 3000 Gruppenangehörigen mindestens fünf Vertreterinnen und Vertreter,
6. 3001 bis 5000 Gruppenangehörigen mindestens sechs Vertreterinnen und Vertreter,
7. 5001 bis 9000 Gruppenangehörigen mindestens sieben Vertreterinnen und Vertreter,
8. 9001 bis 15 000 Gruppenangehörigen mindestens acht Vertreterinnen und Vertreter,
9. über 15 000 Gruppenangehörigen mindestens neun Vertreterinnen und Vertreter.

(4) Eine Gruppe, der in der Regel nicht mehr als fünf Beschäftigte angehören, erhält nur dann eine Vertretung, wenn sie mindestens fünf Prozent der Beschäftigten der Dienststelle umfasst. Erhält sie keine Vertretung und findet Gruppenwahl statt, so kann sich jede Angehörige und jeder Angehörige dieser Gruppe durch Erklärung gegenüber dem Wahlvorstand einer anderen Gruppe anschließen.

(5) Der Personalrat soll sich aus Vertreterinnen und Vertretern der verschiedenen Beschäftigungsarten zusammensetzen.

§ 14 Abweichende Gruppeneinteilung

(1) Die Verteilung der Mitglieder des Personalrats auf die Gruppen kann abweichend von § 13 geordnet werden, wenn die Mehrheit der Wahlberechtigten jeder Gruppe dies vor der Neuwahl in getrennten geheimen Abstimmungen beschließt.

(2) Für jede Gruppe können auch Angehörige anderer Gruppen vorgeschlagen werden. Die Gewählten vertreten die Gruppe, für die sie vorgeschlagen worden sind. Satz 2 gilt auch für Ersatzmitglieder.

§ 15 Wahlgrundsätze

(1) Der Personalrat wird in geheimer und unmittelbarer Wahl gewählt.

(2) Besteht der Personalrat aus mehr als einer Person, so wählen die Beamtinnen und Beamten sowie die Arbeitnehmerinnen und Arbeitnehmer ihre Vertreterinnen und Vertreter je in getrennten Wahlgängen, es sei denn, dass die Mehrheit der Wahlberechtigten jeder Gruppe vor der Neuwahl in getrennten ge-

heimen Abstimmungen die gemeinsame Wahl beschließt.

(3) Zur Wahl des Personalrats können die wahlberechtigten Beschäftigten sowie die im Personalrat vertretenen Gewerkschaften Vorschläge machen. Die Wahlvorschläge müssen mindestens so viele Bewerberinnen und Bewerber enthalten wie erforderlich sind, um die anteilige Verteilung der Sitze im Personalrat auf Frauen und Männer zu erreichen. Jeder Wahlvorschlag der Beschäftigten muss von mindestens fünf Prozent der wahlberechtigten Gruppenangehörigen, jedoch mindestens von zwei Wahlberechtigten unterzeichnet sein. In jedem Falle genügt die Unterzeichnung durch 50 Gruppenangehörige.

(4) Die Wahl wird in der Regel nach den Grundsätzen der Verhältniswahl durchgeführt. Nach näherer Bestimmung durch die Rechtsverordnung nach § 108 besteht die Möglichkeit, dass die Wahlberechtigten abweichend von § 13 Abs. 1 Satz 2 aus den Bewerberinnen und Bewerbern einer unter Berücksichtigung des Anteils der Geschlechter aufgestellten Vorschlagsliste so viele Personen wählen können, wie bei Gruppenwahl Vertreterinnen und Vertreter der jeweiligen Gruppe und bei gemeinsamer Wahl Personalratsmitglieder zu wählen sind (personalisierte Verhältniswahl). Wird nur ein Wahlvorschlag eingereicht, so findet eine Mehrheitswahl statt. In Dienststellen, deren Personalrat aus einer Person besteht, wird dieser mit einfacher Stimmenmehrheit gewählt. Das gleiche gilt für Gruppen, denen nur eine Vertreterin oder ein Vertreter im Personalrat zusteht.

(5) Ist gemeinsame Wahl beschlossen worden, so muss jeder Wahlvorschlag der Beschäftigten von mindestens fünf Prozent der wahlberechtigten Beschäftigten unterzeichnet sein; Abs. 3 Satz 3 und 4 gilt entsprechend.

(6) Jede Beschäftigte und jeder Beschäftigte kann nur auf einem Wahlvorschlag und nur mit ihrer oder seiner Zustimmung benannt werden.

§ 16 Wahlvorstand

(1) Spätestens acht Wochen vor Beginn des Zeitraums für die nächsten allgemeinen Personalratswahlen nach § 20 Abs. 1 bestellt der Personalrat mindestens drei Wahlberechtigte als Wahlvorstand und eine oder einen von ihnen als Vorsitzende oder Vorsitzenden. Im Wahlvorstand sollen Frauen und Männer vertreten sein. Die Mehrheit der Mitglieder des Wahlvorstandes soll dem Geschlecht angehören, auf das die Mehrheit der in der Dienststelle Beschäftigten entfällt. Sind in der Dienststelle Angehörige verschiedener Gruppen beschäftigt, so soll jede Gruppe im Wahlvorstand vertreten sein. Für die Mitglieder des Wahlvorstandes sollen Ersatzmitglieder benannt werden.

(2) Besteht sechs Wochen vor Beginn des Zeitraums für die nächsten allgemeinen Personalratswahlen nach § 20 Abs. 1 kein Wahlvorstand oder besteht in einer Dienststelle, die die Voraussetzungen des § 9 Abs. 1 erfüllt, kein Personalrat, so beruft die Dienststellenleitung auf Antrag von mindestens drei Wahlberechtigten oder einer in der Dienststelle vertretenen Gewerkschaft eine Personalversammlung zur Wahl des Wahlvorstandes ein. Die Zusammensetzung des Wahlvorstands richtet sich nach Abs. 1. Die Personalversammlung wählt eine Versammlungsleiterin oder einen Versammlungsleiter.

(3) Findet eine Personalversammlung nicht statt oder wählt die Personalversammlung keinen Wahlvorstand, so bestellt ihn die Dienststellenleitung auf Antrag von mindestens drei Wahlberechtigten oder einer in der Dienststelle vertretenen Gewerkschaft.

§ 17 Aufgaben des Wahlvorstands

(1) Der Wahlvorstand hat die Wahl unverzüglich einzuleiten und durchzuführen. Kommt der Wahlvorstand dieser Verpflichtung nicht nach, so beruft die Dienststellenleitung auf Antrag von mindestens drei Wahlberechtigten oder einer in der Dienststelle vertretenen Gewerkschaft eine Personalversammlung zur Wahl eines neuen Wahlvorstandes ein. § 16 Abs. 2 Satz 2 und 3 und Abs. 3 gilt entsprechend.

(2) Unverzüglich nach Abschluss der Wahl nimmt der Wahlvorstand öffentlich die Auszählung der Stimmen vor, stellt deren Ergebnis in einem Protokoll fest und gibt es den

Angehörigen der Dienststelle bekannt. Der Dienststellenleitung und den in der Dienststelle vertretenen Gewerkschaften ist eine Kopie des Protokolls zu übersenden.

§ 18 Freiheit der Wahl, Kosten

(1) Niemand darf die Wahl des Personalrats behindern oder in einer gegen die guten Sitten verstoßenden Weise beeinflussen. Insbesondere dürfen die Wahlberechtigten in der Ausübung des aktiven und passiven Wahlrechts nicht beschränkt werden.

(2) Die sächlichen Kosten der Wahl trägt die Dienststelle. Notwendige Versäumnis von Arbeitszeit infolge der Ausübung des Wahlrechts, der Teilnahme an den in den §§ 16 und 17 Abs. 1 genannten Personalversammlungen oder der Betätigung im Wahlvorstand hat keine Minderung der Dienstbezüge oder des Arbeitsentgelts zur Folge. Für die Mitglieder des Wahlvorstandes gelten § 35 Abs. 2 und 3, die §§ 37 und 38 Abs. 1 sowie § 39 entsprechend.

(3) Den Beschäftigten werden die notwendigen Fahrtkosten für die Reise von der Beschäftigungsstelle oder von der Ausbildungsstelle zum Wahlort und zurück nach den Vorschriften über die Reisekostenvergütung der Beamtinnen und Beamten erstattet.

§ 19 Anfechtung der Wahl

Mindestens drei Wahlberechtigte, jede in der Dienststelle vertretene Gewerkschaft oder die Dienststellenleitung können binnen einer Frist von 14 Tagen, vom Tag der Bekanntgabe des Wahlergebnisses gerechnet, die Wahl beim Verwaltungsgericht anfechten, wenn gegen wesentliche Vorschriften über das Wahlrecht, die Wählbarkeit oder das Wahlverfahren verstoßen worden ist, es sei denn, dass durch den Verstoß das Wahlergebnis nicht geändert oder beeinflusst werden konnte.

Zweiter Abschnitt
Amtszeit

§ 20 Regelmäßiger Wahlzeitraum, Amtszeit

(1) Die regelmäßigen Personalratswahlen finden alle vier Jahre in der Zeit zwischen dem 1. und dem 31. Mai statt, beginnend mit dem Jahr 2024.

(2) Die regelmäßige Amtszeit des Personalrats beträgt vier Jahre. Die Amtszeit beginnt am 1. Juni des Jahres, in dem die regelmäßigen Personalratswahlen stattfinden, und endet mit Ablauf von vier Jahren. Hat sich nach Ablauf der Amtszeit ein neuer Personalrat noch nicht konstituiert, führt der bisherige Personalrat die Geschäfte weiter, bis sich der neu gewählte Personalrat konstituiert hat, längstens jedoch bis zum Ablauf des 31. Juli.

(3) Hat außerhalb des für die regelmäßigen Personalratswahlen festgelegten Zeitraums eine Personalratswahl stattgefunden, so ist der Personalrat in dem auf die Wahl folgenden nächsten Zeitraum der regelmäßigen Personalratswahlen neu zu wählen. Hat die Amtszeit des Personalrats zu Beginn des für die regelmäßigen Personalratswahlen festgelegten Zeitraums noch nicht ein Jahr betragen, so ist der Personalrat in dem übernächsten Zeitraum der regelmäßigen Personalratswahlen neu zu wählen.

§ 21 Vorzeitige Neuwahl

(1) Außerhalb des in § 20 Abs. 1 genannten Zeitraums ist der Personalrat neu zu wählen, wenn

1. mit Ablauf von 24 Monaten, vom Tag der Wahl gerechnet, die Zahl der regelmäßig Beschäftigten um die Hälfte, mindestens aber um 50 gestiegen oder gesunken ist,
2. die Gesamtzahl der Mitglieder des Personalrats, auch nach Eintreten sämtlicher Ersatzmitglieder, um mehr als ein Viertel der vorgeschriebenen Zahl gesunken ist,
3. der Personalrat mit der Mehrheit seiner Mitglieder seinen Rücktritt beschlossen hat,
4. die Personalratswahl mit Erfolg gerichtlich angefochten worden ist, oder
5. der Personalrat durch gerichtliche Entscheidung aufgelöst ist.

(2) In den Fällen des Abs. 1 Nr. 1 bis 3 führt der Personalrat die Geschäfte weiter, bis sich der neu gewählte Personalrat konstituiert hat.

V

(3) In den Fällen des Abs. 1 Nr. 4 und 5 nimmt der Wahlvorstand, der die Neuwahl durchführt, die dem Personalrat nach diesem Gesetz zustehenden Befugnisse und Pflichten wahr, bis sich der neu gewählte Personalrat konstituiert hat. Die Bestellung des Wahlvorstands nach § 16 Abs. 2 oder 3 erfolgt unverzüglich nach Eintritt der Rechtskraft der Entscheidung. Der Wahlvorstand hat die Neuwahl unverzüglich einzuleiten.

§ 22 Folgen von Umstrukturierungen

(1) Werden Gemeinden, Gemeindeverbände und sonstige Körperschaften, Anstalten oder Stiftungen des öffentlichen Rechts in eine andere juristische Person des öffentlichen Rechts eingegliedert oder schließen sie sich zu einer neuen juristischen Person des öffentlichen Rechts zusammen, so sind die Personalräte neu zu wählen. Die bis zum Zeitpunkt des Wirksamwerdens der Eingliederung oder der Neubildung bestehenden Personalräte bestellen gemeinsam unverzüglich Wahlvorstände für die Neuwahlen. Die bisherigen Personalräte führen die Geschäfte gemeinsam weiter, bis sich die neugewählten Personalräte konstituiert haben. Die Aufgaben der oder des Vorsitzenden werden von Sitzung zu Sitzung abwechselnd von den Vorsitzenden der bisherigen Personalräte wahrgenommen. Hat sich die Zahl der Beschäftigten der Körperschaft um weniger als zehn Prozent geändert, findet keine Neuwahl statt.

(2) Werden Dienststellen im Sinne dieses Gesetzes ganz in eine andere Dienststelle eingegliedert oder zu einer neuen Dienststelle zusammengeschlossen, so werden die betroffenen Personalvertretungen bis zu den nächsten regelmäßigen Personalratswahlen nach Maßgabe der nachfolgenden Sätze zusammengefasst. Im Falle der Eingliederung treten zur Personalvertretung der aufnehmenden Dienststelle Personalratsmitglieder aus den Personalvertretungen der eingegliederten Dienststellen in der Zahl hinzu, die dem Anteil der in die aufnehmende Dienststelle gewechselten Wahlberechtigten dieser Dienststellen an der neuen Gesamtzahl der Wahlberechtigten der Dienststelle entspricht, mindestens jedoch jeweils ein Personalratsmitglied. Ein Anteils-Restwert von 0,5 und mehr steht für ein Personalratsmitglied. Die hinzutretenden Personalratsmitglieder werden von den jeweiligen bisherigen Personalräten der eingegliederten Dienststellen aus ihrer Mitte in Einzelabstimmungen mit einfacher Mehrheit bestimmt. Die übrigen Mitglieder dieser Personalräte werden Ersatzmitglieder; über die Reihenfolge entscheiden die bisherigen Personalräte in Einzelabstimmungen mit einfacher Mehrheit. Bei den Abstimmungen nach Satz 4 und 5 sollen die Gruppen, die Geschlechter und die in den bisherigen Personalräten vertretenen Listen angemessen berücksichtigt werden. Im Falle des Zusammenschlusses wird entsprechend verfahren, wobei der Personalrat der größten der zusammengeschlossenen Dienststellen als Personalrat der aufnehmenden Dienststelle gilt.

(3) Im Falle der Ausgliederung oder der teilweisen Eingliederung von Dienststellen gilt Abs. 1 entsprechend.

(4) Das für das Recht des öffentlichen Dienstes zuständige Ministerium wird ermächtigt, durch Rechtsverordnung die Folgen von Umstrukturierungsmaßnahmen auf die Personalvertretungen abweichend von Abs. 1 bis 3 zu regeln, soweit dies erforderlich ist, um Erschwernisse auszugleichen und eine ausreichende Interessenwahrnehmung der Beschäftigten sicherzustellen. Es kann dabei insbesondere Bestimmungen treffen über

1. den Zeitpunkt für die Neuwahl der Personalvertretungen,
2. die vorübergehende Wahrnehmung der Aufgaben neu zu wählender Personalvertretungen durch die bisherigen Personalvertretungen, deren Vorsitzende oder deren Stellvertreterinnen und Stellvertreter,
3. die Änderung der Amtszeit der Personalvertretungen,
4. die Bestellung von Wahlvorständen für Neuwahlen.

§ 23 Ausschluss eines Mitglieds, Auflösung des Personalrats

Ein Viertel der Wahlberechtigten oder eine in der Dienststelle vertretene Gewerkschaft kann bei dem Verwaltungsgericht den Ausschluss eines Mitglieds aus dem Personalrat oder die Auflösung des Personalrats wegen grober Vernachlässigung seiner gesetzlichen Befugnisse oder wegen grober Verletzung seiner gesetzlichen Pflichten beantragen. Der Personalrat kann aus denselben Gründen den Ausschluss eines Mitglieds beantragen. Die Dienststellenleitung kann den Ausschluss eines Mitglieds aus dem Personalrat oder die Auflösung des Personalrats wegen grober Verletzung seiner gesetzlichen Pflichten beantragen.

§ 24 Erlöschen der Mitgliedschaft

(1) Die Mitgliedschaft im Personalrat erlischt durch

1. Ablauf der Amtszeit,
2. Niederlegung des Amtes,
3. Beendigung des Dienst- oder Arbeitsverhältnisses, es sei denn, die Wahlberechtigung bleibt bestehen,
4. Ausscheiden aus der Dienststelle,
5. Verlust der Wählbarkeit,
6. Eintritt in eine mehr als zwölfmonatige Beurlaubung,
7. Eintritt in die Freistellungsphase der Altersteilzeit im Blockmodell,
8. gerichtliche Entscheidung nach § 23,
9. gerichtliche Entscheidung über die Feststellung der Nichtwählbarkeit nach Ablauf der in§ 19 bestimmten Frist, es sei denn, der Mangel liegt nicht mehr vor.

(2) Die Mitgliedschaft im Personalrat wird durch den Wechsel der Gruppenzugehörigkeit eines Mitglieds nicht berührt; dieses vertritt weiterhin die Gruppe, von der es gewählt wurde.

§ 25 Ruhen der Mitgliedschaft

Die Mitgliedschaft von Beamtinnen und Beamten im Personalrat ruht, solange ihnen die Führung der Dienstgeschäfte verboten ist oder sie wegen eines schwebenden Disziplinarverfahrens vorläufig des Dienstes enthoben sind. Das gleiche gilt für die Mitgliedschaft von Arbeitnehmerinnen und Arbeitnehmern, solange ihnen die Wahrnehmung dienstlicher Angelegenheiten untersagt oder über eine Klage wegen fristloser Entlassung noch nicht rechtskräftig entschieden worden ist.

§ 26 Eintritt von Ersatzmitgliedern

(1) Scheidet ein Mitglied aus dem Personalrat aus, so tritt ein Ersatzmitglied ein. Ist ein Mitglied des Personalrats zeitweilig verhindert, so tritt ein Ersatzmitglied für die Dauer der Verhinderung ein.

(2) Die Ersatzmitglieder werden der Reihe nach aus den nicht gewählten Beschäftigten derjenigen Vorschlagslisten entnommen, denen die zu ersetzenden Mitglieder angehören. Ist das ausgeschiedene oder verhinderte Mitglied mit einfacher Stimmenmehrheit gewählt, so tritt die oder der nicht gewählte Beschäftigte mit der nächsthöheren Stimmenzahl als Ersatzmitglied ein.

(3) Ist die Personalratswahl mit Erfolg angefochten worden oder der Personalrat durch gerichtliche Entscheidung aufgelöst, treten Ersatzmitglieder nicht ein.

V

Dritter Abschnitt
Geschäftsführung

§ 27 Vorsitz

(1) Der Personalrat wählt aus seiner Mitte mit einfacher Mehrheit die Vorsitzende oder den Vorsitzenden und eine Stellvertreterin oder einen Stellvertreter oder mehrere Stellvertreterinnen und Stellvertreter. Bei der Wahl der Stellvertreterinnen und Stellvertreter sollen die Gruppen und die im Personalrat vertretenen Gewerkschaften berücksichtigt werden.

(2) Die oder der Vorsitzende führt die laufenden Geschäfte. Sie oder er kann diese Befugnis auf ihre oder seine Stellvertreterinnen und Stellvertreter übertragen.

(3) Die oder der Vorsitzende vertritt den Personalrat im Rahmen der von diesem gefassten Beschlüsse. Bei Angelegenheiten, die nur eine Gruppe betreffen, soll bei der Vertretung ein Mitglied dieser Gruppe beteiligt werden.

§ 28 Anberaumung der Sitzungen

(1) Spätestens eine Woche nach dem Wahltag hat der Wahlvorstand die Mitglieder des Personalrats zur konstituierenden Sitzung und

Vornahme der nach § 27 Abs. 1 vorgeschriebenen Wahlen einzuberufen. Die oder der Vorsitzende des Wahlvorstands leitet die Sitzung, bis der Personalrat aus seiner Mitte eine Wahlleiterin oder einen Wahlleiter bestellt hat.

(2) Die weiteren Sitzungen beraumt die oder der Vorsitzende des Personalrats an; dabei ist auf die dienstlichen Erfordernisse Rücksicht zu nehmen. Die oder der Vorsitzende setzt die Tagesordnung fest und leitet die Sitzung. Sie oder er hat die Mitglieder des Personalrats zu den Sitzungen rechtzeitig zu laden und ihnen die Tagesordnung mitzuteilen. Satz 3 gilt auch für die Ladung anderer Personen, soweit sie ein Recht auf Teilnahme an der Sitzung haben.

(3) Kann ein Mitglied des Personalrats oder eine andere Teilnahmeberechtigte oder ein anderer Teilnahmeberechtigter an der Sitzung nicht teilnehmen, so hat sie oder er dies unter Angabe der Gründe unverzüglich der oder dem Vorsitzenden mitzuteilen. In diesem Falle ist die Ladung des jeweiligen Ersatzmitgliedes sicherzustellen.

(4) Auf Antrag

1. eines Viertels der Mitglieder des Personalrats,
2. der Mehrheit der Vertreterinnen und Vertreter einer Gruppe,
3. der Dienststellenleitung,
4. der Schwerbehindertenvertretung in Angelegenheiten, die schwerbehinderte Beschäftigte besonders betreffen, oder
5. der Mehrheit der Mitglieder der Jugend- und Auszubildendenvertretung in Angelegenheiten, die besonders die in § 52 genannten Beschäftigten betreffen,

hat die oder der Vorsitzende eine Sitzung anzuberaumen und den Gegenstand, dessen Beratung beantragt ist, auf die Tagesordnung zu setzen.

§ 29 Durchführung der Sitzungen, Teilnahmeberechtigte

(1) Die Sitzungen des Personalrats sind nicht öffentlich. Der Personalrat kann ihm zur Verfügung gestelltes Büropersonal zur Erstellung des Protokolls hinzuziehen.

(2) Die Sitzungen des Personalrats finden in der Regel während der Arbeitszeit statt.

(3) Die Sitzungen des Personalrats finden in der Regel als Präsenzsitzung in Anwesenheit seiner Mitglieder vor Ort statt. Die Sitzung kann vollständig oder durch Zuschaltung einzelner Mitglieder oder Teilnahmeberechtigter mittels Video- oder Telefonkonferenz durchgeführt werden, wenn

1. vorhandene Einrichtungen genutzt werden, die durch die Dienststelle zur dienstlichen Nutzung freigegeben sind,
2. nicht mindestens 25 Prozent der Mitglieder des Personalrats binnen einer von der oder dem Vorsitzenden zu bestimmenden Frist gegenüber der oder dem Vorsitzenden widersprechen und
3. der Personalrat geeignete Maßnahmen trifft, um sicherzustellen, dass Dritte vom Inhalt der Sitzung keine Kenntnis nehmen können.

Eine Aufzeichnung ist unzulässig. Personalratsmitglieder, die mittels Video- oder Telefonkonferenz an Sitzungen teilnehmen, gelten als anwesend im Sinne des § 30 Abs. 1 und 2. § 32 Abs. 1 Satz 3 findet mit der Maßgabe Anwendung, dass die oder der Vorsitzende vor Beginn der Beratung die zugeschalteten Personalratsmitglieder feststellt und in die Anwesenheitsliste einträgt. Das Recht eines Personalratsmitglieds, an einer vor Ort stattfindenden Sitzung in Präsenz teilzunehmen, wird durch die Möglichkeit der Teilnahme mittels Video- oder Telefonkonferenz nicht eingeschränkt.

(4) Die Dienststellenleitung nimmt an den Sitzungen teil, die auf ihr Verlangen anberaumt worden sind, oder zu denen sie eingeladen worden ist. Sie ist berechtigt, zu den Sitzungen sachkundige Mitarbeiterinnen und Mitarbeiter hinzuzuziehen. Sie ist ferner berechtigt, zu ihrer Beratung eine Vertreterin oder einen Vertreter des jeweiligen Arbeitgeberverbandes oder des jeweiligen kommunalen Spitzenverbandes hinzuzuziehen. In diesem Fall kann auch der Personalrat Sachverständige beiziehen. Satz 3 und 4 gelten nicht, soweit Gegenstände behandelt werden, die die Mitteilung oder Erörterung schutzwürdi-

ger personenbezogener Daten (Abs. 7 Satz 3) einschließen, es sei denn, die oder der Betroffene stimmt zu, oder soweit Anordnungen behandelt werden, durch die die Alarmbereitschaft oder der Einsatz der Vollzugspolizei geregelt werden.

(5) Eine Vertreterin oder ein Vertreter der Jugend- und Auszubildendenvertretung, die oder der von dieser benannt wird, nimmt an allen Sitzungen beratend teil. An der Behandlung von Angelegenheiten, die die in § 52 genannten Beschäftigten besonders betreffen, kann die gesamte Jugend- und Auszubildendenvertretung beratend teilnehmen. Bei Beschlüssen des Personalrats, die überwiegend die in § 52 genannten Beschäftigten betreffen, haben alle Mitglieder der Jugend- und Auszubildendenvertretung Stimmrecht.

(6) Die Schwerbehindertenvertretung hat das Recht, an allen Sitzungen des Personalrats beratend teilzunehmen.

(7) An allen Sitzungen des Personalrats können Beauftragte der im Personalrat der Dienststelle vertretenen Gewerkschaften beratend teilnehmen. Dies gilt nicht, soweit Gegenstände behandelt werden, die die Mitteilung oder Erörterung schutzwürdiger personenbezogener Daten einschließen, es sei denn, die oder der Betroffene stimmt zu, oder soweit Anordnungen behandelt werden, durch die die Alarmbereitschaft und der Einsatz der Vollzugspolizei geregelt werden. Als schutzwürdig gelten Angaben über die Gesundheit, die Eignung, die Leistung oder das Verhalten der Beschäftigten, Bewerberinnen oder Bewerber.

§ 30 Beschlussfassung

(1) Der Personalrat beschließt mit einfacher Stimmenmehrheit der anwesenden Mitglieder. Bei Stimmengleichheit ist ein Antrag abgelehnt. Stimmenthaltungen und ungültige Stimmen zählen zur Berechnung der Mehrheit nicht mit.

(2) Der Personalrat ist nur beschlussfähig, wenn mindestens die Hälfte seiner Mitglieder anwesend ist; Stellvertretung durch Ersatzmitglieder ist zulässig.

(3) Bei der Feststellung der Stimmenmehrheit werden die Stimmen anderer anwesender Personen, die über ein Stimmrecht verfügen, mitgezählt.

(4) An der Beratung und Beschlussfassung über Angelegenheiten, die die persönlichen Interessen eines Mitgliedes des Personalrats unmittelbar berühren, nimmt dieses Mitglied nicht teil. Entsprechendes gilt für diejenigen Personen, die nach diesem Gesetz berechtigt sind, an den Sitzungen des Personalrats beratend oder mit Stimmrecht teilzunehmen.

(5) Über die Angelegenheiten der Beamtinnen und Beamten sowie der Arbeitnehmerinnen und Arbeitnehmer wird vom Personalrat gemeinsam beraten und beschlossen. In Angelegenheiten, die lediglich die Angehörigen einer Gruppe betreffen, beschließen nach gemeinsamer Beratung im Personalrat auf ihren Antrag nur die Vertreterinnen und Vertreter dieser Gruppe. Der Antrag muss von der Mehrheit der in der Sitzung anwesenden Vertreterinnen und Vertreter der Gruppe gestellt werden. Die Abs. 1 und 2 gelten entsprechend.

§ 31 Aussetzen von Beschlüssen

(1) Erachtet die Mehrheit der Vertreterinnen und Vertreter einer Gruppe oder der Jugend- und Auszubildendenvertretung einen Beschluss des Personalrats als eine erhebliche Beeinträchtigung wichtiger Interessen der durch sie vertretenen Beschäftigten, so ist auf ihren Antrag der Beschluss auf die Dauer von sechs Arbeitstagen vom Zeitpunkt der Beschlussfassung an auszusetzen. In dieser Frist soll, gegebenenfalls mit Hilfe der unter den Mitgliedern des Personalrats oder der Jugend- und Auszubildendenvertretung vertretenen Gewerkschaften, eine Verständigung versucht werden. Bei der Aussetzung eines Beschlusses nach Satz 1 verlängern sich die Fristen nach diesem Gesetz um die Dauer der Aussetzung.

(2) Nach Ablauf der Frist nach Abs. 1 Satz 1 ist über die Angelegenheit neu zu beschließen. Wird der erste Beschluss bestätigt, so kann der Antrag auf Aussetzung nicht wiederholt werden.

(3) Die Abs. 1 und 2 gelten entsprechend, wenn die Schwerbehindertenvertretung ei-

nen Beschluss des Personalrats als eine erhebliche Beeinträchtigung wichtiger Interessen der durch sie vertretenen Beschäftigten erachtet.

§ 32 Protokoll

(1) Über jede Verhandlung des Personalrats ist ein Protokoll zu führen, das mindestens den Wortlaut der Beschlüsse und die Stimmenmehrheit, mit der sie gefasst sind, enthält. Das Protokoll ist von der oder dem Vorsitzenden und einem weiteren Mitglied zu unterzeichnen. Dem Protokoll ist eine Anwesenheitsliste beizufügen, in die sich jede Teilnehmerin und jeder Teilnehmer eigenhändig einzutragen hat; § 29 Abs. 3 Satz 5 bleibt unberührt.

(2) Die Mitglieder des Personalrats sowie die Schwerbehindertenvertretung erhalten eine Kopie des Protokolls. Hat die Dienststellenleitung an der Sitzung teilgenommen, so ist ihr der entsprechende Auszug aus dem Protokoll zur Unterzeichnung vorzulegen und in Kopie zuzuleiten. Haben Beauftragte der Gewerkschaften an der Sitzung teilgenommen, so ist ihnen der entsprechende Auszug aus dem Protokoll in Kopie zuzuleiten. Einwendungen gegen das Protokoll sind unverzüglich schriftlich oder elektronisch zu erheben; sie werden dem Protokoll beigefügt.

§ 33 Geschäftsordnung

Sonstige Bestimmungen über die Geschäftsführung können in einer Geschäftsordnung getroffen werden, die der Personalrat mit der Mehrheit der Stimmen seiner Mitglieder beschließt.

§ 34 Sprechstunden, Mitteilungen an die Beschäftigten

(1) Der Personalrat kann Sprechstunden während der Arbeitszeit einrichten. Zeit und Ort bestimmt er im Einvernehmen mit der Dienststellenleitung.

(2) Der Personalrat kann Mitteilungen an die Beschäftigten über Angelegenheiten, die sie betreffen, herausgeben. Ihm werden in den Dienststellen geeignete Plätze für Bekanntmachungen und Aushänge zur Verfügung gestellt. Für Informationen nach Satz 1 und 2 kann der Personalrat auch die in der Dienststelle üblicherweise genutzten Informations- und Kommunikationssysteme nutzen.

§ 35 Kosten

(1) Die durch die Tätigkeit des Personalrats entstehenden Kosten trägt die Dienststelle.

(2) Für die Sitzungen, die Sprechstunden und die laufende Geschäftsführung hat die Dienststelle dem Personalrat Räume und Geschäftsbedarf einschließlich in der Dienststelle üblicherweise genutzter Informations- und Kommunikationstechnik in dem zur sachgerechten Wahrnehmung seiner Aufgaben erforderlichen Umfang zur Verfügung zu stellen.

(3) Für Reisen von Mitgliedern des Personalrats, die dieser in Erfüllung seiner Aufgaben beschlossen hat, werden Reisekosten nach den Vorschriften über die Reisekostenvergütung der Beamtinnen und Beamten erstattet. In diesen Fällen ist die Reise der für die Genehmigung von Dienstreisen zuständigen Stelle rechtzeitig vorher anzuzeigen. Für den Ersatz von Sachschäden an privaten Kraftfahrzeugen gelten die beamtenrechtlichen Bestimmungen entsprechend.

§ 36 Verbot der Beitragserhebung

Der Personalrat darf für seine Zwecke von den Beschäftigten keine Beiträge erheben oder annehmen.

Vierter Abschnitt
Rechtsstellung der Personalratsmitglieder

§ 37 Ehrenamtlichkeit, Versäumnis von Arbeitszeit

(1) Die Mitglieder des Personalrats führen ihr Amt unentgeltlich als Ehrenamt.

(2) Versäumnis von Arbeitszeit, die zur ordnungsgemäßen Durchführung der Aufgaben des Personalrats erforderlich ist, hat keine Minderung der Dienstbezüge, des Arbeitsentgelts und aller Zulagen zur Folge. Werden Personalratsmitglieder für die Erfüllung ihrer Aufgaben über ihre regelmäßige Arbeitszeit hinaus beansprucht, so ist ihnen ein entsprechender Zeitausgleich in Freizeit zu gewähren.

§ 38 Freistellung

(1) Mitglieder des Personalrats sind auf Antrag des Personalrats von ihrer dienstlichen Tätigkeit freizustellen, wenn und soweit es nach Umfang und Art der Dienststelle zur ordnungsgemäßen Durchführung ihrer Aufgaben erforderlich ist. Bei der Freistellung sind nach der oder dem Vorsitzenden die Gruppen entsprechend ihrer Stärke und die im Personalrat vertretenen Gewerkschaften und freien Listen entsprechend ihrem Stimmenanteil zu berücksichtigen, soweit sie nicht auf die Freistellung verzichten; dabei ist die oder der Vorsitzende anzurechnen. Gewerkschaften, die zur selben Spitzenorganisation gehören, sowie freie Listen können sich hierfür gruppenübergreifend zusammenschließen. Die Freistellung darf nicht zur Beeinträchtigung des beruflichen Werdegangs führen. Verweigert die Dienststelle die Freistellung, so kann der Personalrat unmittelbar die Einigungsstelle anrufen; für die Bildung der Einigungsstelle und das Verfahren gelten die §§ 69 und 70.

(2) Von ihrer dienstlichen Tätigkeit sind nach Abs. 1 auf Antrag ganz freizustellen in Dienststellen mit in der Regel

1. 300 bis 600 Beschäftigten ein Mitglied,
2. 601 bis 1000 Beschäftigten zwei Mitglieder,
3. 1001 bis 2000 Beschäftigten drei Mitglieder,
4. 2001 bis 3000 Beschäftigten vier Mitglieder,
5. 3001 bis 4000 Beschäftigten fünf Mitglieder,
6. 4001 bis 5000 Beschäftigten sechs Mitglieder,
7. 5001 bis 6000 Beschäftigten sieben Mitglieder,
8. 6001 bis 7000 Beschäftigten acht Mitglieder,
9. 7001 bis 8000 Beschäftigten neun Mitglieder,
10. 8001 bis 9000 Beschäftigten zehn Mitglieder,
11. 9001 bis 10 000 Beschäftigten elf Mitglieder.

In Dienststellen mit mehr als 10 000 Beschäftigten ist für je angefangene weitere 2000 Beschäftigte ein weiteres Mitglied freizustellen. Eine entsprechende teilweise Freistellung mehrerer Mitglieder ist möglich.

§ 39 Schulungs- und Bildungsmaßnahmen

Personalratsmitgliedern ist für die Teilnahme an Schulungs- und Bildungsveranstaltungen, die der Personalratsarbeit dienen, auf Antrag die erforderliche Dienstbefreiung unter Fortzahlung der Dienstbezüge oder des Arbeitsentgeltes zu gewähren.

§ 40 Schutz vor Kündigung, Versetzung, Abordnung und Zuweisung

(1) Die außerordentliche Kündigung von Mitgliedern des Personalrats, die in einem Arbeitsverhältnis stehen, bedarf der Zustimmung des Personalrats. Verweigert der Personalrat seine Zustimmung oder äußert er sich nicht innerhalb von drei Arbeitstagen nach Eingang des Antrags, so kann das Verwaltungsgericht sie auf Antrag der Dienststellenleitung ersetzen, wenn die außerordentliche Kündigung unter Berücksichtigung aller Umstände gerechtfertigt ist. In dem Verfahren vor dem Verwaltungsgericht ist die betroffene Person Beteiligte.

(2) Mitglieder des Personalrats dürfen gegen ihren Willen nur versetzt, zugewiesen, abgeordnet oder im Wege der Personalgestellung einem Dritten zugewiesen werden, wenn dies aus wichtigen dienstlichen Gründen auch unter Berücksichtigung der Mitgliedschaft im Personalrat unvermeidbar ist und der Personalrat zustimmt; dies gilt nicht für einen Dienststellenwechsel zum Zwecke der Ausbildung oder im Anschluss daran sowie bei Auflösung einer Behörde oder bei einer auf Rechtsvorschrift beruhenden wesentlichen Änderung des Aufbaus oder der Verschmelzung einer Behörde mit einer anderen. Als Versetzung im Sinne des Satz 1 gilt auch die mit einem Wechsel des Dienstortes verbundene Umsetzung in derselben Dienststelle.

(3) Für Mitglieder des Wahlvorstands sowie für Wahlbewerberinnen und Wahlbewerber gelten die Abs. 1 und 2 entsprechend.

§ 41 Besonderer Schutz der Auszubildenden

(1) Beabsichtigt der Arbeitgeber, eine Beschäftigte oder einen Beschäftigten, die oder der in einem Berufsausbildungsverhältnis nach dem Berufsbildungsgesetz in der Fassung der Bekanntmachung vom 4. Mai 2020 (BGBl. I S. 920), zuletzt geändert durch Gesetz vom 20. Juli 2022 (BGBl. I S. 1174), dem Krankenpflegegesetz vom 16. Juli 2003 (BGBl. I S. 1442), zuletzt geändert durch Gesetz vom 15. August 2019 (BGBl. I S. 1307), dem Pflegeberufegesetz vom 17. Juli 2017 (BGBl. I S. 2581), zuletzt geändert durch Gesetz vom 11. Juli 2021 (BGBl. I S. 2754), oder dem Hebammengesetz vom 22. November 2019 (BGBl. I S. 1759), geändert durch Gesetz vom 24. Februar 2021 (BGBl. I S. 274), steht und die oder der Mitglied des Personalrats ist, nach erfolgreicher Beendigung des Berufsausbildungsverhältnisses nicht in ein Arbeitsverhältnis auf unbestimmte Zeit zu übernehmen, so hat er dies drei Monate vor Beendigung des Berufsausbildungsverhältnisses der oder dem Auszubildenden schriftlich mitzuteilen.

V

(2) Verlangt eine Auszubildende oder ein Auszubildender im Sinne des Abs. 1, die oder der Mitglied des Personalrats ist, innerhalb der letzten drei Monate vor Beendigung des Berufsausbildungsverhältnisses schriftlich die Weiterbeschäftigung, so gilt im Anschluss an das erfolgreiche Berufsausbildungsverhältnis ein Arbeitsverhältnis auf unbestimmte Zeit als begründet.

(3) Die Abs. 1 und 2 gelten auch, wenn das Berufsausbildungsverhältnis vor Ablauf eines Jahres nach Beendigung der Amtszeit des Personalrats erfolgreich endet.

(4) Wenn Tatsachen vorliegen, aufgrund derer dem Arbeitgeber unter Berücksichtigung aller Umstände die Weiterbeschäftigung nicht zugemutet werden kann, so kann er spätestens bis zum Ablauf von zwei Wochen nach Beendigung des Berufsausbildungsverhältnisses beim Verwaltungsgericht beantragen,

1. festzustellen, dass ein Arbeitsverhältnis nach den Abs. 2 oder 3 nicht begründet wird, oder
2. das bereits nach den Abs. 2 oder 3 begründete Arbeitsverhältnis aufzulösen.

In dem Verfahren vor dem Verwaltungsgericht ist der Personalrat Beteiligter.

(5) Die Abs. 2 bis 4 sind unabhängig davon anzuwenden, ob der Arbeitgeber seiner Mitteilungspflicht nach Abs. 1 nachgekommen ist.

Fünfter Abschnitt Datenschutz

§ 42 Grundsätze

Bei der Verarbeitung personenbezogener Daten hat der Personalrat die Vorschriften über den Datenschutz einzuhalten. Soweit der Personalrat zur Erfüllung der in seiner Zuständigkeit liegenden Aufgaben personenbezogene Daten verarbeitet, ist die Dienststelle der für die Verarbeitung Verantwortliche im Sinne der datenschutzrechtlichen Vorschriften. Die Dienststelle und der Personalrat unterstützen sich gegenseitig bei der Einhaltung der datenschutzrechtlichen Vorschriften. Die oder der Datenschutzbeauftragte ist gegenüber der Dienststelle zur Verschwiegenheit verpflichtet über Informationen, die Rückschlüsse auf den Meinungsbildungsprozess des Personalrats zulassen. § 6 Abs. 4 Satz 3 und 4 des Hessischen Datenschutz- und Informationsfreiheitsgesetzes vom 3. Mai 2018 (GVBl. S. 82), zuletzt geändert durch Gesetz vom 15. November 2021 (GVBl. S. 718), gilt auch im Hinblick auf das Verhältnis der oder des Datenschutzbeauftragten zur Dienststelle.

Dritter Teil Die Personalversammlung

§ 43 Allgemeines

(1) Die Personalversammlung besteht aus den Beschäftigten der Dienststelle.

(2) Kann nach den dienstlichen Verhältnissen eine gemeinsame Versammlung aller Beschäftigten der Dienststelle nicht stattfinden, so sind Teilversammlungen abzuhalten.

§ 44 Einberufung der Personalversammlung

(1) Der Personalrat beruft die Personalversammlung ein und legt die Tagesordnung fest.

(2) Der Personalrat ist auf Wunsch der Dienststellenleitung oder eines Viertels der wahlberechtigten Beschäftigten verpflichtet, eine Personalversammlung einzuberufen und den Gegenstand, dessen Beratung beantragt ist, auf die Tagesordnung zu setzen.

(3) Auf Antrag einer in der Dienststelle vertretenen Gewerkschaft muss der Personalrat vor Ablauf von 20 Arbeitstagen nach Eingang des Antrages eine Personalversammlung nach Abs. 1 einberufen, wenn im vorhergegangenen Kalenderjahr keine Personalversammlung durchgeführt worden ist, in der ein Tätigkeitsbericht erstattet worden ist.

§ 45 Durchführung der Personalversammlung, Teilnahmeberechtigte

(1) Die Personalversammlung ist nicht öffentlich. Sie wird von der oder dem Vorsitzenden des Personalrats geleitet.

(2) An allen Personalversammlungen können Beauftragte der in der Dienststelle vertretenen Gewerkschaften teilnehmen. Sie haben Rederecht. Der Personalrat hat die Gewerkschaften rechtzeitig über die Einberufung der Personalversammlung zu informieren.

(3) Die Dienststellenleitung ist berechtigt, an den Personalversammlungen teilzunehmen, in denen ein Tätigkeitsbericht erstattet wird oder die auf ihren Wunsch einberufen worden sind. Sie ist über die Einberufung der Personalversammlung rechtzeitig zu informieren. § 29 Abs. 4 Satz 3 gilt entsprechend.

(4) Personalversammlungen nach § 46 Abs. 1 und auf Wunsch der Dienststellenleitung einberufene Personalversammlungen finden während der Arbeitszeit statt, soweit nicht die dienstlichen Verhältnisse eine andere Regelung erfordern. Die Teilnahme an diesen Personalversammlungen hat keine Minderung der Dienstbezüge oder des Arbeitsentgelts zur Folge. Soweit Personalversammlungen nach Satz 1 aus dienstlichen Gründen außerhalb der Arbeitszeit stattfinden müssen, ist den Teilnehmerinnen und Teilnehmern ein entsprechender Zeitausgleich in Freizeit zu gewähren.

(5) Fahrtkosten, die durch die Teilnahme an Personalversammlungen nach Abs. 4 entstehen, werden in entsprechender Anwendung der Vorschriften über die Reisekostenvergütung der Beamtinnen und Beamten erstattet. Dies gilt nicht für Beamtinnen und Beamte im Vorbereitungsdienst sowie für Auszubildende, die an zentralen Ausbildungslehrgängen teilnehmen.

(6) Andere Personalversammlungen finden außerhalb der Arbeitszeit statt. Hiervon kann im Einvernehmen mit der Dienststellenleitung abgewichen werden.

§ 46 Angelegenheiten der Personalversammlung

(1) Der Personalrat soll mindestens einmal in jedem Kalenderjahr in einer Personalversammlung einen Tätigkeitsbericht erstatten.

(2) Die Personalversammlung kann alle Angelegenheiten behandeln, die die Dienststelle oder ihre Beschäftigten unmittelbar betreffen, insbesondere die aktuelle Entwicklung von Tarif-, Besoldungs- und Sozialangelegenheiten sowie Fragen der tatsächlichen Gleichstellung von Frauen und Männern, der Teilhabe von Menschen mit Behinderungen und der Vereinbarkeit von Familie, Pflege und Beruf. § 2 Abs. 2 und 5 gilt für die Personalversammlung entsprechend.

(3) Die Personalversammlung kann dem Personalrat Anträge unterbreiten und zu seinen Beschlüssen Stellung nehmen.

(4) Der Personalrat unterrichtet die Beschäftigten über die Behandlung der Anträge und den Fortgang der in der Personalversammlung behandelten Angelegenheiten.

Vierter Teil
Stufenvertretungen und Gesamtpersonalrat

Erster Abschnitt
Stufenvertretungen

§ 47 Bildung von Stufenvertretungen

Für den Geschäftsbereich mehrstufiger Verwaltungen und Gerichte werden bei den Behörden der Mittelstufe Bezirkspersonalräte, bei den obersten Dienstbehörden Hauptpersonalräte gebildet (Stufenvertretungen).

§ 48 Wahl und Zusammensetzung

(1) Die Mitglieder des Bezirkspersonalrats werden von den zum Geschäftsbereich der Behörde der Mittelstufe, die Mitglieder des Hauptpersonalrats von den zum Geschäftsbereich der obersten Dienstbehörde gehörenden Beschäftigten gewählt. Soweit bei unteren Landesbehörden die Personalangelegenheiten der Beschäftigten zum Geschäftsbereich verschiedener Mittelbehörden gehören, sind diese Beschäftigten für den Bezirkspersonalrat bei der jeweils zuständigen Mittelbehörde wahlberechtigt. Soweit bei Behörden der Mittelstufe die Personalangelegenheiten der Beschäftigten zum Geschäftsbereich verschiedener oberster Landesbehörden gehören, sind diese Beschäftigten für den Hauptpersonalrat bei der jeweils zuständigen obersten Landesbehörde wahlberechtigt.

(2) Die Stufenvertretungen bestehen bei in der Regel

1. bis zu 1000 Wahlberechtigten im Geschäftsbereich aus sieben Mitgliedern,
2. 1001 bis 3000 Wahlberechtigten im Geschäftsbereich aus neun Mitgliedern,
3. 3001 bis 5000 Wahlberechtigten im Geschäftsbereich aus elf Mitgliedern,
4. 5001 bis 7000 Wahlberechtigten im Geschäftsbereich aus 13 Mitgliedern,
5. 7001 bis 10 000 Wahlberechtigten im Geschäftsbereich aus 15 Mitgliedern,
6. 10 001 und mehr Wahlberechtigten im Geschäftsbereich aus 17 Mitgliedern.

Für den Hauptpersonalrat beim Hessischen Ministerium für Wissenschaft und Kunst gilt § 12 Abs. 1 entsprechend.

(3) Die §§ 10 und 11, § 13 Abs. 1 und 2, die §§ 14 bis 16 Abs. 2 sowie die §§ 17 bis 20 Abs. 1 gelten entsprechend. Eine Personalversammlung zur Bestellung des Bezirks- oder Hauptwahlvorstandes findet nicht statt. An ihrer Stelle übt die Leitung der Dienststelle, bei der die Stufenvertretung zu errichten ist, im Benehmen mit den in der Dienststelle vertretenen Gewerkschaften die Befugnisse zur Bestellung des Wahlvorstandes nach § 16 Abs. 2 und § 17 Abs. 1 aus.

(4) Die Wahl der Stufenvertretungen soll möglichst gleichzeitig mit der der Personalräte erfolgen. In diesem Falle führen die bei den Dienststellen bestehenden Wahlvorstände die Wahl der Stufenvertretungen im Auftrag des Bezirks- oder Hauptwahlvorstandes durch. Andernfalls bestellen auf sein Ersuchen die Personalräte oder, wenn solche nicht bestehen, die Dienststellenleitungen im Benehmen mit den in der Dienststelle vertretenen Gewerkschaften die örtlichen Wahlvorstände für die Wahl der Stufenvertretungen.

(5) In den Stufenvertretungen erhält jede Gruppe mindestens eine Vertreterin oder einen Vertreter. Besteht die Stufenvertretung aus mehr als neun Mitgliedern, erhält jede Gruppe mindestens zwei Vertreterinnen oder Vertreter. Satz 2 gilt nicht für den Hauptpersonalrat beim Hessischen Ministerium für Wissenschaft und Kunst. § 13 Abs. 4 gilt entsprechend.

§ 49 Amtszeit, Geschäftsführung, Rechtsstellung, Datenschutz

(1) Für die Amtszeit und die Geschäftsführung der Stufenvertretungen gelten die §§ 20 bis 34 Abs. 2 sowie die §§ 35 bis 38 Abs. 1 entsprechend. § 28 Abs. 1 gilt mit der Maßgabe, dass die Mitglieder der Stufenvertretung spätestens zwei Wochen nach dem Wahltag einzuberufen sind.

(2) Für die Rechtsstellung der Mitglieder der Stufenvertretungen und den Datenschutz gelten die §§ 37 bis 42 mit Ausnahme des § 38 Abs. 2 entsprechend.

(3) In Stufenvertretungen sind von ihrer dienstlichen Tätigkeit auf Antrag freizustellen

1. ab sieben Mitgliedern ein Mitglied mit der Hälfte der regelmäßigen wöchentlichen Arbeitszeit,
2. ab neun Mitgliedern ein Mitglied ganz und
3. ab 13 Mitgliedern zwei Mitglieder.

(4) Für die Aufgaben, Befugnisse und Pflichten der Stufenvertretungen gelten die Vorschriften des sechsten Teils entsprechend.

Zweiter Abschnitt
Gesamtpersonalrat

§ 50 Bildung eines Gesamtpersonalrats

(1) In den Fällen des § 5 Abs. 3 wird neben den einzelnen Personalräten ein Gesamtpersonalrat gebildet. Das gleiche gilt in Gemeinden, Gemeindeverbänden und sonstigen Körperschaften des öffentlichen Rechts mit einstufigem Verwaltungsaufbau auch in den Fällen des § 5 Abs. 1 und des § 86 Abs. 1.

(2) In Gemeinden, Gemeindeverbänden und sonstigen Körperschaften, Anstalten und Stiftungen des öffentlichen Rechts tritt an die Stelle der Stufenvertretung der Gesamtpersonalrat.

§ 51 Anzuwendende Vorschriften

Für den Gesamtpersonalrat gelten die §§ 9 und 12, § 48 Abs. 1, 3 bis 5 und § 49 Abs. 1, 2 und 4, für Gesamtpersonalräte nach § 50 Abs. 2 gilt auch § 49 Abs. 3 entsprechend.

Fünfter Teil
Jugend- und Auszubildendenvertretung

§ 52 Bildung von Jugend- und Auszubildendenvertretungen

In Dienststellen, bei denen Personalvertretungen gebildet sind und denen in der Regel mindestens fünf Beschäftigte angehören, die das 18. Lebensjahr noch nicht vollendet haben oder die sich in einer beruflichen Ausbildung befinden, werden Jugend- und Auszubildendenvertretungen gebildet.

§ 53 Wahlberechtigung und Wählbarkeit

(1) Wahlberechtigt sind die Beschäftigten, die am Wahltag das 18. Lebensjahr noch nicht vollendet haben oder sich in einer beruflichen Ausbildung befinden. § 10 Abs. 1 Satz 1 Nr. 1 und 2 sowie Abs. 2 bis 4 gilt entsprechend.

(2) Wählbar sind die Beschäftigten, die am Wahltag das 26. Lebensjahr noch nicht vollendet haben oder sich in einer beruflichen Ausbildung befinden. § 11 Abs. 1 Satz 1 Nr. 2, Satz 2 sowie Abs. 2 und 3 gilt entsprechend.

§ 54 Größe und Zusammensetzung

(1) Die Jugend- und Auszubildendenvertretung besteht in Dienststellen mit in der Regel

1. 5 bis 10 der in § 52 genannten Beschäftigten aus einem Mitglied,
2. 11 bis 50 der vorgenannten Beschäftigten aus drei Mitgliedern,
3. 51 bis 200 der vorgenannten Beschäftigten aus fünf Mitgliedern,
4. mehr als 200 der vorgenannten Beschäftigten aus sieben Mitgliedern.

(2) Frauen und Männer sind entsprechend ihrem Anteil an den Wahlberechtigten zu berücksichtigen. Insofern findet § 13 Abs. 1 und 2 entsprechende Anwendung.

(3) Die Jugend- und Auszubildendenvertretung soll sich aus Vertreterinnen und Vertretern der verschiedenen Beschäftigungsarten der in § 52 genannten Beschäftigten zusammensetzen.

§ 55 Wahl, Amtszeit, Vorsitz

(1) Der Personalrat bestimmt im Einvernehmen mit der Jugend- und Auszubildendenvertretung den Wahlvorstand und seinen Vorsitz. § 15 Abs. 1 und 3 bis 6, § 16 Abs. 1 Satz 1 bis 3 sowie die §§ 18, 19 und 21 Abs. 3 Satz 1 gelten für die Wahl der Jugend- und Auszubildendenvertretung entsprechend.

(2) Der Wahlvorstand kann bestimmen, dass die Wahl in Dienststellen mit höchstens 20 in der Regel Beschäftigten im Sinne von § 52 in einer Wahlversammlung stattfindet. Er hat dazu spätestens vier Wochen vor Ablauf der Amtszeit einzuberufen. Gewählt wird in geheimer Wahl nach den Grundsätzen der Mehrheitswahl. Die oder der Vorsitzende des Wahlvorstands leitet die Wahlversammlung, führt die Wahl durch und fertigt über das Ergebnis ein Protokoll.

(3) Die Amtszeit der Jugend- und Auszubildendenvertretung beträgt zwei Jahre. Im Übrigen gelten die Vorschriften der §§ 20 bis 26 mit Ausnahme des § 21 Abs. 1 Nr. 1 entsprechend. Ein Mitglied der Jugend- und Auszubildendenvertretung, das im Laufe der Amtszeit das 26. Lebensjahr vollendet oder seine Berufsausbildung abschließt, bleibt bis zum

Ende der Amtszeit Mitglied der Jugend- und Auszubildendenvertretung.

(4) Besteht die Jugend- und Auszubildendenvertretung aus drei oder mehr Mitgliedern, so wählt sie mit einfacher Mehrheit aus ihrer Mitte eine Vorsitzende oder einen Vorsitzenden und eine Stellvertreterin oder einen Stellvertreter oder mehrere Stellvertreterinnen und Stellvertreter.

§ 56 Aufgaben

(1) Die Jugend- und Auszubildendenvertretung hat folgende allgemeine Aufgaben:

1. Maßnahmen, die den in § 52 genannten Beschäftigten dienen, insbesondere in Fragen der Berufsbildung, beim Personalrat zu beantragen,
2. Maßnahmen, die der Gleichberechtigung von weiblichen und männlichen Jugendlichen und Auszubildenden dienen, zu beantragen,
3. darüber zu wachen, dass die zugunsten der in § 52 genannten Beschäftigten geltenden Gesetze, Verordnungen, Unfallverhütungsvorschriften, Tarifverträge, Dienstvereinbarungen und Verwaltungsanordnungen durchgeführt werden,
4. Anregungen und Beschwerden von in § 52 genannten Beschäftigten, insbesondere in Fragen der Berufsbildung, entgegenzunehmen und, falls sie berechtigt erscheinen, beim Personalrat auf eine Erledigung hinzuwirken; die Jugend- und Auszubildendenvertretung hat die betroffenen Beschäftigten über den Stand und das Ergebnis der Verhandlungen zu informieren.

(2) Die Zusammenarbeit der Jugend- und Auszubildendenvertretung mit dem Personalrat bestimmt sich nach den § 28 Abs. 4, § 29 Abs. 5 sowie § 31.

(3) Zur Durchführung ihrer Aufgaben ist die Jugend- und Auszubildendenvertretung durch den Personalrat rechtzeitig und umfassend zu unterrichten. Die Jugend- und Auszubildendenvertretung kann verlangen, dass ihr der Personalrat die zur Durchführung ihrer Aufgaben erforderlichen Unterlagen zur Verfügung stellt.

(4) Der Personalrat hat die Jugend- und Auszubildendenvertretung zu den Monatsgesprächen nach § 62 Abs. 1 beizuziehen, wenn Angelegenheiten behandelt werden, die die in § 52 genannten Beschäftigten besonders betreffen.

(5) Die Jugend- und Auszubildendenvertretung kann nach Verständigung des Personalrats Sitzungen abhalten; § 28 Abs. 1 bis 3, § 29 Abs. 1 bis 3 und 6, § 30 Abs. 1 bis 4 sowie die §§ 32 und 33 gelten entsprechend. An den Sitzungen der Jugend- und Auszubildendenvertretung kann ein vom Personalrat beauftragtes Personalratsmitglied teilnehmen.

§ 57 Anzuwendende Vorschriften

Für die Jugend- und Auszubildendenvertretung gelten die §§ 34 bis 38 Abs. 1 sowie die §§ 39 und 42 entsprechend, § 35 Abs. 3 mit der Maßgabe, dass Reisekosten nur gezahlt werden, wenn der Personalrat die Reise beschlossen hat. § 40 gilt entsprechend mit der Maßgabe, dass die außerordentliche Kündigung, die Versetzung, die Zuweisung und die Abordnung von Mitgliedern der Jugend- und Auszubildendenvertretung, der Wahlvorstände und von Wahlbewerberinnen und Wahlbewerbern der Zustimmung des Personalrats bedürfen. § 41 gilt entsprechend; in dem Verfahren vor dem Verwaltungsgericht nach § 41 Abs. 4 ist bei einem Mitglied der Jugend- und Auszubildendenvertretung auch diese Beteiligte.

§ 58 Jugend- und Auszubildendenversammlung

Die Jugend- und Auszubildendenvertretung soll mindestens einmal in jedem Kalenderjahr eine Jugend- und Auszubildendenversammlung einberufen. Auf Antrag eines Viertels der in § 52 genannten Beschäftigten der Dienststelle ist die Jugend- und Auszubildendenvertretung verpflichtet, eine Jugend- und Auszubildendenversammlung einzuberufen. Die Jugend- und Auszubildendenversammlung soll möglichst unmittelbar vor oder nach einer ordentlichen Personalversammlung stattfinden. Sie wird von der oder dem Vorsitzenden der Jugend- und Auszubildendenvertretung geleitet. Die oder der Personalratsvorsitzende oder ein beauftragtes Mitglied des Personalrats nimmt an der Jugend- und Auszubildendenversammlung teil. § 43 Abs. 2 sowie die §§ 45 und 46 gelten entsprechend.

§ 59 Jugend- und Auszubildendenstufenvertretung und Gesamtjugend- und -auszubildendenvertretung

(1) Für den Geschäftsbereich mehrstufiger Verwaltungen werden, soweit Stufenvertretungen bestehen, bei den Behörden der Mittelstufe Bezirksjugend- und -auszubildendenvertretungen und bei den obersten Dienstbehörden Hauptjugend- und -auszubildendenvertretungen gebildet. Für die Jugend- und Auszubildendenstufenvertretungen gelten § 48 Abs. 1 und 4 sowie die §§ 52 bis 57 mit Ausnahme der Regelung über die Einrichtung von Sprechstunden entsprechend.

(2) Erfolgt die Wahl der Jugend- und Auszubildendenstufenvertretung gleichzeitig mit den nach § 48 Abs. 3 in Verbindung mit § 20 Abs. 1 regelmäßig durchzuführenden Wahlen der Stufenvertretung, so gilt § 48 Abs. 4 mit der Maßgabe, dass die danach gebildeten Wahlvorstände auch die Aufgaben der Wahlvorstände für die Wahl der Jugend- und Auszubildendenstufenvertretung wahrnehmen. In den übrigen Fällen gilt § 48 Abs. 4 mit der Maßgabe, dass im Falle des § 48 Abs. 4 Satz 3 die Aufgaben des örtlichen Wahlvorstandes dem Bezirks- oder Hauptwahlvorstand obliegen. Soweit danach in Dienststellen kein Wahlvorstand bestellt wird, kann der Bezirks- oder Hauptwahlvorstand die Stimmabgabe in diesen Dienststellen durchführen oder die briefliche Stimmabgabe anordnen.

(3) In den in § 50 Abs. 1 bezeichneten Fällen wird neben den einzelnen Jugend- und Auszubildendenvertretungen eine Gesamtjugend- und -auszubildendenvertretung gebildet. Abs. 1 Satz 2 gilt entsprechend.

Sechster Teil
Beteiligung des Personalrats

Erster Abschnitt
Allgemeines

§ 60 Allgemeine Aufgaben

(1) Der Personalrat hat folgende allgemeine Aufgaben:

1. Maßnahmen, die der Dienststelle und ihren Angehörigen dienen, zu beantragen,
2. darüber zu wachen, dass die zugunsten der Beschäftigten geltenden Gesetze, Verordnungen, Tarifverträge, Dienstvereinbarungen und Verwaltungsanordnungen durchgeführt werden,
3. Anregungen und Beschwerden von Beschäftigten entgegenzunehmen und, falls sie berechtigt erscheinen, durch Verhandlung mit der Dienststellenleitung auf ihre Erledigung hinzuwirken,
4. die Teilhabe und berufliche Entwicklung schwerbehinderter Beschäftigter und sonstiger besonders schutzbedürftiger, insbesondere älterer Personen zu fördern sowie Maßnahmen zur beruflichen Förderung schwerbehinderter Beschäftigter zu beantragen,
5. die Durchsetzung der tatsächlichen Gleichstellung von Frauen und Männern zu fördern,
6. die Vereinbarkeit von Familie, Pflege und Beruf zu fördern,
7. die Eingliederung ausländischer Beschäftigter in die Dienststelle und das Verständnis zwischen ihnen und den deutschen Beschäftigten zu fördern,
8. mit der Jugend- und Auszubildendenvertretung zur Förderung der Belange der in § 52 genannten Beschäftigten eng zusammenzuarbeiten,
9. Maßnahmen, die dem Umweltschutz in der Dienststelle dienen, anzuregen.

Entsprechende Anträge des Personalrats sind eingehend zwischen Dienststellenleitung und Personalrat zu erörtern und in angemessener Frist zu beantworten.

(2) Der Personalrat hat auf die Verhütung von Unfall- und Gesundheitsgefahren zu achten, die für den Arbeitsschutz zuständigen Stellen durch Anregung, Beratung und Auskunft zu unterstützen und sich für die Durchführung des Arbeitsschutzes einzusetzen.

§ 61 Informations- und Teilnahmerechte

(1) Der Personalrat ist zur Durchführung seiner Aufgaben rechtzeitig und umfassend zu unterrichten. Ihm sind die hierfür erforderlichen Unterlagen zu übermitteln. Dazu gehören in Personalangelegenheiten Bewerbungsunterlagen aller Bewerberinnen und Bewerber. Personalakten dürfen nur mit Einwilligung der oder des Beschäftigten und nur von den von ihr oder ihm bestimmten Mitgliedern des Personalrats eingesehen werden. Dienstliche Beurteilungen sind auf Verlangen der oder des Beschäftigten dem Personalrat zur Kenntnis zu bringen.

(2) Vor Einführung, Anwendung, Änderung oder Erweiterung eines automatisierten Verfahrens zur Verarbeitung personenbezogener Daten der Beschäftigten nach § 78 Abs. 2 Satz 1 Nr. 7 hat die Dienststelle dem Personalrat das Verzeichnis von Verarbeitungstätigkeiten nach Art. 30 der Verordnung (EU) Nr. 2016/679 des Europäischen Parlaments und des Rates vom 27. April 2016 zum Schutz natürlicher Personen bei der Verarbeitung personenbezogener Daten, zum freien Datenverkehr und zur Aufhebung der Richtlinie 95/46/EG (Datenschutz-Grundverordnung) (ABl. EU Nr. L 119 S. 1, Nr. L 314 S. 72, 2018 Nr. L 127 S. 2, 2021 Nr. L 74 S. 35) oder nach § 65 des Hessischen Datenschutz- und Informationsfreiheitsgesetzes mit dem Hinweis zu übermitteln, dass der Personalrat bei begründeten Zweifeln an der datenschutzrechtlichen Zulässigkeit eine Stellungnahme der oder des Hessischen Datenschutzbeauftragten fordern kann. Macht der Personalrat von dieser Möglichkeit Gebrauch, beginnt die von ihm einzuhaltende Frist erst mit der Vorlage der von der Dienststellenleitung einzuholenden Stellungnahme.

(3) Bei Prüfungen, die eine Dienststelle von den Beschäftigten ihres Bereichs abnimmt, wird eines der Mitglieder der Prüfungskommission vom Personalrat benannt; dieses muss zumindest die gleiche oder eine entsprechende Qualifikation besitzen, wie sie durch die Prüfung festgestellt werden soll. Bei Auswahlverfahren, Aufnahmetests oder Auswahlen, denen sich Bewerberinnen und Bewerber für eine Einstellung oder eine Ausbildung zu unterziehen haben, und bei Auswahlverfahren zur Besetzung eines Amtes mit Funktionsbezeichnung entsendet der Personalrat, der mitzubestimmen hat, eine Vertreterin oder einen Vertreter in das Gremium. Diese Regelung findet keine Anwendung bei Prüfungen, Aufnahmetests und Auswahlen, die durch Rechtsvorschriften geregelt sind, sowie in den Fällen des § 76 Abs. 2 und 3 Nr. 1.

(4) Bei Einführung und Prüfung von Arbeitsschutzeinrichtungen und bei Unfalluntersuchungen, die von der Dienststelle oder den für den Arbeitsschutz zuständigen Stellen vorgenommen werden, ist der Personalrat zuzuziehen.

§ 62 Monatsgespräch

(1) Die Dienststellenleitung und der Personalrat sollen mindestens einmal im Monat zu einer gemeinschaftlichen Besprechung zusammentreten (Monatsgespräch). In den Monatsgesprächen hat die Dienststellenleitung beabsichtigte Maßnahmen, die der Beteiligung unterliegen, rechtzeitig und eingehend mit dem Personalrat zu erörtern. In den Monatsgesprächen soll auch die Gestaltung des Dienstbetriebs behandelt werden, insbesondere alle Vorgänge, die die Beschäftigten wesentlich berühren. Die Dienststellenleitung soll den Personalrat in den Monatsgesprächen möglichst frühzeitig über beabsichtigte Maßnahmen zur Verwaltungsmodernisierung und zur Digitalisierung sowie über beabsichtigte Organisationsentscheidungen, die beteiligungspflichtige Maßnahmen zur Folge haben, unterrichten.

(2) Die Dienststellenleitung und der Personalrat haben über strittige Fragen mit dem ernsten Willen zur Einigung zu verhandeln und Vorschläge für die Beilegung von Meinungsverschiedenheiten zu machen.

(3) Die Dienststellenleitung und der Personalrat sind berechtigt, sachkundige Mitarbeiterinnen und Mitarbeiter oder Sachverständige zu den Monatsgesprächen hinzuzuziehen.

(4) An den Monatsgesprächen nimmt die Schwerbehindertenvertretung teil sowie nach Maßgabe des § 56 Abs. 4 ein Mitglied der Jugend- und Auszubildendenvertretung, das von dieser benannt wird.

(5) An den Monatsgesprächen können Beauftragte der im Personalrat der Dienststelle vertretenen Gewerkschaften sowie Vertreterinnen und Vertreter des jeweiligen Arbeitgeberverbandes oder kommunalen Spitzenverbandes teilnehmen. Dies gilt nicht, soweit Gegenstände behandelt werden, die die Mitteilung oder Erörterung schutzwürdiger personenbezogener Daten nach § 29 Abs. 7 Satz 3 einschließen, es sei denn, der Betroffene stimmt zu, oder soweit Anordnungen behandelt werden, durch die die Alarmbereitschaft oder der Einsatz der Vollzugspolizei geregelt werden.

§ 63 Zuständige Personalvertretung

(1) In Angelegenheiten, in denen die Dienststelle zur Entscheidung befugt ist, beteiligt die Dienststellenleitung den bei der Dienststelle bestehenden Personalrat. Bei Versetzungen und Abordnungen sind der Personalrat der abgebenden und der Personalrat der aufnehmenden Dienststelle zu beteiligen.

(2) In Angelegenheiten, in denen die Dienststelle nicht zur Entscheidung befugt ist, beteiligt gleichwohl die Leitung der Dienststelle, der die oder der Beschäftigte angehört oder bei der sie oder er eingestellt werden soll, den bei dieser Dienststelle bestehenden Personalrat. Die Leitung der zur Entscheidung befugten Dienststelle kann die Beteiligung allgemein oder im Einzelfall an Stelle der in Satz 1 genannten Dienststellenleitung durchführen.

(3) Bei Maßnahmen, die für die Beschäftigten mehrerer Dienststellen von allgemeiner Bedeutung sind, ist die bei der für die Entscheidung zuständigen Dienststelle gebildete Stufenvertretung an Stelle der Personalräte zu beteiligen. Bei Maßnahmen, die für die verschiedenen Geschäftsbereichen angehörenden Beschäftigten einer unteren Landesbehörde von allgemeiner Bedeutung sind, nimmt der Bezirkspersonalrat der zuständigen Mittelbehörde die Aufgaben der Stufenvertretung wahr; er unterrichtet die Bezirkspersonalräte beteiligter Mittelbehörden und gibt ihnen Gelegenheit zur Äußerung.

(4) Bei Maßnahmen, die für die Beschäftigten mehrerer Geschäftsbereiche von allgemeiner Bedeutung sind oder über die die Landesregierung entscheidet, nimmt der Hauptpersonalrat bei der zuständigen obersten Landesbehörde die Aufgaben der Stufenvertretung wahr. Er unterrichtet die Hauptpersonalräte bei den beteiligten obersten Landesbehörden und gibt ihnen Gelegenheit zur Äußerung.

(5) Die Abs. 2 und 3 gelten entsprechend für die Verteilung der Zuständigkeit zwischen Personalrat und Gesamtpersonalrat.

(6) Im Falle der Einführung, Anwendung, wesentlichen Änderung oder Erweiterung von technischen Einrichtungen, die dazu geeignet sind, das Verhalten oder die Leistung der Beschäftigten zu überwachen nach § 78 Abs. 1 Satz 1 Nr. 5 sowie der automatisierten Verarbeitung personenbezogener Daten der Beschäftigten nach § 78 Abs. 2 Satz 1 Nr. 7 ist der Personalrat der Dienststelle zu beteiligen, der die Beschäftigten angehören, deren personenbezogene Daten verarbeitet werden. Die Abs. 3 bis 5 bleiben unberührt.

§ 64 Durchführung der Entscheidungen, vorläufige Regelungen

(1) Entscheidungen, an denen der Personalrat beteiligt war, führt die Dienststelle durch, es sei denn, dass im Einzelfall etwas anderes vereinbart ist.

(2) Der Personalrat darf nicht durch einseitige Handlungen in den Dienstbetrieb eingreifen.

(3) Die Leitung der zur Entscheidung befugten Dienststelle kann bei Maßnahmen, die der Natur der Sache nach keinen Aufschub dulden, bis zur endgültigen Entscheidung vorläufige Regelungen treffen. Sie hat dem Personalrat die vorläufige Regelung mitzuteilen und zu begründen und unverzüglich das Ver-

V

fahren nach den §§ 66 bis 73 einzuleiten oder fortzusetzen.

§ 65 Dienstvereinbarungen

(1) Dienstvereinbarungen sind zulässig, soweit sie dieses Gesetz ausdrücklich zulässt. Sie sind nicht zulässig, soweit Arbeitsentgelte und sonstige Arbeitsbedingungen üblicherweise durch Tarifvertrag geregelt werden. Dies gilt nicht, wenn ein Tarifvertrag den Abschluss ergänzender Dienstvereinbarungen ausdrücklich zulässt.

(2) Dienstvereinbarungen werden von Dienststelle und Personalrat beschlossen, sind schriftlich niederzulegen, von beiden Seiten zu unterzeichnen und in geeigneter Weise bekanntzumachen.

(3) Dienstvereinbarungen, die für einen größeren Bereich gelten, gehen den Dienstvereinbarungen für einen kleineren Bereich vor.

(4) Dienstvereinbarungen können, soweit nichts anderes vereinbart ist, mit einer Frist von drei Monaten gekündigt werden. Nach Kündigung oder Ablauf einer Dienstvereinbarung gelten ihre Regelungen weiter, wenn und soweit dies ausdrücklich vereinbart worden ist.

Zweiter Abschnitt Beteiligungsverfahren

Erster Titel Verfahren bei Mitbestimmung

§ 66 Verfahren zwischen Dienststelle und Personalrat

(1) Soweit eine Maßnahme der Mitbestimmung des Personalrats unterliegt, bedarf sie nach rechtzeitiger und eingehender Erörterung nach § 62 Abs. 1 seiner vorherigen Zustimmung. Auf die Erörterung kann im beiderseitigen Einvernehmen verzichtet werden.

(2) Die Dienststellenleitung unterrichtet den Personalrat von der beabsichtigten Maßnahme und beantragt seine Zustimmung. Der Beschluss des Personalrats ist der Dienststellenleitung innerhalb von zwei Wochen nach Antragstellung mitzuteilen. In dringenden Fällen kann die Dienststellenleitung diese Frist auf eine Woche abkürzen. Die Maßnahme gilt als gebilligt, wenn nicht der Personalrat innerhalb der genannten Frist die Zustimmung unter Angabe der Gründe schriftlich oder elektronisch verweigert.

§ 67 Initiativrecht des Personalrats

(1) Der Personalrat kann in Angelegenheiten, die seiner Mitbestimmung unterliegen, Maßnahmen beantragen, die den Beschäftigten der Dienststelle insgesamt oder Gruppen von ihnen dienen. Der Personalrat hat seine Anträge der Dienststellenleitung schriftlich oder elektronisch zu unterbreiten und zu begründen; sie sind nach § 62 Abs. 1 zu erörtern.

(2) Die Dienststellenleitung soll über den Antrag nach Abs. 1 innerhalb von vier Wochen nach Abschluss der Erörterung entscheiden. Kann die Dienststellenleitung die Frist nicht einhalten, so ist dem Personalrat innerhalb dieser Frist ein Zwischenbescheid zu erteilen; die endgültige Entscheidung ist innerhalb weiterer vier Wochen zu treffen. Soweit die Dienststellenleitung eine alleinige Entscheidungsbefugnis besitzt, gilt die Maßnahme als gebilligt, wenn die Dienststelle nicht innerhalb der genannten Frist die Zustimmung schriftlich oder elektronisch verweigert.

§ 68 Stufenverfahren

(1) Kommt nach § 66 oder § 67 zwischen der Leitung einer nachgeordneten Dienststelle und dem Personalrat eine Einigung nicht zustande, so kann die Dienststellenleitung oder der Personalrat die Angelegenheit innerhalb von zwei Wochen auf dem Dienstweg der übergeordneten Dienststelle, bei der eine Stufenvertretung besteht, vorlegen. Die übergeordnete Dienststelle hat innerhalb von zwei Wochen die Stufenvertretung mit der Angelegenheit zu befassen.

(2) Ist die übergeordnete Dienststelle eine Behörde der Mittelstufe und kommt zwischen ihr und dem Bezirkspersonalrat eine Einigung nicht zustande, so kann ihre Dienststellenleitung oder der Bezirkspersonalrat die Angelegenheit innerhalb von zwei Wochen der obersten Dienstbehörde vorlegen. Die oberste Dienstbehörde hat innerhalb von zwei Wochen den Hauptpersonalrat mit der Ange-

legenheit zu befassen. Kommt zwischen der obersten Dienstbehörde und dem Hauptpersonalrat eine Einigung nicht zustande, so kann die Leitung der obersten Dienstbehörde oder der Hauptpersonalrat innerhalb von zwei Wochen die Einigungsstelle anrufen.

(3) Ist die übergeordnete Dienststelle eine oberste Dienstbehörde und kommt zwischen ihr und dem Hauptpersonalrat eine Einigung nicht zustande, so kann die Leitung der obersten Dienstbehörde oder der Hauptpersonalrat innerhalb von zwei Wochen die Einigungsstelle anrufen.

(4) Kommt nach § 66 oder § 67 zwischen der Leitung einer Dienststelle, die oberste Dienstbehörde ist, und dem Personalrat eine Einigung nicht zustande, so kann die Leitung der obersten Dienstbehörde oder der Personalrat innerhalb von zwei Wochen den Hauptpersonalrat mit der Angelegenheit befassen. Kommt eine Einigung nicht zustande, so kann die Leitung der obersten Dienstbehörde oder der Hauptpersonalrat innerhalb von zwei Wochen die Einigungsstelle anrufen. Besteht kein Hauptpersonalrat, so tritt an seine Stelle der Personalrat.

(5) Kommt nach § 66 oder § 67 bei Gemeinden, Gemeindeverbänden oder sonstigen Körperschaften, Anstalten und Stiftungen des öffentlichen Rechts mit einstufigem Verwaltungsaufbau zwischen der Dienststellenleitung und dem Personalrat eine Einigung nicht zustande, so kann die Dienststellenleitung oder der Personalrat innerhalb von zwei Wochen die Einigungsstelle anrufen.

(6) Die in den Abs. 1 bis 5 genannten Fristen können im beiderseitigen Einvernehmen der jeweiligen Dienststellenleitung und Personalvertretung verkürzt oder verlängert werden.

§ 69 Bildung der Einigungsstelle

(1) Die Einigungsstelle wird bei der obersten Dienstbehörde gebildet. Sie besteht aus sechs Beisitzerinnen und Beisitzern, die jeweils zur Hälfte von der obersten Dienstbehörde und der zur Anrufung der Einigungsstelle berechtigten Personalvertretung innerhalb von zwei Wochen nach der Anrufung bestellt werden, und aus einer oder einem unparteiischen Vorsitzenden, auf die oder den sich beide Seiten einigen. Ist die oberste Dienstbehörde ein Kollegialorgan, erfolgt die Bestellung durch Beschluss mit einfacher Mehrheit.

(2) Kommt eine Einigung über die Person der oder des Vorsitzenden innerhalb von zwei Wochen nach der Anrufung nicht zustande, so wird sie oder er von der oder dem Vorsitzenden der Landespersonalkommission bestellt. Die oder der Vorsitzende der Einigungsstelle hat innerhalb von zwei Wochen nach der Bestellung zur ersten Sitzung der Einigungsstelle einzuladen; lädt sie oder er nicht ein, so ist durch die Vorsitzende oder den Vorsitzenden der Landespersonalkommission unverzüglich eine neue Vorsitzende oder ein neuer Vorsitzender zu bestellen.

(3) Die oberste Dienstbehörde kann eine ständige Einigungsstelle einrichten. In diesem Fall werden die oder der Vorsitzende sowie eine Stellvertreterin oder ein Stellvertreter für die Dauer der regelmäßigen Amtszeit der Personalräte bestellt. Die Abs. 1 und 2 gelten mit der Maßgabe, dass zur ersten Sitzung innerhalb von zwei Wochen seit der Anrufung der Einigungsstelle einzuladen ist.

(4) Die §§ 35 und 37 Abs. 1 sowie § 42 gelten entsprechend. Der oder dem Vorsitzenden kann eine Entschädigung für Zeitaufwand gewährt werden.

§ 70 Verfahren der Einigungsstelle

(1) Die Einigungsstelle entscheidet nach mündlicher Verhandlung, die nicht öffentlich ist, durch Beschluss. Sie kann den Anträgen der Beteiligten auch teilweise entsprechen. Der Beschluss muss sich im Rahmen der geltenden Rechtsvorschriften, insbesondere des Haushaltsgesetzes, halten.

(2) Die Entscheidung erfolgt in der ersten Sitzung der Einigungsstelle, spätestens aber einen Monat danach. Die Frist kann im Einvernehmen der Mitglieder der Einigungsstelle verkürzt oder verlängert werden.

(3) Der Beschluss wird mit Stimmenmehrheit gefasst. Bestellt eine Seite innerhalb der in § 69 Abs. 1 Satz 2 genannten Frist keine Beisitzerinnen und Beisitzer oder bleiben Beisit-

V

zerinnen oder Beisitzer trotz rechtzeitiger Einladung der Sitzung fern, so entscheiden die oder der Vorsitzende und die erschienenen Beisitzerinnen und Beisitzer allein.

(4) Der Beschluss ist zu begründen, von der oder dem Vorsitzenden der Einigungsstelle zu unterzeichnen und den Beteiligten unverzüglich zuzustellen.

§ 71 Umfang der Bindungswirkung und Durchführung der Beschlüsse der Einigungsstelle

(1) In den Fällen des § 75 Abs. 1 und 2 sowie der §§ 77 und 78 Abs. 1 hat der Beschluss der Einigungsstelle den Charakter einer Empfehlung an die oberste Dienstbehörde; sofern die oberste Dienstbehörde der Empfehlung nicht folgt, hat sie dies zu begründen. In den übrigen Fällen bindet der Beschluss der Einigungsstelle die Beteiligten, soweit er eine Entscheidung im Sinne des § 70 Abs. 1 enthält.

V

(2) Abweichend von Abs. 1 Satz 2 kann in der Landesverwaltung die oberste Dienstbehörde, wenn sie sich einem bindenden Beschluss der Einigungsstelle nicht anschließt, innerhalb eines Monats nach Zustellung des Beschlusses der Einigungsstelle die Entscheidung der Landesregierung, für Beschäftigte des Landtags die Entscheidung der Präsidentin oder des Präsidenten des Landtags im Benehmen mit dem Präsidium des Landtags und für Beschäftigte des Rechnungshofes die Entscheidung der Präsidentin oder des Präsidenten des Rechnungshofs im Benehmen mit dem Präsidium des Landtags beantragen, wenn die Entscheidung im Einzelfall wegen ihrer Auswirkungen auf das Gemeinwohl wesentlicher Bestandteil der Regierungsgewalt ist. Diese Entscheidung ist endgültig. Bei Gemeinden, Gemeindeverbänden und sonstigen Körperschaften, Anstalten und Stiftungen des öffentlichen Rechts kann in den Fällen des Satz 1 die oberste Dienstbehörde, wenn sie sich nicht dem Beschluss der Einigungsstelle anschließt, diesen aufheben und endgültig entscheiden.

(3) Beschlüsse der Einigungsstelle führt die Dienststelle durch, es sei denn, dass im Einzelfall etwas anderes bestimmt ist. Weigert sich die Dienststelle, einen endgültigen Beschluss der Einigungsstelle zu vollziehen, kann der Personalrat Klage beim Verwaltungsgericht erheben. Das Verwaltungsgericht trifft eine die Dienststelle zum Vollzug verpflichtende Entscheidung.

Zweiter Titel
Verfahren bei Mitwirkung und Anhörung

§ 72 Mitwirkung

(1) Soweit der Personalrat an Entscheidungen mitwirkt, hat die Dienststellenleitung die beabsichtigte Maßnahme mit dem Ziel einer Verständigung rechtzeitig und eingehend mit ihm zu erörtern.

(2) Äußert sich der Personalrat nicht innerhalb von zwei Wochen oder hält er bei Erörterung seine Einwendungen oder Vorschläge nicht aufrecht, so gilt die beabsichtigte Maßnahme als gebilligt. Erhebt der Personalrat Einwendungen, so hat er der Dienststellenleitung die Gründe mitzuteilen.

(3) Entspricht die Dienststelle den Einwendungen des Personalrats nicht oder nicht in vollem Umfang, so teilt sie dem Personalrat ihre Entscheidung unter Angabe der Gründe innerhalb eines Monats schriftlich oder elektronisch mit.

(4) Beantragt der Personalrat eine Maßnahme, die seiner Mitwirkung unterliegt, so hat er sie der Dienststellenleitung schriftlich oder elektronisch vorzuschlagen. Diese hat dem Personalrat innerhalb angemessener Frist eine Entscheidung schriftlich oder elektronisch mitzuteilen; eine Ablehnung ist zu begründen.

(5) Kommt zwischen der Leitung einer nachgeordneten Dienststelle und dem Personalrat eine Einigung nicht zustande, so kann die Dienststellenleitung oder der Personalrat die Angelegenheit innerhalb von zwei Wochen auf dem Dienstweg der übergeordneten Dienststelle, bei der eine Stufenvertretung besteht, vorlegen. Die übergeordnete Dienststelle hat innerhalb von zwei Wochen die Stufenvertretung mit der Angelegenheit zu befassen. Ist die übergeordnete Dienststelle eine Behör-

de der Mittelstufe und kommt zwischen ihr und dem Bezirkspersonalrat innerhalb von vier Wochen eine Einigung nicht zustande, so entscheidet die Leitung der obersten Dienstbehörde nach Verhandlung mit dem Hauptpersonalrat endgültig. Ist die übergeordnete Dienststelle eine oberste Dienstbehörde, so entscheidet ihre Leitung nach Verhandlung mit dem Hauptpersonalrat endgültig.

(6) Der Personalrat einer Gemeinde, eines Gemeindeverbandes oder einer sonstigen Körperschaft, Anstalt oder Stiftung des öffentlichen Rechts mit einstufigem Verwaltungsaufbau kann innerhalb von zwei Wochen nach Zugang der Mitteilung (Abs. 3) die Entscheidung der obersten Dienstbehörde beantragen. Abs. 4 Satz 2 gilt entsprechend.

§ 73 Anhörung

Soweit der Personalrat anzuhören ist, ist ihm die beabsichtigte Maßnahme rechtzeitig bekanntzugeben und ausreichend Gelegenheit zur Äußerung innerhalb angemessener Frist zu geben. § 75 Abs. 4 Satz 3 bleibt unberührt.

Dritter Abschnitt
Beteiligung in sozialen Angelegenheiten

§ 74 Beteiligungspflichtige Maßnahmen

(1) Der Personalrat bestimmt in sozialen Angelegenheiten, gegebenenfalls durch Abschluss von Dienstvereinbarungen und soweit eine gesetzliche oder tarifliche Regelung nicht besteht, mit über

1. Gewährung von Unterstützungen und entsprechenden sozialen Zuwendungen,
2. Zuweisung und Kündigung von Wohnungen, über die die Dienststelle verfügt, und allgemeine Festsetzung der Nutzungsbedingungen,
3. Zuweisung von Dienst- und Pachtland und Festsetzung der Nutzungsbedingungen,
4. Maßnahmen zur Verhütung von Dienst- und Arbeitsunfällen und sonstigen Gesundheitsschädigungen,
5. Grundsätze des behördlichen oder betrieblichen Gesundheits- und Eingliederungsmanagements,
6. Regelungen der Ordnung und des Verhaltens der Beschäftigten in der Dienststelle,
7. Zeit, Ort und Art der Auszahlung der Dienstbezüge und Arbeitsentgelte,
8. Aufstellung allgemeiner Urlaubsgrundsätze und des Urlaubsplans,
9. Errichtung, Verwaltung und Auflösung von Sozialeinrichtungen ohne Rücksicht auf ihre Rechtsform,
10. Fragen der Lohngestaltung innerhalb der einzelnen Dienststelle, insbesondere die Aufstellung von Entlohnungsgrundsätzen, die Einführung und Anwendung von neuen Entlohnungsmethoden und deren Änderung sowie die Festsetzung der Akkord- und Prämiensätze und vergleichbarer leistungsbezogener Entgelte, einschließlich der Geldfaktoren,
11. Grundsätze über die Bewertung von anerkannten Vorschlägen im Rahmen des betrieblichen Vorschlagswesens,
12. Aufstellung von Sozialplänen einschließlich Plänen für Umschulungen zum Ausgleich oder zur Milderung von wirtschaftlichen Nachteilen, die den Beschäftigten infolge von Rationalisierungsmaßnahmen und Betriebsänderungen entstehen,
13. Gestaltung der Arbeitsplätze.

(2) Der Personalrat wirkt auf Antrag von Beschäftigten mit, bevor Ersatzansprüche gegen sie geltend gemacht werden. Anträgen und Berichten der Dienststelle ist in solchen Fällen die Stellungnahme des Personalrats beizufügen.

(3) In den Fällen des Abs. 1 Nr. 1 ist auf Verlangen der Antragstellerin oder des Antragstellers nur die oder der Vorsitzende zu beteiligen. Die Dienststellenleitung hat dem Personalrat nach Abschluss jedes Kalendervierteljahres einen Überblick über die Unterstützungen und entsprechenden sozialen Zuwendungen zu geben. Dabei sind die Anträge den Leistungen gegenüberzustellen. Auskunft über die von der Antragstellerin oder dem Antragsteller angeführten Gründe wird hierbei nicht erteilt.

Vierter Abschnitt
Beteiligung in Personalangelegenheiten

§ 75 Personelle Einzelmaßnahmen

(1) Der Personalrat bestimmt in Personalangelegenheiten der Beamtinnen und Beamten mit bei

1. Einstellung,
2. Beförderung, Verleihung eines anderen Amtes mit anderer Amtsbezeichnung beim Wechsel der Laufbahngruppe, Laufbahnwechsel,
3. Übertragung einer höher oder niedriger zu bewertenden Tätigkeit,
4. Versetzung zu einer anderen Dienststelle,
5. Umsetzung innerhalb der Dienststelle für eine Dauer von mehr als sechs Monaten, wenn sie mit einem Wechsel des Dienstortes verbunden ist,
6. Abordnung oder Zuweisung für eine Dauer von mehr als sechs Monaten,
7. Ablehnung eines Antrags auf Teilzeitbeschäftigung oder Beurlaubung nach den §§ 62 bis 65 des Hessischen Beamtengesetzes,
8. Anordnungen, welche die Freiheit in der Wahl der Wohnung beschränken,
9. Hinausschieben des Eintritts in den Ruhestand über die Altersgrenze hinaus,
10. Entlassung, sofern sie nicht kraft Gesetzes oder auf eigenen Antrag erfolgt.

(2) Der Personalrat bestimmt in Personalangelegenheiten der Arbeitnehmerinnen und Arbeitnehmer mit bei

1. Einstellung,
2. Eingruppierung, Höher- oder Rückgruppierung einschließlich der hiermit verbundenen Stufenzuordnung, es sei denn, diese ist in das Ermessen des Arbeitgebers gestellt, ohne dass allgemeine Grundsätze zur Ermessensausübung erlassen wurden,
3. Übertragung einer höher oder niedriger zu bewertenden Tätigkeit,
4. Versetzung zu einer anderen Dienststelle oder Personalgestellung,
5. Umsetzung innerhalb der Dienststelle für eine Dauer von mehr als sechs Monaten, wenn sie mit einem Wechsel des Dienstortes verbunden ist,
6. Abordnung oder Zuweisung für eine Dauer von mehr als sechs Monaten,
7. Ablehnung eines Antrags auf Teilzeitbeschäftigung oder Beurlaubung nach § 14 Abs. 2 des Hessischen Gleichberechtigungsgesetzes vom 20. Dezember 2015 (GVBl. S. 637), zuletzt geändert durch Gesetz vom 14. Dezember 2021 (GVBl. S. 931), und in den Fällen, in denen Beamtinnen und Beamten nach den §§ 62 bis 65 des Hessischen Beamtengesetzes Teilzeitbeschäftigung oder Urlaub bewilligt werden kann,
8. Anordnungen, welche die Freiheit in der Wahl der Wohnung beschränken,
9. Weiterbeschäftigung über die Altersgrenze hinaus,
10. ordentlicher Kündigung außerhalb der Probezeit.

(3) Der Personalrat wirkt mit bei

1. Versagung oder Widerruf der Genehmigung einer Nebentätigkeit,
2. vorzeitiger Versetzung in den Ruhestand und Feststellung der begrenzten Dienstfähigkeit, sofern die oder der Beschäftigte es beantragt.

(4) Vor fristlosen Entlassungen, außerordentlichen Kündigungen und vor Kündigungen während der Probezeit ist der Personalrat anzuhören. Die Dienststellenleitung hat die beabsichtigte Maßnahme zu begründen. Hat der Personalrat Bedenken, so hat er sie unter Angabe der Gründe der Dienststellenleitung unverzüglich spätestens innerhalb von drei Arbeitstagen schriftlich oder elektronisch mitzuteilen.

(5) Eine Kündigung ist unwirksam, wenn der Personalrat nicht beteiligt worden ist.

(6) Der Personalrat kann die Zustimmung zu einer Maßnahme nach den Abs. 1 und 2 nur verweigern, wenn

1. die Maßnahme gegen ein Gesetz, eine Verordnung, eine Bestimmung in einem

Tarifvertrag, eine gerichtliche Entscheidung oder eine Verwaltungsanordnung oder gegen eine Richtlinie im Sinne des § 77 Abs. 1 Nr. 4 verstößt oder

2. die durch Tatsachen begründete Besorgnis besteht, dass durch die Maßnahme die oder der betroffene Beschäftigte oder andere Beschäftigte benachteiligt werden, ohne dass dies aus dienstlichen oder persönlichen Gründen gerechtfertigt ist, oder
3. die durch Tatsachen begründete Besorgnis besteht, dass die oder der Beschäftigte oder die Bewerberin oder der Bewerber den Frieden in der Dienststelle durch unsoziales oder gesetzwidriges Verhalten stören werde.

(7) Die Abs. 1 bis 6 gelten entsprechend für Richterinnen und Richter, Staatsanwältinnen und Staatsanwälte, die an eine Verwaltung oder an einen Betrieb nach § 1 Abs. 1 abgeordnet sind.

§ 76 Ausnahmen von der Beteiligung an personellen Einzelmaßnahmen

(1) Von der Mitbestimmung nach § 75 ausgenommen sind Umsetzungen sowie Abordnungen und Versetzungen im Bereich eines Dienstherrn, die in Vollziehung eines Reform- oder Umstrukturierungskonzepts erfolgen, das mindestens Rahmenbedingungen für den notwendigen personellen Vollzug enthält und an dem die nach § 63 zuständigen Personalvertretungen mitgewirkt haben.

(2) § 75 gilt nicht für

1. Beamtinnen und Beamte auf Probe oder auf Lebenszeit der in § 30 Abs. 1 und 2 des Beamtenstatusgesetzes vom 17. Juni 2008 (BGBl. I S. 1010), zuletzt geändert durch Gesetz vom 28. Juni 2021 (BGBl. I S. 2250), bezeichneten Art und vergleichbare Arbeitnehmerinnen und Arbeitnehmer einschließlich der Referentinnen und Referenten bei der Hessischen Landeszentrale für politische Bildung,
2. die Präsidentin oder den Präsidenten, die Vizepräsidentin oder den Vizepräsidenten und die Mitglieder des Hessischen Rechnungshofs,
3. die Hessische Datenschutzbeauftragte oder den Hessischen Datenschutzbeauftragten,
4. Beamtinnen und Beamte sowie Beamtenstellen der Besoldungsgruppe A 16 und höher und Arbeitnehmerinnen und Arbeitnehmer in entsprechenden Stellungen,
5. Ämter nach § 4 des Hessischen Beamtengesetzes, auch wenn sie im Beamtenverhältnis auf Lebenszeit oder im Arbeitnehmerverhältnis übertragen werden, sonstige Dienststellenleitungen, Amtsleitungen und den Amtsleitungen vergleichbare Funktionsstellen sowie Leiterinnen und Leiter von allgemein bildenden und beruflichen Schulen und von Schulen für Erwachsene,
6. leitende Ärztinnen und leitende Ärzte an Krankenhäusern, Sanatorien und Heilanstalten,
7. die Mitglieder des Klinikumsvorstands des Universitätsklinikums Frankfurt.

(3) § 75 gilt eingeschränkt für

1. Beamtinnen und Beamte auf Zeit nur, wenn sie es beantragen,
2. die ständigen Vertreterinnen und ständigen Vertreter der Dienststellenleitung in Verwaltungen mit mehrstufigem Aufbau, soweit sie nicht unter Abs. 2 fallen, mit der Maßgabe, dass die nächste Stufenvertretung beteiligt wird; die Stufenvertretung gibt dem Personalrat Gelegenheit zur Äußerung, die Frist nach § 66 Abs. 2 Satz 2 verlängert sich um eine Woche,
3. die ständigen Vertreterinnen und ständigen Vertreter der Leitungen von allgemein bildenden und beruflichen Schulen sowie von Schulen für Erwachsene mit der Maßgabe, dass der Gesamtpersonalrat beim Staatlichen Schulamt beteiligt wird.

§ 77 Allgemeine Personalangelegenheiten

(1) Der Personalrat bestimmt, gegebenenfalls durch Abschluss von Dienstvereinbarungen und soweit eine gesetzliche oder tarifliche Regelung nicht besteht, mit über

1. Inhalt von Personalfragebogen,
2. Grundsätze des Verfahrens bei Stellenausschreibungen,

3. Beurteilungsrichtlinien,
4. Erlass von Richtlinien über die personelle Auswahl bei Einstellungen, Versetzungen, Beförderungen, Umgruppierungen und Kündigungen,
5. allgemeine Grundsätze der Berufsausbildung und Fortbildung der Beschäftigten.

(2) Der Personalrat hat bei der Erstellung von Frauenförder- und Gleichstellungsplänen nach § 5 des Hessischen Gleichberechtigungsgesetzes mitzubestimmen.

Fünfter Abschnitt Beteiligung in organisatorischen, wirtschaftlichen und sonstigen Angelegenheiten

V

§ 78 Organisatorische und wirtschaftliche Angelegenheiten

(1) Der Personalrat bestimmt in organisatorischen Angelegenheiten, gegebenenfalls durch Abschluss von Dienstvereinbarungen und soweit eine gesetzliche oder tarifliche Regelung nicht besteht, mit über

1. Beginn und Ende der täglichen Arbeitszeit und der Pausen sowie die Verteilung der Arbeitszeit auf die einzelnen Wochentage,
2. Anordnung von Dienstbereitschaft, Bereitschaftsdienst, Rufbereitschaft, Mehrarbeit und Überstunden sowie Festsetzung von Kurzarbeit,
3. Einführung, wesentliche Änderung und Aufhebung von Arbeitsformen außerhalb der Dienststelle und von Arbeitszeitmodellen,
4. Maßnahmen zur Hebung der Arbeitsleistung und zur Erleichterung des Arbeitsablaufs,
5. Einführung, Anwendung, wesentliche Änderung oder Erweiterung von technischen Einrichtungen, die dazu geeignet sind, das Verhalten oder die Leistung der Beschäftigten zu überwachen,
6. Bestellung und Abberufung von Frauen- und Gleichstellungsbeauftragten, Datenschutzbeauftragten, Fachkräften für Arbeitssicherheit, Sicherheitsbeauftragten, Vertrauens- und Betriebsärztinnen und Vertrauens- und Betriebsärzten.

Muss für Gruppen von Beschäftigten die tägliche Arbeitszeit nach Erfordernissen, die die Dienststelle nicht voraussehen kann, unregelmäßig und kurzfristig festgesetzt werden, beschränkt sich die Mitbestimmung auf die Grundsätze über die Aufstellung der Dienstpläne.

(2) Der Personalrat wirkt mit bei

1. der Einführung von der Neuen Verwaltungssteuerung (NVS) entsprechenden neuen Steuerungsverfahren einschließlich der damit zusammenhängenden technischen Verfahren,
2. der Einführung grundlegend neuer Arbeitsmethoden, insbesondere für Verfahren der Verwaltungsdigitalisierung,
3. der Aufstellung von allgemeinen Grundsätzen für die Bemessung des Personalbedarfs,
4. allgemeinen Festlegungen von Verfahren und Methoden von Wirtschaftlichkeits- und Organisationsprüfungen,
5. der Einführung von technischen Rationalisierungsmaßnahmen, die den Wegfall von Planstellen oder Stellen zur Folge haben,
6. der Vergabe oder Privatisierung von Arbeiten oder Aufgaben, die bisher durch die Beschäftigten der Dienststelle wahrgenommen werden,
7. der Einführung, Anwendung, Änderung oder Erweiterung automatisierter Verfahren zur Verarbeitung personenbezogener Daten der Beschäftigten,
8. der Festlegung von Grundsätzen der Arbeitsplatz- und Dienstpostenbewertung,
9. der Installation betrieblicher und dem Anschluss an öffentliche Informations- und Kommunikationsnetze,
10. der Errichtung, Auflösung, Einschränkung, Verlegung oder Zusammenlegung von Dienststellen oder wesentlicher Teile von ihnen.

Satz 1 gilt nicht bei probe- oder versuchsweiser Einführung neuer Techniken und Verfahren für die Dauer des Probe- oder Pilotbetriebs.

(3) Der Personalrat ist anzuhören

1. vor der Weiterleitung von Stellenanforderungen zum Haushaltsvoranschlag,
2. vor Neu-, Um- und Erweiterungsbauten von Diensträumen.

Gibt der Personalrat einer nachgeordneten Dienststelle zu den Stellenanforderungen eine Stellungnahme ab, so ist diese mit den Stellenanforderungen der übergeordneten Dienststelle vorzulegen. Dies gilt entsprechend für die Personalplanung.

(4) Bei Maßnahmen, die unter die Abs. 2 und 3 fallen, tritt ein gleichzeitig vorliegendes Mitbestimmungsrecht zurück.

§ 79 Verwaltungsanordnungen

(1) Der Personalrat wirkt mit, wenn eine Dienststelle Verwaltungsanordnungen für die innerdienstlichen sozialen und personellen Angelegenheiten der Beschäftigten ihres Geschäftsbereichs erlassen will, sofern nicht nach § 95 des Hessischen Beamtengesetzes die Spitzenorganisationen der zuständigen Gewerkschaften zu beteiligen sind.

(2) Soweit beabsichtigte Verwaltungsanordnungen über den Geschäftsbereich einer Mittelbehörde oder einer obersten Dienstbehörde hinausgehen, sind die Stufenvertretungen der bei der Vorbereitung beteiligten Dienstbehörden entsprechend Abs. 1 zu beteiligen.

§ 80 Beschäftigtenvertretung im Verwaltungsrat

(1) In Betrieben, Körperschaften, Anstalten und Stiftungen des öffentlichen Rechts mit mehr als zehn Beschäftigten, die überwiegend wirtschaftliche Aufgaben erfüllen und für die ein Verwaltungsrat oder eine entsprechende Einrichtung besteht, müssen dem Verwaltungsrat oder der entsprechenden Einrichtung auch Vertreterinnen und Vertreter der Beschäftigten angehören. Die Zahl der Vertreterinnen und Vertreter der Beschäftigten beträgt ein Drittel der Mitgliederzahl, die für den Verwaltungsrat oder die entsprechende Einrichtung nach den gesetzlichen Vorschriften oder der Satzung vorgesehen ist.

(2) Die Vertreterinnen und Vertreter der Beschäftigten im Verwaltungsrat oder der entsprechenden Einrichtung haben die gleichen Rechte und Pflichten wie die sonstigen Mitglieder.

(3) Die Vertreterinnen und Vertreter der Beschäftigten im Verwaltungsrat oder der entsprechenden Einrichtung werden von den nach § 10 wahlberechtigten Beschäftigten gewählt. Die im Betrieb, der Körperschaft, Anstalt oder Stiftung vertretenen Gewerkschaften und Berufsverbände können Wahlvorschläge machen und dabei auch Personen benennen, die nicht Beschäftigte sind. Die Wahlvorschläge müssen Frauen und Männer entsprechend ihrem Anteil an den wahlberechtigten Beschäftigten berücksichtigen. Die Wahlvorschläge werden in einer Liste zusammengefasst. Gewählt wird nach den Grundsätzen der Mehrheitswahl. Briefwahl ist zulässig. Die für das Recht des öffentlichen Dienstes zuständige Ministerin oder der hierfür zuständige Minister bestimmt durch Rechtsverordnung das Nähere über die Wahl und die Wählbarkeit.

(4) Die Abs. 1 bis 3 gelten nicht für Eigenbetriebe nach dem Eigenbetriebsgesetz in der Fassung vom 9. Juni 1989 (GVBl. I S. 154), zuletzt geändert durch Gesetz vom 14. Juli 2016 (GVBl. S. 121), sowie die kommunalen Versorgungskassen und Zusatzversorgungskassen. Durch Rechtsvorschrift zugelassene Abweichungen von Abs. 1 Satz 2 und Abs. 3 bedürfen der Zustimmung des für das Recht des öffentlichen Dienstes zuständigen Ministeriums.

Siebter Teil
Besondere Vorschriften für einzelne Zweige des öffentlichen Dienstes und den Hessischen Rundfunk

§ 81 Grundsatz

Für die nachstehenden Zweige des öffentlichen Dienstes und für den Hessischen Rundfunk gilt dieses Gesetz, soweit im Folgenden nichts anderes bestimmt ist.

V

Erster Abschnitt
Polizei

§ 82 Personalräte bei den Polizeibehörden

(1) Es werden Personalräte gebildet bei

1. dem Hessischen Landeskriminalamt,
2. dem Hessischen Polizeipräsidium Einsatz,
3. den Polizeipräsidien sowie
4. dem Hessischen Polizeipräsidium für Technik.

(2) Die in Abs. 1 genannten Dienststellen gelten als Dienststellen im Sinne dieses Gesetzes.

(3) § 5 Abs. 3 gilt nicht im Bereich der Polizei.

§ 83 Hauptpersonalrat der Polizei

(1) Die Beschäftigten der in § 82 Abs. 1 genannten Polizeidienststellen sowie die Beschäftigten der Hessischen Hochschule für öffentliches Management und Sicherheit, die auf vom Landespolizeipräsidium zugewiesenen Stellenkontingenten geführt werden, und die Anwärterinnen und Anwärter für den Polizeivollzugsdienst wählen als eigene Stufenvertretung den Hauptpersonalrat der Polizei, der beim Hessischen Ministerium des Innern und für Sport gebildet wird.

(2) Im Hauptpersonalrat der Polizei sind ab 17 Mitgliedern drei Mitglieder von ihrer dienstlichen Tätigkeit auf Antrag freizustellen.

§ 84 Interessenvertretung der Polizeipraktikantinnen und Polizeipraktikanten

(1) Die Polizeipraktikantinnen und Polizeipraktikanten wählen Vertrauensleute. Ihre Interessen werden von dem für die Ausbildungsdienststelle zuständigen örtlichen Personalrat wahrgenommen. Die Vertrauensleute haben das Recht, an Sitzungen des Personalrats mit beratender Stimme teilzunehmen, wenn Angelegenheiten behandelt werden, die auch die Polizeipraktikantinnen und Polizeipraktikanten betreffen.

(2) Das Nähere über die Wahl der Vertrauensleute bestimmt das für das Recht des öffentlichen Dienstes zuständige Ministerium.

§ 85 Sonderregelungen

(1) Anordnungen, durch die die Alarmbereitschaft und der Einsatz der Vollzugspolizei geregelt werden, unterliegen nicht der Beteiligung des Personalrats, soweit nachstehend nichts anderes bestimmt ist. § 62 bleibt unberührt.

(2) Beabsichtigte Maßnahmen in sozialen Angelegenheiten im Rahmen vollzugspolizeilicher Einsätze sind dem Personalrat rechtzeitig mitzuteilen und mit ihm zu beraten, es sei denn, es sind Sofortentscheidungen zur Aufrechterhaltung der öffentlichen Sicherheit und Ordnung notwendig.

(3) Grundsätzliche Bestimmungen über Maßnahmen in sozialen Angelegenheiten, die für die Beschäftigten mehrerer Dienststellen aufgestellt werden, sind mit der bei der für die Entscheidung zuständigen Dienststelle gebildeten Stufenvertretung anstelle der Personalräte zu beraten. Ist bei der für die Entscheidung zuständigen Dienststelle eine Stufenvertretung nicht gebildet, so tritt an die Stelle der Stufenvertretung die bei ihr gebildete Personalvertretung.

Zweiter Abschnitt
Feuerwehr

§ 86 Berufsfeuerwehr

(1) Die kommunalen Berufsfeuerwehren gelten als Dienststellen im Sinne dieses Gesetzes.

(2) Die Dienststellenleitung kann sich auch durch die leitende Beamtin oder den leitenden Beamten der Dienststelle vertreten lassen.

Dritter Abschnitt
Verfassungsschutz

§ 87 Landesamt für Verfassungsschutz Hessen

(1) Für die Beschäftigten des Landesamts für Verfassungsschutz Hessen tritt an die Stelle einer nach diesem Gesetz zuständigen Stufenvertretung der Personalrat beim Landesamt für Verfassungsschutz Hessen; ist ein Gesamtpersonalrat gebildet, tritt dieser an die Stelle der Stufenvertretung.

(2) Abweichend von § 61 Abs. 1 sind dem Personalrat auf Verlangen die zur Durchführung seiner Aufgaben erforderlichen Unterlagen vorzulegen. Personalakten dürfen nur mit Zustimmung der oder des Beschäftigten von den von ihr oder ihm bestimmten Mitgliedern des Personalrats eingesehen werden. Bedürfen Unterlagen oder Personalakten ihrem Inhalt oder ihrer Bedeutung nach im öffentlichen Interesse der Geheimhaltung, so entscheidet die Leiterin oder der Leiter des Landesamtes für Verfassungsschutz Hessen darüber, ob sie dem Personalrat vorgelegt werden oder dem Personalrat Einsicht gestattet wird. Entspricht die Entscheidung nicht dem Antrag des Personalrats, so kann dieser die endgültige Entscheidung der für den Verfassungsschutz zuständigen Ministerin oder des hierfür zuständigen Ministers herbeiführen.

(3) Die Gewerkschaften üben die ihnen nach diesem Gesetz zustehenden Befugnisse gegenüber der Dienststelle und dem Personalrat durch Beauftragte aus, die Beschäftigte der Dienststelle sind.

Vierter Abschnitt
Justiz

§ 88 Hauptpersonalrat für den Justizvollzug

Für die Beschäftigten der Justizvollzugsanstalten, der Jugendarresteinrichtungen und der Aus- und Fortbildungsstätte für Justizvollzugsbedienstete des Landes Hessen – H. B. Wagnitz-Seminar – wird als eigene Stufenvertretung ein Hauptpersonalrat beim Hessischen Ministerium der Justiz gebildet.

§ 89 Interessenvertretung der Rechtsreferendarinnen und Rechtsreferendare

Die Interessen der Rechtsreferendarinnen und Rechtsreferendare nach diesem Gesetz werden von dem Personalrat der Dienststelle wahrgenommen, bei der sie sich jeweils in Ausbildung befinden. Werden in der Dienststelle in der Regel mindestens fünf Rechtsreferendarinnen und Rechtsreferendare ausgebildet, so können sie eine Vertrauensperson wählen; ein Wahlrecht zum Personalrat besitzen sie nicht. Die Vertrauensperson hat das Recht, an Sitzungen des Personalrats mit beratender Stimme teilzunehmen, wenn Angelegenheiten behandelt werden, die auch die Rechtsreferendarinnen und Rechtsreferendare betreffen. Die §§ 39 bis 44 des Juristenausbildungsgesetzes in der Fassung der Bekanntmachung vom 15. März 2004 (GVBl. I S. 158), zuletzt geändert durch Gesetz vom 13. Oktober 2022 (GVBl. S. 489), bleiben unberührt.

Fünfter Abschnitt
Forsten

§ 90 Landesbetrieb Hessen-Forst

(1) Beim Landesbetrieb Hessen-Forst ist Stufenvertretung in den Fällen

1. der Nichteinigung zwischen der Leitung einer Dienststelle und dem Personalrat,
2. des § 76 Abs. 3 Nr. 2

der Gesamtpersonalrat.

(2) Im Übrigen bleibt die Zuständigkeit des Hauptpersonalrats unberührt. Dieser ist abweichend von Abs. 1 Nr. 1 Stufenvertretung im Falle der Nichteinigung zwischen der Dienststellenleitung und dem Personalrat des Landesbetriebs Hessen-Forst.

(3) Für den Gesamtpersonalrat beim Landesbetrieb Hessen-Forst gilt § 49 Abs. 3 entsprechend.

Sechster Abschnitt
Schulen

§ 91 Personalräte im Schulbereich

(1) Die Lehrkräfte, Erzieherinnen und Erzieher, Sozialpädagoginnen und Sozialpädagogen, in Erziehung und Unterricht tätigen Personen sowie die sonstigen in der Schule Beschäftigten des Landes wählen eigene Personalvertretungen. Wahlberechtigt sind alle Beschäftigten nach Satz 1, die mit mindestens vier Wochenstunden beschäftigt sind. Wählbar sind alle Wahlberechtigten, die mindestens mit der Hälfte der nach der Pflicht-

stundenverordnung vom 19. Mai 2017 (ABl. S. 191) in der jeweils geltenden Fassung für sie maßgeblichen wöchentlichen Pflichtstunden oder der Hälfte der wöchentlichen Arbeitszeit beschäftigt sind.

(2) Dienststellen im Sinne dieses Gesetzes sind alle allgemein bildenden und beruflichen Schulen sowie die Schulen für Erwachsene und die Studienseminare.

(3) Bei der Beteiligung des Personalrats einer allgemein bildenden oder beruflichen Schule oder einer Schule für Erwachsene steht das Selbsteintrittsrecht nach § 63 Abs. 2 Satz 2 neben der Leitung der zur Entscheidung befugten Dienststelle auch der Leitung des Staatlichen Schulamts zu.

§ 92 Gesamtpersonalräte Schule

(1) Neben den bei den allgemein bildenden und beruflichen Schulen sowie den Schulen für Erwachsene gewählten Personalräten sind bei den Staatlichen Schulämtern für die in § 91 Abs. 1 Satz 1 genannten Beschäftigten Gesamtpersonalräte zu bilden. Für die Wahl, die Amtszeit und die Geschäftsführung des Gesamtpersonalrats gelten die §§ 9, 12, 48 Abs. 1, 3 und 4 und § 49 entsprechend.

(2) Bei Maßnahmen, die für die in § 91 Abs. 1 Satz 1 genannten Beschäftigten mehrerer Dienststellen von allgemeiner Bedeutung sind, ist der Gesamtpersonalrat zu beteiligen. Bei Abordnungen und Versetzungen innerhalb des Dienstbezirks eines Staatlichen Schulamts bestimmt der Gesamtpersonalrat anstelle des Personalrats der abgebenden und des Personalrats der aufnehmenden Dienststelle mit. Nicht der Mitbestimmung unterliegen Abordnungen innerhalb eines Landkreises oder einer kreisfreien Stadt sowie zwischen Dienststellen eines Landkreises und einer kreisfreien Stadt, für die dasselbe staatliche Schulamt zuständig ist,

1. bis zur Dauer eines Schuljahres,
2. mit weniger als der Hälfte der Pflichtstunden bis zur Dauer von zwei Schuljahren.

(3) Bei Maßnahmen, die für die in § 91 Abs. 1 Satz 1 genannten Beschäftigten der Dienstbezirke mehrerer Staatlicher Schulämter von allgemeiner Bedeutung sind, ist der bei der für die Entscheidung zuständigen Dienststelle gebildete Gesamtpersonalrat zu beteiligen. Er unterrichtet die Gesamtpersonalräte bei den beteiligten Staatlichen Schulämtern und gibt ihnen Gelegenheit zur Äußerung.

§ 93 Hauptpersonalrat Schule

(1) Als eigene Stufenvertretung wird der Hauptpersonalrat Schule beim Hessischen Kultusministerium gebildet. § 12 Abs. 1 gilt entsprechend.

(2) Die den Schulen in freier Trägerschaft vom Land zur Verfügung gestellten oder an sie beurlaubten Lehrkräfte sind für die bei den jeweiligen Staatlichen Schulämtern gebildeten Gesamtpersonalräte und den Hauptpersonalrat Schule wahlberechtigt und wählbar. § 91 Abs. 1 Satz 2 und 3 gilt entsprechend.

§ 94 Wahlrecht der Lehrkräfte im Vorbereitungsdienst

(1) Lehrkräfte im Vorbereitungsdienst sind für die Wahl zum Personalrat ihres Studienseminars wahlberechtigt und wählbar. Die §§ 5 und 6 der Verordnung zur Durchführung des Hessischen Lehrkräftebildungsgesetzes vom 28. September 2011 (GVBl. I S. 615), zuletzt geändert durch Gesetz vom 13. Mai 2022 (GVBl. S. 286), bleiben unberührt.

(2) Für den Personalrat ihrer Ausbildungsschule, den Gesamtpersonalrat Schule beim Staatlichen Schulamt und den Hauptpersonalrat Schule sind die Lehrkräfte im Vorbereitungsdienst wahlberechtigt. Bei der Ermittlung der Zahl der Wahlberechtigten werden sie nur bei den Studienseminaren berücksichtigt.

§ 95 Sonderregelungen für die Personalvertretungen im Schulbereich

(1) Die Sitzungen der Personalvertretungen und die Personalversammlungen im Schulbereich finden außerhalb der Unterrichtszeit statt, soweit nicht zwingende dienstliche Gründe eine andere Regelung erfordern. Dies gilt nicht für die Sitzungen der Gesamtpersonalräte und des Hauptpersonalrats.

(2) In den Fällen des § 37 Abs. 2 Satz 2 und § 38 Abs. 1 Satz 1 und 2 ermäßigt die Hessi-

sche Kultusministerin oder der Hessische Kultusminister die Pflichtstundenzahl in angemessener Weise durch Rechtsverordnung.

(3) Die durch die Tätigkeit des Personalrats entstehenden Kosten einschließlich der Kosten für Rechtsstreitigkeiten der Schulpersonalräte in Personalvertretungsangelegenheiten mit Ausnahme der in Abs. 4 genannten trägt das Land.

(4) Die Sitzungen und Sprechstunden werden, soweit landeseigene Räume nicht zur Verfügung gestellt werden können, in den Räumen einer Schule durchgeführt. Jeder Schulträger ist verpflichtet, die erforderlichen Räume, Einrichtungsgegenstände und den Geschäftsbedarf zur Verfügung zu stellen. Notwendige Kosten für Heizung, Beleuchtung und Reinigung sowie für die Zurverfügungstellung des Geschäftsbedarfs werden nicht erstattet.

(5) Auf die Erstellung von Stundenplänen findet § 78 Abs. 1 Satz 1 Nr. 1 keine Anwendung.

(6) Bei schulorganisatorischen Maßnahmen nach § 146 des Hessischen Schulgesetzes in der Fassung vom 1. August 2017 (GVBl. S. 150), zuletzt geändert durch Gesetz vom 7. Dezember 2022 (GVBl. S. 734), gilt § 78 Abs. 2 Satz 1 Nr. 10 mit der Maßgabe, dass das Staatliche Schulamt das Mitwirkungsverfahren durchführt. Sind mehrere Dienststellen betroffen, so wird das Verfahren nach § 63 Abs. 3 vom Kultusministerium durchgeführt.

§ 96 Innerschulische Angelegenheiten

Das den Konferenzen der Lehrkräfte oder der Schulkonferenz durch das Hessische Schulgesetz sowie durch die zu seiner Ausführung ergangenen Rechts- und Verwaltungsvorschriften eingeräumte Recht auf Mitwirkung bei der Gestaltung innerschulischer Angelegenheiten bleibt unberührt.

Siebter Abschnitt
Hochschulen und andere Bildungseinrichtungen

§ 97 Hochschulen des Landes

(1) Dieses Gesetz findet keine Anwendung auf Professorinnen und Professoren, Hochschuldozentinnen und Hochschuldozenten sowie Juniorprofessorinnen und Juniorprofessoren an Hochschulen des Landes.

(2) Für die wissenschaftlichen Mitglieder einer Hochschule des Landes gilt § 4 Abs. 2 nicht. Sie bilden neben den in § 4 Abs. 2 genannten Gruppen eine weitere Gruppe.

(3) In Dienststellen mit mehr als zwei Gruppen besteht ein Personalrat, für den nach § 12 Abs. 1 drei Mitglieder vorgesehen sind, aus vier Mitgliedern, wenn eine Gruppe mindestens ebenso viele Beschäftigte zählt wie die beiden anderen Gruppen zusammen. Das vierte Mitglied steht der stärksten Gruppe zu. Für Angelegenheiten, die lediglich die Angehörigen zweier Gruppen betreffen, gilt § 30 Abs. 5 Satz 2 und 3 entsprechend.

(4) Bei der Einstellung befristet oder auf Zeit zu beschäftigender wissenschaftlicher Mitglieder findet eine Mitbestimmung des Personalrats nach § 75 Abs. 1 Nr. 1 oder Abs. 2 Nr. 1 nur statt, wenn die Beschäftigten dies beantragen.

(5) § 78 Abs. 1 Satz 1 Nr. 1 gilt an den Hochschulen des Landes mit der Maßgabe, dass für die Durchführung der Lehrveranstaltungen allein die Fachbereiche zuständig sind.

(6) Die Technischen Betriebseinheiten der Hochschulen des Landes gelten nicht als Betriebe im Sinne dieses Gesetzes.

(7) An den Hochschulen des Landes wird ein Hilfskräfterat gewählt, der an Hochschulen mit bis zu 1000 studentischen Hilfskräften aus drei Mitgliedern, an Hochschulen mit über 1000 studentischen Hilfskräften aus sieben Mitgliedern besteht. Ein Mitglied des Hilfskräfterats kann an den Sitzungen des Personalrats, zu denen es wie ein Personalratsmitglied zu laden ist, mit Rederecht, in allen Angelegenheiten, die die studentischen Hilfskräfte betreffen, mit Antrags- und Stimmrecht teilnehmen. Besteht der Hilfskräfterat aus sieben Mitgliedern, gilt Satz 2 für zwei Mitglieder. Wahlberechtigt sind alle Personen, die am Wahltag als studentische Hilfskraft an der Hochschule beschäftigt sind. Wählbar sind alle Personen, die zum Zeitpunkt der Einreichung des Wahlvorschlags als

studentische Hilfskraft an der Hochschule beschäftigt sind. Nach Beendigung der Tätigkeit als studentische Hilfskraft bleibt die Mitgliedschaft im Hilfskräfterat für die restliche Amtszeit bestehen, solange das Mitglied Angehörige oder Angehöriger der Hochschule ist; für diese Mitglieder gilt Satz 2 und 3 nicht. Das Nähere über die Wahl des Hilfskräfterats regeln die Wahlordnungen der Hochschulen.

§ 98 Universitätskliniken

(1) Die in einem Universitätsklinikum in der Rechtsform einer Anstalt des öffentlichen Rechts tätigen Bediensteten der Universität und diejenigen Bediensteten der Universität, deren Personalangelegenheiten dem Universitätsklinikum übertragen sind, gelten im Sinne dieses Gesetzes als Beschäftigte des Universitätsklinikums. Für ein Universitätsklinikum in privater Rechtsform gelten die Abs. 2 bis 5.

(2) Bei einem Universitätsklinikum in privater Rechtsform ist der Betriebsrat für das dort tätige wissenschaftliche Personal im Arbeitnehmerverhältnis entsprechend den betriebsverfassungsrechtlichen Vorschriften zuständig.

(3) Soweit die Zuständigkeit des Betriebsrates nach den betriebsverfassungsrechtlichen Vorschriften nicht gegeben ist, ist für das von der Universität dem Universitätsklinikum in privater Rechtsform gestellte oder zugewiesene wissenschaftliche und nicht wissenschaftliche Personal im Landesdienst eine eigenständige Personalvertretung bei der Universität zu wählen. Der Betriebsrat kann an den Sitzungen der Personalvertretung teilnehmen.

(4) Die Universität ist zugleich oberste Dienstbehörde im Sinne dieses Gesetzes; sie kann das Universitätsklinikum in privater Rechtsform mit der Wahrnehmung ihrer Befugnisse nach § 6 beauftragen. Dies gilt nicht für Maßnahmen nach § 25a Abs. 5 Satz 6 des Gesetzes für die hessischen Universitätskliniken vom 26. Juni 2000 (GVBl. I S. 344), zuletzt geändert durch Gesetz vom 14. Dezember 2021 (GVBl. S. 931).

(5) In Angelegenheiten, die der Mitbestimmung der Personalvertretung unterliegen, gilt § 69 mit der Maßgabe, dass die oder der Vorsitzende der Einigungsstelle bei Nichteinigung beider Seiten von der oder dem Vorsitzenden der Landespersonalkommission bestellt wird und sie oder er sich bei der Beschlussfassung zunächst der Stimme zu enthalten hat. Kommt eine Stimmenmehrheit nicht zustande, so nimmt die oder der Vorsitzende der Einigungsstelle nach weiterer Beratung an der erneuten Beschlussfassung teil.

§ 99 DIPF/Leibniz-Institut für Bildungsforschung und Bildungsinformation

Für die Professorinnen und Professoren am DIPF/Leibniz-Institut für Bildungsforschung und Bildungsinformation entfällt die Mitbestimmung und Mitwirkung des Personalrats in Personalangelegenheiten. Auf Antrag der oder des betroffenen Beschäftigten hat der Personalrat mitzuwirken.

§ 100 Hessische Hochschule für öffentliches Management und Sicherheit

(1) Die Hessische Hochschule für öffentliches Management und Sicherheit ist eine Dienststelle im Sinne dieses Gesetzes.

(2) Die Beschäftigten der Hessischen Hochschule für öffentliches Management und Sicherheit, ausgenommen diejenigen, die auf vom Landespolizeipräsidium zugewiesenen Stellenkontingenten geführt werden, wählen den Hauptpersonalrat nach § 48 Abs. 1 Satz 1.

(3) Stammbehörde der an der Hessischen Hochschule für öffentliches Management und Sicherheit studierenden Beschäftigten ist die Einstellungsbehörde.

§ 101 Studienzentrum der Finanzverwaltung und Justiz Rotenburg a. d. Fulda

(1) Dieses Gesetz findet keine Anwendung auf die Einstellung von hauptamtlichen Lehrkräften an der Hessischen Hochschule für Finanzen und Rechtspflege in Rotenburg a. d. Fulda.

(2) Dienststellen im Sinne dieses Gesetzes sind

1. der Fachbereich Steuer der Hessischen Hochschule für Finanzen und Rechtspflege in Rotenburg a. d. Fulda zusammen mit der Landesfinanzschule Hessen sowie der Zentralverwaltung des Studienzentrums der Finanzverwaltung und Justiz Rotenburg a. d. Fulda und
2. der Fachbereich Rechtspflege der Hessischen Hochschule für Finanzen und Rechtspflege in Rotenburg a. d. Fulda zusammen mit der Ausbildungsstätte für den mittleren Justizdienst.

(3) Stammbehörde der an der Hessischen Hochschule für Finanzen und Rechtspflege in Rotenburg a. d. Fulda studierenden Beschäftigten ist die Einstellungsbehörde. Die oberste Dienstbehörde kann Abweichendes bestimmen.

(4) Übergeordnete Dienststelle im Sinne von § 68 und § 72 Abs. 5 ist im Falle von Abs. 2 Nr. 1 das Hessische Ministerium der Finanzen und im Falle von Abs. 2 Nr. 2 das Oberlandesgericht Frankfurt am Main. Die hauptamtlichen Lehrkräfte des Fachbereichs Rechtspflege der Hessischen Hochschule für Finanzen und Rechtspflege in Rotenburg a. d. Fulda und der Ausbildungsstätte für den mittleren Justizdienst sind, abweichend von § 48 Abs. 2 Satz 1, für die bei dem Oberlandesgericht Frankfurt am Main und bei dem Hessischen Ministerium der Justiz gebildeten Stufenvertretungen wählbar und wahlberechtigt.

(5) Für die Wahl eines Gesamtpersonalrats im Studienzentrum der Finanzverwaltung und Justiz Rotenburg a. d. Fulda gilt § 50 Abs. 1 Satz 1 entsprechend. Wird ein Stufenverfahren nach § 68 Abs. 1 oder § 72 Abs. 5 eingeleitet, weil zwischen der Direktorin oder dem Direktor des Studienzentrums der Finanzverwaltung und Justiz Rotenburg a. d. Fulda und dem Gesamtpersonalrat eine Einigung nicht zustande gekommen ist, gilt § 63 Abs. 4 entsprechend und ist das Hessische Ministerium der Finanzen die zuständige oberste Landesbehörde.

Achter Abschnitt
Theater und Orchester

§ 102 Dienststellen

Öffentliche Theater und selbstständige Orchester sind Dienststellen im Sinne dieses Gesetzes. Sie gelten nicht als Betriebe im Sinne dieses Gesetzes.

§ 103 Sonderregelungen für künstlerisch Beschäftigte

(1) Für die an den öffentlichen Theatern und Orchestern künstlerisch Beschäftigten, insbesondere die Solistinnen und Solisten, die Mitglieder des Singchors, der Tanzgruppe und des Orchesters gilt § 4 Abs. 2 nicht. Sie bilden zusammen eine Gruppe.

(2) § 97 Abs. 3 gilt entsprechend.

(3) Für die in Abs. 1 genannten Beschäftigten entfällt die Mitbestimmung und Mitwirkung des Personalrats in Personalangelegenheiten. Auf Antrag der oder des betroffenen Beschäftigten hat der Personalrat mitzuwirken.

Neunter Abschnitt
Hessischer Rundfunk

§ 104 Sonderregelungen

(1) Dieses Gesetz findet auf den Hessischen Rundfunk Anwendung; ausgenommen hiervon ist die Bestimmung des § 78 Abs. 1 Satz 1 Nr. 7 bezüglich der Bestellung und Abberufung der oder des Datenschutzbeauftragten nach § 28 Abs. 2 Satz 1 des Hessischen Datenschutz- und Informationsfreiheitsgesetzes.

(2) Der Hessische Rundfunk gilt einschließlich seiner Studios und Sendeanlagen als Dienststelle im Sinne dieses Gesetzes. Die Aufgaben der obersten Dienstbehörde werden von einem Ausschuss wahrgenommen, der aus dem Verwaltungsrat und der Intendantin oder dem Intendanten besteht.

(3) Als Beschäftigte im Sinne dieses Gesetzes gelten auch die ständigen freien Mitarbeiterinnen und Mitarbeiter; sie gehören zur Gruppe der Arbeitnehmerinnen und Arbeitnehmer.

V

(4) Für die Beschäftigten mit vorwiegend künstlerischer Tätigkeit und die in der Programmgestaltung verantwortlich Tätigen entfällt die Mitbestimmung und Mitwirkung des Personalrats in Personalangelegenheiten. Auf Antrag der oder des betroffenen Beschäftigten hat der Personalrat mitzuwirken.

Zehnter Abschnitt
Deutsche Rentenversicherung Hessen

§ 105 Mitglied in der Arbeitsgruppe Personalvertretung der Deutschen Rentenversicherung

Die oder der Vorsitzende des Gesamtpersonalrats der Deutschen Rentenversicherung Hessen ist Mitglied in der Arbeitsgruppe Personalvertretung der Deutschen Rentenversicherung nach § 140 Abs. 2 Satz 1 des Sechsten Buches Sozialgesetzbuch. Ist das Mitglied verhindert, wird es in der Arbeitsgruppe Personalvertretung von seiner Stellvertretung nach § 51 in Verbindung mit § 49 Abs. 1 Satz 1 und § 27 Abs. 1 Satz 1 vertreten.

Achter Teil
Gerichtliche Entscheidungen

§ 106 Gerichtszuständigkeit, anzuwendende Vorschriften

(1) Die Verwaltungsgerichte entscheiden über

1. Wahlberechtigung und Wählbarkeit,
2. Wahl, Amtszeit und Zusammensetzung der Personalvertretungen und der Jugend- und Auszubildendenvertretungen,
3. Zuständigkeit, Geschäftsführung und Rechtsstellung der Personalvertretungen und der Jugend- und Auszubildendenvertretungen,
4. Zusammensetzung, Zuständigkeit und Geschäftsführung der Einigungsstelle sowie Rechtmäßigkeit eines bindenden Beschlusses der Einigungsstelle nach § 71 Abs. 1 sowie
5. Bestehen oder Nichtbestehen von Dienstvereinbarungen.

Die §§ 19, 23 und 24 Abs. 1, § 41 Abs. 4 und § 71 Abs. 3 bleiben unberührt.

(2) Der Personalrat oder eine in der Dienststelle vertretene Gewerkschaft können bei groben Verstößen der Dienststellenleitung gegen ihre Verpflichtungen aus diesem Gesetz beim Verwaltungsgericht beantragen, der Dienststellenleitung zur Sicherung der Rechte nach diesem Gesetz aufzugeben, eine Handlung zu unterlassen, die Vornahme einer Handlung zu dulden oder eine Handlung vorzunehmen.

(3) Die Vorschriften des Arbeitsgerichtsgesetzes über das Beschlussverfahren gelten entsprechend. § 89 Abs. 1 und § 94 Abs. 1 jeweils in Verbindung mit § 11 Abs. 4 und 5 des Arbeitsgerichtsgesetzes gelten mit der Maßgabe, dass an Stelle der dort genannten Personen auch Beschäftigte des öffentlichen Dienstes mit der Befähigung zum Richteramt tätig werden können.

§ 107 Bildung von Fachkammern und eines Fachsenats

(1) Für die nach diesem Gesetz zu treffenden Entscheidungen ist

1. beim
   a) Verwaltungsgericht Frankfurt am Main für den eigenen Bezirk und die Bezirke der Verwaltungsgerichte Darmstadt und Wiesbaden,
   b) Verwaltungsgericht Kassel für den eigenen Bezirk und den Bezirk des Verwaltungsgerichts Gießen

   eine Fachkammer,
2. beim Hessischen Verwaltungsgerichtshof ein Fachsenat

zu bilden.

(2) Die Fachkammer entscheidet in der Besetzung mit einer oder einem Vorsitzenden und je zwei nach Abs. 4 Satz 2 Nr. 1 und 2 berufenen ehrenamtlichen Richterinnen und Richtern.

(3) Der Fachsenat entscheidet in der Besetzung mit drei Richterinnen und Richtern und einer nach Abs. 4 Satz 2 Nr. 1 berufenen ehrenamtlichen Richterin oder einem solchen Richter sowie einer nach Abs. 4 Satz 2 Nr. 2

berufenen ehrenamtlichen Richterin oder einem solchen Richter.

(4) Die ehrenamtlichen Richterinnen und Richter müssen Beschäftigte im Sinne dieses Gesetzes sein. Sie werden je zur Hälfte von

1. den unter den Beschäftigten vertretenen Gewerkschaften und
2. den obersten Landesbehörden und den kommunalen Spitzenverbänden

vorgeschlagen und vom Hessischen Ministerium der Justiz berufen. Für die Berufung und Stellung der ehrenamtlichen Richterinnen und Richter und ihre Heranziehung zu den Sitzungen gelten die Vorschriften des Arbeitsgerichtsgesetzes über ehrenamtliche Richterinnen und Richter mit der Maßgabe entsprechend, dass die bisherigen ehrenamtlichen Richterinnen und Richter bis zur Neuberufung im Amt bleiben. Die Hessische Ministerin oder der Hessische Minister der Justiz kann die Befugnisse nach Satz 2 durch Rechtsverordnung auf eine nachgeordnete Behörde übertragen.

Neunter Teil Übergangs- und Schlussvorschriften

§ 108 Verordnungsermächtigung

(1) Die Landesregierung wird ermächtigt, zur Durchführung der in diesem Gesetz bezeichneten Wahlen durch Rechtsverordnung Vorschriften zu erlassen über

1. die Vorbereitung der Wahl, insbesondere die Aufstellung der Wählerlisten und die Errechnung der Vertreterzahl,
2. die Frist für die Einsichtnahme in die Wählerlisten und die Erhebung von Einsprüchen,
3. die Vorschlagslisten und die Frist für ihre Einreichung,
4. das Wahlausschreiben und die Fristen für seine Bekanntmachung,
5. die Stimmabgabe,
6. die Feststellung des Wahlergebnisses und die Fristen für seine Bekanntmachung,
7. die Aufbewahrung der Wahlakten.

(2) Die Rechtsverordnung nach Abs. 1 hat Regelungen vorzusehen über die Wahl von Frauen und Männern entsprechend ihrem Anteil an den wahlberechtigten Beschäftigten der Dienststelle sowie für den Fall, dass die Wahlvorschläge nicht dem vorgenannten Anteil von Frauen und Männern entsprechen.

§ 109 Entsprechende Geltung von Vorschriften

Vorschriften in anderen Gesetzen, die den Betriebsräten Befugnisse oder Pflichten übertragen, gelten entsprechend für die nach diesem Gesetz zu errichtenden Personalvertretungen. Dies gilt nicht für Vorschriften, welche die Betriebsverfassung oder die Mitbestimmung regeln.

§ 110 Übergangsregelungen für bestehende Personalvertretungen

Die am 5. April 2023 bestehenden Personalvertretungen und Jugend- und Auszubildendenvertretungen führen die Geschäfte weiter, bis sich die neu gewählten Personalvertretungen und Jugend- und Auszubildendenvertretungen konstituiert haben, längstens jedoch bis zum 31. Juli 2024. § 20 Abs. 3 bleibt unberührt.

§ 111 Aufhebung bisherigen Rechts

Das Hessische Personalvertretungsgesetz vom 24. März 1988 (GVBl. I S. 103)[1]), zuletzt geändert durch Gesetz vom 15. November 2021 (GVBl. S. 718, 867), wird aufgehoben.

§ 112 Inkrafttreten

Dieses Gesetz tritt am Tag nach der Verkündung in Kraft.

[1]) Hebt auf FFN 326-9

Wahlordnung zum Hessischen Personalvertretungsgesetz (HPVGWO)

Vom 24. Oktober 2023 (GVBl. S. 706)

Erster Teil Wahl des Personalrats

Erster Abschnitt Allgemeine Vorschriften über Vorbereitung und Durchführung der Wahl

Erster Titel Vorbereitung der Wahl

§ 1 Wahlvorstand

(1) Der Wahlvorstand führt die Wahl des Personalrats durch. Er fasst seine Beschlüsse mit einfacher Stimmenmehrheit seiner Mitglieder; wird keine Mehrheit erzielt, so gibt die Stimme der oder des Vorsitzenden des Wahlvorstands den Ausschlag. Für die Sitzungen des Wahlvorstandes und für die Einhaltung datenschutzrechtlicher Vorschriften gelten § 29 Abs. 1 Satz 1, Abs. 2 und Abs. 3 sowie § 42 des Gesetzes entsprechend.

(2) Der Wahlvorstand fertigt über jede Sitzung, in der er einen Beschluss gefasst hat, ein Protokoll, das mindestens den Wortlaut des Beschlusses enthält. Es ist von sämtlichen Mitgliedern des Wahlvorstands zu unterzeichnen.

(3) Die Dienststelle hat den Wahlvorstand bei der Erfüllung seiner Aufgaben zu unterstützen, insbesondere die notwendigen Unterlagen zur Verfügung zu stellen und, wenn erforderlich, zu ergänzen sowie die erforderlichen Auskünfte zu erteilen. Für die Vorbereitung und Durchführung der Wahl hat die Dienststelle in erforderlichem Umfang Räume, den Geschäftsbedarf und die üblicherweise in der Dienststelle genutzte Informations- und Kommunikationstechnik zur Verfügung zu stellen.

(4) Der Wahlvorstand macht die Namen seiner Mitglieder und gegebenenfalls der Ersatzmitglieder unverzüglich nach seiner Bestellung, Wahl oder Einsetzung bis zum Abschluss der Stimmabgabe in der Dienststelle nach § 2 bekannt.

(5) Die oder der Vorsitzende führt die laufenden Geschäfte und vertritt den Wahlvorstand im Rahmen der von diesem gefassten Beschlüsse. Soweit nach dieser Verordnung das Los entscheidet, wird es von der oder dem Vorsitzenden gezogen.

(6) Der Wahlvorstand soll dafür sorgen, dass fremdsprachige Beschäftigte rechtzeitig über das Wahlverfahren, die Aufstellung des Verzeichnisses der Wahlberechtigten und der Vorschlagslisten, den Wahlvorgang und die Stimmabgabe in geeigneter Weise, wenn nötig in ihrer Muttersprache, unterrichtet werden.

§ 2 Bekanntmachungen des Wahlvorstands

(1) Bekanntmachungen des Wahlvorstands sind schriftlich abzufassen. Soweit nichts anderes bestimmt ist, genügt die Unterzeichnung durch die Vorsitzende oder den Vorsitzenden. Die Bekanntmachung hat durch Aushang eines Abdrucks an geeigneter Stelle in der Dienststelle und in den Nebenstellen und Teilen der Dienststelle zu erfolgen.

(2) Bekanntmachungen des Wahlvorstands können zusätzlich elektronisch mittels der in der Dienststelle üblicherweise genutzten Informations- und Kommunikationstechnik vorgenommen werden. In diesem Fall genügt es, die Bekanntmachung an einer geeigneten Stelle in der Hauptdienststelle auszuhängen; in der elektronischen Fassung der Bekanntmachung ist anzugeben, an welchem Ort der schriftliche Aushang erfolgt.

(3) Eine ausschließliche elektronische Bekanntmachung ist nur zulässig, wenn alle wahlberechtigten Beschäftigten der Dienststelle über einen eigenen Zugang zur üblicherweise in der Dienststelle genutzten In-

formations- und Kommunikationstechnik verfügen.

(4) Bei der Bekanntmachung in elektronischer Form sind technische, programmtechnische oder organisatorische Vorkehrungen zu treffen, die verhindern, dass die Bekanntmachungen des Wahlvorstands durch andere Personen als die Mitglieder des Wahlvorstands verändert werden können.

§ 3 Ort und Zeit der Wahl

(1) Der Wahlvorstand bestimmt den Tag oder die Tage der Wahl sowie den Ort und die Zeit der Stimmabgabe. Er hat dabei auf die Belange der Dienststelle und der Beschäftigten Rücksicht zu nehmen.

(2) Die Wahl soll nicht länger als zwei aufeinanderfolgende Tage dauern.

§ 4 Vorabstimmungen

(1) Der Wahlvorstand macht gleichzeitig mit der Bekanntmachung nach § 1 Abs. 4 bekannt, dass Vorabstimmungen über

1. eine von § 13 des Gesetzes abweichende Verteilung der Mitglieder des Personalrats auf die Gruppen (§ 14 Abs. 1 des Gesetzes),
2. die Durchführung gemeinsamer Wahl (§ 15 Abs. 2 des Gesetzes) oder
3. die Durchführung der Wahl nach den Grundsätzen des § 15 Abs. 4 Satz 2 des Gesetzes (§ 28 Abs. 1)

nur berücksichtigt werden, wenn ihr Ergebnis dem Wahlvorstand binnen zwei Wochen seit der Bekanntgabe nach § 1 Abs. 4 vorliegt und dem Wahlvorstand glaubhaft gemacht wird, dass das Ergebnis unter Leitung eines aus mindestens drei Wahlberechtigten bestehenden Abstimmungsvorstands in geheimen und nach Gruppen getrennten Abstimmungen zustande gekommen ist und dem Abstimmungsvorstand mindestens ein Mitglied jeder in der Dienststelle vertretenen Gruppe angehört hat.

(2) Ort und Zeit der Vorabstimmungen sind in geeigneter Weise allen Beschäftigten bekanntzugeben. Über die Vorabstimmungen ist ein Protokoll aufzunehmen. Für den Abstimmungsvorstand gelten § 1 Abs. 1 Satz 2, Abs. 2 Satz 2 und Abs. 3, die §§ 16 und 17 Abs. 2 bis 6, § 18 Abs. 2, 3, 5 und 6 sowie § 24 entsprechend.

§ 5 Feststellung der Beschäftigtenzahl, Verzeichnis der Wahlberechtigten

(1) Der Wahlvorstand stellt die Zahl der in der Regel beschäftigten Wahlberechtigten, ihre Verteilung auf die Gruppen (§ 4 Abs. 2, § 97 Abs. 2 und § 103 Abs. 1 des Gesetzes) und, wenn der Personalrat aus mindestens drei Mitgliedern besteht, innerhalb der Gruppen auf die Geschlechter fest.

(2) Der Wahlvorstand stellt ein Verzeichnis der Wahlberechtigten auf, in das der Nachname und der Vorname sowie das Geburtsdatum der Wahlberechtigten aufzunehmen sind. Die Wahlberechtigten sind nach den in der Dienststelle vertretenen Gruppen (§ 4 Abs. 2, § 97 Abs. 2 und § 103 Abs. 1 des Gesetzes) und, wenn der Personalrat aus mindestens drei Mitgliedern besteht, innerhalb der Gruppen nach Geschlechtern getrennt aufzuführen.

(3) Ein Abdruck des Verzeichnisses der Wahlberechtigten ohne Angabe des Geburtsdatums der Wahlberechtigten ist unverzüglich nach Einleitung der Wahl (§ 8 Abs. 7) bis zum Abschluss der Stimmabgabe in der Dienststelle und in den Nebenstellen und Teilen der Dienststelle an geeigneter Stelle zur Einsicht auszulegen. § 2 Abs. 2 bis 4 gilt entsprechend.

(4) Der Wahlvorstand hat das Verzeichnis der Wahlberechtigten bis zum Beginn der Stimmabgabe auf dem Laufenden zu halten und zu berichtigen.

§ 6 Einsprüche gegen das Verzeichnis der Wahlberechtigten

(1) Jede und jeder Beschäftigte kann beim Wahlvorstand schriftlich innerhalb einer Woche seit Auslegung oder Berichtigung des Verzeichnisses der Wahlberechtigten Einspruch gegen seine Richtigkeit einlegen.

(2) Über den Einspruch entscheidet der Wahlvorstand unverzüglich. Die Entscheidung ist der oder dem Beschäftigten, die oder

der den Einspruch eingelegt hat, unverzüglich, spätestens jedoch einen Tag vor Beginn der Stimmabgabe, schriftlich mitzuteilen. Ist der Einspruch begründet, so hat der Wahlvorstand das Verzeichnis der Wahlberechtigten zu berichtigen. Führt die Berichtigung zur Streichung einer oder eines Beschäftigten, so ist sie oder er zu benachrichtigen.

§ 7 Ermittlung der Zahl der zu wählenden Personalratsmitglieder, Verteilung der Sitze auf die Gruppen

(1) Der Wahlvorstand ermittelt die Zahl der zu wählenden Mitglieder des Personalrats (§ 12 des Gesetzes). Ist eine von § 13 des Gesetzes abweichende Verteilung der Mitglieder des Personalrats auf die Gruppen (§ 14 Abs. 1 des Gesetzes) nicht beschlossen worden, so errechnet der Wahlvorstand die Verteilung der Personalratssitze auf die Gruppen und nach dem jeweiligen Anteil von Männern und Frauen innerhalb der Gruppen (§ 13 des Gesetzes) nach den Vorschriften der Abs. 2 bis 5.

(2) Den in der Dienststelle vertretenen einzelnen Gruppen (§ 5 Abs. 1) werden so viele Sitze zugeteilt, wie ihnen im Verhältnis der ihnen angehörenden Beschäftigten zur Gesamtzahl der Beschäftigten der Dienststelle zustehen. Dabei erhält jede Gruppe zunächst so viele Sitze, wie sich für sie ganze Zahlen ergeben. Sind danach noch Sitze zu vergeben, so sind sie in der Reihenfolge der höchsten Zahlenbruchteile, die sich bei der Berechnung nach Satz 1 ergeben, auf die Gruppen zu verteilen. Über die Zuteilung des letzten Sitzes entscheidet bei gleichen Zahlenbruchteilen das Los.

(3) Entfallen bei der Verteilung der Sitze nach Abs. 2 auf eine Gruppe weniger Sitze, als ihr nach § 13 Abs. 3 des Gesetzes mindestens zustehen, so erhält sie die in § 13 Abs. 3 des Gesetzes vorgeschriebene Zahl von Sitzen. Die Zahl der Sitze der übrigen Gruppen vermindert sich entsprechend. Dabei fallen diejenigen Sitze weg, die aufgrund der niedrigsten Zahlenbruchteile zugeteilt worden sind; bei gleichen Zahlenbruchteilen oder wenn nur aufgrund von ganzen Zahlen zugeteilte Sitze vorhanden sind, entscheidet das Los, welche Gruppe den Sitz abzugeben hat. Sitze, die einer Gruppe nach den Vorschriften des Gesetzes mindestens zustehen, können ihr nicht entzogen werden.

(4) Haben in einer Dienststelle alle Gruppen die gleiche Anzahl von Angehörigen, so erübrigt sich die Errechnung der Sitze nach Abs. 2; in diesen Fällen entscheidet das Los, wem die höhere Zahl von Sitzen zufällt.

(5) Innerhalb der Gruppen wird die Zahl der nach den Abs. 2 bis 4 bestimmten Sitze auf die Geschlechter anteilig entsprechend ihrem Verhältnis in der Gruppe verteilt. Abs. 2 ist entsprechend anzuwenden.

§ 8 Wahlausschreiben, Einleitung der Wahl

(1) Nach Ablauf von zwei Wochen seit der Bekanntgabe nach § 1 Abs. 4 und spätestens sechs Wochen vor dem letzten Tag der Stimmabgabe erlässt der Wahlvorstand ein Wahlausschreiben. Es ist von sämtlichen Mitgliedern des Wahlvorstands zu unterzeichnen.

(2) Das Wahlausschreiben muss enthalten

1. den Ort und den Tag seines Erlasses,
2. die Zahl der zu wählenden Mitglieder des Personalrats, getrennt nach den in der Dienststelle vertretenen Gruppen,
3. die Mindestzahl der weiblichen und männlichen Gruppenangehörigen, die jeder Wahlvorschlag enthalten muss,
4. sofern vor Erlass des Wahlausschreibens beschlossen worden ist, die Wahl als personalisierte Verhältniswahl nach § 15 Abs. 4 Satz 2 des Gesetzes durchzuführen (§ 28 Abs. 1), einen Hinweis hierauf sowie den Hinweis, dass Wahlvorschläge dem Verhältnis der jeweils zu wählenden Gruppenvertreterinnen und Gruppenvertreter oder weiblichen und männlichen Personalratsmitglieder entsprechen müssen, und die Höchstzahl der von jeder oder jedem Wahlberechtigten zu vergebenden Stimmen,
5. Angaben darüber, ob die Angehörigen der in der Dienststelle vertretenen Gruppen ihre Vertreterinnen und Vertreter in getrennten Wahlgängen wählen (Grup-

penwahl) oder gemeinsame Wahl beschlossen worden ist,

6. die Angabe, wo und wann das Verzeichnis der Wahlberechtigten, das Hessische Personalvertretungsgesetz und diese Verordnung eingesehen werden können,
7. den Hinweis, dass nur Beschäftigte wählen können, die im Verzeichnis der Wahlberechtigten eingetragen sind,
8. den Hinweis, dass Einsprüche gegen das Verzeichnis der Wahlberechtigten nur innerhalb einer Woche seit seiner Auslegung schriftlich beim Wahlvorstand eingelegt werden können; der letzte Tag der Einspruchsfrist ist anzugeben,
9. die Aufforderung, Wahlvorschläge innerhalb von 18 Tagen nach dem Erlass des Wahlausschreibens beim Wahlvorstand einzureichen; der letzte Tag der Einreichungsfrist ist anzugeben,
10. für die Wahlvorschläge
    a) der Beschäftigten die Mindestzahl der Wahlberechtigten, von denen ein Wahlvorschlag unterzeichnet sein muss,
    b) der im Personalrat vertretenen Gewerkschaften den Hinweis, dass Wahlvorschläge von zwei Beauftragten der Gewerkschaft unterzeichnet sein müssen,

    sowie den Hinweis, dass jede Beschäftigte und jeder Beschäftigte für die Wahl des Personalrats nur auf einem Wahlvorschlag und nur mit ihrer oder seiner Zustimmung benannt werden kann,
11. den Hinweis, dass nur fristgerecht eingereichte Wahlvorschläge berücksichtigt werden und dass nur gewählt werden kann, wer in einen solchen Wahlvorschlag aufgenommen ist,
12. den Ort, an dem die Wahlvorschläge bekanntgegeben werden,
13. den Tag oder die Tage der Wahl sowie den Ort und die Zeit der Stimmabgabe,
14. einen Hinweis auf die Möglichkeit der brieflichen Stimmabgabe, gegebenenfalls auf die Anordnung der brieflichen Stimmabgabe nach § 20 Satz 1,
15. den Ort und die Zeit der Sitzung des Wahlvorstandes, in der die Stimmen ausgezählt werden und das Wahlergebnis festgestellt wird (§ 21 Abs. 1),
16. den Ort, an dem Einsprüche, Anträge auf briefliche Stimmabgabe, Wahlvorschläge und andere Erklärungen gegenüber dem Wahlvorstand abzugeben sind,
17. sofern der Wahlvorstand es zulässt, dass ihm gegenüber abzugebende Erklärungen elektronisch übersandt werden können (§ 49 Abs. 2), einen Hinweis hierauf sowie die Angabe, unter welcher E-Mail-Adresse er Erklärungen entgegennimmt,
18. den Hinweis, dass bei Gruppenwahl Erklärungen der Beschäftigten über den Anschluss an eine andere Gruppe (§ 13 Abs. 4 Satz 2 des Gesetzes) nur dann zur Berichtigung der Zahl der den Gruppen zustehenden Sitze führen, wenn sie dem Wahlvorstand innerhalb von fünf Tagen nach dem Erlass des Wahlausschreibens schriftlich abgegeben werden und sich dadurch die Zahl der den Gruppen zustehenden Personalratssitze ändert; der letzte Tag der Frist ist anzugeben,
19. den Hinweis, dass in den Fällen, in denen bei der Berücksichtigung der Geschlechter entsprechend ihrem Anteil an den Wahlberechtigten innerhalb einer Gruppe auf ein Geschlecht kein Sitz entfallen würde, gleichwohl höchstens eine Angehörige oder ein Angehöriger des in der Minderheit befindlichen Geschlechts auf einem Wahlvorschlag benannt werden kann.

(3) Der Wahlvorstand macht das Wahlausschreiben am Tag des Erlasses in der Dienststelle bekannt. Das Wahlausschreiben ist bis zum Abschluss der Stimmabgabe auszuhängen; § 2 Abs. 2 bis 4 gilt entsprechend.

(4) Der Wahlvorstand legt vom Tag des Erlasses des Wahlausschreibens bis zum Ablauf von 14 Tagen nach dem Tag der Bekanntmachung des Wahlergebnisses einen Abdruck des Hessischen Personalvertretungsgesetzes und dieser Verordnung zur Einsicht der Beschäftigten aus oder macht bekannt, wo sie in elektronischer Form abgerufen werden können.

(5) Wahlberechtigten Beschäftigten, die vorübergehend nicht in der Dienststelle beschäftigt sind oder die aufgrund der Besonderheit ihres Dienst- oder Arbeitsverhältnisses gehindert sind, sich über die Einleitung der Wahl zu unterrichten, soll der Wahlvorstand eine Abschrift des Wahlausschreibens übersenden. Die Übersendung kann auch in elektronischer Form erfolgen.

(6) Offenbare Unrichtigkeiten des Wahlausschreibens können vom Wahlvorstand jederzeit berichtigt werden. Das Wahlausschreiben ist auch zu berichtigen, wenn innerhalb von fünf Tagen nach seinem Erlass bei Gruppenwahl die Angehörigen einer Gruppe, die nach § 13 Abs. 4 Satz 1 des Gesetzes keine Vertretung erhalten, dem Wahlvorstand schriftlich den Anschluss an eine andere Gruppe erklären und sich dadurch die Zahl der den Gruppen zustehenden Personalratssitze ändert.

(7) Mit Erlass des Wahlausschreibens ist die Wahl eingeleitet.

§ 9 Wahlvorschläge, Einreichungsfrist

(1) Zur Wahl des Personalrats können die Wahlberechtigten sowie die im Personalrat vertretenen Gewerkschaften Wahlvorschläge machen. Eine Gewerkschaft ist im Personalrat vertreten, wenn ein Mitglied des Personalrats der Gewerkschaft angehört.

(2) Die Wahlvorschläge sind innerhalb von 18 Tagen nach dem Erlass des Wahlausschreibens beim Wahlvorstand einzureichen. Bei Gruppenwahl sind für die einzelnen Gruppen getrennte Wahlvorschläge einzureichen.

§ 10 Inhalt der Wahlvorschläge

(1) Jeder Wahlvorschlag ist nach Geschlechtern zu trennen und soll mindestens doppelt so viele Bewerberinnen und doppelt so viele Bewerber enthalten, wie

1. bei Gruppenwahl in der jeweiligen Gruppe Gruppenvertreterinnen und Gruppenvertreter oder
2. bei gemeinsamer Wahl weibliche und männliche Personalratsmitglieder

zu wählen sind. Ist nach § 15 Abs. 4 Satz 2 des Gesetzes zu wählen (§ 28), so muss jeder Wahlvorschlag

1. bei Gruppenwahl dem Verhältnis der in der jeweiligen Gruppe zu wählenden Gruppenvertreterinnen und Gruppenvertreter,
2. bei gemeinsamer Wahl dem Verhältnis der in der Dienststelle zu wählenden weiblichen und männlichen Personalratsmitglieder

entsprechen.

(2) Die Namen der Bewerberinnen sind links, die Namen der Bewerber sind rechts auf dem Wahlvorschlag untereinander aufzuführen und mit fortlaufenden Nummern zu versehen. Außer dem Familiennamen sind der Vorname, das Geburtsdatum, die Amts- oder Berufsbezeichnung und die Gruppenzugehörigkeit anzugeben. Bei gemeinsamer Wahl sind in dem Wahlvorschlag die Bewerberinnen links und die Bewerber rechts jeweils nach Gruppen zusammenzufassen. Entfällt nach § 7 Abs. 5 innerhalb einer Gruppe auf ein Geschlecht kein Personalratsmitglied, so können die Wahlvorschläge gleichwohl höchstens eine Angehörige oder einen Angehörigen des in der Minderheit befindlichen Geschlechts enthalten. Besteht der Personalrat aus einer Person, so entfällt die Trennung nach Geschlechtern bei der Aufstellung der Wahlvorschläge und bei der Berechnung der Mindestzahl der Bewerberinnen und Bewerber. Satz 5 gilt entsprechend, wenn einer Gruppe nur ein Sitz zusteht.

(3) Jeder Wahlvorschlag der Beschäftigten muss

1. bei Gruppenwahl von mindestens einem Zwanzigstel der wahlberechtigten Gruppenangehörigen, jedoch mindestens von zwei wahlberechtigten Gruppenangehörigen,
2. bei gemeinsamer Wahl von mindestens einem Zwanzigstel der Wahlberechtigten, jedoch mindestens von zwei Wahlberechtigten,

unterzeichnet sein. In jedem Falle genügen bei Gruppenwahl die Unterschriften von 50 wahlberechtigten Gruppenangehörigen, bei gemeinsamer Wahl die Unterschriften von 50 Wahlberechtigten. Jeder Wahlvorschlag der im Personalrat vertretenen Gewerkschaften muss von zwei Beauftragten der Gewerkschaft unterzeichnet sein. Nach Einreichung des Wahlvorschlags kann eine darauf geleistete Unterschrift nicht mehr zurückgenommen werden; § 12 Abs. 4 bleibt unberührt.

(4) Aus dem Wahlvorschlag soll zu ersehen sein, welche der unterzeichnenden Personen zur Vertretung des Vorschlags gegenüber dem Wahlvorstand und zur Entgegennahme von Erklärungen und Entscheidungen des Wahlvorstands berechtigt ist (Listenvertreterin oder Listenvertreter). Fehlt eine Angabe hierüber, so gilt die Person als berechtigt, die an erster Stelle steht.

(5) Der Wahlvorschlag soll mit einem Kennwort versehen werden.

(6) Ein Wahlvorschlag kann nur geändert oder zurückgenommen werden, wenn die in § 9 Abs. 2 Satz 1 bestimmte Frist noch nicht abgelaufen ist und alle Unterzeichnerinnen und Unterzeichner der Änderung oder Zurücknahme schriftlich zustimmen; § 12 Abs. 3 bleibt unberührt.

§ 11 Sonstige Erfordernisse

(1) Jede Bewerberin und jeder Bewerber kann für die Wahl des Personalrats nur auf einem Wahlvorschlag benannt werden.

(2) Dem Wahlvorschlag ist die schriftliche Zustimmung der in ihm aufgeführten Bewerberinnen und Bewerber zur Aufnahme in den Wahlvorschlag beizufügen; die Zustimmung kann nicht widerrufen werden.

(3) Jede und jeder vorschlagsberechtigte Beschäftigte (§ 10 Abs. 3) kann ihre oder seine Unterschrift zur Wahl des Personalrats rechtswirksam nur für einen Wahlvorschlag abgeben.

(4) Eine Verbindung von Wahlvorschlägen ist unzulässig.

§ 12 Behandlung der Wahlvorschläge durch den Wahlvorstand, ungültige Wahlvorschläge

(1) Der Wahlvorstand vermerkt auf den Wahlvorschlägen den Tag und die Uhrzeit des Eingangs. Im Falle des Abs. 5 ist auch der Zeitpunkt des Eingangs des berichtigten Wahlvorschlags zu vermerken. Nach Ablauf der Frist nach § 9 Abs. 2 beschließt der Wahlvorstand über Zulassung oder Zurückweisung der Wahlvorschläge.

(2) Wahlvorschläge, die ungültig sind, weil sie bei der Einreichung nicht die erforderlichen Unterschriften (§ 10 Abs. 3) aufweisen oder weil sie nicht fristgerecht eingereicht worden sind, gibt der Wahlvorstand unverzüglich nach Eingang unter Angabe der Gründe zurück.

(3) Der Wahlvorstand hat Bewerberinnen und Bewerber, die entgegen § 15 Abs. 6 des Gesetzes mit ihrer schriftlichen Zustimmung auf mehreren Wahlvorschlägen benannt sind, von sämtlichen Wahlvorschlägen zu streichen.

(4) Der Wahlvorstand hat vorschlagsberechtigte Beschäftigte (§ 10 Abs. 3), die mehrere Wahlvorschläge unterzeichnet haben, aufzufordern, innerhalb von drei Arbeitstagen zu erklären, welche Unterschrift sie aufrechterhalten. Wird diese Erklärung nicht fristgerecht abgegeben, so sind die Unterschriften auf allen Wahlvorschlägen ungültig.

(5) Wahlvorschläge, die den Erfordernissen des § 10 Abs. 1 dieser Verordnung und des § 15 Abs. 3 Satz 2 des Gesetzes nicht entsprechen, hat der Wahlvorstand mit der Aufforderung zurückzugeben, die Mängel innerhalb einer Frist von drei Arbeitstagen zu beseitigen. Ist aus der Sicht der Unterzeichnerinnen und Unterzeichner des Wahlvorschlags eine Beseitigung nicht möglich, so haben sie die dafür maßgebenden Gründe schriftlich darzulegen. Wird innerhalb der gesetzten Frist weder der Aufforderung nach Satz 1 entsprochen noch eine schriftliche Begründung für das Abweichen von § 10 Abs. 1 dieser Verordnung und des § 15 Abs. 3 Satz 2 des Gesetzes vorgelegt, so sind diese Wahlvorschläge ungültig.

(6) Wahlvorschläge, die

1. den Erfordernissen des § 10 Abs. 2 nicht entsprechen,
2. ohne die schriftliche Zustimmung der Bewerberinnen und Bewerber eingereicht sind,

V

3. infolge von nach Abs. 4 ungültigen Unterschriften nicht mehr die erforderliche Anzahl von Unterschriften aufweisen,

hat der Wahlvorstand mit der Aufforderung zurückzugeben, die Mängel innerhalb einer Frist von drei Arbeitstagen zu beseitigen. Werden die Mängel nicht fristgerecht beseitigt, sind diese Wahlvorschläge ungültig; fehlen nur für einzelne Bewerberinnen oder Bewerber die nach § 10 Abs. 2 erforderlichen Angaben oder die schriftliche Zustimmungserklärung, so sind sie aus den Wahlvorschlägen zu streichen.

§ 13 Nachfrist für die Einreichung von Wahlvorschlägen

(1) Ist nach Ablauf der in § 9 Abs. 2 und § 12 Abs. 5 Satz 1 und Abs. 6 Satz 1 genannten Fristen bei Gruppenwahl nicht für jede Gruppe ein gültiger Wahlvorschlag, bei gemeinsamer Wahl überhaupt kein gültiger Wahlvorschlag eingegangen, so macht der Wahlvorstand dies sofort in gleicher Weise wie das Wahlausschreiben bekannt. Gleichzeitig fordert er zur Einreichung von Wahlvorschlägen innerhalb einer Nachfrist von sechs Tagen auf.

(2) Im Falle der Gruppenwahl weist der Wahlvorstand in der Bekanntmachung nach Abs. 1 darauf hin, dass eine Gruppe keine Vertreterinnen und Vertreter in den Personalrat wählen kann, wenn auch innerhalb der Nachfrist für sie kein gültiger Wahlvorschlag eingeht. Im Falle gemeinsamer Wahl weist der Wahlvorstand darauf hin, dass der Personalrat nicht gewählt werden kann, wenn auch innerhalb der Nachfrist kein gültiger Wahlvorschlag eingeht.

(3) Gehen auch innerhalb der Nachfrist gültige Wahlvorschläge nicht ein, so macht der Wahlvorstand sofort bekannt

1. bei Gruppenwahl, für welche Gruppe oder für welche Gruppen keine Vertreterinnen und Vertreter gewählt werden können und wie sich die Sitze auf die anderen Gruppen verteilen,
2. bei gemeinsamer Wahl, dass diese Wahl nicht stattfinden kann.

§ 14 Bezeichnung der Wahlvorschläge

(1) Der Wahlvorstand versieht die Wahlvorschläge in der Reihenfolge ihres Eingangs mit Ordnungsnummern (Vorschlag 1 usw.). Wahlvorschläge, die vor Beginn der Einreichungsfrist (§ 9 Abs. 2) beim Wahlvorstand eingehen, gelten als mit Beginn dieser Frist eingegangen. Ist ein Wahlvorschlag berichtigt worden, so ist der Zeitpunkt des Eingangs des berichtigten Wahlvorschlags maßgebend. Sind mehrere Wahlvorschläge gleichzeitig eingegangen, so entscheidet das Los über die Reihenfolge. Finden Wahlen für Personalvertretungen mehrerer Stufen gleichzeitig statt, so ist für Wahlvorschläge mit demselben Kennwort für die Wahlen auf allen Stufen die auf der obersten Stufe festgelegte Reihenfolge maßgebend. Wahlvorschlägen, mit deren Kennwort bei der obersten Stufe kein Wahlvorschlag vorliegt, werden die folgenden Plätze auf dem Stimmzettel nach Maßgabe des Satz 1 bis 4 zugewiesen.

(2) Der Wahlvorstand bezeichnet die Wahlvorschläge mit dem Familien- und Vornamen der in dem Wahlvorschlag an erster und zweiter Stelle benannten Bewerberinnen und Bewerber, bei gemeinsamer Wahl mit dem Familien- und Vornamen der für die Gruppen an erster Stelle benannten Bewerberinnen und Bewerber. Bei Wahlvorschlägen, die mit einem Kennwort versehen sind, ist auch das Kennwort anzugeben.

§ 15 Bekanntmachung der Wahlvorschläge

(1) Unverzüglich nach Ablauf der in § 9 Abs. 2, § 12 Abs. 5 Satz 1 und Abs. 6 Satz 1 sowie § 13 Abs. 1 Satz 2 genannten Fristen, spätestens jedoch zwei Wochen vor Beginn der Stimmabgabe, macht der Wahlvorstand die als gültig anerkannten Wahlvorschläge in gleicher Weise wie das Wahlausschreiben bekannt. Bei Wahlvorschlägen, die nach § 12 Abs. 5 als gültig anerkannt worden sind, macht der Wahlvorstand zugleich die von den Unterzeichnerinnen und Unterzeichnern des Wahlvorschlags genannten Gründe für das Abweichen von § 10 Abs. 1 bekannt. Die

Stimmzettel sollen im Zeitpunkt der Bekanntgabe vorliegen.

(2) Die Namen der Unterzeichnerinnen und Unterzeichner der Wahlvorschläge werden nicht bekanntgemacht.

(3) Die Wahlvorschläge sowie die dazu angegebenen Gründe für das Abweichen von § 10 Abs. 1 sind bis zum Abschluss der Stimmabgabe zugänglich zu halten.

§ 16 Sonstige Wahlvorbereitungen

(1) Der Wahlvorstand hat für die Herstellung der Stimmzettel und die Bereitstellung der Wahlumschläge zu sorgen. Bei Gruppenwahl müssen die Stimmzettel für jede Gruppe, bei gemeinsamer Wahl alle Stimmzettel dieselbe Größe, Farbe, Beschaffenheit und Beschriftung haben. Dasselbe gilt für die bei brieflicher Stimmabgabe erforderlichen Wahlumschläge; sie müssen undurchsichtig sein.

(2) Der Wahlvorstand trifft Vorkehrungen, dass die Wählerinnen und Wähler den Stimmzettel im Wahlraum unbeobachtet kennzeichnen und zusammenfalten können. Für die Aufnahme der Stimmzettel sind Wahlurnen zu verwenden. Sie müssen so eingerichtet sein, dass die eingeworfenen Stimmzettel nicht vor Öffnung der Urne entnommen werden können.

Zweiter Titel
Durchführung der Wahl

§ 17 Wahlhandlung

(1) Der Wahlvorstand kann wahlberechtigte Beschäftigte seiner Dienststelle als Wahlhelferinnen und Wahlhelfer zu seiner Unterstützung bei der Durchführung der Stimmabgabe und bei der Stimmenzählung bestellen. § 18 Abs. 2 Satz 2 und 3 des Gesetzes gelten für die Tätigkeit der Wahlhelferinnen und Wahlhelfer entsprechend.

(2) Vor Beginn der Stimmabgabe hat der Wahlvorstand festzustellen, dass die Wahlurnen leer sind, und sie zu verschließen. Findet Gruppenwahl statt, so kann die Stimmabgabe nach Gruppen getrennt durchgeführt werden; in jedem Falle sind jedoch getrennte Wahlurnen zu verwenden.

(3) Solange der Wahlraum zur Stimmabgabe geöffnet ist, müssen mindestens zwei Mitglieder des Wahlvorstandes im Wahlraum anwesend sein; sind Wahlhelferinnen und Wahlhelfer bestellt, genügt die Anwesenheit eines Mitgliedes des Wahlvorstandes und einer Wahlhelferin oder eines Wahlhelfers.

(4) Wird die Wahlhandlung unterbrochen oder wird das Wahlergebnis nicht unmittelbar nach Abschluss der Stimmabgabe festgestellt, so hat der Wahlvorstand für die Zwischenzeit die Wahlurne so zu verschließen und aufzubewahren, dass der Einwurf oder die Entnahme von Stimmzetteln ohne Beschädigung des Verschlusses unmöglich ist. Bei Wiedereröffnung der Wahl oder bei Entnahme der Stimmzettel zur Stimmenzählung hat sich der Wahlvorstand davon zu überzeugen, dass der Verschluss unversehrt ist.

(5) Der Wahlraum muss allen Beschäftigten während der für die Durchführung der Stimmabgabe festgesetzten Zeit zugänglich sein.

(6) Nach Ablauf der für die Durchführung der Stimmabgabe festgesetzten Zeit dürfen nur noch die Wahlberechtigten abstimmen, die sich in diesem Zeitpunkt im Wahlraum befinden. Sodann erklärt der Wahlvorstand die Wahlhandlung für beendet.

§ 18 Ausübung des Wahlrechts

(1) Wählen kann nur, wer in das Verzeichnis der Wahlberechtigten eingetragen ist.

(2) Das Wahlrecht wird durch Abgabe eines Stimmzettels, der so gefaltet sein muss, dass die Stimmabgabe nicht erkennbar ist, ausgeübt.

(3) Ist eine Wählerin oder ein Wähler wegen einer körperlichen Beeinträchtigung zur Stimmabgabe nicht in der Lage, bestimmt sie oder er eine Vertrauensperson, deren sie oder er sich bei der Stimmabgabe bedienen will, und gibt dies dem Wahlvorstand bekannt. Die Hilfeleistung hat sich auf die Erfüllung der Wünsche der Wählerin oder des Wählers zur Stimmabgabe zu beschränken. Die Vertrauensperson darf gemeinsam mit der Wählerin oder dem Wähler den abgetrennten Wahlbereich aufsuchen, soweit das zur Hilfeleistung erforderlich ist. Die Vertrauensperson ist zur

V

Geheimhaltung der Kenntnisse verpflichtet, die sie bei der Hilfeleistung von der Wahl erlangt hat. Wahlbewerberinnen und Wahlbewerber, Mitglieder des Wahlvorstandes sowie Wahlhelferinnen und Wahlhelfer dürfen nicht zur Hilfeleistung herangezogen werden.

(4) Hat die Wählerin oder der Wähler einen Stimmzettel verschrieben oder versehentlich unbrauchbar gemacht, so ist ihr oder ihm auf Verlangen gegen Rückgabe des unbrauchbaren Stimmzettels ein neuer Stimmzettel auszuhändigen. Der Wahlvorstand hat den zurückgegebenen Stimmzettel unverzüglich in Gegenwart der Wählerin oder des Wählers zu vernichten.

(5) Vor Aushändigung des Stimmzettels ist festzustellen, ob die Wählerin oder der Wähler in das Verzeichnis der Wahlberechtigten eingetragen ist. Ist dies der Fall, legt die Wählerin oder der Wähler den gefalteten Stimmzettel in die Wahlurne. Die Stimmabgabe ist im Verzeichnis der Wahlberechtigten zu vermerken.

(6) Über Zweifelsfragen, die sich bei der Wahlhandlung ergeben, entscheidet der Wahlvorstand.

§ 19 Briefliche Stimmabgabe

(1) Wahlberechtigten Beschäftigten, die im Zeitpunkt der Wahl verhindert sind, ihre Stimme persönlich abzugeben, hat der Wahlvorstand auf Verlangen

1. die Wahlvorschläge,
2. den Stimmzettel und den Wahlumschlag,
3. eine vorgedruckte, von der Wählerin oder dem Wähler abzugebende Erklärung, in der gegenüber dem Wahlvorstand versichert wird, dass der Stimmzettel persönlich gekennzeichnet oder, soweit unter den Voraussetzungen des § 18 Abs. 3 erforderlich, durch eine Vertrauensperson gekennzeichnet worden ist, sowie
4. einen größeren Rücksendeumschlag, der an die Anschrift des Wahlvorstands adressiert ist, als Absender den Namen und die Anschrift der oder des wahlberechtigten Beschäftigten sowie den Vermerk „Briefliche Stimmabgabe" trägt,

auszuhändigen oder zu übersenden. Der Wahlvorstand soll der oder dem wahlberechtigten Beschäftigten ferner ein Merkblatt über die Art und Weise der brieflichen Stimmabgabe (Abs. 2) aushändigen oder übersenden. Auf Antrag ist auch ein Abdruck des Wahlausschreibens und ein Freiumschlag zur Rücksendung der Wahlunterlagen auszuhändigen oder zu übersenden. Der Wahlvorstand hat die Aushändigung oder Übersendung im Verzeichnis der Wahlberechtigten zu vermerken.

(2) Die Wählerin oder der Wähler gibt die Stimme in der Weise ab, dass sie oder er

1. den Stimmzettel unbeobachtet persönlich kennzeichnet, ihn in der Weise faltet, dass die Stimmabgabe nicht erkennbar ist, und diesen in den Wahlumschlag legt,
2. die vorgedruckte Erklärung unter Angabe des Ortes und des Datums unterschreibt und
3. den unverschlossenen Wahlumschlag und die unterschriebene Erklärung nach Abs. 1 Satz 1 Nr. 3 in dem Rücksendeumschlag verschließt und diesen so rechtzeitig an den Wahlvorstand absendet oder übergibt, dass er vor Abschluss der Stimmabgabe vorliegt.

Die Wählerin oder der Wähler kann, soweit unter den Voraussetzungen des § 18 Abs. 3 erforderlich, die in Satz 1 bezeichneten Tätigkeiten durch eine Vertrauensperson verrichten lassen.

(3) Der Wahlvorstand hat die eingegangenen Rücksendeumschläge bis zum letzten Tag der Stimmabgabe ungeöffnet unter Verschluss zu halten. Unmittelbar nach Abschluss der Stimmabgabe öffnet der Wahlvorstand die bis zu diesem Zeitpunkt eingegangenen Rücksendeumschläge und entnimmt ihnen die Wahlumschläge und die vorgedruckten Erklärungen nach Abs. 1 Satz 1 Nr. 3. Enthält der Rücksendeumschlag die in Abs. 2 Satz 1 Nr. 3 bezeichneten Unterlagen, so entnimmt der Wahlvorstand den Stimmzettel aus dem Wahlumschlag und legt ihn nach Vermerk der Stimmabgabe im Verzeichnis der Wahlberechtigten uneingesehen in gefaltetem Zustand in die Wahlurne. Stimmzettel, die nicht

in einem Wahlumschlag enthalten sind, sind ungültig und sind nicht in die Urne zu legen. Für diese Stimmzettel gilt § 21 Abs. 5 entsprechend. Enthält ein Wahlumschlag für eine Wahl mehrere Stimmzettel, die gleich lauten, ist nur ein Stimmzettel in die Urne zu legen und sind überzählige Stimmzettel unverzüglich zu vernichten.

(4) Verspätet eingehende Rücksendeumschläge hat der Wahlvorstand mit einem Vermerk über den Zeitpunkt des Eingangs ungeöffnet zu den Wahlunterlagen zu nehmen. Diese Rücksendeumschläge sind einen Monat nach Bekanntgabe des Wahlergebnisses ungeöffnet zu vernichten, wenn die Wahl nicht angefochten worden ist.

§ 20 Stimmabgabe in besonderen Fällen

Für die Beschäftigten von

1. nachgeordneten Stellen einer Dienststelle, die nicht nach § 5 Abs. 2 Satz 1 Halbsatz 2 des Gesetzes selbständig sind,
2. Nebenstellen oder Teilen einer Dienststelle, die räumlich weit von dieser entfernt liegen und nicht nach § 5 Abs. 1 Satz 2 oder Abs. 3 des Gesetzes als selbständige Dienststellen gelten oder dazu erklärt worden sind,
3. Stellen, die nach § 5 Abs. 4 des Gesetzes als eine Dienststelle gelten, oder
4. Dienststellen, die nach § 9 Abs. 2 des Gesetzes einer anderen Dienststelle zugeordnet worden sind,

kann der Wahlvorstand die Stimmabgabe in diesen Stellen durchführen oder die briefliche Stimmabgabe anordnen. Ist wegen der geringen Zahl der Wahlberechtigten das Wahlgeheimnis gefährdet, so hat der Wahlvorstand anzuordnen, dass der Inhalt der hierbei verwendeten Wahlurnen vor Feststellung des Wahlergebnisses mit dem Inhalt der bei der allgemeinen Wahlhandlung verwendeten Wahlurnen vermischt wird. Wird die briefliche Stimmabgabe angeordnet, so hat der Wahlvorstand den Wahlberechtigten die in § 19 Abs. 1 bezeichneten Unterlagen zu übersenden.

§ 21 Feststellung des Wahlergebnisses

(1) Unverzüglich nach Abschluss der Wahl nimmt der Wahlvorstand öffentlich die Auszählung der Stimmen vor und stellt das Ergebnis fest.

(2) Nach Öffnung der Wahlurne vergleicht der Wahlvorstand die Zahl der in der Urne enthaltenen Stimmzettel mit der Zahl der Stimmabgabevermerke im Verzeichnis der Wahlberechtigten nach § 18 Abs. 5 und prüft die Gültigkeit der Stimmzettel.

(3) Der Wahlvorstand zählt

1. im Falle der Verhältniswahl die auf jede Vorschlagsliste, im Falle der Wahl nach § 15 Abs. 4 Satz 2 des Gesetzes (§ 28) zusätzlich die auf jede einzelne Bewerberin oder jeden einzelnen Bewerber innerhalb der Vorschlagslisten,
2. im Falle der Mehrheitswahl die auf jeden einzelnen Bewerber

entfallenen gültigen Stimmen zusammen.

(4) Ungültig sind Stimmzettel,

1. die so gefaltet sind, dass die Stimmabgabe erkennbar ist,
2. die nicht den Erfordernissen des § 16 Abs. 1 Satz 2 entsprechen,
3. aus denen sich der Wille der Wählerin oder des Wählers nicht zweifelsfrei ergibt,
4. die ein auf die Person der Wählerin oder des Wählers hinweisendes Merkmal, einen Zusatz oder einen Vorbehalt enthalten,
5. die gegen die Bestimmungen des § 28 Abs. 3 Satz 2 und 3 oder § 29 Abs. 1 Satz 2 und Abs. 3 Satz 2 bis 4 verstoßen.

(5) Stimmzettel, über deren Gültigkeit oder Ungültigkeit der Wahlvorstand beschließt, weil sie zu Zweifeln Anlass geben, sind mit fortlaufender Nummer zu versehen und von den übrigen Stimmzetteln gesondert bei den Wahlunterlagen aufzubewahren.

§ 22 Wahlprotokoll

(1) Über das Wahlergebnis fertigt der Wahlvorstand ein Protokoll, das von sämtlichen Mitgliedern des Wahlvorstandes zu unterzeichnen ist. Das Protokoll muss enthalten

V

1. bei Gruppenwahl die Summe der von jeder Gruppe abgegebenen Stimmen, bei gemeinsamer Wahl die Summe aller abgegebenen Stimmen,
2. bei Gruppenwahl die Summe der von jeder Gruppe abgegebenen gültigen Stimmen, bei gemeinsamer Wahl die Summe aller abgegebenen gültigen Stimmen,
3. bei Gruppenwahl die Zahl der für jede Gruppe abgegebenen ungültigen Stimmen, bei gemeinsamer Wahl die Summe aller abgegebenen ungültigen Stimmen,
4. die für die Gültigkeit oder Ungültigkeit zweifelhafter Stimmen maßgebenden Gründe,
5. im Falle der Verhältniswahl die Zahl der auf jede Vorschlagsliste entfallenen gültigen Stimmen sowie die Verteilung der Sitze auf die Vorschlagslisten, im Falle der personalisierten Verhältniswahl nach § 15 Abs. 4 Satz 2 des Gesetzes (§ 28) außerdem die Zahl der auf jede Bewerberin und jeden Bewerber entfallenen gültigen Stimmen, im Falle der Mehrheitswahl die Zahl der auf jede Bewerberin und jeden Bewerber entfallenen gültigen Stimmen,
6. die Namen der gewählten Bewerberinnen und Bewerber sowie der Ersatzmitglieder,
7. die während der Wahlhandlung und der Feststellung des Wahlergebnisses gefassten Beschlüsse (§ 18 Abs. 6, § 21 Abs. 6).

(2) Besondere Vorkommnisse bei der Wahlhandlung oder der Feststellung des Wahlergebnisses sind im Protokoll zu vermerken.

(3) Der Wahlvorstand leitet der Dienststellenleitung und den in der Dienststelle vertretenen Gewerkschaften eine Kopie des Protokolls zu.

§ 23 Benachrichtigung der gewählten Bewerberinnen und Bewerber, Bekanntmachung des Wahlergebnisses

(1) Der Wahlvorstand benachrichtigt die als Personalratsmitglieder Gewählten unverzüglich von ihrer Wahl.

(2) Der Wahlvorstand macht das Wahlergebnis unverzüglich für die Dauer von zwei Wochen bekannt. Die Bekanntmachung muss enthalten

1. die Zahl der in das Verzeichnis der Wahlberechtigten eingetragenen Wahlberechtigten,
2. die Zahl der Wahlberechtigten, die gewählt haben,
3. die Zahl der gültigen und ungültigen Stimmzettel,
4. die Verteilung der Stimmen auf die Wahlvorschläge oder auf die Bewerberinnen und Bewerber und
5. die Namen und die Reihenfolge der gewählten Bewerberinnen und Bewerber sowie der Ersatzmitglieder.

§ 24 Aufbewahrung der Wahlunterlagen

(1) Nach Abschluss des Wahlverfahrens werden die Wahlunterlagen (insbesondere Protokolle, Bekanntmachungen, Stimmzettel, Rücksendeumschläge) vom Wahlvorstand an den Personalrat übergeben und von diesem bis zur Durchführung der nächsten Personalratswahl aufbewahrt. Dies gilt auch für sämtliche elektronisch gespeicherte Daten und alle Dokumente, die im Zusammenhang mit der Wahl elektronisch zugegangen sind.

(2) Nach Durchführung der nächsten Personalratswahl, im Falle eines anhängigen Beschlussverfahrens nach dessen rechtskräftigem Abschluss, sind die Wahlunterlagen durch den Personalrat zu vernichten und elektronisch gespeicherte Daten und Wahlunterlagen zu löschen. Hierüber ist ein Protokoll zu fertigen.

Zweiter Abschnitt
Besondere Vorschriften für die Wahl mehrerer Personalratsmitglieder oder Gruppenvertreterinnen und Gruppenvertreter

Erster Titel
Wahlverfahren bei Vorliegen mehrerer Wahlvorschläge (Verhältniswahl)

§ 25 Voraussetzungen für die Verhältniswahl, Stimmzettel, Stimmabgabe

(1) Nach den Grundsätzen der Verhältniswahl (Listenwahl) ist zu wählen, wenn

1. bei Gruppenwahl für die betreffende Gruppe mehrere gültige Wahlvorschläge,
2. bei gemeinsamer Wahl mehrere gültige Wahlvorschläge

vorliegen. In diesen Fällen kann die Stimme nur für den gesamten Wahlvorschlag (Vorschlagsliste) abgegeben werden.

(2) Auf dem Stimmzettel sind die Vorschlagslisten in der Reihenfolge der Ordnungsnummern unter Angabe von Familienname, Vorname, Amts- oder Berufsbezeichnung und Gruppenzugehörigkeit der an erster Stelle benannten Bewerberinnen und Bewerber, bei gemeinsamer Wahl die für die Gruppen an erster Stelle benannten Bewerberinnen und Bewerber untereinander aufzuführen; bei Listen, die mit einem Kennwort versehen sind, ist auch das Kennwort anzugeben.

(3) Die Wählerin oder der Wähler hat auf dem Stimmzettel die Vorschlagsliste anzukreuzen, für die die Stimme abgegeben wird.

§ 26 Ermittlung der gewählten Vertreterinnen und Vertreter bei Gruppenwahl

(1) Bei Gruppenwahl werden den einzelnen Vorschlagslisten jeder Gruppe so viele Sitze zugeteilt, wie ihnen im Verhältnis der auf sie entfallenen Stimmenzahlen zur Gesamtstimmenzahl aller an der Sitzverteilung der Gruppe teilnehmenden Wahlvorschläge zustehen. Dabei erhält jeder Wahlvorschlag zunächst so viele Sitze, wie sich für ihn ganze Zahlen ergeben. Sind danach noch Sitze zu vergeben, so sind sie in der Reihenfolge der höchsten Zahlenbruchteile, die sich bei der Berechnung nach Satz 1 ergeben, auf die Wahlvorschläge zu verteilen. Über die Zuteilung des letzten Sitzes entscheidet bei gleichen Zahlenbruchteilen das Los.

(2) Enthält eine Vorschlagsliste weniger Bewerberinnen und Bewerber, als ihr nach Abs. 1 Sitze zustehen würden, so fallen die überschüssigen Sitze den übrigen Vorschlagslisten in der Reihenfolge der höchsten Zahlenbruchteile zu. Bei gleichen Zahlenbruchteilen oder wenn nur aufgrund von ganzen Zahlen zugeteilte Sitze vorhanden sind, entscheidet das Los.

(3) Bei der Verteilung der Sitze auf die Vorschlagslisten nach den Abs. 1 und 2 sind die Geschlechter in folgender Weise zu berücksichtigen. Auf die Vorschlagslisten, die in der Reihenfolge der meisten auf sie entfallenen Stimmen geordnet werden, wird aus der nach § 7 Abs. 5 errechneten Zahl jeweils ein Sitz jedes Geschlechts gegebenenfalls mehrfach nacheinander zugeteilt, bis kein Sitz mehr vorhanden ist. Dabei erhält das Geschlecht, auf das der größte Beschäftigtenanteil in der Gruppe entfällt, den jeweils ersten Sitz; bei gleichem Beschäftigtenanteil entscheidet das Los. Enthält eine Vorschlagsliste für ein Geschlecht weniger Bewerberinnen oder Bewerber als ihm nach § 7 Abs. 5 Sitze zustehen würden, so fallen die überschüssigen Sitze dem anderen Geschlecht in derselben Vorschlagsliste in der Reihenfolge der benannten Bewerberinnen oder Bewerber zu. Innerhalb eines Geschlechts sind die Sitze auf die Bewerberinnen oder Bewerber in der Reihenfolge ihrer Benennung auf dem Wahlvorschlag (§ 10 Abs. 2 Satz 1) zu verteilen.

(4) Die Wahl eines Personalratsmitglieds nach § 10 Abs. 2 Satz 4 geht zu Lasten der Bewerberinnen oder Bewerber des anderen Geschlechts in seiner Gruppe.

§ 27 Ermittlung der gewählten Vertreterinnen und Vertreter bei gemeinsamer Wahl

(1) Bei gemeinsamer Wahl werden den einzelnen Vorschlagslisten so viele Sitze zugeteilt, wie ihnen im Verhältnis der auf sie entfallenen Stimmenzahlen zur Gesamtstimmenzahl aller an der Sitzverteilung teilnehmenden Wahlvorschläge zustehen. § 26 Abs. 1 Satz 2 bis 4 gilt entsprechend. Die den Gruppen zustehenden Sitze werden in folgender Weise ermittelt. Auf die Vorschlagslisten, die in der Reihenfolge der meisten auf sie entfallenen Stimmen geordnet werden, wird aus der nach § 7 Abs. 2 bis 4 bestimmten Zahl jeder Gruppe jeweils ein Sitz in der Reihenfolge Beamtinnen und Beamte, Arbeitnehmerinnen und Arbeitnehmer gegebenenfalls mehrfach nacheinander zugeteilt, bis kein Sitz mehr vorhanden ist. Sind weitere

V

Gruppen vorhanden (§ 97 Abs. 2 und § 103 Abs. 1 des Gesetzes), so gilt die Reihenfolge Beamtinnen und Beamte, Arbeitnehmerinnen und Arbeitnehmer, wissenschaftliche Mitglieder, künstlerisch Beschäftigte.

(2) Enthält eine Vorschlagsliste weniger Bewerberinnen und Bewerber einer Gruppe, als dieser nach Abs. 1 Sitze zustehen würden, so fallen die restlichen Sitze dieser Gruppe den Angehörigen derselben Gruppe auf den übrigen Vorschlagslisten in der Reihenfolge der höchsten Zahlenbruchteile zu. § 26 Abs. 2 Satz 2 gilt entsprechend.

(3) Innerhalb der Gruppen werden die Geschlechter in folgender Weise berücksichtigt. Auf die Vorschlagslisten, die in der Reihenfolge der meisten auf sie entfallenen Stimmen geordnet werden, wird aus der nach § 7 Abs. 5 errechneten Zahl jeweils ein Sitz jedes Geschlechts gegebenenfalls mehrfach nacheinander zugeteilt, bis kein Sitz mehr vorhanden ist. § 26 Abs. 3 Satz 3 bis 5 und Abs. 4 gilt entsprechend.

V

§ 28 Wahlverfahren bei personalisierter Verhältniswahl

(1) Bei Vorliegen mehrerer gültiger Wahlvorschläge im Sinne von § 25 Abs. 1 Satz 1 ist nach den Grundsätzen des § 15 Abs. 4 Satz 2 des Gesetzes zu wählen (personalisierte Verhältniswahl), wenn die wahlberechtigten Angehörigen jeder Gruppe dies vor der Neuwahl in getrennten geheimen Abstimmungen, an denen mindestens die Hälfte aller wahlberechtigten Angehörigen jeder Gruppe teilgenommen hat, mit der Mehrheit der abgegebenen Stimmen beschließen. In diesem Fall richtet sich das Wahlverfahren nach den Abs. 2 bis 6.

(2) Auf dem Stimmzettel sind die Vorschlagslisten in der Reihenfolge der Ordnungsnummern unter Angabe von Familienname, Vorname, Amts- und Berufsbezeichnung und Gruppenzugehörigkeit links der Bewerberinnen und rechts der Bewerber untereinander aufzuführen; bei Listen, die mit einem Kennwort versehen sind, ist auch das Kennwort anzugeben.

(3) Die Wählerin oder der Wähler hat auf dem Stimmzettel die Namen der Bewerberinnen und Bewerber anzukreuzen, für die die Stimme abgegeben wird. Es dürfen nur Bewerberinnen und Bewerber aus einer Vorschlagsliste angekreuzt werden. Die Wählerin oder der Wähler darf

1. bei Gruppenwahl nicht mehr Namen von Bewerberinnen und Bewerbern ankreuzen, als für die betreffende Gruppe Vertreterinnen und Vertreter zu wählen sind, oder
2. bei gemeinsamer Wahl nicht mehr Namen von Bewerberinnen und Bewerbern ankreuzen, als Personalratsmitglieder insgesamt zu wählen sind, jedoch innerhalb der einzelnen Gruppen nicht mehr Namen, als jeweils Vertreterinnen und Vertreter dieser Gruppe zu wählen sind.

(4) Auf dem Stimmzettel ist zu vermerken, dass nur Bewerberinnen und Bewerber aus einer Vorschlagsliste angekreuzt werden dürfen und wie viele Namen von Bewerberinnen und Bewerbern, bei gemeinsamer Wahl auch bezüglich der einzelnen Gruppen, die Wählerin oder der Wähler höchstens ankreuzen darf.

(5) Bei Gruppenwahl werden den einzelnen Vorschlagslisten so viele Sitze zugeteilt, wie ihnen im Verhältnis der auf sie entfallenen Stimmenzahlen zur Gesamtstimmenzahl aller an der Sitzverteilung der Gruppe teilnehmenden Wahlvorschläge zustehen. § 26 Abs. 1 Satz 2 bis 4 und Abs. 2 findet Anwendung. Innerhalb der Vorschlagslisten werden die Sitze auf die Bewerberinnen und Bewerber in der Reihenfolge der auf sie entfallenen Stimmen verteilt. Haben mehrere Bewerberinnen und Bewerber die gleiche Stimmenzahl erhalten und ist nur noch ein Sitz zu verteilen oder sind auf einem Wahlvorschlag weniger Bewerberinnen und Bewerber angekreuzt worden, als ihm Sitze zufallen, so entscheidet über die Vergabe dieser Sitze das Los.

(6) Bei gemeinsamer Wahl werden den einzelnen Vorschlagslisten so viele Sitze zugeteilt, wie ihnen im Verhältnis der auf sie entfallenen Stimmenzahlen zur Gesamtstimmenzahl aller an der Sitzverteilung teilnehmenden Wahlvorschläge zustehen. § 26 Abs. 1 Satz 2 bis 4 findet Anwendung. Die den Gruppen zustehenden Sitze werden in folgender Weise ermittelt. Auf die Vorschlagslisten, die in der Reihenfolge der

meisten auf sie entfallenen Stimmzettel geordnet werden, wird aus der nach § 7 Abs. 2 bis 4 bestimmten Zahl jeder Gruppe jeweils ein Sitz in der Reihenfolge Beamtinnen und Beamte, Arbeitnehmerinnen und Arbeitnehmer gegebenenfalls mehrfach nacheinander zugeteilt, bis kein Sitz mehr vorhanden ist. § 27 Abs. 1 Satz 5 und Abs. 2 findet Anwendung. Innerhalb der Vorschlagslisten werden die den einzelnen Gruppen zustehenden Sitze auf die Bewerberinnen und Bewerber der entsprechenden Gruppen in der Reihenfolge der auf sie entfallenen Stimmen verteilt. Abs. 5 Satz 4 gilt entsprechend.

Zweiter Titel
Wahlverfahren bei Vorliegen eines Wahlvorschlags (Mehrheitswahl)

§ 29 Voraussetzungen für die Mehrheitswahl, Stimmzettel, Stimmabgabe

(1) Nach den Grundsätzen der Mehrheitswahl (Personenwahl) ist zu wählen, wenn

1. bei Gruppenwahl für die betreffende Gruppe nur ein gültiger Wahlvorschlag,
2. bei gemeinsamer Wahl nur ein gültiger Wahlvorschlag

vorliegt. In diesen Fällen können nur solche Bewerberinnen und Bewerber gewählt werden, die in dem Wahlvorschlag aufgeführt sind.

(2) In dem Stimmzettel werden links die Namen der Bewerberinnen und rechts die Namen der Bewerber in unveränderter Reihenfolge unter Angabe des Familiennamens, Vornamens, der Amts- oder Berufsbezeichnung und der Gruppenzugehörigkeit aufgeführt.

(3) Die Wählerin oder der Wähler hat auf dem Stimmzettel die Namen der Bewerberinnen und der Bewerber anzukreuzen, für die die Stimme abgegeben wird. Die Wählerin oder der Wähler darf

1. bei Gruppenwahl nicht mehr Namen von Bewerberinnen und nicht mehr Namen von Bewerbern ankreuzen, als für die betreffende Gruppe jeweils Vertreterinnen und Vertreter zu wählen sind oder
2. bei gemeinsamer Wahl nicht mehr Namen von Bewerberinnen und nicht mehr Namen von Bewerbern ankreuzen, als weibliche und männliche Personalratsmitglieder insgesamt zu wählen sind, jedoch innerhalb der einzelnen Gruppen nicht mehr Namen, als jeweils Vertreterinnen oder Vertreter dieser Gruppe zu wählen sind.

Entfällt nach § 7 Abs. 5 innerhalb einer Gruppe auf ein Geschlecht kein Personalratsmitglied, so kann abweichend von Satz 2 auch der Name höchstens einer Bewerberin oder eines Bewerbers des in der Minderheit befindlichen Geschlechts angekreuzt werden. Die für das andere Geschlecht zu vergebenden Stimmen verringern sich im Falle des Satz 3 um eine Stimme.

(4) Auf dem Stimmzettel ist zu vermerken, wie viele Namen von Bewerberinnen und wie viele Namen von Bewerbern die Wählerin oder der Wähler jeweils höchstens ankreuzen darf.

§ 30 Ermittlung der gewählten Bewerberinnen und Bewerber

(1) Bei Gruppenwahl sind die Bewerberinnen und die Bewerber in der Reihenfolge der höchsten auf sie entfallenen Stimmenzahlen gewählt. Bei gleicher Stimmenzahl entscheidet das Los.

(2) Bei gemeinsamer Wahl werden die den einzelnen Gruppen zustehenden Sitze mit denjenigen Bewerberinnen und Bewerbern dieser Gruppen besetzt, auf die der Reihenfolge nach die höchsten Stimmenzahlen entfallen sind. Abs. 1 Satz 2 gilt entsprechend.

Dritter Abschnitt
Besondere Vorschriften für die Wahl eines Personalratsmitgliedes oder einer Gruppenvertreterin oder eines Gruppenvertreters (Mehrheitswahl)

§ 31 Voraussetzungen für die Mehrheitswahl, Stimmzettel, Stimmabgabe, Wahlergebnis

(1) Nach den Grundsätzen der Mehrheitswahl (Personenwahl) ist zu wählen, wenn

V

1. bei Gruppenwahl nur eine Vertreterin oder ein Vertreter,
2. bei gemeinsamer Wahl nur ein Personalratsmitglied

zu wählen ist.

(2) In den Stimmzettel werden die Bewerberinnen und Bewerber aus den Wahlvorschlägen in alphabetischer Reihenfolge unter Angabe von Familienname, Vorname, Amts- oder Berufsbezeichnung übernommen.

(3) Die Wählerin oder der Wähler hat auf dem Stimmzettel den Namen der Bewerberin oder des Bewerbers anzukreuzen, für die oder den die Stimme abgegeben wird.

(4) Gewählt ist die Bewerberin oder der Bewerber mit den meisten Stimmen. Bei gleicher Stimmenzahl entscheidet das Los.

Zweiter Teil Wahl der Stufenvertretungen und des Gesamtpersonalrats

Erster Abschnitt Wahl des Bezirkspersonalrats

§ 32 Entsprechende Anwendung von Vorschriften, gleichzeitige Wahl

(1) Für die Wahl des Bezirkspersonalrats gelten die Vorschriften der §§ 1 bis 31 mit Ausnahme des § 28 entsprechend, soweit sich aus den §§ 33 bis 40 nichts anderes ergibt.

(2) Die Wahl des Bezirkspersonalrats soll möglichst gleichzeitig mit der Wahl der Personalräte in demselben Bezirk stattfinden.

§ 33 Leitung der Wahl

(1) Der Bezirkswahlvorstand leitet die Wahl des Bezirkspersonalrats. Die Durchführung der Wahl in den einzelnen Dienststellen übernehmen die örtlichen Wahlvorstände im Auftrag und nach Richtlinien des Bezirkswahlvorstandes.

(2) Der örtliche Wahlvorstand macht die Namen der Mitglieder des Bezirkswahlvorstandes und gegebenenfalls der Ersatzmitglieder, die dienstliche Anschrift seiner oder seines Vorsitzenden und den letzten Tag der in § 4 Abs. 1 bestimmten Frist in der Dienststelle bis zum Abschluss der Stimmabgabe bekannt.

§ 34 Feststellung der Beschäftigtenzahl, Verzeichnis der Wahlberechtigten

(1) Die örtlichen Wahlvorstände stellen die Zahl der in den Dienststellen in der Regel beschäftigten Wahlberechtigten und deren Verteilung auf die Gruppen sowie innerhalb der Gruppen auf die Geschlechter fest und teilen diese Zahlen unverzüglich dem Bezirkswahlvorstand mit.

(2) Die Aufstellung der Verzeichnisse der Wahlberechtigten und die Behandlung von Einsprüchen ist Aufgabe der örtlichen Wahlvorstände. Sie teilen dem Bezirkswahlvorstand die Zahl der Wahlberechtigten, getrennt nach Gruppen (§ 5 Abs. 1) und innerhalb der Gruppen getrennt nach den Geschlechtern, unverzüglich mit.

§ 35 Ermittlung der Zahl der zu wählenden Bezirkspersonalratsmitglieder, Verteilung der Sitze auf die Gruppen

(1) Der Bezirkswahlvorstand ermittelt die Zahl der zu wählenden Mitglieder des Bezirkspersonalrats (§ 48 Abs. 2 des Gesetzes) und die Verteilung der Sitze auf die Gruppen sowie innerhalb der Gruppen auf die Geschlechter.

(2) Ist eine abweichende Verteilung der Mitglieder des Bezirkspersonalrats auf die Gruppen nicht beschlossen worden und entfallen bei der Verteilung der Sitze nach § 7 Abs. 2 auf eine Gruppe weniger Sitze, als ihr nach § 48 Abs. 5 des Gesetzes mindestens zustehen, so erhält sie die in § 48 Abs. 5 des Gesetzes vorgeschriebene Zahl von Sitzen.

§ 36 Wahlausschreiben, Einleitung der Wahl

(1) Der Bezirkswahlvorstand erlässt das Wahlausschreiben.

(2) Das Wahlausschreiben muss enthalten

1. den Ort und den Tag seines Erlasses,
2. die Zahl der zu wählenden Mitglieder des Bezirkspersonalrats, getrennt nach Gruppen (§ 5 Abs. 1),

3. die Mindestzahl der weiblichen und männlichen Gruppenangehörigen, die jeder Wahlvorschlag enthalten muss,
4. Angaben darüber, ob die Angehörigen der einzelnen Gruppen ihre Vertreterinnen und Vertreter in getrennten Wahlgängen wählen (Gruppenwahl) oder gemeinsame Wahl beschlossen worden ist,
5. den Hinweis, dass nur Beschäftigte wählen können, die in das Verzeichnis der Wahlberechtigten eingetragen sind,
6. die Aufforderung, Wahlvorschläge innerhalb von 18 Tagen nach dem Erlass des Wahlausschreibens beim Bezirkswahlvorstand einzureichen; der letzte Tag der Einreichungsfrist ist anzugeben,
7. für die Wahlvorschläge
   a) der Beschäftigten die Mindestzahl der Wahlberechtigten, von denen ein Wahlvorschlag unterzeichnet sein muss,
   b) der im Bezirkspersonalrat vertretenen Gewerkschaften den Hinweis, dass Wahlvorschläge von zwei Beauftragten der Gewerkschaft unterzeichnet sein müssen,

   sowie den Hinweis, dass jede Beschäftigte und jeder Beschäftigte nur auf einem Wahlvorschlag und nur mit ihrer oder seiner Zustimmung benannt werden kann,
8. den Hinweis, dass nur fristgerecht eingereichte Wahlvorschläge berücksichtigt werden und dass nur gewählt werden kann, wer in einen solchen Wahlvorschlag aufgenommen ist,
9. den Tag oder die Tage der Wahl,
10. einen Hinweis auf die Möglichkeit der brieflichen Stimmabgabe, gegebenenfalls auf die Anordnung der brieflichen Stimmabgabe nach § 19 Abs. 2 Satz 1,
11. den Ort und die Zeit der Sitzung des Bezirkswahlvorstands, in der das Wahlergebnis festgestellt wird,
12. den Hinweis, dass bei Gruppenwahl Erklärungen der Beschäftigten über den Anschluss an eine andere Gruppe (§ 48 Abs. 5 Satz 4 in Verbindung mit § 13 Abs. 4 des Gesetzes) nur dann zur Berichtigung der Zahl der den Gruppen zustehenden Sitze führen, wenn sie dem Bezirkswahlvorstand innerhalb von fünf Tagen nach dem Erlass des Wahlausschreibens schriftlich abgegeben werden und sich dadurch die Zahl der den Gruppen zustehenden Personalratssitze ändert; der letzte Tag der Frist ist anzugeben,
13. den Hinweis, dass in den Fällen, in denen bei der Berücksichtigung der Geschlechter entsprechend ihrem Anteil an den Wahlberechtigten innerhalb einer Gruppe auf ein Geschlecht kein Sitz entfallen würde, gleichwohl höchstens eine Angehörige oder ein Angehöriger des in der Minderheit befindlichen Geschlechts auf einem Wahlvorschlag benannt werden kann,
14. sofern der Bezirkswahlvorstand es zulässt, dass ihm gegenüber abzugebende Erklärungen elektronisch übersandt werden können (§ 49 Abs. 2), einen Hinweis hierauf sowie die Angabe, unter welcher E-Mail-Adresse er Erklärungen entgegennimmt.

(3) Der örtliche Wahlvorstand ergänzt das Wahlausschreiben durch die folgenden Angaben:

1. die Angabe, wo und wann das für die örtliche Dienststelle aufgestellte Verzeichnis der Wahlberechtigten, das Hessische Personalvertretungsgesetz und diese Verordnung eingesehen werden können,
2. den Hinweis, dass Einsprüche gegen das Verzeichnis der Wahlberechtigten nur innerhalb einer Woche seit seiner Auslegung schriftlich beim örtlichen Wahlvorstand eingelegt werden können; der letzte Tag der Einspruchsfrist ist anzugeben,
3. den Ort, an dem die Wahlvorschläge bekanntgemacht werden,
4. den Ort und die Zeit der Stimmabgabe,
5. den Ort und die Zeit der Stimmenauszählung,

V

6. den Ort, an dem Einsprüche, Anträge auf briefliche Stimmabgabe und andere Erklärungen gegenüber dem Wahlvorstand abzugeben sind,
7. sofern der örtliche Wahlvorstand es zulässt, dass ihm gegenüber abzugebende Erklärungen elektronisch übersandt werden können (§ 49 Abs. 2), einen Hinweis hierauf sowie die Angabe, unter welcher E-Mail-Adresse er Erklärungen entgegennimmt.

(4) Der örtliche Wahlvorstand macht das Wahlausschreiben unverzüglich bis zum Abschluss der Stimmabgabe in der Dienststelle bekannt. Er vermerkt auf dem Wahlausschreiben den ersten und letzten Tag des Aushangs.

(5) Offenbare Unrichtigkeiten des Wahlausschreibens können vom Bezirkswahlvorstand jederzeit berichtigt werden. Das Wahlausschreiben ist auch zu berichtigen, wenn innerhalb von fünf Tagen nach seinem Erlass bei Gruppenwahl die Angehörigen einer Gruppe, die nach § 13 Abs. 4 Satz 1 des Gesetzes keine Vertretung erhalten, dem Bezirkswahlvorstand schriftlich den Anschluss an eine andere Gruppe erklären und sich dadurch die Zahl der den Gruppen zustehenden Sitze ändert.

(6) Mit Erlass des Wahlausschreibens ist die Wahl eingeleitet.

§ 37 Bekanntmachungen des Wahlvorstands

Bekanntmachungen des Bezirkswahlvorstands nach den §§ 13 und 15 haben in den Dienststellen in gleicher Weise wie das Wahlausschreiben zu erfolgen.

§ 38 Sitzungsprotokolle

(1) Der Bezirkswahlvorstand fertigt über jede Sitzung, in der er einen Beschluss gefasst hat, ein Protokoll. Es ist von sämtlichen Mitgliedern des Bezirkswahlvorstands zu unterzeichnen.

(2) Das Protokoll über die Sitzungen, in denen über Einsprüche gegen das Verzeichnis der Wahlberechtigten entschieden wird, fertigt der örtliche Wahlvorstand.

§ 39 Stimmzettel, Stimmabgabe

Findet die Wahl des Bezirkspersonalrats zugleich mit der Wahl der Personalräte statt, so sind für jede Wahl besondere Stimmzettel von unterschiedlicher Farbe zu verwenden. Bei brieflicher Stimmabgabe kann für die Stimmabgabe zu beiden Wahlen derselbe Wahlumschlag verwendet werden.

§ 40 Feststellung und Bekanntmachung des Wahlergebnisses

(1) Die örtlichen Wahlvorstände zählen die auf die einzelnen Vorschlagslisten oder, wenn Mehrheitswahl stattgefunden hat, die auf die einzelnen Bewerberinnen und Bewerber entfallenen Stimmen. Sie fertigen ein Wahlprotokoll nach § 22.

(2) Das Protokoll ist unverzüglich nach Feststellung des Wahlergebnisses dem Bezirkswahlvorstand zu übersenden. Die bei der Dienststelle entstandenen Unterlagen für die Wahl des Bezirkspersonalrats werden zusammen mit einer Abschrift des Protokolls vom Personalrat aufbewahrt (§ 24).

(3) Der Bezirkswahlvorstand zählt unverzüglich die auf jede Vorschlagsliste oder, wenn Mehrheitswahl stattgefunden hat, die auf jede einzelne Bewerberin und jeden einzelnen Bewerber entfallenen Stimmen zusammen und stellt das Ergebnis der Wahl fest.

(4) Sobald die Namen der als Mitglieder des Bezirkspersonalrats gewählten Bewerberinnen und Bewerber und der Ersatzmitglieder feststehen, teilt sie der Bezirkswahlvorstand den örtlichen Wahlvorständen mit. Die örtlichen Wahlvorstände machen sie durch zweiwöchigen Aushang in der gleichen Weise wie das Wahlausschreiben bekannt; § 2 Abs. 2 bis 4 gilt entsprechend.

Zweiter Abschnitt
Wahl des Hauptpersonalrats

§ 41 Entsprechende Anwendung von Vorschriften

Für die Wahl des Hauptpersonalrats gelten die Vorschriften der §§ 32 bis 40 entsprechend, soweit sich aus den §§ 42 und 43 nichts anderes ergibt.

§ 42 Leitung der Wahl

Der Hauptwahlvorstand leitet die Wahl des Hauptpersonalrats.

§ 43 Durchführung der Wahl nach Bezirken

(1) Der Hauptwahlvorstand kann die bei den Behörden der Mittelstufe bestehenden oder auf sein Ersuchen bestellten örtlichen Wahlvorstände beauftragen,

1. die von den örtlichen Wahlvorständen im Bereich der Behörde der Mittelstufe festzustellenden Zahlen der in der Regel beschäftigten Wahlberechtigten und deren Verteilung auf die Gruppen und innerhalb der Gruppen auf die Geschlechter zusammenzustellen,
2. die Zahl der Wahlberechtigten im Bereich der Behörde der Mittelstufe, getrennt nach Gruppen und innerhalb der Gruppen nach Geschlechtern (§ 5 Abs. 1), festzustellen,
3. die bei den Dienststellen im Bereich der Behörde der Mittelstufe festgestellten Wahlergebnisse zusammenzustellen,
4. Bekanntmachungen des Hauptwahlvorstandes an die übrigen örtlichen Wahlvorstände im Bereich der Behörde der Mittelstufe weiterzuleiten.

Die Wahlvorstände bei den Behörden der Mittelstufe unterrichten in diesen Fällen die übrigen örtlichen Wahlvorstände im Bereich der Behörde der Mittelstufe darüber, dass die in Satz 1 Nr. 1 bis 3 genannten Angaben an sie einzusenden sind.

(2) Die Wahlvorstände bei den Behörden der Mittelstufe fertigen über die Zusammenstellung der Wahlergebnisse (Abs. 1 Satz 1 Nr. 3) ein Protokoll.

(3) Die Wahlvorstände bei den Behörden der Mittelstufe übersenden dem Hauptwahlvorstand unverzüglich die in Abs. 1 Satz 1 Nr. 1 und 2 genannten Zusammenstellungen und das Protokoll über die Zusammenstellung der Wahlergebnisse (Abs. 2).

Dritter Abschnitt
Wahl des Gesamtpersonalrats

§ 44 Entsprechende Anwendung von Vorschriften

Für die Wahl des Gesamtpersonalrats gelten die §§ 32 bis 40 entsprechend.

Dritter Teil
Wahl der Jugend- und Auszubildendenvertretung

§ 45 Vorbereitung und Durchführung der Wahl der Jugend- und Auszubildendenvertretung

(1) Für die Vorbereitung und Durchführung der Wahl der Jugend- und Auszubildendenvertretung gelten die §§ 1 bis 3, 5 und 6, 8 bis 25, 29 und 31 entsprechend mit der Abweichung, dass sich die Zahl der zu wählenden Jugend- und Auszubildendenvertreterinnen und -vertreter ausschließlich aus § 54 Abs. 1 des Gesetzes ergibt und dass die Vorschriften über Gruppenwahl (§ 15 Abs. 2 des Gesetzes), über den Minderheitenschutz (§ 13 Abs. 3 und 4 des Gesetzes) und über die Zusammenfassung der Bewerberinnen und Bewerber in den Wahlvorschlägen nach Gruppen (§ 10 Abs. 2 Satz 3) nicht angewandt werden. Der Wahlvorstand ermittelt die Zahl der zu wählenden Jugend- und Auszubildendenvertreterinnen und -vertreter.

(2) Sind mehrere Jugend- und Auszubildendenvertreterinnen und -vertreter zu wählen und ist die Wahl aufgrund mehrerer Vorschlagslisten durchgeführt worden, so werden den einzelnen Vorschlagslisten so viele Sitze zugeteilt, wie ihnen im Verhältnis der auf sie entfallenen Stimmenzahlen zur Gesamtstimmenzahl aller an der Sitzverteilung teilnehmenden Wahlvorschläge zustehen. § 26 Abs. 1 Satz 2 bis 4, Abs. 2 und 3 gilt entsprechend.

(3) Sind mehrere Jugend- und Auszubildendenvertreterinnen und -vertreter zu wählen und ist die Wahl auf Grund eines Wahlvorschlags durchgeführt worden, so sind die Bewerberinnen und Bewerber in der Reihenfol-

V

ge der jeweils höchsten auf sie entfallenen Stimmenzahlen gewählt; bei Stimmengleichheit entscheidet das Los.

§ 46 Wahlversammlung

Erfolgt die Wahl nach § 55 Abs. 2 des Gesetzes in einer Wahlversammlung der wahlberechtigten Beschäftigten im Sinne von § 53 Abs. 1 des Gesetzes, wird in geheimer Wahl mit Stimmzetteln nach den Grundsätzen der Mehrheitswahl auf Grund von Wahlvorschlägen, die aus der Mitte der Teilnehmerinnen und Teilnehmer an der Wahlversammlung gemacht werden können, gewählt. Die Einzelheiten des Wahlverfahrens bestimmt der Wahlvorstand in sinngemäßer Anwendung der Vorschriften über die Mehrheitswahl. Das Wahlergebnis ist unverzüglich nach Abschluss der Wahlhandlung in der Wahlversammlung festzustellen. Im Anschluss an die Wahlversammlung sind die Gewählten unverzüglich zu benachrichtigen und ist das Wahlergebnis in der Dienststelle bekanntzumachen.

§ 47 Wahl der Jugend- und Auszubildendenstufenvertretungen

(1) Für die Wahl der Jugend- und Auszubildendenstufenvertretungen nach § 59 Abs. 1 des Gesetzes (Bezirksjugend- und -auszubildendenvertretung, Hauptjugend- und -auszubildendenvertretung) gelten die §§ 33 bis 40, 42, 43 und § 45 entsprechend, soweit in § 59 Abs. 2 des Gesetzes nichts Abweichendes bestimmt ist. In Dienststellen, denen in der Regel weniger als fünf der in § 52 des Gesetzes genannten Beschäftigten angehören, führt der Bezirks- oder Hauptwahlvorstand die Wahl der Jugend- und Auszubildendenstufenvertretungen durch. In den genannten Dienststellen werden keine Wahlvorstände bestellt; der Bezirks- oder Hauptwahlvorstand kann die briefliche Stimmabgabe anordnen. Ordnet der Bezirks- oder Hauptwahlvorstand im Falle des Satz 2 oder des § 59 Abs. 2 Satz 3 des Gesetzes die briefliche Stimmabgabe an, so hat er den in § 53 Abs. 1 des Gesetzes genannten wahlberechtigten Beschäftigten die in § 19 Abs. 1 bezeichneten Unterlagen zu übersenden.

(2) Für die Wahl der Gesamtjugend- und -auszubildendenvertretung nach § 59 Abs. 3 des Gesetzes gelten Abs. 1 und § 45 entsprechend.

Vierter Teil Schlussvorschriften

§ 48 Berechnung von Fristen

Für die Berechnung der in dieser Verordnung festgelegten Fristen gelten die §§ 186 bis 193 des Bürgerlichen Gesetzbuches. Als Sonntag oder staatlich anerkannter Feiertag im Sinne des § 193 des Bürgerlichen Gesetzbuches gilt auch ein Tag, an dem in der Dienststelle allgemein nicht gearbeitet wird.

§ 49 Elektronische Übersendung

(1) Soweit die schriftliche Form nicht ausdrücklich vorgeschrieben ist, kann die Übersendung von Protokollen, Bekanntmachungen und Mitteilungen des Wahlvorstandes sowie von sonstigen Dokumenten im Wahlverfahren auch elektronisch oder durch Telefax erfolgen.

(2) Der Wahlvorstand kann zulassen, dass schriftlich ihm gegenüber abzugebende Erklärungen auch oder ausschließlich elektronisch übersandt werden können. In diesem Fall hat er in der Bekanntmachung nach § 1 Abs. 4 und im Wahlausschreiben darauf hinzuweisen und eine E-Mail-Adresse des Wahlvorstands bekannt zu machen. Die Entscheidung des Wahlvorstands über eine elektronisch eingegangene Erklärung kann vom Wahlvorstand ebenfalls elektronisch übermittelt werden.

(3) Für die elektronische Übersendung sind sichere Übertragungswege zu nutzen. Für eine elektronische Übersendung innerhalb einer Dienststelle oder zwischen Dienststellen ist die in den Dienststellen üblicherweise genutzte Informations- und Kommunikationstechnik zu nutzen.

§ 50 Übergangsregelung für bereits eingeleitete Wahlen

Für vor dem Inkrafttreten dieser Verordnung eingeleitete Wahlen ist die Wahlordnung zum

Hessischen Personalvertretungsgesetz vom 8. April 1988 (GVBl. I S. 139), zuletzt geändert durch Verordnung vom 12. Dezember 2019 (GVBl. S. 436), weiter anzuwenden.

§ 51 Aufhebung bisherigen Rechts

Die Wahlordnung zum Hessischen Personalvertretungsgesetz (WO) vom 8. April 1988 (GVBl. I S. 139)[1]), zuletzt geändert durch Verordnung vom 12. Dezember 2019 (GVBl. S. 436), wird aufgehoben.

§ 52 Inkrafttreten

Diese Verordnung tritt am Tag nach der Verkündung in Kraft.

1) Hebt auf FFN 326-10

VI Reise- und Umzugskosten/Trennungsgeld

Hessisches Reisekostengesetz (HRKG)

Vom 9. Oktober 2009 (GVBl. I S. 397)

Zuletzt geändert durch
Zulagenerhöhungsgesetz
vom 20. November 2024 (GVBl. Nr. 65)

Inhaltsübersicht

VI

§ 1 Geltungsbereich

Dieses Gesetz gilt für die Beamtinnen und Beamten im Geltungsbereich des Hessischen Beamtengesetzes und für die Richterinnen und Richter im Landesdienst.

§ 2 Dienstreisen

(1) Dienstreisen im Sinne dieses Gesetzes sind die von der zuständigen Behörde schriftlich oder elektronisch angeordneten oder genehmigten Reisen

1. zur Erledigung von Dienstgeschäften außerhalb der Dienststätte,
2. aus Anlass der Einstellung nach dem Wirksamwerden der Ernennung zur Beamtin oder zum Beamten oder zur Richterin oder zum Richter und
3. von einem dem vorübergehenden Aufenthalt dienenden Ort zum Dienstort.

Eine Anordnung oder Genehmigung ist nicht erforderlich, wenn sie nach dem Amt der oder des Dienstreisenden oder dem Wesen des Dienstgeschäfts nicht in Betracht kommt oder die Dienstreise am Dienst- oder Wohnort stattfindet. Dienstreisen von Richterinnen und Richtern zur Wahrnehmung eines richterlichen Amtsgeschäfts, zur Wahrnehmung eines weiteren Richteramts oder zur Teilnahme an einer Sitzung des Richterwahlausschusses oder des Präsidiums sowie Dienstreisen von Rechtspflegerinnen und Rechtspflegern zur Wahrnehmung von Aufgaben der Rechtspflege bedürfen keiner Anordnung oder Genehmigung.

(2) Die Dauer der Dienstreise bestimmt sich nach der Abreise und Ankunft an der Wohnung. Wird die Dienstreise an der Dienststätte angetreten oder beendet, so tritt diese an die Stelle der Wohnung.

§ 3 Reisen aus besonderem Anlass

(1) Die Einstellungsreise vor dem Wirksamwerden der Ernennung zur Beamtin oder zum Beamten oder zur Richterin oder zum Richter kann wie eine Dienstreise behandelt werden, wenn die Einstellung im besonderen dienstlichen Interesse liegt.

(2) Bei Reisen zu Fortbildungsveranstaltungen, die im dienstlichen Interesse liegen, wird Reisekostenerstattung wie bei Dienstreisen gewährt. Dies gilt entsprechend für Reisen zur Ausbildung.

(3) Für Fahrten zwischen Wohnung und regelmäßiger Dienststätte aus besonderem dienstlichen Anlass können die entsprechenden notwendigen Fahrtkosten erstattet werden.

§ 3a Fahrten der Bediensteten der Landesforstverwaltung

Für dienstlich veranlasste Fahrten mit privaten Kraftfahrzeugen auf unbefestigten und schwer befahrbaren Wegen im Wald kann den Bediensteten der Landesforstverwaltung ein Ausgleich in Höhe von 0,57 Euro je gefahrenem Kilometer gewährt werden. § 6 findet keine Anwendung. Das für das Forstwesen zuständige Ministerium regelt im Einvernehmen mit dem für das Reisekostenrecht zuständigen Ministerium das Nähere durch Verwaltungsvorschrift.

§ 4 Reisekostenerstattung

(1) Dienstreisende haben Anspruch auf Erstattung der dienstlich veranlassten notwendigen Reisekosten. Art und Umfang bestimmt ausschließlich dieses Gesetz.

(2) Werden Dienstreisen aus Gründen, die die Dienstreisenden nicht zu vertreten haben, nicht ausgeführt, so werden die durch die Vorbereitung entstandenen notwendigen Auslagen erstattet, soweit sie nach diesem Gesetz erstattungsfähig sind.

(3) Leistungen, die Dienstreisende ihres Amtes wegen von dritter Seite für dieselbe Dienstreise erhalten, sind anzurechnen. § 10 bleibt unberührt.

(4) Bei Dienstreisen für eine auf Veranlassung der zuständigen Behörde wahrgenommene Nebentätigkeit haben Dienstreisende nach diesem Gesetz nur insoweit Anspruch auf Reisekostenerstattung, als nicht von anderer Stelle Auslagenerstattung für dieselbe Dienstreise zu gewähren ist; das gilt auch dann, wenn Dienstreisende auf ihren Anspruch gegen diese Stelle verzichtet haben.

(5) Die Reisekostenerstattung ist innerhalb einer Ausschlussfrist von sechs Monaten bei der Festsetzungsstelle schriftlich oder elektronisch zu beantragen. Die Frist beginnt mit dem Tag,

VI

der auf den Tag der Beendigung der Dienstreise folgt, in den Fällen des Abs. 2 mit Ablauf des Tages, an dem der oder dem Berechtigten bekannt wird, dass die Dienstreise nicht ausgeführt wird. Die zuständige Stelle kann bis zum Ablauf von sechs Monaten nach Antragstellung die Vorlage der Kostenbelege verlangen. Erfolgt die Vorlage der Belege nicht binnen drei Monaten nach Aufforderung, kann der Antrag insoweit abgelehnt werden.

(6) Dienstreisende können auf ihren Anspruch auf Reisekostenerstattung verzichten.

§ 5 Fahrt- und Flugkostenerstattung

(1) Die Fahrtkosten für regelmäßig verkehrende Land- und Wasserfahrzeuge werden bis zur Höhe der niedrigsten Beförderungsklasse erstattet, die Fahrtkosten der nächst höheren dann, wenn bei Dienstreisenden ein Grad der Behinderung von mindestens 50 vorliegt. Die Kosten für Bahnfahrten können bis zur nächst höheren Klasse erstattet werden, wenn die Fahrtdauer der einfachen Strecke mehr als zwei Stunden beträgt oder sonstige triftige Gründe vorliegen. Wurde aus dienstlichen oder wirtschaftlichen Gründen ein Flugzeug benutzt, werden die Kosten der niedrigsten Flugklasse erstattet. Kosten einer höheren Klasse regelmäßig verkehrender Beförderungsmittel können erstattet werden, wenn dienstliche Gründe dies im Einzelfall oder allgemein erfordern.

(2) Fahr- und Flugpreisermäßigungen sind zu berücksichtigen; Fahrt- und Flugkosten werden nicht erstattet, wenn eine Möglichkeit zur unentgeltlichen Beförderung besteht.

(3) Für Strecken, die aus triftigen Gründen mit anderen als den in § 6 genannten nicht regelmäßig verkehrenden Beförderungsmitteln zurückgelegt worden sind, werden die notwendigen Kosten erstattet. Liegen keine triftigen Gründe vor, so werden höchstens die Reisekosten erstattet, die beim Benutzen eines regelmäßig verkehrenden Beförderungsmittels entstanden wären.

§ 6 Wegstrecken- und Mitnahmeentschädigung

(1) Beim Vorliegen triftiger Gründe kann die Benutzung eines privaten Kraftfahrzeugs genehmigt werden. Hierfür wird eine Wegstreckenentschädigung von 0,35 Euro je Kilometer, für ein zweirädriges Kraftfahrzeug von 0,18 Euro je Kilometer gewährt.

(2) Liegen keine triftigen Gründe für die Benutzung eines privaten Kraftfahrzeugs vor, wird eine Wegstreckenentschädigung von 0,21 Euro je Kilometer, für ein zweirädriges Kraftfahrzeug von 0,15 Euro je Kilometer gewährt.

(3) Dienstreisende, die in einem Kraftfahrzeug nach Abs. 1 Personen mitgenommen haben, die nach diesem Gesetz oder anderen Vorschriften des Landes Anspruch auf Fahrtkostenerstattung haben, erhalten eine Mitnahmeentschädigung in Höhe von 0,02 Euro je Person und Kilometer, für die Mitnahme mit einem zweirädrigen Kraftfahrzeug 0,01 Euro je Person und Kilometer. Sind Dienstreisende von einer im öffentlichen Dienst stehenden Person mitgenommen worden, die nach den Vorschriften eines anderen Dienstherrn als des Landes Anspruch auf Fahrtkostenerstattung hat, so erhalten sie Mitnahmeentschädigung nach Satz 1, soweit ihnen Auslagen für die Mitnahme entstanden sind.

(4) Für Strecken, die Dienstreisende mit einem privaten Fahrrad zurücklegen, wird eine Wegstreckenentschädigung von 0,06 Euro je Kilometer, bei Benutzung eines Elektrofahrrades im Sinne des § 1 Abs. 3 des Straßenverkehrsgesetzes von 0,10 Euro je Kilometer gewährt.

(5) Wird die Dienstreise an der Wohnung angetreten oder beendet, so wird höchstens die Wegstrecken- und Mitnahmeentschädigung erstattet, die bei der Abreise oder Ankunft an der Dienststätte entstanden wäre.

(6) Keine Wegstrecken- und Mitnahmeentschädigung wird gewährt, wenn ein landeseigenes Beförderungsmittel benutzt wurde oder hätte benutzt werden können und der Benutzung dienstliche oder zwingende persönliche Gründe nicht entgegengestanden haben.

§ 7 Tagegeld

Für die Mehraufwendungen für Verpflegung wird ein Tagegeld gewährt, dessen Höhe sich nach § 9 Abs. 4a Satz 3 des Einkommensteuergesetzes bestimmt. Für Dienstreisen am Ort der Dienststätte oder am Wohnort wird ein Tagegeld in Höhe von 50 vom Hundert des Tagegeldes nach Satz 1 und nur dann gewährt, wenn die oder der Bedienstete regelmäßig im Außendienst tätig ist und die Dauer der Abwesenheit mehr als acht Stunden beträgt.

§ 8 Übernachtungsgeld

(1) Für notwendige Übernachtungen erhalten Dienstreisende ein pauschales Übernachtungsgeld von 20 Euro pro Nacht. Höhere Übernachtungskosten werden erstattet, wenn sie unvermeidbar sind.

(2) Übernachtungsgeld wird nicht gewährt

1. bei einer Dienstreisedauer unter acht Stunden,
2. für die Dauer der Benutzung von Beförderungsmitteln,
3. bei Dienstreisen am oder zum Wohnort für die Dauer des Aufenthaltes an diesem Ort,
4. bei unentgeltlicher Bereitstellung einer Unterkunft des Amtes wegen, auch wenn diese Unterkunft ohne triftigen Grund nicht genutzt wird, und
5. in den Fällen, in denen das Entgelt für die Unterkunft in den erstattungsfähigen Fahrt- oder sonstigen Kosten enthalten ist, es sei denn, dass eine Übernachtung aufgrund einer zu frühen Ankunft am Geschäftsort oder einer zu späten Abfahrt von diesem zusätzlich erforderlich wird.

§ 9 Erstattung der Auslagen bei längerem Aufenthalt am Geschäftsort

(1) Dauert der Aufenthalt an demselben auswärtigen Geschäftsort länger als zehn Tage, so wird vom elften Tag an ein um 50 vom Hundert gemindertes Tagegeld gewährt. Unvermeidbare Übernachtungskosten werden erstattet, ein pauschales Übernachtungsgeld nach § 8 Abs. 1 Satz 1 wird nicht gewährt. Als Reisebeihilfe für Heimfahrten werden für jeweils 14 Tage des Aufenthaltes am Geschäftsort höchstens die Beförderungskosten nach § 5 Abs. 1 Satz 1 oder die in § 6 Abs. 2 genannte Entschädigung gewährt. Für die Zeit des Aufenthaltes am Wohnort wird Tagegeld nicht gewährt.

(2) Abweichend von Abs. 1 Satz 1 kann die oberste Dienstbehörde oder die von ihr ermächtigte unmittelbar nachgeordnete Behörde in besonderen Fällen bis zu weiteren 30 Tagen ungemindertes Tagegeld bewilligen.

§ 10 Kürzung des Tagegeldes nach § 7 und § 9 Abs. 1 Satz 1

(1) Erhalten Dienstreisende ihres Amtes wegen unentgeltlich Verpflegung, wird von dritter Seite unentgeltlich Verpflegung bereitgestellt oder ist das Entgelt für die Verpflegung in den erstattungsfähigen Fahrt- oder Flugkosten oder Nebenkosten enthalten, so ist das Tagegeld für das Frühstück um 20 Prozent, für das Mittag- und Abendessen um je 40 Prozent des Tagegeldes für einen vollen Kalendertag zu kürzen. Satz 1 gilt entsprechend, wenn Dienstreisende die ihnen ihres Amtes wegen unentgeltlich bereitgestellte Verpflegung ohne triftigen Grund nicht in Anspruch nehmen.

(2) Die oberste Dienstbehörde kann in besonderen Fällen mit Zustimmung des für das Reisekostenrecht zuständigen Ministeriums niedrigere Kürzungssätze zulassen.

§ 11 Erstattung von sonstigen Kosten

Zur Erledigung des Dienstgeschäfts notwendige Auslagen, die nicht nach den §§ 5 bis 10 zu erstatten sind, werden als Nebenkosten erstattet.

§ 12 Bemessung der Reisekostenerstattung in besonderen Fällen

(1) Bei Dienstreisen aus Anlass der Einstellung, Versetzung, Abordnung oder Aufhebung einer Abordnung wird das Tagegeld für die Zeit bis zur Ankunft am neuen Dienstort gewährt; im Übrigen gilt § 2 Abs. 2. Das Tagegeld wird für die Zeit bis zum Ablauf des Ankunftstages gewährt, wenn die Dienstreisenden vom nächsten Tag an Trennungsreise- oder Trennungstagegeld nach der Hessischen Trennungsgeldverordnung vom 21. Dezember 1993 (GVBl. I S. 738), zuletzt geändert durch Gesetz vom 9. Oktober 2009 (GVBl. I S. 397), erhalten; daneben wird Übernachtungsgeld gewährt. Bei Dienstreisen aus An-

lass der Versetzung, Abordnung oder Aufhebung einer Abordnung wird das Tagegeld vom Beginn des Abfahrtstages an gewährt, wenn für den vorhergehenden Tag Trennungsreise- oder Trennungstagegeld nach der Hessischen Trennungsgeldverordnung gewährt wird. § 10 bleibt unberührt.

(2) Übernachten Dienstreisende in ihrer außerhalb des Geschäftsortes gelegenen Wohnung, so wird das Tagegeld nach § 9 Abs. 1 Satz 1 um 35 vom Hundert gekürzt. Stattdessen werden die Auslagen für die Fahrten zwischen dem Geschäftsort und dem Wohnort nach den §§ 5 und 6 bis zur Höhe von 35 vom Hundert des Tagegeldes nach § 9 Abs. 1 Satz 1 erstattet.

§ 13 Erkrankung während einer Dienstreise

Erkranken Dienstreisende und können sie aus diesem Grunde nicht an ihren Wohnort zurückkehren, wird ihnen die Reisekostenerstattung weiter gewährt. Im Falle eines notwendigen Krankenhausaufenthaltes erhalten sie für jeden vollen Kalendertag anstelle der Reisekostenerstattung Ersatz der notwendigen Auslagen für die Unterkunft am Geschäftsort. Für eine Besuchsreise einer oder eines Angehörigen kann Bediensteten eine Reisebeihilfe in sinngemäßer Anwendung des § 5 Abs. 3 der Hessischen Trennungsgeldverordnung gewährt werden.

VI

§ 14 Verbindung von Dienstreisen und privaten Reisen

(1) Werden Dienstreisen mit privaten Reisen verbunden, wird die Reisekostenerstattung so bemessen, als wäre nur die Dienstreise durchgeführt worden. Die Reisekostenerstattung nach Satz 1 darf die sich nach dem tatsächlichen Reiseverlauf ergebende nicht übersteigen. Werden Dienstreisen mit einem Urlaub von mehr als fünf Arbeitstagen verbunden, werden nur die zusätzlich für die Erledigung des Dienstgeschäfts entstehenden Kosten nach den §§ 5 und 6 erstattet; Tage- und Übernachtungsgeld werden für die Dauer des Dienstgeschäfts sowie für die zusätzliche Reisezeit gewährt.

(2) Wird in besonderen Fällen angeordnet oder genehmigt, dass die Dienstreise an einem vorübergehenden Aufenthaltsort, an der Wohnung oder der Dienststätte anzutreten oder zu beenden ist, wird die Reisekostenerstattung abweichend von Abs. 1 Satz 1 und 3 nach der Abreise von oder der Ankunft an diesem Ort bemessen. Abs. 1 Satz 2 gilt entsprechend.

(3) Wird aus dienstlichen Gründen die vorzeitige Beendigung einer Urlaubsreise angeordnet, gilt die Rückreise vom Urlaubsort unmittelbar oder über den Geschäftsort zur Dienststätte als Dienstreise. Außerdem werden die Fahrtauslagen für die kürzeste Reisestrecke von der Wohnung zum Urlaubsort, an dem die Bediensteten eine Anordnung erreicht, im Verhältnis des nicht ausgenutzten Teils der Urlaubsreise zur vorgesehenen Dauer der Urlaubsreise erstattet.

(4) Aufwendungen der Dienstreisenden und der sie begleitenden Personen, die durch die Unterbrechung oder vorzeitige Beendigung einer Urlaubsreise verursacht worden sind, werden in angemessenem Umfang erstattet. Dies gilt auch für Aufwendungen, die aus diesen Gründen nicht ausgenutzt werden konnten; hinsichtlich der Erstattung von Aufwendungen für die Hin- und Rückfahrt ist Abs. 3 Satz 2 sinngemäß anzuwenden.

§ 15 Aufwandsentschädigung

(1) Dienstreisende, denen erfahrungsgemäß geringere Aufwendungen für Verpflegung oder Unterkunft als allgemein entstehen, erhalten nach näherer Bestimmung der obersten Dienstbehörde oder der von ihr ermächtigten unmittelbar nachgeordneten Behörde anstelle der Reisekostenerstattung nach den §§ 7 bis 10 eine Aufwandsentschädigung. Die Aufwandsentschädigung kann auch nach Stundensätzen gewährt werden.

(2) Erhalten Dienstreisende ihres Amtes wegen unentgeltlich Verpflegung und Unterkunft, so wird Tage- und Übernachtungsgeld nicht gewährt.

§ 16 Pauschalerstattung

Die oberste Dienstbehörde oder die von ihr ermächtigte unmittelbar nachgeordnete Behörde kann bei regelmäßigen oder gleichartigen Dienstreisen anstelle der Reisekostenerstattung nach den §§ 5 bis 11 oder Teilen davon eine Pauschalerstattung gewähren, die nach dem Durchschnitt der in einem bestimmten Zeitraum sonst anfallenden Einzelerstattungen zu bemessen ist.

§ 17 Auslandsdienstreisen

(1) Auslandsdienstreisen sind Dienstreisen zwischen Inland und Ausland sowie im Ausland.

(2) Soweit nichts anderes bestimmt ist, richtet sich die Gewährung von Reisekosten für Auslandsdienstreisen nach der Auslandsreisekostenverordnung vom 21. Mai 1991 (BGBl. I S. 1140), zuletzt geändert durch Gesetz vom 28. Mai 2005 (BGBl. I S. 1418), in der jeweils geltenden Fassung.

§ 18 Beamtinnen und Beamte der Gemeinden, Gemeindeverbände und sonstigen Körperschaften, Anstalten und Stiftungen des öffentlichen Rechts

Soweit nach diesem Gesetz für Entscheidungen in Einzelfällen die Zustimmung der für das Reisekostenrecht zuständigen Ministerin oder des hierfür zuständigen Ministers vorgesehen ist, entfällt sie für die Beamtinnen und Beamten der Gemeinden, der Gemeindeverbände und der sonstigen der Aufsicht des Landes unterstehenden Körperschaften, Anstalten und Stiftungen des öffentlichen Rechts.

§ 19 Trennungsgeld

(1) Beamtinnen und Beamte und Richterinnen und Richter, die an einen Ort außerhalb des Dienst- und Wohnortes ohne Zusage der Umzugskostenvergütung abgeordnet werden, erhalten für die ihnen dadurch entstehenden notwendigen Auslagen unter Berücksichtigung der häuslichen Ersparnis ein Trennungsgeld. Dasselbe gilt für die vorübergehende dienstliche Tätigkeit bei einer anderen Stelle als einer Dienststelle im Geltungsbereich dieses Gesetzes; Außen-, Zweig- oder Nebenstellen und vorübergehend eingerichtete Baustellen sind keine anderen Stellen.

(2) Werden Beamtinnen und Beamte zur Fortsetzung ihrer Ausbildung an eine auswärtige Ausbildungsstelle überwiesen oder nehmen sie an einem auswärtigen Ausbildungslehrgang teil, so können ihnen die dadurch entstehenden notwendigen Mehrauslagen ganz oder teilweise erstattet werden.

§ 20 Zuständigkeitsregelung

(1) Die Beschäftigungs- oder Ausbildungsbehörde ist zuständig für die Anordnung oder Genehmigung von Dienstreisen und von Reisen zur Aus- und Fortbildung sowie für die Erstattung von Reisekosten, soweit nicht durch dieses Gesetz eine andere Zuständigkeit bestimmt ist.

(2) Die oberste Dienstbehörde ist zuständig für die Bewilligung und Gewährung von Trennungsgeld nach der Hessischen Trennungsgeldverordnung.

§ 21 Übergangsvorschriften

(1) Für vor dem 1. Januar 2021 angetretene Dienstreisen findet das Hessische Reisekostengesetz in der am 31. Dezember 2020 geltenden Fassung Anwendung.

(2) Ist in Rechts- und Verwaltungsvorschriften auf Vorschriften und Bezeichnungen Bezug genommen, die nach diesem Gesetz nicht mehr gelten, so treten an ihre Stelle die entsprechenden Vorschriften und Bezeichnungen dieses Gesetzes.

§ 22 Ermächtigungen

(1) Die Landesregierung wird ermächtigt, durch Rechtsverordnung die Gewährung von Trennungsgeld nach § 19 Abs. 1 und die Erstattung von Mehrauslagen nach § 19 Abs. 2 zu regeln.

(2) Die für das Reisekostenrecht zuständige Ministerin oder der hierfür zuständige Minister wird ermächtigt, durch Rechtsverordnung

a) die in den §§ 6, 7 und 8 Abs. 1 Satz 1 festgelegten Beträge veränderten wirtschaftlichen Verhältnissen anzupassen,

b) die Höhe der Aufwandsentschädigung nach § 15 Abs. 1 zu bestimmen oder Richtlinien für deren Gewährung zu erlassen, wenn dies im Interesse einer einheitlichen Abfindung liegt, und

c) abweichende Regelungen nach § 17 Abs. 2 zu treffen.

Das für das Reisekostenrecht zuständige Ministerium erlässt die zur Ausführung dieses Gesetzes notwendigen Verwaltungsvorschriften.

(3) Die obersten Dienstbehörden können durch Rechtsverordnung die Zuständigkeiten nach § 20 abweichend regeln. Die für das Reisekostenrecht zuständige Ministerin oder der hierfür zuständige Minister wird ermächtigt, durch Rechtsverordnung die Zuständigkeiten für die Erstattung der Reisekosten und die Gewährung von Trennungsgeld für den Landesbereich abweichend von § 20 zu regeln und diesbezügliche Rechtsvorschriften nach Satz 1 zu ändern oder aufzuheben.

(4) Die Ministerin oder der Minister der Justiz wird ermächtigt, im Einvernehmen mit der für das Reisekostenrecht zuständigen Ministerin oder dem hierfür zuständigen Minister durch Rechtsverordnung die Abfindung der Gerichtsvollzieherinnen und Gerichtsvollzieher und der Vollziehungsbeamtinnen und Vollziehungsbeamten der Justiz bei Dienstreisen in Vollstreckungsangelegenheiten zu regeln.

§ 23 Inkrafttreten

Dieses Gesetz tritt am 1. Januar 2010 in Kraft.

Hessisches Umzugskostengesetz (HUKG)

Vom 26. Oktober 1993 (GVBl. I S. 464)

Zuletzt geändert durch
Drittes Gesetz zur Änderung dienstrechtlicher Vorschriften
vom 15. November 2021 (GVBl. S. 718)

§ 1 Anwendungsbereich

(1) Dieses Gesetz regelt Art und Umfang der Erstattung von Auslagen aus Anlaß der in den §§ 3 und 4 bezeichneten Umzüge und der in § 12 genannten Maßnahmen.
Berechtigte sind:

1. Personen, die im Geltungsbereich des Hessischen Beamtengesetzes in einem Beamten- oder Richterverhältnis stehen oder in diesen Geltungsbereich abgeordnet sind,
2. die in Nr. 1 bezeichneten Personen, wenn sie in den Ruhestand treten oder wegen Dienstunfähigkeit oder Erreichens der Altersgrenze entlassen worden sind,
3. Hinterbliebene der in den Nr. 1 und 2 bezeichneten Personen.

(2) Hinterbliebene sind die Ehegattin, der Ehegatte, die Lebenspartnerin, der Lebenspartner, Verwandte bis zum zweiten Grad, Verschwägerte im ersten Grad, Pflegekinder und Pflegeeltern, wenn diese Personen zur Zeit des Todes zur häuslichen Gemeinschaft einer der in Abs. 1 Satz 2 Nr. 1 und 2 bezeichneten Personen gehört haben.

(3) Eine häusliche Gemeinschaft im Sinne dieses Gesetzes setzt ein Zusammenleben in gemeinsamer Wohnung oder in enger Betreuungsgemeinschaft in demselben Hause voraus.

§ 2 Anspruch auf Umzugskostenvergütung

(1) Voraussetzung für den Anspruch auf Umzugskostenvergütung ist die schriftliche oder elektronische Zusage. Sie soll gleichzeitig mit der den Umzug veranlassenden Maßnahme erteilt werden. In den Fällen des § 4 Abs. 3 muß die Umzugskostenvergütung vor dem Umzug zugesagt werden.

(2) Die Umzugskostenvergütung wird nach Beendigung des Umzuges gewährt. Sie ist innerhalb einer Ausschlussfrist von sechs Monaten bei der Beschäftigungsbehörde, in den Fällen des § 4 Abs. 3 bei der letzten Beschäftigungsbehörde, schriftlich oder elektronisch zu beantragen. Die Frist beginnt mit dem Tage nach Beendigung des Umzuges, in den Fällen des § 11 Abs. 3 Satz 1 mit der Bekanntgabe des Widerrufs.

(3) Umzugskostenvergütung wird nicht gewährt, wenn nicht innerhalb von drei Jahren nach Wirksamwerden der Zusage der Umzugskostenvergütung umgezogen wird. Diese Frist kann in besonders begründeten Ausnahmefällen um längstens zwei Jahre verlängert werden. § 4 Abs. 3 Satz 2 bleibt unberührt.

§ 3 Zusage der Umzugskostenvergütung

(1) Die Umzugskostenvergütung ist zuzusagen für Umzüge

1. aus Anlaß der Versetzung aus dienstlichen Gründen an einen anderen Ort als den bisherigen Dienstort, es sei denn, daß
   a) mit einer baldigen weiteren Versetzung an einen anderen Dienstort zu rechnen ist,
   b) der Umzug aus besonderen Gründen nicht durchgeführt werden soll,
   c) die Wohnung auf einer üblicherweise befahrenen Strecke weniger als dreißig Kilometer von der neuen Dienststätte entfernt ist oder im neuen Dienstort liegt (Einzugsgebiet) oder
   d) Berechtigte auf die Zusage der Umzugskostenvergütung unwiderruflich verzichten,

VI

2. auf dienstliche Anweisung, die Wohnung innerhalb bestimmter Entfernung von der Dienststelle zu nehmen oder eine Dienstwohnung zu beziehen,
3. aus Anlaß der Räumung einer Dienstwohnung auf dienstliche Weisung,
4. aus Anlaß der Aufhebung einer Versetzung nach einem Umzug mit Zusage der Umzugskostenvergütung.

Der Versetzung gleich steht der Übertritt bei demselben oder einem anderen Dienstherrn, der aus rechtlichen Gründen nicht als Versetzung erfolgen kann.

(2) Abs. 1 Nr. 1 gilt entsprechend für Umzüge aus Anlaß

1. der Verlegung der Beschäftigungsbehörde,
2. der nicht nur vorübergehenden Zuteilung aus dienstlichen Gründen zu einem anderen Teil der Beschäftigungsbehörde,
3. der Übertragung eines neuen Richteramtes nach § 32 Abs. 2 des Deutschen Richtergesetzes oder eines weiteren Richteramtes nach § 6 des Hessischen Richtergesetzes.

§ 4 Zusage der Umzugskostenvergütung in besonderen Fällen

(1) Die Umzugskostenvergütung kann in entsprechender Anwendung des § 3 Abs. 1 Nr. 1 zugesagt werden für Umzüge aus Anlaß der

1. Abordnung,
2. vorübergehenden Zuteilung aus dienstlichen Gründen zu einem anderen Teil der Beschäftigungsbehörde,
3. vorübergehenden dienstlichen Tätigkeit bei einer anderen Stelle als einer Dienststelle,
4. Berufung von Professorinnen und Professoren aus dem Ausland, sofern ein besonderes dienstliches Interesse an der Berufung besteht,
5. Einstellung von künftigen Beamtinnen und Beamten, Richterinnen und Richtern, sofern ein besonderes dienstliches Interesse an der Einstellung besteht.

(2) Die Umzugskostenvergütung kann ferner zugesagt werden für Umzüge aus Anlaß

1. der Aufhebung oder Beendigung einer Maßnahme nach Abs. 1 Nr. 1 bis 3,
2. der Räumung einer im Eigentum oder im Besetzungsrecht des Dienstherrn stehenden Mietwohnung, wenn sie auf dienstliche Veranlassung geräumt werden soll.

(3) Die Umzugskostenvergütung kann ferner für Umzüge aus Anlaß der Beendigung des Dienstverhältnisses Berechtigten nach § 1 Abs. 1 Satz 2 Nr. 2 und 3 zugesagt werden, wenn

1. ein Verbleiben an kleineren abgelegenen Orten oder Plätzen nicht zumutbar ist oder
2. in den vorausgegangenen zehn Jahren mindestens ein Umzug mit Zusage der Umzugskostenvergütung an einen anderen Ort durchgeführt wurde.

Die Umzugskostenvergütung wird nur gewährt, wenn innerhalb von zwei Jahren nach Beendigung des Dienstverhältnisses umgezogen wird. Sie wird nicht gewährt, wenn das Dienstverhältnis aus Disziplinargründen oder zur Aufnahme einer anderen Tätigkeit beendet wurde.

(4) Der Abordnung steht die Überweisung an eine Ausbildungsstelle, die dienstlich angeordnete Teilnahme an einem Ausbildungslehrgang und die Zuweisung nach § 20 des Beamtenstatusgesetzes vom 17. Juni 2008 (BGBl. I S. 1010), zuletzt geändert durch Gesetz vom 29. November 2019 (BGBl. I S. 1626), gleich.

§ 5 Umzugskostenvergütung

(1) Die Umzugskostenvergütung umfaßt

1. Beförderungsauslagen (§ 6),
2. Reisekosten (§ 7),
3. Mietentschädigung (§ 8),
4. Maklergebühren (§ 9),
5. Pauschvergütung für sonstige Umzugsauslagen (§ 10),
6. Auslagen nach § 11.

(2) Zuwendungen, die für denselben Umzug von einer anderen Dienst- oder Beschäftigungsstelle gewährt werden, sind auf die

Umzugskostenvergütung insoweit anzurechnen, als für denselben Zweck Umzugskostenvergütung nach diesem Gesetz gewährt wird.

(3) Die auf Grund einer Zusage nach § 4 Abs. 1 Nr. 4 gewährte Umzugskostenvergütung ist zurückzuzahlen, wenn Berechtigte vor Ablauf von zwei Jahren nach Beendigung des Umzugs aus einem von ihnen zu vertretenden Grund aus dem Dienst ihres bisherigen Dienstherrn ausscheiden. Hiervon können Ausnahmen zugelassen werden, wenn Berechtigte unmittelbar in ein Dienst- oder Beschäftigungsverhältnis zu einem anderen öffentlich-rechtlichen Dienstherrn in der Bundesrepublik Deutschland oder zu einer in § 40 Abs. 6 Satz 2 und 3 des Bundesbesoldungsgesetzes bezeichneten Einrichtung übertreten und dafür ein dienstliches oder übergeordnetes öffentliches Interesse vorliegt.

§ 6 Beförderungsauslagen

(1) Die notwendigen Auslagen für das Befördern des Umzugsgutes von der bisherigen zur neuen Wohnung werden gegen Nachweis erstattet. Ohne Nachweis werden die Auslagen für das Befördern des Umzugsguts von der bisherigen zur neuen Wohnung als Pauschale erstattet. Die pauschale Erstattung beträgt bei einem Einpersonenhaushalt oder einer Wohnfläche der neuen Wohnung bis zu 50 Quadratmetern 800 Euro, bei einem Zweipersonenhaushalt oder einer Wohnfläche der neuen Wohnung bis 100 Quadratmetern 1000 Euro und einem Drei- oder Mehrpersonenhaushalt oder einer Wohnfläche der neuen Wohnung mit mehr als 100 Quadratmetern 1500 Euro. Das für die Berechtigten günstigere Kriterium ist ausschlaggebend. Liegt die neue Wohnung im Ausland, so werden in den Fällen des § 3 Abs. 2 Nr. 3, § 4 Abs. 2 Nr. 2 und Abs 3 Satz 1 die Beförderungsauslagen bis zum inländischen Grenzwert erstattet. Liegt die neue Wohnung im Ausland, so werden in den Fällen des § 3 Abs. 1 Nr. 3, § 4 Abs. 2 Nr. 2 und Abs. 3 Satz 1 die Beförderungsauslagen bis zum inländischen Grenzort erstattet.

(2) Auslagen für das Befördern von Umzugsgut, das sich außerhalb der bisherigen Wohnung befindet, werden höchstens insoweit erstattet, als sie beim Befördern mit dem übrigen Umzugsgut erstattungsfähig wären.

(3) Umzugsgut sind die Wohnungseinrichtung und in angemessenem Umfang andere bewegliche Gegenstände und Haustiere, die sich am Tage vor dem Einladen des Umzugsgutes im Eigentum, Besitz oder Gebrauch der Berechtigten oder anderer Personen befinden, die mit ihnen in häuslicher Gemeinschaft leben. Andere Personen im Sinne des Satz 1 sind die Ehegattin, der Ehegatte, die Lebenspartnerin, der Lebenspartner sowie die ledigen Kinder, Stief- und Pflegekinder. Es gehören ferner dazu die nicht ledigen in Satz 2 genannten Kinder und Verwandte bis zum zweiten Grad, Verschwägerte im ersten Grad und Pflegeeltern, wenn Berechtigte diesen Personen aus gesetzlicher oder sittlicher Verpflichtung nicht nur vorübergehend Unterkunft und Unterhalt gewähren, sowie Hausangestellte und solche Personen, deren Hilfe Berechtigte aus beruflichen oder gesundheitlichen Gründen nicht nur vorübergehend bedürfen.

§ 7 Reisekosten

(1) Für die Reise der Berechtigten und der zur häuslichen Gemeinschaft gehörenden Personen (§ 6 Abs. 3 Satz 2 und 3) von der bisherigen zur neuen Wohnung werden die Fahrtkosten sowie die nachgewiesenen Auslagen für Verpflegung und Unterkunft wie bei Dienstreisen erstattet, in den Fällen des § 4 Abs. 3 Satz 1 Nr. 1 wie sie bei Dienstreisen im letzten Dienstverhältnis zu erstatten wären. Übernachtungsgeld wird für den Tag des Ausladens des Umzugsgutes nur gewährt, wenn eine Übernachtung außerhalb der neuen Wohnung notwendig gewesen ist.

(2) Abs. 1 Satz 1 gilt entsprechend für die Reise von höchstens zwei Personen zum Suchen oder Besichtigen von Wohnungen mit der Maßgabe, dass die Fahrtkosten nach § 5 Abs. 1 Satz 1 und § 6 Abs. 2 des Hessischen Reisekostengesetzes vom 9. Oktober 2009 (GVBl. I S. 397), geändert durch Gesetz vom 28. September 2014 (GVBl. S. 218), erstattet werden; Auslagen für Unterkunft und Ver-

VI

pflegung werden für höchstens zwei Reise- und zwei Aufenthaltstage erstattet.

(3) Für eine Reise von Berechtigten zur bisherigen Wohnung zur Vorbereitung und Durchführung des Umzuges werden Fahrtkosten nach Abs. 2 erstattet. Die Fahrtkosten einer anderen Person für eine solche Reise werden im gleichen Umfang erstattet, wenn sich zur Zeit des Umzuges am bisherigen Wohnort weder der Berechtigte noch eine andere Person (§ 6 Abs. 3 Satz 2 und 3) befunden haben, der die Vorbereitung und Durchführung des Umzuges zuzumuten war. Wird der Umzug vor dem Wirksamwerden einer Maßnahme nach den §§ 3, 4 Abs. 1 durchgeführt, so werden die Fahrtkosten für die Rückreise von der neuen Wohnung zum Dienstort, in den Fällen des § 4 Abs. 1 Nr. 1 zur bisherigen Wohnung, gemäß Abs. 2 erstattet.

(4) § 6 Abs. 1 Satz 2 gilt entsprechend.

§ 8 Mietentschädigung

(1) Miete für die bisherige Wohnung und für eine bisherige Garage wird längstens bis zu dem Zeitpunkt erstattet, zu dem das Mietverhältnis frühestens aufgelöst werden könnte.

(2) Miete für die neue Wohnung, die nach Lage des Wohnungsmarktes für eine Zeit gezahlt werden mußte, während der die Wohnung noch nicht benutzt werden konnte, wird längstens für zwei Monate erstattet, wenn für dieselbe Zeit Miete für die bisherige Wohnung gezahlt werden mußte. Entsprechendes gilt für die Miete einer Garage.

(3) Die bisherige Wohnung im eigenen Haus oder die Eigentumswohnung steht der Mietwohnung gleich. An die Stelle der Miete tritt der ortsübliche Mietwert der Wohnung. Entsprechendes gilt für die eigene Garage. Für die neue Wohnung im eigenen Haus oder die neue Eigentumswohnung wird Mietentschädigung nicht gewährt.

(4) Miete nach Abs. 1 bis 3 wird nicht für eine Zeit erstattet, in der die Wohnung oder die Garage ganz oder teilweise anderweitig vermietet oder benutzt worden ist.

§ 9 Maklergebühren

Die notwendigen Maklergebühren für die Vermittlung einer Mietwohnung und einer Garage werden bis zu der gesetzlich zulässigen Höhe erstattet.

§ 10 Pauschvergütung für sonstige Umzugsauslagen

(1) Die Pauschvergütung für sonstige Umzugsauslagen beträgt für:

1. Verheiratete und ihnen nach Abs. 2 Gleichgestellte	1000 Euro,
2. Ledige	500 Euro,

sofern die Berechtigten am Tag vor dem Einladen des Umzugsgutes eine Wohnung hatten und am Tag nach dem Umzug wieder eine Wohnung eingerichtet haben.

Für Berechtigte, die vor dem Umzug keine eigene Wohnung hatten, vermindert sich der in Satz 1 Nr. 1 genannte Betrag auf 300 Euro und der in Satz 1 Nr. 2 genannte Betrag auf 100 Euro. Die in Satz 1 und 2 genannten Beträge erhöhen sich für jedes mit der oder dem Berechtigten auch nach dem Umzug in häuslicher Gemeinschaft lebende Kind, Stief- und Pflegekind um 250 Euro.

(2) Den Verheirateten stehen gleich Lebenspartnerinnen und Lebenspartner, Verwitwete und hinterbliebene Lebenspartnerinnen und Lebenspartner, Geschiedene, diejenigen, deren Ehe für aufgehoben oder für nichtig erklärt ist, sowie Lebenspartnerinnen und Lebenspartner, deren Lebenspartnerschaft aufgehoben ist, ferner Ledige, die auch in der neuen Wohnung Verwandten bis zum zweiten Grad, Verschwägerten im ersten Grad, Pflegekindern oder Pflegeeltern aus gesetzlicher oder sittlicher Verpflichtung nicht nur vorübergehend Unterkunft und Unterhalt gewähren, sowie Ledige, die auch in der neuen Wohnung eine andere Person aufgenommen haben, deren Hilfe sie aus beruflichen oder gesundheitlichen Gründen nicht nur vorübergehend bedürfen.

(3) Eine Wohnung im Sinne des Abs. 1 besteht aus einer geschlossenen Einheit von mehreren Räumen, in der ein Haushalt geführt werden kann, darunter stets eine Küche oder

ein Raum mit Kochgelegenheit. Zu einer Wohnung gehören außerdem Wasserversorgung, Ausguß und Toilette.

(4) In den Fällen des § 11 Abs. 3 werden die nachgewiesenen notwendigen Auslagen bis zur Höhe der Pauschvergütung erstattet.

(5) Ist innerhalb von fünf Jahren ein Umzug mit Zusage der Umzugskostenvergütung nach den §§ 3, 4 Abs. 1 Nr. 1 bis 3 und Abs. 2 Nr. 1 vorausgegangen, so wird ein Häufigkeitszuschlag in Höhe von 50 vom Hundert der Pauschvergütung nach Abs. 1 gewährt, wenn beim vorausgegangenen und beim abzurechnenden Umzug die Voraussetzungen des Abs. 1 Satz 1 vorgelegen haben.

(6) Stehen für denselben Umzug mehrere Pauschvergütungen zu, wird nur eine davon gewährt; sind die Pauschvergütungen unterschiedlich hoch, so wird die höhere gewährt.

§ 11 Umzugskostenvergütung in Sonderfällen

(1) Berechtigte mit Wohnung im Sinne des § 10 Abs. 3, denen Umzugskostenvergütung für einen Umzug nach § 3 Abs. 1 Nr. 1, 3 oder 4, § 4 Abs. 1 Nr. 1 bis 4, Abs. 2 Nr. 1 zugesagt ist, können für den Umzug in eine vorläufige Wohnung Umzugskostenvergütung erhalten, wenn die zuständige Behörde diese Wohnung vorher schriftlich oder elektronisch als vorläufige Wohnung anerkannt hat. Bis zum Umzug in die endgültige Wohnung darf eine Wohnung nur einmal als vorläufige Wohnung anerkannt werden.

(2) Im Falle des § 4 Abs. 3 Satz 1 Nr. 2 werden nur die Beförderungsauslagen (§ 6) erstattet.

(3) Wird die Zusage der Umzugskostenvergütung aus von Berechtigten nicht zu vertretenden Gründen widerrufen, so werden die durch die Vorbereitung des Umzuges entstandenen notwendigen, nach diesem Gesetz erstattungsfähigen Auslagen erstattet. Muß in diesem Fall ein anderer Umzug durchgeführt werden, so wird dafür Umzugskostenvergütung gewährt; Satz 1 bleibt unberührt. Satz 1 und 2 gelten entsprechend, wenn die Zusage der Umzugskostenvergütung zurückgenommen, anderweitig aufgehoben wird oder sich auf andere Weise erledigt.

§ 12 Trennungsgeld

(1) Trennungsgeld nach der Hessischen Trennungsgeldverordnung vom 20. Oktober 2011 (GVBl. I S. 657), geändert durch Gesetz vom 12. Dezember 2012 (GVBl. S. 659), wird gewährt

1. in den Fällen des § 3 Abs. 1 Nr. 1, 3 und 4 sowie Abs. 2, ausgenommen bei Vorliegen der Voraussetzungen des § 3 Abs. 1 Nr. 1 Buchst. c und d,
2. in den Fällen des § 4 Abs. 1 Nr. 1 bis 3 und Abs. 2 Nr. 1, soweit Berechtigte an einen anderen Ort als den bisherigen Dienstort versetzt werden, und Abs. 4, soweit er die Gleichstellung der Zuweisung nach § 20 des Beamtenstatusgesetzes mit einer Abordnung betrifft und
3. bei der Berufung mit Zusage der Umzugskostenvergütung

für die Berechtigten durch die getrennte Haushaltsführung, das Beibehalten der Wohnung oder der Unterkunft am bisherigen Wohnort oder das Unterstellen des zur Fortführung eines Haushalts notwendigen Teils der Wohnungseinrichtung entstehenden notwendigen Auslagen unter Berücksichtigung der häuslichen Ersparnis. Werden Berechtigte in einem Beamtenverhältnis zur Fortsetzung der Ausbildung mit Zusage der Umzugskostenvergütung an eine Ausbildungsstelle überwiesen oder nehmen sie an einem auswärtigen Ausbildungslehrgang teil, so können als Trennungsgeld die notwendigen Mehrauslagen ganz oder teilweise erstattet werden.

(2) Ist Berechtigten die Umzugskostenvergütung zugesagt worden, so darf Trennungsgeld nur gewährt werden, wenn sie uneingeschränkt umzugswillig sind und nachweislich wegen Wohnungsmangels am neuen Dienstort einschließlich des Einzugsgebietes oder wegen eines Umzugshinderungsgrundes nach Abs. 3 Satz 1 nicht umziehen können. Diese Voraussetzungen müssen seit dem Tage erfüllt sein, an dem die Umzugskostenvergütung zugesagt worden oder, falls für die Berechtigten günstiger, die Maßnahme wirksam geworden oder die Dienstwohnung geräumt worden ist.

VI

(3) Nach Wegfall des Wohnungsmangels darf Trennungsgeld nur weiter gewährt werden, wenn und solange dem Umzug einer der folgenden Hinderungsgründe entgegensteht:

1. vorübergehende schwere Erkrankung der Berechtigten oder eines ihrer Familienangehörigen (§ 6 Abs. 3 Satz 2 und 3) bis zur Dauer von einem Jahr,
2. Beschäftigungsverbote für die Berechtigte oder eine Familienangehörige (§ 6 Abs. 3 Satz 2 und 3) nach dem Mutterschutzrecht,
3. Schul- oder Berufsausbildung eines Kindes (§ 6 Abs. 3 Satz 2 und 3) bis zum Ende des Schul- oder Ausbildungsjahres; befindet sich das Kind in der vorletzten Jahrgangsstufe der Oberstufe, so verlängert sich die Gewährung des Trennungsgeldes bis zum Ende des folgenden Schuljahres; befindet sich das Kind im vorletzten Ausbildungsjahr eines Berufsausbildungsverhältnisses, so verlängert sich die Gewährung des Trennungsgeldes bis zum Ende des folgenden Ausbildungsjahres,
4. Schul- oder Berufsausbildung eines schwerbehinderten Kindes (§ 6 Abs. 3 Satz 2 und 3) bis zur Beendigung der Ausbildung, soweit diese am neuen Dienst- oder Wohnort oder in erreichbarer Entfernung davon wegen der Behinderung nicht fortgesetzt werden kann,
5. Schul- oder erste Berufsausbildung der Ehegattin, des Ehegatten, der Lebenspartnerin oder des Lebenspartners entsprechend Nr. 3,
6. akute lebensbedrohende Erkrankung eines Elternteils der oder des Berechtigten oder seiner Ehegattin, ihres Ehegatten, ihrer Lebenspartnerin oder seines Lebenspartners, wenn der erkrankte Elternteil in hohem Maße Hilfe von den vorgenannten Personen oder anderen Familienangehörigen der Berechtigten erhält.

Trennungsgeld darf auch gewährt werden, wenn zum Zeitpunkt des Wirksamwerdens der dienstlichen Maßnahme kein Wohnungsmangel, aber einer dieser Hinderungsgründe vorliegt. Liegt bei Wegfall des Hinderungsgrundes ein neuer Hinderungsgrund vor, kann Trennungsgeld bis zu längstens einem Jahr weiterbewilligt werden. Nach Wegfall des Hinderungsgrundes darf Trennungsgeld auch bei erneutem Wohnungsmangel nicht gewährt werden.

(4) Die Landesregierung wird ermächtigt, durch Rechtsverordnung Vorschriften über die Gewährung des Trennungsgeldes zu erlassen. Dabei kann bestimmt werden, daß in den Fällen des § 3 Abs. 1 Nr. 1 Buchst. d Berechtigte für längstens ein Jahr Reisebeihilfen für Heimfahrten erhalten.

§ 13 Umzugskostenvergütung bei Auslandsumzügen

Bei Auslandsumzügen nach § 13 Abs. 1 und 2 Satz 1 des Bundesumzugskostengesetzes in der Fassung vom 11. Dezember 1990 (BGBl. I S. 2682), zuletzt geändert durch Gesetz vom 5. Februar 2009 (BGBl. I S. 160), bestimmt sich der Anspruch auf Umzugskostenvergütung nach Maßgabe der Auslandsumzugskostenverordnung vom 26. November 2012 (BGBl. I S. 2349) in der jeweils geltenden Fassung.

§ 14 Zuständigkeitsregelung

Die oberste Dienstbehörde oder die von ihr bestimmte Behörde ist zuständig für

1. die Zusage und Gewährung der Umzugskostenvergütung,
2. die Verlängerung der Frist für einen Umzug über drei Jahre hinaus um längstens zwei Jahre nach § 2 Abs. 3 Satz 2,
3. die Bewilligung von Ausnahmen für die Rückzahlung der Umzugskostenvergütung nach § 5 Abs. 3 Satz 2,
4. die Anerkennung einer Wohnung als vorläufige Wohnung nach § 11 Abs. 1 Satz 1 und
5. die Bewilligung und Gewährung von Trennungsgeld.

§ 15 Übergangsvorschriften

(1) Für vor dem 24. Novenber 2021 zugesagte Umzugskostenvergütungen findet dieses Gesetz in der am 23. November 2021 geltenden Fassung Anwendung.

(2) Ist in Rechts- und Verwaltungsvorschriften auf Vorschriften und Bezeichnungen Bezug

genommen, die nach diesem Gesetz nicht mehr gelten, so treten an ihre Stelle die entsprechenden Vorschriften und Bezeichnungen dieses Gesetzes.

§ 16 (weggefallen)

§ 17 Verwaltungsvorschriften

Die allgemeinen Verwaltungsvorschriften zu diesem Gesetz erlässt das für das Umzugskostenrecht zuständige Ministerium.

§ 18 Inkrafttreten

§ 12 Abs. 4 tritt am Tage nach der Verkündung dieses Gesetzes in Kraft. Die übrigen Vorschriften treten am 1. Januar 1994 in Kraft.

Hessische Trennungsgeldverordnung (HTGV)

Vom 20. Oktober 2011 (GVBl. I S. 657)

Zuletzt geändert durch
Drittes Gesetz zur Änderung dienstrechtlicher Vorschriften
vom 15. November 2021 (GVBl. S. 718)

Aufgrund des § 12 Abs. 4 des Hessischen Umzugskostengesetzes vom 26. Oktober 1993 (GVBl. S. 464), zuletzt geändert durch Gesetz vom 17. September 2010 (GVBl. I S. 283), und des § 22 Abs. 1 des Hessischen Reisekostengesetzes vom 9. Oktober 2009 (GVBl. I S. 397) verordnet die Landesregierung:

§ 1 Auswärtiges Verbleiben

(1) Personen, welche nach § 12 des Hessischen Umzugskostengesetzes oder § 19 des Hessischen Reisekostengesetzes Anspruch auf Trennungsgeld haben (Berechtigte), die nicht täglich zum Wohnort zurückkehren und denen die tägliche Rückkehr nicht zuzumuten oder aus dienstlichen Gründen nicht gestattet ist, erhalten als Trennungsgeld für die ersten zehn Tage nach beendeter Dienstantrittsreise eine Erstattung wie bei Dienstreisen (Trennungsreisegeld). Entsprechend § 9 Abs. 2 des Hessischen Reisekostengesetzes kann das Trennungsreisegeld bis zu weiteren 30 Tagen bewilligt werden; § 9 Abs. 1 Satz 2 des Hessischen Reisekostengesetzes gilt entsprechend. Die tägliche Rückkehr zum Wohnort ist nicht zuzumuten, wenn bei Benutzung regelmäßig verkehrender Beförderungsmittel die benötigte Zeit für das Zurücklegen der Strecke zwischen Wohnung und Dienststätte und zurück in der Regel mehr als drei Stunden beträgt.

(2) Berechtigte nach Abs. 1 erhalten nach Ablauf des Zeitraums nach Abs. 1 Satz 1 und 2 als Trennungsgeld Trennungstagegeld in Höhe von

1. 15 Euro, wenn sie mit
   a) ihrer Ehegattin, ihrem Ehegatten, ihrer Lebenspartnerin oder ihrem Lebenspartner in häuslicher Gemeinschaft leben oder
   b) Verwandten bis zum zweiten Grad, Verschwägerten im ersten Grad, Pflegekindern oder Pflegeeltern in häuslicher Gemeinschaft leben und ihnen aus gesetzlicher oder sittlicher Verpflichtung nicht nur vorübergehend Unterkunft und Unterhalt ganz oder teilweise gewähren oder
   c) Personen in häuslicher Gemeinschaft leben. deren Hilfe sie aus beruflichen oder nach amtsärztlichem Zeugnis aus gesundheitlichen Gründen nicht nur vorübergehend bedürfen,

   die Wohnung nach § 10 Abs. 3 des Hessischen Umzugskostengesetzes beibehalten und getrennten Haushalt führen;
2. 10 Euro, wenn sie ihre Wohnung nach § 10 Abs. 3 des Hessischen Umzugskostengesetzes oder ihre Unterkunft beibehalten.

§ 10 Abs. 1 Satz 1 Nr. 2, Satz 2 und Abs. 2 des Hessischen Reisekostengesetzes gilt entsprechend.

(3) Als Unterkunftsanteil des Trennungsgelds können in besonderen Fällen ab dem elften Tag auch die notwendigen Auslagen für eine Unterkunft am neuen Dienstort oder in dessen Einzugsgebiet gewährt werden (Trennungswohngeld).

§ 2 Abwesenheit, mehrere Berechtigungen, geringere Aufwendungen

(1) Für das Beibehalten einer entgeltlichen Unterkunft am neuen Dienstort oder in dessen Einzugsgebiet werden für volle Kalendertage der Abwesenheit wegen

1. eines Urlaubs sowie der Sonn- und Feiertage innerhalb eines Urlaubs,
2. einer Dienstbefreiung,

3. einer Abwesenheit aufgrund einer Erkrankung oder
4. eines dienstlich erlaubten Aufenthalts an Arbeitstagen am Wohnort

in den Fällen des § 1 Abs. 1 Satz 1 die Unterkunftskosten wie bei Dienstreisen erstattet und in den Fällen des § 1 Abs. 2 35 Prozent des Trennungstagegeldes gewährt.

Satz 1 gilt entsprechend für die Beschäftigungsverbote nach Mutterschutzrecht, wenn die Unterkunft beibehalten werden muss. Sind Berechtigte bei einer Abwesenheit vom Dienstort wegen Erkrankung aufgrund eines für die Dauer der den Trennungsgeldanspruch begründenden Maßnahme nach § 19 des Hessischen Reisekostengesetzes oder § 12 des Hessischen Umzugskostengesetzes (Maßnahme) abgeschlossenen Vertrages zur Weiterzahlung von Mietzins verpflichtet, werden abweichend von Satz 1 die dadurch entstehenden notwendigen Auslagen für die Unterkunft erstattet, soweit sie 35 Prozent des Trennungstagegeldes übersteigen. Die Frist nach § 1 Abs. 1 Satz 1 wird nicht unterbrochen.

(2) Wird der Dienstort in den Fällen des Abs. 1 Satz 2 verlassen, werden die Auslagen für die Fahrt zum Wohnort und zurück nach den §§ 5 und 6 des Hessischen Reisekostengesetzes erstattet. Nach Rückkehr steht Trennungsreisegeld nicht zu, wenn die Unterkunft wieder in Anspruch genommen werden kann, für die das Trennungsgeld nach Abs. 1 bis zur Rückkehr gewährt wird.

(3) Ändert sich der Dienstort aufgrund einer weiteren Maßnahme für einen Zeitraum von bis zu drei Monaten, wird neben dem Trennungsgeld für den neuen Dienstort für die bisherige Unterkunft Trennungsgeld nach Abs. 1 gewährt. Bei tatsächlicher oder zumutbarer täglicher Rückkehr dorthin wird neben dem Trennungsgeld nach § 1 die Entschädigung nach § 4 gewährt. Nach Rückkehr an den bisherigen Dienstort steht Trennungsreisegeld nicht zu.

(4) Wird in den Fällen

1. einer neuen Maßnahme,
2. eines Umzugs mit Zusage der Umzugskostenvergütung,
3. des Verlassens des Dienstortes vor Ende des Dienstverhältnisses

kein Trennungsgeld für die bisherige Unterkunft mehr gewährt, wird Trennungsgeld nach § 1 Abs. 3 längstens bis zu dem Zeitpunkt erstattet, zu dem das Mietverhältnis frühestens gelöst werden kann.

(5) Im Falle einer neuen Maßnahme wird Trennungsgeld weiter gewährt, wenn Berechtigte wegen Krankheit den Dienstort nicht verlassen können.

(6) Erhält die Ehegattin, der Ehegatte, die Lebenspartnerin oder der Lebenspartner der oder des Berechtigten Trennungsgeld nach den §§ 1 oder 2 oder eine entsprechende Entschädigung nach den Vorschriften eines anderen Dienstherrn, erhält die oder der Berechtigte anstelle eines Trennungstagegeldes nach § 1 Abs. 2 Satz 1 Nr. 1 Trennungstagegeld nach § 1 Abs. 2 Satz 1 Nr. 2, wenn

1. sie oder er am Dienstort der Ehegattin, des Ehegatten, der Lebenspartnerin oder des Lebenspartners wohnt oder
2. die Ehegattin, der Ehegatte, die Lebenspartnerin oder der Lebenspartner am Dienstort der oder des Berechtigten beschäftigt ist.

(7) Sind die einer Berechtigten oder einem Berechtigten entstehenden Aufwendungen für Verpflegung oder Unterkunft regelmäßig geringer als das zu gewährende Trennungsgeld, kann das Trennungsgeld bis zur Höhe dieser Aufwendungen gekürzt werden.

§ 3 Reisebeihilfe für Heimfahrten beim auswärtigen Verbleiben

(1) Berechtigte nach § 1 erhalten eine Reisebeihilfe für jede Kalenderwoche des auswärtigen Verbleibens, wenn sie die Voraussetzungen des § 1 Abs. 2 Satz 1 Nr. 1 Buchst. a oder b erfüllen oder das 18. Lebensjahr noch nicht vollendet haben, im Übrigen für je zwei Kalenderwochen. Ändern sich diese Voraussetzungen, beginnt der neue Anspruchszeitraum erst mit Ablauf des bisherigen, sofern dies für die Berechtigten günstiger ist. Der Anspruchszeitraum wird aus Anlass einer neuen Maßnahme durch Sonn- und Feiertage,

VI

allgemein dienstfreie Werktage und Tage der Dienstantrittsreise nicht unterbrochen. Eine Reisebeihilfe wird nur gewährt, wenn die Reise im maßgebenden Anspruchszeitraum beginnt.

(2) In den Fällen des § 3 Abs. 1 Satz 1 Nr. 1 Buchst. d des Hessischen Umzugskostengesetzes erhalten Berechtigte Reisebeihilfe für längstens ein Jahr.

(3) Anstelle einer Reise von Berechtigten kann eine Reise einer Person nach § 1 Abs. 2 Satz 1 Nr. 1 Buchst. a oder b berücksichtigt werden.

(4) Als Reisebeihilfe werden die Fahrt- oder Flugkosten nach § 5 Abs. 1 Satz 1 und Abs. 2 Satz 1 des Hessischen Reisekostengesetzes vom Dienstort zum bisherigen Wohnort oder, wenn dieser im Ausland außerhalb der Europäischen Union liegt, bis zum inländischen Grenzort und zurück erstattet. Bei Benutzung eines privaten Kraftfahrzeugs wird Wegstreckenentschädigung nach § 6 Abs. 2 des Hessischen Reisekostengesetzes, bei Mitnahme in einem privaten Kraftfahrzeug Mitnahmeentschädigung nach § 6 Abs. 3 Satz 1 des Hessischen Reisekostengesetzes gewährt.

§ 4 Trennungsgeld bei täglicher Rückkehr zum Wohnort

(1) Berechtigte, die täglich an den Wohnort zurückkehren oder denen die tägliche Rückkehr nach § 1 Abs. 1 Satz 3 zuzumuten ist, erhalten als Trennungsgeld Fahrtkostenerstattung nach § 5 Abs. 1, Abs. 2 Satz 1 und Abs. 3 des Hessischen Reisekostengesetzes oder Wegstrecken- und Mitnahmeentschädigung nach § 6 des Hessischen Reisekostengesetzes. Hierauf sind die Fahrtauslagen anzurechnen, die für das Zurücklegen der Strecke zwischen Wohnung und der bisherigen, bei einer Kette von Maßnahmen der ersten Dienststätte entstanden wären, wenn die Entfernung mindestens zehn Kilometer beträgt. Dabei ist als Aufwand ein Betrag von 0,21 Euro je Entfernungskilometer und Arbeitstag zugrunde zu legen.

(2) Muss aus dienstlichen Gründen am Dienstort übernachtet werden, werden die dadurch entstandenen notwendigen Aufwendungen erstattet.

(3) Kehrt eine Berechtigte oder ein Berechtigter täglich zum Wohnort zurück und ist ihr oder ihm die tägliche Rückkehr nach § 1 Abs. 1 Satz 3 nicht zuzumuten, darf das ihr oder ihm in einem Kalendermonat nach Abs. 1 zustehende Trennungsgeld den Betrag des Trennungsgeldes nach den §§ 1 und 2 und des Tage- und Übernachtungsgeldes nach § 12 Abs. 1 des Hessischen Reisekostengesetzes nicht übersteigen, der ihr oder ihm in dem Kalendermonat zustehen würde; § 1 Abs. 1 Satz 2 und Abs. 3 ist nicht anzuwenden.

§ 5 Sonderfälle und Auslandstrennungsgeld

(1) Anspruch auf Trennungsgeld besteht weiter, wenn sich aus Anlass einer neuen Maßnahme der neue Dienstort nicht ändert.

(2) In Fällen einer Teilabordnung wird der Abordnungsort zum neuen Dienstort, wenn Berechtigte dort zeitlich überwiegend Dienst leisten. Bei zeitlich gleicher Verwendung ist derjenige Ort Dienstort, der dem Wohnort am weitesten entfernt liegt.

(3) Ist ein Umzug, für den Umzugskostenvergütung zugesagt ist, aus Anlass einer Maßnahme vor dem Wirksamwerden der Umzugskostenzusage durchgeführt, kann Trennungsgeld in entsprechender Anwendung dieser Verordnung bis zu dem Tag vor der Dienstantrittsreise, längstens für drei Monate, gewährt werden.

(4) Wird die Zusage der Umzugskostenvergütung außerhalb eines Rechtsbehelfsverfahrens aufgehoben, wird dadurch ein Trennungsgeldanspruch nicht begründet; ein erloschener Trennungsgeldanspruch lebt nicht wieder auf.

(5) Nach einem Umzug, für den Umzugskostenvergütung nicht zu gewähren ist, darf das Trennungsgeld nicht höher sein als das bisherige.

(6) Das Trennungsgeld kann ganz oder teilweise versagt werden, wenn die Führung der Dienstgeschäfte verboten ist oder infolge einer vorläufigen Dienstenthebung oder einer rechtmäßig angeordneten Freiheitsentziehung der

VI

Dienst nicht ausgeübt werden kann. Das gilt nicht, wenn Berechtigte aufgrund einer dienstlichen Weisung am Dienstort bleiben.

(7) Der Anspruch auf Auslandstrennungsgeld bestimmt sich nach der Auslandstrennungsgeldverordnung in der Fassung der Bekanntmachung vom 22. Januar 1998 (BGBl. I S. 189), zuletzt geändert durch Gesetz vom 5. Februar 2009 (BGBl. I S. 160), in der jeweils geltenden Fassung.

§ 6 Abweichende Regelungen für Berechtigte in Ausbildung

(1) Berechtigte in Ausbildung, die zur Fortsetzung der Ausbildung von der Stammdienststelle zu einer auswärtigen Ausbildungsstelle überwiesen werden oder die an auswärtigen Ausbildungsveranstaltungen teilnehmen, erhalten Trennungsgeld nach Maßgabe der Abs. 2 bis 9. Für eintägige Ausbildungsreisen wird Trennungsgeld wie bei Dienstreisen gewährt. Berechtigte nach § 1 Abs. 2 Satz 1 Nr. 2, die keine Wohnung beibehalten und denen die Umzugskostenvergütung zugesagt ist, haben Anspruch auf Trennungsgeld für höchstens zehn Tage nach Beendigung der Antrittsreise.

(2) Berechtigte in Ausbildung, die nicht täglich zum Ort der Stammdienststelle oder zum Ausbildungs- oder Wohnort zurückkehren und denen die tägliche Rückkehr zu diesen Orten nach Maßgabe des § 1 Abs. 1 Satz 3 nicht zuzumuten ist, erhalten 50 Prozent des Trennungsreise- und Trennungstagegeldes nach § 1 Abs. 1 Satz 1 und Abs. 2. Trennungsreise- und Trennungstagegeld steht nicht zu für Tage, an denen des Amtes wegen unentgeltlich Verpflegung und Unterkunft bereitstehen oder hierfür ein Kostenbeitrag von weniger als 5 Euro täglich zu entrichten ist.

(3) Kehren Berechtigte in Ausbildung täglich zum Ort der Stammdienststelle, dem Ausbildungs- oder Wohnort zurück oder ist ihnen die tägliche Rückkehr zu diesen Orten nach § 1 Abs. 1 Satz 3 zuzumuten, wird als Trennungsgeld Fahrtkostenerstattung entsprechend § 5 Abs. 1, Abs. 2 Satz 1 und Abs. 3 des Hessischen Reisekostengesetzes oder Wegstrecken- und Mitnahmeentschädigung entsprechend § 6 des Hessischen Reisekostengesetzes gewährt. § 4 Abs. 1 Satz 2 und Abs. 3 gilt entsprechend.

(4) Trennungsgeld steht nicht zu, wenn Berechtigte in Ausbildung am Ort der Ausbildungsstelle, zu der sie überwiesen sind, am Ort der Ausbildungsveranstaltung oder in deren Einzugsgebiet (§ 3 Abs. 1 Satz 1 Nr. 1 Buchst. c des Hessischen Umzugskostengesetzes) wohnen.

(5) Werden Berechtigte in Ausbildung auf ihren eigenen Wunsch hin einer entfernteren Stammdienststelle, Ausbildungsstelle oder Wahlstation nach § 29 Abs. 2 Nr. 5 und Abs. 4 des Juristenausbildungsgesetzes in der Fassung der Bekanntmachung vom 15. März 2004 (GVBl. I S. 158), zuletzt geändert durch Gesetz vom 27. Mai 2013 (GVBl. S. 218), überwiesen, erhalten sie Trennungsgeld in Höhe von 25 Prozent des Trennungsreise- und Trennungstagegeldes nach § 1 Abs. 1 Satz 1 und Abs. 2.

(6) § 2 Abs. 2 ist mit der Maßgabe anzuwenden, dass Fahrtkosten höchstens für die Fahrt zwischen dem Ort der Überweisung und dem Ort der Stammdienststelle, bei der Überweisung zu einer Ausbildungs- oder Wahlstation im Ausland außerhalb der Europäischen Union zwischen dem inländischen Grenzort und dem Ort der Stammdienststelle ersetzt werden.

(7) Reisebeihilfe für Heimfahrten nach § 3 steht auch zu, wenn nach Abs. 2 Satz 2 und Abs. 5 Trennungsreise- und Trennungstagegeld nicht gewährt werden. Reisebeihilfen für Heimfahrten von außerhalb der Europäischen Union gelegenen Ausbildungs- oder Wahlstationen werden nicht gewährt.

(8) Die oberste Dienstbehörde bestimmt, welche Ausbildungsstelle als Stammdienststelle gilt.

(9) § 5 Abs. 7 gilt nicht für Berechtigte in Ausbildung.

§ 7 Ende des Trennungsgeldanspruchs

(1) Das Trennungsgeld wird bis zum Tag des Wegfalls der maßgebenden Voraussetzungen gewährt.

VI

(2) Trennungsgeld steht nur zu, solange Anspruch auf Besoldung besteht.

(3) Bei einem Umzug mit Zusage der Umzugskostenvergütung wird Trennungsgeld längstens gewährt bis zu dem Tag, der dem Tag vorausgeht, für den Berechtigte für sich Reisekostenerstattung nach § 7 Abs. 1 des Hessischen Umzugskostengesetzes erhalten, im Übrigen bis zum Tag des Ausladens des Umzugsguts.

(4) In den Fällen des § 2 Abs. 4 Nr. 1 und 3 wird Trennungsgeld bis zu dem Tag gewährt, an dem der Dienstort verlassen wird, bei Gewährung von Reisekostenerstattung für diesen Tag bis zum vorausgehenden Tag.

§ 8 Verfahrensvorschriften

(1) Die Bewilligung von Trennungsgeld ist innerhalb einer Ausschlussfrist von sechs Monaten nach Beginn der Maßnahme schriftlich oder elektronisch zu beantragen. Die Frist beginnt jeweils mit Ablauf des Kalendermonats, in dem Trennungsgeld erstmalig zusteht. Das Trennungsgeld wird monatlich nachträglich aufgrund von Forderungsnachweisen gezahlt, die innerhalb einer Ausschlussfrist von sechs Monaten nach Ablauf des maßgeblichen Kalendermonats von der oder dem Berechtigten vorzulegen sind.

(2) Die Berechtigten haben nachzuweisen, dass die Voraussetzungen für die Trennungsgeldgewährung vorliegen, insbesondere haben sie in den Fällen des § 12 des Hessischen Umzugskostengesetzes das fortwährende Bemühen um eine Wohnung nachzuweisen.

§ 9 Übergangsvorschrift

Für Ansprüche auf Trennungsgeld, die auf Maßnahmen beruhen, die vor dem 1. Januar 2012 wirksam geworden sind, gilt bisheriges Recht; auf Antrag der oder des Berechtigten ist für Zeiträume nach dem 31. Dezember 2011 neues Recht anzuwenden.

§ 10 Verwaltungsvorschriften

Das für das Recht des öffentlichen Dienstes zuständige Ministerium erlässt die zur Durchführung dieser Verordnung erforderlichen Verwaltungsvorschriften.

§ 11 Inkrafttreten

Diese Verordnung tritt am 1. Januar 2012 in Kraft.

VII Beihilfe/Fürsorge

Beihilfe

Fürsorge

Hessische Beihilfenverordnung (HBeihVO)

in der Fassung der Bekanntmachung vom 5. Dezember 2001 (GVBl. I S. 482, S. 564)

Zuletzt geändert durch
Zulagenerhöhungsgesetz
vom 20. November 2024 (GVBl. Nr. 65)

§ 1 Zweckbestimmung und Rechtsnatur

(1) Diese Verordnung regelt die Gewährung von Beihilfen in Krankheits-, Geburts- und Todesfällen, für Maßnahmen zur Früherkennung von Krankheiten, für Schutzimpfungen, für nicht rechtswidrige oder nicht strafbare Schwangerschaftsabbrüche und nicht rechtswidrige Sterilisationen. Die Beihilfen ergänzen bei Beamten, Richtern und Versorgungsempfängern die aus den laufenden Bezügen zu bestreitende Eigenvorsorge.

(2) Auf die Beihilfe besteht ein Rechtsanspruch. Der Anspruch kann nicht abgetreten, verpfändet oder gepfändet werden; er ist nicht vererblich.

(3) Beihilfen werden zu den beihilfefähigen Aufwendungen der beihilfeberechtigten Personen und ihrer berücksichtigungsfähigen Angehörigen gewährt.

§ 2 Beihilfeberechtigte Personen

(1) Beihilfeberechtigt sind

1. Beamte und Richter sowie Praktikanten im Sinne der §§ 23a und 187a des Hessischen Beamtengesetzes,
2. Ruhestandsbeamte und Richter im Ruhestand sowie frühere Beamte und Richter, die wegen Dienstunfähigkeit oder Erreichens der Altersgrenze entlassen worden oder wegen Ablaufs der Dienstzeit ausgeschieden sind,
3. Witwen, Witwer und Waisen der in Nr. 1 und 2 bezeichneten Personen,
4. Angestellte und Arbeiter sowie Personen in einem Ausbildungsverhältnis, die nach der Übergangsvorschrift des § 18 Abs. 4 über den 30. April 2001 hinaus beihilfeberechtigt bleiben. Keine Beihilfeberechtigung besteht hinsichtlich der Aufwendungen nach §§ 9 bis 9d. Nichtvollbeschäftigte erhalten von der errechneten Beihilfe den Teil, der dem Verhältnis entspricht, in dem die regelmäßige Arbeitszeit eines entsprechenden Vollbeschäftigten zu der mit ihnen vertraglich vereinbarten durchschnittlichen regelmäßigen wöchentlichen Arbeitszeit steht.

(2) Die Beihilfeberechtigung der in Abs. 1 Nr. 1 bis 3 bezeichneten Personen besteht, wenn und solange sie Dienstbezüge, Anwärterbezüge, Unterhaltsbeihilfe, Versorgungsbezüge oder Entpflichtetenbezüge erhalten. Sie besteht bei diesen Personen auch, wenn Versorgungsbezüge wegen Anwendung von Ruhens- oder Anrechnungsvorschriften nicht gezahlt werden. Die Beihilfeberechtigung der in Abs. 1 Nr. 4 bezeichneten Personen besteht für die Dauer des Arbeits- oder Ausbildungsverhältnisses; dies gilt nicht, wenn ein Arbeitsverhältnis wegen des Bezugs einer Rente auf Zeit ruht. Bei einer Beurlaubung ohne Bezüge, Vergütung oder Lohn bleibt die Beihilfeberechtigung bestehen, wenn die oberste Dienstbehörde schriftlich ein dienstliches Interesse an der Beurlaubung anerkannt hat oder die Beurlaubung nicht länger als einen Monat andauert; § 4 ist zu beachten.

(3) Als beihilfeberechtigt gelten unter den Voraussetzungen des § 16 Abs. 2 auch andere natürliche sowie juristische Personen.

(4) Nicht beihilfeberechtigt sind

1. Ehrenbeamte und ehrenamtliche Richter,
2. Halbwaisen, wenn der lebende Elternteil oder der Ehegatte beihilfeberechtigt ist und Anspruch auf Beihilfen zu den Aufwendungen für die Halbwaise hat,

VII

3. Bedienstete mit Ausnahme von Beamten auf Widerruf im Vorbereitungsdienst, die befristet für nicht länger als ein Jahr beschäftigt werden, es sei denn, dass sie insgesamt mindestens ein Jahr ununterbrochen im öffentlichen Dienst (§ 40 Abs. 6 des Bundesbesoldungsgesetzes) beschäftigt sind,
4. Personen, denen Leistungen zu den notwendigen Kosten in Krankheits-, Geburts- und Todesfällen aus einer Mitgliedschaft im Europäischen Parlament, im Deutschen Bundestag, im Hessischen Landtag oder in der gesetzgebenden Körperschaft eines anderen Landes zustehen.

§ 3 Berücksichtigungsfähige Angehörige

(1) Berücksichtigungsfähige Angehörige sind
1. der Ehegatte des Beihilfeberechtigten,
2. Kinder der oder des Beihilfeberechtigten unter den Voraussetzungen des § 80 Abs. 1 Satz 3 Nr. 2 des Hessischen Beamtengesetzes,
3. Halbwaisen im Sinne von § 2 Abs. 4 Nr. 2.

Ehegatte im Sinne des Satz 1 Nr. 1 ist auch der Lebenspartner. Hinsichtlich der Geburt eines nichtehelichen Kindes des Beihilfeberechtigten gilt die Mutter des Kindes als berücksichtigungsfähige Angehörige.

(2) Berücksichtigungsfähige Angehörige sind nicht
1. Geschwister des Beihilfeberechtigten oder seines Ehegatten,
2. Ehegatten und Kinder beihilfeberechtigter Waisen.

§ 4 Zusammentreffen mehrerer Beihilfeberechtigungen sowie einer Beihilfeberechtigung mit einer Berücksichtigungsfähigkeit als Angehöriger

(1) Beim Zusammentreffen mehrerer Beihilfeberechtigungen aufgrund beamtenrechtlicher Vorschriften schließt eine Beihilfeberechtigung
1. aus einem Dienstverhältnis die Beihilfeberechtigung aus einem Rechtsverhältnis als Versorgungsempfänger,
2. aufgrund eines neuen Versorgungsbezugs die Beihilfeberechtigung aufgrund früherer Versorgungsbezüge

aus.

(2) Die Beihilfeberechtigung nach anderen als beamtenrechtlichen Vorschriften geht der Beihilfeberechtigung aus einem Rechtsverhältnis als Versorgungsempfänger aufgrund beamtenrechtlicher Vorschriften vor.

(3) Eine Beihilfeberechtigung aufgrund beamtenrechtlicher Vorschriften schließt die Berücksichtigungsfähigkeit als Angehöriger aus. Die Beihilfeberechtigung nach anderen als beamtenrechtlichen Vorschriften geht der Berücksichtigungsfähigkeit als Angehöriger vor.

(4) Der Beihilfeberechtigung nach beamtenrechtlichen Vorschriften steht der Anspruch auf Fürsorgeleistungen nach den in § 2 Abs. 4 Nr. 4 genannten Vorschriften, nach § 79 des Bundesbeamtengesetzes in der jeweils geltenden Fassung gegen das Bundeseisenbahnvermögen oder entsprechenden kirchenrechtlichen Vorschriften und der Anspruch auf Beihilfe nach § 2 Abs. 4 des Gesetzes über die Bezüge der Mitglieder der Landesregierung vom 27. Juli 1993 (GVBl. I S. 339), zuletzt geändert durch Gesetz vom 15. Dezember 2004 (GVBl. I S. 442), gleich.

(5) Als Beihilfeberechtigung nach anderen als beamtenrechtlichen Vorschriften gilt eine Beihilfeberechtigung nach § 2 Abs. 1 Nr. 4 oder aufgrund privatrechtlicher Rechtsbeziehungen nach einer dieser Verordnung im Wesentlichen vergleichbaren Regelung. Keine im Wesentlichen vergleichbare Regelung ist die anteilige Beihilfegewährung nach § 2 Abs. 1 Nr. 4 Satz 3.

(6) Ist ein Angehöriger bei mehreren Beihilfeberechtigten berücksichtigungsfähig, wird Beihilfe für Aufwendungen dieses Angehörigen jeweils nur einem Beihilfeberechtigten gewährt. Die Aufwendungen für ein bei mehreren Beihilfeberechtigten berücksichtigungsfähiges Kind kann nur derjenige Beihil-

VII

feberechtigte geltend machen, bei dem das Kind tatsächlich im Familien-, Orts- oder Sozialzuschlag berücksichtigt wird oder den die Eltern in einer gemeinsamen Erklärung bestimmt haben.

§ 5 Beihilfefähigkeit der Aufwendungen

(1) Beihilfefähig sind nach Maßgabe der folgenden Vorschriften Aufwendungen, wenn sie dem Grunde nach notwendig und soweit sie der Höhe nach angemessen sind. Über die Notwendigkeit und die Angemessenheit entscheidet die Festsetzungsstelle; sie kann hierzu Gutachten, besonders von Amts- oder Vertrauensärzten, einholen. Die Angemessenheit der Aufwendungen für ärztliche, zahnärztliche und psychotherapeutische Leistungen bestimmt sich nach dem Gebührenrahmen der Gebührenordnung für Ärzte in der Fassung vom 9. Februar 1996 (BGBl. I S. 211), zuletzt geändert durch Gesetz vom 4. Dezember 2001 (BGBl. I S. 3320), und der Gebührenordnung für Zahnärzte vom 22. Oktober 1987 (BGBl. I S. 2316), zuletzt geändert durch Verordnung vom 5. Dezember 2011 (BGBl. I S. 2661), sowie nach der Gebührenordnung für Psychologische Psychotherapeuten und Kinder- und Jugendlichenpsychotherapeuten vom 8. Juni 2000 (BGBl. I S. 818), geändert durch Verordnung vom 18. Oktober 2001 (BGBl. I S. 2721), in der jeweils geltenden Fassung. Soweit keine begründeten besonderen Umstände vorliegen, sind ärztliche, zahnärztliche und psychotherapeutische Gebühren nur bis zum Schwellenwert des Gebührenrahmens angemessen. Die Angemessenheit der Aufwendungen für Leistungen einer Heilpraktikerin oder eines Heilpraktikers bestimmt sich nach Anlage 4.

(1a) Aufwendungen für Leistungen, die in Form von ambulanten, voll- oder teilstationären Komplextherapien erbracht und pauschal berechnet werden, sind im Umfang der Leistungen eines mit der privaten oder gesetzlichen Krankenversicherung geschlossenen Versorgungsvertrages und bis zur Höhe der dort geregelten Vergütung beihilfefähig. Dies gilt auch für ärztliche Leistungen, die nicht nach der Gebührenordnung für Ärzte abgerechnet werden, sowie für Hilfsmittel.

(2) Voraussetzung für die Beihilfefähigkeit ist, dass im Zeitpunkt des Entstehens der Aufwendungen Beihilfeberechtigung besteht und bei Aufwendungen für einen Angehörigen dieser berücksichtigungsfähig ist. Die Aufwendungen gelten in dem Zeitpunkt als entstanden, in dem die sie begründende Leistung erbracht wird.

(3) Besteht Anspruch auf Heilfürsorge, Krankenhilfe, Geldleistung oder Kostenerstattung aufgrund von Rechtsvorschriften oder arbeitsvertraglichen Vereinbarungen, sind die danach gewährten Leistungen in voller Höhe von den beihilfefähigen Aufwendungen abzuziehen. Sind zustehende Leistungen nach Satz 1 nicht in Anspruch genommen worden oder wurden Leistungen in Anspruch genommen, die ihrer Art nach nicht zum Leistungsbereich der gesetzlichen Krankenversicherung gehören, sind die beihilfefähigen Aufwendungen entsprechend zu kürzen; dabei gelten

1. Aufwendungen für Arznei- und Verbandmittel in voller Höhe,
2. andere Aufwendungen, für die die zustehende Leistung nicht nachgewiesen wird oder nicht ermittelt werden kann, in Höhe von 50 vom Hundert

als zustehende Leistung.

Satz 2 gilt nicht für

1. Beihilfeberechtigte und berücksichtigungsfähige Angehörige, die als freiwillig gesetzlich Versicherte keinen Beitragszuschuss aufgrund eines Beschäftigungsverhältnisses, insbesondere nach § 257 des Fünften Buches Sozialgesetzbuch erhalten, hinsichtlich der Leistungen der gesetzlichen Krankenversicherung; dies gilt auch für Personen, denen aus dem genannten Versicherungsverhältnis Ansprüche aus der Familienversicherung nach § 10 des Fünften Buches Sozialgesetzbuch zustehen;
2. Beamte, Richter und Versorgungsempfänger sowie deren berücksichtigungsfähige Angehörige, die Mitglied der Krankenver-

sicherung der Rentner sind, hinsichtlich der Leistungen der gesetzlichen Krankenversicherung; dies gilt auch für Personen, denen aus dem genannten Versicherungsverhältnis Ansprüche aus der Familienversicherung nach § 10 des Fünften Buches Sozialgesetzbuch zustehen;

3. Leistungen nach § 10 Abs. 2, 4 und 6 des Bundesversorgungsgesetzes in der Fassung vom 22. Januar 1982 (BGBl. I S. 22), zuletzt geändert durch Gesetz vom 19. Juni 2006 (BGBl. I S. 1305), oder hierauf sich beziehende Vorschriften.

(4) Bei in der gesetzlichen Krankenversicherung pflichtversicherten Personen einschließlich der Personen, denen aus diesem Krankenversicherungsverhältnis Ansprüche aus der Familienversicherung nach § 10 des Fünften Buches Sozialgesetzbuch zustehen, und in der sozialen Pflegeversicherung versicherten Personen sind Aufwendungen nicht beihilfefähig, die dadurch entstehen, dass sie

1. zustehende Sachleistungen nicht in Anspruch genommen haben oder
2. über zustehende Sachleistungen hinaus Leistungen in Anspruch genommen haben oder
3. sich anstelle einer zustehenden Sachleistung eine Geldleistung haben gewähren lassen,

wobei als Sachleistungen auch die in Abs. 6 Nr. 1 Satz 2 genannten Kassenleistungen und die Geldleistungen der sozialen Pflegeversicherung, ausgenommen solche nach § 43 Abs. 5 des Elften Buches Sozialgesetzbuch, gelten. Dies gilt auch, wenn Sachleistungen deshalb nicht zustehen, weil nicht die vorgeschriebene Form der Versorgung eingehalten wurde. Gewährt die gesetzliche Krankenversicherung allgemein keine Leistungen oder nur Zuschüsse, sind die Aufwendungen, bei Zuschüssen gekürzt um diese, im Rahmen dieser Verordnung beihilfefähig. Satz 1 und 2 gelten nicht für Beamte, Richter, Praktikanten im Sinne der §§ 23a und 187a des Hessischen Beamtengesetzes und Versorgungsempfänger sowie deren berücksichtigungsfähige Angehörige hinsichtlich der Leistungen der Krankenversicherung und für Personen, denen nach § 28 Abs. 2 des Elften Buches Sozialgesetzbuch Leistungen zur Hälfte zustehen.

(5) Bei freiwillig in der gesetzlichen Krankenversicherung versicherten Personen, die keinen Zuschuss zum Versicherungsbeitrag erhalten, die als Dienstordnungsangestellte keinen ermäßigten Beitrag entrichten oder die keinen Anspruch aus einem Teilkostentarif haben, gilt der nachgewiesene Geldwert in Anspruch genommener Sachleistungen der Krankenversicherung, vermindert um gesetzliche Zuzahlungen, als beihilfefähige Aufwendungen. Hiervon ist ausgenommen der in Abs. 6 Nr. 3 bezeichnete Ehegatte des Beihilfeberechtigten. Der Geldwert von Sachleistungen ist bis zur Höhe der Versicherungsbeiträge des Beihilfeberechtigten und der berücksichtigungsfähigen Angehörigen beihilfefähig, die für die dem Antragsmonat vorausgegangenen zwölf Kalendermonate geleistet und nicht bei einer früheren Beihilfefestsetzung berücksichtigt wurden.

Bei Anwendung dieser Vorschrift ist Abs. 6 Nr. 1 Satz 2 zu beachten. Bei einer stationären Krankenhausbehandlung gelten die allgemeinen Krankenhausleistungen (§ 6 Abs. 1 Nr. 6 Satz 1 Buchst. a) als Sachleistungen. Dies gilt auch bei der Inanspruchnahme von Wahlleistungen. Als Sachleistungen gelten nicht Leistungen nach § 55 Abs. 1 Satz 1 des Fünften Buches Sozialgesetzbuch, für die Festzuschüsse vorgesehen sind, sowie Leistungen, die die gesetzliche Krankenversicherung auftragsgemäß für andere Leistungsträger oder im Rahmen der Dienstunfallfürsorge erbringt. Sachleistungen sind auch zu berücksichtigen, wenn die zugrunde liegende Leistung nicht oder nur begrenzt beihilfefähig ist.

(6) Nicht beihilfefähig sind

1. Sachleistungen aufgrund von Rechtsvorschriften; dies gilt nicht, wenn ein Sozialhilfeträger Ersatz seiner Aufwendungen verlangt. Als Sachleistung gelten auch Festbeträge nach den §§ 35, 36 des Fünften Buches Sozialgesetzbuch; dasselbe gilt für die Kostenerstattung bei häuslicher

Krankenpflege (§ 37 Abs. 4 des Fünften Buches Sozialgesetzbuch) und Haushaltshilfe (§ 38 Abs. 4 des Fünften Buches Sozialgesetzbuch), wobei über die Kassenleistungen hinausgehende Aufwendungen nicht beihilfefähig sind. Abs. 5 bleibt unberührt;

2. gesetzlich vorgesehene Zuzahlungen und Kostenanteile mit Ausnahme der nach Anrechnung der Kassenleistungen nach § 55 Abs. 1 Satz 1 des Fünften Buches Sozialgesetzbuch verbleibenden Eigenanteile, nicht von der Krankenkasse nach § 29 Abs. 2 des Fünften Buches Sozialgesetzbuch ersetzte Kosten einer kieferorthopädischen Behandlung sowie nach § 34 des Fünften Buches Sozialgesetzbuch von der Krankenversorgung gesetzlicher Krankenkassen ausgeschlossene Arzneimittel;
3. die in den §§ 6 bis 11a genannten Aufwendungen, die für die Ehegattin oder den Ehegatten der oder des Beihilfeberechtigten entstanden sind, sofern die Voraussetzungen des § 80 Abs. 1 Satz 3 Nr. 1 des Hessischen Beamtengesetzes nicht erfüllt sind;
4. Aufwendungen insoweit, als Schadenersatz von einem Dritten erlangt werden kann oder hätte erlangt werden können oder die Ansprüche auf einen anderen übergegangen oder übertragen worden sind; dies gilt nicht für Aufwendungen, die auf einem Ereignis beruhen, das nach § 103 des Hessischen Beamtengesetzes zum Übergang des gesetzlichen Schadenersatzanspruchs auf den Dienstherrn führt;
5. Aufwendungen für Beamte, denen aufgrund von § 191 des Hessischen Beamtengesetzes unentgeltliche Heilfürsorge zusteht, sowie Aufwendungen für Personen mit Anspruch auf truppenärztliche Versorgung während Wehrübungen;
6. Aufwendungen für die persönliche Tätigkeit eines nahen Angehörigen bei einer Heilbehandlung; als nahe Angehörige gelten Ehegatten, Eltern und Kinder der jeweils behandelten Person. Aufwendungen zum Ersatz der dem nahen Angehörigen im Einzelfall entstandenen Sachkosten sind bis zur Höhe des nachgewiesenen Geldwertes im Rahmen dieser Verordnung beihilfefähig, soweit sie nicht von Dritten ersetzt werden;
7. Aufwendungen, die bereits nach einem vorgehenden Beihilfeanspruch (§ 4 Abs. 2 und Abs. 3 Satz 2) beihilfefähig sind;
8. Aufwendungen, die dadurch entstehen, dass anstelle von Sachleistungen eine Kostenerstattung nach § 64 des Fünften Buches Sozialgesetzbuch gewährt wird;
9. Abschläge für Verwaltungskosten und unterbleibende Wirtschaftlichkeitsprüfung bei der Kostenerstattung nach § 13 Abs. 2 des Fünften Buches Sozialgesetzbuch; werden diese nicht nachgewiesen, gelten 15 vom Hundert der gewährten Leistungen als Abschlag.

(7) Bei Anwendung der Abs. 3 bis 5 sind die Verhältnisse im Zeitpunkt des Entstehens der Aufwendungen (Abs. 2 Satz 2) maßgebend.

§ 6 Beihilfefähige Aufwendungen bei Krankheit

(1) Aus Anlass einer Krankheit sind beihilfefähig die Aufwendungen für

1. ärztliche, zahnärztliche und psychotherapeutische Leistungen sowie Leistungen eines Heilpraktikers. Voraussetzungen und Umfang der Beihilfefähigkeit von Aufwendungen für psychotherapeutische Behandlungen bestimmen sich nach Anlage 1, von Aufwendungen für zahnärztliche und kieferorthopädische Leistungen nach Anlage 2. Nicht beihilfefähig sind Aufwendungen für Begutachtungen, die weder im Rahmen einer Behandlung noch bei der Durchführung dieser Vorschriften erbracht werden;
2. die vom Arzt, Zahnarzt oder Heilpraktiker bei Leistungen nach Nr. 1 verbrauchten oder nach Art und Umfang schriftlich verordneten Arzneimittel, Verbandmittel und dergleichen, abzüglich eines Betrages von 4,50 Euro für jedes verordnete Arznei- und Verbandmittel, jedoch nicht mehr als die Kosten des Mittels. Der Be-

VII

trag nach Satz 1 ist nicht abzuziehen bei Aufwendungen von

a) Personen bis zur Vollendung des achtzehnten Lebensjahres,
b) Empfängern von Versorgungsbezügen und ihren berücksichtigungsfähigen Angehörigen, wenn die Versorgungsbezüge bei Antragstellung 1125 Euro monatlich nicht übersteigen,
c) Personen, die Leistungen nach § 9 Abs. 7 Nr. 2 erhalten,
d) Schwangeren bei ärztlich verordneten Arzneimitteln wegen Schwangerschaftsbeschwerden oder im Zusammenhang mit der Entbindung.

Nicht beihilfefähig sind

a) Mittel, die geeignet sind, Güter des täglichen Bedarfs zu ersetzen,
b) bei Personen, die das achtzehnte Lebensjahr vollendet haben,
   aa) Arzneimittel zur Anwendung bei Erkältungskrankheiten und grippalen Infekten einschließlich der bei diesen Krankheiten anzuwendenden Schnupfenmittel, Schmerzmittel, hustendämpfenden und hustenlösenden Mittel,
   bb) Mund- und Rachentherapeutika, ausgenommen bei Pilzinfektionen,
   cc) Abführmittel, ausgenommen bei erheblichen Grundkrankheiten,
   dd) Arzneimittel gegen Reisekrankheiten,
c) Arzneimittel, die ihrer Zweckbestimmung nach üblicherweise bei geringfügigen Gesundheitsstörungen verordnet werden,
d) unwirtschaftliche Arzneimittel;

3. eine vom Arzt schriftlich angeordnete Heilbehandlung und die dabei verbrauchten Stoffe. Zur Heilbehandlung gehören auch ärztlich verordnete Bäder – ausgenommen Saunabäder und Schwimmen in Mineral- oder Thermalbädern außerhalb einer als beihilfefähig anerkannten Sanatoriumsbehandlung oder Heilkur –, Massagen, Bestrahlungen, Krankengymnastik, Bewegungs-, Beschäftigungs- sowie Sprachtherapie und dergleichen. Ist die Durchführung einer Heilbehandlung in einen Unterricht zur Erfüllung der Schulpflicht eingebunden oder werden damit zugleich in erheblichem Umfang berufsbildende oder allgemein bildende Zwecke verfolgt, so sind die Aufwendungen mit Ausnahme der Kosten für zusätzliche, gesondert durchgeführte und berechnete Heilbehandlungen nicht beihilfefähig;

4. Anschaffung oder Miete, Reparatur, Ersatz, Betrieb und Unterhaltung der vom Arzt schriftlich verordneten Hilfsmittel, Geräte zur Selbstbehandlung und zur Selbstkontrolle, Körperersatzstücke sowie die Unterweisung im Gebrauch dieser Gegenstände. Voraussetzung und Umfang der Beihilfefähigkeit bestimmen sich nach Anlage 3;

5. Erste Hilfe;

6. stationäre, teilstationäre und vor- und nachstationäre Krankenhausleistungen nach der Bundespflegesatzverordnung vom 26. September 1994 (BGBl. I S. 2750), zuletzt geändert durch Gesetz vom 21. Juli 2014 (BGBl. I S. 1133), oder nach dem Krankenhausentgeltgesetz vom 23. April 2002 (BGBl. I S. 1412, 1422), zuletzt geändert durch Gesetz vom 17. Dezember 2014 (BGBl. I S. 2222), und zwar
   a) allgemeine Krankenhausleistungen nach § 2 Abs. 2 und § 10 der Bundespflegesatzverordnung und § 2 Abs. 2 des Krankenhausentgeltgesetzes,
   b) Wahlleistungen unter den in § 6a genannten Voraussetzungen,
      aa) gesondert berechnete wahlärztliche Leistungen nach § 16 Satz 2 der Bundespflegesatzverordnung und § 17 Abs. 1 bis 3 und § 19 des Krankenhausentgeltgesetzes,
      bb) gesondert berechnete Unterkunft nach § 16 Satz 2 der Bundespflegesatzverordnung und §§ 16 und

17 Abs. 1, 2 und 4 des Krankenhausentgeltgesetzes bis zur Höhe der Kosten eines Zweibettzimmers abzüglich 16 Euro täglich,

c) vor- und nachstationäre Krankenhausleistungen nach § 1 Abs. 3 Satz 1 des Krankenhausentgeltgesetzes und § 115a des Fünften Buches Sozialgesetzbuch,

sowie andere im Zusammenhang damit berechnete Leistungen im Rahmen der Nr. 1 und 2.

Bei einer Behandlung in Krankenhäusern, die die Bundespflegesatzverordnung nicht anwenden, sind Aufwendungen für die Leistungen beihilfefähig, die den in Satz 1 genannten entsprechen;

7. eine nach ärztlicher Bescheinigung notwendige vorübergehende häusliche Krankenpflege (Grundpflege und hauswirtschaftliche Versorgung); die Grundpflege muss überwiegen. Daneben sind Aufwendungen für Behandlungspflege beihilfefähig. Die Aufwendungen für eine Pflege durch Ehegatten, Kinder, Eltern, Großeltern, Enkelkinder, Schwiegertöchter, Schwiegersöhne, Schwägerinnen, Schwäger, Schwiegereltern und Geschwister der Beihilfeberechtigten oder der berücksichtigungsfähigen Angehörigen sind nicht beihilfefähig. Aufwendungen nach Satz 1 und 2 sind insgesamt beihilfefähig bis zur Höhe der durchschnittlichen Kosten einer Krankenpflegekraft der Vergütungsgruppe Kr. V der Anlage 1b zum Bundes-Angestelltentarifvertrag;

8. eine Familien- und Haushaltshilfe zur notwendigen Weiterführung des Haushalts der beihilfeberechtigten Person bis zu 10 Euro stündlich, höchstens bis zu zehn Stunden täglich, wenn die den Haushalt führende beihilfeberechtigte oder berücksichtigungsfähige Person den Haushalt nicht weiterführen kann; Voraussetzung ist, dass mindestens ein berücksichtigungsfähiges Kind bis zum vollendeten 14. Lebensjahr oder mindestens eine pflegebedürftige berücksichtigungsfähige Angehörige oder ein pflegebedürftiger berücksichtigungsfähiger Angehöriger im Haushalt betreut werden muss und die den Haushalt führende beihilfeberechtigte oder berücksichtigungsfähige Person verstirbt, wegen eines notwendigen stationären Aufenthalts in einem Krankenhaus oder einer Rehabilitationseinrichtung den Haushalt nicht weiterführen kann oder nach ärztlicher Bescheinigung ein erforderlicher stationärer Krankenhausaufenthalt dieser Person nach Nr. 6 durch die Beschäftigung einer Familien- und Haushaltshilfe vermieden wird; dies gilt alternativ auch für die ersten sieben Tage nach Ende des stationären Aufenthalts in einem Krankenhaus oder einer Rehabilitationseinrichtung sowie entsprechend bei Alleinstehenden, wenn Hilfe zur Führung des Haushalts erforderlich ist; Nr. 7 Satz 3 gilt entsprechend; werden anstelle der Beschäftigung einer Familien- und Haushaltshilfe berücksichtigungsfähige Kinder bis zum vollendeten 14. Lebensjahr oder pflegebedürftige berücksichtigungsfähige Angehörige auswärtig untergebracht, sind die Aufwendungen entsprechend Hs. 1 beihilfefähig; Kosten für eine auswärtige Unterbringung im Haushalt einer in Nr. 7 Satz 3 bezeichneten Person sind mit Ausnahme der Fahrtkosten nach Nr. 9 nicht beihilfefähig;

9. die Beförderung bei Inanspruchnahme ärztlicher, zahnärztlicher oder psychotherapeutischer Leistungen, Krankenhausleistungen sowie bei Heilbehandlungen (Nr. 3) und für eine erforderliche Begleitung bis zur Höhe der Kosten der niedrigsten Klasse regelmäßig verkehrender Beförderungsmittel sowie die Gepäckbeförderung. Höhere Beförderungskosten dürfen nicht berücksichtigt werden. Eine Ausnahme ist bei Rettungsfahrten oder dann zulässig, wenn eine anderweitige Beförderung wegen der Schwere oder Eigenart einer bestimmten Erkrankung oder einer Behinderung unvermeidbar war. Wird in diesen Fällen ein privater

VII

Personenkraftwagen benutzt, ist höchstens der in § 6 Abs. 1 Satz 2 des Hessischen Reisekostengesetzes vom 9. Oktober 2009 (GVBl. I S. 397) genannte Betrag beihilfefähig. Fahrkosten sind nur insoweit beihilfefähig, als sie den Betrag von 10 Euro je einfache Fahrt übersteigen.

Nicht beihilfefähig sind Aufwendungen für

a) die Beförderung weiterer Personen sowie des Gepäcks bei Benutzung privater Personenkraftwagen,
b) die Benutzung privater Personenkraftwagen sowie regelmäßig verkehrender Beförderungsmittel am Wohn- oder Aufenthaltsort,
c) die Mehrkosten der Beförderung zu einem anderen als dem nächstgelegenen Ort, an dem eine geeignete Behandlung möglich ist, und zurück,
d) die Kosten einer Rückbeförderung wegen Erkrankung während einer Urlaubs- oder anderen privaten Reise;

10. Unterkunft bei notwendigen auswärtigen ambulanten ärztlichen Leistungen bis zum Höchstbetrag von 26 Euro täglich. Ist eine Begleitperson erforderlich, sind deren Kosten für Unterkunft ebenfalls bis zum Höchstbetrag von 26 Euro täglich beihilfefähig. Diese Vorschrift findet bei einer Heilkur oder kurähnlichen Maßnahmen keine Anwendung;

11. Organspender, wenn der Empfänger Beihilfeberechtigter oder berücksichtigungsfähiger Angehöriger ist, im Rahmen der Nr. 1 bis 3, 6, 8 bis 10, soweit sie bei den für die Transplantation notwendigen Maßnahmen entstehen; beihilfefähig ist auch der vom Organspender nachgewiesene Ausfall an Arbeitseinkommen. Dies gilt auch für als Organspender vorgesehene Personen, wenn sich herausstellt, dass sie als Organspender nicht in Betracht kommen;

12. eine behördlich angeordnete Entseuchung und die dabei verbrauchten Stoffe.

(2) Die Aufwendungen für eine Untersuchung oder Behandlung nach einer wissenschaftlich nicht allgemein anerkannten Methode und für wissenschaftlich nicht allgemein anerkannte Arzneimittel sind nicht beihilfefähig.

§ 6a Wahlleistungen neben Krankenhausleistungen

(1) Anspruch auf Beihilfen zu Aufwendungen für Wahlleistungen nach § 6 Abs. 1 Nr. 6 besteht für Beihilfeberechtigte, die gegenüber der Festsetzungsstelle innerhalb der Ausschlussfristen nach Satz 4 schriftlich erklären, dass sie für sich und ihre berücksichtigungsfähigen Angehörigen Beihilfen für die Aufwendungen für Wahlleistungen ab Beginn der Ausschlussfrist in Anspruch nehmen wollen. Für die Erklärung ist das von der Festsetzungsstelle herausgegebene Formblatt zu verwenden. Die Ausschlussfrist beginnt

1. für die am 1. November 2015 nach dieser Verordnung beihilfeberechtigten Personen am 1. November 2015,
2. für die am 1. November 2015 ohne Beihilfeberechtigung beurlaubten Beamtinnen und Beamten, Richterinnen und Richter mit dem Wiederaufleben der Beihilfeberechtigung,
3. im Übrigen mit dem Tag der Entstehung einer neuen Beihilfeberechtigung nach dieser Verordnung infolge
   a) der Begründung oder Umwandlung des Beamtenverhältnisses in ein solches anderer Art,
   b) der Entstehung des Anspruchs auf Witwengeld, Witwergeld oder Waisengeld oder
   c) der Abordnung oder Versetzung zu einem Dienstherrn im Geltungsbereich des Hessischen Beamtengesetzes.

Die Ausschlussfrist beträgt in den Fällen des Satz 3 Nr. 1 bis 3 Buchst. a und c drei und in den Fällen des Satz 3 Nr. 3 Buchst. b sechs Monate. Die beihilfeberechtigten Personen sind auf die Ausschlussfristen schriftlich hinzuweisen. In den Fällen des Satz 3 Nr. 3 Buchst. a und c ist ein erneuter Hinweis nach Satz 5 entbehrlich, wenn kein Dienstherrnwechsel damit verbunden ist.

VII

(2) Der Anspruch nach Abs. 1 besteht – auch bei teilzeitbeschäftigten beihilfeberechtigten Personen – nur gegen Zahlung eines Betrags von 18,90 Euro monatlich. Dies gilt auch, wenn Bezüge für einen Kalendermonat nur anteilig gezahlt werden. Die Erklärung nach Abs. 1 Satz 1 beinhaltet das Einverständnis, dass der Betrag monatlich von den Bezügen einbehalten wird. Die Erklärung nach Abs. 1 Satz 1 kann jederzeit ohne Angabe von Gründen mit Wirkung für die Zukunft zum Ersten des nächsten Kalendermonats widerrufen werden. Ist das Einbehalten des Betrags von den Bezügen nicht möglich, wird er zum 15. eines Monats fällig. Kommt in den Fällen des Satzes 5 die beihilfeberechtigte Person der Zahlungspflicht über einen Zeitraum von drei Monaten nicht nach, gilt dies als Widerruf im Sinne des Satzes 4; der Anspruch nach Abs. 1 erlischt in diesen Fällen mit dem Beginn des Zahlungsverzugs.

(3) Die Zahlungspflicht nach Abs. 2 Satz 1 ruht

1. während einer Elternzeit,
2. während einer Pflegezeit nach dem Pflegezeitgesetz vom 28. Mai 2008 (BGBl. I S. 874, 896), zuletzt geändert durch Gesetz vom 29. März 2021 (BGBl. I S. 370),
3. während einer Beurlaubung nach § 64 Abs. 1 Satz 1 des Hessischen Beamtengesetzes, solange eine Beihilfeberechtigung besteht,
4. während der Zeit einer Beurlaubung ohne Beihilfeanspruch und
5. in den Fällen des § 4 Abs. 1 Nr. 1 für die Dauer des Ausschlusses der auf einem Versorgungsanspruch beruhenden Beihilfeberechtigung.

(4) Aufwendungen für Wahlleistungen nach § 6 Abs. 1 Nr. 6 sind nur beihilfefähig, wenn die nach § 17 des Krankenhausentgeltgesetzes vorgeschriebene Wahlleistungsvereinbarung vor Erbringung der Wahlleistung schriftlich abgeschlossen wurde. Auf Verlangen der Festsetzungsstelle ist die Wahlleistungsvereinbarung dieser vorzulegen.

§ 7 Beihilfefähige Aufwendungen bei Rehabilitationsmaßnahmen

(1) Aus Anlass einer stationären Rehabilitation sind beihilfefähig die Aufwendungen in Vorsorge- oder Rehabilitationseinrichtungen, die die Anforderungen des § 107 Abs. 2 des Fünften Buches Sozialgesetzbuch erfüllen,

1. nach § 6 Abs. 1 Nr. 1 bis 3,
2. für Unterkunft, Verpflegung und Pflege für höchstens drei Wochen, es sei denn, eine Verlängerung ist aus gesundheitlichen Gründen dringend erforderlich; die Aufwendungen sind bis zur Höhe des niedrigsten Satzes der Rehabilitationseinrichtung beihilfefähig. Für Begleitpersonen eines schwerbehinderten Menschen oder eines Kindes unter zwölf Jahren sind die Aufwendungen für Unterkunft und Verpflegung bis zu 70 Prozent des niedrigsten Satzes der Rehabilitationseinrichtung beihilfefähig, wenn die Notwendigkeit der Begleitung behördlich festgestellt ist und die Rehabilitationseinrichtung bestätigt, dass die Begleitung für eine Erfolg versprechende Behandlung erforderlich ist,
3. nach § 6 Abs. 1 Nr. 8,
4. nach § 6 Abs. 1 Nr. 9,
5. für die Kurtaxe, auch für die notwendige Begleitperson nach Nr. 2 Satz 2,
6. für den ärztlichen Schlussbericht.

(2) Die Aufwendungen nach Abs. 1 Nr. 2 bis 6 sind nur dann beihilfefähig, wenn

1. nach amts- oder vertrauensärztlichem Gutachten die Rehabilitationsbehandlung notwendig ist und nicht durch eine andere Behandlung mit gleicher Erfolgsaussicht ersetzt werden kann,
2. die Festsetzungsstelle die Beihilfefähigkeit vorher anerkannt hat. Die Anerkennung erlischt, wenn die Rehabilitationsbehandlung nicht innerhalb von vier Monaten seit Bekanntgabe des Bescheids begonnen wird.

(3) Die Beihilfefähigkeit ist nicht anzuerkennen, wenn im laufenden Kalenderjahr oder in den drei vorangegangenen Kalenderjahren bereits eine als beihilfefähig anerkannte Rehabilitationsbehandlung oder Heilkur durch-

geführt und beendet worden ist. Von der Einhaltung der Frist darf nur abgesehen werden

1. nach einer schweren, einen Krankenhausaufenthalt erfordernden Erkrankung,
2. in Fällen, in denen die sofortige Einlieferung des Kranken zur stationären Behandlung in einem Sanatorium geboten ist; in diesen Fällen ist der Antrag auf Anerkennung der Beihilfefähigkeit unverzüglich nachzuholen,
3. bei schwerer chronischer Erkrankung, wenn nach dem Gutachten des Amts- oder Vertrauensarztes aus zwingenden medizinischen Gründen eine Rehabilitationsbehandlung in einem kürzeren Zeitabstand notwendig ist.

(4) Eine Anschlussrehabilitation, die sich zeitlich unmittelbar an eine wegen derselben Erkrankung erfolgte voll- oder teilstationäre Krankenhausbehandlung anschließt, gilt als Krankenhausbehandlung im Sinne des § 6 Abs. 1 Nr. 6.

§ 8 Beihilfefähige Aufwendungen bei Heilkur

(1) Aufwendungen für eine Heilkur sind nur beihilfefähig für Beihilfeberechtigte nach § 2 Abs. 1 Nr. 1 und 4 unter den Voraussetzungen des § 2 Abs. 2 Satz 1 und 3.

(2) Aus Anlass einer Heilkur sind beihilfefähig die Aufwendungen

1. nach § 6 Abs. 1 Nr. 1 bis 3,
2. für Unterkunft und Verpflegung für höchstens dreiundzwanzig Kalendertage einschließlich der Reisetage bis zum Betrag von 16 Euro täglich, für Begleitpersonen von schwerbehinderten Menschen, deren Notwendigkeit behördlich festgestellt ist, bis zum Betrag von 13 Euro täglich,
3. nach § 6 Abs. 1 Nr. 9,
4. für die Kurtaxe, auch für die Begleitperson nach Nr. 2,
5. für den ärztlichen Schlussbericht.

(3) Die Aufwendungen nach Abs. 2 Nr. 2 bis 5 sind nur beihilfefähig, wenn

1. nach amts- oder vertrauensärztlichem Gutachten die Heilkur zur Wiederherstellung oder Erhaltung der Dienst- oder Arbeitsfähigkeit nach einer schweren Erkrankung erforderlich oder bei einem erheblichen chronischen Leiden eine balneo- oder klimatherapeutische Behandlung zwingend notwendig ist und nicht durch andere Heilmaßnahmen mit gleicher Erfolgsaussicht, besonders nicht durch eine andere Behandlung am Wohnort oder in seinem Einzugsgebiet im Sinne des § 3 Abs. 1 Nr. 1 Buchst. c des Hessischen Umzugskostengesetzes vom 26. Oktober 1993 (GVBl. I S. 464), zuletzt geändert durch Gesetz vom 21. März 2005 (GVBl. I S. 218), ersetzt werden kann,
2. die Festsetzungsstelle die Beihilfefähigkeit vorher anerkannt hat. Die Anerkennung erlischt, wenn die Heilkur nicht innerhalb von vier Monaten seit Bekanntgabe des Bescheids begonnen wird.

(4) Die Anerkennung der Beihilfefähigkeit der Aufwendungen einer Heilkur ist nicht zulässig,

1. wenn der Beihilfeberechtigte in den dem Antragsmonat vorausgegangenen drei Jahren nicht ununterbrochen dem öffentlichen Dienst angehörte und beihilfeberechtigt war,
2. wenn im laufenden Kalenderjahr oder in den drei vorangegangenen Kalenderjahren bereits eine als beihilfefähig anerkannte Sanatoriumsbehandlung oder Heilkur durchgeführt und beendet worden ist. Von der Einhaltung der Frist darf nur abgesehen werden bei schwerer chronischer Erkrankung, wenn nach dem Gutachten des Amts- oder Vertrauensarztes aus zwingenden medizinischen Gründen eine Heilkur in einem kürzeren Zeitabstand notwendig ist,
3. nach Stellung des Antrags auf Entlassung oder nach Kündigung des Arbeitsverhältnisses,
4. wenn bekannt ist, dass das Dienstverhältnis oder bei Altersteilzeit oder Freistellung aufgrund von Teilzeitbeschäftigung die Dienstverrichtung vor Ablauf eines Jahres nach Durchführung der Heilkur enden

VII

wird, es sei denn, dass die Heilkur wegen der Folgen einer Dienstbeschädigung durchgeführt wird,

5. solange der Beihilfeberechtigte vorläufig des Dienstes enthoben ist.

(5) Im Falle des Abs. 4 Nr. 1 steht die Zeit der Tätigkeit bei

1. Fraktionen des Deutschen Bundestages und der Landtage,
2. Zuwendungsempfängern, die zu mehr als 50 vom Hundert aus öffentlichen Mitteln unterhalten werden und das Beihilferecht des Bundes oder eines Landes anwenden,

der Dienstzeit im öffentlichen Dienst gleich.

(6) Heilkur im Sinne dieser Vorschrift ist eine Kur, die unter ärztlicher Leitung nach einem Kurplan in einem Heilkurort durchgeführt wird, der in dem vom für das Beihilferecht zuständigen Ministerium bekannt gegebenen Heilkurorteverzeichnis enthalten ist; die Unterkunft muss sich im Kurort befinden und ortsgebunden sein.

§ 9 Beihilfefähige Aufwendungen bei Pflegebedürftigkeit und erheblichem allgemeinem Betreuungsbedarf

(1) Bei Pflegebedürftigkeit im Sinne des § 14 des Elften Buches Sozialgesetzbuch sind die Aufwendungen für häusliche Pflege nach Maßgabe des § 9a, für teilstationäre Pflege und Kurzzeitpflege nach Maßgabe des § 9b und für vollstationäre Pflege nach Maßgabe des § 9c beihilfefähig. Bei Leistungen für Personen, die die Voraussetzungen des § 45a des Elften Buches Sozialgesetzbuch erfüllen, richtet sich die Beihilfefähigkeit der Aufwendungen nach § 9d. Aufwendungen für verbesserte Pflegeleistungen für Personen mit erheblich eingeschränkter Alltagskompetenz sind beim Vorliegen der Voraussetzungen des § 123 des Elften Buches Sozialgesetzbuch bis zur dort bestimmten Höhe beihilfefähig.

(2) Aufwendungen für Pflegehilfsmittel sind beihilfefähig beim Vorliegen der Voraussetzungen des § 40 des Elften Buches Sozialgesetzbuch und im Rahmen des § 6 Abs. 1 Nr. 4. Bei stationärer Pflege gehören hierzu nur Pflegehilfsmittel, die zum Verbrauch bestimmt oder individuell angepasst sind oder die überwiegend nur der pflegebedürftigen Person allein überlassen werden, sofern sie nicht von der Einrichtung vorzuhalten sind. Aufwendungen für Maßnahmen zur Verbesserung des Wohnumfeldes der pflegebedürftigen Person sind beim Vorliegen der Voraussetzungen des § 40 Abs. 4 des Elften Buches Sozialgesetzbuch bis zur dort bestimmten Höhe beihilfefähig. Die Mitteilung der Pflegeversicherung über die gewährten Zuschüsse ist für die Festsetzungsstelle bindend.

(3) Aufwendungen für Beratungsbesuche nach § 37 Abs. 3 des Elften Buches Sozialgesetzbuch sind unter den dort genannten Voraussetzungen beihilfefähig.

(4) Die Festsetzungsstelle entscheidet über die Beihilfefähigkeit der Aufwendungen auf Grund eines ärztlichen Gutachtens, das dazu Stellung nimmt, ob die Voraussetzungen der Pflegebedürftigkeit erfüllt sind, welche Stufe der Pflegebedürftigkeit vorliegt und ob eine erheblich eingeschränkte Alltagskompetenz nach § 45a des Elften Buches Sozialgesetzbuch gegeben ist. Bei Versicherten in der Pflegeversicherung sind deren Feststellungen zugrunde zu legen; dies gilt auch für Befristungen nach § 33 Abs. 1 Satz 4 bis 8 des Elften Buches Sozialgesetzbuch. Die Beihilfe wird ab Beginn des Monats der erstmaligen Antragstellung oder des Antrags auf Feststellung einer höheren Pflegestufe gezahlt, frühestens jedoch ab dem Zeitpunkt, von dem an die jeweiligen Anspruchsvoraussetzungen vorliegen.

(5) Wird im Rahmen der Entscheidung über die Feststellung der Pflegebedürftigkeit durch das Gutachten nach § 18 Abs. 1 des Elften Buches Sozialgesetzbuch eine Rehabilitationsempfehlung nach § 18 Abs. 6 des Elften Buches Sozialgesetzbuch ausgesprochen, gelten die §§ 7 und 8 entsprechend.

(6) Die Festsetzungsstelle beteiligt sich an den Kosten der Träger für eine Pflegeberatung nach § 7a des Elften Buches Sozialgesetzbuch, wenn beihilfeberechtigte Personen oder ihre berücksichtigungsfähigen Angehörigen Leistungen der Pflegeversicherung be-

ziehen oder beantragt haben und erkennbar Hilfe- und Beratungsbedarf besteht.

(7) Für Personen, denen nach § 28 Abs. 2 des Elften Buches Sozialgesetzbuch Leistungen zur Hälfte zustehen, wird zu den Leistungen nach Abs. 1 bis 3 in wertmäßig gleicher Höhe eine Beihilfe gewährt. Daneben sind § 9a Abs. 1 Satz 3 und § 9c Abs. 1 Satz 2 anwendbar.

§ 9a Beihilfefähige Aufwendungen bei häuslicher Pflege

(1) Bei einer häuslichen Pflege durch Pflegekräfte nach § 36 Abs. 1 Satz 3 und 4 des Elften Buches Sozialgesetzbuch sind die Aufwendungen einschließlich der Investitionskosten für pflegebedürftige Personen unter den Voraussetzungen des § 36 Abs. 3 des Elften Buches Sozialgesetzbuch bis zur dort bestimmten Höhe beihilfefähig. Aufwendungen für zusätzliche Betreuungs- und Entlastungsleistungen sind in den Fällen des § 45a des Elften Buches Sozialgesetzbuch unter den in § 45b des Elften Buches Sozialgesetzbuch genannten Voraussetzungen bis zur dort bestimmten Höhe beihilfefähig. Darüber hinausgehende Pflegekosten sind, soweit die Grundpflege überwiegt, insoweit beihilfefähig, als sie 20 Prozent der in § 36 des Elften Buches Sozialgesetzbuch Sozialgesetzbuch genannten Beträge der jeweiligen Pflegestufe übersteigen. Die Pflegekosten sind insgesamt beihilfefähig bis zu einer Höhe von 3800 Euro je Kalendermonat.

(2) Ein anstelle der häuslichen Pflegehilfe beantragtes Pflegegeld ist beihilfefähig unter den in § 37 des Elften Buches Sozialgesetzbuch genannten Voraussetzungen und bis zu der dort bestimmten Höhe.

(3) Aufwendungen für eine Kombination von Leistungen nach Abs. 1 und 2 sind beihilfefähig unter den Voraussetzungen des § 38 des Elften Buches Sozialgesetzbuch und bis zur dort bestimmten Höhe.

(4) Aufwendungen für eine Verhinderungspflege sind beihilfefähig unter den Voraussetzungen des § 39 des Elften Buches Sozialgesetzbuch und bis zur dort bestimmten Höhe.

§ 9b Beihilfefähige Aufwendungen bei teilstationärer Pflege und Kurzzeitpflege

(1) Aufwendungen für eine teilstationäre Pflege sind beihilfefähig unter den Voraussetzungen des § 41 des Elften Buches Sozialgesetzbuch und bis zur dort bestimmten Höhe.

(2) Kann die häusliche Pflege zeitweise nicht, noch nicht oder nicht im erforderlichen Umfang erbracht werden und reicht auch eine teilstationäre Pflege nicht aus, sind die Aufwendungen für eine Pflege in einer vollstationären Einrichtung als Kurzzeitpflege unter den Voraussetzungen des § 42 Abs. 1 und 2 des Elften Buches Sozialgesetzbuch und bis zur dort bestimmten Höhe beihilfefähig.

(3) Bei pflegebedürftigen Personen sind die Aufwendungen für Kurzzeitpflege nach Abs. 2 auch in geeigneten Einrichtungen der Hilfe für behinderte Menschen und anderen geeigneten Einrichtungen beihilfefähig, wenn die Pflege in einer von den Pflegekassen für Kurzzeitpflege zugelassenen Einrichtung nicht möglich ist oder nicht zumutbar erscheint.

§ 9c Beihilfefähige Aufwendungen bei vollstationärer Pflege

(1) Bei stationärer Pflege in einer vollstationären Pflegeeinrichtung nach § 72 Abs. 1 Satz 1 des Elften Buches Sozialgesetzbuch oder einer vergleichbaren Pflegeeinrichtung ist der nach dem Grad der Pflegebedürftigkeit in Betracht kommende Pflegesatz nach § 43 des Elften Buches Sozialgesetzbuch für die pflegebedingten Aufwendungen, die Aufwendungen der sozialen Betreuung und die Aufwendungen für die medizinische Behandlungspflege beihilfefähig. Verbleibt unter Berücksichtigung der Beihilfe und der Pflegeversicherungsleistungen für die pflegebedingten Aufwendungen nach Satz 1 ein Restbetrag, wird dieser bis zur Höhe von insgesamt 1600 Euro in der Pflegestufe I, von insgesamt 2200 Euro in der Pflegestufe II, von insgesamt 2800 Euro in der Pflegestufe III und von insgesamt 3300 Euro in den Fällen

VII

des § 43 Abs. 2 Satz 2 Nr. 4 des Elften Buches Sozialgesetzbuch als Beihilfe gezahlt.

(2) Aufwendungen für Unterkunft und Verpflegung sowie Investitionskosten nach § 82 Abs. 3 des Elften Buches Sozialgesetzbuch sind insgesamt beihilfefähig bis zu einer Höhe von 1100 Euro. Folgende Eigenanteile sind zu berücksichtigen:

1. bei Beihilfeberechtigten mit
   a) einer oder einem Angehörigen 40 Prozent,
   b) mehreren Angehörigen 35 Prozent

   des um 550 Euro – bei Empfängern von Versorgungsbezügen um 400 Euro – verminderten Einkommens,
2. bei Beihilfeberechtigten ohne Angehörige sowie bei gleichzeitiger vollstationärer Pflege der oder des Beihilfeberechtigten und aller Angehörigen 70 Prozent des Einkommens.

Einkommen sind die Dienst- oder Versorgungsbezüge (ohne die kinderbezogenen Anteile im Familienzuschlag und die veränderlichen Bezügebestandteile) sowie Renten aus der gesetzlichen Rentenversicherung und aus einer Alters- oder Hinterbliebenenversorgung der oder des Beihilfeberechtigten und seiner Ehegattin oder ihres Ehegatten oder ihrer Lebenspartnerin oder seines Lebenspartners und deren oder dessen Arbeitseinkommen. Angehörige im Sinne des Satz 2 sind die Ehegattin, der Ehegatte, die Lebenspartnerin oder der Lebenspartner sowie die Kinder, die nach § 3 zu berücksichtigen oder nur deshalb nicht zu berücksichtigen sind, weil sie selbst beihilfeberechtigt sind. Die den Eigenanteil übersteigenden Aufwendungen für Unterkunft und Verpflegung sowie Investitionskosten werden als Beihilfe gezahlt.

(3) Bei vorübergehender Abwesenheit von pflegebedürftigen Personen von der stationären Pflegeeinrichtung sind die Aufwendungen nach Abs. 1 und 2 beihilfefähig, solange die Voraussetzungen des § 87a Abs. 1 Satz 5 und 6 des Elften Buches Sozialgesetzbuch vorliegen und bis zur in § 87a Abs. 1 Satz 7 des Elften Buches Sozialgesetzbuch bestimmten Höhe.

(4) Aufwendungen, die für die vollstationäre Pflege in Einrichtungen nach § 71 Abs. 4 des Elften Buches Sozialgesetzbuch entstehen, sind nach den Voraussetzungen des § 43a des Elften Buches Sozialgesetzbuch und bis zur dort bestimmten Höhe beihilfefähig. Der Anspruch auf ungekürztes Pflegegeld nach § 38 Satz 5 des Elften Buches Sozialgesetzbuch ist beihilfefähig. Aufwendungen für Unterkunft und Verpflegung sowie Investitionskosten sind nicht beihilfefähig.

(5) Aufwendungen für rehabilitierende oder aktivierende Maßnahmen sind nach den Voraussetzungen des § 87a Abs. 4 des Elften Buches Sozialgesetzbuch bis zur dort bestimmten Höhe beihilfefähig.

§ 9d Beihilfefähige Aufwendungen für zusätzliche Betreuungs- und Entlastungsleistungen

(1) Personen, die die Voraussetzungen des § 45a des Elften Buches Sozialgesetzbuch erfüllen, erhalten Beihilfen zu den Aufwendungen für zusätzliche Betreuungs- und Entlastungsleistungen.

(2) Aufwendungen für zusätzliche Betreuungs- und Entlastungsleistungen nach Abs. 1 sind nach den Voraussetzungen des § 45b des Elften Buches Sozialgesetzbuch und bis zur dort bestimmten Höhe beihilfefähig. Die von der Pflegeversicherung festgelegte Höhe des jeweiligen Anspruchs ist für die Berechnung der Beihilfe maßgeblich. Aufwendungen für Beratungsbesuche im Rahmen einer Pflegeberatung nach § 9 Abs. 6 sind ohne Anrechnung auf die in § 45b des Elften Buches Sozialgesetzbuch genannten Beträge beihilfefähig.

(3) Die von stationären Pflegeeinrichtungen mit der jeweiligen Pflegeversicherung vereinbarten und berechneten Zuschläge für zusätzliche Betreuung und Aktivierung nach § 87b des Elften Buches Sozialgesetzbuch sind neben den Aufwendungen nach § 9b Abs. 2 und § 9c Abs. 1 beihilfefähig.

(4) Bei pflegebedürftigen Personen in ambulant betreuten Wohngruppen sind pauschale Zuschläge beihilfefähig unter den Voraussetzungen

zungen des § 38a des Elften Buches Sozialgesetzbuch in der dort bestimmten Höhe.

§ 10 Beihilfefähige Aufwendungen bei Früherkennungs- und Vorsorgemaßnahmen

(1) Aus Anlass von Maßnahmen zur Früherkennung von Krankheiten sind beihilfefähig

1. bei Kindern bis zur Vollendung des sechsten Lebensjahres die Kosten für Untersuchungen zur Früherkennung von Krankheiten, die eine körperliche oder geistige Entwicklung des Kindes in nicht geringfügigem Maße gefährden,
2. bei Kindern und Jugendlichen für eine einmalige Jugendgesundheitsuntersuchung zwischen dem vollendeten zwölften und dem vollendeten fünfzehnten Lebensjahr,
3. bei Frauen vom Beginn des zwanzigsten, bei Männern vom Beginn des fünfundvierzigsten Lebensjahres an die Aufwendungen für jährlich eine Untersuchung zur Früherkennung von Krebserkrankungen,
4. bei Personen von der Vollendung des fünfunddreißigsten Lebensjahres an jedes zweite Jahr die Kosten für eine Gesundheitsuntersuchung, insbesondere zur Früherkennung von Herz-Kreislauf- und Nierenerkrankungen sowie Diabetes

nach Maßgabe der hierzu ergangenen Richtlinien des Bundesausschusses der Ärzte und Krankenkassen.

(2) Aufwendungen für prophylaktische zahnärztliche Maßnahmen nach Abschnitt B Nr. 1000 bis 2000 des Gebührenverzeichnisses der Gebührenordnung für Zahnärzte sind beihilfefähig.

(3) Aufwendungen für Schutzimpfungen sind beihilfefähig. Dies gilt nicht für Schutzimpfungen im Zusammenhang mit einem privaten Auslandsaufenthalt.

§ 11 Beihilfefähige Aufwendungen bei Empfängnisregelung, Schwangerschaftsabbruch und Sterilisation

(1) Beihilfefähig sind die Aufwendungen

1. für die ärztliche Beratung über Fragen der Empfängnisregelung einschließlich hierzu erforderlicher ärztlicher Untersuchungen und die Verordnung von empfängnisregelnden Mitteln,
2. aus Anlass eines beabsichtigten Schwangerschaftsabbruchs für die ärztliche Beratung über die Erhaltung oder den Abbruch der Schwangerschaft,
3. für die ärztliche Untersuchung und Begutachtung zur Feststellung der Voraussetzungen für einen Schwangerschaftsabbruch oder eine Sterilisation.

(2) Aus Anlass eines nicht rechtswidrigen Schwangerschaftsabbruchs oder einer nicht rechtswidrigen Sterilisation sind beihilfefähig die in § 6 Abs. 1 Nr. 1, 2, 6, 8 bis 10 Buchst. a bezeichneten Aufwendungen.

(3) Aus Anlass eines nicht strafbaren Schwangerschaftsabbruchs sind die in Abs. 2 genannten Aufwendungen beihilfefähig mit Ausnahme der ärztlichen Aufwendungen für die Vornahme des Abbruchs und die Nachbehandlung bei komplikationslosem Verlauf einschließlich der mit diesen ärztlichen Leistungen im Zusammenhang stehenden Sachkosten. Bei voll- und teilstationärer Vornahme des Abbruchs sind die in § 6 Abs. 1 Nr. 6 genannten Aufwendungen nicht beihilfefähig für den Tag, an dem der Abbruch vorgenommen wird.

§ 11a Beihilfefähige Aufwendungen zur Herbeiführung einer Schwangerschaft

Nach den in Anlage 5 festgelegten Methoden, Indikationen und Versuchszahlen sind Aufwendungen für medizinische Maßnahmen zur Herbeiführung einer Schwangerschaft beihilfefähig, wenn

1. diese Maßnahme nach ärztlicher Feststellung erforderlich ist, weil eine natürliche Schwangerschaft wegen Zeugungs- oder Empfängnisunfähigkeit eines der Ehegatten nicht möglich ist,
2. nach ärztlicher Feststellung hinreichende Aussicht besteht, dass durch diese Maßnahme eine Schwangerschaft herbeigeführt wird; eine hinreichende Aussicht besteht nicht mehr, wenn die für die jeweili-

ge Methode vorgesehene Versuchszahl erreicht ist und

3. die Personen, die diese Maßnahme in Anspruch nehmen wollen, miteinander verheiratet sind und ausschließlich Ei- und Samenzellen der Ehegatten verwendet werden.

§ 12 Beihilfefähige Aufwendungen bei Geburt

Aus Anlass einer Geburt sind beihilfefähig die Aufwendungen

1. für die Schwangerschaftsüberwachung und ärztlich verordnete Schwangerschaftsgymnastik,
2. entsprechend § 6 Abs. 1 Nr. 1 bis 3, 5, 6, 8 und 9,
3. für die Hebamme und den Entbindungspfleger,
4. für die pauschalen Kosten der Unterkunft, Verpflegung und Pflege in einem Geburtshaus,
5. für eine Haus- und Wochenpflegekraft bei Hausentbindung oder ambulanter Entbindung in einer Krankenanstalt oder Arztpraxis bis zu zwei Wochen nach der Geburt, wenn die Wöchnerin nicht bereits wegen Krankheit von einer Berufs- oder Ersatzpflegekraft nach § 6 Abs. 1 Nr. 7 gepflegt wird; § 6 Abs. 1 Nr. 7 Satz 3 gilt entsprechend,
6. entsprechend § 6 Abs. 1 Nr. 6 für das Kind.

§ 13 Beihilfefähige Aufwendungen in Todesfällen

(1) In Todesfällen wird zu den Aufwendungen für die Leichenschau, den Sarg, die Einsargung, die Überführung, die Aufbahrung, die Einäscherung, die Urne, den Erwerb einer Grabstelle oder eines Beisetzungsplatzes, die Beisetzung, die Anlegung einer Grabstelle einschließlich der Grundlage für ein Grabdenkmal eine Beihilfe bis zur Höhe von 1200 Euro gezahlt.

(2) Ist der Tod einer oder eines Beihilfeberechtigten während einer Dienstreise oder Abordnung des Verstorbenen eingetreten, sind die Kosten der Überführung der Leiche oder Urne beihilfefähig; der Bemessungssatz beträgt 100 Prozent.

(3) Verbleibt mindestens ein pflegebedürftiger berücksichtigungsfähiger oder selbst beihilfeberechtigter Familienangehöriger oder ein berücksichtigungsfähiges Kind bis zum vollendeten 14. Lebensjahr im Haushalt und kann dieser beim Tode des den Haushalt allein führenden Beihilfeberechtigten oder berücksichtigungsfähigen Angehörigen nicht durch eine andere im Haushalt lebende Person weitergeführt werden, sind die Aufwendungen für eine Familien- und Haushaltshilfe in entsprechender Anwendung des § 6 Abs. 1 Nr. 8 bis zu sechs Monaten, in Ausnahmefällen bis zu einem Jahr beihilfefähig.

§ 14 Beihilfefähige, außerhalb der Bundesrepublik Deutschland entstandene Aufwendungen

(1) Außerhalb der Bundesrepublik Deutschland entstandene Aufwendungen sind nur beihilfefähig, wenn es sich um Aufwendungen nach §§ 6, 9, 11 bis 13 handelt und nur insoweit und bis zu der Höhe, wie sie in der Bundesrepublik Deutschland beim Verbleiben am Wohnort entstanden und beihilfefähig gewesen wären.

(2) Aufwendungen nach Abs. 1 sind ohne Beschränkung auf die Kosten in der Bundesrepublik Deutschland beihilfefähig,

1. wenn sie bei einer Dienstreise eines Beihilfeberechtigten entstanden sind, es sei denn, dass die Behandlung bis zur Rückkehr in die Bundesrepublik Deutschland hätte aufgeschoben werden können,
2. wenn die Beihilfefähigkeit vor Antritt der Reise anerkannt worden ist. Die Anerkennung der Beihilfefähigkeit kommt ausnahmsweise in Betracht, wenn durch ein amts- oder vertrauensärztliches Gutachten nachgewiesen ist, dass die Behandlung außerhalb der Bundesrepublik Deutschland zwingend notwendig ist, weil hierdurch eine wesentlich größere Erfolgsaussicht zu erwarten ist. Die Anerkennung der Beihilfefähigkeit von Aufwendungen, die im Zusammenhang mit kurähnlichen Maßnahmen entstehen, ist ausgeschlossen,

3. wenn die Aufwendungen nach § 6 eines Krankheitsfalles 1000 Euro nicht übersteigen oder vorbehaltlich Abs. 3 in einem Land der Europäischen Union Aufwendungen für ambulante Behandlungen sowie für stationäre Behandlungen in öffentlichen Krankenhäusern entstanden sind.

(3) Aus Anlass einer Heilkur außerhalb der Bundesrepublik Deutschland entstandene Aufwendungen nach § 8 Abs. 2 Nr. 2 bis 5 sind beihilfefähig, wenn der Heilkurort im Heilkurorteverzeichnis (§ 8 Abs. 6) aufgeführt ist und die sonstigen Voraussetzungen des § 8 vorliegen. Die Aufwendungen nach § 8 Abs. 2 Nr. 1, 3 bis 5 sind bei einer anerkannten Heilkur ohne Beschränkung auf die Kosten in der Bundesrepublik Deutschland beihilfefähig.

(4) Für die Aufwendungen der Überführung einer Leiche oder Urne findet § 13 Abs. 2 Anwendung.

§ 15 Bemessung der Beihilfe

(1) Die Beihilfe beträgt für allein stehende Beihilfeberechtigte 50 vom Hundert der beihilfefähigen Aufwendungen. Dieser Bemessungssatz erhöht sich vorbehaltlich der Abs. 2 und 3 für verheiratete Beihilfeberechtigte auf 55 vom Hundert. Für Empfängerinnen und Empfänger von Anwärterbezügen einschließlich ihrer berücksichtigungsfähigen Angehörigen beträgt der Bemessungssatz 70 Prozent. Für jedes Kind, das nach § 3 zu berücksichtigen ist, erhöht sich der Bemessungssatz nach Satz 1 und 2 um je 5 vom Hundert, höchstens jedoch auf 70 vom Hundert. Ist ein Kind bei mehreren Beihilfeberechtigten berücksichtigungsfähig, erhöht sich der Bemessungssatz nur bei dem Beihilfeberechtigten, bei dem das Kind tatsächlich im Familienzuschlag, Ortszuschlag oder Sozialzuschlag berücksichtigt wird. Ist ein berücksichtigungsfähiges Kind zugleich Ehegatte eines Beihilfeberechtigten, so erhöht sich der Bemessungssatz nur beim Ehegatten des berücksichtigungsfähigen Kindes. Ehegatten und Kinder beihilfeberechtigter Waisen führen nicht zu einer Erhöhung des Bemessungssatzes. Empfänger von Vollwaisengeld werden bei der Bemessung der Beihilfe nach Satz 4 untereinander berücksichtigt, wenn ihr Versorgungsanspruch auf demselben Versorgungsfall beruht und sie nicht aufgrund einer eigenen Beschäftigung selbst beihilfeberechtigt sind. Maßgebend für die Ermittlung des Bemessungssatzes sind die Verhältnisse im Zeitpunkt der Antragstellung. Abweichend von Satz 9 bemisst sich beim Tod eines berücksichtigungsfähigen Angehörigen die Beihilfe zu bis dahin entstandenen Aufwendungen nach den Verhältnissen am Tag vor dessen Tod.

(2) Der Bemessungssatz erhöht sich nicht nach Abs. 1 Satz 2 und 4,

1. wenn der Ehegatte selbst beihilfeberechtigt ist oder der Gesamtbetrag der Einkünfte (§ 2 Abs. 3 des Einkommensteuergesetzes) des nicht selbst beihilfeberechtigten Ehegatten im vorletzten Kalenderjahr vor der Stellung des Beihilfeantrags das Zweifache des Grundfreibetrags nach § 32a Abs. 1 Nr. 1 des Einkommensteuergesetzes überstieg,
2. wenn berücksichtigungsfähige Angehörige, mit Ausnahme der beim Ehegatten familienversicherten Kinder,
   a) aufgrund einer Beschäftigung, Berufsausbildung, Arbeitslosigkeit oder des Bezugs einer Rente in der gesetzlichen Krankenversicherung pflichtversichert sind,
   b) Mitglied der Krankenversorgung der Bundesbahnbeamten sind,
   c) Beitragszuschüsse nach § 257 des Fünften Buches Sozialgesetzbuch, vergleichbaren Rechtsvorschriften oder aufgrund arbeitsvertraglicher Vereinbarungen erhalten,
   d) Beitragszuschüsse der Rentenversicherungsträger zu einer freiwilligen gesetzlichen Krankenversicherung von mindestens 52 Euro monatlich oder von mindestens der Hälfte des zu entrichtenden Krankenversicherungsbeitrags erhalten,
   e) Ansprüche auf Heil- oder Krankenbehandlung nach dem Bundesversorgungsgesetz, vergleichbaren Rechts-

VII

vorschriften oder Leistungen nach einer dieser Verordnung im wesentlichen vergleichbaren Regelung haben.

(3) Der Bemessungssatz beträgt in den Fällen des § 5 Abs. 5 50 vom Hundert der beihilfefähigen Aufwendungen.

(4) Für Empfänger von Versorgungsbezügen erhöht sich der nach Abs. 1 zustehende Bemessungssatz um 10 vom Hundert. Für Empfänger von Witwen- oder Witwergeld erhöht sich der Bemessungssatz um weitere 5 vom Hundert.

(5) Für beihilfefähige Aufwendungen, für die trotz ausreichender und rechtzeitiger Krankenversicherung wegen angeborener Leiden oder bestimmter Krankheiten aufgrund eines individuellen Ausschlusses keine Versicherungsleistungen gewährt werden oder für die die Leistungen auf Dauer eingestellt worden sind (Aussteuerung), erhöht sich der Bemessungssatz um 20 vom Hundert, jedoch höchstens auf 90 vom Hundert. Satz 1 gilt nur, wenn das Versicherungsunternehmen die Bedingungen des § 257 Abs. 2a Satz 1 Nr. 1 bis 4 des Fünften Buches Sozialgesetzbuch erfüllt. Satz 1 findet keine Anwendung in den Fällen der §§ 9 bis 9d.

(6) Bei einer stationären Krankenhausbehandlung (§ 6 Abs. 1 Nr. 6, § 11 Abs. 2, § 14) und in den Fällen des § 7 Abs. 4 erhöht sich der Bemessungssatz nach Abs. 1 und 4 um 15 vom Hundert, höchstens jedoch auf 85 vom Hundert. Dies gilt nicht, wenn der Bemessungssatz bereits nach Abs. 5 zu erhöhen ist.

(7) Bei freiwillig in der gesetzlichen Krankenversicherung Versicherten erhöht sich der Bemessungssatz auf 100 vom Hundert der sich nach Anrechnung der Leistungen der Krankenversicherung ergebenden beihilfefähigen Aufwendungen, sofern der Höhe nach Leistungsansprüche wie bei einer Pflichtversicherung zustehen. Dies gilt nicht, wenn ein Dienstordnungsangestellter einen ermäßigten Beitrag entrichtet, ein Zuschuss, Arbeitgeberanteil oder dergleichen von mindestens 21 Euro monatlich zum Krankenkassenbeitrag oder zu den Aufwendungen Beihilfe nach § 5 Abs. 5 gewährt wird.

(8) Bei Beihilfeberechtigten und berücksichtigungsfähigen Angehörigen, zu deren Beiträgen für eine private Krankenversicherung Zuschüsse aufgrund eines Beschäftigungsverhältnisses zustehen, ermäßigt sich der Bemessungssatz um 50 vom Hundert für ihre Aufwendungen.

(9) Der Bemessungssatz kann erhöht werden,

1. wenn die Aufwendungen infolge einer Dienstbeschädigung entstanden sind oder
2. in besonderen Ausnahmefällen bei Anlegung eines strengen Maßstabes; in den Fällen der §§ 9 bis 9d scheidet eine Erhöhung des Bemessungssatzes aus.

(10) Abweichend von Abs. 1, 2, 4 und 5 beträgt der Bemessungssatz zu Aufwendungen nach den §§ 9 bis 9d einschließlich der bei vollstationärer Pflege beihilfefähigen Aufwendungen für die Behandlungspflege für

1. Beihilfeberechtigte nach § 2 Abs. 1 Nr. 1 sowie entpflichtete Hochschullehrerinnen und Hochschullehrer	50 vom Hundert,
2. Empfänger von Versorgungsbezügen, die als solche beihilfeberechtigt sind	70 vom Hundert,
3. den berücksichtigungsfähigen Ehegatten	70 vom Hundert,
4. berücksichtigungsfähige Kinder und Waisen, die als solche beihilfeberechtigt sind	80 vom Hundert.

Sind zwei oder mehr Kinder berücksichtigungsfähig, beträgt der Bemessungssatz für den Beihilfeberechtigten nach Satz 1 Nr. 1 70 vom Hundert; bei mehreren Beihilfeberechtigten beträgt der Bemessungssatz nur bei einem von ihnen zu bestimmenden Berechtigten 70 vom Hundert, die Bestimmung kann nur in Ausnahmefällen neu getroffen werden.

§ 16 Beihilfen beim Tode des Beihilfeberechtigten

(1) Der hinterbliebene Ehegatte, die leiblichen und angenommenen Kinder eines verstorbenen Beihilfeberechtigten erhalten Beihilfen zu den bis zu dessen Tod und aus Anlass des Todes entstandenen beihilfefähigen

Aufwendungen. Die Beihilfe bemisst sich nach den Verhältnissen am Tage vor dem Tode; für Aufwendungen aus Anlass des Todes gilt § 13 mit der Maßgabe, dass die Aufwendungen nachzuweisen sind. Die Beihilfe wird demjenigen gewährt, der die Belege zuerst vorlegt.

(2) Andere als in Abs. 1 genannten natürlichen Personen sowie juristische Personen erhalten die Beihilfe nach Abs. 1, soweit sie die von dritter Seite in Rechnung gestellten Aufwendungen bezahlt haben und die Belege vorlegen. Sind diese Personen Erben von Beihilfeberechtigten, erhalten sie Beihilfe auch zu Aufwendungen des Erblassers, die von diesem bezahlt worden sind. Die Beihilfe darf zusammen mit Sterbe- und Bestattungsgeldern sowie sonstigen Leistungen, die zur Deckung der in Rechnung gestellten Aufwendungen bestimmt sind, die tatsächlich entstandenen Aufwendungen nicht übersteigen.

§ 17 Verfahren

(1) Beihilfen werden auf schriftlichen oder elektronischen Antrag des Beihilfeberechtigten aufgrund eines schriftlichen oder elektronischen Bescheides gewährt; für den Antrag sind die von der Festsetzungsstelle herausgegebenen Formblätter zu verwenden. Der Beihilfebescheid kann vollständig durch automatisierte Einrichtungen erlassen werden, sofern kein Anlass besteht, den Einzelfall durch Amtsträgerinnen oder Amtsträger zu bearbeiten.

(1a) Eine elektronische Antragstellung und elektronische Übermittlung der Belege sind nur möglich, wenn und soweit die Festsetzungsstelle dies zulässt. Bei der Übermittlung elektronischer Dokumente ist zu gewährleisten, dass die Übermittlung auch verschlüsselt erfolgen kann. Wird für den Festsetzungsbescheid die elektronische Form gewählt, so sind dessen Daten mit einem geeigneten Verfahren zu verschlüsseln. Dies gilt auch für sonstige Mitteilungen der Festsetzungsstelle, soweit die Art der personenbezogenen Daten dies erfordert.

(2) Eine Beihilfe wird nur gewährt, wenn die mit dem Antrag geltend gemachten Aufwendungen insgesamt mehr als 250 Euro betragen. Erreichen die Aufwendungen aus zehn Monaten diese Summe nicht, wird abweichend von Satz 1 eine Beihilfe gewährt, wenn die Aufwendungen 25 Euro übersteigen.

(3) Beihilfen werden nur zu den Aufwendungen gewährt, die durch Belege nachgewiesen sind, soweit nichts anderes bestimmt ist.

(4) Die Beihilfeanträge sind unter Beifügung der Belege unmittelbar der Festsetzungsstelle vorzulegen.

(4a) Leistungen nach § 6 Abs. 1 Nr. 6 können direkt zwischen dem Krankenhaus oder dem vom Krankenhaus beauftragten Rechnungssteller und der Festsetzungsstelle abgerechnet werden (Krankenhausdirektabrechnung), wenn

1. der Bund oder das Land eine entsprechende Rahmenvereinbarung mit der Deutschen Krankenhausgesellschaft e. V. abgeschlossen hat und
2. eine Erklärung der beihilfeberechtigten Person bei der Festsetzungsstelle vorliegt; für die Erklärung ist das von der Festsetzungsstelle herausgegebene Formular zu verwenden.

Die Festsetzungsstelle hat die Richtigkeit der Rechnung zu prüfen und kann sich zu diesem Zweck unmittelbar an das Krankenhaus oder den vom Krankenhaus beauftragten Rechnungssteller wenden. Der Beihilfebescheid ist der oder dem Beihilfeberechtigten bekannt zu geben.

(5) Als Festsetzungsstellen entscheiden, soweit in dieser Verordnung nichts anderes bestimmt ist,

1. die obersten Dienstbehörden über die Anträge ihrer Bediensteten,
2. die den obersten Dienstbehörden unmittelbar nachgeordneten Behörden über die Anträge der Bediensteten ihres Geschäftsbereichs,
3. über die Anträge der Versorgungsberechtigten das Regierungspräsidium Kassel.

Die obersten Dienstbehörden können durch Rechtsvorschrift die Zuständigkeit abweichend regeln. Im Landesbereich wird die für das Beihilferecht zuständige Ministerin oder der für das Beihilferecht zuständige Minister ermächtigt, durch Rechtsvorschrift die Zuständigkeit abweichend zu regeln und Rechtsvorschriften nach Satz 2 zu ändern oder aufzuheben.

(6) Soweit die Festsetzungsstelle elektronische Dokumente zur Abbildung von Schriftstücken herstellt, werden dem Beihilfeantrag beigefügte Belege nicht zurückgegeben, sondern vernichtet. Die Beihilfeberechtigten haben die Originale oder Kopien der Belege bis drei Jahre nach Empfang der Beihilfe aufzubewahren, sofern sie nicht bei der Krankenversicherung verbleiben. Die Belege sind auf Bitte der Festsetzungsstelle erneut vorzulegen.

(7) Abschlagszahlungen sollen angemessen sein und die später zu gewährende Beihilfe nicht übersteigen.

(8) Ist in den Fällen des § 7 Abs. 2 Nr. 2, § 14 Abs. 2 Nr. 2 und der Anlage 1 die vorherige Anerkennung der Beihilfefähigkeit unterblieben, wird eine Beihilfe nur gewährt, wenn das Versäumnis entschuldbar ist und die sachlichen Voraussetzungen für eine Anerkennung der Beihilfefähigkeit nachgewiesen sind.

(9) Eine Beihilfe wird nur gewährt, wenn der Beihilfeberechtigte sie innerhalb einer Ausschlussfrist von einem Jahr nach Entstehen der Aufwendungen, der ersten Ausstellung der Rechnung oder der Bescheinigung des Geldwerts von Sachleistungen beantragt hat. Die in der Bescheinigung über ihren Geldwert aufgeführten Sachleistungen dürfen im Zeitpunkt der Antragstellung nicht länger als ein Jahr zurückliegen. Für den Beginn der Frist ist bei Beihilfen nach § 9 Abs. 4 Satz 2 der letzte Tag des Monats, in dem die Pflege erbracht wurde, nach § 13 Abs. 1 der Tag des Ablebens und bei Aufwendungen nach § 8 Abs. 2 Nr. 2 der Tag der Beendigung der Heilkur maßgebend. Hat ein Sozialhilfeträger vorgeleistet, beginnt die Frist mit dem Ersten des Monats, der auf den Monat folgt, in dem der Sozialhilfeträger die Aufwendungen bezahlt.

§ 18 Übergangs- und Schlussvorschriften

(1) Empfänger von Unterhaltsbeiträgen, die nach bisherigem Recht beihilfeberechtigt waren, aber nicht die Voraussetzungen des § 2 Abs. 1 Nr. 2 und 3 erfüllen, bleiben beihilfeberechtigt, solange sie oder ihre Hinterbliebenen Unterhaltsbeiträge erhalten. Dies gilt auch für gnadenweise zugebilligte Unterhaltsbeiträge.

(2) Für Beihilfeberechtigte, die im Zeitpunkt des In-Kraft-Tretens dieser Verordnung Ansprüche nach den §§ 141a und 141c des Bundesentschädigungsgesetzes in der Fassung vom 29. Juni 1956 (BGBl. I S. 559), zuletzt geändert durch Gesetz vom 27. Juli 2001 (BGBl. I S. 1887), haben, gilt § 5 Abs. 3 Satz 3 Nr. 3 entsprechend.

(3) Ist der Tod eines Beihilfeberechtigten während einer Dienstreise oder einer Abordnung oder vor der Ausführung eines dienstlich bedingten Umzuges außerhalb des Familienwohnsitzes des Verstorbenen eingetreten, sind die Kosten der Überführung der Leiche oder Urne ohne die Beschränkung des § 13 Abs. 2 beihilfefähig; der Bemessungssatz für diese Kosten beträgt 100 vom Hundert.

(4) Die nach § 2 Abs. 1 Nr. 4 in der bis zum 30. April 2001 geltenden Fassung beihilfeberechtigten Personen bleiben nach den Vorschriften dieser Verordnung in der jeweiligen Fassung beihilfeberechtigt, solange das Arbeits- oder Ausbildungsverhältnis über diesen Zeitpunkt hinaus ununterbrochen fortbesteht. Dies gilt auch für Fälle, in denen am 30. April 2001 eine Beihilfeberechtigung wegen des Bezugs einer Rente auf Zeit oder wegen einer Beurlaubung oder Vergütung oder Lohn nicht bestand. Wird im unmittelbaren Anschluss an ein Arbeits- oder Ausbildungsverhältnis nach Satz 1 ein Arbeits- oder Ausbildungsverhältnis zu einem Arbeitgeber mit Dienstherrnfähigkeit im Geltungsbereich des Hessischen Beamtengesetzes begründet, bleibt die Beihilfeberechtigung erhalten.

§ 19 Aufhebung bisherigen Rechts

(vollzogen)

§ 20 Verwaltungsvorschriften

Das für das Beihilferecht zuständige Ministerium erlässt die zur Durchführung dieser Verordnung erforderlichen Verwaltungsvorschriften.

§ 21 Inkrafttreten

Diese Verordnung tritt am 1. August 1988 in Kraft.

Anlage 1
(zu § 6 Abs. 1 Nr. 1 HBeihVO)

Ambulant durchgeführte psychotherapeutische Behandlungen und Maßnahmen der psychosomatischen Grundversorgung

1. Allgemeines

1.1 Im Rahmen des § 6 Abs. 1 Nr. 1 sind Aufwendungen für ambulante psychotherapeutische Leistungen mittels wissenschaftlich anerkannter Verfahren nach den Abschnitten B und G des Gebührenverzeichnisses der Gebührenordnung für Ärzte (GOÄ) nach Maßgabe der folgenden Nr. 2 bis 4 beihilfefähig.

Die Beihilfefähigkeit von Aufwendungen für psychotherapeutische Behandlungen im Rahmen einer stationären Krankenhaus- oder Sanatoriumsbehandlung wird hierdurch nicht eingeschränkt.

1.2 Zur Ausübung von Psychotherapie gehören nicht psychologische Tätigkeiten, die die Aufarbeitung und Überwindung sozialer Konflikte oder sonstige Zwecke außerhalb der Heilkunde zum Gegenstand haben. Deshalb sind Aufwendungen für Behandlungen, die zur schulischen, beruflichen oder sozialen Anpassung (z. B. zur Berufsförderung oder zur Erziehungsberatung) bestimmt sind, nicht beihilfefähig.

VII

1.3 Gleichzeitige Behandlungen nach Nr. 2, 3 oder 4 schließen sich aus.

2. Tiefenpsychologisch fundierte und analytische Psychotherapie

2.1 Aufwendungen für psychotherapeutische Behandlungen der tiefenpsychologisch fundierten und analytischen Psychotherapie nach den Nr. 860 bis 865 des Gebührenverzeichnisses der GOÄ sind nur dann beihilfefähig, wenn

- die vorgenommene Tätigkeit zur Feststellung, Heilung oder Linderung von Störungen mit Krankheitswert, bei denen Psychotherapie indiziert ist, dient und
- nach Erhebung der biographischen Anamnese, ggf. nach höchstens fünf probatorischen Sitzungen, die Voraussetzungen für einen Behandlungserfolg gegeben sind und
- die Festsetzungsstelle vor Beginn der Behandlung die Beihilfefähigkeit der Aufwendungen aufgrund einer vertrauensärztlichen Stellungnahme zur Notwendigkeit und zu Art und Umfang der Behandlung anerkannt hat.

Die Aufwendungen für die biographische Anamnese (Nr. 860 des Gebührenverzeichnisses der GOÄ) und höchstens fünf probatorische Sitzungen sind beihilfefähig. Dies gilt auch dann, wenn sich eine psychotherapeutische Behandlung als nicht notwendig erweist.

2.2 Indikationen zur Anwendung tiefenpsychologisch fundierter und analytischer Psychotherapie sind nur:

- psychoneurotische Störungen (z. B. Angstneurosen, Phobien, neurotische Depressionen, Konversionsneurosen),
- vegetativ-funktionelle und psychosomatische Störungen mit gesicherter psychischer Ätiologie,
- Abhängigkeit von Alkohol, Drogen oder Medikamenten nach vorangegangener Entgiftungsbehandlung, das heißt im Stadium der Entwöhnung unter Abstinenz,
- seelische Behinderung aufgrund frühkindlicher emotionaler Mangelzustände, in Ausnahmefällen seelische Behinderungen, die im Zusammenhang mit frühkindlichen körperlichen Schädigungen oder Missbildungen stehen,
- seelische Behinderung als Folge schwerer chronischer Krankheitsverläufe, sofern sie noch einen Ansatz für die Anwendung von Psychotherapie bietet (z. B. chronisch verlaufende rheumatische Erkrankungen, spezielle Formen der Psychosen),
- seelische Behinderung aufgrund extremer Situationen, die eine schwere Beeinträch-

tigung der Persönlichkeit zur Folge hatten (z. B. schicksalhafte psychische Traumen),
- seelische Behinderung als Folge psychotischer Erkrankungen, die einen Ansatz für spezifische psychotherapeutische Interventionen erkennen lassen.

2.3 Die Aufwendungen für eine Behandlung sind je Krankheitsfall nur bis zu folgenden Stundenzahlen beihilfefähig:

2.3.1 Bei tiefenpsychologisch fundierter Psychotherapie 50 Stunden, bei Gruppenbehandlung 40 Doppelstunden, darüber hinaus in besonderen Fällen nach einer erneuten eingehenden Begründung der Therapeutin oder des Therapeuten und der vorherigen Anerkennung entsprechend Nr. 2.1 weitere 30 Stunden, bei Gruppenbehandlung weitere 20 Doppelstunden. Zeigt sich bei der Therapie, dass das Behandlungsziel innerhalb der Stundenzahl nicht erreicht wird, kann in medizinisch besonders begründeten Einzelfällen eine weitere begrenzte Behandlungsdauer von höchstens 20 Sitzungen anerkannt werden. Voraussetzung für die Anerkennung ist das Vorliegen einer Erkrankung nach Nr. 2.2, die nach ihrer besonderen Symptomatik und Struktur eine besondere tiefenpsychologisch fundierte Bearbeitung erfordert und eine hinreichende Prognose über das Erreichen des Behandlungszieles erlaubt. Die Anerkennung, die erst im letzten Behandlungsabschnitt erfolgen darf, erfordert eine vertrauensärztliche Stellungnahme,

2.3.2 bei analytischer Psychotherapie 80 Stunden, bei Gruppenbehandlung 40 Doppelstunden, darüber hinaus nach jeweils einer erneuten eingehenden Begründung der Therapeutin oder des Therapeuten und der vorherigen Anerkennung entsprechend Nr. 2.1 weitere 80 Stunden, bei Gruppenbehandlung weitere 40 Doppelstunden, in besonderen Ausnahmefällen nochmals weitere 80 Stunden, bei Gruppenbehandlung weitere 40 Doppelstunden. Zeigt sich bei der Therapie, dass das Behandlungsziel innerhalb der Stundenzahl noch nicht erreicht wird, kann in medizinisch besonders begründeten Einzelfällen eine weitere begrenzte Behandlungsdauer anerkannt werden. Voraussetzung für die Anerkennung ist das Vorliegen einer Erkrankung nach Nr. 2.2, die nach ihrer besonderen Symptomatik und Struktur eine besondere analytische Bearbeitung erfordert und eine hinreichende Prognose über das Erreichen des Behandlungszieles erlaubt. Die Anerkennung, die erst im letzten Behandlungsabschnitt erfolgen darf, erfordert eine vertrauensärztliche Stellungnahme,

2.3.3 bei tiefenpsychologisch fundierter oder analytischer Psychotherapie von Kindern 70 Stunden, bei Gruppenbehandlung 40 Doppelstunden, darüber hinaus nach einer erneuten eingehenden Begründung der Therapeutin oder des Therapeuten und der vorherigen Anerkennung entsprechend Nr. 2.1 weitere 50 Stunden, bei Gruppenbehandlung weitere 20 Doppelstunden, in besonderen Ausnahmefällen nochmals weitere 30 Stunden, bei Gruppenbehandlung weitere 15 Doppelstunden. Zeigt sich bei der Therapie, dass das Behandlungsziel innerhalb der Stundenzahl noch nicht erreicht wird, kann in medizinisch besonders begründeten Einzelfällen eine weitere begrenzte Behandlungsdauer anerkannt werden. Voraussetzung für die Anerkennung ist das Vorliegen einer Erkrankung nach Nr. 2.2, die nach ihrer besonderen Symptomatik und Struktur eine besondere analytische Bearbeitung erfordert und eine hinreichende Prognose über das Erreichen des Behandlungszieles erlaubt. Die Anerkennung, die erst im letzten Behandlungsabschnitt erfolgen darf, erfordert eine vertrauensärztliche Stellungnahme,

2.3.4 bei tiefenpsychologisch fundierter oder analytischer Psychotherapie von Jugendlichen 70 Stunden, bei Gruppenbehandlung 40 Doppelstunden, darüber hinaus nach einer erneuten eingehenden Begründung der Therapeutin oder des Therapeuten und der vorherigen Anerkennung entsprechend Nr. 2.1 weitere 60 Stunden, bei Gruppenbehandlung weitere 30 Doppelstunden, in besonderen Ausnahmefällen nochmals weitere 50 Stunden, bei Gruppenbehandlung weitere 20 Doppelstunden. Zeigt sich bei der Therapie, dass das Behandlungsziel innerhalb der

Stundenzahl noch nicht erreicht wird, kann in medizinisch besonders begründeten Einzelfällen eine weitere begrenzte Behandlungsdauer anerkannt werden. Voraussetzung für die Anerkennung ist das Vorliegen einer Erkrankung nach Nr. 2.2, die nach ihrer besonderen Symptomatik und Struktur eine besondere analytische Bearbeitung erfordert und eine hinreichende Prognose über das Erreichen des Behandlungszieles erlaubt. Die Anerkennung, die erst im letzten Behandlungsabschnitt erfolgen darf, erfordert eine vertrauensärztliche Stellungnahme,

2.3.5 bei einer die tiefenpsychologisch fundierte oder analytische Psychotherapie von Kindern und Jugendlichen begleitenden Einbeziehung ihrer Bezugspersonen in der Regel im Verhältnis 1 zu 4. Abweichungen bedürfen der Begründung. Bei Vermehrung der Begleittherapie sind die Leistungen bei den Leistungen für das Kind bzw. den Jugendlichen abzuziehen.

2.4.1 Wird die Behandlung durch ärztliche Psychotherapeutinnen oder Psychotherapeuten durchgeführt, müssen diese Fachärztin oder Facharzt für Psychotherapeutische Medizin, für Psychiatrie und Psychotherapie, für Kinder- und Jugendpsychiatrie und -psychotherapie oder Ärztin oder Arzt mit der Bereichs- oder Zusatzbezeichnung „Psychotherapie" oder „Psychoanalyse" sein. Eine Fachärztin oder ein Facharzt für Psychotherapeutische Medizin oder für Psychiatrie und Psychotherapie oder Kinder- und Jugendpsychiatrie und -psychotherapie sowie eine Ärztin oder ein Arzt mit der Berufsbezeichnung „Psychotherapie" können nur tiefenpsychologisch fundierte Psychotherapie (Nr. 860 bis 862 des Gebührenverzeichnisses der GOÄ) erbringen. Eine Ärztin oder ein Arzt mit der Bereichs- oder Zusatzbezeichnung „Psychoanalyse" oder mit der vor dem 1. April 1984 verliehenen Bereichsbezeichnung „Psychotherapie" kann auch analytische Psychotherapie (Nr. 863, 864 des Gebührenverzeichnisses der GOÄ) erbringen.

2.4.2.1 Psychologische Psychotherapeutinnen und -therapeuten mit einer Approbation nach § 2 des Psychotherapeutengesetzes vom 16. Juni 1998 (BGBl. I S. 1311) können Leistungen für diejenige anerkannte Psychotherapieform erbringen, für welche sie eine vertiefte Ausbildung erfahren haben (tiefenpsychologisch fundierte Psychotherapie, analytische Psychotherapie).

2.4.2.2 Wird die Behandlung durch Psychologische Psychotherapeutinnen und -therapeuten mit einer Approbation nach § 12 des Psychotherapeutengesetzes durchgeführt, müssen sie

- zur vertragsärztlichen Versorgung der gesetzlichen Krankenkassen zugelassen oder
- in das Arztregister eingetragen sein oder
- über eine abgeschlossene Ausbildung in tiefenpsychologisch fundierter und analytischer Psychotherapie an einem bis 31. Dezember 1998 von der Kassenärztlichen Bundesvereinigung anerkannten psychotherapeutischen Ausbildungsinstitut verfügen.

Psychologische Psychotherapeutinnen und -therapeuten können nur Leistungen für diejenige Psychotherapieform (tiefenpsychologisch fundierte Psychotherapie, analytische Psychotherapie) erbringen, für welche sie zur vertragsärztlichen Versorgung der gesetzlichen Krankenkassen zugelassen oder in das Arztregister eingetragen sind. Psychologische Psychotherapeutinnen und -therapeuten, die über eine abgeschlossene Ausbildung an einem anerkannten psychotherapeutischen Ausbildungsinstitut verfügen, können tiefenpsychologisch fundierte und analytische Psychotherapie erbringen (Nr. 860, 861 und 863 des Gebührenverzeichnisses der GOÄ).

2.4.3.1 Kinder- und Jugendlichenpsychotherapeutinnen und -therapeuten mit einer Approbation nach § 2 des Psychotherapeutengesetzes können Leistungen für diejenige Psychotherapieform bei Kindern und Jugendlichen erbringen, für die sie eine vertiefte Ausbildung erfahren haben (tiefenpsychologisch fundierte Psychotherapie, analytische Psychotherapie).

2.4.3.2 Wird die Behandlung von Kindern und Jugendlichen von Kinder- und Jugendlichenpsychotherapeutinnen und -therapeuten mit einer Approbation nach § 12 des Psychotherapeutengesetzes durchgeführt, müssen sie

- zur vertragsärztlichen Versorgung der gesetzlichen Krankenkassen zugelassen oder
- in das Arztregister eingetragen sein oder
- über eine abgeschlossene Ausbildung in tiefenpsychologisch fundierter und analytischer Psychotherapie an einem bis 31. Dezember 1998 von der Kassenärztlichen Bundesvereinigung anerkannten psychotherapeutischen Ausbildungsinstitut für Kinder- und Jugendlichenpsychotherapie verfügen.

Kinder- und Jugendlichenpsychotherapeutinnen und -therapeuten können nur Leistungen für diejenige Psychotherapieform (tiefenpsychologisch fundierte Psychotherapie, analytische Psychotherapie) erbringen, für die sie zur vertragsärztlichen Versorgung der gesetzlichen Krankenkassen zugelassen oder in das Arztregister eingetragen sind. Kinder- und Jugendlichenpsychotherapeutinnen und -therapeuten, die über eine abgeschlossene Ausbildung an einem anerkannten psychotherapeutischen Ausbildungsinstitut verfügen, können tiefenpsychologisch fundierte und analytische Psychotherapie erbringen (Nr. 860, 861 und 863 des Gebührenverzeichnisses der GOÄ).

2.4.4 Die fachliche Befähigung für die Behandlung von Kindern und Jugendlichen ist, sofern die Behandlung nicht durch eine Fachärztin oder einen Facharzt für Kinder- und Jugendpsychiatrie und -psychotherapie oder durch Kinder- und Jugendlichenpsychotherapeutinnen und -therapeuten erfolgt, durch eine entsprechende Bescheinigung einer Kassenärztlichen Vereinigung nachzuweisen.

Die fachliche Befähigung für Gruppenbehandlungen ist, sofern die Behandlung nicht durch eine Fachärztin oder einen Facharzt für Psychotherapeutische Medizin erfolgt, durch eine entsprechende Bescheinigung einer Kassenärztlichen Vereinigung nachzuweisen.

2.5 Erfolgt die Behandlung durch Psychologische Psychotherapeutinnen oder -therapeuten oder Kinder- und Jugendlichenpsychotherapeutinnen oder -therapeuten, muss spätestens nach den probatorischen Sitzungen und vor der Begutachtung der ärztliche Nachweis einer somatischen (organischen) Abklärung erbracht werden (Konsiliarbericht).

3. Verhaltenstherapie

3.1 Aufwendungen für eine Verhaltenstherapie nach den Nr. 870 und 871 des Gebührenverzeichnisses der GOÄ sind nur dann beihilfefähig, wenn

- die vorgenommene Tätigkeit zur Feststellung, Heilung oder Linderung von Störungen mit Krankheitswert, bei denen Psychotherapie indiziert ist, dient und
- nach Erstellen einer Verhaltensanalyse und gegebenenfalls nach höchstens fünf probatorischen Sitzungen die Voraussetzungen für einen Behandlungserfolg gegeben sind und
- die Festsetzungsstelle vor Beginn der Behandlung die Beihilfefähigkeit der Aufwendungen aufgrund einer vertrauensärztlichen Stellungnahme zur Notwendigkeit und zu Art und Umfang der Behandlung anerkannt hat.

Die Aufwendungen für höchstens fünf probatorische Sitzungen einschließlich des Erstellens der Verhaltensanalyse sind beihilfefähig. Dies gilt auch dann, wenn sich die Verhaltenstherapie als nicht notwendig erweist.

Vor dem Anerkennungsverfahren ist abzusehen, wenn der Festsetzungsstelle nach den probatorischen Sitzungen die Feststellung der Therapeutin oder des Therapeuten vorgelegt wird, dass bei Einzelbehandlung die Behandlung bei je mindestens 50minütiger Dauer nicht mehr als 10 Sitzungen sowie bei Gruppenbehandlung bei je mindestens 100minütiger Dauer nicht mehr als 20 Sitzungen erfordert. Muss in besonders begründeten Ausnahmefällen die Behandlung über die festgestellte Zahl dieser Sitzungen hinaus verlängert werden, ist die Festsetzungsstelle hiervon unverzüglich zu unterrichten. Aufwendungen für weitere Sitzungen sind nur nach vorheriger Anerkennung durch die Festsetzungsstelle aufgrund einer vertrauensärztlichen Stellungnahme zur Notwendigkeit und zu Art und Umfang der Behandlung beihilfefähig.

3.2 Indikationen zur Anwendung der Verhaltenstherapie sind nur:

- psychoneurotische Störungen (z. B. Angstneurosen, Phobien),
- vegetativ-funktionelle Störungen mit gesicherter psychischer Ätiologie,
- Abhängigkeit von Alkohol, Drogen oder Medikamenten nach vorangegangener Entgiftungsbehandlung, das heißt im Stadium der Entwöhnung unter Abstinenz,
- seelische Behinderung als Folge schwerer chronischer Krankheitsverläufe, sofern sie noch einen Ansatzpunkt für die Anwendung von Verhaltenstherapie bietet,
- seelische Behinderung aufgrund extremer Situationen, die eine schwere Beeinträchtigung der Persönlichkeit zur Folge hatten (z. B. schicksalhafte psychische Traumen),
- seelische Behinderung aufgrund frühkindlicher emotionaler Mangelzustände, in Ausnahmefällen seelische Behinderungen, die im Zusammenhang mit frühkindlichen körperlichen Schädigungen oder Missbildungen stehen,
- seelische Behinderung als Folge psychotischer Erkrankungen, die einen Ansatz für spezifische verhaltenstherapeutische Interventionen – besonders auch im Hinblick auf die Reduktion von Risikofaktoren für den Ausbruch neuer psychotischer Episoden – erkennen lassen.

3.3 Die Aufwendungen für eine Behandlung sind je Krankheitsfall nur bis zu folgenden Stundenzahlen beihilfefähig:

3.3.1 Bei Einzelbehandlung von Erwachsenen 40 Sitzungen, von Kindern und Jugendlichen einschließlich einer notwendigen begleitenden Behandlung ihrer Bezugspersonen 50 Sitzungen,

3.3.2 bei Gruppenbehandlung mit einer Teilnehmerzahl von höchstens acht Personen und einer Dauer von mindestens 100 Minuten 40 Sitzungen. Zeigt sich bei der Therapie, dass das Behandlungsziel innerhalb der Stundenzahl für die vorstehenden Einzel- und Gruppenbehandlungen nicht erreicht wird, kann in medizinisch besonders begründeten Fällen eine weitere Behandlungsdauer von höchstens 40 weiteren Sitzungen anerkannt werden. Voraussetzung für die Anerkennung ist das Vorliegen einer Erkrankung nach Nr. 3.2, die nach ihrer besonderen Symptomatik und Struktur eine besondere Bearbeitung erfordert und eine hinreichend gesicherte Prognose über das Erreichen des Behandlungszieles erlaubt. Die Anerkennung erfordert eine vertrauensärztliche Stellungnahme.

3.4.1 Wird die Behandlung durch ärztliche Psychotherapeutinnen oder -therapeuten durchgeführt, müssen diese Fachärztin oder Facharzt für Psychotherapeutische Medizin, Psychiatrie und Psychotherapie, Kinder- und Jugendpsychiatrie und -psychotherapie oder Ärztin oder Arzt mit der Bereichs- oder Zusatzbezeichnung „Psychotherapie" sein. Ärztliche Psychotherapeutinnen und -therapeuten können die Behandlung durchführen, wenn sie den Nachweis erbringen, dass sie während ihrer Weiterbildung schwerpunktmäßig Kenntnisse und Erfahrungen in Verhaltenstherapie erworben haben.

3.4.2.1 Psychologische Psychotherapeutinnen und -therapeuten mit einer Approbation nach § 2 des Psychotherapeutengesetzes können Verhaltenstherapie erbringen, wenn sie dafür eine vertiefte Ausbildung erfahren haben.

3.4.2.2 Wird die Behandlung durch Psychologische Psychotherapeutinnen oder -therapeuten oder Kinder- und Jugendlichenpsychotherapeutinnen oder -therapeuten mit einer Approbation nach § 12 des Psychotherapeutengesetzes durchgeführt, müssen sie

- zur vertragsärztlichen Versorgung der gesetzlichen Krankenkassen zugelassen oder
- in das Arztregister eingetragen sein oder
- über eine abgeschlossene Ausbildung in Verhaltenstherapie an einem bis 31. Dezember 1998 von der Kassenärztlichen Bundesvereinigung anerkannten verhaltenstherapeutischen Ausbildungsinstitut verfügen.

3.4.3 Die fachliche Befähigung für die Behandlung von Kindern und Jugendlichen ist, sofern die Behandlung nicht durch eine Fachärztin oder einen Facharzt für Kinder- und Jugendlichenpsychiatrie und -psychotherapie oder Kinder- und Jugendlichenpsychotherapeutinnen oder -therapeuten erfolgt, durch eine entsprechende Bescheinigung einer Kassenärztlichen Vereinigung nachzuweisen.

Die fachliche Befähigung für Gruppenbehandlungen ist, sofern die Behandlung nicht durch eine Fachärztin oder einen Facharzt für Psychotherapeutische Medizin erfolgt, durch eine entsprechende Bescheinigung einer Kassenärztlichen Vereinigung nachzuweisen.

3.5 Erfolgt die Behandlung durch Psychologische Psychotherapeutinnen oder -therapeuten oder Kinder- und Jugendlichenpsychotherapeutinnen oder -therapeuten, muss spätestens nach den probatorischen Sitzungen und vor der Begutachtung der ärztliche Nachweis einer somatischen (organischen) Abklärung erbracht werden (Konsiliarbericht).

4. Psychosomatische Grundversorgung

Die psychosomatische Grundversorgung umfasst verbale Interventionen im Rahmen der Nr. 849 des Gebührenverzeichnisses der GOÄ und die Anwendung übender und suggestiver Verfahren nach den Nr. 845 bis 847 des Gebührenverzeichnisses der GOÄ (autogenes Training, Jacobsonsche Relaxationstherapie, Hypnose).

4.1 Aufwendungen für Maßnahmen der psychosomatischen Grundversorgung sind nur dann beihilfefähig, wenn bei einer entsprechenden Indikation die Behandlung der Besserung oder der Heilung der Krankheit dient und die Behandlungsdauer je Krankheitsfall die folgenden Stundenzahlen nicht überschreitet:

- bei verbaler Intervention als einzige Leistung 10 Sitzungen,
- bei autogenem Training und bei der Jacobsonschen Relaxationstherapie als Einzel- oder Gruppenbehandlung 12 Sitzungen,
- bei Hypnose als Einzelbehandlung 12 Sitzungen.

Neben den Aufwendungen für eine verbale Intervention im Rahmen der Nr. 849 des Gebührenverzeichnisses der GOÄ sind Aufwendungen für körperbezogene ärztliche Leistungen beihilfefähig.

4.2 Aufwendungen für eine verbale Intervention sind ferner nur beihilfefähig, wenn die Behandlung von einer Fachärztin oder einem Facharzt für Allgemeinmedizin (auch praktische Ärztin oder praktischer Arzt), Augenheilkunde, Frauenheilkunde und Geburtshilfe, Haut- und Geschlechtskrankheiten, Innere Medizin, Kinderheilkunde, Kinder- und Jugendpsychiatrie und -psychotherapie, Neurologie, Phoniatrie und Pädaudiologie, Psychiatrie und Psychotherapie, Psychotherapeutische Medizin oder Urologie durchgeführt wird.

4.3 Aufwendungen für übende und suggestive Verfahren (autogenes Training, Jacobsonsche Relaxationstherapie, Hypnose) sind nur beihilfefähig, wenn die Behandlung von Ärztinnen oder Ärzten, Psychologischen Psychotherapeutinnen oder -therapeuten oder Kinder- und Jugendlichenpsychotherapeutinnen oder -therapeuten erbracht wird, soweit diese über entsprechende Kenntnisse und Erfahrungen in der Anwendung übender und suggestiver Verfahren verfügen.

4.4 Eine verbale Intervention kann nicht mit übenden und suggestiven Verfahren in derselben Sitzung durchgeführt werden. Autogenes Training, Jacobsonsche Relaxationstherapie und Hypnose können während eines Krankheitsfalles nicht nebeneinander durchgeführt werden.

5. Nicht beihilfefähige Behandlungsverfahren

Aufwendungen für die nachstehenden Behandlungsverfahren sind nicht beihilfefähig:

Familientherapie, funktionelle Entspannung nach M. Fuchs, Gesprächspsychotherapie (z. B. nach Rogers), Gestalttherapie, körperbezogene Therapie, konzentrative Bewegungstherapie, Logotherapie, Musiktherapie, Heileurhythmie, Psychodrama, respiratorisches Biofeedback, Transaktionsanalyse, neuropsychologische Behandlung.

Katathymes Bilderleben kann nur im Rahmen eine übergeordneten tiefenpsychologischen Therapiekonzepts Anwendung finden.

Rational Emotive Therapie ist nur im Rahmen eines umfassenden verhaltenstherapeutischen Behandlungskonzepts beihilfefähig.

Anlage 2
(zu § 6 Abs. 1 Nr. 1 HBeihVO)

Beihilfefähigkeit von zahnärztlichen und kieferorthopädischen Leistungen

Zahnärztliche und kieferorthopädische Leistungen sind nach folgenden Maßgaben beihilfefähig:

1. Bei zahnärztlichen Behandlungen, mit Ausnahme von beihilfefähigen kieferorthopädischen Behandlungen, entstandene Aufwendungen für zahntechnische Leistungen, Edelmetalle und Keramik sind zu 50 Prozent beihilfefähig.
2. Aufwendungen für kieferorthopädische Leistungen sind beihilfefähig, wenn
   a) die behandelte Person bei Behandlungsbeginn das 18. Lebensjahr noch nicht vollendet hat; die Altersbegrenzung gilt nicht bei schweren Kieferanomalien, die eine kombinierte kieferchirurgische und kieferorthopädische Behandlung erfordern und
   b) ein Heil- und Kostenplan vorgelegt wird.
3. Aufwendungen für implantologische Leistungen einschließlich der vorbereitenden Maßnahmen sind bei Vorliegen einer der folgenden Indikationen beihilfefähig:
   a) nicht angelegte Zähne im jugendlichen Erwachsenengebiss, wenn je Kiefer weniger als acht Zähne angelegt sind;
   b) bei großen Kieferdefekten infolge Kieferbruch oder Kieferresektion, wenn auf andere Weise die Kaufähigkeit nicht hergestellt werden kann.

   Im Übrigen sind die Aufwendungen für zwei Implantate je Kieferhälfte beihilfefähig; im Rahmen der Eigenvorsorge eingesetzte Implantate sind nicht anzurechnen.
4. Bei in der gesetzlichen Krankenversicherung Versicherten ist bei der Versorgung mit Zahnersatz und Zahnkronen die Kassenleistung einschließlich des höchstmöglichen Festzuschusses als gewährte Leistung anzurechnen.
5. Aufwendungen für funktionsanalytische und funktionstherapeutische Leistungen sind nur beihilfefähig bei Vorliegen folgender Indikationen:
   a) Kiefergelenk- und Muskelerkrankungen (Myoarthropathien),
   b) Zahnbetterkrankungen (Parodontopathien),
   c) Gebisssanierung, bei der in jedem Kiefer mindestens die Hälfte der Zähne eines natürlichen Gebisses sanierungsbedürftig ist und die richtige Schlussbissstellung nicht mehr auf andere Weise feststellbar ist,
   d) umfangreiche kieferorthopädische Maßnahmen.

Anlage 3
(zu § 6 Abs. 1 Nr. 4 HBeihVO)

Beihilfefähigkeit der Aufwendungen für Hilfsmittel, Geräte zur Selbstbehandlung und Selbstkontrolle sowie für Körperersatzstücke

1. Die notwendigen und angemessenen Aufwendungen für Hilfsmittel und Geräte zur Selbstbehandlung und Selbstkontrolle sind – ggf. im Rahmen der Höchstbeträge – beihilfefähig, wenn sie ärztlich schriftlich verordnet sind. Es sind dies beispielsweise:

Absauggeräte (z. B. bei Kehlkopferkrankung),

Beatmungsgeräte (auch als Überwachungsgeräte bei Schlafapnoe, wie Sleep-Easy-Geräte und C.P.A.P.-Geräte),

Blindenführhunde einschließlich Geschirr, Hundeleine, Halsband und Maulkorb,

Blindenschriftmaschine,

Blindenstöcke,

Blutdruckmessgeräte,

Bruchbänder,

Ergometer (nach Herzinfarkt bei Notwendigkeit einer exakten Leistungskontrolle),

Fußeinlagen,

Gehhilfen (Armstützen, Gehwagen),

Gipsbetten, Liegeschalen,

Gummistrümpfe, Kompressionsstrumpfhosen,

Heimdialysegeräte,

Herzschrittmacher einschließlich Kontrollgeräte und sonstigen Zubehörs,

Hilfsgeräte für schwerstbehinderte Menschen (z. B. Ohnhänder),

Hörhilfen (auch Hörbrillen),

Impulsvibratoren (z. B. Mucoviscidose, Pankreasfibrose),

Infusionspumpen, auch Insulinpumpen,

Inhalationsapparate,

Injektionsspritzen und -nadeln,

Jobst-Wechseldruckgeräte,

Katheter,

Kniekappen,

Knöchel- und Gelenkstützen,

Kopfschützer,

Korrekturschienen und dergleichen,

Krampfaderbinden,

Krankenfahrstühle,

Krankenheber,

Krankenstöcke (einschließlich Gehbänkchen mit Zubehör),

Krücken,

orthopädische Maßschuhe, die nicht serienmäßig herstellbar sind, soweit die Aufwendungen 50 EUR je Schuh übersteigen,

Pflegebetten,

Polarimeter,

Reflektometer,

Schaumstoff-Therapie-Schuhe, soweit die Aufwendungen 50 EUR je Schuh übersteigen,

Sehhilfen,

Spastikerhilfen (auch Übungsgeräte),

Sprechhilfen (auch elektronische),

Sprechkanülen,

Stützapparate,

Stumpfstrümpfe und Narbenschützer,

Suspensorien,

Toilettenstühle, Closomatanlagen,

Ultraschallvernebler,

Urinale,

Vibrationstrainer bei Taubheit,

Wasser- und Luftkissen,

Weckgeräte für Bettnässer.

2. Aufwendungen für Apparate und Geräte zur Selbstbehandlung und Selbstkontrolle sind nur beihilfefähig, wenn die ersparten Behandlungskosten höher als die Anschaffungskosten sind oder die Anschaffung aus besonderen Gründen dringend geboten ist.

3. Mieten für Hilfsmittel und Geräte zur Selbstbehandlung und Selbstkontrolle sind beihilfefähig, soweit sie nicht höher als die entsprechenden Anschaffungskosten sind und sich durch die Anmietung eine Anschaffung erübrigt.

4. Aufwendungen für den Ersatz eines unbrauchbar gewordenen Hilfsmittels oder Gerätes sind in der bisherigen Ausführung auch ohne ärztliche Verordnung beihilfefähig, wenn die Ersatzbeschaffung innerhalb von sechs Monaten seit dem Kauf des bisherigen Hilfsmittels oder Gerätes erfolgt. Nr. 11.6 bleibt unberührt.

5. Aufwendungen für Reparaturen der Hilfsmittel und Geräte sind ohne ärztliche Verordnung beihilfefähig. Bei Brillen liegt eine Reparatur vor, wenn nur ein Glas repariert oder ersetzt wird.

6. Aufwendungen für Betrieb und Unterhaltung der Hilfsmittel und Geräte zur Selbstbehandlung und Selbstkontrolle sind beihilfefähig, soweit sie innerhalb eines Kalenderjahres über 100 EUR hinausgehen. Nicht beihilfefähig sind Aufwendungen für Batterien für Hörgeräte von Personen, die das achtzehnte Lebensjahr vollendet haben, und für Pflege- und Reinigungsmittel für Kontaktlinsen.

7. Notwendige und angemessene Aufwendungen für Körperersatzstücke sind beihilfefähig, wenn sie ärztlich verordnet sind. Nr. 5 Satz 1 und Nr. 6 gelten entsprechend.

8. Aufwendungen für ärztlich verordnete Perücken sind bis zu 512 EUR beihilfefähig, wenn ein krankhafter entstellender Haarausfall (z. B. Alopecia areata) oder eine erhebliche Verunstaltung, z. B. infolge Schädelverletzung, oder wenn ein totaler oder weitgehender Haarausfall vorliegt. Die Aufwendungen für eine Zweitperücke sind nur beihilfefähig, wenn eine Perücke voraussichtlich länger als ein Jahr getragen werden muss. Aufwendungen für die erneute Beschaffung einer Perücke sind nur beihilfefähig, wenn seit der vorangegangenen Beschaffung mindestens vier Jahre vergangen sind oder wenn sich bei Kindern vor Ablauf dieses Zeitraumes die Kopfform geändert hat.

9. Zu den Hilfsmitteln gehören nicht Gegenstände, die im Rahmen der allgemeinen Lebenshaltung benutzt werden oder die einen Gegenstand der allgemeinen Lebenshaltung ersetzen können. Hierzu gehören als Gebrauchsgüter des täglichen Lebens z. B. auch

Anti-Allergie-Bettbezüge,

Bandscheibenmatratzen,

Bestrahlungslampen (Solarien, Helarien, Sonnenbänke, Rotlicht, Höhensonnen und dergleichen),

Fieberthermometer,

Fitnessgeräte (Heimtrainer und dergleichen),

Gesundheitsschuhe,

Heizkissen, Heizdecken,

Liegestühle,

Mundduschen (Water-Pic, Aqua-Pic),

Personenkraftwagen,

Rheumawäsche,

Wärmedecken, Wärmeflaschen,

Zahnbürsten (auch elektrische).

Außerdem sind die Aufwendungen für die in der Verordnung über Hilfsmittel von geringem therapeutischen Nutzen oder geringem Abgabepreis in der gesetzlichen Krankenversicherung vom 13. Dezember 1989 (BGBl. I S. 2237), geändert durch Verordnung vom 17. Januar 1995 (BGBl. I S. 44), bezeichneten Hilfsmittel nicht beihilfefähig.

10. Notwendige und angemessene Aufwendungen für andere als die in Nr. 1 aufgeführten und nicht nach Nr. 9 von der Beihilfefähigkeit ausgeschlossenen Hilfsmittel und Geräte zur Selbstbehandlung und Selbstkontrolle sind beihilfefähig, wenn diese ebenfalls geeignet sind, die Folgen eines regelwidrigen Körperzustandes zu lindern, zu bessern oder zu beseitigen.

11. Die Aufwendungen für Sehhilfen sind wie folgt beihilfefähig:

VII

11.1 Voraussetzungen für die Beschaffung von Sehhilfen

Voraussetzung für die erstmalige Beschaffung einer Sehhilfe ist die schriftliche Verordnung eines Augenarztes.

Für die erneute Beschaffung einer Brille oder von Kontaktlinsen genügt die Refraktionsbestimmung eines Augenoptikers, auch wenn bei der erneuten Beschaffung andersartige Gläser oder statt einer Brille Kontaktlinsen notwendig sind. Die Aufwendungen für Refraktionsbestimmung sind bis zu 13 EUR je Sehhilfe beihilfefähig.

11.2 Brillen

Aufwendungen für Brillen sind – einschließlich Handwerksleistung, jedoch ohne Brillenfassung – bis zu folgenden Höchstbeträgen beihilfefähig:

– für vergütete (entspiegelte) Gläser mit Gläserstärken bis +/– 6 Dioptrien (dpt):

Einstärkengläser:	für das sphärische Glas	31 EUR,
	für das cylindrische Glas	41 EUR,
Mehrstärkengläser:	für das sphärische Glas	72 EUR,
	für das cylindrische Glas	92 EUR,

– bei Gläserstärken über +/– 6 dpt zuzüglich je Glas 21 EUR,
– Dreistufen- oder Multifokalgläser zuzüglich je Glas 21 EUR,
– Gläser mit prismatischer Wirkung zuzüglich je Glas 21 EUR.

11.3 Brillen mit besonderen Gläsern

Neben den Höchstbeträgen nach Nr. 11.2 sind Mehraufwendungen für Brillen mit Kunststoffgläsern und Leichtgläsern (hochbrechende mineralische Gläser) zuzüglich je Glas bis zu 21 EUR, Mehraufwendungen für getönte Gläser (Lichtschutzgläser) und phototrope Gläser zuzüglich je Glas bis zu 11 EUR beihilfefähig. Voraussetzung ist eine schriftliche augenärztliche Verordnung für diese Gläser.

11.4 Kontaktlinsen

11.4.1 Die Mehraufwendungen für Kontaktlinsen sind bei Vorliegen folgender Indikationen beihilfefähig:

– Myopie ab 8 dpt,
– progressive Myopie bei Kindern, wenn der progressive Verlauf in einem Zeitraum von drei Jahren nachweisbar ist,
– Hyperopie ab 8 dpt,
– irregulärer Astigmatismus,
– Astigmatismus rectus und inversus ab 3 dpt,
– Astigmatismus obliquus ab 2 dpt,
– Keratokonus,
– Aphakie,
– Aniseikonie,
– Anisometropie ab 2 dpt,
– als Verbandlinse bei schwerer Erkrankung der Hornhaut, bei durchbohrender Hornhautverletzung oder bei Einsatz als Medikamententräger,
– als Okklusionslinse in der Schielbehandlung, sofern andere Maßnahmen nicht durchführbar sind,
– als Irislinse bei Substanzverlust der Regenbogenhaut,
– druckempfindliche Operationsnarbe am Ohransatz oder an der Nasenwurzel.

11.4.2 Bei Vorliegen der Voraussetzungen der Nr. 11.4.1 sind die Mehraufwendungen für Kurzzeitlinsen (z. B. Wegwerflinsen, Austauschsysteme, Einmallinsen) bei Vorliegen einer der folgenden zusätzlichen Indikationen beihilfefähig:

– Progressive Myopie bei Kindern, wenn der progressive Verlauf (Änderung der Brechwerte um mindestens 2 dpt jährlich) nachweisbar ist,
– Unverträglichkeit jeglicher Linsenpflegesysteme,
– Einsatz als Verbandlinse bei schweren Erkrankungen von Hornhaut, Lidern oder Bindehaut oder bei Einsatz als Medikamententräger,
– Ektropium,

- Entropium,
- Symblepharon,
- Lidschlussinsuffizienz.

11.4.3 Sofern eine der Indikationen der Nr. 11.4.1, nicht jedoch nach Nr. 11.4.2 vorliegt, sind Aufwendungen für Kurzzeitlinsen bis zu 154 EUR (sphärisch) und 230 EUR (torisch) im Kalenderjahr beihilfefähig.

11.4.4 Liegt keine der Indikationen für Kontaktlinsen vor, sind nur die vergleichbaren Kosten für Brillengläser beihilfefähig.

11.4.5 Neben den Aufwendungen für Kontaktlinsen sind die folgenden Aufwendungen – im Rahmen der Nr. 11.2 und 11.3 – beihilfefähig für

- eine Reservebrille

  oder
- eine Nahbrille (bei eingesetzten Kontaktlinsen) sowie eine Reservebrille zum Ersatz der Kontaktlinse und eine Reservebrille zum Ausgleich des Sehfehlers im Nahbereich bei Aphakie und bei über Vierzigjährigen.

11.5 Andere Sehhilfen

Müssen Schulkinder während des Schulsports Sportbrillen tragen, sind notwendige Aufwendungen – einschließlich Handwerksleistungen – in folgendem Umfang beihilfefähig:

- für Gläser im Rahmen der Höchstbeträge nach Nr. 11.2 und 11.3. Die Voraussetzungen der Nr. 11.3.1 entfallen.
- eine Brillenfassung bis zu 52 EUR.

Lässt sich durch Brillen oder Kontaktlinsen das Lesen normaler Zeitungsschrift nicht erreichen, sind die Aufwendungen für eine vergrößernde Sehhilfe (Lupe, Leselupe, Leselineale, Fernrohrbrille, Fernrohrlupenbrille, elektronisches Lesegerät, Prismenlupenbrille u. ä.) beihilfefähig.

11.6 Erneute Beschaffung von Sehhilfen

Aufwendungen für die erneute Beschaffung von Sehhilfen sind nur beihilfefähig, wenn bei gleich bleibender Sehschärfe seit dem Kauf der bisherigen Sehhilfe drei Jahre – bei weichen Kontaktlinsen zwei Jahre – vergangen sind oder vor Ablauf dieses Zeitraums die erneute Beschaffung der Sehhilfe notwendig ist, weil

- sich die Refraktion geändert hat,
- die bisherige Sehhilfe verloren gegangen oder unbrauchbar geworden ist oder
- bei Kindern sich die Kopfform geändert hat.

11.7 Die Aufwendungen für

- Zweitbrillen, ausgenommen in den Fällen der Nr. 11.4.5
- Bildschirmbrillen
- Brillenversicherungen
- Etuis

sind nicht beihilfefähig.

12. Blindenhilfsmittel

Die Aufwendungen für Blindenhilfsmittel sowie die erforderliche Unterweisung in deren Gebrauch sind in folgendem Umfang beihilfefähig:

12.1 Anschaffungskosten für zwei Langstöcke sowie ggf. für elektronische Blindenleitgeräte nach ärztlicher Verordnung.

12.2 Aufwendungen für ein ambulant durchgeführtes Grundtraining im Gebrauch des Langstocks sowie in der Orientierung

- Stundensatz von höchstens 47 EUR für die Unterweisung bis zu 60 Stunden einschließlich des erforderlichen Unterrichtsmaterials, darüber hinaus in besonderen Fällen bei entsprechendem Nachweis der Notwendigkeit weitere 20 Stunden, in besonderen Ausnahmefällen nochmals weitere 20 Stunden,
- Ersatz der notwendigen Fahrkosten für Fahrten des Trainers in Höhe von 0,30 EUR je Kilometer oder die niedrigsten Kosten eines regelmäßig verkehrenden Beförderungsmittels,
- Ersatz der notwendigen Aufwendungen für Unterkunft und Verpflegung des Trainers, soweit eine tägliche Rückkehr zum Wohnort des Trainers nicht zumutbar ist, bis zu einem Betrag von 47 EUR täglich.

Werden an einem Tag mehrere Blinde unterrichtet, können die genannten Aufwendungen des Trainers nur nach entsprechender Teilung berücksichtigt werden.

12.3 Aufwendungen für ein stationär durchgeführtes Grundtraining im Gebrauch des Langstocks sowie in der Orientierung

- Fahrkosten für die An- und Abreise nach § 6 Abs. 1 Nr. 9,
- Kursgebühr entsprechend Nr. 12.2,
- Kosten der Unterkunft nach § 6 Abs. 1 Nr. 10 Buchst. a.

Soweit nach dem Grundtraining eine ergänzende Unterweisung am Wohnort des Blinden erforderlich ist, sind die Aufwendungen im notwendigen Umfang unter entsprechender Anwendung der Nr. 12.2 anerkennungsfähig.

12.4 Aufwendungen für ein erforderliches Nachtraining (z. B. bei Wegfall eines noch vorhandenen Sehrestes, Wechsel des Wohnortes) entsprechend Nr. 12.2 und 12.3.

12.5 Die Aufwendungen eines ergänzenden Trainings an Blindenleitgeräten können in der Regel bis zu 30 Stunden, ggf. einschließlich der Kosten für Unterkunft und Verpflegung sowie notwendiger Fahrkosten des Trainers in entsprechendem Umfang anerkannt werden. Die Anerkennung weiterer Stunden ist bei entsprechender Bescheinigung der Notwendigkeit möglich.

12.6 Die Aufwendungen sind durch eine Rechnung einer Blindenorganisation nachzuweisen. Ersatzweise kann auch eine unmittelbare Abrechnung durch den Mobilitätstrainer akzeptiert werden, falls dieser zur Rechnungsstellung gegenüber gesetzlichen Krankenkassen berechtigt ist.

13. Aufwendungen für Hörgeräte sind beihilfefähig für

13.1 Minderjährige, wenn sie dazu bestimmt sind, den Spracherwerb zu ermöglichen und zu unterstützen,

13.2 Volljährige bis zu einem Höchstbetrag von 1500 Euro je Gerät.

Anlage 4
(zu § 6 Abs. 1 Nr. 1 HBeihVO)

Beihilfefähigkeit der Aufwendungen für Heilpraktikerinnen und Heilpraktiker

GebüH-Nr.	Leistungsbeschreibung	vereinbarter Höchstbetrag
Sp. 1	Sp. 2	Sp. 3
01–10	**Allgemeine Leistungen**	
1	Für die eingehende, das gewöhnliche Maß übersteigende Untersuchung	12,50 €
2a	Erhebung der homöopathischen Erstanamnese mit einer Mindestdauer von einer Stunde je Behandlungsfall	80,00 €
2b	Durchführung des vollständigen Krankenexamens mit Repertorisation nach den Regeln der klassischen Homöopathie *Anmerkung: Die Leistung nach Ziffer 2b ist innerhalb von sechs Monaten höchstens dreimal berechnungsfähig. Die Leistung nach Ziffer 2 ist in einer Sitzung nur einmal berechnungsfähig.*	35,00 €
3	Kurze Information, auch mittels Fernsprecher, oder Ausstellung einer Wiederholungsverordnung, als einzige Leistung pro Inanspruchnahme der Heilpraktikerin/des Heilpraktikers	3,00 €
4	Eingehende Beratung, die das gewöhnliche Maß übersteigt, von mindestens 15 Minuten Dauer, gegebenenfalls einschließlich einer Untersuchung *Anmerkung: Eine Leistung nach Ziffer 4 ist nur als alleinige Leistung oder in Zusammenhang mit einer Leistung nach Ziffer 1 oder 17.1 beihilfefähig.*	18,50 €
5	Beratung, auch mittels Fernsprecher, gegebenenfalls, einschließlich einer kurzen Untersuchung *Anmerkung: Eine Leistung nach Ziffer 5 ist nur einmal pro Behandlungsfall neben einer anderen Leistung beihilfefähig.*	9,00 €
6	Für die gleichen Leistungen wie unter 5, jedoch außerhalb der normalen Sprechstundenzeit	13,00 €
7	Für die gleichen Leistungen wie unter 5, jedoch bei Nacht, zwischen 20 und 7 Uhr	18,00 €
8	Für die gleichen Leistungen wie unter 5, jedoch sonn- und feiertags *Anmerkung: Als allgemeine Sprechstunde gilt die durch Aushang festgesetzte Zeit, selbst wenn sie nach 20 Uhr festgesetzt ist. Eine Berechnung des Honorars nach Ziffern 6 bis 8 kann also nur dann erfolgen, wenn die Beratung außerhalb der festgesetzten Zeiten stattfand und der Patient nicht schon vor Ablauf derselben im Wartezimmer anwesend war. Ebenso können für Sonn- und Feiertage nicht die dafür vorgesehenen erhöhten Honorare zur Berechnung kommen, wenn der Heilpraktiker gewohnheitsmäßig an Sonn- und Feiertagen Sprechstunden hält.*	20,00 €
9	**Hausbesuch einschließlich Beratung**	
9.1	bei Tag	24,00 €

VII

GebüH-Nr.	Leistungsbeschreibung	vereinbarter Höchstbetrag
Sp. 1	Sp. 2	Sp. 3
9.2	In dringenden Fällen (Eilbesuch, sofort ausgeführt)	26,00 €
9.3	bei Nacht und an Sonn- und Feiertagen	29,00 €
10	**Nebengebühren für Hausbesuche**	
10.1	für jede angefangene Stunde bei Tag – bis zu 2 km Entfernung zwischen Praxis und Besuchsort	4,00 €
10.2	für jede angefangene Stunde bei Nacht Tag – bis zu 2 km Entfernung zwischen Praxis und Besuchsort	8,00 €
10.5	Für jeden zurückgelegten km bei Tag von 2-25 km Entfernung zwischen Praxis und Besuchsort	1,00 €
10.6	Für jeden zurückgelegten km bei Nacht von 2-25 km Entfernung zwischen Praxis und Besuchsort	2,00 €
10.7	Handelt es sich um einen Fernbesuch von über 25 km Entfernung zwischen Praxis- und Besuchsort, so können pro Kilometer an Reisekosten in Anrechnung gebracht werden. *Anmerkung: Die Wegkilometer werden nach dem jeweils günstigsten benutzbaren Fahrtweg berechnet. Besucht der Heilpraktiker mehrere Patienten bei einer Besuchsfahrt, werden die Fahrtkosten entsprechend aufgeteilt.*	0,20 €
10.8	Handelt es sich bei einem Krankenbesuch um eine Reise, welche länger als 6 Stunden dauert, so kann die Heilpraktikerin/der Heilpraktiker anstelle des Wegegeldes die tatsächlich entstandenen Reisekosten in Abrechnung bringen und außerdem für den Zeitaufwand pro Stunde Reisezeit berechnen. Die Patientin bzw. der Patient ist hiervon vorher in Kenntnis zu setzen.	16,00 €
11	**Schriftliche Auslassungen und Krankheitsbescheinigungen**	
11.1	Kurze Krankheitsbescheinigung oder Brief im Interesse der Patientin/des Patienten	5,00 €
11.2	Ausführlicher Krankheitsbericht oder Gutachten (DIN A4 engzeilig maschinengeschrieben): Ausführlicher schriftlicher Krankheits- und Befundbericht (einschließlich Angaben zur Anamnese, zu dem(n) Befund(en), zur epikritischen Bewertung und gegebenenfalls zur Therapie)	15,00 €
	Ausführlicher Krankheitsbericht oder Gutachten (DIN A4 engzeilig maschinengeschrieben): Schriftliche gutachtliche Äußerung	16,00 €
11.3	Individuell angefertigter schriftlicher Diätplan bei Ernährungs- und Stoffwechselstörungen	8,00 €
12	**Chemisch-physikalische Untersuchungen**	
12.1	Harnuntersuchungen qualitativ mittels Verwendung eines Mehrfachreagenzträgers (Teststreifen) durch visuellen Farbvergleich *Anmerkung: Die einfache qualitative Untersuchung auf Zucker und Eiweiß sowie die Bestimmung des ph-Wertes und des spezifischen Gewichtes sind nicht berechnungsfähig.*	3,00 €

VII

GebüH-Nr.	Leistungsbeschreibung		vereinbarter Höchstbetrag
Sp. 1	Sp. 2		Sp. 3
12.2	Harnuntersuchung quantitativ (es ist anzugeben, auf welchen Stoff untersucht wurde, z. B. Zucker usw.)		4,00 €
12.4	Harnuntersuchung, nur Sediment		4,00 €
12.7	Blutstatus (nicht neben Nummer 12.9, 12.10, 12.11)		10,00 €
12.8	Blutzuckerbestimmung		2,00 €
12.9	Hämoglobinbestimmung		3,00 €
12.10	Differenzierung des gefärbten Blutausstriches		6,00 €
12.11	Zählung der Leuko- und Erythrozyten	Erythrozytenzahl und/oder Hämatokrit und/oder Hämoglobin und/oder mittleres Zellvolumen (MCV) und die errechneten Kenngrößen (z. B. MCH, MCHC) und die Erythrozytenverteilungskurve und/oder Leukozytenzahl und/oder Thrombozytenzahl.	3,00 €
		Differenzierung der Leukozyten, elektronisch-zytometrisch, zytochemisch-zytometrisch oder mittels mechanisierter Mustererkennung (Bildanalyse)	1,00 €
12.12	Blutkörperchen-Senkungsgeschwindigkeit (BKS) einschl. Blutentnahme		3,00 €
12.13	Einfache mikroskopische und/oder chemische Untersuchungen von Körperflüssigkeiten und Ausscheidungen auch mit einfachen oder schwierigen Färbeverfahren sowie Dunkelfeld, pro Untersuchung *Anmerkung: Die Art der Untersuchung ist anzugeben.*		6,00 €
12.14	Aufwendige Chemogramme von Körperflüssigkeiten und Ausscheidungen je nach Umfang pro Einzeluntersuchung *Anmerkung: Die Art der Untersuchung ist anzugeben.*		7,00 €
13	**Sonstige Untersuchungen**		
13.1	Sonstige Untersuchungen unter Zuhilfenahme spezieller Apparaturen oder Färbeverfahren besonders schwieriger Art, z. B. ph-Messungen im strömenden Blut oder Untersuchungen nach v. Bremer, Enderlein usw. *Anmerkung: Die Art der Untersuchung ist anzugeben.*		6,00 €
14	**Spezielle Untersuchungen**		
14.1	Binokulare mikroskopische Untersuchung des Augenvordergrundes *Anmerkung: Eine Leistung nach Ziffer 14.1 kann nicht neben einer Leistung nach Ziffer 1 oder Ziffer 4 berechnet werden. Leistungen nach Ziffer 14.1 und Ziffer 14.2 können nicht nebeneinander berechnet werden.*		8,00 €

VII

GebüH-Nr.	Leistungsbeschreibung		vereinbarter Höchstbetrag
Sp. 1	Sp. 2		Sp. 3
14.2	Binokulare Spiegelung des Augenhintergrundes *Anmerkung: Eine Leistung nach Ziffer 14.2 kann nicht neben einer Leistung nach Ziffer 1 oder Ziffer 4 berechnet werden. Leistungen nach Ziffer 14.1 und Ziffer 14.2 können nicht nebeneinander berechnet werden.*		8,00 €
14.3	Grundumsatzbestimmung nach Read		5,00 €
14.4	Grundumsatzbestimmung mit Hilfe der Atemgasuntersuchung		20,00 €
14.5	Prüfung der Lungenkapazität (Spirometrische Untersuchung)		7,00 €
14.6	Elektrokardiogramm mit Phonokardiogramm und Ergometrie, vollständiges Programm		41,00 €
14.7	Elektrokardiogramm mit Standardableitungen, Goldbergerableitungen, Nehbsche Ableitungen, Brustwandableitungen		14,00 €
14.8	Oszillogramm-Methoden		11,00 €
14.9	Spezielle Herz-Kreislauf-Untersuchungen *Anmerkung: Nicht neben Ziffer 1 oder Ziffer 4 berechenbar.*		8,00 €
14.10	Ultraschall-Gefäßdoppler-Untersuchung zu peripheren Venendruck-/ und oder Strömungsmessungen		9,00 €
17	**Neurologische Untersuchungen**		
17.1	Neurologische Untersuchung		21,00 €
18–23	**Spezielle Behandlungen**		
20	**Atemtherapie, Massagen**		
20.1	Atemtherapeutische Behandlungsverfahren		8,00 €
20.2	Nervenpunktmassage nach Cornelius, Aurelius u. a., Spezialnervenmassage		6,00 €
20.3	Bindegewebsmassage		6,00 €
20.4	Teilmassage (Massage einzelner Körperteile)		4,00 €
20.5	Großmassage		6,00 €
20.6	Sondermassagen	Unterwasserdruckstrahlmassage (Wanneninhalt mindestens 400 Liter, Leistung der Apparatur mindestens 4 bar)	8,00 €
		Massage im extramuskulären Bereich (z. B. Bindegewebsmassage, Periostmassage, manuelle Lymphdrainage)	6,00 €
		Extensionsbehandlung mit Schrägbett, Extensionstisch, Perlgerät	6,00 €
20.7	Behandlung mit physikalischen oder medicomechanischen Apparaten		6,00 €
20.8	Einreibungen zu therapeutischen Zwecken in die Haut		4,00 €
21	**Akupunktur**		
21.1	Akupunktur einschließlich Pulsdiagnose		23,00 €
21.2	Moxibustionen, Injektionen und Quaddelungen in Akupunkturpunkte		7,00 €

VII

GebüH-Nr.	Leistungsbeschreibung	vereinbarter Höchstbetrag
Sp. 1	Sp. 2	Sp. 3
22	**Inhalationen**	
22.1	Inhalationen, soweit sie von der Heilpraktikerin/dem Heilpraktiker mit den verschiedenen Apparaten in der Sprechstunde ausgeführt werden	3,00 €
24–30	**Blutentnahmen – Injektionen – Infusionen – Hautableitungsverfahren**	
24	**Eigenblut, Eigenharn**	
24.1	Eigenblutinjektion	11,00 €
25	**Injektionen, Infusionen**	
25.1	Injektion, subkutan	5,00 €
25.2	Injektion, intramuskulär	5,00 €
25.3	Injektion, intravenös, intraarteriell	7,00 €
25.4	Intrakutane Reiztherapie (Quaddelbehandlung), pro Sitzung	7,00 €
25.5	Injektion, intraartikulär	11,50 €
25.6	Neural- oder segmentgezielte Injektionen nach Hunecke	11,50 €
25.7	Infusion	8,00 €
25.8	Dauertropfeninfusion *Anmerkung: Die Beihilfefähigkeit der mit der Infusion eingebrachten Medikamente richtet sich nach dem Beihilferecht des jeweiligen Beihilfeträgers.*	12,50 €
26	**Blutentnahmen**	
26.1	Blutentnahme	3,00 €
26.2	Aderlass	12,00 €
27	**Hautableitungsverfahren, Hautreizverfahren**	
27.1	Setzen von Blutegeln, ggf. einschl. Verband	5,00 €
27.2	Skarifikation der Haut	4,00 €
27.3	Setzen von Schröpfköpfen, unblutig	5,00 €
27.4	Setzen von Schröpfköpfen, blutig	5,00 €
27.5	Schröpfkopfmassage einschl. Gleitmittel	5,00 €
27.6	Anwendung großer Saugapparate für ganze Extremitäten	5,00 €
27.7	Setzen von Fontanellen	5,00 €
27.8	Setzen von Cantharidenblasen	5,00 €
27.9	Reinjektion des Blaseninhaltes (aus Nummer 27.8)	5,00 €
27.10	Anwendung von Pustulantien	5,00 €
27.12	Biersche Stauung	5,00 €
28	**Infiltrationen**	
28.1	Behandlung mittels paravertebraler Infiltration, einmalig	9,00 €
28.2	Behandlung mittels paravertebraler Infiltration, mehrmalig	15,00 €
29	**Roedersches Verfahren**	
29.1	Roedersches Behandlungs- und Mandelabsaugverfahren	5,00 €

VII

GebüH-Nr.	Leistungsbeschreibung	vereinbarter Höchstbetrag
Sp. 1	Sp. 2	Sp. 3
30	**Sonstiges**	
30.1	Spülung des Ohres	5,00 €
31	**Wundversorgung, Verbände und Verwandtes**	
31.1	Eröffnung eines oberflächlichen Abszesses	9,00 €
31.2	Entfernung von Aknepusteln pro Sitzung	8,00 €
32	**Versorgung einer frischen Wunde**	
32.1	bei einer kleinen Wunde	8,00 €
32.2	bei einer größeren und verunreinigten Wunde	13,00 €
33	**Verbände (außer zur Wundbehandlung)**	
33.1	Verbände, jedes Mal	5,00 €
33.2	Elastische Stütz- und Pflasterverbände	7,00 €
33.3	Kompressions- oder Zinkleimverband *Anmerkung: Die Beihilfefähigkeit des für den Verband verbrauchten Materials richtet sich nach dem Beihilferecht des jeweiligen Beihilfeträgers.*	10,00 €
34	**Gelenk- und Wirbelsäulenbehandlung**	
34.1	Chiropraktische Behandlung	4,00 €
34.2	Gezielter chiropraktischer Eingriff an der Wirbelsäule *Anmerkung: Die Leistung nach Ziffer 34.2 ist nur einmal je Sitzung berechnungsfähig.*	17,00 €
35	**Osteopathische Behandlung**	
35.1	des Unterkiefers	11,00 €
35.2	des Schultergelenkes oder der Wirbelsäule	21,00 €
35.3	der Handgelenke, des Oberschenkels, des Unterschenkels, des Vorderarmes und der Fußgelenke	21,00 €
35.4	des Schlüsselbeins und der Kniegelenke	12,00 €
35.5	des Daumens	10,00 €
35.6	einzelner Finger und Zehen	10,00 €
36	**Hydro- und Elektrotherapie, Medizinische Bäder und sonstige hydrotherapeutische Anwendungen** *Anmerkung: Alle nicht aufgeführten Bäder sind nicht beihilfefähig.*	
36.1	Leitung eines ansteigenden Vollbades	7,00 €
36.2	Leitung eines ansteigenden Teilbades	4,00 €
36.3	Spezialdarmbad (subaquales Darmbad)	13,00 €
36.4	Kneippsche Güsse	4,00 €
37	**Elektrische Bäder und Heißluftbäder** *Anmerkung: Alle nicht aufgeführten Bäder sind nicht beihilfefähig.*	
37.1	Teilheißluftbad, z. B. Kopf oder Arm	3,00 €
37.2	Ganzheißluftbad, z. B. Rumpf oder Beine	5,00 €
37.3	Heißluftbad im geschlossenen Kasten	5,00 €

VII

GebüH-Nr.	Leistungsbeschreibung	vereinbarter Höchstbetrag
Sp. 1	Sp. 2	Sp. 3
37.4	Elektrisches Vierzellenbad	4,00 €
37.5	Elektrisches Vollbad (Stangerbad)	8,00 €
38	**Spezialpackungen** *Anmerkung: Alle nicht aufgeführten Packungen sind nicht beihilfefähig.*	
38.1	Fangopackungen	3,00 €
38.2	Paraffinpackungen, örtliche	3,00 €
38.3	Paraffinganzpackungen	3,00 €
38.4	Kneippsche Wickel- und Ganzpackungen, Prießnitz- und Schlenzpackungen	3,00 €
39	**Elektro-physikalische Heilmethoden**	
39.1	Einfache oder örtliche Lichtbestrahlungen	3,00 €
39.2	Ganzbestrahlungen	8,00 €
39.4	Faradisation, Galvanisation und verwandte Verfahren (Schwellstromgeräte)	4,00 €
39.5	Anwendung der Influenzmaschine	4,00 €
39.6	Anwendung von Heizsonnen (Infrarot)	4,00 €
39.7	Verschorfung mit heißer Luft und heißen Dämpfen	8,00 €
39.8	Behandlung mit hochgespannten Strömen, Hochfrequenzströmen in Verbindung mit verschiedenen Apparaten	3,00 €
39.9	Langwellenbehandlung (Diathermie), Kurzwellen- und Mikrowellenbehandlung	3,00 €
39.10	Magnetfeldtherapie mit besonderen Spezialapparaten	4,00 €
39.11	Elektromechanische und elektrothermische Behandlung (je nach Aufwand und Dauer)	4,00 €
39.12	Niederfrequente Reizstromtherapie, z. B. Jono-Modulator	4,00 €
39.13	Ultraschall-Behandlung	4,00 €

VII

Anlage 5
(zu § 11a HBeihVO)

Beihilfefähigkeit der Aufwendungen für medizinische Maßnahmen zur Herbeiführung einer Schwangerschaft

	Methoden	Indikationen	Versuchszahl
1.	Intrazervikale, intrauterine oder intratubare Insemination im Spontanzyklus, gegebenenfalls nach Auslösung der Ovulation durch HCC-Gabe, gegebenenfalls nach Stimulation mit Antiöstrogen	– Somatische Ursachen (zum Beispiel Impotentia coeundi, retrograde Ejakulation, Hypospadie, Zervikalkanalstenose, Dyspareunie) – Gestörte Spermatozoen-Mukus-Interaktion – Subfertilität des Mannes – Immunologisch bedingte Sterilität	Höchstens fünf; bei entsprechender ärztlicher Feststellung kann die Festsetzungsstelle darüber hinaus Aufwendungen für weitere drei Behandlungen als beihilfefähig anerkennen.
2.	Intrazervikale, intrauterine oder intratubare Insemination nach hormoneller Stimulation mit Gonadotropinen	– Subfertilität des Mannes – Immunologisch bedingte Sterilität des Mannes – Homologe Inseminationen nach dieser Vorschrift sollen, von medizinischen Ausnahmen wie zum Beispiel bestimmten Formen der Subfertilität des Mannes abgesehen, wegen des Risikos hochgradiger Mehrlingsschwangerschaften nur durchgeführt werden, wenn nicht mehr als drei Follikel gereift sind	Höchstens fünf
3.	In-vitro-Fertilisation (IVF) mit Embryo-Transfer (ET), gegebenenfalls als Zygoten-Transfer oder als intratubarer Embryo-Transfer (EIFT = Embryo-Intrafalliopan-Transfer)	– Zustand nach Tubenamputation – Anders (auch mikrochirurgisch) nicht behandelbarer Tubenverschluss – Anders nicht behandelbarer tubarer Funktionsverlust, auch bei Endometriose – Idiopathische (unerklärbare) Sterilität, sofern einschließlich einer psychologischen Exploration alle diagnostischen und sonstigen therapeutischen Möglichkeiten der Sterilitätsbe-	Höchstens vier

	Methoden	Indikationen	Versuchszahl
		handlung ausgeschöpft sind – Subfertilität des Mannes, sofern Behandlungsversuche nach Nr. 2 keinen Erfolg versprechen oder erfolglos geblieben sind – Immunologisch bedingte Sterilität, sofern Behandlungsversuche nach Nr. 2 keinen Erfolg versprechen oder erfolglos geblieben sind	
4.	Intratubarer Gameten-Transfer (GIFT)	– Anders nicht behandelbarer tubarer Funktionsverlust, auch bei Endometriose – Idiopathische (unerklärbare) Sterilität, sofern einschließlich einer psychologischen Exploration alle diagnostischen und sonstigen therapeutischen Möglichkeiten der Sterilitätsbehandlung ausgeschöpft sind – Subfertilität des Mannes, sofern Behandlungsversuche nach Nr. 2 keinen Erfolg versprechen oder erfolglos geblieben sind	Höchstens vier
5.	Intracytoplasmatische Spermieninjektion (ICSI)	– Schwere männliche Fertilitätsstörung, dokumentiert durch zwei aktuelle Spermiogramme, die auf der Grundlage des Handbuchs der WHO zu „Examination and Processing of Human Semen" erstellt worden sind	Höchstens vier

Durchführungshinweise zum hessischen Beihilferecht

Inhalt:

hier: Aufwendungen für implantologische Leistungen nach Ziffer 6 Satz 2 der Anlage 2 zu § 6 Abs. 1 Nr. 1 HBeihVO
Erlass des HMdIuS vom 4. November 2008 (StAnz. S. 2951)

16. Durchführung der Hessischen Beihilfenverordnung (HBeihVO)
hier: Änderung der Höchstbeträge für Aufwendungen der häuslichen Pflege zum 1. Januar 2010
Erlass des HMdIuS vom 16. November 2009 (StAnz. S. 2850)

17. Durchführung des hessischen Beihilfenrechts
hier: Vereinbarung über die Honorarhöhe für ärztliche Leistungen bei Versicherten im „Basistarif"
Erlass des HMdIuS vom 24. März 2010 (StAnz. S. 1120)

18. Durchführung des hessischen Beihilferechts
hier: Öffnungsangebot der privaten Krankenversicherung für berücksichtigungsfähige Angehörige sowie Versorgungsempfängerinnen und Versorgungsempfänger, die nach § 5 Abs. 1 Nr. 13 des Fünften Buches Sozialgesetzbuch (SGB V) der Versicherungspflicht unterliegen.
Erlass des HMdIuS vom 3. Mai 2010 (StAnz. S. 1421)

19. Durchführung des Hessischen Beihilferechts
hier: Organisations- und Flugkostenpauschale bei Organtransplantationen
Erlass des HMdIuS vom 14. Juli 2011 (StAnz. S. 1010)

20. Durchführung der Hessischen Beihilfenverordnung (HBeihVO)
hier: Änderung der Höchstbeiträge für Aufwendungen der häuslichen Pflege zum 1. Januar 2012
Erlass des HMdIuS vom 24. November 2011 (StAnz. S. 1515)

21. Durchführung des Hessischen Beihilferechts
hier: Organisations- und Flugkostenpauschale bei Organtransplantationen
Erlass des HMdIuS vom 30. Januar 2012 (StAnz. S. 210)

22. Durchführung der Hessischen Beihilfenverordnung (HBeihVO)
hier: Erste Verordnung zur Änderung der Gebührenverordnung für Zahnärzte (GOZ)
Erlass des HMdIuS vom 8. März 2012 (StAnz. S. 358)

23. Durchführung des Hessischen Beihilferechts;
hier: Beihilfefähige Beträge im Rahmen von Organtransplantationen
Erlass des HMdIuS vom 5. Februar 2014 (StAnz. S. 182)

1. Durchführung des hessischen Beihilferechts;

Beihilfefähige Beträge im Rahmen von Organtransplantationen

Zur Durchführung des hessischen Beihilferechts ergehen folgende Hinweise:

Im Rahmen von Organtransplantationen gelten für das Jahr 2024 nachstehende beihilfefähige Beträge:

a) **37 299 Euro** je transplantiertes Organ, für das kein eigenständiger Flugtransport durchgeführt wurde.

Der Betrag besteht aus den Komponenten:

- Organisationspauschale für die Bereitstellung eines postmortal gespendeten Organs zur Transplantation,
- Pauschale „Aufwandserstattung Entnahmekrankenhäuser",
- Pauschale „Finanzierung des Transplantationsbeauftragten" sowie
- Pauschalen „Finanzierung der Geschäftsstelle Transplantationsmedizin", „Transplantationsregister" und „Finanzierung des neurochirurgischen und neurologischen konsiliarärztlichen Rufbereitschaftsdienstes (NeuroKoRD)".

b) **50 781 Euro** für extrarenale Organe (zurzeit Herz, Leber, Lunge, Pankreas und Darm) je transplantiertes Organ, für das ein eigenständiger Flugtransport durchgeführt wurde.

Der Betrag setzt sich zusammen aus:

- den Pauschalen nach Buchstabe a) und
- der Flugtransportkostenpauschale in Höhe von 13 482 Euro je transplantiertes Organ, für das ein eigenständiger Flugtransport durchgeführt wurde.

2. Durchführung der Hessischen Beihilfenverordnung (HBeihVO)

Im Vorgriff auf eine Verwaltungsvorschrift zur Hessischen Beihilfenverordnung (VV-HBeihVO) zu § 6 Abs. 1 Nr. 3 werden für ärztlich verordnete Heilbehandlungen und Heilmittel für die Angemessenheit der Aufwendungen nach § 5 Abs. 1 HBeihVO ab dem 1. September 2023 folgende Höchstbeträge festgelegt:

Lfd Nr.[1]	Leistungsbeschreibung[1], [2], [3]	Beihilfefähiger Höchstbetrag in Euro seit 1. 3. 2022[5]	Beihilfefähiger Höchstbetrag in Euro[1] **ab 1.9.2023**
	Inhalation		
1	Inhalationstherapie, auch mittels Ultraschallvernebelung		
	a) als Einzelinhalation	10,10	**11,20**
	b) als Rauminhalation in einer Gruppe, je Teilnehmerin oder Teilnehmer	4,80	4,80
	c) als Rauminhalation in einer Gruppe bei Anwendung ortsgebundener natürlicher Heilwässer, je Teilnehmerin oder Teilnehmer	7,50	7,50
	Aufwendungen für die für Inhalationen erforderlichen Stoffe (Arzneimittel) sind daneben gesondert beihilfefähig.		
2	Radon-Inhalation		
	a) im Stollen	14,90	14,90
	b) mittels Hauben	18,20	18,20

Lfd Nr.[1]	Leistungsbeschreibung[1], [2], [3]	Beihilfefähiger Höchstbetrag in Euro seit 1. 3. 2022[5]	Beihilfefähiger Höchstbetrag in Euro[1] **ab 1.9.2023**
	Krankengymnastik, Bewegungsübungen		
3	Physiotherapeutische Erstbefundung zur Erstellung eines Behandlungsplans	16,50	16,50
3.1	Physiotherapeutischer Bericht auf schriftliche Anforderung der verordnenden Person	55,00	**61,10**
4	Krankengymnastik (auch auf neurophysiologischer Grundlage, Atemtherapie) einschließlich der zur Leistungserbringung erforderlichen Massage, als Einzelbehandlung, Richtwert **20** Minuten	25,70	**26,80**
5	Krankengymnastik auf neurophysiologischer Grundlage (Bobath, Vojta, Propriozeptive Neuromuskuläre Fazilitation [PNF]) bei zentralen Bewegungsstörungen nach Vollendung des 18. Lebensjahres, als Einzelbehandlung, Richtwert 30 Minuten	38,30	**42,50**
6	Krankengymnastik auf neurophysiologischer Grundlage (Bobath, Vojta) bei zentralen Bewegungsstörungen für Kinder längstens bis zur Vollendung des 18. Lebensjahres als Einzelbehandlung, Richtwert 45 Minuten	47,80	**53,10**
7	Krankengymnastik in einer Gruppe (2 **bis** 5 Personen), Richtwert **25** Minuten, je Teilnehmerin oder Teilnehmer	10,80	**12,00**
8	Krankengymnastik bei zerebralen Dysfunktionen in einer Gruppe (2 **bis** 4 Personen), Richtwert **30** Minuten je Teilnehmerin oder Teilnehmer	14,30	**15,00**
9	Krankengymnastik (Atemtherapie) bei Mukoviszidose und schweren Bronchialerkrankungen als Einzelbehandlung, Richtwert 60 Minuten	72,30	**80,30**

VII

Lfd Nr.[1]	Leistungsbeschreibung[1], [2], [3]	Beihilfefähiger Höchstbetrag in Euro seit 1. 3. 2022[5]	Beihilfefähiger Höchstbetrag in Euro[1] **ab 1.9.2023**
10	Krankengymnastik im Bewegungsbad – einschließlich der erforderlichen Nachruhe, Richtwert 30 Minuten		
	a) als Einzelbehandlung	31,20	31,20
	b) in einer Gruppe (2 **bis** 3 Personen), je Teilnehmerin oder Teilnehmer	19,70	**21,80**
	c) in einer Gruppe (4 **bis** 5 Personen), je Teilnehmerin oder Teilnehmer	15,60	15,60
11	Manuelle Therapie, Richtwert **25** Minuten	29,70	**32,20**
12	Chirogymnastik (Funktionelle Wirbelsäulengymnastik) **als Einzelbehandlung**, Richtwert 20 Minuten	19,00	19,00
13	Bewegungsübungen, Richtwert 20 Minuten		
	a) als Einzelbehandlung	11,20	**12,40**
	b) in einer Gruppe (2 bis 5 Personen)	6,90	**7,70**
14	Bewegungsübungen im Bewegungsbad – einschließlich der erforderlichen Nachruhe, Richtwert 30 Minuten		
	a) als Einzelbehandlung	31,20	31,20
	b) in einer Gruppe (2 **bis** 3 Personen), je Teilnehmerin oder Teilnehmer	19,60	**21,80**
	c) in einer Gruppe (4 **bis** 5 Personen), je Teilnehmerin oder Teilnehmer	15,60	15,60
15	Erweiterte ambulante Physiotherapie (EAP), Richtwert 120 Minuten, je Behandlungstag	108,10	108,10
16	Gerätegestützte Krankengymnastik (KG-Gerät) einschließlich Medizinischen Aufbautrainings (MAT) und Medizinischer Trainingstherapie (MTT), je Sitzung für eine parallele Einzelbehandlung (bis zu 3 Personen); Richtwert 60 Minuten, begrenzt auf maximal 25 Behandlungen je Krankheitsfall	46,20	**50,40**
17	Traktionsbehandlung mit Gerät (zum Beispiel Schrägbrett, Extensionstisch, Perl'sches Gerät, Schlin-	8,80	8,80

Lfd Nr.[1]	Leistungsbeschreibung[1], [2], [3]	Beihilfefähiger Höchstbetrag in Euro seit 1. 3. 2022[5]	Beihilfefähiger Höchstbetrag in Euro[1] **ab 1.9.2023**
	gentisch) als Einzelbehandlung, Richtwert 20 Minuten		
	Massagen		
18	Massage einzelner oder mehrerer Körperteile		
	a) Klassische Massagetherapie (KMT), Segment-, Periost-, Reflexzonen-, Bürsten- und Colonmassage, Richtwert 20 Minuten	18,20	**19,60**
	b) Bindegewebsmassage (BGM), Richtwert 30 Minuten	21,20	**23,50**
19	Manuelle Lymphdrainage (MLD)		
	a) Teilbehandlung, **Richtwert** 30 Minuten	29,30	**32,50**
	b) Großbehandlung, **Richtwert** 45 Minuten	43,90	**48,70**
	c) Ganzbehandlung, **Richtwert** 60 Minuten	58,50	**65,00**
	d) Kompressionsbandagierung einer Extremität, Aufwendungen für das notwendige Polster- und Bindenmaterial (z. B. Mullbinden, Kurzzugbinden, Fließpolsterbinden) sind daneben beihilfefähig	18,70	**20,70**
20	Unterwasserdruckstrahlmassage einschließlich der erforderlichen Nachruhe, Richtwert 20 Minuten	30,50	30,50
	Palliativ Care		
21	Physiotherapeutische Komplexbehandlung in der Palliativversorgung, Richtwert 60 Minuten	66,00	66,00
	Packungen, Hydrotherapie, Bäder		
22	Heiße Rolle – einschließlich der erforderlichen Nachruhe	13,60	13,60
23	Warmpackung eines oder mehrerer Körperteile – einschließlich der erforderlichen Nachruhe		
	a) bei Anwendung wiederverwendbarer Packungsmaterialien (zum Beispiel Paraffin, Fango-Paraffin, Moor-Paraffin, Pelose, Turbatherm)	15,60	15,60

VII

Lfd Nr.[1]	Leistungsbeschreibung[1], [2], [3]	Beihilfefähiger Höchstbetrag in Euro seit 1. 3. 2022[5]	Beihilfefähiger Höchstbetrag in Euro[1] **ab 1.9.2023**
	b) bei Anwendung einmal verwendbarer natürlicher Peloide (Heilerde, Moor, Naturfango, Pelose, Schlamm, Schlick) ohne Verwendung von Folie oder Vlies zwischen Haut und Peloid		
	aa) Teilpackung	36,20	36,20
	bb) Großpackung	47,80	47,80
24	Schwitzpackung (zum Beispiel spanischer Mantel, Salzhemd, Dreiviertel-Packung nach Kneipp) – einschließlich der erforderlichen Nachruhe	19,70	19,70
25	Kaltpackung (Teilpackung)		
	a) Anwendung von Lehm, Quark oder Ähnlichem	10,20	10,20
	b) Anwendung einmal verwendbarer Peloide (Heilerde, Moor, Naturfango, Pelose, Schlamm, Schlick) ohne Verwendung von Folie oder Vlies zwischen Haut und Peloid	20,30	20,30
26	Heublumensack, Peloidkompresse	12,10	12,10
27	Wickel, Auflagen, Kompressen und andere, auch mit Zusatz	6,10	6,10
28	Trockenpackung	4,10	4,10
29	a) Teilguss, Teilblitzguss, Wechselteilguss	4,10	4,10
	b) Vollguss, Vollblitzguss, Wechselvollguss	6,10	6,10
	c) Abklatschung, Abreibung, Abwaschung	5,40	5,40
30	a) an- oder absteigendes Teilbad (zum Beispiel nach Hauffe) – einschließlich der erforderlichen Nachruhe	16,20	16,20
	b) an- oder absteigendes Vollbad (Überwärmungsbad) – einschließlich der erforderlichen Nachruhe	26,40	26,40
31	Wechsel**bad** einschließlich der erforderlichen Nachruhe		
	a) Teilbad	12,10	12,10
	b) Vollbad	17,60	17,60

Lfd Nr.[1]	Leistungsbeschreibung[1], [2], [3]	Beihilfefähiger Höchstbetrag in Euro seit 1. 3. 2022[5]	Beihilfefähiger Höchstbetrag in Euro[1] **ab 1.9.2023**
32	Bürstenmassagebad – einschließlich der erforderlichen Nachruhe	25,10	25,10
33	Naturmoor**bad** einschließlich der erforderlichen Nachruhe		
	a) Teilbad	43,30	43,30
	b) Vollbad	52,70	52,70
34	Sand**bad** einschließlich der erforderlichen Nachruhe		
	a) Teilbad	37,90	37,90
	b) Vollbad	43,30	43,30
35	Balneo-Phototherapie (Sole-Photo-Therapie) und Licht-Öl-Bad – einschließlich Nachfetten und der erforderlichen Nachruhe	43,30	43,30
36	Medizinische Bäder mit Zusätzen		
	a) Hand- oder Fußbad	8,80	8,80
	b) Teilbad – einschließlich der erforderlichen Nachruhe	17,60	17,60
	c) Vollbad – einschließlich der erforderlichen Nachruhe	24,40	24,40
	d) bei mehreren Zusätzen je weiterer Zusatz	4,10	4,10
37	Gashaltige Bäder		
	a) gashaltiges Bad (zum Beispiel Kohlensäurebad, Sauerstoffbad) – einschließlich der erforderlichen Nachruhe	25,70	25,70
	b) gashaltiges Bad mit Zusatz – einschließlich der erforderlichen Nachruhe	29,70	29,70
	c) Kohlendioxidgasbad (Kohlensäuregasbad) – einschließlich der erforderlichen Nachruhe	27,70	27,70
	d) Radon-Bad – einschließlich der erforderlichen Nachruhe	24,40	24,40
	e) Radon-Zusatz, je 500 000 Millistat	4,10	4,10

Aufwendungen für andere als die in diesem Abschnitt bezeichneten Bäder sind nicht beihilfefähig.
Bei Hand- oder Fußbädern, Teil- oder Vollbädern mit ortsgebundenen natürlichen Heilwässern erhöhen sich die unter Nummer 36 Buchstabe a bis c und Nummer 37 Buchstabe b jeweils angegebenen beihilfefähigen Höchstbeträge um **4** Euro. Weitere Zusätze hierzu sind nach Maßgabe der Nummer 36 Buchstabe d beihilfefähig.

VII

Lfd Nr.[1]	Leistungsbeschreibung[1], [2], [3]	Beihilfefähiger Höchstbetrag in Euro seit 1. 3. 2022[5]	Beihilfefähiger Höchstbetrag in Euro[1] **ab 1.9.2023**
	Kälte- und Wärmebehandlung		
38	Kältetherapie bei einem oder mehreren Körperteilen mit lokaler Applikation intensiver Kälte in Form von Eiskompressen, tiefgekühlten Eis- oder Gelbeuteln, direkter Abreibung, Kaltgas und Kaltluft mit entsprechenden Apparaturen sowie Eisteilbädern in Fuß- oder Armbadewannen	12,90	12,90
39	Wärmetherapie mittels Heißluft bei einem oder mehreren Körperteilen, Richtwert 20 Minuten	7,50	7,50
40	Ultraschall-Wärmetherapie	12,00	**13,30**
	Elektrotherapie		
41	Elektrotherapie einzelner oder mehrerer Körperteile mit individuell eingestellten Stromstärken und Frequenzen	8,20	8,20
42	Elektrostimulation bei Lähmungen	15,60	**16,90**
43	Iontophorese	8,20	8,20
44	Hydroelektrisches Teilbad (Zwei- oder Vierzellenbad)	14,90	14,90
45	Hydroelektrisches Vollbad (zum Beispiel Stangerbad), auch mit Zusatz – einschließlich der erforderlichen Nachruhe	29,00	29,00
	Stimm-, Sprech- und Sprachtherapie		
46	Stimm-, sprech-, sprach- und schlucktherapeutische Erstdiagnostik zur Erstellung eines Behandlungsplans, Richtwert 60 Minuten, einmal je Behandlungsfall, bei Wechsel der Leistungserbringerin oder des Leistungserbringers innerhalb des Behandlungsfalls sind die Aufwendungen für eine erneute Erstdiagnostik beihilfefähig.	108,00	**111,20**
46.1	Stimm-, sprech-, sprach- und schlucktherapeutische Bedarfsdiagnostik, Richtwert 30 Minuten je Kalenderhalbjahr sind Aufwendungen für bis zu zwei Einheiten Diagnostik (entweder eine Einheit	51,70	**55,60**

VII

Lfd Nr.[1]	Leistungsbeschreibung[1], [2], [3]	Beihilfefähiger Höchstbetrag in Euro seit 1. 3. 2022[5]	Beihilfefähiger Höchstbetrag in Euro[1] **ab 1.9.2023**
	Erstdiagnostik und eine Einheit Bedarfsdiagnostik oder zwei Einheiten Bedarfsdiagnostik) innerhalb eines Behandlungsfalls beihilfefähig		
46.2	Bericht an die verordnende Person	5,80	**6,20**
46.3	Bericht auf besondere Anforderung der verordnenden Person	103,40	**111,20**
47	Einzelbehandlung bei Atem-, Stimm-, Sprech-, Sprach-, **Hör- und Schluckstörungen**		
	a) **Richtwert** 30 Minuten	46,00	**49,40**
	b) **Richtwert** 45 Minuten	63,20	**68,00**
	c) **Richtwert** 60 Minuten	80,50	**86,50**
	d) Regelbehandlungszeit 90 Minuten (103,40 Euro)	–	–
	Aufwendungen für die Vor- und Nachbereitung, die Verlaufsdokumentation, **den** sprachtherapeutischen **Bericht** sowie für die Beratung der Patientin oder des Patienten und ihrer oder seiner Bezugspersonen sind daneben nicht beihilfefähig.		
48	Gruppenbehandlung bei **Atem**-, Stimm-, Sprech-, Sprach-, **Hör- und Schluckstörungen**, je Teilnehmerin oder Teilnehmer		
	a) Gruppe (2 Personen), **Richtwert** 45 Minuten	56,90	**61,20**
	b) Gruppe (3 **bis** 5 Personen), **Richtwert** 45 Minuten	34,60	34,60
	c) Gruppe (2 Personen), **Richtwert** 90 Minuten	103,40	**111,20**
	d) Gruppe (3 **bis** 5 Personen), **Richtwert** 90 Minuten	56,10	56,10
	Aufwendungen für die Vor- und Nachbereitung, die Verlaufsdokumentation des sprachtherapeutischen Berichts sowie für die Beratung der Patientin oder des Patienten und ihrer oder seiner Bezugspersonen sind daneben nicht beihilfefähig.		
	Beschäftigungstherapie (Ergotherapie)		
49	Funktionsanalyse und Erstgespräch einschließlich Beratung und Be-	41,80	41,80

VII

Lfd Nr.[1]	Leistungsbeschreibung[1], [2], [3]	Beihilfefähiger Höchstbetrag in Euro seit 1. 3. 2022[5]	Beihilfefähiger Höchstbetrag in Euro[1] **ab 1.9.2023**
	handlungsplanung, einmal je Behandlungsfall		
50	Einzelbehandlung		
	a) bei motorisch-funktionellen Störungen, Richtwert 30 Minuten	41,80	**45,20**
	b) bei sensomotorischen oder perzeptiven Störungen, Richtwert 45 Minuten	55,60	**60,90**
	c) bei psychisch-funktionellen Störungen, Richtwert 60 Minuten	72,30	**76,20**
	d) aufgehoben: „bei psychisch-funktionellen Störungen als Belastungserprobung, Richtwert 120 Minuten" (128,20 Euro)		
	e) aufgehoben: „als Beratung zur Integration in das häusliche und soziale Umfeld im Rahmen eines Hausbesuchs, einmal pro Behandlungsfall		
	aa) bis zu 3 Einheiten am Tag, je Einheit		
	aaa) bei motorisch funktionellen Störungen (40,70 Euro)		
	bbb) bei sensomotorischen oder perzeptiven Störungen (54,40 Euro)		
	bb) bis zu 2 Einheiten am Tag, je Einheit bei psychisch-funktionellen Störungen (67,70 Euro)		
	f) als Beratung zur Integration in das häusliche und soziale Umfeld im Rahmen eines **Besuchs im häuslichen oder sozialen Umfeld**, einmal pro Behandlungsfall		
	aa) bei motorisch-funktionellen Störungen, Richtwert 120 Minuten	123,90	**135,60**

Lfd Nr.[1]	Leistungsbeschreibung[1], [2], [3]	Beihilfefähiger Höchstbetrag in Euro seit 1. 3. 2022[5]	Beihilfefähiger Höchstbetrag in Euro[1] **ab 1.9.2023**
	bb) bei sensomotorischen oder perzeptiven Störungen, Richtwert 120 Minuten	166,80	**182,60**
	cc) bei psychisch-funktionellen Störungen, Richtwert 120 Minuten	139,20	**152,40**
50.1	Parallelbehandlung (bei Anwesenheit von zwei zu behandelnden Personen) je Teilnehmerin oder Teilnehmer		
	a) bei motorisch-funktionellen Störungen, Richtwert 30 Minuten	32,80	**35,90**
	b) bei sensomotorischen oder perzeptiven Störungen, Richtwert 45 Minuten	44,50	**48,70**
	c) bei psychisch-funktionellen Störungen, Richtwert 60 Minuten	55,10	**60,30**
51	Gruppenbehandlung **(3 bis 6 Personen)** je Teilnehmerin oder Teilnehmer		
	a) bei motorisch-funktionellen Störungen, Richtwert 30 Minuten	16,00	**16,50**
	b) bei sensomotorischen oder perzeptiven Störungen, Richtwert 45 Minuten	20,60	**21,40**
	c) bei psychisch-funktionellen Störungen, Richtwert 90 Minuten	37,90	**39,30**
	d) aufgehoben: „bei psychisch-funktionellen Störungen als Belastungserprobung, Richtwert 180 Minuten (70,20 Euro)"		
52	Hirnleistungstraining/Neuropsychologisch orientierte Einzelbehandlung, Richtwert 30 Minuten	46,20	**50,10**
52.1	Hirnleistungstraining, Einzelbehandlung als Beratung zur Integration in das häusliche und soziale Umfeld im Rahmen eines Besuchs im häuslichen oder sozialen Umfeld, Richtwert 120 Minuten, einmal pro Behandlungsfall	139,20	**152,40**

Lfd Nr.[1]	Leistungsbeschreibung[1], [2], [3]	Beihilfefähiger Höchstbetrag in Euro seit 1. 3. 2022[5]	Beihilfefähiger Höchstbetrag in Euro[1] **ab 1.9.2023**
52.2	Hirnleistungstraining als Parallelbehandlung bei Anwesenheit von zwei zu behandelnden Personen, Richtwert 30 Minuten, je Teilnehmerin oder Teilnehmer	36,00	**39,40**
53	Hirnleistungstraining als Gruppenbehandlung, Richtwert 45 Minuten, je Teilnehmerin oder Teilnehmer	20,60	**21,40**
	Podologie[4]		
54–57	nicht belegt		
57.1	Podologische Behandlung (klein), Richtwert 35 Minuten (bis zum 28. 2. 2022 Nr. 54 bis 57).	30,70	30,70
58–59	nicht belegt		
59.1	Podologische Behandlung (groß), Richtwert 50 Minuten (bis zum 28. 2. 2022 Nr. 58 und 59)	44,00	44,00
59.2	Podologische Befundung, je Behandlung	3,00	3,00
60	***aufgehoben: Erstversorgung mit einer Federstahldraht-Orthonyxiespange nach Ross-Fraser, einteilig, einschließlich Abdruck und Anfertigung der Passiv-Nagelkorrekturspange nach Modell, Applikation sowie Spangenkontrolle nach 1 bis 2 Wochen***	*(194,60)*	–
60.1	**Erstbefundung**	–	**48,80**
60.2	**Anpassung einer einteiligen unilateralen und bilateralen Nagelkorrekturspange, z. B. nach Ross Fraser**	–	**86,60**
60.3	**Fertigung einer einteiligen unilateralen und bilateralen Nagelkorrekturspange, z. B. nach Ross Fraser**	–	**47,40**
60.4	**Nachregulierung der einteiligen unilateralen und bilateralen Nagelkorrekturspange, z. B. nach Ross Fraser**	–	**43,40**

Lfd Nr.[1]	Leistungsbeschreibung[1], [2], [3]	Beihilfefähiger Höchstbetrag in Euro seit 1. 3. 2022[5]	Beihilfefähiger Höchstbetrag in Euro[1] **ab 1.9.2023**
60.5	**Vorbereitung des Nagels, Anpassung und Aufsetzen einer mehrteiligen bilateralen Nagelkorrekturspange**	–	**86,90**
60.6	**Vorbereitung des Nagels, Anpassung und Aufsetzen einer einteiligen Kunststoff- oder Metall-Nagelkorrekturspange**	–	**47,70**
60.7	**Indikationsspezifische Kontrolle auf Sitz- und Passgenauigkeit**	–	**15,20**
60.8	**Behandlungsabschluss/Entfernung der Nagelkorrekturspange**	–	**22,80**
61	*aufgehoben:* ***Regulierung der Orthonyxiespange nach Ross-Fraser, einschließlich Spangenkontrolle nach 1 bis 2 Tagen***	*(37,40)*	
62	*aufgehoben:* ***Ersatzversorgung mit einer Orthonyxiespange nach Ross-Fraser, einteilig, infolge Verlusts oder Bruch der Spange bei vorhandenem Modell, einschließlich Applikation***	*(64,80)*	
63	*aufgehoben:* ***Versorgung mit einer konfektionierten bilateralen Federstahldraht-Orthonyxiespange, dreiteilig, einschließlich individueller Spangenformung, Applikation und Spangensitzkontrolle nach 1 bis 2 Tagen***	*(74,80)*	
64	*aufgehoben:* ***Versorgung mit einer konfektionierten Klebespange, einschließlich Applikation und Spangensitzkontrolle nach 1 bis 2 Tagen***	*(37,40)*	
	Ernährungstherapie		
65	Erstgespräch mit Behandlungsplanung **(ernährungstherapeutische Anamnese)**, Richtwert 60 Minuten, einmal je Behandlungsfall	67,90	**68,00**

VII

Lfd Nr.[1]	Leistungsbeschreibung[1], [2], [3]	Beihilfefähiger Höchstbetrag in Euro seit 1. 3. 2022[5]	Beihilfefähiger Höchstbetrag in Euro[1] **ab 1.9.2023**
65.1	Berechnung und Auswertung von Ernährungsprotokollen und Entwicklung entsprechender individueller Empfehlungen, Richtwert 60 Minuten Aufwendungen sind bis zu zweimal je Verordnung – jedoch maximal achtmal je Kalenderjahr – beihilfefähig	55,50	55,50
65.2	Notwendige Abstimmung der Therapie mit einer dritten Partei; Aufwendungen sind einmal je Verordnung – jedoch maximal viermal je Kalenderjahr – beihilfefähig	55,50	55,50
66	Einzelbehandlung, Richtwert 30 Minuten je Einheit, begrenzt auf maximal 16 Behandlungen pro Jahr	34,00	34,00
66.1	**Einzelbehandlung im häuslichen oder sozialen Umfeld, Richtwert 60 Minuten, begrenzt auf maximal 16 Behandlungen pro Jahr**	–	**68,00**
67	Gruppenbehandlung, Richtwert 30 Minuten, begrenzt auf maximal 16 Behandlungen pro Jahr	23,80	23,80
	Sonstiges		
68	Ärztlich verordneter Hausbesuch	12,10	12,10
68.1	**Ärztlich verordneter Hausbesuch einschließlich der Fahrkosten, pauschal**	–	**22,40**
68.2	**Besuch eines oder mehrerer Patientinnen oder Patienten in einer sozialen Einrichtung/Gemeinschaft, einschließlich der Fahrkosten, je Patientin oder Patient**	–	**14,70**
69	Fahrtkosten für Fahrten der behandelnden Person (nur bei ärztlich verordnetem Hausbesuch) bei Benutzung eines Kraftfahrzeuges in Höhe von 0,30 Euro je Kilometer oder die niedrigsten Kosten eines regelmäßig verkehrenden Beförderungsmittels.		
70	**Übermittlungsgebühr für Mitteilung/Bericht an die verordnende Person**	–	**1,30**

Richtwert im Sinne des Leistungsverzeichnisses ist die Zeitangabe zur regelmäßigen Dauer der jeweiligen Therapiemaßnahme (Regelbehandlungszeit).

Er beinhaltet die Durchführung der Therapiemaßnahme einschließlich der erforderlichen Vor- und Nachbereichung. Die Regelbehandlungszeit darf nur aus medizinischen Gründen unterschritten werden.

[1] Die neuen Leistungsbeschreibungen und Höchstpreise der Ziffern sowie redaktionelle Änderungen sind fett markiert.

[2] Neue Leistungen sind teilweise in Untergliederungsziffern aufgeführt.

[3] Die kursiv gedruckten Leistungen werden in dieser Form grundsätzlich nicht mehr abgerechnet.

[4] Bei den Nummern 57.1 und 59.1 kommt es nur auf den Zeitansatz (Richtwert) an, nicht indes darauf, ob ein Fuß der beide Füße behandelt werden.

[5] Außer Abschnitt „Beschäftigungstherapie (Ergotherapie)" ab 1. Juli 2022.

3. Hessische Beihilfenverordnung (HBeihVO);

Vorgriffsregelung zur Verlängerung der Berücksichtigungsfähigkeit in der Beihilfe für Kinder in Ausbildung nach Vollendung des 25. Lebensjahres um die Dauer eines Freiwilligendienstes

Im Vorgriff auf eine förmliche Änderung der Hessischen Beihilfenverordnung werden § 3 Abs. 1 die folgenden Sätze 4 und 5 angefügt:

„Befinden sich Kinder nach Vollendung des 25. Lebensjahres noch in Schul- oder Berufsausbildung, sind sie weiter berücksichtigungsfähig, wenn die Ausbildung durch einen freiwilligen Wehrdienst nach § 58b des Soldatengesetzes, einen Freiwilligendienst nach dem Bundesfreiwilligendienstgesetz oder dem Jugendfreiwilligendienstegesetz oder einen vergleichbaren anerkannten Freiwilligendienst oder durch eine Tätigkeit als Entwicklungshelfer im Sinne des § 1 Abs. 1 des Entwicklungshelfer-Gesetzes unterbrochen oder verzögert worden ist. Die Dauer der weiteren Berücksichtigungsfähigkeit entspricht der Dauer des abgeleisteten Dienstes, insgesamt höchstens zwölf Monate."

Verwaltungsvorschriften zur Hessischen Beihilfenverordnung (VV)

Vom 10. Oktober 2017 (StAnz. S. 1079)

Aufgrund des § 20 der Hessischen Beihilfenverordnung erlasse ich die folgenden Verwaltungsvorschriften:

Zu § 1

1. Die Beihilfe ist für Beihilfeberechtigte, die in der gesetzlichen Krankenversicherung versicherungsfrei sind, eine eigenständige beamtenrechtliche Krankenfürsorge. Durch die Beihilfe wird die bestehende beamtenrechtliche und soziale Verpflichtung erfüllt, eine Beteiligung an den Krankheitskosten mit dem Anteil zu übernehmen, der durch die Eigenvorsorge nicht abgedeckt wird.
2. Die Hessische Beihilfenverordnung und diese Verwaltungsvorschriften gelten unmittelbar im gesamten Geltungsbereich des Hessischen Beamtengesetzes (vergleiche § 1 HBG).
3. Das Verbot der Abtretung gilt auch für nicht nach den §§ 93, 94 SGB XII überleitbare Beihilfeansprüche. Diese können vom Sozialhilfeträger auch nicht aufgrund einer Bevollmächtigung durch Beihilfeberechtigte geltend gemacht werden.

VII

Zu § 2

Zu Abs. 1

1. Andere als die in Abs. 1 Nr. 1 bezeichneten Personen in einem Praktikum sind nur bei einer entsprechenden tarifvertraglichen Zusicherung beihilfeberechtigt. Entsprechendes gilt für Personen, die ein Praktikum ableisten, das nicht in den beruflichen Ausbildungsgang integriert, sondern Teil der Schul- oder Hochschulausbildung oder Zulassungsvoraussetzung für eine Ausbildung oder spätere Berufsausübung ist. Abs. 2 ist zu beachten.
2. Die in Nr. 3 genannten Personen sind, soweit sie Ansprüche nach Abs. 2 haben, bereits von dem Tage an selbst beihilfeberechtigt, an dem die oder der Beihilfeberechtigte stirbt.
3. Empfänger von Übergangsgeld nach § 47 BeamtVG sowie von Unterhaltsbeitrag aufgrund disziplinarrechtlicher Regelungen und von Gnadenunterhaltsbeiträgen sind nicht beihilfeberechtigt.

   Sofern nach bisherigem Beihilferecht anderen als den in Abs. 1 Nr. 2 und 3 bezeichneten Empfängern von Unterhaltsbeiträgen eine Beihilfeberechtigung zuerkannt worden war, bleibt diese bestehen (§ 18 Abs. 1). Das gilt auch, wenn diese Unterhaltsbeiträge aufgrund disziplinarrechtlicher Regelungen oder gnadenweise zugebilligt worden sind.

Zu Abs. 2

1. Als Ruhens- und Anrechnungsvorschriften kommen in Betracht § 22 Abs. 1 Satz 2, §§ 53 bis 56 und § 61 Abs. 2 und 3 BeamtVG.
2. Bedienstete sind während der Elternzeit nach § 5 Abs. 1 EltZVO beihilfeberechtigt.
3. Bei unter schriftlicher Anerkennung eines dienstlichen Interesses ohne Bezüge, Vergütung oder Lohn beurlaubten Beihilfeberechtigten geht die Beihilfeberechtigung aufgrund der anderen Beschäftigung derjenigen nach der Hessischen Beihilfenverordnung vor (§ 4 Abs. 3 Satz 2). § 5 Abs. 3 bleibt unberührt. Abschnitt II Nr. 6 der Richtlinien für die Beurlaubung von Bediensteten zur Übernahme von Aufgaben der Entwicklungshilfe (StAnz. 1976 S. 1106) ist zu beachten.

Zu Abs. 4 Nr. 2

Abs. 4 Nr. 2 ist nicht anwendbar, wenn Halbwaisen nach § 24 Abs. 2 BeamtVG Vollwaisengeld erhalten.

Zu Abs. 4 Nr. 3

1. Werden zunächst nicht beihilfeberechtigte Bedienstete nach Ablauf eines Jahres weiterbeschäftigt, sind sie vom Zeitpunkt der Verlängerung des Beschäftigungsverhältnisses an beihilfeberechtigt. Wird das

Beschäftigungsverhältnis von nicht beihilfeberechtigten Bediensteten vor Ablauf eines Jahres auf einen Zeitraum von insgesamt länger als ein Jahr verlängert, sind sie vom Zeitpunkt der Verlängerung an beihilfeberechtigt.

2. Eine ununterbrochene Beschäftigung im öffentlichen Dienst liegt auch vor, wenn sich an ein Dienstverhältnis bei einem öffentlich-rechtlichen Arbeitgeber ein Arbeitsverhältnis bei einem anderen öffentlich-rechtlichen Arbeitgeber unmittelbar angeschlossen hat. Als Unterbrechung gilt jeder zwischen den Beschäftigungsverhältnissen liegende, einen oder mehrere Werktage umfassende Zeitraum, in dem ein Beschäftigungsverhältnis nicht bestand.

3. Als Unterbrechung gilt nicht das Ausscheiden nach Bestehen der zweiten Staatsprüfung oder der Laufbahnprüfung, sofern sich Bedienstete binnen zwei Monaten nach dem Ausscheiden nachweislich um eine Wiedereinstellung bei einer Behörde im Geltungsbereich des Hessischen Beamtengesetzes beworben haben und sie spätestens sechs Monate nach dem Ausscheiden wieder eingestellt worden sind. Die nach dem Ausscheiden bis zur Wiedereinstellung entstandenen Aufwendungen sind nicht beihilfefähig.

4. Entscheidend ist die regelmäßige wöchentliche Arbeitszeit im Zeitpunkt des Entstehens der Aufwendungen. Bei Lehrkräften an Schulen tritt an die Stelle der regelmäßigen Arbeitszeit die Pflichtstundenzahl.

5. Die aufgrund von Abs. 1 Nr. 1 und 2 sowie § 18 Abs. 1 bestehende Beihilfeberechtigung (zum Beispiel als Versorgungsempfänger) bleibt unberührt.

Zu Abs. 4 Nr. 4

1. Als Leistungen nach Abs. 4 Nr. 4 kommen besonders Leistungen nach § 11 des Europaabgeordnetengesetzes, § 27 des Abgeordnetengesetzes des Bundes und § 16 oder § 38 Abs. 2 bis 4 HessAbgG in Betracht.

2. Nach § 16 Abs. 1 und § 38 Abs. 2 bis 4 HessAbgG werden zu den notwendigen Kosten in Krankheits-, Geburts- und Todesfällen entweder Beihilfen oder ein monatlicher Zuschuss zu den Krankenversicherungsbeiträgen gewährt.

Zu § 3

1. Bei berücksichtigungsfähigen Angehörigen, die selbst beihilfeberechtigt sind, ist § 4 Abs. 3 zu beachten.

2. Die Vorschrift erfasst nicht nur beim Familien-, Orts- oder Sozialzuschlag berücksichtigte, sondern auch berücksichtigungsfähige Kinder. Damit wird sichergestellt, dass Beihilfen auch für Kinder gewährt werden können, für die kein Familien-, Orts- oder Sozialzuschlag zusteht (zum Beispiel bei Anspruch auf Anwärterbezüge) oder die im Familien-, Orts- oder Sozialzuschlag erfasst würden, wenn sie nicht bereits bei einer anderen Person im Familien-, Orts- oder Sozialzuschlag berücksichtigt würden (vergleiche hierzu § 4 Abs. 6, § 17 Abs. 3 Satz 2).

3. Ein rückwirkender Wegfall der Berücksichtigungsfähigkeit von Kindern beim Familien-, Orts- oder Sozialzuschlag wegen Überschreitens der für die Gewährung von Kindergeld maßgebenden Höchstgrenze von Einkünften und Bezügen der Kinder bleibt unberücksichtigt. Dies gilt nicht für Zeiten, in denen Beihilfeberechtigte den Grund für den Wegfall des kinderbezogenen Anteils im Familien-, Orts- oder Sozialzuschlag bereits kannten oder hätten kennen müssen.

4. Ist der Ehegatte eines ohne Bezüge, Vergütung oder Lohn Beurlaubten beihilfeberechtigt, bleiben beurlaubte Bedienstete im Verhältnis zum Ehegatten berücksichtigungsfähige Angehörige. Die VV Nr. 3 zu § 2 Abs. 2 ist zu beachten.

5. Zu Aufwendungen, die vor Begründung der eigenen Beihilfeberechtigung entstanden sind, jedoch erst danach geltend gemacht werden, sind Beihilfen denjenigen zu gewähren, bei denen die Betreffenden bei Entstehen der Aufwendungen berücksichtigungsfähige Angehörige waren.

6. Bei Anwendung des § 85a Abs. 7 Satz 2 HBG liegt keine Berücksichtigungsfähigkeit der beurlaubten Ehegatten vor, wenn nach § 5 Abs. 6 Nr. 3 zu deren Aufwendungen keine Beihilfe zusteht. In diesem Fall bleiben Beurlaubte beihilfeberechtigt nach § 85a Abs. 7 Satz 1 HBG.

Zu § 4

Zu Abs. 1

Abs. 1 stellt klar, aus welchem Rechtsverhältnis eine Beihilfe beim Zusammentreffen mehrerer Beihilfeberechtigungen nach beamtenrechtlichen Vorschriften zu gewähren ist. Beihilfen nach beamtenrechtlichen Vorschriften sind unbeschadet der Ausgestaltung im Einzelnen dem Grunde nach gleichwertig.

Zu Abs. 2

1. Die Beihilfeberechtigung aufgrund einer Beamtenversorgung wird durch eine Beihilfeberechtigung nach anderen als beamtenrechtlichen Vorschriften im Sinne der Abs. 2 und 5 nicht ausgeschlossen. Sie bleibt bestehen, wenn aus der Beihilfeberechtigung nach anderen als beamtenrechtlichen Vorschriften im konkreten Fall dem Grunde nach keine Beihilfe zusteht.

Beispiel:

Eine als krankenversicherungspflichtige Angestellte im öffentlichen Dienst beschäftigte Witwengeldempfängerin hat Wahlleistungen eines Krankenhauses in Anspruch genommen. Als Angestellte steht ihr zu diesen Aufwendungen dem Grunde nach keine Beihilfe zu, da sie angesichts ihrer Beihilfeberechtigung aus dem Arbeitsverhältnis auf Sachleistungen verwiesen ist (§ 5 Abs. 4). Da somit aus der vorgehenden Beihilfeberechtigung (als Angestellte) zu den Aufwendungen für die Wahlleistungen keine Beihilfe gewährt werden darf, steht eine Beihilfe aus dem Rechtsverhältnis als Versorgungsempfängerin zu.

2. Die Aufstockung einer nach anderen als beamtenrechtlichen Vorschriften gewährten Beihilfe durch eine Beihilfe aufgrund einer Beamtenversorgung ist ausgeschlossen (§ 5 Abs. 6 Nr. 7). Steht Beihilfe aus einer vorgehenden Beihilfeberechtigung zu, ist diese in Anspruch zu nehmen.

Zu Abs. 3

Die VV zu Abs. 1 und 2 gelten entsprechend. Auf die Ausschlussregelung in § 5 Abs. 6 Nr. 3 wird hingewiesen.

Zu Abs. 5

Wird bei teilzeitbeschäftigten berücksichtigungsfähigen Angehörigen der zustehende Beihilfeanspruch entsprechend dem Umfang der Arbeitszeit gequotelt, besteht Anspruch auf Beihilfe nach § 2 Abs. 2 Nr. 1 und 2 beim beihilfeberechtigten Ehegatten, wenn die sonstigen Voraussetzungen (zum Beispiel § 5 Abs. 6 Nr. 3) erfüllt sind. Von den beihilfefähigen Aufwendungen ist die den Angehörigen zustehende Beihilfe abzuziehen (§ 5 Abs. 3 Satz 1). § 5 Abs. 6 Nr. 7 findet keine Anwendung.

Zu Abs. 6

Die gemeinsame Erklärung nach Abs. 6 muss von beiden Eltern unterschrieben sein. An die Erklärung sind die Eltern gebunden, soweit keine Änderung der Verhältnisse eintritt. Ist ein berücksichtigungsfähiges Kind zugleich Ehegatte eines Beihilfeberechtigten, steht die Beihilfe für dieses Kind abweichend von Satz 1 ausschließlich dem Ehegatten zu.

Zu § 5

Zu Abs. 1

1. Als vertrauensärztliche Gutachten gelten auch Gutachten der Berufsgenossenschaftlichen Arbeitsmedizinischen Dienste.
2. Aufwendungen für ärztliche, zahnärztliche und psychotherapeutische Leistungen, die über das Maß einer medizinisch notwendigen Versorgung hinausgehen, sind auch dann nicht beihilfefähig, wenn sie auf Verlangen erbracht worden sind (vergleiche § 1 Abs. 2 Satz 2 der Gebührenordnung für Ärzte – GOÄ –, § 1 Abs. 2 Satz 2, § 2 Abs. 3 Satz 1 der Gebührenordnung für Zahnärzte – GOZ –); dies gilt nicht für Verblendungen im Seitenzahnbereich.

3.1 Aufwendungen für Vorsorgemaßnahmen sind nur nach Maßgabe des § 10 beihilfefähig.

3.2 Bei Untersuchungen und diagnostischen Maßnahmen in Diagnosekliniken sind Fahr- und Unterkunftskosten (§ 6 Abs. 1 Nr. 9 und 10 Buchst. a) notwendig, wenn es sich um einen Problemfall handelt. Ein Problemfall liegt nur vor, wenn dies ärztlich ausdrücklich bestätigt wird; von dieser Bestätigung kann abgesehen werden, wenn die Aufwendungen für die Untersuchung oder Behandlung ganz oder teilweise von der gesetzlichen Krankenversicherung getragen werden.

4.1 Die GOÄ und GOZ stecken den für die Bemessung der Vergütung maßgebenden Rahmen ab und zählen die Kriterien auf, die bei der Festsetzung im Einzelnen zugrunde zu legen sind. Die Spannenregelungen dienen nicht dazu, die Einfachsätze an die wirtschaftliche Entwicklung anzupassen. Der in der GOÄ und GOZ vorgegebene Bemessungsrahmen enthält im Zusammenwirken mit den Gebührenverzeichnissen eine Variationsbreite für die Gebührenbemessung, die, bezogen auf die einzelne Leistung, ausreicht, um auch schwierige Leistungen angemessen zu entgelten.

4.2 Maßstab für die Angemessenheit von Aufwendungen (Abs. 1 Satz 1) sind die Gebühren nach der GOÄ, GOZ auch dann, wenn die (zahn-)ärztliche oder unter (zahn-)ärztlicher Verantwortung erbrachte Leistung von anderer Seite (zum Beispiel einer Klinik) in Rechnung gestellt wird; dies gilt nicht, soweit eine andere öffentliche Gebührenordnung Anwendung findet. Als andere öffentliche Gebührenordnung gelten zum Beispiel die landesrechtlichen Gesetze über den Rettungsdienst. Darin ist geregelt, dass für Leistungen des Rettungsdienstes (Notfallrettung oder Krankentransport) Benutzungsentgelte zwischen den Leistungsträgern und bestimmten Kostenträgern zu vereinbaren sind, die auch für alle anderen Benutzer verbindlich sind. Pauschal berechnete Benutzungsentgelte für Leistungen des Rettungsdienstes sind beihilfefähig, wenn sie auf Grundlage dieser Gesetze vereinbart wurden und einheitlich berechnet werden.

4.3 Die Angemessenheit der Aufwendungen für Leistungen Psychologischer Psychotherapeutinnen und -therapeuten und Kinder- und Jugendlichenpsychotherapeutinnen und -therapeuten bei Privatbehandlung richtet sich nach der GOÄ mit der Maßgabe, dass Vergütungen nur für Leistungen berechnungsfähig sind, die in den Abschnitten B und G des Gebührenverzeichnisses der GOÄ aufgeführt sind (§ 1 Abs. 2 Gebührenordnung für Psychologische Psychotherapeuten und Kinder- und Jugendlichenpsychotherapeuten (GOP) vom 8. Juni 2000, BGBl. I S. 818). Dabei handelt es sich insbesondere um folgende Gebührennummern:

- Abschnitt B der GOÄ: 1, 3, 4, 34, 60, 70 (ausgenommen Dienst- beziehungsweise Arbeitsunfähigkeitsbescheinigungen), 75, 80, 85, 95;
- Abschnitt G der GOÄ: 808, 835, 845 bis 847, 855 bis 857, 860 bis 865, 870, 871.

Gebühren für Leistungen nach Abschnitt B sowie Gebühren für Leistungen nach Nr. 808, 835, 845 bis 847, 855 bis 857 und 860 des Abschnittes G der GOÄ unterliegen nicht dem Voranerkennungsverfahren durch vertrauensärztliche Gutachterinnen oder Gutachter; sie sind unabhängig von den übrigen Gebührennummern nach Abschnitt G der GOÄ beihilfefähig.

5.1 Überschreitet eine Gebühr für ärztliche, zahnärztliche und psychotherapeutische Leistungen den in § 5 Abs. 2 Satz 4, Abs. 3 Satz 2 GOÄ, § 5 Abs. 2 Satz 4 GOZ vorgesehenen Schwellenwert, kann sie nach § 5 Abs. 1 nur dann als angemessen angesehen werden, wenn in der schriftlichen Begründung der Rechnung (§ 12 Abs. 3 Satz 1 und 2 GOÄ, § 10 Abs. 3 Satz 1 und 2 GOZ) dargelegt ist, dass erheblich über das gewöhnliche Maß hi-

VII

nausgehende Umstände dies rechtfertigen. Derartige Umstände können in der Regel nur gegeben sein, wenn die einzelne Leistung aus bestimmten Gründen
- besonders schwierig war oder
- einen außergewöhnlichen Zeitaufwand beanspruchte oder
- wegen anderer besonderer Umstände bei der Ausführung erheblich über das gewöhnliche Maß hinausging

und diese Umstände nicht bereits in der Leistungsbeschreibung des Gebührenverzeichnisses berücksichtigt sind (§ 5 Abs. 2 Satz 3 GOÄ/GOZ; vergleiche zum Beispiel Nr. 2382 des Gebührenverzeichnisses der GOÄ, Nr. 605 des Gebührenverzeichnisses der GOZ).

5.2 Nach § 12 Abs. 3 Satz 2 GOÄ, § 10 Abs. 3 Satz 2 GOZ ist die Begründung auf Verlangen näher zu erläutern. Bestehen bei der Festsetzungsstelle erhebliche Zweifel darüber, ob die in der Begründung dargelegten Umstände den Umfang der Überschreitung des Schwellenwertes rechtfertigen, soll sie die Beihilfeberechtigten bitten, die Begründung durch die Ärztin oder den Arzt (beziehungsweise die Zahnärztin oder den Zahnarzt) erläutern zu lassen, soweit dies nicht bereits von der Krankenversicherung der Beihilfeberechtigten veranlasst worden ist. Werden Zweifel, gegebenenfalls unter Einschaltung einer fachkundigen Stelle der Dienststelle (zum Beispiel Gesundheitsdezernat) oder des Gesundheitsamtes, nicht ausgeräumt, kann mit Einverständniserklärung der Beihilfeberechtigten eine Stellungnahme der zuständigen Landesärztekammer oder örtlichen Ärztekammer beziehungsweise der zuständigen Landeszahnärztekammer eingeholt werden. Von der Einholung dieser Stellungnahme ist abzusehen, wenn die Schwellenwertüberschreitungen in einer Arztrechnung insgesamt unter 75 Euro liegen. Bis zu diesem Betrag entscheiden die Festsetzungsstellen in eigener Zuständigkeit. Vor der Beauftragung sachkundiger Stellen oder Personen mit einer gebührenpflichtigen Begutachtung einer (zahn-)ärztlichen Rechnung hat die Festsetzungsstelle abzuwägen, ob die Gebühren in einem vertretbaren Verhältnis zur erwarteten Verringerung der Beihilfe stehen.

5.3 Nach § 2 Abs. 1 GOÄ/GOZ kann durch Vereinbarung nur noch eine von § 3 GOÄ/GOZ abweichende Höhe der Vergütung festgelegt werden (Abdingung). Eine Abdingung der GOÄ insgesamt und die Anwendung anderer Gebührenordnungen ist nicht zulässig; eine Abdingung der GOZ ist nach Maßgabe des § 2 Abs. 3 Satz 1 GOZ zulässig (vergleiche VV Nr. 2). Gebühren, die auf einer Abdingung beruhen, können grundsätzlich nur bis zum Schwellenwert als angemessen angesehen werden, es sei denn, eine Überschreitung des Schwellenwertes bis zum Gebührenrahmen (§ 5 Abs. 1 und 3 GOÄ, § 5 Abs. 1 GOZ) ist nach der Begründung entsprechend Nr. 5.1 und 5.2 gerechtfertigt. Ausnahmen (das heißt Überschreitungen des Gebührenrahmens) können in außergewöhnlichen, medizinisch besonders gelagerten Einzelfällen zugelassen werden.

6. Bei Versicherten im beihilfekonformen Standardtarif (§ 257 Abs. 2a SGB V) beurteilt sich die Angemessenheit der Aufwendungen für die ärztlichen, zahnärztlichen und psychotherapeutischen Leistungen, die zum Leistungsumfang des Standardtarifs zählen, nach § 5b GOÄ, § 5a GOZ und § 1 Abs. 1 GOP in Verbindung mit § 5b 5b GOÄ.

7. Zu den besonderen gebührenrechtlichen Fragen vergleiche die als Anhang beigefügten Hinweise zum Gebührenrecht.

8. Gutachten sind mit Einverständnis des Beihilfeberechtigten einzuholen, sofern dazu persönliche Daten weitergegeben werden.

Zu Abs. 3

1.1 Die aufgrund von Rechtsvorschriften oder arbeitsvertraglichen Vereinbarungen gewährten Leistungen, die dem Zweck der Beihilfe entsprechen, vermindern in voller Höhe die beihilfefähigen Aufwendungen. Dies gilt besonders für Leistungen der gesetzlichen Krankenversicherung; Leistungen der privaten Krankenversicherung werden nicht von Abs. 3 erfasst. Sind zustehende Leistungen nicht in Anspruch genommen worden (zum Beispiel weil privatärztliche oder Behandlung durch einen Heilpraktiker gewählt wurde), erfolgt fiktiv eine Anrechnung nach Maßgabe des Abs. 3 Satz 2. Eine fiktive Anrechnung zustehender, aber nicht in Anspruch genommener Leistungen entfällt hinsichtlich der Leistungen der gesetzlichen Krankenversicherung bei den in Abs. 3 Satz 3 Nr. 1 und 2 genannten Personen.

1.2 Anzurechnen sind auch Leistungen, die erst nach der Festsetzung der Beihilfe gewährt werden. In diesem Fall ist die Beihilfefestsetzung zu berichtigen. Beihilfeberechtigte haben nachträglich gewährte Leistungen anzuzeigen; dazu verpflichten sie sich auch im Beihilfeantrag.

1.3 Die Leistungen gesetzlicher Krankenkassen zu Aufwendungen einer zahnärztlichen Behandlung im Sinne des § 6 Abs. 1 Nr. 1 Satz 3 (insbesondere Zahnersatz) sind voll auf die beihilfefähigen Aufwendungen anzurechnen.

1.4 Eine Anrechnung gewährter Leistungen zu dem Grunde nach nicht beihilfefähigen Aufwendungen entfällt.

2.1 Personen mit Ansprüchen nach § 10 Abs. 2, 4 und 6 BVG können anstelle dieser Leistungen Beihilfen in Anspruch nehmen. In diesem Fall unterbleibt nach Abs. 3 Satz 3 Nr. 3 eine fiktive Anrechnung der nach dem BVG zustehenden Leistungen. Haben die genannten Personen Leistungen nach dem BVG in Anspruch genommen, vermindern diese die beihilfefähigen Aufwendungen. Nach § 10 Abs. 1 BVG zustehende Leistungen vermindern stets die beihilfefähigen Aufwendungen; wurden sie nicht in Anspruch genommen, sind sie in dem in Abs. 3 Satz 2 bezeichneten Umfang anzurechnen.

2.2 Nach § 12 Abs. 2 BVG gewährte Zuschüsse zu Kosten eines Zahnersatzes mindern voll die beihilfefähigen Aufwendungen.

2.3 Die vorstehenden Ausführungen gelten für sich auf § 10 Abs. 2, 4 und 6 BVG beziehende Vorschriften entsprechend. Sie gelten ferner für Personen mit Ansprüchen nach den §§ 141a und 141c des Bundesentschädigungsgesetzes.

3.1 Abs. 3 gilt auch für nicht von Abs. 4 erfasste, in der gesetzlichen Krankenversicherung pflichtversicherte Personen. Die genannten Personen brauchen zustehende Sachleistungen der Krankenkasse nicht in Anspruch zu nehmen, können sich also beispielsweise von privat liquidierenden Ärzten oder von Heilpraktikern behandeln lassen oder Wahlleistungen eines Krankenhauses beanspruchen. Die gewährten Kassenleistungen oder die nach Abs. 3 Satz 2 als zustehend geltenden Kassenleistungen vermindern jedoch die beihilfefähigen Aufwendungen. Abs. 3 Satz 3 bleibt unberührt.

3.2 Zustehende Leistungen sind auch dann nach Maßgabe des Abs. 3 Satz 2 auf die beihilfefähigen Aufwendungen anzurechnen, wenn eine privat krankenversicherte Person Anspruch auf Familienversicherung (§ 10 SGB V) aus einem Pflichtversicherungsverhältnis außerhalb der Krankenversicherung der Rentner oder einem freiwilligen gesetzlichen Krankenversicherungsverhältnis hat, zu dessen Beitrag ein Zuschuss aufgrund eines Beschäftigungsverhältnisses gewährt wird. Sind beide Elternteile Mitglied der gesetzlichen Krankenversicherung mit Anspruch auf Familienversicherung für ein berücksichtigungsfähiges Kind, erfolgt keine fiktive Anrechnung zustehender Kassenleistungen auf die beihilfefähigen Aufwendungen, wenn ansonsten die Krankenkasse der in Abs. 3 Satz 3 Nr. 1 und 2 genannten Personen Leistungen für das Kind erbringt.

3.3 Zustehende Leistungen aus einem gesetzlichen Versicherungsverhältnis zu

VII

Aufwendungen, die während einer beitragsfreien Mitgliedschaft (zum Beispiel während des Bezugs von Erziehungsgeld) entstehen, sind nach Maßgabe des Abs. 3 Satz 2 auf die beihilfefähigen Aufwendungen anzurechnen.

4. Zu den zustehenden Leistungen nach Satz 1 gehören zum Beispiel auch Ansprüche gegen zwischen- oder überstaatliche Organisationen und Ansprüche auf Krankenfürsorge aufgrund Art. 31 Abs. 2 des Status des Lehrpersonals der Europäischen Schulen sowie Ansprüche nach dem Gesetz über die Krankenversicherung der Landwirte. Zu den zustehenden Leistungen gehören ferner Ansprüche – ausgenommen Bestattungsgelder (vergleiche § 13 Abs. 1 Satz 4) – nach dem BVG, und zwar auf Leistungen der Kriegsopferfürsorge auch dann, wenn sie nach sozialhilferechtlichen Grundsätzen gewährt werden, es sei denn, dass sie vom Einkommen oder Vermögen der Leistungsberechtigten oder ihrer unterhaltsverpflichteten Angehörigen wieder eingezogen werden.
5. – nicht besetzt –
6. Ansprüche des nichtehelichen Kindes gegen seinen Vater auf Ersatz von Aufwendungen bei Krankheit sind im Rahmen der Unterhaltspflicht zu erfüllen (vergleiche § 1615a in Verbindung mit § 1610 Abs. 2, §§ 1615 ff. BGB). Der Unterhaltsanspruch des nichtehelichen Kindes gegen seinen Vater fällt jedoch nicht unter die Ansprüche auf Kostenerstattung nach Abs. 3 Satz 1; dies gilt ohne Rücksicht darauf, wem dieser Anspruch zusteht. Daher kann die Mutter nicht auf etwaige Ansprüche gegen den Vater des Kindes verwiesen werden, wenn sie für Aufwendungen dieser Art Beihilfen beansprucht.
7. Eine nach der HBeihVO zustehende Beihilfe hat Vorrang vor den Leistungen nach dem SGB XII (§ 2 Abs. 1 SGB XII), auch wenn nach dem SGB XII vorgeleistet wird. Gleiches gilt gegenüber Leistungen aus dem Entschädigungsfonds für Schäden aus Kraftfahrzeugunfällen nach § 12 Abs. 1 des Pflichtversicherungsgesetzes.
8. Zu den Leistungen der gesetzlichen Krankenversicherung nach Abs. 3 Satz 3 Nr. 1 und 2 gehören nicht Leistungen der gesetzlichen Krankenversicherung, die von ihr auf Grund des BVG gewährt werden.
9. Die nach Abs. 3 Satz 2 Nr. 2 als zustehende Leistung geltenden 50 vom Hundert sind von den beihilfefähigen Aufwendungen zu ermitteln.

Zu Abs. 4

1. Ist ein Elternteil privat krankenversichert, gilt für ein berücksichtigungsfähiges Kind auch dann nicht die Verweisung auf Sachleistungen, wenn aus dem Pflichtversicherungsverhältnis des anderen Elternteils Anspruch auf Familienhilfe (§ 10 SGB V) für das Kind besteht. Sind beide Elternteile Mitglied der gesetzlichen Krankenversicherung mit Anspruch auf Familienhilfe für ein berücksichtigungsfähiges Kind, gilt für das Kind die Verweisung auf die Sachleistungen nicht, wenn die Krankenkasse des nicht auf die Sachleistungen verwiesenen Elternteils Leistungen für das Kind erbringt; die VV Nr. 3.2 zu § 5 Abs. 3 ist zu beachten. Sind beide Elternteile pflichtversichert, gilt die Verweisung auf Sachleistungen für ein berücksichtigungsfähiges Kind mit Anspruch auf Familienversicherung auch dann, wenn das Kind privat krankenversichert ist. Dies gilt nicht, wenn ein Elternteil als Versorgungsempfänger versicherungspflichtiges Mitglied der Rentnerkrankenversicherung ist.
2. Die vorgeschriebene Form der Versorgung durch die gesetzliche Krankenversicherung (Abs. 4 Satz 2) ist nicht eingehalten, wenn zum Beispiel anstelle der Behandlung durch einen Vertragsarzt diejenige durch einen privatliquidierenden Arzt oder einen Heilpraktiker gewählt wird.
3. Abs. 4 Satz 4 lässt die Anrechnung gewährter beziehungsweise zustehender Leistungen nach Abs. 3 Satz 1 und 2 unberührt.

4. Nach Abs. 4 auf Sachleistungen verwiesene Pflichtversicherte können besonders zu Aufwendungen für eine privatärztliche und Behandlung durch Heilpraktiker, kieferorthopädische Behandlung sowie Aufwendungen für eine Brille keine Beihilfe erhalten. Dasselbe gilt, wenn anstelle einer ärztlich verordneten Brille Kontaktlinsen beschafft wurden, ohne dass eine der Indikationen nach Nr. 11.4.1 oder 11.4.2 der Anlage 3 zur HBeihVO vorliegt oder wenn Hilfsmittel beschafft werden, deren Aufwendungen die Vertragssätze der Krankenkasse (vgl. § 33 Abs. 3 Satz 3 SGB V) übersteigen.
5. Mehrkosten nach § 28 Abs. 2 Satz 2 SGB V für Zahnfüllungen (zum Beispiel für Keramik- und Goldinlays) anstelle der als Sachleistung bereitstehenden preisgünstigsten plastischen Füllung sind bei auf Sachleistungen Verwiesenen nicht beihilfefähig. Die Mehrkosten sind der mit der Zahnärztin oder dem Zahnarzt vor Behandlungsbeginn zu treffenden schriftlichen Vereinbarung (vergleiche § 28 Abs. 2 Satz 4 SGB V) entnehmbar. Aufwendungen für Seitenzahnverblendungen sind auch bei auf Sachleistungen Verwiesenen beihilfefähig.

Zu Abs. 5

1.1 Rentenbezieher als versicherungspflichtige Mitglieder der Krankenversicherung der Rentner sind nicht nach Abs. 5 berechtigt. Angesichts des Pflichtversicherungsverhältnisses steht auch zu dem auf Versorgungsbezüge entfallenden, von den Rentenbeziehern allein aufzubringenden Beitragsteil keine Beihilfe nach Abs. 5 zu.

1.2 Hinsichtlich des von Abs. 6 Nr. 3 erfassten Ehegatten sind weder dem Ehegatten gewährte Sachleistungen oder als Sachleistungen geltende Geldleistungen noch dessen Krankenversicherungsbeiträge zu berücksichtigen.

1.3 Sind beide Elternteile Mitglied der gesetzlichen Krankenversicherung mit Anspruch auf Familienhilfe (§ 10 SGB V) für ein berücksichtigungsfähiges Kind, steht zu den dem Kind gewährten Sachleistungen und den diesen gleichstehenden Kassenleistungen Beihilfe nach Abs. 5 zu, wenn Kassenleistungen für das Kind von der Krankenkasse erbracht wurden, bei welcher der eine Elternteil freiwillig ohne Gewährung eines Beitragszuschusses, ohne auf Versorgungsbezüge und Arbeitseinkommen entfallende Beitragsermäßigung (vgl. § 240 Abs. 3a SGB V) und ohne Beitragsermäßigung als Dienstordnungsangestellte oder Dienstordnungsangestellter versichert ist.

2. Bei als Sachleistung zur Verfügung gestellten Arzneimitteln ist deren Geldwert nicht um den Apothekenrabatt zu kürzen. Zum Nachweis des Geldwertes der Arznei-, Verband- und Heilmittel sowie von als Sachleistung gewährten Hilfsmitteln sind nach Personen getrennte Bescheinigungen vorzulegen, die Namen und Geburtsdatum der Versicherten enthalten müssen. Davon kann abgesehen werden, wenn die Krankenkasse den Geldwert dieser Mittel auch dann nach Personen getrennt bescheinigt, wenn die Leistungen der Apotheke usw. auf einem Vordruck aufgeführt sind.

3.1 Abs. 5 erfasst unter Beachtung der VV Nr. 1.2 und der einschränkenden Voraussetzungen des Abs. 5 Satz 1 auch Versicherungsbeiträge für ein freiwilliges Krankenversicherungsverhältnis, die aufgrund eigener Verpflichtung (ohne Beitragszuschuss) vom berücksichtigungsfähigen Angehörigen aufgebracht werden; dies gilt auch, wenn die oder der Beihilfeberechtigte selbst Abs. 5 nicht unterfällt. Entsprechendes gilt für die aus dem freiwilligen Krankenversicherungsverhältnis zustehenden Sachleistungen und der als Sachleistung geltenden Geldleistungen.

3.2 Der Summe der Versicherungsbeiträge der freiwillig gesetzlich versicherten Beihilfeberechtigten und der freiwillig gesetzlich versicherten berücksichtigungsfähigen Angehörigen darf der gesamte Geldwert der von diesen Personen in Anspruch genommenen Sachleistungen und als Sachleistung geltenden Geldleistungen gegenübergestellt werden. Dabei ist jedoch § 4 zu beachten.

3.3 Zum Geldwert von Sachleistungen, die entstanden sind während eines Zeitraumes, in dem eine Person beitragsfrei krankenversichert war oder die Beiträge durch Dritte (zum Beispiel Arbeitgeber) allein getragen wurden, steht keine Sachleistungsbeihilfe zu. Beitragsrückgewähr und Beitragserstattungen gesetzlicher Krankenkassen sind bei der Beihilfegewährung zu berücksichtigen.

4. Sachleistungen sind auch Leistungen, die Versicherten in Einrichtungen der gesetzlichen Krankenkassen gewährt werden.

5. Kostendeckende Zuschüsse oder Barleistungen der Krankenkasse gelten, ausgenommen in den Fällen des Abs. 6 Nr. 1 Satz 2 (vergleiche Abs. 5 Satz 4), nicht als Sachleistungen. Geldleistungen zu Arznei-, Verband- oder Heilmitteln gelten nicht mehr als Sachleistungen, auch wenn sie als Pauschalerstattung gewährt werden. Gesetzliche Zuzahlungen (Kostenanteile) machen Sachleistungen nicht zu Geldleistungen, vermindern aber den Geldwert von Sachleistungen. Die von der Krankenkasse getragenen Festpreise für Arznei-, Verband- und Hilfsmittel (§§ 35, 36 SGB V) sind Sachleistungen, sofern diese Mittel aufgrund einer vertragsärztlichen Verordnung beschafft wurden.

6. Bei kieferorthopädischen Behandlungen gilt auch die nach Abschluss der Behandlung erfolgende Erstattung der vom Versicherten getragenen Kosten (vergleiche § 29 Abs. 3 SGB V) als Sachleistung.

7. Werden bei einer stationären Krankenhausbehandlung als Wahlleistungen privatärztliche Behandlung oder bessere Unterbringung in Anspruch genommen, gelten die allgemeinen Krankenhausleistungen (vergleiche § 6 Abs. 1 Nr. 6 Satz 1 Buchst. a) als Sachleistungen.

8. Die Leistungen der gesetzlichen Krankenkassen zu Sehhilfen gelten als Sachleistungen.

9. Auftragsleistungen gesetzlicher Krankenkassen im Sinne des Abs. 5 Satz 7 sind besonders die für Träger der Unfallversicherung nach § 189 SGB VII erbrachten Leistungen.

Zu Abs. 6 Nr. 1

1. Nr. 1 erfasst Sachleistungen der Träger der gesetzlichen Kranken-, Renten- oder Unfallversicherung sowie sonstiger Leistungsträger (insbesondere ärztliche und zahnärztliche Versorgung, Krankenhausleistungen, Versorgung mit Arznei- und Hilfsmitteln, die auf Kranken- oder Behandlungsschein, Rezept usw. gewährt werden, Leistungen nach dem Bundesversorgungsgesetz und dem Bundessozialhilfegesetz, sofern die letzteren nicht auf den Sozialhilfeträger übergeleitet sind). Nicht erfasst werden Sachleistungen privater Krankenversicherungen. Eine anstelle einer Sachleistung gewährte Geldleistung ist nach Abs. 3 Satz 1 auf die beihilfefähigen Aufwendungen anzurechnen.

   Vergleiche auch VV Nr. 2 und 3 zu § 17 Abs. 10.

2. Sofern Festbeträge für Arznei- oder Verbandmittel festgelegt sind, sind darüber hinausgehende Aufwendungen nicht beihilfefähig.

Zu Abs. 6 Nr. 2

1. Zuzahlungen (Kostenanteile) nach den §§ 23 Abs. 6, 24 Abs.3, 31 Abs. 3, 32 Abs. 2, 39 Abs. 4, 40 Abs. 5, 41 Abs. 3, 60 Abs. 2 SGB V, § 40 Abs. 3 SGB XI oder entsprechenden Regelungen sind auch dann nicht beihilfefähig, wenn von der gesetzlichen Krankenversicherung beziehungsweise sozialen Pflegeversicherung keine Sachleistung, sondern eine Geldleistung gewährt wird.

2. Nach § 34 SGB V von der Krankenversorgung ausgeschlossene Arzneimittel sind die in § 6 Abs. 1 Nr. 2 Satz 5 Buchst. b bis d genannten Mittel. Der Beihilfeausschluss betrifft alle gesetzlich Versicherten, auch freiwillig Versicherte.

   Aufwendungen für andere als die nach § 34 SGB V von der Krankenversorgung ausge-

VII

schlossenen Arzneimittel sind bei freiwillig gesetzlich Versicherten sowie bei nicht auf Sachleistungen verwiesenen Pflichtversicherten im Rahmen der HBeihVO beihilfefähig. Dies gilt auch, wenn die Arzneimittel aufgrund privatärztlichem oder Rezept eines Heilpraktikers beschafft wurden.

Zu Abs. 6 Nr. 3

1. Die Einkünfte nach dieser Vorschrift umfassen folgende Einkunftsarten:

   Einkünfte aus Land- und Forstwirtschaft,

   Einkünfte aus Gewerbebetrieb,

   Einkünfte aus selbständiger Arbeit,

   Einkünfte aus nichtselbständiger Arbeit,

   Einkünfte aus Kapitalvermögen,

   Einkünfte aus Vermietung und Verpachtung,

   sonstige Einkünfte im Sinne des § 22 des Einkommensteuergesetzes (EStG).

   Die Summe dieser Einkünfte, vermindert um den Altersentlastungsbetrag (§ 24a EStG) und den Abzug nach § 13 Abs. 3 EStG, ist der Gesamtbetrag der Einkünfte. Einkünfte aus Land- und Forstwirtschaft, Gewerbebetrieb und selbständiger Arbeit sind der Gewinn, bei den anderen Einkunftsarten der Überschuss der Einnahmen über die Werbungskosten.
2. Erklären Beihilfeberechtigte in einem neuen oder handschriftlich aktualisierten Antragsvordruck, dass die Einkünfte des Ehegatten im vorletzten Kalenderjahr den steuerlichen Grundfreibetrag nach § 32a Abs. 1 Nr. 1 EStG nicht übersteigen, ist ihrer Erklärung zu folgen, sofern keine begründeten Zweifel an der Richtigkeit der Erklärung bestehen.
3. Haben berücksichtigungsfähige Ehegatten keine Einkünfte mehr oder haben sich ihre Einkünfte sehr verringert und erklären die Beihilfeberechtigten, dass im laufenden Kalenderjahr die Einkunftsgrenze nach Abs. 6 Nr. 3 nicht überschritten wird, kann unter dem Vorbehalt des Widerrufs eine Beihilfe bereits im laufenden Kalenderjahr gewährt werden. Den Beihilfeberechtigten ist aufzugeben, zu Beginn des folgenden Kalenderjahres zu erklären, ob die Einkünfte des berücksichtigungsfähigen Ehegatten im letzten Kalenderjahr die Einkunftsgrenze überschritten haben. Es ist die für das laufende Kalenderjahr geltende Einkunftsgrenze maßgebend.
4. Bei einem individuellen Ausschluss oder einer Aussteuerung von Versicherungsleistungen sind nur die Aufwendungen für die entsprechenden Leiden oder Krankheiten beihilfefähig.

Zu Abs. 6 Nr. 4

Soweit nach § 103 HBG ein Schadenersatzanspruch auf den Dienstherrn übergeht, ist die Beihilfe ohne Berücksichtigung des Schadenersatzanspruchs festzusetzen. Die so festgesetzte Beihilfe hat der Dienstherr gegenüber dem Schädiger oder dessen Versicherung geltend zu machen.

Nr. 4 erfasst deshalb nur Schadenersatzansprüche, die nicht in Höhe der gewährten Beihilfe auf den Dienstherrn übergehen. Dies sind besonders Schadenersatzansprüche von beihilfeberechtigten Angestellten, Arbeitern und Auszubildenden und deren berücksichtigungsfähigen Angehörigen.

Zu Abs. 6 Nr. 5

Neben einem Anspruch auf unentgeltliche Heilfürsorge oder truppenärztliche Versorgung besteht kein Beihilfeanspruch.

Zu Abs. 6 Nr. 9

Ist der Abschlag nicht nachgewiesen, sind neben dem tatsächlichen Erstattungsbetrag der Krankenkasse 15 vom Hundert dieses Betrages als fiktiver Abschlag anzusetzen. Beispiel: Erstattungsbetrag 400 Euro, fiktiver Abschlag 60 Euro. Es sind 460 Euro von den beihilfefähigen Aufwendungen abzuziehen.

Zu § 6

Zu Abs. 1

1. Aufwendungen für Akupunktur sind nur bei Schmerzbehandlung beihilfefähig (Nr. 269, 269a des Gebührenverzeichnisses der GOÄ). Neben der Nadelstichtechnik kann auch die nach § 6 Abs. 2

GOÄ analog zu bewertende Moxibustions- und Laser-Akupunktur in Betracht kommen. Die Elektroakupunktur nach Dr. Voll ist nach der VV Nr. 1.15 zu § 6 Abs. 2 von der Beihilfefähigkeit ausgeschlossen.

2. Die Anerkennung der Beihilfefähigkeit der Aufwendungen für Maßnahmen zur künstlichen Befruchtung ist unter folgenden Voraussetzungen möglich:

2.1 Beihilfefähig sind Aufwendungen für die
- homologe Insemination,
- homologe In-vitro-Fertilisation mit anschließendem Embryotransfer beziehungsweise Transfer der Gameten.

Nicht beihilfefähig sind Aufwendungen für die heterologe Insemination und die heterologe In-vitro-Fertilisation.

2.2 Homologe Insemination

Beihilfefähig sind die Aufwendungen für die ärztliche Feststellung der Voraussetzungen und für höchstens fünf Behandlungen. Die Festsetzungsstelle kann bei einer entsprechenden ärztlichen Feststellung darüber hinaus die Aufwendungen für weitere drei Behandlungen als beihilfefähig anerkennen.

2.3 In-vitro-Fertilisation

Beihilfefähig sind die Aufwendungen für die ärztliche Feststellung der Voraussetzungen und für höchstens vier Behandlungen.

2.4 Über die in Nr. 2.2 und 2.3 genannten Höchstgrenzen hinausgehende Aufwendungen sind nicht beihilfefähig.

3. Legasthenie und Dyskalkulie sind keine Erkrankung im Sinne des Abs. 1. Aufwendungen für eine derartige Behandlung sind daher nicht beihilfefähig.

Zu Abs. 1 Nr. 1

1. Ob die Aufwendungen aus Anlass einer Krankheit entstanden sind und notwendig waren, ergibt sich aus der Diagnose; ohne deren Angabe in der Rechnung können die Aufwendungen daher nicht als beihilfefähig anerkannt werden. Bei zahnärztlicher Behandlung ist die Angabe der Diagnose erforderlich bei implantologischen, funktionsanalytischen und funktionstherapeutischen Leistungen.

2. Aufwendungen für ärztliche Bescheinigungen zum Nachweis der Dienst- oder Arbeitsunfähigkeit und Dienstfähigkeit (Arbeitsfähigkeit) der Beihilfeberechtigten sind beihilfefähig. Aufwendungen für Heil- und Kostenpläne bei zahnärztlicher und kieferorthopädischer Behandlung sind mit Ausnahme der nach § 2 Abs. 3 GOZ erstellten sowie der nach Nr. 002 des Gebührenverzeichnisses der GOZ berechneten Heil- und Kostenpläne beihilfefähig.

3.1 Das Seitenzahngebiet (Nr. 7.1 und 7.2 der Anl. 2 zur HBeihVO) beginnt ab Zahn 4. Für die Größe der Brücke ist die Anzahl der nebeneinander liegenden, durch Brückenglieder zu ersetzenden Zähne, maßgebend. Überschreitet die zu ersetzende Lücke die jeweilige Obergrenze von drei beziehungsweise vier Zähnen, sind die hierauf entfallenden Material- und Laborkosten (Mehrkosten) nicht beihilfefähig.

Beispiel:

K = Krone (GOZ-Nr. 501 bzw. 502, 503, 504)

B = Brückenglied (GOZ-Nr. 507, je Einzelbrücke einmal berechenbar)

1. 8 7 6 5 4 3 2 1 / 1 2 3 4 5 6 7 8

---

8 7 6 5 4 3 2 1 / 1 2 3 4 5 6 7 8
K B B B K

Da die Obergrenze nicht überschritten wird, sind die Aufwendungen beihilfefähig.

2. 8 7 6 5 4 3 2 1 / 1 2 3 4 5 6 7 8

---

8 7 6 5 4 3 2 1 / 1 2 3 4 5 6 7 8
K B B B B K

Die für das Seitenzahngebiet bestehende Obergrenze wird überschritten. Die auf ein Brückenglied entfallenden anteiligen Material- und

VII

Laborkosten (Mehrkosten) sind nicht beihilfefähig.

3. 8 7 6 5 4 3 2 1 / 1 2 3 4 5 6 7 8

---

8 7 6 5 4 3 2 1 / 1 2 3 4 5 6 7 8
K B B B B K B B K

Es handelt sich beihilferechtlich um zwei Einzelbrücken, die die jeweils maßgebende Obergrenze von vier Zähnen nicht überschreiten. Die Aufwendungen sind beihilfefähig.

3.2 Der Beihilfeausschluss für Verbindungselemente nach Nr. 7.3 der Anl. 2 zur HBeihVO ist für nicht gesetzlich Versicherte vorerst nicht anzuwenden.

4.1 Zu dem Begriff „ununterbrochene" Zugehörigkeit zum öffentlichen Dienst vgl. VV Nr. 2 und 3 zu § 2 Abs. 4 Nr. 3.

4.2 Behandlungsbeginn ist der Zeitpunkt der erstmaligen Behandlung oder Untersuchung mit dem Ziel der Versorgung mit Zahnersatz oder Zahnkronen (zum Beispiel Zahnextraktion, Röntgenaufnahme, Abnahme eines Abdrucks, Beschleifen der Zähne), wobei ein enger zeitlicher Zusammenhang mit der nachfolgenden eigentlichen Versorgung mit Zahnersatz und Zahnkronen bestehen muss.

4.3 Die Aufwendungen für zahntechnische Leistungen sind durch eine dem § 10 Abs. 2 Nr. 5 GOZ entsprechende Rechnung des Zahnarztes oder Dentallabors nachzuweisen; sie sind im Rahmen der Nr. 3 der Anlage 2 zur HBeihVO beihilfefähig.

4.4 Bei privatzahnärztlicher Behandlung sind nach der Bundeseinheitlichen Benennungsliste für zahntechnische Leistungen (BEB) berechnete zahntechnische Leistungen den Beihilfeberechtigten mit der Bitte zurückzugeben, sie von der Zahnärztin, dem Zahnarzt oder dem Labor auf die Werte nach dem für die gesetzliche Krankenversicherung geltenden Verzeichnis der abrechnungsfähigen zahntechnischen Leistungen (BEL) umschreiben zu lassen, sofern der Festsetzungsstelle die Umrechnung nicht möglich ist. Führt dies zu keinem Ergebnis, sind die berechneten Material- und Laborkosten um 25 vom Hundert zu kürzen. Nicht zu kürzen sind dabei zahntechnische Leistungen, die erkennbar nicht von der gesetzlichen Krankenversicherung getragen werden (zum Beispiel solche bei Inlayversorgungen, bei funktionsanalytischen und funktionsteherapeutischen Maßnahmen sowie i. d. R. bei implantologischen Leistungen). Nr. 3 bleibt unberührt.

5. Voranerkennungsverfahren nach Nr. 2 und 3 der Anlage 1 zur HBeihVO

5.1 Die Festsetzungsstelle beauftragt eine Gutachterin oder einen Gutachter (vergleiche Anlage 6) mit der Erstellung eines Gutachtens zur Notwendigkeit und zu Art und Umfang der Behandlung sowie mit der Bewertung der Angaben der Ärztin oder des Arztes oder Psychologischen Psychotherapeutin oder -therapeuten oder Kinder-und Jugendlichenpsychotherapeutin oder -therapeuten (nachstehend Therapeutin oder Therapeut genannt) in den Formblättern nach Anlage 1 und 2.

5.1.1 Zu diesem Zweck haben Beihilfeberechtigte der Festsetzungsstelle das Formblatt nach Anlage 1 („Antrag auf Anerkennung der Beihilfefähigkeit für Psychotherapie") ausgefüllt vorzulegen. Außerdem haben sie (oder die Patientin oder der Patient) die behandelnde Therapeutin oder den behandelnden Therapeuten zu bitten, auf Formblatt nach Anlage 2 einen Bericht für die Gutachterin oder den Gutachter zu erstellen.

5.1.2 Psychologische Psychotherapeutinnen und -therapeuten und Kinder- und Jugendlichenpsychotherapeutinnen und -therapeuten sollen zusätzlich mit Formblatt nach Anlage 2a den erforderlichen Konsiliarbericht einer Ärztin oder eines Arztes zur Abklärung einer somatischen (organischen) Krankheit (vergleiche § 1 Abs. 3 Satz 2 des Psychotherapeutengesetzes) einholen.

5.1.3 Die Therapeutin oder der Therapeut soll das ausgefüllte Formblatt nach Anlage 2 und gegebenenfalls das Formblatt nach Anlage 2a in einem verschlossenen, als vertrauliche Arztsache gekennzeichneten Umschlag der Festsetzungsstelle zur Weiterleitung an die Gutachterin oder den Gutachter übermitteln unter gleichzeitigem Verweis auf den Auftrag der Beihilfeberechtigten (oder Patientinnen oder Patienten).

5.1.4 Nach Erhalt aller Unterlagen beauftragt die Festsetzungsstelle mit Formblatt nach Anlage 3 eine vertrauensärztliche Gutachterin oder einen vertrauensärztlichen Gutachter nach Anlage 6 mit der Erstellung des Gutachtens nach Formblatt nach Anlage 4 und leitet diesen zugleich folgende Unterlagen zu:

a) den als vertrauliche Arztsache gekennzeichneten Umschlag der Therapeutin oder des Therapeuten (ungeöffnet),
b) das ausgefüllte Formblatt nach Anlage 1 (als Ablichtung),
c) das Formblatt nach Anlage 4 in dreifacher Ausfertigung,
d) einen an die Festsetzungsstelle adressierten, als vertrauliche Arztsache gekennzeichneten Freiumschlag.

5.1.5 Die Gutachterin oder der Gutachter übermittelt ihre oder seine Stellungnahme nach Formblatt nach Anlage 4 („Psychotherapie- Gutachten") – in zweifacher Ausfertigung – in dem Freiumschlag der Festsetzungsstelle. Diese leitet eine Ausfertigung des „Psychotherapie-Gutachtens" an die Therapeutin oder den Therapeuten weiter.

5.1.6 Auf Grundlage der gutachterlichen Stellungnahme erteilt die Festsetzungsstelle den Beihilfeberechtigten (oder Patientinnen oder Patienten) einen rechtsmittelfähigen Bescheid über die Anerkennung der Beihilfefähigkeit der Aufwendungen für Psychotherapie nach Formblatt nach Anlage 5.

5.2 Wird gegen den Bescheid der Festsetzungsstelle Widerspruch eingelegt oder Klage erhoben, kann die Festsetzungsstelle ein Obergutachten einholen.

5.2.1 Zu diesem Zweck haben Beihilfeberechtigte (oder Patientinnen oder Patienten) die behandelnde Therapeutin oder den behandelnden Therapeuten zu bitten, den „Erstbericht" an die Gutachterin oder den Gutachter auf Formblatt nach Anlage 2 zu ergänzen, wobei insbesondere die Notwendigkeit der Behandlung erneut begründet und auf die Ablehnungsgründe der Festsetzungsstelle, der Gutachterin oder des Gutachters eingegangen werden sollte.

5.2.2 Die Therapeutin oder der Therapeut soll den ergänzten Bericht in einem verschlossenen, als vertrauliche Arztsache gekennzeichneten Umschlag der Festsetzungsstelle zur Weiterleitung an die Obergutachterin oder den Obergutachter übermitteln und dabei auf den Auftrag oder das Ersuchen der Beihilfeberechtigten (oder Patientinnen oder Patienten) verweisen.

5.2.3 Nach Erhalt der Unterlagen beauftragt die Festsetzungsstelle eine vertrauensärztliche Obergutachterin oder einen vertrauensärztlichen Obergutachter (vergleiche Anlage 6) mit der Erstellung eines Obergutachtens; sie leitet diesen zugleich folgende Unterlagen zu:

a) den als vertrauliche Arztsache gekennzeichneten Umschlag der Therapeutin oder des Therapeuten (ungeöffnet),
b) Ablichtung des Psychotherapie-Gutachtens,
c) einen an die Festsetzungsstelle adressierten, als vertrauliche Arztsache gekennzeichneten Freiumschlag.

Ist die die psychotherapeutische Behandlung ablehnende Gutachterin oder der Gutachter gleichzeitig Obergutachterin oder Obergutachter, ist eine andere Obergutachterin oder ein anderer Obergutachter einzuschalten.

Ein Obergutachten ist nicht einzuholen, wenn die psychotherapeutische Behandlung aufgrund einer gutachterlichen Stellungnahme der Gutachterin oder des Gutachters abgelehnt wurde, weil die Therapeutin oder der Therapeut die in den Nr. 2.4.1 bis 2.4.4 und 3.4.1 bis 3.4.3 der Anlage 1 zur HBeihVO aufgeführten Voraussetzungen nicht erfüllt.

5.2.4 Die Obergutachterin oder der Obergutachter übermittelt die Stellungnahme in dem Freiumschlag der Festsetzungsstelle.

5.2.5 Auf Grundlage der (ober-)gutachterlichen Stellungnahme erteilt die Festsetzungsstelle den Beihilfeberechtigten einen (Widerspruchs-)Bescheid.

5.3 Bei einer Verlängerung der Behandlung oder Folgebehandlung (Nr. 2.3 und 3.3 der Anlage 1 zur HBeihVO) leitet die Festsetzungsstelle den von der Therapeutin oder dem Therapeuten begründeten Verlängerungsbericht (Bericht zum Fortführungsantrag nach Formblatt nach Anlage 2) mit einem Freiumschlag der Gutachterin oder dem Gutachter zu, die oder der das Erstgutachten erstellt hat. Dabei ist das Formblatt nach Anlage 4 um die zusätzlichen Angaben bei Folgebegutachtung zu ergänzen. Im Übrigen gelten die Nr. 5.1.5 bis 5.2.5 entsprechend.

5.4 Um eine Konzentration auf einzelne Gutachterinnen und Gutachter zu vermeiden, sind die Anträge zur gutachterlichen Stellungnahme von der Festsetzungsstelle den Gutachterinnen oder Gutachtern und Obergutachterinnen oder Obergutachtern im Rotationsverfahren zuzuleiten.

Die Kosten des Gutachtens in Höhe von 41 Euro und des Obergutachtens in Höhe von 82 Euro, zuzüglich der berechneten Mehrwertsteuer, trägt die Festsetzungsstelle; sie sind bei Titel 526 01 zu buchen.

5.5 Die Festsetzungsstelle kann von dem beihilferechtlichen Voranerkennungsverfahren absehen, wenn die gesetzliche oder private Krankenversicherung bereits eine Leistungszusage aufgrund eines durchgeführten Gutachterverfahrens erteilt hat, aus der sich Art und Umfang der Behandlung und die Qualifikation der Therapeutin oder des Therapeuten ergeben. Der Umfang der beihilfefähigen Aufwendungen richtet sich nach der Anlage 1 zur HBeihVO.

Zu Abs. 1 Nr. 2

1. Aufwendungen für Arzneimittel, Verbandmittel und dergleichen, die ohne ausdrücklichen Wiederholungsvermerk des Arztes, Zahnarztes oder Heilpraktikers erneut beschafft wurden, sind nicht beihilfefähig. Ist die Zahl der Wiederholungen nicht angegeben, sind nur die Aufwendungen für eine Wiederholung beihilfefähig. Verschreibungspflichtige Arzneimittel dürfen nicht zur wiederholten Beschaffung verordnet werden; Aufwendungen für eine wiederholte Beschaffung sind deshalb nicht beihilfefähig.
2. Aufwendungen für Geriatrika und Stärkungsmittel sind nicht beihilfefähig. Beihilfefähig sind die Aufwendungen für Arzneimittel zur Vorbeugung gegen Rachitis und Karies (zum Beispiel D-Fluoretten, Vigantoletten) bei Säuglingen und Kleinkindern.
3. Bei Mehrfachverordnungen (rep.) ist der Abzug für jede Beschaffung vorzunehmen. Dasselbe gilt, wenn mehrere Originalpackungen desselben Mittels zum selben Zeitpunkt verordnet werden. Die Kürzung hat unabhängig vom Bezugsweg des Mittels zu erfolgen.
4. Keine Kürzung nach Satz 1 erfolgt bei Harn- und Blutteststreifen.
5. Die Beihilfefähigkeit von Arznei- und Verbandmitteln, die wegen Schwangerschaftsbeschwerden und im Zusammenhang mit der Entbindung beschafft werden, ist von einer entsprechenden Kennzeichnung des Mittels in der ärztlichen

VII

Verordnung oder einer entsprechenden Erklärung der Schwangeren mit Angabe der Dauer der Schwangerschaft abhängig.

6. Unter Versorgungsbezügen im Sinne des Abs. 1 Nr. 2 Satz 3 Buchst. b sind die ohne Berücksichtigung von Ruhens- und Anrechnungsvorschriften zu gewährenden Versorgungsbezüge nach § 2 Abs. 1 BeamtVG zu verstehen. Die Kürzungen der Versorgungsbezüge nach § 19 Abs. 1 Satz 2 Nr. 2, § 25 Abs. 1 und § 57 Abs. 1 BeamtVG sind zu beachten. Steuerabzugsbeträge, Krankenversicherungsbeiträge usw. mindern nicht die Versorgungsbezüge. Beitragszuschüsse des Rentenversicherungsträgers zum Krankenversicherungsbeitrag bleiben außer Ansatz.

   Die Beihilfeberechtigung muss des Rechtsverhältnisses als Versorgungsempfängerin oder Versorgungsempfänger wegen bestehen. Folglich ist bei einer Beihilfeberechtigung aufgrund eines Dienstverhältnisses, die diejenige als Versorgungsempfängerin oder Versorgungsempfänger ausschließt (§ 4 Abs. 1 Nr. 1), oder einer nach § 4 Abs. 2 vorgehenden Beihilfeberechtigung der Eigenanteil abzuziehen.

7. Keine Kürzung um 4,50 Euro je Arznei-, Verbandmittel und dgl. ist vorzunehmen, soweit die Kürzung für die in einem Kalendermonat beschafften Arznei- und Verbandmittel bei den Beihilfeberechtigten und ihren berücksichtigungsfähigen Angehörigen zusammen 100 Euro im Kalendermonat übersteigt.

8. Die Kürzung entfällt, wenn Arznei- und Verbandmittel an gesetzlich Versicherte als Sachleistung gegen Zuzahlung nach § 31 Abs. 4 SGB V abgegeben wurden. Sie ist jedoch bei gesetzlich Versicherten vorzunehmen, die aufgrund eines privat(zahn-)ärztlichen oder Attests eines Heilpraktikers Arznei-, Verbandmittel und dgl. beschafft haben, unabhängig davon, ob und in welchem Umfang sich die Krankenkasse an den Kosten beteiligt hat. Sofern die Aufwendungen für Arznei- und Verbandmittel nach § 5 Abs. 3 Satz 2 Nr. 1 voll als durch zustehende Leistungen gedeckt gelten, erübrigt sich eine Kürzung.

9. Da bei nicht gesetzlich Versicherten eine rechtmäßige Anwendung des Abs. 1 Nr. 2 Satz 4 Buchst. b bis d nicht sichergestellt werden kann, ist bei diesem Personenkreis die Regelung weiterhin nicht anzuwenden. Nr. 1.3 des Rundschreibens des Ministeriums des Innern vom 26. Juli 1990 (StAnz. S. 1599) wird aufgehoben.

10. Zu den Mitteln, die geeignet sind, Güter des täglichen Bedarfs zu ersetzen, gehören zum Beispiel Diätkost, ballaststoffreiche Kost, glutenfreie Nahrung, Säuglingsfrühnahrung, Mineral- und Heilwässer (zum Beispiel Fachinger, Heppinger, St. Margareten Heilwasser), medizinische Körperpflegemittel und dergleichen.

    In Ausnahmefällen kommt sog. vollbilanzierten Formeldiäten beziehungsweise modifizierten Formeldiäten Arzneimittelcharakter zu. Aufwendungen hierfür sind beihilfefähig, wenn die Formeldiät aufgrund einer entsprechenden ärztlichen Bescheinigung notwendig ist bei

    - Ahornsirupkrankheit,
    - Colitis ulcerosa,
    - Kurzdarmsyndrom,
    - Morbus Crohn,
    - Mukoviszidose (bei erheblichem Untergewicht),
    - Phenylketonurie,
    - erheblichen Störungen der Nahrungsaufnahme bei neurologischen Schluckbeschwerden oder Tumoren der oberen Schluckstraße (zum Beispiel Mundboden- und Zungenkarzinom),
    - Tumortherapien (auch nach der Behandlung),
    - postoperativer Nachsorge.

    Die Aufwendungen nach Satz 3 sind beihilfefähig, soweit sie monatlich 100 Euro übersteigen. Die Aufwendungen sind voll beihilfefähig, wenn es sich wie im Falle der Phenylketonurie um Mittel (zum Beispiel PAM, PKU) handelt, die zusätzlich zu Lebensmitteln eingenommen werden müssen, um einen aufgrund einer besonderen Diäternährung eintretenden Mangel auszugleichen, der sonst zu einer Gesundheitsschädigung führen würde.

11. Bei ärztlich verordneten empfängnisregelnden Mitteln sind die ärztliche Gebühr (im Rahmen des § 5 Abs. 1), nicht aber die Aufwendungen für die Mittel selbst beihilfefähig. Die letzteren sind beihilfefähig, wenn sie als Heilmittel zur Behandlung einer Krankheit ärztlich verordnet werden.

Zu Abs. 1 Nr. 3

1.1 Aufwendungen für Heilbehandlungen sind grundsätzlich nur beihilfefähig, wenn sie von Angehörigen von Gesundheits- oder Medizinalfachberufen mit staatlicher Regelung der Berufsausbildung oder des Berufsbildes innerhalb ihres Berufs erbracht werden (zum Beispiel Krankengymnasten, Logopäden, Masseure oder Masseure und medizinische Bademeister, Podologen, Physiotherapeuten, Beschäftigungs- und Arbeitstherapeuten). Nicht beihilfefähig sind insbesondere Aufwendungen für Leistungen, die von Beschäftigungs- und Arbeitstherapeuten auf dem Gebiet der Arbeitstherapie, von Diplom-Pädagogen, Eurhythmielehrern, Eutoniepädagogen und -therapeuten, Gymnastiklehrern, Kunsttherapeuten, Maltherapeuten, Montessoritherapeuten, Musiktherapeuten, Sonderschullehrern und Sportlehrern erbracht werden. Die Beihilfefähigkeit von Aufwendungen für psychotherapeutische Behandlungen bestimmt sich ausschließlich nach der Anlage 1 zur HBeihVO.

1.2 Bei einer Sprachtherapie können die Aufwendungen für die Behandlung durch staatlich anerkannte Sprachtherapeuten oder staatlich geprüfte Atem-, Sprech- und Stimmlehrer der Schule Schlaffhorst-Andersen im Rahmen des Abschnitts VIII des Verzeichnisses der Höchstsätze für physikalisch-medizinische Leistungen in der VV Nr. 3 als beihilfefähig anerkannt werden.

1.3 Aufwendungen für Behandlungen nach der medizinischen Trainingstherapie sind beihilfefähig, sofern sie nach fachärztlicher Bestätigung als Krankenbehandlung (nicht zur Prävention) eingesetzt wird. Als Indikationen kommen in Betracht:

Bandscheibenleiden, Wirbelsäulenerkrankungen, Zustand nach Unfall- oder Gelenkoperationen (einschl. Band- und Sehnenrupturen), chronische Erkrankungen der peripheren Gelenke, spinale Engen. Die Therapie muss von einem Arzt durchgeführt werden oder unter seiner fachlichen Aufsicht beziehungsweise Weisung erfolgen.

Als beihilfefähig können einmalig 18 Therapiesitzungen anerkannt werden. Nach Abschluss der Behandlung ist eine weitere Behandlungseinheit nur beim Vorliegen einer neuen (bisher nicht vorhandenen) Indikation beihilfefähig.

Berechenbar sind:

Nr. 842 GOÄ (analog)	für die Eingangs- und eine Kontrolluntersuchung (je einmal je Behandlungsfall)
Nr. 846 GOÄ (analog)	je Sitzung der Medizinischen Trainingstherapie
Nr. 558 GOÄ (analog)	zuzüglich für zusätzliches Gerätesequenztraining (je Sitzung)
Nr. 506 GOÄ	zuzüglich für begleitende krankengymnastische Übungen.

Nr. 846 GOÄ (analog), Nr. 558 GOÄ (analog) und Nr. 506 GOÄ sind je Sitzung nur einmal berechenbar.

2.1 Beihilfefähig sind nur Aufwendungen für die in der VV Nr. 3 genannten Heilbehandlungen. Über die Beihilfefähigkeit der Aufwendungen für Heilbehandlungen, die weder in der

VII

VV Nr. 3 aufgeführt sind noch den dort aufgeführten Leistungen vergleichbar sind, entscheidet die oberste Dienstbehörde im Einvernehmen mit dem Ministerium des Innern und für Sport.

2.2 Aufwendungen für eine erweiterte ambulante Physiotherapie (EAP) – Nr. 14 des Leistungsverzeichnisses nach der VV Nr. 3 – sind beim Vorliegen folgender Voraussetzungen beihilfefähig:

2.2.1 Erweiterte ambulante Physiotherapie

Leistungen der erweiterten ambulanten Physiotherapie werden nur aufgrund einer Verordnung von Krankenhausärzten, von Ärzten mit den Gebietsbezeichnungen „Orthopädie", „Neurologie", „Chirurgie" und „Physikalische und Rehabilitative Medizin" oder eines Allgemeinarztes mit der Zusatzbezeichnung „Physikalische Therapie" und nur beim Vorliegen eines vom Facharzt erstellten Behandlungsplans und folgenden Indikationen anerkannt:

2.2.1.1 Wirbelsäulensyndrome mit erheblicher Symptomatik bei

- frischem nachgewiesenem Bandscheibenvorfall (auch postoperativ) und/oder Protrusionen mit radikulärer, muskulärer und statischer Symptomatik
- nachgewiesenen Spondylolysen und Spondylolisthesen mit radikulärer, muskulärer und statischer Symptomatik
- instabilen Wirbelsäulenverletzungen im Rahmen der konservativen und/oder postoperativen Behandlung mit muskulärem Defizit und Fehlstatik
- lockere korrigierbare thorakale Scheuermann-Kyphose $> 50^\circ$ nach Cobb

2.2.1.2 Operation am Skelettsystem

- posttraumatische Osteosynthesen
- Osteotomien der großen Röhrenknochen

2.2.1.3 prothetischer Gelenkersatz bei Bewegungseinschränkungen und/oder muskulärem Defizit

- Schulterprothesen
- Knieendoprothesen
- Hüftendoprothesen

2.2.1.4 operativ oder konservativ behandelte Gelenkerkrankungen (einschließlich Instabilitäten)

- Kniebandrupturen (Ausnahme isoliertes Innenband)
- Achillessehnenrupturen und -abriss
- Schultergelenkläsionen, insbesondere nach operativ versorgter Bankard-Läsion, Rotatorenmanschettenruptur, schwere Schultersteife (frozen shoulder), Impingement-Syndrom, Schultergelenkluxation, tendinosis calcarea, periathritis humero-scapularis (PHS),

2.2.1.5 Amputationen

2.2.2 Eine Verlängerung der erweiterten ambulanten Physiotherapie erfordert eine erneute ärztliche Verordnung. Eine Bescheinigung der Therapieeinrichtung oder der bei dieser beschäftigten Ärzte reicht nicht aus.

Nach Abschluss der erweiterten ambulanten Physiotherapie ist der Beihilfestelle die Therapiedokumentation zusammen mit der Rechnung vorzulegen.

2.2.3 Die erweiterte ambulante Physiotherapie umfasst je Behandlungstag mindestens folgende Leistungen:

- krankengymnastische Einzeltherapie
- physikalische Therapie nach Bedarf
- medizinisches Aufbautraining

und bei Bedarf folgende zusätzliche Leistungen:

- Lymphdrainage oder Massage/Bindegewebsmassage

– Isokinetik
– Unterwassermassage.

2.2.4 Die durchgeführten Leistungen sind durch den Patienten auf der Tagesdokumentation unter Angabe des Datums zu bestätigen.

2.2.5 Die in Nr. 2.2.3 genannten zusätzlichen Leistungen sind mit dem Höchstbetrag nach der Nr. 14 des Leistungsverzeichnisses nach VV Nr. 3 abgegolten.

3. Für Heilbehandlungen durch Beschäftigungs- und Arbeitstherapeutinnen oder -therapeuten, Ergotherapeutinnen oder -therapeuten, Physiotherapeutinnen oder -therapeuten, Krankengymnastinnen oder -gymnasten, Logopädinnen oder Logopäden, Masseurinnen oder Masseure, Masseurinnen und medizinische Bademeisterinnen oder Masseure und medizinische Bademeister werden für die Angemessenheit der Aufwendungen folgende Höchstbeträge festgelegt:

lfd. Nr.	Leistung	beihilfefähiger Höchstbetrag Euro
I. Inhalationen[1])		
1	Inhalationstherapie – auch mittels Ultraschallvernebelung – als Einzelinhalation	6,70
2	a) Inhalationstherapie – auch mittels Ultraschallvernebelung – als Rauminhalation in einer Gruppe, je Teilnehmer	3,60
	b) Inhalationstherapie – auch mittels Ultraschallvernebelung –, jedoch bei Anwendung ortsgebundener Heilwässer, je Teilnehmer	5,70
3	a) Radon-Inhalation im Stollen	11,30
	b) Radon-Inhalation mittels Hauben	13,80
II. Krankengymnastik, Bewegungsübungen		
4	Krankengymnastische Behandlung[2]), (auch auf neurophysiologischer Grundlage, Atemtherapie) als Einzelbehandlung – einschl. der erforderlichen Massage –	19,50
5	Krankengymnastische Behandlung[2]),[3]) auf neurophysiologischer Grundlage bei nach Abschluss der Hirnreife erworbenen zentralen Bewegungsstörungen als Einzelbehandlung, Mindestbehandlungsdauer 30 Minuten	23,10
6	Krankengymnastische Behandlung auf neurophysiologischer Grundlage bei angeborenen oder bis zur Vollendung des 14. Lebensjahres erworbenen zentralen Bewegungsstörungen	34,30
7	Krankengymnastik in einer Gruppe (2–8 Pers.) – auch orthopädisches Turnen –, je Teilnehmer	6,20
8	Krankengymnastik in der Gruppe[4]) bei zerebralen Dysfunktionen (2–4 Pers.), Mindestbehandlungsdauer 45 Minuten, je Teilnehmer	10,80
9	a) Krankengymnastik (Atemtherapie) bei Behandlung von Mukoviszidose als Einzelbehandlung, Mindestbehandlungsdauer 45 Minuten	34,30
	b) Krankengymnastik (Atemtherapie) in einer Gruppe (2–5 Pers.) bei Behandlung schwerer Bronchialerkrankungen, Mindestbehandlungsdauer 45 Minuten, je Teilnehmer	10,80
10	Bewegungsübungen[2])	7,70
11	a) Krankengymnastik/Bewegungsübungen im Bewegungsbad als Einzelbehandlung – einschließlich der erforderlichen Nachruhe –	23,60
	b) Krankengymnastik/Bewegungsübungen in einer Gruppe im Bewegungsbad (bis 5 Personen), je Teilnehmer – einschließlich der erforderlichen Nachruhe –	11,80
12	Manuelle Therapie zur Behandlung von Gelenkblockierungen[2])[6]), Mindestbehandlungsdauer 30 Minuten	22,50

VII

lfd. Nr.	Leistung	beihilfefähiger Höchstbetrag Euro
13	Chirogymnastik[7]) – einschließlich der erforderlichen Nachruhe –	14,40
14	Erweiterte ambulante Physiotherapie unter den Voraussetzungen der VV Nr. 2.2[10])[11]), Mindestbehandlungsdauer 120 Minuten, je Behandlungstag	81,90
15	Gerätegestützte Krankengymnastik je Sitzung für eine parallele Einzelbehandlung (bis zu 3 Personen, Mindestbehandlungsdauer 60 Min.)	35,00
16	Extensionsbehandlung (zum Beispiel Glissonschlinge)	5,20
17	Extensionsbehandlung mit größeren Apparaten (zum Beispiel Schrägbrett, Extensionstisch, Perl'sches Gerät, Schlingentisch)	6,70
III. Massagen		
18	Massagen einzelner oder mehrerer Körperteile, auch Spezialmassagen (Bindegewebs-, Reflexzonen-, Segment-, Periost-, Bürsten- und Colonmassagen)[2])	13,80
19	Manuelle Lymphdrainage nach Dr. Vodder[7])	
	– Großbehandlung, mindestens 30 Minuten	19,50
	– Ganzbehandlung, mindestens 45 Minuten	29,20
	– Kompressionsbandagierung einer Extremität[8])	8,70
20	Unterwasserdruckstrahlmassage bei einem Wanneninhalt von mindestens 600 Litern und einer Aggregatleistung von mindestens 200 l/min sowie mit Druck- und Temperaturmesseinrichtung – einschließlich der erforderlichen Nachruhe –	23,10
IV. Packungen, Hydrotherapie, Bäder		
21	Heiße Rolle – einschließlich der erforderlichen Nachruhe –	10,30
22	a) Warmpackungen eines oder mehrerer Körperteile – einschließlich der erforderlichen Nachruhe –	
	– bei Anwendung wieder verwendbarer Packungsmaterialien (zum Beispiel Paraffin, Fango-Paraffin, Moor-Paraffin, Pelose, Turbatherm)	11,80
	– bei Anwendung einmal verwendbarer natürlicher Peloide (Heilerde, Moor, Naturfango, Pelose, Schlamm, Schlick) ohne Verwendung von Folie oder Vlies zwischen Haut und Peloid	
	Teilpackung	20,50
	Großpackung	28,20
	b) Schwitzpackung (zum Beispiel spanischer Mantel, Salzhemd, Dreiviertelpackung nach Kneipp) – einschließlich der erforderlichen Nachruhe –	14,90
	c) Kaltpackung (Teilpackung)	
	– Anwendung von Lehm, Quark o. Ä.	7,70
	– bei Anwendung einmal verwendbarer Peloide (Heilerde, Moor, Naturfango, Pelose, Schlamm, Schlick) ohne Verwendung von Folie oder Vlies zwischen Haut und Peloid	15,40
	d) Heublumensack, Peloidkompresse	9,20
	e) Wickel, Auflagen, Kompressen u. a., auch mit Zusatz	4,60
	f) Trockenpackung	3,10
23	a) Teilguss, Teilblitzguss, Wechselteilguss	3,10
	b) Vollguss, Vollblitzguss, Wechselvollguss	4,60
	c) Abklatschung, Abreibung, Abwaschung	4,10
24	a) An- oder absteigendes Teilbad (zum Beispiel Hauffe) – einschließlich der erforderlichen Nachruhe –	12,30
	b) An- oder absteigendes Vollbad (Überwärmungsbad) – einschließlich der erforderlichen Nachruhe –	20,00

VII

lfd. Nr.	Leistung	beihilfefähiger Höchstbetrag Euro
25	a) Wechsel-Teilbad – einschließlich der erforderlichen Nachruhe –	9,20
	b) Wechsel-Vollbad – einschließlich der erforderlichen Nachruhe –	13,30
26	Bürstenmassagebad – einschließlich der erforderlichen Nachruhe –	19,00
27	a) Naturmoor-Halbbad – einschließlich der erforderlichen Nachruhe –	32,80
	b) Naturmoor-Vollbad – einschließlich der erforderlichen Nachruhe –	39,90
28	Sandbäder – einschließlich der erforderlichen Nachruhe –	
	a) Teilbad	28,70
	b) Vollbad	32,80
29	Sole-Photo-Therapie Behandlung großflächiger Hauterkrankungen mit Balneo-Photo-Therapie (Einzelbad in Sole kombiniert mit UV-A/UV-B-Bestrahlung, einschließlich Nachfetten) und Licht-Öl-Bad – einschließlich der erforderlichen Nachruhe –	32,80
30	Medizinische Bäder mit Zusätzen	
	a) Teilbad (Hand-, Fußbad) mit Zusatz, zum Beispiel vegetabilische Extrakte, ätherische Öle, spezielle Emulsionen, mineralische huminsäurehaltige und salizylsäurehaltige Zusätze	6,70
	b) Sitzbad mit Zusatz – einschließlich der erforderlichen Nachruhe –	13,30
	c) Vollbad, Halbbad mit Zusatz – einschließlich der erforderlichen Nachruhe –	18,50
	d) Weitere Zusätze, je Zusatz	3,10
31	Gashaltige Bäder	
	a) Gashaltiges Bad (zum Beispiel Kohlensäurebad, Sauerstoffbad) – einschließlich der erforderlichen Nachruhe –	19,50
	b) Gashaltiges Bad mit Zusatz – einschließlich der erforderlichen Nachruhe –	22,50
	c) Kohlendioxidgasbad (Kohlensäuregasbad) – einschließlich der erforderlichen Nachruhe –	21,00
	d) Radon-Bad – einschließlich der erforderlichen Nachruhe –	18,50
	e) Radon-Zusatz, je 500 000 Millistat	3,10
	Aufwendungen für andere als die in diesem Abschnitt sowie in § 6 Abs. 1 Nr. 3 bezeichneten Bäder sind nicht beihilfefähig.	
	Bei Teil-, Sitz- und Vollbädern mit ortsgebundenen natürlichen Heilwässern erhöhen sich die jeweiligen unter Nr. 30a bis c und 31b angegebenen beihilfefähigen Höchstbeträge um bis zu 3,10 Euro. Zusätze hierzu sind nach Maßgabe der Nr. 30d beihilfefähig.	
	V. Kälte- und Wärmebehandlung	
32	a) Eisanwendung, Kältebehandlung (zum Beispiel Kompresse, Eisbeutel, direkte Abreibung)	9,80
	b) Eisanwendung, Kältebehandlung (zum Beispiel Kaltgas, Kaltluft)	6,70
33	Eisteilbad	9,80
34	Heißluftbehandlung[9]) oder Wärmeanwendung (Glühlicht, Strahler – auch Infrarot –) eines oder mehrerer Körperteile	5,70
	VI. Elektrotherapie	
35	Ultraschallbehandlung – auch Phonophorese –	6,20
36	Behandlung eines oder mehrerer Körperabschnitte mit hochfrequenten Strömen (Kurz-, Dezimeter- oder Mikrowellen)	6,20
37	Behandlung eines oder mehrerer Körperabschnitte mit niederfrequenten Strömen (zum Beispiel Reizstrom, diadynamischer Strom, Interferenzstrom, Galvanisation)	6,20
38	Gezielte Niederfrequenzbehandlung, Elektrogymnastik, bei spastischen oder schlaffen Lähmungen	11,80
39	Iontophorese	6,20
40	Zwei- oder Vierzellenbad	11,30

VII

lfd. Nr.	Leistung	beihilfefähiger Höchstbetrag Euro
41	Hydroelektrisches Vollbad (zum Beispiel Stangerbad), auch mit Zusatz – einschließlich der erforderlichen Nachruhe –	22,00
VII. Lichttherapie		
42	Behandlung mit Ultraviolettlicht[9])	
	a) als Einzelbehandlung	3,10
	b) in einer Gruppe, je Teilnehmer	2,60
43	a) Reizbehandlung[9]) eines umschriebenen Hautbezirkes mit Ultraviolettlicht	3,10
	b) Reizbehandlung[9]) mehrerer umschriebener Hautbezirke mit Ultraviolettlicht	5,20
44	Quarzlampendruckbestrahlung eines Feldes	6,20
45	Quarzlampendruckbestrahlung mehrerer Felder	8,70
VIII. Logopädie		
46	a) Erstgespräch mit Behandlungsplanung und -besprechungen, einmal je Behandlungsfall	31,70
	b) Standardisierte Verfahren zur Behandlungsplanung – einschließlich Auswertung –, nur auf spezielle ärztliche Verordnung bei Verdacht auf zentrale Sprachstörungen, einmal je Behandlungsfall	49,60
	c) Ausführlicher Bericht	11,80
47	Einzelbehandlung bei Sprech-, Sprach- und Stimmstörungen	
	a) Mindestdauer 30 Minuten	31,70
	b) Mindestdauer 45 Minuten	41,50
	c) Mindestdauer 60 Minuten	52,20
48	Gruppenbehandlung bei Sprech-, Sprach- und Stimmstörungen mit Beratung der Patientin oder des Patienten und gegebenenfalls der Eltern, je Teilnehmer	
	a) Kindergruppe, Mindestbehandlungsdauer 30 Minuten	14,90
	b) Erwachsenengruppe, Mindestbehandlungsdauer 45 Minuten	17,40
IX. Beschäftigungstherapie (Ergotherapie)		
49	Funktionsanalyse und Erstgespräch – einschließlich Beratung und Behandlungsplanung –, einmal je Behandlungsfall	31,70
50	Einzelbehandlung bei	
	a) motorischen Störungen, Mindestdauer 30 Minuten	31,70
	b) sensomotorischen/perzeptiven Störungen, Mindestdauer 45 Minuten	41,50
	c) psychischen Störungen, Mindestdauer 60 Minuten	54,80
51	Hirnleistungstraining als Einzelbehandlung, Mindestdauer 30 Minuten	31,70
52	Gruppenbehandlung	
	a) Mindestdauer 45 Minuten, je Teilnehmer	14,40
	b) bei psychischen Störungen, Mindestdauer 90 Minuten, je Teilnehmer	28,70
X. Sonstiges		
53	Ärztlich verordneter Hausbesuch	9,20
54	Fahrkosten (nur bei ärztlich verordnetem Hausbesuch) in Höhe von 0,30 Euro je Kilometer bei Benutzung eines Kraftfahrzeuges oder in Höhe der niedrigsten Kosten des regelmäßig verkehrenden Beförderungsmittels	
Bei Besuchen mehrerer Patienten auf demselben Weg sind die Nr. 53 und 54 nur anteilig je Patient ansetzbar.		
XI. Podologische Therapie		
55	Hornhautabtragung an beiden Füßen	14,50

VII

lfd. Nr.	Leistung	beihilfefähiger Höchstbetrag Euro
56	Hornhautabtragung an einem Fuß	8,70
57	Nagelbearbeitung an beiden Füßen	13,05
58	Nagelbearbeitung an einem Fuß	7,25
59	Podologische Komplexbehandlung an beiden Füßen (Hornhautabtragung und Nagelbearbeitung)	26,10
60	Podologische Komplexbehandlung an einem Fuß (Hornhautabtragung und Nagelbearbeitung)	14,50
61	Zuschlag bei ärztlich verordnetem Hausbesuch	7,00
62	Besuch mehrerer Patienten derselben sozialen Gemeinschaft (zum Beispiel Altenheim) in unmittelbarem zeitlichem Zusammenhang (nicht zusammen mit der lfd. Nr. 7 abrechenbar); je Person	3,50.

Anwendungen der medizinischen Fußpflege durch Podologen sind nur bei der Diagnose „Diabetisches Fußsyndrom" beihilfefähig.

[1]) Die für Inhalationen erforderlichen Stoffe (Arzneimittel) sind daneben gesondert beihilfefähig.

[2]) – nicht besetzt –

[3]) Darf nur nach besonderer Weiterbildung (zum Beispiel Bobath, Vojta, PNF) von mindestens 120 Stunden anerkannt werden.

[4]) Darf nur nach einem abgeschlossenen Weiterbildungslehrgang (Psychomotorik) oder bei Nachweis gleichartiger Fortbildungskurse, Arbeitskreise u. Ä. sowie Erfahrungen in der Kinderbehandlung und Gruppentherapie anerkannt werden.

[5]) Darf nur nach abgeschlossener besonderer Weiterbildung (Bobath, Vojta) von mindestens 300 Stunden anerkannt werden.

[6]) Darf nur nach besonderer Weiterbildung für Manuelle Therapie von mindestens 260 Stunden anerkannt werden.

[7]) Darf nur nach einer anerkannten speziellen Weiterbildung von mindestens 160 Stunden mit Abschlussprüfung anerkannt werden.

[8]) Das notwendige Bindenmaterial (zum Beispiel Mullbinden, Kurzzugbinden, Fließpolsterbinden) ist daneben, wenn es besonders in Rechnung gestellt wird, beihilfefähig.

[9]) Die Leistungen der Nr. 34, 42, 43 sind nicht nebeneinander beihilfefähig.

[10]) Darf nur bei Durchführung von durch die gesetzlichen Krankenkassen oder Berufsgenossenschaften zur ambulanten Rehabilitation/erweiterten ambulanten Physiotherapie zugelassenen Therepieeintrichtungen als beihilfefähig anerkannt werden.

[11]) Die Leistungen der Nr. 4 bis 45 sind daneben nicht beihilfefähig.

4. Die Einbindung in einen der Erfüllung der Schulpflicht dienenden Unterricht geschieht vor allem in Sonderschulen. Zu den Maßnahmen, die berufsbildende oder allgemein bildende Zwecke verfolgen, gehört jeder andere Unterricht an Schulen sowie jede sonstige Ausbildungsmaßnahme. Derartige berufsbildende oder allgemein bildende Zwecke werden dann in erheblichem Umfang verfolgt, wenn diese zwar nicht überwiegend oder mindestens in gleichem Umfang verfolgt werden, aber der Maßnahme das Gepräge geben. Eine Heilbehandlung ist auch dann in einen Unterricht zur Erfüllung der Schulpflicht eingebunden, wenn sie außerhalb der Unterrichtsstunden begleitend oder ergänzend durchgeführt wird. Dies ergibt sich aus dem engen Zusammenhang zwischen Behinderung, Erfüllung der Schulpflicht und Heilbehandlung. Sofern die Voraussetzungen der Nr. 3 Satz 3 vorliegen, sind die Aufwendungen für Unterkunft und Verpflegung nicht beihilfefähig; Aufwendungen für Heilbehandlungen sind nur beihilfefähig, wenn die Behandlung nicht durch die Behinderteneinrichtung erfolgt und der letzteren gesondert berechnet wird.

5. Im Rahmen einer stationären oder teilstationären Behandlung in Einrichtungen, die der Betreuung und der Behandlung von Kranken oder Behinderten dienen, sind die Aufwendungen für Heilbehandlungen nur beihilfefähig, sofern sie durch einen in der VV Nr. 1 Satz 1 genannten Behandler durchgeführt werden. Dabei gilt Folgendes:

5.1 Art und Umfang der durchgeführten Heilbehandlung sind nachzuweisen. Diese Aufwendungen sind im Rahmen der in der VV Nr. 3 genannten Höchstbeträge beihilfefähig. Ein darüber hinaus in Rechnung gestellter Pflegesatz für Heilbehandlung oder sonstige Betreuung ist nicht beihilfefähig.

5.2 Wird bei einer teilstationären Behandlung anstelle einer Einzelabrechnung ein einheitlicher Kostensatz für Heilbehandlung, Verpflegung und sonstige Betreuung berechnet, sind für Heilbehandlungen je Tag der Anwesenheit in der Einrichtung pauschal 10,50 Euro beihilfefähig; Platzfreihaltegebühren sind damit nicht beihilfefähig.

5.3 Wird bei einer vollstationären Behandlung anstelle einer Einzelabrechnung ein einheitlicher Kostensatz für Heilbehandlung, Unterkunft, Verpflegung und sonstige Betreuung berechnet, sind für Heilbehandlungen je Tag der Anwesenheit in der Einrichtung pauschal 10,50 Euro beihilfefähig.

5.4 Einrichtungen, die der Betreuung und Behandlung Kranker und Behinderter dienen, können zum Beispiel Frühfördereinrichtungen, Ganztagsschulen, Behindertenwerkstätten und -wohnheime sein.

Zu Abs. 1 Nr. 6

1. Mehraufwendungen für ein Einbettzimmer sind auch dann nicht beihilfefähig, wenn die allgemeinen Krankenhausleistungen bereits die Kosten der Unterbringung in einem Zweibettzimmer umfassen, wenn also das Krankenhaus nur Ein- und Zweibettzimmer hat. Dies gilt sinngemäß für Krankenhäuser, die die Bundespflegesatzverordnung nicht anwenden. Umfassen die allgemeinen Krankenhausleistungen nur Zimmer mit drei und mehr Betten und werden als gesondert berechnete Unterkunft nur Einbettzimmer angeboten, sind 50 vom Hundert dieser Wahlleistung als Zweibettzimmerzuschlag abzüglich 16 Euro täglich beihilfefähig.
2. Als Kosten eines Zweibettzimmers werden die niedrigsten Kosten für ein solches Zimmer in der Abteilung als beihilfefähig anerkannt, die aufgrund der medizinischen Notwendigkeit für eine Unterbringung in Betracht kommt. Dies gilt nicht, wenn ein solches Zimmer für den Patienten nicht verfügbar ist.
3. Die Unterbringung einer Begleitperson im Krankenhaus, die aus medizinischen Gründen notwendig ist, ist durch den Pflegesatz nach der Bundespflegesatzverordnung abgegolten; die Kosten für die Unterbringung einer Begleitperson außerhalb des Krankenhauses sind in solchen Fällen nicht beihilfefähig. Besonders berechnete Kosten für eine medizinisch nicht notwendige Unterbringung einer Begleitperson sind nicht beihilfefähig. Abweichend hiervon können Aufwendungen für die Unterbringung einer Begleitperson außerhalb des Krankenhauses bis zur Höhe von 26 Euro täglich als beihilfefähig anerkannt werden, wenn nach amts- oder vertrauensärztlicher Feststellung die Unterbringung der Begleitperson wegen des Alters des Kindes und seiner eine Langzeittherapie erfordernden schweren Erkrankung aus medizinischen Gründen notwendig ist.
4. Andere Krankenhäuser im Sinne des Abs. 1 Nr. 6 Satz 2 sind solche, welche die Voraussetzungen des § 107 Abs. 1 in Verbindung mit § 108 SGB V erfüllen. Auf Vorsorge- und Rehabilitationseinrichtungen im Sinne von § 107 Abs. 2 SGB V findet (vorbehaltlich VV Nr. 8) § 7 Anwendung.
5. Die nach § 14 Abs. 6 BPflV neben Fallpauschalen berechenbaren Sonderentgelte, teilstationären Pflegesätze für Dialysepatienten und Zuschläge sind beihilfefähig. Dies gilt auch für den Investitionszuschlag nach § 14 Abs. 8 BPflV. Beihilfefä-

hig ist auch der Zuschlag (DRG-Systemzuschlag), der von Krankenhäusern nach dem Gesetz zur Änderung des Krankenhausfinanzierungsgesetzes und der Bundespflegesatzverordnung vom 27. April 2001 (BGBl. I S. 772) berechnet wird.

6. Aufwendungen für eine nach § 22 BPflV in Rechnung gestellte Wahlleistung „Unterbringung in einem Ein- oder Zweibettzimmer" am Verlegungs- oder Entlassungstag sind im Rahmen des Abs. 1 Nr. 6 beihilfefähig.

7. Gesondert in Rechnung gestellte belegärztliche Leistungen nach § 23 BPflV sind neben den wahlärztlichen Leistungen nach § 22 BPflV beihilfefähig.

Zu Abs. 1 Nr. 7

1. Häusliche Krankenpflege kommt für die Personen in Betracht, die wegen Krankheit vorübergehend folgender Leistungen bedürfen:

   a) Grundpflege; dazu zählen die Bereiche Mobilität und Motorik (zum Beispiel Betten, Lagern, Hilfe beim An- und Auskleiden), Hygiene (zum Beispiel Körperpflege, Benutzung der Toilette) und Nahrungsaufnahme,

   b) hauswirtschaftliche Versorgung (zum Beispiel Einkaufen, Kochen, Reinigen der Wohnung, Spülen, Wechseln und Waschen der Wäsche und Kleidung oder das Beheizen),

   c) Behandlungspflege (zum Beispiel Verbandwechsel, Injektionen, Katheterisierung, Einreibungen).

   Die ärztliche Bescheinigung muss Angaben über Art, Dauer und die tägliche Stundenzahl der Leistungen enthalten.

2.1 Bei einer häuslichen Pflege durch eine Berufspflegekraft sind die Aufwendungen bis zur Höhe der örtlichen Sätze der hierfür in Betracht kommenden öffentlichen oder frei gemeinnützigen Träger beihilfefähig. Bis zu dieser Höhe sind auch die Aufwendungen für eine vom Arzt für geeignet erklärte Ersatzpflegekraft beihilfefähig.

2.2 Durchschnittliche Kosten einer Krankenpflegekraft sind die monatliche feste Vergütung einer Krankenpflegekraft in der Verg.Gr. Kr. V der Anl. 1b zum BAT (Endstufe der Grundvergütung, Ortszuschlag nach Tarifklasse II Stufe 2, Allgemeine Zulage, Pflegezulage, anteilige Zuwendung sowie anteiliges Urlaubsgeld, zuzüglich der Arbeitgeberanteile); das Ministerium des Innern und für Sport gibt den jeweiligen Höchstsatz bekannt. Bis zu dieser Höhe können auch die Kosten für einen Einsatz mehrerer Pflegekräfte berücksichtigt werden. Erfolgt die Krankenpflege nicht für den gesamten Kalendermonat, ist der Höchstsatz entsprechend zu mindern.

3. Neben Abs. 1 Nr. 7 Satz 1 können keine Beihilfen nach § 9 gewährt werden.

4. Bei einer vorübergehenden Pflege einer in einem Alten-/Seniorenwohnheim nicht wegen dauernder Pflegebedürftigkeit wohnenden Person ist der Pflegekostenzuschlag beihilfefähig. Aufwendungen für Unterkunft und Verpflegung sind nicht beihilfefähig. Die Sätze 1 und 2 gelten auch hinsichtlich der Pflegekosten bei vorübergehender Pflege nicht dauernd Pflegebedürftiger in besonderen Pflegeeinrichtungen. Nr. 7 Satz 4 ist zu beachten.

Zu Abs. 1 Nr. 8

1. Die Voraussetzungen des Satzes 2 sind nicht erfüllt, wenn die den Haushalt allein führende Person als Begleitperson im Krankenhaus aufgenommen wird. Abweichend hiervon können Aufwendungen für eine Familien- und Haushaltshilfe als beihilfefähig anerkannt werden, wenn die den Haushalt allein führende Person als Begleitperson eines stationär untergebrachten Kindes im Krankenhaus aufgenommen wird und dies nach amts- oder vertrauensärztlicher Feststellung wegen des Alters des Kindes und seiner eine stationäre Langzeittherapie erfordernden schweren Erkrankung aus medizinischen Gründen notwendig ist. Dies gilt auch in

VII

dem in der VV Nr. 3 Satz 3 zu Abs. 1 Nr. 6 geregelten Fall. Eine nur geringfügige Erwerbstätigkeit liegt vor, wenn die regelmäßige wöchentliche Arbeitszeit durchschnittlich weniger als die Hälfte der regelmäßigen wöchentlichen Arbeitszeit eines Vollbeschäftigten beträgt.

2. Ein besonderer Fall im Sinne von Satz 3 liegt nur vor, wenn Erkrankte nach stationärer Unterbringung die Führung des Haushalts nach ärztlicher Bescheinigung noch nicht – auch nicht teilweise – wieder übernehmen können.
3. Als Alleinerziehende gelten Mütter oder Väter, die mit ihrem berücksichtigungsfähigen Kind, für das ihnen die Personensorge übertragen ist, in einem Haushalt leben. Als Alleinerziehende gelten nicht Personen, die mit einer Partnerin oder einem Partner in Gemeinschaft leben.

Zu Abs. 1 Nr. 9

1. Bestehen Zweifel an der Unvermeidbarkeit höherer Beförderungskosten, ist die medizinische Notwendigkeit der anderweitigen Beförderung durch eine auf die konkreten Umstände im Einzelfall bezogene Bescheinigung der behandelnden Ärztin oder des behandelnden Arztes nachzuweisen.
2. Als Ort der Behandlung im Sinne des Abs. 1 Nr. 9 kommt nicht nur der Wohnort, sondern auch ein vorübergehender Aufenthaltsort in Betracht. Aufenthaltsort ist dabei der Ort der Krankenbehandlung, zum Beispiel der Urlaubsort, der Kurort, der Ort des Sanatoriums usw. Wohn- und Aufenthaltsort bestimmen sich jeweils nach der Grenze der politischen Gemeinde. Die Fahrtkosten am Wohn- oder Aufenthaltsort sind bei Benutzung eines privaten Kraftfahrzeugs in der in Abs. 1 Nr. 9 Satz 4 bezeichneten Höhe beihilfefähig, wenn sonst die Benutzung eines Krankenwagens, eines anderen speziellen Fahrzeugs oder eines Taxis unumgänglich geworden wäre.
3. Aufwendungen für Besuchsfahrten sind nicht beihilfefähig. Abweichend hiervon können Aufwendungen für Fahrten eines Elternteils zum Besuch seines im Krankenhaus oder Sanatorium aufgenommenen Kindes als beihilfefähig anerkannt werden, wenn nach amts- oder vertrauensärztlicher Feststellung der Besuch wegen des Alters des Kindes und seiner eine Langzeittherapie erfordernden schweren Erkrankung aus medizinischen Gründen notwendig ist.
4. Bei aus Anlass einer ambulanten oder teilstationären Chemo- oder Strahlentherapie entstehenden Beförderungskosten ist der Eigenanteil (Abs. 1 Nr. 9 Satz 5) nur für die jeweils erste und letzte Fahrt zu berücksichtigen.
5. Eigenanteile der Beihilfeberechtigten und ihrer berücksichtigungsfähigen Angehörigen an Beförderungskosten (Abs. 1 Nr. 9 Satz 5) sind insoweit beihilfefähig, als sie für den Beihilfeberechtigten und die berücksichtigungsfähigen Angehörigen zusammengenommen 100 Euro im Kalendermonat ihrer Entstehung übersteigen.

Zu Abs. 1 Nr. 11

Mit der nach Maßgabe des Transplantationsgesetzes (TPG) vom 5. November 1997 (BGBl. I S. 2631) erfolgenden Organisation der Organentnahmen und deren Vermittlung ist die Deutsche Stiftung Organtransplantation als Koordinierungsstelle beauftragt. Die Finanzierung der Organbeschaffung bei postmortaler Organspende erfolgt in Form einer Organisations- und gegebenenfalls einer Flugtransportkostenpauschale. Sie wird von privat krankenversicherten Organempfängern in gleicher Höhe erhoben, wie sie für gesetzlich Versicherte berechnet wird. Diese Pauschalen sind beihilfefähig. Die aktuellen Pauschalen werden im Staatsanzeiger veröffentlicht (zuletzt StAnz. 2004 S. 2256). Die Aufwendungen für die Registrierung sind nach Abs. 1 Nr. 1 beihilfefähig.

Zu Abs. 2

1. Die nachstehenden Methoden sind als wissenschaftlich nicht allgemein anerkannt anzusehen, so dass deren Beihilfefähigkeit unter Berücksichtigung der dort genannten Ausnahmen ausgeschlossen ist:

1.1 Frischzellentherapie

1.2 Trockenzellentherapie

1.3 Lanthasol-Aerosol-Inhalationskur

ausgenommen Aerosol-Inhalationskuren mit hochwirksamen Medikamenten, zum Beispiel mit Aludrin

1.4 Bogomoletz-Serum

1.5 Iso- oder hyperbare Inhalationstherapien mit ionisiertem oder nichtionisiertem Sauerstoff/Ozon einschließlich der oralen, parenteralen oder perkutanen Aufnahme (zum Beispiel Hämatogene Oxydationstherapie, Sauerstoff-Darmsanierung, Sauerstoff-Mehrschritt-Therapie nach Prof. Dr. von Ardenne)

1.6 Elektro-Neural-Behandlungen nach Dr. Croon und Elektro-Neural-Diagnostik

1.7 Vibrationsmassage des Kreuzbeins

1.8 Gezielte vegetative Umstimmungsbehandlung oder gezielte vegetative Gesamtumschaltung durch negative statische Elektrizität

1.9 Vaduril-Injektionen gegen Parodontose

1.10 Höhenflüge zur Keuchhusten- oder Asthmabehandlung

1.11 Klimakammerbehandlungen

Soweit in Einzelfällen alle anderen üblichen Heilmethoden ohne Erfolg angewandt worden sind, können ausnahmsweise Beihilfen zu Aufwendungen für Klimakammerbehandlungen gewährt werden. Voraussetzung hierfür ist jedoch, dass die Festsetzungsstelle aufgrund eines amts- oder vertrauensärztlichen Gutachtens die Beihilfefähigkeit vor Beginn der Behandlung anerkannt hat.

1.12 Therapie mit Regeneresen

1.13 Blutkristallisationstests zur Erkennung von Krebserkrankungen

1.14 Gasinsufflationen

Aufwendungen sind nur beihilfefähig, wenn damit arterielle Verschlusserkrankungen behandelt werden und die Festsetzungsstelle aufgrund eines amts- oder vertrauensärztlichen Gutachtens die Beihilfefähigkeit vor Beginn der Behandlung anerkannt hat.

1.15 Ganzheitsbehandlungen auf bioelektrisch-heilmagnetischer Grundlage (zum Beispiel Bioresonanztherapie, Elektroakupunktur nach Dr. Voll, Elektronische Systemdiagnostik, BFD-Medikamententest, Decoderdermographie, Mora-Therapie)

1.16 Behandlungen mit nicht beschleunigten Elektronen nach Dr. Nuhr

1.17 Bruchheilung ohne Operation

1.18 Magnetfeldtherapie

Die Therapie mit Magnetfeldern ist wissenschaftlich allgemein nur anerkannt für die Behandlung der atrophen Pseudarthrose sowie bei Endoprothesenlockerung, idiopathischer Hüftnekrose und verzögerter Knochenbruchheilung, wenn sie in Verbindung mit einer sachgerechten chirurgischen Therapie durchgeführt wird.

1.19 Brechkraftändernde Operation der Hornhaut des Auges (Keratomileusis) nach Professor Barraquer

1.20 Extrakorporale Stoßwellentherapie (ESWT)

Die Aufwendungen sind nur beihilfefähig für die Behandlung der Tendinosis calcarea (Kalkschulter), des Epicondylitis humeri radialis (Tennisellenbogen), der Fasziitis plantaris (Fersensporn) oder der Pseudoarthrosen (nicht heilende Knochenbrüche).

Auf der Grundlage des Beschlusses der Bundesärztekammer zur Analogbewertung der ESWT sind Gebühren nach Nr. 1800 GOÄ bis zum 3,5-fachen Satz beihilfefähig.

1.21 Hyperbare Sauerstofftherapie (Überdruckbehandlung)

Aufwendungen sind nur beihilfefähig bei Behandlung von Kohlenmonoxydvergiftung, Gasgangrän, chronischen Knocheninfektionen, Septikämien, schweren Verbrennungen, Gasembolien, peripherer Ischämie und mit Perzeptionsstörungen des Innenohres verbundenen Tinnitusleiden.

1.22 Therapeutisches Reiten (Hippotherapie)
Aufwendungen sind nur beihilfefähig bei ausgeprägten cerebralen Bewegungsstörungen (Spastik) oder schwerer geistiger Behinderung, sofern die ärztlich verordnete und indizierte Behandlung von Angehörigen der Gesundheits- oder Medizinalfachberufe (zum Beispiel Krankengymnastin) mit entsprechender Zusatzausbildung durchgeführt wird. Die Leistung wird den Nr. 4 bis 6 der VV Nr. 3 zu Abs. 1 Nr. 3 zugeordnet.

1.23 Chelat-Infusionstherapie

1.24 Rolfing-Behandlungen

1.25 Reinigungsprogramm mit Megavitaminen und Ausschwitzen

1.26 Psycotron-Therapie

1.27 Pulsierende Signaltherapie (PST);
auch in Form der Kernspinresonanztherapie oder MultiBio-SignalTherapie (MBST)

1.28 Colon-Hydro-Therapie und ihre Modifikationen

1.29 Laser-Behandlung im Bereich der physikalischen Therapie

1.30 Thermoregulationsdiagnostik

1.31 Behandlung mit Kariesdetektor

1.32 Immunseren (Serocytol-Präparate)

1.33 Kombinierte Serumtherapie (zum Beispiel Wiedemann-Kur)

1.34 Autohomologe Immuntherapien (zum Beispiel ACTI-Cell)

1.35 Immuno-augmentative Therapie (IAT)

1.36 Pyramidenenergiebestrahlung

1.37 Bioresonatorentests

1.38 Cytotoxologische Lebensmitteltests

1.39 Modifizierte Eigenblutbehandlungen (zum Beispiel nach Garthe) und sonstige Verfahren, bei denen aus körpereigenen Substanzen des Patienten individuelle Präparate gefertigt werden (zum Beispiel Gegensensibilisierung nach Theurer, Clustermedizin)

1.40 Therapie mit Thymus-Präparaten
Aufwendungen sind nur beihilfefähig bei Krebsbehandlungen, soweit andere übliche Behandlungsmethoden nicht zum Erfolg geführt haben.

1.41 Osmotische Entwässerungstherapie

1.42 Biophotonen-Therapie

1.43 Chirurgische Hornhautkorrektur durch Laserbehandlung
Aufwendungen sind nur beihilfefähig, wenn eine Korrektur durch Brillen oder Kontaktlinsen nach augenärztlicher Feststellung nicht möglich ist.

1.44 Kinesiologische Behandlung

1.45 Prostata-Hyperthermie-Behandlung
Aufwendungen sind nur beihilfefähig bei Krebsbehandlung.

1.46 Ozontherapie

1.47 Schwingfeld-Therapie

1.48 Neurotopische Diagnostik und Therapie

1.49 ATC-Therapie (Autologe-Target-Cytokine) nach Dr. Klehr

1.50 Ayurvedische Behandlungen, zum Beispiel nach Maharishi

1.51 Kirlian-Fotografie

1.52 Zellmillieu-Therapie

1.53 Anwendung tonmodulierter Verfahren, Audio-Psycho-Phonologische Therapie (zum Beispiel nach Tomatis, Hörtraining nach Dr. Volf, Audiovokale Integration und Therapie, Psychophonie-Verfahren zur Behandlung von Migräne)

1.54 Niedrig dosierter, gepulster Ultraschall

1.55 Heileurhythmie

1.56 Wirbeltherapie nach Dorn.

Im Hinblick auf die Grundsätze der Notwendigkeit und Angemessenheit kann auch bei anderen als den vorstehend aufgeführten Behandlungsmethoden die Beihilfefähigkeit der Aufwendungen zu verneinen sein.

2. Bestehen Zweifel, ob eine neue Behandlungsmethode wissenschaftlich allgemein anerkannt ist und werden diese durch ein amts- oder vertrauensärztliches Gutachten bestätigt, ist der obersten Dienstbehörde zu berichten.

Zu § 7

Zu Abs. 1

1. Auch bei einer anerkannten Sanatoriumsbehandlung gelten für die in § 6 Abs. 1 Nr. 3 bezeichneten Heilbehandlungen die in den VV hierzu festgesetzten Höchstbeträge.
2. Grundsätzlich sind Aufwendungen für eine Sanatoriumsbehandlung bis zu drei Wochen beihilfefähig. Ergibt sich im Verlauf der Sanatoriumsbehandlung, dass über den von der Festsetzungsstelle als beihilfefähig anerkannten Zeitraum hinaus eine Verlängerung aus gesundheitlichen Gründen dringend erforderlich ist, kann die Anerkennung der Beihilfefähigkeit der weiteren Aufwendungen der Sanatoriumsbehandlung durch die Festsetzungsstelle auch aufgrund eines fachärztlichen Gutachtens des im Sanatorium behandelnden Arztes erfolgen.
3. Die behördliche Feststellung der Notwendigkeit einer Begleitperson bei schwerbehinderten Menschen ergibt sich aus dem amtlichen Ausweis (Merkzeichen „B" und „BL"). Bei Kindern genügt stattdessen die amts- oder vertrauensärztliche Feststellung, dass wegen des Alters des Kindes und seiner eine Langzeittherapie erfordernden schweren Erkrankung zur stationären Nachsorge eine Begleitperson aus medizinischen Gründen notwendig ist.
4. Nach Abs. 1 Nr. 6 sind die Kosten eines ärztlichen Schlussberichts beihilfefähig. Der Schlussbericht soll bestätigen, dass eine Sanatoriumsbehandlung ordnungsgemäß durchgeführt worden ist. Darüber hinausgehende medizinische Angaben sind nicht erforderlich.

Zu Abs. 2

1. Als andere Behandlungsformen, die eine Sanatoriumsbehandlung mit gleichem Erfolg ersetzen können, kommen besonders die ambulante Behandlung am Wohnort und dessen Umgebung sowie eine Heilkur in Betracht.
2. Im Falle der nachträglichen Anerkennung einer Sanatoriumsbehandlung bei sofortiger Einlieferung des Kranken kann auf ein amts- oder vertrauensärztliches Gutachten verzichtet werden, wenn die einweisende Ärztin, der einweisende Arzt oder die ärztliche Leitung des Sanatoriums die Behandlungsbedürftigkeit im Sanatorium schriftlich bestätigt.
3. Ist die Beihilfefähigkeit der Kosten einer Sanatoriumsbehandlung nicht anerkannt worden, so sind nur die Aufwendungen nach § 6 Abs. 1 Nr. 1 bis 3 beihilfefähig.

Zu Abs. 3

Bei der Anwendung des Abs. 3 Satz 2 Nr. 1 muss eine wiederholte Behandlung in einem Sanatorium zur Nachsorge der schweren Erkrankung erforderlich sein, die den Aufenthalt in einem Krankenhaus oder Sanatorium notwendig gemacht hatte; auf einen engen zeitlichen Zusammenhang kommt es nicht an.

Zu Abs. 4

Ein unmittelbarer zeitlicher Anschluss nach Abs. 4 Satz 2 liegt vor, wenn die Anschlussrehabilitation hinsichtlich derselben Erkrankung innerhalb von 14 Tagen nach Ende der Krankenhausbehandlung beginnt. Liegen besondere medizinische Gründe (zum Beispiel zwischenzeitliche Strahlen- oder Chemotherapie, notwendige Stabilisierung oder Erholung nach der Krankenhausbehandlung) oder andere zwingende Gründe (zum Beispiel Fehlens eines Platzes in einer in Betracht kommenden Rehabilitationseinrichtung) vor, kann diese Frist überschritten werden. Mit der Gleichstellung mit einer Krankenhausbehandlung entfällt auch die Notwendigkeit der Voranerkennung nach Abs. 2 Satz 1 Nr. 2.

Zu § 8

1. Entpflichtete Hochschullehrerinnen und Hochschullehrer als Empfänger von Emeritenbezügen gehören nicht zum Personenkreis des Abs. 1.
2. Der pauschale Höchstbetrag von 16 Euro (beziehungsweise 13 Euro für die Begleitperson) täglich berücksichtigt die häusliche Ersparnis.

VII

3. Wird nachgewiesen, dass die Aufwendungen für die Unterkunft mindestens 6/10 der in Abs. 2 Nr. 2 genannten Höchstbeträge betragen haben, brauchen über die Verpflegungskosten keine Belege vorgelegt zu werden.
4. Als Beihilfeberechtigung (Abs. 4 Nr. 1) zählt auch diejenige nach § 85a Abs. 7 HBG, § 5 Abs. 1 EltZVO sowie aufgrund einer Beurlaubung nach § 2 Abs. 2 Satz 4. Die Zugehörigkeit zum öffentlichen Dienst wird auch nicht unterbrochen durch eine von der obersten Dienstbehörde anerkannte Beurlaubung, die öffentlichen Belangen dient (§ 31 Abs. 2 BBesG).
5. Dienstbeschädigung (Abs. 4 Nr. 4) ist jede Krankheit, Verwundung oder sonstige Beschädigung, die sich Beihilfeberechtigte bei Ausübung oder aus Veranlassung des Dienstes zugezogen haben. Eine Verletzung durch Dienst- oder Arbeitsunfall ist keine Dienstbeschädigung; in diesem Fall besteht Anspruch auf Unfallfürsorge nach den Vorschriften des Beamtenversorgungsgesetzes beziehungsweise des Siebten Buches Sozialgesetzbuch.
6. Im Übrigen gelten die VV zu § 7 entsprechend.

Zu § 9

1. Erfolgt die Pflege nicht für den gesamten Kalendermonat, sind die Pauschalbeihilfe nach Abs. 4 und der Selbstbehalt nach Abs. 7 Nr. 2 entsprechend zu mindern. Dabei ist der Kalendermonat mit 30 Tagen anzusetzen.
2. Die nach § 28 Abs. 2 SGB XI mit der Hälfte ihres Wertes zustehenden Sachleistungen gelten als Sachleistungen im Sinne des § 5 Abs. 4 und 6 Satz 1.
3. Der Beihilfeausschluss nach § 2 Abs. 1 Nr. 4 Satz 2 führt zu keiner Berücksichtigungsfähigkeit beim beihilfeberechtigten Ehegatten oder den Eltern.

Zu Abs. 1

1. Die Beihilfefähigkeit umfasst die bei einer häuslichen, teilstationären und vollstationären Pflege entstehenden Aufwendungen für Grundpflege und hauswirtschaftliche Versorgung (vergleiche VV Nr. 2 und 3 zu Abs. 2). Die Aufwendungen für eine notwendige Behandlungspflege sind daneben nach § 6 Abs. 1 Nr. 7 beihilfefähig.

2.1 Beihilfen zu Aufwendungen für die Verbesserung des individuellen Wohnumfeldes des Pflegebedürftigen können gewährt werden, wenn die Pflegeversicherung anteilige Zuschüsse für die Maßnahmen gewährt hat. Bei in der privaten Pflegeversicherung Versicherten ist der Betrag beihilfefähig, aus dem der anteilige Zuschuss berechnet wurde. Bei Personen nach § 28 Abs. 2 SGB XI ist entsprechend Abs. 6 Satz 1 zu verfahren. Abs. 3 Satz 2 findet keine Anwendung.

2.2 Die Umgestaltung der Wohnung ist insgesamt eine Maßnahme nach Satz 1.

3. Aufwendungen für Pflegehilfsmittel (einschl. derjenigen zur Erleichterung der Pflege oder der selbständigen Lebensführung des Pflegebedürftigen) sind beihilfefähig, wenn das Mittel im Pflegehilfsmittelverzeichnis der sozialen Pflegeversicherung aufgeführt wird. Sofern die Pflegeversicherung Leistungen zu Aufwendungen für Pflegehilfsmittel erbringt, ist von der Beihilfefähigkeit der Aufwendungen auszugehen; die Pflegehilfsmittel gelten als ärztlich verordnet. Für Personen mit Anspruch nach § 28 Abs. 2 SGB XI gilt Abs. 6 entsprechend. Abs. 3 Satz 2 findet keine Anwendung.

4.1 Personen, die nicht erwerbsmäßig Pflegebedürftige im Sinne des Abs. 2 wenigstens 14 Stunden wöchentlich in ihrer häuslichen Umgebung pflegen, sind grundsätzlich versicherungspflichtig in der Rentenversicherung; ferner genießen sie Unfallversicherungsschutz. Zur Durchführung der Renten- und Unfallversicherung wird auf das Rundschreiben des Ministeriums des Innern und für Landwirtschaft, Forsten und Naturschutz vom 18. Juli 1995 (StAnz. S. 2358) verwiesen.

4.2 Rentenversicherungsbeiträge sind vom 15. Juni 1996 an von der Festsetzungsstelle auch bei häuslicher Krankenpflege (besonders nach § 37 SGB V), bei vorübergehendem Auslandsaufenthalt bis zu sechs Wochen im Kalenderjahr sowie für die ersten vier Wochen einer vollstationären Krankenhausbehandlung oder einer stationären medizinischen Rehabilitationsmaßnahme abzuführen.

Zu Abs. 2

1. Krankheiten oder Behinderungen sind
   - Verluste, Lähmungen oder andere Funktionsstörungen am Stütz- und Bewegungsapparat,
   - Funktionsstörungen der inneren Organe oder Sinnesorgane,
   - Störungen des zentralen Nervensystems wie Antriebs-, Gedächtnis- oder Orientierungsstörungen sowie endogene Psychosen, Neurosen oder geistige Behinderungen.
2. Hilfe besteht in der Unterstützung, in der teilweisen oder vollständigen Übernahme der Verrichtungen im Ablauf des täglichen Lebens oder in der Beaufsichtigung oder Anleitung mit dem Ziel der eigenständigen Übernahme dieser Verrichtungen.
3. Gewöhnliche und regelmäßig wiederkehrende Verrichtungen sind
   - im Bereich der Körperpflege das Waschen, Duschen, Baden, die Zahnpflege, das Kämmen, Rasieren, die Darm- oder Blasenentleerung,
   - im Bereich der Ernährung das mundgerechte Zubereiten oder die Aufnahme der Nahrung,
   - im Bereich der Mobilität das selbständige Aufstehen und Zu-Bett-Gehen, An- und Auskleiden, Gehen, Stehen, Treppensteigen oder das Verlassen und Wiederaufsuchen der Wohnung,
   - im Bereich der hauswirtschaftlichen Versorgung das Einkaufen, Kochen, Reinigen der Wohnung, Spülen, Wechseln und Waschen der Wäsche und Kleidung oder das Beheizen.

   Ein alleiniger Hilfebedarf bei der hauswirtschaftlichen Versorgung reicht nicht. Aufwendungen für eine berufliche oder soziale Eingliederung oder zur Förderung der Kommunikation sind nicht beihilfefähig.
4. Bei Kindern ist der zusätzliche Hilfebedarf im Vergleich zu einem gesunden gleichaltrigen Kind maßgebend.
5. Die Beschäftigung und Betreuung zum Beispiel in einer Werkstatt für Behinderte ist keine Pflege im Sinne des § 9. Werkstattgebühren und Versicherungsbeiträge für Behinderte sind deshalb nicht beihilfefähig. Ebenfalls nicht beihilfefähig sind die Aufwendungen, die durch einen zur Erfüllung der Schulpflicht vorgeschriebenen Sonderschulunterricht entstehen (zum Beispiel Fahrkosten).

Zu Abs. 3

1.1 Geeignete erwerbsmäßig tätige Pflegekräfte sind Personen, die
   - bei ambulanten Pflegeeinrichtungen (Pflegediensten) angestellt sind und die unter ständiger Verantwortung einer ausgebildeten Pflegefachkraft Pflegebedürftige in ihrer Wohnung pflegen und hauswirtschaftlich versorgen (§ 71 Abs. 1, § 72 SGB XI) oder
   - von der privaten Pflegeversicherung zur Pflege und hauswirtschaftlichen Versorgung zugelassen sind oder
   - von der Pflegekasse angestellt sind (§ 77 Abs. 2 SGB XI).

   Geeignete erwerbsmäßig tätige Pflegekräfte sind auch Einzelpersonen, wenn sie die Anforderungen der Pflegedienste erfüllen, auch wenn sie nicht in einem Anstellungsverhältnis nach Satz 1 stehen (so § 77 SGB XI). Dies gilt nicht für in der sozialen Pflegeversicherung Versicherte.

1.2 Bei der Zuordnung zu den Pflegestufen sind die Richtlinien der Spitzenverbände der Pflegekassen über die Abgrenzung der Merkmale zur Pflegebedürftigkeit und der Pflegestufen sowie zum Verfahren der Feststellung der Pflegebedürftigkeit (Pflegebedürftigkeits-Richtlinien) zu beachten.

2. Aufwendungen für die häusliche Pflege können nur in Höhe der Beträge als angemessen (§ 5 Abs. 1) angesehen wer-

den, die aufgrund des § 89 SGB XI zwischen den Trägern der Pflegedienste und den Leistungsträgern vereinbart wurden; dabei ist eine Differenzierung nach Kostenträgern nicht zulässig. Sie dürfen auch in Härtefällen die durchschnittlichen Kosten einer Krankenpflegekraft (Abs. 3 Satz 2) nicht übersteigen. Pflegekosten sind auch die von ambulanten Pflegeeinrichtungen nach § 82 Abs. 3 SGB XI zulässigerweise den Pflegedürftigen berechneten Investitionskosten.

3. Zur Höhe der Durchschnittskosten einer Krankenpflegekraft vergleiche VV Nr. 2.2 zu § 6 Abs. 1 Nr. 7.

4. Beim Vorliegen eines besonderen Pflegebedarfs sind die um den nachstehenden Selbstbehalt gekürzten Aufwendungen bis zur Obergrenze des Abs. 3 Satz 2 beihilfefähig (Härteregelung).

   Pflegekosten, welche die nach § 89 SGB XI vereinbarten Beträge (vergleiche VV Nr. 2) übersteigen, dürfen bei Anwendung der Härteregelung nicht berücksichtigt werden.

Beihilfeberechtigte	mit Bezügen bis 2550 Euro	mit Bezügen von mehr als 2550 Euro bis 5100 Euro	mit Bezügen von mehr als 5100 Euro
ohne Angehörige	12 v. H.	13 v. H.	14 v. H.
mit einem Angehörigen	10 v. H.	11 v. H.	12 v. H.
mit 2 oder 3 Angehörigen	8 v. H.	9 v. H.	10 v. H.
mit mehr als 3 Angehörigen	6 v. H.	7 v. H.	8 v. H.

Als Bezüge sind die um 1279 Euro verminderten (Brutto-)Dienst- oder Versorgungsbezüge sowie Renten aus der gesetzlichen Rentenversicherung oder aus einer Alters- oder Hinterbliebenenversorgung des Beihilfeberechtigten und dessen beihilfeberechtigten Ehegatten zugrunde zu legen. Abs. 7 Nr. 2 Satz 3 gilt entsprechend. Wird zu den Aufwendungen für die Pflege des Ehegatten oder von berücksichtigungsfähigen Kindern Beihilfe gewährt, ist bei Anwendung des Satz 2 neben den Bezügen und Renten nach Satz 3 auch das Arbeitsentgelt des Ehegatten zu berücksichtigen. Sind beide Ehegatten beihilfeberechtigt sowie pflegebedürftig und stehen ihnen nach Abs. 3 Beihilfen zu, sind nur die Bezüge und Renten des jeweiligen Beihilfeberechtigten bei Anwendung des Satzes 2 zu berücksichtigen.

5. Im Rahmen des Abs. 3 sind beihilfefähig die Pflegekosten bei einer

5.1 teilstationären Pflege in einer Einrichtung der Tages- oder Nachtpflege. Stellt die Pflegeeinrichtung einen Pauschalsatz in Rechnung und werden die Aufwendungen für die Pflege nicht besonders angegeben, gelten 50 vom Hundert des Pauschalsatzes als Pflegekosten,

5.2 Pflege in einer Pflegefamilie. Voraussetzung ist, dass nach amts- oder vertrauensärztlichem Gutachten die Pflegefamilie für die Pflege geeignet ist.

6. Bei Personen in Kurzzeitpflege mit Anspruch nach § 28 Abs. 2 SGB XI ist entsprechend Abs. 6 Satz 1 zu verfahren. Die Härteregelung des Abs. 3 Satz 2 findet keine Anwendung.

7. Die teilstationäre Pflege (Tages- und Nachtpflege) oder Kurzzeitpflege muss in einer nach § 72 Abs. 1 Satz 1 SGB XI zugelassenen Pflegeeinrichtung erfolgen.

8. Pflegebedürftige mit erheblichem allgemeinem Betreuungsund Beaufsichtigungsbedarf (§ 45a SGB XI, insbesondere Demenzkranke, aber auch psychisch Kranke oder geistig Behinderte) können nach § 45b SGB XI neben den Leistungen der ambulanten und teilstationären Pflege zusätzliche Betreuungsleistungen in Anspruch nehmen und erhalten hierzu einen Betreuungsbetrag von 460 Euro je Kalenderjahr. Nicht ausgeschöpfte Beträge sind in das Folgejahr übertragbar. Diese Mittel sind zweckgebunden für Leistungen der Tages- und Nachtpflege sowie für Kurzzeitpflege und andere niederschwellige Betreuungsangebote im Sinne des § 45c Abs. 3 SGB XI (zum Bei-

spiel Betreuungsgruppen für Demenzkranke, Helferkreise zur stundenweisen Entlastung pflegender Angehöriger). Die vorstehenden Aufwendungen sind in der von der Pflegeversicherung anerkannten Höhe beihilfefähig.

Zu Abs. 4

1. Für die Zuordnung zu den Pflegestufen und die Beihilfefähigkeit der Aufwendungen für medizinische Behandlung gilt die VV Nr. 1.2 zu Abs. 3.

2. Die zeitweise Abwesenheit von Pflegebedürftigen tagsüber wegen des Besuchs eines Kindergartens, einer Schule, einer Werkstatt für Behinderte oder einer anderen vergleichbaren Einrichtung steht der Zahlung der Pauschalbeihilfe nicht entgegen. Dies gilt auch bei Erwerbstätigkeit von Pflegepersonen, wenn die häusliche Pflege insgesamt sichergestellt bleibt.

3. Wird eine andere geeignete Person wegen Erholungsurlaubs, Krankheit oder aus anderen Gründen durch eine Person, die nicht erwerbsmäßig pflegt, in der Pflege vertreten, verbleibt es bei der bisherigen Höhe der Pauschalbeihilfe. Daneben sind im Zusammenhang mit einer solchen Verhinderungspflege verbundene notwendige Aufwendungen (zum Beispiel für Fahrkosten im Rahmen des § 6 Abs. 1 Nr. 9, Verdienstausfall usw.) beihilfefähig. Die Beträge nach Satz 1 und 2 dürfen zusammen 1432 Euro für eine höchstens vierwöchige Pflege im Kalenderjahr nicht übersteigen. Sofern die Pflege vertretungsweise durch eine Berufspflegekraft erfolgt, sind Aufwendungen für Grundpflege und hauswirtschaftliche Versorgung bei einer längstens vierwöchigen Pflege im Kalenderjahr bis zu 1432 Euro beihilfefähig. Für Personen, die nach § 28 Abs. 2 SGB XI Leistungen zur Hälfte erhalten, gilt Abs. 6 Satz 1 entsprechend.

4.1 Zeiten, für die Aufwendungen einer vollstationären Krankenhausbehandlung nach § 6, der Sanatoriumsbehandlung nach § 7 oder der stationären Pflege nach Abs. 7 für Pflegebedürftige geltend gemacht werden, unterbrechen die häusliche Dauerpflege. Für diese Zeiten steht die Pauschalbeihilfe nicht zu.

4.2 Die Pauschalbeihilfe ist für die ersten vier Wochen einer vollstationären Krankenhausbehandlung oder einer stationären medizinischen Rehabilitationsmaßnahme weiterzuzahlen. Dasselbe gilt für einen vorübergehenden Auslandsaufenthalt von bis zu sechs Wochen im Kalenderjahr. Beim Tod von Pflegebedürftigen wird die Pauschalbeihilfe bis zum Ende des Sterbemonats gewährt.

5. Entsprechende Leistungen aufgrund sonstiger Rechtsvorschriften im Sinne von Satz 3 sind zum Beispiel solche nach § 35 Abs. 1 BVG, § 44 Abs. 2 SGB VII und § 34 BeamtVG. Leistungen nach § 69a BSHG zählen nicht dazu.

6. Haben mehrere Beihilfeberechtigte Anspruch auf die Pauschalbeihilfe für ein Kind, steht die Beihilfe nur einem Beihilfeberechtigten zu (vergleiche § 4 Abs. 6).

7. Aufwendungen für Beratungsbesuche nach § 37 Abs. 3 SGB XI sind beihilfefähig, wenn die Pflegeversicherung hierfür anteilig Leistungen erbringt. Die Durchführung der Beratungen ist nach § 37 Abs. 4 SGB XI auch gegenüber der Festsetzungsstelle zu belegen. Der Umfang der anteiligen Beihilfeleistungen bestimmt sich nach § 37 Abs. 3 und 6 SGB XI. Für Personen, die nach § 28 Abs. 2 SGB XI Leistungen zur Hälfte erhalten, gilt Abs. 6 Satz 1 entsprechend.

8. Zur Überleitung durch Träger der Sozialhilfe vergleiche VV Nr. 2 bis 4 zu § 17 Abs. 10.

9. Als Nachweis für die erbrachte Pflege reicht eine formlose Bescheinigung der Pflegeperson.

10. Für die Bewilligung der Pauschalbeihilfe genügt ein einmaliger Antrag. Aufgrund dieses Antrags wird die Pauschalbeihilfe fortlaufend und vorschüssig zum Monatsersten gezahlt. Den Beihilfeberechtigten ist schriftlich aufzugeben, jeweils

im Januar die Tage des vorangegangenen Kalenderjahres zu nennen, an denen ganztägig keine Pflege erfolgt. Dabei sind die Tage, an denen nach der VV Nr. 4.2 die Pauschalbeihilfe weiterzuzahlen ist, nicht anzugeben.

Zu Abs. 5

Bei einer Kombination der Leistungen nach den Abs. 3 und 4 ist das in der privaten oder sozialen Pflegeversicherung zugrunde gelegte Verhältnis der anteiligen Inanspruchnahme auch für die Beihilfe maßgeblich. Pauschalbeihilfe nach Abs. 4 steht nicht zu, wenn die Aufwendungen die Höchstsätze nach Abs. 3 Satz 1 übersteigen.

Zu Abs. 7

1.1 Angemessen sind die pflegebedingten Aufwendungen, die Aufwendungen der sozialen Betreuung sowie der medizinischen Behandlungspflege monatlich pauschal

a) für Pflegebedürftige der Pflegestufe I in Höhe von 1023 Euro,
b) für Pflegebedürftige der Pflegestufe II in Höhe von 1279 Euro,
c) für Pflegebedürftige der Pflegestufe III in Höhe von 1432 Euro,
d) für Pflegebedürftige, die nach § 43 Abs. 3 SGB XI als Härtefall anerkannt sind, in Höhe von 1688 Euro,

jedoch nicht mehr als 75 vom Hundert des Heimentgelts. Höhere als die vorstehend zu berücksichtigenden Pflegekosten sind insoweit beihilfefähig, als sie 20 vom Hundert der genannten Beträge übersteigen.

1.2 Werden die Pflegekosten nach VV Nr. 1.1 sowie die Aufwendungen für Unterkunft und Verpflegung (einschl. Investitionskosten) nicht gesondert ausgewiesen, sind 60 vom Hundert des Pflegesatzes (Heimentgelts) als auf die Pflege entfallend anzusehen.

2. Werden zu den Kosten einer stationären Pflege Leistungen von der sozialen Pflegeversicherung erbracht, ist davon auszugehen, dass die Einrichtung eine nach § 72 Abs. 1 Satz 1 SGB XI zugelassene Pflegeeinrichtung ist. Bei den Pflegesätzen dieser Einrichtungen ist eine Differenzierung nach Kostenträgern nicht zulässig (§ 84 Abs. 3 SGB XI).

3.1 Eine vorübergehende vollstationäre Pflege nach Abs. 7 Nr. 4 liegt besonders bei der Kurzzeitpflege (§ 42 SGB XI) und der in einem Pflegeheim erfolgenden Pflege wegen Verhinderung der Pflegeperson (vergleiche § 39 SGB XI) vor.

3.2 Die Kosten der Unterkunft und Verpflegung (einschl. Investitionskosten) sind bei teilstationärer Pflege (zum Beispiel Tages- oder Nachtpflege) sowie Pflege in Behinderteneinrichtungen (Abs. 7 Nr. 5) und in Pflegefamilien nicht beihilfefähig.

4. Zusatzleistungen im Sinne des § 88 Abs. 1 SGB XI sind nicht beihilfefähig.

5. Investitionskosten sind die in § 82 Abs. 3 SGB XI genannten Aufwendungen.

6. Hinsichtlich der im Pflegesatz enthaltenen Kosten für Unterkunft und Verpflegung (einschl. Investitionskosten) ist Nr. 1.2 zu beachten.

7. Betten- und Platzfreihaltegebühren, die durch die Unterbrechung der Unterbringung wegen Krankheit des Pflegebedürftigen erhoben werden, sind beihilfefähig. Dies gilt auch für eine Abwesenheit aus einem sonstigen, in der Person des Pflegebedürftigen liegenden Grund bis zu 30 Tagen je Kalenderjahr.

8.1 Dienstbezüge sind die in § 1 Abs. 2 BBesG genannten Bruttobezüge (ohne kinderbezogene Anteile im Familienzuschlag und veränderlichen Bezügeanteile). Veränderliche Teile der Dienstbezüge sind besonders Zulagen für besondere Erschwernisse, Mehrarbeitsvergütung. Versorgungsbezüge sind die in § 2 Abs. 1 BeamtVG genannten Bruttobezüge (ohne kinderbezogene Anteile im Familienzuschlag), soweit nicht nach § 57 BeamtVG (Versorgungsausgleich) geringere Versorgungsbezüge zustehen. Unfallausgleich nach § 35 BeamtVG und Unfallentschädigung nach § 43 BeamtVG bleiben unberücksichtigt. Beim Zu-

VII

sammentreffen von Versorgungsbezügen mit Verwendungseinkommen, Versorgung aus zwischenstaatlicher oder überstaatlicher Verwendung, mehrerer Versorgungsbezüge oder den in Abs. 7 Nr. 2 bezeichneten Renten ist die Summe aller nach Anwendung von Ruhens- oder Anrechnungsvorschriften gezahlten Dienst- oder Versorgungsbezüge zugrunde zu legen.

8.2 Steuerabzugsbeträge, Krankenversicherungsbeiträge usw. mindern nicht die Bruttobezüge.

8.3 Renten sind mit ihrem Zahlbetrag zu berücksichtigen. Dies ist bei Renten aus der gesetzlichen Rentenversicherung der Betrag, der sich ohne Berücksichtigung von Beitragszuschüssen und vor Abzug der Beiträge zur Kranken- und Pflegeversicherung ergibt. Leistungen für Kindererziehung nach § 294 SGB VI zählen nicht zur Rente.

8.4 Arbeitseinkommen des Ehegatten sind das laufende sozialversicherungspflichtige Arbeitsentgelt (ohne kinderbezogene Anteile im Orts- oder Sozialzuschlag sowie die § 1 Abs. 3 BBesG und Nr. 8.1 Satz 2 entsprechenden Teile des Arbeitslohnes) sowie Lohnersatzleistungen. Einkünfte aus geringfügiger Beschäftigung (§ 8 SGB IV) bleiben außer Ansatz. Bei monatlich erheblich schwankendem Arbeitseinkommen ist ein Durchschnitt der letzten zwölf Monate für die Ermittlung des Eigenanteils heranzuziehen.

8.5 Einkommen von Kindern bleiben unberücksichtigt.

8.6 Haben beide Ehegatten Einkommen aus nichtselbständiger Tätigkeit, kann in den Fällen des Abs. 7 Nr. 2 Satz 1 Buchst. a davon ausgegangen werden, dass keine Beihilfe zu den Kosten für Unterkunft und Verpflegung (einschl. Investitionskosten) zusteht.

9. Die VV Nr. 1 zu § 9 ist mit der Maßgabe anzuwenden, dass eine Minderung nicht für Zeiten der Berücksichtigung von Bettengeld (Nr. 7) erfolgt.

10. Die Beihilfe ist in voller Höhe des nach Anrechnung des Eigenanteils verbleibenden Betrages zu zahlen; § 15 findet keine Anwendung.

11.1 Bei monatlich gleich bleibender Beihilfe zu den Aufwendungen einer vollstationären Pflege kann auf einmaligen Antrag hin die Beihilfe fortlaufend gewährt werden. Dasselbe gilt, wenn nur die Beihilfe zu Pflegekosten gleich bleibt (vergleiche zum Beispiel Abs. 7 Nr. 1 Satz 2) oder Beihilfe nach Abs. 7 Nr. 5 gewährt wird. Den Beihilfeberechtigten ist aufzugeben, jegliche für die Höhe der Beihilfe bedeutsamen Änderungen der Festsetzungsstelle mitzuteilen.

11.2 Als Zahlungsempfänger der Beihilfe kann in dem Beihilfeantrag auch die Pflegeeinrichtung genannt werden.

Zu Abs. 8

1.1 Nach § 44 Abs. 3 SGB XI sind die Pflegekassen und die privaten Pflegeversicherungen verpflichtet, den Pflegebedürftigen die Pflegestufe schriftlich mitzuteilen. Diese Mitteilung ist von den Beihilfeberechtigten vorzulegen und die festgestellte Pflegestufe bei der Beihilfegewährung zugrunde zu legen. In Zweifelsfällen ist mit Zustimmung der Pflegebedürftigen bei der sozialen oder privaten Pflegeversicherung eine Ausfertigung des Gutachtens anzufordern.

1.2 In anderen Fällen (zum Beispiel bei keiner Mitgliedschaft in der Pflegeversicherung) bedarf es eines amts- oder vertrauensärztlichen Gutachtens.

2. Bei einem Antrag auf Feststellung einer höheren Pflegestufe ist die höhere Beihilfe ab Beginn des Antragsmonats zu gewähren, sofern dem Antrag entsprochen wird.

3. Dem Antrag auf Gewährung von Beihilfe nach Abs. 8 Satz 4 ist ein Antrag auf Leistungen der Pflegeversicherung (zumeist verbunden mit dem Antrag auf Zuerkennung einer Pflegestufe) gleichzuachten.

Zu § 10

Zu Abs. 1

1. Die Krebsfrüherkennungs-Richtlinien sind veröffentlicht im Bundesarbeitsblatt 1977 S. 32, zuletzt geändert am 11. Oktober 2005 (BAnz. S. 14483).
2. Die Kinder-Richtlinien sind veröffentlicht im Bundesarbeitsblatt 1977 S. 32, zuletzt geändert am 10. Dezember 1999 (BAnz. 2001 S. 4603).
3. Die Jugenduntersuchungs-Richtlinien vom 26. Juni 1998 sind veröffentlicht im Bundesanzeiger 1998 S. 12723, zuletzt geändert am 23. Oktober 1998 (BAnz. 1999 S. 947).
4. Die Gesundheitsuntersuchungs-Richtlinien vom 24. August 1989 sind veröffentlicht im Bundesarbeitsblatt 1989 S. 44, zuletzt geändert am 21. Dezember 2004 (BAnz. 2001 S. 4995).
5. Bei von Trägern der gesetzlichen Krankenversicherung veranlassten Modellversuchen im Zusammenhang mit Vorsorgemaßnahmen im Sinne des Abs. 1 ist von der Beihilfefähigkeit der Aufwendungen auszugehen.

VII

Zu Abs. 3

Medizinisch notwendig sind nur die vom für das Gesundheitswesen Hessens zuständigen Ministerium öffentlich für die Bundesrepublik Deutschland empfohlenen Schutzimpfungen. Dieses Ministerium hat bestimmt, dass die als Impfkalender herausgegebenen Impfempfehlungen der Ständigen Impfkommission Grundlage der Öffentlichen Empfehlung von Schutzimpfungen in Hessen sind. Dieser Impfkalender ist zuletzt im StAnz. 2006 S. 2432 wiedergegeben.

Zu § 11

1. Nicht rechtswidrig sind Schwangerschaftsabbrüche nach § 218a Abs. 2 und 3 StGB, wenn also eine medizinische (unter Einschluss der embryopathischen) oder kriminologische Indikation vorliegt. Nicht strafbar sind Schwangerschaftsabbrüche, die unter den Voraussetzungen des § 218a Abs. 1 StGB erfolgen.
2. Bei einem nicht strafbaren Schwangerschaftsabbruch sind nur die Aufwendungen für die in § 24b Abs. 3 SGB V bezeichneten Leistungen beihilfefähig. Die Aufwendungen des Abbruchs der Schwangerschaft (vergleiche § 24b Abs. 4 SGB V) und der Nachbehandlung bei komplikationslosem Verlauf sind folglich nicht beihilfefähig; für diese Aufwendungen kommen ggf. Leistungen nach dem Gesetz zur Hilfe für Frauen bei Schwangerschaftsabbrüchen in besonderen Fällen in Betracht.
3. Der Begriff der nicht rechtswidrigen Sterilisation ist gesetzlich nicht definiert. Nach dem Urteil des Bundesgerichtshofs vom 29. Juni 1976 – VI ZR 68/75 – (BGHZ 67, 48) hat sich die Beurteilung der Rechtmäßigkeit einer Sterilisation an dem allgemeinen Grundsatz zu orientieren, dass jeder selbst bestimmen kann, ob er einen ärztlichen Eingriff an sich vornehmen lassen will. Hinsichtlich der Notwendigkeit einer Sterilisation wird auf § 6 der Berufsordnung für die deutschen Ärzte (Deutsches Ärzteblatt 1976, Heft 23) verwiesen, wonach Sterilisationen nur aus medizinischen, genetischen oder schwerwiegenden sozialen Gründen zulässig sind.
4. Beihilfefähig sind in begründeten Fällen auch die Aufwendungen für humangenetische Untersuchungen.
5. Zur Beihilfefähigkeit der Aufwendungen für empfängnisregelnde Mittel vergleiche VV Nr. 11 zu § 6 Abs. 1 Nr. 2.

Zu § 12

1. Für die Schwangerschaftsüberwachung werden die Richtlinien des Bundesausschusses der Ärzte und Krankenkassen über die ärztliche Betreuung während der Schwangerschaft und nach der Entbindung (Mutterschafts-Richtlinien) i. d. F. vom 10. Dezember 1985 (Beilage Nr. 60a zum BAnz. vom 27. März 1986), zuletzt geändert am 23. Oktober 1998 (BAnz. 1999 S. 947), zugrunde gelegt. Danach sind bei Schwangeren auch die Aufwendungen für einen HIV-Test beihilfefähig.

2. Die pauschalen Kosten nach Nr. 4 sind bis zur Höhe der mit den gesetzlichen Krankenkassen vereinbarten Sätze beihilfefähig. Besteht mit dem Geburtshaus keine solche Vereinbarung, sind die Sätze maßgebend, die für das nächstgelegene Geburtshaus mit Gebührenvereinbarung gelten.
3. Die Beihilfefähigkeit der Aufwendungen für eine Haus- und Wochenpflegekraft bestimmt sich nach § 6 Abs. 1 Nr. 7.

Zu § 13

Zu Abs. 1

1. Die Beihilfe in Todesfällen von Kindern ist zu gewähren, wenn die Friedhofsgebühren nach dem Tarif für Kinderbestattungen festgesetzt werden; ist dies nicht der Fall, ist die höhere Beihilfe zu gewähren.
2. Vertragliche Sterbegelder (zum Beispiel aus Sterbekassen) bleiben, sofern sie nicht auf arbeitsvertraglicher Vereinbarung beruhen, außer Ansatz.
3. Bei der Festsetzung der Pauschalbeihilfe bleiben Nachzahlungen beamtenrechtlicher Sterbegelder aufgrund rückwirkender Anpassung von Dienst- und Versorgungsbezügen unberücksichtigt.

Zu Abs. 2

1. Zu den Aufwendungen nach Abs. 2 gehören nicht die Aufwendungen für eine Überführung innerhalb der Gemeinde, weil diese nach Abs. 1 abgegolten sind.
2. Bei Ledigen ist „Familienwohnsitz" der Ort ihres letzten Wohnsitzes. Wohnten sie bei den Eltern, gilt deren Wohnsitz als Ort der Überführung.

Zu § 14

Zu Abs. 1

1. Rechnungsbeträge in ausländischer Währung sind mit dem am Tage der Festsetzung der Beihilfe geltenden amtlichen Devisen-Wechselkurs in Euro umzurechnen, sofern der Umrechnungskurs nicht nachgewiesen wird.
2. Die Festsetzungsstelle kann Übersetzungen der Belege sowie im Einzelfall deren Beglaubigung verlangen.
3. Für die beihilfefähigen Aufwendungen von Beihilfeberechtigten und berücksichtigungsfähigen Angehörigen mit ständigem Wohnsitz außerhalb der Bundesrepublik Deutschland gilt als Wohnort
   a) bei Versorgungsempfängern der Sitz der Festsetzungsstelle,
   b) bei den übrigen Beihilfeberechtigten der Dienstort.
4. Aufwendungen für Behandlungen
   a) im Kleinen Walsertal (Österreich),
   b) in der Höhenklinik Valbella Davos (Schweiz) der Genossenschaft Sanatorium Valbella,
   c) in der Hochgebirgsklinik Davos-Wolfgang (Schweiz) der Stiftung Deutsche Heilstätte Davos und Agra,
   d) in der Klinik für Dermatologie und Allergie Davos (Schweiz), geführt von der Klinik Davos GmbH, Davos Platz,

   gelten als in der Bundesrepublik Deutschland entstanden; in den Fällen der Buchst. b, c und d jedoch nur, wenn nach fachärztlicher Bescheinigung eine Behandlung unter Einfluss von Hochgebirgsklima medizinisch indiziert ist. Beihilferechtlich gelten die Höhenklinik Valbella Davos und die Hochgebirgsklinik Davos-Wolfgang als Sanatorium, soweit nicht im Einzelfall eine stationäre Krankenhausbehandlung (§ 6 Abs. 1 Nr. 6) vorliegt und nachgewiesen wird; die Klinik für Dermatologie und Allergie gilt als Krankenhaus (§ 6 Abs. 1 Nr. 6).
5. Abs. 1 stellt auf die Aufwendungen ab, die beim Verbleiben am Wohnort entstanden wären. Nach Maßgabe des § 5 Abs. 3 Satz 2 ist als Kassenleistung der Betrag abzuziehen, den die Krankenkasse beim Verbleiben am Wohnort geleistet hätte.
6. Befinden sich Heimdialysepatienten vorübergehend aus privaten Gründen im Ausland, sind die Aufwendungen beihilfefähig, die im gleichen Zeitraum bei Durchführung einer ambulanten Dialyse in der der Woh-

VII

nung am nächsten gelegenen inländischen Dialyseeinrichtung entstanden wären.

Zu Abs. 3

Aufwendungen für eine Heilkur in einem Mitgliedstaat der Europäischen Union sind wie Inlandskuren beihilfefähig, wenn der Heilkurort im deutschen oder dem jeweiligen nationalen Heilkurorteverzeichnis eingetragen ist. Ist der Heilkurort in keinem dieser Verzeichnisse aufgeführt, entscheidet über die Eignung das für das Beihilferecht zuständige Ministerium.

Zu § 15

Zu Abs. 1

1. Erhalten beide Elternteile keinen Familien-, Orts- oder Sozialzuschlag (zum Beispiel Anwärter), erhöht sich für ein Kind der Bemessungssatz bei dem Elternteil, den sie dazu bestimmen. Die Bestimmung ist unwiderruflich.
2. Sind beide Elternteile beihilfeberechtigt, sind Geburtsaufwendungen von der Mutter geltend zu machen. In diesem Fall können bereits im Familien-, Orts- oder Sozialzuschlag berücksichtigte Kinder sowie das neugeborene Kind bei der Mutter mitgezählt werden. Geburtsaufwendungen sind die Aufwendungen nach § 12 Abs. 1 Nr. 2 bis 6, die in unmittelbarem zeitlichen Zusammenhang mit der Geburt stehen.
3. Ist ein Elternteil nach der Hessischen Beihilfenverordnung, der andere Elternteil nach der Elternzeitverordnung oder nach § 85a Abs. 7 HBG beihilfeberechtigt, kann auf gemeinsamen und unwiderruflichen Antrag der Eltern die kinderbezogene Erhöhung des Bemessungssatzes bei dem beurlaubten Elternteil berücksichtigt werden.

Zu Abs. 2

1. Hat der berücksichtigungsfähige Ehegatte (zum Beispiel durch die Aufgabe der Berufs- oder Erwerbstätigkeit) keine Einkünfte mehr oder haben sich diese Einkünfte sehr verringert, erhöht sich nach Maßgabe der VV Nr. 3 zu § 5 Abs. 6 Nr. 3 der Bemessungssatz bereits im laufenden Kalenderjahr widerruflich um 5 vom Hundert.
2. Ist einem Erziehungsurlaub ohne Beschäftigung oder dem Bezug von Erziehungsgeld unmittelbar eine krankenversicherungspflichtige Tätigkeit vorausgegangen, ist nach § 192 Abs. 1 Nr. 2 SGB V beim Fortbestehen der Mitgliedschaft in der gesetzlichen Krankenversicherung während des Elternzeit beziehungsweise des Bezugs von Erziehungsgeld von einer Pflichtversicherung aufgrund einer Beschäftigung auszugehen.

Zu Abs. 5

Eine ausreichende Versicherung im Sinne dieser Vorschrift liegt vor, wenn sich aus den Versicherungsbedingungen ergibt, dass die Versicherung in den üblichen Fällen ambulanter und stationärer Krankenhausbehandlung wesentlich zur Entlastung der Versicherten beiträgt, das heißt zusammen mit der Beihilfe das Kostenrisiko in Krankheitsfällen weitgehend deckt. Dabei ist es unerheblich, wenn für einzelne Aufwendungen die Versicherungsleistung verhältnismäßig gering ist. Das Erfordernis der rechtzeitigen Versicherung soll sicherstellen, dass das Risiko eines verspäteten Versicherungsabschlusses nicht zu einer erhöhten Belastung des Dienstherrn führt. Eine rechtzeitige Versicherung liegt vor, wenn sie im Zusammenhang mit dem Eintritt in das Beamtenverhältnis abgeschlossen wird.

Der Leistungsausschluss muss im Versicherungsschein als persönliche Sonderbedingung ausgewiesen sein; ein Leistungsausschluss ist nur zu berücksichtigen, wenn dieser nachweislich nicht durch Zahlung eines Risikozuschlags hätte abgewendet werden können. Ein Leistungsausschluss liegt u. a. nicht vor, wenn Krankenversicherungen in ihren Tarifen für einzelne Behandlungen generell keine Leistungen vorsehen oder in ihren Versicherungsbedingungen einzelne Tatbestände (zum Beispiel Suchtkrankheiten, Pflegefälle, Krankheiten, für die anderweitige Ansprüche bestehen) vom Versicherungsschutz ausnehmen oder der Leistungsausschluss nur für Leistungen aus einer Höher- oder Zusatzversicherung gilt. Das Gleiche gilt für Aufwendungen, die während einer in den

Versicherungsbedingungen vorgesehenen Wartezeit anfallen.

Eine Einstellung von Versicherungsleistungen liegt nur vor, wenn nach einer bestimmten Dauer einer Krankheit die Leistungen für diese Krankheit nach den Versicherungsbedingungen ganz eingestellt werden, im Ergebnis also ein nachträglicher Versicherungsausschluss vorliegt. Diese Voraussetzung ist nicht gegeben, wenn Versicherungsleistungen nur zeitweilig entfallen, weil zum Beispiel ein tariflich festgelegter Jahreshöchstbetrag oder eine gewisse Zahl von Behandlungen in einem kalendermäßig begrenzten Zeitraum überschritten ist.

Abs. 5 findet keine Anwendung für Aufwendungen nach § 9 sowie bei Personen mit Ansprüchen nach § 10 Abs. 1 BVG.

Zu Abs. 6

Zur stationären Krankenhausbehandlung zählt auch die teilstationäre sowie die vor- und nachstationäre Krankenhausbehandlung nach § 115a SGB V.

Zu Abs. 7

1. Der Höhe nach gleiche Leistungsansprüche, wie sie bei einer Pflichtversicherung zustehen, sind Geldleistungen der gesetzlichen Krankenversicherung, die freiwillig Versicherten in Höhe des Wertes einer an sich zustehenden Sachleistung gegebenenfalls nach Abzug eines Mengenrabatts, Unwirtschaftlichkeitsabschlags und dergleichen gezahlt werden. Für freiwillig Versicherte, die bereits am 1. August 1988 einer geschlossenen Beitragsklasse angehört haben, gelten die Voraussetzungen des Abs. 7 Satz 1 als erfüllt, solange sie in dieser Beitragsklasse verbleiben.
2. Bei Vorliegen der Voraussetzungen der VV Nr. 1 findet Abs. 7 Satz 1 auch Anwendung auf Aufwendungen für wahlärztliche Leistungen eines Krankenhauses, wenn die gesetzliche Krankenversicherung nur die allgemeinen Krankenhausleistungen (Pflegesatz) übernimmt (in diesem Fall gelten die wahlärztlichen Leistungen als bezuschusst) oder zu Aufwendungen einer Sanatoriumsbehandlung oder Heilkur einen pauschalen Zuschuss gewährt. Übernimmt die gesetzliche Krankenversicherung bei einer Sanatoriumsbehandlung oder Heilkur nur bestimmte Aufwendungen ganz oder teilweise (zum Beispiel Aufwendungen für den Arzt oder die Heilbehandlungen), gelten die übrigen Aufwendungen (zum Beispiel Unterbringung und Beförderungskosten) nicht als bezuschusst, so dass insoweit eine Erhöhung des Bemessungssatzes auf 100 vom Hundert entfällt. Übernimmt die Krankenkasse bei einer Sanatoriumsbehandlung mit den Wahlleistungen „bessere Unterkunft" und/oder „wahlärztliche Leistungen" nur den Vertragssatz (der als Sachleistung im Sinne des § 5 Abs. 5 anzusehen ist), findet Abs. 7 nur auf wahlärztliche Leistungen Anwendung; die wahlärztlichen Leistungen gelten dabei als durch den Vertragssatz bezuschusst. Gewährt die Krankenkasse nur einen Zuschuss, weil mit dem Sanatorium kein Vertrag nach § 111 SGB V besteht, findet Abs. 7 auf alle beihilfefähigen Aufwendungen Anwendung.
3. Sind die Voraussetzungen des Abs. 7 nicht erfüllt, finden die übrigen Vorschriften des § 15 Anwendung. Dies gilt auch, wenn die gesetzliche Krankenversicherung zu beihilfefähigen Aufwendungen keine Leistungen erbringt.
4. Zuschüsse zum Pflegeversicherungsbeitrag bleiben unberücksichtigt.

Zu Abs. 8

1. Der Bemessungssatz ermäßigt sich auch dann nach Abs. 8 Satz 1, wenn ein Beitragszuschuss nicht zusteht, weil Beschäftigte diesen nicht beantragen oder nicht die Voraussetzungen für dessen Gewährung schaffen (zum Beispiel durch die Nichtnennung des Krankenversicherungsunternehmens und der Versicherungsbeiträge). Auf den Beitragszuschuss nach § 257 Abs. 2 SGB V kann nicht verzichtet werden (vergleiche Bundessozialgericht vom 8. Oktober 1998 – B 12 KR 19/97 R).

2. Maßgebend für die Ermäßigung des Bemessungssatzes nach Abs. 8 Satz 2 ist der Gesamtbetrag des Zuschusses im Zeitpunkt des Entstehens der Aufwendungen; hierbei bleiben Zuschüsse zum Pflegeversicherungsbeitrag unberücksichtigt.
3. Abs. 8 findet auch Anwendung, wenn ein Beitragszuschuss nachträglich gewährt wird.
4. Abs. 8 gilt auch, wenn Beihilfeberechtigte oder berücksichtigungsfähige Angehörige Mitglied der Krankenversicherung der Rentner (KVdR) und daneben privat krankenversichert sind. Die von der KVdR gewährten Kassenleistungen vermindern nach § 5 Abs. 3 die beihilfefähigen Aufwendungen.

Zu Abs. 9

1. Zum Begriff „Dienstbeschädigung" vergleiche VV Nr. 5 zu § 8.
2. Bei Versicherung in der privaten Krankenversicherung ist Voraussetzung für das Vorliegen eines besonderen Ausnahmefalles, dass der Versicherungsschutz die Bedingungen des § 257 Abs. 2a Satz 1 Nr. 1 bis 4 SGB V erfüllt.

Zu Abs. 10

1. Für die Höhe des Bemessungssatzes kommt es auf die Verhältnisse im Zeitpunkt des Entstehens der Aufwendungen (§ 5 Abs. 2 Satz 2) an.
2. Abs. 10 erfasst nicht Aufwendungen für die Behandlungspflege außerhalb einer vollstationären Pflege (§ 9 Abs. 7). Für diese Aufwendungen gelten die Abs. 1 bis 9.

Zu § 16

1. Stiefkinder verstorbener Beihilfeberechtigter gehören zum Personenkreis des Abs. 2.
2. Bis zum Zeitpunkt des Todes der Beihilfeberechtigten sowie in Unkenntnis ihres Todes noch erlassene Beihilfebescheide sind aus Anlass des Todes nicht zurückzunehmen; in den genannten Fällen bereits ausgezahlte Beihilfen sind in Ausgabe zu belassen.
3. Als Sterbe- und Bestattungsgelder, die nach Abs. 2 zu berücksichtigen sind, kommen besonders in Betracht Leistungen nach

   § 18 Abs. 2 BeamtVG,

   §§ 58, 59 SGB V,

   § 41 Abs. 2 BAT,

   § 47 Abs. 2 MTArb,

   § 39 Abs. 2 BMT-G II.
4. Beihilfe nach Abs. 2 steht, von dem Fall des Abs. 2 Satz 2 abgesehen, nicht zu, wenn der verstorbene Beihilfeberechtigte die Aufwendungen bezahlt hat.

Zu § 17

Zu Abs. 1

1. Aufwendungen für Halbwaisen können zusammen mit den Aufwendungen des Elternteils in einem Antrag geltend gemacht werden. Der eigenständige Beihilfeanspruch der Halbwaise nach § 2 Abs. 1 Nr. 3 bleibt auch bei gemeinsamer Antragstellung bestehen. Eine Berücksichtigungsfähigkeit nach § 3 wird nicht begründet.
2. Besteht im Zeitpunkt der Antragstellung keine Beihilfeberechtigung mehr, sind Beihilfen zu den Aufwendungen zu gewähren, für die die Voraussetzungen nach § 5 Abs. 2 erfüllt waren.
3. Beihilfen sind mit dem von der Festsetzungsstelle herausgegebenen Formblatt zu beantragen; dies gilt auch für Sozialhilfeträger bei nach § 93 SGB XII überleitbaren Ansprüchen. Für die Anerkennungsbescheide nach den §§ 7 und 8 sind die Formblätter nach Anlage 7 und 8 zu verwenden. Dem Beihilfebescheid ist eine Rechtsbehelfsbelehrung beizufügen. Die Aufwendungen sind durch Belegkopien nachzuweisen.
4. In besonderen Ausnahmefällen kann auch ein Erstattungsbegehren berücksichtigungsfähiger Angehöriger als Antrag nach Abs. 1 behandelt werden. Ein besonderer Ausnahmefall liegt vor, wenn es für berücksichtigungsfähige Angehörige wegen der besonderen Umstände ihrer persönli-

chen Beziehung zu Beihilfeberechtigten, zum Beispiel Getrenntleben von Eheleuten, oder der Art der Diagnose eine unzumutbare Härte bedeuten würde, ihre Belege über beihilfefähige Aufwendungen den Beihilfeberechtigten zu überlassen. Entsprechendes gilt, wenn Beihilfeberechtigte sich weigern, zu von berücksichtigungsfähigen Angehörigen nachweislich gezahlten Aufwendungen Beihilfen zu beantragen oder Beihilfeberechtigte sich weigern, die Aufwendungen zu tragen und deshalb von berücksichtigungsfähigen Angehörigen beglichen worden müssen. Die Beihilfe darf in diesen Fällen unmittelbar an die berücksichtigungsfähigen Angehörigen gezahlt werden.

Zu Abs. 2

Die Antragsgrenze von 250 Euro gilt nicht, wenn Beihilfeberechtigte aus dem beihilfeberechtigten Personenkreis ausgeschieden sind oder den Dienstherrn gewechselt haben.

Zu Abs. 3

Die Aufwendungen sind nach Möglichkeit durch Originalbelege nachzuweisen, sofern nicht ohnehin der Nachweis durch Originalbelege vorgeschrieben ist (§ 16 Abs. 1 Satz 3, § 17 Abs. 3 Satz 2).

Zu Abs. 4

1. In einem verschlossenen Umschlag bei der Beschäftigungsdienststelle eingereichte und als solche kenntlich gemachte Beihilfeanträge sind ungeöffnet an die Festsetzungsstelle weiterzuleiten. Rückfragen zur Ermittlung der Beihilfe sowie der Beihilfebescheid (einschließlich der Unterlagen) sind verschlossen zu versenden.
2. Zur Führung von Beihilfeakten und zur Verwendung von Krankheits- und sonstigen persönlichen Daten aus Beihilfeakten wird besonders auf § 107a HBG und die VV hierzu verwiesen.

Zu Abs. 5

In Verwaltungen ohne mehrstufigen Aufbau (zum Beispiel Gemeinden) können abweichende Zuständigkeiten in anderer Form als durch Rechtsvorschriften bestimmt werden.

Zu Abs. 7

1. Abschläge können auch zu noch nicht bezahlten Rechnungen gewährt werden.
2. Der Abschlag sollte grundsätzlich der Beihilfe zu den geltend gemachten Aufwendungen, abgerundet auf volle 50 Euro, entsprechen.
3. Soweit ein Krankenhaus, eine Rehabilitationseinrichtung, ein Sanatorium oder eine Dialyse-Institution auch beim Nachweis der Beihilfeberechtigung auf Vorauszahlungen nicht verzichtet, können auf Antrag der Beihilfeberechtigten Abschlagszahlungen geleistet werden. Für die Beantragung können die Formblätter nach Anlage 9 und 10 verwendet werden.
4. Anträge auf Abschlagszahlungen (besonders bei Aufwendungen für eine stationäre Krankenhausbehandlung) sind bevorzugt zu bearbeiten.

Zu Abs. 10

1. Bei Versäumnis der Frist ist keine Wiedereinsetzung in den vorigen Stand möglich.
2. Hat ein Sozialhilfeträger vorgeleistet, kann er aufgrund einer schriftlichen Überleitungsanzeige nach § 93 SGB XII einen Beihilfeanspruch geltend machen. Der Beihilfeanspruch geht damit in der Höhe und in dem Umfang, wie er Beihilfeberechtigten zusteht, auf den Sozialhilfeträger über. Eine Überleitung nach § 93 SGB XII ist nur zulässig, wenn Aufwendungen für den Beihilfeberechtigten oder bei Hilfe in besonderen Lebenslagen für seinen nicht getrennt lebenden Ehegatten oder für seine berücksichtigungsfähigen Kinder (ausgenommen Pflege- und Stiefkinder) entstanden sind. In allen übrigen Fällen ist eine Überleitung nicht zulässig; gegen eine derartige Überleitungsanzeige ist durch die Festsetzungsstelle Widerspruch einzulegen und ggf. Anfechtungsklage zu erheben.
3. Leitet der Sozialhilfeträger nicht über, sondern nimmt er Beihilfeberechtigte nach § 25 SGB XII im Wege des Aufwendungsersatzes in Anspruch, können nur die Beihilfeberechtigten den Beihilfeanspruch geltend machen; die Zahlung an den So-

zialhilfeträger ist zulässig. Die Abtretung des Beihilfeanspruchs an den Sozialhilfeträger ist ausgeschlossen (so § 1 Abs. 2 Satz 2 Halbsatz 1).

4. Hat ein Sozialhilfeträger Aufwendungen vorgeleistet, liegt ein Beleg im Sinne von Abs. 3 Satz 1 vor, wenn die Rechnung
   - den Erbringer der Leistungen (zum Beispiel Heim, Anstalt),
   - den Leistungsempfänger (untergebrachte oder behandelte Person),
   - die Art (zum Beispiel Pflege, Heilbehandlungen) und den Zeitraum der erbrachten Leistungen und
   - die Leistungshöhe

   enthält. Die Rechnung muss vom Erbringer der Leistung erstellt werden. Ausnahmsweise kann auch ein Beleg des Sozialhilfeträgers anerkannt werden, der die entsprechenden Angaben enthält. In diesem Fall ist zusätzlich die Angabe des Datums der Vorleistung (so Abs. 10 Satz 4) und ggf. der schriftlichen Überleitungsanzeige erforderlich.

5. Ein Antrag auf Abschlagszahlungen unterbricht nicht die Ausschlussfrist.
6. Bei über die Beschäftigungsdienststelle eingereichten Beihilfeanträgen gilt der dort bestätigte Eingang als Eingangstag.

Zu § 18

Zu Abs. 4

1. Als Unterbrechung nach Abs. 4 Satz 1 gilt nicht die Zeit zwischen der witterungsbedingten Beendigung und Wiederbegründung des Arbeitsverhältnisses nach § 62 Satz 1 des Manteltarifvertrags für Waldarbeiter der Länder und Gemeinden oder § 51 Satz 1 des Manteltarifvertrags für Arbeiter gemeindlicher Forstbetriebe im Lande Hessen. Während der Unterbrechungszeit entstandene Aufwendungen sind nicht beihilfefähig.
2. Am 1. Mai 2001 beihilfeberechtigt gewesene Saisonkräfte bleiben bei einer Wiedereinstellung in der nächsten Saison beihilfeberechtigt, solange sie in jeder Saison bei demselben Arbeitgeber tätig sind.

VII

Richtlinien für die Gewährung von Vorschüssen in besonderen Fällen (Vorschussrichtlinien – VR)

Vom 5. Dezember 2022 (StAnz. S. 1415)

Bezug: Bekanntmachung vom 3. November 2017 (StAnz. S. 1134)

Nr. 1 Personenkreis, Antragsgründe

(1) Beamtinnen und Beamten sowie Arbeitnehmerinnen und Arbeitnehmern des Landes, die Anspruch auf Dienstbezüge oder Entgelt haben und denen durch besondere Anlässe unabwendbare Ausgaben entstehen, die sie aus eigenen Mitteln und Mitteln der in häuslicher Gemeinschaft lebenden Ehegattin oder Lebenspartnerin oder des in häuslicher Gemeinschaft lebenden Ehegatten oder Lebenspartners sowie aus Leistungen, Zuwendungen und unverzinslichen Darlehen von dritter Seite nicht bestreiten können, kann auf Antrag ein unverzinslicher Vorschuss gewährt werden. Die Vorschüsse sind freiwillige Leistungen; ein Rechtsanspruch hierauf besteht nicht. Ihre Bewilligung ist im Übrigen nur im Rahmen der für Personalausgaben veranschlagten Haushaltsmittel möglich. Ist die Bewilligung aufgrund falscher Angaben erfolgt, ist sie zu widerrufen.

Der Personenkreis ist begrenzt auf

- Beamtinnen und Beamte höchstens der Besoldungsgruppe A 13 einschließlich (auch im Eingangsamt des höheren Dienstes)
- Arbeitnehmerinnen und Arbeitnehmer aus dem Geltungsbereich des TV-H höchstens der Entgeltgruppen E 13 oder KR 12a TV-H einschließlich und aus dem Geltungsbereich des TV-Forst Hessen.

(2) Versorgungsempfängerinnen und Versorgungsempfängern, Anwärterinnen und Anwärtern, Auszubildenden, Praktikantinnen und Praktikanten dürfen Vorschüsse nicht gewährt werden. Arbeitnehmerinnen und Arbeitnehmer sind nur anspruchsberechtigt, wenn die arbeitsvertragliche Probezeit beendet ist, das Arbeitsverhältnis ungekündigt sowie auf unbestimmte Zeit oder befristet für die Dauer von mindestens zwei Jahren vereinbart ist.

(3) Besondere Anlässe im Sinne des Abs. 1 sind nur

a) Wohnungswechsel aus zwingendem Anlass,
b) Beschaffung von Kraftfahrzeugen durch Beamtinnen und Beamte sowie Arbeitnehmerinnen und Arbeitnehmer mit einem amtlich anerkannten Grad der Behinderung von wenigstens 70 oder mit erheblicher Gehbehinderung (Ausweismerkzeichen „G"), die wegen dieser Behinderung für das Zurücklegen des Weges zwischen Wohnung und Arbeitsstätte auf ein eigenes Kraftfahrzeug angewiesen sind,
c) Hausratsbeschaffungen aus Anlass der Eheschließung, der erstmaligen Gründung eines Hausstandes, des Getrenntlebens während eines anhängigen Scheidungsverfahrens oder während eines anhängigen Verfahrens auf Aufhebung einer Lebenspartnerschaft, der Scheidung oder der Aufhebung der Lebenspartnerschaft,
d) Ausstattung von eigenen und Kindern im Sinne von § 63 Abs. 1 des Einkommensteuergesetzes bei deren Heirat oder erstmaligen Gründung eines Hausstandes,
e) Geburt oder Adoption eines Kindes,
f) Verlust von Möbeln, Hausrat und Bekleidung, zum Beispiel durch Brand, Wasserschaden oder Diebstahl,
g) Beschaffung von medizinisch notwendigen Hilfsmitteln, zum Beispiel Zahnersatz, Hörgeräte, Rollstühle oder schwere Erkrankung, Ableben und Bestattung von Familienangehörigen.

(4) Ein Vorschuss darf nicht gewährt werden, wenn und soweit für dieselben Aufwendungen Leistungen nach anderen Vorschriften (zum Beispiel der Hessischen Beihilfenverordnung, dem Hessischen Umzugskostenge-

setz) oder von Dritten zustehen. Der Vorschuss darf nur entsprechend dem Bewilligungsgrund verwendet werden.

Nr. 2 Sicherung des Vorschusses

Vorschüsse dürfen nicht zu einer untragbaren Verschuldung führen. Die Tilgung des Vorschusses muss gesichert sein.

Nr. 3 Zeitpunkt, Vorschusshöhe, Tilgungsraten

(1) Der Vorschuss darf nicht bewilligt werden, wenn der Antrag später als sechs Monate nach dem Eintritt des maßgeblichen Ereignisses oder dem Entstehen der Aufwendungen gestellt wird.

(2) Die Höhe des Vorschusses darf den Betrag von 3000 Euro nicht überschreiten.

(3) Sind aus demselben Anlass mehrere Personen antragsberechtigt, wird der Vorschuss nur einer Person gewährt.

(4) Der Vorschuss ist in längstens zwanzig gleichen Monatsraten zu tilgen. Soweit der Vorschuss zu Leistungen verwendet wird, für die die Beamtinnen, Beamten, Arbeitnehmerinnen oder Arbeitnehmer in der Folge Ersatz erhalten (zum Beispiel Versicherungsleistungen), ist dieser über die laufende Tilgung hinaus zur Abdeckung des Vorschusses zu verwenden.

VII

(5) Der Vorschuss ist spätestens bis zur Beendigung des Dienst- oder Arbeitsverhältnisses oder bis zum Wechsel zu einem anderen Dienstherrn oder Arbeitgeber zurückzuzahlen. Bei vorzeitiger Beendigung des Dienst- oder Arbeitsverhältnisses ist der Rest des Vorschusses in einer Summe zurückzuzahlen. Endet das Dienst- oder Arbeitsverhältnis aus Gründen, die die Beamtin, der Beamte, die Arbeitnehmerin oder der Arbeitnehmer nicht zu vertreten hat, kann auf Antrag die Rückzahlung des Vorschusses im Rahmen der bisherigen Tilgungsraten weiter erfolgen. Im Falle des Todes der Vorschussnehmerin oder des Vorschussnehmers kann auf Antrag der Erbin oder des Erben die Rückzahlung mit den bisherigen Tilgungsraten erfolgen.

(6) Wird, bevor ein Vorschuss getilgt ist, ein weiterer Vorschuss aus anderem Anlass beantragt, so darf dieser im Rahmen des in Abs. 2 genannten Höchstbetrages nur insoweit gewährt werden, als dadurch die Summe der Vorschüsse unter Berücksichtigung der inzwischen vorgenommenen Tilgung den Gesamtbetrag von 3750 Euro nicht übersteigt. Der Rest des ersten Vorschusses kann mit dem neuen Vorschuss zusammengelegt und die monatliche Tilgungsrate neu festgelegt werden.

Nr. 4 Beginn und Aussetzung der Tilgung

(1) Die Tilgung des Vorschusses beginnt mit dem übernächsten Zahlungstag der Dienstbezüge oder des Entgelts, der auf die Auszahlung des Vorschusses folgt.

(2) Lassen besondere Umstände die laufende Tilgung des Vorschusses als besondere Härte erscheinen, kann die Bewilligungsstelle die monatliche Tilgungsrate für die Dauer von bis zu sechs Monaten bis auf die Hälfte ermäßigen oder die Tilgung für die Dauer von drei Monaten aussetzen.

(3) Die Tilgung ist auf Antrag zu ermäßigen oder auszusetzen für die Dauer

a) der Ableistung des freiwilligen Wehrdienstes nach dem Wehrpflichtgesetz oder des Bundesfreiwilligendienstes nach dem Gesetz über den Bundesfreiwilligendienst,
b) der Elternzeit, soweit nicht eine elternzeitunschädliche Tätigkeit ausgeübt wird,
c) des Zeitraumes, in dem wegen Fristablaufs weder Krankenbezüge noch Krankengeld aus einer Krankenversicherung zustehen.

Nr. 5 Antrag, Zuständigkeit

Der Antrag auf Gewährung eines Vorschusses kann formlos gestellt werden. Die Entscheidung über den Vorschussantrag trifft die oberste Dienstbehörde oder die von ihr ermächtigte Behörde.

Nr. 6 Schlussbestimmungen

(1) Über Abweichungen von den Vorschussrichtlinien, die in außergewöhnlichen Notfällen erforderlich sind, entscheidet die oberste Dienstbehörde.

(2) § 59 der Hessischen Landeshaushaltsordnung findet Anwendung.

(3) Den Gemeinden, Gemeindeverbänden und sonstigen der Aufsicht des Landes unterstehenden Körperschaften, Anstalten und Stiftungen des öffentlichen Rechts wird empfohlen, nach diesen Richtlinien entsprechend zu verfahren.

VIII Soziale Schutzvorschriften/ Familienförderung/Vermögensbildung

VIII

Hessisches Gesetz über die Gleichberechtigung von Frauen und Männern und zum Abbau von Diskriminierungen von Frauen in der öffentlichen Verwaltung (Hessisches Gleichberechtigungsgesetz – HGlG)

Vom 20. Dezember 2015 (GVBl. S. 637)

Zuletzt geändert durch
Gesetz zur Änderung des Hessischen Gleichberechtigungsgesetzes
vom 21. Juli 2023 (GVBl. S. 609)

Erster Abschnitt
Allgemeines

§ 1 Ziele des Gesetzes

(1) Ziele des Gesetzes sind die Verwirklichung der Chancengleichheit von Frauen und Männern, die Verbesserung der Vereinbarkeit von Familie und Beruf für Frauen und Männer sowie die Beseitigung bestehender Unterrepräsentanz von Frauen im öffentlichen Dienst. Bis zur Erreichung dieser Ziele werden durch berufliche Förderung auf der Grundlage von Frauenförder- und Gleichstellungsplänen mit verbindlichen Zielvorgaben strukturelle Benachteiligungen von Frauen behoben und die Zugangs- und Aufstiegsbedingungen für Frauen sowie die Arbeitsbedingungen für Frauen und Männer verbessert. Dabei wird den besonderen Belangen behinderter und von Behinderung bedrohter Frauen Rechnung getragen.

(2) Rechts- und Verwaltungsvorschriften sollen die Gleichstellung von Frauen und Männern sprachlich zum Ausdruck bringen. Dies gilt auch für den dienstlichen Schriftverkehr.

§ 2 Geltungsbereich

(1) Dieses Gesetz gilt für

1. die Landesverwaltung einschließlich der Kanzlei des Hessischen Landtages, des Hessischen Datenschutzbeauftragten und des Hessischen Rechnungshofes,
2. die Gerichte des Landes,
3. die Gemeinden und Gemeindeverbände,
4. die kommunalen Zweckverbände, den Landeswohlfahrtsverband Hessen und den Regionalverband FrankfurtRheinMain,
5. die übrigen der alleinigen Aufsicht des Landes unterstehenden juristischen Personen des öffentlichen Rechts mit fünfzig oder mehr Beschäftigten mit Ausnahme der Selbstverwaltungskörperschaften der Wirtschaft und der freien Berufe und
6. den Hessischen Rundfunk.

(2) Die der alleinigen Aufsicht des Landes unterstehenden juristischen Personen des öffentlichen Rechts, für die das Gesetz nicht gilt, sollen bei ihrer Personalwirtschaft die Grundsätze nach § 4 eigenverantwortlich anwenden.

(3) Soweit das Land, die Gemeinden, Gemeindeverbände und kommunalen Zweckverbände Beteiligungen an privatrechtlichen Unternehmen, Vereinigungen und Einrichtungen unmittelbar oder mittelbar halten oder erwerben, haben sie darauf hinzuwirken, dass bei der Personalwirtschaft die Grundsätze nach § 4 angewendet werden.

§ 3 Begriffsbestimmungen

(1) Dienststellen im Sinne dieses Gesetzes sind die einzelnen Behörden, Verwaltungsstellen und Betriebe der in § 2 Abs. 1 genannten Verwaltungen und die Gerichte. Gemeinden, Gemeindeverbände und kommunale Zweckverbände bilden unter Ausschluss der Eigenbetriebe und Krankenanstalten eine Dienststelle im Sinne dieses Gesetzes. Dienststellen im Sinne dieses Gesetzes sind auch

1. Eigenbetriebe und Krankenanstalten,
2. der Hessische Rundfunk einschließlich seiner Studios und Sendeanlagen,
3. jede Hochschule und jedes Universitätsklinikum in öffentlicher Trägerschaft,
4. die in § 82 Abs. 1 und § 86 Abs. 1 des Hessischen Personalvertretungsgesetzes vom 28. März 2023 (GVBl. S. 183), geän-

VIII

dert durch Gesetz vom 29. Juni 2023 (GVBl. S. 456), genannten Dienststellen der Polizei und der Berufsfeuerwehr,

5. die Staatlichen Schulämter für alle allgemeinbildenden und beruflichen Schulen sowie die Schulen für Erwachsene und
6. die Hessische Lehrkräfteakademie für die Studienseminare.

(2) Beschäftigte im Sinne dieses Gesetzes sind Beamtinnen und Beamte, Richterinnen und Richter, Arbeitnehmerinnen und Arbeitnehmer sowie Auszubildende. Hauptamtliche Wahlbeamtinnen und Wahlbeamte sowie Beamtinnen und Beamte, die nach § 7 des Hessischen Beamtengesetzes jederzeit in den einstweiligen Ruhestand versetzt werden können, sind keine Beschäftigten im Sinne dieses Gesetzes.

(3) Personalstellen im Sinne dieses Gesetzes sind Planstellen und Stellen nach § 21 der Hessischen Landeshaushaltsordnung vom 1. April 2022 (GVBl. S. 184).

(4) Beförderung im Sinne dieses Gesetzes sind auch die Verleihung eines Richteramtes mit einem höheren Endgrundgehalt und die Übertragung einer höher zu bewertenden Tätigkeit.

(5) Eine Unterrepräsentanz von Frauen liegt vor, wenn innerhalb des Geltungsbereichs eines Frauenförder- und Gleichstellungsplanes in einer Entgeltgruppe oder Besoldungsgruppe einer Laufbahn oder in den Funktionen mit Vorgesetzten- und Leitungsaufgaben weniger Frauen als Männer beschäftigt sind. In den Eingangsämtern der Laufbahnen gelten Frauen als unterrepräsentiert, wenn in der gesamten Laufbahn weniger Frauen als Männer beschäftigt sind. Satz 2 gilt entsprechend für das Eingangsamt des richterlichen und staatsanwaltlichen Dienstes. Innerhalb des Geltungsbereichs eines Frauenförder- und Gleichstellungsplanes bilden jede Besoldungsgruppe einer Laufbahn und jede Entgeltgruppe sowie die Funktionen mit Vorgesetzten- und Leitungsaufgaben einen Bereich. Die Stelle, die den Frauenförder- und Gleichstellungsplan aufstellt, kann weitere Unterteilungen vornehmen.

(6) Familienaufgabe im Sinne dieses Gesetzes ist die tatsächliche Betreuung von Kindern unter 18 Jahren sowie von Angehörigen, deren Pflegebedürftigkeit durch ein ärztliches Zeugnis oder eine Bescheinigung im Sinne des § 63 Abs. 1 Satz 3 des Hessischen Beamtengesetzes nachgewiesen ist.

§ 4 Grundsätze

(1) Alle Beschäftigten, insbesondere solche mit Vorgesetzten- oder Leitungsaufgaben, sowie die Leitungen der Dienststellen haben die Erreichung der Ziele dieses Gesetzes zu fördern. Sie haben bei allen Entscheidungen, die Auswirkungen auf die Beschäftigten haben können, sowie bei der Zusammenarbeit mit anderen Dienststellen, die Förderung der Chancengleichheit von Frauen und Männern als durchgängiges Leitprinzip zugrunde zu legen.

(2) Die Dienststellen sind verpflichtet, durch Frauenförder- und Gleichstellungspläne nach den §§ 5 bis 7 und sonstige Maßnahmen der Förderung nach den §§ 8 bis 14 auf die Gleichstellung von Frauen und Männern im öffentlichen Dienst, auf die Gewährleistung der Entgeltgleichheit und die Beseitigung der Unterrepräsentanz von Frauen hinzuwirken und Diskriminierungen wegen des Geschlechts und des Familienstandes zu beheben.

(3) Frauen und Männer dürfen wegen ihres Geschlechts oder ihres Familienstandes nicht diskriminiert werden. Eine Diskriminierung liegt auch vor, wenn eine Regelung oder Maßnahme sich bei geschlechtsneutraler Fassung auf ein Geschlecht wesentlich seltener vorteilhaft oder wesentlich häufiger nachteilig auswirkt als auf das andere, ohne dass dies durch zwingende Gründe gerechtfertigt ist. Maßnahmen zur Förderung von Frauen mit dem Ziel, tatsächlich bestehende Ungleichheiten zu beseitigen, bleiben hiervon unberührt.

Zweiter Abschnitt
Gleichstellung von Frauen und Männern

§ 5 Aufstellen von Frauenförder- und Gleichstellungsplänen

(1) Frauenförder- und Gleichstellungspläne werden für jeweils sechs Jahre für jede Dienststelle aufgestellt. Personalstellen mehrerer Dienststellen können nach Maßgabe der Abs. 2

bis 4 in einem Frauenförder- und Gleichstellungsplan zusammengefasst werden.

(2) In der Landesverwaltung kann für Personalstellen mehrerer Dienststellen ein gemeinsamer Frauenförder- und Gleichstellungsplan aufgestellt werden. Die Personalstellen von Dienststellen mit weniger als fünfzig Beschäftigten sollen für die Aufstellung von Frauenförder- und Gleichstellungsplänen mit anderen Dienststellen zusammengefasst werden. Über die Zusammenfassung von Personalstellen mehrerer Dienststellen in einem Frauenförder- und Gleichstellungsplan und darüber, welche Dienststelle diesen Frauenförder- und Gleichstellungsplan aufstellt, entscheidet die oberste Dienstbehörde durch Anordnung, die im Staatsanzeiger für das Land Hessen oder im Amtsblatt des zuständigen Ministeriums zu veröffentlichen ist. Im Übrigen stellt die Dienststelle die Frauenförder- und Gleichstellungspläne auf. Für Personalstellen der Richterinnen und Richter und für Personalstellen der Staatsanwältinnen und Staatsanwälte werden durch das Ministerium der Justiz besondere Frauenförder- und Gleichstellungspläne aufgestellt. Frauenförder- und Gleichstellungspläne sind jeweils im Einvernehmen mit der für die erfassten Personalstellen personalentscheidenden Dienststelle aufzustellen.

(3) Für jede Gemeinde, jeden Gemeindeverband und jeden kommunalen Zweckverband ausschließlich der Eigenbetriebe und Krankenanstalten wird mindestens je ein Frauenförder- und Gleichstellungsplan aufgestellt. Durch Satzung kann geregelt werden, dass mehrere Eigenbetriebe oder mehrere Krankenanstalten einer Gemeinde einen gemeinsamen Frauenförder- und Gleichstellungsplan aufstellen. Gemeinden, Gemeindeverbände, Eigenbetriebe, Krankenanstalten und kommunale Zweckverbände mit weniger als fünfzig Beschäftigten können von der Aufstellung eines Frauenförder- und Gleichstellungsplanes absehen.

(4) Bei den übrigen der Aufsicht des Landes unterstehenden juristischen Personen des öffentlichen Rechts nach § 2 Abs. 1 Nr. 5 sowie beim Hessischen Rundfunk wird jeweils mindestens ein Frauenförder- und Gleichstellungsplan aufgestellt.

(5) Im Einvernehmen mit der Frauen- und Gleichstellungsbeauftragten und einer nach § 15 Abs. 1 Satz 4 oder 5 bestellten Frauen- und Gleichstellungsbeauftragten kann der Frauenförder- und Gleichstellungsplan für die jeweilige Dienststelle auch als Frauenförderplan oder als Gleichstellungsplan bezeichnet werden.

§ 6 Inhalt des Frauenförder- und Gleichstellungsplanes

(1) Gegenstand des Frauenförder- und Gleichstellungsplanes sind die Förderung der Gleichstellung von Frauen und Männern, die Verbesserung der Vereinbarkeit von Familie und Beruf für Frauen und Männer sowie die Beseitigung der Unterrepräsentanz von Frauen innerhalb des Geltungsbereiches des Frauenförder- und Gleichstellungsplanes.

(2) Der Frauenförder- und Gleichstellungsplan besteht mindestens aus

1. einer Bestandsaufnahme und Analyse der Beschäftigtenstruktur,
2. einer Schätzung der im Geltungsbereich des Frauenförder- und Gleichstellungsplanes zu besetzenden Personalstellen und möglichen Beförderungen,
3. verbindlichen Zielvorgaben für jeweils drei Jahre in Prozent bezogen auf den Anteil der Frauen bei Einstellungen und Beförderungen zur Erhöhung des Frauenanteils in Bereichen, in denen Frauen unterrepräsentiert sind,
4. Maßnahmen zur Verbesserung der Arbeitsbedingungen und zur Vereinbarkeit von Familie und Beruf für Frauen und Männer sowie zur Aufwertung von Tätigkeiten an überwiegend mit Frauen besetzten Arbeitsplätzen, soweit dies erforderlich ist, um einen dem Gleichberechtigungsgrundsatz widersprechenden Zustand zu beseitigen, und
5. konkreten Maßnahmen der geschlechtergerechten Personalentwicklung.

Für die Festlegung der Zielvorgaben und Maßnahmen sind die Besonderheiten in den jeweiligen Bereichen und Dienststellen maßgebend.

(3) Für die Bestandsaufnahme und Analyse der Beschäftigtenstruktur nach Abs. 2 Nr. 1 sind folgende Daten zu erheben:

1. die Zahl der befristet und unbefristet Beschäftigten in Vollzeit getrennt nach Frauen und Männern sowie Besoldungs- und Entgeltgruppen,
2. die Zahl der befristet und unbefristet Beschäftigten in Teilzeit sowie die mit ihnen besetzten Personalstellen und die entsprechenden Stellenanteile getrennt nach Frauen und Männern sowie Besoldungs- und Entgeltgruppen,
3. die Zahl der Auszubildenden sowie der Anwärterinnen und Anwärter, getrennt nach Frauen und Männern sowie Berufsgruppen,
4. die Zahl der in der Dienststelle beschäftigten Führungskräfte mit Vorgesetzten- und Leitungsaufgaben getrennt nach Frauen und Männern und
5. die Zahl der durch Erreichen der gesetzlichen Altersgrenze und vorgesehenen Wechsel des Aufgabengebietes oder Arbeitsplatzes voraussichtlich frei werdenden Personalstellen sowie der voraussichtlich zu besetzenden Personalstellen und möglichen Beförderungen.

(4) Unter Maßnahmen der geschlechtergerechten Personalentwicklung nach Abs. 2 Nr. 5 können insbesondere fallen:

1. Potenzialerkennung und -förderung,
2. die Entwicklung von Personalauswahlkriterien,
3. Fortbildungsmaßnahmen,
4. die Übertragung von qualifizierenden Aufgaben, wie Leitungen von Arbeitsgruppen und Stellvertretungsfunktionen,
5. die Erprobung und Weiterentwicklung von Teilzeitbeschäftigung in Führungsfunktionen,
6. familienfreundliche Rotationsmöglichkeiten,
7. die Verbesserung der Integration während und nach der Rückkehr aus Beurlaubungen zur Wahrnehmung von Familienaufgaben,
8. eine geschlechtergerechte Personalkostenbudgetierung,
9. die Einflussnahme auf die Führungskultur zugunsten der Chancengleichheit von Frauen und Männern und
10. die Veränderung des Beurteilungswesens unter Anerkennung der Unterschiede in den Erwerbsbiografien von Frauen und Männern.

(5) In jedem Frauenförder- und Gleichstellungsplan sind jeweils mehr als die Hälfte der zu besetzenden Personalstellen eines Bereichs, in dem Frauen unterrepräsentiert sind, zur Besetzung durch Frauen vorzusehen. Dies gilt nicht, wenn ein bestimmtes Geschlecht unverzichtbare Voraussetzung für eine Tätigkeit ist. Ist glaubhaft dargelegt, dass nicht genügend Frauen mit der notwendigen Qualifikation zu gewinnen sind, können entsprechend weniger Personalstellen zur Besetzung durch Frauen vorgesehen werden. Bei Beförderungen ohne Stellenbesetzungen sowie Höhergruppierungen in Bereichen, in denen Frauen unterrepräsentiert sind, ist ein Frauenanteil vorzusehen, der mindestens dem Anteil der Frauen an der nächstniedrigeren Besoldungs- oder Entgeltgruppe in dem Bereich entspricht. Satz 3 gilt entsprechend. Wenn personalwirtschaftliche Maßnahmen vorgesehen sind, die Stellen sperren oder zum Wegfall bringen, bei Eintritt oder Versetzungen in den Ruhestand, bei Verrentungen sowie bei Gewährung von Altersteilzeit ist durch den Frauenförder- und Gleichstellungsplan zu gewährleisten, dass der Frauenanteil in den betroffenen Bereichen mindestens gleich bleibt.

(6) Stellen des wissenschaftlichen Dienstes, die nach § 72 Abs. 2 des Hessischen Hochschulgesetzes vom 14. Dezember 2021 (GVBl. S. 931), zuletzt geändert durch Gesetz vom 28. März 2023 (GVBl. S. 183), befristet besetzt werden, sind mindestens mit dem Anteil an Frauen zu besetzen, den sie an den Absolventinnen und Absolventen des jewei-

ligen Fachbereiches stellen. Stellen des wissenschaftlichen Dienstes, die nach § 70 Abs. 4 und 5 des Hessischen Hochschulgesetzes befristet besetzt werden, sind mindestens mit dem Anteil an Frauen zu besetzen, den sie an den an dem jeweiligen Fachbereich Promovierten stellen. Die zur Beschäftigung von wissenschaftlichen Hilfskräften ohne Abschluss angesetzten Mittel müssen mindestens mit dem Anteil für Frauen verwendet werden, den sie an den Studierenden des jeweiligen Fachbereiches stellen.

(7) Der Frauenförder- und Gleichstellungsplan ist nach drei Jahren zu überprüfen und der aktuellen Entwicklung anzupassen. Bei dieser Anpassung sind ergänzende Maßnahmen aufzunehmen, wenn erkennbar ist, dass die Zielvorgaben des Frauenförder- und Gleichstellungsplanes nach Abs. 2 Nr. 3 sonst nicht erreicht werden können. Mit Zustimmung der Frauen- und Gleichstellungsbeauftragten kann der Frauenförder- und Gleichstellungsplan bei Bedarf auch zu einem anderen Zeitpunkt angepasst werden.

§ 7 Verfahren zur Aufstellung von Frauenförder- und Gleichstellungsplänen, Bekanntmachung, Berichte

(1) In der Landesverwaltung bedürfen Frauenförder- und Gleichstellungspläne der Zustimmung der Dienststelle, die die unmittelbare Dienstaufsicht über die in dem Frauenförder- und Gleichstellungsplan erfassten Personalstellen ausübt. Die Zustimmung gilt als erteilt, sofern die zuständige Dienststelle nicht innerhalb von drei Monaten entscheidet.

(2) Frauenförder- und Gleichstellungspläne, die beim Hessischen Landtag, beim Hessischen Datenschutzbeauftragten und beim Hessischen Rechnungshof aufgestellt werden, bedürfen der Zustimmung der Präsidentin oder des Präsidenten des Landtages im Benehmen mit dem Präsidium des Landtages.

(3) Frauenförder- und Gleichstellungspläne sind in den Gemeinden der Gemeindevertretung und in den Gemeindeverbänden dem Kreistag zur Beratung und Beschlussfassung vorzulegen. Frauenförder- und Gleichstellungspläne der kommunalen Zweckverbände und des Landeswohlfahrtsverbandes Hessen sind der Verbandsversammlung, Frauenförder- und Gleichstellungspläne des Regionalverbandes FrankfurtRheinMain der Verbandskammer zur Beratung und Beschlussfassung vorzulegen.

(4) Frauenförder- und Gleichstellungspläne der Hochschulen des Landes und der übrigen der Aufsicht des Landes unterstehenden juristischen Personen des öffentlichen Rechts nach § 2 Abs. 1 Nr. 5 werden im Benehmen mit der Dienststelle, die die Rechtsaufsicht ausübt, aufgestellt. Rechtsaufsichtliche Beziehungen bleiben unberührt.

(5) Frauenförder- und Gleichstellungspläne des Hessischen Rundfunks bedürfen der Zustimmung des Verwaltungsrates.

(6) Bei Änderungen des Frauenförder- und Gleichstellungsplanes nach § 6 Abs. 7 gelten Abs. 1 bis 5 entsprechend.

(7) Frauenförder- und Gleichstellungspläne sind in den Dienststellen, deren Personalstellen sie betreffen, bekannt zu machen. Die Dienststelle, die den Frauenförder- und Gleichstellungsplan aufstellt, berichtet der nach Abs. 1 bis 5 zuständigen Stelle alle drei Jahre über den Umsetzungsstand der im Frauenförder- und Gleichstellungsplan enthaltenen Zielvorgaben und Maßnahmen sowie über sonstige Maßnahmen der Förderung nach den §§ 8 bis 14.

(8) Soweit der Frauenförder- und Gleichstellungsplan nicht umgesetzt worden ist, sind die Gründe hierfür sowohl im Rahmen der Anpassung an die aktuelle Entwicklung nach § 6 Abs. 7 als auch bei der Aufstellung des nächsten Frauenförder- und Gleichstellungsplanes darzulegen und in der Dienststelle bekannt zu geben.

(9) Die Landesregierung berichtet dem Landtag alle fünf Jahre über die Entwicklung des Frauenanteils an den Beschäftigten sowie über Maßnahmen nach § 6 Abs. 4 und sonstige Maßnahmen der Förderung aufgrund von Frauenförder- und Gleichstellungsplänen im Geltungsbereich dieses Gesetzes nach § 2 Abs. 1.

§ 8 Vergabe von Ausbildungsplätzen

(1) In Ausbildungsberufen, in denen Frauen unterrepräsentiert sind, sind sie bei der Vergabe von Ausbildungsplätzen mindestens zur Hälfte zu berücksichtigen. Satz 1 gilt nicht für Ausbildungsgänge, in denen der Staat ausschließlich ausbildet.

(2) Es sind geeignete Maßnahmen zu ergreifen, um Frauen auf freie Ausbildungsplätze in Berufen im Sinne von Abs. 1 Satz 1 aufmerksam zu machen und sie zur Bewerbung zu veranlassen. Liegen trotz solcher Maßnahmen nicht genügend Bewerbungen von Frauen vor, können entgegen Abs. 1 Satz 1 mehr als die Hälfte der Ausbildungsplätze mit Männern besetzt werden.

§ 9 Ausschreibungen

(1) In allen Bereichen, in denen Frauen unterrepräsentiert sind, sind zu besetzende Personalstellen grundsätzlich auszuschreiben. Art und Inhalt der Ausschreibung haben sich ausschließlich an den Anforderungen der zu besetzenden Personalstelle oder des zu vergebenden Amtes zu orientieren. In der Ausschreibung ist darauf hinzuweisen, dass Bewerbungen von Frauen besonders erwünscht sind. Ausschreibungen sind geschlechtsneutral zu formulieren.

(2) In Ausschreibungen ist grundsätzlich darauf hinzuweisen, dass der ausgeschriebene Arbeitsplatz in Teilzeit besetzt werden kann. Dies gilt auch für Funktionen mit Vorgesetzten- und Leitungsaufgaben aller Hierarchieebenen. Ausnahmen von Satz 1 sind nur zulässig, soweit einer Besetzung in Teilzeit zwingende Belange entgegenstehen. Soweit eine Verpflichtung zur Erhöhung des Frauenanteils aufgrund eines Frauenförder- und Gleichstellungsplanes besteht, ist dies in der Ausschreibung zu erwähnen. Die Ausschreibung soll dienststellenübergreifend erfolgen, wenn abzusehen ist, dass die Verpflichtung zur Erhöhung des Frauenanteils mit einer internen Ausschreibung nicht erfüllt werden kann.

(3) Ausnahmen von den Grundsätzen des Abs. 1 Satz 1 und Abs. 2 Satz 1 bedürfen der Zustimmung der Frauen- und Gleichstellungsbeauftragten, welche das Benehmen mit einer nach § 15 Abs. 1 Satz 4 oder 5 bestellten Frauen- und Gleichstellungsbeauftragten herzustellen hat.

§ 10 Bewerbungsgespräche

(1) In Bereichen, in denen Frauen unterrepräsentiert sind, werden mindestens ebenso viele Frauen wie Männer oder alle Bewerberinnen zum Bewerbungsgespräch eingeladen, soweit ein solches durchgeführt wird, wenn sie die gesetzlich oder sonst vorgesehenen Voraussetzungen für die Besetzung der Personalstelle oder des zu vergebenden Amtes erfüllen.

(2) Fragen nach dem Familienstand, einer bestehenden oder geplanten Schwangerschaft oder geplanten Elternzeit und danach, wie Familienaufgaben neben der Berufstätigkeit gewährleistet werden können, sind unzulässig.

§ 11 Auswahlentscheidungen

(1) Um die Chancengleichheit von Frauen und Männern bei Einstellung, Beförderung und Höhergruppierung sowie die Erfüllung der Zielvorgaben der Frauenförder- und Gleichstellungspläne zu gewährleisten, sind Eignung, Befähigung und fachliche Leistung (Qualifikation) entsprechend den Anforderungen der zu besetzenden Stelle oder des zu vergebenden Amtes zu beurteilen. Bei der Qualifikationsbeurteilung sind Fähigkeiten und Erfahrungen, die durch die Wahrnehmung von Familienaufgaben oder in ehrenamtlicher Tätigkeit erworben wurden, zu berücksichtigen, soweit ihnen für die Eignung, Leistung und Befähigung der Bewerberinnen und Bewerber Bedeutung zukommt. Dies gilt auch, wenn Familienaufgaben neben der Erwerbsarbeit wahrgenommen wurden.

(2) Dienstalter, Lebensalter und der Zeitpunkt der letzten Beförderung oder Höhergruppierung dürfen nur insoweit Berücksichtigung finden, als ihnen für die Eignung, Leistung und Befähigung der Bewerberinnen und Bewerber Bedeutung zukommt.

(3) Familienstand oder Einkommen des Partners oder der Partnerin dürfen nicht berücksichtigt werden. Teilzeitbeschäftigungen, Beurlaubungen zur Wahrnehmung von Familien-

aufgaben, die Inanspruchnahme von Elternzeit, Familienpflegezeit, Pflegezeit, Telearbeit und flexiblen Arbeitszeitmodellen sowie Verzögerungen beim Abschluss der Ausbildung aufgrund der Wahrnehmung von Familienaufgaben dürfen sich nicht nachteilig auf die dienstliche Beurteilung und die Auswahlentscheidung auswirken sowie das berufliche Fortkommen nicht beeinträchtigen. Eine regelmäßige Gleichbehandlung von Teilzeitbeschäftigung, Beurlaubung, Elternzeit, Familienpflegezeit, Pflegezeit und Vollzeitbeschäftigung ist damit nicht verbunden.

(4) Werden die Zielvorgaben des Frauenförder- und Gleichstellungsplanes nach § 6 Abs. 2 Nr. 3 für jeweils drei Jahre nicht erfüllt, bedarf bis zu ihrer Erfüllung jede weitere Einstellung oder Beförderung eines Mannes in einem Bereich, in dem Frauen unterrepräsentiert sind, der Zustimmung der Stelle, die dem Frauenförder- und Gleichstellungsplan zugestimmt oder diesen nach § 5 Abs. 1 Satz 2 aufgestellt hat, im Geltungsbereich der Frauenförder- und Gleichstellungspläne der Ministerien und der Staatskanzlei der Zustimmung der Landesregierung. Im Geltungsbereich der bei den Hochschulen aufgestellten Frauen- und Gleichstellungspläne ist die Zustimmung der Präsidentin, des Präsidenten, der Rektorin oder des Rektors erforderlich. In Gemeinden ist die Beschlussfassung des Gemeindevorstandes, in Gemeindeverbänden die Beschlussfassung des Kreisausschusses, bei kommunalen Zweckverbänden die Beschlussfassung des Verbandsvorstandes, beim Landeswohlfahrtsverband Hessen die Beschlussfassung des Verwaltungsausschusses und beim Regionalverband FrankfurtRheinMain die Zustimmung des Regionalvorstandes erforderlich. Bei den übrigen der Aufsicht des Landes unterstehenden juristischen Personen des öffentlichen Rechts nach § 2 Abs. 1 Nr. 5 ist die Zustimmung des Organs, welches die Geschäftsführung wahrnimmt, erforderlich; die Angelegenheit ist der Aufsichtsbehörde zur Kenntnis zu geben. Ist ein in Satz 3 oder 4 genanntes Organ bereits nach anderen Rechtsvorschriften mit der Angelegenheit zu befassen, so ist vor der ersten Beschlussfassung unter Beifügung einer Stellungnahme der Frauen- und Gleichstellungsbeauftragten darauf hinzuweisen, dass der Frauenförder- und Gleichstellungsplan in diesem Bereich nicht erfüllt wurde; eine weitere Beschlussfassung nach Satz 3 oder 4 entfällt. Satz 1 findet keine Anwendung in Fällen des Art. 127 Abs. 3 der Hessischen Verfassung.

(5) Solange kein Frauenförder- und Gleichstellungsplan aufgestellt ist, dürfen in Bereichen, in denen Frauen unterrepräsentiert sind, keine Einstellungen und Beförderungen vorgenommen werden. Ist der Frauenförder- und Gleichstellungsplan wegen eines Verfahrens nach den §§ 68 oder 70 des Hessischen Personalvertretungsgesetzes noch nicht in Kraft, dürfen keine Einstellungen und Beförderungen vorgenommen werden, die dem bereits aufgestellten Frauenförder- und Gleichstellungsplan zuwiderlaufen.

(6) Unter Beachtung von § 10 des Hessischen Beamtengesetzes sind Bewerberinnen und Bewerber bevorzugt einzustellen, die wegen der Wahrnehmung von Familienaufgaben aus dem öffentlichen Dienst ausgeschieden sind oder nach Ableistung eines Vorbereitungsdienstes keinen Antrag auf Übernahme in den öffentlichen Dienst stellen konnten. Beschäftigte, die bei unbefristeter Teilzeitbeschäftigung oder vor Ablauf einer befristeten Teilzeitbeschäftigung oder Ermäßigung der Arbeitszeit zur Wahrnehmung von Familienaufgaben wieder zur regelmäßigen Arbeitszeit zurückkehren wollen, sind bei der Besetzung von Vollzeitstellen unter Beachtung von § 10 des Hessischen Beamtengesetzes bevorzugt zu berücksichtigen.

§ 12 Personalentwicklung

(1) Die Dienststellen haben bei Maßnahmen zur Personalentwicklung die Chancengleichheit von Frauen und Männern und die Vereinbarkeit von Familie und Beruf als Leitprinzipien zugrunde zu legen. Dieses gilt insbesondere für Fortbildungsmaßnahmen, für die dauernde oder zeitlich befristete Übertragung anderer Aufgaben und Funktionen, für die Abordnung zu anderen Dienststellen (Rotation) und für sonstige Maßnahmen, die auf die Übernahme höherwertiger Tätigkeiten vorbereiten.

(2) In Maßnahmen zur Fortbildung, die sich an Verantwortliche für Personalentwicklung, Personalverwaltung sowie für Organisations- und Leitungsaufgaben richten, sind die Leitprinzipien zur Chancengleichheit von Frauen und Männern und zur Vereinbarkeit von Familie und Beruf zu behandeln.

(3) Für weibliche Beschäftigte werden besondere Fortbildungsmaßnahmen angeboten, die eine Weiterqualifikation ermöglichen und auf die Übernahme von Tätigkeiten, bei denen Frauen unterrepräsentiert sind, vorbereiten. Solange Frauen in Personalstellen mit Vorgesetzten- und Leitungsaufgaben unterrepräsentiert sind, ist ihnen mindestens ihrem Anteil an den Beschäftigten der Dienststelle entsprechend die Teilnahme an Führungskräftefortbildungen einzuräumen. Dies ist in den Frauenförder- und Gleichstellungsplan aufzunehmen.

(4) Entstehen durch die Teilnahme an dienstlichen Fortbildungsmaßnahmen unvermeidliche Kosten für die Betreuung von Kindern unter 15 Jahren oder von Angehörigen, deren Pflegebedürftigkeit durch ein ärztliches Zeugnis oder eine Bescheinigung im Sinne des § 63 Abs. 1 Satz 3 des Hessischen Beamtengesetzes nachgewiesen ist, so werden diese erstattet. Die Kosten sind innerhalb einer Ausschlussfrist von einem Monat bei der Beschäftigungsbehörde schriftlich zu beantragen. Die Frist beginnt mit dem Tage nach Beendigung der Fortbildungsmaßnahme.

(5) Maßnahmen zur Personalentwicklung sind im Rahmen der dienstlichen Möglichkeiten so anzubieten, dass auch Beschäftigten mit Familienaufgaben die Teilnahme möglich ist. Soweit erforderlich, sind im Rahmen der dienstlichen Möglichkeiten zusätzliche Maßnahmen anzubieten, die den zeitlichen und räumlichen Bedürfnissen von Beschäftigten mit Familienaufgaben entsprechen.

§ 13 Gremien

Alle Dienststellen sollen bei der Besetzung von Kommissionen, Beiräten, Verwaltungs- und Aufsichtsräten sowie sonstigen Gremien, soweit sie ein Entsendungs-, Bestellungs- oder Vorschlagsrecht haben, mindestens zur Hälfte Frauen berücksichtigen. Ausnahmen sind nur aus erheblichen Gründen zulässig, die aktenkundig zu machen sind.

Dritter Abschnitt
Vereinbarkeit von Familie und Beruf

§ 14 Arbeitsbedingungen, Teilzeitbeschäftigung und Beurlaubung

(1) Die Dienststellen haben Arbeitszeiten und sonstige Rahmenbedingungen anzubieten, die Frauen und Männern die Vereinbarkeit von Familie und Beruf erleichtern, soweit zwingende dienstliche Belange nicht entgegenstehen.

(2) Anträgen von Arbeitnehmerinnen und Arbeitnehmern auf Teilzeitbeschäftigung und Beurlaubung zur Wahrnehmung von Familienaufgaben ist zu entsprechen, soweit nicht zwingende dienstliche Belange entgegenstehen. Die §§ 63, 64 und 66 des Hessischen Beamtengesetzes werden auf Arbeitnehmerinnen und Arbeitnehmer entsprechend angewandt.

(3) Anträgen der Beschäftigten auf flexible Ausgestaltung der Arbeitszeit, auf Telearbeit und auf Mobiles Arbeiten zur Wahrnehmung von Familienaufgaben ist im Rahmen der dienstlichen Möglichkeiten zu entsprechen. Die Ablehnung von schriftlichen Anträgen muss im Einzelnen schriftlich begründet werden.

(4) Bei Teilzeitbeschäftigung und Beurlaubung zur Wahrnehmung von Familienaufgaben sowie für die Zeit des Beschäftigungsverbotes nach § 6 des Mutterschutzgesetzes vom 23. Mai 2017 (BGBl. I S. 1228), geändert durch Gesetz vom 12. Dezember 2019 (BGBl. I S. 2652), und § 1 Abs. 1 Satz 1 Nr. 2 der Hessischen Mutterschutz- und Elternzeitverordnung vom 8. Dezember 2011 (GVBl. I S. 758, 2012, S. 10, 340), zuletzt geändert durch Gesetz vom 15. November 2021 (GVBl. S. 718), ist ein personeller Ausgleich vorzunehmen; wenn dies auch bei Ausschöpfung aller Mittel unmöglich ist, ist ein organisatorischer Ausgleich vorzunehmen.

(5) Beschäftigten, die zur Wahrnehmung von Familienaufgaben beurlaubt sind, werden

von ihrer Beschäftigungsdienststelle und der Dienststelle, die den sie betreffenden Frauenförder- und Gleichstellungsplan aufgestellt hat, kurzfristige Beschäftigungsverhältnisse bei vorübergehendem Personalbedarf der Dienststelle vorrangig angeboten. Die Dienststelle soll durch geeignete Maßnahmen den aus familiären Gründen beurlaubten Beschäftigten die Verbindung zum Beruf und den beruflichen Wiedereinstieg erleichtern. Soweit in dem jeweiligen Beruf erforderlich, werden ihnen auch Fortbildungen angeboten, die zur Erhaltung und Anpassung ihrer Qualifikation geeignet sind. Die aus familiären Gründen beurlaubten Beschäftigten sollen von der Dienststelle auf Wunsch über Stellenausschreibungen informiert werden.

(6) Beschäftigte, die eine Teilzeitbeschäftigung oder eine Beurlaubung beantragen, sind auf die Folgen, insbesondere in Bezug auf renten-, arbeitslosenversicherungs- und versorgungsrechtliche Ansprüche, in allgemeiner Form hinzuweisen.

(7) Teilzeitbeschäftigten sind die gleichen beruflichen Aufstiegsmöglichkeiten und Fortbildungschancen einzuräumen wie Vollzeitbeschäftigten. Sie werden bei der Gewährung freiwilliger sozialer Leistungen Vollzeitbeschäftigten gleichgestellt. Die Wahrnehmung von Vorgesetzten- und Leitungsaufgaben aller Hierarchieebenen steht der Teilzeitbeschäftigung grundsätzlich nicht entgegen.

(8) Abs. 7 gilt entsprechend für Beschäftigte, die flexible Arbeitszeitmodelle oder Telearbeit in Anspruch nehmen.

§ 14a Betreuungskosten bei besonderen Einsatzlagen

(1) Entstehen Beschäftigten aufgrund einer kurzfristigen Heranziehung zu besonderen Einsatzlagen unvermeidliche Kosten für die Betreuung von Kindern unter 15 Jahren oder von Angehörigen, deren Pflegebedürftigkeit durch ein ärztliches Zeugnis oder eine Bescheinigung im Sinne des § 63 Abs. 1 Satz 3 des Hessischen Beamtengesetzes nachgewiesen ist, so werden diese für einen Zeitraum von maximal zwei Wochen erstattet. Abweichend von Satz 1 kann im Einzelfall eine darüberhinausgehende Kostenerstattung gewährt werden, sofern Beschäftigte nachweisen, dass keine andere Betreuungsmöglichkeit zur Verfügung stand und der Beschäftigte in der besonderen Einsatzlage unverzichtbar war. Die Kostenerstattung ist ausgeschlossen

1. bei einer Betreuung durch Familienmitglieder ersten oder zweiten Grades oder
2. wenn die Betreuungskosten pflegebedürftiger Angehöriger von einer anderen Stelle übernommen werden.

(2) Die Kosten sind innerhalb eines Monats nach Beendigung der besonderen Einsatzlage bei der Beschäftigungsbehörde schriftlich zu beantragen (Ausschlussfrist).

Vierter Abschnitt Frauen- und Gleichstellungsbeauftragte

§ 15 Bestellung von Frauen- und Gleichstellungsbeauftragten

(1) Jede Dienststelle mit 50 oder mehr Beschäftigten bestellt mindestens eine Frauen- und Gleichstellungsbeauftragte; Dienststellen mit weniger als 50 Beschäftigten können eine Frauen- und Gleichstellungsbeauftragte bestellen. In den Gemeinden und Gemeindeverbänden kann die Aufgabe dem Frauenbüro oder einer vergleichbaren Stelle nach § 4b der Hessischen Gemeindeordnung oder § 4a der Hessischen Landkreisordnung zugeordnet werden. In diesem Falle soll eine entsprechende personelle Verstärkung des Frauenbüros oder der ähnlichen Stelle vorgenommen werden. Gilt für Personalstellen mehrerer Dienststellen ein gemeinsamer Frauenförder- und Gleichstellungsplan, so wird bei der hierfür zuständigen Dienststelle zusätzlich eine weitere Frauen- und Gleichstellungsbeauftragte bestellt. Für den Geltungsbereich mehrerer gemeinsamer Frauenförder- und Gleichstellungspläne kann eine einzige Frauen- und Gleichstellungsbeauftragte bestellt werden, wenn die Frauenförder- und Gleichstellungspläne zusammen nicht mehr als 2000 Personalstellen betreffen.

(2) Zur Frauen- und Gleichstellungsbeauftragten darf nur eine Frau bestellt werden. Die Funktion der Frauen- und Gleichstel-

VIII

lungsbeauftragten ist grundsätzlich teilbar. Ein Interessenwiderstreit mit ihren sonstigen dienstlichen Aufgaben ist auszuschließen. Die Frauen- und Gleichstellungsbeauftragte darf keiner Personalvertretung angehören. Sie muss die zur Erfüllung ihrer Aufgabe erforderliche Sachkenntnis und Zuverlässigkeit besitzen und in einem unbefristeten Beschäftigungsverhältnis stehen.

(3) Die Bestellung von Frauen- und Gleichstellungsbeauftragten erfolgt aufgrund einer Ausschreibung in der Dienststelle unter Beachtung der Vorgaben des Abs. 2. Zur Bestellung ist die Zustimmung der zu bestellenden Bediensteten erforderlich.

(4) Im Benehmen mit der Frauen- und Gleichstellungsbeauftragten ist mindestens eine Stellvertreterin zu bestellen, die sie bei Abwesenheit und bei sonstiger Verhinderung vertritt; Abs. 2 und Abs. 3 Satz 2 gelten entsprechend. Die Frauen- und Gleichstellungsbeauftragte kann der Stellvertreterin mit deren Zustimmung Aufgaben zur eigenständigen Erledigung übertragen.

(5) An den Hochschulen können an den Fachbereichen zusätzlich Fachbereichsbeauftragte bestellt werden. Näheres regeln die Hochschulen durch Satzung.

(6) Bei den Gerichten sind für Angelegenheiten des richterlichen und des nicht richterlichen Personals, bei den Staatsanwaltschaften für Angelegenheiten des staatsanwaltlichen und des nicht staatsanwaltlichen Personals jeweils gesonderte Frauen- und Gleichstellungsbeauftragte zu bestellen. Die Vorschrift des Abs. 1 Satz 1 über die Mindestzahl der Beschäftigten gilt entsprechend für die jeweilige Gruppe.

(7) Im Einvernehmen mit der Dienststellenleitung kann die Frauen- und Gleichstellungsbeauftragte auch die Amtsbezeichnung Frauenbeauftragte oder Gleichstellungsbeauftragte verwenden.

§ 16 Dauer der Bestellung und Abberufung

(1) Die Frauen- und Gleichstellungsbeauftragte wird für sechs Jahre bestellt. Im Einvernehmen mit der zu bestellenden Beschäftigten kann die Bestellung für weniger als sechs Jahre erfolgen. Mit Zustimmung der Amtsinhaberin sind Verlängerungen der Bestellung um jeweils bis zu sechs Jahre möglich.

(2) Die Frauen- und Gleichstellungsbeauftragte kann nur wegen grober Vernachlässigung der gesetzlichen Pflichten oder grober Verletzung der gesetzlichen Befugnisse als Frauen- und Gleichstellungsbeauftragte von dieser Funktion abberufen werden. Allgemeine dienstrechtliche und tarifvertragliche Regelungen bleiben unberührt.

(3) Die Bestellung der Frauen- und Gleichstellungsbeauftragten erlischt durch die Beendigung des Dienst- oder Arbeitsverhältnisses, die Versetzung an eine andere Dienststelle, den Eintritt oder die Versetzung in den Ruhestand, bei der Wahl in eine Personalvertretung oder durch Rücktritt.

(4) Abs. 1 bis 3 gelten entsprechend für die Stellvertreterin.

§ 17 Aufgaben und Rechte der Frauen- und Gleichstellungsbeauftragten

(1) Die Frauen- und Gleichstellungsbeauftragte überwacht die Durchführung dieses Gesetzes und, soweit es um das Verbot von Benachteiligungen aufgrund des Geschlechts einschließlich des Verbots von sexuellen Belästigungen geht, des Allgemeinen Gleichbehandlungsgesetzes vom 14. August 2006 (BGBl. I S. 1897), zuletzt geändert durch Gesetz vom 23. Mai 2022 (BGBl. I S. 768), und unterstützt die Dienststellenleitung bei der Umsetzung dieser Gesetze. Sie hat das Recht, frühzeitig an allen personellen, organisatorischen und sozialen Maßnahmen beteiligt zu werden, welche die Gleichstellung von Frauen und Männern sowie die Vereinbarkeit von Familie und Beruf betreffen. Dies betrifft insbesondere

1. die Aufstellung und Änderung des Frauenförder- und Gleichstellungsplanes, der Personalstellen ihrer Dienststelle betrifft, sowie Maßnahmen nach § 6,
2. personelle Maßnahmen im Sinne der §§ 75, 77 und 79 des Hessischen Personalvertretungsgesetzes, soziale Maßnahmen im Sinne des § 74 des Hessischen Personalvertretungsgesetzes und organi-

VIII

satorische Maßnahmen im Sinne des § 78 des Hessischen Personalvertretungsgesetzes mit Auswirkungen auf Personalstellen der Dienststelle, für die sie bestellt wurde,
3. Stellenausschreibungen und Auswahlverfahren für Personalstellen der Dienststellen, für die sie bestellt wurde,
4. Maßnahmen zum Schutz vor sexueller Belästigung,
5. die Besetzung von Gremien nach § 13 sowie
6. sonstige Maßnahmen zur Durchführung des Frauenförder- und Gleichstellungsplanes.

(2) Frauen- und Gleichstellungsbeauftragte nach § 15 Abs. 1 Satz 4 und 5 haben das Recht, an der Aufstellung des Frauenförder- und Gleichstellungsplanes, für den sie bestellt wurden, sowie an personellen Maßnahmen im Sinne der §§ 75, 77 und 79 des Hessischen Personalvertretungsgesetzes, Stellenausschreibungen und Auswahlverfahren, welche die in diesem Frauenförder- und Gleichstellungsplan erfassten Personalstellen betreffen, beteiligt zu werden. Im Rahmen der Beteiligungsrechte nach Satz 1 finden für die Frauen- und Gleichstellungsbeauftragten nach § 15 Abs. 1 Satz 4 und 5 die für die übrigen Frauen- und Gleichstellungsbeauftragten geltenden Vorschriften Anwendung, soweit nichts anderes bestimmt ist.

VIII

(3) In der Landesverwaltung ist bei organisatorischen Maßnahmen, die für die Beschäftigten mehrerer Dienststellen von Bedeutung sind, die Frauen- und Gleichstellungsbeauftragte der obersten Landesbehörde anstelle der Frauen- und Gleichstellungsbeauftragten der betroffenen Dienststelle zu beteiligen. Bei organisatorischen Maßnahmen, die für die Beschäftigten mehrerer Geschäftsbereiche von Bedeutung sind oder über die die Landesregierung entscheidet, wird anstelle der Frauen- und Gleichstellungsbeauftragten nach Satz 1 die Frauen- und Gleichstellungsbeauftragte der zuständigen obersten Landesbehörde beteiligt.

(4) Von einer beabsichtigten Maßnahme ist sie rechtzeitig, mindestens zwei Wochen vor der Entscheidung, zu unterrichten und anzuhören. In dringenden Fällen kann die Frist auf eine Woche abgekürzt werden; dies ist auf Verlangen der Frauen- und Gleichstellungsbeauftragten schriftlich zu begründen. Vor fristlosen Entlassungen oder außerordentlichen Kündigungen beträgt die Frist drei Arbeitstage. Hat die Frauen- und Gleichstellungsbeauftragte Bedenken gegen die beabsichtigte Maßnahme, so hat sie dies unter Angabe der Gründe unverzüglich der Dienststellenleitung mitzuteilen. Das Votum ist zu den Akten zu nehmen. Soweit die Maßnahme einer anderen Dienststelle zur Entscheidung vorgelegt wird, kann die Frauen- und Gleichstellungsbeauftragte eine schriftliche Stellungnahme beifügen. Folgt die Dienststelle dem Votum der Frauen- und Gleichstellungsbeauftragten nicht, hat sie ihr die Gründe hierfür auf Verlangen schriftlich mitzuteilen.

(5) Wird die Frauen- und Gleichstellungsbeauftragte nicht ordnungsgemäß an einer Maßnahme beteiligt, ist die Entscheidung über die Maßnahme auszusetzen, bis die Beteiligung nachgeholt wurde. Der Frauen- und Gleichstellungsbeauftragten ist hierfür eine Frist von zwei Wochen zu gewähren. In dringenden Fällen ist die Frist auf eine Woche, bei außerordentlichen Kündigungen und fristlosen Entlassungen auf drei Arbeitstage zu verkürzen.

(6) Die Frauen- und Gleichstellungsbeauftragte hat in allen Angelegenheiten, die ihrer Beteiligung unterliegen, ein Initiativrecht. Die Dienststelle hat über einen Initiativantrag in angemessener Zeit zu entscheiden. Die Entscheidung über einen schriftlich gestellten Initiativantrag ist der Frauen- und Gleichstellungsbeauftragten schriftlich mitzuteilen.

(7) Die Frauen- und Gleichstellungsbeauftragte erhält auf Verlangen Einsicht in alle aktenrelevante Unterlagen, die Maßnahmen, an denen sie zu beteiligen ist, betreffen. Bei Personalentscheidungen erhält sie auf Verlangen auch Einsicht in Bewerbungsunterlagen einschließlich derer von Bewerberinnen und Bewerbern, die nicht in die engere Auswahl einbezogen wurden.

§ 18 Information und Austausch

(1) Der Frauen- und Gleichstellungsbeauftragten ist Gelegenheit zur Teilnahme an Be-

sprechungen nach § 62 des Hessischen Personalvertretungsgesetzes zu geben.

(2) Die Frauen- und Gleichstellungsbeauftragte kann sich unmittelbar an die Dienststellenleitung wenden. Sie kann sich auf dem Dienstweg an die oberste Dienstbehörde wenden.

(3) Zur Beratung von Fragen grundsätzlicher Bedeutung nach § 1 Abs. 1 Satz 1, insbesondere zur Auslegung dieses Gesetzes, kann sich die Frauen- und Gleichstellungsbeauftragte unmittelbar an das für das Hessische Gleichberechtigungsgesetz zuständige Ministerium wenden. Personenbezogene Daten von Beschäftigten dürfen dabei nicht ohne Einwilligung der Betroffenen übermittelt werden.

(4) Die Frauen- und Gleichstellungsbeauftragte soll Sprechstunden durchführen und einmal im Jahr eine Versammlung der weiblichen Beschäftigten einberufen. Weibliche Beschäftigte können sich ohne Einhaltung des Dienstweges an die Frauen- und Gleichstellungsbeauftragte ihrer Dienststelle wenden. Satz 1 und 2 gelten nicht für Frauen- und Gleichstellungsbeauftragte nach § 15 Abs. 1 Satz 4 und 5.

(5) Das für das Hessische Gleichberechtigungsgesetz zuständige Ministerium koordiniert und organisiert den Informations- und Erfahrungsaustausch der Frauen- und Gleichstellungsbeauftragten.

(6) Der Frauen- und Gleichstellungsbeauftragten und ihrer Stellvertreterin sind regelmäßig Gelegenheiten zu Fortbildungen, die der Ausübung ihres Amtes dienen, zu gewähren. Dies gilt insbesondere für Fortbildungen im Bereich des Gleichstellungsrechts, des Arbeitsrechts, des öffentlichen Dienst-, Personalvertretungs-, Organisations- und Haushaltsrechts sowie der Personalentwicklung.

(7) Die Frauen- und Gleichstellungsbeauftragte und ihre Stellvertreterin sowie ihre Mitarbeiterinnen und Mitarbeiter nach § 21 Abs. 2 Satz 2 sind hinsichtlich der persönlichen Verhältnisse der Beschäftigten und anderer vertraulicher Angelegenheiten in der Dienststelle über die Zeit ihrer Bestellung hinaus zur Verschwiegenheit verpflichtet.

§ 19 Widerspruchsrecht

(1) Ist die Frauen- und Gleichstellungsbeauftragte der Auffassung, dass Maßnahmen oder ihre Unterlassung gegen dieses Gesetz verstoßen oder infolge von solchen Maßnahmen die Erfüllung des Frauenförder- und Gleichstellungsplanes gefährdet ist, kann sie innerhalb einer Frist von zwei Wochen ab Kenntnis bei der Dienststellenleitung schriftlich und unter Darlegung der Gründe widersprechen; bei außerordentlichen Kündigungen und fristlosen Entlassungen ist der Widerspruch unverzüglich einzulegen.

(2) Die Dienststellenleitung entscheidet innerhalb von drei Wochen nach Zugang des Widerspruchs erneut über den Vorgang. Soweit die Dienststelle dem Widerspruch nicht abhilft, hat sie dies gegenüber der Frauen- und Gleichstellungsbeauftragten schriftlich zu begründen.

(3) Soweit die Dienststelle einem Widerspruch der Frauen- und Gleichstellungsbeauftragten nicht abhilft, kann die Frauen- und Gleichstellungsbeauftragte in der Landesverwaltung die Entscheidung der Stelle, die dem Frauenförder- und Gleichstellungsplan zugestimmt oder diesen nach § 5 Abs. 1 Satz 2 aufgestellt hat, beantragen. Bei Dienststellen der Gemeinden kann die Frauen- und Gleichstellungsbeauftragte die Entscheidung des Gemeindevorstandes, bei Dienststellen der Gemeindeverbände die Entscheidung des Kreisausschusses beantragen, bei Dienststellen der kommunalen Zweckverbände die Entscheidung des Verbandsvorstandes, beim Landeswohlfahrtsverband Hessen die Entscheidung des Verwaltungsausschusses, beim Regionalverband FrankfurtRheinMain die Entscheidung des Regionalvorstandes. Bei den übrigen der Aufsicht des Landes unterstehenden juristischen Personen des öffentlichen Rechts kann die Frauen- und Gleichstellungsbeauftragte die Entscheidung des Organs, welches die Geschäftsführung wahrnimmt, beantragen, beim Hessischen Rundfunk die Entscheidung des Verwaltungsrates. Die Entscheidung der Stelle nach Satz 1 bis 3 ist innerhalb einer Frist von zwei Wochen nach der erneuten Entscheidung der Dienststelle oder nach Ablauf der Entschei-

dungsfrist nach Abs. 2 Satz 1 schriftlich und unter Darlegung der Gründe zu beantragen. Bei außerordentlichen Kündigungen und fristlosen Entlassungen ist die Entscheidung unverzüglich zu beantragen.

(4) Die Stelle nach Abs. 3 Satz 1 bis 3 entscheidet innerhalb eines Monats, bei außerordentlichen Kündigungen und fristlosen Entlassungen innerhalb von drei Tagen, schriftlich und unter Darlegung der Gründe über den Widerspruch.

(5) Bis zur erneuten Entscheidung der Dienststelle nach Abs. 2 oder der Entscheidung nach Abs. 4 wird der Vollzug der Maßnahme ausgesetzt.

§ 20 Rechtsschutz

(1) Bleibt der Widerspruch nach § 19 erfolglos, kann die Frauen- und Gleichstellungsbeauftragte innerhalb eines Monats das zuständige Verwaltungsgericht anrufen.

(2) Die Anrufung des Gerichts kann nur darauf gestützt werden, dass die Dienststelle

1. Rechte der Frauen- und Gleichstellungsbeauftragten aus diesem Gesetz verletzt hat oder
2. einen den Bestimmungen dieses Gesetzes nicht entsprechenden Frauenförder- und Gleichstellungsplan aufgestellt hat.

(3) Abweichend von Abs. 1 ist die Anrufung des Gerichts auch zulässig, wenn über den Widerspruch von der Stelle nach § 19 Abs. 3 Satz 1 bis 3 innerhalb der Frist nach § 19 Abs. 4 sachlich nicht entschieden worden ist und eine Nachfrist von mindestens zwei Wochen unter Androhung der Beschreitung des Rechtswegs fruchtlos abgelaufen ist. Soweit eine Stelle nach § 19 Abs. 3 Satz 1 bis 3 nicht vorgesehen ist, gilt Satz 1 entsprechend, wenn die Dienststelle innerhalb der Frist nach § 19 Abs. 2 Satz 1 nicht entschieden hat. § 75 Satz 2 bis 4 der Verwaltungsgerichtsordnung gilt entsprechend.

(4) Die Anrufung hat keine aufschiebende Wirkung.

(5) Die Dienststelle trägt die der Frauen- und Gleichstellungsbeauftragten entstehenden Kosten.

§ 21 Dienstliche Stellung

(1) Die Frauen- und Gleichstellungsbeauftragte ist unmittelbar der Dienststellenleitung zugeordnet. Sie nimmt ihre Aufgaben und Befugnisse als dienstliche Tätigkeit wahr. Dabei ist sie von fachlichen Weisungen frei. Sie ist im erforderlichen Umfang von den übrigen dienstlichen Aufgaben zu entlasten und mit den zur Erfüllung ihrer Aufgaben notwendigen räumlichen, personellen und sachlichen Mitteln auszustatten.

(2) Für die Tätigkeit der Frauen- und Gleichstellungsbeauftragten ist mindestens eine Stelle zur Verfügung zu stellen, in Dienststellen mit

1. 150 bis 300 Beschäftigten mit 25 Prozent,
2. mehr als 300 Beschäftigten mit 50 Prozent und
3. mehr als 600 Beschäftigten mit 100 Prozent der regelmäßigen Arbeitszeit. Im Benehmen mit der Frauen- und Gleichstellungsbeauftragten ist in Dienststellen mit mehr als 1000 Beschäftigten eine Mitarbeiterin oder ein Mitarbeiter mit der Hälfte der regelmäßigen Arbeitszeit zuzuordnen, in Dienststellen mit mehr als 1200 Beschäftigten eine Mitarbeiterin oder ein Mitarbeiter mit der vollen Regelarbeitszeit. In Dienststellen mit mehr als 2000 Beschäftigten sind, falls erforderlich, zudem Stellenanteile für eine weitere Frauen- und Gleichstellungsbeauftragte oder eine Stellvertreterin zur Verfügung zu stellen. Für die Tätigkeit von Frauen- und Gleichstellungsbeauftragten nach § 15 Abs. 1 Satz 4 und 5 ist bei einer Zuständigkeit für weniger als 500 Personalstellen eine Stelle mit der Hälfte der regelmäßigen Arbeitszeit und darüber hinaus eine volle Stelle zur Verfügung zu stellen. In der Landesverwaltung sind bei der Entlastung der Frauen- und Gleichstellungsbeauftragten in den obersten Landesbehörden die Aufgaben nach § 17 Abs. 3 entsprechend zu berücksichtigen. In den Hochschulen sind bei der Entlastung der Frauen- und Gleichstellungsbeauftragten die Aufgaben nach § 6 Abs. 4 Satz 2 des Hessischen Hochschulgesetzes zu berücksichtigen.

(3) Bei ununterbrochener Abwesenheit der Frauen- und Gleichstellungsbeauftragten über drei Monate hinaus ist ihre Stellvertreterin in dem gleichen Umfang wie die Frauen- und Gleichstellungsbeauftragte zu entlasten. Soweit der Stellvertreterin nach § 15 Abs. 4 Satz 2 Aufgaben zur eigenständigen Erledigung übertragen worden sind, ist die Dienststelle auf gemeinsamen Antrag der Frauen- und Gleichstellungsbeauftragten und ihrer Stellvertreterin verpflichtet, die Entlastung auf die Frauen- und Gleichstellungsbeauftragte und die Stellvertreterin aufzuteilen.

(4) Die Frauen- und Gleichstellungsbeauftragte und ihre Stellvertreterin dürfen wegen ihrer Tätigkeit nicht benachteiligt werden; dies gilt insbesondere für die berufliche Entwicklung. Frauen- und Gleichstellungsbeauftragte, denen für ihre Tätigkeit eine Stelle mit 100 Prozent zur Verfügung gestellt wurde, haben bei sie betreffenden Personalentscheidungen einen Anspruch auf fiktive Nachzeichnung ihres beruflichen Werdegangs. Die Dienststelle hat auf Antrag der Frauen- und Gleichstellungsbeauftragten eine Aufgabenbeschreibung als Nachweis über ihre Tätigkeit vorzunehmen. Die Frauen- und Gleichstellungsbeauftragte und ihre Stellvertreterin dürfen gegen ihren Willen nur versetzt oder abgeordnet werden, wenn dies aus zwingenden dienstlichen Gründen auch unter Berücksichtigung ihrer Funktion als Frauen- und Gleichstellungsbeauftragte oder Stellvertreterin unvermeidbar ist und die Stelle, die bei einem Widerspruch der Frauen- und Gleichstellungsbeauftragten nach § 19 Abs. 3 entscheidet, zugestimmt hat. Auf eine Frauen- und Gleichstellungsbeauftragte oder ihre Stellvertreterin, mit der ein Arbeitsverhältnis besteht, findet § 15 Abs. 2 und 4 des Kündigungsschutzgesetzes in der Fassung vom 25. August 1969 (BGBl. I S. 1317), zuletzt geändert durch Gesetz vom 14. Juni 2021 (BGBl. I S. 1762), entsprechend Anwendung mit der Maßgabe, dass zusätzlich zur personalvertretungsrechtlich erforderlichen Zustimmung nach § 15 Abs. 2 des Kündigungsschutzgesetzes die Zustimmung der Stelle vorliegen muss, die bei einem Widerspruch der Frauen- und Gleichstellungsbeauftragten nach § 19 Abs. 3 entscheidet.

Fünfter Abschnitt
Übergangs- und Schlussvorschriften

§ 22 Neuerrichtung, Auflösung und Eingliederung von Dienststellen, Mehrung und Minderung von Stellen

(1) In neu errichteten Dienststellen sind innerhalb von sechs Monaten Frauenförder- und Gleichstellungspläne aufzustellen. § 11 Abs. 5 gilt insoweit nicht. In Dienststellen, in denen die Zahl der regelmäßig Beschäftigten um mehr als zwanzig Prozent steigt oder sinkt, sind Frauenförder- und Gleichstellungspläne entsprechend § 6 Abs. 7 innerhalb von sechs Monaten anzupassen.

(2) In neu errichteten Dienststellen bestellt die Dienststelle innerhalb von zehn Arbeitstagen eine kommissarische Frauen- und Gleichstellungsbeauftragte für die Dauer von sechs Monaten; § 78 Abs. 1 Satz 1 Nr. 7 des Hessischen Personalvertretungsgesetzes gilt in diesen Fällen nicht. Innerhalb dieser Frist ist die Stelle der Frauen- und Gleichstellungsbeauftragten auszuschreiben und neu zu besetzen.

(3) Geht eine Dienststelle durch Auflösung oder Eingliederung unter, so endet gleichzeitig das Amt der für diese Einheit bestellten Frauen- und Gleichstellungsbeauftragten sowie deren Stellvertreterin.

§ 23 Rechte der Menschen mit Behinderung

Die Rechte der Menschen mit Behinderung werden durch dieses Gesetz nicht berührt.

§ 24 Aufgaben der kommunalen Frauenbüros

Die Aufgaben der Gemeinden nach § 4b der Hessischen Gemeindeordnung und nach § 4a der Hessischen Landkreisordnung werden durch dieses Gesetz nicht berührt.

§ 25 Inkrafttreten, Außerkrafttreten

Das Gesetz tritt am 1. Januar 2016 in Kraft. Es tritt mit Ablauf des 31. Dezember 2030 außer Kraft.

Bundeskindergeldgesetz (BKGG)

in der Fassung der Bekanntmachung vom 28. Januar 2009 (BGBl. I S. 142, S. 3177)

Zuletzt geändert durch
SGB VI-Anpassungsgesetz
vom 22. Dezember 2025 (BGBl. I Nr. 355)

Inhaltsübersicht

Erster Abschnitt
Leistungen

§ 1 Anspruchsberechtigte

(1) Kindergeld nach diesem Gesetz für seine Kinder erhält, wer nach § 1 Absatz 1 und 2 des Einkommensteuergesetzes nicht unbeschränkt steuerpflichtig ist und auch nicht nach § 1 Abs. 3 des Einkommensteuergesetzes als unbeschränkt steuerpflichtig behandelt wird und

1. in einem Versicherungspflichtverhältnis zur Bundesagentur für Arbeit nach dem Dritten Buch Sozialgesetzbuch steht oder versicherungsfrei nach § 28 Absatz 1 Nummer 1 des Dritten Buches Sozialgesetzbuch ist oder
2. als Entwicklungshelfer Unterhaltsleistungen im Sinne des § 4 Absatz 1 Nummer 1 des Entwicklungshelfer-Gesetzes erhält oder als Missionar der Missionswerke und -gesellschaften, die Mitglieder oder Vereinbarungspartner des Evangelischen Missionswerkes Hamburg, der Arbeitsgemeinschaft Evangelikaler Missionen e. V., des Deutschen katholischen Missionsrates oder der Arbeitsgemeinschaft pfingstlich-charismatischer Missionen sind, tätig ist oder
3. eine nach § 123a des Beamtenrechtsrahmengesetzes oder § 29 des Bundesbeamtengesetzes oder § 20 des Beamtenstatusgesetzes bei einer Einrichtung außerhalb Deutschlands zugewiesene Tätigkeit ausübt oder
4. als Ehegatte oder Lebenspartner eines Mitglieds der Truppe oder des zivilen Gefolges eines NATO-Mitgliedstaates die Staatsangehörigkeit eines EU/EWR-Mitgliedstaates besitzt und in Deutschland seinen Wohnsitz oder gewöhnlichen Aufenthalt hat.

(2) $_{1}$Kindergeld für sich selbst erhält, wer

1. in Deutschland einen Wohnsitz oder seinen gewöhnlichen Aufenthalt hat,
2. Vollwaise ist oder den Aufenthalt seiner Eltern nicht kennt und
3. nicht bei einer anderen Person als Kind zu berücksichtigen ist.

$_{2}$§ 2 Absatz 2 und 3 sowie die §§ 4 und 5 sind entsprechend anzuwenden. $_{3}$Im Fall des § 2 Absatz 2 Satz 1 Nummer 3 wird Kindergeld längstens bis zur Vollendung des 25. Lebensjahres gewährt.

(3) $_{1}$Ein nicht freizügigkeitsberechtigter Ausländer erhält Kindergeld nur, wenn er

1. eine Niederlassungserlaubnis oder eine Erlaubnis zum Daueraufenthalt-EU besitzt,
2. eine Blaue Karte EU, eine ICT-Karte, eine Mobiler-ICT-Karte oder eine Aufenthaltserlaubnis besitzt, die für einen Zeitraum von mindestens sechs Monaten zur Ausübung einer Erwerbstätigkeit berechtigen oder berechtigt haben oder diese erlauben, es sei denn, die Aufenthaltserlaubnis wurde
   a) nach § 16e des Aufenthaltsgesetzes zu Ausbildungszwecken, nach § 19c Absatz 1 des Aufenthaltsgesetzes zum Zweck der Beschäftigung als Au-Pair oder zum Zweck der Saisonbeschäftigung, nach § 19e des Aufenthaltsgesetzes zum Zweck der Teilnahme an einem Europäischen Freiwilligendienst oder nach § 20a Absatz 5 Satz 1 des Aufenthaltsgesetzes zur Suche nach einer Erwerbstätigkeit oder nach Maßnahmen zur Anerkennung ausländischer Berufsqualifikationen erteilt,
   b) nach § 16b des Aufenthaltsgesetzes zum Zweck eines Studiums, nach § 16d des Aufenthaltsgesetzes für Maßnahmen zur Anerkennung ausländischer Berufsqualifikationen, nach § 20 des Aufenthaltsgesetzes zur Suche nach einer Erwerbstätigkeit oder nach § 20a Absatz 5 Satz 2 des Aufenthaltsgesetzes zur Suche nach einer Erwerbstätigkeit oder nach Maßnahmen zur Anerkennung ausländischer Berufsqualifikationen erteilt und er ist weder erwerbstätig noch nimmt er Elternzeit nach § 15 des Bundeselterngeld- und Elternzeitgesetzes oder laufende Geldleistungen nach dem Dritten Buch Sozialgesetzbuch in Anspruch,
   c) nach § 23 Absatz 1 des Aufenthaltsgesetzes wegen eines Krieges in seinem

Heimatland oder nach den §23a oder §25 Absatz 3 bis 5 des Aufenthaltsgesetzes erteilt,

3. eine in Nummer 2 Buchstabe c genannte Aufenthaltserlaubnis besitzt und im Bundesgebiet berechtigt erwerbstätig ist oder Elternzeit nach §15 des Bundeselterngeld- und Elternzeitgesetzes oder laufende Geldleistungen nach dem Dritten Buch Sozialgesetzbuch in Anspruch nimmt,
4. eine in Nummer 2 Buchstabe c genannte Aufenthaltserlaubnis besitzt und sich seit mindestens 15 Monaten erlaubt, gestattet oder geduldet im Bundesgebiet aufhält oder
5. eine Beschäftigungsduldung gemäß §60d in Verbindung mit §60a Absatz 2 Satz 3 des Aufenthaltsgesetzes besitzt.

$_2$Abweichend von Satz 1 Nummer 3 erste Alternative erhält ein minderjähriger nicht freizügigkeitsberechtigter Ausländer unabhängig von einer Erwerbstätigkeit Kindergeld.

§2 Kinder

(1) Als Kinder werden auch berücksichtigt

1. vom Berechtigten in seinen Haushalt aufgenommene Kinder seines Ehegatten oder Lebenspartners,
2. Pflegekinder (Personen, mit denen der Berechtigte durch ein familienähnliches, auf Dauer berechnetes Band verbunden ist, sofern er sie nicht zu Erwerbszwecken in seinen Haushalt aufgenommen hat und das Obhuts- und Pflegeverhältnis zu den Eltern nicht mehr besteht),
3. vom Berechtigten in seinen Haushalt aufgenommene Enkel.

(2) $_1$Ein Kind, das das 18. Lebensjahr vollendet hat, wird berücksichtigt, wenn es

1. noch nicht das 21. Lebensjahr vollendet hat, nicht in einem Beschäftigungsverhältnis steht und bei einer Agentur für Arbeit im Inland als Arbeitsuchender gemeldet ist oder
2. noch nicht das 25. Lebensjahr vollendet hat und
   a) für einen Beruf ausgebildet wird oder
   b) sich in einer Übergangszeit von höchstens vier Monaten befindet, die zwischen zwei Ausbildungsabschnitten oder zwischen einem Ausbildungsabschnitt und der Ableistung des gesetzlichen Wehr- oder Zivildienstes, einer vom Wehr- oder Zivildienst befreienden Tätigkeit als Entwicklungshelfer oder als Dienstleistender im Ausland nach §14b des Zivildienstgesetzes oder der Ableistung des freiwilligen Wehrdienstes nach §58b des Soldatengesetzes oder der Ableistung eines freiwilligen Dienstes im Sinne des Buchstaben d liegt, oder
   c) eine Berufsausbildung mangels Ausbildungsplatzes nicht beginnen oder fortsetzen kann oder
   d) einen der folgenden freiwilligen Dienste leistet:
      aa) ein freiwilliges soziales Jahr im Sinne des Jugendfreiwilligendienstegesetzes,
      bb) ein freiwilliges ökologisches Jahr im Sinne des Jugendfreiwilligendienstegesetzes,
      cc) einen Bundesfreiwilligendienst im Sinne des Bundesfreiwilligendienstgesetzes,
      dd) eine Freiwilligentätigkeit im Rahmen des Europäischen Solidaritätskorps im Sinne der Verordnung (EU) 2021/888 des Europäischen Parlaments und des Rates vom 20. Mai 2021 zur Aufstellung des Programms für das Europäische Solidaritätskorps und zur Aufhebung der Verordnungen (EU) 2018/1475 und (EU) Nr. 375/2014 (ABl. L 202 vom 8. 6. 2021, S. 32),
      ee) einen anderen Dienst im Ausland im Sinne von §5 des Bundesfreiwilligendienstgesetzes,
      ff) einen entwicklungspolitischen Freiwilligendienst „weltwärts" im Sinne der Förderleitlinie des Bundesministeriums für wirtschaftliche Zusammenarbeit und Entwicklung vom 1. Januar 2016,
      gg) einen Freiwilligendienst aller Generationen im Sinne von §2 Ab-

VIII

satz 1a des Siebten Buches Sozialgesetzbuch oder

hh) einen Internationalen Jugendfreiwilligendienst im Sinne der Richtlinie des Bundesministeriums für Familie, Senioren, Frauen und Jugend vom 4. Januar 2021 (GMBl. S. 77) oder

3. wegen körperlicher, geistiger oder seelischer Behinderung außerstande ist, sich selbst zu unterhalten; Voraussetzung ist, dass die Behinderung vor Vollendung des 25. Lebensjahres eingetreten ist.

$_{2}$Nach Abschluss einer erstmaligen Berufsausbildung oder eines Erststudiums wird ein Kind in den Fällen des Satzes 1 Nummer 2 nur berücksichtigt, wenn das Kind keiner Erwerbstätigkeit nachgeht. $_{3}$Eine Erwerbstätigkeit mit bis zu 20 Stunden regelmäßiger wöchentlicher Arbeitszeit, ein Ausbildungsdienstverhältnis oder ein geringfügiges Beschäftigungsverhältnis im Sinne der §§ 8 und 8a des Vierten Buches Sozialgesetzbuch sind unschädlich.

(3) $_{1}$In den Fällen des Absatzes 2 Satz 1 Nummer 1 oder Nummer 2 Buchstabe a und b wird ein Kind, das

1. den gesetzlichen Grundwehrdienst oder Zivildienst geleistet hat oder
2. sich an Stelle des gesetzlichen Grundwehrdienstes freiwillig für die Dauer von nicht mehr als drei Jahren zum Wehrdienst verpflichtet hat oder
3. eine vom gesetzlichen Grundwehrdienst oder Zivildienst befreiende Tätigkeit als Entwicklungshelfer im Sinne des § 1 Absatz 1 des Entwicklungshelfer-Gesetzes ausgeübt hat,

für einen der Dauer dieser Dienste oder der Tätigkeit entsprechenden Zeitraum, höchstens für die Dauer des inländischen gesetzlichen Grundwehrdienstes, bei anerkannten Kriegsdienstverweigerern für die Dauer des inländischen gesetzlichen Zivildienstes über das 21. oder 25. Lebensjahr hinaus berücksichtigt. $_{2}$Wird der gesetzliche Grundwehrdienst oder Zivildienst in einem Mitgliedstaat der Europäischen Union oder einem Staat, auf den das Abkommen über den Europäischen Wirtschaftsraum Anwendung findet, geleistet, so ist die Dauer dieses Dienstes maßgebend. $_{3}$Absatz 2 Satz 2 und 3 gilt entsprechend.

(4) $_{1}$Kinder, für die einer anderen Person nach dem Einkommensteuergesetz Kindergeld oder ein Kinderfreibetrag zusteht, werden nicht berücksichtigt. $_{2}$Dies gilt nicht für Kinder, die in den Haushalt des Anspruchsberechtigten nach § 1 aufgenommen worden sind oder für die dieser die höhere Unterhaltsrente zahlt, wenn sie weder in seinen Haushalt noch in den Haushalt eines nach § 62 des Einkommensteuergesetzes Anspruchsberechtigten aufgenommen sind.

(5) $_{1}$Kinder, die weder einen Wohnsitz noch ihren gewöhnlichen Aufenthalt in Deutschland haben, werden nicht berücksichtigt. $_{2}$Dies gilt nicht gegenüber Berechtigten nach § 1 Absatz 1 Nummer 2 und 3, wenn sie die Kinder in ihren Haushalt aufgenommen haben.

(6) Die Bundesregierung wird ermächtigt, durch Rechtsverordnung, die nicht der Zustimmung des Bundesrates bedarf, zu bestimmen, dass einem Berechtigten, der in Deutschland erwerbstätig ist oder sonst seine hauptsächlichen Einkünfte erzielt, für seine in Absatz 5 Satz 1 bezeichneten Kinder Kindergeld ganz oder teilweise zu leisten ist, soweit dies mit Rücksicht auf die durchschnittlichen Lebenshaltungskosten für Kinder in deren Wohnland und auf die dort gewährten dem Kindergeld vergleichbaren Leistungen geboten ist.

§ 3 Zusammentreffen mehrerer Ansprüche

(1) Für jedes Kind werden nur einer Person Kindergeld, Kinderzuschlag und Leistungen für Bildung und Teilhabe gewährt.

(2) $_{1}$Erfüllen für ein Kind mehrere Personen die Anspruchsvoraussetzungen, so werden das Kindergeld, der Kinderzuschlag und die Leistungen für Bildung und Teilhabe derjenigen Person gewährt, die das Kind in ihren Haushalt aufgenommen hat. $_{2}$Ist ein Kind in den gemeinsamen Haushalt von Eltern, von einem Elternteil und dessen Ehegatten oder Lebenspartner, von Pflegeeltern oder Großeltern aufgenommen worden, bestimmen diese unter-

einander den Berechtigten. $_{3}$Wird eine Bestimmung nicht getroffen, bestimmt das Familiengericht auf Antrag den Berechtigten. $_{4}$Antragsberechtigt ist, wer ein berechtigtes Interesse an der Leistung des Kindergeldes hat. $_{5}$Lebt ein Kind im gemeinsamen Haushalt von Eltern und Großeltern, werden das Kindergeld, der Kinderzuschlag und die Leistungen für Bildung und Teilhabe vorrangig einem Elternteil gewährt; sie werden an einen Großelternteil gewährt, wenn der Elternteil gegenüber der zuständigen Stelle auf seinen Vorrang schriftlich verzichtet hat.

(3) $_{1}$Ist das Kind nicht in den Haushalt einer der Personen aufgenommen, die die Anspruchsvoraussetzungen erfüllen, wird das Kindergeld derjenigen Person gewährt, die dem Kind eine Unterhaltsrente zahlt. $_{2}$Zahlen mehrere anspruchsberechtigte Personen dem Kind Unterhaltsrenten, wird das Kindergeld derjenigen Person gewährt, die dem Kind laufend die höchste Unterhaltsrente zahlt. $_{3}$Werden gleich hohe Unterhaltsrenten gezahlt oder zahlt keiner der Berechtigten dem Kind Unterhalt, so bestimmen die Berechtigten untereinander, wer das Kindergeld erhalten soll. $_{4}$Wird eine Bestimmung nicht getroffen, so gilt Absatz 2 Satz 3 und 4 entsprechend.

§ 4 Andere Leistungen für Kinder

$_{1}$Kindergeld wird nicht für ein Kind gezahlt, für das eine der folgenden Leistungen zu zahlen ist oder bei entsprechender Antragstellung zu zahlen wäre:

1. Leistungen für Kinder, die im Ausland gewährt werden und dem Kindergeld oder der Kinderzulage aus der gesetzlichen Unfallversicherung nach § 217 Absatz 3 des Siebten Buches Sozialgesetzbuch in der bis zum 30. Juni 2020 geltenden Fassung oder dem Kinderzuschuss aus der gesetzlichen Rentenversicherung nach § 270 des Sechsten Buches Sozialgesetzbuch in der bis zum 16. November 2016 geltenden Fassung vergleichbar sind,
2. Leistungen für Kinder, die von einer zwischen- oder überstaatlichen Einrichtung gewährt werden und dem Kindergeld vergleichbar sind.

$_{2}$Steht ein Berechtigter in einem Versicherungspflichtverhältnis zur Bundesagentur für Arbeit nach dem Dritten Buch Sozialgesetzbuch oder ist er versicherungsfrei nach § 28 Absatz 1 Nummer 1 des Dritten Buches Sozialgesetzbuch oder steht er in Deutschland in einem öffentlich-rechtlichen Dienst- oder Amtsverhältnis, so wird sein Anspruch auf Kindergeld für ein Kind nicht nach Satz 1 Nummer 2 mit Rücksicht darauf ausgeschlossen, dass sein Ehegatte oder Lebenspartner als Beamter, Ruhestandsbeamter oder sonstiger Bediensteter der Europäischen Gemeinschaften für das Kind Anspruch auf Kinderzulage hat.

§ 5 Beginn und Ende des Anspruchs

(1) Das Kindergeld, der Kinderzuschlag und die Leistungen für Bildung und Teilhabe werden vom Beginn des Monats an gewährt, in dem die Anspruchsvoraussetzungen erfüllt sind; sie werden bis zum Ende des Monats gewährt, in dem die Anspruchsvoraussetzungen wegfallen.

(2) Das Kindergeld wird rückwirkend nur für die letzten sechs Monate vor Beginn des Monats gezahlt, in dem der Antrag auf Kindergeld eingegangen ist.

(3) $_{1}$Der Kinderzuschlag wird nicht für Zeiten vor der Antragstellung gewährt. $_{2}$§ 28 des Zehnten Buches Sozialgesetzbuch gilt mit der Maßgabe, dass der Antrag unverzüglich nach Ablauf des Monats, in dem die Ablehnung oder Erstattung der anderen Leistungen bindend geworden ist, nachzuholen ist.

§ 6 Höhe des Kindergeldes

(1) Das Kindergeld beträgt monatlich für jedes Kind 259 Euro.

(2) $_{1}$Werden die Freibeträge für Kinder nach § 31 Satz 1 in Verbindung mit § 32 Absatz 6 Satz 1 des Einkommensteuergesetzes angehoben, wird das Kindergeld entsprechend erhöht. $_{2}$Das Kindergeld ist dabei auf volle Euro kaufmännisch zu runden.

(3) $_{1}$Darüber hinaus wird für jedes Kind, für das für den Monat Juli 2022 ein Anspruch auf Kindergeld besteht, für den Monat Juli 2022 ein Einmalbetrag in Höhe von 100 Euro ge-

zahlt. $_{2}$Ein Anspruch in Höhe des Einmalbetrags von 100 Euro für das Kalenderjahr 2022 besteht auch für ein Kind, für das nicht für den Monat Juli 2022, jedoch für mindestens einen anderen Kalendermonat im Kalenderjahr 2022 ein Anspruch auf Kindergeld besteht.

§ 6a Kinderzuschlag

(1) Personen erhalten für in ihrem Haushalt lebende unverheiratete oder nicht verpartnerte Kinder, die noch nicht das 25. Lebensjahr vollendet haben, einen Kinderzuschlag, wenn

1. sie für diese Kinder nach diesem Gesetz oder nach dem X. Abschnitt des Einkommensteuergesetzes Anspruch auf Kindergeld oder Anspruch auf andere Leistungen im Sinne von § 4 haben,
2. sie mit Ausnahme des Wohngeldes, des Kindergeldes und des Kinderzuschlags über Einkommen im Sinne des § 11 Absatz 1 Satz 1 und 2 des Zweiten Buches Sozialgesetzbuch in Höhe von mindestens 900 Euro oder, wenn sie alleinerziehend sind, in Höhe von mindestens 600 Euro verfügen, wobei Beträge nach § 11b des Zweiten Buches Sozialgesetzbuch nicht abzusetzen sind, und
3. bei Bezug des Kinderzuschlags keine Hilfebedürftigkeit im Sinne des § 9 des Zweiten Buches Sozialgesetzbuch besteht, wobei die Bedarfe nach § 28 des Zweiten Buches Sozialgesetzbuch außer Betracht bleiben. Bei der Prüfung der Hilfebedürftigkeit ist das für den Antragsmonat bewilligte Wohngeld zu berücksichtigen. Wird kein Wohngeld bezogen und könnte mit Wohngeld und Kinderzuschlag Hilfebedürftigkeit vermieden werden, ist bei der Prüfung Wohngeld in der Höhe anzusetzen, in der es voraussichtlich für den Antragsmonat zu bewilligen wäre.

(1a) Ein Anspruch auf Kinderzuschlag besteht abweichend von Absatz 1 Nummer 3, wenn

1. bei Bezug von Kinderzuschlag Hilfebedürftigkeit besteht, der Bedarfsgemeinschaft zur Vermeidung von Hilfebedürftigkeit aber mit ihrem Einkommen, dem Kinderzuschlag und dem Wohngeld höchstens 100 Euro fehlen,
2. sich bei der Ermittlung des Einkommens der Eltern nach § 11b Absatz 2 bis 3 des Zweiten Buches Sozialgesetzbuch wegen Einkommen aus Erwerbstätigkeit Absetzbeträge in Höhe von mindestens 100 Euro ergeben und
3. kein Mitglied der Bedarfsgemeinschaft Leistungen nach dem Zweiten oder nach dem Zwölften Buch Sozialgesetzbuch erhält oder beantragt hat.

(2) $_{1}$Der monatliche Höchstbetrag des Kinderzuschlags deckt zusammen mit dem für ein erstes Kind nach § 66 des Einkommensteuergesetzes zu zahlenden Kindergeld ein Zwölftel des steuerfrei zu stellenden sächlichen Existenzminimums eines Kindes für das jeweilige Kalenderjahr mit Ausnahme des Anteils für Bildung und Teilhabe. $_{2}$Steht dieses Existenzminimum eines Kindes zu Beginn eines Jahres nicht fest, ist insoweit der für das Jahr geltende Betrag für den Mindestunterhalt eines Kindes in der zweiten Altersstufe nach der Mindestunterhaltsverordnung maßgeblich. $_{3}$Als Höchstbetrag des Kinderzuschlags in dem jeweiligen Kalenderjahr gilt der Betrag, der sich zu Beginn des Jahres nach den Sätzen 1 und 2 ergibt, mindestens jedoch ein Betrag in Höhe des Vorjahres. $_{4}$Der Betrag nach Satz 3 erhöht sich um einen Sofortzuschlag in Höhe von 25 Euro.

(3) $_{1}$Ausgehend vom Höchstbetrag mindert sich der jeweilige Kinderzuschlag, wenn das Kind nach den §§ 11 bis 12 des Zweiten Buches Sozialgesetzbuch zu berücksichtigendes Einkommen oder Vermögen hat. $_{2}$Bei der Berücksichtigung des Einkommens bleiben das Wohngeld, das Kindergeld und der Kinderzuschlag außer Betracht. $_{3}$Der Kinderzuschlag wird um 45 Prozent des zu berücksichtigenden Einkommens des Kindes monatlich gemindert. $_{4}$Ein Anspruch auf Zahlung des Kinderzuschlags für ein Kind besteht nicht, wenn zumutbare Anstrengungen unterlassen wurden, Ansprüche auf Einkommen des Kindes geltend zu machen. $_{5}$§ 12 des Zweiten Buches Sozialgesetzbuch ist mit der Maßgabe anzuwenden, dass Vermögen nur berücksichtigt

wird, wenn es erheblich ist. $_{6}$Ist das zu berücksichtigende Vermögen höher als der nach den Sätzen 1 bis 5 verbleibende monatliche Anspruch auf Kinderzuschlag, so dass es den Kinderzuschlag für den ersten Monat des Bewilligungszeitraums vollständig mindert, entfällt der Anspruch auf Kinderzuschlag. $_{7}$Ist das zu berücksichtigende Vermögen niedriger als der monatliche Anspruch auf Kinderzuschlag, ist der Kinderzuschlag im ersten Monat des Bewilligungszeitraums um einen Betrag in Höhe des zu berücksichtigenden Vermögens zu mindern und ab dem folgenden Monat Kinderzuschlag ohne Minderung wegen des Vermögens zu zahlen.

(4) Die Summe der einzelnen Kinderzuschläge nach den Absätzen 2 und 3 bildet den Gesamtkinderzuschlag.

(5) $_{1}$Der Gesamtkinderzuschlag wird in voller Höhe gewährt, wenn das nach den §§ 11 bis 11b des Zweiten Buches Sozialgesetzbuch mit Ausnahme des Wohngeldes und des Kinderzuschlags zu berücksichtigende Einkommen der Eltern einen Betrag in Höhe der bei der Berechnung des Bürgergeldes zu berücksichtigenden Bedarfe der Eltern (Gesamtbedarf der Eltern) nicht übersteigt und kein zu berücksichtigendes Vermögen der Eltern nach § 12 des Zweiten Buches Sozialgesetzbuch vorhanden ist. $_{2}$Als Einkommen oder Vermögen der Eltern gilt dabei dasjenige der Mitglieder der Bedarfsgemeinschaft mit Ausnahme des Einkommens oder Vermögens der in dem Haushalt lebenden Kinder. $_{3}$Absatz 3 Satz 5 gilt entsprechend. $_{4}$Zur Feststellung des Gesamtbedarfs der Eltern sind die Bedarfe für Unterkunft und Heizung in dem Verhältnis aufzuteilen, das sich aus den im 12. Bericht der Bundesregierung über die Höhe des Existenzminimums von Erwachsenen und Kindern festgestellten entsprechenden Bedarfen für Alleinstehende, Ehepaare, Lebenspartnerschaften und Kinder ergibt.

(6) $_{1}$Der Gesamtkinderzuschlag wird um das zu berücksichtigende Einkommen der Eltern gemindert, soweit es deren Bedarf übersteigt. $_{2}$Wenn das zu berücksichtigende Einkommen der Eltern nicht nur aus Erwerbseinkünften besteht, ist davon auszugehen, dass die Überschreitung des Gesamtbedarfs der Eltern durch die Erwerbseinkünfte verursacht wird, wenn nicht die Summe der anderen Einkommensteile für sich genommen diesen maßgebenden Betrag übersteigt. $_{3}$Der Gesamtkinderzuschlag wird um 45 Prozent des Betrags, um den die monatlichen Erwerbseinkünfte den maßgebenden Betrag übersteigen, monatlich gemindert. $_{4}$Anderes Einkommen oder Vermögen der Eltern mindern den Gesamtkinderzuschlag in voller Höhe. $_{5}$Bei der Berücksichtigung des Vermögens gilt Absatz 3 Satz 6 und 7 entsprechend.

(7) $_{1}$Über den Gesamtkinderzuschlag ist jeweils für sechs Monate zu entscheiden (Bewilligungszeitraum). $_{2}$Der Bewilligungszeitraum beginnt mit dem Monat, in dem der Antrag gestellt wird, jedoch frühestens nach Ende eines laufenden Bewilligungszeitraums. $_{3}$Änderungen in den tatsächlichen oder rechtlichen Verhältnissen während des laufenden Bewilligungszeitraums sind abweichend von § 48 des Zehnten Buches Sozialgesetzbuch nicht zu berücksichtigen, es sei denn, die Zusammensetzung der Bedarfsgemeinschaft oder der Höchstbetrag des Kinderzuschlags ändert sich. $_{4}$Wird ein neuer Antrag gestellt, unverzüglich nachdem der Verwaltungsakt nach § 48 des Zehnten Buches Sozialgesetzbuch wegen einer Änderung der Bedarfsgemeinschaft aufgehoben worden ist, so beginnt ein neuer Bewilligungszeitraum unmittelbar nach dem Monat, in dem sich die Bedarfsgemeinschaft geändert hat.

(8) $_{1}$Für die Ermittlung des monatlich zu berücksichtigenden Einkommens ist der Durchschnitt des Einkommens aus den sechs Monaten vor Beginn des Bewilligungszeitraums maßgeblich. $_{2}$Bei Personen, die den selbst genutzten Wohnraum mieten, sind als monatliche Bedarfe für Unterkunft und Heizung die laufenden Bedarfe für den ersten Monat des Bewilligungszeitraums zugrunde zu legen. $_{3}$Bei Personen, die an dem selbst genutzten Wohnraum Eigentum haben, sind als monatliche Bedarfe für Unterkunft und Heizung die Bedarfe aus den durchschnittlichen Monatswerten des Kalenderjahres vor Beginn des Bewilligungszeitraums zugrunde zu

legen. 4Liegen die entsprechenden Monatswerte für den Wohnraum nicht vor, soll abweichend von Satz 3 ein Durchschnitt aus den letzten vorliegenden Monatswerten für den Wohnraum zugrunde gelegt werden, nicht jedoch aus mehr als zwölf Monatswerten. 5Im Übrigen sind die tatsächlichen und rechtlichen Verhältnisse zu Beginn des Bewilligungszeitraums maßgeblich.

§ 6b Leistungen für Bildung und Teilhabe

(1) 1Personen erhalten Leistungen für Bildung und Teilhabe für ein Kind, wenn sie für dieses Kind nach diesem Gesetz oder nach dem X. Abschnitt des Einkommensteuergesetzes Anspruch auf Kindergeld oder Anspruch auf andere Leistungen im Sinne von § 4 haben und wenn

1. das Kind mit ihnen in einem Haushalt lebt und sie für ein Kind Kinderzuschlag nach § 6a beziehen oder
2. im Falle der Bewilligung von Wohngeld sie und das Kind, für das sie Kindergeld beziehen, zu berücksichtigende Haushaltsmitglieder sind.

2Satz 1 gilt entsprechend, wenn das Kind, nicht jedoch die berechtigte Person zu berücksichtigendes Haushaltsmitglied im Sinne von Satz 1 Nummer 2 ist und die berechtigte Person Leistungen nach dem Zweiten oder Zwölften Buch Sozialgesetzbuch bezieht. 3Wird das Kindergeld nach § 74 Absatz 1 des Einkommensteuergesetzes oder nach § 48 Absatz 1 des Ersten Buches Sozialgesetzbuch ausgezahlt, stehen die Leistungen für Bildung und Teilhabe dem Kind oder der Person zu, die dem Kind Unterhalt gewährt.

(2) 1Die Leistungen für Bildung und Teilhabe entsprechen den Leistungen zur Deckung der Bedarfe nach § 28 Absatz 2 bis 7 des Zweiten Buches Sozialgesetzbuch. 2§ 28 Absatz 1 Satz 2 des Zweiten Buches Sozialgesetzbuch gilt entsprechend. 3Für die Bemessung der Leistungen für die Schülerbeförderung nach § 28 Absatz 4 des Zweiten Buches Sozialgesetzbuch sind die erforderlichen tatsächlichen Aufwendungen zu berücksichtigen, soweit sie nicht von Dritten übernommen werden. 4Die Leistungen nach Satz 1 gelten nicht als Einkommen oder Vermögen im Sinne dieses Gesetzes. 5§ 19 Absatz 3 des Zweiten Buches Sozialgesetzbuch findet keine Anwendung.

(2a) Ansprüche auf Leistungen für Bildung und Teilhabe verjähren in zwölf Monaten nach Ablauf des Kalendermonats, in dem sie entstanden sind.

(3) Für die Erbringung der Leistungen für Bildung und Teilhabe gelten die §§ 29, 30 und 40 Absatz 6 des Zweiten Buches Sozialgesetzbuch entsprechend.

§ 6c Unterhaltspflichten

Unterhaltspflichten werden durch den Kinderzuschlag nicht berührt.

§ 6d Kinderfreizeitbonus aus Anlass der COVID-19-Pandemie für Familien mit Kinderzuschlag, Wohngeld oder Sozialhilfe

(1) 1Personen erhalten eine Einmalzahlung in Höhe von 100 Euro für ein Kind, welches das 18. Lebensjahr noch nicht vollendet hat und für das sie für den Monat August 2021 Kindergeld nach diesem Gesetz oder nach dem X. Abschnitt des Einkommensteuergesetzes oder andere Leistungen im Sinne von § 4 beziehen, wenn

1. sie für dieses Kind für den Monat August 2021 Kinderzuschlag nach § 6a beziehen,
2. sie und dieses Kind oder nur dieses Kind zu berücksichtigende Haushaltsmitglieder im Sinne der §§ 5 und 6 Absatz 1 des Wohngeldgesetzes sind und die Wohngeldbewilligung den Monat August 2021 umfasst oder
3. dieses Kind für den Monat August 2021 Leistungen nach dem Dritten Kapitel des Zwölften Buches Sozialgesetzbuch bezieht.

2Eines gesonderten Antrags bedarf es in den Fällen des Satzes 1 Nummer 1 nicht. 3In den Fällen des Satzes 1 Nummer 2 und 3 bedarf es eines Antrags; § 9 Absatz 1 Satz 2 ist entsprechend anzuwenden.

(2) 1Die Einmalzahlung nach Absatz 1 Satz 1 ist bei Sozialleistungen, deren Zahlung von anderen Einkommen abhängig ist, nicht als Einkommen zu berücksichtigen. 2Der An-

VIII

spruch auf die Einmalzahlung nach Absatz 1 Satz 1 ist unpfändbar. 3§ 6c gilt entsprechend.

Zweiter Abschnitt
Organisation und Verfahren

§ 7 Zuständigkeit

(1) Die Bundesagentur für Arbeit (Bundesagentur) führt dieses Gesetz nach fachlichen Weisungen des Bundesministeriums für Familie, Senioren, Frauen und Jugend durch.

(2) Die Bundesagentur führt bei der Durchführung dieses Gesetzes die Bezeichnung „Familienkasse".

(3) Abweichend von Absatz 1 führen die Länder § 6b als eigene Angelegenheit aus.

§ 7a Datenübermittlung

(1) Die Träger der Leistungen nach § 6b und die Träger der Grundsicherung für Arbeitsuchende teilen sich alle Tatsachen mit, die für die Erbringung und Abrechnung der Leistungen nach § 6b dieses Gesetzes und § 28 des Zweiten Buches Sozialgesetzbuch erforderlich sind.

(2) 1Die zuständige Familienkasse übermittelt dem Bundeszentralamt für Steuern unter den Vorgaben des § 139b Absatz 10 Satz 2 und 3 der Abgabenordnung die internationale Bankkontonummer (IBAN), bei ausländischen Kreditinstituten auch den internationalen Banken-Identifizierungsschlüssel (BIC), des Kontos, auf welches das Kindergeld zuletzt ausgezahlt worden ist. 2Ist in den Fällen des Satzes 1 der Familienkasse die Identifikationsnummer nicht bekannt, darf sie diese Identifikationsnummer unter Angabe der in § 139b Absatz 3 der Abgabenordnung genannten Daten beim Bundeszentralamt für Steuern abfragen.

§ 7b Automatisiertes Abrufverfahren

Macht das Bundesministerium der Finanzen von seiner Ermächtigung nach § 68 Absatz 6 Satz 2 des Einkommensteuergesetzes Gebrauch und erlässt eine Rechtsverordnung zur Durchführung von automatisierten Abrufen nach § 68 Absatz 6 Satz 1 des Einkommensteuergesetzes, so ist die Rechtsverordnung im Geltungsbereich dieses Gesetzes entsprechend anzuwenden.

§ 8 Aufbringung der Mittel

(1) Die Aufwendungen der Bundesagentur für die Durchführung dieses Gesetzes trägt der Bund.

(2) Der Bund stellt der Bundesagentur nach Bedarf die Mittel bereit, die sie für die Zahlung des Kindergeldes und des Kinderzuschlags benötigt.

(3) 1Der Bund erstattet die Verwaltungskosten, die der Bundesagentur aus der Durchführung dieses Gesetzes entstehen. 2Näheres wird durch Verwaltungsvereinbarung geregelt.

(4) Abweichend von den Absätzen 1 bis 3 tragen die Länder die Ausgaben für die Leistungen nach § 6b und ihre Durchführung.

§ 9 Antrag

(1) 1Das Kindergeld und der Kinderzuschlag sind schriftlich zu beantragen. 2Der Antrag soll bei der nach § 13 zuständigen Familienkasse gestellt werden. 3Den Antrag kann außer dem Berechtigten auch stellen, wer ein berechtigtes Interesse an der Leistung des Kindergeldes hat.

(2) 1Vollendet ein Kind das 18. Lebensjahr, so wird es für den Anspruch auf Kindergeld nur dann weiterhin berücksichtigt, wenn der oder die Berechtigte anzeigt, dass die Voraussetzungen des § 2 Absatz 2 vorliegen. 2Absatz 1 gilt entsprechend.

(3) 1Die Leistungen für Bildung und Teilhabe sind bei der zuständigen Stelle zu beantragen. 2Absatz 1 Satz 3 gilt entsprechend.

§ 10 Auskunftspflicht

(1) 1§ 60 Absatz 1 des Ersten Buches Sozialgesetzbuch gilt auch für die bei dem Antragsteller oder Berechtigten berücksichtigten Kinder, für den nicht dauernd getrennt lebenden Ehegatten des Antragstellers oder Berechtigten und für die sonstigen Personen, bei denen die bezeichneten Kinder berücksichtigt werden. 2§ 60 Absatz 4 des Zweiten Buches Sozialgesetzbuch gilt entsprechend.

(2) Soweit es zur Durchführung der §§ 2 und 6a erforderlich ist, hat der jeweilige Arbeitgeber der in diesen Vorschriften bezeichneten Personen auf Verlangen der zuständigen Stelle eine Bescheinigung über den Ar-

beitslohn, die einbehaltenen Steuern und Sozialabgaben auszustellen.

(3) Die Familienkassen können den nach Absatz 2 Verpflichteten eine angemessene Frist zur Erfüllung der Pflicht setzen.

§ 11 Gewährung des Kindergeldes und des Kinderzuschlags

(1) Das Kindergeld und der Kinderzuschlag werden monatlich gewährt.

(2) Auszuzahlende Beträge sind auf Euro abzurunden, und zwar unter 50 Cent nach unten, sonst nach oben.

(3) Abweichend von § 47 Absatz 1 des Ersten Buches Sozialgesetzbuch werden das sozialrechtliche Kindergeld und der Kinderzuschlag ausschließlich auf das angegebene Konto bei einem Geldinstitut, für das die Verordnung (EU) Nr. 260/2012 gilt, überwiesen. Die Überweisung erfolgt kostenfrei.

(4) § 45 Absatz 3 des Zehnten Buches Sozialgesetzbuch findet keine Anwendung.

(5) Ein rechtswidriger nicht begünstigender Verwaltungsakt ist abweichend von § 44 Absatz 1 des Zehnten Buches Sozialgesetzbuch für die Zukunft zurückzunehmen; er kann ganz oder teilweise auch für die Vergangenheit zurückgenommen werden.

(6) Wird ein Verwaltungsakt über die Bewilligung von Kinderzuschlag aufgehoben, sind bereits erbrachte Leistungen abweichend von § 50 Absatz 1 des Zehnten Buches Sozialgesetzbuch nicht zu erstatten, soweit der Bezug von Kinderzuschlag den Anspruch auf Leistungen nach dem Zweiten Buch Sozialgesetzbuch ausschließt oder mindert.

(7) Entsprechend anwendbar sind die Vorschriften des Dritten Buches Sozialgesetzbuch über

1. die Aufhebung von Verwaltungsakten (§ 330 Absatz 2, 3 Satz 1) sowie
2. die vorläufige Zahlungseinstellung nach § 331 mit der Maßgabe, dass die Familienkasse auch zur teilweisen Zahlungseinstellung berechtigt ist, wenn sie von Tatsachen Kenntnis erhält, die zu einem geringeren Leistungsanspruch führen.

§ 12 Aufrechnung

§ 51 des Ersten Buches Sozialgesetzbuch gilt für die Aufrechnung eines Anspruchs auf Erstattung von Kindergeld und Kinderzuschlag gegen einen späteren Anspruch auf Kindergeld und Kinderzuschlag eines oder einer mit dem Erstattungspflichtigen in Haushaltsgemeinschaft lebenden Berechtigten entsprechend, soweit es sich um laufendes Kindergeld oder laufenden Kinderzuschlag für ein Kind handelt, das bei beiden berücksichtigt werden konnte.

§ 13 Zuständige Stelle

(1) $_1$Für die Entgegennahme des Antrages und die Entscheidungen über den Anspruch ist die Familienkasse (§ 7 Absatz 2) zuständig, in deren Bezirk der Berechtigte seinen Wohnsitz hat. $_2$Hat der Berechtigte keinen Wohnsitz im Geltungsbereich dieses Gesetzes, ist die Familienkasse zuständig, in deren Bezirk er seinen gewöhnlichen Aufenthalt hat. $_3$Hat der Berechtigte im Geltungsbereich dieses Gesetzes weder einen Wohnsitz noch einen gewöhnlichen Aufenthalt, ist die Familienkasse zuständig, in deren Bezirk er erwerbstätig ist. $_4$In den übrigen Fällen ist die Familienkasse Bayern Nord zuständig.

(2) Die Entscheidungen über den Anspruch trifft die Leitung der Familienkasse.

(3) Der Vorstand der Bundesagentur kann für bestimmte Bezirke oder Gruppen von Berechtigten die Entscheidungen über den Anspruch auf Kindergeld und Kinderzuschlag einheitlich einer anderen Familienkasse übertragen.

(4) Für die Leistungen nach § 6b bestimmen abweichend von den Absätzen 1 und 2 die Landesregierungen oder die von ihnen beauftragten Stellen die für die Durchführung zuständigen Behörden.

§ 14 Bescheid, Bekanntgabe von Verwaltungsakten durch Bereitstellung zum Datenabruf

$_1$Wird der Antrag auf Kindergeld, Kinderzuschlag oder Leistungen für Bildung und Teilhabe abgelehnt, ist ein Bescheid zu erteilen. $_2$Das Gleiche gilt, wenn das Kindergeld, der

Kinderzuschlag oder die Leistungen für Bildung und Teilhabe entzogen werden.

Abweichend von § 37 Absatz 2a des Zehnten Buches Sozialgesetzbuch gilt für die Bekanntgabe von elektronischen Verwaltungsakten zum Kindergeld und zum Kinderzuschlag § 9 Absatz 1 des Onlinezugangsgesetzes.

§ 15 Rechtsweg

Für Streitigkeiten nach diesem Gesetz sind die Gerichte der Sozialgerichtsbarkeit zuständig.

Dritter Abschnitt Bußgeldvorschriften

§ 16 Ordnungswidrigkeiten

(1) Ordnungswidrig handelt, wer vorsätzlich oder leichtfertig

1. entgegen § 60 Absatz 1 Satz 1 Nummer 1 oder Nummer 3 des Ersten Buches Sozialgesetzbuch in Verbindung mit § 10 Absatz 1 auf Verlangen nicht die leistungserheblichen Tatsachen angibt oder Beweisurkunden vorlegt,
2. entgegen § 60 Absatz 1 Satz 1 Nummer 2 des Ersten Buches Sozialgesetzbuch eine Änderung in den Verhältnissen, die für einen Anspruch auf Kindergeld, Kinderzuschlag oder Leistungen für Bildung und Teilhabe erheblich ist, nicht, nicht richtig, nicht vollständig oder nicht rechtzeitig mitteilt oder
3. entgegen § 10 Absatz 2 oder Absatz 3 auf Verlangen eine Bescheinigung nicht, nicht richtig, nicht vollständig oder nicht rechtzeitig ausstellt.

(2) Die Ordnungswidrigkeit kann mit einer Geldbuße geahndet werden.

(3) § 66 des Zehnten Buches Sozialgesetzbuch gilt entsprechend.

(4) Verwaltungsbehörden im Sinne des § 36 Absatz 1 Nummer 1 des Gesetzes über Ordnungswidrigkeiten sind die nach § 409 der Abgabenordnung bei Steuerordnungswidrigkeiten wegen des Kindergeldes nach dem X. Abschnitt des Einkommensteuergesetzes zuständigen Verwaltungsbehörden.

Vierter Abschnitt Übergangs- und Schlussvorschriften

§ 17 Recht der Europäischen Gemeinschaft

1Soweit in diesem Gesetz Ansprüche Deutschen vorbehalten sind, haben Angehörige der anderen Mitgliedstaaten der Europäischen Union, Flüchtlinge und Staatenlose nach Maßgabe des Vertrages zur Gründung der Europäischen Gemeinschaft und der auf seiner Grundlage erlassenen Verordnungen die gleichen Rechte. 2Auch im Übrigen bleiben die Bestimmungen der genannten Verordnungen unberührt.

§ 18 Anwendung des Sozialgesetzbuches

Soweit dieses Gesetz keine ausdrückliche Regelung trifft, ist bei der Ausführung das Sozialgesetzbuch anzuwenden.

§ 19 Übergangsvorschriften

(1) Ist für die Nachzahlung und Rückforderung von Kindergeld und Zuschlag zum Kindergeld für Berechtigte mit geringem Einkommen der Anspruch eines Jahres vor 1996 maßgeblich, finden die §§ 10, 11 und 11a in der bis zum 31. Dezember 1995 geltenden Fassung Anwendung.

(2) Verfahren, die am 1. Januar 1996 anhängig sind, werden nach den Vorschriften des Sozialgesetzbuches und des Bundeskindergeldgesetzes in der bis zum 31. Dezember 1995 geltenden Fassung zu Ende geführt, soweit in § 78 des Einkommensteuergesetzes nichts anderes bestimmt ist.

(3) Wird Kinderzuschlag vor dem 1. Juli 2019 bewilligt, finden die Regelungen des Bundeskindergeldgesetzes in der bis zum 30. Juni 2019 geltenden Fassung weiter Anwendung, mit Ausnahme der Regelung zum monatlichen Höchstbetrag des Kinderzuschlags nach § 20 Absatz 3.

(4) § 6c lässt Unterhaltsleistungen, die vor dem 30. Juni 2021 fällig geworden sind, unberührt.

§ 20 Anwendungsvorschrift

(1) 1§ 1 Absatz 3 in der am 19. Dezember 2006 geltenden Fassung ist in Fällen, in de-

nen eine Entscheidung über den Anspruch auf Kindergeld für Monate in dem Zeitraum zwischen dem 1. Januar 1994 und dem 18. Dezember 2006 noch nicht bestandskräftig geworden ist, anzuwenden, wenn dies für den Antragsteller günstiger ist. $_{2}$In diesem Fall werden die Aufenthaltsgenehmigungen nach dem Ausländergesetz den Aufenthaltstiteln nach dem Aufenthaltsgesetz entsprechend den Fortgeltungsregelungen in § 101 des Aufenthaltsgesetzes gleichgestellt.

(2) (weggefallen)

(3) Abweichend von § 6a Absatz 2 beträgt für die Zeit vom 1. Juli 2019 bis zum 31. Dezember 2020 der monatliche Höchstbetrag des Kinderzuschlags für jedes zu berücksichtigende Kind 185 Euro.

(3a) Abweichend von § 6a Absatz 2 beträgt der monatliche Höchstbetrag des Kinderzuschlags im Kalenderjahr 2023 für jedes zu berücksichtigende Kind 250 Euro.

(4) Wird einer Person Kinderzuschlag für einen nach dem 30. Juni 2019 und vor dem 1. Juli 2021 beginnenden Bewilligungszeitraum bewilligt und wird ihr der Verwaltungsakt erst nach Ablauf des ersten Monats des Bewilligungszeitraums bekannt gegeben, endet dieser Bewilligungszeitraum abweichend von § 6a Absatz 7 Satz 1 am Ende des fünften Monats nach dem Monat der Bekanntgabe des Verwaltungsaktes.

(5) $_{1}$Abweichend von § 6a Absatz 7 Satz 1 wird in Fällen, in denen der höchstmögliche Gesamtkinderzuschlag bezogen wird und der sechsmonatige Bewilligungszeitraum in der Zeit vom 1. April 2020 bis zum 30. September 2020 endet, der Bewilligungszeitraum von Amts wegen einmalig um weitere sechs Monate verlängert. $_{2}$Satz 1 gilt entsprechend, wenn der ursprüngliche Bewilligungszeitraum in Anwendung des § 20 Absatz 4 mehr als sechs Monate umfasst.

(6) $_{1}$Abweichend von § 6a Absatz 8 Satz 1 ist für Anträge, die in der Zeit vom 1. April 2020 bis zum 30. September 2020 eingehen, bei der Ermittlung des monatlich zu berücksichtigenden Einkommens der Eltern nur das Einkommen aus dem letzten Monat vor Beginn des Bewilligungszeitraums maßgeblich. $_{2}$In diesen Fällen wird abweichend von § 6a Absatz 3 Satz 1 und Absatz 5 Satz 1 Vermögen nach § 12 des Zweiten Buches Sozialgesetzbuch nicht berücksichtigt. $_{3}$Satz 2 gilt nicht, wenn das Vermögen erheblich ist; es wird vermutet, dass kein erhebliches Vermögen vorhanden ist, wenn die Antragstellerin oder der Antragsteller dies im Antrag erklärt.

(6a) $_{1}$Abweichend von § 6a Absatz 3 Satz 1 und Absatz 5 Satz 1 wird für Bewilligungszeiträume, die in der Zeit vom 1. Oktober 2020 bis 31. März 2022 beginnen, Vermögen nach § 12 des Zweiten Buches Sozialgesetzbuch nicht berücksichtigt. $_{2}$Satz 1 gilt nicht, wenn das Vermögen erheblich ist; es wird vermutet, dass kein erhebliches Vermögen vorhanden ist, wenn die Antragstellerin oder der Antragsteller dies im Antrag erklärt. $_{3}$Macht die Bundesregierung von ihrer Verordnungsermächtigung nach § 67 Absatz 5 des Zweiten Buches Sozialgesetzbuch Gebrauch und verlängert den in § 67 Absatz 1 des Zweiten Buches Sozialgesetzbuch genannten Zeitraum, ändert sich das in Satz 1 genannte Datum, bis zu dem die Regelung Anwendung findet, entsprechend.

(7) $_{1}$In Fällen, in denen der Bewilligungszeitraum vor dem 1. April 2020 begonnen hat, kann im April oder Mai 2020 einmalig während des laufenden Bewilligungszeitraums ein Antrag auf Überprüfung gestellt werden. $_{2}$Bei der Überprüfung ist abweichend von § 6a Absatz 8 Satz 1 als monatlich zu berücksichtigendes Einkommen der Eltern nur das Einkommen aus dem Monat vor dem Überprüfungsantrag zugrunde zu legen. $_{3}$Im Übrigen sind die bereits für den laufenden Bewilligungszeitraum nach Absatz 8 ermittelten tatsächlichen und rechtlichen Verhältnisse zugrunde zu legen. $_{4}$Die Voraussetzung nach § 6a Absatz 1 Nummer 3, dass bei Bezug des Kinderzuschlags keine Hilfebedürftigkeit besteht, ist nicht anzuwenden. $_{5}$Ergibt die Überprüfung einen höheren Kinderzuschlag, wird für die restlichen Monate des Bewilligungszeitraums Kinderzuschlag in der neuen Höhe bewilligt; anderenfalls ist der Antrag abzulehnen. $_{6}$Ist ein Bewilligungsbescheid für

einen Bewilligungszeitraum, der vor dem 1. April 2020 beginnt, noch nicht ergangen, gelten die Sätze 1 bis 5 entsprechend. 7In den Fällen nach den Sätzen 1 bis 6 ist die Verlängerungsregelung nach Absatz 5 nicht anzuwenden.

(8) 1§ 1 Absatz 2 Satz 3 und § 2 Absatz 2 und 3 in der Fassung des Artikels 3 des Gesetzes vom 19. Juli 2006 (BGBl. I S. 1652) ist für Kinder, die im Kalenderjahr 2006 das 24. Lebensjahr vollendeten, mit der Maßgabe anzuwenden, dass jeweils an die Stelle der Angabe „25. Lebensjahres" die Angabe „26. Lebensjahres" und an die Stelle der Angabe „25. Lebensjahr" die Angabe „26. Lebensjahr" tritt; für Kinder, die im Kalenderjahr 2006 das 25. oder 26. Lebensjahr vollendeten, sind § 1 Absatz 2 Satz 3 und § 2 Absatz 2 und 3 weiterhin in der bis zum 31. Dezember 2006 geltenden Fassung anzuwenden. 2§ 1 Absatz 2 Satz 3 und § 2 Absatz 2 und 3 in der Fassung des Artikels 3 des Gesetzes vom 19. Juli 2006 (BGBl. I S. 1652) sind erstmals für Kinder anzuwenden, die im Kalenderjahr 2007 wegen einer vor Vollendung des 25. Lebensjahres eingetretenen körperlichen, geistigen oder seelischen Behinderung außerstande sind, sich selbst zu unterhalten; für Kinder, die wegen einer vor dem 1. Januar 2007 in der Zeit ab der Vollendung des 25. Lebensjahres und vor Vollendung des 27. Lebensjahres eingetretenen körperlichen, geistigen oder seelischen Behinderung außerstande sind, sich selbst zu unterhalten, ist § 2 Absatz 2 Satz 1 Nummer 3 weiterhin in der bis zum 31. Dezember 2006 geltenden Fassung anzuwenden. 3§ 2 Absatz 3 Satz 1 in der Fassung des Artikels 3 des Gesetzes vom 19. Juli 2006 (BGBl. I S. 1652) ist für Kinder, die im Kalenderjahr 2006 das 24. Lebensjahr vollendeten, mit der Maßgabe anzuwenden, dass an die Stelle der Angabe „über das 21. oder 25. Lebensjahr hinaus" die Angabe „über das 21. oder 26. Lebensjahr hinaus" tritt; für Kinder, die im Kalenderjahr 2006 das 25., 26. oder 27. Lebensjahr vollendeten, ist § 2 Absatz 3 Satz 1 weiterhin in der bis zum 31. Dezember 2006 geltenden Fassung anzuwenden.

(9) § 2 Absatz 2 Satz 1 Nummer 2 Buchstabe d in der am 31. Juli 2014 geltenden Fassung ist auf Freiwilligendienste im Sinne der Verordnung (EU) Nr. 1288/2013 des Europäischen Parlaments und des Rates vom 11. Dezember 2013 zur Einrichtung von „Erasmus+", dem Programm der Union für allgemeine und berufliche Bildung, Jugend und Sport, und zur Aufhebung der Beschlüsse Nr. 1719/2006/EG, Nr. 1720/2006/EG und Nr. 1298/2008/EG (ABl. L 347 vom 20. 12. 2013, S. 50), die ab dem 1. Januar 2014 begonnen wurden, ab dem 1. Januar 2014 anzuwenden.

(9a) § 2 Absatz 2 Satz 2 in der Fassung des Artikels 13 des Gesetzes vom 16. Juli 2009 (BGBl. I S. 1959) ist ab dem 1. Januar 2010 anzuwenden.

(10) § 2 Absatz 2 Satz 4 in der Fassung des Artikels 2 Absatz 8 des Gesetzes vom 16. Mai 2008 (BGBl. I S. 842) ist erstmals ab dem 1. Januar 2009 anzuwenden.

(11) § 2 Absatz 3 ist letztmals bis zum 31. Dezember 2018 anzuwenden; Voraussetzung ist in diesen Fällen, dass das Kind den Dienst oder die Tätigkeit vor dem 1. Juli 2011 angetreten hat.

(12) § 6 Absatz 3 in der am 1. Januar 2018 geltenden Fassung ist auf Anträge anzuwenden, die nach dem 31. Dezember 2017 eingehen.

(13) 1§ 1 Absatz 3 Satz 1 Nummer 1 bis 4 in der Fassung des Artikels 34 des Gesetzes vom 12. Dezember 2019 (BGBl. I S. 2451) ist für Entscheidungen anzuwenden, die Zeiträume betreffen, die nach dem letzten Tag des sechsten auf die Verkündung des Fachkräfteeinwanderungsgesetzes folgenden Kalendermonats beginnen. 2§ 1 Absatz 3 Satz 1 Nummer 5 in der Fassung des Artikels 34 des Gesetzes vom 12. Dezember 2019 (BGBl. I S. 2451) ist für Entscheidungen anzuwenden, die Zeiträume betreffen, die nach dem 31. Dezember 2019 beginnen. 3§ 1 Absatz 3 Nummer 2 Buchstabe c in der Fassung des Artikels 5 Nummer 1 des Gesetzes vom 23. Mai 2022 (BGBl. I S. 760) ist für Entscheidungen anzuwenden, die Zeiträume betreffen, die nach dem 31. Mai 2022 beginnen. 4§ 1 Ab-

satz 3 Satz 1 Nummer 2 in der Fassung des Artikels 42 des Gesetzes vom 2. Dezember 2024 (BGBl. 2024 I Nr. 387) ist für Entscheidungen anzuwenden, die Zeiträume betreffen, die nach dem 31. Mai 2024 beginnen.

§ 21 Sondervorschrift zur Steuerfreistellung des Existenzminimums eines Kindes in den Veranlagungszeiträumen 1983 bis 1995 durch Kindergeld

1In Fällen, in denen die Entscheidung über die Höhe des Kindergeldanspruchs für Monate in dem Zeitraum zwischen dem 1. Januar 1983 und dem 31. Dezember 1995 noch nicht bestandskräftig geworden ist, kommt eine von den §§ 10 und 11 in der jeweils geltenden Fassung abweichende Bewilligung von Kindergeld nur in Betracht, wenn die Einkommensteuer formell bestandskräftig und hinsichtlich der Höhe der Kinderfreibeträge nicht vorläufig festgesetzt sowie das Existenzminimum des Kindes nicht unter der Maßgabe des § 53 des Einkommensteuergesetzes steuerfrei belassen worden ist. 2Dies ist vom Kindergeldberechtigten durch eine Bescheinigung des zuständigen Finanzamtes nachzuweisen. 3Nach Vorlage dieser Bescheinigung hat die Familienkasse den vom Finanzamt ermittelten Unterschiedsbetrag zwischen der festgesetzten Einkommensteuer und der Einkommensteuer, die nach § 53 Satz 6 des Einkommensteuergesetzes festzusetzen gewesen wäre, wenn die Voraussetzungen nach § 53 Satz 1 und 2 des Einkommensteuergesetzes vorgelegen hätten, als zusätzliches Kindergeld zu zahlen.

Einkommensteuergesetz (EStG)

in der Fassung der Bekanntmachung vom 8. Oktober 2009 (BGBl. I S. 3366, S. 3862)

– Auszug –[1]

Zuletzt geändert durch
Wehrdienst-Modernisierungsgesetz
vom 22. Dezember 2025 (BGBl. I Nr. 370)

Inhaltsübersicht

[1]) Aufgeführt sind nur die den Auszug betreffenden Änderungen.

I. Steuerpflicht

§ 1 Steuerpflicht

(1) $_1$Natürliche Personen, die im Inland einen Wohnsitz oder ihren gewöhnlichen Aufenthalt haben, sind unbeschränkt einkommensteuerpflichtig. $_2$Zum Inland im Sinne dieses Gesetzes gehört auch der der Bundesrepublik Deutschland zustehende Anteil

1. an der ausschließlichen Wirtschaftszone, soweit dort
   a) die lebenden und nicht lebenden natürlichen Ressourcen der Gewässer über dem Meeresboden, des Meeresbodens und seines Untergrunds erforscht, ausgebeutet, erhalten oder bewirtschaftet werden,
   b) andere Tätigkeiten zur wirtschaftlichen Erforschung oder Ausbeutung der ausschließlichen Wirtschaftszone ausgeübt werden, wie beispielsweise die Energieerzeugung aus Wasser, Strömung und Wind oder
   c) künstliche Inseln errichtet oder genutzt werden und Anlagen und Bauwerke für die in den Buchstaben a und b genannten Zwecke errichtet oder genutzt werden, und
2. am Festlandsockel, soweit dort
   a) dessen natürliche Ressourcen erforscht oder ausgebeutet werden; natürliche Ressourcen in diesem Sinne sind die mineralischen und sonstigen nicht lebenden Ressourcen des Meeresbodens und seines Untergrunds sowie die zu den sesshaften Arten gehörenden Lebewesen, die im nutzbaren Stadium entweder unbeweglich auf oder unter dem Meeresboden verbleiben oder sich nur in ständigem körperlichen Kontakt mit dem Meeresboden oder seinem Untergrund fortbewegen können; oder
   b) künstliche Inseln errichtet oder genutzt werden und Anlagen und Bauwerke für die in Buchstabe a genannten Zwecke errichtet oder genutzt werden.

(2) $_1$Unbeschränkt einkommensteuerpflichtig sind auch deutsche Staatsangehörige, die

1. im Inland weder einen Wohnsitz noch ihren gewöhnlichen Aufenthalt haben und
2. zu einer inländischen juristischen Person des öffentlichen Rechts in einem Dienstverhältnis stehen und dafür Arbeitslohn aus einer inländischen öffentlichen Kasse beziehen

sowie zu ihrem Haushalt gehörende Angehörige, die die deutsche Staatsangehörigkeit besitzen oder keine Einkünfte oder nur Einkünfte beziehen, die ausschließlich im Inland einkommensteuerpflichtig sind. $_2$Dies gilt nur für natürliche Personen, die in dem Staat, in dem sie ihren Wohnsitz oder ihren gewöhnlichen Aufenthalt haben, lediglich in einem der beschränkten Einkommensteuerpflicht ähnlichen Umfang zu einer Steuer vom Einkommen herangezogen werden.

(3) $_1$Auf Antrag werden auch natürliche Personen als unbeschränkt einkommensteuerpflichtig behandelt, die im Inland weder einen Wohnsitz noch ihren gewöhnlichen Aufenthalt haben, soweit sie inländische Einkünfte im Sinne des § 49 haben. $_2$Dies gilt nur, wenn ihre Einkünfte im Kalenderjahr mindestens zu 90 Prozent der deutschen Einkommensteuer unterliegen oder die nicht der deutschen Einkommensteuer unterliegenden Einkünfte den Grundfreibetrag nach § 32a Absatz 1 Satz 2 Nummer 1 nicht übersteigen; dieser Betrag ist zu kürzen, soweit es nach den Verhältnissen im Wohnsitzstaat des Steuerpflichtigen notwendig und angemessen ist. $_3$Inländische Einkünfte, die nach einem Abkommen zur Vermeidung der Doppelbesteuerung nur der Höhe nach beschränkt besteuert werden dürfen, gelten hierbei als nicht der deutschen Einkommensteuer unterliegend. $_4$Unberücksichtigt bleiben bei der Ermittlung der Einkünfte nach Satz 2 nicht der deutschen Einkommensteuer unterliegende Einkünfte, die im Ausland nicht besteuert werden, soweit vergleichbare Einkünfte im Inland steuerfrei sind. $_5$Weitere Voraussetzung ist, dass die Höhe der nicht der deutschen Einkommensteuer unterliegenden Einkünfte durch eine Bescheinigung der zuständigen ausländischen Steuerbehörde nachgewiesen wird.

6Der Steuerabzug nach § 50a ist ungeachtet der Sätze 1 bis 4 vorzunehmen.

(4) Natürliche Personen, die im Inland weder einen Wohnsitz noch ihren gewöhnlichen Aufenthalt haben, sind vorbehaltlich der Absätze 2 und 3 und des § 1a beschränkt einkommensteuerpflichtig, wenn sie inländische Einkünfte im Sinne des § 49 haben.

§ 1a (EU- und EWR-Staatsangehörige)

(1) Für Staatsangehörige eines Mitgliedstaates der Europäischen Union oder eines Staates, auf den das Abkommen über den Europäischen Wirtschaftsraum anwendbar ist, die nach § 1 Absatz 1 unbeschränkt einkommensteuerpflichtig sind oder die nach § 1 Absatz 3 als unbeschränkt einkommensteuerpflichtig zu behandeln sind, gilt bei Anwendung von § 10 Absatz 1a und § 26 Absatz 1 Satz 1 Folgendes:

1. Aufwendungen im Sinne des § 10 Absatz 1a sind auch dann als Sonderausgaben abziehbar, wenn der Empfänger der Leistung oder Zahlung nicht unbeschränkt einkommensteuerpflichtig ist. 2Voraussetzung ist, dass
   a) der Empfänger seinen Wohnsitz oder gewöhnlichen Aufenthalt im Hoheitsgebiet eines anderen Mitgliedstaates der Europäischen Union oder eines Staates hat, auf den das Abkommen über den Europäischen Wirtschaftsraum Anwendung findet und
   b) die Besteuerung der nach § 10 Absatz 1a zu berücksichtigenden Leistung oder Zahlung beim Empfänger durch eine Bescheinigung der zuständigen ausländischen Steuerbehörde nachgewiesen wird;
2. der nicht dauernd getrennt lebende Ehegatte ohne Wohnsitz oder gewöhnlichen Aufenthalt im Inland wird auf Antrag für die Anwendung des § 26 Absatz 1 Satz 1 als unbeschränkt einkommensteuerpflichtig behandelt. 2Nummer 1 Satz 2 Buchstabe a gilt entsprechend. 3Bei Anwendung des § 1 Absatz 3 Satz 2 ist auf die Einkünfte beider Ehegatten abzustellen und der Grundfreibetrag nach § 32a Absatz 1 Satz 2 Nummer 1 zu verdoppeln.

(2) Für unbeschränkt einkommensteuerpflichtige Personen im Sinne des § 1 Absatz 2, die die Voraussetzungen des § 1 Absatz 3 Satz 2 bis 5 erfüllen, und für unbeschränkt einkommensteuerpflichtige Personen im Sinne des § 1 Absatz 3, die die Voraussetzungen des § 1 Absatz 2 Satz 1 Nummer 1 und 2 erfüllen und an einem ausländischen Dienstort tätig sind, gilt die Regelung des Absatzes 1 Nummer 2 entsprechend mit der Maßgabe, dass auf Wohnsitz oder gewöhnlichen Aufenthalt im Staat des ausländischen Dienstortes abzustellen ist.

II. Einkommen

1. Sachliche Voraussetzungen für die Besteuerung

§ 2 Umfang der Besteuerung, Begriffsbestimmungen

(1) 1Der Einkommensteuer unterliegen

1. Einkünfte aus Land- und Forstwirtschaft,
2. Einkünfte aus Gewerbebetrieb,
3. Einkünfte aus selbständiger Arbeit,
4. Einkünfte aus nichtselbständiger Arbeit,
5. Einkünfte aus Kapitalvermögen,
6. Einkünfte aus Vermietung und Verpachtung,
7. sonstige Einkünfte im Sinne des § 22,

die der Steuerpflichtige während seiner unbeschränkten Einkommensteuerpflicht oder als inländische Einkünfte während seiner beschränkten Einkommensteuerpflicht erzielt. 2Zu welcher Einkunftsart die Einkünfte im einzelnen Fall gehören, bestimmt sich nach den §§ 13 bis 24.

(2) 1Einkünfte sind

1. bei Land- und Forstwirtschaft, Gewerbebetrieb und selbständiger Arbeit der Gewinn (§§ 4 bis 7k und 13a),
2. bei den anderen Einkunftsarten der Überschuss der Einnahmen über die Werbungskosten (§§ 8 bis 9a).

2Bei Einkünften aus Kapitalvermögen tritt § 20 Absatz 9 vorbehaltlich der Regelung in § 32d Absatz 2 an die Stelle der §§ 9 und 9a.

VIII

(3) Die Summe der Einkünfte, vermindert um den Altersentlastungsbetrag, den Entlastungsbetrag für Alleinerziehende und den Abzug nach § 13 Absatz 3, ist der Gesamtbetrag der Einkünfte.

(4) Der Gesamtbetrag der Einkünfte, vermindert um die Sonderausgaben und die außergewöhnlichen Belastungen, ist das Einkommen.

(5) 1Das Einkommen, vermindert um die Freibeträge nach § 32 Absatz 6 und um die sonstigen vom Einkommen abzuziehenden Beträge, ist das zu versteuernde Einkommen; dieses bildet die Bemessungsgrundlage für die tarifliche Einkommensteuer. 2Knüpfen andere Gesetze an den Begriff des zu versteuernden Einkommens an, ist für deren Zweck das Einkommen in allen Fällen des § 32 um die Freibeträge nach § 32 Absatz 6 zu vermindern.

(5a) 1Knüpfen außersteuerliche Rechtsnormen an die in den vorstehenden Absätzen definierten Begriffe (Einkünfte, Summe der Einkünfte, Gesamtbetrag der Einkünfte, Einkommen, zu versteuerndes Einkommen) an, erhöhen sich für deren Zwecke diese Größen um die nach § 32d Absatz 1 und nach § 43 Absatz 5 zu besteuernden Beträge sowie um die nach § 3 Nummer 40 steuerfreien Beträge und mindern sich um die nach § 3c Absatz 2 nicht abziehbaren Beträge. 2Knüpfen außersteuerliche Rechtsnormen an die in den Absätzen 1 bis 3 genannten Begriffe (Einkünfte, Summe der Einkünfte, Gesamtbetrag der Einkünfte) an, mindern sich für deren Zwecke diese Größen um die nach § 10 Absatz 1 Nummer 5 abziehbaren Kinderbetreuungskosten.

(5b) Soweit Rechtsnormen dieses Gesetzes an die in den vorstehenden Absätzen definierten Begriffe (Einkünfte, Summe der Einkünfte, Gesamtbetrag der Einkünfte, Einkommen, zu versteuerndes Einkommen) anknüpfen, sind Kapitalerträge nach § 32d Absatz 1 und § 43 Absatz 5 nicht einzubeziehen.

(6) 1Die tarifliche Einkommensteuer, vermindert um den Unterschiedsbetrag nach § 32c Absatz 1 Satz 2, die anzurechnenden ausländischen Steuern und die Steuerermäßigungen, vermehrt um die Steuer nach § 32d Absatz 3 und 4, die Steuer nach § 34c Absatz 5 und den Zuschlag nach § 3 Absatz 4 Satz 2 des Forstschäden-Ausgleichsgesetzes in der Fassung der Bekanntmachung vom 26. August 1985 (BGBl. I S. 1756), das zuletzt durch Artikel 412 der Verordnung vom 31. August 2015 (BGBl. I S. 1474) geändert worden ist, in der jeweils geltenden Fassung, ist die festzusetzende Einkommensteuer. 2Wurde der Gesamtbetrag der Einkünfte in den Fällen des § 10a Absatz 2 um Sonderausgaben nach § 10a Absatz 1 gemindert, ist für die Ermittlung der festzusetzenden Einkommensteuer der Anspruch auf Zulage nach Abschnitt XI der tariflichen Einkommensteuer hinzuzurechnen; bei der Ermittlung der dem Steuerpflichtigen zustehenden Zulage bleibt die Erhöhung der Grundzulage nach § 84 Satz 2 außer Betracht. 3Wird das Einkommen in den Fällen des § 31 um die Freibeträge nach § 32 Absatz 6 gemindert, ist der Anspruch auf Kindergeld nach Abschnitt X der tariflichen Einkommensteuer hinzuzurechnen; nicht jedoch für Kalendermonate, in denen durch Bescheid der Familienkasse ein Anspruch auf Kindergeld festgesetzt, aber wegen § 70 Absatz 1 Satz 2 nicht ausgezahlt wurde.

(7) 1Die Einkommensteuer ist eine Jahressteuer. 2Die Grundlagen für ihre Festsetzung sind jeweils für ein Kalenderjahr zu ermitteln. 3Besteht während eines Kalenderjahres sowohl unbeschränkte als auch beschränkte Einkommensteuerpflicht, so sind die während der beschränkten Einkommensteuerpflicht erzielten inländischen Einkünfte in eine Veranlagung zur unbeschränkten Einkommensteuerpflicht einzubeziehen.

(8) Die Regelungen dieses Gesetzes zu Ehegatten und Ehen sind auch auf Lebenspartner und Lebenspartnerschaften anzuwenden.

4. Überschuss der Einnahmen über die Werbungskosten

§ 8 Einnahmen

(1) 1Einnahmen sind alle Güter, die in Geld oder Geldeswert bestehen und dem Steuerpflichtigen im Rahmen einer der Einkunftsarten des § 2 Absatz 1 Satz 1 Nummer 4 bis 7 zufließen. 2Zu den Einnahmen in Geld gehö-

ren auch zweckgebundene Geldleistungen, nachträgliche Kostenerstattungen, Geldsurrogate und andere Vorteile, die auf einen Geldbetrag lauten. $_{3}$Satz 2 gilt nicht bei Gutscheinen und Geldkarten, die ausschließlich zum Bezug von Waren oder Dienstleistungen berechtigen und die Kriterien des §2 Absatz 1 Nummer 10 des Zahlungsdiensteaufsichtsgesetzes erfüllen.

(2) $_{1}$Einnahmen, die nicht in Geld bestehen (Wohnung, Kost, Waren, Dienstleistungen und sonstige Sachbezüge), sind mit den um übliche Preisnachlässe geminderten üblichen Endpreisen am Abgabeort anzusetzen. $_{2}$Für die private Nutzung eines betrieblichen Kraftfahrzeugs zu privaten Fahrten gilt §6 Absatz 1 Nummer 4 Satz 2 entsprechend. $_{3}$Kann das Kraftfahrzeug auch für Fahrten zwischen Wohnung und erster Tätigkeitsstätte sowie Fahrten nach §9 Absatz 1 Satz 3 Nummer 4a Satz 3 genutzt werden, erhöht sich der Wert in Satz 2 für jeden Kalendermonat um 0,03 Prozent des Listenpreises im Sinne des §6 Absatz 1 Nummer 4 Satz 2 für jeden Kilometer der Entfernung zwischen Wohnung und erster Tätigkeitsstätte sowie der Fahrten nach §9 Absatz 1 Satz 3 Nummer 4a Satz 3. $_{4}$Der Wert nach den Sätzen 2 und 3 kann mit dem auf die private Nutzung und die Nutzung zu Fahrten zwischen Wohnung und erster Tätigkeitsstätte sowie Fahrten nach §9 Absatz 1 Satz 3 Nummer 4a Satz 3 entfallenden Teil der gesamten Kraftfahrzeugaufwendungen angesetzt werden, wenn die durch das Kraftfahrzeug insgesamt entstehenden Aufwendungen durch Belege und das Verhältnis der privaten Fahrten und der Fahrten zwischen Wohnung und erster Tätigkeitsstätte sowie Fahrten nach §9 Absatz 1 Satz 3 Nummer 4a Satz 3 zu den übrigen Fahrten durch ein ordnungsgemäßes Fahrtenbuch nachgewiesen werden; §6 Absatz 1 Nummer 4 Satz 3 zweiter Halbsatz gilt entsprechend. $_{5}$Die Nutzung des Kraftfahrzeugs zu einer Familienheimfahrt im Rahmen einer doppelten Haushaltsführung ist mit 0,002 Prozent des Listenpreises im Sinne des §6 Absatz 1 Nummer 4 Satz 2 für jeden Kilometer der Entfernung zwischen dem Ort des eigenen Hausstands und dem Beschäftigungsort anzusetzen; dies gilt nicht, wenn für diese Fahrt ein Abzug von Werbungskosten nach §9 Absatz 1 Satz 3 Nummer 5 Satz 5 und 6 in Betracht käme; Satz 4 ist sinngemäß anzuwenden. $_{6}$Bei Arbeitnehmern, für deren Sachbezüge durch Rechtsverordnung nach §17 Absatz 1 Satz 1 Nummer 4 des Vierten Buches Sozialgesetzbuch Werte bestimmt worden sind, sind diese Werte maßgebend. $_{7}$Die Werte nach Satz 6 sind auch bei Steuerpflichtigen anzusetzen, die nicht der gesetzlichen Rentenversicherungspflicht unterliegen. $_{8}$Wird dem Arbeitnehmer während einer beruflichen Tätigkeit außerhalb seiner Wohnung und ersten Tätigkeitsstätte oder im Rahmen einer beruflich veranlassten doppelten Haushaltsführung vom Arbeitgeber oder auf dessen Veranlassung von einem Dritten eine Mahlzeit zur Verfügung gestellt, ist diese Mahlzeit mit dem Wert nach Satz 6 (maßgebender amtlicher Sachbezugswert nach der Sozialversicherungsentgeltverordnung) anzusetzen, wenn der Preis für die Mahlzeit 60 Euro nicht übersteigt. $_{9}$Der Ansatz einer nach Satz 8 bewerteten Mahlzeit unterbleibt, wenn beim Arbeitnehmer für ihm entstehende Mehraufwendungen für Verpflegung ein Werbungskostenabzug nach §9 Absatz 4a Satz 1 bis 7 in Betracht käme. $_{10}$Die oberste Finanzbehörde eines Landes kann mit Zustimmung des Bundesministeriums der Finanzen für weitere Sachbezüge der Arbeitnehmer Durchschnittswerte festsetzen. $_{11}$Sachbezüge, die nach Satz 1 zu bewerten sind, bleiben außer Ansatz, wenn die sich nach Anrechnung der vom Steuerpflichtigen gezahlten Entgelte ergebenden Vorteile insgesamt 50 Euro im Kalendermonat nicht übersteigen; die nach Absatz 1 Satz 3 nicht zu den Einnahmen in Geld gehörenden Gutscheine und Geldkarten bleiben nur dann außer Ansatz, wenn sie zusätzlich zum ohnehin geschuldeten Arbeitslohn gewährt werden. $_{12}$Der Ansatz eines Sachbezugs für eine dem Arbeitnehmer vom Arbeitgeber, auf dessen Veranlassung von einem verbundenen Unternehmen (§15 des Aktiengesetzes) oder bei einer juristischen Person des öffentlichen Rechts als Arbeitgeber auf dessen Veranlas-

sung von einem entsprechend verbundenen Unternehmen zu eigenen Wohnzwecken überlassene Wohnung unterbleibt, soweit das vom Arbeitnehmer gezahlte Entgelt mindestens zwei Drittel des ortsüblichen Mietwerts und dieser nicht mehr als 25 Euro je Quadratmeter ohne umlagefähige Kosten im Sinne der Verordnung über die Aufstellung von Betriebskosten beträgt.

(3) 1Erhält ein Arbeitnehmer auf Grund seines Dienstverhältnisses Waren oder Dienstleistungen, die vom Arbeitgeber nicht überwiegend für den Bedarf seiner Arbeitnehmer hergestellt, vertrieben oder erbracht werden und deren Bezug nicht nach § 40 pauschal versteuert wird, so gelten als deren Werte abweichend von Absatz 2 die um 4 Prozent geminderten Endpreise, zu denen der Arbeitgeber oder der dem Abgabeort nächstansässige Abnehmer die Waren oder Dienstleistungen fremden Letztverbrauchern im allgemeinen Geschäftsverkehr anbietet. 2Die sich nach Abzug der vom Arbeitnehmer gezahlten Entgelte ergebenden Vorteile sind steuerfrei, soweit sie aus dem Dienstverhältnis insgesamt 1080 Euro im Kalenderjahr nicht übersteigen.

(4) 1Im Sinne dieses Gesetzes werden Leistungen des Arbeitgebers oder auf seine Veranlassung eines Dritten (Sachbezüge oder Zuschüsse) für eine Beschäftigung nur dann zusätzlich zum ohnehin geschuldeten Arbeitslohn erbracht, wenn

1. die Leistung nicht auf den Anspruch auf Arbeitslohn angerechnet,
2. der Anspruch auf Arbeitslohn nicht zugunsten der Leistung herabgesetzt,
3. die verwendungs- oder zweckgebundene Leistung nicht anstelle einer bereits vereinbarten künftigen Erhöhung des Arbeitslohns gewährt und
4. bei Wegfall der Leistung der Arbeitslohn nicht erhöht

wird. 2Unter den Voraussetzungen des Satzes 1 ist von einer zusätzlich zum ohnehin geschuldeten Arbeitslohn erbrachten Leistung auch dann auszugehen, wenn der Arbeitnehmer arbeitsvertraglich oder auf Grund einer anderen arbeits- oder dienstrechtlichen Rechtsgrundlage (wie Einzelvertrag, Betriebsvereinbarung, Tarifvertrag, Gesetz) einen Anspruch auf diese hat.

§ 9 Werbungskosten

(1) 1Werbungskosten sind Aufwendungen zur Erwerbung, Sicherung und Erhaltung der Einnahmen. 2Sie sind bei der Einkunftsart abzuziehen, bei der sie erwachsen sind. 3Werbungskosten sind auch

1. Schuldzinsen und auf besonderen Verpflichtungsgründen beruhende Renten und dauernde Lasten, soweit sie mit einer Einkunftsart in wirtschaftlichem Zusammenhang stehen. 2Bei Leibrenten kann nur der Anteil abgezogen werden, der sich nach § 22 Nummer 1 Satz 3 Buchstabe a Doppelbuchstabe bb ergibt;
2. Steuern vom Grundbesitz, sonstige öffentliche Abgaben und Versicherungsbeiträge, soweit solche Ausgaben sich auf Gebäude oder auf Gegenstände beziehen, die dem Steuerpflichtigen zur Einnahmeerzielung dienen;
3. Beiträge zu Berufsständen und sonstigen Berufsverbänden, deren Zweck nicht auf einen wirtschaftlichen Geschäftsbetrieb gerichtet ist;
4. Aufwendungen des Arbeitnehmers für die Wege zwischen Wohnung und erster Tätigkeitsstätte im Sinne des Absatzes 4. 2Zur Abgeltung dieser Aufwendungen ist für jeden Arbeitstag, an dem der Arbeitnehmer die erste Tätigkeitsstätte aufsucht eine Entfernungspauschale für jeden vollen Kilometer der Entfernung zwischen Wohnung und erster Tätigkeitsstätte von 0,38 Euro anzusetzen, höchstens jedoch 4500 Euro im Kalenderjahr; ein höherer Betrag als 4500 Euro ist anzusetzen, soweit der Arbeitnehmer einen eigenen oder ihm zur Nutzung überlassenen Kraftwagen benutzt. 3Die Entfernungspauschale gilt nicht für Flugstrecken und Strecken mit steuerfreier Sammelbeförderung nach § 3 Nummer 32. 4Für die Bestimmung der Entfernung ist die kürzeste Straßenverbindung zwischen Wohnung und erster Tätigkeitsstätte

maßgebend; eine andere als die kürzeste Straßenverbindung kann zugrunde gelegt werden, wenn diese offensichtlich verkehrsgünstiger ist und vom Arbeitnehmer regelmäßig für die Wege zwischen Wohnung und erster Tätigkeitsstätte benutzt wird. 5Nach §8 Absatz 2 Satz 11 oder Absatz 3 steuerfreie Sachbezüge für Fahrten zwischen Wohnung und erster Tätigkeitsstätte mindern den nach Satz 2 abziehbaren Betrag; ist der Arbeitgeber selbst der Verkehrsträger, ist der Preis anzusetzen, den ein dritter Arbeitgeber an den Verkehrsträger zu entrichten hätte. 6Hat ein Arbeitnehmer mehrere Wohnungen, so sind die Wege von einer Wohnung, die nicht der ersten Tätigkeitsstätte am nächsten liegt, nur zu berücksichtigen, wenn sie den Mittelpunkt der Lebensinteressen des Arbeitnehmers bildet und nicht nur gelegentlich aufgesucht wird. 7Nach §3 Nummer 37 steuerfreie Sachbezüge mindern den nach Satz 2 abziehbaren Betrag nicht; §3c Absatz 1 ist nicht anzuwenden.

4a. Aufwendungen des Arbeitnehmers für beruflich veranlasste Fahrten, die nicht Fahrten zwischen Wohnung und erster Tätigkeitsstätte im Sinne des Absatzes 4 sowie keine Familienheimfahrten sind. 2Anstelle der tatsächlichen Aufwendungen, die dem Arbeitnehmer durch die persönliche Benutzung eines Beförderungsmittels entstehen, können die Fahrtkosten mit den pauschalen Kilometersätzen angesetzt werden, die für das jeweils benutzte Beförderungsmittel (Fahrzeug) als höchste Wegstreckenentschädigung nach dem Bundesreisekostengesetz festgesetzt sind. 3Hat ein Arbeitnehmer keine erste Tätigkeitsstätte (§9 Absatz 4) und hat er nach den dienst- oder arbeitsrechtlichen Festlegungen sowie den diese ausfüllenden Absprachen und Weisungen zur Aufnahme seiner beruflichen Tätigkeit dauerhaft denselben Ort oder dasselbe weiträumige Tätigkeitsgebiet typischerweise arbeitstäglich aufzusuchen, gilt Absatz 1 Satz 3 Nummer 4 und Absatz 2 für die Fahrten von der Wohnung zu diesem Ort oder dem zur Wohnung nächstgelegenen Zugang zum Tätigkeitsgebiet entsprechend. 4Für die Fahrten innerhalb des weiträumigen Tätigkeitsgebietes gelten die Sätze 1 und 2 entsprechend.

5. notwendige Mehraufwendungen, die einem Arbeitnehmer wegen einer beruflich veranlassten doppelten Haushaltsführung entstehen. 2Eine doppelte Haushaltsführung liegt nur vor, wenn der Arbeitnehmer außerhalb des Ortes seiner ersten Tätigkeitsstätte einen eigenen Hausstand unterhält und auch am Ort der ersten Tätigkeitsstätte wohnt. 3Das Vorliegen eines eigenen Hausstandes setzt das Innehaben einer Wohnung sowie eine finanzielle Beteiligung an den Kosten der Lebensführung voraus. 4Als Unterkunftskosten für eine doppelte Haushaltsführung können die tatsächlichen Aufwendungen für die Nutzung der Unterkunft angesetzt werden, höchstens 1000 Euro im Monat bei einer Unterkunft im Inland und höchstens 2000 Euro im Monat bei einer Unterkunft im Ausland; die Grenze von 2000 Euro bei einer Unterkunft im Ausland gilt nicht, wenn eine Dienst- oder Werkswohnung verpflichtend und zweckgebunden genutzt werden muss oder deren Kosten für Zwecke des Mietzuschusses nach §54 des Bundesbesoldungsgesetzes als notwendig anerkannt worden sind. 5Aufwendungen für die Wege vom Ort der ersten Tätigkeitsstätte zum Ort des eigenen Hausstandes und zurück (Familienheimfahrt) können jeweils nur für eine Familienheimfahrt wöchentlich abgezogen werden. 6Zur Abgeltung der Aufwendungen für eine Familienheimfahrt ist eine Entfernungspauschale von 0,38 Euro für jeden vollen Kilometer der Entfernung zwischen dem Ort des eigenen Hausstandes und dem Ort der ersten Tätigkeitsstätte anzusetzen. 7Nummer 4 Satz 3 bis 5 ist entsprechend anzuwenden. 8Aufwendungen für Familienheimfahrten mit einem dem Steuerpflichtigen im Rahmen einer Ein-

kunftsart überlassenen Kraftfahrzeug werden nicht berücksichtigt.

5a. notwendige Mehraufwendungen eines Arbeitnehmers für beruflich veranlasste Übernachtungen an einer Tätigkeitsstätte, die nicht erste Tätigkeitsstätte ist. $_{2}$Übernachtungskosten sind die tatsächlichen Aufwendungen für die persönliche Inanspruchnahme einer Unterkunft zur Übernachtung. $_{3}$Soweit höhere Übernachtungskosten anfallen, weil der Arbeitnehmer eine Unterkunft gemeinsam mit Personen nutzt, die in keinem Dienstverhältnis zum selben Arbeitgeber stehen, sind nur diejenigen Aufwendungen anzusetzen, die bei alleiniger Nutzung durch den Arbeitnehmer angefallen wären. $_{4}$Nach Ablauf von 48 Monaten einer längerfristigen beruflichen Tätigkeit an derselben Tätigkeitsstätte, die nicht erste Tätigkeitsstätte ist, können Unterkunftskosten nur noch bis zur Höhe des Betrags nach Nummer 5 angesetzt werden. $_{5}$Eine Unterbrechung dieser beruflichen Tätigkeit an derselben Tätigkeitsstätte führt zu einem Neubeginn, wenn die Unterbrechung mindestens sechs Monate dauert.

5b. notwendige Mehraufwendungen, die einem Arbeitnehmer während seiner auswärtigen beruflichen Tätigkeit auf einem Kraftfahrzeug des Arbeitgebers oder eines vom Arbeitgeber beauftragten Dritten im Zusammenhang mit einer Übernachtung in dem Kraftfahrzeug für Kalendertage entstehen, an denen der Arbeitnehmer eine Verpflegungspauschale nach Absatz 4a Satz 3 Nummer 1 und 2 sowie Satz 5 zur Nummer 1 und 2 beanspruchen könnte. $_{2}$Anstelle der tatsächlichen Aufwendungen, die dem Arbeitnehmer im Zusammenhang mit einer Übernachtung in dem Kraftfahrzeug entstehen, kann im Kalenderjahr einheitlich eine Pauschale von 9 Euro für jeden Kalendertag berücksichtigt werden, an dem der Arbeitnehmer eine Verpflegungspauschale nach Absatz 4a Satz 3 Nummer 1 und 2 sowie Satz 5 zur Nummer 1 und 2 beanspruchen könnte,

6. Aufwendungen für Arbeitsmittel, zum Beispiel für Werkzeuge und typische Berufskleidung. $_{2}$Nummer 7 bleibt unberührt;

7. Absetzungen für Abnutzung und für Substanzverringerung, Sonderabschreibungen nach § 7b und erhöhte Absetzungen. $_{2}$§ 6 Absatz 2 Satz 1 bis 3 ist in Fällen der Anschaffung oder Herstellung von Wirtschaftsgütern entsprechend anzuwenden.

(2) $_{1}$Durch die Entfernungspauschalen sind sämtliche Aufwendungen abgegolten, die durch die Wege zwischen Wohnung und erster Tätigkeitsstätte im Sinne des Absatzes 4 und durch die Familienheimfahrten veranlasst sind. $_{2}$Aufwendungen für die Benutzung öffentlicher Verkehrsmittel können angesetzt werden, soweit sie den im Kalenderjahr insgesamt als Entfernungspauschale abziehbaren Betrag übersteigen. $_{3}$Menschen mit Behinderungen,

1. deren Grad der Behinderung mindestens 70 beträgt,
2. deren Grad der Behinderung weniger als 70, aber mindestens 50 beträgt und die in ihrer Bewegungsfähigkeit im Straßenverkehr erheblich beeinträchtigt sind,

können anstelle der Entfernungspauschalen die tatsächlichen Aufwendungen für die Wege zwischen Wohnung und erster Tätigkeitsstätte und für Familienheimfahrten ansetzen. $_{4}$Die Voraussetzungen der Nummern 1 und 2 sind durch amtliche Unterlagen nachzuweisen.

(3) Absatz 1 Satz 3 Nummer 4 bis 5a sowie die Absätze 2 und 4a gelten bei den Einkunftsarten im Sinne des § 2 Absatz 1 Satz 1 Nummer 5 bis 7 entsprechend.

(4) $_{1}$Erste Tätigkeitsstätte ist die ortsfeste betriebliche Einrichtung des Arbeitgebers, eines verbundenen Unternehmens (§ 15 des Aktiengesetzes) oder eines vom Arbeitgeber bestimmten Dritten, der der Arbeitnehmer dauerhaft zugeordnet ist. $_{2}$Die Zuordnung im Sinne des Satzes 1 wird durch die dienst- oder arbeitsrechtlichen Festlegungen sowie die diese ausfüllenden Absprachen und Weisun-

gen bestimmt. $_{3}$Von einer dauerhaften Zuordnung ist insbesondere auszugehen, wenn der Arbeitnehmer unbefristet, für die Dauer des Dienstverhältnisses oder über einen Zeitraum von 48 Monaten hinaus an einer solchen Tätigkeitsstätte tätig werden soll. $_{4}$Fehlt eine solche dienst- oder arbeitsrechtliche Festlegung auf eine Tätigkeitsstätte oder ist sie nicht eindeutig, ist erste Tätigkeitsstätte die betriebliche Einrichtung, an der der Arbeitnehmer dauerhaft

1. typischerweise arbeitstäglich tätig werden soll oder
2. je Arbeitswoche zwei volle Arbeitstage oder mindestens ein Drittel seiner vereinbarten regelmäßigen Arbeitszeit tätig werden soll.

$_{5}$Je Dienstverhältnis hat der Arbeitnehmer höchstens eine erste Tätigkeitsstätte. $_{6}$Liegen die Voraussetzungen der Sätze 1 bis 4 für mehrere Tätigkeitsstätten vor, ist diejenige Tätigkeitsstätte erste Tätigkeitsstätte, die der Arbeitgeber bestimmt. $_{7}$Fehlt es an dieser Bestimmung oder ist sie nicht eindeutig, ist die der Wohnung örtlich am nächsten liegende Tätigkeitsstätte die erste Tätigkeitsstätte. $_{8}$Als erste Tätigkeitsstätte gilt auch eine Bildungseinrichtung, die außerhalb eines Dienstverhältnisses zum Zwecke eines Vollzeitstudiums oder einer vollzeitigen Bildungsmaßnahme aufgesucht wird; die Regelungen für Arbeitnehmer nach Absatz 1 Satz 3 Nummer 4 und 5 sowie Absatz 4a sind entsprechend anzuwenden.

(4a) $_{1}$Mehraufwendungen des Arbeitnehmers für die Verpflegung sind nur nach Maßgabe der folgenden Sätze als Werbungskosten abziehbar. $_{2}$Wird der Arbeitnehmer außerhalb seiner Wohnung und ersten Tätigkeitsstätte beruflich tätig (auswärtige berufliche Tätigkeit), ist zur Abgeltung der ihm tatsächlich entstandenen, beruflich veranlassten Mehraufwendungen eine Verpflegungspauschale anzusetzen. $_{3}$Diese beträgt

1. 28 Euro für jeden Kalendertag, an dem der Arbeitnehmer 24 Stunden von seiner Wohnung und ersten Tätigkeitsstätte abwesend ist,
2. jeweils 14 Euro für den An- und Abreisetag, wenn der Arbeitnehmer an diesem, einem anschließenden oder vorhergehenden Tag außerhalb seiner Wohnung übernachtet,
3. 14 Euro für den Kalendertag, an dem der Arbeitnehmer ohne Übernachtung außerhalb seiner Wohnung mehr als 8 Stunden von seiner Wohnung und der ersten Tätigkeitsstätte abwesend ist; beginnt die auswärtige berufliche Tätigkeit an einem Kalendertag und endet am nachfolgenden Kalendertag ohne Übernachtung, werden 14 Euro für den Kalendertag gewährt, an dem der Arbeitnehmer den überwiegenden Teil der insgesamt mehr als 8 Stunden von seiner Wohnung und der ersten Tätigkeitsstätte abwesend ist.

$_{4}$Hat der Arbeitnehmer keine erste Tätigkeitsstätte, gelten die Sätze 2 und 3 entsprechend; Wohnung im Sinne der Sätze 2 und 3 ist der Hausstand, der den Mittelpunkt der Lebensinteressen des Arbeitnehmers bildet sowie eine Unterkunft am Ort der ersten Tätigkeitsstätte im Rahmen der doppelten Haushaltsführung. $_{5}$Bei einer Tätigkeit im Ausland treten an die Stelle der Pauschbeträge nach Satz 3 länderweise unterschiedliche Pauschbeträge, die für die Fälle der Nummer 1 mit 120 sowie der Nummern 2 und 3 mit 80 Prozent der Auslandstagegelder nach dem Bundesreisekostengesetz vom Bundesministerium der Finanzen im Einvernehmen mit den obersten Finanzbehörden der Länder aufgerundet auf volle Euro festgesetzt werden; dabei bestimmt sich der Pauschbetrag nach dem Ort, den der Arbeitnehmer vor 24 Uhr Ortszeit zuletzt erreicht, oder, wenn dieser Ort im Inland liegt, nach dem letzten Tätigkeitsort im Ausland. $_{6}$Der Abzug der Verpflegungspauschalen ist auf die ersten drei Monate einer längerfristigen beruflichen Tätigkeit an derselben Tätigkeitsstätte beschränkt. $_{7}$Eine Unterbrechung der beruflichen Tätigkeit an derselben Tätigkeitsstätte führt zu einem Neubeginn, wenn sie mindestens vier Wochen dauert. $_{8}$Wird dem Arbeitnehmer anlässlich oder während einer Tätigkeit außerhalb seiner ersten Tätigkeitsstätte vom Arbeitgeber oder auf dessen Veranlassung von einem Dritten eine Mahlzeit zur Verfügung gestellt, sind die nach den Sätzen 3 und 5 ermittelten Verpflegungspauschalen zu kürzen:

1. für Frühstück um 20 Prozent,
2. für Mittag- und Abendessen um jeweils 40 Prozent,

der nach Satz 3 Nummer 1 gegebenenfalls in Verbindung mit Satz 5 maßgebenden Verpflegungspauschale für einen vollen Kalendertag; die Kürzung darf die ermittelte Verpflegungspauschale nicht übersteigen. $_{9}$Satz 8 gilt auch, wenn Reisekostenvergütungen wegen der zur Verfügung gestellten Mahlzeiten einbehalten oder gekürzt werden oder die Mahlzeiten nach § 40 Absatz 2 Satz 1 Nummer 1a pauschal besteuert werden. $_{10}$Hat der Arbeitnehmer für die Mahlzeit ein Entgelt gezahlt, mindert dieser Betrag den Kürzungsbetrag nach Satz 8. $_{11}$Erhält der Arbeitnehmer steuerfreie Erstattungen für Verpflegung, ist ein Werbungskostenabzug insoweit ausgeschlossen. $_{12}$Die Verpflegungspauschalen nach den Sätzen 3 und 5, die Dreimonatsfrist nach den Sätzen 6 und 7 sowie die Kürzungsregelungen nach den Sätzen 8 bis 10 gelten entsprechend auch für den Abzug von Mehraufwendungen für Verpflegung, die bei einer beruflich veranlassten doppelten Haushaltsführung entstehen, soweit der Arbeitnehmer vom eigenen Hausstand im Sinne des § 9 Absatz 1 Satz 3 Nummer 5 abwesend ist; dabei ist für jeden Kalendertag innerhalb der Dreimonatsfrist, an dem gleichzeitig eine Tätigkeit im Sinne des Satzes 2 oder des Satzes 4 ausgeübt wird, nur der jeweils höchste in Betracht kommende Pauschbetrag abziehbar. $_{13}$Die Dauer einer Tätigkeit im Sinne des Satzes 2 an dem Tätigkeitsort, an dem die doppelte Haushaltsführung begründet wurde, ist auf die Dreimonatsfrist anzurechnen, wenn sie ihr unmittelbar vorausgegangen ist.

(5) $_{1}$§ 4 Absatz 5 Satz 1 Nummer 1 bis 4, 6b bis 8a, 10, 12 und Absatz 6 gilt sinngemäß. $_{2}$Die §§ 4k, 6 Absatz 1 Nummer 1a und § 6e gelten entsprechend.

(6) $_{1}$Aufwendungen des Steuerpflichtigen für seine Berufsausbildung oder für sein Studium sind nur dann Werbungskosten, wenn der Steuerpflichtige zuvor bereits eine Erstausbildung (Berufsausbildung oder Studium) abgeschlossen hat oder wenn die Berufsausbildung oder das Studium im Rahmen eines Dienstverhältnisses stattfindet. $_{2}$Eine Berufsausbildung als Erstausbildung nach Satz 1 liegt vor, wenn eine geordnete Ausbildung mit einer Mindestdauer von 12 Monaten bei vollzeitiger Ausbildung und mit einer Abschlussprüfung durchgeführt wird. $_{3}$Eine geordnete Ausbildung liegt vor, wenn sie auf der Grundlage von Rechts- oder Verwaltungsvorschriften oder internen Vorschriften eines Bildungsträgers durchgeführt wird. $_{4}$Ist eine Abschlussprüfung nach dem Ausbildungsplan nicht vorgesehen, gilt die Ausbildung mit der tatsächlichen planmäßigen Beendigung als abgeschlossen. $_{5}$Eine Berufsausbildung als Erstausbildung hat auch abgeschlossen, wer die Abschlussprüfung einer durch Rechts- oder Verwaltungsvorschriften geregelten Berufsausbildung mit einer Mindestdauer von 12 Monaten bestanden hat, ohne dass er zuvor die entsprechende Berufsausbildung durchlaufen hat.

Entscheidung des Bundesverfassungsgerichts Vom 19. November 2019 (BGBl. 2022 I S. 413)

Aus dem Beschluss des Bundesverfassungsgerichts vom 19. November 2019 – 2 BvL 22/14 u. a. – wird folgende Entscheidungsformel veröffentlicht:

§ 9 Absatz 6 des Einkommensteuergesetzes in der Fassung des Gesetzes zur Umsetzung der Beitreibungsrichtlinie sowie zur Änderung steuerlicher Vorschriften (Beitreibungsrichtlinie-Umsetzungsgesetz – BeitrRLUmsG) vom 7. Dezember 2011 (Bundesgesetzblatt I Seite 2592) ist mit dem Grundgesetz vereinbar.

Die vorstehende Entscheidungsformel hat gemäß § 31 Absatz 2 des Bundesverfassungsgerichtsgesetzes Gesetzeskraft.

§ 9a Pauschbeträge für Werbungskosten

$_{1}$Für Werbungskosten sind bei der Ermittlung der Einkünfte die folgenden Pauschbeträge abzuziehen, wenn nicht höhere Werbungskosten nachgewiesen werden:

1. a) von den Einnahmen aus nichtselbständiger Arbeit vorbehaltlich Buchstabe b:
   ein Arbeitnehmer-Pauschbetrag von 1230 Euro;
   b) von den Einnahmen aus nichtselbständiger Arbeit, soweit es sich um Versorgungsbezüge im Sinne des § 19 Absatz 2 handelt:
   ein Pauschbetrag von 102 Euro;
2. (weggefallen)
3. von den Einnahmen im Sinne des § 22 Nummer 1, 1a und 5:
   ein Pauschbetrag von insgesamt 102 Euro.

₂Der Pauschbetrag nach Satz 1 Nummer 1 Buchstabe b darf nur bis zur Höhe der um den Versorgungsfreibetrag einschließlich des Zuschlags zum Versorgungsfreibetrag (§ 19 Absatz 2) geminderten Einnahmen, die Pauschbeträge nach Satz 1 Nummer 1 Buchstabe a und Nummer 3 dürfen nur bis zur Höhe der Einnahmen abgezogen werden. ₃Beitragszahlungen an Gewerkschaften als Werbungskosten im Sinne des § 9 Absatz 1 Satz 3 Nummer 3 werden neben den Pauschbeträgen im Sinne des Satzes 1 berücksichtigt.

5. Sonderausgaben

VIII

§ 10

(1) Sonderausgaben sind die folgenden Aufwendungen, wenn sie weder Betriebsausgaben noch Werbungskosten sind oder wie Betriebsausgaben oder Werbungskosten behandelt werden:

1. (weggefallen)
2. a) Beiträge zu den gesetzlichen Rentenversicherungen oder zur landwirtschaftlichen Alterskasse sowie zu berufsständischen Versorgungseinrichtungen, die den gesetzlichen Rentenversicherungen vergleichbare Leistungen erbringen;
   b) Beiträge des Steuerpflichtigen
      aa) zum Aufbau einer eigenen kapitalgedeckten Altersversorgung, wenn der Vertrag nur die Zahlung einer monatlichen, auf das Leben des Steuerpflichtigen bezogenen lebenslangen Leibrente nicht vor Vollendung des 62. Lebensjahres oder zusätzlich die ergänzende Absicherung des Eintritts der Berufsunfähigkeit (Berufsunfähigkeitsrente), der verminderten Erwerbsfähigkeit (Erwerbsminderungsrente) oder von Hinterbliebenen (Hinterbliebenenrente) vorsieht. ₂Hinterbliebene in diesem Sinne sind der Ehegatte des Steuerpflichtigen und die Kinder, für die er Anspruch auf Kindergeld oder auf einen Freibetrag nach § 32 Absatz 6 hat. ₃Der Anspruch auf Waisenrente darf längstens für den Zeitraum bestehen, in dem der Rentenberechtigte die Voraussetzungen für die Berücksichtigung als Kind im Sinne des § 32 erfüllt;
      bb) für seine Absicherung gegen den Eintritt der Berufsunfähigkeit oder der verminderten Erwerbsfähigkeit (Versicherungsfall), wenn der Vertrag nur die Zahlung einer monatlichen, auf das Leben des Steuerpflichtigen bezogenen lebenslangen Leibrente für einen Versicherungsfall vorsieht, der bis zur Vollendung des 67. Lebensjahres eingetreten ist. ₂Der Vertrag kann die Beendigung der Rentenzahlung wegen eines medizinisch begründeten Wegfalls der Berufsunfähigkeit oder der verminderten Erwerbsfähigkeit vorsehen. ₃Die Höhe der zugesagten Rente kann vom Alter des Steuerpflichtigen bei Eintritt des Versicherungsfalls abhängig gemacht werden, wenn der Steuerpflichtige das 55. Lebensjahr vollendet hat.

   ₂Die Ansprüche nach Buchstabe b dürfen nicht vererblich, nicht übertragbar, nicht beleihbar, nicht veräußerbar und nicht kapitalisierbar sein. ₃Anbieter und Steuerpflichtiger können vereinbaren, dass bis zu zwölf Monatsleistungen in einer Auszahlung zusammengefasst werden oder eine Kleinbetragsrente im Sinne von § 93 Absatz 3 Satz 2 oder 4 abgefunden wird. 4Bei der Berechnung der Kleinbetragsrente sind alle bei einem Anbieter bestehenden Verträge des Steuerpflichtigen jeweils nach Buchstabe b Doppelbuchstabe aa oder Doppelbuchstabe bb zusammenzurechnen. 5Neben den genannten Auszahlungsformen darf kein weiterer Anspruch auf Auszahlungen bestehen. 6Zu den Beiträgen nach den Buchstaben a und b ist der nach § 3 Nummer 62 steuerfreie Arbeitgeberanteil zur gesetzlichen Rentenversicherung und ein diesem gleichgestellter steuerfreier Zuschuss des Arbeitgebers hinzuzurechnen. 7Beiträge nach § 168 Absatz 1 Nummer 1b oder 1c oder nach § 172 Absatz 3 oder 3a des Sechsten Buches Sozialgesetzbuch werden abweichend von Satz 6 nur auf Antrag des Steuerpflichtigen hinzugerechnet;

3. Beiträge zu
   a) Krankenversicherungen, soweit diese zur Erlangung eines durch das Zwölfte Buch Sozialgesetzbuch bestimmten sozialhilfegleichen Versorgungsniveaus erforderlich sind und sofern auf die Leistungen ein Anspruch besteht. 2Für Beiträge zur gesetzlichen Krankenversicherung sind dies die nach dem Dritten Titel des Ersten Abschnitts des Achten Kapitels des Fünften Buches Sozialgesetzbuch oder die nach dem Sechsten Abschnitt des Zweiten Gesetzes über die Krankenversicherung der Landwirte festgesetzten Beiträge; Voraussetzung für die Berücksichtigung beim Steuerpflichtigen ist die Angabe der erteilten Identifikationsnummer (§ 139b der Abgabenordnung) des Kindes in der Einkommensteuererklärung des Steuerpflichtigen. 3Für Beiträge zu einer privaten Krankenversicherung sind dies die Beitragsanteile, die auf Vertragsleistungen entfallen, die, mit Ausnahme der auf das Krankengeld entfallenden Beitragsanteile, in Art, Umfang und Höhe den Leistungen nach dem Dritten Kapitel des Fünften Buches Sozialgesetzbuch vergleichbar sind; § 158 Absatz 2 des Versicherungsaufsichtsgesetzes gilt entsprechend. 4Wenn sich aus den Krankenversicherungsbeiträgen nach Satz 2 ein Anspruch auf Krankengeld oder ein Anspruch auf eine Leistung, die anstelle von Krankengeld gewährt wird, ergeben kann, ist der jeweilige Beitrag um 4 Prozent zu vermindern;
   b) gesetzlichen Pflegeversicherungen (soziale Pflegeversicherung und private Pflege-Pflichtversicherung).

2Als eigene Beiträge des Steuerpflichtigen können auch eigene Beiträge im Sinne der Buchstaben a oder b eines Kindes behandelt werden, wenn der Steuerpflichtige die Beiträge des Kindes, für das ein Anspruch auf einen Freibetrag nach § 32 Absatz 6 oder auf Kindergeld besteht, durch Leistungen in Form von Bar- oder Sachunterhalt wirtschaftlich getragen hat, unabhängig von Einkünften oder Bezügen des Kindes. 3Satz 2 gilt entsprechend, wenn der Steuerpflichtige die Beiträge für ein unterhaltsberechtigtes Kind trägt, welches nicht selbst Versicherungsnehmer ist, sondern der andere Elternteil. 4Hat der Steuerpflichtige in den Fällen des Absatzes 1a Nummer 1 eigene Beiträge im Sinne des Buchstaben a oder des Buchstaben b zum Erwerb einer Krankenversicherung oder gesetzlichen Pflegeversicherung für einen geschiedenen oder dauernd getrennt lebenden unbeschränkt einkommensteuerpflichtigen Ehegatten geleistet, dann werden diese abweichend von Satz 1 als eigene Beiträge des geschiedenen oder dauernd getrennt lebenden unbeschränkt einkommensteuerpflichtigen Ehegatten behandelt. 5Beiträge, die für nach Ablauf des Veranlagungszeitraums beginnende Beitragsjahre geleistet werden und in der Summe das Dreifache der auf den Veranlagungszeitraum entfallenden Beiträge überschreiten, sind in dem

Veranlagungszeitraum anzusetzen, für den sie geleistet wurden;

3a. Beiträge zu Kranken- und Pflegeversicherungen, soweit diese nicht nach Nummer 3 zu berücksichtigen sind; Beiträge zu Versicherungen gegen Arbeitslosigkeit, zu Erwerbs- und Berufsunfähigkeitsversicherungen, die nicht unter Nummer 2 Satz 1 Buchstabe b fallen, zu Unfall- und Haftpflichtversicherungen sowie zu Risikoversicherungen, die nur für den Todesfall eine Leistung vorsehen; Beiträge zu Versicherungen im Sinne des § 10 Absatz 1 Nummer 2 Buchstabe b Doppelbuchstabe bb bis dd in der am 31. Dezember 2004 geltenden Fassung, wenn die Laufzeit dieser Versicherungen vor dem 1. Januar 2005 begonnen hat und ein Versicherungsbeitrag bis zum 31. Dezember 2004 entrichtet wurde; § 10 Absatz 1 Nummer 2 Satz 2 bis 6 und Absatz 2 Satz 2 in der am 31. Dezember 2004 geltenden Fassung ist in diesen Fällen weiter anzuwenden;

4. gezahlte Kirchensteuer; dies gilt nicht, soweit die Kirchensteuer als Zuschlag zur Kapitalertragsteuer oder als Zuschlag auf die nach dem gesonderten Tarif des § 32d Absatz 1 ermittelte Einkommensteuer gezahlt wurde;

5. 80 Prozent der Aufwendungen, höchstens 4800 Euro je Kind, für Dienstleistungen zur Betreuung eines zum Haushalt des Steuerpflichtigen gehörenden Kindes im Sinne des § 32 Absatz 1, welches das 14. Lebensjahr noch nicht vollendet hat oder wegen einer vor Vollendung des 25. Lebensjahres eingetretenen körperlichen, geistigen oder seelischen Behinderung außerstande ist, sich selbst zu unterhalten. [2]Dies gilt nicht für Aufwendungen für Unterricht, die Vermittlung besonderer Fähigkeiten sowie für sportliche und andere Freizeitbetätigungen. [3]Ist das zu betreuende Kind nicht nach § 1 Absatz 1 oder Absatz 2 unbeschränkt einkommensteuerpflichtig, ist der in Satz 1 genannte Betrag zu kürzen, soweit es nach den Verhältnissen im Wohnsitzstaat des Kindes notwendig und angemessen ist. [4]Voraussetzung für den Abzug der Aufwendungen nach Satz 1 ist, dass der Steuerpflichtige für die Aufwendungen eine Rechnung erhalten hat und die Zahlung auf das Konto des Erbringers der Leistung erfolgt ist;

6. (weggefallen)

7. Aufwendungen für die eigene Berufsausbildung bis zu 6000 Euro im Kalenderjahr. [2]Bei Ehegatten, die die Voraussetzungen des § 26 Absatz 1 Satz 1 erfüllen, gilt Satz 1 für jeden Ehegatten. [3]Zu den Aufwendungen im Sinne des Satzes 1 gehören auch Aufwendungen für eine auswärtige Unterbringung. [4]§ 4 Absatz 5 Satz 1 Nummer 6b und 6c sowie § 9 Absatz 1 Satz 3 Nummer 4 und 5, Absatz 2, 4 Satz 8 und Absatz 4a sind bei der Ermittlung der Aufwendungen anzuwenden.

8. (weggefallen)

9. 30 Prozent des Entgelts, höchstens 5000 Euro, das der Steuerpflichtige für ein Kind, für das er Anspruch auf einen Freibetrag nach § 32 Absatz 6 oder auf Kindergeld hat, für dessen Besuch einer Schule in freier Trägerschaft oder einer überwiegend privat finanzierten Schule entrichtet, mit Ausnahme des Entgelts für Beherbergung, Betreuung und Verpflegung. [2]Voraussetzung ist, dass die Schule in einem Mitgliedstaat der Europäischen Union oder in einem Staat belegen ist, auf den das Abkommen über den Europäischen Wirtschaftsraum Anwendung findet, und die Schule zu einem von dem zuständigen inländischen Ministerium eines Landes, von der Kultusministerkonferenz der Länder oder von einer inländischen Zeugnisanerkennungsstelle anerkannten oder einem inländischen Abschluss an einer öffentlichen Schule als gleichwertig anerkannten allgemein bildenden oder berufsbildenden Schul-, Jahrgangs- oder Berufsabschluss führt. [3]Der Besuch einer anderen Einrichtung, die auf einen Schul-, Jahrgangs- oder Berufsabschluss im Sinne des Satzes 2 ordnungsgemäß vorbe-

reitet, steht einem Schulbesuch im Sinne des Satzes 1 gleich. 4Der Besuch einer Deutschen Schule im Ausland steht dem Besuch einer solchen Schule gleich, unabhängig von ihrer Belegenheit. 5Der Höchstbetrag nach Satz 1 wird für jedes Kind, bei dem die Voraussetzungen vorliegen, je Elternpaar nur einmal gewährt.

(1a) 1Sonderausgaben sind auch die folgenden Aufwendungen:

1. Unterhaltsleistungen an den geschiedenen oder dauernd getrennt lebenden unbeschränkt einkommensteuerpflichtigen Ehegatten, wenn der Geber dies mit Zustimmung des Empfängers beantragt, bis zu 13 805 Euro im Kalenderjahr. 2Der Höchstbetrag nach Satz 1 erhöht sich um den Betrag der im jeweiligen Veranlagungszeitraum nach Absatz 1 Nummer 3 für die Absicherung des geschiedenen oder dauernd getrennt lebenden unbeschränkt einkommensteuerpflichtigen Ehegatten aufgewandten Beiträge. 3Der Antrag kann jeweils nur für ein Kalenderjahr gestellt und nicht zurückgenommen werden. 4Die Zustimmung ist mit Ausnahme der nach § 894 der Zivilprozessordnung als erteilt geltenden bis auf Widerruf wirksam. 5Der Widerruf ist vor Beginn des Kalenderjahres, für das die Zustimmung erstmals nicht gelten soll, gegenüber dem Finanzamt zu erklären. 6Die Sätze 1 bis 5 gelten für Fälle der Nichtigkeit oder der Aufhebung der Ehe entsprechend. 7Voraussetzung für den Abzug der Aufwendungen ist die Angabe der erteilten Identifikationsnummer (§ 139b der Abgabenordnung) der unterhaltenen Person in der Steuererklärung des Unterhaltsleistenden, wenn die unterhaltene Person der unbeschränkten oder beschränkten Steuerpflicht unterliegt. 8Die unterhaltene Person ist für diese Zwecke verpflichtet, dem Unterhaltsleistenden ihre erteilte Identifikationsnummer (§ 139b der Abgabenordnung) mitzuteilen. 9Kommt die unterhaltene Person dieser Verpflichtung nicht nach, ist der Unterhaltsleistende berechtigt, bei der für ihn zuständigen Finanzbehörde die Identifikationsnummer der unterhaltenen Person zu erfragen;
2. auf besonderen Verpflichtungsgründen beruhende, lebenslange und wiederkehrende Versorgungsleistungen, die nicht mit Einkünften in wirtschaftlichem Zusammenhang stehen, die bei der Veranlagung außer Betracht bleiben, wenn der Empfänger unbeschränkt einkommensteuerpflichtig ist. 2Dies gilt nur für
   a) Versorgungsleistungen im Zusammenhang mit der Übertragung eines Mitunternehmeranteils an einer Personengesellschaft, die eine Tätigkeit im Sinne der §§ 13, 15 Absatz 1 Satz 1 Nummer 1 oder des § 18 Absatz 1 ausübt,
   b) Versorgungsleistungen im Zusammenhang mit der Übertragung eines Betriebs oder Teilbetriebs, sowie
   c) Versorgungsleistungen im Zusammenhang mit der Übertragung eines mindestens 50 Prozent betragenden Anteils an einer Gesellschaft mit beschränkter Haftung, wenn der Übergeber als Geschäftsführer tätig war und der Übernehmer diese Tätigkeit nach der Übertragung übernimmt.

   3Satz 2 gilt auch für den Teil der Versorgungsleistungen, der auf den Wohnteil eines Betriebs der Land- und Forstwirtschaft entfällt. 4Voraussetzung für den Abzug der Aufwendungen ist die Angabe der erteilten Identifikationsnummer (§ 139b der Abgabenordnung) des Empfängers in der Steuererklärung des Leistenden; Nummer 1 Satz 8 und 9 gilt entsprechend;
3. Ausgleichsleistungen zur Vermeidung eines Versorgungsausgleichs nach § 6 Absatz 1 Satz 2 Nummer 2 und § 23 des Versorgungsausgleichsgesetzes sowie § 1408 Absatz 2 und § 1587 des Bürgerlichen Gesetzbuchs, soweit der Verpflichtete dies mit Zustimmung des Berechtigten beantragt und der Berechtigte unbeschränkt einkommensteuerpflichtig ist. 2Nummer 1 Satz 3 bis 5 gilt entsprechend. 3Voraussetzung für den Abzug der Aufwendungen ist die Angabe der erteilten Identifikationsnummer (§ 139b der Abgabenordnung)

des Berechtigten in der Steuererklärung des Verpflichteten; Nummer 1 Satz 8 und 9 gilt entsprechend;

4. Ausgleichszahlungen im Rahmen des Versorgungsausgleichs nach den §§ 20 bis 22 und 26 des Versorgungsausgleichsgesetzes und nach den §§ 1587f, 1587g und 1587i des Bürgerlichen Gesetzbuchs in der bis zum 31. August 2009 geltenden Fassung sowie nach § 3a des Gesetzes zur Regelung von Härten im Versorgungsausgleich, soweit die ihnen zu Grunde liegenden Einnahmen bei der ausgleichspflichtigen Person der Besteuerung unterliegen, wenn die ausgleichsberechtigte Person unbeschränkt einkommensteuerpflichtig ist. 2Nummer 3 Satz 3 gilt entsprechend.

(2) 1Voraussetzung für den Abzug der in Absatz 1 Nummern 2, 3 und 3a bezeichneten Beträge (Vorsorgeaufwendungen) ist, dass sie

1. nicht in unmittelbarem wirtschaftlichen Zusammenhang mit steuerfreien Einnahmen stehen; ungeachtet dessen sind Vorsorgeaufwendungen im Sinne des Absatzes 1 Nummer 2, 3 und 3a zu berücksichtigen, soweit
   a) sie in unmittelbarem wirtschaftlichen Zusammenhang mit in einem Mitgliedstaat der Europäischen Union oder einem Vertragsstaat des Abkommens über den Europäischen Wirtschaftsraum oder in der Schweizerischen Eidgenossenschaft erzielten Einnahmen stehen,
   b) diese Einnahmen nach einem Abkommen zur Vermeidung der Doppelbesteuerung im Inland steuerfrei sind und
   c) der andere Staat keinerlei steuerliche Berücksichtigung von Vorsorgeaufwendungen im Rahmen der Besteuerung dieser Einnahmen zulässt;

   steuerfreie Zuschüsse zu einer Kranken- oder Pflegeversicherung stehen insgesamt in unmittelbarem wirtschaftlichen Zusammenhang mit den Vorsorgeaufwendungen im Sinne des Absatzes 1 Nummer 3,

2. geleistet werden an
   a) Versicherungsunternehmen,
      aa) die ihren Sitz oder ihre Geschäftsleitung in einem Mitgliedstaat der Europäischen Union oder einem Vertragsstaat des Abkommens über den Europäischen Wirtschaftsraum haben und das Versicherungsgeschäft im Inland betreiben dürfen, oder
      bb) denen die Erlaubnis zum Geschäftsbetrieb im Inland erteilt ist.

      2Darüber hinaus werden Beiträge nur berücksichtigt, wenn es sich um Beträge im Sinne des Absatzes 1 Nummer 3 Satz 1 Buchstabe a an eine Einrichtung handelt, die eine anderweitige Absicherung im Krankheitsfall im Sinne des § 5 Absatz 1 Nummer 13 des Fünften Buches Sozialgesetzbuch oder eine der Beihilfe oder freien Heilfürsorge vergleichbare Absicherung im Sinne des § 193 Absatz 3 Satz 2 Nummer 2 des Versicherungsvertragsgesetzes gewährt. 3Dies gilt entsprechend, wenn ein Steuerpflichtiger, der weder seinen Wohnsitz noch seinen gewöhnlichen Aufenthalt im Inland hat, mit den Beiträgen einen Versicherungsschutz im Sinne des Absatzes 1 Nummer 3 Satz 1 erwirbt,
   b) berufsständische Versorgungseinrichtungen,
   c) einen Sozialversicherungsträger oder
   d) einen Anbieter im Sinne des § 80.

2Vorsorgeaufwendungen nach Absatz 1 Nummer 2 Buchstabe b werden nur berücksichtigt, wenn die Beiträge zugunsten eines Vertrags geleistet wurden, der nach § 5a des Altersvorsorgeverträge-Zertifizierungsgesetzes zertifiziert ist, wobei die Zertifizierung Grundlagenbescheid im Sinne des § 171 Absatz 10 der Abgabenordnung ist.

(2a) 1Bei Vorsorgeaufwendungen nach Absatz 1 Nummer 2 Buchstabe b hat der Anbieter als mitteilungspflichtige Stelle nach Maßgabe des § 93c der Abgabenordnung und unter Angabe der Vertrags- oder der Versicherungsdaten die Höhe der im jeweiligen Beitragsjahr geleisteten Beiträge und die Zertifizierungsnummer an die zentrale Stelle (§ 81)

VIII

zu übermitteln. 2§ 22a Absatz 2 gilt entsprechend. 3§ 72a Absatz 4 und § 93c Absatz 4 der Abgabenordnung finden keine Anwendung.

(2b) 1Bei Vorsorgeaufwendungen nach Absatz 1 Nummer 3 hat das Versicherungsunternehmen, der Träger der gesetzlichen Kranken- und Pflegeversicherung, die Künstlersozialkasse oder eine Einrichtung im Sinne des Absatzes 2 Satz 1 Nummer 2 Buchstabe a Satz 2 als mitteilungspflichtige Stelle nach Maßgabe des § 93c der Abgabenordnung und unter Angabe der Vertrags- oder der Versicherungsdaten die Höhe der im jeweiligen Beitragsjahr geleisteten und erstatteten Beiträge sowie die in § 93c Absatz 1 Nummer 2 Buchstabe c der Abgabenordnung genannten Daten mit der Maßgabe, dass insoweit als Steuerpflichtiger die versicherte Person gilt, an die zentrale Stelle (§ 81) zu übermitteln; sind Versicherungsnehmer und versicherte Person nicht identisch, sind zusätzlich die Identifikationsnummer und der Tag der Geburt des Versicherungsnehmers anzugeben. 2Auf der Grundlage des § 65a des Fünften Buches Sozialgesetzbuch nach den Satzungen der gesetzlichen Krankenkassen erbrachte Bonusleistungen gelten bis zu einer Höhe von 150 Euro pro versicherter Person und Beitragsjahr nicht als Beitragserstattung; diese Summe übersteigende Bonusleistungen gelten stets als Beitragserstattung. 3Der Steuerpflichtige kann nachweisen, dass Bonusleistungen in Höhe des übersteigenden Betrags nicht als Beitragserstattung zu qualifizieren sind. 4Satz 1 gilt nicht, soweit diese Daten mit der elektronischen Lohnsteuerbescheinigung (§ 41b Absatz 1 Satz 2) oder der Rentenbezugsmitteilung (§ 22a Absatz 1 Satz 1 Nummer 4) zu übermitteln sind. 5§ 22a Absatz 2 gilt entsprechend. 6Zuständige Finanzbehörde im Sinne des § 72a Absatz 4 und des § 93c Absatz 4 der Abgabenordnung ist das Bundeszentralamt für Steuern. 7Wird in den Fällen des § 72a Absatz 4 der Abgabenordnung eine unzutreffende Höhe der Beiträge übermittelt, ist die entgangene Steuer mit 30 Prozent des zu hoch ausgewiesenen Betrags anzusetzen.

(2c) 1Bei Vorsorgeaufwendungen nach Absatz 1 Nummer 2 Buchstabe a hat der Träger der gesetzlichen Rentenversicherung, die landwirtschaftliche Alterskasse oder die berufsständische Versorgungseinrichtung als mitteilungspflichtige Stelle nach Maßgabe des § 93c der Abgabenordung unter Angabe der Versicherungsdaten die Höhe der im jeweiligen Beitragsjahr geleisteten und erstatteten Beiträge an die zentrale Stelle (§ 81) zu übermitteln. 2Satz 1 gilt nicht, soweit diese Daten mit der elektronischen Lohnsteuerbescheinigung (§ 41b Absatz 1 Satz 2) zu übermitteln sind. 3§ 22a Absatz 2 gilt entsprechend. 4§ 72a Absatz 4 und § 93c Absatz 4 der Abgabenordnung finden keine Anwendung.

(3) 1Vorsorgeaufwendungen nach Absatz 1 Nummer 2 sind bis zu dem Höchstbeitrag zur knappschaftlichen Rentenversicherung, aufgerundet auf einen vollen Betrag in Euro, zu berücksichtigen. 2Bei zusammenveranlagten Ehegatten verdoppelt sich der Höchstbetrag. 3Der Höchstbetrag nach Satz 1 oder 2 ist bei Steuerpflichtigen, die

1. Arbeitnehmer sind und die während des ganzen oder eines Teils des Kalenderjahres
   a) in der gesetzlichen Rentenversicherung versicherungsfrei oder auf Antrag des Arbeitgebers von der Versicherungspflicht befreit waren und denen für den Fall ihres Ausscheidens aus der Beschäftigung auf Grund des Beschäftigungsverhältnisses eine lebenslängliche Versorgung oder an deren Stelle eine Abfindung zusteht oder die in der gesetzlichen Rentenversicherung nachzuversichern sind oder
   b) nicht der gesetzlichen Rentenversicherungspflicht unterliegen, eine Berufstätigkeit ausgeübt und im Zusammenhang damit auf Grund vertraglicher Vereinbarungen Anwartschaftsrechte auf eine Altersversorgung erworben haben, oder
2. Einkünfte im Sinne des § 22 Nummer 4 erzielen und die ganz oder teilweise ohne eigene Beitragsleistung einen Anspruch auf Altersversorgung erwerben,

um den Betrag zu kürzen, der, bezogen auf die Einnahmen aus der Tätigkeit, die die Zugehörigkeit zum genannten Personenkreis begründen, dem Gesamtbeitrag (Arbeitgeber- und Arbeitnehmeranteil) zur allgemeinen Rentenversicherung entspricht. $_{4}$Im Kalenderjahr 2013 sind 76 Prozent der nach den Sätzen 1 bis 3 ermittelten Vorsorgeaufwendungen anzusetzen. $_{5}$Der sich danach ergebende Betrag, vermindert um den nach § 3 Nummer 62 steuerfreien Arbeitgeberanteil zur gesetzlichen Rentenversicherung und einen diesem gleichgestellten steuerfreien Zuschuss des Arbeitgebers, ist als Sonderausgabe abziehbar. $_{6}$Der Prozentsatz in Satz 4 erhöht sich in den folgenden Kalenderjahren bis zum Kalenderjahr 2022 um je 2 Prozentpunkte je Kalenderjahr; ab dem Kalenderjahr 2023 beträgt er 100 Prozent. $_{7}$Beiträge nach § 168 Absatz 1 Nummer 1b oder 1c oder nach § 172 Absatz 3 oder 3a des Sechsten Buches Sozialgesetzbuch vermindern den abziehbaren Betrag nach Satz 5 nur, wenn der Steuerpflichtige die Hinzurechnung dieser Beiträge zu den Vorsorgeaufwendungen nach Absatz 1 Nummer 2 Satz 7 beantragt hat.

(4) $_{1}$Vorsorgeaufwendungen im Sinne des Absatzes 1 Nummer 3 und 3a können je Kalenderjahr insgesamt bis 2800 Euro abgezogen werden. $_{2}$Der Höchstbetrag beträgt 1900 Euro bei Steuerpflichtigen, die ganz oder teilweise ohne eigene Aufwendungen einen Anspruch auf vollständige oder teilweise Erstattung oder Übernahme von Krankheitskosten haben oder für deren Krankenversicherung Leistungen im Sinne des § 3 Nummer 9, 14, 57 oder 62 erbracht werden. $_{3}$Bei zusammen veranlagten Ehegatten bestimmt sich der gemeinsame Höchstbetrag aus der Summe der jedem Ehegatten unter den Voraussetzungen von Satz 1 und 2 zustehenden Höchstbeträge. $_{4}$Übersteigen die Vorsorgeaufwendungen im Sinne des Absatzes 1 Nummer 3 die nach den Sätzen 1 bis 3 zu berücksichtigenden Vorsorgeaufwendungen, sind diese abzuziehen und ein Abzug von Vorsorgeaufwendungen im Sinne des Absatzes 1 Nummer 3a scheidet aus.

(4a) $_{1}$Ist in den Kalenderjahren 2013 bis 2019 der Abzug der Vorsorgeaufwendungen nach Absatz 1 Nummer 2 Buchstabe a, Absatz 1 Nummer 3 und Nummer 3a in der für das Kalenderjahr 2004 geltenden Fassung des § 10 Absatz 3 mit folgenden Höchstbeträgen für den Vorwegabzug

Kalenderjahr	Vorwegabzug für den Steuerpflichtigen	Vorwegabzug im Fall der Zusammenveranlagung von Ehegatten
2013	2100	4200
2014	1800	3600
2015	1500	3000
2016	1200	2400
2017	900	1800
2018	600	1200
2019	300	600

zuzüglich des Erhöhungsbetrags nach Satz 3 günstiger, ist der sich danach ergebende Betrag anstelle des Abzugs nach Absatz 3 und 4 anzusetzen. $_{2}$Mindestens ist bei Anwendung des Satzes 1 der Betrag anzusetzen, der sich ergeben würde, wenn zusätzlich noch die Vorsorgeaufwendungen nach Absatz 1 Nummer 2 Buchstabe b in die Günstigerprüfung einbezogen werden würden; der Erhöhungsbetrag nach Satz 3 ist nicht hinzuzurechnen. $_{3}$Erhöhungsbetrag sind die Beiträge nach Absatz 1 Nummer 2 Buchstabe b, soweit sie nicht den um die Beiträge nach Absatz 1 Nummer 2 Buchstabe a und den nach § 3 Nummer 62 steuerfreien Arbeitgeberanteil zur gesetzlichen Rentenversicherung und einen diesem gleichgestellten steuerfreien Zuschuss verminderten Höchstbetrag nach Absatz 3 Satz 1 bis 3 überschreiten; Absatz 3 Satz 4 und 6 gilt entsprechend.

(4b) $_{1}$Erhält der Steuerpflichtige für die von ihm für einen anderen Veranlagungszeitraum geleisteten Aufwendungen im Sinne des Satzes 2 einen steuerfreien Zuschuss, ist dieser den erstatteten Aufwendungen gleichzustellen. $_{2}$Übersteigen bei den Sonderausgaben nach Absatz 1 Nummer 2 bis 3a die im Veranlagungszeitraum erstatteten Aufwendungen die geleisteten Aufwendungen (Erstattungsüberhang), ist der Erstattungsüberhang mit anderen im Rahmen der jeweiligen Nummer anzusetzenden Aufwendungen zu verrechnen. $_{3}$Ein verbleibender Betrag des sich bei den Aufwendungen nach Absatz 1 Nummer 3 und 4 ergebenden Erstattungsüberhangs ist dem Gesamtbetrag der Einkünfte hinzuzurechnen. 4Nach Maßgabe des § 93c der Abgabenordnung haben Behörden im Sinne des § 6 Absatz 1 der Abgabenordnung und andere öffentliche Stellen, die einem Steuerpflichtigen für die von ihm geleisteten Beiträge im Sinne des Absatzes 1 Nummer 2, 3 und 3a steuerfreie Zuschüsse gewähren oder Vorsorgeaufwendungen im Sinne dieser Vorschrift erstatten als mitteilungspflichtige Stellen, neben den nach § 93c Absatz 1 der Abgabenordnung erforderlichen Angaben, die zur Gewährung und Prüfung des Sonderausgabenabzugs nach § 10 erforderlichen Daten an die zentrale Stelle zu übermitteln. 5§ 22a Absatz 2 gilt entsprechend. 6§ 72a Absatz 4 und § 93c Absatz 4 der Abgabenordnung finden keine Anwendung.

(5) Durch Rechtsverordnung wird bezogen auf den Versicherungstarif bestimmt, wie der nicht abziehbare Teil der Beiträge zum Erwerb eines Krankenversicherungsschutzes im Sinne des Absatzes 1 Nummer 3 Buchstabe a Satz 3 durch einheitliche prozentuale Abschläge auf die zugunsten des jeweiligen Tarifs gezahlte Prämie zu ermitteln ist, soweit der nicht abziehbare Beitragsteil nicht bereits als gesonderter Tarif oder Tarifbaustein ausgewiesen wird.

(6) Absatz 1 Nummer 2 Buchstabe b Doppelbuchstabe aa ist für Vertragsabschlüsse vor dem 1. Januar 2012 mit der Maßgabe anzuwenden, dass der Vertrag die Zahlung der Leibrente nicht vor der Vollendung des 60. Lebensjahres vorsehen darf.

§ 10a Zusätzliche Altersvorsorge

(1) 1In der inländischen gesetzlichen Rentenversicherung Pflichtversicherte können Altersvorsorgebeiträge (§ 82) zuzüglich der dafür nach Abschnitt XI zustehenden Zulage jährlich bis zu 2100 Euro als Sonderausgaben abziehen; das Gleiche gilt für

1. Empfänger von inländischer Besoldung nach dem Bundesbesoldungsgesetz oder einem Landesbesoldungsgesetz,
2. Empfänger von Amtsbezügen aus einem inländischen Amtsverhältnis, deren Versorgungsrecht die entsprechende Anwendung des § 69e Absatz 3 und 4 des Beamtenversorgungsgesetzes vorsieht,
3. die nach § 5 Absatz 1 Satz 1 Nummer 2 und 3 des Sechsten Buches Sozialgesetzbuch versicherungsfrei Beschäftigten, die nach § 6 Absatz 1 Satz 1 Nummer 2 oder nach § 230 Absatz 2 Satz 2 des Sechsten Buches Sozialgesetzbuch von der Versicherungspflicht befreiten Beschäftigten, deren Versorgungsrecht die entsprechende Anwendung des § 69e Absatz 3 und 4 des Beamtenversorgungsgesetzes vorsieht,
4. Beamte, Richter, Berufssoldaten und Soldaten auf Zeit, die ohne Besoldung beurlaubt sind, für die Zeit einer Beschäftigung, wenn während der Beurlaubung die Gewährleistung einer Versorgungsanwartschaft unter den Voraussetzungen des § 5 Absatz 1 Satz 1 des Sechsten Buches Sozialgesetzbuch auf diese Beschäftigung erstreckt wird, und
5. Steuerpflichtige im Sinne der Nummern 1 bis 4, die beurlaubt sind und deshalb keine Besoldung, Amtsbezüge oder Entgelt erhalten, sofern sie eine Anrechnung von Kindererziehungszeiten nach § 56 des Sechsten Buches Sozialgesetzbuch in Anspruch nehmen könnten, wenn die Versicherungsfreiheit in der inländischen gesetzlichen Rentenversicherung nicht bestehen würde,

wenn sie spätestens bis zum Ablauf des Beitragsjahres (§ 88) folgt, gegenüber der zuständigen Stelle (§ 81a) schriftlich oder elektronisch eingewilligt haben, dass diese der zentralen Stelle (§ 81) jährlich unter Angabe der Identifikationsnummer mitteilt, dass der Steuerpflichtige zum begünstigten Personenkreis gehört, dass die zuständige Stelle der zentralen Stelle die für die Ermittlung des Mindesteigenbeitrags (§ 86) und die Gewährung der Kinderzulage (§ 85) erforderlichen Daten übermittelt und die zentrale Stelle diese Daten für das Zulageverfahren verarbeiten darf. 2Bei der Erteilung der Einwilligung ist der Steuerpflichtige darauf hinzuweisen, dass er die Einwilligung vor Beginn des Kalenderjah-

VIII

res, für das sie erstmals nicht mehr gelten soll, gegenüber der zuständigen Stelle widerrufen kann. $_{3}$Versicherungspflichtige nach dem Gesetz über die Alterssicherung der Landwirte stehen Pflichtversicherten gleich; dies gilt auch für Personen, die

1. eine Anrechnungszeit nach § 58 Absatz 1 Nummer 3 oder Nummer 6 des Sechsten Buches Sozialgesetzbuch in der gesetzlichen Rentenversicherung erhalten und
2. unmittelbar vor einer Anrechnungszeit nach § 58 Absatz 1 Nummer 3 oder Nummer 6 des Sechsten Buches Sozialgesetzbuch einer der im ersten Halbsatz, in Satz 1 oder in Satz 4 genannten begünstigten Personengruppen angehörten.

$_{4}$Die Sätze 1 und 2 gelten entsprechend für Steuerpflichtige, die nicht zum begünstigten Personenkreis nach Satz 1 oder 3 gehören und eine Rente wegen voller Erwerbsminderung oder Erwerbsunfähigkeit oder eine Versorgung wegen Dienstunfähigkeit aus einem der in Satz 1 oder 3 genannten Alterssicherungssysteme beziehen, wenn unmittelbar vor dem Bezug der entsprechenden Leistungen der Leistungsbezieher einer der in Satz 1 oder 3 genannten begünstigten Personengruppen angehörte; dies gilt nicht, wenn der Steuerpflichtige das 67. Lebensjahr vollendet hat. $_{5}$Bei der Ermittlung der dem Steuerpflichtigen zustehenden Zulage nach Satz 1 bleibt die Erhöhung der Grundzulage nach § 84 Satz 2 außer Betracht.

(1a) $_{1}$Steuerpflichtige, die eine Kinderzulage für ein Kind beantragen oder auf den Ehegatten übertragen haben, das im Beitragsjahr sein viertes Lebensjahr noch nicht vollendet hat und für das gegenüber dem Steuerpflichtigen oder seinem Ehegatten Kindergeld festgesetzt worden ist, stehen einem in der inländischen gesetzlichen Rentenversicherung Pflichtversicherten gleich, wenn eine Anrechnung von Kindererziehungszeiten nach § 56 des Sechsten Buches Sozialgesetzbuch nur auf Grund eines fehlenden oder noch nicht beschiedenen Antrags auf Berücksichtigung von Kindererziehungszeiten bislang nicht erfolgt ist. $_{2}$Voraussetzung ist, dass der Steuerpflichtige spätestens am Tag nach der Vollendung des vierten Lebensjahres des Kindes die Kindererziehungszeiten beim zuständigen Träger der gesetzlichen Rentenversicherung beantragt. $_{3}$Werden die Kindererziehungszeiten vom Träger der gesetzlichen Rentenversicherung nicht anerkannt, entfällt rückwirkend die Förderberechtigung nach Satz 1. $_{4}$Wurde das Kind am 1. Januar geboren, gilt Satz 1 mit der Maßgabe, dass das fünfte Lebensjahr noch nicht vollendet sein darf.

(1b) $_{1}$Sofern eine Zulagenummer (§ 90 Absatz 1 Satz 2) durch die zentrale Stelle oder eine Versicherungsnummer nach § 147 des Sechsten Buches Sozialgesetzbuch noch nicht vergeben ist, haben die in Absatz 1 Satz 1 Nummer 1 bis 5 genannten Steuerpflichtigen über die zuständige Stelle eine Zulagenummer bei der zentralen Stelle zu beantragen. $_{2}$Für Empfänger einer Versorgung im Sinne des Absatzes 1 Satz 4 gilt Satz 1 entsprechend.

(2) $_{1}$Ist der Sonderausgabenabzug nach Absatz 1 für den Steuerpflichtigen günstiger als der Anspruch auf die Zulage nach Abschnitt XI, erhöht sich die unter Berücksichtigung des Sonderausgabenabzugs ermittelte tarifliche Einkommensteuer um den Anspruch auf Zulage. $_{2}$In den anderen Fällen scheidet der Sonderausgabenabzug aus. $_{3}$Die Günstigerprüfung wird von Amts wegen vorgenommen.

(3) $_{1}$Der Abzugsbetrag nach Absatz 1 steht im Fall der Veranlagung von Ehegatten nach § 26 Absatz 1 jedem Ehegatten unter den Voraussetzungen des Absatzes 1 gesondert zu. $_{2}$Gehört nur ein Ehegatte zu dem nach Absatz 1 begünstigten Personenkreis und ist der andere Ehegatte nach § 79 Satz 2 zulageberechtigt, sind bei dem nach Absatz 1 abzugsberechtigten Ehegatten die von beiden Ehegatten geleisteten Altersvorsorgebeiträge und die dafür zustehenden Zulagen bei der Anwendung der Absätze 1 und 2 zu berücksichtigen. $_{3}$Der Höchstbetrag nach Absatz 1 Satz 1 erhöht sich in den Fällen des Satzes 2 um 60 Euro. $_{4}$Dabei sind die von dem Ehegatten, der zu dem nach Absatz 1 begünstigten Personenkreis gehört, geleisteten Altersvorsorgebeiträge vorrangig zu berücksichtigen, jedoch mindestens 60 Euro der von dem

anderen Ehegatten geleisteten Altersvorsorgebeiträge. $_{5}$Gehören beide Ehegatten zu dem nach Absatz 1 begünstigten Personenkreis und liegt ein Fall der Veranlagung nach § 26 Absatz 1 vor, ist bei der Günstigerprüfung nach Absatz 2 der Anspruch auf Zulage beider Ehegatten anzusetzen.

(4) $_{1}$Im Fall des Absatzes 2 Satz 1 stellt das Finanzamt die über den Zulageanspruch nach Abschnitt XI hinausgehende Steuerermäßigung gesondert fest und teilt diese der zentralen Stelle (§ 81) mit; § 10d Absatz 4 Satz 3 bis 5 gilt entsprechend. $_{2}$Sind Altersvorsorgebeiträge zugunsten von mehreren Verträgen geleistet worden, erfolgt die Zurechnung im Verhältnis der nach Absatz 1 berücksichtigten Altersvorsorgebeiträge. $_{3}$Ehegatten ist der nach Satz 1 festzustellende Betrag auch im Fall der Zusammenveranlagung jeweils getrennt zuzurechnen; die Zurechnung erfolgt im Verhältnis der nach Absatz 1 berücksichtigten Altersvorsorgebeiträge. $_{4}$Werden Altersvorsorgebeiträge nach Absatz 3 Satz 2 berücksichtigt, die der nach § 79 Satz 2 zulageberechtigte Ehegatte zugunsten eines auf seinen Namen lautenden Vertrages geleistet hat, ist die hierauf entfallende Steuerermäßigung dem Vertrag zuzurechnen, zu dessen Gunsten die Altersvorsorgebeiträge geleistet wurden. $_{5}$Die Übermittlung an die zentrale Stelle erfolgt unter Angabe der Vertragsnummer und der Identifikationsnummer (§ 139b Abgabenordnung) sowie der Zulage- oder Versicherungsnummer nach § 147 des Sechsten Buches Sozialgesetzbuch.

(5) $_{1}$Nach Maßgabe des § 93c der Abgabenordnung hat der Anbieter als mitteilungspflichtige Stelle auch unter Angabe der Vertragsdaten die Höhe der im jeweiligen Beitragsjahr zu berücksichtigenden Altersvorsorgebeiträge sowie die Zulage- oder die Versicherungsnummer nach § 147 des Sechsten Buches Sozialgesetzbuch an die zentrale Stelle zu übermitteln. $_{2}$§ 22a Absatz 2 gilt entsprechend. $_{3}$§ 72a Absatz 4 der Abgabenordnung findet keine Anwendung. $_{4}$Die übrigen Voraussetzungen für den Sonderausgabenabzug nach den Absätzen 1 bis 3 werden im Wege der Datenerhebung und des automatisierten Datenabgleichs nach § 91 überprüft. $_{5}$Erfolgt eine Datenübermittlung nach Satz 1 und wurde noch keine Zulagenummer (§ 90 Absatz 1 Satz 2) durch die zentrale Stelle oder keine Versicherungsnummer nach § 147 des Sechsten Buches Sozialgesetzbuch vergeben, gilt § 90 Absatz 1 Satz 2 und 3 entsprechend.

(6) $_{1}$Für die Anwendung der Absätze 1 bis 5 stehen den in der inländischen gesetzlichen Rentenversicherung Pflichtversicherten nach Absatz 1 Satz 1 die Pflichtmitglieder in einem ausländischen gesetzlichen Alterssicherungssystem gleich, wenn diese Pflichtmitgliedschaft

1. mit einer Pflichtmitgliedschaft in einem inländischen Alterssicherungssystem nach Absatz 1 Satz 1 oder 3 vergleichbar ist und
2. vor dem 1. Januar 2010 begründet wurde.

$_{2}$Für die Anwendung der Absätze 1 bis 5 stehen den Steuerpflichtigen nach Absatz 1 Satz 4 die Personen gleich,

1. die aus einem ausländischen gesetzlichen Alterssicherungssystem eine Leistung erhalten, die den in Absatz 1 Satz 4 genannten Leistungen vergleichbar ist,
2. die unmittelbar vor dem Bezug der entsprechenden Leistung nach Satz 1 oder Absatz 1 Satz 1 oder 3 begünstigt waren und
3. die noch nicht das 67. Lebensjahr vollendet haben.

$_{3}$Als Altersvorsorgebeiträge (§ 82) sind bei den in Satz 1 oder 2 genannten Personen nur diejenigen Beiträge zu berücksichtigen, die vom Abzugsberechtigten zugunsten seines vor dem 1. Januar 2010 abgeschlossenen Vertrags geleistet wurden. $_{4}$Endet die unbeschränkte Steuerpflicht eines Zulageberechtigten im Sinne des Satzes 1 oder 2 durch Aufgabe des inländischen Wohnsitzes oder gewöhnlichen Aufenthalts und wird die Person nicht nach § 1 Absatz 3 als unbeschränkt einkommensteuerpflichtig behandelt, so gelten die §§ 93 und 94 entsprechend; § 99 Absatz 1 in der am 31. Dezember 2008 geltenden Fassung ist anzuwenden.

(7) Soweit nichts anderes bestimmt ist, sind die Regelungen des § 10a und des Abschnitts XI in der für das jeweilige Beitragsjahr geltenden Fassung anzuwenden.

IV. Tarif

§ 31 Familienleistungsausgleich

1Die steuerliche Freistellung eines Einkommensbetrags in Höhe des Existenzminimums eines Kindes einschließlich der Bedarfe für Betreuung und Erziehung oder Ausbildung wird im gesamten Veranlagungszeitraum entweder durch die Freibeträge nach § 32 Absatz 6 oder durch Kindergeld nach Abschnitt X bewirkt. 2Soweit das Kindergeld dafür nicht erforderlich ist, dient es der Förderung der Familie. 3Im laufenden Kalenderjahr wird Kindergeld als Steuervergütung monatlich gezahlt. 4Bewirkt der Anspruch auf Kindergeld für den gesamten Veranlagungszeitraum die nach Satz 1 gebotene steuerliche Freistellung nicht vollständig und werden deshalb bei der Veranlagung zur Einkommensteuer die Freibeträge nach § 32 Absatz 6 vom Einkommen abgezogen, erhöht sich die unter Abzug dieser Freibeträge ermittelte tarifliche Einkommensteuer um den Anspruch auf Kindergeld für den gesamten Veranlagungszeitraum; bei nicht zusammenveranlagten Eltern wird der Kindergeldanspruch im Umfang des Kinderfreibetrags angesetzt. 5Bei der Prüfung der Steuerfreistellung und der Hinzurechnung nach Satz 4 bleibt der Anspruch auf Kindergeld für Kalendermonate unberücksichtigt, in denen durch Bescheid der Familienkasse ein Anspruch auf Kindergeld festgesetzt, aber wegen § 70 Absatz 1 Satz 2 nicht ausgezahlt wurde. 6Satz 4 gilt entsprechend für mit dem Kindergeld vergleichbare Leistungen nach § 65. 7Besteht nach ausländischem Recht Anspruch auf Leistungen für Kinder, wird dieser insoweit nicht berücksichtigt, als er das inländische Kindergeld übersteigt.

§ 32 Kinder, Freibeträge für Kinder

(1) Kinder sind

1. im ersten Grad mit dem Steuerpflichtigen verwandte Kinder,
2. Pflegekinder (Personen, mit denen der Steuerpflichtige durch ein familienähnliches, auf längere Dauer berechnetes Band verbunden ist, sofern er sie nicht zu Erwerbszwecken in seinen Haushalt aufgenommen hat und das Obhuts- und Pflegeverhältnis zu den Eltern nicht mehr besteht).

(2) 1Besteht bei einem angenommenen Kind das Kindschaftsverhältnis zu den leiblichen Eltern weiter, ist es vorrangig als angenommenes Kind zu berücksichtigen. 2Ist ein im ersten Grad mit dem Steuerpflichtigen verwandtes Kind zugleich ein Pflegekind, ist es vorrangig als Pflegekind zu berücksichtigen.

(3) Ein Kind wird in dem Kalendermonat, in dem es lebend geboren wurde, und in jedem folgenden Kalendermonat, zu dessen Beginn es das 18. Lebensjahr noch nicht vollendet hat, berücksichtigt.

(4) 1Ein Kind, das das 18. Lebensjahr vollendet hat, wird berücksichtigt, wenn es

1. noch nicht das 21. Lebensjahr vollendet hat, nicht in einem Beschäftigungsverhältnis steht und bei einer Agentur für Arbeit im Inland als Arbeitsuchender gemeldet ist oder
2. noch nicht das 25. Lebensjahr vollendet hat und
   a) für einen Beruf ausgebildet wird oder
   b) sich in einer Übergangszeit von höchstens vier Monaten befindet, die zwischen zwei Ausbildungsabschnitten oder zwischen einem Ausbildungsabschnitt und der Ableistung des gesetzlichen Wehr- oder Zivildienstes, einer vom Wehr- oder Zivildienst befreienden Tätigkeit als Entwicklungshelfer oder als Dienstleistender im Ausland nach § 14b des Zivildienstgesetzes oder der Ableistung des freiwilligen Wehrdienstes nach § 58b des Soldatengesetzes oder der Ableistung eines freiwilligen Dienstes im Sinne des Buchstaben d liegt, oder
   c) eine Berufsausbildung mangels Ausbildungsplatzes nicht beginnen oder fortsetzen kann oder

VIII

d) einen der folgenden freiwilligen Dienste leistet:
   aa) ein freiwilliges soziales Jahr im Sinne des Jugendfreiwilligendienstegesetzes,
   bb) ein freiwilliges ökologisches Jahr im Sinne des Jugendfreiwilligendienstegesetzes,
   cc) einen Bundesfreiwilligendienst im Sinne des Bundesfreiwilligendienstgesetzes,
   dd) eine Freiwilligentätigkeit im Rahmen des Europäischen Solidaritätskorps im Sinne der Verordnung (EU) 2021/888 des Europäischen Parlaments und des Rates vom 20. Mai 2021 zur Aufstellung des Programms für das Europäische Solidaritätskorps und zur Aufhebung der Verordnungen (EU) 2018/1475 und (EU) Nr. 375/2014 (ABl. L 202 vom 8. 6. 2021, S. 32),
   ee) einen anderen Dienst im Ausland im Sinne von § 5 des Bundesfreiwilligendienstgesetzes,
   ff) einen entwicklungspolitischen Freiwilligendienst „weltwärts“ im Sinne der Förderleitlinie des Bundesministeriums für wirtschaftliche Zusammenarbeit und Entwicklung vom 1. Januar 2016,
   gg) einen Freiwilligendienst aller Generationen im Sinne von § 2 Absatz 1a des Siebten Buches Sozialgesetzbuch oder
   hh) einen Internationalen Jugendfreiwilligendienst im Sinne der Richtlinie des Bundesministeriums für Familie, Senioren, Frauen und Jugend vom 4. Januar 2021 (GMBl S. 77) oder

3. wegen körperlicher, geistiger oder seelischer Behinderung außerstande ist, sich selbst zu unterhalten; Voraussetzung ist, dass die Behinderung vor Vollendung des 25. Lebensjahres eingetreten ist.

$_2$Nach Abschluss einer erstmaligen Berufsausbildung oder eines Erststudiums wird ein Kind in den Fällen des Satzes 1 Nummer 2 nur berücksichtigt, wenn das Kind keiner Erwerbstätigkeit nachgeht. $_3$Eine Erwerbstätigkeit mit bis zu 20 Stunden regelmäßiger wöchentlicher Arbeitszeit, ein Ausbildungsdienstverhältnis oder ein geringfügiges Beschäftigungsverhältnis im Sinne der §§ 8 und 8a des Vierten Buches Sozialgesetzbuch sind unschädlich.

(5) $_1$In den Fällen des Absatzes 4 Satz 1 Nummer 1 oder Nummer 2 Buchstabe a und b wird ein Kind, das

1. den gesetzlichen Grundwehrdienst oder Zivildienst geleistet hat, oder
2. sich anstelle des gesetzlichen Grundwehrdienstes freiwillig für die Dauer von nicht mehr als drei Jahren zum Wehrdienst verpflichtet hat, oder
3. eine vom gesetzlichen Grundwehrdienst oder Zivildienst befreiende Tätigkeit als Entwicklungshelfer im Sinne des § 1 Absatz 1 des Entwicklungshelfer-Gesetzes ausgeübt hat,

für einen der Dauer dieser Dienste oder der Tätigkeit entsprechenden Zeitraum, höchstens für die Dauer des inländischen gesetzlichen Grundwehrdienstes oder bei anerkannten Kriegsdienstverweigerern für die Dauer des inländischen gesetzlichen Zivildienstes über das 21. oder 25. Lebensjahr hinaus berücksichtigt. $_2$Wird der gesetzliche Grundwehrdienst oder Zivildienst in einem Mitgliedstaat der Europäischen Union oder einem Staat, auf den das Abkommen über den Europäischen Wirtschaftsraum Anwendung findet, geleistet, so ist die Dauer dieses Dienstes maßgebend. $_3$Absatz 4 Satz 2 und 3 gilt entsprechend.

(6) $_1$Bei der Veranlagung zur Einkommensteuer wird für jedes zu berücksichtigende Kind des Steuerpflichtigen ein Freibetrag von 3414 Euro für das sächliche Existenzminimum des Kindes (Kinderfreibetrag) sowie ein Freibetrag von 1464 Euro für den Betreuungs- und Erziehungs- oder Ausbildungsbedarf des Kindes vom Einkommen abgezogen. $_2$Bei Ehegatten, die nach den §§ 26, 26b zusammen zur Einkommensteuer veranlagt werden, verdoppeln sich die Beträge nach

Satz 1, wenn das Kind zu beiden Ehegatten in einem Kindschaftsverhältnis steht. $_{3}$Die Beträge nach Satz 2 stehen dem Steuerpflichtigen auch dann zu, wenn

1. der andere Elternteil verstorben oder nicht unbeschränkt einkommensteuerpflichtig ist oder
2. der Steuerpflichtige allein das Kind angenommen hat oder das Kind nur zu ihm in einem Pflegekindschaftsverhältnis steht.

$_{4}$Für ein nicht nach § 1 Absatz 1 oder 2 unbeschränkt einkommensteuerpflichtiges Kind können die Beträge nach den Sätzen 1 bis 3 nur abgezogen werden, soweit sie nach den Verhältnissen seines Wohnsitzstaates notwendig und angemessen sind. $_{5}$Für jeden Kalendermonat, in dem die Voraussetzungen für einen Freibetrag nach den Sätzen 1 bis 4 nicht vorliegen, ermäßigen sich die dort genannten Beträge um ein Zwölftel. $_{6}$Abweichend von Satz 1 wird bei einem unbeschränkt einkommensteuerpflichtigen Elternpaar, bei dem die Voraussetzungen des § 26 Absatz 1 Satz 1 nicht vorliegen, auf Antrag eines Elternteils der dem anderen Elternteil zustehende Kinderfreibetrag auf ihn übertragen, wenn er, nicht jedoch der andere Elternteil, seiner Unterhaltspflicht gegenüber dem Kind für das Kalenderjahr im Wesentlichen nachkommt oder der andere Elternteil mangels Leistungsfähigkeit nicht unterhaltspflichtig ist; die Übertragung des Kinderfreibetrags führt stets auch zur Übertragung des Freibetrags für den Betreuungs- und Erziehungs- oder Ausbildungsbedarf. $_{7}$Eine Übertragung nach Satz 6 scheidet für Zeiträume aus, für die Unterhaltsleistungen nach dem Unterhaltsvorschussgesetz gezahlt werden. $_{8}$Bei minderjährigen Kindern wird der dem Elternteil, in dessen Wohnung das Kind nicht gemeldet ist, zustehende Freibetrag für den Betreuungs- und Erziehungs- oder Ausbildungsbedarf auf Antrag des anderen Elternteils auf diesen übertragen, wenn bei dem Elternpaar die Voraussetzungen des § 26 Absatz 1 Satz 1 nicht vorliegen. $_{9}$Eine Übertragung nach Satz 8 scheidet aus, wenn der Übertragung widersprochen wird, weil der Elternteil, bei dem das Kind nicht gemeldet ist, Kinderbetreuungskosten trägt oder das Kind regelmäßig in einem nicht unwesentlichen Umfang betreut. $_{10}$Die den Eltern nach den Sätzen 1 bis 9 zustehenden Freibeträge können auf Antrag auch auf einen Stiefelternteil oder Großelternteil übertragen werden, wenn dieser das Kind in seinen Haushalt aufgenommen hat oder dieser einer Unterhaltspflicht gegenüber dem Kind unterliegt. $_{11}$Die Übertragung nach Satz 10 kann auch mit Zustimmung des berechtigten Elternteils erfolgen, die nur für künftige Kalenderjahre widerrufen werden kann. $_{12}$Voraussetzung für die Berücksichtigung des Kinderfreibetrags sowie des Freibetrags für den Betreuungs- und Erziehungs- oder Ausbildungsbedarf des Kindes ist die Identifizierung des Kindes durch die an dieses Kind vergebene Identifikationsnummer (§ 139b der Abgabenordnung). $_{13}$Ist das Kind nicht nach einem Steuergesetz steuerpflichtig (§ 139a Absatz 2 der Abgabenordnung), ist es in anderer geeigneter Weise zu identifizieren. $_{14}$Die nachträgliche Identifizierung oder nachträgliche Vergabe der Identifikationsnummer wirkt auf Monate zurück, in denen die übrigen Voraussetzungen für die Gewährung des Kinderfreibetrags sowie des Freibetrags für den Betreuungs- und Erziehungs- oder Ausbildungsbedarf des Kindes vorliegen.

§ 32a Einkommensteuertarif

(1) $_{1}$Die tarifliche Einkommensteuer bemisst sich nach dem auf volle Euro abgerundeten zu versteuernden Einkommen. $_{2}$Sie beträgt ab dem Veranlagungszeitraum 2026 vorbehaltlich der §§ 32b, 32d, 34, 34a, 34b und 34c jeweils in Euro für zu versteuernde Einkommen

1. bis 12 348 Euro (Grundfreibetrag):
   0;
2. von 12 349 Euro bis 17 799 Euro:
   $(914{,}51 \cdot y + 1\,400) \cdot y$;
3. von 17 800 Euro bis 69 878 Euro:
   $(173{,}10 \cdot z + 2\,397) \cdot z + 1\,034{,}87$;
4. von 69 879 Euro bis 277 825 Euro:
   $0{,}42 \cdot x - 11\,135{,}63$;
5. von 277 826 Euro an:
   $0{,}45 \cdot x - 19\,470{,}38$.

3Die Größe „y" ist ein Zehntausendstel des den Grundfreibetrag übersteigenden Teils des auf einen vollen Euro-Betrag abgerundeten zu versteuernden Einkommens. 4Die Größe „z" ist ein Zehntausendstel des 17 799 Euro übersteigenden Teils des auf einen vollen Euro-Betrag abgerundeten zu versteuernden Einkommens. 5Die Größe „x" ist das auf einen vollen Euro-Betrag abgerundete zu versteuernde Einkommen. 6Der sich ergebende Steuerbetrag ist auf den nächsten vollen Euro-Betrag abzurunden.

(2) bis (4) (weggefallen)

(5) Bei Ehegatten, die nach den §§ 26, 26b zusammen zur Einkommensteuer veranlagt werden, beträgt die tarifliche Einkommensteuer vorbehaltlich der §§ 32b, 32d, 34, 34a, 34b und 34c das Zweifache des Steuerbetrags, der sich für die Hälfte ihres gemeinsam zu versteuernden Einkommens nach Absatz 1 ergibt (Splitting-Verfahren).

(6) 1Das Verfahren nach Absatz 5 ist auch anzuwenden zur Berechnung der tariflichen Einkommensteuer für das zu versteuernde Einkommen

1. bei einem verwitweten Steuerpflichtigen für den Veranlagungszeitraum, der dem Kalenderjahr folgt, in dem der Ehegatte verstorben ist, wenn der Steuerpflichtige und sein verstorbener Ehegatte im Zeitpunkt seines Todes die Voraussetzungen des § 26 Absatz 1 Satz 1 erfüllt haben,
2. bei einem Steuerpflichtigen, dessen Ehe in dem Kalenderjahr, in dem er sein Einkommen bezogen hat, aufgelöst worden ist, wenn in diesem Kalenderjahr
   a) der Steuerpflichtige und sein bisheriger Ehegatte die Voraussetzungen des § 26 Absatz 1 Satz 1 erfüllt haben,
   b) der bisherige Ehegatte wieder geheiratet hat und
   c) der bisherige Ehegatte und dessen neuer Ehegatte ebenfalls die Voraussetzungen des § 26 Absatz 1 Satz 1 erfüllen.

2Voraussetzung für die Anwendung des Satzes 1 ist, dass der Steuerpflichtige nicht nach den §§ 26, 26a einzeln zur Einkommensteuer veranlagt wird.

X. Kindergeld

§ 62 Anspruchsberechtigte

(1) 1Für Kinder im Sinne des § 63 hat Anspruch auf Kindergeld nach diesem Gesetz, wer

1. im Inland einen Wohnsitz oder seinen gewöhnlichen Aufenthalt hat oder
2. ohne Wohnsitz oder gewöhnlichen Aufenthalt im Inland
   a) nach § 1 Absatz 2 unbeschränkt einkommensteuerpflichtig ist oder
   b) nach § 1 Absatz 3 als unbeschränkt einkommensteuerpflichtig behandelt wird.

2Voraussetzung für den Anspruch nach Satz 1 ist, dass der Berechtigte durch die an ihn vergebene Identifikationsnummer (§ 139b der Abgabenordnung) identifiziert wird. 3Die nachträgliche Vergabe der Identifikationsnummer wirkt auf Monate zurück, in denen die Voraussetzungen des Satzes 1 vorliegen.

(1a) 1Begründet ein Staatsangehöriger eines anderen Mitgliedstaates der Europäischen Union oder eines Staates, auf den das Abkommen über den Europäischen Wirtschaftsraum Anwendung findet, im Inland einen Wohnsitz oder gewöhnlichen Aufenthalt, so hat er für die ersten drei Monate ab Begründung des Wohnsitzes oder des gewöhnlichen Aufenthalts keinen Anspruch auf Kindergeld. 2Dies gilt nicht, wenn er nachweist, dass er inländische Einkünfte im Sinne des § 2 Absatz 1 Satz 1 Nummer 1 bis 4 mit Ausnahme von Einkünften nach § 19 Absatz 1 Satz 1 Nummer 2 erzielt. 3Nach Ablauf des in Satz 1 genannten Zeitraums hat er Anspruch auf Kindergeld, es sei denn, die Voraussetzungen des § 2 Absatz 2 oder Absatz 3 des Freizügigkeitsgesetzes/EU liegen nicht vor oder es sind nur die Voraussetzungen des § 2 Absatz 2 Nummer 1a des Freizügigkeitsgesetzes/EU erfüllt, ohne dass vorher eine andere der in § 2 Absatz 2 des Freizügigkeitsgesetzes/EU genannten Voraussetzungen erfüllt war. 4Die Prüfung, ob die Voraussetzungen für einen Anspruch auf Kindergeld gemäß Satz 2 vorliegen oder gemäß Satz 3 nicht gegeben sind, führt die Familienkasse in eigener

VIII

Zuständigkeit durch. 5Lehnt die Familienkasse eine Kindergeldfestsetzung in diesem Fall ab, hat sie ihre Entscheidung der zuständigen Ausländerbehörde mitzuteilen. 6Wurde das Vorliegen der Anspruchsvoraussetzungen durch die Verwendung gefälschter oder verfälschter Dokumente oder durch Vorspiegelung falscher Tatsachen vorgetäuscht, hat die Familienkasse die zuständige Ausländerbehörde unverzüglich zu unterrichten.

(2) Ein nicht freizügigkeitsberechtigter Ausländer erhält Kindergeld nur, wenn er

1. eine Niederlassungserlaubnis oder eine Erlaubnis zum Daueraufenthalt-EU besitzt,
2. eine Blaue Karte EU, eine ICT-Karte, eine Mobiler-ICT-Karte oder eine Aufenthaltserlaubnis besitzt, die für einen Zeitraum von mindestens sechs Monaten zur Ausübung einer Erwerbstätigkeit berechtigen oder berechtigt haben oder diese erlauben, es sei denn, die Aufenthaltserlaubnis wurde
   a) nach §16e des Aufenthaltsgesetzes zu Ausbildungszwecken, nach §19c Absatz 1 des Aufenthaltsgesetzes zum Zweck der Beschäftigung als Au-Pair oder zum Zweck der Saisonbeschäftigung, nach §19e des Aufenthaltsgesetzes zum Zweck der Teilnahme an einem Europäischen Freiwilligendienst oder nach §20a Absatz 5 Satz 1 des Aufenthaltsgesetzes zur Suche nach einer Erwerbstätigkeit oder nach Maßnahmen zur Anerkennung ausländischer Berufsqualifikationen erteilt,
   b) nach §16b des Aufenthaltsgesetzes zum Zweck eines Studiums, nach §16d des Aufenthaltsgesetzes für Maßnahmen zur Anerkennung ausländischer Berufsqualifikationen, nach §20 des Aufenthaltsgesetzes zur Suche nach einer Erwerbstätigkeit oder nach §20a Absatz 5 Satz 2 des Aufenthaltsgesetzes zur Suche nach einer Erwerbstätigkeit oder nach Maßnahmen zur Anerkennung ausländischer Berufsqualifikationen erteilt und er ist weder erwerbstätig noch nimmt er Elternzeit nach §15 des Bundeselterngeld- und Elternzeitgesetzes oder laufende Geldleistungen nach dem Dritten Buch Sozialgesetzbuch in Anspruch,
   c) nach §23 Absatz 1 des Aufenthaltsgesetzes wegen eines Krieges in seinem Heimatland oder nach den §23a oder §25 Absatz 3 bis 5 des Aufenthaltsgesetzes erteilt,
3. eine in Nummer 2 Buchstabe c genannte Aufenthaltserlaubnis besitzt und im Bundesgebiet berechtigt erwerbstätig ist oder Elternzeit nach §15 des Bundeselterngeld- und Elternzeitgesetzes oder laufende Geldleistungen nach dem Dritten Buch Sozialgesetzbuch in Anspruch nimmt,
4. eine in Nummer 2 Buchstabe c genannte Aufenthaltserlaubnis besitzt und sich seit mindestens 15 Monaten erlaubt, gestattet oder geduldet im Bundesgebiet aufhält oder
5. eine Beschäftigungsduldung gemäß §60d in Verbindung mit §60a Absatz 2 Satz 3 des Aufenthaltsgesetzes besitzt.

§63 Kinder

(1) 1Als Kinder werden berücksichtigt

1. Kinder im Sinne des §32 Absatz 1,
2. vom Berechtigten in seinen Haushalt aufgenommene Kinder seines Ehegatten,
3. vom Berechtigten in seinen Haushalt aufgenommene Enkel.

2§32 Absatz 3 bis 5 gilt entsprechend. 3Voraussetzung für die Berücksichtigung ist die Identifizierung des Kindes durch die an dieses Kind vergebene Identifikationsnummer (§139b der Abgabenordnung). 4Ist das Kind nicht nach einem Steuergesetz steuerpflichtig (§139a Absatz 2 der Abgabenordnung), ist es in anderer geeigneter Weise zu identifizieren. 5Die nachträgliche Identifizierung oder nachträgliche Vergabe der Identifikationsnummer wirkt auf Monate zurück, in denen die Voraussetzungen der Sätze 1 bis 4 vorliegen. 6Kinder, die weder einen Wohnsitz noch ihren gewöhnlichen Aufenthalt im Inland, in einem Mitgliedstaat der Europäischen Union oder in einem Staat, auf den das Abkommen über den Europäischen Wirtschaftsraum Anwendung findet, haben, werden nicht be-

VIII

rücksichtigt, es sei denn, sie leben im Haushalt eines Berechtigten im Sinne des § 62 Absatz 1 Satz 1 Nummer 2 Buchstabe a. $_{7}$Kinder im Sinne von § 2 Absatz 4 Satz 2 des Bundeskindergeldgesetzes werden nicht berücksichtigt.

(2) Die Bundesregierung wird ermächtigt, durch Rechtsverordnung, die nicht der Zustimmung des Bundesrates bedarf, zu bestimmen, dass einem Berechtigten, der im Inland erwerbstätig ist oder sonst seine hauptsächlichen Einkünfte erzielt, für seine in Absatz 1 Satz 3 erster Halbsatz bezeichneten Kinder Kindergeld ganz oder teilweise zu leisten ist, soweit dies mit Rücksicht auf die durchschnittlichen Lebenshaltungskosten für Kinder in deren Wohnsitzstaat und auf die dort gewährten dem Kindergeld vergleichbaren Leistungen geboten ist.

§ 64 Zusammentreffen mehrerer Ansprüche

(1) Für jedes Kind wird nur einem Berechtigten Kindergeld gezahlt.

(2) $_{1}$Bei mehreren Berechtigten wird das Kindergeld demjenigen gezahlt, der das Kind in seinen Haushalt aufgenommen hat. $_{2}$Ist ein Kind in den gemeinsamen Haushalt von Eltern, einem Elternteil und dessen Ehegatten, Pflegeeltern oder Großeltern aufgenommen worden, so bestimmen diese untereinander den Berechtigten. $_{3}$Wird eine Bestimmung nicht getroffen, so bestimmt das Familiengericht auf Antrag den Berechtigten. $_{4}$Den Antrag kann stellen, wer ein berechtigtes Interesse an der Zahlung des Kindergeldes hat. $_{5}$Lebt ein Kind im gemeinsamen Haushalt von Eltern und Großeltern, so wird das Kindergeld vorrangig einem Elternteil gezahlt; es wird an einen Großelternteil gezahlt, wenn der Elternteil gegenüber der zuständigen Stelle auf seinen Vorrang schriftlich verzichtet hat.

(3) $_{1}$Ist das Kind nicht in den Haushalt eines Berechtigten aufgenommen, so erhält das Kindergeld derjenige, der dem Kind eine Unterhaltsrente zahlt. $_{2}$Zahlen mehrere Berechtigte dem Kind Unterhaltsrenten, so erhält das Kindergeld derjenige, der dem Kind die höchste Unterhaltsrente zahlt. $_{3}$Werden gleich hohe Unterhaltsrenten gezahlt oder zahlt keiner der Berechtigten dem Kind Unterhalt, so bestimmen die Berechtigten untereinander, wer das Kindergeld erhalten soll. $_{4}$Wird eine Bestimmung nicht getroffen, so gilt Absatz 2 Satz 3 und 4 entsprechend.

§ 65 Andere Leistungen für Kinder

$_{1}$Kindergeld wird nicht für ein Kind gezahlt, für das eine der folgenden Leistungen zu zahlen ist oder bei entsprechender Antragstellung zu zahlen wäre:

1. Leistungen für Kinder, die im Ausland gewährt werden und dem Kindergeld oder der Kinderzulage aus der gesetzlichen Unfallversicherung nach § 217 Absatz 3 des Siebten Buches Sozialgesetzbuch in der bis zum 30. Juni 2020 geltenden Fassung oder dem Kinderzuschuss aus der gesetzlichen Rentenversicherung nach § 270 des Sechsten Buches Sozialgesetzbuch in der bis zum 16. November 2016 geltenden Fassung vergleichbar sind,
2. Leistungen für Kinder, die von einer zwischen- oder überstaatlichen Einrichtung gewährt werden und dem Kindergeld vergleichbar sind.

$_{2}$Soweit es für die Anwendung von Vorschriften dieses Gesetzes auf den Erhalt von Kindergeld ankommt, stehen die Leistungen nach Satz 1 dem Kindergeld gleich. $_{3}$Steht ein Berechtigter in einem Versicherungspflichtverhältnis zur Bundesagentur für Arbeit nach § 24 des Dritten Buches Sozialgesetzbuch oder ist er versicherungsfrei nach § 28 Absatz 1 Nummer 1 des Dritten Buches Sozialgesetzbuch oder steht er im Inland in einem öffentlich-rechtlichen Dienst- oder Amtsverhältnis, so wird sein Anspruch auf Kindergeld für ein Kind nicht nach Satz 1 Nummer 2 mit Rücksicht darauf ausgeschlossen, dass sein Ehegatte als Beamter, Ruhestandsbeamter oder sonstiger Bediensteter der Europäischen Union für das Kind Anspruch auf Kinderzulage hat.

§ 66 Höhe des Kindergeldes, Zahlungszeitraum

(1) Das Kindergeld beträgt monatlich für jedes Kind 259 Euro.

(2) Das Kindergeld wird monatlich vom Beginn des Monats an gezahlt, in dem die Anspruchsvoraussetzungen erfüllt sind, bis zum Ende des Monats, in dem die Anspruchsvoraussetzungen wegfallen.

(3) 1Werden die Freibeträge für Kinder nach § 31 Satz 1 in Verbindung mit § 32 Absatz 6 Satz 1 angehoben, wird das Kindergeld entsprechend erhöht. 2Das Kindergeld ist dabei auf volle Euro kaufmännisch zu runden.

§ 67 Antrag

1Das Kindergeld ist bei der zuständigen Familienkasse elektronisch nach amtlich vorgeschriebenem Datensatz über die amtlich vorgeschriebene Schnittstelle zu beantragen; die Familienkasse kann auf die elektronische Antragstellung verzichten, wenn das Kindergeld schriftlich beantragt und der Antrag vom Berechtigten eigenhändig unterschrieben wird. 2Den Antrag kann außer dem Berechtigten auch stellen, wer ein berechtigtes Interesse an der Leistung des Kindergeldes hat. 3In Fällen des Satzes 2 ist § 62 Absatz 1 Satz 2 bis 3 anzuwenden. 4Der Berechtigte ist zu diesem Zweck verpflichtet, demjenigen, der ein berechtigtes Interesse an der Leistung des Kindergeldes hat, seine an ihn vergebene Identifikationsnummer (§ 139b der Abgabenordnung) mitzuteilen. 5Kommt der Berechtigte dieser Verpflichtung nicht nach, teilt die zuständige Familienkasse demjenigen, der ein berechtigtes Interesse an der Leistung des Kindergeldes hat, auf seine Anfrage die Identifikationsnummer des Berechtigten mit.

VIII

§ 68 Besondere Mitwirkungspflichten und Offenbarungsbefugnis

(1) 1Wer Kindergeld beantragt oder erhält, hat Änderungen in den Verhältnissen, die für die Leistung erheblich sind oder über die im Zusammenhang mit der Leistung Erklärungen abgegeben worden sind, unverzüglich der zuständigen Familienkasse mitzuteilen. 2Ein Kind, das das 18. Lebensjahr vollendet hat, ist auf Verlangen der Familienkasse verpflichtet, an der Aufklärung des für die Kindergeldzahlung maßgebenden Sachverhalts mitzuwirken; § 101 der Abgabenordnung findet insoweit keine Anwendung.

(2) (weggefallen)

(3) Auf Antrag des Berechtigten erteilt die das Kindergeld auszahlende Stelle eine Bescheinigung über das für das Kalenderjahr ausgezahlte Kindergeld.

(4) 1Die Familienkassen dürfen den Stellen, die die Bezüge im öffentlichen Dienst anweisen, den für die jeweilige Kindergeldzahlung maßgebenden Sachverhalt durch automatisierte Abrufverfahren bereitstellen oder Auskunft über diesen Sachverhalt erteilen. 2Das Bundesministerium der Finanzen wird ermächtigt, durch Rechtsverordnung ohne Zustimmung des Bundesrates zur Durchführung von automatisierten Abrufen nach Satz 1 die Voraussetzungen, unter denen ein Datenabruf erfolgen darf, festzulegen.

(5) 1Zur Erfüllung der in § 31a Absatz 2 der Abgabenordnung genannten Mitteilungspflichten und zur Prüfung der jeweiligen Anspruchsvoraussetzungen und zur Bemessung der jeweiligen Leistung dürfen die Familienkassen den Leistungsträgern, die für Leistungen der Arbeitsförderung nach § 19 Absatz 2, für Leistungen der Grundsicherung für Arbeitsuchende nach § 19a Absatz 2, für Kindergeld, Kinderzuschlag, Leistungen für Bildung und Teilhabe und Elterngeld nach § 25 Absatz 3 oder für Leistungen der Sozialhilfe nach § 28 Absatz 2 des Ersten Buches Sozialgesetzbuch zuständig sind, und den nach § 9 Absatz 1 Satz 2 des Unterhaltsvorschussgesetzes zuständigen Stellen den für die jeweilige Kindergeldzahlung maßgebenden Sachverhalt in einem automatisierten Abrufverfahren übermitteln. 2Das Bundesministerium der Finanzen wird ermächtigt, durch Rechtsverordnung mit Zustimmung des Bundesrates zur Durchführung von automatisierten Abrufen nach Satz 1 die Voraussetzungen, unter denen ein Datenabruf erfolgen darf, festzulegen.

(6) 1Zur Prüfung und Bemessung der in Artikel 3 Absatz 1 Buchstabe j in Verbindung mit Artikel 1 Buchstabe z der Verordnung (EG) Nr. 883/2004 des Europäischen Parlaments und des Rates vom 29. April 2004 zur Koordinierung der Systeme der sozialen Sicherheit (ABl. L 166 vom 30. 4. 2004, S. 1), die zuletzt durch die Verordnung (EU) 2017/492 (ABl. L 76

vom 22. 3. 2017, S. 13) geändert worden ist, genannten Familienleistungen dürfen die Familienkassen den zuständigen öffentlichen Stellen eines Mitgliedstaates der Europäischen Union den für die jeweilige Kindergeldzahlung maßgebenden Sachverhalt durch automatisierte Abrufverfahren bereitstellen. 2Das Bundesministerium der Finanzen wird ermächtigt, durch Rechtsverordnung ohne Zustimmung des Bundesrates zur Durchführung von automatisierten Abrufen nach Satz 1 die Voraussetzungen, unter denen ein Datenabruf erfolgen darf, festzulegen.

(7) 1Die Datenstelle der Rentenversicherung darf den Familienkassen in einem automatisierten Abrufverfahren die zur Überprüfung des Anspruchs auf Kindergeld nach § 62 Absatz 1a und 2 erforderlichen Daten übermitteln; § 79 Absatz 2 bis 4 des Zehnten Buches Sozialgesetzbuch gilt entsprechend. 2Die Träger der Leistungen nach dem Zweiten und Dritten Buch Sozialgesetzbuch dürfen den Familienkassen in einem automatisierten Abrufverfahren die zur Überprüfung des Anspruchs auf Kindergeld nach § 62 erforderlichen Daten übermitteln. 3Das Bundesministerium für Arbeit und Soziales wird ermächtigt, durch Rechtsverordnung mit Zustimmung des Bundesrates die Voraussetzungen für das Abrufverfahren und Regelungen zu den Kosten des Verfahrens nach Satz 2 festzulegen.

§ 69 Datenübermittlung an die Familienkassen

1Erfährt das Bundeszentralamt für Steuern, dass ein Kind, für das Kindergeld gezahlt wird, verzogen ist oder von Amts wegen von der Meldebehörde abgemeldet wurde, hat es der zuständigen Familienkasse unverzüglich die in § 139b Absatz 3 Nummer 1, 3, 5, 8 und 14 der Abgabenordnung genannten Daten zum Zweck der Prüfung der Rechtmäßigkeit des Bezugs von Kindergeld zu übermitteln. 2Die beim Bundeszentralamt für Steuern gespeicherten Daten für ein Kind, für das Kindergeld gezahlt wird, werden auf Anfrage auch den Finanzämtern zur Prüfung der Rechtmäßigkeit der Berücksichtigung der Freibeträge nach § 32 Absatz 6 zur Verfügung gestellt. 3Erteilt das Bundeszentralamt für Steuern auf Grund der Geburt eines Kindes eine neue Identifikationsnummer nach § 139b der Abgabenordnung, übermittelt es der zuständigen Familienkasse zum Zweck der Prüfung des Bezugs von Kindergeld unverzüglich

1. die in § 139b Absatz 3 Nummer 1, 3, 5, 8 und 10 der Abgabenordnung genannten Daten des Kindes sowie
2. soweit vorhanden, die in § 139b Absatz 3 Nummer 1, 3, 5, 8 und 10 und Absatz 3a der Abgabenordnung genannten Daten der Personen, bei denen für dieses Kind nach § 39e Absatz 1 ein Kinderfreibetrag berücksichtigt wird.

§ 70 Festsetzung und Zahlung des Kindergeldes

(1) 1Das Kindergeld nach § 62 wird von den Familienkassen durch Bescheid festgesetzt und ausgezahlt. 2Die Auszahlung von festgesetztem Kindergeld erfolgt rückwirkend nur für die letzten sechs Monate vor Beginn des Monats, in dem der Antrag auf Kindergeld eingegangen ist. 3Der Anspruch auf Kindergeld nach § 62 bleibt von dieser Auszahlungsbeschränkung unberührt.

(2) 1Soweit in den Verhältnissen, die für den Anspruch auf Kindergeld erheblich sind, Änderungen eintreten, ist die Festsetzung des Kindergeldes mit Wirkung vom Zeitpunkt der Änderung der Verhältnisse aufzuheben oder zu ändern. 2Ist die Änderung einer Kindergeldfestsetzung nur wegen einer Anhebung der in § 66 Absatz 1 genannten Kindergeldbeträge erforderlich, kann von der Erteilung eines schriftlichen Änderungsbescheides abgesehen werden.

(3) 1Materielle Fehler der letzten Festsetzung können durch Aufhebung oder Änderung der Festsetzung mit Wirkung ab dem auf die Bekanntgabe der Aufhebung oder Änderung der Festsetzung folgenden Monat beseitigt werden. 2Bei der Aufhebung oder Änderung der Festsetzung nach Satz 1 ist § 176 der Abgabenordnung entsprechend anzuwenden; dies gilt nicht für Monate, die nach der Verkündung der maßgeblichen Entscheidung eines obersten Bundesgerichts beginnen.

§ 71 Vorläufige Einstellung der Zahlung des Kindergeldes

(1) Die Familienkasse kann die Zahlung des Kindergeldes ohne Erteilung eines Bescheides vorläufig einstellen, wenn

1. sie Kenntnis von Tatsachen erhält, die kraft Gesetzes zum Ruhen oder zum Wegfall des Anspruchs führen, und
2. die Festsetzung, aus der sich der Anspruch ergibt, deshalb mit Wirkung für die Vergangenheit aufzuheben ist.

(2) $_{1}$Soweit die Kenntnis der Familienkasse nicht auf Angaben des Berechtigten beruht, der das Kindergeld erhält, sind dem Berechtigten unverzüglich die vorläufige Einstellung der Zahlung des Kindergeldes sowie die dafür maßgeblichen Gründe mitzuteilen. $_{2}$Ihm ist Gelegenheit zu geben, sich zu äußern.

(3) Die Familienkasse hat die vorläufig eingestellte Zahlung des Kindergeldes unverzüglich nachzuholen, soweit die Festsetzung, aus der sich der Anspruch ergibt, zwei Monate nach der vorläufigen Einstellung der Zahlung nicht mit Wirkung für die Vergangenheit aufgehoben oder geändert wird.

§ 72 (weggefallen)

§ 73 (weggefallen)

§ 74 Zahlung des Kindergeldes in Sonderfällen

(1) $_{1}$Das für ein Kind festgesetzte Kindergeld nach § 66 Absatz 1 kann an das Kind ausgezahlt werden, wenn der Kindergeldberechtigte ihm gegenüber seiner gesetzlichen Unterhaltspflicht nicht nachkommt. $_{2}$Dies gilt auch, wenn der Kindergeldberechtigte mangels Leistungsfähigkeit nicht unterhaltspflichtig ist oder nur Unterhalt in Höhe eines Betrags zu leisten braucht, der geringer ist als das für die Auszahlung in Betracht kommende Kindergeld. $_{3}$Die Auszahlung kann auch an die Person oder Stelle erfolgen, die dem Kind Unterhalt gewährt.

(2) Für Erstattungsansprüche der Träger von Sozialleistungen gegen die Familienkasse gelten die §§ 102 bis 109 und 111 bis 113 des Zehnten Buches Sozialgesetzbuch entsprechend.

§ 75 Aufrechnung

(1) Mit Ansprüchen auf Erstattung von Kindergeld kann die Familienkasse gegen Ansprüche auf Kindergeld bis zu deren Hälfte aufrechnen, wenn der Leistungsberechtigte nicht nachweist, dass er dadurch hilfebedürftig im Sinne der Vorschriften des Zwölften Buches Sozialgesetzbuch über die Hilfe zum Lebensunterhalt oder im Sinne der Vorschriften des Zweiten Buches Sozialgesetzbuch über die Leistungen zur Sicherung des Lebensunterhalts wird.

(2) Absatz 1 gilt für die Aufrechnung eines Anspruchs auf Erstattung von Kindergeld gegen einen späteren Kindergeldanspruch eines mit dem Erstattungspflichtigen in Haushaltsgemeinschaft lebenden Berechtigten entsprechend, soweit es sich um laufendes Kindergeld für ein Kind handelt, das bei beiden berücksichtigt werden kann oder konnte.

§ 76 Pfändung

Der Anspruch auf Kindergeld kann nur wegen gesetzlicher Unterhaltsansprüche eines Kindes, für das Kindergeld festgesetzt und dem Berechtigten ausgezahlt wird, gepfändet werden.

§ 77 Erstattung von Kosten im Vorverfahren

(1) $_{1}$Soweit der Einspruch gegen die Kindergeldfestsetzung erfolgreich ist, hat die Familienkasse demjenigen, der den Einspruch erhoben hat, die zur zweckentsprechenden Rechtsverfolgung oder Rechtsverteidigung notwendigen Aufwendungen zu erstatten. $_{2}$Dies gilt auch, wenn der Einspruch nur deshalb keinen Erfolg hat, weil die Verletzung einer Verfahrens- oder Formvorschrift nach § 126 der Abgabenordnung unbeachtlich ist. $_{3}$Aufwendungen, die durch das Verschulden eines Erstattungsberechtigten entstanden sind, hat dieser selbst zu tragen; das Verschulden eines Vertreters ist dem Vertretenen zuzurechnen.

(2) Die Gebühren und Auslagen eines Bevollmächtigten oder Beistandes, der nach den Vorschriften des Steuerberatungsgesetzes zur geschäftsmäßigen Hilfeleistung in Steu-

ersachen befugt ist, sind erstattungsfähig, wenn dessen Zuziehung notwendig war.

(3) 1Die Familienkasse setzt auf Antrag den Betrag der zu erstattenden Aufwendungen fest. 2Die Kostenentscheidung bestimmt auch, ob die Zuziehung eines Bevollmächtigten oder Beistandes im Sinne des Absatzes 2 notwendig war.

§ 78 Übergangsregelungen

(1) bis (4) (weggefallen)

(5) 1Abweichend von § 64 Absatz 2 und 3 steht Berechtigten, die für Dezember 1990 für ihre Kinder Kindergeld in dem in Artikel 3 des Einigungsvertrages genannten Gebiet bezogen haben, das Kindergeld für diese Kinder auch für die folgende Zeit zu, solange sie ihren Wohnsitz oder gewöhnlichen Aufenthalt in diesem Gebiet beibehalten und die Kinder die Voraussetzungen ihrer Berücksichtigung weiterhin erfüllen. 2§ 64 Absatz 2 und 3 ist insoweit erst für die Zeit vom Beginn des Monats an anzuwenden, in dem ein hierauf gerichteter Antrag bei der zuständigen Stelle eingegangen ist; der hiernach Berechtigte muss die nach Satz 1 geleisteten Zahlungen gegen sich gelten lassen.

XI. Altersvorsorgezulage

§ 79 Zulageberechtigte

1Die in § 10a Absatz 1 genannten Personen haben Anspruch auf eine Altersvorsorgezulage (Zulage). 2Ist nur ein Ehegatte nach Satz 1 begünstigt, so ist auch der andere Ehegatte zulageberechtigt, wenn

1. beide Ehegatten nicht dauernd getrennt leben (§ 26 Absatz 1),
2. beide Ehegatten ihren Wohnsitz oder gewöhnlichen Aufenthalt in einem Mitgliedstaat der Europäischen Union oder einem Staat haben, auf den das Abkommen über den Europäischen Wirtschaftsraum anwendbar ist,
3. ein auf den Namen des anderen Ehegatten lautender Altersvorsorgevertrag besteht,
4. der andere Ehegatte zugunsten des Altersvorsorgevertrags nach Nummer 3 im jeweiligen Beitragsjahr mindestens 60 Euro geleistet hat und
5. die Auszahlungsphase des Altersvorsorgevertrags nach Nummer 3 noch nicht begonnen hat.

3Satz 1 gilt entsprechend für die in § 10a Absatz 6 Satz 1 und 2 genannten Personen, sofern sie unbeschränkt steuerpflichtig sind oder für das Beitragsjahr nach § 1 Absatz 3 als unbeschränkt steuerpflichtig behandelt werden.

§ 80 Anbieter

Anbieter im Sinne dieses Gesetzes sind Anbieter von Altersvorsorgeverträgen gemäß § 1 Absatz 2 des Altersvorsorgeverträge-Zertifizierungsgesetzes sowie die in § 82 Absatz 2 genannten Versorgungseinrichtungen.

§ 81 Zentrale Stelle

Zentrale Stelle im Sinne dieses Gesetzes ist die Deutsche Rentenversicherung Bund.

§ 81a Zuständige Stelle

1Zuständige Stelle ist bei einem

1. Empfänger von Besoldung nach dem Bundesbesoldungsgesetz oder einem Landesbesoldungsgesetz die die Besoldung anordnende Stelle,
2. Empfänger von Amtsbezügen im Sinne des § 10a Absatz 1 Satz 1 Nummer 2 die die Amtsbezüge anordnende Stelle,
3. versicherungsfrei Beschäftigten sowie bei einem von der Versicherungspflicht befreiten Beschäftigten im Sinne des § 10a Absatz 1 Satz 1 Nummer 3 der die Versorgung gewährleistende Arbeitgeber der rentenversicherungsfreien Beschäftigung,
4. Beamten, Richter, Berufssoldaten und Soldaten auf Zeit im Sinne des § 10a Absatz 1 Satz 1 Nummer 4 der zur Zahlung des Arbeitsentgelts verpflichtete Arbeitgeber und
5. Empfänger einer Versorgung im Sinne des § 10a Absatz 1 Satz 4 die die Versorgung anordnende Stelle.

2Für die in § 10a Absatz 1 Satz 1 Nummer 5 genannten Steuerpflichtigen gilt Satz 1 entsprechend.

VIII

§82 Altersvorsorgebeiträge

(1) $_1$Geförderte Altersvorsorgebeiträge sind im Rahmen des in §10a Absatz 1 Satz 1 genannten Höchstbetrags

1. Beiträge,
2. Tilgungsleistungen,

die der Zulageberechtigte (§79) bis zum Beginn der Auszahlungsphase zugunsten eines auf seinen Namen lautenden Vertrags leistet, der nach §5 des Altersvorsorgeverträge-Zertifizierungsgesetzes zertifiziert ist (Altersvorsorgevertrag). $_2$Die Zertifizierung ist Grundlagenbescheid im Sinne des §171 Absatz 10 der Abgabenordnung. $_3$Als Tilgungsleistungen gelten auch Beiträge, die vom Zulageberechtigten zugunsten eines auf seinen Namen lautenden Altersvorsorgevertrags im Sinne des §1 Absatz 1a Satz 1 Nummer 3 des Altersvorsorgeverträge-Zertifizierungsgesetzes erbracht wurden und die zur Tilgung eines im Rahmen des Altersvorsorgevertrags abgeschlossenen Darlehens abgetreten wurden. $_4$Im Fall der Übertragung von gefördertem Altersvorsorgevermögen nach §1 Absatz 1 Satz 1 Nummer 10 Buchstabe b des Altersvorsorgeverträge-Zertifizierungsgesetzes in einen Altersvorsorgevertrag im Sinne des §1 Absatz 1a Satz 1 Nummer 3 des Altersvorsorgeverträge-Zertifizierungsgesetzes gelten die Beiträge nach Satz 1 Nummer 1 ab dem Zeitpunkt der Übertragung als Tilgungsleistungen nach Satz 3; eine erneute Förderung nach §10a oder Abschnitt XI erfolgt insoweit nicht. $_5$Tilgungsleistungen nach den Sätzen 1 und 3 werden nur berücksichtigt, wenn das zugrunde liegende Darlehen für eine nach dem 31. Dezember 2007 vorgenommene wohnungswirtschaftliche Verwendung im Sinne des §92a Absatz 1 Satz 1 eingesetzt wurde. $_6$Bei einer Aufgabe der Selbstnutzung nach §92a Absatz 3 Satz 1 gelten im Beitragsjahr der Aufgabe der Selbstnutzung auch die nach der Aufgabe der Selbstnutzung geleisteten Beiträge oder Tilgungsleistungen als Altersvorsorgebeiträge nach Satz 1. $_7$Bei einer Reinvestition nach §92a Absatz 3 Satz 9 Nummer 1 gelten im Beitragsjahr der Reinvestition auch die davor geleisteten Beiträge oder Tilgungsleistungen als Altersvorsorgebeiträge nach Satz 1. $_8$Bei einem beruflich bedingten Umzug nach §92a Absatz 4 gelten

1. im Beitragsjahr des Wegzugs auch die nach dem Wegzug und
2. im Beitragsjahr des Wiedereinzugs auch die vor dem Wiedereinzug

geleisteten Beiträge und Tilgungsleistungen als Altersvorsorgebeiträge nach Satz 1.

(2) $_1$Zu den Altersvorsorgebeiträgen gehören auch

a) die aus dem individuell versteuerten Arbeitslohn des Arbeitnehmers geleisteten Beiträge an einen Pensionsfonds, eine Pensionskasse oder eine Direktversicherung zum Aufbau einer kapitalgedeckten betrieblichen Altersversorgung und

b) Beiträge des Arbeitnehmers und des ausgeschiedenen Arbeitnehmers, die dieser im Fall der zunächst durch Entgeltumwandlung (§1a des Betriebsrentengesetzes) finanzierten und nach §3 Nummer 63 oder §10a und diesem Abschnitt geförderten kapitalgedeckten betrieblichen Altersversorgung nach Maßgabe des §1a Absatz 4, des §1b Absatz 5 Satz 1 Nummer 2 und des §22 Absatz 3 Nummer 1 Buchstabe a des Betriebsrentengesetzes selbst erbringt.

$_2$Satz 1 gilt nur, wenn

1. a) vereinbart ist, dass die zugesagten Altersversorgungsleistungen als monatliche Leistungen in Form einer lebenslangen Leibrente oder als Ratenzahlungen im Rahmen eines Auszahlungsplans mit einer anschließenden Teilkapitalverrentung ab spätestens dem 85. Lebensjahr ausgezahlt werden und die Leistungen während der gesamten Auszahlungsphase gleich bleiben oder steigen; dabei können bis zu zwölf Monatsleistungen in einer Auszahlung zusammengefasst und bis zu 30 Prozent des zu Beginn der Auszahlungsphase zur Verfügung stehenden Kapitals außerhalb der monatlichen Leistungen ausgezahlt werden, und

   b) ein vereinbartes Kapitalwahlrecht nicht oder nicht außerhalb des letzten Jahres vor dem vertraglich vorgesehenen Beginn der Altersversorgungsleistung ausgeübt wurde, oder

2. bei einer reinen Beitragszusage nach § 1 Absatz 2 Nummer 2a des Betriebsrentengesetzes der Pensionsfonds, die Pensionskasse oder die Direktversicherung eine lebenslange Zahlung als Altersversorgungsleistung zu erbringen hat.

3Die §§ 3 und 4 des Betriebsrentengesetzes stehen dem vorbehaltlich des § 93 nicht entgegen.

(3) Zu den Altersvorsorgebeiträgen gehören auch die Beitragsanteile, die zur Absicherung der verminderten Erwerbsfähigkeit des Zulageberechtigten und zur Hinterbliebenenversorgung verwendet werden, wenn in der Leistungsphase die Auszahlung in Form einer Rente erfolgt.

(4) Nicht zu den Altersvorsorgebeiträgen zählen

1. Aufwendungen, die vermögenswirksame Leistungen nach dem Fünften Vermögensbildungsgesetz in der jeweils geltenden Fassung darstellen,
2. prämienbegünstigte Aufwendungen nach dem Wohnungsbau-Prämiengesetz in der Fassung der Bekanntmachung vom 30. Oktober 1997 (BGBl. I S. 2678), zuletzt geändert durch Artikel 5 des Gesetzes vom 29. Juli 2008 (BGBl. I S. 1509), in der jeweils geltenden Fassung,
3. Aufwendungen, die im Rahmen des § 10 als Sonderausgaben geltend gemacht werden,
4. Zahlungen nach § 92a Absatz 2 Satz 4 Nummer 1 und Absatz 3 Satz 9 Nummer 2 oder
5. Übertragungen im Sinne des § 3 Nummer 55 bis 55c.

(5) 1Der Zulageberechtigte kann für ein abgelaufenes Beitragsjahr bis zum Beitragsjahr 2011 Altersvorsorgebeiträge auf einen auf seinen Namen lautenden Altersvorsorgevertrag leisten, wenn

1. der Anbieter des Altersvorsorgevertrags davon Kenntnis erhält, in welcher Höhe und für welches Beitragsjahr die Altersvorsorgebeiträge berücksichtigt werden sollen,
2. in dem Beitragsjahr, für das die Altersvorsorgebeiträge berücksichtigt werden sollen, ein Altersvorsorgevertrag bestanden hat,
3. im fristgerechten Antrag auf Zulage für dieses Beitragsjahr eine Zulageberechtigung nach § 79 Satz 2 angegeben wurde, aber tatsächlich eine Zulageberechtigung nach § 79 Satz 1 vorliegt,
4. die Zahlung der Altersvorsorgebeiträge für abgelaufene Beitragsjahre bis zum Ablauf von zwei Jahren nach Erteilung der Bescheinigung nach § 92, mit der zuletzt Ermittlungsergebnisse für dieses Beitragsjahr bescheinigt wurden, längstens jedoch bis zum Beginn der Auszahlungsphase des Altersvorsorgevertrages erfolgt und
5. der Zulageberechtigte vom Anbieter in hervorgehobener Weise darüber informiert wurde oder dem Anbieter seine Kenntnis darüber versichert, dass die Leistungen aus diesen Altersvorsorgebeiträgen der vollen nachgelagerten Besteuerung nach § 22 Nummer 5 Satz 1 unterliegen.

2Wurden die Altersvorsorgebeiträge dem Altersvorsorgevertrag gutgeschrieben und sind die Voraussetzungen nach Satz 1 erfüllt, so hat der Anbieter der zentralen Stelle (§ 81) die entsprechenden Daten nach § 89 Absatz 2 Satz 1 für das zurückliegende Beitragsjahr nach einem mit der zentralen Stelle abgestimmten Verfahren mitzuteilen. 3Die Beträge nach Satz 1 gelten für die Ermittlung der zu zahlenden Altersvorsorgezulage nach § 83 als Altersvorsorgebeiträge für das Beitragsjahr, für das sie gezahlt wurden. 4Für die Anwendung des § 10a Absatz 1 Satz 1 sowie bei der Ermittlung der dem Steuerpflichtigen zustehenden Zulage im Rahmen des § 2 Absatz 6 und des § 10a sind die nach Satz 1 gezahlten Altersvorsorgebeiträge weder für das Beitragsjahr nach Satz 1 Nummer 2 noch für das Beitragsjahr der Zahlung zu berücksichtigen.

VIII

§ 83 Altersvorsorgezulage

In Abhängigkeit von den geleisteten Altersvorsorgebeiträgen wird eine Zulage gezahlt, die sich aus einer Grundzulage (§ 84) und einer Kinderzulage (§ 85) zusammensetzt.

§ 84 Grundzulage

$_{1}$Jeder Zulageberechtigte erhält eine Grundzulage; diese beträgt ab dem Beitragsjahr 2018 jährlich 175 Euro. $_{2}$Für Zulageberechtigte nach § 79 Satz 1, die zu Beginn des Beitragsjahres (§ 88) das 25. Lebensjahr noch nicht vollendet haben, erhöht sich die Grundzulage nach Satz 1 um einmalig 200 Euro. $_{3}$Die Erhöhung nach Satz 2 ist für das erste nach dem 31. Dezember 2007 beginnende Beitragsjahr zu gewähren, für das eine Altersvorsorgezulage beantragt wird.

§ 85 Kinderzulage

(1) $_{1}$Die Kinderzulage beträgt für jedes Kind, für das gegenüber dem Zulageberechtigten Kindergeld festgesetzt wird, jährlich 185 Euro. $_{2}$Für ein nach dem 31. Dezember 2007 geborenes Kind erhöht sich die Kinderzulage nach Satz 1 auf 300 Euro. $_{3}$Der Anspruch auf Kinderzulage entfällt für den Veranlagungszeitraum, für den das Kindergeld insgesamt zurückgefordert wird. $_{4}$Erhalten mehrere Zulageberechtigte für dasselbe Kind Kindergeld, steht die Kinderzulage demjenigen zu, dem gegenüber für den ersten Anspruchszeitraum (§ 66 Absatz 2) im Kalenderjahr Kindergeld festgesetzt worden ist.

(2) $_{1}$Bei Eltern verschiedenen Geschlechts, die miteinander verheiratet sind, nicht dauernd getrennt leben (§ 26 Absatz 1) und ihren Wohnsitz oder gewöhnlichen Aufenthalt in einem Mitgliedstaat der Europäischen Union oder einem Staat haben, auf den das Abkommen über den Europäischen Wirtschaftsraum (EWR-Abkommen) anwendbar ist, wird die Kinderzulage der Mutter zugeordnet, auf Antrag beider Eltern dem Vater. $_{2}$Bei Eltern gleichen Geschlechts, die miteinander verheiratet sind oder eine Lebenspartnerschaft führen, nicht dauernd getrennt leben (§ 26 Absatz 1) und ihren Wohnsitz oder gewöhnlichen Aufenthalt in einem Mitgliedstaat der Europäischen Union oder einem Staat haben, auf den das EWR-Abkommen anwendbar ist, ist die Kinderzulage dem Elternteil zuzuordnen, dem gegenüber das Kindergeld festgesetzt wird, auf Antrag beider Eltern dem anderen Elternteil. $_{3}$Der Antrag kann für ein abgelaufenes Beitragsjahr nicht zurückgenommen werden.

§ 86 Mindesteigenbeitrag

(1) $_{1}$Die Zulage nach den §§ 84 und 85 wird gekürzt, wenn der Zulageberechtigte nicht den Mindesteigenbeitrag leistet. $_{2}$Dieser beträgt jährlich 4 Prozent der Summe der in dem dem Kalenderjahr vorangegangenen Kalenderjahr

1. erzielten beitragspflichtigen Einnahmen im Sinne des Sechsten Buches Sozialgesetzbuch,
2. bezogenen Besoldung und Amtsbezüge,
3. in den Fällen des § 10a Absatz 1 Satz 1 Nummer 3 und Nummer 4 erzielten Einnahmen, die beitragspflichtig wären, wenn die Versicherungsfreiheit in der gesetzlichen Rentenversicherung nicht bestehen würde und
4. bezogenen Rente wegen voller Erwerbsminderung oder Erwerbsunfähigkeit oder bezogenen Versorgungsbezüge wegen Dienstunfähigkeit in den Fällen des § 10a Absatz 1 Satz 4,

jedoch nicht mehr als der in § 10a Absatz 1 Satz 1 genannte Höchstbetrag, vermindert um die Zulage nach den §§ 84 und 85; gehört der Ehegatte zum Personenkreis nach § 79 Satz 2, berechnet sich der Mindesteigenbeitrag des nach § 79 Satz 1 Begünstigten unter Berücksichtigung der den Ehegatten insgesamt zustehenden Zulagen. $_{3}$Auslandsbezogene Bestandteile nach den §§ 52 ff. des Bundesbesoldungsgesetzes oder entsprechender Regelungen eines Landesbesoldungsgesetzes bleiben unberücksichtigt. $_{4}$Als Sockelbetrag sind ab dem Jahr 2005 jährlich 60 Euro zu leisten. $_{5}$Ist der Sockelbetrag höher als der Mindesteigenbeitrag nach Satz 2, so ist der Sockelbetrag als Mindesteigenbeitrag zu leisten. $_{6}$Die Kürzung der Zulage ermittelt sich nach dem Verhältnis der Altersvorsorgebeiträge zum Mindesteigenbeitrag.

(2) $_{1}$Ein nach § 79 Satz 2 begünstigter Ehegatte hat Anspruch auf eine ungekürzte Zu-

lage, wenn der zum begünstigten Personenkreis nach § 79 Satz 1 gehörende Ehegatte seinen geförderten Mindesteigenbeitrag unter Berücksichtigung der den Ehegatten insgesamt zustehenden Zulagen erbracht hat. 2Werden bei einer in der gesetzlichen Rentenversicherung pflichtversicherten Person beitragspflichtige Einnahmen zu Grunde gelegt, die höher sind als das tatsächlich erzielte Entgelt oder die Entgeltersatzleistung, ist das tatsächlich erzielte Entgelt oder der Zahlbetrag der Entgeltersatzleistung für die Berechnung des Mindesteigenbeitrags zu berücksichtigen. 3Für die nicht erwerbsmäßig ausgeübte Pflegetätigkeit einer nach § 3 Satz 1 Nummer 1a des Sechsten Buches Sozialgesetzbuch rentenversicherungspflichtigen Person ist für die Berechnung des Mindesteigenbeitrags ein tatsächlich erzieltes Entgelt von 0 Euro zu berücksichtigen.

(3) 1Für Versicherungspflichtige nach dem Gesetz über die Alterssicherung der Landwirte ist Absatz 1 mit der Maßgabe anzuwenden, dass auch die Einkünfte aus Land- und Forstwirtschaft im Sinne des § 13 des zweiten dem Beitragsjahr vorangegangenen Veranlagungszeitraums als beitragspflichtige Einnahmen des vorangegangenen Kalenderjahres gelten. 2Negative Einkünfte im Sinne des Satzes 1 bleiben unberücksichtigt, wenn weitere nach Absatz 1 oder Absatz 2 zu berücksichtigende Einnahmen erzielt werden.

(4) Wird nach Ablauf des Beitragsjahres festgestellt, dass die Voraussetzungen für die Gewährung einer Kinderzulage nicht vorgelegen haben, ändert sich dadurch die Berechnung des Mindesteigenbeitrags für dieses Beitragsjahr nicht.

(5) Bei den in § 10a Absatz 6 Satz 1 und 2 genannten Personen ist der Summe nach Absatz 1 Satz 2 die Summe folgender Einnahmen und Leistungen aus dem dem Kalenderjahr vorangegangenen Kalenderjahr hinzuzurechnen:

1. die erzielten Einnahmen aus der Tätigkeit, die die Zugehörigkeit zum Personenkreis des § 10a Absatz 6 Satz 1 begründet, und
2. die bezogenen Leistungen im Sinne des § 10a Absatz 6 Satz 2 Nummer 1.

§ 87 Zusammentreffen mehrerer Verträge

(1) 1Zahlt der nach § 79 Satz 1 Zulageberechtigte Altersvorsorgebeiträge zugunsten mehrerer Verträge, so wird die Zulage nur für zwei dieser Verträge gewährt. 2Der insgesamt nach § 86 zu leistende Mindesteigenbeitrag muss zugunsten dieser Verträge geleistet worden sein. 3Die Zulage ist entsprechend dem Verhältnis der auf diese Verträge geleisteten Beiträge zu verteilen.

(2) 1Der nach § 79 Satz 2 Zulageberechtigte kann die Zulage für das jeweilige Beitragsjahr nicht auf mehrere Altersvorsorgeverträge verteilen. 2Es ist nur der Altersvorsorgevertrag begünstigt, für den zuerst die Zulage beantragt wird.

§ 88 Entstehung des Anspruchs auf Zulage

Der Anspruch auf die Zulage entsteht mit Ablauf des Kalenderjahres, in dem die Altersvorsorgebeiträge geleistet worden sind (Beitragsjahr).

§ 89 Antrag

(1) 1Der Zulageberechtigte hat den Antrag auf Zulage nach amtlich vorgeschriebenem Vordruck bis zum Ablauf des zweiten Kalenderjahres, das auf das Beitragsjahr (§ 88) folgt, bei dem Anbieter seines Vertrages einzureichen; dies kann auch elektronisch unter Angabe der erforderlichen Antragsdaten erfolgen, wenn sowohl der Anbieter als auch der Zulageberechtigte mit diesem Verfahren einverstanden sind. 2Hat der Zulageberechtigte im Beitragsjahr Altersvorsorgebeiträge für mehrere Verträge gezahlt, so hat er mit dem Zulageantrag zu bestimmen, auf welche Verträge die Zulage überwiesen werden soll. 3Beantragt der Zulageberechtigte die Zulage für mehr als zwei Verträge, so wird die Zulage nur für die zwei Verträge mit den höchsten Altersvorsorgebeiträgen gewährt. 4Sofern eine Zulagenummer (§ 90 Absatz 1 Satz 2) durch die zentrale Stelle (§ 81) oder eine Versicherungsnummer nach § 147 des Sechsten Buches Sozialgesetzbuch für den nach § 79 Satz 2 berechtigten Ehegatten noch nicht vergeben ist, hat dieser über seinen Anbieter

VIII

eine Zulagenummer bei der zentralen Stelle zu beantragen. $_{5}$Der Antragsteller ist verpflichtet, dem Anbieter unverzüglich eine Änderung der Verhältnisse mitzuteilen, die zu einer Minderung oder zum Wegfall des Zulageanspruchs führt; dies kann auch elektronisch erfolgen, wenn sowohl der Anbieter als auch der Zulageberechtigte mit diesem Verfahren einverstanden sind.

(1a) $_{1}$Der Zulageberechtigte kann den Anbieter seines Vertrages unter Angabe der erforderlichen Antragsdaten schriftlich bevollmächtigen, für ihn abweichend von Absatz 1 die Zulage für jedes Beitragsjahr zu beantragen; dies kann auch elektronisch erfolgen, wenn sowohl der Anbieter als auch der Zulageberechtigte mit diesem Verfahren einverstanden sind. $_{2}$Absatz 1 Satz 5 gilt mit Ausnahme der Mitteilung geänderter beitragspflichtiger Einnahmen im Sinne des Sechsten Buches Sozialgesetzbuch entsprechend; erlangt der Anbieter von einer Änderung der Verhältnisse Kenntnis, hat dieser die zentrale Stelle zu unterrichten. $_{3}$Ein Widerruf der Vollmacht ist bis zum Ablauf des Beitragsjahres, für das der Anbieter keinen Antrag auf Zulage stellen soll, gegenüber dem Anbieter zu erklären.

(2) $_{1}$Der Anbieter ist verpflichtet,

a) die Vertragsdaten,

b) die Identifikationsnummer, die Versicherungsnummer nach § 147 des Sechsten Buches Sozialgesetzbuch, die Zulagenummer des Zulageberechtigten und dessen Ehegatten oder einen Antrag auf Vergabe einer Zulagenummer eines nach § 79 Satz 2 berechtigten Ehegatten,

c) die vom Zulageberechtigten mitgeteilten Angaben zur Ermittlung des Mindesteigenbeitrags (§ 86),

d) die Identifikationsnummer des Kindes sowie die weiteren für die Gewährung der Kinderzulage erforderlichen Daten,

e) die Höhe der geleisteten Altersvorsorgebeiträge und

f) das Vorliegen einer nach Absatz 1a erteilten Vollmacht

als die für die Ermittlung und Überprüfung des Zulageanspruchs und Durchführung des Zulageverfahrens erforderlichen Daten zu erfassen. $_{2}$Er hat die Daten der bei ihm im Laufe eines Kalendervierteljahres eingegangenen Anträge bis zum Ende des folgenden Monats nach amtlich vorgeschriebenem Datensatz durch amtlich bestimmte Datenfernübertragung an die zentrale Stelle zu übermitteln. $_{3}$Dies gilt auch im Fall des Absatzes 1 Satz 5. $_{4}$§ 22a Absatz 2 gilt entsprechend.

(3) $_{1}$Ist der Anbieter nach Absatz 1a Satz 1 bevollmächtigt worden, hat er der zentralen Stelle die nach Absatz 2 Satz 1 erforderlichen Angaben für jedes Kalenderjahr bis zum Ablauf des auf das Beitragsjahr folgenden Kalenderjahres zu übermitteln. $_{2}$Liegt die Bevollmächtigung erst nach dem im Satz 1 genannten Meldetermin vor, hat der Anbieter die Angaben bis zum Ende des folgenden Kalendervierteljahres nach der Bevollmächtigung, spätestens jedoch bis zum Ablauf der in Absatz 1 Satz 1 genannten Antragsfrist, zu übermitteln. $_{3}$Absatz 2 Satz 2 und 3 gilt sinngemäß.

§ 90 Verfahren

(1) $_{1}$Die zentrale Stelle ermittelt auf Grund der von ihr erhobenen oder der ihr übermittelten Daten, ob und in welcher Höhe ein Zulageanspruch besteht. $_{2}$Soweit der zuständige Träger der Rentenversicherung keine Versicherungsnummer vergeben hat, vergibt die zentrale Stelle zur Erfüllung der ihr nach diesem Abschnitt zugewiesenen Aufgaben eine Zulagenummer. $_{3}$Die zentrale Stelle teilt im Fall eines Antrags nach § 10a Absatz 1b der zuständigen Stelle, im Fall eines Antrags nach § 89 Absatz 1 Satz 4 dem Anbieter die Zulagenummer mit; von dort wird sie an den Antragsteller weitergeleitet.

(2) $_{1}$Die zentrale Stelle veranlasst die Auszahlung an den Anbieter zugunsten der Zulageberechtigten durch die zuständige Kasse nach erfolgter Berechnung nach Absatz 1 und Überprüfung nach § 91. $_{2}$Ein gesonderter Bescheid ergeht vorbehaltlich des Absatzes 4 nicht. $_{3}$Der Anbieter hat die erhaltenen Zulagen unverzüglich den begünstigten Verträgen gutzuschreiben. $_{4}$Zulagen, die nach Beginn der

Auszahlungsphase für das Altersvorsorgevermögen von der zentralen Stelle an den Anbieter überwiesen werden, können vom Anbieter an den Anleger ausgezahlt werden. $_{5}$Besteht kein Zulageanspruch, so teilt die zentrale Stelle dies dem Anbieter durch Datensatz mit. $_{6}$Die zentrale Stelle teilt dem Anbieter die Altersvorsorgebeiträge im Sinne des § 82, auf die § 10a oder dieser Abschnitt angewendet wurde, durch Datensatz mit.

(3) $_{1}$Erkennt die zentrale Stelle bis zum Ende des zweiten auf die Ermittlung der Zulage folgenden Jahres nachträglich auf Grund neuer, berichtigter oder stornierter Daten, dass der Zulageanspruch ganz oder teilweise nicht besteht oder weggefallen ist, so hat sie zu Unrecht gutgeschriebene oder ausgezahlte Zulagen bis zum Ablauf eines Jahres nach der Erkenntnis zurückzufordern und dies dem Zulageberechtigten durch Bescheid nach Absatz 4 Satz 1 Nummer 2 und dem Anbieter durch Datensatz mitzuteilen. $_{2}$Bei bestehendem Vertragsverhältnis hat der Anbieter das Konto zu belasten. $_{3}$Die ihm im Kalendervierteljahr mitgeteilten Rückforderungsbeträge hat er bis zum zehnten Tag des dem Kalendervierteljahr folgenden Monats in einem Betrag bei der zentralen Stelle anzumelden und an diese abzuführen. $_{4}$Die Anmeldung nach Satz 3 ist nach amtlich vorgeschriebenem Vordruck abzugeben. $_{5}$Sie gilt als Steueranmeldung im Sinne der Abgabenordnung. $_{6}$Abweichend von Satz 1 gilt die Ausschlussfrist für den Personenkreis der Kindererziehenden nach § 10a Absatz 1a und deren nach § 79 Satz 2 förderberechtigten Ehegatten nicht; die zentrale Stelle hat die Zulage des Zulageberechtigten als auch des nach § 79 Satz 2 förderberechtigten Ehegatten bis zur Vollendung des fünften Lebensjahres des Kindes, das für die Anerkennung der Förderberechtigung nach § 10a Absatz 1a maßgebend war, zurückzufordern, wenn die Kindererziehungszeiten bis zu diesem Zeitpunkt in der gesetzlichen Rentenversicherung nicht angerechnet wurden. $_{7}$Hat der Zulageberechtigte die Kindererziehungszeiten innerhalb der in § 10a Absatz 1a genannten Frist beantragt, der zuständige Träger der gesetzlichen Rentenversicherung aber nicht innerhalb der Ausschlussfrist von Satz 6 darüber abschließend beschieden, verlängert sich die Ausschlussfrist um drei Monate nach Kenntniserlangung der zentralen Stelle vom Erlass des Bescheides.

(3a) $_{1}$Erfolgt nach der Durchführung einer versorgungsrechtlichen Teilung eine Rückforderung von zu Unrecht gezahlten Zulagen, setzt die zentrale Stelle den Rückforderungsbetrag nach Absatz 3 unter Anrechnung bereits vom Anbieter einbehaltener und abgeführter Beträge gegenüber dem Zulageberechtigten fest, soweit

1. das Guthaben auf dem Vertrag des Zulageberechtigten zur Zahlung des Rückforderungsbetrags nach § 90 Absatz 3 Satz 1 nicht ausreicht und
2. im Rückforderungsbetrag ein Zulagebetrag enthalten ist, der in der Ehe- oder Lebenspartnerschaftszeit ausgezahlt wurde.

$_{2}$Erfolgt nach einer Inanspruchnahme eines Altersvorsorge-Eigenheimbetrags im Sinne des § 92a Absatz 1 oder während einer Darlehenstilgung bei Altersvorsorgeverträgen nach § 1 Absatz 1a des Altersvorsorgeverträge-Zertifizierungsgesetzes eine Rückforderung zu Unrecht gezahlter Zulagen, setzt die zentrale Stelle den Rückforderungsbetrag nach Absatz 3 unter Anrechnung bereits vom Anbieter einbehaltener und abgeführter Beträge gegenüber dem Zulageberechtigten fest, soweit das Guthaben auf dem Altersvorsorgevertrag des Zulageberechtigten zur Zahlung des Rückforderungsbetrags nicht ausreicht. $_{3}$Der Anbieter hat in diesen Fällen der zentralen Stelle die nach Absatz 3 einbehaltenen und abgeführten Beträge nach amtlich vorgeschriebenem Datensatz durch amtlich bestimmte Datenfernübertragung mitzuteilen.

(4) $_{1}$Eine Festsetzung der Zulage erfolgt

1. von Amts wegen, wenn die nach den vorliegenden Daten abschließend berechnete Zulage von der beantragten Zulage abweicht,
2. im Falle des Absatzes 3 von Amts wegen,
3. auf besonderen Antrag des Zulageberechtigten, sofern nicht bereits eine Festsetzung von Amts wegen erfolgt ist, oder

4. auf Anforderung des zuständigen Finanzamtes, wenn dessen Daten von den Daten der zentralen Stelle abweichen; eine gesonderte Festsetzung unterbleibt, wenn eine Festsetzung nach den Nummern 1 bis 3 bereits erfolgt ist, für das Beitragsjahr keine Zulage beantragt wurde oder die Frist nach Absatz 3 Satz 1 abgelaufen ist.

2Der Antrag nach Satz 1 Nummer 3 ist schriftlich oder elektronisch innerhalb eines Jahres vom Zulageberechtigten an die zentrale Stelle zu richten; die Frist beginnt mit der Erteilung der Bescheinigung nach § 92, die die Ermittlungsergebnisse für das Beitragsjahr enthält, für das eine Festsetzung der Zulage erfolgen soll. 3Der Anbieter teilt auf Anforderung der zentralen Stelle nach amtlich vorgeschriebenem Datensatz durch amtlich bestimmte Datenfernübertragung das Datum der Erteilung der nach Satz 2 maßgebenden Bescheinigung nach § 92 mit. 4Er hat auf Anforderung weitere ihm vorliegende, für die Festsetzung erforderliche Unterlagen beizufügen; eine ergänzende Stellungnahme kann beigefügt werden; dies kann auch elektronisch erfolgen, wenn sowohl der Anbieter als auch die zentrale Stelle mit diesem Verfahren einverstanden sind. 5Die zentrale Stelle teilt die Festsetzung auch dem Anbieter und die Festsetzung nach Satz 1 Nummer 4 auch dem Finanzamt mit; erfolgt keine Festsetzung nach Satz 1 Nummer 4, teilt dies die zentrale Stelle dem Finanzamt ebenfalls mit. 6Im Übrigen gilt Absatz 3 entsprechend. 7Satz 1 Nummer 1 gilt nicht, wenn der Datensatz nach § 89 Absatz 2 auf Grund von unzureichenden oder fehlerhaften Angaben des Zulageberechtigten abgewiesen sowie um eine Fehlermeldung ergänzt worden ist und die Angaben nicht innerhalb der Antragsfrist des § 89 Absatz 1 Satz 1 von dem Zulageberechtigten an den Anbieter nachgereicht werden.

(5) 1Im Rahmen des Festsetzungsverfahrens oder Einspruchsverfahrens kann der Zulageberechtigte bis zum rechtskräftigen Abschluss des Festsetzungsverfahrens oder Einspruchsverfahrens eine nicht fristgerecht abgegebene Einwilligung nach § 10a Absatz 1 Satz 1 Halbsatz 2 gegenüber der zuständigen Stelle nachholen. 2Über die Nachholung hat er die zentrale Stelle unter Angabe des Datums der Erteilung der Einwilligung unmittelbar zu informieren. 3Hat der Zulageberechtigte im Rahmen des Festsetzungsverfahrens oder Einspruchsverfahrens eine wirksame Einwilligung gegenüber der zuständigen Stelle erteilt, wird er so gestellt, als hätte er die Einwilligung innerhalb der Frist nach § 10a Absatz 1 Satz 1 Halbsatz 2 wirksam gestellt.

Gesetz zum Elterngeld und zur Elternzeit (Bundeselterngeld- und Elternzeitgesetz – BEEG)

in der Fassung der Bekanntmachung vom 27. Januar 2015 (BGBl. I S. 33)

Zuletzt geändert durch
Wehrdienst-Modernisierungsgesetz
vom 22. Dezember 2025 (BGBl. I Nr. 370)

Abschnitt 1 Elterngeld

§ 1 Berechtigte

(1) $_1$Anspruch auf Elterngeld hat, wer

1. einen Wohnsitz oder seinen gewöhnlichen Aufenthalt in Deutschland hat,
2. mit seinem Kind in einem Haushalt lebt,
3. dieses Kind selbst betreut und erzieht und
4. keine oder keine volle Erwerbstätigkeit ausübt.

$_2$Bei Mehrlingsgeburten besteht nur ein Anspruch auf Elterngeld.

(2) $_1$Anspruch auf Elterngeld hat auch, wer, ohne eine der Voraussetzungen des Absatzes 1 Satz 1 Nummer 1 zu erfüllen,

1. nach § 4 des Vierten Buches Sozialgesetzbuch dem deutschen Sozialversicherungsrecht unterliegt oder im Rahmen seines in Deutschland bestehenden öffentlich-rechtlichen Dienst- oder Amtsverhältnisses vorübergehend ins Ausland abgeordnet, versetzt oder kommandiert ist,
2. Entwicklungshelfer oder Entwicklungshelferin im Sinne des § 1 des Entwicklungshelfer-Gesetzes ist oder als Missionar oder Missionarin der Missionswerke und -gesellschaften, die Mitglieder oder Vereinbarungspartner des Evangelischen Missionswerkes Hamburg, der Arbeitsgemeinschaft Evangelikaler Missionen e. V. oder der Arbeitsgemeinschaft pfingstlich-charismatischer Missionen sind, tätig ist oder
3. die deutsche Staatsangehörigkeit besitzt und nur vorübergehend bei einer zwischen- oder überstaatlichen Einrichtung tätig ist, insbesondere nach den Entsenderichtlinien des Bundes beurlaubte Beamte und Beamtinnen, oder wer vorübergehend eine nach § 123a des Beamtenrechtsrahmengesetzes oder § 29 des Bundesbeamtengesetzes zugewiesene Tätigkeit im Ausland wahrnimmt.

$_2$Dies gilt auch für mit der nach Satz 1 berechtigten Person in einem Haushalt lebende Ehegatten oder Ehegattinnen.

(3) $_1$Anspruch auf Elterngeld hat abweichend von Absatz 1 Satz 1 Nummer 2 auch, wer

1. mit einem Kind in einem Haushalt lebt, das er mit dem Ziel der Annahme als Kind aufgenommen hat,
2. ein Kind des Ehegatten oder der Ehegattin in seinen Haushalt aufgenommen hat oder
3. mit einem Kind in einem Haushalt lebt und die von ihm erklärte Anerkennung der Vaterschaft nach § 1594 Absatz 2 des Bürgerlichen Gesetzbuchs noch nicht wirksam oder über die von ihm beantragte Vaterschaftsfeststellung nach § 1600d des Bürgerlichen Gesetzbuchs noch nicht entschieden ist.

$_2$Für angenommene Kinder und Kinder im Sinne des Satzes 1 Nummer 1 sind die Vorschriften dieses Gesetzes mit der Maßgabe anzuwenden, dass statt des Zeitpunktes der Geburt der Zeitpunkt der Aufnahme des Kindes bei der berechtigten Person maßgeblich ist.

(4) Können die Eltern wegen einer schweren Krankheit, Schwerbehinderung oder Todes der Eltern ihr Kind nicht betreuen, haben Verwandte bis zum dritten Grad und ihre Ehegatten oder Ehegattinnen Anspruch auf Elterngeld, wenn sie die übrigen Voraussetzungen nach Absatz 1 erfüllen und wenn von

anderen Berechtigten Elterngeld nicht in Anspruch genommen wird.

(5) Der Anspruch auf Elterngeld bleibt unberührt, wenn die Betreuung und Erziehung des Kindes aus einem wichtigen Grund nicht sofort aufgenommen werden kann oder wenn sie unterbrochen werden muss.

(6) Eine Person ist nicht voll erwerbstätig, wenn

1. ihre Arbeitszeit 32 Wochenstunden im Durchschnitt des Lebensmonats nicht übersteigt,
2. sie eine Beschäftigung zur Berufsbildung ausübt oder
3. sie als eine im Sinne der §§ 23 und 43 des Achten Buches Sozialgesetzbuch geeignete Kindertagespflegeperson tätig ist.

(6a) Als erwerbstätig im Sinne dieses Gesetzes gelten auch Personen, die vorübergehend nicht arbeiten, solange sie

1. sich in einem Arbeitsverhältnis befinden oder
2. selbständig erwerbstätig sind.

(7) 1Ein nicht freizügigkeitsberechtigter Ausländer oder eine nicht freizügigkeitsberechtigte Ausländerin ist nur anspruchsberechtigt, wenn diese Person

1. eine Niederlassungserlaubnis oder eine Erlaubnis zum Daueraufenthalt-EU besitzt,
2. eine Blaue Karte EU, eine ICT-Karte, eine Mobiler-ICT-Karte oder eine Aufenthaltserlaubnis besitzt, die für einen Zeitraum von mindestens sechs Monaten zur Ausübung einer Erwerbstätigkeit berechtigen oder berechtigt haben oder diese erlauben, es sei denn, die Aufenthaltserlaubnis wurde
   a) nach § 16e des Aufenthaltsgesetzes zu Ausbildungszwecken, nach § 19c Absatz 1 des Aufenthaltsgesetzes zum Zweck der Beschäftigung als Au-Pair oder zum Zweck der Saisonbeschäftigung, nach § 19e des Aufenthaltsgesetzes zum Zweck der Teilnahme an einem Europäischen Freiwilligendienst oder nach § 20a Absatz 5 Satz 1 des Aufenthaltsgesetzes zur Suche nach einer Erwerbstätigkeit oder nach Maßnahmen zur Anerkennung ausländischer Berufsqualifikationen erteilt,
   b) nach § 16b des Aufenthaltsgesetzes zum Zweck eines Studiums, nach § 16d des Aufenthaltsgesetzes für Maßnahmen zur Anerkennung ausländischer Berufsqualifikationen, nach § 20 des Aufenthaltsgesetzes zur Suche nach einer Erwerbstätigkeit oder nach § 20a Absatz 5 Satz 2 des Aufenthaltsgesetzes zur Suche nach einer Erwerbstätigkeit oder nach Maßnahmen zur Anerkennung ausländischer Berufsqualifikationen erteilt und die Person ist weder erwerbstätig noch nimmt sie Elternzeit nach § 15 dieses Gesetzes oder laufende Geldleistungen nach dem Dritten Buch Sozialgesetzbuch in Anspruch,
   c) nach § 23 Absatz 1 des Aufenthaltsgesetzes wegen eines Krieges im Heimatland dieser Person oder nach § 23a oder § 25 Absatz 3 bis 5 des Aufenthaltsgesetzes erteilt,
3. eine in Nummer 2 Buchstabe c genannte Aufenthaltserlaubnis besitzt und im Bundesgebiet berechtigt erwerbstätig ist oder Elternzeit nach § 15 dieses Gesetzes oder laufende Geldleistungen nach dem Dritten Buch Sozialgesetzbuch in Anspruch nimmt,
4. eine in Nummer 2 Buchstabe c genannte Aufenthaltserlaubnis besitzt und sich seit mindestens 15 Monaten erlaubt, gestattet oder geduldet im Bundesgebiet aufhält oder
5. eine Beschäftigungsduldung gemäß § 60d in Verbindung mit § 60a Absatz 2 Satz 3 des Aufenthaltsgesetzes besitzt.

2Abweichend von Satz 1 Nummer 3 erste Alternative ist ein minderjähriger nicht freizügigkeitsberechtigter Ausländer oder eine minderjährige nicht freizügigkeitsberechtigte Ausländerin unabhängig von einer Erwerbstätigkeit anspruchsberechtigt.

(8) 1Ein Anspruch entfällt, wenn die berechtigte Person im letzten abgeschlossenen Veranlagungszeitraum vor der Geburt des Kindes ein zu versteuerndes Einkommen nach § 2 Absatz 5 des Einkommensteuergesetzes in Höhe von mehr als 175 000 Euro erzielt hat. 2Erfüllt

auch eine andere Person die Voraussetzungen des Absatzes 1 Satz 1 Nummer 2 oder der Absätze 3 oder 4, entfällt abweichend von Satz 1 der Anspruch, wenn die Summe des zu versteuernden Einkommens beider Personen mehr als 175 000 Euro beträgt.

§ 2 Höhe des Elterngeldes

(1) 1Elterngeld wird in Höhe von 67 Prozent des Einkommens aus Erwerbstätigkeit vor der Geburt des Kindes gewährt. 2Es wird bis zu einem Höchstbetrag von 1800 Euro monatlich für volle Lebensmonate gezahlt, in denen die berechtigte Person kein Einkommen aus Erwerbstätigkeit hat. 3Das Einkommen aus Erwerbstätigkeit errechnet sich nach Maßgabe der §§ 2c bis 2f aus der um die Abzüge für Steuern und Sozialabgaben verminderten Summe der positiven Einkünfte aus

1. nichtselbständiger Arbeit nach § 2 Absatz 1 Satz 1 Nummer 4 des Einkommensteuergesetzes sowie
2. Land- und Forstwirtschaft, Gewerbebetrieb und selbständiger Arbeit nach § 2 Absatz 1 Satz 1 Nummer 1 bis 3 des Einkommensteuergesetzes,

die im Inland zu versteuern sind und die die berechtigte Person durchschnittlich monatlich im Bemessungszeitraum nach § 2b oder in Lebensmonaten der Bezugszeit nach § 2 Absatz 3 hat.

(2) 1In den Fällen, in denen das Einkommen aus Erwerbstätigkeit vor der Geburt geringer als 1000 Euro war, erhöht sich der Prozentsatz von 67 Prozent um 0,1 Prozentpunkte für je 2 Euro, um die dieses Einkommen den Betrag von 1000 Euro unterschreitet, auf bis zu 100 Prozent. 2In den Fällen, in denen das Einkommen aus Erwerbstätigkeit vor der Geburt höher als 1200 Euro war, sinkt der Prozentsatz von 67 Prozent um 0,1 Prozentpunkte für je 2 Euro, um die dieses Einkommen den Betrag von 1200 Euro überschreitet, auf bis zu 65 Prozent.

(3) 1Für Lebensmonate nach der Geburt des Kindes, in denen die berechtigte Person ein Einkommen aus Erwerbstätigkeit hat, das durchschnittlich geringer ist als das Einkommen aus Erwerbstätigkeit vor der Geburt, wird Elterngeld in Höhe des nach den Absätzen 1 oder 2 maßgeblichen Prozentsatzes des Unterschiedsbetrages dieser Einkommen aus Erwerbstätigkeit gezahlt. 2Als Einkommen aus Erwerbstätigkeit vor der Geburt ist dabei höchstens der Betrag von 2770 Euro anzusetzen. 3Der Unterschiedsbetrag nach Satz 1 ist für das Einkommen aus Erwerbstätigkeit in Lebensmonaten, in denen die berechtigte Person Basiselterngeld in Anspruch nimmt, und in Lebensmonaten, in denen sie Elterngeld Plus im Sinne des § 4a Absatz 2 in Anspruch nimmt, getrennt zu berechnen.

(4) 1Elterngeld wird mindestens in Höhe von 300 Euro gezahlt. 2Dies gilt auch, wenn die berechtigte Person vor der Geburt des Kindes kein Einkommen aus Erwerbstätigkeit hat.

§ 2a Geschwisterbonus und Mehrlingszuschlag

(1) 1Lebt die berechtigte Person in einem Haushalt mit

1. zwei Kindern, die noch nicht drei Jahre alt sind, oder
2. drei oder mehr Kindern, die noch nicht sechs Jahre alt sind,

wird das Elterngeld um 10 Prozent, mindestens jedoch um 75 Euro erhöht (Geschwisterbonus). 2Zu berücksichtigen sind alle Kinder, für die die berechtigte Person die Voraussetzungen des § 1 Absatz 1 und 3 erfüllt und für die sich das Elterngeld nicht nach Absatz 4 erhöht.

(2) 1Für angenommene Kinder, die noch nicht 14 Jahre alt sind, gilt als Alter des Kindes der Zeitraum seit der Aufnahme des Kindes in den Haushalt der berechtigten Person. 2Dies gilt auch für Kinder, die die berechtigte Person entsprechend § 1 Absatz 3 Satz 1 Nummer 1 mit dem Ziel der Annahme als Kind in ihren Haushalt aufgenommen hat. 3Für Kinder mit Behinderung im Sinne von § 2 Absatz 1 Satz 1 des Neunten Buches Sozialgesetzbuch liegt die Altersgrenze nach Absatz 1 Satz 1 bei 14 Jahren.

(3) Der Anspruch auf den Geschwisterbonus endet mit Ablauf des Monats, in dem eine der in Absatz 1 genannten Anspruchsvoraussetzungen entfällt.

(4) 1Bei Mehrlingsgeburten erhöht sich das Elterngeld um je 300 Euro für das zweite und jedes weitere Kind (Mehrlingszuschlag). 2Dies gilt auch, wenn ein Geschwisterbonus nach Absatz 1 gezahlt wird.

§ 2b Bemessungszeitraum

(1) 1Für die Ermittlung des Einkommens aus nichtselbstständiger Erwerbstätigkeit im Sinne von § 2c vor der Geburt sind die zwölf Kalendermonate vor dem Kalendermonat der Geburt des Kindes maßgeblich. 2Bei der Bestimmung des Bemessungszeitraums nach Satz 1 bleiben Kalendermonate unberücksichtigt, in denen die berechtigte Person

1. im Zeitraum nach § 4 Absatz 1 Satz 2 und 3 und Absatz 5 Satz 3 Nummer 1 Buchstabe b, Nummer 2 Buchstabe b, Nummer 3 Buchstabe b und Nummer 4 Buchstabe b Elterngeld für ein älteres Kind bezogen hat,
2. während der Schutzfristen nach § 3 des Mutterschutzgesetzes nicht beschäftigt werden durfte oder Mutterschaftsgeld nach dem Fünften Buch Sozialgesetzbuch oder nach dem Zweiten Gesetz über die Krankenversicherung der Landwirte oder Krankentagegeld nach § 192 Absatz 5 Satz 2 des Versicherungsvertragsgesetzes bezogen hat,
3. eine Krankheit hatte, die maßgeblich durch eine Schwangerschaft bedingt war, oder
4. Wehrdienst nach dem Wehrpflichtgesetz oder nach dem Vierten Abschnitt des Soldatengesetzes oder Zivildienst nach dem Zivildienstgesetz geleistet hat.

3Abweichend von Satz 2 sind Kalendermonate im Sinne des Satzes 2 Nummer 1 bis 4 auf Antrag der berechtigten Person zu berücksichtigen. 4Abweichend von Satz 2 bleiben auf Antrag bei der Ermittlung des Einkommens für die Zeit vom 1. März 2020 bis zum Ablauf des 23. September 2022 auch solche Kalendermonate unberücksichtigt, in denen die berechtigte Person aufgrund der COVID-19-Pandemie ein geringeres Einkommen aus Erwerbstätigkeit hatte und dies glaubhaft machen kann. 5Satz 2 Nummer 1 gilt in den Fällen des § 27 Absatz 1 Satz 1 mit der Maßgabe, dass auf Antrag auch Kalendermonate mit Elterngeldbezug für ein älteres Kind nach Vollendung von dessen 14. Lebensmonat unberücksichtigt bleiben, soweit der Elterngeldbezug von der Zeit vor Vollendung des 14. Lebensmonats auf danach verschoben wurde.

(2) 1Für die Ermittlung des Einkommens aus selbstständiger Erwerbstätigkeit im Sinne von § 2d vor der Geburt sind die jeweiligen steuerlichen Gewinnermittlungszeiträume maßgeblich, die dem letzten abgeschlossenen steuerlichen Veranlagungszeitraum vor der Geburt des Kindes zugrunde liegen. 2Haben in einem Gewinnermittlungszeitraum die Voraussetzungen des Absatzes 1 Satz 2 oder Satz 4 vorgelegen, sind auf Antrag die Gewinnermittlungszeiträume maßgeblich, die dem diesen Ereignissen vorangegangenen abgeschlossenen steuerlichen Veranlagungszeitraum zugrunde liegen.

(3) 1Abweichend von Absatz 1 ist für die Ermittlung des Einkommens aus nichtselbstständiger Erwerbstätigkeit vor der Geburt der letzte abgeschlossene steuerliche Veranlagungszeitraum vor der Geburt maßgeblich, wenn die berechtigte Person in den Zeiträumen nach Absatz 1 oder Absatz 2 Einkommen aus selbstständiger Erwerbstätigkeit hatte. 2Haben im Bemessungszeitraum nach Satz 1 die Voraussetzungen des Absatzes 1 Satz 2 oder Satz 4 vorgelegen, ist Absatz 2 Satz 2 mit der zusätzlichen Maßgabe anzuwenden, dass für die Ermittlung des Einkommens aus nichtselbstständiger Erwerbstätigkeit vor der Geburt der vorangegangene steuerliche Veranlagungszeitraum maßgeblich ist.

(4) 1Abweichend von Absatz 3 ist auf Antrag der berechtigten Person für die Ermittlung des Einkommens aus nichtselbstständiger Erwerbstätigkeit allein der Bemessungszeitraum nach Absatz 1 maßgeblich, wenn die zu berücksichtigende Summe der Einkünfte aus Land- und Forstwirtschaft, Gewerbebetrieb und selbstständiger Arbeit nach § 2 Absatz 1 Satz 1 Nummer 1 bis 3 des Einkommensteuergesetzes

1. in den jeweiligen steuerlichen Gewinnermittlungszeiträumen, die dem letzten abgeschlossenen steuerlichen Veranlagungs-

VIII

zeitraum vor der Geburt des Kindes zugrunde liegen, durchschnittlich weniger als 35 Euro im Kalendermonat betrug und

2. in den jeweiligen steuerlichen Gewinnermittlungszeiträumen, die dem steuerlichen Veranlagungszeitraum der Geburt des Kindes zugrunde liegen, bis einschließlich zum Kalendermonat vor der Geburt des Kindes durchschnittlich weniger als 35 Euro im Kalendermonat betrug.

$_{2}$Abweichend von § 2 Absatz 1 Satz 3 Nummer 2 ist für die Berechnung des Elterngeldes im Fall des Satzes 1 allein das Einkommen aus nichtselbstständiger Erwerbstätigkeit maßgeblich. $_{3}$Die für die Entscheidung über den Antrag notwendige Ermittlung der Höhe der Einkünfte aus Land- und Forstwirtschaft, Gewerbebetrieb und selbstständiger Arbeit erfolgt für die Zeiträume nach Satz 1 Nummer 1 entsprechend § 2d Absatz 2; in Fällen, in denen zum Zeitpunkt der Entscheidung kein Einkommensteuerbescheid vorliegt, und für den Zeitraum nach Satz 1 Nummer 2 erfolgt die Ermittlung der Höhe der Einkünfte entsprechend § 2d Absatz 3. $_{4}$Die Entscheidung über den Antrag erfolgt abschließend auf der Grundlage der Höhe der Einkünfte, wie sie sich aus den gemäß Satz 3 vorgelegten Nachweisen ergibt.

§ 2c Einkommen aus nichtselbstständiger Erwerbstätigkeit

(1) $_{1}$Der monatlich durchschnittlich zu berücksichtigende Überschuss der Einnahmen aus nichtselbstständiger Arbeit in Geld oder Geldeswert über ein Zwölftel des Arbeitnehmer-Pauschbetrags, vermindert um die Abzüge für Steuern und Sozialabgaben nach den §§ 2e und 2f, ergibt das Einkommen aus nichtselbstständiger Erwerbstätigkeit. $_{2}$Nicht berücksichtigt werden Einnahmen, die im Lohnsteuerabzugsverfahren nach den lohnsteuerlichen Vorgaben als sonstige Bezüge zu behandeln sind. $_{3}$Die zeitliche Zuordnung von Einnahmen erfolgt nach den lohnsteuerlichen Vorgaben für das Lohnsteuerabzugsverfahren. $_{4}$Maßgeblich ist der Arbeitnehmer-Pauschbetrag nach § 9a Satz 1 Nummer 1 Buchstabe a des Einkommensteuergesetzes in der am 1. Januar des Kalenderjahres vor der Geburt des Kindes für dieses Jahr geltenden Fassung.

(2) $_{1}$Grundlage der Ermittlung der Einnahmen sind die Angaben in den für die maßgeblichen Kalendermonate erstellten Lohn- und Gehaltsbescheinigungen des Arbeitgebers. $_{2}$Die Richtigkeit und Vollständigkeit der Angaben in den maßgeblichen Lohn- und Gehaltsbescheinigungen wird vermutet.

(3) $_{1}$Grundlage der Ermittlung der nach den §§ 2e und 2f erforderlichen Abzugsmerkmale für Steuern und Sozialabgaben sind die Angaben in der Lohn- und Gehaltsbescheinigung, die für den letzten Kalendermonat im Bemessungszeitraum mit Einnahmen nach Absatz 1 erstellt wurde. $_{2}$Soweit sich in den Lohn- und Gehaltsbescheinigungen des Bemessungszeitraums eine Angabe zu einem Abzugsmerkmal geändert hat, ist die von der Angabe nach Satz 1 abweichende Angabe maßgeblich, wenn sie in der überwiegenden Zahl der Kalendermonate des Bemessungszeitraums gegolten hat. $_{3}$§ 2c Absatz 2 Satz 2 gilt entsprechend.

(4) $_{1}$Der anteilige Arbeitnehmer-Pauschbetrag nach Absatz 1 Satz 1 ist nicht zu berücksichtigen, wenn dem Ansässigkeitsstaat der berechtigten Person nach einem Abkommen zur Vermeidung der Doppelbesteuerung das Besteuerungsrecht für das Elterngeld zusteht und wenn das aus Deutschland gezahlte Elterngeld nach den maßgebenden Vorschriften des Ansässigkeitsstaats der Steuer unterliegt. $_{2}$Unterliegt das Elterngeld im Ansässigkeitsstaat nach dessen maßgebenden Vorschriften nicht der Steuer, so ist der Arbeitnehmer-Pauschbetrag nach Absatz 1 entsprechend zu berücksichtigen.

§ 2d Einkommen aus selbstständiger Erwerbstätigkeit

(1) Die monatlich durchschnittlich zu berücksichtigende Summe der positiven Einkünfte aus Land- und Forstwirtschaft, Gewerbebetrieb und selbstständiger Arbeit (Gewinneinkünfte), vermindert um die Abzüge für Steuern und Sozialabgaben nach den §§ 2e

und 2f, ergibt das Einkommen aus selbstständiger Erwerbstätigkeit.

(2) $_1$Bei der Ermittlung der im Bemessungszeitraum zu berücksichtigenden Gewinneinkünfte sind die entsprechenden im Einkommensteuerbescheid ausgewiesenen Gewinne anzusetzen. $_2$Ist kein Einkommensteuerbescheid zu erstellen, werden die Gewinneinkünfte in entsprechender Anwendung des Absatzes 3 ermittelt.

(3) $_1$Grundlage der Ermittlung der in den Bezugsmonaten zu berücksichtigenden Gewinneinkünfte ist eine Gewinnermittlung, die mindestens den Anforderungen des § 4 Absatz 3 des Einkommensteuergesetzes entspricht. $_2$Als Betriebsausgaben sind 25 Prozent der zugrunde gelegten Einnahmen oder auf Antrag die damit zusammenhängenden tatsächlichen Betriebsausgaben anzusetzen.

(4) $_1$Soweit nicht in § 2c Absatz 3 etwas anderes bestimmt ist, sind bei der Ermittlung der nach § 2e erforderlichen Abzugsmerkmale für Steuern die Angaben im Einkommensteuerbescheid maßgeblich. $_2$§ 2c Absatz 3 Satz 2 gilt entsprechend.

(5) Die zeitliche Zuordnung von Einnahmen und Ausgaben erfolgt nach den einkommensteuerrechtlichen Grundsätzen.

§ 2e Abzüge für Steuern

(1) $_1$Als Abzüge für Steuern sind Beträge für die Einkommensteuer, den Solidaritätszuschlag und, wenn die berechtigte Person kirchensteuerpflichtig ist, die Kirchensteuer zu berücksichtigen. $_2$Die Abzüge für Steuern werden einheitlich für Einkommen aus nichtselbstständiger und selbstständiger Erwerbstätigkeit auf Grundlage einer Berechnung anhand des am 1. Januar des Kalenderjahres vor der Geburt des Kindes für dieses Jahr geltenden Programmablaufplans für die maschinelle Berechnung der vom Arbeitslohn einzubehaltenden Lohnsteuer, des Solidaritätszuschlags und der Maßstabsteuer für die Kirchenlohnsteuer im Sinne von § 39b Absatz 6 des Einkommensteuergesetzes nach den Maßgaben der Absätze 2 bis 5 ermittelt.

(2) $_1$Bemessungsgrundlage für die Ermittlung der Abzüge für Steuern ist die monatlich durchschnittlich zu berücksichtigende Summe der Einnahmen nach § 2c, soweit sie von der berechtigten Person zu versteuern sind, und der Gewinneinkünfte nach § 2d. $_2$Bei der Ermittlung der Abzüge für Steuern nach Absatz 1 werden folgende Pauschalen berücksichtigt:

1. der Arbeitnehmer-Pauschbetrag nach § 9a Satz 1 Nummer 1 Buchstabe a des Einkommensteuergesetzes, wenn die berechtigte Person von ihr zu versteuernde Einnahmen hat, die unter § 2c fallen, und
2. eine Vorsorgepauschale
   a) mit den Teilbeträgen nach § 39b Absatz 2 Satz 5 Nummer 3 Buchstabe b, c und e des Einkommensteuergesetzes, falls die berechtigte Person von ihr zu versteuernde Einnahmen nach § 2c hat, ohne in der gesetzlichen Rentenversicherung oder einer vergleichbaren Einrichtung versicherungspflichtig gewesen zu sein, oder
   b) mit den Teilbeträgen nach § 39b Absatz 2 Satz 5 Nummer 3 Buchstabe a bis c und e des Einkommensteuergesetzes in allen übrigen Fällen,

   wobei die Höhe der Teilbeträge ohne Berücksichtigung der besonderen Regelungen zur Berechnung der Beiträge nach § 55 Absatz 3 und § 58 Absatz 3 des Elften Buches Sozialgesetzbuch bestimmt wird.

(3) $_1$Als Abzug für die Einkommensteuer ist der Betrag anzusetzen, der sich unter Berücksichtigung der Steuerklasse und des Faktors nach § 39f des Einkommensteuergesetzes nach § 2c Absatz 3 ergibt; die Steuerklasse VI bleibt unberücksichtigt. $_2$War die berechtigte Person im Bemessungszeitraum nach § 2b in keine Steuerklasse eingereiht oder ist ihr nach § 2d zu berücksichtigender Gewinn höher als ihr nach § 2c zu berücksichtigender Überschuss der Einnahmen über ein Zwölftel des Arbeitnehmer-Pauschbetrags, ist als Abzug für die Einkommensteuer der Betrag anzusetzen, der sich unter Berücksichtigung der Steuerklasse IV ohne Berücksichtigung eines Faktors nach § 39f des Einkommensteuergesetzes ergibt.

(4) 1Als Abzug für den Solidaritätszuschlag ist der Betrag anzusetzen, der sich nach den Maßgaben des Solidaritätszuschlagsgesetzes 1995 für die Einkommensteuer nach Absatz 3 ergibt. 2Freibeträge für Kinder werden nach den Maßgaben des § 3 Absatz 2a des Solidaritätszuschlagsgesetzes 1995 berücksichtigt.

(5) 1Als Abzug für die Kirchensteuer ist der Betrag anzusetzen, der sich unter Anwendung eines Kirchensteuersatzes von 8 Prozent für die Einkommensteuer nach Absatz 3 ergibt. 2Freibeträge für Kinder werden nach den Maßgaben des § 51a Absatz 2a des Einkommensteuergesetzes berücksichtigt.

(6) Vorbehaltlich der Absätze 2 bis 5 werden Freibeträge und Pauschalen nur berücksichtigt, wenn sie ohne weitere Voraussetzung jeder berechtigten Person zustehen.

(7) 1Abzüge für Steuern nach Absatz 1 Satz 1 sind nicht zu berücksichtigen, wenn dem Ansässigkeitsstaat der berechtigten Person nach einem Abkommen zur Vermeidung der Doppelbesteuerung das Besteuerungsrecht für das Elterngeld zusteht und wenn das aus Deutschland gezahlte Elterngeld nach den maßgebenden Vorschriften des Ansässigkeitsstaats der Steuer unterliegt. 2Unterliegt das Elterngeld im Ansässigkeitsstaat nach dessen maßgebenden Vorschriften nicht der Steuer, so sind die Abzüge für Steuern nach den Absätzen 1 bis 6 entsprechend zu berücksichtigen.

§ 2f Abzüge für Sozialabgaben

(1) 1Als Abzüge für Sozialabgaben sind Beträge für die gesetzliche Sozialversicherung oder für eine vergleichbare Einrichtung sowie für die Arbeitsförderung zu berücksichtigen. 2Die Abzüge für Sozialabgaben werden einheitlich für Einkommen aus nichtselbstständiger und selbstständiger Erwerbstätigkeit anhand folgender Beitragssatzpauschalen ermittelt:

1. 9 Prozent für die Kranken- und Pflegeversicherung, falls die berechtigte Person in der gesetzlichen Krankenversicherung nach § 5 Absatz 1 Nummer 1 bis 12 des Fünften Buches Sozialgesetzbuch versicherungspflichtig gewesen ist,
2. 10 Prozent für die Rentenversicherung, falls die berechtigte Person in der gesetzlichen Rentenversicherung oder einer vergleichbaren Einrichtung versicherungspflichtig gewesen ist, und
3. 2 Prozent für die Arbeitsförderung, falls die berechtigte Person nach dem Dritten Buch Sozialgesetzbuch versicherungspflichtig gewesen ist.

(2) 1Bemessungsgrundlage für die Ermittlung der Abzüge für Sozialabgaben ist die monatlich durchschnittlich zu berücksichtigende Summe der Einnahmen nach § 2c und der Gewinneinkünfte nach § 2d. 2Einnahmen aus Beschäftigungen im Sinne des § 8, des § 8a oder des § 20 Absatz 3 Satz 1 des Vierten Buches Sozialgesetzbuch werden nicht berücksichtigt. 3Für Einnahmen aus Beschäftigungsverhältnissen im Sinne des § 20 Absatz 2 des Vierten Buches Sozialgesetzbuch ist der Betrag anzusetzen, der sich nach § 344 Absatz 4 des Dritten Buches Sozialgesetzbuch für diese Einnahmen ergibt, wobei der Faktor im Sinne des § 20 Absatz 2a Satz 2 des Vierten Buches Sozialgesetzbuch unter Zugrundelegung der Beitragssatzpauschalen nach Absatz 1 bestimmt wird.

(3) Andere Maßgaben zur Bestimmung der sozialversicherungsrechtlichen Beitragsbemessungsgrundlagen werden nicht berücksichtigt.

§ 3 Anrechnung von anderen Einnahmen

(1) 1Auf das der berechtigten Person nach § 2 oder nach § 2 in Verbindung mit § 2a zustehende Elterngeld werden folgende Einnahmen angerechnet:

1. Mutterschaftsleistungen
   a) in Form des Mutterschaftsgeldes nach dem Fünften Buch Sozialgesetzbuch oder nach dem Zweiten Gesetz über die Krankenversicherung der Landwirte mit Ausnahme des Mutterschaftsgeldes nach § 19 Absatz 2 des Mutterschutzgesetzes oder
   b) in Form des Zuschusses zum Mutterschaftsgeld nach § 20 des Mutterschutzgesetzes, die der berechtigten

Person für die Zeit ab dem Tag der Geburt des Kindes zustehen,

2. Dienst- und Anwärterbezüge sowie Zuschüsse, die der berechtigten Person nach beamten- oder soldatenrechtlichen Vorschriften für die Zeit eines Beschäftigungsverbots ab dem Tag der Geburt des Kindes zustehen,
3. dem Elterngeld oder den Mutterschaftsleistungen vergleichbare Leistungen, auf die eine nach § 1 berechtigte Person außerhalb Deutschlands oder gegenüber einer über- oder zwischenstaatlichen Einrichtung Anspruch hat,
4. Elterngeld, das der berechtigten Person für ein älteres Kind zusteht, oder dem Elterngeld oder den Mutterschaftsleistungen vergleichbare Leistungen für ein älteres Kind, auf die die berechtigte Person außerhalb Deutschlands oder gegenüber einer über- oder zwischenstaatlichen Einrichtung Anspruch hat,
5. Einnahmen, die der berechtigten Person als Ersatz für Erwerbseinkommen zustehen und
   a) die nicht bereits für die Berechnung des Elterngeldes nach § 2 berücksichtigt werden oder
   b) bei deren Berechnung das Elterngeld nicht berücksichtigt wird.

2Stehen der berechtigten Person die Einnahmen nur für einen Teil des Lebensmonats des Kindes zu, sind sie nur auf den entsprechenden Teil des Elterngeldes anzurechnen. 3Für jeden Kalendermonat, in dem Einnahmen nach Satz 1 Nummer 4 oder Nummer 5 im Bemessungszeitraum bezogen worden sind, wird der Anrechnungsbetrag um ein Zwölftel gemindert. 4Beginnt der Bezug von Einnahmen nach Satz 1 Nummer 5 nach der Geburt des Kindes und berechnen sich die anzurechnenden Einnahmen auf der Grundlage eines Einkommens, das geringer ist als das Einkommen aus Erwerbstätigkeit im Bemessungszeitraum, so ist der Teil des Elterngeldes in Höhe des nach § 2 Absatz 1 oder 2 maßgeblichen Prozentsatzes des Unterschiedsbetrages zwischen dem durchschnittlichen monatlichen Einkommen aus Erwerbstätigkeit im Bemessungszeitraum und dem durchschnittlichen monatlichen Bemessungseinkommen der anzurechnenden Einnahmen von der Anrechnung freigestellt.

(2) 1Bis zu einem Betrag von 300 Euro ist das Elterngeld von der Anrechnung nach Absatz 1 frei, soweit nicht Einnahmen nach Absatz 1 Satz 1 Nummer 1 bis 3 auf das Elterngeld anzurechnen sind. 2Dieser Betrag erhöht sich bei Mehrlingsgeburten um je 300 Euro für das zweite und jedes weitere Kind.

(3) Solange kein Antrag auf die in Absatz 1 Satz 1 Nummer 3 genannten vergleichbaren Leistungen gestellt wird, ruht der Anspruch auf Elterngeld bis zur möglichen Höhe der vergleichbaren Leistung.

§ 4 Bezugsdauer, Anspruchsumfang

(1) 1Elterngeld wird als Basiselterngeld oder als Elterngeld Plus gewährt. 2Es kann ab dem Tag der Geburt bezogen werden. 3Basiselterngeld kann bis zur Vollendung des 14. Lebensmonats des Kindes bezogen werden. 4Elterngeld Plus kann bis zur Vollendung des 32. Lebensmonats bezogen werden, solange es ab dem 15. Lebensmonat in aufeinander folgenden Lebensmonaten von zumindest einem Elternteil in Anspruch genommen wird. 5Für angenommene Kinder und Kinder im Sinne des § 1 Absatz 3 Satz 1 Nummer 1 kann Elterngeld ab Aufnahme bei der berechtigten Person längstens bis zur Vollendung des achten Lebensjahres des Kindes bezogen werden.

(2) 1Elterngeld wird in Monatsbeträgen für Lebensmonate des Kindes gezahlt. 2Der Anspruch endet mit dem Ablauf des Lebensmonats, in dem eine Anspruchsvoraussetzung entfallen ist.

(3) 1Die Eltern haben gemeinsam Anspruch auf zwölf Monatsbeträge Basiselterngeld. 2Ist das Einkommen aus Erwerbstätigkeit eines Elternteils in zwei Lebensmonaten gemindert, haben die Eltern gemeinsam Anspruch auf zwei weitere Monate Basiselterngeld (Partnermonate). 3Statt für einen Lebensmonat Basiselterngeld zu beanspruchen, kann die berechtigte Person jeweils zwei Lebensmonate Elterngeld Plus beziehen.

VIII

(4) 1Ein Elternteil hat Anspruch auf höchstens zwölf Monatsbeträge Basiselterngeld zuzüglich der höchstens vier zustehenden Monatsbeträge Partnerschaftsbonus nach § 4b. 2Ein Elternteil hat nur Anspruch auf Elterngeld, wenn er es mindestens für zwei Lebensmonate bezieht. 3Lebensmonate des Kindes, in denen einem Elternteil nach § 3 Absatz 1 Satz 1 Nummer 1 bis 3 anzurechnende Leistungen oder nach § 192 Absatz 5 Satz 2 des Versicherungsvertragsgesetzes Versicherungsleistungen zustehen, gelten als Monate, für die dieser Elternteil Basiselterngeld nach § 4a Absatz 1 bezieht.

(5) 1Abweichend von Absatz 3 Satz 1 beträgt der gemeinsame Anspruch der Eltern auf Basiselterngeld für ein Kind, das

1. mindestens sechs Wochen vor dem voraussichtlichen Tag der Entbindung geboren wurde: 13 Monatsbeträge Basiselterngeld;
2. mindestens acht Wochen vor dem voraussichtlichen Tag der Entbindung geboren wurde: 14 Monatsbeträge Basiselterngeld;
3. mindestens zwölf Wochen vor dem voraussichtlichen Tag der Entbindung geboren wurde: 15 Monatsbeträge Basiselterngeld;
4. mindestens 16 Wochen vor dem voraussichtlichen Tag der Entbindung geboren wurde: 16 Monatsbeträge Basiselterngeld.

2Für die Berechnung des Zeitraums zwischen dem voraussichtlichen Tag der Entbindung und dem tatsächlichen Tag der Geburt ist der voraussichtliche Tag der Entbindung maßgeblich, wie er sich aus dem ärztlichen Zeugnis oder dem Zeugnis einer Hebamme oder eines Entbindungspflegers ergibt.

3Im Fall von

1. Satz 1 Nummer 1
   a) hat ein Elternteil abweichend von Absatz 4 Satz 1 Anspruch auf höchstens 13 Monatsbeträge Basiselterngeld zuzüglich der höchstens vier zustehenden Monatsbeträge Partnerschaftsbonus nach § 4b,
   b) kann Basiselterngeld abweichend von Absatz 1 Satz 3 bis zur Vollendung des 15. Lebensmonats des Kindes bezogen werden und
   c) kann Elterngeld Plus abweichend von Absatz 1 Satz 4 bis zur Vollendung des 32. Lebensmonats des Kindes bezogen werden, solange es ab dem 16. Lebensmonat in aufeinander folgenden Lebensmonaten von zumindest einem Elternteil in Anspruch genommen wird;
2. Satz 1 Nummer 2
   a) hat ein Elternteil abweichend von Absatz 4 Satz 1 Anspruch auf höchstens 14 Monatsbeträge Basiselterngeld zuzüglich der höchstens vier zustehenden Monatsbeträge Partnerschaftsbonus nach § 4b,
   b) kann Basiselterngeld abweichend von Absatz 1 Satz 3 bis zur Vollendung des 16. Lebensmonats des Kindes bezogen werden und
   c) kann Elterngeld Plus abweichend von Absatz 1 Satz 4 bis zur Vollendung des 32. Lebensmonats des Kindes bezogen werden, solange es ab dem 17. Lebensmonat in aufeinander folgenden Lebensmonaten von zumindest einem Elternteil in Anspruch genommen wird;
3. Satz 1 Nummer 3
   a) hat ein Elternteil abweichend von Absatz 4 Satz 1 Anspruch auf höchstens 15 Monatsbeträge Basiselterngeld zuzüglich der höchstens vier zustehenden Monatsbeträge Partnerschaftsbonus nach § 4b,
   b) kann Basiselterngeld abweichend von Absatz 1 Satz 3 bis zur Vollendung des 17. Lebensmonats des Kindes bezogen werden und
   c) kann Elterngeld Plus abweichend von Absatz 1 Satz 4 bis zur Vollendung des 32. Lebensmonats des Kindes bezogen werden, solange es ab dem 18. Lebensmonat in aufeinander folgenden Lebensmonaten von zumindest einem Elternteil in Anspruch genommen wird;
4. Satz 1 Nummer 4
   a) hat ein Elternteil abweichend von Absatz 4 Satz 1 Anspruch auf höchstens

16 Monatsbeträge Basiselterngeld zuzüglich der höchstens vier zustehenden Monatsbeträge Partnerschaftsbonus nach § 4b,

b) kann Basiselterngeld abweichend von Absatz 1 Satz 3 bis zur Vollendung des 18. Lebensmonats des Kindes bezogen werden und

c) kann Elterngeld Plus abweichend von Absatz 1 Satz 4 bis zur Vollendung des 32. Lebensmonats des Kindes bezogen werden, solange es ab dem 19. Lebensmonat in aufeinander folgenden Lebensmonaten von zumindest einem Elternteil in Anspruch genommen wird.

(6) 1Ein gleichzeitiger Bezug von Basiselterngeld beider Elternteile ist nur in einem der ersten zwölf Lebensmonate des Kindes möglich. 2Bezieht einer der beiden Elternteile Elterngeld Plus, so kann dieser Elternteil das Elterngeld Plus gleichzeitig zum Bezug von Basiselterngeld oder von Elterngeld Plus des anderen Elternteils beziehen. 3§ 4b bleibt unberührt. 4Abweichend von Satz 1 können bei Mehrlingsgeburten und Frühgeburten im Sinne des Absatzes 5 sowie bei Kindern, bei denen eine Behinderung im Sinne von § 2 Absatz 1 Satz 1 des Neunten Buches Sozialgesetzbuch ärztlich festgestellt wird und bei Kindern, die einen Geschwisterbonus nach § 2a Absatz 1 in Verbindung mit Absatz 2 Satz 3 auslösen, beide Elternteile gleichzeitig Basiselterngeld beziehen.

VIII

§ 4a Berechnung von Basiselterngeld und Elterngeld Plus

(1) Basiselterngeld wird allein nach den Vorgaben der §§ 2 bis 3 ermittelt.

(2) 1Elterngeld Plus wird nach den Vorgaben der §§ 2 bis 3 und den zusätzlichen Vorgaben der Sätze 2 und 3 ermittelt. 2Das Elterngeld Plus beträgt monatlich höchstens die Hälfte des Basiselterngeldes, das der berechtigten Person zustünde, wenn sie während des Elterngeldbezugs keine Einnahmen im Sinne des § 2 oder des § 3 hätte oder hat. 3Für die Berechnung des Elterngeldes Plus halbieren sich:

1. der Mindestbetrag für das Elterngeld nach § 2 Absatz 4 Satz 1,
2. der Mindestbetrag des Geschwisterbonus nach § 2a Absatz 1 Satz 1,
3. der Mehrlingszuschlag nach § 2a Absatz 4 sowie
4. die von der Anrechnung freigestellten Elterngeldbeträge nach § 3 Absatz 2.

§ 4b Partnerschaftsbonus

(1) Wenn beide Elternteile

1. nicht weniger als 24 und nicht mehr als 32 Wochenstunden im Durchschnitt des Lebensmonats erwerbstätig sind und
2. die Voraussetzungen des § 1 erfüllen,

hat jeder Elternteil für diesen Lebensmonat Anspruch auf einen zusätzlichen Monatsbetrag Elterngeld Plus (Partnerschaftsbonus).

(2) 1Die Eltern haben je Elternteil Anspruch auf höchstens vier Monatsbeträge Partnerschaftsbonus. 2Sie können den Partnerschaftsbonus nur beziehen, wenn sie ihn jeweils für mindestens zwei Lebensmonate in Anspruch nehmen.

(3) Die Eltern können den Partnerschaftsbonus nur gleichzeitig und in aufeinander folgenden Lebensmonaten beziehen.

(4) Treten während des Bezugs des Partnerschaftsbonus die Voraussetzungen für einen alleinigen Bezug nach § 4c Absatz 1 Nummer 1 bis 3 ein, so kann der Bezug durch einen Elternteil nach § 4c Absatz 2 fortgeführt werden.

(5) Das Erfordernis des Bezugs in aufeinander folgenden Lebensmonaten nach Absatz 3 und § 4 Absatz 1 Satz 4 gilt auch dann als erfüllt, wenn sich während des Bezugs oder nach dem Ende des Bezugs herausstellt, dass die Voraussetzungen für den Partnerschaftsbonus nicht in allen Lebensmonaten, für die der Partnerschaftsbonus beantragt wurde, vorliegen oder vorlagen.

§ 4c Alleiniger Bezug durch einen Elternteil

(1) Ein Elternteil kann abweichend von § 4 Absatz 4 Satz 1 zusätzlich auch das Elterngeld für die Partnermonate nach § 4 Absatz 3 Satz 2 beziehen, wenn das Einkommen aus

Erwerbstätigkeit für zwei Lebensmonate gemindert ist und

1. bei diesem Elternteil die Voraussetzungen für den Entlastungsbetrag für Alleinerziehende nach § 24b Absatz 1 und 3 des Einkommensteuergesetzes vorliegen und der andere Elternteil weder mit ihm noch mit dem Kind in einer Wohnung lebt,
2. mit der Betreuung durch den anderen Elternteil eine Gefährdung des Kindeswohls im Sinne von § 1666 Absatz 1 und 2 des Bürgerlichen Gesetzbuchs verbunden wäre oder
3. die Betreuung durch den anderen Elternteil unmöglich ist, insbesondere, weil er wegen einer schweren Krankheit oder einer Schwerbehinderung sein Kind nicht betreuen kann; für die Feststellung der Unmöglichkeit der Betreuung bleiben wirtschaftliche Gründe und Gründe einer Verhinderung wegen anderweitiger Tätigkeiten außer Betracht.

(2) 1Liegt eine der Voraussetzungen des Absatzes 1 Nummer 1 bis 3 vor, so hat ein Elternteil, der in mindestens zwei bis höchstens vier aufeinander folgenden Lebensmonaten nicht weniger als 24 und nicht mehr als 32 Wochenstunden im Durchschnitt des Lebensmonats erwerbstätig ist, für diese Lebensmonate Anspruch auf zusätzliche Monatsbeträge Elterngeld Plus. 2§ 4b Absatz 5 gilt entsprechend.

§ 4d Weitere Berechtigte

1Die §§ 4 bis 4c gelten in den Fällen des § 1 Absatz 3 und 4 entsprechend. 2Der Bezug von Elterngeld durch nicht sorgeberechtigte Elternteile und durch Personen, die nach § 1 Absatz 3 Satz 1 Nummer 2 und 3 Anspruch auf Elterngeld haben, bedarf der Zustimmung des sorgeberechtigten Elternteils.

Abschnitt 2
Verfahren und Organisation

§ 5 Zusammentreffen von Ansprüchen

(1) Erfüllen beide Elternteile die Anspruchsvoraussetzungen, bestimmen sie, wer von ihnen die Monatsbeträge für welche Lebensmonate des Kindes in Anspruch nimmt.

(2) 1Beanspruchen beide Elternteile zusammen mehr als die ihnen nach § 4 Absatz 3 und § 4b oder nach § 4 Absatz 3 und § 4b in Verbindung mit § 4d zustehenden Monatsbeträge, so besteht der Anspruch eines Elternteils, der nicht über die Hälfte der zustehenden Monatsbeträge hinausgeht, ungekürzt; der Anspruch des anderen Elternteils wird gekürzt auf die vom Gesamtanspruch verbleibenden Monatsbeträge. 2Beansprucht jeder der beiden Elternteile mehr als die Hälfte der ihm zustehenden Monatsbeträge, steht jedem Elternteil die Hälfte des Gesamtanspruchs der Monatsbeträge zu.

(3) 1Die Absätze 1 und 2 gelten in den Fällen des § 1 Absatz 3 und 4 entsprechend. 2Wird eine Einigung mit einem nicht sorgeberechtigten Elternteil oder einer Person, die nach § 1 Absatz 3 Satz 1 Nummer 2 und 3 Anspruch auf Elterngeld hat, nicht erzielt, so kommt es abweichend von Absatz 2 allein auf die Entscheidung des sorgeberechtigten Elternteils an.

§ 6 Auszahlung

Elterngeld wird im Laufe des Lebensmonats gezahlt, für den es bestimmt ist.

§ 7 Antragstellung

(1) 1Elterngeld ist schriftlich zu beantragen. 2Es wird rückwirkend nur für die letzten drei Lebensmonate vor Beginn des Lebensmonats geleistet, in dem der Antrag auf Elterngeld eingegangen ist. 3Im Antrag ist anzugeben, für welche Lebensmonate Basiselterngeld, für welche Lebensmonate Elterngeld Plus oder für welche Lebensmonate Partnerschaftsbonus beantragt wird.

(2) 1Die im Antrag getroffenen Entscheidungen können bis zum Ende des Bezugszeitraums geändert werden. 2Eine Änderung kann rückwirkend nur für die letzten drei Lebensmonate vor Beginn des Lebensmonats verlangt werden, in dem der Änderungsantrag eingegangen ist. 3Sie ist außer in den Fällen besonderer Härte unzulässig, soweit Monatsbeträge bereits ausgezahlt sind. 4Abweichend

VIII

von den Sätzen 2 und 3 kann für einen Lebensmonat, in dem bereits Elterngeld Plus bezogen wurde, nachträglich Basiselterngeld beantragt werden. 5Im Übrigen finden die für die Antragstellung geltenden Vorschriften auch auf den Änderungsantrag Anwendung.

(3) 1Der Antrag ist, außer im Fall des § 4c und der Antragstellung durch eine allein sorgeberechtigte Person, zu unterschreiben von der Person, die ihn stellt, und zur Bestätigung der Kenntnisnahme auch von der anderen berechtigten Person. 2Die andere berechtigte Person kann gleichzeitig

1. einen Antrag auf Elterngeld stellen oder
2. der Behörde anzeigen, wie viele Monatsbeträge sie beansprucht, wenn mit ihrem Anspruch die Höchstgrenzen nach § 4 Absatz 3 in Verbindung mit § 4b überschritten würden.

3Liegt der Behörde von der anderen berechtigten Person weder ein Antrag auf Elterngeld noch eine Anzeige nach Satz 2 vor, so werden sämtliche Monatsbeträge der berechtigten Person ausgezahlt, die den Antrag gestellt hat; die andere berechtigte Person kann bei einem späteren Antrag abweichend von § 5 Absatz 2 nur die unter Berücksichtigung von § 4 Absatz 3 in Verbindung mit § 4b vom Gesamtanspruch verbleibenden Monatsbeträge erhalten.

VIII

§ 8 Auskunftspflicht, Nebenbestimmungen

(1) Soweit im Antrag auf Elterngeld Angaben zum voraussichtlichen Einkommen aus Erwerbstätigkeit gemacht wurden, ist nach Ablauf des Bezugszeitraums für diese Zeit das tatsächliche Einkommen aus Erwerbstätigkeit nachzuweisen.

(1a) 1Die Mitwirkungspflichten nach § 60 des Ersten Buches Sozialgesetzbuch gelten

1. im Falle des § 1 Absatz 8 Satz 2 auch für die andere Person im Sinne des § 1 Absatz 8 Satz 2 und
2. im Falle des § 4b oder des § 4b in Verbindung mit § 4d Satz 1 für beide Personen, die den Partnerschaftsbonus beantragt haben.

2§ 65 Absatz 1 und 3 des Ersten Buches Sozialgesetzbuch gilt entsprechend.

(2) 1Elterngeld wird in den Fällen, in denen die berechtigte Person nach ihren Angaben im Antrag im Bezugszeitraum voraussichtlich kein Einkommen aus Erwerbstätigkeit haben wird, unter dem Vorbehalt des Widerrufs für den Fall gezahlt, dass sie entgegen ihren Angaben im Antrag Einkommen aus Erwerbstätigkeit hat. 2In den Fällen, in denen zum Zeitpunkt der Antragstellung der Steuerbescheid für den letzten abgeschlossenen steuerlichen Veranlagungszeitraum vor der Geburt des Kindes nicht vorliegt und nach den Angaben im Antrag die Beträge nach § 1 Absatz 8 voraussichtlich nicht überschritten werden, wird das Elterngeld unter dem Vorbehalt des Widerrufs für den Fall gezahlt, dass entgegen den Angaben im Antrag die Beträge nach § 1 Absatz 8 überschritten werden.

(3) Über die Höhe des Elterngeldes wird bis zum Nachweis der jeweils erforderlichen Angaben vorläufig unter Berücksichtigung der glaubhaft gemachten Angaben entschieden, wenn

1. zum Zeitpunkt der Antragstellung der Steuerbescheid für den letzten abgeschlossenen Veranlagungszeitraum vor der Geburt des Kindes nicht vorliegt und noch nicht angegeben werden kann, ob die Beträge nach § 1 Absatz 8 überschritten werden,
2. das Einkommen aus Erwerbstätigkeit vor der Geburt nicht ermittelt werden kann oder
3. die berechtigte Person nach den Angaben im Antrag auf Elterngeld im Bezugszeitraum voraussichtlich Einkommen aus Erwerbstätigkeit hat.

§ 9 Einkommens- und Arbeitszeitnachweis, Auskunftspflicht des Arbeitgebers

(1) 1Soweit es zum Nachweis des Einkommens aus Erwerbstätigkeit oder der wöchentlichen Arbeitszeit erforderlich ist, hat der Arbeitgeber der nach § 12 zuständigen Behörde für bei ihm Beschäftigte das Arbeitsentgelt, die für die Ermittlung der nach den §§ 2e und 2f erforderlichen Abzugsmerkmale für Steuern und Sozialabgaben so-

wie die Arbeitszeit auf Verlangen zu bescheinigen; das Gleiche gilt für ehemalige Arbeitgeber. 2Für die in Heimarbeit Beschäftigten und die ihnen Gleichgestellten (§ 1 Absatz 1 und 2 des Heimarbeitsgesetzes) tritt an die Stelle des Arbeitgebers der Auftraggeber oder Zwischenmeister.

(2) 1Für den Nachweis des Einkommens aus Erwerbstätigkeit kann die nach § 12 Absatz 1 zuständige Behörde auch das in § 108a Absatz 1 des Vierten Buches Sozialgesetzbuch vorgesehene Verfahren zur elektronischen Abfrage und Übermittlung von Entgeltbescheinigungsdaten nutzen. 2Sie darf dieses Verfahren nur nutzen, wenn die betroffene Arbeitnehmerin oder der betroffene Arbeitnehmer zuvor in dessen Nutzung eingewilligt hat. 3Wenn der betroffene Arbeitgeber ein systemgeprüftes Entgeltabrechnungsprogramm nutzt, ist er verpflichtet, die jeweiligen Entgeltbescheinigungsdaten mit dem in § 108a Absatz 1 des Vierten Buches Sozialgesetzbuch vorgesehenen Verfahren zu übermitteln.

§ 10 Verhältnis zu anderen Sozialleistungen

(1) Das Elterngeld und vergleichbare Leistungen der Länder sowie die nach § 3 auf die Leistung angerechneten Einnahmen oder Leistungen bleiben bei Sozialleistungen, deren Zahlung von anderen Einkommen abhängig ist, bis zu einer Höhe von insgesamt 300 Euro im Monat als Einkommen unberücksichtigt.

(2) Das Elterngeld und vergleichbare Leistungen der Länder sowie die nach § 3 auf die Leistung angerechneten Einnahmen oder Leistungen dürfen bis zu einer Höhe von insgesamt 300 Euro nicht dafür herangezogen werden, um auf Rechtsvorschriften beruhende Leistungen anderer, auf die kein Anspruch besteht, zu versagen.

(3) Soweit die berechtigte Person Elterngeld Plus bezieht, bleibt das Elterngeld nur bis zur Hälfte des Anrechnungsfreibetrags, der nach Abzug der anderen nach Absatz 1 nicht zu berücksichtigenden Einnahmen für das Elterngeld verbleibt, als Einkommen unberücksichtigt und darf nur bis zu dieser Höhe nicht dafür herangezogen werden, um auf Rechtsvorschriften beruhende Leistungen anderer, auf die kein Anspruch besteht, zu versagen.

(4) Die nach den Absätzen 1 bis 3 nicht zu berücksichtigenden oder nicht heranzuziehenden Beträge vervielfachen sich bei Mehrlingsgeburten mit der Zahl der geborenen Kinder.

(5) 1Die Absätze 1 bis 4 gelten nicht bei Leistungen nach dem Zweiten Buch Sozialgesetzbuch, dem Zwölften Buch Sozialgesetzbuch, § 6a des Bundeskindergeldgesetzes und dem Asylbewerberleistungsgesetz. 2Bei den in Satz 1 bezeichneten Leistungen bleiben das Elterngeld und vergleichbare Leistungen der Länder sowie die nach § 3 auf das Elterngeld angerechneten Einnahmen in Höhe des nach § 2 Absatz 1 berücksichtigten Einkommens aus Erwerbstätigkeit vor der Geburt bis zu 300 Euro im Monat als Einkommen unberücksichtigt. 3Soweit die berechtigte Person Elterngeld Plus bezieht, verringern sich die Beträge nach Satz 2 um die Hälfte. 4Abweichend von Satz 2 bleibt Mutterschaftsgeld gemäß § 19 des Mutterschutzgesetzes in voller Höhe unberücksichtigt.

(6) Die Absätze 1 bis 4 gelten entsprechend, soweit für eine Sozialleistung ein Kostenbeitrag erhoben werden kann, der einkommensabhängig ist.

§ 11 Unterhaltspflichten

1Unterhaltsverpflichtungen werden durch die Zahlung des Elterngeldes und vergleichbarer Leistungen der Länder nur insoweit berührt, als die Zahlung 300 Euro monatlich übersteigt. 2Soweit die berechtigte Person Elterngeld Plus bezieht, werden die Unterhaltspflichten insoweit berührt, als die Zahlung 150 Euro übersteigt. 3Die in den Sätzen 1 und 2 genannten Beträge vervielfachen sich bei Mehrlingsgeburten mit der Zahl der geborenen Kinder. 4Die Sätze 1 bis 3 gelten nicht in den Fällen des § 1361 Absatz 3, der §§ 1579, 1603 Absatz 2 und des § 1611 Absatz 1 des Bürgerlichen Gesetzbuchs.

§ 12 Zuständigkeit; Bewirtschaftung der Mittel

(1) 1Die Landesregierungen oder die von ihnen beauftragten Stellen bestimmen die für

VIII

die Ausführung dieses Gesetzes zuständigen Behörden. 2Zuständig ist die von den Ländern für die Durchführung dieses Gesetzes bestimmte Behörde des Bezirks, in dem das Kind, für das Elterngeld beansprucht wird, zum Zeitpunkt der ersten Antragstellung seinen inländischen Wohnsitz hat. 3Hat das Kind, für das Elterngeld beansprucht wird, in den Fällen des § 1 Absatz 2 zum Zeitpunkt der ersten Antragstellung keinen inländischen Wohnsitz, so ist die von den Ländern für die Durchführung dieses Gesetzes bestimmte Behörde des Bezirks zuständig, in dem die berechtigte Person ihren letzten inländischen Wohnsitz hatte; hilfsweise ist die Behörde des Bezirks zuständig, in dem der entsendende Dienstherr oder Arbeitgeber der berechtigten Person oder der Arbeitgeber des Ehegatten oder der Ehegattin der berechtigten Person den inländischen Sitz hat.

(2) Den nach Absatz 1 zuständigen Behörden obliegt auch die Beratung zur Elternzeit.

(3) 1Der Bund trägt die Ausgaben für das Elterngeld. 2Die damit zusammenhängenden Einnahmen sind an den Bund abzuführen. 3Für die Ausgaben und die mit ihnen zusammenhängenden Einnahmen sind die Vorschriften über das Haushaltsrecht des Bundes einschließlich der Verwaltungsvorschriften anzuwenden.

VIII

§ 13 Rechtsweg

(1) 1Über öffentlich-rechtliche Streitigkeiten in Angelegenheiten der §§ 1 bis 12 entscheiden die Gerichte der Sozialgerichtsbarkeit. 2§ 85 Absatz 2 Nummer 2 des Sozialgerichtsgesetzes gilt mit der Maßgabe, dass die zuständige Stelle nach § 12 bestimmt wird.

(2) Widerspruch und Anfechtungsklage haben keine aufschiebende Wirkung.

§ 14 Bußgeldvorschriften

(1) Ordnungswidrig handelt, wer vorsätzlich oder fahrlässig

1. entgegen § 8 Absatz 1 einen Nachweis nicht, nicht richtig, nicht vollständig oder nicht rechtzeitig erbringt,
2. entgegen § 9 Absatz 1 eine dort genannte Angabe nicht, nicht richtig, nicht vollständig oder nicht rechtzeitig bescheinigt,
3. entgegen § 60 Absatz 1 Satz 1 Nummer 1 des Ersten Buches Sozialgesetzbuch, auch in Verbindung mit § 8 Absatz 1a Satz 1, eine Angabe nicht, nicht richtig, nicht vollständig oder nicht rechtzeitig macht,
4. entgegen § 60 Absatz 1 Satz 1 Nummer 2 des Ersten Buches Sozialgesetzbuch, auch in Verbindung mit § 8 Absatz 1a Satz 1, eine Mitteilung nicht, nicht richtig, nicht vollständig oder nicht rechtzeitig macht oder
5. entgegen § 60 Absatz 1 Satz 1 Nummer 3 des Ersten Buches Sozialgesetzbuch, auch in Verbindung mit § 8 Absatz 1a Satz 1, eine Beweisurkunde nicht, nicht richtig, nicht vollständig oder nicht rechtzeitig vorlegt.

(2) Die Ordnungswidrigkeit kann mit einer Geldbuße von bis zu zweitausend Euro geahndet werden.

(3) Verwaltungsbehörden im Sinne des § 36 Absatz 1 Nummer 1 des Gesetzes über Ordnungswidrigkeiten sind die in § 12 Absatz 1 genannten Behörden.

Abschnitt 3
Elternzeit für Arbeitnehmerinnen und Arbeitnehmer

§ 15 Anspruch auf Elternzeit

(1) 1Arbeitnehmerinnen und Arbeitnehmer haben Anspruch auf Elternzeit, wenn sie

1. a) mit ihrem Kind,
   b) mit einem Kind, für das sie die Anspruchsvoraussetzungen nach § 1 Absatz 3 oder 4 erfüllen, oder
   c) mit einem Kind, das sie in Vollzeitpflege nach § 33 des Achten Buches Sozialgesetzbuch aufgenommen haben,

   in einem Haushalt leben und
2. dieses Kind selbst betreuen und erziehen.

2Nicht sorgeberechtigte Elternteile und Personen, die nach Satz 1 Nummer 1 Buchstabe b und c Elternzeit nehmen können, bedürfen der Zustimmung des sorgeberechtigten Elternteils.

(1a) $_{1}$Anspruch auf Elternzeit haben Arbeitnehmerinnen und Arbeitnehmer auch, wenn sie mit ihrem Enkelkind in einem Haushalt leben und dieses Kind selbst betreuen und erziehen und

1. ein Elternteil des Kindes minderjährig ist oder
2. ein Elternteil des Kindes sich in einer Ausbildung befindet, die vor Vollendung des 18. Lebensjahres begonnen wurde und die Arbeitskraft des Elternteils im Allgemeinen voll in Anspruch nimmt.

$_{2}$Der Anspruch besteht nur für Zeiten, in denen keiner der Elternteile des Kindes selbst Elternzeit beansprucht.

(2) $_{1}$Der Anspruch auf Elternzeit besteht bis zur Vollendung des dritten Lebensjahres eines Kindes. $_{2}$Ein Anteil von bis zu 24 Monaten kann zwischen dem dritten Geburtstag und dem vollendeten achten Lebensjahr des Kindes in Anspruch genommen werden. $_{3}$Die Zeit der Mutterschutzfrist nach § 3 Absatz 2 und 3 des Mutterschutzgesetzes wird für die Elternzeit der Mutter auf die Begrenzung nach den Sätzen 1 und 2 angerechnet. $_{4}$Bei mehreren Kindern besteht der Anspruch auf Elternzeit für jedes Kind, auch wenn sich die Zeiträume im Sinne der Sätze 1 und 2 überschneiden. $_{5}$Bei einem angenommenen Kind und bei einem Kind in Vollzeit- oder Adoptionspflege kann Elternzeit von insgesamt bis zu drei Jahren ab der Aufnahme bei der berechtigten Person, längstens bis zur Vollendung des achten Lebensjahres des Kindes genommen werden; die Sätze 2 und 4 sind entsprechend anwendbar, soweit sie die zeitliche Aufteilung regeln. $_{6}$Der Anspruch kann nicht durch Vertrag ausgeschlossen oder beschränkt werden.

(3) $_{1}$Die Elternzeit kann, auch anteilig, von jedem Elternteil allein oder von beiden Elternteilen gemeinsam genommen werden. $_{2}$Satz 1 gilt in den Fällen des Absatzes 1 Satz 1 Nummer 1 Buchstabe b und c entsprechend.

(4) $_{1}$Die Arbeitnehmerin oder der Arbeitnehmer darf während der Elternzeit nicht mehr als 32 Wochenstunden im Durchschnitt des Monats erwerbstätig sein. $_{2}$Die Beschränkung auf 32 Wochenstunden im Durchschnitt des Monats gilt nicht für die Tätigkeit einer im Sinne der §§ 23 und 43 des Achten Buches Sozialgesetzbuch geeigneten Kindertagespflegeperson. $_{3}$Die Ausübung einer Teilzeitarbeit bei einem anderen Arbeitgeber oder einer selbständigen Erwerbstätigkeit nach Satz 1 bedürfen der Zustimmung des Arbeitgebers. $_{4}$Dieser kann seine Zustimmung nur innerhalb von vier Wochen nach der Beantragung aus dringenden betrieblichen Gründen in Textform verweigern.

(5) $_{1}$Der Arbeitnehmer oder die Arbeitnehmerin kann eine Verringerung der Arbeitszeit und ihre Verteilung beantragen. $_{2}$Der Antrag kann mit der Mitteilung nach Absatz 7 Satz 1 Nummer 5 in Textform verbunden werden. $_{3}$Über den Antrag sollen sich der Arbeitgeber und der Arbeitnehmer oder die Arbeitnehmerin innerhalb von vier Wochen einigen. $_{4}$Lehnt der Arbeitgeber den Antrag ab, so hat er dies dem Arbeitnehmer oder der Arbeitnehmerin innerhalb der Frist nach Satz 3 mit einer Begründung mitzuteilen. $_{5}$Unberührt bleibt das Recht, sowohl die vor der Elternzeit bestehende Teilzeitarbeit unverändert während der Elternzeit fortzusetzen, soweit Absatz 4 beachtet ist, als auch nach der Elternzeit zu der Arbeitszeit zurückzukehren, die vor Beginn der Elternzeit vereinbart war.

(6) Der Arbeitnehmer oder die Arbeitnehmerin kann gegenüber dem Arbeitgeber, soweit eine Einigung nach Absatz 5 nicht möglich ist, unter den Voraussetzungen des Absatzes 7 während der Gesamtdauer der Elternzeit zweimal eine Verringerung seiner oder ihrer Arbeitszeit beanspruchen.

(7) $_{1}$Für den Anspruch auf Verringerung der Arbeitszeit gelten folgende Voraussetzungen:

1. Der Arbeitgeber beschäftigt, unabhängig von der Anzahl der Personen in Berufsbildung, in der Regel mehr als 15 Arbeitnehmer und Arbeitnehmerinnen,

2. das Arbeitsverhältnis in demselben Betrieb oder Unternehmen besteht ohne Unterbrechung länger als sechs Monate,
3. die vertraglich vereinbarte regelmäßige Arbeitszeit soll für mindestens zwei Monate auf einen Umfang von nicht weniger als 15 und nicht mehr als 32 Wochenstunden im Durchschnitt des Monats verringert werden,
4. dem Anspruch stehen keine dringenden betrieblichen Gründe entgegen und
5. der Anspruch auf Teilzeit wurde dem Arbeitgeber
   a) für den Zeitraum bis zum vollendeten dritten Lebensjahr des Kindes sieben Wochen und
   b) für den Zeitraum zwischen dem dritten Geburtstag und dem vollendeten achten Lebensjahr des Kindes 13 Wochen

vor Beginn der Teilzeittätigkeit in Textform mitgeteilt.

$_2$Der Antrag muss den Beginn und den Umfang der verringerten Arbeitszeit enthalten. $_3$Die gewünschte Verteilung der verringerten Arbeitszeit soll im Antrag angegeben werden. $_4$Falls der Arbeitgeber die beanspruchte Verringerung oder Verteilung der Arbeitszeit ablehnt, muss die Ablehnung innerhalb der in Satz 5 genannten Frist und mit Begründung in Textform erfolgen. $_5$Hat ein Arbeitgeber die Verringerung der Arbeitszeit

1. in einer Elternzeit zwischen der Geburt und dem vollendeten dritten Lebensjahr des Kindes nicht spätestens vier Wochen nach Zugang des Antrags oder
2. in einer Elternzeit zwischen dem dritten Geburtstag und dem vollendeten achten Lebensjahr des Kindes nicht spätestens acht Wochen nach Zugang des Antrags

in Textform abgelehnt, gilt die Zustimmung als erteilt und die Verringerung der Arbeitszeit entsprechend den Wünschen der Arbeitnehmerin oder des Arbeitnehmers als festgelegt. $_6$Haben Arbeitgeber und Arbeitnehmerin oder Arbeitnehmer über die Verteilung der Arbeitszeit kein Einvernehmen nach Absatz 5 Satz 2 erzielt und hat der Arbeitgeber nicht innerhalb der in Satz 5 genannten Fristen die gewünschte Verteilung in Textform abgelehnt, gilt die Verteilung der Arbeitszeit entsprechend den Wünschen der Arbeitnehmerin oder des Arbeitnehmers als festgelegt. $_7$Soweit der Arbeitgeber den Antrag auf Verringerung oder Verteilung der Arbeitszeit rechtzeitig ablehnt, kann die Arbeitnehmerin oder der Arbeitnehmer Klage vor dem Gericht für Arbeitssachen erheben.

§ 16 Inanspruchnahme der Elternzeit

(1) $_1$Wer Elternzeit beanspruchen will, muss sie

1. für den Zeitraum bis zum vollendeten dritten Lebensjahr des Kindes spätestens sieben Wochen und
2. für den Zeitraum zwischen dem dritten Geburtstag und dem vollendeten achten Lebensjahr des Kindes spätestens 13 Wochen

vor Beginn der Elternzeit in Textform vom Arbeitgeber verlangen. $_2$Verlangt die Arbeitnehmerin oder der Arbeitnehmer Elternzeit nach Satz 1 Nummer 1, muss sie oder er gleichzeitig erklären, für welche Zeiten innerhalb von zwei Jahren Elternzeit genommen werden soll. $_3$Bei dringenden Gründen ist ausnahmsweise eine angemessene kürzere Frist möglich. $_4$Nimmt die Mutter die Elternzeit im Anschluss an die Mutterschutzfrist, wird die Zeit der Mutterschutzfrist nach § 3 Absatz 2 und 3 des Mutterschutzgesetzes auf den Zeitraum nach Satz 2 angerechnet. $_5$Nimmt die Mutter die Elternzeit im Anschluss an einen auf die Mutterschutzfrist folgenden Erholungsurlaub, werden die Zeit der Mutterschutzfrist nach § 3 Absatz 2 und 3 des Mutterschutzgesetzes und die Zeit des Erholungsurlaubs auf den Zweijahreszeitraum nach Satz 2 angerechnet. $_6$Jeder Elternteil kann seine Elternzeit auf drei Zeitabschnitte verteilen; eine Verteilung auf weitere Zeitabschnitte ist nur mit der Zustimmung des Arbeitgebers möglich. $_7$Der Arbeitgeber kann die Inanspruchnahme eines dritten Abschnitts einer Elternzeit innerhalb von acht Wochen nach Zugang des Antrags aus dringenden betrieblichen Gründen ablehnen, wenn dieser Abschnitt im Zeitraum zwischen dem dritten Geburtstag und dem vollendeten achten Lebensjahr des Kindes liegen soll. 8Der Arbeitgeber hat dem Arbeitnehmer oder der Arbeitnehmerin die Elternzeit zu bescheinigen. 9Bei einem Arbeitgeberwechsel ist bei der Anmeldung der Elternzeit auf Verlangen des neuen Arbeitgebers eine Bescheinigung des früheren Arbeitgebers über bereits genommene Elternzeit durch die Arbeitnehmerin oder den Arbeitnehmer vorzulegen.

(2) Können Arbeitnehmerinnen aus einem von ihnen nicht zu vertretenden Grund eine sich unmittelbar an die Mutterschutzfrist des § 3 Absatz 2 und 3 des Mutterschutzgesetzes anschließende Elternzeit nicht rechtzeitig verlangen, können sie dies innerhalb einer Woche nach Wegfall des Grundes nachholen.

(3) 1Die Elternzeit kann vorzeitig beendet oder im Rahmen des § 15 Absatz 2 verlängert werden, wenn der Arbeitgeber zustimmt. 2Die vorzeitige Beendigung wegen der Geburt eines weiteren Kindes oder in Fällen besonderer Härte, insbesondere bei Eintritt einer schweren Krankheit, Schwerbehinderung oder Tod eines Elternteils oder eines Kindes der berechtigten Person oder bei erheblich gefährdeter wirtschaftlicher Existenz der Eltern nach Inanspruchnahme der Elternzeit, kann der Arbeitgeber unbeschadet von Satz 3 nur innerhalb von vier Wochen aus dringenden betrieblichen Gründen schriftlich ablehnen. 3Die Elternzeit kann zur Inanspruchnahme der Schutzfristen des § 3 des Mutterschutzgesetzes auch ohne Zustimmung des Arbeitgebers vorzeitig beendet werden; in diesen Fällen soll die Arbeitnehmerin dem Arbeitgeber die Beendigung der Elternzeit rechtzeitig mitteilen. 4Eine Verlängerung der Elternzeit kann verlangt werden, wenn ein vorgesehener Wechsel der Anspruchsberechtigten aus einem wichtigen Grund nicht erfolgen kann.

(4) Stirbt das Kind während der Elternzeit, endet diese spätestens drei Wochen nach dem Tod des Kindes.

(5) Eine Änderung in der Anspruchsberechtigung hat der Arbeitnehmer oder die Arbeitnehmerin dem Arbeitgeber unverzüglich mitzuteilen.

§ 17 Urlaub

(1) 1Der Arbeitgeber kann den Erholungsurlaub, der dem Arbeitnehmer oder der Arbeitnehmerin für das Urlaubsjahr zusteht, für jeden vollen Kalendermonat der Elternzeit um ein Zwölftel kürzen. 2Dies gilt nicht, wenn der Arbeitnehmer oder die Arbeitnehmerin während der Elternzeit bei seinem oder ihrem Arbeitgeber Teilzeitarbeit leistet.

(2) Hat der Arbeitnehmer oder die Arbeitnehmerin den ihm oder ihr zustehenden Urlaub vor dem Beginn der Elternzeit nicht oder nicht vollständig erhalten, hat der Arbeitgeber den Resturlaub nach der Elternzeit im laufenden oder im nächsten Urlaubsjahr zu gewähren.

(3) Endet das Arbeitsverhältnis während der Elternzeit oder wird es im Anschluss an die Elternzeit nicht fortgesetzt, so hat der Arbeitgeber den noch nicht gewährten Urlaub abzugelten.

(4) Hat der Arbeitnehmer oder die Arbeitnehmerin vor Beginn der Elternzeit mehr Urlaub erhalten, als ihm oder ihr nach Absatz 1 zusteht, kann der Arbeitgeber den Urlaub, der dem Arbeitnehmer oder der Arbeitnehmerin nach dem Ende der Elternzeit zusteht, um die zu viel gewährten Urlaubstage kürzen.

§ 18 Kündigungsschutz

(1) 1Der Arbeitgeber darf das Arbeitsverhältnis ab dem Zeitpunkt, von dem an Elternzeit verlangt worden ist, nicht kündigen. 2Der Kündigungsschutz nach Satz 1 beginnt

1. frühestens acht Wochen vor Beginn einer Elternzeit bis zum vollendeten dritten Lebensjahr des Kindes und
2. frühestens 14 Wochen vor Beginn einer Elternzeit zwischen dem dritten Geburtstag und dem vollendeten achten Lebensjahr des Kindes.

3Während der Elternzeit darf der Arbeitgeber das Arbeitsverhältnis nicht kündigen. 4In besonderen Fällen kann ausnahmsweise eine Kündigung für zulässig erklärt werden. 5Die Zulässigkeitserklärung erfolgt durch die für den Arbeitsschutz zuständige oberste Landesbehörde oder die von ihr bestimmte Stelle. 6Die Bundesregierung kann mit Zustimmung des Bundesrates allgemeine Verwaltungsvorschriften zur Durchführung des Satzes 4 erlassen.

(2) Absatz 1 gilt entsprechend, wenn Arbeitnehmer oder Arbeitnehmerinnen

1. während der Elternzeit bei demselben Arbeitgeber Teilzeitarbeit leisten oder
2. ohne Elternzeit in Anspruch zu nehmen, Teilzeitarbeit leisten und Anspruch auf Elterngeld nach § 1 während des Zeitraums nach § 4 Absatz 1 Satz 2, 3 und 5 haben.

§ 19 Kündigung zum Ende der Elternzeit

Der Arbeitnehmer oder die Arbeitnehmerin kann das Arbeitsverhältnis zum Ende der Elternzeit nur unter Einhaltung einer Kündigungsfrist von drei Monaten kündigen.

§ 20 Zur Berufsbildung Beschäftigte, in Heimarbeit Beschäftigte

(1) $_{1}$Die zu ihrer Berufsbildung Beschäftigten gelten als Arbeitnehmer und Arbeitnehmerinnen im Sinne dieses Gesetzes. $_{2}$Die Elternzeit wird auf die Dauer einer Berufsausbildung nicht angerechnet, es sei denn, dass während der Elternzeit die Berufsausbildung nach § 7a des Berufsbildungsgesetzes oder § 27b der Handwerksordnung in Teilzeit durchgeführt wird. $_{3}$§ 15 Absatz 4 Satz 1 bleibt unberührt.

(2) $_{1}$Anspruch auf Elternzeit haben auch die in Heimarbeit Beschäftigten und die ihnen Gleichgestellten (§ 1 Absatz 1 und 2 des Heimarbeitsgesetzes), soweit sie am Stück mitarbeiten. $_{2}$Für sie tritt an die Stelle des Arbeitgebers der Auftraggeber oder Zwischenmeister und an die Stelle des Arbeitsverhältnisses das Beschäftigungsverhältnis.

§ 21 Befristete Arbeitsverträge

(1) Ein sachlicher Grund, der die Befristung eines Arbeitsverhältnisses rechtfertigt, liegt vor, wenn ein Arbeitnehmer oder eine Arbeitnehmerin zur Vertretung eines anderen Arbeitnehmers oder einer anderen Arbeitnehmerin für die Dauer eines Beschäftigungsverbotes nach dem Mutterschutzgesetz, einer Elternzeit, einer auf Tarifvertrag, Betriebsvereinbarung oder einzelvertraglichen Vereinbarung beruhenden Arbeitsfreistellung zur Betreuung eines Kindes oder für diese Zeiten zusammen oder für Teile davon eingestellt wird.

(2) Über die Dauer der Vertretung nach Absatz 1 hinaus ist die Befristung für notwendige Zeiten einer Einarbeitung zulässig.

(3) Die Dauer der Befristung des Arbeitsvertrags muss kalendermäßig bestimmt oder bestimmbar oder den in den Absätzen 1 und 2 genannten Zwecken zu entnehmen sein.

(4) $_{1}$Der Arbeitgeber kann den befristeten Arbeitsvertrag unter Einhaltung einer Frist von mindestens drei Wochen, jedoch frühestens zum Ende der Elternzeit, kündigen, wenn die Elternzeit ohne Zustimmung des Arbeitgebers vorzeitig endet und der Arbeitnehmer oder die Arbeitnehmerin die vorzeitige Beendigung der Elternzeit mitgeteilt hat. $_{2}$Satz 1 gilt entsprechend, wenn der Arbeitgeber die vorzeitige Beendigung der Elternzeit in den Fällen des § 16 Absatz 3 Satz 2 nicht ablehnen darf.

(5) Das Kündigungsschutzgesetz ist im Falle des Absatzes 4 nicht anzuwenden.

(6) Absatz 4 gilt nicht, soweit seine Anwendung vertraglich ausgeschlossen ist.

(7) $_{1}$Wird im Rahmen arbeitsrechtlicher Gesetze oder Verordnungen auf die Zahl der beschäftigten Arbeitnehmer und Arbeitnehmerinnen abgestellt, so sind bei der Ermittlung dieser Zahl Arbeitnehmer und Arbeitnehmerinnen, die sich in der Elternzeit befinden oder zur Betreuung eines Kindes freigestellt sind, nicht mitzuzählen, solange für sie aufgrund von Absatz 1 ein Vertreter oder eine Vertreterin eingestellt ist. $_{2}$Dies gilt nicht, wenn der Vertreter oder die Vertreterin nicht mitzuzählen ist. $_{3}$Die Sätze 1 und 2 gelten entsprechend, wenn im Rahmen arbeitsrechtlicher Gesetze oder Verordnungen auf die Zahl der Arbeitsplätze abgestellt wird.

Abschnitt 4
Statistik und Schlussvorschriften

§ 22 Bundesstatistik

(1) $_{1}$Zur Beurteilung der Auswirkungen dieses Gesetzes sowie zu seiner Fortentwicklung

sind laufende Erhebungen zum Bezug von Elterngeld als Bundesstatistiken durchzuführen. 2Die Erhebungen erfolgen zentral beim Statistischen Bundesamt.

(2) 1Die Statistik zum Bezug von Elterngeld erfasst vierteljährlich zum jeweils letzten Tag des aktuellen und der vorangegangenen zwei Kalendermonate für Personen, die in einem dieser Kalendermonate Elterngeld bezogen haben, für jedes den Anspruch auslösende Kind folgende Erhebungsmerkmale:

1. Art der Berechtigung nach § 1,
2. Grundlagen der Berechnung des zustehenden Monatsbetrags nach Art und Höhe (§ 2 Absatz 1, 2, 3 oder 4, § 2a Absatz 1 oder 4, § 2c, die §§ 2d, 2e oder § 2f),
3. Höhe und Art des zustehenden Monatsbetrags (§ 4a Absatz 1 und 2 Satz 1) ohne die Berücksichtigung der Einnahmen nach § 3,
4. Art und Höhe der Einnahmen nach § 3,
5. Inanspruchnahme der als Partnerschaftsbonus gewährten Monatsbeträge nach § 4b Absatz 1 und der weiteren Monatsbeträge Elterngeld Plus nach § 4c Absatz 2,
6. Höhe des monatlichen Auszahlungsbetrags,
7. Geburtstag des Kindes,
8. für die Elterngeld beziehende Person:
   a) Geschlecht, Geburtsjahr und -monat,
   b) Staatsangehörigkeit,
   c) Wohnsitz oder gewöhnlicher Aufenthalt,
   d) Familienstand und unverheiratetes Zusammenleben mit dem anderen Elternteil,
   e) Vorliegen der Voraussetzungen nach § 4c Absatz 1 Nummer 1 und
   f) Anzahl der im Haushalt lebenden Kinder.

2Die Angaben nach den Nummern 2, 3, 5 und 6 sind für jeden Lebensmonat des Kindes bezogen auf den nach § 4 Absatz 1 möglichen Zeitraum des Leistungsbezugs zu melden.

(3) Hilfsmerkmale sind:

1. Name und Anschrift der zuständigen Behörde,
2. Name und Telefonnummer sowie Adresse für elektronische Post der für eventuelle Rückfragen zur Verfügung stehenden Person und
3. Kennnummer des Antragstellers oder der Antragstellerin.

§ 23 Auskunftspflicht; Datenübermittlung an das Statistische Bundesamt

(1) 1Für die Erhebung nach § 22 besteht Auskunftspflicht. 2Die Angaben nach § 22 Absatz 3 Nummer 2 sind freiwillig. 3Auskunftspflichtig sind die nach § 12 Absatz 1 zuständigen Stellen.

(2) 1Die Antragstellerin oder der Antragsteller ist gegenüber den nach § 12 Absatz 1 zuständigen Stellen zu den Erhebungsmerkmalen nach § 22 Absatz 2 auskunftspflichtig. 2Die zuständigen Stellen nach § 12 Absatz 1 dürfen die Angaben nach § 22 Absatz 2 Satz 1 Nummer 8, soweit sie für den Vollzug dieses Gesetzes nicht erforderlich sind, nur durch technische und organisatorische Maßnahmen getrennt von den übrigen Daten nach § 22 Absatz 2 und nur für die Übermittlung an das Statistische Bundesamt verwenden und haben diese unverzüglich nach Übermittlung an das Statistische Bundesamt zu löschen.

(3) Die in sich schlüssigen Angaben sind als Einzeldatensätze elektronisch bis zum Ablauf von 30 Arbeitstagen nach Ablauf des Berichtszeitraums an das Statistische Bundesamt zu übermitteln.

VIII

§ 24 Übermittlung von Tabellen mit statistischen Ergebnissen durch das Statistische Bundesamt

1Zur Verwendung gegenüber den gesetzgebenden Körperschaften und zu Zwecken der Planung, jedoch nicht zur Regelung von Einzelfällen, übermittelt das Statistische Bundesamt Tabellen mit statistischen Ergebnissen, auch soweit Tabellenfelder nur einen einzigen Fall ausweisen, an die fachlich zuständigen obersten Bundes- oder Landesbehörden. 2Tabellen, deren Tabellenfelder nur einen einzigen Fall ausweisen, dürfen nur dann übermittelt werden, wenn sie nicht differenzierter als auf Regierungsbezirksebene, im Falle der Stadtstaaten auf Bezirksebene, aufbereitet sind.

§ 24a Übermittlung von Einzelangaben durch das Statistische Bundesamt

(1) 1Zur Abschätzung von Auswirkungen der Änderungen dieses Gesetzes im Rahmen der Zwecke nach § 24 übermittelt das Statistische Bundesamt auf Anforderung des fachlich zuständigen Bundesministeriums diesem oder von ihm beauftragten Forschungseinrichtungen Einzelangaben ab dem Jahr 2007 ohne Hilfsmerkmale mit Ausnahme des Merkmals nach § 22 Absatz 3 Nummer 3 für die Entwicklung und den Betrieb von Mikrosimulationsmodellen. 2Die Einzelangaben dürfen nur im hierfür erforderlichen Umfang und mittels eines sicheren Datentransfers übermittelt werden.

(2) 1Bei der Verarbeitung der Daten nach Absatz 1 ist das Statistikgeheimnis nach § 16 des Bundesstatistikgesetzes zu wahren. 2Dafür ist die Trennung von statistischen und nichtstatistischen Aufgaben durch Organisation und Verfahren zu gewährleisten. 3Die nach Absatz 1 übermittelten Daten dürfen nur für die Zwecke verwendet werden, für die sie übermittelt wurden. 4Die übermittelten Einzeldaten sind nach dem Erreichen des Zweckes zu löschen, zu dem sie übermittelt wurden.

(3) 1Personen, die Empfängerinnen und Empfänger von Einzelangaben nach Absatz 1 Satz 1 sind, unterliegen der Pflicht zur Geheimhaltung nach § 16 Absatz 1 und 10 des Bundesstatistikgesetzes. 2Personen, die Einzelangaben nach Absatz 1 Satz 1 erhalten sollen, müssen Amtsträger oder für den öffentlichen Dienst besonders Verpflichtete sein. 3Personen, die Einzelangaben erhalten sollen und die nicht Amtsträger oder für den öffentlichen Dienst besonders Verpflichtete sind, sind vor der Übermittlung zur Geheimhaltung zu verpflichten. 4§ 1 Absatz 2, 3 und 4 Nummer 2 des Verpflichtungsgesetzes vom 2. März 1974 (BGBl. I S. 469, 547), das durch § 1 Nummer 4 des Gesetzes vom 15. August 1974 (BGBl. I S. 1942) geändert worden ist, gilt in der jeweils geltenden Fassung entsprechend. 5Die Empfängerinnen und Empfänger von Einzelangaben dürfen aus ihrer Tätigkeit gewonnene Erkenntnisse nur für die in Absatz 1 genannten Zwecke verwenden.

§ 25 Automatisierter Datenabruf bei den Standesämtern

Beantragt eine Person Elterngeld, so ist die nach § 12 Absatz 1 zuständige Behörde berechtigt, zur Prüfung des Anspruchs nach § 1 die folgenden Daten über die Beurkundung der Geburt eines Kindes bei dem für die Entgegennahme der Anzeige der Geburt zuständigen Standesamt gemäß § 68 Absatz 3 des Personenstandsgesetzes automatisiert abzurufen, wenn die antragstellende Person zuvor in die elektronische Datenübermittlung eingewilligt hat:

1. Tag und Ort der Geburt des Kindes,
2. Geburtsname und Vornamen des Kindes,
3. Familiennamen, Geburtsnamen und Vornamen der Eltern des Kindes.

§ 26 Anwendung der Bücher des Sozialgesetzbuches

(1) Soweit dieses Gesetz zum Elterngeld keine ausdrückliche Regelung trifft, ist bei der Ausführung des Ersten und Zweiten Abschnitts das Erste Kapitel des Zehnten Buches Sozialgesetzbuch anzuwenden.

(2) § 328 Absatz 3 und § 331 des Dritten Buches Sozialgesetzbuch gelten entsprechend.

§ 27 Sonderregelung aus Anlass der COVID-19-Pandemie

(1) 1Übt ein Elternteil eine systemrelevante Tätigkeit aus, so kann sein Bezug von Elterngeld auf Antrag für die Zeit vom 1. März 2020 bis 31. Dezember 2020 aufgeschoben werden. 2Der Bezug der verschobenen Lebensmonate ist spätestens bis zum 30. Juni 2021 anzutreten. 3Wird von der Möglichkeit des Aufschubs Gebrauch gemacht, so kann das Basiselterngeld abweichend von § 4 Absatz 1 Satz 2 und 3 auch noch nach Vollendung des 14. Lebensmonats bezogen werden. 4In der Zeit vom 1. März 2020 bis 30. Juni 2021 entstehende Lücken im Elterngeldbezug sind abweichend von § 4 Absatz 1 Satz 4 unschädlich.

(2) 1Für ein Verschieben des Partnerschaftsbonus genügt es, wenn nur ein Elternteil einen systemrelevanten Beruf ausübt. 2Hat der Bezug des Partnerschaftsbonus bereits be-

VIII

gonnen, so gelten allein die Bestimmungen des Absatzes 3.

(3) Liegt der Bezug des Partnerschaftsbonus ganz oder teilweise vor dem Ablauf des 23. September 2022 und kann die berechtigte Person die Voraussetzungen des Bezugs aufgrund der COVID-19-Pandemie nicht einhalten, gelten die Angaben zur Höhe des Einkommens und zum Umfang der Arbeitszeit, die bei der Beantragung des Partnerschaftsbonus glaubhaft gemacht worden sind.

§ 28 Übergangsvorschrift

(1) Für die vor dem 1. September 2021 geborenen oder mit dem Ziel der Adoption aufgenommenen Kinder ist dieses Gesetz in der bis zum 31. August 2021 geltenden Fassung weiter anzuwenden.

(1a) Für die nach dem 31. August 2021 und vor dem 1. April 2024 geborenen oder mit dem Ziel der Adoption aufgenommenen Kinder ist dieses Gesetz in der bis zum 31. März 2024 geltenden Fassung weiter anzuwenden.

(1b) Für die nach dem 31. März 2024 und vor dem 1. Mai 2025 geborenen oder mit dem Ziel der Adoption aufgenommenen Kinder ist dieses Gesetz in der bis zum 30. April 2025 geltenden Fassung weiter anzuwenden.

(2) Für die dem Erziehungsgeld vergleichbaren Leistungen der Länder sind § 8 Absatz 1 und § 9 des Bundeserziehungsgeldgesetzes in der bis zum 31. Dezember 2006 geltenden Fassung weiter anzuwenden.

(3) $_1$§ 1 Absatz 7 Satz 1 Nummer 1 bis 4 in der Fassung des Artikels 36 des Gesetzes vom 12. Dezember 2019 (BGBl. I S. 2451) ist für Entscheidungen anzuwenden, die Zeiträume betreffen, die nach dem 29. Februar 2020 beginnen. $_2$§ 1 Absatz 7 Satz 1 Nummer 5 in der Fassung des Artikels 36 des Gesetzes vom 12. Dezember 2019 (BGBl. I S. 2451) ist für Entscheidungen anzuwenden, die Zeiträume betreffen, die nach dem 31. Dezember 2019 beginnen. $_3$§ 1 Absatz 7 Satz 1 Nummer 2 Buchstabe c in der Fassung des Artikels 12 Nummer 1 des Gesetzes vom 23. Mai 2022 (BGBl. I S. 760) ist für Entscheidungen anzuwenden, die Zeiträume betreffen, die nach dem 31. Mai 2022 beginnen. $_4$§ 1 Absatz 7 Satz 1 Nummer 2 Buchstabe a und b in der Fassung des Artikels 43 des Gesetzes vom 2. Dezember 2024 (BGBl. 2024 I Nr. 387) ist für Entscheidungen anzuwenden, die Zeiträume betreffen, die nach dem 31. Mai 2024 beginnen.

(4) $_1$§ 9 Absatz 2 ist auf Kinder anwendbar, die nach dem 31. Dezember 2021 geboren oder mit dem Ziel der Adoption aufgenommen worden sind. $_2$§ 25 ist auf Kinder anwendbar, die nach dem 31. Oktober 2024 geboren oder mit dem Ziel der Adoption aufgenommen worden sind. $_3$Für die nach dem 31. Dezember 2021 und vor dem 1. November 2024 geborenen oder mit dem Ziel der Adoption aufgenommenen Kinder ist § 25 in der bis zum 31. Oktober 2024 geltenden Fassung weiter anzuwenden. $_4$Zur Erprobung des Verfahrens können diese Regelungen in Pilotprojekten mit Zustimmung des Bundesministeriums für Familie, Senioren, Frauen und Jugend, des Bundesministeriums für Arbeit und Soziales und des Bundesministeriums des Innern und für Heimat auf Kinder, die vor dem 1. Januar 2022 geboren oder mit dem Ziel der Adoption aufgenommen worden sind, angewendet werden.

(5) $_1$§ 1 Absatz 8 ist auf Kinder anwendbar, die ab dem 1. April 2025 geboren oder mit dem Ziel der Adoption angenommen worden sind. $_2$Für die ab dem 1. April 2024 und vor dem 1. April 2025 geborenen oder mit dem Ziel der Adoption angenommenen Kinder gilt § 1 Absatz 8 mit der Maßgabe, dass ein Anspruch entfällt, wenn die berechtigte Person im letzten abgeschlossenen Veranlagungszeitraum vor der Geburt des Kindes ein zu versteuerndes Einkommen nach § 2 Absatz 5 des Einkommensteuergesetzes in Höhe von mehr als 200 000 Euro erzielt hat. $_3$Erfüllt auch eine andere Person die Voraussetzungen des § 1 Absatz 1 Satz 1 Nummer 2 oder des Absatzes 3 oder 4, entfällt in diesem Zeitraum abweichend von § 1 Absatz 8 Satz 1 der Anspruch, wenn die Summe des zu versteuernden Einkommens beider Personen mehr als 200 000 Euro beträgt.

Fünftes Gesetz zur Förderung der Vermögensbildung der Arbeitnehmer (Fünftes Vermögensbildungsgesetz – 5. VermBG)

in der Fassung der Bekanntmachung vom 4. März 1994 (BGBl. I S. 406)

Zuletzt geändert durch
Jahressteuergesetz 2024
vom 2. Dezember 2024 (BGBl. I Nr. 387)

§ 1 Persönlicher Geltungsbereich

(1) Die Vermögensbildung der Arbeitnehmer durch vereinbarte vermögenswirksame Leistungen der Arbeitgeber wird nach den Vorschriften dieses Gesetzes gefördert.

(2) Arbeitnehmer im Sinne dieses Gesetzes sind Arbeiter und Angestellte einschließlich der zu ihrer Berufsausbildung Beschäftigten. Als Arbeitnehmer gelten auch die in Heimarbeit Beschäftigten.

(3) Die Vorschriften dieses Gesetzes gelten nicht

1. für vermögenswirksame Leistungen juristischer Personen an Mitglieder des Organs, das zur gesetzlichen Vertretung der juristischen Person berufen ist,
2. für vermögenswirksame Leistungen von Personengesamtheiten an die durch Gesetz, Satzung oder Gesellschaftsvertrag zur Vertretung der Personengesamtheit berufenen Personen.

VIII

(4) Für Beamte, Richter, Berufssoldaten und Soldaten auf Zeit gelten die nachstehenden Vorschriften dieses Gesetzes entsprechend.

§ 2 Vermögenswirksame Leistungen, Anlageformen

(1) Vermögenswirksame Leistungen sind Geldleistungen, die der Arbeitgeber für den Arbeitnehmer anlegt

1. als Sparbeiträge des Arbeitnehmers auf Grund eines Sparvertrags über Wertpapiere oder andere Vermögensbeteiligungen (§ 4)
   a) zum Erwerb von Aktien, die vom Arbeitgeber ausgegeben werden oder an einer deutschen Börse zum regulierten Markt zugelassen oder in den Freiverkehr einbezogen sind,
   b) zum Erwerb von Wandelschuldverschreibungen, die vom Arbeitgeber ausgegeben werden oder an einer deutschen Börse zum regulierten Markt zugelassen oder in den Freiverkehr einbezogen sind, sowie von Gewinnschuldverschreibungen, die vom Arbeitgeber ausgegeben werden, zum Erwerb von Namensschuldverschreibungen des Arbeitgebers jedoch nur dann, wenn auf dessen Kosten die Ansprüche des Arbeitnehmers aus der Schuldverschreibung durch ein Kreditinstitut verbürgt oder durch ein Versicherungsunternehmen privatrechtlich gesichert sind und das Kreditinstitut oder Versicherungsunternehmen im Geltungsbereich dieses Gesetzes zum Geschäftsbetrieb befugt ist,
   c) zum Erwerb von Anteilen an OGAW-Sondervermögen sowie an als Sondervermögen aufgelegten offenen Publikums-AIF nach den §§ 218 und 219 des Kapitalanlagegesetzbuchs sowie von Anteilen an offenen EU-Investmentvermögen und offenen ausländischen AIF, die nach dem Kapitalanlagegesetzbuch vertrieben werden dürfen, wenn nach dem Jahresbericht für das vorletzte Geschäftsjahr, das dem Kalenderjahr des Abschlusses des Vertrags im Sinne des § 4 oder des § 5 vorausgeht, der Wert der Aktien in diesem Investmentvermögen 60 Prozent des Werts dieses Investmentvermögens nicht unterschreitet; für neu aufgelegte Invest-

mentvermögen ist für das erste und zweite Geschäftsjahr der erste Jahresbericht oder der erste Halbjahresbericht nach Auflegung des Investmentvermögens maßgebend,

d) (weggefallen)

e) (weggefallen)

f) zum Erwerb von Genußscheinen, die vom Arbeitgeber als Wertpapiere ausgegeben werden oder an einer deutschen Börse zum regulierten Markt zugelassen oder in den Freiverkehr einbezogen sind und von Unternehmen mit Sitz und Geschäftsleitung im Geltungsbereich dieses Gesetzes, die keine Kreditinstitute sind, ausgegeben werden, wenn mit den Genußscheinen das Recht am Gewinn eines Unternehmens verbunden ist und der Arbeitnehmer nicht als Mitunternehmer im Sinne des § 15 Abs. 1 Satz 1 Nr. 2 des Einkommensteuergesetzes anzusehen ist,

g) zur Begründung oder zum Erwerb eines Geschäftsguthabens bei einer Genossenschaft mit Sitz und Geschäftsleitung im Geltungsbereich dieses Gesetzes; ist die Genossenschaft nicht der Arbeitgeber, so setzt die Anlage vermögenswirksamer Leistungen voraus, daß die Genossenschaft entweder ein Kreditinstitut oder eine Bau- oder Wohnungsgenossenschaft im Sinne des § 2 Abs. 1 Nr. 2 des Wohnungsbau-Prämiengesetzes ist, die zum Zeitpunkt der Begründung oder des Erwerbs des Geschäftsguthabens seit mindestens drei Jahren im Genossenschaftsregister ohne wesentliche Änderung ihres Unternehmensgegenstandes eingetragen und nicht aufgelöst ist oder Sitz und Geschäftsleitung in dem in Artikel 3 des Einigungsvertrages genannten Gebiet hat und dort entweder am 1. Juli 1990 als Arbeiterwohnungsbaugenossenschaft, Gemeinnützige Wohnungsbaugenossenschaft oder sonstige Wohnungsbaugenossenschaft bestanden oder einen nicht unwesentlichen Teil von Wohnungen aus dem Bestand einer solchen Bau- oder Wohnungsgenossenschaft erworben hat,

h) zur Übernahme einer Stammeinlage oder zum Erwerb eines Geschäftsanteils an einer Gesellschaft mit beschränkter Haftung mit Sitz und Geschäftsleitung im Geltungsbereich dieses Gesetzes, wenn die Gesellschaft das Unternehmen des Arbeitgebers ist,

i) zur Begründung oder zum Erwerb einer Beteiligung als stiller Gesellschafter im Sinne des § 230 des Handelsgesetzbuchs am Unternehmen des Arbeitgebers mit Sitz und Geschäftsleitung im Geltungsbereich dieses Gesetzes, wenn der Arbeitnehmer nicht als Mitunternehmer im Sinne des § 15 Abs. 1 Nr. 2 des Einkommensteuergesetzes anzusehen ist,

k) zur Begründung oder zum Erwerb einer Darlehensforderung gegen den Arbeitgeber, wenn auf dessen Kosten die Ansprüche des Arbeitnehmers aus dem Darlehensvertrag durch ein Kreditinstitut verbürgt oder durch ein Versicherungsunternehmen privatrechtlich gesichert sind und das Kreditinstitut oder Versicherungsunternehmen im Geltungsbereich dieses Gesetzes zum Geschäftsbetrieb befugt ist,

l) zur Begründung oder zum Erwerb eines Genußrechts am Unternehmen des Arbeitgebers mit Sitz und Geschäftsleitung im Geltungsbereich dieses Gesetzes, wenn damit das Recht am Gewinn dieses Unternehmens verbunden ist, der Arbeitnehmer nicht als Mitunternehmer im Sinne des § 15 Abs. 1 Nr. 2 des Einkommensteuergesetzes anzusehen ist und über das Genußrecht kein Genußschein im Sinne des Buchstaben f ausgegeben wird,

2. als Aufwendungen des Arbeitnehmers auf Grund eines Wertpapier-Kaufvertrags (§ 5),

3. als Aufwendungen des Arbeitnehmers auf Grund eines Beteiligungs-Vertrags (§ 6) oder eines Beteiligungs-Kaufvertrags (§ 7),

4. als Aufwendungen des Arbeitnehmers nach den Vorschriften des Wohnungsbau-

Prämiengesetzes; die Voraussetzungen für die Gewährung einer Prämie nach dem Wohnungsbau-Prämiengesetz brauchen nicht vorzuliegen; die Anlage vermögenswirksamer Leistungen als Aufwendungen nach § 2 Abs. 1 Nr. 2 des Wohnungsbau-Prämiengesetzes für den ersten Erwerb von Anteilen an Bau- und Wohnungsgenossenschaften setzt voraus, daß die Voraussetzungen der Nummer 1 Buchstabe g zweiter Halbsatz erfüllt sind,

5. als Aufwendungen des Arbeitnehmers
   a) zum Bau, zum Erwerb, zum Ausbau oder zur Erweiterung eines im Inland belegenen Wohngebäudes oder einer im Inland belegenen Eigentumswohnung,
   b) zum Erwerb eines Dauerwohnrechts im Sinne des Wohnungseigentumsgesetzes an einer im Inland belegenen Wohnung,
   c) zum Erwerb eines im Inland belegenen Grundstücks zum Zwecke des Wohnungsbaus oder
   d) zur Erfüllung von Verpflichtungen, die im Zusammenhang mit den in den Buchstaben a bis c bezeichneten Vorhaben eingegangen sind,

   sofern der Anlage nicht ein von einem Dritten vorgefertigtes Konzept zu Grunde liegt, bei dem der Arbeitnehmer vermögenswirksame Leistungen zusammen mit mehr als 15 anderen Arbeitnehmern anlegen kann; die Förderung der Aufwendungen nach den Buchstaben a bis c setzt voraus, daß sie unmittelbar für die dort bezeichneten Vorhaben verwendet werden,
6. als Sparbeiträge des Arbeitnehmers auf Grund eines Sparvertrags (§ 8),
7. als Beiträge des Arbeitnehmers auf Grund eines Kapitalversicherungsvertrags (§ 9),
8. als Aufwendungen des Arbeitnehmers, der nach § 18 Abs. 2 oder 3 die Mitgliedschaft in einer Genossenschaft oder Gesellschaft mit beschränkter Haftung gekündigt hat, zur Erfüllung von Verpflichtungen aus der Mitgliedschaft, die nach dem 31. Dezember 1994 fortbestehen oder entstehen.

(2) Aktien, Wandelschuldverschreibungen, Gewinnschuldverschreibungen oder Genußscheine eines Unternehmens, das im Sinne des § 18 Abs. 1 des Aktiengesetzes als herrschendes Unternehmen mit dem Unternehmen des Arbeitgebers verbunden ist, stehen Aktien, Wandelschuldverschreibungen, Gewinnschuldverschreibungen oder Genußscheinen im Sinne des Absatzes 1 Nr. 1 Buchstabe a, b oder f gleich, die vom Arbeitgeber ausgegeben werden. Ein Geschäftsguthaben bei einer Genossenschaft mit Sitz und Geschäftsleitung im Geltungsbereich dieses Gesetzes, die im Sinne des § 18 Abs. 1 des Aktiengesetzes als herrschendes Unternehmen mit dem Unternehmen des Arbeitgebers verbunden ist, steht einem Geschäftsguthaben im Sinne des Absatzes 1 Nr. 1 Buchstabe g bei einer Genossenschaft, die das Unternehmen des Arbeitgebers ist, gleich. Eine Stammeinlage oder ein Geschäftsanteil an einer Gesellschaft mit beschränkter Haftung mit Sitz und Geschäftsleitung im Geltungsbereich dieses Gesetzes, die im Sinne des § 18 Abs. 1 des Aktiengesetzes als herrschendes Unternehmen mit dem Unternehmen des Arbeitgebers verbunden ist, stehen einer Stammeinlage oder einem Geschäftsanteil im Sinne des Absatzes 1 Nr. 1 Buchstabe h an einer Gesellschaft, die das Unternehmen des Arbeitgebers ist, gleich. Eine Beteiligung als stiller Gesellschafter an einem Unternehmen mit Sitz und Geschäftsleitung im Geltungsbereich dieses Gesetzes, das im Sinne des § 18 Abs. 1 des Aktiengesetzes als herrschendes Unternehmen mit dem Unternehmen des Arbeitgebers verbunden ist oder das auf Grund eines Vertrags mit dem Arbeitgeber an dessen Unternehmen gesellschaftsrechtlich beteiligt ist, steht einer Beteiligung als stiller Gesellschafter im Sinne des Absatzes 1 Nr. 1 Buchstabe i gleich. Eine Darlehensforderung gegen ein Unternehmen mit Sitz und Geschäftsleitung im Geltungsbereich dieses Gesetzes, das im Sinne des § 18 Abs. 1 des Aktiengesetzes als herrschendes Unternehmen mit dem Unternehmen des Arbeitgebers verbunden ist, oder ein Genußrecht an einem solchen Unternehmen stehen einer Darlehensforderung oder

einem Genußrecht im Sinne des Absatzes 1 Nr. 1 Buchstabe k oder l gleich.

(3) Die Anlage vermögenswirksamer Leistungen in Gewinnschuldverschreibungen im Sinne des Absatzes 1 Nr. 1 Buchstabe b und des Absatzes 2 Satz 1, in denen neben der gewinnabhängigen Verzinsung eine gewinnunabhängige Mindestverzinsung zugesagt ist, setzt voraus, daß

1. die gewinnunabhängige Mindestverzinsung der Gewinnschuldverschreibung im Regelfall die Hälfte der Gesamtverzinsung nicht überschreitet oder
2. die gewinnunabhängige Mindestverzinsung zum Zeitpunkt der Ausgabe der Gewinnschuldverschreibung die Hälfte der Emissionsrendite festverzinslicher Wertpapiere nicht überschreitet, die in den Monatsberichten der Deutschen Bundesbank für den viertletzten Kalendermonat ausgewiesen wird, der dem Kalendermonat der Ausgabe vorausgeht.

(4) Die Anlage vermögenswirksamer Leistungen in Genußscheinen und Genußrechten im Sinne des Absatzes 1 Nr. 1 Buchstabe f und l und des Absatzes 2 Satz 1 und 5 setzt voraus, daß eine Rückzahlung zum Nennwert nicht zugesagt ist; ist neben dem Recht am Gewinn eine gewinnunabhängige Mindestverzinsung zugesagt, gilt Absatz 3 entsprechend.

(5) Der Anlage vermögenswirksamer Leistungen nach Absatz 1 Nr. 1 Buchstabe f, i bis l, Absatz 2 Satz 1, 4 und 5 sowie Absatz 4 in einer Genossenschaft mit Sitz und Geschäftsleitung im Geltungsbereich dieses Gesetzes stehen § 19 und eine Festsetzung durch Satzung gemäß § 20 des Genossenschaftsgesetzes nicht entgegen.

(5a) Der Arbeitgeber hat vor der Anlage vermögenswirksamer Leistungen im eigenen Unternehmen in Zusammenarbeit mit dem Arbeitnehmer Vorkehrungen zu treffen, die der Absicherung der angelegten vermögenswirksamen Leistungen bei einer während der Dauer der Sperrfrist eintretenden Zahlungsunfähigkeit des Arbeitgebers dienen. Das Bundesministerium für Arbeit und Sozialordnung berichtet den gesetzgebenden Körperschaften bis zum 30. Juni 2002 über die nach Satz 1 getroffenen Vorkehrungen.

(6) Vermögenswirksame Leistungen sind steuerpflichtige Einnahmen im Sinne des Einkommensteuergesetzes und Einkommen, Verdienst oder Entgelt (Arbeitsentgelt) im Sinne der Sozialversicherung und des Dritten Buches Sozialgesetzbuch. Reicht der nach Abzug der vermögenswirksamen Leistung verbleibende Arbeitslohn zur Deckung der einzubehaltenden Steuern, Sozialversicherungsbeiträge und Beiträge zur Bundesagentur für Arbeit nicht aus, so hat der Arbeitnehmer dem Arbeitgeber den zur Deckung erforderlichen Betrag zu zahlen.

(7) Vermögenswirksame Leistungen sind arbeitsrechtlich Bestandteil des Lohns oder Gehalts. Der Anspruch auf die vermögenswirksame Leistung ist nicht übertragbar.

§ 3 Vermögenswirksame Leistungen für Angehörige, Überweisung durch den Arbeitgeber, Kennzeichnungs-, Bestätigungs- und Mitteilungspflichten

(1) Vermögenswirksame Leistungen können auch angelegt werden

1. zugunsten des nicht dauernd getrennt lebenden Ehegatten oder Lebenspartners des Arbeitnehmers,
2. zugunsten der in § 32 Abs. 1 des Einkommensteuergesetzes bezeichneten Kinder, die zu Beginn des maßgebenden Kalenderjahrs das 17. Lebensjahr noch nicht vollendet hatten oder die in diesem Kalenderjahr lebend geboren wurden oder
3. zugunsten der Eltern oder eines Elternteils des Arbeitnehmers, wenn der Arbeitnehmer als Kind die Voraussetzungen der Nummer 2 erfüllt.

Dies gilt nicht für die Anlage vermögenswirksamer Leistungen auf Grund von Verträgen nach den §§ 5 bis 7.

(2) Der Arbeitgeber hat die vermögenswirksamen Leistungen für den Arbeitnehmer unmittelbar an das Unternehmen oder Institut zu überweisen, bei dem sie angelegt werden sollen. Er hat dabei gegenüber dem Unter-

VIII

nehmen oder Institut die vermögenswirksamen Leistungen zu kennzeichnen. Das Unternehmen oder Institut hat die nach § 2 Abs. 1 Nr. 1 bis 5, Abs. 2 bis 4 angelegten vermögenswirksamen Leistungen und die Art ihrer Anlage zu kennzeichnen. Kann eine vermögenswirksame Leistung nicht oder nicht mehr die Voraussetzungen des § 2 Abs. 1 bis 4 erfüllen, so hat das Unternehmen oder Institut dies dem Arbeitgeber unverzüglich schriftlich mitzuteilen. Die Sätze 1 bis 4 gelten nicht für die Anlage vermögenswirksamer Leistungen auf Grund von Verträgen nach den §§ 5, 6 Abs. 1 und § 7 Abs. 1 mit dem Arbeitgeber.

(3) Für eine vom Arbeitnehmer gewählte Anlage nach § 2 Abs. 1 Nr. 5 hat der Arbeitgeber auf Verlangen des Arbeitnehmers die vermögenswirksamen Leistungen an den Arbeitnehmer zu überweisen, wenn dieser dem Arbeitgeber eine schriftliche Bestätigung seines Gläubigers vorgelegt hat, daß die Anlage bei ihm die Voraussetzungen des § 2 Abs. 1 Nr. 5 erfüllt; Absatz 2 gilt in diesem Falle nicht. Der Arbeitgeber hat die Richtigkeit der Bestätigung nicht zu prüfen.

§ 4 Sparvertrag über Wertpapiere oder andere Vermögensbeteiligungen

(1) Ein Sparvertrag über Wertpapiere oder andere Vermögensbeteiligungen im Sinne des § 2 Abs. 1 Nr. 1 ist ein Sparvertrag mit einem Kreditinstitut oder einer Kapitalverwaltungsgesellschaft, in dem sich der Arbeitnehmer verpflichtet, als Sparbeiträge zum Erwerb von Wertpapieren im Sinne des § 2 Abs. 1 Nr. 1 Buchstabe a bis f, Abs. 2 Satz 1, Abs. 3 und 4 oder zur Begründung oder zum Erwerb von Rechten im Sinne des § 2 Abs. 1 Nr. 1 Buchstabe g bis l, Abs. 2 Satz 2 bis 5 und Abs. 4 einmalig oder für die Dauer von sechs Jahren seit Vertragsabschluß laufend vermögenswirksame Leistungen einzahlen zu lassen oder andere Beträge einzuzahlen.

(2) Die Förderung der auf Grund eines Vertrags nach Absatz 1 angelegten vermögenswirksamen Leistungen setzt voraus, daß

1. die Leistungen eines Kalenderjahrs, vorbehaltlich des Absatzes 3, spätestens bis zum Ablauf des folgenden Kalenderjahrs zum Erwerb der Wertpapiere oder zur Begründung oder zum Erwerb der Rechte verwendet und bis zur Verwendung festgelegt werden und
2. die mit den Leistungen erworbenen Wertpapiere unverzüglich nach ihrem Erwerb bis zum Ablauf einer Frist von sieben Jahren (Sperrfrist) festgelegt werden und über die Wertpapiere oder die mit den Leistungen begründeten oder erworbenen Rechte bis zum Ablauf der Sperrfrist nicht durch Rückzahlung, Abtretung, Beleihung oder in anderer Weise verfügt wird.

Die Sperrfrist gilt für alle auf Grund des Vertrags angelegten vermögenswirksamen Leistungen und beginnt am 1. Januar des Kalenderjahrs, in dem der Vertrag abgeschlossen worden ist. Als Zeitpunkt des Vertragsabschlusses gilt der Tag, an dem die vermögenswirksame Leistung, bei Verträgen über laufende Einzahlungen die erste vermögenswirksame Leistung, beim Kreditinstitut oder bei der Kapitalverwaltungsgesellschaft eingeht.

(3) Vermögenswirksame Leistungen, die nicht bis zum Ablauf der Frist nach Absatz 2 Nr. 1 verwendet worden sind, gelten als rechtzeitig verwendet, wenn sie am Ende eines Kalenderjahrs insgesamt 150 Euro nicht übersteigen und bis zum Ablauf der Sperrfrist nach Absatz 2 verwendet oder festgelegt werden.

(4) Eine vorzeitige Verfügung ist abweichend von Absatz 2 unschädlich, wenn

1. der Arbeitnehmer oder sein von ihm nicht dauernd getrennt lebender Ehegatte oder Lebenspartner nach Vertragsabschluß gestorben oder völlig erwerbsunfähig geworden ist,
2. der Arbeitnehmer nach Vertragsabschluß, aber vor der vorzeitigen Verfügung geheiratet oder eine Lebenspartnerschaft begründet hat und im Zeitpunkt der vorzeitigen Verfügung mindestens zwei Jahre seit Beginn der Sperrfrist vergangen sind,
3. der Arbeitnehmer nach Vertragsabschluß arbeitslos geworden ist und die Arbeitslosigkeit mindestens ein Jahr lang ununterbrochen bestanden hat und im Zeitpunkt der vorzeitigen Verfügung noch besteht,

4. der Arbeitnehmer den Erlös innerhalb der folgenden drei Monate unmittelbar für die eigene Weiterbildung oder für die seines von ihm nicht dauernd getrennt lebenden Ehegatten oder Lebenspartners einsetzt und die Maßnahme außerhalb des Betriebes, dem er oder der Ehegatte oder der Lebenspartner angehört, durchgeführt wird und Kenntnisse und Fertigkeiten vermittelt werden, die dem beruflichen Fortkommen dienen und über arbeitsplatzbezogene Anpassungsfortbildungen hinausgehen; für vermögenswirksame Leistungen, die der Arbeitgeber für den Arbeitnehmer nach § 2 Absatz 1 Nummer 1 Buchstabe a, b, f bis l angelegt hat und die Rechte am Unternehmen des Arbeitgebers begründen, gilt dies nur bei Zustimmung des Arbeitgebers; bei nach § 2 Abs. 2 gleichgestellten Anlagen gilt dies nur bei Zustimmung des Unternehmens, das im Sinne des § 18 Abs. 1 des Aktiengesetzes als herrschendes Unternehmen mit dem Unternehmen des Arbeitgebers verbunden ist,
5. der Arbeitnehmer nach Vertragsabschluß unter Aufgabe der nichtselbständigen Arbeit eine Erwerbstätigkeit, die nach § 138 Abs. 1 der Abgabenordnung der Gemeinde mitzuteilen ist, aufgenommen hat oder
6. festgelegte Wertpapiere veräußert werden und der Erlös bis zum Ablauf des Kalendermonats, der dem Kalendermonat der Veräußerung folgt, zum Erwerb von in Absatz 1 bezeichneten Wertpapieren wiederverwendet wird; der bis zum Ablauf des der Veräußerung folgenden Kalendermonats nicht wiederverwendete Erlös gilt als rechtzeitig wiederverwendet, wenn er am Ende eines Kalendermonats insgesamt 150 Euro nicht übersteigt.

(5) Unschädlich ist auch, wenn in die Rechte und Pflichten des Kreditinstituts oder der Kapitalverwaltungsgesellschaft aus dem Sparvertrag an seine Stelle ein anderes Kreditinstitut oder eine andere Kapitalverwaltungsgesellschaft während der Laufzeit des Vertrags durch Rechtsgeschäft eintritt.

(6) Werden auf einen Vertrag über laufend einzuzahlende vermögenswirksame Leistungen oder andere Beträge in einem Kalenderjahr, das dem Kalenderjahr des Vertragsabschlusses folgt, weder vermögenswirksame Leistungen noch andere Beträge eingezahlt, so ist der Vertrag unterbrochen und kann nicht fortgeführt werden. Das gleiche gilt, wenn mindestens alle Einzahlungen eines Kalenderjahrs zurückgezahlt oder die Rückzahlungsansprüche aus dem Vertrag abgetreten oder beliehen werden.

§ 5 Wertpapier-Kaufvertrag

(1) Ein Wertpapier-Kaufvertrag im Sinne des § 2 Abs. 1 Nr. 2 ist ein Kaufvertrag zwischen dem Arbeitnehmer und dem Arbeitgeber zum Erwerb von Wertpapieren im Sinne des § 2 Abs. 1 Nr. 1 Buchstabe a bis f, Abs. 2 Satz 1, Abs. 3 und 4 durch den Arbeitnehmer mit der Vereinbarung, den vom Arbeitnehmer geschuldeten Kaufpreis mit vermögenswirksamen Leistungen zu verrechnen oder mit anderen Beträgen zu zahlen.

(2) Die Förderung der auf Grund eines Vertrags nach Absatz 1 angelegten vermögenswirksamen Leistungen setzt voraus, daß

1. mit den Leistungen eines Kalenderjahrs spätestens bis zum Ablauf des folgenden Kalenderjahrs die Wertpapiere erworben werden und
2. die mit den Leistungen erworbenen Wertpapiere unverzüglich nach ihrem Erwerb bis zum Ablauf einer Frist von sechs Jahren (Sperrfrist) festgelegt werden und über die Wertpapiere bis zum Ablauf der Sperrfrist nicht durch Rückzahlung, Abtretung, Beleihung oder in anderer Weise verfügt wird; die Sperrfrist beginnt am 1. Januar des Kalenderjahrs, in dem das Wertpapier erworben worden ist; § 4 Abs. 4 Nr. 1 bis 5 gilt entsprechend.

§ 6 Beteiligungs-Vertrag

(1) Ein Beteiligungs-Vertrag im Sinne des § 2 Abs. 1 Nr. 3 ist ein Vertrag zwischen dem Arbeitnehmer und dem Arbeitgeber über die Begründung von Rechten im Sinne des § 2 Abs. 1 Nr. 1 Buchstabe g bis l und Abs. 4 für den Arbeitnehmer am Unternehmen des Arbeitgebers mit der Vereinbarung, die vom

Arbeitnehmer für die Begründung geschuldete Geldsumme mit vermögenswirksamen Leistungen zu verrechnen oder mit anderen Beträgen zu zahlen.

(2) Ein Beteiligungs-Vertrag im Sinne des § 2 Abs. 1 Nr. 3 ist auch ein Vertrag zwischen dem Arbeitnehmer und

1. einem Unternehmen, das nach § 2 Abs. 2 Satz 2 bis 5 mit dem Unternehmen des Arbeitgebers verbunden oder nach § 2 Abs. 2 Satz 4 an diesem Unternehmen beteiligt ist, über die Begründung von Rechten im Sinne des § 2 Abs. 1 Nr. 1 Buchstabe g bis l, Abs. 2 Satz 2 bis 5 und Abs. 4 für den Arbeitnehmer an diesem Unternehmen oder
2. einer Genossenschaft mit Sitz und Geschäftsleitung im Geltungsbereich dieses Gesetzes, die ein Kreditinstitut oder eine Bau- oder Wohnungsgenossenschaft ist, die die Voraussetzungen des § 2 Abs. 1 Nr. 1 Buchstabe g zweiter Halbsatz erfüllt, über die Begründung eines Geschäftsguthabens für den Arbeitnehmer bei dieser Genossenschaft

mit der Vereinbarung, die vom Arbeitnehmer für die Begründung der Rechte oder des Geschäftsguthabens geschuldete Geldsumme mit vermögenswirksamen Leistungen zahlen zu lassen oder mit anderen Beträgen zu zahlen.

(3) Die Förderung der auf Grund eines Vertrags nach Absatz 1 oder 2 angelegten vermögenswirksamen Leistungen setzt voraus, daß

1. mit den Leistungen eines Kalenderjahrs spätestens bis zum Ablauf des folgenden Kalenderjahrs die Rechte begründet werden und
2. über die mit den Leistungen begründeten Rechte bis zum Ablauf einer Frist von sechs Jahren (Sperrfrist) nicht durch Rückzahlung, Abtretung, Beleihung oder in anderer Weise verfügt wird; die Sperrfrist beginnt am 1. Januar des Kalenderjahrs, in dem das Recht begründet worden ist; § 4 Abs. 4 Nr. 1 bis 5 gilt entsprechend.

§ 7 Beteiligungs-Kaufvertrag

(1) Ein Beteiligungs-Kaufvertrag im Sinne des § 2 Abs. 1 Nr. 3 ist ein Kaufvertrag zwischen dem Arbeitnehmer und dem Arbeitgeber zum Erwerb von Rechten im Sinne des § 2 Abs. 1 Nr. 1 Buchstabe g bis l, Abs. 2 Satz 2 bis 5 und Abs. 4 durch den Arbeitnehmer mit der Vereinbarung, den vom Arbeitnehmer geschuldeten Kaufpreis mit vermögenswirksamen Leistungen zu verrechnen oder mit anderen Beträgen zu zahlen.

(2) Ein Beteiligungs-Kaufvertrag im Sinne des § 2 Abs. 1 Nr. 3 ist auch ein Kaufvertrag zwischen dem Arbeitnehmer und einer Gesellschaft mit beschränkter Haftung, die nach § 2 Abs. 2 Satz 3 mit dem Unternehmen des Arbeitgebers verbunden ist, zum Erwerb eines Geschäftsanteils im Sinne des § 2 Abs. 1 Nr. 1 Buchstabe h an dieser Gesellschaft durch den Arbeitnehmer mit der Vereinbarung, den vom Arbeitnehmer geschuldeten Kaufpreis mit vermögenswirksamen Leistungen zahlen zu lassen oder mit anderen Beträgen zu zahlen.

(3) Für die Förderung der auf Grund eines Vertrags nach Absatz 1 oder 2 angelegten vermögenswirksamen Leistungen gilt § 6 Abs. 3 entsprechend.

§ 8 Sparvertrag

(1) Ein Sparvertrag im Sinne des § 2 Abs. 1 Nr. 6 ist ein Sparvertrag zwischen dem Arbeitnehmer und einem Kreditinstitut, in dem die in den Absätzen 2 bis 5 bezeichneten Vereinbarungen, mindestens aber die in den Absätzen 2 und 3 bezeichneten Vereinbarungen, getroffen sind.

(2) Der Arbeitnehmer ist verpflichtet,

1. einmalig oder für die Dauer von sechs Jahren seit Vertragsabschluß laufend, mindestens aber einmal im Kalenderjahr, als Sparbeiträge vermögenswirksame Leistungen einzahlen zu lassen oder andere Beträge einzuzahlen und
2. bis zum Ablauf einer Frist von sieben Jahren (Sperrfrist) die eingezahlten vermögenswirksamen Leistungen bei dem Kreditinstitut festzulegen und die Rückzahlungsansprüche aus dem Vertrag weder abzutreten noch zu beleihen.

VIII

Der Zeitpunkt des Vertragsabschlusses und der Beginn der Sperrfrist bestimmen sich nach den Regelungen des § 4 Abs. 2 Satz 2 und 3.

(3) Der Arbeitnehmer ist abweichend von der in Absatz 2 Satz 1 Nr. 2 bezeichneten Vereinbarung zu vorzeitiger Verfügung berechtigt, wenn eine der in § 4 Abs. 4 Nr. 1 bis 5 bezeichneten Voraussetzungen erfüllt ist.

(4) Der Arbeitnehmer ist abweichend von der in Absatz 2 Satz 1 Nr. 2 bezeichneten Vereinbarung auch berechtigt, vor Ablauf der Sperrfrist mit eingezahlten vermögenswirksamen Leistungen zu erwerben

1. Wertpapiere im Sinne des § 2 Abs. 1 Nr. 1 Buchstabe a bis f, Abs. 2 Satz 1, Abs. 3 und 4,
2. Schuldverschreibungen, die vom Bund, von den Ländern, von den Gemeinden, von anderen Körperschaften des öffentlichen Rechts, vom Arbeitgeber, von einem im Sinne des § 18 Abs. 1 des Aktiengesetzes als herrschendes Unternehmen mit dem Unternehmen des Arbeitgebers verbundenen Unternehmen oder von einem Kreditinstitut mit Sitz und Geschäftsleitung im Geltungsbereich dieses Gesetzes ausgegeben werden, Namensschuldverschreibungen des Arbeitgebers jedoch nur dann, wenn auf dessen Kosten die Ansprüche des Arbeitnehmers aus der Schuldverschreibung durch ein Kreditinstitut verbürgt oder durch ein Versicherungsunternehmen privatrechtlich gesichert sind und das Kreditinstitut oder Versicherungsunternehmen im Geltungsbereich dieses Gesetzes zum Geschäftsbetrieb befugt ist,
3. Genußscheine, die von einem Kreditinstitut mit Sitz und Geschäftsleitung im Geltungsbereich dieses Gesetzes, das nicht der Arbeitgeber ist, als Wertpapiere ausgegeben werden, wenn mit den Genußscheinen das Recht am Gewinn des Kreditinstituts verbunden ist, der Arbeitnehmer nicht als Mitunternehmer im Sinne des § 15 Abs. 1 Nr. 2 des Einkommensteuergesetzes anzusehen ist und die Voraussetzungen des § 2 Abs. 4 erfüllt sind,
4. Anleiheforderungen, die in ein Schuldbuch des Bundes oder eines Landes eingetragen werden,
5. Anteile an einem Sondervermögen, die von Kapitalverwaltungsgesellschaften im Sinne des Kapitalanlagegesetzbuchs ausgegeben werden und nicht unter § 2 Abs. 1 Nr. 1 Buchstabe c fallen, oder
6. Anteile an offenen EU-Investmentvermögen und ausländischen AIF, die nach dem Kapitalanlagegesetzbuch vertrieben werden dürfen.

Der Arbeitnehmer ist verpflichtet, bis zum Ablauf der Sperrfrist die nach Satz 1 erworbenen Wertpapiere bei dem Kreditinstitut, mit dem der Sparvertrag abgeschlossen ist, festzulegen und über die Wertpapiere nicht zu verfügen; diese Verpflichtung besteht nicht, wenn eine der in § 4 Abs. 4 Nr. 1 bis 5 bezeichneten Voraussetzungen erfüllt ist.

(5) Der Arbeitnehmer ist abweichend von der in Absatz 2 Satz 1 Nummer 2 bezeichneten Vereinbarung auch berechtigt, vor Ablauf der Sperrfrist die Überweisung eingezahlter vermögenswirksamer Leistungen auf einen von ihm oder seinem nicht dauernd getrennt lebenden Ehegatten oder Lebenspartner abgeschlossenen Bausparvertrag zu verlangen, wenn weder mit der Auszahlung der Bausparsumme begonnen worden ist noch die überwiesenen Beträge vor Ablauf der Sperrfrist ganz oder zum Teil zurückgezahlt noch Ansprüche aus dem Bausparvertrag abgetreten oder beliehen werden oder wenn eine solche vorzeitige Verfügung nach § 2 Absatz 3 Satz 2 Nummer 1 und 2 des Wohnungsbau-Prämiengesetzes in der Fassung der Bekanntmachung vom 30. Oktober 1997 (BGBl. I S. 2678), das zuletzt durch Artikel 7 des Gesetzes vom 5. April 2011 (BGBl. I S. 554) geändert worden ist, in der jeweils geltenden Fassung unschädlich ist. Satz 1 gilt für vor dem 1. Januar 2009 und nach dem 31. Dezember 2008 abgeschlossene Bausparverträge.

§ 9 Kapitalversicherungsvertrag

(1) Ein Kapitalversicherungsvertrag im Sinne des § 2 Abs. 1 Nr. 7 ist ein Vertrag über eine

VIII

Kapitalversicherung auf den Erlebens- und Todesfall gegen laufenden Beitrag, der für die Dauer von mindestens zwölf Jahren und mit den in den Absätzen 2 bis 5 bezeichneten Vereinbarungen zwischen dem Arbeitnehmer und einem Versicherungsunternehmen abgeschlossen ist, das im Geltungsbereich dieses Gesetzes zum Geschäftsbetrieb befugt ist.

(2) Der Arbeitnehmer ist verpflichtet, als Versicherungsbeiträge vermögenswirksame Leistungen einzahlen zu lassen oder andere Beträge einzuzahlen.

(3) Die Versicherungsbeiträge enthalten keine Anteile für Zusatzleistungen wie für Unfall, Invalidität oder Krankheit.

(4) Der Versicherungsvertrag sieht vor, daß bereits ab Vertragsbeginn ein nicht kürzbarer Anteil von mindestens 50 Prozent des gezahlten Beitrags als Rückkaufswert (§ 169 des Versicherungsvertragsgesetzes) erstattet oder der Berechnung der prämienfreien Versicherungsleistung (§ 165 des Versicherungsvertragsgesetzes) zugrunde gelegt wird.

(5) Die Gewinnanteile werden verwendet

1. zur Erhöhung der Versicherungsleistung oder
2. auf Verlangen des Arbeitnehmers zur Verrechnung mit fälligen Beiträgen, wenn er nach Vertragsabschluß arbeitslos geworden ist und die Arbeitslosigkeit mindestens ein Jahr lang ununterbrochen bestanden hat und im Zeitpunkt der Verrechnung noch besteht.

VIII

§ 10 Vereinbarung zusätzlicher vermögenswirksamer Leistungen

(1) Vermögenswirksame Leistungen können in Verträgen mit Arbeitnehmern, in Betriebsvereinbarungen, in Tarifverträgen oder in bindenden Festsetzungen (§ 19 des Heimarbeitsgesetzes) vereinbart werden.

(2) bis (4) (weggefallen)

(5) Der Arbeitgeber kann auf tarifvertraglich vereinbarte vermögenswirksame Leistungen die betrieblichen Sozialleistungen anrechnen, die dem Arbeitnehmer in dem Kalenderjahr bisher schon als vermögenswirksame Leistungen erbracht worden sind.

§ 11 Vermögenswirksame Anlage von Teilen des Arbeitslohns

(1) Der Arbeitgeber hat auf schriftliches Verlangen des Arbeitnehmers einen Vertrag über die vermögenswirksame Anlage von Teilen des Arbeitslohns abzuschließen.

(2) Auch vermögenswirksam angelegte Teile des Arbeitslohns sind vermögenswirksame Leistungen im Sinne dieses Gesetzes.

(3) Zum Abschluß eines Vertrags nach Absatz 1, wonach die Lohnteile nicht zusammen mit anderen vermögenswirksamen Leistungen für den Arbeitnehmer angelegt und überwiesen werden sollen, ist der Arbeitgeber nur dann verpflichtet, wenn der Arbeitnehmer die Anlage von Teilen des Arbeitslohns in monatlichen der Höhe nach gleichbleibenden Beträgen von mindestens 13 Euro oder in vierteljährlichen der Höhe nach gleichbleibenden Beträgen von mindestens 39 Euro oder nur einmal im Kalenderjahr in Höhe eines Betrags von mindestens 39 Euro verlangt. Der Arbeitnehmer kann bei der Anlage in monatlichen Beträgen während des Kalenderjahrs die Art der vermögenswirksamen Anlage und das Unternehmen oder Institut, bei dem sie erfolgen soll, nur mit Zustimmung des Arbeitgebers wechseln.

(4) Der Arbeitgeber kann einen Termin im Kalenderjahr bestimmen, zu dem die Arbeitnehmer des Betriebs oder Betriebsteils die einmalige Anlage von Teilen des Arbeitslohns nach Absatz 3 verlangen können. Die Bestimmung dieses Termins unterliegt der Mitbestimmung des Betriebsrats oder der zuständigen Personalvertretung; das für die Mitbestimmung in sozialen Angelegenheiten vorgeschriebene Verfahren ist einzuhalten. Der nach Satz 1 bestimmte Termin ist den Arbeitnehmern in jedem Kalenderjahr erneut in geeigneter Form bekanntzugeben. Zu einem anderen als dem nach Satz 1 bestimmten Termin kann der Arbeitnehmer eine einmalige Anlage nach Absatz 3 nur verlangen

1. von Teilen des Arbeitslohns, den er im letzten Lohnzahlungszeitraum des Kalenderjahrs erzielt, oder

2. von Teilen besonderer Zuwendungen, die im Zusammenhang mit dem Weihnachtsfest oder Jahresende gezahlt werden.

(5) Der Arbeitnehmer kann jeweils einmal im Kalenderjahr von dem Arbeitgeber schriftlich verlangen, daß der Vertrag über die vermögenswirksame Anlage von Teilen des Arbeitslohns aufgehoben, eingeschränkt oder erweitert wird. Im Fall der Aufhebung ist der Arbeitgeber nicht verpflichtet, in demselben Kalenderjahr einen neuen Vertrag über die vermögenswirksame Anlage von Teilen des Arbeitslohns abzuschließen.

(6) In Tarifverträgen oder Betriebsvereinbarungen kann von den Absätzen 3 bis 5 abgewichen werden.

§ 12 Freie Wahl der Anlage

Vermögenswirksame Leistungen werden nur dann nach den Vorschriften dieses Gesetzes gefördert, wenn der Arbeitnehmer die Art der vermögenswirksamen Anlage und das Unternehmen oder Institut, bei dem sie erfolgen soll, frei wählen kann. Einer Förderung steht jedoch nicht entgegen, daß durch Tarifvertrag die Anlage auf die Formen des § 2 Abs. 1 Nr. 1 bis 5, Abs. 2 bis 4 beschränkt wird. Eine Anlage im Unternehmen des Arbeitgebers nach § 2 Abs. 1 Nr. 1 Buchstabe g bis l und Abs. 4 ist nur mit Zustimmung des Arbeitgebers zulässig.

§ 13 Anspruch auf Arbeitnehmer-Sparzulage

(1) Der Arbeitnehmer hat Anspruch auf eine Arbeitnehmer-Sparzulage nach Absatz 2, wenn er gegenüber dem Unternehmen, dem Institut oder dem in § 3 Absatz 3 genannten Gläubiger in die Datenübermittlung nach Maßgabe des § 15 Absatz 1 Satz 2 und 3 eingewilligt hat und sein Einkommen die Grenze von 40 000 Euro oder bei einer Zusammenveranlagung nach § 26b des Einkommensteuergesetzes von 80 000 Euro nicht übersteigt. Maßgeblich ist das zu versteuernde Einkommen nach § 2 Absatz 5 des Einkommensteuergesetzes in dem Kalenderjahr, in dem die vermögenswirksamen Leistungen angelegt worden sind.

(2) Die Arbeitnehmer-Sparzulage beträgt 20 Prozent der nach § 2 Absatz 1 Nummer 1 bis 3, Absatz 2 bis 4 angelegten vermögenswirksamen Leistungen, soweit sie 400 Euro im Kalenderjahr nicht übersteigen, und 9 Prozent der nach § 2 Absatz 1 Nummer 4 und 5 angelegten vermögenswirksamen Leistungen, soweit sie 470 Euro im Kalenderjahr nicht übersteigen.

(3) Die Arbeitnehmer-Sparzulage gilt weder als steuerpflichtige Einnahme im Sinne des Einkommensteuergesetzes noch als Einkommen, Verdienst oder Entgelt (Arbeitsentgelt) im Sinne der Sozialversicherung und des Dritten Buches Sozialgesetzbuch; sie gilt arbeitsrechtlich nicht als Bestandteil des Lohns oder Gehalts. Der Anspruch auf Arbeitnehmer-Sparzulage ist nicht übertragbar.

(4) Der Anspruch auf Arbeitnehmer-Sparzulage entsteht mit Ablauf des Kalenderjahrs, in dem die vermögenswirksamen Leistungen angelegt worden sind.

(5) Der Anspruch auf Arbeitnehmer-Sparzulage entfällt rückwirkend, soweit die in den §§ 4 bis 7 genannten Fristen oder bei einer Anlage nach § 2 Abs. 1 Nr. 4 die in § 2 Abs. 1 Nr. 3 und 4 und Abs. 3 Satz 1 des Wohnungsbau-Prämiengesetzes vorgesehenen Voraussetzungen nicht eingehalten werden. Satz 1 gilt für vor dem 1. Januar 2009 und nach dem 31. Dezember 2008 abgeschlossene Bausparverträge. Der Anspruch entfällt nicht, wenn die Sperrfrist nicht eingehalten wird, weil

1. der Arbeitnehmer das Umtausch- oder Abfindungsangebot eines Wertpapier-Emittenten angenommen hat oder Wertpapiere dem Aussteller nach Auslosung oder Kündigung durch den Aussteller zur Einlösung vorgelegt worden sind,
2. die mit den vermögenswirksamen Leistungen erworbenen oder begründeten Wertpapiere oder Rechte im Sinne des § 2 Abs. 1 Nr. 1, Abs. 2 bis 4 ohne Mitwirkung des Arbeitnehmers wertlos geworden sind oder
3. der Arbeitnehmer über nach § 2 Abs. 1 Nr. 4 angelegte vermögenswirksame Leistungen nach Maßgabe des § 4 Abs. 4 Nr. 4 in Höhe von mindestens 30 Euro verfügt.

VIII

§ 14 Festsetzung der Arbeitnehmer-Sparzulage, Anwendung der Abgabenordnung, Verordnungsermächtigung, Rechtsweg

(1) Die Verwaltung der Arbeitnehmer-Sparzulage obliegt den Finanzämtern. Die Arbeitnehmer-Sparzulage wird aus den Einnahmen an Lohnsteuer gezahlt.

(2) Auf die Arbeitnehmer-Sparzulage sind die für Steuervergütungen geltenden Vorschriften der Abgabenordnung entsprechend anzuwenden. Dies gilt nicht für § 163 der Abgabenordnung.

(3) Für die Arbeitnehmer-Sparzulage gelten die Strafvorschriften des § 370 Abs. 1 bis 4, der §§ 371, 375 Abs. 1 und des § 376 sowie die Bußgeldvorschriften der §§ 378, 379 Abs. 1 und 4 und der §§ 383 und 384 der Abgabenordnung entsprechend. Für das Strafverfahren wegen einer Straftat nach Satz 1 sowie der Begünstigung einer Person, die eine solche Tat begangen hat, gelten die §§ 385 bis 408, für das Bußgeldverfahren wegen einer Ordnungswidrigkeit nach Satz 1 die §§ 409 bis 412 der Abgabenordnung entsprechend.

(4) Die Arbeitnehmer-Sparzulage wird auf Antrag durch das für die Besteuerung des Arbeitnehmers nach dem Einkommen zuständige Finanzamt festgesetzt. Der Arbeitnehmer hat den Antrag nach amtlich vorgeschriebenem Vordruck zu stellen. Die Arbeitnehmer-Sparzulage wird fällig

a) mit Ablauf der für die Anlageform vorgeschriebenen Sperrfrist, nach diesem Gesetz,

b) mit Ablauf der im Wohnungsbau-Prämiengesetz oder in der Verordnung zur Durchführung des Wohnungsbau-Prämiengesetzes genannten Sperr- und Rückzahlungsfristen. Bei Bausparverträgen gelten die in § 2 Abs. 3 Satz 1 des Wohnungsbau-Prämiengesetzes genannten Sperr- und Rückzahlungsfristen und zwar unabhängig davon, ob der Vertrag vor dem 1. Januar 2009 oder nach dem 31. Dezember 2008 abgeschlossen worden ist,

c) mit Zuteilung des Bausparvertrags oder

d) in den Fällen unschädlicher Verfügung.

(5) Ein Bescheid über die Ablehnung der Festsetzung einer Arbeitnehmer-Sparzulage ist aufzuheben und die Arbeitnehmer-Sparzulage ist nachträglich festzusetzen, wenn der Einkommensteuerbescheid nach Ergehen des Ablehnungsbescheides geändert wird und dadurch erstmals festgestellt wird, dass die Einkommensgrenzen des § 13 Absatz 1 unterschritten sind. Die Frist für die Festsetzung der Arbeitnehmer-Sparzulage endet in diesem Fall nicht vor Ablauf eines Jahres nach Bekanntgabe des geänderten Steuerbescheides. Satz 2 gilt entsprechend, wenn der geänderten Einkommensteuerfestsetzung kein Bescheid über die Ablehnung der Festsetzung einer Arbeitnehmer-Sparzulage vorangegangen ist.

(6) Besteht für Aufwendungen, die vermögenswirksame Leistungen darstellen, ein Anspruch auf Arbeitnehmer-Sparzulage und hat der Arbeitnehmer hierfür abweichend von § 1 Satz 2 Nummer 1 des Wohnungsbau-Prämiengesetzes eine Wohnungsbauprämie beantragt, endet die Frist für die Festsetzung der Arbeitnehmer-Sparzulage nicht vor Ablauf eines Jahres nach Bekanntgabe der Mitteilung über die Änderung des Prämienanspruchs.

(7) Die Bundesregierung wird ermächtigt, durch Rechtsverordnung mit Zustimmung des Bundesrates das Verfahren bei der Festsetzung und der Auszahlung der Arbeitnehmer-Sparzulage näher zu regeln, soweit dies zur Vereinfachung des Verfahrens erforderlich ist. Dabei kann auch bestimmt werden, daß der Arbeitgeber, das Unternehmen, das Institut oder der in § 3 Abs. 3 genannte Gläubiger bei der Antragstellung mitwirkt und ihnen die Arbeitnehmer-Sparzulage zugunsten des Arbeitnehmers überwiesen wird.

(8) In öffentlich-rechtlichen Streitigkeiten über die auf Grund dieses Gesetzes ergehenden Verwaltungsakte der Finanzbehörden ist der Finanzrechtsweg gegeben.

§ 15 Elektronische Vermögensbildungsbescheinigung, Verordnungsermächtigungen, Haftung, Anrufungsauskunft, Außenprüfung

(1) Das Unternehmen, das Institut oder der in § 3 Absatz 3 genannte Gläubiger hat der für

die Besteuerung des Arbeitnehmers nach dem Einkommen zuständigen Finanzbehörde nach Maßgabe des § 93c der Abgabenordnung neben den in § 93c Absatz 1 der Abgabenordnung genannten Daten folgende Angaben zu übermitteln (elektronische Vermögensbildungsbescheinigung), wenn der Arbeitnehmer gegenüber der mitteilungspflichtigen Stelle in die Datenübermittlung eingewilligt hat:

1. den jeweiligen Jahresbetrag der nach § 2 Abs. 1 Nr. 1 bis 5, Abs. 2 bis 4 angelegten vermögenswirksamen Leistungen sowie die Art ihrer Anlage,
2. das Kalenderjahr, dem diese vermögenswirksamen Leistungen zuzuordnen sind, und
3. entweder das Ende der für die Anlageform vorgeschriebenen Sperrfrist nach diesem Gesetz oder bei einer Anlage nach § 2 Abs. 1 Nr. 4 das Ende der im Wohnungsbau-Prämiengesetz oder in der Verordnung zur Durchführung des Wohnungsbau-Prämiengesetzes genannten Sperr- und Rückzahlungsfristen, entweder das Ende der für die Anlageform vorgeschriebenen Sperrfrist nach diesem Gesetz oder bei einer Anlage nach § 2 Abs. 1 Nr. 4 das Ende der im Wohnungsbau-Prämiengesetz oder in der Verordnung zur Durchführung des Wohnungsbau-Prämiengesetzes genannten Sperr- und Rückzahlungsfristen. Bei Bausparverträgen sind die in § 2 Abs. 3 Satz 1 des Wohnungsbau-Prämiengesetzes genannten Sperr- und Rückzahlungsfristen zu bescheinigen unabhängig davon, ob der Vertrag vor dem 1. Januar 2009 oder nach dem 31. Dezember 2008 abgeschlossen worden ist.

Die Einwilligung nach Satz 1 ist spätestens bis zum Ablauf des zweiten Kalenderjahres, das auf das Kalenderjahr der Anlage der vermögenswirksamen Leistungen folgt, zu erteilen. Dabei hat der Arbeitnehmer dem Mitteilungspflichtigen die Identifikationsnummer mitzuteilen. Wird die Einwilligung nach Ablauf des Kalenderjahres der Anlage der vermögenswirksamen Leistungen abgegeben, sind die Daten bis zum Ende des folgenden Kalendervierteljahres zu übermitteln.

(1a) In den Fällen des Absatzes 1 ist für die Anwendung des § 72a Absatz 4 und des § 93c Absatz 4 Satz 1 der Abgabenordnung die für die Besteuerung der mitteilungspflichtigen Stelle nach dem Einkommen zuständige Finanzbehörde zuständig. Die nach Absatz 1 übermittelten Daten können durch die nach Satz 1 zuständige Finanzbehörde zum Zweck der Anwendung des § 93c Absatz 4 Satz 1 der Abgabenordnung bei den für die Besteuerung der Arbeitnehmer nach dem Einkommen zuständigen Finanzbehörden abgerufen und verwendet werden.

(2) Die Bundesregierung wird ermächtigt, durch Rechtsverordnung mit Zustimmung des Bundesrates weitere Vorschriften zu erlassen über

1. Aufzeichnungs- und Mitteilungspflichten des Arbeitgebers und des Unternehmens oder Instituts, bei dem die vermögenswirksamen Leistungen angelegt sind, und
2. die Festlegung von Wertpapieren und die Art der Festlegung, soweit dies erforderlich ist, damit nicht die Arbeitnehmer-Sparzulage zu Unrecht gezahlt, versagt, nicht zurückgefordert oder nicht einbehalten wird.

(3) Haben der Arbeitgeber, das Unternehmen, das Institut oder der in § 3 Abs. 3 genannte Gläubiger ihre Pflichten nach diesem Gesetz oder nach einer auf Grund dieses Gesetzes erlassenen Rechtsverordnung verletzt, so haften sie für die Arbeitnehmer-Sparzulage, die wegen ihrer Pflichtverletzung zu Unrecht gezahlt, nicht zurückgefordert oder nicht einbehalten worden ist.

(4) Das Finanzamt, das für die Besteuerung nach dem Einkommen der in Absatz 3 Genannten zuständig ist, hat auf deren Anfrage Auskunft darüber zu erteilen, wie im einzelnen Fall die Vorschriften über vermögenswirksame Leistungen anzuwenden sind, die nach § 2 Absatz 1 Nummer 1 bis 5 und Absatz 2 bis 4 angelegt werden.

(5) Das für die Lohnsteuer-Außenprüfung zuständige Finanzamt kann bei den in Absatz 3

VIII

Genannten eine Außenprüfung durchführen, um festzustellen, ob sie ihre Pflichten nach diesem Gesetz oder nach einer auf Grund dieses Gesetzes erlassenen Rechtsverordnung, soweit diese mit der Anlage vermögenswirksamer Leistungen nach § 2 Abs. 1 Nr. 1 bis 5, Abs. 2 bis 4 zusammenhängen, erfüllt haben. Die §§ 195 bis 203a der Abgabenordnung gelten entsprechend.

§ 16 (gegenstandslos)

§ 16a Gleichstellung der Wertpapierinstitute

Für die Anwendung der vorstehenden Vorschriften dieses Gesetzes sind Wertpapierinstitute im Sinne des Wertpapierinstitutsgesetzes den Kreditinstituten sowie den Kapitalverwaltungsgesellschaften im Sinne des Kapitalanlagegesetzbuchs gleichgestellt.

§ 17 Anwendungsvorschriften

(1) Die vorstehenden Vorschriften dieses Gesetzes gelten vorbehaltlich der nachfolgenden Absätze für vermögenswirksame Leistungen, die nach dem 31. Dezember 1993 angelegt werden.

(2) Für vermögenswirksame Leistungen, die vor dem 1. Januar 1994 angelegt werden, gilt, soweit Absatz 5 nichts anderes bestimmt, § 17 des Fünften Vermögensbildungsgesetzes in der Fassung der Bekanntmachung vom 19. Januar 1989 (BGBl. I S. 137) – Fünftes Vermögensbildungsgesetz 1989 –, unter Berücksichtigung der Änderung durch Artikel 2 Nr. 1 des Gesetzes vom 13. Dezember 1990 (BGBl. I S. 2749).

(3) Für vermögenswirksame Leistungen, die im Jahr 1994 angelegt werden auf Grund eines vor dem 1. Januar 1994 abgeschlossenen Vertrags

1. nach § 4 Abs. 1 oder § 5 Abs. 1 des Fünften Vermögensbildungsgesetzes 1989 zum Erwerb von Aktien oder Wandelschuldverschreibungen, die keine Aktien oder Wandelschuldverschreibungen im Sinne des vorstehenden § 2 Abs. 1 Nr. 1 Buchstaben a oder b, Abs. 2 Satz 1 sind, oder
2. nach § 6 Abs. 2 des Fünften Vermögensbildungsgesetzes 1989 über die Begründung eines Geschäftsguthabens bei einer Genossenschaft, die keine Genossenschaft im Sinne des vorstehenden § 2 Abs. 1 Nr. 1 Buchstabe g, Abs. 2 Satz 2 ist, oder
3. nach § 6 Abs. 2 oder § 7 Abs. 2 des Fünften Vermögensbildungsgesetzes 1989 über die Übernahme einer Stammeinlage oder zum Erwerb eines Geschäftsanteils an einer Gesellschaft mit beschränkter Haftung, die keine Gesellschaft im Sinne des vorstehenden § 2 Abs. 1 Nr. 1 Buchstabe h, Abs. 2 Satz 3 ist,

gelten statt der vorstehenden §§ 2, 4, 6 und 7 die §§ 2, 4, 6 und 7 des Fünften Vermögensbildungsgesetzes 1989.

(4) Für vermögenswirksame Leistungen, die nach dem 31. Dezember 1993 auf Grund eines Vertrages im Sinne des § 17 Abs. 5 Satz 1 des Fünften Vermögensbildungsgesetzes 1989 angelegt werden, gilt § 17 Abs. 5 und 6 des Fünften Vermögensbildungsgesetzes 1989.

(5) Für vermögenswirksame Leistungen, die vor dem 1. Januar 1994 auf Grund eines Vertrags im Sinne des Absatzes 3 angelegt worden sind, gelten § 4 Abs. 2 bis 5, § 5 Abs. 2, § 6 Abs. 3 und § 7 Abs. 3 des Fünften Vermögensbildungsgesetzes 1989 über Fristen für die Verwendung vermögenswirksamer Leistungen und über Sperrfristen nach dem 31. Dezember 1993 nicht mehr. Für vermögenswirksame Leistungen, die vor dem 1. Januar 1990 auf Grund eines Vertrags im Sinne des § 17 Abs. 2 des Fünften Vermögensbildungsgesetzes 1989 über die Begründung einer oder mehrerer Beteiligungen als stiller Gesellschafter angelegt worden sind, gilt § 7 Abs. 3 des Fünften Vermögensbildungsgesetzes in der Fassung der Bekanntmachung vom 19. Februar 1987 (BGBl. I S. 630) über die Sperrfrist nach dem 31. Dezember 1993 nicht mehr.

(6) Für vermögenswirksame Leistungen, die vor dem 1. Januar 1999 angelegt worden sind, gilt § 13 Abs. 1 und 2 dieses Gesetzes in der Fassung der Bekanntmachung vom 4. März 1994 (BGBl. I S. 406).

(7) § 13 Abs. 1 Satz 1 und Abs. 2 in der Fassung des Artikels 2 des Gesetzes vom 7. März 2009 (BGBl. I S. 451) ist erstmals für vermögenswirksame Leistungen anzuwenden, die nach dem 31. Dezember 2008 angelegt werden.

(8) § 8 Abs. 5, § 13 Abs. 5 Satz 1 und 2, § 14 Abs. 4 Satz 4 Buchstabe b und § 15 Abs. 1 Nr. 3 in der Fassung des Artikels 7 des Gesetzes vom 29. Juli 2008 (BGBl. I S. 1509) sind erstmals für vermögenswirksame Leistungen anzuwenden, die nach dem 31. Dezember 2008 angelegt werden.

(9) § 4 Abs. 4 Nr. 4 und § 13 Abs. 5 Satz 3 Nr. 3 in der Fassung des Artikels 1 des Gesetzes vom 8. Dezember 2008 (BGBl. I S. 2373) ist erstmals bei Verfügungen nach dem 31. Dezember 2008 anzuwenden.

(10) § 14 Absatz 4 Satz 2 in der Fassung des Artikels 12 des Gesetzes vom 16. Juli 2009 (BGBl. I S. 1959) ist erstmals für vermögenswirksame Leistungen anzuwenden, die nach dem 31. Dezember 2006 angelegt werden, und in Fällen, in denen am 22. Juli 2009 über einen Antrag auf Arbeitnehmer-Sparzulage noch nicht bestandskräftig entschieden ist.

(11) § 13 Absatz 1 Satz 2 in der Fassung des Artikels 10 des Gesetzes vom 8. Dezember 2010 (BGBl. I S. 1768) ist erstmals für vermögenswirksame Leistungen anzuwenden, die nach dem 31. Dezember 2008 angelegt werden.

(12) § 2 Absatz 1 Nummer 5 in der Fassung des Artikels 13 des Gesetzes vom 7. Dezember 2011 (BGBl. I S. 2592) ist erstmals für vermögenswirksame Leistungen anzuwenden, die nach dem 31. Dezember 2011 angelegt werden.

(13) § 3 Absatz 1 Satz 1 Nummer 1 in der Fassung des Artikels 18 des Gesetzes vom 26. Juni 2013 (BGBl. I S. 1809) ist erstmals für vermögenswirksame Leistungen anzuwenden, die nach dem 31. Dezember 2012 angelegt werden. § 4 Absatz 4 Nummer 1, 2 und 4 sowie § 8 Absatz 5 Satz 1 in der Fassung des Artikels 18 des Gesetzes vom 26. Juni 2013 (BGBl. I S. 1809) sind erstmals bei Verfügungen nach dem 31. Dezember 2012 anzuwenden.

(14) Das Bundesministerium der Finanzen teilt den Zeitpunkt der erstmaligen Anwendung der §§ 13 und 14 Absatz 4 sowie des § 15 in der Fassung des Artikels 18 des Gesetzes vom 26. Juni 2013 (BGBl. I S. 1809) durch ein im Bundessteuerblatt zu veröffentlichendes Schreiben mit. Bis zu diesem Zeitpunkt sind die §§ 13 und 14 Absatz 4 sowie der § 15 in der Fassung des Artikels 13 des Gesetzes vom 7. Dezember 2011 (BGBl. I S. 2592) weiter anzuwenden.

(15) § 2 Absatz 1 Nummer 1 in der Fassung des Artikels 5 des Gesetzes vom 18. Dezember 2013 (BGBl. I S. 4318) ist erstmals für vermögenswirksame Leistungen anzuwenden, die nach dem 31. Dezember 2013 angelegt werden. § 4 Absatz 4 Nummer 4 in der Fassung des Artikels 5 des Gesetzes vom 18. Dezember 2013 (BGBl. I S. 4318) ist erstmals bei Verfügungen nach dem 31. Dezember 2013 anzuwenden.

(16) Zur Abwicklung von Verträgen, die vor dem 25. Mai 2018 unter den Voraussetzungen des § 15 Absatz 1 Satz 4 in der am 30. Juni 2013 geltenden Fassung abgeschlossen wurden, sind das Unternehmen, das Institut oder der in § 3 Absatz 3 genannte Gläubiger verpflichtet, die Daten nach Maßgabe des § 15 Absatz 1 Satz 1 zu übermitteln, es sei denn, der Arbeitnehmer hat der Datenübermittlung schriftlich widersprochen.

(17) § 13 Absatz 1 Satz 1 in der Fassung des Artikels 34 des Gesetzes vom 11. Dezember 2023 (BGBl. 2023 I Nr. 354) ist erstmals für vermögenswirksame Leistungen anzuwenden, die nach dem 31. Dezember 2023 angelegt werden.

(18) § 16a ist rückwirkend ab Inkrafttreten des Wertpapierinstitutsgesetzes vom 12. Mai 2021 (BGBl. I S. 990) anzuwenden.

§ 18 Kündigung eines vor 1994 abgeschlossenen Anlagevertrages und der Mitgliedschaft in einer Genossenschaft oder Gesellschaft mit beschränkter Haftung

(1) Hat sich der Arbeitnehmer in einem Vertrag im Sinne des § 17 Abs. 3 verpflichtet, auch nach dem 31. Dezember 1994 vermö-

genswirksame Leistungen überweisen zu lassen oder andere Beträge zu zahlen, so kann er den Vertrag bis zum 30. September 1994 auf den 31. Dezember 1994 mit der Wirkung schriftlich kündigen, daß auf Grund dieses Vertrags vermögenswirksame Leistungen oder andere Beträge nach dem 31. Dezember 1994 nicht mehr zu zahlen sind.

(2) Ist der Arbeitnehmer im Zusammenhang mit dem Abschluß eines Vertrags im Sinne des § 17 Abs. 3 Nr. 2 Mitglied in einer Genossenschaft geworden, so kann er die Mitgliedschaft bis zum 30. September 1994 auf den 31. Dezember 1994 mit der Wirkung schriftlich kündigen, daß nach diesem Zeitpunkt die Verpflichtung, Einzahlungen auf einen Geschäftsanteil zu leisten und ein Eintrittsgeld zu zahlen, entfällt. Weitergehende Rechte des Arbeitnehmers nach dem Statut der Genossenschaft bleiben unberührt. Der ausgeschiedene Arbeitnehmer kann die Auszahlung des Auseinandersetzungsguthabens, die Genossenschaft kann die Zahlung eines den ausgeschiedenen Arbeitnehmer treffenden Anteils an einem Fehlbetrag zum 1. Januar 1998 verlangen.

(3) Ist der Arbeitnehmer im Zusammenhang mit dem Abschluß eines Vertrags im Sinne des § 17 Abs. 3 Nr. 3 Gesellschafter einer Gesellschaft mit beschränkter Haftung geworden, so kann er die Mitgliedschaft bis zum 30. September 1994 auf den 31. Dezember 1994 schriftlich kündigen. Weitergehende Rechte des Arbeitnehmers nach dem Gesellschaftsvertrag bleiben unberührt. Der zum Austritt berechtigte Arbeitnehmer kann von der Gesellschaft als Abfindung den Verkehrswert seines Geschäftsanteils verlangen; maßgebend ist der Verkehrswert im Zeitpunkt des Zugangs der Kündigungserklärung. Der Arbeitnehmer kann die Abfindung nur verlangen, wenn die Gesellschaft sie ohne Verstoß gegen § 30 Abs. 1 des Gesetzes betreffend die Gesellschaften mit beschränkter Haftung zahlen kann. Hat die Gesellschaft die Abfindung bezahlt, so stehen dem Arbeitnehmer aus seinem Geschäftsanteil keine Rechte mehr zu. Kann die Gesellschaft bis zum 31. Dezember 1996 die Abfindung nicht gemäß Satz 4 zahlen, so ist sie auf Antrag des zum Austritt berechtigten Arbeitnehmers aufzulösen. § 61 Abs. 1, Abs. 2 Satz 1 und Abs. 3 des Gesetzes betreffend die Gesellschaften mit beschränkter Haftung gilt im übrigen entsprechend.

(4) Werden auf Grund der Kündigung nach Absatz 1, 2 oder 3 Leistungen nicht erbracht, so hat der Arbeitnehmer dies nicht zu vertreten.

(5) Hat der Arbeitnehmer nach Absatz 1 einen Vertrag im Sinne des § 17 Abs. 3 Nr. 2 oder nach Absatz 2 die Mitgliedschaft in einer Genossenschaft gekündigt, so gelten beide Kündigungen als erklärt, wenn der Arbeitnehmer dies nicht ausdrücklich ausgeschlossen hat. Entsprechendes gilt, wenn der Arbeitnehmer nach Absatz 1 einen Vertrag im Sinne des § 17 Abs. 3 Nr. 3 oder nach Absatz 3 die Mitgliedschaft in einer Gesellschaft mit beschränkter Haftung gekündigt hat.

(6) Macht der Arbeitnehmer von seinem Kündigungsrecht nach Absatz 1 keinen Gebrauch, so gilt die Verpflichtung, vermögenswirksame Leistungen überweisen zu lassen, nach dem 31. Dezember 1994 als Verpflichtung, andere Beträge in entsprechender Höhe zu zahlen.

Gesetz über vermögenswirksame Leistungen für Beamte, Richter, Berufssoldaten und Soldaten auf Zeit

in der Fassung der Bekanntmachung vom 16. Mai 2002 (BGBl. I S. 1778)

Zuletzt geändert durch
Gesetz zum Abbau verzichtbarer Anordnungen der Schriftform im Verwaltungsrecht des Bundes vom 29. März 2017 (BGBl. I S. 626)

§ 1

(1) Vermögenswirksame Leistungen nach dem Fünften Vermögensbildungsgesetz erhalten

1. Bundesbeamte, Beamte der Länder, der Gemeinden, der Gemeindeverbände sowie der sonstigen der Aufsicht eines Landes unterstehenden Körperschaften, Anstalten und Stiftungen des öffentlichen Rechts; ausgenommen sind die Ehrenbeamten und entpflichtete Hochschullehrer,
2. Richter des Bundes und der Länder; ausgenommen sind die ehrenamtlichen Richter,
3. Berufssoldaten und Soldaten auf Zeit mit Anspruch auf Besoldung oder Ausbildungsgeld (§ 30 Abs. 2 des Soldatengesetzes).

(2) Vermögenswirksame Leistungen werden für die Kalendermonate gewährt, in denen dem Berechtigten Dienstbezüge, Anwärterbezüge oder Ausbildungsgeld nach § 30 Abs. 2 des Soldatengesetzes zustehen und er diese Bezüge erhält.

(3) Der Anspruch auf die vermögenswirksamen Leistungen entsteht frühestens für den Kalendermonat, in dem der Berechtigte die nach § 4 Abs. 1 erforderlichen Angaben mitteilt, und für die beiden vorangegangenen Monate desselben Kalenderjahres.

§ 2

(1) Die vermögenswirksame Leistung beträgt 6,65 Euro. Teilzeitbeschäftigte erhalten den Betrag, der dem Verhältnis der ermäßigten zur regelmäßigen Arbeitszeit entspricht; bei begrenzter Dienstfähigkeit nach bundes- oder landesrechtlicher Regelung gilt Entsprechendes.

(2) Beamte auf Widerruf im Vorbereitungsdienst, deren Anwärterbezüge nebst Familienzuschlag der Stufe 1 971,45 Euro monatlich nicht erreichen, erhalten 13,29 Euro.

(3) Für die Höhe der vermögenswirksamen Leistung sind die Verhältnisse am Ersten des Kalendermonats maßgebend. Wird das Dienstverhältnis nach dem Ersten des Kalendermonats begründet, ist für diesen Monat der Tag des Beginns des Dienstverhältnisses maßgebend.

(4) Die vermögenswirksame Leistung ist bis zum Ablauf der auf den Monat der Mitteilung nach § 4 Abs. 1 folgenden drei Kalendermonate, danach monatlich im Voraus zu zahlen.

§ 3

(1) Die vermögenswirksame Leistung wird dem Berechtigten im Kalendermonat nur einmal gewährt.

(2) Bei mehreren Dienstverhältnissen ist das Dienstverhältnis maßgebend, aus dem der Berechtigte einen Anspruch auf vermögenswirksame Leistungen hat. Sind solche Leistungen für beide Dienstverhältnisse vorgesehen, sind sie aus dem zuerst begründeten Verhältnis zu zahlen.

(3) Erreicht die vermögenswirksame Leistung nach Absatz 2 nicht den Betrag nach § 2 dieses Gesetzes, ist der Unterschiedsbetrag aus dem anderen Dienstverhältnis zu zahlen.

(4) Die Absätze 1 bis 3 gelten entsprechend für vermögenswirksame Leistungen aus einem anderen Rechtsverhältnis, auch wenn die Regelungen im Einzelnen nicht übereinstimmen.

§ 4

(1) Der Berechtigte teilt seiner Dienststelle oder der nach Landesrecht bestimmten Stelle schriftlich oder elektronisch die Art der ge-

wählten Anlage mit und gibt hierbei, soweit dies nach der Art der Anlage erforderlich ist, das Unternehmen oder Institut mit der Nummer des Kontos an, auf das die Leistung eingezahlt werden soll.

(2) Für die vermögenswirksamen Leistungen nach diesem Gesetz und die vermögenswirksame Anlage von Teilen der Bezüge nach dem Fünften Vermögensbildungsgesetz soll der Berechtigte möglichst dieselbe Anlageart und dasselbe Unternehmen oder Institut wählen.

(3) Der Wechsel der Anlage bedarf im Falle des § 11 Abs. 3 Satz 2 des Fünften Vermögensbildungsgesetzes nicht der Zustimmung der zuständigen Stelle, wenn der Berechtigte diesen Wechsel aus Anlass der erstmaligen Gewährung der vermögenswirksamen Leistung verlangt.

§ 5 (weggefallen)

§ 6

Dieses Gesetz gilt nicht für die öffentlich-rechtlichen Religionsgemeinschaften und ihre Verbände.

IX Verfassung/Verwaltung

Verfassung

Verwaltung

Grundgesetz für die Bundesrepublik Deutschland

Vom 23. Mai 1949 (BGBl. S. 1)

Zuletzt geändert durch
Gesetz zur Änderung des Grundgesetzes
(Artikel 109, 115 und 143h)
vom 22. März 2025 (BGBl. I Nr. 94)

Inhaltsübersicht

IX

PRÄAMBEL

Im Bewußtsein seiner Verantwortung vor Gott und den Menschen, von dem Willen beseelt, als gleichberechtigtes Glied in einem vereinten Europa dem Frieden der Welt zu dienen, hat sich das Deutsche Volk kraft seiner verfassungsgebenden Gewalt dieses Grundgesetz gegeben.

Die Deutschen in den Ländern Baden-Württemberg, Bayern, Berlin, Brandenburg, Bremen, Hamburg, Hessen, Mecklenburg-Vorpommern, Niedersachsen, Nordrhein-Westfalen, Rheinland-Pfalz, Saarland, Sachsen, Sachsen-Anhalt, Schleswig-Holstein und Thüringen haben in freier Selbstbestimmung die Einheit und Freiheit Deutschlands vollendet. Damit gilt dieses Grundgesetz für das gesamte Deutsche Volk.

I. Die Grundrechte

Artikel 1 (Schutz der Menschenwürde)

(1) Die Würde des Menschen ist unantastbar. Sie zu achten und zu schützen ist Verpflichtung aller staatlichen Gewalt.

(2) Das Deutsche Volk bekennt sich darum zu unverletzlichen und unveräußerlichen Menschenrechten als Grundlage jeder menschlichen Gemeinschaft, des Friedens und der Gerechtigkeit in der Welt.

(3) Die nachfolgenden Grundrechte binden Gesetzgebung, vollziehende Gewalt und Rechtsprechung als unmittelbar geltendes Recht.

IX

Artikel 2 (Persönliche Freiheit)

(1) Jeder hat das Recht auf die freie Entfaltung seiner Persönlichkeit, soweit er nicht die Rechte anderer verletzt und nicht gegen die verfassungsmäßige Ordnung oder das Sittengesetz verstößt.

(2) Jeder hat das Recht auf Leben und körperliche Unversehrtheit. Die Freiheit der Person ist unverletzlich. In diese Rechte darf nur auf Grund eines Gesetzes eingegriffen werden.

Artikel 3 (Gleichheit vor dem Gesetz)

(1) Alle Menschen sind vor dem Gesetz gleich.

(2) Männer und Frauen sind gleichberechtigt. Der Staat fördert die tatsächliche Durchsetzung der Gleichberechtigung von Frauen und Männern und wirkt auf die Beseitigung bestehender Nachteile hin.

(3) Niemand darf wegen seines Geschlechtes, seiner Abstammung, seiner Rasse, seiner Sprache, seiner Heimat und Herkunft, seines Glaubens, seiner religiösen oder politischen Anschauungen benachteiligt oder bevorzugt werden. Niemand darf wegen seiner Behinderung benachteiligt werden.

Artikel 4 (Glaubens- und Bekenntnisfreiheit)

(1) Die Freiheit des Glaubens, des Gewissens und die Freiheit des religiösen und weltanschaulichen Bekenntnisses sind unverletzlich.

(2) Die ungestörte Religionsausübung wird gewährleistet.

(3) Niemand darf gegen sein Gewissen zum Kriegsdienst mit der Waffe gezwungen werden. Das Nähere regelt ein Bundesgesetz.

Artikel 5 (Freie Meinungsäußerung)

(1) Jeder hat das Recht, seine Meinung in Wort, Schrift und Bild frei zu äußern und zu verbreiten und sich aus allgemein zugänglichen Quellen ungehindert zu unterrichten. Die Pressefreiheit und die Freiheit der Berichterstattung durch Rundfunk und Film werden gewährleistet. Eine Zensur findet nicht statt.

(2) Diese Rechte finden ihre Schranken in den Vorschriften der allgemeinen Gesetze, den gesetzlichen Bestimmungen zum Schutze der Jugend und in dem Recht der persönlichen Ehre.

(3) Kunst und Wissenschaft, Forschung und Lehre sind frei. Die Freiheit der Lehre entbindet nicht von der Treue zur Verfassung.

Artikel 6 (Ehe, Familie, uneheliche Kinder)

(1) Ehe und Familie stehen unter dem besonderen Schutze der staatlichen Ordnung.

(2) Pflege und Erziehung der Kinder sind das natürliche Recht der Eltern und die zuvörderst ihnen obliegende Pflicht. Über ihre Betätigung wacht die staatliche Gemeinschaft.

(3) Gegen den Willen der Erziehungsberechtigten dürfen Kinder nur auf Grund eines Gesetzes von der Familie getrennt werden, wenn die Erziehungsberechtigten versagen

oder wenn die Kinder aus anderen Gründen zu verwahrlosen drohen.

(4) Jede Mutter hat Anspruch auf den Schutz und die Fürsorge der Gemeinschaft.

(5) Den unehelichen Kindern sind durch die Gesetzgebung die gleichen Bedingungen für ihre leibliche und seelische Entwicklung und ihre Stellung in der Gesellschaft zu schaffen wie den ehelichen Kindern.

Artikel 7 (Schulwesen)

(1) Das gesamte Schulwesen steht unter der Aufsicht des Staates.

(2) Die Erziehungsberechtigten haben das Recht, über die Teilnahme des Kindes am Religionsunterricht zu bestimmen.

(3) Der Religionsunterricht ist in den öffentlichen Schulen mit Ausnahme der bekenntnisfreien Schulen ordentliches Lehrfach. Unbeschadet des staatlichen Aufsichtsrechtes wird der Religionsunterricht in Übereinstimmung mit den Grundsätzen der Religionsgemeinschaften erteilt. Kein Lehrer darf gegen seinen Willen verpflichtet werden, Religionsunterricht zu erteilen.

(4) Das Recht zur Errichtung von privaten Schulen wird gewährleistet. Private Schulen als Ersatz für öffentliche Schulen bedürfen der Genehmigung des Staates und unterstehen den Landesgesetzen. Die Genehmigung ist zu erteilen, wenn die privaten Schulen in ihren Lehrzielen und Einrichtungen sowie in der wissenschaftlichen Ausbildung ihrer Lehrkräfte nicht hinter den öffentlichen Schulen zurückstehen und eine Sonderung der Schüler nach den Besitzverhältnissen der Eltern nicht gefördert wird. Die Genehmigung ist zu versagen, wenn die wirtschaftliche und rechtliche Stellung der Lehrkräfte nicht genügend gesichert ist.

(5) Eine private Volksschule ist nur zuzulassen, wenn die Unterrichtsverwaltung ein besonderes pädagogisches Interesse anerkennt oder, auf Antrag von Erziehungsberechtigten, wenn sie als Gemeinschaftsschule, als Bekenntnis- oder Weltanschauungsschule errichtet werden soll und eine öffentliche Volksschule dieser Art in der Gemeinde nicht besteht.

(6) Vorschulen bleiben aufgehoben.

Artikel 8 (Versammlungsfreiheit)

(1) Alle Deutschen haben das Recht, sich ohne Anmeldung oder Erlaubnis friedlich und ohne Waffen zu versammeln.

(2) Für Versammlungen unter freiem Himmel kann dieses Recht durch Gesetz oder auf Grund eines Gesetzes beschränkt werden.

Artikel 9 (Vereinigungsfreiheit)

(1) Alle Deutschen haben das Recht, Vereine und Gesellschaften zu bilden.

(2) Vereinigungen, deren Zwecke oder deren Tätigkeit den Strafgesetzen zuwiderlaufen oder die sich gegen die verfassungsmäßige Ordnung oder gegen den Gedanken der Völkerverständigung richten, sind verboten.

(3) Das Recht, zur Wahrung und Förderung der Arbeits- und Wirtschaftsbedingungen Vereinigungen zu bilden, ist für jedermann und für alle Berufe gewährleistet. Abreden, die dieses Recht einschränken oder zu behindern suchen, sind nichtig, hierauf gerichtete Maßnahmen sind rechtswidrig. Maßnahmen nach den Artikeln 12a, 35 Abs. 2 und 3, Artikel 87a Abs. 4 und Artikel 91 dürfen sich nicht gegen Arbeitskämpfe richten, die zur Wahrung und Förderung der Arbeits- und Wirtschaftsbedingungen von Vereinigungen im Sinne des Satzes 1 geführt werden.

Artikel 10 (Brief- und Postgeheimnis)

(1) Das Briefgeheimnis sowie das Post- und Fernmeldegeheimnis sind unverletzlich.

(2) Beschränkungen dürfen nur auf Grund eines Gesetzes angeordnet werden. Dient die Beschränkung dem Schutze der freiheitlichen demokratischen Grundordnung oder des Bestandes oder der Sicherung des Bundes oder eines Landes, so kann das Gesetz bestimmen, daß sie dem Betroffenen nicht mitgeteilt wird und daß an die Stelle des Rechtsweges die Nachprüfung durch von der Volksvertretung bestellte Organe und Hilfsorgane tritt.

Artikel 11 (Freizügigkeit)

(1) Alle Deutschen genießen Freizügigkeit im ganzen Bundesgebiet.

(2) Dieses Recht darf nur durch Gesetz oder auf Grund eines Gesetzes und nur für die Fälle eingeschränkt werden, in denen eine ausrei-

chende Lebensgrundlage nicht vorhanden ist und der Allgemeinheit daraus besondere Lasten entstehen würden oder in denen es zur Abwehr einer drohenden Gefahr für den Bestand oder die freiheitliche demokratische Grundordnung des Bundes oder eines Landes, zur Bekämpfung von Seuchengefahr, Naturkatastrophen oder besonders schweren Unglücksfällen, zum Schutze der Jugend vor Verwahrlosung oder um strafbaren Handlungen vorzubeugen, erforderlich ist.

Artikel 12 (Freiheit des Berufes)

(1) Alle Deutschen haben das Recht, Beruf, Arbeitsplatz und Ausbildungsstätte frei zu wählen. Die Berufsausübung kann durch Gesetz oder auf Grund eines Gesetzes geregelt werden.

(2) Niemand darf zu einer bestimmten Arbeit gezwungen werden, außer im Rahmen einer herkömmlichen allgemeinen, für alle gleichen öffentlichen Dienstleistungspflicht.

(3) Zwangsarbeit ist nur bei einer gerichtlich angeordneten Freiheitsentziehung zulässig.

Artikel 12a (Wehrpflicht, Ersatzdienst)

(1) Männer können vom vollendeten achtzehnten Lebensjahr an zum Dienst in den Streitkräften, im Bundesgrenzschutz oder in einem Zivilschutzverband verpflichtet werden.

(2) Wer aus Gewissensgründen den Kriegsdienst mit der Waffe verweigert, kann zu einem Ersatzdienst verpflichtet werden. Die Dauer des Ersatzdienstes darf die Dauer des Wehrdienstes nicht übersteigen. Das Nähere regelt ein Gesetz, das die Freiheit der Gewissensentscheidung nicht beeinträchtigen darf und auch eine Möglichkeit des Ersatzdienstes vorsehen muß, die in keinem Zusammenhang mit den Verbänden der Streitkräfte und des Bundesgrenzschutzes steht.

(3) Wehrpflichtige, die nicht zu einem Dienst nach Absatz 1 oder 2 herangezogen sind, können im Verteidigungsfalle durch Gesetz oder auf Grund eines Gesetzes zu zivilen Dienstleistungen für Zwecke der Verteidigung einschließlich des Schutzes der Zivilbevölkerung in Arbeitsverhältnisse verpflichtet werden; Verpflichtungen in öffentlich-rechtliche Dienstverhältnisse sind nur zur Wahrnehmung polizeilicher Aufgaben oder solcher hoheitlichen Aufgaben der öffentlichen Verwaltung, die nur in einem öffentlich-rechtlichen Dienstverhältnis erfüllt werden können, zulässig. Arbeitsverhältnisse nach Satz 1 können bei den Streitkräften, im Bereich ihrer Versorgung sowie bei der öffentlichen Verwaltung begründet werden; Verpflichtungen in Arbeitsverhältnisse im Bereiche der Versorgung der Zivilbevölkerung sind nur zulässig, um ihren lebensnotwendigen Bedarf zu decken oder ihren Schutz sicherzustellen.

(4) Kann im Verteidigungsfalle der Bedarf an zivilen Dienstleistungen im zivilen Sanitäts- und Heilwesen sowie in der ortsfesten militärischen Lazarettorganisation nicht auf freiwilliger Grundlage gedeckt werden, so können Frauen vom vollendeten achtzehnten bis zum vollendeten fünfundfünfzigsten Lebensjahr durch Gesetz oder auf Grund eines Gesetzes zu derartigen Dienstleistungen herangezogen werden. Sie dürfen auf keinen Fall zum Dienst mit der Waffe verpflichtet werden.

(5) Für die Zeit vor dem Verteidigungsfalle können Verpflichtungen nach Absatz 3 nur nach Maßgabe des Artikels 80a Abs. 1 begründet werden. Zur Vorbereitung auf Dienstleistungen nach Absatz 3, für die besondere Kenntnisse oder Fertigkeiten erforderlich sind, kann durch Gesetz oder auf Grund eines Gesetzes die Teilnahme an Ausbildungsveranstaltungen zur Pflicht gemacht werden. Satz 1 findet insoweit keine Anwendung.

(6) Kann im Verteidigungsfalle der Bedarf an Arbeitskräften für die in Absatz 3 Satz 2 genannten Bereiche auf freiwilliger Grundlage nicht gedeckt werden, so kann zur Sicherung dieses Bedarfs die Freiheit der Deutschen, die Ausübung eines Berufs oder den Arbeitsplatz aufzugeben, durch Gesetz oder auf Grund eines Gesetzes eingeschränkt werden. Vor Eintritt des Verteidigungsfalles gilt Absatz 5 Satz 1 entsprechend.

Artikel 13 (Unverletzlichkeit der Wohnung)

(1) Die Wohnung ist unverletzlich.

(2) Durchsuchungen dürfen nur durch den Richter, bei Gefahr im Verzuge auch durch die

in den Gesetzen vorgesehenen anderen Organe angeordnet und nur in der dort vorgeschriebenen Form durchgeführt werden.

(3) Begründen bestimmte Tatsachen den Verdacht, daß jemand eine durch Gesetz einzeln bestimmte besonders schwere Straftat begangen hat, so dürfen zur Verfolgung der Tat auf Grund richterlicher Anordnung technische Mittel zur akustischen Überwachung von Wohnungen, in denen der Beschuldigte sich vermutlich aufhält, eingesetzt werden, wenn die Erforschung des Sachverhalts auf andere Weise unverhältnismäßig erschwert oder aussichtslos wäre. Die Maßnahme ist zu befristen. Die Anordnung erfolgt durch einen mit drei Richtern besetzten Spruchkörper. Bei Gefahr im Verzuge kann sie auch durch einen einzelnen Richter getroffen werden.

(4) Zur Abwehr dringender Gefahren für die öffentliche Sicherheit, insbesondere einer gemeinen Gefahr oder einer Lebensgefahr, dürfen technische Mittel zur Überwachung von Wohnungen nur auf Grund richterlicher Anordnung eingesetzt werden. Bei Gefahr im Verzuge kann die Maßnahme auch durch eine andere gesetzlich bestimmte Stelle angeordnet werden; eine richterliche Entscheidung ist unverzüglich nachzuholen.

(5) Sind technische Mittel ausschließlich zum Schutze der bei einem Einsatz in Wohnungen tätigen Personen vorgesehen, kann die Maßnahme durch eine gesetzlich bestimmte Stelle angeordnet werden. Eine anderweitige Verwertung der hierbei erlangten Erkenntnisse ist nur zum Zwecke der Strafverfolgung oder der Gefahrenabwehr und nur zulässig, wenn zuvor die Rechtmäßigkeit der Maßnahme richterlich festgestellt ist; bei Gefahr im Verzuge ist die richterliche Entscheidung unverzüglich nachzuholen.

(6) Die Bundesregierung unterrichtet den Bundestag jährlich über den nach Absatz 3 sowie über den im Zuständigkeitsbereich des Bundes nach Absatz 4 und, soweit richterlich überprüfungsbedürftig, nach Absatz 5 erfolgten Einsatz technischer Mittel. Ein vom Bundestag gewähltes Gremium übt auf der Grundlage dieses Berichts die parlamentarische Kontrolle aus. Die Länder gewährleisten eine gleichwertige parlamentarische Kontrolle.

(7) Eingriffe und Beschränkungen dürfen im übrigen nur zur Abwehr einer gemeinen Gefahr oder einer Lebensgefahr für einzelne Personen, auf Grund eines Gesetzes auch zur Verhütung dringender Gefahren für die öffentliche Sicherheit und Ordnung, insbesondere zur Behebung der Raumnot, zur Bekämpfung von Seuchengefahr oder zum Schutze gefährdeter Jugendlicher vorgenommen werden.

Artikel 14 (Eigentum, Erbrecht und Enteignung)

(1) Das Eigentum und das Erbrecht werden gewährleistet. Inhalt und Schranken werden durch die Gesetze bestimmt.

(2) Eigentum verpflichtet. Sein Gebrauch soll zugleich dem Wohle der Allgemeinheit dienen.

(3) Eine Enteignung ist nur zum Wohle der Allgemeinheit zulässig. Sie darf nur durch Gesetz oder auf Grund eines Gesetzes erfolgen, das Art und Ausmaß der Entschädigung regelt. Die Entschädigung ist unter gerechter Abwägung der Interessen der Allgemeinheit und der Beteiligten zu bestimmen. Wegen der Höhe der Entschädigung steht im Streitfalle der Rechtsweg vor den ordentlichen Gerichten offen.

Artikel 15 (Sozialisierung)

Grund und Boden, Naturschätze und Produktionsmittel können zum Zwecke der Vergesellschaftung durch ein Gesetz, das Art und Ausmaß der Entschädigung regelt, in Gemeineigentum oder in andere Formen der Gemeinwirtschaft überführt werden. Für die Entschädigung gilt Art. 14 Abs. 3 Satz 3 und 4 entsprechend.

Artikel 16 (Ausbürgerung, Auslieferung)

(1) Die Deutsche Staatsangehörigkeit darf nicht entzogen werden. Der Verlust der Staatsangehörigkeit darf nur auf Grund eines Gesetzes und gegen den Willen des Betroffenen nur dann eintreten, wenn der Betroffene dadurch nicht staatenlos wird.

(2) Kein Deutscher darf an das Ausland ausgeliefert werden. Durch Gesetz kann eine

abweichende Regelung für Auslieferungen an einen Mitgliedstaat der Europäischen Union oder an einen internationalen Gerichtshof getroffen werden, soweit rechtsstaatliche Grundsätze gewahrt sind.

Artikel 16a (Asylrecht)

(1) Politisch Verfolgte genießen Asylrecht.

(2) Auf Absatz 1 kann sich nicht berufen, wer aus einem Mitgliedstaat der Europäischen Gemeinschaften oder aus einem anderen Drittstaat einreist, in dem die Anwendung des Abkommens über die Rechtsstellung der Flüchtlinge und der Konvention zum Schutze der Menschenrechte und Grundfreiheiten sichergestellt ist. Die Staaten außerhalb der Europäischen Gemeinschaften, auf die die Voraussetzungen des Satzes 1 zutreffen, werden durch Gesetz, das der Zustimmung des Bundesrates bedarf, bestimmt. In den Fällen des Satzes 1 können aufenthaltsbeendende Maßnahmen unabhängig von einem hiergegen eingelegten Rechtsbehelf vollzogen werden.

(3) Durch Gesetz, das der Zustimmung des Bundesrates bedarf, können Staaten bestimmt werden, bei denen auf Grund der Rechtslage, der Rechtsanwendung und der allgemeinen politischen Verhältnisse gewährleistet erscheint, daß dort weder politische Verfolgung noch unmenschliche oder erniedrigende Bestrafung oder Behandlung stattfindet. Es wird vermutet, daß ein Ausländer aus einem solchen Staat nicht verfolgt wird, solange er nicht Tatsachen vorträgt, die die Annahme begründen, daß er entgegen dieser Vermutung politisch verfolgt wird.

(4) Die Vollziehung aufenthaltsbeendender Maßnahmen wird in den Fällen des Absatzes 3 und in anderen Fällen, die offensichtlich unbegründet sind oder als offensichtlich unbegründet gelten, durch das Gericht nur ausgesetzt, wenn ernstliche Zweifel an der Rechtmäßigkeit der Maßnahme bestehen; der Prüfungsumfang kann eingeschränkt werden und verspätetes Vorbringen unberücksichtigt bleiben. Das Nähere ist durch Gesetz zu bestimmen.

(5) Die Absätze 1 bis 4 stehen völkerrechtlichen Verträgen von Mitgliedstaaten der Europäischen Gemeinschaften untereinander und mit dritten Staaten nicht entgegen, die unter Beachtung der Verpflichtungen aus dem Abkommen über die Rechtsstellung der Flüchtlinge und der Konvention zum Schutze der Menschenrechte und Grundfreiheiten, deren Anwendung in den Vertragsstaaten sichergestellt sein muß, Zuständigkeitsregelungen für die Prüfung von Asylbegehren einschließlich der gegenseitigen Anerkennung von Asylentscheidungen treffen.

Artikel 17 (Petitionsrecht)

Jedermann hat das Recht, sich einzeln oder in Gemeinschaft mit anderen schriftlich mit Bitten oder Beschwerden an die zuständigen Stellen und an die Volksvertretung zu wenden.

Artikel 17a (Wehrdienst, Ersatzdienst)

(1) Gesetze über Wehrdienst und Ersatzdienst können bestimmen, daß für die Angehörigen der Streitkräfte und des Ersatzdienstes während der Zeit des Wehr- oder Ersatzdienstes das Grundrecht, seine Meinung in Wort, Schrift und Bild frei zu äußern und zu verbreiten (Artikel 5 Abs. 1 Satz 1 erster Halbsatz), das Grundrecht der Versammlungsfreiheit (Artikel 8) und das Petitionsrecht (Artikel 17), soweit es das Recht gewährt, Bitten oder Beschwerden in Gemeinschaft mit anderen vorzubringen, eingeschränkt werden.

(2) Gesetze, die der Verteidigung einschließlich des Schutzes der Zivilbevölkerung dienen, können bestimmen, daß die Grundrechte der Freizügigkeit (Artikel 11) und der Unverletzlichkeit der Wohnung (Artikel 13) eingeschränkt werden.

Artikel 18 (Verwirkung von Grundrechten)

Wer die Freiheit der Meinungsäußerung, insbesondere die Pressefreiheit (Artikel 5 Abs. 1), die Lehrfreiheit (Artikel 5 Abs. 3), die Versammlungsfreiheit (Artikel 8), die Vereinigungsfreiheit (Artikel 9), das Brief-, Post- und Fernmeldegeheimnis (Artikel 10), das Eigentum (Artikel 14) oder das Asylrecht (Artikel 16a) zum Kampfe gegen die freiheitliche demokratische Grundordnung mißbraucht, verwirkt diese Grundrechte. Die Verwirkung und ihr Ausmaß werden durch das Bundesverfassungsgericht ausgesprochen.

Artikel 19 (Einschränkung von Grundrechten)

(1) Soweit nach diesem Grundgesetz ein Grundrecht durch Gesetz oder auf Grund eines Gesetzes eingeschränkt werden kann, muß das Gesetz allgemein und nicht nur für den Einzelfall gelten. Außerdem muß das Gesetz das Grundrecht unter Angabe des Artikels nennen.

(2) In keinem Falle darf ein Grundrecht in seinem Wesensgehalt angetastet werden.

(3) Die Grundrechte gelten auch für inländische juristische Personen, soweit sie ihrem Wesen nach auf diese anwendbar sind.

(4) Wird jemand durch die öffentliche Gewalt in seinen Rechten verletzt, so steht ihm der Rechtsweg offen. Soweit eine andere Zuständigkeit nicht begründet ist, ist der ordentliche Rechtsweg gegeben. Artikel 10 Abs. 2 Satz 2 bleibt unberührt.

II. Der Bund und die Länder

Artikel 20 (Demokratische, rechtsstaatliche Verfassung)

(1) Die Bundesrepublik Deutschland ist ein demokratischer und sozialer Bundesstaat.

(2) Alle Staatsgewalt geht vom Volke aus. Sie wird vom Volke in Wahlen und Abstimmungen und durch besondere Organe der Gesetzgebung, der vollziehenden Gewalt und der Rechtsprechung ausgeübt.

(3) Die Gesetzgebung ist an die verfassungsmäßige Ordnung, die vollziehende Gewalt und die Rechtsprechung sind an Gesetz und Recht gebunden.

(4) Gegen jeden, der es unternimmt, diese Ordnung zu beseitigen, haben alle Deutschen das Recht zum Widerstand, wenn andere Abhilfe nicht möglich ist.

Artikel 20a (Schutz der natürlichen Lebensgrundlagen)

Der Staat schützt auch in Verantwortung für die künftigen Generationen die natürlichen Lebensgrundlagen und die Tiere im Rahmen der verfassungsmäßigen Ordnung durch die Gesetzgebung und nach Maßgabe von Gesetz und Recht durch die vollziehende Gewalt und die Rechtsprechung.

Artikel 21 (Parteien)

(1) Die Parteien wirken bei der politischen Willensbildung des Volkes mit. Ihre Gründung ist frei. Ihre innere Ordnung muß demokratischen Grundsätzen entsprechen. Sie müssen über die Herkunft und Verwendung ihrer Mittel sowie über ihr Vermögen öffentlich Rechenschaft geben.

(2) Parteien, die nach ihren Zielen oder nach dem Verhalten ihrer Anhänger darauf ausgehen, die freiheitliche demokratische Grundordnung zu beeinträchtigen oder zu beseitigen oder den Bestand der Bundesrepublik Deutschland zu gefährden, sind verfassungswidrig.

(3) Parteien, die nach ihren Zielen oder dem Verhalten ihrer Anhänger darauf ausgerichtet sind, die freiheitliche demokratische Grundordnung zu beeinträchtigen oder zu beseitigen oder den Bestand der Bundesrepublik Deutschland zu gefährden, sind von staatlicher Finanzierung ausgeschlossen. Wird der Ausschluss festgestellt, so entfällt auch eine steuerliche Begünstigung dieser Parteien und von Zuwendungen an diese Parteien.

(4) Über die Frage der Verfassungswidrigkeit nach Absatz 2 sowie über den Ausschluss von staatlicher Finanzierung nach Absatz 3 entscheidet das Bundesverfassungsgericht.

(5) Das Nähere regeln Bundesgesetze.

Artikel 22 (Hauptstadt Berlin, Bundesflagge)

(1) Die Hauptstadt der Bundesrepublik Deutschland ist Berlin. Die Repräsentation des Gesamtstaates in der Hauptstadt ist Aufgabe des Bundes. Das Nähere wird durch Bundesgesetz geregelt.

(2) Die Bundesflagge ist schwarz-rot-gold.

Artikel 23 (Europäische Union)

(1) Zur Verwirklichung eines vereinten Europas wirkt die Bundesrepublik Deutschland bei der Entwicklung der Europäischen Union mit,

die demokratischen, rechtsstaatlichen, sozialen und föderativen Grundsätzen und dem Grundsatz der Subsidiarität verpflichtet ist und einen diesem Grundgesetz im wesentlichen vergleichbaren Grundrechtsschutz gewährleistet. Der Bund kann hierzu durch Gesetz mit Zustimmung des Bundesrates Hoheitsrechte übertragen. Für die Begründung der Europäischen Union sowie für Änderungen ihrer vertraglichen Grundlagen und vergleichbare Regelungen, durch die dieses Grundgesetz seinem Inhalt nach geändert oder ergänzt wird oder solche Änderungen oder Ergänzungen ermöglicht werden, gilt Artikel 79 Abs. 2 und 3.

(1a) Der Bundestag und der Bundesrat haben das Recht, wegen Verstoßes eines Gesetzgebungsakts der Europäischen Union gegen das Subsidiaritätsprinzip vor dem Gerichtshof der Europäischen Union Klage zu erheben. Der Bundestag ist hierzu auf Antrag eines Viertels seiner Mitglieder verpflichtet. Durch Gesetz, das der Zustimmung des Bundesrates bedarf, können für die Wahrnehmung der Rechte, die dem Bundestag und dem Bundesrat in den vertraglichen Grundlagen der Europäischen Union eingeräumt sind, Ausnahmen von Artikel 42 Abs. 2 Satz 1 und Artikel 52 Abs. 3 Satz 1 zugelassen werden.

(2) In Angelegenheiten der Europäischen Union wirken der Bundestag und durch den Bundesrat die Länder mit. Die Bundesregierung hat den Bundestag und den Bundesrat umfassend und zum frühestmöglichen Zeitpunkt zu unterrichten.

(3) Die Bundesregierung gibt dem Bundestag Gelegenheit zur Stellungnahme vor ihrer Mitwirkung an Rechtsetzungsakten der Europäischen Union. Die Bundesregierung berücksichtigt die Stellungnahmen des Bundestages bei den Verhandlungen. Das Nähere regelt ein Gesetz.

(4) Der Bundesrat ist an der Willensbildung des Bundes zu beteiligen, soweit er an einer entsprechenden innerstaatlichen Maßnahme mitzuwirken hätte oder soweit die Länder innerstaatlich zuständig wären.

(5) Soweit in einem Bereich ausschließlicher Zuständigkeiten des Bundes Interessen der Länder berührt sind oder soweit im übrigen der Bund das Recht zur Gesetzgebung hat, berücksichtigt die Bundesregierung die Stellungnahme des Bundesrates. Wenn im Schwerpunkt Gesetzgebungsbefugnisse der Länder, die Einrichtung ihrer Behörden oder ihre Verwaltungsverfahren betroffen sind, ist bei der Willensbildung des Bundes insoweit die Auffassung des Bundesrates maßgeblich zu berücksichtigen; dabei ist die gesamtstaatliche Verantwortung des Bundes zu wahren. In Angelegenheiten, die zu Ausgabenerhöhungen oder Einnahmeminderungen für den Bund führen können, ist die Zustimmung der Bundesregierung erforderlich.

(6) Wenn im Schwerpunkt ausschließliche Gesetzgebungsbefugnisse der Länder auf den Gebieten der schulischen Bildung, der Kultur oder des Rundfunks betroffen sind, wird die Wahrnehmung der Rechte, die der Bundesrepublik Deutschland als Mitgliedstaat der Europäischen Union zustehen, vom Bund auf einen vom Bundesrat benannten Vertreter der Länder übertragen. Die Wahrnehmung der Rechte erfolgt unter Beteiligung und in Abstimmung mit der Bundesregierung; dabei ist die gesamtstaatliche Verantwortung des Bundes zu wahren.

(7) Das Nähere zu den Absätzen 4 bis 6 regelt ein Gesetz, das der Zustimmung des Bundesrates bedarf.

Artikel 24 (Supranationale Einrichtungen)

(1) Der Bund kann durch Gesetz Hoheitsrechte auf zwischenstaatliche Einrichtungen übertragen.

(1a) Soweit die Länder für die Ausübung der staatlichen Befugnisse und die Erfüllung der staatlichen Aufgaben zuständig sind, können sie mit Zustimmung der Bundesregierung Hoheitsrechte auf grenznachbarschaftliche Einrichtungen übertragen.

(2) Der Bund kann sich zur Wahrung des Friedens einem System gegenseitiger kollektiver Sicherheit einordnen; er wird hierbei in die Beschränkungen seiner Hoheitsrechte einwilligen, die eine friedliche und dauerhafte Ordnung in Europa und zwischen den Völkern der Welt herbeiführen und sichern.

(3) Zur Regelung zwischenstaatlicher Streitigkeiten wird der Bund Vereinbarungen über eine allgemeine, umfassende, obligatorische, internationale Schiedsgerichtsbarkeit beitreten.

Artikel 25 (Regeln des Völkerrechts)

Die allgemeinen Regeln des Völkerrechts sind Bestandteil des Bundesrechtes. Sie gehen den Gesetzen vor und erzeugen Rechte und Pflichten unmittelbar für die Bewohner des Bundesgebietes.

Entscheidung des Bundesverfassungsgerichts vom 6. Dezember 2006 (BGBl. I 2007 S. 33)

Aus dem Beschluss des Bundesverfassungsgerichts vom 6. Dezember 2006 – 2 BvM 9/03 – wird die Entscheidungsformel veröffentlicht:

Eine allgemeine Regel des Völkerrechts, nach der ein lediglich pauschaler Immunitätsverzicht zur Aufhebung des Schutzes der Immunität auch für solches Vermögen genügt, das dem Entsendestaat im Empfangsstaat zur Aufrechterhaltung der Funktionsfähigkeit seiner diplomatischen Mission dient, ist nicht feststellbar.

Die vorstehende Entscheidungsformel hat gemäß § 31 Abs. 2 des Bundesverfassungsgerichtsgesetzes Gesetzeskraft.

Artikel 26 (Angriffskrieg, Kriegswaffen)

(1) Handlungen, die geeignet sind und in der Absicht vorgenommen werden, das friedliche Zusammenleben der Völker zu stören, insbesondere die Führung eines Angriffskrieges vorzubereiten, sind verfassungswidrig. Sie sind unter Strafe zu stellen.

(2) Zur Kriegsführung bestimmte Waffen dürfen nur mit Genehmigung der Bundesregierung hergestellt, befördert und in Verkehr gebracht werden. Das Nähere regelt ein Bundesgesetz.

Artikel 27 (Handelsflotte)

Alle deutschen Kauffahrteischiffe bilden eine einheitliche Handelsflotte.

Artikel 28 (Länder und Gemeinden)

(1) Die verfassungsmäßige Ordnung in den Ländern muß den Grundsätzen des republikanischen, demokratischen und sozialen Rechtsstaates im Sinne dieses Grundgesetzes entsprechen. In den Ländern, Kreisen und Gemeinden muß das Volk eine Vertretung haben, die aus allgemeinen, unmittelbaren, freien, gleichen und geheimen Wahlen hervorgegangen ist. Bei Wahlen in Kreisen und Gemeinden sind auch Personen, die die Staatsangehörigkeit eines Mitgliedstaates der Europäischen Gemeinschaft besitzen, nach Maßgabe von Recht der Europäischen Gemeinschaft wahlberechtigt und wählbar. In Gemeinden kann an die Stelle einer gewählten Körperschaft die Gemeindeversammlung treten.

(2) Den Gemeinden muß das Recht gewährleistet sein, alle Angelegenheiten der örtlichen Gemeinschaft im Rahmen der Gesetze in eigener Verantwortung zu regeln. Auch die Gemeindeverbände haben im Rahmen ihres gesetzlichen Aufgabenbereiches nach Maßgabe der Gesetze das Recht der Selbstverwaltung. Die Gewährleistung der Selbstverwaltung umfaßt auch die Grundlagen der finanziellen Eigenverantwortung, zu diesen Grundlagen gehört eine den Gemeinden mit Hebesatzrecht zustehende wirtschaftskraftbezogene Steuerquelle.

(3) Der Bund gewährleistet, daß die verfassungsmäßige Ordnung der Länder den Grundrechten und den Bestimmungen der Absätze 1 und 2 entspricht.

Artikel 29 (Neugliederung des Bundesgebiets)

(1) Das Bundesgebiet kann neu gegliedert werden, um zu gewährleisten, daß die Länder nach Größe und Leistungsfähigkeit die ihnen obliegenden Aufgaben wirksam erfüllen können. Dabei sind die landsmannschaftliche Verbundenheit, die geschichtlichen und kulturellen Zusammenhänge, die wirtschaftliche Zweckmäßigkeit sowie die Erfordernisse der Raumordnung und der Landesplanung zu berücksichtigen.

(2) Maßnahmen zur Neugliederung des Bundesgebietes ergehen durch Bundesgesetz, das der Bestätigung durch Volksentscheid bedarf. Die betroffenen Länder sind zu hören.

(3) Der Volksentscheid findet in den Ländern statt, aus deren Gebieten oder Gebietsteilen ein neues oder neu umgrenztes Land gebildet werden soll (betroffene Länder). Abzustimmen ist über die Frage, ob die betroffenen

Länder wie bisher bestehenbleiben sollen oder ob das neue oder neu umgrenzte Land gebildet werden soll. Der Volksentscheid für die Bildung eines neuen oder neu umgrenzten Landes kommt zustande, wenn in dessen künftigem Gebiet und insgesamt in den Gebieten oder Gebietsteilen eines betroffenen Landes, deren Landeszugehörigkeit im gleichen Sinne geändert werden soll, jeweils eine Mehrheit der Änderung zustimmt. Er kommt nicht zustande, wenn im Gebiet eines der betroffenen Länder eine Mehrheit die Änderung ablehnt; die Ablehnung ist jedoch unbeachtlich, wenn in einem Gebietsteil, dessen Zugehörigkeit zu dem betroffenen Land geändert werden soll, eine Mehrheit von zwei Dritteln der Änderung zustimmt, es sei denn, daß im Gesamtgebiet des betroffenen Landes eine Mehrheit von zwei Dritteln die Änderung ablehnt.

(4) Wird in einem zusammenhängenden, abgegrenzten Siedlungs- und Wirtschaftsraum, dessen Teile in mehreren Ländern liegen und der mindestens eine Million Einwohner hat, von einem Zehntel der in ihm zum Bundestag Wahlberechtigten durch Volksbegehren gefordert, daß für diesen Raum eine einheitliche Landeszugehörigkeit herbeigeführt werde, so ist durch Bundesgesetz innerhalb von zwei Jahren entweder zu bestimmen, ob die Landeszugehörigkeit gemäß Absatz 2 geändert wird, oder daß in den betroffenen Ländern eine Volksbefragung stattfindet.

(5) Die Volksbefragung ist darauf gerichtet festzustellen, ob eine in dem Gesetz vorzuschlagende Änderung der Landeszugehörigkeit Zustimmung findet. Das Gesetz kann verschiedene, jedoch nicht mehr als zwei Vorschläge der Volksbefragung vorlegen. Stimmt eine Mehrheit einer vorgeschlagenen Änderung der Landeszugehörigkeit zu, so ist durch Bundesgesetz innerhalb von zwei Jahren zu bestimmen, ob die Landeszugehörigkeit gemäß Absatz 2 geändert wird. Findet ein der Volksbefragung vorgelegter Vorschlag eine den Maßgaben des Absatzes 3 Satz 3 und 4 entsprechende Zustimmung, so ist innerhalb von zwei Jahren nach der Durchführung der Volksbefragung ein Bundesgesetz zur Bildung des vorgeschlagenen Landes zu erlassen, das der Bestätigung durch Volksentscheid nicht mehr bedarf.

(6) Mehrheit im Volksentscheid und in der Volksbefragung ist die Mehrheit der abgegebenen Stimmen, wenn sie mindestens ein Viertel der zum Bundestag Wahlberechtigten umfaßt. Im übrigen wird das Nähere über Volksentscheid, Volksbegehren und Volksbefragung durch ein Bundesgesetz geregelt; dieses kann auch vorsehen, daß Volksbegehren innerhalb eines Zeitraumes von fünf Jahren nicht wiederholt werden können.

(7) Sonstige Änderungen des Gebietsbestandes der Länder können durch Staatsverträge der beteiligten Länder oder durch Bundesgesetz mit Zustimmung des Bundesrates erfolgen, wenn das Gebiet, dessen Landeszugehörigkeit geändert werden soll, nicht mehr als 50 000 Einwohner hat. Das Nähere regelt ein Bundesgesetz, das der Zustimmung des Bundesrates und der Mehrheit der Mitglieder des Bundestages bedarf. Es muß die Anhörung der betroffenen Gemeinden und Kreise vorsehen.

(8) Die Länder können eine Neugliederung für das jeweils von ihnen umfaßte Gebiet oder für Teilgebiete abweichend von den Vorschriften der Absätze 2 bis 7 durch Staatsvertrag regeln. Die betroffenen Gemeinden und Kreise sind zu hören. Der Staatsvertrag bedarf der Bestätigung durch Volksentscheid in jedem beteiligten Land. Betrifft der Staatsvertrag Teilgebiete der Länder, kann die Bestätigung auf Volksentscheide in diesen Teilgebieten beschränkt werden; Satz 5 zweiter Halbsatz findet keine Anwendung. Bei einem Volksentscheid entscheidet die Mehrheit der abgegebenen Stimmen, wenn sie mindestens ein Viertel der zum Bundestag Wahlberechtigten umfaßt; das Nähere regelt ein Bundesgesetz. Der Staatsvertrag bedarf der Zustimmung des Bundestages.

Artikel 30 (Funktionen der Länder)

Die Ausübung der staatlichen Befugnisse und die Erfüllung der staatlichen Aufgaben ist Sache der Länder, soweit dieses Grundgesetz keine andere Regelung trifft oder zuläßt.

Artikel 31 (Vorrang des Bundesrechts)

Bundesrecht bricht Landesrecht.

Artikel 32 (Auswärtige Beziehungen)

(1) Die Pflege der Beziehungen zu auswärtigen Staaten ist Sache des Bundes.

(2) Vor dem Abschlusse eines Vertrages, der die besonderen Verhältnisse eines Landes berührt, ist das Land rechtzeitig zu hören.

(3) Soweit die Länder für die Gesetzgebung zuständig sind, können sie mit Zustimmung der Bundesregierung mit auswärtigen Staaten Verträge abschließen.

Artikel 33 (Staatsbürger, öffentlicher Dienst)

(1) Jeder Deutsche hat in jedem Lande die gleichen staatsbürgerlichen Rechte und Pflichten.

(2) Jeder Deutsche hat nach seiner Eignung, Befähigung und fachlichen Leistung gleichen Zugang zu jedem öffentlichen Amte.

(3) Der Genuß bürgerlicher und staatsbürgerlicher Rechte, die Zulassung zu öffentlichen Ämtern sowie die im öffentlichen Dienste erworbenen Rechte sind unabhängig von dem religiösen Bekenntnis. Niemandem darf aus seiner Zugehörigkeit oder Nichtzugehörigkeit zu einem Bekenntnisse oder einer Weltanschauung ein Nachteil erwachsen.

(4) Die Ausübung hoheitsrechtlicher Befugnisse ist als ständige Aufgabe in der Regel Angehörigen des öffentlichen Dienstes zu übertragen, die in einem öffentlich-rechtlichen Dienst- und Treueverhältnis stehen.

(5) Das Recht des öffentlichen Dienstes ist unter Berücksichtigung der hergebrachten Grundsätze des Berufsbeamtentums zu regeln und fortzuentwickeln.

Artikel 34 (Amtshaftung bei Amtspflichtverletzungen)

Verletzt jemand in Ausübung eines ihm anvertrauten öffentlichen Amtes die ihm einem Dritten gegenüber obliegende Amtspflicht, so trifft die Verantwortlichkeit grundsätzlich den Staat oder die Körperschaft, in deren Dienst er steht. Bei Vorsatz oder grober Fahrlässigkeit bleibt der Rückgriff vorbehalten. Für den Anspruch auf Schadensersatz und für den Rückgriff darf der ordentliche Rechtsweg nicht ausgeschlossen werden.

Artikel 35 (Rechts- und Amtshilfe)

(1) Alle Behörden des Bundes und der Länder leisten sich gegenseitig Rechts- und Amtshilfe.

(2) Zur Aufrechterhaltung oder Wiederherstellung der öffentlichen Sicherheit oder Ordnung kann ein Land in Fällen von besonderer Bedeutung Kräfte und Einrichtungen des Bundesgrenzschutzes zur Unterstützung seiner Polizei anfordern, wenn die Polizei ohne diese Unterstützung eine Aufgabe nicht oder nur unter erheblichen Schwierigkeiten erfüllen könnte. Zur Hilfe bei einer Naturkatastrophe oder bei einem besonders schweren Unglücksfall kann ein Land Polizeikräfte anderer Länder, Kräfte und Einrichtungen anderer Verwaltungen sowie des Bundesgrenzschutzes und der Streitkräfte anfordern.

(3) Gefährdet die Naturkatastrophe oder der Unglücksfall das Gebiet mehr als eines Landes, so kann die Bundesregierung, soweit es zur wirksamen Bekämpfung erforderlich ist, den Landesregierungen die Weisung erteilen, Polizeikräfte anderen Ländern zur Verfügung zu stellen, sowie Einheiten des Bundesgrenzschutzes und der Streitkräfte zur Unterstützung der Polizeikräfte einsetzen. Maßnahmen der Bundesregierung nach Satz 1 sind jederzeit auf Verlangen des Bundesrates, im übrigen unverzüglich nach Beseitigung der Gefahr aufzuheben.

Artikel 36 (Landsmannschaftliche Gleichbehandlung)

(1) Bei den obersten Bundesbehörden sind Beamte aus allen Ländern in angemessenem Verhältnis zu verwenden. Die bei den übrigen Bundesbehörden beschäftigten Personen sollen in der Regel aus dem Lande genommen werden, in dem sie tätig sind.

(2) Die Wehrgesetze haben auch die Gliederung des Bundes in Länder und ihre besonderen landsmannschaftlichen Verhältnisse zu berücksichtigen.

Artikel 37 (Bundeszwang)

(1) Wenn ein Land die ihm nach dem Grundgesetze oder einem anderen Bundesgesetze

obliegenden Bundespflichten nicht erfüllt, kann die Bundesregierung mit Zustimmung des Bundesrates die notwendigen Maßnahmen treffen, um das Land im Wege des Bundeszwanges zur Erfüllung seiner Pflichten anzuhalten.

(2) Zur Durchführung des Bundeszwanges hat die Bundesregierung oder ihr Beauftragter das Weisungsrecht gegenüber allen Ländern und ihren Behörden.

III. Der Bundestag

Artikel 38 (Wahl)

(1) Die Abgeordneten des Deutschen Bundestages werden in allgemeiner, unmittelbarer, freier, gleicher und geheimer Wahl gewählt. Sie sind Vertreter des ganzen Volkes, an Aufträge und Weisungen nicht gebunden und nur ihrem Gewissen unterworfen.

(2) Wahlberechtigt ist, wer das achtzehnte Lebensjahr vollendet hat; wählbar ist, wer das Alter erreicht hat, mit dem die Volljährigkeit eintritt.

(3) Das Nähere bestimmt ein Bundesgesetz.

Artikel 39 (Wahlperiode, Zusammentritt)

(1) Der Bundestag wird vorbehaltlich der nachfolgenden Bestimmungen auf vier Jahre gewählt. Seine Wahlperiode endet mit dem Zusammentritt eines neuen Bundestages. Die Neuwahl findet frühestens sechsundvierzig, spätestens achtundvierzig Monate nach Beginn der Wahlperiode statt. Im Falle einer Auflösung des Bundestages findet die Neuwahl innerhalb von sechzig Tagen statt.

(2) Der Bundestag tritt spätestens am dreißigsten Tage nach der Wahl zusammen.

(3) Der Bundestag bestimmt den Schluß und den Wiederbeginn seiner Sitzungen. Der Präsident des Bundestages kann ihn früher einberufen. Er ist hierzu verpflichtet, wenn ein Drittel der Mitglieder, der Bundespräsident oder der Bundeskanzler es verlangen.

Artikel 40 (Präsidium, Geschäftsordnung)

(1) Der Bundestag wählt seinen Präsidenten, dessen Stellvertreter und die Schriftführer. Er gibt sich eine Geschäftsordnung.

(2) Der Präsident übt das Hausrecht und die Polizeigewalt im Gebäude des Bundestages aus. Ohne seine Genehmigung darf in den Räumen des Bundestages keine Durchsuchung oder Beschlagnahme stattfinden.

Artikel 41 (Wahlprüfung)

(1) Die Wahlprüfung ist Sache des Bundestages. Er entscheidet auch, ob ein Abgeordneter des Bundestages die Mitgliedschaft verloren hat.

(2) Gegen die Entscheidung des Bundestages ist die Beschwerde an das Bundesverfassungsgericht zulässig.

(3) Das Nähere regelt ein Bundesgesetz.

Artikel 42 (Öffentlichkeit, Beschlussfassung)

(1) Der Bundestag verhandelt öffentlich. Auf Antrag eines Zehntels seiner Mitglieder oder auf Antrag der Bundesregierung kann mit Zweidrittelmehrheit die Öffentlichkeit ausgeschlossen werden. Über den Antrag wird in nichtöffentlicher Sitzung entschieden.

(2) Zu einem Beschlusse des Bundestages ist die Mehrheit der abgegebenen Stimmen erforderlich, soweit dieses Grundgesetz nichts anderes bestimmt. Für die vom Bundestage vorzunehmenden Wahlen kann die Geschäftsordnung Ausnahmen zulassen.

(3) Wahrheitsgetreue Berichte über die öffentlichen Sitzungen des Bundestages und seiner Ausschüsse bleiben von jeder Verantwortlichkeit frei.

Artikel 43 (Anwesenheit der Bundesminister)

(1) Der Bundestag und seine Ausschüsse können die Anwesenheit jedes Mitgliedes der Bundesregierung verlangen.

(2) Die Mitglieder des Bundesrates und der Bundesregierung sowie ihre Beauftragten haben zu allen Sitzungen des Bundestages und seiner Ausschüsse Zutritt. Sie müssen jederzeit gehört werden.

Artikel 44 (Untersuchungsausschüsse)

(1) Der Bundestag hat das Recht und auf Antrag eines Viertels seiner Mitglieder die

Pflicht, einen Untersuchungsausschuß einzusetzen, der in öffentlicher Verhandlung die erforderlichen Beweise erhebt. Die Öffentlichkeit kann ausgeschlossen werden.

(2) Auf Beweiserhebungen finden die Vorschriften über den Strafprozeß sinngemäß Anwendung. Das Brief-, Post- und Fernmeldegeheimnis bleibt unberührt.

(3) Gerichte und Verwaltungsbehörden sind zur Rechts- und Amtshilfe verpflichtet.

(4) Die Beschlüsse der Untersuchungsausschüsse sind der richterlichen Erörterung entzogen. In der Würdigung und Beurteilung des der Untersuchung zugrunde liegenden Sachverhaltes sind die Gerichte frei.

Artikel 45 (Ausschuss für die Angelegenheiten der Europäischen Union)

Der Bundestag bestellt einen Ausschuß für die Angelegenheiten der Europäischen Union. Er kann ihn ermächtigen, die Rechte des Bundestages gemäß Artikel 23 gegenüber der Bundesregierung wahrzunehmen. Er kann ihn auch ermächtigen, die Rechte wahrzunehmen, die dem Bundestag in den vertraglichen Grundlagen der Europäischen Union eingeräumt sind.

Artikel 45a (Ausschüsse für Auswärtiges und Verteidigung)

(1) Der Bundestag bestellt einen Ausschuß für auswärtige Angelegenheiten und einen Ausschuß für Verteidigung.

(2) Der Ausschuß für Verteidigung hat auch die Rechte eines Untersuchungsausschusses. Auf Antrag eines Viertels seiner Mitglieder hat er die Pflicht, eine Angelegenheit zum Gegenstand seiner Untersuchung zu machen.

(3) Artikel 44 Abs. 1 findet auf dem Gebiet der Verteidigung keine Anwendung.

Artikel 45b (Wehrbeauftragter)

Zum Schutz der Grundrechte und als Hilfsorgan des Bundestages bei der Ausübung der parlamentarischen Kontrolle wird ein Wehrbeauftragter des Bundestages berufen. Das Nähere regelt ein Bundesgesetz.

Artikel 45c (Petitionsausschuss)

(1) Der Bundestag bestellt einen Petitionsausschuß, dem die Behandlung der nach Artikel 17 an den Bundestag gerichteten Bitten und Beschwerden obliegt.

(2) Die Befugnisse des Ausschusses zur Überprüfung von Beschwerden regelt ein Bundesgesetz.

Artikel 45d (Parlamentarisches Kontrollgremium)

(1) Der Bundestag bestellt ein Gremium zur Kontrolle der nachrichtendienstlichen Tätigkeit des Bundes.

(2) Das Nähere regelt ein Bundesgesetz.

Artikel 46 (Indemnität, Immunität)

(1) Ein Abgeordneter darf zu keiner Zeit wegen seiner Abstimmung oder wegen einer Äußerung, die er im Bundestage oder in einem seiner Ausschüsse getan hat, gerichtlich oder dienstlich verfolgt oder sonst außerhalb des Bundestages zur Verantwortung gezogen werden. Dies gilt nicht für verleumderische Beleidigungen.

(2) Wegen einer mit Strafe bedrohten Handlung darf ein Abgeordneter nur mit Genehmigung des Bundestages zur Verantwortung gezogen oder verhaftet werden, es sei denn, daß er bei Begehung der Tat oder im Laufe des folgenden Tages festgenommen wird.

(3) Die Genehmigung des Bundestages ist ferner bei jeder anderen Beschränkung der persönlichen Freiheit eines Abgeordneten oder zur Einleitung eines Verfahrens gegen einen Abgeordneten gemäß Artikel 18 erforderlich.

(4) Jedes Strafverfahren und jedes Verfahren gemäß Artikel 18 gegen einen Abgeordneten, jede Haft und jede sonstige Beschränkung seiner persönlichen Freiheit sind auf Verlangen des Bundestages auszusetzen.

Artikel 47 (Zeugnisverweigerungsrecht)

Die Abgeordneten sind berechtigt, über Personen, die ihnen in ihrer Eigenschaft als Abgeordnete oder denen sie in dieser Eigenschaft Tatsachen anvertraut haben, sowie über diese Tatsachen selbst das Zeugnis zu verweigern. Soweit dieses Zeugnisverweigerungsrecht reicht, ist die Beschlagnahme von Schriftstücken unzulässig.

Artikel 48 (Ansprüche der Abgeordneten)

(1) Wer sich um einen Sitz im Bundestage bewirbt, hat Anspruch auf den zur Vorbereitung seiner Wahl erforderlichen Urlaub.

(2) Niemand darf gehindert werden, das Amt eines Abgeordneten zu übernehmen und auszuüben. Eine Kündigung oder Entlassung aus diesem Grunde ist unzulässig.

(3) Die Abgeordneten haben Anspruch auf eine angemessene, ihre Unabhängigkeit sichernde Entschädigung. Sie haben das Recht der freien Benutzung aller staatlichen Verkehrsmittel. Das Nähere regelt ein Bundesgesetz.

Artikel 49 (weggefallen)

IV. Der Bundesrat

Artikel 50 (Funktion)

Durch den Bundesrat wirken die Länder bei der Gesetzgebung und Verwaltung des Bundes und in Angelegenheiten der Europäischen Union mit.

Artikel 51 (Zusammensetzung)

(1) Der Bundesrat besteht aus Mitgliedern der Regierungen der Länder, die sie bestellen und abberufen. Sie können durch andere Mitglieder ihrer Regierungen vertreten werden.

(2) Jedes Land hat mindestens drei Stimmen, Länder mit mehr als zwei Millionen Einwohnern haben vier, Länder mit mehr als sechs Millionen Einwohnern fünf, Länder mit mehr als sieben Millionen Einwohnern sechs Stimmen.

(3) Jedes Land kann so viele Mitglieder entsenden, wie es Stimmen hat. Die Stimmen eines Landes können nur einheitlich und nur durch anwesende Mitglieder oder deren Vertreter abgegeben werden.

Artikel 52 (Präsident, Geschäftsordnung)

(1) Der Bundesrat wählt seinen Präsidenten auf ein Jahr.

(2) Der Präsident beruft den Bundesrat ein. Er hat ihn einzuberufen, wenn die Vertreter von mindestens zwei Ländern oder die Bundesregierung es verlangen.

(3) Der Bundesrat faßt seine Beschlüsse mit mindestens der Mehrheit seiner Stimmen. Er gibt sich eine Geschäftsordnung. Er verhandelt öffentlich. Die Öffentlichkeit kann ausgeschlossen werden.

(3a) Für Angelegenheiten der Europäischen Union kann der Bundesrat eine Europakammer bilden, deren Beschlüsse als Beschlüsse des Bundesrates gelten; die Anzahl der einheitlich abzugebenden Stimmen der Länder bestimmt sich nach Artikel 51 Abs. 2.

(4) Den Ausschüssen des Bundesrates können andere Mitglieder oder Beauftragte der Regierungen der Länder angehören.

Artikel 53 (Anwesenheit der Bundesregierung)

Die Mitglieder der Bundesregierung haben das Recht und auf Verlangen die Pflicht, an den Verhandlungen des Bundesrates und seiner Ausschüsse teilzunehmen. Sie müssen jederzeit gehört werden. Der Bundesrat ist von der Bundesregierung über die Führung der Geschäfte auf dem laufenden zu halten.

IVa. Gemeinsamer Ausschuß

Artikel 53a (Zusammensetzung, Verfahren)

(1) Der Gemeinsame Ausschuß besteht zu zwei Dritteln aus Abgeordneten des Bundestages, zu einem Drittel aus Mitgliedern des Bundesrates. Die Abgeordneten werden vom Bundestage entsprechend dem Stärkeverhältnis der Fraktionen bestimmt; sie dürfen nicht der Bundesregierung angehören. Jedes Land wird durch ein von ihm bestelltes Mitglied des Bundesrates vertreten; diese Mitglieder sind nicht an Weisungen gebunden. Die Bildung des Gemeinsamen Ausschusses und sein Verfahren werden durch eine Geschäftsordnung geregelt, die vom Bundestage zu beschließen ist und der Zustimmung des Bundesrates bedarf.

(2) Die Bundesregierung hat den Gemeinsamen Ausschuß über ihre Planungen für den Verteidigungsfall zu unterrichten. Die Rechte des Bundestages und seiner Ausschüsse nach Artikel 43 Abs. 1 bleiben unberührt.

V. Der Bundespräsident

Artikel 54 (Bundesversammlung)

(1) Der Bundespräsident wird ohne Aussprache von der Bundesversammlung gewählt. Wählbar ist jeder Deutsche, der das Wahlrecht zum Bundestage besitzt und das vierzigste Lebensjahr vollendet hat.

(2) Das Amt des Bundespräsidenten dauert fünf Jahre. Anschließende Wiederwahl ist nur einmal zulässig.

(3) Die Bundesversammlung besteht aus den Mitgliedern des Bundestages und einer gleichen Anzahl von Mitgliedern, die von den Volksvertretungen der Länder nach den Grundsätzen der Verhältniswahl gewählt werden.

(4) Die Bundesversammlung tritt spätestens 30 Tage vor Ablauf der Amtszeit des Bundespräsidenten, bei vorzeitiger Beendigung spätestens 30 Tage nach diesem Zeitpunkt zusammen. Sie wird von dem Präsidenten des Bundestages einberufen.

(5) Nach Ablauf der Wahlperiode beginnt die Frist des Absatzes 4 Satz 1 mit dem ersten Zusammentritt des Bundestages.

(6) Gewählt ist, wer die Stimmen der Mehrheit der Mitglieder der Bundesversammlung erhält. Wird diese Mehrheit in zwei Wahlgängen von keinem Bewerber erreicht, so ist gewählt, wer in einem weiteren Wahlgang die meisten Stimmen auf sich vereinigt.

(7) Das Nähere regelt ein Bundesgesetz.

Artikel 55 (Unabhängigkeit des Bundespräsidenten)

(1) Der Bundespräsident darf weder der Regierung noch einer gesetzgebenden Körperschaft des Bundes oder eines Landes angehören.

(2) Der Bundespräsident darf kein anderes besoldetes Amt, kein Gewerbe und keinen Beruf ausüben und weder der Leitung noch dem Aufsichtsrat eines auf Erwerb gerichteten Unternehmens angehören.

Artikel 56 (Eidesleistung)

Der Bundespräsident leistet bei seinem Amtsantritt vor den versammelten Mitgliedern des Bundestages und des Bundesrates folgenden Eid: „Ich schwöre, daß ich meine Kraft dem Wohle des deutschen Volkes widmen, seinen Nutzen mehren, Schaden von ihm wenden, das Grundgesetz und die Gesetze des Bundes wahren und verteidigen, meine Pflichten gewissenhaft erfüllen und Gerechtigkeit gegen jedermann üben werde. So wahr mir Gott helfe." Der Eid kann auch ohne religiöse Beteuerung geleistet werden.

Artikel 57 (Vertretung)

Die Befugnisse des Bundespräsidenten werden im Falle seiner Verhinderung oder bei vorzeitiger Erledigung des Amtes durch den Präsidenten des Bundesrates wahrgenommen.

Artikel 58 (Gegenzeichnung)

Anordnungen und Verfügungen des Bundespräsidenten bedürfen zu ihrer Gültigkeit der Gegenzeichnung durch den Bundeskanzler oder durch den zuständigen Bundesminister. Dies gilt nicht für die Ernennung und Entlassung des Bundeskanzlers, die Auflösung des Bundestages gemäß Artikel 63 und das Ersuchen gemäß Artikel 69 Abs. 3.

Artikel 59 (Völkerrechtliche Vertretungsmacht)

(1) Der Bundespräsident vertritt den Bund völkerrechtlich. Er schließt im Namen des Bundes die Verträge mit auswärtigen Staaten. Er beglaubigt und empfängt die Gesandten.

(2) Verträge, welche die politischen Beziehungen des Bundes regeln oder sich auf Gegenstände der Bundesgesetzgebung beziehen, bedürfen der Zustimmung oder der Mitwirkung der jeweils für die Bundesgesetzgebung zuständigen Körperschaften in der Form eines Bundesgesetzes. Für Verwaltungsabkommen gelten die Vorschriften über die Bundesverwaltung entsprechend.

Artikel 60 (Ernennung der Bundesbeamten)

(1) Der Bundespräsident ernennt und entläßt die Bundesrichter, die Bundesbeamten, die

Offiziere und Unteroffiziere, soweit gesetzlich nichts anderes bestimmt ist.

(2) Er übt im Einzelfalle für den Bund das Begnadigungsrecht aus.

(3) Er kann diese Befugnisse auf andere Behörden übertragen.

(4) Die Absätze 2 bis 4 des Artikels 46 finden auf den Bundespräsidenten entsprechende Anwendung.

Artikel 61 (Anklage vor dem Bundesverfassungsgericht)

(1) Der Bundestag oder der Bundesrat können den Bundespräsidenten wegen vorsätzlicher Verletzung des Grundgesetzes oder eines anderen Bundesgesetzes vor dem Bundesverfassungsgericht anklagen. Der Antrag auf Erhebung der Anklage muß von mindestens einem Viertel der Mitglieder des Bundestages oder einem Viertel der Stimmen des Bundesrates gestellt werden. Der Beschluß auf Erhebung der Anklage bedarf der Mehrheit von zwei Dritteln der Mitglieder des Bundestages oder von zwei Dritteln der Stimmen des Bundesrates. Die Anklage wird von einem Beauftragten der anklagenden Körperschaft vertreten.

(2) Stellt das Bundesverfassungsgericht fest, daß der Bundespräsident einer vorsätzlichen Verletzung des Grundgesetzes oder eines anderen Bundesgesetzes schuldig ist, so kann es ihn des Amtes für verlustig erklären. Durch einstweilige Anordnung kann es nach der Erhebung der Anklage bestimmen, daß er an der Ausübung seines Amtes verhindert ist.

VI. Die Bundesregierung

Artikel 62 (Zusammensetzung)

Die Bundesregierung besteht aus dem Bundeskanzler und aus den Bundesministern.

Artikel 63 (Wahl des Bundeskanzlers; Bundestagsauflösung)

(1) Der Bundeskanzler wird auf Vorschlag des Bundespräsidenten vom Bundestage ohne Aussprache gewählt.

(2) Gewählt ist, wer die Stimmen der Mehrheit der Mitglieder des Bundestages auf sich vereinigt. Der Gewählte ist vom Bundespräsidenten zu ernennen.

(3) Wird der Vorgeschlagene nicht gewählt, so kann der Bundestag binnen vierzehn Tagen nach dem Wahlgange mit mehr als der Hälfte seiner Mitglieder einen Bundeskanzler wählen.

(4) Kommt eine Wahl innerhalb dieser Frist nicht zustande, so findet unverzüglich ein neuer Wahlgang statt, in dem gewählt ist, wer die meisten Stimmen erhält. Vereinigt der Gewählte die Stimmen der Mehrheit der Mitglieder des Bundestages auf sich, so muß der Bundespräsident ihn binnen sieben Tagen nach der Wahl ernennen. Erreicht der Gewählte diese Mehrheit nicht, so hat der Bundespräsident binnen sieben Tagen entweder ihn zu ernennen oder den Bundestag aufzulösen.

Artikel 64 (Ernennung der Bundesminister)

(1) Die Bundesminister werden auf Vorschlag des Bundeskanzlers vom Bundespräsidenten ernannt und entlassen.

(2) Der Bundeskanzler und die Bundesminister leisten bei der Amtsübernahme vor dem Bundestage den in Artikel 56 vorgesehenen Eid.

Artikel 65 (Verantwortung, Geschäftsordnung)

Der Bundeskanzler bestimmt die Richtlinien der Politik und trägt dafür die Verantwortung. Innerhalb dieser Richtlinien leitet jeder Bundesminister seinen Geschäftsbereich selbständig und unter eigener Verantwortung. Über Meinungsverschiedenheiten zwischen den Bundesministern entscheidet die Bundesregierung. Der Bundeskanzler leitet ihre Geschäfte nach einer von der Bundesregierung beschlossenen und vom Bundespräsidenten genehmigten Geschäftsordnung.

Artikel 65a (Befehls- und Kommandogewalt)

Der Bundesminister für Verteidigung hat die Befehls- und Kommandogewalt über die Streitkräfte.

Artikel 66 (Kein Nebenberuf)

Der Bundeskanzler und die Bundesminister dürfen kein anderes besoldetes Amt, kein Gewerbe und keinen Beruf ausüben und weder der Leitung noch ohne Zustimmung des

Bundestages dem Aufsichtsrate eines auf Erwerb gerichteten Unternehmens angehören.

Artikel 67 (Misstrauensvotum)

(1) Der Bundestag kann dem Bundeskanzler das Mißtrauen nur dadurch aussprechen, daß er mit der Mehrheit seiner Mitglieder einen Nachfolger wählt und den Bundespräsidenten ersucht, den Bundeskanzler zu entlassen. Der Bundespräsident muß dem Ersuchen entsprechen und den Gewählten ernennen.

(2) Zwischen dem Antrage und der Wahl müssen 48 Stunden liegen.

Artikel 68 (Vertrauensvotum – Bundestagsauflösung)

(1) Findet ein Antrag des Bundeskanzlers, ihm das Vertrauen auszusprechen, nicht die Zustimmung der Mehrheit der Mitglieder des Bundestages, so kann der Bundespräsident auf Vorschlag des Bundeskanzlers binnen 21 Tagen den Bundestag auflösen. Das Recht zur Auflösung erlischt, sobald der Bundestag mit der Mehrheit seiner Mitglieder einen anderen Bundeskanzler wählt.

(2) Zwischen dem Antrage und der Abstimmung müssen 48 Stunden liegen.

Artikel 69 (Stellvertreter des Bundeskanzlers)

(1) Der Bundeskanzler ernennt einen Bundesminister zu seinem Stellvertreter.

(2) Das Amt des Bundeskanzlers oder eines Bundesministers endigt in jedem Falle mit dem Zusammentritt eines neuen Bundestages, das Amt eines Bundesministers auch mit jeder anderen Erledigung des Amtes des Bundeskanzlers.

(3) Auf Ersuchen des Bundespräsidenten ist der Bundeskanzler, auf Ersuchen des Bundeskanzlers oder des Bundespräsidenten ein Bundesminister verpflichtet, die Geschäfte bis zur Ernennung seines Nachfolgers weiterzuführen.

VII. Die Gesetzgebung des Bundes

Artikel 70 (Gesetzgebung des Bundes und der Länder)

(1) Die Länder haben das Recht der Gesetzgebung, soweit dieses Grundgesetz nicht dem Bunde Gesetzgebungsbefugnisse verleiht.

(2) Die Abgrenzung der Zuständigkeit zwischen Bund und Ländern bemißt sich nach den Vorschriften dieses Grundgesetzes über die ausschließliche und die konkurrierende Gesetzgebung.

Artikel 71 (Ausschließliche Gesetzgebung)

Im Bereiche der ausschließlichen Gesetzgebung des Bundes haben die Länder die Befugnis zur Gesetzgebung nur, wenn und soweit sie hierzu in einem Bundesgesetze ausdrücklich ermächtigt werden.

Artikel 72 (Konkurrierende Gesetzgebung)

(1) Im Bereich der konkurrierenden Gesetzgebung haben die Länder die Befugnis zur Gesetzgebung, solange und soweit der Bund von seiner Gesetzgebungszuständigkeit nicht durch Gesetz Gebrauch gemacht hat.

(2) Auf den Gebieten des Artikels 74 Abs. 1 Nr. 4, 7, 11, 13, 15, 19a, 20, 22, 25 und 26 hat der Bund das Gesetzgebungsrecht, wenn und soweit die Herstellung gleichwertiger Lebensverhältnisse im Bundesgebiet oder die Wahrung der Rechts- oder Wirtschaftseinheit im gesamtstaatlichen Interesse eine bundesgesetzliche Regelung erforderlich macht.

(3) Hat der Bund von seiner Gesetzgebungszuständigkeit Gebrauch gemacht, können die Länder durch Gesetz hiervon abweichende Regelungen treffen über:

1. das Jagdwesen (ohne das Recht der Jagdscheine);
2. den Naturschutz und die Landschaftspflege (ohne die allgemeinen Grundsätze des Naturschutzes, das Recht des Artenschutzes oder des Meeresnaturschutzes);
3. die Bodenverteilung;
4. die Raumordnung;
5. den Wasserhaushalt (ohne stoff- oder anlagenbezogene Regelungen);
6. die Hochschulzulassung und die Hochschulabschlüsse;
7. die Grundsteuer.

Bundesgesetze auf diesen Gebieten treten frühestens sechs Monate nach ihrer Verkündung in Kraft, soweit nicht mit Zustimmung des Bundesrates anderes bestimmt ist. Auf den Gebieten des Satzes 1 geht im Verhältnis von Bundes- und Landesrecht das jeweils spätere Gesetz vor.

(4) Durch Bundesgesetz kann bestimmt werden, daß eine bundesgesetzliche Regelung, für die eine Erforderlichkeit im Sinne des Absatzes 2 nicht mehr besteht, durch Landesrecht ersetzt werden kann.

Artikel 73 (Sachgebiete der ausschließlichen Gesetzgebung)

(1) Der Bund hat die ausschließliche Gesetzgebung über:

1. die auswärtigen Angelegenheiten sowie die Verteidigung einschließlich des Schutzes der Zivilbevölkerung;
2. die Staatsangehörigkeit im Bunde;
3. die Freizügigkeit, das Passwesen, das Melde- und Ausweiswesen, die Ein- und Auswanderung und die Auslieferung;
4. das Währungs-, Geld- und Münzwesen, Maße und Gewichte sowie die Zeitbestimmung;
5. die Einheit des Zoll- und Handelsgebietes, die Handels- und Schiffahrtsverträge, die Freizügigkeit des Warenverkehrs und den Waren- und Zahlungsverkehr mit dem Auslande einschließlich des Zoll- und Grenzschutzes;

5a. den Schutz deutschen Kulturgutes gegen Abwanderung ins Ausland;

6. den Luftverkehr;

6a. den Verkehr von Eisenbahnen, die ganz oder mehrheitlich im Eigentum des Bundes stehen (Eisenbahnen des Bundes), den Bau, die Unterhaltung und das Betreiben von Schienenwegen der Eisenbahnen des Bundes sowie die Erhebung von Entgelten für die Benutzung dieser Schienenwege;

7. das Postwesen und die Telekommunikation;
8. die Rechtsverhältnisse der im Dienste des Bundes und der bundesunmittelbaren Körperschaften des öffentlichen Rechtes stehenden Personen;
9. den gewerblichen Rechtsschutz, das Urheberrecht und das Verlagsrecht;

9a. die Abwehr von Gefahren des internationalen Terrorismus durch das Bundeskriminalpolizeiamt in Fällen, in denen eine länderübergreifende Gefahr vorliegt, die Zuständigkeit einer Landespolizeibehörde nicht erkennbar ist oder die oberste Landesbehörde um eine Übernahme ersucht;

10. die Zusammenarbeit des Bundes und der Länder
    a) in der Kriminalpolizei,
    b) zum Schutze der freiheitlichen demokratischen Grundordnung, des Bestandes und der Sicherheit des Bundes oder eines Landes (Verfassungsschutz) und
    c) zum Schutze gegen Bestrebungen im Bundesgebiet, die durch Anwendung von Gewalt oder darauf gerichtete Vorbereitungshandlungen auswärtige Belange der Bundesrepublik Deutschland gefährden,

    sowie die Einrichtung eines Bundeskriminalpolizeiamtes und die internationale Verbrechensbekämpfung;
11. die Statistik für Bundeszwecke;
12. das Waffen- und das Sprengstoffrecht;
13. die Versorgung der Kriegsbeschädigten und Kriegshinterbliebenen und die Fürsorge für die ehemaligen Kriegsgefangenen;
14. die Erzeugung und Nutzung der Kernenergie zu friedlichen Zwecken, die Errichtung und den Betrieb von Anlagen, die diesen Zwecken dienen, den Schutz gegen Gefahren, die bei Freiwerden von Kernenergie oder durch ionisierende Strahlen entstehen, und die Beseitigung radioaktiver Stoffe.

(2) Gesetze nach Absatz 1 Nr. 9a bedürfen der Zustimmung des Bundesrates.

Artikel 74 (Sachgebiete der konkurrierenden Gesetzgebung)

(1) Die konkurrierende Gesetzgebung erstreckt sich auf folgende Gebiete:

IX

1. das bürgerliche Recht, das Strafrecht, die Gerichtsverfassung, das gerichtliche Verfahren (ohne das Recht des Untersuchungshaftvollzugs), die Rechtsanwaltschaft, das Notariat und die Rechtsberatung;
2. das Personenstandswesen;
3. das Vereinsrecht;
4. das Aufenthalts- und Niederlassungsrecht der Ausländer;
5. (weggefallen)
6. die Angelegenheiten der Flüchtlinge und Vertriebenen;
7. die öffentliche Fürsorge (ohne das Heimrecht);
8. (weggefallen)
9. die Kriegsschäden und die Wiedergutmachung;
10. die Kriegsgräber und Gräber anderer Opfer des Krieges und Opfer von Gewaltherrschaft;
11. das Recht der Wirtschaft (Bergbau, Industrie, Energiewirtschaft, Handwerk, Gewerbe, Handel, Bank- und Börsenwesen, privatrechtliches Versicherungswesen) ohne das Recht des Ladenschlusses, der Gaststätten, der Spielhallen, der Schaustellung von Personen, der Messen, der Ausstellungen und der Märkte;
12. das Arbeitsrecht einschließlich der Betriebsverfassung, des Arbeitsschutzes und der Arbeitsvermittlung sowie die Sozialversicherung einschließlich der Arbeitslosenversicherung;
13. die Regelung der Ausbildungsbeihilfen und die Förderung der wissenschaftlichen Forschung;
14. das Recht der Enteignung, soweit sie auf den Sachgebieten der Artikel 73 und 74 in Betracht kommt;
15. die Überführung von Grund und Boden, von Naturschätzen und Produktionsmitteln in Gemeineigentum oder in andere Formen der Gemeinwirtschaft;
16. die Verhütung des Mißbrauchs wirtschaftlicher Machtstellung;
17. die Förderung der land- und forstwirtschaftlichen Erzeugung (ohne das Recht der Flurbereinigung), die Sicherung der Ernährung, die Ein- und Ausfuhr land- und forstwirtschaftlicher Erzeugnisse, die Hochsee- und Küstenfischerei und den Küstenschutz;
18. den städtebaulichen Grundstücksverkehr, das Bodenrecht (ohne das Recht der Erschließungsbeiträge) und das Wohngeldrecht, das Altschuldenhilferecht, das Wohnungsbauprämienrecht, das Bergarbeiterwohnungsbaurecht und das Bergmannssiedlungsrecht;
19. Maßnahmen gegen gemeingefährliche oder übertragbare Krankheiten bei Menschen und Tieren, Zulassung zu ärztlichen und anderen Heilberufen und zum Heilgewerbe, sowie das Recht des Apothekenwesens, der Arzneien, der Medizinprodukte, der Heilmittel, der Betäubungsmittel und der Gifte;

19a. die wirtschaftliche Sicherung der Krankenhäuser und die Regelung der Krankenhauspflegesätze;

20. das Recht der Lebensmittel einschließlich der ihrer Gewinnung dienenden Tiere, das Recht der Genussmittel, Bedarfsgegenstände und Futtermittel sowie den Schutz beim Verkehr mit land- und forstwirtschaftlichem Saat- und Pflanzgut, den Schutz der Pflanzen gegen Krankheiten und Schädlinge sowie den Tierschutz;
21. die Hochsee- und Küstenschiffahrt sowie die Seezeichen, die Binnenschiffahrt, den Wetterdienst, die Seewasserstraßen und die dem allgemeinen Verkehr dienenden Binnenwasserstraßen;
22. den Straßenverkehr, das Kraftfahrwesen, den Bau und die Unterhaltung von Landstraßen für den Fernverkehr sowie die Erhebung und Verteilung von Gebühren oder Entgelten für die Benutzung öffentlicher Straßen mit Fahrzeugen;
23. die Schienenbahnen, die nicht Eisenbahnen des Bundes sind, mit Ausnahme der Bergbahnen;

24. die Abfallwirtschaft, die Luftreinhaltung und die Lärmbekämpfung (ohne Schutz vor verhaltensbezogenem Lärm);
25. die Staatshaftung;
26. die medizinisch unterstützte Erzeugung menschlichen Lebens, die Untersuchung und die künstliche Veränderung von Erbinformationen sowie Regelungen zur Transplantation von Organen, Geweben und Zellen;
27. die Statusrechte und -pflichten der Beamten der Länder, Gemeinden und anderen Körperschaften des öffentlichen Rechts sowie der Richter in den Ländern mit Ausnahme der Laufbahnen, Besoldung und Versorgung;
28. das Jagdwesen;
29. den Naturschutz und die Landschaftspflege;
30. die Bodenverteilung;
31. die Raumordnung;
32. den Wasserhaushalt;
33. die Hochschulzulassung und die Hochschulabschlüsse.

(2) Gesetze nach Absatz 1 Nr. 25 und 27 bedürfen der Zustimmung des Bundesrates.

Artikel 75 (weggefallen)

Artikel 76 (Gesetzesvorlagen)

(1) Gesetzesvorlagen werden beim Bundestage durch die Bundesregierung, aus der Mitte des Bundestages oder durch den Bundesrat eingebracht.

(2) Vorlagen der Bundesregierung sind zunächst dem Bundesrat zuzuleiten. Der Bundesrat ist berechtigt, innerhalb von sechs Wochen zu diesen Vorlagen Stellung zu nehmen. Verlangt er aus wichtigem Grunde, insbesondere mit Rücksicht auf den Umfang einer Vorlage, eine Fristverlängerung, so beträgt die Frist neun Wochen. Die Bundesregierung kann eine Vorlage, die sie bei der Zuleitung an den Bundesrat ausnahmsweise als besonders eilbedürftig bezeichnet hat, nach drei Wochen oder, wenn der Bundesrat ein Verlangen nach Satz 3 geäußert hat, nach sechs Wochen dem Bundestag zuleiten, auch wenn die Stellungnahme des Bundesrates noch nicht bei ihr eingegangen ist; sie hat die Stellungnahme des Bundesrates unverzüglich nach Eingang dem Bundestag nachzureichen. Bei Vorlagen zur Änderung dieses Grundgesetzes und zur Übertragung von Hoheitsrechten nach Artikel 23 oder Artikel 24 beträgt die Frist zur Stellungnahme neun Wochen; Satz 4 findet keine Anwendung.

(3) Vorlagen des Bundesrates sind dem Bundestag durch die Bundesregierung innerhalb von sechs Wochen zuzuleiten. Sie soll hierbei ihre Auffassung darlegen. Verlangt sie aus wichtigem Grunde, insbesondere mit Rücksicht auf den Umfang einer Vorlage, eine Fristverlängerung, so beträgt die Frist neun Wochen. Wenn der Bundesrat eine Vorlage ausnahmsweise als besonders eilbedürftig bezeichnet hat, beträgt die Frist drei Wochen oder, wenn die Bundesregierung ein Verlangen nach Satz 3 geäußert hat, sechs Wochen. Bei Vorlagen zur Änderung dieses Grundgesetzes und zur Übertragung von Hoheitsrechten nach Artikel 23 oder Artikel 24 beträgt die Frist neun Wochen; Satz 4 findet keine Anwendung. Der Bundestag hat über die Vorlagen in angemessener Frist zu beraten und Beschluß zu fassen.

Artikel 77 (Gesetzgebungsverfahren)

(1) Die Bundesgesetze werden vom Bundestage beschlossen. Sie sind nach ihrer Annahme durch den Präsidenten des Bundestages unverzüglich dem Bundesrate zuzuleiten.

(2) Der Bundesrat kann binnen drei Wochen nach Eingang des Gesetzesbeschlusses verlangen, daß ein aus Mitgliedern des Bundestages und des Bundesrates für die gemeinsame Beratung von Vorlagen gebildeter Ausschuß einberufen wird. Die Zusammensetzung und das Verfahren dieses Ausschusses regelt eine Geschäftsordnung, die vom Bundestag beschlossen wird und der Zustimmung des Bundesrates bedarf. Die in diesen Ausschuß entsandten Mitglieder des Bundesrates sind nicht an Weisungen gebunden. Ist zu einem Gesetz die Zustimmung des Bundesrates erforderlich, so können auch der Bundestag und die Bundesregierung die Einberufung verlangen. Schlägt der Ausschuß eine Änderung des Gesetzesbeschlusses vor, so hat der Bundestag erneut Beschluß zu fassen.

(2a) Soweit zu einem Gesetz die Zustimmung des Bundesrates erforderlich ist, hat der Bundesrat, wenn ein Verlangen nach Absatz 2 Satz 1 nicht gestellt oder das Vermittlungsverfahren ohne einen Vorschlag zur Änderung des Gesetzesbeschlusses beendet ist, in angemessener Frist über die Zustimmung Beschluß zu fassen.

(3) Soweit zu einem Gesetze die Zustimmung des Bundesrates nicht erforderlich ist, kann der Bundesrat, wenn das Verfahren nach Abs. 2 beendigt ist, gegen ein vom Bundestage beschlossenes Gesetz binnen zwei Wochen Einspruch einlegen. Die Einspruchsfrist beginnt im Falle des Absatzes 2 letzter Satz mit dem Eingange des vom Bundestage erneut gefaßten Beschlusses, in allen anderen Fällen mit dem Eingange der Mitteilung des Vorsitzenden des in Absatz 2 vorgesehenen Ausschusses, daß das Verfahren vor dem Ausschusse abgeschlossen ist.

(4) Wird der Einspruch mit der Mehrheit der Stimmen des Bundesrates beschlossen, so kann er durch Beschluß der Mehrheit der Mitglieder des Bundestages zurückgewiesen werden. Hat der Bundesrat den Einspruch mit einer Mehrheit von mindestens zwei Dritteln seiner Stimmen beschlossen, so bedarf die Zurückweisung durch den Bundestag einer Mehrheit von zwei Dritteln, mindestens der Mehrheit der Mitglieder des Bundestages.

Artikel 78 (Zustandekommen der Gesetze)

Ein vom Bundestage beschlossenes Gesetz kommt zustande, wenn der Bundesrat zustimmt, den Antrag gemäß Artikel 77 Abs. 2 nicht stellt, innerhalb der Frist des Artikels 77 Abs. 3 keinen Einspruch einlegt oder ihn zurücknimmt oder wenn der Einspruch vom Bundestage überstimmt wird.

Artikel 79 (Änderung des Grundgesetzes)

(1) Das Grundgesetz kann nur durch ein Gesetz geändert werden, das den Wortlaut des Grundgesetzes ausdrücklich ändert oder ergänzt. Bei völkerrechtlichen Verträgen, die eine Friedensregelung, die Vorbereitung einer Friedensregelung oder den Abbau einer besatzungsrechtlichen Ordnung zum Gegenstand haben oder der Verteidigung der Bundesrepublik zu dienen bestimmt sind, genügt zur Klarstellung, daß die Bestimmungen des Grundgesetzes dem Abschluß und dem Inkraftsetzen der Verträge nicht entgegenstehen, eine Ergänzung des Wortlautes des Grundgesetzes, die sich auf diese Klarstellung beschränkt.

(2) Ein solches Gesetz bedarf der Zustimmung von zwei Dritteln der Mitglieder des Bundestages und zwei Dritteln der Stimmen des Bundesrates.

(3) Eine Änderung dieses Grundgesetzes, durch welche die Gliederung des Bundes in Länder, die grundsätzliche Mitwirkung der Länder bei der Gesetzgebung oder die in den Artikeln 1 und 20 niedergelegten Grundsätze berührt werden, ist unzulässig.

Artikel 80 (Erlass von Rechtsverordnungen)

(1) Durch Gesetz können die Bundesregierung, ein Bundesminister oder die Landesregierungen ermächtigt werden, Rechtsverordnungen zu erlassen. Dabei müssen Inhalt, Zweck und Ausmaß der erteilten Ermächtigung im Gesetze bestimmt werden. Die Rechtsgrundlage ist in der Verordnung anzugeben. Ist durch Gesetz vorgesehen, daß eine Ermächtigung weiter übertragen werden kann, so bedarf es zur Übertragung der Ermächtigung einer Rechtsverordnung.

(2) Der Zustimmung des Bundesrates bedürfen, vorbehaltlich anderweitiger bundesgesetzlicher Regelung, Rechtsverordnungen der Bundesregierung oder eines Bundesministers über Grundsätze und Gebühren für die Benutzung der Einrichtungen des Postwesens und der Telekommunikation, über die Grundsätze der Erhebung des Entgelts für die Benutzung der Einrichtungen der Eisenbahnen des Bundes, über den Bau und Betrieb der Eisenbahnen, sowie Rechtsverordnungen auf Grund von Bundesgesetzen, die der Zustimmung des Bundesrates bedürfen oder die von den Ländern im Auftrage des Bundes oder als eigene Angelegenheit ausgeführt werden.

(3) Der Bundesrat kann der Bundesregierung Vorlagen für den Erlaß von Rechtsverordnungen zuleiten, die seiner Zustimmung bedürfen.

(4) Soweit durch Bundesgesetz oder auf Grund von Bundesgesetzen Landesregierungen ermächtigt werden, Rechtsverordnungen zu erlassen, sind die Länder zu einer Regelung auch durch Gesetz befugt.

Artikel 80a (Verteidigungsfall, Spannungsfall)

(1) Ist in diesem Grundgesetz oder in einem Bundesgesetz über die Verteidigung einschließlich des Schutzes der Zivilbevölkerung bestimmt, daß Rechtsvorschriften nur nach Maßgabe dieses Artikels angewandt werden dürfen, so ist die Anwendung außer im Verteidigungsfalle nur zulässig, wenn der Bundestag den Eintritt des Spannungsfalles festgestellt oder wenn er der Anwendung besonders zugestimmt hat. Die Feststellung des Spannungsfalles und die besondere Zustimmung in den Fällen des Artikels 12a Abs. 5 Satz 1 und Abs. 6 Satz 2 bedürfen einer Mehrheit von zwei Dritteln der abgegebenen Stimmen.

(2) Maßnahmen auf Grund von Rechtsvorschriften nach Absatz 1 sind aufzuheben, wenn der Bundestag es verlangt.

(3) Abweichend von Absatz 1 ist die Anwendung solcher Rechtsvorschriften auch auf der Grundlage und nach Maßgabe eines Beschlusses zulässig, der von einem internationalen Organ im Rahmen eines Bündnisvertrages mit Zustimmung der Bundesregierung gefaßt wird. Maßnahmen nach diesem Absatz sind aufzuheben, wenn der Bundestag es mit der Mehrheit seiner Mitglieder verlangt.

Artikel 81 (Gesetzgebungsnotstand)

(1) Wird im Falle des Artikels 68 der Bundestag nicht aufgelöst, so kann der Bundespräsident auf Antrag der Bundesregierung mit Zustimmung des Bundesrates für eine Gesetzesvorlage den Gesetzgebungsnotstand erklären, wenn der Bundestag sie ablehnt, obwohl die Bundesregierung sie als dringlich bezeichnet hat. Das gleiche gilt, wenn eine Gesetzesvorlage abgelehnt worden ist, obwohl der Bundeskanzler mit ihr den Antrag des Artikels 68 verbunden hatte.

(2) Lehnt der Bundestag die Gesetzesvorlage nach Erklärung des Gesetzgebungsnotstandes erneut ab oder nimmt er sie in einer für die Bundesregierung als unannehmbar bezeichneten Fassung an, so gilt das Gesetz als zustande gekommen, soweit der Bundesrat ihm zustimmt. Das gleiche gilt, wenn die Vorlage vom Bundestage nicht innerhalb von vier Wochen nach der erneuten Einbringung verabschiedet wird.

(3) Während der Amtszeit eines Bundeskanzlers kann auch jede andere vom Bundestage abgelehnte Gesetzesvorlage innerhalb einer Frist von sechs Monaten nach der ersten Erklärung des Gesetzgebungsnotstandes gemäß Absatz 1 und 2 verabschiedet werden. Nach Ablauf der Frist ist während der Amtszeit des gleichen Bundeskanzlers eine weitere Erklärung des Gesetzgebungsnotstandes unzulässig.

(4) Das Grundgesetz darf durch ein Gesetz, das nach Absatz 2 zustande kommt, weder geändert noch ganz oder teilweise außer Kraft oder außer Anwendung gesetzt werden.

Artikel 82 (Verkündung, In-Kraft-Treten)

(1) Die nach den Vorschriften dieses Grundgesetzes zustande gekommenen Gesetze werden vom Bundespräsidenten nach Gegenzeichnung ausgefertigt und im Bundesgesetzblatt verkündet. Das Bundesgesetzblatt kann in elektronischer Form geführt werden. Rechtsverordnungen werden von der Stelle, die sie erlässt, ausgefertigt. Das Nähere zur Verkündung und zur Form von Gegenzeichnung und Ausfertigung von Gesetzen und Rechtsverordnungen regelt ein Bundesgesetz.

(2) Jedes Gesetz und jede Rechtsverordnung soll den Tag des Inkrafttretens bestimmen. Fehlt eine solche Bestimmung, so treten sie mit dem 14. Tage nach Ablauf des Tages in Kraft, an dem das Bundesgesetzblatt ausgegeben worden ist.

VIII. Die Ausführung der Bundesgesetze und die Bundesverwaltung

Artikel 83 (Grundsatz: landeseigene Verwaltung)

Die Länder führen die Bundesgesetze als eigene Angelegenheit aus, soweit dieses Grundgesetz nichts anderes bestimmt oder zuläßt.

Artikel 84 (Bundesaufsicht bei landeseigener Verwaltung)

(1) Führen die Länder die Bundesgesetze als eigene Angelegenheit aus, so regeln sie die Einrichtung der Behörden und das Verwaltungsverfahren. Wenn Bundesgesetze etwas anderes bestimmen, können die Länder davon abweichende Regelungen treffen. Hat ein Land eine abweichende Regelung nach Satz 2 getroffen, treten in diesem Land hierauf bezogene spätere bundesgesetzliche Regelungen der Einrichtung der Behörden und des Verwaltungsverfahrens frühestens sechs Monate nach ihrer Verkündung in Kraft, soweit nicht mit Zustimmung des Bundesrates anderes bestimmt ist. Artikel 72 Abs. 3 Satz 3 gilt entsprechend. In Ausnahmefällen kann der Bund wegen eines besonderen Bedürfnisses nach bundeseinheitlicher Regelung das Verwaltungsverfahren ohne Abweichungsmöglichkeit für die Länder regeln. Diese Gesetze bedürfen der Zustimmung des Bundesrates. Durch Bundesgesetz dürfen Gemeinden und Gemeindeverbänden Aufgaben nicht übertragen werden.

(2) Die Bundesregierung kann mit Zustimmung des Bundesrates allgemeine Verwaltungsvorschriften erlassen.

(3) Die Bundesregierung übt die Aufsicht darüber aus, daß die Länder die Bundesgesetze dem geltenden Rechte gemäß ausführen. Die Bundesregierung kann zu diesem Zwecke Beauftragte zu den obersten Landesbehörden entsenden, mit deren Zustimmung und, falls diese Zustimmung versagt wird, mit Zustimmung des Bundesrates auch zu den nachgeordneten Behörden.

(4) Werden Mängel, die die Bundesregierung bei der Ausführung der Bundesgesetze in den Ländern festgestellt hat, nicht beseitigt, so beschließt auf Antrag der Bundesregierung oder des Landes der Bundesrat, ob das Land das Recht verletzt hat. Gegen den Beschluß des Bundesrates kann das Bundesverfassungsgericht angerufen werden.

(5) Der Bundesregierung kann durch Bundesgesetz, das der Zustimmung des Bundesrates bedarf, zur Ausführung von Bundesgesetzen die Befugnis verliehen werden, für besondere Fälle Einzelweisungen zu erteilen. Sie sind, außer wenn die Bundesregierung den Fall für dringlich erachtet, an die obersten Landesbehörden zu richten.

Artikel 85 (Landesverwaltung im Bundesauftrag)

(1) Führen die Länder die Bundesgesetze im Auftrage des Bundes aus, so bleibt die Einrichtung der Behörden Angelegenheit der Länder, soweit nicht Bundesgesetze mit Zustimmung des Bundesrates etwas anderes bestimmen. Durch Bundesgesetz dürfen Gemeinden und Gemeindeverbänden Aufgaben nicht übertragen werden.

(2) Die Bundesregierung kann mit Zustimmung des Bundesrates allgemeine Verwaltungsvorschriften erlassen. Sie kann die einheitliche Ausbildung der Beamten und Angestellten regeln. Die Leiter der Mittelbehörden sind mit ihrem Einvernehmen zu bestellen.

(3) Die Landesbehörden unterstehen den Weisungen der zuständigen obersten Bundesbehörden. Die Weisungen sind, außer wenn die Bundesregierung es für dringlich erachtet, an die obersten Landesbehörden zu richten. Der Vollzug der Weisung ist durch die obersten Landesbehörden sicherzustellen.

(4) Die Bundesaufsicht erstreckt sich auf Gesetzmäßigkeit und Zweckmäßigkeit der Ausführung. Die Bundesregierung kann zu diesem Zwecke Bericht und Vorlage der Akten verlangen und Beauftragte zu allen Behörden entsenden.

Artikel 86 (Bundeseigene Verwaltung)

Führt der Bund die Gesetze durch bundeseigene Verwaltung oder durch bundesunmittelbare Körperschaften oder Anstalten des öffentlichen Rechtes aus, so erläßt die Bundesregierung, soweit nicht das Gesetz Besonderes vorschreibt, die allgemeinen Verwaltungsvorschriften. Sie regelt, soweit das Gesetz nichts anderes bestimmt, die Einrichtung der Behörden.

Artikel 87 (Gegenstände der Bundeseigenverwaltung)

(1) In bundeseigener Verwaltung mit eigenem Verwaltungsunterbau werden geführt der Auswärtige Dienst, die Bundesfinanzverwal-

tung und nach Maßgabe des Artikels 89 die Verwaltung der Bundeswasserstraßen und der Schiffahrt. Durch Bundesgesetz können Bundesgrenzschutzbehörden, Zentralstellen für das polizeiliche Auskunfts- und Nachrichtenwesen, für die Kriminalpolizei und zur Sammlung von Unterlagen für Zwecke des Verfassungsschutzes und des Schutzes gegen Bestrebungen im Bundesgebiet, die durch Anwendung von Gewalt oder darauf gerichtete Vorbereitungshandlungen auswärtige Belange der Bundesrepublik Deutschland gefährden, eingerichtet werden.

(2) Als bundesunmittelbare Körperschaften des öffentlichen Rechtes werden diejenigen sozialen Versicherungsträger geführt, deren Zuständigkeitsbereich sich über das Gebiet eines Landes hinaus erstreckt. Soziale Versicherungsträger, deren Zuständigkeitsbereich sich über das Gebiet eines Landes, aber nicht über mehr als drei Länder hinaus erstreckt, werden abweichend von Satz 1 als landesunmittelbare Körperschaften des öffentlichen Rechtes geführt, wenn das aufsichtsführende Land durch die beteiligten Länder bestimmt ist.

(3) Außerdem können für Angelegenheiten, für die dem Bunde die Gesetzgebung zusteht, selbständige Bundesoberbehörden und neue bundesunmittelbare Körperschaften und Anstalten des öffentlichen Rechtes durch Bundesgesetz errichtet werden. Erwachsen dem Bunde auf Gebieten, für die ihm die Gesetzgebung zusteht, neue Aufgaben, so können bei dringendem Bedarf bundeseigene Mittel- und Unterbehörden mit Zustimmung des Bundesrates und der Mehrheit der Mitglieder des Bundestages errichtet werden.

Artikel 87a (Streitkräfte und ihr Einsatz)

(1) Der Bund stellt Streitkräfte zur Verteidigung auf. Ihre zahlenmäßige Stärke und die Grundzüge ihrer Organisation müssen sich aus dem Haushaltsplan ergeben.

(1a) Zur Stärkung der Bündnis- und Verteidigungsfähigkeit kann der Bund ein Sondervermögen für die Bundeswehr mit eigener Kreditermächtigung in Höhe von einmalig bis zu 100 Milliarden Euro errichten. Auf die Kreditermächtigung sind Artikel 109 Absatz 3 und Artikel 115 Absatz 2 nicht anzuwenden. Das Nähere regelt ein Bundesgesetz.

(2) Außer zur Verteidigung dürfen die Streitkräfte nur eingesetzt werden, soweit dieses Grundgesetz es ausdrücklich zuläßt.

(3) Die Streitkräfte haben im Verteidigungsfalle und im Spannungsfalle die Befugnis, zivile Objekte zu schützen und Aufgaben der Verkehrsregelung wahrzunehmen, soweit dies zur Erfüllung ihres Verteidigungsauftrages erforderlich ist. Außerdem kann den Streitkräften im Verteidigungsfalle und im Spannungsfalle der Schutz ziviler Objekte auch zur Unterstützung polizeilicher Maßnahmen übertragen werden; die Streitkräfte wirken dabei mit den zuständigen Behörden zusammen.

(4) Zur Abwehr einer drohenden Gefahr für den Bestand oder die freiheitliche demokratische Grundordnung des Bundes oder eines Landes kann die Bundesregierung, wenn die Voraussetzungen des Artikels 91 Abs. 2 vorliegen und die Polizeikräfte sowie der Bundesgrenzschutz nicht ausreichen, Streitkräfte zur Unterstützung der Polizei und des Bundesgrenzschutzes beim Schutze von zivilen Objekten und bei der Bekämpfung organisierter und militärisch bewaffneter Aufständischer einsetzen. Der Einsatz von Streitkräften ist einzustellen, wenn der Bundestag oder der Bundesrat es verlangen.

Artikel 87b (Bundeswehrverwaltung)

(1) Die Bundeswehrverwaltung wird in bundeseigener Verwaltung mit eigenem Verwaltungsunterbau geführt. Sie dient den Aufgaben des Personalwesens und der unmittelbaren Deckung des Sachbedarfs der Streitkräfte. Aufgaben der Beschädigtenversorgung und des Bauwesens können der Bundeswehrverwaltung nur durch Bundesgesetz, das der Zustimmung des Bundesrates bedarf, übertragen werden. Der Zustimmung des Bundesrates bedürfen ferner Gesetze, soweit sie die Bundeswehrverwaltung zu Eingriffen in Rechte Dritter ermächtigen; das gilt nicht für Gesetze auf dem Gebiete des Personalwesens.

(2) Im übrigen können Bundesgesetze, die der Verteidigung einschließlich des Wehrersatzwesens und des Schutzes der Zivilbevöl-

kerung dienen, mit Zustimmung des Bundesrates bestimmen, daß sie ganz oder teilweise in bundeseigener Verwaltung mit eigenem Verwaltungsunterbau oder von den Ländern im Auftrage des Bundes ausgeführt werden. Werden solche Gesetze von den Ländern im Auftrage des Bundes ausgeführt, so können sie mit Zustimmung des Bundesrates bestimmen, daß die der Bundesregierung und den zuständigen obersten Bundesbehörden auf Grund des Artikels 85 zustehenden Befugnisse ganz oder teilweise Bundesoberbehörden übertragen werden; dabei kann bestimmt werden, daß diese Behörden beim Erlaß allgemeiner Verwaltungsvorschriften gemäß Artikel 85 Abs. 2 Satz 1 nicht der Zustimmung des Bundesrates bedürfen.

Artikel 87c (Auftragsverwaltung im Kernenergiebereich)

Gesetze, die auf Grund des Artikels 73 Abs. 1 Nr. 14 ergehen, können mit Zustimmung des Bundesrates bestimmen, daß sie von den Ländern im Auftrag des Bundes ausgeführt werden.

Artikel 87d (Luftverkehrsverwaltung)

(1) Die Luftverkehrsverwaltung wird in Bundesverwaltung geführt. Aufgaben der Flugsicherung können auch durch ausländische Flugsicherungsorganisationen wahrgenommen werden, die nach Recht der Europäischen Gemeinschaft zugelassen sind. Das Nähere regelt ein Bundesgesetz.

(2) Durch Bundesgesetz, das der Zustimmung des Bundesrates bedarf, können Aufgaben der Luftverkehrsverwaltung den Ländern als Auftragsverwaltung übertragen werden.

Artikel 87e (Eisenbahnverkehrsverwaltung)

(1) Die Eisenbahnverkehrsverwaltung für Eisenbahnen des Bundes wird in bundeseigener Verwaltung geführt. Durch Bundesgesetz können Aufgaben der Eisenbahnverkehrsverwaltung den Ländern als eigene Angelegenheit übertragen werden.

(2) Der Bund nimmt die über den Bereich der Eisenbahnen des Bundes hinausgehenden Aufgaben der Eisenbahnverkehrsverwaltung wahr, die ihm durch Bundesgesetz übertragen werden.

(3) Eisenbahnen des Bundes werden als Wirtschaftsunternehmen in privat-rechtlicher Form geführt. Diese stehen im Eigentum des Bundes, soweit die Tätigkeit des Wirtschaftsunternehmens den Bau, die Unterhaltung und das Betreiben von Schienenwegen umfaßt. Die Veräußerung von Anteilen des Bundes an den Unternehmen nach Satz 2 erfolgt auf Grund eines Gesetzes; die Mehrheit der Anteile an diesen Unternehmen verbleibt beim Bund. Das Nähere wird durch Bundesgesetz geregelt.

(4) Der Bund gewährleistet, daß dem Wohl der Allgemeinheit, insbesondere den Verkehrsbedürfnissen, beim Ausbau und Erhalt des Schienennetzes der Eisenbahnen des Bundes sowie bei deren Verkehrsangeboten auf diesem Schienennetz, soweit diese nicht den Schienenpersonennahverkehr betreffen, Rechnung getragen wird. Das Nähere wird durch Bundesgesetz geregelt.

(5) Gesetze auf Grund der Absätze 1 bis 4 bedürfen der Zustimmung des Bundesrates. Der Zustimmung des Bundesrates bedürfen ferner Gesetze, die die Auflösung, die Verschmelzung und die Aufspaltung von Eisenbahnunternehmen des Bundes, die Übertragung von Schienenwegen der Eisenbahnen des Bundes an Dritte sowie die Stillegung von Schienenwegen der Eisenbahnen des Bundes regeln oder Auswirkungen auf den Schienenpersonennahverkehr haben.

Artikel 87f (Postwesen, Telekommunikation)

(1) Nach Maßgabe eines Bundesgesetzes, das der Zustimmung des Bundesrates bedarf, gewährleistet der Bund im Bereich des Postwesens und der Telekommunikation flächendeckend angemessene und ausreichende Dienstleistungen.

(2) Dienstleistungen im Sinne des Absatzes 1 werden als privatwirtschaftliche Tätigkeiten durch die aus dem Sondervermögen Deutsche Bundespost hervorgegangenen Unternehmen und durch andere private Anbieter erbracht. Hoheitsaufgaben im Bereich des Postwesens

und der Telekommunikation werden in bundeseigener Verwaltung ausgeführt.

(3) Unbeschadet des Absatzes 2 Satz 2 führt der Bund in der Rechtsform einer bundesunmittelbaren Anstalt des öffentlichen Rechts einzelne Aufgaben in bezug auf die aus dem Sondervermögen Deutsche Bundespost hervorgegangenen Unternehmen nach Maßgabe eines Bundesgesetzes aus.

Artikel 88 (Bundesbank)

Der Bund errichtet eine Währungs- und Notenbank als Bundesbank. Ihre Aufgaben und Befugnisse können im Rahmen der Europäischen Union der Europäischen Zentralbank übertragen werden, die unabhängig ist und dem vorrangigen Ziel der Sicherung der Preisstabilität verpflichtet.

Artikel 89 (Bundeswasserstraßen)

(1) Der Bund ist Eigentümer der bisherigen Reichswasserstraßen.

(2) Der Bund verwaltet die Bundeswasserstraßen durch eigene Behörden. Er nimmt die über den Bereich eines Landes hinausgehenden staatlichen Aufgaben der Binnenschifffahrt und die Aufgaben der Seeschifffahrt wahr, die ihm durch Gesetz übertragen werden. Er kann die Verwaltung von Bundeswasserstraßen, soweit sie im Gebiete eines Landes liegen, diesem Lande auf Antrag als Auftragsverwaltung übertragen. Berührt eine Wasserstraße das Gebiet mehrerer Länder, so kann der Bund das Land beauftragen, für das die beteiligten Länder es beantragen.

(3) Bei der Verwaltung, dem Ausbau und dem Neubau von Wasserstraßen sind die Bedürfnisse der Landeskultur und der Wasserwirtschaft im Einvernehmen mit den Ländern zu wahren.

Artikel 90 (Bundesstraßen)

(1) Der Bund bleibt Eigentümer der Bundesautobahnen und sonstigen Bundesstraßen des Fernverkehrs. Das Eigentum ist unveräußerlich.

(2) Die Verwaltung der Bundesautobahnen wird in Bundesverwaltung geführt. Der Bund kann sich zur Erledigung seiner Aufgaben einer Gesellschaft privaten Rechts bedienen. Diese Gesellschaft steht im unveräußerlichen Eigentum des Bundes. Eine unmittelbare oder mittelbare Beteiligung Dritter an der Gesellschaft und deren Tochtergesellschaften ist ausgeschlossen. Eine Beteiligung Privater im Rahmen von Öffentlich-Privaten Partnerschaften ist ausgeschlossen für Streckennetze, die das gesamte Bundesautobahnnetz oder das gesamte Netz sonstiger Bundesfernstraßen in einem Land oder wesentliche Teile davon umfassen. Das Nähere regelt ein Bundesgesetz.

(3) Die Länder oder die nach Landesrecht zuständigen Selbstverwaltungskörperschaften verwalten die sonstigen Bundesstraßen des Fernverkehrs im Auftrage des Bundes.

(4) Auf Antrag eines Landes kann der Bund die sonstigen Bundesstraßen des Fernverkehrs, soweit sie im Gebiet dieses Landes liegen, in Bundesverwaltung übernehmen.

Artikel 91 (Abwehr drohender Gefahr)

(1) Zur Abwehr einer drohenden Gefahr für den Bestand oder die freiheitliche demokratische Grundordnung des Bundes oder eines Landes kann ein Land Polizeikräfte anderer Länder sowie Kräfte und Einrichtungen anderer Verwaltungen und des Bundesgrenzschutzes anfordern.

(2) Ist das Land, in dem die Gefahr droht, nicht selbst zur Bekämpfung der Gefahr bereit oder in der Lage, so kann die Bundesregierung die Polizei in diesem Lande und die Polizeikräfte anderer Länder ihren Weisungen unterstellen sowie Einheiten des Bundesgrenzschutzes einsetzen. Die Anordnung ist nach Beseitigung der Gefahr, im übrigen jederzeit auf Verlangen des Bundesrates aufzuheben. Erstreckt sich die Gefahr auf das Gebiet mehr als eines Landes, so kann die Bundesregierung, soweit es zur wirksamen Bekämpfung erforderlich ist, den Landesregierungen Weisungen erteilen; Satz 1 und Satz 2 bleiben unberührt.

VIIIa. Gemeinschaftsaufgaben, Verwaltungszusammenarbeit

Artikel 91a (Gemeinschaftsaufgaben)

(1) Der Bund wirkt auf folgenden Gebieten bei der Erfüllung von Aufgaben der Länder mit, wenn diese Aufgaben für die Gesamtheit be-

IX

deutsam sind und die Mitwirkung des Bundes zur Verbesserung der Lebensverhältnisse erforderlich ist (Gemeinschaftsaufgaben):

1. Verbesserung der regionalen Wirtschaftsstruktur,
2. Verbesserung der Agrarstruktur und des Küstenschutzes.

(2) Durch Bundesgesetz mit Zustimmung des Bundesrates werden die Gemeinschaftsaufgaben sowie Einzelheiten der Koordinierung näher bestimmt.

(3) Der Bund trägt in den Fällen des Absatzes 1 Nr. 1 die Hälfte der Ausgaben in jedem Land. In den Fällen des Absatzes 1 Nr. 2 trägt der Bund mindestens die Hälfte; die Beteiligung ist für alle Länder einheitlich festzusetzen. Das Nähere regelt das Gesetz. Die Bereitstellung der Mittel bleibt der Feststellung in den Haushaltsplänen des Bundes und der Länder vorbehalten.

Artikel 91b (Zusammenwirken von Bund und Ländern)

(1) Bund und Länder können auf Grund von Vereinbarungen in Fällen überregionaler Bedeutung bei der Förderung von Wissenschaft, Forschung und Lehre zusammenwirken. Vereinbarungen, die im Schwerpunkt Hochschulen betreffen, bedürfen der Zustimmung aller Länder. Dies gilt nicht für Vereinbarungen über Forschungsbauten einschließlich Großgeräten.

(2) Bund und Länder können auf Grund von Vereinbarungen zur Feststellung der Leistungsfähigkeit des Bildungswesens im internationalen Vergleich und bei diesbezüglichen Berichten und Empfehlungen zusammenwirken.

(3) Die Kostentragung wird in der Vereinbarung geregelt.

Artikel 91c (Zusammenwirken bei informationstechnischen Systemen)

(1) Bund und Länder können bei der Planung, der Errichtung und dem Betrieb der für ihre Aufgabenerfüllung benötigten informationstechnischen Systeme zusammenwirken.

(2) Bund und Länder können auf Grund von Vereinbarungen die für die Kommunikation zwischen ihren informationstechnischen Systemen notwendigen Standards und Sicherheitsanforderungen festlegen. Vereinbarungen über die Grundlagen der Zusammenarbeit nach Satz 1 können für einzelne nach Inhalt und Ausmaß bestimmte Aufgaben vorsehen, dass nähere Regelungen bei Zustimmung einer in der Vereinbarung zu bestimmenden qualifizierten Mehrheit für Bund und Länder in Kraft treten. Sie bedürfen der Zustimmung des Bundestages und der Volksvertretungen der beteiligten Länder; das Recht zur Kündigung dieser Vereinbarungen kann nicht ausgeschlossen werden. Die Vereinbarungen regeln auch die Kostentragung.

(3) Die Länder können darüber hinaus den gemeinschaftlichen Betrieb informationstechnischer Systeme sowie die Errichtung von dazu bestimmten Einrichtungen vereinbaren.

(4) Der Bund errichtet zur Verbindung der informationstechnischen Netze des Bundes und der Länder ein Verbindungsnetz. Das Nähere zur Errichtung und zum Betrieb des Verbindungsnetzes regelt ein Bundesgesetz mit Zustimmung des Bundesrates.

(5) Der übergreifende informationstechnische Zugang zu den Verwaltungsleistungen von Bund und Ländern wird durch Bundesgesetz mit Zustimmung des Bundesrates geregelt.

Artikel 91d (Vergleichsstudien)

Bund und Länder können zur Feststellung und Förderung der Leistungsfähigkeit ihrer Verwaltungen Vergleichsstudien durchführen und die Ergebnisse veröffentlichen.

Artikel 91e (Zusammenwirken auf dem Gebiet der Grundsicherung für Arbeitsuchende)

(1) Bei der Ausführung von Bundesgesetzen auf dem Gebiet der Grundsicherung für Arbeitsuchende wirken Bund und Länder oder die nach Landesrecht zuständigen Gemeinden und Gemeindeverbände in der Regel in gemeinsamen Einrichtungen zusammen.

(2) Der Bund kann zulassen, dass eine begrenzte Anzahl von Gemeinden und Gemeindeverbänden auf ihren Antrag und mit Zustimmung der obersten Landesbehörde die Aufgaben nach Absatz 1 allein wahrnimmt. Die notwendigen Ausgaben einschließlich

der Verwaltungsausgaben trägt der Bund, soweit die Aufgaben bei einer Ausführung von Gesetzen nach Absatz 1 vom Bund wahrzunehmen sind.

(3) Das Nähere regelt ein Bundesgesetz, das der Zustimmung des Bundesrates bedarf.

IX. Die Rechtsprechung

Artikel 92 (Gerichtsorganisation)

Die rechtsprechende Gewalt ist den Richtern anvertraut; sie wird durch das Bundesverfassungsgericht, durch die in diesem Grundgesetze vorgesehenen Bundesgerichte und durch die Gerichte der Länder ausgeübt.

Artikel 93 (Bundesverfassungsgericht)

(1) Das Bundesverfassungsgericht ist ein allen übrigen Verfassungsorganen gegenüber selbständiger und unabhängiger Gerichtshof des Bundes.

(2) Das Bundesverfassungsgericht besteht aus Bundesrichtern und anderen Mitgliedern; es gliedert sich in zwei Senate. In jeden Senat werden je zur Hälfte vom Bundestag und vom Bundesrat acht Richter gewählt; sie dürfen weder dem Bundestag, dem Bundesrat, der Bundesregierung noch entsprechenden Organen eines Landes angehören. Durch Bundesgesetz nach Absatz 5 kann vorgesehen werden, dass das Wahlrecht vom anderen Wahlorgan ausgeübt werden kann, wenn innerhalb einer zu bestimmenden Frist nach dem Ende der Amtszeit oder dem vorzeitigen Ausscheiden eines Richters eine Wahl seines Nachfolgers nicht zustande kommt.

(3) Die Amtszeit der Mitglieder des Bundesverfassungsgerichts dauert zwölf Jahre, längstens bis zum Ende des Monats, in dem das Mitglied das 68. Lebensjahr vollendet. Nach Ablauf der Amtszeit führen die Richter ihre Amtsgeschäfte bis zur Ernennung des Nachfolgers fort. Eine anschließende oder spätere Wiederwahl ist ausgeschlossen.

(4) Das Bundesverfassungsgericht gibt sich eine Geschäftsordnung, die das Plenum beschließt.

(5) Ein Bundesgesetz regelt die Verfassung und das Verfahren des Bundesverfassungsgerichts. Es kann für Verfassungsbeschwerden die vorherige Erschöpfung des Rechtsweges zur Voraussetzung machen und ein besonderes Annahmeverfahren vorsehen.

Artikel 94 (Zuständigkeit des Bundesverfassungsgerichts)

(1) Das Bundesverfassungsgericht entscheidet:

1. über die Auslegung dieses Grundgesetzes aus Anlass von Streitigkeiten über den Umfang der Rechte und Pflichten eines obersten Bundesorgans oder anderer Beteiligter, die durch dieses Grundgesetz oder in der Geschäftsordnung eines obersten Bundesorgans mit eigenen Rechten ausgestattet sind;
2. bei Meinungsverschiedenheiten oder Zweifeln über die förmliche und sachliche Vereinbarkeit von Bundesrecht oder Landesrecht mit diesem Grundgesetz oder die Vereinbarkeit von Landesrecht mit sonstigem Bundesrecht auf Antrag der Bundesregierung, einer Landesregierung oder eines Viertels der Mitglieder des Bundestages;

2a. bei Meinungsverschiedenheiten, ob ein Gesetz den Voraussetzungen des Artikels 72 Absatz 2 entspricht, auf Antrag des Bundesrates, einer Landesregierung oder der Volksvertretung eines Landes;

3. bei Meinungsverschiedenheiten über Rechte und Pflichten des Bundes und der Länder, insbesondere bei der Ausführung von Bundesrecht durch die Länder und bei der Ausübung der Bundesaufsicht;
4. in anderen öffentlich-rechtlichen Streitigkeiten zwischen dem Bund und den Ländern, zwischen verschiedenen Ländern oder innerhalb eines Landes, soweit nicht ein anderer Rechtsweg gegeben ist;

4a. über Verfassungsbeschwerden, die von jedermann mit der Behauptung erhoben werden können, durch die öffentliche Gewalt in einem seiner Grundrechte oder in einem seiner in Artikel 20 Absatz 4, 33, 38, 101, 103 und 104 enthaltenen Rechte verletzt zu sein;

4b. über Verfassungsbeschwerden von Gemeinden und Gemeindeverbänden wegen Verletzung des Rechts auf Selbstverwaltung nach Artikel 28 durch ein Gesetz, bei Landesgesetzen jedoch nur, soweit nicht Beschwerde beim Landesverfassungsgericht erhoben werden kann;

4c. über Beschwerden von Vereinigungen gegen ihre Nichtanerkennung als Partei für die Wahl zum Bundestag;

5. in den übrigen in diesem Grundgesetz vorgesehenen Fällen.

(2) Das Bundesverfassungsgericht entscheidet außerdem auf Antrag des Bundesrates, einer Landesregierung oder der Volksvertretung eines Landes, ob im Falle des Artikels 72 Absatz 4 die Erforderlichkeit für eine bundesgesetzliche Regelung nach Artikel 72 Absatz 2 nicht mehr besteht oder Bundesrecht in den Fällen des Artikels 125a Absatz 2 Satz 1 nicht mehr erlassen werden könnte. Die Feststellung, dass die Erforderlichkeit entfallen ist oder Bundesrecht nicht mehr erlassen werden könnte, ersetzt ein Bundesgesetz nach Artikel 72 Absatz 4 oder nach Artikel 125a Absatz 2 Satz 2. Der Antrag nach Satz 1 ist nur zulässig, wenn eine Gesetzesvorlage nach Artikel 72 Absatz 4 oder nach Artikel 125a Absatz 2 Satz 2 im Bundestag abgelehnt oder über sie nicht innerhalb eines Jahres beraten und Beschluss gefasst oder wenn eine entsprechende Gesetzesvorlage im Bundesrat abgelehnt worden ist.

(3) Das Bundesverfassungsgericht wird ferner in den ihm sonst durch Bundesgesetz zugewiesenen Fällen tätig.

(4) Die Entscheidungen des Bundesverfassungsgerichts binden die Verfassungsorgane des Bundes und der Länder sowie alle Gerichte und Behörden. Ein Bundesgesetz bestimmt, in welchen Fällen seine Entscheidungen Gesetzeskraft haben.

Artikel 95 (Oberste Gerichtshöfe)

(1) Für die Gebiete der ordentlichen, der Verwaltungs-, der Finanz-, der Arbeits- und der Sozialgerichtsbarkeit errichtet der Bund als oberste Gerichtshöfe den Bundesgerichtshof, das Bundesverwaltungsgericht, den Bundesfinanzhof, das Bundesarbeitsgericht und das Bundessozialgericht.

(2) Über die Berufung der Richter dieser Gerichte entscheidet der für das jeweilige Sachgebiet zuständige Bundesminister gemeinsam mit einem Richterwahlausschuß, der aus den für das jeweilige Sachgebiet zuständigen Ministern der Länder und einer gleichen Anzahl von Mitgliedern besteht, die vom Bundestage gewählt werden.

(3) Zur Wahrung der Einheitlichkeit der Rechtsprechung ist ein Gemeinsamer Senat der in Absatz 1 genannten Gerichte zu bilden. Das Nähere regelt ein Bundesgesetz.

Artikel 96 (Bundesgerichte)

(1) Der Bund kann für Angelegenheiten des gewerblichen Rechtsschutzes ein Bundesgericht errichten.

(2) Der Bund kann Wehrstrafgerichte für die Streitkräfte als Bundesgerichte errichten. Sie können die Strafgerichtsbarkeit nur im Verteidigungsfalle sowie über Angehörige der Streitkräfte ausüben, die in das Ausland entsandt oder an Bord von Kriegsschiffen eingeschifft sind. Das Nähere regelt ein Bundesgesetz. Diese Gerichte gehören zum Geschäftsbereich des Bundesjustizministers. Ihre hauptamtlichen Richter müssen die Befähigung zum Richteramt haben.

(3) Oberster Gerichtshof für die in Absatz 1 und 2 genannten Gerichte ist der Bundesgerichtshof.

(4) Der Bund kann für Personen, die zu ihm in einem öffentlich-rechtlichen Dienstverhältnis stehen, Bundesgerichte zur Entscheidung in Disziplinarverfahren und Beschwerdeverfahren errichten.

(5) Für Strafverfahren auf den folgenden Gebieten kann ein Bundesgesetz mit Zustimmung des Bundesrates vorsehen, dass Gerichte der Länder Gerichtsbarkeit des Bundes ausüben:

1. Völkermord;
2. völkerstrafrechtliche Verbrechen gegen die Menschlichkeit;
3. Kriegsverbrechen;
4. andere Handlungen, die geeignet sind und in der Absicht vorgenommen werden, das

friedliche Zusammenleben der Völker zu stören (Artikel 26 Abs. 1);

5. Staatsschutz.

Artikel 97 (Unabhängigkeit der Richter)

(1) Die Richter sind unabhängig und nur dem Gesetze unterworfen.

(2) Die hauptamtlich und planmäßig endgültig angestellten Richter können wider ihren Willen nur kraft richterlicher Entscheidung und nur aus Gründen und unter den Formen, welche die Gesetze bestimmen, vor Ablauf ihrer Amtszeit entlassen oder dauernd oder zeitweise ihres Amtes enthoben oder an eine andere Stelle oder in den Ruhestand versetzt werden. Die Gesetzgebung kann Altersgrenzen festsetzen, bei deren Erreichung auf Lebenszeit angestellte Richter in den Ruhestand treten. Bei Veränderung der Einrichtung der Gerichte oder ihrer Bezirke können Richter an ein anderes Gericht versetzt oder aus dem Amte entfernt werden, jedoch nur unter Belassung des vollen Gehaltes.

Artikel 98 (Rechtsstellung der Richter)

(1) Die Rechtsstellung der Bundesrichter ist durch besonderes Bundesgesetz zu regeln.

(2) Wenn ein Bundesrichter im Amte oder außerhalb des Amtes gegen die Grundsätze des Grundgesetzes oder gegen die verfassungsmäßige Ordnung eines Landes verstößt, so kann das Bundesverfassungsgericht mit Zweidrittelmehrheit auf Antrag des Bundestages anordnen, daß der Richter in ein anderes Amt oder in den Ruhestand zu versetzen ist. Im Falle eines vorsätzlichen Verstoßes kann auf Entlassung erkannt werden.

(3) Die Rechtsstellung der Richter in den Ländern ist durch besondere Landesgesetze zu regeln, soweit Artikel 74 Abs. 1 Nr. 27 nichts anderes bestimmt.

(4) Die Länder können bestimmen, daß über die Anstellung der Richter in den Ländern der Landesjustizminister gemeinsam mit einem Richterwahlausschuß entscheidet.

(5) Die Länder können für Landesrichter eine Absatz 2 entsprechende Regelung treffen. Geltendes Landesverfassungsrecht bleibt unberührt. Die Entscheidung über eine Richteranklage steht dem Bundesverfassungsgericht zu.

Artikel 99 (Verfassungsstreitigkeiten durch Landesgesetz zugewiesen)

Dem Bundesverfassungsgerichte kann durch Landesgesetz die Entscheidung von Verfassungsstreitigkeiten innerhalb eines Landes, den in Artikel 95 Abs. 1 genannten obersten Gerichtshöfen für den letzten Rechtszug die Entscheidung in solchen Sachen zugewiesen werden, bei denen es sich um die Anwendung von Landesrecht handelt.

Artikel 100 (Verfassungsrechtliche Vorentscheidung)

(1) Hält ein Gericht ein Gesetz, auf dessen Gültigkeit es bei der Entscheidung ankommt, für verfassungswidrig, so ist das Verfahren auszusetzen und, wenn es sich um die Verletzung der Verfassung eines Landes handelt, die Entscheidung des für Verfassungsstreitigkeiten zuständigen Gerichtes des Landes, wenn es sich um die Verletzung dieses Grundgesetzes handelt, die Entscheidung des Bundesverfassungsgerichtes einzuholen. Dies gilt auch, wenn es sich um die Verletzung dieses Grundgesetzes durch Landesrecht oder um die Unvereinbarkeit eines Landesgesetzes mit einem Bundesgesetze handelt.

(2) Ist in einem Rechtsstreite zweifelhaft, ob eine Regel des Völkerrechtes Bestandteil des Bundesrechts ist und ob sie unmittelbar Rechte und Pflichten für den einzelnen erzeugt (Artikel 25), so hat das Gericht die Entscheidung des Bundesverfassungsgerichtes einzuholen.

(3) Will das Verfassungsgericht eines Landes bei der Auslegung des Grundgesetzes von einer Entscheidung des Bundesverfassungsgerichtes oder des Verfassungsgerichtes eines anderen Landes abweichen, so hat das Verfassungsgericht die Entscheidung des Bundesverfassungsgerichtes einzuholen.

Entscheidung des Bundesverfassungsgerichts vom 6. Dezember 2006 (BGBl. I 2007 S. 33)

Aus dem Beschluss des Bundesverfassungsgerichts vom 6. Dezember 2006 – 2 BvM 9/03 – wird die Entscheidungsformel veröffentlicht:

IX

Eine allgemeine Regel des Völkerrechts, nach der ein lediglich pauschaler Immunitätsverzicht zur Aufhebung des Schutzes der Immunität auch für solches Vermögen genügt, das dem Entsendestaat im Empfangsstaat zur Aufrechterhaltung der Funktionsfähigkeit seiner diplomatischen Mission dient, ist nicht feststellbar.

Die vorstehende Entscheidungsformel hat gemäß § 31 Abs. 2 des Bundesverfassungsgerichtsgesetzes Gesetzeskraft.

Artikel 101 (Verbot von Ausnahmegerichten)

(1) Ausnahmegerichte sind unzulässig. Niemand darf seinem gesetzlichen Richter entzogen werden.

(2) Gerichte für besondere Sachgebiete können nur durch Gesetz errichtet werden.

Artikel 102 (Abschaffung der Todesstrafe)

Die Todesstrafe ist abgeschafft.

Artikel 103 (Grundrechtsgarantien für das Strafverfahren)

(1) Vor Gericht hat jedermann Anspruch auf rechtliches Gehör.

(2) Eine Tat kann nur bestraft werden, wenn die Strafbarkeit gesetzlich bestimmt war, bevor die Tat begangen wurde.

(3) Niemand darf wegen derselben Tat auf Grund der allgemeinen Strafgesetze mehrmals bestraft werden.

Artikel 104 (Rechtsgarantien bei Freiheitsentziehung)

(1) Die Freiheit der Person kann nur auf Grund eines förmlichen Gesetzes und nur unter Beachtung der darin vorgeschriebenen Formen beschränkt werden. Festgehaltene Personen dürfen weder seelisch noch körperlich mißhandelt werden.

(2) Über die Zulässigkeit und Fortdauer einer Freiheitsentziehung hat nur der Richter zu entscheiden. Bei jeder nicht auf richterlicher Anordnung beruhenden Freiheitsentziehung ist unverzüglich eine richterliche Entscheidung herbeizuführen. Die Polizei darf aus eigener Machtvollkommenheit niemanden länger als bis zum Ende des Tages nach dem Ergreifen in eigenem Gewahrsam halten. Das Nähere ist gesetzlich zu regeln.

(3) Jeder wegen des Verdachtes einer strafbaren Handlung vorläufig Festgenommene ist spätestens am Tage nach der Festnahme dem Richter vorzuführen, der ihm die Gründe der Festnahme mitzuteilen, ihn zu vernehmen und ihm Gelegenheit zu Einwendungen zu geben hat. Der Richter hat unverzüglich entweder einen mit Gründen versehenen schriftlichen Haftbefehl zu erlassen oder die Freilassung anzuordnen.

(4) Von jeder richterlichen Entscheidung über die Anordnung oder Fortdauer einer Freiheitsentziehung ist unverzüglich ein Angehöriger des Festgehaltenen oder eine Person seines Vertrauens zu benachrichtigen.

X. Das Finanzwesen

Artikel 104a (Tragung der Ausgaben)

(1) Der Bund und die Länder tragen gesondert die Ausgaben, die sich aus der Wahrnehmung ihrer Aufgaben ergeben, soweit dieses Grundgesetz nichts anderes bestimmt.

(2) Handeln die Länder im Auftrage des Bundes, trägt der Bund die sich daraus ergebenden Ausgaben.

(3) Bundesgesetze, die Geldleistungen gewähren und von den Ländern ausgeführt werden, können bestimmen, daß die Geldleistungen ganz oder zum Teil vom Bund getragen werden. Bestimmt das Gesetz, daß der Bund die Hälfte der Ausgaben oder mehr trägt, wird es im Auftrage des Bundes durchgeführt. Bei der Gewährung von Leistungen für Unterkunft und Heizung auf dem Gebiet der Grundsicherung für Arbeitsuchende wird das Gesetz im Auftrage des Bundes ausgeführt, wenn der Bund drei Viertel der Ausgaben oder mehr trägt.

(4) Bundesgesetze, die Pflichten der Länder zur Erbringung von Geldleistungen, geldwerten Sachleistungen oder vergleichbaren Dienstleistungen gegenüber Dritten begründen und von den Ländern als eigene Angelegenheit oder nach Absatz 3 Satz 2 im Auftrag des Bundes ausgeführt werden, bedürfen der Zustimmung des Bundesrates, wenn daraus entstehende Ausgaben von den Ländern zu tragen sind.

(5) Der Bund und die Länder tragen die bei ihren Behörden entstehenden Verwaltungsausgaben und haften im Verhältnis zueinander für eine ordnungsmäßige Verwaltung. Das Nähere bestimmt ein Bundesgesetz, das der Zustimmung des Bundesrates bedarf.

(6) Bund und Länder tragen nach der innerstaatlichen Zuständigkeits- und Aufgabenverteilung die Lasten einer Verletzung von supranationalen oder völkerrechtlichen Verpflichtungen Deutschlands. In Fällen länderübergreifender Finanzkorrekturen der Europäischen Union tragen Bund und Länder diese Lasten im Verhältnis 15 zu 85. Die Ländergesamtheit trägt in diesen Fällen solidarisch 35 vom Hundert der Gesamtlasten entsprechend einem allgemeinen Schlüssel; 50 vom Hundert der Gesamtlasten tragen die Länder, die die Lasten verursacht haben, anteilig entsprechend der Höhe der erhaltenen Mittel. Das Nähere regelt ein Bundesgesetz, das der Zustimmung des Bundesrates bedarf.

Artikel 104b (Finanzhilfen für besonders bedeutsame Investitionen)

(1) Der Bund kann, soweit dieses Grundgesetz ihm Gesetzgebungsbefugnisse verleiht, den Ländern Finanzhilfen für besonders bedeutsame Investitionen der Länder und der Gemeinden (Gemeindeverbände) gewähren, die

1. zur Abwehr einer Störung des gesamtwirtschaftlichen Gleichgewichts oder
2. zum Ausgleich unterschiedlicher Wirtschaftskraft im Bundesgebiet oder
3. zur Förderung des wirtschaftlichen Wachstums

erforderlich sind. Abweichend von Satz 1 kann der Bund im Falle von Naturkatastrophen oder außergewöhnlichen Notsituationen, die sich der Kontrolle des Staates entziehen und die staatliche Finanzlage erheblich beeinträchtigen, auch ohne Gesetzgebungsbefugnisse Finanzhilfen gewähren.

(2) Das Nähere, insbesondere die Arten der zu fördernden Investitionen, wird durch Bundesgesetz, das der Zustimmung des Bundesrates bedarf, oder auf Grund des Bundeshaushaltsgesetzes durch Verwaltungsvereinbarung geregelt. Das Bundesgesetz oder die Verwaltungsvereinbarung kann Bestimmungen über die Ausgestaltung der jeweiligen Länderprogramme zur Verwendung der Finanzhilfen vorsehen. Die Festlegung der Kriterien für die Ausgestaltung der Länderprogramme erfolgt im Einvernehmen mit den betroffenen Ländern. Zur Gewährleistung der zweckentsprechenden Mittelverwendung kann die Bundesregierung Bericht und Vorlage der Akten verlangen und Erhebungen bei allen Behörden durchführen. Die Mittel des Bundes werden zusätzlich zu eigenen Mitteln der Länder bereitgestellt. Sie sind befristet zu gewähren und hinsichtlich ihrer Verwendung in regelmäßigen Zeitabständen zu überprüfen. Die Finanzhilfen sind im Zeitablauf mit fallenden Jahresbeträgen zu gestalten.

(3) Bundestag, Bundesregierung und Bundesrat sind auf Verlangen über die Durchführung der Maßnahmen und die erzielten Verbesserungen zu unterrichten.

Artikel 104c (Finanzhilfen)

Der Bund kann den Ländern Finanzhilfen für gesamtstaatlich bedeutsame Investitionen sowie besondere, mit diesen unmittelbar verbundene, befristete Ausgaben der Länder und Gemeinden (Gemeindeverbände) zur Steigerung der Leistungsfähigkeit der kommunalen Bildungsinfrastruktur gewähren. Artikel 104b Absatz 2 Satz 1 bis 3, 5, 6 und Absatz 3 gilt entsprechend. Zur Gewährleistung der zweckentsprechenden Mittelverwendung kann die Bundesregierung Berichte und anlassbezogen die Vorlage von Akten verlangen.

Artikel 104d (Finanzhilfen für sozialen Wohnungsbau)

Der Bund kann den Ländern Finanzhilfen für gesamtstaatlich bedeutsame Investitionen der Länder und Gemeinden (Gemeindeverbände) im Bereich des sozialen Wohnungsbaus gewähren. Artikel 104b Absatz 2 Satz 1 bis 5 sowie Absatz 3 gilt entsprechend.

Artikel 105 (Gesetzgebungszuständigkeit)

(1) Der Bund hat die ausschließliche Gesetzgebung über die Zölle und Finanzmonopole.

(2) Der Bund hat die konkurrierende Gesetzgebung über die Grundsteuer. Er hat die konkur-

rierende Gesetzgebung über die übrigen Steuern, wenn ihm das Aufkommen dieser Steuern ganz oder zum Teil zusteht oder die Voraussetzungen des Artikels 72 Abs. 2 vorliegen.

(2a) Die Länder haben die Befugnis zur Gesetzgebung über die örtlichen Verbrauch- und Aufwandsteuern, solange und soweit sie nicht bundesgesetzlich geregelten Steuern gleichartig sind. Sie haben die Befugnis zur Bestimmung des Steuersatzes bei der Grunderwerbsteuer.

(3) Bundesgesetze über Steuern, deren Aufkommen den Ländern oder den Gemeinden (Gemeindeverbänden) ganz oder zum Teil zufließt, bedürfen der Zustimmung des Bundesrates.

Artikel 106 (Steuerverteilung)

(1) Der Ertrag der Finanzmonopole und das Aufkommen der folgenden Steuern stehen dem Bund zu:

1. die Zölle,
2. die Verbrauchsteuern, soweit sie nicht nach Absatz 2 den Ländern, nach Absatz 3 Bund und Ländern gemeinsam oder nach Absatz 6 den Gemeinden zustehen,
3. die Straßengüterverkehrsteuer, die Kraftfahrzeugsteuer und sonstige auf motorisierte Verkehrsmittel bezogene Verkehrsteuern,
4. die Kapitalverkehrsteuern, die Versicherungsteuer und die Wechselsteuer,
5. die einmaligen Vermögensabgaben und die zur Durchführung des Lastenausgleichs erhobenen Ausgleichsabgaben,
6. die Ergänzungsabgabe zur Einkommensteuer und zur Körperschaftsteuer,
7. Abgaben im Rahmen der Europäischen Gemeinschaften.

(2) Das Aufkommen der folgenden Steuern steht den Ländern zu:

1. die Vermögensteuer,
2. die Erbschaftsteuer,
3. die Verkehrsteuern, soweit sie nicht nach Absatz 1 dem Bund oder nach Absatz 3 Bund und Ländern gemeinsam zustehen,
4. die Biersteuer,
5. die Abgabe von Spielbanken.

(3) Das Aufkommen der Einkommensteuer, der Körperschaftsteuer und der Umsatzsteuer steht dem Bund und den Ländern gemeinsam zu (Gemeinschaftsteuern), soweit das Aufkommen der Einkommensteuer nicht nach Absatz 5 und das Aufkommen der Umsatzsteuer nicht nach Absatz 5a den Gemeinden zugewiesen wird. Am Aufkommen der Einkommensteuer und der Körperschaftsteuer sind der Bund und die Länder je zur Hälfte beteiligt. Die Anteile von Bund und Ländern an der Umsatzsteuer werden durch Bundesgesetz, das der Zustimmung des Bundesrates bedarf, festgesetzt. Bei der Festsetzung ist von folgenden Grundsätzen auszugehen:

1. Im Rahmen der laufenden Einnahmen haben der Bund und die Länder gleichmäßig Anspruch auf Deckung ihrer notwendigen Ausgaben. Dabei ist der Umfang der Ausgaben unter Berücksichtigung einer mehrjährigen Finanzplanung zu ermitteln.
2. Die Deckungsbedürfnisse des Bundes und der Länder sind so aufeinander abzustimmen, daß ein billiger Ausgleich erzielt, eine Überbelastung der Steuerpflichtigen vermieden und die Einheitlichkeit der Lebensverhältnisse im Bundesgebiet gewahrt wird.

Zusätzlich werden in die Festsetzung der Anteile von Bund und Ländern an der Umsatzsteuer Steuermindereinnahmen einbezogen, die den Ländern ab 1. Januar 1996 aus der Berücksichtigung von Kindern im Einkommensteuerrecht entstehen. Das Nähere bestimmt das Bundesgesetz nach Satz 3.

(4) Die Anteile von Bund und Ländern an der Umsatzsteuer sind neu festzusetzen, wenn sich das Verhältnis zwischen den Einnahmen und Ausgaben des Bundes und der Länder wesentlich anders entwickelt; Steuermindereinnahmen, die nach Absatz 3 Satz 5 in die Festsetzung der Umsatzsteueranteile zusätzlich einbezogen werden, bleiben hierbei unberücksichtigt. Werden den Ländern durch Bundesgesetz zusätzliche Ausgaben auferlegt oder Einnahmen entzogen, so kann die Mehrbelastung durch Bundesgesetz, das der Zustimmung des Bundesrates bedarf, auch mit Finanzzuweisungen des Bundes ausgeglichen werden, wenn sie auf einen kurzen Zeitraum begrenzt ist. In dem Gesetz sind die

Grundsätze für die Bemessung dieser Finanzzuweisungen und für ihre Verteilung auf die Länder zu bestimmen.

(5) Die Gemeinden erhalten einen Anteil an dem Aufkommen der Einkommensteuer, der von den Ländern an ihre Gemeinden auf der Grundlage der Einkommensteuerleistungen ihrer Einwohner weiterzuleiten ist. Das Nähere bestimmt ein Bundesgesetz, das der Zustimmung des Bundesrates bedarf. Es kann bestimmen, daß die Gemeinden Hebesätze für den Gemeindeanteil festsetzen.

(5a) Die Gemeinden erhalten ab dem 1. Januar 1998 einen Anteil an dem Aufkommen der Umsatzsteuer. Er wird von den Ländern auf der Grundlage eines orts- und wirtschaftsbezogenen Schlüssels an ihre Gemeinden weitergeleitet. Das Nähere wird durch Bundesgesetz, das der Zustimmung des Bundesrates bedarf, bestimmt.

(6) Das Aufkommen der Grundsteuer und Gewerbesteuer steht den Gemeinden, das Aufkommen der örtlichen Verbrauch- und Aufwandsteuern steht den Gemeinden oder nach Maßgabe der Landesgesetzgebung den Gemeindeverbänden zu. Den Gemeinden ist das Recht einzuräumen, die Hebesätze der Grundsteuer und Gewerbesteuer im Rahmen der Gesetze festzusetzen. Bestehen in einem Land keine Gemeinden, so steht das Aufkommen der Grundsteuer und Gewerbesteuer sowie der örtlichen Verbrauch- und Aufwandsteuern dem Land zu. Bund und Länder können durch eine Umlage an dem Aufkommen der Gewerbesteuer beteiligt werden. Das Nähere über die Umlage bestimmt ein Bundesgesetz, das der Zustimmung des Bundesrates bedarf. Nach Maßgabe der Landesgesetzgebung können die Grundsteuer und Gewerbesteuer sowie der Gemeindeanteil vom Aufkommen der Einkommensteuer und der Umsatzsteuer als Bemessungsgrundlagen für Umlagen zugrunde gelegt werden.

(7) Von dem Länderanteil am Gesamtaufkommen der Gemeinschaftsteuern fließt den Gemeinden und Gemeindeverbänden insgesamt ein von der Landesgesetzgebung zu bestimmender Hundertsatz zu. Im übrigen bestimmt die Landesgesetzgebung, ob und inwieweit das Aufkommen der Landessteuern den Gemeinden (Gemeindeverbänden) zufließt.

(8) Veranlaßt der Bund in einzelnen Ländern oder Gemeinden (Gemeindeverbänden) besondere Einrichtungen, die diesen Ländern oder Gemeinden (Gemeindeverbänden) unmittelbar Mehrausgaben oder Mindereinnahmen (Sonderbelastungen) verursachen, gewährt der Bund den erforderlichen Ausgleich, wenn und soweit den Ländern oder Gemeinden (Gemeindeverbänden) nicht zugemutet werden kann, die Sonderbelastungen zu tragen. Entschädigungsleistungen Dritter und finanzielle Vorteile, die diesen Ländern oder Gemeinden (Gemeindeverbänden) als Folge der Einrichtungen erwachsen, werden bei dem Ausgleich berücksichtigt.

(9) Als Einnahmen und Ausgaben der Länder im Sinne dieses Artikels gelten auch die Einnahmen und Ausgaben der Gemeinden (Gemeindeverbände).

Artikel 106a (Personennahverkehr)

Den Ländern steht ab 1. Januar 1996 für den öffentlichen Personennahverkehr ein Betrag aus dem Steueraufkommen des Bundes zu. Das Nähere regelt ein Bundesgesetz, das der Zustimmung des Bundesrates bedarf. Der Betrag nach Satz 1 bleibt bei der Bemessung der Finanzkraft nach Artikel 107 Abs. 2 unberücksichtigt.

Artikel 106b (Ausgleich infolge der Übertragung der Kfz-Steuer)

Den Ländern steht ab dem 1. Juli 2009 infolge der Übertragung der Kraftfahrzeugsteuer auf den Bund ein Betrag aus dem Steueraufkommen des Bundes zu. Das Nähere regelt ein Bundesgesetz, das der Zustimmung des Bundesrates bedarf.

Artikel 107 (Örtliches Aufkommen)

(1) Das Aufkommen der Landessteuern und der Länderanteil am Aufkommen der Einkommensteuer und der Körperschaftsteuer stehen den einzelnen Ländern insoweit zu, als die Steuern von den Finanzbehörden in ihrem Gebiet vereinnahmt werden (örtliches Aufkommen). Durch Bundesgesetz, das der Zustimmung des Bundesrates bedarf, sind für

die Körperschaftsteuer und die Lohnsteuer nähere Bestimmungen über die Abgrenzung sowie über Art und Umfang der Zerlegung des örtlichen Aufkommens zu treffen. Das Gesetz kann auch Bestimmungen über die Abgrenzung und Zerlegung des örtlichen Aufkommens anderer Steuern treffen. Der Länderanteil am Aufkommen der Umsatzsteuer steht den einzelnen Ländern, vorbehaltlich der Regelungen nach Absatz 2, nach Maßgabe ihrer Einwohnerzahl zu.

(2) Durch Bundesgesetz, das der Zustimmung des Bundesrates bedarf, ist sicherzustellen, dass die unterschiedliche Finanzkraft der Länder angemessen ausgeglichen wird; hierbei sind die Finanzkraft und der Finanzbedarf der Gemeinden (Gemeindeverbände) zu berücksichtigen. Zu diesem Zweck sind in dem Gesetz Zuschläge zu und Abschläge von der jeweiligen Finanzkraft bei der Verteilung der Länderanteile am Aufkommen der Umsatzsteuer zu regeln. Die Voraussetzungen für die Gewährung von Zuschlägen und für die Erhebung von Abschlägen sowie die Maßstäbe für die Höhe dieser Zuschläge und Abschläge sind in dem Gesetz zu bestimmen. Für Zwecke der Bemessung der Finanzkraft kann die bergrechtliche Förderabgabe mit nur einem Teil ihres Aufkommens berücksichtigt werden. Das Gesetz kann auch bestimmen, dass der Bund aus seinen Mitteln leistungsschwachen Ländern Zuweisungen zur ergänzenden Deckung ihres allgemeinen Finanzbedarfs (Ergänzungszuweisungen) gewährt. Zuweisungen können unabhängig von den Maßstäben nach den Sätzen 1 bis 3 auch solchen leistungsschwachen Ländern gewährt werden, deren Gemeinden (Gemeindeverbände) eine besonders geringe Steuerkraft aufweisen (Gemeindesteuerkraftzuweisungen), sowie außerdem solchen leistungsschwachen Ländern, deren Anteile an den Fördermitteln nach Artikel 91b ihre Einwohneranteile unterschreiten.

Artikel 108 (Finanzverwaltung)

(1) Zölle, Finanzmonopole, die bundesgesetzlich geregelten Verbrauchsteuern einschließlich der Einfuhrumsatzsteuer, die Kraftfahrzeugsteuer und sonstige auf motorisierte Verkehrsmittel bezogene Verkehrsteuern ab dem 1. Juli 2009 sowie die Abgaben im Rahmen der Europäischen Gemeinschaften werden durch Bundesfinanzbehörden verwaltet. Der Aufbau dieser Behörden wird durch Bundesgesetz geregelt. Soweit Mittelbehörden eingerichtet sind, werden deren Leiter im Benehmen mit den Landesregierungen bestellt.

(2) Die übrigen Steuern werden durch Landesfinanzbehörden verwaltet. Der Aufbau dieser Behörden und die einheitliche Ausbildung der Beamten können durch Bundesgesetz mit Zustimmung des Bundesrates geregelt werden. Soweit Mittelbehörden eingerichtet sind, werden deren Leiter im Einvernehmen mit der Bundesregierung bestellt.

(3) Verwalten die Landesfinanzbehörden Steuern, die ganz oder zum Teil dem Bund zufließen, so werden sie im Auftrage des Bundes tätig. Artikel 85 Abs. 3 und 4 gilt mit der Maßgabe, daß an die Stelle der Bundesregierung der Bundesminister der Finanzen tritt.

(4) Durch Bundesgesetz, das der Zustimmung des Bundesrates bedarf, kann bei der Verwaltung von Steuern ein Zusammenwirken von Bundes- und Landesfinanzbehörden sowie für Steuern, die unter Absatz 1 fallen, die Verwaltung durch Landesfinanzbehörden und für andere Steuern die Verwaltung durch Bundesfinanzbehörden vorgesehen werden, wenn und soweit dadurch der Vollzug der Steuergesetze erheblich verbessert oder erleichtert wird. Für die den Gemeinden (Gemeindeverbänden) allein zufließenden Steuern kann die den Landesfinanzbehörden zustehende Verwaltung durch die Länder ganz oder zum Teil den Gemeinden (Gemeindeverbänden) übertragen werden. Das Bundesgesetz nach Satz 1 kann für ein Zusammenwirken von Bund und Ländern bestimmen, dass bei Zustimmung einer im Gesetz genannten Mehrheit Regelungen für den Vollzug von Steuergesetzen für alle Länder verbindlich werden.

(4a) Durch Bundesgesetz, das der Zustimmung des Bundesrates bedarf, können bei der Verwaltung von Steuern, die unter Absatz 2 fallen, ein Zusammenwirken von Landesfinanzbehörden und eine länderübergreifende Übertragung von Zuständigkeiten auf Landesfinanzbehörden eines oder mehrerer Länder im Einvernehmen mit den betroffenen Ländern vorgesehen werden, wenn und soweit dadurch der Vollzug der Steuergesetze erheblich verbessert oder erleichtert wird. Die Kostentragung kann durch Bundesgesetz geregelt werden.

(5) Das von den Bundesfinanzbehörden anzuwendende Verfahren wird durch Bundesgesetz geregelt. Das von den Landesfinanzbehörden und in den Fällen des Absatzes 4 Satz 2 von den Gemeinden (Gemeindeverbänden) anzuwendende Verfahren kann durch Bundesgesetz mit Zustimmung des Bundesrates geregelt werden.

(6) Die Finanzgerichtsbarkeit wird durch Bundesgesetz einheitlich geregelt.

(7) Die Bundesregierung kann allgemeine Verwaltungsvorschriften erlassen, und zwar mit Zustimmung des Bundesrates, soweit die Verwaltung den Landesfinanzbehörden oder Gemeinden (Gemeindeverbänden) obliegt.

Artikel 109 (Haushaltswirtschaft)

(1) Bund und Länder sind in ihrer Haushaltswirtschaft selbständig und voneinander unabhängig.

(2) Bund und Länder erfüllen gemeinsam die Verpflichtungen der Bundesrepublik Deutschland aus Rechtsakten der Europäischen Gemeinschaft auf Grund des Artikels 104 des Vertrags zur Gründung der Europäischen Gemeinschaft zur Einhaltung der Haushaltsdisziplin und tragen in diesem Rahmen den Erfordernissen des gesamtwirtschaftlichen Gleichgewichts Rechnung.

(3) Die Haushalte von Bund und Ländern sind grundsätzlich ohne Einnahmen aus Krediten auszugleichen. Bund und Länder können Regelungen zur im Auf- und Abschwung symmetrischen Berücksichtigung der Auswirkungen einer von der Normallage abweichenden konjunkturellen Entwicklung sowie eine Ausnahmeregelung für Naturkatastrophen oder außergewöhnliche Notsituationen, die sich der Kontrolle des Staates entziehen und die staatliche Finanzlage erheblich beeinträchtigen, vorsehen. Für die Ausnahmeregelung ist eine entsprechende Tilgungsregelung vorzusehen. Die nähere Ausgestaltung regelt für den Haushalt des Bundes Artikel 115 mit der Maßgabe, dass Satz 1 entsprochen ist, wenn die Einnahmen aus Krediten 0,35 vom Hundert im Verhältnis zum nominalen Bruttoinlandsprodukt nicht überschreiten. Von den zu berücksichtigenden Einnahmen aus Krediten ist der Betrag abzuziehen, um den die Verteidigungsausgaben, die Ausgaben des Bundes für den Zivil- und Bevölkerungsschutz sowie für die Nachrichtendienste, für den Schutz der informationstechnischen Systeme und für die Hilfe für völkerrechtswidrig angegriffene Staaten 1 vom Hundert im Verhältnis zum nominalen Bruttoinlandsprodukt übersteigen. Die Gesamtheit der Länder entspricht Satz 1, wenn die durch sie erzielten Einnahmen aus Krediten 0,35 vom Hundert im Verhältnis zum nominalen Bruttoinlandsprodukt nicht überschreiten. Die Aufteilung der für die Gesamtheit der Länder zulässigen Kreditaufnahme nach Satz 6 auf die einzelnen Länder regelt ein Bundesgesetz mit Zustimmung des Bundesrates. Die nähere Ausgestaltung für die Haushalte der Länder regeln diese im Rahmen ihrer verfassungsrechtlichen Kompetenzen. Bestehende landesrechtliche Regelungen, die hinter der gemäß Satz 7 festgelegten Kreditobergrenze zurückbleiben, treten außer Kraft.

(4) Durch Bundesgesetz, das der Zustimmung des Bundesrates bedarf, können für Bund und Länder gemeinsam geltende Grundsätze für das Haushaltsrecht, für eine konjunkturgerechte Haushaltswirtschaft und für eine mehrjährige Finanzplanung aufgestellt werden.

(5) Sanktionsmaßnahmen der Europäischen Gemeinschaft im Zusammenhang mit den Bestimmungen in Artikel 104 des Vertrags zur Gründung der Europäischen Gemeinschaft zur Einhaltung der Haushaltsdisziplin tragen Bund und Länder im Verhältnis 65 zu 35. Die Ländergesamtheit trägt solidarisch 35 vom Hundert der auf die Länder entfallenden Lasten entsprechend ihrer Einwohnerzahl; 65 vom Hundert der auf die Länder entfallenden Lasten tragen die Länder entsprechend ihrem Verursachungsbeitrag. Das Nähere regelt ein Bundesgesetz, das der Zustimmung des Bundesrates bedarf.

Artikel 109a (Haushaltsnotlage, Stabilitätsrat)

(1) Zur Vermeidung von Haushaltsnotlagen regelt ein Bundesgesetz, das der Zustimmung des Bundesrates bedarf,

1. die fortlaufende Überwachung der Haushaltswirtschaft von Bund und Ländern durch ein gemeinsames Gremium (Stabilitätsrat),
2. die Voraussetzungen und das Verfahren zur Feststellung einer drohenden Haushaltsnotlage,
3. die Grundsätze zur Aufstellung und Durchführung von Sanierungsprogrammen zur Vermeidung von Haushaltsnotlagen.

(2) Dem Stabilitätsrat obliegt ab dem Jahr 2020 die Überwachung der Einhaltung der Vorgaben des Artikels 109 Absatz 3 durch Bund und Länder. Die Überwachung orientiert sich an den Vorgaben und Verfahren aus Rechtsakten auf Grund des Vertrages über die Arbeitsweise der Europäischen Union zur Einhaltung der Haushaltsdisziplin.

(3) Die Beschlüsse des Stabilitätsrats und die zugrunde liegenden Beratungsunterlagen sind zu veröffentlichen.

Artikel 110 (Haushaltsplan)

(1) Alle Einnahmen und Ausgaben des Bundes sind in den Haushaltsplan einzustellen; bei Bundesbetrieben und bei Sondervermögen brauchen nur die Zuführungen oder die Ablieferungen eingestellt zu werden. Der Haushaltsplan ist in Einnahme und Ausgabe auszugleichen.

(2) Der Haushaltsplan wird für ein oder mehrere Rechnungsjahre, nach Jahren getrennt, vor Beginn des ersten Rechnungsjahres durch das Haushaltsgesetz festgestellt. Für Teile des Haushaltsplanes kann vorgesehen werden, daß sie für unterschiedliche Zeiträume, nach Rechnungsjahren getrennt, gelten.

(3) Die Gesetzesvorlage nach Absatz 2 Satz 1 sowie Vorlagen zur Änderung des Haushaltsgesetzes und des Haushaltsplanes werden gleichzeitig mit der Zuleitung an den Bundesrat beim Bundestage eingebracht; der Bundesrat ist berechtigt, innerhalb von sechs Wochen, bei Änderungsvorlagen innerhalb von drei Wochen, zu den Vorlagen Stellung zu nehmen.

(4) In das Haushaltsgesetz dürfen nur Vorschriften aufgenommen werden, die sich auf die Einnahmen und Ausgaben des Bundes und auf den Zeitraum beziehen, für den das Haushaltsgesetz beschlossen wird. Das Haushaltsgesetz kann vorschreiben, daß die Vorschriften erst mit der Verkündung des nächsten Haushaltsgesetzes oder bei Ermächtigung nach Artikel 115 zu einem späteren Zeitpunkt außer Kraft treten.

Artikel 111 (Haushaltsvorgriff)

(1) Ist bis zum Schluß eines Rechnungsjahres der Haushaltsplan für das folgende Jahr nicht durch Gesetz festgestellt, so ist bis zu seinem Inkrafttreten die Bundesregierung ermächtigt, alle Ausgaben zu leisten, die nötig sind,

a) um gesetzlich bestehende Einrichtungen zu erhalten und gesetzlich beschlossene Maßnahmen durchzuführen,
b) um die rechtlich begründeten Verpflichtungen des Bundes zu erfüllen,
c) um Bauten, Beschaffungen und sonstige Leistungen fortzusetzen oder Beihilfen für diese Zwecke weiter zu gewähren, sofern durch den Haushaltsplan eines Vorjahres bereits Beträge bewilligt worden sind.

(2) Soweit nicht auf besonderem Gesetze beruhende Einnahmen aus Steuern, Abgaben und sonstigen Quellen oder die Betriebsmittelrücklage die Ausgaben unter Absatz 1 decken, darf die Bundesregierung die zur Aufrechterhaltung der Wirtschaftsführung erforderlichen Mittel bis zur Höhe eines Viertels der Endsumme des abgelaufenen Haushaltsplanes im Wege des Kredits flüssig machen.

Artikel 112 (Über- und außerplanmäßige Ausgaben)

Überplanmäßige und außerplanmäßige Ausgaben bedürfen der Zustimmung des Bundesministers der Finanzen. Sie darf nur im Falle eines unvorhergesehenen und unabweisbaren Bedürfnisses erteilt werden. Näheres kann durch Bundesgesetz bestimmt werden.

Artikel 113 (Ausgabenerhöhung, Einnahmeminderung)

(1) Gesetze, welche die von der Bundesregierung vorgeschlagenen Ausgaben des Haus-

haltsplanes erhöhen oder neue Ausgaben in sich schließen oder für die Zukunft mit sich bringen, bedürfen der Zustimmung der Bundesregierung. Das gleiche gilt für Gesetze, die Einnahmeminderungen in sich schließen oder für die Zukunft mit sich bringen. Die Bundesregierung kann verlangen, daß der Bundestag die Beschlußfassung über solche Gesetze aussetzt. In diesem Fall hat die Bundesregierung innerhalb von sechs Wochen dem Bundestage eine Stellungnahme zuzuleiten.

(2) Die Bundesregierung kann innerhalb von vier Wochen, nachdem der Bundestag das Gesetz beschlossen hat, verlangen, daß der Bundestag erneut Beschluß faßt.

(3) Ist das Gesetz nach Artikel 78 zustande gekommen, kann die Bundesregierung ihre Zustimmung nur innerhalb von sechs Wochen und nur dann versagen, wenn sie vorher das Verfahren nach Absatz 1 Satz 3 und 4 oder nach Absatz 2 eingeleitet hat. Nach Ablauf dieser Frist gilt die Zustimmung als erteilt.

Artikel 114 (Rechnungslegung, Bundesrechnungshof)

(1) Der Bundesminister der Finanzen hat dem Bundestage und dem Bundesrate über alle Einnahmen und Ausgaben sowie über das Vermögen und die Schulden im Laufe des nächsten Rechnungsjahres zur Entlastung der Bundesregierung Rechnung zu legen.

(2) Der Bundesrechnungshof, dessen Mitglieder richterliche Unabhängigkeit besitzen, prüft die Rechnung sowie die Wirtschaftlichkeit und Ordnungsmäßigkeit der Haushalts- und Wirtschaftsführung des Bundes. Zum Zweck der Prüfung nach Satz 1 kann der Bundesrechnungshof auch bei Stellen außerhalb der Bundesverwaltung Erhebungen vornehmen; dies gilt auch in den Fällen, in denen der Bund den Ländern zweckgebundene Finanzierungsmittel zur Erfüllung von Länderaufgaben zuweist. Er hat außer der Bundesregierung unmittelbar dem Bundestage und dem Bundesrate jährlich zu berichten. Im übrigen werden die Befugnisse des Bundesrechnungshofes durch Bundesgesetz geregelt.

Artikel 115 (Kreditaufnahme)

(1) Die Aufnahme von Krediten sowie die Übernahme von Bürgschaften, Garantien oder sonstigen Gewährleistungen, die zu Ausgaben in künftigen Rechnungsjahren führen können, bedürfen einer der Höhe nach bestimmten oder bestimmbaren Ermächtigung durch Bundesgesetz.

(2) Einnahmen und Ausgaben sind grundsätzlich ohne Einnahmen aus Krediten auszugleichen. Diesem Grundsatz ist entsprochen, wenn die Einnahmen aus Krediten 0,35 vom Hundert im Verhältnis zum nominalen Bruttoinlandsprodukt nicht überschreiten. Zusätzlich sind bei einer von der Normallage abweichenden konjunkturellen Entwicklung die Auswirkungen auf den Haushalt im Auf- und Abschwung symmetrisch zu berücksichtigen. Von den zu berücksichtigenden Einnahmen aus Krediten ist der Betrag abzuziehen, um den die Verteidigungsausgaben, die Ausgaben des Bundes für den Zivil- und Bevölkerungsschutz sowie für die Nachrichtendienste, für den Schutz der informationstechnischen Systeme und für die Hilfe für völkerrechtswidrig angegriffene Staaten 1 vom Hundert im Verhältnis zum nominalen Bruttoinlandsprodukt übersteigen. Abweichungen der tatsächlichen Kreditaufnahme von der nach den Sätzen 1 bis 4 zulässigen Kreditobergrenze werden auf einem Kontrollkonto erfasst; Belastungen, die den Schwellenwert von 1,5 vom Hundert im Verhältnis zum nominalen Bruttoinlandsprodukt überschreiten, sind konjunkturgerecht zurückzuführen. Näheres, insbesondere die Bereinigung der Einnahmen und Ausgaben um finanzielle Transaktionen und um Verteidigungsausgaben, die Ausgaben des Bundes für den Zivil- und Bevölkerungsschutz sowie für die Nachrichtendienste, für den Schutz der informationstechnischen Systeme und für die Hilfe für völkerrechtswidrig angegriffene Staaten oberhalb von 1 vom Hundert im Verhältnis zum nominalen Bruttoinlandsprodukt sowie das Verfahren zur Berechnung der Obergrenze der jährlichen Nettokreditaufnahme unter Berücksichtigung der konjunkturellen Entwicklung auf der Grundlage eines Konjunkturbereinigungsverfahrens sowie die Kontrolle und den Ausgleich von Abweichungen der tatsächlichen Kreditaufnahme von der Regelgrenze, regelt ein Bundesgesetz. Im Falle von

Naturkatastrophen oder außergewöhnlichen Notsituationen, die sich der Kontrolle des Staates entziehen und die staatliche Finanzlage erheblich beeinträchtigen, können diese Kreditobergrenzen auf Grund eines Beschlusses der Mehrheit der Mitglieder des Bundestages überschritten werden. Der Beschluss ist mit einem Tilgungsplan zu verbinden. Die Rückführung der nach Satz 7 aufgenommenen Kredite hat binnen eines angemessenen Zeitraumes zu erfolgen.

Xa. Verteidigungsfall

Artikel 115a (Feststellung des Verteidigungsfalles)

(1) Die Feststellung, daß das Bundesgebiet mit Waffengewalt angegriffen wird oder ein solcher Angriff unmittelbar droht (Verteidigungsfall), trifft der Bundestag mit Zustimmung des Bundesrates. Die Feststellung erfolgt auf Antrag der Bundesregierung und bedarf einer Mehrheit von zwei Dritteln der abgegebenen Stimmen, mindestens der Mehrheit der Mitglieder des Bundestages.

(2) Erfordert die Lage unabweisbar ein sofortiges Handeln und stehen einem rechtzeitigen Zusammentritt des Bundestages unüberwindliche Hindernisse entgegen oder ist er nicht beschlußfähig, so trifft der Gemeinsame Ausschuß diese Feststellung mit einer Mehrheit von zwei Dritteln der abgegebenen Stimmen, mindestens der Mehrheit seiner Mitglieder.

(3) Die Feststellung wird vom Bundespräsidenten gemäß Artikel 82 im Bundesgesetzblatt verkündet. Ist dies nicht rechtzeitig möglich, so erfolgt die Verkündung in anderer Weise; sie ist im Bundesgesetzblatt nachzuholen, sobald die Umstände es zulassen.

(4) Wird das Bundesgebiet mit Waffengewalt angegriffen und sind die zuständigen Bundesorgane außerstande, sofort die Feststellung nach Absatz 1 Satz 1 zu treffen, so gilt diese Feststellung als getroffen und als zu dem Zeitpunkt verkündet, in dem der Angriff begonnen hat. Der Bundespräsident gibt diesen Zeitpunkt bekannt, sobald die Umstände es zulassen.

(5) Ist die Feststellung des Verteidigungsfalles verkündet und wird das Bundesgebiet mit Waffengewalt angegriffen, so kann der Bundespräsident völkerrechtliche Erklärungen über das Bestehen des Verteidigungsfalles mit Zustimmung des Bundestages abgeben. Unter den Voraussetzungen des Absatzes 2 tritt an die Stelle des Bundestages der Gemeinsame Ausschuß.

Artikel 115b (Übergang der Befehls- und Kommandogewalt)

Mit der Verkündung des Verteidigungsfalles geht die Befehls- und Kommandogewalt über die Streitkräfte auf den Bundeskanzler über.

Artikel 115c (Konkurrierende Gesetzgebung im Verteidigungsfall)

(1) Der Bund hat für den Verteidigungsfall das Recht der konkurrierenden Gesetzgebung auch auf den Sachgebieten, die zur Gesetzgebungszuständigkeit der Länder gehören. Diese Gesetze bedürfen der Zustimmung des Bundesrates.

(2) Soweit es die Verhältnisse während des Verteidigungsfalles erfordern, kann durch Bundesgesetz für den Verteidigungsfall

1. bei Enteignungen abweichend von Artikel 14 Abs. 3 Satz 2 die Entschädigung vorläufig geregelt werden,
2. für Freiheitsentziehungen eine von Artikel 104 Abs. 2 Satz 3 und Abs. 3 Satz 1 abweichende Frist, höchstens jedoch eine solche von vier Tagen, für den Fall festgesetzt werden, daß ein Richter nicht innerhalb der für Normalzeiten geltenden Frist tätig werden konnte.

(3) Soweit es zur Abwehr eines gegenwärtigen oder unmittelbar drohenden Angriffs erforderlich ist, kann für den Verteidigungsfall durch Bundesgesetz mit Zustimmung des Bundesrates die Verwaltung und das Finanzwesen des Bundes und der Länder abweichend von den Abschnitten VIII, VIIIa und X geregelt werden, wobei die Lebensfähigkeit der Länder, Gemeinden und Gemeindeverbände, insbesondere auch in finanzieller Hinsicht, zu wahren ist.

(4) Bundesgesetze nach den Absätzen 1 und 2 Nr. 1 dürfen zur Vorbereitung ihres Vollzuges schon vor Eintritt des Verteidigungsfalles angewandt werden.

Artikel 115d (Gesetzgebungsverfahren im Verteidigungsfall)

(1) Für die Gesetzgebung des Bundes gilt im Verteidigungsfalle abweichend von Artikel 76 Abs. 2, Artikel 77 Abs. 1 Satz 2 und Abs. 2 bis 4, Artikel 78 und Artikel 82 Abs. 1 die Regelung der Absätze 2 und 3.

(2) Gesetzesvorlagen der Bundesregierung, die sie als dringlich bezeichnet, sind gleichzeitig mit der Einbringung beim Bundestage dem Bundesrate zuzuleiten. Bundestag und Bundesrat beraten diese Vorlagen unverzüglich gemeinsam. Soweit zu einem Gesetze die Zustimmung des Bundesrates erforderlich ist, bedarf es zum Zustandekommen des Gesetzes der Zustimmung der Mehrheit seiner Stimmen. Das Nähere regelt eine Geschäftsordnung, die vom Bundestage beschlossen wird und der Zustimmung des Bundesrates bedarf.

(3) Für die Verkündung der Gesetze gilt Artikel 115a Abs. 3 Satz 2 entsprechend.

Artikel 115e (Befugnisse des gemeinsamen Ausschusses)

(1) Stellt der Gemeinsame Ausschuß im Verteidigungsfalle mit einer Mehrheit von zwei Dritteln der abgegebenen Stimmen, mindestens mit der Mehrheit seiner Mitglieder fest, daß dem rechtzeitigen Zusammentritt des Bundestages unüberwindliche Hindernisse entgegenstehen oder daß dieser nicht beschlußfähig ist, so hat der Gemeinsame Ausschuß die Stellung von Bundestag und Bundesrat und nimmt deren Rechte einheitlich wahr.

(2) Durch ein Gesetz des Gemeinsamen Ausschusses darf das Grundgesetz weder geändert noch ganz oder teilweise außer Kraft oder außer Anwendung gesetzt werden. Zum Erlaß von Gesetzen nach Artikel 23 Abs. 1 Satz 2, Artikel 24 Abs. 1 oder Artikel 29 ist der Gemeinsame Ausschuß nicht befugt.

Artikel 115f (Einsatz des Bundesgrenzschutzes; Weisungen an Landesregierungen)

(1) Die Bundesregierung kann im Verteidigungsfalle, soweit es die Verhältnisse erfordern,

1. den Bundesgrenzschutz im gesamten Bundesgebiete einsetzen;
2. außer der Bundesverwaltung auch den Landesregierungen und, wenn sie es für dringlich erachtet, den Landesbehörden Weisungen erteilen und diese Befugnis auf von ihr zu bestimmende Mitglieder der Landesregierungen übertragen.

(2) Bundestag, Bundesrat und der Gemeinsame Ausschuß sind unverzüglich von den nach Absatz 1 getroffenen Maßnahmen zu unterrichten.

Artikel 115g (Bundesverfassungsgericht)

Die verfassungsmäßige Stellung und die Erfüllung der verfassungsmäßigen Aufgaben des Bundesverfassungsgerichtes und seiner Richter dürfen nicht beeinträchtigt werden. Das Gesetz über das Bundesverfassungsgericht darf durch ein Gesetz des Gemeinsamen Ausschusses nur insoweit geändert werden, als dies auch nach Auffassung des Bundesverfassungsgerichtes zur Aufrechterhaltung der Funktionsfähigkeit des Gerichtes erforderlich ist. Bis zum Erlaß eines solchen Gesetzes kann das Bundesverfassungsgericht die zur Erhaltung der Arbeitsfähigkeit des Gerichtes erforderlichen Maßnahmen treffen. Beschlüsse nach Satz 2 und Satz 3 faßt das Bundesverfassungsgericht mit der Mehrheit der anwesenden Richter.

Artikel 115h (Ablauf von Wahlperioden, Amtszeiten)

(1) Während des Verteidigungsfalles ablaufende Wahlperioden des Bundestages oder der Volksvertretungen der Länder enden sechs Monate nach Beendigung des Verteidigungsfalles. Die im Verteidigungsfalle ablaufende Amtszeit des Bundespräsidenten sowie bei vorzeitiger Erledigung seines Amtes die Wahrnehmung seiner Befugnisse durch den Präsidenten des Bundesrates enden neun Monate nach Beendigung des Verteidigungsfalles. Die im Verteidigungsfalle ablaufende Amtszeit eines Mitgliedes des Bundesverfassungsgerichtes endet sechs Monate nach Beendigung des Verteidigungsfalles.

(2) Wird eine Neuwahl des Bundeskanzlers durch den Gemeinsamen Ausschuß erforderlich, so wählt dieser einen neuen Bundes-

kanzler mit der Mehrheit seiner Mitglieder; der Bundespräsident macht dem Gemeinsamen Ausschuß einen Vorschlag. Der Gemeinsame Ausschuß kann dem Bundeskanzler das Mißtrauen nur dadurch aussprechen, daß er mit der Mehrheit von zwei Dritteln seiner Mitglieder einen Nachfolger wählt.

(3) Für die Dauer des Verteidigungsfalles ist die Auflösung des Bundestages ausgeschlossen.

Artikel 115i (Befugnisse der Landesregierungen)

(1) Sind die zuständigen Bundesorgane außerstande, die notwendigen Maßnahmen zur Abwehr der Gefahr zu treffen, und erfordert die Lage unabweisbar ein sofortiges selbständiges Handeln in einzelnen Teilen des Bundesgebietes, so sind die Landesregierungen oder die von ihnen bestimmten Behörden oder Beauftragten befugt, für ihren Zuständigkeitsbereich Maßnahmen im Sinne des Artikels 115f Abs. 1 zu treffen.

(2) Maßnahmen nach Absatz 1 können durch die Bundesregierung, im Verhältnis zu Landesbehörden und nachgeordneten Bundesbehörden auch durch die Ministerpräsidenten der Länder jederzeit aufgehoben werden.

Artikel 115k (Außer-Kraft-Treten von Gesetzen und Rechtsverordnungen)

(1) Für die Dauer ihrer Anwendbarkeit setzen Gesetze nach den Artikeln 115c, 115e und 115g und Rechtsverordnungen, die auf Grund solcher Gesetze ergehen, entgegenstehendes Recht außer Anwendung. Dies gilt nicht gegenüber früherem Recht, das auf Grund der Artikel 115c, 115e und 115g erlassen worden ist.

(2) Gesetze, die der Gemeinsame Ausschuß beschlossen hat, und Rechtsverordnungen, die auf Grund solcher Gesetze ergangen sind, treten spätestens sechs Monate nach Beendigung des Verteidigungsfalles außer Kraft.

(3) Gesetze, die von den Artikeln 91a, 91b, 104a, 106 und 107 abweichende Regelungen enthalten, gelten längstens bis zum Ende des zweiten Rechnungsjahres, das auf die Beendigung des Verteidigungsfalles folgt. Sie können nach Beendigung des Verteidigungsfalles durch Bundesgesetz mit Zustimmung des Bundesrates geändert werden, um zu der Regelung gemäß den Abschnitten VIIIa und X überzuleiten.

Artikel 115l (Beendigung des Verteidigungsfalles)

(1) Der Bundestag kann jederzeit mit Zustimmung des Bundesrates Gesetze des Gemeinsamen Ausschusses aufheben. Der Bundesrat kann verlangen, daß der Bundestag hierüber beschließt. Sonstige zur Abwehr der Gefahr getroffene Maßnahmen des Gemeinsamen Ausschusses oder der Bundesregierung sind aufzuheben, wenn der Bundestag und der Bundesrat es beschließen.

(2) Der Bundestag kann mit Zustimmung des Bundesrates jederzeit durch einen vom Bundespräsidenten zu verkündenden Beschluß den Verteidigungsfall für beendet erklären. Der Bundesrat kann verlangen, daß der Bundestag hierüber beschließt. Der Verteidigungsfall ist unverzüglich für beendet zu erklären, wenn die Voraussetzungen für seine Feststellung nicht mehr gegeben sind.

(3) Über den Friedensschluß wird durch Bundesgesetz entschieden.

XI. Übergangs- und Schlußbestimmungen

Artikel 116 (Begriff „Deutscher"; Wiedereinbürgerung)

(1) Deutscher im Sinne dieses Grundgesetzes ist vorbehaltlich anderweitiger gesetzlicher Regelung, wer die deutsche Staatsangehörigkeit besitzt oder als Flüchtling oder Vertriebener deutscher Volkszugehörigkeit oder als dessen Ehegatte oder Abkömmling in dem Gebiete des Deutschen Reiches nach dem Stande vom 31. Dezember 1937 Aufnahme gefunden hat.

(2) Frühere deutsche Staatsangehörige, denen zwischen dem 30. Januar 1933 und dem 8. Mai 1945 die Staatsangehörigkeit aus politischen, rassischen oder religiösen Gründen entzogen worden ist, und ihre Abkömmlinge sind auf Antrag wieder einzubürgern. Sie

gelten als nicht ausgebürgert, sofern sie nach dem 8. Mai 1945 ihren Wohnsitz in Deutschland genommen haben und nicht einen entgegengesetzten Willen zum Ausdruck gebracht haben.

Artikel 117 (Übergangsregelung für Artikel 3 und Artikel 11)

(1) Das dem Artikel 3 Abs. 2 entgegenstehende Recht bleibt bis zu seiner Anpassung an diese Bestimmung des Grundgesetzes in Kraft, jedoch nicht länger als bis zum 31. März 1953.

(2) Gesetze, die das Recht der Freizügigkeit mit Rücksicht auf die gegenwärtige Raumnot einschränken, bleiben bis zu ihrer Aufhebung durch Bundesgesetz in Kraft.

Artikel 118 (Neugliederung von Baden-Württemberg)

Die Neugliederung in dem die Länder Baden, Württemberg-Baden und Württemberg-Hohenzollern umfassenden Gebiete kann abweichend von den Vorschriften des Artikels 29 durch Vereinbarung der beteiligten Länder erfolgen. Kommt eine Vereinbarung nicht zustande, so wird die Neugliederung durch Bundesgesetz geregelt, das eine Volksbefragung vorsehen muß.

Artikel 118a (Neugliederung Berlin/Brandenburg)

Die Neugliederung in dem die Länder Berlin und Brandenburg umfassenden Gebiet kann abweichend von den Vorschriften des Artikels 29 unter Beteiligung ihrer Wahlberechtigten durch Vereinbarung beider Länder erfolgen.

Artikel 119 (Flüchtlinge und Vertriebene)

In Angelegenheiten der Flüchtlinge und Vertriebenen, insbesondere zu ihrer Verteilung auf die Länder, kann bis zu einer bundesgesetzlichen Regelung die Bundesregierung mit Zustimmung des Bundesrates Verordnungen mit Gesetzeskraft erlassen. Für besondere Fälle kann dabei die Bundesregierung ermächtigt werden, Einzelweisungen zu erteilen. Die Weisungen sind außer bei Gefahr im Verzuge an die obersten Landesbehörden zu richten.

Artikel 120 (Besatzungskosten, Kriegsfolgelasten, Soziallasten)

(1) Der Bund trägt die Aufwendungen für Besatzungskosten und die sonstigen inneren und äußeren Kriegsfolgelasten nach näherer Bestimmung von Bundesgesetzen. Soweit diese Kriegsfolgelasten bis zum 1. Oktober 1969 durch Bundesgesetze geregelt worden sind, tragen Bund und Länder im Verhältnis zueinander die Aufwendungen nach Maßgabe dieser Bundesgesetze. Soweit Aufwendungen für Kriegsfolgelasten, die in Bundesgesetzen weder geregelt worden sind noch geregelt werden, bis zum 1. Oktober 1965 von den Ländern, Gemeinden (Gemeindeverbänden) oder sonstigen Aufgabenträgern, die Aufgaben von Ländern oder Gemeinden erfüllen, erbracht worden sind, ist der Bund zur Übernahme von Aufwendungen dieser Art auch nach diesem Zeitpunkt nicht verpflichtet. Der Bund trägt die Zuschüsse zu den Lasten der Sozialversicherung mit Einschluß der Arbeitslosenversicherung und der Arbeitslosenhilfe. Die durch diesen Absatz geregelte Verteilung der Kriegsfolgelasten auf Bund und Länder läßt die gesetzliche Regelung von Entschädigungsansprüchen für Kriegsfolgen unberührt.

(2) Die Einnahmen gehen auf den Bund zu demselben Zeitpunkte über, an dem der Bund die Ausgaben übernimmt.

Artikel 120a (Lastenausgleich)

(1) Die Gesetze, die der Durchführung des Lastenausgleichs dienen, können mit Zustimmung des Bundesrates bestimmen, daß sie auf dem Gebiete der Ausgleichsleistungen teils durch den Bund, teils im Auftrage des Bundes durch die Länder ausgeführt werden und daß die der Bundesregierung und den zuständigen obersten Bundesbehörden auf Grund des Artikels 85 insoweit zustehenden Befugnisse ganz oder teilweise dem Bundesausgleichsamt übertragen werden. Das Bundesausgleichsamt bedarf bei Ausübung dieser Befugnisse nicht der Zustimmung des Bundesrates; seine Weisungen sind, abgesehen von den Fällen der Dringlichkeit, an die obersten Landesbehörden (Landesausgleichsämter) zu richten.

(2) Artikel 87 Abs. 3 Satz 2 bleibt unberührt.

Artikel 121 (Begriff „Mehrheit")

Mehrheit der Mitglieder des Bundestages und der Bundesversammlung im Sinne dieses Grundgesetzes ist die Mehrheit ihrer gesetzlichen Mitgliederzahl.

Artikel 122 (Aufhebung früherer Gesetzgebungszuständigkeiten)

(1) Vom Zusammentritt des Bundestages an werden die Gesetze ausschließlich von den in diesem Grundgesetze anerkannten gesetzgebenden Gewalten beschlossen.

(2) Gesetzgebende und bei der Gesetzgebung beratend mitwirkende Körperschaften, deren Zuständigkeit nach Absatz 1 endet, sind mit diesem Zeitpunkt aufgelöst.

Artikel 123 (Fortgelten bisherigen Rechts; Staatsverträge)

(1) Recht aus der Zeit vor dem Zusammentritt des Bundestages gilt fort, soweit es dem Grundgesetze nicht widerspricht.

(2) Die vom Deutschen Reich abgeschlossenen Staatsverträge, die sich auf Gegenstände beziehen, für die nach diesem Grundgesetze die Landesgesetzgebung zuständig ist, bleiben, wenn sie nach allgemeinen Rechtsgrundsätzen gültig sind und fortgelten, unter Vorbehalt aller Rechte und Einwendungen der Beteiligten in Kraft, bis neue Staatsverträge durch die nach diesem Grundgesetze zuständigen Stellen abgeschlossen werden oder ihre Beendigung auf Grund der in ihnen enthaltenen Bestimmungen anderweitig erfolgt.

Artikel 124 (Fortgelten bei ausschließlicher Gesetzgebung)

Recht, das Gegenstände der ausschließlichen Gesetzgebung des Bundes betrifft, wird innerhalb seines Geltungsbereiches Bundesrecht.

Artikel 125 (Fortgelten bei konkurrierender Gesetzgebung)

Recht, das Gegenstände der konkurrierenden Gesetzgebung des Bundes betrifft, wird innerhalb seines Geltungsbereiches Bundesrecht,

1. soweit es innerhalb einer oder mehrerer Besatzungszonen einheitlich gilt,
2. soweit es sich um Recht handelt, durch das nach dem 8. Mai 1945 früheres Reichsrecht abgeändert worden ist.

Artikel 125a (Übergangsregelung bei Kompetenzänderung)

(1) Recht, das als Bundesrecht erlassen worden ist, aber wegen der Änderung des Artikels 74 Abs. 1, der Einfügung des Artikels 84 Abs. 1 Satz 7, des Artikels 85 Abs. 1 Satz 2 oder des Artikels 105 Abs. 2a Satz 2 oder wegen der Aufhebung der Artikel 74a, 75 oder 98 Abs. 3 Satz 2 nicht mehr als Bundesrecht erlassen werden könnte, gilt als Bundesrecht fort. Es kann durch Landesrecht ersetzt werden.

(2) Recht, das auf Grund des Artikels 72 Abs. 2 in der bis zum 15. November 1994 geltenden Fassung erlassen worden ist, aber wegen Änderung des Artikels 72 Abs. 2 nicht mehr als Bundesrecht erlassen werden könnte, gilt als Bundesrecht fort. Durch Bundesgesetz kann bestimmt werden, dass es durch Landesrecht ersetzt werden kann.

(3) Recht, das als Landesrecht erlassen worden ist, aber wegen Änderung des Artikels 73 nicht mehr als Landesrecht erlassen werden könnte, gilt als Landesrecht fort. Es kann durch Bundesrecht ersetzt werden.

Artikel 125b (Überleitung Föderalismusreform)

(1) Recht, das auf Grund des Artikels 75 in der bis zum 1. September 2006 geltenden Fassung erlassen worden ist und das auch nach diesem Zeitpunkt als Bundesrecht erlassen werden könnte, gilt als Bundesrecht fort. Befugnisse und Verpflichtungen der Länder zur Gesetzgebung bleiben insoweit bestehen. Auf den in Artikel 72 Abs. 3 Satz 1 genannten Gebieten können die Länder von diesem Recht abweichende Regelungen treffen, auf den Gebieten des Artikels 72 Abs. 3 Satz 1 Nr. 2, 5 und 6 jedoch erst, wenn und soweit der Bund ab dem 1. September 2006 von seiner Gesetzgebungszuständigkeit Gebrauch gemacht hat, in den Fällen der Nummern 2 und 5 spätestens ab dem 1. Januar 2010, im Falle der Nummer 6 spätestens ab dem 1. August 2008.

(2) Von bundesgesetzlichen Regelungen, die auf Grund des Artikels 84 Abs. 1 in der vor dem 1. September 2006 geltenden Fassung erlassen worden sind, können die Länder abweichende Regelungen treffen, von Regelungen des Verwaltungsverfahrens bis zum 31. Dezember 2008 aber nur dann, wenn ab dem 1. September 2006 in dem jeweiligen Bundesgesetz Regelungen des Verwaltungsverfahrens geändert worden sind.

(3) Auf dem Gebiet des Artikels 72 Absatz 3 Satz 1 Nummer 7 darf abweichendes Landesrecht der Erhebung der Grundsteuer frühestens für Zeiträume ab dem 1. Januar 2025 zugrunde gelegt werden.

Artikel 125c (Überleitung Föderalismusreform)

(1) Recht, das auf Grund des Artikels 91a Abs. 2 in Verbindung mit Abs. 1 Nr. 1 in der bis zum 1. September 2006 geltenden Fassung erlassen worden ist, gilt bis zum 31. Dezember 2006 fort.

(2) Die nach Artikel 104a Abs. 4 in der bis zum 1. September 2006 geltenden Fassung in den Bereichen der Gemeindeverkehrsfinanzierung und der sozialen Wohnraumförderung geschaffenen Regelungen gelten bis zum 31. Dezember 2006 fort. Die im Bereich der Gemeindeverkehrsfinanzierung für die besonderen Programme nach § 6 Absatz 1 des Gemeindeverkehrsfinanzierungsgesetzes sowie die mit dem Gesetz über Finanzhilfen des Bundes nach Artikel 104a Absatz 4 des Grundgesetzes an die Länder Bremen, Hamburg, Mecklenburg-Vorpommern, Niedersachsen sowie Schleswig-Holstein für Seehäfen vom 20. Dezember 2001 nach Artikel 104a Absatz 4 in der bis zum 1. September 2006 geltenden Fassung geschaffenen Regelungen gelten bis zu ihrer Aufhebung fort. Eine Änderung des Gemeindeverkehrsfinanzierungsgesetzes durch Bundesgesetz ist zulässig. Die sonstigen nach Artikel 104a Absatz 4 in der bis zum 1. September 2006 geltenden Fassung geschaffenen Regelungen gelten bis zum 31. Dezember 2019 fort, soweit nicht ein früherer Zeitpunkt für das Außerkrafttreten bestimmt ist oder wird. Artikel 104b Absatz 2 Satz 4 gilt entsprechend.

(3) Artikel 104b Absatz 2 Satz 5 ist erstmals auf nach dem 31. Dezember 2019 in Kraft getretene Regelungen anzuwenden.

Artikel 126 (Zweifel über Fortgelten von Recht)

Meinungsverschiedenheiten über das Fortgelten von Recht als Bundesrecht entscheidet das Bundesverfassungsgericht.

Artikel 127 (Recht des Vereinigten Wirtschaftsgebietes)

Die Bundesregierung kann mit Zustimmung der Regierungen der beteiligten Länder Recht der Verwaltung des Vereinigten Wirtschaftsgebietes, soweit es nach Artikel 124 oder 125 als Bundesrecht fortgilt, innerhalb eines Jahres nach Verkündung dieses Grundgesetzes in den Ländern Baden, Groß-Berlin, Rheinland-Pfalz und Württemberg-Hohenzollern in Kraft setzen.

Artikel 128 (Fortbestehen von Weisungsrechten)

Soweit fortgeltendes Recht Weisungsrechte im Sinne des Artikels 84 Abs. 5 vorsieht, bleiben sie bis zu einer anderweitigen gesetzlichen Regelung bestehen.

Artikel 129 (Fortgelten von Ermächtigungen)

(1) Soweit in Rechtsvorschriften, die als Bundesrecht fortgelten, eine Ermächtigung zum Erlasse von Rechtsverordnungen oder allgemeinen Verwaltungsvorschriften sowie zur Vornahme von Verwaltungsakten enthalten ist, geht sie auf die nunmehr sachlich zuständigen Stellen über. In Zweifelsfällen entscheidet die Bundesregierung im Einvernehmen mit dem Bundesrate; die Entscheidung ist zu veröffentlichen.

(2) Soweit in Rechtsvorschriften, die als Landesrecht fortgelten, eine solche Ermächtigung enthalten ist, wird sie von den nach Landesrecht zuständigen Stellen ausgeübt.

(3) Soweit Rechtsvorschriften im Sinne der Absätze 1 und 2 zu ihrer Änderung oder Ergänzung oder zum Erlaß von Rechtsvorschrif-

ten an Stelle von Gesetzen ermächtigen, sind diese Ermächtigungen erloschen.

(4) Die Vorschriften der Absätze 1 und 2 gelten entsprechend, soweit in Rechtsvorschriften auf nicht mehr geltende Vorschriften oder nicht mehr bestehende Einrichtungen verwiesen ist.

Artikel 130 (Körperschaften des öffentlichen Rechts)

(1) Verwaltungsorgane und sonstige der öffentlichen Verwaltung oder Rechtspflege dienende Einrichtungen, die nicht auf Landesrecht oder Staatsverträgen zwischen Ländern beruhen, sowie die Betriebsvereinigung der südwestdeutschen Eisenbahnen und der Verwaltungsrat für das Post- und Fernmeldewesen für das französische Besatzungsgebiet unterstehen der Bundesregierung. Diese regelt mit Zustimmung des Bundesrates die Überführung, Auflösung oder Abwicklung.

(2) Oberster Disziplinarvorgesetzter der Angehörigen dieser Verwaltungen und Einrichtungen ist der zuständige Bundesminister.

(3) Nicht landesunmittelbare und nicht auf Staatsverträgen zwischen den Ländern beruhende Körperschaften und Anstalten des öffentlichen Rechtes unterstehen der Aufsicht der zuständigen obersten Bundesbehörde.

Artikel 131 (Frühere Angehörige des öffentlichen Dienstes)

Die Rechtsverhältnisse von Personen einschließlich der Flüchtlinge und Vertriebenen, die am 8. Mai 1945 im öffentlichen Dienste standen, aus anderen als beamten- oder tarifrechtlichen Gründen ausgeschieden sind und bisher nicht oder nicht ihrer früheren Stellung entsprechend verwendet werden, sind durch Bundesgesetz zu regeln. Entsprechendes gilt für Personen einschließlich der Flüchtlinge und Vertriebenen, die am 8. Mai 1945 versorgungsberechtigt waren und aus anderen als beamten- oder tarifrechtlichen Gründen keine oder keine entsprechende Versorgung mehr erhalten. Bis zum Inkrafttreten des Bundesgesetzes können vorbehaltlich anderweitiger landesrechtlicher Regelung Rechtsansprüche nicht geltend gemacht werden.

Artikel 132 (gegenstandslos)

Artikel 133 (Vereinigtes Wirtschaftsgebiet, Rechtsnachfolge)

Der Bund tritt in die Rechte und Pflichten der Verwaltung des Vereinigten Wirtschaftsgebietes ein.

Artikel 134 (Reichsvermögen, Rechtsnachfolge)

(1) Das Vermögen des Reiches wird grundsätzlich Bundesvermögen.

(2) Soweit es nach seiner ursprünglichen Zweckbestimmung überwiegend für Verwaltungsaufgaben bestimmt war, die nach diesem Grundgesetze nicht Verwaltungsaufgaben des Bundes sind, ist es unentgeltlich auf die nunmehr zuständigen Aufgabenträger und, soweit es nach seiner gegenwärtigen, nicht nur vorübergehenden Benutzung Verwaltungsaufgaben dient, die nach diesem Grundgesetze nunmehr von den Ländern zu erfüllen sind, auf die Länder zu übertragen. Der Bund kann auch sonstiges Vermögen den Ländern übertragen.

(3) Vermögen, das dem Reich von den Ländern und Gemeinden (Gemeindeverbänden) unentgeltlich zur Verfügung gestellt wurde, wird wiederum Vermögen der Länder und Gemeinden (Gemeindeverbände), soweit es nicht der Bund für eigene Verwaltungsaufgaben benötigt.

(4) Das Nähere regelt ein Bundesgesetz, das der Zustimmung des Bundesrates bedarf.

Artikel 135 (Gebietsänderungen, Rechtsnachfolge)

(1) Hat sich nach dem 8. Mai 1945 bis zum Inkrafttreten dieses Grundgesetzes die Landeszugehörigkeit eines Gebietes geändert, so steht in diesem Gebiete das Vermögen des Landes, dem das Gebiet angehört hat, dem Lande zu, dem es jetzt angehört.

(2) Das Vermögen nicht mehr bestehender Länder und nicht mehr bestehender anderer Körperschaften und Anstalten des öffentlichen Rechtes geht, soweit es nach seiner ursprünglichen Zweckbestimmung überwiegend für Verwaltungsaufgaben bestimmt

war, oder nach seiner gegenwärtigen, nicht nur vorübergehenden Benutzung überwiegend Verwaltungsaufgaben dient, auf das Land oder die Körperschaft oder Anstalt des öffentlichen Rechtes über, die nunmehr diese Aufgaben erfüllen.

(3) Grundvermögen nicht mehr bestehender Länder geht einschließlich des Zubehörs, soweit es nicht bereits zu Vermögen im Sinne des Absatzes 1 gehört, auf das Land über, in dessen Gebiet es gelegen ist.

(4) Sofern ein überwiegendes Interesse des Bundes oder das besondere Interesse eines Gebietes es erfordert, kann durch Bundesgesetz eine von den Absätzen 1 bis 3 abweichende Regelung getroffen werden.

(5) Im übrigen wird die Rechtsnachfolge und die Auseinandersetzung, soweit sie nicht bis zum 1. Januar 1952 durch Vereinbarung zwischen den beteiligten Ländern oder Körperschaften oder Anstalten des öffentlichen Rechtes erfolgt, durch Bundesgesetz geregelt, das der Zustimmung des Bundesrates bedarf.

(6) Beteiligungen des ehemaligen Landes Preußen an Unternehmen des privaten Rechtes gehen auf den Bund über. Das Nähere regelt ein Bundesgesetz, das auch Abweichendes bestimmen kann.

(7) Soweit über Vermögen, das einem Lande oder einer Körperschaft oder Anstalt des öffentlichen Rechtes nach den Absätzen 1 bis 3 zufallen würde, von dem danach Berechtigten durch ein Landesgesetz, auf Grund eines Landesgesetzes oder in anderer Weise bei Inkrafttreten des Grundgesetzes verfügt worden war, gilt der Vermögensübergang als vor der Verfügung erfolgt.

IX

Artikel 135a (Erfüllung alter Verbindlichkeiten)

(1) Durch die in Artikel 134 Absatz 4 und Artikel 135 Absatz 5 vorbehaltene Gesetzgebung des Bundes kann auch bestimmt werden, daß nicht oder nicht in voller Höhe zu erfüllen sind

1. Verbindlichkeiten des Reiches sowie Verbindlichkeiten des ehemaligen Landes Preußen und sonstiger nicht mehr bestehender Körperschaften und Anstalten des öffentlichen Rechts,
2. Verbindlichkeiten des Bundes oder anderer Körperschaften und Anstalten des öffentlichen Rechts, welche mit dem Übergang von Vermögenswerten nach Artikel 89, 90, 134 und 135 im Zusammenhang stehen, und Verbindlichkeiten dieser Rechtsträger, die auf Maßnahmen der in Nummer 1 bezeichneten Rechtsträger beruhen,
3. Verbindlichkeiten der Länder und Gemeinden (Gemeindeverbände), die aus Maßnahmen entstanden sind, welche diese Rechtsträger vor dem 1. August 1945 zur Durchführung von Anordnungen der Besatzungsmächte oder zur Beseitigung eines kriegsbedingten Notstandes im Rahmen dem Reich obliegender oder vom Reich übertragener Verwaltungsaufgaben getroffen haben.

(2) Absatz 1 findet entsprechende Anwendung auf Verbindlichkeiten der Deutschen Demokratischen Republik oder ihrer Rechtsträger sowie auf Verbindlichkeiten des Bundes oder anderer Körperschaften und Anstalten des öffentlichen Rechts, die mit dem Übergang von Vermögenswerten der Deutschen Demokratischen Republik auf Bund, Länder und Gemeinden im Zusammenhang stehen, und auf Verbindlichkeiten, die auf Maßnahmen der Deutschen Demokratischen Republik oder ihrer Rechtsträger beruhen.

Artikel 136 (Erster Zusammentritt des Bundesrates)

(1) Der Bundesrat tritt erstmalig am Tage des ersten Zusammentritts des Bundestages zusammen.

(2) Bis zur Wahl des ersten Bundespräsidenten werden dessen Befugnisse von dem Präsidenten des Bundesrates ausgeübt. Das Recht der Auflösung des Bundestages steht ihm nicht zu.

Artikel 137 (Wählbarkeit von Beamten, Soldaten und Richtern)

(1) Die Wählbarkeit von Beamten, Angestellten des öffentlichen Dienstes, Berufssoldaten, freiwilligen Soldaten auf Zeit und Rich-

tern im Bund, in den Ländern und den Gemeinden kann gesetzlich beschränkt werden.

(2) und (3) (gegenstandslos)

Artikel 138 (Notariat)

Änderungen der Einrichtungen des jetzt bestehenden Notariats in den Ländern Baden, Bayern, Württemberg-Baden und Württemberg-Hohenzollern bedürfen der Zustimmung der Regierungen dieser Länder.

Statt Baden, Württemberg-Baden und Württemberg-Hohenzollern: Baden-Württemberg.

Artikel 139 (Befreiungsgesetze)

Die zur „Befreiung des deutschen Volkes vom Nationalsozialismus und Militarismus" erlassenen Rechtsvorschriften werden von den Bestimmungen dieses Grundgesetzes nicht berührt.

Artikel 140 (Religionsfreiheit, Religionsgesellschaften)

Die Bestimmungen der Artikel 136, 137, 138, 139 und 141 der Deutschen Verfassung vom 11. August 1919 sind Bestandteile dieses Grundgesetzes.

Die Bestimmungen der **Weimarer Reichsverfassung** lauten:

Artikel 136

(1) Die bürgerlichen und staatsbürgerlichen Rechte und Pflichten werden durch die Ausübung der Religionsfreiheit weder bedingt noch beschränkt.

(2) Der Genuß bürgerlicher und staatsbürgerlicher Rechte sowie die Zulassung zu öffentlichen Ämtern sind unabhängig von dem religiösen Bekenntnis.

(3) Niemand ist verpflichtet, seine religiöse Überzeugung zu offenbaren. Die Behörden haben nur soweit das Recht, nach der Zugehörigkeit zu einer Religionsgesellschaft zu fragen, als davon Rechte und Pflichten abhängen oder eine gesetzlich angeordnete statistische Erhebung dies erfordert.

(4) Niemand darf zu einer kirchlichen Handlung oder Feierlichkeit oder zur Teilnahme an religiösen Übungen oder zur Benutzung einer religiösen Eidesform gezwungen werden.

Artikel 137

(1) Es besteht keine Staatskirche.

(2) Die Freiheit der Vereinigung zur Religionsgesellschaften wird gewährleistet. Der Zusammenschluß von Religionsgesellschaften innerhalb des Reichsgebiets unterliegt keinen Beschränkungen.

(3) Jede Religionsgesellschaft ordnet und verwaltet ihre Angelegenheiten selbständig innerhalb der Schranken des für alle geltenden Gesetzes. Sie verleiht ihre Ämter ohne Mitwirkung des Staates oder der bürgerlichen Gemeinde.

(4) Religionsgesellschaften erwerben die Rechtsfähigkeit nach den allgemeinen Vorschriften des bürgerlichen Rechts.

(5) Die Religionsgesellschaften bleiben Körperschaften des öffentlichen Rechtes, soweit sie solche bisher waren. Anderen Religionsgesellschaften sind auf ihren Antrag gleiche Rechte zu gewähren, wenn sie durch ihre Verfassung und die Zahl ihrer Mitglieder die Gewähr der Dauer bieten. Schließen sich mehrere derartige öffentlich-rechtliche Religionsgesellschaften zu einem Verbande zusammen, so ist auch dieser Verband eine öffentlich-rechtliche Körperschaft.

(6) Die Religionsgesellschaften, welche Körperschaften des öffentlichen Rechtes sind, sind berechtigt, auf Grund der bürgerlichen Steuerlisten nach Maßgabe der landesrechtlichen Bestimmungen Steuern zu erheben.

(7) Den Religionsgesellschaften werden die Vereinigungen gleichgestellt, die sich die gemeinschaftliche Pflege einer Weltanschauung zur Aufgabe machen.

(8) Soweit die Durchführung dieser Bestimmungen eine weitere Regelung erfordert, liegt diese der Landesgesetzgebung ob.

Artikel 138

(1) Die auf Gesetz, Vertrag oder besonderen Rechtstiteln beruhenden Staatsleistungen an die Religionsgesellschaften werden durch die Landesgesetzgebung abgelöst. Die Grundsätze hierfür stellt das Reich auf.

(2) Das Eigentum und andere Rechte der Religionsgesellschaften und religiösen Vereine an ihren für Kultus-, Unterrichts- und Wohltätigkeitszwecke bestimmten Anstalten, Stiftungen und sonstigen Vermögen werden gewährleistet.

Artikel 139

Der Sonntag und die staatlich anerkannten Feiertage bleiben als Tage der Arbeitsruhe und der seelischen Erhebung gesetzlich geschützt.

Artikel 141

Soweit das Bedürfnis nach Gottesdienst und Seelsorge im Heer, in Krankenhäusern, Strafanstalten oder sonstigen öffentlichen Anstalten besteht, sind die Religionsgesellschaften zur Vornahme religiöser Handlungen zuzulassen, wobei jeder Zwang fernzuhalten ist.

Artikel 141 (Landesrechtliche Regelung des Religionsunterrichts)

Artikel 7 Abs. 3 Satz 1 findet keine Anwendung in einem Lande, in dem am 1. Januar 1949 eine andere landesrechtliche Regelung bestand.

Artikel 142 (Grundrechte in Landesverfassungen)

Ungeachtet der Vorschrift des Artikels 31 bleiben Bestimmungen der Landesverfassungen auch insoweit in Kraft, als sie in Übereinstimmung mit den Artikeln 1 bis 18 dieses Grundgesetzes Grundrechte gewährleisten.

Artikel 143 (Abweichungen vom Grundgesetz aufgrund Einigungsvertrag)

(1) Recht in dem in Artikel 3 des Einigungsvertrags genannten Gebiet kann längstens bis zum 31. Dezember 1992 von Bestimmungen dieses Grundgesetzes abweichen, soweit und solange infolge der unterschiedlichen Verhältnisse die völlige Anpassung an die grundgesetzliche Ordnung noch nicht erreicht werden kann. Abweichungen dürfen nicht gegen Artikel 19 Abs. 2 verstoßen und müssen mit den in Artikel 79 Abs. 3 genannten Grundsätzen vereinbar sein.

(2) Abweichungen von den Abschnitten II, VIII, VIIIa, IX, X und XI sind längstens bis zum 31. Dezember 1995 zulässig.

(3) Unabhängig von Absatz 1 und 2 haben Artikel 41 des Einigungsvertrags und Regelungen zu seiner Durchführung auch insoweit Bestand, als sie vorsehen, daß Eingriffe in das Eigentum auf dem in Artikel 3 dieses Vertrags genannten Gebiet nicht mehr rückgängig gemacht werden.

Artikel 143a (Umwandlung der Bundeseisenbahnen)

(1) Der Bund hat die ausschließliche Gesetzgebung über alle Angelegenheiten, die sich aus der Umwandlung der in bundeseigener Verwaltung geführten Bundeseisenbahnen in Wirtschaftsunternehmen ergeben. Artikel 87e Abs. 5 findet entsprechende Anwendung. Beamte der Bundeseisenbahnen können durch Gesetz unter Wahrung ihrer Rechtsstellung und der Verantwortung des Dienstherrn einer privat-rechtlich organisierten Eisenbahn des Bundes zur Dienstleistung zugewiesen werden.

(2) Gesetze nach Absatz 1 führt der Bund aus.

(3) Die Erfüllung der Aufgaben im Bereich des Schienenpersonennahverkehrs der bisherigen Bundeseisenbahnen ist bis zum 31. Dezember 1995 Sache des Bundes. Dies gilt auch für die entsprechenden Aufgaben der Eisenbahnverkehrsverwaltung. Das Nähere wird durch Bundesgesetz geregelt, das der Zustimmung des Bundesrates bedarf.

Artikel 143b (Umwandlung der Bundespost)

(1) Das Sondervermögen Deutsche Bundespost wird nach Maßgabe eines Bundesgesetzes in Unternehmen privater Rechtsform umgewandelt. Der Bund hat die ausschließliche Gesetzgebung über alle sich hieraus ergebenden Angelegenheiten.

(2) Die vor der Umwandlung bestehenden ausschließlichen Rechte des Bundes können durch Bundesgesetz für eine Übergangszeit den aus der Deutschen Bundespost POSTDIENST und der Deutschen Bundespost TELEKOM hervorgegangenen Unternehmen verliehen werden. Die Kapitalmehrheit am Nachfolgeunternehmen der Deutschen Bundespost POSTDIENST darf der Bund frühestens fünf Jahre nach Inkrafttreten des Gesetzes aufgeben. Dazu bedarf es eines Bundesgesetzes mit Zustimmung des Bundesrates.

(3) Die bei der Deutschen Bundespost tätigen Bundesbeamten werden unter Wahrung ihrer Rechtsstellung und der Verantwortung des Dienstherrn bei den privaten Unternehmen beschäftigt. Die Unternehmen üben Dienstherrnbefugnisse aus. Das Nähere bestimmt ein Bundesgesetz.

Artikel 143c (Beträge aus dem Bundeshaushalt)

(1) Den Ländern stehen ab dem 1. Januar 2007 bis zum 31. Dezember 2019 für den durch die Abschaffung der Gemeinschaftsaufgaben Ausbau und Neubau von Hochschulen einschließlich Hochschulkliniken und Bildungsplanung sowie für den durch die Abschaffung der Finanzhilfen zur Verbesserung der Ver-

kehrsverhältnisse der Gemeinden und zur sozialen Wohnraumförderung bedingten Wegfall der Finanzierungsanteile des Bundes jährlich Beträge aus dem Haushalt des Bundes zu. Bis zum 31. Dezember 2013 werden diese Beträge aus dem Durchschnitt der Finanzierungsanteile des Bundes im Referenzzeitraum 2000 bis 2008 ermittelt.

(2) Die Beträge nach Absatz 1 werden auf die Länder bis zum 31. Dezember 2013 wie folgt verteilt:

1. als jährliche Festbeträge, deren Höhe sich nach dem Durchschnittsanteil eines jeden Landes im Zeitraum 2000 bis 2003 errechnet;
2. jeweils zweckgebunden an den Aufgabenbereich der bisherigen Mischfinanzierungen.

(3) Bund und Länder überprüfen bis Ende 2013, in welcher Höhe die den Ländern nach Absatz 1 zugewiesenen Finanzierungsmittel zur Aufgabenerfüllung der Länder noch angemessen und erforderlich sind. Ab dem 1. Januar 2014 entfällt die nach Absatz 2 Nr. 2 vorgesehene Zweckbindung der nach Absatz 1 zugewiesenen Finanzierungsmittel; die investive Zweckbindung des Mittelvolumens bleibt bestehen. Die Vereinbarungen aus dem Solidarpakt II bleiben unberührt.

(4) Das Nähere regelt ein Bundesgesetz, das der Zustimmung des Bundesrates bedarf.

Artikel 143d (Haushaltswirtschaft, Schuldenbremse)

(1) Artikel 109 und 115 in der bis zum 31. Juli 2009 geltenden Fassung sind letztmals auf das Haushaltsjahr 2010 anzuwenden. Artikel 109 und 115 in der ab dem 1. August 2009 geltenden Fassung sind erstmals für das Haushaltsjahr 2011 anzuwenden; am 31. Dezember 2010 bestehende Kreditermächtigungen für bereits eingerichtete Sondervermögen bleiben unberührt. Die Länder dürfen im Zeitraum vom 1. Januar 2011 bis zum 31. Dezember 2019 nach Maßgabe der geltenden landesrechtlichen Regelungen von den Vorgaben des Artikels 109 Absatz 3 abweichen. Die Haushalte der Länder sind so aufzustellen, dass im Haushaltsjahr 2020 die Vorgabe aus Artikel 109 Absatz 3 Satz 5 erfüllt wird. Der Bund kann im Zeitraum vom 1. Januar 2011 bis zum 31. Dezember 2015 von der Vorgabe des Artikels 115 Absatz 2 Satz 2 abweichen. Mit dem Abbau des bestehenden Defizits soll im Haushaltsjahr 2011 begonnen werden. Die jährlichen Haushalte sind so aufzustellen, dass im Haushaltsjahr 2016 die Vorgabe aus Artikel 115 Absatz 2 Satz 2 erfüllt wird; das Nähere regelt ein Bundesgesetz.

(2) Als Hilfe zur Einhaltung der Vorgaben des Artikels 109 Absatz 3 ab dem 1. Januar 2020 können den Ländern Berlin, Bremen, Saarland, Sachsen-Anhalt und Schleswig-Holstein für den Zeitraum 2011 bis 2019 Konsolidierungshilfen aus dem Haushalt des Bundes in Höhe von insgesamt 800 Millionen Euro jährlich gewährt werden. Davon entfallen auf Bremen 300 Millionen Euro, auf das Saarland 260 Millionen Euro und auf Berlin, Sachsen-Anhalt und Schleswig-Holstein jeweils 80 Millionen Euro. Die Hilfen werden auf der Grundlage einer Verwaltungsvereinbarung nach Maßgabe eines Bundesgesetzes mit Zustimmung des Bundesrates geleistet. Die Gewährung der Hilfen setzt einen vollständigen Abbau der Finanzierungsdefizite bis zum Jahresende 2020 voraus. Das Nähere, insbesondere die jährlichen Abbauschritte der Finanzierungsdefizite, die Überwachung des Abbaus der Finanzierungsdefizite durch den Stabilitätsrat sowie die Konsequenzen im Falle der Nichteinhaltung der Abbauschritte, wird durch Bundesgesetz mit Zustimmung des Bundesrates und durch Verwaltungsvereinbarung geregelt. Die gleichzeitige Gewährung der Konsolidierungshilfen und Sanierungshilfen auf Grund einer extremen Haushaltsnotlage ist ausgeschlossen.

(3) Die sich aus der Gewährung der Konsolidierungshilfen ergebende Finanzierungslast wird hälftig von Bund und Ländern, von letzteren aus ihrem Umsatzsteueranteil, getragen. Das Nähere wird durch Bundesgesetz mit Zustimmung des Bundesrates geregelt.

(4) Als Hilfe zur künftig eigenständigen Einhaltung der Vorgaben des Artikels 109 Absatz 3 können den Ländern Bremen und Saarland ab dem 1. Januar 2020 Sanierungs-

hilfen in Höhe von jährlich insgesamt 800 Millionen Euro aus dem Haushalt des Bundes gewährt werden. Die Länder ergreifen hierzu Maßnahmen zum Abbau der übermäßigen Verschuldung sowie zur Stärkung der Wirtschafts- und Finanzkraft. Das Nähere regelt ein Bundesgesetz, das der Zustimmung des Bundesrates bedarf. Die gleichzeitige Gewährung der Sanierungshilfen und Sanierungshilfen auf Grund einer extremen Haushaltsnotlage ist ausgeschlossen.

Artikel 143e (Bundesautobahnen und sonstige Fernstraßen)

(1) Die Bundesautobahnen werden abweichend von Artikel 90 Absatz 2 längstens bis zum 31. Dezember 2020 in Auftragsverwaltung durch die Länder oder die nach Landesrecht zuständigen Selbstverwaltungskörperschaften geführt. Der Bund regelt die Umwandlung der Auftragsverwaltung in Bundesverwaltung nach Artikel 90 Absatz 2 und 4 durch Bundesgesetz mit Zustimmung des Bundesrates.

(2) Auf Antrag eines Landes, der bis zum 31. Dezember 2018 zu stellen ist, übernimmt der Bund abweichend von Artikel 90 Absatz 4 die sonstigen Bundesstraßen des Fernverkehrs, soweit sie im Gebiet dieses Landes liegen, mit Wirkung zum 1. Januar 2021 in Bundesverwaltung.

(3) Durch Bundesgesetz mit Zustimmung des Bundesrates kann geregelt werden, dass ein Land auf Antrag die Aufgabe der Planfeststellung und Plangenehmigung für den Bau und für die Änderung von Bundesautobahnen und von sonstigen Bundesstraßen des Fernverkehrs, die der Bund nach Artikel 90 Absatz 4 oder Artikel 143e Absatz 2 in Bundesverwaltung übernommen hat, im Auftrage des Bundes übernimmt und unter welchen Voraussetzungen eine Rückübertragung erfolgen kann.

Artikel 143f (Außerkrafttreten)

Artikel 143d, das Gesetz über den Finanzausgleich zwischen Bund und Ländern sowie sonstige auf der Grundlage von Artikel 107 Absatz 2 in seiner ab dem 1. Januar 2020 geltenden Fassung erlassene Gesetze treten außer Kraft, wenn nach dem 31. Dezember 2030 die Bundesregierung, der Bundestag oder gemeinsam mindestens drei Länder Verhandlungen über eine Neuordnung der bundesstaatlichen Finanzbeziehungen verlangt haben und mit Ablauf von fünf Jahren nach Notifikation des Verhandlungsverlangens der Bundesregierung, des Bundestages oder der Länder beim Bundespräsidenten keine gesetzliche Neuordnung der bundesstaatlichen Finanzbeziehungen in Kraft getreten ist. Der Tag des Außerkrafttretens ist im Bundesgesetzblatt bekannt zu geben.

Artikel 143g (Übergangsregelung)

Für die Regelung der Steuerertragsverteilung, des Länderfinanzausgleichs und der Bundesergänzungszuweisungen bis zum 31. Dezember 2019 ist Artikel 107 in seiner bis zum Inkrafttreten des Gesetzes zur Änderung des Grundgesetzes vom 13. Juli 2017 geltenden Fassung weiter anzuwenden.

Artikel 143h (Sondervermögen)

(1) Der Bund kann ein Sondervermögen mit eigener Kreditermächtigung für zusätzliche Investitionen in die Infrastruktur und für zusätzliche Investitionen zur Erreichung der Klimaneutralität bis zum Jahr 2045 mit einem Volumen von bis zu 500 Milliarden Euro errichten. Zusätzlichkeit liegt vor, wenn im jeweiligen Haushaltsjahr eine angemessene Investitionsquote im Bundeshaushalt erreicht wird. Auf die Kreditermächtigung sind Artikel 109 Absatz 3 und Artikel 115 Absatz 2 nicht anzuwenden. Investitionen aus dem Sondervermögen können innerhalb einer Laufzeit von zwölf Jahren bewilligt werden. Zuführungen aus dem Sondervermögen in den Klima- und Transformationsfonds werden in Höhe von 100 Milliarden Euro vorgenommen. Das Nähere regelt ein Bundesgesetz.

(2) Aus dem Sondervermögen nach Absatz 1 Satz 1 stehen den Ländern 100 Milliarden Euro auch für Investitionen der Länder in deren Infrastruktur zur Verfügung. Die Länder haben dem Bund über die Mittelverwendung Bericht zu erstatten. Der Bund ist zur Prüfung der zweckentsprechenden Mittelverwendung berechtigt. Das Nähere regelt ein Bundesgesetz mit Zustimmung des Bundesrates.

Artikel 144 (Ratifizierung des Grundgesetzes)

(1) Dieses Grundgesetz bedarf der Annahme durch die Volksvertretungen in zwei Dritteln der deutschen Länder, in denen es zunächst gelten soll.

(2) Soweit die Anwendung dieses Grundgesetzes in einem der in Artikel 23 aufgeführten Länder oder in einem Teile eines dieser Länder Beschränkungen unterliegt, hat das Land oder der Teil des Landes das Recht, gemäß Artikel 38 Vertreter in den Bundestag und gemäß Artikel 50 Vertreter in den Bundesrat zu entsenden.

Artikel 145 (Verkündung des Grundgesetzes)

(1) Der Parlamentarische Rat stellt in öffentlicher Sitzung unter Mitwirkung der Abgeordneten Groß-Berlins die Annahme dieses Grundgesetzes fest, fertigt es aus und verkündet es.

(2) Dieses Grundgesetz tritt mit Ablauf des Tages der Verkündung in Kraft.

(3) Es ist im Bundesgesetzblatt zu veröffentlichen.

Der Tag der Verkündung war der 23. Mai 1949.

Artikel 146 (Außer-Kraft-Treten des Grundgesetzes)

Dieses Grundgesetz, das nach Vollendung der Einheit und Freiheit Deutschlands für das gesamte deutsche Volk gilt, verliert seine Gültigkeit an dem Tage, an dem eine Verfassung in Kraft tritt, die von dem deutschen Volke in freier Entscheidung beschlossen worden ist.

Verfassung des Landes Hessen

Vom 1. Dezember 1946 (GVBl. I S. 229, 1947 S. 106, 1948 S. 68)

Zuletzt geändert durch
Gesetz zur Ergänzung des Artikel 4 der Verfassung des Landes Hessen (Stärkung der Kinderrechte)
vom 12. Dezember 2018 (GVBl. S. 752)

In der Überzeugung, daß Deutschland nur als demokratisches Gemeinwesen eine Gegenwart und Zukunft haben kann, hat sich Hessen als Gliedstaat der Deutschen Republik diese Verfassung gegeben.

Erster Hauptteil
Die Rechte des Menschen

I. Gleichheit und Freiheit

Artikel 1 (Gleichheit vor dem Gesetz)

(1) Alle Menschen sind vor dem Gesetze gleich, ohne Unterschied des Geschlechts, der Rasse, der Herkunft, der religiösen und der politischen Überzeugung.

(2) Frauen und Männer sind gleichberechtigt. Der Staat fördert die tatsächliche Durchsetzung der Gleichberechtigung von Frauen und Männern und wirkt auf die Beseitigung bestehender Nachteile hin.

Artikel 2 (Allgemeine Handlungsfreiheit; Vorbehalt des Gesetzes)

(1) Der Mensch ist frei. Er darf tun und lassen, was die Rechte anderer nicht verletzt oder die verfassungsmäßige Ordnung des Gemeinwesens nicht beeinträchtigt.

(2) Niemand kann zu einer Handlung, Unterlassung oder Duldung gezwungen werden, wenn nicht ein Gesetz oder eine auf Gesetz beruhende Bestimmung es verlangt oder zuläßt.

(3) Glaubt jemand durch die öffentliche Gewalt in seinen Rechten verletzt zu sein, so steht ihm der Rechtsweg offen.

Artikel 3 (Leben, Gesundheit, Ehre, Menschenwürde)

Leben und Gesundheit, Ehre und Würde des Menschen sind unantastbar.

Artikel 4 (Ehe und Familie)

(1) Ehe und Familie stehen als Grundlage des Gemeinschaftslebens unter dem besonderen Schutz des Gesetzes.

(2) Jedes Kind hat das Recht auf Schutz sowie auf Förderung seiner Entwicklung zu einer eigenverantwortlichen und gemeinschaftsfähigen Persönlichkeit. Bei allen Maßnahmen, die Kinder betreffen, ist das Wohl des Kindes ein wesentlich zu berücksichtigender Gesichtspunkt. Der Wille des Kindes ist in allen Angelegenheiten, die es betreffen, entsprechend seinem Alter und seiner Reife im Einklang mit den geltenden Verfahrensvorschriften angemessen zu berücksichtigen. Die verfassungsmäßigen Rechte und Pflichten der Eltern bleiben unberührt.

Artikel 5 (Freiheit der Person)

Die Freiheit der Person ist unantastbar.

Artikel 6 (Freizügigkeit)

Jedermann ist frei, sich aufzuhalten und niederzulassen, wo er will.

Artikel 7 (Auslieferungsverbot; Asyl)

Kein Deutscher darf einer fremden Macht ausgeliefert werden. Fremde genießen den Schutz vor Auslieferung und Ausweisung, wenn sie unter Verletzung der in dieser Verfassung niedergelegten Grundrechte im Ausland verfolgt werden und nach Hessen geflohen sind.

Artikel 8 (Wohnung)

Die Wohnung ist unverletzlich.

Artikel 9 (Glaubens-, Gewissens- und Überzeugungsfreiheit)

Glauben, Gewissen und Überzeugung sind frei.

Artikel 10 (Wissenschafts- und Kunstfreiheit)

Niemand darf in seinem wissenschaftlichen oder künstlerischen Schaffen und in der Verbreitung seiner Werke gehindert werden.

Artikel 11 (Meinungsäußerungsfreiheit; Zensurverbot)

(1) Jedermann hat das Recht, seine Meinung frei und öffentlich zu äußern. Dieses Recht darf auch durch ein Dienstverhältnis nicht beschränkt werden, und niemand darf ein Nachteil widerfahren, wenn er es ausübt. Nur wenn die vereinbarte Tätigkeit einer bestimmten politischen, religiösen oder weltanschaulichen Richtung dienen soll, kann, falls ein Beteiligter davon abweicht, das Dienstverhältnis gelöst werden.

(2) Pressezensur ist unstatthaft.

Artikel 12 (Postgeheimnis)

Das Postgeheimnis ist unverletzlich.

Artikel 12a (Informationelle Selbstbestimmung)

Jeder Mensch ist berechtigt, über die Preisgabe und Verwendung seiner personenbezogenen Daten selbst zu bestimmen. Die Vertraulichkeit und Integrität informationstechnischer Systeme werden gewährleistet. Einschränkungen dieser Rechte bedürfen eines Gesetzes.

Artikel 13 (Informationsfreiheit)

Jedermann hat das Recht, sich auf allen Gebieten des Wissens und der Erfahrung sowie über die Meinung anderer durch den Bezug von Druck-Erzeugnissen, das Abhören von Rundfunksendern oder auf sonstige Weise frei zu unterrichten.

Artikel 14 (Versammlungsfreiheit)

(1) Alle Deutschen haben das Recht, sich ohne Anmeldung oder besondere Erlaubnis friedlich und unbewaffnet zu versammeln.

(2) Versammlungen unter freiem Himmel können durch Gesetz anmeldepflichtig gemacht werden.

Artikel 15 (Vereinigungsfreiheit)

Alle Deutschen haben das Recht, Vereine oder Gesellschaften zu bilden.

Artikel 16 (Petitionsrecht)

Jedermann hat das Recht, allein oder gemeinsam mit anderen, Anträge oder Beschwerden an die zuständige Behörde oder an die Volksvertretung zu richten.

II. Grenzen und Sicherung der Menschenrechte

Artikel 17 (Verwirkung von Grundrechten)

(1) Auf das Recht der freien Meinungsäußerung, der Versammlungs- und Vereinfachungsfreiheit sowie auf das Recht der Verbreitung wissenschaftlicher oder künstlerischer Werke kann sich nicht berufen, wer den verfassungsmäßigen Zustand angreift oder gefährdet.

(2) Ob diese Voraussetzung vorliegt, entscheidet im Beschwerdeverfahren der Staatsgerichtshof.

Artikel 18 (Jugendschutz)

Auf das Recht der freien Meinungsäußerung, der Verbreitung wissenschaftlicher oder künstlerischer Werke und der freien Unterrichtung kann sich ferner nicht berufen, wer Gesetze zum Schutz der Jugend verletzt.

Artikel 19 (Richterliche Anordnung von Grundrechtseingriffen; Rechtsgarantien bei Freiheitsentziehung)

(1) Bei dringendem Verdacht einer strafbaren Handlung kann der Richter die Untersuchungshaft, die Haussuchung und Eingriffe in das Postgeheimnis anordnen. Die Haussuchung kann auch nachträglich genehmigt werden, wenn die Verfolgung des Täters zu sofortigem Handeln gezwungen hat.

(2) Jeder Festgenommene ist binnen 24 Stunden seinem Richter zuzuführen, der ihn zu vernehmen, über die Entlassung oder Verhaftung zu befinden und im Falle der Verhaftung bis zur endgültigen richterlichen Entscheidung von Monat zu Monat neu zu prüfen hat, ob weitere Haft gerechtfertigt ist. Der Grund der Verhaftung ist dem Festgenommenen sofort und auf seinen Wunsch seinen nächsten Angehörigen innerhalb weiterer

24 Stunden nach der richterlichen Entscheidung mitzuteilen.

Artikel 20 (Gesetzlicher Richter; Unschuldsvermutung; Recht auf Verteidigerbestellung)

(1) Niemand darf seinem gesetzlichen Richter entzogen werden. Ausnahme- und Sonderstrafgerichte sind unstatthaft.

(2) Jeder gilt als unschuldig, bis er durch rechtskräftiges Urteil eines ordentlichen Gerichts für schuldig befunden ist. Das Recht, sich jederzeit durch einen Rechtsbeistand verteidigen zu lassen, darf nicht beschränkt werden.

Artikel 21 (Freiheitsstrafe; Todesstrafe)

(1) Ist jemand einer strafbaren Handlung für schuldig befunden worden, so können ihm auf Grund der Strafgesetze durch richterliches Urteil die Freiheit und die bürgerlichen Ehrenrechte entzogen oder beschränkt werden. Die Todesstrafe ist abgeschafft.

(2) Die Strafe richtet sich nach der Schwere der Tat.

(3) Alle Gefangenen sind menschlich zu behandeln.

Artikel 22 (Rückwirkungsverbot; Schuldprinzip; ne bis in idem)

(1) Kein Strafgesetz hat rückwirkende Kraft, es sei denn, daß es für den Täter günstiger ist, als das zur Zeit der Tat in Geltung gewesene Strafgesetz.

(2) Niemand darf für Handlungen oder Unterlassungen leiden oder strafrechtlich verantwortlich gemacht werden, die ihm nicht persönlich zur Last fallen.

(3) Niemand kann wegen derselben Tat mehr als einmal bestraft werden.

Artikel 23 (Freiheitsentziehung bei geistiger oder körperlicher Krankheit)

Gefährdet ein geistig oder körperlich Kranker durch seinen Zustand seine Mitmenschen erheblich, so kann er in eine Anstalt eingewiesen werden. Er hat das Recht, gegen diese Maßnahme den Richter anzurufen. Das Nähere bestimmt das Gesetz.

Artikel 24 (Sonstige Beschränkungen der persönlichen Freiheit)

Sonstige Beschränkungen der persönlichen Freiheit sind nur im Rahmen der Gesetze und nur insoweit zulässig, als sie nötig sind, um das Erscheinen Geladener vor Gericht, die Zeugnispflicht, die gerichtliche Sitzungspolizei, die Vollstreckung gerichtlicher Urteile und den Vollzug gesetzmäßiger Verwaltungsanordnungen zu sichern.

Artikel 25 (Pflicht zur Übernahme von Ehrenämtern)

Jedermann hat nach Maßgabe der Gesetze die Pflicht, ehrenamtliche Tätigkeiten zu übernehmen und persönliche Dienste für den Staat und die Gemeinde zu leisten. Steht er in einem Dienstverhältnis, so ist ihm die erforderliche freie Zeit zu gewähren. Näheres bestimmt das Gesetz.

Artikel 26 (Unabänderlichkeit der Grundrechte)

Diese Grundrechte sind unabänderlich; sie binden den Gesetzgeber, den Richter und die Verwaltung unmittelbar.

IIa. Staatsziele

Artikel 26a (Bedeutung)

Staatsziele verpflichten den Staat, die Gemeinden und Gemeindeverbände im Rahmen ihrer Zuständigkeit und Leistungsfähigkeit zur fortlaufenden Beachtung und dazu, ihr Handeln nach ihnen auszurichten.

Artikel 26b (Schutz der natürlichen Lebensgrundlagen)

Die natürlichen Lebensgrundlagen des Menschen stehen unter dem Schutz des Staates und der Gemeinden.

Artikel 26c (Nachhaltigkeit)

Der Staat, die Gemeinden und Gemeindeverbände berücksichtigen bei ihrem Handeln das Prinzip der Nachhaltigkeit, um die Interessen künftiger Generationen zu wahren.

Artikel 26d (Infrastruktur und Gleichwertigkeit der Lebensverhältnisse)

Der Staat, die Gemeinden und Gemeindeverbände fördern die Errichtung und den Erhalt der technischen, digitalen und sozialen Infrastruktur und von angemessenem Wohnraum. Der Staat wirkt auf die Gleichwertigkeit der Lebensverhältnisse in Stadt und Land hin.

Artikel 26e (Kultur)

Die Kultur genießt den Schutz und die Förderung des Staates, der Gemeinden und Gemeindeverbände.

Artikel 26f (Ehrenamt)

Der ehrenamtliche Einsatz für das Gemeinwohl genießt den Schutz und die Förderung des Staates, der Gemeinden und Gemeindeverbände.

Artikel 26g (Sport)

Der Sport genießt den Schutz und die Förderung des Staates, der Gemeinden und Gemeindeverbände.

III. Soziale und wirtschaftliche Rechte und Pflichten

Artikel 27 (Anerkennung der Menschenwürde)

Die Sozial- und Wirtschaftsordnung beruht auf der Anerkennung der Würde und der Persönlichkeit des Menschen.

Artikel 28 (Recht auf Arbeit und Fürsorge)

(1) Die menschliche Arbeitskraft steht unter dem besonderen Schutze des Staates.

(2) Jeder hat nach seinen Fähigkeiten ein Recht auf Arbeit und, unbeschadet seiner persönlichen Freiheit, die sittliche Pflicht zur Arbeit.

(3) Wer ohne Schuld arbeitslos ist, hat Anspruch auf den notwendigen Unterhalt für sich und seine unterhaltsberechtigten Angehörigen. Ein Gesetz regelt die Arbeitslosenversicherung.

Artikel 29 (Einheitliches Arbeitsrecht, Tarifsystem, Schlichtungswesen, Arbeitskampf)

(1) Für alle Angestellten, Arbeiter und Beamten ist ein einheitliches Arbeitsrecht zu schaffen.

(2) Im Rahmen dieses Arbeitsrechts können Gesamtvereinbarungen nur zwischen den Gewerkschaften und den Unternehmungen oder ihren Vertretungen abgeschlossen werden. Sie schaffen verbindliches Recht, das grundsätzlich nur zugunsten der Arbeitnehmer abbedungen werden kann.

(3) Das Schlichtungswesen wird gesetzlich geregelt.

(4) Das Streikrecht wird anerkannt, wenn die Gewerkschaften den Streik erklären.

(5) Die Aussperrung ist rechtswidrig.

Artikel 30 (Arbeitsbedingungen; Mutterschutz; Verbot der Kinderarbeit)

(1) Die Arbeitsbedingungen müssen so beschaffen sein, daß sie die Gesundheit, die Würde, das Familienleben und die kulturellen Ansprüche des Arbeitnehmers sichern; insbesondere dürfen sie die leibliche, geistige und sittliche Entwicklung der Jugendlichen nicht gefährden.

(2) Das Gesetz schafft Einrichtungen zum Schutze der Mütter und Kinder, und es schafft die Gewähr, daß die Frau ihre Aufgaben als Bürgerin und Schaffende mit ihren Pflichten als Frau und Mutter vereinbaren kann.

(3) Kinderarbeit ist verboten.

Artikel 31 (Arbeitszeit)

Der Achtstundentag ist die gesetzliche Regel. Sonntage und gesetzliche Feiertage sind arbeitsfrei. Ausnahmen können durch Gesetz oder Gesamtvereinbarung zugelassen werden, wenn sie der Allgemeinheit dienen.

Artikel 32 (Tag der Arbeit)

Der 1. Mai ist gesetzlicher Feiertag aller arbeitenden Menschen. Er versinnbildlicht das Bekenntnis zur sozialen Gerechtigkeit, zu Fortschritt, Frieden, Freiheit und Völkerverständigung.

Artikel 33 (Arbeitsentgelt)

Das Arbeitsentgelt muß der Leistung entsprechen und zum Lebensbedarf für den Arbeitenden und seine unterhaltsberechtigten Angehörigen ausreichen. Die Frau und der Jugendliche haben für gleiche Tätigkeit und gleiche Leistung Anspruch auf gleichen Lohn. Das Arbeitsentgelt für die in die Arbeitszeit fallenden Feiertage wird weiter gezahlt.

Artikel 34 (Bezahlter Urlaub)

Jeder Arbeitnehmer hat Anspruch auf einen bezahlten Urlaub von mindestens 12 Arbeitstagen im Jahr. Das Nähere bestimmt das Gesetz.

Artikel 35 (Sozialversicherung; Gesundheitswesen)

(1) Es ist eine das gesamte Volk verbindende Sozialversicherung zu schaffen. Sie ist sinnvoll aufzubauen. Die Selbstverwaltung der Versicherten wird anerkannt. Ihre Organe werden in allgemeiner, gleicher, freier und geheimer Wahl gewählt. Das Nähere bestimmt das Gesetz.

(2) Die Sozialversicherung hat die Aufgabe, den Gesundheitszustand des Volkes, auch durch vorbeugende Maßnahmen, zu heben, Kranken, Schwangeren und Wöchnerinnen jede erforderliche Hilfe zu leisten und eine ausreichende Versorgung für Erwerbsbeschränkte, Erwerbsunfähige und Hinterbliebene sowie im Alter zu sichern.

(3) Die Ordnung des Gesundheitswesens ist Sache des Staates. Das Nähere bestimmt das Gesetz.

Artikel 36 (Koalitionsfreiheit)

(1) Die Freiheit, sich in Gewerkschaften oder Unternehmervertretungen zu vereinigen, um die Arbeits- und Wirtschaftsbedingungen zu gestalten und zu verbessern, ist für alle gewährleistet.

(2) Niemand darf gezwungen oder gehindert werden, Mitglied einer solchen Vereinigung zu werden.

Artikel 37 (Betriebsvertretungen)

(1) Angestellte, Arbeiter und Beamte in allen Betrieben und Behörden erhalten unter Mitwirkung der Gewerkschaften gemeinsame Betriebsvertretungen, die in allgemeiner, gleicher, freier, geheimer und unmittelbarer Wahl von den Arbeitnehmern zu wählen sind.

(2) Die Betriebsvertretungen sind dazu berufen, im Benehmen mit den Gewerkschaften gleichberechtigt mit den Unternehmern in sozialen, personellen und wirtschaftlichen Fragen des Betriebes mitzubestimmen.

(3) Das Nähere regelt das Gesetz.

Artikel 38 (Freiheit der wirtschaftlichen Betätigung)

(1) Die Wirtschaft des Landes hat die Aufgabe, dem Wohle des ganzen Volkes und der Befriedigung seines Bedarfs zu dienen. Zu diesem Zweck hat das Gesetz die Maßnahmen anzuordnen, die erforderlich sind, um die Erzeugung, Herstellung und Verteilung sinnvoll zu lenken und jedermann einen gerechten Anteil an dem wirtschaftlichen Ergebnis aller Arbeit zu sichern und ihn vor Ausbeutung zu schützen.

(2) Im Rahmen der hierdurch gezogenen Grenzen ist die wirtschaftliche Betätigung frei.

(3) Die Gewerkschaften und die Vertreter der Unternehmen haben gleiches Mitbestimmungsrecht in den vom Staat mit der Durchführung seiner Lenkungsaufgaben beauftragten Organen.

Artikel 39 (Mißbrauch wirtschaftlicher Macht; Sozialisierung)

(1) Jeder Mißbrauch der wirtschaftlichen Freiheit – insbesondere zu monopolistischer Machtzusammenballung und zu politischer Macht – ist untersagt.

(2) Vermögen, das die Gefahr solchen Mißbrauchs wirtschaftlicher Freiheit in sich birgt, ist auf Grund gesetzlicher Bestimmungen in Gemeineigentum zu überführen. Soweit die Überführung in Gemeineigentum wirtschaftlich nicht zweckmäßig ist, muß dieses Vermögen auf Grund gesetzlicher Bestimmungen unter Staatsaufsicht gestellt oder durch vom Staate bestellte Organe verwaltet werden.

(3) Ob diese Voraussetzungen vorliegen, entscheidet das Gesetz.

(4) Die Entschädigung für das in Gemeineigentum überführte Vermögen wird durch das Gesetz nach sozialen Gesichtspunkten geregelt. Bei festgestelltem Mißbrauch wirtschaftlicher Macht ist in der Regel die Entschädigung zu versagen.

Artikel 40 (Gemeineigentum)

Gemeineigentum ist Eigentum des Volkes. Die Verfügung über dieses Eigentum und seine Verwaltung soll nach näherer gesetzlicher Bestimmung solchen Rechtsträgern zustehen, welche die Gewähr dafür bieten, daß das Eigentum ausschließlich zum Wohle des ganzen Volkes dient und Machtzusammenballungen vermieden werden.

Artikel 41 (Sozialisierte Unternehmen)

(1) Mit Inkrafttreten dieser Verfassung werden

1. in Gemeineigentum überführt: der Bergbau (Kohlen, Kali, Erze), die Betriebe der Eisen- und Stahlerzeugung, die Betriebe der Energiewirtschaft und das an Schienen oder Oberleitungen gebundene Verkehrswesen;
2. vom Staate beaufsichtigt oder verwaltet: die Großbanken und Versicherungsunternehmen und diejenigen in Ziffer 1 genannten Betriebe, deren Sitz nicht in Hessen liegt.

(2) Das Nähere bestimmt ein Gesetz.

(3) Wer Eigentümer eines danach in Gemeineigentum überführten Betriebes oder mit seiner Leitung betraut ist, hat ihn als Treuhänder des Landes bis zum Erlaß von Ausführungsgesetzen weiterzuführen.

Artikel 42 (Bodenreform)

(1) Nach Maßgabe besonderer Gesetze ist der Großgrundbesitz, der nach geschichtlicher Erfahrung die Gefahr politischen Mißbrauchs oder der Begünstigung militärischer Bestrebungen in sich birgt, im Rahmen einer Bodenreform einzuziehen.

(2) Aufgabe der Bodenrefom ist vor allem, den land- und forstwirtschaftlichen Boden zu erhalten und zu vermehren und seine Leistung zu steigern, Bauern anzusiedeln und gesunde Wohnstätten, Kleinsiedlerstellen und Kleingärten zu schaffen.

(3) Streubesitz ist durch Umlegung leistungsfähiger zu machen.

(4) Grundbesitz, den sein Eigentümer einer ordnungsgemäßen Bewirtschaftung entzieht, kann nach näherer gesetzlicher Bestimmung eingezogen werden.

(5) Für die Entschädigung des seitherigen Eigentümers gilt der Artikel 39 Absatz 4 entsprechend.

Artikel 43 (Förderung von Klein- und Mittelbetrieben)

(1) Selbständige Klein- und Mittelbetriebe in Landwirtschaft, Gewerbe, Handwerk und Handel sind durch Gesetzgebung und Verwaltung zu fördern und besonders vor Überlastung und Aufsaugung zu schützen.

(2) Zu diesem Zweck ist die genossenschaftliche Selbsthilfe auszubauen.

Artikel 44 (Genossenschaftswesen)

Das Genossenschaftswesen ist zu fördern.

Artikel 45 (Eigentum und Erbrecht)

(1) Das Privateigentum wird gewährleistet. Sein Inhalt und seine Begrenzung ergeben sich aus den Gesetzen. Jeder ist berechtigt, auf Grund der Gesetze Eigentum zu erwerben und darüber zu verfügen.

(2) Das Privateigentum verpflichtet gegenüber der Gemeinschaft. Sein Gebrauch darf dem Gemeinwohl nicht zuwiderlaufen. Es darf nur im öffentlichen Interesse, nur auf Grund eines Gesetzes, nur in dem darin vorgesehenen Verfahren und nur gegen angemessene Entschädigung eingeschränkt oder enteignet werden.

(3) Soweit die Gesetze nichts anderes bestimmen, sind für Streitigkeiten über Art und Höhe der Entschädigung die ordentlichen Gerichte zuständig.

(4) Das Erbrecht wird nach Maßgabe des bürgerlichen Rechts gewährleistet. Der Anteil des Staates am Nachlaß bestimmt sich nach dem Gesetz.

Artikel 46 (Schutz des Urheberrechts)

Die Rechte der Urheber, Erfinder und Künstler genießen den Schutz des Staates.

Artikel 47 (Besteuerungsgrundsätze)

(1) Das Vermögen und das Einkommen werden progressiv nach sozialen Gesichtspunkten unter besonderer Berücksichtigung der familiären Lasten besteuert.

(2) Bei der Besteuerung ist auf erarbeitetes Vermögen und Einkommen besondere Rücksicht zu nehmen.

IV. Staat, Kirchen, Religions- und Weltanschauungsgemeinschaften

Artikel 48 (Religionsfreiheit)

(1) Ungestörte und öffentliche Religionsübung und die Freiheit der Vereinigung zu Religions- und Weltanschauungsgemeinschaften werden gewährleistet.

(2) Niemand darf gezwungen oder gehindert werden, an einer kirchlichen Handlung oder Feierlichkeit oder religiösen Übung teilzunehmen oder eine religiöse Eidesformel zu benutzen.

(3) Es besteht keine Staatskirche.

Artikel 49 (Selbstverwaltung der Religionsgemeinschaften)

Jede Kirche, Religions- und Weltanschauungsgemeinschaft ordnet und verwaltet ihre Angelegenheiten selbständig innerhalb der Schranken des für jedermann geltenden Gesetzes. Sie verleiht ihre Ämter ohne Mitwirkung des Staates oder der bürgerlichen Gemeinde.

IX

Artikel 50 (Verhältnis von Staat und Kirche)

(1) Es ist Aufgabe von Gesetz oder Vereinbarung, die staatlichen und kirchlichen Bereiche klar gegeneinander abzugrenzen.

(2) Die Kirchen, Religions- und Weltanschauungsgemeinschaften haben sich, wie der Staat, jeder Einmischung in die Angelegenheiten des anderen Teils zu enthalten.

Artikel 51 (Körperschaften des öffentlichen Rechts; Kirchensteuer)

(1) Kirchen, Religions- und Weltanschauungsgemeinschaften bleiben Körperschaften des öffentlichen Rechts, soweit sie solche bisher waren. Anderen Religions- und Weltanschauungsgemeinschaften kann auf Antrag die gleiche Rechtsstellung verliehen werden, wenn sie durch ihre Verfassung und die Zahl der Mitglieder die Gewähr für Dauer bieten.

(2) Der Zusammenschluß von Kirchen, Religions- und Weltanschauungsgemeinschaften unterliegt keinerlei Beschränkungen. Der aus mehreren öffentlich-rechtlichen Gemeinschaften gebildete Verband ist auch eine Körperschaft des öffentlichen Rechts.

(3) Kirchen, Religions- und Weltanschauungsgemeinschaften, die Körperschaften des öffentlichen Rechts sind, können nach näherer gesetzlicher Regelung auf Grund der bürgerlichen Steuerlisten Steuern erheben.

Artikel 52 (Staatsleistungen)

Die auf Gesetz, Vertrag oder besonderen Rechtstiteln beruhenden Staatsleistungen an die Kirchen, Religions- und Weltanschauungsgemeinschaften werden im Wege der Gesetzgebung abgelöst.

Artikel 53 (Sonn- und Feiertage)

Der Sonntag und die staatlich anerkannten Feiertage bleiben als Tage der Arbeitsruhe und der seelischen Erhebung gesetzlich geschützt.

Artikel 54 (Anstaltsseelsorge)

Soweit das Bedürfnis nach Gottesdienst und Seelsorge in Krankenhäusern, Strafanstalten und sonstigen öffentlichen Anstalten besteht, sind die Kirchen, Religions- und Weltanschauungsgemeinschaften zu religiösen Handlungen zugelassen. Dabei hat jeder Zwang zu unterbleiben.

V. Erziehung, Bildung und Denkmalschutz

Artikel 55 (Erziehungsrecht und -pflicht der Eltern)

Die Erziehung der Jugend zu Gemeinsinn und zu leiblicher, geistiger und seelischer Tüchtigkeit ist Recht und Pflicht der Eltern. Dieses Recht kann nur durch Richterspruch nach Maßgabe der Gesetze entzogen werden.

Artikel 56 (Schulwesen)

(1) Es besteht allgemeine Schulpflicht. Das Schulwesen ist Sache des Staates. Die Schulaufsicht wird hauptamtlich durch Fachkräfte ausgeübt.

(2) An allen hessischen Schulen werden die Kinder aller religiösen Bekenntnisse und Weltanschauungen in der Regel gemeinsam erzogen (Gemeinschaftsschule).

(3) Grundsatz eines jeden Unterrichts muß die Duldsamkeit sein. Der Lehrer hat in jedem Fach auf die religiösen und weltanschaulichen Empfindungen aller Schüler Rücksicht zu nehmen und die religiösen und weltanschaulichen Auffassungen sachlich darzulegen.

(4) Ziel der Erziehung ist, den jungen Menschen zur sittlichen Persönlichkeit zu bilden, seine berufliche Tätigkeit und die politische Verantwortung vorzubereiten zum selbständigen und verantwortlichen Dienst am Volk und der Menschheit durch Ehrfurcht und Nächstenliebe, Achtung und Duldsamkeit, Rechtlichkeit und Wahrhaftigkeit.

(5) Der Geschichtsunterricht muss auf getreue, unverfälschte Darstellung der Vergangenheit gerichtet sein. Dabei sind in den Vordergrund zu stellen die großen Wohltäter der Menschheit, die Entwicklung von Staat, Wirtschaft, Zivilisation und Kultur, nicht aber Feldherrn, Kriege und Schlachten. Nicht zu dulden sind Auffassungen, welche die Grundlagen des demokratischen Staates gefährden.

(6) Die Erziehungsberechtigten haben das Recht, die Gestaltung des Unterrichtswesens mitzubestimmen, soweit die Grundsätze der Absätze 2 bis 5 nicht verletzt werden.

(7) Das Nähere regelt das Gesetz. Es muß Vorkehrungen dagegen treffen, daß in der Schule die religiösen und weltanschaulichen Grundsätze verletzt werden, nach denen die Erziehungsberechtigten ihre Kinder erzogen haben wollen.

Artikel 57 (Religionsunterricht)

(1) Der Religionsunterricht ist ordentliches Lehrfach. Der Lehrer ist im Religionsunterricht unbeschadet des staatlichen Aufsichtsrechts an die Lehren und die Ordnungen seiner Kirche oder Religionsgemeinschaft gebunden.

(2) Diese Bestimmungen sind sinngemäß auf die Weltanschauungsgemeinschaften anzuwenden.

Artikel 58 (Teilnahme am Religionsunterricht)

Über die Teilnahme des Kindes am Religionsunterricht bestimmt der Erziehungsberechtigte. Kein Lehrer kann verpflichtet oder gehindert werden, Religionsunterricht zu erteilen.

Artikel 59 (Unterrichtsgeld- und Lernmittelfreiheit; Zugang zu Schulen und Hochschulen)

(1) In allen öffentlichen Grund-, Mittel-, höheren und Hochschulen ist der Unterricht unentgeltlich. Unentgeltlich sind auch die Lernmittel mit Ausnahme der an den Hochschulen gebrauchten. Das Gesetz muß vorsehen, daß für begabte Kinder sozial Schwächergestellter Erziehungsbeihilfen zu leisten sind. Es kann anordnen, daß ein angemessenes Schulgeld zu zahlen ist, wenn die wirtschaftliche Lage des Schülers, seiner Eltern oder der sonst Unterhaltspflichtigen es gestattet.

(2) Der Zugang zu den Mittel-, höheren und Hochschulen ist nur von der Eignung des Schülers abhängig zu machen.

Artikel 60 (Hochschulen)

(1) Die Universitäten und staatlichen Hochschulen genießen den Schutz des Staates und stehen unter seiner Aufsicht. Sie haben das Recht der Selbstverwaltung, an der die Studenten zu beteiligen sind.

(2) Die theologischen Fakultäten an den Universitäten bleiben bestehen. Vor der Berufung ihrer Dozenten sind die Kirchen zu hören.

(3) Die kirchlichen theologischen Bildungsanstalten werden anerkannt.

Artikel 61 (Private Schulen und Hochschulen)

Private Mittel-, höhere und Hochschulen und Schulen besonderer pädagogischer Prägung bedürfen der Genehmigung des Staates. Die Genehmigung ist zu versagen, wenn die Privatschulen in ihren Lehrzielen und Einrichtungen sowie in der wissenschaftlichen Ausbildung ihrer Lehrkräfte hinter den öffentlichen Schulen zurückstehen, wenn sie eine Sonderung nach den Besitzverhältnissen der Eltern fördern oder wenn die wirtschaftliche und rechtliche Stellung der Lehrkräfte nicht genügend gesichert ist. Das Nähere bestimmt das Gesetz.

Artikel 62 (Denkmal- und Landschaftsschutz)

Die Denkmäler der Kunst, der Geschichte und Kultur sowie die Landschaft genießen den Schutz und die Pflege des Staates und der Gemeinden. Sie wachen im Rahmen besonderer Gesetze über die künstlerische Gestaltung beim Wiederaufbau der deutschen Städte, Dörfer und Siedlungen.

VI. Gemeinsame Bestimmung für alle Grundrechte

Artikel 63 (Grundrechtsbeschränkungen; Zitiergebot)

(1) Soweit diese Verfassung die Beschränkung eines der vorstehenden Grundrechte durch Gesetz zuläßt oder die nähere Ausgestaltung einem Gesetz vorbehält, muß das Grundrecht als solches unangetastet bleiben.

(2) Gesetz im Sinne solcher grundrechtlichen Vorschriften ist nur eine vom Volk oder von der Volksvertretung beschlossene allgemeinverbindliche Anordnung, die ausdrücklich Bestimmungen über die Beschränkungen oder Ausgestaltung des Grundrechts enthält. Verordnungen, Hinweise im Gesetzestext auf ältere Regelungen sowie durch Auslegung allgemeiner gesetzlicher Ermächtigungen gewonnene Bestimmungen genügen diesen Erfordernissen nicht.

Zweiter Hauptteil
Aufbau des Landes

I. Das Land Hessen

Artikel 64 (Deutschland und Europa)

Hessen ist ein Gliedstaat der Bundesrepublik Deutschland und als solcher Teil der Europäischen Union. Hessen bekennt sich zu einem geeinten Europa, das demokratischen, rechtsstaatlichen, sozialen und föderativen Grundsätzen sowie dem Grundsatz der Subsidiarität verpflichtet ist, die Eigenständigkeit der Regionen wahrt und deren Mitwirkung an europäischen Entscheidungen sichert.

Artikel 65 (Staatsform)

Hessen ist eine demokratische und parlamentarische Republik.

Artikel 66 (Landesfarben)

Die Landesfarben sind rot-weiß.

II. Völkerrechtliche Bindungen

Artikel 67 (Vorrang des Völkerrechts)

Die Regeln des Völkerrechts sind bindende Bestandteile des Landesrechts, ohne daß es ihrer ausdrücklichen Umformulierung in Landesrecht bedarf. Kein Gesetz ist gültig, das mit solchen Regeln oder mit einem Staatsvertrag in Widerspruch steht.

Artikel 68 (Verletzung völkerrechtlicher Pflichten)

Niemand darf zur Rechenschaft gezogen werden, wenn er auf Tatsachen hinweist, die sich als eine Verletzung völkerrechtlicher Pflichten darstellen.

Artikel 69 (Frieden, Freiheit und Völkerverständigung)

(1) Hessen bekennt sich zu Frieden, Freiheit und Völkerverständigung. Der Krieg ist geächtet.

(2) Jede Handlung, die mit der Absicht vorgenommen wird, einen Krieg vorzubereiten, ist verfassungswidrig.

III. Die Staatsgewalt

Artikel 70 (Volkssouveränität)

Die Staatsgewalt liegt unveräußerlich beim Volke.

Artikel 71 (Unmittelbare und mittelbare Demokratie)

Das Volk handelt nach den Bestimmungen dieser Verfassung unmittelbar durch Volksabstimmung (Volkswahl, Volksbegehren und Volksentscheid), mittelbar durch die Beschlüsse der verfassungsmäßig bestellten Organe.

Artikel 72 (Abstimmungsfreiheit, Abstimmungsgeheimnis)

Abstimmungsfreiheit und Abstimmungsgeheimnis werden gewährleistet.

Artikel 73 (Stimmberechtigung)

(1) Stimmberechtigt sind alle über achtzehn Jahre alten Deutschen im Sinne des Artikels 116 Abs. 1 des Grundgesetzes, die in Hessen ihren Wohnsitz haben und nicht vom Stimmrecht ausgeschlossen sind.

(2) Das Stimmrecht ist allgemein, gleich, geheim und unmittelbar. Der Tag der Stimmabgabe muß ein Sonntag oder ein allgemeiner Feiertag sein.

(3) Das Nähere bleibt gesetzlicher Regelung vorbehalten.

Artikel 74 (Ausschluss vom Stimmrecht)

Vom Stimmrecht ist ausgeschlossen:

1. wer entmündigt ist oder unter vorläufiger Vormundschaft oder wegen geistiger Gebrechen unter Pflegschaft steht;
2. wer nicht im Vollbesitz der staatsbürgerlichen Rechte ist.

IV. Der Landtag

Artikel 75 (Zusammensetzung; Wählbarkeit; 5 %-Klausel)

(1) Der Landtag besteht aus den vom Volke gewählten Abgeordneten.

(2) Wählbar sind die Stimmberechtigten, die das achtzehnte Lebensjahr vollendet haben.

(3) Das Nähere bestimmt das Wahlgesetz. Verlangt es neben anderen Erfordernissen, daß eine Wählergruppe eine Mindestzahl von Stimmen aufweist, um im Landtag vertreten zu sein, so darf die Mindestzahl nicht höher sein als fünf vom Hundert der abgegebenen gültigen Stimmen.

Artikel 76 (Freie Mandatsausübung)

(1) Jedermann ist die Möglichkeit zu sichern, in den Landtag gewählt zu werden und sein Mandat ungehindert und ohne Nachteil auszuüben.

(2) Das Nähere regelt das Gesetz.

Artikel 77 (Stellung der Abgeordneten)

Die Abgeordneten sind Vertreter des ganzen Volkes.

Artikel 78 (Wahlprüfung)

(1) Die Gültigkeit der Wahlen prüft ein beim Landtage gebildetes Wahlprüfungsgericht. Es entscheidet auch über die Frage, ob ein Abgeordneter seinen Sitz verloren hat.

(2) Im Falle der Erheblichkeit für den Ausgang der Wahl machen eine Wahl ungültig: Unregelmäßigkeiten im Wahlverfahren und strafbare oder gegen die guten Sitten verstoßende Handlungen, die das Wahlergebnis beeinflussen.

(3) Das Wahlprüfungsgericht besteht aus den beiden höchsten Richtern des Landes und drei vom Landtag für seine Wahlperiode gewählten Abgeordneten.

(4) Das Nähere wird durch Gesetz geregelt.

Artikel 79 (Wahlperiode, reguläre Neuwahl)

Der Landtag wird auf fünf Jahre gewählt (Wahlperiode). Die Neuwahl muß vor Ablauf der Wahlperiode stattfinden.

Artikel 80 (Selbstauflösung)

Der Landtag kann sich durch einen Beschluß, für den mehr als die Hälfte der gesetzlichen Zahl seiner Mitglieder gestimmt hat, selbst auflösen.

Artikel 81 (Neuwahl nach Selbstauflösung)

Nach Auflösung des Landtages muß die Neuwahl binnen sechzig Tagen stattfinden.

Artikel 82 (Beginn der Wahlperiode)

Die Wahlperiode des neuen Landtags beginnt, falls der alte Landtag aufgelöst worden ist, mit dem Tage der Neuwahl, im übrigen mit dem Ablaufe der Wahlperiode des alten Landtags.

Artikel 83 (Zusammentritt, Einberufung)

(1) Der Landtag versammelt sich in der Regel am Sitze der Landesregierung.

(2) Der Landtag tritt kraft eigenen Rechts am 18. Tage nach der Wahl zusammen. Falls an diesem Tage die Wahlperiode des alten Landtages noch nicht abgelaufen ist, ver-

sammelt sich der neue Landtag am Tage nach dem Ablauf dieser Wahlperiode.

(3) Fällt einer der vorgenannten Tage auf einen Sonn- oder Feiertag, so tritt der Landtag erst am darauffolgenden zweiten Werktag zusammen.

(4) Der Landtag bestimmt über Vertagungen, den Schluß der Tagung (Sitzungsperiode) und den Tag des Wiederzusammentritts.

(5) Der Präsident des Landtags kann den Landtag jederzeit einberufen. Er muß es tun, wenn die Landesregierung oder mindestens ein Fünftel der gesetzlichen Zahl der Mitglieder des Landtages es verlangt.

Artikel 84 (Präsidium)

Der Landtag wählt den Präsidenten, seine Stellvertreter und die übrigen Mitglieder des Vorstandes.

Artikel 85 (Präsidium außerhalb der Tagungen)

Zwischen zwei Tagungen sowie bis zum Zusammentritt eines neu gewählten Landtages führen der Präsident und die stellvertretenden Präsidenten der letzten Tagung ihre Geschäfte fort. Sie genießen die in den Artikeln 95 bis 98 festgelegten Rechte.

Artikel 86 (Aufgaben des Landtagspräsidenten)

Der Präsident verwaltet die gesamten wirtschaftlichen Angelegenheiten des Landtags nach Maßgabe des Staatshaushaltsgesetzes. Ihm steht die Dienstaufsicht über sämtliche Beamten, Angestellten und Arbeiter des Landtages sowie im Benehmen mit dem Vorstand des Landtages die Ernennung und Entlassung der Beamten des Landtags zu. Er vertritt das Land Hessen in allen Rechtsgeschäften und Rechtsstreitigkeiten seiner Verwaltung. Er übt das Hausrecht und die Polizeigewalt im Landtagsgebäude aus.

Artikel 87 (Beschlussfähigkeit)

(1) Der Landtag kann nur dann beraten und beschließen, wenn mehr als die Hälfte der gesetzlichen Zahl seiner Mitglieder anwesend ist.

(2) Für die vom Landtag vorzunehmenden Wahlen kann die Geschäftsordnung abweichende Bestimmungen treffen.

Artikel 88 (Abstimmungen)

Der Landtag faßt seine Beschlüsse mit der Mehrheit der auf „Ja" oder „Nein" lautenden Stimmen. Stimmengleichheit bedeutet die Ablehnung des gestellten Antrages.

Artikel 89 (Öffentlichkeit der Sitzungen)

Die Vollsitzungen des Landtages sind öffentlich. Auf Antrag der Landesregierung oder von zehn Abgeordneten kann der Landtag mit Zweidrittelmehrheit der Anwesenden die Öffentlichkeit für einzelne Gegenstände der Tagesordnung ausschließen. Über den Antrag wird in geheimer Sitzung verhandelt.

Artikel 90 (Berichte über Verhandlungen)

Wahrheitsgetreue Berichte über die Verhandlungen in den öffentlichen Sitzungen des hessischen oder eines anderen deutschen Landtages und seiner Ausschlüsse bleiben von jeder Verantwortlichkeit frei.

Artikel 91 (Anwesenheit der Regierung, Rederecht)

Der Landtag und jeder seiner Ausschüsse können die Anwesenheit des Ministerpräsidenten und jedes Ministers verlangen. Der Ministerpräsident, die Minister und die von ihnen bestellten Beauftragten haben zu den Sitzungen des Landtages und seiner Ausschüsse Zutritt. Sie können jederzeit – auch außerhalb der Tagesordnung – das Wort ergreifen. Sie unterstehen der Ordnungsgewalt des Vorsitzenden.

Artikel 92 (Untersuchungsausschüsse)

(1) Der Landtag hat das Recht und auf Antrag von einem Fünftel der gesetzlichen Zahl seiner Mitglieder die Pflicht, Untersuchungsausschüsse einzusetzen. Diese Ausschüsse erheben in öffentlicher Verhandlung die Beweise, die sie oder die Antragsteller für erforderlich erachten. Sie können mit Zweidrittelmehrheit die Öffentlichkeit ausschließen. Die Ge-

schäftsordnung regelt ihr Verfahren und bestimmt die Zahl ihrer Mitglieder.

(2) Die Gerichte und Verwaltungsbehörden sind verpflichtet, dem Ersuchen dieser Ausschüsse um Auskünfte und Beweiserhebungen nachzukommen; die Akten der Behörden und der öffentlichen Körperschaften sind ihnen auf Verlangen vorzulegen.

(3) Für die Beweiserhebung der Ausschüsse und der von ihnen ersuchten Behörden gelten die Vorschriften der Strafprozeßordnung sinngemäß, doch bleibt das Postgeheimnis unberührt.

Artikel 93 (Hauptausschuss)

Der Landtag bestellt einen ständigen Ausschuß (Hauptausschuß). Dieser Ausschuß hat, während der Landtag nicht versammelt ist und zwischen dem Ende einer Wahlperiode oder Auflösung des Landtages und dem Zusammentritt des neuen Landtages, die Rechte der Volksvertretung gegenüber der Landesregierung zu wahren. Er hat auch die Rechte eines Untersuchungsausschusses. Seine Zusammensetzung wird durch die Geschäftsordnung geregelt. Seine Mitglieder genießen die in den Artikeln 95 bis 98 festgelegten Rechte.

Artikel 94 (Überweisung von Eingaben an die Regierung)

Der Landtag kann an ihn gerichtete Eingaben der Landesregierung überweisen und von ihr Auskunft über eingegangene Anträge oder Beschwerden verlangen.

Artikel 95 (Indemnität)

Kein Mitglied des hessischen oder eines anderen deutschen Landtages darf zu irgendeiner Zeit wegen seiner Abstimmung oder wegen der in Ausübung seiner Abgeordnetentätigkeit getanen Äußerungen gerichtlich oder dienstlich verfolgt oder sonst außerhalb der Versammlung zur Verantwortung gezogen werden.

Artikel 96 (Immunität)

(1) Kein Mitglied des hessischen oder eines anderen deutschen Landtages kann ohne Genehmigung des Hauses, dem der Abgeordnete angehört, während der Sitzungsperiode wegen einer mit Strafe bedrohten Handlung zur Untersuchung gezogen oder verhaftet werden, es sei denn, daß das Mitglied bei der Ausübung der Tat oder spätestens im Laufe des folgenden Tages festgenommen wird.

(2) Die gleiche Genehmigung ist bei jeder anderen Beschränkung der persönlichen Freiheit erforderlich, die die Ausübung der Abgeordnetentätigkeit beeinträchtigt.

(3) Jedes Strafverfahren gegen ein Mitglied des hessischen oder eines anderen deutschen Landtages und jede Haft oder sonstige Beschränkung seiner persönlichen Freiheit wird auf Verlangen des Hauses, dem der Abgeordnete angehört, für die Dauer der Sitzungsperiode aufgehoben.

(4) Ein Abgeordneter, der wegen einer ihm als verantwortlichen Schriftleiter einer Zeitung oder Zeitschrift vorgeworfenen strafbaren Handlung verfolgt werden soll, kann sich auf die vorstehenden Bestimmungen nicht berufen.

Artikel 97 (Zeugnisverweigerungsrecht)

(1) Die Mitglieder des hessischen oder eines anderen deutschen Landtages sind berechtigt, über Personen, die ihnen in ihrer Eigenschaft als Abgeordneten Tatsachen anvertrauen oder denen sie in Ausübung ihrer Abgeordnetentätigkeit solche anvertraut haben sowie über diese Tatsachen selbst das Zeugnis zu verweigern. Auch in Beziehung auf Beschlagnahme von Schriftstücken stehen sie den Personen gleich, die ein gesetzliches Zeugnisverweigerungsrecht haben.

(2) Eine Durchsuchung oder Beschlagnahme darf in den Räumen des hessischen Landtags nur mit Zustimmung des Präsidenten vorgenommen werden.

Artikel 98 (Entschädigung der Abgeordneten)

(1) Die Mitglieder des Landtags erhalten das Recht auf freie Fahrt auf allen in Hessen bestehenden staatlichen Verkehrseinrichtungen, ferner Erstattung der Reisekosten sowie Sitzungsgelder. Außerdem erhält der Präsident für die Dauer seines Amtes eine Aufwandsentschädigung.

(2) Ein Verzicht auf diese Rechte ist unstatthaft.

(3) Das Nähere bestimmt das Gesetz.

Artikel 99 (Geschäftsordnung)

Der Landtag gibt sich seine Geschäftsordnung im Rahmen der Verfassung.

V. Die Landesregierung

Artikel 100 (Zusammensetzung)

Die Landesregierung (Kabinett) besteht aus dem Ministerpräsidenten und den Ministern.

Artikel 101 (Wahl des Ministerpräsidenten; Ernennung der Minister; Ausschluss von Regierungsämtern; Vertrauensbeschluss des Landtages)

(1) Der Landtag wählt ohne Aussprache den Ministerpräsidenten mit mehr als der Hälfte der gesetzlichen Zahl seiner Mitglieder. Das Nähere bestimmt die Geschäftsordnung.

(2) Der Ministerpräsident ernennt die Minister. Er zeigt ihre Ernennung unverzüglich dem Landtag an.

(3) Angehörige der Häuser, die bis 1918 in Deutschland oder einem anderen Land regiert haben oder in einem anderen Land regieren, können nicht Mitglieder der Landesregierung werden.

(4) Die Landesregierung kann die Geschäfte erst übernehmen, nachdem der Landtag ihr durch besonderen Beschluß das Vertrauen ausgesprochen hat.

IX

Artikel 102 (Richtlinienkompetenz des Ministerpräsidenten)

Der Ministerpräsident bestimmt die Richtlinien der Regierungspolitik und ist dafür dem Landtag verantwortlich. Innerhalb dieser Richtlinien leitet jeder Minister den ihm anvertrauten Geschäftszweig selbständig und unter eigener Verantwortung gegenüber dem Landtage.

Artikel 103 (Vertretung des Landes Hessen, Staatsverträge)

(1) Der Ministerpräsident vertritt das Land Hessen. Er kann die Vertretungsbefugnis auf den zuständigen Minister oder nachgeordneten Stellen übertragen.

(2) Staatsverträge bedürfen der Zustimmung des Landtages.

Artikel 104 (Geschäftsordnung; Zuständigkeitsregelung)

(1) Der Ministerpräsident führt den Vorsitz in der Landesregierung und leitet deren Geschäfte. Bei Stimmengleichheit gibt seine Stimme den Ausschlag. Weitere Einzelheiten regelt die Landesregierung durch eine Geschäftsordnung.

(2) Die Landesregierung beschließt über die Zuständigkeit der einzelnen Minister, soweit hierüber nicht gesetzliche Vorschriften getroffen sind. Die Beschlüsse sind unverzüglich dem Landtag vorzulegen und auf sein Verlangen zu ändern oder außer Kraft zu setzen.

(3) Meinungsverschiedenheiten über Fragen, die den Geschäftsbereich mehrerer Minister berühren, sind der Landesregierung zur Beratung und Beschlußfassung zu unterbreiten.

Artikel 105 (Bezüge)

Die Mitglieder der Landesregierung haben Anspruch auf Besoldung. Über Ruhegehalt und Hinterbliebenenversorgung ergehen besondere gesetzliche Bestimmungen.

Artikel 106 (Gesetzesvorlagen)

Die Landesregierung beschließt über Gesetzesvorlagen, die beim Landtag einzubringen sind.

Artikel 107 (Erlass von Rechtsverordnungen)

Die Landesregierung erläßt die zur Ausführung eines Gesetzes erforderlichen Rechts- und Verwaltungsverordnungen, soweit das Gesetz diese Aufgaben nicht einzelnen Ministern zuweist.

Artikel 108 (Ernennung von Landesbeamten)

Die Landesregierung ernennt die Landesbeamten, soweit gesetzlich nichts anderes bestimmt ist. Sie kann die Befugnis auf andere Stellen übertragen.

Artikel 109 (Begnadigung, Straferlasse, Niederschlagung anhängiger Strafsachen)

(1) Der Ministerpräsident übt namens des Volkes das Recht der Begnadigung aus. Er kann die Befugnis auf andere Stellen übertragen.

(2) Zugunsten eines wegen einer Amtshandlung verurteilten Ministers kann das Begnadigungsrecht nur auf Antrag des Landtages ausgeübt werden.

(3) Allgemeine Straferlasse und die Niederschlagung einer bestimmten Art gerichtlich anhängiger Strafsachen bedürfen der Zustimmung des Landtages. Die Niederschlagung einer einzelnen gerichtlich anhängigen Strafsache ist unzulässig.

Artikel 110 (Notverordnungsrecht)

Wenn die Beseitigung eines ungewöhnlichen Notstandes, der durch Naturkatastrophen oder andere äußere Einwirkungen hervorgerufen worden ist, es dringend erfordert, kann die Landesregierung, sofern der Landtag nicht versammelt ist und nicht rechtzeitig zusammentreten kann, in Übereinstimmung mit dem in Artikel 93 vorgesehenen ständigen Ausschuß Verordnungen, die der Verfassung nicht zuwiderlaufen, mit Gesetzeskraft erlassen. Diese Verordnungen sind dem Landtag bei seinem nächsten Zusammentritt zur Genehmigung vorzulegen. Wird die Genehmigung versagt, so ist die Verordnung durch Bekanntmachung im Gesetz- und Verordnungsblatt unverzüglich außer Kraft zu setzen. Artikel 122 gilt sinngemäß.

Artikel 111 (Amtseid)

Beim Amtsantritt leisten der Ministerpräsident vor dem Landtag, die Minister vor dem Ministerpräsidenten in Gegenwart des Landtages folgenden Amtseid:

„Ich schwöre, daß ich das mir übertragene Amt unparteiisch nach bestem Wissen und Können verwalten sowie Verfassung und Gesetz in demokratischem Geiste befolgen und verteidigen werde."

Artikel 112 (Abberufung der Minister)

Der Ministerpräsident kann jeden Minister mit Zustimmung des Landtages abberufen.

Artikel 113 (Rücktritt)

(1) Der Ministerpräsident und die Minister können jederzeit zurücktreten. Rücktritt oder Tod des Ministerpräsidenten bedeutet zugleich Rücktritt der gesamten Landesregierung.

(2) Der Ministerpräsident und die Landesregierung müssen zurücktreten, sobald ein neugewählter Landtag erstmalig zusammentritt.

(3) Tritt die Landesregierung zurück oder hat ihr der Landtag das Vertrauen entzogen, so führt sie die laufenden Geschäfte bis zu deren Übernahme durch die neue Landesregierung weiter.

Artikel 114 (Misstrauensvotum)

(1) Der Landtag kann dem Ministerpräsidenten durch ausdrücklichen Beschluß sein Vertrauen entziehen oder durch Ablehnung eines Vertrauensantrages versagen.

(2) Der Antrag, dem Ministerpräsidenten das Vertrauen auszusprechen oder zu versagen, kann nur von mindestens einem Sechstel der gesetzlichen Zahl der Abgeordneten gestellt werden. Über den Antrag auf Herbeiführung eines Beschlusses zur Vertrauensfrage darf frühestens am zweiten Tage nach Schluß der Aussprache und muß spätestens am zehnten Tage, nachdem er eingebracht ist, abgestimmt werden.

(3) Über die Vertrauensfrage muß namentlich abgestimmt werden. Ein für den Ministerpräsidenten ungünstiger Beschluß des Landtages bedarf der Zustimmung von mehr als der Hälfte der gesetzlichen Zahl seiner Mitglieder.

(4) Kommt ein solcher Beschluß zustande, so muß der Ministerpräsident zurücktreten.

(5) Spricht der Landtag nicht binnen zwölf Tagen einer neuen Regierung das Vertrauen aus, so ist er aufgelöst.

Artikel 115 (Ministeranklage)

(1) Der Landtag kann jedes Mitglied der Landesregierung vor dem Staatsgerichtshof anklagen, daß es schuldhaft die Verfassung oder die Gesetze verletzt habe. Der Antrag auf Erhebung der Anklage muß von mindestens 15 Mitgliedern des Landtages unterzeichnet sein und bedarf der Zustimmung von zwei Dritteln der gesetzlichen Zahl seiner Mitglieder.

(2) Das Anklagerecht des Landtags wird durch die Amtsniederlegung oder die Abberufung des Beschuldigten vom Dienste, mag sie vor oder nach erhobener Anklage erfolgen, nicht aufgehoben.

(3) Näheres bestimmt das Gesetz.

VI. Die Gesetzgebung

Artikel 116 (Organe der Gesetzgebung)

(1) Die Gesetzgebung wird ausgeübt

a) durch das Volk im Wege des Volksentscheides,

b) durch den Landtag.

(2) Außer in den Fällen des Volksentscheids beschließt der Landtag die Gesetze nach Maßgabe dieser Verfassung. Er überwacht ihre Ausführung.

Artikel 117 (Gesetzentwürfe)

Die Gesetzentwürfe werden von der Landesregierung, aus der Mitte des Landtages oder durch Volksbegehren eingebracht.

Artikel 118 (Verordnungsermächtigung)

Durch Gesetz kann der Landesregierung die Befugnis zum Erlaß von Verordnungen über bestimmte einzelne Gegenstände, aber nicht die Gesetzgebungsgewalt im ganzen oder für Teilgebiete übertragen werden.

Artikel 119 (Einspruch der Landesregierung)

(1) Gegen ein vom Landtag beschlossenes Gesetz steht der Landesregierung der Einspruch zu.

(2) Der Einspruch muß innerhalb fünf Tagen, seine Begründung innerhalb zwei Wochen nach der Schlußabstimmung dem Landtag zugehen. Er kann bis zum Beginn der erneuten Beratung im Landtag zurückgezogen werden.

(3) Kommt keine Übereinstimmung zwischen Landtag und Landesregierung zustande, so gilt das Gesetz nur dann als angenommen, wenn der Landtag mit mehr als der Hälfte der gesetzlichen Zahl seiner Mitglieder entgegen dem Einspruch beschließt.

Artikel 120 (Ausfertigung, Verkündung)

Der Ministerpräsident hat mit den zuständigen Ministern die verfassungsmäßig zustande gekommenen Gesetze auszufertigen und binnen zwei Wochen im Gesetz- und Verordnungsblatt zu verkünden. Das Gesetz- und Verordnungsblatt kann nach Maßgabe eines Gesetzes in elektronischer Form geführt werden.

Artikel 121 (Inkrafttreten)

Gesetze treten, soweit sie nichts anderes bestimmen, mit dem vierzehnten Tage nach Ablauf des Tages in Kraft, an dem sie verkündet worden sind.

Artikel 122 (Bekanntgabe außerhalb des Gesetz- und Verordnungsblattes)

Kann das Gesetz- und Verordnungsblatt nicht rechtzeitig erscheinen, so genügt jede andere Art der Bekanntmachung des Gesetzes. In diesem Falle ist die Verkündung im Gesetz- und Verordnungsblatt alsbald nachzuholen.

Artikel 123 (Verfassungsänderung)

(1) Bestimmungen der Verfassung können im Wege der Gesetzgebung geändert werden, jedoch nur in der Form, daß eine Änderung des Verfassungstextes oder ein Zusatzartikel zur Verfassung beschlossen wird.

(2) Eine Verfassungsänderung kommt dadurch zustande, daß der Landtag sie mit mehr als der Hälfte der gesetzlichen Zahl seiner Mitglieder beschließt und das Volk mit der Mehrheit der Abstimmenden zustimmt.

Artikel 124 (Volksbegehren, Volksentscheid)

(1) Ein Volksentscheid ist herbeizuführen, wenn ein Zwanzigstel der Stimmberechtigten das Begehren nach Vorlegung eines Gesetzentwurfs stellt. Dem Volksbegehren muß ein ausgearbeiteter Gesetzentwurf zugrunde liegen. Der Haushaltsplan, Abgabengesetze oder Besoldungsordnungen können nicht Gegenstand eines Volksbegehrens sein.

(2) Das dem Volksbegehren zugrunde liegende Gesetz ist von der Regierung unter Darlegung ihres Standpunktes dem Landtag zu unterbreiten. Der Volksentscheid unterbleibt, wenn der Landtag den begehrten Gesetzentwurf unverändert übernimmt.

(3) Die Volksabstimmung kann nur bejahend oder verneinend sein. Das Gesetz ist durch Volksentscheid beschlossen, wenn die Mehrheit der Abstimmenden, mindestens jedoch ein Viertel der Stimmberechtigten dem Gesetzentwurf zugestimmt hat.

(4) Das Verfahren beim Volksbegehren oder Volksentscheid regelt das Gesetz.

Artikel 125 (Notstand; Grundrechtseinschränkung)

(1) Nur der Landtag kann feststellen, daß der verfassungsmäßige Zustand des Landes gefährdet ist. Dieser Beschluß bedarf der Zustimmung von mindestens zwei Dritteln der gesetzlichen Zahl seiner Mitglieder und ist von dem Präsidenten des Landtages zu veröffentlichen. Der Beschluß kann die Freizügigkeit, das Postgeheimnis, das Versammlungsrecht und das Recht der Pressefreiheit außer Kraft setzen oder einschränken.

(2) Der Beschluß wird nach drei Monaten unwirksam, wenn in ihm nicht eine kürzere Frist bestimmt ist. Er kann unter den gleichen Bedingungen wiederholt werden.

VII. Die Rechtspflege

Artikel 126 (Gerichte; richterliche Unabhängigkeit)

(1) Die rechtsprechende Gewalt wird ausschließlich durch die nach den Gesetzen bestellten Gerichte ausgeübt.

(2) Die Richter sind unabhängig und nur dem Gesetz unterworfen.

Artikel 127 (Rechtsstellung der Richter)

(1) Die planmäßigen hauptamtlichen Richter werden auf Lebenszeit berufen.

(2) Auf Lebenszeit berufen werden Richter erst dann, wenn sie nach vorläufiger Anstellung in einer vom Gesetz zu bestimmenden Bewährungszeit nach ihrer Persönlichkeit und richterlichen Tätigkeit die Gewähr dafür bieten, daß sie ihr Amt im Geiste der Demokratie und des sozialen Verständnisses ausüben werden.

(3) Über die vorläufige Anstellung und die Berufung auf Lebenszeit entscheidet der Justizminister gemeinsam mit einem Richterwahlausschuß.

(4) Erfüllt ein Richter nach seiner Berufung auf Lebenszeit diese Erwartungen nicht, so kann ihn der Staatsgerichtshof auf Antrag des Landtages seines Amtes für verlustig erklären und zugleich bestimmen, ob er in ein anderes Amt oder in den Ruhestand zu versetzen oder zu entlassen ist. Der Antrag kann auch vom Justizminister im Einvernehmen mit dem Richterwahlausschuß gestellt werden. Während des Verfahrens ruht die Amtstätigkeit des Richters.

(5) Die Bestimmungen der Absätze 1 bis 4 gelten nicht für Laienrichter.

(6) Das Nähere regelt das Gesetz, das auch auf die bereits ernannten Richter Anwendung findet.

Artikel 128 (Amtsenthebung, Versetzung)

(1) Außer nach vorstehender Bestimmung können die auf Lebenszeit berufenen Richter wider ihren Willen nur kraft richterlicher Entscheidung und nur aus den Gründen und unter den Formen, welche die Gesetze bestimmen, dauernd oder zeitweise ihres Amtes enthoben oder an eine andere Stelle oder in den Ruhestand versetzt werden. Die Gesetzgebung kann Altersgrenzen festsetzen, bei deren Erreichtung Richter in den Ruhestand treten.

(2) Die vorläufige Amtsenthebung, die kraft Gesetzes eintritt, wird hierdurch nicht berührt.

(3) Bei einer Veränderung in der Einrichtung der Gerichte oder ihrer Bezirke kann die Landesregierung unfreiwillige Versetzungen an ein anderes Gericht oder Entfernung vom Amt, jedoch nur unter Belassung des vollen Gehalts, verfügen.

Artikel 129 (Armenrecht)

Niemand darf wegen Unzulänglichkeit seiner Mittel an der Verfolgung seiner Rechtsansprüche gehindert werden. Das Nähere bleibt gesetzlicher Regelung vorbehalten.

VIII. Der Staatsgerichtshof

Artikel 130 (Zusammensetzung, Wahl)

(1) Der Staatsgerichtshof besteht aus elf Mitgliedern, und zwar fünf Richtern und sechs

vom Landtag nach den Grundsätzen der Verhältniswahl gewählten Mitgliedern, die nicht dem Landtag angehören dürfen. Bei ihm wird ein öffentlicher Kläger bestellt.

(2) Die Richter werden vom Landtag auf Zeit gewählt, die übrigen Mitglieder zu Beginn jeder neuen Wahlperiode bis zur Wahl durch den neuen Landtag.

(3) Wiederwahl ist zulässig.

(4) Das Nähere über die Bildung des Staatsgerichtshofs, das Verfahren vor ihm sowie über die Vollstreckung seiner Entscheidungen bestimmt das Gesetz.

Artikel 131 (Zuständigkeit; Antragsberechtigte)

(1) Der Staatsgerichtshof entscheidet über die Verfassungsmäßigkeit der Gesetze, die Verletzung der Grundrechte, bei Anfechtung des Ergebnisses einer Volksabstimmung, über Verfassungsstreitigkeiten sowie in den in der Verfassung und den Gesetzen vorgesehenen Fällen.

(2) Den Antrag kann stellen: eine Gruppe von Stimmberechtigten, die mindestens ein Hundertstel aller Stimmberechtigten des Volkes umfaßt, der Landtag, ein Zehntel der gesetzlichen Zahl seiner Mitglieder, die Landesregierung sowie der Ministerpräsident.

(3) Das Gesetz bestimmt, in welchen Fällen und unter welchen Voraussetzungen jedermann das Recht hat, den Staatsgerichtshof anzurufen.

IX

Artikel 132 (Verfassungswidrigkeit von Gesetzen und Verordnungen)

Nur der Staatsgerichtshof trifft die Entscheidung darüber, ob ein Gesetz oder eine Rechtsverordnung mit der Verfassung in Widerspruch steht.

Artikel 133 (Vorlage an den Staatsgerichtshof)

(1) Hält ein Gericht ein Gesetz oder eine Rechtsverordnung, auf deren Gültigkeit es bei einer Entscheidung ankommt, für verfassungswidrig, so teilt es seine Bedenken auf dem Dienstwege dem Präsidenten des höchsten ihm übergeordneten Gerichts mit. Dieser führt eine Entscheidung des Staatsgerichtshofs herbei. Die Entscheidung des Staatsgerichtshofes ist endgültig und hat Gesetzeskraft.

(2) Das Nähere bleibt gesetzlicher Regelung vorbehalten.

IX. Die Staats- und die Selbstverwaltung

Artikel 134 (Zugang zu öffentlichen Ämtern)

Jeder, ohne Unterschied der Herkunft, der Rasse, des religiösen Bekenntnisses und des Geschlechts, hat Zugang zu den öffentlichen Ämtern, wenn er die nötige Eignung und Befähigung besitzt.

Artikel 135 (Öffentliches Dienstrecht)

Die Dienstverhältnisse aller Arbeitnehmer der öffentlichen Verwaltungen sind im Rahmen des in Artikel 29 vorgesehenen einheitlichen Arbeitsrechts nach den Erfordernissen der Verwaltung zu gestalten.

Artikel 136 (Amtshaftung)

(1) Verletzt jemand in Ausübung der ihm anvertrauten öffentlichen Gewalt die ihm einem Dritten gegenüber obliegende Amtspflicht, so trifft die Verantwortlichkeit grundsätzlich den Staat oder die Körperschaft, in deren Dienst er steht. Der Rückgriff gegen ihn bleibt vorbehalten. Der Rechtsweg darf nicht ausgeschlossen werden.

(2) Näheres bestimmt das Gesetz.

Artikel 137 (Kommunale Selbstverwaltung)

(1) Die Gemeinden sind in ihrem Gebiet unter eigener Verantwortung die ausschließlichen Träger der gesamten örtlichen öffentlichen Verwaltung. Sie können jede öffentliche Aufgabe übernehmen, soweit sie nicht durch ausdrückliche Vorschrift anderen Stellen im dringenden öffentlichen Interesse ausschließlich zugewiesen sind.

(2) Die Gemeindeverbände haben im Rahmen ihrer gesetzlichen Zuständigkeit die gleiche Stellung.

(3) Das Recht der Selbstverwaltung ihrer Angelegenheiten wird den Gemeinden und Gemeindeverbänden vom Staat gewährleistet. Die Aufsicht des Staates beschränkt sich darauf, daß ihre Verwaltung im Einklang mit den Gesetzen geführt wird.

(4) Den Gemeinden und Gemeindeverbänden oder ihren Vorständen können durch Gesetz oder Verordnung staatliche Aufgaben zur Erfüllung nach Weisung übertragen werden.

(5) Der Staat hat den Gemeinden und Gemeindeverbänden die zur Durchführung ihrer eigenen und der übertragenen Aufgaben erforderlichen Geldmittel im Wege des Lasten- und Finanzausgleichs zu sichern. Er stellt ihnen für ihre freiwillige öffentliche Tätigkeit in eigener Verantwortung zu verwaltende Einnahmequellen zur Verfügung.

(6) Werden die Gemeinden oder Gemeindeverbände durch Landesgesetz oder Landesrechtsverordnung zur Erfüllung staatlicher Aufgaben verpflichtet, so sind Regelungen über die Kostenfolgen zu treffen. Führt die Übertragung neuer oder die Veränderung bestehender eigener oder übertragener Aufgaben zu einer Mehrbelastung oder Entlastung der Gemeinden oder Gemeindeverbände in ihrer Gesamtheit, ist ein entsprechender Ausgleich zu schaffen. Das Nähere regelt ein Gesetz.

Artikel 138 (Wahl der hauptamtlichen Leiter von Gemeinden und Gemeindeverbänden)

Die Oberbürgermeister, Bürgermeister und Landräte als Leiter der Gemeinden oder Gemeindeverbände werden von den Bürgern in allgemeiner, unmittelbarer, freier, gleicher und geheimer Wahl gewählt.

X. Das Finanzwesen

Artikel 139 (Haushaltsplan)

(1) Der Landtag sorgt durch Bewilligung der erforderlichen laufenden Mittel für die Deckung des Staatsbedarfs.

(2) Alle Einnahmen und Ausgaben des Staates müssen für jedes Rechnungsjahr veranschlagt und auf den Haushaltsplan gebracht werden. Dieser wird vor Beginn des Rechnungsjahres durch ein förmliches Gesetz festgestellt.

(3) Die Ausgaben werden in der Regel für ein Jahr bewilligt; sie können in besonderen Fällen auch für längere Dauer bewilligt werden. Im übrigen sind im Haushaltsgesetz Vorschriften unzulässig, die über das Rechnungsjahr hinausreichen oder sich nicht auf die Einnahmen und Ausgaben des Staates oder ihrer Verwaltung beziehen.

Artikel 140 (Haushaltsvorgriff)

Ist bis zum Schluß eines Rechnungsjahres der Haushaltsplan für das folgende Jahr nicht durch Gesetz festgestellt, so ist bis zu seinem Inkrafttreten die Landesregierung ermächtigt:

1. alle Ausgaben zu leisten, die nötig sind,
   a) um gesetzlich bestehende Einrichtungen zu erhalten und gesetzlich beschlossene Maßnahmen durchzuführen,
   b) um die rechtlich begründeten Verpflichtungen des Staates zu erfüllen,
   c) um Bauten, Beschaffungen und sonstige Leistungen fortzusetzen oder Beihilfen für diese Zwecke weiter zu gewähren, sofern durch den Haushaltsplan eines Vorjahres bereits bewilligte Beträge noch verfügbar sind;
2. Schatzanweisungen bis zur Höhe eines Viertels der Endsumme des abgelaufenen Haushaltsplanes

für je drei Monate auszugeben, soweit nicht auf besonderen Gesetzen beruhende Einnahmen aus Steuern und Abgaben und Einnahmen aus sonstigen Quellen die Ausgaben unter Ziffer 1 decken.

Artikel 141 (Kreditaufnahme)

(1) Der Haushalt ist ungeachtet der Einnahmen- und Ausgabenverantwortung des Landtags und der Landesregierung grundsätzlich ohne Kredite auszugleichen.

(2) Artikel 137 Abs. 5 bleibt unberührt.

(3) Bei einer von der Normallage abweichenden konjunkturellen Entwicklung kann von Abs. 1 abgewichen werden. In diesem Fall sind die Auswirkungen auf den Haushalt im

Auf- und Abschwung symmetrisch zu berücksichtigen.

(4) Bei Naturkatastrophen oder außergewöhnlichen Notsituationen, die sich der Kontrolle des Staates entziehen und die staatliche Finanzlage erheblich beeinträchtigen, kann von Abs. 1 abgewichen werden. Die Abweichung ist mit einer Tilgungsregelung zu verbinden. Die Kredite sind binnen eines angemessenen Zeitraums zurückzuführen.

(5) Das Nähere bestimmt das Gesetz.

Artikel 142 (Deckungspflicht)

Beschlüsse des Landtages, welche Ausgaben in sich schließen oder für die Zukunft mit sich bringen, müssen bestimmen, wie diese Ausgaben gedeckt werden.

Artikel 143 (Haushaltsüberschreitungen)

(1) Haushaltsüberschreitungen und außerplanmäßige Ausgaben bedürfen der Zustimmung des Finanzministers. Sie darf nur im Falle eines unvorhergesehenen und unabweisbaren Bedürfnisses erteilt werden.

(2) Zu Haushaltsüberschreitungen und außerplanmäßigen Ausgaben ist die nachträgliche Genehmigung des Landtages erforderlich, die im Laufe des nächsten Rechnungsjahres eingeholt werden muß.

Artikel 144 (Rechnungsprüfung)

Der Rechnungshof, dessen Mitglieder richterliche Unabhängigkeit besitzen, prüft die Wirtschaftlichkeit und Ordnungsmäßigkeit der Haushalts- und Wirtschaftsführung sowie die Rechnungen über den Haushaltsplan und stellt diese fest. Die allgemeine Rechnung über den Haushalt jedes Jahres und eine Übersicht der Staatsschulden werden mit den Bemerkungen des Rechnungshofes und der Stellungnahme der Landesregierung zu deren Entlastung dem Landtage vorgelegt.

Artikel 145 (Staatsbetriebe)

Das Finanzwesen der ertragswirtschaftlichen Unternehmungen des Staates kann durch Gesetz abweichend von den Vorschriften der Artikel 139 bis 144 geregelt werden.

XI. Der Schutz der Verfassung

Artikel 146 (Pflicht zur Verteidigung der Verfassung)

(1) Es ist Pflicht eines jeden, für den Bestand der Verfassung mit allen ihm zu Gebote stehenden Kräften einzutreten.

(2) Das Gesetz bestimmt, welche Rechte aus dieser Verfassung durch Entscheidung des Staatsgerichtshofs aberkannt werden können, wenn jemand dieser Pflicht zuwiderhandelt oder einer politischen Gruppe angehört oder angehört hat, welche die Grundgedanken der Demokratie bekämpft.

Artikel 147 (Widerstandspflicht; Anrufung des StGH bei Verfassungsbrüchen)

(1) Widerstand gegen verfassungswidrig ausgeübte öffentliche Gewalt ist jedermanns Recht und Pflicht.

(2) Wer von einem Verfassungsbruch oder einem auf Verfassungsbruch gerichteten Unternehmen Kenntnis erhält, hat die Pflicht, die Strafverfolgung des Schuldigen durch Anrufung des Staatsgerichtshofs zu erzwingen. Näheres bestimmt das Gesetz.

Artikel 148 (Revolutionäre Handlungen)

Sollte die Verfassung durch revolutionäre Handlungen ihre tatsächliche Wirkung auf kürzere oder längere Zeit verlieren, so sind alle, die sich beim Umsturz oder danach einer Verletzung der Verfassung schuldig gemacht haben, zur Rechenschaft zu ziehen, sobald der verfassungswidrige Zustand wieder beseitigt ist.

Artikel 149 (Strafrechtliche Folgen bei Verfassungsbrüchen)

Die aus Artikel 147 und 148 sich ergebenden strafrechtlichen Folgen bestimmt das Gesetz.

Artikel 150 (Unantastbarkeit von Verfassungsgrundsätzen)

(1) Keinerlei Verfassungsänderung darf die demokratischen Grundgedanken der Verfassung und die republikanisch-parlamentarische Staatsform antasten. Die Errichtung ei-

ner Diktatur, in welcher Form auch immer, ist verboten.

(2) Hiergegen verstoßende Gesetzesanträge gelangen nicht zur Abstimmung, gleichwohl beschlossene Gesetze nicht zur Ausfertigung. Trotzdem verkündete Gesetze sind nicht zu befolgen.

(3) Auch dieser Artikel selbst kann nicht Gegenstand einer Verfassungsänderung sein.

Übergangsbestimmungen

Artikel 151 (Gesamtdeutsche Einheit)

(1) Hessen wird alle Maßnahmen, die es auf Gebieten trifft, für welche die deutsche Republik die Zuständigkeit beanspruchen könnte, unter den Grundsatz stellen, daß die gesamtdeutsche Einheit zu wahren ist.

(2) Vor allem wird es die bestehende Rechtseinheit nicht ohne zwingenden Grund antasten. Ob ein zwingender Grund vorliegt, entscheidet das Gesetz.

Artikel 152 (Einheitliche Gesetzgebung für bestimmte Teile des Rechts)

(1) Bis zur Bildung einer gesetzgebenden Körperschaft für die deutsche Republik kann die Regierung mit anderen deutschen Regierungen vereinbaren, daß für bestimmte Teile des Rechts eine einheitliche Gesetzgebung geschaffen wird, die der endgültigen gesamtdeutschen Einheit kein Hindernis bereiten darf.

(2) Solche Vereinbarungen bedürfen der Zustimmung des Landtages. Sie müssen vorsehen, daß die gesetzgebende Gewalt auf ein Organ übertragen wird, das mittelbar oder unmittelbar aus demokratischen Wahlen hervorgegangen ist. Gesetze, die von diesen Organen beschlossen werden, binden das Land Hessen nur, wenn sie dieser Verfassung nicht zuwiderlaufen.

Artikel 153 (Zuständigkeitsabgrenzung gegenüber dem Bund)

(1) Die Zuständigkeiten zwischen der Deutschen Republik und Hessen sind von einer deutschen Nationalversammlung, die vom ganzen deutschen Volk zu wählen ist, verfassungsmäßig abzugrenzen.

(2) Künftiges Recht der Deutschen Republik bricht Landesrecht.

Artikel 154 (Inländer)

Inländer im Sinne gesetzlicher Bestimmungen sind alle Angehörigen der deutschen Länder. Inland ist das gesamte Gebiet dieser Länder.

Artikel 155 (Weiteres Gesetzgebungsorgan)

Es bleibt vorbehalten, durch ein Verfassungsgesetz nach Artikel 123 Absatz 2 in das Verfahren der Gesetzgebung ein weiteres aus demokratischen Wahlen hervorgegangenes Organ einzuschalten.

Artikel 156 (Schulwesen)

(1) Bis zum Erlaß des in Artikel 56 Absatz 7 vorgesehenen Gesetzes bleibt es im Schulwesen bei dem derzeitigen tatsächlichen Zustand.

(2) Vorbehalten bleibt lediglich, die Verhältnisse, die am 30. Januar 1933 bestanden und nachher abgeändert worden sind, wiederherzustellen, wenn die Mehrheit der Erziehungsberechtigten im Schulbezirk es wünscht. Im übrigen darf an dem derzeitigen Zustand bis zum 1. Januar 1950 auch durch Gesetz nichts geändert werden. Die Umgestaltung des Bildungsganges wird hierdurch nicht berührt.

Artikel 157 (Befristete Zulässigkeit notlagenbedingter Grundrechtseingriffe)

(1) Gesetze, die aus Anlaß der gegenwärtigen Notlage ergangen sind oder noch ergehen werden, können unerläßliche Eingriffe in folgende Grundrechte zulassen:

a) in das Grundrecht der Freizügigkeit nach Artikel 6,
b) in das Recht nach Artikel 8 im Rahmen einer Wohnungszwangswirtschaft,
c) in das Recht auf freien Gebrauch der Arbeitskraft nach dem Artikel 28 Absatz 2 in Verbindung mit Artikel 2 im Rahmen von Notdienstpflichtgesetzen,

d) in das Recht auf den Gebrauch des Eigentums im Rahmen von Gesetzen zur Milderung des Mangels an Gegenständen des täglichen Bedarfs.

(2) Die im ersten Absatz zugelassenen Beschränkungen der Grundrechte fallen nach dem 31. Dezember 1950 weg. Mit mehr als der Hälfte der gesetzlichen Zahl seiner Mitglieder kann der Landtag diese Frist verlängern.

Artikel 158 (Entnazifizierung)

Die verfassungsmäßigen Freiheiten und Rechte können nicht den Bestimmungen entgegengehalten werden, die ergangen sind oder vor dem 1. Januar 1949 noch ergehen werden, um den Nationalsozialismus und den Militarismus zu überwinden und das von ihm verschuldete Unrecht wieder gutzumachen.

Artikel 159 (Besatzungsrecht)

Der vom Kontrollrat für Deutschland und von der Militärregierung für ihre Anordnungen nach Völker- und Kriegsrecht beanspruchte Vorrang vor dieser Verfassung, den verfassungsmäßig erlassenen Gesetzen und sonstigem deutschen Recht bleibt unberührt.

Artikel 160 (Inkrafttreten)

(1) Diese Verfassung tritt mit ihrer Annahme durch das Volk in Kraft. Gleichzeitig tritt das Staatsgrundgesetz vom 22. November 1945 außer Kraft.

(2) Die zu dieser Zeit die Staatsgeschäfte führende Landesregierung gilt bis zur Bildung einer neuen Regierung als geschäftsführende Regierung im Sinne des Artikels 113 Absatz 3 dieser Verfassung, der Hauptausschuß der Verfassungsberatenden Landesversammlung als Ausschuß im Sinne des Artikels 93.

(3) Die am Tage der Annahme dieser Verfassung durch das Volk gewählten Abgeordneten bilden den ersten Landtag im Sinne dieser Verfassung.

Artikel 161 (Übergangsvorschrift)

Art. 141 in der ab dem 10. Mai 2011 geltenden Fassung ist erstmals für das Haushaltsjahr 2020 anzuwenden. Bis dahin ist Artikel 141 in der bis zum 9. Mai 2011 geltenden Fassung anzuwenden. Der Abbau des bestehenden Defizits beginnt im Haushaltsjahr 2011. Die Haushalte sind so aufzustellen, dass im Haushaltsjahr 2020 die Vorgabe des Artikel 141 Abs. 1 in der ab dem 10. Mai 2011 geltenden Fassung erfüllt wird.

Verwaltungsgerichtsordnung (VwGO)

in der Fassung der Bekanntmachung vom 19. März 1991 (BGBl. I S. 686)

Zuletzt geändert durch
Gesetz zur Beschleunigung der Verfügbarkeit von Wasserstoff und zur Änderung weiterer rechtlicher Rahmenbedingungen für den Wasserstoffhochlauf und weiterer energierechtlicher Vorschriften
vom 29. März 2026 (BGBl. I Nr. 84)

Inhaltsübersicht

Teil I
Gerichtsverfassung

1. Abschnitt
Gerichte

§ 1 (Unabhängigkeit)

Die Verwaltungsgerichtsbarkeit wird durch unabhängige, von den Verwaltungsbehörden getrennte Gerichte ausgeübt.

§ 2 (Gliederung)

Gerichte der Verwaltungsgerichtsbarkeit sind in den Ländern die Verwaltungsgerichte und je ein Oberverwaltungsgericht, im Bund das Bundesverwaltungsgericht mit Sitz in Leipzig.

§ 3 (Gerichtsorganisation)

(1) Durch Gesetz werden angeordnet

1. die Errichtung und Aufhebung eines Verwaltungsgerichts oder eines Oberverwaltungsgerichts,
2. die Verlegung eines Gerichtssitzes,
3. Änderungen in der Abgrenzung der Gerichtsbezirke,
4. die Zuweisung einzelner Sachgebiete an ein Verwaltungsgericht für die Bezirke mehrerer Verwaltungsgerichte,

4a. die Zuweisung von Verfahren, bei denen sich die örtliche Zuständigkeit nach § 52 Nr. 2 Satz 1, 2 oder 5 bestimmt, an ein anderes Verwaltungsgericht oder an mehrere Verwaltungsgerichte des Landes,

5. die Errichtung einzelner Kammern des Verwaltungsgerichts oder einzelner Senate des Oberverwaltungsgerichts an anderen Orten,
6. der Übergang anhängiger Verfahren auf ein anderes Gericht bei Maßnahmen nach den Nummern 1, 3, 4 und 4a, wenn sich die Zuständigkeit nicht nach den bisher geltenden Vorschriften richten soll.

(2) Mehrere Länder können die Errichtung eines gemeinsamen Gerichts oder gemeinsamer Spruchkörper eines Gerichts oder die Ausdehnung von Gerichtsbezirken über die Landesgrenzen hinaus, auch für einzelne Sachgebiete, vereinbaren.

§ 4 (Präsidium, Geschäftsverteilung)

Für die Gerichte der Verwaltungsgerichtsbarkeit gelten die Vorschriften des Zweiten Titels des Gerichtsverfassungsgesetzes entsprechend. Die Mitglieder und drei Vertreter des für Entscheidungen nach § 99 Abs. 2 zuständigen Spruchkörpers bestimmt das Präsidium jeweils für die Dauer von vier Jahren. Die Mitglieder und ihre Vertreter müssen Richter auf Lebenszeit sein.

§ 5 (Besetzung, Kammern)

(1) Das Verwaltungsgericht besteht aus dem Präsidenten und aus den Vorsitzenden Richtern und weiteren Richtern in erforderlicher Anzahl.

(2) Bei dem Verwaltungsgericht werden Kammern gebildet.

(3) Die Kammer des Verwaltungsgerichts entscheidet in der Besetzung von drei Richtern und zwei ehrenamtlichen Richtern, soweit nicht ein Einzelrichter entscheidet. Bei Beschlüssen außerhalb der mündlichen Verhandlung und bei Gerichtsbescheiden (§ 84) wirken die ehrenamtlichen Richter nicht mit.

§ 6 (Einzelrichter)

(1) Die Kammer soll in der Regel den Rechtsstreit einem ihrer Mitglieder als Einzelrichter zur Entscheidung übertragen, wenn

1. die Sache keine besonderen Schwierigkeiten tatsächlicher oder rechtlicher Art aufweist und
2. die Rechtssache keine grundsätzliche Bedeutung hat.

Ein Richter auf Probe darf im ersten Jahr nach seiner Ernennung nicht Einzelrichter sein.

(2) Der Rechtsstreit darf dem Einzelrichter nicht übertragen werden, wenn bereits vor der Kammer mündlich verhandelt worden ist, es sei denn, daß inzwischen ein Vorbehalts-, Teil- oder Zwischenurteil ergangen ist.

(3) Der Einzelrichter kann nach Anhörung der Beteiligten den Rechtsstreit auf die Kammer zurückübertragen, wenn sich aus einer wesentlichen Änderung der Prozeßlage ergibt, daß die Rechtssache grundsätzliche Bedeutung hat oder die Sache besondere Schwie-

rigkeiten tatsächlicher oder rechtlicher Art aufweist. Eine erneute Übertragung auf den Einzelrichter ist ausgeschlossen.

(4) Beschlüsse nach den Absätzen 1 und 3 sind unanfechtbar. Auf eine unterlassene Übertragung kann ein Rechtsbehelf nicht gestützt werden.

§§ 7 und 8 (weggefallen)

§ 9 (Oberverwaltungsgericht)

(1) Das Oberverwaltungsgericht besteht aus dem Präsidenten und aus den Vorsitzenden Richtern und weiteren Richtern in erforderlicher Anzahl.

(2) Bei dem Oberverwaltungsgericht werden Senate gebildet.

(3) Die Senate des Oberverwaltungsgerichts entscheiden in der Besetzung von drei Richtern; die Landesgesetzgebung kann vorsehen, daß die Senate in der Besetzung von fünf Richtern entscheiden, von denen zwei auch ehrenamtliche Richter sein können. Für die Fälle des § 48 Abs. 1 kann auch vorgesehen werden, daß die Senate in der Besetzung von fünf Richtern und zwei ehrenamtlichen Richtern entscheiden. Satz 1 Halbsatz 2 und Satz 2 gelten nicht für die Fälle des § 99 Abs. 2.

(4) In Verfahren nach § 48 Absatz 1 Satz 1 Nummer 3 bis 15 kann der Senat den Rechtsstreit einem seiner Mitglieder als Einzelrichter zur Entscheidung übertragen, wenn

1. die Sache keine besonderen Schwierigkeiten tatsächlicher oder rechtlicher Art aufweist und
2. die Rechtssache keine grundsätzliche Bedeutung hat.

§ 6 Absatz 2 bis 4 gilt entsprechend.

§ 10 (Bundesverwaltungsgericht)

(1) Das Bundesverwaltungsgericht besteht aus dem Präsidenten und aus den Vorsitzenden Richtern und weiteren Richtern in erforderlicher Anzahl.

(2) Bei dem Bundesverwaltungsgericht werden Senate gebildet.

(3) Die Senate des Bundesverwaltungsgerichts entscheiden in der Besetzung von fünf Richtern, bei Beschlüssen außerhalb der mündlichen Verhandlung in der Besetzung von drei Richtern.

(4) In Verfahren nach § 50 Absatz 1 Nummer 6 kann der Senat in einer Besetzung mit drei Richtern entscheiden, wenn

1. die Sache keine besonderen Schwierigkeiten tatsächlicher oder rechtlicher Art aufweist und
2. die Rechtssache keine grundsätzliche Bedeutung hat.

§ 6 Absatz 2 bis 4 gilt entsprechend.

§ 11 (Großer Senat)

(1) Bei dem Bundesverwaltungsgericht wird ein Großer Senat gebildet.

(2) Der Große Senat entscheidet, wenn ein Senat in einer Rechtsfrage von der Entscheidung eines anderen Senats oder des Großen Senats abweichen will.

(3) Eine Vorlage an den Großen Senat ist nur zulässig, wenn der Senat, von dessen Entscheidung abgewichen werden soll, auf Anfrage des erkennenden Senats erklärt hat, daß er an seiner Rechtsauffassung festhält. Kann der Senat, von dessen Entscheidung abgewichen werden soll, wegen einer Änderung des Geschäftsverteilungsplanes mit der Rechtsfrage nicht mehr befaßt werden, tritt der Senat an seine Stelle, der nach dem Geschäftsverteilungsplan für den Fall, in dem abweichend entschieden wurde, nunmehr zuständig wäre. Über die Anfrage und die Antwort entscheidet der jeweilige Senat durch Beschluß in der für Urteile erforderlichen Besetzung.

(4) Der erkennende Senat kann eine Frage von grundsätzlicher Bedeutung dem Großen Senat zur Entscheidung vorlegen, wenn das nach seiner Auffassung zur Fortbildung des Rechts oder zur Sicherung einer einheitlichen Rechtsprechung erforderlich ist.

(5) Der Große Senat besteht aus dem Präsidenten und je einem Richter der Revisionssenate, in denen der Präsident nicht den Vorsitz führt. Legt ein anderer als ein Revisionssenat vor oder soll von dessen Entscheidung abgewichen werden, ist auch ein Mitglied dieses Senats im Großen Senat vertreten. Bei einer

Verhinderung des Präsidenten tritt ein Richter des Senats, dem er angehört, an seine Stelle.

(6) Die Mitglieder und die Vertreter werden durch das Präsidium für ein Geschäftsjahr bestellt. Das gilt auch für das Mitglied eines anderen Senats nach Absatz 5 Satz 2 und für seinen Vertreter. Den Vorsitz im Großen Senat führt der Präsident, bei Verhinderung das dienstälteste Mitglied. Bei Stimmengleichheit gibt die Stimme des Vorsitzenden den Ausschlag.

(7) Der Große Senat entscheidet nur über die Rechtsfrage. Er kann ohne mündliche Verhandlung entscheiden. Seine Entscheidung ist in der vorliegenden Sache für den erkennenden Senat bindend.

§ 12 (Großer Senat des OVG)

(1) Die Vorschriften des § 11 gelten für das Oberverwaltungsgericht entsprechend, soweit es über eine Frage des Landesrechts endgültig entscheidet. An die Stelle der Revisionssenate treten die nach diesem Gesetz gebildeten Berufungssenate.

(2) Besteht ein Oberverwaltungsgericht nur aus zwei Berufungssenaten, so treten an die Stelle des Großen Senats die Vereinigten Senate.

(3) Durch Landesgesetz kann eine abweichende Zusammensetzung des Großen Senats bestimmt werden.

§ 13 (Geschäftsstelle)

Bei jedem Gericht wird eine Geschäftsstelle eingerichtet. Sie wird mit der erforderlichen Anzahl von Urkundsbeamten besetzt.

§ 14 (Rechts- und Amtshilfe)

Alle Gerichte und Verwaltungsbehörden leisten den Gerichten der Verwaltungsgerichtsbarkeit Rechts- und Amtshilfe.

2. Abschnitt
Richter

§ 15 (Ernennung)

(1) Die Richter werden auf Lebenszeit ernannt, soweit nicht in §§ 16 und 17 Abweichendes bestimmt ist.

(2) (weggefallen)

(3) Die Richter des Bundesverwaltungsgerichts müssen das fünfunddreißigste Lebensjahr vollendet haben.

§ 16 (Richter im Nebenamt)

Bei dem Oberverwaltungsgericht und bei dem Verwaltungsgericht können auf Lebenszeit ernannte Richter anderer Gerichte und ordentliche Professoren des Rechts für eine bestimmte Zeit von mindestens zwei Jahren, längstens jedoch für die Dauer ihres Hauptamtes, zu Richtern im Nebenamt ernannt werden.

§ 17 (Richter auf Probe, Richter kraft Auftrags, Richter auf Zeit)

Bei den Verwaltungsgerichten können auch folgende Richter verwendet werden:

1. Richter auf Probe,
2. Richter kraft Auftrags und
3. Richter auf Zeit.

§ 18 (Deckung vorübergehenden Personalbedarfs)

Zur Deckung eines nur vorübergehenden Personalbedarfs kann ein Beamter auf Lebenszeit mit der Befähigung zum Richteramt für die Dauer von mindestens zwei Jahren, längstens jedoch für die Dauer seines Hauptamts, zum Richter auf Zeit ernannt werden. § 15 Absatz 1 Satz 1 und 3 sowie Absatz 2 des Deutschen Richtergesetzes ist entsprechend anzuwenden.

3. Abschnitt
Ehrenamtliche Richter

§ 19 (Gleiche Rechte)

Der ehrenamtliche Richter wirkt bei der mündlichen Verhandlung und der Urteilsfindung mit gleichen Rechten wie der Richter mit.

§ 20 (Persönliche Voraussetzungen)

Der ehrenamtliche Richter muß Deutscher sein. Er soll das 25. Lebensjahr vollendet und seinen Wohnsitz innerhalb des Gerichtsbezirks haben.

§ 21 (Ausschluss)

(1) Vom Amt des ehrenamtlichen Richters sind ausgeschlossen

1. Personen, die infolge Richterspruchs die Fähigkeit zur Bekleidung öffentlicher Ämter nicht besitzen oder wegen einer vorsätzlichen Tat zu einer Freiheitsstrafe von mehr als sechs Monaten verurteilt worden sind,
2. Personen, gegen die Anklage wegen einer Tat erhoben ist, die den Verlust der Fähigkeit zur Bekleidung öffentlicher Ämter zur Folge haben kann,
3. Personen, die nicht das Wahlrecht zu den gesetzgebenden Körperschaften des Landes besitzen.

(2) Personen, die in Vermögensverfall geraten sind, sollen nicht zu ehrenamtlichen Richtern berufen werden.

§ 22 (Ausgeschlossene Personengruppen)

Zu ehrenamtlichen Richtern können nicht berufen werden

1. Mitglieder des Bundestages, des Europäischen Parlaments, der gesetzgebenden Körperschaften eines Landes, der Bundesregierung oder einer Landesregierung,
2. Richter,
3. Beamte und Angestellte im öffentlichen Dienst, soweit sie nicht ehrenamtlich tätig sind,
4. Berufssoldaten und Soldaten auf Zeit,
5. Rechtsanwälte, Notare und Personen, die fremde Rechtsangelegenheiten geschäftsmäßig besorgen.

§ 23 (Ablehnungsberechtigte)

(1) Die Berufung zum Amt des ehrenamtlichen Richters dürfen ablehnen

1. Geistliche und Religionsdiener,
2. Schöffen und andere ehrenamtliche Richter,
3. Personen, die zwei Amtsperioden lang als ehrenamtliche Richter bei Gerichten der allgemeinen Verwaltungsgerichtsbarkeit tätig gewesen sind,
4. Ärzte, Krankenpfleger, Hebammen,
5. Apothekenleiter, die keinen weiteren Apotheker beschäftigen,
6. Personen, die die Regelaltersgrenze nach dem Sechsten Buch Sozialgesetzbuch erreicht haben.

(2) In besonderen Härtefällen kann außerdem auf Antrag von der Übernahme des Amtes befreit werden.

§ 24 (Entbindung vom Amt)

(1) Ein ehrenamtlicher Richter ist von seinem Amt zu entbinden, wenn er

1. nach §§ 20 bis 22 nicht berufen werden konnte oder nicht mehr berufen werden kann oder
2. seine Amtspflichten gröblich verletzt hat oder
3. einen Ablehnungsgrund nach § 23 Abs. 1 geltend macht oder
4. die zur Ausübung seines Amtes erforderlichen geistigen oder körperlichen Fähigkeiten nicht mehr besitzt oder
5. seinen Wohnsitz im Gerichtsbezirk aufgibt.

(2) In besonderen Härtefällen kann außerdem auf Antrag von der weiteren Ausübung des Amtes entbunden werden.

(3) Die Entscheidung trifft ein Senat des Oberverwaltungsgerichts in den Fällen des Absatzes 1 Nr. 1, 2 und 4 auf Antrag des Präsidenten des Verwaltungsgerichts, in den Fällen des Absatzes 1 Nr. 3 und 5 und des Absatzes 2 auf Antrag des ehrenamtlichen Richters. Die Entscheidung ergeht durch Beschluß nach Anhörung des ehrenamtlichen Richters. Sie ist unanfechtbar.

(4) Absatz 3 gilt entsprechend in den Fällen des § 23 Abs. 2.

(5) Auf Antrag des ehrenamtlichen Richters ist die Entscheidung nach Absatz 3 von dem Senat des Oberverwaltungsgerichts aufzuheben, wenn Anklage nach § 21 Nr. 2 erhoben war und der Angeschuldigte rechtskräftig außer Verfolgung gesetzt oder freigesprochen worden ist.

§ 25 (Amtszeit)

Die ehrenamtlichen Richter werden auf fünf Jahre gewählt.

§ 26 (Wahlausschuss)

(1) Bei jedem Verwaltungsgericht wird ein Ausschuß zur Wahl der ehrenamtlichen Richter bestellt.

(2) Der Ausschuß besteht aus dem Präsidenten des Verwaltungsgerichts als Vorsitzendem, einem von der Landesregierung bestimmten Verwaltungsbeamten und sieben Vertrauensleuten als Beisitzern. Die Vertrauensleute, ferner sieben Vertreter werden aus den Einwohnern des Verwaltungsgerichtsbezirks vom Landtag oder von einem durch ihn bestimmten Landtagsausschuß oder nach Maßgabe eines Landesgesetzes gewählt. Sie müssen die Voraussetzungen zur Berufung als ehrenamtliche Richter erfüllen. Die Landesregierungen werden ermächtigt, durch Rechtsverordnung die Zuständigkeit für die Bestimmung des Verwaltungsbeamten abweichend von Satz 1 zu regeln. Sie können diese Ermächtigung auf oberste Landesbehörden übertragen. In den Fällen des § 3 Abs. 2 richtet sich die Zuständigkeit für die Bestellung des Verwaltungsbeamten sowie des Landes für die Wahl der Vertrauensleute nach dem Sitz des Gerichts. Die Landesgesetzgebung kann in diesen Fällen vorsehen, dass jede beteiligte Landesregierung einen Verwaltungsbeamten in den Ausschuss entsendet und dass jedes beteiligte Land mindestens zwei Vertrauensleute bestellt.

(3) Der Ausschuß ist beschlußfähig, wenn wenigstens der Vorsitzende, ein Verwaltungsbeamter und drei Vertrauensleute anwesend sind.

§ 27 (Erforderliche Zahl)

Die für jedes Verwaltungsgericht erforderliche Zahl von ehrenamtlichen Richtern wird durch den Präsidenten so bestimmt, daß voraussichtlich jeder zu höchstens zwölf ordentlichen Sitzungstagen im Jahr herangezogen wird.

§ 28 (Vorschlagsliste)

Die Kreise und kreisfreien Städte stellen in jedem fünften Jahr eine Vorschlagsliste für ehrenamtliche Richter auf. Der Ausschuß bestimmt für jeden Kreis und für jede kreisfreie Stadt die Zahl der Personen, die in die Vorschlagsliste aufzunehmen sind. Hierbei ist die doppelte Anzahl der nach § 27 erforderlichen ehrenamtlichen Richter zugrunde zu legen. Für die Aufnahme in die Liste ist die Zustimmung von zwei Dritteln der anwesenden Mitglieder der Vertretungskörperschaft des Kreises oder der kreisfreien Stadt, mindestens jedoch die Hälfte der gesetzlichen Mitgliederzahl erforderlich. Die jeweiligen Regelungen zur Beschlussfassung der Vertretungskörperschaft bleiben unberührt. Die Vorschlagslisten sollen außer dem Namen auch den Geburtsort, den Geburtstag und Beruf des Vorgeschlagenen enthalten; sie sind dem Präsidenten des zuständigen Verwaltungsgerichts zu übermitteln.

§ 29 (Auswahl)

(1) Der Ausschuß wählt aus den Vorschlagslisten mit einer Mehrheit von mindestens zwei Dritteln der Stimmen die erforderliche Zahl von ehrenamtlichen Richtern.

(2) Bis zur Neuwahl bleiben die bisherigen ehrenamtlichen Richter im Amt.

§ 30 (Reihenfolge; Hilfsliste)

(1) Das Präsidium des Verwaltungsgerichts bestimmt vor Beginn des Geschäftsjahres die Reihenfolge, in der die ehrenamtlichen Richter zu den Sitzungen heranzuziehen sind.

(2) Für die Heranziehung von Vertretern bei unvorhergesehener Verhinderung kann eine Hilfsliste aus ehrenamtlichen Richtern aufgestellt werden, die am Gerichtssitz oder in seiner Nähe wohnen.

§ 31 (weggefallen)

§ 32 (Entschädigung)

Der ehrenamtliche Richter und der Vertrauensmann (§ 26) erhalten eine Entschädigung nach dem Justizvergütungs- und -entschädigungsgesetz.

§ 33 (Ordnungsgeld)

(1) Gegen einen ehrenamtlichen Richter, der sich ohne genügende Entschuldigung zu einer Sitzung nicht rechtzeitig einfindet oder der sich seinen Pflichten auf andere Weise

entzieht, kann ein Ordnungsgeld festgesetzt werden. Zugleich können ihm die durch sein Verhalten verursachten Kosten auferlegt werden.

(2) Die Entscheidung trifft der Vorsitzende. Bei nachträglicher Entschuldigung kann er sie ganz oder zum Teil aufheben.

§ 34 (Oberverwaltungsgericht)

§§ 19 bis 33 gelten für die ehrenamtlichen Richter bei dem Oberverwaltungsgericht entsprechend, wenn die Landesgesetzgebung bestimmt hat, daß bei diesem Gericht ehrenamtliche Richter mitwirken.

4. Abschnitt
Vertreter des öffentlichen Interesses

§ 35 (Oberbundesanwalt)

(1) Die Bundesregierung bestellt einen Vertreter des Bundesinteresses beim Bundesverwaltungsgericht und richtet ihn im Bundesministerium des Innern, für Bau und Heimat ein. Der Vertreter des Bundesinteresses beim Bundesverwaltungsgericht kann sich an jedem Verfahren vor dem Bundesverwaltungsgericht beteiligen; dies gilt nicht für Verfahren vor den Wehrdienstsenaten. Er ist an die Weisungen der Bundesregierung gebunden.

(2) Das Bundesverwaltungsgericht gibt dem Vertreter des Bundesinteresses beim Bundesverwaltungsgericht Gelegenheit zur Äußerung.

§ 36 (Oberverwaltungsgericht, Verwaltungsgericht)

(1) Bei dem Oberverwaltungsgericht und bei dem Verwaltungsgericht kann nach Maßgabe einer Rechtsverordnung der Landesregierung ein Vertreter des öffentlichen Interesses bestimmt werden. Dabei kann ihm allgemein oder für bestimmte Fälle die Vertretung des Landes oder von Landesbehörden übertragen werden.

(2) § 35 Abs. 2 gilt entsprechend.

§ 37 (Befähigung zum Richteramt)

(1) Der Vertreter des Bundesinteresses beim Bundesverwaltungsgericht und seine hauptberuflichen Mitarbeiter des höheren Dienstes müssen die Befähigung zum Richteramt haben.

(2) Der Vertreter des öffentlichen Interesses bei dem Oberverwaltungsgericht und bei dem Verwaltungsgericht muß die Befähigung zum Richteramt nach dem Deutschen Richtergesetz haben; § 174 bleibt unberührt.

5. Abschnitt
Gerichtsverwaltung

§ 38 (Dienstaufsicht)

(1) Der Präsident des Gerichts übt die Dienstaufsicht über die Richter, Beamten, Angestellten und Arbeiter aus.

(2) Übergeordnete Dienstaufsichtsbehörde für das Verwaltungsgericht ist der Präsident des Oberverwaltungsgerichts.

§ 39 (Keine Verwaltungsgeschäfte)

Dem Gericht dürfen keine Verwaltungsgeschäfte außerhalb der Gerichtsverwaltung übertragen werden.

6. Abschnitt
Verwaltungsrechtsweg und Zuständigkeit

§ 40 (Öffentlich-rechtliche Streitigkeiten)

(1) Der Verwaltungsrechtsweg ist in allen öffentlich-rechtlichen Streitigkeiten nichtverfassungsrechtlicher Art gegeben, soweit die Streitigkeiten nicht durch Bundesgesetz einem anderen Gericht ausdrücklich zugewiesen sind. Öffentlich-rechtliche Streitigkeiten auf dem Gebiet des Landesrechts können einem anderen Gericht auch durch Landesgesetz zugewiesen werden.

(2) Für vermögensrechtliche Ansprüche aus Aufopferung für das gemeine Wohl und aus öffentlich-rechtlicher Verwahrung sowie für Schadensersatzansprüche aus der Verletzung öffentlich-rechtlicher Pflichten, die nicht auf einem öffentlich-rechtlichen Vertrag beruhen, ist der ordentliche Rechtsweg gegeben; dies gilt nicht für Streitigkeiten über das Be-

stehen und die Höhe eines Ausgleichsanspruchs im Rahmen des Artikels 14 Abs. 1 Satz 2 des Grundgesetzes. Die besonderen Vorschriften des Beamtenrechts sowie über den Rechtsweg bei Ausgleich von Vermögensnachteilen wegen Rücknahme rechtswidriger Verwaltungsakte bleiben unberührt.

§ 41 (weggefallen)

§ 42 (Anfechtungsklage; Verpflichtungsklage)

(1) Durch Klage kann die Aufhebung eines Verwaltungsakts (Anfechtungsklage) sowie die Verurteilung zum Erlaß eines abgelehnten oder unterlassenen Verwaltungsakts (Verpflichtungsklage) begehrt werden.

(2) Soweit gesetzlich nichts anderes bestimmt ist, ist die Klage nur zulässig, wenn der Kläger geltend macht, durch den Verwaltungsakt oder seine Ablehnung oder Unterlassung in seinen Rechten verletzt zu sein.

§ 43 (Feststellungsklage)

(1) Durch Klage kann die Feststellung des Bestehens oder Nichtbestehens eines Rechtsverhältnisses oder der Nichtigkeit eines Verwaltungsakts begehrt werden, wenn der Kläger ein berechtigtes Interesse an der baldigen Feststellung hat (Feststellungsklage).

(2) Die Feststellung kann nicht begehrt werden, soweit der Kläger seine Rechte durch Gestaltungs- oder Leistungsklage verfolgen kann oder hätte verfolgen können. Dies gilt nicht, wenn die Feststellung der Nichtigkeit eines Verwaltungsakts begehrt wird.

§ 44 (Mehrere Klagebegehren)

Mehrere Klagebegehren können vom Kläger in einer Klage zusammen verfolgt werden, wenn sie sich gegen denselben Beklagten richten, im Zusammenhang stehen und dasselbe Gericht zuständig ist.

§ 44a (Rechtsbehelfe gegen behördliche Verfahrenshandlungen)

Rechtsbehelfe gegen behördliche Verfahrenshandlungen können nur gleichzeitig mit den gegen die Sachentscheidung zulässigen Rechtsbehelfen geltend gemacht werden. Dies gilt nicht, wenn behördliche Verfahrenshandlungen vollstreckt werden können oder gegen einen Nichtbeteiligten ergehen.

§ 45 (Erster Rechtszug)

Das Verwaltungsgericht entscheidet im ersten Rechtszug über alle Streitigkeiten, für die der Verwaltungsrechtsweg offensteht.

§ 46 (Zweiter Rechtszug)

Das Oberverwaltungsgericht entscheidet über das Rechtsmittel

1. der Berufung gegen Urteile des Verwaltungsgerichts und
2. der Beschwerde gegen andere Entscheidungen des Verwaltungsgerichts.

§ 47 (Gültigkeit von Satzungen, von Rechtsvorschriften)

(1) Das Oberverwaltungsgericht entscheidet im Rahmen seiner Gerichtsbarkeit auf Antrag über die Gültigkeit

1. von Satzungen, die nach den Vorschriften des Baugesetzbuchs erlassen worden sind, sowie von Rechtsverordnungen auf Grund des § 246 Abs. 2 des Baugesetzbuchs,
2. von anderen im Rang unter dem Landesgesetz stehenden Rechtsvorschriften, sofern das Landesrecht dies bestimmt.

(2) Den Antrag kann jede natürliche oder juristische Person, die geltend macht, durch die Rechtsvorschrift oder deren Anwendung in ihren Rechten verletzt zu sein oder in absehbarer Zeit verletzt zu werden, sowie jede Behörde innerhalb eines Jahres nach Bekanntmachung der Rechtsvorschrift stellen. Er ist gegen die Körperschaft, Anstalt oder Stiftung zu richten, welche die Rechtsvorschrift erlassen hat. Das Oberverwaltungsgericht kann dem Land und anderen juristischen Personen des öffentlichen Rechts, deren Zuständigkeit durch die Rechtsvorschrift berührt wird, Gelegenheit zur Äußerung binnen einer zu bestimmenden Frist geben. § 65 Abs. 1 und 4 und § 66 sind entsprechend anzuwenden.

(3) Das Oberverwaltungsgericht prüft die Vereinbarkeit der Rechtsvorschrift mit Landesrecht nicht, soweit gesetzlich vorgesehen ist, daß die Rechtsvorschrift ausschließlich

durch das Verfassungsgericht eines Landes nachprüfbar ist.

(4) Ist ein Verfahren zur Überprüfung der Gültigkeit der Rechtsvorschrift bei einem Verfassungsgericht anhängig, so kann das Oberverwaltungsgericht anordnen, daß die Verhandlung bis zur Erledigung des Verfahrens vor dem Verfassungsgericht auszusetzen sei.

(5) Das Oberverwaltungsgericht entscheidet durch Urteil oder, wenn es eine mündliche Verhandlung nicht für erforderlich hält, durch Beschluß. Kommt das Oberverwaltungsgericht zu der Überzeugung, daß die Rechtsvorschrift ungültig ist, so erklärt es sie für unwirksam; in diesem Fall ist die Entscheidung allgemein verbindlich und die Entscheidungsformel vom Antragsgegner ebenso zu veröffentlichen wie die Rechtsvorschrift bekanntzumachen wäre. Für die Wirkung der Entscheidung gilt § 183 entsprechend.

(6) Das Gericht kann auf Antrag eine einstweilige Anordnung erlassen, wenn dies zur Abwehr schwerer Nachteile oder aus anderen wichtigen Gründen dringend geboten ist.

§ 48 (Erster Rechtszug)

(1) Das Oberverwaltungsgericht entscheidet im ersten Rechtszug über sämtliche Streitigkeiten, die betreffen

1. die Errichtung, den Betrieb, die sonstige Innehabung, die Veränderung, die Stilllegung, den sicheren Einschluß und den Abbau von Anlagen im Sinne der §§ 7 und 9a Abs. 3 des Atomgesetzes,

1a. das Bestehen und die Höhe von Ausgleichsansprüchen auf Grund der §§ 7e und 7f des Atomgesetzes,

2. die Bearbeitung, Verarbeitung und sonstige Verwendung von Kernbrennstoffen außerhalb von Anlagen der in § 7 des Atomgesetzes bezeichneten Art (§ 9 des Atomgesetzes) und die wesentliche Abweichung oder die wesentliche Veränderung im Sinne des § 9 Abs. 1 Satz 2 des Atomgesetzes sowie die Aufbewahrung von Kernbrennstoffen außerhalb der staatlichen Verwahrung (§ 6 des Atomgesetzes),

3. die Errichtung, den Betrieb und die Änderung von Kraftwerken mit Feuerungsanlagen für feste, flüssige und gasförmige Brennstoffe mit einer Feuerungswärmeleistung von mehr als dreihundert Megawatt,

3a. die Errichtung, den Betrieb und die Änderung von Anlagen zur Nutzung von Windenergie an Land mit einer Gesamthöhe von mehr als 50 Metern sowie Anlagen von Windenergie auf See im Küstenmeer,

3b. die Errichtung, den Betrieb und die Änderung von Kraft-Wärme-Kopplungsanlagen im Sinne des Kraft-Wärme-Kopplungsgesetzes ab einer Feuerungswärmeleistung von 50 Megawatt,

3c. die Errichtung, den Betrieb und die Änderung von
   a) Anlagen nach § 2 Nummer 1 des Geothermie-Beschleunigungsgesetzes vom 22. Dezember 2025 (BGBl. 2025 I Nr. 348, S. 2) in der jeweils geltenden Fassung einschließlich der Streitigkeiten nach § 10 Absatz 2 des Geothermie-Beschleunigungsgesetzes,
   b) Anlagen nach § 2 Nummer 3 des Geothermie-Beschleunigungsgesetzes mit einer thermischen Leistung von mindestens 500 Kilowatt einschließlich der Streitigkeiten nach § 10 Absatz 2 des Geothermie-Beschleunigungsgesetzes sowie
   c) Leitungen nach § 2 Nummer 5 des Geothermie-Beschleunigungsgesetzes einschließlich der Streitigkeiten nach § 10 Absatz 2 des Geothermie-Beschleunigungsgesetzes,

3d. die Errichtung, den Betrieb und die Änderung von
   a) Anlagen nach § 2 Absatz 1 Nummer 1 des Wasserstoffbeschleunigungsgesetzes vom 29. März 2026 (BGBl. 2026 I Nr. 84, S. 2), in der jeweils geltenden Fassung, mit einer elektrischen Nennleistung von mindestens 30 Megawatt und den dazugehörigen Leitungen nach § 2 Ab-

IX

satz 1 Nummer 13 und 14 des Wasserstoffbeschleunigungsgesetzes und

b) Anlagen nach § 2 Absatz 1 Nummer 3 des Wasserstoffbeschleunigungsgesetzes, sofern diese eine Speicherkapazität von 25 Tonnen Wasserstoff oder mehr haben, und der dazugehörigen Leitungen nach § 2 Absatz 1 Nummer 13 und 14 des Wasserstoffbeschleunigungsgesetzes,

4. Planfeststellungsverfahren gemäß § 43 des Energiewirtschaftsgesetzes, soweit nicht die Zuständigkeit des Bundesverwaltungsgerichts nach § 50 Absatz 1 Nummer 6 begründet ist,

4a. Planfeststellungs- oder Plangenehmigungsverfahren für die Errichtung, den Betrieb und die Änderung von Einrichtungen nach § 66 Absatz 1 des Windenergie-auf-See-Gesetzes, soweit nicht die Zuständigkeit des Bundesverwaltungsgerichts nach § 50 Absatz 1 Nummer 6 begründet ist,

5. Verfahren für die Errichtung, den Betrieb und die wesentliche Änderung von ortsfesten Anlagen zur Verbrennung oder thermischen Zersetzung von Abfällen mit einer jährlichen Durchsatzleistung (effektive Leistung) von mehr als einhunderttausend Tonnen und von ortsfesten Anlagen, in denen ganz oder teilweise Abfälle im Sinne des § 48 des Kreislaufwirtschaftsgesetzes gelagert oder abgelagert werden,

6. das Anlegen, die Erweiterung oder Änderung und den Betrieb von Verkehrsflughäfen und von Verkehrslandeplätzen mit beschränktem Bauschutzbereich,

7. Planfeststellungsverfahren für den Bau oder die Änderung der Strecken von Straßenbahnen, Magnetschwebebahnen und von öffentlichen Eisenbahnen sowie für den Bau oder die Änderung von Rangier- und Containerbahnhöfen,

8. Planfeststellungsverfahren für den Bau oder die Änderung von Bundesfernstraßen und Landesstraßen,

9. Planfeststellungsverfahren für den Neubau oder den Ausbau von Bundeswasserstraßen,

10. Planfeststellungsverfahren für Maßnahmen des öffentlichen Küsten- oder Hochwasserschutzes,

11. Planfeststellungsverfahren nach § 68 Absatz 1 des Wasserhaushaltsgesetzes oder nach landesrechtlichen Vorschriften für die Errichtung, die Erweiterung oder die Änderung von Häfen, die für Wasserfahrzeuge mit mehr als 1350 Tonnen Tragfähigkeit zugänglich sind, unbeschadet der Nummer 9,

12. Planfeststellungsverfahren nach § 68 Absatz 1 des Wasserhaushaltsgesetzes für die Errichtung, die Erweiterung oder die Änderung von Wasserkraftanlagen mit einer elektrischen Nettoleistung von mehr als 100 Megawatt,

12a. Gewässerbenutzungen im Zusammenhang mit der aufgrund des Kohleverstromungsbeendigungsgesetzes vorgesehenen Einstellung von Braunkohletagebauen,

12b. Planfeststellungsverfahren für Gewässerausbauten im Zusammenhang mit der aufgrund des Kohleverstromungsbeendigungsgesetzes vorgesehenen Einstellung von Braunkohletagebauen,

13. Planfeststellungsverfahren nach dem Bundesberggesetz,

14. Zulassungen von
    a) Rahmenbetriebsplänen,
    b) Hauptbetriebsplänen,
    c) Sonderbetriebsplänen und
    d) Abschlussbetriebsplänen

    sowie Grundabtretungsbeschlüsse, jeweils im Zusammenhang mit der aufgrund des Kohleverstromungsbeendigungsgesetzes vorgesehenen Einstellung von Braunkohletagebauen,

15. Planfeststellungsverfahren nach § 65 Absatz 1 in Verbindung mit Anlage 1 Nummer 19.7 des Gesetzes über die Umweltverträglichkeitsprüfung für die Errichtung und den Betrieb oder die

Änderung von Dampf- oder Warmwasserpipelines und

16. Planfeststellungs- oder Plangenehmigungsverfahren sowie Genehmigungsverfahren nach dem Kohlendioxid-Speicherung-und-Transport-Gesetz.

Satz 1 gilt auch für Streitigkeiten über Genehmigungen, die anstelle einer Planfeststellung erteilt werden, sowie für Streitigkeiten über sämtliche für das Vorhaben erforderlichen Genehmigungen und Erlaubnisse, auch soweit sie Nebeneinrichtungen betreffen, die mit ihm in einem räumlichen und betrieblichen Zusammenhang stehen. Die Länder können durch Gesetz vorschreiben, daß über Streitigkeiten, die Besitzeinweisungen in den Fällen des Satzes 1 betreffen, das Oberverwaltungsgericht im ersten Rechtszug entscheidet.

(2) Das Oberverwaltungsgericht entscheidet im ersten Rechtszug ferner über Klagen gegen die von einer obersten Landesbehörde nach § 3 Abs. 2 Nr. 1 des Vereinsgesetzes ausgesprochenen Vereinsverbote und nach § 8 Abs. 2 Satz 1 des Vereinsgesetzes erlassenen Verfügungen.

(3) Abweichend von § 21e Absatz 4 des Gerichtsverfassungsgesetzes soll das Präsidium des Oberverwaltungsgerichts anordnen, dass ein Spruchkörper, der in einem Verfahren nach Absatz 1 Satz 1 Nummer 3 bis 16 tätig geworden ist, für dieses nach einer Änderung der Geschäftsverteilung zuständig bleibt.

Entscheidung des Bundesverfassungsgerichts

vom 29. September 2020 (BGBl. I S. 2652)

Aus dem Beschluss des Bundesverfassungsgerichts vom 29. September 2020 – 1 BvR 1550/19 – wird folgende Entscheidungsformel veröffentlicht:

1. Die Beschwerdeführerinnen sind dadurch in ihrem Grundrecht aus Artikel 14 Absatz 1 des Grundgesetzes verletzt, dass der Gesetzgeber auch für den Zeitraum nach dem 30. Juni 2018 weder durch das Sechzehnte Gesetz zur Änderung des Atomgesetzes vom 10. Juli 2018 (Bundesgesetzblatt I Seite 1122) noch durch ein anderes Gesetz eine Neuregelung in Kraft gesetzt hat, die eine im Wesentlichen vollständige Verstromung der den Kernkraftwerken in Anlage 3 Spalte 2 zum Atomgesetz zugewiesenen Elektrizitätsmengen sicherstellt oder einen angemessenen Ausgleich für nicht mehr verstrombare Teile dieser Elektrizitätsmengen gewährt (vgl. BVerfGE 143, 246 <248, Nummer 1 der Entscheidungsformel>).

   (**Anmerkung der Redaktion**: Durch das oben genannte Sechzehnte Gesetz zur Änderung des Atomgesetzes wurde in § 48 VwGO Absatz 1 Satz 1 Nr. 1a eingefügt. Laut Urteilsbegründung ist das Änderungsgesetz nicht wirksam in Kraft getreten.)

2. Der Gesetzgeber bleibt zur Neuregelung verpflichtet.

Die vorstehende Entscheidungsformel hat gemäß § 31 Absatz 2 des Bundesverfassungsgerichtsgesetzes Gesetzeskraft.

§ 49 (Dritter Rechtszug)

Das Bundesverwaltungsgericht entscheidet über das Rechtsmittel

1. der Revision gegen Urteile des Oberverwaltungsgerichts nach § 132,
2. der Revision gegen Urteile des Verwaltungsgerichts nach §§ 134 und 135,
3. der Beschwerde nach § 99 Abs. 2 und § 133 Abs. 1 dieses Gesetzes sowie nach § 17a Abs. 4 Satz 4 des Gerichtsverfassungsgesetzes.

§ 50 (Bundesverwaltungsgericht im ersten Rechtszug)

(1) Das Bundesverwaltungsgericht entscheidet im ersten und letzten Rechtszug

1. über öffentlich-rechtliche Streitigkeiten nichtverfassungsrechtlicher Art zwischen dem Bund und den Ländern und zwischen verschiedenen Ländern,
2. über Klagen gegen die vom Bundesminister des Innern, für Bau und Heimat nach § 3 Abs. 2 Nr. 2 des Vereinsgesetzes ausgesprochenen Vereinsverbote und nach § 8 Abs. 2 Satz 1 des Vereinsgesetzes erlassenen Verfügungen,
3. über Streitigkeiten gegen Abschiebungsanordnungen nach § 58a des Aufenthaltsgesetzes und ihre Vollziehung, sowie den

IX

Erlass eines Einreise- und Aufenthaltsverbots auf dieser Grundlage,

4. über Klagen gegen den Bund, denen Vorgänge im Geschäftsbereich des Bundesnachrichtendienstes zugrunde liegen,
5. über Klagen gegen Maßnahmen und Entscheidungen nach § 12 Absatz 3a des Abgeordnetengesetzes, nach den Vorschriften des Elften Abschnitts des Abgeordnetengesetzes, nach § 6b des Bundesministergesetzes und nach § 7 des Gesetzes über die Rechtsverhältnisse der Parlamentarischen Staatssekretäre in Verbindung mit § 6b des Bundesministergesetzes,
6. über sämtliche Streitigkeiten, die Planfeststellungsverfahren und Plangenehmigungsverfahren für Vorhaben betreffen, die in dem Allgemeinen Eisenbahngesetz, dem Bundeswasserstraßengesetz, dem Energieleitungsausbaugesetz, dem Bundesbedarfsplangesetz, dem § 43e Absatz 4 des Energiewirtschaftsgesetzes, dem § 76 Absatz 1 des Windenergie-auf-See-Gesetzes oder dem Magnetschwebebahnplanungsgesetz bezeichnet sind, über sämtliche Streitigkeiten zu Verfahren im Sinne des § 17e Absatz 1 des Bundesfernstraßengesetzes, über sämtliche Streitigkeiten, die in § 9 Absatz 2 des Wasserstoffbeschleunigungsgesetzes bezeichnet sind, sowie über die ihm nach dem LNG-Beschleunigungsgesetz zugewiesenen Verfahren,
7. über die ihm nach dem Energiesicherungsgesetz zugewiesenen Verfahren.

(2) In Verfahren nach Absatz 1 Nummer 6 ist § 48 Absatz 3 entsprechend anzuwenden.

(3) Hält das Bundesverwaltungsgericht nach Absatz 1 Nr. 1 eine Streitigkeit für verfassungsrechtlich, so legt es die Sache dem Bundesverfassungsgericht zur Entscheidung vor.

§ 51 (Verbot eines Teilvereins)

(1) Ist gemäß § 5 Abs. 2 des Vereinsgesetzes das Verbot des Gesamtvereins anstelle des Verbots eines Teilvereins zu vollziehen, so ist ein Verfahren über eine Klage dieses Teilvereins gegen das ihm gegenüber erlassene Verbot bis zum Erlaß der Entscheidung über eine Klage gegen das Verbot des Gesamtvereins auszusetzen.

(2) Eine Entscheidung des Bundesverwaltungsgerichts bindet im Falle des Absatzes 1 die Oberverwaltungsgerichte.

(3) Das Bundesverwaltungsgericht unterrichtet die Oberverwaltungsgerichte über die Klage eines Vereins nach § 50 Abs. 1 Nr. 2.

§ 52 (Örtliche Zuständigkeit)

Für die örtliche Zuständigkeit gilt folgendes:

1. In Streitigkeiten, die sich auf unbewegliches Vermögen oder ein ortsgebundenes Recht oder Rechtsverhältnis beziehen, ist nur das Verwaltungsgericht örtlich zuständig, in dessen Bezirk das Vermögen oder der Ort liegt.
2. Bei Anfechtungsklagen gegen den Verwaltungsakt einer Bundesbehörde, einer bundesunmittelbaren Körperschaft, Anstalt oder Stiftung des öffentlichen Rechts, ist das Verwaltungsgericht örtlich zuständig, in dessen Bezirk die Bundesbehörde, die Körperschaft, Anstalt oder Stiftung ihren Sitz hat, vorbehaltlich der Nummern 1 und 4. Dies gilt auch bei Verpflichtungsklagen in den Fällen des Satzes 1. In Streitigkeiten nach dem Asylgesetz ist jedoch das Verwaltungsgericht örtlich zuständig, in dessen Bezirk der Ausländer nach dem Asylgesetz seinen Aufenthalt zu nehmen hat; ist eine örtliche Zuständigkeit danach nicht gegeben, bestimmt sie sich nach Nummer 3. Soweit ein Land, in dem der Ausländer seinen Aufenthalt zu nehmen hat, von der Möglichkeit nach § 83 Absatz 3 des Asylgesetzes Gebrauch gemacht hat, ist das Verwaltungsgericht örtlich zuständig, das nach dem Landesrecht für Streitigkeiten nach dem Asylgesetz betreffend den Herkunftsstaat des Ausländers zuständig ist. Für Klagen gegen den Bund auf Gebieten, die in die Zuständigkeit der diplomatischen und konsularischen Auslandsvertretungen der Bundesrepublik Deutschland fallen, auf dem Gebiet der Visumangelegenheiten auch, wenn diese in die Zuständigkeit des Bundesamts für Auswärtige Angelegenheiten

fallen, ist das Verwaltungsgericht örtlich zuständig, in dessen Bezirk die Bundesregierung ihren Sitz hat.

3. Bei allen anderen Anfechtungsklagen vorbehaltlich der Nummern 1 und 4 ist das Verwaltungsgericht örtlich zuständig, in dessen Bezirk der Verwaltungsakt erlassen wurde. Ist er von einer Behörde, deren Zuständigkeit sich auf mehrere Verwaltungsgerichtsbezirke erstreckt, oder von einer gemeinsamen Behörde mehrerer oder aller Länder erlassen, so ist das Verwaltungsgericht zuständig, in dessen Bezirk der Beschwerte seinen Sitz oder Wohnsitz hat. Fehlt ein solcher innerhalb des Zuständigkeitsbereichs der Behörde, so bestimmt sich die Zuständigkeit nach Nummer 5. Bei Anfechtungsklagen gegen Verwaltungsakte einer von den Ländern mit der Vergabe von Studienplätzen beauftragten Behörde ist jedoch das Verwaltungsgericht örtlich zuständig, in dessen Bezirk die Behörde ihren Sitz hat. Dies gilt auch bei Verpflichtungsklagen in den Fällen der Sätze 1, 2 und 4.
4. Für alle Klagen aus einem gegenwärtigen oder früheren Beamten-, Richter-, Wehrpflicht-, Wehrdienst- oder Zivildienstverhältnis und für Streitigkeiten, die sich auf die Entstehung eines solchen Verhältnisses beziehen, ist das Verwaltungsgericht örtlich zuständig, in dessen Bezirk der Kläger oder Beklagte seinen dienstlichen Wohnsitz oder in Ermangelung dessen seinen Wohnsitz hat. Hat der Kläger oder Beklagte keinen dienstlichen Wohnsitz oder keinen Wohnsitz innerhalb des Zuständigkeitsbereichs der Behörde, die den ursprünglichen Verwaltungsakt erlassen hat, so ist das Gericht örtlich zuständig, in dessen Bezirk diese Behörde ihren Sitz hat. Die Sätze 1 und 2 gelten für Klagen nach § 79 des Gesetzes zur Regelung der Rechtsverhältnisse der unter Artikel 131 des Grundgesetzes fallenden Personen entsprechend.
5. In allen anderen Fällen ist das Verwaltungsgericht örtlich zuständig, in dessen Bezirk der Beklagte seinen Sitz, Wohnsitz oder in Ermangelung dessen seinen Aufenthalt hat oder seinen letzten Wohnsitz oder Aufenthalt hatte.

§ 53 (Bestimmung des zuständigen Gerichts)

(1) Das zuständige Gericht innerhalb der Verwaltungsgerichtsbarkeit wird durch das nächsthöhere Gericht bestimmt,

1. wenn das an sich zuständige Gericht in einem einzelnen Fall an der Ausübung der Gerichtsbarkeit rechtlich oder tatsächlich verhindert ist,
2. wenn es wegen der Grenzen verschiedener Gerichtsbezirke ungewiß ist, welches Gericht für den Rechtsstreit zuständig ist,
3. wenn der Gerichtsstand sich nach § 52 richtet und verschiedene Gerichte in Betracht kommen,
4. wenn verschiedene Gerichte sich rechtskräftig für zuständig erklärt haben,
5. wenn verschiedene Gerichte, von denen eines für den Rechtsstreit zuständig ist, sich rechtskräftig für unzuständig erklärt haben.

(2) Wenn eine örtliche Zuständigkeit nach § 52 nicht gegeben ist, bestimmt das Bundesverwaltungsgericht das zuständige Gericht.

(3) Jeder am Rechtsstreit Beteiligte und jedes mit dem Rechtsstreit befaßte Gericht kann das im Rechtszug höhere Gericht oder das Bundesverwaltungsgericht anrufen. Das angerufene Gericht kann ohne mündliche Verhandlung entscheiden.

Teil II
Verfahren

7. Abschnitt
Allgemeine Verfahrensvorschriften

§ 54 (Ausschließung, Ablehnung von Gerichtspersonen)

(1) Für die Ausschließung und Ablehnung der Gerichtspersonen gelten §§ 41 bis 49 der Zivilprozeßordnung entsprechend.

(2) Von der Ausübung des Amtes als Richter oder ehrenamtlicher Richter ist auch ausgeschlossen, wer bei dem vorausgegangenen Verwaltungsverfahren mitgewirkt hat.

(3) Besorgnis der Befangenheit nach § 42 der Zivilprozeßordnung ist stets dann begründet, wenn der Richter oder ehrenamtliche Richter der Vertretung einer Körperschaft angehört, deren Interessen durch das Verfahren berührt werden.

§ 55 (Öffentlichkeit, Sitzungspolizei, Gerichtssprache, Beratung, Abstimmung)

§§ 169, 171a bis 198 des Gerichtsverfassungsgesetzes über die Öffentlichkeit, Sitzungspolizei, Gerichtssprache, Beratung und Abstimmung finden entsprechende Anwendung.

§ 55a (Elektronische Dokumente)

(1) Vorbereitende Schriftsätze und deren Anlagen, schriftlich einzureichende Anträge und Erklärungen der Beteiligten sowie schriftlich einzureichende Auskünfte, Aussagen, Gutachten, Übersetzungen, Anträge und Erklärungen Dritter können nach Maßgabe der Absätze 2 bis 6 als elektronische Dokumente bei Gericht eingereicht werden.

(2) Das elektronische Dokument muss für die Bearbeitung durch das Gericht geeignet sein. Die Bundesregierung bestimmt durch Rechtsverordnung mit Zustimmung des Bundesrates technische Rahmenbedingungen für die Übermittlung und die Eignung zur Bearbeitung durch das Gericht sowie das Nähere zur Verarbeitung von Daten der Postfachinhaber nach Absatz 4 Satz 1 Nummer 3 und 4 in einem sicheren elektronischen Verzeichnis.

(3) Das elektronische Dokument muss mit einer qualifizierten elektronischen Signatur der verantwortenden Person versehen sein oder von der verantwortenden Person signiert und auf einem sicheren Übermittlungsweg eingereicht werden. Satz 1 gilt nicht für Anlagen, die vorbereitenden Schriftsätzen beigefügt sind. Soll ein schriftlich einzureichender Antrag oder eine schriftlich einzureichende Erklärung eines Beteiligten oder eines Dritten als elektronisches Dokument eingereicht werden, so kann der unterschriebene Antrag oder die unterschriebene Erklärung in ein elektronisches Dokument übertragen und durch den Bevollmächtigten, den Vertreter oder den Beistand nach Satz 1 übermittelt werden.

(4) Sichere Übermittlungswege sind

1. der Übermittlungsweg zwischen den besonderen elektronischen Anwaltspostfächern nach den §§ 31a und 31b der Bundesrechtsanwaltsordnung oder einem entsprechenden, auf gesetzlicher Grundlage errichteten elektronischen Postfach und der elektronischen Poststelle des Gerichts,
2. der Übermittlungsweg zwischen einem nach Durchführung eines Identifizierungsverfahrens eingerichteten Postfach einer Behörde oder einer juristischen Person des öffentlichen Rechts und der elektronischen Poststelle des Gerichts,
3. der Übermittlungsweg zwischen einem nach Durchführung eines Identifizierungsverfahrens eingerichteten elektronischen Postfach einer natürlichen oder juristischen Person oder einer sonstigen Vereinigung und der elektronischen Poststelle des Gerichts,
4. der Übermittlungsweg zwischen einem nach Durchführung eines Identifizierungsverfahrens genutzten Postfach- und Versanddienst eines Nutzerkontos im Sinne des § 2 Absatz 5 des Onlinezugangsgesetzes und der elektronischen Poststelle des Gerichts,
5. sonstige bundeseinheitliche Übermittlungswege, die durch Rechtsverordnung der Bundesregierung mit Zustimmung des Bundesrates festgelegt werden, bei denen die Authentizität und Integrität der Daten sowie die Barrierefreiheit gewährleistet sind.

Das Nähere zu den Übermittlungswegen gemäß Satz 1 Nummer 2 bis 4 regelt die Rechtsverordnung nach Absatz 2 Satz 2.

(5) Ein elektronisches Dokument ist eingegangen, sobald es auf der für den Empfang bestimmten Einrichtung des Gerichts gespeichert ist. Dem Absender ist eine automatisierte Bestätigung über den Zeitpunkt des Eingangs zu erteilen. Die Vorschriften dieses Gesetzes über die Beifügung von Abschriften für die übrigen Beteiligten finden keine Anwendung.

(6) Ist ein elektronisches Dokument für das Gericht zur Bearbeitung nicht geeignet, ist dies dem Absender unter Hinweis auf die Unwirksamkeit des Eingangs unverzüglich mitzuteilen. Das Dokument gilt als zum Zeitpunkt der früheren Einreichung eingegangen, sofern der Absender es unverzüglich in einer für das Gericht zur Bearbeitung geeigneten Form nachreicht und glaubhaft macht, dass es mit dem zuerst eingereichten Dokument inhaltlich übereinstimmt.

(7) Soweit eine handschriftliche Unterzeichnung durch den Richter oder den Urkundsbeamten der Geschäftsstelle vorgeschrieben ist, genügt dieser Form die Aufzeichnung als elektronisches Dokument, wenn die verantwortenden Personen am Ende des Dokuments ihren Namen hinzufügen und das Dokument mit einer qualifizierten elektronischen Signatur versehen. Der in Satz 1 genannten Form genügt auch ein elektronisches Dokument, in welches das handschriftlich unterzeichnete Schriftstück gemäß § 55b Absatz 6 Satz 4 übertragen worden ist.

§ 55b (Elektronische Prozessakten)

(1) Die Prozessakten werden elektronisch geführt. Die Bundesregierung und die Landesregierungen bestimmen jeweils für ihren Bereich durch Rechtsverordnung die organisatorischen und dem Stand der Technik entsprechenden technischen Rahmenbedingungen für die Bildung, Führung und Aufbewahrung der elektronischen Akten einschließlich der einzuhaltenden Anforderungen der Barrierefreiheit. Die Landesregierungen können die Ermächtigung nach Satz 2 auf die für die Verwaltungsgerichtsbarkeit zuständigen obersten Landesbehörden übertragen. Die Rechtsverordnung der Bundesregierung bedarf nicht der Zustimmung des Bundesrates.

(2) Akten, die in Papierform angelegt wurden, können in Papierform weitergeführt werden. Sie können ab einem bestimmten Stichtag oder Ereignis in elektronischer Form weitergeführt werden. Der Beginn der Weiterführung der Akten in elektronischer Form ist aktenkundig zu machen. Werden die Akten in Papierform geführt, ist von einem elektronischen Dokument ein Ausdruck für die Akten zu fertigen. Kann dies bei Anlagen zu vorbereitenden Schriftsätzen nicht oder nur mit unverhältnismäßigem Aufwand erfolgen, so kann ein Ausdruck unterbleiben. Die Daten sind in diesem Fall dauerhaft zu speichern; der Speicherort ist aktenkundig zu machen.

(3) Wird das elektronische Dokument auf einem sicheren Übermittlungsweg eingereicht, so ist dies aktenkundig zu machen.

(4) Ist das elektronische Dokument mit einer qualifizierten elektronischen Signatur versehen und nicht auf einem sicheren Übermittlungsweg eingereicht, muss der Ausdruck einen Vermerk darüber enthalten,

1. welches Ergebnis die Integritätsprüfung des Dokumentes ausweist,
2. wen die Signaturprüfung als Inhaber der Signatur ausweist,
3. welchen Zeitpunkt die Signaturprüfung für die Anbringung der Signatur ausweist.

(5) Ein eingereichtes elektronisches Dokument kann im Falle von Absatz 2 nach Ablauf von sechs Monaten gelöscht werden.

(6) Werden die Prozessakten elektronisch geführt, sind in Papierform vorliegende Schriftstücke und sonstige Unterlagen nach dem Stand der Technik zur Ersetzung der Urschrift in ein elektronisches Dokument zu übertragen. Es ist sicherzustellen, dass das elektronische Dokument mit den vorliegenden Schriftstücken und sonstigen Unterlagen bildlich und inhaltlich übereinstimmt. Das elektronische Dokument ist mit einem Übertragungsnachweis zu versehen, der das bei der Übertragung angewandte Verfahren und die bildliche und inhaltliche Übereinstimmung dokumentiert. Wird ein von den verantwortenden Personen handschriftlich unterzeichnetes gerichtliches Schriftstück übertragen, ist der Übertragungsnachweis mit einer qualifizierten elektronischen Signatur des Urkundsbeamten der Geschäftsstelle zu versehen. Die in Papierform vorliegenden Schriftstücke und sonstigen Unterlagen können sechs Monate nach der Übertragung vernichtet werden, sofern sie nicht rückgabepflichtig sind.

IX

(7) Die Bundesregierung kann durch Rechtsverordnung mit Zustimmung des Bundesrates die für die Übermittlung elektronischer Akten zwischen Behörden und Gerichten geltenden Standards bestimmen.

§ 55c Formulare; Verordnungsermächtigung

Das Bundesministerium der Justiz und für Verbraucherschutz kann durch Rechtsverordnung mit Zustimmung des Bundesrates elektronische Formulare einführen. Die Rechtsverordnung kann bestimmen, dass die in den Formularen enthaltenen Angaben ganz oder teilweise in strukturierter maschinenlesbarer Form zu übermitteln sind. Die Formulare sind auf einer in der Rechtsverordnung zu bestimmenden Kommunikationsplattform im Internet zur Nutzung bereitzustellen. Die Rechtsverordnung kann bestimmen, dass eine Identifikation des Formularverwenders abweichend von § 55a Absatz 3 auch durch Nutzung des elektronischen Identitätsnachweises nach § 18 des Personalausweisgesetzes, § 12 des eID-Karte-Gesetzes oder § 78 Absatz 5 des Aufenthaltsgesetzes erfolgen kann.

§ 55d Nutzungspflicht für Rechtsanwälte, Behörden und vertretungsberechtigte Bevollmächtigte

Vorbereitende Schriftsätze und deren Anlagen sowie schriftlich einzureichende Anträge und Erklärungen, die durch einen Rechtsanwalt, durch eine Behörde oder durch eine juristische Person des öffentlichen Rechts einschließlich der von ihr zur Erfüllung ihrer öffentlichen Aufgaben gebildeten Zusammenschlüsse eingereicht werden, sind als elektronisches Dokument zu übermitteln. Gleiches gilt für die nach diesem Gesetz vertretungsberechtigten Personen und Bevollmächtigten, für die ein sicherer Übermittlungsweg nach § 55a Absatz 4 Satz 1 Nummer 1 oder 3 zur Verfügung steht; ausgenommen sind nach § 67 Absatz 2 Satz 2 Nummer 1 Halbsatz 1 oder Nummer 2 vertretungsbefugte Personen. Ist eine Übermittlung aus technischen Gründen vorübergehend nicht möglich, bleibt die Übermittlung nach den allgemeinen Vorschriften zulässig. Die vorübergehende Unmöglichkeit ist bei der Ersatzeinreichung oder unverzüglich danach glaubhaft zu machen; auf Anforderung ist ein elektronisches Dokument nachzureichen.

§ 56 (Zustellung)

(1) Anordnungen und Entscheidungen, durch die eine Frist in Lauf gesetzt wird, sowie Terminbestimmungen und Ladungen sind zuzustellen, bei Verkündung jedoch nur, wenn es ausdrücklich vorgeschrieben ist.

(2) Zugestellt wird von Amts wegen nach den Vorschriften der Zivilprozessordnung.

(3) Wer nicht im Inland wohnt, hat auf Verlangen einen Zustellungsbevollmächtigten zu bestellen.

§ 56a (Öffentliche Bekanntmachung)

(1) Sind gleiche Bekanntgaben an mehr als fünfzig Personen erforderlich, kann das Gericht für das weitere Verfahren die Bekanntgabe durch öffentliche Bekanntmachung anordnen. In dem Beschluß muß bestimmt werden, in welchen Tageszeitungen die Bekanntmachungen veröffentlicht werden; dabei sind Tageszeitungen vorzusehen, die in dem Bereich verbreitet sind, in dem sich die Entscheidung voraussichtlich auswirken wird. Der Beschluß ist den Beteiligten zuzustellen. Die Beteiligten sind darauf hinzuweisen, auf welche Weise die weiteren Bekanntgaben bewirkt werden und wann das Dokument als zugestellt gilt. Der Beschluß ist unanfechtbar. Das Gericht kann den Beschluß jederzeit aufheben; es muß ihn aufheben, wenn die Voraussetzungen des Satzes 1 nicht vorlagen oder nicht mehr vorliegen.

(2) Die öffentliche Bekanntmachung erfolgt durch Aushang an der Gerichtstafel oder durch Veröffentlichung in einem elektronischen Informations- und Kommunikationssystem, das im Gericht öffentlich zugänglich ist und durch Veröffentlichung im Bundesanzeiger sowie in den im Beschluss nach Absatz 1 Satz 2 bestimmten Tageszeitungen. Bei einer Entscheidung genügt die öffentliche Bekanntmachung der Entscheidungsformel und der Rechtsbehelfsbelehrung. Statt des bekannt zu machenden Dokuments kann

eine Benachrichtigung öffentlich bekannt gemacht werden, in der angegeben ist, wo das Dokument eingesehen werden kann. Eine Terminbestimmung oder Ladung muss im vollständigen Wortlaut öffentlich bekannt gemacht werden.

(3) Das Dokument gilt als an dem Tage zugestellt, an dem seit dem Tage der Veröffentlichung im Bundesanzeiger zwei Wochen verstrichen sind; darauf ist in jeder Veröffentlichung hinzuweisen. Nach der öffentlichen Bekanntmachung einer Entscheidung können die Beteiligten eine Ausfertigung schriftlich anfordern; darauf ist in der Veröffentlichung gleichfalls hinzuweisen.

§ 57 (Fristen)

(1) Der Lauf einer Frist beginnt, soweit nichts anderes bestimmt ist, mit der Zustellung oder, wenn diese nicht vorgeschrieben ist, mit der Eröffnung oder Verkündung.

(2) Für die Fristen gelten die Vorschriften der §§ 222, 224 Abs. 2 und 3, §§ 225 und 226 der Zivilprozeßordnung.

§ 58 (Belehrung über Rechtsbehelf)

(1) Die Frist für ein Rechtsmittel oder einen anderen Rechtsbehelf beginnt nur zu laufen, wenn der Beteiligte über den Rechtsbehelf, die Verwaltungsbehörde oder das Gericht, bei denen der Rechtsbehelf anzubringen ist, den Sitz und die einzuhaltende Frist schriftlich oder elektronisch belehrt worden ist.

(2) Ist die Belehrung unterblieben oder unrichtig erteilt, so ist die Einlegung des Rechtsbehelfs nur innerhalb eines Jahres seit Zustellung, Eröffnung oder Verkündung zulässig, außer wenn die Einlegung vor Ablauf der Jahresfrist infolge höherer Gewalt unmöglich war oder eine schriftliche oder elektronische Belehrung dahin erfolgt ist, daß ein Rechtsbehelf nicht gegeben sei. § 60 Abs. 2 gilt für den Fall höherer Gewalt entsprechend.

IX

§ 59 (weggefallen)

§ 60 (Wiedereinsetzung in den vorigen Stand)

(1) Wenn jemand ohne Verschulden verhindert war, eine gesetzliche Frist einzuhalten, so ist ihm auf Antrag Wiedereinsetzung in den vorigen Stand zu gewähren.

(2) Der Antrag ist binnen zwei Wochen nach Wegfall des Hindernisses zu stellen; bei Versäumung der Frist zur Begründung der Berufung, des Antrags auf Zulassung der Berufung, der Revision, der Nichtzulassungsbeschwerde oder der Beschwerde beträgt die Frist einen Monat. Die Tatsachen zur Begründung des Antrags sind bei der Antragstellung oder im Verfahren über den Antrag glaubhaft zu machen. Innerhalb der Antragsfrist ist die versäumte Rechtshandlung nachzuholen. Ist dies geschehen, so kann die Wiedereinsetzung auch ohne Antrag gewährt werden.

(3) Nach einem Jahr seit dem Ende der versäumten Frist ist der Antrag unzulässig, außer wenn der Antrag vor Ablauf der Jahresfrist infolge höherer Gewalt unmöglich war.

(4) Über den Wiedereinsetzungsantrag entscheidet das Gericht, das über die versäumte Rechtshandlung zu befinden hat.

(5) Die Wiedereinsetzung ist unanfechtbar.

§ 61 (Beteiligungsfähigkeit)

Fähig, am Verfahren beteiligt zu sein, sind

1. natürliche und juristische Personen,
2. Vereinigungen, soweit ihnen ein Recht zustehen kann,
3. Behörden, sofern das Landesrecht dies bestimmt.

§ 62 (Prozessfähigkeit)

(1) Fähig zur Vornahme von Verfahrenshandlungen sind

1. die nach bürgerlichem Recht Geschäftsfähigen,
2. die nach bürgerlichem Recht in der Geschäftsfähigkeit Beschränkten, soweit sie durch Vorschriften des bürgerlichen oder öffentlichen Rechts für den Gegenstand des Verfahrens als geschäftsfähig anerkannt sind.

(2) Betrifft ein Einwilligungsvorbehalt nach § 1825 des Bürgerlichen Gesetzbuchs den Gegenstand des Verfahrens, so ist ein geschäftsfähiger Betreuter nur insoweit zur Vornahme von Verfahrenshandlungen fähig,

als er nach den Vorschriften des bürgerlichen Rechts ohne Einwilligung des Betreuers handeln kann oder durch Vorschriften des öffentlichen Rechts als handlungsfähig anerkannt ist.

(3) Für Vereinigungen sowie für Behörden handeln ihre gesetzlichen Vertreter und Vorstände.

(4) §§ 53 bis 58 der Zivilprozeßordnung gelten entsprechend.

§ 63 (Beteiligte)

Beteiligte am Verfahren sind

1. der Kläger,
2. der Beklagte,
3. der Beigeladene (§ 65),
4. der Vertreter des Bundesinteresses beim Bundesverwaltungsgericht oder der Vertreter des öffentlichen Interesses, falls er von seiner Beteiligungsbefugnis Gebrauch macht.

§ 64 (Streitgenossenschaft)

Die Vorschriften der §§ 59 bis 63 der Zivilprozeßordnung über die Streitgenossenschaft sind entsprechend anzuwenden.

§ 65 (Beiladung)

(1) Das Gericht kann, solange das Verfahren noch nicht rechtskräftig abgeschlossen oder in höherer Instanz anhängig ist, von Amts wegen oder auf Antrag andere, deren rechtliche Interessen durch die Entscheidung berührt werden, beiladen.

(2) Sind an dem streitigen Rechtsverhältnis Dritte derart beteiligt, daß die Entscheidung auch ihnen gegenüber nur einheitlich ergehen kann, so sind sie beizuladen (notwendige Beiladung).

(3) Kommt nach Absatz 2 die Beiladung von mehr als fünfzig Personen in Betracht, kann das Gericht durch Beschluß anordnen, daß nur solche Personen beigeladen werden, die dies innerhalb einer bestimmten Frist beantragen. Der Beschluß ist unanfechtbar. Er ist im Bundesanzeiger bekanntzumachen. Er muß außerdem in Tageszeitungen veröffentlicht werden, die in dem Bereich verbreitet sind, in dem sich die Entscheidung voraussichtlich auswirken wird. Die Bekanntmachung kann zusätzlich in einem von dem Gericht für Bekanntmachungen bestimmten Informations- und Kommunikationssystem erfolgen. Die Frist muß mindestens drei Monate seit Veröffentlichung im Bundesanzeiger betragen. In der Veröffentlichung in Tageszeitungen ist mitzuteilen, an welchem Tage die Frist abläuft. Für die Wiedereinsetzung in den vorigen Stand bei Versäumung der Frist gilt § 60 entsprechend. Das Gericht soll Personen, die von der Entscheidung erkennbar in besonderem Maße betroffen werden, auch ohne Antrag beiladen.

(4) Der Beiladungsbeschluß ist allen Beteiligten zuzustellen. Dabei sollen der Stand der Sache und der Grund der Beiladung angegeben werden. Die Beiladung ist unanfechtbar.

§ 66 (Stellung des Beigeladenen)

Der Beigeladene kann innerhalb der Anträge eines Beteiligten selbständig Angriffs- und Verteidigungsmittel geltend machen und alle Verfahrenshandlungen wirksam vornehmen. Abweichende Sachanträge kann er nur stellen, wenn eine notwendige Beiladung vorliegt.

§ 67 (Bevollmächtigte Vertreter)

(1) Die Beteiligten können vor dem Verwaltungsgericht den Rechtsstreit selbst führen.

(2) Die Beteiligten können sich durch einen Rechtsanwalt oder einen Rechtslehrer an einer staatlichen oder staatlich anerkannten Hochschule eines Mitgliedstaates der Europäischen Union, eines anderen Vertragsstaates des Abkommens über den Europäischen Wirtschaftsraum oder der Schweiz, der die Befähigung zum Richteramt besitzt, als Bevollmächtigten vertreten lassen. Darüber hinaus sind als Bevollmächtigte vor dem Verwaltungsgericht vertretungsbefugt nur

1. Beschäftigte des Beteiligten oder eines mit ihm verbundenen Unternehmens (§ 15 des Aktiengesetzes); Behörden und juristische Personen des öffentlichen Rechts einschließlich der von ihnen zur Erfüllung ihrer öffentlichen Aufgaben gebildeten Zusammenschlüsse können sich

auch durch Beschäftigte anderer Behörden oder juristischer Personen des öffentlichen Rechts einschließlich der von ihnen zur Erfüllung ihrer öffentlichen Aufgaben gebildeten Zusammenschlüsse vertreten lassen,

2. volljährige Familienangehörige (§ 15 der Abgabenordnung, § 11 des Lebenspartnerschaftsgesetzes), Personen mit Befähigung zum Richteramt und Streitgenossen, wenn die Vertretung nicht im Zusammenhang mit einer entgeltlichen Tätigkeit steht,
3. Steuerberater, Steuerbevollmächtigte, Wirtschaftsprüfer und vereidigte Buchprüfer, Personen und Vereinigungen im Sinne der §§ 3a und 3c des Steuerberatungsgesetzes im Rahmen ihrer Befugnisse nach § 3a des Steuerberatungsgesetzes, zu beschränkter geschäftsmäßiger Hilfeleistung in Steuersachen nach den §§ 3d und 3e des Steuerberatungsgesetzes berechtigte Personen im Rahmen dieser Befugnisse sowie Gesellschaften im Sinne des § 3 Satz 1 Nummer 2 und 3 des Steuerberatungsgesetzes, die durch Personen im Sinne des § 3 Satz 2 des Steuerberatungsgesetzes handeln, in Abgabenangelegenheiten,

3a. Steuerberater, Steuerbevollmächtigte, Wirtschaftsprüfer und vereidigte Buchprüfer, Personen und Vereinigungen im Sinne der §§ 3a und 3c des Steuerberatungsgesetzes im Rahmen ihrer Befugnisse nach § 3a des Steuerberatungsgesetzes, zu beschränkter geschäftsmäßiger Hilfeleistung in Steuersachen nach den §§ 3d und 3e des Steuerberatungsgesetzes berechtigte Personen im Rahmen dieser Befugnisse sowie Gesellschaften im Sinne des § 3 Satz 1 Nummer 2 und 3 des Steuerberatungsgesetzes, die durch Personen im Sinne des § 3 Satz 2 des Steuerberatungsgesetzes handeln, in Angelegenheiten finanzieller Hilfeleistungen im Rahmen staatlicher Hilfsprogramme zur Abmilderung der Folgen der COVID-19-Pandemie, wenn und soweit diese Hilfsprogramme eine Einbeziehung der Genannten als prüfende Dritte vorsehen,

4. berufsständische Vereinigungen der Landwirtschaft für ihre Mitglieder,
5. Gewerkschaften und Vereinigungen von Arbeitgebern sowie Zusammenschlüsse solcher Verbände für ihre Mitglieder oder für andere Verbände oder Zusammenschlüsse mit vergleichbarer Ausrichtung und deren Mitglieder,
6. Vereinigungen, deren satzungsgemäße Aufgaben die gemeinschaftliche Interessenvertretung, die Beratung und Vertretung von Menschen mit Behinderungen wesentlich umfassen und die unter Berücksichtigung von Art und Umfang ihrer Tätigkeit sowie ihres Mitgliederkreises die Gewähr für eine sachkundige Prozessvertretung bieten, für ihre Mitglieder in Angelegenheiten des Schwerbehindertenrechts sowie der damit im Zusammenhang stehenden Angelegenheiten,
7. juristische Personen, deren Anteile sämtlich im wirtschaftlichen Eigentum einer der in den Nummern 5 und 6 bezeichneten Organisationen stehen, wenn die juristische Person ausschließlich die Rechtsberatung und Prozessvertretung dieser Organisation und ihrer Mitglieder oder anderer Verbände oder Zusammenschlüsse mit vergleichbarer Ausrichtung und deren Mitglieder entsprechend deren Satzung durchführt, und wenn die Organisation für die Tätigkeit der Bevollmächtigten haftet,
8. Patentanwälte in den in § 39 Absatz 1 Satz 1 des Agrargeoschutz-Durchführungsgesetzes genannten Angelegenheiten.

Bevollmächtigte, die keine natürlichen Personen sind, handeln durch ihre Organe und mit der Prozessvertretung beauftragten Vertreter.

(3) Das Gericht weist Bevollmächtigte, die nicht nach Maßgabe des Absatzes 2 vertretungsbefugt sind, durch unanfechtbaren Beschluss zurück. Prozesshandlungen eines nicht vertretungsbefugten Bevollmächtigten und Zustellungen oder Mitteilungen an diesen Bevollmächtigten sind bis zu seiner Zu-

rückweisung wirksam. Das Gericht kann den in Absatz 2 Satz 2 Nr. 1 und 2 bezeichneten Bevollmächtigten durch unanfechtbaren Beschluss die weitere Vertretung untersagen, wenn sie nicht in der Lage sind, das Sach- und Streitverhältnis sachgerecht darzustellen.

(4) Vor dem Bundesverwaltungsgericht und dem Oberverwaltungsgericht müssen sich die Beteiligten, außer im Prozesskostenhilfeverfahren, durch Prozessbevollmächtigte vertreten lassen. Dies gilt auch für Prozesshandlungen, durch die ein Verfahren vor dem Bundesverwaltungsgericht oder einem Oberverwaltungsgericht eingeleitet wird. Als Bevollmächtigte sind nur die in Absatz 2 Satz 1 bezeichneten Personen zugelassen. Behörden und juristische Personen des öffentlichen Rechts einschließlich der von ihnen zur Erfüllung ihrer öffentlichen Aufgaben gebildeten Zusammenschlüsse können sich durch eigene Beschäftigte mit Befähigung zum Richteramt oder durch Beschäftigte mit Befähigung zum Richteramt anderer Behörden oder juristischer Personen des öffentlichen Rechts einschließlich der von ihnen zur Erfüllung ihrer öffentlichen Aufgaben gebildeten Zusammenschlüsse vertreten lassen. Vor dem Bundesverwaltungsgericht sind auch die in Absatz 2 Satz 2 Nr. 5 bezeichneten Organisationen einschließlich der von ihnen gebildeten juristischen Personen gemäß Absatz 2 Satz 7 Nr. 7 als Bevollmächtigte zugelassen, jedoch nur in Angelegenheiten, die Rechtsverhältnisse im Sinne des § 52 Nr. 4 betreffen, in Personalvertretungsangelegenheiten und in Angelegenheiten, die in einem Zusammenhang mit einem gegenwärtigen oder früheren Arbeitsverhältnis von Arbeitnehmern im Sinne des § 5 des Arbeitsgerichtsgesetzes stehen, einschließlich Prüfungsangelegenheiten. Die in Satz 5 genannten Bevollmächtigten müssen durch Personen mit der Befähigung zum Richteramt handeln. Vor dem Oberverwaltungsgericht sind auch die in Absatz 2 Satz 2 Nr. 3 bis 7 bezeichneten Personen und Organisationen als Bevollmächtigte zugelassen. Ein Beteiligter, der nach Maßgabe der Sätze 3, 5 und 7 zur Vertretung berechtigt ist, kann sich selbst vertreten.

(5) Richter dürfen nicht als Bevollmächtigte vor dem Gericht auftreten, dem sie angehören. Ehrenamtliche Richter dürfen, außer in den Fällen des Absatzes 2 Satz 2 Nr. 1, nicht vor einem Spruchkörper auftreten, dem sie angehören. Absatz 3 Satz 1 und 2 gilt entsprechend.

(6) Die Vollmacht ist schriftlich zu den Gerichtsakten einzureichen. Sie kann nachgereicht werden; hierfür kann das Gericht eine Frist bestimmen. Der Mangel der Vollmacht kann in jeder Lage des Verfahrens geltend gemacht werden. Das Gericht hat den Mangel der Vollmacht von Amts wegen zu berücksichtigen, wenn nicht als Bevollmächtigter ein Rechtsanwalt auftritt. Ist ein Bevollmächtigter bestellt, sind die Zustellungen oder Mitteilungen des Gerichts an ihn zu richten.

(7) In der Verhandlung können die Beteiligten mit Beiständen erscheinen. Beistand kann sein, wer in Verfahren, in denen die Beteiligten den Rechtsstreit selbst führen können, als Bevollmächtigter zur Vertretung in der Verhandlung befugt ist. Das Gericht kann andere Personen als Beistand zulassen, wenn dies sachdienlich ist und hierfür nach den Umständen des Einzelfalls ein Bedürfnis besteht. Absatz 3 Satz 1 und 3 und Absatz 5 gelten entsprechend. Das von dem Beistand Vorgetragene gilt als von dem Beteiligten vorgebracht, soweit es nicht von diesem sofort widerrufen oder berichtigt wird.

§ 67a (Gemeinsamer Bevollmächtigter)

(1) Sind an einem Rechtsstreit mehr als zwanzig Personen im gleichen Interesse beteiligt, ohne durch einen Prozeßbevollmächtigten vertreten zu sein, kann das Gericht ihnen durch Beschluß aufgeben, innerhalb einer angemessenen Frist einen gemeinsamen Bevollmächtigten zu bestellen, wenn sonst die ordnungsgemäße Durchführung des Rechtsstreits beeinträchtigt wäre. Bestellen die Beteiligten einen gemeinsamen Bevollmächtigten nicht innerhalb der ihnen gesetzten Frist, kann das Gericht einen Rechtsanwalt als gemeinsamen Vertreter durch Beschluß bestellen. Die Beteiligten können Verfahrenshandlungen nur durch den gemeinsa-

men Bevollmächtigten oder Vertreter vornehmen. Beschlüsse nach den Sätzen 1 und 2 sind unanfechtbar.

(2) Die Vertretungsmacht erlischt, sobald der Vertreter oder der Vertretene dies dem Gericht schriftlich oder zu Protokoll des Urkundsbeamten der Geschäftsstelle erklärt; der Vertreter kann die Erklärung nur hinsichtlich aller Vertretenen abgeben. Gibt der Vertretene eine solche Erklärung ab, so erlischt die Vertretungsmacht nur, wenn zugleich die Bestellung eines anderen Bevollmächtigten angezeigt wird.

8. Abschnitt
Besondere Vorschriften für Anfechtungs- und Verpflichtungsklagen

§ 68 (Nachprüfung im Vorverfahren)

(1) Vor Erhebung der Anfechtungsklage sind Rechtmäßigkeit und Zweckmäßigkeit des Verwaltungsakts in einem Vorverfahren nachzuprüfen. Einer solchen Nachprüfung bedarf es nicht, wenn ein Gesetz dies bestimmt oder wenn

1. der Verwaltungsakt von einer obersten Bundesbehörde oder von einer obersten Landesbehörde erlassen worden ist, außer wenn ein Gesetz die Nachprüfung vorschreibt, oder
2. der Abhilfebescheid oder der Widerspruchsbescheid erstmalig eine Beschwer enthält.

(2) Für die Verpflichtungsklage gilt Absatz 1 entsprechend, wenn der Antrag auf Vornahme des Verwaltungsakts abgelehnt worden ist.

IX

§ 69 (Widerspruch)

Das Vorverfahren beginnt mit der Erhebung des Widerspruchs.

§ 70 (Frist)

(1) Der Widerspruch ist innerhalb eines Monats, nachdem der Verwaltungsakt dem Beschwerten bekanntgegeben worden ist, schriftlich, in elektronischer Form nach § 3a Absatz 2 des Verwaltungsverfahrensgesetzes, schriftformersetzend nach § 3a Absatz 3 des Verwaltungsverfahrensgesetzes und § 9a Absatz 5 des Onlinezugangsgesetzes oder zur Niederschrift bei der Behörde zu erheben, die den Verwaltungsakt erlassen hat. Die Frist wird auch durch Einlegung bei der Behörde, die den Widerspruchsbescheid zu erlassen hat, gewahrt.

(2) §§ 58 und 60 Abs. 1 bis 4 gelten entsprechend.

§ 71 (Anhörung)

Ist die Aufhebung oder Änderung eines Verwaltungsakts im Widerspruchsverfahren erstmalig mit einer Beschwer verbunden, soll der Betroffene vor Erlaß des Abhilfebescheids oder des Widerspruchsbescheids gehört werden.

§ 72 (Abhilfe)

Hält die Behörde den Widerspruch für begründet, so hilft sie ihm ab und entscheidet über die Kosten.

§ 73 (Widerspruchsbescheid)

(1) Hilft die Behörde dem Widerspruch nicht ab, so ergeht ein Widerspruchsbescheid. Diesen erläßt

1. die nächsthöhere Behörde, soweit nicht durch Gesetz eine andere höhere Behörde bestimmt wird,
2. wenn die nächsthöhere Behörde eine oberste Bundes- oder oberste Landesbehörde ist, die Behörde, die den Verwaltungsakt erlassen hat,
3. in Selbstverwaltungsangelegenheiten die Selbstverwaltungsbehörde, soweit nicht durch Gesetz anderes bestimmt wird.

Abweichend von Satz 2 Nr. 1 kann durch Gesetz bestimmt werden, dass die Behörde, die den Verwaltungsakt erlassen hat, auch für die Entscheidung über den Widerspruch zuständig ist.

(2) Vorschriften, nach denen im Vorverfahren des Absatzes 1 Ausschüsse oder Beiräte an die Stelle einer Behörde treten, bleiben unberührt. Die Ausschüsse oder Beiräte können abweichend von Absatz 1 Nr. 1 auch bei der Behörde gebildet werden, die den Verwaltungsakt erlassen hat.

(3) Der Widerspruchsbescheid ist zu begründen, mit einer Rechtsmittelbelehrung zu versehen und zuzustellen. Zugestellt wird von Amts wegen nach den Vorschriften des Verwaltungszustellungsgesetzes. Der Widerspruchsbescheid bestimmt auch, wer die Kosten trägt.

§ 74 (Frist zur Klageerhebung)

(1) Die Anfechtungsklage muß innerhalb eines Monats nach Zustellung des Widerspruchsbescheids erhoben werden. Ist nach § 68 ein Widerspruchsbescheid nicht erforderlich, so muß die Klage innerhalb eines Monats nach Bekanntgabe des Verwaltungsakts erhoben werden.

(2) Für die Verpflichtungsklage gilt Absatz 1 entsprechend, wenn der Antrag auf Vornahme des Verwaltungsakts abgelehnt worden ist.

§ 75 (Verzögerung der Sachentscheidung)

Ist über einen Widerspruch oder über einen Antrag auf Vornahme eines Verwaltungsakts ohne zureichenden Grund in angemessener Frist sachlich nicht entschieden worden, so ist die Klage abweichend von § 68 zulässig. Die Klage kann nicht vor Ablauf von drei Monaten seit der Einlegung des Widerspruchs oder seit dem Antrag auf Vornahme des Verwaltungsakts erhoben werden, außer wenn wegen besonderer Umstände des Falles eine kürzere Frist geboten ist. Liegt ein zureichender Grund dafür vor, daß über den Widerspruch noch nicht entschieden oder der beantragte Verwaltungsakt noch nicht erlassen ist, so setzt das Gericht das Verfahren bis zum Ablauf einer von ihm bestimmten Frist, die verlängert werden kann, aus. Wird dem Widerspruch innerhalb der vom Gericht gesetzten Frist stattgegeben oder der Verwaltungsakt innerhalb dieser Frist erlassen, so ist die Hauptsache für erledigt zu erklären.

§ 76 (weggefallen)

§ 77 (Ersetzung von Einspruchs- und Beschwerdeverfahren)

(1) Alle bundesrechtlichen Vorschriften in anderen Gesetzen über Einspruchs- oder Beschwerdeverfahren sind durch die Vorschriften dieses Abschnitts ersetzt.

(2) Das gleiche gilt für landesrechtliche Vorschriften über Einspruchs- oder Beschwerdeverfahren als Voraussetzung der verwaltungsgerichtlichen Klage.

§ 78 (Klagegegner)

(1) Die Klage ist zu richten

1. gegen den Bund, das Land oder die Körperschaft, deren Behörde den angefochtenen Verwaltungsakt erlassen oder den beantragten Verwaltungsakt unterlassen hat; zur Bezeichnung des Beklagten genügt die Angabe der Behörde,
2. sofern das Landesrecht dies bestimmt, gegen die Behörde selbst, die den angefochtenen Verwaltungsakt erlassen oder den beantragten Verwaltungsakt unterlassen hat.

(2) Wenn ein Widerspruchsbescheid erlassen ist, der erstmalig eine Beschwer enthält (§ 68 Abs. 1 Satz 2 Nr. 2), ist Behörde im Sinne des Absatzes 1 die Widerspruchsbehörde.

§ 79 (Gegenstand der Anfechtungsklage)

(1) Gegenstand der Anfechtungsklage ist

1. der ursprüngliche Verwaltungsakt in der Gestalt, die er durch den Widerspruchsbescheid gefunden hat,
2. der Abhilfebescheid oder Widerspruchsbescheid, wenn dieser erstmalig eine Beschwer enthält.

(2) Der Widerspruchsbescheid kann auch dann alleiniger Gegenstand der Anfechtungsklage sein, wenn und soweit er gegenüber dem ursprünglichen Verwaltungsakt eine zusätzliche selbständige Beschwer enthält. Als eine zusätzliche Beschwer gilt auch die Verletzung einer wesentlichen Verfahrensvorschrift, sofern der Widerspruchsbescheid auf dieser Verletzung beruht. § 78 Abs. 2 gilt entsprechend.

§ 80 (Aufschiebende Wirkung; sofortige Vollziehung; Aussetzung der Vollziehung)

(1) Widerspruch und Anfechtungsklage haben aufschiebende Wirkung. Das gilt auch bei rechtsgestaltenden und feststellenden Ver-

waltungsakten sowie bei Verwaltungsakten mit Doppelwirkung (§ 80a).

(2) Die aufschiebende Wirkung entfällt nur

1. bei der Anforderung von öffentlichen Abgaben und Kosten,
2. bei unaufschiebbaren Anordnungen und Maßnahmen von Polizeivollzugsbeamten,
3. in anderen durch Bundesgesetz oder für Landesrecht durch Landesgesetz vorgeschriebenen Fällen, insbesondere für Widersprüche und Klagen Dritter gegen Verwaltungsakte, die Investitionen oder die Schaffung von Arbeitsplätzen betreffen,

3a. für Widersprüche und Klagen Dritter gegen Verwaltungsakte, die die Zulassung von Vorhaben betreffend Bundesverkehrswege und Mobilfunknetze zum Gegenstand haben und die nicht unter Nummer 3 fallen,

4. in den Fällen, in denen die sofortige Vollziehung im öffentlichen Interesse oder im überwiegenden Interesse eines Beteiligten von der Behörde, die den Verwaltungsakt erlassen oder über den Widerspruch zu entscheiden hat, besonders angeordnet wird.

Die Länder können auch bestimmen, daß Rechtsbehelfe keine aufschiebende Wirkung haben, soweit sie sich gegen Maßnahmen richten, die in der Verwaltungsvollstreckung durch die Länder nach Bundesrecht getroffen werden.

(3) In den Fällen des Absatzes 2 Satz 1 Nummer 4 ist das besondere Interesse an der sofortigen Vollziehung des Verwaltungsakts schriftlich zu begründen. Einer besonderen Begründung bedarf es nicht, wenn die Behörde bei Gefahr im Verzug, insbesondere bei drohenden Nachteilen für Leben, Gesundheit oder Eigentum vorsorglich eine als solche bezeichnete Notstandsmaßnahme im öffentlichen Interesse trifft.

(4) Die Behörde, die den Verwaltungsakt erlassen oder über den Widerspruch zu entscheiden hat, kann in den Fällen des Absatzes 2 die Vollziehung aussetzen, soweit nicht bundesgesetzlich etwas anderes bestimmt ist. Bei der Anforderung von öffentlichen Abgaben und Kosten kann sie die Vollziehung auch gegen Sicherheit aussetzen. Die Aussetzung soll bei öffentlichen Abgaben und Kosten erfolgen, wenn ernstliche Zweifel an der Rechtmäßigkeit des angegriffenen Verwaltungsakts bestehen oder wenn die Vollziehung für den Abgaben- oder Kostenpflichtigen eine unbillige, nicht durch überwiegende öffentliche Interessen gebotene Härte zur Folge hätte.

(5) Auf Antrag kann das Gericht der Hauptsache die aufschiebende Wirkung in den Fällen des Absatzes 2 Satz 1 Nummer 1 bis 3a ganz oder teilweise anordnen, im Falle des Absatzes 2 Satz 1 Nummer 4 ganz oder teilweise wiederherstellen. Der Antrag ist schon vor Erhebung der Anfechtungsklage zulässig. Ist der Verwaltungsakt im Zeitpunkt der Entscheidung schon vollzogen, so kann das Gericht die Aufhebung der Vollziehung anordnen. Die Wiederherstellung der aufschiebenden Wirkung kann von der Leistung einer Sicherheit oder von anderen Auflagen abhängig gemacht werden. Sie kann auch befristet werden.

(6) In den Fällen des Absatzes 2 Satz 1 Nummer 1 ist der Antrag nach Absatz 5 nur zulässig, wenn die Behörde einen Antrag auf Aussetzung der Vollziehung ganz oder zum Teil abgelehnt hat. Das gilt nicht, wenn

1. die Behörde über den Antrag ohne Mitteilung eines zureichenden Grundes in angemessener Frist sachlich nicht entschieden hat oder
2. eine Vollstreckung droht.

(7) Das Gericht der Hauptsache kann Beschlüsse über Anträge nach Absatz 5 jederzeit ändern oder aufheben. Jeder Beteiligte kann die Änderung oder Aufhebung wegen veränderter oder im ursprünglichen Verfahren ohne Verschulden nicht geltend gemachter Umstände beantragen.

(8) In dringenden Fällen kann der Vorsitzende entscheiden.

§ 80a (Rechtsbehelf eines Dritten)

(1) Legt ein Dritter einen Rechtsbehelf gegen den an einen anderen gerichteten, diesen

begünstigenden Verwaltungsakt ein, kann die Behörde

1. auf Antrag des Begünstigten nach § 80 Absatz 2 Satz 1 Nummer 4 die sofortige Vollziehung anordnen,
2. auf Antrag des Dritten nach § 80 Abs. 4 die Vollziehung aussetzen und einstweilige Maßnahmen zur Sicherung der Rechte des Dritten treffen.

(2) Legt ein Betroffener gegen einen an ihn gerichteten belastenden Verwaltungsakt, der einen Dritten begünstigt, einen Rechtsbehelf ein, kann die Behörde auf Antrag des Dritten nach § 80 Absatz 2 Satz 1 Nummer 4 die sofortige Vollziehung anordnen.

(3) Das Gericht kann auf Antrag Maßnahmen nach den Absätzen 1 und 2 ändern oder aufheben oder solche Maßnahmen treffen. § 80 Abs. 5 bis 8 gilt entsprechend.

§ 80b (Aufschiebende Wirkung)

(1) Die aufschiebende Wirkung des Widerspruchs und der Anfechtungsklage endet mit der Unanfechtbarkeit oder, wenn die Anfechtungsklage im ersten Rechtszug abgewiesen worden ist, drei Monate nach Ablauf der gesetzlichen Begründungsfrist des gegen die abweisende Entscheidung gegebenen Rechtsmittels. Dies gilt auch, wenn die Vollziehung durch die Behörde ausgesetzt oder die aufschiebende Wirkung durch das Gericht wiederhergestellt oder angeordnet worden ist, es sei denn, die Behörde hat die Vollziehung bis zur Unanfechtbarkeit ausgesetzt.

(2) Das Rechtsmittelgericht kann auf Antrag anordnen, daß die aufschiebende Wirkung fortdauert.

(3) § 80 Abs. 5 bis 8 und die §§ 80a und 80c gelten entsprechend.

§ 80c (Aufschiebende Wirkung im ersten Rechtszug)

(1) In Verfahren nach § 48 Absatz 1 Satz 1 Nummer 3 bis 15 und § 50 Absatz 1 Nummer 6 gelten für die Anordnung oder Wiederherstellung der aufschiebenden Wirkung (§§ 80 und 80a) ergänzend die Absätze 2 bis 4. Von Satz 1 ausgenommen sind in § 48 Absatz 1 Satz 1 Nummer 6 das Anlegen von Verkehrsflughäfen und von Verkehrslandeplätzen mit beschränktem Bauschutzbereich sowie in § 48 Absatz 1 Satz 1 Nummer 13 Planfeststellungsverfahren für Braunkohletagebaue.

(2) Das Gericht kann einen Mangel des angefochtenen Verwaltungsaktes außer Acht lassen, wenn offensichtlich ist, dass dieser in absehbarer Zeit behoben sein wird. Ein solcher Mangel kann insbesondere sein

1. eine Verletzung von Verfahrens- oder Formvorschriften oder
2. ein Mangel bei der Abwägung im Rahmen der Planfeststellung oder der Plangenehmigung.

Das Gericht soll eine Frist zur Behebung des Mangels setzen. Verstreicht die Frist, ohne dass der Mangel behoben worden ist, gilt § 80 Absatz 7 entsprechend. Satz 1 gilt grundsätzlich nicht für Verfahrensfehler gemäß § 4 Absatz 1 des Umwelt-Rechtsbehelfsgesetzes.

(3) Entscheidet das Gericht im Rahmen einer Vollzugsfolgenabwägung, soll es die Anordnung oder Wiederherstellung der aufschiebenden Wirkung in der Regel auf diejenigen Maßnahmen des angefochtenen Verwaltungsaktes beschränken, bei denen dies erforderlich ist, um anderenfalls drohende irreversible Nachteile zu verhindern. Es kann die beschränkte Anordnung oder Wiederherstellung der aufschiebenden Wirkung von der Leistung einer Sicherheit durch den Begünstigten des angefochtenen Verwaltungsaktes abhängig machen.

(4) Das Gericht hat im Rahmen einer Vollzugsfolgenabwägung die Bedeutung von Vorhaben besonders zu berücksichtigen, wenn ein Bundesgesetz feststellt, dass diese im überragenden öffentlichen Interesse liegen.

9. Abschnitt
Verfahren im ersten Rechtszug

§ 81 (Erhebung der Klage)

(1) Die Klage ist bei dem Gericht schriftlich zu erheben. Bei dem Verwaltungsgericht kann sie auch zu Protokoll des Urkundsbeamten

der Geschäftsstelle erhoben werden. § 129a Absatz 2 der Zivilprozessordnung gilt entsprechend.

(2) Der Klage und allen Schriftsätzen sollen vorbehaltlich des § 55a Absatz 5 Satz 3 Abschriften für die übrigen Beteiligten beigefügt werden.

§ 82 (Inhalt der Klageschrift)

(1) Die Klage muß den Kläger, den Beklagten und den Gegenstand des Klagebegehrens bezeichnen. Sie soll einen bestimmten Antrag enthalten. Die zur Begründung dienenden Tatsachen und Beweismittel sollen angegeben, die angefochtene Verfügung und der Widerspruchsbescheid sollen in Abschrift beigefügt werden.

(2) Entspricht die Klage diesen Anforderungen nicht, hat der Vorsitzende oder der nach § 21g des Gerichtsverfassungsgesetzes zuständige Berufsrichter (Berichterstatter) den Kläger zu der erforderlichen Ergänzung innerhalb einer bestimmten Frist aufzufordern. Er kann dem Kläger für die Ergänzung eine Frist mit ausschließender Wirkung setzen, wenn es an einem der in Absatz 1 Satz 1 genannten Erfordernisse fehlt. Für die Wiedereinsetzung in den vorigen Stand gilt § 60 entsprechend.

§ 83 (Verweisung)

Für die sachliche und örtliche Zuständigkeit gelten die §§ 17 bis 17b des Gerichtsverfassungsgesetzes entsprechend. Beschlüsse entsprechend § 17a Abs. 2 und 3 des Gerichtsverfassungsgesetzes sind unanfechtbar.

IX

§ 84 (Gerichtsbescheid)

(1) Das Gericht kann ohne mündliche Verhandlung durch Gerichtsbescheid entscheiden, wenn die Sache keine besonderen Schwierigkeiten tatsächlicher oder rechtlicher Art aufweist und der Sachverhalt geklärt ist. Die Beteiligten sind vorher zu hören. Die Vorschriften über Urteile gelten entsprechend.

(2) Die Beteiligten können innerhalb eines Monats nach Zustellung des Gerichtsbescheids

1. Berufung einlegen, wenn sie zugelassen worden ist (§ 124a),
2. Zulassung der Berufung oder mündliche Verhandlung beantragen; wird von beiden Rechtsbehelfen Gebrauch gemacht, findet mündliche Verhandlung statt,
3. Revision einlegen, wenn sie zugelassen worden ist,
4. Nichtzulassungsbeschwerde einlegen oder mündliche Verhandlung beantragen, wenn die Revision nicht zugelassen worden ist; wird von beiden Rechtsbehelfen Gebrauch gemacht, findet mündliche Verhandlung statt,
5. mündliche Verhandlung beantragen, wenn ein Rechtsmittel nicht gegeben ist.

(3) Der Gerichtsbescheid wirkt als Urteil; wird rechtzeitig mündliche Verhandlung beantragt, gilt er als nicht ergangen.

(4) Wird mündliche Verhandlung beantragt, kann das Gericht in dem Urteil von einer weiteren Darstellung des Tatbestandes und der Entscheidungsgründe absehen, soweit es der Begründung des Gerichtsbescheides folgt und dies in seiner Entscheidung feststellt.

§ 85 (Zustellung der Klage)

Der Vorsitzende verfügt die Zustellung der Klage an den Beklagten. Zugleich mit der Zustellung ist der Beklagte aufzufordern, sich schriftlich zu äußern; § 81 Abs. 1 Satz 2 gilt entsprechend. Hierfür kann eine Frist gesetzt werden.

§ 86 (Erforschung des Sachverhalts)

(1) Das Gericht erforscht den Sachverhalt von Amts wegen; die Beteiligten sind dabei heranzuziehen. Es ist an das Vorbringen und an die Beweisanträge der Beteiligten nicht gebunden.

(2) Ein in der mündlichen Verhandlung gestellter Beweisantrag kann nur durch einen Gerichtsbeschluß, der zu begründen ist, abgelehnt werden.

(3) Der Vorsitzende hat darauf hinzuwirken, daß Formfehler beseitigt, unklare Anträge erläutert, sachdienliche Anträge gestellt, ungenügende tatsächliche Angaben ergänzt, ferner alle für die Feststellung und Beurteilung des Sachverhalts wesentlichen Erklärungen abgegeben werden.

(4) Die Beteiligten sollen zur Vorbereitung der mündlichen Verhandlung Schriftsätze einreichen. Hierzu kann sie der Vorsitzende unter Fristsetzung auffordern. Die Schriftsätze sind den Beteiligten von Amts wegen zu übermitteln.

(5) Den Schriftsätzen sind die Urkunden oder elektronischen Dokumente, auf die Bezug genommen wird, in Abschrift ganz oder im Auszug beizufügen. Sind die Urkunden dem Gegner bereits bekannt oder sehr umfangreich, so genügt die genaue Bezeichnung mit dem Anerbieten, Einsicht bei Gericht zu gewähren.

§ 87 (Vorbereitende richterliche Anordnungen)

(1) Der Vorsitzende oder der Berichterstatter hat schon vor der mündlichen Verhandlung alle Anordnungen zu treffen, die notwendig sind, um den Rechtsstreit möglichst in einer mündlichen Verhandlung zu erledigen. Er kann insbesondere

1. die Beteiligten zur Erörterung des Sach- und Streitstandes und zur gütlichen Beilegung des Rechtsstreits laden und einen Vergleich entgegennehmen;
2. den Beteiligten die Ergänzung oder Erläuterung ihrer vorbereitenden Schriftsätze, die Vorlegung von Urkunden, die Übermittlung von elektronischen Dokumenten und die Vorlegung von anderen zur Niederlegung bei Gericht geeigneten Gegenständen aufgeben, insbesondere eine Frist zur Erklärung über bestimmte klärungsbedürftige Punkte setzen;
3. Auskünfte einholen;
4. die Vorlage von Urkunden oder die Übermittlung von elektronischen Dokumenten anordnen;
5. das persönliche Erscheinen der Beteiligten anordnen; § 95 gilt entsprechend;
6. Zeugen und Sachverständige zur mündlichen Verhandlung laden.

(2) Die Beteiligten sind von jeder Anordnung zu benachrichtigen.

(3) Der Vorsitzende oder der Berichterstatter kann einzelne Beweise erheben. Dies darf nur insoweit geschehen, als es zur Vereinfachung der Verhandlung vor dem Gericht sachdienlich und von vornherein anzunehmen ist, daß das Gericht das Beweisergebnis auch ohne unmittelbaren Eindruck von dem Verlauf der Beweisaufnahme sachgemäß zu würdigen vermag.

§ 87a (Entscheidung des Vorsitzenden)

(1) Der Vorsitzende entscheidet, wenn die Entscheidung im vorbereitenden Verfahren ergeht,

1. über die Aussetzung und das Ruhen des Verfahrens;
2. bei Zurücknahme der Klage, Verzicht auf den geltend gemachten Anspruch oder Anerkenntnis des Anspruchs, auch über einen Antrag auf Prozesskostenhilfe;
3. bei Erledigung des Rechtsstreits in der Hauptsache, auch über einen Antrag auf Prozesskostenhilfe;
4. über den Streitwert;
5. über Kosten;
6. über die Beiladung.

(2) Im Einverständnis der Beteiligten kann der Vorsitzende auch sonst anstelle der Kammer oder des Senats entscheiden.

(3) Ist ein Berichterstatter bestellt, so entscheidet dieser anstelle des Vorsitzenden.

§ 87b (Fristsetzung)

(1) Der Vorsitzende oder der Berichterstatter kann dem Kläger eine Frist setzen zur Angabe der Tatsachen, durch deren Berücksichtigung oder Nichtberücksichtigung im Verwaltungsverfahren er sich beschwert fühlt. Die Fristsetzung nach Satz 1 kann mit der Fristsetzung nach § 82 Abs. 2 Satz 2 verbunden werden.

(2) Der Vorsitzende oder der Berichterstatter kann einem Beteiligten unter Fristsetzung aufgeben, zu bestimmten Vorgängen

1. Tatsachen anzugeben oder Beweismittel zu bezeichnen,
2. Urkunden oder andere bewegliche Sachen vorzulegen sowie elektronische Dokumente zu übermitteln, soweit der Beteiligte dazu verpflichtet ist.

(3) Das Gericht kann Erklärungen und Beweismittel, die erst nach Ablauf einer nach den Absätzen 1 und 2 gesetzten Frist vorge-

bracht werden, zurückweisen und ohne weitere Ermittlungen entscheiden, wenn

1. ihre Zulassung nach der freien Überzeugung des Gerichts die Erledigung des Rechtsstreits verzögern würde und
2. der Beteiligte die Verspätung nicht genügend entschuldigt und
3. der Beteiligte über die Folgen einer Fristversäumung belehrt worden ist.

Der Entschuldigungsgrund ist auf Verlangen des Gerichts glaubhaft zu machen. Satz 1 gilt nicht, wenn es mit geringem Aufwand möglich ist, den Sachverhalt auch ohne Mitwirkung des Beteiligten zu ermitteln.

(4) Abweichend von Absatz 3 hat das Gericht in Verfahren nach § 48 Absatz 1 Satz 1 Nummer 3 bis 15 und § 50 Absatz 1 Nummer 6 Erklärungen und Beweismittel, die erst nach Ablauf einer nach den Absätzen 1 und 2 gesetzten Frist vorgebracht werden, zurückzuweisen und ohne weitere Ermittlungen zu entscheiden, wenn der Beteiligte

1. die Verspätung nicht genügend entschuldigt und
2. über die Folgen einer Fristversäumung belehrt worden ist.

Absatz 3 Satz 2 und 3 gilt entsprechend.

§ 87c (Vorrang und Beschleunigung)

(1) Verfahren nach § 48 Absatz 1 Satz 1 Nummer 3 bis 15 und § 50 Absatz 1 Nummer 6 sollen vorrangig und beschleunigt durchgeführt werden. Dies gilt auch

1. für Verfahren nach § 47 Absatz 1 Nummer 1, wenn sie Bauleitpläne mit Darstellungen oder Festsetzungen von Flächen für die in § 48 Absatz 1 Satz 1 Nummer 3, 3a, 3b oder 5 genannten Vorhaben zum Gegenstand haben und
2. für Verfahren nach § 47 Absatz 1 Nummer 2, wenn sie Raumordnungspläne mit Festlegungen von Gebieten zur Nutzung von Windenergie zum Gegenstand haben.

Besonders zu priorisieren sind Verfahren über Vorhaben, wenn ein Bundesgesetz feststellt, dass diese im überragenden öffentlichen Interesse liegen. Von Satz 1 ausgenommen sind in § 48 Absatz 1 Satz 1 Nummer 6 das Anlegen von Verkehrsflughäfen und von Verkehrslandeplätzen mit beschränktem Bauschutzbereich sowie in § 48 Absatz 1 Satz 1 Nummer 13 Planfeststellungsverfahren für Braunkohletagebaue.

(2) In den in Absatz 1 genannten Verfahren soll der Vorsitzende oder der Berichterstatter in geeigneten Fällen die Beteiligten zu einem frühen ersten Termin zur Erörterung des Sach- und Streitstandes und zur gütlichen Beilegung des Rechtsstreits laden. Kommt es in diesem Termin nicht zu einer gütlichen Beilegung des Rechtsstreits, erörtert der Vorsitzende oder der Berichterstatter mit den Beteiligten den weiteren Ablauf des Verfahrens und die mögliche Terminierung der mündlichen Verhandlung.

§ 88 (Bindung an das Klagebegehren)

Das Gericht darf über das Klagebegehren nicht hinausgehen, ist aber an die Fassung der Anträge nicht gebunden.

§ 89 (Widerklage)

(1) Bei dem Gericht der Klage kann eine Widerklage erhoben werden, wenn der Gegenanspruch mit dem in der Klage geltend gemachten Anspruch oder mit den gegen ihn vorgebrachten Verteidigungsmitteln zusammenhängt. Dies gilt nicht, wenn in den Fällen des § 52 Nr. 1 für die Klage wegen des Gegenanspruchs ein anderes Gericht zuständig ist.

(2) Bei Anfechtungs- und Verpflichtungsklagen ist die Widerklage ausgeschlossen.

§ 90 (Rechtshängigkeit)

Durch Erhebung der Klage wird die Streitsache rechtshängig. In Verfahren nach dem Siebzehnten Titel des Gerichtsverfassungsgesetzes wegen eines überlangen Gerichtsverfahrens wird die Streitsache erst mit Zustellung der Klage rechtshängig.

§ 91 (Änderung der Klage)

(1) Eine Änderung der Klage ist zulässig, wenn die übrigen Beteiligten einwilligen oder das Gericht die Änderung für sachdienlich hält.

(2) Die Einwilligung des Beklagten in die Änderung der Klage ist anzunehmen, wenn er sich, ohne ihr zu widersprechen, in einem Schriftsatz oder in einer mündlichen Verhandlung auf die geänderte Klage eingelassen hat.

(3) Die Entscheidung, daß eine Änderung der Klage nicht vorliegt oder zuzulassen sei, ist nicht selbständig anfechtbar.

§ 92 (Zurücknahme der Klage)

(1) Der Kläger kann bis zur Rechtskraft des Urteils seine Klage zurücknehmen. Die Zurücknahme nach Stellung der Anträge in der mündlichen Verhandlung setzt die Einwilligung des Beklagten und, wenn ein Vertreter des öffentlichen Interesses an der mündlichen Verhandlung teilgenommen hat, auch seine Einwilligung voraus. Die Einwilligung gilt als erteilt, wenn der Klagerücknahme nicht innerhalb von zwei Wochen seit Zustellung des die Rücknahme enthaltenden Schriftsatzes widersprochen wird; das Gericht hat auf diese Folge hinzuweisen.

(2) Die Klage gilt als zurückgenommen, wenn der Kläger das Verfahren trotz Aufforderung des Gerichts länger als zwei Monate nicht betreibt. Absatz 1 Satz 2 und 3 gilt entsprechend. Der Kläger ist in der Aufforderung auf die sich aus Satz 1 und § 155 Abs. 2 ergebenden Rechtsfolgen hinzuweisen. Das Gericht stellt durch Beschluß fest, daß die Klage als zurückgenommen gilt.

(3) Ist die Klage zurückgenommen oder gilt sie als zurückgenommen, so stellt das Gericht das Verfahren durch Beschluß ein und spricht die sich nach diesem Gesetz ergebenden Rechtsfolgen der Zurücknahme aus. Der Beschluß ist unanfechtbar.

§ 93 (Gemeinsame Verhandlung; Trennung)

Das Gericht kann durch Beschluß mehrere bei ihm anhängige Verfahren über den gleichen Gegenstand zu gemeinsamer Verhandlung und Entscheidung verbinden und wieder trennen. Es kann anordnen, daß mehrere in einem Verfahren erhobene Ansprüche in getrennten Verfahren verhandelt und entschieden werden.

§ 93a (Musterverfahren)

(1) Ist die Rechtmäßigkeit einer behördlichen Maßnahme Gegenstand von mehr als zwanzig Verfahren, kann das Gericht eines oder mehrere geeignete Verfahren vorab durchführen (Musterverfahren) und die übrigen Verfahren aussetzen. Die Beteiligten sind vorher zu hören. Der Beschluß ist unanfechtbar.

(2) Ist über die durchgeführten Verfahren rechtskräftig entschieden worden, kann das Gericht nach Anhörung der Beteiligten über die ausgesetzten Verfahren durch Beschluß entscheiden, wenn es einstimmig der Auffassung ist, daß die Sachen gegenüber rechtskräftig entschiedenen Musterverfahren keine wesentlichen Besonderheiten tatsächlicher oder rechtlicher Art aufweisen und der Sachverhalt geklärt ist. Das Gericht kann in einem Musterverfahren erhobene Beweise einführen; es kann nach seinem Ermessen die wiederholte Vernehmung eines Zeugen oder eine neue Begutachtung durch denselben oder andere Sachverständige anordnen. Beweisanträge zu Tatsachen, über die bereits im Musterverfahren Beweis erhoben wurde, kann das Gericht ablehnen, wenn ihre Zulassung nach seiner freien Überzeugung nicht zum Nachweis neuer entscheidungserheblicher Tatsachen beitragen und die Erledigung des Rechtsstreits verzögern würde. Die Ablehnung kann in der Entscheidung nach Satz 1 erfolgen. Den Beteiligten steht gegen den Beschluß nach Satz 1 das Rechtsmittel zu, das zulässig wäre, wenn das Gericht durch Urteil entschieden hätte. Die Beteiligten sind über dieses Rechtsmittel zu belehren.

§ 94 (Aussetzung der Verhandlung)

Das Gericht kann, wenn die Entscheidung des Rechtsstreits ganz oder zum Teil von dem Bestehen oder Nichtbestehen eines Rechtsverhältnisses abhängt, das den Gegenstand eines anderen anhängigen Rechtsstreits bildet oder von einer Verwaltungsbehörde festzustellen ist, anordnen, daß die Verhandlung bis zur Erledigung des anderen Rechtsstreits oder bis zur Entscheidung der Verwaltungsbehörde auszusetzen sei.

§ 95 (Persönliches Erscheinen)

(1) Das Gericht kann das persönliche Erscheinen eines Beteiligten anordnen. Als persönliches Erscheinen gilt auch die nach § 102a Absatz 2 Satz 1 gestattete Teilnahme per Bild- und Tonübertragung. Für den Fall des Ausbleibens kann es Ordnungsgeld wie gegen einen im Vernehmungstermin nicht erschienenen Zeugen androhen. Bei schuldhaftem Ausbleiben setzt das Gericht durch Beschluß das angedrohte Ordnungsgeld fest. Androhung und Festsetzung des Ordnungsgeldes können wiederholt werden.

(2) Ist Beteiligter eine juristische Person oder eine Vereinigung, so ist das Ordnungsgeld dem nach Gesetz oder Satzung Vertretungsberechtigten anzudrohen und gegen ihn festzusetzen.

(3) Das Gericht kann einer beteiligten öffentlich-rechtlichen Körperschaft oder Behörde aufgeben, zur mündlichen Verhandlung einen Beamten oder Angestellten zu entsenden, der mit einem schriftlichen Nachweis über die Vertretungsbefugnis versehen und über die Sach- und Rechtslage ausreichend unterrichtet ist.

§ 96 (Beweiserhebung)

(1) Das Gericht erhebt Beweis in der mündlichen Verhandlung. Es kann insbesondere Augenschein einnehmen, Zeugen, Sachverständige und Beteiligte vernehmen und Urkunden heranziehen.

(2) Das Gericht kann in geeigneten Fällen schon vor der mündlichen Verhandlung durch eines seiner Mitglieder als beauftragten Richter Beweis erheben lassen oder durch Bezeichnung der einzelnen Beweisfragen ein anderes Gericht um die Beweisaufnahme ersuchen.

§ 97 (Beweistermin)

Die Beteiligten werden von allen Beweisterminen benachrichtigt und können der Beweisaufnahme beiwohnen. Sie können an Zeugen und Sachverständige sachdienliche Fragen richten. Wird eine Frage beanstandet, so entscheidet das Gericht.

§ 98 (Anwendbare Vorschriften)

Soweit dieses Gesetz nicht abweichende Vorschriften enthält, sind auf die Beweisaufnahme §§ 358 bis 444 und 450 bis 494 der Zivilprozeßordnung entsprechend anzuwenden.

§ 99 (Urkunden-, Aktenvorlage; Auskunftspflicht)

(1) Behörden sind zur Vorlage von Urkunden oder Akten, zur Übermittlung elektronischer Dokumente und zu Auskünften verpflichtet. Führen Behörden die Akten elektronisch, sind diese als digital durchsuchbare Dokumente vorzulegen, soweit dies technisch möglich ist. Wenn das Bekanntwerden des Inhalts dieser Urkunden, Akten, elektronischen Dokumente oder dieser Auskünfte dem Wohl des Bundes oder eines Landes Nachteile bereiten würde oder wenn die Vorgänge nach einem Gesetz oder ihrem Wesen nach geheim gehalten werden müssen, kann die zuständige oberste Aufsichtsbehörde die Vorlage von Urkunden oder Akten, die Übermittlung der elektronischen Dokumente und die Erteilung der Auskünfte verweigern.

(2) Auf Antrag eines Beteiligten stellt das Oberverwaltungsgericht ohne mündliche Verhandlung durch Beschluss fest, ob die Verweigerung der Vorlage der Urkunden oder Akten, der Übermittlung der elektronischen Dokumente oder der Erteilung von Auskünften rechtmäßig ist. Verweigert eine oberste Bundesbehörde die Vorlage, Übermittlung oder Auskunft mit der Begründung, das Bekanntwerden des Inhalts der Urkunden, der Akten, der elektronischen Dokumente oder der Auskünfte würde dem Wohl des Bundes Nachteile bereiten, entscheidet das Bundesverwaltungsgericht; Gleiches gilt, wenn das Bundesverwaltungsgericht nach § 50 für die Hauptsache zuständig ist. Der Antrag ist bei dem für die Hauptsache zuständigen Gericht zu stellen. Dieses gibt den Antrag und die Hauptsacheakten an den nach § 189 zuständigen Spruchkörper ab. Die oberste Aufsichtsbehörde hat die nach Absatz 1 Satz 2 verweigerten Urkunden oder Akten auf Aufforderung dieses Spruchkörpers vorzulegen,

die elektronischen Dokumente zu übermitteln oder die verweigerten Auskünfte zu erteilen. Sie ist zu diesem Verfahren beizuladen. Das Verfahren unterliegt den Vorschriften des materiellen Geheimschutzes. Können diese nicht eingehalten werden oder macht die zuständige Aufsichtsbehörde geltend, dass besondere Gründe der Geheimhaltung oder des Geheimschutzes der Übergabe der Urkunden oder Akten oder der Übermittlung der elektronischen Dokumente an das Gericht entgegenstehen, wird die Vorlage oder Übermittlung nach Satz 5 dadurch bewirkt, dass die Urkunden, Akten oder elektronischen Dokumente dem Gericht in von der obersten Aufsichtsbehörde bestimmten Räumlichkeiten zur Verfügung gestellt werden. Für die nach Satz 5 vorgelegten Akten, elektronischen Dokumente und für die gemäß Satz 8 geltend gemachten besonderen Gründe gilt § 100 nicht. Die Mitglieder des Gerichts sind zur Geheimhaltung verpflichtet; die Entscheidungsgründe dürfen Art und Inhalt der geheim gehaltenen Urkunden, Akten, elektronischen Dokumente und Auskünfte nicht erkennen lassen. Für das nichtrichterliche Personal gelten die Regelungen des personellen Geheimschutzes. Soweit nicht das Bundesverwaltungsgericht entschieden hat, kann der Beschluss selbständig mit der Beschwerde angefochten werden. Über die Beschwerde gegen den Beschluss eines Oberverwaltungsgerichts entscheidet das Bundesverwaltungsgericht. Für das Beschwerdeverfahren gelten die Sätze 4 bis 11 sinngemäß.

§ 100 (Akteneinsicht)

(1) Die Beteiligten können die Gerichtsakten und die dem Gericht vorgelegten Akten einsehen. Beteiligte können sich auf ihre Kosten durch die Geschäftsstelle Ausfertigungen, Auszüge, Ausdrucke und Abschriften erteilen lassen.

(2) Werden die Prozessakten elektronisch geführt, wird Akteneinsicht durch Bereitstellung des Inhalts der Akten zum Abruf oder durch Übermittlung des Inhalts der Akten auf einem sicheren Übermittlungsweg gewährt. Auf besonderen Antrag wird Akteneinsicht durch Einsichtnahme in die Akten in Diensträumen gewährt. Ein Aktenausdruck oder ein Datenträger mit dem Inhalt der Akten wird auf besonders zu begründenden Antrag nur übermittelt, wenn der Antragsteller hieran ein berechtigtes Interesse darlegt. Stehen der Akteneinsicht in der nach Satz 1 vorgesehenen Form wichtige Gründe entgegen, kann die Akteneinsicht in der nach den Sätzen 2 und 3 vorgesehenen Form auch ohne Antrag gewährt werden. Über einen Antrag nach Satz 3 entscheidet der Vorsitzende; die Entscheidung ist unanfechtbar. § 87a Absatz 3 gilt entsprechend.

(3) Werden die Prozessakten in Papierform geführt, wird Akteneinsicht durch Einsichtnahme in die Akten in Diensträumen gewährt. Die Akteneinsicht kann, soweit nicht wichtige Gründe entgegenstehen, auch durch Bereitstellung des Inhalts der Akten zum Abruf oder durch Übermittlung des Inhalts der Akten auf einem sicheren Übermittlungsweg gewährt werden. Nach dem Ermessen des Vorsitzenden kann der nach § 67 Absatz 2 Satz 1 und 2 Nummer 3 bis 6 bevollmächtigten Person die Mitnahme der Akten in die Wohnung oder Geschäftsräume gestattet werden. § 87a Absatz 3 gilt entsprechend.

(4) In die Entwürfe zu Urteilen, Beschlüssen und Verfügungen, die Arbeiten zu ihrer Vorbereitung und die Dokumente, die Abstimmungen betreffen, wird Akteneinsicht nach den Absätzen 1 bis 3 nicht gewährt.

§ 101 (Mündliche Verhandlung)

(1) Das Gericht entscheidet, soweit nichts anderes bestimmt ist, auf Grund mündlicher Verhandlung. Die mündliche Verhandlung soll so früh wie möglich stattfinden.

(2) Mit Einverständnis der Beteiligten kann das Gericht ohne mündliche Verhandlung entscheiden.

(3) Entscheidungen des Gerichts, die nicht Urteile sind, können ohne mündliche Verhandlung ergehen, soweit nichts anderes bestimmt ist.

§ 102 (Ladung der Beteiligten)

(1) Sobald der Termin zur mündlichen Verhandlung bestimmt ist, sind die Beteiligten mit einer Ladungsfrist von mindestens zwei Wochen, bei dem Bundesverwaltungsgericht von mindestens vier Wochen, zu laden. In dringenden Fällen kann der Vorsitzende die Frist abkürzen.

(2) Bei der Ladung ist darauf hinzuweisen, daß beim Ausbleiben eines Beteiligten auch ohne ihn verhandelt und entschieden werden kann.

(3) Die Gerichte der Verwaltungsgerichtsbarkeit können Sitzungen auch außerhalb des Gerichtssitzes abhalten, wenn dies zur sachdienlichen Erledigung notwendig ist.

(4) § 227 Abs. 3 Satz 1 der Zivilprozeßordnung ist nicht anzuwenden.

§ 102a (Videoübertragung)

(1) Die mündliche Verhandlung kann in geeigneten Fällen und soweit ausreichende Kapazitäten zur Verfügung stehen als Videoverhandlung stattfinden. Eine mündliche Verhandlung findet als Videoverhandlung statt, wenn an ihr mindestens ein Verfahrensbeteiligter per Bild- und Tonübertragung teilnimmt. Verfahrensbeteiligte nach dieser Vorschrift sind die Beteiligten, ihre Bevollmächtigten und Beistände.

(2) Das Gericht kann unter den Voraussetzungen des Absatzes 1 Satz 1 auf Antrag eines Verfahrensbeteiligten oder von Amts wegen die Teilnahme per Bild- und Tonübertragung für einen Verfahrensbeteiligten, mehrere oder alle Verfahrensbeteiligte gestatten. Die Ablehnung eines Antrags auf Teilnahme per Bild- und Tonübertragung ist kurz zu begründen.

(3) Das Gericht kann auf Antrag oder von Amts wegen die Vernehmung eines Zeugen, Sachverständigen oder Beteiligten per Bild- und Tonübertragung gestatten. Das Antragsrecht steht den Verfahrensbeteiligten, Zeugen und Sachverständigen zu. Absatz 1 gilt entsprechend.

(4) Den Verfahrensbeteiligten und Dritten ist es untersagt, die Übertragung aufzuzeichnen. Hierauf sind sie zu Beginn der Verhandlung hinzuweisen. Das Gericht kann die Videoverhandlung oder die Bild- und Tonübertragung nach Absatz 3 für die Zwecke des § 160a der Zivilprozessordnung ganz oder teilweise aufzeichnen. Über Beginn und Ende der Aufzeichnung hat das Gericht die Verfahrensbeteiligten und im Falle von Absatz 3 auch die Zeugen und Sachverständigen zu informieren.

(5) Entscheidungen nach dieser Vorschrift sind unanfechtbar.

(6) Die Absätze 1 bis 5 gelten entsprechend für Erörterungstermine (§ 87 Absatz 1 Satz 2 Nummer 1 und § 87c Absatz 2 Satz 1).

§ 103 (Ablauf der Verhandlung)

(1) Der Vorsitzende eröffnet und leitet die mündliche Verhandlung.

(2) Nach Aufruf der Sache trägt der Vorsitzende oder der Berichterstatter den wesentlichen Inhalt der Akten vor.

(3) Hierauf erhalten die Beteiligten das Wort, um ihre Anträge zu stellen und zu begründen.

§ 104 (Erörterung der Streitsache)

(1) Der Vorsitzende hat die Streitsache mit den Beteiligten tatsächlich und rechtlich zu erörtern.

(2) Der Vorsitzende hat jedem Mitglied des Gerichts auf Verlangen zu gestatten, Fragen zu stellen. Wird eine Frage beanstandet, so entscheidet das Gericht.

(3) Nach Erörterung der Streitsache erklärt der Vorsitzende die mündliche Verhandlung für geschlossen. Das Gericht kann die Wiedereröffnung beschließen.

§ 105 (Niederschrift)

Für das Protokoll gelten die §§ 159 bis 165 der Zivilprozeßordnung entsprechend.

§ 106 (Vergleich)

Um den Rechtsstreit vollständig oder zum Teil zu erledigen, können die Beteiligten zu Protokoll des Gerichts oder des beauftragten oder ersuchten Richters einen Vergleich schließen, soweit sie über den Gegenstand des Vergleichs verfügen können. Ein gerichtlicher Vergleich kann auch dadurch geschlossen werden, daß die Beteiligten einen in der Form eines Beschlusses ergangenen Vorschlag des Gerichts, des Vorsitzenden oder des Berichterstatters schriftlich oder durch Erklärung zu Protokoll in der mündlichen Verhandlung gegenüber dem Gericht annehmen.

10. Abschnitt Urteile und andere Entscheidungen

§ 107 (Entscheidung durch Urteil)

Über die Klage wird, soweit nichts anderes bestimmt ist, durch Urteil entschieden.

§ 108 (Richterliche Überzeugung)

(1) Das Gericht entscheidet nach seiner freien, aus dem Gesamtergebnis des Verfahrens gewonnenen Überzeugung. In dem Urteil sind die Gründe anzugeben, die für die richterliche Überzeugung leitend gewesen sind.

(2) Das Urteil darf nur auf Tatsachen und Beweisergebnisse gestützt werden, zu denen die Beteiligten sich äußern konnten.

§ 109 (Zwischenurteil)

Über die Zulässigkeit der Klage kann durch Zwischenurteil vorab entschieden werden.

§ 110 (Teilurteil)

Ist nur ein Teil des Streitgegenstands zur Entscheidung reif, so kann das Gericht ein Teilurteil erlassen.

§ 111 (Zwischenurteil über den Grund)

Ist bei einer Leistungsklage ein Anspruch nach Grund und Betrag streitig, so kann das Gericht durch Zwischenurteil über den Grund vorab entscheiden. Das Gericht kann, wenn der Anspruch für begründet erklärt ist, anordnen, daß über den Betrag zu verhandeln ist.

§ 112 (Mitwirkende Richter)

Das Urteil kann nur von den Richtern und ehrenamtlichen Richtern gefällt werden, die an der dem Urteil zugrunde liegenden Verhandlung teilgenommen haben.

§ 113 (Ausspruch)

(1) Soweit der Verwaltungsakt rechtswidrig und der Kläger dadurch in seinen Rechten verletzt ist, hebt das Gericht den Verwaltungsakt und den etwaigen Widerspruchsbescheid auf. Ist der Verwaltungsakt schon vollzogen, so kann das Gericht auf Antrag auch aussprechen, daß und wie die Verwaltungsbehörde die Vollziehung rückgängig zu machen hat. Dieser Ausspruch ist nur zulässig, wenn die Behörde dazu in der Lage und diese Frage spruchreif ist. Hat sich der Verwaltungsakt vorher durch Zurücknahme oder anders erledigt, so spricht das Gericht auf Antrag durch Urteil aus, daß der Verwaltungsakt rechtswidrig gewesen ist, wenn der Kläger ein berechtigtes Interesse an dieser Feststellung hat.

(2) Begehrt der Kläger die Änderung eines Verwaltungsaktes, der einen Geldbetrag festsetzt oder eine darauf bezogene Feststellung trifft, kann das Gericht den Betrag in anderer Höhe festsetzen oder die Feststellung durch eine andere ersetzen. Erfordert die Ermittlung des festzusetzenden oder festzustellenden Betrags einen nicht unerheblichen Aufwand, kann das Gericht die Änderung des Verwaltungsaktes durch Angabe der zu Unrecht berücksichtigten oder nicht berücksichtigten tatsächlichen oder rechtlichen Verhältnisse so bestimmen, daß die Behörde den Betrag auf Grund der Entscheidung errechnen kann. Die Behörde teilt den Beteiligten das Ergebnis der Neuberechnung unverzüglich formlos mit; nach Rechtskraft der Entscheidung ist der Verwaltungsakt mit dem geänderten Inhalt neu bekanntzugeben.

(3) Hält das Gericht eine weitere Sachaufklärung für erforderlich, kann es, ohne in der Sache selbst zu entscheiden, den Verwaltungsakt und den Widerspruchsbescheid aufheben, soweit nach Art oder Umfang die noch erforderlichen Ermittlungen erheblich sind und die Aufhebung auch unter Berücksichtigung der Belange der Beteiligten sachdienlich ist. Auf Antrag kann das Gericht bis zum Erlaß des neuen Verwaltungsakts eine einstweilige Regelung treffen, insbesondere bestimmen, daß Sicherheiten geleistet werden oder ganz oder zum Teil bestehen bleiben und Leistungen zunächst nicht zurückgewährt werden müssen. Der Beschluß kann jederzeit

geändert oder aufgehoben werden. Eine Entscheidung nach Satz 1 kann nur binnen sechs Monaten seit Eingang der Akten der Behörde bei Gericht ergehen.

(4) Kann neben der Aufhebung eines Verwaltungsaktes eine Leistung verlangt werden, so ist im gleichen Verfahren auch die Verurteilung zur Leistung zulässig.

(5) Soweit die Ablehnung oder Unterlassung des Verwaltungsaktes rechtswidrig und der Kläger dadurch in seinen Rechten verletzt ist, spricht das Gericht die Verpflichtung der Verwaltungsbehörde aus, die beantragte Amtshandlung vorzunehmen, wenn die Sache spruchreif ist. Andernfalls spricht es die Verpflichtung aus, den Kläger unter Beachtung der Rechtsauffassung des Gerichts zu bescheiden.

§ 114 (Ermessensentscheidungen)

Soweit die Verwaltungsbehörde ermächtigt ist, nach ihrem Ermessen zu handeln, prüft das Gericht auch, ob der Verwaltungsakt oder die Ablehnung oder Unterlassung des Verwaltungsakts rechtswidrig ist, weil die gesetzlichen Grenzen des Ermessens überschritten sind oder von dem Ermessen in einer dem Zweck der Ermächtigung nicht entsprechenden Weise Gebrauch gemacht ist. Die Verwaltungsbehörde kann ihre Ermessenserwägungen hinsichtlich des Verwaltungsaktes auch noch im verwaltungsgerichtlichen Verfahren ergänzen.

§ 115 (Anfechtungsklage)

§§ 113 und 114 gelten entsprechend, wenn nach § 79 Abs. 1 Nr. 2 und Abs. 2 der Widerspruchsbescheid Gegenstand der Anfechtungsklage ist.

§ 116 (Verkündung, Zustellung)

(1) Das Urteil wird, wenn eine mündliche Verhandlung stattgefunden hat, in der Regel in dem Termin, in dem die mündliche Verhandlung geschlossen wird, verkündet, in besonderen Fällen in einem sofort anzuberaumenden Termin, der nicht über zwei Wochen hinaus angesetzt werden soll. Das Urteil ist den Beteiligten zuzustellen. Der Vorsitzende kann den Beteiligten, ihren Bevollmächtigten und Beiständen gestatten, an der Urteilsverkündung per Bild- und Tonübertragung teilzunehmen.

(2) Statt der Verkündung ist die Zustellung des Urteils zulässig; dann ist das Urteil binnen zwei Wochen nach der mündlichen Verhandlung der Geschäftsstelle zu übermitteln.

(3) Entscheidet das Gericht ohne mündliche Verhandlung, so wird die Verkündung durch Zustellung an die Beteiligten ersetzt.

§ 117 (Inhalt des Urteils)

(1) Das Urteil ergeht „Im Namen des Volkes". Es ist schriftlich abzufassen und von den Richtern, die bei der Entscheidung mitgewirkt haben, zu unterzeichnen. Ist ein Richter verhindert, seine Unterschrift beizufügen, so wird dies mit dem Hinderungsgrund vom Vorsitzenden oder, wenn er verhindert ist, vom dienstältesten beisitzenden Richter unter dem Urteil vermerkt. Der Unterschrift der ehrenamtlichen Richter bedarf es nicht.

(2) Das Urteil enthält

1. die Bezeichnung der Beteiligten, ihrer gesetzlichen Vertreter und der Bevollmächtigten nach Namen, Beruf, Wohnort und ihrer Stellung im Verfahren,
2. die Bezeichnung des Gerichts und die Namen der Mitglieder, die bei der Entscheidung mitgewirkt haben,
3. die Urteilsformel,
4. den Tatbestand,
5. die Entscheidungsgründe,
6. die Rechtsmittelbelehrung.

(3) Im Tatbestand ist der Sach- und Streitstand unter Hervorhebung der gestellten Anträge seinem wesentlichen Inhalt nach gedrängt darzustellen. Wegen der Einzelheiten soll auf Schriftsätze, Protokolle und andere Unterlagen verwiesen werden, soweit sich aus ihnen der Sach- und Streitstand ausreichend ergibt.

(4) Ein Urteil, das bei der Verkündung noch nicht vollständig abgefaßt war, ist vor Ablauf von zwei Wochen, vom Tage der Verkündung an gerechnet, vollständig abgefaßt der Geschäftsstelle zu übermitteln. Kann dies ausnahmsweise nicht geschehen, so ist inner-

halb dieser zwei Wochen das von den Richtern unterschriebene Urteil ohne Tatbestand, Entscheidungsgründe und Rechtsmittelbelehrung der Geschäftsstelle zu übermitteln; Tatbestand, Entscheidungsgründe und Rechtsmittelbelehrung sind alsbald nachträglich niederzulegen, von den Richtern besonders zu unterschreiben und der Geschäftsstelle zu übermitteln.

(5) Das Gericht kann von einer weiteren Darstellung der Entscheidungsgründe absehen, soweit es der Begründung des Verwaltungsakts oder des Widerspruchsbescheids folgt und dies in seiner Entscheidung feststellt.

(6) Der Urkundsbeamte der Geschäftsstelle hat auf dem Urteil den Tag der Zustellung und im Falle des § 116 Abs. 1 Satz 1 den Tag der Verkündung zu vermerken und diesen Vermerk zu unterschreiben. Werden die Akten elektronisch geführt, hat der Urkundsbeamte der Geschäftsstelle den Vermerk in einem gesonderten Dokument festzuhalten. Das Dokument ist mit dem Urteil untrennbar zu verbinden.

§ 118 (Berichtigung)

(1) Schreibfehler, Rechenfehler und ähnliche offenbare Unrichtigkeiten im Urteil sind jederzeit vom Gericht zu berichtigen.

(2) Über die Berichtigung kann ohne vorgängige mündliche Verhandlung entschieden werden. Der Berichtigungsbeschluß wird auf dem Urteil und den Ausfertigungen vermerkt. Ist das Urteil elektronisch abgefasst, ist auch der Beschluss elektronisch abzufassen und mit dem Urteil untrennbar zu verbinden.

§ 119 (Antrag auf Berichtigung)

(1) Enthält der Tatbestand des Urteils andere Unrichtigkeiten oder Unklarheiten, so kann die Berichtigung binnen zwei Wochen nach Zustellung des Urteils beantragt werden.

(2) Das Gericht entscheidet ohne Beweisaufnahme durch Beschluß. Der Beschluß ist unanfechtbar. Bei der Entscheidung wirken nur die Richter mit, die beim Urteil mitgewirkt haben. Ist ein Richter verhindert, so entscheidet bei Stimmengleichheit die Stimme des Vorsitzenden. Der Berichtigungsbeschluß wird auf dem Urteil und den Ausfertigungen vermerkt. Ist das Urteil elektronisch abgefasst, ist auch der Beschluss elektronisch abzufassen und mit dem Urteil untrennbar zu verbinden.

§ 120 (Urteilsergänzung)

(1) Wenn ein nach dem Tatbestand von einem Beteiligten gestellter Antrag oder die Kostenfolge bei der Entscheidung ganz oder zum Teil übergangen ist, so ist auf Antrag das Urteil durch nachträgliche Entscheidung zu ergänzen.

(2) Die Entscheidung muß binnen zwei Wochen nach Zustellung des Urteils beantragt werden.

(3) Die mündliche Verhandlung hat nur den nicht erledigten Teil des Rechtsstreits zum Gegenstand. Von der Durchführung einer mündlichen Verhandlung kann abgesehen werden, wenn mit der Ergänzung des Urteils nur über einen Nebenanspruch oder über die Kosten entschieden werden soll und wenn die Bedeutung der Sache keine mündliche Verhandlung erfordert.

§ 121 (Wirkung rechtskräftiger Urteile)

Rechtskräftige Urteile binden, soweit über den Streitgegenstand entschieden worden ist,

1. die Beteiligten und ihre Rechtsnachfolger und
2. im Falle des § 65 Abs. 3 die Personen, die einen Antrag auf Beiladung nicht oder nicht fristgemäß gestellt haben.

§ 122 (Beschlüsse, Begründung)

(1) §§ 88, 108 Abs. 1 Satz 1, §§ 118, 119 und 120 gelten entsprechend für Beschlüsse.

(2) Beschlüsse sind zu begründen, wenn sie durch Rechtsmittel angefochten werden können oder über einen Rechtsbehelf entscheiden. Beschlüsse über die Aussetzung der Vollziehung (§§ 80, 80a) und über einstweilige Anordnungen (§ 123) sowie Beschlüsse nach Erledigung des Rechtsstreits in der Hauptsache (§ 161 Abs. 2) sind stets zu begründen. Beschlüsse, die über ein Rechtsmittel entscheiden, bedürfen keiner weiteren

Begründung, soweit das Gericht das Rechtsmittel aus den Gründen der angefochtenen Entscheidung als unbegründet zurückweist.

11. Abschnitt Einstweilige Anordnung

§ 123 (Einstweilige Anordnung bezüglich Streitgegenstand)

(1) Auf Antrag kann das Gericht, auch schon vor Klageerhebung, eine einstweilige Anordnung in bezug auf den Streitgegenstand treffen, wenn die Gefahr besteht, daß durch eine Veränderung des bestehenden Zustandes die Verwirklichung eines Rechts des Antragstellers vereitelt oder wesentlich erschwert werden könnte. Einstweilige Anordnungen sind auch zur Regelung eines vorläufigen Zustands in bezug auf ein streitiges Rechtsverhältnis zulässig, wenn diese Regelung, vor allem bei dauernden Rechtsverhältnissen, um wesentliche Nachteile abzuwenden oder drohende Gewalt zu verhindern oder aus anderen Gründen nötig erscheint.

(2) Für den Erlaß einstweiliger Anordnungen ist das Gericht der Hauptsache zuständig. Dies ist das Gericht des ersten Rechtszugs und, wenn die Hauptsache im Berufungsverfahren anhängig ist, das Berufungsgericht. § 80 Abs. 8 ist entsprechend anzuwenden.

(3) Für den Erlaß einstweiliger Anordnungen gelten §§ 920, 921, 923, 926, 928 bis 932, 938, 939, 941 und 945 der Zivilprozeßordnung entsprechend.

(4) Das Gericht entscheidet durch Beschluß.

(5) Die Vorschriften der Absätze 1 bis 3 gelten nicht für die Fälle der §§ 80 und 80a.

Teil III Rechtsmittel und Wiederaufnahme des Verfahrens

12. Abschnitt Berufung

§ 124 (Berufung gegen Endurteile)

(1) Gegen Endurteile einschließlich der Teilurteile nach § 110 und gegen Zwischenurteile nach den §§ 109 und 111 steht den Beteiligten die Berufung zu, wenn sie von dem Verwaltungsgericht oder dem Oberverwaltungsgericht zugelassen wird.

(2) Die Berufung ist nur zuzulassen,

1. wenn ernstliche Zweifel an der Richtigkeit des Urteils bestehen,
2. wenn die Rechtssache besondere tatsächliche oder rechtliche Schwierigkeiten aufweist,
3. wenn die Rechtssache grundsätzliche Bedeutung hat,
4. wenn das Urteil von einer Entscheidung des Oberverwaltungsgerichts, des Bundesverwaltungsgerichts, des Gemeinsamen Senats der obersten Gerichtshöfe des Bundes oder des Bundesverfassungsgerichts abweicht und auf dieser Abweichung beruht oder
5. wenn ein der Beurteilung des Berufungsgerichts unterliegender Verfahrensmangel geltend gemacht wird und vorliegt, auf dem die Entscheidung beruhen kann.

§ 124a (Zulassung der Berufung)

(1) Das Verwaltungsgericht lässt die Berufung in dem Urteil zu, wenn die Gründe des § 124 Abs. 2 Nr. 3 oder Nr. 4 vorliegen. Das Oberverwaltungsgericht ist an die Zulassung gebunden. Zu einer Nichtzulassung der Berufung ist das Verwaltungsgericht nicht befugt.

(2) Die Berufung ist, wenn sie von dem Verwaltungsgericht zugelassen worden ist, innerhalb eines Monats nach Zustellung des vollständigen Urteils bei dem Verwaltungsgericht einzulegen. Die Berufung muss das angefochtene Urteil bezeichnen.

(3) Die Berufung ist in den Fällen des Absatzes 2 innerhalb von zwei Monaten nach Zustellung des vollständigen Urteils zu begründen. Die Begründung ist, sofern sie nicht zugleich mit der Einlegung der Berufung erfolgt, bei dem Oberverwaltungsgericht einzureichen. Die Begründungsfrist kann auf einen vor ihrem Ablauf gestellten Antrag von dem Vorsitzenden des Senats verlängert werden. Die Begründung muss einen bestimmten Antrag enthalten sowie die im Einzelnen anzu-

führenden Gründe der Anfechtung (Berufungsgründe). Mangelt es an einem dieser Erfordernisse, so ist die Berufung unzulässig.

(4) Wird die Berufung nicht in dem Urteil des Verwaltungsgerichts zugelassen, so ist die Zulassung innerhalb eines Monats nach Zustellung des vollständigen Urteils zu beantragen. Der Antrag ist bei dem Verwaltungsgericht zu stellen. Er muss das angefochtene Urteil bezeichnen. Innerhalb von zwei Monaten nach Zustellung des vollständigen Urteils sind die Gründe darzulegen, aus denen die Berufung zuzulassen ist. Die Begründung ist, soweit sie nicht bereits mit dem Antrag vorgelegt worden ist, bei dem Oberverwaltungsgericht einzureichen. Die Stellung des Antrags hemmt die Rechtskraft des Urteils.

(5) Über den Antrag entscheidet das Oberverwaltungsgericht durch Beschluss. Die Berufung ist zuzulassen, wenn einer der Gründe des § 124 Abs. 2 dargelegt ist und vorliegt. Der Beschluss soll kurz begründet werden. Mit der Ablehnung des Antrags wird das Urteil rechtskräftig. Lässt das Oberverwaltungsgericht die Berufung zu, wird das Antragsverfahren als Berufungsverfahren fortgesetzt; der Einlegung einer Berufung bedarf es nicht.

(6) Die Berufung ist in den Fällen des Absatzes 5 innerhalb eines Monats nach Zustellung des Beschlusses über die Zulassung der Berufung zu begründen. Die Begründung ist bei dem Oberverwaltungsgericht einzureichen. Absatz 3 Satz 3 bis 5 gilt entsprechend.

§ 125 (Anwendbare Vorschriften)

(1) Für das Berufungsverfahren gelten die Vorschriften des Teils II entsprechend, soweit sich aus diesem Abschnitt nichts anderes ergibt. § 84 findet keine Anwendung.

(2) Ist die Berufung unzulässig, so ist sie zu verwerfen. Die Entscheidung kann durch Beschluß ergehen. Die Beteiligten sind vorher zu hören. Gegen den Beschluß steht den Beteiligten das Rechtsmittel zu, das zulässig wäre, wenn das Gericht durch Urteil entschieden hätte. Die Beteiligten sind über dieses Rechtsmittel zu belehren.

§ 126 (Zurücknahme)

(1) Die Berufung kann bis zur Rechtskraft des Urteils zurückgenommen werden. Die Zurücknahme nach Stellung der Anträge in der mündlichen Verhandlung setzt die Einwilligung des Beklagten und, wenn ein Vertreter des öffentlichen Interesses an der mündlichen Verhandlung teilgenommen hat, auch seine Einwilligung voraus.

(2) Die Berufung gilt als zurückgenommen, wenn der Berufungskläger das Verfahren trotz Aufforderung des Gerichts länger als drei Monate nicht betreibt. Absatz 1 Satz 2 gilt entsprechend. Der Berufungskläger ist in der Aufforderung auf die sich aus Satz 1 und § 155 Abs. 2 ergebenden Rechtsfolgen hinzuweisen. Das Gericht stellt durch Beschluß fest, daß die Berufung als zurückgenommen gilt.

(3) Die Zurücknahme bewirkt den Verlust des eingelegten Rechtsmittels. Das Gericht entscheidet durch Beschluß über die Kostenfolge.

§ 127 (Anschlussberufung)

(1) Der Berufungsbeklagte und die anderen Beteiligten können sich der Berufung anschließen. Die Anschlussberufung ist bei dem Oberverwaltungsgericht einzulegen.

(2) Die Anschließung ist auch statthaft, wenn der Beteiligte auf die Berufung verzichtet hat oder die Frist für die Berufung oder den Antrag auf Zulassung der Berufung verstrichen ist. Sie ist zulässig bis zum Ablauf eines Monats nach der Zustellung der Berufungsbegründungsschrift.

(3) Die Anschlussberufung muss in der Anschlussschrift begründet werden. § 124a Abs. 3 Satz 2, 4 und 5 gilt entsprechend.

(4) Die Anschlussberufung bedarf keiner Zulassung.

(5) Die Anschließung verliert ihre Wirkung, wenn die Berufung zurückgenommen oder als unzulässig verworfen wird.

§ 128 (Umfang der Prüfung)

Das Oberverwaltungsgericht prüft den Streitfall innerhalb des Berufungsantrags im gleichen Umfange wie das Verwaltungsgericht. Es berücksichtigt auch neu vorgebrachte Tatsachen und Beweismittel.

§ 128a (Neue Erklärungen, Beweismittel)

(1) Neue Erklärungen und Beweismittel, die im ersten Rechtszug entgegen einer hierfür gesetzten Frist (§ 87b Abs. 1 und 2) nicht vorgebracht worden sind, sind nur zuzulassen, wenn nach der freien Überzeugung des Gerichts ihre Zulassung die Erledigung des Rechtsstreits nicht verzögern würde oder wenn der Beteiligte die Verspätung genügend entschuldigt. Der Entschuldigungsgrund ist auf Verlangen des Gerichts glaubhaft zu machen. Satz 1 gilt nicht, wenn der Beteiligte im ersten Rechtszug über die Folgen einer Fristversäumung nicht nach § 87b Abs. 3 Nr. 3 belehrt worden ist oder wenn es mit geringem Aufwand möglich ist, den Sachverhalt auch ohne Mitwirkung des Beteiligten zu ermitteln.

(2) Erklärungen und Beweismittel, die das Verwaltungsgericht zu Recht zurückgewiesen hat, bleiben auch im Berufungsverfahren ausgeschlossen.

§ 129 (Bindung an Anträge)

Das Urteil des Verwaltungsgerichts darf nur soweit geändert werden, als eine Änderung beantragt ist.

§ 130 (Aufhebung, Zurückverweisung)

(1) Das Oberverwaltungsgericht hat die notwendigen Beweise zu erheben und in der Sache selbst zu entscheiden.

(2) Das Oberverwaltungsgericht darf die Sache, soweit ihre weitere Verhandlung erforderlich ist, unter Aufhebung des Urteils und des Verfahrens an das Verwaltungsgericht nur zurückverweisen,

1. soweit das Verfahren vor dem Verwaltungsgericht an einem wesentlichen Mangel leidet und aufgrund dieses Mangels eine umfangreiche oder aufwändige Beweisaufnahme notwendig ist oder
2. wenn das Verwaltungsgericht noch nicht in der Sache selbst entschieden hat

und ein Beteiligter die Zurückverweisung beantragt.

(3) Das Verwaltungsgericht ist an die rechtliche Beurteilung der Berufungsentscheidung gebunden.

§ 130a (Berufung unbegründet)

Das Oberverwaltungsgericht kann über die Berufung durch Beschluß entscheiden, wenn es sie einstimmig für begründet oder einstimmig für unbegründet hält und eine mündliche Verhandlung nicht für erforderlich hält. § 125 Abs. 2 Satz 3 bis 5 gilt entsprechend.

§ 130b (Begründung)

Das Oberverwaltungsgericht kann in dem Urteil über die Berufung auf den Tatbestand der angefochtenen Entscheidung Bezug nehmen, wenn es sich die Feststellungen des Verwaltungsgerichts in vollem Umfange zu eigen macht. Von einer weiteren Darstellung der Entscheidungsgründe kann es absehen, soweit es die Berufung aus den Gründen der angefochtenen Entscheidung als unbegründet zurückweist.

§ 131 (weggefallen)

13. Abschnitt
Revision

§ 132 (Revision gegen Entscheidung des Oberverwaltungsgerichts)

(1) Gegen das Urteil des Oberverwaltungsgerichts (§ 49 Nr. 1) und gegen Beschlüsse nach § 47 Abs. 5 Satz 1 steht den Beteiligten die Revision an das Bundesverwaltungsgericht zu, wenn das Oberverwaltungsgericht oder auf Beschwerde gegen die Nichtzulassung das Bundesverwaltungsgericht sie zugelassen hat.

(2) Die Revision ist nur zuzulassen, wenn

1. die Rechtssache grundsätzliche Bedeutung hat,
2. das Urteil von einer Entscheidung des Bundesverwaltungsgerichts, des Gemeinsamen Senats der obersten Gerichtshöfe des Bundes oder des Bundesverfassungsgerichts abweicht und auf dieser Abweichung beruht oder
3. ein Verfahrensmangel geltend gemacht wird und vorliegt, auf dem die Entscheidung beruhen kann.

(3) Das Bundesverwaltungsgericht ist an die Zulassung gebunden.

§ 133 (Beschwerde gegen Nichtzulassung)

(1) Die Nichtzulassung der Revision kann durch Beschwerde angefochten werden.

(2) Die Beschwerde ist bei dem Gericht, gegen dessen Urteil Revision eingelegt werden soll, innerhalb eines Monats nach Zustellung des vollständigen Urteils einzulegen. Die Beschwerde muß das angefochtene Urteil bezeichnen.

(3) Die Beschwerde ist innerhalb von zwei Monaten nach der Zustellung des vollständigen Urteils zu begründen. Die Begründung ist bei dem Gericht, gegen dessen Urteil Revision eingelegt werden soll, einzureichen. In der Begründung muß die grundsätzliche Bedeutung der Rechtssache dargelegt oder die Entscheidung, von der das Urteil abweicht, oder der Verfahrensmangel bezeichnet werden.

(4) Die Einlegung der Beschwerde hemmt die Rechtskraft des Urteils.

(5) Wird der Beschwerde nicht abgeholfen, entscheidet das Bundesverwaltungsgericht durch Beschluß. Der Beschluß soll kurz begründet werden; von einer Begründung kann abgesehen werden, wenn sie nicht geeignet ist, zur Klärung der Voraussetzungen beizutragen, unter denen eine Revision zuzulassen ist. Mit der Ablehnung der Beschwerde durch das Bundesverwaltungsgericht wird das Urteil rechtskräftig.

(6) Liegen die Voraussetzungen des § 132 Abs. 2 Nr. 3 vor, kann das Bundesverwaltungsgericht in dem Beschluß das angefochtene Urteil aufheben und den Rechtsstreit zur anderweitigen Verhandlung und Entscheidung zurückverweisen.

§ 134 (Sprungrevision)

(1) Gegen das Urteil eines Verwaltungsgerichts (§ 49 Nr. 2) steht den Beteiligten die Revision unter Übergehung der Berufungsinstanz zu, wenn der Kläger und der Beklagte der Einlegung der Sprungrevision schriftlich zustimmen und wenn sie von dem Verwaltungsgericht im Urteil oder auf Antrag durch Beschluß zugelassen wird. Der Antrag ist innerhalb eines Monats nach Zustellung des vollständigen Urteils schriftlich zu stellen. Die Zustimmung zu der Einlegung der Sprungrevision ist dem Antrag oder, wenn die Revision im Urteil zugelassen ist, der Revisionsschrift beizufügen.

(2) Die Revision ist nur zuzulassen, wenn die Voraussetzungen des § 132 Abs. 2 Nr. 1 oder 2 vorliegen. Das Bundesverwaltungsgericht ist an die Zulassung gebunden. Die Ablehnung der Zulassung ist unanfechtbar.

(3) Lehnt das Verwaltungsgericht den Antrag auf Zulassung der Revision durch Beschluß ab, beginnt mit der Zustellung dieser Entscheidung der Lauf der Frist für den Antrag auf Zulassung der Berufung von neuem, sofern der Antrag in der gesetzlichen Frist und Form gestellt und die Zustimmungserklärung beigefügt war. Läßt das Verwaltungsgericht die Revision durch Beschluß zu, beginnt der Lauf der Revisionsfrist mit der Zustellung dieser Entscheidung.

(4) Die Revision kann nicht auf Mängel des Verfahrens gestützt werden.

(5) Die Einlegung der Revision und die Zustimmung gelten als Verzicht auf die Berufung, wenn das Verwaltungsgericht die Revision zugelassen hat.

§ 135 (Ausschluss der Berufung)

Gegen das Urteil eines Verwaltungsgerichts (§ 49 Nr. 2) steht den Beteiligten die Revision an das Bundesverwaltungsgericht zu, wenn durch Bundesgesetz die Berufung ausgeschlossen ist. Die Revision kann nur eingelegt werden, wenn das Verwaltungsgericht oder auf Beschwerde gegen die Nichtzulassung das Bundesverwaltungsgericht sie zugelassen hat. Für die Zulassung gelten die §§ 132 und 133 entsprechend.

§ 136 (weggefallen)

§ 137 (Verletzung von Bundesrecht)

(1) Die Revision kann nur darauf gestützt werden, daß das angefochtene Urteil auf der Verletzung

1. von Bundesrecht oder
2. einer Vorschrift des Verwaltungsverfahrensgesetzes eines Landes, die ihrem

Wortlaut nach mit dem Verwaltungsverfahrensgesetz des Bundes übereinstimmt,

beruht.

(2) Das Bundesverwaltungsgericht ist an die in dem angefochtenen Urteil getroffenen tatsächlichen Feststellungen gebunden, außer wenn in bezug auf diese Feststellungen zulässige und begründete Revisionsgründe vorgebracht sind.

(3) Wird die Revision auf Verfahrensmängel gestützt und liegt nicht zugleich eine der Voraussetzungen des § 132 Abs. 2 Nr. 1 und 2 vor, so ist nur über die geltend gemachten Verfahrensmängel zu entscheiden. Im übrigen ist das Bundesverwaltungsgericht an die geltend gemachten Revisionsgründe nicht gebunden.

§ 138 (Revisionsgründe)

Ein Urteil ist stets als auf der Verletzung von Bundesrecht beruhend anzusehen, wenn

1. das erkennende Gericht nicht vorschriftsmäßig besetzt war,
2. bei der Entscheidung ein Richter mitgewirkt hat, der von der Ausübung des Richteramts kraft Gesetzes ausgeschlossen oder wegen Besorgnis der Befangenheit mit Erfolg abgelehnt war,
3. einem Beteiligten das rechtliche Gehör versagt war,
4. ein Beteiligter im Verfahren nicht nach Vorschrift des Gesetzes vertreten war, außer wenn er der Prozeßführung ausdrücklich oder stillschweigend zugestimmt hat,
5. das Urteil auf eine mündliche Verhandlung ergangen ist, bei der die Vorschriften über die Öffentlichkeit des Verfahrens verletzt worden sind, oder
6. die Entscheidung nicht mit Gründen versehen ist.

§ 139 (Einlegung der Revision)

(1) Die Revision ist bei dem Gericht, dessen Urteil angefochten wird, innerhalb eines Monats nach Zustellung des vollständigen Urteils oder des Beschlusses über die Zulassung der Revision nach § 134 Abs. 3 Satz 2 schriftlich einzulegen. Die Revisionsfrist ist auch gewahrt, wenn die Revision innerhalb der Frist bei dem Bundesverwaltungsgericht eingelegt wird. Die Revision muß das angefochtene Urteil bezeichnen.

(2) Wird der Beschwerde gegen die Nichtzulassung der Revision abgeholfen oder läßt das Bundesverwaltungsgericht die Revision zu, so wird das Beschwerdeverfahren als Revisionsverfahren fortgesetzt, wenn nicht das Bundesverwaltungsgericht das angefochtene Urteil nach § 133 Abs. 6 aufhebt; der Einlegung einer Revision durch den Beschwerdeführer bedarf es nicht. Darauf ist in dem Beschluß hinzuweisen.

(3) Die Revision ist innerhalb von zwei Monaten nach Zustellung des vollständigen Urteils oder des Beschlusses über die Zulassung der Revision nach § 134 Abs. 3 Satz 2 zu begründen; im Falle des Absatzes 2 beträgt die Begründungsfrist einen Monat nach Zustellung des Beschlusses über die Zulassung der Revision. Die Begründung ist bei dem Bundesverwaltungsgericht einzureichen. Die Begründungsfrist kann auf einen vor ihrem Ablauf gestellten Antrag von dem Vorsitzenden verlängert werden. Die Begründung muß einen bestimmten Antrag enthalten, die verletzte Rechtsnorm und, soweit Verfahrensmängel gerügt werden, die Tatsachen angeben, die den Mangel ergeben.

§ 140 (Zurücknahme)

(1) Die Revision kann bis zur Rechtskraft des Urteils zurückgenommen werden. Die Zurücknahme nach Stellung der Anträge in der mündlichen Verhandlung setzt die Einwilligung des Revisionsbeklagten und, wenn der Vertreter des Bundesinteresses beim Bundesverwaltungsgericht an der mündlichen Verhandlung teilgenommen hat, auch seine Einwilligung voraus.

(2) Die Zurücknahme bewirkt den Verlust des eingelegten Rechtsmittels. Das Gericht entscheidet durch Beschluß über die Kostenfolge.

§ 141 (Anwendbare Vorschriften)

Für die Revision gelten die Vorschriften über die Berufung entsprechend, soweit sich aus diesem Abschnitt nichts anderes ergibt. Die §§ 87a, 130a und 130b finden keine Anwendung.

§ 142 (Keine Klageänderung, Beiladung)

(1) Klageänderungen und Beiladungen sind im Revisionsverfahren unzulässig. Das gilt nicht für Beiladungen nach § 65 Abs. 2.

(2) Ein im Revisionsverfahren nach § 65 Abs. 2 Beigeladener kann Verfahrensmängel nur innerhalb von zwei Monaten nach Zustellung des Beiladungsbeschlusses rügen. Die Frist kann auf einen vor ihrem Ablauf gestellten Antrag von dem Vorsitzenden verlängert werden.

§ 143 (Unzulässige Revision)

Das Bundesverwaltungsgericht prüft, ob die Revision statthaft und ob sie in der gesetzlichen Form und Frist eingelegt und begründet worden ist. Mangelt es an einem dieser Erfordernisse, so ist die Revision unzulässig.

§ 144 (Revisionsentscheidung)

(1) Ist die Revision unzulässig, so verwirft sie das Bundesverwaltungsgericht durch Beschluß.

(2) Ist die Revision unbegründet, so weist das Bundesverwaltungsgericht die Revision zurück.

(3) Ist die Revision begründet, so kann das Bundesverwaltungsgericht

1. in der Sache selbst entscheiden,
2. das angefochtene Urteil aufheben und die Sache zur anderweitigen Verhandlung und Entscheidung zurückverweisen.

Das Bundesverwaltungsgericht verweist den Rechtsstreit zurück, wenn der im Revisionsverfahren nach § 142 Abs. 1 Satz 2 Beigeladene ein berechtigtes Interesse daran hat.

(4) Ergeben die Entscheidungsgründe zwar eine Verletzung des bestehenden Rechts, stellt sich die Entscheidung selbst aber aus anderen Gründen als richtig dar, so ist die Revision zurückzuweisen.

(5) Verweist das Bundesverwaltungsgericht die Sache bei der Sprungrevision nach § 49 Nr. 2 und nach § 134 zur anderweitigen Verhandlung und Entscheidung zurück, so kann es nach seinem Ermessen auch an das Oberverwaltungsgericht zurückverweisen, das für die Berufung zuständig gewesen wäre. Für das Verfahren vor dem Oberverwaltungsgericht gelten dann die gleichen Grundsätze, wie wenn der Rechtsstreit auf eine ordnungsgemäß eingelegte Berufung bei dem Oberverwaltungsgericht anhängig geworden wäre.

(6) Das Gericht, an das die Sache zur anderweitigen Verhandlung und Entscheidung zurückverwiesen ist, hat seiner Entscheidung die rechtliche Beurteilung des Revisionsgerichts zugrunde zu legen.

(7) Die Entscheidung über die Revision bedarf keiner Begründung, soweit das Bundesverwaltungsgericht Rügen von Verfahrensmängeln nicht für durchgreifend hält. Das gilt nicht für Rügen nach § 138 und, wenn mit der Revision ausschließlich Verfahrensmängel geltend gemacht werden, für Rügen, auf denen die Zulassung der Revision beruht.

§ 145 (weggefallen)

14. Abschnitt
Beschwerde, Erinnerung, Anhörungsrüge

§ 146 (Beschwerde gegen Entscheidungen des Verwaltungsgerichts)

(1) Gegen die Entscheidungen des Verwaltungsgerichts, des Vorsitzenden oder des Berichterstatters, die nicht Urteile oder Gerichtsbescheide sind, steht den Beteiligten und den sonst von der Entscheidung Betroffenen die Beschwerde an das Oberverwaltungsgericht zu, soweit nicht in diesem Gesetz etwas anderes bestimmt ist.

(2) Prozeßleitende Verfügungen, Aufklärungsanordnungen, Beschlüsse über eine Vertagung oder die Bestimmung einer Frist, Beweisbeschlüsse, Beschlüsse über Ablehnung von Beweisanträgen, über Verbindung und Trennung von Verfahren und Ansprüchen und über die Ablehnung von Gerichtspersonen sowie Beschlüsse über die Ablehnung der Prozesskostenhilfe, wenn das Gericht ausschließlich die persönlichen oder wirtschaftlichen Voraussetzungen der Prozesskostenhilfe verneint, können nicht mit der Beschwerde angefochten werden.

IX

(3) Außerdem ist vorbehaltlich einer gesetzlich vorgesehenen Beschwerde gegen die Nichtzulassung der Revision die Beschwerde nicht gegeben in Streitigkeiten über Kosten, Gebühren und Auslagen, wenn der Wert des Beschwerdegegenstandes zweihundert Euro nicht übersteigt.

(4) Die Beschwerde gegen Beschlüsse des Verwaltungsgerichts in Verfahren des vorläufigen Rechtsschutzes (§§ 80, 80a und 123) ist innerhalb eines Monats nach Bekanntgabe der Entscheidung zu begründen. Die Begründung ist, sofern sie nicht bereits mit der Beschwerde vorgelegt worden ist, bei dem Oberverwaltungsgericht einzureichen. Sie muss einen bestimmten Antrag enthalten, die Gründe darlegen, aus denen die Entscheidung abzuändern oder aufzuheben ist, und sich mit der angefochtenen Entscheidung auseinander setzen. Mangelt es an einem dieser Erfordernisse, ist die Beschwerde als unzulässig zu verwerfen. Das Verwaltungsgericht legt die Beschwerde unverzüglich vor; § 148 Abs. 1 findet keine Anwendung. Das Oberverwaltungsgericht prüft nur die dargelegten Gründe.

§ 147 (Einlegung der Beschwerde)

(1) Die Beschwerde ist bei dem Gericht, dessen Entscheidung angefochten wird, schriftlich oder zu Protokoll des Urkundsbeamten der Geschäftsstelle innerhalb von zwei Wochen nach Bekanntgabe der Entscheidung einzulegen. § 67 Abs. 4 bleibt unberührt.

IX

(2) Die Beschwerdefrist ist auch gewahrt, wenn die Beschwerde innerhalb der Frist bei dem Beschwerdegericht eingeht.

§ 148 (Abhilfe; Vorlage)

(1) Hält das Verwaltungsgericht, der Vorsitzende oder der Berichterstatter, dessen Entscheidung angefochten wird, die Beschwerde für begründet, so ist ihr abzuhelfen; sonst ist sie unverzüglich dem Oberverwaltungsgericht vorzulegen.

(2) Das Verwaltungsgericht soll die Beteiligten von der Vorlage der Beschwerde an das Oberverwaltungsgericht in Kenntnis setzen.

§ 149 (Aufschiebende Wirkung; Aussetzung der Vollziehung)

(1) Die Beschwerde hat nur dann aufschiebende Wirkung, wenn sie die Festsetzung eines Ordnungs- oder Zwangsmittels zum Gegenstand hat. Das Gericht, der Vorsitzende oder der Berichterstatter, dessen Entscheidung angefochten wird, kann auch sonst bestimmen, daß die Vollziehung der angefochtenen Entscheidung einstweilen auszusetzen ist.

(2) §§ 178 und 181 Abs. 2 des Gerichtsverfassungsgesetzes bleiben unberührt.

§ 150 (Entscheidung durch Beschluss)

Über die Beschwerde entscheidet das Oberverwaltungsgericht durch Beschluß.

§ 151 (Beauftragter, ersuchter Richter; Urkundsbeamter)

Gegen die Entscheidungen des beauftragten oder ersuchten Richters oder des Urkundsbeamten kann innerhalb von zwei Wochen nach Bekanntgabe die Entscheidung des Gerichts beantragt werden. Der Antrag ist schriftlich oder zu Protokoll des Urkundsbeamten der Geschäftsstelle des Gerichts zu stellen. §§ 147 bis 149 gelten entsprechend.

§ 152 (Beschwerden an das Bundesverwaltungsgericht)

(1) Entscheidungen des Oberverwaltungsgerichts können vorbehaltlich des § 99 Abs. 2 und des § 133 Abs. 1 dieses Gesetzes sowie des § 17a Abs. 4 Satz 4 des Gerichtsverfassungsgesetzes nicht mit der Beschwerde an das Bundesverwaltungsgericht angefochten werden.

(2) Im Verfahren vor dem Bundesverwaltungsgericht gilt für Entscheidungen des beauftragten oder ersuchten Richters oder des Urkundsbeamten der Geschäftsstelle § 151 entsprechend.

§ 152a (Rüge eines beschwerten Beteiligten)

(1) Auf die Rüge eines durch eine gerichtliche Entscheidung beschwerten Beteiligten ist das Verfahren fortzuführen, wenn

1. ein Rechtsmittel oder ein anderer Rechtsbehelf gegen die Entscheidung nicht gegeben ist und

2. das Gericht den Anspruch dieses Beteiligten auf rechtliches Gehör in entscheidungserheblicher Weise verletzt hat.

Gegen eine der Endentscheidung vorausgehende Entscheidung findet die Rüge nicht statt.

(2) Die Rüge ist innerhalb von zwei Wochen nach Kenntnis von der Verletzung des rechtlichen Gehörs zu erheben; der Zeitpunkt der Kenntniserlangung ist glaubhaft zu machen. Nach Ablauf eines Jahres seit Bekanntgabe der angegriffenen Entscheidung kann die Rüge nicht mehr erhoben werden. Formlos mitgeteilte Entscheidungen gelten mit dem vierten Tag nach Aufgabe zur Post als bekannt gegeben. Die Rüge ist schriftlich oder zu Protokoll des Urkundsbeamten der Geschäftsstelle bei dem Gericht zu erheben, dessen Entscheidung angegriffen wird. § 67 Abs. 4 bleibt unberührt. Die Rüge muss die angegriffene Entscheidung bezeichnen und das Vorliegen der in Absatz 1 Satz 1 Nr. 2 genannten Voraussetzungen darlegen.

(3) Den übrigen Beteiligten ist, soweit erforderlich, Gelegenheit zur Stellungnahme zu geben.

(4) Ist die Rüge nicht statthaft oder nicht in der gesetzlichen Form oder Frist erhoben, so ist sie als unzulässig zu verwerfen. Ist die Rüge unbegründet, weist das Gericht sie zurück. Die Entscheidung ergeht durch unanfechtbaren Beschluss. Der Beschluss soll kurz begründet werden.

(5) Ist die Rüge begründet, so hilft ihr das Gericht ab, indem es das Verfahren fortführt, soweit dies aufgrund der Rüge geboten ist. Das Verfahren wird in die Lage zurückversetzt, in der es sich vor dem Schluss der mündlichen Verhandlung befand. In schriftlichen Verfahren tritt an die Stelle des Schlusses der mündlichen Verhandlung der Zeitpunkt, bis zu dem Schriftsätze eingereicht werden können. Für den Ausspruch des Gerichts ist § 343 der Zivilprozessordnung entsprechend anzuwenden.

(6) § 149 Abs. 1 Satz 2 ist entsprechend anzuwenden.

15. Abschnitt
Wiederaufnahme des Verfahrens

§ 153 (Wiederaufnahme rechtskräftig beendeter Verfahren)

(1) Ein rechtskräftig beendetes Verfahren kann nach den Vorschriften des Vierten Buchs der Zivilprozeßordnung wiederaufgenommen werden.

(2) Die Befugnis zur Erhebung der Nichtigkeitsklage und der Restitutionsklage steht auch dem Vertreter des öffentlichen Interesses, im Verfahren vor dem Bundesverwaltungsgericht im ersten und letzten Rechtszug auch dem Vertreter des Bundesinteresses beim Bundesverwaltungsgericht zu.

Teil IV
Kosten und Vollstreckung

16. Abschnitt
Kosten

§ 154 (Kostenpflichtige)

(1) Der unterliegende Teil trägt die Kosten des Verfahrens.

(2) Die Kosten eines ohne Erfolg eingelegten Rechtsmittels fallen demjenigen zur Last, der das Rechtsmittel eingelegt hat.

(3) Dem Beigeladenen können Kosten nur auferlegt werden, wenn er Anträge gestellt oder Rechtsmittel eingelegt hat; § 155 Abs. 4 bleibt unberührt.

(4) Die Kosten des erfolgreichen Wiederaufnahmeverfahrens können der Staatskasse auferlegt werden, soweit sie nicht durch das Verschulden eines Beteiligten entstanden sind.

(5) Soweit der Antragsteller allein auf Grund von § 80c Absatz 2 unterliegt, fallen die Gerichtskosten dem obsiegenden Teil zur Last. Absatz 3 bleibt unberührt.

§ 155 (Verteilung auf mehrere Beteiligte)

(1) Wenn ein Beteiligter teils obsiegt, teils unterliegt, so sind die Kosten gegeneinander aufzuheben oder verhältnismäßig zu teilen. Sind die Kosten gegeneinander aufgehoben, so fallen die Gerichtskosten jedem Teil zur

Hälfte zur Last. Einem Beteiligten können die Kosten ganz auferlegt werden, wenn der andere nur zu einem geringen Teil unterlegen ist.

(2) Wer einen Antrag, eine Klage, ein Rechtsmittel oder einen anderen Rechtsbehelf zurücknimmt, hat die Kosten zu tragen.

(3) Kosten, die durch einen Antrag auf Wiedereinsetzung in den vorigen Stand entstehen, fallen dem Antragsteller zur Last.

(4) Kosten, die durch Verschulden eines Beteiligten entstanden sind, können diesem auferlegt werden.

§ 156 (Anerkenntnis)

Hat der Beklagte durch sein Verhalten keine Veranlassung zur Erhebung der Klage gegeben, so fallen dem Kläger die Prozeßkosten zur Last, wenn der Beklagte den Anspruch sofort anerkennt.

§ 157 (weggefallen)

§ 158 (Anfechtung)

(1) Die Anfechtung der Entscheidung über die Kosten ist unzulässig, wenn nicht gegen die Entscheidung in der Hauptsache ein Rechtsmittel eingelegt wird.

(2) Ist eine Entscheidung in der Hauptsache nicht ergangen, so ist die Entscheidung über die Kosten unanfechtbar.

§ 159 (Gesamtschuldner)

Besteht der kostenpflichtige Teil aus mehreren Personen, so gilt § 100 der Zivilprozeßordnung entsprechend. Kann das streitige Rechtsverhältnis dem kostenpflichtigen Teil gegenüber nur einheitlich entschieden werden, so können die Kosten den mehreren Personen als Gesamtschuldnern auferlegt werden.

§ 160 (Vergleich)

Wird der Rechtsstreit durch Vergleich erledigt und haben die Beteiligten keine Bestimmung über die Kosten getroffen, so fallen die Gerichtskosten jedem Teil zur Hälfte zur Last. Die außergerichtlichen Kosten trägt jeder Beteiligte selbst.

§ 161 (Kostenentscheidung)

(1) Das Gericht hat im Urteil oder, wenn das Verfahren in anderer Weise beendet worden ist, durch Beschluß über die Kosten zu entscheiden.

(2) Ist der Rechtsstreit in der Hauptsache erledigt, so entscheidet das Gericht außer in den Fällen des § 113 Abs. 1 Satz 4 nach billigem Ermessen über die Kosten des Verfahrens durch Beschluß; der bisherige Sach- und Streitstand ist zu berücksichtigen. Der Rechtsstreit ist auch in der Hauptsache erledigt, wenn der Beklagte der Erledigungserklärung des Klägers nicht innerhalb von zwei Wochen seit Zustellung des die Erledigungserklärung enthaltenden Schriftsatzes widerspricht und er vom Gericht auf diese Folge hingewiesen worden ist.

(3) In den Fällen des § 75 fallen die Kosten stets dem Beklagten zur Last, wenn der Kläger mit seiner Bescheidung vor Klageerhebung rechnen durfte.

§ 162 (Zu erstattende Kosten)

(1) Kosten sind die Gerichtskosten (Gebühren und Auslagen) und die zur zweckentsprechenden Rechtsverfolgung oder Rechtsverteidigung notwendigen Aufwendungen der Beteiligten einschließlich der Kosten des Vorverfahrens.

(2) Die Gebühren und Auslagen eines Rechtsanwalts oder eines Rechtsbeistands, in den in § 67 Absatz 2 Satz 2 Nummer 3 und 3a genannten Angelegenheiten auch einer der dort genannten Personen, sind stets erstattungsfähig. Soweit ein Vorverfahren geschwebt hat, sind Gebühren und Auslagen erstattungsfähig, wenn das Gericht die Zuziehung eines Bevollmächtigten für das Vorverfahren für notwendig erklärt. Juristische Personen des öffentlichen Rechts und Behörden können an Stelle ihrer tatsächlichen notwendigen Aufwendungen für Post- und Telekommunikationsdienstleistungen den in Nummer 7002 der Anlage 1 zum Rechtsanwaltsvergütungsgesetz bestimmten Höchstsatz der Pauschale fordern.

(3) Die außergerichtlichen Kosten des Beigeladenen sind nur erstattungsfähig, wenn sie

das Gericht aus Billigkeit der unterliegenden Partei oder der Staatskasse auferlegt.

§ 163 (Wertfestsetzung)

(1) Wird die Wertfestsetzung für die Gerichtsgebühren

1. nach § 63 Absatz 3 des Gerichtskostengesetzes oder
2. infolge einer Beschwerde gegen die Festsetzung des Streitwerts nach § 68 des Gerichtskostengesetzes

geändert, so kann das Gericht seine getroffene Kostenentscheidung von Amts wegen ändern. Wird die Kostenentscheidung nach Satz 1 geändert, ist auch eine bereits erfolgte Kostenfestsetzung von Amts wegen zu ändern.

(2) Für die Entscheidung nach Absatz 1 Satz 1 gilt § 118 Absatz 2 entsprechend. Vor der Entscheidung sind die Beteiligten zu hören. Die Änderung der Kostenentscheidung ist nur innerhalb von sechs Monaten zulässig, nachdem die Änderung der Wertfestsetzung Rechtskraft erlangt hat. Die Änderung der Kostenentscheidung hat keine Änderung der übrigen Teile des Urteils oder des Beschlusses zur Folge.

(3) Entscheidungen nach Absatz 1 Satz 1 sind unanfechtbar. Auf Entscheidungen nach Absatz 1 Satz 2 ist § 165 anzuwenden.

§ 164 (Kostenfestsetzung)

Der Urkundsbeamte des Gerichts des ersten Rechtszugs setzt auf Antrag den Betrag der zu erstattenden Kosten fest.

§ 165 (Anfechtung)

Die Beteiligten können die Festsetzung der zu erstattenden Kosten anfechten. § 151 gilt entsprechend.

§ 165a (Anwendbarkeit der ZPO)

§ 110 der Zivilprozessordnung gilt entsprechend.

§ 166 (Prozesskostenhilfe)

(1) Die Vorschriften der Zivilprozeßordnung über die Prozesskostenhilfe sowie § 569 Abs. 3 Nr. 2 der Zivilprozessordnung gelten entsprechend. Einem Beteiligten, dem Prozesskostenhilfe bewilligt worden ist, kann auch ein Steuerberater, Steuerbevollmächtigter, Wirtschaftsprüfer oder vereidigter Buchprüfer beigeordnet werden. Die Vergütung richtet sich nach den für den beigeordneten Rechtsanwalt geltenden Vorschriften des Rechtsanwaltsvergütungsgesetzes.

(2) Die Prüfung der persönlichen und wirtschaftlichen Verhältnisse nach den §§ 114 bis 116 der Zivilprozessordnung einschließlich der in § 118 Absatz 2 der Zivilprozessordnung bezeichneten Maßnahmen, der Beurkundung von Vergleichen nach § 118 Absatz 1 Satz 3 der Zivilprozessordnung und der Entscheidungen nach § 118 Absatz 2 Satz 4 der Zivilprozessordnung obliegt dem Urkundsbeamten der Geschäftsstelle des jeweiligen Rechtszugs, wenn der Vorsitzende ihm das Verfahren insoweit überträgt. Liegen die Voraussetzungen für die Bewilligung der Prozesskostenhilfe hiernach nicht vor, erlässt der Urkundsbeamte die den Antrag ablehnende Entscheidung; anderenfalls vermerkt der Urkundsbeamte in den Prozessakten, dass dem Antragsteller nach seinen persönlichen und wirtschaftlichen Verhältnissen Prozesskostenhilfe gewährt werden kann und in welcher Höhe gegebenenfalls Monatsraten oder Beträge aus dem Vermögen zu zahlen sind.

(3) Dem Urkundsbeamten obliegen im Verfahren über die Prozesskostenhilfe ferner die Bestimmung des Zeitpunkts für die Einstellung und eine Wiederaufnahme der Zahlungen nach § 120 Absatz 3 der Zivilprozessordnung sowie die Änderung und die Aufhebung der Bewilligung der Prozesskostenhilfe nach den §§ 120a und 124 Absatz 1 Nummer 2 bis 5 der Zivilprozessordnung.

(4) Der Vorsitzende kann Aufgaben nach den Absätzen 2 und 3 zu jedem Zeitpunkt an sich ziehen. § 5 Absatz 1 Nummer 1, die §§ 6, 7, 8 Absatz 1 bis 4 und § 9 des Rechtspflegergesetzes gelten entsprechend mit der Maßgabe, dass an die Stelle des Rechtspflegers der Urkundsbeamte der Geschäftsstelle tritt.

(5) § 87a Absatz 3 gilt entsprechend.

(6) Gegen Entscheidungen des Urkundsbeamten nach den Absätzen 2 und 3 kann innerhalb von zwei Wochen nach Bekanntgabe

die Entscheidung des Gerichts beantragt werden.

(7) Durch Landesgesetz kann bestimmt werden, dass die Absätze 2 bis 6 für die Gerichte des jeweiligen Landes nicht anzuwenden sind.

17. Abschnitt
Vollstreckung

§ 167 (Anwendbare Vorschriften)

(1) Soweit sich aus diesem Gesetz nichts anderes ergibt, gilt für die Vollstreckung das Achte Buch der Zivilprozeßordnung entsprechend. Vollstreckungsgericht ist das Gericht des ersten Rechtszugs.

(2) Urteile auf Anfechtungs- und Verpflichtungsklagen können nur wegen der Kosten für vorläufig vollstreckbar erklärt werden.

§ 168 (Vollstreckungstitel)

(1) Vollstreckt wird

1. aus rechtskräftigen und aus vorläufig vollstreckbaren gerichtlichen Entscheidungen,
2. aus einstweiligen Anordnungen,
3. aus gerichtlichen Vergleichen,
4. aus Kostenfestsetzungsbeschlüssen,
5. aus den für vollstreckbar erklärten Schiedssprüchen öffentlich-rechtlicher Schiedsgerichte, sofern die Entscheidung über die Vollstreckbarkeit rechtskräftig oder für vorläufig vollstreckbar erklärt ist.

(2) Für die Vollstreckung können den Beteiligten auf ihren Antrag Ausfertigungen des Urteils ohne Tatbestand und ohne Entscheidungsgründe erteilt werden, deren Zustellung in den Wirkungen der Zustellung eines vollständigen Urteils gleichsteht.

§ 169 (Vollstreckung zu Gunsten von Gebietskörperschaften u. ä.)

(1) Soll zugunsten des Bundes, eines Landes, eines Gemeindeverbandes, einer Gemeinde oder einer Körperschaft, Anstalt oder Stiftung des öffentlichen Rechts vollstreckt werden, so richtet sich die Vollstreckung nach dem Verwaltungsvollstreckungsgesetz. Vollstreckungsbehörde im Sinne des Verwaltungsvollstreckungsgesetzes ist der Vorsitzende des Gerichts des ersten Rechtszugs; er kann für die Ausführung der Vollstreckung eine andere Vollstreckungsbehörde oder einen Gerichtsvollzieher in Anspruch nehmen.

(2) Wird die Vollstreckung zur Erzwingung von Handlungen, Duldungen und Unterlassungen im Wege der Amtshilfe von Organen der Länder vorgenommen, so ist sie nach landesrechtlichen Bestimmungen durchzuführen.

§ 170 (Vollstreckung gegen Gebietskörperschaften u. ä.)

(1) Soll gegen den Bund, ein Land, einen Gemeindeverband, eine Gemeinde, eine Körperschaft, eine Anstalt oder Stiftung des öffentlichen Rechts wegen einer Geldforderung vollstreckt werden, so verfügt auf Antrag des Gläubigers das Gericht des ersten Rechtszugs die Vollstreckung. Es bestimmt die vorzunehmenden Vollstreckungsmaßnahmen und ersucht die zuständige Stelle um deren Vornahme. Die ersuchte Stelle ist verpflichtet, dem Ersuchen nach den für sie geltenden Vollstreckungsvorschriften nachzukommen.

(2) Das Gericht hat vor Erlaß der Vollstreckungsverfügung die Behörde oder bei Körperschaften, Anstalten und Stiftungen des öffentlichen Rechts, gegen die vollstreckt werden soll, die gesetzlichen Vertreter von der beabsichtigten Vollstreckung zu benachrichtigen mit der Aufforderung, die Vollstreckung innerhalb einer vom Gericht zu bemessenden Frist abzuwenden. Die Frist darf einen Monat nicht übersteigen.

(3) Die Vollstreckung ist unzulässig in Sachen, die für die Erfüllung öffentlicher Aufgaben unentbehrlich sind oder deren Veräußerung ein öffentliches Interesse entgegensteht. Über Einwendungen entscheidet das Gericht nach Anhörung der zuständigen Aufsichtsbehörde oder bei obersten Bundes- oder Landesbehörden des zuständigen Ministers.

(4) Für öffentlich-rechtliche Kreditinstitute gelten die Absätze 1 bis 3 nicht.

(5) Der Ankündigung der Vollstreckung und der Einhaltung einer Wartefrist bedarf es

nicht, wenn es sich um den Vollzug einer einstweiligen Anordnung handelt.

§ 171 (Keine Vollstreckungsklausel)

In den Fällen der §§ 169, 170 Abs. 1 bis 3 bedarf es einer Vollstreckungsklausel nicht.

§ 172 (Zwangsgeld)

Kommt die Behörde in den Fällen des § 113 Abs. 1 Satz 2 und Abs. 5 und des § 123 der ihr im Urteil oder in der einstweiligen Anordnung auferlegten Verpflichtung nicht nach, so kann das Gericht des ersten Rechtszugs auf Antrag unter Fristsetzung gegen sie ein Zwangsgeld bis zehntausend Euro durch Beschluß androhen, nach fruchtlosem Fristablauf festsetzen und von Amts wegen vollstrecken. Das Zwangsgeld kann wiederholt angedroht, festgesetzt und vollstreckt werden.

Teil V
Schluß- und Übergangsbestimmungen

§ 173 (Grundsätzliche Anwendbarkeit von GVG und ZPO)

Soweit dieses Gesetz keine Bestimmungen über das Verfahren enthält, sind das Gerichtsverfassungsgesetz und die Zivilprozeßordnung einschließlich § 278 Absatz 5 und § 278a entsprechend anzuwenden, wenn die grundsätzlichen Unterschiede der beiden Verfahrensarten dies nicht ausschließen; das Leitentscheidungsverfahren nach den §§ 552b und 565 der Zivilprozessordnung ist nicht anzuwenden. Die Vorschriften des Siebzehnten Titels des Gerichtsverfassungsgesetzes sind mit der Maßgabe entsprechend anzuwenden, dass an die Stelle des Oberlandesgerichts das Oberverwaltungsgericht, an die Stelle des Bundesgerichtshofs das Bundesverwaltungsgericht und an die Stelle der Zivilprozessordnung die Verwaltungsgerichtsordnung tritt. Gericht im Sinne des § 1062 der Zivilprozeßordnung ist das zuständige Verwaltungsgericht, Gericht im Sinne des § 1065 der Zivilprozeßordnung das zuständige Oberverwaltungsgericht.

§ 174 (Befähigung zum höheren Verwaltungsdienst)

(1) Für den Vertreter des öffentlichen Interesses bei dem Oberverwaltungsgericht und bei dem Verwaltungsgericht steht der Befähigung zum Richteramt nach dem Deutschen Richtergesetz die Befähigung zum höheren Verwaltungsdienst gleich, wenn sie nach mindestens dreijährigem Studium der Rechtswissenschaft an einer Universität und dreijähriger Ausbildung im öffentlichen Dienst durch Ablegen der gesetzlich vorgeschriebenen Prüfungen erlangt worden ist.

(2) Bei Kriegsteilnehmern gilt die Voraussetzung des Absatzes 1 als erfüllt, wenn sie den für sie geltenden besonderen Vorschriften genügt haben.

§ 175 (Verfahren vor 18. April 2018)

§ 43 des Einführungsgesetzes zum Gerichtsverfassungsgesetz gilt entsprechend.

§ 176 (Besetzung des Gerichts)

Bei den Verwaltungsgerichten dürfen bis zum Ablauf des 31. Dezember 2025 abweichend von § 29 Absatz 1 des Deutschen Richtergesetzes bei einer gerichtlichen Entscheidung auch mitwirken:

1. zwei abgeordnete Richter auf Lebenszeit oder
2. ein abgeordneter Richter auf Lebenszeit und entweder ein Richter auf Probe oder ein Richter kraft Auftrags.

§ 177 (Papierform)

Dokumente und Aktenteile, die nach den Verschlusssachenanweisungen des Bundes oder der Länder als Verschlusssache höher als VS-NUR FÜR DEN DIENSTGEBRAUCH eingestuft sind, dürfen bis zum 31. Dezember 2035 abweichend von den §§ 55a bis 55d in Papierform erstellt, geführt und übermittelt werden. Dokumente und Aktenteile, die nach den Verschlusssachenanweisungen des Bundes oder der Länder als Verschlusssache VS-NUR FÜR DEN DIENSTGEBRAUCH eingestuft sind, dürfen bis zum 31. Dezember 2035 abweichend von den §§ 55a bis 55d in Papierform übermittelt werden. Die für die Hand-

IX

habung von Verschlusssachen geltenden Geheimschutzvorschriften bleiben unberührt.

§§ 178 und 179 (Änderungsvorschriften)

§ 180 (Vernehmung, Vereidigung nach VwVfG und SGB X)

Erfolgt die Vernehmung oder die Vereidigung von Zeugen und Sachverständigen nach dem Verwaltungsverfahrensgesetz oder nach dem Zehnten Buch Sozialgesetzbuch durch das Verwaltungsgericht, so findet sie vor dem dafür im Geschäftsverteilungsplan bestimmten Richter statt. Über die Rechtmäßigkeit einer Verweigerung des Zeugnisses, des Gutachtens oder der Eidesleistung nach dem Verwaltungsverfahrensgesetz oder nach dem Zehnten Buch Sozialgesetzbuch entscheidet das Verwaltungsgericht durch Beschluß.

§§ 181 und 182 (Änderungsvorschriften)

§ 183 (Nichtigkeit von Landesrecht)

Hat das Verfassungsgericht eines Landes die Nichtigkeit von Landesrecht festgestellt oder Vorschriften des Landesrechts für nichtig erklärt, so bleiben vorbehaltlich einer besonderen gesetzlichen Regelung durch das Land die nicht mehr anfechtbaren Entscheidungen der Gerichte der Verwaltungsgerichtsbarkeit, die auf der für nichtig erklärten Norm beruhen, unberührt. Die Vollstreckung aus einer solchen Entscheidung ist unzulässig. § 767 der Zivilprozeßordnung gilt entsprechend.

§ 184 (Verwaltungsgerichtshof)

Das Land kann bestimmen, daß das Oberverwaltungsgericht die bisherige Bezeichnung „Verwaltungsgerichtshof" weiterführt.

§ 185 (Besonderheiten für bestimmte Bundesländer)

(1) In den Ländern Berlin und Hamburg treten an die Stelle der Kreise im Sinne des § 28 die Bezirke.

(2) Die Länder Berlin, Brandenburg, Bremen, Hamburg, Mecklenburg-Vorpommern, Saarland und Schleswig-Holstein können Abweichungen von den Vorschriften des § 73 Abs. 1 Satz 2 zulassen.

(3) In den Ländern Berlin und Bremen treten an die Stelle der Landesstraßen im Sinne des § 48 Absatz 1 Satz 1 Nummer 8 die Straßen I. Ordnung nach § 20 Nummer 1 des Berliner Straßengesetzes und die Straßen der Gruppe A nach § 3 Absatz 1 Nummer 1 des Bremischen Landesstraßengesetzes.

§ 186 (Besonderheiten für Stadtstaaten)

§ 22 Nr. 3 findet in den Ländern Berlin, Bremen und Hamburg auch mit der Maßgabe Anwendung, daß in der öffentlichen Verwaltung ehrenamtlich tätige Personen nicht zu ehrenamtlichen Richtern berufen werden können. § 6 des Einführungsgesetzes zum Gerichtsverfassungsgesetz gilt entsprechend.

§ 187 (Ermächtigungen für Länder)

(1) Die Länder können den Gerichten der Verwaltungsgerichtsbarkeit Aufgaben der Disziplinargerichtsbarkeit und der Schiedsgerichtsbarkeit bei Vermögensauseinandersetzungen öffentlich-rechtlicher Verbände übertragen, diesen Gerichten Berufsgerichte angliedern sowie dabei die Besetzung und das Verfahren regeln.

(2) Die Länder können ferner für das Gebiet des Personalvertretungsrechts von diesem Gesetz abweichende Vorschriften über die Besetzung und das Verfahren der Verwaltungsgerichte und des Oberverwaltungsgerichts erlassen.

§ 188 (Zusammenfassung von Sachgebieten)

Die Sachgebiete in Angelegenheiten der Fürsorge mit Ausnahme der Angelegenheiten der Sozialhilfe und des Asylbewerberleistungsgesetzes, der Jugendhilfe, der Schwerbehindertenfürsorge sowie der Ausbildungsförderung sollen in einer Kammer oder in einem Senat zusammengefaßt werden. Gerichtskosten (Gebühren und Auslagen) werden in den Verfahren dieser Art nicht erhoben; dies gilt nicht für Erstattungsstreitigkeiten zwischen Sozialleistungsträgern.

§ 188a (Wirtschaftsrecht)

Für Angelegenheiten des Wirtschaftsrechts können besondere Kammern oder Senate gebildet werden (Wirtschaftskammern, Wirtschaftssenate). Die Sachgebiete der Wirtschaftsverfassung, Wirtschaftslenkung, Marktordnung und Außenwirtschaft, des Gewerberechts sowie des Post-, Fernmelde- und Telekommunikationsrechts sollen in den Wirtschaftskammern oder Wirtschaftssenaten zusammengefasst werden. Darüber hinaus können den Wirtschaftskammern oder Wirtschaftssenaten weitere Streitigkeiten mit einem Bezug zum Wirtschaftsrecht zugewiesen werden.

§ 188b (Planungsrecht)

Für Angelegenheiten des Planungsrechts sollen besondere Kammern oder Senate gebildet werden (Planungskammern, Planungssenate). Ihnen können insbesondere auch Sachgebiete zugewiesen werden, die mit den Angelegenheiten des Planungsrechts im Zusammenhang stehen.

§ 189 (Bildung von Fachsenaten)

Für die nach § 99 Abs. 2 zu treffenden Entscheidungen sind bei den Oberverwaltungsgerichten und dem Bundesverwaltungsgericht Fachsenate zu bilden.

§ 190 (Unberührtes Bundesrecht)

Die folgenden Gesetze, die von diesem Gesetz abweichen, bleiben unberührt:

1. das Lastenausgleichsgesetz vom 14. August 1952 (Bundesgesetzbl. I S. 446) in der Fassung der dazu ergangenen Änderungsgesetze,
2. das Gesetz über die Errichtung eines Bundesaufsichtsamtes für das Versicherungs- und Bausparwesen vom 31. Juli 1951 (Bundesgesetzbl. I S. 480) in der Fassung des Gesetzes zur Ergänzung des Gesetzes über die Errichtung eines Bundesaufsichtsamtes für das Versicherungs- und Bausparwesen vom 22. Dezember 1954 (Bundesgesetzbl. I S. 501),
3. (weggefallen)
4. das Flurbereinigungsgesetz vom 14. Juli 1953 (Bundesgesetzbl. I S. 591),
5. das Personalvertretungsgesetz vom 5. August 1955 (Bundesgesetzbl. I S. 477),
6. die Wehrbeschwerdeordnung (WBO) vom 23. Dezember 1956 (Bundesgesetzbl. I S. 1066),
7. das Kriegsgefangenenentschädigungsgesetz (KgfEG) in der Fassung vom 8. Dezember 1956 (Bundesgesetzbl. I S. 908),
8. § 13 Abs. 2 des Patentgesetzes und die Vorschriften über das Verfahren vor dem Deutschen Patentamt.

§ 191 (Änderungsvorschrift)

(1) (Änderungsvorschrift)

(2) § 127 des Beamtenrechtsrahmengesetzes und § 54 des Beamtenstatusgesetzes bleiben unberührt.

§ 192 (Änderungsvorschrift)

§ 193 (Verfassungsstreitigkeiten)

In einem Land, in dem kein Verfassungsgericht besteht, bleibt eine dem Oberverwaltungsgericht übertragene Zuständigkeit zur Entscheidung von Verfassungsstreitigkeiten innerhalb des Landes bis zur Errichtung eines Verfassungsgerichts unberührt.

§ 194 (Übergangsvorschrift)

(1) Die Zulässigkeit der Berufungen richtet sich nach dem bis zum 31. Dezember 2001 geltenden Recht, wenn vor dem 1. Januar 2002

1. die mündliche Verhandlung, auf die das anzufechtende Urteil ergeht, geschlossen worden ist,
2. in Verfahren ohne mündliche Verhandlung die Geschäftsstelle die anzufechtende Entscheidung zum Zwecke der Zustellung an die Parteien herausgegeben hat.

(2) Im Übrigen richtet sich die Zulässigkeit eines Rechtsmittels gegen eine gerichtliche Entscheidung nach dem bis zum 31. Dezember 2001 geltenden Recht, wenn vor dem 1. Januar 2002 die gerichtliche Entscheidung bekannt gegeben oder verkündet oder von Amts wegen an Stelle einer Verkündung zugestellt worden ist.

(3) Fristgerecht vor dem 1. Januar 2002 eingelegte Rechtsmittel gegen Beschlüsse in Verfahren der Prozesskostenhilfe gelten als durch das Oberverwaltungsgericht zugelassen.

(4) In Verfahren, die vor dem 1. Januar 2002 anhängig geworden sind oder für die die Klagefrist vor diesem Tage begonnen hat, sowie in Verfahren über Rechtsmittel gegen gerichtliche Entscheidungen, die vor dem 1. Januar 2002 bekannt gegeben oder verkündet oder von Amts wegen an Stelle einer Verkündung zugestellt worden sind, gelten für die Prozessvertretung der Beteiligten die bis zu diesem Zeitpunkt geltenden Vorschriften.

(5) § 40 Abs. 2 Satz 1, § 154 Abs. 3, § 162 Abs. 2 Satz 3 und § 188 Satz 2 sind für die ab 1. Januar 2002 bei Gericht anhängig werdenden Verfahren in der zu diesem Zeitpunkt geltenden Fassung anzuwenden.

(6) Für am 1. Januar 2024 noch anhängige Verfahren aus dem Sachgebiet der Kriegsopferfürsorge gilt § 67 Absatz 2 Satz 2 Nummer 6 in der am 31. Dezember 2023 geltenden Fassung weiter.

§ 195 (In-Kraft-Treten)

(1) (Inkrafttreten)

(2) bis (6) (weggefallen)

(7) Für Rechtsvorschriften im Sinne des § 47, die vor dem 1. Januar 2007 bekannt gemacht worden sind, gilt die Frist des § 47 Abs. 2 in der bis zum Ablauf des 31. Dezember 2006 geltenden Fassung.

Hessisches Gesetz zur Ausführung der Verwaltungsgerichtsordnung (HessAGVwGO)

in der Fassung der Bekanntmachung vom 27. Oktober 1997 (GVBl. I S. 381)

Zuletzt geändert durch
Gesetz über die Ausgliederung der Stadt Hanau aus dem Main-Kinzig-Kreis und zur Änderung anderer Rechtsvorschriften
vom 3. März 2025 (GVBl. Nr. 16)

Erster Abschnitt Gerichtsverfassung

§ 1 Sitz und Bezirk der Gerichte

(1) Das Oberverwaltungsgericht führt die Bezeichnung „Hessischer Verwaltungsgerichtshof". Es hat seinen Sitz in Kassel.

(2) Verwaltungsgerichte bestehen

1. in Darmstadt für die Städte Darmstadt und Offenbach am Main sowie die Landkreise Bergstraße, Darmstadt-Dieburg, Groß-Gerau, Odenwaldkreis und Offenbach,
2. in Frankfurt am Main für die Städte Frankfurt am Main und Hanau sowie die Landkreise Hochtaunuskreis, Main-Kinzig-Kreis und Main-Taunus-Kreis,
3. in Gießen für die Landkreise Gießen, Lahn-Dill-Kreis, Marburg-Biedenkopf, Vogelsbergkreis und Wetteraukreis,
4. in Kassel für die Stadt Kassel sowie die Landkreise Fulda, Hersfeld-Rotenburg, Kassel, Schwalm-Eder-Kreis, Waldeck-Frankenberg und Werra-Meißner-Kreis,
5. in Wiesbaden für die Stadt Wiesbaden sowie die Landkreise Limburg-Weilburg und Rheingau-Taunus-Kreis.

§ 2 Dienstaufsicht und Geschäftsbereich

Die Landesregierung bestimmt, wer die Dienstaufsicht über die Gerichte der Verwaltungsgerichtsbarkeit ausübt und zu wessen Geschäftsbereich die Verwaltung dieser Gerichte gehört.

§ 3 Bildung der Kammern und Senate

Das für Justizangelegenheiten zuständige Ministerium bestimmt im Rahmen des Haushaltsplans nach Anhörung des Präsidenten des Verwaltungsgerichtshofes die Zahl der Kammern bei den Verwaltungsgerichten und der Senate bei dem Verwaltungsgerichtshof.

§ 4 Ernennung von Richtern im Nebenamt

Der zuständige Minister ernennt die Richter im Nebenamt; dies gilt nicht für die ordentlichen Professoren des Rechts, die nicht auf Lebenszeit ernannte Richter sind.

§ 5 Ausschuß zur Wahl der ehrenamtlichen Richter

(1) Für die Ausschüsse zur Wahl der ehrenamtlichen Richter werden die Vertrauensleute und ihre Vertreter für die Dauer der Wahlperiode des Landtags gewählt. Eine Ersatzwahl findet nur für den Rest der Wahlperiode statt. Bis zur Neuwahl bleiben die bisherigen Vertrauensleute und Vertreter im Amt.

(2) Die Vertrauensleute und ihre Stellvertreter beruft der Landtag nach den Regeln der Verhältniswahl. Jede Fraktion ist berechtigt, eine Vorschlagsliste vorzulegen. Die Sitze der Vertrauensleute werden auf die Wahlvorschläge nach dem Höchstzahlverfahren verteilt. Die auf der Liste folgenden Namen gelten in gleicher Anzahl als Stellvertreter. Über die Zuteilung des letzten Sitzes oder der letzten Sitze entscheidet bei gleicher Höchstzahl das durch den Präsidenten des Landtags zu ziehende Los. Im Falle des Ausscheidens eines Vertrauensmannes rückt der jeweils erste noch nicht berufene auf der gleichen Liste gewählte Stellvertreter nach.

IX

§ 6 Asylsachen

Die Streitigkeiten nach dem Asylgesetz in der Fassung der Bekanntmachung vom 2. September 2008 (BGBl. I S. 1798), zuletzt geändert durch Gesetz vom 20. Juli 2017 (BGBl. I S. 2780), werden für die Stadt Offenbach am Main und den Landkreis Offenbach dem Verwaltungsgericht Frankfurt am Main und für den Main-Taunus-Kreis und den Landkreis Groß-Gerau dem Verwaltungsgericht Wiesbaden zugewiesen.

§ 6a Disziplinarsachen

(1) Die Aufgaben der Disziplinargerichtsbarkeit nach dem Bundesdisziplinargesetz vom 9. Juli 2001 (BGBl. I S. 1510), zuletzt geändert durch Gesetz vom 19. Oktober 2016 (BGBl. I S. 2362), soweit sie nicht vom Hessischen Verwaltungsgerichtshof wahrgenommen werden, und die Aufgaben der Disziplinargerichtsbarkeit nach dem Zivildienstgesetz in der Fassung der Bekanntmachung vom 17. Mai 2005 (BGBl. I S. 1346, 2301), zuletzt geändert durch Gesetz vom 29. Juni 2015 (BGBl. I S. 1061), werden für sämtliche Bezirke der hessischen Verwaltungsgerichte dem Verwaltungsgericht Wiesbaden zugewiesen.

(2) Die bei den Verwaltungsgerichten Darmstadt, Frankfurt am Main, Gießen und Kassel bereits anhängigen Verfahren gehen mit dem Zeitpunkt des In-Kraft-Tretens dieses Gesetzes auf das Verwaltungsgericht Wiesbaden über.

IX

§ 6b Beamtenbeisitzerinnen und Beamtenbeisitzer

(1) Die nach § 47 des Bundesdisziplinargesetzes zu wählenden Beamtenbeisitzerinnen und Beamtenbeisitzer werden von dem Ausschuss, der zur Wahl der ehrenamtlichen Richterinnen und Richter bestellt ist (§ 26 der Verwaltungsgerichtsordnung), auf fünf Jahre gewählt.

(2) Das Ministerium der Justiz stellt in jedem fünften Jahr Vorschlagslisten von Beamtenbeisitzerinnen und Beamtenbeisitzern auf. Hierbei ist die doppelte Anzahl der durch die Präsidentinnen oder die Präsidenten des Verwaltungsgerichts Wiesbaden und des Hessischen Verwaltungsgerichtshofs jeweils als erforderlich bezeichneten Beamtenbeisitzerinnen und Beamtenbeisitzer zugrunde zu legen. Die obersten Bundesbehörden und die Spitzenorganisationen der Gewerkschaften der Beamtinnen und Beamten können Beamtinnen und Beamte des Bundes für die Listen vorschlagen. In die Listen sind die vorgeschlagenen Beamtinnen und Beamten, nach Laufbahngruppen und Verwaltungsbereichen gegliedert, nach pflichtgemäßem Ermessen des Ministeriums aufzunehmen.

(3) Die Ministerin oder der Minister der Justiz kann die Aufgabe nach Abs. 2 Satz 1 durch Rechtsverordnung auf eine nachgeordnete Behörde übertragen.

(4) Die Entscheidung nach § 50 des Bundesdisziplinargesetzes trifft ein Senat des Verwaltungsgerichtshofs auf Antrag der Präsidentin oder des Präsidenten des betroffenen Gerichts oder der Beamtin oder des Beamten.

§ 6c Fachkammern für Angelegenheiten nach dem Bundespersonalvertretungsgesetz

(1) Die Zuständigkeit der Fachkammern nach § 109 Abs. 1 Satz 1 des Bundespersonalvertretungsgesetzes vom 9. Juni 2021 (BGBl. I S. 1614) wird für alle Bezirke dem Verwaltungsgericht Darmstadt zugewiesen.

(2) Für die bei den Verwaltungsgerichten Frankfurt am Main, Gießen, Kassel und Wiesbaden am 1. Dezember 2021 bereits anhängigen Verfahren gilt Abs. 1 in der ab dem 1. Dezember 2021 geltenden Fassung.

Zweiter Abschnitt
Vorverfahren

§ 7 Ausschuß

(1) Vor der Entscheidung über Widersprüche gegen Verwaltungsakte des Kreisausschusses, des Gemeindevorstandes, des Bürgermeisters, des Landrats und des Landrats als Behörde der Landesverwaltung ist der Widerspruchsführer durch einen Ausschuß oder durch den Vorsitzenden des Ausschusses mündlich zu hören.

(2) Ausschüsse werden gebildet

1. bei den Städten mit 30 000 und mehr Einwohnern für die Anhörung über Widersprüche gegen Verwaltungsakte des Magistrats und des Oberbürgermeisters (Bürgermeisters),
2. bei den Landräten als Behörden der Landesverwaltung für die Anhörung über Widersprüche gegen Verwaltungsakte des Landrats als Behörde der Landesverwaltung, des Landrats, des Kreisausschusses sowie des Gemeindevorstandes und des Bürgermeisters kreisangehöriger Gemeinden mit weniger als 30 000 Einwohnern.

(3) Die Anhörung findet statt

1. in Weisungs- und Auftragsangelegenheiten vor der Entschließung nach § 72 der Verwaltungsgerichtsordnung, ob dem Widerspruch abgeholfen wird,
2. in Selbstverwaltungsangelegenheiten vor Erlaß des Widerspruchsbescheids nach § 73 der Verwaltungsgerichtsordnung.

(4) Von der Anhörung kann abgesehen werden, wenn

1. der Widerspruch bei der Behörde eingelegt ist, die den Verwaltungsakt erlassen oder seine Vornahme abgelehnt hat, und die Behörde dem Widerspruch abhelfen oder stattgeben will,
2. in Weisungs- und Auftragsangelegenheiten der Erlaß oder die Ablehnung des Verwaltungsaktes auf einer Weisung der Aufsichtsbehörde für den Einzelfall beruht,
3. die Anhörung wegen der Dringlichkeit des Falles nicht rechtzeitig stattfinden kann,
4. vor der Entscheidung über den Widerspruch sozial erfahrene Personen oder ein Gutachterausschuß zu beteiligen sind,
5. der Widerspruchsführer auf die Anhörung verzichtet,
6. der Widerspruchsführer nicht erklärt, ob er die Anhörung wünscht oder auf sie verzichtet, obwohl er vom Vorsitzenden des Ausschusses aufgefordert wurde, diese Erklärung innerhalb einer von diesem zu bestimmenden Frist abzugeben, die mindestens zwei Wochen betragen muß,
7. die Sach- und Rechtslage hinreichend geklärt erscheint und der Streitstand eine gütliche Erledigung des Widerspruchs nicht erwarten läßt,
8. der Widerspruchsführer trotz ordnungsgemäßer Ladung unentschuldigt nicht erscheint.

Über das Absehen von der Anhörung entscheidet der Vorsitzende des Ausschusses.

(5) Die Anhörung findet nicht statt in Verfahren nach § 142 der Hessischen Gemeindeordnung und nach § 54 Abs. 2 Satz 1 des Beamtenstatusgesetzes vom 17. Juni 2008 (BGBl. I S. 1010), zuletzt geändert durch Gesetz vom 8. Juni 2017 (BGBl. I S. 1570), in der jeweils geltenden Fassung sowie bei Widersprüchen gegen Entscheidungen über die Förderung der Landwirtschaft im Sinne von § 1 Abs. 1 des Gesetzes zum Vollzug von Aufgaben in den Bereichen der Landwirtschaft, der Landschaftspflege, der Dorf- und Regionalentwicklung und des ländlichen Tourismus vom 21. März 2005 (GVBl. I S. 229, 233), zuletzt geändert durch Gesetz vom 20. Dezember 2015 (GVBl. S. 635), in der jeweils geltenden Fassung.

§ 8 Unentschuldigtes Ausbleiben

(1) Einem ordnungsgemäß geladenen Widerspruchsführer, der nicht zum Anhörungstermin erscheint, kann zur pauschalen Abgeltung des durch die Vorbereitung des Termins entstandenen Verwaltungsaufwandes ein Betrag von fünfzig Euro auferlegt werden. Dies gilt nur, wenn der Widerspruchsführer in der Ladung darauf hingewiesen worden ist. Macht der Widerspruchsführer glaubhaft, daß ihm die Ladung nicht rechtzeitig zugegangen ist, oder entschuldigt er sein Ausbleiben genügend, wird der Betrag nicht erhoben.

(2) Der Betrag ist im Falle des § 7 Abs. 2 Nr. 1 vom Magistrat und im Falle des § 7 Abs. 2 Nr. 2 vom Landrat als Behörde der Landesverwaltung zu erheben.

§ 9 Vorlagefrist

Der bei einer kreisangehörigen Gemeinde mit weniger als 30 000 Einwohnern eingelegte Widerspruch ist dem beim Landrat als Behörde der Landesverwaltung gebildeten Ausschuß innerhalb einer Frist von zwei Wochen vorzulegen, soweit die Gemeinde dem Widerspruch nicht abhilft.

§ 10 Zusammensetzung des Ausschusses

(1) Den Vorsitz im Ausschuß führt der Landrat oder der Bürgermeister. Sie können sich allgemein oder im Einzelfall vertreten lassen. Dem Ausschuß gehören zwei Beisitzer an.

(2) Die Beisitzer werden für die Wahlzeit der Vertretungskörperschaften gewählt. Die Wahl erfolgt im Falle

1. des § 7 Abs. 2 Nr. 1 durch die Stadtverordnetenversammlung auf Vorschlag des Magistrats,
2. des § 7 Abs. 2 Nr. 2 durch den Kreistag auf Vorschlag des Kreisausschusses.

(3) Das Amt eines Beisitzers soll nur Einwohnern übertragen werden, die allgemeines Ansehen und das Vertrauen ihrer Miteinwohner genießen. Die Einwohner müssen das achtzehnte Lebensjahr vollendet haben. Berufs- und andere Vereinigungen oder sonstige Einrichtungen mit Sitz im Stadt- oder Kreisgebiet (§ 7 Abs. 2) haben gegenüber dem Magistrat oder Kreisausschuß ein Vorschlagsrecht, auf das vor der Wahl der Beisitzer durch ortsübliche Bekanntmachung hinzuweisen ist. Bei Übernahme des Amtes ist der Beisitzer zur gewissenhaften und unparteiischen Ausübung und zur Verschwiegenheit zu verpflichten; die Verpflichtung ist aktenkundig zu machen.

(4) Die Reihenfolge, in der die Beisitzer zu den Sitzungen des Ausschusses hinzuzuziehen sind, wird von dem Landrat oder dem Bürgermeister vor Beginn des Kalenderjahres bestimmt. Im Falle der unvorhergesehenen Verhinderung eines Beisitzers kann der Vorsitzende von der Reihenfolge abweichen.

(5) Die §§ 25 und 27 der Hessischen Gemeindeordnung finden entsprechende Anwendung. Die Kosten trägt im Falle des § 7 Abs. 2 Nr. 1 die Stadt, im Falle des § 7 Abs. 2 Nr. 2 der Landkreis.

(6) Die Beisitzer sind nach Ablauf ihrer Wahlzeit (Abs. 2 Satz 1) zu den Sitzungen des Ausschusses heranzuziehen, bis ihre Nachfolger gewählt sind.

(7) Das Amt eines Beisitzers kann abgelehnt oder niedergelegt werden, wenn ein wichtiger Grund vorliegt.

(8) Der Beisitzer darf die Kenntnis von Angelegenheiten, über die er verschwiegen zu sein hat, nicht unbefugt verwerten. Dies gilt auch dann, wenn er nicht mehr Beisitzer ist.

§ 11 Ordnungswidrigkeit

(1) Ordnungswidrig handelt, wer ohne wichtigen Grund das Amt eines Beisitzers ablehnt oder niederlegt.

(2) Die Ordnungswidrigkeit kann mit einer Geldbuße bis zu zweihundertfünfzig Euro geahndet werden.

(3) Verwaltungsbehörde im Sinne des § 36 Abs. 1 Nr. 1 des Gesetzes über Ordnungswidrigkeiten ist im Falle des § 7 Abs. 2 Nr. 1 der Magistrat, im Falle des § 7 Abs. 2 Nr. 2 der Landrat als Behörde der Landesverwaltung.

§ 12[1]) Durchführung der Anhörung

(1) Der Ausschuß hat die Sach- und Rechtslage mit den Beteiligten zu erörtern und auf eine gütliche Erledigung des Widerspruchs hinzuwirken. Der Vorsitzende des Ausschusses kann die Erörterung ohne die Beisitzer durchführen, wenn die Sache keine Schwierigkeiten tatsächlicher oder rechtlicher Art aufweist.

(2) Das wesentliche Ergebnis der Anhörung ist in eine Niederschrift aufzunehmen und mit einem Vorschlag des Ausschusses der Behörde vorzulegen, die den Verwaltungsakt erlassen oder seine Vornahme abgelehnt hat.

(3) Die Beteiligten können zur Erledigung des Widerspruchsverfahrens einen Vergleich auch zur Aufnahme in die über die Sitzung zu fertigende Niederschrift schließen, soweit sie

[1]) § 12 Abs. 1 Satz 2 findet keine Anwendung auf Widersprüche, die vor dem 24. Juli 1997 erhoben worden sind.

über den Gegenstand und die Kosten verfügen können. Der Text des Vergleichs ist den Beteiligten vorzulesen oder zur Durchsicht vorzulegen. Ist der Inhalt der Niederschrift auf einem Tonträger vorläufig aufgezeichnet worden, so genügt es, wenn der Wortlaut des Vergleichs abgespielt wird. Die Zustimmung der Beteiligten zu dem Vergleich ist in der Niederschrift zu vermerken.

Dritter Abschnitt
Verfahren

§ 13 Wasser- und Bodenverbände

In Angelegenheiten der Wasser- und Bodenverbände erläßt den Widerspruchsbescheid die Aufsichtsbehörde.

§ 14 Verwaltungskosten

(1) Soweit der Widerspruch erfolglos geblieben oder zurückgenommen worden ist, sind von der mit der Bearbeitung des Widerspruchs zuletzt befaßten Behörde Kosten (Gebühren und Auslagen) nach Maßgabe des Hessischen Verwaltungskostengesetzes in der jeweiligen Fassung zu erheben. Kostenregelnde Rechtsvorschriften der der Aufsicht des Landes unmittelbar unterliegenden juristischen Personen des öffentlichen Rechts stehen dabei Verwaltungskostenordnungen im Sinne des vorgenannten Gesetzes gleich.

(2) Hat eine Anhörung nach § 7 Abs. 3 stattgefunden und gehört die in Abs. 1 Satz 1 genannte Behörde nicht zu dem Rechtsträger, in dessen Dienst der jeweils tätige Vorsitzende des Ausschusses steht, hat der Träger der Behörde ein Viertel der Widerspruchsgebühr an die Anstellungskörperschaft des Vorsitzenden abzuführen. Dies gilt nur, wenn die Gebühr im Einzelfall hundert Euro übersteigt. Die Erstattungen sind jährlich vorzunehmen. § 59 des Finanzausgleichsgesetzes vom 23. Juli 2015 (GVBl. S. 298), geändert durch Gesetz vom 25. November 2015 (GVBl. S. 414), bleibt unberührt.

(3) Abs. 1 findet keine Anwendung bei der Erhebung von Steuern durch Gemeinden und Landkreise.

§ 15 Normenkontrolle

Der Verwaltungsgerichtshof entscheidet im Normenkontrollverfahren nach § 47 der Verwaltungsgerichtsordnung über die Gültigkeit im Range unter dem Landesgesetz stehender Rechtsvorschriften, auch soweit diese nicht in § 47 Abs. 1 Nr. 1 der Verwaltungsgerichtsordnung genannt sind.

§ 16 Wegfall der aufschiebenden Wirkung in der Verwaltungsvollstreckung

Rechtsbehelfe, die sich gegen Maßnahmen in der Verwaltungsvollstreckung oder gegen die Anforderung von Kosten oder voraussichtlichen Kosten der Verwaltungsvollstreckung einschließlich der Mahngebühr und der Zinsen richten, haben keine aufschiebende Wirkung.

§ 16a Wegfall des Vorverfahrens

(1) Ein Vorverfahren nach § 68 der Verwaltungsgerichtsordnung oder ein Widerspruchsverfahren nach anderen Rechtsvorschriften entfällt in den in der Anlage zu diesem Gesetz aufgeführten Fällen.

(2) In den nicht in der Anlage zu diesem Gesetz genannten Fällen bedarf es eines Vorverfahrens nicht, wenn das Regierungspräsidium oder das Hessische Landesamt für Gesundheit und Pflege den Verwaltungsakt erlassen oder diesen abgelehnt hat. Dies gilt nicht, wenn eine gesonderte Vorschrift die Durchführung eines Vorverfahrens vorschreibt, und für die Bewertung einer Leistung im Rahmen einer berufsbezogenen Prüfung.

(3) In den Fällen des Abs. 1 und 2 entfällt das Vorverfahren auch bei Nebenbestimmungen und Maßnahmen der Verwaltungsvollstreckung.

(4) Entfällt das Vorverfahren nicht, ist die Behörde, die den Verwaltungsakt erlassen oder diesen abgelehnt hat, auch für die Entscheidung über den Widerspruch zuständig, wenn die nächsthöhere Behörde das Regierungspräsidium, das Hessische Landesamt für Gesundheit und Pflege oder die Wirtschafts- und Infrastrukturbank Hessen ist. Die Bestim-

IX

mung der Widerspruchsbehörde durch besondere Rechtsvorschriften bleibt unberührt.

§ 17 Besetzung der Senate des Verwaltungsgerichtshofes

(1) Die Senate des Verwaltungsgerichtshofes entscheiden in der Besetzung mit drei Richtern und zwei ehrenamtlichen Richtern.

(2) Bei Beschlüssen außerhalb der mündlichen Verhandlung und bei Gerichtsbescheiden (§ 84 der Verwaltungsgerichtsordnung) wirken die ehrenamtlichen Verwaltungsrichter nicht mit.

§ 18[2])

(vollzogen)

Vierter Abschnitt Schlußvorschriften

§ 19 Weitergehendes Landesrecht

Unberührt bleiben Vorschriften, nach denen

1. öffentlich-rechtliche Streitigkeiten nichtverfassungsrechtlicher Art abweichend von der Verwaltungsgerichtsordnung einem anderen Gericht zugewiesen sind oder
2. Gerichten der Verwaltungsgerichtsbarkeit Aufgaben der Disziplinargerichtsbarkeit und der Schiedsgerichtsbarkeit bei Vermögensauseinandersetzungen öffentlich-rechtlicher Verbände übertragen sind oder
3. Gerichten der Verwaltungsgerichtsbarkeit Berufsgerichte angegliedert sind oder
4. für das Gebiet des Personalvertretungsrechts von der Verwaltungsgerichtsordnung abweichende Bestimmungen über das Verfahren der Gerichte der Verwaltungsgerichtsbarkeit getroffen sind.

§ 20[3])

(vollzogen)

§ 21 Zuständigkeitsvorbehalt

Soweit dieses Gesetz Verordnungen ändert, bleibt die Befugnis der zuständigen Stellen unberührt, diese Verordnungen zu ändern oder aufzuheben.

§ 21a Übergangsvorschrift

Für Verwaltungsakte, die vor dem Inkrafttreten einer Änderung dieses Gesetzes erlassen worden sind, ist die Anlage in ihrer bis dahin geltenden Fassung anzuwenden.

§ 22[4]) Inkrafttreten

Dieses Gesetz tritt am 1. April 1962, der § 11 am Tage nach der Verkündung in Kraft.

§ 23 Außer-Kraft-Treten

Dieses Gesetz tritt mit Ablauf des 31. Dezember 2026 außer Kraft.

IX

---

[2]) Entspricht § 14 der ursprünglichen Fassung.

[3]) Entspricht § 16 der ursprünglichen Fassung.

[4]) Diese Bestimmung betrifft das In-Kraft-Treten des Gesetzes in der ursprünglichen Fassung.

Anlage
(zu § 16a Abs. 1)

Ein Vorverfahren nach § 68 der Verwaltungsgerichtsordnung oder ein Widerspruchsverfahren nach besonderen Rechtsvorschriften entfällt in folgenden Fällen:

1. Stiftungs- und Feiertagsrecht

1.1 Entscheidungen nach dem Hessischen Stiftungsgesetz vom 4. April 1966 (GVBl. I S. 77), zuletzt geändert durch Gesetz vom 27. September 2012 (GVBl. S. 290), in der jeweils geltenden Fassung;

1.2 Entscheidungen nach § 14 des Hessischen Feiertagsgesetzes in der Fassung der Bekanntmachung vom 29. Dezember 1971 (GVBl. I S. 344), zuletzt geändert durch Gesetz vom 13. Dezember 2012 (GVBl. S. 622), in der jeweils geltenden Fassung, es sei denn, ein Dritter erhebt Widerspruch;

2. Öffentliche Sicherheit und Ordnung

2.1 Entscheidungen nach § 4 Abs. 1 der Verordnung über die Sperrzeit vom 10. Dezember 2012 (GVBl. S. 669), geändert durch Verordnung vom 4. Dezember 2017 (GVBl. S. 396), in der jeweils geltenden Fassung;

2.2 Entscheidungen nach dem
   a) Paßgesetz vom 19. April 1986 (BGBl. I S. 537), zuletzt geändert durch Gesetz vom 7. Juli 2017 (BGBl. I S. 2310),
   b) Personalausweisgesetz vom 18. Juni 2009 (BGBl. I S. 1346), zuletzt geändert durch Gesetz vom 18. Juli 2017 (BGBl. I S. 2745),
   in der jeweils geltenden Fassung und den aufgrund dieser Gesetze erlassenen Rechtsverordnungen;

2.3 Entscheidungen nach dem
   a) Bundesmeldegesetz vom 3. Mai 2013 (BGBl. I S. 1084), zuletzt geändert durch Gesetz vom 18. Juli 2017 (BGBl. I S. 2745),
   b) Hessischen Ausführungsgesetz zum Bundesmeldegesetz vom 28. September 2015 (GVBl. S. 346)
   in der jeweils geltenden Fassung und den aufgrund dieser Gesetze erlassenen Rechtsverordnungen;

2.4 Entscheidungen nach den § 15 Abs. 3 und § 16 Abs. 2 des Hessischen Brand- und Katastrophenschutzgesetzes in der Fassung der Bekanntmachung vom 14. Januar 2014 (GVBl. S. 26) in der jeweils geltenden Fassung;

2.5 Entscheidungen nach dem Hessischen Glücksspielgesetz vom 28. Juni 2012 (GVBl. S. 190), zuletzt geändert durch Gesetz vom 18. Dezember 2017 (GVBl. S. 480), in der jeweils geltenden Fassung;

2.6 Entscheidungen im Aufenthaltsrecht;

3. Kommunalwesen

3.1 Entscheidungen über die Erstattung des Ehrensolds nach § 7 Abs. 1 der Verordnung über die Aufwandsentschädigung und den Ehrensold der ehrenamtlichen Bürgermeisterinnen und ehrenamtlichen Bürgermeister vom 7. Dezember 2016 (GVBl. S. 242) in der jeweils geltenden Fassung in Verbindung mit § 13 des Gesetzes über die Aufwandsentschädigung und den Ehrensold der ehrenamtlichen Bürgermeister und der ehrenamtlichen Kassenverwalter der Gemeinden vom 7. Oktober 1970 (GVBl. I S. 635), aufgehoben durch Gesetz vom 20. Dezember 2015 (GVBl. S. 618);

3.2 Entscheidungen nach § 8b Abs. 4 Satz 2 der Hessischen Gemeindeordnung über die Zulässigkeit von Bürgerbegehren;

4. Sozialwesen

4.1 Entscheidungen über Leistungen nach den Richtlinien des Bundesministeriums für Familie, Senioren, Frauen und Jugend über die Vergabe von Zuwendungen (Beihilfen) zur gesellschaftlichen, d. h. sprachlichen, schulischen, beruflichen und damit in Verbindung stehenden sozialen Eingliederung junger Spätaussiedlerinnen und Spätaussiedler sowie junger ausländischer Flüchtlinge,

„Garantiefonds – Schul- und Berufsbildungsbereich (RL-GF-SB)" in der Fassung vom 19. Januar 1998 (GMBl. 1998 S. 123);

4.2 Entscheidungen nach § 42f Abs. 3 des Achten Buches Sozialgesetzbuch;

5. Gesundheitswesen

5.1 Entscheidungen und Maßnahmen nach den §§ 16, 17, 25, 28, 39 Abs. 2, § 42 Abs. 4, §§ 44 und 45 Abs. 3 des Infektionsschutzgesetzes vom 20. Juli 2000 (BGBl. I S. 1045), zuletzt geändert durch Gesetz vom 17. Juli 2017 (BGBl. I S. 2615), in der jeweils geltenden Fassung;

5.2 Entscheidungen über die Rücknahme einer Heilpraktikererlaubnis nach § 7 der Ersten Durchführungsverordnung zum Heilpraktikergesetz in der im Bundesgesetzblatt Teil III, Gliederungsnummer 2122-2-1, veröffentlichten bereinigten Fassung, zuletzt geändert durch Gesetz vom 23. Dezember 2016 (BGBl. I S. 3191), in der jeweils geltenden Fassung;

6. Veterinärwesen

6.1 Entscheidungen über die Erlaubnis nach § 11 des Tierschutzgesetzes in der Fassung der Bekanntmachung vom 18. Mai 2006 (BGBl. I S. 1206, 1313), zuletzt geändert durch Gesetz vom 29. März 2017 (BGBl. I S. 626), in der jeweils geltenden Fassung;

6.2 Entscheidungen über die Erteilung einer Sachkundebescheinigung nach § 4 Abs. 2 der Tierschutz-Schlachtverordnung vom 20. Dezember 2012 (BGBl. I S. 2982) in der jeweils geltenden Fassung;

6.3 Entscheidungen nach Art. 10, 11 und 18 der Verordnung (EG) Nr. 1/2005 des Rates vom 22. Dezember 2004 über den Schutz von Tieren beim Transport und damit zusammenhängenden Vorgängen sowie zur Änderung der Richtlinie 64/432/EWG und 93/119/EG und der Verordnung (EG) Nr. 1255/97 (ABl. EU 2005 Nr. L 3 S. 1, 2006 Nr. L 113 S. 26);

6.4 (weggefallen)

6.5 Entscheidungen nach § 3a Abs. 1 Satz 1 der Rinder-Leukose-Verordnung in der Fassung der Bekanntmachung vom 17. Mai 2017 (BGBl. I S. 1262) in der jeweils geltenden Fassung;

6.6 Entscheidungen über Ausnahmegenehmigungen nach § 3 der Tollwut-Verordnung in der Fassung der Bekanntmachung vom 4. Oktober 2010 (BGBl. I S. 1313), zuletzt geändert durch Verordnung vom 29. Dezember 2014 (BGBl. I S. 2481), in der jeweils geltenden Fassung;

7. Bauwesen und Denkmalschutz

7.1 Entscheidungen nach § 36 Abs. 2 Satz 3 des Baugesetzbuches in der Fassung der Bekanntmachung vom 3. November 2017 (BGBl. I S. 3634) in der jeweils geltenden Fassung;

7.2 Entscheidungen nach § 22 des Hessischen Denkmalschutzgesetzes vom 28. November 2016 (GVBl. S. 211) in der jeweils geltenden Fassung;

8. Spätaussiedler
Entscheidungen nach dem Gesetz über die Aufnahme und Unterbringung von Spätaussiedlerinnen und Spätaussiedlern vom 24. November 2009 (GVBl. I S. 436), zuletzt geändert durch Gesetz vom 5. Oktober 2017 (GVBl. S. 294), in der jeweils geltenden Fassung;

9. Kosten und Finanzwesen

9.1 Kostenentscheidungen, mit denen Gebühren und Auslagen für kostenpflichtige Amtshandlungen festgesetzt werden, auch im Falle des Verbleibs der erhobenen Kosten bei den Gemeinden und Gemeindeverbänden als eigene Einnahmen, wenn
   a) die Kostenentscheidung von der Widerspruchsbehörde erlassen wurde oder
   b) gegen die gebührenpflichtige Amtshandlung, auf die sich die Kostenentscheidung bezieht, nicht Widerspruch erhoben wird oder ein Widerspruch nicht statthaft ist;

dies gilt nicht für die Kostenerhebung in Auftrags- und Weisungsangelegenheiten auf der Grundlage von Satzungen, in Selbstverwaltungsangelegenheiten, für die unmittelbare Ausführung einer Maßnahme, die Ersatzvornahme oder die Sicherstellung;

9.2 Bescheinigungen nach § 4 Nr. 20 Buchst. a des Umsatzsteuergesetzes in der Fassung der Bekanntmachung vom 21. Februar 2005 (BGBl. I S. 386), zuletzt geändert durch Gesetz vom 18. Juli 2017 (BGBl. I S. 2745), in der jeweils geltenden Fassung;

9.3 Entscheidungen über Zuwendungen nach § 44 der Hessischen Landeshaushaltsordnung in der Fassung der Bekanntmachung vom 15. März 1999 (GVBl. I S. 248), zuletzt geändert durch Gesetz vom 26. Juni 2013 (GVBl. S. 447), in der jeweils geltenden Fassung, mit Ausnahme von Entscheidungen über die Förderung der Landwirtschaft;

10. Wirtschaft, Gewerbe und freie Berufe

10.1 Entscheidungen über die Zuerkennung der fachlichen Eignung zum Ausbilden nach

a) § 22b Abs. 5 der Handwerksordnung in der Fassung der Bekanntmachung vom 24. September 1998 (BGBl. I S. 3074, 2006 I S. 2095), zuletzt geändert durch Gesetz vom 30. Juni 2017 (BGBl. I S. 2143),

b) § 30 Abs. 6 des Berufsbildungsgesetzes vom 23. März 2005 (BGBl. I S. 931), zuletzt geändert durch Gesetz vom 17. Juli 2017 (BGBl. I S. 2581),

in der jeweils geltenden Fassung;

10.2 Entscheidungen über die Untersagung des Einstellens und Ausbildens nach § 24 Abs. 1 und 2 der Handwerksordnung und nach § 33 Abs. 1 und 2 des Berufsbildungsgesetzes;

10.3 Entscheidungen nach dem Hessischen Ladenöffnungsgesetz vom 23. November 2006 (GVBl. I S. 606), zuletzt geändert durch Gesetz vom 13. Dezember 2012 (GVBl. S. 622), in der jeweils geltenden Fassung, es sei denn, ein Dritter erhebt Widerspruch;

10.4 Entscheidungen nach

a) der Bundesrechtsanwaltsordnung in der im Bundesgesetzblatt Teil III, Gliederungsnummer 303-8, veröffentlichten bereinigten Fassung, zuletzt geändert durch Gesetz vom 30. Oktober 2017 (BGBl. I S. 3618),

b) dem Gesetz über die Tätigkeit europäischer Rechtsanwälte in Deutschland vom 9. März 2000 (BGBl. I S. 182, 1349), zuletzt geändert durch Gesetz vom 30. Oktober 2017 (BGBl. I S. 3618),

in der jeweils geltenden Fassung;

10.5 Entscheidungen nach der Bundesnotarordnung in der im Bundesgesetzblatt Teil III, Gliederungsnummer 303-1, veröffentlichten bereinigten Fassung, zuletzt geändert durch Gesetz vom 30. Oktober 2017 (BGBl. I S. 3618), in der jeweils geltenden Fassung, wenn die Notarkammer oder der Präsident des Oberlandesgerichts den Verwaltungsakt erlassen oder diesen abgelehnt hat.

11. Verkehrswesen

11.1 Entscheidungen nach dem Straßenverkehrsgesetz in der Fassung der Bekanntmachung vom 5. März 2003 (BGBl. I S. 312, 919), zuletzt geändert durch Gesetz vom 17. August 2017 (BGBl. I S. 3202), in der jeweils geltenden Fassung, und den aufgrund des Straßenverkehrsgesetzes erlassenen Rechtsverordnungen, soweit sie nicht die Zulassung von Personen zum Straßenverkehr betreffen;

11.2 Entscheidungen nach dem Luftverkehrsgesetz in der Fassung der Bekanntmachung vom 10. Mai 2007 (BGBl. I S. 698), zuletzt geändert durch Gesetz vom 20. Juli 2017 (BGBl. I S. 2808), in der jeweils geltenden Fassung, soweit es sich nicht um Entscheidungen nach § 6 Abs. 1 bis 4 handelt, und den aufgrund des Luftverkehrsgesetzes erlassenen Rechtsverordnungen;

12. Umwelt, Landwirtschaft und Forsten

12.1 Entscheidungen nach § 58 Abs. 2 und § 75 Abs. 2 des Wasserverbandsgesetzes vom 12. Februar 1991 (BGBl. I S. 405), geändert durch Gesetz vom 15. Mai 2002 (BGBl. I S. 1578), in der jeweils geltenden Fassung;

12.2 Entscheidungen über

a) aa) die Genehmigung von Anlagen in, an, über und unter oberirdischen Gewässern nach § 22 Abs. 1 Satz 1 des Hessischen Wassergesetzes vom 14. Dezember 2010 (GVBl. I S. 548), zuletzt geändert durch Gesetz vom 28. Mai 2018 (GVBl. S. 184), in der jeweils geltenden Fassung, auch in Verbindung mit der Befreiung von Verboten im Gewässerrandstreifen nach § 23 Abs. 3 in Verbindung mit § 23 Abs. 2 Satz 1 Nr. 3 des Hessischen Wassergesetzes,

bb) die Befreiung von Verboten im Gewässerrandstreifen nach § 23 Abs. 3 in Verbindung mit § 23 Abs. 2 Satz 1 Nr. 1 und 2 des Hessischen Wassergesetzes,

cc) die Befreiung von Verboten im Gewässerrandstreifen nach § 38 Abs. 5 Satz 1 des Wasserhaushaltsgesetzes vom 31. Juli 2008 (BGBl. I S. 2585), zuletzt geändert durch Gesetz vom 18. Juli 2017 (BGBl. I S. 2771), in der jeweils geltenden Fassung,

jeweils in Verbindung mit § 23 Abs. 1 des Hessischen Wassergesetzes, außer in den Fällen des § 22 Abs. 2 Satz 2 des Hessischen Wassergesetzes,

b) die Genehmigung von Maßnahmen nach § 78 Abs. 5 Satz 1 des Wasserhaushaltsgesetzes und die Zulassung von Maßnahmen nach § 78a Abs. 2 Satz 1 des Wasserhaushaltsgesetzes in Überschwemmungsgebieten, außer in den Fällen des § 45 Abs. 3 Satz 2 des Hessischen Wassergesetzes;

12.3 Entscheidungen nach § 100 des Wasserhaushaltsgesetzes und § 63 Abs. 1 und 2 des Hessischen Wassergesetzes in Verbindung mit der Verordnung über Anlagen zum Umgang mit wassergefährdenden Stoffen vom 18. April 2017 (BGBl. I S. 905) in der jeweils geltenden Fassung;

12.4 Entscheidungen nach § 10 Abs. 1 und § 11 Abs. 1 Satz 2 des Hessischen Ausführungsgesetzes zum Abwasserabgabengesetz in der Fassung der Bekanntmachung vom 9. Juni 2016 (GVBl. S. 70) in der jeweils geltenden Fassung;

12.5 Entscheidungen über die Genehmigung nach den §§ 12 und 14 des Hessischen Waldgesetzes vom 27. Juni 2013 (GVBl. S. 458), zuletzt geändert durch Gesetz vom 17. Dezember 2015 (GVBl. S. 607), in der jeweils geltenden Fassung;

12.6 Entscheidungen nach dem Hessischen Fischereigesetz in der Fassung der Bekanntmachung vom 15. Juli 2011 (GVBl. I S. 362), geändert durch Gesetz vom 27. Juni 2013 (GVBl. S. 458), in der jeweils geltenden Fassung, und den aufgrund des Hessischen Fischereigesetzes erlassenen Rechtsverordnungen;

12.7 Entscheidungen über die Zulassung zur Jägerprüfung nach den §§ 5 und 6 der Hessischen Jagdverordnung vom 10. Dezember 2015 (GVBl. S. 670) in der jeweils geltenden Fassung;

12.8 Entscheidungen nach § 12 Abs. 2 Satz 1 des Hessischen Jagdgesetzes in der Fassung der Bekanntmachung vom 5. Juni 2001 (GVBl. I S. 271), zuletzt geändert durch Gesetz vom 23. Juli 2015 (GVBl. S. 315), in der jeweils geltenden Fassung.

Hessisches Verwaltungsverfahrensgesetz (HVwVfG)

in der Fassung der Bekanntmachung vom 15. Januar 2010 (GVBl. I S. 18)

Zuletzt geändert durch
Erstes Bürokratieabbaugesetz
vom 16. Dezember 2025 (GVBl. Nr. 110)

Inhaltsübersicht

Teil I
Anwendungsbereich, örtliche Zuständigkeit, elektronische Kommunikation, Amtshilfe, europäische Verwaltungszusammenarbeit

Abschnitt 1
Anwendungsbereich, örtliche Zuständigkeit, elektronische Kommunikation

§ 1 Anwendungsbereich

(1) Dieses Gesetz gilt für die öffentlich-rechtliche Verwaltungstätigkeit der Behörden

1. des Landes,
2. der Gemeinden und Gemeindeverbände,
3. der sonstigen der Aufsicht des Landes unterstehenden Körperschaften, Anstalten und Stiftungen des öffentlichen Rechts,

soweit nicht Rechtsvorschriften des Landes inhaltsgleiche oder entgegenstehende Bestimmungen enthalten.

(2) Behörde im Sinne dieses Gesetzes ist jede Stelle, die Aufgaben der öffentlichen Verwaltung wahrnimmt.

§ 2 Ausnahmen vom Anwendungsbereich

(1) Dieses Gesetz gilt nicht für die Tätigkeit der Kirchen, der Religions- und Weltanschauungsgemeinschaften sowie ihrer Verbände und Einrichtungen und für die Tätigkeit des Hessischen Rundfunks.

(2) Dieses Gesetz gilt ferner nicht für

1. Verwaltungsverfahren, in denen Rechtsvorschriften der Abgabenordnung anzuwenden sind,
2. die Strafverfolgung, die Verfolgung und Ahndung von Ordnungswidrigkeiten, die Rechtshilfe für das Ausland in Straf- und Zivilsachen und, unbeschadet des § 80 Abs. 4, für Maßnahmen des Richterdienstrechts,
3. Verfahren nach dem Sozialgesetzbuch,
4. das Recht des Lastenausgleichs,
5. das Recht der Wiedergutmachung,
6. die Berufung von Hochschullehrern.

(3) Für die Tätigkeit

1. der Gerichtsverwaltungen und der Behörden der Justizverwaltung einschließlich der ihrer Aufsicht unterliegenden Körperschaften des öffentlichen Rechts gilt dieses Gesetz nur, soweit die Tätigkeit der Nachprüfung durch die Gerichte der Verwaltungsgerichtsbarkeit oder durch die in verwaltungsrechtlichen Anwalts-, Patentanwalts- und Notarsachen zuständigen Gerichte unterliegt,
2. der Behörden bei Leistungs-, Eignungs- und ähnlichen Prüfungen von Personen gelten nur die §§ 3a bis 13, 20 bis 27, 29 bis 38, 40 bis 52, 79, 80 und 95,
3. der Schulen gelten nur die §§ 3a bis 13, 20 bis 52, 79, 80 und 95. § 20 Abs. 1 Nr. 2 findet keine Anwendung auf Schulleiter und Lehrer, wenn ein von ihnen unterrichteter Schüler Beteiligter ist. Die §§ 28 und 39 gelten nur, soweit die Entscheidung nicht auf einer Leistungs- oder Eignungsbeurteilung beruht.

§ 3 Örtliche Zuständigkeit

(1) Örtlich zuständig ist

1. in Angelegenheiten, die sich auf unbewegliches Vermögen oder ein ortsgebundenes Recht oder Rechtsverhältnis beziehen, die Behörde, in deren Bezirk das Vermögen oder der Ort liegt;
2. in Angelegenheiten, die sich auf den Betrieb eines Unternehmens oder einer seiner Betriebsstätten, auf die Ausübung eines Berufes oder auf eine andere dauernde Tätigkeit beziehen, die Behörde, in deren Bezirk das Unternehmen oder die Betriebsstätte betrieben oder der Beruf oder die Tätigkeit ausgeübt wird oder werden soll;
3. in anderen Angelegenheiten, die
   a) eine natürliche Person betreffen, die Behörde, in deren Bezirk die natürliche Person ihren gewöhnlichen Aufenthalt hat oder zuletzt hatte,
   b) eine juristische Person oder eine Vereinigung betreffen, die Behörde, in deren Bezirk die juristische Person oder die

Vereinigung ihren Sitz hat oder zuletzt hatte;

4. in Angelegenheiten, bei denen sich die Zuständigkeit nicht aus den Nummern 1 bis 3 ergibt, die Behörde, in deren Bezirk der Anlass für die Amtshandlung hervortritt.

(2) Sind nach Abs. 1 mehrere Behörden zuständig, so entscheidet die Behörde, die zuerst mit der Sache befasst worden ist, es sei denn, die gemeinsame fachlich zuständige Aufsichtsbehörde bestimmt, dass eine andere örtlich zuständige Behörde zu entscheiden hat. Sie kann in den Fällen, in denen eine gleiche Angelegenheit sich auf mehrere Betriebsstätten eines Betriebes oder Unternehmens bezieht, eine der nach Abs. 1 Nr. 2 zuständigen Behörden als gemeinsame zuständige Behörde bestimmen, wenn dies unter Wahrung der Interessen der Beteiligten zur einheitlichen Entscheidung geboten ist. Diese Aufsichtsbehörde entscheidet ferner über die örtliche Zuständigkeit, wenn sich mehrere Behörden für zuständig oder für unzuständig halten oder wenn die Zuständigkeit aus anderen Gründen zweifelhaft ist. Fehlt eine gemeinsame Aufsichtsbehörde, so treffen die fachlich zuständigen Aufsichtsbehörden die Entscheidung gemeinsam.

(3) Ändern sich im Laufe des Verwaltungsverfahrens die die Zuständigkeit begründenden Umstände, so kann die bisher zuständige Behörde das Verwaltungsverfahren fortführen, wenn dies unter Wahrung der Interessen der Beteiligten der einfachen und zweckmäßigen Durchführung des Verfahrens dient und die nunmehr zuständige Behörde zustimmt.

(4) Bei Gefahr im Verzug ist für unaufschiebbare Maßnahmen jede Behörde örtlich zuständig, in deren Bezirk der Anlass für die Amtshandlung hervortritt. Die nach Abs. 1 Nr. 1 bis 3 örtlich zuständige Behörde ist unverzüglich zu unterrichten.

§ 3a Elektronische Kommunikation

(1) Die Übermittlung elektronischer Dokumente ist zulässig, soweit der Empfänger hierfür einen Zugang eröffnet.

(2) Eine durch Rechtsvorschrift angeordnete Schriftform kann, soweit nicht durch Rechtsvorschrift etwas anderes bestimmt ist, durch die elektronische Form ersetzt werden. Der elektronischen Form genügt ein elektronisches Dokument, das mit einer qualifizierten elektronischen Signatur versehen ist. Die Signierung mit einem Pseudonym, das die Identifizierung der Person des Signaturschlüsselinhabers nicht unmittelbar durch die Behörde ermöglicht, ist nicht zulässig. Die Schriftform kann auch ersetzt werden

1. durch unmittelbare Abgabe der Erklärung in einem elektronischen Formular, das von der Behörde in einem Eingabegerät oder über öffentlich zugängliche Netze zur Verfügung gestellt wird;
2. bei Anträgen und Anzeigen durch Versendung eines elektronischen Dokuments an die Behörde mit der Versandart nach § 5 Abs. 5 des De-Mail-Gesetzes vom 28. April 2011 (BGBl. I S. 666), zuletzt geändert durch Gesetz vom 18. Juli 2017 (BGBl. I S. 2745);
3. bei elektronischen Verwaltungsakten oder sonstigen elektronischen Dokumenten der Behörden durch Versendung einer De-Mail-Nachricht nach § 5 Abs. 5 des De-Mail-Gesetzes, bei der die Bestätigung des akkreditierten Diensteanbieters die erlassende Behörde als Nutzer des De-Mail-Kontos erkennen lässt;
4. durch sonstige sichere Verfahren, die durch Rechtsverordnung der Landesregierung festgelegt werden, welche den Datenübermittler (Absender der Daten) authentifizieren und die Integrität des elektronisch übermittelten Datensatzes sowie die Barrierefreiheit gewährleisten; der IT-Planungsrat gibt Empfehlungen zu geeigneten Verfahren ab.

In den Fällen des Satz 4 Nr. 1 muss bei einer Eingabe über öffentlich zugängliche Netze ein sicherer Identitätsnachweis nach § 18 des Personalausweisgesetzes vom 18. Juni 2009 (BGBl. I S. 1346), zuletzt geändert durch Gesetz vom 5. Juli 2021 (BGBl. I S. 2281), nach § 12 des eID-Karte-Gesetzes vom 21. Juni 2019 (BGBl. I S. 846), zuletzt geändert durch Gesetz vom 5. Juli 2021 (BGBl. I S. 2281), oder nach § 78 Abs. 5 des Aufenthaltsgesetzes in der Fassung der Bekanntmachung vom 25. Februar 2008 (BGBl. I S. 162), zuletzt geändert durch Gesetz vom 23. Mai 2022 (BGBl. I S. 760), erfolgen.

(3) Ist ein der Behörde übermitteltes elektronisches Dokument für sie zur Bearbeitung nicht geeignet, teilt sie dies dem Absender unter Angabe der für sie geltenden technischen Rahmenbedingungen unverzüglich mit. Macht ein Empfänger geltend, er könne das von der Behörde übermittelte elektronische Dokument nicht bearbeiten, hat sie es ihm erneut in einem geeigneten elektronischen Format oder als Schriftstück zu übermitteln.

(4) Eine durch Landesrecht angeordnete Schriftform kann, soweit nicht durch Rechtsvorschrift etwas anderes bestimmt ist, auch durch die Textform nach § 126b des Bürgerlichen Gesetzbuches ersetzt werden

Abschnitt 2
Amtshilfe

§ 4 Amtshilfepflicht

(1) Jede Behörde leistet anderen Behörden auf Ersuchen ergänzende Hilfe (Amtshilfe).

(2) Amtshilfe liegt nicht vor, wenn

1. Behörden einander innerhalb eines bestehenden Weisungsverhältnisses Hilfe leisten;
2. die Hilfeleistung in Handlungen besteht, die der ersuchten Behörde als eigene Aufgabe obliegen.

§ 5 Voraussetzungen und Grenzen der Amtshilfe

(1) Eine Behörde kann um Amtshilfe insbesondere dann ersuchen, wenn sie

1. aus rechtlichen Gründen die Amtshandlung nicht selbst vornehmen kann;
2. aus tatsächlichen Gründen, besonders weil die zur Vornahme der Amtshandlung erforderlichen Dienstkräfte oder Einrichtungen fehlen, die Amtshandlung nicht selbst vornehmen kann;
3. zur Durchführung ihrer Aufgaben auf die Kenntnis von Tatsachen angewiesen ist, die ihr unbekannt sind und die sie selbst nicht ermitteln kann;
4. zur Durchführung ihrer Aufgaben Urkunden oder sonstige Beweismittel benötigt, die sich im Besitz der ersuchten Behörde befinden;
5. die Amtshandlung nur mit wesentlich größerem Aufwand vornehmen könnte als die ersuchte Behörde.

(2) Die ersuchte Behörde darf Hilfe nicht leisten, wenn

1. sie hierzu aus rechtlichen Gründen nicht in der Lage ist;
2. durch die Hilfeleistung dem Wohl des Bundes oder eines Landes erhebliche Nachteile bereitet würden.

Die ersuchte Behörde ist insbesondere zur Vorlage von Urkunden oder Akten sowie zur Erteilung von Auskünften nicht verpflichtet, wenn die Vorgänge nach einem Gesetz oder ihrem Wesen nach geheim gehalten werden müssen.

(3) Die ersuchte Behörde braucht Hilfe nicht zu leisten, wenn

1. eine andere Behörde die Hilfe wesentlich einfacher oder mit wesentlich geringerem Aufwand leisten kann;
2. sie die Hilfe nur mit unverhältnismäßig großem Aufwand leisten könnte;
3. sie unter Berücksichtigung der Aufgaben der ersuchenden Behörde durch die Hilfeleistung die Erfüllung ihrer eigenen Aufgaben ernstlich gefährden würde.

(4) Die ersuchte Behörde darf die Hilfe nicht deshalb verweigern, weil sie das Ersuchen aus anderen als den in Abs. 3 genannten Gründen oder weil sie die mit der Amtshilfe zu verwirklichende Maßnahme für unzweckmäßig hält.

(5) Hält die ersuchte Behörde sich zur Hilfe nicht für verpflichtet, so teilt sie der ersuchenden Behörde ihre Auffassung mit. Besteht diese auf der Amtshilfe, so entscheidet über die Verpflichtung zur Amtshilfe die gemeinsame fachlich zuständige Aufsichtsbehörde oder, sofern eine solche nicht besteht, die für die ersuchte Behörde fachlich zuständige Aufsichtsbehörde.

§ 6 Auswahl der Behörde

Kommen für die Amtshilfe mehrere Behörden in Betracht, so soll nach Möglichkeit eine Behörde der untersten Verwaltungsstufe des Verwaltungszweiges ersucht werden, dem die ersuchende Behörde angehört.

§ 7 Durchführung der Amtshilfe

(1) Die Zulässigkeit der Maßnahme, die durch die Amtshilfe verwirklicht werden soll, richtet sich nach dem für die ersuchende Behörde, die Durchführung der Amtshilfe nach dem für die ersuchte Behörde geltenden Recht.

(2) Die ersuchende Behörde trägt gegenüber der ersuchten Behörde die Verantwortung für die Rechtmäßigkeit der zu treffenden Maßnahme. Die ersuchte Behörde ist für die Durchführung der Amtshilfe verantwortlich.

§ 8 Kosten der Amtshilfe

(1) Die ersuchende Behörde hat der ersuchten Behörde für die Amtshilfe keine Verwaltungsgebühr zu entrichten. Auslagen hat sie der ersuchten Behörde auf Anforderung zu erstatten, wenn sie im Einzelfall fünfunddreißig Euro übersteigen. Leisten Behörden desselben Rechtsträgers einander Amtshilfe, so werden die Auslagen nicht erstattet.

(2) Nimmt die ersuchte Behörde zur Durchführung der Amtshilfe eine kostenpflichtige Amtshandlung vor, so stehen ihr die von einem Dritten hierfür geschuldeten Kosten (Verwaltungsgebühren, Benutzungsgebühren und Auslagen) zu.

Abschnitt 3
Europäische Verwaltungszusammenarbeit

§ 8a Grundsätze der Hilfeleistung

(1) Jede Behörde leistet Behörden anderer Mitgliedstaaten der Europäischen Union auf Ersuchen Hilfe, soweit dies nach Maßgabe von Rechtsakten der Europäischen Gemeinschaft geboten ist.

(2) Behörden anderer Mitgliedstaaten der Europäischen Union können um Hilfe ersucht werden, soweit dies nach Maßgabe von Rechtsakten der Europäischen Gemeinschaft zugelassen ist. Um Hilfe ist zu ersuchen, soweit dies nach Maßgabe von Rechtsakten der Europäischen Gemeinschaft geboten ist.

(3) Die §§ 5, 7 und 8 Abs. 2 sind entsprechend anzuwenden, soweit Rechtsakte der Europäischen Gemeinschaft nicht entgegenstehen.

§ 8b Form und Behandlung der Ersuchen

(1) Ersuchen sind in deutscher Sprache an Behörden anderer Mitgliedstaaten der Europäischen Union zu richten; soweit erforderlich, ist eine Übersetzung beizufügen. Die Ersuchen sind gemäß den gemeinschaftsrechtlichen Vorgaben und unter Angabe des maßgeblichen Rechtsaktes zu begründen.

(2) Ersuchen von Behörden anderer Mitgliedstaaten der Europäischen Union dürfen nur erledigt werden, wenn sich ihr Inhalt in deutscher Sprache aus den Akten ergibt. Soweit erforderlich, soll bei Ersuchen in einer anderen Sprache von der ersuchenden Behörde eine Übersetzung verlangt werden.

(3) Ersuchen von Behörden anderer Mitgliedstaaten der Europäischen Union können abgelehnt werden, wenn sie nicht ordnungsgemäß und unter Angabe des maßgeblichen Rechtsakts begründet sind und die erforderliche Begründung nach Aufforderung nicht nachgereicht wird.

(4) Einrichtungen und Hilfsmittel der Kommission zur Behandlung von Ersuchen sollen genutzt werden. Informationen sollen elektronisch übermittelt werden.

§ 8c Kosten der Hilfeleistung

Ersuchende Behörden anderer Mitgliedstaaten der Europäischen Union haben Verwaltungsgebühren oder Auslagen nur zu erstatten, soweit dies nach Maßgabe von Rechtsakten der Europäischen Gemeinschaft verlangt werden kann.

§ 8d Mitteilungen von Amts wegen

(1) Die zuständige Behörde teilt den Behörden anderer Mitgliedstaaten der Europäischen Union und der Kommission Angaben über Sachverhalte und Personen mit, soweit dies nach Maßgabe von Rechtsakten der Europäischen Gemeinschaft geboten ist. Dabei

sollen die hierzu eingerichteten Informationsnetze genutzt werden.

(2) Übermittelt eine Behörde Angaben nach Abs. 1 an die Behörde eines anderen Mitgliedstaats der Europäischen Union, unterrichtet sie den Betroffenen über die Tatsache der Übermittlung, soweit Rechtsakte der Europäischen Gemeinschaft dies vorsehen; dabei ist auf die Art der Angaben sowie auf die Zweckbestimmung und die Rechtsgrundlage der Übermittlung hinzuweisen.

§ 8e Anwendbarkeit

Die Regelungen dieses Abschnitts sind mit Inkrafttreten des jeweiligen Rechtsaktes der Europäischen Gemeinschaft, wenn dieser unmittelbare Wirkung entfaltet, im Übrigen mit Ablauf der jeweiligen Umsetzungsfrist anzuwenden. Sie gelten auch im Verhältnis zu den anderen Vertragsstaaten des Abkommens über den Europäischen Wirtschaftsraum, soweit Rechtsakte der Europäischen Gemeinschaft auch auf diese Staaten anzuwenden sind.

Teil II
Allgemeine Vorschriften über das Verwaltungsverfahren

Abschnitt 1
Verfahrensgrundsätze

§ 9 Begriff des Verwaltungsverfahrens

Das Verwaltungsverfahren im Sinne dieses Gesetzes ist die nach außen wirkende Tätigkeit der Behörden, die auf die Prüfung der Voraussetzungen, die Vorbereitung und den Erlass eines Verwaltungsaktes oder auf den Abschluss eines öffentlich-rechtlichen Vertrages gerichtet ist; es schließt den Erlass des Verwaltungsaktes oder den Abschluss des öffentlich-rechtlichen Vertrages ein.

IX

§ 10 Nichtförmlichkeit des Verwaltungsverfahrens

Das Verwaltungsverfahren ist an bestimmte Formen nicht gebunden, soweit keine besonderen Rechtsvorschriften für die Form des Verfahrens bestehen. Es ist einfach, zweckmäßig und zügig durchzuführen.

§ 11 Beteiligungsfähigkeit

Fähig, am Verfahren beteiligt zu sein, sind

1. natürliche und juristische Personen,
2. Vereinigungen, soweit ihnen ein Recht zustehen kann,
3. Behörden.

§ 12 Handlungsfähigkeit

(1) Fähig zur Vornahme von Verfahrenshandlungen sind

1. natürliche Personen, die nach bürgerlichem Recht geschäftsfähig sind,
2. natürliche Personen, die nach bürgerlichem Recht in der Geschäftsfähigkeit beschränkt sind, soweit sie für den Gegenstand des Verfahrens durch Vorschriften des bürgerlichen Rechts als geschäftsfähig oder durch Vorschriften des öffentlichen Rechts als handlungsfähig anerkannt sind,
3. juristische Personen und Vereinigungen (§ 11 Nr. 2) durch ihre gesetzlichen Vertreter oder durch besonders Beauftragte,
4. Behörden durch ihre Leiter, deren Vertreter oder Beauftragte.

(2) Betrifft ein Einwilligungsvorbehalt nach § 1825 des Bürgerlichen Gesetzbuchs den Gegenstand des Verfahrens, so ist ein geschäftsfähiger Betreuter nur insoweit zur Vornahme von Verfahrenshandlungen fähig, als er nach den Vorschriften des bürgerlichen Rechts ohne Einwilligung des Betreuers handeln kann oder durch Vorschriften des öffentlichen Rechts als handlungsfähig anerkannt ist.

(3) Die §§ 53 und 55 der Zivilprozessordnung gelten entsprechend.

§ 13 Beteiligte

(1) Beteiligte sind

1. Antragsteller und Antragsgegner,
2. diejenigen, an die die Behörde den Verwaltungsakt richten will oder gerichtet hat,
3. diejenigen, mit denen die Behörde einen öffentlich-rechtlichen Vertrag schließen will oder geschlossen hat,

4. diejenigen, die nach Abs. 2 von der Behörde zu dem Verfahren hinzugezogen worden sind.

(2) Die Behörde kann von Amts wegen oder auf Antrag diejenigen, deren rechtliche Interessen durch den Ausgang des Verfahrens berührt werden können, als Beteiligte hinzuziehen. Hat der Ausgang des Verfahrens rechtsgestaltende Wirkung für einen Dritten, so ist dieser auf Antrag als Beteiligter zu dem Verfahren hinzuzuziehen; soweit er der Behörde bekannt ist, hat diese ihn von der Einleitung des Verfahrens zu benachrichtigen.

(3) Wer anzuhören ist, ohne dass die Voraussetzungen des Abs. 1 vorliegen, wird dadurch nicht Beteiligter.

§ 14 Bevollmächtigte und Beistände

(1) Ein Beteiligter kann sich durch einen Bevollmächtigten vertreten lassen. Die Vollmacht ermächtigt zu allen das Verwaltungsverfahren betreffenden Verfahrenshandlungen, sofern sich aus ihrem Inhalt nicht etwas anderes ergibt. Der Bevollmächtigte hat auf Verlangen seine Vollmacht schriftlich nachzuweisen. Ein Widerruf der Vollmacht wird der Behörde gegenüber erst wirksam, wenn er ihr zugeht.

(2) Die Vollmacht wird weder durch den Tod des Vollmachtgebers noch durch eine Veränderung in seiner Handlungsfähigkeit oder seiner gesetzlichen Vertretung aufgehoben; der Bevollmächtigte hat jedoch, wenn er für den Rechtsnachfolger im Verwaltungsverfahren auftritt, dessen Vollmacht auf Verlangen schriftlich beizubringen.

(3) Ist für das Verfahren ein Bevollmächtigter bestellt, so soll sich die Behörde an ihn wenden. Sie kann sich an den Beteiligten selbst wenden, soweit er zur Mitwirkung verpflichtet ist. Wendet sich die Behörde an den Beteiligten, so soll der Bevollmächtigte verständigt werden. Vorschriften über die Zustellung an Bevollmächtigte bleiben unberührt.

(4) Ein Beteiligter kann zu Verhandlungen und Besprechungen mit einem Beistand erscheinen. Das von dem Beistand Vorgetragene gilt als von dem Beteiligten vorgebracht, soweit dieser nicht unverzüglich widerspricht.

(5) Bevollmächtigte und Beistände sind zurückzuweisen, wenn sie entgegen § 3 des Rechtsdienstleistungsgesetzes vom 12. Dezember 2007 (BGBl. I S. 2840), geändert durch Gesetz vom 12. Juni 2008 (BGBl. I S. 1000), Rechtsdienstleistungen erbringen.

(6) Bevollmächtigte und Beistände können vom Vortrag zurückgewiesen werden, wenn sie hierzu ungeeignet sind; vom mündlichen Vortrag können sie nur zurückgewiesen werden, wenn sie zum sachgemäßen Vortrag nicht fähig sind. Nicht zurückgewiesen werden können Personen, die nach § 67 Abs. 2 Satz 1 und 2 Nr. 3 bis 7 der Verwaltungsgerichtsordnung zur Vertretung im verwaltungsgerichtlichen Verfahren befugt sind.

(7) Die Zurückweisung nach den Abs. 5 und 6 ist auch dem Beteiligten, dessen Bevollmächtigter oder Beistand zurückgewiesen wird, mitzuteilen. Verfahrenshandlungen des zurückgewiesenen Bevollmächtigten oder Beistands, die dieser nach der Zurückweisung vornimmt, sind unwirksam.

§ 15 Bestellung eines Empfangsbevollmächtigten

Ein Beteiligter ohne Wohnsitz oder gewöhnlichen Aufenthalt, Sitz oder Geschäftsleitung im Inhalt hat der Behörde auf Verlangen innerhalb einer angemessenen Frist einen Empfangsbevollmächtigten im Inland zu benennen. Unterlässt er dies, gilt ein an ihn gerichtetes Schriftstück am siebenten Tage nach der Aufgabe zur Post und ein elektronisch übermitteltes Dokument am dritten Tage nach der Absendung als zugegangen. Dies gilt nicht, wenn feststeht, dass das Dokument den Empfänger nicht oder zu einem späteren Zeitpunkt erreicht hat. Auf die Rechtsfolgen der Unterlassung ist der Beteiligte hinzuweisen.

§ 16 Bestellung eines Vertreters von Amts wegen

(1) Ist ein Vertreter nicht vorhanden, so hat das Betreuungsgericht, für einen minderjährigen Beteiligten das Familiengericht auf Ersuchen der Behörde einen geeigneten Vertreter zu bestellen

1. für einen Beteiligten, dessen Person unbekannt ist;
2. für einen abwesenden Beteiligten, dessen Aufenthalt unbekannt ist oder der an der Besorgung seiner Angelegenheiten verhindert ist;
3. für einen Beteiligten ohne Aufenthalt im Inland, wenn er der Aufforderung der Behörde, einen Vertreter zu bestellen, innerhalb der ihm gesetzten Frist nicht nachgekommen ist;
4. für einen Beteiligten, der infolge einer psychischen Krankheit oder körperlichen, geistigen oder seelischen Behinderung nicht in der Lage ist, in dem Verwaltungsverfahren selbst tätig zu werden;
5. bei herrenlosen Sachen, auf die sich das Verfahren bezieht, zur Wahrung der sich in Bezug auf die Sache ergebenden Rechte und Pflichten.

(2) Für die Bestellung des Vertreters ist in den Fällen des Abs. 1 Nr. 4 das Gericht zuständig, in dessen Bezirk der Beteiligte seinen gewöhnlichen Aufenthalt hat; im Übrigen ist das Gericht zuständig, in dessen Bezirk die ersuchende Behörde ihren Sitz hat.

(3) Der Vertreter hat gegen den Rechtsträger der Behörde, die um seine Bestellung ersucht hat, Anspruch auf eine angemessene Vergütung und auf die Erstattung seiner baren Auslagen. Die Behörde kann von dem Vertretenen Ersatz ihrer Aufwendungen verlangen. Sie bestimmt die Vergütung und stellt die Auslagen und Aufwendungen fest.

(4) Im Übrigen gelten für die Bestellung und für das Amt des Vertreters in den Fällen des Abs. 1 Nr. 4 die Vorschriften über die Betreuung, in den übrigen Fällen die Vorschriften über die Pflegschaft entsprechend.

§ 17 Vertreter bei gleichförmigen Eingaben

(1) Bei Anträgen und Eingaben, die in einem Verwaltungsverfahren von mehr als 50 Personen auf Unterschriftslisten unterzeichnet oder in Form vervielfältigter gleichlautender Texte eingereicht worden sind (gleichförmige Eingaben), gilt für das Verfahren derjenige Unterzeichner als Vertreter der übrigen Unterzeichner, der darin mit seinem Namen, seinem Beruf und seiner Anschrift als Vertreter bezeichnet ist, soweit er nicht von ihnen als Bevollmächtigter bestellt worden ist. Vertreter kann nur eine natürliche Person sein.

(2) Die Behörde kann gleichförmige Eingaben, die die Angaben nach Abs. 1 Satz 1 nicht deutlich sichtbar auf jeder mit einer Unterschrift versehenen Seite enthalten oder dem Erfordernis des Abs. 1 Satz 2 nicht entsprechen, unberücksichtigt lassen. Will die Behörde so verfahren, so hat sie dies durch ortsübliche Bekanntmachung mitzuteilen. Die Behörde kann ferner gleichförmige Eingaben insoweit unberücksichtigt lassen, als Unterzeichner ihren Namen oder ihre Anschrift nicht oder unleserlich angegeben haben.

(3) Die Vertretungsmacht erlischt, sobald der Vertreter oder der Vertretene dies der Behörde schriftlich erklärt; der Vertreter kann eine solche Erklärung nur hinsichtlich aller Vertretenen abgeben. Gibt der Vertretene eine solche Erklärung ab, so soll er der Behörde zugleich mitteilen, ob er seine Eingabe aufrechterhält und ob er einen Bevollmächtigten bestellt hat.

(4) Endet die Vertretungsmacht des Vertreters, so kann die Behörde die nicht mehr Vertretenen auffordern, innerhalb einer angemessenen Frist einen gemeinsamen Vertreter zu bestellen. Sind mehr als 50 Personen aufzufordern, so kann die Behörde die Aufforderung ortsüblich bekannt machen. Wird der Aufforderung nicht fristgemäß entsprochen, so kann die Behörde von Amts wegen einen gemeinsamen Vertreter bestellen.

§ 18 Vertreter für Beteiligte bei gleichem Interesse

(1) Sind an einem Verwaltungsverfahren mehr als 50 Personen im gleichen Interesse beteiligt, ohne vertreten zu sein, so kann die Behörde sie auffordern, innerhalb einer angemessenen Frist einen gemeinsamen Vertreter zu bestellen, wenn sonst die ordnungsgemäße Durchführung des Verwaltungsverfahrens beeinträchtigt wäre. Kommen sie der Aufforderung nicht fristgemäß

IX

nach, so kann die Behörde von Amts wegen einen gemeinsamen Vertreter bestellen. Vertreter kann nur eine natürliche Person sein.

(2) Die Vertretungsmacht erlischt, sobald der Vertreter oder der Vertretene dies der Behörde schriftlich erklärt; der Vertreter kann eine solche Erklärung nur hinsichtlich aller Vertretenen abgeben. Gibt der Vertretene eine solche Erklärung ab, so soll er der Behörde zugleich mitteilen, ob er seine Eingabe aufrechterhält und ob er einen Bevollmächtigten bestellt hat.

§ 19 Gemeinsame Vorschriften für Vertreter bei gleichförmigen Eingaben und bei gleichem Interesse

(1) Der Vertreter hat die Interessen der Vertretenen sorgfältig wahrzunehmen. Er kann alle das Verwaltungsverfahren betreffenden Verfahrenshandlungen vornehmen. An Weisungen ist er nicht gebunden.

(2) § 14 Abs. 5 bis 7 gilt entsprechend.

(3) Der von der Behörde bestellte Vertreter hat gegen deren Rechtsträger Anspruch auf angemessene Vergütung und auf Erstattung seiner baren Auslagen. Die Behörde kann von den Vertretenen zu gleichen Anteilen Ersatz ihrer Aufwendungen verlangen. Sie bestimmt die Vergütung und stellt die Auslagen und Aufwendungen fest.

§ 20 Ausgeschlossene Personen

(1) In einem Verwaltungsverfahren darf für eine Behörde nicht tätig werden,

1. wer selbst Beteiligter ist;
2. wer Angehöriger eines Beteiligten ist;
3. wer einen Beteiligten kraft Gesetzes oder Vollmacht allgemein oder in diesem Verwaltungsverfahren vertritt;
4. wer Angehöriger einer Person ist, die einen Beteiligten in diesem Verfahren vertritt;
5. wer bei einem Beteiligten gegen Entgelt beschäftigt ist oder bei ihm als Mitglied des Vorstandes, der Aufsichtsrates oder eines gleichartigen Organs tätig ist; dies gilt nicht für den, dessen Anstellungskörperschaft Beteiligte ist;
6. wer außerhalb seiner amtlichen Eigenschaften in der Angelegenheit ein Gutachten abgegeben hat oder sonst tätig geworden ist.

Dem Beteiligten steht gleich, wer durch die Tätigkeit oder durch die Entscheidung einen unmittelbaren Vorteil oder Nachteil erlangen kann. Dies gilt nicht, wenn der Vor- oder Nachteil nur darauf beruht, dass jemand einer Berufs- oder Bevölkerungsgruppe angehört, deren gemeinsame Interessen durch die Angelegenheit berührt werden.

(2) Abs. 1 gilt nicht für Wahlen zu einer ehrenamtlichen Tätigkeit und für die Abberufung von ehrenamtlich Tätigen.

(3) Wer nach Abs. 1 ausgeschlossen ist, darf bei Gefahr im Verzug unaufschiebbare Maßnahmen treffen.

(4) Hält sich ein Mitglied eines Ausschusses (§ 88) für ausgeschlossen oder bestehen Zweifel, ob die Voraussetzungen des Abs. 1 gegeben sind, ist dies dem Vorsitzenden des Ausschusses mitzuteilen. Der Ausschuss entscheidet über den Ausschluss. Der Betroffene darf an dieser Entscheidung nicht mitwirken. Das ausgeschlossene Mitglied darf bei der weiteren Beratung und Beschlussfassung nicht zugegen sein.

(5) Angehörige im Sinne des Abs. 1 Nr. 2 und 4 sind:

1. der Verlobte,
2. der Ehegatte,

2a. der Lebenspartner,

3. Verwandte und Verschwägerte gerader Linie,
4. Geschwister,
5. Kinder der Geschwister,
6. Ehegatten der Geschwister und Geschwister der Ehegatten,

6a. Lebenspartner der Geschwister und Geschwister der Lebenspartner,

7. Geschwister der Eltern,
8. Personen, die durch ein auf längere Dauer angelegtes Pflegeverhältnis mit häuslicher Gemeinschaft wie Eltern und Kind

miteinander verbunden sind (Pflegeeltern und Pflegekinder).

Angehörige sind die in Satz 1 aufgeführten Personen auch dann, wenn

1. in den Fällen der Nr. 2, 3 und 6 die die Beziehung begründende Ehe nicht mehr besteht;

1a. in den Fällen der Nr. 2a, 3 und 6a die die Beziehung begründende Lebenspartnerschaft nicht mehr besteht;

2. in den Fällen der Nr. 3 bis 7 die Verwandtschaft oder Schwägerschaft durch Annahme als Kind erloschen ist;

3. im Falle der Nr. 8 die häusliche Gemeinschaft nicht mehr besteht, sofern die Personen weiterhin wie Eltern und Kind miteinander verbunden sind.

§ 21 Besorgnis der Befangenheit

(1) Liegt ein Grund vor, der geeignet ist, Misstrauen gegen eine unparteiische Amtsausübung zu rechtfertigen, oder wird von einem Beteiligten das Vorliegen eines solchen Grundes behauptet, so hat, wer in einem Verwaltungsverfahren für eine Behörde tätig werden soll, den Leiter der Behörde oder den von diesem Beauftragten zu unterrichten und sich auf dessen Anordnung der Mitwirkung zu enthalten. Betrifft die Besorgnis der Befangenheit den Leiter der Behörde, so trifft diese Anordnung die Aufsichtsbehörde, sofern sich der Behördenleiter nicht selbst einer Mitwirkung enthält.

(2) Für Mitglieder eines Ausschusses (§ 88) gilt § 20 Abs. 4 entsprechend.

§ 22 Beginn des Verfahrens

Die Behörde entscheidet nach pflichtgemäßem Ermessen, ob und wann sie ein Verwaltungsverfahren durchführt. Dies gilt nicht, wenn die Behörde aufgrund von Rechtsvorschriften

1. von Amts wegen oder auf Antrag tätig werden mus;
2. nur auf Antrag tätig werden darf und ein Antrag nicht vorliegt.

§ 23 Amtssprache

(1) Die Amtssprache ist deutsch.

(2) Werden bei einer Behörde in einer fremden Sprache Anträge gestellt oder Eingaben, Belege, Urkunden oder sonstige Dokumente vorgelegt, soll die Behörde unverzüglich die Vorlage einer Übersetzung verlangen. In begründeten Fällen kann die Vorlage einer beglaubigten oder von einem öffentlich bestellten oder beeidigten Dolmetscher oder Übersetzer angefertigten Übersetzung verlangt werden. Wird die verlangte Übersetzung nicht unverzüglich vorgelegt, so kann die Behörde auf Kosten des Beteiligten selbst eine Übersetzung beschaffen. Hat die Behörde Dolmetscher oder Übersetzer herangezogen, erhalten diese in entsprechender Anwendung des Justizvergütungs- und -entschädigungsgesetzes vom 5. Mai 2004 (BGBl. I S. 718, 776) eine Vergütung.

(3) Soll durch eine Anzeige, einen Antrag oder die Abgabe einer Willenserklärung eine Frist in Lauf gesetzt werden, innerhalb deren die Behörde in einer bestimmten Weise tätig werden muss, und gehen diese in einer fremden Sprache ein, so beginnt der Lauf der Frist erst mit dem Zeitpunkt, in dem der Behörde eine Übersetzung vorliegt.

(4) Soll durch eine Anzeige, einen Antrag oder eine Willenserklärung, die in fremder Sprache eingehen, zugunsten eines Beteiligten eine Frist gegenüber der Behörde gewahrt, ein öffentlich-rechtlicher Anspruch geltend gemacht oder eine Leistung begehrt werden, so gelten die Anzeige, der Antrag oder die Willenserklärung als zum Zeitpunkt des Eingangs bei der Behörde abgegeben, wenn auf Verlangen der Behörde innerhalb einer von dieser zu setzenden angemessenen Frist eine Übersetzung vorgelegt wird. Andernfalls ist der Zeitpunkt des Eingangs der Übersetzung maßgebend, soweit sich nicht aus zwischenstaatlichen Vereinbarungen etwas anderes ergibt. Auf diese Rechtsfolge ist bei der Fristsetzung hinzuweisen.

§ 24 Untersuchungsgrundsatz

(1) Die Behörde ermittelt den Sachverhalt von Amts wegen. Sie bestimmt Art und Umfang

der Ermittlungen; an das Vorbringen und an die Beweisanträge der Beteiligten ist sie nicht gebunden. Setzt die Behörde automatische Einrichtungen zum Erlass von Verwaltungsakten ein, muss sie für den Einzelfall bedeutsame tatsächliche Angaben des Beteiligten berücksichtigen, die im automatischen Verfahren nicht ermittelt würden.

(2) Die Behörde hat alle für den Einzelfall bedeutsamen, auch die für die Beteiligten günstigen Umstände zu berücksichtigen.

(3) Die Behörde darf die Entgegennahme von Erklärungen oder Anträgen, die in ihren Zuständigkeitsbereich fallen, nicht deshalb verweigern, weil sie die Erklärung oder den Antrag in der Sache für unzulässig oder unbegründet hält.

§ 25 Beratung, Auskunft, frühe Öffentlichkeitsbeteiligung

(1) Die Behörde soll die Abgabe von Erklärungen, die Stellung von Anträgen oder die Berichtigung von Erklärungen oder Anträgen anregen, wenn diese offensichtlich nur versehentlich oder aus Unkenntnis unterblieben oder unrichtig abgegeben oder gestellt worden sind. Sie erteilt, soweit erforderlich, Auskunft über die den Beteiligten im Verwaltungsverfahren zustehenden Rechte und die ihnen obliegenden Pflichten.

(2) Die Behörde erörtert, soweit erforderlich, bereits vor Stellung eines Antrags mit dem zukünftigen Antragsteller, welche Nachweise und Unterlagen von ihm zu erbringen sind und in welcher Weise das Verfahren beschleunigt werden kann. Soweit es der Verfahrensbeschleunigung dient, soll sie dem Antragsteller nach Eingang des Antrags unverzüglich Auskunft über die voraussichtliche Verfahrensdauer und die Vollständigkeit der Antragsunterlagen geben.

(3) Die Behörde wirkt darauf hin, dass der Träger bei der Planung von Vorhaben, die nicht nur unwesentliche Auswirkungen auf die Belange einer größeren Zahl von Dritten haben können, die betroffene Öffentlichkeit frühzeitig über die Ziele des Vorhabens, die Mittel, es zu verwirklichen, und die voraussichtlichen Auswirkungen des Vorhabens unterrichtet (frühe Öffentlichkeitsbeteiligung). Die frühe Öffentlichkeitsbeteiligung soll möglichst bereits vor Stellung eines Antrags stattfinden. Der betroffenen Öffentlichkeit soll Gelegenheit zur Äußerung und zur Erörterung gegeben werden. Das Ergebnis der vor Antragstellung durchgeführten frühen Öffentlichkeitsbeteiligung soll der betroffenen Öffentlichkeit und der Behörde spätestens mit der Antragstellung, im Übrigen unverzüglich mitgeteilt werden. Satz 1 gilt nicht, soweit die betroffene Öffentlichkeit bereits nach anderen Rechtsvorschriften vor der Antragstellung zu beteiligen ist. Beteiligungsrechte nach anderen Rechtsvorschriften bleiben unberührt.

§ 26 Beweismittel

(1) Die Behörde bedient sich der Beweismittel, die sie nach pflichtgemäßem Ermessen zur Ermittlung des Sachverhalts für erforderlich hält. Sie kann insbesondere

1. Auskünfte jeder Art einholen,
2. Beteiligte anhören, Zeugen und Sachverständige vernehmen oder die schriftliche oder elektronische Äußerung von Beteiligten, Sachverständigen und Zeugen einholen,
3. Urkunden und Akten beiziehen,
4. den Augenschein einnehmen.

(2) Die Beteiligten sollen bei der Ermittlung des Sachverhalts mitwirken. Sie sollen insbesondere ihnen bekannte Tatsachen und Beweismittel angeben. Eine weitergehende Pflicht, bei der Ermittlung des Sachverhalts mitzuwirken, insbesondere eine Pflicht zum persönlichen Erscheinen oder zur Aussage, besteht nur, soweit sie durch Rechtsvorschrift besonders vorgesehen ist.

(3) Für Zeugen und Sachverständige besteht eine Pflicht zur Aussage oder zur Erstattung von Gutachten, wenn sie durch Rechtsvorschrift vorgesehen ist. Falls die Behörde Zeugen und Sachverständige herangezogen hat, erhalten sie auf Antrag in entsprechender Anwendung des Justizvergütungs- und -entschädigungsgesetzes eine Entschädigung oder Vergütung.

§ 27 Versicherung an Eides statt

(1) Die Behörde darf bei der Ermittlung des Sachverhalts eine Versicherung an Eides statt nur verlangen und abnehmen, wenn die Abnahme der Versicherung über den betreffenden Gegenstand und in dem betreffenden Verfahren durch Gesetz oder Rechtsverordnung vorgesehen und die Behörde durch Rechtsvorschrift für zuständig erklärt worden ist. Eine Versicherung an Eides statt soll nur gefordert werden, wenn andere Mittel zur Erforschung der Wahrheit nicht vorhanden sind, zu keinem Ergebnis geführt haben oder einen unverhältnismäßigen Aufwand erfordern. Von eidesunfähigen Personen im Sinne des § 393 der Zivilprozessordnung darf eine eidesstattliche Versicherung nicht verlangt werden.

(2) Wird die Versicherung an Eides statt von einer Behörde zur Niederschrift aufgenommen, so sind zur Aufnahme nur der Behördenleiter, sein allgemeiner Vertreter sowie Angehörige des öffentlichen Dienstes befugt, welche die Befähigung zum Richteramt haben. Andere Angehörige des öffentlichen Dienstes kann der Behördenleiter oder sein allgemeiner Vertreter hierzu allgemein oder im Einzelfall schriftlich ermächtigen.

(3) Die Versicherung besteht darin, dass der Versichernde die Richtigkeit seiner Erklärung über den betreffenden Gegenstand bestätigt und erklärt: „Ich versichere an Eides statt, dass ich nach bestem Wissen die reine Wahrheit gesagt und nichts verschwiegen habe." Bevollmächtigte und Beistände sind berechtigt, an der Aufnahme der Versicherung an Eides statt teilzunehmen.

(4) Vor der Aufnahme der Versicherung an Eides statt ist der Versichernde über die Bedeutung der eidesstattlichen Versicherung und die strafrechtlichen Folgen einer unrichtigen oder unvollständigen eidesstattlichen Versicherung zu belehren. Die Belehrung ist in der Niederschrift zu vermerken.

(5) Die Niederschrift hat ferner die Namen der anwesenden Personen sowie den Ort und den Tag der Niederschrift zu enthalten. Die Niederschrift ist demjenigen, der die eidesstattliche Versicherung abgibt, zur Genehmigung vorzulesen oder auf Verlangen zur Durchsicht vorzulegen. Die erteilte Genehmigung ist zu vermerken und von dem Versichernden zu unterschreiben. Die Niederschrift ist sodann von demjenigen, der die Versicherung an Eides statt aufgenommen hat, sowie von dem Schriftführer zu unterschreiben.

§ 27a Öffentliche Bekanntmachung im Internet

(1) Ist durch Rechtsvorschrift eine öffentliche oder ortsübliche Bekanntmachung angeordnet, soll die Behörde deren Inhalt zusätzlich im Internet veröffentlichen. Dies wird dadurch bewirkt, dass der Inhalt der Bekanntmachung auf einer Internetseite der Behörde oder ihres Verwaltungsträgers zugänglich gemacht wird. Bezieht sich die Bekanntmachung auf zur Einsicht auszulegende Unterlagen, sollen auch diese über das Internet zugänglich gemacht werden. Soweit durch Rechtsvorschrift nichts anderes geregelt ist, ist der Inhalt der zur Einsicht ausgelegten Unterlagen maßgeblich.

(2) In der öffentlichen oder ortsüblichen Bekanntmachung ist die Internetseite anzugeben.

(3) Eine gesetzliche Vorschrift, welche die Behörden berechtigt, den Inhalt öffentlicher oder ortsüblicher Bekanntmachungen im Internet zu veröffentlichen, geht den Abs. 1 und 2 vor. Enthalten die gesetzliche Vorschrift und die zu ihr erlassenen Rechtsvorschriften keine Regelung über die zur Einsicht auszulegenden Unterlagen, auf die sich die Bekanntmachung bezieht, gilt Abs. 1 Satz 3 und 4.

§ 28 Anhörung Beteiligter

(1) Bevor ein Verwaltungsakt erlassen wird, der in Rechte eines Beteiligten eingreift, ist diesem Gelegenheit zu geben, sich zu den für die Entscheidung erheblichen Tatsachen zu äußern.

(2) Von der Anhörung kann abgesehen werden, wenn sie nach den Umständen des Einzelfalles nicht geboten ist, insbesondere wenn

1. eine sofortige Entscheidung wegen Gefahr im Verzug oder im öffentlichen Interesse notwendig erscheint;

IX

2. durch die Anhörung die Einhaltung einer für die Entscheidung maßgeblichen Frist in Frage gestellt würde;
3. von den tatsächlichen Angaben eines Beteiligten, die dieser in einem Antrag oder einer Erklärung gemacht hat, nicht zu seinen Ungunsten abgewichen werden soll;
4. die Behörde eine Allgemeinverfügung oder gleichartige Verwaltungsakte in größerer Zahl oder Verwaltungsakte mit Hilfe automatischer Einrichtungen erlassen will;
5. Maßnahmen in der Verwaltungsvollstreckung getroffen werden sollen.

(3) Eine Anhörung unterbleibt, wenn ihr ein zwingendes öffentliches Interesse entgegensteht.

§ 29 Akteneinsicht durch Beteiligte

(1) Die Behörde hat den Beteiligten Einsicht in die das Verfahren betreffenden Akten zu gestatten, soweit deren Kenntnis zur Geltendmachung oder Verteidigung ihrer rechtlichen Interessen erforderlich ist. Satz 1 gilt bis zum Abschluss des Verwaltungsverfahrens nicht für Entwürfe zu Entscheidungen sowie die Arbeiten zu ihrer unmittelbaren Vorbereitung. Soweit nach den §§ 17 und 18 eine Vertretung stattfindet, haben nur die Vertreter Anspruch auf Akteneinsicht.

(2) Die Behörde ist zur Gestattung der Akteneinsicht nicht verpflichtet, soweit durch sie die ordnungsgemäße Erfüllung der Aufgaben der Behörde beeinträchtigt, das Bekanntwerden des Inhalts der Akten dem Wohle des Bundes oder eines Landes Nachteile bereiten würde oder soweit die Vorgänge nach einem Gesetz oder ihrem Wesen nach, namentlich wegen der berechtigten Interessen der Beteiligten oder dritter Personen, geheim gehalten werden müssen.

(3) Die Akteneinsicht erfolgt bei der Behörde, die die Akten führt. Im Einzelfall kann die Einsicht auch bei einer anderen Behörde oder bei einer diplomatischen oder berufskonsularischen Vertretung der Bundesrepublik Deutschland im Ausland erfolgen; weitere Ausnahmen kann die Behörde, die die Akten führt, gestatten.

§ 30 Geheimhaltung

Die Beteiligten haben Anspruch darauf, dass ihre Geheimnisse, insbesondere die zum persönlichen Lebensbereich gehörenden Geheimnisse sowie die Betriebs- und Geschäftsgeheimnisse, von der Behörde nicht unbefugt offenbart werden.

Abschnitt 2
Fristen, Termine, Wiedereinsetzung

§ 31 Fristen und Termine

(1) Für die Berechnung von Fristen und für die Bestimmung von Terminen gelten die §§ 187 bis 193 des Bürgerlichen Gesetzbuches entsprechend, soweit nicht durch die Abs. 2 bis 5 etwas anderes bestimmt ist.

(2) Der Lauf einer Frist, die von einer Behörde gesetzt wird, beginnt mit dem Tag, der auf die Bekanntgabe der Frist folgt, außer wenn dem Betroffenen etwas anderes mitgeteilt wird.

(3) Fällt das Ende einer Frist auf einen Sonntag, einen gesetzlichen Feiertag oder einen Sonnabend, so endet die Frist mit dem Ablauf des nächstfolgenden Werktages. Dies gilt nicht, wenn dem Betroffenen unter Hinweis auf diese Vorschrift ein bestimmter Tag als Ende der Frist mitgeteilt worden ist.

(4) Hat eine Behörde Leistungen nur für einen bestimmten Zeitraum zu erbringen, so endet dieser Zeitraum auch dann mit dem Ablauf seines letzten Tages, wenn dieser auf einen Sonntag, einen gesetzlichen Feiertag oder einen Sonnabend fällt.

(5) Der von einer Behörde gesetzte Termin ist auch dann einzuhalten, wenn er auf einen Sonntag, gesetzlichen Feiertag oder Sonnabend fällt.

(6) Ist eine Frist nach Stunden bestimmt, so werden Sonntage, gesetzliche Feiertage oder Sonnabende mitgerechnet.

(7) Fristen, die von einer Behörde gesetzt sind, können verlängert werden. Sind solche Fristen bereits abgelaufen, so können sie rückwirkend verlängert werden, insbesondere wenn es unbillig wäre, die durch den Fristablauf eingetretenen Rechtsfolgen bestehen zu lassen. Die Behörde kann die Verlänge-

rung der Frist nach § 36 mit einer Nebenbestimmung verbinden.

§ 32 Wiedereinsetzung in den vorigen Stand

(1) War jemand ohne Verschulden verhindert, eine gesetzliche Frist einzuhalten, so ist ihm auf Antrag Wiedereinsetzung in den vorigen Stand zu gewähren. Das Verschulden eines Vertreters ist dem Vertretenen zuzurechnen.

(2) Der Antrag ist innerhalb von zwei Wochen nach Wegfall des Hindernisses zu stellen. Die Tatsachen zur Begründung des Antrages sind bei der Antragstellung oder im Verfahren über den Antrag glaubhaft zu machen. Innerhalb der Antragsfrist ist die versäumte Handlung nachzuholen. Ist dies geschehen, so kann Wiedereinsetzung auch ohne Antrag gewährt werden.

(3) Nach einem Jahr seit dem Ende der versäumten Frist kann die Wiedereinsetzung nicht mehr beantragt oder die versäumte Handlung nicht mehr nachgeholt werden, außer wenn dies vor Ablauf der Jahresfrist infolge höherer Gewalt unmöglich war.

(4) Über den Antrag auf Wiedereinsetzung entscheidet die Behörde, die über die versäumte Handlung zu befinden hat.

(5) Die Wiedereinsetzung ist unzulässig, wenn sich aus einer Rechtsvorschrift ergibt, dass sie ausgeschlossen ist.

Abschnitt 3
Amtliche Beglaubigung

§ 33 Beglaubigung von Dokumenten

(1) Jede Behörde ist befugt, Abschriften von Urkunden, die sie selbst ausgestellt hat, zu beglaubigen. Darüber hinaus sind die von der Landesregierung durch Rechtsverordnung bestimmten Behörden befugt, Abschriften zu beglaubigen, wenn die Urschrift von einer Behörde ausgestellt ist oder die Abschrift zur Vorlage bei einer Behörde benötigt wird, sofern nicht durch Rechtsvorschrift die Erteilung beglaubigter Abschriften aus amtlichen Registern und Archiven anderer Behörden ausschließlich vorbehalten ist.

(2) Abschriften dürfen nicht beglaubigt werden, wenn Umstände zu der Annahme berechtigten, dass der ursprüngliche Inhalt des Schriftstückes, dessen Abschrift beglaubigt werden soll, geändert worden ist, insbesondere wenn dieses Schriftstück Lücken, Durchstreichungen, Einschaltungen, Änderungen, unleserliche Wörter, Zahlen oder Zeichen, Spuren der Beseitigung von Wörtern, Zahlen und Zeichen enthält oder wenn der Zusammenhang eines aus mehreren Blättern bestehenden Schriftstückes aufgehoben ist.

(3) Eine Abschrift wird beglaubigt durch einen Beglaubigungsvermerk, der unter die Abschrift zu setzen ist. Der Vermerk muss enthalten

1. die genaue Bezeichnung des Schriftstückes, dessen Abschrift beglaubigt wird,
2. die Feststellung, dass die beglaubigte Abschrift mit dem vorgelegten Schriftstück übereinstimmt,
3. den Hinweis, dass die beglaubigte Abschrift nur zur Vorlage bei der angegebenen Behörde erteilt wird, wenn die Urschrift nicht von einer Behörde ausgestellt worden ist,
4. den Ort und den Tag der Beglaubigung, die Unterschrift des für die Beglaubigung zuständigen Bediensteten und das Dienstsiegel.

(4) Die Abs. 1 bis 3 gelten entsprechend für die Beglaubigung von

1. Ablichtungen, Lichtdrucken und ähnlichen in technischen Verfahren hergestellten Vervielfältigungen,
2. auf fototechnischem Wege von Schriftstücken hergestellten Negativen, die bei einer Behörde aufbewahrt werden,
3. Ausdrucken elektronischer Dokumente,
4. elektronischen Dokumenten,
   a) die zur Abbildung eines Schriftstücks hergestellt wurden,
   b) die ein anderes technisches Format als das mit einer qualifizierten elektronischen Signatur verbundene Ausgangsdokument erhalten haben.

(5) Der Beglaubigungsvermerk muss zusätzlich zu den Angaben nach Abs. 3 Satz 2 bei der Beglaubigung

1. des Ausdrucks eines elektronischen Dokuments, das mit einer qualifizierten elektronischen Signatur verbunden ist, die Feststellungen enthalten,
   a) wen die Signaturprüfung als Inhaber der Signatur ausweist,
   b) welchen Zeitpunkt die Signaturprüfung für die Anbringung der Signatur ausweist und
   c) welche Zertifikate mit welchen Daten dieser Signatur zugrunde lagen;
2. eines elektronischen Dokuments den Namen des für die Beglaubigung zuständigen Bediensteten und die Bezeichnung der Behörde, die die Beglaubigung vornimmt, enthalten; die Unterschrift des für die Beglaubigung zuständigen Bediensteten und das Dienstsiegel nach Abs. 3 Satz 2 Nr. 4 werden durch eine dauerhaft überprüfbare qualifizierte elektronische Signatur ersetzt.

Wird ein elektronisches Dokument, das ein anderes technisches Format als das mit einer qualifizierten elektronischen Signatur verbundene Ausgangsdokument erhalten hat, nach Satz 1 Nr. 2 beglaubigt, muss der Beglaubigungsvermerk zusätzlich die Feststellungen nach Satz 1 Nr. 1 für das Ausgangsdokument enthalten.

(6) Die nach Abs. 4 hergestellten Dokumente stehen, sofern sie beglaubigt sind, beglaubigten Abschriften gleich.

(7) Jede Behörde soll von Urkunden, die sie selbst ausgestellt hat, auf Verlangen ein elektronisches Dokument nach Abs. 4 Nr. 4 Buchst. a oder eine elektronische Abschrift fertigen und beglaubigen.

§ 34 Beglaubigung von Unterschriften

(1) Die von der Landesregierung durch Rechtsverordnung bestimmten Behörden sind befugt, Unterschriften zu beglaubigen, wenn das unterzeichnete Schriftstück zur Vorlage bei einer Behörde oder bei einer sonstigen Stelle, der aufgrund einer Rechtsvorschrift das unterzeichnete Schriftstück vorzulegen ist, benötigt wird. Dies gilt nicht für

1. Unterschriften ohne zugehörigen Text,
2. Unterschriften, die der öffentlichen Beglaubigung (§ 129 des Bürgerlichen Gesetzbuchs) bedürfen.

(2) Eine Unterschrift soll nur beglaubigt werden, wenn sie in Gegenwart des beglaubigenden Bediensteten vollzogen oder anerkannt wird.

(3) Der Beglaubigungsvermerk ist unmittelbar bei der Unterschrift, die beglaubigt werden soll, anzubringen. Er muss enthalten

1. die Bestätigung, dass die Unterschrift echt ist,
2. die genaue Bezeichnung desjenigen, dessen Unterschrift beglaubigt wird, sowie die Angabe, ob sich der für die Beglaubigung zuständige Bedienstete Gewissheit über diese Person verschafft hat und ob die Unterschrift in seiner Gegenwart vollzogen oder anerkannt worden ist,
3. den Hinweis, dass die Beglaubigung nur zur Vorlage bei der angegebenen Behörde oder Stelle bestimmt ist,
4. den Ort und den Tag der Beglaubigung, die Unterschrift des für die Beglaubigung zuständigen Bediensteten und das Dienstsiegel.

(4) Die Abs. 1 bis 3 gelten für die Beglaubigung von Handzeichen entsprechend.

Teil III Verwaltungsakt

Abschnitt 1 Zustandekommen des Verwaltungsaktes

§ 35 Begriff des Verwaltungsaktes

Verwaltungsakt ist jede Verfügung, Entscheidung oder andere hoheitliche Maßnahme, die eine Behörde zur Regelung eines Einzelfalles auf dem Gebiet des öffentlichen Rechts trifft und die auf unmittelbare Rechtswirkung nach außen gerichtet ist. Allgemeinverfügung ist ein Verwaltungsakt, der sich an einen nach allgemeinen Merkmalen bestimmten oder bestimmbaren Personenkreis richtet oder die öffentlich-rechtliche Eigenschaft einer Sache oder ihre Benutzung durch die Allgemeinheit betrifft.

§ 35a Vollständig automatisierter Erlass eines Verwaltungsaktes

Ein Verwaltungsakt kann vollständig durch automatische Einrichtungen erlassen werden, sofern dies durch Rechtsvorschrift zugelassen ist und weder ein Ermessen noch ein Beurteilungsspielraum besteht.

§ 36 Nebenbestimmungen zum Verwaltungsakt

(1) Ein Verwaltungsakt, auf den ein Anspruch besteht, darf mit einer Nebenbestimmung nur versehen werden, wenn sie durch Rechtsvorschrift zugelassen ist oder wenn sie sicherstellen soll, dass die gesetzlichen Voraussetzungen des Verwaltungsaktes erfüllt werden.

(2) Unbeschadet des Abs. 1 darf ein Verwaltungsakt nach pflichtgemäßem Ermessen erlassen werden mit

1. einer Bestimmung, nach der eine Vergünstigung oder Belastung zu einem bestimmten Zeitpunkt beginnt, endet oder für einen bestimmten Zeitraum gilt (Befristung);
2. einer Bestimmung, nach der der Eintritt oder der Wegfall einer Vergünstigung oder einer Belastung von dem ungewissen Eintritt eines zukünftigen Ereignisses abhängt (Bedingung);
3. einem Vorbehalt des Widerrufs

IX

oder verbunden werden mit

4. einer Bestimmung, durch die dem Begünstigten ein Tun, Dulden oder Unterlassen vorgeschrieben wird (Auflage);
5. einem Vorbehalt der nachträglichen Aufnahme, Änderung oder Ergänzung einer Auflage.

(3) Eine Nebenbestimmung darf dem Zweck des Verwaltungsaktes nicht zuwiderlaufen.

§ 37 Bestimmtheit und Form des Verwaltungsaktes

(1) Ein Verwaltungsakt muss inhaltlich hinreichend bestimmt sein.

(2) Ein Verwaltungsakt kann schriftlich, elektronisch, mündlich oder in anderer Weise erlassen werden. Ein mündlicher Verwaltungsakt ist schriftlich oder elektronisch zu bestätigen, wenn hieran ein berechtigtes Interesse besteht und der Betroffene dies unverzüglich verlangt. Ein elektronischer Verwaltungsakt ist unter denselben Voraussetzungen schriftlich zu bestätigen; § 3a Abs. 2 findet insoweit keine Anwendung.

(3) Ein schriftlicher oder elektronischer Verwaltungsakt muss die erlassende Behörde erkennen lassen und die Unterschrift oder die Namenswiedergabe des Behördenleiters, seines Vertreters oder seines Beauftragten enthalten. Wird für einen Verwaltungsakt, für den durch Rechtsvorschrift die Schriftform angeordnet ist, die elektronische Form verwendet, muss auch das der Signatur zugrunde liegende qualifizierte Zertifikat oder ein zugehöriges qualifiziertes Attributzertifikat die erlassende Behörde erkennen lassen. Im Fall des § 3a Abs. 2 Satz 4 Nr. 3 muss die Bestätigung nach § 5 Abs. 5 des De-Mail-Gesetzes die erlassende Behörde als Nutzer des De-Mail-Kontos erkennen lassen.

(4) Für einen Verwaltungsakt kann für die nach § 3a Abs. 2 erforderliche Signatur durch Rechtsvorschrift die dauerhafte Überprüfbarkeit vorgeschrieben werden.

(5) Bei einem schriftlichen Verwaltungsakt, der mit Hilfe automatischer Einrichtungen erlassen wird, können abweichend von Abs. 3 Unterschrift und Namenswiedergabe fehlen. Zur Inhaltsangabe können Schlüsselzeichen verwendet werden, wenn derjenige, für den der Verwaltungsakt bestimmt ist oder der von ihm betroffen wird, aufgrund der dazu gegebenen Erläuterungen den Inhalt des Verwaltungsaktes eindeutig erkennen kann.

§ 38 Zusicherung

(1) Eine von der zuständigen Behörde erteilte Zusage, einen bestimmten Verwaltungsakt später zu erlassen oder zu unterlassen (Zusicherung), bedarf zu ihrer Wirksamkeit der schriftlichen Form. Ist vor dem Erlass des zugesicherten Verwaltungsaktes die Anhörung Beteiligter oder die Mitwirkung einer anderen

Behörde oder eines Ausschusses aufgrund einer Rechtsvorschrift erforderlich, so darf die Zusicherung erst nach Anhörung der Beteiligten oder nach Mitwirkung dieser Behörde oder des Ausschusses gegeben werden.

(2) Auf die Unwirksamkeit der Zusicherung finden, unbeschadet des Abs. 1 Satz 1, § 44, auf die Heilung von Mängeln bei der Anhörung Beteiligter und der Mitwirkung anderer Behörden oder Ausschüsse § 45 Abs. 1 Nr. 3 bis 5 sowie Abs. 2, auf die Rücknahme § 48, auf den Widerruf, unbeschadet des Abs. 3, § 49 entsprechende Anwendung.

(3) Ändert sich nach Abgabe der Zusicherung die Sach- oder Rechtslage derart, dass die Behörde bei Kenntnis der nachträglich eingetretenen Änderung die Zusicherung nicht gegeben hätte oder aus rechtlichen Gründen nicht hätte geben dürfen, ist die Behörde an die Zusicherung nicht mehr gebunden.

§ 39 Begründung des Verwaltungsaktes

(1) Ein schriftlicher oder elektronischer sowie ein schriftlich oder elektronisch bestätigter Verwaltungsakt ist mit einer Begründung zu versehen. In der Begründung sind die wesentlichen tatsächlichen und rechtlichen Gründe mitzuteilen, die die Behörde zu ihrer Entscheidung bewogen haben. Die Begründung von Ermessensentscheidungen soll auch die Gesichtspunkte erkennen lassen, von denen die Behörde bei der Ausübung ihres Ermessens ausgegangen ist.

(2) Einer Begründung bedarf es nicht,

1. soweit die Behörde einem Antrag entspricht oder einer Erklärung folgt und der Verwaltungsakt nicht in Rechte eines anderen eingreift;
2. soweit demjenigen, für den der Verwaltungsakt bestimmt ist oder der von ihm betroffen wird, die Auffassung der Behörde über die Sach- und Rechtslage bereits bekannt oder auch ohne Begründung für ihn ohne weiteres erkennbar ist;
3. wenn die Behörde gleichartige Verwaltungsakte in größerer Zahl oder Verwaltungsakte mit Hilfe automatischer Einrichtungen erlässt und die Begründung nach den Umständen des Einzelfalles nicht geboten ist;
4. wenn sich dies aus einer Rechtsvorschrift ergibt;
5. wenn eine Allgemeinverfügung öffentlich bekannt gegeben wird.

§ 40 Ermessen

Ist die Behörde ermächtigt, nach ihrem Ermessen zu handeln, hat sie ihr Ermessen entsprechend dem Zweck der Ermächtigung auszuüben und die gesetzlichen Grenzen des Ermessen einzuhalten.

§ 41 Bekanntgabe des Verwaltungsaktes

(1) Ein Verwaltungsakt ist demjenigen Beteiligten bekannt zu geben, für den er bestimmt ist oder der von ihm betroffen wird. Ist ein Bevollmächtigter bestellt, so kann die Bekanntgabe ihm gegenüber vorgenommen werden.

(2) Ein schriftlicher Verwaltungsakt, der im Inland durch die Post übermittelt wird, gilt am dritten Tag nach der Aufgabe zur Post als bekannt gegeben. Ein Verwaltungsakt, der im Inland oder in das Ausland elektronisch übermittelt wird, gilt am dritten Tag nach der Absendung als bekannt gegeben. Dies gilt nicht, wenn der Verwaltungsakt nicht oder zu einem späteren Zeitpunkt zugegangen ist; im Zweifel hat die Behörde den Zugang des Verwaltungsaktes und den Zeitpunkt des Zugangs nachzuweisen.

(2a) Mit Einwilligung des Beteiligten kann ein elektronischer Verwaltungsakt dadurch bekannt gegeben werden, dass er vom Beteiligten oder von seinem Bevollmächtigten über öffentlich zugängliche Netze abgerufen wird. Die Behörde hat zu gewährleisten, dass der Abruf nur nach Authentifizierung der berechtigten Person möglich ist und der elektronische Verwaltungsakt von ihr gespeichert werden kann. Der Verwaltungsakt gilt am Tag nach dem Abruf als bekannt gegeben. Wird der Verwaltungsakt nicht innerhalb von zehn Tagen nach Absendung einer Benachrichtigung über die Bereitstellung abgerufen, wird diese beendet. In diesem Fall ist die Bekanntgabe nicht bewirkt; die Möglichkeit einer erneuten Bereitstellung zum Abruf oder der Bekanntgabe auf andere Weise bleibt unberührt.

(3) Ein Verwaltungsakt darf öffentlich bekannt gegeben werden, wenn dies durch Rechtsvorschrift zugelassen ist. Eine Allgemeinverfügung darf auch dann öffentlich bekannt gegeben werden, wenn eine Bekanntgabe an die Beteiligten untunlich ist.

(4) Die öffentliche Bekanntgabe eines schriftlichen oder elektronischen Verwaltungsaktes wird dadurch bewirkt, dass sein verfügender Teil ortsüblich bekannt gemacht wird. In der ortsüblichen Bekanntmachung ist anzugeben, wo der Verwaltungsakt und seine Begründung eingesehen werden können. Der Verwaltungsakt gilt zwei Wochen nach der ortsüblichen Bekanntmachung als bekannt gegeben. In einer Allgemeinverfügung kann ein hiervon abweichender Tag, jedoch frühestens der auf die Bekanntmachung folgende Tag bestimmt werden.

(5) Vorschriften über die Bekanntgabe eines Verwaltungsaktes mittels Zustellung bleiben unberührt.

§ 42 Offenbare Unrichtigkeiten im Verwaltungsakt

Die Behörde kann Schreibfehler, Rechenfehler und ähnliche offenbare Unrichtigkeiten in einem Verwaltungsakt jederzeit berichtigen. Bei berechtigtem Interesse des Beteiligten ist zu berichtigen. Die Behörde ist berechtigt, die Vorlage des Dokumentes zu verlangen, das berichtigt werden soll.

§ 42a Genehmigungsfiktion

(1) Eine beantragte Genehmigung gilt nach Ablauf einer für die Entscheidung festgelegten Frist als erteilt (Genehmigungsfiktion), wenn dies durch Rechtsvorschrift angeordnet und der Antrag hinreichend bestimmt ist. Die Vorschriften über die Bestandskraft von Verwaltungsakten und über das Rechtsbehelfsverfahren gelten entsprechend.

(2) Die Frist nach Abs. 1 Satz 1 beträgt drei Monate, soweit durch Rechtsvorschrift nichts Abweichendes bestimmt ist. Die Frist beginnt mit Eingang der vollständigen Unterlagen. Sie kann einmal angemessen verlängert werden, wenn dies wegen der Schwierigkeit der Angelegenheit gerechtfertigt ist. Die Fristverlängerung ist zu begründen und rechtzeitig mitzuteilen.

(3) Auf Verlangen ist demjenigen, dem der Verwaltungsakt nach § 41 Abs. 1 hätte bekannt gegeben werden müssen, der Eintritt der Genehmigungsfiktion schriftlich zu bescheinigen.

Abschnitt 2
Bestandskraft des Verwaltungsaktes

§ 43 Wirksamkeit des Verwaltungsaktes

(1) Ein Verwaltungsakt wird gegenüber demjenigen, für den er bestimmt ist oder der von ihm betroffen wird, in dem Zeitpunkt wirksam, in dem er ihm bekannt gegeben wird. Der Verwaltungsakt wird mit dem Inhalt wirksam, mit dem er bekannt gegeben wird.

(2) Ein Verwaltungsakt bleibt wirksam, solange und soweit er nicht zurückgenommen, widerrufen, anderweitig aufgehoben oder durch Zeitablauf oder auf andere Weise erledigt ist.

(3) Ein nichtiger Verwaltungsakt ist unwirksam.

§ 44 Nichtigkeit des Verwaltungsaktes

(1) Ein Verwaltungsakt ist nichtig, soweit er an einem besonders schwerwiegenden Fehler leidet und dies bei verständiger Würdigung aller in Betracht kommenden Umstände offensichtlich ist.

(2) Ohne Rücksicht auf das Vorliegen der Voraussetzungen des Abs. 1 ist ein Verwaltungsakt nichtig,

1. der schriftlich oder elektronisch erlassen worden ist, die erlassende Behörde aber nicht erkennen lässt;
2. der nach einer Rechtsvorschrift nur durch die Aushändigung einer Urkunde erlassen werden kann, aber dieser Form nicht genügt;
3. den eine Behörde außerhalb ihrer durch § 3 Abs. 1 Nr. 1 begründeten Zuständigkeit erlassen hat, ohne dazu ermächtigt zu sein;
4. den aus tatsächlichen Gründen niemand ausführen kann;
5. der die Begehung einer rechtswidrigen Tat verlangt, die einen Straf- oder Bußgeldtatbestand verwirklicht;

6. der gegen die guten Sitten verstößt.

(3) Ein Verwaltungsakt ist nicht schon deshalb nichtig, weil

1. Vorschriften über die örtliche Zuständigkeit nicht eingehalten worden sind, außer wenn ein Fall des Abs. 2 Nr. 3 vorliegt;
2. eine nach § 20 Abs. 1 Satz 1 Nr. 2 bis 6 ausgeschlossene Person mitgewirkt hat;
3. ein durch Rechtsvorschrift zur Mitwirkung berufener Ausschuss den für den Erlass des Verwaltungsaktes vorgeschriebenen Beschluss nicht gefasst hat oder nicht beschlussfähig war;
4. die nach einer Rechtsvorschrift erforderliche Mitwirkung einer anderen Behörde unterblieben ist.

(4) Betrifft die Nichtigkeit nur einen Teil des Verwaltungsaktes, so ist er im Ganzen nichtig, wenn der nichtige Teil so wesentlich ist, dass die Behörde den Verwaltungsakt ohne den nichtigen Teil nicht erlassen hätte.

(5) Die Behörde kann die Nichtigkeit jederzeit von Amts wegen feststellen; auf Antrag ist sie festzustellen, wenn der Antragsteller hieran ein berechtigtes Interesse hat.

§ 45 Heilung von Verfahrens- und Formfehlern

(1) Eine Verletzung von Verfahrens- oder Formvorschriften, die nicht den Verwaltungsakt nach § 44 nichtig macht, ist unbeachtlich, wenn

1. der für den Erlass des Verwaltungsaktes erforderliche Antrag nachträglich gestellt wird;
2. die erforderliche Begründung nachträglich gegeben wird;
3. die erforderliche Anhörung eines Beteiligten nachgeholt wird;
4. der Beschluss eines Ausschusses, dessen Mitwirkung für den Erlass des Verwaltungsaktes erforderlich ist, nachträglich gefasst wird;
5. die erforderliche Mitwirkung einer anderen Behörde nachgeholt wird.

(2) Handlungen nach Abs. 1 können bis zum Abschluss der letzten Tatsacheninstanz eines verwaltungsgerichtlichen Verfahrens nachgeholt werden.

(3) Fehlt einem Verwaltungsakt die erforderliche Begründung oder ist die erforderliche Anhörung eines Beteiligten vor Erlass des Verwaltungsaktes unterblieben und ist dadurch die rechtzeitige Anfechtung des Verwaltungsaktes versäumt worden, so gilt die Versäumung der Rechtsbehelfsfrist als nicht verschuldet. Das für die Wiedereinsetzungsfrist nach § 32 Abs. 2 maßgebende Ereignis tritt im Zeitpunkt der Nachholung der unterlassenen Verfahrenshandlung ein.

§ 46 Folgen von Verfahrens- und Formfehlern

Die Aufhebung eines Verwaltungsaktes, der nicht nach § 44 nichtig ist, kann nicht allein deshalb beansprucht werden, weil er unter Verletzung von Vorschriften über das Verfahren, die Form oder die örtliche Zuständigkeit zustande gekommen ist, wenn offensichtlich ist, dass die Verletzung die Entscheidung in der Sache nicht beeinflusst hat.

§ 47 Umdeutung eines fehlerhaften Verwaltungsaktes

(1) Ein fehlerhafter Verwaltungsakt kann in einen anderen Verwaltungsakt umgedeutet werden, wenn er auf das gleiche Ziel gerichtet ist, von der erlassenen Behörde in der geschehenen Verfahrensweise und Form rechtmäßig hätte erlassen werden können und wenn die Voraussetzungen für dessen Erlass erfüllt sind.

(2) Abs. 1 gilt nicht, wenn der Verwaltungsakt, in den der fehlerhafte Verwaltungsakt umzudeuten wäre, der erkennbaren Absicht der erlassenden Behörde widerspräche oder seine Rechtsfolgen für den Betroffenen ungünstiger wären als die des fehlerhaften Verwaltungsaktes. Eine Umdeutung ist ferner unzulässig, wenn der fehlerhafte Verwaltungsakt nicht zurückgenommen werden dürfte.

(3) Eine Entscheidung, die nur als gesetzlich gebundene Entscheidung ergehen kann, kann nicht in eine Ermessensentscheidung umgedeutet werden.

(4) § 28 ist entsprechend anzuwenden.

§ 48 Rücknahme eines rechtswidrigen Verwaltungsaktes

(1) Ein rechtswidriger Verwaltungsakt kann, auch nachdem er unanfechtbar geworden ist, ganz oder teilweise mit Wirkung für die Zukunft oder für die Vergangenheit zurückgenommen werden. Ein Verwaltungsakt, der ein Recht oder einen rechtlich erheblichen Vorteil begründet oder bestätigt hat (begünstigender Verwaltungsakt), darf nur unter den Einschränkungen der Abs. 2 bis 4 zurückgenommen werden.

(2) Ein rechtswidriger Verwaltungsakt, der eine einmalige oder laufende Geldleistung oder teilbare Sachleistung gewährt oder hierfür Voraussetzung ist, darf nicht zurückgenommen werden, soweit der Begünstigte auf den Bestand des Verwaltungsaktes vertraut hat und sein Vertrauen unter Abwägung mit dem öffentlichen Interesse an einer Rücknahme schutzwürdig ist. Das Vertrauen ist in der Regel schutzwürdig, wenn der Begünstigte gewährte Leistungen verbraucht oder eine Vermögensdisposition getroffen hat, die er nicht mehr oder nur unter unzumutbaren Nachteilen rückgängig machen kann. Auf Vertrauen kann sich der Begünstigte nicht berufen, wenn er

1. den Verwaltungsakt durch arglistige Täuschung, Drohung oder Bestechung erwirkt hat;
2. den Verwaltungsakt durch Angaben erwirkt hat, die in wesentlicher Beziehung unrichtig oder unvollständig waren;
3. die Rechtswidrigkeit des Verwaltungsaktes kannte oder infolge grober Fahrlässigkeit nicht kannte.

In den Fällen des Satzes 3 wird der Verwaltungsakt in der Regel mit Wirkung für die Vergangenheit zurückgenommen.

(3) Wird ein rechtswidriger Verwaltungsakt, der nicht unter Abs. 2 fällt, zurückgenommen, so hat die Behörde dem Betroffenen auf Antrag den Vermögensnachteil auszugleichen, den dieser dadurch erleidet, dass er auf den Bestand des Verwaltungsaktes vertraut hat, soweit sein Vertrauen unter Abwägung mit dem öffentlichen Interesse schutzwürdig ist. Abs. 2 Satz 3 ist anzuwenden. Der Vermögensnachteil ist jedoch nicht über den Betrag des Interesses hinaus zu ersetzen, das der Betroffene an dem Bestand des Verwaltungsaktes hat. Der auszugleichende Vermögensnachteil wird durch die Behörde festgesetzt. Der Anspruch kann nur innerhalb eines Jahres geltend gemacht werden; die Frist beginnt, sobald die Behörde den Betroffenen auf sie hingewiesen hat.

(4) Erhält die Behörde von Tatsachen Kenntnis, welche die Rücknahme eines rechtswidrigen Verwaltungsaktes rechtfertigen, so ist die Rücknahme nur innerhalb eines Jahres seit dem Zeitpunkt der Kenntnisnahme zulässig. Dies gilt nicht im Falle des Abs. 2 Satz 3 Nr. 1.

(5) Über die Rücknahme entscheidet nach Unanfechtbarkeit des Verwaltungsaktes die nach § 3 zuständige Behörde; dies gilt auch dann, wenn der zurückzunehmende Verwaltungsakt von einer anderen Behörde erlassen worden ist.

§ 49 Widerruf eines rechtmäßigen Verwaltungsaktes

(1) Ein rechtmäßiger nicht begünstigender Verwaltungsakt kann, auch nachdem er unanfechtbar geworden ist, ganz oder teilweise mit Wirkung für die Zukunft widerrufen werden, außer wenn ein Verwaltungsakt gleichen Inhalts erneut erlassen werden müsste oder aus anderen Gründen ein Widerruf unzulässig ist.

(2) Ein rechtmäßiger begünstigender Verwaltungsakt darf, auch nachdem er unanfechtbar geworden ist, ganz oder teilweise mit Wirkung für die Zukunft nur widerrufen werden,

1. wenn der Widerruf durch Rechtsvorschrift zugelassen oder im Verwaltungsakt vorbehalten ist;
2. wenn mit dem Verwaltungsakt eine Auflage verbunden ist und der Begünstigte diese nicht oder nicht innerhalb einer ihm gesetzten Frist erfüllt hat;
3. wenn die Behörde aufgrund nachträglich eingetretener Tatsachen berechtigt wäre, den Verwaltungsakt nicht zu erlassen, und wenn ohne den Widerruf das öffentliche Interesse gefährdet würde;

4. wenn die Behörde aufgrund einer geänderten Rechtsvorschrift berechtigt wäre, den Verwaltungsakt nicht zu erlassen, soweit der Begünstigte von der Vergünstigung noch keinen Gebrauch gemacht oder aufgrund des Verwaltungsaktes noch keine Leistungen empfangen hat, und wenn ohne den Widerruf das öffentliche Interesse gefährdet würde;
5. um schwere Nachteile für das Gemeinwohl zu verhüten oder zu beseitigen.

§ 48 Abs. 4 gilt entsprechend.

(3) Ein rechtmäßiger Verwaltungsakt, der eine einmalige oder laufende Geldleistung oder teilbare Sachleistung zur Erfüllung eines bestimmten Zweckes gewährt oder hierfür Voraussetzung ist, kann, auch nachdem er unanfechtbar geworden ist, ganz oder teilweise auch mit Wirkung für die Vergangenheit widerrufen werden,

1. wenn die Leistung nicht, nicht alsbald nach der Erbringung oder nicht mehr für den in dem Verwaltungsakt bestimmten Zweck verwendet wird;
2. wenn mit dem Verwaltungsakt eine Auflage verbunden ist und der Begünstigte diese nicht oder nicht innerhalb einer ihm gesetzten Frist erfüllt hat.

§ 48 Abs. 4 gilt entsprechend.

(4) Der widerrufene Verwaltungsakt wird mit dem Wirksamwerden des Widerrufs unwirksam, wenn die Behörde keinen anderen Zeitpunkt bestimmt.

(5) Über den Widerruf entscheidet nach Unanfechtbarkeit des Verwaltungsaktes die nach § 3 zuständige Behörde; dies gilt auch dann, wenn der zu widerrufende Verwaltungsakt von einer anderen Behörde erlassen worden ist.

(6) Wird ein begünstigender Verwaltungsakt in den Fällen des Abs. 2 Nr. 3 bis 5 widerrufen, so hat die Behörde den Betroffenen auf Antrag für den Vermögensnachteil zu entschädigen, den dieser dadurch erleidet, dass er auf den Bestand des Verwaltungsaktes vertraut hat, soweit sein Vertrauen schutzwürdig ist. § 48 Abs. 3 Satz 3 bis 5 gilt entsprechend. Für Streitigkeiten über die Entschädigung ist der ordentliche Rechtsweg gegeben.

§ 49a Erstattung, Verzinsung

(1) Soweit ein Verwaltungsakt mit Wirkung für die Vergangenheit zurückgenommen oder widerrufen worden oder infolge Eintritts einer auflösenden Bedingung unwirksam geworden ist, sind bereits erbrachte Leistungen zu erstatten. Die zu erstattende Leistung ist durch schriftlichen Verwaltungsakt festzusetzen.

(2) Für den Umfang der Erstattung mit Ausnahme der Verzinsung gelten die Vorschriften des Bürgerlichen Gesetzbuches über die Herausgabe einer ungerechtfertigten Bereicherung entsprechend. Auf den Wegfall der Bereicherung kann sich der Begünstigte nicht berufen, soweit er die Umstände kannte oder infolge grober Fahrlässigkeit nicht kannte, die zur Rücknahme, zum Widerruf oder zur Unwirksamkeit des Verwaltungsaktes geführt haben.

(3) Der zu erstattende Betrag ist vom Eintritt der Unwirksamkeit des Verwaltungsaktes an mit fünf Prozentpunkten über dem Basiszinssatz jährlich zu verzinsen. Von der Geltendmachung des Zinsanspruchs kann insbesondere dann abgesehen werden, wenn der Begünstigte die Umstände, die zur Rücknahme, zum Widerruf oder zur Unwirksamkeit des Verwaltungsaktes geführt haben, nicht zu vertreten hat und den zu erstattenden Betrag innerhalb der von der Behörde festgesetzten Frist leistet.

(4) Wird eine Leistung nicht alsbald nach der Auszahlung für den bestimmten Zweck verwendet, so können für die Zeit bis zur zweckentsprechenden Verwendung Zinsen nach Abs. 3 Satz 1 verlangt werden. Entsprechendes gilt, soweit eine Leistung in Anspruch genommen wird, obwohl andere Mittel anteilig oder vorrangig einzusetzen sind. § 49 Abs. 3 Satz 1 Nr. 1 bleibt unberührt.

§ 50 Rücknahme und Widerruf im Rechtsbehelfsverfahren

§ 48 Abs. 1 Satz 2 und Abs. 2 bis 4 sowie § 49 Abs. 2 bis 4 und 6 gelten nicht, wenn ein begünstigender Verwaltungsakt, der von einem Dritten angefochten worden ist, während des Vorverfahrens oder während des verwaltungsgerichtlichen Verfahrens aufgehoben wird, soweit dadurch dem Widerspruch oder der Klage abgeholfen wird.

§ 51 Wiederaufgreifen des Verfahrens

(1) Die Behörde hat auf Antrag des Betroffenen über die Aufhebung oder Änderung eines unanfechtbaren Verwaltungsaktes zu entscheiden, wenn

1. sich die dem Verwaltungsakt zugrunde liegende Sach- oder Rechtslage nachträglich zugunsten des Betroffenen geändert hat;
2. neue Beweismittel vorliegen, die eine dem Betroffenen günstigere Entscheidung herbeigeführt haben würden;
3. Wiederaufnahmegründe entsprechend § 580 der Zivilprozessordnung gegeben sind.

(2) Der Antrag ist nur zulässig, wenn der Betroffene ohne grobes Verschulden außerstande war, den Grund für das Wiederaufgreifen in dem früheren Verfahren, insbesondere durch Rechtsbehelf, geltend zu machen.

(3) Der Antrag muss binnen drei Monaten gestellt werden. Die Frist beginnt mit dem Tage, an dem der Betroffene von dem Grund für das Wiederaufgreifen Kenntnis erhalten hat.

(4) Über den Antrag entscheidet die nach § 3 zuständige Behörde; dies gilt auch dann, wenn der Verwaltungsakt, dessen Aufhebung oder Änderung begehrt wird, von einer anderen Behörde erlassen worden ist.

(5) Die Vorschriften des § 48 Abs. 1 Satz 1 und des § 49 Abs. 1 bleiben unberührt.

IX

§ 52 Rückgabe von Urkunden und Sachen

Ist ein Verwaltungsakt unanfechtbar widerrufen oder zurückgenommen oder ist seine Wirksamkeit aus einem anderen Grund nicht oder nicht mehr gegeben, so kann die Behörde die aufgrund dieses Verwaltungsaktes erteilten Urkunden oder Sachen, die zum Nachweis der Rechte aus dem Verwaltungsakt oder zu deren Ausübung bestimmt sind, zurückfordern. Der Inhaber und, sofern er nicht der Besitzer ist, auch der Besitzer dieser Urkunden oder Sachen sind zu ihrer Herausgabe verpflichtet. Der Inhaber oder der Besitzer kann jedoch verlangen, dass ihm die Urkunden oder Sachen wieder ausgehändigt werden, nachdem sie von der Behörde als ungültig gekennzeichnet sind; dies gilt nicht bei Sachen, bei denen eine solche Kennzeichnung nicht oder nicht mit der erforderlichen Offensichtlichkeit oder Dauerhaftigkeit möglich ist.

Abschnitt 3
Verjährungsrechtliche Wirkungen des Verwaltungsaktes

§ 53 Hemmung der Verjährung durch Verwaltungsakt

(1) Ein Verwaltungsakt, der zur Feststellung oder Durchsetzung des Anspruchs eines öffentlich-rechtlichen Rechtsträgers erlassen wird, hemmt die Verjährung dieses Anspruchs. Die Hemmung endet mit dem Eintritt der Unanfechtbarkeit des Verwaltungsaktes oder sechs Monate nach seiner anderweitigen Erledigung.

(2) Ist ein Verwaltungsakt im Sinne des Abs. 1 unanfechtbar geworden, beträgt die Verjährungsfrist 30 Jahre. Soweit der Verwaltungsakt einen Anspruch auf künftig fällig werdende regelmäßig wiederkehrende Leistungen zum Inhalt hat, bleibt es bei der für diesen Anspruch geltenden Verjährungsfrist.

Teil IV
Öffentlich-rechtlicher Vertrag

§ 54 Zulässigkeit des öffentlich-rechtlichen Vertrages

Ein Rechtsverhältnis auf dem Gebiet des öffentlichen Rechts kann durch Vertrag begründet, geändert oder aufgehoben werden (öffentlich-rechtlicher Vertrag), soweit Rechtsvorschriften nicht entgegenstehen. Insbesondere kann die Behörde, anstatt einen Verwaltungsakt zu erlassen, einen öffentlich-rechtlichen Vertrag mit demjenigen schließen, an den sie sonst den Verwaltungsakt richten würde.

§ 55 Vergleichsvertrag

Ein öffentlich-rechtlicher Vertrag im Sinne des § 54 Satz 2, durch den eine bei verständiger Würdigung des Sachverhalts oder der Rechtslage bestehende Ungewissheit durch gegenseitiges Nachgeben beseitigt wird (Vergleich), kann geschlossen werden, wenn die Behörde den Abschluss des Vergleichs zur Beseitigung der Ungewissheit nach pflichtgemäßem Ermessen für zweckmäßig hält.

§ 56 Austauschvertrag

(1) Ein öffentlich-rechtlicher Vertrag im Sinne des § 54 Satz 2, in dem sich der Vertragspartner der Behörde zu einer Gegenleistung verpflichtet, kann geschlossen werden, wenn die Gegenleistung für einen bestimmten Zweck im Vertrag vereinbart wird und der Behörde zur Erfüllung ihrer öffentlichen Aufgaben dient. Die Gegenleistung muss den gesamten Umständen nach angemessen sein und im sachlichen Zusammenhang mit der vertraglichen Leistung der Behörde stehen.

(2) Besteht auf die Leistung der Behörde ein Anspruch, so kann nur eine solche Gegenleistung vereinbart werden, die bei Erlass eines Verwaltungsaktes Inhalt einer Nebenbestimmung nach § 36 sein könnte.

§ 57 Schriftform

Ein öffentlich-rechtlicher Vertrag ist schriftlich zu schließen, soweit nicht durch Rechtsvorschrift eine andere Form vorgeschrieben ist.

§ 58 Zustimmung von Dritten und Behörden

(1) Ein öffentlich-rechtlicher Vertrag, der in Rechte eines Dritten eingreift, wird erst wirksam, wenn der Dritte schriftlich zustimmt.

(2) Wird anstatt eines Verwaltungsaktes, bei dessen Erlass nach einer Rechtsvorschrift die Genehmigung, die Zustimmung oder das Einvernehmen einer anderen Behörde erforderlich ist, ein Vertrag geschlossen, so wird dieser erst wirksam, nachdem die andere Behörde in der vorgeschriebenen Form mitgewirkt hat.

§ 59 Nichtigkeit des öffentlich-rechtlichen Vertrages

(1) Ein öffentlich-rechtlicher Vertrag ist nichtig, wenn sich die Nichtigkeit aus der entsprechenden Anwendung von Vorschriften des Bürgerlichen Gesetzbuchs ergibt.

(2) Ein Vertrag im Sinne des § 54 Satz 2 ist ferner nichtig, wenn

1. ein Verwaltungsakt mit entsprechendem Inhalt nichtig wäre;
2. ein Verwaltungsakt mit entsprechendem Inhalt nicht nur wegen eines Verfahrens- oder Formfehlers im Sinne des § 46 rechtswidrig wäre und dies den Vertragschließenden bekannt war;
3. die Voraussetzungen zum Abschluss eines Vergleichsvertrages nicht vorlagen und ein Verwaltungsakt mit entsprechendem Inhalt nicht nur wegen eines Verfahrens- oder Formfehlers im Sinne des § 46 rechtswidrig wäre;
4. sich die Behörde eine nach § 56 unzulässige Gegenleistung versprechen lässt.

(3) Betrifft die Nichtigkeit nur einen Teil des Vertrages, so ist er im Ganzen nichtig, wenn nicht anzunehmen ist, dass er auch ohne den nichtigen Teil geschlossen worden wäre.

§ 60 Anpassung und Kündigung in besonderen Fällen

(1) Haben die Verhältnisse, die für die Festsetzung des Vertragsinhalts maßgebend gewesen sind, sich seit Abschluss des Vertrages so wesentlich geändert, dass einer Vertragspartei das Festhalten an der ursprünglichen vertraglichen Regelung nicht zuzumuten ist, so kann diese Vertragspartei eine Anpassung des Vertragsinhalts an die geänderten Verhältnisse verlangen oder, sofern eine Anpassung nicht möglich oder einer Vertragspartei nicht zuzumuten ist, den Vertrag kündigen. Die Behörde kann den Vertrag auch kündigen, um schwere Nachteile für das Gemeinwohl zu verhüten oder zu beseitigen.

(2) Die Kündigung bedarf der Schriftform, soweit nicht durch Rechtsvorschrift eine andere Form vorgeschrieben ist. Sie soll begründet werden.

§ 61 Unterwerfung unter die sofortige Vollstreckung

(1) Jeder Vertragschließende kann sich der sofortigen Vollstreckung aus einem öffentlich-rechtlichen Vertrag im Sinne des § 54 Satz 2 unterwerfen. Die Behörde muss hierbei von dem Behördenleiter, seinem allgemeinen Vertreter oder einem Angehörigen des öffentlichen Dienstes, der die Befähigung zum Richteramt hat, vertreten werden.

(2) Auf öffentlich-rechtliche Verträge im Sinne des Abs. 1 Satz 1 ist das Hessische Verwaltungsvollstreckungsgesetz entsprechend anzuwenden. Will eine natürliche oder juristische Person des Privatrechts oder eine nichtrechtsfähige Vereinigung die Vollstreckung wegen einer Geldforderung betreiben, so ist § 170 Abs. 1 bis 3 der Verwaltungsgerichtsordnung entsprechend anzuwenden. Richtet sich die Vollstreckung wegen der Erzwingung einer Handlung, Duldung oder Unterlassung gegen eine Behörde, so ist § 172 der Verwaltungsgerichtsordnung entsprechend anzuwenden.

§ 62 Ergänzende Anwendung von Vorschriften

Soweit sich aus den §§ 54 bis 61 nichts Abweichendes ergibt, gelten die übrigen Vorschriften dieses Gesetzes. Ergänzend gelten die Vorschriften des Bürgerlichen Gesetzbuchs entsprechend.

Teil V Besondere Verfahrensarten

Abschnitt 1 Förmliches Verwaltungsverfahren

§ 63 Anwendung der Vorschriften über das förmliche Verwaltungsverfahren

(1) Das förmliche Verwaltungsverfahren nach diesem Gesetz findet statt, wenn es durch Rechtsvorschrift angeordnet ist.

(2) Für das förmliche Verwaltungsverfahren gelten die §§ 64 bis 71 und, soweit sich aus ihnen nichts Abweichendes ergibt, die übrigen Vorschriften dieses Gesetzes.

(3) Die Mitteilung nach § 17 Abs. 2 Satz 2 und die Aufforderung nach § 17 Abs. 4 Satz 2 sind im förmlichen Verwaltungsverfahren öffentlich bekannt zu machen. Die öffentliche Bekanntmachung wird dadurch bewirkt, dass die Behörde die Mitteilung oder die Aufforderung in ihrem amtlichen Veröffentlichungsblatt und außerdem in örtlichen Tageszeitungen, die in dem Bereich verbreitet sind, in dem sich die Entscheidung voraussichtlich auswirken wird, bekannt macht.

§ 64 Form des Antrages

Setzt das förmliche Verwaltungsverfahren einen Antrag voraus, so ist er schriftlich oder zur Niederschrift bei der Behörde zu stellen.

§ 65 Mitwirkung von Zeugen und Sachverständigen

(1) Im förmlichen Verwaltungsverfahren sind Zeugen zur Aussage und Sachverständige zur Erstattung von Gutachten verpflichtet. Die Vorschriften der Zivilprozessordnung über die Pflicht, als Zeuge auszusagen oder als Sachverständiger ein Gutachten zu erstatten, über die Ablehnung von Sachverständigen sowie über die Vernehmung von Angehörigen des öffentlichen Dienstes als Zeugen oder Sachverständige gelten entsprechend.

(2) Verweigern Zeugen oder Sachverständige ohne Vorliegen eines der in den §§ 376, 383 bis 385 und 408 der Zivilprozessordnung bezeichneten Gründe die Aussage oder die Erstattung des Gutachtens, so kann die Behörde das für den Wohnsitz oder den Aufenthaltsort des Zeugen oder des Sachverständigen zuständige Verwaltungsgericht um die Vernehmung ersuchen. Befindet sich der Wohnsitz oder der Aufenthaltsort des Zeugen oder des Sachverständigen nicht am Sitz eines Verwaltungsgerichts oder einer besonders errichteten Kammer, so kann auch das zuständige Amtsgericht um die Vernehmung ersucht werden. In dem Ersuchen hat die Behörde den Gegenstand der Vernehmung darzulegen sowie die Namen und Anschriften der Beteiligten anzugeben. Das Gericht hat die Beteiligten von den Beweisterminen zu benachrichtigen.

(3) Hält die Behörde mit Rücksicht auf die Bedeutung der Aussage eines Zeugen oder des Gutachtens eines Sachverständigen oder zur Herbeiführung einer wahrheitsgemäßen Aussage die Beeidung für geboten, so kann sie das nach Abs. 2 zuständige Gericht um die eidliche Vernehmung ersuchen.

(4) Das Gericht entscheidet über die Rechtmäßigkeit einer Verweigerung des Zeugnisses, des Gutachtens oder der Eidesleistung.

(5) Ein Ersuchen nach Abs. 2 oder 3 an das Gericht darf nur von dem Behördenleiter,

seinem allgemeinen Vertreter oder einem Angehörigen des öffentlichen Dienstes gestellt werden, der die Befähigung zum Richteramt hat.

(6) § 180 der Verwaltungsgerichtsordnung findet entsprechende Anwendung.

§ 66 Verpflichtung zur Anhörung von Beteiligten

(1) Im förmlichen Verwaltungsverfahren ist den Beteiligten Gelegenheit zu geben, sich vor der Entscheidung zu äußern.

(2) Den Beteiligten ist Gelegenheit zu geben, der Vernehmung von Zeugen und Sachverständigen und der Einnahme des Augenscheins beizuwohnen und hierbei sachdienliche Fragen zu stellen; ein schriftlich oder elektronisch vorliegendes Gutachten soll ihnen zugänglich gemacht werden.

§ 67 Erfordernis der mündlichen Verhandlung

(1) Die Behörde entscheidet nach mündlicher Verhandlung. Hierzu sind die Beteiligten mit angemessener Frist schriftlich zu laden. Bei der Ladung ist darauf hinzuweisen, dass bei Ausbleiben eines Beteiligten auch ohne ihn verhandelt und entschieden werden kann. Sind mehr als 50 Ladungen vorzunehmen, so können sie durch öffentliche Bekanntmachung ersetzt werden. Die öffentliche Bekanntmachung wird dadurch bewirkt, dass der Verhandlungstermin mindestens zwei Wochen vorher im amtlichen Veröffentlichungsblatt der Behörde und außerdem in örtlichen Tageszeitungen, die in dem Bereich verbreitet sind, in dem sich die Entscheidung voraussichtlich auswirken wird, mit dem Hinweis nach Satz 3 bekannt gemacht wird. Maßgebend für die Frist nach Satz 5 ist die Bekanntgabe im amtlichen Veröffentlichungsblatt.

(2) Die Behörde kann ohne mündliche Verhandlung entscheiden, wenn

1. einem Antrag im Einvernehmen mit allen Beteiligten in vollem Umfang entsprochen wird;
2. kein Beteiligter innerhalb einer hierfür gesetzten Frist Einwendungen gegen die vorgesehene Maßnahme erhoben hat;
3. die Behörde den Beteiligten mitgeteilt hat, dass sie beabsichtige, ohne mündliche Verhandlung zu entscheiden, und kein Beteiligter innerhalb einer hierfür gesetzten Frist Einwendungen dagegen erhoben hat;
4. alle Beteiligten auf sie verzichtet haben;
5. wegen Gefahr im Verzug eine sofortige Entscheidung notwendig ist.

(3) Die Behörde soll das Verfahren so fördern, dass es möglichst in einem Verhandlungstermin erledigt werden kann.

§ 68 Verlauf der mündlichen Verhandlung

(1) Die mündliche Verhandlung ist nicht öffentlich. An ihr können Vertreter der Aufsichtsbehörden und Personen, die bei der Behörde zur Ausbildung beschäftigt sind, teilnehmen. Anderen Personen kann der Verhandlungsleiter die Anwesenheit gestatten, wenn kein Beteiligter widerspricht.

(2) Die Behörde kann die Verhandlungsleitung einem Dritten übertragen, der ihren Weisungen unterliegt.

(3) Der Verhandlungsleiter hat die Sache mit den Beteiligten zu erörtern. Er hat darauf hinzuwirken, dass unklare Anträge erläutert, sachdienliche Anträge gestellt, ungenügende Angaben ergänzt sowie alle für die Feststellung des Sachverhalts wesentlichen Erklärungen abgegeben werden.

(4) Der Verhandlungsleiter ist für die Ordnung verantwortlich. Er kann Personen, die seine Anordnungen nicht befolgen, entfernen lassen. Die Verhandlung kann ohne diese Personen fortgesetzt werden.

(5) Über die mündliche Verhandlung ist eine Niederschrift zu fertigen. Die Niederschrift muss Angaben enthalten über

1. den Ort und den Tag der Verhandlung,
2. die Namen des Verhandlungsleiters, der erschienenen Beteiligten, Zeugen und Sachverständigen,
3. den behandelten Verfahrensgegenstand und die gestellten Anträge,
4. den wesentlichen Inhalt der Aussagen der Zeugen und Sachverständigen,
5. das Ergebnis eines Augenscheins.

Die Niederschrift ist von dem Verhandlungsleiter und, soweit ein Schriftführer hinzugezogen worden ist, auch von diesem zu unterzeichnen. Der Aufnahme in die Verhandlungsniederschrift steht die Aufnahme in eine Schrift gleich, die ihr als Anlage beigefügt und als solche bezeichnet ist; auf die Anlage ist in der Verhandlungsniederschrift hinzuweisen.

§ 69 Entscheidung

(1) Die Behörde entscheidet unter Würdigung des Gesamtergebnisses des Verfahrens.

(2) Verwaltungsakte, die das förmliche Verfahren abschließen, sind schriftlich zu erlassen, schriftlich zu begründen und den Beteiligten zuzustellen; in den Fällen des § 39 Abs. 2 Nr. 1 und 3 bedarf es einer Begründung nicht. Ein elektronischer Verwaltungsakt nach Satz 1 ist mit einer dauerhaft überprüfbaren qualifizierten elektronischen Signatur zu versehen. Sind mehr als 50 Zustellungen vorzunehmen, so können sie durch öffentliche Bekanntmachung ersetzt werden. Die öffentliche Bekanntmachung wird dadurch bewirkt, dass der verfügende Teil des Verwaltungsaktes und die Rechtsbehelfsbelehrung im amtlichen Veröffentlichungsblatt der Behörde und außerdem in örtlichen Tageszeitungen bekannt gemacht werden, die in dem Bereich verbreitet sind, in dem sich die Entscheidung voraussichtlich auswirken wird. Der Verwaltungsakt gilt mit dem Tage als zugestellt, an dem seit dem Tage der Bekanntmachung in dem amtlichen Veröffentlichungsblatt zwei Wochen verstrichen sind; hierauf ist in der Bekanntmachung hinzuweisen. Nach der öffentlichen Bekanntmachung kann der Verwaltungsakt bis zum Ablauf der Rechtsbehelfsfrist von den Beteiligten schriftlich oder elektronisch angefordert werden; hierauf ist in der Bekanntmachung gleichfalls hinzuweisen.

(3) Wird das förmliche Verwaltungsverfahren auf andere Weise abgeschlossen, so sind die Beteiligten hiervon zu benachrichtigen. Sind mehr als 50 Benachrichtigungen vorzunehmen, so können sie durch öffentliche Bekanntmachung ersetzt werden; Abs. 2 Satz 4 gilt entsprechend.

§ 70 Anfechtung der Entscheidung

Vor Erhebung einer verwaltungsgerichtlichen Klage, die einen im förmlichen Verwaltungsverfahren erlassenen Verwaltungsakt zum Gegenstand hat, bedarf es keiner Nachprüfung in einem Vorverfahren.

§ 71 Besondere Vorschriften für das förmliche Verfahren vor Ausschüssen

(1) Findet das förmliche Verwaltungsverfahren vor einem Ausschuss (§ 88) statt, so hat jedes Mitglied das Recht, sachdienliche Fragen zu stellen. Wird eine Frage von einem Beteiligten beanstandet, so entscheidet der Ausschuss über ihre Zulässigkeit.

(2) Bei der Beratung und Abstimmung dürfen nur Ausschussmitglieder zugegen sein, die an der mündlichen Verhandlung teilgenommen haben. Ferner dürfen Personen zugegen sein, die bei der Behörde, bei der der Ausschuss gebildet ist, zur Ausbildung beschäftigt sind, soweit der Vorsitzende ihre Anwesenheit gestattet. Die Abstimmungsergebnisse sind festzuhalten.

(3) Jeder Beteiligte kann ein Mitglied des Ausschusses ablehnen, das in diesem Verwaltungsverfahren nicht tätig werden darf (§ 20) oder bei dem die Besorgnis der Befangenheit besteht (§ 21). Eine Ablehnung vor der mündlichen Verhandlung ist schriftlich oder zur Niederschrift zu erklären. Die Erklärung ist unzulässig, wenn sich der Beteiligte, ohne den ihm bekannten Ablehnungsgrund geltend zu machen, in die mündliche Verhandlung eingelassen hat. Für die Entscheidung über die Ablehnung gilt § 20 Abs. 4 Satz 2 bis 4.

Abschnitt 1a
Verfahren über eine einheitliche Stelle

§ 71a Anwendbarkeit

(1) Ist durch Rechtsvorschrift angeordnet, dass ein Verwaltungsverfahren über eine einheitliche Stelle abgewickelt werden kann, so gelten die Vorschriften dieses Abschnitts und, soweit sich aus ihnen nichts Abweichendes ergibt, die übrigen Vorschriften dieses Gesetzes.

IX

(2) Der zuständigen Behörde obliegen die Pflichten aus § 71b Abs. 3, 4 und 6, § 71c Abs. 2 und § 71e auch dann, wenn sich der Antragsteller oder Anzeigepflichtige unmittelbar an die zuständige Behörde wendet.

§ 71b Verfahren

(1) Die einheitliche Stelle nimmt Anzeigen, Anträge, Willenserklärungen und Unterlagen entgegen und leitet sie unverzüglich an die zuständigen Behörden weiter.

(2) Anzeigen, Anträge, Willenserklärungen und Unterlagen gelten am dritten Tag nach Eingang bei der einheitlichen Stelle als bei der zuständigen Behörde eingegangen. Fristen werden mit Eingang bei der einheitlichen Stelle gewahrt.

(3) Soll durch die Anzeige, den Antrag oder die Abgabe einer Willenserklärung eine Frist in Lauf gesetzt werden, innerhalb derer die zuständige Behörde tätig werden muss, stellt die zuständige Behörde eine Empfangsbestätigung aus. In der Empfangsbestätigung ist das Datum des Eingangs bei der einheitlichen Stelle mitzuteilen und auf die Frist, die Voraussetzungen für den Beginn des Fristlaufs und auf eine an den Fristablauf geknüpfte Rechtsfolge sowie auf die verfügbaren Rechtsbehelfe hinzuweisen.

(4) Ist die Anzeige oder der Antrag unvollständig, teilt die zuständige Behörde unverzüglich mit, welche Unterlagen nachzureichen sind. Die Mitteilung enthält den Hinweis, dass der Lauf der Frist nach Abs. 3 erst mit Eingang der vollständigen Unterlagen beginnt. Das Datum des Eingangs der nachgereichten Unterlagen bei der einheitlichen Stelle ist mitzuteilen.

(5) Soweit die einheitliche Stelle zur Verfahrensabwicklung in Anspruch genommen wird, sollen Mitteilungen der zuständigen Behörde an den Antragsteller oder Anzeigepflichtigen über sie weitergegeben werden. Verwaltungsakte werden auf Verlangen desjenigen, an den sich der Verwaltungsakt richtet, von der zuständigen Behörde unmittelbar bekannt gegeben.

(6) Ein schriftlicher Verwaltungsakt, der durch die Post in das Ausland übermittelt wird, gilt einen Monat nach Aufgabe zur Post als bekannt gegeben. § 41 Abs. 2 Satz 3 gilt entsprechend. Von dem Antragsteller oder Anzeigepflichtigen kann nicht nach § 15 verlangt werden, einen Empfangsbevollmächtigten zu bestellen.

§ 71c Informationspflichten

(1) Die einheitliche Stelle erteilt auf Anfrage unverzüglich Auskunft über die maßgeblichen Vorschriften, die zuständigen Behörden, den Zugang zu den öffentlichen Registern und Datenbanken, die zustehenden Verfahrensrechte und die Einrichtungen, die den Antragsteller oder Anzeigepflichtigen bei der Aufnahme oder Ausübung seiner Tätigkeit unterstützen. Sie teilt unverzüglich mit, wenn eine Anfrage zu unbestimmt ist.

(2) Die zuständigen Behörden erteilen auf Anfrage unverzüglich Auskunft über die maßgeblichen Vorschriften und deren gewöhnliche Auslegung. Nach § 25 erforderliche Anregungen und Auskünfte werden unverzüglich gegeben.

§ 71d Gegenseitige Unterstützung

Die einheitliche Stelle und die zuständigen Behörden wirken gemeinsam auf eine ordnungsgemäße und zügige Verfahrensabwicklung hin; die Pflicht zur Unterstützung besteht auch gegenüber einheitlichen Stellen oder sonstigen Behörden des Bundes oder anderer Länder. Die zuständigen Behörden stellen der einheitlichen Stelle insbesondere die erforderlichen Informationen zum Verfahrensstand zur Verfügung.

§ 71e Elektronisches Verfahren

Das Verfahren nach diesem Abschnitt wird auf Verlangen in elektronischer Form abgewickelt. § 3a Abs. 2 Satz 2 und 3 und Abs. 3 bleibt unberührt.

Abschnitt 2
Planfeststellungsverfahren

§ 72 Anwendung der Vorschriften über das Planfeststellungsverfahren

(1) Ist ein Planfeststellungsverfahren durch Rechtsvorschrift angeordnet, so gelten hierfür die §§ 73 bis 78 und, soweit sich aus ihnen

nichts Abweichendes ergibt, die übrigen Vorschriften dieses Gesetzes; §§ 51 und 71a bis 71e sind nicht anzuwenden, § 29 ist mit der Maßgabe anzuwenden, dass Akteneinsicht nach pflichtgemäßem Ermessen zu gewähren ist.

(2) Die Mitteilung nach § 17 Abs. 2 Satz 2 und die Aufforderung nach § 17 Abs. 4 Satz 2 sind im Planfeststellungsverfahren öffentlich bekannt zu machen. Die öffentliche Bekanntmachung wird dadurch bewirkt, dass die Behörde die Mitteilung oder die Aufforderung in ihrem amtlichen Veröffentlichungsblatt und außerdem in örtlichen Tageszeitungen, die in dem Bereich verbreitet sind, in dem sich das Vorhaben voraussichtlich auswirken wird, bekannt macht.

§ 73 Anhörungsverfahren

(1) Der Träger des Vorhabens hat den Plan der Anhörungsbehörde zur Durchführung des Anhörungsverfahrens einzureichen. Der Plan besteht aus den Zeichnungen und Erläuterungen, die das Vorhaben, seinen Anlass und die von dem Vorhaben betroffenen Grundstücke und Anlagen erkennen lassen.

(2) Innerhalb eines Monats nach Zugang des vollständigen Plans fordert die Anhörungsbehörde die Behörden, deren Aufgabenbereiche durch das Vorhaben berührt werden, zur Stellungnahme auf und veranlasst, dass der Plan in den Gemeinden, in denen sich das Vorhaben voraussichtlich auswirken wird, ausgelegt wird. Ist von der Durchführung eines Raumordnungsverfahrens abgesehen worden, so erhält die zuständige Landesplanungsbehörde Gelegenheit zur Vorlage eines landesplanerischen Gutachtens zu der Vereinbarkeit mit den Erfordernissen der Raumordnung und mit anderen raumbedeutsamen Planungen und Maßnahmen.

(3) Die Gemeinden nach Abs. 2 haben den Plan innerhalb von drei Wochen nach Zugang für die Dauer eines Monats zur Einsicht auszulegen. Auf eine Auslegung kann verzichtet werden, wenn der Kreis der Betroffenen und die Vereinigungen nach Abs. 4 Satz 5 bekannt sind und ihnen innerhalb angemessener Frist Gelegenheit gegeben wird, den Plan einzusehen.

(3a) Die Behörden nach Abs. 2 haben ihre Stellungnahme innerhalb einer von der Anhörungsbehörde zu setzenden Frist abzugeben, die drei Monate nicht überschreiten darf. Stellungnahmen, die nach Ablauf der Frist nach Satz 1 eingehen, sind zu berücksichtigen, wenn der Planfeststellungsbehörde die vorgebrachten Belange bekannt sind oder hätten bekannt sein müssen oder für die Rechtmäßigkeit der Entscheidung von Bedeutung sind; im Übrigen können sie berücksichtigt werden.

(4) Jeder, dessen Belange durch das Vorhaben berührt werden, kann bis zwei Wochen nach Ablauf der Auslegungsfrist schriftlich oder zur Niederschrift bei der Anhörungsbehörde oder bei der Gemeinde Einwendungen gegen den Plan erheben. Im Falle des Abs. 3 Satz 2 bestimmt die Anhörungsbehörde die Einwendungsfrist. Mit Ablauf der Einwendungsfrist sind alle Einwendungen ausgeschlossen, die nicht auf besonderen privatrechtlichen Titeln beruhen. Hierauf ist in der Bekanntmachung der Auslegung oder bei der Bekanntgabe der Einwendungsfrist hinzuweisen. Vereinigungen, die aufgrund einer Anerkennung nach anderen Rechtsvorschriften befugt sind, Rechtsbehelfe nach der Verwaltungsgerichtsordnung gegen die Entscheidung nach § 74 einzulegen, können innerhalb der Frist nach Satz 1 Stellungnahmen zu dem Plan abgeben. Satz 2 bis 4 gelten entsprechend.

(5) Die Gemeinden, in denen der Plan auszulegen ist, haben die Auslegung vorher ortsüblich bekannt zu machen. In der Bekanntmachung ist darauf hinzuweisen,

1. wo und in welchem Zeitraum der Plan zur Einsicht ausgelegt ist;
2. dass etwaige Einwendungen oder Stellungnahmen von Vereinigungen nach Abs. 4 Satz 5 bei den in der Bekanntmachung zu bezeichnenden Stellen innerhalb der Einwendungsfrist vorzubringen sind;
3. dass bei Ausbleiben eines Beteiligten in dem Erörterungstermin auch ohne ihn verhandelt werden kann;

4. dass
   a) die Personen, die Einwendungen erhoben haben, oder die Vereinigungen, die Stellungnahmen abgegeben haben, von dem Erörterungstermin durch öffentliche Bekanntmachung benachrichtigt werden können,
   b) die Zustellung der Entscheidung über die Einwendungen durch öffentliche Bekanntmachung ersetzt werden kann,

   wenn mehr als 50 Benachrichtigungen oder Zustellungen vorzunehmen sind.

Nicht ortsansässige Betroffene, deren Person und Aufenthalt bekannt sind, sollen auf Veranlassung der Anhörungsbehörde von der Auslegung mit dem Hinweis nach Satz 2 benachrichtigt werden.

(6) Nach Ablauf der Einwendungsfrist hat die Anhörungsbehörde die rechtzeitig gegen den Plan erhobenen Einwendungen, die rechtzeitig abgegebenen Stellungnahmen von Vereinigungen nach Abs. 4 Satz 5 sowie die Stellungnahmen der Behörden zu dem Plan mit dem Träger des Vorhabens, den Behörden sowie denjenigen, die Einwendungen erhoben oder Stellungnahmen abgegeben haben, zu erörtern. Die Anhörungsbehörde kann auf die Erörterung verzichten, insbesondere wenn diese einer ergänzenden Sachverhaltsaufklärung oder der Suche nach Einigungsmöglichkeiten voraussichtlich nicht dienlich sein wird. Die Erörterung kann auf bestimmte Einwender, Vereinigungen und Behörden und auf bestimmte entscheidungserhebliche Einwendungen sowie Stellungnahmen von Vereinigungen und Stellungnahmen und Gutachten von Behörden und Sachverständigen beschränkt werden. Soweit eine Erörterung nur mit bestimmten Einwendern, Vereinigungen und Behörden erfolgen soll, werden diese und der Träger des Vorhabens mindestens eine Woche vor dem Erörterungstermin benachrichtigt. In den übrigen Fällen ist der Erörterungstermin mindestens eine Woche vorher ortsüblich bekannt zu machen; die Behörden, der Träger des Vorhabens und diejenigen, die Einwendungen erhoben oder Stellungnahmen abgegeben haben, sind von dem Erörterungstermin zu benachrichtigen. Soll die Erörterung auf bestimmte Einwendungen, Stellungnahmen und Gutachten beschränkt werden, ist dies in der Benachrichtigung an die Teilnehmer oder in der ortsüblichen Bekanntmachung mitzuteilen. Sind außer der Benachrichtigung der Behörden und des Trägers des Vorhabens mehr als 50 Benachrichtigungen vorzunehmen, so können diese Benachrichtigungen durch öffentliche Bekanntmachung ersetzt werden. Die öffentliche Bekanntmachung wird dadurch bewirkt, dass abweichend von Satz 5 der Erörterungstermin im amtlichen Veröffentlichungsblatt der Anhörungsbehörde und außerdem in örtlichen Tageszeitungen bekannt gemacht wird, die in dem Bereich verbreitet sind, in dem sich das Vorhaben voraussichtlich auswirken wird; maßgebend für die Frist nach Satz 5 ist die Bekanntgabe im amtlichen Veröffentlichungsblatt. Im Übrigen gelten für die Erörterung die Vorschriften über die mündliche Verhandlung im förmlichen Verwaltungsverfahren (§ 67 Abs. 1 Satz 3, Abs. 2 Nr. 1 und 4 und Abs. 3, § 68) entsprechend. Die Erörterung soll innerhalb von drei Monaten nach Ablauf der Einwendungsfrist abgeschlossen werden.

(7) Abweichend von den Vorschriften des Abs. 6 Satz 5, 7 und 8 kann der Erörterungstermin bereits in der Bekanntmachung nach Abs. 5 Satz 2 bestimmt werden.

(8) Soll ein ausgelegter Plan geändert werden und werden dadurch der Aufgabenbereich einer Behörde oder einer Vereinigung nach Abs. 4 Satz 5 oder Belange Dritter erstmals oder stärker als bisher berührt, so ist diesen die Änderung mitzuteilen und ihnen Gelegenheit zu Stellungnahmen und Einwendungen innerhalb von zwei Wochen zu geben; Abs. 4 Satz 3 bis 6 gilt entsprechend. Wird sich die Änderung voraussichtlich auf das Gebiet einer anderen Gemeinde auswirken, so ist der geänderte Plan in dieser Gemeinde auszulegen; die Abs. 2 bis 6 gelten entsprechend.

(9) Die Anhörungsbehörde gibt zum Ergebnis des Anhörungsverfahrens eine Stellungnahme ab und leitet diese der Planfeststellungs-

behörde möglichst innerhalb eines Monats nach Abschluss der Erörterung mit dem Plan, den Stellungnahmen der Behörden und der Vereinigungen nach Abs. 4 Satz 5 sowie den nicht erledigten Einwendungen zu. Findet keine Erörterung statt, so leitet die Anhörungsbehörde ihre Stellungnahme zusammen mit den sonstigen in Satz 1 aufgeführten Unterlagen möglichst innerhalb eines Monats nach Ablauf der Einwendungsfrist der Planfeststellungsbehörde zu.

§ 74 Planfeststellungsbeschluss, Plangenehmigung

(1) Die Planfeststellungsbehörde stellt den Plan fest (Planfeststellungsbeschluss). Die Vorschriften über die Entscheidung und die Anfechtung der Entscheidung im förmlichen Verwaltungsverfahren (§§ 69 und 70) sind anzuwenden.

(2) Im Planfeststellungsbeschluss entscheidet die Planfeststellungsbehörde über die Einwendungen, über die keine Einigung erzielt worden ist. Sie hat dem Träger des Vorhabens Vorkehrungen oder die Errichtung und Unterhaltung von Anlagen aufzuerlegen, die zum Wohl der Allgemeinheit oder zur Vermeidung nachteiliger Wirkungen auf Rechte anderer erforderlich sind. Sind solche Vorkehrungen oder Anlagen untunlich oder mit dem Vorhaben unvereinbar, so hat der Betroffene Anspruch auf angemessene Entschädigung in Geld.

(3) Soweit eine abschließende Entscheidung noch nicht möglich ist, ist diese im Planfeststellungsbeschluss vorzubehalten; dem Träger des Vorhabens ist dabei aufzugeben, noch fehlende oder von der Planfeststellungsbehörde bestimmte Unterlagen rechtzeitig vorzulegen.

(4) Der Planfeststellungsbeschluss ist dem Träger des Vorhabens, denjenigen, über deren Einwendungen entschieden worden ist, und den Vereinigungen nach § 73 Abs. 4 Satz 5, über deren Stellungnahmen entschieden worden ist, zuzustellen. Eine Ausfertigung des Beschlusses ist mit einer Rechtsbehelfsbelehrung und einer Ausfertigung des festgestellten Planes in den Gemeinden zwei Wochen zur Einsicht auszulegen; der Ort und die Zeit der Auslegung sind ortsüblich bekannt zu machen. Mit dem Ende der Auslegungsfrist gilt der Beschluss gegenüber den übrigen Betroffenen als zugestellt; darauf ist in der Bekanntmachung hinzuweisen.

(5) Sind außer an den Träger des Vorhabens mehr als 50 Zustellungen nach Abs. 4 vorzunehmen, so können diese Zustellungen durch öffentliche Bekanntmachung ersetzt werden. Die öffentliche Bekanntmachung wird dadurch bewirkt, dass der verfügende Teil des Planfeststellungsbeschlusses, die Rechtsbehelfsbelehrung und ein Hinweis auf die Auslegung nach Abs. 4 Satz 2 im amtlichen Veröffentlichungsblatt der zuständigen Behörde und außerdem in örtlichen Tageszeitungen bekannt gemacht werden, die in dem Bereich verbreitet sind, in dem sich das Vorhaben voraussichtlich auswirken wird; auf Auflagen ist hinzuweisen. Mit dem Ende der Auslegungsfrist gilt der Beschluss den Betroffenen und denjenigen gegenüber, die Einwendungen erhoben haben, als zugestellt; hierauf ist in der Bekanntmachung hinzuweisen. Nach der öffentlichen Bekanntmachung kann der Planfeststellungsbeschluss bis zum Ablauf der Rechtsbehelfsfrist von den Betroffenen und von denjenigen, die Einwendungen erhoben haben, schriftlich oder elektronisch angefordert werden; hierauf ist in der Bekanntmachung gleichfalls hinzuweisen.

(6) An Stelle eines Planfeststellungsbeschlusses kann eine Plangenehmigung erteilt werden, wenn

1. Rechte anderer nicht oder nur unwesentlich beeinträchtigt werden oder die Betroffenen sich mit der Inanspruchnahme ihres Eigentums oder eines anderen Rechts schriftlich einverstanden erklärt haben,
2. mit den Trägern öffentlicher Belange, deren Aufgabenbereich berührt wird, das Benehmen hergestellt worden ist und
3. nicht andere Rechtsvorschriften eine Öffentlichkeitsbeteiligung vorschreiben, die den Anforderungen des § 73 Abs. 3 Satz 1 und Abs. 4 bis 7 entsprechen muss.

Die Plangenehmigung hat die Rechtswirkungen der Planfeststellung; auf ihre Erteilung sind die Vorschriften über das Planfeststellungsverfahren nicht anzuwenden; davon ausgenommen sind Abs. 4 Satz 1 und Abs. 5, die entsprechend anzuwenden sind. Vor Erhebung einer verwaltungsgerichtlichen Klage bedarf es keiner Nachprüfung in einem Vorverfahren. § 75 Abs. 4 gilt entsprechend.

(7) Planfeststellung und Plangenehmigung entfallen in Fällen von unwesentlicher Bedeutung. Diese liegen vor, wenn

1. andere öffentliche Belange nicht berührt sind oder die erforderlichen behördlichen Entscheidungen vorliegen und sie dem Plan nicht entgegenstehen,
2. Rechte anderer nicht beeinflusst werden oder mit den vom Plan Betroffenen entsprechende Vereinbarungen getroffen worden sind und
3. nicht andere Rechtsvorschriften eine Öffentlichkeitsbeteiligung vorschreiben, die den Anforderungen des § 73 Abs. 3 Satz 1 und Abs. 4 bis 7 entsprechen muss.

§ 75 Rechtswirkungen der Planfeststellung

(1) Durch die Planfeststellung wird die Zulässigkeit des Vorhabens einschließlich der notwendigen Folgemaßnahmen an anderen Anlagen im Hinblick auf alle von ihm berührten öffentlichen Belange festgestellt; neben der Planfeststellung sind andere behördliche Entscheidungen, insbesondere öffentlich-rechtliche Genehmigungen, Verleihungen, Erlaubnisse, Bewilligungen, Zustimmungen, Entscheidungen über die Abweichung von den Zielen der Raumordnung und Planfeststellungen nicht erforderlich. Durch die Planfeststellung werden alle öffentlich-rechtlichen Beziehungen zwischen dem Träger des Vorhabens und den durch den Plan Betroffenen rechtsgestaltend geregelt.

(1a) Mängel bei der Abwägung der von dem Vorhaben berührten öffentlichen und privaten Belange sind nur erheblich, wenn sie offensichtlich und auf das Abwägungsergebnis von Einfluss gewesen sind. Erhebliche Mängel bei der Abwägung oder eine Verletzung von Verfahrens- oder Formvorschriften führen nur dann zur Aufhebung des Planfeststellungsbeschlusses oder der Plangenehmigung, wenn sie nicht durch Planergänzung oder durch ein ergänzendes Verfahren behoben werden können; die §§ 45 und 46 bleiben unberührt.

(2) Ist der Planfeststellungsbeschluss unanfechtbar geworden, so sind Ansprüche auf Unterlassung des Vorhabens, auf Beseitigung oder Änderung der Anlagen oder auf Unterlassung ihrer Benutzung ausgeschlossen. Treten nicht voraussehbare Wirkungen des Vorhabens oder der dem festgestellten Plan entsprechenden Anlagen auf das Recht eines anderen erst nach Unanfechtbarkeit des Planes auf, so kann der Betroffene Vorkehrungen oder die Errichtung und Unterhaltung von Anlagen verlangen, welche die nachteiligen Wirkungen ausschließen. Sie sind dem Träger des Vorhabens durch Beschluss der Planfeststellungsbehörde aufzuerlegen. Sind solche Vorkehrungen oder Anlagen untunlich oder mit dem Vorhaben unvereinbar, so richtet sich der Anspruch auf angemessene Entschädigung in Geld. Werden Vorkehrungen oder Anlagen im Sinne des Satzes 2 notwendig, weil nach Abschluss des Planfeststellungsverfahrens auf einem benachbarten Grundstück Veränderungen eingetreten sind, so hat die hierdurch entstehenden Kosten der Eigentümer des benachbarten Grundstücks zu tragen, es sei denn, dass die Veränderungen durch natürliche Ereignisse oder höhere Gewalt verursacht worden sind; Satz 4 ist nicht anzuwenden.

(3) Anträge, mit denen Ansprüche auf Herstellung von Einrichtungen oder auf angemessene Entschädigung nach Abs. 2 Satz 2 und 4 geltend gemacht werden, sind schriftlich an die Planfeststellungsbehörde zu richten. Sie sind nur innerhalb von drei Jahren nach dem Zeitpunkt zulässig, zu dem der Betroffene von den nachteiligen Wirkungen des dem unanfechtbar festgestellten Plan entsprechenden Vorhabens oder der Anlage Kenntnis erhalten hat; sie sind ausgeschlossen, wenn nach Herstellung des dem Plan entsprechenden Zustandes dreißig Jahre verstrichen sind.

(4) Wird mit der Durchführung des Planes nicht innerhalb von fünf Jahren nach Eintritt der Unanfechtbarkeit begonnen, so tritt er außer Kraft. Als Beginn der Durchführung des Plans gilt jede erstmals nach außen erkennbare Tätigkeit von mehr als nur geringfügiger Bedeutung zur plangemäßen Verwirklichung des Vorhabens; eine spätere Unterbrechung der Verwirklichung des Vorhabens berührt den Beginn der Durchführung nicht.

§ 76 Planänderungen vor Fertigstellung des Vorhabens

(1) Soll vor Fertigstellung des Vorhabens der festgestellte Plan geändert werden, bedarf es eines neuen Planfeststellungsverfahrens.

(2) Bei Planänderungen von unwesentlicher Bedeutung kann die Planfeststellungsbehörde von einem neuen Planfeststellungsverfahren absehen, wenn die Belange anderer nicht berührt werden oder wenn die Betroffenen der Änderung zugestimmt haben.

(3) Führt die Planfeststellungsbehörde in den Fällen des Abs. 2 oder in anderen Fällen einer Planänderung von unwesentlicher Bedeutung ein Planfeststellungsverfahren durch, so bedarf es keines Anhörungsverfahrens und keiner öffentlichen Bekanntgabe des Planfeststellungsbeschlusses.

§ 77 Aufhebung des Planfeststellungsbeschlusses

Wird ein Vorhaben, mit dessen Durchführung begonnen worden ist, endgültig aufgegeben, so hat die Planfeststellungsbehörde den Planfeststellungsbeschluss aufzuheben. In dem Aufhebungsbeschluss sind dem Träger des Vorhabens die Wiederherstellung des früheren Zustandes oder geeignete andere Maßnahmen aufzuerlegen, soweit dies zum Wohl der Allgemeinheit oder zur Vermeidung nachteiliger Wirkungen auf Rechte anderer erforderlich ist. Werden solche Maßnahmen notwendig, weil nach Abschluss des Planfeststellungsverfahrens auf einem benachbarten Grundstück Veränderungen eingetreten sind, so kann der Träger des Vorhabens durch Beschluss der Planfeststellungsbehörde zu geeigneten Vorkehrungen verpflichtet werden; die hierdurch entstehenden Kosten hat jedoch der Eigentümer des benachbarten Grundstücks zu tragen, es sei denn, dass die Veränderungen durch natürliche Ereignisse oder höhere Gewalt verursacht worden sind.

§ 78 Zusammentreffen mehrerer Vorhaben

(1) Treffen mehrere selbständige Vorhaben, für deren Durchführung Planfeststellungsverfahren vorgeschrieben sind, derart zusammen, dass für diese Vorhaben oder für Teile von ihnen nur eine einheitliche Entscheidung möglich ist, so findet für diese Vorhaben oder für deren Teile nur ein Planfeststellungsverfahren statt.

(2) Zuständigkeiten und Verfahren richten sich nach den Rechtsvorschriften über das Planfeststellungsverfahren, das für diejenige Anlage vorgeschrieben ist, die einen größeren Kreis öffentlich-rechtlicher Beziehungen berührt. Bestehen Zweifel, welche Rechtsvorschrift anzuwenden ist, so entscheidet, falls nach den in Betracht kommenden Rechtsvorschriften mehrere Landesbehörden in den Geschäftsbereichen mehrerer oberster Landesbehörden zuständig sind, die Landesregierung, sonst die zuständige oberste Landesbehörde. Bestehen Zweifel, welche Rechtsvorschrift anzuwenden ist, und sind nach den in Betracht kommenden Rechtsvorschriften eine Bundesbehörde und eine Landesbehörde zuständig, so führen, falls sich die obersten Bundes- und Landesbehörden nicht einigen, die Bundesregierung und die Landesregierung das Einvernehmen darüber herbei, welche Rechtsvorschrift anzuwenden ist.

Teil VI
Rechtsbehelfsverfahren

§ 79 Rechtsbehelfe gegen Verwaltungsakte

Für förmliche Rechtsbehelfe gegen Verwaltungsakte gelten die Verwaltungsgerichtsordnung und die zu ihrer Ausführung ergangenen Rechtsvorschriften, soweit nicht durch Gesetz etwas anderes bestimmt ist; im Übrigen gelten die Vorschriften dieses Gesetzes.

IX

§ 80 Erstattung von Kosten im Vorverfahren

(1) Soweit der Widerspruch erfolgreich ist, hat der Rechtsträger, dessen Behörde den angefochtenen Verwaltungsakt erlassen hat, demjenigen, der Widerspruch erhoben hat, die zur zweckentsprechenden Rechtsverfolgung oder Rechtsverteidigung notwendigen Aufwendungen zu erstatten. Dies gilt auch, wenn der Widerspruch nur deshalb keinen Erfolg hat, weil die Verletzung einer Verfahrens- oder Formvorschrift nach § 45 unbeachtlich ist. Soweit der Widerspruch erfolglos geblieben ist, hat derjenige, der den Widerspruch eingelegt hat, die zur zweckentsprechenden Rechtsverfolgung oder Rechtsverteidigung notwendigen Aufwendungen der Behörde, die den angefochtenen Verwaltungsakt erlassen hat, zu erstatten; dies gilt nicht, wenn der Widerspruch gegen einen Verwaltungsakt eingelegt wird, der im Rahmen

1. eines bestehenden oder früheren öffentlich-rechtlichen Dienst- oder Amtsverhältnisses

oder

2. einer bestehenden oder früheren gesetzlichen Dienstpflicht oder einer Tätigkeit, die an Stelle der gesetzlichen Dienstpflicht geleistet werden kann,

erlassen wurde. Aufwendungen, die durch das Verschulden eines Erstattungsberechtigten entstanden sind, hat dieser selbst zu tragen; das Verschulden eines Vertreters ist dem Vertretenen zuzurechnen.

(2) Die Gebühren und Auslagen eines Rechtsanwalts oder eines sonstigen Bevollmächtigten im Vorverfahren sind erstattungsfähig, wenn die Zuziehung eines Bevollmächtigten notwendig war.

(3) Die Behörde, die die Kostenentscheidung getroffen hat, setzt auf Antrag den Betrag der zu erstattenden Aufwendungen fest; hat ein Ausschuss oder Beirat (§ 73 Abs. 2 der Verwaltungsgerichtsordnung) die Kostenentscheidung getroffen, so obliegt die Kostenfestsetzung der Behörde, bei der der Ausschuss oder Beirat gebildet ist. Die Kostenentscheidung bestimmt auch, ob die Zuziehung eines Rechtsanwalts oder eines sonstigen Bevollmächtigten notwendig war.

(4) Die Abs. 1 bis 3 gelten auch für Vorverfahren bei Maßnahmen des Richterdienstrechts.

Teil VII Ehrenamtliche Tätigkeit, Ausschüsse

Abschnitt 1 Ehrenamtliche Tätigkeit

§ 81 Anwendung der Vorschriften über die ehrenamtliche Tätigkeit

Für die ehrenamtliche Tätigkeit im Verwaltungsverfahren gelten die §§ 82 bis 87, soweit Rechtsvorschriften nichts Abweichendes bestimmen.

§ 82 Pflicht zu ehrenamtlicher Tätigkeit

Eine Pflicht zur Übernahme ehrenamtlicher Tätigkeit besteht nur, wenn sie durch Rechtsvorschrift vorgesehen ist.

§ 83 Ausübung ehrenamtlicher Tätigkeit

(1) Der ehrenamtlich Tätige hat seine Tätigkeit gewissenhaft und unparteiisch auszuüben.

(2) Bei Übernahme seiner Aufgaben ist er zur gewissenhaften und unparteiischen Tätigkeit und zur Verschwiegenheit besonders zu verpflichten. Die Verpflichtung ist aktenkundig zu machen.

§ 84 Verschwiegenheitspflicht

(1) Der ehrenamtlich Tätige hat, auch nach Beendigung seiner ehrenamtlichen Tätigkeit, über die ihm dabei bekannt gewordenen Angelegenheiten Verschwiegenheit zu wahren. Dies gilt nicht für Mitteilungen im dienstlichen Verkehr oder über Tatsachen, die offenkundig sind oder ihrer Bedeutung nach keiner Geheimhaltung bedürfen.

(2) Der ehrenamtlich Tätige darf ohne Genehmigung über Angelegenheiten, über die er Verschwiegenheit zu wahren hat, weder vor Gericht noch außergerichtlich aussagen oder Erklärungen abgeben.

(3) Die Genehmigung, als Zeuge auszusagen, darf nur versagt werden, wenn die Aussage dem Wohle des Bundes oder eines Landes Nachteile bereiten oder die Erfüllung öffentlicher Aufgaben ernstlich gefährden oder erheblich erschweren würde.

(4) Ist der ehrenamtlich Tätige Beteiligter in einem gerichtlichen Verfahren oder soll sein Vorbringen der Wahrnehmung seiner berechtigten Interessen dienen, so darf die Genehmigung auch dann, wenn die Voraussetzungen des Abs. 3 erfüllt sind, nur versagt werden, wenn ein zwingendes öffentliches Interesse dies erfordert. Wird sie versagt, so ist dem ehrenamtlich Tätigen der Schutz zu gewähren, den die öffentlichen Interessen zulassen.

(5) Die Genehmigung nach den Abs. 2 bis 4 erteilt die fachlich zuständige Aufsichtsbehörde der Stelle, die den ehrenamtlich Tätigen berufen hat.

§ 85 Entschädigung

Der ehrenamtlich Tätige hat Anspruch auf Ersatz seiner notwendigen Auslagen und seines Verdienstausfalles.

§ 86 Abberufung

Personen, die zu ehrenamtlicher Tätigkeit herangezogen worden sind, können von der Stelle, die sie berufen hat, abberufen werden, wenn ein wichtiger Grund vorliegt. Ein wichtiger Grund liegt insbesondere vor, wenn der ehrenamtlich Tätige

1. seine Pflicht gröblich verletzt oder sich als unwürdig erwiesen hat,
2. seine Tätigkeit nicht mehr ordnungsgemäß ausüben kann.

§ 87 Ordnungswidrigkeiten

(1) Ordnungswidrig handelt, wer

1. eine ehrenamtliche Tätigkeit nicht übernimmt, obwohl er zur Übernahme verpflichtet ist,
2. eine ehrenamtliche Tätigkeit, zu deren Übernahme er verpflichtet war, ohne anerkennenswerten Grund niederlegt.

(2) Die Ordnungswidrigkeit kann mit einer Geldbuße geahndet werden.

Abschnitt 2
Ausschüsse

§ 88 Anwendung der Vorschriften über Ausschüsse

Für Ausschüsse, Beiräte und andere kollegiale Einrichtungen (Ausschüsse) gelten, wenn sie in einem Verwaltungsverfahren tätig werden, die §§ 89 bis 93, soweit Rechtsvorschriften nichts Abweichendes bestimmen.

§ 89 Ordnung in den Sitzungen

Der Vorsitzende eröffnet, leitet und schließt die Sitzungen; er ist für die Ordnung verantwortlich.

§ 90 Beschlussfähigkeit

(1) Ausschüsse sind beschlussfähig, wenn alle Mitglieder geladen und mehr als die Hälfte, mindestens aber drei der stimmberechtigten Mitglieder anwesend sind. Beschlüsse können auch im schriftlichen Verfahren gefasst werden, wenn kein Mitglied widerspricht.

(2) Ist eine Angelegenheit wegen Beschlussunfähigkeit zurückgestellt worden und wird der Ausschuss zur Behandlung desselben Gegenstandes erneut geladen, so ist er ohne Rücksicht auf die Zahl der Erschienenen beschlussfähig, wenn darauf in dieser Ladung hingewiesen worden ist.

§ 91 Beschlussfassung

Beschlüsse werden mit Stimmenmehrheit gefasst. Bei Stimmengleichheit entscheidet die Stimme des Vorsitzenden, wenn er stimmberechtigt ist; sonst gilt Stimmengleichheit als Ablehnung.

§ 92 Wahlen durch Ausschüsse

(1) Gewählt wird, wenn kein Mitglied des Ausschusses widerspricht, durch Zuruf oder Zeichen, sonst durch Stimmzettel. Auf Verlangen eines Mitgliedes ist geheim zu wählen.

(2) Gewählt ist, wer von den abgegebenen Stimmen die meisten erhalten hat. Bei Stimmengleichheit entscheidet das vom Leiter der Wahl zu ziehende Los.

(3) Sind mehrere gleichartige Wahlstellen zu besetzen, so ist nach dem Höchstzahlverfah-

ren d'Hondt zu wählen, außer wenn einstimmig etwas anderes beschlossen worden ist. Über die Zuteilung der letzten Wahlstelle entscheidet bei gleicher Höchstzahl das vom Leiter der Wahl zu ziehende Los.

§ 93 Niederschrift

Über die Sitzung ist eine Niederschrift zu fertigen. Die Niederschrift muss Angaben enthalten über

1. den Ort und den Tag der Sitzung,
2. die Namen des Vorsitzenden und der anwesenden Ausschussmitglieder,
3. den behandelten Gegenstand und die gestellten Anträge,
4. die gefassten Beschlüsse,
5. das Ergebnis von Wahlen.

Die Niederschrift ist von dem Vorsitzenden und, soweit ein Schriftführer hinzugezogen worden ist, auch von diesem zu unterzeichnen.

Teil VIII
Schlussvorschriften

§ 94 Sonderregelung für Verteidigungsangelegenheiten

Nach Feststellung des Verteidigungsfalles oder des Spannungsfalles kann in Verteidigungsangelegenheiten von der Anhörung Beteiligter (§ 28 Abs. 1), von der schriftlichen Bestätigung (§ 37 Abs. 2 Satz 2) und von der schriftlichen Begründung eines Verwaltungsaktes (§ 39 Abs. 1) abgesehen werden; in diesen Fällen gilt ein Verwaltungsakt abweichend von § 41 Abs. 4 Satz 3 mit dem auf die Bekanntmachung folgenden Tag als bekannt gegeben. Dasselbe gilt für die sonstigen gemäß Artikel 80a des Grundgesetzes anzuwendenden Rechtsvorschriften.

§ 95 Übergangsvorschrift zu § 53

Art. 229 § 6 Abs. 1 bis 4 des Einführungsgesetzes zum Bürgerlichen Gesetzbuche gilt entsprechend bei der Anwendung des § 53 in der seit dem 1. Januar 2002 geltenden Fassung.

§ 95a Überleitung von Verfahren

Vor dem 9. Juli 2015 begonnene Verfahren sind nach den Vorschriften dieses Gesetzes in der seit dem 9. Juli 2015 geltenden Fassung fortzusetzen. Einer Nachholung von Verfahrenshandlungen, deren Erforderlichkeit sich erstmals aus der seit dem 9. Juli 2015 geltenden Fassung des Gesetzes ergibt, bedarf es nicht.

§ 96[1]) Inkrafttreten

Dieses Gesetz tritt am 1. Januar 1977 in Kraft. Die in § 33 Abs. 1 Satz 2 und in § 34 Abs. 1 Satz 1 enthaltenen Vorschriften treten, soweit sie zum Erlass von Rechtsverordnungen ermächtigen, am Tage nach der Verkündung dieses Gesetzes in Kraft.

[1]) Satz 1 und 3 dieser Bestimmung betreffen das Inkrafttreten des Gesetzes in der ursprünglichen Fassung.

X Allgemeine Schutzvorschriften

Allgemeines Gleichbehandlungsgesetz (AGG)

Vom 14. August 2006 (BGBl. I S. 1897)

Zuletzt geändert durch
Gesetz zur Anpassung der Bundesbesoldung und -versorgung für die Jahre 2023 und 2024 sowie zur Änderung weiterer dienstrechtlicher Vorschriften
vom 22. Dezember 2023 (BGBl. I Nr. 414)

Abschnitt 1 Allgemeiner Teil

§ 1 Ziel des Gesetzes

Ziel des Gesetzes ist, Benachteiligungen aus Gründen der Rasse oder wegen der ethnischen Herkunft, des Geschlechts, der Religion oder Weltanschauung, einer Behinderung, des Alters oder der sexuellen Identität zu verhindern oder zu beseitigen.

§ 2 Anwendungsbereich

(1) Benachteiligungen aus einem in § 1 genannten Grund sind nach Maßgabe dieses Gesetzes unzulässig in Bezug auf:

1. die Bedingungen, einschließlich Auswahlkriterien und Einstellungsbedingungen, für den Zugang zu unselbstständiger und selbstständiger Erwerbstätigkeit, unabhängig von Tätigkeitsfeld und beruflicher Position, sowie für den beruflichen Aufstieg,
2. die Beschäftigungs- und Arbeitsbedingungen einschließlich Arbeitsentgelt und Entlassungsbedingungen, insbesondere in individual- und kollektivrechtlichen Vereinbarungen und Maßnahmen bei der Durchführung und Beendigung eines Beschäftigungsverhältnisses sowie beim beruflichen Aufstieg,
3. den Zugang zu allen Formen und allen Ebenen der Berufsberatung, der Berufsbildung einschließlich der Berufsausbildung, der beruflichen Weiterbildung und der Umschulung sowie der praktischen Berufserfahrung,
4. die Mitgliedschaft und Mitwirkung in einer Beschäftigten- oder Arbeitgebervereinigung oder einer Vereinigung, deren Mitglieder einer bestimmten Berufsgruppe angehören, einschließlich der Inanspruchnahme der Leistungen solcher Vereinigungen,
5. den Sozialschutz, einschließlich der sozialen Sicherheit und der Gesundheitsdienste,
6. die sozialen Vergünstigungen,
7. die Bildung,
8. den Zugang zu und die Versorgung mit Gütern und Dienstleistungen, die der Öffentlichkeit zur Verfügung stehen, einschließlich von Wohnraum.

(2) $_{1}$Für Leistungen nach dem Sozialgesetzbuch gelten § 33c des Ersten Buches Sozialgesetzbuch und § 19a des Vierten Buches Sozialgesetzbuch. $_{2}$Für die betriebliche Altersvorsorge gilt das Betriebsrentengesetz.

(3) $_{1}$Die Geltung sonstiger Benachteiligungsverbote oder Gebote der Gleichbehandlung wird durch dieses Gesetz nicht berührt. $_{2}$Dies gilt auch für öffentlich-rechtliche Vorschriften, die dem Schutz bestimmter Personengruppen dienen.

(4) Für Kündigungen gelten ausschließlich die Bestimmungen zum allgemeinen und besonderen Kündigungsschutz.

§ 3 Begriffsbestimmungen

(1) $_{1}$Eine unmittelbare Benachteiligung liegt vor, wenn eine Person wegen eines in § 1 genannten Grundes eine weniger günstige Behandlung erfährt, als eine andere Person in einer vergleichbaren Situation erfährt, erfahren hat oder erfahren würde. $_{2}$Eine unmittelbare Benachteiligung wegen des Geschlechts liegt in Bezug auf § 2 Abs. 1 Nr. 1 bis 4 auch im Falle einer ungünstigeren Behandlung einer Frau wegen Schwangerschaft oder Mutterschaft vor.

(2) Eine mittelbare Benachteiligung liegt vor, wenn dem Anschein nach neutrale Vorschrif-

ten, Kriterien oder Verfahren Personen wegen eines in § 1 genannten Grundes gegenüber anderen Personen in besonderer Weise benachteiligen können, es sei denn, die betreffenden Vorschriften, Kriterien oder Verfahren sind durch ein rechtmäßiges Ziel sachlich gerechtfertigt und die Mittel sind zur Erreichung dieses Ziels angemessen und erforderlich.

(3) Eine Belästigung ist eine Benachteiligung, wenn unerwünschte Verhaltensweisen, die mit einem in § 1 genannten Grund in Zusammenhang stehen, bezwecken oder bewirken, dass die Würde der betreffenden Person verletzt und ein von Einschüchterungen, Anfeindungen, Erniedrigungen, Entwürdigungen oder Beleidigungen gekennzeichnetes Umfeld geschaffen wird.

(4) Eine sexuelle Belästigung ist eine Benachteiligung in Bezug auf § 2 Abs. 1 Nr. 1 bis 4, wenn ein unerwünschtes, sexuell bestimmtes Verhalten, wozu auch unerwünschte sexuelle Handlungen und Aufforderungen zu diesen, sexuell bestimmte körperliche Berührungen, Bemerkungen sexuellen Inhalts sowie unerwünschtes Zeigen und sichtbares Anbringen von pornographischen Darstellungen gehören, bezweckt oder bewirkt, dass die Würde der betreffenden Person verletzt wird, insbesondere wenn ein von Einschüchterungen, Anfeindungen, Erniedrigungen, Entwürdigungen oder Beleidigungen gekennzeichnetes Umfeld geschaffen wird.

(5) $_1$Die Anweisung zur Benachteiligung einer Person aus einem in § 1 genannten Grund gilt als Benachteiligung. $_2$Eine solche Anweisung liegt in Bezug auf § 2 Abs. 1 Nr. 1 bis 4 insbesondere vor, wenn jemand eine Person zu einem Verhalten bestimmt, das einen Beschäftigten oder eine Beschäftigte wegen eines in § 1 genannten Grundes benachteiligt oder benachteiligen kann.

§ 4 Unterschiedliche Behandlung wegen mehrerer Gründe

Erfolgt eine unterschiedliche Behandlung wegen mehrerer der in § 1 genannten Gründe, so kann diese unterschiedliche Behandlung nach den §§ 8 bis 10 und 20 nur gerechtfertigt werden, wenn sich die Rechtfertigung auf alle diese Gründe erstreckt, derentwegen die unterschiedliche Behandlung erfolgt.

§ 5 Positive Maßnahmen

Ungeachtet der in den §§ 8 bis 10 sowie in § 20 benannten Gründe ist eine unterschiedliche Behandlung auch zulässig, wenn durch geeignete und angemessene Maßnahmen bestehende Nachteile wegen eines in § 1 genannten Grundes verhindert oder ausgeglichen werden sollen.

Abschnitt 2 Schutz der Beschäftigten vor Benachteiligung

Unterabschnitt 1 Verbot der Benachteiligung

§ 6 Persönlicher Anwendungsbereich

(1) $_1$Beschäftigte im Sinne dieses Gesetzes sind

1. Arbeitnehmerinnen und Arbeitnehmer,
2. die zu ihrer Berufsbildung Beschäftigten,
3. Personen, die wegen ihrer wirtschaftlichen Unselbstständigkeit als arbeitnehmerähnliche Personen anzusehen sind; zu diesen gehören auch die in Heimarbeit Beschäftigten und die ihnen Gleichgestellten.

$_2$Als Beschäftigte gelten auch die Bewerberinnen und Bewerber für ein Beschäftigungsverhältnis sowie die Personen, deren Beschäftigungsverhältnis beendet ist.

(2) $_1$Arbeitgeber (Arbeitgeber und Arbeitgeberinnen) im Sinne dieses Abschnitts sind natürliche und juristische Personen sowie rechtsfähige Personengesellschaften, die Personen nach Absatz 1 beschäftigen. $_2$Werden Beschäftigte einem Dritten zur Arbeitsleistung überlassen, so gilt auch dieser als Arbeitgeber im Sinne dieses Abschnitts. $_3$Für die in Heimarbeit Beschäftigten und die ihnen Gleichgestellten tritt an die Stelle des Arbeitgebers der Auftraggeber oder Zwischenmeister.

(3) Soweit es die Bedingungen für den Zugang zur Erwerbstätigkeit sowie den beruflichen Aufstieg betrifft, gelten die Vorschriften dieses Abschnitts für Selbstständige und Organ-

mitglieder, insbesondere Geschäftsführer oder Geschäftsführerinnen und Vorstände, entsprechend.

§ 7 Benachteiligungsverbot

(1) Beschäftigte dürfen nicht wegen eines in § 1 genannten Grundes benachteiligt werden; dies gilt auch, wenn die Person, die die Benachteiligung begeht, das Vorliegen eines in § 1 genannten Grundes bei der Benachteiligung nur annimmt.

(2) Bestimmungen in Vereinbarungen, die gegen das Benachteiligungsverbot des Absatzes 1 verstoßen, sind unwirksam.

(3) Eine Benachteiligung nach Absatz 1 durch Arbeitgeber oder Beschäftigte ist eine Verletzung vertraglicher Pflichten.

§ 8 Zulässige unterschiedliche Behandlung wegen beruflicher Anforderungen

(1) Eine unterschiedliche Behandlung wegen eines in § 1 genannten Grundes ist zulässig, wenn dieser Grund wegen der Art der auszuübenden Tätigkeit oder der Bedingungen ihrer Ausübung eine wesentliche und entscheidende berufliche Anforderung darstellt, sofern der Zweck rechtmäßig und die Anforderung angemessen ist.

(2) Die Vereinbarung einer geringeren Vergütung für gleiche oder gleichwertige Arbeit wegen eines in § 1 genannten Grundes wird nicht dadurch gerechtfertigt, dass wegen eines in § 1 genannten Grundes besondere Schutzvorschriften gelten.

§ 9 Zulässige unterschiedliche Behandlung wegen der Religion oder Weltanschauung

X

(1) Ungeachtet des § 8 ist eine unterschiedliche Behandlung wegen der Religion oder der Weltanschauung bei der Beschäftigung durch Religionsgemeinschaften, die ihnen zugeordneten Einrichtungen ohne Rücksicht auf ihre Rechtsform oder durch Vereinigungen, die sich die gemeinschaftliche Pflege einer Religion oder Weltanschauung zur Aufgabe machen, auch zulässig, wenn eine bestimmte Religion oder Weltanschauung unter Beachtung des Selbstverständnisses der jeweiligen Religionsgemeinschaft oder Vereinigung im Hinblick auf ihr Selbstbestimmungsrecht oder nach der Art der Tätigkeit eine gerechtfertigte berufliche Anforderung darstellt.

(2) Das Verbot unterschiedlicher Behandlung wegen der Religion oder der Weltanschauung berührt nicht das Recht der in Absatz 1 genannten Religionsgemeinschaften, der ihnen zugeordneten Einrichtungen ohne Rücksicht auf ihre Rechtsform oder der Vereinigungen, die sich die gemeinschaftliche Pflege einer Religion oder Weltanschauung zur Aufgabe machen, von ihren Beschäftigten ein loyales und aufrichtiges Verhalten im Sinne ihres jeweiligen Selbstverständnisses verlangen zu können.

§ 10 Zulässige unterschiedliche Behandlung wegen des Alters

$_1$Ungeachtet des § 8 ist eine unterschiedliche Behandlung wegen des Alters auch zulässig, wenn sie objektiv und angemessen und durch ein legitimes Ziel gerechtfertigt ist. $_2$Die Mittel zur Erreichung dieses Ziels müssen angemessen und erforderlich sein. $_3$Derartige unterschiedliche Behandlungen können insbesondere Folgendes einschließen:

1. die Festlegung besonderer Bedingungen für den Zugang zur Beschäftigung und zur beruflichen Bildung sowie besonderer Beschäftigungs- und Arbeitsbedingungen, einschließlich der Bedingungen für Entlohnung und Beendigung des Beschäftigungsverhältnisses, um die berufliche Eingliederung von Jugendlichen, älteren Beschäftigten und Personen mit Fürsorgepflichten zu fördern oder ihren Schutz sicherzustellen,
2. die Festlegung von Mindestanforderungen an das Alter, die Berufserfahrung oder das Dienstalter für den Zugang zur Beschäftigung oder für bestimmte mit der Beschäftigung verbundene Vorteile,
3. die Festsetzung eines Höchstalters für die Einstellung auf Grund der spezifischen Ausbildungsanforderungen eines bestimmten Arbeitsplatzes oder auf Grund der Notwendigkeit einer angemessenen Be-

schäftigungszeit vor dem Eintritt in den Ruhestand,

4. die Festsetzung von Altersgrenzen bei den betrieblichen Systemen der sozialen Sicherheit als Voraussetzung für die Mitgliedschaft oder den Bezug von Altersrente oder von Leistungen bei Invalidität einschließlich der Festsetzung unterschiedlicher Altersgrenzen im Rahmen dieser Systeme für bestimmte Beschäftigte oder Gruppen von Beschäftigten und die Verwendung von Alterskriterien im Rahmen dieser Systeme für versicherungsmathematische Berechnungen,
5. eine Vereinbarung, die die Beendigung des Beschäftigungsverhältnisses ohne Kündigung zu einem Zeitpunkt vorsieht, zu dem der oder die Beschäftigte eine Rente wegen Alters beantragen kann; § 41 des Sechsten Buches Sozialgesetzbuch bleibt unberührt,
6. Differenzierungen von Leistungen in Sozialplänen im Sinne des Betriebsverfassungsgesetzes, wenn die Parteien eine nach Alter oder Betriebszugehörigkeit gestaffelte Abfindungsregelung geschaffen haben, in der die wesentlich vom Alter abhängenden Chancen auf dem Arbeitsmarkt durch eine verhältnismäßig starke Betonung des Lebensalters erkennbar berücksichtigt worden sind, oder Beschäftigte von den Leistungen des Sozialplans ausgeschlossen haben, die wirtschaftlich abgesichert sind, weil sie, gegebenenfalls nach Bezug von Arbeitslosengeld, rentenberechtigt sind.

Unterabschnitt 2
Organisationspflichten des Arbeitgebers

§ 11 Ausschreibung

Ein Arbeitsplatz darf nicht unter Verstoß gegen § 7 Abs. 1 ausgeschrieben werden.

§ 12 Maßnahmen und Pflichten des Arbeitgebers

(1) 1Der Arbeitgeber ist verpflichtet, die erforderlichen Maßnahmen zum Schutz vor Benachteiligungen wegen eines in § 1 genannten Grundes zu treffen. 2Dieser Schutz umfasst auch vorbeugende Maßnahmen.

(2) 1Der Arbeitgeber soll in geeigneter Art und Weise, insbesondere im Rahmen der beruflichen Aus- und Fortbildung, auf die Unzulässigkeit solcher Benachteiligungen hinweisen und darauf hinwirken, dass diese unterbleiben. 2Hat der Arbeitgeber seine Beschäftigten in geeigneter Weise zum Zwecke der Verhinderung von Benachteiligung geschult, gilt dies als Erfüllung seiner Pflichten nach Absatz 1.

(3) Verstoßen Beschäftigte gegen das Benachteiligungsverbot des § 7 Abs. 1, so hat der Arbeitgeber die im Einzelfall geeigneten, erforderlichen und angemessenen Maßnahmen zur Unterbindung der Benachteiligung wie Abmahnung, Umsetzung, Versetzung oder Kündigung zu ergreifen.

(4) Werden Beschäftigte bei der Ausübung ihrer Tätigkeit durch Dritte nach § 7 Abs. 1 benachteiligt, so hat der Arbeitgeber die im Einzelfall geeigneten, erforderlichen und angemessenen Maßnahmen zum Schutz der Beschäftigten zu ergreifen.

(5) 1Dieses Gesetz und § 61b des Arbeitsgerichtsgesetzes sowie Informationen über die für die Behandlung von Beschwerden nach § 13 zuständigen Stellen sind im Betrieb oder in der Dienststelle bekannt zu machen. 2Die Bekanntmachung kann durch Aushang oder Auslegung an geeigneter Stelle oder den Einsatz der im Betrieb oder der Dienststelle üblichen Informations- und Kommunikationstechnik erfolgen.

Unterabschnitt 3
Rechte der Beschäftigten

§ 13 Beschwerderecht

(1) 1Die Beschäftigten haben das Recht, sich bei den zuständigen Stellen des Betriebs, des Unternehmens oder der Dienststelle zu beschweren, wenn sie sich im Zusammenhang mit ihrem Beschäftigungsverhältnis vom Arbeitgeber, von Vorgesetzten, anderen Beschäftigten oder Dritten wegen eines in § 1 genannten Grundes benachteiligt fühlen. 2Die Beschwerde ist zu prüfen und das Ergebnis

der oder dem beschwerdeführenden Beschäftigten mitzuteilen.

(2) Die Rechte der Arbeitnehmervertretungen bleiben unberührt.

§ 14 Leistungsverweigerungsrecht

1Ergreift der Arbeitgeber keine oder offensichtlich ungeeignete Maßnahmen zur Unterbindung einer Belästigung oder sexuellen Belästigung am Arbeitsplatz, sind die betroffenen Beschäftigten berechtigt, ihre Tätigkeit ohne Verlust des Arbeitsentgelts einzustellen, soweit dies zu ihrem Schutz erforderlich ist. 2§ 273 des Bürgerlichen Gesetzbuchs bleibt unberührt.

§ 15 Entschädigung und Schadensersatz

(1) 1Bei einem Verstoß gegen das Benachteiligungsverbot ist der Arbeitgeber verpflichtet, den hierdurch entstandenen Schaden zu ersetzen. 2Dies gilt nicht, wenn der Arbeitgeber die Pflichtverletzung nicht zu vertreten hat.

(2) 1Wegen eines Schadens, der nicht Vermögensschaden ist, kann der oder die Beschäftigte eine angemessene Entschädigung in Geld verlangen. 2Die Entschädigung darf bei einer Nichteinstellung drei Monatsgehälter nicht übersteigen, wenn der oder die Beschäftigte auch bei benachteiligungsfreier Auswahl nicht eingestellt worden wäre.

(3) Der Arbeitgeber ist bei der Anwendung kollektiv-rechtlicher Vereinbarungen nur dann zur Entschädigung verpflichtet, wenn er vorsätzlich oder grob fahrlässig handelt.

(4) 1Ein Anspruch nach Absatz 1 oder 2 muss innerhalb einer Frist von zwei Monaten schriftlich geltend gemacht werden, es sei denn, die Tarifvertragsparteien haben etwas anderes vereinbart. 2Die Frist beginnt im Falle einer Bewerbung oder eines beruflichen Aufstiegs mit dem Zugang der Ablehnung und in den sonstigen Fällen einer Benachteiligung zu dem Zeitpunkt, in dem der oder die Beschäftigte von der Benachteiligung Kenntnis erlangt.

(5) Im Übrigen bleiben Ansprüche gegen den Arbeitgeber, die sich aus anderen Rechtsvorschriften ergeben, unberührt.

(6) Ein Verstoß des Arbeitgebers gegen das Benachteiligungsverbot des § 7 Abs. 1 begründet keinen Anspruch auf Begründung eines Beschäftigungsverhältnisses, Berufsausbildungsverhältnisses oder einen beruflichen Aufstieg, es sei denn, ein solcher ergibt sich aus einem anderen Rechtsgrund.

§ 16 Maßregelungsverbot

(1) 1Der Arbeitgeber darf Beschäftigte nicht wegen der Inanspruchnahme von Rechten nach diesem Abschnitt oder wegen der Weigerung, eine gegen diesen Abschnitt verstoßende Anweisung auszuführen, benachteiligen. 2Gleiches gilt für Personen, die den Beschäftigten hierbei unterstützen oder als Zeuginnen oder Zeugen aussagen.

(2) 1Die Zurückweisung oder Duldung benachteiligender Verhaltensweisen durch betroffene Beschäftigte darf nicht als Grundlage für eine Entscheidung herangezogen werden, die diese Beschäftigten berührt. 2Absatz 1 Satz 2 gilt entsprechend.

(3) § 22 gilt entsprechend.

Unterabschnitt 4
Ergänzende Vorschriften

§ 17 Soziale Verantwortung der Beteiligten

(1) Tarifvertragsparteien, Arbeitgeber, Beschäftigte und deren Vertretungen sind aufgefordert, im Rahmen ihrer Aufgaben und Handlungsmöglichkeiten an der Verwirklichung des in § 1 genannten Ziels mitzuwirken.

(2) 1In Betrieben, in denen die Voraussetzungen des § 1 Abs. 1 Satz 1 des Betriebsverfassungsgesetzes vorliegen, können bei einem groben Verstoß des Arbeitgebers gegen Vorschriften aus diesem Abschnitt der Betriebsrat oder eine im Betrieb vertretene Gewerkschaft unter der Voraussetzung des § 23 Abs. 3 Satz 1 des Betriebsverfassungsgesetzes die dort genannten Rechte gerichtlich geltend machen; § 23 Abs. 3 Satz 2 bis 5 des Betriebsverfassungsgesetzes gilt entsprechend. 2Mit dem Antrag dürfen nicht Ansprüche des Benachteiligten geltend gemacht werden.

X

§ 18 Mitgliedschaft in Vereinigungen

(1) Die Vorschriften dieses Abschnitts gelten entsprechend für die Mitgliedschaft oder die Mitwirkung in einer

1. Tarifvertragspartei,
2. Vereinigung, deren Mitglieder einer bestimmten Berufsgruppe angehören oder die eine überragende Machtstellung im wirtschaftlichen oder sozialen Bereich innehat, wenn ein grundlegendes Interesse am Erwerb der Mitgliedschaft besteht,

sowie deren jeweiligen Zusammenschlüssen.

(2) Wenn die Ablehnung einen Verstoß gegen das Benachteiligungsverbot des § 7 Abs. 1 darstellt, besteht ein Anspruch auf Mitgliedschaft oder Mitwirkung in den in Absatz 1 genannten Vereinigungen.

Abschnitt 3 Schutz vor Benachteiligung im Zivilrechtsverkehr

§ 19 Zivilrechtliches Benachteiligungsverbot

(1) Eine Benachteiligung aus Gründen der Rasse oder wegen der ethnischen Herkunft, wegen des Geschlechts, der Religion, einer Behinderung, des Alters oder der sexuellen Identität bei der Begründung, Durchführung und Beendigung zivilrechtlicher Schuldverhältnisse, die

1. typischerweise ohne Ansehen der Person zu vergleichbaren Bedingungen in einer Vielzahl von Fällen zustande kommen (Massengeschäfte) oder bei denen das Ansehen der Person nach der Art des Schuldverhältnisses eine nachrangige Bedeutung hat und die zu vergleichbaren Bedingungen in einer Vielzahl von Fällen zustande kommen oder
2. eine privatrechtliche Versicherung zum Gegenstand haben,

ist unzulässig.

(2) Eine Benachteiligung aus Gründen der Rasse oder wegen der ethnischen Herkunft ist darüber hinaus auch bei der Begründung, Durchführung und Beendigung sonstiger zivilrechtlicher Schuldverhältnisse im Sinne des § 2 Abs. 1 Nr. 5 bis 8 unzulässig.

(3) Bei der Vermietung von Wohnraum ist eine unterschiedliche Behandlung im Hinblick auf die Schaffung und Erhaltung sozial stabiler Bewohnerstrukturen und ausgewogener Siedlungsstrukturen sowie ausgeglichener wirtschaftlicher, sozialer und kultureller Verhältnisse zulässig.

(4) Die Vorschriften dieses Abschnitts finden keine Anwendung auf familien- und erbrechtliche Schuldverhältnisse.

(5) 1 Die Vorschriften dieses Abschnitts finden keine Anwendung auf zivilrechtliche Schuldverhältnisse, bei denen ein besonderes Nähe- oder Vertrauensverhältnis der Parteien oder ihrer Angehörigen begründet wird. 2 Bei Mietverhältnissen kann dies insbesondere der Fall sein, wenn die Parteien oder ihre Angehörigen Wohnraum auf demselben Grundstück nutzen. 3 Die Vermietung von Wohnraum zum nicht nur vorübergehenden Gebrauch ist in der Regel kein Geschäft im Sinne des Absatzes 1 Nr. 1, wenn der Vermieter insgesamt nicht mehr als 50 Wohnungen vermietet.

§ 20 Zulässige unterschiedliche Behandlung

(1) 1 Eine Verletzung des Benachteiligungsverbots ist nicht gegeben, wenn für eine unterschiedliche Behandlung wegen der Religion, einer Behinderung, des Alters, der sexuellen Identität oder des Geschlechts ein sachlicher Grund vorliegt. 2 Das kann insbesondere der Fall sein, wenn die unterschiedliche Behandlung

1. der Vermeidung von Gefahren, der Verhütung von Schäden oder anderen Zwecken vergleichbarer Art dient,
2. dem Bedürfnis nach Schutz der Intimsphäre oder der persönlichen Sicherheit Rechnung trägt,
3. besondere Vorteile gewährt und ein Interesse an der Durchsetzung der Gleichbehandlung fehlt,
4. an die Religion eines Menschen anknüpft und im Hinblick auf die Ausübung der Religionsfreiheit oder auf das Selbstbestim-

X

mungsrecht der Religionsgemeinschaften, der ihnen zugeordneten Einrichtungen ohne Rücksicht auf ihre Rechtsform sowie der Vereinigungen, die sich die gemeinschaftliche Pflege einer Religion zur Aufgabe machen, unter Beachtung des jeweiligen Selbstverständnisses gerechtfertigt ist.

(2) 1Kosten im Zusammenhang mit Schwangerschaft und Mutterschaft dürfen auf keinen Fall zu unterschiedlichen Prämien oder Leistungen führen. 2Eine unterschiedliche Behandlung wegen der Religion, einer Behinderung, des Alters oder der sexuellen Identität ist im Falle des § 19 Abs. 1 Nr. 2 nur zulässig, wenn diese auf anerkannten Prinzipien risikoadäquater Kalkulation beruht, insbesondere auf einer versicherungsmathematisch ermittelten Risikobewertung unter Heranziehung statistischer Erhebungen.

§ 21 Ansprüche

(1) 1Der Benachteiligte kann bei einem Verstoß gegen das Benachteiligungsverbot unbeschadet weiterer Ansprüche die Beseitigung der Beeinträchtigung verlangen. 2Sind weitere Beeinträchtigungen zu besorgen, so kann er auf Unterlassung klagen.

(2) 1Bei einer Verletzung des Benachteiligungsverbots ist der Benachteiligende verpflichtet, den hierdurch entstandenen Schaden zu ersetzen. 2Dies gilt nicht, wenn der Benachteiligende die Pflichtverletzung nicht zu vertreten hat. 3Wegen eines Schadens, der nicht Vermögensschaden ist, kann der Benachteiligte eine angemessene Entschädigung in Geld verlangen.

(3) Ansprüche aus unerlaubter Handlung bleiben unberührt.

(4) Auf eine Vereinbarung, die von dem Benachteiligungsverbot abweicht, kann sich der Benachteiligende nicht berufen.

(5) 1Ein Anspruch nach den Absätzen 1 und 2 muss innerhalb einer Frist von zwei Monaten geltend gemacht werden. 2Nach Ablauf der Frist kann der Anspruch nur geltend gemacht werden, wenn der Benachteiligte ohne Verschulden an der Einhaltung der Frist verhindert war.

Abschnitt 4
Rechtsschutz

§ 22 Beweislast

Wenn im Streitfall die eine Partei Indizien beweist, die eine Benachteiligung wegen eines in § 1 genannten Grundes vermuten lassen, trägt die andere Partei die Beweislast dafür, dass kein Verstoß gegen die Bestimmungen zum Schutz vor Benachteiligung vorgelegen hat.

§ 23 Unterstützung durch Antidiskriminierungsverbände

(1) 1Antidiskriminierungsverbände sind Personenzusammenschlüsse, die nicht gewerbsmäßig und nicht nur vorübergehend entsprechend ihrer Satzung die besonderen Interessen von benachteiligten Personen oder Personengruppen nach Maßgabe von § 1 wahrnehmen. 2Die Befugnisse nach den Absätzen 2 bis 4 stehen ihnen zu, wenn sie mindestens 75 Mitglieder haben oder einen Zusammenschluss aus mindestens sieben Verbänden bilden.

(2) 1Antidiskriminierungsverbände sind befugt, im Rahmen ihres Satzungszwecks in gerichtlichen Verfahren als Beistände Benachteiligter in der Verhandlung aufzutreten. 2Im Übrigen bleiben die Vorschriften der Verfahrensordnungen, insbesondere diejenigen, nach denen Beiständen weiterer Vortrag untersagt werden kann, unberührt.

(3) Antidiskriminierungsverbänden ist im Rahmen ihres Satzungszwecks die Besorgung von Rechtsangelegenheiten Benachteiligter gestattet.

(4) Besondere Klagerechte und Vertretungsbefugnisse von Verbänden zu Gunsten von behinderten Menschen bleiben unberührt.

Abschnitt 5
Sonderregelungen für öffentlich-rechtliche Dienstverhältnisse

§ 24 Sonderregelung für öffentlich-rechtliche Dienstverhältnisse

Die Vorschriften dieses Gesetzes gelten unter Berücksichtigung ihrer besonderen Rechtsstellung entsprechend für

1. Beamtinnen und Beamte des Bundes, der Länder, der Gemeinden, der Gemeindeverbände sowie der sonstigen der Aufsicht des Bundes oder eines Landes unterstehenden Körperschaften, Anstalten und Stiftungen des öffentlichen Rechts,
2. Richterinnen und Richter des Bundes und der Länder,
3. Zivildienstleistende sowie anerkannte Kriegsdienstverweigerer, soweit ihre Heranziehung zum Zivildienst betroffen ist.

Abschnitt 6 Antidiskriminierungsstelle des Bundes und Unabhängige Bundesbeauftragte oder Unabhängiger Bundesbeauftragter für Antidiskriminierung

§ 25 Antidiskriminierungsstelle des Bundes

(1) Beim Bundesministerium für Familie, Senioren, Frauen und Jugend wird unbeschadet der Zuständigkeit der Beauftragten des Deutschen Bundestages oder der Bundesregierung die Stelle des Bundes zum Schutz vor Benachteiligungen wegen eines in § 1 genannten Grundes (Antidiskriminierungsstelle des Bundes) errichtet.

(2) $_1$Der Antidiskriminierungsstelle des Bundes ist die für die Erfüllung ihrer Aufgaben notwendige Personal- und Sachausstattung zur Verfügung zu stellen. $_2$Sie ist im Einzelplan des Bundesministeriums für Familie, Senioren, Frauen und Jugend in einem eigenen Kapitel auszuweisen.

(3) Die Antidiskriminierungsstelle des Bundes wird von der oder dem Unabhängigen Bundesbeauftragten für Antidiskriminierung geleitet.

§ 26 Wahl der oder des Unabhängigen Bundesbeauftragten für Antidiskriminierung; Anforderungen

(1) Die oder der Unabhängige Bundesbeauftragte für Antidiskriminierung wird auf Vorschlag der Bundesregierung vom Deutschen Bundestag gewählt.

(2) Über den Vorschlag stimmt der Deutsche Bundestag ohne Aussprache ab.

(3) Die vorgeschlagene Person ist gewählt, wenn für sie mehr als die Hälfte der gesetzlichen Zahl der Mitglieder des Deutschen Bundestages gestimmt hat.

(4) $_1$Die oder der Unabhängige Bundesbeauftragte für Antidiskriminierung muss zur Erfüllung ihrer oder seiner Aufgaben und zur Ausübung ihrer oder seiner Befugnisse über die erforderliche Qualifikation, Erfahrung und Sachkunde insbesondere im Bereich der Antidiskriminierung verfügen. $_2$Insbesondere muss sie oder er über durch einschlägige Berufserfahrung erworbene Kenntnisse des Antidiskriminierungsrechts verfügen und die Befähigung für die Laufbahn des höheren nichttechnischen Verwaltungsdienstes des Bundes haben.

§ 26a Rechtsstellung der oder des Unabhängigen Bundesbeauftragten für Antidiskriminierung

(1) $_1$Die oder der Unabhängige Bundesbeauftragte für Antidiskriminierung steht nach Maßgabe dieses Gesetzes in einem öffentlich-rechtlichen Amtsverhältnis zum Bund. $_2$Sie oder er ist bei der Ausübung ihres oder seines Amtes unabhängig und nur dem Gesetz unterworfen.

(2) Die oder der Unabhängige Bundesbeauftragte für Antidiskriminierung untersteht der Rechtsaufsicht der Bundesregierung.

§ 26b Amtszeit der oder des Unabhängigen Bundesbeauftragten für Antidiskriminierung

(1) Die Amtszeit der oder des Unabhängigen Bundesbeauftragten für Antidiskriminierung beträgt fünf Jahre.

(2) Eine einmalige Wiederwahl ist zulässig.

(3) Kommt vor Ende des Amtsverhältnisses eine Neuwahl nicht zustande, so führt die oder der bisherige Unabhängige Bundesbeauftragte für Antidiskriminierung auf Ersuchen der Bundespräsidentin oder des Bundespräsidenten die Geschäfte bis zur Neuwahl fort.

§ 26c Beginn und Ende des Amtsverhältnisses der oder des Unabhängigen Bundesbeauftragten für Antidiskriminierung; Amtseid

(1) $_1$Die oder der nach § 26 Gewählte ist von der Bundespräsidentin oder dem Bundespräsidenten zu ernennen. $_2$Das Amtsverhältnis der oder des Unabhängigen Bundesbeauftragten für Antidiskriminierung beginnt mit der Aushändigung der Ernennungsurkunde.

(2) $_1$Die oder der Unabhängige Bundesbeauftragte für Antidiskriminierung leistet vor der Bundespräsidentin oder dem Bundespräsidenten folgenden Eid: „Ich schwöre, dass ich meine Kraft dem Wohl des deutschen Volkes widmen, seinen Nutzen mehren, Schaden von ihm wenden, das Grundgesetz und die Gesetze des Bundes wahren und verteidigen, meine Pflichten gewissenhaft erfüllen und Gerechtigkeit gegen jedermann üben werde. So wahr mir Gott helfe." $_2$Der Eid kann auch ohne religiöse Beteuerung geleistet werden.

(3) Das Amtsverhältnis endet

1. regulär mit dem Ablauf der Amtszeit oder
2. wenn die oder der Unabhängige Bundesbeauftragte für Antidiskriminierung vorzeitig aus dem Amt entlassen wird.

(4) $_1$Entlassen wird die oder der Unabhängige Bundesbeauftragte für Antidiskriminierung

1. auf eigenes Verlangen oder
2. auf Vorschlag der Bundesregierung, wenn die oder der Unabhängige Bundesbeauftragte für Antidiskriminierung eine schwere Verfehlung begangen hat oder die Voraussetzungen für die Wahrnehmung ihrer oder seiner Aufgaben nicht mehr erfüllt.

$_2$Die Entlassung erfolgt durch die Bundespräsidentin oder den Bundespräsidenten.

(5) $_1$Im Fall der Beendigung des Amtsverhältnisses vollzieht die Bundespräsidentin oder der Bundespräsident eine Urkunde. $_2$Die Entlassung wird mit der Aushändigung der Urkunde wirksam.

§ 26d Unerlaubte Handlungen und Tätigkeiten der oder des Unabhängigen Bundesbeauftragten für Antidiskriminierung

(1) Die oder der Unabhängige Bundesbeauftragte für Antidiskriminierung darf keine Handlungen vornehmen, die mit den Aufgaben des Amtes nicht zu vereinbaren sind.

(2) $_1$Die oder der Unabhängige Bundesbeauftragte für Antidiskriminierung darf während der Amtszeit und während einer anschließenden Geschäftsführung keine anderen Tätigkeiten ausüben, die mit dem Amt nicht zu vereinbaren sind, unabhängig davon, ob es entgeltliche oder unentgeltliche Tätigkeiten sind. $_2$Insbesondere darf sie oder er

1. kein besoldetes Amt, kein Gewerbe und keinen Beruf ausüben,
2. nicht dem Vorstand, Aufsichtsrat oder Verwaltungsrat eines auf Erwerb gerichteten Unternehmens, nicht einer Regierung oder einer gesetzgebenden Körperschaft des Bundes oder eines Landes angehören und
3. nicht gegen Entgelt außergerichtliche Gutachten abgeben.

§ 26e Verschwiegenheitspflicht der oder des Unabhängigen Bundesbeauftragten für Antidiskriminierung

(1) $_1$Die oder der Unabhängige Bundesbeauftragte für Antidiskriminierung ist verpflichtet, über die Angelegenheiten, die ihr oder ihm im Amt oder während einer anschließenden Geschäftsführung bekannt werden, Verschwiegenheit zu bewahren. $_2$Dies gilt nicht für Mitteilungen im dienstlichen Verkehr oder für Tatsachen, die offenkundig sind oder ihrer Bedeutung nach keiner Geheimhaltung bedürfen. $_3$Die oder der Unabhängige Bundesbeauftragte für Antidiskriminierung entscheidet nach pflichtgemäßem Ermessen, ob und inwieweit sie oder er über solche Angelegenheiten vor Gericht oder außergerichtlich aussagt oder Erklärungen abgibt.

(2) $_1$Die Pflicht zur Verschwiegenheit gilt auch nach Beendigung des Amtsverhältnisses oder nach Beendigung einer anschließenden Geschäftsführung. $_2$In Angelegenheiten, für die die Pflicht zur Verschwiegenheit gilt, darf vor

Gericht oder außergerichtlich nur ausgesagt werden und dürfen Erklärungen nur abgegeben werden, wenn dies die oder der amtierende Unabhängige Bundesbeauftragte für Antidiskriminierung genehmigt hat.

(3) Unberührt bleibt die Pflicht, bei einer Gefährdung der freiheitlichen demokratischen Grundordnung für deren Erhaltung einzutreten und die gesetzlich begründete Pflicht, Straftaten anzuzeigen.

§ 26f Zeugnisverweigerungsrecht der oder des Unabhängigen Bundesbeauftragten für Antidiskriminierung

(1) 1Die oder der Unabhängige Bundesbeauftragte für Antidiskriminierung ist berechtigt, über Personen, die ihr oder ihm in ihrer oder seiner Eigenschaft als Leitung der Antidiskriminierungsstelle des Bundes Tatsachen anvertraut haben, sowie über diese Tatsachen selbst das Zeugnis zu verweigern. 2Soweit das Zeugnisverweigerungsrecht der oder des Unabhängigen Bundesbeauftragten für Antidiskriminierung reicht, darf von ihr oder ihm nicht gefordert werden, Akten oder andere Dokumente vorzulegen oder herauszugeben.

(2) Das Zeugnisverweigerungsrecht gilt auch für die der oder dem Unabhängigen Bundesbeauftragten für Antidiskriminierung zugewiesenen Beschäftigten mit der Maßgabe, dass über die Ausübung dieses Rechts die oder der Unabhängige Bundesbeauftragte für Antidiskriminierung entscheidet.

§ 26g Anspruch der oder des Unabhängigen Bundesbeauftragten für Antidiskriminierung auf Amtsbezüge, Versorgung und auf andere Leistungen

(1) Die oder der Unabhängige Bundesbeauftragte für Antidiskriminierung erhält Amtsbezüge entsprechend dem Grundgehalt der Besoldungsgruppe B 6 und den Familienzuschlag entsprechend den §§ 39 bis 41 des Bundesbesoldungsgesetzes.

(2) 1Der Anspruch auf die Amtsbezüge besteht für die Zeit vom ersten Tag des Monats, in dem das Amtsverhältnis beginnt, bis zum letzten Tag des Monats, in dem das Amtsverhältnis endet. 2Werden die Geschäfte über das Ende des Amtsverhältnisses hinaus noch bis zur Neuwahl weitergeführt, so besteht der Anspruch für die Zeit bis zum letzten Tag des Monats, in dem die Geschäftsführung endet. 3Bezieht die oder der Unabhängige Bundesbeauftragte für Antidiskriminierung für einen Zeitraum, für den sie oder er Amtsbezüge erhält, ein Einkommen aus einer Verwendung im öffentlichen Dienst, so ruht der Anspruch auf dieses Einkommen bis zur Höhe der Amtsbezüge. 4Die Amtsbezüge werden monatlich im Voraus gezahlt.

(3) 1Für Ansprüche auf Beihilfe und Versorgung gelten § 12 Absatz 6, die §§ 13 bis 18 und 20 des Bundesministergesetzes entsprechend mit der Maßgabe, dass an die Stelle der vierjährigen Amtszeit in § 15 Absatz 1 des Bundesministergesetzes eine Amtszeit als Unabhängige Bundesbeauftragte oder Unabhängiger Bundesbeauftragter für Antidiskriminierung von fünf Jahren tritt. 2Ein Anspruch auf Übergangsgeld besteht längstens bis zum Ablauf des Monats, in dem die für Bundesbeamtinnen und Bundesbeamte geltende Regelaltersgrenze nach § 51 Absatz 1 und 2 des Bundesbeamtengesetzes vollendet wird. 3Ist § 18 Absatz 2 des Bundesministergesetzes nicht anzuwenden, weil das Beamtenverhältnis einer Bundesbeamtin oder eines Bundesbeamten nach Beendigung des Amtsverhältnisses als Unabhängige Bundesbeauftragte oder Unabhängiger Bundesbeauftragter für Antidiskriminierung fortgesetzt wird, dann ist die Amtszeit als Unabhängige Bundesbeauftragte oder Unabhängiger Bundesbeauftragter für Antidiskriminierung bei der wegen Eintritt oder Versetzung der Bundesbeamtin oder des Bundesbeamten in den Ruhestand durchzuführenden Festsetzung des Ruhegehalts als ruhegehaltfähige Dienstzeit zu berücksichtigen.

(4) Die oder der Unabhängige Bundesbeauftragte für Antidiskriminierung erhält Reisekostenvergütung und Umzugskostenvergütung entsprechend den für Bundesbeamtinnen und Bundesbeamte geltenden Vorschriften.

X

§ 26h Verwendung der Geschenke an die Unabhängige Bundesbeauftragte oder den Unabhängigen Bundesbeauftragten für Antidiskriminierung

(1) Erhält die oder der Unabhängige Bundesbeauftragte für Antidiskriminierung ein Geschenk in Bezug auf das Amt, so muss sie oder er dies der Präsidentin oder dem Präsidenten des Deutschen Bundestages mitteilen.

(2) 1Die Präsidentin oder der Präsident des Deutschen Bundestages entscheidet über die Verwendung des Geschenks. 2Sie oder er kann Verfahrensvorschriften erlassen.

§ 26i Berufsbeschränkung

1Die oder der Unabhängige Bundesbeauftragte für Antidiskriminierung ist verpflichtet, eine beabsichtigte Erwerbstätigkeit oder sonstige entgeltliche Beschäftigung außerhalb des öffentlichen Dienstes, die innerhalb der ersten 18 Monate nach dem Ende der Amtszeit oder einer anschließenden Geschäftsführung aufgenommen werden soll, schriftlich oder elektronisch gegenüber der Präsidentin oder dem Präsidenten des Deutschen Bundestages anzuzeigen. 2Die Präsidentin oder der Präsident des Deutschen Bundestages kann der oder dem Unabhängigen Bundesbeauftragten für Antidiskriminierung die beabsichtigte Erwerbstätigkeit oder sonstige entgeltliche Beschäftigung untersagen, soweit zu besorgen ist, dass öffentliche Interessen beeinträchtigt werden. 3Von einer Beeinträchtigung ist insbesondere dann auszugehen, wenn die beabsichtigte Erwerbstätigkeit oder sonstige entgeltliche Beschäftigung in Angelegenheiten oder Bereichen ausgeführt werden soll, in denen die oder der Unabhängige Bundesbeauftragte für Antidiskriminierung während der Amtszeit oder einer anschließenden Geschäftsführung tätig war. 4Eine Untersagung soll in der Regel die Dauer von einem Jahr nach dem Ende der Amtszeit oder einer anschließenden Geschäftsführung nicht überschreiten. 5In Fällen der schweren Beeinträchtigung öffentlicher Interessen kann eine Untersagung auch für die Dauer von bis zu 18 Monaten ausgesprochen werden.

§ 27 Aufgaben der Antidiskriminierungsstelle des Bundes

(1) 1Wer der Ansicht ist, wegen eines in § 1 genannten Grundes benachteiligt worden zu sein, kann sich an die Antidiskriminierungsstelle des Bundes wenden. 2An die Antidiskriminierungsstelle des Bundes können sich auch Beschäftigte wenden, die der Ansicht sind, benachteiligt worden zu sein auf Grund

1. der Beantragung oder Inanspruchnahme einer Freistellung von der Arbeitsleistung oder der Anpassung der Arbeitszeit als Eltern oder pflegende Angehörige nach dem Bundeselterngeld- und Elternzeitgesetz, dem Pflegezeitgesetz oder dem Familienpflegezeitgesetz,
2. des Fernbleibens von der Arbeit nach § 2 des Pflegezeitgesetzes oder
3. der Verweigerung ihrer persönlich zu erbringenden Arbeitsleistung aus dringenden familiären Gründen nach § 275 Absatz 3 des Bürgerlichen Gesetzbuchs, wenn eine Erkrankung oder ein Unfall ihre unmittelbare Anwesenheit erforderten.

(2) 1Die Antidiskriminierungsstelle des Bundes unterstützt auf unabhängige Weise Personen, die sich nach Absatz 1 an sie wenden, bei der Durchsetzung ihrer Rechte zum Schutz vor Benachteiligungen. 2Hierbei kann sie insbesondere

1. über Ansprüche und die Möglichkeiten des rechtlichen Vorgehens im Rahmen gesetzlicher Regelungen zum Schutz vor Benachteiligungen informieren,
2. Beratung durch andere Stellen vermitteln,
3. eine gütliche Beilegung zwischen den Beteiligten anstreben.

3Soweit Beauftragte des Deutschen Bundestages oder der Bundesregierung zuständig sind, leitet die Antidiskriminierungsstelle des Bundes die Anliegen der in Absatz 1 genannten Personen mit deren Einverständnis unverzüglich an diese weiter.

(3) Die Antidiskriminierungsstelle des Bundes nimmt auf unabhängige Weise folgende Aufgaben wahr, soweit nicht die Zuständigkeit der Beauftragten der Bundesregierung oder des Deutschen Bundestages berührt ist:

1. Öffentlichkeitsarbeit,
2. Maßnahmen zur Verhinderung von Benachteiligungen aus den in § 1 genannten Gründen sowie von Benachteiligungen von Beschäftigten gemäß Absatz 1 Satz 2,
3. Durchführung wissenschaftlicher Untersuchungen zu diesen Benachteiligungen.

(4) $_{1}$Die Antidiskriminierungsstelle des Bundes und die in ihrem Zuständigkeitsbereich betroffenen Beauftragten der Bundesregierung und des Deutschen Bundestages legen gemeinsam dem Deutschen Bundestag alle vier Jahre Berichte über Benachteiligungen aus den in § 1 genannten Gründen sowie über Benachteiligungen von Beschäftigten gemäß Absatz 1 Satz 2 vor und geben Empfehlungen zur Beseitigung und Vermeidung dieser Benachteiligungen. $_{2}$Sie können gemeinsam wissenschaftliche Untersuchungen zu Benachteiligungen durchführen.

(5) Die Antidiskriminierungsstelle des Bundes und die in ihrem Zuständigkeitsbereich betroffenen Beauftragten der Bundesregierung und des Deutschen Bundestages sollen bei Benachteiligungen aus mehreren der in § 1 genannten Gründe zusammenarbeiten.

§ 28 Amtsbefugnisse der oder des Unabhängigen Bundesbeauftragten für Antidiskriminierung und Pflicht zur Unterstützung durch Bundesbehörden und öffentliche Stellen des Bundes

(1) $_{1}$Die oder der Unabhängige Bundesbeauftragte für Antidiskriminierung ist bei allen Vorhaben, die ihre oder seine Aufgaben berühren, zu beteiligen. $_{2}$Die Beteiligung soll möglichst frühzeitig erfolgen. $_{3}$Sie oder er kann der Bundesregierung Vorschläge machen und Stellungnahmen zuleiten.

(2) Die oder der Unabhängige Bundesbeauftragte für Antidiskriminierung informiert die Bundesministerien – vorbehaltlich anderweitiger gesetzlicher Bestimmungen – frühzeitig in Angelegenheiten von grundsätzlicher politischer Bedeutung, soweit Aufgaben der Bundesministerien betroffen sind.

(3) In den Fällen, in denen sich eine Person wegen einer Benachteiligung an die Antidiskriminierungsstelle des Bundes gewandt hat und die Antidiskriminierungsstelle des Bundes die gütliche Beilegung zwischen den Beteiligten anstrebt, kann die oder der Unabhängige Bundesbeauftragte für Antidiskriminierung Beteiligte um Stellungnahmen ersuchen, soweit die Person, die sich an die Antidiskriminierungsstelle des Bundes gewandt hat, hierzu ihr Einverständnis erklärt.

(4) Alle Bundesministerien, sonstigen Bundesbehörden und öffentlichen Stellen im Bereich des Bundes sind verpflichtet, die Unabhängige Bundesbeauftragte oder den Unabhängigen Bundesbeauftragten für Antidiskriminierung bei der Erfüllung der Aufgaben zu unterstützen, insbesondere die erforderlichen Auskünfte zu erteilen.

§ 29 Zusammenarbeit der Antidiskriminierungsstelle des Bundes mit Nichtregierungsorganisationen und anderen Einrichtungen

Die Antidiskriminierungsstelle des Bundes soll bei ihrer Tätigkeit Nichtregierungsorganisationen sowie Einrichtungen, die auf europäischer, Bundes-, Landes- oder regionaler Ebene zum Schutz vor Benachteiligungen wegen eines in § 1 genannten Grundes tätig sind, in geeigneter Form einbeziehen.

§ 30 Beirat der Antidiskriminierungsstelle des Bundes

(1) $_{1}$Zur Förderung des Dialogs mit gesellschaftlichen Gruppen und Organisationen, die sich den Schutz vor Benachteiligungen wegen eines in § 1 genannten Grundes zum Ziel gesetzt haben, wird der Antidiskriminierungsstelle des Bundes ein Beirat beigeordnet. $_{2}$Der Beirat berät die Antidiskriminierungsstelle des Bundes bei der Vorlage von Berichten und Empfehlungen an den Deutschen Bundestag nach § 27 Abs. 4 und kann hierzu sowie zu wissenschaftlichen Untersuchungen nach § 27 Abs. 3 Nr. 3 eigene Vorschläge unterbreiten.

(2) $_{1}$Das Bundesministerium für Familie, Senioren, Frauen und Jugend beruft im Einvernehmen mit der oder dem Unabhängigen Bundesbeauftragten für Antidiskriminierung

sowie den entsprechend zuständigen Beauftragten der Bundesregierung oder des Deutschen Bundestages die Mitglieder dieses Beirats und für jedes Mitglied eine Stellvertretung. $_{2}$In den Beirat sollen Vertreterinnen und Vertreter gesellschaftlicher Gruppen und Organisationen sowie Expertinnen und Experten in Benachteiligungsfragen berufen werden. $_{3}$Die Gesamtzahl der Mitglieder des Beirats soll 16 Personen nicht überschreiten. $_{4}$Der Beirat soll zu gleichen Teilen mit Frauen und Männern besetzt sein.

(3) Der Beirat gibt sich eine Geschäftsordnung, die der Zustimmung des Bundesministeriums für Familie, Senioren, Frauen und Jugend bedarf.

(4) $_{1}$Die Mitglieder des Beirats üben die Tätigkeit nach diesem Gesetz ehrenamtlich aus. $_{2}$Sie haben Anspruch auf Aufwandsentschädigung sowie Reisekostenvergütung, Tagegelder und Übernachtungsgelder. $_{3}$Näheres regelt die Geschäftsordnung.

Abschnitt 7
Schlussvorschriften

§ 31 Unabdingbarkeit

Von den Vorschriften dieses Gesetzes kann nicht zu Ungunsten der geschützten Personen abgewichen werden.

§ 32 Schlussbestimmung

Soweit in diesem Gesetz nicht Abweichendes bestimmt ist, gelten die allgemeinen Bestimmungen.

§ 33 Übergangsbestimmungen

(1) Bei Benachteiligungen nach den §§ 611a, 611b und 612 Abs. 3 des Bürgerlichen Gesetzbuchs oder sexuellen Belästigungen nach dem Beschäftigtenschutzgesetz ist das vor dem 18. August 2006 maßgebliche Recht anzuwenden.

(2) $_{1}$Bei Benachteiligungen aus Gründen der Rasse oder wegen der ethnischen Herkunft sind die §§ 19 bis 21 nicht auf Schuldverhältnisse anzuwenden, die vor dem 18. August 2006 begründet worden sind. $_{2}$Satz 1 gilt nicht für spätere Änderungen von Dauerschuldverhältnissen.

(3) $_{1}$Bei Benachteiligungen wegen des Geschlechts, der Religion, einer Behinderung, des Alters oder der sexuellen Identität sind die §§ 19 bis 21 nicht auf Schuldverhältnisse anzuwenden, die vor dem 1. Dezember 2006 begründet worden sind. $_{2}$Satz 1 gilt nicht für spätere Änderungen von Dauerschuldverhältnissen.

(4) $_{1}$Auf Schuldverhältnisse, die eine privatrechtliche Versicherung zum Gegenstand haben, ist § 19 Abs. 1 nicht anzuwenden, wenn diese vor dem 22. Dezember 2007 begründet worden sind. $_{2}$Satz 1 gilt nicht für spätere Änderungen solcher Schuldverhältnisse.

(5) $_{1}$Bei Versicherungsverhältnissen, die vor dem 21. Dezember 2012 begründet werden, ist eine unterschiedliche Behandlung wegen des Geschlechts im Falle des § 19 Absatz 1 Nummer 2 bei den Prämien oder Leistungen nur zulässig, wenn dessen Berücksichtigung bei einer auf relevanten und genauen versicherungsmathematischen und statistischen Daten beruhenden Risikobewertung ein bestimmender Faktor ist. $_{2}$Kosten im Zusammenhang mit Schwangerschaft und Mutterschaft dürfen auf keinen Fall zu unterschiedlichen Prämien oder Leistungen führen.

Gesetz über die Durchführung von Maßnahmen des Arbeitsschutzes zur Verbesserung der Sicherheit und des Gesundheitsschutzes der Beschäftigten bei der Arbeit (Arbeitsschutzgesetz – ArbSchG)

Vom 7. August 1996 (BGBl. I S. 1246)

Zuletzt geändert durch
Gesetz zur Modernisierung und Digitalisierung der Schwarzarbeitsbekämpfung
vom 22. Dezember 2025 (BGBl. I Nr. 369)

Erster Abschnitt
Allgemeine Vorschriften

§ 1 Zielsetzung und Anwendungsbereich

(1) $_{1}$Dieses Gesetz dient dazu, Sicherheit und Gesundheitsschutz der Beschäftigten bei der Arbeit durch Maßnahmen des Arbeitsschutzes zu sichern und zu verbessern. $_{2}$Es gilt in allen Tätigkeitsbereichen und findet im Rahmen der Vorgaben des Seerechtsübereinkommens der Vereinten Nationen vom 10. Dezember 1982 (BGBl. 1994 II S. 1799) auch in der ausschließlichen Wirtschaftszone Anwendung.

(2) $_{1}$Dieses Gesetz gilt nicht für den Arbeitsschutz von Hausangestellten in privaten Haushalten. $_{2}$Es gilt nicht für den Arbeitsschutz von Beschäftigten auf Seeschiffen und in Betrieben, die dem Bundesberggesetz unterliegen, soweit dafür entsprechende Rechtsvorschriften bestehen.

(3) $_{1}$Pflichten, die die Arbeitgeber zur Gewährleistung von Sicherheit und Gesundheitsschutz der Beschäftigten bei der Arbeit nach sonstigen Rechtsvorschriften haben, bleiben unberührt. $_{2}$Satz 1 gilt entsprechend für Pflichten und Rechte der Beschäftigten. $_{3}$Unberührt bleiben Gesetze, die andere Personen als Arbeitgeber zu Maßnahmen des Arbeitsschutzes verpflichten.

(4) Bei öffentlich-rechtlichen Religionsgemeinschaften treten an die Stelle der Betriebs- oder Personalräte die Mitarbeitervertretungen entsprechend dem kirchlichen Recht.

§ 2 Begriffsbestimmungen

(1) Maßnahmen des Arbeitsschutzes im Sinne dieses Gesetzes sind Maßnahmen zur Verhütung von Unfällen bei der Arbeit und arbeitsbedingten Gesundheitsgefahren einschließlich Maßnahmen der menschengerechten Gestaltung der Arbeit.

(2) Beschäftigte im Sinne dieses Gesetzes sind:

1. Arbeitnehmerinnen und Arbeitnehmer,
2. die zu ihrer Berufsbildung Beschäftigten,
3. arbeitnehmerähnliche Personen im Sinne des § 5 Abs. 1 des Arbeitsgerichtsgesetzes, ausgenommen die in Heimarbeit Beschäftigten und die ihnen Gleichgestellten,
4. Beamtinnen und Beamte,
5. Richterinnen und Richter,
6. Soldatinnen und Soldaten,
7. die in Werkstätten für Behinderte Beschäftigten.

(3) Arbeitgeber im Sinne dieses Gesetzes sind natürliche und juristische Personen und rechtsfähige Personengesellschaften, die Personen nach Absatz 2 beschäftigen.

(4) Sonstige Rechtsvorschriften im Sinne dieses Gesetzes sind Regelungen über Maßnahmen des Arbeitsschutzes in anderen Gesetzen, in Rechtsverordnungen und Unfallverhütungsvorschriften.

(5) $_{1}$Als Betriebe im Sinne dieses Gesetzes gelten für den Bereich des öffentlichen Dienstes die Dienststellen. $_{2}$Dienststellen sind die einzelnen Behörden, Verwaltungsstellen und Betriebe der Verwaltungen des Bundes, der Länder, der Gemeinden und der sonstigen Körperschaften, Anstalten und Stiftungen des öffentlichen Rechts, die Gerichte des Bundes und der Länder sowie die entsprechenden Einrichtungen der Streitkräfte.

Zweiter Abschnitt
Pflichten des Arbeitgebers

§ 3 Grundpflichten des Arbeitgebers

(1) $_1$Der Arbeitgeber ist verpflichtet, die erforderlichen Maßnahmen des Arbeitsschutzes unter Berücksichtigung der Umstände zu treffen, die Sicherheit und Gesundheit der Beschäftigten bei der Arbeit beeinflussen. $_2$Er hat die Maßnahmen auf ihre Wirksamkeit zu überprüfen und erforderlichenfalls sich ändernden Gegebenheiten anzupassen. $_3$Dabei hat er eine Verbesserung von Sicherheit und Gesundheitsschutz der Beschäftigten anzustreben.

(2) Zur Planung und Durchführung der Maßnahmen nach Absatz 1 hat der Arbeitgeber unter Berücksichtigung der Art der Tätigkeiten und der Zahl der Beschäftigten

1. für eine geeignete Organisation zu sorgen und die erforderlichen Mittel bereitzustellen sowie
2. Vorkehrungen zu treffen, daß die Maßnahmen erforderlichenfalls bei allen Tätigkeiten und eingebunden in die betrieblichen Führungsstrukturen beachtet werden und die Beschäftigten ihren Mitwirkungspflichten nachkommen können.

(3) Kosten für Maßnahmen nach diesem Gesetz darf der Arbeitgeber nicht den Beschäftigten auferlegen.

§ 4 Allgemeine Grundsätze

Der Arbeitgeber hat bei Maßnahmen des Arbeitsschutzes von folgenden allgemeinen Grundsätzen auszugehen:

1. Die Arbeit ist so zu gestalten, daß eine Gefährdung für das Leben sowie die physische und die psychische Gesundheit möglichst vermieden und die verbleibende Gefährdung möglichst gering gehalten wird;
2. Gefahren sind an ihrer Quelle zu bekämpfen;
3. bei den Maßnahmen sind der Stand von Technik, Arbeitsmedizin und Hygiene sowie sonstige gesicherte arbeitswissenschaftliche Erkenntnisse zu berücksichtigen;
4. Maßnahmen sind mit dem Ziel zu planen, Technik, Arbeitsorganisation, sonstige Arbeitsbedingungen, soziale Beziehungen und Einfluß der Umwelt auf den Arbeitsplatz sachgerecht zu verknüpfen;
5. individuelle Schutzmaßnahmen sind nachrangig zu anderen Maßnahmen;
6. spezielle Gefahren für besonders schutzbedürftige Beschäftigtengruppen sind zu berücksichtigen;
7. den Beschäftigten sind geeignete Anweisungen zu erteilen;
8. mittelbar oder unmittelbar geschlechtsspezifisch wirkende Regelungen sind nur zulässig, wenn dies aus biologischen Gründen zwingend geboten ist.

§ 5 Beurteilung der Arbeitsbedingungen

(1) Der Arbeitgeber hat durch eine Beurteilung der für die Beschäftigten mit ihrer Arbeit verbundenen Gefährdung zu ermitteln, welche Maßnahmen des Arbeitsschutzes erforderlich sind.

(2) $_1$Der Arbeitgeber hat die Beurteilung je nach Art der Tätigkeiten vorzunehmen. $_2$Bei gleichartigen Arbeitsbedingungen ist die Beurteilung eines Arbeitsplatzes oder einer Tätigkeit ausreichend.

(3) Eine Gefährdung kann sich insbesondere ergeben durch

1. die Gestaltung und die Einrichtung der Arbeitsstätte und des Arbeitsplatzes,
2. physikalische, chemische und biologische Einwirkungen,
3. die Gestaltung, die Auswahl und den Einsatz von Arbeitsmitteln, insbesondere von Arbeitsstoffen, Maschinen, Geräten und Anlagen sowie den Umgang damit,
4. die Gestaltung von Arbeits- und Fertigungsverfahren, Arbeitsabläufen und Arbeitszeit und deren Zusammenwirken,
5. unzureichende Qualifikation und Unterweisung der Beschäftigten,
6. psychische Belastungen bei der Arbeit.

§ 6 Dokumentation

(1) $_1$Der Arbeitgeber muß über die je nach Art der Tätigkeiten und der Zahl der Beschäftigten erforderlichen Unterlagen verfügen, aus denen das Ergebnis der Gefährdungsbeurtei-

lung, die von ihm festgelegten Maßnahmen des Arbeitsschutzes und das Ergebnis ihrer Überprüfung ersichtlich sind. $_{2}$Bei gleichartiger Gefährdungssituation ist es ausreichend, wenn die Unterlagen zusammengefaßte Angaben enthalten.

(2) Unfälle in seinem Betrieb, bei denen ein Beschäftigter getötet oder so verletzt wird, daß er stirbt oder für mehr als drei Tage völlig oder teilweise arbeits- oder dienstunfähig wird, hat der Arbeitgeber zu erfassen.

§ 7 Übertragung von Aufgaben

Bei der Übertragung von Aufgaben auf Beschäftigte hat der Arbeitgeber je nach Art der Tätigkeiten zu berücksichtigen, ob die Beschäftigten befähigt sind, die für die Sicherheit und den Gesundheitsschutz bei der Aufgabenerfüllung zu beachtenden Bestimmungen und Maßnahmen einzuhalten.

§ 8 Zusammenarbeit mehrerer Arbeitgeber

(1) $_{1}$Werden Beschäftigte mehrerer Arbeitgeber an einem Arbeitsplatz tätig, sind die Arbeitgeber verpflichtet, bei der Durchführung der Sicherheits- und Gesundheitsschutzbestimmungen zusammenzuarbeiten. $_{2}$Soweit dies für die Sicherheit und den Gesundheitsschutz der Beschäftigten bei der Arbeit erforderlich ist, haben die Arbeitgeber je nach Art der Tätigkeiten insbesondere sich gegenseitig und ihre Beschäftigten über die mit den Arbeiten verbundenen Gefahren für Sicherheit und Gesundheit der Beschäftigten zu unterrichten und Maßnahmen zur Verhütung dieser Gefahren abzustimmen.

(2) Der Arbeitgeber muß sich je nach Art der Tätigkeit vergewissern, daß die Beschäftigten anderer Arbeitgeber, die in seinem Betrieb tätig werden, hinsichtlich der Gefahren für ihre Sicherheit und Gesundheit während ihrer Tätigkeit in seinem Betrieb angemessene Anweisungen erhalten haben.

§ 9 Besondere Gefahren

(1) Der Arbeitgeber hat Maßnahmen zu treffen, damit nur Beschäftigte Zugang zu besonders gefährlichen Arbeitsbereichen haben, die zuvor geeignete Anweisungen erhalten haben.

(2) $_{1}$Der Arbeitgeber hat Vorkehrungen zu treffen, daß alle Beschäftigten, die einer unmittelbaren erheblichen Gefahr ausgesetzt sind oder sein können, möglichst frühzeitig über diese Gefahr und die getroffenen oder zu treffenden Schutzmaßnahmen unterrichtet sind. $_{2}$Bei unmittelbarer erheblicher Gefahr für die eigene Sicherheit oder die Sicherheit anderer Personen müssen die Beschäftigten die geeigneten Maßnahmen zur Gefahrenabwehr und Schadensbegrenzung selbst treffen können, wenn der zuständige Vorgesetzte nicht erreichbar ist; dabei sind die Kenntnisse der Beschäftigten und die vorhandenen technischen Mittel zu berücksichtigen. $_{3}$Den Beschäftigten dürfen aus ihrem Handeln keine Nachteile entstehen, es sei denn, sie haben vorsätzlich oder grob fahrlässig ungeeignete Maßnahmen getroffen.

(3) $_{1}$Der Arbeitgeber hat Maßnahmen zu treffen, die es den Beschäftigten bei unmittelbarer erheblicher Gefahr ermöglichen, sich durch sofortiges Verlassen der Arbeitsplätze in Sicherheit zu bringen. $_{2}$Den Beschäftigten dürfen hierdurch keine Nachteile entstehen. $_{3}$Hält die unmittelbare erhebliche Gefahr an, darf der Arbeitgeber die Beschäftigten nur in besonders begründeten Ausnahmefällen auffordern, ihre Tätigkeit wieder aufzunehmen. $_{4}$Gesetzliche Pflichten der Beschäftigten zur Abwehr von Gefahren für die öffentliche Sicherheit sowie die §§ 7 und 11 des Soldatengesetzes bleiben unberührt.

§ 10 Erste Hilfe und sonstige Notfallmaßnahmen

(1) $_{1}$Der Arbeitgeber hat entsprechend der Art der Arbeitsstätte und der Tätigkeiten sowie der Zahl der Beschäftigten die Maßnahmen zu treffen, die zur Ersten Hilfe, Brandbekämpfung und Evakuierung der Beschäftigten erforderlich sind. $_{2}$Dabei hat er der Anwesenheit anderer Personen Rechnung zu tragen. $_{3}$Er hat auch dafür zu sorgen, daß im Notfall die erforderlichen Verbindungen zu außerbetrieblichen Stellen, insbesondere in den Bereichen der Ersten Hilfe, der medizinischen Notversorgung, der Bergung und der Brandbekämpfung eingerichtet sind.

(2) $_1$Der Arbeitgeber hat diejenigen Beschäftigten zu benennen, die Aufgaben der Ersten Hilfe, Brandbekämpfung und Evakuierung der Beschäftigten übernehmen. $_2$Anzahl, Ausbildung und Ausrüstung der nach Satz 1 benannten Beschäftigten müssen in einem angemessenen Verhältnis zur Zahl der Beschäftigten und zu den bestehenden besonderen Gefahren stehen. $_3$Vor der Benennung hat der Arbeitgeber den Betriebs- oder Personalrat zu hören. $_4$Weitergehende Beteiligungsrechte bleiben unberührt. $_5$Der Arbeitgeber kann die in Satz 1 genannten Aufgaben auch selbst wahrnehmen, wenn er über die nach Satz 2 erforderliche Ausbildung und Ausrüstung verfügt.

§ 11 Arbeitsmedizinische Vorsorge

Der Arbeitgeber hat den Beschäftigten auf ihren Wunsch unbeschadet der Pflichten aus anderen Rechtsvorschriften zu ermöglichen, sich je nach den Gefahren für ihre Sicherheit und Gesundheit bei der Arbeit regelmäßig arbeitsmedizinisch untersuchen zu lassen, es sei denn, auf Grund der Beurteilung der Arbeitsbedingungen und der getroffenen Schutzmaßnahmen ist nicht mit einem Gesundheitsschaden zu rechnen.

§ 12 Unterweisung

(1) $_1$Der Arbeitgeber hat die Beschäftigten über Sicherheit und Gesundheitsschutz bei der Arbeit während ihrer Arbeitszeit ausreichend und angemessen zu unterweisen. $_2$Die Unterweisung umfaßt Anweisungen und Erläuterungen, die eigens auf den Arbeitsplatz oder den Aufgabenbereich der Beschäftigten ausgerichtet sind. $_3$Die Unterweisung muß bei der Einstellung, bei Veränderungen im Aufgabenbereich, der Einführung neuer Arbeitsmittel oder einer neuen Technologie vor Aufnahme der Tätigkeit der Beschäftigten erfolgen. $_4$Die Unterweisung muß an die Gefährdungsentwicklung angepaßt sein und erforderlichenfalls regelmäßig wiederholt werden.

(2) $_1$Bei einer Arbeitnehmerüberlassung trifft die Pflicht zur Unterweisung nach Absatz 1 den Entleiher. $_2$Er hat die Unterweisung unter Berücksichtigung der Qualifikation und der Erfahrung der Personen, die ihm zur Arbeitsleistung überlassen werden, vorzunehmen. $_3$Die sonstigen Arbeitsschutzpflichten des Verleihers bleiben unberührt.

§ 13 Verantwortliche Personen

(1) Verantwortlich für die Erfüllung der sich aus diesem Abschnitt ergebenden Pflichten sind neben dem Arbeitgeber

1. sein gesetzlicher Vertreter,
2. das vertretungsberechtigte Organ einer juristischen Person,
3. der vertretungsberechtigte Gesellschafter einer Personenhandelsgesellschaft,
4. Personen, die mit der Leitung eines Unternehmens oder eines Betriebes beauftragt sind, im Rahmen der ihnen übertragenen Aufgaben und Befugnisse,
5. sonstige nach Absatz 2 oder nach einer auf Grund dieses Gesetzes erlassenen Rechtsverordnung oder nach einer Unfallverhütungsvorschrift verpflichtete Personen im Rahmen ihrer Aufgaben und Befugnisse.

(2) Der Arbeitgeber kann zuverlässige und fachkundige Personen schriftlich damit beauftragen ihm obliegende Aufgaben nach diesem Gesetz in eigener Verantwortung wahrzunehmen.

§ 14 Unterrichtung und Anhörung der Beschäftigten des öffentlichen Dienstes

(1) Die Beschäftigten des öffentlichen Dienstes sind vor Beginn der Beschäftigung und bei Veränderungen in ihren Arbeitsbereichen über Gefahren für Sicherheit und Gesundheit, denen sie bei der Arbeit ausgesetzt sein können, sowie über die Maßnahmen und Einrichtungen zur Verhütung dieser Gefahren und die nach § 10 Abs. 2 getroffenen Maßnahmen zu unterrichten.

(2) Soweit in Betrieben des öffentlichen Dienstes keine Vertretung der Beschäftigten besteht, hat der Arbeitgeber die Beschäftigten zu allen Maßnahmen zu hören, die Auswirkungen auf Sicherheit und Gesundheit der Beschäftigten haben können.

Dritter Abschnitt Pflichten und Rechte der Beschäftigten

§ 15 Pflichten der Beschäftigten

(1) 1Die Beschäftigten sind verpflichtet, nach ihren Möglichkeiten sowie gemäß der Unterweisung und Weisung des Arbeitgebers für ihre Sicherheit und Gesundheit bei der Arbeit Sorge zu tragen. 2Entsprechend Satz 1 haben die Beschäftigten auch für die Sicherheit und Gesundheit der Personen zu sorgen, die von ihren Handlungen oder Unterlassungen bei der Arbeit betroffen sind.

(2) Im Rahmen des Absatzes 1 haben die Beschäftigten insbesondere Maschinen, Geräte, Werkzeuge, Arbeitsstoffe, Transportmittel und sonstige Arbeitsmittel sowie Schutzvorrichtungen und die ihnen zur Verfügung gestellte persönliche Schutzausrüstung bestimmungsgemäß zu verwenden.

§ 16 Besondere Unterstützungspflichten

(1) Die Beschäftigten haben dem Arbeitgeber oder dem zuständigen Vorgesetzten jede von ihnen festgestellte unmittelbare erhebliche Gefahr für die Sicherheit und Gesundheit sowie jeden an den Schutzsystemen festgestellten Defekt unverzüglich zu melden.

(2) 1Die Beschäftigten haben gemeinsam mit dem Betriebsarzt und der Fachkraft für Arbeitssicherheit den Arbeitgeber darin zu unterstützen, die Sicherheit und den Gesundheitsschutz der Beschäftigten bei der Arbeit zu gewährleisten und seine Pflichten entsprechend den behördlichen Aufgaben zu erfüllen. 2Unbeschadet ihrer Pflicht nach Absatz 1 sollen die Beschäftigten von ihnen festgestellte Gefahren für Sicherheit und Gesundheit und Mängel an den Schutzsystemen auch der Fachkraft für Arbeitssicherheit, dem Betriebsarzt oder dem Sicherheitsbeauftragten nach § 22 des Siebten Buches Sozialgesetzbuch mitteilen.

§ 17 Rechte der Beschäftigten

(1) 1Die Beschäftigten sind berechtigt, dem Arbeitgeber Vorschläge zu allen Fragen der Sicherheit und des Gesundheitsschutzes bei der Arbeit zu machen. 2Für Beamtinnen und Beamte des Bundes ist § 125 des Bundesbeamtengesetzes anzuwenden. 3Entsprechendes Landesrecht bleibt unberührt.

(2) 1Sind Beschäftigte auf Grund konkreter Anhaltspunkte der Auffassung, daß die vom Arbeitgeber getroffenen Maßnahmen und bereitgestellten Mittel nicht ausreichen, um die Sicherheit und den Gesundheitsschutz bei der Arbeit zu gewährleisten, und hilft der Arbeitgeber darauf gerichteten Beschwerden von Beschäftigten nicht ab, können sich diese an die zuständige Behörde wenden. 2Hierdurch dürfen den Beschäftigten keine Nachteile entstehen. 3Die in Absatz 1 Satz 2 und 3 genannten Vorschriften sowie die Vorschriften des Hinweisgeberschutzgesetzes, der Wehrbeschwerdeordnung und des Gesetzes über den Wehrbeauftragten des Deutschen Bundestages bleiben unberührt.

Vierter Abschnitt Verordnungsermächtigungen

§ 18 Verordnungsermächtigungen

(1) 1Die Bundesregierung wird ermächtigt, durch Rechtsverordnung mit Zustimmung des Bundesrates vorzuschreiben, welche Maßnahmen der Arbeitgeber und die sonstigen verantwortlichen Personen zu treffen haben und wie sich die Beschäftigten zu verhalten haben, um ihre jeweiligen Pflichten, die sich aus diesem Gesetz ergeben, zu erfüllen. 2In diesen Rechtsverordnungen kann auch bestimmt werden, daß bestimmte Vorschriften des Gesetzes zum Schutz anderer als in § 2 Abs. 2 genannter Personen anzuwenden sind.

(2) Durch Rechtsverordnungen nach Absatz 1 kann insbesondere bestimmt werden,

1. daß und wie zur Abwehr bestimmter Gefahren Dauer oder Lage der Beschäftigung oder die Zahl der Beschäftigten begrenzt werden muß,
2. daß der Einsatz bestimmter Arbeitsmittel oder -verfahren mit besonderen Gefahren für die Beschäftigten verboten ist oder der zuständigen Behörde angezeigt oder von ihr erlaubt sein muß oder besonders gefährdete Personen dabei nicht beschäftigt werden dürfen,

X

3. daß bestimmte, besonders gefährliche Betriebsanlagen einschließlich der Arbeits- und Fertigungsverfahren vor Inbetriebnahme, in regelmäßigen Abständen oder auf behördliche Anordnung fachkundig geprüft werden müssen,

3a. dass für bestimmte Beschäftigte angemessene Unterkünfte bereitzustellen sind, wenn dies aus Gründen der Sicherheit, zum Schutz der Gesundheit oder aus Gründen der menschengerechten Gestaltung der Arbeit erforderlich ist und welche Anforderungen dabei zu erfüllen sind,

4. daß Beschäftigte, bevor sie eine bestimmte gefährdende Tätigkeit aufnehmen oder fortsetzen oder nachdem sie sie beendet haben, arbeitsmedizinisch zu untersuchen sind, und welche besonderen Pflichten der Arzt dabei zu beachten hat,

5. dass Ausschüsse zu bilden sind, denen die Aufgabe übertragen wird, die Bundesregierung oder das zuständige Bundesministerium zur Anwendung der Rechtsverordnungen zu beraten, dem Stand der Technik, Arbeitsmedizin und Hygiene entsprechende Regeln und sonstige gesicherte arbeitswissenschaftliche Erkenntnisse zu ermitteln sowie Regeln zu ermitteln, wie die in den Rechtsverordnungen gestellten Anforderungen erfüllt werden können. Das Bundesministerium für Arbeit und Soziales kann die Regeln und Erkenntnisse amtlich bekannt machen.

(3) $_1$In epidemischen Lagen von nationaler Tragweite nach § 5 Absatz 1 des Infektionsschutzgesetzes kann das Bundesministerium für Arbeit und Soziales ohne Zustimmung des Bundesrates spezielle Rechtsverordnungen nach Absatz 1 für einen befristeten Zeitraum erlassen. $_2$Das Bundesministerium für Arbeit und Soziales kann ohne Zustimmung des Bundesrates durch Rechtsverordnung für einen befristeten Zeitraum, der spätestens mit Ablauf des 7. April 2023 endet,

1. bestimmen, dass spezielle Rechtsverordnungen nach Satz 1 nach Aufhebung der Feststellung der epidemischen Lage von nationaler Tragweite nach § 5 Absatz 1 des Infektionsschutzgesetzes fortgelten, und diese ändern sowie
2. spezielle Rechtsverordnungen nach Absatz 1 erlassen.

§ 19 Rechtsakte der Europäischen Gemeinschaften und zwischenstaatliche Vereinbarungen

Rechtsverordnungen nach § 18 können auch erlassen werden, soweit dies zur Durchführung von Rechtsakten des Rates oder der Kommission der Europäischen Gemeinschaften oder von Beschlüssen internationaler Organisationen oder von zwischenstaatlichen Vereinbarungen, die Sachbereiche dieses Gesetzes betreffen, erforderlich ist, insbesondere um Arbeitsschutzpflichten für andere als in § 2 Abs. 3 genannte Personen zu regeln.

§ 20 Regelungen für den öffentlichen Dienst

(1) Für die Beamten der Länder, Gemeinden und sonstigen Körperschaften, Anstalten und Stiftungen des öffentlichen Rechts regelt das Landesrecht, ob und inwieweit die nach § 18 erlassenen Rechtsverordnungen gelten.

(2) $_1$Für bestimmte Tätigkeiten im öffentlichen Dienst des Bundes, insbesondere bei der Bundeswehr, der Polizei, den Zivil- und Katastrophenschutzdiensten, dem Zoll oder den Nachrichtendiensten, können das Bundeskanzleramt, das Bundesministerium des Innern, für Bau und Heimat, das Bundesministerium für Verkehr und digitale Infrastruktur, das Bundesministerium der Verteidigung oder das Bundesministerium der Finanzen, soweit sie hierfür jeweils zuständig sind, durch Rechtsverordnung ohne Zustimmung des Bundesrates bestimmen, daß Vorschriften dieses Gesetzes ganz oder zum Teil nicht anzuwenden sind, soweit öffentliche Belange dies zwingend erfordern, insbesondere zur Aufrechterhaltung oder Wiederherstellung der öffentlichen Sicherheit. $_2$Rechtsverordnungen nach Satz 1 werden im Einvernehmen mit dem Bundesministerium für Arbeit und Soziales und, soweit nicht das Bundesministerium des Innern, für Bau und Heimat selbst ermächtigt ist, im Einvernehmen mit

diesem Ministerium erlassen. $_{3}$In den Rechtsverordnungen ist gleichzeitig festzulegen, wie die Sicherheit und der Gesundheitsschutz bei der Arbeit unter Berücksichtigung der Ziele dieses Gesetzes auf andere Weise gewährleistet werden. $_{4}$Für Tätigkeiten im öffentlichen Dienst der Länder, Gemeinden und sonstigen landesunmittelbaren Körperschaften, Anstalten und Stiftungen des öffentlichen Rechts können den Sätzen 1 und 3 entsprechende Regelungen durch Landesrecht getroffen werden.

Fünfter Abschnitt
Gemeinsame deutsche Arbeitsschutzstrategie

§ 20a Gemeinsame deutsche Arbeitsschutzstrategie

(1) $_{1}$Nach den Bestimmungen dieses Abschnitts entwickeln Bund, Länder und Unfallversicherungsträger im Interesse eines wirksamen Arbeitsschutzes eine gemeinsame deutsche Arbeitsschutzstrategie und gewährleisten ihre Umsetzung und Fortschreibung. $_{2}$Mit der Wahrnehmung der ihnen gesetzlich zugewiesenen Aufgaben zur Verhütung von Arbeitsunfällen, Berufskrankheiten und arbeitsbedingten Gesundheitsgefahren sowie zur menschengerechten Gestaltung der Arbeit tragen Bund, Länder und Unfallversicherungsträger dazu bei, die Ziele der gemeinsamen deutschen Arbeitsschutzstrategie zu erreichen.

(2) Die gemeinsame deutsche Arbeitsschutzstrategie umfasst

1. die Entwicklung gemeinsamer Arbeitsschutzziele,
2. die Festlegung vorrangiger Handlungsfelder und von Eckpunkten für Arbeitsprogramme sowie deren Ausführung nach einheitlichen Grundsätzen,
3. die Evaluierung der Arbeitsschutzziele, Handlungsfelder und Arbeitsprogramme mit geeigneten Kennziffern,
4. die Festlegung eines abgestimmten Vorgehens der für den Arbeitsschutz zuständigen Landesbehörden und der Unfallversicherungsträger bei der Beratung und Überwachung der Betriebe,
5. die Herstellung eines verständlichen, überschaubaren und abgestimmten Vorschriften- und Regelwerks.

§ 20b Nationale Arbeitsschutzkonferenz

(1) $_{1}$Die Aufgabe der Entwicklung, Steuerung und Fortschreibung der gemeinsamen deutschen Arbeitsschutzstrategie nach § 20a Abs. 1 Satz 1 wird von der Nationalen Arbeitsschutzkonferenz wahrgenommen. $_{2}$Sie setzt sich aus jeweils drei stimmberechtigten Vertretern von Bund, Ländern und den Unfallversicherungsträgern zusammen und bestimmt für jede Gruppe drei Stellvertreter. $_{3}$Außerdem entsenden die Spitzenorganisationen der Arbeitgeber und Arbeitnehmer für die Behandlung von Angelegenheiten nach § 20a Abs. 2 Nr. 1 bis 3 und 5 jeweils bis zu drei Vertreter in die Nationale Arbeitsschutzkonferenz; sie nehmen mit beratender Stimme an den Sitzungen teil. $_{4}$Die Nationale Arbeitsschutzkonferenz gibt sich eine Geschäftsordnung; darin werden insbesondere die Arbeitsweise und das Beschlussverfahren festgelegt. $_{5}$Die Geschäftsordnung muss einstimmig angenommen werden.

(2) Alle Einrichtungen, die mit Sicherheit und Gesundheit bei der Arbeit befasst sind, können der Nationalen Arbeitsschutzkonferenz Vorschläge für Arbeitsschutzziele, Handlungsfelder und Arbeitsprogramme unterbreiten.

(3) $_{1}$Die Nationale Arbeitsschutzkonferenz wird durch ein Arbeitsschutzforum unterstützt, das in der Regel einmal jährlich stattfindet. $_{2}$Am Arbeitsschutzforum sollen sachverständige Vertreter der Spitzenorganisationen der Arbeitgeber und Arbeitnehmer, der Berufs- und Wirtschaftsverbände, der Wissenschaft, der Kranken- und Rentenversicherungsträger, von Einrichtungen im Bereich Sicherheit und Gesundheit bei der Arbeit sowie von Einrichtungen, die der Förderung der Beschäftigungsfähigkeit dienen, teilnehmen. $_{3}$Das Arbeitsschutzforum hat die Aufgabe, eine frühzeitige und aktive Teilhabe der sachverständigen Fachöffentlichkeit an der Entwicklung und Fortschreibung der gemeinsamen deutschen Arbeitsschutzstrategie sicherzustellen und die Nationale Arbeitsschutzkonferenz entsprechend zu beraten.

(4) Einzelheiten zum Verfahren der Einreichung von Vorschlägen nach Absatz 2 und zur Durchführung des Arbeitsschutzforums nach Absatz 3 werden in der Geschäftsordnung der Nationalen Arbeitsschutzkonferenz geregelt.

(5) $_{1}$Die Geschäfte der Nationalen Arbeitsschutzkonferenz und des Arbeitsschutzforums führt die Bundesanstalt für Arbeitsschutz und Arbeitsmedizin. $_{2}$Einzelheiten zu Arbeitsweise und Verfahren werden in der Geschäftsordnung der Nationalen Arbeitsschutzkonferenz festgelegt.

Sechster Abschnitt
Schlußvorschriften

§ 21 Zuständige Behörden; Zusammenwirken mit den Trägern der gesetzlichen Unfallversicherung

(1) $_{1}$Die Überwachung des Arbeitsschutzes nach diesem Gesetz ist staatliche Aufgabe. $_{2}$Die zuständigen Behörden haben die Einhaltung dieses Gesetzes und der auf Grund dieses Gesetzes erlassenen Rechtsverordnungen zu überwachen und die Arbeitgeber bei der Erfüllung ihrer Pflichten zu beraten. $_{3}$Bei der Überwachung haben die zuständigen Behörden bei der Auswahl von Betrieben Art und Umfang des betrieblichen Gefährdungspotenzials zu berücksichtigen.

(1a) $_{1}$Die zuständigen Landesbehörden haben bei der Überwachung nach Absatz 1 sicherzustellen, dass im Laufe eines Kalenderjahres eine Mindestanzahl an Betrieben besichtigt wird. $_{2}$Beginnend mit dem Kalenderjahr 2026 sind im Laufe eines Kalenderjahres mindestens 5 Prozent der im Land vorhandenen Betriebe zu besichtigen (Mindestbesichtigungsquote). $_{3}$Von der Mindestbesichtigungsquote kann durch Landesrecht nicht abgewichen werden. $_{4}$Erreicht eine Landesbehörde die Mindestbesichtigungsquote nicht, so hat sie die Zahl der besichtigten Betriebe bis zum Kalenderjahr 2026 schrittweise mindestens so weit zu erhöhen, dass sie die Mindestbesichtigungsquote erreicht. $_{5}$Maßgeblich für die Anzahl der im Land vorhandenen Betriebe ist die amtliche Statistik der Bundesagentur für Arbeit des Vorjahres.

(2) $_{1}$Die Aufgaben und Befugnisse der Träger der gesetzlichen Unfallversicherung richten sich, soweit nichts anderes bestimmt ist, nach den Vorschriften des Sozialgesetzbuchs. $_{2}$Soweit die Träger der gesetzlichen Unfallversicherung nach dem Sozialgesetzbuch im Rahmen ihres Präventionsauftrags auch Aufgaben zur Gewährleistung von Sicherheit und Gesundheitsschutz der Beschäftigten wahrnehmen, werden sie ausschließlich im Rahmen ihrer autonomen Befugnisse tätig.

(3) $_{1}$Die zuständigen Landesbehörden und die Unfallversicherungsträger wirken auf der Grundlage einer gemeinsamen Beratungs- und Überwachungsstrategie nach § 20a Abs. 2 Nr. 4 eng zusammen und stellen den Erfahrungsaustausch sicher. $_{2}$Diese Strategie umfasst die Abstimmung allgemeiner Grundsätze zur methodischen Vorgehensweise bei

1. der Beratung und Überwachung der Betriebe,
2. der Festlegung inhaltlicher Beratungs- und Überwachungsschwerpunkte, aufeinander abgestimmter oder gemeinsamer Schwerpunktaktionen und Arbeitsprogramme und
3. der Förderung eines Daten- und sonstigen Informationsaustausches, insbesondere über Betriebsbesichtigungen und deren wesentliche Ergebnisse.

$_{3}$Die zuständigen Landesbehörden vereinbaren mit den Unfallversicherungsträgern nach § 20 Abs. 2 Satz 3 des Siebten Buches Sozialgesetzbuch die Maßnahmen, die zur Umsetzung der gemeinsamen Arbeitsprogramme nach § 20a Abs. 2 Nr. 2 und der gemeinsamen Beratungs- und Überwachungsstrategie notwendig sind; sie evaluieren deren Zielerreichung mit den von der Nationalen Arbeitsschutzkonferenz nach § 20a Abs. 2 Nr. 3 bestimmten Kennziffern.

(3a) $_{1}$Zu nach dem 1. Januar 2023 durchgeführten Betriebsbesichtigungen und deren Ergebnissen übermitteln die für den Arbeitsschutz zuständigen Landesbehörden an den für die besichtigte Betriebsstätte zuständigen Unfallversicherungsträger im Wege elektronischer Datenübertragung folgende Informationen:

1. Name und Anschrift des Betriebs,
2. Anschrift der besichtigten Betriebsstätte, soweit nicht mit Nummer 1 identisch,
3. Kennnummer zur Identifizierung,
4. Wirtschaftszweig des Betriebs,
5. Datum der Besichtigung,
6. Anzahl der Beschäftigten zum Zeitpunkt der Besichtigung,
7. Vorhandensein einer betrieblichen Interessenvertretung,
8. Art der sicherheitstechnischen Betreuung,
9. Art der betriebsärztlichen Betreuung,
10. Bewertung der Arbeitsschutzorganisation einschließlich
    a) der Unterweisung,
    b) der arbeitsmedizinischen Vorsorge und
    c) der Ersten Hilfe und sonstiger Notfallmaßnahmen,
11. Bewertung der Gefährdungsbeurteilung einschließlich
    a) der Ermittlung von Gefährdungen und Festlegung von Maßnahmen,
    b) der Prüfung der Umsetzung der Maßnahmen und ihrer Wirksamkeit und
    c) der Dokumentation der Gefährdungen und Maßnahmen,
12. Verwaltungshandeln in Form von Feststellungen, Anordnungen oder Bußgeldern.

$_2$Die übertragenen Daten dürfen von den Unfallversicherungsträgern nur zur Erfüllung der in ihrer Zuständigkeit nach § 17 Absatz 1 des Siebten Buches Sozialgesetzbuch liegenden Aufgaben verarbeitet werden.

(4) $_1$Die für den Arbeitsschutz zuständige oberste Landesbehörde kann mit Trägern der gesetzlichen Unfallversicherung vereinbaren, daß diese in näher zu bestimmenden Tätigkeitsbereichen die Einhaltung dieses Gesetzes, bestimmter Vorschriften dieses Gesetzes oder der auf Grund dieses Gesetzes erlassenen Rechtsverordnungen überwachen. $_2$In der Vereinbarung sind Art und Umfang der Überwachung sowie die Zusammenarbeit mit den staatlichen Arbeitsschutzbehörden festzulegen.

(5) $_1$Soweit nachfolgend nichts anderes bestimmt ist, ist zuständige Behörde für die Durchführung dieses Gesetzes und der auf dieses Gesetz gestützten Rechtsverordnungen in den Betrieben und Verwaltungen des Bundes die Zentralstelle für Arbeitsschutz beim Bundesministerium des Innern, für Bau und Heimat. $_2$Im Auftrag der Zentralstelle handelt, soweit nichts anderes bestimmt ist, die Unfallversicherung Bund und Bahn, die insoweit der Aufsicht des Bundesministeriums des Innern, für Bau und Heimat unterliegt; Aufwendungen werden nicht erstattet. $_3$Im öffentlichen Dienst im Geschäftsbereich des Bundesministeriums für Verkehr und digitale Infrastruktur führt die Unfallversicherung Bund und Bahn, soweit die Eisenbahn-Unfallkasse bis zum 31. Dezember 2014 Träger der Unfallversicherung war, dieses Gesetz durch. $_4$Für Betriebe und Verwaltungen in den Geschäftsbereichen des Bundesministeriums der Verteidigung und des Auswärtigen Amtes hinsichtlich seiner Auslandsvertretungen führt das jeweilige Bundesministerium, soweit es jeweils zuständig ist, oder die von ihm jeweils bestimmte Stelle dieses Gesetz durch. $_5$Im Geschäftsbereich des Bundesministeriums der Finanzen führt die Berufsgenossenschaft Verkehrswirtschaft Post-Logistik Telekommunikation dieses Gesetz durch, soweit der Geschäftsbereich des ehemaligen Bundesministeriums für Post und Telekommunikation betroffen ist. $_6$Die Sätze 1 bis 4 gelten auch für Betriebe und Verwaltungen, die zur Bundesverwaltung gehören, für die aber eine Berufsgenossenschaft Träger der Unfallversicherung ist. $_7$Die zuständigen Bundesministerien können mit den Berufsgenossenschaften für diese Betriebe und Verwaltungen vereinbaren, daß das Gesetz von den Berufsgenossenschaften durchgeführt wird; Aufwendungen werden nicht erstattet.

§ 22 Befugnisse der zuständigen Behörden

(1) $_1$Die zuständige Behörde kann vom Arbeitgeber oder von den verantwortlichen Personen die zur Durchführung ihrer Überwachungsaufgabe erforderlichen Auskünfte und die Überlassung von entsprechenden Unterlagen verlangen. $_2$Werden Beschäftigte mehrerer Arbeitgeber an einem Arbeitsplatz

tätig, kann die zuständige Behörde von den Arbeitgebern oder von den verantwortlichen Personen verlangen, dass das Ergebnis der Abstimmung über die zu treffenden Maßnahmen nach § 8 Absatz 1 schriftlich vorgelegt wird. 3Die auskunftspflichtige Person kann die Auskunft auf solche Fragen oder die Vorlage derjenigen Unterlagen verweigern, deren Beantwortung oder Vorlage sie selbst oder einen ihrer in § 383 Abs. 1 Nr. 1 bis 3 der Zivilprozeßordnung bezeichneten Angehörigen der Gefahr der Verfolgung wegen einer Straftat oder Ordnungswidrigkeit aussetzen würde. 4Die auskunftspflichtige Person ist darauf hinzuweisen.

(2) 1Die mit der Überwachung beauftragten Personen sind befugt, zu den Betriebs- und Arbeitszeiten Betriebsstätten, Geschäfts- und Betriebsräume zu betreten, zu besichtigen und zu prüfen sowie in die geschäftlichen Unterlagen der auskunftspflichtigen Person Einsicht zu nehmen, soweit dies zur Erfüllung ihrer Aufgaben erforderlich ist. 2Außerdem sind sie befugt, Betriebsanlagen, Arbeitsmittel und persönliche Schutzausrüstungen zu prüfen, Arbeitsverfahren und Arbeitsabläufe zu untersuchen, Messungen vorzunehmen und insbesondere arbeitsbedingte Gesundheitsgefahren festzustellen und zu untersuchen, auf welche Ursachen ein Arbeitsunfall, eine arbeitsbedingte Erkrankung oder ein Schadensfall zurückzuführen ist. 3Sie sind berechtigt, die Begleitung durch den Arbeitgeber oder eine von ihm beauftragte Person zu verlangen. 4Der Arbeitgeber oder die verantwortlichen Personen haben die mit der Überwachung beauftragten Personen bei der Wahrnehmung ihrer Befugnisse nach den Sätzen 1 und 2 zu unterstützen. 5Außerhalb der in Satz 1 genannten Zeiten dürfen die mit der Überwachung beauftragten Personen ohne Einverständnis des Arbeitgebers die Maßnahmen nach den Sätzen 1 und 2 nur treffen, soweit sie zur Verhütung dringender Gefahren für die öffentliche Sicherheit und Ordnung erforderlich sind. 6Wenn sich die Arbeitsstätte in einer Wohnung befindet, dürfen die mit der Überwachung beauftragten Personen die Maßnahmen nach den Sätzen 1 und 2 ohne Einverständnis der Bewohner oder Nutzungsberechtigten nur treffen, soweit sie zur Verhütung dringender Gefahren für die öffentliche Sicherheit und Ordnung erforderlich sind. 7Die auskunftspflichtige Person hat die Maßnahmen nach den Sätzen 1, 2, 5 und 6 zu dulden. 8Die Sätze 1 und 5 gelten entsprechend, wenn nicht feststeht, ob in der Arbeitsstätte Personen beschäftigt werden, jedoch Tatsachen gegeben sind, die diese Annahme rechtfertigen. 9Das Grundrecht der Unverletzlichkeit der Wohnung (Artikel 13 des Grundgesetzes) wird insoweit eingeschränkt.

(3) 1Die zuständige Behörde kann im Einzelfall anordnen,

1. welche Maßnahmen der Arbeitgeber und die verantwortlichen Personen oder die Beschäftigten zur Erfüllung der Pflichten zu treffen haben, die sich aus diesem Gesetz und den auf Grund dieses Gesetzes erlassenen Rechtsverordnungen ergeben,
2. welche Maßnahmen der Arbeitgeber und die verantwortlichen Personen zur Abwendung einer besonderen Gefahr für Leben und Gesundheit der Beschäftigten zu treffen haben.

2Die zuständige Behörde hat, wenn nicht Gefahr im Verzug ist, zur Ausführung der Anordnung eine angemessene Frist zu setzen. 3Wird eine Anordnung nach Satz 1 nicht innerhalb einer gesetzten Frist oder eine für sofort vollziehbar erklärte Anordnung nicht sofort ausgeführt, kann die zuständige Behörde die von der Anordnung betroffene Arbeit oder die Verwendung oder den Betrieb der von der Anordnung betroffenen Arbeitsmittel untersagen. 4Maßnahmen der zuständigen Behörde im Bereich des öffentlichen Dienstes, die den Dienstbetrieb wesentlich beeinträchtigen, sollen im Einvernehmen mit der obersten Bundes- oder Landesbehörde oder dem Hauptverwaltungsbeamten der Gemeinde getroffen werden.

§ 23 Betriebliche Daten; Zusammenarbeit mit anderen Behörden; Jahresbericht, Bundesfachstelle

(1) 1Der Arbeitgeber hat der zuständigen Behörde zu einem von ihr bestimmten Zeitpunkt Mitteilungen über

1. die Zahl der Beschäftigten und derer, an die er Heimarbeit vergibt, aufgegliedert nach Geschlecht, Alter und Staatsangehörigkeit,
2. den Namen oder die Bezeichnung und Anschrift des Betriebes, in dem er sie beschäftigt,
3. seinen Namen, seine Firma und seine Anschrift sowie
4. den Wirtschaftszweig, dem sein Betrieb angehört,

zu machen. 2Das Bundesministerium für Arbeit und Soziales wird ermächtigt, durch Rechtsverordnung mit Zustimmung des Bundesrates zu bestimmen, daß die Stellen der Bundesverwaltung, denen der Arbeitgeber die in Satz 1 genannten Mitteilungen bereits auf Grund einer Rechtsvorschrift mitgeteilt hat, diese Angaben an die für die Behörden nach Absatz 1 zuständigen obersten Landesbehörden als Schreiben oder auf maschinell verwertbaren Datenträgern oder durch Datenübertragung weiterzuleiten haben. 3In der Rechtsverordnung können das Nähere über die Form der weiterzuleitenden Angaben sowie die Frist für die Weiterleitung bestimmt werden. 4Die weitergeleiteten Angaben dürfen nur zur Erfüllung der in der Zuständigkeit der Behörden nach § 21 Abs. 1 liegenden Arbeitsschutzaufgaben verarbeitet werden.

(2) 1Die mit der Überwachung beauftragten Personen dürfen die ihnen bei ihrer Überwachungstätigkeit zur Kenntnis gelangenden Geschäfts- und Betriebsgeheimnisse nur in den gesetzlich geregelten Fällen oder zur Verfolgung von Gesetzwidrigkeiten oder zur Erfüllung von gesetzlich geregelten Aufgaben zum Schutz der Versicherten dem Träger der gesetzlichen Unfallversicherung oder zum Schutz der Umwelt den dafür zuständigen Behörden offenbaren. 2Soweit es sich bei Geschäfts- und Betriebsgeheimnissen um Informationen über die Umwelt im Sinne des Umweltinformationsgesetzes handelt, richtet sich die Befugnis zu ihrer Offenbarung nach dem Umweltinformationsgesetz.

(3) 1Ergeben sich im Einzelfall für die zuständigen Behörden konkrete Anhaltspunkte für

1. eine Beschäftigung oder Tätigkeit von Ausländern ohne den erforderlichen Aufenthaltstitel nach § 4a Absatz 5 Satz 1 des Aufenthaltsgesetzes, eine Erlaubnis oder Berechtigung nach § 4a Absatz 5 Satz 2 in Verbindung mit Absatz 4 des Aufenthaltsgesetzes, eine Aufenthaltsgestattung oder eine Duldung, die zur Ausübung der Beschäftigung berechtigen, oder eine Genehmigung nach § 284 Absatz1 des Dritten Buches Sozialgesetzbuch,
2. Verstöße gegen die Mitwirkungspflicht nach § 60 Abs. 1 Satz 1 Nr. 2 des Ersten Buches Sozialgesetzbuch gegenüber einer Dienststelle der Bundesagentur für Arbeit, einem Träger der gesetzlichen Kranken-, Pflege-, Unfall- oder Rentenversicherung oder einem Träger der Sozialhilfe oder gegen die Meldepflicht nach § 8a des Asylbewerberleistungsgesetzes,
3. Verstöße gegen das Schwarzarbeitsbekämpfungsgesetz,
4. Verstöße gegen das Arbeitnehmerüberlassungsgesetz,
5. Verstöße gegen die Vorschriften des Vierten und des Siebten Buches Sozialgesetzbuch über die Verpflichtung zur Zahlung von Sozialversicherungsbeiträgen,
6. Verstöße gegen das Aufenthaltsgesetz,
7. Verstöße gegen die Steuergesetze,
8. Verstöße gegen das Gesetz zur Sicherung von Arbeitnehmerrechten in der Fleischwirtschaft,
9. Verstöße gegen Vorgaben für Pakete mit erhöhtem Gewicht nach dem Postgesetz,
10. Verstöße gegen das Mindestlohngesetz,
11. Verstöße gegen das Arbeitnehmer-Entsendegesetz,

unterrichten sie die für die Verfolgung und Ahndung zuständigen Behörden, die Träger der Sozialhilfe sowie die Behörden nach § 71 des Aufenthaltsgesetzes. 2In den Fällen des Satzes 1 arbeiten die zuständigen Behörden insbesondere mit den Agenturen für Arbeit, den Hauptzollämtern, den Rentenversicherungsträgern, den Krankenkassen als Einzugsstellen für die Sozialversicherungsbeiträge, den Trägern der gesetzlichen Unfallversicherung, den nach Landesrecht für die Verfolgung und Ahndung von Verstößen gegen das Gesetz zur Bekämpfung der Schwarzarbeit zuständigen Behörden, den Trägern der Sozialhilfe, den in § 71 des Aufenthaltsgesetzes genannten Behörden, den Finanzbehörden und der Bundesnetzagentur für Elektrizität, Gas, Telekommunikation, Post und Eisenbahnen zusammen.

(3a) Leitet die Generalzolldirektion im Rahmen ihrer Funktion als Verbindungsbüro im Sinne des Artikels 4 Absatz 1 der Richtlinie 96/71/EG in der Fassung vom 28. Juni 2018 ein über das Binnenmarkt-Informationssystem eingehendes Ersuchen, das die Mindestarbeitsbedingungen nach Artikel 3 Absatz 1 Buchstabe e der Richtlinie 96/71/EG in der Fassung vom 28. Juni 2018 betrifft, an die zuständigen Behörden weiter, so können diese die zur Beantwortung erforderlichen Informationen an die Generalzolldirektion zur Weiterleitung an die ersuchenden Behörden übermitteln.

(4) $_1$Die zuständigen obersten Landesbehörden haben über die Überwachungstätigkeit der ihnen unterstellten Behörden einen Jahresbericht zu veröffentlichen. $_2$Der Jahresbericht umfaßt auch Angaben zur Erfüllung von Unterrichtungspflichten aus internationalen Übereinkommen oder Rechtsakten der Europäischen Gemeinschaften, soweit sie den Arbeitsschutz betreffen.

(5) $_1$Bei der Bundesanstalt für Arbeitsschutz und Arbeitsmedizin wird eine Bundesfachstelle für Sicherheit und Gesundheit bei der Arbeit eingerichtet. $_2$Sie hat die Aufgabe, die Jahresberichte der Länder einschließlich der Besichtigungsquote nach § 21 Absatz 1a auszuwerten und die Ergebnisse für den statistischen Bericht über den Stand von Sicherheit und Gesundheit bei der Arbeit und über das Unfall- und Berufskrankheitengeschehen in der Bundesrepublik Deutschland nach § 25 Absatz 1 des Siebten Buches Sozialgesetzbuch zusammenzufassen. $_3$Das Bundesministerium für Arbeit und Soziales kann die Arbeitsweise und das Verfahren der Bundesfachstelle für Sicherheit und Gesundheit bei der Arbeit im Errichtungserlass der Bundesanstalt für Arbeitsschutz und Arbeitsmedizin festlegen.

X

§ 24 Ermächtigung zum Erlaß von allgemeinen Verwaltungsvorschriften

Die Bundesregierung kann mit Zustimmung des Bundesrates allgemeine Verwaltungsvorschriften erlassen insbesondere

1. zur Durchführung dieses Gesetzes und der auf Grund dieses Gesetzes erlassenen Rechtsverordnungen, insbesondere dazu, welche Kriterien zur Auswahl von Betrieben bei der Überwachung anzuwenden, welche Sachverhalte im Rahmen einer Betriebsbesichtigung mindestens zu prüfen und welche Ergebnisse aus der Überwachung für die Berichterstattung zu erfassen sind,
2. über die Gestaltung der Jahresberichte nach § 23 Abs. 4 und
3. über die Angaben, die die zuständigen obersten Landesbehörden dem Bundesministerium für Arbeit und Soziales für den Unfallverhütungsbericht nach § 25 Abs. 2 des Siebten Buches Sozialgesetzbuch bis zu einem bestimmten Zeitpunkt mitzuteilen haben.

§ 24a Ausschuss für Sicherheit und Gesundheit bei der Arbeit

(1) $_1$Beim Bundesministerium für Arbeit und Soziales wird ein Ausschuss für Sicherheit und Gesundheit bei der Arbeit gebildet, in dem geeignete Personen vonseiten der öffentlichen und privaten Arbeitgeber, der Gewerkschaften, der Landesbehörden, der gesetzlichen Unfallversicherung und weitere geeignete Personen, insbesondere aus der Wissenschaft, vertreten sein sollen. $_2$Dem Ausschuss sollen nicht mehr als 15 Mitglieder angehören. $_3$Für jedes Mitglied ist ein stellvertretendes Mitglied zu benennen. $_4$Die Mitgliedschaft im Ausschuss ist ehrenamtlich. $_5$Ein Mitglied oder ein stellvertretendes Mitglied aus den anderen Ausschüssen beim Bundesministerium für Arbeit und Soziales nach § 18 Absatz 2 Nummer 5 soll dauerhaft als Gast im Ausschuss für Sicherheit und Gesundheit bei der Arbeit vertreten sein.

(2) 1Das Bundesministerium für Arbeit und Soziales beruft die Mitglieder des Ausschusses für Sicherheit und Gesundheit bei der Arbeit und die stellvertretenden Mitglieder. 2Der Ausschuss gibt sich eine Geschäftsordnung und wählt die Vorsitzende oder den Vorsitzenden aus seiner Mitte. 3Die Geschäftsordnung und die Wahl der oder des Vorsitzenden bedürfen der Zustimmung des Bundesministeriums für Arbeit und Soziales.

(3) 1Zu den Aufgaben des Ausschusses für Sicherheit und Gesundheit bei der Arbeit gehört es, soweit hierfür kein anderer Ausschuss beim Bundesministerium für Arbeit und Soziales nach § 18 Absatz 2 Nummer 5 zuständig ist,

1. den Stand von Technik, Arbeitsmedizin und Hygiene sowie sonstige gesicherte arbeitswissenschaftliche Erkenntnisse für die Sicherheit und Gesundheit der Beschäftigten zu ermitteln,
2. Regeln und Erkenntnisse zu ermitteln, wie die in diesem Gesetz gestellten Anforderungen erfüllt werden können,
3. Empfehlungen zu Sicherheit und Gesundheit bei der Arbeit aufzustellen,
4. das Bundesministerium für Arbeit und Soziales in allen Fragen des Arbeitsschutzes zu beraten.

2Das Arbeitsprogramm des Ausschusses für Sicherheit und Gesundheit bei der Arbeit wird mit dem Bundesministerium für Arbeit und Soziales abgestimmt. 3Der Ausschuss arbeitet eng mit den anderen Ausschüssen beim Bundesministerium für Arbeit und Soziales nach § 18 Absatz 2 Nummer 5 zusammen.

(4) 1Das Bundesministerium für Arbeit und Soziales kann die vom Ausschuss für Sicherheit und Gesundheit bei der Arbeit ermittelten Regeln und Erkenntnisse im Gemeinsamen Ministerialblatt bekannt geben und die Empfehlungen veröffentlichen. 2Der Arbeitgeber hat die bekannt gegebenen Regeln und Erkenntnisse zu berücksichtigen. 3Bei Einhaltung dieser Regeln und bei Beachtung dieser Erkenntnisse ist davon auszugehen, dass die in diesem Gesetz gestellten Anforderungen erfüllt sind, soweit diese von der betreffenden Regel abgedeckt sind. 4Die Anforderungen aus Rechtsverordnungen nach § 18 und dazu bekannt gegebene Regeln und Erkenntnisse bleiben unberührt.

(5) 1Die Bundesministerien sowie die obersten Landesbehörden können zu den Sitzungen des Ausschusses für Sicherheit und Gesundheit bei der Arbeit Vertreterinnen oder Vertreter entsenden. 2Auf Verlangen ist ihnen in der Sitzung das Wort zu erteilen.

(6) Die Geschäfte des Ausschusses für Sicherheit und Gesundheit bei der Arbeit führt die Bundesanstalt für Arbeitsschutz und Arbeitsmedizin.

§ 25 Bußgeldvorschriften

(1) Ordnungswidrig handelt, wer vorsätzlich oder fahrlässig

1. einer Rechtsverordnung nach § 18 Abs. 1 oder § 19 zuwiderhandelt, soweit sie für einen bestimmten Tatbestand auf diese Bußgeldvorschrift verweist oder
2. a) als Arbeitgeber oder als verantwortliche Person einer vollziehbaren Anordnung nach § 22 Abs. 3 oder
   b) als Beschäftigter einer vollziehbaren Anordnung nach § 22 Abs. 3 Satz 1 Nr. 1 zuwiderhandelt.

(2) Die Ordnungswidrigkeit kann in den Fällen des Absatzes 1 Nr. 1 und 2 Buchstabe b mit einer Geldbuße bis zu fünftausend Euro, in den Fällen des Absatzes 1 Nr. 2 Buchstabe a mit einer Geldbuße bis zu dreißigtausend Euro geahndet werden.

§ 26 Strafvorschriften

Mit Freiheitsstrafe bis zu einem Jahr oder mit Geldstrafe wird bestraft, wer

1. eine in § 25 Abs. 1 Nr. 2 Buchstabe a bezeichnete Handlung beharrlich wiederholt oder
2. durch eine in § 25 Abs. 1 Nr. 1 oder Nr. 2 Buchstabe a bezeichnete vorsätzliche Handlung Leben oder Gesundheit eines Beschäftigten gefährdet.

Hessische Verordnung über die modifizierte Anwendung von Arbeitsschutzvorschriften

Vom 15. Juni 2010 (GVBl. I S. 175)

Zuletzt geändert durch
Zweite Verordnung zur Änderung der Hessischen Verordnung über die modifizierte Anwendung von Arbeitsschutzvorschriften
vom 17. November 2023 (GVBl. S. 738)

Aufgrund des § 20 Abs. 2 Satz 4 des Arbeitsschutzgesetzes vom 7. August 1996 (BGBl. I S. 1246), zuletzt geändert durch Gesetz vom 5. Februar 2009 (BGBl. I S. 160), und des § 95b Abs. 3 des Hessischen Beamtengesetzes in der Fassung vom 11. Januar 1989 (GVBl. I S. 26), zuletzt geändert durch Gesetz vom 26. März 2010 (GVBl. I S. 114), wird im Einvernehmen mit dem für Arbeitsschutz zuständigen Minister verordnet:

§ 1 Geltungsbereich

(1) Die Verordnung gilt für die Beamtinnen und Beamten und Tarifbeschäftigten (Beschäftigte) beim Landesamt für Verfassungsschutz, bei der Polizei und bei Einrichtungen des Brand- und Katastrophenschutzes soweit ein Abweichen von den Vorschriften des Arbeitsschutzgesetzes erforderlich ist.

(2) Darüber hinaus gilt die Verordnung nach Abs. 1 für Beamtinnen und Beamte des Landes, der Gemeinden, Gemeindeverbände sowie der sonstigen der Aufsicht des Landes unterstehenden Körperschaften, Anstalten und Stiftungen des öffentlichen Rechts, soweit nicht nur ein Abweichen von den Vorschriften des Arbeitsschutzgesetzes, sondern auch von den Vorschriften der aufgrund der §§ 18 und 19 des Arbeitsschutzgesetzes erlassenen Rechtsverordnungen (Arbeitsschutzvorschriften) erforderlich ist.

X

§ 2 Pflichten des Dienstherrn oder Arbeitgebers

Der Dienstherr oder der Arbeitgeber ist verpflichtet, die erforderlichen Maßnahmen des Arbeitsschutzes auch dann zu treffen, wenn die Ausübung der in dieser Verordnung genannten Tätigkeiten nicht ohne ein Abweichen von Vorschriften des Arbeitsschutzgesetzes möglich ist. Für den Dienstherrn gilt Satz 1 bei einem Abweichen von den Vorschriften der aufgrund der §§ 18 und 19 des Arbeitsschutzgesetzes erlassenen Rechtsverordnungen entsprechend.

§ 3 Tätigkeiten, Voraussetzungen für ein Abweichen von Vorschriften des Arbeitsschutzgesetzes

(1) Der Vollzug gesetzlicher Aufgaben (Einsatztätigkeiten) und die zu ihrer Vorbereitung erforderlichen Tätigkeiten, insbesondere Übungen unter Einsatzbedingungen (Einsatzvorbereitungstätigkeiten), sind Tätigkeiten im Sinne dieser Verordnung.

(2) Soweit öffentliche Belange dies zwingend erfordern, insbesondere zur Aufrechterhaltung oder Wiederherstellung der öffentlichen Sicherheit oder Ordnung, kann bei Tätigkeiten nach Abs. 1 ganz oder zum Teil von den Arbeitsschutzvorschriften abgewichen werden. Das Abweichen ist nur so lange gestattet, wie diese Sachlage gegeben ist.

(3) Die näheren Voraussetzungen für ein Abweichen nach Abs. 2 werden in den jeweiligen Dienst- und Verwaltungsvorschriften festgelegt.

§ 4 Gewährleistung der Sicherheit und des Gesundheitsschutzes

(1) Die Gewährleistung der Sicherheit und des Gesundheitsschutzes bei Einsatz- und Einsatzvorbereitungstätigkeiten, bei denen nach § 3 Abs. 2 von den Arbeitsschutzvorschriften abgewichen wird, regeln die Arbeitsschutzbestimmungen der jeweiligen Dienst- und Verwaltungsvorschriften unter Berücksichtigung der Ziele der Arbeitsschutzvorschriften.

(2) Ist voraussehbar, dass von den Arbeitsschutzvorschriften abgewichen werden muss, sind auf der Grundlage einer Gefährdungsbeurteilung im Sinne von § 5 Abs. 1 des Arbeitsschutzgesetzes geeignete Maßnahmen zum Schutz der Beschäftigten in den Arbeitsschutzbestimmungen der Dienst- und Verwaltungsvorschriften vorzusehen. Dazu gehören insbesondere tätigkeitsspezifische Schutzvorrichtungen und Schutzvorkehrungen, angemessene Informations-, Schulungs- und Trainingsangebote und die Festlegung von Eignungsvoraussetzungen für die Ausübung solcher Tätigkeiten.

(3) Ist nicht voraussehbar, dass von den Arbeitsschutzvorschriften abgewichen werden muss, oder verweist eine Dienstvorschrift bei der Regelung des Arbeits- und Gesundheitsschutzes der Beschäftigten für diesen Fall auf die Entscheidungsbefugnis der für den Einsatz vor Ort Verantwortlichen, haben diese bei ihren Entscheidungen die allgemein anerkannten sicherheitstechnischen und arbeitsmedizinischen Regeln zu berücksichtigen. Dasselbe gilt für Entscheidungen der vor Ort Verantwortlichen, wenn die zu leistende Einsatztätigkeit in Dienst- oder Verwaltungsvorschriften nicht erfasst ist.

§ 5 Inkrafttreten, Außerkrafttreten

Diese Verordnung tritt am 1. Juli 2010 in Kraft. Sie tritt mit Ablauf des 31. Dezember 2030 außer Kraft.

Hessisches Datenschutz- und Informationsfreiheitsgesetz (HDSIG)*)

Vom 3. Mai 2018 (GVBl. S. 82)

Zuletzt geändert durch
Erstes Bürokratieabbaugesetz
vom 16. Dezember 2025 (GVBl. Nr. 110)

Inhaltsübersicht

X

*) Durch die §§ 40 und 44 dieses Gesetzes wird die Richtlinie (EU) 2016/800 des Europäischen Parlaments und des Rates vom 11. Mai 2016 über Verfahrensgarantien in Strafverfahren für Kinder, die Verdächtige oder beschuldigte Personen in Strafverfahren sind (ABl. EU Nr. L 132 S. 1), umgesetzt.

Dritter Abschnitt
Rechte der betroffenen Person

Vierter Abschnitt
Pflichten der Verantwortlichen und Auftragsverarbeiter

Fünfter Abschnitt
Datenübermittlungen an Drittländer und an internationale Organisationen

Sechster Abschnitt
Zusammenarbeit der Aufsichtsbehörden

Siebter Abschnitt
Haftung und Sanktionen

Vierter Teil
Informationsfreiheit

X

X

Erster Teil
Gemeinsame Bestimmungen

Erster Abschnitt
Anwendungsbereich und Begriffsbestimmungen

§ 1 Anwendungsbereich

(1) Dieses Gesetz gilt für die Verarbeitung personenbezogener Daten durch die öffentlichen Stellen des Landes, der Gemeinden und Landkreise.

(2) Andere Rechtsvorschriften über den Datenschutz gehen vorbehaltlich des Abs. 3 den Vorschriften dieses Gesetzes vor. Regeln sie einen Sachverhalt, für den dieses Gesetz gilt, nicht oder nicht abschließend, finden die Vorschriften dieses Gesetzes Anwendung. Die Verpflichtung zur Wahrung gesetzlicher Geheimhaltungspflichten oder von Berufs- oder besonderen Amtsgeheimnissen, die nicht auf gesetzlichen Vorschriften beruhen, bleibt unberührt.

(3) Die Vorschriften dieses Gesetzes gehen denen des Hessischen Verwaltungsverfahrensgesetzes vor, soweit bei der Ermittlung des Sachverhalts personenbezogene Daten verarbeitet werden.

(4) Die Vorschriften dieses Gesetzes, ausgenommen § 28, finden keine Anwendung, soweit der Hessische Rundfunk personenbezogene Daten zu journalistischen Zwecken verarbeitet.

(5) Die Vorschriften dieses Gesetzes finden keine Anwendung, soweit das Recht der Europäischen Union, insbesondere die Verordnung (EU) Nr. 2016/679 des Europäischen Parlaments und des Rates vom 27. April 2016 zum Schutz natürlicher Personen bei der Verarbeitung personenbezogener Daten, zum freien Datenverkehr und zur Aufhebung der Richtlinie 95/46/EG (Datenschutz-Grundverordnung) (ABl. EU Nr. L 119 S. 1, Nr. L 314 S. 72) in der jeweils geltenden Fassung, unmittelbar gilt.

(6) Bei Verarbeitungen zu den in Art. 2 der Verordnung (EU) Nr. 2016/679 genannten Zwecken stehen die Vertragsstaaten des Abkommens über den Europäischen Wirtschaftsraum und die Schweiz den Mitgliedstaaten der Europäischen Union gleich. Andere Staaten gelten insoweit als Drittländer.

(7) Bei Verarbeitungen zu den in Art. 1 Abs. 1 der Richtlinie (EU) Nr. 2016/680 des Europäischen Parlaments und des Rates vom 27. April 2016 zum Schutz natürlicher Personen bei der Verarbeitung personenbezogener Daten durch die zuständigen Behörden zum Zwecke der Verhütung, Ermittlung, Aufdeckung oder Verfolgung von Straftaten oder der Strafvollstreckung sowie zum freien Datenverkehr und zur Aufhebung des Rahmenbeschlusses 2008/977/JI des Rates (ABl. EU Nr. L 119 S. 89) genannten Zwecken stehen die bei der Umsetzung, Anwendung und Entwicklung des Schengen-Besitzstandes assoziierten Staaten den Mitgliedstaaten der Europäischen Union gleich. Andere Staaten gelten insoweit als Drittländer.

(8) Für Verarbeitungen personenbezogener Daten durch öffentliche Stellen im Rahmen von Tätigkeiten, die nicht in den Anwendungsbereich der Verordnung (EU) Nr. 2016/679 und der Richtlinie (EU) Nr. 2016/680 fallen, finden die Verordnung (EU) Nr. 2016/679 sowie der Erste und Zweite Teil entsprechende Anwendung, soweit gesetzlich nichts anderes bestimmt ist.

(9) Die Vorschriften dieses Gesetzes finden keine Anwendung auf anonyme Informationen oder anonymisierte Daten.

§ 2 Begriffsbestimmungen

(1) Öffentliche Stellen sind die Behörden, die Organe der Rechtspflege und andere öffentlich-rechtlich organisierte Einrichtungen des Landes, der Gemeinden und Landkreise oder sonstige deren Aufsicht unterstehende juristische Personen des öffentlichen Rechts sowie deren Vereinigungen ungeachtet ihrer Rechtsform. Nimmt eine nicht öffentliche Stelle hoheitliche Aufgaben der öffentlichen Verwaltung wahr, ist sie insoweit öffentliche Stelle im Sinne dieses Gesetzes.

(2) Öffentliche Stellen gelten als nicht öffentliche Stellen, soweit sie als öffentlich-rechtliche Unternehmen am Wettbewerb teilnehmen. Insoweit finden die für nicht öffentliche Stellen geltenden Vorschriften des Bundes-

X

datenschutzgesetzes und die §§ 5 bis 18 und 23 Anwendung.

(3) Vereinigungen des privaten Rechts von öffentlichen Stellen, die Aufgaben der öffentlichen Verwaltung wahrnehmen, gelten ungeachtet der Beteiligung nicht öffentlicher Stellen als öffentliche Stellen, wenn einer oder mehreren öffentlichen Stellen die absolute Mehrheit der Anteile gehört oder der Stimmen zusteht. Beteiligt sich eine Vereinigung des privaten Rechts, die nach Satz 1 als öffentliche Stelle gilt, an einer weiteren Vereinigung des privaten Rechts, so finden Satz 1 und Abs. 2 entsprechende Anwendung.

(4) Anonyme Informationen sind solche Informationen, die sich nicht auf eine identifizierte oder identifizierbare natürliche Person beziehen. Personenbezogene Daten, die in einer Weise anonymisiert worden sind, dass die betroffene Person nicht oder nicht mehr identifiziert werden kann, sind anonymisierte Daten. Eine natürliche Person ist identifizierbar, wenn sie unter Berücksichtigung aller Mittel, die von dem Verantwortlichen oder einer anderen Person nach allgemeinem Ermessen wahrscheinlich genutzt werden, um die Identität der natürlichen Person direkt oder indirekt zu ermitteln, identifiziert werden kann. Bei der Feststellung, ob Mittel nach allgemeinem Ermessen wahrscheinlich zur Identifizierung der natürlichen Person genutzt werden, sollten alle objektiven Faktoren, insbesondere die Kosten der Identifizierung und der dafür erforderliche Zeitaufwand, herangezogen werden, wobei die zum Zeitpunkt der Verarbeitung verfügbare Technologie und technologische Entwicklungen zu berücksichtigen sind.

Zweiter Abschnitt
Rechtsgrundlagen für die Verarbeitung personenbezogener Daten

§ 3 Verarbeitung personenbezogener Daten, Auftragsverarbeitung

(1) Die Verarbeitung personenbezogener Daten durch eine öffentliche Stelle ist zulässig, wenn sie zur Erfüllung der in der Zuständigkeit des Verantwortlichen liegenden Aufgabe oder in Ausübung öffentlicher Gewalt, die dem Verantwortlichen übertragen wurde, erforderlich ist.

(2) Als Auftragsverarbeiter gelten auch Personen und Stellen, die im Auftrag Wartungsarbeiten und vergleichbare Hilfstätigkeiten bei der Verarbeitung personenbezogener Daten erledigen.

§ 4 Videoüberwachung öffentlich zugänglicher Räume

(1) Die Beobachtung öffentlich zugänglicher Räume mit optisch-elektronischen Einrichtungen (Videoüberwachung) ist nur zulässig, soweit sie

1. zur Aufgabenerfüllung öffentlicher Stellen,
2. zur Wahrnehmung des Hausrechts

erforderlich ist und keine Anhaltspunkte bestehen, dass schutzwürdige Interessen der Betroffenen überwiegen.

(2) Der Umstand der Beobachtung sowie der Name und die Kontaktdaten des Verantwortlichen sind durch geeignete Maßnahmen zum frühestmöglichen Zeitpunkt erkennbar zu machen.

(3) Die Speicherung oder Verwendung von nach Abs. 1 erhobenen Daten ist zulässig, wenn sie zum Erreichen des verfolgten Zwecks erforderlich ist und keine Anhaltspunkte bestehen, dass schutzwürdige Interessen der Betroffenen überwiegen. Für einen anderen Zweck dürfen sie nur weiterverarbeitet werden, soweit dies zur Abwehr von Gefahren für die staatliche und öffentliche Sicherheit sowie zur Verfolgung von Straftaten und nicht geringfügigen Ordnungswidrigkeiten erforderlich ist.

(4) Die Daten sind zu löschen, sobald sie zur Erreichung des Zwecks nicht mehr erforderlich sind oder wenn schutzwürdige Interessen der Betroffenen einer weiteren Speicherung entgegenstehen.

Dritter Abschnitt
Datenschutzbeauftragte öffentlicher Stellen

§ 5 Benennung

(1) Öffentliche Stellen benennen eine Datenschutzbeauftragte oder einen Datenschutzbe-

auftragten sowie deren oder dessen Vertreterin oder Vertreter.

(2) Für mehrere öffentliche Stellen kann unter Berücksichtigung ihrer Organisationsstruktur und ihrer Größe eine gemeinsame Datenschutzbeauftragte oder ein gemeinsamer Datenschutzbeauftragter benannt werden.

(3) Die oder der Datenschutzbeauftragte wird auf der Grundlage ihrer oder seiner beruflichen Qualifikation und insbesondere ihres oder seines Fachwissens benannt, das sie oder er auf dem Gebiet des Datenschutzrechts und der Datenschutzpraxis besitzt, sowie auf der Grundlage ihrer oder seiner Fähigkeit zur Erfüllung der in § 7 genannten Aufgaben.

(4) Die oder der Datenschutzbeauftragte kann Beschäftigte oder Beschäftigter der öffentlichen Stelle sein oder ihre oder seine Aufgaben auf der Grundlage eines Dienstleistungsvertrags erfüllen.

(5) Die öffentliche Stelle veröffentlicht die Kontaktdaten der oder des Datenschutzbeauftragten und teilt diese Daten der oder dem Hessischen Datenschutzbeauftragten mit.

§ 6 Rechtsstellung

(1) Die öffentliche Stelle stellt sicher, dass die oder der Datenschutzbeauftragte ordnungsgemäß und frühzeitig in alle mit dem Schutz personenbezogener Daten zusammenhängenden Fragen eingebunden wird.

(2) Die öffentliche Stelle unterstützt die Datenschutzbeauftragte oder den Datenschutzbeauftragten bei der Erfüllung ihrer oder seiner Aufgaben nach § 7, indem sie die für die Erfüllung dieser Aufgaben erforderlichen Ressourcen und den Zugang zu personenbezogenen Daten und Verarbeitungsvorgängen sowie die zur Erhaltung ihres oder seines Fachwissens erforderlichen Ressourcen zur Verfügung stellt. Insbesondere ist die oder der Datenschutzbeauftragte im erforderlichen Umfang von der Erfüllung anderer Aufgaben freizustellen.

(3) Die öffentliche Stelle stellt sicher, dass die oder der Datenschutzbeauftragte bei der Erfüllung ihrer oder seiner Aufgaben keine Anweisungen bezüglich der Ausübung dieser Aufgaben erhält. Die oder der Datenschutzbeauftragte untersteht und berichtet unmittelbar der höchsten Leitungsebene der öffentlichen Stelle. Die oder der Datenschutzbeauftragte darf von der öffentlichen Stelle wegen der Erfüllung ihrer oder seiner Aufgaben nicht abberufen oder benachteiligt werden.

(4) Beschäftigte der öffentlichen Stellen können sich ohne Einhaltung des Dienstwegs in allen Angelegenheiten des Datenschutzes an die oder den Datenschutzbeauftragten wenden. Betroffene Personen können die Datenschutzbeauftragte oder den Datenschutzbeauftragten zu allen mit der Verarbeitung ihrer personenbezogenen Daten und mit der Wahrnehmung ihrer Rechte nach der Verordnung (EU) Nr. 2016/679, diesem Gesetz sowie anderen Rechtsvorschriften über den Datenschutz im Zusammenhang stehenden Fragen zu Rate ziehen. Die oder der Datenschutzbeauftragte ist zur Verschwiegenheit über die Identität der betroffenen Person verpflichtet, die ihr oder ihm in der Eigenschaft als Datenschutzbeauftragte oder Datenschutzbeauftragter Tatsachen anvertraut hat. Die Verschwiegenheitspflicht erstreckt sich auch auf die Umstände, die Rückschlüsse auf die betroffene Person zulassen, sowie auf diese Tatsachen selbst, soweit die oder der Datenschutzbeauftragte nicht durch die betroffene Person davon befreit wird.

(5) Wenn die oder der Datenschutzbeauftragte bei ihrer oder seiner Tätigkeit Kenntnis von Daten erhält, für die der Leitung oder einer bei der öffentlichen Stelle beschäftigten Person aus beruflichen Gründen ein Zeugnisverweigerungsrecht zusteht, steht dieses Recht auch der oder dem Datenschutzbeauftragten und den ihr oder ihm unterstellten Beschäftigten zu. Über die Ausübung dieses Rechts entscheidet die Person, der das Zeugnisverweigerungsrecht aus beruflichen Gründen zusteht, es sei denn, dass diese Entscheidung in absehbarer Zeit nicht herbeigeführt werden kann. So weit das Zeugnisverweigerungsrecht der oder des Datenschutzbeauftragten reicht, unterliegen ihre oder seine Akten und andere Dokumente einem Beschlagnahmeverbot.

§ 7 Aufgaben

(1) Der oder dem Datenschutzbeauftragten obliegen neben den in der Verordnung (EU)

Nr. 2016/679 genannten Aufgaben zumindest folgende Aufgaben:

1. Unterrichtung und Beratung der öffentlichen Stelle und der Beschäftigten, die Verarbeitungen durchführen, hinsichtlich ihrer Pflichten nach diesem Gesetz und sonstigen Vorschriften über den Datenschutz, einschließlich der zur Umsetzung der Richtlinie (EU) Nr. 2016/680 erlassenen Rechtsvorschriften,
2. Überwachung der Einhaltung dieses Gesetzes und sonstiger Vorschriften über den Datenschutz, einschließlich der zur Umsetzung der Richtlinie (EU) Nr. 2016/680 erlassenen Rechtsvorschriften, sowie der Strategien der öffentlichen Stelle für den Schutz personenbezogener Daten einschließlich der Zuweisung von Zuständigkeiten, der Sensibilisierung und der Schulung der an den Verarbeitungsvorgängen beteiligten Beschäftigten und der diesbezüglichen Überprüfungen,
3. Beratung im Zusammenhang mit der Datenschutz-Folgenabschätzung und Überwachung ihrer Durchführung nach § 62,
4. Zusammenarbeit mit der oder dem Hessischen Datenschutzbeauftragten,
5. Tätigkeit als Anlaufstelle für die oder den Hessischen Datenschutzbeauftragten in mit der Verarbeitung zusammenhängenden Fragen, einschließlich der vorherigen Konsultation nach § 64, und gegebenenfalls Beratung zu allen sonstigen Fragen.

Im Fall einer oder eines bei einem Gericht bestellten Datenschutzbeauftragten beziehen sich diese Aufgaben nicht auf das Handeln des Gerichts im Rahmen seiner justiziellen Tätigkeit.

(2) Die oder der Datenschutzbeauftragte kann andere Aufgaben und Pflichten wahrnehmen. Die öffentliche Stelle stellt sicher, dass derartige Aufgaben und Pflichten nicht zu einem Interessenkonflikt führen.

(3) Die oder der Datenschutzbeauftragte trägt bei der Erfüllung ihrer oder seiner Aufgaben dem mit den Verarbeitungsvorgängen verbundenen Risiko gebührend Rechnung, wobei sie oder er die Art, den Umfang, die Umstände und die Zwecke der Verarbeitung berücksichtigt.

Vierter Abschnitt
Die oder der Hessische Datenschutzbeauftragte

§ 8 Rechtsstellung und Unabhängigkeit

(1) Die oder der Hessische Datenschutzbeauftragte ist eine oberste Landesbehörde.

(2) Die oder der Hessische Datenschutzbeauftragte handelt in Ausübung ihres oder seines Amtes unabhängig und ist nur dem Gesetz unterworfen. Sie oder er unterliegt bei der Erfüllung ihrer oder seiner Aufgaben und bei der Ausübung ihrer oder seiner Befugnisse weder direkter noch indirekter Beeinflussung von außen und ersucht weder um Weisung noch nimmt sie oder er Weisungen entgegen.

(3) Die oder der Hessische Datenschutzbeauftragte unterliegt der Rechnungsprüfung durch den Hessischen Rechnungshof.

(4) Die oder der Hessische Datenschutzbeauftragte ist berechtigt, an den Sitzungen des Landtags und seiner Ausschüsse nach Maßgabe der Geschäftsordnung des Landtags teilzunehmen und sich zu Fragen zu äußern, die für den Datenschutz von Bedeutung sind. Der Landtag und seine Ausschüsse können die Anwesenheit der oder des Hessischen Datenschutzbeauftragten verlangen.

§ 9 Wahl

(1) Der Landtag wählt auf Vorschlag der Landesregierung die Hessische Datenschutzbeauftragte oder den Hessischen Datenschutzbeauftragten.

(2) Die Präsidentin oder der Präsident des Landtags verpflichtet die Hessische Datenschutzbeauftragte oder den Hessischen Datenschutzbeauftragten vor dem Landtag, ihr oder sein Amt gerecht und unparteiisch zu führen und die Verfassung des Landes Hessen und das Grundgesetz für die Bundesrepublik Deutschland und die Gesetze getreulich zu wahren.

§ 10 Persönliche Voraussetzungen

Die oder der Hessische Datenschutzbeauftragte muss über die für die Erfüllung ihrer oder seiner Aufgaben und die Ausübung ihrer oder seiner Befugnisse erforderliche Qualifikation,

Erfahrung und Sachkunde insbesondere im Bereich des Schutzes personenbezogener Daten verfügen und die Befähigung zum Richteramt oder zum höheren Dienst haben.

§ 11 Amtsverhältnis

(1) Die oder der Hessische Datenschutzbeauftragte steht nach Maßgabe dieses Gesetzes zum Land in einem öffentlich-rechtlichen Amtsverhältnis. Sie oder er übt ihre oder seine Tätigkeit hauptamtlich aus. Die oder der Hessische Datenschutzbeauftragte sieht von allen mit den Aufgaben ihres oder seines Amtes nicht zu vereinbarenden Handlungen ab und übt während der Amtszeit keine mit dem Amt nicht zu vereinbarende entgeltliche oder unentgeltliche Tätigkeit aus. Die oder der Hessische Datenschutzbeauftragte erteilt dem Landtag jährlich Auskunft über Art und Umfang der von ihr oder ihm im Kalenderjahr ausgeübten Nebentätigkeiten sowie über die dafür erhaltenen Vergütungen.

(2) Die oder der Hessische Datenschutzbeauftragte wird für die Dauer von fünf Jahren gewählt. Das Amtsverhältnis endet mit Ablauf der Amtszeit oder mit dem Rücktritt. Die oder der Hessische Datenschutzbeauftragte bleibt bis zur Neuwahl im Amt. Die Wiederwahl ist zulässig. Durch Urteil des Staatsgerichtshofs können ihr oder ihm das Amt und die Rechte aus dem Amt abgesprochen werden, wenn Tatsachen vorliegen, die bei einer Beamtin oder einem Beamten die Entlassung nach den §§ 22 und 23 Abs. 1 und 3 Nr. 1 des Beamtenstatusgesetzes vom 17. Juni 2008 (BGBl. I S. 1010), zuletzt geändert durch Gesetz vom 8. Juni 2017 (BGBl. I S. 1570), oder die Beendigung des Dienstverhältnisses nach § 24 des Beamtenstatusgesetzes rechtfertigen. Der Antrag auf Erhebung der Klage muss von mindestens 15 Mitgliedern des Landtags unterzeichnet sein und bedarf der Zustimmung von zwei Dritteln der gesetzlichen Zahl seiner Mitglieder. Die §§ 31 bis 35 des Gesetzes über den Staatsgerichtshof in der Fassung der Bekanntmachung vom 19. Januar 2001 (GVBl. I S. 78), zuletzt geändert durch Gesetz vom 28. März 2015 (GVBl. S. 158), sind entsprechend anzuwenden.

(3) Die oder der Hessische Datenschutzbeauftragte kann jederzeit von ihrem oder seinem Amt zurücktreten.

(4) Die oder der Hessische Datenschutzbeauftragte ernennt für den Fall der Verhinderung oder des vorzeitigen Ausscheidens aus dem Amt für die Zeit bis zur Wahl einer oder eines neuen Hessischen Datenschutzbeauftragten eine Beschäftigte oder einen Beschäftigten ihrer oder seiner Dienststelle zur Vertreterin oder zum Vertreter. Als Verhinderung gilt auch, wenn im Einzelfall in der Person der oder des Hessischen Datenschutzbeauftragten Gründe vorliegen, die bei einer Richterin oder einem Richter zum Ausschluss von der Mitwirkung oder zur Ablehnung wegen Besorgnis der Befangenheit führen können.

(5) Die oder der Hessische Datenschutzbeauftragte erhält vom Beginn des Kalendermonats an, in dem das Amtsverhältnis beginnt, bis zum Ende des Kalendermonats, in dem das Amtsverhältnis endet, als Amtsbezüge ein Amtsgehalt in Höhe des Grundgehalts der Besoldungsgruppe B 7 sowie einen Familienzuschlag in entsprechender Anwendung des Hessischen Besoldungsgesetzes vom 27. Mai 2013 (GVBl. S. 218, 256, 508), zuletzt geändert durch Gesetz vom 30. Juni 2017 (GVBl. S. 114), in der jeweils geltenden Fassung. Für Reise- und Umzugskosten, Trennungsgeld, Beihilfen und Urlaubsangelegenheiten der oder des Hessischen Datenschutzbeauftragten gelten die für die Beamtinnen und Beamten des Landes geltenden Vorschriften entsprechend.

(6) Zuständig für die Festsetzung, Berechnung und Anordnung der Zahlung der Amtsbezüge einschließlich der Sonderzahlungen sowie der Rückforderung zu viel gezahlter Amtsbezüge ist die Hessische Bezügestelle im Auftrag der oder des Hessischen Datenschutzbeauftragten. Zuständig für die Festsetzung von Reise- und Umzugskosten sowie Trennungsgeld ist die Dienststelle der oder des Hessischen Datenschutzbeauftragten. Zuständig für die Festsetzung der Beihilfe ist die Kanzlei des Hessischen Landtags.

(7) Die oder der Hessische Datenschutzbeauftragte und deren oder dessen Hinterbliebene

X

erhalten Versorgung in entsprechender Anwendung der in Hessen für die Mitglieder der Landesregierung geltenden Bestimmungen. Zuständig für die Festsetzung der Versorgungsbezüge ist das Regierungspräsidium Kassel im Auftrag der oder des Hessischen Datenschutzbeauftragten.

§ 12 Verschwiegenheitspflicht

Die oder der Hessische Datenschutzbeauftragte ist, auch nach Beendigung ihres oder seines Amtsverhältnisses, verpflichtet, über die ihr oder ihm bei ihrer oder seiner amtlichen Tätigkeit bekannt gewordenen Angelegenheiten Verschwiegenheit zu bewahren. Dies gilt nicht für Mitteilungen im dienstlichen Verkehr oder über Tatsachen, die offenkundig sind oder ihrer Bedeutung nach keiner Geheimhaltung bedürfen. Satz 1 und 2 gelten entsprechend für ihre oder seine Beschäftigten. Die oder der Hessische Datenschutzbeauftragte gilt als oberste Dienstbehörde im Sinne des § 96 der Strafprozessordnung. Sie oder er entscheidet entsprechend den Bestimmungen über die Vorlage- und Auskunftspflichten von Behörden in den gerichtlichen Verfahrensordnungen. Die oder der Hessische Datenschutzbeauftragte trifft die Entscheidungen nach § 37 Abs. 3 des Beamtenstatusgesetzes und § 46 des Hessischen Beamtengesetzes für sich und die bei ihr oder ihm tätigen Beamtinnen und Beamten.

§ 13 Zuständigkeit und Aufgaben

(1) Die oder der Hessische Datenschutzbeauftragte überwacht bei den öffentlichen und nicht öffentlichen Stellen sowie deren Auftragsverarbeitern die Anwendung dieses Gesetzes, der Verordnung (EU) Nr. 2016/679 und sonstiger Vorschriften über den Datenschutz, einschließlich der zur Umsetzung der Richtlinie (EU) Nr. 2016/680 erlassenen Rechtsvorschriften.

(2) Neben den Aufgaben nach Art. 57 der Verordnung (EU) Nr. 2016/679 hat die oder der Hessische Datenschutzbeauftragte die Aufgaben,

1. die Anwendung dieses Gesetzes und sonstiger Vorschriften über den Datenschutz, einschließlich der zur Umsetzung der Richtlinie (EU) Nr. 2016/680 erlassenen Rechtsvorschriften, zu überwachen und durchzusetzen,
2. die Öffentlichkeit für die Risiken, Vorschriften, Garantien und Rechte im Zusammenhang mit der Verarbeitung personenbezogener Daten zu sensibilisieren und sie darüber aufzuklären, wobei spezifische Maßnahmen für Kinder und Jugendliche besondere Beachtung finden,
3. den Landtag, die im Landtag vertretenen Fraktionen, die Landesregierung, die Kommunen und andere Einrichtungen und Gremien über legislative und administrative Maßnahmen zum Schutz der Rechte und Freiheiten natürlicher Personen in Bezug auf die Verarbeitung personenbezogener Daten zu beraten,
4. die Verantwortlichen und die Auftragsverarbeiter für die ihnen aus diesem Gesetz und sonstigen Vorschriften über den Datenschutz, einschließlich der zur Umsetzung der Richtlinie (EU) Nr. 2016/680 erlassenen Rechtsvorschriften, entstehenden Pflichten bei der Verarbeitung personenbezogener Daten zu sensibilisieren,
5. auf Anfrage jeder betroffenen Person Informationen über die Ausübung ihrer Rechte aufgrund dieses Gesetzes und sonstiger Vorschriften über den Datenschutz, einschließlich der zur Umsetzung der Richtlinie (EU) Nr. 2016/680 erlassenen Rechtsvorschriften, zur Verfügung zu stellen und gegebenenfalls zu diesem Zweck mit den Aufsichtsbehörden in anderen Mitgliedstaaten zusammenzuarbeiten,
6. sich mit Beschwerden einer betroffenen Person oder Beschwerden einer Stelle, einer Organisation oder eines Verbandes nach Art. 55 der Richtlinie (EU) Nr. 2016/680 zu befassen, den Gegenstand der Beschwerde in angemessenem Umfang zu untersuchen und den Beschwerdeführer innerhalb einer angemessenen Frist über den Fortgang und das Ergebnis der Untersuchung zu unterrichten, insbesondere, wenn eine weitere Untersuchung oder Koordinierung mit einer anderen Aufsichtsbehörde notwendig ist,

7. mit anderen Aufsichtsbehörden zusammenzuarbeiten, auch durch Informationsaustausch, und ihnen Amtshilfe zu leisten, um die einheitliche Anwendung und Durchsetzung dieses Gesetzes und sonstiger Vorschriften über den Datenschutz, einschließlich der zur Umsetzung der Richtlinie (EU) Nr. 2016/680 erlassenen Rechtsvorschriften, zu gewährleisten,
8. Untersuchungen über die Anwendung dieses Gesetzes und sonstiger Vorschriften über den Datenschutz, einschließlich der zur Umsetzung der Richtlinie (EU) Nr. 2016/680 erlassenen Rechtsvorschriften, durchzuführen, auch auf der Grundlage von Informationen einer anderen Aufsichtsbehörde oder einer anderen Behörde,
9. maßgebliche Entwicklungen zu verfolgen, soweit sie sich auf den Schutz personenbezogener Daten auswirken, insbesondere die Entwicklung der Informations- und Kommunikationstechnologie und
10. Beratung in Bezug auf die in § 64 genannten Verarbeitungsvorgänge zu leisten.

Im Anwendungsbereich der Richtlinie (EU) Nr. 2016/680 nimmt die oder der Hessische Datenschutzbeauftragte zudem die Aufgaben nach § 52 Abs. 7 auch in Verbindung mit § 51 Abs. 4, § 53 Abs. 7 und § 55 wahr.

(3) Die oder der Hessische Datenschutzbeauftragte beobachtet die Auswirkungen der automatisierten Datenverarbeitung auf die Arbeitsweise und die Entscheidungsbefugnisse der öffentlichen Stellen, insbesondere ob diese zu einer Verschiebung in der Gewaltenteilung zwischen den Verfassungsorganen des Landes, zwischen den Organen der kommunalen Selbstverwaltung oder zwischen der staatlichen Verwaltung und der kommunalen Selbstverwaltung führen. Sie oder er soll Maßnahmen anregen, die geeignet erscheinen, derartige Auswirkungen zu verhindern.

(4) Die oder der Hessische Datenschutzbeauftragte ist

1. zuständige Behörde für die Verfolgung und Ahndung von Ordnungswidrigkeiten nach
   a) § 38 und
   b) Art. 83 Abs. 4 bis 6 der Verordnung (EU) Nr. 2016/679 sowie
2. zuständige Stelle für die Leistung von Hilfe nach Art. 13 Abs. 2 Buchst. a des Übereinkommens zum Schutz des Menschen bei der automatischen Verarbeitung personenbezogener Daten vom 28. Januar 1981 (BGBl. 1985 II S. 538, 539).

(5) Abs. 2 Satz 1 Nr. 1 gilt nicht für das Handeln der Gerichte im Rahmen ihrer justiziellen Tätigkeit.

(6) Zur Erfüllung der in Abs. 2 Satz 1 Nr. 3 genannten Aufgabe kann die oder der Hessische Datenschutzbeauftragte von sich aus oder auf Anfrage Stellungnahmen an den Landtag oder einen seiner Ausschüsse, die Landesregierung, die Kommunen, sonstige Einrichtungen und Stellen sowie an die Öffentlichkeit richten. Auf Ersuchen des Landtags oder eines seiner Ausschüsse, der Landesregierung, der Kommunen, sonstiger Einrichtungen und Stellen geht die oder der Hessische Datenschutzbeauftragte ferner Hinweisen auf Angelegenheiten und Vorgänge des Datenschutzes nach.

(7) Die oder der Hessische Datenschutzbeauftragte erleichtert das Einreichen der in Abs. 2 Satz 1 Nr. 6 genannten Beschwerden durch Maßnahmen wie etwa die Bereitstellung eines Beschwerdeformulars, das auch elektronisch ausgefüllt werden kann, ohne dass andere Kommunikationsmittel ausgeschlossen werden.

(8) Zur Erfüllung der in Abs. 2 Satz 1 Nr. 7 genannten Aufgabe kann die oder der Hessische Datenschutzbeauftragte anderen Aufsichtsbehörden Informationen übermitteln und ihnen Amtshilfe leisten.

(9) Für die Erfüllung der Aufgaben und Gewährung der Auskunft nach § 80 Abs. 1 erhebt die oder der Hessische Datenschutzbeauftragte Kosten (Gebühren und Auslagen) nach Maßgabe des Hessischen Verwaltungskostengesetzes in der Fassung der Bekanntmachung vom 12. Januar 2004 (GVBl. I S. 36), zuletzt geändert durch Gesetz vom 13. Dezember 2012 (GVBl. S. 622), und § 88 Abs. 1 in Verbindung mit der Anlage zu diesem Gesetz.

(10) Die Erfüllung der Aufgaben der oder des Hessischen Datenschutzbeauftragten ist für die betroffene Person verwaltungskostenfrei. Bei offenkundig unbegründeten oder, insbesondere im Fall von häufiger Wiederholung, exzessiven Anfragen kann die oder der Hessische Datenschutzbeauftragte eine Gebühr auf der Grundlage der Anlage zu diesem Gesetz verlangen oder sich weigern, aufgrund der Anfrage tätig zu werden. In diesem Fall trägt die oder der Hessische Datenschutzbeauftragte die Beweislast für den offenkundig unbegründeten oder exzessiven Charakter der Anfrage.

(11) Die Landesregierung wird ermächtigt, nach Anhörung der oder des Hessischen Datenschutzbeauftragten die Anlage zu diesem Gesetz durch Rechtsverordnung nach Maßgabe des Hessischen Verwaltungskostengesetzes zu ändern.

§ 14 Befugnisse

(1) Die oder der Hessische Datenschutzbeauftragte nimmt im Anwendungsbereich der Verordnung (EU) Nr. 2016/679 die Befugnisse nach Art. 58 der Verordnung (EU) Nr. 2016/679 wahr. Kommt die oder der Hessische Datenschutzbeauftragte zu dem Ergebnis, dass Verstöße gegen die Vorschriften über den Datenschutz oder sonstige Mängel bei der Verarbeitung personenbezogener Daten vorliegen, teilt sie oder er dies der öffentlichen Stelle mit und gibt dieser vor der Ausübung der Befugnisse des Art. 58 Abs. 2 Buchst. b bis g, i und j der Verordnung (EU) Nr. 2016/679 Gelegenheit zur Stellungnahme innerhalb einer angemessenen Frist. Von der Einräumung der Gelegenheit zur Stellungnahme kann abgesehen werden, wenn eine sofortige Entscheidung wegen Gefahr im Verzug oder im öffentlichen Interesse notwendig erscheint oder ihr ein zwingendes öffentliches Interesse entgegensteht. Die Stellungnahme soll auch eine Darstellung der Maßnahmen enthalten, die aufgrund der Mitteilung der oder des Hessischen Datenschutzbeauftragten getroffen worden sind. Die Ausübung der Befugnisse nach Art. 58 Abs. 2 Buchst. b bis g, i und j der Verordnung (EU) Nr. 2016/679 teilt die oder der Hessische Datenschutzbeauftragte der jeweils zuständigen Rechts- und Fachaufsichtsbehörde mit.

(2) Stellt die oder der Hessische Datenschutzbeauftragte bei Datenverarbeitungen zu Zwecken außerhalb des Anwendungsbereichs der Verordnung (EU) Nr. 2016/679 Verstöße gegen die Vorschriften dieses Gesetzes oder gegen andere Vorschriften über den Datenschutz oder sonstige Mängel bei der Verarbeitung oder Nutzung personenbezogener Daten fest, so beanstandet sie oder er dies im Fall einer öffentlichen Stelle

1. des Landes gegenüber der zuständigen obersten Landesbehörde,
2. einer Gemeinde oder eines Landkreises gegenüber dem jeweiligen vertretungsberechtigten Organ

und fordert diese zur Stellungnahme innerhalb einer von ihr oder ihm zu bestimmenden Frist auf. In den Fällen des Satz 1 Nr. 2 unterrichtet die oder der Hessische Datenschutzbeauftragte gleichzeitig die zuständige Aufsichtsbehörde. Die Stellungnahme soll auch eine Darstellung der Maßnahmen enthalten, die aufgrund der Beanstandung der oder des Hessischen Datenschutzbeauftragten getroffen worden sind. Die oder der Hessische Datenschutzbeauftragte kann von einer Beanstandung absehen oder auf eine Stellungnahme verzichten, insbesondere wenn es sich um unerhebliche oder inzwischen beseitigte Mängel handelt. Die oder der Hessische Datenschutzbeauftragte kann den Verantwortlichen auch davor warnen, dass beabsichtigte Verarbeitungsvorgänge voraussichtlich gegen in diesem Gesetz enthaltene und andere auf die jeweilige Datenverarbeitung anzuwendende Vorschriften über den Datenschutz verstoßen.

(3) Die oder der Hessische Datenschutzbeauftragte kann bei Verstößen nach Abs. 2 Satz 1 darüber hinaus anordnen,

1. Verarbeitungsvorgänge, gegebenenfalls auf bestimmte Weise oder innerhalb eines bestimmten Zeitraums, mit den Vorschriften dieses Gesetzes oder anderen Vorschriften über den Datenschutz in Einklang zu bringen,
2. personenbezogene Daten zu berichtigen,

3. personenbezogene Daten in der Verarbeitung einzuschränken,
4. personenbezogene Daten zu löschen,

wenn dies zur Beseitigung eines erheblichen Verstoßes gegen datenschutzrechtliche Vorschriften erforderlich ist.

(4) Die öffentlichen Stellen sind verpflichtet, die Hessische Datenschutzbeauftragte oder den Hessischen Datenschutzbeauftragten bei der Erfüllung ihrer oder seiner Aufgaben zu unterstützen. Ihr oder ihm ist insbesondere

1. Auskunft zu allen Fragen zu erteilen und alle Dokumente vorzulegen, die im Zusammenhang mit der Verarbeitung personenbezogener Daten stehen,
2. Zugang zu allen personenbezogenen Daten, die verarbeitet werden, zu gewähren,
3. Zugang zu den Grundstücken und Diensträumen einschließlich aller Datenverarbeitungsanlagen und -geräte zu gewähren,

soweit dies zur Erfüllung ihrer oder seiner Aufgaben erforderlich ist.

(5) Wenn eine oberste Landesbehörde im Einzelfall feststellt, dass die Sicherheit des Bundes oder eines Landes dies gebietet, dürfen die Rechte nach Abs. 3 nur von der oder dem Hessischen Datenschutzbeauftragten persönlich ausgeübt werden. In diesem Fall dürfen personenbezogene Daten einer betroffenen Person, der von dem Verantwortlichen Vertraulichkeit besonders zugesichert worden ist, auch der oder dem Hessischen Datenschutzbeauftragten gegenüber nicht offenbart werden.

§ 15 Gutachten und Untersuchungen, Tätigkeitsbericht

(1) Der Landtag und die Landesregierung können die Hessische Datenschutzbeauftragte oder den Hessischen Datenschutzbeauftragten mit der Erstattung von Gutachten und der Durchführung von Untersuchungen in Datenschutzfragen und Fragen des freien Zugangs zu Informationen betrauen.

(2) Der Landtag, die Präsidentin oder der Präsident des Landtags und die in § 29 Abs. 3 genannten Vertretungsorgane können verlangen, dass die oder der Hessische Datenschutzbeauftragte untersucht, aus welchen Gründen Auskunftsersuchen nicht oder nicht ausreichend beantwortet wurden.

(3) Zum 31. Dezember jedes Jahres hat die oder der Hessische Datenschutzbeauftragte dem Landtag und der Landesregierung einen Bericht über das Ergebnis ihrer oder seiner Tätigkeit vorzulegen und regt Verbesserungen des Datenschutzes an. Die oder der Hessische Datenschutzbeauftragte macht diesen Bericht der Öffentlichkeit, der Europäischen Kommission und dem Europäischen Datenschutzausschuss zugänglich. Zwischenberichte zur Vorlage bei dem Landtag und der Landesregierung sind zulässig.

(4) Die Landesregierung legt ihre Stellungnahme zu einem Bericht nach Abs. 3 Satz 1 oder 3, soweit dessen Gegenstand die Verarbeitung personenbezogener Daten durch öffentliche Stellen ist, dem Landtag vor.

§ 16 Informationspflichten

(1) Die oder der Hessische Datenschutzbeauftragte ist über Verfahrensentwicklungen im Zusammenhang mit der automatisierten Verarbeitung personenbezogener Daten rechtzeitig und umfassend zu unterrichten.

(2) Wird die oder der Hessische Datenschutzbeauftragte aufgrund einer Rechtsvorschrift gehört, soll sie oder er unverzüglich mitteilen, ob und innerhalb welcher Frist eine Stellungnahme abgegeben wird.

§ 17 Benachteiligungsverbot bei Anrufung der oder des Hessischen Datenschutzbeauftragten

Unbeschadet des Art. 77 der Verordnung (EU) Nr. 2016/679 sowie § 55 darf keiner Person ein Nachteil daraus erwachsen, dass sie sich aufgrund tatsächlicher Anhaltspunkte für einen Verstoß gegen Vorschriften dieses Gesetzes oder anderer Vorschriften über den Datenschutz an die Hessische Datenschutzbeauftragte oder den Hessischen Datenschutzbeauftragten wendet. Beschäftigte öffentlicher Stellen können sich ohne Einhaltung des Dienstwegs an die Hessische Datenschutzbeauftragte oder den Hessischen Datenschutzbeauftragten wenden. Die dienstrechtlichen

Pflichten der Beschäftigten bleiben im Übrigen unberührt.

§ 18 Personal- und Sachausstattung

(1) Der oder dem Hessischen Datenschutzbeauftragten ist die für die Erfüllung ihrer oder seiner Aufgaben notwendige Personal- und Sachausstattung zur Verfügung zu stellen. Sie ist im Einzelplan des Landtags in einem eigenen Kapitel auszuweisen. Die Präsidentin oder der Präsident des Landtags nimmt die Personal- und Sachausstattung nach Auswahl der oder des Hessischen Datenschutzbeauftragten vor.

(2) Die Beamtinnen und Beamten werden von der oder dem Hessischen Datenschutzbeauftragten ausgewählt und auf deren oder dessen Vorschlag durch die Präsidentin oder den Präsidenten des Landtags ernannt. Ihre Dienstvorgesetzte oder ihr Dienstvorgesetzter ist die oder der Hessische Datenschutzbeauftragte, an deren oder dessen Weisungen sie ausschließlich gebunden sind. Die oder der Hessische Datenschutzbeauftragte übt für die bei ihr oder ihm tätigen Beamtinnen und Beamten die Aufgaben der obersten Dienstbehörde nach dem Hessischen Disziplinargesetz aus. Für sonstige Beschäftigte gelten Satz 1 und 2 entsprechend.

Fünfter Abschnitt
Rechtsbehelfe

§ 19 Gerichtlicher Rechtsschutz

(1) Für Streitigkeiten zwischen einer natürlichen oder einer juristischen Person und der oder dem Hessischen Datenschutzbeauftragten über Rechte nach Art. 78 Abs. 1 und 2 der Verordnung (EU) Nr. 2016/679 sowie § 56 ist der Verwaltungsrechtsweg gegeben. Satz 1 gilt nicht für Bußgeldverfahren.

(2) Für Verfahren nach Abs. 1 Satz 1 findet § 20 Abs. 2, 3, 5 und 7 des Bundesdatenschutzgesetzes entsprechende Anwendung.

(3) In Verfahren nach Abs. 1 Satz 1 ist die oder der Hessische Datenschutzbeauftragte beteiligungsfähig.

(4) Für Klagen betroffener Personen gegen einen Verantwortlichen oder einen Auftragsverarbeiter wegen eines Verstoßes gegen datenschutzrechtliche Bestimmungen im Anwendungsbereich der Verordnung (EU) Nr. 2016/679 oder der darin enthaltenen Rechte der betroffenen Person findet § 44 des Bundesdatenschutzgesetzes entsprechende Anwendung.

(5) Behörden und sonstige öffentliche Stellen des Landes können unbeschadet anderer Rechtsbehelfe gerichtlich gegen sie betreffende verbindliche Entscheidungen der oder des Hessischen Datenschutzbeauftragten vorgehen. Wenn die Behörde oder öffentliche Stelle eine verbindliche Entscheidung der oder des Hessischen Datenschutzbeautragten nicht beachtet und nicht innerhalb eines Monats nach Bekanntgabe gerichtlich gegen diese vorgeht, kann die oder der Hessische Datenschutzbeauftragte die gerichtliche Feststellung der Rechtmäßigkeit der getroffenen verbindlichen Entscheidung beantragen.

(6) Die Klage einer Behörde oder sonstigen öffentlichen Stelle des Landes gegen eine verbindliche Entscheidung der oder des Hessischen Datenschutzbeauftragten nach Art. 58 Abs. 2 Buchst. g der Verordnung (EU) Nr. 2016/679 oder § 14 Abs. 3 Nr. 4 hat aufschiebende Wirkung.

Zweiter Teil
Durchführungsbestimmungen für Verarbeitungen zu Zwecken nach Artikel 2 der Verordnung (EU) Nr. 2016/679

Erster Abschnitt
Rechtsgrundlagen der Verarbeitung personenbezogener Daten

Erster Titel
Verarbeitung personenbezogener Daten und Verarbeitung zu anderen Zwecken

§ 20 Verarbeitung besonderer Kategorien personenbezogener Daten

(1) Abweichend von Art. 9 Abs. 1 der Verordnung (EU) Nr. 2016/679 ist die Verarbeitung besonderer Kategorien personenbezogener Daten im Sinne des Art. 9 Abs. 1 der Verordnung (EU) Nr. 2016/679 durch öffentliche Stellen zulässig, wenn sie

1. erforderlich ist, um die aus dem Recht der sozialen Sicherheit und des Sozialschutzes erwachsenden Rechte auszuüben und den diesbezüglichen Pflichten nachzukommen,
2. zum Zweck der Gesundheitsvorsorge, für die Beurteilung der Arbeitsfähigkeit der Beschäftigten, für die medizinische Diagnostik, die Versorgung oder Behandlung im Gesundheits- oder Sozialbereich oder für die Verwaltung von Systemen und Diensten im Gesundheits- und Sozialbereich oder aufgrund eines Vertrags der betroffenen Person mit einem Angehörigen eines Gesundheitsberufs erforderlich ist, und diese Daten von ärztlichem Personal oder durch sonstige Personen, die einer entsprechenden Geheimhaltungspflicht unterliegen, oder unter deren Verantwortung verarbeitet werden, oder
3. aus Gründen des öffentlichen Interesses im Bereich der öffentlichen Gesundheit, wie dem Schutz vor schwerwiegenden grenzüberschreitendenGesundheitsgefahren oder zur Gewährleistung hoher Qualitäts- und Sicherheitsstandards bei der Gesundheitsversorgung und bei Arzneimitteln und Medizinprodukten erforderlich ist; ergänzend zu den in Abs. 2 genannten Maßnahmen sind insbesondere die berufsrechtlichen und strafrechtlichen Vorgaben zur Wahrung des Berufsgeheimnisses einzuhalten,
4. a) aus Gründen eines erheblichen öffentlichen Interesses unbedingt erforderlich ist,
   b) zur Abwehr einer erheblichen Gefahr für die öffentliche Sicherheit erforderlich ist oder
   c) aus zwingenden Gründen der Verteidigung oder für humanitäre Maßnahmen erforderlich ist

und soweit die Interessen des Verantwortlichen an der Datenverarbeitung die Interessen der betroffenen Person überwiegen.

(2) In den Fällen des Abs. 1 sind angemessene und spezifische Maßnahmen zur Wahrung der Interessen der betroffenen Person vorzusehen. Unter Berücksichtigung des Stands der Technik, der Implementierungskosten und der Art, des Umfangs, der Umstände und der Zwecke der Verarbeitung sowie der unterschiedlichen Eintrittswahrscheinlichkeit und Schwere der mit der Verarbeitung verbundenen Risiken für die Rechte und Freiheiten natürlicher Personen können dazu insbesondere gehören:

1. technische und organisatorische Maßnahmen, um sicherzustellen, dass die Verarbeitung nach der Verordnung (EU) Nr. 2016/679 erfolgt,
2. Maßnahmen, die gewährleisten, dass nachträglich überprüft und festgestellt werden kann, ob und von wem personenbezogene Daten eingegeben, verändert oder entfernt worden sind,
3. Sensibilisierung der an Verarbeitungsvorgängen Beteiligten,
4. Beschränkung des Zugangs zu den personenbezogenen Daten innerhalb der verantwortlichen Stelle und von Auftragsverarbeitern,
5. Pseudonymisierung personenbezogener Daten,
6. Verschlüsselung personenbezogener Daten,
7. Sicherstellung der Fähigkeit, Vertraulichkeit, Integrität, Verfügbarkeit und Belastbarkeit der Systeme und Dienste im Zusammenhang mit der Verarbeitung personenbezogener Daten, einschließlich der Fähigkeit, die Verfügbarkeit und den Zugang bei einem physischen oder technischen Zwischenfall rasch wiederherzustellen,
8. zur Gewährleistung der Sicherheit der Verarbeitung die Einrichtung eines Verfahrens zur regelmäßigen Überprüfung, Bewertung und Evaluierung der Wirksamkeit der technischen und organisatorischen Maßnahmen oder
9. spezifische Verfahrensregelungen, die im Fall einer Übermittlung oder Verarbeitung für andere Zwecke die Einhaltung der Vorgaben dieses Gesetzes sowie der Verordnung (EU) Nr. 2016/679 sicherstellen.

(3) Werden personenbezogene Daten nicht automatisiert verarbeitet, sind insbesondere Maßnahmen zu treffen, um den Zugriff Unbe-

fugter bei der Bearbeitung, der Aufbewahrung, dem Transport und der Vernichtung zu verhindern.

§ 21 Verarbeitung zu anderen Zwecken

(1) Die Verarbeitung personenbezogener Daten zu einem anderen Zweck als zu demjenigen, zu dem die Daten erhoben wurden, durch öffentliche Stellen im Rahmen ihrer Aufgabenerfüllung ist zulässig, wenn

1. offensichtlich ist, dass sie im Interesse der betroffenen Person liegt und kein Grund zu der Annahme besteht, dass sie in Kenntnis des anderen Zwecks ihre Einwilligung verweigern würde,
2. Angaben der betroffenen Person überprüft werden müssen, weil tatsächliche Anhaltspunkte für deren Unrichtigkeit bestehen,
3. sie zur Abwehr erheblicher Nachteile für das Gemeinwohl oder einer Gefahr für die öffentliche Sicherheit oder Ordnung, die Verteidigung oder die nationale Sicherheit, zur Wahrung erheblicher Belange des Gemeinwohls oder zur Sicherung des Steuer- oder Zollaufkommens erforderlich ist,
4. sie zur Verfolgung von Straftaten oder Ordnungswidrigkeiten, zur Vollstreckung oder zum Vollzug von Strafen oder Maßnahmen im Sinne des § 11 Abs. 1 Nr. 8 des Strafgesetzbuchs oder von Erziehungsmaßregeln oder Zuchtmitteln im Sinne des Jugendgerichtsgesetzes oder zur Vollstreckung von Geldbußen erforderlich ist,
5. sie zur Abwehr einer schwerwiegenden Beeinträchtigung der Rechte und Freiheiten einer anderen Person erforderlich ist oder
6. sie der Wahrnehmung von Aufsichts- und Kontrollbefugnissen, der Rechnungsprüfung oder der Durchführung von Organisationsuntersuchungen des Verantwortlichen dient; dies gilt auch für die Verarbeitung zu Ausbildungs- und Prüfungszwecken durch den Verantwortlichen, soweit schutzwürdige Interessen der betroffenen Person dem nicht entgegenstehen.

(2) Die Verarbeitung besonderer Kategorien personenbezogener Daten im Sinne des Art. 9 Abs. 1 der Verordnung (EU) Nr. 2016/679 zu einem anderen Zweck als zu demjenigen, zu dem die Daten erhoben wurden, ist zulässig, wenn die Voraussetzungen des Abs. 1 und ein Ausnahmetatbestand nach Art. 9 Abs. 2 der Verordnung (EU) Nr. 2016/679 oder nach § 20 Abs. 1 vorliegen.

(3) Personenbezogene Daten, die ausschließlich zu Zwecken der Datenschutzkontrolle, der Datensicherung oder zur Sicherstellung des ordnungsgemäßen Betriebs einer Datenverarbeitungsanlage verarbeitet werden, dürfen nicht für andere Zwecke verarbeitet werden.

§ 22 Datenübermittlungen durch öffentliche Stellen

(1) Die Übermittlung personenbezogener Daten durch öffentliche Stellen an öffentliche Stellen ist zulässig, wenn sie zur Erfüllung der in der Zuständigkeit der übermittelnden Stelle oder des Dritten, an den die Daten übermittelt werden, liegenden Aufgaben erforderlich ist und die Voraussetzungen vorliegen, die eine Verarbeitung nach § 21 zulassen würden. Der Dritte, an den die Daten übermittelt werden, darf diese nur für den Zweck verarbeiten, zu dessen Erfüllung sie ihm übermittelt werden. Eine Verarbeitung für andere Zwecke ist unter den Voraussetzungen des § 21 zulässig.

(2) Die Übermittlung personenbezogener Daten durch öffentliche Stellen an nicht öffentliche Stellen ist zulässig, wenn

1. sie zur Erfüllung der in der Zuständigkeit der übermittelnden Stelle liegenden Aufgaben erforderlich ist und die Voraussetzungen vorliegen, die eine Verarbeitung nach § 21 zulassen würden,
2. der Dritte, an den die Daten übermittelt werden, ein berechtigtes Interesse an der Kenntnis der zu übermittelnden Daten glaubhaft darlegt und die betroffene Person kein schutzwürdiges Interesse an dem Ausschluss der Übermittlung hat oder
3. es zur Geltendmachung, Ausübung oder Verteidigung rechtlicher Ansprüche erforderlich ist.

Eine Verarbeitung für andere Zwecke ist zulässig, wenn eine Übermittlung nach Satz 1 zulässig wäre und die übermittelnde Stelle zugestimmt hat.

(3) Die Übermittlung besonderer Kategorien personenbezogener Daten im Sinne des Art. 9 Abs. 1 der Verordnung (EU) Nr. 2016/679 ist zulässig, wenn die Voraussetzungen des Abs. 1 oder 2 und ein Ausnahmetatbestand nach Art. 9 Abs. 2 der Verordnung (EU) Nr. 2016/679 oder nach § 20 Abs. 1 vorliegen.

(4) Die Verantwortung für die Zulässigkeit der Übermittlung trägt die übermittelnde Stelle. Ist die Übermittlung zur Erfüllung von Aufgaben eines in § 2 Abs. 1 und 3 genannten Empfängers erforderlich, so trägt auch dieser hierfür die Verantwortung und hat sicherzustellen, dass die Erforderlichkeit nachträglich überprüft werden kann. Die übermittelnde Stelle hat in diesem Fall die Zuständigkeit des Empfängers und die Schlüssigkeit der Anfrage zu überprüfen. Bestehen im Einzelfall Zweifel an der Schlüssigkeit, so hat sie darüber hinaus die Erforderlichkeit zu überprüfen. Der Empfänger hat der übermittelnden Stelle die für ihre Prüfung erforderlichen Angaben zu machen.

Zweiter Titel
Besondere Verarbeitungssituationen

§ 23 Datenverarbeitung für Zwecke des Beschäftigungsverhältnisses

(1) Personenbezogene Daten von Beschäftigten dürfen für Zwecke des Beschäftigungsverhältnisses verarbeitet werden, wenn dies für die Entscheidung über die Begründung eines Beschäftigungsverhältnisses oder nach Begründung des Beschäftigungsverhältnisses für dessen Durchführung, Beendigung oder Abwicklung sowie zur Durchführung innerdienstlicher planerischer, organisatorischer, sozialer und personeller Maßnahmen erforderlich ist. Dies gilt auch zur Ausübung oder Erfüllung der sich aus einem Gesetz oder einem Tarifvertrag, einer Betriebs- oder Dienstvereinbarung (Kollektivvereinbarung) ergebenden Rechte und Pflichten der Interessenvertretung der Beschäftigten. Zur Aufdeckung von Straftaten dürfen personenbezogene Daten von Beschäftigten nur dann verarbeitet werden, wenn zu dokumentierende tatsächliche Anhaltspunkte den Verdacht begründen, dass die betroffene Person im Beschäftigungsverhältnis eine Straftat begangen hat, die Verarbeitung zur Aufdeckung erforderlich ist und das schutzwürdige Interesse der oder des Beschäftigten an dem Ausschluss der Verarbeitung nicht überwiegt, insbesondere Art und Ausmaß im Hinblick auf den Anlass nicht unverhältnismäßig sind.

(2) Erfolgt die Verarbeitung personenbezogener Daten von Beschäftigten auf der Grundlage einer Einwilligung, so sind für die Beurteilung der Freiwilligkeit der Einwilligung insbesondere die im Beschäftigungsverhältnis bestehende Abhängigkeit der beschäftigten Person sowie die Umstände, unter denen die Einwilligung erteilt worden ist, zu berücksichtigen. Freiwilligkeit kann insbesondere vorliegen, wenn für die beschäftigte Person ein rechtlicher oder wirtschaftlicher Vorteil erreicht wird oder Dienstherr oder Arbeitgeber und beschäftigte Person gleichgelagerte Interessen verfolgen. Die Einwilligung bedarf der Schriftform, soweit nicht wegen besonderer Umstände eine andere Form angemessen ist. Der Dienstherr oder Arbeitgeber hat die beschäftigte Person über den Zweck der Datenverarbeitung und über ihr Widerrufsrecht nach Art. 7 Abs. 3 der Verordnung (EU) Nr. 2016/679 in Textform aufzuklären.

(3) Abweichend von Art. 9 Abs. 1 der Verordnung (EU) Nr. 2016/679 ist die Verarbeitung besonderer Kategorien personenbezogener Daten im Sinne des Art. 9 Abs. 1 der Verordnung (EU) Nr. 2016/679 für Zwecke des Beschäftigungsverhältnisses zulässig, wenn sie zur Ausübung von Rechten oder zur Erfüllung rechtlicher Pflichten aus dem Arbeitsrecht, dem Recht der sozialen Sicherheit und des Sozialschutzes erforderlich ist und kein Grund zu der Annahme besteht, dass das schutzwürdige Interesse der betroffenen Person an dem Ausschluss der Verarbeitung überwiegt. Abs. 2 gilt auch für die Einwilligung in die Verarbeitung besonderer Kategorien personenbezogener Daten; die Einwilligung muss sich dabei ausdrücklich auf diese Daten beziehen. § 20 Abs. 2 gilt entsprechend.

(4) Die Verarbeitung personenbezogener Daten einschließlich besonderer Kategorien personenbezogener Daten von Beschäftigten für Zwecke des Beschäftigungsverhältnisses ist auf der Grundlage von Kollektivvereinbarungen zulässig. Dabei haben die Verhandlungspartner Art. 88 Abs. 2 der Verordnung (EU) Nr. 2016/679 zu beachten.

(5) Der Verantwortliche muss geeignete Maßnahmen ergreifen, um sicherzustellen, dass insbesondere die in Art. 5 der Verordnung (EU) Nr. 2016/679 dargelegten Grundsätze für die Verarbeitung personenbezogener Daten eingehalten werden.

(6) Die Beteiligungsrechte der Interessenvertretungen der Beschäftigten bleiben unberührt.

(7) Die Abs. 1 bis 6 sind auch anzuwenden, wenn personenbezogene Daten, einschließlich besonderer Kategorien personenbezogener Daten, von Beschäftigten verarbeitet werden, ohne dass sie in einem Dateisystem gespeichert sind oder gespeichert werden sollen. Die für das Personalaktenrecht geltenden Vorschriften des Hessischen Beamtengesetzes sind, soweit tarifvertraglich nichts Abweichendes geregelt ist, auf Arbeitnehmerinnen und Arbeitnehmer im öffentlichen Dienst entsprechend anzuwenden.

(8) Beschäftigte im Sinne dieses Gesetzes sind:

1. Arbeitnehmerinnen und Arbeitnehmer, einschließlich der Leiharbeitnehmerinnen und Leiharbeitnehmer im Verhältnis zum Entleiher,
2. zu ihrer Berufsausbildung Beschäftigte,
3. Teilnehmerinnen und Teilnehmer an Leistungen zur Teilhabe am Arbeitsleben sowie an Abklärungen der beruflichen Eignung oder Arbeitserprobung (Rehabilitandinnen und Rehabilitanden),
4. in anerkannten Werkstätten für behinderte Menschen Beschäftigte,
5. Freiwillige, die einen Dienst nach dem Jugendfreiwilligendienstegesetz vom 16. Mai 2008 (BGBl. I S. 842), geändert durch Gesetz vom 20. Dezember 2011 (BGBl. I S. 2854), oder dem Bundesfreiwilligendienstgesetz vom 28. April 2011 (BGBl. I S. 687), zuletzt geändert durch Gesetz vom 20. Oktober 2015 (BGBl. I S. 1722), leisten,
6. Personen, die wegen ihrer wirtschaftlichen Unselbständigkeit als arbeitnehmerähnliche Personen anzusehen sind; zu diesen gehören auch die in Heimarbeit Beschäftigten und die ihnen Gleichgestellten,
7. Beamtinnen und Beamte im Geltungsbereich des Hessischen Beamtengesetzes, Richterinnen und Richter des Landes sowie Zivildienstleistende.

Bewerberinnen und Bewerber für ein Beschäftigungsverhältnis sowie Personen, deren Beschäftigungsverhältnis beendet ist, gelten als Beschäftigte.

§ 24 Datenverarbeitung zu wissenschaftlichen oder historischen Forschungszwecken und zu statistischen Zwecken

(1) Abweichend von Art. 9 Abs. 1 der Verordnung (EU) Nr. 2016/679 ist die Verarbeitung besonderer Kategorien personenbezogener Daten im Sinne des Art. 9 Abs. 1 der Verordnung (EU) Nr. 2016/679 auch ohne Einwilligung für wissenschaftliche oder historische Forschungszwecke oder für statistische Zwecke zulässig, wenn die Verarbeitung zu diesen Zwecken erforderlich ist und die Interessen des Verantwortlichen an der Verarbeitung die Interessen der betroffenen Person an einem Ausschluss der Verarbeitung überwiegen. Der Verantwortliche sieht angemessene und spezifische Maßnahmen zur Wahrung der Interessen der betroffenen Person nach § 20 Abs. 2 Satz 2 vor. Vor dem Beginn des Forschungsvorhabens ist ein Datenschutzkonzept zu erstellen, das der zuständigen Aufsichtsbehörde auf Nachfrage vorzulegen ist.

(2) Die in den Art. 15, 16, 18 und 21 der Verordnung (EU) Nr. 2016/679 vorgesehenen Rechte der betroffenen Person sind insoweit beschränkt, als diese Rechte voraussichtlich die Verwirklichung der Forschungs- oder Statistikzwecke unmöglich machen oder ernsthaft beeinträchtigen und die Beschränkung für die

X

Erfüllung der Forschungs- oder Statistikzwecke notwendig ist. Das Recht auf Auskunft nach Art. 15 der Verordnung (EU) Nr. 2016/679 besteht darüber hinaus nicht, wenn die Daten für Zwecke der wissenschaftlichen Forschung erforderlich sind und die Auskunftserteilung einen unverhältnismäßigen Aufwand erfordern würde.

(3) Ergänzend zu den in § 20 Abs. 2 genannten Maßnahmen sind zu wissenschaftlichen oder historischen Forschungszwecken oder zu statistischen Zwecken verarbeitete besondere Kategorien personenbezogener Daten im Sinne des Art. 9 Abs. 1 der Verordnung (EU) Nr. 2016/679 zu anonymisieren, sobald dies nach dem Forschungs- oder Statistikzweck möglich ist, es sei denn, berechtigte Interessen der betroffenen Person stehen dem entgegen. Sobald der Forschungs- oder Statistikzweck dies erlaubt, sind die Merkmale, mit deren Hilfe ein Personenbezug hergestellt werden kann, gesondert zu speichern; die Merkmale sind zu löschen, sobald der Forschungs- oder Statistikzweck dies zulässt.

(4) Der Verantwortliche darf personenbezogene Daten zu wissenschaftlichen oder historischen Forschungszwecken nur veröffentlichen, wenn die betroffene Person eingewilligt hat oder dies für die Darstellung von Forschungsergebnissen über Ereignisse der Zeitgeschichte unerlässlich ist.

§ 25 Datenverarbeitung zu im öffentlichen Interesse liegenden Archivzwecken

(1) Abweichend von Art. 9 Abs. 1 der Verordnung (EU) Nr. 2016/679 ist die Verarbeitung besonderer Kategorien personenbezogener Daten im Sinne des Art. 9 Abs. 1 der Verordnung (EU) Nr. 2016/679 zulässig, wenn sie für im öffentlichen Interesse liegende Archivzwecke erforderlich ist. Der Verantwortliche sieht angemessene und spezifische Maßnahmen zur Wahrung der Interessen der betroffenen Person nach § 20 Abs. 2 Satz 2 vor.

(2) Das Recht auf Auskunft der betroffenen Person nach Art. 15 der Verordnung (EU) Nr. 2016/679 besteht nicht, wenn das Archivgut nicht durch den Namen der Person erschlossen ist oder keine Angaben gemacht werden, die das Auffinden des betreffenden Archivguts mit vertretbarem Verwaltungsaufwand ermöglichen.

(3) Das Recht auf Berichtigung der betroffenen Person nach Art. 16 der Verordnung (EU) Nr. 2016/679 besteht nicht, wenn die personenbezogenen Daten zu Archivzwecken im öffentlichen Interesse verarbeitet werden. Bestreitet die betroffene Person die Richtigkeit der personenbezogenen Daten, ist ihr die Möglichkeit einer Gegendarstellung einzuräumen. Das zuständige Archiv ist verpflichtet, die Gegendarstellung den Unterlagen hinzuzufügen.

(4) Die in Art. 18 Abs. 1 Buchst. a, b und d, Art. 20 und 21 der Verordnung (EU) Nr. 2016/679 vorgesehenen Rechte bestehen nicht, soweit diese Rechte voraussichtlich die Verwirklichung der im öffentlichen Interesse liegenden Archivzwecke unmöglich machen oder ernsthaft beeinträchtigen und die Ausnahmen für die Erfüllung dieser Zwecke erforderlich sind.

§ 26 Rechte der betroffenen Person und aufsichtsbehördliche Untersuchungen im Fall von Geheimhaltungspflichten

(1) Die Pflicht zur Information der betroffenen Person nach Art. 14 Abs. 1 bis 4 der Verordnung (EU) Nr. 2016/679 besteht ergänzend zu den in Art. 14 Abs. 5 der Verordnung (EU) Nr. 2016/679 genannten Ausnahmen nicht, soweit durch ihre Erfüllung Informationen offenbart würden, die ihrem Wesen nach, insbesondere wegen der überwiegenden berechtigten Interessen eines Dritten, geheim gehalten werden müssen.

(2) Das Recht auf Auskunft der betroffenen Person nach Art. 15 der Verordnung Nr. 2016/679 besteht nicht, soweit durch die Auskunft Informationen offenbart würden, die nach einer Rechtsvorschrift oder ihrem Wesen nach, insbesondere wegen der überwiegenden berechtigten Interessen eines Dritten, geheim gehalten werden müssen.

(3) Die Pflicht zur Benachrichtigung nach Art. 34 der Verordnung (EU) Nr. 2016/679 besteht ergänzend zu der in Art. 34 Abs. 3 der Verordnung (EU) Nr. 2016/679 genannten Ausnahme nicht, soweit durch die Benachrichtigung Informationen offenbart würden,

die nach einer Rechtsvorschrift oder ihrem Wesen nach, insbesondere wegen der überwiegenden berechtigten Interessen eines Dritten, geheim gehalten werden müssen. Abweichend von der Ausnahme nach Satz 1 ist die betroffene Person nach Art. 34 der Verordnung (EU) Nr. 2016/679 zu benachrichtigen, wenn die Interessen der betroffenen Person, insbesondere unter Berücksichtigung drohender Schäden, gegenüber dem Geheimhaltungsinteresse überwiegen.

(4) Werden Daten Dritter im Zuge der Aufnahme oder im Rahmen eines Mandatsverhältnisses an einen Berufsgeheimnisträger übermittelt, so besteht die Pflicht der übermittelnden Stelle zur Information der betroffenen Person nach Art. 13 Abs. 3 der Verordnung (EU) Nr. 2016/679 nicht, sofern nicht das Interesse der betroffenen Person an der Informationserteilung überwiegt.

(5) Erlangt die oder der Hessische Datenschutzbeauftragte oder ihre oder seine Beschäftigten im Rahmen einer Untersuchung Kenntnis von Daten, die nach einer Rechtsvorschrift oder ihrem Wesen nach einer Geheimhaltungspflicht unterliegen, gilt diese auch für sie.

§ 27 Datenübermittlung an öffentlich-rechtliche Religionsgemeinschaften

Die Übermittlung personenbezogener Daten an Stellen der öffentlich-rechtlichen Religionsgemeinschaften ist in entsprechender Anwendung der Vorschriften über die Übermittlung an öffentliche Stellen nur zulässig, sofern auf Grundlage geeigneter Garantien sichergestellt ist, dass bei der empfangenden Stelle eine Datenverarbeitung im Einklang mit der Verordnung (EU) Nr. 2016/679 erfolgt.

§ 28 Datenverarbeitung des Hessischen Rundfunks zu journalistischen Zwecken

(1) Führt die journalistische Verarbeitung personenbezogener Daten zur Veröffentlichung von Gegendarstellungen der betroffenen Personen, so sind diese Gegendarstellungen zu den gespeicherten Daten zu nehmen und für dieselbe Zeitdauer aufzubewahren wie die Daten selbst.

(2) Der Rundfunkrat bestellt eine Beauftragte oder einen Beauftragten für den Datenschutz, die oder der die Ausführung von Abs. 1 sowie anderer Vorschriften über den Datenschutz im journalistischen Bereich frei von Weisungen überwacht. An sie oder ihn kann sich jede Person wenden, wenn sie annimmt, bei der Verarbeitung personenbezogener Daten zu journalistischen Zwecken in ihren Rechten verletzt worden zu sein. Beanstandungen richtet die oder der Beauftragte für den Datenschutz an die Intendantin oder den Intendanten und unterrichtet gleichzeitig den Rundfunkrat. Die Dienstaufsicht obliegt dem Verwaltungsrat.

(3) Der oder dem nach Abs. 2 zu bestellenden Beauftragten für den Datenschutz können auch die Aufgaben nach § 7 zugewiesen werden.

§ 28a Datenverarbeitung bei öffentlichen Auszeichnungen und Ehrungen

(1) Die für die Vorbereitung und Durchführung öffentlicher Auszeichnungen und Ehrungen erforderlichen personenbezogenen Daten einschließlich der Daten nach Art. 9 Abs. 1 der Verordnung (EU) Nr. 2016/679 dürfen von

1. den zuständigen Stellen auch ohne Kenntnis der betroffenen Person verarbeitet werden,
2. anderen öffentlichen Stellen auch ohne Kenntnis der betroffenen Person an die dafür zuständigen Stellen übermittelt werden.

Soweit eine Verarbeitung ausschließlich für die in Satz 1 genannten Zwecke erfolgt, sind die Art. 13, 14, 16 und 19 bis 21 Abs. 4 der Verordnung (EU) Nr. 2016/ 679 nicht anzuwenden.

(2) Eine Verarbeitung der in Abs. 1 Satz 1 genannten Daten für andere als die dort genannten Zwecke ist nur mit Einwilligung der betroffenen Person zulässig.

§ 28b Datenverarbeitung in Gnadenverfahren

(1) In Gnadenverfahren ist die Verarbeitung personenbezogener Daten einschließlich der

Daten nach Art. 9 Abs. 1 und Art. 10 der Verordnung (EU) Nr. 2016/679 zulässig, soweit sie zur Ausübung des Gnadenrechts durch die zuständigen Stellen erforderlich ist.

(2) In Gnadenverfahren finden nur die Art. 4 und 5 sowie Kapitel IV mit Ausnahme von Art. 33 und 34 der Verordnung (EU) Nr. 2016/679 entsprechende Anwendung.

§ 28c Datenübermittlung durch berufsständische Versorgungseinrichtungen

Verlangt eine Behörde, ein Vollstreckungsorgan oder ein Gericht aufgrund gesetzlicher Befugnis von einer berufsständischen Versorgungseinrichtung im Sinne des § 6 Abs. 1 Satz 1 Nr. 1 des Sechsten Buches Sozialgesetzbuch Auskunft über

1. die derzeitige Anschrift,
2. den derzeitigen oder zukünftigen Aufenthaltsort oder
3. den Namen und die Vornamen oder die Firma sowie die Anschrift des derzeitigen Arbeitgebers

eines Mitglieds dieser Versorgungseinrichtung, darf die Versorgungseinrichtung diese Daten an die Behörde, das Vollstreckungsorgan oder das Gericht übermitteln. Die Versorgungseinrichtung verweigert die Auskunft, wenn sie Grund zu der Annahme hat, dass durch die Übermittlung schutzwürdige Interessen der betroffenen Person unangemessen beeinträchtigt werden.

Dritter Titel
Rechte des Landtags und der kommunalen Vertretungsorgane

X

§ 29 Auskunftsrecht des Landtags und der kommunalen Vertretungsorgane

(1) Die Hessische Zentrale für Datenverarbeitung, die Kommunalen Gebietsrechenzentren und die öffentlichen Stellen des Landes, die Datenverarbeitungsanlagen und -geräte betreiben, sind verpflichtet, dem Landtag, der Präsidentin oder dem Präsidenten des Landtags und den Fraktionen des Landtags die von diesen im Rahmen ihrer Zuständigkeit verlangten Auskünfte aufgrund der gespeicherten Daten zu geben, soweit Programme zur Auswertung vorhanden sind. Die Auskünfte dürfen keine personenbezogenen Daten enthalten. Den Auskünften darf ein gesetzliches Verbot oder ein öffentliches Interesse nicht entgegenstehen. Dem Auskunftsrecht des Landtags steht ein öffentliches Interesse in der Regel nicht entgegen. Der Landtag hat Zugriff auf die Daten, soweit durch technische Maßnahmen sichergestellt ist, dass die Grenzen von Satz 1 bis 3 eingehalten werden.

(2) Der Landtag kann von der Landesregierung Auskünfte über die bestehenden Verfahren verlangen, die für Auskünfte oder den Zugriff nach Abs. 1 geeignet sind. Das Auskunftsverlangen kann sich erstrecken auf

1. den Namen des Verfahrens mit kurzer Funktionsbeschreibung,
2. die vorhandenen Verfahren,
3. den Aufbau der Datensätze mit Angaben über den Inhalt und die Ordnungskriterien,
4. die vorhandenen Auswertungsprogramme,
5. die zuständige Behörde.

(3) Das Auskunftsrecht nach Abs. 1 steht im Rahmen ihrer Zuständigkeiten den Gemeindevertretungen und den Kreistagen sowie deren Fraktionen und den entsprechenden Organen der anderen in § 2 Abs. 1 genannten öffentlichen Stellen gegenüber der Hessischen Zentrale für Datenverarbeitung, dem zuständigen Kommunalen Gebietsrechenzentrum und den Behörden der Gemeinden und Landkreise zu, die Datenverarbeitungsanlagen und -geräte betreiben. Anträge der Fraktionen sind in den Gemeinden über den Gemeindevorstand, in den Kreisen über den Kreisausschuss zu leiten.

§ 30 Verarbeitung personenbezogener Daten durch den Landtag und die kommunalen Vertretungsorgane

(1) Mit Ausnahme der §§ 15 und 29 gelten die Vorschriften dieses Gesetzes für den Landtag nur, soweit er in Verwaltungsangelegenheiten tätig wird, insbesondere wenn es sich um die wirtschaftlichen Angelegenheiten des Landtags, die Personalverwaltung oder die Ausfüh-

rung von gesetzlichen Vorschriften, deren Vollzug der Präsidentin oder dem Präsidenten des Landtags zugewiesen ist, handelt. Im Übrigen gibt sich der Landtag eine seiner verfassungsrechtlichen Stellung entsprechende Datenschutzordnung. Sie findet auf die für die Fraktionen und Abgeordneten tätigen Personen entsprechende Anwendung.

(2) Die Landesregierung darf personenbezogene Daten, die für andere Zwecke erhoben worden sind, zur Beantwortung parlamentarischer Anfragen sowie zur Vorlage von Unterlagen und Berichten im Rahmen der Geschäftsordnung des Landtags in dem dafür erforderlichen Umfang verwenden. Dies gilt nicht, wenn die Übermittlung der Daten wegen ihres streng persönlichen Charakters für die Betroffenen unzumutbar ist. Besondere gesetzliche Übermittlungsverbote bleiben unberührt.

(3) Von der Landesregierung übermittelte personenbezogene Daten dürfen nicht in Landtagsdrucksachen aufgenommen oder in sonstiger Weise allgemein zugänglich gemacht werden. Dies gilt nicht, wenn keine Anhaltspunkte dafür bestehen, dass schutzwürdige Belange der Betroffenen beeinträchtigt werden.

(4) Abs. 2 gilt entsprechend für die Verwaltungsbehörden der Gemeinden und Landkreise im Rahmen ihrer jeweiligen Auskunftspflichten nach der Hessischen Gemeindeordnung und der Hessischen Landkreisordnung.

Zweiter Abschnitt
Rechte der betroffenen Person

§ 31 Informationspflicht bei Erhebung von personenbezogenen Daten bei der betroffenen Person

(1) Die Pflicht zur Information der betroffenen Person nach Art. 13 Abs. 3 der Verordnung (EU) Nr. 2016/679 besteht ergänzend zu der in Art. 13 Abs. 4 der Verordnung (EU) Nr. 2016/679 genannten Ausnahme dann nicht, wenn die Erteilung der Information über die beabsichtigte Weiterverarbeitung

1. eine Weiterverarbeitung analog gespeicherter Daten betrifft, bei der sich der Verantwortliche durch die Weiterverarbeitung unmittelbar an die betroffene Person wendet, der Zweck mit dem Erhebungszweck nach der Verordnung (EU) Nr. 2016/679 vereinbar ist, die Kommunikation mit der betroffenen Person nicht in digitaler Form erfolgt und das Interesse der betroffenen Person an der Informationserteilung nach den Umständen des Einzelfalls, insbesondere mit Blick auf den Zusammenhang, in dem die Daten erhoben wurden, als gering anzusehen ist,
2. a) die ordnungsgemäße Erfüllung der in der Zuständigkeit des Verantwortlichen liegenden Aufgaben im Sinne des Art. 23 Abs. 1 Buchst. a bis e der Verordnung (EU) Nr. 2016/679 gefährden,
   b) die öffentliche Sicherheit oder Ordnung gefährden,
   c) die Rechte oder Freiheiten Dritter gefährden,
   d) die Geltendmachung, Ausübung oder Verteidigung rechtlicher Ansprüche beeinträchtigen oder
   e) sonst dem Wohle des Bundes oder eines Landes Nachteile bereiten

   würde und das Interesse des Verantwortlichen an der Nichterteilung der Information das Informationsinteresse der betroffenen Person überwiegt.

Die Entscheidung trifft die Leitung der öffentlichen Stelle oder eine von ihr bestimmte, bei der öffentlichen Stelle beschäftigte Person.

(2) Unterbleibt eine Information der betroffenen Person nach Maßgabe des Abs. 1, ergreift der Verantwortliche geeignete Maßnahmen zum Schutz der berechtigten Interessen der betroffenen Person, einschließlich der Bereitstellung der in Art. 13 Abs. 1 und 2 der Verordnung (EU) Nr. 2016/679 genannten Informationen für die Öffentlichkeit in präziser, transparenter, verständlicher und leicht zugänglicher Form in einer klaren und einfachen Sprache. Der Verantwortliche hält schriftlich fest, aus welchen Gründen er von einer Information abgesehen hat. Satz 1 und 2 finden in den Fällen des Abs. 1 Satz 1 Nr. 2 Buchst. d und Nr. 3 keine Anwendung.

(3) Unterbleibt eine Information der betroffenen Person nach Maßgabe des Abs. 1 wegen eines vorübergehenden Hinderungsgrundes, kommt der Verantwortliche der Informationspflicht unter Berücksichtigung der spezifischen Umstände der Verarbeitung innerhalb einer angemessenen Frist nach Fortfall des Hinderungsgrundes, spätestens jedoch innerhalb von zwei Wochen, nach.

§ 32 Informationspflicht, wenn die personenbezogenen Daten nicht bei der betroffenen Person erhoben wurden

(1) Die Pflicht zur Information der betroffenen Person nach Art. 14 Abs. 1, 2 und 4 der Verordnung (EU) Nr. 2016/679 besteht ergänzend zu den in Art. 14 Abs. 5 der Verordnung (EU) Nr. 2016/679 und § 26 Abs. 1 genannten Ausnahmen nicht, wenn die Erteilung der Information

1. die ordnungsgemäße Erfüllung der in der Zuständigkeit des Verantwortlichen liegenden Aufgaben im Sinne des Art. 23 Abs. 1 Buchst. a bis e der Verordnung (EU) Nr. 2016/679 gefährden,
2. die öffentliche Sicherheit oder Ordnung gefährden,
3. die Rechte oder Freiheiten Dritter gefährden oder
4. sonst dem Wohle des Bundes oder eines Landes Nachteile bereiten

würde und das Interesse des Verantwortlichen an der Nichterteilung der Information das Informationsinteresse der betroffenen Person überwiegt. Die Entscheidung trifft die Leitung der öffentlichen Stelle oder eine von ihr bestimmte, bei der öffentlichen Stelle beschäftigte Person.

X

(2) Unterbleibt eine Information der betroffenen Person nach Maßgabe des Abs. 1, ergreift der Verantwortliche geeignete Maßnahmen zum Schutz der berechtigten Interessen der betroffenen Person, einschließlich der Bereitstellung der in Art. 14 Abs. 1 und 2 der Verordnung (EU) Nr. 2016/679 genannten Informationen für die Öffentlichkeit in präziser, transparenter, verständlicher und leicht zugänglicher Form in einer klaren und einfachen Sprache. Der Verantwortliche hält schriftlich fest, aus welchen Gründen er von einer Information abgesehen hat.

(3) Bezieht sich die Informationserteilung auf die Übermittlung personenbezogener Daten durch öffentliche Stellen an Verfassungsschutzbehörden, den Bundesnachrichtendienst, den Militärischen Abschirmdienst und, soweit die Sicherheit des Bundes berührt wird, andere Behörden des Bundesministeriums der Verteidigung, ist sie nur mit Zustimmung dieser Stellen zulässig.

§ 33 Auskunftsrecht der betroffenen Person

(1) Das Recht auf Auskunft der betroffenen Person nach Art. 15 der Verordnung (EU) Nr. 2016/679 besteht ergänzend zu den in § 24 Abs. 2, § 25 Abs. 2 und § 26 Abs. 2 genannten Ausnahmen nicht, wenn

1. die betroffene Person nach § 32 Abs. 1 oder 3 nicht zu informieren ist, oder
2. die Daten
   a) nur deshalb gespeichert sind, weil sie aufgrund gesetzlicher oder satzungsmäßiger Aufbewahrungsvorschriften nicht gelöscht werden dürfen, oder
   b) ausschließlich Zwecken der Datensicherung, der Datenschutzkontrolle oder der Sicherstellung des ordnungsgemäßen Betriebs einer Datenverarbeitungsanlage dienen.

(2) Die Gründe der Auskunftsverweigerung sind zu dokumentieren. Die Ablehnung der Auskunftserteilung ist gegenüber der betroffenen Person zu begründen, soweit nicht durch die Mitteilung der tatsächlichen und rechtlichen Gründe, auf die die Entscheidung gestützt wird, der mit der Auskunftsverweigerung verfolgte Zweck gefährdet würde. Die zum Zweck der Auskunftserteilung an die betroffene Person und zu deren Vorbereitung gespeicherten Daten dürfen nur für diesen Zweck sowie für Zwecke der Datenschutzkontrolle verarbeitet werden; für andere Zwecke ist die Verarbeitung nach Maßgabe des Art. 18 der Verordnung (EU) Nr. 2016/679 einzuschränken.

(3) Wird der betroffenen Person keine Auskunft erteilt, kann sie ihr Auskunftsrecht auch über die Hessische Datenschutzbeauftragte oder den Hessischen Datenschutzbeauftragten ausüben. Der Verantwortliche hat die betroffene Person über diese Möglichkeit sowie darüber zu unterrichten, dass sie nach Art. 77 der Verordnung (EU) Nr. 2016/679 die Hessische Datenschutzbeauftragte oder den Hessischen Datenschutzbeauftragten anrufen oder gerichtlichen Rechtsschutz suchen kann. Die oder der Hessische Datenschutzbeauftragte hat die betroffene Person darüber zu unterrichten, dass alle erforderlichen Prüfungen erfolgt sind oder eine Überprüfung durch sie oder ihn stattgefunden hat. Die Mitteilung der oder des Hessischen Datenschutzbeauftragten an die betroffene Person darf keine Rückschlüsse auf den Erkenntnisstand des Verantwortlichen zulassen, sofern dieser keiner weitergehenden Auskunft zustimmt. Die oder der Hessische Datenschutzbeauftragte hat zudem die betroffene Person über ihr Recht auf gerichtlichen Rechtsschutz zu unterrichten.

(4) Das Recht der betroffenen Person auf Auskunft über personenbezogene Daten, die weder automatisiert verarbeitet noch nicht automatisiert verarbeitet und in einem Dateisystem gespeichert werden, besteht nur, soweit die betroffene Person Angaben macht, die das Auffinden der Daten ermöglichen, und der für die Erteilung der Auskunft erforderliche Aufwand nicht außer Verhältnis zu dem von der betroffenen Person geltend gemachten Informationsinteresse steht. Statt einer Auskunft über personenbezogene Daten kann der betroffenen Person Akteneinsicht gewährt werden.

§ 34 Recht auf Löschung („Recht auf Vergessenwerden")

(1) Ist eine Löschung im Fall nicht automatisierter Datenverarbeitung wegen der besonderen Art der Speicherung nicht oder nur mit unverhältnismäßig hohem Aufwand möglich und ist das Interesse der betroffenen Person an der Löschung als gering anzusehen, besteht das Recht der betroffenen Person auf und die Pflicht des Verantwortlichen zur Löschung personenbezogener Daten nach Art. 17 Abs. 1 der Verordnung (EU) Nr. 2016/679 ergänzend zu den in Art. 17 Abs. 3 der Verordnung (EU) Nr. 2016/679 genannten Ausnahmen nicht. In diesem Fall tritt an die Stelle einer Löschung die Einschränkung der Verarbeitung nach Art. 18 der Verordnung (EU) Nr. 2016/679. Satz 1 und 2 finden keine Anwendung, wenn die personenbezogenen Daten unrechtmäßig verarbeitet wurden. Satz 1 bis 3 gelten bis zum 31. Dezember 2024 auch bei automatisierter Datenverarbeitung.

(2) Ergänzend zu Art. 18 Abs. 1 Buchst. b und c der Verordnung (EU) Nr. 2016/679 gilt Abs. 1 Satz 1 und 2 entsprechend im Fall des Art. 17 Abs. 1 Buchst. a und d der Verordnung (EU) Nr. 2016/679, solange und soweit der Verantwortliche Grund zu der Annahme hat, dass durch eine Löschung schutzwürdige Interessen der betroffenen Person beeinträchtigt würden. Der Verantwortliche unterrichtet die betroffene Person über die Einschränkung der Verarbeitung, sofern sich die Unterrichtung nicht als unmöglich erweist oder einen unverhältnismäßigen Aufwand erfordern würde.

(3) Ergänzend zu Art. 17 Abs. 3 Buchst. b der Verordnung (EU) Nr. 2016/679 gilt Abs. 1 entsprechend im Fall des Art. 17 Abs. 1 Buchst. a der Verordnung (EU) Nr. 2016/679, wenn einer Löschung satzungsmäßige Aufbewahrungsfristen entgegenstehen.

§ 35 Widerspruchsrecht

Das Recht auf Widerspruch nach Art. 21 Abs. 1 der Verordnung (EU) Nr. 2016/679 besteht nicht, soweit an der Verarbeitung ein zwingendes öffentliches Interesse besteht, das die Interessen der betroffenen Person überwiegt, oder eine Rechtsvorschrift zur Verarbeitung verpflichtet.

Dritter Abschnitt
Sanktionen

§ 36 Anwendung der Vorschriften über das Bußgeld- und Strafverfahren bei Verstößen nach Artikel 83 der Verordnung (EU) Nr. 2016/679

(1) Für Verstöße nach Art. 83 Abs. 4 bis 6 der Verordnung (EU) Nr. 2016/679 gilt, soweit

dieses Gesetz nichts anderes bestimmt, § 41 Abs. 1 Satz 1 und 2 sowie Abs. 2 des Bundesdatenschutzgesetzes entsprechend.

(2) Wegen eines Verstoßes gegen Art. 83 Abs. 4 bis 6 der Verordnung (EU) Nr. 2016/679 werden gegen Behörden und sonstige öffentliche Stellen nach § 2 Abs. 1 Satz 1 keine Geldbußen verhängt.

(3) Eine Meldung nach Art. 33 der Verordnung (EU) Nr. 2016/679 oder eine Benachrichtigung nach Art. 34 Abs. 1 der Verordnung (EU) Nr. 2016/679 darf in einem Verfahren nach dem Gesetz über Ordnungswidrigkeiten gegen die meldepflichtige oder benachrichtigende Person oder ihre in § 52 Abs. 1 der Strafprozessordnung bezeichneten Angehörigen nur mit Zustimmung der meldepflichtigen oder benachrichtigenden Person verwendet werden.

§ 37 Strafvorschriften

(1) Mit Freiheitsstrafe bis zu zwei Jahren oder mit Geldstrafe wird bestraft, wer personenbezogene Daten, die nicht allgemein zugänglich sind,

1. ohne hierzu berechtigt zu sein, verarbeitet oder
2. durch unrichtige Angaben erschleicht,

und hierbei gegen Entgelt oder in der Absicht handelt, sich oder einen anderen zu bereichern oder einen anderen zu schädigen.

(2) Abs. 1 findet nur Anwendung, soweit die Tat nicht in anderen Vorschriften mit einer schwereren Strafe bedroht ist.

(3) Die Tat wird nur auf Antrag verfolgt. Antragsberechtigt sind die betroffene Person, der Verantwortliche und die oder der Hessische Datenschutzbeauftragte.

(4) Eine Meldung nach Art. 33 der Verordnung (EU) Nr. 2016/679 oder eine Benachrichtigung nach Art. 34 Abs. 1 der Verordnung (EU) Nr. 2016/679 darf in einem Strafverfahren gegen die meldepflichtige oder benachrichtigende Person oder ihre in § 52 Abs. 1 der Strafprozessordnung bezeichneten Angehörigen nur mit Zustimmung der meldepflichtigen oder benachrichtigenden Person verwendet werden.

§ 38 Bußgeldvorschriften

(1) Ordnungswidrig handelt, wer vorsätzlich oder fahrlässig entgegen § 22 Abs. 2 Satz 2 personenbezogene Daten für andere Zwecke verarbeitet, als für die sie übermittelt wurden.

(2) Die Ordnungswidrigkeit nach Abs. 1 kann mit einer Geldbuße von bis zu fünfzigtausend Euro geahndet werden.

Vierter Abschnitt
Gemeinsame Verfahren, Gemeinsam Verantwortliche

§ 39 Gemeinsame Verfahren, Gemeinsam Verantwortliche

(1) Die Einrichtung eines Verfahrens, das mehreren Verantwortlichen als gemeinsam Verantwortliche im Sinne von Art. 26 der Verordnung (EU) Nr. 2016/679 die Verarbeitung personenbezogener Daten ermöglicht, ist nur zulässig, wenn dies unter Berücksichtigung der schutzwürdigen Belange der betroffenen Personen und der Aufgaben der beteiligten Stellen angemessen ist.

(2) Über die in Art. 26 der Verordnung (EU) Nr. 2016/679 genannten Festlegungen hinaus bestimmen die gemeinsam Verantwortlichen eine Stelle, der die Planung, Einrichtung und Durchführung des gemeinsamen Verfahrens obliegt.

(3) Abs. 1 und 2 gelten entsprechend, wenn innerhalb einer öffentlichen Stelle ein gemeinsames Verfahren zur Verarbeitung personenbezogener Daten für verschiedene Zwecke eingerichtet wird.

Dritter Teil
Bestimmungen für Verarbeitungen zu Zwecken nach Artikel 1 Absatz 1 der Richtlinie (EU) Nr. 2016/680

Erster Abschnitt
Anwendungsbereich, Begriffsbestimmungen und allgemeine Grundsätze für die Verarbeitung personenbezogener Daten

§ 40 Anwendungsbereich

(1) Die Vorschriften dieses Teils gelten für die Verarbeitung personenbezogener Daten durch

die für die Verhütung, Ermittlung, Aufdeckung, Verfolgung oder Ahndung von Straftaten oder Ordnungswidrigkeiten, einschließlich des Schutzes vor und der Abwehr von Gefahren für die öffentliche Sicherheit, zuständigen öffentlichen Stellen. Dies gilt, soweit die öffentlichen Stellen zum Zwecke der Erfüllung dieser Aufgaben personenbezogene Daten verarbeiten. Die öffentlichen Stellen gelten dabei als Verantwortliche.

(2) Abs. 1 findet auch Anwendung auf diejenigen öffentlichen Stellen, die für die Vollstreckung und den Vollzug von Strafen, von Maßnahmen im Sinne des § 11 Abs. 1 Nr. 8 des Strafgesetzbuchs, von Erziehungsmaßregeln oder Zuchtmitteln im Sinne des Jugendgerichtsgesetzes und von Geldbußen zuständig sind.

(3) Soweit dieser Teil Vorschriften für Auftragsverarbeiter enthält, gilt er auch für diese.

§ 41 Begriffsbestimmungen

Im Sinne des Dritten Teils

1. sind personenbezogene Daten alle Informationen, die sich auf eine identifizierte oder identifizierbare natürliche Person (betroffene Person) beziehen; als identifizierbar wird eine natürliche Person angesehen, die direkt oder indirekt, insbesondere mittels Zuordnung zu einer Kennung wie einem Namen, zu einer Kennnummer, zu Standortdaten, zu einer Online-Kennung oder zu einem oder mehreren besonderen Merkmalen, die Ausdruck der physischen, physiologischen, genetischen, psychischen, wirtschaftlichen, kulturellen oder sozialen Identität dieser Person sind, identifiziert werden kann;
2. ist Verarbeitung jeder mit oder ohne Hilfe automatisierter Verfahren ausgeführte Vorgang oder jede solche Vorgangsreihe im Zusammenhang mit personenbezogenen Daten wie das Erheben, das Erfassen, die Organisation, das Ordnen, die Speicherung, die Anpassung, die Veränderung, das Auslesen, das Abfragen, die Verwendung, die Offenlegung durch Übermittlung, Verbreitung oder eine andere Form der Bereitstellung, den Abgleich, die Verknüpfung, die Einschränkung, das Löschen oder die Vernichtung;
3. ist Einschränkung der Verarbeitung die Markierung gespeicherter personenbezogener Daten mit dem Ziel, ihre künftige Verarbeitung einzuschränken;
4. ist Profiling jede Art der automatisierten Verarbeitung personenbezogener Daten, die darin besteht, dass diese personenbezogenen Daten verwendet werden, um bestimmte persönliche Aspekte, die sich auf eine natürliche Person beziehen, zu bewerten, insbesondere um Aspekte bezüglich Arbeitsleistung, wirtschaftliche Lage, Gesundheit, persönliche Vorlieben, Interessen, Zuverlässigkeit, Verhalten, Aufenthaltsort oder Ortswechsel dieser natürlichen Person zu analysieren oder vorherzusagen;
5. ist Pseudonymisierung die Verarbeitung personenbezogener Daten in einer Weise, dass die personenbezogenen Daten ohne Hinzuziehung zusätzlicher Informationen nicht mehr einer spezifischen betroffenen Person zugeordnet werden können, sofern diese zusätzlichen Informationen gesondert aufbewahrt werden und technischen und organisatorischen Maßnahmen unterliegen, die gewährleisten, dass die personenbezogenen Daten nicht einer identifizierten oder identifizierbaren natürlichen Person zugewiesen werden;
6. ist Dateisystem jede strukturierte Sammlung personenbezogener Daten, die nach bestimmten Kriterien zugänglich sind, unabhängig davon, ob diese Sammlung zentral, dezentral oder nach funktionalen oder geografischen Gesichtspunkten geordnet geführt wird;
7. ist zuständige Behörde
   a) eine staatliche Stelle, die für die Aufgaben nach § 40 zuständig ist, oder
   b) eine andere staatliche Stelle oder Einrichtung, der durch Rechtsvorschrift die Ausübung öffentlicher Gewalt und hoheitlicher Befugnisse zur Erfüllung der Aufgaben nach § 40 übertragen wurde;

8. ist Verantwortlicher die zuständige Behörde, die allein oder gemeinsam mit anderen über die Zwecke und Mittel der Verarbeitung von personenbezogenen Daten entscheidet; sind die Zwecke und Mittel dieser Verarbeitung durch das Unionsrecht oder das Recht der Mitgliedstaaten vorgegeben, so kann der Verantwortliche beziehungsweise können die bestimmten Kriterien seiner Benennung nach dem Unionsrecht oder dem Recht der Mitgliedstaaten vorgesehen werden;
9. ist Auftragsverarbeiter eine natürliche oder juristische Person, Behörde, Einrichtung oder andere Stelle, die personenbezogene Daten im Auftrag des Verantwortlichen verarbeitet;
10. ist Empfänger eine natürliche oder juristische Person, Behörde, Einrichtung oder andere Stelle, der personenbezogene Daten offengelegt werden, unabhängig davon, ob es sich bei ihr um einen Dritten handelt oder nicht; Behörden, die im Rahmen eines bestimmten Untersuchungsauftrags nach dem Recht der Mitgliedstaaten möglicherweise personenbezogene Daten erhalten, gelten jedoch nicht als Empfänger; die Verarbeitung dieser Daten durch die genannten Behörden erfolgt im Einklang mit den geltenden Datenschutzvorschriften nach den Zwecken der Verarbeitung;
11. ist Verletzung des Schutzes personenbezogener Daten eine Verletzung der Sicherheit, die zur Vernichtung, zum Verlust oder zur Veränderung, ob unbeabsichtigt oder unrechtmäßig, oder zur unbefugten Offenlegung von beziehungsweise zum unbefugten Zugang zu personenbezogenen Daten führt, die übermittelt, gespeichert oder auf sonstige Weise verarbeitet wurden;
12. sind genetische Daten personenbezogene Daten zu den ererbten oder erworbenen genetischen Eigenschaften einer natürlichen Person, die eindeutige Informationen über die Physiologie oder die Gesundheit dieser Person liefern und insbesondere aus der Analyse einer biologischen Probe der Person gewonnen wurden;
13. sind biometrische Daten mit speziellen technischen Verfahren gewonnene personenbezogene Daten zu den physischen, physiologischen oder verhaltenstypischen Merkmalen einer natürlichen Person, die die eindeutige Identifizierung dieser natürlichen Person ermöglichen oder bestätigen, wie Gesichtsbilder oder daktyloskopische Daten;
14. sind Gesundheitsdaten personenbezogene Daten, die sich auf die körperliche oder geistige Gesundheit einer natürlichen Person, einschließlich der Erbringung von Gesundheitsdienstleistungen, beziehen und aus denen Informationen über deren Gesundheitszustand hervorgehen;
15. sind besondere Kategorien personenbezogener Daten
    a) Daten, aus denen die rassische oder ethnische Herkunft, politische Meinungen, religiöse oder weltanschauliche Überzeugungen oder die Gewerkschaftszugehörigkeit hervorgehen,
    b) genetische Daten,
    c) biometrische Daten zur eindeutigen Identifizierung einer natürlichen Person,
    d) Gesundheitsdaten und
    e) Daten zum Sexualleben oder zur sexuellen Orientierung;
16. ist Aufsichtsbehörde eine von einem Mitgliedstaat nach Art. 41 der Richtlinie (EU) Nr. 2016/680 eingerichtete unabhängige staatliche Stelle;
17. ist internationale Organisation eine völkerrechtliche Organisation und ihre nachgeordneten Stellen oder jede sonstige Einrichtung, die durch eine von zwei oder mehr Ländern geschlossene Übereinkunft oder auf der Grundlage einer solchen Übereinkunft geschaffen wurde;
18. ist Einwilligung jede freiwillig für den bestimmten Fall, in informierter Weise und unmissverständlich abgegebene Willensbekundung in Form einer Erklärung oder einer sonstigen eindeutigen bestätigenden Handlung, mit der die be-

troffene Person zu verstehen gibt, dass sie mit der Verarbeitung der sie betreffenden personenbezogenen Daten einverstanden ist.

§ 42 Allgemeine Grundsätze für die Verarbeitung personenbezogener Daten

Personenbezogene Daten müssen

1. auf rechtmäßige Weise und nach Treu und Glauben verarbeitet werden,
2. für festgelegte, eindeutige und rechtmäßige Zwecke erhoben und nicht in einer mit diesen Zwecken nicht zu vereinbarenden Weise verarbeitet werden,
3. dem Verarbeitungszweck entsprechen, für das Erreichen des Verarbeitungszwecks erforderlich sein und ihre Verarbeitung nicht außer Verhältnis zu diesem Zweck stehen,
4. sachlich richtig und erforderlichenfalls auf dem neuesten Stand sein; dabei sind alle angemessenen Maßnahmen zu treffen, damit personenbezogene Daten, die im Hinblick auf die Zwecke ihrer Verarbeitung unrichtig sind, unverzüglich gelöscht oder berichtigt werden,
5. nicht länger als es für die Zwecke, für die sie verarbeitet werden, erforderlich ist, in einer Form gespeichert werden, die die Identifizierung der betroffenen Personen ermöglicht, und
6. in einer Weise verarbeitet werden, die eine angemessene Sicherheit der personenbezogenen Daten gewährleistet; hierzu gehört auch ein durch geeignete technische und organisatorische Maßnahmen zu gewährleistender Schutz vor unbefugter oder unrechtmäßiger Verarbeitung, unbeabsichtigtem Verlust, unbeabsichtigter Zerstörung oder unbeabsichtigter Schädigung.

Zweiter Abschnitt
Rechtsgrundlagen für die Verarbeitung personenbezogener Daten

§ 43 Verarbeitung besonderer Kategorien personenbezogener Daten

(1) Die Verarbeitung besonderer Kategorien personenbezogener Daten ist nur zulässig, wenn sie zur Aufgabenerfüllung unbedingt erforderlich ist.

(2) Werden besondere Kategorien personenbezogener Daten verarbeitet, sind geeignete Garantien für die Rechte und Freiheiten der betroffenen Personen vorzusehen. Geeignete Garantien können insbesondere sein

1. spezifische Anforderungen an die Datensicherheit oder die Datenschutzkontrolle,
2. die Festlegung von besonderen Aussonderungsprüffristen,
3. die Sensibilisierung der an Verarbeitungsvorgängen Beteiligten,
4. die Beschränkung des Zugangs zu den personenbezogenen Daten innerhalb der verantwortlichen Stelle,
5. die von anderen Daten getrennte Verarbeitung,
6. die Pseudonymisierung personenbezogener Daten,
7. die Verschlüsselung personenbezogener Daten oder
8. spezifische Verfahrensregelungen, die im Fall einer Übermittlung oder Verarbeitung für andere Zwecke die Rechtmäßigkeit der Verarbeitung sicherstellen.

§ 44 Verarbeitung zu anderen Zwecken

Eine Verarbeitung personenbezogener Daten zu einem anderen Zweck als zu demjenigen, zu dem sie erhoben wurden, ist zulässig, wenn es sich bei dem anderen Zweck um einen der in § 40 genannten Zwecke handelt, der Verantwortliche befugt ist, Daten zu diesem Zweck zu verarbeiten und die Verarbeitung zu diesem Zweck erforderlich und verhältnismäßig ist. Die Verarbeitung personenbezogener Daten zu einem anderen, in § 40 nicht genannten Zweck ist zulässig, wenn sie in einer Rechtsvorschrift vorgesehen ist.

§ 45 Verarbeitung zu wissenschaftlichen oder historischen Forschungszwecken, archivarischen oder statistischen Zwecken

(1) Personenbezogene Daten dürfen im Rahmen der in § 40 genannten Zwecke zu wissenschaftlichen oder historischen Forschungs-

zwecken, archivarischen oder statistischen Zwecken verarbeitet werden, wenn

1. die betroffene Person nach § 46 eingewilligt hat oder
2. hieran ein öffentliches Interesse besteht und geeignete Garantien für die Rechte und Freiheiten der betroffenen Personen vorgesehen werden.

Geeignete Garantien nach Satz 1 Nr. 2 können in einer so zeitnah wie möglich erfolgenden Anonymisierung der personenbezogenen Daten, in Vorkehrungen gegen ihre unbefugte Kenntnisnahme durch Dritte oder in ihrer räumlich und organisatorisch von den sonstigen Fachaufgaben getrennten Verarbeitung bestehen.

(2) Die Verarbeitung besonderer Kategorien personenbezogener Daten im Fall des Abs. 1 Satz 1 Nr. 2 muss darüber hinaus zu wissenschaftlichen oder historischen Forschungszwecken, archivarischen oder statistischen Zwecken unbedingt erforderlich sein und die Interessen des Verantwortlichen an der Verarbeitung die Interessen der betroffenen Person an einem Ausschluss der Verarbeitung überwiegen.

(3) Der Verantwortliche sieht im Fall des Abs. 2 angemessene und spezifische Maßnahmen zur Wahrung der Interessen der betroffenen Personen nach § 43 Abs. 2 vor. Ergänzend zu den in § 43 Abs. 2 genannten Maßnahmen sind zu wissenschaftlichen oder historischen Forschungszwecken oder zu statistischen Zwecken verarbeitete besondere Kategorien personenbezogener Daten zu anonymisieren, sobald dies nach dem Forschungs- oder Statistikzweck möglich ist, es sei denn, berechtigte Interessen der betroffenen Person stehen dem entgegen. Sobald der Forschungs- oder Statistikzweck dies erlaubt, sind die Merkmale, mit deren Hilfe ein Personenbezug hergestellt werden kann, gesondert zu speichern; die Merkmale sind zu löschen, sobald der Forschungs- oder Statistikzweck dies zulässt. Vor dem Beginn des Forschungsvorhabens ist ein Datenschutzkonzept zu erstellen, das der zuständigen Aufsichtsbehörde auf Nachfrage vorzulegen ist.

(4) Die in den §§ 50 bis 53 vorgesehenen Rechte sind insoweit beschränkt, als diese Rechte voraussichtlich die Verwirklichung der Forschungs- oder Statistikzwecke unmöglich machen oder ernsthaft beeinträchtigen und die Beschränkung für die Erfüllung der Forschungs- oder Statistikzwecke notwendig ist. Das Recht auf Auskunft besteht darüber hinaus nicht, wenn die Daten für Zwecke der wissenschaftlichen Forschung erforderlich sind und die Auskunftserteilung einen unverhältnismäßigen Aufwand erfordern würde.

(5) Das Recht auf Auskunft nach § 52 besteht nicht, wenn das Archivgut nicht durch den Namen der Person erschlossen ist oder keine Angaben gemacht werden, die das Auffinden des betreffenden Archivguts mit vertretbarem Verwaltungsaufwand ermöglichen. Das Recht auf Berichtigung der betroffenen Person nach § 53 besteht nicht, wenn die personenbezogenen Daten zu Archivzwecken im öffentlichen Interesse verarbeitet werden. Bestreitet die betroffene Person die Richtigkeit der personenbezogenen Daten, ist ihr die Möglichkeit einer Gegendarstellung einzuräumen. Das zuständige Archiv ist verpflichtet, die Gegendarstellung den Unterlagen hinzuzufügen. Das Recht auf Einschränkung der Verarbeitung nach § 53 besteht nicht, soweit dieses Recht voraussichtlich die Verwirklichung der im öffentlichen Interesse liegenden Archivzwecke unmöglich macht oder ernsthaft beeinträchtigt und die Ausnahmen für die Erfüllung dieser Zwecke erforderlich sind.

(6) Der Verantwortliche darf personenbezogene Daten zu wissenschaftlichen oder historischen Forschungszwecken nur veröffentlichen, wenn die betroffene Person eingewilligt hat oder dies für die Darstellung von Forschungsergebnissen über Ereignisse der Zeitgeschichte unerlässlich ist.

§ 46 Einwilligung

(1) Soweit die Verarbeitung personenbezogener Daten nach einer Rechtsvorschrift auf der Grundlage einer Einwilligung erfolgen kann, muss der Verantwortliche die Einwilligung der betroffenen Person nachweisen können.

(2) Erfolgt die Einwilligung der betroffenen Person durch eine schriftliche Erklärung, die noch andere Sachverhalte betrifft, muss das Ersuchen um Einwilligung in verständlicher und leicht zu-

gänglicher Form in einer klaren und einfachen Sprache so erfolgen, dass es von den anderen Sachverhalten klar zu unterscheiden ist.

(3) Die betroffene Person hat das Recht, ihre Einwilligung jederzeit zu widerrufen. Durch den Widerruf der Einwilligung wird die Rechtmäßigkeit der aufgrund der Einwilligung bis zum Widerruf erfolgten Verarbeitung nicht berührt. Die betroffene Person ist vor Abgabe der Einwilligung hiervon in Kenntnis zu setzen. Der Widerruf der Einwilligung muss so einfach wie die Erteilung der Einwilligung sein.

(4) Die Einwilligung ist nur wirksam, wenn sie auf der freien Entscheidung der betroffenen Person beruht. Bei der Beurteilung, ob die Einwilligung freiwillig erteilt wurde, müssen die Umstände der Erteilung berücksichtigt werden. Die betroffene Person ist auf den vorgesehenen Zweck der Verarbeitung hinzuweisen. Ist dies nach den Umständen des Einzelfalles erforderlich oder verlangt die betroffene Person dies, ist sie auch über die Folgen der Verweigerung der Einwilligung zu belehren.

(5) Soweit besondere Kategorien personenbezogener Daten verarbeitet werden, muss sich die Einwilligung ausdrücklich auf diese Daten beziehen.

§ 47 Verarbeitung auf Weisung des Verantwortlichen

Der Auftragsverarbeiter und jede einem Verantwortlichen oder dem Auftragsverarbeiter unterstellte Person, die Zugang zu personenbezogenen Daten hat, darf diese Daten ausschließlich auf Weisung des Verantwortlichen verarbeiten, es sei denn, dass sie nach einer Rechtsvorschrift zur Verarbeitung verpflichtet sind.

§ 48 Datengeheimnis

Mit Datenverarbeitung befasste Personen dürfen personenbezogene Daten nicht unbefugt verarbeiten (Datengeheimnis). Das Datengeheimnis besteht auch nach der Beendigung ihrer Tätigkeit fort. Die Personen sind über die bei ihrer Tätigkeit zu beachtenden Vorschriften über den Datenschutz zu unterrichten.

§ 49 Automatisierte Einzelentscheidung

(1) Eine ausschließlich auf einer automatischen Verarbeitung beruhende Entscheidung, die mit einer nachteiligen Rechtsfolge für die betroffene Person verbunden ist oder sie erheblich beeinträchtigt, ist nur zulässig, wenn sie in einer Rechtsvorschrift vorgesehen ist.

(2) Entscheidungen nach Abs. 1 dürfen nicht auf besonderen Kategorien personenbezogener Daten beruhen, sofern nicht geeignete Maßnahmen zum Schutz der Rechte und Freiheiten sowie der berechtigten Interessen der betroffenen Personen getroffen wurden.

(3) Profiling, das zur Folge hat, dass betroffene Personen auf der Grundlage von besonderen Kategorien personenbezogener Daten diskriminiert werden, ist verboten.

Dritter Abschnitt
Rechte der betroffenen Person

§ 50 Allgemeine Informationen zu Datenverarbeitungen

Der Verantwortliche hat in allgemeiner, verständlicher und leicht zugänglicher Form Informationen in einer klaren und einfachen Sprache zur Verfügung zu stellen über

1. die Zwecke der von ihm vorgenommenen Verarbeitungen,
2. die im Hinblick auf die Verarbeitung ihrer personenbezogenen Daten bestehenden Rechte der betroffenen Personen auf Auskunft, Berichtigung, Löschung und Einschränkung der Verarbeitung,
3. den Namen und die Kontaktdaten des Verantwortlichen und die Kontaktdaten der oder des Datenschutzbeauftragten,
4. das Recht, die Hessische Datenschutzbeauftragte oder den Hessischen Datenschutzbeauftragten anzurufen, und
5. die Erreichbarkeit der oder des Hessischen Datenschutzbeauftragten.

§ 51 Benachrichtigung betroffener Personen

(1) Ist die Benachrichtigung betroffener Personen über die Verarbeitung sie betreffender personenbezogener Daten in speziellen Rechtsvorschriften, insbesondere bei verdeckten Maßnahmen, vorgesehen oder angeordnet, so hat diese Benachrichtigung zumindest die folgenden Angaben zu enthalten:

1. die in § 50 genannten Angaben,
2. die Rechtsgrundlage der Verarbeitung,
3. die für die Daten geltende Speicherdauer oder, falls dies nicht möglich ist, die Kriterien für die Festlegung dieser Dauer,
4. gegebenenfalls die Kategorien von Empfängern der personenbezogenen Daten, auch der Empfänger in Drittländern oder in internationalen Organisationen, sowie
5. erforderlichenfalls weitere Informationen, insbesondere, wenn die personenbezogenen Daten ohne Wissen der betroffenen Person erhoben wurden.

(2) In den Fällen des Abs. 1 kann der Verantwortliche die Benachrichtigung insoweit und solange aufschieben, einschränken oder unterlassen, wie andernfalls

1. die
   a) Erfüllung der in § 40 genannten Aufgaben,
   b) öffentliche Sicherheit oder
   c) Rechte oder Freiheiten Dritter

   gefährdet würden oder
2. dem Wohle des Bundes oder eines Landes Nachteile bereitet würden

und wenn das Interesse des Verantwortlichen an der Nichterteilung der Information das Informationsinteresse der betroffenen Person überwiegt. Die Entscheidung trifft die Leitung der öffentlichen Stelle oder eine von ihr bestimmte, bei der öffentlichen Stelle beschäftigte Person.

(3) Bezieht sich die Benachrichtigung auf die Übermittlung personenbezogener Daten an Verfassungsschutzbehörden, den Bundesnachrichtendienst, den Militärischen Abschirmdienst und, soweit die Sicherheit des Bundes berührt wird, andere Behörden des Bundesministeriums der Verteidigung, ist sie nur mit Zustimmung dieser Stellen zulässig.

(4) Im Fall der Einschränkung nach Abs. 2 gilt § 52 Abs. 7 entsprechend.

§ 52 Auskunftsrecht

(1) Der Verantwortliche hat betroffenen Personen auf Antrag Auskunft darüber zu erteilen, ob er sie betreffende Daten verarbeitet. Betroffene Personen haben darüber hinaus das Recht, Informationen zu erhalten über

1. die personenbezogenen Daten, die Gegenstand der Verarbeitung sind, und die Kategorie, zu der sie gehören,
2. die verfügbaren Informationen über die Herkunft der Daten,
3. die Zwecke der Verarbeitung und deren Rechtsgrundlage,
4. die Empfänger oder die Kategorien von Empfängern, gegenüber denen die Daten offengelegt worden sind, insbesondere bei Empfängern in Drittländern oder bei internationalen Organisationen,
5. die für die Daten geltende Speicherdauer oder, falls dies nicht möglich ist, die Kriterien für die Festlegung dieser Dauer,
6. das Bestehen eines Rechts auf Berichtigung, Löschung oder Einschränkung der Verarbeitung der Daten durch den Verantwortlichen,
7. das Recht nach § 55, die Hessische Datenschutzbeauftragte oder den Hessischen Datenschutzbeauftragten anzurufen, sowie
8. Angaben zur Erreichbarkeit der oder des Hessischen Datenschutzbeauftragten.

(2) Abs. 1 gilt nicht für personenbezogene Daten, die nur deshalb verarbeitet werden, weil sie aufgrund gesetzlicher Aufbewahrungsvorschriften nicht gelöscht werden dürfen, oder die ausschließlich Zwecken der Datensicherung, der Datenschutzkontrolle oder der Sicherstellung des ordnungsgemäßen Betriebs einer Datenverarbeitungsanlage dienen.

(3) Das Recht der betroffenen Person auf Auskunft über personenbezogene Daten, die weder automatisiert verarbeitet noch nicht automatisiert verarbeitet und in einem Dateisystem gespeichert werden, besteht nur, soweit die betroffene Person Angaben macht, die das Auffinden der Daten ermöglichen, und der für die Erteilung der Auskunft erforderliche Aufwand nicht außer Verhältnis zu dem von der betroffenen Person geltend gemachten Informationsinteresse steht. Statt einer Auskunft über personenbezogene Daten kann der betroffenen Person Akteneinsicht gewährt werden.

X

(4) Der Verantwortliche kann unter den Voraussetzungen des § 51 Abs. 2 von der Auskunft nach Abs. 1 Satz 1 absehen oder die Auskunftserteilung nach Abs. 1 Satz 2 teilweise oder vollständig einschränken.

(5) Bezieht sich die Auskunftserteilung auf die Übermittlung personenbezogener Daten an Verfassungsschutzbehörden, den Bundesnachrichtendienst, den Militärischen Abschirmdienst und, soweit die Sicherheit des Bundes berührt wird, andere Behörden des Bundesministeriums der Verteidigung, ist sie nur mit Zustimmung dieser Stellen zulässig.

(6) Der Verantwortliche hat die betroffene Person über das Absehen von oder die Einschränkung einer Auskunft unverzüglich schriftlich zu unterrichten. Dies gilt nicht, wenn bereits die Erteilung dieser Informationen eine Gefährdung im Sinne des § 51 Abs. 2 mit sich bringen würde. Die Unterrichtung nach Satz 1 ist zu begründen, es sei denn, dass die Mitteilung der Gründe den mit dem Absehen von oder der Einschränkung der Auskunft verfolgten Zweck gefährden würde.

(7) Wird die betroffene Person nach Abs. 6 über das Absehen von oder die Einschränkung der Auskunft unterrichtet, kann sie ihr Auskunftsrecht auch über die Hessische Datenschutzbeauftragte oder den Hessischen Datenschutzbeauftragten ausüben. Der Verantwortliche hat die betroffene Person über diese Möglichkeit sowie darüber zu unterrichten, dass sie nach § 55 die Hessische Datenschutzbeauftragte oder den Hessischen Datenschutzbeauftragten anrufen oder gerichtlichen Rechtsschutz suchen kann. Die oder der Hessische Datenschutzbeauftragte hat die betroffene Person darüber zu unterrichten, dass alle erforderlichen Prüfungen erfolgt sind oder eine Überprüfung durch sie oder ihn stattgefunden hat. Die Mitteilung der oder des Hessischen Datenschutzbeauftragten an die betroffene Person darf keine Rückschlüsse auf den Erkenntnisstand des Verantwortlichen zulassen, sofern dieser keiner weitergehenden Auskunft zustimmt. Die oder der Hessische Datenschutzbeauftragte hat zudem die betroffene Person über ihr Recht auf gerichtlichen Rechtsschutz zu unterrichten.

(8) Der Verantwortliche hat die sachlichen oder rechtlichen Gründe für die Entscheidung zu dokumentieren.

§ 53 Rechte auf Berichtigung und Löschung sowie Einschränkung der Verarbeitung

(1) Die betroffene Person hat das Recht, von dem Verantwortlichen unverzüglich die Berichtigung sie betreffender unrichtiger Daten zu verlangen. Insbesondere im Fall von Aussagen oder Bewertungen betrifft die Frage der Richtigkeit nicht den Inhalt der Aussage oder der Bewertung. Wenn die Richtigkeit oder Unrichtigkeit der Daten nicht festgestellt werden kann, tritt an die Stelle der Berichtigung eine Einschränkung der Verarbeitung. In diesem Fall hat der Verantwortliche die betroffene Person zu unterrichten, bevor er die Einschränkung wieder aufhebt. Die betroffene Person kann zudem die Vervollständigung unvollständiger personenbezogener Daten verlangen, wenn dies unter Berücksichtigung der Verarbeitungszwecke angemessen ist.

(2) Die betroffene Person hat das Recht, von dem Verantwortlichen unverzüglich die Löschung sie betreffender Daten zu verlangen, wenn deren Verarbeitung unzulässig ist, deren Kenntnis für die Aufgabenerfüllung nicht mehr erforderlich ist oder diese zur Erfüllung einer rechtlichen Verpflichtung gelöscht werden müssen.

(3) Anstatt die personenbezogenen Daten zu löschen, kann der Verantwortliche deren Verarbeitung einschränken, wenn

1. Grund zu der Annahme besteht, dass eine Löschung schutzwürdige Interessen einer betroffenen Person beeinträchtigen würde,
2. die Daten zu Beweiszwecken weiter aufbewahrt werden müssen oder
3. eine Löschung wegen der besonderen Art der Speicherung nicht oder nur mit unverhältnismäßig hohem Aufwand möglich ist.

In ihrer Verarbeitung nach Satz 1 eingeschränkte Daten dürfen nur zu dem Zweck, der ihrer Löschung entgegenstand, oder sonst mit

Einwilligung der betroffenen Person verarbeitet werden.

(4) Bei automatisierten Dateisystemen ist technisch sicherzustellen, dass eine Einschränkung der Verarbeitung eindeutig erkennbar ist und eine Verarbeitung für andere Zwecke nicht ohne weitere Prüfung möglich ist.

(5) Hat der Verantwortliche eine Berichtigung vorgenommen, hat er der Stelle, die ihm die personenbezogenen Daten zuvor übermittelt hat, die Berichtigung mitzuteilen. In Fällen der Berichtigung, Löschung oder Einschränkung der Verarbeitung nach Abs. 1 bis 3 hat der Verantwortliche Empfängern, denen die Daten übermittelt wurden, diese Maßnahmen mitzuteilen. Der Empfänger hat die Daten zu berichtigen, zu löschen oder ihre Verarbeitung einzuschränken.

(6) Der Verantwortliche hat die betroffene Person über ein Absehen von der Berichtigung oder Löschung personenbezogener Daten oder über die an deren Stelle tretende Einschränkung der Verarbeitung schriftlich zu unterrichten. Dies gilt nicht, soweit bereits die Erteilung dieser Informationen eine Gefährdung im Sinne des § 51 Abs. 2 mit sich bringen würde. Die Unterrichtung nach Satz 1 ist zu begründen, es sei denn, dass die Mitteilung der Gründe den mit dem Absehen von der Unterrichtung verfolgten Zweck gefährden würde.

(7) § 52 Abs. 7 und 8 findet entsprechende Anwendung.

§ 54 Verfahren für die Ausübung der Rechte der betroffenen Person

(1) Der Verantwortliche hat mit betroffenen Personen unter Verwendung einer klaren und einfachen Sprache in präziser, verständlicher und leicht zugänglicher Form zu kommunizieren. Unbeschadet besonderer Formvorschriften soll er bei der Beantwortung von Anträgen die für den Antrag gewählte Form verwenden. Bei der Auswahl des Mediums sind die Anforderungen des § 59 zu beachten.

(2) Bei Anträgen hat der Verantwortliche die betroffene Person unbeschadet des § 52 Abs. 6 und des § 53 Abs. 6 unverzüglich schriftlich darüber in Kenntnis zu setzen, wie mit diesen Anträgen verfahren wurde.

(3) Die Erteilung von Informationen nach § 50, die Benachrichtigungen nach den §§ 51 und 61 und die Bearbeitung von Anträgen nach den §§ 52 und 53 erfolgen verwaltungskostenfrei. Bei offenkundig unbegründeten oder exzessiven Anträgen nach den §§ 52 und 53 kann der Verantwortliche entweder eine angemessene Gebühr auf der Grundlage des Verwaltungsaufwands verlangen oder sich weigern, aufgrund des Antrags tätig zu werden. In diesem Fall muss der Verantwortliche den offenkundig unbegründeten oder exzessiven Charakter des Antrags belegen können.

(4) Hat der Verantwortliche begründete Zweifel an der Identität einer betroffenen Person, die einen Antrag nach den §§ 52 oder 53 gestellt hat, kann er von ihr zusätzliche Informationen anfordern, die zur Bestätigung ihrer Identität erforderlich sind.

§ 55 Anrufung der oder des Hessischen Datenschutzbeauftragten

(1) Jede betroffene Person kann sich unbeschadet anderweitiger Rechtsbehelfe mit einer Beschwerde an die Hessische Datenschutzbeauftragte oder den Hessischen Datenschutzbeauftragten wenden, wenn sie der Auffassung ist, bei der Verarbeitung ihrer personenbezogenen Daten durch öffentliche Stellen zu den in § 40 genannten Zwecken in ihren Rechten verletzt worden zu sein. Dies gilt nicht für die Verarbeitung von personenbezogenen Daten durch Gerichte, soweit diese die Daten im Rahmen ihrer justiziellen Tätigkeit verarbeitet haben. Die oder der Hessische Datenschutzbeauftragte hat die betroffene Person über den Stand und das Ergebnis der Beschwerde zu unterrichten und sie hierbei auf die Möglichkeit gerichtlichen Rechtsschutzes nach § 56 hinzuweisen.

(2) Die oder der Hessische Datenschutzbeauftragte hat eine bei ihr oder ihm eingelegte Beschwerde über eine Verarbeitung, die in die Zuständigkeit einer anderen Aufsichtsbehörde fällt, unverzüglich an diese weiterzuleiten. Sie oder er hat in diesem Fall die betroffene Person über die Weiterleitung zu unterrichten und ihr auf deren Ersuchen weitere Unterstützung zu leisten.

§ 56 Rechtsschutz gegen Entscheidungen der oder des Hessischen Datenschutzbeauftragten oder bei deren oder dessen Untätigkeit

(1) Jede natürliche oder juristische Person kann unbeschadet anderer Rechtsbehelfe gerichtlich gegen eine sie betreffende verbindliche Entscheidung der oder des Hessischen Datenschutzbeauftragten vorgehen.

(2) Abs. 1 gilt entsprechend zugunsten betroffener Personen, wenn sich die oder der Hessische Datenschutzbeauftragte mit einer Beschwerde nach § 55 nicht befasst oder die betroffene Person nicht innerhalb von drei Monaten nach Einlegung der Beschwerde über den Stand oder das Ergebnis der Beschwerde in Kenntnis gesetzt hat.

Vierter Abschnitt
Pflichten der Verantwortlichen und Auftragsverarbeiter

§ 57 Auftragsverarbeitung

(1) Werden personenbezogene Daten im Auftrag eines Verantwortlichen durch andere Personen oder Stellen verarbeitet, hat der Verantwortliche für die Einhaltung der Vorschriften dieses Gesetzes und anderer Vorschriften über den Datenschutz zu sorgen. Die Rechte der betroffenen Personen auf Auskunft, Berichtigung, Löschung, Einschränkung der Verarbeitung und Schadensersatz sind in diesem Fall gegenüber dem Verantwortlichen geltend zu machen.

(2) Ein Verantwortlicher darf nur solche Auftragsverarbeiter mit der Verarbeitung personenbezogener Daten beauftragen, die mit geeigneten technischen und organisatorischen Maßnahmen sicherstellen, dass die Verarbeitung im Einklang mit den gesetzlichen Anforderungen erfolgt und der Schutz der Rechte der betroffenen Personen gewährleistet wird.

(3) Auftragsverarbeiter dürfen ohne vorherige schriftliche Genehmigung des Verantwortlichen keine weiteren Auftragsverarbeiter hinzuziehen. Hat der Verantwortliche dem Auftragsverarbeiter eine allgemeine Genehmigung zur Hinzuziehung weiterer Auftragsverarbeiter erteilt, hat der Auftragsverarbeiter den Verantwortlichen über jede beabsichtigte Hinzuziehung oder Ersetzung zu informieren. Der Verantwortliche kann in diesem Fall die Hinzuziehung oder Ersetzung untersagen.

(4) Zieht ein Auftragsverarbeiter einen weiteren Auftragsverarbeiter hinzu, so hat er diesem dieselben Verpflichtungen aus seinem Vertrag mit dem Verantwortlichen nach Abs. 5 aufzuerlegen, die auch für ihn gelten, soweit diese Pflichten für den weiteren Auftragsverarbeiter nicht schon aufgrund anderer Vorschriften verbindlich sind. Erfüllt ein weiterer Auftragsverarbeiter diese Verpflichtungen nicht, so haftet der ihn beauftragende Auftragsverarbeiter gegenüber dem Verantwortlichen für die Einhaltung der Pflichten des weiteren Auftragsverarbeiters.

(5) Die Verarbeitung durch einen Auftragsverarbeiter hat auf der Grundlage eines Vertrags oder eines anderen Rechtsinstruments zu erfolgen, der oder das den Auftragsverarbeiter an den Verantwortlichen bindet und der oder das den Gegenstand, die Dauer, die Art und den Zweck der Verarbeitung, die Art der personenbezogenen Daten, die Kategorien betroffener Personen und die Rechte und Pflichten des Verantwortlichen festlegt. Der Vertrag oder das andere Rechtsinstrument haben insbesondere vorzusehen, dass der Auftragsverarbeiter

1. nur auf dokumentierte Weisung des Verantwortlichen handelt; ist der Auftragsverarbeiter der Auffassung, dass eine Weisung rechtswidrig ist, hat er den Verantwortlichen unverzüglich zu informieren;
2. gewährleistet, dass die zur Verarbeitung der personenbezogenen Daten befugten Personen zur Vertraulichkeit verpflichtet werden, soweit sie keiner angemessenen gesetzlichen Verschwiegenheitspflicht unterliegen;
3. den Verantwortlichen mit geeigneten Mitteln dabei unterstützt, die Einhaltung der Bestimmungen über die Rechte der betroffenen Person zu gewährleisten;
4. alle personenbezogenen Daten nach Abschluss der Erbringung der Verarbeitungsleistungen nach Wahl des Verantwortlichen zurückgibt oder löscht und bestehende Kopien vernichtet, wenn nicht nach

einer Rechtsvorschrift eine Verpflichtung zur Speicherung der Daten besteht;

5. dem Verantwortlichen alle erforderlichen Informationen, insbesondere die nach § 71 erstellten Protokolle, zum Nachweis der Einhaltung seiner Pflichten zur Verfügung stellt;
6. Überprüfungen, die von dem Verantwortlichen oder einem von diesem beauftragten Prüfer durchgeführt werden, ermöglicht und dazu beiträgt;
7. die in den Abs. 3 und 4 aufgeführten Bedingungen für die Inanspruchnahme der Dienste eines weiteren Auftragsverarbeiters einhält;
8. alle nach § 59 erforderlichen Maßnahmen ergreift und
9. unter Berücksichtigung der Art der Verarbeitung und der ihm zur Verfügung stehenden Informationen den Verantwortlichen bei der Einhaltung der in den §§ 59 bis 62 und 64 genannten Pflichten unterstützt.

(6) Der Vertrag im Sinne des Abs. 5 ist schriftlich oder elektronisch abzufassen.

(7) Ein Auftragsverarbeiter, der die Zwecke und Mittel der Verarbeitung unter Verstoß gegen diese Vorschrift bestimmt, gilt in Bezug auf diese Verarbeitung als Verantwortlicher.

§ 58 Gemeinsame Verfahren, Gemeinsam Verantwortliche

(1) Die Einrichtung eines Verfahrens, das mehreren Verantwortlichen als gemeinsam Verantwortliche die Verarbeitung personenbezogener Daten ermöglicht, ist nur zulässig, wenn dies unter Berücksichtigung der schutzwürdigen Belange der betroffenen Personen und der Aufgaben der beteiligten Stellen angemessen ist.

(2) Legen zwei oder mehr Verantwortliche gemeinsam die Zwecke und die Mittel der Verarbeitung fest, gelten sie als gemeinsam Verantwortliche.

(3) Gemeinsam Verantwortliche haben eine Stelle zu bestimmen, der die Planung, Einrichtung und Durchführung des gemeinsamen Verfahrens obliegt, und ihre jeweiligen Aufgaben sowie datenschutzrechtlichen Verantwortlichkeiten in transparenter Form in einer Vereinbarung festzulegen, soweit diese nicht bereits in Rechtsvorschriften festgelegt sind. Aus der Vereinbarung muss insbesondere hervorgehen, wer welchen Informationspflichten nachzukommen hat und wie und gegenüber wem betroffene Personen ihre Rechte wahrnehmen können. Eine entsprechende Vereinbarung hindert die betroffene Person nicht, ihre Rechte gegenüber jedem der gemeinsam Verantwortlichen geltend zu machen.

(4) Abs. 1 bis 3 gelten entsprechend, wenn innerhalb einer öffentlichen Stelle ein gemeinsames Verfahren zur Verarbeitung personenbezogener Daten für verschiedene Zwecke eingerichtet wird.

§ 59 Anforderungen an die Sicherheit der Datenverarbeitung

(1) Der Verantwortliche und der Auftragsverarbeiter haben unter Berücksichtigung des Stands der Technik, der Implementierungskosten, der Art, des Umfangs, der Umstände und der Zwecke der Verarbeitung sowie der Eintrittswahrscheinlichkeit und der Schwere des Risikos für die Rechte und Freiheiten natürlicher Personen geeignete technische und organisatorische Maßnahmen zu treffen, um bei der Verarbeitung personenbezogener Daten ein dem Risiko angemessenes Schutzniveau zu gewährleisten, insbesondere im Hinblick auf die Verarbeitung besonderer Kategorien personenbezogener Daten. Eintrittswahrscheinlichkeit und Schwere der Verletzung sollen nach der Art, dem Umfang, den Umständen und den Zwecken der Verarbeitung bestimmt und anhand einer objektiven Beurteilung der Höhe des Risikos festgestellt werden.

(2) Die in Abs. 1 genannten Maßnahmen können unter anderem die Pseudonymisierung und Verschlüsselung personenbezogener Daten umfassen, soweit solche Mittel in Anbetracht der Verarbeitungszwecke möglich sind. Die Maßnahmen nach Abs. 1 sollen dazu führen, dass

1. die Vertraulichkeit, Integrität, Verfügbarkeit und Belastbarkeit der Systeme und Dienste

im Zusammenhang mit der Verarbeitung auf Dauer sichergestellt werden und

2. die Verfügbarkeit der personenbezogenen Daten und der Zugang zu ihnen bei einem physischen oder technischen Zwischenfall rasch wiederhergestellt werden können.

(3) Im Fall einer automatisierten Verarbeitung haben der Verantwortliche und der Auftragsverarbeiter nach einer Risikobewertung Maßnahmen zu ergreifen, die Folgendes bezwecken:

1. Verwehrung des Zugangs zu Verarbeitungsanlagen, mit denen die Verarbeitung durchgeführt wird, für Unbefugte (Zugangskontrolle),
2. Verhinderung des unbefugten Lesens, Kopierens, Veränderns oder Löschens von Datenträgern (Datenträgerkontrolle),
3. Verhinderung der unbefugten Eingabe von personenbezogenen Daten sowie der unbefugten Kenntnisnahme, Veränderung und Löschung von gespeicherten personenbezogenen Daten (Speicherkontrolle),
4. Verhinderung der Nutzung automatisierter Verarbeitungssysteme mithilfe von Einrichtungen zur Datenübertragung durch Unbefugte (Benutzerkontrolle),
5. Gewährleistung, dass die zur Benutzung eines automatisierten Verarbeitungssystems Berechtigten ausschließlich zu den von ihrer Zugangsberechtigung umfassten personenbezogenen Daten Zugang haben (Zugriffskontrolle),
6. Gewährleistung, dass überprüft und festgestellt werden kann, an welche Stellen personenbezogene Daten mithilfe von Einrichtungen zur Datenübertragung übermittelt oder zur Verfügung gestellt wurden oder werden können (Übertragungskontrolle),
7. Gewährleistung, dass nachträglich überprüft und festgestellt werden kann, welche personenbezogenen Daten zu welcher Zeit und von wem in automatisierte Verarbeitungssysteme eingegeben oder verändert worden sind (Eingabekontrolle),
8. Gewährleistung, dass bei der Übermittlung personenbezogener Daten sowie beim Transport von Datenträgern die Vertraulichkeit und Integrität der Daten geschützt werden (Transportkontrolle),
9. Gewährleistung, dass eingesetzte Systeme im Störungsfall wiederhergestellt werden können (Wiederherstellbarkeit),
10. Gewährleistung, dass alle Funktionen des Systems zur Verfügung stehen und auftretende Fehlfunktionen gemeldet werden (Zuverlässigkeit),
11. Gewährleistung, dass gespeicherte personenbezogene Daten nicht durch Fehlfunktionen des Systems beschädigt werden können (Datenintegrität),
12. Gewährleistung, dass personenbezogene Daten, die im Auftrag verarbeitet werden, nur entsprechend den Weisungen des Auftraggebers verarbeitet werden können (Auftragskontrolle),
13. Gewährleistung, dass personenbezogene Daten gegen Zerstörung oder Verlust geschützt sind (Verfügbarkeitskontrolle),
14. Gewährleistung, dass zu unterschiedlichen Zwecken erhobene personenbezogene Daten getrennt verarbeitet werden können (Trennbarkeit).

Ein Zweck nach Satz 1 Nr. 2 bis 5 kann insbesondere durch die Verwendung von dem Stand der Technik entsprechenden Verschlüsselungsverfahren erreicht werden.

(4) Werden personenbezogene Daten nicht automatisiert verarbeitet, sind insbesondere Maßnahmen zu treffen, um den Zugriff Unbefugter bei der Bearbeitung, der Aufbewahrung, dem Transport und der Vernichtung zu verhindern.

§ 60 Meldung von Verletzungen des Schutzes personenbezogener Daten an die Hessische Datenschutzbeauftragte oder den Hessischen Datenschutzbeauftragten

(1) Der Verantwortliche hat eine Verletzung des Schutzes personenbezogener Daten unverzüglich und möglichst binnen 72 Stunden, nachdem sie ihm bekannt geworden ist, der

X

oder dem Hessischen Datenschutzbeauftragten zu melden, es sei denn, dass die Verletzung voraussichtlich nicht zu einem Risiko für die Rechte und Freiheiten natürlicher Personen führt. Erfolgt die Meldung an die Hessische Datenschutzbeauftragte oder den Hessischen Datenschutzbeauftragten nicht binnen 72 Stunden, so ist ihr eine Begründung für die Verzögerung beizufügen. § 59 Abs. 1 Satz 2 gilt entsprechend.

(2) Wird dem Auftragsverarbeiter eine Verletzung des Schutzes personenbezogener Daten bekannt, meldet er diese dem Verantwortlichen unverzüglich.

(3) Die Meldung nach Abs. 1 hat zumindest folgende Informationen zu enthalten:

1. eine Beschreibung der Art der Verletzung des Schutzes personenbezogener Daten, die, soweit möglich, Angaben zu den Kategorien und der ungefähren Anzahl der betroffenen Personen, zu den betroffenen Kategorien personenbezogener Daten und zu der ungefähren Anzahl der betroffenen personenbezogenen Datensätze zu enthalten hat,
2. den Namen und die Kontaktdaten der oder des Datenschutzbeauftragten oder einer sonstigen Anlaufstelle für weitere Informationen,
3. eine Beschreibung der wahrscheinlichen Folgen der Verletzung des Schutzes personenbezogener Daten und
4. eine Beschreibung der von dem Verantwortlichen ergriffenen oder vorgeschlagenen Maßnahmen zur Behandlung der Verletzung des Schutzes personenbezogener Daten und gegebenenfalls der Maßnahmen zur Abmilderung ihrer möglichen nachteiligen Auswirkungen.

(4) Wenn und soweit die Informationen nach Abs. 3 nicht zur gleichen Zeit bereitgestellt werden können, hat der Verantwortliche diese Informationen ohne unangemessene weitere Verzögerung schrittweise zur Verfügung stellen.

(5) Der Verantwortliche hat Verletzungen des Schutzes personenbezogener Daten zu dokumentieren. Die Dokumentation hat alle mit den Vorfällen zusammenhängenden Tatsachen, deren Auswirkungen und die ergriffenen Abhilfemaßnahmen zu umfassen.

(6) Soweit von einer Verletzung des Schutzes personenbezogener Daten personenbezogene Daten betroffen sind, die von einem oder an einen Verantwortlichen in einem anderen Mitgliedstaat der Europäischen Union übermittelt wurden, sind die in Abs. 3 genannten Informationen dem dortigen Verantwortlichen unverzüglich zu übermitteln.

(7) § 37 Abs. 4 findet entsprechende Anwendung.

(8) Weitere Pflichten des Verantwortlichen zu Benachrichtigungen über Verletzungen des Schutzes personenbezogener Daten bleiben unberührt.

§ 61 Benachrichtigung betroffener Personen bei Verletzungen des Schutzes personenbezogener Daten

(1) Hat eine Verletzung des Schutzes personenbezogener Daten voraussichtlich ein hohes Risiko für die Rechte und Freiheiten natürlicher Personen zur Folge, so hat der Verantwortliche die betroffenen Personen unverzüglich von der Verletzung zu benachrichtigen. § 59 Abs. 1 Satz 2 gilt entsprechend.

(2) Die Benachrichtigung nach Abs. 1 hat in klarer und einfacher Sprache die Art der Verletzung des Schutzes personenbezogener Daten zu beschreiben und zumindest die in § 60 Abs. 3 Nr. 2 bis 4 genannten Informationen und Maßnahmen zu enthalten.

(3) Die Benachrichtigung der betroffenen Person nach Abs. 1 ist nicht erforderlich, wenn

1. der Verantwortliche geeignete technische und organisatorische Sicherheitsvorkehrungen getroffen hat und diese Vorkehrungen auf die von der Verletzung des Schutzes personenbezogener Daten betroffenen Daten angewandt wurden; dies gilt insbesondere für Vorkehrungen wie Verschlüsselungen, durch die die Daten für unbefugte Personen unzugänglich gemacht werden;
2. der Verantwortliche durch im Anschluss an die Verletzung getroffene Maßnahmen sichergestellt hat, dass aller Wahrschein-

X

lichkeit nach das hohe Risiko für die Rechte und Freiheiten der betroffenen Personen im Sinne des Abs. 1 nicht mehr besteht, oder

3. dies mit einem unverhältnismäßigen Aufwand verbunden wäre; in diesem Fall hat stattdessen eine öffentliche Bekanntmachung oder eine ähnliche Maßnahme zu erfolgen, durch die die betroffenen Personen vergleichbar wirksam informiert werden.

(4) Wenn der Verantwortliche die betroffenen Personen über eine Verletzung des Schutzes personenbezogener Daten nicht benachrichtigt hat, kann die oder der Hessische Datenschutzbeauftragte verlangen, dies nachzuholen, oder verbindlich feststellen, dass bestimmte der in Abs. 3 genannten Voraussetzungen erfüllt sind. Hierbei hat sie oder er die Wahrscheinlichkeit zu berücksichtigen, mit der die Verletzung des Schutzes personenbezogener Daten zu einem hohen Risiko im Sinne des Abs. 1 führt.

(5) Die Benachrichtigung der betroffenen Personen nach Abs. 1 kann unter den in § 51 Abs. 2 genannten Voraussetzungen aufgeschoben, eingeschränkt oder unterlassen werden, soweit nicht die Interessen der betroffenen Person aufgrund des von der Verletzung ausgehenden hohen Risikos im Sinne des Abs. 1 überwiegen.

(6) § 37 Abs. 4 findet entsprechende Anwendung.

§ 62 Durchführung einer Datenschutz-Folgenabschätzung

(1) Hat eine Form der Verarbeitung, insbesondere bei Verwendung neuer Technologien, aufgrund der Art, des Umfangs, der Umstände und der Zwecke der Verarbeitung voraussichtlich ein hohes Risiko für die Rechte und Freiheiten natürlicher Personen zur Folge, so hat der Verantwortliche vorab eine Abschätzung der Folgen der vorgesehenen Verarbeitungsvorgänge für den Schutz personenbezogener Daten durchzuführen. § 59 Abs. 1 Satz 2 gilt entsprechend.

(2) Für die Untersuchung mehrerer ähnlicher Verarbeitungsvorgänge mit ähnlich hohen Risiken kann eine gemeinsame Datenschutz-Folgenabschätzung vorgenommen werden.

(3) Der Verantwortliche hat die Datenschutzbeauftragte oder den Datenschutzbeauftragten an der Durchführung der Folgenabschätzung zu beteiligen.

(4) Die Folgenabschätzung hat den Rechten und den berechtigten Interessen der von der Verarbeitung betroffenen Personen und sonstiger Betroffener Rechnung zu tragen und zumindest Folgendes zu enthalten:

1. eine systematische Beschreibung der geplanten Verarbeitungsvorgänge und der Zwecke der Verarbeitung,
2. eine Bewertung der Notwendigkeit und Verhältnismäßigkeit der Verarbeitungsvorgänge in Bezug auf deren Zweck,
3. eine Bewertung der Risiken für die Rechte und Freiheiten der betroffenen Personen und
4. die zur Bewältigung der Risiken geplanten Abhilfemaßnahmen, einschließlich der Garantien, der Sicherheitsvorkehrungen und der Verfahren, durch die der Schutz personenbezogener Daten sichergestellt und die Einhaltung der gesetzlichen Vorgaben nachgewiesen werden sollen.

(5) Soweit erforderlich, hat der Verantwortliche eine Überprüfung durchzuführen, ob die Verarbeitung den Maßgaben folgt, die sich aus der Folgenabschätzung ergeben haben.

§ 63 Zusammenarbeit mit der oder dem Hessischen Datenschutzbeauftragten

Der Verantwortliche und der Auftragsverarbeiter haben mit der oder dem Hessischen Datenschutzbeauftragten bei der Erfüllung ihrer oder seiner Aufgaben zusammenzuarbeiten.

§ 64 Vorherige Konsultation der oder des Hessischen Datenschutzbeauftragten

(1) Der Verantwortliche hat vor der Inbetriebnahme von neu anzulegenden Dateisystemen die Hessische Datenschutzbeauftragte oder den Hessischen Datenschutzbeauftragten zu konsultieren, wenn

1. aus einer Datenschutz-Folgenabschätzung nach § 62 hervorgeht, dass die Verarbeitung ein hohes Risiko für die Rechte und Freiheiten der betroffenen Personen zur Folge hätte, sofern der Verantwortliche keine Maßnahmen zur Eindämmung des Risikos trifft, oder
2. die Form der Verarbeitung, insbesondere bei der Verwendung neuer Technologien, Mechanismen oder Verfahren, ein hohes Risiko für die Rechte und Freiheiten der betroffenen Personen zur Folge hat.

Die oder der Hessische Datenschutzbeauftragte kann eine Liste der Verarbeitungsvorgänge erstellen, die der Pflicht zur vorherigen Konsultation nach Satz 1 unterliegen. § 59 Abs. 1 Satz 2 gilt entsprechend.

(2) Der oder dem Hessischen Datenschutzbeauftragten sind im Fall des Abs. 1 vorzulegen:

1. die nach § 62 durchgeführte Datenschutz-Folgenabschätzung,
2. gegebenenfalls Angaben zu den jeweiligen Zuständigkeiten des Verantwortlichen, der gemeinsam Verantwortlichen und der an der Verarbeitung beteiligten Auftragsverarbeiter,
3. Angaben zu den Zwecken und Mitteln der beabsichtigten Verarbeitung,
4. Angaben zu den zum Schutz der Rechte und Freiheiten der betroffenen Personen vorgesehenen Maßnahmen und Garantien und
5. die Kontaktdaten der oder des Datenschutzbeauftragten.

Auf Anfrage sind der oder dem Hessischen Datenschutzbeauftragten alle sonstigen Informationen zu übermitteln, die sie oder er benötigt, um die Rechtmäßigkeit der Verarbeitung sowie insbesondere die in Bezug auf den Schutz der personenbezogenen Daten der betroffenen Personen bestehenden Risiken und die diesbezüglichen Garantien bewerten zu können.

(3) Falls die oder der Hessische Datenschutzbeauftragte der Auffassung ist, dass die geplante Verarbeitung gegen gesetzliche Vorgaben verstoßen würde, insbesondere weil der Verantwortliche das Risiko nicht ausreichend ermittelt oder nicht ausreichend eingedämmt hat, kann sie oder er dem Verantwortlichen und gegebenenfalls dem Auftragsverarbeiter innerhalb eines Zeitraums von bis zu sechs Wochen nach Erhalt des Ersuchens um Konsultation schriftliche Empfehlungen unterbreiten, welche Maßnahmen noch ergriffen werden sollten. Die oder der Hessische Datenschutzbeauftragte kann diese Frist um einen Monat verlängern, wenn die geplante Verarbeitung besonders komplex ist. Sie oder er hat in diesem Fall innerhalb eines Monats nach Eingang des Antrags auf Konsultation den Verantwortlichen und gegebenenfalls den Auftragsverarbeiter über die Fristverlängerung zusammen mit den Gründen für die Verzögerung zu informieren.

(4) Hat die beabsichtigte Verarbeitung erhebliche Bedeutung für die Aufgabenerfüllung des Verantwortlichen und ist sie daher besonders dringlich, kann er mit der Verarbeitung nach Beginn der vorherigen Konsultation, aber vor Ablauf der in Abs. 3 genannten Frist beginnen. In diesem Fall sind die Empfehlungen der oder des Hessischen Datenschutzbeauftragten im Nachhinein zu berücksichtigen und sind die Art und Weise der Verarbeitung daraufhin gegebenenfalls anzupassen.

(5) Die oder der Hessische Datenschutzbeauftragte ist bei der Ausarbeitung eines Vorschlags für eine vom Landtag zu erlassende Gesetzgebungsmaßnahme oder von auf solchen Gesetzgebungsmaßnahmen basierenden Regelungsmaßnahmen, die die Verarbeitung personenbezogener Daten betreffen, zu konsultieren.

§ 65 Verzeichnis von Verarbeitungstätigkeiten

(1) Der Verantwortliche hat ein Verzeichnis aller Kategorien von Verarbeitungstätigkeiten zu führen, die seiner Zuständigkeit unterliegen. Dieses Verzeichnis hat die folgenden Angaben zu enthalten:

1. den Namen und die Kontaktdaten des Verantwortlichen und gegebenenfalls des gemeinsam mit ihm Verantwortlichen sowie der oder des Datenschutzbeauftragten,

2. die Zwecke der Verarbeitung,
3. die Kategorien von Empfängern, gegenüber denen die personenbezogenen Daten offengelegt worden sind oder noch offengelegt werden sollen, einschließlich Empfängern in Drittländern oder internationalen Organisationen,
4. eine Beschreibung der Kategorien betroffener Personen und der Kategorien personenbezogener Daten,
5. gegebenenfalls die Verwendung von Profiling,
6. gegebenenfalls die Kategorien von Übermittlungen personenbezogener Daten an ein Drittland oder an eine internationale Organisation,
7. Angaben über die Rechtsgrundlage der Verarbeitung, einschließlich der Übermittlungen, für die die personenbezogenen Daten bestimmt sind,
8. wenn möglich, die vorgesehenen Fristen für die Löschung oder die Überprüfung der Erforderlichkeit der Speicherung der verschiedenen Kategorien personenbezogener Daten und
9. wenn möglich, eine allgemeine Beschreibung der technischen und organisatorischen Maßnahmen nach § 59.

(2) Der Auftragsverarbeiter hat ein Verzeichnis aller Kategorien von Verarbeitungen zu führen, die er im Auftrag eines Verantwortlichen durchführt, das Folgendes zu enthalten hat:

1. den Namen und die Kontaktdaten des Auftragsverarbeiters, jedes Verantwortlichen, in dessen Auftrag der Auftragsverarbeiter tätig ist, sowie gegebenenfalls die Kontaktdaten der oder des Datenschutzbeauftragten,
2. die Kategorien von Verarbeitungen, die im Auftrag jedes Verantwortlichen durchgeführt werden,
3. gegebenenfalls Übermittlungen von personenbezogenen Daten an ein Drittland oder an eine internationale Organisation, wenn vom Verantwortlichen entsprechend angewiesen, unter Angabe des betreffenden Drittlands oder der betreffenden internationalen Organisation und
4. wenn möglich, eine allgemeine Beschreibung der technischen und organisatorischen Maßnahmen nach § 59.

(3) Die in den Abs. 1 und 2 genannten Verzeichnisse sind schriftlich oder elektronisch zu führen.

(4) Verantwortliche und Auftragsverarbeiter haben auf Anfrage ihre Verzeichnisse der oder dem Hessischen Datenschutzbeauftragten zur Verfügung zu stellen.

§ 66 Datenschutz durch Technikgestaltung und datenschutzfreundliche Voreinstellungen

(1) Der Verantwortliche hat sowohl zum Zeitpunkt der Festlegung der Mittel für die Verarbeitung als auch zum Zeitpunkt der Verarbeitung selbst angemessene technische und organisatorische Maßnahmen zu treffen, die geeignet sind, die Datenschutzgrundsätze wie etwa die Datensparsamkeit wirksam umzusetzen, und notwendige Garantien in die Verarbeitung aufzunehmen, um den gesetzlichen Anforderungen zu genügen und die Rechte der betroffenen Personen zu schützen. Er hat hierbei den Stand der Technik, die Implementierungskosten und die Art, den Umfang, die Umstände und die Zwecke der Verarbeitung sowie die unterschiedliche Eintrittswahrscheinlichkeit und Schwere der mit der Verarbeitung verbundenen Risiken für die Rechte und Freiheiten natürlicher Personen zu berücksichtigen. Insbesondere sind die Verarbeitung personenbezogener Daten und die Auswahl und Gestaltung von Datenverarbeitungssystemen an dem Ziel auszurichten, so wenig personenbezogene Daten wie möglich zu verarbeiten. Personenbezogene Daten sind zum frühestmöglichen Zeitpunkt zu anonymisieren oder zu pseudonymisieren, soweit dies nach dem Verarbeitungszweck möglich ist.

(2) Der Verantwortliche hat geeignete technische und organisatorische Maßnahmen zu treffen, die sicherstellen, dass durch Voreinstellungen grundsätzlich nur solche personenbezogenen Daten verarbeitet werden, deren Verarbeitung für den jeweiligen bestimmten Verarbeitungszweck erforderlich ist. Dies betrifft die Menge der erhobenen personenbe-

zogenen Daten, den Umfang ihrer Verarbeitung, ihre Speicherfrist und ihre Zugänglichkeit. Die Maßnahmen müssen insbesondere sicherstellen, dass die personenbezogenen Daten durch Voreinstellungen nicht ohne Eingreifen einer Person einer unbestimmten Anzahl von natürlichen Personen zugänglich gemacht werden.

§ 67 Unterscheidung zwischen verschiedenen Kategorien betroffener Personen

Der Verantwortliche hat bei der Verarbeitung personenbezogener Daten so weit wie möglich zwischen den verschiedenen Kategorien betroffener Personen zu unterscheiden. Dies betrifft insbesondere folgende Kategorien:

1. Personen, gegen die ein begründeter Verdacht besteht, dass sie eine Straftat begangen haben,
2. Personen, gegen die ein begründeter Verdacht besteht, dass sie in naher Zukunft eine Straftat begehen werden,
3. verurteilte Straftäter,
4. Opfer einer Straftat oder Personen, bei denen bestimmte Tatsachen darauf hindeuten, dass sie Opfer einer Straftat sein könnten, und
5. andere Personen wie insbesondere Zeuginnen und Zeugen, Hinweisgeberinnen und Hinweisgeber oder Personen, die mit den in den Nr. 1 bis 4 genannten Personen in Kontakt oder Verbindung stehen.

§ 68 Unterscheidung zwischen Tatsachen und persönlichen Einschätzungen

Der Verantwortliche hat bei der Verarbeitung so weit wie möglich danach zu unterscheiden, ob personenbezogene Daten auf Tatsachen oder auf persönlichen Einschätzungen beruhen. Zu diesem Zweck soll er, soweit dies im Rahmen der jeweiligen Verarbeitung möglich und angemessen ist, Bewertungen, die auf persönlichen Einschätzungen beruhen, als solche kenntlich machen. Es muss außerdem feststellbar sein, welche Stelle die Unterlagen führt, die der auf einer persönlichen Einschätzung beruhenden Bewertung zugrunde liegen.

§ 69 Qualitätssicherung personenbezogener Daten vor deren Übermittlung

(1) Der Verantwortliche hat angemessene Maßnahmen zu ergreifen, um zu gewährleisten, dass unrichtige sowie ohne sachlichen Grund unvollständige oder nicht mehr aktuelle personenbezogene Daten nicht übermittelt oder sonst bereitgestellt werden. Zu diesem Zweck hat er, soweit dies mit angemessenem Aufwand möglich ist, die Qualität der personenbezogenen Daten vor ihrer Übermittlung oder Bereitstellung zu überprüfen. Bei jeder Übermittlung personenbezogener Daten hat er, soweit dies möglich und angemessen ist, Informationen beizufügen, die es dem Empfänger gestatten, die Richtigkeit, die Vollständigkeit und die Zuverlässigkeit der Daten sowie deren Aktualität zu beurteilen.

(2) Gelten für die Verarbeitung von personenbezogenen Daten besondere Bedingungen, so hat bei Datenübermittlungen die übermittelnde Stelle den Empfänger darauf hinzuweisen, dass diese Bedingungen gelten und einzuhalten sind. Die Hinweispflicht kann dadurch erfüllt werden, dass die Daten entsprechend markiert werden.

(3) Die übermittelnde Stelle darf auf Empfänger in anderen Mitgliedstaaten der Europäischen Union oder auf Einrichtungen und sonstige Stellen, die nach den Kapiteln 4 und 5 des Titels V des Dritten Teils des Vertrags über die Arbeitsweise der Europäischen Union errichtet wurden, keine Bedingungen anwenden, die nicht auch für entsprechende innerstaatliche Datenübermittlungen gelten.

§ 70 Berichtigung und Löschung personenbezogener Daten sowie Einschränkung der Verarbeitung

(1) Der Verantwortliche hat personenbezogene Daten zu berichtigen, wenn sie unrichtig sind. § 53 Abs. 1 Satz 2 und 3 ist entsprechend anzuwenden.

(2) Der Verantwortliche hat personenbezogene Daten unverzüglich zu löschen, wenn ihre Verarbeitung unzulässig ist, ihre Kenntnis für seine Aufgabenerfüllung nicht mehr erforder-

lich ist oder sie zur Erfüllung einer rechtlichen Verpflichtung gelöscht werden müssen.

(3) § 53 Abs. 3 bis 5 ist entsprechend anzuwenden. Sind unrichtige personenbezogene Daten oder personenbezogene Daten unrechtmäßig übermittelt worden, ist auch dies dem Empfänger mitzuteilen.

(4) Unbeschadet in Rechtsvorschriften festgesetzter Höchstspeicher- oder Löschfristen hat der Verantwortliche für die Löschung von personenbezogenen Daten oder eine regelmäßige Überprüfung der Notwendigkeit ihrer Speicherung angemessene Fristen vorzusehen und durch verfahrensrechtliche Vorkehrungen sicherzustellen, dass diese Fristen eingehalten werden.

§ 71 Protokollierung

(1) In automatisierten Verarbeitungssystemen haben Verantwortliche und Auftragsverarbeiter mindestens die folgenden Verarbeitungsvorgänge zu protokollieren:

1. Erhebung,
2. Veränderung,
3. Abfrage,
4. Offenlegung einschließlich Übermittlung,
5. Kombination und
6. Löschung.

(2) Die Protokolle über Abfragen und Offenlegungen müssen es ermöglichen, die Begründung, das Datum und die Uhrzeit dieser Vorgänge und so weit wie möglich die Identität der Person, die die personenbezogenen Daten abgefragt oder offengelegt hat, und die Identität des Empfängers der Daten festzustellen.

(3) Die Protokolle dürfen ausschließlich zur Überprüfung der Rechtmäßigkeit der Datenverarbeitung durch die Datenschutzbeauftragte oder den Datenschutzbeauftragten und die Hessische Datenschutzbeauftragte oder den Hessischen Datenschutzbeauftragten sowie zur Eigenüberwachung, der Sicherstellung der Integrität und Sicherheit der personenbezogenen Daten und für Strafverfahren verwendet werden.

(4) Der Verantwortliche und der Auftragsverarbeiter haben die Protokolle der oder dem Hessischen Datenschutzbeauftragten auf Anforderung zur Verfügung zu stellen.

§ 72 Vertrauliche Meldung von Verstößen

Der Verantwortliche hat zu ermöglichen, dass ihm vertrauliche Meldungen über in seinem Verantwortungsbereich erfolgende Verstöße gegen Datenschutzvorschriften zugeleitet werden können.

Fünfter Abschnitt
Datenübermittlungen an Drittländer und an internationale Organisationen

§ 73 Allgemeine Voraussetzungen

(1) Die Übermittlung personenbezogener Daten an Stellen in Drittländern oder an internationale Organisationen ist bei Vorliegen der übrigen für Datenübermittlungen geltenden Voraussetzungen zulässig, wenn

1. die Stelle oder internationale Organisation für die in § 40 genannten Zwecke zuständig ist und
2. die Europäische Kommission nach Art. 36 Abs. 3 der Richtlinie (EU) Nr. 2016/680 einen Angemessenheitsbeschluss gefasst hat.

(2) Die Übermittlung personenbezogener Daten hat trotz des Vorliegens eines Angemessenheitsbeschlusses im Sinne des Abs. 1 Nr. 2 und des zu berücksichtigenden öffentlichen Interesses an der Datenübermittlung zu unterbleiben, wenn im Einzelfall ein datenschutzrechtlich angemessener und die elementaren Menschenrechte wahrender Umgang mit den Daten beim Empfänger nicht hinreichend gesichert ist oder sonst überwiegende schutzwürdige Interessen einer betroffenen Person entgegenstehen. Bei seiner Beurteilung hat der Verantwortliche maßgeblich zu berücksichtigen, ob der Empfänger im Einzelfall einen angemessenen Schutz der übermittelten Daten garantiert.

(3) Wenn personenbezogene Daten, die aus einem anderen Mitgliedstaat der Europäischen Union übermittelt oder zur Verfügung gestellt wurden, nach Abs. 1 übermittelt werden sollen, muss diese Übermittlung zuvor von der zuständigen Stelle des anderen Mitgliedstaats genehmigt werden. Übermittlungen ohne vorherige Genehmigung sind nur dann zulässig, wenn die Übermittlung erforderlich ist, um eine unmittelbare und ernsthafte Ge-

fahr für die öffentliche Sicherheit eines Mitgliedstaats oder eines Drittlandes oder für die wesentlichen Interessen eines Mitgliedstaats abzuwehren, und die vorherige Genehmigung nicht rechtzeitig eingeholt werden kann. Im Fall des Satz 2 ist die Stelle des anderen Mitgliedstaats, die für die Erteilung der Genehmigung zuständig gewesen wäre, unverzüglich über die Übermittlung zu unterrichten.

(4) Der Verantwortliche, der Daten nach Abs. 1 übermittelt, hat durch geeignete Maßnahmen sicherzustellen, dass der Empfänger die übermittelten Daten nur dann an Stellen in anderen Drittländern oder andere internationale Organisationen weiterübermittelt, wenn der Verantwortliche diese Übermittlung zuvor genehmigt hat. Bei der Entscheidung über die Erteilung der Genehmigung hat der Verantwortliche alle maßgeblichen Faktoren zu berücksichtigen, insbesondere die Schwere der Straftat, den Zweck der ursprünglichen Übermittlung und das in dem Drittland oder der internationalen Organisation, an das oder an die die Daten weiterübermittelt werden sollen, bestehende Schutzniveau für personenbezogene Daten. Eine Genehmigung darf nur dann erfolgen, wenn auch eine direkte Übermittlung an die Stelle im anderen Drittland oder die andere internationale Organisation zulässig wäre. Die Zuständigkeit für die Erteilung der Genehmigung kann auch abweichend geregelt werden.

§ 74 Datenübermittlung bei geeigneten Garantien

(1) Liegt entgegen § 73 Abs. 1 Nr. 2 kein Beschluss nach Art. 36 Abs. 3 der Richtlinie (EU) Nr. 2016/680 vor, ist eine Übermittlung bei Vorliegen der übrigen Voraussetzungen des § 73 auch dann zulässig, wenn

1. in einem rechtsverbindlichen Instrument geeignete Garantien für den Schutz personenbezogener Daten vorgesehen sind oder
2. der Verantwortliche nach Beurteilung aller Umstände, die bei der Übermittlung eine Rolle spielen, zu der Auffassung gelangt ist, dass geeignete Garantien für den Schutz personenbezogener Daten bestehen.

(2) Der Verantwortliche hat Übermittlungen nach Abs. 1 Nr. 2 zu dokumentieren. Die Dokumentation hat den Zeitpunkt der Übermittlung, Informationen über die empfangende zuständige Behörde, die Begründung der Übermittlung und die übermittelten personenbezogenen Daten zu enthalten. Sie ist der oder dem Hessischen Datenschutzbeauftragten auf Anforderung zur Verfügung zu stellen.

(3) Der Verantwortliche hat die Hessische Datenschutzbeauftragte oder den Hessischen Datenschutzbeauftragten zumindest jährlich über Übermittlungen zu unterrichten, die aufgrund einer Beurteilung nach Abs. 1 Nr. 2 erfolgt sind. In der Unterrichtung kann er die Empfänger und die Übermittlungszwecke angemessen kategorisieren.

§ 75 Ausnahmen für eine Datenübermittlung ohne geeignete Garantien

(1) Liegt entgegen § 73 Abs. 1 Nr. 2 kein Beschluss nach Art. 36 Abs. 3 der Richtlinie (EU) Nr. 2016/680 vor und liegen auch keine geeigneten Garantien im Sinne des § 74 Abs. 1 vor, ist eine Übermittlung bei Vorliegen der übrigen Voraussetzungen des § 73 auch dann zulässig, wenn die Übermittlung erforderlich ist

1. zum Schutz lebenswichtiger Interessen einer natürlichen Person,
2. zur Wahrung berechtigter Interessen der betroffenen Person,
3. zur Abwehr einer gegenwärtigen und erheblichen Gefahr für die öffentliche Sicherheit eines Staates,
4. im Einzelfall für die in § 40 genannten Zwecke oder
5. im Einzelfall zur Geltendmachung, Ausübung oder Verteidigung von Rechtsansprüchen im Zusammenhang mit den in § 40 genannten Zwecken.

(2) Der Verantwortliche hat von einer Übermittlung nach Abs. 1 abzusehen, wenn die Grundrechte der betroffenen Person das öffentliche Interesse an der Übermittlung überwiegen.

(3) Für Übermittlungen nach Abs. 1 gilt § 74 Abs. 2 und 3 entsprechend.

§ 76 Sonstige Datenübermittlung an Empfänger in Drittländern

(1) Verantwortliche können bei Vorliegen der übrigen für die Datenübermittlung in Drittländer geltenden Voraussetzungen im besonderen Einzelfall personenbezogene Daten unmittelbar an nicht in § 73 Abs. 1 Nr. 1 genannte Stellen in Drittländern übermitteln, wenn die Übermittlung zur Erfüllung ihrer Aufgaben für die in § 40 genannten Zwecke unbedingt erforderlich ist und

1. im konkreten Fall keine Grundrechte der betroffenen Person das öffentliche Interesse an einer Übermittlung überwiegen,
2. die Übermittlung an die in § 73 Abs. 1 Nr. 1 genannten Stellen wirkungslos oder ungeeignet wäre, insbesondere weil sie nicht rechtzeitig durchgeführt werden kann, und
3. der Verantwortliche dem Empfänger die Zwecke der Verarbeitung mitteilt und ihn darauf hinweist, dass die übermittelten Daten nur in dem Umfang verarbeitet werden dürfen, in dem ihre Verarbeitung für diese Zwecke erforderlich ist.

(2) Im Fall des Abs. 1 hat der Verantwortliche die in § 73 Abs. 1 Nr. 1 genannten Stellen unverzüglich über die Übermittlung zu unterrichten, sofern dies nicht wirkungslos oder ungeeignet ist.

(3) Für Übermittlungen nach Abs. 1 gilt § 74 Abs. 2 und 3 entsprechend.

(4) Bei Übermittlungen nach Abs. 1 hat der Verantwortliche den Empfänger zu verpflichten, die übermittelten personenbezogenen Daten ohne seine Zustimmung nur für den Zweck zu verarbeiten, für den sie übermittelt worden sind.

(5) Abkommen im Bereich der justiziellen Zusammenarbeit in Strafsachen und der polizeilichen Zusammenarbeit bleiben unberührt.

Sechster Abschnitt Zusammenarbeit der Aufsichtsbehörden

§ 77 Gegenseitige Amtshilfe

(1) Die oder der Hessische Datenschutzbeauftragte hat den Datenschutzaufsichtsbehörden in anderen Mitgliedstaaten der Europäischen Union Informationen zu übermitteln und Amtshilfe zu leisten, soweit dies für eine einheitliche Umsetzung und Anwendung der Richtlinie (EU) Nr. 2016/680 erforderlich ist. Die Amtshilfe betrifft insbesondere Auskunftsersuchen und aufsichtsbezogene Maßnahmen, beispielsweise Ersuchen um Konsultation oder um Vornahme von Nachprüfungen und Untersuchungen.

(2) Die oder der Hessische Datenschutzbeauftragte hat alle geeigneten Maßnahmen zu ergreifen, um Amtshilfeersuchen unverzüglich und spätestens innerhalb eines Monats nach deren Eingang nachzukommen.

(3) Die oder der Hessische Datenschutzbeauftragte darf Amtshilfeersuchen nur ablehnen, wenn

1. sie oder er für den Gegenstand des Ersuchens oder für die Maßnahmen, die sie oder er durchführen soll, nicht zuständig ist oder
2. ein Eingehen auf das Ersuchen gegen Rechtsvorschriften verstoßen würde.

(4) Die oder der Hessische Datenschutzbeauftragte hat die ersuchende Aufsichtsbehörde des anderen Staates über die Ergebnisse oder gegebenenfalls über den Fortgang der Maßnahmen zu informieren, die getroffen wurden, um dem Amtshilfeersuchen nachzukommen. Sie oder er hat im Fall des Abs. 3 die Gründe für die Ablehnung des Ersuchens zu erläutern.

(5) Die oder der Hessische Datenschutzbeauftragte hat die Informationen, um die sie oder er von der Aufsichtsbehörde des anderen Staates ersucht wurde, in der Regel elektronisch und in einem standardisierten Format zu übermitteln.

(6) Die oder der Hessische Datenschutzbeauftragte hat Amtshilfeersuchen kostenfrei zu erledigen, soweit sie oder er nicht im Einzelfall mit der Aufsichtsbehörde des anderen Staates die Erstattung entstandener Ausgaben vereinbart hat.

(7) Ein Amtshilfeersuchen der oder des Hessischen Datenschutzbeauftragten hat alle erforderlichen Informationen zu enthalten; hierzu gehören insbesondere der Zweck und die Be-

gründung des Ersuchens. Die auf das Ersuchen übermittelten Informationen dürfen ausschließlich zu dem Zweck verwendet werden, zu dem sie angefordert wurden.

Siebter Abschnitt
Haftung und Sanktionen

§ 78 Schadensersatz und Entschädigung

(1) Hat ein Verantwortlicher einer betroffenen Person durch eine Verarbeitung personenbezogener Daten, die nach diesem Gesetz oder nach anderen auf ihre Verarbeitung anwendbaren Vorschriften rechtswidrig war, einen Schaden zugefügt, ist er oder sein Rechtsträger der betroffenen Person zum Schadensersatz verpflichtet. Die Ersatzpflicht entfällt, soweit bei einer nicht automatisierten Verarbeitung der Schaden nicht auf ein Verschulden des Verantwortlichen zurückzuführen ist.

(2) Wegen eines Schadens, der nicht Vermögensschaden ist, kann die betroffene Person eine angemessene Entschädigung in Geld verlangen.

(3) Lässt sich bei einer automatisierten Verarbeitung personenbezogener Daten nicht ermitteln, welche von mehreren beteiligten Verantwortlichen den Schaden verursacht hat, so haftet jeder Verantwortliche beziehungsweise sein Rechtsträger.

(4) Bei einem Mitverschulden der betroffenen Person ist § 254 des Bürgerlichen Gesetzbuchs entsprechend anzuwenden.

(5) Auf die Verjährung finden die für unerlaubte Handlungen geltenden Verjährungsvorschriften des Bürgerlichen Gesetzbuchs entsprechende Anwendung.

(6) Weitergehende sonstige Schadensersatzansprüche bleiben unberührt.

(7) Der Rechtsweg zu den ordentlichen Gerichten steht offen.

§ 79 Strafvorschriften

Für Verarbeitungen personenbezogener Daten durch öffentliche Stellen im Rahmen von Tätigkeiten nach § 40 findet § 37 entsprechende Anwendung.

Vierter Teil
Informationsfreiheit

§ 80 Anspruch auf Informationszugang

(1) Jeder hat nach Maßgabe des Vierten Teils gegenüber öffentlichen Stellen Anspruch auf Zugang zu amtlichen Informationen (Informationszugang). Abweichend von § 2 Abs. 2 Satz 1 gelten insoweit auch öffentlich-rechtliche Unternehmen, die am Wettbewerb teilnehmen, als öffentliche Stellen. Amtliche Informationen sind alle amtlichen Zwecken dienende Aufzeichnungen, unabhängig von der Art ihrer Speicherung. Entwürfe und Notizen, die nicht Bestandteil eines Vorgangs werden sollen, gehören nicht dazu.

(2) Soweit besondere Rechtsvorschriften die Auskunftserteilung regeln, gehen sie den Vorschriften des Vierten Teils vor.

§ 81 Anwendungsbereich

(1) Nach Maßgabe des § 2 Abs. 1 bis 3 gelten die Vorschriften über den Informationszugang auch für

1. den Landtag, nur soweit er öffentlich-rechtliche Verwaltungsaufgaben wahrnimmt und auszuschließen ist, dass durch die Gewährung des Informationszugangs die Freiheit des Mandats, der Bereich der Abgeordneten- und Fraktionsangelegenheiten sowie die Nichtöffentlichkeit von Landtagsberatungen beeinträchtigt wird,
2. den Hessischen Rechnungshof, die Überörtliche Prüfung kommunaler Körperschaften in Hessen, den Landesbeauftragten für Wirtschaftlichkeit in der Verwaltung, soweit sie Verwaltungsaufgaben wahrnehmen, die nicht in Zusammenhang mit ihrer Kontroll- und Prüftätigkeit stehen,
3. die Hessische Datenschutzbeauftragte oder den Hessischen Datenschutzbeauftragten, soweit sie oder er allgemeine Verwaltungsaufgaben wahrnimmt,
4. die Gerichte, Strafverfolgungs- und Strafvollstreckungsbehörden und sonstige in § 40 Abs. 2 genannten Stellen, jedoch nur soweit sie öffentlich-rechtliche Verwaltungsaufgaben wahrnehmen und nicht,

soweit sie im Rahmen ihrer justiziellen Tätigkeit handeln,
5. Finanzbehörden, nur soweit sie nicht in Verfahren nach der Abgabenordnung tätig werden,
6. Universitätskliniken, Forschungseinrichtungen, Hochschulen, Schulen sowie sonstige öffentliche Stellen, soweit sie nicht in den Bereichen Forschung und Lehre, Leistungsbeurteilungen und Prüfungen tätig werden,
7. die Behörden und sonstigen öffentlichen Stellen der Gemeinden und Landkreise sowie deren Vereinigungen ungeachtet ihrer Rechtsform, soweit die Anwendung des Vierten Teils durch Satzung ausdrücklich bestimmt wird,
8. den Hessischen Rundfunk, soweit er Aufgaben der öffentlichen Verwaltung wahrnimmt, sowie die Hessische Landesanstalt für privaten Rundfunk und neue Medien, soweit sie nicht in den Bereichen Zulassung und Aufsicht tätig wird.

(2) Die Vorschriften des Vierten Teils gelten nicht für

1. die Polizeibehörden und das Landesamt für Verfassungsschutz,
2. die Landeskartellbehörde und die Regulierungskammer Hessen,
3. die Industrie- und Handelskammern und die Handwerkskammern,
4. Notarinnen und Notare,
5. die Disziplinarorgane im Rahmen ihrer disziplinarrechtlichen Tätigkeit.

(3) Soweit ein Informationszugang nach Abs. 1 oder 2 ausgeschlossen ist, gilt dies auch für Datei- und Aktenbestandteile, die sich in Dateien oder Akten anderer öffentlicher Stellen befinden.

§ 82 Schutz besonderer öffentlicher und privater Belange

Ein Anspruch auf Informationszugang besteht nicht

1. bei Verschlusssachen nach § 2 Abs. 1 des Hessischen Sicherheitsüberprüfungsgesetzes vom 19. Dezember 2014 (GVBl. S. 364),
2. bei Informationen, deren Bekanntwerden nachteilige Auswirkungen haben kann auf
   a) die inter- und supranationalen Beziehungen, die Beziehung zum Bund oder zu einem anderen Land,
   b) Belange der äußeren oder öffentlichen Sicherheit,
   c) die Kontroll-, Vollzugs- oder Aufsichtsaufgaben der Finanz-, Regulierungs-, Sparkassen, Versicherungs- und Wettbewerbsaufsichtsbehörden oder
   d) den Erfolg eines strafrechtlichen Ermittlungs- oder Strafvollstreckungsverfahrens oder den Verfahrensablauf eines Gerichts-, Ordnungswidrigkeiten- oder Disziplinarverfahrens,
3. bei einem Berufs- oder besonderen Amtsgeheimnis unterliegenden Datei- oder Akteninhalten,
4. bei zum persönlichen Lebensbereich gehörenden Geheimnissen oder Betriebs- oder Geschäftsgeheimnissen, sofern die betroffene Person nicht eingewilligt hat oder
5. soweit ein rein wirtschaftliches Interesse an den Informationen besteht.

§ 83 Schutz personenbezogener Daten

Der Informationszugang zu personenbezogenen Daten ist nur dann und soweit zulässig, wie ihre Übermittlung an eine nicht öffentliche Stelle zulässig ist.

§ 84 Schutz behördlicher Entscheidungsprozesse

(1) Der Antrag auf Informationszugang kann abgelehnt werden für Entwürfe zu Entscheidungen sowie für Arbeiten und Beschlüsse zu ihrer unmittelbaren Vorbereitung, soweit und solange durch die vorzeitige Bekanntgabe der Informationen der Erfolg der Entscheidung oder bevorstehender behördlicher Maßnahmen vereitelt würde. Nicht der unmittelbaren Entscheidungsvorbereitung nach Satz 1 dienen regelmäßig Ergebnisse der Beweiserhebung und Gutachten oder Stellungnahmen Dritter.

(2) Der Antrag auf Informationszugang ist abzulehnen,

1. wenn die Bekanntgabe der Information den Kernbereich der Willens- und Entscheidungsbildung der Landesregierung betrifft, oder
2. zu Protokollen vertraulicher Beratungen.

In den Fällen des Satz 1 besteht nach Abschluss des Entscheidungsprozesses Anspruch auf Informationszugang zu den Ergebnisprotokollen, soweit sie nicht vertraulich sind.

§ 85 Antrag

(1) Ein Informationszugang wird auf Antrag bei der Stelle, die über die begehrten Informationen verfügt (informationspflichtige Stelle) gewährt. Ist die angerufene Stelle nicht die informationspflichtige Stelle, soll sie der antragstellenden Person die informationspflichtige Stelle benennen.

(2) Im Antrag sollen die begehrten Informationen möglichst genau umschrieben werden. Ein Antrag, der auf allgemeines Behördenhandeln gerichtet ist und sich auf Informationen bezieht, die aus einer Vielzahl von Aktenvorgängen oder Informationsträgern zusammengetragen werden müssen, kann abgelehnt werden, wenn der Informationszugang nur mit unverhältnismäßigem Verwaltungsaufwand möglich wäre. Sofern der antragstellenden Person Angaben zur Umschreibung der begehrten Informationen fehlen, ist die angerufene informationspflichtige Stelle zur Beratung verpflichtet.

(3) Betrifft der Antrag Daten Dritter im Sinne der §§ 82 und 83, muss er begründet werden.

§ 86 Verfahren bei Beteiligung Dritter

Die informationspflichtige Stelle gibt einem Dritten, dessen Belange durch den Antrag auf Informationszugang berührt sind, schriftlich Gelegenheit zur Stellungnahme innerhalb eines Monats, sofern Anhaltspunkte dafür vorliegen, dass er ein schutzwürdiges Interesse am Ausschluss des Informationszugangs haben kann. Die Einwilligung des Dritten zum Informationszugang der antragstellenden Person gilt als verweigert, wenn sie nicht innerhalb eines Monats nach Anfrage durch die zuständige Stelle vorliegt.

§ 87 Entscheidung

(1) Die informationspflichtige Stelle hat unverzüglich, spätestens innerhalb eines Monats, in den Fällen des § 86 spätestens innerhalb von drei Monaten nach Eingang des hinreichend bestimmten Antrags zu entscheiden. In den Fällen des § 86 ist die Entscheidung auch dem Dritten bekannt zu geben.

(2) Soweit dem Antrag stattgegeben wird, sind die Informationen innerhalb der in Abs. 1 Satz 1 genannten Frist zugänglich zu machen. In den Fällen des § 86 darf der Informationszugang erst gewährt werden, wenn die Entscheidung dem Dritten gegenüber bestandskräftig ist oder die sofortige Vollstreckung angeordnet wurde und seit der Bekanntgabe der Anordnung an den Dritten zwei Wochen verstrichen sind.

(3) Die Ablehnung oder teilweise Ablehnung des beantragten Informationszugangs ist innerhalb der in Abs. 1 Satz 1 genannten Frist schriftlich bekannt zu geben und zu begründen. Darüber hinaus ist mitzuteilen, ob und wann ein Informationszugang ganz oder teilweise zu einem späteren Zeitpunkt voraussichtlich möglich sein könnte.

(4) Können die Informationen nicht oder nicht vollständig innerhalb der in Abs. 1 Satz 1 genannten Fristen zugänglich gemacht werden oder erfordern Umfang oder Komplexität eine intensive Prüfung, so kann die informationspflichtige Stelle die Frist um einen Monat verlängern. Die antragstellende Person ist über die Fristverlängerung unter Angabe der maßgeblichen Gründe schriftlich zu informieren.

(5) Für Streitigkeiten nach diesem Teil des Gesetzes ist der Verwaltungsrechtsweg gegeben. Ein Vorverfahren nach § 68 der Verwaltungsgerichtsordnung findet nicht statt.

§ 88 Kosten

(1) Die Erteilung mündlicher und einfacher schriftlicher Auskünfte sowie die Einsichtnahme in Dateien und Akten vor Ort nach dem Vierten Teil dieses Gesetzes sind kostenfrei. Für sonstige Amtshandlungen nach diesem Teil werden Kosten (Gebühren und Auslagen) nach Maßgabe des Hessischen Verwaltungskostengesetzes erhoben. Von § 9 des Hessi-

schen Verwaltungskostengesetzes gelten nur Abs. 1 Satz 1 Nr. 6, insoweit mit der Maßgabe, dass Auslagen für Ausfertigungen, Abschriften und Kopien 0,20 Euro je Seite nicht überschreiten dürfen, und Abs. 5. Die Gebühren sind auch unter Berücksichtigung des Verwaltungsaufwandes so zu bemessen, dass die antragstellenden Personen dadurch nicht von der Geltendmachung ihres Informationsanspruchs nach § 80 Abs. 1 abgehalten werden.

(2) Im Fall des § 81 Abs. 1 Nr. 7 werden Kosten nach Maßgabe der Satzung erhoben.

§ 89 Die oder der Hessische Informationsfreiheitsbeauftragte

(1) Jeder, der sich in seinem Recht nach dem Vierten Teil verletzt sieht, kann unbeschadet anderweitiger Rechtsbehelfe die Hessische Informationsfreiheitsbeauftragte oder den Hessischen Informationsfreiheitsbeauftragten anrufen.

(2) Die Aufgabe der oder des Hessischen Informationsfreiheitsbeauftragten wird von der oder dem Hessischen Datenschutzbeauftragten wahrgenommen.

(3) Die auskunftspflichtigen Stellen sind verpflichtet, die Hessische Informationsfreiheitsbeauftragte oder den Hessischen Informationsfreiheitsbeauftragten und ihre oder seine Beauftragten in der Erfüllung ihrer Aufgaben zu unterstützen. Der oder dem Hessischen Informationsfreiheitsbeauftragten ist dabei insbesondere

1. hinsichtlich des Anliegens, dessentwegen sie oder er angerufen wurde, Auskunft zu erteilen und Einsicht in betreffenden Dateien und Akten zu verschaffen und
2. Zutritt zu den Diensträumen zu gewähren.

Stellt die oder der Hessische Informationsfreiheitsbeauftragte Verstöße gegen die Vorschriften des Vierten Teils fest, kann sie oder er ihre Behebung in angemessener Frist fordern. Darüber ist die zuständige Aufsichtsbehörde zu unterrichten.

(4) Zum 31. Dezember jedes Jahres hat die oder der Hessische Informationsfreiheitsbeauftragte dem Landtag und der Landesregierung einen Bericht über ihre oder seine Tätigkeit vorzulegen. Die Landesregierung legt ihre Stellungnahme zu dem Bericht dem Landtag vor.

Fünfter Teil
Übergangs- und Schlussvorschriften

§ 90 Übergangsvorschriften

(1) Vor dem 6. Mai 2016 eingerichtete automatisierte Verarbeitungssysteme sind zeitnah, in Ausnahmefällen, in denen dies mit einem unverhältnismäßigen Aufwand verbunden ist, jedoch spätestens bis zum 6. Mai 2023, mit § 71 Abs. 1 und 2 in Einklang zu bringen.

(2) Für die Person, die am 24. Mai 2018 das Amt der oder des Hessischen Datenschutzbeauftragten innehat, gilt bis zur ersten Wahl der oder des Hessischen Datenschutzbeauftragten nach dem 25. Mai 2018 § 21 Abs. 4 Satz 1 in der bis zum 24. Mai 2018 geltenden Fassung fort.

§ 91 Inkrafttreten

Dieses Gesetz tritt am 25. Mai 2018 in Kraft.

X

Anlage

Verwaltungskostenverzeichnis

Nr.	Gegenstand	Bemessungsgrundlage	Gebühr EUR
1	2	3	4
1	**Gebühren**		
11	**Auskünfte, Akteneinsicht**		
111	schriftliche Auskünfte Einfache schriftliche Auskünfte sind kostenfrei, soweit sie nicht aus Registern oder Dateien erteilt werden.		30 bis 600
112	Gewährung von Einsicht in amtliche Akten, Karteien, Datenträger usw. Die Auslagen sind mit der Gebühr nach Nr. 1121 bis 1123 abgegolten.		
1121	für Personen, die nicht am Verfahren beteiligt sind oder deren Verfahren abgeschlossen ist und die nicht betroffene Person im Sinne der Verordnung (EU) Nr. 2016/679 sind		10 bis 600
1122	für Personen, die am Verfahren beteiligt sind, aber nicht betroffene Person im Sinne der Verordnung (EU) Nr. 2016/679 sind		kostenfrei
1123	zusätzlich 1121 oder 1122 für das Versenden von Akten oder Kopien aus Akten, auch von Bußgeldakten außerhalb eines Bußgeldverfahrens	je Sendung	12
12	**Missbrauchsgebühr**		
121	Missbrauchsgebühr nach Art. 57 Abs. 4 der Verordnung (EU) Nr. 2016/679 oder § 13 Abs. 10		100 bis 1000
13	**Überprüfungen der Datenverarbeitungen nach der Verordnung (EU) Nr. 2016/679**		
131	Überprüfung der Datenverarbeitung nach Art. 57 Abs. 1 Buchst. a mit besonderem Verwaltungsaufwand Die Gebühr wird nur erhoben, wenn ein Verstoß festgestellt und eine Maßnahme nach Art. 58 Abs. 2 Buchst. b bis g getroffen wird.		500 bis 15 000
132	Aussetzung einer Übermittlung von Daten an einen Empfänger in einem Drittland oder an eine internationale Organisation nach Art. 58 Abs. 2 Buchst. j		500 bis 5000

X

Nr.	Gegenstand	Bemessungsgrundlage	Gebühr EUR
1	2	3	4
14	**Stellungnahmen und Genehmigungen nach der Verordnung (EU) Nr. 2016/679**		
141	Beratung im Rahmen einer Datenschutz-Folgenabschätzung nach Art. 58 Abs. 3 Buchst. a einschließlich einer Genehmigung nach Art. 36 Abs. 5		500 bis 5000
142	Stellungnahme zu und Billigung von Verhaltensregeln nach Art. 58 Abs. 3 Buchst. d in Verbindung mit Art. 40 Abs. 5		500 bis 5000
143	Erteilung einer Zertifizierung oder Billigung von Kriterien für eine Zertifizierung nach Art. 58 Abs. 3 Buchst. f in Verbindung mit Art. 42 Abs. 5		1000 bis 30 000
144	Genehmigung von Vertragsklauseln nach Art. 58 Abs. 3 Buchst. h in Verbindung mit Art. 46 Abs. 3 Buchst. a		500 bis 15 000
145	Genehmigung von verbindlichen internen Vorschriften nach Art. 58 Abs. 3 Buchst. j in Verbindung mit Art. 47		500 bis 15 000
2	**Auslagen**		
21	Anfertigung von Kopien unabhängig von der Art der Herstellung bis DIN A 3 – die vom Kostenschuldner besonders beantragt oder – die aus vom Kostenschuldner zu vertretenden Gründen notwendig wurden	je Seite	0,20

X

Gesetz zum Schutz vor den Gefahren des Passivrauchens (Hessisches Nichtraucherschutzgesetz – HessNRSG)

Vom 6. September 2007 (GVBl. I S. 568)

Zuletzt geändert durch
Zweites Gesetz zur Änderung des Hessischen Nichtraucherschutzgesetzes
vom 11. November 2021 (GVBl. S. 706)

§ 1 Rauchverbot

(1) Das Rauchen einschließlich der Benutzung von elektronischen Zigaretten und Tabakerhitzern ist verboten in Gebäuden und sonstigen umschlossenen Räumen

1. von Behörden und sonstigen öffentlichen Stellen sowie von öffentlichen Einrichtungen des Landes, der Gemeinden und Landkreise und von sonstigen der Aufsicht des Landes unterstehenden juristischen Personen des öffentlichen Rechts sowie deren Vereinigungen ungeachtet ihrer Rechtsform, sowie des Hessischen Landtags,
2. des Hessischen Rundfunks,
3. von Krankenhäusern sowie Vorsorge- und Rehabilitationseinrichtungen nach § 107 des Fünften Buches Sozialgesetzbuch und Privatkrankenanstalten nach § 30 Abs. 1 Satz 1 der Gewerbeordnung in der Fassung der Bekanntmachung vom 22. Februar 1999 (BGBl. I S. 202), zuletzt geändert durch Gesetz vom 10. August 2021 (BGBl. I S. 3504),
4. von Einrichtungen des Maßregelvollzugs nach den §§ 63 und 64 des Strafgesetzbuchs und § 2 des Maßregelvollzugsgesetzes vom 3. Dezember 1981 (GVBl. I S. 414, 440), zuletzt geändert durch Gesetz vom 3. Mai 2018 (GVBl. S. 82),
5. von Sportanlagen im Sinne des § 1 Abs. 2 der Sportanlagenlärmschutzverordnung vom 18. Juli 1991 (BGBl. I S. 1588, 1790), zuletzt geändert durch Verordnung vom 8. Oktober 2021 (BGBl. I S. 4644),
6. von Theatern, Museen, Kinos, Konzertsälen sowie sonstigen kulturellen und wissenschaftlichen Einrichtungen, soweit sie der Öffentlichkeit zugänglich sind,
7. von Hochschulen nach § 2 des Hessischen Hochschulgesetzes vom 14. Dezember 2009 (GVBl. I S. 666), zuletzt geändert durch Gesetz vom 30. September 2021 (GVBl. S. 622), staatlich anerkannten Hochschulen nach § 91 des Hessischen Hochschulgesetzes, staatlich anerkannten Berufsakademien nach dem Gesetz über die staatliche Anerkennung von Berufsakademien vom 15. September 2016 (GVBl. S. 162), geändert durch Gesetz vom 18. Dezember 2017 (GVBl. S. 482), Einrichtungen der Weiterbildung im Sinne des § 1 Abs. 1 und 2 des Hessischen Weiterbildungsgesetzes vom 25. August 2001 (GVBl. I S. 370), zuletzt geändert durch Gesetz vom 7. Mai 2020 (GVBl. S. 318), sowie von Studierendenwohnheimen in öffentlicher und freier Trägerschaft, die gemeinschaftlich genutzt werden,
8. von Heimen im Sinne des § 1 des Heimgesetzes in der Fassung der Bekanntmachung vom 5. November 2001 (BGBl. I S. 2970), zuletzt geändert durch Gesetz vom 29. Juli 2009 (BGBl. I S. 2319),
9. von Einrichtungen der Kinder- und Jugendhilfe nach dem Achten Buch Sozialgesetzbuch,
10. von Flughäfen mit gewerblichem Luftverkehr, die öffentlich zugänglich sind,
11. von Gaststätten im Sinne des § 1 Abs. 2 des Hessischen Gaststättengesetzes vom 28. März 2012 (GVBl. S. 50), zuletzt geändert durch Gesetz vom 7. Juli 2021 (GVBl. S. 346).

(2) Das Rauchen einschließlich der Benutzung von elektronischen Zigaretten und Tabakerhitzern ist verboten auf ausgewiesenen öffentlich zugänglichen Kinderspielplätzen.

(3) Rauchverbote in anderen Vorschriften bleiben unberührt.

§ 2 Ausnahmen vom Rauchverbot

(1) Vollständig abgetrennte Räume in Einrichtungen nach § 1 Abs. 1 Nr. 1, 2, 6, 8 und 10 sind vom Rauchverbot ausgenommen, wenn die Räume so beschaffen sind, dass andere Personen durch den Rauch nicht beeinträchtigt werden.

(2) In ausgewiesenen Vernehmungsräumen von Polizeibehörden und Staatsanwaltschaften gilt das Rauchverbot nicht, wenn die Leiterin oder der Leiter der Vernehmung der zu vernehmenden Person das Rauchen im Einzelfall gestattet. Dies gilt für gerichtliche Vernehmungen entsprechend.

(3) Räume, die Wohnzwecken dienen und den Bewohnerinnen und Bewohnern zur ausschließlichen Nutzung überlassen sind, sind vom Rauchverbot ausgenommen.

(4) In Einrichtungen nach § 1 Abs. 1 Nr. 3 und 4 können aufgrund ärztlicher Entscheidung im Einzelfall Ausnahmen für solche Patientinnen und Patienten sowie für Untergebrachte zugelassen werden, bei denen dies aus medizinischen oder sonstigen gewichtigen Gründen geboten erscheint, wenn gewährleistet ist, dass andere Personen durch den Rauch nicht beeinträchtigt werden.

(5) Das Rauchverbot nach § 1 Abs. 1 Nr. 11 gilt nicht

1. in vollständig abgetrennten Nebenräumen von Gaststätten,
2. in Gaststätten mit weniger als 75 Quadratmetern Gastfläche und ohne vollständig abgetrennten Nebenraum, wenn keine oder nur kalte und einfach zubereitete warme Speisen verabreicht werden,
3. in Gaststätten und vollständig abgetrennten Nebenräumen, wenn ausschließlich individuell bestimmte Personen aufgrund einer personengebundenen Einladung des Veranstalters bewirtet werden, anderen Personen der Zutritt nicht gestattet ist und die Veranstaltung nicht gewerblichen Zwecken dient (geschlossene Gesellschaft),
4. in Spielbanken im Sinne des Hessischen Spielbankgesetzes vom 15. November 2007 (GVBl. I S. 753), zuletzt geändert durch Gesetz vom 13. Dezember 2017 (GVBl. S. 426).

In den Fällen von Satz 1 Nr. 1 und 2 ist Personen, die das 18. Lebensjahr noch nicht vollendet haben, der Zutritt zu diesen Räumen verboten.

(6) Durch Rechtsverordnung der für die öffentliche Gesundheitsvorsorge zuständigen Ministerin oder des hierfür zuständigen Ministers können weitere Ausnahmen zugelassen werden, wenn durch technische Vorkehrungen ein gleichwertiger Schutz vor den Gefahren des Passivrauchens wie bei einem Rauchverbot gewährleistet werden kann.

§ 3 Hinweis- und Kennzeichnungspflichten

(1) Auf das Rauchverbot ist im Eingangsbereich der in § 1 Abs. 1 und 2 genannten Einrichtungen gut sichtbar hinzuweisen.

(2) Räume nach § 2 Abs. 1 sind als Raucherraum im Eingangsbereich gut sichtbar zu kennzeichnen.

(3) Nebenräume nach § 2 Abs. 5 Nr. 1 sind als Raucherraum und Gaststätten nach § 2 Abs. 5 Nr. 2 sind als Rauchergaststätte im Eingangsbereich gut sichtbar zu kennzeichnen. Auf das Zutrittsverbot nach § 2 Abs. 5 Satz 2 und auf geschlossene Gesellschaften nach § 2 Abs. 5 Nr. 3 ist im Eingangsbereich der Gaststätte oder des vollständig abgetrennten Nebenraums gut sichtbar hinzuweisen.

§ 4 Verantwortlichkeit

Verantwortlich für die Durchsetzung des Rauchverbots nach § 1 Abs. 1 und 2, des Zutrittsverbots nach § 2 Abs. 5 Satz 2 und für die Erfüllung der Hinweis- und Kennzeichnungspflichten nach § 3 sind im Rahmen ihrer Befugnisse:

1. die Leitung der in § 1 Abs. 1 Nr. 1 bis 9 bezeichneten Einrichtungen,

2. die Betreiberin oder der Betreiber der in § 1 Abs. 1 Nr. 10 und 11 sowie Abs. 2 genannten Einrichtungen.

§ 5 Ordnungswidrigkeiten

(1) Ordnungswidrig handelt, wer vorsätzlich oder fahrlässig

1. dem Rauchverbot nach § 1 Abs. 1 und 2 zuwiderhandelt,
2. den Hinweis- und Kennzeichnungspflichten nach § 3 zuwiderhandelt,
3. entgegen seiner Verpflichtung zur Durchsetzung des Rauch- oder Zutrittsverbots nach § 4 keine geeigneten Maßnahmen ergreift, um Verstöße zu unterbinden und weitere Verstöße zu verhindern.

(2) Die Ordnungswidrigkeit kann

1. im Fall von Abs. 1 Nr. 1 mit einer Geldbuße bis zu 200 Euro,
2. im Fall von Abs. 1 Nr. 2 und 3 mit einer Geldbuße bis zu 2500 Euro geahndet werden.

(3) Zuständig für die Verfolgung und Ahndung von Ordnungswidrigkeiten ist der Gemeindevorstand als Gefahrenabwehrbehörde nach § 82 des Hessischen Gesetzes über die öffentliche Sicherheit und Ordnung.

§ 6 Inkrafttreten, Außerkrafttreten

Dieses Gesetz tritt am 1. Oktober 2007 in Kraft. Es tritt mit Ablauf des 31. Dezember 2028 außer Kraft.

Stichwortverzeichnis

Sie finden das jeweilige Stichwort über die fettgedruckte Angabe der Leitziffer, gefolgt von der Vorschriftenabkürzung.
Beispiel: II.1/HLVO verweist auf die Leitziffer II.1; es wurde in Kapitel II in der Ordnungsziffer 1 die Hessische Laufbahnverordnung eingeordnet. Im angegebenen Paragraphen bzw. Artikel finden Sie den gesuchten Begriff.

XI

XI

XI

XI

2026	JANUAR	FEBRUAR	MÄRZ
Montag	5 12 19 26	2 9 16 23	2 9 16 23 30
Dienstag	**6** 13 20 27	3 10 17 24	3 10 17 24 31
Mittwoch	7 14 21 28	4 11 18 25	4 11 18 25
Donnerstag	**1** 8 15 22 29	5 12 19 26	5 12 19 26
Freitag	2 9 16 23 30	6 13 20 27	6 13 20 27
Samstag	3 10 17 24 31	7 14 21 28	7 14 21 28
Sonntag	**4 11 18 25**	**1 8 15 22**	**1 8 15 22 29**

	APRIL	MAI	JUNI
Montag	**6** 13 20 27	4 11 18 **25**	1 8 15 22 29
Dienstag	7 14 21 28	5 12 19 26	2 9 16 23 30
Mittwoch	1 8 15 22 29	6 13 20 27	3 10 17 24
Donnerstag	2 9 16 23 30	7 **14** 21 28	**4** 11 18 25
Freitag	**3** 10 17 24	**1** 8 15 22 29	5 12 19 26
Samstag	4 11 18 25	2 9 16 23 30	6 13 20 27
Sonntag	**5 12 19 26**	**3 10 17 24 31**	**7 14 21 28**

	JULI	AUGUST	SEPTEMBER
Montag	6 13 20 27	3 10 17 24 31	7 14 21 28
Dienstag	7 14 21 28	4 11 18 25	1 8 15 22 29
Mittwoch	1 8 15 22 29	5 12 19 26	2 9 16 23 30
Donnerstag	2 9 16 23 30	6 13 20 27	3 10 17 24
Freitag	3 10 17 24 31	7 14 21 28	4 11 18 25
Samstag	4 11 18 25	1 **8** **15** 22 29	5 12 19 26
Sonntag	**5 12 19 26**	**2 9 16 23 30**	**6 13 20 27**

	OKTOBER	NOVEMBER	DEZEMBER
Montag	5 12 19 26	2 9 16 23 30	7 14 21 28
Dienstag	6 13 20 27	3 10 17 24	1 8 15 22 29
Mittwoch	7 14 21 28	4 11 **18** 25	2 9 16 23 30
Donnerstag	1 8 15 22 29	5 12 19 26	3 10 17 24 31
Freitag	2 9 16 23 30	6 13 20 27	4 11 18 **25**
Samstag	**3** 10 17 24 **31**	7 14 21 28	5 12 19 **26**
Sonntag	**4 11 18 25**	**1 8 15 22 29**	**6 13 20 27**

Neujahr 1. Januar, Hl. Drei Könige 6. Januar, Weltfrauentag 8. März, Karfreitag 3. April, Ostern 5. und 6. April, Tag der Arbeit 1. Mai, Christi Himmelfahrt 14. Mai, Pfingsten 24. und 25. Mai, Fronleichnam 4. Juni, Friedensfest Augsburg 8. August, Mariä Himmelfahrt 15. August, Weltkindertag 20. September, Tag der Dt. Einheit 3. Oktober, Reformationstag 31. Oktober, Allerheiligen 1. November, Buß- und Bettag 18. November, Weihnachten 25. und 26. Dezember

XII

2027	JANUAR					FEBRUAR				MÄRZ				
Montag		4	11	18	25	1	8	15	22	1	**8**	15	22	**29**
Dienstag		5	12	19	26	2	9	16	23	2	9	16	23	30
Mittwoch		**6**	13	20	27	3	10	17	24	3	10	17	24	31
Donnerstag		7	14	21	28	4	11	18	25	4	11	18	25	
Freitag	**1**	8	15	22	29	5	12	19	26	5	12	19	**26**	
Samstag	2	9	16	23	30	6	13	20	27	6	13	20	27	
Sonntag	**3**	**10**	**17**	**24**	**31**	**7**	**14**	**21**	**28**	**7**	**14**	**21**	**28**	

	APRIL					MAI						JUNI				
Montag		5	12	19	26		3	10	**17**	24	31		7	14	21	28
Dienstag		6	13	20	27		4	11	18	25		1	8	15	22	29
Mittwoch		7	14	21	28		5	12	19	26		2	9	16	23	30
Donnerstag	1	8	15	22	29		**6**	13	20	**27**		3	10	17	24	
Freitag	2	9	16	23	30		7	14	21	28		4	11	18	25	
Samstag	3	10	17	24		**1**	8	15	22	29		5	12	19	26	
Sonntag	**4**	**11**	**18**	**25**		**2**	**9**	**16**	**23**	**30**		**6**	**13**	**20**	**27**	

	JULI					AUGUST						SEPTEMBER				
Montag		5	12	19	26		2	9	16	23	30		6	13	**20**	27
Dienstag		6	13	20	27		3	10	17	24	31		7	14	21	28
Mittwoch		7	14	21	28		4	11	18	25		1	8	15	22	29
Donnerstag	1	8	15	22	29		5	12	19	26		2	9	16	23	30
Freitag	2	9	16	23	30		6	13	20	27		3	10	17	24	
Samstag	3	10	17	24	31		7	14	21	28		4	11	18	25	
Sonntag	**4**	**11**	**18**	**25**		**1**	**8**	**15**	**22**	**29**		**5**	**12**	**19**	**26**	

	OKTOBER					NOVEMBER					DEZEMBER				
Montag		4	11	18	25	**1**	8	15	22	29		6	13	20	27
Dienstag		5	12	19	26	2	9	16	23	30		7	14	21	28
Mittwoch		6	13	20	27	3	10	**17**	24		1	8	15	22	29
Donnerstag		7	14	21	28	4	11	18	25		2	9	16	23	30
Freitag	1	8	15	22	29	5	12	19	26		3	10	17	24	31
Samstag	2	9	16	23	30	6	13	20	27		4	11	18	**25**	
Sonntag	**3**	**10**	**17**	**24**	**31**	**7**	**14**	**21**	**28**		**5**	**12**	**19**	**26**	

Neujahr 1. Januar, Hl. Drei Könige 6. Januar, Weltfrauentag 8. März, Karfreitag 26. März, Ostern 28. und 29. März, Tag der Arbeit 1. Mai, Christi Himmelfahrt 6. Mai, Pfingsten 16. und 17. Mai, Fronleichnam 27. Mai, Friedensfest Augsburg 8. August, Mariä Himmelfahrt 15. August, Weltkindertag 20. September, Tag der Dt. Einheit 3. Oktober, Reformationstag 31. Oktober, Allerheiligen 1. November, Buß- und Bettag 17. November, Weihnachten 25. und 26. Dezember

JANUAR

1	**Do**	**Neujahr**		**1**
2	Fr			
3	Sa		○	
4	**So**			
5	Mo			**2**
6	**Di**	**Heilige Drei Könige[1]**		
7	Mi			
8	Do			
9	Fr			
10	Sa		◑	
11	**So**			
12	Mo			**3**
13	Di			
14	Mi			
15	Do			
16	Fr			
17	Sa			
18	**So**		●	
19	Mo			**4**
20	Di			
21	Mi			
22	Do			
23	Fr			
24	Sa			
25	**So**			
26	Mo		◐	**5**
27	Di			
28	Mi			
29	Do			
30	Fr			
31	Sa			

1 Gesetzlicher Feiertag in Baden-Württemberg, Bayern und Sachsen-Anhalt

FEBRUAR

1	**So**		○	
2	Mo			**6**
3	Di			
4	Mi			
5	Do			
6	Fr			
7	Sa			
8	**So**			
9	Mo		◑	**7**
10	Di			
11	Mi			
12	Do			
13	Fr			
14	Sa	Valentinstag		
15	**So**			
16	Mo	Rosenmontag		**8**
17	Di	Fastnacht	●	
18	Mi	Aschermittwoch		
19	Do			
20	Fr			
21	Sa			
22	**So**			
23	Mo			**9**
24	Di		◐	
25	Mi			
26	Do			
27	Fr			
28	Sa			

● = Neumond, ○ = Vollmond, ◑ = Halbmond, abnehmend, ◐ = Halbmond, zunnehmend, ⊗ = Mondfinsternis, Vollmond

XII

MÄRZ

1	**So**		
2	Mo		**10**
3	Di		○
4	Mi		
5	Do		
6	Fr		
7	Sa		
8	**So**	**Weltfrauentag**[1]	
9	Mo		**11**
10	Di		
11	Mi		◑
12	Do		
13	Fr		
14	Sa		
15	**So**		
16	Mo		**12**
17	Di		
18	Mi		
19	Do		●
20	Fr	Frühlingsanfang	
21	Sa		
22	**So**		
23	Mo		**13**
24	Di		
25	Mi		◐
26	Do		
27	Fr		
28	Sa		
29	**So**	Beginn der Sommerzeit	
30	Mo		**14**
31	Di		

1 Gesetzlicher Feiertag in Berlin und Mecklenburg-Vorpommern

APRIL

1	Mi		
2	Do		○
3	**Fr**	**Karfreitag**	
4	Sa		
5	**So**	**Ostersonntag**	
6	**Mo**	**Ostermontag**	**15**
7	Di		
8	Mi		
9	Do		
10	Fr		◑
11	Sa		
12	**So**		
13	Mo		**16**
14	Di		
15	Mi		
16	Do		
17	Fr		●
18	Sa		
19	**So**		
20	Mo		**17**
21	Di		
22	Mo		
23	Do		
24	Fr		◐
25	Sa		
26	**So**		
27	Mo		**18**
28	Di		
29	Mi		
30	Do		

MAI

1	**Fr**	**Tag der Arbeit**	○	
2	Sa			
3	**So**			
4	Mo			**19**
5	Di			
6	Mi			
7	Do			
8	Fr			
9	Sa		◑	
10	**So**	Muttertag		
11	Mo			**20**
12	Di			
13	Mi			
14	**Do**	**Christi Himmelfahrt**		
15	Fr			
16	Sa		●	
17	**So**			
18	Mo			**21**
19	Di			
20	Mi			
21	Do			
22	Fr			
23	Sa		◐	
24	**So**	**Pfingstsonntag**		
25	**Mo**	**Pfingstmontag**		**22**
26	Di			
27	Mi			
28	Do			
29	Fr			
30	Sa			
31	**So**		○	

JUNI

1	Mo			**23**
2	Di			
3	Mi			
4	**Do**	**Fronleichnam**[1]		
5	Fr			
6	Sa			
7	**So**			
8	Mo		◑	**24**
9	Di			
10	Mi			
11	Do			
12	Fr			
13	Sa			
14	**So**			
15	Mo		●	**25**
16	Di			
17	Mi			
18	Do			
19	Fr			
20	Sa			
21	**So**	Sommeranfang		
22	Mo		◐	**26**
23	Di			
24	Mi			
25	Do			
26	Fr			
27	Sa			
28	**So**			
29	Mo			**27**
30	Di		○	

1 Gesetzlicher Feiertag in Baden-Württemberg, Bayern, Hessen, Nordrhein-Westfalen, Rheinland-Pfalz, Saarland und teilweise in Sachsen und Thüringen

JULI

1	Mi		
2	Do		
3	Fr		
4	Sa		
5	**So**		
6	Mo		**28**
7	Di	◑	
8	Mi		
9	Do		
10	Fr		
11	Sa		
12	**So**		
13	Mo		**29**
14	Di	●	
15	Mi		
16	Do		
17	Fr		
18	Sa		
19	**So**		
20	Mo		**30**
21	Di	◐	
22	Mi		
23	Do		
24	Fr		
25	Sa		
26	**So**		
27	Mo		**31**
28	Di		
29	Mi	○	
30	Do		
31	Fr		

AUGUST

1	Sa		
2	**So**		
3	Mo		**32**
4	Di		
5	Mi		
6	Do	◑	
7	Fr		
8	**Sa**	**Friedensfest**[1]	
9	**So**		
10	Mo		**33**
11	Di		
12	Mi	●	
13	Do		
14	Fr		
15	**Sa**	**Mariä Himmelfahrt**[2]	
16	**So**		
17	Mo		**34**
18	Di		
19	Mi		
20	Do	◐	
21	Fr		
22	Sa		
23	**So**		
24	Mo		**35**
25	Di		
26	Mi		
27	Do		
28	Fr	⊗	
29	Sa		
30	**So**		
31	Mo		**36**

1 Gesetzlicher Feiertag im Stadtkreis Augsburg
2 Gesetzlicher Feiertag teilweise in Bayern und im Saarland

XII

SEPTEMBER

1	Di			
2	Mi			
3	Do			
4	Fr		◑	
5	Sa			
6	**So**			
7	Mo			**37**
8	Di			
9	Mi			
10	Do			
11	Fr		●	
12	Sa			
13	**So**			
14	Mo			**38**
15	Di			
16	Mi			
17	Do			
18	Fr		◐	
19	Sa			
20	**So**	**Weltkindertag**[1]		
21	Mo			**39**
22	Di			
23	Mi	Herbstanfang		
24	Do			
25	Fr			
26	Sa		○	
27	**So**			
28	Mo			**40**
29	Di			
30	Mi			

1 Gesetzlicher Feiertag in Thüringen

OKTOBER

1	Do			
2	Fr			
3	**Sa**	**Tag der Deutschen Einheit**	◑	
4	**So**	Erntedankfest		
5	Mo			**41**
6	Di			
7	Mi			
8	Do			
9	Fr			
10	Sa		●	
11	**So**			
12	Mo			**42**
13	Di			
14	Mi			
15	Do			
16	Fr			
17	Sa			
18	**So**		◐	
19	Mo			**43**
20	Di			
21	Mi			
22	Do			
23	Fr			
24	Sa			
25	**So**	Ende der Sommerzeit		
26	Mo		○	**44**
27	Di			
28	Mi			
29	Do			
30	Fr			
31	**Sa**	**Reformationstag**[2]		

1 Gesetzlicher Feiertag in Brandenburg, Bremen, Hamburg, Mecklenburg-Vorpommern, Niedersachsen, Sachsen, Schleswig-Holstein, Sachsen-Anhalt und Thüringen

XII

NOVEMBER

1	**So**	**Allerheiligen**[1]	◑	
2	Mo			**45**
3	Di			
4	Mi			
5	Do			
6	Fr			
7	Sa			
8	**So**			
9	Mo		●	**46**
10	Di			
11	Mi			
12	Do			
13	Fr			
14	Sa			
15	**So**	Volkstrauertag		
16	Mo			**47**
17	Di		◐	
18	**Mi**	**Buß- und Bettag**[2]		
19	Do			
20	Fr			
21	Sa			
22	**So**	Totensonntag		
23	Mo			**48**
24	Di		○	
25	Mi			
26	Do			
27	Fr			
28	Sa			
29	**So**	1. Advent		
30	Mo			**49**

DEZEMBER

1	Di		◑	
2	Mi			
3	Do			
4	Fr			
5	Sa			
6	**So**	2. Advent/Nikolaus		
7	Mo			**50**
8	Di			
9	Mi		●	
10	Do			
11	Fr			
12	Sa			
13	**So**	3. Advent		
14	Mo			**51**
15	Di			
16	Mi			
17	Do		◐	
18	Fr			
19	Sa			
20	**So**	4. Advent		
21	Mo			**52**
22	Di	Winteranfang		
23	Mi			
24	Do	Heiligabend	○	
25	**Fr**	**2. Weihnachtstag**		
26	**Sa**	**2. Weihnachtstag**		
27	**So**			
28	Mo			**53**
29	Di			
30	Mi		◑	
31	Do	Silvester		

1 Gesetzlicher Feiertag in Baden-Württemberg, Bayern, Nordrhein-Westfalen, Rheinland-Pfalz und im Saarland
2 Gesetzlicher Feiertag in Sachsen

Schulferien 2026 Bundesrepublik Deutschland

	Winter/ Halbjahresferien	Ostern/ Frühjahr	Himmelfahrt/ Pfingsten	Sommer	Herbst	Weihnachten
Baden-Württemberg	–	30.03.–11.04.	26.05.–05.06.	30.07.–12.09.	26.10.–30.10./31.10.	23.12.–09.01.
Bayern	16.02.–20.02.	30.03.–10.04.	26.05.–05.06.	03.08.–14.09.	02.11.–06.11./18.11.	24.12.–08.01.
Berlin	02.02.–07.02.	30.03.–10.04.	15.05./26.05.	09.07.–22.08.	19.10.–31.10.	23.12.–02.01
Brandenburg	02.02.–07.02.	30.03.–10.04.	15.05./26.05.	09.07.–22.08.	19.10.–30.10.	23.12.–02.01.
Bremen	02.02.–03.02.	23.03.–07.04.	15.05./26.05.	02.07.–12.08.	12.10.–24.10.	23.12.–09.01
Hamburg	30.01.	02.03.–13.03.	11.05.–15.05.	09.07.–19.08.	19.10.–30.10.	21.12.–01.01.
Hessen	–	30.03.–10.04.	–	29.06.–07.08.	05.10.–17.10.	23.12.–12.01.
Mecklenburg-Vorp.	09.02.–20.02.	30.03.–08.04.	15.05./22.05.–26.05.	13.07.–22.08.	19.10.–24.10./26.11.–27.11.	19.12.–02.01.
Niedersachsen[1]	02.02.–03.02.	23.03.–07.04.	15.05./26.05.	02.07.–12.08.	12.10.–24.10.	23.12.–09.01.
Nordrhein-Westfalen	–	30.03.–11.04.	26.05.	20.07.–01.09.	17.10.–31.10.	23.12.–06.01.
Rheinland-Pfalz	–	30.03.–10.04.	–	29.06.–07.08.	05.10.–16.10.	23.12.–08.01.
Saarland	16.02.–20.02.	07.04.–17.04.	–	29.06.–07.08.	05.10.–16.10.	21.12.–31.12.
Sachsen	09.02.–21.02.	03.04.–10.04.	15.05.	04.07.–14.08.	12.10.–24.10.	23.12.–02.01.
Sachsen-Anhalt	31.01.–06.02.	30.03.–04.04.	26.05.–29.05.	04.07.–14.08.	19.10.–30.10.	21.12.–02.01.
Schleswig-Holstein[2]	02.02.–03.02.	26.03.–10.04.	15.05.	04.07.–15.08.	12.10.–24.10.	21.12.–06.01.
Thüringen	16.02.–21.02.	07.04.–17.04.	15.05.	04.07.–14.08.	12.10.–24.10.	23.12.–02.01.

1 Auf den Ostfriesischen Inseln gelten Sonderregelungen.
2 Auf den Inseln Sylt, Föhr, Helgoland und Amrum sowie auf den Halligen enden die Sommerferien eine Woche früher, die Herbstferien beginnen eine Woche früher.

Alle Angaben ohne Gewähr.

Schulferien 2027 Bundesrepublik Deutschland

	Winter Halbjahresferien	Ostern/ Frühjahr	Himmelfahrt/ Pfingsten	Sommer	Herbst	Weihnachten
Baden-Württemberg	–	25.03./30.03.–03.04.	18.05.–29.05.	29.07.–11.09.	02.11.–06.11.	23.12.–08.01.
Bayern	08.02.–12.02.	22.03.–02.04.	18.05.–28.05.	02.08.–13.09.	02.11.–05.11.	24.12.–07.01.
Berlin	01.02.–06.02.	22.03.–02.04.	07.05./18.05.–19.05.	01.07.–14.08.	11.10.–23.10.	22.12.–31.12.
Brandenburg	01.02.–06.02.	22.03.–03.04.	07.05./18.05.	01.07.–14.08.	11.10.–23.10.	23.12.–31.12.
Bremen	01.02.–02.02.	22.03.–03.04.	07.05./18.05.	08.07.–18.08.	18.10.–30.10.	23.12. - 08.01.
Hamburg	29.01.	01.03.–12.03.	07.05.–14.05.	01.07.–11.08.	11.10.–22.10.	20.12.–31.12.
Hessen	–	22.03.–02.04.	–	28.06.–06.08.	04.10.–16.10.	23.12.–11.01.
Mecklenburg-Vorp.	08.02.–19.02.	22.03.–31.03.	07.05./14.05.–18.05.	05.07.–14.08.	16.10.–23.10./25.11.–26.11.	23.12.–04.01.
Niedersachsen[1]	01.02.–02.02.	22.03.–03.04.	07.05./18.05.	08.07.–18.08.	16.10.–30.10.	23.12.–08.01.
Nordrhein-Westfalen	–	22.03.–03.04.	18.05.	19.07.–31.08.	23.10.–06.11.	24.12.–08.01.
Rheinland-Pfalz	–	22.03.–02.04.	–	28.06.–06.08.	04.10.–15.10.	23.12.–07.01.
Saarland	08.02.–12.02.	30.03.–09.04.	–	28.06.–06.08.	04.10.–15.10.	20.12.–31.12.
Sachsen	08.02.–19.02.	26.03.–02.04.	07.05./15.05.–18.05.	10.07.–20.08.	11.10.–23.10.	23.12.–01.01.
Sachsen-Anhalt	01.02.–06.02.	22.03.–27.03.	15.05.–22.05.	10.07.–20.08.	18.10.–23.10.	20.12.–31.12.
Schleswig-Holstein[2]	01.02.–02.02.	30.03.–10.04.	07.05.	03.07.–14.08.	11.10.–23.10.	23.12.–08.01.
Thüringen	01.02.–06.02.	22.03.–03.04.	07.05.	10.07.–20.08.	09.10.–23.10.	23.12.–31.12.

1 Auf den Ostfriesischen Inseln gelten Sonderregelungen.

2 Auf den Inseln Sylt, Föhr, Helgoland und Amrum sowie auf den Halligen enden die Sommerferien eine Woche früher, die Herbstferien beginnen eine Woche früher.

Alle Angaben ohne Gewähr.

Schnellübersicht